Wilfried Barner · Barockrhetorik

Wilfried Barner

# BAROCKRHETORIK

Untersuchungen
zu ihren geschichtlichen
Grundlagen

Max Niemeyer Verlag
Tübingen 1970

ISBN 3 484 10130 X

© Max Niemeyer Verlag Tübingen 1970
Herstellung: Bücherdruck Helms KG Tübingen
Einband von Heinr. Koch Tübingen

FÜR WALTER JENS

UND

FÜR IRMGARD

# Vorwort

Die Erforschung der deutschen Barockliteratur unter dem Gesichtspunkt der Rhetorik steht noch in den Anfängen. Zwar hat man seit langem an Texten des 17. Jahrhunderts, an Drama und Roman, Mystik und Satire, Predigt und Lyrik ›rhetorische‹ Elemente konstatiert, namentlich die intensive Verwendung der sogenannten ›rhetorischen Figuren‹. Seit Günther Müller ist sogar mehrfach die These von einem ›rhetorischen Grundzug‹ der gesamten Barockliteratur vertreten worden. Doch was darunter genauer zu verstehen sei, blieb eigentümlich kontrovers. Sofern man das ›Rhetorische‹ nicht prinzipiell ignorierte (wie z. B. Strich), begrenzte man es mit Vorliebe auf humanistische Restbestände (Cysarz, Hankamer), oder man neigte zur Verabsolutierung einzelner Aspekte, etwa des Höfischen (Müller), des Gattungsgebundenen (Kayser) oder des christlichen Jenseitspathos (Böckmann). Es ist nur zu verständlich, daß schließlich auch der Komplex ›Rhetorik und Barock‹ als bloße Variante der berüchtigten ›Barocksynthesen‹ erschien und damit ad acta gelegt wurde (so bei Newald).

Erst seit etwa vier Jahren ist die Kategorie ›Rhetorik‹, wesentlich durch Anregungen von Curtius, Dockhorn und Lausberg, erneut in das Zentrum der germanistischen Barockforschung gerückt. Textmaterial und Kategoriensystem sind hierbei scharf umrissen. Mehrere Einzeluntersuchungen (Hildebrandt-Günther, Dyck, Fischer) führten zu der schon früher gelegentlich angedeuteten Erkenntnis, daß praktisch die gesamte literarische Theorie des 17. Jahrhunderts, auch und vor allem die Poetik, durch die ›rhetorische Tradition‹ geprägt ist, die sich von der Antike (Aristoteles, Cicero, Quintilian, Hermogenes) und von den Humanisten herleitet. Eine bestimmte, produktive Deformierung dieser Tradition wird von einem Teil der Manierismusforschung (insbesondere von Hocke) neuerdings als ›Para-Rhetorik‹ bezeichnet. Zahlreiche Barockinterpretationen der letzten Jahre stehen bereits unter dem Einfluß dieser beiden Konzeptionen, in denen das Phänomen ›Rhetorik‹ wesentlich auf literarische Theorie und auf normativen Klassizismus reduziert ist. Von den geschichtlichen Wurzeln der Rhetorik, von Mündlichkeit, Öffentlichkeit und Wirkungsintention, auch von der Tradition der großen *exempla*, scheint kaum noch etwas geblieben zu sein.

Vereinfachend gesagt: Rhetorik wäre nach diesem Verständnis ein Agglomerat von literarischen Theoremen, das über Jahrtausende hin tradiert und modifiziert wird und seinem Wesen nach ein Produkt der reinen ›Ideengeschichte‹ darstellt (so ausdrücklich bei Dockhorn). Aber wie war es möglich, daß durch dieses scholastisch-obsolete System die Literatur eines ganzen Zeitalters geprägt wurde? Worauf stützt sich die immer wieder postulierte ›Verbindlichkeit‹ der zur Praxis anweisenden literarisch-rhetorischen Theorie? Welche sozialen, weltanschaulichen, bildungsgeschichtlichen Konditionen der Barockepoche haben jene ›Herrschaft der Rhetorik‹ ermöglicht?

Bei dieser Frage setzt die vorliegende Arbeit an. Sie ist den Untersuchungen zur literarischen Theorie, auch einzelnen Textinterpretationen, selbstverständlich verpflichtet und geht von der Überzeugung aus, daß auch künftig die Einzelanalyse der Texte zu den zentralen Aufgaben der Barockforschung gehören sollte. Aber ohne Kenntnis der spezifischen Entstehungsbedingungen ›rhetorischer‹ Barocktexte wird deren Historizität, ihr form- und stilgeschichtlicher wie ihr sozialgeschichtlicher Stellenwert nicht adäquat zu bestimmen sein. Insofern soll die Arbeit dazu beitragen, die seit einigen Jahren erkennbare geschichtliche Neuorientierung der Barockforschung weiter voranzutreiben. Einige der hier angesprochenen Bereiche sind unter Rubriken wie ›historische Pädagogik‹, ›Sozialgeschichte‹, ›Ideengeschichte‹ und ›Nachleben der Antike‹ behandelt worden – oder vielmehr *nicht* behandelt worden. Von einer sachgemäßen Zusammenschau dieser Teilbereiche ist die Forschung noch weit entfernt, und zu vielen Punkten fehlen die einfachsten Vorarbeiten. Daraus ergab sich von vornherein ein Zwang zur Beschränkung. Systematische Geschlossenheit war allenfalls bei der Darstellung des Bildungswesens zu erreichen, aber auch dieser Teil der Arbeit ist – wie die anderen Kapitel – nur als Baustein zu einem künftigen Gesamtbild gedacht. Einige weitere Gesichtspunkte, deren Behandlung am vordringlichsten erscheint, versucht der Schluß der Arbeit zu umreißen.

Die Textform der Quellenzitate richtet sich nach folgenden Grundsätzen. Antike Texte werden nach den Standardausgaben und deren Zählung zitiert. Wenn nötig, ist der Editor hinzugesetzt. Neuere Texte werden, sofern zuverlässige kritische Ausgaben vorliegen, nach diesen zitiert; die Herausgeber sind dann jeweils genannt. In allen übrigen Fällen folgen Wortlaut und Paginierung den erreichbaren Originaldrucken bzw. Faksimile-Nachdrucken. Doch sind die Abbreviaturen aufgelöst, die Drucktypen vereinheitlicht und eindeutige Druckfehler stillschweigend korrigiert; gelegentlich ist Auffälliges durch ›sic!‹ gekennzeichnet. Wo nur ein Neudruck zugänglich war, dessen Textfassung nicht überprüft werden konnte, ist der betreffende Druck angegeben. Genauere Nachweise enthält das Quellenverzeichnis.

Die Arbeit hat im Wintersemester 1968/69 der Philosophischen Fakultät der Universität Tübingen als Habilitationsschrift vorgelegen. Ihre Abfassung wurde durch ein dreijähriges Habilitandenstipendium ermöglicht, für das ich der Deutschen Forschungsgemeinschaft großen Dank schulde. Der Text ist inzwischen an einigen Stellen überarbeitet worden. Wichtigere neue Literatur, soweit sie bis Ende 1969 erschien, wurde nach Möglichkeit noch berücksichtigt.

Die entscheidende Anregung zur Arbeit gab mein Lehrer Walter Jens. Er hat mich nicht nur für das Phänomen ›Rhetorik‹ zu interessieren verstanden, sondern auch durch persönliche Förderung tief verpflichtet.

Dem Verlag und der Druckerei danke ich für die gute Zusammenarbeit, Herrn Rolf Kellner für seine Mithilfe bei der Korrektur und bei der Erstellung des Registers. In allen Stadien der Arbeit aber unterstützte mich meine Frau.

Tübingen, im Sommer 1970                                    W. B.

# Inhaltsverzeichnis

ERSTER TEIL
RHETORIK UND LITERARISCHE BAROCKFORSCHUNG

1. Nietzsche über ›Barockstil‹ und ›Rhetorik‹ . . . . . . . . . . . .   3

  a. Ein unzeitgemäßer Entwurf . . . . . . . . . . . . . . . . .   3
    ›Vom Barockstile‹ 3 – Die Übertragung des Barockbegriffs auf die Literatur 4 – Antipositivismus und Antihistorismus 6 – Wechselseitige Erhellung, Richard Wagner 6

  b. Typologische und epochale Aspekte . . . . . . . . . . . . .   7
    Überzeitlicher Barockstil 7 – Die ästhetische Qualität 9 – Jacob Burckhardt 10

  c. Die Umwertung des ›Rhetorischen‹ . . . . . . . . . . . . .   11
    Täuschung und Zweckhaftigkeit 12 – Die idealistische Front 12 – Der antike Ursprung 15

  d. Der Versuch einer Synthese . . . . . . . . . . . . . . . .   16
    Goethe, ›Baukunst‹ 16 – Emanzipation des Barockstils, Kunstcharakter 18 – Wirkungsabsicht, Theatralik 19 – Nietzsches Bedingtheit 21

2. Die Wiederentdeckung der deutschen Barockliteratur und das Rhetorische . . . . . . . . . . . . . . . . . . . . . . . . . . . .   22

  a. Alte Vorurteile . . . . . . . . . . . . . . . . . . . . . . .   22
    Das Undeutsche und das Deutsche 22 – Terminologische Schwierigkeiten 23

  b. Folgen der Barockbegeisterung . . . . . . . . . . . . . . .   24
    Expression und germanische Wiedergeburt 24 – Die Begrenzung auf Randphänomene 25

  c. Rhetorik als Zentralkategorie . . . . . . . . . . . . . . . .   27
    Der ›rhetorische Grundzug‹ der Barockliteratur 27 – Neue Kategorien: Extravertiertheit, Gattungsgebundenheit, Pathos 29 – Stagnation und erneute Reserve 31

3. ›Barock‹ und ›Manierismus‹ sub specie rhetoricae . . . . . . . .   33

  a. Der kritische Ansatz . . . . . . . . . . . . . . . . . . . .   33
    ›Manierismus‹ als Ausweg? 33 – Die Fragwürdigkeit des Barockbegriffs 34 – Koexistenz der Begriffe 36

b. Die Manierismuswelle und ihre Mißverständnisse . . . . . . .  37
Die Fundamentierung der Konzeption 37 – Klassizistische Einengung,
›Para-Rhetorik‹ 38 – Römische Dichtung der Kaiserzeit 40

c. Konsequenzen für die Barockforschung . . . . . . . . . . . .  42
Klassizismus und Barock, extreme Stilphänomene 42 – Ein Beispiel: die
*argutia*-Bewegung 44

4. Barockrhetorik und rhetorische Tradition . . . . . . . . . . . .  46

a. Die vernachlässigte Theorie . . . . . . . . . . . . . . . . .  46
Gründe des Desinteresses 46 – Neuansatz im Zeichen distanzierterer
Barockbetrachtung 48 – Schwierigkeiten mit der ›Tradition‹ 49

b. Komparatistische Impulse . . . . . . . . . . . . . . . . .  50
Europäische Tradition und antikes System 50 – Die Einbeziehung des
17. Jahrhunderts 52 – Die neue Forschungsrichtung 54

c. Theorie und literarische Praxis . . . . . . . . . . . . . . .  56
Klassizistischer Grundriß der Theorie 56 – Interpretatorische Aufgaben 58

d. Die Tradition der *exempla* . . . . . . . . . . . . . . . . .  59
Die Trinität von *doctrina*, *exempla* und *imitatio* 59 – Beispiele 59 – Sil-
berne Latinität als Vorbild 62 – Die zweite rhetorische Tradition 63 –
Die Bedeutung nichtklassischer Traditionen für die Barockliteratur 64

e. Ein Beispiel: das Geleitgedicht . . . . . . . . . . . . . . .  68
Entstehung des Typus, Literarisierung, Rhetorisierung 67 – Rezeption
der rhetorisch-poetischen Einheit im 17. Jahrhundert 69

5. ›Rhetorik‹ und ›Barockliteratur‹: die Notwendigkeit einer Neuorientierung . . . . . . . . . . . . . . . . . . . . . . . . . .  70

a. Aporien inadäquater Rhetorikbegriffe . . . . . . . . . . . .  70
Die Barockforschung als Experimentierfeld für rhetorische Kategorien
70 – Definitorische Versuche 71 – Reduktion auf Attizismus und normative Sprachregelung 72

b. Die Kategorie des Intentionalen . . . . . . . . . . . . . . .  74
Theorien des 17. Jahrhunderts 74 – Die Zweckorientiertheit von Poesie
und Beredsamkeit 75 – Einzelne hermeneutische Ansätze 76

c. Literarische Zweckformen . . . . . . . . . . . . . . . . .  78
Die Aktualität des Problems 78 – Charakteristische Zweckformen der
Barockliteratur: Leichenrede, Konsolationsprosa, Erbauungsliteratur,
Streitliteratur, Predigt 79 – Probleme der Literaturgeschichtsschrei-
bung 83

d. Aufgaben . . . . . . . . . . . . . . . . . . . . . . . . . .  84

EXKURS

›THEATRUM MUNDI‹ – DER MENSCH ALS SCHAUSPIELER

a. Was ist die Welt? . . . . . . . . . . . . . . . . . . . . . . . 86
Die Leitfrage des 17. Jahrhunderts 86 – Europäische Gültigkeit 87 – Das
Gleichnis der Barockepoche 89

b. Rhetorik als theatralische Verhaltensweise . . . . . . . . . . . 89
›Parler, c'est agir‹ 89 – Die wirkende Rede ein menschliches *specificum*
90 – Deutungsmöglichkeiten der Theatermetapher 91 – Das Theozentrische 91 – Vorrang der immanenten Interpretation für das Barockzeitalter 92

c. Stoische und satirische Tradition . . . . . . . . . . . . . . . 94
Heteronomie, Autonomie; der ›Spielraum‹ des Menschen 94 – Perspek-
tiven der Theaterhaftigkeit 95 – Die Tradition der Narrenrevue 96 –
Nebeneinander der Deutungen im 17. Jahrhundert 97 — Stoizistisches
Spielpathos 98

d. Theatralik und Rollenspiel im Weltverständnis des 17. Jahrhunderts. . . . . . . . . . . . . . . . . . . . . . . . . . . . . . . . 99
Die Realität des Welttheaters 99 – Barocktheater, Bühne, Illusion 101 –
Theatralisches im Roman 102 – Literarisches Rollenspiel, Schäferdichtung, Spiel im Spiel 103

e. Christliche, stoizistische und satirisch-pikareske Perspektiven des
barocken Welttheaters . . . . . . . . . . . . . . . . . . . . . . 105
Die Vielfalt der Auslegungen 105 – Spiel vor Gott 105 – Trauerspiel,
Komödie, Mischspiel 107 – Das Bewußtsein der Rolle 109 — Vergäng-
lichkeit des Welttheaters, Illusion, Desillusionierung 110 – Narrenrevue,
Reisemotiv, Rollenwechsel 113

f. Der Hof als vollkommenes Abbild des *theatrum mundi* . . . . . 117
Öffentlichkeit, repräsentativer Schauplatz 117 – Das Welthafte und das
Weltmännische 119 – Kritik der Scheinhaftigkeit und des Rollenspiels;
›Herz‹ und ›Zunge‹ 120

g. Gracián . . . . . . . . . . . . . . . . . . . . . . . . . . . . . 124
›El Criticón‹: Synthese der Einzeltraditionen 124 – Andrenios Traum
126 – Der Streit der Künste und Wissenschaften, die Rhetorik als mächtigste Disziplin 127 – Graciáns ›politische‹ Lebenslehre als säkulare
Konsequenz des barocken Welttheaters 130


ZWEITER TEIL

SOZIALE ASPEKTE DER BAROCKRHETORIK

1. Die ›politische‹ Bewegung . . . . . . . . . . . . . . . . . . . 135

a. Ursprung und Ausweitung des Begriffs . . . . . . . . . . . . 135
Diesseitige Anthropologie des 17. Jahrhunderts 135 – ›Politik‹ als Disziplin, Machiavellismus 136 – ›Politische‹ Literatur 137

b. Die prudentistische Moral . . . . . . . . . . . . . . . . . 138
Der ›Politicus‹ als weltliches Ideal 138 – Kritik des Ideals 139 – Der
semantische Kreis des Begriffs 142

c. Die Gracián-Rezeption in Deutschland und die ›Politisierung‹ des
Welttheaters . . . . . . . . . . . . . . . . . . . . . . . . . 142
Übersetzungen, der ›politische‹ Roman 142 – Gryphius und Lohenstein
145 – Universaltheater 146 – Sublimierung des ›politischen‹ Prinzips
147 – Gracián als Kronzeuge; Christian Gryphius 148

2. Die Rhetoriken des 17. Jahrhunderts und das ›gemeine Leben‹ . . . 150
a. Äußeres *aptum* und soziale Isolation . . . . . . . . . . . . . 150
Das Problem 150 – Das Erbe des Humanismus 152 – Staatsform und
Schulrhetorik 153 – Seckendorff 154

b. Die kanzlistische Tradition . . . . . . . . . . . . . . . . . 155
Der Praxisbezug der *artes dictaminis* 156 – Das frühe Eindringen der
Muttersprache 157 – Humanistische Epistolarien, Doppelgleisigkeit 158

c. Muttersprachliche Rhetoriktheorie . . . . . . . . . . . . . . 159
Frühstufen 159 – Die Poetik als Vorbild 159 – Lob der ›Wol-Reden-
heit‹: Meyfart 160 – Satirische Kritik und Ansätze zur Reform: Schupp,
Richter 162 – Sammlungen von Gelegenheitsrhetorik: Kindermann;
Briefsteller 164 – Höfisches Zeremoniell und ›Komplimentieren‹ 165

d. Neubeginn im Zeichen des ›Politischen‹ . . . . . . . . . . . . 167
Weise, ›Politischer Redner‹ 167 – Ständische Ausrichtung 168 – Beredsamkeit als Instrument des ›Politicus‹ 169 – Die Entstehung der neuen
Hofrhetorik 170 – Schuloratorie und höfische Sphäre 172 – Die Attraktion für das aufstrebende Bürgertum 173

e. Der Weisesche Impuls und seine Folgen . . . . . . . . . . . . 176
Die Resonanz des ›Politischen Redners‹ 176 – Stieler, Riemer, Galante,
Weisianer 176 – Der Ausbau des Weiseschen Systems 181 – Flexibilität
als rhetorische Tugend; *iudicium externum* und äußeres *aptum* 182 –
Stilpluralismus 185 – Die Poesie als Dienerin der Beredsamkeit 186 –
Weises Verhältnis zur antiken Tradition 187 – Die theatralische Erzie-
hung des ›Politicus‹ 188

3. Der Werdegang eines großen Barockrhetors: Christian Weise . . . 190
a. Weise und die Geschichte der Rhetorik . . . . . . . . . . . . 190
Grossers Resümee 190 – Die Wiederentdeckung einer rhetorischen
Dimension 190 – Traditionalität und ›Modernität‹ 191 – Soziale Erfahrungen, exemplarische Vita 192

b. Schüler, Student, Magister . . . . . . . . . . . . . . . . . 193
Die humanistisch-protestantische Sphäre; der Vater 193 – Rhetorische
Exerzitien 193 – Gymnasium und erste pädagogische Aufgaben 194 –
Universität Leipzig: Theologie oder Jurisprudenz? 195 – Pennalismus,
die Nützlichkeit der Poesie, soziale Sprachschichten 196 – Philosophie
198 – Die Begegnung mit der ›Politik‹ 199 – Akademische Rhetorik,
Selbsterprobung 199 – Magisterpromotion; Vorlesungstätigkeit, litera-
rische Theorie 201

c. Höfisch-politische Erfahrungen . . . . . . . . . . . . . . . 202
Die Sekretärsstelle in Halle als Ausweg 202 – Kanzlistische Praxis 203 –
Helmstedt: Conring und Schrader 205 – Die Hofmeister-Tätigkeit
205 – Historie und politische Rede; Schulenburg 206

d. Die Professur an der Ritterakademie . . . . . . . . . . . . . 206
Der Ruf nach Weißenfels als Chance seines Lebens 207 – Zwang zur
Reflexion; rhetorische Theorie 207 – Pädagogische Aufgaben und Erfolge; ›politische‹ Romanproduktion 209 – Anregungen (Realien,
*argutia*) 209 – Entstehung des ›Politischen Redners‹ aus der pädagogischen Praxis 210

e. Rückkehr in die bürgerlich-gelehrte Sphäre . . . . . . . . . . 210
Das Zittauer Gymnasialrektorat 210 – Transposition der ›politischen‹
Rhetorik in die protestantische Gelehrtenschule 211 – Weises Arbeits-
programm 212 – Kritiker und Verehrer 213 – Der gelehrte Austausch 215

f. Das Problem der sozialen und epochalen Zuordnung . . . . . . 215
Barock, Aufklärung oder ›Übergang‹? 216 – Die einseitig ›höfische‹
Festlegung des Barockbegriffs 216 – Aufklärerische Züge in Weises
›politischer‹ Rhetorik 217 – Soziale und weltanschauliche Vielschichtigkeit, Versuch einer barocken Synthese 219

4. Die gelehrte Grundlage der deutschen Barockliteratur . . . . . . . 220

a. Traditionelle Deutungen . . . . . . . . . . . . . . . . . . . 220
Hinweise auf Bildung, Gelehrtenzunft 220 – Gelehrte Elemente in der
Literatur 221 – Abwertende Urteile 222 – Mißverständnisse des Be-
griffs 224

b. Literarische Kunstübung und ständische Basis . . . . . . . . . 225
Die Barockautoren als ›Gelehrte‹ 225 – Poesie und Rhetorik als Instrumente des sozialen Aufstiegs, die Würde des Metiers 226 – Die Standes-
zugehörigkeit der Autoren 228 – Gelehrte Sprachkunst zwischen Hochadel und ›Pöbel‹ 230 – Freundeskreise 231

c. Das gelehrte Wissen . . . . . . . . . . . . . . . . . . . . . 232
Der Wissenschaftscharakter der Sprachkunst 232 – Polyhistorische
Tendenzen 233 – Die Tradition des enzyklopädischen Ideals 234

d. Die Lehrbarkeit der Sprachkunst . . . . . . . . . . . . . . . 236
*Ingenium* und *ars* 236 – Einschränkungen, Warnungen, die Notwendigkeit der *doctrina* 237

DRITTER TEIL

DIE VERANKERUNG DER RHETORIK IM BILDUNGSWESEN
DES 17. JAHRHUNDERTS

1. Grundzüge und geschichtliche Problematik des Rhetorikunterrichts
im 17. Jahrhundert . . . . . . . . . . . . . . . . . . . . . . . 241

a. Prämissen . . . . . . . . . . . . . . . . . . . . . . . . . . 241
Schwierigkeiten des historischen Zugangs, Mißverständnisse 241 –
Rhetorik als Bildungsdisziplin 242

b. Die Rhetorik zwischen Tradition und Opposition . . . . . . . . 244
Das 16. Jahrhundert und die Barockepoche 244 – Frühe Kritiker der
Rhetorik (Ramisten, Reformpädagogen) 245 – Wirkungen der Kritik 247

c. Traditionalismus als literarisches Problem (Latinität, Klassizismus) 249
Lateinische Tradition der Rhetorik, Lockerungen im Bereich der Poesie
249 – Die mißverstandene ›Überwindung‹, das prinzipielle Nebeneinander 251 – Die klassizistische Schuldoktrin und ihr Spielraum 253 – Der
Lektürekanon 254 – Nichtklassische *exempla* 255 – Grenzen des Unterrichts 257

2. Rhetorik an den protestantischen Gelehrtenschulen . . . . . . . . 258

a. Rhetorik und Bildungsziel . . . . . . . . . . . . . . . . . 259
Luthers Stellung zur Rhetorik 259 – Melanchthon, Sturm 260 – Barock-
autoren als Schüler und Lehrer 261 – Akademische Ziele 263 – Das
Spezialfach ›Rhetorik‹ 264

b. Das Rhetoriklehrbuch von Gerhard Johannes Vossius . . . . . . 265
Entstehung und repräsentative Bedeutung 265 — ›Großer‹ und ›kleiner‹
Vossius 267 – Stoff, Aufbau, Methodik 269 – Klassizismus, Spuren des
Geschmackswandels 273

c. Latinität und Muttersprache . . . . . . . . . . . . . . . . . 275
Das Lateingebot 275 – Dienstfunktion des Deutschen 276 – Muttersprachliche Rhetorik in der Theorie der Reformpädagogen 278 – Resultate 280

d. Die Stellung der Rhetorik innerhalb des Lehrplans . . . . . . . 281
Das Grundmodell 281 — Die Stralsunder Ordnung von 1643 als Beispiel
282 – Das Zielfach ›Rhetorik‹ 284

e. Übungstechniken des rhetorischen Unterrichts . . . . . . . . . 285
Dreischritt *praecepta, exempla, imitatio* 285 – Phrasen, Kollektaneen;
Briefe, Chrien, *progymnasmata* 286 – Reden, Gedichte 288 – Rezitation,
Deklamation, Dialog 288 – Nutzen und Gefahren des Disputierens 290

f. Die rhetorischen Schulactus . . . . . . . . . . . . . . . . . 291
Übungszweck und Repräsentation 292 – Anlässe 293 – Die Texte 295 –
Die Komposition des Ganzen: thematische Einheit, ›dramatische‹ Ele-
mente 298 – Historische Szenen, Prozesse; Sturm 300

g. Das Schultheater als Teil des *eloquentia*-Betriebs . . . . . . . . 302
Gleitende Übergänge 302 – Unterhaltungsfunktion und theatralische
Effekte 302 – Der Kanon rhetorisch-pädagogischer Argumente 304 –
Zusammenhang mit dem Unterricht 307 – Auswüchse, Kritik 308 —
Weises Konzeption 309 – Die Tradition des Schultheaters; lateinisch
und deutsch 310 – Kunstdrama und Schultheater 314 – Niedergang am
Ende der Barockepoche 317 – Krise der Schulrhetorik: Herder 318

3. Rhetorik an den Jesuitengymnasien . . . . . . . . . . . . . . . 321

a. Ausbreitung und Macht der Jesuitenpädagogik . . . . . . . . . 322
Deutschsprachige Territorien 322 – Monopolstellung im katholischen
Bereich 324 – Frequenzen, prominente Schüler, höfische Erfolge 325

XVI

b. Humanistische Basis · · · · · · · · · · · · · · · · · 327
Der Jesuit als ›gelernter‹ Humanist 327 – Die Entstehung der Lehrpläne;
Sturm und die Jesuitenpädagogik 328

c. Der Aufbau des Rhetorikstudiums · · · · · · · · · · · · · · 330
Christiana eloquentia, Rhetorik als Instrument 330 – Die drei Stufen:
›Grammatica‹, ›Humanitas‹, ›Rhetorica‹ 332 – Das Lehrbuch des Soarez
336 – Methodische Anweisungen der ›Ratio studiorum‹ 338

d. Mündlichkeit und eloquentia latina · · · · · · · · · · · · 339
Rigorismus des Lateingebots 339 – Die declamatio publica 340 – Das
Disputieren als Kardinalkunst 342 – ›Akademien‹ und Actus 343

e. Das Jesuitentheater · · · · · · · · · · · · · · · · · · 344
Humanistisches Vorbild, die Übungstechniken 345 – Jesuitisches und
protestantisches Schultheater 346 – Glaubenspropaganda 347 – Der
Professor Rhetoricae als Stückeschreiber 348 – Lang, ›Dissertatio de
actione scenica‹ 349 – Effekte, Barockisierung 351

f. Funktionen der Jesuitenrhetorik · · · · · · · · · · · · · 352
Goethe in Regensburg 352 – Jesuitismus und Barock 353 – Der manieristische stylus argutus als Instrument (Gracián, Tesauro, Masen); Stil
und Ordensdisziplin 355 – Zweckgerichtete Profanität 359 – Talent-
werbung 363 – Disputation und Streitliteratur als Domäne der Jesuiten
364 – Drama und Lyrik 365


4. Rhetorik in der Adelserziehung · · · · · · · · · · · · · · · 367

a. Jesuiten und Protestanten · · · · · · · · · · · · · · · · 367
Höfisch-elitäre Tendenzen des Jesuitismus 367 – Bürgertum und protestantischer Adel 368

b. Castiglione und das höfische eloquentia-Ideal · · · · · · · · · · 369
›Il Cortegiano‹: ritterliche Tradition, humanistischer Anspruch 369 –
Die Integration der Rhetorik 371 – Die ›Hofliteratur‹ und ihre Rezep-
tion in Deutschland 372

c. Hofmeister · · · · · · · · · · · · · · · · · · · · · · 374
Ständische Probleme 374 – Bekannte Namen 375 – Die pädagogischen
Aufgaben 375 – Die Misere der Hofmeistererziehung 376

d. Ritterakademien · · · · · · · · · · · · · · · · · · · · 377
Erste Versuche; das Tübinger ›Collegium illustre‹ 377 – Lansius und
sein Rhetorikunterricht 378 – Aufschwung um die Jahrhundertmitte
381 – Die Wolfenbütteler Ordnung von 1688 als Beispiel 382 – ›Modernität‹ der Ritterakademien 383

e. Kontakte des Adels zur bürgerlichen Gelehrtenbildung · · · · · 384
Adlige Gymnasiasten 384 – Außerinstitutionelle Kontakte, Anton Ulrich
und die Nürnberger 385 – Pädagogische Funktionen des höfischen
Romans 386

5. Rhetorik an den Universitäten · · · · · · · · · · · · · · · · · 387

  a. Ständische und konfessionelle Differenzierungen · · · · · · · 387
    Der soziale Zwischenbereich, Abhängigkeit der Gelehrten 387 – Universität und voruniversitärer Unterricht 390 – Jesuitenuniversitäten, Besonderheiten ihres Kursus 391

  b. Das Disputationswesen · · · · · · · · · · · · · · · · · · · · · · · 393
    Die mittelalterliche Tradition 393 – Grundzüge 394 – Auswüchse und Revisionsversuche 395 – Neubelebung im Zeichen der Reformation 396 – Die Tübinger Statuten 397 – Die Ordnung der Jesuiten 398 – Disputation und Kontroverstheologie 400 – Dannhauer, ›Idea boni disputatoris‹ 402 – Streitsucht, Subtilitäten 404 – Literarische Auswirkungen: Satire, Roman, Streitschriften; Disputatorik und ›rhetorischer Grundzug‹ 405

  c. Rhetorik als Studienfach · · · · · · · · · · · · · · · · · · · · · 407
    Teil der Artistenfakultät; jesuitische Sonderregelung 407 – Humanistische Propädeutik 408 – Actus, Studententheater und Homiletik als Ergänzungen 409 – Spielraum der Statuten, die Chance des Fachs 411 – Bedeutende Rhetoriklehrer und ihre Schüler unter den Barockautoren 413 – Das Problem der Muttersprache; Reformansätze 415 – Fächerabgrenzungen 417

  d. Zur Geschichte der Rhetorik-Lehrstühle, am Beispiel Tübingens · 418
    Humanistischer Impuls, erste Institutionalisierung 418 – Bebel 419 – Melanchthon 421 – Differenzierung der Aufgaben, Kombination mit anderen Fächern 421 – Die Reformstatuten von 1536; Deklamationen 423 – Frischlin 423 – Flayder 425

  e. Das Bild eines Rhetorik-Professors im 17. Jahrhundert: Christoph Kaldenbach · · · · · · · · · · · · · · · · · · · · · · · · · · · · · 425
    Auch ein Tübinger Dichterhumanist 425 – Herkunft, Ausbildung 426 – Der Königsberger Kreis, Freundschaften 427 – Die Berufung nach Tübingen 429 – ›De regno eloquentiae‹ 431 – Der sattelfeste *poeta doctus* 432 – Gelegenheitspoesie, Reden, Deklamationen 433 – Oratorische Anleitung, Actus 435 – Textkollegs, literarische Theorie 438 – Das Fachgebiet ›Historiae‹ 442 – Die Neufassung des Württembergischen Rhetoriklehrbuchs 443, – ›Poetice Germanica‹ 444 – Beförderer der ›Muttersprach‹ 445 – Andreae, ›Turbo‹: Kritik des Universitätsfachs Rhetorik 446 – Regulierende Zentren der Barockliteratur 447

Schluß · · · · · · · · · · · · · · · · · · · · · · · · · · · · · · · · · 448

Quellenverzeichnis · · · · · · · · · · · · · · · · · · · · · · · · · · · 456

Literaturverzeichnis · · · · · · · · · · · · · · · · · · · · · · · · · · 488

Personenregister · · · · · · · · · · · · · · · · · · · · · · · · · · · · 522

Erster Teil

Rhetorik und literarische
Barockforschung

# 1. Nietzsche über ›Barockstil‹ und ›Rhetorik‹

*a. Ein unzeitgemäßer Entwurf*

»Wer sich als Denker und Schriftsteller zur Dialektik und Auseinanderfaltung der Gedanken nicht geboren oder erzogen weiss, wird unwillkürlich nach dem Rhetorischen und Dramatischen greifen: denn zuletzt kommt es ihm darauf an, sich verständlich zu machen und dadurch Gewalt zu gewinnen, gleichgültig ob er das Gefühl auf ebenem Pfade zu sich leitet oder unversehens überfällt – als Hirt oder als Räuber«. Mit diesem ebenso provozierenden wie scharfsinnigen Satz beginnt Nietzsche seine Skizze ›Vom Barockstile‹, die 1879 erscheint[1] – nahezu vier Jahrzehnte vor dem Einsetzen der literarischen Barockforschung.

Nicht nur das ›Unzeitgemäße‹, in die Zukunft Weisende seiner Barockvorstellung verdient Beachtung. Heute, nachdem die Literatur über ›Barock‹ und ›Barockstil‹ zu einer fast chaotischen Fülle angewachsen ist[2], demonstriert Nietzsches Text (der, wie sich zeigen wird, kein Produkt eines belanglosen oder zufälligen Geistesblitzes

---

[1] Nietzsche-Zitate hier und im folgenden nach: Werke, 19 Bde. (u. Registerbd.), Leipzig 1903–1919 (u. 1926; ›Großoktavausgabe‹); darin nicht Enthaltenes: nach der Ausgabe von K. Schlechta, 3 Bde., München ²1960. Die Skizze ›Vom Barockstile‹ (Erstdruck 1879 im ersten Band von ›Menschliches, Allzumenschliches‹) ist abgedruckt in Werke 3, S. 76ff. (das Zitat: S. 76f.).

[2] Den besten Überblick gibt R. Wellek, Der Barockbegriff in der Literaturwissenschaft (1945; mit einem ausführlichen ›Postskriptum‹ 1962), in: Grundbegriffe der Literaturkritik (Sprache u. Lit. 24), Stuttgart usw. 1965, S. 57ff. Zur Ergänzung vgl. den Kongreß-Band Manierismo, barocco, rococò: Concetti e termini. Convegno internazionale – Roma 21–24 Aprile 1960. Relazioni e discussioni (Accad. Naz. dei Lincei, Anno 359 – 1962, Quad. 52. Problemi attuali di scienza e di cultura), Roma 1962 und das dem Problem ›Barock‹ und ›Manierismus‹ gewidmete erste Heft der Colloquia Germanica (1, 1967, S. 2ff.), ferner die unten S. 24 Anm. 14 genannten Forschungsberichte.

ist) immer noch mit überraschender Aktualität und mit wünschenswerter Schärfe die Grundproblematik aller Barockforschung. Denn die Hindernisse, die ein fehlgeleiteter Literatur- und Dichtungsbegriff dem Verständnis der Barockliteratur in den Weg gestellt hatte, sind bis heute nicht ausgeräumt. Und vor allem: Nietzsche gehört zu den wenigen Repräsentanten der neueren deutschen Geistesgeschichte, die etwas von Rhetorik verstanden[3]. Er wird damit zum Kronzeugen bei der Frage nach Rhetorik in der deutschen Barockepoche.

Vier Grundgedanken bestimmen die Skizze ›Vom Barockstile‹: 1. Barockstil ist allen Künsten gemeinsam. 2. Barockstil ist ein überzeitliches, periodisch wiederkehrendes Phänomen. 3. Barockstil muß in seiner spezifischen Qualität erkannt werden und hat nicht a priori als minderwertig zu gelten. 4. Barockstil ist seinem Wesen nach an ›das Rhetorische‹ gebunden.

Für die vieldiskutierte ›Übertragung‹ des Barockbegriffs von den bildenden Künsten auf die Literatur[4] bietet Nietzsche einen der frühesten und bedeutsamsten (aber bisher unbeachteten)[5] Belege. Nachdem es lange Zeit üblich war, diese Übertragung mit Fritz Strichs Lyrik-Aufsatz vom Jahre 1916[6] beginnen zu lassen, hat sich das Bild der Entwicklung in den letzten Jahren erheblich differenziert. Nicht nur daß den Beiträgen Valdemar Vedels[7] und Karl Borinskis[8] (beide

---

[3] Als »den größten Kenner deutscher Rede« bezeichnet ihn W. Jens, Von deutscher Rede, München 1969, S. 21. Das Thema ›Nietzsche und die Rhetorik‹ wird eine Monographie von J. Goth eingehender behandeln.

[4] Darüber besonders H. Tintelnot, Zur Gewinnung unserer Barockbegriffe, in: Die Kunstformen des Barockzeitalters. Vierzehn Vorträge. Hrsg. v. R. Stamm (Sammlg. Dalp. 82), Bern 1956, S. 13ff.; vgl. dens., Über den Stand der Forschung zur Kunstgeschichte des Barock, DVjs 40, 1966, S. 116ff.; ferner J. Hermand, Literaturwissenschaft und Kunstwissenschaft. Methodische Wechselbeziehungen seit 1900 (Sammlg. Metzler. 41), Stuttgart 1965, S. 38ff.

[5] Kurzer Hinweis (1962) bei Wellek, a.a.O., S. 88 (zur Mißdeutung der Stelle s. u.).

[6] Der lyrische Stil des 17. Jahrhunderts, in: Abhandlungen zur deutschen Literaturgeschichte. Festschr. f. F. Muncker, München 1916, S. 21ff.; jetzt auch in: Deutsche Barockforschung. Dokumentation einer Epoche. Hrsg. v. R. Alewyn (Neue Wissenschaftl. Bibl. 7), Köln u. Berlin 1965, S. 229ff. (Zitate im folgenden nach diesem Abdruck); Retraktation und (modifizierende) Verteidigung der Thesen in dem Vortrag: Die Übertragung des Barockbegriffs von der bildenden Kunst auf die Dichtung, in: Die Kunstformen des Barockzeitalters, S. 243ff. Zu Strichs Aufsatz vgl. auch F. Beißner, Deutsche Barocklyrik, in: Formkräfte der deutschen Dichtung vom Barock bis zur Gegenwart (Kl. Vandenhoeck-R., Sonderbd. 1), Göttingen 1963, S. 35ff.

[7] Den digteriske Barokstil omkring aar 1600, Edda 2, 1914, S. 17ff.

[8] Die Antike in Poetik und Kunsttheorie vom Ausgang des klassischen Altertums bis auf Goethe und Wilhelm von Humboldt, Bd. 1 (Untertitel: Mittelalter, Re-

1914) der ihnen gebührende Platz zugewiesen wurde; in einzelnen Fällen konnte man Spuren sogar bis in die 90er und 80er Jahre des vorigen Jahrhunderts zurückverfolgen, und insbesondere hob man hervor, daß der große Initiator kunstgeschichtlicher wie literarischer Barockforschung, Heinrich Wölfflin, den Barockbegriff bereits selbst auf poetische Texte angewendet hat (1888)[9].

Aber auch dies liegt später als Nietzsches Skizze ›Vom Barockstile‹. Ihr bleibt der Rang eines unzeitgemäßen, hellsichtigen Entwurfs. Nun soll es hier keineswegs darum gehen, Nietzsche als *primus inventor* in einem vordergründigen Sinne zu etablieren. Auch Nietzsches Originalität ist nicht absolut. Je genauer man die Geschichte der Barockforschung verfolgt, desto klarer zeigt sich, daß sowohl die Hinwendung der Kunstwissenschaft zum Barock als auch die Übertragung des Barockbegriffs auf die Literatur nur im Zusammenhang eines umfassenden Geschmacks- und Methodenwandels verstanden werden kann. Als gegen Ende der 80er Jahre des vorigen Jahrhunderts die ersten bahnbrechenden Arbeiten vor allem von Gurlitt und Wölfflin erscheinen[10], hat sich die Barockkunst in weiten Kreisen des kunstliebenden (und kaufenden) Publikums längst einen festen Platz erobert; die Anfänge reichen bis in die 60er Jahre zurück. Die Kunstwissenschaft folgt also nur einer bereits weitverbreiteten Geschmackstendenz[11], durchaus im Gegensatz zur späteren literarischen Barockforschung[12]. In beiden Wissenschaften aber vollzieht sich die Ent-

---

naissance und Barock), Leipzig 1914; vgl. Wellek, a.a.O., S. 59. In der Literatur zur Geschichte der Barockforschung scheint man übersehen zu haben, daß Borinski bereits 1886 vom ›poetischen Barock‹ spricht: Die Poetik der Renaissance und die Anfänge der literarischen Kritik in Deutschland, Berlin 1886, S. VII: »Erste Zeichen des poetischen Barock« (vgl. S. 306 u. 320).

[9] Renaissance und Barock, München 1888, S. 83ff.: Vergleich von Ariosts ›Orlando furioso‹ und Tassos ›Gerusalemme liberata‹ unter dem Gesichtspunkt der beiden Epochen; dann im einzelnen ausgeführt von T. Spoerri, Renaissance und Barock bei Ariost und Tasso. Versuch einer Anwendung Wölfflin'scher Kunstbetrachtung, Bern 1922; dazu besonders Strich, Die Übertragung des Barockbegriffs ..., S. 244ff. (»Ich ließ mich jedoch in keinem Augenblick einschüchtern und fand Trost und Stärkung bei meinem Lehrer, Heinrich Wölfflin, der mein Tun bedingungslos billigte«, S. 246; in seinem Aufsatz von 1916 hatte er Wölfflin allerdings nicht erwähnt). Vgl. im übrigen W. Rehm, Heinrich Wölfflin als Literaturhistoriker (SB München, Phil.-hist. Kl. 1960/9), München 1960.

[10] Näheres bei Tintelnot, Zur Gewinnung unserer Barockbegriffe, S. 42ff.

[11] Tintelnot, a.a.O., S. 37.

[12] Die oft betonte Affinität der frühen Barockforschung zum Expressionismus liegt auf einer anderen Ebene; denn verglichen mit dem Gebiet der bildenden Kunst kann von einem wesentlichen Interesse des damaligen Publikums am Gegenstand der Forschung selbst, der Literatur des 17. Jahrhunderts, keine Rede sein.

deckung des Barock im Zeichen einer neuen, gegen Historismus und Positivismus gerichteten[13] typologischen, morphologischen bzw. formalästhetischen Betrachtungsweise[14].

Daß Nietzsche zu den Wegbereitern dieser geisteswissenschaftlichen Umwälzungen gehört, ist bekannt. Seine Hinweise auf ›Barockstil‹ und ›Rhetorik‹ freilich blieben ungehört, und bis der literarische Barockbegriff sich im Schlepptau der Kunstgeschichte durchzusetzen begann, vergingen Jahrzehnte[15]. Um so überraschender ist die Selbstverständlichkeit, mit der Nietzsche von Barockstil in der Literatur spricht: der »Schriftsteller« hat, wie der zitierte Einleitungssatz zeigt, geradezu den Vorrang. Der zweite Satz erweitert dann kurz die Perspektive: »Diess gilt auch (!) in den bildenden wie musischen Künsten«[16]. Doch erst gegen den Schluß hin wird der Aspekt der bildenden Künste noch einmal explizit aufgenommen: »Barockstil« gebe es »in der Poesie, Beredsamkeit, im Prosastile, in der Sculptur ebensowohl als bekanntermaassen in der Architektur«[17]. Nietzsche ist sich sehr wohl bewußt – der Zusatz »bekanntermaassen« bestätigt es –, daß der Begriff ›Barockstil‹ ursprünglich in der bildenden Kunst beheimatet ist[18] und daß seine eigene Verwendung des Terminus eine noch ungewohnte Übertragung darstellt.

Seine Konzeption reicht aber noch weiter. »Gerade jetzt, wo die Musik in diese letzte Epoche übergeht, kann man das Phänomen des Barockstils in einer besonderen Pracht kennen lernen«[19]. Es ist kaum gewagt, in Richard Wagner den eigentlichen Bezugspunkt dieses Satzes zu vermuten[20]. Wagnersches Musiktheater als barockes Gesamt-

---

[13] Hierzu vor allem R. Wellek, Die Auflehnung gegen den Positivismus in der neueren europäischen Literaturwissenschaft, in: Grundbegriffe der Literaturkritik, S. 183ff.

[14] Einzelheiten bei Hermand, a.a.O., S. 4ff. (mit weiterer Literatur).

[15] »Erst in den Jahren 1921 und 1922 fand ›Barock‹ als literarischer Terminus in Deutschland allgemein großen Anklang« (Wellek, a.a.O., S. 60).

[16] Werke 3, S. 77.

[17] A.a.O., S. 78.

[18] Während Ursprung und Etymologie des Wortes ›barock‹ seit Borinski und Croce auf die verschiedenartigsten Weisen erklärt wurden (syllogistische Schlußfigur, schiefrunde Perle etc.; über die neueren, vor allem von romanistischer Seite vorgelegten Versuche berichtet H. Hatzfeld, Der gegenwärtige Stand der romanistischen Barockforschung [SB München, Phil.-hist. Kl. 1961/4], München 1961, S. 3f.), ist es nie zweifelhaft gewesen, daß seit dem 18. Jahrhundert die Beziehung auf Werke der bildenden Kunst den Wortgebrauch bestimmte.

[19] Werke 3, S. 78.

[20] Im Jahre 1878, als der erste Teil von ›Menschliches, Allzumenschliches‹ (mit der Skizze ›Vom Barockstile‹) abgeschlossen wird, ist der Bruch mit Wagner

kunstwerk, als Wiedergeburt der Barockoper[21] – das schien einleuchtend, ja zwingend; aus dem Durchleben der ›Krankheit‹ Wagner kommt einer der entscheidenden Impulse zu Nietzsches Barock-Konzeption. Noch Jahre später notiert er: »der deutsche Barockstil in Kirche und Palast gehört als Nächstverwandter zu unsrer Musik, – er bildet im Reiche der Augen dieselbe Gattung von Zaubern und Verführungen, welche unsre Musik für einen anderen Sinn ist«[22].

Wechselseitige Erhellung der Künste: lange vor Oskar Walzel[23] übt diese Idee auf Nietzsche eine eigentümliche Faszination aus. Sie treibt ihn so weit, daß er sogar »eine Art Barocco im Reiche der Philosophie« zu beschreiben versucht[24], ein weiteres Projekt späterer Jahrzehnte, das Nietzsche antizipiert hat[25]. Ob Philosophie, Musik oder bildende Kunst, für Nietzsche haben sie letztlich nur erläuternde, spiegelnde Funktion. Sein Interesse gilt, wenigstens in dieser Skizze, der Literatur.

## b. Typologische und epochale Aspekte

Wechselseitige Erhellung der Zeitalter ist die andere Konsequenz, die sich aus Nietzsches synoptischem Barockbegriff ergibt. Barockstil

---

noch nicht vollzogen; Nietzsche übersendet ihm sogar noch ein Exemplar der Schrift.

[21] Wölfflin wies später darauf hin, »daß die Kunstweise Richard Wagners sich vollständig mit der Formgebung des Barocks decke, und es sei kein Zufall, daß Wagner gerade auf Palästrina zurückgreife« (Strich, Die Übertragung des Barockbegriffs ..., S. 248).

[22] Werke 14, S. 140 (aus: ›Unveröffentlichtes aus der Umwerthungszeit 1882/3 –1888‹). Zur prinzipiellen Bedeutung Wagners für Nietzsche vgl. K. Hildebrandt, Wagner und Nietzsche. Ihr Kampf gegen das XIX. Jahrhundert, Breslau 1924; E. Gürster, Nietzsche und die Musik, München 1929.

[23] Seine Schrift: Wechselseitige Erhellung der Künste. Ein Beitrag zur Würdigung kunstgeschichtlicher Begriffe, erschien Berlin 1917. Zur weiteren Entwicklung dieser Forschungsrichtung vgl. Hermand, a.a.O., S. 16ff.; außerdem P. Salm, Oskar Walzel and the notion of reciprocal illumination in the arts, GR 36, 1961, S. 110ff.

[24] Werke 14, S. 140: »auch diese Philosophie, mit ihrem Zopf und Begriffs-Spinngewebe, ihrer Geschmeidigkeit, ihrer Schwermuth, ihrer heimlichen Unendlichkeit und Mystik gehört zu unsrer Musik und ist eine Art Barocco im Reiche der Philosophie«. Der Zusammenhang des Textes läßt vermuten, daß Nietzsche hier insbesondere an Leibniz und Spinoza denkt.

[25] Vor allem an Leibniz, Descartes und Pascal hat man ›barocke‹ Züge aufzuzeigen versucht: H. Cysarz, Barocke Philosophie? Ein Weg zu Descartes, in: Welträtsel im Wort, Wien 1948, S. 92ff.; J. Maggioni, The ›Pensées‹ of Pascal. A study in baroque style, Washington 1950 (vgl. T. Spoerri, Die Überwindung des Barock bei Pascal, Trivium 9, 1951, S. 16ff.). Zu Leibniz s. u. S. 403.

ist überzeitlich, er wiederholt sich in der Geschichte[26]. Auch unter diesem Gesichtspunkt erscheint es Nietzsche reizvoll und nützlich, sich näher mit der zeitgenössischen Musik zu befassen. Man kann »Vieles durch Vergleichung daraus für frühere Zeiten lernen: denn es hat von den griechischen Zeiten ab schon oftmals einen Barockstil gegeben«[27]. Nicht erst in der Neuzeit, sondern zwischen Griechentum und Gegenwart vollzieht sich die Geschichte des Barockstils. Daß den klassischen Philologen Nietzsche vor allem die Frage nach Barockstil in der Antike reizt, verwundert kaum. In einer anderen Notiz aus ›Menschliches, Allzumenschliches‹ entdeckt er den »Barockstil des Asianismus«[28], und ein Aphorismus aus der gleichen Zeit konstatiert: »Griechischer Dithyrambus ist Barockstil der Dichtkunst«[29]. Kombinationen solcher Art liegen in der Luft: 1881 spricht Nietzsches großer Gegner und Verächter Wilamowitz von »der barockzeit der hellenistischen cultur«[30].

Nach welchem Gesetz aber treten die Barockstile in der Geschichte auf? Das Modell, an dem sich Nietzsche bei der Beantwortung dieser Frage unausgesprochen, aber deutlich erkennbar orientiert, ist die Abfolge von ›Renaissance‹ und ›Barock‹[31], jenes Epochenpaar also, das vor allem durch Jacob Burckhardt, Nietzsches Basler Kollegen, ins Bewußtsein der Zeit erhoben worden war[32]. Doch nicht um die Ein-

---

[26] Diese Frage läßt sich angemessen natürlich nur im Zusammenhang von Nietzsches Geschichtsphilosophie verstehen; grundlegend zum Problem der Periodizität K. Löwith, Nietzsches Philosophie der ewigen Wiederkunft des Gleichen, Stuttgart 1956.

[27] Werke 3, S. 78.

[28] A.a.O., S. 72.

[29] Werke 11, S. 105 (›Aphorismen‹; aus der Zeit von ›Menschliches, Allzumensch-liches‹, 1875/76–1879).

[30] U. von Wilamowitz-Moellendorff, Antigonos von Karystos (Philol. Unters. 4), Berlin 1881, S. 82 (vgl. noch A. Lesky, Geschichte der griechischen Literatur, Bern u. München ²1963, S. 749: hellenistische Sprachform mit »Tendenz zum ... Barocken«; es folgt eine Hegesias-Darstellung). Später gebraucht man das ›Barock‹-Etikett mit Vorliebe für die römische Literatur der Kaiserzeit (s. u. S. 41; auch dies schon angedeutet bei Wilamowitz: »aus der römischen barockzeit (welche sich, der beschränkten bedeutung der römischen kunst entsprechend nur in der eloquentia äußern kann) steht uns ein ganz verwandtes beispiel in dem vater Seneca vor augen« (ebda.).

[31] Der einzige Name, den Nietzsche in der Skizze ›Vom Barockstile‹ nennt, ist bezeichnenderweise Michelangelo, der »Vater oder Grossvater der italiänischen Barockkünstler« (Werke 3, S. 77).

[32] Über die Beziehungen zwischen den beiden vgl. C. Andler, Nietzsche und Jacob Burckhardt, Basel 1926; A. von Martin, Nietzsche und Burckhardt. Zwei geistige Welten im Dialog, München u. Basel ⁴1947; E. Salin, Jakob Burckhardt und

maligkeit, Unwiederbringlichkeit der von Burckhardt gefeierten Kultur geht es Nietzsche, sondern gerade um ein periodisches Phänomen: »Der Barockstil entsteht jedesmal beim Abblühen jeder grossen Kunst, wenn die Anforderungen in der Kunst des classischen Ausdrucks allzugross geworden sind«[33]. Antithese zu ›Barock‹ ist also nicht ›Renaissance‹, sondern ›Klassik‹, und damit rückt der Barockstil in den Zusammenhang der großen, vor allem von Goethe, Schiller und den Brüdern Schlegel formulierten typologischen Dualismen, die Nietzsche, an Schelling anknüpfend, bereits 1871 unter das Begriffspaar des Apollinischen und des Dionysischen zu fassen versucht hatte, Barockstil ist dionysischer Stil, evident beim griechischen Dithyrambus[34], evident auch bei Richard Wagner. Barockstil zeigt sich in der Geschichte immer wieder aufgrund eines gleichsam biologisch-evolutionären Geschehens, das sich als »eine Nothwendigkeit«[35], »als ein Natur-Ereigniss«[36] vollzieht.

Hier wird zugleich ein erster Ansatz zur ästhetischen Wertung des Phänomens erkennbar. Einerseits bleibt Barockstil an das »Abblühen« von ›Klassik‹ gebunden, wie ein defizienter Modus, dem es »am höchsten Adel, an dem einer unschuldigen, unbewussten, sieghaften Vollkommenheit gebricht«[37]. Andererseits aber wird es gerade durch die Gesetzmäßigkeit der Wiederkehr erschwert, Barockstil als einmalige Verirrung des künstlerischen Geschmacks abzutun. Wiederum ist sich Nietzsche deutlich bewußt, daß seine Auffassung gegen die communis opinio vieler Zeitgenossen steht, daß er mit eingefahrenen Vorurteilen zu rechnen hat[38], und so schlägt er geradezu apologetische Töne an: »Nur die Schlechtunterrichteten und Anmaassenden werden übrigens bei diesem Wort [sc. ›Barockstil‹] sogleich eine abschätzige Empfindung haben«[39]. Und am Schluß der Skizze nimmt er dies noch einmal

---

Nietzsche, Heidelberg ²1948; E. Heller, Burckhardt und Nietzsche, in: Enterbter Geist (edition suhrkamp. 67), Frankfurt a. M. 1964, S. 7ff.

[33] Werke 3, S. 77.

[34] Die Ausdehnung des dionysischen Prinzips auf das Ganze der attischen Tragödie hat bekanntlich die leidenschaftliche Kritik von Wilamowitz herausgefordert.

[35] Werke 3, S. 72.

[36] A.a.O., S. 77.

[37] A.a.O., S. 78. Die Nähe zu Schillers Konzeption des Naiven und des Sentimentalischen ist unverkennbar. Zu Hegels Verwendung des Wortes ›unschuldig‹ s. unten.

[38] Zunehmende Empfänglichkeit des Publikums für barocke Stilformen bedeutete ja noch keineswegs, daß sofort auch der Begriff des ›Barocken‹ rehabilitiert war.

[39] Werke 3, S. 77.

mit Nachdruck auf: »wesshalb es, wie gesagt, anmaassend ist, ohne Weiteres ihn abschätzig zu beurtheilen«[40].

Der Autor, der – gewissermaßen e contrario – das Barockbild auch der 70er Jahre immer noch weitgehend prägte, war Jacob Burckhardt[41]. Wer sich den neobarocken Tendenzen des Publikumsgeschmacks wie der künstlerischen Produktion verschloß, konnte sich mit gutem Recht auf die Autorität des großen Historikers der Renaissance berufen[42]. Während jedoch in der ›Cultur der Renaissance‹ (1860) die Barockepoche ganz am Rande gelassen werden konnte[43], war dies im ›Cicerone‹ (1855) schon der Intention des Buchs wegen um einiges schwieriger gewesen. Selbst wenn man nur den »Genuss« der Kunstwerke Italiens suchte, ließen sich die auf Schritt und Tritt begegnenden Zeugnisse der italienischen Barockkunst – schon Goethe erging es so – nicht einfach ignorieren. Auch Burckhardt empfand die Notwendigkeit, sich mit ihnen auseinanderzusetzen, und die Einsichten, die er dabei formulierte[44], gehören zu den wesentlichen Voraussetzungen von Nietzsches Barockbild.

»Man wird fragen: wie es nur einem Freunde reiner Kunstgestaltung zuzumuthen sei, sich in diese ausgearteten Formen zu versenken, über welche die neuere Welt schon längst den Stab gebrochen?«[45], heißt es am Anfang des Kapitels über ›Barockstyl‹ in Architektur und Dekoration (später folgt noch ein Abschnitt über barocke Skulptur)[46]. Doch Burckhardt wendet sogleich ein, von »Verachtung« habe er gerade bei Fachleuten, »bei gebildeten Architekten«, nie etwas bemerkt. »Dieselben wissen recht wohl Intention und Ausdruck zu unterscheiden und beneiden die Künstler des Barockstyles von ganzem Herzen, ob der Freiheit, welche sie genossen und in welcher sie bis-

---

[40] A.a.O., S. 78.
[41] Über die Grundlagen, auf denen Burckhardt selbst aufbaute: H.-G. Brietzke, Zur Geschichte der Barockwertung von Winckelmann bis Burckhardt (1755 –1855), Diss. Berlin (FU) 1954; E. Paul, Die Beurteilung des Barock von Winckelmann bis Burckhardt, Diss. Leipzig 1956.
[42] Neben Burckhardt waren vor allem die (ein negatives und beiläufiges Barockbild vermittelnden) Handbücher von W. Lübke und J. Springer verbreitet, vgl. Tintelnot, Zur Gewinnung unserer Barockbegriffe, S. 32ff.
[43] In der Erstausgabe: Die Cultur der Renaissance in Italien. Ein Versuch, Basel 1860, finden sich keinerlei nennenswerte Ausblicke auf die Kunst der nachfolgenden Epoche.
[44] Zugrundegelegt im folgenden: Der Cicerone. Eine Anleitung zum Genuss der Kunstwerke Italiens, Basel 1855.
[45] A.a.O., S. 366.
[46] A.a.O., S. 690ff.

10

weilen grossartig sein konnten«[47]. Der um Verständnis werbende Ton ist unüberhörbar: »Die Physiognomie dieses Styles ist gar nicht so interesselos wie man wohl glaubt«[48]. Freilich, die Verteilung der Wertakzente ist ebenfalls eindeutig: »Die Barockbaukunst spricht dieselbe Sprache, wie die Renaissance, aber einen verwilderten Dialekt davon«[49].

›Künstlertum‹, ›Freiheit‹, ›Grossartigkeit‹, wesenhafte Verknüpfung von Renaissance und Barock – es bedarf nur einer leichten Verschiebung der Gewichte, um zu Nietzsches Barockauffassung zu gelangen. »Dieselbe Summe von Talent und Fleiss, die den Classiker macht, macht, eine Spanne Zeit zu spät, den Barockkünstler ... Die Barockkunst trägt die Kunst der Höhe mit sich herum und verbreitet sie. Ein Verdienst!«, verkündet Nietzsche[50]. Die Achtung vor der Klassik als dem »reineren und grösseren Stil«[51] bleibt gewahrt. Doch das tiefergehende ›Interesse‹ (mit Burckhardt zu reden), ja die »Bewunderung« Nietzsches gehört eingestandenermaßen dem Barockstil[52]. Auch dieser hat »seine Grösse«, seine Stilqualitäten »sind in den früheren, vorclassischen und classischen Epochen einer Kunstart nicht möglich, nicht erlaubt: solche Köstlichkeiten hängen lange als verbotene Früchte am Baume«[53].

## c. Die Umwertung des ›Rhetorischen‹

Nietzsche spricht nahezu wie ein moderner Verehrer des Manierismus, und es wäre nicht ohne Reiz, seine Position (vor allem in ihrer überzeitlichen ›klassisch‹-›barocken‹ Dialektik) einmal mit den so folgenreichen Theorien eines Ernst Robert Curtius zu vergleichen[54].

---

[47] A.a.O., S. 367. »Manche Architekten componiren in einem beständigen Fortissimo«, fügt er kurz danach hinzu (a.a.O., S. 368).

[48] A.a.O., S. 367.

[49] A.a.O., S. 368.

[50] Werke 11, S. 76 (›Aphorismen‹; aus der Zeit von ›Menschliches, Allzumenschliches‹, 1875/76–1879). Zur Definition von ›Klassik‹ vgl. den vorausgehenden Aphorismus: »Der classische Geschmack: nichts begünstigen, was die Kraft der Zeit nicht zu reinem und mustergültigem Ausdruck zu bringen vermöchte, also ein Gefühl der der Zeit eigenthümlichen Kraft und Aufgabe« (ebda.).

[51] Werke 3, S. 78.

[52] Durchaus unzutreffend also die Behauptung von H. Cysarz, daß »das Wort ›barock‹ ... vorzüglich bei Nietzsche, die Geltung fast eines Ekelnamens angenommen hat« (Vom Geist des deutschen Literatur-Barocks, DVjs 1, 1923, S. 243ff.; abgedruckt in: Deutsche Barockforschung, S. 17ff.; dort S. 17).

[53] Werke 3, S. 78.

[54] Curtius wählt ›Manierismus‹ bekanntlich als »Generalnenner für alle literari-

Denn um Literatur vor allem geht es in der Skizze ›Vom Barockstile‹, um den Schriftsteller und Sprachkünstler. Und hier liegt das vielleicht revolutionärste Element des ganzen Entwurfs: die Hervorhebung des ›Rhetorischen‹.

Auf Resonanz konnte Nietzsche gerade dabei nicht rechnen. Kaum etwas war so geeignet, das Interesse am literarischen Barockstil von vornherein zu blockieren wie die Vokabel ›Rhetorik‹: Inbegriff einer überwundenen wissenschaftlich-pädagogischen Disziplin[55], einer auf Oberflächlichkeit, Täuschung und Verstellung beruhenden Sprachhaltung der ›Unnatur‹[56]. Dazu noch die Provokation, Rhetorik nicht im Bereich der politischen Rede oder der Predigt zu belassen, sondern sogar auf ›Kunst‹ anzuwenden, d. h. auch auf Poesie! Das widersprach allen geläufigen Vorstellungen der Ästhetik, wie sie sich seit der Geniezeit in Deutschland herausgebildet hatten und zumal durch die idealistische Philosophie kodifiziert worden waren: Poesie ist autonom, sie trägt ihren Zweck wesentlich in sich selbst; Rhetorik ist an äußere, meist niedere Zwecke gebunden[57], Grenzüberschreitungen sind zutiefst suspekt.

»Das poetische Kunstwerk bezweckt nicht anderes als das Hervorbringen und den Genuß des Schönen; Zweck und Vollbringung liegt hier unmittelbar in dem dadurch selbständig in sich fertigen Werke«, konstatierte Hegel[58]. In Einzelfällen kann die dichterische Produktion »so weit gehen, daß ihr dies Machen des Ausdrucks zu einer Hauptsache wird und ihr Augenmerk weniger auf die innerliche Wahrheit als auf die Bildung, die Glätte, Eleganz und den Effekt der sprachlichen Seite gerichtet bleibt. Dies ist dann die Stelle, wo das Rhetorische und Deklamatorische ... sich in einer die innere Lebendigkeit der Poesie zerstörenden Weise ausbildet, indem die gestaltende

---

schen Tendenzen ..., die der Klassik entgegengesetzt sind«; seine Konzeption beruht auf der »Polarität von Klassik und Manierismus« (Europäische Literatur und lateinisches Mittelalter, Bern u. München ³1961, S. 277). Auf Nietzsche bezieht sich Curtius in diesem Zusammenhang nicht. H. Friedrich, Epochen der italienischen Lyrik, Frankfurt a. M. 1964, S. 615 zitiert demgegenüber (innerhalb des ›Manierismus‹-Kapitels) aus der Skizze ›Vom Barockstile‹ und nimmt Einfluß von Droysens ›Geschichte des Hellenismus‹ an.

[55] Ihr Absinken im 19. Jahrhundert (unter Verlust der Kontinuität zur antiken rhetorischen Tradition) zeigt M.-L. Linn, Studien zur deutschen Rhetorik und Stilistik im 19. Jahrhundert (Marb. Beitr. z. Germanistik. 4), Marburg 1963.

[56] »Die Rhetorik galt als pomphaft, eitel, trickreich, nichtig, liederlich« (Jens, Von deutscher Rede, S. 29).

[57] Vgl. Jens, a.a.O., S. 34ff.

[58] Ästhetik. Mit einer Einführung v. G. Lukács hrsg. v. F. Bassenge, 2 Bde., Frankfurt a. M. o. J. (¹1955); das Zitat: Bd. 2, S. 357.

Besonnenheit sich als Absichtlichkeit kundgibt und eine selbstbewußt geregelte Kunst die wahre Wirkung, die absichtslos und unschuldig sein und scheinen muß, verkümmert«[59]. Im gleichen Sinne äußerten sich zahllose andere Theoretiker der Epoche[60], und selbst für Adam Müller, einen der großen Propheten der Rhetorik in Deutschland, war es selbstverständlich, »daß die Beredsamkeit es allezeit auf einen bestimmten Zweck absieht, während die Poesie überhaupt keinen Zweck, und wenn ja einen, doch gewiß keinen hat, der im Bezirke unserer irdischen Neigungen und Bestrebungen liegt«[61].

Der bei Hegel bereits angedeutete Schritt zur moralischen Verketzerung alles Rhetorischen, vor allem im Zusammenhang der Poesie, war immer rasch getan[62]. »In der Dichtkunst geht alles ehrlich und aufrichtig zu«, konstatierte Kants ›Kritik der Urteilskraft‹; »aber Rednerkunst (ars oratoria) ist, als Kunst, sich der Schwächen der Menschen zu seinen Absichten zu bedienen ..., gar keiner Achtung würdig«[63]. Auch das oft behandelte, spezifisch deutsche Problem des ›Spricht die Seele, so spricht ach! schon die Seele nicht mehr‹ spielt dabei häufig eine entscheidende Rolle. »Poesie ist, rein und echt betrachtet, weder Rede noch Kunst«, heißt es in den ›Noten und Abhandlungen zum Westöstlichen Divan‹[64]. »Die Redekunst aber ... ist Verstellung vom Anfang bis zu Ende«[65]. Und im zweiten Buch von

---

[59] A.a.O., S. 374. ›Unschuld‹ ist die gemeinsame Auszeichnung von ›Poesie‹ und ›Klassik‹, im Gegensatz zur ›Rhetorik‹.

[60] Vgl. etwa das bei Jens, a.a.O., S. 34 wiedergegebene Zitat aus Eschenburgs ›Entwurf einer Theorie und Literatur der schönen Redekünste‹.

[61] Zwölf Reden über die Beredsamkeit und deren Verfall in Deutschland. Mit einem Essay und einem Nachwort v. W. Jens (sammlg. insel. 28), Frankfurt a. M. 1967, S. 79 (aus der vierten Vorlesung: ›Verhältnis der Beredsamkeit zur Poesie‹). Friedrich Schlegel: »Alle Poesie, die auf einen Effekt ausgeht, ist rhetorisch« (Seine prosaischen Jugendschriften. Hrsg. v. J. Minor, Bd. 2, Wien 1882, S. 246).

[62] Mit Vorliebe griff man dabei auf das Urteil Platons im ›Gorgias‹ zurück (weniger häufig auf den in dieser Hinsicht modifizierenden ›Phaidros‹; vgl. dazu auch Nietzsche, Werke 18, S. 241).

[63] Werke in sechs Bänden. Hrsg. v. W. Weischedel, Bd. 5, Wiesbaden 1957, S. 431 (§ 53). Kant ist deutlich bemüht, zwei Erscheinungsformen der ›Beredsamkeit‹ auseinanderzuhalten. »Die Beredsamkeit, sofern darunter die Kunst zu überreden, d. i. durch den schönen Schein zu hintergehen (als ars oratoria), und nicht bloße Wohlredenheit (Eloquenz und Stil) verstanden wird, ist eine Dialektik ...« (a.a.O., S. 430); »Beredtheit und Wohlredenheit (zusammen Rhetorik) gehören zur schönen Kunst« (S. 431).

[64] Hamb. Ausg. 2, S. 186. Die vielzitierte Stelle aus dem ›Nacht‹-Gespräch zwischen Faust und Wagner: Hamb. Ausg. 3, S. 25 (im ›Urfaust‹: S. 372). Daß Goethe auch anders gesprochen hat, betonen Curtius, S. 72 und Jens, a.a.O., S. 25.

[65] Hamb. Ausg. 2, S. 186. Von der »rhetorischen Verstellung« spricht Goethe auch a.a.O., S. 159.

›Wilhelm Meisters Wanderjahren‹ notiert Goethe: »Die Redekunst ist angewiesen auf alle Vorteile der Poesie, auf alle ihre Rechte; sie bemächtigt sich derselben und mißbraucht sie, um gewisse äußere, sittliche oder unsittliche, augenblickliche Vorteile im bürgerlichen Leben zu erreichen«[66].

Mit dem Verständnis der Literatur anderer Epochen und Nationen gab es allerdings bei einer solchen literarischen Konzeption gewisse Schwierigkeiten. Goethe bekennt schon nach kurzem Aufenthalt in Italien, als er in Venedig eine Theateraufführung und die Reaktion des dortigen Publikums erlebt hat: »Jetzt verstehe ich besser die langen Reden und das viele Hin- und Herdissertieren im griechischen Trauerspiele. Die Athenienser hörten noch lieber reden und verstanden sich noch besser darauf als die Italiener«[67]. Weniger einsichtig zeigt sich Hegel. »Ganze Nationen haben fast keine andere als solche rhetorische Werke der Poesie hervorzubringen verstanden«[68], erklärt er summarisch, und es ist kaum Zufall, daß er insbesondere der spanischen Literatur, die im 17. Jahrhundert ihre ›goldene Epoche‹ erlebt, das »Prunken mit einer absichtlichen Kunst der Diktion« vorwirft[69]. Nicht zuletzt aber gilt sein Widerwille der römischen Dichtung: »bei Virgil, Horaz z. B. fühlt sich sogleich die Kunst als etwas nur Gemachtes, absichtlich Gebildetes heraus; wir erkennen einen prosaischen Inhalt, der bloß mit äußerlichem Schmuck angetan ist, und einen Dichter, welcher in seinem Mangel an ursprünglichem Genius nun in dem Gebiete sprachlicher Geschicklichkeit und rhetorischer Effekte einen Ersatz für das zu finden sucht, was ihm an eigentlicher Kraft und Wirkung des Erfindens und Ausarbeitens abgeht«[70].

---

[66] Hamb. Ausg. 8, S. 294 (wörtlich aufgenommen in die ›Maximen und Reflexionen‹, Hamb. Ausg. 12, S. 511); wenige Seiten später heißt es: »Ob die Mathematik Pfennige oder Guineen berechne, die Rhetorik Wahres oder Falsches verteidige, ist beiden vollkommen gleich« (Hamb. Ausg. 8, S. 308 = ›Maximen und Reflexionen‹, Hamb. Ausg. 12, S. 455); Goethe mag hier auch an den juridischen Ursprung der Disziplin Rhetorik gedacht haben.

[67] Hamb. Ausg. 11, S. 81f. (6. Oktober 1786). Zwei Tage zuvor, nachdem er »Öffentliche Redner« gehört hat, formuliert er die Erkenntnis, daß die Italiener zu einer Nation gehören, »die, stets öffentlich lebend, immer in leidenschaftlichem Sprechen begriffen ist« (a.a.O., S. 78f.).

[68] Ästhetik, Bd. 2, S. 374.

[69] A.a.O., S. 375. »Überhaupt haben die südlichen Nationen, die Spanier und Italiener z. B. ... eine große Breite und Weitschweifigkeit in Bildern und Vergleichen« (ebda.). Wie Goethe argumentiert Hegel in Fragen des ›Rhetorischen‹ stark mit dem Volkscharakter.

[70] A.a.O., S. 374f. Gegenbild ist natürlich Homer: bei ihm »geht der Ausdruck immer glatt und ruhig fort« (a.a.O., S. 375). Auch die Sprache Ciceros scheint

Es ist genau der Punkt, an dem der klassische Philologe Nietzsche ansetzt: »Im Allgemeinen erscheint uns, die wir rohe Sprachempiriker sind, die ganze antike Litteratur etwas künstlich und rhetorisch, zumal die römische. Das hat auch darin seinen tieferen Grund, dass die eigentliche Prosa des Alterthums durchaus Widerhall der lauten Rede ist und an deren Gesetzen sich gebildet hat: während unsere Prosa immer mehr aus dem Schreiben zu erklären ist, unsere Stilistik sich als eine durch Lesen zu percipirende giebt. Der Lesende und der Hörende wollen aber eine ganz andere Darstellungsform, und deshalb klingt uns die antike Litteratur ›rhetorisch‹: d. h. sie wendet sich zunächst ans Ohr, um es zu bestechen«[71].

Die Sätze stehen in Nietzsches Basler Vorlesung vom Sommersemester 1874 über das System der antiken Rhetorik; im Wintersemester 1872/73 war ein Kolleg über ›Geschichte der griechischen Beredsamkeit‹ vorausgegangen[72]. Schon aus dem hier wiedergegebenen Zitat geht klar genug hervor, daß Rhetorik für Nietzsche – im Gegensatz zu den meisten seiner Zeitgenossen – keinen wesenlosen, obsoleten literarischen Apparat bedeutet, sondern ein ursprüngliches, anthropologisches Phänomen, das in der Antike unmittelbar aus dem Lebenszusammenhang hervorgegangen ist. Auch die früh schon einsetzende pädagogisch-institutionelle Verfestigung der Rhetorik faßt Nietzsche ins Auge: »Die Bildung des antiken Menschen kulminiert gewöhnlich in der Rhetorik: es ist die höchste geistige Bethätigung des gebildeten politischen Menschen – ein für uns sehr befremdlicher Gedanke!«[73].

---

Hegel »noch naiv und unbefangen genug« (a.a.O., S. 374). Was ihn vor allem stört, sind die rhetorischen Elemente in der Poesie.

[71] Werke 18, S. 248. Zu Nietzsches Bild der Antike vgl. allgemein E. Howald, Friedrich Nietzsche und die klassische Philologie, Gotha 1920; K. Schlechta, Der junge Nietzsche und das klassische Altertum, Mainz 1948. Über die Grundlegung seiner Antikenkenntnis in Schulpforta berichtet eingehend R. Blunck, Friedrich Nietzsche. Kindheit und Jugend, München u. Basel 1953, S. 56ff.; dort S. 93ff. u. S. 136ff. auch über seinen Entschluß zum Philologie-Studium sowie über die Leipziger Zeit. Basel: J. Stroux, Nietzsches Professor in Basel, Jena 1925 (vgl. auch die o. S. 8 Anm. 32 genannten Arbeiten über sein Verhältnis zu Burckhardt).

[72] Die beiden Kollegs sind (hrsg. v. O. Crusius) abgedruckt in: Werke 18, S. 199ff. u. S. 237ff. Nietzsche stützt sich (besonders in der ›Geschichte der griechischen Beredsamkeit‹) in der Hauptsache auf die Standardwerke von Blass und Volkmann (vgl. die Anmerkung von Crusius, S. 331). Die Unmittelbarkeit des Zugriffs wird dadurch nicht verstellt.

[73] A.a.O., S. 239. Nietzsche formuliert die gleiche fundamentale Einsicht, die Goethe in Venedig für die attische Tragödie gewonnen hatte: »Das Volk, das

Doch bei der Feststellung der historischen Differenz[74] bleibt er nicht stehen. Wie im Fall des Barockstils versucht er, durch typologische Analyse die petrifizierten Vorurteile zu entlarven: »›Rhetorisch‹ nennen wir einen Autor, ein Buch, einen Stil, wenn ein bewusstes Anwenden von Kunstmitteln der Rede zu merken ist, immer mit einem leisen Tadel. Wir vermeinen, es sei nicht natürlich und mache den Eindruck des Absichtlichen. Nun kommt sehr viel auf den Geschmack des Urtheilenden an und darauf, was ihm gerade ›natürlich‹ ist ... Es giebt gar keine unrhetorische ›Natürlichkeit‹ der Sprache, an die man appelliren könnte: die Sprache selbst ist das Resultat von lauter rhetorischen Künsten«[75].

*d. Der Versuch einer Synthese*

Spätestens an dieser Stelle wird erkennbar, daß ›Rhetorik‹ und ›Barockstil‹ dem gängigen Vorurteil gegenüber in der gleichen Front stehen. Denn ›Unnatur‹ war ja der Zentralvorwurf, den die Literaturkritik seit der Geniezeit[76] immer wieder der Barockdichtung entgegengehalten hatte, ein Leitmotiv auch der Literaturwissenschaft des 19. Jahrhunderts, sofern sie sich aus positivistischem Pflichtbewußtsein überhaupt mit Texten des 17. Jahrhunderts befaßt hatte[77]. Im ›Natürlichen‹ schien man den absoluten Wertmaßstab zu besitzen. Er hatte die seit Jahrhunderten gültige rhetorische Kategorie des *decorum* bzw. *aptum* abgelöst. Noch Goethe selbst verwendet den Begriff des ›Schicklichen‹ in seinem Aufsatz ›Baukunst‹ von 1795[78] eben zur

---

sich an solcher Sprache, der sprechbarsten aller, ausbildete, hat unersättlich viel gesprochen und frühzeitig Lust und Unterscheidungsgabe darin gehabt« (a.a.O., S. 202).

[74] »Die ausserordentliche Entwicklung derselben [sc. der Rhetorik] gehört zu den spezifischen Unterschieden der Alten von den Modernen« (a.a.O., S. 239). Die noch immer großen Schwierigkeiten eines angemessenen Verstehens erläutert der einführende Vortrag von P. Wülfing–v. Martitz, Grundlagen und Anfänge der Rhetorik in der Antike, Euphorion 63, 1969, S. 207ff.

[75] A.a.O., S. 248f.

[76] In der Kritik der frühen Aufklärung hatte zunächst der Terminus ›Schwulst‹ dominiert (der auch weiterhin im Arsenal blieb); einiges dazu bei M. Windfuhr, Die barocke Bildlichkeit und ihre Kritiker. Stilhaltungen in der deutschen Literatur des 17. und 18. Jahrhunderts (Germanist. Abh. 15), Stuttgart 1966, S. 312ff. (der Gegenstand bedarf noch einer eigenen Untersuchung).

[77] Vgl. exemplarisch den Überblick über die Wertung Hofmannswaldaus bei E. Rotermund, Christian Hofmann von Hofmannswaldau (Sammlg. Metzler. 29), Stuttgart 1963, S. 71ff.

[78] Erstdruck Weim. Ausg. 47, S. 67ff.; Teilabdruck Hamb. Ausg. 12, S. 35ff. Die

Kritik barocker Stilgebung; und kaum ein anderes Zeugnis vermag die spezifische Diskrepanz von Barock und klassizistischer Kunstauffassung[79] so deutlich zu zeigen wie dieser Aufsatz. In den Paralipomena dazu findet sich folgende entscheidende Notiz zur Barockkunst:

»Verfall.
Begriff von Eindruck ohne Sinn für Charackter.
Sinn für Pracht und Größe. Gemeines Erstaunen zu erregen.
  Menge der Säulen.
Gegenwart aller Manigfaltigkeit.
Daraus wird Zierrath als Zierrath.
Verlust des Gefühls des schicklichen.
Mangel an Ficktion.
Zuflucht  zum Gegensatz
             zum Sonderbaren
             zum Unschicklichen«[80].

Versucht man, durch die Schutzschicht der Diskreditierung hindurch[81] die Einzelheiten der Barock-Beschreibung zu realisieren, so wird nicht nur die weitgehende Identität von ›rhetorischem‹ und ›barockem‹ Kunstwollen (in der Sicht Goethes) erkennbar, sondern es ergeben sich auch überraschende Parallelen zu Nietzsches Ausgangsposition. Vier Punkte vor allem sind hervorzuheben: die Tendenz zu Quantität und ›Größe‹ (»Menge der Säulen«, »Gegenwart aller Manigfaltigkeit«, »Pracht«, »Größe«), das artifizielle Element (»Zierrath als Zierrath«, »Zuflucht ... zum Sonderbaren«), das Durchbrechen der klassizistischen Norm (»Verfall«, »Verlust des Ge-

---

kürzlich erschienene Arbeit von A. Horn-Oncken, Über das Schickliche. Studien zur Geschichte der Architekturtheorie. I. (Abh. Göttingen, Phil.-hist. Kl., 3. Folge, Nr. 70), Göttingen 1967 zeigt im einzelnen, wie die Kategorie des πρέπον bzw. *decorum* aus der Rhetorik in die Architekturtheorie übernommen, durch Vitruv weitergegeben und schließlich auch von Goethe rezipiert wurde (zu Goethe: S. 9ff. u. S. 156ff.; freilich ohne näheres Eingehen auf das ›Barock‹-Problem).

[79] Über Goethes Verhältnis zur Barockkunst ausführlich der Artikel ›Barock/Barocke Kunst‹ von H.-W. von Löhneysen, in: Goethe-Handbuch. Goethe, seine Welt und Zeit in Werk und Wirkung. Hrsg. v. A. Zastrau, Bd. 1, Stuttgart ²1961, Sp. 767ff. (mit umfangreichem Material auch zu Goethes Zeitgenossen; über ›Baukunst‹: Sp. 778).

[80] Weim. Ausg. 47, S. 330 (= Weim. Ausg. 34/2, S. 193). Voraus geht ein entsprechender Passus über Renaissance-Kunst: »Manigfaltigkeit mit Charackter ... Erstaunen des gebildeten Geistes. Was jedes Kunstwerk erregen sollte ...« (ebda.).

[81] Vgl. von Löhneysen, a.a.O., Sp. 774: »das Unnatürliche, das er zu überwinden trachtete«.

fühls des schicklichen«)[82], die Wirkabsicht (»Eindruck«, »Gemeines
Erstaunen zu erregen«).

Auf die Umwertung dieser Phänomene kommt alles an. Erst wenn
ihr Eigenrecht, ihre Eigentümlichkeit anerkannt ist, sind sie wirklich
entdeckt. Ansatzpunkt für Nietzsches Beschreibung des Barockstils
ist die »Bewunderung für die ihm eigenthümlichen Ersatzkünste des
Ausdrucks und der Erzählung. Dahin gehört schon die Wahl von
Stoffen und Vorwürfen höchster dramatischer Spannung, bei denen
auch ohne Kunst das Herz zittert, weil Himmel und Hölle der Empfindung allzunah sind: dann die Beredsamkeit der starken Affecte
und Gebärden, des Hässlich-Erhabenen, der grossen Massen, überhaupt der Quantität an sich ... : Die Dämmerungs-, Verklärungs-
oder Feuerbrunstdichter auf so starkgebildeten Formen«[83].

Quantität vermag »auch ohne Kunst« zu wirken, dessen ist sich
Nietzsche völlig bewußt. Der ›barocke‹ Schriftsteller aber greift zur
Quantität nur, weil er Kunst in der höchsten Potenz will: »fortwährend neue Wagnisse in Mitteln und Absichten, vom Künstler für die
Künstler kräftig unterstrichen«[84]. Das Problem der Esoterik, das in
dieser Konzeption des ›L'art pour les artistes‹ beschlossen liegt, wäre
nur innerhalb von Nietzsches gesamter ›Kunst‹-Auffassung angemessen zu diskutieren[85]. Aber dies bleibt festzuhalten: das Artifizielle
wird im Barockstil nicht gemieden, sondern gerade gesucht, es wird
sogar zur Schau gestellt; und Jacob Burckhardt hatte bestätigt, daß
die Leute vom Fach noch nach Jahrhunderten das Können der Barockkünstler zu würdigen wissen.

»Das Aufregende in der Geschichte der Kunst. – Verfolgt man die
Geschichte einer Kunst, zum Beispiel die der griechischen Beredsamkeit, so geräth man, von Meister zu Meister fortgehend, bei dem Anblick dieser immer gesteigerten Besonnenheit, um den alten und neu-
hinzugefügten Gesetzen und Selbstbeschränkungen insgesammt zu
gehorchen, zuletzt in eine peinliche Spannung: man begreift, dass der
Bogen brechen muss und dass die sogenannte unorganische Compo-
sition, mit den wundervollsten Mitteln des Ausdrucks überhängt und

---

[82] In diesen Zusammenhang gehört auch Goethes eigene, »über die architektur-
theoretische Überlieferung weit hinaus« gehende Lehre von der ›Ficktion‹ (H.
von Einem, in: Hamb. Ausg. 12, S. 580).

[83] Werke 3, S. 77.

[84] Ebda.

[85] Hierzu sei jetzt generell verwiesen auf H. Hultberg, Die Kunstauffassung
Nietzsches, Bergen u. Oslo 1964; vgl. auch P. Pütz, Friedrich Nietzsche
(Sammlg. Metzler. 62), Stuttgart 1967, S. 22ff.

maskirt – in jenem Falle der Barockstil des Asianismus –, einmal eine Nothwendigkeit und fast eine Wohlthat war«[86]. Damit ist die Umwertung vorsichtig, aber definitiv vollzogen. So hätte Goethe niemals über Barockstil reden können[87]. Der Derivat-Charakter des Barock, seine Gebundenheit an das »Abblühen« klassischer Kunst, bleibt erhalten. Aber daß der Barockstil eigenwertige ›Kunst‹ bietet, daß er seine »Köstlichkeiten«, »seine Grösse« besitzt[88], ist für Nietzsche nicht mehr zu leugnen.

Die Geschichte selbst zwingt zu dieser Einsicht. »Wer hat mehr im Reiche der bildenden Kunst ergriffen und entzückt als Bernini, wer mächtiger gewirkt als jener nachdemosthenische Rhetor, welcher den asianischen Stil einführte und durch zwei Jahrhunderte zur Herrschaft brachte?«[89]. Wo Goethe nur die Absicht registrierte, »Gemeines Erstaunen zu erregen«, spricht Nietzsche von ›Ergreifen‹ und ›Entzücken‹.

Aber charakteristischer noch scheint seine Parallelisierung der bildenden Barockkunst mit der Rhetorik. Hier setzt er gewissermaßen allen Kredit, den er dem Barockstil zu erringen versuchte, aufs Spiel und löst sich gänzlich vom Boden der traditionellen Barockbetrachtung. Keine Disziplin hatte seit jeher das Wirkenwollen so offen und so unmißverständlich als τέλος propagiert wie die Rhetorik[90]. Der zitierte Eingangssatz zur Skizze ›Vom Barockstile‹ läßt an schockierender Offenheit nichts zu wünschen übrig: der Barockkünstler bzw.

---

[86] Werke 3, S. 72. Die ›Wohltat‹, die aus dem Durchbrechen einer nicht mehr tragfähigen klassischen Norm hervorgeht, betont Nietzsche mehrfach (der Barockstil hat »Vielen von den Besten und Ernstesten seiner Zeit wohlgethan«, a.a.O., S. 78).

[87] Wo er – in seltenen Fällen – barocker Kunst seine Anerkennung nicht versagen kann, bezieht sie sich ausschließlich auf ein einzelnes Werk oder einen bestimmten Künstler (so bei Palladio: wenn er die »Grenzen überschritt, so verzeiht man ihm doch immer, was man an ihm tadelt«; Hamb. Ausg. 12, S. 37).

[88] Werke 3, S. 78. Friedrich, Epochen . . . , S. 615 bezieht dies im engeren Bereich auf die Rhetorik: »Es ist denkwürdig, daß Nietzsche, der so eindringlich das Wesen der Rhetorik, nämlich ihr Künstlertum, verstanden hat, auch ihre Möglichkeit, noch im ›Abblühen‹ Kunst zu sein, zu erkennen vermochte«.

[89] Werke 2, S. 168 (›Menschliches, Allzumenschliches‹, 1. Bd.). Mit dem ›nachdemosthenischen Rhetor‹ ist Hegesias gemeint. Zu Berninis Wille, die klassizistische Norm zu durchbrechen, vgl. auch den Brief Nietzsches an Carl Fuchs (Ende Juli 1877): »Mitunter . . . fällt mir die Manier Berninis ein, der auch die Säule nicht mehr einfach erträgt, sondern sie von unten bis oben durch Voluten wie er glaubt lebendig macht« (Schlechta 3, S. 1137).

[90] Der auf das πείθειν zielenden Aristotelischen Definition steht Nietzsche allerdings skeptisch gegenüber, vgl. die Bemerkung in der ›Rhetorik‹-Vorlesung vom Sommer 1874 (Werke 18, S. 241).

der Rhetor sucht sein Ziel »als Hirt oder als Räuber«. Luther, Nietzsches großes Vorbild, hat ähnliches vom Prediger gefordert: »Ein Prediger muß ein Kriegsmann und ein Hirte sein«[91].

Nietzsche zieht auch aus dieser Unbedingtheit des rhetorischen Wollens die klare Konsequenz, daß »die Rhetorik der unmoralischen Kunst entspricht«[92]. Er scheint damit allen Gegnern der Rhetorik und der rhetorischen Kunst auf willkommenste Weise recht zu geben. Aber sogleich relativiert er das Problem: »Ehrliche Kunst und unehrliche Kunst – Hauptunterschied. Die sogenannte objective Kunst ist am häufigsten nur unehrliche Kunst. Die Rhetorik ist deshalb ehrlicher, weil sie das Täuschen als Ziel anerkennt«[93]. Keine Kunst ist auf das Täuschen, auf die Illusion so fundamental angewiesen wie das Theater. Eben deshalb hat Nietzsche immer wieder – nicht zuletzt im Blick auf Wagner[94] – das Schauspielerische der Rhetorik, ja die Identität von Rhetor und Schauspieler betont: »Schauspieler und Redner: erster vorausgesetzt«[95]. Das ist gemeint, wenn es heißt, der Barockkünstler greife »nach dem Rhetorischen und Dramatischen«[96]; er tut es, um »sich verständlich zu machen«, so wie (nach Adam Müllers berühmtem Wort) Schiller, als der »größte Redner der deutschen Nation«, »die dichterische Form nur wählte, weil er gehört werden wollte«[97].

Unter dem Gesichtspunkt des ›Theatralischen‹ schließen sich ›Barock‹ und ›Rhetorik‹ noch einmal, vielleicht am überzeugendsten, zusammen. Es ist evident, wie unmittelbar Nietzsches typologischer Barockbegriff speziell dem 17. Jahrhundert, seinem theatralischen Lebensgestus, seiner Illusionskunst und seiner Theaterleidenschaft gerecht zu werden vermag[98]. Und wenn Sprachkunst auch ›Zwecken‹ dienen, wenn Poesie auch nach ›Wirkung‹ streben darf[99], sind die ele-

---

[91] Tischreden 1 (Weim. Ausg.), S. 305. Über Luthers Brutalität sehr bezeichnend der Brief Nietzsches an Peter Gast vom 5. Oktober 1879 (nach der Lektüre des zweiten Bandes von Janssen, ›Geschichte des deutschen Volkes‹; Schlechta 3, S. 1159).

[92] Werke 10, S. 485 (1874; aus: ›Einzelne Gedanken und Entwürfe‹).

[93] A.a.O., S. 486.

[94] Vgl. vor allem ›Richard Wagner in Bayreuth‹.

[95] Werke 10, S. 485.

[96] Auch die »Wahl von Stoffen und Vorwürfen höchster dramatischer Spannung« gehört in diesen Zusammenhang (Werke 3, S. 77). Wellek, a.a.O., S. 88 mißversteht Nietzsches Konzeption im Sinne »des Verfalls großer Kunst in bloße Rhetorik und Theatralik«.

[97] Zwölf Reden über die Beredsamkeit und deren Verfall in Deutschland, S. 41.

[98] Dazu u. S. 86ff.

[99] Über Nietzsches Unterscheidung einer ›monologischen Kunst‹ und einer ›Kunst

mentaren Voraussetzungen zum Verständnis der Barockliteratur und ihres rhetorischen Grundzugs gegeben.

Welcher Umwertung es bedurfte, um diese Voraussetzungen zu schaffen, sollte hier gezeigt werden. Damit ist weder Nietzsches Konzeption des Rhetorischen noch sein Barockbegriff als absolute Instanz eingesetzt. Man könnte z. B. einwenden, Nietzsche sei zu stark in der Tradition des rhetorischen Irrationalismus befangen geblieben[100], die dem ›rationalistischen‹ 17. Jahrhundert nicht gerecht werde (wobei zumindest zwischen Produktion und Effekt zu scheiden wäre)[101]. Und man könnte behaupten, es sei – bei ›Barock‹ wie bei ›Rhetorik‹ – zu viel von Nietzsches eigenem Wesen mit im Spiel. In der Tat, ohne innere Affinität zu beiden Phänomenen wäre eine so unzeitgemäße Umwertung wohl nicht möglich gewesen[102]. Subjektiv (und deutlich am Bild Frankreichs orientiert) ist auch die im ›Willen zur Macht‹ entworfene Skizze des 17. Jahrhunderts. Aber sie deutet einiges von den Schwierigkeiten an, die einem Verständnis des Barockzeitalters noch auf lange Zeit hinaus im Wege stehen werden: »Das 17. Jahrhundert ist aristokratisch, ordnend, hochmüthig gegen das Animalische, streng gegen das Herz, ›ungemüthlich‹, sogar ohne Gemüth, ›undeutsch‹, dem Burlesken und dem Natürlichen abhold, generalisirend und souverän gegen Vergangenheit: denn es glaubt an sich. Viel Raubthier au fond, viel asketische Gewöhnung, um Herr zu bleiben. Das willensstarke Jahrhundert; auch das der starken Leidenschaft«[103].

---

vor Zeugen‹ (im 5. Buch der ›Fröhlichen Wissenschaft‹) jetzt eingehend A. Langen, Dialogisches Spiel. Formen und Wandlungen des Wechselgesangs in der deutschen Dichtung (1600–1900) (Annal. Univ. Sarav., R.: Philos. Fak. 5), Heidelberg 1966, S. 11ff.

[100] Grundlegend darüber K. Dockhorn, Die Rhetorik als Quelle des vorromantischen Irrationalismus in der Literatur- und Geistesgeschichte (Nachr. Göttingen, Phil.-hist. Kl., 1949/5), Göttingen 1949; jetzt in seinem Aufsatzband: Macht und Wirkung der Rhetorik. Vier Aufsätze zur Ideengeschichte der Vormoderne (Respublica Literaria. 2), Bad Homburg v. d. H. usw. 1968, S. 46ff.

[101] Dies auch gegen Dockhorn, der die Bewußtheit des ›Machens‹ so gut wie nicht berücksichtigt. Gerade am Beispiel der Jesuitenrhetorik (die in manchen Zügen an Nietzsche erinnert) läßt sich zeigen, wie ›irrationale‹ Mittel mit höchster ›Rationalität‹ eingeübt und eingesetzt werden. Erst die Gesamtheit von *facere* und *efficere* macht die Rhetorik aus.

[102] Nicht von ungefähr vergleicht Azorín in einem Artikel Nietzsche mit Gracián (Una conjetura: Nietzsche, español, ›El Globo‹, Madrid, Mai 1903). A. Rouveyre, Pages caractéristiques de Baltasar Gracián, Paris 1925 versucht Einfluß Graciáns auf Nietzsches epigrammatischen Stil nachzuweisen. Vgl. im übrigen V. Bouillier, Baltasar Gracián et Nietzsche, RLC 6, 1926, S. 381ff.

[103] Werke 15, S. 209.

## 2. Die Wiederentdeckung der deutschen Barockliteratur

### a. Alte Vorurteile

›Undeutsch‹ war Nietzsche das 17. Jahrhundert erschienen, ›undeutsch‹ auch das Phänomen Rhetorik. Wie sollte unter solchen Vorzeichen das deutsche Publikum Zugang zur deutschen Literatur des 17. Jahrhunderts finden? Die Frage ist nach einem halben Jahrhundert Barockforschung noch kaum beantwortet[1]. Denn trotz intensiver wissenschaftlicher Bemühung und trotz des seit Jahren florierenden Nachdruck-Geschäfts wird man konstatieren müssen, daß der Durchbruch zu einer breiten Resonanz – mit wenigen Ausnahmen[2] – noch nicht gelungen ist[3], in auffälligem Gegensatz etwa zur bildenden Kunst oder zur Musik des Barock, die sich längst zu einem gutgehenden Konsumartikel entwickelt hat[4].

Die Gründe für diese eigenartige Tatsache sind wieder und wieder erörtert worden, und ein Großteil der literarischen Barockforschung sieht sich nach wie vor zur prinzipiellen Apologetik gezwungen. Hatte man zunächst, mit der Entschlossenheit zur Flucht nach vorn, gerade die ›Deutschheit‹ und damit die geschichtliche Nähe der Barockkunst zu propagieren versucht (Gotik, Barock, Romantik – z. T. auch Expressionismus – als die ›deutschesten‹, ›germanischsten‹ Epochen)[5], so ging man seit dem Ende der 20er Jahre mehr und mehr dazu über, die Andersartigkeit, ja Fremdheit des Barock hervorzukehren[6]. So ist

---

[1] Über die Tatsache, daß barocke Dichtung »kaum gelesen wird und kaum noch als lesenswert gilt«, vgl. A. Schöne, Vorbemerkung zu: Das Zeitalter des Barock. Texte und Zeugnisse. Hrsg. v. A. Sch. (Die deutsche Literatur. Texte und Zeugnisse. 3), München 1963, S. Vff.

[2] Neben Grimmelshausens ›Simplicissimus‹ sind vor allem Fleming, Paul Gerhardt und Günther zu nennen – bezeichnenderweise solche Autoren, bei denen man das ›Rhetorische‹ als nicht ausgeprägt oder gar (wie bei Goethes Vorläufer Günther) als ›überwunden‹ empfindet. Nur Gryphius (allenfalls noch Angelus Silesius) hat auch mit einzelnen ›rhetorischen‹ Gedichten Anklang gefunden.

[3] »Bis jetzt hat der Funke aus dem Spannungsfeld der Wissenschaft nicht herausgefunden. Der Barockforscher gehört so einem geisterhaften und auf sonderbare Weise exklusiven Orden an« (C. Wiedemann, Johann Klaj und seine Redeoratorien. Untersuchungen zur Dichtung eines deutschen Barockmanieristen [Erlanger Beitr. z. Sprach- u. Kunstwiss. 26], Nürnberg 1966, S. 33).

[4] Dazu T. W. Adorno, Der mißbrauchte Barock, in: Ohne Leitbild. Parva Aesthetica (edition suhrkamp. 201), Frankfurt a. M. 1967, S. 133ff.

[5] In der Verknüpfung von Gotik, Barock und Romantik waren Spengler, Worringer, Strich und Walzel tonangebend. Die ›Deutschheit‹ kehrte insbesondere Richard Benz in seinen ›Blättern für deutsche Art und Kunst‹ heraus.

[6] Dabei darf selbstverständlich nicht übersehen werden, daß auch die nationali-

etwa die Absetzung von der ›Erlebniskunst‹ Goethescher oder nach-
goethescher Prägung bereits topisch geworden[7]; und Leitbegriffe wie
›Distanzhaltung‹, ›Objektivität‹, ›Repräsentation‹, ›höfisch‹, mit deren
Hilfe man barocken Kunstcharakter zu bestimmen versuchte[8], sind
nicht zuletzt in Opposition gegen landläufige Vorurteile entstanden.

Ein gemeinsames Kennzeichen dieser Begriffe – wenn auch sicher
nicht das wichtigste – ist ihre Abstrahierbarkeit von der Literatur,
von der Sprache. Das mag zum Teil mit der geschichtlichen Deszendenz der literarischen Barockforschung, ihrer Abhängigkeit von der
Kunstwissenschaft, zusammenhängen. Aber auch nachdem man einer
›wechselseitigen Erhellung der Künste‹ gegenüber skeptischer geworden war[9], bereitete die Gewinnung adäquater literarischer Barockbegriffe offenbar große Schwierigkeiten. Das Wort ›Schwulst‹, das die
dunkle Zeit der Barockkritik beherrscht hatte, war schlechterdings
nicht mehr aufzuwerten. So blieb aus der eingeführten Terminologie
als einziger spezifisch an die Sprache gebundener Begriff das ›Rhetorische‹.

Welche Vorstellungen mit diesem Wort verbunden waren, braucht
hier nicht mehr des näheren dargestellt zu werden. In den Textaus-
gaben und Handbüchern aus dem 19. Jahrhundert, die immer noch
unentbehrliche Grundlage aller Forschung waren, las man Sätze wie
diese: »Die Kunst ... beruht hauptsächlich auf seiner Rhetorik. Nach
dem Vorgange seiner Vorbilder entwickelte er großen Glanz der Rede, freilich nicht ohne Vermeidung von Schwulst und ohne darnach
zu fragen, ob sein Ausdruck auch der Gelegenheit angemessen sei«[10].
Noch etwas schlechter als bei Gryphius waren – wie schon zu Gott-

---

stische Variante der Barockforschung kräftig weiterlebte. Die Barockepoche
wurde nachgerade zu einem bevorzugten Betätigungsfeld völkischer Literaturbetrachtung. In dem Vortragsband: Nationalismus in Germanistik und Dichtung. Dokumentation des Germanistentages in München vom 17. bis 22. Oktober 1966. Hrsg. v. B. von Wiese und R. Henß, Berlin usw. 1967, kommt die
Barockforschung leider zu kurz.

[7] Prinzipielles dazu bei H.-G. Gadamer, Wahrheit und Methode. Grundzüge einer
philosophischen Hermeneutik, Tübingen 1960, S. 66ff.

[8] Hauptvertreter dieser Richtung war Günther Müller, vgl. das Folgende.

[9] Dies bereits am Ende der 20er, dann vor allem um die Mitte der 30er Jahre:
K. Wais, Symbiose der Künste. Forschungsgrundlagen zur Wechselberührung
zwischen Dichtung, Bild- und Tonkunst (Schriften u. Vortr. d. Württemb. Ges.
d. Wiss., Geisteswiss. Abt. 1), Stuttgart 1936; K. Vossler, Über gegenseitige Erhellung der Künste (1935), in: Aus der romanischen Welt, Bd. 2, München u.
Berlin 1940, S. 50ff.

[10] H. Palm, Einleitung zu: Gryphius' Werke (DNL. 29), Stuttgart o. J. [1883],
S. 4.

scheds Zeiten – die Zensuren bei Lohenstein: »eine in Gewaltsamkeit
nach dem Erhabenen strebende Rhetorik macht seinen poetischen
Trieb aus«[11]. So galt denn die ganze »Periode von Opitz bis zu den
Vormännern Klopstocks für die unerquicklichste«[12], und im übrigen
war sie durch eine »niedrige, äußerliche und unsittliche Lebensauffassung« gekennzeichnet[13].

Die Charakteristika der Epoche und ihrer Literatur paßten aufs
schönste zusammen. Erst wenn man diese Ausgangslage der Barockforschung mit in Betracht zieht, wird die eigentümliche Verlegenheit
voll verständlich, die den Gebrauch des Begriffs ›Rhetorik‹ zunächst
bestimmte. Welche Entwicklungen sich in dieser Hinsicht während
der letzten fünf Jahrzehnte vollzogen haben, soll ein kurzer, auswäh-
lender Überblick über die wichtigsten Barock-Gesamtdarstellungen
zeigen; er ist (zumal da die vorliegenden Forschungsberichte für diesen speziellen Aspekt nicht ausreichen)[14] notwendige Voraussetzung
jeder weiteren Diskussion über Verständnis und Erforschung der Barockrhetorik.

## b. Folgen der Barockbegeisterung

Fritz Strichs Lyrik-Aufsatz vom Jahre 1916[15] ist im Gegensatz zu
zahlreichen geistesgeschichtlichen Entwürfen der frühen ›Barock‹-
Ära[16] erklärtermaßen stilkritisch orientiert. Der lyrische Stil des 17.

---

[11] C. Lemcke, Von Opitz bis Klopstock (Geschichte der deutschen Dichtung neuerer Zeit. 1), Leipzig 1871, S. 338.

[12] Lemcke, a.a.O., S. 3. Er setzt hinzu: »Für den, der poetischen Genuss sucht,
mit Recht«.

[13] G. Steinhausen, Galant, curiös und politisch. Drei Schlag- und Modeworte des
Perrücken-Zeitalters, Zs. f. den dt. Unterr. 9, 1895, S. 22ff. (dort S. 33).

[14] Die wichtigsten seien zur Ergänzung genannt: H. Cysarz, Zur Erforschung der
deutschen Barockdichtung. Ein Literaturbericht, DVjs 3, 1925, S. 145ff.; W.
Milch, Deutsches Literaturbarock. Der Stand der Forschung, GQ 13, 1940,
S. 131ff.; E. Trunz, Die Erforschung der deutschen Barockdichtung. Ein Bericht
über Ergebnisse und Aufgaben, DVjs 18, 1940, Referaten-Heft; E. Lunding,
Stand und Aufgaben der deutschen Barockforschung, Orbis Litterarum 8, 1950,
S. 27ff.; M. Brauneck, Barockforschung. Ein Literaturbericht (1962–1967), in:
Das 17. Jahrhundert in neuer Sicht. Beiträge v. P. Jentzsch, M. Brauneck, E. E.
Starke (DU, Beih. 1 zu Jg. 21/1969), Stuttgart 1969, S. 93ff. Ein neuer For-
schungsbericht ›Barockliteratur‹ von E. Trunz ist für die DVjs angekündigt.

[15] Im folgenden zitiert nach: Deutsche Barockforschung, S. 229ff.

[16] Besonders charakteristisch hierfür A. Hübscher, Barock als Gestaltung antithetischen Lebensgefühls, Euphorion 24, 1922, S. 517ff. u. 759ff.; prinzipielle Kritik
dieser Tendenzen: H. Epstein, Die Metaphysizierung in der literaturwissenschaftlichen Begriffsbildung und ihre Folgen (Germ. Stud. 73), Berlin 1929.

Jahrhunderts erscheint, verglichen mit dem der vorausgehenden Epoche, als »geschwellt und gesteigert«[17]. Der alte ›Schwulst‹-Begriff[18] wird deutlich ins Positive gewendet, wobei die Parallele der bildenden Kunst wiederholt durchschimmert: lyrischer Barockstil hat einen »prächtigen, farbigen, überladenen, nachdrückenden Charakter«[19], das Element der ›Bewegung‹[20] (sie war eine der Wölfflinschen Kategorien gewesen) verleiht ihm einen »unerlösten und ringenden« Grundzug[21]. Bei der sprachlichen Observation, die Strich an zahlreichen (meist diachronisch ausgewählten) Beispielen durchzuführen sucht[22], zeigt sich dies vor allem in Worthäufung, Antithetik, Steigerung und Asyndetik – in ›rhetorischen‹ Figuren also. Aber das Wort ›rhetorisch‹ fällt an keiner Stelle; nicht nur dies: der Autor ist sogar sichtlich bemüht, die traditionellen Termini zu vermeiden[23] und stattdessen – wie etwa im Fall des Oxymoron[24] – lieber eine umständliche Periphrase zu geben.

Wo die Expression, das ›Ringen‹ mit der Sprache alles beherrscht, wo zudem noch »dem deutschen Geiste eine Wiedergeburt bereitet« wird[25], hat Rhetorik, selbst in ihren elementarsten Formen, nichts zu suchen. Daß Strich sich auf Lyrik – als den a priori ›unrhetorischsten‹ Bereich der Literatur – beschränkt hatte, spielt bei diesem Ergebnis nur eine sekundäre Rolle. Als Herbert Cysarz 1924 eine erste Summe der neuen Barockforschung versucht[26] (ein programmatischer Aufsatz war 1923 vorausgegangen)[27], hat sich das Bild in puncto Rhetorik kaum verändert. Einerseits sind die rauschhaften, ekstatischen

---

[17] Strich, a.a.O., S. 230 (die gleiche Formel: S. 231).
[18] Mehrfach von Strich als kontrastierender Hintergrund verwendet (bes. S. 229 u. 248).
[19] A.a.O., S. 248.
[20] A.a.O., S. 244 u. ö.
[21] Ebda. »So ringt der germanische Geist mit seinem Gegenstande, um ihn ganz sich zu erobern« (ebda.). Die wiederholt behauptete Stilverwandtschaft mit der urgermanischen Dichtung wurde übrigens von altgermanistischer Seite nachdrücklich bestritten.
[22] Der später oft erhobene Vorwurf mangelnder Differenzierung (›den‹ lyrischen Stil des 17. Jahrhunderts gebe es nicht) ist im gegenwärtigen Zusammenhang von geringerer Bedeutung.
[23] Die Tendenz ist um so deutlicher, als damals bereits Untersuchungen zur Lyrik des 17. Jahrhunderts vorlagen (etwa Manheimer zu Gryphius oder Henrich zu Balde; vgl. u. S. 31), die intensiv mit ›rhetorischen‹ Begriffen arbeiteten.
[24] A.a.O., S. 237. Die einfachen Termini wie ›Parallelismus‹ oder ›Antithetik‹ vermag allerdings auch Strich nicht zu umgehen.
[25] A.a.O., S. 229.
[26] Deutsche Barockdichtung. Renaissance. Barock. Rokoko, Leipzig 1924.
[27] Vom Geist des deutschen Literatur-Barocks (s. o. S. 11 Anm. 52).

Momente barocker Sprachkunst gegenüber Strich noch stärker hervorgehoben[28]. Andererseits wird durch die breitere monographische Anlage des Buchs das konsequente Ausweichen vor dem Problem ›Rhetorik‹ erschwert. Cysarz ist deutlich bestrebt, es zu isolieren und auf die Frühzeit der Barockdichtung zu begrenzen, vor allem auf Opitz und seine Umgebung: »Opitzens steife Rhetorik ist angesichts eines Natur- und Frömmigkeitsgefühls, wie es die Nürnberger entzündet, stumpf und lahm: Eine neue Dynamik des Konturs ist notwendiger Fortschritt«[29]. Unter dem Gesichtspunkt von ›Dynamik‹ (hier hatten Wölfflin und Strich vorgearbeitet) und ›Fortschritt‹ erscheint die Rhetorik als bedauerliches Hemmnis bei der Bildung barocker Formen (etwa beim Jesuitenbarock)[30]. Demgegenüber betont Gundolf in der zu einer Barockskizze ausgeweiteten Opitz-Monographie von 1923[31] immerhin das Verdienst der ›Redekünste‹, »die Gefahr der Formfeindschaft« eingedämmt und damit zugleich »dem Meister aller Seelen- und Sittentöne«, Goethe, vorgearbeitet zu haben[32]. Besonnener als Cysarz, skeptischer als Gundolf, aber wie er stark durch die Perspektive des 18. Jahrhunderts bestimmt, sieht dann Karl Viëtor in den ›Problemen der deutschen Barockliteratur‹ (1928)[33] die Rolle des ›Rhetorischen‹. Symptomatisch für die »geschichtliche Artung der deutschen Barockliteratur« ist ihm »das Nebeneinander von Altem und Neuem; von Rhetorik (d. h. technisch-konventionellen Effekten, kaltem Feuer, unerlebtem Erregungsabbild) und echtem Erlebnisausdruck; von Ich-Aussprache und distanzierter Objektbeschreibung; von Gefühlsausbrüchen und konventionellem Redeschmuck ...«[34].

---

[28] Die fatale, vermeintliche Wahlverwandtschaft von Autor und Gegenstand, die sich nicht zuletzt in Cysarz' krausem Sprachstil niederschlägt, behandelte mit beißender Ironie J. Körner, Barocke Barockforschung, HZ 133, 1926, S. 455 ff.

[29] Deutsche Barockdichtung, S. 51 (vgl. S. 17 f.). »Die Advokatenberedsamkeit eines Opitzischen Gelegenheitsgedichts« hatte Cysarz bereits 1923 hervorgehoben (Deutsche Barockforschung, S. 18). Zu ›rhetorischem‹ Stil als humanistischem bzw. römischem Relikt vgl. Deutsche Barockdichtung, S. 17 u. 41.

[30] A.a.O., S. 55.

[31] Martin Opitz, München u. Leipzig 1923.

[32] A.a.O., S. 2 u. 43. Gundolf weist auch, von Opitz ausgehend, sehr nachdrücklich auf die Bedeutung der rhetorisch-poetischen Lehrbücher, ›Schatzkammern‹ usw. hin. Die Ansätze sind, mit stärkerer Konzentrierung auf einen Autor, ausgebaut in: Andreas Gryphius, Heidelberg 1927.

[33] Probleme der deutschen Barockliteratur (Von dt. Poeterey. 3), Leipzig 1928.

[34] A.a.O., S. 43. Die ›rhetorischen‹ Tendenzen der Barockliteratur zu Asyndetik und Antithetik sind näher beschrieben S. 6 ff. u. 9 ff. Vgl. auch dens., Vom Stil und Geist der deutschen Barockdichtung, GRM 14, 1926, S. 145 ff.; abgedruckt

In den hier angedeuteten Bahnen bewegen sich, was die Rhetorik betrifft, die meisten Barockarbeiten bis um die Mitte der 20er Jahre[35]. Entweder versteht man das Wort immer noch als rein pejorativen Begriff (wie die Philologie des 19. Jahrhunderts), klammert ihn ganz aus (wie Strich), sucht ihn sorgsam zu isolieren (wie Cysarz) oder setzt ihn in Gegensatz zum ursprünglichen ›Erlebnis‹ bzw. ›Gefühl‹ (wie Viëtor).

## c. Rhetorik als Zentralkategorie

Entscheidend Neues bringt erst Günther Müller in die Diskussion. Bereits in seiner ›Geschichte des deutschen Liedes‹ (1925) spricht er von »der sozusagen technischen Absichtlichkeit«, die »der ganzen deutschen Dichtung des 17. Jahrhunderts gemeinsam« sei und als humanistisches Erbgut das eigentlich ›Rhetorische‹ dieser Sichtung ausmache[36]. In der Monographie über ›Deutsche Dichtung von der Renaissance bis zum Ausgang des Barock‹ (1926–28)[37] entwickelt er diese Ansätze weiter zu einem grundsätzlichen Exkurs, in dem er »die rhetorische Grundanlage« der deutschen Barockliteratur postuliert[38]. Er weist nicht nur (wie u. a. schon Gundolf) auf den geschichtlichen Zusammenhang mit dem Humanismus hin, sondern erinnert auch mit Nachdruck an die Bedeutung der Rhetorik als Bildungsdisziplin[39]. Sie stellt für ihn kein zufälliges, durch das 18. Jahrhundert zu überwindendes Relikt dar: »Die rhetorische Formgebung ist ... dem unprivaten, unhäuslichen, öffentlichen, repräsentativen Charakter der echten Barockkultur innig zugeordnet«[40]. In der Arbeit über ›Höfische Kultur‹ (1929)[41] wird dieser Gedanke dann konsequent fort-

---

in: Deutsche Barockforschung, S. 39ff. Lunding, Stand und Aufgaben der deutschen Barockforschung, S. 79 weist in diesem Zusammenhang auf die »dänische Wirklichkeitsfreude« als ein wichtiges Korrektiv hin; sie sei »imstande, das Pathos barocker Rhetorik in seiner Lebensferne zu entlarven«.

[35] Vgl. auch den oben genannten Literaturbericht von Cysarz (1925).

[36] Geschichte des deutschen Liedes vom Zeitalter des Barock bis zur Gegenwart, München 1925, S. 81.

[37] Deutsche Dichtung von der Renaissance bis zum Ausgang des Barock (Handb. d. Lit.wiss. 3), Potsdam 1926–28.

[38] A.a.O., S. 204ff.

[39] Er bezieht sich dabei auch auf das gerade erschienene Buch von H. Brinkmann, Zu Wesen und Form mittelalterlicher Dichtung, Halle 1928, das die Kontinuität der (durch die Rhetorik bestimmten) poetischen Theorie von der Antike bis ins 18. Jahrhundert hinein betont hatte.

[40] Deutsche Literatur ..., S. 205.

[41] Höfische Kultur der Barockzeit, in: H. Naumann u. G. Müller, Höfische Kul-

geführt[42], bis zur prinzipiell-typologischen Analyse: »rhetorische Dichtung hat nach Struktur und Sinn einen öffentlichen Charakter«; »Dichtung, soweit sie in diesen Bezirk gehört, ist wesentlich ›tendenziös‹«[43]. Es liegt auf der Hand, daß Günther Müller sich mit einer solchen Konzeption nicht nur gegenüber einem Großteil der bisherigen Barockforschung in Opposition befindet: »Die bis vor kurzem herrschenden abschätzigen Geschmacksurteile über rhetorische Dichtung und Predigt des Barockzeitalters erbringen für geschichtliche und strukturelle Erkenntnis nichts weiter als eben die Feststellung des rhetorischen Grundzugs. Dieser aber ist nicht eine zufällige ›Geschmacksverirrung‹ der Zeit, sondern ist notwendiges Zubehör ihrer tragenden, ihrer besten Kräfte«[44].

Die Reaktion auf diesen Vorstoß war unterschiedlich[45]. Paul Hankamer hält in seiner 1935 erschienenen Gesamtdarstellung ›Deutsche Gegenreformation und deutsches Barock‹[46] im wesentlichen an der schon 1927 (›Die Sprache‹)[47] formulierten Auffassung fest, für die Barockliteratur stelle Rhetorik ein humanistisches Überbleibsel dar, das vorgeformtes Sprachmaterial an die Hand gebe und im Widerspruch zum ›gelebten Leben‹ bzw. zur ›Gefühlsechtheit‹ stehe[48]. Dem-

---

tur (DVjs, Buchreihe. 17), Halle 1929, S. 79ff.; der Schlußteil des Beitrags (S. 126ff.) ist abgedruckt in: Deutsche Barockforschung, S. 182ff.

[42] Höfische Kultur ..., S. 82ff. Wieder nimmt die Absetzung von der Goethezeit einen wichtigen Platz ein: »Auf Erlebnisgestaltung im Wort nach dem autonomen Gebot des ästhetischen Genius kommt es der goethezeitlichen Dichtung an, auf Sprechenlernen und Sprechenkönnen der Dichtung des 17. Jahrhunderts« (a.a.O., S. 84f.).

[43] A.a.O., S. 86.

[44] Deutsche Literatur ..., S. 205.

[45] Den schwächsten Punkt seines Barockbildes, die Überbetonung des Höfischen, korrigierte die Arbeit von E. Vogt, Die gegenhöfische Strömung in der deutschen Barockliteratur (Von dt. Poeterey. 11), Leipzig 1932. Doch wurden die Einsichten zum ›rhetorischen‹ Grundzug der Barockliteratur davon kaum berührt (der ganze Bereich der humanistischen Tradition war ja gerade nicht wesenhaft an das Höfische gebunden).

[46] Deutsche Gegenreformation und deutsches Barock. Die deutsche Literatur im Zeitraum des 17. Jahrhunderts (Epochen d. dt. Lit. II 2; mit einer Bibliographie v. H. Pyritz), Stuttgart 1935 (unveränderte Nachdrucke Stuttgart 1947 und – ohne die Bibliographie – 1964, als 2. u. 3. Aufl.).

[47] Die Sprache. Ihr Begriff und ihre Deutung im sechzehnten und siebzehnten Jahrhundert, Bonn 1927 (Nachdr. Hildesheim 1965).

[48] Vgl. die Bewertung Huttens: »Huttens Dichtung lebt zutiefst aus seelischen Abgründen, vor denen der Besonnene selbst erschauert ... Dem Rhetor war dies nie beschieden« (Die Sprache, S. 77); zu Opitz: »Das dichterische Sprechen ist ihm entsprechend humanistischer Lehre ein rhetorisches Mitteilen« (a.a.O., S. 91). Die weitere Entwicklung führt zum *abusus*: »Die Dichtung wird zur Wortkunst wie die Rede zum Wortgepränge« (Deutsche Gegenreformation ...,

gegenüber lassen Willi Flemmings Einleitungen zu den sechs Bänden ›Barockdrama‹ (1930–33)[49] ein deutlich fundierteres Verständnis für die Erscheinungsformen der Barockrhetorik erkennen. Er betrachtet – über das Drama hinaus – »Extravertiertheit als ein konstitutives Merkmal der Epoche«[50] und ›rhetorisches‹ Sprechen als die wesenhaft zugeordnete Sprachhaltung, während Gerhard Fricke in seiner Monographie über Gryphius' Bildlichkeit mehr die ›bändigende‹, ›durchstilisierende‹ Kraft der Rhetorik betont[51].

Wohl am intensivsten werden Günther Müllers Anregungen im zweiten Kapitel der Dissertation von Wolfgang Kayser spürbar: »Der rhetorische Grundzug von Harsdörffers Zeit und die gattungsgebundene Haltung«[52]. Kayser gibt kein Gesamtbild des 17. Jahrhunderts, sondern versucht vor allem, über Günther Müller hinausgehend[53], in einem kurzen Abriß den geschichtlichen Hintergrund der Disziplin Rhetorik (seit der Antike) erscheinen zu lassen[54]. Der Ausgangspunkt jedoch ist typologisch-anthropologisch bestimmt[55]. Außer der »wissenschaftlichen« und der »expressiven« Haltung gibt es nach Kayser eine »gattungsgebundene« Haltung[56], die im Lauf der Untersuchung

---

S. 149); mit der Sprache »geht man um im Sinne eben eines völlig willkürlichen Kombinierens« (ebda.).

[49] DLE, R. Barock: Barockdrama, 6 Bde. Hrsg. v. W. Flemming, Leipzig 1930 –33 (2., verb. Aufl. Darmstadt 1965).

[50] So in der Einführung zu Bd. 1: Das schlesische Kunstdrama, S. 6 (in den weiteren Bänden variiert). Ansätze bereits in der Arbeit: Die Auffassung des Menschen im 17. Jahrhundert, DVjs 6, 1928, S. 402ff.

[51] Die Bildlichkeit in der Dichtung des Andreas Gryphius. Materialien und Studien zum Formproblem des deutschen Literaturbarock (Neue Forschungen. 17), Berlin 1933; Auszüge daraus in: Deutsche Barockforschung, S. 312ff. Von besonderem Interesse ist der 3. Exkurs: ›Die rhetorische Prosa (Leichabdankungen), Die Bildlichkeit ..., S. 255ff. »Im Rhetorischen ... tritt uns die zweckvoll, bewußt und distanziert gestaltende Künstlichkeit noch einmal überzeugend entgegen, mit der die Zeit den elementaren Gewalten des Chaos, die sie rings bedrohten, ... Herr zu werden suchte« (a.a.O., S. 256). Vgl. auch dens., Die Sprachauffassung in der grammatischen Theorie des 16. und 17. Jahrhunderts, ZfdBildg. 9, 1933, S. 113ff.

[52] Die Klangmalerei bei Harsdörffer. Ein Beitrag zur Geschichte der Literatur, Poetik und Sprachgeschichte der Barockzeit (Palaestra. 179), Leipzig 1932, S. 16ff.; dieses Kapitel auch abgedruckt in: Deutsche Barockforschung, S. 324ff.

[53] Die Anregung durch Günther Müller wird nachdrücklich hervorgehoben (Die Klangmalerei ..., S. 29).

[54] Außer in dem genannten Kapitel auch bei der Darstellung der Klangmalerei (S. 88ff.) und der Klangentsprechung (S. 114ff.).

[55] Hierzu hatte Günther Müller ebenfalls den Anstoß gegeben, vgl. Höfische Kultur ..., S. 82f.

[56] Die Klangmalerei ..., S. 16f.

weitgehend synonym mit »Rhetorik« verstanden, ja mit ihr identifiziert wird. Ein wichtiger Aspekt des Rhetorischen, der aus der Engstirnigkeit früherer Auffassungen herausführen und einen Zugang auch zur Barockliteratur eröffnen sollte, ist hier verabsolutiert und führt in der Konsequenz zu Verzeichnungen[57]. Auf das gleiche Jahr, in dem Kaysers Untersuchung erschien (1932), geht auch das umfangreiche Kapitel zurück, das Paul Böckmann als Teil seiner ›Formgeschichte der deutschen Dichtung‹ veröffentlichte: »Das Elegantiaideal und das rhetorische Pathos des Barock«[58]. Der Titel weist in eine etwas andere Richtung als die Untersuchung selbst. Nicht *elegantia* und ›rhetorisches Pathos‹ sind die beiden Grundpfeiler, sondern das Elegantiaideal steht als humanistisch-rhetorisches Erbe der christlichen Wahrheit gegenüber; oder mit einer anderen, geradezu insistierend vorgetragenen Formel: ›rhetorisches‹, ›zierliches‹ Sprechen begegnet der christlichen ›Offenbarungshaltung‹[59]. Daß hier ein fundamentales Problem der deutschen Barockliteratur angesprochen ist, wird niemand bestreiten[60]. Doch aus den Texten selbst – die in erfreulicher Fülle herangezogen werden – geht der behauptete Dualismus oft nur sehr bedingt hervor, vor allem ist er rhetorisch nicht realisierbar[61]; und es scheint bezeichnend, daß Autoren wie Hofmannswaldau oder Lohenstein (bei denen diese Kategorien kaum greifen) so gut wie völlig fehlen[62]. Einen entschiedenen Fortschritt im Vergleich zu früheren Arbeiten bedeutet die ausgiebige Berücksichtigung poetischer und rhetorischer Lehrbücher. Der Rhetorikbegriff

---

[57] So ist z. B. eine Goebbels-Rede eminent ›rhetorisch‹, doch wird man sie sinnvollerweise nicht als ›gattungsgebunden‹ bezeichnen (auch wenn sie bestimmte ›Regeln‹ beachten mag); andererseits ist ein Sappho-Gedicht entschieden ›gattungsgebunden‹, aber nicht eigentlich ›rhetorisch‹.

[58] Formgeschichte der deutschen Dichtung, 1. Bd.: Von der Sinnbildsprache zur Ausdrucssprache. Der Wandel der literarischen Formensprache vom Mittelalter zur Neuzeit, Hamburg 1949, S. 318ff. Wichtig auch die beiden ersten Abschnitte des Kapitels über die frühe Aufklärung, S. 471ff. (mit Leibniz, Thomasius, Weise). Zur Entstehung des Barockkapitels vgl. die Bemerkung a.a.O., S. 5. Ein Teil (über Grimmelshausen) erschien bereits 1943.

[59] Vgl. S. 320f., 323ff., 329ff., 339, 344, 346, 353, 369, 392, 398ff., 405, 412ff., 416ff., 426, 430ff., 438 u. ö.

[60] Das Problem besteht freilich seit der Patristik.

[61] Im Grunde erschöpft er sich darin, daß die Glaubenskraft irgendwie ›steigernd‹ wirkt (passim). Häufig jedoch bleibt es bei einem Gegenüber von ›rhetorischer‹ Form und christlichem Inhalt (etwa S. 432 zu Gryphius' Tragödien: »die Form ... weist auf die antik-humanistische Überlieferung zurück; aber immer erwächst der Gehalt aus dem christlich-stoisch gefärbten Lebensgefühl«).

[62] Einzige (beiläufige) Nennung der Namen: S. 342 u. 421.

selbst ist gegenüber Günther Müller[63] wieder etwas eingeengt: humanistische, normative, zierliche, gesteigerte Sprachform[64].

Böckmanns Abhandlung, die 1949 erschien, kann in gewissem Sinn als der verspätete Abschluß einer ›rhetorikfreudigen‹ oder jedenfalls ›rhetorikbewußten‹ zweiten Epoche der deutschen Barockforschung gelten. Die Darstellung des 17. Jahrhunderts durch Richard Newald (1951)[65], die zum ersten Mal Daten und Fakten nicht voraussetzte, sondern zu vermitteln suchte[66], ist in puncto Rhetorik deutlich Ausdruck einer Stagnation. Newalds tiefe Skepsis gegenüber allen geistes- und stilgeschichtlichen Konstruktionen[67] galt auch Günther Müllers ›rhetorischem‹ Barockbild, zumal die Ausbeute an überzeugenden Einzeluntersuchungen zur Barockrhetorik gering geblieben war. Einzig bei Gryphius[68] und bei der Jesuitendichtung[69], zwei Bereichen, in denen man schon vor Fritz Strich ›rhetorische‹ Züge konstatiert hatte (erwähnt seien nur die Arbeiten von Manheimer[70], Gnerich[71] und Henrich[72]), gesteht Newald dem – vor allem als humanistisch, deklamatorisch und pathetisch verstandenen – Phänomen ›Rhetorik‹ eine wesentliche Bedeutung zu[73]. In der zweiten, neu bearbeiteten Auflage der ›Deutschen Kultur im Zeitalter des Barock‹ (1960; zuerst 1937)[74] sowie in dem Barock-Abriß innerhalb der ›Annalen der deutschen Literatur‹[75] stellt Flemming noch einmal ›Extra-

---

[63] Die Bezugnahme auf ihn besonders deutlich S. 364f.

[64] Zentralstelle: S. 339ff.

[65] Die deutsche Literatur vom Späthumanismus zur Empfindsamkeit 1570–1750 (H. de Boor u. R. Newald, Geschichte der deutschen Literatur von den Anfängen bis zur Gegenwart. 5), München ⁴1963 (diese Auflage im folgenden zugrundegelegt).

[66] Mit Urteilen wie ›Neopositivismus‹ oder dergleichen ist hier wenig geholfen. Ein Handbuch dieser Art war seit Jahrzehnten ein Desiderat, vgl. schon Trunz, Die Erforschung der deutschen Barockdichtung, S. 89f.

[67] Klar ausgesprochen in der Einleitung, besonders S. 12ff.

[68] »Er war Rhetoriker und großer Könner« (S. 277; vgl. S. 288 u. ö.).

[69] »Rhetorik und Wortkunst sprechen das letzte Wort« (S. 251; vgl. S. 252 u. 97).

[70] V. Manheimer, Die Lyrik des Andreas Gryphius. Studien und Materialien, Berlin 1904.

[71] E. Gnerich, Andreas Gryphius und seine Herodes-Epen (Bresl. Beitr. z. Lit.-gesch. 2), Leipzig 1906.

[72] A. Henrich, Die lyrischen Dichtungen Jakob Baldes (Quellen u. Forschungen z. Sprach- u. Culturgesch. d. germ. Völker. 122), Straßburg 1915, bes. S. 191ff.

[73] Auf einer anderen Ebene liegt die kurze Darstellung der mit Weise beginnenden Rhetorikbewegung (S. 398ff.).

[74] Deutsche Kultur im Zeitalter des Barocks (Handb. d. Kulturgesch. 1. Abt.: Zeitalter dt. Kultur. 1), Konstanz ²1960.

[75] Das Jahrhundert des Barock 1600–1700, in: Annalen der deutschen Literatur. Geschichte der deutschen Literatur von den Anfängen bis zur Gegenwart. Eine

vertiertheit‹ und ›Repräsentation‹ als Grundzüge barocker Sprachkunst heraus; aber bei aller Materialfülle sind diese beiden Darstellungen mit derjenigen von Newald bereits inkommensurabel[76]. Gleichsam eine dritte Welt repräsentiert der dem 17. Jahrhundert gewidmete Band der offiziellen DDR-Literaturgeschichte (1963)[77]. Die Werturteile befinden sich oft in frappierender Übereinstimmung mit der idealistischen Kritik des 18. und 19. Jahrhunderts: »Das, was von bürgerlichen Literaturhistorikern bislang als ›Hoch- und Spätbarock‹ bezeichnet wurde, war – oftmals von Patriziern getragene – Verfallkunst«[78]. Und das ›Rhetorische‹ ist reduziert auf Feststellungen wie diese: «So werden Rhethorische [sic!] Figuren häufig verwendet; sie über- oder untertreiben – oft in Form eines poetischen Bildes, einer Metapher – im allgemeinen bestimmte Aussagen und lassen eine Vorliebe für Denkschemata, formelhafte Wendungen und genormte Ausdrucksmittel erkennen«[79].

Der hier gegebene Überblick über die Wandlungen im Rhetorik-Verständnis der deutschen Barockforschung mußte sich (schon aus Platzgründen) hauptsächlich auf die Gesamtdarstellungen beschränken. Manche Nuancierung, auch manches Einzelergebnis sprachlicher Observation mag dabei vernachlässigt worden sein. Die wesentlichen Wege und Irrwege verlaufen innerhalb des skizzierten Rahmens. Auch die drei Phasen des Prozesses (Ignorierung bzw. Isolierung der Rhetorik, Begeisterung für den ›rhetorischen‹ Grundzug der Barockliteratur, neue Verlegenheit) dürften sich kaum anders abgrenzen lassen. Eine vierte Phase im Verständnis des Rhetorischen, die sich zu Anfang der 6oer Jahre abzuzeichnen beginnt, ist anhand der neuesten

---

Gemeinschaftsarbeit zahlreicher Fachgelehrter hrsg. v. H. O. Burger, Stuttgart ²1962, S. 339ff.

[76] Vor allem die ›Kulturgeschichte‹ gehört einer früheren Epoche der Barockforschung an (auch in ihrem deutschtümelnden Grundton). Das gleiche gilt für den Artikel ›Barockliteratur‹ von J. H. Scholte, RL ²I (1958), S. 135ff.; vom »Barockstil in seinem eigentlichen Wesen« heißt es dort: »Die dt. Art widersetzt sich ihm, paßt sich ihm auch gelegentlich an« (S. 135).

[77] J. G. Boeckh, G. Albrecht, K. Böttcher, K. Gysi, P. G. Krohn, H. Strobach, Geschichte der deutschen Literatur 1600 bis 1700 (Geschichte der deutschen Literatur von den Anfängen bis zur Gegenwart. Hrsg. v. K. Gysi u. a. 5), Berlin 1963.

[78] A.a.O., S. 48 (»Neben bombastischem Aufwand steht das Geschmäcklerische und Überfeinerte: in beiden erfüllt sich höfische Gesinnung«, ebda.).

[79] A.a.O., S. 44 (aus dem Kapitel ›Entwicklungslinien und Besonderheiten der deutschen Literatur im 17. Jahrhundert‹, S. 35ff.). Ein Lemma ›Rhetorik‹ oder ›rhetorisch‹ enthält das ausführliche Sachregister nicht.

Darstellungen von Werner Kohlschmidt (1966)[80], Marian Szyrocki (1968)[81] und Roy Pascal (1968)[82] nicht mit der notwendigen Schärfe zu verifizieren. Die Probleme der ›rhetorischen Tradition‹ und des ›Manierismus‹, die in den letzten Jahren weite Bereiche der Barockforschung beherrscht haben, erfordern eine gesonderte Diskussion.

## 3. ›Barock‹ und ›Manierismus‹ sub specie rhetoricae

### a. Der kritische Ansatz

Die deutsche Barockforschung war eben in ihr viertes Jahrzehnt eingetreten und stand vor der unbequemen Aufgabe, sich mit ihrer völkischen Periode auseinanderzusetzen, als Ernst Robert Curtius den lange Zeit wie ein Zauberwort verehrten Barockbegriff einer scharfen prinzipiellen Kritik unterzog und diese Kritik durch rhetorische Analysen stützte. Seine Hauptthesen, entwickelt in dem zuerst 1948 erschienenen monumentalen Werk ›Europäische Literatur und lateinisches Mittelalter‹[1], sind mittlerweile oft referiert worden: der Terminus ›Barock‹ ist mißverständlich und verwirrend[2]; seine Isolierung ist unhistorisch; Barockstil bedeutet nur einen Einzelfall des in der Geschichte wiederkehrenden Phänomens ›Manierismus‹; ›Barock‹ ist durch den Begriff ›Manierismus‹ zu ersetzen[3].

Manche Analogie zu Strichs Vorstoß vom Jahre 1916 drängt sich auf, so der grundsätzliche Protest gegen eine das Verständnis der Sache blockierende Konvention, die Anlehnung an kunstwissenschaft-

---

[80] Geschichte der deutschen Literatur vom Barock bis zur Klassik (Geschichte der deutschen Literatur von den Anfängen bis zur Gegenwart. 2), Stuttgart 1966.

[81] Die deutsche Literatur des Barock. Eine Einführung (rde. 300/301), Reinbek 1968.

[82] German literature in the sixteenth and seventeenth centuries. Renaissance – Reformation – Baroque (Introductions to German literature. 2), London 1968.

[1] Zitate im folgenden nach der Auflage Bern u. München ³1961, S. 277ff. (Kapitel ›Manierismus‹).

[2] Curtius bezieht sich dabei (a.a.O., S. 21 Anm. 2 u. S. 277 Anm. 2) auf den 1946 zuerst erschienenen kritischen Bericht von R. Wellek, jetzt in: Grundbegriffe der Literaturkritik, S. 57ff. Dieser Bericht scheint einer der Anstöße zu Curtius' Revisionsvorschlag gewesen zu sein.

[3] In früheren Jahren hatte sich auch Curtius (allerdings schon kritisch) des ›Barock‹-Begriffs bedient, so in: Theologische Kunsttheorie im spanischen Barock, RF 53, 1939, S. 145ff.; Mittelalterlicher und barocker Dichtungsstil, Modern Philol. 38, 1940/41, S. 325ff.

liche Terminologie, die periodische Betrachtungsweise, die Untermauerung durch Stilphysiognomik, die präzeptorale Entschiedenheit. Doch schon an zwei Punkten zeigt sich die fundamentale Unvereinbarkeit beider Positionen: an die Stelle germanischer Urverwandtschaft ist die europäische Tradition getreten[4], an die Stelle des sprachlichen ›Ringens‹ die Rhetorik[5].

Es scheint bezeichnend, daß dieser Impuls – dessen volle Wirkung erst in den letzten Jahren sichtbar geworden ist – nicht aus dem Kreis der germanistischen Barockforschung kam, sondern von einem durch Antike und Romania geprägten Komparatisten. Denn der literarische Barockbegriff an sich, darüber kann kein Zweifel bestehen, war ein Produkt deutscher Geisteswissenschaft[6], und gerade in der Romania hielt sich der Widerstand gegen seine Rezeption besonders lang und intensiv[7]. Die frühesten Versuche, Barockstil auch in anderen europäischen Literaturen nachzuweisen, waren von deutschen bzw. deutschsprachigen Autoren unternommen worden: von Walzel schon 1916 für den germanisch-artverwandten Shakespeare[8], von Spoerri 1922 für Tasso[9], von Hatzfeld seit 1927 in zahllosen Arbeiten für weite Bereiche der spanischen und französischen Literatur[10] (mittlerweile ist ›Barock‹ in romanischen Ländern sogar zu einem beliebten Kongreßthema geworden).

Die Barockkonzeption selbst geriet dadurch in eine zunehmend paradoxe Situation. Je eindrucksvoller der Siegeszug der internationalen Barockbewegung sich entwickelte, desto fragwürdiger, unschärfer, ja inhaltsloser mußten die Kategorien werden. Schon innerhalb der germanistischen Barockforschung hatten sich früh Stimmen gemeldet, die auf Begrenzung und Präzisierung des Barockbegriffs

---

[4] Vgl. die Behandlung des Barock-Problems innerhalb des programmatischen ersten Kapitels ›Europäische Literatur‹ (S. 13ff.; bes. S. 21).

[5] Dazu (außer dem Manierismus-Kapitel selbst) S. 71ff. (›Rhetorik‹) und S. 155ff. (›Poesie und Rhetorik‹).

[6] Zu vereinzelten Spuren in der nichtdeutschen Forschung vor Strich vgl. Wellek, a.a.O., S. 88 (doch betont Wellek, daß »die Übertragung auf die Literatur in vollem Umfange in der deutschen Forschung der frühen zwanziger Jahre vollzogen wurde und von hier aus auf die anderen Länder ausstrahlte«, ebda.).

[7] In Italien gab vor allem Croces ablehnende Haltung jahrzehntelang den Ausschlag. In Frankreich ist erst seit wenigen Jahren ein größeres ›Barock‹-Interesse zu registrieren.

[8] O. Walzel, Shakespeares dramatische Baukunst, Jb. d. Dt. Shakespeare-Ges. 52, 1916, S. 3ff.

[9] Oben S. 5 Anm. 9.

[10] Das Wichtigste ist zusammengefaßt in: H. Hatzfeld, Estudios sobre el Barroco, Madrid 1964.

drängten. So trat Richard Alewyn 1926 dafür ein, den eigentlichen Barockstil erst mit den 40er Jahren des 17. Jahrhunderts beginnen zu lassen (Zentralgestalt Gryphius), Opitz dagegen noch zum ›vorbarocken‹ Klassizismus zu rechnen[11]. Demgegenüber datierte Günther Müller die ›Barockzeit‹ weit zurück bis zum »zweiten Viertel des 16. Jahrhunderts«[12], und auf der anderen Seite ist die Grenze bis zur Mitte des 18. Jahrhunderts vorgeschoben worden[13]. Was schon für die deutsche Literatur eine problematische Vereinfachung bedeutete, sollte nun auch für die einzelnen Nationalliteraturen mit ihren so unterschiedlichen Voraussetzungen und charakteristischen zeitlichen Phasenverschiebungen gelten[14].

Auf diesem Hintergrund erst ist Curtius' engagiert vorgetragener Revisionsvorschlag zu verstehen. Ähnlich wie Curtius, der von der Germanistik bekanntlich keine sehr hohe Meinung hatte, dachte – die zeitliche Nähe (1948 und 1951) ist kaum Zufall – auch der Germanist Newald. Für ihn sind brauchbare Ergebnisse der Barockforschung kaum fixierbar, weil »eine Armee von ungleich geschulten Kräften sich auf dieses Gebiet warf«[15]. Ins Blaue hinein hatte man über den Barockbegriff diskutiert und spekuliert, »mit dem zwangsläufigen Ergebnis, daß dieser zerredet wurde«[16].

Keiner der Grundgedanken, von denen sich Curtius bei seiner radikalen Lösung leiten ließ, war gänzlich neu. Erhebliche Zweifel an der Brauchbarkeit des Barockbegriffs hatten vor ihm schon andere geäußert[17]. Das übergeschichtliche, periodische Prinzip war – unter Be-

---

[11] Vorbarocker Klassizismus und griechische Tragödie. Analyse der ›Antigone‹-Übersetzung des Martin Opitz, Neue Heidelb. Jb., N.F. 1926, S. 3ff. (Nachdr. Darmstadt 1962; dort bes. S. 53). Andere haben sich erst allmählich zu einer Begrenzung entschlossen, so Scholte, Artikel ›Barockliteratur‹ (in der ersten Fassung von 1926 war der Rahmen weiter gezogen).

[12] Deutsche Dichtung . . . , S. 127.

[13] So von H. K. Kettler, Baroque tradition in the literature of the German Enlightenment 1700–1750. Studies in the determination of a literary period, Cambridge 1943; R. Benz, Deutsches Barock. Kultur des 18. Jahrhunderts. Erster Teil, Stuttgart 1949 (unter Einbeziehung auch der Literatur!).

[14] Unter romanistischem Aspekt behandelt das Problem W. T. Elwert, Die nationalen Spielarten der romanischen Barockdichtung, Die Neueren Sprachen, N.F. 25, 1956, S. 505ff. u. 562ff. Vgl. auch H. Hatzfeld, A clarification of the baroque problem in the Romance literatures, Comparative Lit. 1, 1949, S. 113ff.

[15] Newald, S. 15.

[16] A.a.O., S. 12. »Wir legen uns deshalb bei der Anwendung des Wortes die größte Zurückhaltung auf« (ebda.).

[17] In einzelnen Fällen war der Begriff ganz gemieden worden, so von H. Pyritz, Paul Flemings deutsche Liebeslyrik (Palaestra. 180), Leipzig 1932; dazu auch Trunz, Die Erforschung der deutschen Barockdichtung, S. 4.

griffen wie ›ewiger‹ oder ›zeitloser‹ Barock[18] – schon in den Anfängen der Barockforschung vertreten worden; auch denke man an Nietzsche. Den in der Kunstgeschichte seit langem eingeführten Begriff des ›Manierismus‹[19] hatten bereits andere auf die Literatur übertragen, unter ihnen Cysarz[20].

Zur bloßen Auswechslung der Begriffe ›Barock‹ und ›Manierismus‹ jedoch, wie sie Curtius forderte, konnte man sich nur schwer entschließen. Was Curtius als »Vorzug« des Manierismus-Begriffs betrachtete, daß er »nur ein Minimum von geschichtlichen Assoziationen enthält«[21], läßt sich ebensogut als Nachteil ansehen. Gerade weil ›Barock‹ dem allgemeinen Sprachgebrauch nach primär eine bestimmte geschichtliche Epoche und weniger eine zeitlose Konstante meint, dient der Begriff der notwendigen literarhistorischen Differenzierung[22]. Vor allem Erich Auerbach hat in einer ausführlichen Rezension dem Plan einer Auswechslung widersprochen[23]. In der Zwischenzeit ist man, insbesondere im Bereich der Germanistik, zu der Ansicht gelangt, man könne ›Barock‹ »als eine Übereinkunftsbezeichnung gelten lassen, die auf einigermaßen ungenaue Weise das 17. Jahrhundert meint«[24].

Ist also Curtius mit seinem Hauptvorschlag, der Eliminierung des Barockbegriffs, nicht durchgedrungen, so hat er doch in zwei wesent-

---

[18] Näheres bei Hermand, Literaturwissenschaft und Kunstwissenschaft, S. 38.

[19] G. Weise, Storia del termine ›manierismo‹, in: Manierismo, barocco, rococò, S. 27ff.

[20] Zur Erforschung der deutschen Barockdichtung (1925), S. 160 (Buchner steht »dem Renaissance-Pol des Barock weit näher als dem manieristischen«) und S. 163 (Zesens »Manierismus«); auf die Verwendung des Begriffs ›barocker Manierismus‹ durch Cysarz (1936; im Zusammenhang mit Klaj) weist Wiedemann, Johann Klaj ..., S. 34 hin. Übrigens warnte schon G. Müller, Deutsche Dichtung ..., S. 175 vor der Übernahme des kunstgeschichtlichen ›Manierismus‹-Begriffs.

[21] Curtius, S. 277. Als Verschleierung der sozialgeschichtlichen Realitäten interpretiert dies H. Hartmann, Barock oder Manierismus? Eignen sich kunsthistorische Termini für die Kennzeichnung der deutschen Literatur des 17. Jahrhunderts?, Weim. Beitr. 7, 1961, S. 46ff.

[22] Konsequent zuende gedacht, würde Curtius' Vorschlag auf ein ständig wiederholtes Zweierschema hinauslaufen; dazu H. P. H. Teesing, Das Problem der Perioden in der Literaturgeschichte, Groningen 1949, S. 110ff.; ders., Artikel ›Periodisierung‹, RL ²III, S. 74ff.

[23] RF 62, 1950, S. 237ff. Vgl. E. B. O. Borgerhoff, ›Mannerism‹ and ›Baroque‹: A simple plea, Comparative Lit. 5, 1953, S. 323ff.; A. Buck, Barock und Manierismus: die Anti-Renaissance, FuF 39, 1965, S. 246ff.

[24] Schöne, Vorbemerkung zu: Das Zeitalter des Barock, S. VIIIf. Unter komparatistischem Aspekt ähnlich Wellek, Der Barockbegriff in der Literaturwissenschaft, S. 58, 72 u. 94.

lichen Punkten Schule gemacht: man wurde aufmerksam auf die Physiognomik manieristischer Stilzüge[25] (der Begriff setzte sich jetzt auch in der Literaturwissenschaft allmählich durch), und man verfolgte die von Curtius aufgrund souveräner Textkenntnis gegebenen Beispiele aus der silbernen Latinität sowie aus dem 17. Jahrhundert[26]. In beiden Fällen aber zwang Curtius' geschichtliche Betrachtungsweise zur Auseinandersetzung mit dem Problem der Rhetorik: »In der Rhetorik selbst liegt ... ein Keim des Manierismus«[27].

## b. Die Manierismuswelle und ihre Mißverständnisse

Bis freilich diese Anregungen einen breiteren Widerhall in der Forschung fanden, verging fast ein Jahrzehnt. Erst das Buch des Curtius-Schülers Gustav René Hocke über ›Manierismus in der Literatur‹ (1959; ein entsprechender Band über ›Kunst‹ war 1957 erschienen)[28] brachte die Diskussion erneut in Gang. Vor allem drei Dinge sind bei einem Vergleich mit Curtius hervorzuheben: die Konzentration auf das 16./17. Jahrhundert sowie auf die Moderne (unter Zurücksetzung der Antike und des Mittelalters), der Versuch einer wechselseitigen Erhellung der Künste auf breiter Grundlage, die Fixierung einer besonderen manieristischen Epoche zwischen Renaissance und Barock (ähnliches hatte bereits 1955 ein Buch von Wylie Sypher versucht)[29].

---

[25] Einen für die Verständigung überaus nützlichen Katalog gab Curtius, S. 278ff., wenn auch mit dem steten Vorbehalt, daß kein einzelner Stilzug für sich bereits Manierismus konstituiere.

[26] Demgegenüber werden die für Curtius' Traditionsverständnis so entscheidenden mittelalterlichen Beispiele (insbesondere aus dem 12. Jahrhundert) meist vernachlässigt.

[27] A.a.O., S. 278.

[28] Die Welt als Labyrinth. Manier und Manie in der europäischen Kunst. Von 1520 bis 1650 und in der Gegenwart (rde. 50/52), Hamburg 1957; Manierismus in der Literatur. Sprach-Alchimie und esoterische Kombinationskunst. Beiträge zu vergleichenden europäischen Literaturgeschichte (rde. 82/83), Reinbek 1959; ein erster Entwurf: Über Manierismus in Tradition und Moderne, Merkur 10, 1956, S. 336ff. Im gleichen Jahr wie ›Manierismus in der Literatur‹ erschien das Buch von R. Scrivano, Il Manierismo nella letteratura del Cinquecento, Padova 1959; die Wirkung war jedoch wegen der starken Spezialisierung wesentlich geringer.

[29] Four stages of Renaissance style, Garden City/N.Y. 1955 (in Analogie zur italienischen Malerei werden an der englischen Dichtung die vier Epochen Renaissance, Manierismus, Barock und Spätbarock aufgezeigt). Zu dem vieldiskutierten und wegen seiner etwas gewaltsamen Konstruktion oft kritisierten Buch vgl. jetzt P. Goff, The limits of Sypher's theory of style, Colloquia Germanica 1, 1967, S. 111ff.

Für das Problem ›Manierismus‹ und ›Rhetorik‹ ist der dritte Punkt der wichtigste. Bereits Curtius hatte im Schlußteil seines Manierismus-Kapitels ausführlich auf Gracián als den großen manieristischen Theoretiker des 17. Jahrhunderts hingewiesen, der seine *agudeza*-Lehre (›Agudeza y Arte de ingenio‹, 1648)[30] auf dem Boden der ›klassischen Rhetorik‹ aufbaut, sie aber »für ungenügend erklärt« und »durch eine neue Disziplin ergänzt«[31]. Dieses Auseinanderstreben von Klassizismus und Manierismus wird nun von Hocke noch schärfer akzentuiert. Emanuele Tesauro (Hauptwerk: ›Il cannocchiale Aristotelico‹, 1654)[32], den er, über Curtius hinausgehend, als die eigentliche Schlüsselfigur der manieristischen Literaturtheorie des 17. Jahrhunderts betrachten möchte, »deformiert die gesamte attizistische Rhetorik« und versucht die »Konstruktion einer ersten Para-Rhetorik«[33].

Mit Hilfe dieses Begriffs (der inzwischen mehrfach in Arbeiten zum Manierismus aufgetaucht ist) versucht Hocke, das durch Curtius angesprochene Verhältnis von Manierismus und Rhetorik zu klären[34]. Doch scheint schon die Bezeichnung nicht glücklich gewählt. Zwar bezieht der Manierismus des Tesauro eine betont eigene Position gegenüber der klassizistischen (durch Aristoteles repräsentierten) Doktrin, er stellt sich ›neben‹ sie. Aber er ist ohne sie nicht zu denken. Nur als Variation des Vorgegebenen vermag sich der Manierismus zu formulieren[35], und mit Recht betont Ludwig Fischer, daß auch dort, wo das klassische Ideal paralysiert scheint, »die Systematik der Rhetorik nicht angetastet oder nur geringfügig verändert wird«[36]. Das Problem läßt sich noch grundsätzlicher fassen, gerade am Beispiel Tesauros. Wie jeder Rhetoriker ist er von der Machbar-

---

[30] Voraus ging 1642 ein erster Entwurf unter dem Titel ›Arte de ingenio‹. Zu Graciáns *agudeza*-Lehre jetzt vor allem G. Schröder, Baltasar Graciáns ›Criticón‹. Eine Untersuchung zur Beziehung zwischen Manierismus und Moralistik (Freib. Schriften z. roman. Philol. 2), München 1966, S. 123ff.

[31] Curtius, S. 301.

[32] Nachdruck der fünften Auflage 1670, hrsg. u. eingeleitet v. A. Buck (Ars poetica, Texte. 5), Bad Homburg v. d. H. usw. 1968.

[33] Manierismus in der Literatur, S. 135.

[34] Die Bedeutung, die Hocke dem Begriff beimißt, zeigt sich auch an der Titelgebung des vierten Teils: ›Para-Rhetorik und Concettismus‹ (a.a.O., S. 123ff.).

[35] Der Terminus ›Deformation‹, den auch Hocke z. T. gebraucht, scheint den Sachverhalt besser wiederzugeben; vgl. den weiter ausgreifenden Aufsatz von H. Hatzfeld, Three national deformations of Aristotle: Tesauro, Gracián, Boileau, Bibl. dell' Arch. Romanicum 64, 1962, S. 3ff.

[36] Gebundene Rede. Dichtung und Rhetorik in der literarischen Theorie des Barock in Deutschland (Stud. z. dt. Lit. 10), Tübingen 1968, S. 275 Anm. 33.

keit der Sprachkunst überzeugt, er gibt dazu Regeln, und seine klar formulierte Wirkungsabsicht kennzeichnet ihn als einen Rhetoriker κατ' ἐξοχήν: das Ziel seiner ganzen Lehre von der *acutezza* ist es, *meraviglia*[37] – oder mit Goethes Worten: »Gemeines Erstaunen«[38] zu erregen.

Hier von ›para-rhetorisch‹ oder gar von ›anti-rhetorisch‹[39] zu sprechen, wie Hocke es tut, ist also schlechterdings widersinnig und nur aus einem grundlegenden Mißverständnis des Begriffs ›Rhetorik‹ erklärbar[40]. Kaum weniger problematisch erscheint Hockes Versuch, ›Barock‹ und ›Manierismus‹ voneinander abzugrenzen. Als Ausgangspunkt dient (wie auch etwa bei Arnold Hauser)[41] die aus der Kunstgeschichte hergeleitete Abfolge von Hochrenaissance – Manierismus – Barock. Doch sie wird gleich wieder modifiziert: »Man kann den Barock füglich geistesgeschichtlich als eine Art von ›Manierismus‹ ansehen; ... ›Barock‹ ist eine Mischform von ›Manierismus‹ und ›Klassik‹, wobei der Grad der Vermengung in europäischen Landschaften und Zeiten sehr verschieden ist«. Außerdem aber gibt es noch einen ›reinen Manierismus‹, »der neben, in und unter dem ›Barock‹ weiter wuchert«[42]. Für das rhetorische Element (wie übrigens auch für die Einzelinterpretation) ergibt dieses reichlich komplizierte Hin- und Herschieben von Begriffen wenig. Doch ist festzuhalten, daß nach Hockes Konzeption ›Barock‹ und ›Rhetorik‹ nicht ganz so stark divergieren wie ›Manierismus‹ und ›Rhetorik‹[43].

So wesentlich Hocke durch seine ungeheuer materialreichen und

---

[37] Dazu M. Constanzo, Dallo Scaligero al Quadrio, Milano 1961, S. 69ff. (›Il Tesauro o dell' ›ingannevole meraviglia‹); K.-P. Lange, Theoretiker des literarischen Manierismus. Tesauros und Pellegrinis Lehre von der *acutezza* oder von der Macht der Sprache (Humanist. Bibl., R. 1: Abhandlungen. 4), München 1968, S. 130ff. In der Absicht, ›Bewunderung‹ zu erregen, stimmt Tesauro mit Marino überein: »È del poeta il fin la maraviglia« (zitiert nach Buck, a.a.O., S. VI).

[38] Vgl. o. S. 17. Die Parallelität der Kategorien ist auffällig; möglicherweise läßt sich ein direkter oder indirekter Einfluß der italienischen Architektur- bzw. Literaturtheorie des 17. Jahrhunderts nachweisen.

[39] Manierismus in der Literatur, S. 147.

[40] Vor diesem Mißverständnis hätte gerade eine Auseinandersetzung mit Nietzsches Skizze ›Vom Barockstile‹ bewahren können.

[41] Der Manierismus. Die Krise der Renaissance und der Ursprung der modernen Kunst, München 1964; vgl. auch die (1953 zuerst erschienene) Sozialgeschichte der Kunst und Literatur, München 1967, S. 281ff.

[42] Manierismus in der Literatur, S. 145.

[43] Überspitzt formuliert a.a.O., S. 147: »Barock ist propagandistisch-rhetorisch. Manierismus ist anti-propagandistisch, anti-rhetorisch«. Hocke möchte auf diese Weise die größere Nähe des Barock zum Klassizismus betonen.

anregenden Bücher zur Belebung der Manierismus-Diskussion beigetragen hat[44], die Gefahr einer neuen Verwirrung (die Curtius ja gerade beseitigen wollte) ist nicht von der Hand zu weisen. In dieser Situation scheint die weniger spekulative, wieder enger an Curtius an-
schließende Konzeption Hugo Friedrichs ein notwendiges Gegengewicht zu bilden[45]. Friedrich steht dem Phänomen ›Manierismus‹
durchaus kritisch gegenüber und betrachtet es auf dem Hintergrund
des Gesetzes »von der pathologischen Phase der Sprachkunst«[46]. In
gewissem Sinn nimmt er damit die kaiserzeitliche These von der
*corrupta eloquentia* wieder auf, und auch bei anderen seiner Kategorien schimmern Theoreme der antiken Rhetorik durch: etwa wenn
er, nach dem Prinzip des ›inneren *aptum*‹, Manierismus als »eine Stil-
erscheinung« definiert, »die man daran erkennt, daß in den Texten
der normale (!) Abstand zwischen Stil und Sache ein übermäßiger
wurde«[47]. Doch hat er, wohl gerade aufgrund seiner Kenntnis antiker
Rhetorik, Hockes Terminus ›Para-Rhetorik‹ nicht aufgenommen,
auch ›Barock‹ behält die Bedeutung eines weitgefaßten Epochenbe-
griffs[48].

Ein spezielles Interesse Friedrichs gilt der römischen Dichtung der
Kaiserzeit[49], die schon bei Curtius als ein Schwerpunkt in der Darstellung des Manierismus diente. Unter dem Aspekt ›Manierismus‹ und
›Rhetorik‹ ist dieser Gegenstand deshalb von besonderem Reiz, weil
die Vertreter der kaiserzeitlichen Literatur (vor allem Ovid, Seneca,

---

[44] Dies gilt auch für die Kunstwissenschaft, vgl. F. Piel, Zum Problem des Manierismus in der Kunstgeschichte, Lit.wiss. Jb. d. Görres-Ges., N.F. 2, 1961,
S. 207ff.

[45] Ausführliche Darlegung seiner Ansichten (mit Rückgriff bis auf die Ursprünge
der griechischen Rhetorik) in: Epochen ..., S. 593ff. Eine pointierte Kurzfas-
sung gibt der Artikel ›Manierismus‹, in: Das Fischer Lexikon. Literatur II/2,
Frankfurt a. M. 1965, S. 353ff.

[46] Epochen ..., S. 602. Vgl. Fischer Lexikon, a.a.O., S. 356: »eine stete patholo-
gische Begleiterscheinung der Sprachkunst«.

[47] A.a.O., S. 353. Wie problematisch eine solche Kategorie der ›Normalität‹ ist,
braucht kaum erläutert zu werden.

[48] Vgl. Epochen ..., S. 533ff.

[49] Über die Silvae des Statius (insbesondere V 4, Somnus) und die Frage des literarischen Manierismus, in: Wort und Text. Festschr. f. F. Schalk, Frankfurt a.
M. 1963, S. 34ff. Überblick über den ›römischen Manierismus‹ (einschließlich
der Deklamationen): Epochen ..., S. 603ff. Vor Friedrich war Statius unter
dem Aspekt ›Manierismus‹ analysiert worden von W. Schetter, Untersuchungen
zur epischen Kunst des Statius (Klass.-philol. Stud. 20), Wiesbaden 1960. Vgl.
jetzt auch die ›manieristisch‹ orientierten Interpretationen von H. Cancik, Untersuchungen zur lyrischen Kunst des P. Papinius Statius (Spudasmata. 13),
Hildesheim 1965.

Lucan, Statius, Claudian) lange Zeit mit dem Etikett ›rhetorische Poesie‹ versehen worden waren[50]. Neben dem generell pejorativen Akzent war darin freilich auch ein spezieller, historischer Gesichtspunkt enthalten: die Beeinflussung der Poesie durch die Bildungsmacht Rhetorik. Während dies gegen Ende des 19. Jahrhunderts – etwa bei Statius – noch als gesichert galt, waren Zweifel an der Verifizierbarkeit solcher Einflüsse aufgekommen[51]; der neue Begriff des Manierismus eröffnete die willkommene Möglichkeit, die beobachteten Stilzüge rein phänomenologisch-deskriptiv als eine innere Einheit zu fassen[52] und sie zugleich vom Odium des ›Rhetorischen‹ zu befreien.

Über die Zweckmäßigkeit einer Anwendung des Manierismusbegriffs auf antike Literatur ist das letzte Wort sicher noch nicht gesprochen; erst kürzlich wurden dazu prinzipielle Bedenken geäußert[53]. Das Problem des Rhetorischen jedenfalls wird man auf diese Weise nicht umgehen können. Unbestreitbar aber ist der Gewinn an vergleichend-typologischer Erkenntnis auch für das 17. Jahrhundert. Sowohl Friedrich selbst als auch einzelne seiner Schüler haben auf diesem Gebiet gearbeitet[54], andere beschränkten sich ganz auf die Barockepoche. Vieles, was früher als ›Concettismus‹, ›Cultismus‹, ›Gongorismus‹, ›Marinismus‹ oder ›Euphuismus‹ rubriziert wurde, erscheint nun unter dem gemeinsamen Etikett des ›Manierismus‹[55], und

---

[50] Ovid gilt üblicherweise als Archeget dieser Rhetorisierung, so bei F. Leo, Die römische Literatur des Altertums (Kultur d. Gegenw. I 8), Berlin u. Leipzig 1905, S. 354; vgl. E. Norden, Die römische Literatur, Leipzig ⁵1954, S. 73. Zu Statius (Silv. 5,4) vgl. F. Vollmer, P. Papini Statii Silvarum libros ed. et expl., Leipzig 1898, S. 546: »Cabinettstückchen rhetorischer Poesie«.

[51] Wichtig P. Friedländer, Johannes von Gaza und Paulus Silentiarius. Kunstbeschreibungen justinianischer Zeit, Berlin 1912. Zu Ovid vgl. jetzt P. Tremoli, Influssi retorici e ispirazione poetica negli ›Amores‹ di Ovidio, Trieste 1955; F. Arnaldi, La retorica nella poesia di Ovidio, in: Ovidiana. Recherches sur Ovide publiées à l'occasion du bimillénaire de la naissance du poète. Ed. N. I. Herescu, Paris 1958, S. 23ff.; T. F. Higham, Ovid and rhetoric, a.a.O., S. 32ff. Wegen ihres exemplarischen Charakters und ihres Materialreichtums wichtig die Untersuchung von K. Barwick, Martial und die zeitgenössische Rhetorik (Abh. Leipzig, Phil.-hist. Kl. 104/1), Berlin 1959.

[52] Dazu Cancik, a.a.O., S. 9ff.

[53] B. Kytzler, ›Manierismus‹ in der klassischen Antike?, Colloquia Germanica 1, 1967, S. 2ff.

[54] Außer dem Statius-Aufsatz vgl. die genannte Arbeit von G. Schröder zu Gracián und vor allem C. Wanke, Seneca, Lucan, Corneille. Studien zum Manierismus der römischen Kaiserzeit und der französischen Klassik (Studia Romanica 6), Heidelberg 1964.

[55] Über die romanischen Spielarten unterrichten gut die Referate auf dem schon erwähnten Kongreß ›Manierismo, barocco, rococò‹, bes. E. Raimondi, Per la nozione di manierismo letterario (Il problema del manierismo nelle letterature

seit einigen Jahren kann man geradezu – wie früher bei der internationalen ›Barockwelle‹ – von einer ›Manierismuswelle‹ sprechen[56].

## c. Konsequenzen für die Barockforschung

Die germanistische Barockforschung hat sich ihr gegenüber bisher eigentümlich reserviert verhalten, vielleicht aus der Überzeugung heraus, daß der Barockbegriff genüge[57], vielleicht aus Sorge vor neuen spekulativen Irrwegen. Doch wenigstens auf zwei Gebieten dürfte es, nicht zuletzt sub specie rhetoricae, sinnvoll sein, die Anregungen der Manierismusforschung aufzugreifen: bei der Interpretation extremer Stilphänomene, die früher als ›Schwulststil‹ oder ›Marinismus‹ eingestuft wurden, und bei dem deutschen Zweig der gemeineuropäischen *argutia*-Bewegung.

Während Curtius die deutsche Literatur des 17. Jahrhunderts ganz an der Peripherie ließ[58], bemüht sich Hocke, vor allem Lyrik der deutschen Barockepoche in seine Darstellung einzubeziehen. Mehr als einige exemplarische Hinweise kann man dabei selbstverständlich nicht erwarten. Immerhin ist der Kreis der Autoren überraschend weit gehalten: von Weckherlin über Fleming, Czepko, Greiffenberg bis zu Hofmannswaldau, Lohenstein, Klaj und Kuhlmann sind die meisten bekannten Namen vertreten[59]. Aber schon diese Autorenliste stellt vor schwierige Probleme. Wenn bereits Weckherlin aufgrund eines im Summationsschema gehaltenen Gedichts als ›manieristisch‹ abgestempelt wird[60], ja sogar ›den deutschen Manierismus des 17.

---

europee), S. 57ff. Für Versuche im anglistischen Bereich charakteristisch R. Daniells, Milton, mannerism and baroque, Toronto 1963 (vgl. die frühere Arbeit von Daniells, Baroque form in English literature, Univ. of Toronto Quart. 14, 1944/45, S. 393ff.; dort auch für Milton noch ganz die Kategorie ›barock‹ dominierend); W. Iser, Manieristische Metaphorik in der englischen Dichtung; GRM, N.F. 10, 1960, S. 266ff.

[56] Eine kritische Bilanz mit dem Versuch einer thesenhaften Klärung: B. L. Spahr, Baroque und mannerism: Epoch and style, Colloquia Germanica 1, 1967, S. 78ff.; vgl. A. G. de Capua, Baroque and mannerism: Reassessment 1965, a.a.O., S. 101ff.

[57] Eine Rolle hat sicher auch die (schon 1916 von Strich betonte) Tatsache gespielt, daß der Hintergrund einer deutschen Renaissancedichtung fehlt, von dem sich (im Sinne Hockes) ein ›Manierismus‹ abheben könnte.

[58] Ein einziges Mal wird (im Zusammenhang des ›versefüllenden Asyndeton‹) der Name Gryphius genannt (Curtius, S. 289), offenbar angeregt durch H. Pliester, Die Worthäufung im Barock (Mnemosyne. 7), Bonn 1930.

[59] Schwerpunkte: Manierismus in der Literatur, S. 112ff., 236ff., 295 ff.

[60] A.a.O., S. 113. Adäquatere Darstellung Weckherlinscher Stilzüge (u. a. Summationsschema) aus spanischer Perspektive jetzt bei D. Alonso, Notas sobre la per-

42

Jahrhunderts‹[61] repräsentieren soll, ergibt sich notwendigerweise die Frage, wo noch Raum für ›barocke‹ Stilelemente bleibt. Es scheint fast, als würden diese auf die ›klassizistischere‹ Dichtung eines Opitz oder Tscherning – der unter Hockes *exempla* nicht vertreten ist[62] – beschränkt. Gerade eine präzise rhetorische Analyse könnte hier zu mehr Klarheit verhelfen, und es würde sich allmählich zeigen, daß Tendenzen zur manieristischen Übersteigerung an den verschiedensten Punkten latent vorhanden sind[63], sei es in der Hofdichtung, der Mystik, der petrarkisierenden Liebespoesie oder im literarischen Gesellschaftsspiel.

Auf die gelegentliche Andeutung solcher Grenzphänomene hat man sich denn auch in der deutschen Barockforschung weithin beschränkt[64] (während Auswahl-Ausgaben deutscher Lyrik des 17. Jahrhunderts bereits ungescheuter das Werbewort ›manieristisch‹ im Titel führen)[65]. Die einzige Arbeit, die das Problem des Manierismus auf breiterer, exemplarischer Basis behandelt, ist die schon genannte Klaj-Monographie von Conrad Wiedemann (1966)[66]. Ausgerichtet auf die beiden Pole ›Poeta‹ und ›Rhetor‹, vermittelt die Untersuchung nicht nur zahlreiche Einzelbeobachtungen zur rhetorischen Sprache von Klajs ›hochbarocken‹ Redeoratorien[67], sondern auch grundsätzliche Einsichten in das Verhältnis von Poesie und Rhetorik während des

---

sona y el arte de Georg Rudolf Weckherlin, Filol. Moderna 27–28, 1967, S. 223ff.

[61] Manierismus in der Literatur, S. 113.

[62] Von Opitz bringt Hocke ein kurzes Beispiel mit *versus rapportati*, a.a.O., S. 25. Bezeichnend scheint auch etwa, daß ein Autor wie Dach nicht zitiert wird.

[63] Für die antike Literatur und für die romanische des 17. Jahrhunderts hat dies vor allem Hugo Friedrich mehrfach hervorgehoben.

[64] Beispielsweise H. Heckmann, Elemente des barocken Trauerspiels. Am Beispiel des ›Papinian‹ von Andreas Gryphius (Lit. als Kunst), Darmstadt 1959, S. 215f.; Beißner, Deutsche Barocklyrik, S. 46 u. 50f.; Windfuhr, S. 261ff. Stärker verallgemeinernd im Sinne Hockes: H. Cysarz, Einleitung zu: Deutsche Barock-Lyrik (Reclams Univ.-Bibl. 7804/05), Stuttgart ²1964, S. 3 (er spricht von »den Manieristen des Barockstils«; dagegen auch Beißner, a.a.O., S. 46).

[65] In der Reihe ›Europäische Dichtung des Manierismus‹ erschienen u. a. Bände mit Gedichten von Lohenstein (hrsg. v. G. Henniger, Berlin o. J. [1961]) und Hofmannswaldau (hrsg. v. J. Hübner, Berlin o. J. [1962]). Vgl. ferner: Freudenfeuerwerk. Manieristische Lyrik des 17. Jahrhunderts. Hrsg. v. H. Gersch, Frankfurt a. M. 1962. Noch immer ablehnend E. Hederer, Nachwort zu: Deutsche Dichtung des Barock, München ²1957, S. 559 (»Zu Unrecht hat man die Dichtung des Spätbarock, zumal Hofmannswaldaus als ›Schwulst‹ und Manierismus abgetan«).

[66] Oben S. 22 Anm. 3.

[67] Besonders a.a.O., S. 35ff., 85ff., 138ff.

17. Jahrhunderts[68]. Doch durch die Anlehnung an Hockes Konzeption einer manieristischen Para-Rhetorik erscheint manches problematisch. Einerseits ist Wiedemann bestrebt, die »wesenhaft rhetorische Grundstruktur der Redeoratorien« aufzuzeigen[69]; andererseits soll der Stil ›para-rhetorisch‹ sein, aber eben dies bleibt als These unbefriedigend[70].

Liegt hier bereits ein ergebnisreicher Versuch phänomenologischer Manierismusforschung vor, so ist das weitverzweigte komparatistische Thema *argutia*-Bewegung für Deutschland noch gänzlich unbearbeitet[71]. Es handelt sich um eine zunächst höfisch-›politisch‹ bestimmte[72] gemeineuropäische Rhetorik-Mode, die um die Mitte des 17. Jahrhunderts von Spanien (Gracián) und von Italien her (Peregrini, Pallavicino, Tesauro) auch in Deutschland einzudringen beginnt. Ihr modisch-aktueller Charakter wird manchem auch bewußt: »Nauseat certè simplicitatem seculum nostrum et quendam in stylo luxum requirit, ut jam ferè Orator non audiat, imò luce non dignus, qui per Acumina vibrare Orationem ignorat«[73]. Als Vermittler fungieren vor allem die Jesuiten, die in Jacob Masen[74] auch einen der bedeutendsten Theoretiker der *argutia* auf deutschem Boden besitzen[75]. Außer Masen sind insbesondere Harsdörffer[76], Weise[77] und Morhof[78] als *propagatores argutiae* zu nennen, daneben Birken[79], Meister[80], Stieler,

---

68 A.a.O., S. 113ff.

69 A.a.O., S. 112.

70 Der diesbezügliche Passus (a.a.O., S. 126ff.) reicht nicht aus, eine wirkliche Para-Rhetorik nachzuweisen. Wiedemann bleibt in der gleichen klassizistisch-attizistischen Festlegung der Rhetorik befangen wie Hocke.

71 Einzelne Hinweise auf Teilaspekte bei Hocke, Manierismus in der Literatur, S. 169ff. (besonders Harsdörffer) und bei Windfuhr, S. 201ff. (›Scharfsinnige Metaphorik‹).

72 Das Aristokratische, Intellektualistische verbindet die *argutia*-Bewegung mit dem kunstgeschichtlichen Manierismus (der als Stilepoche bekanntlich wesentlich früher liegt), wie ihn A. Hauser beschrieben hat: Sozialgeschichte der Kunst und Literatur, München 1967, S. 377ff. (weitgehend Bindung an die kleineren Höfe).

73 Michael Radau, ›Orator extemporaneus‹, Leipzig 1664, S. 33f. (Radau ist Jesuit).

74 ›Ars nova argutiarum‹, Köln 1649.

75 Unten S. 355ff.

76 ›Frauenzimmer-Gesprechspiele‹, Nürnberg 1641–49 (besonders Bd. 3, 4, 7, 8) und ›Poetischer Trichter‹, Nürnberg 1650–53 (passim).

77 ›De poesi hodiernorum politicorum sive de argutis inscriptionibus‹, Jena u. Helmstedt 1678; vgl. auch ›Politischer Redner‹, Leipzig 1681 (¹1677), S. 60ff. (›Von der Ubung mit den Argutiis‹).

78 ›Commentatio de argutiarum disciplina‹, o.O. 1693.

79 ›Teutsche Rede-bind= und Dicht-Kunst‹, Nürnberg 1679 (passim).

80 Johann Gottlieb Meister, ›Unvorgreiffliche Gedancken Von Teutschen Epigrammatibus‹, Leipzig 1698; die ausführliche Einleitung gilt im wesentlichen

Omeis und Neukirch[81]. Intensität und Langlebigkeit dieser manieristischen Literaturströmung mag man daran ermessen, daß noch Hallbauer[82] und Gottsched[83] (inmitten eines dezidiert klassizistischen Systems!) ausführliche Anweisungen zum *stylus argutus* bzw. zur ›Scharfsinnigkeit‹ geben. Die Romanistik beschäftigt sich seit langem mit den ›trattatisti‹ des Seicento sowie mit Graciáns Stillehre (schon 1899 wies Croce auf diesen Komplex hin)[84], und die Barockforschung hat das Interesse neu belebt[85]. Die Untersuchung der *argutia*-Bewegung in Deutschland könnte daran anknüpfen. Die Wurzeln des ›scharfsinnigen‹ Ideals jedoch – das ist auch in der romanistischen Forschung noch kaum beachtet – lassen sich bis weit ins 16. Jahrhundert zurück verfolgen, zu Castiglione[86] und vor allem zu Scaliger. Dessen an Martial orientierte Theorie des Epigramms[87] entfaltet bereits eine detaillierte *argutia*-Lehre[88], die unter dem Begriff der »spitzfindigkeit« dann in Opitzens ›Buch von der Deutschen Poeterey‹ wiederkehrt[89]. Die epigrammatische Praxis der frühen Barockzeit[90] und die prinzipielle Forderung Opitzens, der Poet müsse ›sinnreich‹ sein[91] (ein Wort, das mehr und mehr mit ›scharfsinnig‹ synonym

---

dem Nachweis, daß auch die Deutschen zur ›scharffsinnigen Schreibart‹ fähig seien.

[81] Stellenangaben zu den drei zuletzt Genannten bei Windfuhr, S. 263 Anm. 2.

[82] ›Einleitung in Die nützlichsten Ubungen des Lateinischen Stili‹, Jena ²1730, S. 603ff.

[83] ›Akademische Redekunst‹, Leipzig 1759, S. 154ff.

[84] B. Croce, I trattatisti italiani del Concettismo e Baltasar Gracián (1899), in: Problemi di estetica, Bari 1940, S. 313ff.

[85] Vgl. die Bibliographie im Nachdruck von Tesauros ›Cannocchiale Aristotelico‹ (hrsg. v. Buck), a.a.O., S. XXIIff. Hinzuzufügen R. Montano, Metaphysical and verbal arguzia and the essence of the Baroque, Colloquia Germanica 1, 1967, S. 49ff.

[86] Unten S. 371f.

[87] ›Poetices libri septem‹, (Lyon) 1561, S. 169ff. Anläßlich Graciáns hat bereits Curtius, S. 302 auf das Vorbild Martial hingewiesen, doch ohne Scaliger zu erwähnen.

[88] Hauptthesen: »Epigrammatis duae virtutes peculiares: breuitas et argutia ... hac Martialis nusquam amisit« (S. 170). »Argutia anima, ac quasi forma« (ebda.). Auch *admiratio* und *mirificum*, die Wirkungsintentionen der manieristischen Theoretiker, sind in Scaligers *argutia*-Lehre bereits enthalten.

[89] ›Buch von der Deutschen Poeterey‹, Breslau 1624, fol. D 2ᵇ: »denn die kürtze ist seine eigenschafft / vnd die spitzfindigkeit gleichsam seine seele vnd gestallt« (wörtliche Übersetzung aus Scaliger).

[90] Material dazu (unter Berücksichtigung Owens) bei R. Levy, Martial und die deutsche Epigrammatik des siebzehnten Jahrhunderts, Diss. Heidelberg 1903.

[91] ›Buch von der Deutschen Poeterey‹, fol. B 3ᵇ u. C 4ᵃ unter Berufung auf Scaliger).

wird)[92], bereiten den Boden für die Rezeption der romanischen *argutia*-Theorien.

Die beiden hier skizzierten Beispiele, Untersuchung manieristischer Phänomene in der Barockliteratur und Erforschung der *argutia*-Bewegung, zeigen deutlich genug, wie fruchtbar der von Curtius unternommene Vorstoß bereits war (auch wenn die Entwicklung nicht ganz nach Curtius' Willen verlief) und wie zahlreich die noch anstehenden Aufgaben sind. Sie werden sich nur lösen lassen – das war Curtius' Überzeugung[93] – auf dem Boden der Rhetorik.

## 4. Barockrhetorik und rhetorische Tradition

### a. Die vernachlässigte Theorie

Bis zum Jahre 1966 hat kaum eine aus dem Bereich der deutschen Barockforschung stammende Monographie im Titel oder Untertitel das Wort ›Rhetorik‹ oder ›rhetorisch‹ geführt[1]. In der kurzen Zeitspanne seit 1966 wurden nicht weniger als drei Arbeiten publiziert, die dieses Gesetz durchbrechen[2]. Sie beschäftigen sich alle mit der literarischen Theorie des 17. Jahrhunderts und verwenden den Begriff der Tradition als heuristisches Prinzip; vier andere 1966 erschienene Arbeiten verfolgen ähnliche Tendenzen[3]. Eine neue Forschungsrichtung scheint sich herausgebildet zu haben, und es dürfte angebracht sein, nach ihren Voraussetzungen und Ergebnissen zu fragen[4].

---

[92] Vgl. exemplarisch Logaus Vorrede zu ›Deutscher Sinn=Getichte Drey Tausend‹, Breslau (1654), bes. fol. A III[b]. In ›scharfsinnig‹ sind mit *acutum* (bzw. *argutum*) und *ingenium* (bzw. *sententia*) die Schlüsselbegriffe der *argutia*-Lehre zusammengezogen. Über antike Wurzeln von *ingenium*, *argutia* und *sententia* vgl. außer Curtius, S. 279ff. vor allem Friedrich, Epochen ..., S. 604f.

[93] Im gleichen Sinne Friedrich, a.a.O., S. 598: »Der sprachliche Kunstwille, der in steter Latenz den Manierismus in sich trägt, heißt Rhetorik«.

[1] In erster Linie ist hier an Arbeiten gedacht, die das 17. Jahrhundert insgesamt behandeln; zu den Spezialuntersuchungen von Meier-Lefhalm (1958; über Angelus Silesius) und Ott (1960; über Abraham a Santa Clara) vgl. unten S. 81 u. 82.

[2] R. Hildebrandt-Günther, Antike Rhetorik und deutsche literarische Theorie im 17. Jahrhundert (Marb. Beitr. z. Germanistik. 13), Marburg 1966; J. Dyck, Ticht-Kunst. Deutsche Barockpoetik und rhetorische Tradition (Ars Poetica. 1), Bad Homburg v. d. H. usw. 1966; die Untersuchung von L. Fischer (1968) wurde bereits genannt.

[3] Vgl. u. S. 55.

[4] Da sich das Problem ›Barockrhetorik‹ offenbar mehr und mehr auf dieses Gebiet verschiebt, ist eine etwas ausführlichere Behandlung notwendig.

46

»In einer Zeit, deren historisches Interesse auf allen Gebieten nicht das kleinste Theilchen Vergangenheit unberücksichtigt läßt, mußte es doppelt auffallen, das umfangreiche und bedeutende Feld litterargeschichtlicher Forschung, an welches vorliegender Versuch herantritt, gänzlich brach liegen zu sehen«[5]. Das Erstaunen, das Karl Borinski zu Beginn seines 1886 erschienenen Buchs über ›Die Poetik der Renaissance‹ äußert[6], hätte noch vor wenigen Jahren – mutatis mutandis – eine Monographie über ›Die Rhetorik des Barock‹ einleiten können. Borinski nennt zwei Hauptgründe für die Vernachlässigung seines Stoffgebiets: die Internationalität der Renaissance-Poetik, die sich wie die Literatur der Zeit »darauf beschränkt, das Material des Auslands, sowie die umlaufenden classischen Gemeinplätze oft in crudester Form zusammenzustellen. Also nicht blos ihre übergroße Quantität, sondern grade ihre geringe Qualität läßt sie dem Deutschen merkwürdig erscheinen«[7]. Und die zweite Ursache: »ihre negative Bedeutsamkeit für unsere große classische Litteratur. Von ihrer Ueberwindung hat letztere ihren Ausgang genommen«[8].

Borinskis Versuch (dem sich 1914 die speziellere Darstellung der ›Antike in Poetik und Kunsttheorie‹ anschloß)[9] blieb fast vier Jahrzehnte lang ohne tiefer reichenden Einfluß auf die Erforschung der Literatur des 17. Jahrhunderts[10]. Ausländerei, Antikisieren, Durchschnittlichkeit und Regelwesen – nichts mußte der aufkommenden Barockforschung so zuwider sein wie die literarische Theorie der Epoche. Nur an Opitzens schmalem ›Buch von der Deutschen Poeterey‹ konnte man schlechterdings nicht vorbeisehen; es war denn auch schon 1876 gewürdigt worden, als Nr. 1 die ›Neudrucke deutscher Litteraturwerke‹ zu eröffnen[11]. Es blieb bis 1966[12] unter Hunderten

---

[5] Borinski, Die Poetik der Renaissance ..., S. XI.
[6] Das Handbuch (das bezeichnenderweise aufgrund einer Preisaufgabe der philosophischen Fakultät der Universität München zustande kam) bedeutete tatsächlich einen völligen Neuanfang; es ist wegen seines Materialreichtums bis heute nützlich geblieben.
[7] A.a.O., S. XII.
[8] Ebda. Borinski bestätigt übrigens die schon erwähnte Tatsache, daß »Kunst und Mode« der Epoche längst »eine Wiedergeburt gefeiert« haben (a.a.O., S. XI).
[9] Die Antike in Poetik und Kunsttheorie vom Ausgang des klassischen Altertums bis auf Goethe und Wilhelm von Humboldt, Bd. 1, Leipzig 1914; der zweite Band folgte Leipzig 1924 (beides im Nachdr. Darmstadt 1965).
[10] Lediglich für die Dramentheorie zeigt sich vereinzelt Interesse.
[11] Hrsg. v. W. Braune, dann mehrfach verbessert; neu hrsg. v. R. Alewyn (NdL, N.F. 8), Tübingen 1963 (²1966).
[12] Erscheinungsjahr des Nachdrucks von Buchner, ›Anleitung Zur Deutschen Poeterey‹, hrsg. v. M. Szyrocki (Dt. Neudr., R.: Barock. 5).

von Nachdrucken und Neudrucken (mit Texten auch zweiten und dritten Ranges) die einzige deutsche Poetik des 17. Jahrhunderts[13]. Eine Rhetorik ist bis heute nicht nachgedruckt worden[14].

Simple Tatsachen solcher Art – sie wären in vielfacher Weise zu ergänzen – bestimmen den Gang der Forschung oft mehr, als man gemeinhin annehmen möchte; vor allem aber sind sie ein vielsagendes Indiz für die Wertschätzung, die bestimmten historischen Phänomenen entgegengebracht wird, nicht zuletzt im Fall der Barockforschung. Hatte man sich schon der Poetik des 17. Jahrhunderts nur zögernd und widerwillig angenommen, so wußte man mit den zahllosen Rhetoriken, die bei der wissenschaftlichen Arbeit (in Bibliothekskatalogen oder auch durch Querverweise) notwendig immer wieder begegneten, erst recht nichts anzufangen; ›Rhetorik‹ schreckte nur ab. Es nützte nichts, daß beispielsweise Eduard Norden bereits 1898 darauf hinwies, die gelehrten Poetiken der ›Renaissancezeit‹, insbesondere Scaligers (auf den sich ja Opitz ständig beruft), seien »ganz auf rhetorischer Basis aufgebaut«[15]. Selbst Borinski würdigt die Rhetorik kaum eines Wortes, und er geht erst dann etwas näher auf sie ein, als es gänzlich unvermeidbar wird: im Umkreis von Christian Weise[16].

Der desolate Zustand dauert – von partiellen Ausnahmen abgesehen[17] – bis gegen Ende der 20er Jahre, bis zu jener Zeit also, in der einzelne Forscher wie Günther Müller entschlossen das expressionistische Erbe der literarischen Barockbewegung abzuschütteln und die spezifische Andersartigkeit des 17. Jahrhunderts zu erkennen suchen. 1928 erscheint Hennig Brinkmanns Buch ›Zu Wesen und Form mittelalterlicher Dichtung‹. Während man bisher im Zusammenhang des Rhetorischen gelegentlich von humanistischen oder auch antiken Relikten gesprochen hatte, konstatiert Brinkmann, weit über den An-

---

[13] Gelegentliche Wiedergabe von Auszügen (etwa aus Harsdörffers ›Poetischem Trichter‹, hrsg. v. R. Marquier, Berlin 1939) verbesserte die Situation kaum. Anders steht es mit dem kürzlich erschienenen, sorgfältig zusammengestellten Auswahlband: Poetik des Barock. Hrsg. v. M. Szyrocki (RK. 508/9 = Dt. Lit. 23), o.O. 1968.

[14] Für die Reihe der ›Deutschen Neudrucke‹ vorgesehen ist Meyfart, ›Teutsche Rhetorica‹. Nützlich wären zumindest auch Nachdrucke des ›Politischen Redners‹ von Weise sowie einer lateinischen Standard-Rhetorik (etwa Vossius, ›Rhetorice contracta‹).

[15] Die antike Kunstprosa, 2 Bde., Leipzig ²1909; dort Bd. 2, S. 904.

[16] Die Poetik der Renaissance ..., S. 340ff.

[17] Sie kommen aus dem Bereich der historischen Pädagogik, bleiben aber für die Literaturwissenschaft praktisch ohne Wirkung.

laß seiner Untersuchung hinaus, im Bereich der Poetik »von der Antike bis ins 18. Jahrhundert ... die alles beherrschende Macht der Rhetorik«[18].

Eine ganze Reihe von Arbeiten zur Literaturtheorie des 17. Jahrhunderts versuchen in den Jahren um 1930, den vor allem durch Brinkmann und Müller gegebenen Anregungen zu folgen[19]; und an einzelnen Stellen wird notwendigerweise auch Rhetorisches herangezogen, etwa in den Untersuchungen von Brates[20], Wendland[21] und Roseno[22]. Die Tradition aber, um die es Brinkmann ging, bleibt weitgehend im dunklen. Lediglich Wolfgang Kayser unternimmt in seiner bereits früher genannten Dissertation (1932) den Versuch eines kompilatorisch-andeutenden Überblicks über die Geschichte der Rhetorik von der Antike bis ins 17. Jahrhundert[23]. Als fünf Jahre später Bruno Markwardt den ersten Band seiner ›Geschichte der deutschen Poetik‹ vorlegt, in dem die Ergebnisse des neuen Interesses an der Literaturtheorie zusammengefaßt werden (›Barock und Frühaufklärung‹, 1937)[24], kann von einer – auch im Rahmen der Poetik – angemessenen Behandlung der Rhetorik noch immer keine Rede sein.

Weitausgreifende, das 17. Jahrhundert allerdings kaum berührende Entwürfe von Klaus Dockhorn zum Problem der ›rhetorischen Tradition‹, kurz vor und einige Jahre nach Kriegsende veröffentlicht (1944 und 1949)[25], blieben auf germanistischem Gebiet zunächst fast

---

[18] Zu Wesen und Form mittelalterlicher Dichtung, S. 33. Die Wertung des Phänomens Rhetorik (bzw. rhetorische Poesie) kommt der Auffassung von Günther Müller sehr nahe: »Wir sind durch die Erlebnistheorie für das Verständnis dieser Kunst verdorben« (a.a.O., S. 10).

[19] Zu den Gottsched-Arbeiten von Grosser (1932) und Wechsler (1933) s. u. S. 58 Anm. 91.

[20] G. Brates, Die Barockpoetik als Dichtkunst, Reimkunst, Sprachkunst, ZfdPh 53, 1928, S. 346ff.; ders., Hauptprobleme der deutschen Barockdramaturgie in ihrer geschichtlichen Entwicklung, Diss. Greifswald 1935.

[21] U. Wendland, Die Theoretiker und Theorien der sogen. galanten Stilepoche und die deutsche Sprache. Ein Beitrag zur Erkenntnis der Sprachreformbestrebungen vor Gottsched (Form u. Geist. 17), Leipzig 1930.

[22] A. Roseno, Die Entwicklung der Brieftheorie von 1655–1709 (Dargestellt an Hand der Briefsteller von Georg Philipp Harsdörfer, Kaspar Stieler, Christian Weise und Benjamin Neukirch), Diss. Köln 1933.

[23] Die Klangmalerei bei Harsdörffer, S. 18ff. (vgl. S. 88ff. u. 114ff.).

[24] Geschichte der deutschen Poetik. Bd. 1: Barock und Frühaufklärung (Grundr. d. germ. Philol. 13/1), Berlin u. Leipzig 1937.

[25] Wordsworth und die rhetorische Tradition in England, Nachr. Göttingen, Phil.-hist. Kl. 1944, S. 255ff.; Die Rhetorik als Quelle des vorromantischen Irrationalismus ... (1949). Beide Arbeiten jetzt in: Macht und Wirkung der Rhetorik (vgl. o. S. 21 Anm. 100).

ohne Wirkung. Und es ist nahezu kurios, daß selbst die Musikwissenschaft noch vor der literarischen Barockforschung die rhetorische Theorie auf breiter Grundlage einbezog. Nach ersten Hinweisen Arnold Scherings[26] erschien bereits 1941 eine umfangreiche Arbeit über ›Die Beziehungen zwischen Musik und Rhetorik im 16. bis 18. Jahrhundert‹ von Hans Heinrich Unger[27]; 1944 folgte ein prinzipieller Aufsatz ›Musik und Rhetorik‹ von Wilibald Gurlitt[28]. Mittlerweile gehört die Berücksichtigung der Rhetorik (insbesondere der Figurenlehre und der Inventionstechnik, aber auch etwa der Affektenlehre) zum methodischen Grundbestand bei der Erforschung der Barockmusik und ihrer Theorie[29].

## b. Komparatistische Impulse

Es bedurfte wiederum der Sachkenntnis und des energischen Einsatzes von Ernst Robert Curtius, damit auch in der germanistischen Barockforschung allmählich die Bereitschaft zunahm, sich mit der rhetorischen Tradition näher zu befassen. Ihre Bedeutung für die mittelalterliche und frühneuhochdeutsche Literatur war von Germanisten wie Gustav Ehrismann[30] und Konrad Burdach[31] – Hennig Brinkmann nicht zu vergessen – längst erkannt worden. Unter vorwiegend mediävistischem Aspekt hatte auch Curtius seit dem Ende der 30er Jahre in zahlreichen Arbeiten immer wieder auf die geschichtliche Größe Rhe-

---

[26] Die Ergebnisse mehrerer Aufsätze sind zusammengefaßt in: Das Symbol in der Musik, Leipzig 1941; vgl. auch Curtius, S. 87.

[27] Die Beziehungen zwischen Musik und Rhetorik im 16. bis 18. Jahrhundert, Diss. Berlin 1941.

[28] Musik und Rhetorik. Hinweise auf ihre geschichtliche Grundlageneinheit, Helicon 5, 1944, S. 67ff.; vgl. von demselben u. a.: Vom Klangbild der Barockmusik, in: Die Kunstformen des Barockzeitalters, S. 227ff.

[29] Hingewiesen sei nur auf folgende Arbeiten: G. Toussaint, Die Anwendung der musikalisch-rhetorischen Figuren in den Werken von Heinrich Schütz, Diss. Mainz 1949; H. H. Eggebrecht, Heinrich Schütz. Musicus poeticus (Kl. Vandenhoeck-R. 84), Göttingen 1959; H. Rauhe, Dichtung und Musik im weltlichen Vokalwerk Johann Hermann Scheins. Stilistische und kompositionstechnische Untersuchungen zum Wort-Ton-Verhältnis im Lichte der rhetorisch ausgerichteten Sprach- und Musiktheorie des 17. Jahrhunderts, Diss. Hamburg 1960; C. Dahlhaus, Gefühlsästhetik und musikalische Formenlehre, DVjs 41, 1967, S. 505ff. (auch zur Rhetorik). Ein Versuch von literaturwissenschaftlicher Seite: W. Flemming, Die Fuge als epochales Kompositionsprinzip des deutschen Barock, DVjs 32, 1958, S. 483ff.

[30] Studien über Rudolf von Ems. Beiträge zur Geschichte der Rhetorik und Ethik im Mittelalter (SB Heidelberg, Phil.-hist. Kl. 1919/8), Heidelberg 1919.

[31] Reformation, Renaissance, Humanismus, Leipzig ²1926.

torik hingewiesen[32], und 1948 erscheint sie in Curtius' Hauptwerk schließlich als eine der Hauptsäulen »der abendländischen Tradition ..., soweit sie sich in der Literatur bezeugt«[33]. Obwohl die Darstellung der Rhetorik selbst nur ausblicksweise in die Neuzeit hineinreicht, erweist sich bei Curtius die Fruchtbarkeit des rhetorisch-traditionalen Aspekts auch für die neueren Philologien immer von neuem, nicht zuletzt im Zusammenhang mit der Manierismus- und der Toposforschung[34]: »die Rezeption der antiken Rhetorik hat weit über das Mittelalter hinaus den künstlerischen Selbstausdruck des Abendlandes mitbestimmt. Die Rhetorik war noch im 17. und 18. Jahrhundert eine anerkannte, eine unentbehrliche Wissenschaft«[35]. Und mit dem Blick auf die desperate Situation der Rhetorik in Deutschland betont Curtius: »Den romanischen Völkern ist die Rhetorik durch natürliche Anlage und durch das Erbe Roms vertraut«[36].

Der inneren Logik dieser Situation entsprechend, stellen ein Mediävist, Leonid Arbusow[37], und ein Romanist, Heinrich Lausberg[38], noch in den Jahren 1948/49 zwei schmale Handbücher bereit, die wenigstens das elementare Rüstzeug für rhetorische Analysen vermitteln. Den Begriff der ›rhetorischen Tradition‹ freilich machen sie durch ihre karge Systematik nicht unbedingt verlockender[39]. Auf die Barockforschung beginnen jedoch auch Curtius' Anregungen nur sehr langsam zu wirken. Bezeichnenderweise auf romanischem Boden und mit vorwiegend romanischer Perspektive versucht 1954 zum ersten Mal ein internationaler Kongreß, das Thema ›Rhetorik und Barock‹ eingehender zu diskutieren[40]. Unter den qualitativ sehr ungleichen,

---

[32] Vor allem: Dichtung und Rhetorik im Mittelalter, DVjs 16, 1938, S. 435ff.; Zur Literaturästhetik des Mittelalters, ZfrPh 58, 1938, S. 1ff., 129ff., 433ff. (u. a. Auseinandersetzung mit H. H. Glunz, Die Literarästhetik des Mittelalters, Bochum-Langendreer 1937); Rhetorische Naturschilderung im Mittelalter, RF 56, 1942, S. 219ff.

[33] Curtius, S. 11.

[34] Vgl. jetzt den kritischen Überblick von W. Veit, Toposforschung, DVjs 37, 1963, S. 120ff.

[35] Curtius, S. 88.

[36] A.a.O., S. 72. Vgl. die im gleichen Tenor gehaltenen Ausführungen von Norden, Die antike Kunstprosa, Bd. 1, S. 2f.

[37] Colores rhetorici. Eine Auswahl rhetorischer Figuren und Gemeinplätze als Hilfsmittel für akademische Übungen an mittelalterlichen Texten, Göttingen 1948 (2., durchges. u. verm. Aufl., hrsg. v. H. Peter, 1963).

[38] Elemente der literarischen Rhetorik. Eine Einführung für Studierende der romanischen Philologie, München 1949 (2., wesentl. erw. Aufl. 1963).

[39] Am ehesten noch Arbusow durch die häufige Konfrontation antiker und mittelalterlicher *exempla*.

[40] Retorica e Barocco. Atti del III Congresso Internazionale di Studi Umanistici

oft noch spekulativ-tastenden ›contributi‹ (auch zur bildenden Kunst) sind für den traditionalen Aspekt der Barockrhetorik vor allem zwei Vorträge über Gracián[41] und Tesauro[42] (hier war ja die Forschung bereits seit längerem im Gange) sowie einer über ›Aristotelismo e Barocco‹ von Bedeutung; im zuletzt genannten Beitrag versucht Guido Morpurgo Tagliabue[43], das breite klassisch-aristotelische Fundament der Seicento-Rhetoriker, ihre spezifischen Wirkungsintentionen und ihr souveränes, ›barockes‹ Verfügen über das traditionelle Instrumentarium aufzuzeigen.

Für die deutschen Rhetoriker des 17. Jahrhunderts ist Entsprechendes auch nach einem weiteren Jahrzehnt noch nicht geleistet. Die Arbeit von Ursula Stötzer über ›Deutsche Redekunst im 17. und 18. Jahrhundert‹ (1962)[44] gibt zwar einleitend einen Abriß der ›antiken Rhetorik‹ und im ersten Hauptteil eine ›Geschichte der Theorie aus den Redelehrbüchern des 17. und 18. Jahrhunderts‹, aber die beiden Komplexe bleiben so gut wie völlig voneinander isoliert, und überdies wird die Verfasserin keinem von beiden gerecht: der Antike nicht, weil nur Kompendien z. T. unsachgemäß ausgeschrieben werden, dem 17. und 18. Jahrhundert nicht, weil eine schmale Auswahl von Redelehrbüchern[45] einseitig unter pseudomarxistischen Gesichtspunkten interpretiert wird[46].

Damit verglichen, war Böckmanns Darstellung des 17. Jahrhunderts (1949)[47] in der Auswertung der rhetorischen Theorie bereits unendlich viel weiter fortgeschritten. Vor allem die bestimmende Funktion der Rhetorik in der Stillehre hatte er überzeugend aufgezeigt[48]. Nur war der geschichtliche Horizont zu eng geblieben; kaum einmal erscheint bei Böckmann hinter dem Humanismus des 16. Jahrhunderts die Antike. 1960 veröffentlichte Lausberg sein bewundernswür-

---

Venezia 15–18 giugno 1954, a cura di E. Castelli, Roma 1955. Das gemeinsame Schicksal von ›Rhetorik‹ und ›Barock‹ im deutschen Vorurteil skizziert mit wenigen Worten H. G. Gadamer, Bemerkungen ueber den Barock, a.a.O., S. 61ff.

[41] M. Batllori, Gracián y la retórica barroca en España, a.a.O., S. 27ff.

[42] C. Vasoli, Le imprese del Tesauro, a.a.O., S. 243ff.

[43] Aristotelismo e Barocco, a.a.O., S. 119ff. (es ist mit fast achtzig Seiten der weitaus umfangreichste Beitrag des Bandes).

[44] Deutsche Redekunst im 17. und 18. Jahrhundert, Halle 1962.

[45] Aus dem 17. Jahrhundert sind nur drei Rhetoriker herangezogen: Meyfart, Kindermann und Weise.

[46] Dazu auch Dyck, S. 18f.

[47] Vgl. o. S. 30f.

[48] Böckmann, S. 339ff.

diges ›Handbuch der literarischen Rhetorik‹[49], das vor allem dem klassischen Philologen und dem Romanisten[50] die Materie der rhetorischen Theorie mit minutiöser Ausführlichkeit, aber auch – wie man zu Recht gesagt hat[51] – in unhistorischer Systematik darbot.

Die nunmehr unumgängliche Aufgabe, auch die literarische Theorie des 17. Jahrhunderts auf Elemente der rhetorischen Tradition hin zu untersuchen, war durch die systematische Anlage des Lausbergschen Handbuchs nicht gerade erleichtert. Das wird an der ersten hier zu besprechenden Arbeit aus dem Wendejahr 1966 deutlich spürbar: Renate Hildebrandt-Günther, ›Antike Rhetorik und deutsche literarische Theorie im 17. Jahrhundert‹[52]. Gegenüber Stötzer ist nicht nur die Textgrundlage entschieden verbreitert[53], auch die Konfrontation von Antike und Barock wird konsequenter durchgeführt. Man erhält einen Eindruck vom Stoff der Rhetoriken und Poetiken des 17. Jahrhunderts[54] und erkennt die unlösbare Verflechtung der beiden Bereiche. Aber es bleibt bei einer nützlichen Materialsammlung[55]. Und von einer wirklichen Tradition, ihren geschichtlichen Wandlungen und Umdeutungen, wird kaum etwas erkennbar. In dieser Beziehung waren die spezielleren Monographien von Marianne Wychgram[56] und Ulrich Schindel[57] zur Wirkungsgeschichte Quinti-

---

[49] Handbuch der literarischen Rhetorik. Eine Grundlegung der Literaturwissenschaft, 2 Bde., München 1960.

[50] Während französische Literaturtheorie sowie Beispiele aus der tragédie classique in großer Fülle ausgebreitet werden, erscheint die deutsche Literatur des 17. Jahrhunderts überhaupt nicht.

[51] Vgl. die Rezensionen von A. Rüegg, ZfrPh 77, 1961, S. 550f.; K. Dockhorn, GGA 214, 1962, S. 177ff.; W. Schmid, Arch. f. d. Studium d. neueren Sprachen 200, 1964, S. 451ff.

[52] Vgl. o. S. 46 Anm. 2.

[53] Die Verfasserin greift in einem einleitenden Kapitel (S. 15ff.) sogar bis ins 15. Jahrhundert zurück (von Wyle, Riederer usw.; zu Riederers ›Spiegel der waren Rhetoric‹ wird eine Inhaltsübersicht gegeben, S. 143ff.).

[54] Der erste Hauptteil geht autorenweise vor, der zweite Hauptteil nach systematischen Gesichtspunkten.

[55] Dies gilt vor allem beim zweiten Hauptteil mit seiner an Lausberg orientierten Paragraphen-Scholastik.

[56] Quintilian in der deutschen und französischen Literatur des Barock und der Aufklärung (F. Mann's Pädagog. Magaz. 803), Langensalza 1921; besonders aufschlußreich die Darstellung, wie die Wertschätzung Quintilians in der Zeit des Hoch- und Spätbarock zurückgeht (S. 23ff.).

[57] Demosthenes im 18. Jahrhundert. Zehn Kapitel zum Nachleben des Demosthenes in Deutschland, Frankreich, England (Zetemata. 31), München 1963; mit zahlreichen Ausblicken auch auf das 17. Jahrhundert.

lians und Demosthenes' (auch der Aufsatz von Herman Meyer über ›Schillers philosophische Rhetorik‹)[58] bereits ergiebiger gewesen.

Die Arbeit von Hildebrandt-Günther zeigte, daß angesichts der völligen Vernachlässigung des Forschungsgebiets eine Beschränkung auf einzelne zentrale Themen vorerst das Sinnvollste war[59]. Dieser Einsicht folgt die gleichfalls 1966 erschienene Dissertation von Joachim Dyck, ›Ticht-Kunst. Deutsche Barockpoetik und rhetorische Tradition‹[60]. Aufbauend auf einer Analyse der beiden Zentralbereiche *inventio* und *elocutio*[61], schreitet die Arbeit fort zum ›Selbstverständnis des Dichters‹, das einleuchtend als ein ›Argumentationssystem‹ gefaßt wird[62], und zur ›christlichen Literaturtheorie‹. Zwar war der letztgenannte Themenkomplex schon von Böckmann angesprochen worden (eine Auseinandersetzung mit ihm fehlt bei Dyck)[63], aber erst jetzt sind die historischen Linien konsequent bis hin zur Patristik durchgezogen; ein weiterer wichtiger Bereich rhetorischer Tradition (vor allem Eduard Norden hatte Vorarbeiten geleistet)[64] ist für das 17. Jahrhundert entdeckt[65]. Auf einzelne Punkte – wie die Vernachlässigung der ›poetischen Tradition‹ (besonders Horaz) gegenüber der rhetorischen (Cicero)[66] – wird noch einzugehen sein. Doch der Zu-

---

[58] Schillers philosophische Rhetorik (1959), in: Zarte Empirie. Studien zur Literaturgeschichte, Stuttgart 1963, S. 337ff. (›Schillers Quintilian-Lektüre‹, S. 360ff.; ›Die Bedeutung der Rhetorik für Schillers künstlerisches Selbstverständnis‹, S. 368ff.).

[59] Das gleiche gilt für die bereits genannte, auch in den ›Marburger Beiträgen zur Germanistik‹ erschienene Arbeit von Linn, Studien zur deutschen Rhetorik und Stilistik im 19. Jahrhundert (1963).

[60] Vgl. o. S. 46 Anm. 2; vorausgegangen war der Aufsatz: Ornatus und Decorum im protestantischen Predigtstil des 17. Jahrhunderts, ZfdA 94, 1965, S. 225ff.

[61] ›Erfindung und Topik‹, S. 40ff.; ›Rhetorische Stillehre‹, S. 66ff.

[62] Dyck versucht damit insbesondere der oft beobachteten Tatsache zu entsprechen, »daß der gleiche Autor dieselbe Frage an verschiedenen Stellen verschieden beantwortet« (S. 113); er entgeht dadurch der Gefahr gewaltsamer Harmonisierung. Das Thema wurde von Dyck weiter verfolgt in dem Aufsatz: Apologetic argumentation in the literary theory of the German Baroque, JEGP 68, 1969, S. 197ff.

[63] Böckmann wird in dem betreffenden Abschnitt nicht einmal genannt. Auch in der Bewertung Alsteds (den Dyck als wichtigsten Repräsentanten christlicher Literaturtheorie des 17. Jahrhunderts herausstellt) war Böckmann, S. 342ff. vorangegangen.

[64] Im zweiten Band der ›Antiken Kunstprosa‹.

[65] Dazu auch die 1966 erschienene Arbeit von Schings (u. S. 55 Anm. 70).

[66] Unten S. 235. Es handelt sich vor allem um Dycks These (S. 113ff.), das Vielseitigkeitsideal (Gelehrsamkeit etc.) sei erst im 17. Jahrhundert aus der rhetorischen Tradition (Cicero, Quintilian) auf den Dichter übertragen worden. Die These, mittlerweile auch von anderen Autoren übernommen, ist in der von Dyck vorgetragenen Form nicht haltbar.

wachs an geschichtlicher Erkenntnis ist unbestreitbar. Ein Handbuch wie dasjenige von Markwardt (1958 in Überarbeitung, 1964 als Nachdruck erschienen) muß nun schlechterdings als überholt gelten.

Daß die Rhetorik mit ihrer von der Antike herkommenden Tradition zu den Fundamenten der Literaturtheorie auch des 17. Jahrhunderts gehört, war durch die Arbeiten von Curtius, Dockhorn[67], Friedrich, Lausberg[68] und Munteano[69] inzwischen zu einem Axiom geworden. Die Verklammerung von Rhetorik und Poetik (bzw. Poesie) wird denn auch in vier anderen aus dem Jahr 1966 stammenden Arbeiten (von Schings[70], van Ingen[71], Wiedemann[72] und Windfuhr[73]) mit begrüßenswerter Entschiedenheit festgestellt, z. T. sogar ausführlich begründet[74].

Je enger die beiden Bereiche in der Perspektive der Forschung zusammenrückten, desto dringlicher stellte sich die Frage, wodurch Poesie und Rhetorik in der literarischen Theorie der Barockzeit noch zu unterscheiden sind[75]. Vermittelt die Poetik als *specifica* lediglich Vers- und Gattungslehre? Es ist das Verdienst der Dissertation von Ludwig Fischer (›Gebundene Rede‹, 1968)[76], mit Hilfe der zeitgenös-

---

[67] Zu den bereits genannten Arbeiten kommen: ›Memoria‹ in der Rhetorik, Arch. f. Begriffsgesch. 9, 1964, S. 27ff. (Macht und Wirkung der Rhetorik, S. 96ff.), vor allem aber die ausführliche Rezension von Gadamer, Wahrheit und Methode: GGA 218, 1966, S. 169ff. (unter dem Leitthema ›Rhetorik‹ zu einer eigenständigen Abhandlung amplifiziert). Gadamer nahm die Anregungen auf: Rhetorik, Hermeneutik und Ideologiekritik. Metakritische Erörterungen zu ›Wahrheit und Methode‹ [bisher unveröffentlicht], in: Kleine Schriften, Bd. 1, Tübingen 1967, S. 113ff.

[68] Vgl. den Artikel ›Rhetorik‹ in: Das Fischer Lexikon. Literatur 2/2, S. 474ff. (mit einer etwas unglücklicher Scheidung von ›Verbrauchsrede‹ und ›Wiedergebrauchsrede‹).

[69] B. Munteano, L'Abbé Du Bos esthéticien de la persuasion passionnelle, RLC 30, 1956, S. 318ff.; Principes et structures rhétoriques, RLC 31, 1957, S. 388ff.; Humanisme et rhétorique. La survie littéraire des rhéteurs anciens, Rev. d'Hist. Litt. de la France 58, 1958, S. 145ff.

[70] H.-J. Schings, Die patristische und stoische Tradition bei Andreas Gryphius. Untersuchungen zu den Dissertationes funebres und Trauerspielen (Kölner germanist. Stud. 2), Köln u. Graz 1966, S. 1ff.: ›Barockliteratur und Tradition‹.

[71] F. van Ingen, Vanitas und Memento mori in der deutschen Barocklyrik, Groningen 1966, S. 28ff.: ›Poetik und Rhetorik‹.

[72] Wiedemann, Johann Klaj ..., S. 85ff.: ›Poeta Rhetor‹.

[73] Windfuhr, S. 78ff.: ›Rhetorik der Metaphorik‹ (vgl. auch die Einleitung, S. 1ff.).

[74] So besonders bei van Ingen und Wiedemann.

[75] Die Darstellung von Hildebrandt-Günther, die diese Frage am eingehendsten behandelt (S. 33ff.), bleibt ganz unbefriedigend (vgl. schon die Grundthesen bei der Musterung der einzelnen Autoren: ›kein wesentlicher Unterschied‹; ›Propädeutik‹; ›wiederum kein wesentlicher Unterschied‹ usw.).

[76] Oben S. 38 Anm. 36.

sischen Begriffe ›poetischer Geist‹, ›Stil‹, ›Inhalt‹, ›Absehen‹, ›Freiheit‹
die – in der Theorie formulierten – Differenzierungen herausgearbei-
tet zu haben[77]. Noch wichtiger fast erscheint der Versuch, in Stil-,
Gattungs- und *aptum*-Lehre die Wandlungen der rhetorischen Tradition von Aristoteles über Cicero und Quintilian, Patristik, Mittelalter und Humanismus bis zum Ausgang des 17. Jahrhunderts auf-
zudecken[78]. Dabei wird zum ersten Mal auch Christian Weise eingehender berücksichtigt[79], und es zeigt sich, daß er sowohl in der Plu-
ralisierung der Stiltheorie als auch in der allmählichen Paralysierung
der *aptum*-Lehre den eigentlichen Kulminationspunkt der Epoche
bildet[80].

## c. Theorie und literarische Praxis

Die Arbeit stellt freilich auch vor ganz neue Probleme. Vergegenwärtigt man sich in vollem Umfang die Abhängigkeit der Literaturtheorie des 17. Jahrhunderts von der rhetorischen Tradition, wie sie
in den letzten Jahren aufgezeigt wurde, so muß man einen absolut
klassizistischen Grundriß konstatieren. Vor allem Dyck weist immer
wieder darauf hin[81]. Aber auch Fischer, dem es mehr um die Wandlungen der Theorie geht[82], hebt hervor, daß die meisten Theoretiker
der Barockzeit sich nur durch leichte Variationen und Nuancen von
der klassischen Überlieferung (auch voneinander) abheben[83]; erst gegen Ende der Epoche machen sich entscheidende Verschiebungen bemerkbar[84]. Der Begriff einer ›Barockpoetik‹, den noch Dyck im Un-

---

[77] Fischer, S. 37ff.; als Ausgangspunkt dienen die ›Definitionen von Dichtung und
Beredsamkeit‹ (S. 22ff.).

[78] ›Die Stillehre und ihre Verbindung mit der Gattungslehre‹, S. 99ff.; ›Die Lehre
vom ›Angemessenen‹, S. 184ff. Im Grunde ist erst hier Curtius' Forderung
nach Kontinuität in der historischen Analyse erfüllt.

[79] Dyck hatte ihn völlig ausgeklammert.

[80] Vgl. auch u. S. 167ff.

[81] Seine Fragestellung war von vornherein so gewählt, daß »die ›klassische‹ Linie«
hervortrat (Dyck, S. 21).

[82] Vgl. die prinzipielle Absetzung von Dyck: Fischer, S. 2f. Anm. 10. und Dycks
Replik: Rez. Fischer, ZfdA 98, 1969, S. 68ff. (dort S. 84f.). Von der Stilpraxis
her sieht sich auch Windfuhr mehrfach veranlaßt, den Theoretikern »ihre humanistischen Lippenbekenntnisse nicht zu glauben« (S. 341).

[83] A.a.O., S. 3: »aus der noch so geringfügigen Variation des Tradierten läßt sich
allenfalls, wenn man es überhaupt fassen kann, etwas heraushören, das man als
bezeichnend für die Ausprägung der Literaturtheorie des Barock hinstellen
könnte« (mit Hinweis auf Windfuhr, S. 17).

[84] Vgl. besonders S. 245ff. sowie die ›Folgerungen‹, S. 262ff.

tertitel seiner Arbeit verwendet[85] (auch bei Fischer kommt er vor)[86], scheint also einen inhaltlichen Sinn kaum mehr zu besitzen. Etwas überspitzt und mit den Kategorien von Curtius formuliert: einer manieristischen Dichtung entspricht eine wesenhaft klassische bzw. klassizistische Literaturtheorie[87] (bei der Beschäftigung mit dem Bildungswesen des 17. Jahrhunderts wird sich diese Diskrepanz noch krasser zeigen). Jeder, der sich zunächst ausschließlich mit den poetischen Theorien – nicht den *exempla* – eines Opitz, Buchner, Harsdörffer oder Zesen beschäftigen würde, wäre völlig überrascht, wenn er anschließend eine Tragödie von Gryphius, einen ›Heldenbrief‹ von Hofmannswaldau oder gar ein Gedicht von Kuhlmann läse (ähnliche Gedankenexperimente ließen sich für das Gebiet der Rhetorik entwickeln)[88].

Dieser wohl nicht unwesentlichen Problematik scheint man sich bei dem neu erwachten Interesse für die Literaturtheorie des 17. Jahrhunderts noch kaum bewußt geworden zu sein. Daß dieser Bereich – insbesondere die rhetorische Theorie und ihre Tradition – endlich einmal systematisch angegangen wurde, war ein notwendiger und, wie sich zeigte, ergebnisreicher Schritt. Im Grunde holte man für die deutsche Literatur des 17. Jahrhunderts nach, was für die romanischen und angelsächsischen Literaturen z. T. schon vor Jahrzehnten geschehen war[89]. Freilich bleiben noch eine Fülle von Aufgaben. Während zu einzelnen Poetikern neuere Spezialuntersuchungen vorliegen[90],

---

[85] Eine gewisse Paradoxie liegt darin, daß es Dyck gerade um das klassische bzw. klassizistische Element geht.

[86] Fischer, S. 9 u. ö. Hildebrandt-Günther hingegen meidet diesen Begriff (vgl. schon die Fassung des Titels), verzichtet natürlich auf das Wort ›Barock‹ auch nicht ganz.

[87] Sehr bezeichnend, daß Dyck – ohne nähere Begründung – den Spieß umdrehen möchte: »Die Dichter des 17. Jahrhunderts in Deutschland sind klassizistischer, als man gemeinhin zugeben will« (S. 21; ›die‹ Dichter sicher nicht!).

[88] Die ›Leichabdanckungen‹ des Andreas Gryphius, an Meyfart gemessen; oder eine emblematische Seckendorff-Rede auf dem Hintergrund der Theorie Kindermanns.

[89] Nur wenige Monographien seien hier hervorgehoben: I. Söter, La doctrine stylistique des rhétoriques du dix-septième siècle, Budapest 1937; K. R. Wallace, Francis Bacon on communication and rhetoric, Chapel Hill 1943 (über Bacon weit hinausgreifend); Y. Le Hir, Rhétorique et stylistique de la Pléiade au Parnasse, Paris 1960; B. Weinberg, A history of literary criticism in the Italian Renaissance, 2 Bde., Chicago 1961; W. S. Howell, Logic and rhetoric in England, 1500–1700, New York 1961; Historical studies of rhetoric and rhetoricians. Ed. R. F. Howes, Ithaca/N.Y. 1961. Hinzu kommen eine Fülle von historischen Aufsätzen vor allem aus der ›New Rhetoric‹-Bewegung der USA sowie aus der romanistischen *argutia*-Forschung.

[90] S. Ferschmann, Die Poetik Georg Philipp Harsdörffers. Ein Beitrag zur Dich-

fehlen sie für die wichtigsten Rhetoriker wie etwa Meyfart, Kindermann, Vossius oder Weise[91].

Eine der dringendsten Aufgaben aber ist die konsequente Untersuchung des Verhältnisses von Theorie und Praxis aufgrund der ›rhetorischen‹ Erkenntnisse der letzten Jahre[92]. Zwar sind bereits früher hin und wieder Textanalysen unter rhetorischem Aspekt versucht worden (wobei es meist bei der Feststellung rhetorischer Figuren blieb; davon wird noch zu sprechen sein). Doch eine wirkliche Konfrontation rhetorischer *doctrina* und rhetorischer *elaboratio* – man denke an das so problematische Beispiel Cicero![93] – ist noch ein Desiderat; auch die von Dyck abgedruckten *exempla*[94] (meist aus den Lehrbüchern) haben höchstens illustrative Funktion und betreffen im wesentlichen Topen und Dispositionsschemata.

---

tungstheorie des Barock, Diss. Wien 1964; H. Zeman, Kaspar Stieler. Versuch einer Monographie und ›Die Dichtkunst des Spaten 1685‹, Diss. Wien 1965; U. Maché, Zesens Hoch-Deutscher Helikon. Poetik zwischen Opitz und Gottsched, Diss. Princeton 1963 (vgl. das Selbstreferat: Germanistik 6, 1965, S. 299); ders., Zesen als Poetiker, DVjs 41, 1967, S. 391ff.

[91] Zu der neuen, primär pädagogisch orientierten Weise-Monographie von Horn s. u. S. 136. Notwendig wäre eine umfassende Darstellung von Weises System mit seinen Wandlungen sowie eine (Fischers Ergebnisse einbeziehende) genauere Bestimmung seiner geschichtlichen Position. Bei den Rhetorikern der Aufklärung verhält es sich ähnlich. Nur zu Gottsched wurden schon Anfang der 30er Jahre zwei gründliche Vorarbeiten geleistet: B. Grosser, Gottscheds Redeschule. Studien zur Geschichte der deutschen Beredsamkeit in der Zeit der Aufklärung, Diss. Greifswald 1932; G. Wechsler, Johann Christoph Gottscheds Rhetorik, Diss. Heidelberg 1933. Eine vorzügliche Basis für weitere Untersuchungen bietet jetzt: E. A. Blackall, Die Entwicklung des Deutschen zur Literatursprache 1700 –1775. Mit einem Bericht über neue Forschungsergebnisse 1955–1964 von D. Kimpel, Stuttgart 1966. In den Gesamtdarstellungen des 17. Jahrhunderts werden die beiden Hauptbereiche der literarischen Theorie noch immer sehr unterschiedlich behandelt. So stehen bei Szyrocki, Die deutsche Literatur des Barock, S. 19ff. Poetik und Rhetorik nahezu gleichberechtigt nebeneinander; bei Pascal, German literature in the sixteenth and seventeenth centuries, S. 71ff. sind im Abschnitt ›Literary theory and problems‹ nur die Poetiken berücksichtigt.

[92] Ausgangsfrage dabei: welche Lehrbücher sollen mit welchen Texten verglichen werden? Personalunion von Theoretiker und Praktiker ist nur scheinbar der Idealfall.

[93] Bekanntlich hat man sich mehrfach vergebens bemüht, Theorie und Praxis Ciceronischer Prosa in Einklang zu bringen. Zur Orientierung vgl. die Abschnitte ›Ciceros Theorie der Rhetorik‹ und ›Ciceros Redekunst‹ bei M. L. Clarke, Die Rhetorik bei den Römern. Ein historischer Abriß, Göttingen 1968, S. 70ff.

[94] Z. B. Dyck, S. 48ff., 57ff., 87, 148. Vgl. auch Windfuhr, S. 68ff. u. 114ff. (›Praktische Übungen‹).

## d. Die Tradition der ›exempla‹

Dem oben mit bewußter Überspitzung formulierten Problem von klassizistisch-traditioneller Rhetoriktheorie und barocker Praxis wird man nur beikommen, wenn man die ›rhetorische Tradition‹ nicht länger auf die Theorie reduziert und begrenzt. Seit Jahrzehnten ist diese Tendenz zu beobachten. Selbst Dockhorn, der ja zu den verdienstvollsten Entdeckern des Aspekts ›rhetorische Tradition‹ gehört, meint damit praktisch immer nur die Tradition der Theorie. Rhetorik als Disziplin jedoch beruht seit der Antike nicht auf einer Zweiheit von *doctrina* und *elaboratio*, sondern auf der Dreiheit von *doctrina* (bzw. *praecepta*), *exempla* und *imitatio*[95]. Und dieses Grundschema bestimmt in vollem Umfang noch die Barockzeit[96]. Jedem gelehrten Autor des 17. Jahrhunderts ist es durch seinen Bildungsgang – das wird der dritte Teil dieser Arbeit zeigen – in Fleisch und Blut übergegangen. Sofern man sich also entschließt, nicht bloß immanent zu interpretieren, sondern (unter vielen möglichen transzendentalen Kategorien) auch die Tradition einzubeziehen[97], darf es nicht bei den rhetorisch-poetischen *praecepta* bleiben; auch nach den *exempla* ist zu fragen[98]. Vorbild kann im Einzelfall ein bestimmter Text der antiken oder neueren Literatur sein, ein Gedicht, ein Brief, eine Rede, es kann ein bestimmter Autor sein, mehrere Autoren oder auch nur eine Stilrichtung.

Um das abstrakt Skizzierte durch einige Beispiele kurz zu verdeutlichen: wer einen Lohensteinschen Entschluß- oder Rache-Monolog nach Pathosformen, rhetorischen Figuren und lehrbuchmäßigen Gliederungstypen interpretieren würde, käme sicher zu wichtigen Einsichten in die rhetorische Struktur des Textes; aber er würde dessen spezifische Geschichtlichkeit verfehlen, wenn er nicht zugleich die

---

[95] K. Barwick, Die Gliederung der rhetorischen τέχνη und die horazische Epistula ad Pisones, Hermes 57, 1922, S. 1ff.

[96] Unten S. 241ff.

[97] Ein begrüßenswertes Dokument dieser Interpretationsmethode ist der neue Band: Die Dramen des Andreas Gryphius. Eine Sammlung von Einzelinterpretationen. Hrsg. v. G. Kaiser, Stuttgart 1968.

[98] Zu den antiken Grundlagen der imitatorischen Haltung informativ A. Reiff, Interpretatio, imitatio, aemulatio. Begriff und Vorstellung literarischer Abhängigkeit bei den Römern, Diss. Würzburg 1959. Für die Renaissance ist das Problem mehrfach erörtert worden: H. Gmelin, Das Prinzip der imitatio in den romanischen Literaturen der Renaissance, RF 46, 1932, S. 83ff.; J. v. Stackelberg, Das Bienengleichnis. Ein Beitrag zur Geschichte der literarischen Imitatio, RF 68, 1956, S. 271ff.; H. Mainusch, Dichtung als Nachahmung. Ein Beitrag zum Verständnis der Renaissancepoetik, GRM, N.F. 10, 1960, S. 122ff.

stilprägenden Vorbilder Gryphius und Seneca mit einbezöge[99]. Oder ein anderes Beispiel: zahllose Liebesgedichte des 17. Jahrhunderts – man denke an Fleming oder Hofmannswaldau – sind im Schema ›Abriß einer Liebsten‹ oder ›Beschreibung vollkommener Schönheit‹ gehalten, und wieder lassen sich in den poetisch-rhetorischen Lehrbüchern Deskriptionsanweisungen finden, die in vielen Einzelheiten mit diesen Gedichten übereinstimmen; aber als eigentlicher historischer Kontext hat der Petrarkismus zu gelten, dessen *exempla* ein ganzes System rhetorischer Sprach- und Kompositionsformen tradieren[100]. Ähnlich steht es mit der für die Barockepoche so charakteristischen Schäferdichtung[101].

Scheint in den bisher genannten Fällen der Spielraum noch relativ groß, so ist der Interpret z. B. bei Rachels vierter Satire (›Die Kinder-Zucht‹)[102] gleichsam in die Enge getrieben. Er könnte den Aufbau analysieren, Stilebenen scheiden, gnomisch-sententiöse Formen feststellen und die rhetorisch-aggressive Schärfe der Kritik beschreiben (die Lehrbücher würden im übrigen wenig dabei helfen)[103]; das alles aber bliebe inadäquat ohne die entscheidende Erkenntnis: der Text ist nach der vierzehnten Satire Juvenals gearbeitet[104], von dorther stammt das meiste, was man an rhetorischer Satirenkunst bei Rachel

---

[99] Zuerst konsequent durchgeführt von P. Stachel, Seneca und das deutsche Renaissancedrama. Studien zur Literatur- und Stilgeschichte des 16. und 17. Jahrhunderts (Palaestra. 46), Berlin 1907, S. 282ff. Im Prinzip ist bereits Gottsched bei der Interpretation Lohensteins so verfahren (wenn auch mit anderen Absichten): ›Versuch einer Critischen Dichtkunst‹, Leipzig ⁴1751, S. 368f.

[100] Grundlegend (zuerst 1932 erschienen) H. Pyritz, Paul Flemings deutsche Liebeslyrik (Palaestra. 234), Göttingen ²1963; vgl. auch Windfuhr, S. 228ff. Inzwischen wurde ein neuer, rhetorisch höchst ergiebiger Bereich erschlossen: J.-U. Fechner, Der Antipetrarkismus. Studien zur Liebessatire in barocker Lyrik (Beitr. z. neueren Lit.gesch., F. 3, Bd. 2), Heidelberg 1966; ders., Von Petrarca zum Antipetrarkismus. Bemerkungen zu Opitz’ ›An eine Jungfraw‹, Euphorion 62, 1968, S. 54ff.

[101] Hierzu fehlen neuere Analysen. Unter dem Gesichtspunkt der *imitatio* wichtig G. Heetfeld, Vergleichende Studien zum deutschen und französischen Schäferroman. Aneignung und Umformung des preziösen Haltungsideals der ›Astrée‹ in den deutschen Schäferromanen des 17. Jahrhunderts, Diss. München 1954.

[102] ›Teutsche Satyrische Gedichte‹, Frankfurt 1664, S. 25ff.

[103] Die *praecepta* sind bei der Gattung Satire meist relativ knapp gehalten.

[104] In der Vorrede zu den ›Satyrischen Gedichten‹ (fol. 10ᵃ) gibt Rachel sein Vorbild (Juv. 14) selbst an; vgl. auch die Angabe der wichtigsten Parallelstellen im Neudruck, hrsg. v. K. Drescher (NdL. 200–202), Halle 1903, S. 40ff. Über die Wirkung Juvenals in der Barockepoche: G. Highet, Juvenal the satirist, Oxford 1960, S. 215ff. (neben Rachel auch Abraham a Sancta Clara, Gracián u. a.).

beobachtet. Die ›scharfsinnig‹ steigernde Pointe in Opitzens Epigramm ›Vber seiner Bühlschafft Bildnüß‹ ist dem Muster Martials (10,32) verpflichtet[105]. Solche Beispiele ließen sich vermehren (vgl. etwa den an Statius orientierten langen ›Hochzeitsglückwunsch‹ von Birken)[106], und die Skala der Abhängigkeit von konkreten Mustern würde von der leichten Anspielung bis zur Übersetzung reichen, auch über Gattungsgrenzen hinweg (Weises Gedicht ›Unvermuthende Betrachtung des hereinbrechenden Alters‹ stellt eine modernisierende, poetische Paraphrase von Seneca, epist. 1,12 dar; Topen und rhetorisches Dispositionsschema sind dorther genommen)[107].

Doch auf die imitatorische Bindung an ein bestimmtes Muster, einen bestimmten Text oder auch nur einen Gattungskomplex (Hofmannswaldaus ›Helden-Briefe‹ nach Ovids ›Heroides‹)[108] kommt es im gegenwärtigen Zusammenhang gar nicht an. Bekanntlich gehört das kontaminierende Verfahren[109], gehören die *loci communes*, ›Schatzkammern‹, Florilegien und dergleichen (ein noch kaum untersuchter Bereich rhetorisch-poetischer Handbücher)[110] sowie die in den letzten Jahren neu erschlossenen Emblembücher[111] zum selbstver-

---

[105] ›Weltliche Poëmata‹, 2. Teil, Frankfurt 1644, S. 390 (Erstfassung 1624); zu Martial vgl. R. Levy, Martial und die deutsche Epigrammatik des siebzehnten Jahrhunderts, Diss. Heidelberg 1903, S. 26.

[106] ›Guelfis oder NiderSächsischer Lorbeerhayn‹, Nürnberg 1669, S. 39ff. (nach Statius, silv. 1,2).

[107] Nachgewiesen von E. Jacobsen, Christian Weise und Seneca, Orbis Litterarum 8, 1950, S. 355ff. (nur zu dem genannten Gedicht). Unter dem Gesichtspunkt des ›Wechsels der Gattung‹ sind die Umdichtungen von Seneca-Briefen (oder Partien daraus) besonders aufschlußreich, s. etwa Hofmannswaldaus Gedicht über Epist. 26: ›Herrn von Hoffmannswaldau und andrer Deutschen ... Gedichte erster theil‹, Leipzig 1697, S. 235f.

[108] H. Dörrie, Der heroische Brief. Bestandsaufnahme, Geschichte, Kritik einer humanistisch-barocken Literaturgattung, Berlin 1968, bes. S. 89ff. zu den prinzipiellen Problemen der *imitatio*.

[109] Bildlich gefaßt im Bienengleichnis, vgl. den oben genannten Aufsatz von Stackelbergs.

[110] Als wichtigstes Vorbild dienen das ganze 17. Jahrhundert hindurch die ›Adagia‹ des Erasmus (Näheres zum 16. Jahrhundert bei P. Joachimsen, Loci communes. Eine Untersuchung zur Geistesgeschichte des Humanismus und der Reformation, Luther-Jb. 1926, S. 27ff.); mit Beginn des 17. Jahrhunderts treten neben die lateinischen Sammlungen mehr und mehr auch deutsche (Zincgref, Lehmann, Treuer, Harsdörffer, Tscherning, Neumark, Männling usw.; einiges verzeichnen Windfuhr, S. 68ff.; van Ingen, S. 34ff.).

[111] A. Schöne, Emblematik und Drama im Zeitalter des Barock, München 1964 (S. 17ff. eine ›Einführung‹); P. Vodosek, Das Emblem in der deutschen Literatur der Renaissance und des Barock, Jb. des Wiener Goethe-Vereins 68, 1964, S. 5ff.; Emblemata. Handbuch zur Sinnbildkunst des XVI. und XVII. Jahrhunderts. Hrsg. v. A. Henkel u. A. Schöne, Stuttgart 1967 (dort erschöpfende

ständlichen Instrumentarium der Barockautoren. Für das oben angesprochene Problem von Theorie und Praxis ist es viel entscheidender, ob überhaupt literarische *exempla* vorhanden sind, an deren *imitatio* sich ›barocke‹ Tendenzen entfalten können.

Einer dieser für das 17. Jahrhundert ›exemplarischen‹ Bereiche ist die – in welcher Weise auch immer – rhetorisch geprägte silberne Latinität, die seit der zweiten Hälfte des 16. Jahrhunderts mit neuer Bewußtheit und neuem stilistischem Sensorium rezipiert wird: vor allem Tacitus und Seneca für die Prosa, Ovid, Seneca, Lucan, Martial, Juvenal, Statius, Claudian für die Poesie[112]. Nicht zufällig sind in den bereits genannten Beispielen gerade diese Namen begegnet. In Deutschland gehören insbesondere Friedrich Taubmann (der Lehrer und Wittenberger Vorgänger Buchners)[113] sowie sein Schüler Kaspar von Barth[114] zu den Initiatoren des neuen Interesses an der silbernen Latinität. In Leiden und Löwen wirkte Justus Lipsius als führender Kopf einer Tacitusrenaissance, die ihre literarisch-stilistische Wirkung (vor allem die Arbeiten von Croll haben das nachgewiesen)[115] bald in ganz Europa ausübte. Für Italien und Spanien ist das neue Interesse an nichtklassischer römischer Dichtung bereits im Zusammenhang des Manierismus berührt worden. Während noch in Vidas Urteil Ovid, Lucan, Statius und Claudian als degeneriert zu gelten hatten, sind sie bei den Manieristen des Seicento zu begehrten Stilvorbildern avanciert; Marino und Tesauro stellen Ovid sogar über Vergil[116].

---

Bibliographie). Für Einzelprobleme wichtig auch D. W. Jöns, Das ›Sinnen-Bild‹. Studien zur allegorischen Bildlichkeit bei Andreas Gryphius (Germanist. Abh. 13), Stuttgart 1966.

[112] Musterbeispiel für die umfassende Orientierung an einer antik-humanistischen Gattungstradition (mit Schwerpunkt in der silbernen Latinität) ist François Vavasseur [Franciscus Vavassor], ›De epigrammate liber‹, Paris 1669, S. 165 ff.

[113] Auf Taubmann geht auch die Errichtung einer Professur für Poesie an der Wittenberger Universität zurück (1595). Von dieser Position aus wirkte Taubmann propagandistisch für die kaiserzeitliche Dichtung (und bezeichnenderweise für den nichtklassischen Plautus).

[114] J. Hoffmeister, Kaspar von Barths Leben, Werke und sein ›Deutscher Phönix‹ (Beitr. z. neueren Lit.gesch. 19), Heidelberg 1931; von Barth veranstaltete u. a. auch Statius- und Claudian-Ausgaben.

[115] Sie gehen bis auf das Jahr 1914 zurück und sind jetzt gesammelt in: M. W. Croll, Style, rhetoric and rhythm. Ed. by J. M. Patrick and R. O. Evans, Princeton 1966 (vgl. insbesondere: Juste Lipse et le mouvement anticicéronien à la fin du XVIe et au début du XVIIe siècle, S. 7 ff.; ›Attic prose‹ in the seventeenth century, S. 51 ff.; Attic prose: Lipsius, Montaigne, Bacon, S. 167 ff.).

[116] Dies zeigt der materialreiche Vortrag von E. Paratore, L'influenza della letteratura latina da Ovidio ad Apuleio nell'età del manierismo e del barocco, in:

Die Frage der Kausalität darf bei alledem nicht überzogen werden. Selbstverständlich sind die nichtklassischen, barocken Stilintentionen nicht durch die Rezeption der silbernen Latinität ›erzeugt‹ worden (Ovid, Lucan und Statius gehören bekanntlich schon bei Dante zur *bella scuola* der sechs größten antiken Dichter)[117]; das Verhältnis von Empfänglichkeit und Produktion ist dialektischer Art[118]. Aber schon das Faktum, daß ein nichtklassischer Bereich von *exempla* neu erschlossen wird, an dem sich die *imitatio* orientieren kann, ist für die auf dem Boden der Rhetorik stehende Barockliteratur von kaum zu unterschätzender Bedeutung.

Mit dem geschichtlichen Komplex der rhetorisierten silbernen Latinität öffnet sich neben der literarischen Theorie ein zweiter fundamentaler, bisher aber weitgehend vernachlässigter Bereich rhetorischer Tradition. Solange die Rhetorik als eine maß- und normgebende Disziplin bestand, erschöpfte sie sich nie in der Tradierung einer bloßen Theorie; konkrete Gestalt gewann sie erst durch die Bindung an einen bestimmten Kanon von *exempla*[119]. Bis in welche Subtilitäten hinein das System von *praecepta* sich ausbauen und formulieren läßt, zeigt die Geschichte der Rhetorik immer wieder, nicht zuletzt in der systembesessenen Barockepoche[120]. Aber nie kann es gelingen,

---

Manierismo, barocco, rococò, S. 239ff. Es ist charakteristisch, daß gerade in der italienischen Forschung der Barockbegriff bereits früh auf kaiserzeitliche Dichtung angewendet wurde, etwa von H. Gobliani, Il Barochismo in Seneca e in Lucano, Messina 1938 (vgl. die bereits genannte Arbeit von Wanke, die beide Autoren jetzt ›manieristisch‹ interpretiert). Auf die traditionalen Zusammenhänge wies bereits E. Fraenkel, Lucan als Mittler des antiken Pathos, Vortr. d. Bibl. Warburg 4, 1924, S. 229ff. (jetzt auch in: Kleine Beiträge zur klassischen Philologie, Bd. 2, Roma 1964, S. 233ff.).

[117] Vgl. Curtius, S. 27ff. (›Dante und die antiken Dichter‹). Unter Berufung auf die mittelalterliche Kontinuität bestreitet deshalb Schings, Die patristische und stoische Tradition ..., S. 6 Anm. 20 eine wirkliche ›Neuentdeckung‹ der silbernen Latinität im 17. Jahrhundert.

[118] Curtius neigte bei solchen Fragen (in berechtigter Opposition gegen das ahistorische Spontaneitäts-Denken) bisweilen zu etwas vorschneller, vereinfachender Kausallösung, so S. 285: »Wenn die Spanier des 17. Jahrhunderts zwei so erklügelte und gesuchte Metaphern wie ›Wassersucht‹ und ›Vogelzither‹ verwenden und wenn die lateinischen Dichter des 12. Jahrhunderts das auch tun, so genügt diese Tatsache allein (!), um die Abkunft des spanischen ›Barock‹ aus der mittellateinischen Theorie und Praxis zu erweisen«. Friedrich formuliert im allgemeinen vorsichtiger, er rechnet sowohl mit einem ›internen Heranwachsen‹ wie mit ›Dispositionen‹, auch bei der Rezeption der kaiserzeitlichen Literatur im 17. Jahrhundert (Epochen ..., S. 593ff., bes. 613f.).

[119] Grundlegend für die damit verbundenen Probleme ist das 10. Buch von Quintilians ›Institutio oratoria‹ (s. besonders 10, 1, 2f.).

[120] Vgl. Nietzsches oben zitierte Charakteristik der ›barocken‹ Philosophie auf

die *elaboratio* völlig zu programmieren; stets liegt die letzte Entscheidung bei *aptum* und *iudicium*, und diese beiden Instanzen objektivieren sich in den *exempla*, nicht in den *praecepta*[121]. Im Fall des Briefstils etwa wird das *iudicium* sich verschieden entscheiden können, je nachdem ob das *exemplum* Cicero oder das *exemplum* Seneca zugrundegelegt wird; ein Huldigungsgedicht kann sich am Maßstab Horaz oder auch an Statius oder Claudian orientieren. Figurenlehre, Affektenlehre und Gattungslehre etwa brauchen sich dabei kaum zu ändern; sie behalten ihre ›Klassizität‹[122].

Hier liegt der eigentliche Grund für jenes seltsame, scheinbar schizophrene Verhältnis von Theorie und Praxis in der Literatur des 17. Jahrhunderts. Goethe, Burckhardt und Nietzsche bereits waren sich darin einig, daß ›barocke‹ bzw. ›manieristische‹ Züge nur auf der Basis eines klassizistischen Systems entstehen, durch Grenzüberschreitungen der Norm, und seien sie auf den ersten Blick noch so gering. Beim Umspringen der Quantität in die Qualität genügen Nuancen[123].

Für eine Literaturauffassung, die – wie diejenige des 17. Jahrhunderts – auf dem Prinzip der *imitatio* aufbaut[124], bedeutet eine Verschiebung im Grundbestand der *exempla* Entscheidendes[125]. Die deut-

---

dem Hintergrund der jetzt erschlossenen rhetorischen Theorie des 17. Jahrhunderts.

[121] Die Schwierigkeiten der theoretischen Fixierung zeigt mit aller Deutlichkeit Fischer, S. 184ff. (dort weitere Literatur). In der Zeit des Humanismus kam es sogar vor, daß die *exempla* über die *doctrina* gestellt wurden, so im Fall Cicero. Man hört »oft die Meinung, man lerne die Redekunst besser aus Cicero's Reden als aus seinen Theorien«: G. Vogt, Die Wiederbelebung des classischen Alterthums oder Das erste Jahrhundert des Humanismus, 2 Bde., Berlin ⁴1960 (dort Bd. 2, S. 442).

[122] Damit soll nicht gesagt werden, daß diese drei Gebiete die ganze rhetorische Theorie ausmachen; sie lassen nur besonders klar den instrumentalen Charakter wichtiger Bereiche der *doctrina* erkennen (im Zusammenhang des Bildungswesens wird das Problem ›Propädeutik‹ noch ausführlicher behandelt werden).

[123] Das Revolutionäre des Tristan-Akkords besteht in einer leichten chromatischen Verschiebung des harmonischen Systems.

[124] Die von Opitz in der ›Poeterey‹ vertretene Auffassung, man müsse von den Alten »den rechten grieff« erlernen (fol. C3ᵇ, in der Forschung häufig auf die Theorie eingeengt), gehört zum Grundbestand der Rhetoriken und Poetiken des 17. Jahrhunderts; auch hier tritt erst bei Weise eine wesentliche (›politisch‹ motivierte) Umwertung ein.

[125] Selbstverständlich vollzog sich diese Verschiebung nicht ohne Widerstände, vor allem von seiten des konservativen Humanismus (dazu u. S. 255f.). Es ist bezeichnend, wie noch Weise um das prinzipielle Recht kämpft, den lateinischen Stil nicht nur aus dem ›goldenen‹ Zeitalter Ciceros zu wählen, sondern auch »ex argenteo Senecae« (Thema der Vorrede zu ›De poesi hodiernorum politicorum‹, Jena u. Helmstedt 1678; das Zitat fol. 6ᵃ; vgl. auch ›Curiöse Gedancken Von Deutschen Brieffen‹, Dresden 1691, S. 416f.: Seneca, Curtius und

sche Barockforschung hat dem noch kaum Aufmerksamkeit geschenkt. Während Williamson die Rezeption des senecanischen Prosastils in ihrer tiefgreifenden Wirkung auf die englische Literatur des 16. und 17. Jahrhunderts untersuchte[126], während Croll die Bedeutung der ›anti-ciceronianischen‹ Tacitusrenaissance für die Ausbildung der ›barocken‹ Prosa Englands und Frankreichs darstellte[127], ist für den Bereich der deutschen Barockliteratur nichts dergleichen geschehen[128]. Vielleicht an erster Stelle wäre auch hier die Wirkung des Tacitus zu analysieren[129], dessen Stilvorbild (unter dem Begriff der *brevitas* oder ›Kurzbündigkeit‹)[130] sich vor allem in der Romanprosa zunehmender Beliebtheit erfreut, man denke etwa an Zesens ›Assenat‹[131]. Aber auch Gryphius' Prosa-Vorrede zum ›Papinian‹ verrät in ihrem komma-

Lipsius als Vorbilder eines knappen, ›sententiösen‹ Stils). Unter den Barockautoren steht Weise mit seiner Tendenz zu einer nichtklassischen Lateinpraxis keineswegs allein.

[126] G. Williamson, Senecan style in the seventeenth century, Philol. Quart. 15, 1936, S. 321ff.; dann erweitert zu: The Senecan amble. A study in prose form from Bacon to Collier, Chicago 1951. Weitere Literaturangaben zur »Unterscheidung zwischen einem ciceronianischen und einem senecanischen ... Prosastil in der modernen Literatur« bei Blackall, S. 418 (hinzuzufügen D. L. Clark, Ancient rhetoric and English Renaissance literature, Shakespeare Quart. 2, 1951, S. 195ff.).

[127] Vgl. den oben zitierten Sammelband ›Style, rhetoric, and rhythm‹. Für die Geschichte der Barockforschung ist es bemerkenswert, daß Croll Ende der 20er Jahre den mißverständlichen Begriff ›Attic prose‹ durch ›Baroque prose‹ bzw. ›Baroque style‹ ersetzte (so z. B. in dem 1929 erschienenen Aufsatz: The Baroque style in prose, a.a.O., S. 207ff.).

[128] Einen Versuch, den Einfluß lateinischer Tradition auf die deutsche Prosa des 16. Jahrhunderts zu zeigen, unternahm H. Gumbel, Deutsche Sonderrenaissance in deutscher Prosa. Strukturanalyse deutscher Prosa im sechzehnten Jahrhundert (Dt. Forschungen. 23), Frankfurt a. M. 1930, bes. S. 23ff.

[129] Dies fordert auch L. Forster, Nachwort zum Faksimiledruck von: Justus Lipsius, Von der Bestendigkeit (Sammlg. Metzler. 45), Stuttgart 1965, S. 26*.

[130] Zur Tradition dieser Kategorie vgl. Curtius, S. 479ff. (›Kürze als Stilideal‹); H. Rüdiger, Pura et illustris brevitas, in: Konkrete Vernunft. Festschr. f. E. Rothacker, Bonn 1958, S. 345ff. »Wer schreibt kürzer/ als Salustius und Tacitus?«, heißt es, der communis opinio gemäß, bei Kindermann-Stieler, ›Teutscher Wolredner‹, Wittenberg 1680, S. 23. Häufig wird *brevitas* auch als Generalnenner für die gesamte silberne Latinität benutzt, so in Vossius' Schulrhetorik (s. u. S. 274).

[131] Es ist der erste von Zesens Altersromanen (vgl. G. Müller, Deutsche Dichtung ..., S. 245) und zeigt beim Vergleich mit den früheren deutliche Spuren eines an Tacitus orientierten Lakonismus (vgl. auch Flemming, Das Jahrhundert des Barock, in: Annalen ..., S. 382). Zur bisherigen Forschung s. V. Meid, Nachwort zum Faksimiledruck der ›Assenat‹ (Dt. Neudr., R.: Barock. 9), Tübingen 1967, S. 3ff. In der Vorrede zur ›Assenat‹ betont Zesen zusätzlich die Nähe seiner Darstellung zur Historiographie (fol. VIaff.) – ein wichtiges Moment, das auch die Stilform mit legitimieren soll.

tisch-elliptischen, zu gewählter *obscuritas* tendierenden Stil deutlich das taciteische Muster[132]. Stachels verdienstvoller Versuch über ›Seneca und das deutsche Renaissancedrama‹ (vom Jahre 1907) fand keine Nachfolge[133]. Was man sonst an gelegentlichen Hinweisen in der Forschung findet, steht meist unter der wenig glücklichen Konzeption des ›Nachlebens‹[134] (das entsprechende englische Wort ›influence‹ trifft auch den imitatorischen Aspekt der Tradition wesentlich besser).

Die einzige Arbeit, die einen exemplarischen Ausschnitt aus diesem weiten Gebiet entschlossen aufgegriffen hat, ist die Habilitationsschrift von Karl Otto Conrady: ›Lateinische Dichtungstradition und deutsche Lyrik des 17. Jahrhunderts‹ (1962)[135]. Vier geschichtliche Stufen versucht Conrady mit Hilfe von Einzelinterpretationen sichtbar zu machen: ›klassische römische Lyrik‹ (wesentlich Horaz, dazu Elegiker); ›nachklassische Lyrik‹ (Statius, Claudian, Sidonius); ›neulateinische Lyrik‹ (besonders Lotichius, Celtis, Schede Melissus, Taubmann); ›deutsche Lyrik des 17. Jahrhunderts‹ (Opitz, Gryphius). Die Ergebnisse, die beim Vergleich der beiden ersten Stufen gewonnen werden, sind im Prinzip nicht neu: zunehmende ›Rhetorisierung‹ der Dichtung seit Ovid, spürbar vor allem an der Tendenz zu ›Aufweitung‹, ›Häufung‹, ›Künstelei‹[136]. Um so überraschender wird das Bild beim ›Sprung‹[137] in die Zeit des Humanismus: neben Gedichten, in denen die klassische, horazische, ›mittlere‹ Ebene des Sprechens nicht verlassen wird[138], finden sich immer häufiger Texte, in denen die Rhetorisierung der kaiserzeitlichen Poesie nicht nur imitiert, sondern durch ›insistierende Nennung‹, verschiedene Formen der Häufung, Asyndetik, ›Künsteleien‹, Pointenspiel und aufgeschwellte Metaphorik konsequent weiterentwickelt ist: ›barocke‹ Poesie im 16. Jahrhun-

---

[132] Szyrocki–Powell 4, S. 163ff.

[133] Oben S. 60 Anm. 99. Durch ein halbes Jahrhundert Forschung zur Barocktragödie ist das Buch freilich in vielem überholt; auch ist es oft zu stark dem bloßen ›Quellen‹-Denken verhaftet. Dies gilt noch stärker für die bereits genannte Arbeit von Levy zu Martial im 17. Jahrhundert (kaum mehr als eine Materialsammlung).

[134] Die Entwicklung dieses Forschungszweiges beschreibt Schindel, Demosthenes im 18. Jahrhundert, S. 1ff.

[135] Lateinische Dichtungstradition und deutsche Lyrik des 17. Jahrhunderts (Bonner Arb. z. dt. Lit. 4), Bonn 1962.

[136] A.a.O., S. 103ff. Für einzelne dieser Züge (besonders bei Statius) verwendet Conrady auch bereits den Begriff ›manieristisch‹ (im Anschluß an Curtius und Hocke; Friedrichs Statius-Aufsatz erscheint erst ein Jahr danach).

[137] So bezeichnet Conrady (S. 114) selbst seine Methode.

[138] Als Hauptbeispiel dient die Elegie I 1 des Lotichius.

dert[139]. Das Weitere ergibt sich nahezu von selbst; die deutschsprachige Lyrik des 17. Jahrhunderts entsteht auf dem Boden der neulateinischen Poesie, wobei Opitz mehr den klassizistischen Pol[140], Gryphius durch weitere »Intensivierung rhetorischer Formungen«[141] den eigentlich barocken Pol verkörpert.

Conradys Ergebnisse haben mit Recht Aufmerksamkeit erregt[142]; vor allem die Verschiebung der Barock-Perspektive bis weit ins 16. Jahrhundert hinein veränderte das Bild der geschichtlichen Entwicklung nicht unwesentlich und stellte den Sinn des Barockbegriffs erneut in Frage. Auch die Kategorie der ›lateinischen Tradition‹ schien (trotz Wentzlaff-Eggeberts Gryphius-Arbeit von 1936)[143] erst jetzt in ihrer vollen Relevanz entdeckt[144], freilich nur ausschnittsweise und in zwangsläufig starker Abstraktion: nicht berücksichtigt ist das von Curtius so entschieden ins Blickfeld gerückte Bindeglied Mittelalter[145], das Zusammenspiel mit anderen Traditionen und Vorbildern wie Petrarkismus[146] oder Pléiade-Dichtung[147], auch die zweite Hälfte des 17. Jahrhunderts, der ganze Bereich der Prosa – und die Tradition der rhetorischen Theorie.

---

[139] Vgl. den Kommentar zu einem Gedicht des Marullus: »Ein ›barockes‹ Gedicht kann nicht barocker sein« (a.a.O., S. 146).

[140] Von »der deutschsprachigen ›Opitz-Ebene‹ des 17. Jahrhunderts« spricht Conrady vorgreifend S. 120; ausgeführt S. 195ff.

[141] A.a.O., S. 222ff.

[142] Exemplarisch genannt sei die ausführliche Rezension von L. Forster, GGA 216, 1964, S. 63ff.

[143] F.-W. Wentzlaff-Eggebert, Dichtung und Sprache des jungen Gryphius. Die Überwindung der lateinischen Tradition und die Entwicklung zum deutschen Stil (Abh. Berlin, Phil.-hist. Kl. 1936/7), Berlin 1936; jetzt in 2., stark erweiterter Auflage Berlin 1966 (dort S. 129ff. eingehende Auseinandersetzung mit Conrady).

[144] Vgl. die Forschungsberichte: K. O. Conrady, Die Erforschung der neulateinischen Literatur. Probleme und Aufgaben, Euphorion 49, 1955, S. 413ff.; J. Ijsewijn, De studie van de neolatijnse letterkunde: resultaten en opgaven (Handelingen XVII der Koninglijke Zuidnederlandse Maatschappij voor Taal- en Letterkunde en Geschiedenis), Brüssel 1963; ders.: De studie van de neolatijnse letterkunde: bibliografisch supplement (Handelingen XIX ...), Brüssel 1965.

[145] Die Grenze zur Antike zieht Conrady im 5. Jahrhundert bei Sidonius (S. 105ff.). Als Grund für die Aussparung des Mittelalters dient die »Geringschätzung, mit der die Neulateiner das Mittelalterliche bedenken« (S. 114).

[146] Vgl. die oben genannten Arbeiten.

[147] Die Notwendigkeit, neben der lateinischen Tradition das Vorbild Frankreich mit einzubeziehen (vgl. schon Opitz, ›Buch von der Deutschen Poeterey‹, passim), zeigt A. Beckmann, Motive und Formen der deutschen Lyrik des 17. Jahrhunderts und ihre Entsprechungen in der französischen Lyrik seit Ronsard (Hermaea, N.F. 5), Tübingen 1960.

## e. Ein Beispiel: das Geleitgedicht

Es ist bezeichnend für die Situation, in der sich die traditional orientierte Erforschung der deutschen Barockrhetorik gegenwärtig befindet, daß aus verschiedenen Richtungen gleichsam Stichgräben vorgetrieben werden; aber sie sind noch weitgehend voneinander isoliert. Wie ein Zusammenspiel der traditionalen Methoden möglicherweise erreicht werden könnte, sei an einem vergleichsweise einfachen, überschaubaren Beispiel noch kurz angedeutet: dem Geleitgedicht (Propemptikon)[148].

Aus den natürlichen Gegebenheiten der archaischen griechischen Gelegenheitspoesie (im vorgoetheschen Sinn)[149] hervorgewachsen und bei Sappho[150], Alkaios[151] und Solon[152] zum ersten Mal als eigenständige Gattung erkennbar[153], wird das Propemptikon in der hellenistischen Dichtung ›literarisiert‹ und zum Gegenstand des poetischen Spiels[154]. Römische Dichtung (Lucilius, Helvius Cinna, Horaz, Elegiker, Ovid, Statius)[155] und späthellenistische Rhetorik (besonders Menander, ein Vertreter der Zweiten Sophistik)[156] entwickeln – in einem schwer bestimmbaren Verhältnis zueinander stehend[157] – feste Topiken und Aufbauschemata, die dann gemeinsam tradiert (Paulinus von Nola, Sidonius u. a.) und vom Humanismus (Vida, Scaliger) rezipiert

---

[148] Eine Spezialuntersuchung liegt nur für den Bereich der Antike vor: F. Jäger, Das antike Propemptikon und das 17. Gedicht des Paulinus von Nola, Diss. München 1913 (in Einzelheiten der Interpretation mittlerweile überholt, für die griechische Lyrik schon seinerzeit unvollständig).

[149] Vgl. R. Haller, Artikel ›Gelegenheitsdichtung‹, RL ²I, S. 547ff.; außerdem H. Rüdiger, Göttin Gelegenheit. Gestaltwandel einer Allegorie, Arcadia 1, 1966, S. 121ff.

[150] Fr. 5 und 15 Lobel-Page. Dazu W. Schadewaldt, Sappho, Potsdam 1950, S. 134ff. Eine parodierte Form bereits bei Archilochos (Fr. 79a Diehl).

[151] Fr. 286a Lobel-Page. Dazu Verf., Neuere Alkaios-Papyri aus Oxyrhynchos (Spudasmata. 14), Hildesheim 1966, S. 3ff.

[152] Fr. 7 Diehl.

[153] E. Burck, Artikel ›Propemptikon‹, Lexikon der Alten Welt, Zürich u. Stuttgart 1965, Sp. 2447 nimmt dies erst für die Zeit des Hellenismus an.

[154] Die Entwicklung ist bereits im attischen Drama erkennbar (Euripides, Aristophanes); die spärlichen Reste aus der hellenistischen Dichtung stammen von Erinna, Theokrit, Kallimachos, Parthenios.

[155] Einzelnachweise in der genannten Arbeit von Jäger, S. 15ff.

[156] Rhetores Graeci III, p. 395ff. Spengel; vgl. R. Volkmann, Die Rhetorik der Griechen und Römer, Leipzig ²1885, S. 350f.

[157] Wahrscheinlich spiegeln die propemptischen Anweisungen Menanders eine bereits seit langem bestehende rhetorische Tradition; aber für den klaren Nachweis eines Einflusses dieser Tradition auf die erhaltenen römischen Propemptika reichen die Zeugnisse nicht aus.

werden. Vor allem durch Scaligers Vermittlung[158] dringen *exempla* (besonders Horaz[159] und Statius[160]) und *praecepta* (meist nach Menander) als geschlossener rhetorisch-poetischer Komplex in die Literatur des 17. Jahrhunderts ein[161]. Rhetoriken und Poetiken (Vossius[162], Birken[163], Morhof[164], Weise[165], Omeis[166] u. v. a.) bauen diese Theorie unter Berücksichtigung neuerer *exempla* aus; zahlreiche Autoren (darunter Opitz, Fleming, Dach, Kaldenbach, Tscherning, Birken, Hofmannswaldau, Mühlpfort, Weise und Neukirch)[167] pflegen die Gattung des Propemptikon als festen Bestandteil des Kanons rhetorisierter Gelegenheitsdichtung. Noch als Klopstock im Jahre 1751, vom dänischen König eingeladen, nach Kopenhagen reist, widmen ihm Gleim[168] und Zachariae[169] Geleitgedichte, die deutlich in der hier skizzierten Tradition stehen[170].

Die Interpretation wird also, wenn sie sich geschichtlich orientiert, im Prinzip stets beide rhetorischen Traditionen, die der Theorie und die der Praxis, zu berücksichtigen haben. Über die sinnvollste Methodik auf diesem Gebiet rhetorisch-traditionaler Forschung wird nur die Erfahrung entscheiden können. In jedem Fall aber dürfte es angebracht sein, auch unter dem Aspekt der Tradition die Stilphänomene nicht zu isolieren[171]. Am Beispiel der Rezeption der kaiserzeitlichen, silbernen Latinität wird dies sofort einsichtig. Keiner der Autoren erregt nur seiner rhetorischen, barocken oder auch manieristischen

---

[158] ›Poetices libri septem‹, (Lyon) 1561, S. 156f.

[159] Carm. 1,3 (für Vergil) und epod. 1 (für Maecenas); vgl. epod. 10.

[160] Silv. 3,2 (für Maecius Celer). Das Gedicht (143 Hexameter) enthält praktisch die gesamte propemptische Tradition.

[161] Hinweise auf die späthumanistische Praxis bei E. Trunz, Der deutsche Späthumanismus um 1600 als Standeskultur, Zs. f. Gesch. d. Erz. u. d. Unterr. 21, 1931, S. 17ff.; jetzt in: Deutsche Barockforschung, S. 147ff. (dort S. 164 u. 179).

[162] ›Rhetorice contracta‹, Leipzig 1660, S. 181ff.

[163] ›Teutsche Rede-bind- und Dichtkunst‹, Nürnberg 1679, S. 279ff.

[164] ›Polyhistor‹, Lübeck ³1732, S. 695f.

[165] ›De poesi hodiernorum politicorum‹, Jena u. Helmstedt 1678, S. 261ff.; vgl. ›Curiöse Gedancken von Deutschen Versen‹, Leipzig ³1702, S. 126ff.

[166] ›Gründliche Anleitung zur Teutschen accuraten Reim- und Dicht-Kunst‹, Nürnberg 1704, S. 179ff.

[167] Der Überfülle des Materials wegen sei hier nur auf die von Omeis, a.a.O., S. 180 zusammengestellten Quellenangaben verwiesen.

[168] ›Oden nach dem Horaz‹, Reutlingen 1795, Bd. 2, S. 287.

[169] ›Poetische Schriften‹, Karlsruhe 1777, S. 423ff.

[170] Dabei überwiegt freilich das Vorbild Horaz, vgl. E. Stemplinger, Das Fortleben der horazischen Lyrik seit der Renaissance, Leipzig 1906, S. 79ff.

[171] Zur Frage nach dem sozialen und pädagogischen ›Kontext‹ der Barockrhetorik s. u. S. 133ff.

Stilqualitäten wegen im 17. Jahrhundert ein neues Interesse; jeder von ihnen wird zugleich rezipiert im Zeichen einer geschichtlichen, sozialen, weltanschaulichen Verwandtschaft: Tacitus als Historiker einer monarchischen Epoche[172], Seneca als Verkörperung des Stoizismus[173], Juvenal als pessimistischer Zeitkritiker[174], Statius und Claudian als Vertreter höfischer Poesie[175].

## 5. ›Rhetorik‹ und ›Barockliteratur‹: die Notwendigkeit einer Neuorientierung

### a. Aporien inadäquater Rhetorikbegriffe

»Es mag wohl kaum einen literarischen Hauptbegriff geben, der im Laufe der kurzen Zeitspanne, die uns von der Goethezeit trennt, so stark dem Verfall und der Aushöhlung anheimgefallen wäre wie ...

---

[172] Dazu die Arbeiten von Croll sowie J. von Stackelberg, Tacitus in der Romania. Studien zur literarischen Rezeption des Tacitus in Italien und Frankreich, Tübingen 1960 (wichtig auch für Deutschland). Ein Sonderfall ist das Interesse Seckendorffs (des Theoretikers und Praktikers der absolutistischen Staatsform) für Lucan (den Verehrer der Republik); vgl. F. Gundolf, Seckendorffs Lucan (SB Heidelberg, Phil.-hist. Kl. 1930/31, Abh. 2), Heidelberg 1930.

[173] Schings, Die patristische und stoische Tradition ... (mit weiterer Literatur). Der Doppelaspekt gilt sogar noch für die Sekretariatkünste: Seneca ist nicht nur beliebtes Stilmuster, er zeigt auch, »wie wir leben sollen«; davon »sind des Senecae Bücher überreich/ und daher einem Sekretarien sehr nöhtig und nützlich zulesen« (Stieler, ›Teutsche Sekretariat-Kunst‹, 2. Teil, Nürnberg 1673, S. 141).

[174] Highet, Juvenal the satirist, S. 215ff.

[175] An Claudian läßt sich dies am besten zeigen. T. Birt, Vorrede zur Claudian-Ausgabe in MGHist., auct.ant. X, Berlin 1892, S. Iff. erfaßt nur die Zeit bis zum 11. Jahrhundert. Für die allmähliche Aufwertung Claudians im Zeitalter des Humanismus vgl. Enea Silvio Piccolomini: »Claudianum et qui argonauticum scripsit minime contemnendos iudicauerim« (›Opera‹, Basel 1551, S. 984; aus ›De liberorum educatione‹, a.a.O., S. 965ff.). Entscheidend für die deutsche Barockliteratur wurde wohl das Urteil Scaligers (›Poetices libri septem‹, S. 321ff.; von Scaliger stammt bekanntlich auch eine Claudian-Ausgabe). Großer Beliebtheit erfreute sich der ›Raub der Proserpina‹ (Hofmannswaldau, Lohenstein, Neukirch; Morhof hielt ein Kolleg darüber). Neukirch empfahl dem, der »ein galanter dichter« werden will, unter den lateinischen Vorbildern »auffs höchste den Claudianus« (Vorrede zur Sammlung ›Herrn von Hoffmannswaldau ... Gedichte‹, 1. Teil, Leipzig 1697, fol. b7ªf.). Für Balde (s. u. S. 375) und Weise (s. u. S. 262) standen mehr die höfischen Enkomien im Vordergrund (dazu jetzt H. L. Levy, Themes of encomium and invective in Claudian, TAPhA 89, 1958, S. 336ff. mit weiterer Literatur). Weise, ›Kurtzer Bericht vom Politischen Näscher‹, Leipzig u. Zittau 1680, S. 140 erkannte im zweiten Buch der ›Laudes Stilichonis‹ eine hochaktuelle »Idea boni Aulici«.

70

der Begriff der Rhetorik«. Was Herman Meyer vor einem Jahrzehnt feststellen mußte, als er Schillers philosophische Rhetorik analysierte[1], scheint für den Bereich der literarischen Barockforschung schon nicht mehr zuzutreffen. Aus einem unverstandenen, unbequemen und folglich verdrängten Phänomen ist ein Schlüsselbegriff geworden. »So ist für den Barock überhaupt eine rhetorisch-dialektische Äußerungsweise kennzeichnend«, heißt es in einer neueren Gryphius-Monographie[2], und ein anderer Autor bezeichnet »die rhetorische Grundhaltung« geradezu als »das Kernproblem der Barockdichtung«[3].

Die Berufung auf den von Günther Müller postulierten ›rhetorischen Grundzug‹ bzw. die ›rhetorische Grundhaltung‹ wurde während der letzten Jahre fast zu einem Topos in Arbeiten über die Literatur des 17. Jahrhunderts[4]. In keinem anderen Zweig der Germanistik scheint der Siegeszug der Kategorie Rhetorik derart eindrucksvoll wie in der Barockforschung. So begrüßenswert und notwendig es war, daß der Rhetorikbegriff (wenigstens innerhalb der Wissenschaft) allmählich von seinen pejorativen Akzenten befreit wurde, so unbestreitbar ist die Gefahr, daß er jetzt lediglich zu einem nebulösen Modewort nach Art des Barockbegriffs wird[5]. Die bedeutungsvoll klingende, aber sachlich abstruse Prägung ›Para-Rhetorik‹[6] zeigt vielleicht am deutlichsten, welchen Mißverständnissen der Rhetorikbegriff auch bei solchen Autoren ausgesetzt ist, die ihm nicht von vornherein ablehnend gegenübertreten[7].

Vergleichsweise einfach dürfte die inhaltliche Fixierung auf dem Gebiet der Literaturtheorie des 17. Jahrhunderts sein: Rhetorik umfaßt denjenigen Lehr- und Wissensstoff, den die verschiedenen Arten von ›Rhetoriken‹ (unter Titeln wie ›Ars rhetorica‹, ›Institutio orato-

---

[1] Schillers philosophische Rhetorik, S. 350f. Vgl. Gadamer, Bemerkungen ueber den Barock, S. 61: »Auf dem Begriff der Rhetorik und des Rhetorischen lag fuer das deutsche Wertbewusstsein … anderthalb Jahrhunderte lang ein negativer Akzent. In der Ueberwindung des barocken Stilideals hatte Goethe Epoche gemacht«.

[2] W. Flemming, Andreas Gryphius. Eine Monographie (Sprache u. Lit. 26), Stuttgart usw. 1965, S. 39.

[3] Van Ingen, S. 47 (»Das Barock ist geradezu die Epoche der Allherrschaft der Rhetorik«, ebda.).

[4] Häufig wird das Thema im Zusammenhang der ›Distanzhaltung‹ bzw. der ›Nicht-Erlebnisdichtung‹ angeschnitten oder löst gar diesen älteren Topos ab.

[5] Auch die so verdienstvolle (und in Deutschland kaum beachtete) amerikanische ›Rhetorik‹-Bewegung hat dieser Gefahr nicht ganz ausweichen können.

[6] Oben S. 38.

[7] Vgl. Hockes Versuch, die Bedeutung der Rhetorik auch für die Moderne herauszustellen: Manierismus in der Literatur, S. 62ff.

ria‹, ›Anweisung zur Oratorie‹, ›Deutscher Redner‹ usw.) in enger Anlehnung an die antik-mittelalterlich-humanistische Tradition vermitteln; als Sonderformen gehören hierzu auch Briefsteller[8] sowie die
Predigtlehren[9]. Schwieriger wird die Definition in dem Augenblick,
wenn man, von der Basis der Lehrbücher ausgehend, den Begriff ›rhetorisch‹ auf konkrete Texte oder Stiltendenzen überträgt.

Die wenigen Arbeiten, die in den letzten Jahren einen solchen Versuch unternommen haben, zeigen deutlich eine Tendenz, das Rhetorische auf normative Sprachregelung oder gar auf Klassizismus zu
beschränken. So geht zum Beispiel Windfuhr völlig zu Recht von der
Voraussetzung aus: »In der Zeit vom Humanismus bis zum Rokoko
bewegen sich Betrachtung und Praxis der Bildlichkeit überwiegend
in den Bahnen der Rhetorik«[10]. Und er stellt beim Vergleich mit früheren Epochen fest: »In der Barockzeit werden auch Bildbereiche zu
einem guten Teil rhetorisiert, die vorher außerhalb gestanden hatten:
mystische, biblische und umgangssprachliche«[11]. Windfuhr versteht
Rhetorik also wesentlich als normative literarische Disziplin[12]. Bei
dem weiteren Überblick über das 17. Jahrhundert aber heißt es auf
einmal: »Einzelne Mystiker und Altprotestanten, die Altdeutschen
und Pietisten lehnen den rhetorischen Stil aus verschiedenen Gründen
ab und setzen sich für eigene Formen der Bildlichkeit ein«[13].

Der Satz ist in zweifacher Hinsicht unzutreffend (und zugleich
charakteristisch für weitverbreitete Vorstellungen). Erstens pflegten
beispielsweise ›die Pietisten‹ Rhetorik durchaus als normative, auch
die Bildlichkeit einschließende Disziplin, sogar mit besonderem pädagogischen Einsatz[14]; von Ablehnung schlechthin kann also keine Rede

---

[8] Vgl. u. S. 155ff.
[9] Für das 17. Jahrhundert ist dieses Gebiet noch kaum erschlossen. Erste Hinweise in der schon genannten Arbeit von Dyck, Ornatus und Decorum im protestantischen Predigtstil des 17. Jahrhunderts; vgl. auch die weiter unten angegebene Literatur zur Leichenpredigt.
[10] Windfuhr, S. 1 (es ist der erste Satz der Einleitung; der zweite: »Weder vorher
noch nachher ist die Geschichte der deutschsprachigen dichterischen Metaphorik
so eng mit den rhetorischen Grundsätzen verbunden«, ebda.).
[11] A.a.O., S. 2. Daß die Bildlichkeit der Mystik in vorbarocker Zeit ›außerhalb‹
der Rhetorik gestanden hat (vgl. auch G. Müller, Deutsche Dichtung ..., S.
204), ließe sich bezweifeln; vgl. etwa K. Brethauer, Die Sprache Meister Eckeharts im Buch der göttlichen Tröstung, Diss. Göttingen 1931; A. Korn, Das rhetorische Element in den Predigten Taulers, Diss. Münster 1927.
[12] Dies bestätigt sich auf breiter Basis im Kapitel ›Rhetorik der Metaphorik‹
(Windfuhr, S. 78ff.).
[13] A.a.O., S. 2f.
[14] Vgl. Franckes Ordnung für das Pädagogium in Glaucha, auszugsweise abge-

sein. Zweitens gibt es »den rhetorischen Stil« überhaupt nicht, auch nicht in der Barockepoche, und auch nicht in der Theorie; gerade die Arbeit von Fischer hat gezeigt, welch eine Fülle von ›rhetorischen Stilen‹ die Theorie – vor allem in der zweiten Hälfte des 17. Jahrhunderts – ermöglicht[15]. Windfuhr meint eine bestimmte (von ihm des näheren beschriebene) Tendenz zur metaphorischen Fülle und Steigerung und setzt sie kurzerhand mit ›rhetorisch‹ gleich[16].

Anders akzentuiert, aber gleichermaßen unsachgemäß scheint der Rhetorikbegriff in Wiedemanns Klaj-Monographie. Hier führt die schon erwähnte starke Abhängigkeit von der ›Pararhetorik‹-Konzeption Hockes praktisch dazu, daß Rhetorik mit Klassizismus identifiziert wird[17]. Dabei bringt Wiedemann eine ganze Reihe konkreter sprachlicher Beobachtungen, die sich auch von den Rhetoriklehrbüchern her interpretieren ließen. Wenn Klajs Stilkunst trotzdem mit dem Begriff ›Rhetorik‹ nicht mehr zu fassen sein soll, weil eine innere (durch die Vorstellung ›Engelsmusik‹ repräsentierte)[18] Sprachkraft sie übersteigt, so hat dies konsequenterweise für die gesamte hoch- und spätbarocke Literatur zu gelten. Vor allem ein Autor wie Abraham a Sancta Clara, der ja schlechterdings alle Regeln des Klassizismus durchbricht[19], müßte ganz aus dem Bereich der Rhetorik ausscheiden.

Aber welchen Sinn soll ein Rhetorikbegriff noch haben, der einem Abraham a Sancta Clara nicht mehr gerecht wird? Angesichts dieser Aporie dürfte es zweckmäßig sein, sich der Konzeption Nietzsches zu erinnern, die nicht primär von der Vorstellung eines starren, ein-

---

druckt bei E. Garin, Geschichte und Dokumente der abendländischen Pädagogik 3. Von der Reformation bis John Locke (rde. 268/69), Reinbek 1967, S. 223ff.

[15] Fischer, S. 147ff.

[16] Sehr bezeichnend ist das Resümee, das Windfuhr (S. 3) für die genannten oppositionellen Gruppen zieht: »im ganzen wirkt sich ihr antirhetorischer Einsatz für den Barockstil nachteilig aus«. Ähnlich wie bei Hocke, nur von der entgegengesetzten Position aus wird hier der Rhetorikbegriff eingeengt, so daß schließlich Manieristen auf der einen, Mystiker, Altprotestanten, Altdeutsche und Pietisten auf der anderen Seite sich in Opposition zur ›Rhetorik‹ befinden – wobei Rhetorik einmal als Klassizismus, einmal als Barock verstanden wird.

[17] Wiedemann, Johann Klaj ..., S. 85ff.

[18] A.a.O., S. 57ff. Näher ausgeführt in dem Beitrag: Engel, Geist und Feuer. Zum Dichterselbstverständnis bei Johann Klaj, Catharina von Greiffenberg und Quirinus Kuhlmann, in: Literatur und Geistesgeschichte. Festschr. f. H. O. Burger. Hrsg. v. R. Grimm u. C. Wiedemann, Berlin 1968, S. 85ff.

[19] Selbst Günther Müller konstatiert deshalb bei ihm eine »nicht eigentlich rhetorische Predigtkunst« (Deutsche Dichtkunst ..., S. 228; ›nicht eigentlich‹ meint hier: ›nicht im engeren, disziplinären Sinne‹).

gefahrenen Regelsystems, sondern von der Wirkungsintention des Sprachkünstlers ausging[20]. In dem Willen, das Gegenüber zu erreichen, anzusprechen, zu beeinflussen, zu bewegen, erkannte er die eigentliche Wurzel der Rhetorik. Es ist für ihn die gleiche Kraft, die – in einer bestimmten geschichtlichen Situation – zur Durchbrechung der klassischen Norm und damit zum ›Barockstil‹ führt.

## b. Die Kategorie des Intentionalen

In der Überzeugung, daß rhetorische Sprachkunst nach ›Wirkung‹ strebt und ›Zwecke‹ verfolgt, stimmt Nietzsche nicht nur mit den antiken Rhetorikern überein[21], sondern auch mit der gesamten literarischen Theorie des 17. Jahrhunderts[22]. Ob *movere, persuadere, flectere, docere* oder *delectare* (mit ihren deutschen Äquivalenten) – stets wird Sprachkunst als intentionale Kunst definiert. Die Zeugnisse dafür sind Legion. Nach Meyfart bedeutet Redekunst: »also reden/ daß die jenigen/ an welche die Rede geschicht/ nach Gelegenheit der Zeit/ sittlich und gewaltiglich überredet werden«[23]. Und nach Opitz ist »vberredung vnd vnterricht auch ergetzung der Leute ... der Poeterey vornemster zweck«[24]. Aber diese Theoreme werden nicht nur in den Lehrbüchern als Teile eines – mit Dyck zu reden – Argumentationssystems pflichtgetreu wiederholt, sondern sie begegnen immer wieder auch an Stellen, die von keinem unmittelbaren Systemzwang bestimmt zu sein scheinen:

> »Komt/ komt und höret an das liebliche Vermögen/
> Das unser Sprache hat die Hertzen zu bewegen/
> Hört dem Poeten zu/ was in gebundner Weiß
> In unsrer Mutterzung erlange klugen preiß«,

so endet das Einladungsgedicht, das Dilherr 1644 zur Aufführung von Klajs Redeoratorium ›Aufferstehung Jesu Christi‹ verfaßt[25]. Und

---

[20] Oben S. 15f.
[21] Vgl. die Übersicht bei H. Hommel, Artikel ›Rhetorik‹, Lexikon der Alten Welt, Sp. 2611ff. (bes. Sp. 2611f.); auch Volkmann, Die Rhetorik der Griechen und Römer, S. 2ff. Die Tradition verfolgt bis ins 19. Jahrhundert: Dockhorn, Die Rhetorik als Quelle des vorromantischen Irrationalismus in der Literatur- und Geistesgeschichte.
[22] Dyck, S. 33ff. u. 79ff.; Fischer, S. 83ff.
[23] ›Teutsche Rhetorica‹, Frankfurt a. M. 1653, S. 58.
[24] ›Buch von der Deutschen Poeterey‹, fol. B4ª u. B4ᵇ.
[25] Zitiert nach Wiedemann, Johann Klaj ..., S. 35.

Rist gibt als erfahrener Schauspieler und Stückeschreiber eine beredte Darstellung des Theaters, dessen Wirkung so überwältigend ist, »daß ein Mensch den anderen durch seine Rede, Sitten und Bewegung kan zwingen, daß er seine Neigung nach des Spielers eigenem Belieben muß richten«[26].

So verschieden der Ansatzpunkt bei Opitz, Dilherr und Rist sein mag (die Namen ließen sich ohne Schwierigkeit durch andere ersetzen), so selbstverständlich vertreten alle drei die Auffassung, daß auch Poesie auf Wirkung angelegt ist: nicht nur das Drama oder das Redeoratorium, sondern selbstverständlich auch die Lyrik. Nach Buchner ist es »des Poeten Ambt .../ daß er zugleich belustige und lehre/ welches eben der Zweck ist/ dahin er allezeit zielen soll«[27]. Wie auch immer der ›Zweck‹ der Poesie definiert wird: daß sie überhaupt mit einem ›Zweck‹ verbunden sein soll, ist seit zwei Jahrhunderten in Deutschland zutiefst suspekt[28].

Für das 17. Jahrhundert ist es ein Axiom[29]. Es ist der eigentliche Kern jenes vielbesprochenen ›rhetorischen Grundzugs‹ der Barockdichtung, nicht bloß im Sinne einer bestimmten normativen Sprachregelung – worin sich Rhetorik angeblich erschöpfen soll –, sondern als fundamentale sprachliche Kraft, die Poesie und Beredsamkeit verbindet. Dabei ist es primär nicht wichtig, ob die Poesie ihres göttlichen Ursprungs wegen[30] über die Beredsamkeit gestellt wird (wie z. T. bei Harsdörffer)[31] oder als deren ›Dienerin‹ gilt (wie bei Weise)[32]. Das entscheidende und für nachgoethesches Literaturverständnis so

---

[26] Zitiert nach Flemming, Das schlesische Kunstdrama, S. 129f. Im Kontext ist deutlich das Vorbild der aristotelischen Tragödientheorie zu erkennen.

[27] ›Anleitung Zur Deutschen Poeterey‹, Wittenberg 1665, Teil II, S. 32. Hier ist Horaz Vorbild.

[28] Vgl. die oben S. 12ff. gegebenen Zitate von Goethe, Kant, Hegel, Adam Müller usw. Demgegenüber begegnet gerade ›Beredtheit‹ auch als Lyriker-Tugend, so in dem Grabgedicht auf Fleming, abgedruckt in: Fleming, ›Teütsche Poemata‹, Lübeck (1642), S. 670 (Autor: »C. H. Z.«).

[29] Fischer, S. 83ff.

[30] Als Ausgangspunkt dient regelmäßig die demokriteisch-platonische Konzeption des ἐνθουσιασμός (bzw. *furor poeticus*). Häufig wird Platon in diesem Zusammenhang ausdrücklich erwähnt, so schon bei Opitz, ›Buch von der Deutschen Poeterey‹, fol. B1ᵃ. Über den Argumentationscharakter auch dieses Theorems Dyck, S. 116ff.

[31] Die bekannteste Stelle: »OBwol der Redner fast alle Zierlichkeit deß Poeten gebraucht/ so ist doch seine Kunst gegen jenen zu achten/ als das Gehen gegen dem Dantzen« (›Poetischer Trichter‹, 2. Teil, Nürnberg 1648, S. 1). Harsdörffers Bewertung der beiden Künste ist aber nicht einheitlich, vgl. Hildebrandt-Günther, S. 46ff.; präziser Fischer, S. 37ff.

[32] ›Curiöse Gedancken Von Deutschen Versen‹, Leipzig ³1702, Teil II, S. 16 u.

befremdliche Moment liegt darin, daß beide, Poesie und Beredsamkeit, als *eloquentia ligata* und *eloquentia soluta*[33] unter einen gemeinsamen rhetorischen Begriff subsumiert werden[34]: als zweckgerichtete, intentional bestimmte Sprachkunst.

Für die Dichtung des Barock, insbesondere die Lyrik, sind die Konsequenzen aus dieser Auffassung erst teilweise gezogen worden. Wenn Conrady in einem gesonderten Abschnitt über ›nicht-lyrische Lyrik‹ mit Recht gegen Staigers romantisch-anthropologischen Lyrikbegriff opponiert[35], so führt er dabei im Grunde Günther Müllers Konzeption der ›Distanzhaltung‹ fort (die, in rhetorischen Kategorien gesprochen, auf der Trennung von *res* und *verba* beruht)[36]. Auch beginnt sich mittlerweile die Einsicht durchzusetzen: »Eine Unterscheidung zwischen sog. Gelegenheitsdichtung und sog. Erlebnisdichtung aufgrund des Fehlens bzw. Vorhandenseins der inneren Beteiligung des Dichters ist für das 17. Jahrhundert ein sinnloses Unternehmen«[37].

Doch das rhetorisch Zweckgerichtete, Intentionale der Barocklyrik will nicht nur gleichsam ex negatione verstanden sein. Die dialogischen, auf das Gegenüber zielenden Sprachzüge vieler Barockgedichte wären als positive, zueinander gehörige, typische Phänomene zu interpretieren. Einiges davon erfaßt Conradys Begriff des ›Deiktischen‹[38], und August Langen hat in seinem Buch ›Dialogisches Spiel‹

55f. Zur ›galanten‹ Version dieser Theorie bei Hunold-Menantes (Poesie als »eine galante Art der Eloquentz«) und bei Neumeister vgl. van Ingen, S. 28 Anm. 3 und Markwardt, S. 315. Das Einteilungsprinzip gilt entsprechend auch für die *exempla*: Johann Georg Pritius, ›Proben der Beredtsamkeit‹, Leipzig 1702 umfaßt sowohl Reden als auch Gedichte.

[33] Bei der Erörterung dieser (vor allem von Masen gebrauchten) Formel wird durchweg übersehen, daß bereits im Taciteischen ›Dialogus‹ (4,2; 10,4) *eloquentia* als Oberbegriff für Dichtung und Beredsamkeit verwendet wird (wohl vor allem durch die Position des Maternus evoziert, der seinen Übergang von der Rhetorik zur Poesie verteidigen will).

[34] Das Begriffspaar hat sich bekanntlich als ›Poesie‹ (bzw. Dichtung) und ›Beredsamkeit‹ (bzw. Prosa) bis ins 19. Jahrhundert hinein gehalten und die Einteilung des Gesamtgebietes Literatur bestimmt. Die komplizierten Umschichtungsvorgänge, die sich in den rhetorischen Zentralbegriffen zwischen Antike, Barockzeit und Gegenwart vollzogen haben (darunter die vorübergehende Reduktion des Wortes *rhetorica* auf Theorie oder gar auf Stillehre) können hier nicht im einzelnen dargestellt werden; einiges bei Stötzer, Deutsche Redekunst ..., S. 95ff.; Fischer, S. 22ff.; Jens, Von deutscher Rede, passim.

[35] Conrady, S. 52ff. (der Begriff ›Rhetorik‹ oder ›rhetorisch‹ erscheint in diesem Zusammenhang nicht).

[36] Dazu a.a.O., S. 46f.

[37] Van Ingen, S. 49 (für van Ingen ist ›Distanzhaltung‹, im Anschluß an Günther Müller, das wichtigste Charakteristikum rhetorischen Sprechens, a.a.O., S. 47ff.).

[38] Conrady, S. 177ff. u.ö. Für den dialogischen, intentionalen Zug der antiken

(1966)[39] auf die Bedeutung des ›Wechselgesangs‹ in der Barocklyrik hingewiesen. Als rhetorische Einheit aber begegnen diese Züge nur in der anregenden komparatistischen Studie ›Baroque lyric poetry‹ von Lowry Nelson (1961)[40]. Deutlich von der amerikanischen Rhetorikforschung beeinflußt, definiert er »the rhetorical situation« als »the complex and dynamic relationship between speaker, audience, and reader«[41], faßt die Situation – etwas mißverständlich – als ›drama‹[42] und interpretiert mit Hilfe dieses Modells ausgewählte Gedichte von Ronsard, Marino, Góngora, Milton, Donne, Gryphius[43] und anderen. Nelson beobachtet beim Vergleich mit der Renaissancedichtung ein Zunehmen der ›dramatischen‹ Elemente wie »assertions, questions, and exclamations; particularization of time and place; repetition and emphasis«, auch Heranziehung von »opposite or alternative«[44]. Viele dieser Züge sind längst beobachtet und – etwa im Fall der Fragen und Ausrufe – als rhetorische Figuren katalogisiert worden. Aber erst Nelson versucht sie wirklich als rhetorische, intentionale, ›dramatische‹ Einheit zu fassen.

Manches an diesem Versuch mag noch etwas zu spekulativ, zu vorschnell verallgemeinert sein[45], die Konzeption an sich verspricht brauchbare Ergebnisse. Nicht zuletzt das riesige, vielverlachte Gebiet

---

Lyrik überhaupt vgl. den neuerdings wenig beachteten Aufsatz von R. Heinze, Die Horazische Ode (1923), in: Vom Geist des Römertums. Ausgewählte Aufsätze. Hrsg. v. E. Burck, Darmstadt ³1960, S. 172ff. (das dort Entwickelte wäre einmal für die Barocklyrik zu realisieren).

[39] Oben S. 20 Anm. 99. Langen behandelt vor allem Echogedichte, Schäferpoesie, Redeoratorien, ›Gesprächgedicht‹, Gesellschaftslied und Jesusminne (a.a.O., S. 48ff.); kennzeichnend ist insgesamt »ein Sprechen von Partner zu Partner und ein Mitteilungsdrang« (a.a.O., S. 45). Langens Theorie von der Abfolge monologischer und dialogischer Lyrik (a.a.O., S. 27) läßt sich allerdings unter historischem Aspekt nicht halten.

[40] Baroque lyric poetry, New Haven u. London 1961; dazu im einzelnen G. Müller-Schwefe, The European approach to Baroque, Philol. Quart. 45, 1966, S. 419ff. (dort S. 427ff.).

[41] Baroque lyric poetry, S. 91.

[42] In der Lyrik bedeutet ›drama‹ nach Nelson »the full use of the ›rhetorical members‹ (speaker, audience, reader) or, more generally, the ›rhetorical situation‹ of a poem« (a.a.O., S. 17 Anm. 27).

[43] Die Einbeziehung deutscher Barocklyrik (auch Fleming und Kuhlmann werden zitiert) in eine komparatistische Arbeit nichtdeutscher Provenienz ist ein ausgesprochenes Rarum.

[44] A.a.O., S. 92. Nelson erinnert in diesem Zusammenhang an die zentrale Rolle des Theaters in der Barockzeit.

[45] So folgert er z. B. aus einem Vergleich zwischen Gryphius und Marino: »At its best, German Baroque poetry is rich in vivid rhetorical situations. Especially characteristic is the use of questions and exclamations« (a.a.O., S. 99).

der Anlaß- bzw. Gelegenheitspoesie[46] könnte davon profitieren, denn die meisten Gelegenheitsgedichte setzen tatsächlich eine ›dramatische‹ Situation voraus, sie wurden vorgetragen, und vor allem wenn der Adressat (wie es häufig geschah) ein einflußreicher Gönner war, mußte alle rhetorisch-poetische Kunst aufgeboten werden, um ihn für sich einzunehmen[47]. Akzeptiert man einmal diesen ›niederen‹ Zweck (von Opitz bis Günther mußten sich ihm fast alle großen Barockautoren unterwerfen) und die dazu notwendige τέχνη[48], so wird sich vielleicht ein neues Sensorium bilden, das aus dem Wust der Überlieferung die wirklich gelungenen Stücke – nicht nur die scheinbar ›empfundenen‹, ›erlebten‹ – herauszuheben vermag.

## c. Literarische Zweckformen

Wer rhetorische Zweckformen a priori aus seinem Gesichtskreis verbannt, wird kaum einer Epoche der deutschen Literaturgeschichte so wenig gerecht werden wie der Epoche des Barock. Seit Jahren diskutiert man über Sinn und Möglichkeiten einer Reform des Literaturbegriffs, dessen Reduktion auf die Dreiheit von Lyrik, Epik, Dramatik[49] mehr und mehr als unbefriedigend empfunden wird. Friedrich Sengles 1967 erschienener Vortrag über die ›literarische Formenlehre‹[50] darf sowohl unter dem Aspekt der Rhetorik wie unter dem der Barockliteratur besondere Aufmerksamkeit beanspruchen. »Die ganze große Welt der literarischen Zweckformen soll rehabilitiert werden!«[51], fordert er, und immer wieder weist er darauf hin, daß die Rhetorik früher einmal alle die sträflich vernachlässigten Formen wie

---

[46] Außer der o. S. 68 Anm. 149 genannten Literatur vgl. van Ingen, S. 45ff.
[47] Auch im bürgerlichen oder gelehrten Bereich gilt, was Günther Müller (Höfische Kultur ..., S. 138) anläßlich der höfischen Gelegenheitspoesie feststellt: »Der Spott über die ›Gelegenheitscarmina‹, offenbar eine nachhöfische ›Konvention‹, ist auch da, wo er auf die abgesunkenen Erzeugnisse bürgerlicher Geselligkeit geht, wohlfeil und spottet seiner selbst, er weiß nicht wie, denn er bemerkt gar nicht, daß die in diesem Fall echte, nämlich die höfische Gelegenheit Gemütsoffenbarungen zu Lächerlichkeiten stempeln würde, daß sie Repräsentation verlangt«.
[48] Vgl. das oben über das Propemptikon exemplarisch Gesagte.
[49] Kodifiziert vor allem durch Staigers ›Grundbegriffe der Poetik‹. Die historische Bedingtheit dieser Einteilung zeigt jetzt K. R. Scherpe, Gattungspoetik im 18. Jahrhundert. Historische Entwicklung von Gottsched bis Herder (Stud. z. Allg. u. Vergl. Lit.wiss. 2), Stuttgart 1968.
[50] Die literarische Formenlehre. Vorschläge zu ihrer Reform (Dichtg. u. Erkenntnis. 1), Stuttgart 1967.
[51] A.a.O., S. 15.

Brief oder Rede, Dialog oder Historiographie mit umfaßt habe[52].
Doch auch die Dichter selbst hätten sich von den Zweckformen zu-
rückgezogen; er denkt an »überhebliche Lyriker wie Stefan George«[53]
oder an die Überschätzung des Dramas seit Lessing: »Hundert Jahre
lang haben nun die deutschen Dichter kein höheres Ziel, als ein Drama zu schreiben«[54].

Von den Autoren des Barockzeitalters läßt sich Analoges nicht
behaupten, denn die Poesie war noch nicht durch die Aura des selbstgenügsamen schönen Spiels von den Niederungen der prosaischen Literatur getrennt. Kein Poet brauchte um sein Ansehen zu bangen,
wenn er sich in rhetorischer Zweckprosa versuchte; ja es scheint so,
als habe man gerade seinen Stolz daran gesetzt, auch auf diesem Gebiet sein Talent öffentlich (d. h. nicht zuletzt: durch den Druck der
Texte) zu beweisen. Je eigenartiger dieser Ehrgeiz dem heutigen Betrachter erscheint, desto klarer zeigt sich, wie inadäquat gerade im
Fall der Barockliteratur eine Beschränkung auf die geläufige Gat-
tungsdreiheit Epik, Lyrik, Dramatik ist[55]. Nicht nur, daß von Opitz
über Buchner, Logau, Gryphius und Klaj bis zu Lohenstein, Hallmann, Assig und Bohse viele Barockpoeten die Gattung der Leichenrede[56] beherrschten. Auch auf dem Gebiet der Konsolationsprosa[57]
haben sich einige versucht, darunter Opitz, Buchner, Spee und Czep-

[52] Besonders a.a.O., S. 6f. Eigenartig demgegenüber die These, humanistisches
Gymnasium und klassische Philologie (als Bildungsmächte) hätten durch die
Betonung der ›Gattungsreinheit‹ die Reduktion der Formenfülle mitverschuldet
(a.a.O., S. 20); gerade die »naiven literarischen Maßstäbe der Antike und der
Antiketradition« (ebda.) haben mit aller Selbstverständlichkeit auch Historio-
graphie, Brief, Rede, Dialog usw. umfaßt.

[53] A.a.O., S. 9.

[54] Ebda.

[55] Im Rahmen des hier gegebenen Überblicks sind vor allem solche Arbeiten genannt, die eine weitere bibliographische Orientierung ermöglichen; die prekäre
Lage des gesamten Forschungsgebiets kann dabei nur bedingt erkennbar werden.

[56] A. Herrmann, Eine lateinische Leichenrede Opitzens, Arch. f. Litt.gesch. 9,
1880, S. 138ff.; A. G. de Capua, Eine Leichenrede Friedrichs von Logau, Arch.
f. d. Studium d. neueren Sprachen 196, 1959/60, S. 147ff. Weitere Angaben, insbesondere zu Gryphius, folgen unten.

[57] Über die antike Tradition: R. Kassel, Untersuchungen zur griechischen und
römischen Konsolationsliteratur (Zetemata. 18), München 1958; zur Theorie der
consolatio und zu ihrer Behandlung innerhalb der antiken Rhetorik vgl. auch
J. F. Mitchell, Consolatory letters in Basil and Gregory Nazianzen, Hermes 96,
1968, S. 299ff. Die Topik der consolatio mortis behandelt eingehend van Ingen,
S. 130ff. (bes. Lyrik). Nicht bei van Ingen: A. Stössel, Die Weltanschauung des
Martin Opitz, besonders in seinen Trostgedichten in Widerwärtigkeit des
Krieges, Diss. Erlangen 1922; E. Rosenfeld, Theologischer Prozeß. Die Rinteler
Hexentrostschrift – ein Werk von Friedrich von Spee, DVjs 29, 1955, S. 37ff.

ko. Und man ist nicht wenig überrascht, selbst in der Erbauungsliteratur[58] neben Gerhard, Herberger, Drexel, Martin von Cochem und Prokop von Templin so bekannte Barockdichter wie Arndt, Buchholtz, Scheffler, Stieler und Männling zu finden, dazu (hauptsächlich als Übersetzer tätig) den weltgewandten Harsdörffer; und schließlich: »Der bedeutendste Erbauungsschriftsteller unter den deutschen Dichtern des Barock ist Zesen«[59].

Die kurze Aufzählung mag genügen, um zu zeigen, wie selbstverständlich die Personalunion von Poet und Zweckprosaist in der Barockzeit war. Daß hier neben bedeutender Poesie nur minderwertige Alltagsprosa vergraben liegen sollte, ist jedenfalls nicht a priori wahrscheinlich. Im Grunde aber müßte es gar nicht erst des Hinweises auf den Zusammenhang mit der Poesie bedürfen, um Interesse für das große Gebiet der rhetorisch-prosaischen Zweckformen zu wecken. »Überblickt man die Blütezeiten der abendländischen Beredsamkeit, dann erweist es sich schnell, daß die Rhetorik immer dort das Gesicht einer Epoche bestimmt hat, wo vorhandene Antagonismen in öffentlichem Streit Profil und Konturen gewannen«[60]. Daß die Barockzeit mit ihren tiefen politischen und konfessionellen Spannungen zu eben diesen Epochen gehört[61], braucht kaum näher ausgeführt zu werden. Freilich, große politische Beredsamkeit konnte – im Gegensatz etwa zu England[62] – innerhalb des absolutistischen Staatssystems nicht entstehen, das haben die Theoretiker der Beredsamkeit selbst betont[63]; ein Mann wie Seckendorff blieb letztlich eine Ausnahme[64]. Um so

---

[58] C. Grosse, Die alten Tröster. Ein Wegweiser in die Erbauungsliteratur der evangelisch-lutherischen Kirche des 16.–18. Jahrhunderts, Hermannsburg 1900; Viëtor, Probleme der deutschen Barockliteratur, S. 45ff. (erster Überblick unter dem Gesichtspunkt der Barockforschung); Böckmann, S. 329ff.; F. W. Wodtke, Artikel ›Erbauungsliteratur‹, RL ²I, S. 393ff.; V. Meid, Sprichwort und Predigt im Barock. Zu einem Erbauungsbuch Valerius Herbergers, Zs. f. Volkskunde 62, 1966, S. 209ff. (wichtige Hinweise!).

[59] Viëtor, a.a.O., S. 50.

[60] Jens, Von deutscher Rede, S. 23.

[61] Hübscher wollte daraus in seinem schon genannten Aufsatz (1922) sogar das ›antithetische Lebensgefühl‹ des Barock ableiten.

[62] Die umfangreiche Literatur hierüber – vor allem aus der angelsächsischen Rhetorikforschung – verzeichnen J. W. Cleary and F. W. Habermann, Rhetoric and public address. A bibliography, 1947–1961, Madison and Milwaukee 1964.

[63] Unten S. 163ff.

[64] Auch seine politischen Reden aus den Jahren 1660–85 (›Teutsche Reden‹, Leipzig 1686) sind unter rhetorischem Aspekt noch nicht analysiert. Reichhaltiges Material für das 17. Jahrhundert bietet Johann Christian Lünig, ›Grosser Herren, vornehmer Ministren, und anderer berühmten Männer gehaltene Reden‹, 12 Tle., Leipzig 1732–38 (¹1707–31). Die Interpretationsversuche von

heftiger entluden sich die Spannungen, vor allem während des Dreißigjährigen Krieges[65], auf dem Gebiet der Flugblattliteratur, der ›Zeitungen‹, ›Relationen‹ und Postillen[66].

Das ganze Jahrhundert aber ist geprägt durch die konfessionelle
Streitliteratur, bei der sich auf der einen Seite vor allem die rhetorisch
durchgebildeten Jesuiten – Scheffler unterstützte sie nach seiner Kon-
version[67] –, auf der anderen Seite die protestantischen Kontroverstheologen gegenüberstanden[68]; selbst Böhme bediente sich bei der Behauptung seiner mystischen Position der Form der *apologia*[69]. Und
nicht zuletzt schlagen sich die wissenschaftlich-literarischen Umwälzungen des 17. Jahrhunderts in einer Fülle disputatorisch fundierter
Streitschriften nieder[70]; man denke nur an die beiden ersten Hamburger Literaturfehden, um Schupp in den 5oer Jahren, um Wernicke,
Hunold und Postel am Ende des Jahrhunderts[71]. Der Marburger Professor Eloquentiae und Hamburger Prediger Schupp ist der schwer
überbietbare, allerdings rhetorisch noch kaum gewürdigte Meister
dieses Genres[72].

---

Stötzer, Deutsche Redekunst ..., S. 151ff. u. 231ff. erfassen nahezu ausschließlich Redner des ausgehenden 17. und des 18. Jahrhunderts.

[65] Andere wichtige Komplexe bilden die Türkenkriege und die Kriegszüge Lud-
wigs XIV; hieraus entstanden so bekannte Flugschriften wie Abraham a Sancta
Clara, ›Auff auff/ Ihr Christen‹ (1683) oder Johann Grob, ›Treu-gemeinter
Eydgnösischer Auffwecker‹ (1688).

[66] Die gründlichste Darstellung: G. Rystad, Kriegsnachrichten und Propaganda
während des Dreißigjährigen Krieges. Die Schlacht bei Nördlingen in den
gleichzeitigen, gedruckten Kriegsberichten, Lund 1960 (mit ausführlicher Bibliographie). Seitdem erschienen u. a. W. A. Coupe, Broadsheets of the ›Alamodezeit‹, GLL 14, 1960/61, S. 282ff.; ders., The German illustrated broadsheet in
the seventeenth century. Historical and iconographical studies, 2 Bde. (Bibliographica Aureliana. 17 u. 20), Baden-Baden 1966/67; J. Jansen, Patriotismus
und Nationalethos in den Flugschriften des 30jährigen Krieges, Diss. Köln 1964.

[67] E. O. Reichert, Johannes Scheffler als Streittheologe. Dargestellt an den konfessionspolemischen Traktaten der ›Ecclesiologia‹, Gütersloh 1967. Das scheinbare Paradoxon von Mystik und Streitliteratur entschärft sich auf dem Hintergrund der Rhetorik: E. Meier-Lefhalm, Das Verhältnis von mystischer Innerlichkeit und rhetorischer Darstellung bei Angelus Silesius, Diss. Heidelberg
1958 (bes. S. 13ff. zur Grundlage der *elegantia*).

[68] Zum Komplex der Kontroverstheologie u. S. 396ff.

[69] ›APOLOGIA. Oder Schutzrede Zu gebürlicher ablehnung/ des schrecklichen
pasquilles ...‹ (1624); jetzt (neuentdeckt) in: Jacob Böhme, Die Urschriften.
Hrsg. v. W. Buddecke, Bd. 2, Stuttgart-Bad Cannstatt 1966, S. 251ff. (mit Anmerkungen S. 437ff.).

[70] Als Vorbild werden dabei meist die ›Epistulae obscurorum virorum‹ erkennbar, vor allem in den akademischen Streitschriften.

[71] Eine Darstellung dieser beiden Streite sowie ein genauer Vergleich mit demjenigen Lessings ist wünschenswert.

[72] Vor allem die ›Erste und Eylfertige Antwort. Auff M. Bernhard Schmitts

Die Bedeutung der Predigt braucht hier vielleicht am wenigsten eigens hervorgehoben zu werden. Obwohl diesem Gebiet in Deutschland noch längst nicht der Platz eingeräumt worden ist, den es beispielsweise in Frankreich oder England bereits einnimmt[73], sind zumindest einzelne Kanzelredner des 17. Jahrhunderts wie Abraham a Sancta Clara[74], Martin von Cochem, Prokop von Templin[75] und Angelus von Schorno[76] näher untersucht worden[77]; auch erfreuen sich Auswahlbände zur Barockpredigt bereits einiger Beliebtheit[78]. Und vor allem die (geistliche oder weltliche) Leichenrede ist in den letzten Jahren auf breiterer Basis untersucht worden[79]; allein zu Gryphius' Leichabdankungen sind seit 1964 drei Arbeiten erschienen[80] (während z. B. Lohensteins große Totenrede auf Hofmannswaldau noch immer nicht rhetorisch analysiert worden ist).

Discurs de Reputatione Academicâ‹, Altena 1659 ist in Witz, Gelehrsamkeit und Wechsel der Töne ein Virtuosenstück sondergleichen.

[73] Ein längeres Kapitel über Predigt des 17. Jahrhunderts findet sich in den meisten guten Literaturgeschichten dieser Länder.

[74] H. Ott, Das Verhältnis Publizistik und Rhetorik dargestellt am Beispiel der Predigten Abrahams a Sancta Clara, Diss. Wien 1960 (dort die wichtigste ältere Literatur; die Darstellung selbst: eine unbrauchbare Kontamination von unverstandenen Formeln der Kommunikationsforschung mit allgemeinen Aussagen über Rhetorik; keinerlei konkrete Ergebnisse).

[75] Zu diesen beiden u. S. 326f.

[76] L. Signer, Die Predigtanlage bei P. Michael Angelus von Schorno, Diss. Freiburg i. d. Schw. 1933.

[77] Guter Überblick über die ältere katholische Predigtforschung in der Einleitung von G. Korte, P. Christian Brez O. F. M. Ein Beitrag zur Erforschung des Barockschrifttums (Franziskan. Forschungen. 1), Werl i. W. 1935, bes. S. 3ff. Zur stärker vernachlässigten protestantischen Predigt des 17. Jahrhunderts Näheres bei Dyck, Ornatus und Decorum ... Vgl. auch G. Merkel, Artikel ›Predigt/ Rede‹, in: Das Fischer Lexikon. Literatur 2/2, S. 442ff.

[78] Bayerische Barockprediger. Ausgewählte Texte und Märlein. Besorgt v. G. Lohmeier, München 1961; Auszug daraus als: Geistliches Donnerwetter. Bayerische Barockpredigten. Hrsg. v. G. Lohmeier (dtv. 460), München 1967; Predigtmärlein der Barockzeit. Exempel, Sage, Schwank und Fabel in geistlichen Quellen des oberdeutschen Raumes. Hrsg. v. E. Moser-Rath, Berlin 1964 (dort auch ausführliche Bibliographie).

[79] F. Roth, Literatur über Leichenpredigten und Personalschriften (Schrifttumberichte z. Genealogie u. z. ihren Nachbargebieten. 12), Neustadt 1959; E. Winkler, Die Leichenpredigt im deutschen Luthertum bis Spener (Forschungen z. Gesch. u. Lehre des Protestantismus. 10/34), München 1967 (auf mehreren neuen Dissertationen aufbauend).

[80] U. Stötzer, Die Trauerreden des Andreas Gryphius, Wiss. Zs. d. M.-Luther-Univ. Halle–Wittenberg, Gesellsch.- u. sprachwiss. R. 11, 1964, S. 1731ff.; Schings, Die patristische und stoische Tradition bei Andreas Gryphius. Untersuchungen zu den Dissertationes funebres und Trauerspielen (1966); M. Fürstenwald, Andreas Gryphius – Dissertationes Funebres. Studien zur Didaktik der Leichabdankungen (Abh. z. Kunst-, Musik- u. Lit.wiss. 16), Bonn 1967.

Für das Gesamtbild der Barockliteratur bleiben alle diese Gebiete nach wie vor an der Peripherie; nicht einmal die unmittelbaren Auswirkungen der Zweckprosa auf die Dichtung (Streitszenen im Drama, erbauliche Lyrik, Dialogtechniken, Predigtparodien usw.)[81] sind konsequent untersucht[82]. Die bereits erwähnte, vor kurzem erschienene Einführung in ›Die deutsche Literatur [nicht Dichtung!] des Barock‹ von Marian Szyrocki (1968) teilt sich in die vier Hauptabschnitte: ›Einleitung‹, ›Lyrische und epische Dichtung‹, ›Das Drama‹, ›Der Roman‹; von dem ganzen hier – noch durchaus unvollständig[83] – abgesteckten Komplex kaum ein Wort[84]. Friedrich Bouterweks ›Geschichte der Poesie und Beredsamkeit‹ war vor 150 Jahren schon weiter gewesen[85]. Nicht zufällig hat gerade Günther Müller, der die Formel vom ›rhetorischen Grundzug‹ der Barockepoche prägte, mit Nachdruck auf die Unbrauchbarkeit des landläufigen Literaturbegriffs für diese Epoche hingewiesen und die Unterscheidung von drei ›Strukturarten‹ der Literatur vorgeschlagen: »Gebrauchsliteratur, Repräsentationsliteratur, Expressionsliteratur«[86].

---

[81] Als Beispiel sei nur der Schluß von Reuters ›Der ehrlichen Frau Schlampampe Krankheit und Tod‹ (1696) genannt, der dann zu der virtuosen Predigtparodie ›Letztes Denck- und Ehren-Mahl‹ (1697) ausgebaut wird.

[82] Eine der wenigen Ausnahmen: V. Meid, Zesens Romankunst, Diss. Frankfurt a. M. 1965 (mit dem Nachweis, daß Herberger als Quelle für den ›Simson‹ gedient hat; vgl. auch den bereits genannten Aufsatz von Meid sowie die mit Erbauungsliteratur arbeitende Untersuchung von H.-H. Krummacher, Andreas Gryphius und Johann Arndt. Zum Verständnis der ›Sonn- und Feiertags-Sonette‹, in: Formenwandel. Festschr. f. P. Böckmann, Hamburg 1964, S. 116ff.).

[83] Man denke an den riesigen, völlig vernachlässigten Komplex der Briefliteratur (mit seinen Auswirkungen auf poetische Episteln und vor allem auf die Romantechnik). K. Hechtenberg, Der Briefstil im 17. Jahrhundert. Ein Beitrag zur Fremdwörterfrage, Berlin 1903 ist kaum mehr als ein schmaler Katalog; am besten immer noch G. Steinhausen, Die Geschichte des deutschen Briefes, 2 Bde., Berlin 1889–91. Unergiebig W. Grenzmann, Artikel ›Brief‹ (Neuzeit), RL ²I, S. 187ff.

[84] Die Kautel, es sei »keine Geschichte der Dichtung des 17. Jahrhunderts« beabsichtigt (Die deutsche Literatur des Barock, S. 7), schwächt den Tatbestand nicht ab.

[85] Der das 17. Jahrhundert vor allem betreffende Band: Geschichte der Poesie und Beredsamkeit seit dem Ende des dreizehnten Jahrhunderts, Bd. 10 (= Gesch. d. dt. Poesie u. Bereds., 3. Buch), Göttingen 1817; zu Bouterweks Literaturbegriff auch Sengle, Die literarische Formenlehre, S. 6.

[86] Höfische Kultur ..., S. 137. Näher ausgeführt a.a.O., S. 83: »Wie Predigtkunst und Dichtkunst, so gehören auch Briefkunst und Kanzleikunst, gehört nicht nur politischer Vortrag, sondern ebenso die Kunst der gesellschaftlichen Unterhaltung und des gelehrten Gesprächs zum Herrschaftsgebiet der Rhetorik«.

## d. Aufgaben

Realisiert hat man diesen Vorschlag ebensowenig[87] wie das Programm, das in Günther Müllers Konzeption der Barockrhetorik beschlossen lag. Zu diesem Programm gehörte als eine der vordringlichsten Aufgaben die Untersuchung des sozialen und bildungsgeschichtlichen Kontexts der Rhetorik[88]. Hier ist fast alle Arbeit erst noch zu leisten. Selbst so elementare Aufgaben wie die Darstellung der rhetorischen Ausbildung bedeutender Barockautoren (für Milton[89] und Racine[90] beispielsweise schon geschehen) sind nicht in Angriff genommen[91], geschweige denn Analysen zur sozialen Differenzierung rhetorischer Stile im 17. Jahrhundert[92].

Der Katalog der Desiderate soll hier nicht unmäßig ausgedehnt werden, vieles wurde in den vorausgehenden Kapiteln bereits genannt: Untersuchung des Verhältnisses von rhetorischer Theorie und Praxis, konsequente Einbeziehung auch der praktisch-rhetorischen Tradition, Befreiung von unfruchtbar engen Rhetorikbegriffen, Analyse der rhetorischen Zweckformen, Darstellung der Rhetorik als Bildungsdisziplin. Kein einzelner wird imstande sein, alle diese Aufgaben zu bewältigen. Aber es ist möglicherweise sinnvoll, daß sie im Zeichen des neu aufgekommenen Interesses an der Rhetorik einmal skizziert werden.

Auf dem Gebiet der rhetorischen Theorie des 17. Jahrhunderts ist in den letzten Jahren unzweifelhaft das meiste geleistet worden; vor

---

[87] Sehr bezeichnend z. B. die Weigerung, das rhetorische Genus Streitschrift unter den Begriff ›Literatur‹ zu fassen, bei K. Lazarowicz, Verkehrte Welt. Vorstudien zu einer Geschichte der deutschen Satire (Hermaea, N.F. 15), Tübingen 1963, S. 169 (zu Lessings ›Anti-Goeze‹-Briefen): sie »sind streng genommen gar keine spezifisch literarischen, sondern rhetorische Gebilde«. Rhetorik gehört also nicht zur Literatur!

[88] Besonders deutlich formuliert: Deutsche Dichtung ..., S. 204ff.; Höfische Kultur ..., S. 82ff.

[89] E. M. W. Tillyard, John Milton. Private correspondences and academic exercises, Cambridge 1932; D. L. Clark, John Milton at St. Paul's school: A study of ancient rhetoric in English Renaissance education, New York 1948; ders., Milton's rhetorical exercises, QJS 46, 1960, S. 297ff.

[90] P. France, Racine's rhetoric, Oxford 1965 (vor allem die beiden ersten Kapitel).

[91] Zu Schillers rhetorischer Schulung vgl. den bereits genannten Aufsatz von Herman Meyer.

[92] Der prinzipiellen Notwendigkeit, die Literatur des 17. Jahrhunderts stärker ihrer sozialen Abstufung nach zu gliedern, ist in vorbildlicher Weise bereits Schönes neuartige Barock-Anthologie von 1963 gefolgt. Dort könnte auch die Rhetorikforschung ansetzen.

dition hat sich gezeigt. Die rhetorische Textinterpretation wird den
neuen Erkenntnissen über kurz oder lang, und sei es nur in kleinen
Schritten, folgen müssen. Doch die Gefahr ist nicht abzuweisen, daß
allem ihre Geschichtlichkeit, ihre Verpflichtung gegenüber der Tra-
dabei die Rhetorik erneut als ein zwar sorgfältig ausgebautes, aber
seltsam schemenhaftes, wurzelloses System erscheint. So dürfte es im
Augenblick zu den vordringlichsten Aufgaben gehören, die unlösbare
Verankerung der Rhetorik im Bildungswesen des 17. Jahrhunderts –
mit dem ständigen Blick auf die Literatur der Epoche – so umfassend
wie möglich darzustellen. Institutionen mit ehrwürdiger Tradition
(zu ihnen gehört der weitaus größte Teil des Bildungswesens der Barockzeit) unterliegen bekanntlich einer außergewöhnlichen Schwer-
kraft. Aber die Tatsache, daß die Rhetorik ein entscheidendes Element dieser Tradition darstellt, reicht nicht aus, den ›rhetorischen
Grundzug‹ der Barockzeit zu begründen. Günther Müller bezeichnete
ihn als »notwendiges Zubehör ihrer tragenden, ihrer besten Kräfte«[93].
Jeder Versuch, diese ›Kräfte‹ zu definieren, führt leicht in die Spekulation. Die einleuchtendste und zugleich variabelste Definition
haben die Menschen des 17. Jahrhunderts selbst gegeben, nicht als
erste, aber doch mit einer Entschiedenheit, die sie von der Tradition
abhebt: die Welt ist ein Theater, der Mensch ein Schauspieler.

---

[93] Deutsche Dichtung ..., S. 205.

# ›Theatrum mundi‹. Der Mensch als Schauspieler

## a. Was ist die Welt?

Was ist die Welt? Die Frage wird von den Autoren des 17. Jahrhunderts mit einer Häufigkeit und Dringlichkeit gestellt wie kaum eine andere. In den Antworten spiegelt sich die Vielfalt der Lebensauffassungen, die das Barockzeitalter bestimmen, eingespannt in die Polarität von Weltflucht und Weltbejahung, Jenseitshoffnung und Diesseitigkeit, Determinismus und Autonomie. Auch die Chiffren und Metaphern, deren sich die Barockpoeten zur Artikulierung ihres Weltverständnisses bedienen, erscheinen zahllos und verwirrend, zumal wenn sie (etwa in Hofmannswaldaus berühmtem Gedicht ›Die Welt‹)[1] nach dem ›Summationsschema‹ vor dem Leser ausgebreitet werden. Doch in einer einzigen Antwort dürften alle partiellen Antworten ihren gemeinsamen Nenner finden: die Welt ist ein Theater.

---

[1] ›Vermischte Gedichte‹ (in: ›Deutsche Übersetzungen Und Getichte‹, Breslau 1684), S. 46:
> »WAs ist die Welt/ und ihr berühmtes gläntzen? ...«.
A.a.O., S. 47 ein Gedicht gleichen Themas (›Die Welt‹ bzw. ›Lust der Welt‹):
> »WAs ist die Lust der Welt? nichts als ein Fastnachtsspiel/ ...«
Vgl. ferner ›Gebrauch der Welt‹, a.a.O., S. 48:
> »WAs ist die Welt? ein Ball voll Unbestand/ ...«.
Unter den vielen in Thema und Form verwandten Barockgedichten seien nur genannt:
Gryphius, ›Menschliches Elende‹ (Szyrocki–Powell 1, S. 35; vgl. 1, S. 9):
> »WAs sind wir menschen doch? ein wohnhaus grimmer schmertzen ...«.
dazu die Ode (Szyrocki–Powell 2, S. 10f.):
> »WAs ist die Welt/
> Die mich bis her mit jhrer pracht bethöret? ...«.
Harsdörffer, ›Das Leben deß Menschen‹ (›Nathan und Jotham‹, Nürnberg 1650, fol. T VIa):
> »Das Leben ist
> Ein Laub/ das grunt und falbt geschwind ...«.

Die These besitzt europäische Gültigkeit, und der consensus gentium wird durch berühmte Stimmen repräsentiert:

> »All the worlds a stage,
> And all the men and women merely players«,

räsonniert Jaques in Shakespeares ›As you like it‹, das am Beginn des neuen Jahrhunderts steht (1599/1600)[2]. Und der gefangene Segismundo aus Calderóns ›La vida es sueño‹ (1635) verkündet im Traum:

> »Salga a la anchurosa plaza
> Del gran teatro del mundo
> Este valor sin segundo ...«[3].

Vom spanischen Theater geprägt, läßt auch Corneilles Freund und Bewunderer Rotrou den Helden seiner Tragödie ›Le véritable Saint-Genest‹ (1645)[4] das Thema variieren:

> »Le monde périssable et sa gloire frivole
> Est une comédie où j'ignorais mon rôle«[5].

Und Vondel faßt es in ein Epigramm, das über dem Haupteingang des ersten niederländischen Nationaltheaters (Amsterdamer ›Schouwburg‹, 1638) angebracht wurde:

> »De weereld is een speeltooneel,
> Elck speelt zijn rol en krijght zijn deel«[6].

Nur wenig später (1643) erscheint – ebenfalls in den Niederlanden – Gryphius' Sonett ›Ebenbildt vnsers lebens‹:

---

[2] II 7. Text nach: The complete works. A new edition, edited with an introduction and glossary by P. Alexander, London and Glasgow 1965, S. 266. Zu den Quellen des Jaques-Monologs vgl. T. W. Baldwin, William Shakespeare's ›Small latine and lesse greeke‹, Bd. 1, Urbana/Ill. 1944, S. 652ff.

[3] Jornada III. Text nach: Obras completas, Bd. 1 (›Dramas‹), ed. L. Astrana Marín, Madrid 1951, S. 242 (›Es erscheine auf dem weiten Schauplatz des großen Welttheaters dieser Mut ohnegleichen ...«). Zur Literatur s. u. S. 97.

[4] Gedruckt erst 1647. Vorbild ist ›Lo fingido verdadero‹ von Lope de Vega.

[5] IV 4. Text nach der Einzelausgabe des ›Saint-Genest‹ von R. W. Ladborough, Cambridge 1954, S. 156. Die Problematik des Kontexts erörtert eingehend P. Bürger, Illusion und Wirklichkeit im ›Saint Genest‹ von Jean Rotrou, GRM, N. F. 14, 1964, S. 241ff. (mit weiterer Literatur; s. bes. S. 261f.). Vgl. jetzt auch E. M. Szarota, Künstler, Grübler und Rebellen. Studien zum europäischen Märtyrerdrama des 17. Jahrhunderts, Bern u. München 1967, S. 43ff.

[6] De Werken. Volledige en geïllustreerde tekstuitgave in tien deelen. 3. Teil. Hrsg. v. C. G. N. de Vooys, Amsterdam 1929, S. 512 (›Die Welt ist ein Theater, jeder spielt seine Rolle und erhält seinen Anteil‹). Das Epigramm wurde 1637 verfaßt. Ob die berühmte Inschrift im Londoner Globe Theatre (1599; s. u. S. 91) als Vorbild gedient hat?

>DEr Mensch das spiel der zeit/ spielt weil er alhie lebt.
Im schaw-platz dieser welt ...«[7].

Lohenstein nimmt das Stichwort im Widmungsgedicht zur ›Sophonisbe‹ (1680) auf:

>Für allen aber ist der Mensch ein Spiel der Zeit.
Das Glücke spielt mit ihm/ und er mit allen Sachen.
...
Und unsre kurtze Zeit ist nichts als ein Getichte.
Ein Spiel/ in dem bald der tritt auf/ bald jener ab«[8].

Und wenn es schließlich bei Hofmannsthal heißt:

>Was ist die Welt? Ein ewiges Gedicht ...«[9],

so werden noch einmal Spannweite und geschichtliche ἐνέργεια jener ›barocken‹ Konzeption erkennbar, die Calderóns ›El gran teatro del mundo‹ ebenso umfaßt wie das ›Salzburger Große Welttheater‹[10].
Die Reihe der Zeugnisse aus dem 17. Jahrhundert ließe sich beinahe beliebig fortsetzen, und immer wieder würde auch die Internationalität der Theatermetapher sichtbar werden, nicht zuletzt in der lateinischen Jesuitendichtung; so am Schluß von Avancinis ›Genoveva‹:

>Sic per vices
Dolor et voluptas, gaudium et luctus sibi
Mundi theatrum vendicant«[11].

Daß vor allem die Dramatiker mit Vorliebe das Bild vom ›Welttheater‹ verwendet haben[12], ist durch die Perspektive des pro domo, der Werbung für das eigene Metier, nur unzureichend erklärt. Erst auf dem Hintergrund einer für die ganze Epoche gültigen Weltsicht konn-

---

[7] Szyrocki–Powell 1, S. 58. Das Gedicht steht im ersten Buch der ›Sonnete‹, Leiden 1643.
[8] Just 3, S. 246 u. 251. Zum Leben als ›Gedicht‹ vgl. L. Spitzer, Die Literarisierung des Lebens in Lope's Dorotea (Kölner romanist. Arb. 4), Bonn u. Köln 1932.
[9] Gesammelte Werke in Einzelausgaben. Hrsg. v. H. Steiner. Gedichte und lyrische Dramen, Frankfurt a. M. 1963, S. 467. Vgl. die Worte der Mimin Bacchis: »Das Leben aber, von dem ihr schwatzt, ohne es zu kennen, ist in Wahrheit ein Mimus« (›Die Mimin und der Dichter‹, aus: ›Timon der Redner‹), Gesammelte Werke ..., Lustspiele IV, 1956, S. 432.
[10] Vgl. Curtius, S. 152ff.; ders., George, Hofmannsthal und Calderón, in: Kritische Essays zur europäischen Literatur, Bern 1950, S. 172ff.; jetzt vor allem E. Schwarz, Hofmannsthal und Calderón, 's-Gravenhage 1962.
[11] V 16. ›Poesis dramatica‹, 5. Teil, Rom 1686, S. 210.
[12] Allein aus Shakespeare wären mindestens vierzehn wichtige Stellen zu nennen, vgl. A. Righter, Shakespeare and the idea of the play, London ²1964.

te die Metapher eine derart prinzipielle Bedeutung erlangen. »Ein jedes Zeitalter«, konstatiert Richard Alewyn, »schafft sich ein Gleichnis, durch das es im Bild seine Antwort gibt auf die Frage nach dem Sinn des Lebens ... Die Antwort des Barock lautet: Die Welt ist ein Theater. Großartiger kann man vielleicht von der Welt, aber schwerlich vom Theater denken«[13].

## b. Rhetorik als theatralische Verhaltensweise

Großartiger – so möchte man diesen Gedanken weiterführen – kann man auch von der Rhetorik kaum denken. Denn wenn das Leben ein Theater ist, so ist der Mensch ein Schauspieler, der in Rede, Mimik und Gestik seinen Part vor den anderen zu spielen hat. Sein Sprechen ist theatralisch bestimmt: »parler, c'est agir«, heißt es in einem Traktat aus der Mitte des 17. Jahrhunderts[14]. Hier ist auf die kürzest mögliche Formel gebracht, was den eigentlichen Wurzelboden der Barockrhetorik darstellt. Sie ist auf Mitspielen, auf Kommunikation ausgerichtet[15], ein eminent soziales Phänomen, dessen Eigenart erkannt sein will. So wenig der Schauspieler sich isolieren und sich auf sich selbst zurückziehen kann, so wenig kann es der *homo eloquens* des 17. Jahrhunderts. Nicht allein durch die Fähigkeit, sich sprachlich zu äußern, ist sein Menschsein gekennzeichnet, sondern durch die stete Notwendigkeit, zu agieren, zu schauspielern, seine Rolle zu spielen im Ganzen des Welttheaters.

Was Günther Müller den »unprivaten, unhäuslichen, öffentlichen, repräsentativen Charakter der echten Barockkultur« genannt hat[16], findet in dieser Welt- und Lebensauffassung seine tiefere Begründung.

---

[13] R. Alewyn–K. Sälzle, Das große Welttheater. Die Epoche der höfischen Feste in Dokument und Deutung (rde. 92), Hamburg 1959, S. 48.

[14] Abbé d'Aubignac, ›La pratique du théâtre‹, Paris 1657, S. 370 (zitiert nach P. France, Racine's rhetoric, Oxford 1965, S. 2).

[15] Als Prinzip beispielsweise formuliert von Simon Dach (Ziesemer 1, S. 66):
»Die Red ist uns gegeben,
Damit wir nicht allein
Vor uns nur sollen leben
Und fern von Leuten sein ...«.

[16] Deutsche Dichtung ..., S. 205. Ähnlich W. Flemming, Einführung in: Das Schlesische Kunstdrama, DLE, R. Barock. Barockdrama, Bd. 1, Darmstadt ²1965 (Leipzig ¹1930), S. 6; er hebt »die Extravertiertheit als ein konstitutives Merkmal der Epoche« hervor. »Nicht auf ein verfeinertes Innenleben ging die Tendenz des barocken Menschentyps, sondern auf Bedeutung im öffentlichen Leben; man wollte etwas darstellen, eine Rolle spielen: alles Ausdrücke, die vom Theater genommen sind« (ebda.).

Denn ›repräsentieren‹ heißt ja nichts anderes als ›darstellen‹, Theater spielen im Sinne Calderóns:

> »toda la vida humana
> representaciones es«[17].

Kostüm, Gebärde und Mienenspiel (oder Maske) gehören so unabdingbar zur Schauseite des Welttheaters wie die Fassade zum Schloß und zur Kirche oder wie das ausgeschmückte Titelblatt zum Buch. Der Mensch aber repräsentiert nicht nur durch seine sichtbare Erscheinung. Sein *specificum* ist die Fähigkeit zur Rhetorik, zur wirkenden Rede, die über Leben und Tod entscheidet. Gryphius hat dieses *humanum* im ersten Reyen des ›Leo Armenius‹ beispielhaft für das Barockjahrhundert dargestellt[18]:

> »Das Wunder der Natur/ das überweise Thier
> Hat nichts das seiner zungen sey zugleichen
> Ein wildes Vieh‘ entdeckt mit stummen zeichen
> Deß innern hertzens sinn; mit worten herrschen wir!
> …
> Deß Menschen leben selbst; beruht auf seiner zungen.
> …
> Deß Menschen Todt beruht auff jedes Menschen zungen.
> …
> Dein Leben/ Mensch/ vnd todt hält stäts auf deiner Zungen«[19].

Die These von der schöpferischen und zugleich vernichtenden Macht der menschlichen Rede stützt sich auf zwei lange Exempelreihen, in denen – von der Freundschaft über den Krieg bis zur Erkenntnis des Sternenlaufs – die ganze Vielfalt und Weite der Weltszene aufgefächert wird[20]. Doch wie verhält sich der selbstbewußte Satz »mit worten herrschen wir!« zu jenem schon zitierten Sonett ›Ebenbildt vnsers lebens‹, in dem der Mensch lediglich als »das spiel der zeit … Im schaw-platz dieser welt« bezeichnet wird? Und wie steht es mit der

---

[17] ›El gran teatro del mundo‹, in: Obras completas, Bd. 3 (›Autos sacramentales‹), ed. A. Valbuena Prat, Madrid 1952 (dort S. 208; ›das ganze menschliche Leben ist Theater [Aufführungen]‹). Ähnlich S. 204: »es representación la humana vida«. Dazu K. Vossler, Südliche Romania, Leipzig ²1950, S. 265.

[18] Verf., Gryphius und die Macht der Rede. Zum ersten Reyen des Trauerspiels ›Leo Armenius‹, DVjs 42, 1968, S. 325ff.

[19] Szyrocki–Powell 5, S. 24f. Die humanistische Grundüberzeugung ist hier verbunden mit biblischer Spruchtradition (Sprüche Salomos 18,21); auch Seckendorff, ›Teutsche Reden‹, Leipzig 1686, S. 6 weist ausdrücklich auf diese Autorität hin: »Tod und Leben stehet in der Zungen Gewalt«.

[20] Verf., a.a.O., S. 335ff.

Fülle der anderen Autoren, die das Bild vom Welttheater verwenden? Meinen sie alle das gleiche?

Auf den ersten Blick ist die Theatermetapher derart einprägsam und überzeugend, daß sie einer näheren Erläuterung kaum zu bedürfen scheint; und die Forschung hat denn auch das Bild zumeist undifferenziert stehen gelassen. Erst bei genauerer Analyse seiner Geschichte wird erkennbar, welch eine Fülle von Deutungsmöglichkeiten es gibt – eine Vielfalt, die zu Beliebtheit und Verbreitung der Metapher entscheidend beigetragen haben dürfte. Was wird im Welttheater gespielt? Tragödie oder Komödie oder beides? Wird stets das gleiche Stück gespielt, oder wechselt der Spielplan? Wer sind die Zuschauer? Wer kennt die Texte? Wer ist der Spielleiter? Und wer ist der Autor? Vor allem die beiden letzten Fragen – oft werden sie in eins zusammengezogen – sind immer wieder aufgeworfen worden, denn sie machen die eigentliche Sinnfrage aus. Die wohl klarste Antwort darauf hat Calderón in ›El gran teatro del mundo‹ gegeben: Gott ist Autor, Spielleiter und Zuschauer zugleich, er allein garantiert Sinn und Ablauf des Welttheaters.

Ernst Robert Curtius hat als einer der ersten versucht, diese so charakteristisch ›barocke‹ Deutung der »Schauspielmetaphern« in den Zusammenhang einer weit zurückreichenden antik-christlichen Tradition zu stellen[21]. Indem er bei der platonischen Vorstellung von der ›göttlichen Marionette‹ ansetzte[22], konnte er einen kontinuierlichen Strang »theozentrischer« Auffassung nachweisen, der über Augustin und andere frühchristliche Autoren ins Mittelalter führt und dort im ›Policraticus‹ (1159) des Johannes von Salisbury seinen Gipfelpunkt erreicht[23]. Daß Spanien mit seiner spezifischen Nähe zur mittelalterlichen Tradition diese Deutung dann in die Neuzeit und zumal in die Barockliteratur hinüberführt[24], ergibt sich bei Curtius als überzeugende Konsequenz.

Bedenklich hingegen erscheint Curtius' Neigung, die theozentri-

---

[21] Curtius, S. 148ff.

[22] ›Gesetze‹, p.644 d/e und 803 c. Dazu jetzt H. Görgemanns, Beiträge zur Interpretation von Platons Nomoi (Zetemata. 25), München 1960, 160f.

[23] Ergänzungen bei W. Krause, Die Stellung der frühchristlichen Autoren zur heidnischen Literatur, Wien 1958, bes. S. 100 zu Tertullian, ›De spectaculis‹.

[24] Deutschland, Frankreich und England werden a.a.O., S. 150f. ebenfalls kurz gestreift. Der Denkspruch im Londoner Globe Theatre (»Totus mundus agit histrionem«) stammt nach Curtius »aus dem ›Policraticus‹ ... Das ›Globe Theatre‹ stand also im Zeichen des mittelalterlichen englischen Humanisten« (S. 150f.). Auch hier ist somit die geschichtliche Kontinuität für Curtius gesichert.

sche Interpretation der Schauspielmetaphern geschichtlich zu verabsolutieren; auch die neueren Arbeiten von Vilanova[25], Sofer[26], Jacquot[27], Stroup[28] und Warnke[29] folgen – trotz Modifizierung im einzelnen – immer noch weitgehend dieser Auffassung. Sie ist von Curtius' Ansatzpunkt her an sich verständlich: »Der tiefsinnige Gedanke, den Platon einmal hinwarf und der in der ungeheuren Fülle seines Werkes wie verloren ruht; der dann aus dem Theologischen ins Anthropologische gewendet und moralisch trivialisiert wurde – erfährt eine leuchtende Palingenesie im katholischen Spanien des 17. Jahrhunderts«[30].

Doch was hier als vorübergehende ›Trivialisierung‹ abgetan wird, stellt einen weit zurückreichenden, durchaus eigenwertigen Zweig der Tradition dar. Man könnte ihn, im Anschluß an Curtius, als die ›anthropologische‹ oder auch ›immanent-deskriptive‹ Auffassung der Theatermetapher bezeichnen. Charakteristischerweise erfährt auch diese Tradition im 17. Jahrhundert eine ›leuchtende Palingenesie‹, und wie sich noch zeigen wird, ist dies nicht unwesentlich für das Verständnis der Barockrhetorik.

Wo man lediglich auf die transzendentale Sinngebung des Welttheaters starrt, kommt zwar das platonisch-christlich-mittelalterliche Moment der allumfassenden Determination zu seinem Recht. Aber würde die Ausrichtung auf Gott als den absoluten Herrn der Welt nicht weitaus angemessener durch ein Bild aus dem Bereich des Musikalischen (Instrumentalisten, Chor) ausgedrückt? Prokop von Templin, der große Barockprediger, hat es – nach dem Vorbild des »cantate domino«[31] – mit seinem Gedicht ›Gott lobende Welt-Music‹ ver-

---

[25] A. Vilanova, El tema del gran teatro del mundo, Boletín de la Real Acad. de Buenas Letras de Barcelona 23, 1950, S. 153ff.

[26] J. Sofer, Bemerkungen zur Geschichte des Begriffs ›Welttheater‹, Maske und Kothurn 2, 1956, S. 256ff. (ohne Kenntnis der Untersuchung von Curtius; das Resümee: »Gesehen wird dieses Schauspiel von einer höheren metaphysischen Warte, einem göttlichen Wesen ...«, S. 268).

[27] J. Jacquot, ›Le théâtre du monde‹ de Shakespeare à Calderón, RLC 31, 1957, S. 341ff.

[28] T. B. Stroup, Microcosmos. The shape of the Elizabethan play, Lexington/ Kent. 1965, S. 7ff. (›The world as stage‹).

[29] F. J. Warnke, The world as theatre: Baroque variations on a traditional topos, in: Festschr. f. E. Mertner, München 1969, S. 185ff. (ohne Kenntnis von Jacquot und Stroup).

[30] Curtius, S. 152.

[31] Das biblische Motiv verbindet sich hier mit der alten (vor allem stoischen) Vorstellung von der kosmischen Musik.

sucht[32]. Doch zur epochalen Metapher wurde nicht die ›Weltmusik‹, sondern das ›Welttheater‹: weil nur hier der Mensch wirklich als agierende *persona* in Erscheinung tritt, als Schauspieler, als Rhetor.

Die Frage nach dem Sinn des Welttheaters braucht dabei keineswegs auf rein immanenter Ebene entschieden zu werden. Gott kann Autor, Spielleiter und Zuschauer sein, und doch bleibt dem Menschen die Aufgabe gestellt, seine Rolle so gut und überzeugend als möglich zu spielen[33]. Oft genügt eine leichte Akzentverschiebung, um hinter der ›anthropologischen‹ Deutung die ›theonome‹ aufscheinen zu lassen, und vice versa. Gerade in der Barockliteratur zeigt sich immer wieder, daß diese doppelte Interpretationsmöglichkeit gar nicht als Widerspruch empfunden wird, sondern als wechselseitige Ergänzung zweier Perspektiven. Sie ist die natürliche Konsequenz einer umfassenden, reich fazettierten Vorstellung vom Welttheater. Wohl kein Autor hat sie mit solcher Präzision und Virtuosität darzustellen vermocht wie Gracián. Und keiner hat dem Selbstverständnis der deutschen Barockrhetorik so entscheidend vorgearbeitet wie er. Dort, wo sie ihre überzeugendste theoretisch-pädagogische Ausformung erhält, bei Christian Weise, wird den jungen Akteuren der Weltszene gezeigt, »wie sie dermaleins im Theologischen oder Politischen theatro mit ihrer Person auskommen sollen«[34]. Mit einem Hinweis auf Calderóns ›Gran teatro del mundo‹ und mit dem Etikett ›Trivialisierung‹ wäre hier wenig geholfen. Die Konzeption eines Gracián oder Weise läßt sich nur auf dem Hintergrund einer vielschichtigen historischen Entwicklung verstehen, während deren sich mehrere feste Vorstellungsmodelle von der Rolle des Menschen im Welttheater herausgebildet haben.

---

[32] Abgedruckt bei Cysarz, Barocklyrik 3, S. 142:
> » ... Ja fürwar die gantze Welt
> Ist ein Music wolbestellt/
> ...
> Der Erdboden haltet auß/
> Raumt vns willig ein das Hauß/
> Drinn wir musiciren;
> Die Göttliche Fürsehung
> Thut mit jhrer Anstellung
> Den Tact darzu geben ...«.

[33] Vgl. u. S. 108ff.

[34] ›Curieuser Körbelmacher‹, Görlitz 1705, Vorrede, fol. a4ᵃ.

## c. Stoische und satirische Tradition

Daß die Auffassung des Menschen als einer Marionette Gottes selbst innerhalb eines theonomen Systems nur eine extreme Möglichkeit darstellt, zeigt sich bereits bei Platon. Den beiden Zitaten aus den ›Gesetzen‹, von denen Curtius ausging, steht eine (vielleicht schon durch Demokrit[35] beeinflußte) Stelle aus dem ›Philebos‹ gegenüber, an der es primär keineswegs um die göttliche Determinierung des Weltgeschehens geht, sondern um die täglich zu beobachtende Mischung von Lust (ἡδονή) und Schmerz (λύπη) ›in dem ganzen Trauerspiel und Lustspiel des Lebens‹[36]. Die Verschiebung der Perspektive von der Theodizee zur Deskription der menschlichen Szene ist deutlich. Unter den nachplatonischen philosophischen Systemen der Antike hat sich bezeichnenderweise vor allem die kaiserzeitliche Stoa gern der Schauspielmetapher bedient. Denn hier, insbesondere bei Seneca, Epiktet und Marc Aurel (auch Boethius)[37], ist sie in idealer Weise dazu geeignet, den durchgängigen Dualismus von Weltbestimmung und Selbstbestimmung darzustellen[38].

Der Mensch hat sich auf der Bühne des Weltgeschehens zu bewähren, als Schauspieler oder auch als Soldat (wie eine andere beliebte Metapher lautet)[39]. Die Frage nach der maßgeblichen Instanz freilich läßt sich in vielen Fällen nicht eindeutig beantworten. Selbst wenn ὁ θεός, *deus*, *fatum* oder *providentia* als Orientierungspunkte genannt

---

[35] Demokrit, Fragment B 115 (*84) Diels-Kranz (Ὁ κόσμος σκηνή. ὁ βίος πάροδος. ἦλθες, εἶδες, ἀπῆλθες. ›Die Welt eine Bühne. Das Leben ein Auftritt. Du kommst, siehst, gehst‹) wird in den motivgeschichtlichen Arbeiten durchweg als frühester Beleg zitiert (z. B. Jacquot, a.a.O., S. 348; Stroup, a.a.O., S. 7, mit entstelltem Text), ist aber sicher unecht. Zum ›Democritus ridens‹ vgl. u. S. 95.

[36] ›Philebos‹, p. 50 b (τῇ τοῦ βίου συμπάσῃ τραγῳδίᾳ καὶ κωμῳδίᾳ). Curtius, S. 148 subsumiert auch diese Stelle unbedenklich unter die theozentrische Deutung (»durch Gott bewegt«).

[37] Die zahlreichen Stellen verzeichnet P. Barth, Die Stoa. Völlig neu bearb. v. A. Goedeckemeyer (Frommanns Klassiker der Philosophie. 16), Stuttgart [6]1946. Seneca: S. 366 (Anm. 187), 367 (Anm. 204), 369 (Anm. 349). Epiktet: S. 372 (Anm. 67 u. 70). Marc Aurel: S. 377 (Anm. 180). Zu Boethius vgl. Curtius, S. 149.

[38] Zur Vorstellung vom kosmischen Schauspiel s. u. S. 147.

[39] Seneca, epist. 65,18; 96,5; 120,12.18; de benef. 5,2,4; dial. 2,19,3; 7,15,5ff. u. ö. (umfassende Materialsammlung bei D. Steyns, Etude sur les métaphores et les comparaisons dans les oeuvres en prose de Sénèque le philosophe [Université de Gand. Recueil de trav. publ. par la fac. de philos. et lettres. 33], Gand 1906, S. 5ff., 16ff., 42ff.). Epiktet, ›Diatriben‹ 1,9,16; 3,22,4; Marc Aurel, ›Selbstbetrachtungen‹ 3,4,6; 3,16,4; 6,42f.; 7,45. Für die christliche Rezeption wichtig ist Hiob 7,1: »Militia est vita hominis super terram«.

werden: es liegt beim einzelnen, zur Erkenntnis des jeweils ›Angemessenen‹ vorzudringen. »Quomodo fabulae, sic vita: non quam diu, sed
quam bene acta sit, refert. Nihil ad rem pertinet quo loco desinas.
Quocumque voles desine: tantum bonam clausulam inpone«, so fordert
Seneca im 77. Brief an Lucilius[40]. Das »quam bene« und das »Quocumque voles« begründen den Spielraum des Menschen auf dem
Welttheater. Schon Ciceros wahrer *sapiens* lebt in der Überzeugung
»mediocrium nos esse dominos, ut, si tolerabiles sint, feramus, si minus, animo aequo e vita, cum ea non placeat, tamquam e theatro
exeamus«[41].

Vor dem Horizont des Todes, des Abtretens von der Bühne, enthüllt sich die Theaterhaftigkeit des Lebens am unbarmherzigsten.
Aber was der Weise mit Würde und mit dem Bewußtsein der inneren
Freiheit auf sich nimmt, ist auch ins Grotesk-Makabre stilisierbar; so
bei Augustus, der – jedenfalls nach Sueton[42] – kurz vor seinem Tode
um einen Spiegel bittet, seine Haare ordnen und seine Wangen glätten
läßt, um schließlich seine Freunde zu fragen, »ecquid iis videretur mi-
mum vitae commode transegisse«[43].

Der Anreiz zur breiteren, desillusionierenden Beschreibung des Le-
benstheaters ist in dieser Szene bereits erkennbar, und es verwundert
nicht, daß sich vor allem die Satire des Themas mit Vorliebe angenommen hat. Stoische und kynische[44] Topologie fließen hier in einen
Traditionsstrom ein, dessen Wirkungen noch bis ins 17. Jahrhundert
(und darüber hinaus) deutlich spürbar sind. Eines der beliebtesten und
meist imitierten Muster hat Horaz mit seinem ›Democritus ridens‹
geschaffen[45]. Die klassische Darstellung jedoch, gleichsam die ›Schatzkammer‹ aller satirischen Schauspielmetaphorik, stammt von dem
Rhetor Lukian. In seinem Dialog ›Menippos oder Nekyomantie‹ läßt

---

[40] Epist. 77,20. Vgl. vor allem epist. 80,7, wo Seneca darauf hinweist, er benutze
den Theatervergleich gern (»Saepius hoc exemplo mihi utendum est«).

[41] De fin. 1,49. Vgl. Cato maior 18,65: »cum in vita, tum in scaena«.

[42] De vita Caes. 2,99.

[43] Vgl. auch Senecas theatralischen (vor allem an Sokrates orientierten) Tod in
der Schilderung durch Tacitus, ann. 15,60ff.

[44] R. Helm, Lucian und Menipp, Leipzig u. Berlin 1906, bes. S. 17ff.

[45] Epist. 2,1,194ff. Zu den Einzelheiten (u. a. kynische Tradition) vgl. den Kommentar von A. Kießling–R. Heinze zu den ›Briefen‹, Berlin ⁷1961, S. 232ff. Über
die weitere Entwicklung des Topos (kombiniert mit dem ›weinenden Heraklit‹)
vor allem in der bildenden Kunst: E. Wind, The Christian Democritus, Journ.
of the Warburg Inst. 1, 1937/38, S. 180ff.; W. Weisbach, Der sogenannte Geograph von Velasquez und die Darstellungen des Demokrit und Heraklit, Jb. d.
Preuß. Kunstsammlungen 49, 1948, S. 141ff. Zur Wiederaufnahme in der Satire
bei Erasmus, Lauremberg, Logau u. a. s. u. S. 101 und 115.

er, als Teil der Unterweltsvision, auch die zahllosen Rollen des menschlichen Lebens vorüberziehen[46]; das ›Schicksal‹ (ἡ Τύχη) verteilt sie unter den Menschen (mancher erhält nacheinander mehrere Rollen)[47], aber von einer wesenhaft theonomen Sinngebung kann keine Rede mehr sein. Auf dem Boden einer radikalen Diesseitigkeit hat sich bereits hier eine der reizvollsten und folgenreichsten Variationen des Themas ›Welttheater‹ herausgebildet: die Sichtweise der Narrenrevue[48].

Im Jahre 1506 übersetzen Erasmus und Thomas Morus einige Dialoge Lukians ins Lateinische. Schon bald darauf (1509) begegnet im ›Moriae encomium‹[49] des Erasmus die ganze Fülle der antiken Schauspielmetaphorik[50]. Auch die zuschauenden Götter fehlen nicht. Aber ebensowenig wie Lukians Τύχη garantieren sie den Sinn des Weltgeschehens. Ihnen bleibt lediglich die Aufgabe, das Bild vom Welttheater zu komplettieren und durch ihr Hohnlachen die Narrheit (*stultitia, moria*) des menschlichen Treibens umso unbarmherziger bloßzustellen[51]. Im Grunde jedoch ist es ein Theater von Menschen für Menschen, seine Darstellung zielt auf das ›Anthropologische‹: »Porro mortalium vita omnis quid aliud est, quam fabula quaepiam, in qua alii aliis obtecti personis procedunt, aguntque suas quisque partes …?«[52].

Spätestens zur Zeit des Erasmus – doch sicher nicht allein durch seine Vermittlung (vgl. Brants ›Narrenschiff‹ von 1494)[53] – wird die

---

[46] ›Menippos‹, Kap. 16.

[47] Das ›Schicksal‹ fungiert dabei als ›Chorege‹ (χορηγεῖν), der einen ›Festzug‹ (πομπή) zusammenstellt.

[48] Prinzipielles dazu jetzt bei U. Gaier, Satire. Studien zu Neidhart, Wittenwiler, Brant und zur satirischen Schreibart, Tübingen 1967, bes. S. 215ff. u. S. 329ff. (mit Hinweisen auf die römische Satire; die Wirkung Lukians wäre noch genauer zu verfolgen).

[49] Die Titelgebung differiert bekanntlich in den einzelnen Ausgaben (›Stultitiae laus‹, ›Encomium morias‹ etc.). Im folgenden zugrundegelegt die kommentierte Edition: Μωρίας ἐγκώμιον. Stultitiae laus … Recogn. et adnot. I. B. Kan, Hagae-Com. 1898.

[50] Schon in der ›Praefatio‹ (an Thomas Morus) begegnet das Demokrit-Motiv (Kan, S. II). »Die Welt als die Bühne der allgemeinen Torheit«, so charakterisiert J. Huizinga die *declamatio* in ihrer Gesamtheit (Europäischer Humanismus: Erasmus. Übers. v. W. Kaegi [rde. 78], Hamburg 1958, S. 63).

[51] Besonders in Kap. 48: »Quin etiam incredibile sit dictu, quos risus, quos ludos, quas delitias homunculi quotidie praebeant superis … Nec est aliud spectaculum illis suavius. Deum immortalem, quod theatrum est illud, quam varius stultorum tumultus?« (Kan, S. 97).

[52] Kap. 29 (Kan, S. 48f.).

[53] Zum »narren dantz« als Grundform: U. Gaier, Studien zu Sebastian Brants Narrenschiff, Tübingen 1966, S. 182ff.

deskriptiv-satirische Variante des ›Welttheater‹-Motivs europäisches Gemeingut. Im 17. Jahrhundert gehört sie zum Grundbestand der satirischen und pikaresken Literatur und wirkt mit an der Formung des barocken Weltverständnisses. Schon Sancho Pansa hat die »comparación« (des Lebens mit dem Theater) ›viele und verschiedene Male gehört‹, als Don Quijote sie ihm mit weitschweifigen und beredten Worten als abgeklärte Weisheit zu verkaufen sucht[54]. Nach dem gleichen Prinzip wie bei Lukian und Erasmus läßt Cervantes die hohen und niederen, prächtigen und weniger prächtigen, stets aber zeitlichgebundenen Rollen der Menschen Revue passieren, mit dem Schluß: »Pues lo mismo ... acontece en la comedia y trato de este mundo«[55].

So hat sich die satirisch-deskriptive Sichtweite des *theatrum mundi* längst etabliert[56], als Calderón, an die theozentrische Tradition des christlichen Mittelalters anknüpfend, sein majestätisches Bild vom ›gran teatro del mundo‹ entwirft[57]. Nicht als ob die beiden Perspektiven schlechthin unvereinbar wären! Daß es Übergänge gibt und Möglichkeiten der Vermittlung, hatte sich schon in der Antike gezeigt, insbesondere beim stoischen Bild vom Welttheater. Auch diese Ansätze, die Fragen nach Autonomie und Heteronomie, kommen in Spanien wieder zur Geltung, explizit bereits bei Juan Luis Vives: »Comoedia, vita humana. Est enim ceu ludus quidam, in quo unusquisque agit personam suam. Danda est opera, ut moderatis affectibus transigatur, nec cruenta sit catastrophe, aut funesta, qualis solet esse in tragoediis; sed laeta, qualis in comoediis«[58].

»Danda est opera, ut moderatis affectibus transigatur« – der stoische Akzent ist unüberhörbar[59]. Viel wird den schauspielerischen Fähigkeiten des Menschen auf der Weltszene zugemutet; aber es herrscht auch Vertrauen in seine innere Kraft. »Quocumque voles desine«,

---

[54] Teil 2, Kap. 12.

[55] Text nach: Obras completas, ed. A. Valbuena Prat, Madrid 1962, S. 1310 (›Also geschieht das gleiche beim Theaterspiel und im Treiben dieser Welt‹).

[56] Gerade deshalb läßt sie sich auch bereits als ›literarisches Klischee‹ verspotten; doch ist sie damit noch nicht auf bloßen ›modischen Redeschmuck‹ reduziert, wie Curtius meint (S. 151).

[57] Hierzu jetzt H. Ochse, Studien zur Metaphorik Calderóns (Freib. Schriften z. roman. Philol. 1), München 1967, mit weiterer Literatur; vgl. besonders S. 15ff. (›Die Welt als Schöpfung‹) u. S. 35ff. (›Das Pathos der Welt‹).

[58] ›Opera‹, Bd. 2, Basel 1555, S. 101 (aus ›Satellitium animi, vel symbola‹).

[59] An Seneca erinnert auch die Formulierung. Vgl. epist. 77,20 (»Quomodo fabula, sic vita«) und 80,7 (»hic humanae vitae mimus, qui nobis partes quas male agamus adsignat«).

hatte Seneca gesagt[60]. Vives stimmt mit ihm überein in der Überzeugung, daß der Ausgang des Dramas weitgehend in der Hand des Akteurs liegt. Das Spiel ist nicht abgekartet, sondern offen. Der Mensch ist aufgerufen, seinen Part würdig zu agieren.

Mit der biblisch-christlichen Sinndeutung des Welttheaters steht diese Konzeption weder in völligem Einklang noch in offenem Konflikt. Sie ist ein Teil jener im Zeichen von Renaissance und Humanismus entstandenen Synthese von Christentum und Stoizismus[61], der auch die Barockforschung in den letzten Jahren wieder größere Aufmerksamkeit geschenkt hat[62]. Eine der Schlüsselfiguren ist Justus Lipsius[63], für den es, wie er selbst bekannte, nach der Heiligen Schrift keine nützlichere und bessere Lektüre gab als die Schriften Senecas[64]. In seinem Hauptwerk ›De constantia‹[65] macht Lipsius nun auch mit dem Bild vom Welttheater auf geistreiche Weise Ernst, indem er den Menschen zur Geduld mahnt (Text nach der Übersetzung von Viritius): »Warumb bistu dann in diesem der Welt Spiel auff GOtt vngedültiger/ als sonsten auff einen Poeten? ... Dann vnser Herr Gott ist ein guter Poet/ vnd wird die Leges dieser Tragoedien nicht leichtlich brechen«[66]. Daneben aber steht – mit einer Unvermitteltheit, die schon zu Lipsius' Zeiten heftige Kritik von christlicher Seite hervorrief – die alte ›heidnisch‹-stoische Schicksalsdeutung, in der dem Menschen sein Spielraum erhalten bleibt: »so ist das Fatum gleichsam ein

---

[60] Epist. 77,20.

[61] Vgl. L. Zanta, La renaissance du stoïcisme au XVIe siècle (Bibl. litt. de la Renaiss., N. S. 5), Paris 1914.

[62] In der hohen Barocktragödie, insbesondere bei Gryphius, war die Synthese bereits früher konstatiert worden; vgl. Stachel, Seneca und das deutsche Renaissancedrama, passim. Neurdings vor allem Heckmann, Elemente des barocken Trauerspiels, S. 42ff. und Schings, Die patristische und stoische Tradition ..., S. 182ff. (mit weiterer Literatur).

[63] Wichtig die Monographie von J. L. Saunders, Justus Lipsius. The philosophy of Renaissance stoicism, New York 1955.

[64] Vgl. Hofmannswaldaus Epigramm auf Seneca, ›Poetische Grab-Schriften‹ (in: ›Deutsche Übersetzungen Und Getichte‹, Breslau 1684), S. 108:
»Der Heyden halber Christ/ der Klugen halber GOtt ...«.

[65] ›Von der Bestendigkeit‹ [›De constantia‹]. Faksimiledruck der deutschen Übersetzung des Andreas Viritius ... Hrsg. v. L. Forster (Sammlg. Metzler. 45), Stuttgart 1965; das Nachwort (S. 19*ff.) gibt auch einen kurzen Überblick über Leben und Werk sowie weitere Literatur. Zu Lipsius' Einwirkung auf die deutsche Barockliteratur ausführlich G. Schönle, Deutsch-niederländische Beziehungen in der Literatur des 17. Jahrhunderts (Leidse Germanist. en Anglist. Reeks. 7), Leiden 1968, S. 59ff.

[66] A.a.O., S. 109b u. 110a.

Vortäntzer/ der das Seil füret in diesem Welttantz/ doch so/ das auch wir vnser wollen vnd nicht wöllen frey haben«[67].

Daß diese Überzeugung einen Großteil der Barockliteratur (insbesondere Tragödie und Roman) entscheidend geprägt hat, ist oft betont worden. Vor allem die so charakteristischen Entscheidungsmonologe mit ihrem weit ausladenden Pathos[68] sind nur als Manifestationen der Spielfreiheit angemessen zu verstehen. Der Held braucht Raum um sich her, Raum zur Aktion, damit seine Größe sich erweisen kann – und Raum zur Expression, damit seine Rolle sich sprachlich entfalten kann[69].

Hier läßt sich der Zusammenhang von Schauspielmetaphorik und rhetorischer Sprachkunst einmal unmittelbar greifen. Aber nicht auf solche partiellen Verknüpfungen kommt es bei der Frage nach der Barockrhetorik an, sondern auf die umfassende theatralische Weltsicht, die dem Barockzeitalter eigen ist.

### d. Theatralik und Rollenspiel im Weltverständnis des 17. Jahrhunderts

Erst jetzt, nachdem die anthropologische Auffassung der Schauspielmetaphorik (wesentlich repräsentiert durch Stoizismus und Satire) als vollwertiges und eigenständiges Korrelat zur christlichen Theozentrik dargestellt ist, dürften die Voraussetzungen gegeben sein, um die schier unabsehbare Fülle und Vielschichtigkeit der barocken Schauspielmetaphorik zu interpretieren. Doch warum – so ist zunächst zu fragen – waren die Menschen des Barockzeitalters beinahe vernarrt in die Vorstellung vom *theatrum mundi*, warum spielten sie die Schauspielmetaphorik immer wieder bis in feinste Nuancen durch? Weil das ›Welttheater‹ für sie keine beliebige, ersetzbare Bildkonstruktion war, sondern Wirklichkeit. »Cette époque, qui a dit et

---

[67] A.a.O., S. 63ᵇ. Das Bild erinnert an Lukians Τύχη in der Funktion des ›Choregen‹ (s. o. S. 96) sowie an den »choragus« bei Erasmus (Kap. 29; Kan, S. 49).

[68] D. Wintterlin, Pathetisch-monologischer Stil im barocken Trauerspiel des Andreas Gryphius, Diss. Tübingen 1958; zur Ergänzung vgl. E. Verhofstadt, Stilistische Betrachtungen über einen Monolog in Lohensteins ›Sophonisbe‹, Revue des langues vivantes 25, 1959, S. 307ff.

[69] »Selbst der Monolog im Drama setzt noch ein lauschendes Theater voraus. Während er einer Iphigenie innere Sammlung bedeutet auf den göttlichen Kern in der Menschenbrust, zeigt Lehrhaftigkeit und Rhetorik ihn im 17. Jahrhundert als Ansprache an die Zuhörer« (W. Flemming, Die Auffassung des Menschen im 17. Jahrhundert, DVjs 6, 1928, S. 403ff.; dort S. 410).

cru, plus que toute autre, que le monde est un théâtre et la vie une comédie où il faut revêtir un rôle, était destinée à faire de la métaphore une réalité«[70].

Dieses Ineinander von Metaphorik und Realität wurde am eindrucksvollsten erfahrbar in den höfischen Festen, deren Grundzüge vor allem Richard Alewyn und Karl Sälzle beschrieben haben[71]. Man begnügte sich keineswegs immer damit, in der Geschlossenheit der riesigen Prunksäle alle *vanitates*, alle *gloria mundi* zu entfalten[72]. Bei besonderen Anlässen konnte nicht genug ›Welt‹ in den festlichen Bereich hereingenommen werden: Schloß und Gärten, Parks und Teiche – von vornherein theatroid angelegt – verwandelten sich in eine einzige riesige Szenerie; und wo sogar ganze Landschaften, wo schließlich durch das Feuerwerk auch der Himmel in das Festprogramm einbezogen wurde, war die Entgrenzung des Rahmens vollkommen. Die sichtbare Welt selbst war zur Bühne geworden[73].

Zeuge dieses *theatrum mundi* zu sein, war kein Privileg weniger Auserwählter. Denn bei aller höfisch-absolutistischen Zentrierung gehörten die breiten Volksschichten als Zuschauer (und als Staffage) unabdingbar dazu[74]. Daß sie durch solche Demonstrationen höfischer Pracht nicht wenig verwöhnt waren, läßt sich leicht denken. Das gleiche aber gilt für die Theaterleidenschaft im engeren Sinne. Wandertruppen, Schultheater und Ordensdrama lebten davon, daß die Schaulust der Menschen, insbesondere ihre Gier nach Illusion, unersättlich war[75].

---

[70] J. Rousset, La littérature de l'âge baroque en France. Circé et le paon, Paris 1963, S. 28.

[71] Das große Welttheater (zuerst 1959). Vgl. jetzt auch F. Sieber, Volk und volkstümliche Motivik im Festwerk des Barock. Dargestellt an Dresdner Bildquellen, Berlin 1960; J. Schlick, Wasserfeste und Teichtheater des Barock, Diss. Kiel 1963.

[72] Zur Entstehung des weltlichen Festraums im Zeitalter des Barock s. Alewyn, a.a.O., S. 30ff. u. 41ff.

[73] Für die dekorative Metaphorik zeigt Analoges Windfuhr, S. 251f. (»Wie die Parkanlagen als Fortsetzung bewohnter Räume unter freiem Himmel erscheinen, so überträgt man Architekturvorstellungen auch auf fernergelegene Objekte wie den Himmel und die freie Natur«, S. 251).

[74] Vgl. Alewyn, a.a.O., S. 23ff. und die genannte Arbeit von Sieber (insbesondere zum Kontakt der verschiedenen sozialen Schichten im Zeichen des ›Escapismus‹).

[75] Hierzu besonders Eugen Gottlob Winklers Skizze über Lope de Vega (anläßlich von Vosslers Monographie; Dichtungen, Gestalten und Probleme. Nachlaß. Hrsg. v. W. Warnach u. a., Pfullingen 1956, S. 402ff. »Lopes Theater ist einst ebenso wirklich gewesen wie die Täglichkeit jener barocken Zeit ... Theater war für den damaligen Zuschauer alles andere als Kunst in unserem Sinne; die

»Quia mundus vult decipi, decipiatur«, lautet ein im 17. Jahrhundert gern zitiertes Wort[76]. Nicht von ungefähr ist die Illusionsbühne eine der großen Errungenschaften des Barockzeitalters. Es erübrigt sich, im gegenwärtigen Zusammenhang näher auf die Technik der Barockbühne einzugehen[77]. »Niemals vorher und niemals nachher ist das Theater einer so sündhaften Verschwendung gewürdigt worden«[78]. Je größer der Aufwand, desto vollkommener die Repräsentation des *theatrum mundi*. Prinzipiell mußte alles darstellbar sein, dafür sorgten Masken und Kostüme, Kulissen und Maschinen, Soffiten und Prospekte. Nichts ›Weltliches‹ war der Bühne fremd, und zur ›Welt‹ gehörten – besonders im Jesuitentheater – auch Himmel und Hölle mit ihren Figuren[79].

Eingebunden in den Raum der Bühne, wurde das Welttreiben durchschaubar; das einzelne Geschehen erhielt repräsentativen Rang im Hinblick auf das *theatrum mundi*. Besonders bezeichnend sind die engen Beziehungen zwischen dem Theater und der graphischen Ausgestaltung der Embleme, worauf vor allem Albrecht Schöne hingewiesen hat: »Das Emblembild erscheint als Miniaturbühne«[80]. So wie die theatralische Handlung emblematische Bedeutung gewinnt, präsentiert sich das Emblem theatralisch. Und es ist nur konsequent, wenn Emblemsammlungen mit dem Anspruch herausgegeben werden, die Ganzheit des Welttheaters zu erfassen: ›Le Theatre des bons engins‹, ›Theatrum Emblematicum‹, ›Theatrum Vitae Humanae‹ und ähnlich lauten die Titel[81].

Was in der Emblematik so auffällig hervortritt, ist im Grunde ein

---

Wirklichkeit der Bühne war für ihn dieselbe wie die, die ihn umgab ... Und für Lope wieder war seine Wirklichkeit schon vorgeformtes Theater«, a.a.O., S. 405).

[76] Beispielsweise bei Schupp, ›Abgenöthigte Ehren-Rettung‹, in: ›Schrifften‹, S. 634 (im Zusammenhang mit Feuerwerk). Vgl. die anonyme Schrift ›Wohlgemeyntes ... und Gründliches Bedenken‹, Augsburg 1693, Neudr. S. 40 (»das bekante dictum« hier in der Form »Mundus vult decipi, decipiatur ergo«, zitiert im Zusammenhang mit »dem gleißnerischen Genio Seculi«).

[77] Kindermann, Theatergeschichte Europas, Bd. 3, bes. S. 349ff. (mit weiterer Literatur).

[78] Alewyn, a.a.O., S. 50.

[79] Vgl. Gryphius' Bühnenanweisung zur ›Catharina von Georgien‹: »Vber dem Schau-Platz öffnet sich der Himmel/ vnter dem Schau-Platz die Helle« (Szyrocki–Powell 6, S. 139). Calderóns ›El gran teatro del mundo‹ mit seiner Zweiteilung der Bühne in Himmel und Erde ist das bekannteste Beispiel dieser ›ganzheitlichen‹ Theaterkonzeption.

[80] Emblematik und Drama ..., S. 219.

[81] Ebda.

Wesenszug weitester Bereiche der Barockmalerei. Insbesondere auf den Tafelbildern erinnert »alles an das Dasein auf einer Bühne. Denn diese Figuren existieren nicht nur für sich selber, sondern sie stellen sich gleichzeitig dar«; der Mensch erscheint als »ein Schauspieler im besten Sinne des Wortes, nämlich als Träger einer ihm aufgetragenen Rolle und eingespannt in ein Dasein, das immer wieder an eine Bühne erinnert«[82].

Wenn unter den bildenden Künsten die Malerei zur breiten Darbietung von Welt besonders prädestiniert ist, so erfüllt in der Literatur vor allem der Roman diese Funktion. Insbesondere der höfische Roman bedient sich bis zum Exzeß malerischer und theatralischer Darstellungsweisen. Häufig deutet sich das bereits in der Topik an, mit der man den Roman – durch Titel oder Vorrede – dem Leser präsentiert: »HJer stellet sich/ unser vor etlichen Jahren gethanen Vertröstung nach/ nunmehr der Großmüthige Arminius auf den Schau-Platz der Welt«, so beginnt der ›Vorbericht an den Leser‹ zu Lohensteins ›Arminius‹[83]. Und das Titelblatt von Moscheroschs ›Gesichten Philanders von Sittewalt‹ (nach Quevedo) verheißt unter anderem, hier werde »Aller Welt Wesen ... offentlich auff die Schauw geführet«[84].

Die Erzähltechnik selbst entspricht dem aufs genaueste. Schon bei Zesen, der mit seiner ›Adriatischen Rosemund‹ (1645) den ersten selbständigen deutschen Barockroman entwirft, ist die theatralische Tendenz voll ausgeprägt. Vorliebe für figurative Szenen, Dominanz des Visuellen, Tendenz zum bühnenhaften Bildausschnitt sind Grundkennzeichen seines Romanstils[85]. Die Figuren sprechen und gebärden sich ›repräsentativ‹, wie Schauspieler auf dem Theater – eine Technik, die dann in Ziglers ›Asiatischer Banise‹ noch gesteigert wird[86]. Doch wie der Erzähler als Arrangeur des Geschehens an die Stelle Gottes

---

[82] R. Zürcher, Der barocke Raum in der Malerei, in: Die Kunstformen des Barockzeitalters, S. 169ff. (dort S. 175f.; verifiziert an den Tafelbildern Watteaus). Vgl. Kindermann, a.a.O., S. 20: »Der Lebensgestus des ganzen Zeitalters ist ... theatralisch, im Gegensatz zum schlichten, selbst im Pathetischen linearen ... Lebensgestus des Reformationszeitalters«.

[83] ›Großmüthiger Feldherr Arminius oder Herrmann‹, Bd. 1, Leipzig 1689, ›Vorbericht ...‹ (nicht von Lohenstein), fol. b4ᵃ.

[84] ›Visiones de Don Quevedo. Wunderliche vnd Warhafftige Gesichte Philanders von Sittewalt‹, Straßburg ²1642.

[85] H. Will, Die Gebärdung in den Romanen Philipps von Zesen, Neue Jb. f. d. klass. Altertum, Gesch. u. dt. Lit. u. f. Pädagogik 27, 1924, S. 112ff.

[86] E. Schwarz, Der schauspielerische Stil des deutschen Hochbarock. Beleuchtet durch Heinrich Anshelm von Ziglers ›Asiatische Banise‹, Diss. Mainz 1956.

tritt, wie der Autor sich zum *deus alter* erhebt, zeigen am eindrücklichsten die Romane des Herzogs Anton Ulrich von Braunschweig[87]. Aus olympischer Perspektive und mit imperatorischer Geste lenkt und ordnet er die ungeheuren Massen von *dramatis personae*. Und jede einzelne Figur, vom Sklaven bis zum Kaiser, erhält – mit fein bemessener Abstufung[88] – ihren spezifischen Spielraum, um ihren Part im Ganzen des *theatrum mundi* zu agieren.

Es wäre eine erfolgversprechende Aufgabe, die theatroiden Züge und vor allem das Phänomen des Rollenspiels durch die einzelnen Literaturgattungen des Barock zu verfolgen. Nicht nur in Drama und Roman, selbst in der Lyrik böten sich dazu vielfältige Ansatzpunkte; etwa bei jener beliebten Gattung von ›Grabschriften‹, in denen Repräsentanten eines bestimmten Berufs oder auch einer Weltanschauung die Summe ihres Lebens ziehen, ihre ›Rolle‹ formulieren[89]. Neben der epigrammatischen Pointierung machen vor allem das Sprechen in der ersten Person[90] und die revueartige Häufung der Figuren den spezifischen Reiz dieser Rollengedichte aus. In ihnen kristallisiert sich die verwirrende Fülle des Welttheaters zu scharf umrissenen, typischen, durchschaubaren Figuren.

Am konsequentesten jedoch prägt sich der Rollentrieb in der Schäferdichtung aus[91], wo er nicht nur lyrische Gattungen wie Ekloge oder Madrigal bestimmt, sondern auch Großformen wie Roman und Oper, ja ganze Festspiele. Weite Kreise der höfischen und bürgerlichen Gesellschaft des Barock geben sich dieser Maskerade mit einer schier un-

---

[87] Vgl. vor allem G. Müllers Interpretation der ›Aramena‹ (Deutsche Dichtung ..., S. 246ff.); auch C. Heselhaus, Anton Ulrichs Aramena. Studien zur dichterischen Struktur des deutsch-barocken ›GeschichtGedicht‹ (Bonner Beitr. z. dt. Philol. 9), Würzburg 1939.

[88] Dies zumal in der ›Römischen Octavia‹ mit ihren zahllosen Teilhandlungen und Episoden; H. G. Haile, Octavia: Römische Geschichte. Anton Ulrich's use of the episode, JEGP 57, 1958, S. 611ff.

[89] Am ausgeprägtesten in den ›Poetischen Grab-Schrifften‹ (1643) Hofmannswaldaus, nach dem Vorbild Martials sowie nach den *epitafii giocosi* von Loredano und Michiele (›Cimiterio‹, 1635); dazu K. Friebe, Christian Hofman von Hofmanswaldaus Grabschriften, Progr. Greifswald 1893.

[90] Mit individueller Nuancierung begegnet es in Flemings berühmter ›Grabschrifft‹ für sich selbst (›Teütsche Poemata‹, Lübeck [1642], S. 670):
»... Ich sag' Euch gute Nacht/ und trette willig ab«.

[91] Darauf ist oft hingewiesen worden, z. B. von Cysarz, Deutsche Barockdichtung, S. 29f.: »Der Schäfer, das ist ein verkleideter ›Galan‹ ... Überall steht der Einzelne als rund umrissene, bühnenfertige Figur in stilisierter Pose vor seinem Hintergrund«. Zur Maskenhaftigkeit vgl. H. Meyer, Der deutsche Schäferroman des 17. Jahrhunderts, Diss. Freiburg i. B. 1928, S. 15ff. (›Die Schäfermaske‹).

erschöpflichen Lust zur Rolle hin. Und je befremdlicher dem heutigen Betrachter das barocke Schäferwesen erscheint, desto klarer wird erkennbar, wie tief das spielerische Element in der Barockkultur verwurzelt ist[92]. Das Schäferwesen bildet nur die besondere Ausprägung einer für die gesamte Epoche charakteristischen Neigung[93]. Und am Ende des Jahrhunderts stellt ein geistlicher Vertreter des Bukolischen, Laurentius von Schnüffis[94], den allgemeinen Spieltrieb seiner Zeit nun auch vor den Hintergrund des *theatrum mundi*: »Die Welt unter denen Menschen ist anders nichts als ein eitel Spielwerck/ wie auf einer Schau-Bühne/ wo man eine Comoedie agiret/ allerhand Abwechslungen und Spiele fürgestellt werden«. So resümiert er in der ›Vor-Ansprach‹ zu seinen ›Lusus mirabiles orbis ludentis‹[95].

Die Grundfigur der *lusus orbis* ist also – wie beim Schäferwesen – das Spiel im Spiel, die ›potenzierte Illusion‹[96]. Damit aber ist dieser Versuch einer Bestandsaufnahme wieder beim Barocktheater angelangt, bei einem Motiv, das seit jeher als charakteristisch für die Dramatik des 17. Jahrhunderts gegolten hat, für Shakespeare, Lope de Vega, Rotrou, Calderón, Corneille, Molière, Bidermann, Gryphius, Weise – um nur die bekanntesten zu nennen[97]. Wenn schon das Welttreiben als Ganzes ein Theater darstellt, so muß auch die Bühne den Spielcharakter des Lebens zum Vorschein kommen lassen. ›Dasein heißt eine Rolle spielen‹: dieser Satz steht, wie Heinz Otto Burger gezeigt hat[98], ebenso über Bidermanns ›Philemon Martyr‹[99] (um

---

[92] J. Huizinga, Homo Ludens. Vom Ursprung der Kultur im Spiel (rde. 21), Reinbek 1966, S. 174ff. (›Spielgehalt des Barock‹).

[93] Vielleicht am deutlichsten wird dies bei den Nürnbergern und insbesondere bei Harsdörffer: eine literarische Form wie die ›Frauenzimmer-Gesprechspiele‹ (oder auch ›Der Gedichte-Zuwurf‹ im 3. Band von Anton Ulrichs ›Aramena‹) entspringt der gleichen spielerischen Grundkraft wie die großen ›Schäfereyen‹.

[94] Zur eigentümlichen Mischung des Schäferlichen und des Geistlichen bei Schnüffis jetzt D. Breuer, Der Philotheus des Laurentius von Schnüffis. Zum Typus des geistlichen Romans im 17. Jahrhundert (Dt. Stud. 10), Meisenheim a. Glan 1969, S. 29ff.

[95] Erschienen Augsburg 1703 (postum; Laurentius starb 1702); dort fol. )( 5ᵃf.

[96] Alewyn, Das große Welttheater, S. 66ff.

[97] Vgl. R. J. Nelson, Play within a play, New Haven 1958; jetzt auch Szarota, Künstler, Grübler und Rebellen, passim (mit weiterer Literatur).

[98] Dasein heißt eine Rolle spielen. Das Barock im Spiegel von Jacob Bidermanns ›Philemon Martyr‹ und Christian Weises ›Masaniello‹, in: ›Dasein heißt eine Rolle spielen‹. Studien zur deutschen Literaturgeschichte (Lit. als Kunst), München 1963, S. 75ff. Zum Problem ›Schauspieler seiner selbst‹ vgl. auch J. Rütsch, Das dramatische Ich im deutschen Barock-Theater (Wege z. Dichtg. 12), Horgen-Zürich u. Leipzig 1932, S. 155ff.

[99] Vgl. Szarota, a.a.O., S. 7ff. (ohne Berücksichtigung der Arbeit Burgers).

1618) wie über Weises ›Masaniello‹[100] (1682), er steht am Beginn und am Ausgangspunkt des Barockjahrhunderts.

### e. Christliche, stoizistische und satirisch-pikareske Perspektive des barocken Welttheaters

Daß die Vorstellung vom menschlichen Leben als einem Theaterspiel für die Autoren des 17. Jahrhunderts weit mehr als eine bloße Metapher bedeutet, dürfte der vorige Abschnitt gezeigt haben. Aber so nachdrücklich dies im Hinblick auf die Entfaltung der Barockrhetorik hervorzuheben ist, so wenig darf das ›Theatralische‹ auf das bloße Phänomen ›Öffentlichkeit‹ reduziert werden[101]. Es geht nicht um ein abstraktes, egalitäres Verhaltensmodell. Gerade die Vielfalt der möglichen Perspektiven und Sinngebungen macht den Reiz des *theatrum mundi* aus. Erst durch die Spielweise der Akteure und durch den Blickwinkel der einzelnen Zuschauer wird die Ganzheit des Welttheaters konstituiert.

Solcher Differenzierung und Nuancierung der barocken Positionen hat die geschichtliche Entwicklung der Schauspielmetaphorik entscheidend vorgearbeitet. Bereits eine kurze Bestandsaufnahme der wichtigsten Zeugnisse aus der deutschen Barockliteratur[102] erweist, wie unzureichend die Beschränkung auf den theozentrischen Zweig der metaphorischen Tradition notwendigerweise ist, selbst bei dezidiert christlichen Autoren. Schon die Vorstellung von Gott (und den Engeln) als dem Zuschauer der Weltszene ist keineswegs fester Bestandteil der barocken Theatermetaphorik[103]. Die wenigen Belege

---

[100] Hinzuzunehmen das Stück vom ›Niederländischen Bauer‹ (enthalten in: ›Neue Proben von der vertrauten Redens-Kunst‹, Dresden u. Leipzig 1700).

[101] Dazu könnte die o. S. 89 zitierte Auffassung G. Müllers verleiten.

[102] Die Vorarbeiten zu diesem so oft als charakteristisch ›barock‹ bezeichneten Gegenstand sind auffallend spärlich. Neben verstreuten Hinweisen (bei denen meist immer die gleichen wenigen Beispiele weitergereicht werden) gibt es nur eine einzige (kaum beachtete) einschlägige Arbeit: L. Buzás, Der Vergleich des Lebens mit dem Theater in der deutschen Barockliteratur (Spec. Diss. Fac. Philos. Reg. Hung. Univ. Elis. Quinq. 208), Pécs 1941 (schmal, aber hilfreich; unzureichend in Dokumentation, Interpretation und Orientierung an der Forschung). Die o. S. 92 genannte Untersuchung von Sofer läßt die Barockepoche fast unberücksichtigt, die speziell auf ›Barock‹ ausgerichtete Arbeit von Warnke klammert den deutschen Bereich aus.

[103] Trotzdem wird der theozentrische Bezug immer wieder – wie bei Curtius – verabsolutiert; so bei Schöne, Emblematik und Drama ..., S. 221: »Im Sinnbild des Theaters hat diese Zeit selbst die Welt gedeutet und das Leben verstanden als ein Rollen- und Maskenspiel, als das Spiel der Menschen vor dem himmlischen Herrn und seinem Hofstaat«.

hierfür verraten durchweg eine tröstende Absicht: »Es sehen unsern Schmertzen zu alle heilige Engel: Welchen wir ein Schau-Spiel worden«, sagt Gryphius in den ›Dissertationes Funebres‹[104] (offensichtlich in Anlehnung an biblische Vorstellungen)[105]. Zuversichtlicher klingt es in Avancinis ›Pietas victrix‹:

> »Ex alto Deus
> Qui spectat orbem, tolerat innocuos premi
> Quandoque, sed non opprimi«[106].

Und in Birkens christianisierter Poetik[107] ist Gott sogar als Zuschauer der irdischen Theateraufführungen gedacht; wenn die heidnischen Götter von der Bühne verschwinden, »werden wir erlangen/ daß auch Gott und seine Engel unsre Spielschauer seyen/ und Wolgefallen daran haben«[108]. Gott bleibt präsent, er stellt eine wesentliche Instanz dar, aber nur selten ist von einer unmittelbaren Einwirkung auf die irdische Szene die Rede. Wenn Gryphius einmal klagt:

> »Bald denck ich/ wie mit mir der himmel spielen kan/
> Von dem ich minder noch weiß etwas zu verlangen«[109],

so ist es ein andermal nur die »zeit«, die mit dem Menschen ›spielt‹[110]. Es dominiert das Empfinden, daß der Mensch in ein Spiel verstrickt ist; aber Gott kann dabei durchaus an den Rand des Spielhorizonts rücken, wie in Czepkos großem Gedicht ›Spiele wohl! Das Leben ein Schauspiel‹:

> »Was ist dein Lebenslauff und Thun, o Mensch? ein Spiel.
> Den Inhalt sage mir? Kinds, Weibs und Tods Beschwerde.
> Was ist es vor ein Platz, darauff wir spieln? Die Erde.
> Wer schlägt und singt dazu? Die Wollust ohne Ziel.
>
> Wer heißt auff das Gerüst' uns treten? Selbst die Zeit.
> Wer zeigt die Schauer mir? Mensch, das sind bloß die Weisen,
> Was ist vor Stellung hier? Stehn, schlaffen, wachen, reisen,
> Wer theilt Gesichter aus? Allein die Eitelkeit.

---

[104] Ausgabe Leipzig 1667, S. 363.
[105] 1. Kor. 4,9; vgl. Schöne, a.a.O., S. 221 Anm. 3.
[106] III 5, ›Poesis dramatica‹, Teil 2, Köln 1675, S. 184.
[107] Auf die durch und durch christliche Prägung hat vor allem Markwardt, S. 116ff. hingewiesen.
[108] ›Teutsche Rede-bind- und Dicht-Kunst‹, Nürnberg 1679, S. 330.
[109] Szyrocki–Powell 1, S. 126 (›Auf ein Jungfern-Spiel‹).
[110] A.a.O., S. 33 (›Es ist alles eitell‹). Vgl. auch Schefflers Spruch ›Gott spielt mit dem Geschöpfe‹ (aus dem ›Cherubinischen Wandersmann‹, Held 3, S. 64).

Wer macht den Schau Platz auff? Der wunderbare Gott.
Was vor ein Vorhang deckts? Das ewige Versehen.
Wie wird es abgeteilt? Durch leben, sterben, flehen.
Wer führt uns ab, wer zeucht uns Kleider aus? Der Tod.

Wo wird der Schluß erwartt des Spieles? in der Grufft.
Wer spielt am besten mit? Der wol sein Ammt kan führen.
Ist das Spiel vor sich gut? Das Ende muß es zieren.
Wenn ist es aus? o Mensch! wenn dir dein JESUS rufft«[111].

Selbst dem gläubigen Christen bereitet es sichtlich Schwierigkeiten, das Motiv vom *theatrum mundi* in streng theozentrischer Gleichnisform durchzuziehen[112].

Eins freilich prägt Czepkos Gedicht von der ersten bis zur letzten Zeile: die düstere Grundstimmung. Keiner der großen Barockautoren hat sie bohrender, insistierender ausgesprochen als Andreas Gryphius:

»Spilt den dis ernste spiell: weil es die zeit noch leidet«,

heißt es in dem zu Anfang zitierten Sonett ›Ebenbildt vnsers lebens‹[113]. Fast immer wenn Gryphius sich der Schauspielmetaphorik bedient (sie ist ein charakteristischer Teil seiner Bildsprache)[114], versteht er sie im ernsten Sinne[115].

»Was ist dieß Leben doch? Ein Trawrspiel ist zu nennen«,

so reagiert Rist auf die Nachricht von der Ermordung Wallensteins[116]. Und der große Krieg ist auch für Gryphius immer wieder Anlaß, die Welt als düstere Szene zu schildern, Deutschland als »Schawplatz der Eitelkeit«[117]. Blickt er auf die Geschichte zurück, so erscheint sie

---

[111] Milch 1, S. 22.
[112] Die erotematische Grundform erfordert natürlich eine gewisse Variation. Aber es ist doch auffallend, daß der eigentliche ›Theaterbetrieb‹ weitgehend von Mächten wie ›Zeit‹, ›Eitelkeit‹, ›Tod‹ bestritten wird, von Mächten also, die (wie sich noch zeigen wird) leicht säkularisierbar sind.
[113] Szyrocki–Powell 1, S. 58.
[114] Durchaus unzureichend die vier Belege bei Windfuhr, S. 185, mit der eigenartigen Charakterisierung: »Die Theatermetapher benutzt er nicht, um nebenbei dekorative Effekte zu erzielen wie andere Barockdichter, sondern überwiegend im Sinne von ›ernstem spiell‹ ...« (soll die Metapher sonst ›dekorativen‹ Zwekken dienen, und bei wem?).
[115] Ebenso sein Sohn Christian in einer Ode (›Poetische Wälder‹, Frankfurt u. Leipzig 1698, S. 773ff.). Vgl. Schefflers Gedicht ›Der Welt Tun ist ein Trauerspiel‹ aus dem ›Cherubinischen Wandersmann‹ (Held 3, S. 156).
[116] Cysarz, Barocklyrik 1, S. 236 (›Als die wunderbahre/ oder vielmehr ohnverhoffte Zeitung erschallete/ daß der Hertzog von Friedland zu Eger wehre ermordet worden‹).
[117] Vorrede zum ›Leo Armenius‹, Szyrocki–Powell 5, S. 3. Ähnlich die Worte des Juxton aus dem 5. Akt des ›Carolus Stuardus‹:

ihm ebenfalls »als Nacheinander und Nebeneinander trauriger, niederschmetternder Geschehnisse«[118]. Das Geschichtsdrama bringt also – pointiert ausgesprochen – Tragödien auf die Bühne, die bereits einmal über die Bühne des *theatrum mundi* gegangen sind[119]. Was für das Drama gilt, darf auch für die Erzählkunst gelten: »jämmerliche Mordgeschichte/ so sich theils zu unsrer Väter/ theils zu unsren Zeiten begeben«, faßt Harsdörffer zusammen zum ›Grossen SchauPlatz Jämerlicher Mordgeschichte‹[120] (nicht unähnlich den Emblemsammlungen mit ihren ›theatralischen‹ Titeln).

Doch wie Harsdörffer als Gegenstück hierzu einen ›Grossen SchauPlatz Lust- und Lehrreicher Geschichte‹ anbieten kann[121], so ist auch die christliche Perspektive des Welttheaters nicht prinzipiell auf eine tragische Deutung festgelegt. Schon Johannes von Salisbury muß sich

---

»Den Schau-Platz muß mein Fürst zum letztenmahl beschreiten.
Den Schau-Platz herber Angst vnd rauher bitterkeiten.
Den Schau-Platz grimmer Pein!«
(Szyrocki–Powell 4, S. 49). Vgl. auch das berühmte Gedicht ›Menschliches Elende‹:
»WAs sind wir menschen doch? ein wohnhaus grimmer schmertzen.
...
Ein schawplatz herber angst ...«
(Szyrocki–Powell 1, S. 9 bzw. 35; dazu F. G. Cohen, Andreas Gryphius' Sonnet ›Menschliches Elende‹: Original and final form, GR 43, 1968, S. 5ff.).

[118] W. Vosskamp, Untersuchungen zur Zeit- und Geschichtsauffassung im 17. Jahrhundert bei Gryphius und Lohenstein (Lit. u. Wirklichkeit. 1), Bonn 1967, S. 131. Zur »Charakterisierung geschichtlicher Situationen und Ereignisse« als ›Trauerspiel‹ verzeichnet Vosskamp, a.a.O., S. 133 Anm. 127 sieben Stellen aus den Trauerspielen. Vgl. auch W. Flemming, Andreas Gryphius, S. 108 (mit Hinweis auf Merians ›Theatrum Europaeum‹, das auch die Gegenwart theatralisch darbietet).

[119] Diese Sichtweise am deutlichsten in Gryphius' Epigramm ›Auff das zubrochene Colosseum‹ (Szyrocki–Powell 2, S. 214; dazu Vosskamp, a.a.O., S. 133); es wäre zu vergleichen mit Hofmannswaldaus Gedicht ›Die allgemeine Vergänglichkeit‹:
»Diß was Vespasian zum Schauplatz ihm erkohren ...«
(›Begräbnüß Gedichte‹ [in: Deutsche Übersetzungen Und Getichte‹, Breslau 1684], S. 39). Schon Chytraeus behandelte (1562ff.) Thukydides unter dem Leitgedanken: »Die Geschichte ist ein Gemälde und Theater des menschlichen Lebens, welches auf alle Zeiten paßt« (Paulsen 1, S. 351).

[120] Hamburg 1650. Das Zitat aus der ›Zuschrifft‹, fol.) (V^b. Vgl. Rist, ›Poetischer Schauplatz/ Auff welchem allerhand Waaren Gute und Böse Kleine und Grosse Freude und Leid-zeugende zu finden‹, Hamburg 1646.

[121] Frankfurt ⁴1660. Zur Erzählform vgl. E. Kappes, Novellistische Struktur bei Harsdörffer und Grimmelshausen unter besonderer Berücksichtigung des Großen Schauplatzes Lust- und Lehrreicher Geschichte und des Wunderbarlichen Vogelnestes, Diss. Bonn 1954.

in einem gesonderten Kapitel – Curtius hat darauf hingewiesen[122] – mit dem Thema ›De mundana comedia vel tragedia‹ auseinandersetzen. Er läßt die Entscheidung offen und folgt damit letztlich der platonischen Einsicht, daß das *theatrum mundi* aus Tragödie und Komödie ›gemischt‹ sei[123]. »Die Welt ist eine Spiel-buene/ da immer ein Traur- und Freud-gemischtes Schauspiel vorgestellet wird«, so lautet die Antwort des Poetikers Birken[124]. Und für Avancini machen sich auf dem Welttheater »Dolor et voluptas, gaudium et luctus« abwechselnd den Platz streitig[125].

Ob ›Trauerspiel‹ oder ›Mischspiel‹: der Christ ist aufgerufen, sich seiner Rolle bewußt zu werden[126] und sie angemessen zu agieren. »Spilt den dis ernste spiell«, heißt es bei Gryphius[127]. »Hath God made this World his Theatre ... and wilt thou play no part?«, fragt John Donne in einer Predigt vom Jahre 1616[128]. Doch das Bewußtsein, einen von außen verliehenen Part zu spielen, ist nicht an eine spezifisch christliche Motivation gebunden:

> »DJe Person/ die ich jetzt führe/ auff dem Spielplatz dieser Welt/
> Wil ich nach Vermügen führen/ weil sie mir so zugestellt;
> Denn ich hab sie nie gesucht ...«[129].

---

[122] S. 149; vgl. Jacquot, a.a.O., S. 354f.

[123] Vgl. auch Epiktet, ›Diatriben‹ 1, 29,41f.: ›Mensch, da hast du deinen Stoff und deine Fabel. Nun rede etwas, damit wir wissen, ob du ein Tragöde bist oder ein Spaßmacher‹ (πότερον τραγῳδὸς εἶ ἢ γελωποιός).

[124] ›Vor-Ansprache zum Edlen Leser‹, in: Anton Ulrich, ›Die Durchleuchtige Syrerinn Aramena‹, 1. Teil, Nürnberg 1669, fol.) ( IIIª. Diese Auffassung vom Welttheater entspricht übrigens der Theorie der ›Tragico-Comoedie‹, wie sie Birken in seiner Poetik entwirft (s. Markwardt, S. 118). Schon Merian spricht 1631 von der »großen Tragi-Comoedia, so noch in der Welt agiret wird« (s. Vosskamp, a.a.O., S. 132 Anm. 123).

[125] Vgl. o. S. 88.

[126] Die Probleme dieses Bewußtwerdens hat Burger vor allem an Bidermanns ›Philemon Martyr‹ dargestellt (a.a.O., S. 75ff.). Auch in Bidermanns ›Cosmarchia‹ spielen sie eine wichtige Rolle, vgl. die Schlußworte des *angelus tutelaris* über die Selbsttäuschung des Menschen:
»Beatum esse talis esse existimat:
Ludíque se nescit, dum apprimè luditur«
(V 10; Text nach den ›Ludi theatrales sacri‹, Teil 1, S. 213).

[127] Vgl. o. S. 107.

[128] »A Sermon Preached at Pauls Cross to the Lords of the Council, and other Honorable Persons, 24. Mart. 1616. [1616/17]« (The sermons of John Donne. Ed., with introd. and crit. apparatus, by G. R. Potter and E. M. Simpson, Bd. 1, Berkeley and Los Angeles 1962, S. 183ff.; das obige Zitat S. 207, mit Donne's Marginalie »Plato«).

[129] ›Deutscher Sinn-Getichte Drey Tausend‹, Breslau (1654), Drittes Tausend, ›Zu-Gabe‹, S. 231.

Logaus Rechenschaft zielt – wie die des Christen – auf richtige Selbsteinschätzung (»nach Vermügen«), auf *constantia*, auf Bewährung. Wieder einmal zeigt sich, wie nahe *miles Stoicus* (dies nur als Abbreviatur)[130] und *miles Christianus*[131] benachbart sind. Es ist lediglich eine Frage der Nuancierung, ob das Ausharren in der Rolle mehr auf Gottes Zuschauen hin ausgerichtet ist – wie z. B. in Bidermanns ›Calybita‹[132] – oder ob es sein Gewicht wesentlich in sich selbst trägt:

> »Ein ieder sey bedacht, wie er das Lob erwerbe,
> Daß er in Mannlicher postur vnd stellung sterbe,
> An seinem orth besteh fest mit den Füssen sein«[133].

Die bildende Kunst zeigt (insbesondere in den Skizzen und Illustrationen zum Theater), wie solche ›Mannliche postur vnd stellung‹ schauspielerisch zu denken ist[134]. Der Mensch, der seine Rolle in die Hand nimmt und standhaft agiert, ist das genaue Gegenteil einer Marionette, jenes Symbols, das nach Rudolf Majut »nur in Zeitläuften wirkungskräftig werden« kann, »die mit sich selbst zerfallen oder in heftiger Gärung sind«[135]. Wenn der Mensch sich einmal als Spielball der Weltszene empfindet, steht dahinter nicht die Erfahrung letzter Sinnlosigkeit und Zerrissenheit (wie etwa bei Figuren Büchners oder des Sturm und Drang), sondern Erkenntnis der Vergänglichkeit, wie in Hofmannswaldaus ›Klagelied über das unbeständige Gelück‹:

> »Bin ich der Sternen Gauckelspiel?
> ...
> Ich bin ein Ball/ den das Verhängnüs schläget;
> Des Zufalls Spiel; ein Schertz der Zeit«[136].

---

[130] Vgl. o. S. 94.

[131] Im Sinne von Hiob 7,1. Der Begriff ist bekanntlich durch Erasmus und Luther besonders in das Bewußtsein des 16. und 17. Jahrhunderts gedrungen.

[132] Der *angelus tutelaris* zu Calybita:
»Spectavit pugnas tuas Numen, quas fortiter
Pugnasti. Imminet finis laborum: dabitur praemium«
(V 10; a.a.O., Teil 2, S. 289).

[133] Zincgref, ›Eine Vermanung zur Dapfferkeit‹, in: Auserlesene Gedichte Deutscher Poeten gesammelt von Julius Wilhelm Zinkgref. Hrsg. v. W. Braune (NdL. 15), Halle 1879, S. 65.

[134] Vgl. die Reproduktionen und Photographien bei Flemming, Deutsche Kultur ..., S. 3ff.

[135] Lebensbühne und Marionette. Ein Beitrag zur seelengeschichtlichen Entwicklung von der Geniezeit bis zum Biedermeier (Germ. Stud. 100), Berlin 1931, S. 71.

[136] ›Vermischte Gedichte‹ (in: ›Deutsche Übersetzungen Und Getichte‹), S. 40. Metaphern aus dem Bereich der Gesellschaftsspiele begegnen in diesem Zusammenhang häufig; vor allem ›Ball‹ und ›Kugel‹. Vgl. Gryphius:

Über die Bedeutung der *vanitas* als Grunderfahrung des 17. Jahrhunderts braucht hier nicht gesprochen zu werden[137]. Daß zu ihrer
Formulierung kein Bildbereich so prädestiniert ist wie der des Spiels
und des Theaters, liegt auf der Hand. Oft genügt eine leichte Akzentuierung, um an den theatralischen Zügen der Weltszene das Scheinhafte besonders hervortreten zu lassen: so der Zusatz »merely« in der
zitierten Partie aus Shakespeares ›As you like it‹[138]. Um das im engeren
Sinne Theatralische aber legt sich ein ganzer Kranz metaphorischer
Chiffren wie ›Jahrmarkt‹[139], ›Fastnachtsspiel‹[140], ›Posse‹[141] oder auch
›Traum‹[142], allesamt den Illusionscharakter des Welttreibens ins Licht
kehrend[143].

Eine eigentümliche Dialektik von Lust an der Illusion und Lust an
der Desillusionierung bestimmt – charakteristisch für ›barockes‹ Weltverhalten überhaupt – diesen ganzen Bildbereich. Es gibt den betroffenen Hinweis auf das Transitorische des menschlichen Rollenspiels:

---

> »WAs sind wir menschen doch? . . .
> Ein baall des falschen glücks«

(Szyrocki–Powell 1, S. 35). Oder Abraham a Sancta Clara, der das Leben mit
dem ›Kögel-Spiel‹ vergleicht: »In diesem Welt-Spiel/ habt ihr König und grosse
Herren absonderliche Ehr und Respect/ und scheinet/ als seyt ihr dem Glück
über den Sack kommen/. . . es ist aber euer vermaschkertes Leben ein blosses
Spiel« (›Grosse Todten-Bruderschafft‹, Wien 1681, S. 22ff.).

[137] Vgl. jetzt vor allem van Ingen, passim (bes. S. 61ff.) und für Gryphius: Jöns,
Das ›Sinnen-Bild‹, S. 242ff.; B. L. Spahr, Gryphius and the crisis of identity,
GLL, N. S. 22, 1969, S. 358ff.

[138] Oben S. 87.

[139] Das bekannteste Beispiel: Calderóns ›El gran mercado del mundo‹; vgl. Gryphius: ›Marckt der Welt‹ (Szyrocki–Powell 1, S. 196, nach Matth. 20,1ff.); zu
Canitz (›Der Hof‹) s. u. S. 122.

[140] Vgl. die beiden o. S. 86 Anm. 71 angeführten Stellen von Hofmannswaldau:
»nichts als ein Fastnachtsspiel«, »ein Ball voll Unbestand«; ebenso Canitz (›Der
Hof‹), u. S. 122.

[141] Abraham a Sancta Clara: u. S. 122. Vgl. Philippe Quinault, ›Les rivales‹ (1652;
V 7):
> »La vie est une farce et le monde un théâtre«.

[142] Am bekanntesten wiederum: Calderóns ›La vida es sueño‹. Vgl. die Schlußverse des ›Chorus mortualis‹ in Bidermanns ›Cenodoxus‹:
> »Vita enim hominum,
> Nil est nisi somnium«
(IV 8; ›Ludi theatrales sacri‹, Teil 1, S. 137). Ähnlich der ›Chorus lugubris octo
puerorum‹ in Bidermanns ›Belisarius‹:
> »AH miserandae somnia vitae«
(II 9; a.a.O., S. 26). Ferner Gryphius (Szyrocki–Powell 1, S. 9 bzw. 35), Fleming (»diß Leben/ das ich führ' ist recht ein Traum zu nennen«, ›Teütsche
Poemata‹, S. 274) u. v. a.

[143] Zur ›Vergänglichkeitsmetaphorik‹ insgesamt Windfuhr, S. 184ff.

>Mein/ wo bleiben die gebehrden/
die so weit geholet werden
hier auf erden?«[144].

Es gibt aber auch das geradezu gierige Wegreißen der Maske:

>Allo! hinweck Allawaster Gesicht/
Mit Spiegel und mit Kampl/
Eur schön Gestalt überredt mich nicht«[145].

Und es gibt die freiwillige Selbstenthüllung:

>Ich lasse dich ietzund mich ohne Maßque schauen«[146].

Die endgültige, unabweisbare Desillusionierung bringt der Tod.
Wie sehr er die Schauspielmetaphorik evoziert, zeigten schon die antiken Zeugnisse (insbesondere Cicero und Seneca)[147]. Für die Autoren
der Barockzeit ist die Gleichsetzung von Lebens-Ende und Spiel-Ende
völlig geläufig:

>Und wenn der Tod auslescht uns unsre Lebenslampe/
Hernach ists mit uns auch/ wie dieses Schauspiel/ aus«.

So schließt Christian Reuters >Schlampampe<[148], den beliebten Vergleich bereits leicht persiflierend. Meist wird noch mindestens ein
typisches >Bühnen<-Element mitgenannt, oft das Zuziehen des Vor-
hangs[149], häufiger noch und eindringlicher – weil mit dem Leben unmittelbarer verbunden – das Kostüm:

---

[144] Zesen, >Verachtung der nichtigen/ flüchtigen welt-freude< (Cysarz, Barocklyrik 2, S. 97).
[145] Abraham a Sancta Clara, >Mercks Wienn<, Wien 1680, S. 48. Vgl. Lohenstein,
>Sophonisbe<, Reyen zum vierten Akt:
    >Wol! wir wolln bald des Engels Schönheit sehn!
    Ich muß ihr den geborgten Rock ausziehen«
(Just 3, S. 331; »die Larve wegzuzihn«, a.a.O., S. 342). Schefflers Distichon >Der
Larvenmensch< aus dem >Cherubinischen Wandersmann< (Held 3, S. 181). Die
Geste der Demaskierung ist auch: »omnia istorum personata felicitas est. Con-
temnes illos si despoliaveris« (Seneca, epist. 80,8).
[146] Hofmannswaldau, >Helden-Briefe< (in: >Deutsche Übersetzungen Und Ge-
tichte<), S. 40 (>Ermegarde an Rudolphen<). Weitere Beispiele aus den >Helden-
Briefen< bei Buzás, a.a.O., S. 69. Vgl. auch die Schlußszene aus Gryphius'
>Cardenio und Celinde<, wo Olympia vor Cardenio ihre eigene Nichtigkeit be-
kennt (»deß Gesichtes Larv« hat ihn gefangen; Szyrocki–Powell 5, S. 166).
[147] Vgl. o. S. 94f.
[148] >La Maladie & la mort de l'honnete Femme. das ist: Der ehrlichen Frau
Schlampampe Krankheit und Tod< (1696); in der >Schlampampe<-Ausgabe v.
R. Tarot (Reclams Univ.-Bibl. 8712–14), Stuttgart 1966, S. 172.
[149] Canitz: s. u. S. 114. Hofmannswaldau, >Helden-Briefe< (in: >Deutsche Übersetzungen Und Getichte<), S. 41:

>»Nemt Kleid und Mantel hin! wenn sich das Schaw-Spil endet/
Wird der geborgte Schmuck/ wohin er soll/ gesendet!«[150].

Es sind Worte, mit denen Gryphius' Papinian sich auf seinen nahen
Tod vorbereitet. Ist das Vorstellungsmodell einmal akzeptiert, so muß
es nicht nur für die Rollen der Großen, Mächtigen gelten, sondern
auch für die der Geringeren, Unscheinbareren. Es ist demnach nur
konsequent, wenn – mit Harsdörffer zu reden – die ganze Welt ein
»Schauplatz genennet wird/ darauff nicht nur Könige/ Fürsten und
Herren/ wie in den Trauerspielen/ sondern auch Edele/ Burger/
Bauren/ wie in den Freudenspielen erscheinen/ biß solchen offt veränderten Personen/ der Todt die Larvenkleider endlich außziehet«[151].
Was diese Definition gegenüber den bisherigen Zitaten vor allem
auszeichnet, ist die katalogartige Breite, mit der die Skala der typischen Rollen im Welttheater entfaltet wird. Es bedarf nur der sinnlichen Konkretisierung und einer ausgeprägten Tendenz zur Desillusionierung, um zur Narrenrevue zu gelangen. »Nemo ex istis quos
purpuratos vides felix est, non magis quam ex illis quibus sceptrum
et chlamydem in scaena fabulae adsignant: cum praesente populo lati
incesserunt et coturnati, simul exierunt, excalceantur et ad staturam
suam redeunt«[152]. Durchleuchtung der Weltszene und ihrer prächtigen

---

>»Der Fürhang fällt herab/ das Spiel ist ausgemacht/
Die Lampen leschen aus ...«

Unbarmherzig die Formulierung im Brief der Elisabeth Charlotte von der
Pfalz (18. Sept. 1691): »... man macht uns gehen hier- und daher, allerhand
Rollen spielen. Und darnach fallen wir wieder auf einmal und das Spiel ist aus.
Der Tod ist Polichinel, der ein jedem seinen Stoß gebt und vom Theater weg-
stößt« (zitiert nach Majut, a.a.O., S. 20). Vgl. Abraham a Sancta Clara: »es ist
aber euer vermaschkertes Leben ein blosses Spiel/ so dem der Todt ein End
macht/ wirfft man euch samt andern unter die Erd« (›Grosse Todten-Bruderschafft‹, S. 24).

[150] Szyrocki–Powell 4, S. 248. Fast gleich die Topik in der Schlußszene von ›Cardenio und Celinde‹:

>»dieser Liljen Pracht/
Deß Halses Elffenbein sind nur geborgte Sachen
Wenn das gesteckte Ziel mit mir wird ende machen«

(Szyrocki–Powell 5, S. 166).

[151] ›Der Grosse Schau-Platz Lust- und Lehrreicher Geschichte‹, ›Zuschrifft‹,
fol. aV^a.

[152] Seneca, epist. 76,31. Die Purpurkleider begegnen in der weiteren Tradition
immer wieder als Kennzeichen der großen Rollen. Zu Tirso de Molina vgl. die
folgende Anmerkung. Auch in Gryphius' Gedicht ›Ebenbildt vnsers lebens‹ heißt
es:

>»Der trägt ein purpur-kleidt/ vnd jener gräbt im sande«

(Szyrocki–Powell 1, S. 58).

Figuren vom Spielende her: das ist, von Lukian über Erasmus bis zu Cervantes, Tirso de Molina, Grimmelshausen und Abraham a Sancta Clara die wichtigste Technik der satirischen *theatrum mundi*-Darstellung.

Keiner spielt ewig Theater, meint Don Quijote. Ob König, Kaiser, Papst, Ritter, Hofdame, ob Gauner, Betrüger, Kaufmann, Soldat, Vertrauter, Verliebter: »a todos les quita la muerte las ropas que los diferenciaban, y quedan iguales en la sepultura«[153]. Und wie eine makabre Explikation hierzu lesen sich Abrahams Totentanz-Strophen aus ›Mercks Wienn‹. Junge und Alte, Helden und Gelehrte, Schöne und Reiche, sie alle müssen sterben; selbst die »fromme Clerisey« muß einmal Kleid und Titel ablegen:

> »Ihr alle seyd vorm Tod nicht frey/
> Man macht kein neuen Possen«[154].

So unabweisbar diese Sicht des Welttheaters auch ist, die Konsequenz kann durchaus verschieden sein. Abrahams *memento mori* schließt mit der Mahnung, daß »Gott strafft wegen der Sünden«. Bei Gryphius ist das Motiv der Erlösung vom Trauerspiel des Lebens und das Eingehen in die Ewigkeit besonders stark ausgeprägt[155]. Auf der anderen Seite gibt es, dem *carpe diem* verwandt, das Sichbesinnen auf die eigene Rolle und auf die Frist, die dem einzelnen gesetzt ist:

> »Wol dem/ der seine Roll' ihm läst befohlen seyn/
> Und denckt: Es reist der Tod Spiel und auch Spiel-Platz ein«[156].

Ähnliches wie Hofmannswaldau rät auch Canitz dem Schauspieler der Weltszene:

> »Spiel noch so lang und gut die Rolle hier auf Erden,
> Der Schauplatz muß einmal doch zugezogen werden«[157].

---

[153] Teil 2, Kap. 12 (Valbuena Prat, S. 1310; ›Ihnen allen zieht der Tod die Kleider aus, die sie voneinander unterschieden, und im Grab sind sie gleich‹). Ein hiermit z. T. wörtlich übereinstimmendes längeres Zitat aus Tirso de Molina bringt Vossler, Südliche Romania, S. 187f. (ohne freilich auf die Cervantes-Parallele hinzuweisen).

[154] ›Mercks Wienn‹, S. 30. Vgl. die o. S. 111 Anm. 136 zitierte Stelle aus ›Große Todten-Bruderschafft‹.

[155] Das irdische Trauerspiel wird somit zum Vorspiel der Ewigkeit; Stellen bei Buzás, a.a.O., S. 54f.

[156] Hofmannswaldau, ›Begräbnüß Gedichte‹ (in: ›Deutsche Übersetzungen Und Getichte‹), S. 19 (es sind die Schlußverse des Gedichts ›Schau-Bühne des Todes‹).

[157] ›Gedichte‹. Hrsg. v. J. U. König, Berlin u. Leipzig ²1734, S. 224 (erste – postume – Gedichtausgabe 1700).

Solche Wendungen der persönlichen *peroratio* oder *adhortatio* finden ihre notwendige Ergänzung, wenn nicht gar Voraussetzung in der *descriptio* des theatralischen Welttreibens. Wie aber läßt sich seine Buntheit und Fülle einfangen? Abraham wählt – wie schon Lukian – die Revue der Toten. Indem er sie an sich vorüberziehen läßt, bewahrt er der Deskription die Sicherheit und Schärfe der Perspektive, nicht anders als Horazens ›Democritus ridens‹[158] oder etwa der Wirt Goodstock in Ben Jonsons ›The new inn‹[159] – nur daß diese beiden sich am Anblick der Welt eher belustigen:

> »Why will you envy me my happiness?«[160].

Es ist das gleiche, was die Götter bei Erasmus taten. Wie ihnen, so zeigt sich das *theatrum mundi* dem erfahrenen und gelassenen Beobachter als eine einzige Narrenrevue. Logau hat es auf eine kurze Formel gebracht:

> »DJe Welt spielt manches Spiel;
> Sie spiele was sie wil/
> Sind Narren immer viel«[161].

Daß dem Blickwinkel des ruhenden Beobachters sich jeweils nur ein relativ enger Weltausschnitt darbietet, ist evident. Erst derjenige, der sich ins Welttreiben hineinbegibt, hat wirkliche ›Erfahrung‹. Und auf ›erfahrene‹ Realität war das 17. Jahrhundert gierig wie kaum eine andere Epoche[162]. Hier lag nun die große Chance des pikarischen Ro-

---

[158] Vgl. o. S. 95. Als Motiv aufgenommen z. B. von Johann Lauremberg in ›Van Allemodischer Kleder-Dracht‹ (›Veer Schertz Gedichte‹, o. O. 1652, S. 18); von Logau in ›Zeit-Wandel‹ (›Deutscher Sinn-Getichte Drey Tausend‹, Breslau [1654], 2. Tausend, S. 197); von Schupp in ›Deutscher Lucianus‹ (1659; ›Schrifften‹, S. 813); von Scheffler im ›Cherubinischen Wandersmann‹ (Held 3, S. 268). Zu Tschernings Satire ›Democritus‹ (1656) vgl. H. H. Borcherdt, Andreas Tscherning. Ein Beitrag zur Literatur- und Kultur-Geschichte des 17. Jahrhunderts, München–Leipzig 1912, S. 170f.

[159] Gleich die Eingangsszene exponiert ihn als Zuschauer mit festem ›Sitz‹:
> »I have got
> A seat to sit at ease here, in mine inn,
> To see the comedy«

(I 1; Plays. In two volumes. Introd. by F. E. Schelling, Bd. 2, London u. New York 1966, S. 435).

[160] Ebda. Als Überschrift für die erste Ausgabe von ›Bartholomew fair‹ (1631) benutzt Ben Jonson ein zurechtgestutztes Zitat aus Horaz, epist. 2,1,194ff. (Demokrit-Perspektive; falsch verstanden von Stroup, a.a.O., S. 210).

[161] ›Deutscher Sinn-Getichte Drey Tausend‹, 3. Tausend, S. 82 (›Der Welt Comedien-Spiel‹). Vgl. 3. Tausend, S. 167 (›Zu-Gabe‹, Nr. 244).

[162] Vgl. M. Mitrovich, Deutsche Reisende und Reiseberichte im 17. Jahrhundert. Ein kultur-historischer Beitrag, Diss. Urbana/Ill. 1963 (DA 24, 1963, S. 2038).

mans und vor allem des seit Heliodor beliebten Reisemotivs. Die Romane mit ihrer ›theatralischen‹ Materialfülle bilden das charakteristische Gegenstück zum repräsentativen Ausschnitt, den das Theater bot. An die Zentralfigur aber waren vor allem zwei Forderungen zu stellen: sie durfte sich – obwohl sie sich mitten ins Welttreiben hineinzubegeben hatte – den Blick nicht verstellen lassen.

Das vielleicht bezeichnendste Beispiel für dieses Problem bietet Grimmelshausens ›Wunderbarliches Vogelnest‹[163]. Indem die Hauptfigur durch das Nest je nach Wunsch unsichtbar wird, kann sie sich entziehen und behält zugleich ihre Scharfsicht. Der Spruch zum Titelkupfer sagt es deutlich:

> »Ich Schau durch ein Vogel-Nest die krumme Wege an,
>     Welche die Welt hingeht,
>         Die gleichwohl durch ein Ferrnglaß, das kind nit sehen kan
>             Weils voller Schämbärt steht«[164].

Die »Schämbärt‹ – das sind die Masken, mit denen sich die Menschen auf dem Welttheater tarnen[165].

Aber der Held braucht sich nicht notwendig darauf zu beschränken, Beobachter zu sein und die Rollen der anderen zu durchleuchten. Er kann sie auch selbst durchspielen: wie Simplicius Simplicissimus. Als Spielleiter fungiert bei ihm Baldanders; er hat seinen Akteur »mehr als ander Leut bald groß/ bald klein/ bald reich bald arm/ bald hoch bald nider/ bald lustig bald traurig/ bald böß blad gut/ und in summa bald so und bald anders gemacht«[166]. Wenn dieser Rollenwechsel immer wieder gelingt so deshalb, weil die Welt ein einziges großes Theater darstellt[167] – und weil Simplicissimus ein grandioser

---

[163] ›Das wunderbarliche Vogel-Nest‹, o.O. 1672 (vgl. den Neudruck des ersten Teils. Hrsg. v. J. H. Scholte [NdL. 288–291], Halle 1931). Dazu die o. S. 108 Anm. 121 genannte Dissertation von Kappes.

[164] Text nach dem von Scholte als C bezeichneten Tübinger Exemplar, das im Titelkupfer einen vollständigeren Wortlaut bietet als die (nach Scholte) ›editio princeps‹ A (dort fehlt zu Beginn der dritten Zeile das »Die«).

[165] Auf dem Titelkupfer sind solche Masken zu einem Haufen übereinandergetürmt.

[166] ›Der Abenteurliche Simplicissimus Teutsch …‹. Hrsg. v. R. Tarot (Grimmelshausen. Gesamm. Werke in Einzelausgaben), Tübingen 1967, S. 506 (›Continuatio‹). Zur Funktion des Baldanders: H.-U. Merkel, Maske und Identität in Grimmelshausens ›Simplicissimus‹, Diss. Tübingen 1964, S. 140ff.

[167] Der Roman als Ganzes bietet »ein Welttheater von einer Buntheit und Größe, wie es in der deutschen Literatur fast ohne Beispiel dasteht«; E. Ermatinger, Weltdeutung in Grimmelshausens Simplicius Simplicissimus (Gewalten u. Gestalten. 1), Berlin–Leipzig 1925, S. 5.

Schauspieler ist[168]. Am Ende freilich steht die Absage an dieses Theater: »Behüt dich Gott Welt/ dann mich verdreußt deine Conversation ...«[169]. Von der pessimistischen Position eines Gryphius ist dieser *contemptus mundi* kaum mehr weit entfernt. ›Es ist alles eitell‹[170], so klingt es dort wie ein Orgelpunkt. ›Der Wahn betreügt‹, steht als Motto über dem ›Simplicissimus‹[171]. Ob christlich oder stoizistisch, asketisch oder hedonistisch, satirisch oder pikaresk – die barocken Deutungsversuche des *theatrum mundi* konvergieren in der Erkenntnis der *vanitas mundi*.

## f. Der Hof als vollkommenes Abbild des ›theatrum mundi‹

Je vielfältiger und differenzierter sich das Vorstellungsmodell *theatrum mundi* in den verschiedenen Bereichen der deutschen Barockliteratur darbietet, desto nachdrücklicher darf man es – mit Alewyn – als ›die Antwort des Barock‹ auf die Frage nach dem Wesen des Lebens bezeichnen[172]. Gerade weil auch Bereiche wie Satire oder pikarischer Roman (die bei so mancher ›Barock‹-These stillschweigend ausgeklammert werden müssen) auf eigenständige Weise zur Formulierung des ›theatralischen‹ Weltbildes beitragen, ist es legitim, hier von einer epochalen Grundvorstellung zu sprechen. Die entscheidende Bestätigung dafür gibt das Bild des Hofes. Denn er, als Richtpunkt und wichtigste Instanz der höfischen Barockkultur, ist Theater in höchster Potenz:

> »Kein Leben aber stellt mehr Spiel und Schauplatz dar/
> Als derer/ die den Hof fürs Element erkohren«[173].

Dies gilt zunächst in dem Sinne, daß man am Hof ständig den Blicken der Öffentlichkeit ausgesetzt ist. »DEr Hof ist ein erhabener

---

[168] Was er nicht zuletzt beim Komödienspiel im Louvre beweist.
[169] Tarot, S. 460. Ausgelöst wird diese Absage bekanntlich durch »etlich Schrifften deß Quaevarae«, die »so kräfftig waren/ mir die Welt vollends zu erleiden« (a.a.O., S. 457). Dazu G. Weydt, ›Adjeu Welt‹. Weltklage und Lebensrückblick bei Guevara, Albertinus, Grimmelshausen, Neophilologus 46, 1962, S. 102ff. Zum *contemptus mundi* vgl. auch van Ingen, S. 301ff.
[170] So der Titel des berühmten frühen Sonetts (Szyrocki–Powell 1, S. 33f.).
[171] M. Koschlig, ›Der Wahn betreügt‹. Zur Entstehung des Barock-Simplicissimus, Neophilologus 50, 1966, S. 324ff.
[172] Siehe o. S. 89.
[173] Lohenstein, Widmungsgedicht zur ›Sophonisbe‹ (Just 3, S. 249). Zur Bedeutung dieser Vorstellung für die Barocktragödie vgl. W. Benjamin, Ursprung des deutschen Trauerspiels. Revid. Ausg., besorgt v. R. Tiedemann, Frankfurt a. M. 1963, S. 90ff.

Schauplatz/ auf welchen aller Welt Augen gerichtet sind. Will man nun sich dahin begeben/ so muß gewißlich einer mit grosser Vorsicht seine Person zu agiren wissen«[174]. ›Erhaben‹ aber ist der Hof vor allem durch den Glanz, den die Person des Regenten um sich her verbreitet und den das absolutistische Staatsdenken als Abglanz der göttlichen Machtvollkommenheit versteht[175]. Wie weit die Konsequenzen dieses ›Abbild‹-Denkens reichen können, zeigt sich am Beispiel der (bewußt akzentuierenden) Darstellung Rists: »Nicht nur sage ich/ das das Hofeleben das AllerEdelste Leben der gantzen Welt sei/ sondern ich schätze es noch viel höher/ ja/ darf mich wol erkühnen/ es ein recht Göttliches Leben zu nennen. Den/ einmahl ist unläugbar/ das die grosse Potentaten vom heiligen Geiste selber/ Götter genennet werden/ den/ gleich wie GOtt im Himmel/ also regiren grosse Herren auf Erden: Sind nun diselben Götter/ ey/ so mus auch ja ihr Leben/ ein Göttliches/ und demnach das AllerEdelste Leben der gantzen Welt sein«[176]. Zum Repräsentationskreis dieses ›Lebens‹ aber gehört untrennbar (und das ist charakteristisch für höfisch-absolutistisches Denken) »die Göttliche Hofhaltung droben im Himmel«, die bei den irdischen Herrschern durch »Aufwährter und Hofeleute« dargestellt wird[177].

So partizipiert nicht nur der Souverän, sondern auch der Hof als Ganzes an der ›Welthaftigkeit‹ der göttlichen Sphäre und ist schon dadurch über die Gewöhnlichkeit der irdischen Szenerie ›erhaben‹. Das einzelne Mitglied des Hofes aber wird – nach der beliebten Bildvorstellung der Zeit – von der ›Sonne‹ des Fürsten am unmittelbarsten beschienen[178] und ist damit als Akteur auf erhobener Bühne qualifiziert. Es braucht kaum betont zu werden, wie leicht das höfische Denken sich des sakralen Überbaus entledigen und allein aus der

---

[174] Bohse (Talander), ›Der getreue Hoffmeister adelicher und bürgerlicher Jugend‹, Leipzig 1706, S. 415.

[175] Grundlegend hierzu Seckendorffs ›Teutscher Fürsten-Stat‹, Frankfurt a. M. 1656 u. ö. Für das Drama vgl. besonders H. Hildebrandt, Die Staatsauffassung der schlesischen Barockdramatiker im Rahmen ihrer Zeit, Diss. Rostock 1939. Einen Überblick über die Grundthesen gibt Flemming, Deutsche Kultur ..., S. 113ff.

[176] ›Das AllerEdelste Leben der gantzen Welt‹, Hamburg 1663, S. 169. Es handelt sich um eine Lobrede auf das »Hofe-Leben«, im Zusammenhang eines Gespräch-Spiels.

[177] A.a.O., S. 169f.

[178] Vgl. das bei Windfuhr, S. 160 zitierte Beispiel aus Riemers ›Uber-Reichem Schatz-Meister‹ (1681).

Machtvollkommenheit des Regenten Glanz und Sonderstellung ableiten kann[179]. Auch dann bleibt der Hof »Schauplatz/ auf welchen
aller Augen gerichtet sind«. Er bleibt Bühne, und er verfügt über die
Mittel, um Theater außerhalb des Theaters zu spielen. Was dazu an
äußerer Prachtentfaltung notwendig ist, schildern die großen höfischen Romane des 17. Jahrhunderts. Logau versucht, aus eigener
praktischer Erfahrung die wichtigsten Teile des Fundus in einer kurzen Liste zusammenzustellen:

> »Mäntel/ zum bedecken;
> Larven/ zum verstecken;
> Röcke/ zum verkleiden
> [... acht weitere Punkte]
> Mehr noch solche Sachen
> Sind bey Hof im Hauffen«[180].

Statt ›Hofe-Werckzeug‹ hätte Logau auch ›Schauspiel-Werckzeug‹
als Titel über diese Verse setzen können.

Aber es dürfen keine Requisiten und Kostüme aus der Mottenkiste
sein, sondern solche, die Reichtum und Macht des Hofes demonstrieren, d. h. neue, moderne, ›alamodische‹ Kleider. Das zeigt sich vor
allem bei den (beinahe in Permanenz gefeierten) Hoffesten[181]: »da
müssen die Pagen, Lakkeien und andere Aufwährter/ mit ihren a la
mode Kleideren/ Farben und Livreen herüm lauffen/ ... und ist des
Prachtes kein Ende«[182]. Doch ›à la mode‹ heißt: Orientierung an
Frankreich, an der ›großen Welt‹. Nach der Devise »Paris est un petit
monde« (man denke an Johann Grobs Epigramm dieses Titels)[183] versuchen die einzelnen Höfe nun wieder ein ›klein Paris‹ zu werden.
Für die Repräsentanz des Hofes im Hinblick auf das Welttheater ist
dies von großer Bedeutung. Denn nicht allein (oder: nicht mehr) auf
die Welthaftigkeit des göttlichen Vorbildes gründet sich jetzt die
exemplarische Sonderstellung des Hofes, sondern auf die Weltläufigkeit des Fürsten und seiner Hofhaltung. Der Hofmann wird zum
›Weltmann‹. Nur er ist wirklich Mensch, während – nach Rists *lau-
dator aulae* – »der grösseste Theil der Menschen nur halbe Menschen

---

[179] Zum Problem der ›Säkularisation‹ s. o. S. 92f.
[180] ›Deutscher Sinn-Getichte Drey Tausend‹, 2. Tausend, S. 140f.
[181] Vgl. die Darstellungen von Sälzle in: Alewyn–Sälzle, Das große Welttheater,
S. 76ff. Texte auch bei Schöne, Das Zeitalter des Barock, S. 344ff.
[182] Rist, a.a.O., S. 206.
[183] ›Dichterische Versuchgabe‹, Basel 1678, S. 45f. Dementsprechend heißt z. B.
auch Byzanz im ›Leo Armenius‹ »Die kleine Welt« (Szyrocki–Powell 5, S. 49).

sind/ dieweil sie bei Hofe gahr selten/ oder auch wol niemahlen gewesen«[184].

In der Kleidung läßt sich das Maß der Weltläufigkeit am unmittelbarsten ablesen. ›Modernität‹ (das ›Alamodische‹), Kostümierung und
Theatralik sind voneinander nicht zu trennen; sie sind fast auswech-
selbar. Wie sich das Bühnenhafte des Hoflebens besonders eindringlich in der Mode manifestiert[185], so sieht man umgekehrt im Modischen
vorzugsweise das theatralische Element. Ganz in diesem Sinne eröffnet Johann Lauremberg sein Scherzgedicht ›Van Allemodischer Kleder-Dracht‹ mit einem gelassen-ironischen Blick auf das Welttheater:

> »OFtmals bin ick in twifel geseten/
> Vnd hebbe mi darin nicht kond tho richten weten/
> Wen ick bedachte/ wo de Lüde sick qvelen/
> Vnd eine Comedie na der andern spelen/
> Vp dem groten Teater disser Welt/
> Dar ein jeder de Person ageert de em gefelt«[186].

Das scheint ihm der angemessene Hintergrund zu sein, um von seinem eigentlichen Gegenstand zu handeln:

> »Van uthlendischen Habit/ und nie Kleeder Drachten«[187].

Sie sind – so lautet Laurembergs Grundthese – dem Adel und der höfischen Welt durchaus angemessen, nur beim schlichten Bürger sind
sie »Doerheit und lecherlike Maneren«[188].

Die Vorzugsstellung des Hofes im Ganzen des Welttheaters wird
also nicht angetastet, sondern gerade bestätigt; die Sichtweise ist nicht
›antihöfisch‹, sondern dezidiert ›höfisch‹. Doch während Lauremberg primär das Bürgertum anzusprechen bestrebt ist und von der

---

[184] A.a.O., S. 205. Vgl. G. Müller, Höfische Kultur …, in: Deutsche Barockforschung, S. 201: »Vom ›Menschen‹ wird nur das Höfische ernst genommen, weil
nur der Höfling als sozusagen eigentlicher Mensch genommen wird«.
[185] Alewyn, Das große Welttheater, S. 33ff.
[186] ›Veer Schertz Gedichte‹, o.O. 1652, S. 17f. Dazu K. Peter, Der Humor in den
niederdeutschen Dichtungen Johann Laurembergs (Mitteldt. Forschungen. 47),
Köln u. Graz 1967, S. 14ff.
[187] A.a.O., S. 18. Vgl. auch Logaus Epigramm ›Fremde Tracht‹ (›Deutscher Sinn-
Getichte Drey Tausend‹, 2. Tausend, S. 239 ›Zu-Gabe‹, Nr. 177).
[188] Ebda. Die entscheidende Passage:
> »De Göttlicke Wyßheit hefft idt so ordineret,
> Dat de Adel Stand schal syn höger respecteret,
> Als ein Börger edder Middelstands Person/
> Einem jeden schal men sine Ehre andohn«

(ebda.).

bürgerlichen Ebene zum Hof hinaufschaut[189], schildert Logau die höfische Szene als Adliger aus höfischer Perspektive[190]. Und er spart nun ebensowenig mit Kritik wie Lauremberg in seiner Sphäre; schon im Gedicht ›Hofe-Werckzeug‹ war die kritische Tendenz deutlich zu spüren. Ging es dort vor allem um das theatralische Verkleidungs-Instrumentarium, so nimmt er in einem anderen Gedicht (›Frantzösische Bräuche‹) Mimik und Gestik der Hofszene als alamodische Importware aufs Korn:

> »ICh kan es wol gestehen/ daß zierliche Geberden/
> Und höfliches Verhalten in Franckreich kündig werden:
> Diß aber kümt zu wichtig/ daß gar nichts sonst soll tügen
> Was Deutsche für sich selbsten an eigner Art vermügen«[191].

›Alamodekritik‹[192] und ›Hofkritik‹[193] sind die beiden großen geschichtlichen Komplexe, in deren Zusammenhang sowohl Logaus als auch Laurembergs Verse zu interpretieren wären. Das kann hier nicht die Aufgabe sein; es geht allein um den welthaften und den theatralischen Aspekt. Auch zeigt sich, wie fest der Hof als Abbild des Welttheaters im Denken der Zeit verwurzelt ist. Wenn Logau – der hier für viele ähnlich Denkende steht – die allzu starke Bindung an das französische Vorbild anprangert, so kritisiert er gerade dasjenige Element, in dem sich die Weltläufigkeit des Hofes manifestiert: nach Logaus Ansicht hat sie ihre Grenze überschritten, ist ins ›Mondäne‹ und damit in eine gefährliche Scheinhaftigkeit umgeschlagen.

In der Scheinhaftigkeit des Hoflebens aber spiegelt sich die *vanitas* des Welttheaters schlechthin:

> »ANders seyn/ vnd anders scheinen:
> Anders reden/ anders meinen«,

so beginnt Logaus Gedicht ›Heutige Welt-Kunst‹[194]. Zu Kostüm und Gebärde als den theatralischen Symptomen einer tiefreichenden Scheinhaftigkeit kommt nun die Rede. Sie ist bloßes Rollenspiel, wie man es überall in der ›Welt‹ lernen kann, besonders aber am Hof:

---

[189] W. H. Fife, Johann Lauremberg, son of the folk, GR 30, 1955, S. 27ff.

[190] Er kennt das Hofleben seit frühester Jugend. Seine Hof-Laufbahn begann er in Brieg als Page der Herzogin Dorothea Sibylla.

[191] A.a.O., 3. Tausend, S. 105. Zur ›französischen‹ Gebärdung vgl. auch Simon Dach: Ziesemer 2, S. 328.

[192] E. Schmidt, Der Kampf gegen die Mode in der deutschen Literatur des siebzehnten Jahrhunderts, in: Charakteristiken, Bd. 1, Berlin ²1902, S. 60ff.

[193] Grundlegend immer noch Vogt, Die gegenhöfische Strömung in der deutschen Barockliteratur (zu Logau: S. 31ff.).

[194] A.a.O., 1. Tausend, S. 210.

>Ich bin von Hofe kommen
Hab Hofart angenommen.
Was meine Zunge spricht,
Will drum das Herze nicht«[195].

Dieser Antagonismus von ›Zunge‹ und ›Herz‹ wird mehr und mehr
zum Topos der Hofkritik im 17. Jahrhundert[196]:

>Was dient bey Hoff am meisten; der Kopff? nicht gar/ die Zunge:
Was dient bey Hoff am treusten; das Hertz? O nein/ die Lunge«[197].

Immer wieder erscheint in diesem Zusammenhang auch der Vorwurf,
es fehle an deutscher ›Treu und Redlichkeit‹[198]. Kritik des höfischen
Rollenspiels und Kritik der höfischen Moral gehen ineinander über.
Wie der Hof den theatralischen Schein in potenzierter Form darbietet, so auch den lasterhaften Lebenswandel:

>Ein stetes Fastnacht-Spiel, da Tugend wird verhönt,
Obgleich das Laster selbst von ihr die Maske lehnt«[199].

Noch schärfer als Canitz in seinem Gedicht ›Der Hof‹ faßt es Gryphius im ›Leo Armenius‹:

>Was ist der hof nunmehr als eine Mördergruben?
Als ein Verräther platz? ein Wohnhauß schlimmer Buben?«[200].

---

[195] Aus Greflinger, ›Seladons wankende Liebe‹, zitiert nach G. Müller, Deutsche
Dichtung . . ., S. 216. Ähnlich die Darstellung des ›Hoff-Herrn‹ bei Abraham
a Sancta Clara, ›Judas Der Ertz-Schelm‹, 2. Teil, Baden im Ergöw 1689,
S. 262f.
[196] Schon Theobald Hock, ›Schönes Blumenfeldt‹, o.O. 1601 (das sich laut Titel
insbesondere an »Hoff-Practicanten« wendet) hebt mehrfach darauf ab, z.B. in
dem Gedicht ›Von der Welt Hoffart vnd Boßheit‹ (S. 26):
>Ohn Rew vnd Laide/
Zu Hoff man jetzt verkehret/
Wer schwetzen kan der wird auffs höchst geehret«.
[197] Logau, ›Hofe-Glieder‹ (›Deutscher Sinn-Getichte Drey Tausend‹, 3. Tausend,
S. 77).
[198] Breit ausgeführt z.B. in Enoch Gläsers Gedicht ›Deutsche Redlichkeit‹ (Cysarz, Barocklyrik 1, S. 202f.) und immer wieder bei Abschatz (vgl. das bei Cysarz, Barocklyrik 2, S. 236 abgedruckte Gedicht). Über den Zusammenhang mit
der Hofkritik: E. M. Metzger, Zum Problem ›höfisch-antihöfisch‹ bei Hans
Aßmann Freiherr von Abschatz, Diss. Buffalo/N.Y. 1967 (DA 28, 1967, S.
1823 A). Den »Ton reaktionärer Biederkeit« hebt auch G. Müller hervor, Einleitung zum Neudruck von ›Anemons und Adonis Blumen‹ (NdL. 274–277),
Halle 1929, S. LXXXVI. Zur ›Altdeutschen Opposition‹ Windfuhr, S. 351ff.
[199] Canitz, ›Gedichte‹, S. 272. Vgl. Lohenstein (über den Hof):
>Die Laster sind verlarvt hier in der Tugend Kleid«
(Widmungsgedicht zur ›Sophonisbe‹; Just 3, S. 249).
[200] Szyrocki–Powell 5, S. 7f. Ein Gegenbild wird im ›Papinian‹ entworfen:

Vom ›AllerEdelsten Leben der gantzen Welt‹ bis zur ›Mördergrube‹[201]: eine wahrlich reichhaltige Skala, so vielfältig wie die Deutungen des Welttheaters selbst. Nur ist alles um einen Grad pointierter, um jenen Grad, der den Hof als *exemplum* des Welttheaters über die Normalität hinaushebt. So repräsentiert der Hof einerseits als Mikrokosmos die Fülle und den Reichtum der Welt, er bildet sie ab; er ist »ein kleiner Begriff oder Zusammenfassung diser gantzen Welt/ woselbst man alle die Herligkeiten kan sehen/ die sonst auf dem gantzen Erdboden sind zufinden«[202]. Andererseits aber muß auch der umgekehrte Weg legitim sein, der Schluß vom Hof auf die Welt. Diesen Weg hat vor allem die Moralkritik gern gewählt. So wird Hofkritik zur umfassenden Zeitkritik[203]. Scheinhaftigkeit und Theatralik der Hofszene findet man allenthalben auch auf der Weltszene: »Was die Höflichkeit betrifft/ besteht solche nur in der Zungen/ und äußerlichen Schein/ das Hertz aber waißt von keiner Höflichkeit ... so muß ich bekennen/ daß die Höflichkeit groß in Teutschland worden/ massen die Treu/ und Redlichkeit gar selten zu finden«. Laurentius von Schnüffis, der mit diesen Worten eine seiner Romanfiguren katechisieren läßt[204], spricht aus Hof- und Schauspieler-Erfahrung[205]. Er selbst hat die Konsequenz gezogen und die Hofszene verlassen[206]. Ein junger Adliger, der aus fremden Ländern heimkehrt, erhält bei ihm den gleichen Rat:

>»Lieber frey allein/
>Als zu Hofe seyn
>Mit göldiner Dienstbarkeit umbgeben/
>Das einsamb Leben!

---

»Wie selig ist der Hof und Macht/
...
Der nicht nach leichtem Glück und hohen Aemptern steht ...«
(Szyrocki–Powell 4, S. 181).

[201] Moscherosch, ›Visiones de Don Quevedo‹, Straßburg 1640, S. 406 (aus der ›Hoff-Schule‹): »DUlce bellum inexpertis. So gehet es mit dem Hoffleben auch. Wer es von aussen ansihet vnd nicht kennet/ der meynet wunder was darhinder seye. Aber/ Aula Orcus est expertis: Zu Hoff/ zu Höll«.

[202] Rist, a.a.O., S. 205.

[203] Auch hierin folgt die deutsche Hofliteratur – wie in so vielem – einer europäischen, vor allem durch Spanien (Guevara) geprägten Tradition.

[204] ›Mirantische Wald-Schallmey‹, Konstanz 1688, S. 241.

[205] Er war u. a. Schauspieler am Hoftheater des Erzherzogs Ferdinand Karl in Innsbruck.

[206] Zunächst wurde er Priester und Kaplan des Grafen von Hohenems, trat dann in den Kapuzinerorden ein (Breuer, Der Philotheus des Laurentius von Schnüffis, S. 196ff.).

Wo kein Hofes-Pracht/
Recht glückseelig macht/
Hofe gute Nacht«[207].

Es ist die höfische Version jener Wahl, die Simplicissimus am Ende
seiner Lebensreise trifft: ›Adjeu Welt!‹.

## g. *Gracián*

Spanien, das Land, in dem die theozentrische Auffassung vom Welttheater ihre klassische Gestalt gewinnt, bringt auch den Autor hervor,
in dessen Werk sich die anthropologischen Einzeldeutungen zur klassischen Synthese zusammenfinden: Baltasar Gracián[208]. Ein kurzer
Blick auf seine Hauptschriften, insbesondere ›El Criticón‹, läßt bereits
die wichtigsten Traditionen der Theatermetaphorik deutlich erkennbar hervortreten[209].

Die stoische Deutung der menschlichen Rolle begegnet immer wieder (vor allem auf Seneca[210] und Boethius[211] zurückweisend) in der

---

[207] ›Philotheus. oder deß Miranten durch die Welt/ unnd Hofe wunderlicher
Weeg‹, (Hohenems) 1665, S. 102. Vgl. Seckendorffs Resümee im Alter von
sechzig Jahren (›Teutsche Reden‹, Leipzig 1686, ›Vorrede‹, S. 21): »Alles woran
man sich zu Hoffe ergetzet/ darbey ich bey jungen Jahren freylich auch nicht
gar unempfindlich gewesen/ das ist mir verleidet«.

[208] Alle Zitate im folgenden nach: Obras completas. Estudio preliminar, edición,
bibliografía y notas de A. del Hoyo, Madrid ²1960. Zum ›Oráculo manual‹
vgl. auch die ausführlich kommentierte Einzelausgabe von M. Romera-Navarro,
Madrid 1954. Deutsche Übersetzungen nach: Criticón oder Über die allgemeinen
Laster des Menschen. Erstmals ins Deutsche übertragen v. H. Studniczka. Mit
einem Essay ›Zum Verständnis des Werkes‹ und einer Bibliographie v. H. Friedrich (RK. 2), Hamburg 1957 (Teilübersetzung); Handorakel und Kunst der
Weltklugheit ... übersetzt v. Arthur Schopenhauer. Mit einem Nachwort hrsg.
v. A. Hübscher (Reclams Univ.-Bibl. 2771/72), Stuttgart 1964.

[209] Graciáns besondere Position innerhalb der Geschichte der Theatermetaphorik
wird in den Spezialuntersuchungen (Curtius, Vilanova, Jacquot, Stroup etc.; s.
o. S. 92) nicht erkennbar – sofern sein Name dort überhaupt erscheint. Einige
Bemerkungen (ohne den geschichtlichen Hintergrund) bei H. Jansen, Die
Grundbegriffe des Baltasar Gracián (Kölner romanist. Arb., N. F. 9), Genève
u. Paris 1958, S. 167f. (›Die Welt als Bühne‹); K. Heger, Baltasar Gracián.
Estilo lingüístico y doctrina de valores. Estudio sobre la actualidad literaria del
Conceptismo (Publ. del Centenario de Balt. Grac. 2), Zaragoza 1960, S. 36ff.
(bes. zum ›Criticón‹). Vgl. ferner Burger, Dasein heißt eine Rolle spielen, S. 88f.

[210] Vgl. o. S. 94f. mit Anm. 39f. Auf Seneca, epist. 96 weist auch Friedrich, a.a.O.,
S. 218 hin. Zur Seneca-Rezeption im Spanien des 17. Jahrhunderts vgl. jetzt
A. Rothe, Quevedo und Seneca. Untersuchungen zu den Frühschriften Quevedos
(Kölner romanist. Arb., N. F. 31), Genève u. Paris 1965.

[211] Heger, a.a.O., S. 102ff.

Maxime des »vivere militare est«[212]; und sie wird expliziert durch Wissen, Erkenntnis, Weisheit, Selbstbeherrschung als Fundamente des richtigen Weltverhaltens[213]. Die satirisch-deskriptive Sichtweise manifestiert sich nicht nur in Narrenrevue und Reisemotiv des ›Criticón‹ (wobei auch Lukian als Vorbild dient)[214], sondern in der Grundtendenz des Graciánischen Gesamtwerks: als durchdringend scharfe, erbarmungslos nüchterne Analyse der menschlichen Szene. Die höfische Ausrichtung des Weltverständnisses ist für den Spanier Gracián (zumal in der Tradition Guevaras) eine nahezu selbstverständliche Voraussetzung[215], programmatisch formuliert im Vorwort zum ›Criticón‹: was er bieten will, ist »filosofía cortesana«[216].

Nur der christlichen Deutung[217] scheint er in seiner Darstellung des Welttheaters kaum noch Spielraum zu lassen; der tiefverwurzelte Pessimismus gegenüber dem menschlichen Treiben[218] ist vielleicht das christlichste Element seiner Lebenslehre. Der mit bohrender Eindringlichkeit sich wiederholende Prozeß des ›desengaño‹ jedoch (›Enttäuschung‹, ›Desillusionierung‹, ›Ernüchterung‹)[219], in manchem der ›vanitas‹-Position eines Gryphius oder Grimmelshausen vergleichbar, ist durchaus untheologisch: nicht gegenchristlich, aber die Theologie beiseitelassend. »Hanse de procurar los medios humanos como si no

---

[212] Hauptstelle (konzeptistisch zugespitzt) ›Oráculo manual‹, Nr. 13 (del Hoyo, S. 154): »milicia es la vida del hombre contra la malicia del hombre«. (›Ein Krieg ist das Leben des Menschen gegen die Bosheit des Menschen‹). Zwar steht dahinter auch das Wort aus Hiob 7,1 (s. o. S. 94; vgl. Friedrich, a.a.O., S. 218). Aber die charakteristische, weit zurückreichende stoische Tradition verwehrt es, hier »eine Transposition aus dem geistlichen in den weltlichen Bezirk« zu konstatieren (wie Jansen, a.a.O., S. 122 versucht). Vgl. im übrigen schon den Autor des ›Guzmán de Alfarache‹ (1,1,7): »La vida del hombre es milicia« (Vossler, Südliche Romania, S. 298).

[213] Einzelheiten bei W. Krauss, Graciáns Lebenslehre, Frankfurt a. M. 1947, S. 107ff.

[214] Vgl. besonders Heger, a.a.O., S. 36ff. (›La peregrinación alegórica ...‹).

[215] Krauss, a.a.O., S. 77ff.; Friedrich, a.a.O., S. 217f.

[216] »Esta filosofía cortesana, el curso de tu vida en un discurso, te presento hoy, letor juicioso ...« (del Hoyo, S. 519; ›Diese höfische Philosophie, der Gang deines Lebens in eine Abhandlung gebracht, biete ich dir jetzt an, verständiger Leser ...‹). Das wichtigste ›höfische‹ Kapitel ist ›crisi‹ 11 des ersten Buches: »El golfo cortesano« (del Hoyo, S. 620ff.; ›Das Meer des Hoflebens‹).

[217] Heger, a.a.O., S. 107ff. (›Cristianismo de Gracián‹).

[218] F. Maldonado, Gracián como pesimista y político, Salamanca 1916.

[219] G. Schröder, Baltasar Graciáns ›Criticón‹. Eine Untersuchung zur Beziehung zwischen Manierismus und Moralistik (Freib. Schriften z. roman. Philol. 2), München 1966, S. 83ff.

hubiese divinos, y los divinos como si no hubiese humanos: regla de gran maestro, no hay que añadir comento«[220].

Den wohl tiefgründigsten und überzeugendsten ›Kommentar‹ zu diesem Aphorismus bietet gleich die zweite ›crisi‹ des ersten Buches des ›Criticón‹: »El gran teatro del universo«[221]. Es ist Graciáns gültige, geistreich-verhüllende Antwort auf die Einzeltraditionen der Theatermetaphorik. Als Spiegel und als Medien möglicher Welterkenntnis sind sie in sein Werk eingegangen, aber keiner einzelnen unter ihnen hat er sich ganz verschrieben. Er gibt eine Deutung des Welttheaters, die sozusagen jenseits aller Partialdeutungen steht und sie doch zugleich alle umschließt[222].

Andrenio erfährt das Welttheater im Traum[223], in einer von allem Irdischen gelösten Realitätsebene. Und er erfährt es nicht als Fülle des menschlichen Welttreibens, sondern – einer vor allem stoischen Vorstellung entsprechend[224] – als Schauspiel des Kosmos, mit Sonne und Mond in der Funktion zweier alternierender ›Präsidenten‹. Gott ist der »Supremo Artífice« dieses Theaters; aber nicht auf ihn ist das Schauspiel ausgerichtet, sondern auf den Menschen hin, dem Gott alles unterstellt hat: »llegué a asormarme del todo a aquel rasgado balcón del ver, y de él tendí la vista aquella vez primera por este gran teatro de tierra y cielo«[225]. Schauen und immer wieder bewunderndes Schauen, reine Kontemplation ist die Reaktion des Menschen vor dem

---

[220] ›Oráculo manual‹, Nr. 251 (del Hoyo, S. 216; ›Man wende die menschlichen Mittel an, als ob es keine göttlichen, und die göttlichen, als ob es keine menschlichen gäbe. Große Meisterregel, die keines Kommentars bedarf‹). Der ›große Meister‹ ist Graciáns Ordensvater Ignatius von Loyola, vgl. den Kommentar von Romera-Navarro, S. 484f. Durch allzu konsequente Auslegung jesuitischer ›Diesseitigkeit‹ geriet Gracián bekanntlich in Konflikt mit seinem Orden. Über sein Verhältnis zum Orden vgl. besonders M. Batllori, Gracián y el barroco (Storia e Letteratura. 70), Roma 1958 (mit neuen Dokumenten).

[221] Del Hoyo, S. 525ff.

[222] Curtius, S. 151 erwähnt das Kapitel ebenfalls kurz (in zwei Sätzen), wobei sofort spürbar wird, daß er bei seinem Verständnis der Schauspielmetaphorik mit dem ›Universaltheater‹ nichts anzufangen weiß.

[223] Großes Vorbild ist natürlich (kosmisches Schauspiel!) das ›Somnium Scipionis‹.

[224] Seneca-Stellen bei Barth–Goedeckemeyer, Die Stoa, S. 367 Anm. 204. Die Wurzeln der Vorstellung reichen weit zurück, bis zu Platon und Heraklit (die Welt als ›spielender Knabe‹ u. dgl.); zur Kosmosschau vgl. R. Harder, Über Ciceros Somnium Scipionis (1929), in: Kleine Schriften. Hrsg. v. W. Marg, München 1960, S. 354ff. (bes. S. 374f.).

[225] Del Hoyo, S. 526 (›ich hielt von jenem weit aufgetanen Balkon des Sehens Ausschau. Ich richtete den Blick jenes erste Mal auf dieses gewaltige Schauspiel von Erde und Himmel‹).

Universaltheater; die alte, im griechischen Denken wurzelnde, genuin göttliche *actio* ist auf den Menschen übergegangen[226].

Einwirken und Gestalten liegen außerhalb des Horizonts, der Andrenios Traum bestimmt. Und am Ende steht auch hier die Ernüchterung: »Que aun el Sol«, sagt Crítilo, »a la segunda vez ya no espanta, ni a la tercera admira«[227]. Das Irdische verlangt sein Recht, der sich regende Hunger beschleunigt den ›Abstieg zur Erde‹. Der Schluß der ›crisi‹ ist auf eigentümliche Weise schwebend und weiterleitend: »otra vez te convido a nuevas admiraciones, aunque en maravillas terrenas«[228].

Es ist ein doppelbödiges Kapitel, das mehr verschweigt als ausspricht – kaum ein Satz, der nicht näherer Interpretation bedürfte. Gott wird in seiner vollen Majestät bestätigt und doch gewissermaßen am Bühnenausgang des Welttheaters wieder entlassen. Der Mensch ist als der eigentliche Zuschauer vorgestellt und wird doch zuletzt auf das Irdische verwiesen. Aber wer nun regiert die irdische Szene? Die Antwort gibt, wiederum sinnreich und hintergründig, die zwölfte ›crisi‹ des zweiten Buchs: »El trono del mando«[229].

Künste und Wissenschaften stehen im Wettkampf um den Titel einer ›Königin‹, einer ›Sonne der Vernunft‹, einer »augusta emperatriz de las letras«. Zuerst erweist man – der kanonischen Rangfolge entsprechend – der Theologie Reverenz, dann melden sich nacheinander die Vertreter der Philosophie, der ›humaniora‹ (»Humanidad«), Jurisprudenz, Medizin, Poesie und Astrologie. Am Schluß aber, als *contrarium* zur göttlichsten und erhabensten Wissenschaft, zur Theologie, meldet sich die irdischste von allen: »He que para vivir y para valer, decía un ateísta, digo un estadista, a la Política me atengo; ésta es la ciencia de los príncipes, y así ella es la princesa de las ciencias«[230].

Die gleiche Verschränkung von Klimax und Antiklimax wie im Kapitel über das Universaltheater bestimmt den Aufbau dieser Szene: der Weg vom Göttlichsten zum Irdischsten führt zugleich vom Entrücktesten zum Wesentlichsten. Doch der Streit ist erst bis zur – un-

---

[226] Zur Umdeutung bei Donne und Comenius s. u. S. 147.
[227] Del Hoyo, S. 531 (›Selbst die Sonne ... erregt ja schon beim zweiten Male kein Staunen mehr und beim dritten keine Bewunderung‹).
[228] Ebda. (›ein andermal lade ich dich ein zu neuem Staunen, wenn auch nur vor irdischen Wundern‹).
[229] A.a.O., S. 804ff. (›Der Thron der Herrschaft‹).
[230] A.a.O., S. 805 (›Ach was, um zu leben und etwas zu gelten‹, sagte ein Politiker, will sagen ein Atheist, ›halt' ich mich an die Politik: sie ist der Fürsten Wissenschaft, mithin der Wissenschaften Fürstin‹).

ausgesprochenen – Vorentscheidung gelangt. Der Großkanzler der Künste und Wissenschaften, der Präsident der Akademie, will das Urteil fällen. Diesen Augenblick gestaltet Gracián mit aller retardierenden Raffinesse. Der Präsident zieht »un libro enano« hervor, »no tomo, sino átomo«, ein Bändchen von kaum mehr als zwölf Blatt; und er preist es als »la corona del saber«[231], als »la ciencia de ciencias«, als ›Kompaß‹ der Verständigen. Und dann fährt er fort: »Este sí que es el plático saber, ésta la arte de todo discreto ... ésta la quel del polvo de la tierra levanta un pigmeo al trono del mando ...; Oh, qué lición ésta del valer y del medrar!«[232]. Auf dem Höhepunkt der Erwartung nennt er dann den Titel: es ist eine Schrift des großen Luis Vives, ›De conscribendis epistolis‹[233]. Im Gelächter des Auditoriums geht die Übersetzung ›Briefe‹ bereits unter, erst nach einiger Zeit kann der Präsident mit Ernst und Nachdruck hinzufügen: »no hay otro saber en el mundo todo como el saber escribir una carta; y quien quisiere mandar, platique aquel importante aforismo: ›Qui vult regnare, scribat‹, quin quiere reinar, escriba«[234].

Man muß sich diese Partien des ›Criticón‹ wenigstens andeutungsweise vergegenwärtigen, um die einzigartige Kraft praktischer Intellektualität und geschichtlicher Synthese zu spüren, die Graciáns gesamte Lebenslehre bestimmt[235]. Sie stellt innerhalb der Barockepoche den überzeugendsten und folgenreichsten Versuch dar, dem Menschen seine ›schauspielerischen‹ Entfaltungsmöglichkeiten auf dem Welttheater ins Bewußtsein zu rufen. Und wenn man den inneren Sinn, die Spiegel-Funktion der anthropologischen Theatermetaphorik erkannt hat, wird man vom Ausgang des Streits der *artes* kaum überrascht sein. Wo der Mensch sich als Schauspieler versteht, ist das Wort

---

[231] Ebda. (›ein kleinwinziges Buch ..., keinen Band, keinen Tomus, nein, ein Atom ...; ... der Weisheit Krone‹).

[232] A.a.O., S. 806 (›Das, ja das hier ist das praktische [Lesart: ›práctico‹] Wissen, eines jeden Klugen Kunst ... das ist's, was einen Knirps aus dem Erdenstaub emporhebt zum Throne der Herrschaft. Oh, welch eine Lehre ist das zum Geltung-Erlangen und zum Gedeihen!‹).

[233] Zuerst Köln 1537. Die Schrift ist (im Umfang von 25 Seiten) enthalten im 1. Band der ›Opera‹, Basel 1605, S. 59ff.

[234] Del Hoyo, S. 806 (›es gibt auf der ganzen Welt keine andere Wissenschaft, die der Fähigkeit des Briefschreibens gleichkäme. Und wer herrschen will, der handle nach dem bedeutsamen Denkspruch: Qui vult regnare, scribat – wer herrschen will, der schreibe‹).

[235] Den Zusammenhang von Moralistik und literarischem Manierismus versucht jetzt (am Beispiel des ›Criticón‹) die oben genannte Arbeit von Schröder aufzuzeigen.

sein spezifisches, sein eigentlich ›humanes‹ Medium[236]. Aber nicht diese ›humanistische‹ Basis (unmißverständlich bezeichnet durch Vives als den größten Humanisten Spaniens) ist das Entscheidende, sondern der persönliche Werkzeug-Charakter der Sprache. Wer sie beherrscht, beherrscht die Menschen, er besitzt den Schlüssel, der zum Erfolg im ›politischen‹ Welttheater verhilft.

Darin liegt der eigentliche *scopus* jener parabelartigen Erzählung vom Streit der Künste und Wissenschaften. Denn die Anweisung zum Briefschreiben ist ja nichts anderes als eine provokativ unscheinbare Repräsentantin der *artes dicendi*[237]. Unscheinbar freilich nur auf den ersten Blick. Immerhin ist es die *ars dictandi* (oder *dictaminis*) gewesen, die das Erbe der klassischen Rhetorik durch die Jahrhunderte des Mittelalters am treuesten bewahrt und weitergegeben hat[238]. Und was noch wesentlicher erscheint: sie hat, als kanzlistische Disziplin, seit jeher am unmittelbarsten im Kontakt zur jeweiligen politischen, juristischen Realität gestanden. Damit ist sie geradezu prädestiniert, den ›politischen‹ Aspekt der *artes dicendi* zu demonstrieren[239]. Denn deren Wirkungsbereich – das wird durch den Verlauf des Streits impliziert – liegt in der ›Politik‹, im innerweltlichen Miteinander und Gegeneinander der Menschen.

Der göttliche Kosmos mit seinem blendenden Schauspiel jedoch wird indifferent für den, der sich, als Atheist, im irdischen Welttheater zu bewähren und durchzusetzen sucht, in eben jenem Theater, das den eigentlichen Gegenstand des ›Criticón‹ bildet[240]. Nicht um die bloße Deskription der Weltszene und ihrer Figuren geht es dabei.

---

[236] Vgl. o. S. 90.

[237] Eine präzise Parallele – aus dem Bereich der ›artes vivendi‹ – bringt die elfte ›crisi‹ des ersten Buches (›El Golfo cortesano‹) mit dem ›Galateo cortesano‹ von della Casa: ebenfalls ein winziges Bändchen, aber unverkäuflich, weil unschätzbar an Wert. Sein Inhalt: »arte de ser persona« (del Hoyo, S. 627).

[238] Als eigenständiger Komplex vor allem seit dem 11. Jahrhundert greifbar. Literatur s. u. S. 156f.

[239] Dies wird bestätigt durch andere Stellen aus Graciáns Werk, so den 148. Aphorismus des ›Oráculo manual‹, wo dem Briefschreiben – wie der Konversation – eine besondere ›Behutsamkeit‹ auferlegt wird: »es necesaria la advertencia para escribir una carta« (del Hoyo, S. 191; ›es ist Behutsamkeit nötig, einen Brief zu schreiben‹). Im ›Discreto‹ hebt Gracián die Briefkunst – wiederum zusammen mit der Konversationskunst – von der bloßen Stubengelehrsamkeit ab (»erudición de pedantes y gramáticos«) und preist sie als »ciencia usual« (del Hoyo, S. 91; ›Bildung von Pedanten und Grammatikern‹; ›nützliche Wissenschaft‹).

[240] Dargeboten wird es, gemäß satirischer Tradition, als »Maskenzug der Bilder« (Friedrich, a.a.O., S. 223). Aufgabe des Beobachters ist: »Erspähen der wahren Gesichter hinter den Masken, der Herzen unter den Prunkkleidern« (ebda.).

Andrenio soll lernen. Er wird zum Demonstrationsobjekt Graciánischer Lebenslehre. Geleitet durch Crítilo, den Erfahrenen, Gereiften,
lernt er, das Welttheater in seiner ›aparencia‹ zu durchschauen[241],
nach dem Grundsatz: »Las cosas no pasan por lo que son, sino por lo
que parecen«[242]. Damit aber kommt dem Erkenntnis- und Urteilsvermögen entscheidende Bedeutung zu, es wird zum Hebel des Erfolgs:
»Hombre juicioso y notante. Señoréase él de los objectos, no los objectos dél«[243].

In dieser Maxime ist die ganze Dialektik der Lebenslehre enthalten,
das Wechselspiel von Selbsterkenntnis und Welterkenntnis, Selbstbeherrschung und Weltbeherrschung. »Qui vult regnare ...«, zitiert der
Akademie-Präsident, und der entschlossene Wille, sich nicht beherrschen zu lassen, sondern selbst die Oberhand zu gewinnen, bildet die
Triebfeder alles Handelns. Doch das bedeutet zunächst: richtige Einschätzung seiner Zeit, »Conocer las eminencias de su siglo«[244]. Und
im Einzelfall bedeutet es: richtige Einschätzung des jeweiligen Gegenübers, »Comprehensión de los genios con quien trata: para conocer
los intentos«[245]. Daraus ergeben sich die praktischen Konsequenzen.
Man hat mit der Zeit zu leben (»Vivir a lo plático«), mit dem Augenblick (»Vivir a la ocasión«)[246] und vor allem mit den Wünschen und
Eigenheiten der Partner auf der Weltszene: »Saber hacerse a todos.
Discreto Proteo: con el docto, docto, y con el santo, santo«[247].

Mit der Kunst des Sichanpassens (»Saberse atemperar«)[248] sind
Selbsteinschätzung und vor allem Selbstkontrolle dialektisch verbun-

---

[241] Daher sowohl der Titel ›Criticón‹ als auch der Name ›Crítilo‹ als auch die
Bezeichnung ›crisi‹ für die einzelnen Stationen.

[242] ›Oráculo manual‹, Nr. 130 (del Hoyo, S. 186; ›Die Dinge gelten nicht für das,
was sie sind, sondern für das, was sie scheinen‹). Dazu Schröder, a.a.O., S. 83ff.
Die nachfolgenden Zitate entstammen dem ›Oráculo manual‹.

[243] Nr. 49 (del Hoyo, S. 165; ›Scharfblick und Urteil. Wer hiermit begabt ist, be-
meistert sich der Dinge, nicht sie seiner‹).

[244] Nr. 203 (del Hoyo, S. 205; ›Das ausgezeichnet Große seines Jahrhunderts kennen‹). Zur Bedeutung von ›Eminenzen und Perfektionen‹: Krauss, a.a.O.,
S. 142f.

[245] Nr. 273 (del Hoyo, S. 222; ›Die Gemütsarten derer, mit denen man zu tun
hat, begreifen: um ihre Absichten zu ergründen‹).

[246] Nr. 120 und 288 (del Hoyo, S. 183 u. 225; ›Sich in die Zeiten schicken‹ und
›Nach der Gelegenheit leben‹).

[247] Nr. 77 (del Hoyo, S. 173; ›Sich allen zu fügen wissen: ein kluger Proteus: gelehrt mit dem Gelehrten, heilig mit dem Heiligen‹). Über die berühmte Paulini-
sche Anweisung hinaus scheint hier wieder (wie bei der ›Meisterregel‹, s. o.
S. 126) Ignatius von Loyola als Vorbild gedient zu haben; vgl. Romera-Navarro,
S. 162 zur Stelle.

[248] Nr. 58 (del Hoyo, S. 167; ›Sich anzupassen verstehen‹).

den. Erfolg hat nur, wer sich theatralisch gibt, wer sich beobachtet weiß: »Obrar siempre como a vista«[249]. Nicht Selbstaufgabe, sondern gerade Selbstdarstellung ist die Devise der ›filosofía cortesana‹. Erst wenn man seine Rolle bewußt in die Hand nimmt, bewahrt man sich die Autonomie des stoischen Weisen (»Bástese a si mismo el sabio«)[250], wird man ›persona‹[251].

Bei diesem Zentralbegriff, aus dem eine ganze »arte de ser persona« entwickelt wird, zeigt sich noch einmal, mit welcher Unerbittlichkeit und Konsequenz Gracián die Vorstellung vom Welttheater ›ausphilosophiert‹[252]. Es ist nicht lediglich geistreicher Spieltrieb, was ihn dazu veranlaßt. Die innere Legitimation erblickt er – man darf sagen: mit Recht – im Charakter seiner Epoche, des Barockzeitalters: »Todo está ya en su punta, y el ser persona en el mayor«[253]. Der Satz steht programmatisch am Beginn des ›Oráculo manual y Arte de prudencia‹. Die ›Kunst der Weltklugheit‹ ist der wohl genialste Versuch eines Barockautors, mit Hilfe einer emanzipierten, ihrer selbst bewußt gewordenen praktischen Vernunft das menschliche Schauspielerdasein zum persönlichen, ganz und gar säkularen Bühnenerfolg zu führen.

---

[249] Nr. 297 (del Hoyo, S. 227; ›Stets handeln, als würde man gesehn‹).
[250] Nr. 137 (del Hoyo, S. 187; ›Der Weise sei sich selbst genug‹).
[251] Vgl. Schröder, a.a.O., S. 118ff. (Die ›persona‹ Graciáns und der *sapiens* Senecas), auch Jansen, a.a.O., S. 10ff. Auf das Prozessuale des Personwerdens hat vor allem Krauss (a.a.O., S. 108) hingewiesen mit der Beobachtung, daß ›persona‹ bei Gracián auch im Komparativ und Diminutiv erscheinen kann.
[252] Burger, Dasein heißt eine Rolle spielen, S. 88f. hat mit Recht auf den theatralischen Ursprungs des Wortes *persona* hingewiesen (»Vom Theater ist das Wort Person für eine Rolle, die man spielt, aufs Leben übertragen worden«, a.a.O., S. 89).
[253] Nr. 1 (del Hoyo, S. 151; ›Alles hat heutzutage seinen Gipfel erreicht, aber die Kunst, sich geltend zu machen, den höchsten‹). Zu Graciáns ›Zeitbewußtsein‹ vgl. Krauss, a.a.O., S. 72ff. (bes. S. 87ff.).

Zweiter Teil

Soziale Aspekte
der Barockrhetorik

# 1. Die ›politische‹ Bewegung

## a. Ursprung und Ausweitung des Begriffs

Wilhelm Dilthey hat in seinen Studien zu ›Weltanschauung und Analyse des Menschen seit Renaissance und Reformation‹[1] die »eigentümlichste Funktion der Anthropologie des 17. Jahrhunderts« darin gesehen, daß sie – Ansätze des vorausgehenden Jahrhunderts weiterentwickelnd – »eine Theorie der Lebensführung« begründete[2]. Geprägt wird sie durch das »neue Wissen um den Menschen«[3], durch ›Rationalismus‹, ›Naturrecht‹ und vor allem: durch die neue »Autonomie der moralischen Vernunft«[4]. Es ist der geschichtliche Zusammenhang, in dem auch die Lebenslehre Graciáns[5] gesehen werden muß – und die Wiederentdeckung der Rhetorik als eines ›politischen‹ Mediums.

Als Christian Weise im Jahre 1677 mit seinem ›Politischen Redner‹ den Anstoß zu einer wahren Flut deutschsprachiger Rhetoriken und Briefsteller gibt, hat sich das ›Politische‹ schon den Rang eines werbewirksamen Modeworts erobert: Inbegriff einer modernen, weltläufigen, auf Erfolg ausgerichteten Lebens- und Menschenauffassung[6]. Im Zusammenhang des ›Criticón‹ war dieser neue, eigentüm-

---

[1] Vereinigt im 2. Band seiner ›Gesammelten Schriften‹, Leipzig u. Berlin ³1923.

[2] A.a.O., S. 479.

[3] A.a.O., S. 417.

[4] A.a.O., S. 261.

[5] Von Dilthey eigenartigerweise überhaupt nicht berücksichtigt.

[6] Eine gründliche Untersuchung dieses vielschichtigen Komplexes existiert noch nicht. Als erster Versuch einer Orientierung gedacht (aber an der Oberfläche bleibend und in den Wertkategorien fragwürdig): Steinhausen, Galant, curiös und politisch. Drei Schlag- und Modeworte des Perrücken-Zeitalters (o. S. 24 Anm. 13); zu Steinhausens Sichtweise vgl. besonders S. 33: »Es ist das jene niedrige, äußerliche und unsittliche Lebensauffassung, die für das 17. Jahrhundert so ungemein bezeichnend ist«. Einzelnes auch bei B. Zaehle, Knigges Umgang

lich ›diesseitige‹, selbstbewußte Ton in den Worten des ›Politikers‹ bereits angeklungen. Aber so sehr die ›politische‹ Bewegung auch in Deutschland – vor allem seit den 8oer Jahren – durch den Einfluß Graciáns gefördert wurde[7], ist doch der Bedeutungsgehalt des Wortes nicht seine originale Schöpfung[8].

Die Anfänge der Entwicklung reichen weit zurück ins 16. Jahrhundert. Jahrhundertelang war ›Politik‹ in enger Anlehnung an Platon und Aristoteles als Lehre von den Staatsformen betrieben worden, und insbesondere die Fürstenspiegel hatten im Sinne des Gottesgnadentums und der christlichen Ethik auch auf die Praxis der einzelnen Herrscher einzuwirken versucht. Deskription und Analyse der politischen Realität aber gehörten nicht zur Aufgabe der Disziplin ›Politik‹. Dies wandelte sich erst im Zeichen jener Revolution des Staatsdenkens, die vor allem mit Machiavellis ›Il Principe‹ (1513) verbunden ist. Nun wurde ›Politik‹, auf dem Hintergrund des modernen (zumal in Italien und Frankreich ausgebildeten) Machtstaates, als ein eigenständiger, von christlicher Ethik und Theologie durchaus unabhängiger, säkularer Bereich entdeckt[9]. Dementsprechend tritt jetzt ›Politik‹ als anthropologisches Fach immer häufiger in betonten Gegensatz oder zumindest in ein Komplementärverhältnis zur Theologie[10]. Aus dem Prinzip der moral-indifferenten, autonomen *ratio status*[11] entwickelte sich eine neue, ebenso skrupellos praktizierte wie leidenschaftlich bekämpfte[12] ›politische‹ Konzeption.

---

mit Menschen und seine Vorläufer. Ein Beitrag zur Geschichte der Gesellschaftsethik (Beitr. z. neueren Lit.gesch., N. F. 22), Heidelberg 1933, S. 67ff. Aus der Literatur zu Weise und Thomasius (in der vom ›Politischen‹ natürlich auch bisweilen die Rede ist) hervorzuheben: H. A. Horn, Christian Weise als Erneuerer des deutschen Gymnasiums im Zeitalter des Barock. Der ›Politicus‹ als Bildungsideal (Marb. Pädagog. Stud. 5), Weinheim/Bergstr. 1966, S. 45ff.

[7] Dazu K. Borinski, Baltasar Gracian und die Hoflitteratur in Deutschland, Halle 1894 (vgl. u. S. 142f.).

[8] So scheint es z. T. bei Krauss, Graciáns Lebenslehre, etwa S. 79: »Gracián gibt dem Politischen einen neuen Bereich des Bedeutens. Politik ist angewandtes Wissen vom Menschen«.

[9] Vgl. G. Ritter, Die Dämonie der Macht. Betrachtungen über Geschichte und Wesen des Machtproblems im politischen Denken der Neuzeit, Stuttgart [5]1947, S. 37ff.; F. J. Conde, El saber político en Maquivelo, Madrid 1948.

[10] Dazu Dilthey, a.a.O., S. 269ff. u. 439ff. (mit Hinweisen auf die Bedeutung der stoischen Tradition).

[11] F. Meinecke, Die Idee der Staatsräson in der neueren Geschichte. Hrsg. u. eingel. v. W. Hofer (Werke. 1), München [3]1963.

[12] »Jederman schilt jhn/ vnd jederman practicirt jhn« (Zincgref, ›Der Teutschen Scharpfsinnige kluge Sprüch‹, Straßburg 1626, S. 302; dictum des berühmten Historikers und Philologen Janus Gruter).

Nach Deutschland dringt sie, synchron mit der Entstehung des absolutistischen Fürstenstaates, vor allem in der zweiten Hälfte des 16. Jahrhunderts. Die neuen Formen des fürstlichen Regiments wie des zwischenstaatlichen diplomatischen Verkehrs[13], ebenfalls weitgehend von Italien und Frankreich her rezipiert, erfordern immer dringender auch einen besonderen, auf der Höhe der Zeit befindlichen, in ›politischen‹ Dingen geschulten Personenkreis. So erhält beispielsweise auch Gargantua in Fischarts ›Geschichtklitterung‹ (1582/90) einen modernen Präzeptor: »der verstund sich umb Politisch leben«[14]. Innerhalb der weitverbreiteten ›Hofschul‹-Literatur wird ebenfalls mehr und mehr das ›politische‹ Element hervorgehoben, etwa im ›Aulicus politicus‹ des Eberhard von Weyhe (1596)[15]. Und schließlich nimmt auch das Universitätsfach ›Politik‹ einen ungeahnten Aufschwung[16]. Neben die traditionelle Form eines überzeitlichen, aristotelischen Typendenkens oder gar an dessen Stelle tritt nun eine moderne, auch die Wirklichkeit des neuzeitlichen Machtstaates einbeziehende Staatstheorie, die mit neuem Stolz und neuem Selbstbewußtsein den Titel ›Politica‹ führt[17].

Aus der wahren Flut ›politischer‹ Literatur, die sich etwa seit der Jahrhundertwende auch über Deutschland ergießt[18], heben sich Autoren wie Justus Lipsius[19], Georg Schönborner[20], Johann Heinrich

---

[13] Detaillierter Überblick über die neuere Literatur bei W. Janssen, Die Anfänge des modernen Völkerrechts und der neuzeitlichen Diplomatie. Ein Forschungsbericht, DVjs 38, 1964, S. 450ff. u. 581ff. (bes. S. 624ff.: ›Die Anfänge der neuzeitlichen Diplomatie‹).

[14] Johann Fischart, ›Geschichtklitterung‹ (Gargantua). Text der Ausgabe letzter Hand von 1590. Mit einem Glossar hrsg. v. U. Nyssen. Nachw. v. H. Sommerhalder ... 2 Bde., Düsseldorf 1963/64 (dort Bd. 1, S. 210).

[15] Vgl. Burger, Dasein heißt eine Rolle spielen, S. 88 (unter Berufung auf Forster, The temper ...).

[16] H. Maier, Die Lehre der Politik an den deutschen Universitäten vornehmlich vom 16. bis 18. Jahrhundert, in: Wissenschaftliche Politik. Eine Einführung in Grundfragen ihrer Tradition und Theorie. Hrsg. v. D. Oberndörfer (Freib. Stud. z. Politik u. Soziol.), Freiburg i. B. 1962, S. 59ff.

[17] Dabei ist das Fach ›Politik‹ häufig mit der ›Ethik‹ kombiniert, z. B. 1614 in Jena (vgl. W. Erman–E. Horn, Bibliographie der deutschen Universitäten, Bd. 1, Leipzig u. Berlin 1904, S. 640).

[18] Sie wird erfaßt von Gabriel Naudaeus, ›Bibliographia politica‹, Wittenberg 1641 (eine Neuauflage besorgte Conring, Helmstedt 1663). Am Ende des Jahrhunderts heißt es: »Hoc autem et superiori seculo magno conatu et certamine compendia politica scribi coepta sunt, iisque orbis ad nauseam vsque impletus« (Johann Andreas Bose, ›De prudentia et eloquentia civili comparanda diatribae isagogicae‹, Jena 1699, S. 3).

[19] Zu seiner Schrift ›Politica‹ (1612) vgl. Dilthey, a.a.O., S. 290f. und jetzt vor allem G. Oestreich, Justus Lipsius als Theoretiker des neuzeitlichen Machtstaa-

Boecler[21] und Hermann Conring besonders heraus. Vor allem der Letztgenannte, auch als ›Vater der deutschen Rechtsgeschichte‹ bekannt[22], bestimmt in ständiger kritischer Auseinandersetzung mit Machiavelli (dem er 1661 eine eigene Schrift widmet)[23] die ›deutsche‹ Vorstellung von der *ratio status*[24]. Im Mittelpunkt der Diskussion steht das alte, schon von Cicero als staatsmännische Kardinaltugend gepriesene[25], durch Machiavelli mit einem dezidiert diesseitigen, moral-autonomen Akzent versehene Prinzip der *prudentia*. Als Gegenbegriff zur *pietas* (oder auch zur *clementia*) als dem traditionell christlichen Postulat ist sie – über das speziell Staatstheoretische hinaus – zum Fundament einer neuen, emanzipierten Ethik und Lebenslehre geworden.

### b. Die prudentistische Moral

Warum sollten Handlungsmaximen und Lebensformen, wie sie durch die Gegebenheiten der ›politischen‹ Szene erzwungen werden, nicht auch für die allgemeine *vita civilis* gelten dürfen? Die Frage war zusätzlich legitimiert durch jene (oben dargelegte) Vorstellung, daß der Hof, als der eigentliche Ort des politischen Geschehens, das Ganze der Weltszene abbilde bzw. ›repräsentiere‹. Hier liegt der Ursprung des modernen, in der zweiten Hälfte des 16. Jahrhunderts sich herausbildenden und weit bis ins 18. Jahrhundert hinein wirksamen ›politischen‹ Lebensideals. »Also lehret Politica ferner, wie er sich auch in vita civili gegen andern Menschen verhalten solle«, konstatiert be-

---

tes, HZ 181, 1956, S. 31ff.; Schönle, Deutsch-niederländische Beziehungen …, S. 35ff.

[20] Der Gönner des jungen Andreas Gryphius konnte sein Hauptwerk, die ›Politicorum libri septem‹ (zuerst 1609), bis zu seinem Tode siebenmal auflegen lassen (Einzelheiten bei Szyrocki, Der junge Gryphius, S. 110ff.).

[21] Eine Spezialität dieses Straßburger Professors (zu Gryphius' Bekanntschaft mit ihm vgl. DVjs 42, 1968, S. 340f.) war die ›politische‹ Interpretation antiker Historiker (›Dissertationes politicae ad selecta veterum historicorum loca‹, 1674).

[22] Vgl. E. Wolf, Große Rechtsdenker der deutschen Geistesgeschichte, Tübingen ³1951, S. 217ff.

[23] ›Animadversiones politicae in Nicolai Machiavelli librum de principe‹; ein Jahr zuvor hatte er den ›Principe‹ in einer lateinischen Übersetzung herausgebracht. Dazu auch Horn, Christian Weise …, S. 46 (mit Anm. 5).

[24] R. Zehrfeld, Hermann Conrings (1606–1681) Staatenkunde. Ihre Bedeutung für die Geschichte der Statistik … (Sozialwiss. Forschungen. 1,5), Berlin u. Leipzig 1926.

[25] Besonders ›De republica‹, Buch 6.

reits 1622 der Verfasser eines Traktats über ›Aulico-Politica‹[26]. Und kaum drei Jahrzehnte später heißt es, daß nunmehr »unzehlich viel Ethiken und Politiken in allerley Sprachen geschrieben, wie ein Welt- und Hofmann beschaffen und mit allen Tugenden begabt seyn solle«[27].

Bedenkt man, welche Tugenden die Ethik der lutherischen Ortho- doxie und der gegenreformatorischen römischen Kirche von dem Menschen forderte, so wird die Faszination verständlich, die von der neuen, an Weltläufigkeit und Selbstherrlichkeit des Hoflebens orien- tierten Lebenslehre ausging. Auch als Gegenbild zu ›Schulfüchserei‹ und ›Pedanterie‹, den Entartungsformen des konservativen Humanis- mus, wird die Gestalt des ›Politicus‹ positiv bewertet, z. B. von Schupp[28]. Sie ist der Inbegriff einer Lebensform; »Cavalier und Poli- tici«[29] rücken nahe aneinander. Und Conring wird bestätigt, daß nach landläufiger Auffassung »politicus aut homo civilis est quisquis morum aliqua urbanitate et cultu valet prae reliquis«[30].

Daß schließlich modische Kleidung und weltmännisches Gebaren in den Augen vieler genügten, um einen Menschen ›politisch‹ zu nen- nen[31], verwundert nicht (etwa seit den 70er Jahren tritt hierfür im- mer häufiger auch das Modewort ›galant‹ ein)[32]. So sehr diese Ver- äußerlichung des Lebensideals von den Einsichtigen (wie etwa Con- ring) bedauert wurde, die eigentliche Gefahr lag in der Trivialisie- rung der moralischen Prinzipien des ›Politicus‹. War man schon ge- gen die Skrupellosigkeit oder gar Antichristlichkeit[33] des machiavel-

---

[26] Zitiert nach Steinhausen, a.a.O., S. 30 Anm. 4.
[27] Vorrede zur deutschen Übersetzung des ›Honneste Homme‹ von Faret, Leip- zig 1650 (a.a.O., S. 30). Eines der am weitesten verbreiteten ›politischen‹ Lehr- bücher dieser Art war der ›Politische Weltmann‹ des Martin Husanus, zuerst 1643 erschienen (vgl. Goedeke [2]III, S. 281) und noch 1700 wieder aufgelegt. Auch Emblembücher und Impresensammlungen führten das ›Politische‹ jetzt gern im Titel, etwa Peter Isselburgs ›Emblemata politica‹ (Nürnberg 1617) oder die Bücher von Zincgref oder de Montenay (genauere Angaben bei Henkel– Schöne, Emblemata, S. XLVff.).
[28] ›Corinna‹ (1660), in: ›Schrifften‹, S. 467f. u. ö.
[29] Schupp, ›Deutscher Lucianus‹, a.a.O., S. 808.
[30] ›De civili prudentia‹, Helmstedt 1662, S. 2.
[31] Ebda.: »quique adeo in communi vita sese gerit, qua incessu, qua sermone, qua gestu«. Auch auf diese Dinge legten die ›politischen‹ Lehrbücher natürlich großen Wert, so Johann Wolfgang Christstein, ›Der heutige Weltmann in sei- nem politischen Habit‹, o. O. 1675. Zum Begriff des ›alamodichen Politicus‹ vgl. Zaehle, Knigges Umgang mit Menschen ..., S. 67.
[32] Es gibt dem ›Politischen‹ noch einen speziell französischen Akzent; vgl. u. S. 179.
[33] Als Mißbrauch des Wertprädikats *politicus* faßt Conring die areligiöse Kon-

listischen Staatsdenkens leidenschaftlich zu Felde gezogen (die Auseinandersetzung dauert während des ganzen 17. Jahrhunderts an)[34], so drohte nun, vor allem aus christlicher Perspektive gesehen, auch die individualistische Variante der *prudentia*-Moral[35] das gesellschaftliche Leben zu vergiften. Sehr bald bildete sich, weitgehend konform mit der allgemeinen ›Hofkritik‹[36], ein fester Katalog moralischer Vorhaltungen heraus:

> »ANders seyn/ vnd anders scheinen:
> Anders reden/ anders meinen:
> Alles loben/ alles tragen/
> Allen heucheln/ stets behagen/
> Allem Winde Segel geben:
> Bös- vnd Guten dienstbar leben:
> Alles Thun vnd alles Tichten
> Bloß auff eignen Nutzen richten;
> Wer sich dessen wil befleissen
> Kan Politisch heuer heissen«.

So lautet Logaus bereits kurz berührtes Gedicht ›Heutige Welt-Kunst‹[37]. An einer anderen Stelle rechnet Logau noch schärfer mit den ›Politikern‹ ab (›Ein Welt-Mann‹):

zeption: »INvaluit hodie tetra quaedam et horribilis acceptio vocis politici, qua is demum ita audit qui ad commodum reipublicae unice omnia sic dirigit, ut pietatem divinumque cultum huic postponat imo habeat insuper. Qua acceptione Politicus omnis est ἄθεος, et politica est peritia prae utilitate reipublicae Deum religionemque omnem aspernendi« (›De civili prudentia‹, S. 5f.).

34 Auch bei Gracián ist der antimachiavellistische Ton unüberhörbar, bereits in ›El Héroe‹ (1637); vgl. Heger, Baltasar Gracián, S. 140ff. (›Gracián y Machiavelli‹). Selbst der Begriff des ›político‹ (oder ›estadista‹) kann bei ihm unter diesem Gesichtspunkt einen abwertenden Akzent erhalten (Krauss, Graciáns Lebenslehre, S. 171 Anm. 27).

35 Zu einem Hauptvertreter dieser ›Glücks‹-Lehre wurde Christian Georg von Bessels ›Politischer Glücks-Schmied‹, der 1666 als Raubdruck erschien und dann 1681 in Frankfurt unter dem Titel ›Neuer Politischer Glücks-Schmied‹ auch legitim aufgelegt wurde.

36 Sehr bezeichnend dafür ein Brief des Pegnitzschäfers Martin Kempe über Georg Neumark (den langjährigen Sekretär der ›Fruchtbringenden Gesellschaft‹): er leihe überall Geld und zahle es dann nicht zurück. »Aber das heist hofmännisch und politisch, hatte bald gesagt, praktisch seyn« (Brief vom 22. Juni 1668, zitiert nach Spahr, The archives of the Pegnesischer Blumenorden, S. 59). Abraham a Sancta Clara wendet den Gedanken auf seine Weise ins Etymologisch-Spielerische: »Von Polliceri kombt Politicus her/ deßwegen dieser vil verspricht/ vnd wenig halt« (›Judas Der Ertz-Schelm‹, 2. Teil, S. 138).

37 ›Deutscher Sinn-Getichte Drey Tausend‹, 1. Tausend, S. 210. Vgl. Hofmannswaldau, ›Vermischte Gedichte‹ (in: ›Deutsche Übersetzungen Und Getichte‹), S. 38:

> »Bey verkehrten Spiele singen/
> Sich bezwingen/

>»Was heist politisch seyn? Verdeckt im Strauche liegen/
Fein zierlich führen um/ vnd höflich dann betriegen«[38].

Und Simon Dach faßt das gleiche in die Form des ›Adjeu Welt‹ (oder
›Adjeu Hof‹):

>»GVte Nacht, du falsches Leben,
Das man jetzt Politisch nennt!«[39].

Schon um die Jahrhundertmitte[40] ist also die individualistisch-utilita-
ristische Variante der ›politischen‹ Bewegung in Deutschland so weit
vorgedrungen, daß sie heftige Gegenreaktionen auslöst.

Nicht nur die Vertreter des Prinzips der ›Rechtlichkeit‹ oder
›Redlichkeit‹ fühlen sich herausgefordert[41], sondern vor allem die de-
zidierten Christen. Die betonte Weltlichkeit, Diesseitigkeit mancher
›Politici‹ muß sie noch zusätzlich reizen[42]. Dabei kommen Tendenzen zum Vorschein, die sich – in der Gegenüberstellung von ›Theologie‹ und ›Politik‹ – bereits während des 16. Jahrhunderts ankündigten.
Mehr und mehr wird jetzt der ›Politicus‹ Konträrbegriff zum ›Geistlichen‹[43]; und schließlich spricht man sogar von ›politischen‹ Berufen: es »müssen alle diejenigen Politici heißen, die in öffentlichen Be-
dienungen, die nicht geistlich sind, stehen. Denn man theilet alle Aemter ein in weltliche und geistliche, und wer ein weltliches bekleidet,
der hat bei dem Pöbel die Ehre, ein Politicus zu heissen«[44].

---

Reden was uns nicht gefällt/
Und bey trüben Geist und Sinnen
Schertzen können/
Ist ein Schatz der klugen Welt«.

[38] Logau, a.a.O., 2. Tausend, S. 17. Vgl. das Gedicht gleichen Titels (mit Martial
3,63 als Vorbild) von Johann Grob, ›Dichterische Versuchgabe‹, S. 96.
[39] Ziesemer 2, S. 327 (›Falschheit‹, ›lügen‹, ›Heucheley‹ sind Leitmotive des sechs-
strophigen Gedichts). Wenn die von Ziesemer im Kommentar (a.a.O., S. 392)
als ›Parodie‹ zitierten Verse sich bereits auf Dach beziehen, so müßte dessen
Gedicht 1640 oder früher entstanden sein.
[40] Logau stirbt 1655, Dach 1659; die Zeugnisse können aber (s. die vorige Anmerkung) wesentlich älter sein. Conrings ›De civili prudentia‹ stammt von 1662.
[41] Vgl. o. S. 136f.
[42] Nicht zuletzt aus diesem Grunde benutzt man für den Bereich des öffentlichen
Lebens gern auch den moralisch unbelasteteren Begriff ›Policey‹ (etwa Meyfart,
›Teutsche Rhetorica‹, Frankfurt a. M. 1653, S. 35).
[43] Etwa in Schupps Unterscheidung »zwischen der Politischen und Theologischen
Hoffart« (›Freund in der Noht‹, o. O. 1658, S. 57). Bezeichnend auch der Titel
einer 1680 erschienenen Sammlung nichtgeistlicher Trauerreden: ›Schlesische
Schatz-Kammer unterschiedener Trauer-Reden und Abdanckungen von Politicis gehalten‹, Breslau 1680 (T. Georgi, Allgemeines europäisches Bücher-Lexicon,
4. Teil, Leipzig 1756, S. 31).
[44] Christoph August Heumann, ›Der Politische Philosophus‹, Frankfurt u. Leipzig
1714, Vorrede (zitiert nach Steinhausen, a.a.O., S. 27). Vgl. auch Hallbauers

Versucht man nun, für die Jahre um 1660 eine erste semantische Bilanz des Wortes ›politisch‹ und seiner Umgebung zu ziehen, so könnte man fünf Hauptbedeutungen herausheben[45]. 1. Es gibt ›Politik‹ nach wie vor als Lehre von den Staatsformen und ihren Gesetzen, nun freilich vor allem auf die Wirklichkeit der modernen Machtstaaten ausgerichtet. 2. Als ›Politicus‹ gilt, wer mit staatlichen, vor allem diplomatischen Aufgaben betraut ist. 3. In betontem Gegensatz zur Geistlichkeit können auch allgemein die weltlichen Berufe als ›politisch‹ bezeichnet werden. 4. Als ›Politicus‹ gilt, wer sich in Kleidung und Umgangsformen höfisch-weltmännisch zu geben weiß. 5. ›Politisch‹ handelt, wer in ›kluger‹, auch skrupelloser Weise, unter konsequenter Ausnutzung sich bietender Gelegenheiten seinen individuellen Erfolg, sein irdisches ›Glück‹ sucht.

## c. Die Gracián-Rezeption in Deutschland und die ›Politisierung‹ des Welttheaters

Dies ist – in groben Zügen – der Stand der ›politischen‹ Bewegung, als im Jahre 1672 zum ersten Mal ein Werk Graciáns (›El Político Don Fernando el Católico‹, übersetzt von Lohenstein: »Staats-kluger Catholischer Ferdinand‹) auch auf deutsch erscheint[46]. Mit der Rezeption Graciáns im Deutschland des 17. Jahrhunderts ist nun ein Thema angesprochen, das noch immer keine systematische, klärende Untersuchung gefunden hat. Ein bereits 1894 von Karl Borinski vor-

---

›Anleitung zur Politischen Beredsamkeit Wie solche Bey weltlichen Händeln ... üblich‹, Jena u. Leipzig 1736. In den allgemeinen Sprachgebrauch dringt die Unterscheidung offenbar zu Anfang des 18. Jahrhunderts, doch läßt sie sich bis ins 17. Jahrhundert zurück verfolgen: »Was heist Politisch? Es heist ... im gantzen Wandel den jenigen conform leben/ die sich im weltlichen Stande gegen den geistlichen Personen einiger Freyheit gebrauchen« (Weise, ›Curieuse Fragen über die Logica‹, Leipzig 1696, S. 620).

[45] Vgl. die – im einzelnen anders abgegrenzten – sechs Bedeutungen, die Heumann (a.a.O.) angibt. An Heumann sind wiederum z. T. die Artikel ›Politick‹ und ›Politicus‹ bei Zedler 28, 1741, Sp. 1525ff. orientiert.

[46] Näheres bei H. von Müller, Bibliographie der Schriften Daniel Caspers von Lohenstein, 1652–1748, in: Werden und Wirken. Festschr. f. K. W. Hiersemann, Leipzig u. Berlin 1924, S. 184ff. (dort S. 234ff.). In der Literatur wird die Übersetzung häufig – nach einem späteren Druck – auf 1676 datiert (von Newald, S. 332 sogar auf 1679). Lohenstein widmete sie, als der Herzog Christian zu Liegnitz 1672 gestorben war, dessen noch unmündigem Sohn Georg Wilhelm. Die ausführliche ›Zuschrifft‹ gibt interessante Einblicke in Lohensteins Verhältnis zum Habsburgischen Kaiserhaus. Vgl. auch E. M. Szarota, Lohenstein und die Habsburger, Colloquia Germanica 1, 1967, S. 263ff.

gelegter Versuch[47] bietet zwar reiches (chaotisch ausgeschüttetes) Material[48], geht aber in seinen Konstruktionen und Schlußfolgerungen zu weit[49], so daß Egon Cohn schließlich in das entgegengesetzte Extrem verfiel und einen wesentlichen Einfluß Graciáns schlechthin verneinte[50]. In der Tat werden die beiden für die Lebenslehre entscheidenden Werke Graciáns, ›Oráculo manual‹ und ›Criticón‹, erst in den 8oer und 9oer Jahren einem breiteren deutschen Publikum bekannt[51], zunächst in französischer Bearbeitung[52], dann auch in (aus dem Französischen übersetztem) deutschem Text[53]. Doch ist durch diese Feststellung das Problem nicht erledigt. Gerade im Zusammenhang der gemeineuropäischen Hofliteratur kann der indirekte Einfluß Graciáns noch erheblich weiter zurückreichen, und da während

---

[47] Vgl. o. S. 136 Anm. 7.

[48] Lohensteins ›Político‹-Übersetzung fehlt darunter (besonders bedauerlich, weil Lohenstein – im Gegensatz zu den späteren Übersetzern – noch unmittelbar auf den spanischen Text zurückgreift).

[49] Ausgangspunkt der Darstellung ist die These, Gracián sei »der Vater der beiden wichtigsten Elemente der modernen Bildung, der Erkenntnis des Geschmacks und jener bewussten Praxis der Weltklugheit, die man im 17. Jahrhundert Politik nennt«. Daß der Satz in puncto ›Politik‹ – jedenfalls für Deutschland – so nicht zu halten ist, hat sich bereits gezeigt.

[50] Gesellschaftsideale und Gesellschaftsroman des 17. Jahrhunderts (1921), besonders S. 21of. (Vgl. auch Zaehle, Knigges Umgang mit Menschen ..., S. 69 und Wendland, Die Theoretiker und Theorien ..., S. 25). Kurze Überblicke gaben inzwischen H. Tiemann, Das spanische Schrifttum in Deutschland von der Renaissance bis zur Romantik (Ibero-Amerikan. Stud. 6), Hamburg 1936, S. 49ff.; E. Schramm, Die Einwirkung der spanischen Literatur auf die deutsche, in: Dt. Philol. im Aufriß ²III, Sp. 147ff. (dort Sp. 153f.; knappe Literaturangaben Sp. 169).

[51] Sicher unzutreffend also die Feststellung von Horn, Christian Weise ..., S. 51: »Das Handorakel Gracians war im 17. Jahrhundert in Deutschland weit verbreitet« (das kann höchstens für die beiden letzten Jahrzehnte gelten).

[52] Das ›Oráculo manual‹ gab Amelot de la Houssaie unter dem Titel ›L'homme de cour‹ heraus, zuerst Paris 1684; Neuauflagen erschienen das ganze 18. Jahrhundert hindurch (sie sind verzeichnet in der o. S. 124 Anm. 208 genannten ›Oráculo‹-Ausgabe von Romera-Navarro, S. XXIX). Vgl. V. Bouillier, Notes critiques sur la traduction de l'Oráculo Manual par Amelot de la Houssaie, Bulletin hispanique 35, 1933, S. 126ff. ›El Criticón‹ erschien in französischer Übersetzung als ›L'Homme détrompé, ou le Criticon de Baltasar Gracian‹, Paris 1696 (Autor: Guillermo de Maunory).

[53] Den Amelot übersetzte Adam Gottfried Kromayer als ›L'Homme de cour, oder Balthasar Gracians Vollkommener Staats- und Weltweise‹, Leipzig 1686; ein Jahr darauf erschien, übersetzt von Johann Leonhard Sauter, ›L'Homme de Cour, oder der heutige politische Welt – und Staat Weise‹, Frankfurt u. Leipzig 1687 (vgl. wiederum Romera-Navarro, a.a.O., S. XXIX). Ein Jahrzehnt später folgte (anonym) auch ›Des berühmten spanischen Jesuiten Balthasar Gracians Criticon von den allgemeinen Lastern der Menschen‹, Frankfurt u. Leipzig 1698.

der zweiten Hälfte des 17. Jahrhunderts – zumal in Adelskreisen[54] – die Spanischkenntnisse spürbar zunehmen, ist in einzelnen Fällen auch mit originaler Lektüre zu rechnen[55].

Für die Entstehung des ›politischen‹ Romans wäre eine Klärung dieser Fragen von großer Bedeutung. Bereits in Weises ›Drey Haupt-Verderbern‹ von 1671, vor allem aber in seinem ›Politischen Näscher‹ (1675 erschienen, doch vielleicht früher entstanden) hat Borinski Einflüsse des ›Criticón‹ aufzuzeigen versucht[56], während Arnold Hirsch – offenbar ohne Borinskis Arbeit zu kennen – den Namen Gracián nicht einmal erwähnt[57]. Wie dessen unmittelbare oder mittelbare Wirkung auch immer zu bewerten sein mag[58], im gegenwärtigen Zusammenhang geht es vor allem um die exemplarische Bedeutung Graciáns für die neue diesseitige, durch ›Klugheit‹ bestimmte Konzeption des Weltverhaltens. Und so wenig er als Schöpfer des anthropologischen ›Politik‹-Begriffs gelten kann, so unbestreitbar verdankt ihm die ›politische‹ Lebenslehre ihre klassische, auch über die Jahrhunderte hinweg – man denke an Schopenhauer[59] – faszinierende Gestalt als »la princesa de las ciencias«[60].

Ihre enge Verquickung mit einer neuen, ›personalistisch‹ bestimmten Deutung des *theatrum mundi* ist kein belangloser Zufall, sondern ein erneuter Beweis dafür, wie tief das barocke Weltverständnis im Theatralischen verwurzelt ist. Und nicht von ungefähr läßt sich nun auch bei dem Autor, der als einer der ersten nachweisbar von Gra-

---

[54] Zur Pflege moderner Sprachen vgl. u. S. 378. Einzelheiten über den Spanischunterricht des jungen Adligen gibt Christian Schröter, ›Kurtze Anweisung zur Information Der Adlichen Jugend‹, Leipzig 1704, S. 5.

[55] Spanisch lesen können z. B. Harsdörffer, Scheffler, Lohenstein, Christian Gryphius, Thomasius.

[56] Baltasar Gracian ..., S. 118ff. Zaehle, Knigges Umgang mit Menschen ..., S. 87 hält – bei kritischerer Grundeinstellung – daran fest: »Trotz alles Unterschiedlichen, das nicht übersehen werden soll, ist des Gemeinsamen so viel – vor allem die Tendenz, den Roman auf das Gebiet der Politik hinüberzuleiten –, daß man ein bewußtes Zurückgreifen Weises auf Gracian mit Bestimmtheit annehmen darf«.

[57] Bürgertum und Barock im deutschen Roman. Ein Beitrag zur Entstehungsgeschichte des bürgerlichen Weltbildes. 2. Aufl. besorgt v. H. Singer (Lit. u. Leben, N. F. 1), Köln u. Graz 1957, S. 40ff. Borinski wird an keiner Stelle zitiert.

[58] Schramm, a.a.O., Sp. 154 sieht hier mit Recht eine Aufgabe, die noch zu lösen ist: »Die Einzelheiten, so z. B. die Bedeutung des ›Criticón‹ für den politischen Roman Christian Weises, bedürfen sorgfältiger Überprüfung«.

[59] A. Morel-Fatio, Gracián interprété par Schopenhauer, Bulletin hispanique 12, 1910, S. 377ff. Vgl. V. Bouillier, Baltasar Gracián et Nietzsche, RLC 6, 1926, S. 381ff.

[60] Unter dieser Perspektive freilich könnte man Gracián wohl als ›Vater der Politik‹ bezeichnen.

cián beeinflußt ist, bei Lohenstein, die prudentistische Version der Theatermetaphorik beobachten:

> »Wer niemals thöricht spielt/ die Klugheit oft verstellt/
> Aus Thorheit Vortheil macht/ ist Meister in der Welt«[61].

So heißt es in dem schon mehrfach zitierten Widmungsgedicht zur ›Sophonisbe‹[62], das mit seinen 276 Alexandrinern eine einzige große Explikation des Themas ›die Welt ist ein Schauspiel‹ darstellt.

Die beiden Verse enthalten Graciáns Lebenslehre in nuce[63]: das Leben ist ein Spiel; die Welt ist eine Narrenrevue (durch ›Thorheit‹ bestimmt); man muß daraus ›klug‹ seinen Vorteil ziehen, ohne seine Taktik zu erkennen zu geben; man darf nicht selbst der Torheit verfallen; so macht man sich die Welt untertan. Es genügt, zunächst einmal nur diese zwei Verse mit der Trauerspiel-Metaphorik eines Gryphius zu konfrontieren, um auf einen Blick den grundlegenden Wandel des Welttheater-Verständnisses zu bemerken, der sich im Zeichen des ›Politischen‹ vollzogen hat.

> »DEr Mensch das spiel der zeit/ spielt weil er alhie lebt«,

resümiert Gryphius zu Beginn des Sonetts ›Ebenbildt vnsers lebens‹[64]. Lohenstein scheint im ›Sophonisbe‹-Gedicht zunächst das gleiche auszusagen:

> »Für allen aber ist der Mensch ein Spiel der Zeit«.

---

[61] Just 3, S. 247.

[62] Das Stück wurde 1666 abgeschlossen zur Heirat Kaiser Leopolds I mit der spanischen Infantin Margareta Teresia, der Tochter Philipps IV (vgl. W. Kayser, Lohensteins ›Sophonisbe‹ als geschichtliche Tragödie, GRM 29, 1941, S. 20ff.). Gedruckt wurde es erst 1680, und aus dieser Zeit dürfte auch das Widmungsgedicht stammen.

[63] Bisher kaum beachtet ist die Tatsache, daß Lohenstein in den Anmerkungen zur ›Sophonisbe‹ gleich zweimal, jeweils mit genauer Quellenangabe, aus Graciáns ›Político‹ zitiert (zu Vers 156 und 613 des fünften Akts; Just 3, S. 402 und 409). Vor allem das zweite Zitat hängt mit dem Anlaß des Stücks (s. die vorige Anm.) unmittelbar zusammen: »Wie durch des Fernandi Catholici Heyrath mit der Isabella aus Castilien/ und seine Thaten die Spanische Monarchie gegründet/ und durch Verheyrathung seiner Tochter Johannae mit Philippo auf das Ertzhaus Oesterreich versetzet worden/ ist bekand« (Just 3, S. 401f.; es folgt das Gracián-Zitat). Daß Lohenstein den ›Político‹ bereits 1666 gelesen hat, ist durch diese (nachträgliche) Anmerkung natürlich nicht bewiesen. Eine Chronologie der Beziehungen Lohensteins zum Kaiserhaus versucht E. Verhofstadt, Daniel Casper von Lohenstein: Untergehende Wertwelt und ästhetischer Illusionismus. Fragestellung und dialektische Interpretation, Brugge 1964, S. 53; zum weiteren Rahmen vgl. die genannte Arbeit von Szarota, Lohenstein und die Habsburger.

[64] Szyrocki–Powell 1, S. 58.

Doch mit unüberhörbarer Akzentuierung setzt er hinzu:

>»Das Glücke spielt mit ihm/ und er mit allen Sachen«[65].

Fortuna bleibt eine nicht zu unterschätzende Macht, aber es gilt sie zu >korrigieren‹, sich ihrer zu bedienen, ›mit allen Sachen‹ zu spielen. Der Mensch vermag Gelegenheiten und Augenblicke auszunutzen, um das Spiel zu seinen Gunsten zu wenden:

>»So gehts! Ein Augenblick verkehret Glück und Spiel/
> Wenn man mit Feind und Glutt so langsam künsteln wil«[66].

Es bedarf einer Kunstfertigkeit, jener ›arte de prudencia‹, die schließlich zum Erfolg auf der Weltbühne führen muß[67].

Von passiver, resignierender Hingabe an das irdische Theater kann freilich auch bei Gryphius nicht durchweg die Rede sein:

>»Spilt den dis ernste spiell: weil es die zeit noch leidet«[68],

ermahnt er die Menschen, und in ›Cardenio und Celinde‹ preist der Chor ›die Zeit‹ als höchsten Schatz des Menschen:

>»Wer die recht braucht/ trotzt Tod vnd Noth/ vnd Neid
> Vnd baut jhm selbst den Thron der Ewigkeit«[69].

Doch gerade gegen eine solche Vertröstung des Menschen auf ein eschatologisches, transzendentales τέλος richtet sich – mehr oder weniger ausdrücklich – die ›politische‹ Lehre[70]. Bei Gracián wird der Perspektivenwechsel im Kapitel vom ›Universaltheater‹ hintersinnig be-

---

[65] Just 3, S. 246.
[66] ›Epicharis‹ III 2 (Just 2, S. 203). Voraus geht – eine kurze Szene steht dazwischen – der Reyen »Der Klugheit; Des Gelückes/ Der Zeit/ Des Verhängnüßes« (a.a.O., S. 198ff.) Zu diesem Reyen s. Verhofstadt, a.a.O., S. 149ff.
[67] Ganz in diesem Sinne (Prämiierung für eine gute Bühnenleistung wie beim Schultheater) ist auch das bei Flemming, Deutsche Kultur ..., S. 32 zitierte Gedicht von Titz zu verstehen:
> »Ich seh, wie in der Welt wir armen Menschen pflegen
> Bald dies bald jenes Kleid, itzt an-, itzt abzulegen.
> Ich schätze den für klug und gebe dem den Preis
> Der die Person hier recht und wohl zu spielen weiß«.
[68] Szyrocki–Powell 1, S. 58.
[69] Szyrocki–Powell 5, S. 140.
[70] Vosskamp hat durch die vergleichende Gegenüberstellung von Gryphius und Lohenstein gezeigt, wie die »Dialektik von Zeit und Ewigkeit« durch eine »Polarität von Zeit ... und ... Vernunft« ersetzt wird. »Vernunft gilt es nicht nur dem dauernden Wandel der Zeit entgegenzusetzen, sondern zugleich ins Spiel der Zeit zu bringen, d.h. Vernunft erhält die Funktion einer mitspielenden Macht, die dem Menschen zur Verfügung steht« (a.a.O., S. 209).

gründet[71]. Nun braucht die Konzeption eines Universaltheaters, bei dem der Mensch als Zuschauer gedacht ist, an sich noch nicht unchristlich oder gar gegenchristlich zu sein. John Donne hat (ausgehend von 1. Kor. 13,12) eine ganze Predigt[72] auf dem Gedanken aufgebaut: »The whole frame of the world is the Theatre, and every creature the stage, the medium, the glasse in which we may see God«[73]. Auch Comenius beispielsweise kennt das Weltganze als ein Theater, das Gott zur Demonstration seiner Weisheit dem Menschen eingerichtet hat[74]. Aber davon ist bei Lohenstein keine Rede mehr. Er klammert Gott, fast noch entschiedener als Gracián, aus dem Universaltheater gänzlich aus:

> »Ist der Natur ihr Werck nicht selbst ein stetig Spiel?
> Der Sterne Lauf beschämt den Klang der süssen Seiten.
> Der Thier-Kreiß steckt so wol der Sonne nicht ein Ziel/
>
> ...
>
> Wie spielt nicht die Natur auf Erden? ...«[75].

Die konsequente Säkularisierung, die sich in einer solchen Verschiebung der Theatermetaphorik ausdrückt[76], stieß – wie schon angedeutet – vor allem unter gläubigen Christen auf entschiedenen Widerstand. Es gab jedoch auch Versuche, die Vereinbarkeit von Christentum und ›Politik‹ nachzuweisen, so den emblematischen Fürstenspiegel ›Idea de un príncipe político christiano‹ (zuerst München 1640) des lange Zeit in Deutschland tätigen Diplomaten Diego de Saavedra Fajardo[77]. Wie er mit Nachdruck gegen eine machiavellistische Ver-

---

[71] Oben S. 126ff.

[72] Osterpredigt 1628 (Potter-Simpson 8, S. 219ff.).

[73] A.a.O., S. 224. Donne beruft sich dabei u. a. auf Thomas von Aquin: »Aquinas calls this Theatre, where we sit and see God, the whole world« (a.a.O., S. 233; eine Marginalie Donne's dazu lautet: »Theatrum, Mundus«).

[74] Es ist eine Grundvorstellung des ›Orbis sensualium pictus‹ (1658); vgl. Garin 3, S. 38.

[75] Just 3, S. 245f. (einen Einfluß Graciáns erwägt hier auch Vosskamp, a.a.O., S. 132 Anm. 124, unter Hinweis auf Studniczkas ›Criticón‹-Übersetzung, S. 13). Zur Auffassung der Natur als ›Festpracht‹ und zu ihrer Einbeziehung in die Bühne (vor allem beim spanischen Drama) vgl. Benjamin, Ursprung des deutschen Trauerspiels, S. 91f.

[76] Die Säkularisierung des Theaters bei Lohenstein hat vor allem Hankamer nachdrücklich hervorgehoben (z. B. Deutsche Gegenreformation ..., S. 313: »Lohenstein hat das Trauerspiel in seinem ganzen Sinn und Gefüge säkularisiert. Aus dem Bereich der Gegenreformation ... tritt es durch ihn in das weltliche Barock«).

[77] Der Text der ›Idea‹ auch zugänglich in: Obras completas. Recopilación, estudio preliminar, prólogos y notas de A. González Palencia, Madrid 1946, S. 143ff. (dort S. 47ff. auch eine eingehendere Darstellung von Saavedras Zeit in Deutschland). Eine lateinische Version, ›Idea principis Christiano-Politici‹, er-

rohung des staatlichen Lebens ankämpft, so ist auch Gracián sichtlich bemüht, einer Verflachung der individual-›politischen‹ Lebenslehre vorzubeugen, sie an das Ideal des ›discreto‹ zu binden[78]. Und eben diese Tendenz kehrt nun auch im ›Sophonisbe‹-Gedicht wieder. Am Beispiel des Mannes, dem er das Stück widmet[79], möchte Lohenstein zeigen,

> »Daß auch der Hof Gestirn und solche Lichter leide;
> Die's Glücke nicht verrückt/ kein Finsternis versehrt/
> Daß Tugend unbefleckt besteh in Würd und Seide;
> Daß Höfligkeit nicht steck aufrichtge Seelen an/
> Daß Spiel und Weißheit sich gar schicklich paaren kan«[80].

Es ist nicht ohne Bedeutung, daß dort, wo zum ersten Mal ein unmittelbarer Einfluß der Lebenslehre Graciáns greifbar wird[81], gleich auch Maß, Moralität und ›Diskretion‹ in den Vordergrund rücken. Denn im Einsatz für diese Ziele, gegen die amoralische Trivialisierung des ›politischen‹ Lebensideals, sehen ja auch die beiden wichtigsten *propagatores politicae* in Deutschland eine ihrer Hauptaufgaben: Weise und Thomasius. Für Thomasius ist der Rückgriff auf den originalen Gracián-Text entscheidende Voraussetzung des Weges zur wahren ›Politik‹. Aus eben diesem Grund zieht sich durch die berühmte Vorlesung von 1687[82] wie ein Leitmotiv die Kritik an der Einseitigkeit und Unzulänglichkeit der Amelotschen ›Oráculo‹-Bearbeitung[83].

---

schien Köln 1650; eine deutsche Version: ›Ein Abriss Eines Christlich-Politischen Printzens‹, Amsterdam 1655 (vgl. Henkel–Schöne, Emblemata, S. LXIII) u. ö.

[78] Heger, Baltasar Gracián, S. 145ff.

[79] Es ist Franz Freiherr von Nesselrode, Bücherliebhaber, Mäzen, langjähriger Kammerherr Leopolds I. Lohenstein selbst war 1675 in diplomatischer Mission vom Kaiser empfangen worden und hatte den Titel eines Kaiserlichen Rats erhalten.

[80] Just 3, S. 249f. Zur Frage des Machiavellismus in Lohensteins Dramen vgl. E. Lunding, Das schlesische Kunstdrama. Eine Darstellung und Deutung, København 1940, S. 103ff. u. 108ff.

[81] Zur Bedeutung der spanischen ›Politik‹ für den ›Arminius‹ (1689/90) vgl. L. Laporte, Lohensteins Arminius. Ein Dokument des deutschen Literaturbarock (Germ. Stud. 48), Berlin 1927, S. 45ff. Daß Lohenstein bei der Konzeption des ›Arminius‹ den ›Politico Christiano‹ des Saavedra »vor Augen« hatte, konstatierte bereits Borinski, a.a.O., S. 116 Anm. 2.

[82] Titel: »Welcher Gestalt man denen Frantzosen in gemeinem Leben und Wandel nachahmen solle? ein Collegium über des Gratians Grund-Reguln/ Vernünfftig/ klug und artig zu leben«. Nach den Ausgaben von 1687 und 1701 unter dem Titel ›Von Nachahmung der Franzosen‹ hrsg. v. A. Sauer (Dt. Litt.denkm. des 18. u. 19. Jh.s, N. F. 1), Stuttgart 1894.

[83] Die Kritik beginnt schon beim Titel ›L'Homme de cour‹, der nach Thomasius'

148

Im Jahre 1698 erscheint (nach dem ›Oráculo manual‹, 1687) zum ersten Mal auch ›El Criticón‹ in deutschem Text[84]. Schon kurz darauf faßt Christian Gryphius, von diesem Versuch enttäuscht, den Plan einer eigenen Übersetzung[85]. Schon allein das Vorhaben verdient Aufmerksamkeit. Stellt man sich für einen Augenblick, im Gedankenexperiment, den Vater Gryphius als Gracián-Übersetzer vor, so werden noch einmal – wie bei dem Vergleich mit Lohenstein – die tiefgreifenden Veränderungen bewußt, die im Lauf einer einzigen Generation eingetreten sind[86]. Vor allem von Weise und Thomasius nachhaltig gefördert und auf ein neues, literarisch wie lebensphilosophisch anspruchsvolles Niveau gehoben, ist die ›politische‹ Bewegung während der drei letzten Jahrzehnte des 17. Jahrhunderts zu einem integralen Bestandteil des geistigen Lebens geworden.

Wie weit Christian Gryphius seinen Übersetzungsplan schließlich verwirklicht hat, ist nicht mehr festzustellen[87]. Das Motiv jedoch, das in ihm den Plan aufkommen ließ, hat er noch 1698 in einem Schulactus deutlich ausgesprochen. Es ist das gleiche wie bei Thomasius: Kritik am Unverstand vieler (sogar spanischer) Leser und an der Unfähigkeit der Übersetzer. Vor allem Amelot de la Houssaie nimmt er sich vor: »Keiner aber hat es schlimmer gemacht als der Frantzose in der vor einem Jahr herausgekommenen Übersetzung des ersten Theiles, in dem er nach der schönen Art seiner Herren Landes-Leutte, was er nicht verstand, aussen gelassen, manchmal ganz wider des Autoris Meinung laufende Dinge hineingeflickt«[88]. Und wie zum Beweis, daß er selbst den Spanier verstanden habe, läßt er in dem darauf folgenden Actus den Chor ein Stück ›politischer‹ Lebenslehre verkünden:

»DJese Welt ist eine Bühne/
. . .
Wer das Spiel nicht lernt verstehen/
Muß mit eignem Blutt besprizt. . .

---

Auffassung (vgl. später auch Schopenhauer) viel zu eng gefaßt ist und die allgemeine Gültigkeit der Lebensphilosophie Graciáns verdeckt.

[84] Vgl. o. S. 143 Anm. 53.

[85] Borinski, a.a.O., S. 143f. berichtet darüber kurz.

[86] Sie zeigen sich nicht zuletzt in den Schulactus des Sohnes: »Seine Aufgabe sieht Christian Gryphius darin, die Mitmenschen zu ermahnen und zu einem besseren Verhältnis zum Zeitlichen zu erziehen« (D. Eggers, Die Bewertung deutscher Sprache und Literatur in den deutschen Schulactus von Christian Gryphius [Dt. Stud. 5], Meisenheim a. Glan 1967, S. 43).

[87] Im Nachlaß auf der Breslauer Stadtbibliothek hat Borinski keine Entwürfe oder Notizen finden können.

[88] Zitiert nach Borinski, a.a.O., S. 144 (aus dem Nachlaß).

```
. . .
```

SChicket euch recht in die Leute/
  Theilt das Spiel vernünftig ein/
Denn verseht ihr etwas heute/
  Dörft' es morgen schlimmer seyn.
Seyd nicht furchtsam/ nicht verwegen/
  Führt die Handlung mit Bedacht/
Und nehmt/ weil daran gelegen/
  Zeit und Ort sehr wohl in acht«[89].


## 2. Die Rhetoriken des 17. Jahrhunderts und das ›gemeine Leben‹

### a. Äußeres ›aptum‹ und soziale Isolation

Im ersten Hauptteil des ›Orator‹ gibt Cicero, unmittelbar anknüpfend an die Definition des *eloquens*[1], eine kurze Darstellung der prinzipiellen Probleme, vor die der Redner immer von neuem durch die Realität der *vita* gestellt wird. Diese Skizze, zentriert um den Begriff des ›äußeren πρέπον‹ bzw. *aptum*[2], könnte als Motto über einer Sozialgeschichte der Rhetorik stehen[3], und es ist kaum Zufall, daß einzelne der Ciceronischen Kategorien sich eng mit der ›politischen‹ Konzeption eines Christian Gryphius oder Gracián berühren: »est eloquentiae sicut reliquarum rerum fundamentum sapientia. Ut enim in vita sic in oratione nihil est difficilius quam quid deceat videre. Πρέπον appellant hoc Graeci, nos dicamus sane decorum ... Est autem quid deceat oratori videndum non in sententiis solum sed etiam in verbis. Non enim omnis fortuna, non omnis honos, non omnis auctoritas, non omnis aetas nec vero locus aut tempus aut auditor omnis eodem aut verborum genere tractandus est aut sententiarum semperque in omni parte orationis ut vitae quid deceat est considerandum;

---

[89] Der Chortext (von Borinski nicht herangezogen) ist enthalten in: ›Poetische Wälder‹, Frankfurt u. Leipzig 1698, S. 773f. Die Zuordnung zu dem Actus, den Borinski zitiert, ergibt sich aus Gryphius' eigenen Angaben, a.a.O., S. 707ff.

[1] »Erit igitur eloquens ... is qui in foro causisque civilibus ita dicet, ut probet, ut delectet, ut flectat« (Orator 21,69).

[2] Lausberg § 1057.

[3] Sie wird wahrscheinlich noch auf lange Zeit hinaus ein Desiderat bleiben; Ansätze mit betont ›freiheitlicher‹ Orientierung (im Sinne des Taciteischen ›Dialogus‹) bei A. Damaschke, Geschichte der Redekunst. Eine erste Einführung, Jena 1921.

quod et in re de qua agitur positum est et in personis et eorum qui dicunt et eorum qui audiunt«[4].

Als das ›Schwierigste‹ in der Praxis des Redners bezeichnet es Cicero, sich jeweils an *tempus, locus, personae, auditores* u. dgl. anzupassen[5], ihnen gegenüber das πρέπον zu wahren; als ausschlaggebend für den Erfolg, ja für Tod und Leben des Menschen auf der Weltbühne bezeichnet es der ›Politiker‹ Christian Gryphius, »Zeit und Ort sehr wohl in acht« zu nehmen, sich »recht in die Leute« zu ›schicken‹ (man denke an Goethes Begriff des ›Schicklichen‹ als des künstlerischen ›aptum‹)[6]. Nichts ist so selbstverständlich – könnte man sagen – wie die Forderung, daß der Redner nicht zu jeder Gelegenheit und vor jedem Publikum in der gleichen Weise rede und daß auch die rhetorische Theorie diesem Axiom gerecht werde[7]. Solange sich Theorie und politisch-forensische Praxis (wie bei Cicero oder bei den Rhetoren der attischen Polis) in enger Wechselwirkung befinden[8], stellt sich hier wenigstens prinzipiell kein unüberwindliches Problem.

Aber das sind bekanntlich die selteneren Phasen in der Geschichte der Rhetorik. Spätestens mit dem Beginn der römischen Kaiserzeit, als die *ars bene dicendi* sich vom Forum in die Rhetorenschulen zurückzieht und den Kontakt zur *vita communis* mehr und mehr verliert[9], zeigt sich mit aller Schärfe, was es bedeutet, eine ehrwürdige, aus politischen Ursprüngen sich herleitende Tradition zu pflegen und weiterzuentwickeln. Spätere Epochen stehen, unter wechselnden Vor-

---

[4] Orator 21,70f.

[5] In der früheren Schrift ›De oratore‹ begegnen die gleichen Kategorien auf die *genera dicendi* bezogen (3,55,210): »perspicuum est, non omni causae nec auditori neque personae neque tempori congruere orationis unum genus«; zu den Differenzen zwischen ›Orator‹ und ›De oratore‹ in dieser Hinsicht vgl. J. Lücke, Beiträge zur Geschichte der genera dicendi und genera compositionis, Diss. Hamburg 1952, S. 87ff. Die Kategorie *persona* bezieht sich im übrigen nicht nur auf die Zuhörer, sondern auch auf den Redner selbst (Lausberg § 1057).

[6] Oben S. 17f.

[7] Ein Überblick über die Entwicklung des πρέπον-Begriffs von Platon bis ins 17. Jahrhundert (mit Schwergewicht auf dem ›inneren‹ Aspekt und der ethischen Bedeutung des Wortes) bei Fischer, S. 191ff. (dort auch die ältere Literatur).

[8] Dabei sind weder Personalunion von Theoretiker und Praktiker noch absolute Gleichzeitigkeit von Theorie und Praxis notwendig (eines der Hauptziele des ›Orator‹ ist bekanntlich die Rechtfertigung von Ciceros früherer rhetorischer Tätigkeit).

[9] Kurze Darstellung der Probleme bei Clarke, Die Rhetorik bei den Römern, S. 131ff. (mit weiteren Hinweisen).

aussetzungen, im Grunde immer wieder vor der gleichen Fragestellung; auch sie ist eine Konstante der ›rhetorischen Tradition‹.

Die Erforschung der rhetorischen Theorie des 17. Jahrhunderts hat von diesem Kardinalproblem bisher fast völlig abstrahiert[10]. Theoreme und Systeme scheinen von Autor zu Autor, von Lehrbuch zu Lehrbuch weitergegeben zu werden, ohne daß ein Zusammenhang mit der historischen Gesamtentwicklung, mit den sozialen und politischen Veränderungen der Epoche erkennbar ist[11]. In der Tat bleiben zwei der wichtigsten Träger der rhetorischen Tradition, Gymnasium und Universität, das ganze Barockjahrhundert hindurch in einem eigentümlich starren Konservatismus befangen[12]. Das Latein als absolut beherrschendes Medium der *eloquentia* sichert eine – auch ständische – Exklusivität[13], innerhalb deren sich die rhetorische Sprachpflege nahezu autonom entfalten kann.

Daraus folgt freilich keineswegs, daß der gesamte Komplex des ›äußeren *aptum*‹, von dem Cicero (ebenso wie etwa Aristoteles oder Quintilian) gesprochen hatte, in der humanistischen Rhetoriktheorie ausgeklammert blieb[14]. Die umfangreiche Pathoslehre beispielsweise, die sich ja mit der affektiven Beeinflussung des jeweiligen Publikums beschäftigt[15], ist regelmäßig in den Lehrbüchern enthalten[16]. Auch die reich differenzierte Kasuistik der Rede-Anlässe gehört zum festen Pensum des rhetorischen Unterrichts im 17. Jahrhundert. Aber das alles ließ sich so gut wie ausschließlich mit Hilfe antiker *exempla*

---

[10] Es scheint als Problem auch nicht einmal erkannt zu sein, selbst in der schon genannten Monographie von Stötzer nicht (Deutsche Redekunst im 17. und 18. Jahrhundert), die ja dezidiert ›sozial‹ ausgerichtet ist. Die von Stötzer mehrfach (bes. S. 59ff.) betonte Unterdrückung bzw. Nichtexistenz der Redefreiheit im feudal-absolutistischen 17. Jahrhundert ist als Faktum bekannt und stellt nur einen Teilaspekt des hier angesprochenen Problems dar.

[11] Dies mag zum Teil damit zusammenhängen, daß praktisch alle Autoren – Stötzer ausgenommen – die Rhetoriktheorie nicht an und für sich, sondern nur im Hinblick auf die Poetik untersuchen.

[12] Unten S. 244ff.

[13] Ironische Spiegelung dieser Exklusivität bei Goethe: »Der Schulmann, indem er Lateinisch zu schreiben und zu sprechen versucht, kommt sich höher und vornehmer vor, als er sich in seinem Alltagsleben dünken darf« (Maximen und Reflexionen, Nr. 1029; Hamb. Ausg. 12, S. 511).

[14] Gerade weil die ›Klassiker‹ der antiken Rhetoriktheorie (nicht der Auctor ad Herennium) auch das allgemeine Problem des ›äußeren *aptum*‹ eingehend behandelt hatten, mußte es in den humanistischen Kanon eingehen.

[15] Zur Tradition dieses Teils der Rhetoriktheorie eingehend Dockhorn, Die Rhetorik als Quelle des vorromantischen Irrationalismus . . ., passim.

[16] Vgl. die im dritten Teil der vorliegenden Arbeit gegebenen Überblicke über die Lehrbücher von Vossius, Soarez, Kaldenbach usw.

und *praecepta* bestreiten, im Unterricht selbst wie in der gelehrten ›Berufspraxis‹. Das literarische Leben des Humanismus mit seinen typischen Anlässen, seiner Gelegenheitspoesie und seiner Gelegenheitsrhetorik[17], hatte sich ja gerade am Muster der Antike gebildet, und je vollkommener das Vorbild imitiert wurde[18], desto stolzer war das Bewußtsein der eigenen ›humanistischen‹ Fähigkeiten.

Zwar ist schon früh auch innerhalb des Humanismus selbst die Warnung vor allzu sklavischer *imitatio* der Antike zu hören. So vertritt etwa der alternde Erasmus im ›Ciceronianus‹ (1527)[19] die Ansicht, von einem *apte dicere* könne man erst dann sprechen, »si sermo noster personis et rebus praesentibus congruat«[20]. Doch richtet sich diese Mahnung in erster Linie gegen den radikalen Ciceronianismus sowie gegen paganistische Tendenzen[21], keineswegs etwa geht es Erasmus um ›Modernität‹ schlechthin oder gar um die Orientierung an der politischen Realität seiner Zeit. Das gleiche gilt für die humanistische Rhetorik bis weit ins 17. Jahrhundert hinein. Das alte, seit Aristoteles gültige Schema von gerichtlicher, beratender und epideiktischer Rede wird sorgfältig weitergegeben[22], und bei der Lektüre der antiken Autoren leistet es seine guten Dienste. Selbst die Verschiedenheiten der Staatsform werden berücksichtigt; in der weitverbreiteten Schulrhetorik von Vossius[23] heißt es etwa: »Adhaec prudentis est oratoris, videre, utrum dicat in μοναρχία, sive unius principatu, an ἀριστοκρατία sive optimatium imperio, an δημοκρατία, sive populi potestate«[24]. Und es wird kurz erklärt, auf welche Machtverteilung der Redner jeweils zu achten habe[25].

---

[17] Darüber (neben Jacob Burckhardts noch immer faszinierender Darstellung in der ›Cultur der Renaissance‹) die materialreiche Arbeit von Trunz, Der deutsche Späthumanismus um 1600 als Standeskultur, in: Deutsche Barockforschung, S. 147ff.

[18] G. Streckenbach, Stiltheorie und Rhetorik der Römer als Gegenstand der imitatio im Bereich des deutschen Humanismus, Diss. Berlin 1932.

[19] T. Zielinski, Cicero im Wandel der Jahrhunderte, Leipzig ³1912, S. 185f.

[20] ›Opera omnia‹, Bd. 1, Leiden 1703, S. 991 C.

[21] Huizinga, Europäischer Humanismus: Erasmus, S. 149ff.

[22] Es gehört zum Stoff der rhetorischen Lehrbücher und wird meist gleich zu Anfang als Teil der *inventio* abgehandelt. Melanchthons Einführung einer vierten Gattung, des *genus didascalicum* (so bereits in ›De arte rhetorica libri tres‹, 1519), ist ein Sonderfall und hat sich jedenfalls in den Lehrbüchern nicht durchgesetzt.

[23] Unten S. 265ff.

[24] ›Rhetorice contracta‹, Leipzig 1660, S. 138 (bezeichnenderweise an die Affektenlehre angehängt).

[25] Die Erläuterung stellt praktisch einen knapp gefaßten Ausschnitt aus der po-

Doch hier zeigt sich vielleicht am deutlichsten die prinzipielle Isolierung der humanistisch-lateinischen Rhetoriktheorie von der politischen, sozialen Realität des 17. Jahrhunderts. Denn zum einen wird der lateinisch ausgebildete Gelehrte zeitlebens an ein absolutistisches Staatswesen gebunden bleiben[26]. Zum andern wird sich seine rednerische Praxis im wesentlichen auf die Fest- und Prunkrede beschränken[27], auf die autarkste, zeitloseste unter den drei klassischen Redegattungen[28]. Und sein Publikum wird – aus Gelehrten bestehen, aus Leuten jedenfalls, die Latein können und den gleichen Unterricht genossen haben wie er.

Der große, vor allem am Beispiel Ciceros studierte Bereich der politischen, ›beratenden‹ Rede entfällt[29], nicht nur weil Politik den Fürsten und dem Adel vorbehalten bleibt und weil dort *eloquentia latina* grundsätzlich nicht gefragt ist, sondern weil absolutistische Kabinettspolitik kein öffentliches *genus deliberativum* benötigt: wo »der Regent keine völlige Botmäßigkeit/ sondern das Volck etwas Freyheit und Macht zu sprechen gehabt/ da hat man es erst durch Vorhaltung vernünfftiger Ursachen zum Gehorsam bewegen müssen/ und also Reden und Vermahnungen bedürfft«; wo aber »ein einiger König/ Fürst oder Herr blosser Dinge zu befehlen gehabt/ der hat mit wenig Worten sagen können/ was er haben wolle/ ohne Noth/ daß er aufftreten und seinen Unterthanen viel zureden und vorstellen dörffen/ sie zum Gehorsam zu bewegen. Er hat nicht viel Worte mehr bedurfft/ als ein Hauptmann/ wann er seine Compagnie exerciret oder commandiret«[30].

---

litischen Theorie der Staatsformen dar (»In Monarchia Rex imperat. Ubi Orator spectat custodiam principis . . .« usw.; ebda.).

[26] Die prinzipielle Möglichkeit, innerhalb des internationalen humanistischen Lateinreichs auch einmal mit anderen Staatsformen in Berührung zu kommen (etwa in England), ändert daran nichts.

[27] Die Beredsamkeit des Predigers und des Juristen wird noch zu erörtern sein; in beiden Fällen war das humanistische Bildungswesen für die rhetorische Schulung nicht unmittelbar zuständig.

[28] Die besondere Langlebigkeit des γένος ἐπιδεικτικόν, seine relative Unabhängigkeit gegenüber politischen Entwicklungen betont schon Curtius, S. 163ff. (vgl. auch S. 78).

[29] Dabei bildet die Lektüre Ciceronischer Reden, von der Unterstufe des Gymnasiums an bis zur Universität, gerade den konstantesten Teil des *exempla*-Kanons, im Griechischunterricht nur unwesentlich ergänzt durch ausgewählte Reden von Isokrates und Demosthenes (Übersichten bei Schindel, Demosthenes im 18. Jahrhundert, S. 30ff.).

[30] Seckendorff, ›Teutsche Reden‹, Leipzig 1686, S. 38 (aus dem »Discurs an statt einer Vorrede/ Von der Art/ Beschaffenheit und Nutzen der Reden/ welche bey sonderbarer Gelegenheit öffentlich gehalten werden müssen . . .«, a.a.O., S. 29ff.).

Die historisierende Distanzierung, mit der hier der gelehrte Politiker und langjährige Kanzler Herzog Ernsts des Frommen, Seckendorff[31], über das Verhältnis von Staatsform und Beredsamkeit spricht, darf nicht darüber hinwegtäuschen, daß der zweite Teil des Zitats weithin auch für Seckendorffs Gegenwart gilt[32]. Seine eigenen Reden, in ihrer Verbindung von absoluter Treue zum Landesfürsten, staatstheoretischer Gelehrsamkeit und sprachlicher Souveränität ohnehin eine Seltenheit der Epoche, sind nur im allerweitesten Sinne als ›beratend‹ anzusprechen[33]; ihre Grundstruktur ist epideiktisch-bestätigend, ganz vereinzelt wird einmal die Absicht erkennbar, offensichtlich aufgetretene Spannungen zwischen dem Fürsten und den Landständen auszugleichen[34]. Doch alle diese epideiktischen Reden sind – das betont Seckendorff ausdrücklich, und man wird unwillkürlich an Bismarck erinnert[35] – »nicht nach der Kunst der Rhetoric abgefasset«, d. h. nicht nach den Regeln der humanistisch-traditionellen Schuldisziplin[36].

## b. Die kanzlistische Tradition

Noch einmal, nun aus der Sicht des praktizierenden, gelehrten Politikers (von den ungelehrten Politikern gar nicht zu reden), wird die

---

Vgl. Jens, Von deutscher Rede, S. 18 (im Hinblick auf Gottscheds Analyse der gesellschaftlichen Misere): »wo Gewalt herrscht, braucht der Rhetor sich keine Mühe zu machen, die Hörer mit kunstreicher Suade auf seine Seite zu bringen; er kann es einfacher haben; der Säbel ersetzt das Argument und den Beweis«.

[31] Zur Biographie: E. Lotze, Veit Ludwig von Seckendorff, Diss. Erlangen 1911.

[32] Seckendorff selbst zog wenige Jahre nach dem Westfälischen Frieden die staatstheoretische Bilanz (›Teutscher Fürsten-Stat‹, zuerst Frankfurt 1655); sie behielt, umgearbeitet und erweitert, ihre Geltung bis weit ins 18. Jahrhundert hinein. Über das Zusammenspiel der einzelnen Verfassungsorgane vgl. F. Hartung, Deutsche Verfassungsgeschichte vom 15. Jahrhundert bis zur Gegenwart, Stuttgart [7]1959, S. 94ff. (mit ausführlichen Quellen- und Literaturhinweisen).

[33] Die beratende Funktion besteht wesentlich in dem wiederholten Appell zur Wahrung der konstitutionellen Harmonie durch konformes politisches Handeln; so bereits 1665 in der Antrittsrede vor Moritz von Sachsen (›Teutsche Reden‹, S. 281ff.) und noch 1685 in der großen Landtagsrede (a.a.O., S. 337ff.).

[34] Rede am Schluß des Landtags von 1678, a.a.O., S. 315ff. Sehr bezeichnend für die politische Funktion der ›Teutschen Reden‹ ist die Tatsache, daß Seckendorff einmal im Namen des Fürsten, einmal im Namen der Landstände spricht; er ist ›Repräsentant‹, Rollenträger.

[35] Vgl. Jens, Von deutscher Rede, S. 25.

[36] ›Teutsche Reden‹, S. 43; ähnlich a.a.O., S. 61: »vielweniger habe ich mich an die Schul-Reguln gebunden/ ob sie mir gleich bey gar zarter Jugend beybracht worden/ denn ich habe im eilfften Jahre meines Alters schon angefangen/ Lateinische Oratiunculas per omnia genera zu componiren/ und memoriter zu

Isolation der antik-humanistisch orientierten Rhetoriken vom ›gemeinen Leben‹ klar erkennbar. Doch sie sind nicht die einzigen Träger der antiken Tradition. Einen zweiten, eigenständigen Bereich, in dem die antike Rhetorik weiterwirkt, bilden die *artes dictaminis*[37]. Sie jedoch haben seit ihrer mittelalterlichen Hochblüte[38] den Kontakt zur *vita communis* nie verloren; denn nur als Instrumentaldisziplinen der täglichen Praxis – sei sie privater oder auch offizieller politischer Art – besaßen sie überhaupt eine Daseinsberechtigung. In der Arbeit der Kanzlisten konnte auch das juristische Erbe der antiken Rhetorik[39] virulent werden. Jahrhundertelang waren Rhetorik und Jurisprudenz untrennbar miteinander verbunden, bis zur Austauschbarkeit[40]. Den *artes dictaminis* oblag die Umsetzung der politischen, juristischen, ständischen Realität in die Sprache[41].

»Anders schreibt man an einen Fürsten/ anders an einem Edelmann/ anders an einen Burger/ und wieder anders an einen Bauren«, dies ist, mit den Worten Harsdörffers im ›Teutschen Secretarius‹ (1655)[42], die Grundvoraussetzung aller Briefsteller der Antike[43]. Die

---

recitiren ... Wer also meine Reden nach den legibus Rhetoricis examiniren wolte/ der würde vergebliche Arbeit haben/ oder Defecten genug zu verzeichnen finden«. Wie weit dies tatsächlich zutrifft, ob sein Redestil nicht doch ›gelehrter‹ ist, als Seckendorff wahrhaben möchte, wäre nur durch eingehende Analyse zu klären. Die Tendenz aber ist deutlich: Absetzung von der ›pedantischen‹ Schuloratorie.

[37] Aus diesem großen, noch sehr ungleichmäßig bearbeiteten Komplex kann im folgenden nur das Notwendigste, für die Situation des 17. Jahrhunderts Wesentliche hervorgehoben werden.

[38] L. Rockinger, Briefsteller und formelbücher des eilften bis vierzehnten jahrhunderts, 2 Abtlg.en (Quellen z. bayr. u. dt. Gesch. 9), München 1863/64 (Nachdr. New York 1961); A. Bütow, Die Entwicklung der mittelalterlichen Briefsteller bis zur Mitte des 12. Jahrhunderts, mit besonderer Berücksichtigung der Theorien der ars dictandi, Diss. Greifswald 1908; C. S. Baldwin, Medieval rhetoric and poetic (to 1400), New York 1928 (Nachdr. Gloucester/Mass. 1959), S. 208ff.; C. H. Haskins, Studies in medieval culture, New York 1929, S. 170ff.

[39] Für den römischen Bereich grundlegend J. Stroux, Römische Rechtswissenschaft und Rhetorik, Potsdam 1949.

[40] Für Mittelalter und frühe Neuzeit fehlen dazu fast alle Vorarbeiten.

[41] Diesen Aspekt der Briefsteller-Tradition illustriert (mit Beispielen auch aus der Gegenwart) D. Brüggemann, Vom Herzen direkt in die Feder. Die Deutschen in ihren Briefstellern (dtv. 503), München 1968.

[42] ›Der Teutsche Secretarius‹, Nürnberg 1656, Teil 3, S. 76. J. B. Neveux, Un ›Parfait secrétaire‹ du XVIIᵉ siècle: ›Der Teutsche Secretarius‹ (1655), EG 19, 1964, S. 511ff. hebt freilich hervor (bes. S. 520), daß Harsdörffer nicht als Autor des ›Secretarius‹ gesichert ist.

[43] Es gilt mutatis mutandis; die sorgfältige Berücksichtigung der Sozialordnung gehört zum Kernstück bereits der griechischen Briefsteller: H. Rabe, Aus Rhetoren-Handschriften. 9. Griechische Briefsteller, Rhein. Mus. f. Philol., N. F.

für den Redner oft so schwierige Aufgabe (vgl. das Zitat aus dem
›Orator‹), einem vielschichtigen oder gar heterogenen Publikum gerecht zu werden, reduziert sich für den Kanzlisten oder Briefschreiber
im allgemeinen auf einen einzigen Adressaten. Um so strenger freilich gilt ihm gegenüber das Gesetz des *apte dicere*[44], am deutlichsten
sichtbar in den Titulaturen[45]. Mögen die Dispositionsschemata und
die Techniken des ›Florierens‹ sich über lange Perioden hin gleich
bleiben[46], jede Veränderung in der konstitutionellen Ordnung oder
in der sozialen Stufenfolge muß sorgfältig registriert und sprachlich
realisiert werden.

So ist es auch selbstverständlich, daß mit dem Vordringen des
Deutschen in der offiziellen Urkundensprache – seit dem 13. Jahrhundert[47] – die *artes dictaminis* ebenfalls nach und nach eingedeutscht
werden[48] (bekanntlich bildet die Prager Kanzlei eines der wichtigsten
Zentren frühneuhochdeutscher rhetorisierter Prosa)[49]. Im 17. Jahrhundert war man sich dieser im Zeichen der *artes dictaminis* und der
Jurisprudenz stehenden Anfänge deutscher Kunstprosa durchaus bewußt, wobei es von sekundärer Bedeutung ist, daß man statt Friedrichs II oder Ludwigs des Bayern gern Rudolf von Habsburg an den
Anfang stellte. In der Zeit »des dreyzehenden Seculi«, so lautet die
communis opinio, sei »die Teutsche Sprache schon so reich an Worten
und Redens-Arten gewesen/ daß man angefangen allerley Briefe und
Contracten darinnen zu schreiben/ biß endlich/ wie man meynt/
durch öffentliche Reichs-Satzungen bey Käyser Rudolffs des Ersten
Zeiten das Latein in Cantzeleyen und bey Contracten gar abge-
schafft worden«[50].

---

64, 1909, S. 284ff.; A. Brinkmann, Der älteste Briefsteller, Rhein. Mus. f. Philol.,
N. F. 64, 1909, S. 310ff.

[44] Fischer, S. 211f.

[45] Sie sind vor allem bei der *salutatio* und bei der *subscriptio* zu beachten, können freilich auch in den Text selbst eingestreut werden (dazu gibt es mitunter
gesonderte Regeln).

[46] Reiches Beispielmaterial bei Arbusow, Colores rhetorici.

[47] Näheres (mit umfangreichen Literaturangaben) verzeichnet A. Bach, Geschichte
der deutschen Sprache, Heidelberg [8]1965, S. 172ff. u. 222f.

[48] Hierzu jetzt die grundlegende Arbeit von R. M. G. Nickisch, Die Stilprinzipien
in den deutschen Briefstellern des 17. und 18. Jahrhunderts (Palaestra. 254),
Göttingen 1969, S. 17ff.

[49] Die vor allem mit dem Namen Konrad Burdachs verbundene Forschung über
diesen wichtigen Komplex findet sich bei Bach, a.a.O., S. 246ff. (auch zur Frage
der Rhetorik im ›Ackermann von Böhmen‹).

[50] Seckendorff, ›Teutsche Reden‹, S. 40f. (besonders wichtig auch der Hinweis
auf die vorbereitende Rolle der geistlichen Beredsamkeit, a.a.O., S. 40).

Das entscheidende Resultat dieser Entwicklung besteht darin, daß die erste deutschsprachige Rhetoriktheorie aus den *artes dictaminis* hervorgeht[51]. Der antik-mittelalterlichen Tradition folgend, sind die seit dem Ende des 15. Jahrhunderts erscheinenden deutschen Briefsteller und Kanzleibücher in einen theoretischen und einen praktischen (aus Mustern zusammengestellten) Teil gegliedert. Dem entspricht die übliche Titelgebung ›Rhetorik und Formulare‹[52], ein Brauch, den Johann Rudolph Sattler bis weit ins 17. Jahrhundert fortführt[53].

Die Beziehungen zwischen deutschsprachig-kanzlistischer und lateinisch-humanistischer Rhetoriktheorie sind nicht mit wenigen Worten zu umschreiben[54]. Jedenfalls sicherte die Abfassung lateinischer Epistolarien auf antiker Basis (Erasmus machte 1522 den Anfang)[55] dem Humanismus auch im Bereich der *ars epistolandi* seine Autonomie[56]. Sie beweist sich nicht zuletzt darin, daß noch während des ge-

---

[51] P. Joachimsohn, Aus der Vorgeschichte des ›Formulare und Deutsch Rhetorica‹, ZfdA 37, 1893, S. 24ff. Ein nützliches chronologisches Verzeichnis der deutschsprachigen Rhetoriken seit 1484 gab – wohl als erster – Gottsched, ›Versuch einer deutschen Redner-Bibliothek‹, in: ›Akademische Redekunst‹, Leipzig 1759, S. 16ff. (die meisten Titel in Gottscheds eigenem Besitz).

[52] So z. B. bei Heinrich Geßler (1493), Alexander Hugen (1528), den anonymen Kompendien ›Rhetoric vnd Teutsch Formular‹ (1537) und ›Notariat vnd Rhetoric Teutsch‹ (1544), Ludwig Fruck (1530), dem anonymen ›Notariat vnnd Teutsche Rhetoric‹ (1571), Abraham Saur (1588); dagegen wählt Johann Peter Zwengel ›Teutsche Rhetoric‹ als Haupttitel (1588) und gibt erst im Untertitel die Spezifikation ›FormularCantzley und Notariatbuch‹. Den besten Überblick (mit genauer Titelaufnahme) geben Fischer, S. 280ff. und Nickisch, a.a.O., S. 248ff.

[53] Noch 1640 erscheint in Basel seine ›Teutsche Rhetorick vnd Epistelbüchlein‹ (dazu Stötzer, Deutsche Redekunst ..., S. 66), um die Mitte der 50er Jahre dann endgültig abgelöst durch die neuen Briefsteller von der Art des Harsdörfferschen ›Secretarius‹.

[54] Das wichtigste Faktum dürfte der Einfluß des Frühhumanismus auf Theorie und Praxis der Kanzlisten in Prag, Schwaben und am Oberrhein sein. Eine umfassende Darstellung der Zusammenhänge gibt jetzt H. O. Burger, Renaissance, Humanismus, Reformation. Deutsche Literatur im europäischen Kontext (Frankf. Beitr. z. Germanistik. 7), Bad Homburg v. d. H. usw. 1969, bes. S. 246ff.

[55] Eine erste Fassung von ›De conscribendis epistolis‹ (›Opera omnia‹, Bd. 1, Leiden 1703, Sp. 341ff.) reicht bis in die Zeit vor 1500 zurück (Huizinga, Europäischer Humanismus: Erasmus, S. 87f.). Auf Erasmus folgen Vives (1537; vgl. o. S. 128f.), Verepaeus (1571), Erythraeus (1576), Lipsius (1591) und Junius (1592). Allein das Handbuch des Verepaeus wurde im 16. Jahrhundert mehr als 15mal aufgelegt, vgl. Trunz, Der deutsche Späthumanismus ..., in: Deutsche Barockforschung, S. 180.

[56] Zu Lipsius' Versuch, den klassizistisch-oratorischen Ton zu dämpfen und das gesprächhafte Element wieder stärker hervorzuheben, vgl. jetzt E. C. Dunn, Lipsius and the art of letter-writing, Studies in the Renaiss. 3, 1956, S. 145ff.

samten 17. Jahrhunderts die Brieflehre des Erasmus für Theorie und Praxis der Humanisten maßgeblich bleibt[57].

## c. Muttersprachliche Rhetoriktheorie

Auf der anderen Seite kann von einer eigenständigen, das ganze Gebiet der *eloquentia* umfassenden deutschen Rhetoriktheorie noch keine Rede sein. Es fehlte vor allem der Impuls der politischen Beredsamkeit, der in England schon früh die Ausbildung einer muttersprachlichen Theorie vorantrieb (etwa bei Cox, Wylson oder Sherry). So notwendig und geschichtlich bedeutsam die Vorstöße eines Niclas von Wyle[58] und Friedrich Riederer[59] im letzten Drittel des 15. Jahrhunderts auch waren, sie hatten zunächst nur die Aufgabe, das antik-humanistische Rhetoriksystem zu ›übersetzen‹, ›einzudeutschen‹, und zwar ohne Rücksicht darauf, ob das Resultat »dem gemainen ... man unverstentlich« sein würde[60]. Selbst der Versuch Kaspar Goldtwurms (1545)[61], das aus Cicero, Quintilian und Erasmus abstrahierte Rhetoriksystem durch muttersprachliche *exempla* (häufig aus der Luther-Bibel) von innen her aufzufüllen und dabei nach Möglichkeit die Eigenarten des Deutschen sichtbar werden zu lassen, blieb zunächst ohne Nachfolge und wurde bald vergessen[62]. In der Theorie jedenfalls war der Graben zwischen Humanismus und Muttersprache noch zu tief (daß in der Praxis rhetorische Techniken längst souverän gehandhabt wurden, hat Ulrich Gaier am Beispiel des ›Narrenschiffs‹ von Sebastian Brant gezeigt)[63]. Der Impuls zum entscheidenden Durchbruch kommt, wie es scheint, von Poesie und Poetik.

»ES ist numehr durch alle Länder der Teutschen bekant .../ wel-

---

[57] So noch bei Morhofs ›De ratione conscribendarum epistolarum‹, Lübeck 1694. Vgl. auch ›Polyhistor‹, Lübeck ³1732, S. 270ff.

[58] ›Transzlatzion oder Tütschungen‹, unter dem Titel ›Translationen von Niclas von Wyle‹, hrsg. v. A. v. Keller (BLVS. 57), Stuttgart 1861.

[59] ›Spiegel der waren Rhetoric. vß M. Tulio C. vnd andern getütscht‹, Freiburg i. B. 1493; die Gliederung ist – mit Ausschluß des Formularbuchs – abgedruckt bei Hildebrandt-Günther, S. 143ff. (zur Frage, ob Riederer bereits auf Wyle zurückgreift: a.a.O., S. 128 Anm. 39). Kayser, Die Klangmalerei bei Harsdörffer, S. 107: »die erste vollständige deutsche Rhetorik« (im 16. Jahrhundert sechs weitere Auflagen).

[60] Niclas von Wyle, a.a.O., S. 7.

[61] ›Schemata Rhetorica, Teutsch‹, (Marburg 1545).

[62] Vgl. Fischer, S. 145.

[63] Außer der schon genannten Habilitationsschrift (Studien zu Sebastian Brants Narrenschiff, 1966) vgl. dens., Rhetorische Form in Sebastian Brants ›Narrenschiff‹, DVjs 40, 1966, S. 538ff.

cher Gestalt die liebliche und löbliche Poeterey in unserer angebornen Muttersprache/ durch Beförderung weitberümter und Edler Männer jhre holdseelige Zunge angestimmet/ und die bißhero unbewuste Zierlichkeit mit Verwunderung der Gelehrten/ und Bestürtzung der Jdioten offenbaret hat«. Mit diesen Worten beginnt Meyfart die Vorrede zu seiner 1634 erschienenen ›Teutschen Rhetorica‹[64]. Genau ein Jahrzehnt zuvor hatte Opitz die ›Stiftungsurkunde‹ der barocken Kunstdichtung geschaffen; mittlerweile war das Fehlen eines analogen Lehrbuchs auf dem Gebiet der Rhetorik evident geworden[65], und so wird das Vorbild Opitz bei Meyfart auch immer wieder deutlich erkennbar[66].

Daß ausgerechnet ein Geistlicher den Versuch unternimmt (der dann auf Jahrzehnte hinaus maßgebend bleibt)[67], ist kein Zufall. Schon Goldtwurm hatte – selbst ein Geistlicher – seine deutschen ›Schemata Rhetorica‹ mit dem ausdrücklichen Hinweis angepriesen, sie könnten »allen Predicanten ... nützlich vnd hoch von nöten sein«[68]. Auch der geistlichen Beredsamkeit – als dem dritten wichtigen Zweig antiker rhetorischer Tradition[69] – fehlte noch immer eine muttersprachliche Theorie, obwohl die Praxis bereits große Prediger hervorgebracht hatte, die mitten im ›gemeinen Leben‹ standen, wie etwa Berthold von Regensburg oder Luther[70]. Die homiletische Theorie sollte noch bis zum Beginn des 18. Jahrhunderts lateinisch bleiben[71]. Aber auch von einer deutschen ›Rhetorica‹ kann die Predigt

---

[64] Zitiert wird hier und im folgenden nach der Ausgabe Frankfurt a.M. 1653 (das bereits gegebene Zitat: S. 1). Vorausgegangen war ein lateinisches Florilegium unter dem Titel ›Melleficium oratorium‹, 2 Bde., Leipzig 1628/33.

[65] Vgl. die nachträgliche Vorrede des Verlegers Georg Müller zur Ausgabe von 1653 (fol. a II<sup>a</sup>ff.).

[66] Dazu vor allem O. Harnack, Opitz und Meyfart, Arch. f. d. Studium d. neueren Sprachen u. Literaturen 123 (N. F. 23), 1909, S. 151ff.

[67] In späteren Rhetoriken und besonders Poetiken wird bei der Figuren- und Tropenlehre immer wieder auf Meyfart verwiesen (z. T. sogar als Begründung dafür, daß dieses Stoffgebiet ausgeklammert wird).

[68] Text des Titelblatts.

[69] Ausführliche Literaturangaben zu den mittelalterlichen *artes praedicandi* bei Fischer, S. 16. Wichtigster Vermittler der Tradition auch für das 17. Jahrhundert wurde Melanchthon, dazu U. Schnell, Die homiletische Theorie Philipp Melanchthons, Diss. Rostock 1965. Vgl. auch die oben S. 82 gegebenen Hinweise zur Predigt des 17. Jahrhunderts.

[70] Den besten neueren Überblick vermittelt I. Weithase, Zur Geschichte der gesprochenen deutschen Sprache, 2 Bde., Tübingen 1961.

[71] »Eine deutsche Homiletik gibt es, so viel ich sehe, erst mit Chr. E. Simonetti, ›Vernünftige Anleitung zur geistlichen Beredsamkeit‹. Göttingen 1712« (Fischer, S. 16 Anm. 36). Die ›Eindeutschung‹ der einzelnen Zweige der rhetorischen

profitieren, so meint Meyfart, sie kann an kunstmäßiger ›Wol-Redenheit‹ gewinnen, und diese »stehet sehr wol an den Bischofen und Predigern« (Thema eines ganzen Kapitels)[72].

Meyfarts Intentionen gehen allerdings noch wesentlich weiter. »Wenn es durch die Vnmügligkeit geschehen könte/ were zuwünschen/ daß ich [sic!] den Auditorn der Academien und Gymnasien/ in den Choren der Kirchen und Capellen/ in den Pallästen der Monarchen und Potentaten/ in den Sälen der Cantzleyen und Rathäuser auffzöge die Wöl-Redenheit«[73]. Und der politischen Gegenwartssituation sucht Meyfart dadurch gerecht zu werden, daß er das ganze zweite Kapitel dem Nachweis widmet, »Wie nützlich vnd herrlich die Wol-Redenheit in dem Kriegswesen sey«[74].

Hier scheint also endlich die unselige Esoterik der humanistischen Konzeption durchbrochen, eine deutschsprachige Rhetorik als unverzichtbares Element des sozialen, politischen Lebens postuliert. Die Analyse der Realität freilich fällt kaum anders aus als bei Seckendorff: »die Fürsten samt den Edlen sitzen und schweigen wie die Götzen/ die Gelehrten samt den Schreibern stehen und reden wie die Menschen«[75]. Das ganze traditionell-topische Arsenal, das Meyfart zum Beweis von Macht und Größe der Eloquenz aufbietet[76], ändert an dieser Realität wenig. Denn Meyfart bietet nur eine – in ihrer Art verdienstvolle – Stillehre[77], ohne daß ein Weg aufgezeigt würde, der auch bisher Uninteressierte an die ›Wol-Redenheit‹ heranführen könnte[78].

---

Theorie vollzieht sich also in folgender Reihenfolge: *ars dictaminis, ars rhetorica, (ars poetica), ars praedicandi.*

[72] Kapitel 3, ›Teutsche Rhetorica‹, S. 26ff. Wie bei Goldtwurm ist auch im Titel bereits der ›geistliche‹ Nutzen angekündigt.

[73] A.a.O., S. 6f. (statt »ich« muß es offensichtlich heißen: ›in‹).

[74] A.a.O., S. 10ff. Seltsam mißverstanden von Stötzer, Deutsche Redekunst …, S. 68: »Mit der Macht der Rede dem Frieden dienen, das ist der Sinn dieses Kapitels«.

[75] ›Teutsche Rhetorica‹, S. 28. Eines der wenigen von Meyfart beigezogenen Beispiele aus der aktuellen Politik (S. 31) soll zeigen, wie angenehm ein Monarch überrascht ist, wenn ihm eine Botschaft »in teutscher Wol-Redenheit« überbracht wird.

[76] Die Selbstgenügsamkeit dieses ›Argumentationssystems‹ zeigt sich am deutlichsten in der *descriptio* der Wolredenheit als geschmückter Jungfrau nach biblischem Vorbild (a.a.O., S. 7ff.). Der Verleger Müller stößt übrigens bei seiner später eingefügten Vorrede in das gleiche Horn.

[77] Klar formuliert S. 57: »In jetzigem Wercke wollen wir zu der Teutschen Wol-Redenheit den Grund legen/ und allein die RedeKunst/ (welche vor sich nur ein Teil ist/ das zu der gantzen WolRedenheit dienet) erklären«.

[78] Die Fehldeutung des Meyfartschen Kompendiums bei Stötzer (»Nach antikem

Die Diskrepanz zwischen rhetorischem Allmachtsanspruch und ›gemeinem Leben‹ mußte dadurch nur noch offensichtlicher werden. Der humanistische *eloquentia*-Betrieb jedoch stellte sich dieser Wirklichkeit nicht, sondern war sorgfältig auf seine Autonomie bedacht. Kein Autor hat diesen Zustand – aus bester Sachkenntnis heraus – so unbarmherzig bloßgestellt wie der Marburger Rhetorikprofessor Schupp in seiner satirischen Rede ›Ineptus orator‹. Die Rede erschien 1638 als Einzeldruck und war offenbar so vielen aus der Seele gesprochen, daß bereits 1642 eine dritte Auflage nötig wurde[79]; Balthasar Kindermann hat den Text später (1660) ins Deutsche übersetzt und dadurch noch weiteren Kreisen zugänglich gemacht[80].

Den Hauptinhalt der Rede bilden die satirisch-positive Darstellung rhetorischer Entartungserscheinungen (wie etwa der überquellenden Metaphorik, des gespreizten Ausdrucks oder der Sachferne)[81] und ihre Verteidigung mit Hilfe einer Reihe numerierter Argumente[82]. Die Rede ist geschrieben, so betont Schupp, »damit ich entweder möchte wiederlegt werden/ oder die studierende Jugend zur Wolredenheit auffmuntern/ welche heutiger Zeit hin und wieder gelobet wird/ aber doch sehr feyeren muß«[83]. Das ist nicht zuletzt gegen Meyfarts Lobeshymnen gerichtet, die mehr an einem topischen Wunschdenken als an der Wirklichkeit orientiert waren. Dementsprechend ist Schupps Analyse der Ausgangslage um so schärfer: »In Schulen sind wir die allerberühmtesten Redner/ kommen wir aber

---

Vorbild wollte Meyfart ein deutsches Redelehrbuch schaffen«, Deutsche Redekunst ..., S. 67) korrigierte bereits Dyck, S. 19. Vgl. auch Kayser, Die Klangmalerei bei Harsdörffer, S. 109.

[79] Schupp nahm die Rede dann auch in das ›Volumen orationum solemnium et panegyricarum‹ auf (Giessen 1658), wo sie mit anderen zeitkritischen Analysen zusammensteht.

[80] Angebunden an Kindermanns ›Deutschen Redner‹, Wittenberg 1660 unter dem Titel: »Der Ungeschickte Redner/ mit Einwilligung seines Meisters übersetzt«. Nach dieser Übersetzung (³1665) wird hier zitiert.

[81] »Deine Rede sey allezeit Metaphorisch« (fol. a VII$^a$); erhebe dich über das Volk, »so kanst du allezeit die Kunst-Wörter und Erfindungen der Poeten/ und andere aufgeblasene Worte ... mit untermischen« (fol. a VIII$^b$) usw. Zu Schupps Bedeutung für die Kritik an der barocken Bildlichkeit vgl. Windfuhr, S. 353ff.

[82] Fol. b II$^a$ff. (7 Punkte).

[83] Fol. c VII$^a$. Hier ist die protreptische Absicht des Rhetorikprofessors besonders klar ausgesprochen. Freilich fühlte sich Schupp dabei »völlig als Stimme des Predigers in der Wüste« (Wechsler, Johann Christoph Gottscheds Rhetorik, S. 93).

auffs Rath-Hauß/ oder in die Kirche/ so verursachen wir entweder
ein Gelächter oder ein Mitleiden«[84].

Einen Alternativentwurf freilich bietet Schupp in dieser Rede
nicht[85], doch scheint durch sie immerhin das allgemeine Bewußtsein
von der Notwendigkeit einer Reform gestärkt worden zu sein[86]. Evident ist dies bei Daniel Richter, der im Jahre 1660 seinen ›Thesaurus
oratorius novus‹ veröffentlicht[87] und sich darin mehrfach zu Schupp
als seinem Vorbild bekennt[88]. Was er von Meyfarts Lob der Beredsamkeit denkt, sagt der erste Satz der Vorrede unmißverständlich:
»ICh halte darfür/ daß es gar unnöhtig/ mit vielen Worten darzu-
thun/ wie vortrefflich und nutzlich/ sowol zu Friedens- als Krieges-
zeiten/ die Beredsamkeit seye/ und wie sie fast alles/ was sie nur
wolle/ bey den Menschen/ insonderheit bey dem gemeinen Mann/
thun könne«[89]. Statt der sklavischen Repetition antiker Beispiele solle
man lieber die gegenwärtigen Bedingungen der Beredsamkeit analysieren, da »dieselbe/ wie andere Sachen/ auch nach den Seculis und
Umbständen sich richten und in etwas ändern muß. Wir leben alle
meist jetzo unter einem Monarchico statu, also wird die Art zu reden/
so Demosthenes und Cicero meistentheils zu dem gemeinen Volck in
statu Democratico, oder Aristocratico gethan/ uns nicht bequem
fallen«[90].

Die Synopse von Staatsverfassung und Beredsamkeit ist zwar im
Prinzip nicht neu[91], aber eine wesentliche Konsequenz hatte man bis-

---

[84] Das Thema mußte natürlich die Satiriker besonders reizen, vgl. etwa Johann
Lauremberg, ›Veer Schertz Gedichte‹, o. O. 1652, S. 66 (es spricht ein humani-
stisch-rhetorisch Gebildeter):
»Wat ick nu noch kan/ werd my weinig nütte/
Ick kan wedder Speck darvor köpen noch Grütte«.

[85] »Ich will unsere Redner beschreiben/ nicht wie sie sollen beschaffen seyn/ sondern wie sie itzund sind« (›Der Ungeschickte Redner‹, fol. a IIII^b).

[86] Auch in einzelnen schulkritischen Schriften der Zeit wird der Aspekt des ›gemeinen Nutzens‹ immer häufiger hervorgehoben, so in der ›Encyclopaedia
scholastica‹, Nürnberg 1665: es werde viel zu viel an Grammatik, Dialektik
und Rhetorik getrieben, doch sollten alle Stände von der Schule profitieren –
»darum alle Lehr auf den Brauch/ zum gemeinen Besten/ gerichtet werden muß«
(MGPaed. 42, S. 513).

[87] Auf Richters Rhetorik hat als erster Dyck, S. 31f. hingewiesen (»Ich werde an
anderer Stelle eine eingehende Würdigung geben«, a.a.O., S. 31 Anm. 2).

[88] ›Thesaurus oratorius novus‹, Nürnberg 1660, bes. S. 6, 13, 15f., 203 und passim.

[89] A.a.O., fol. A II^a.

[90] A.a.O., fol. A II^af. Selbst für die Dramentheorie ist der Unterschied nach
Richters Ansicht von Bedeutung; vgl. a.a.O., S. 209f. (mit dem hier ausgeschrie-
benen Zitat z. T. wörtlich übereinstimmend).

[91] Vgl. das bereits angeführte Beispiel aus der Schulrhetorik des Vossius.

her nicht gezogen. Richter hingegen leitet sogar fundamentale Stilunterschiede daraus ab: daß nämlich »dem gemeinen Volck alles gar weitläufftig und deutlich; hergegen aber hohen Standspersonen/ Rähten und Bedienten jetziger Zeit alles viel nervoser und kürtzer vorgebracht werden muß«[92]. Hinter dieser Forderung stehen ganz offensichtlich die neuen, meist unter die Begriffe *argutia* oder *brevitas* subsumierten Tendenzen des ›politischen‹ Hofstils, der seit einem Jahrzehnt auch in Deutschland Fuß gefaßt hatte[93].

Daß dieses aufmerksame Beobachten der ›vita communis‹ nicht die einzige Leistung des Richterschen Rhetoriklehrbuchs ist, zeigt ein Vergleich mit Meyfart. Der auffälligste Unterschied besteht darin, daß Richter nicht nur die Stillehre[94], sondern das gesamte Pensum der humanistischen Rhetoriken einschließlich der *actio* und *pronuntiatio* bietet[95]. Erst dadurch wird es zu einem wirklichen Redelehrbuch, mit zahlreichen (z. T. auf Schupp zurückgehenden)[96] methodischen Verbesserungen, mit Hervorhebung der Realien[97] und nicht zuletzt: mit programmatischem Hinweis auf deutsche *exempla*[98].

Ausgedruckt sind sie nicht. Da jedoch gerade auf diesem Gebiet der gelehrte Unterricht keine Hilfestellung leistete[99], bedeutete der ebenfalls 1660 publizierte ›Deutsche Redner‹ von Balthasar Kindermann eine willkommene Ergänzung[100]. Denn die *exempla*, übersichtlich nach Rede-Anlässen geordnet, stellen den weitaus größten Teil

---

[92] ›Thesaurus oratorius novus‹, fol. A III[a].

[93] Oben S. 139, unten S. 369ff. Die beiläufige Unterscheidung eines »kurtzen oder langen Styli« (a.a.O., S. 109) deutet in ähnliche Richtung.

[94] Ihre Traditionsgebundenheit hebt Fischer, S. 161 hervor.

[95] Er fügt sogar noch einen ganzen Komplex von Sonderformen an (S. 189ff.), die überlicherweise nicht zum Stoff der Rhetoriken gehören, wie ›Gebet‹, ›Soliloquium‹, ›Gesang‹, ›Auffzug‹, ›Roman‹, ›Historia‹, und vor allem einen längeren Abschnitt über ›Lust- und Trauerspiele‹ (S. 208ff.).

[96] Besonders in Kapitel 7 (›Von denen Zubereitungen und Vbungen/ so ad Elocutionem dienen‹, S. 30ff.).

[97] A.a.O., S. 22ff.

[98] Zwar ist Richters »Vorhaben sowol auf die teutsche als lateinische Beredtsamkeit gerichtet« (a.a.O., S. 8), aber die Muttersprache muß intensiver geübt werden, weil »ein Teutscher viel öffter in derselben etwas vorzubringen hat/ als in der lateinischen/ oder in andern Sprachen« (ebda.). Den Theologen wird natürlich vor allem Luther anempfohlen, während »ein Jurist und Politicus ... die Reichs-Abschiede und Acta politica« studieren soll (a.a.O., S. 9).

[99] Die lateinischen Rhetoriker standen, was die *exempla* angeht, vor einer prinzipiell anderen Situation. Niemand brauchte z. B. Cicero-Reden in größerem Umfang abzudrucken, die Texte waren überall zugänglich.

[100] Hier zugrundegelegt die 3. Auflage, Wittenberg 1665.

des umfangreichen Bandes dar (über 700 Seiten)[101], während der reinen Theorie – die im Vergleich zu Richter von geringer Bedeutung ist – nur wenig Platz eingeräumt wird[102]. Die Vielfalt der dargebotenen Beispiele zeigt nun auch, wie weitgehend sich neben der Predigt mittlerweile die deutschsprachige Gelegenheitsrhetorik etabliert hat[103], wobei den Sprachgesellschaften ein wesentliches Verdienst zufallen dürfte[104]. Freilich, Topoi, Dispositionsschemata und Stilebenen dieser Reden zu Taufe, Verlobung, Hochzeit, Begräbnis, Empfang, Abschied usw. sind bis ins einzelne hinein durch das humanistische Vorbild bestimmt[105]. Ähnliches zeigt sich um die Jahrhundertmitte in einzelnen Briefstellern und deren immer umfangreicher werdenden theoretischen Partien, etwa in Harsdörffers ›Teutschem Secretarius‹[106].

Im höfisch-politischen Bereich jedoch hat sich ein rhetorisches Zeremoniell herausgebildet, das der humanistischen Tradition gegenüber deutlich ein Eigenrecht beansprucht. Dies wird schon daran erkennbar, daß neben den allgemeinen, sämtliche Stände umfassenden Briefstellern auch solche Handbücher erscheinen, die speziell ›politischen‹ Aufgaben und ›politischen‹ Stiltendenzen gewidmet sind, so Christoph Lehmanns ›Florilegium Politicum‹ (1639) oder Martin Zeillers ›606 Episteln oder Send-Schreiben Von allerhand Politischen Sachen‹ (²1656/57)[107]. Auf dem Gebiet der *artes dictaminis* repräsentieren sie jene (noch näher darzustellende) Tendenz zu einer höfischen Rheto-

---

[101] Einen ähnlichen Umfang und eine ähnliche Aufgabe hat Kindermanns ›Deutscher Poet‹, Wittenberg 1664.

[102] »Kindermanns Rhetorik ist nichts weiter als eine Beispielsammlung von Reden für alle Zwecke. Es verwundert daher nicht, wenn keine Stillehre erscheint« (Fischer, S. 163).

[103] Seit etwa 1670 erscheinen dann auch immer häufiger einzelne Sammlungen von Reden (nicht nur von Leichabdankungen); vgl. die von Gottsched ›Akademische Redekunst‹, S. 20f. zusammengestellten Titel.

[104] Weithase 1, S. 108ff.

[105] Entsprechendes gilt für Kindermanns Sammlung ›Der Deutsche Poet‹. Die gemeinsame rhetorische Basis von Gelegenheitsdichtung und Gelegenheitsrede wird auf kaum eine andere Weise so unmittelbar einsichtig wie bei einem Vergleich der beiden Kindermannschen Handbücher.

[106] Vgl. W. Risse, Georg Philipp Harsdörffer und die humanistische Tradition, in: Worte und Werte. Festschr. f. B. Markwardt, Berlin 1961, S. 34ff.; Nickisch, a.a.O., S. 77ff.

[107] Lehmanns ›Florilegium‹ ist zwar kein eigentliches Briefbuch, wird aber in der ›politischen‹ Briefstellerei besonders gern ausgeschrieben. Die Zeillersche Sammlung erschien seit 1640 in Teilstücken von je 100 ›Episteln‹, wurde dann 1648 zum erstenmal als Ganzes herausgegeben.

rik[108], die sich am Ausgang des 16. Jahrhunderts bereits abzeichnet und dann in den 40er und 50er Jahren des 17. Jahrhunderts ihren eigentlichen Aufschwung nimmt.

Ein rhetorisches Kerngebiet dieser Bewegung ist die Kunst des ›Komplimentierens‹[109], d. h. des sprachlichen Umwerbens einer hochstehenden Persönlichkeit unter sorgfältiger Beachtung ihres Ranges und ihrer individuellen Neigungen oder Abneigungen. Die *artes dictaminis* mögen im Ansatz ähnliche Aufgaben gehabt haben, können aber keineswegs als Oberbegriff dieser neuen europäischen Hofstilkunst gelten[110]. Denn sie ist primär auf Mündlichkeit ausgerichtet, sie ist neben *ars praedicandi*, humanistischer Schulrhetorik und *ars dictaminis* ein neues rhetorisches Teilgebiet, das bald auch durch eigene Handbücher repräsentiert wird[111]. Georg Greflingers ›Ethica complementoria‹ von 1645[112] ist in Deutschland vermutlich das erste Beispiel einer bis weit ins 18. Jahrhundert hinein[113] reichenden Kette von Komplimentierbüchern.

Auf dem Hintergrund dieser selbstbewußten, zweckgerichteten, höfischen, ›politischen‹ Rhetorikkonzeption mutet selbst das ›moderne‹ Lehrbuch eines Daniel Richter seltsam altmodisch und zurückgeblieben an. Richter wollte »dem Ingenio dieses Seculi«[114] entsprechen und war doch im Grunde den humanistischen Bahnen gefolgt. Er hatte alte Zöpfe beseitigt und manches Methodische verbessert, aber er

---

[108] Unten S. 369ff.

[109] Dazu B. Ristow, Artikel ›Komplimentierbuch‹, RL ²I, S. 879ff.; Steinhausen, Die Geschichte des deutschen Briefes, Bd. 2, S. 51ff.; Zaehle, Knigges Umgang mit Menschen . . . , bes. S. 79ff.

[110] Das Komplimentieren war natürlich bald – als ein Teil des Alamodewesens – scharfer Kritik ausgesetzt, so 1644 in Christoph Schorers ›Teutschem vnartigem Sprach- Sitten vnd Tugendverderber‹ (Newald, S. 303: »Früher sagte man ja oder nein, und es galt, jetzt verbirgt man seine wahre Gesinnung hinter einer Menge von Komplimenten, aus denen keiner klug wird«). Johann Lauremberg verlegt das Komplimentieren in seinem Scherzgedicht ›Van Almodischer Sprake und Titeln‹ sogar in den Pferdestall (›Veer Schertz Gedichte‹, S. 54).

[111] Sie sind verzeichnet bei H. Hayn, Die deutsche Räthsel-Litteratur. Versuch einer bibliographischen Übersicht bis zur Neuzeit. Nebst einem Verzeichnisse deutscher Loos-, Tranchir- und Complimentir-Bücher, Centralbl. f. Bibl.wesen 7, 1890, S. 551ff.

[112] Vgl. u. S. 381.

[113] Über den Komplimentierstil des 18. Jahrhunderts H. Sperber, Zur Sprachgeschichte des 18. Jahrhunderts. II., ZfdPh 54, 1929, S. 8ff.; vgl. jetzt auch Blackall, S. 69ff.

[114] Text des Titelblatts.

hatte – und darin liegt wohl der Grund für seine geringe Resonanz[115] – keine durchschlagend neue soziale Zielsetzung anzubieten.

## d. Neubeginn im Zeichen des ›Politischen‹

Das gelang erst Christian Weise[116]. Ihm gehört das Verdienst, die praktisch-intellektuelle Dynamik der ›politischen‹ Bewegung, wie sie Gracián am überzeugendsten repräsentiert, in die deutsche Rhetoriktheorie des 17. Jahrhunderts geleitet zu haben. 1677 erschien der ›Politische Redner‹. Während der drei darauf folgenden Jahrzehnte werden mindestens dreimal so viele deutschsprachige Rhetorikhandbücher aller Art veröffentlicht wie in der ganzen Zeit seit Beginn des Barockjahrhunderts[117] – ein vordergründiges Faktum vielleicht, auch eine Entwicklung, bei der das bloß Modische und das Geschäft eine wesentliche Rolle spielen. Aber zugleich ist unbestreitbar, daß die Rhetorik als lehrbare Disziplin nun auf eine ganz neue Weise in das ›gemeine Leben‹ eindringt, neue Publikumsschichten gewinnt. Und wenn man bedenkt, daß die Theoretiker der frühen Aufklärung, von Fabricius über Hallbauer bis hin zu Gottsched, bei aller Opposition gegen Weise doch seine propagandistisch-publizistischen Methoden in modifizierter Form weiterführen[118], so wird wenigstens andeutungs-

---

[115] Der ›Thesaurus oratorius novus‹ ist 1662 noch einmal aufgelegt worden, »aber offenbar danach schnell vergessen worden« (Fischer, S. 160). Nicht einmal der sorgfältig sammelnde und dokumentierende Gottsched erwähnt ihn (er fehlt auch in dessen ›Redner-Bibliothek‹).

[116] Außer den bereits genannten Arbeiten von Horn und Hirsch vgl. im folgenden besonders M. Wünschmann, Gottfried Hoffmanns Leben und Bedeutung für das Bildungswesen und die pädagogische Theorie seiner Zeit, mit eingehender Berücksichtigung seines Zittauer Vorgängers und Lehrers Christian Weise. Ein Beitrag zur Geschichte der Pädagogik und des Schul- und Bildungswesens im 17. und 18. Jahrhunderte. I. Teil. 1. Hälfte, Diss. Leipzig 1895; O. Kaemmel, Christian Weise. Ein sächsischer Gymnasialdirektor aus der Reformzeit des 17. Jahrhunderts, Leipzig 1897.

[117] Eine genauere Aufstellung darüber fehlt ganz (Goedeke ²III verzeichnet die Kompendien nur sporadisch). Die hier versuchte Schätzung beruht (neben Weise) vor allem auf den Titeln von Stieler (nach 1677), Riemer, Bohse (Talander), Hunold (Menantes), Francisci, Neukirch, Weidling und Lange (bis 1708). Berücksichtigt man außerdem die hohen Auflagen, die einzelne Titel im Gegensatz zu den vorweisianischen Rhetoriken erreichen, so wird der Unterschied noch eklatanter.

[118] Einen Eindruck davon vermittelt schon das Quellenverzeichnis bei Wechsler, Johann Christoph Gottscheds Rhetorik, S. VIIff.; vgl. außer der Monographie von Grosser auch E. Reichel, Gottsched, 2 Bde., Berlin 1908/12 (dort bes. Bd. 2, S. 5off.).

weise die geschichtliche Wirkung erkennbar, die von der Aktivität des Weißenfelser Rhetorikprofessors und Zittauer Gymnasialrektors ausging. Sie bedeutete die Wiederentdeckung einer rhetorischen Dimension[119].

Schon der Werbetext des Titelblatts[120] war in seiner ständischen Ausrichtung ein absolutes Novum bei Rhetoriken: »Kurtze und eigentliche Nachricht/ wie ein sorgfältiger Hofmeister seine Untergebene zu der Wolredenheit anführen soll«. Zwar wiesen Goldtwurm und Meyfart auf die Nützlichkeit ihrer Kompendien für den geistlichen wie den weltlichen Bereich hin, und Kindermann versprach Information über Reden »so wol bey hohen/ als niedrigen Mannes- und Weibes-Personen«[121] (Richter hob nur allgemein die ›Modernität‹ seiner Konzeption hervor)[122], aber keiner redete so unmittelbar den im adligen Haus unterrichtenden Hofmeister an[123]. Das taten bisher allenfalls die sogenannten ›Hof-Schulen‹, in denen das korrekte und erfolgreiche Benehmen bei Hof gelehrt wurde[124].

Doch mit der höfischen Ebene begnügt sich Weise nicht. Als eigentlichen Stoff gibt er an: »1. Auff was vor ein Fundament eine Schul-Rede gesetzet ist; 2. Worinnen die Complimenten bestehen; 3. Was Bürgerliche Reden sind; 4. Was bey hohen Personen/ sonderlich zu Hofe/ vor Gelegenheit zu reden vorfällt«[125]. Ein so vielschichtiges Programm hatte noch kein Rhetoriker des 17. Jahrhunderts angekündigt: humanistische Schuloratorie und höfisches Komplimentierwesen, bürgerliche Beredsamkeit und höfische Gelegenheitsrhetorik. Hinzu kommen – auf dem Titelblatt nicht eigens verzeichnet – ein langer Abschnitt ›Von der Ubung im Brief-schreiben‹[126] und ein noch längeres Kapitel ›Von Studenten-Reden‹[127], d. h. über akademische

---

[119] Noch der Gottschedianer Daniel Peucer rechnet Weise neben Luther und Opitz unter die drei großen »Beförderer der Beredtsamkeit« (›Anfangs-Gründe der teutschen Oratorie‹, Naumburg 1739, S. 23f.).

[120] Hier zugrundegelegt die Ausgabe Leipzig 1681.

[121] ›Der Deutsche Redner‹, Titelblatt.

[122] ›Thesaurus oratorius novus‹, Titelblatt: »nach dem Ingenio dieses Seculi«.

[123] Zu den Aufgaben des Hofmeisters u. S. 374ff. Bereits 1675 hatte Weise, als erste theoretische Schrift nach den drei ›politischen‹ Romanen, ein Handbuch für den Geschichtsunterricht veröffentlicht: ›Der Kluge Hoff-Meister‹, Frankfurt u. Leipzig 1675.

[124] Zaehle, Knigges Umgang mit Menschen ..., S. 29ff.

[125] ›Politischer Redner‹, Titelblatt.

[126] A.a.O., S. 219ff. Später ausführlich behandelt in den beiden Briefstellern (1691 und 1693).

[127] A.a.O., S. 845ff.

Beredsamkeit. Mit Ausnahme der Predigt (weltliche Leichabdankungen laufen unter ›bürgerlichen Reden‹)[128] sind also sämtliche wichtigen rhetorischen Disziplinen der Zeit – außerdem noch die Logik[129] – zum ersten Mal vereinigt, unter ›politischer‹ Zielsetzung.

»Das ist gewiß/ wer ein gelehrter Politicus heissen wil/ der muß bey guter Zeit auff sein Mund-Werck bedacht seyn«[130], so formuliert Weise den pädagogischen Kernpunkt seines Programms. Es scheint utopisch zu sein, denn Meyfart, Schupp und Richter hatten deutlich genug erkennen lassen, wie kläglich es um die ›Gelehrsamkeit‹ und insbesondere um die ›Wolredenheit‹ der meisten Regenten steht. Doch an sie denkt Weise primär nicht; er meint jene neue, breite Schicht der Beamtenaristokratie, die sich – im Zug der Festigung des Territorialfürstentums nach dem Westfälischen Frieden – überall an den größeren Höfen gebildet hatte[131] und zwischen den überkommenen Antagonismen von feudalistischem Adelsbewußtsein und humanistischem Gelehrtenstolz Orientierung suchte[132]. Als Diplomaten, Berater und Verwaltungsfachleute waren die (oft nicht aus dem Geburtsadel stammenden) Angehörigen dieser neuen Schicht immer unentbehrlicher geworden[133], und dieses Bewußtsein, verbunden mit der täglichen Erfahrung der Abhängigkeit vom Souverän, hatte wesentlich zur Ausbildung der bereits geschilderten ›politischen‹ Lebenslehre in Deutschland beigetragen.

Für Weise ist die soziale Zwischenstellung der ›Politici‹ ein entscheidender Ansatzpunkt[134]. Vom einfachen Bürgertum hebt sich der ›Politicus‹ durch den höfischen Glanz ab und durch das weltmännische, ja weltlich-selbstherrliche Element der Hofszene[135] (hier liegt

---

128 A.a.O., S. 439ff. (mit über 300 Seiten der weitaus umfangreichste Abschnitt innerhalb der ›bürgerlichen Reden‹). Über die *oratoria ecclesiastica* handelt auch Weise, der Tradition entsprechend, nur lateinisch: ›Institutiones oratoriae‹, Leipzig 1687, S. 737ff.

129 ›Politischer Redner‹, S. 41ff. (nur propädeutisch: ›Von der Ubung mit dem Syllogismo‹); vgl. dann ›Curieuse Fragen über die Logica‹, Leipzig 1696 (dazu Kaemmel, Christian Weise, S. 53).

130 ›Politischer Redner‹, Vorrede, fol. 4ᵃ.

131 Dazu O. Hintze, Der österreichische und der preußische Beamtenstaat im 17. und 18. Jahrhundert, HZ 86, 1900, S. 401ff.; Hirsch, Bürgertum und Barock ..., S. 40ff.; Flemming, Deutsche Kultur ..., S. 42ff. u. 145ff.

132 Vgl. u. S. 369ff.

133 Hartung, Deutsche Verfassungsgeschichte (⁷1959), S. 109ff.

134 Zu Weises persönlichen Kontakten mit dieser Schicht vgl. das nachfolgende Kapitel.

135 In den ›Curieusen Fragen über die Logica‹, S. 620 grenzt Weise den geistlichen und den weltlichen Lebenswandel voneinander ab, unter ›politischem‹ Gesichtspunkt.

der tiefere Grund dafür, daß die geistliche Rhetorik im ›Politischen Redner‹ keinen Platz finden kann)[136]. Gegenüber dem traditionell erzogenen Hochadel jedoch hat der ›Politicus‹ den Vorzug größerer Beweglichkeit, was Gelehrsamkeit betrifft. Nicht nur daß in der Staatsverwaltung immer mehr geschulte Juristen benötigt werden – daher die weitverbreitete Gleichsetzung von ›Jurist‹ und ›Politicus‹[137] –; immer häufiger geschieht es auch, daß die Tendenz des Regenten zur ›Repräsentation‹ die diplomatischen Empfänge und Verhandlungen, die Kanzleien und Kabinette, die Landtage und Hoffeste zu Gelegenheiten rhetorischer Prachtentfaltung werden läßt[138]. Ein äußeres Zeichen für das Aufblühen repräsentativer Beredsamkeit – auch über den Bereich des Hofes hinaus – ist die Publikation mehrerer großer Redensammlungen in den Jahren nach 1670[139]. Daß sich auch Auswüchse bald bemerkbar machen, verwundert nicht. So resümiert Seckendorff skeptisch: es »ist an unsern Teutschen Höfen/ wie auch bey Ehren-Sachen/ insgemein das lange Wort-machen und Sprüch-sprechen … dermassen auffkommen/ daß es an manchem Ort (wo die alte Weise noch gültig ist) vor eine grosse Ungeschicklichkeit solte gehalten werden/ wann man davon abstehen/ und mit vielen vergeblichen Umschweiffen weitläufftig und verdrießlich herschwatzet. Gleichwohl ist der Gebrauch ein Tyrann/ welcher alles bezwinget«[140].

Die Einzelheiten dieser Entwicklung sind kaum untersucht[141]. Von einem Teil der neuen Hofrhetorik, dem *sermo publicus*, gibt die große Lünigsche Sammlung eine lebendige Vorstellung[142]. Auch die Dekrete

---

[136] Sie ist dementsprechend auch in Hallbauers ›Anleitung zur Politischen Beredsamkeit‹, Jena u. Leipzig 1736 nicht vertreten (dafür eine eigene Schrift: ›Nöthiger Unterricht zur Klugheit erbaulich zu predigen …‹, Jena 1723).

[137] Etwa Richter, ›Thesaurus oratorius novus‹, S. 9. Weise, ›Der Grünenden Jugend Nothwendige Gedancken‹, Leipzig 1690 (¹1675), S. 316. Vgl. noch den Artikel ›Politicus‹ in: Zedler 28, 1741, Sp. 1528.

[138] Einiges bei Alewyn–Sälzle, Das große Welttheater; Flemming, Deutsche Kultur …, S. 248ff.

[139] Verzeichnet bei Gottsched, ›Redner-Bibliothek‹, S. 20f.

[140] ›Discurs an statt einer Vorrede‹ zu: ›Teutsche Reden‹, S. 50 (Seckendorff spricht sich selbst übrigens von solchen Tendenzen nicht frei).

[141] Ansatzpunkte bei Stötzer, Deutsche Redekunst …, S. 151ff. (bei Weithase 1, S. 108ff. fehlt ein Abschnitt ›Hof‹); zur Metaphorik der Hofdichtung Windfuhr, S. 154ff. (›Tropische Hofgesellschaft‹).

[142] Johann Christian Lünig, ›Grosser Herren, vornehmer Ministren, und anderer berühmten Männer gehaltene Reden‹, 12 Tle., Leipzig ¹1707-31 (mehrfach aufgelegt).

und diplomatischen Briefwechsel haben sich zum Teil erhalten[143]. Was im Dialog, vor allem im *sermo secretus* hinter verschlossenen Türen geredet wurde, ist verloren und allenfalls an den Komplimentierbüchern und höfischen Romanen abzulesen[144].

Die Tatsache allein, daß an den Höfen die deutsche Sprache mehr und mehr als Medium der Repräsentation entdeckt wird, ist im gegenwärtigen Zusammenhang von Bedeutung. Denn dadurch wird nun auch die rhetorische Befähigung des einzelnen – im Sinne Graciáns – zu einer ›politischen‹ Qualität. Wer sich auf rhetorische Repräsentation versteht, hält damit eine Waffe »ad conservationem sui ipsius«[145] in der Hand: sei es daß er sich einem Konkurrenten gegenüber behauptet, sei es daß er bei einem Vorgesetzten, einem Gönner oder gar beim Regenten selbst eine ›gute Opinion‹ erweckt[146]. Rhetorik, die sich zu ›insinuieren‹ weiß, wird zum Hebel des individuellen Erfolgs[147]. Was von Autoren wie Meyfart nur als Theorem – unter Berufung auf antike Autoritäten – weitergegeben worden war[148], hat reale Anwendungsmöglichkeiten erhalten.

Die längste Erfahrung auf dem Gebiet des sprachlichen Repräsentierens besaßen die Kanzleien; immer wieder wird auf sie hingewiesen, wenn es um die Orientierung an einer Sprachnorm geht[149], auch

---

[143] Sie sind aber bisher ausschließlich unter historischen Gesichtspunkten analysiert worden.

[144] Daß Gespräche und Briefe in den höfischen Romanen Mustercharakter hatten, wurde oft betont; ein genauer Vergleich mit Komplimentierbüchern und Briefstellern steht freilich noch aus. Zur Forschungslage beim ›galanten‹ Roman, der sich für einen Vergleich geradezu anbietet, s. H. Singer, Der galante Roman (Sammlg. Metzler. 10), Stuttgart 1961, S. 7ff.

[145] Weise, ›Vorbericht/ Darinn absonderlich von dem jüngst versprochenen Galanten Hoff-Redner gehandelt wird‹, in: ›Politische Nachricht von Sorgfältigen Briefen‹, Dresden u. Leipzig 1701, fol. 7ª.

[146] Vgl. den Untertitel des ›Gelehrten Redners‹, Leipzig 1693.

[147] Die knappste Fassung dieser Konzeption gibt der Titelkupfer zu Weises ›Curiösen Gedancken von Deutschen Brieffen‹, Dresden 1691: Hauptgegenstand die Schreibfeder, darüber der Text »QUID SINE ME?« (Einfluß des Graciánischen ›Criticón‹?).

[148] Meyfart, ›Teutsche Rhetorica‹, S. 29: »Cicero ein vortrefflicher Römer saget nicht unbillig/ es weren zwey Mittel/ durch welche sich jemand auß der untersten Schnödigkeit/ zu der höchsten Würdigkeit hervor zu wircken/ glücklich versichern dürffte: Nemlich durch Lieblichkeit der Zungen/ und Strengigkeit der Waffen«.

[149] So von Gueintz, Schupp, Harsdörffer, Leibniz u. a.; s. Bach, Geschichte der deutschen Sprache (⁸1965), S. 339f. Vgl. Weise, ›Curiöse Gedancken von Deutschen Brieffen‹, S. 295: »Ein Politicus gewöhne sich an die artigen Schrifften«, besonders an Texte »aus den Sächsischen und Brandeburgischen Cantzleyen« (dabei geht es natürlich auch um eine Orientierung innerhalb der verschiedenen

außerhalb der eigentlich höfischen Sphäre. Ein rhetorisches Gesamt-
system jedoch, das auch den Gesetzen der Mündlichkeit gerecht zu
werden vermochte, existierte nur im Bereich des humanistischen *eloquentia*-Betriebs (der später noch eingehender darzustellen sein
wird)[150]. Er ist die selbstverständliche und durch keine Alternative
gefährdete Basis der Weiseschen Rhetorikkonzeption[151]. Daher handelt der erste große Abschnitt des ›Politischen Redners‹ von den
›Schul-Reden‹[152]. Sie haben nach Weises Auffassung durchaus ihren
Nutzen erwiesen, obwohl man »im gemeinen Leben/ solche in eben
dieser Form und Gestalt nicht anzuwenden pflegt«[153].

Schuloratorie ist also für Weise kein humanistischer Selbstzweck,
sondern reine Propädeutik. Als solche muß sie auf das Notwendigste
reduziert werden, »weil ein grosser Unterschied ist/ ob einer wil Eloqventiae Professor werden/ oder ob er nur im Politischen Leben einen
geschickten Redner bedeuten will«[154]. Konsequenz dieser Einsicht
sind eine ganze Reihe methodisch-didaktischer Verbesserungen, die
später als *methodus Weisiana* Schule machen: Knappheit und Faß-
lichkeit der Regeln, Vorrang des gut gewählten Beispiels, Realien-
fülle, Lockerheit des Lernvorgangs, bei dem auch das Lachen nicht
verpönt ist, Realistik der Übungssituation usw.[155]. Viele Anregungen

---

Dialekte). Auch der Poet wurde auf die »Cancelleyen« hingewiesen, »welche die
rechten lehrerinn der reinen sprache sind« (Opitz, ›Buch von der Deutschen
Poeterey‹, fol. F 4b).

[150] Unten S. 241ff.

[151] Das ist nicht immer mit der nötigen Klarheit gesehen worden, vor allem von
denen, die Weise für die ›Aufklärung‹ in Anspruch nehmen wollen (dazu
unten).

[152] ›Politischer Redner‹, S. 2ff.; die Übungspunkte: ›Perioden‹ (Satzbildung),
›Übersetzen‹, ›Chrie‹, ›Syllogismus‹, ›argutiae‹, ›loci topici‹, ›ganze orationes‹.
Diese Übungen werden »in Schulen nach Anleitung der Rhetorica getrieben«
(a.a.O., S. 2).

[153] Ebda. Weises Behauptung, seine Schüler lernten nichts, »welches man im gemeinen Leben nicht wieder anbringen könte« (›Curiöse Gedancken von Deutschen Brieffen‹, fol. a 6a), trifft demnach für die Elementarstufe nur bedingt
zu. Entscheidend ist, ob der Übungsstoff der Fortgeschrittenen im ›gemeinen
Leben‹ verwendet werden kann.

[154] ›Politischer Redner‹, fol. 4b (deutlicher Seitenhieb gegen humanistische
Selbstgenügsamkeit).

[155] Systematische Zusammenfassung der pädagogischen Grundsätze in ›Vertraute
Gespräche/ Wie Der geliebten Jugend Im Informations-Wercke Mit allerhand
Oratorischen Handgriffen Möchte gedienet und gerathen seyn‹, Leipzig 1697
(Zitate im folgenden nach Wünschmann, Gottfried Hoffmanns Leben ...).
Außer Wünschmanns Überblick vgl. (knapper gefaßt) Horn, Christian Wei-
se ..., S. 132ff.

empfängt Weise aus dem Bereich der Reformpädagogen von Bacon[156] bis Schupp, doch in seiner ›politischen‹ Zielstrebigkeit und Weite ist dieser Entwurf von 1677 – jedenfalls in der Kette der deutschen Rhetoriken – ein Neubeginn.

Das zeigt sich noch deutlicher an der Komplimentierkunst als dem zweiten propädeutischen Fach. Für Humanisten alten Schlages mußte es ein Greuel sein, ihre Schuloratorie neben diese Modedisziplin gestellt zu sehen[157]. Hinzu kommt die fast brutale Offenheit, mit der Weise den Stoff als Instrument des persönlichen Erfolgsstrebens darstellt: »COmplimenten sind dergleichen Reden/ damit in der Conversation, der Mangel würcklicher Auffwartung gleichsamb ersetzt und vollgefüllet wird. Und dannenhero ein zukünfftiger Politicus Ursache hat/ bey guter Zeit solcher Ubung nachzudencken«[158]. Aber gerade unter dem Gesichtspunkt des Erfolgs beim Gegenüber dringt Weise immer wieder auf vernünftige Kürze und warnt anhand durchschlagender Beispiele[159] vor forcierter Umständlichkeit, die nur komisch wirkt. Eine eigens zu Übungszwecken verfaßte umfangreiche ›Complimentir-Comödie‹[160] soll auf die ›politische‹ Wirklichkeit vorbereiten.

›Politik‹ aber – und das ist vielleicht der geschichtlich folgenreichste Teil von Weises Konzeption – bestimmt nicht nur das Hofleben. Der Hof stellt ›Politik‹ in höchster Potenz dar, er ist auch der stets gegenwärtige Orientierungspunkt, so wie der Hofmeister als Adressat des ganzen Rhetoriklehrbuchs fungiert. Doch vom Hof reicht eine vielfältig abgestufte Skala sozialer Kommunikationsmöglichkeiten bis hinunter ins Bürgertum. Gerade die Vertreter der neuen Beamtenaristokratie stehen immer wieder vor der Aufgabe, nicht nur unter-

---

[156] Bacon wird von Weise mehrfach ausdrücklich zitiert, so schon ›Politischer Redner‹, fol. 5ᵃ. Zu Bacons Einfluß im Deutschland des 17. Jahrhunderts (auch die Rhetorik berührend) Cohn, Gesellschaftsideale und Gesellschaftsroman ..., S. 211.

[157] Zwei Jahre vor dem ›Politischen Redner‹ war eine Weißenfelser Abhandlung erschienen (›De moralitate complimentorum‹, Weißenfels 1675), in der Weise das Komplimentieren, richtig gehandhabt, als unentbehrliches Fundamentalfach verteidigte.

[158] ›Politischer Redner‹, S. 161.

[159] Besonders drastisch der Trinkspruch a.a.O., S. 162f. sowie die Aufforderung zum Tanz, a.a.O., S. 163.

[160] A.a.O., S. 294ff. Aus dieser Komödie können auch »eine oder etliche Scenen herauß gezogen/ und mitten in der Studier-Stube mit lebendigen Ceremonien geübet werden« (a.a.O., fol. 6ᵇf.). Die ›Complimentir-Comödie‹ wurde bald auch – gegen Weises Intention – als selbständiges Stück aufgeführt.

einander und ›nach oben‹, sondern auch ›nach unten‹ hin rhetorisch zu kommunizieren, ob schriftlich oder mündlich[161]. Ist ›politische‹ Rede einmal als kluge, weltmännische, transhumanistische, auf Erfolg ausgerichtete Rede entdeckt und konzipiert, so erscheint eine Übertragung dieser Konzeption in den rein bürgerlichen Bereich verlockend. In der Entwicklung des Begriffs ›politisch‹, wie sie oben dargestellt wurde, war diese Möglichkeit, ja die Ausdehnung auf menschliches Zusammenleben schlechthin[162], sehr wohl enthalten. So bezeichnet Weise später als ›politische‹ Reden »entweder in weitläufftigen Verstande ... alle Orationes civiles .../ welche sich in der menschlichen Gesellschaft hin und wieder gebrauchen lassen«, oder auch nur diejenigen, die »von einem ... Hof-Redner/ und zwar in öffentlichen Affairen erfordert werden«[163].

Wie groß das Unbehagen der Rhetoriker über den Zustand der bürgerlichen Beredsamkeit war, hat sich vor allem bei Schupp und Richter gezeigt. Weise bestätigt auf seine Art, daß von vielen nicht einmal die elementarsten rhetorischen Aufgaben in der Muttersprache bewältigt werden, etwa bei der Aussage vor Gericht, und daß man nicht früh genug mit der Schulung beginnen kann[164]. Einfachheit und Klarheit sind die Grundvoraussetzungen einer ›politischen‹ Rhetorik im bürgerlichen Bereich. Schon bei den ›Complimenten‹ (in deren Zusammenhang auch das Briefschreiben abgehandelt wird)[165] nennt

---

[161] Vgl. besonders die von Weise a.a.O., S. 205ff. (Complimente) u. S. 886ff. (Hofreden) angeführten Beispiele, dazu S. 999ff.: ›Von Politischen Reden zwischen Hohen und Niedrigen‹.

[162] Weise greift dabei, um das Allgemein-Gesellschaftliche des Begriffs ›Politik‹ zu illustrieren, mehrfach auf das griechische Wort πολιτικός zurück (bei Staatstheoretikern wie Conring oder Lipsius war dies seit jeher üblich), so in ›Neue Proben von der vertrauten Redens-Kunst‹, Dresden u. Leipzig 1700, fol. a 6b und in ›Institutiones oratoriae‹, Leipzig 1687, fol. 8b: Griechen und Römer als πολιτικώτατοι.

[163] ›Oratorisches Systema‹, Leipzig 1707, S. 563f. Im ›weitläufftigen Verstande‹ gebraucht dann auch Hallbauer den Begriff ›politischer Redner‹; er definiert ihn als einen, »welcher bey allen im gemeinen Wesen vorkommenden Fällen geschickt zu reden im Stande sey« (›Anleitung zur Politischen Beredsamkeit‹, Jena u. Leipzig 1736, S. 40). Hier hat Weise unverkennbar Schule gemacht.

[164] ›Der Kluge Hoff-Meister‹, Frankfurt u. Leipzig 1676, fol. 5b: »Einem jungen Menschen muß die Zunge gelöset werden/ daß er geschickt und ordentlich von den Sachen reden kan/ die er gesehen hat. Und man gehe nur in die Richter-Stuben/ und höre/ wie bißweilen auch kluge und eingebildete Leute/ wenn sie von gesehenen und gehöreten Dingen ein Zeugniß beybringen sollen/ alles unter einander werfen«.

[165] Weise bedient sich dabei der alten Definition des Briefs als eines schriftlichen Gesprächs (mit einem Abwesenden): »Gleichwie eine Complimente eine Rede

Weise immer wieder auch bürgerliche Beispiele, die in ihrer höfisch gemeinten Metaphorik und Floskelhaftigkeit den ›politischen‹ Effekt verfehlen[166]. Das gleiche gilt nun für die bürgerlichen Gelegenheitsreden, »welche unter den Bürgen [sic!] und Privat-Personen/ oder daß ich noch deutlicher rede/ welche nicht zu Hofe oder gegen hohe Standes-Personen gehalten werden«[167].

Je entschiedener Weise in diesem Bereich zu ›Deutlichkeit‹ und ›Kürze‹ mahnt[168], desto vorsichtiger ist er bei der Aufstellung von Vorschriften für die Hofleute selbst. Er bekennt offen, der betreffende Abschnitt sei »etlicher massen unvollkommen geblieben«, nicht zuletzt deshalb, weil die Hofleute ungehalten werden, »wenn man sich zu tieff in ihr Gehäge einlassen wil«; sie seien immer bestrebt, »vor der Schule etwas eigenes« zu haben[169], also etwas, das nicht jeder einfach lernen könne. Ein später von Weise angekündigter und skizzierter ›Galanter Hoff-Redner‹[170] ist nie als Ganzes erschienen[171]. Im übrigen betont Weise schon 1677, die Hofleute hätten »so viel Concepte und Nachrichte vor Augen .../ daß sie eines gedruckten Buches nit bedürffen«[172].

---

ist des gegenwärtigen an den gegenwärtigen, also ist ein Brief eine Compliment des Abwesenden an den Abwesenden« (›Politischer Redner‹, S. 219). Auf diesem Wege wird die Komplimentierkunst mit der traditionellen rhetorischen Systematik verbunden.

[166] A.a.O., S. 162ff. u. ö.

[167] A.a.O., S. 433.

[168] Dies weniger durch abstrakte Regelsetzung, sondern durch Auswahl und Kommentierung der *exempla*. Vgl. den Gesamteindruck, wie ihn Samuel Grosser, ›Vita Christiani Weisii‹, Leipzig 1710, S. 46 für den ›Politischen Redner‹ formuliert: »Monstrabat veram elocutionis majestatem, non in turgida et affectata verborum elatione, sed nativa proprietate atque perspicuitate latitantem«.

[169] ›Politischer Redner‹, fol. 5ᵃ. Riemer, ›Standes-Rhetorica‹, Leipzig 1685, S. 1 redet dies – ohne Weise zu nennen – getreulich nach: »DEr Hoff hat seine eigene Sprache. Und wer mit Regenten/ oder vor denenselbigen etwas reden wil; muß seine Schul-Rethorica (sic!) zu Hause lassen«. Weiter: »Und man kan nicht leugnen/ daß dergleichen Personen bey Hofe/ vor der Schule etwas eigenes haben müssen«. Der Text enthält noch eine Reihe weiterer wörtlicher Übernahmen.

[170] Oben S. 171 Anm. 145.

[171] Die Tatsache, daß Weise in Zittau weniger unmittelbaren Kontakt zum Hof hatte als in Weißenfels, dürfte dabei eine wesentliche Rolle gespielt haben.

[172] ›Politischer Redner‹, S. 886. In der Vorrede (fol. 5ᵃf.) formuliert er noch prinzipieller: »der Hof hat keine eigne Invention, keine sonderliche Disposition; sondern das gantze Werck bestehet in gewissen Worten und Redens-Arten/ welche durch die Gewonheit angenommen/ und eben durch diese variable Gebieterin geändert werden«. Auch später hebt er immer wieder hervor, daß man den Hofstil eigentlich nur im Umgang mit Hofleuten bzw. ›Politici‹ erlernen

## e. Der Weisesche Impuls und seine Folgen

Dieser Scheu des Bürgerlichen Christian Weise vor einer rhetorischen Reglementierung des Hofes entspricht auch die Wirkung des ›Politischen Redners‹. So stolz Weise darauf sein konnte, zum ersten Mal die verschiedenen rhetorischen Teilgebiete, von der Schuloratorie bis zur Hofrede, im Zeichen der ›politischen‹ Lebenslehre vereinigt zu haben, für das gehobene Bürgertum war der Entwurf attraktiver als für den Hofmann[173]. Jetzt erst gab es die von vielen (u. a. von Schupp) gewünschte höfisch (weil ›politisch‹) orientierte Rhetoriktheorie, die wenigstens eine Ergänzung zur Humanistenrhetorik, wenn nicht gar eine Konkurrenz für sie bedeutete[174]. »Diu fuit ante ipsum desideratus talis labor«, heißt es bei Morhof[175]. »Ac profecto plane publici saporis erat opus isthoc oratorium«, berichtet Weises Schüler und Biograph Grosser. »Tot enim illud occupabant manus, tot velut famelici poscebant animi, ut, exemplaribus statim distractis, alia post aliam editio deproperanda esset«[176].

Wie grundlegend sich durch das Erscheinen des ›Politischen Redners‹ die Situation auf dem Gebiet der Rhetoriken gewandelt hatte, zeigt vielleicht am deutlichsten die Neubearbeitung des Kindermannschen Rede-Handbuchs durch Kaspar Stieler (1680)[177]. Der rührige Poet und Literaturtheoretiker hatte sich schon in seiner ›Teutschen Sekretariat-Kunst‹ (1673/74) der ›politischen‹ Tugend gegenüber aufgeschlossen gezeigt und gefordert: »Ein Sekretarius muß politisch seyn«[178]. Nach Weises Vorstoß mußte dies erst recht für den Redner

---

könne (z. B. ›Curiöse Gedancken von Deutschen Brieffen‹, S. 292f.; ›Gelehrter Redner‹, fol. a 4<sup>b</sup>).

[173] Es ist das gleiche Bild, das auch die praktische pädagogische Tätigkeit Weises kennzeichnet: er ist stolz auf jeden Adligen, der seine Schule besucht; aber der eigentliche Stamm der Schülerschaft rekrutiert sich aus dem Bürgertum, das für den höfisch-weltmännischen Anstrich der Weiseschen Pädagogik überaus empfänglich ist.

[174] Über die Einführung Weisescher Lehrbücher (auch des ›Politischen Redners‹) an Schulen seiner Zeit vgl. Kaemmel, Christian Weise, S. 66.

[175] ›Polyhistor‹, Lübeck ³1732, S. 956.

[176] ›Vita Christiani Weisii‹, S. 46. Folgende Auflagen konnte ich bisher ermitteln: 1677, 1679, 1681, 1684, 1688, 1691, 1694, 1696, 1701. Bereits in der Vorrede zum ›Neu-Erleuterten Politischen Redner‹ (¹1684) spricht Weise nicht ohne Stolz von der »offtmaligen Auflage« des ›Politischen Redners‹ (Leipzig 1696, fol. 3<sup>b</sup>).

[177] ›Herrn Baltasar Kindermanns Teutscher Wolredner ... gebessert und ... gemehret von dem Spaten‹, Wittenberg 1680.

[178] ›Teutsche Sekretariat-Kunst‹, 2. Teil, Nürnberg 1673, S. 305 (marg.). Wie der

gelten. Trotzdem konnten viele von Kindermanns bürgerlichen *exempla* beibehalten werden, auch die Grundeinteilung des Kompendiums[179]. Aber die Theorie war entschieden zu erweitern, z.B. um den ganzen Bereich des Komplimentierens, und dabei greift Stieler mehrfach auf Weise zurück[180]. So kann er schließlich den aufgeschwellten (und etwas disproportionierten) Band erneut auf den Markt bringen mit dem wichtigen Zusatz – der an Richter erinnert –: »Nach heutiger Politischen Redart gebessert«[181].

Weise hatte diese ›politische Redart‹ nicht geschaffen, aber er hatte sie in Verbindung mit einer reformierten und instrumentalisierten humanistischen Methodik[182] zu einem neuen, attraktiven Lehrgebiet gemacht, das dem individuellen Erfolgsstreben eines breiten Publikums entgegenkam. So ist es nur verständlich, daß bald schon andere Autoren – ähnlich wie im Fall des ›politischen Romans‹[183] – auf ihre Art an dem neuen rhetorischen Interesse zu partizipieren versuchen; der ›Politische Redner‹ konnte nur ein Anfang sein. Während Stieler seine Produktion an rhetorischen Handbüchern, in sinnvoller Ergänzung zu Weise, wesentlich auf das Gebiet der Epistolographie und der Sekretariatkünste beschränkt[184], bemüht sich Weises Amtsnach-

---

Kontext zeigt, verwendet Stieler den Begriff hier im Sinn von ›diplomatisch‹, ›geschickt‹ (sonst zieht der Sekretarius nur »Undank/ Vorwurf und Verschmähung« auf sich, ebda.).

[179] 1. Buch: Verlobungen, Hochzeiten; 2. Buch: Taufen, Begräbnisse; 3. Buch: Empfänge, Huldigungen, Glückwünsche usw.

[180] Vgl. etwa ›Teutscher Wolredner‹, S. 18f. (›Perioden‹ als Ausgangspunkt), 23, 32, 37 usf., besonders aber S. 41, wo es um das Komplimentieren geht: »Herr Christian Weise hat in seinem politischen Redner damit den ganzen zweyten teil angefüllet; und die Ehre davon getragen/ daß er der erste hiervon geschrieben/ und also den Kranz dißfals erlanget/ welchen ihm ieder wolgesinter Teutscher billig gönnet«.

[181] Titelblatt.

[182] Noch im Weise-Artikel des Zedler 54, 1747, Sp. 1057ff. (dort Sp. 1060) wird hervorgehoben: »So viel ist gewiß, daß er eine beliebte Methode, die deutsche Oratorie vorzutragen, erfunden ... hat«.

[183] Vgl. o. S. 144.

[184] Außer der bereits erwähnten ›Teutschen Sekretariat-Kunst‹ (die noch 1726 in vierter Auflage erschien!) seien ›Der Teutsche Advokat‹ (1678) und ›Der Allzeitfertige Secretarius‹ (1679) genannt. Fischer, S. 243f. vermutet in der *aptum*-Theorie der ›Teutschen Sekretariat-Kunst‹ (die Orthographie des Titels schwankt) einen Einfluß Weises, ohne ihn behaupten zu wollen. Da jedoch Fischer die Ausgabe von 1681 zugrundelegt und Stieler seine Kompendien meist sehr rasch auf den neuesten Stand gebracht hat, dürfte der Einfluß sicher sein (aus Stielers früherer Theorie läßt sich die wichtige *aptum*-Nuance nicht erklären).

folger in Weißenfels, Johannes Riemer[185], vor allem um den Ausbau der Redekünste im engeren Sinn (darunter auch des Komplimentierens)[186]. Seine Tendenz freilich, in Distanzierung von der Atmosphäre der bürgerlich-humanistischen Schulstuben Rhetorik möglichst vornehm und leicht oder gar unterhaltend und amüsant erscheinen zu lassen, hat etwas Aufdringliches, Marktschreierisches, das selbst Weise nicht unbedingt angenehm sein mußte. Hatte ihn mit Riemer zunächst eine enge Freundschaft verbunden – er widmete Riemer nach der Rückkehr in die Heimatstadt sogar die Abschieds- und die Antrittsrede[187] –, so scheint sich das Verhältnis aus dem angedeuteten Grund bald abgekühlt zu haben. Man gewinnt den Eindruck, als ignoriere Weise seinen Adepten, um nicht gegen ihn polemisieren zu müssen[188].

Den wichtigsten Zweig der neuen Rhetorikbewegung jedoch bilden neben Weise die ›Galanten‹, vor allem August Bohse (Talander)[189] und Christian Hunold (Menantes)[190], auch die literarischen Anfänge Benjamin Neukirchs[191] gehören hierher. Hauptkennzeichen der – vergleichsweise gut erforschten[192] – galanten Rhetorik ist die Orientie-

---

[185] A. F. Kölmel, Johannes Riemer 1648–1714, Diss. Heidelberg 1914; vgl. auch Hirsch, Bürgertum und Barock ..., S. 6off.

[186] Vgl. die Bibliographie bei Kölmel. Die wichtigsten Titel: ›Lustige Rhetorica Oder Kurtzweiliger Redner‹ (1681); ›Uber-Reicher Schatz-Meister Aller ... Complimente‹ (1681); ›Standes-Rhetorica‹ (1685); ›Neu-aufgehender Stern-Redner‹ (1689). Die Kompendien erschienen, mit veränderten Titeln, durchweg in mehreren Auflagen.

[187] ›Orationes duae‹, Zittau 1678. Wo Riemer seinerseits den Namen Weises einmal nennt (meist schreibt er ohne einen solchen Hinweis ab), werden die eigene Person und Position tunlichst hervorgehoben: »Herr Weise/ mein vormahliger Collega, welcher der Politischen Rede-Kunst ein herrliches Liecht angezündet/ ist in der Vorrede zu seinem Politischen Redner/ mit mir gleicher Meynung ...« (›Neu-aufgehender Stern-Redner, Leipzig 1689, S. 5; als Weise seinen ›Politischen Redner‹ verfaßte, war Riemer noch gar nicht in das Rhetorikgeschäft eingestiegen!).

[188] Polemik gegen den früheren Freund und Kollegen hätte in Weißenfels und bei anderen sicher Unwillen erregt; da war das Übergehen der diplomatischste Weg. Bei dem Wechsel von Weises Einstellung ist auch zu bedenken, daß Riemer mit der rhetorischen Schriftstellerei in großem Umfang erst begann, als die beiden nicht mehr nebeneinander arbeiteten.

[189] E. Schubert, Augustus Bohse, genannt Talander. Ein Beitrag zur Geschichte der galanten Zeit in Deutschland (Bresl. Beitr. z. Lit.gesch. 27), Breslau 1911.

[190] H. Vogel, Christian Friedrich Hunold (Menantes), Diss. Leipzig 1897.

[191] W. Dorn, Benjamin Neukirch. Sein Leben und seine Werke. Ein Beitrag zur Geschichte der 2. schlesischen Schule (Lit.hist. Forschungen. 4), Weimar 1897.

[192] Grundlegend ist die bereits mehrfach zitierte Monographie von Wendland, Die Theoretiker und Theorien der sogen. galanten Stilepoche und die deutsche Sprache (materialreich und weit ausgreifend; die Ansetzung einer galanten ›Stilepoche‹ freilich ist problematisch, es handelt sich nur um eine literarische

rung an der französischen Hofkultur, nicht etwa das Erotisch-Spielerische schlechthin[193]. Vereinfachend könnte man sagen: ›galant‹ bedeutet so viel wie ›politisch‹, nur mit stark französisierendem Akzent. Schon um die Mitte des Jahrhunderts hat sich bekanntlich das Französische an den deutschen Höfen weithin etabliert; das betrifft insbesondere die Abfassung von Briefen. Beliebtester Briefsteller wird der ›Secrétaire de la cour‹ von de la Serre (seit 1638 erscheint das Buch auch in deutschen Übersetzungen, 1645 unter dem bezeichnenden ›politischen‹ Titel ›A La Modischer Secretarius Das ist Politischer Hoff-stylus‹). Gegenüber der gänzlich französischen Briefpraxis oder der bloßen Übersetzung französischer Muster bemühen sich die Galanten gerade darum, auch das Deutsche – mit viel Französisch durchsetzt – als Medium eines weltmännischen Briefstils anziehend zu machen. Nicht zufällig veröffentlicht Talander zunächst einen Briefsteller (1690)[194], erst danach wird auch die ›Redekunst‹ einbezogen (1692)[195]. Wie entscheidend hier Weises ›politische‹ Rehabilitierung einer deutschsprachigen Rhetorik vorgearbeitet hat, wird auf Schritt und Tritt erkennbar[196]. Auch manche parallele Entwicklung innerhalb der ›politischen‹ und der ›galanten‹ Bewegung fällt auf, z. B. das Vorangehen des Romans[197], vor allem aber die dezidiert utilitaristische Zielsetzung; Talander empfiehlt seinen ›Getreuen Wegweiser

---

Strömung neben anderen). Von dem noch intensiveren Interesse der Forschung am galanten Roman hat die rhetorische Theorie wenig profitiert. Vgl. die Übersichten in dem Realienbuch von Singer, Der galante Roman; ferner W. Flemming, Artikel ›Galante Dichtung‹, RL ²I, S. 522ff.

[193] Daß auch diese Tendenz vorhanden war und den Galanten Probleme stellte, zeigt etwa die abwehrende Geste von Menantes in der Vorrede zur ›Allerneuesten Art/ höflich und galant zu Schreiben‹, Hamburg 1739, fol. A 2ª: »ich bitte/ mich entschuldiget zu halten/ wenn ich mein Naturel nicht zwingen kan/ immer über verliebten Materien zu liegen« (gemeint ist auch und vor allem die Romanproduktion).

[194] ›Der allzeitfertige Brieffsteller‹, Frankfurt u. Leipzig 1690; weitere Briefsteller Bohses: ›Des Galanten Frauenzimmers Secretariat-Kunst‹ (1692); ›Curieuß-bequemes Hand-Buch allerhand auserlesener Send-Schreiben ...‹ (1697); ›Gründliche Einleitung zum Teutschen Briefen‹ (1700). Sehr früh schon trat Neukirchs ›Anweisung zu Teutschen Briefen‹ (1695) als erfolgreiche Konkurrenz daneben (⁹1760!). 1702 erschienen zum ersten Mal ›Die Allerneueste Art Höflich und Galant zu schreiben‹ von Hunold (ebenfalls häufig aufgelegt, bis 1739).

[195] Bohse, ›Getreuer Wegweiser zur Teutschen Rede-Kunst und Brieffverfassung‹, Leipzig 1692; die Redekunst für sich: ›Gründliche Einleitung zur teutschen Oratoria‹ (1702); vgl. Hunold, ›Einleitung zur Teutschen Oratoria und Brief-Verfassung‹ (1703).

[196] Wendland, a.a.O., S. 32ff. Vgl. jetzt auch Nickisch, a.a.O., S. 115ff.

[197] Weises erster ›politischer‹ Roman (›Die drey Hauptverderber ...‹) erscheint

zur Teutschen Rede-Kunst und Brieffverfassung‹ mit dem Satz: »eine eintzige nette Rede oder wohl eingerichteter Brieff hat wohl ehe einem seine gantze Beförderung erworben«[198].

Obwohl Weise seit den 90er Jahren immer häufiger auch selbst das Wort ›galant‹ verwendet[199] (teils als Synonym für ›politisch‹[200] oder ›polit‹[201], teils als Bezeichnung für das Exklusive, besonders Vornehme)[202], hat er sich mit den Galanten nie identifiziert[203], ebensowenig wie mit Riemer oder den anderen, die man bald als ›Weisianer‹ zu apostrophieren pflegte (etwa Christian Weidling[204], Christian Schröter[205] oder Gottfried Lange[206]). Je mehr sich zeigte, daß durch den ›Politischen Redner‹ eine ganze Modewelle mit z. T. unerfreulichen extremistischen Tendenzen ausgelöst worden war, desto weniger konnte man es Weise verdenken, daß er sich auch selbst immer wieder zu Wort meldete. Dabei ist besonders aufschlußreich zu beobachten, wie die zahlreichen rhetorischen Handbücher, die bis kurz vor Weises Tod (1708) erscheinen, sämtlich aus konkreten Ansätzen des ›Politischen Redners‹ hervorwachsen[207].

---

1671, Bohses erster ›galanter‹ Roman (›Liebes-Cabinet der Damen ...‹) 1685. In beiden Fällen schließt sich gleich eine Serie weiterer Romane an.

[198] ›Getreuer Wegweiser zur Teutschen Rede-Kunst und Brieffverfassung‹, Vorrede, fol. ) : ( 6ᵃ.

[199] ›Politische Fragen‹, Dresden 1691, fol. a 4ᵇ (›Politica‹ als »galante Disciplin«); ›Curiöse Gedancken Von Deutschen Brieffen‹, Titelblatt (»Die galante Welt«) etc.

[200] Vgl. Hirsch, Bürgertum und Barock ..., S. 52. Als Modewort tritt ›galant‹ etwa seit 1670 auf, s. Zaehle, Knigges Umgang mit Menschen ..., S. 67; M. von Waldberg, Die galante Lyrik, Straßburg 1885, S. 7.

[201] Der Begriff ›polit‹ hat wie ›galant‹ einen besonderen französisch-höfischen Ton, s. den Artikel ›Polit‹ in: ›Curieuse Gedancken von den Nouvellen oder Zeitungen‹, Leipzig u. Coburg, 1706 (¹1703; deutsche, erweiterte Fassung von ›De lectione novellarum‹; Weißenfels 1676), S. 129. Weise verwendet aber auch die lateinische Form, im Sinne von ›anspruchsvoll‹, ›gehoben‹: ›Epistolae selectiores‹, Budissin 1716, S. 71 (»a vita politiori«).

[202] So vor allem für bestimmte Bildungsdisziplinen, die über die elementaren Bedürfnisse hinausgehen, etwa – vom ›Politicus‹ her gesehen – das Lateinische (›Vertraute Gespräche ...‹, S. 143) oder die Poesie (Titelblatt zu Weises Poetik: »In dem galantesten Theile der Beredsamkeit«).

[203] Auf der anderen Seite bekundeten ihm die Galanten ihre Verehrung, etwa Bohse 1697 mit der Widmung des ›Curieuß-bequemen Hand-Buchs‹ (s. o.).

[204] ›Oratorischer Hofmeister‹, Leipzig 1698.

[205] ›Gründliche Anweisung zur deutschen Oratorie‹, Leipzig 1704.

[206] ›Einleitung zur Oratorie‹, Leipzig 1706. Zahlreiche Bücher sowohl der Galanten als auch der Weisianer im weiteren Sinne erschienen bei den gleichen Verlegern (Gleditsch, Fritsch in Leipzig) wie diejenigen Weises.

[207] Vgl. die oben gegebenen Hinweise zu den einzelnen Abschnitten des ›Politischen Redners‹.

Diese *rhetorica*, die wiederum nur einen Teil von Weises fast unübersehbarer ›politischer‹ Schriftstellerei bilden[208], lassen sich in etwa
fünf Gruppen ordnen: 1. deutschsprachige Redelehrbücher und Syste-
matiken für ein breiteres Publikum (›Neu-Erleuterter Politischer Redner‹, 1684; ›Gelehrter Redner‹, 1692; Vorbericht zum ›Galanten
Hoff-Redner‹, 1693[209]; ›Oratorische Fragen‹, 1706; ›Oratorisches
Systema‹, 1707); 2. lateinische Lehrbücher vorwiegend für den Schul-
gebrauch (›De poesi hodiernorum politicorum‹, 1678[210]; ›Institutiones
oratoriae‹, 1687[211]; ›Subsidium juvenile‹, 1689; dazu ›Curiöse Gedancken von der Imitation‹, 1698); 3. eine Poetik (›Curiöse Gedancken Von Deutschen Versen‹, 1691) sowie eine ausführliche ›Prosodie‹ als Anhang zu ›Der Grünenden Jugend Nothwendige Gedancken‹ (1675)[212]; 4. zwei Briefsteller (›Curiöse Gedancken Von
Deutschen Briefen‹, 1691; ›Politische Nachricht von Sorgfältigen
Briefen‹, 1693); 5. Ausgaben einzelner oder mehrerer Dramen mit ein-
gehendem rhetorischem Vorwort (›Lust und Nutz der Spielenden
Jugend‹, 1690; ›Freymüthiger und Höfflicher Redner‹, 1693; ›Nach-
bars Kinder‹, 1699; ›Neue Proben von der vertrauten Redens-Kunst‹,
1700; ›Curieuser Körbelmacher‹, 1705).

Daß nicht auf jeder Seite dieses epochemachenden rhetorischen
Oeuvres neue Themen und Konzeptionen begegnen, braucht kaum betont zu werden[213], Weise beherrscht die rhetorischen Techniken der
*variatio* und der *amplificatio* recht gut; mitunter scheinen gar nur die
*exempla* ausgewechselt oder aufgestockt[214]. Aber das ist lediglich ein

---

[208] Wenigstens die wichtigsten Titel seien kurz genannt: ›De bono politico‹ (1671),
›Der Kluge Hoff-Meister‹ (1675), ›Summa politica‹ (1676), ›Schediasma curio-
sum de lectione novellarum‹ (1676), ›Compendium politicum‹ (1682), ›Teutsche
Staats-Geographie‹ (1686), ›Politische Fragen‹ (1691), ›Nucleus politicae‹
(1691), ›Nucleus ethicae‹ (1694), ›Ausführliche Fragen/ über die Tugend-
Lehre‹ (1696).

[209] Enthalten in: ›Politische Nachricht von Sorgfältigen Briefen‹ (›Vorbericht‹).

[210] Hierher könnte man auch ›De moralitate complimentorum‹ (1675) rechnen,
obwohl es sich nur um eine *dissertatio* handelt.

[211] Möglicherweise schon 1686 erschienen, die Widmung datiert vom 30. September 1686 (vgl. die ›Curiösen Gedancken Von Deutschen Versen‹, die (mit Widmung vom 29. September 1691) noch im Jahr 1691 erschienen.

[212] ›Der Grünenden Jugend Nothwendige Gedancken‹, Leipzig 1690, S. 305ff.
Weises Romantheorie enthält der ›Kurtze Bericht vom Politischen Näscher‹
(1680). Zur Theatertheorie vgl. die Vorreden der einzelnen Dramenausgaben.

[213] Wirklich verstehbar wäre das schriftstellerische Lebenswerk Weises nur im
Zusammenhang der polyhistorischen Produktion des 17. Jahrhunderts; doch genauere Untersuchungen zu diesem ganzen Komplex liegen noch nicht vor.

[214] Meist zum Zweck größerer Aktualität; je ›politischer‹, an der Gegenwart

Teilaspekt. Denn Weise geht es vor allem darum, die verschiedenen Publikumsschichten, die nun einmal vorhanden sind, zu berücksichtigen und für eine ›politische‹ Rhetorik zu gewinnen: Adel, Bürgertum, Gelehrte, Schule. Darüber hinaus und quer durch alle Schichten hindurch möchte Weise besonders die Jugend ansprechen, und nicht nur in den Schulbüchern. An den Briefstellern zeigt sich dies am deutlichsten; waren die vorweisianischen Epistolarien – auch diejenigen Harsdörffers und Stielers – durchweg für ›Secretarii‹ gedacht, also für beamtete Schreiber[215], so verspricht schon Weises erster Briefsteller allgemeine Auskunft darüber, »Wie ein junger Mensch ... Die galante Welt wohl vergnügen soll«[216]. Dieses Eingehen auf das Publikum gehört zu den entscheidenden Verdiensten Weises und hat die Integration der neuen Rhetorik in das ›gemeine Leben‹ erst eigentlich ermöglicht.

Was Weise mit seinen verschiedenen Rhetoriken gegenüber den einzelnen Leserschichten praktiziert, fordert er von denen, die bei ihm lernen wollen, als ›politische‹ Grundtugend: sorgfältige Beobachtung und Einschätzung des Gegenübers, Berücksichtigung der Position, der Auffassungsgabe und – soweit möglich – der individuellen Neigungen; mit einem Wort: des ›äußeren *aptum*‹[217]. In der Theorie war das Prinzip des äußeren *aptum*, wie angedeutet, seit jeher erörtert oder gar ausdrücklich hervorgehoben worden, auch bei den deutschsprachigen Rhetorikern. So fordert etwa Meyfart – bezeichnenderweise wiederum unter Berufung auf die Autorität Scaliger –, der Redner solle nicht nur nach seinem eigenen ›Bedüncken‹ reden, sondern nach »des Zuhörers (Er sey Richter/ Beysitzer/ Adel/ Pöbel) gefallen«[218]; Voraussetzung aber sei, daß der Redner nicht nur sein

---

orientierter die Schriften sind, desto schneller veralten sie (besonders deutlich bei den Briefstellern sowie bei den chronologischen, geographischen Titeln und bei den ›Zeitungs‹-Anleitungen).

[215] Vgl. auch Roseno, Die Entwicklung der Brieftheorie ..., S. 5f.; Nickisch, a.a.O., S. 77ff.

[216] ›Curiöse Gedancken Von Deutschen Brieffen‹, Titelblatt. Der moderne Begriff ›Anleitung zum Selbststudium‹ wäre durchaus angebracht, vgl. Weises Erläuterung in ›Vertraute Gespräche ...‹, fol. a 4ªf. (Wünschmann, Gottfried Hoffmanns Leben ..., S. 101 Anm. 85).

[217] Zum folgenden Fischer, S. 245ff.

[218] ›Teutsche Rhetorica‹, S. 58. Vgl. Richter, ›Thesaurus oratorius novus‹, S. 1f.: »Es ist gar ein unfruchtbares Beginnen/ wenn ein Redner oder Scribent nur seine Kunst/ und dieses/ worzu er geführet und Lust hat/ will sehen lassen/ und sich gar nicht nach den Begierden und Verstand derer/ die ihn anhören/ oder seine Schriften lesen sollen/ richten will«.

›Vorhaben‹ und die ›Sache‹ genau erwäge, sondern auch »die Zuhörer noch fleissiger betrachte/ und seine Person am allerfleissigsten«[219].

Wesentliche Konsequenzen hatte die Verkündung des Theorems nicht[220]. Um so bedeutsamer scheint es, wenn ein Praktiker der politischen Rede wie Seckendorff (der zu Weises großen Vorbildern gehört)[221] die Wahrung des ›äußeren *aptum*‹ fordert, und zwar mit allen Anzeichen der persönlichen Erfahrung[222]: »Es muß sich aber ein Orator aulicus vel politicus, was die Stärcke der Sprache belangt/ nach dem Ort und den Leuten richten/ wo und bey welchen er redet. Die Sprache muß gelinder seyn in einem Fürstl. Gemach/ wo nechst dem Regenten nur einige nahe stehende Leute zugegen sind/ anders und stärcker/ wann man auff die Gassen/ von Fenstern herab/ oder in einem grossen Saal redet/ wo der Raum grösser ist/ und etlich hundert oder tausend Personen/ theils in der Ferne stehen«[223]. Seckendorffs lange Vorrede zu den ›Teutschen Reden‹ ist voll solcher z. T. elementarer, aber desto wertvollerer *praecepta*, die unmittelbar aus der höfisch-politischen Realität der zweiten Hälfte des 17. Jahrhunderts gewonnen sind[224].

Es ist bezeichnend, daß Weise im ›Politischen Redner‹ den Aspekt des ›äußeren *aptum*‹ vor allem dort zur Geltung kommen läßt, wo er die verschiedenen Bereiche der höfischen Rhetorik behandelt: die Lehre von der *insinuatio* findet sich im Abschnitt über das ›Komplimentieren‹[225], die Affektenlehre im Abschnitt über die ›Hoff-re-

---

[219] Meyfart, a.a.O., S. 58. Zu *actio* und *pronuntiatio* als Exponenten der ›Angemessenheit‹: Kindermann, ›Der Deutsche Redner‹, fol. ) ( VIᵃf.

[220] Demgegenüber spielt im Drama und seiner Theorie der Teilaspekt ›personales *aptum*‹ (Bindung des Sprachstils, der Stilebene an den Stand des Sprechenden) auch während des 17. Jahrhunderts bekanntlich eine wichtige Rolle, s. Opitz, ›Buch von der Deutschen Poeterey‹, fol. F 1ᵃff.; Buchner, ›Kurzer Weg-Weiser zur Teutschen Tichtkunst‹, Jena 1663, S. 44.

[221] ›Curiöse Gedancken Von Deutschen Brieffen‹, S. 295: »des weltberühmten Herrn von Seckendorff deutsche Reden« (die Reden waren fünf Jahre zuvor erschienen); ›Oratorisches Systema‹, S. 483: »der unvergleichliche Seckendorff«; s. auch ›Epistolae selectiores‹, S. 91 (Brief vom 5. 6. 1686). Bei den Galanten setzt sich die Seckendorff-Verehrung fort, vgl. Talander, ›Getreuer Wegweiser...‹, fol. ) : ( 7ᵃ.

[222] So etwa auch Luther: Tischreden 2, S. 44 u. ö.

[223] ›Teutsche Reden‹, ›Discurs‹, S. 65f. Sehr charakteristisch ist hier – wie auch immer wieder bei Weise – die Unterscheidung von *sermo secretus* (oder *privatus*) und *sermo publicus* (vgl. besonders a.a.O., S. 16!).

[224] Das schließt gelegentliche Anklänge an die rhetorische Theorie (die Seckendorff sehr wohl kannte) keineswegs aus, s. die ganze Partie a.a.O., S. 46ff. (auch S. 65ff.).

[225] ›Politischer Redner‹, S. 182ff. (›Von der Insinuation‹). Über die *insinuatio*

den‹[226]. Wie bei Gracián ist der Hof Ausgangspunkt und Modell des klugen, aufmerksamen, berechnenden, ›politischen‹ Weltverhaltens. Doch für Weises Stellung in der Geschichte der Rhetoriktheorie ist eine andere Gemeinsamkeit mit Gracián entscheidender: die konsequente Transposition der ›politischen‹ Weltsicht in ein System praktikabler Vorschriften[227].

Das theoretisch-rhetorische Gerüst, das die einzelnen *praecepta* ordnet und begründet, ist im ›Politischen Redner‹ nur erst angedeutet. Es systematisch auszubauen, wird zu einer Hauptaufgabe der oben genannten Einzelschriften, insbesondere der Briefsteller. Ins Zentrum rückt – wie bei Gracián[228] – der alte rhetorische Schlüsselbegriff des *iudicium*[229]. Während das *iudicium internum* ein angemessenes Verhältnis von *res* und *verba* zu gewährleisten hat, befindet das *iudicium externum* über das eigentlich ›politische‹ Moment der Sprache[230]: über Anlaß, Ort, Zeit und vor allem (mit Hilfe der sogenannten ›Personal-Politica‹)[231] über das Eingehen auf die Person, bei der man sich einen Effekt erhofft[232].

---

handelte bereits das erste Kapitel von ›De moralitate complimentorum‹ ausführlich (mit Rückgriff auf Cicero, de invent. 1,29). Auf die dort entwickelte Einteilung der Komplimente in *propositio* und *insinuatio* ist Weise besonders stolz, vgl. ›Politischer Redner‹, fol. 4$^b$ (auch ›Curiöse Gedancken Von Deutschen Brieffen‹, S. 393).

[226] ›Politischer Redner‹, S. 888ff. (›Von der Ubung mit den Affecten‹). Weise steht hier offensichtlich unter dem Einfluß französischer ›Hoflehren‹; der ›Traité de la Cour‹ von Du Refuge (1616; von Harsdörffer 1667 übersetzt!) war auf dem Gebiet der höfischen Affektenlehre führend (»Zum erstenmal wird in einem Lehrbuch der gesellschaftlichen Bildung eine ausführliche Beschreibung und Analyse der Affekte und ihrer Ursachen gegeben«, Zaehle, Knigges Umgang mit Menschen ..., S. 54). Bei Weise fließen also rhetorische und höfische Affektenlehre wieder zusammen.

[227] Die erste ausdrückliche Bezugnahme auf Gracián (in Amelots Übersetzung) steht bezeichnenderweise im Zusammenhang mit der *politica specialis* und *personalis*: ›Gelehrter Redner‹, fol. a 7$^b$f.

[228] »Hombre juicioso y notante« ist eine der Fundamentalbestimmungen des ›politischen‹ Menschen (o. S. 130).

[229] Dazu kurz ›Politischer Redner‹, S. 302; erste wichtige Stelle: ›Neu-Erleuterter Politischer Redner‹, S. 210ff. Vgl. Fischer, S. 246ff.

[230] ›Curiöse Gedancken Von Deutschen Brieffen‹, S. 275ff. Daß die Unterscheidung von *internum* und *externum* noch geläufig war, zeigt Meyfarts Zitat aus Scaliger: »ob du zwar von jnnen in deiner Kunst das Ziel hast erreichet/ hast du doch von aussen in dem Werck das Ziel verloren« (›Teutsche Rhetorica‹, S. 58; ›von innen‹ heißt: der Sache gemäß, ›von aussen‹: den Zuhörern gemäß).

[231] ›Politische Fragen‹, S. 518; ›Vorbericht ... von dem ... Galanten Hoff-Redner‹, in: ›Politische Nachricht von Sorgfältigen Briefen‹, fol. 7$^a$.

[232] Klassische Definitionen im ›Vorbericht‹, a.a.O., fol. 6$^a$ff.

Dazu freilich genügen die alten Ständebücher und Titularien längst nicht mehr[233]. Nur wer sich auf die Individualität des Gegenübers einzustellen weiß, wer dessen Vorlieben und Gewohnheiten mit Graciánischer Scharfsicht und Unerbittlichkeit beobachtet, wird Erfolg haben[234]. Elastizität ist unabdingbare Voraussetzung des ›Politicus‹[235], Elastizität auch im Sprachlichen. Die ganze verwirrende Vielfalt, ja Inkonsequenz der Weiseschen Stillehre[236] hat hier ihre eigentliche Wurzel. Wie auch immer die Epitheta der einzelnen Stile heißen mögen, ob ›sententiös‹, ›kurz‹, ›galant‹, ›scharfsinnig‹, ›hoch‹, ›poetisch‹, ›lustig‹, ›oratorisch‹, ›leicht‹ oder auch einfach ›politisch‹[237] – mit den traditionellen Schemata ist hier nur noch vereinzelt Ordnung zu schaffen. Aber nicht durch die bloße Lust am Zerschlagen der Tradition[238] wird Weises Stillehre bestimmt, auch nicht durch die Tendenz zur regellosen ›Natürlichkeit‹[239], sondern durch die Absicht, der ganzen Buntheit (oder gar Heterogenität) der Stile während des Hoch- und Spätbarock gerecht zu werden[240].

Schon in der ersten rhetorischen Einzelschrift, die auf den ›Politischen Redner‹ folgt, ›De poesi hodiernorum politicorum‹ (1678), ist dies klar erkennbar. Wenn das ganze Buch einem einzigen Stil, dem *stylus argutus*, vorbehalten bleibt, dann »non qvod velim omnes Politicos in hoc genere versari, sed qvod hodiernis moribus praecipua negotiorum Politicorum judicia hoc charactere solent concipi«[241].

---

[233] Deutlich ausgesprochen schon ›Politischer Redner‹, S. 193; dann ›Curiöse Gedancken Von Deutschen Brieffen‹, fol. a 5ᵃ u. ö.

[234] ›Vorbericht‹, a.a.O., fol. 6ᵃf.

[235] Vgl. die oben S. 130f. zitierten Maximen Graciáns, besonders: »Vivir a lo plático«, »Vivir a la ocasión«, »Saber hacerse a todos«, »Saberse amtemperar«. Die Regel »con el docto, docto« könnte geradezu als Wahlspruch für Weises ›Gelehrten Redner‹ gelten.

[236] Fischer, S. 176ff.; Nickisch, Die Stilprinzipien ..., S. 101ff.

[237] Am buntesten ist die stilistische Palette – der Materie entsprechend – in den Briefstellern.

[238] Vgl. das unten über Weises Verhältnis zur Antike Gesagte.

[239] Das Problem der ›Natürlichkeit‹ oder gar ›Individualität‹ der Sprache in Weises Theorie und Praxis ist ein wichtiger Sonderkomplex, der im gegenwärtigen Zusammenhang nicht behandelt werden kann.

[240] Zu den zahlreichen Mißverständnissen, denen Weises Stiltheorie in der Forschung ausgesetzt war, gehört auch die Deutung als ›antirhetorisch‹ bei Roseno, Die Entwicklung der Brieftheorie ..., S. 26 u. ö. Gerade weil bei Weise alles auf bewußte, effektbezogene Sprachgebung zielt, ist seine Stiltheorie eminent ›rhetorisch‹.

[241] Praefatio, fol. 4ᵃ. Aus dem gleichen Grund enthält auch bereits der ›Politische Redner‹ ein längeres Kapitel ›Von der Ubung mit den Argutiis‹ (S. 60ff.). Der *stylus argutus*, so hebt Weise hervor, habe sich bereits weithin durchge-

Nicht aus diktatorischer Willkür behandelt Weise den ›scharfsinnigen‹ Stil so ausführlich, sondern weil ein ›Politicus‹, der Erfolg haben will, diesen Stil beherrschen muß[242]. Ähnlich steht es mit dem ›Gelehrten Redner‹ von 1692. Geschichtlich gesehen ist das Buch ein bedeutsames Zeugnis dafür, wie das ›gelehrte‹ Element allmählich auch im höfisch-politischen Bereich an Reputation gewinnt. Die Legitimation zur monographischen Behandlung aber besteht für Weise ausschließlich darin, daß »etliche Patronen/ die wol gar über unser Glücke zu gebieten haben/ auff gelehrte Sachen incliniren«[243].

Auch die Poesie, von Weise hauptsächlich als Gelegenheitsdichtung verstanden[244], kann solche guten Dienste leisten[245]. Schon von Opitz – aber nicht erst von ihm – wird das gefällige *carmen* bedenkenlos als wirksames Mittel der sozialen Selbstbehauptung und der Insinuation bei einflußreichen Gönnern eingesetzt[246]. Und Harsdörffer bestätigt, man könne sich dadurch »aller Orten ... in Freud und Leid/ angenem und beliebet machen: gestalt solche Kunst heutzutag bey vielen Fürstenhöfen ... rühmlich getrieben wird«[247]. Und wenn nun Weise die Poesie als »Dienerin der Beredsamkeit« bezeichnet[248], so denkt er dabei zwar zunächst an ihre propädeutische Aufgabe bei der rhetori-

---

setzt, »nachdem der unvergleichliche Emanuel Thesaurus in Savoyen eine höchstrühmliche Probe von dieser sinnreichen Redens-Arten erwiesen hat« (a.a.O., S. 61; auch das Verdienst Masens würdigt Weise an dieser Stelle). Zur *argutia*-Bewegung allgemein vgl. o. S. 44ff.

[242] Der Stil entspricht dem Hang der Zeit zur *adulatio* (vgl. die Bedeutung der ›flatterie‹ am Hof Ludwigs XIV) und bildet als prosaische Übung eine Ergänzung zur höfischen Poesie: »hodierni seculi indoles, qvae, qvo magis ad argutam adulationem propendet, eo minus ad molestiores Poëtarum leges adstringi cupit« (›De poesi hodiernorum politicorum‹, fol. 4ᵃ).

[243] ›Gelehrter Redner‹, fol. a 4ᵃ. Weise schränkt allerdings ein, er könne nicht jedem »Garantie leisten .../ daß er aus diesem Buche den Ruhm einer gelehrten und politen Beredsamkeit davon tragen möchte«; erst »ein gutes Naturell«, unterstützt durch »gute Conversation«, führten zum Erfolg (a.a.O., fol. a 4ᵇ).

[244] Das zeigt sich klar am Inhalt der ›Curiösen Gedancken Von Deutschen Versen‹ (1691).

[245] Mit Gracián zu reden, ist sie wie die Briefkunst eine ›ciencia usual‹ (o. S. 129). ›Von dem Nutzen der Deutschen Verse‹ handelt bei Weise das erste Kapitel des zweiten Poetik-Teils (2, S. 1ff.).

[246] Die theoretische Begründung: ›Buch von der Deutschen Poeterey‹, fol. B 2ᵇff.

[247] ›Poetischer Trichter‹, 1. Teil, Nürnberg 1650, ›Vorrede‹, fol. VIᵃ. Die übliche Abgrenzung einer besonderen Gruppe von ›Hofpoeten‹ seit dem Ausgang des 17. Jahrhunderts (Canitz, Neukirch, Besser, König usw.) ist durchaus willkürlich.

[248] ›Curiöse Gedancken Von Deutschen Versen‹, 2. Teil, S. 16.

schen Stilbildung[249]. Dienerin ist sie aber auch, weil der ›Politicus‹ in erster Linie Redner ist; konsequenterweise gelten in Weises Poetik ausdrücklich diejenigen als Vorbild, »welche/ Von der klugen Welt/ nicht als Poeten/ sondern als polite Redner sind aestimirt worden«[250]. Die Poesie steht zusammen mit den einzelnen rhetorischen Künsten in Hilfsfunktion zu der einen großen Aufgabe des ›Politicus‹: dem Erfolg.

Ist dieser reine Instrumentalcharakter der Weiseschen Rhetoriktheorie einmal erkannt, so klärt sich auch das vielumstrittene Verhältnis Weises zur antiken Tradition. »Er kannte ... die alten Griechen und Römer nicht«, verkündet Gottsched in der ›Akademischen Redekunst‹[251], und viele haben es ihm nachgeredet. Ein einziger Blick in Weises Schulbücher, insbesondere in die ›Curiösen Gedancken von der Imitation‹[252], genügt zur Widerlegung Gottscheds[253]. Allerdings, gegen die »blinde Admiration der Antiqvität«[254] hat sich Weise stets gewehrt, vor allem im Namen der Jugend, deren rhetorische Schulung nicht Selbstzweck sein, sondern der Vorbereitung auf das ›gemeine Leben‹, auf die ›politische‹ Wirklichkeit dienen soll[255].

Damit aber erhält auch der alte Topos von der Bindung der Beredsamkeit an die Staatsform eine neue Bedeutung. Zum ersten Mal in

[249] Vgl. ›Enchiridion Grammaticum‹, Dresden 1705 (¹1681), S. 91: »Poësis est clavis eloquentiae«; ›Curieuse Fragen über die Logica‹, Leipzig 1696, S. 910: »Die poetischen Exercitia müssen als Progymnasmata gerühmet werden/ welche den Stylum in prosa zu einiger perfection bringen lernen« (dazu auch Wünschmann, Gottfried Hoffmanns Leben ..., S. 58ff.; Hildebrandt–Günther, S. 6off.).

[250] ›Curiöse Gedancken Von Deutschen Versen‹, Titelblatt. Also wird Poesie auch nur als »Nebenwerck« gelernt, denn die jungen Leute sollen »lieber den Namen eines guten Predigers/ Hoff-Raths/ Advocatens/ Rathherrns/ Secretarii und dergleichen/ als eines guten Poetens verdienen« (a.a.O., 2. Teil, S. 15f.).

[251] ›Akademische Redekunst‹, Leipzig 1759, S. 13; ähnlich schon im ›Versuch einer Critischen Dichtkunst‹, Leipzig ⁴1751, S. 642: ihm seien »überhaupt die Regeln der alten Redekunst und Poesie unbekannt gewesen«. Noch die Weise-Darstellung bei Blackall, S. 113ff. ist deutlich durch Gottscheds Perspektive geprägt.

[252] Das Buch ist unmittelbar aus der Schulpraxis hervorgegangen, und Weise betont ausdrücklich, daß sein Unterricht keineswegs nur »in etlichen Deutschen Reden/ oder in unzeitigen Disciplinen besteht/ sondern daß wir den besten Auctoribus dergestalt zu Leibe gehen/ daß uns so wol in der Ordnung als in der eussersten elocution nichts unbekant verbleibet« (Vorrede, S. 4).

[253] Vgl. auch Grossers Bericht über Weises intensive Autorenkenntnis (›Vita Christiani Weisii‹, S. 63).

[254] ›Curiöse Gedancken Von Deutschen Brieffen‹, S. 536.

[255] A.a.O., fol. a 6ª; ›Epistolae selectiores‹, S. 71 u. ö. Selbst die ›Curiösen Gedancken von der Imitation‹ sollen zeigen, wie die lateinischen Autoren »von der Politischen Jugend mit Nutzen gelesen« werden können (Titelblatt).

der deutschen Rhetoriktheorie werden daraus praktische Konsequenzen gezogen: »bey diesen Monarchischen Zeiten wollen die Aristocratischen und Democratischen Künste von Rom und aus Griechenland nicht allemal zulangen«, heißt es in der Vorrede zur Dramensammlung ›Neue Proben von der vertrauten Redens-Kunst‹[256]; »niemand wird bey den wichtigsten Staats-Handlungen auch wohl in gemeinen Angelegenheiten sehr avanciren/ wenn er seinen Vortrag nach dem Ciceronianischen oder nach den Aristotelischen Leisten einrichten wolte«[257]. Damit sind die antiken Redner und Rhetoriker keineswegs abgetan. Man kann an ihnen aufs eindrucksvollste studieren, was – unter anderen Bedingungen – ›politische‹ Beredsamkeit heißt[258], man sollte sich ihre Schätzung der Muttersprache zum Vorbild nehmen[259] und nicht zuletzt ihren Realitätssinn: »Aristoteles et Cicero nihil videntur proposuisse, quod e Schola transferri non posset ad vitam«[260].

Weil sich jedoch die *vita* gewandelt hat, muß man nach neuen Wegen suchen, um die Jugend auf diese *vita* angemessen vorbereiten zu können. Das Schultheater[261], mit aktuellen, ›politischen‹ Prosa-Stücken[262] versehen, übertrifft an Lebendigkeit und Effizienz alle anderen Übungsmöglichkeiten; denn das Leben selbst ist Theater:

> »Das Spiel der Schule weist vergnüglich uns an;
> Wie ieder in der Welt vernünftig spielen kan«,

---

[256] Fol. a 3ᵃf. Den Lehrbuchverfassern, die sich sklavisch an die antiken *exempla* halten, wirft er vor, sie leiteten nur zur *eloquentia* »nach Gelegenheit des dahmaligen Staates« an; die Folge: »damit sind viel nothwendige Dinge von der heutigen Verfassung zurücke blieben« (›Oratorisches Systema‹, S. 4).

[257] ›Neue Proben von der vertrauten Redens-Kunst‹, fol. a 3ᵇ.

[258] ›Curiöse Gedancken von der Imitation‹, S. 68f. Vgl. auch die Kennzeichnung des Tacitus als ›Psalter der Politiker‹: ›Politische Fragen‹, S. 475.

[259] Weise betont dies wieder in deutlicher Kritik an den engstirnigen Humanisten: »sie haben sich die Muttersprache leichter gemachet als Cicero, welcher auff seine Latinität, als ein gebohrner Lateiner/ ziemlichen Fleiß hat spendiren müssen« (›Curiöse Gedancken Von Deutschen Brieffen‹, S. 2). Es ist ein Zentralgedanke schon des Opitzschen ›Aristarchus‹ (1617).

[260] ›Epistolae selectiores‹, S. 91. Daß der kaiserzeitliche Quintilian in diesem Zusammenhang nicht genannt wird, könnte Absicht sein.

[261] Unten S. 212f. und S. 309f.

[262] Für den ›Lebens‹-Bezug ist die prosaische Gestalt wesentlich. Aber nicht nur den Vers lehnt Weise für das Schultheater ab, sondern auch den »Pickelhering oder sonst die lustige Person/ sie mag heissen wie sie wil/ ... da doch im gemeinen Leben solche Leute niemals mitunter lauffen« (›Lust und Nutz der Spielenden Jugend‹, Vorrede, fol. 4ᵇ). Im Eintreten für die Prosa war ihm übrigens schon Daniel Richter vorausgegangen (›Thesaurus oratorius novus‹, S. 215:

heißt es bei Weises Zeitgenossen Lohenstein[263], der wie er durch die Schule der ›politischen‹ Bewegung gegangen ist. Und der Adlige Samuel von Butschky, Kenner des ›politischen‹ Lebens und Verfasser einer ›Hochteutschen Cantzley‹[264], fragt in dem gleichen Jahr 1677, in dem der ›Politische Redner‹ erscheint: »Sollte der ein Politicus sein, ... der in diesem Schauspiel des gemeinen Lebens eine ide Person zu spilen weis?«[265]

Für Christian Weise ist das keine Frage. Sein ganzer pädagogischer Einsatz gilt ja dem Ziel, den künftigen ›Politicus‹ wirklich zu jeder Rolle geschickt zu machen, und seien die Stilformen noch so vielfältig. Auf dem Theater kann der Heranwachsende diese Vielfalt der Welt kennenlernen und sich an ihr erproben[266]. So wird der Weisianische ›Politicus‹, sei er bürgerlicher oder adliger Abstammung, zur theatralischen Präfiguration Wilhelm Meisters[267].

---

»Nun redet ja weder ein gemeiner noch vornehmer Mann mit dem andern Versweise/ sondern in soluta Oratione«; außer dem Vorbild der Antike gebe es keinen stichhaltigen Grund für den Vers). Die praktische Konsequenz zieht auch hier wieder erst Weise.

[263] Just 3, S. 247 (Widmungsgedicht zur ›Sophonisbe‹).

[264] Zuerst: Zeitz 1659.

[265] Aus ›Pathmos‹, zitiert nach Burger, ›Dasein heißt eine Rolle spielen‹, S. 89. Die gleiche Vorstellung liegt zugrunde, wenn Stieler (im ›Teutschen Wolredner‹, S. 18) von dem rhetorischen Adepten spricht, »welcher in dem gemeinen Wesen eine Person darstellen will«.

[266] Weises Zittauer Nachfolger Gottfried Hoffmann hat diese Überzeugung an seine Schüler weitergegeben: »wer auf dem Theatro den Schlüssel zu menschlichen Gemüthern findet, und brauchen gelernt, der kann einst auf der Kanzel und Katheder, ja in täglicher Konversation diesen nöthigen Kunstgriff auf gehörige und anständige Weise desto leichter anbringen« (Vorrede zu ›Eviana‹, Leipzig 1696, zitiert nach W. Eggert, Christian Weise und seine Bühne [Germanisch u. Dt. 9], Berlin und Leipzig 1935, S. 319).

[267] Über die ›spielende‹, schauspielende Aneignung der Welt vgl. W. Kayser, Goethe und das Spiel, in: Kunst und Spiel. Fünf Goethe-Studien (Kl. Vandenhoeck-R. 128/9), Göttingen 1961, S. 30ff. (dort S. 45f. auch zum *theatrum mundi*).

## 3. Der Werdegang eines großen Barockrhetorikers: Christian Weise

### a. Weise und die Geschichte der Rhetorik

»Multum ergo debet nostro WEISIO tot scriptis utilissimis nobilitata Eloquentia. Debet ipsi, quod Alumnos hac aetate format, nihil nisi publici saporis animo concipere et eloqui studentes: quod non scholae situm et squalorum olent publice prolata, verum Oratoris forti atque Auditoris exspectationi congruunt: quod incultam olim et neglectam Germanorum lingvam, aeque ac Latinam in possessionem ac familiarem usum traxit: quod scriptorum recentissimorum innutrita floribus, non tam mellitos spargere verborum globulos, quam verba rebus praestantissimis, velut papavere et Sesamo, condire didicit: quod denique hoc pacto, non, ut olim obsoletis, et vel ab Evandri seculo inepte repetitis rebus, lingvas calamosque onerat: sed, universum literatum orbem pervagata, colligit divitas, Orationis, non secus ac gemmas auri, dignitatem atque pretium aucturas«[1].

Weises Bedeutung innerhalb der Geschichte der Rhetorik und sein Verhältnis zur Tradition dürften kaum knapper und treffender darzustellen sein als durch dieses Resümee, das Samuel Grosser am Schluß eines Überblicks über die Schriften seines Lehrers versucht[2]. »Non se condidisse novum quoddam regnum eloquentiae«, habe er angesichts der großen Schar von ›Weisianern‹ betont, »sed tantum fines hujus disciplinae vere regiae, ex usu et necessitate, protulisse«; er sei nicht »inventor«, sondern »interpres«, nicht »detegens«, sondern »retegens«[3].

Eine ›Wiederentdeckung‹ bedeutete Weises Konzeption der ›politischen‹ Rhetorik in der Tat. Aber es war keine Wiederentdeckung aus Büchern. Ihre Dynamik erwuchs aus der real erprobten ›politi-

---

[1] Grosser, ›Vita Christiani Weisii‹, S. 65.

[2] Grosser gehörte während seiner Zittauer Gymnasialzeit (er hatte zunächst das Gymnasium in Brieg besucht) zu Weises engerem Schülerkreis. Als Weise 1683 seinen Freund Balbinus in Prag besuchen wollte, war Grosser als Begleiter ausersehen (er berichtet darüber a.a.O., S. 82ff.). Später wird er, als einer der entschiedensten ›Weisianer‹, Rektor in Altenburg (1691), dann in Görlitz (1695). Näheres zu ihm bei G. F. Otto, Lexikon der seit dem funfzehenden Jahrhunderte verstorbenen und jeztlebenden Oberlausizischen Schriftsteller und Künstler, Bd. 1, Görlitz 1800, S. 527ff.

[3] Grosser, a.a.O., S. 66. Vgl. ›Oratorische Fragen‹, fol. a 7ª: »Meine Regeln sind nicht mein: denn sie stecken in den ältesten Büchern«.

schen‹ Lebenslehre. Jedes Teilgebiet, ob Stiltheorie oder Realienwesen, Brieflehre oder Schultheater, Didaktik oder Muttersprache, ist nur von diesem Zentrum her wirklich zu verstehen: Rhetorik als Instrument und zugleich als vornehmster Ausdruck eines ganzheitlichen Lebens- und Bildungsideals.

Damit aber rückt Weise in die Reihe jener Rhetoren, die ihr Metier als universale, den ganzen Menschen betreffende Disziplin propagiert haben. Freilich, der ausgeprägt utilitaristisch-individualistische Zug läßt ihn einem Sophisten des fünften vorchristlichen Jahrhunderts[4] verwandter scheinen als einem Cicero[5] oder gar Quintilian[6]. Unter dem traditionalen Aspekt wird auch noch einmal die Differenz gegenüber der rhetorischen Bildungsidee des Humanismus erkennbar. Die humanistische *eloquentia*-Konzeption dringt trotz ihrer lebenskundlichen Ansätze[7] nicht ins ›politische‹ Leben vor; sie bleibt wesenhaft autonom.

Die Konsequenz mag paradox anmuten: gerade durch ihre ›politische‹ Modernität ist Weises rhetorische Konzeption ›antiker‹ als die der Humanisten, ›antiker‹ jedenfalls, wenn man an Gorgias, Isokrates, Aristoteles oder Cicero denkt. In der Topologie der humanistischen Imitationstheorie gibt es das Schema der ›hypothetischen Wiederkehr‹ oder ›Auferstehung‹ eines antiken Autors[8]. Auch auf Weise hat man es angewendet. Seine von Witz und ›politischer‹ Realität durchtränkten Komödien würden von Aristophanes, wenn er wiederkäme, geradezu als die eigenen betrachtet werden, so heißt es einmal[9]. Vielleicht

---

[4] Immer noch nicht überholt: H. Gomperz, Sophistik und Rhetorik. Das Bildungsideal in seinem Verhältnis zur Philosophie des V. Jahrhunderts, Leipzig u. Berlin 1912; vgl. K. Ries, Isokrates und Platon im Ringen um die Philosophie, Diss. München 1959.

[5] H. K. Schulte, Orator. Untersuchungen über das ciceronianische Bildungsideal (Frankf. Stud. z. Rel. u. Kultur d. Ant. 9), Frankfurt a. M. 1935; K. Barwick, Das rednerische Bildungsideal Ciceros (Abh. Leipzig, Phil.-hist. Kl. 54/3), Leipzig 1963.

[6] B. Appel, Das Bildungs- und Erziehungsideal Quintilians nach der institutio oratoria, Donauwörth 1914; A. Gwynn, Roman education from Cicero to Quintilian, Oxford 1926, S. 180ff.; Clarke, Die Rhetorik bei den Römern, S. 155ff.

[7] Etwa bei Niclas von Wyle, ›Translatzion‹ (v. Keller, S. 204; nach Enea Silvio Piccolomini): »alle leere und underwysung rechtz lebens in kunst der geschrift und besonder latinischer wird begriffen«.

[8] Die Vorstellung hat in der Antike selbst ihre Wurzeln, man denke vor allem an die ›Frösche‹ des Aristophanes oder auch (einen anderen Typus repräsentierend) den Homer-Traum zu Beginn der ›Annalen‹ des Ennius.

[9] Erdmann Neumeister, ›Specimen dissertationis historico-criticae de poetis Germanicis hujus seculi praecipuis‹, o. O. 1695, S. 114: »Ipse quidem Aristophanes,

noch stolzer jedoch wäre Weise auf die postume Verknüpfung mit den antiken Rhetoren gewesen: wenn sie zurückkehrten, »multos forte alios in spuriorum numero haberent, hunc germanum filium agnoscerent«[10].

Mobilisierung der ursprünglichen intentionalen Kräfte antiker Rhetorik, in Opposition zu ihren etablierten Sachwaltern – so ließe sich Weises Ausgangspunkt, stark vereinfacht, definieren. In einer Epoche, die so tief vom ständischen Ordo-Denken geprägt ist wie die Barockzeit, bedurfte es dazu einer vitalen Erfahrung, die über die Grenzen der humanistischen Gelehrtenzunft selbst hinausreicht[11]. Der Werdegang des Rhetors Weise läßt diesen Erfahrungsprozeß mit nahezu musterhafter Vollständigkeit nachvollziehen; nicht im Sinne eines goethezeitlichen Bildungsromans, sondern jener bürgerlichen, diesseitigen, lehrreichen, rational durchschaubaren Lebensläufe[12], die Weise selbst als erster – über Grimmelshausen hinausgehend – in den ›Ertz-Narren‹ dargestellt hat.

Aber nicht nur für den Aufstieg einer neuen selbstbewußten, bürgerlichen Schicht im letzten Drittel des 17. Jahrhunderts ist dieser Lebenslauf exemplarisch[13]. In dem Augenblick, wo die sozialen Energien der ›politischen‹ Bewegung über die Grenzen von Hof, Adel, akademischer Gelehrtenzunft, Bürgertum und Schule hinausdrängen und die alte Ordnung sich zu verschieben beginnt, wird noch einmal und vielleicht schärfer als je zuvor deren Aufriß erkennbar: eine Schematik, die für die Entfaltungsmöglichkeiten der Rhetorik während des ganzen 17. Jahrhunderts bestimmend war[14].

---

Atticae quondam elegantiae architectus, si, ab inferis resurgens, in haec talia incideret, nonne aut pro suis agnosceret, aut animae suae vim dimidiumque in Weisium transmigrasse suspicaretur?«.

[10] Grosser, a.a.O., S. 67. Auch Weise selbst hebt einmal die Verwandtschaft seiner schriftstellerischen Tätigkeit mit derjenigen von Aristoteles, Cicero und Quintilian hervor: ›Vertraute Gespräche‹, fol. a 3ᵇ (Wünschmann, a.a.O., S. 46.).
[11] Dazu das nachfolgende Kapitel.
[12] Vgl. Hirsch, Bürgertum und Barock . . ., S. 56f.
[13] So Hirsch, a.a.O., S. 42.
[14] Die wichtigsten Quellen im folgenden: ein ausführlicher Rückblick Weises auf seinen rhetorischen Werdegang (»qvibus ego mediis Oratoriam excoluerim«) in der Praefatio zu ›Institutiones oratoriae‹ (1687), fol. 4ᵃff.; verstreute Äußerungen in Weises sonstigen Schriften; die bereits mehrfach zitierte Biographie Grossers; die Monographien von Wünschmann, Kaemmel und vor allem von Horn (sehr eingehend, wenngleich nicht immer zuverlässig; breiteste Materialkenntnis, mit Einbeziehung der Zittauer Christian-Weise-Bibliothek).

## b. Schüler, Student, Magister

Als Christian Weise am 30. April 1642 in Zittau geboren wurde[15], war zwar der große Krieg noch nicht beendet – und der Wunsch nach Frieden blieb ein charakteristisches Leitmotiv in Weises Schriften –, doch erholte sich die Oberlausitz besonders rasch von den Kriegsfolgen[16]. Die Prosperität dieser Städtelandschaft, durch weitreichende Handelsbeziehungen vor allem zu Holland und England gefördert, wurde später eine wesentliche Voraussetzung für Weises pädagogisch-rhetorische Aktivität[17].

Der Vater Elias Weise, aus einfachen Verhältnissen stammend[18], war seit 1639 als ›Collega Tertius‹ am Zittauer Gymnasium tätig und hatte sich u. a. als Verfasser einer lateinischen Grammatik (›Enchiridion Grammaticum‹)[19] hervorgetan. Beide Eltern stammten von böhmischen Exulanten ab, einer in jener Gegend starken Volksgruppe (mit eigenen ›böhmischen Gassen‹ u. dgl.)[20], und vermittelten dem Sohn den Geist eines entschiedenen Protestantismus.

Für die Jugendjahre Weises wurde neben der sorgfältigen religiösen Erziehung die Atmosphäre des Gymnasiums bestimmend, noch bevor die eigentliche Schulzeit begann. Den ersten Unterricht erteilte der Vater zu Hause, wobei auf dem Lateinischen natürlich das Hauptgewicht lag[21]. Es verging kein Tag, an dem nicht eine *epistola*, eine *chria* oder der Teil einer *oratiuncula* abzufassen war[22]. Als

---

15 Seine Generation (in Klammern Geburtjahre): Abraham a Sancta Clara (1644), Abschatz (1646), Christian Gryphius (1649), Haugwitz (1645), Leibniz (1646), Morhof (1639), Mühlpfort (1639).

16 Horn, Christian Weise . . . , S. 30ff.

17 Wichtig ist dabei der enge Zusammenhalt zwischen Zittau, Bautzen (Budissin), Görlitz, Lauban, Löbau und Kamenz (Sechsstädtebund seit 1346); von dort kamen zahlreiche Schüler Weises, dort bekleideten ›Weisianer‹ einflußreiche pädagogische Ämter.

18 Weises Großvater war »einfacher Gartenbesitzer« in einem Dorf in der Nähe Zittaus (Kaemmel, Christian Weise, S. 10).

19 Die Grammatik wird später von dem Sohn überarbeitet und erweitert (»Nunmehr aber nicht allein mit Regeln und Exempeln mercklich erweitert/ sondern auch mit einer ausführlichen Manuduction an die Informatores selbst vermehret«, Titelblatt; Dresden 1681). Die erste Fassung der Grammatik stammte von Weises Lehrer Keimann, s. Vorrede, fol. A 2ª.

20 Kaemmel, a.a.O., S. 9. Zu dem Komplex jetzt auch L. Richter, Das Zittauer Gymnasium als Mittler tschechisch-slowakisch-deutscher Wissenschafts- und Kulturbeziehungen in der Periode des Wirkens von Christian Weise und Christian Pescheck 1678–1744, Diss. Berlin (HU) 1963.

21 Grosser, ›Vita Christiani Weisii‹, S. 9.

22 ›Institutiones oratoriae‹, fol. 4ᵇ.

besonders wichtig galt dabei die *dictio extemporanea*, die spontane, freie Äußerung zu einem vorgegebenen *argumentum*, ohne überzogene Ambitionen[23]; als wichtigste Übungstechnik diente die *chria oratoria*[24]. Weises eigene Berichte darüber sind allerdings so offensichtlich durch die *pietas* bestimmt, daß man einzelnes nur mit Vorbehalt aufnehmen wird[25]. Trotzdem ist es durchaus möglich, daß wesentliche Grundzüge der späteren *methodus Weisiana* aus dem väterlichen Unterricht hervorgegangen sind. Dies gilt z. B. auch für die Bewertung der Muttersprache; sorgsam achtete der Vater darauf, »ne tum Latini tum vernaculi Sermonis omitteretur cultura«[26].

Mit sieben Jahren kam Christian offiziell zur Schule. Doch es scheint, als habe ihn der Vater bereits vorher gelegentlich dorthin mitgenommen, »et sic non discendi saltem, verum etiam docendi viam ipsi statim praemonstrabat«[27]. Im Alter von sieben Jahren erhielt Weise seine erste pädagogische Aufgabe, er wurde als Repetitor für die im Haus wohnenden – durchweg älteren – Pensionäre herangezogen[28]. Folgt man Weises eigener Darstellung, so hat auch während der Gymnasialzeit die häusliche Anleitung durch den Vater den Vorrang behalten[29]. Zu den schon genannten Übungen kommen das regelmäßige Exzerpieren und Paraphrasieren[30] sowie das Predigtreferat und das ungezwungene Vortragen von Muretus-Reden[31], mit dem Ergebnis: »Ich habe es meinem sel. Herrn Vater zudancken/ daß er mich von Jugend auf an solchen freyen Meditationibus niemahls verhindert hat ... so werde ich ietzo [1706] gewahr/ daß ich im neundten und zehndten Jahre vielmahl etwas von dem Naturel verrathen habe/ darauf ich mich noch der Zeit verlassen muß«[32].

---

23 Ebda.
24 A.a.O., fol. 4ᵃ.
25 So z. B. die Betonung der ›oratorischen‹ Chrie (ebda.) gegenüber der ›Aphthonianischen‹.
26 A.a.O., fol. 4ᵇ. Vgl. a.a.O., fol. 5ᵃ die Klage, das Deutsche müsse »in Scholis passim frigere«.
27 Grosser, a.a.O., S. 6.
28 Ebda.: »repetendarum lectionum praeerat exactor blandus pariter et rigidus«.
29 Es scheint charakteristisch, daß das erste der vier ›Vertrauten Gespräche‹ (1697; Weises ausführliche Pädagogik-Darstellung) zum Thema hat: ›Von der Klugheit eines Rechtschaffenen Vaters‹ (bewußtes Gegenstück zur ›Mutterschul‹ des Comenius?). Vgl. auch den langen Brief über den Vater (nach dessen Tod) ›Epistolae selectiores‹, S. 26ff. (vom 28. 4. 1679).
30 Grosser, a.a.O., S. 11.
31 ›Institutiones oratoriae‹, fol. 4ᵇ; dabei vermieden: »verborum et formularum servilis repetitio« (ebda.).
32 ›Oratorische Fragen‹, S. 499.

194

Aus dem Schulunterricht selbst erwähnt Weise vor allem die intensive Lektüre der beliebten ›Colloquia‹ des Erasmus; bereits mit fünfzehn oder sechzehn Jahren habe er sie fast auswendig beherrscht[33]. Während dieser letzten Jahre hatte Weise, wie üblich, auch Unterricht beim Rektor des Gymnasiums[34]. Christian Keimann, Schüler August Buchners und angesehener Poet[35], bildete nun endlich ein gewisses Gegengewicht zum übermächtigen Einfluß des Vaters. Bei Keimann rundete Weise auch seine Kenntnisse im Fach Rhetorik ab[36], besonders hervorzuheben ist die Vorliebe des Rektors für ein zeitgemäßes Schultheater[37].

Mit einer Valediktionsrede ›De pietate‹[38], einem im Stil der Zeit nicht gerade anspruchslosen Thema, verließ Weise zu Ostern 1660 die Schule und bezog bald darauf die Universität Leipzig. Angesichts der sehr beschränkten finanziellen Möglichkeiten des Vaters[39] bedeutete die Existenz dieser Universität – Leipzig war mit Zittau durch die Zugehörigkeit zum Haus Sachsen verbunden – einen ausgesprochenen Glücksfall; ein Studium in Leiden beispielsweise[40] hätte aus eigenen Mitteln nie finanziert werden können. Als ›Zentrum des Handels und der Musen‹[41] vermittelte Leipzig dem begabten und fleißigen, ja streberhaften[42] Lateinschüler zum ersten Mal das unmittelbare Erlebnis des Weltläufigen, Großzügigen (des ›klein Paris‹). »Lipsia liberiorem auram mihi aperuit«, schrieb Weise später an Balbinus[43].

Das sichere Fundament an Wissen, das Weise mitbrachte (auch Geschichte und etwas Philosophie gehörten dazu)[44], konnte jetzt seine Nützlichkeit erweisen. Doch der Wunsch des Vaters, Christian solle

---

[33] ›Curieuse Fragen über die Logica‹, S. 915; ›Oratorische Fragen‹, S. 721.

[34] Der Rektor unterrichtete im allgemeinen nur in der Prima, vereinzelt auch in der Sekunda.

[35] T. Gärtner, Christian Keimann, Mitt. d. Ges. f. Zittauer Gesch. 5, 1908, S. 28ff. Weise hat ihm später auch die *parentatio* gehalten.

[36] Vgl. ›Politischer Redner‹, S. 62.

[37] Außer der Arbeit von Gärtner vgl. auch Newald, S. 394.

[38] Kaemmel, Christian Weise, S. 12.

[39] Der ›Tertius‹ wurde überall besonders schlecht bezahlt.

[40] Daß so viele bedeutende Schlesier der Barockzeit in Leiden studierten, war freilich nicht nur Bildungsluxus; Schlesien besaß im 17. Jahrhundert keine Landesuniversität.

[41] »Germaniae totius forum et emporium celebratissimum, Musarum matrem fidelissimam« nennt es Grosser, a.a.O., S. 17f.

[42] Christian soll sich vom Spiel mit den Kameraden weitgehend ferngehalten (»periisse tempus omne reputabat, quod non studiis tribueretur«, a.a.O., S. 7) und vor allem den Kontakt mit Älteren gesucht haben (a.a.O., S. 14).

[43] ›Epistolae selectiores‹, S. 58.

[44] ›Institutiones oratoriae‹, fol. 4b.

Theologie studieren[45], läßt – zum ersten Mal erkennbar – einen Konflikt entstehen[46]; denn den Sohn zieht es sehr bald mehr zur Jurisprudenz als zur Theologie. Nicht als ob anti-religiöse Affekte dabei ausschlaggebend gewesen wären; die in Leipzig mit besonderer Strenge gehütete lutherische Orthodoxie wirkte auf Weise ganz offensichtlich hemmend, abstoßend im Vergleich zur weltnahen, realistischen Rechtswissenschaft[47].

Doch zum Studieren kam Weise vorerst wenig. Nach der Inskription als Mitglied der ›Meissnischen Nation‹[48] wurde er sogleich von den älteren Studenten (den ›alten Häusern‹) mit Beschlag belegt. Den Gebräuchen des herrschenden ›Pennalismus‹ entsprechend[49] – auch Goethe lernte sie in Leipzig kennen – mußte der Anfänger den Älteren zu einer ganzen Reihe oft entwürdigender ›Dienstleistungen‹ zur Verfügung stehen, außerdem als beliebtes Objekt ihrer »insolentia non multum distans ab injuria et maleficio«[50]. Der kleine, etwas schwächliche Studiosus wäre dem wohl kaum gewachsen gewesen, und glücklicherweise erkannte ihn der Senior der Meissner bei dem obligatorischen Antrittsbesuch als »majorem et robustiorem animo, quam corpore«[51].

In diesem Augenblick begann Weises literarische Laufbahn. Er mußte mit Handschlag versprechen, »se ad carmina, in usum aut oblectamentum popularium elaboranda, ad nutum cujusque, qui, ipsius artem et ingenium exploraturus, quicquam metrici laboris postulasset, citra tergiversationem promptum fore, et expositum«[52]. Weniger die *paupertas* (wie bei Horaz)[53] als die körperliche *debilitas* zwang ihn zum Verseschreiben im Dienst der ›alten Häuser‹. Sehr rasch arbeitete sich Weise in die Tradition des Leipziger Gesellschaftslieds[54] ein. Er

---

[45] Der Vater hatte (in Jena) selbst Philologie, Philosophie und Theologie studiert (so Kaemmel, a.a.O., S. 10).

[46] Daß bereits in Zittau Zweifel aufgetaucht waren, deutet Weise nur ganz vorsichtig an (›Institutiones oratoriae‹, fol. 5ᵃ).

[47] Das gleiche gilt für die Leipziger scholastische Philosophie (dazu unten).

[48] Die Studentenschaft war landsmannschaftlich korporiert.

[49] Drastische Schilderungen überall in Schupps pädagogischen und zeitkritischen Schriften.

[50] Grosser, a.a.O., S. 18.

[51] A.a.O., S. 19.

[52] A.a.O., S. 19. Weise selbst übergeht in den ›Institutiones oratoriae‹ den ganzen Komplex geflissentlich.

[53] Epist. 2,2,5ff.

[54] Die Blütezeit war Ende der 20er Jahre mit dem Kreis um Georg Gloger (gest. 1631) verbunden gewesen. Zur Tradition: M. Platel, Vom Volkslied zum Gesellschaftslied, Bern 1939. Der Begriff ›Gesellschaftslied‹ ist freilich seit langem

lernte die Topen und Schemata, die Kasuistik und ihre Floskeln, vor allem aber den forciert-frischen Ton dieses Genres beherrschen und war dabei offensichtlich so erfolgreich, daß er, wie er selbst berichtete[55], pro Tag oft ein rundes Dutzend solcher Gelegenheitsprodukte abliefern mußte[56].

Weise ist später von ihnen als von *juvenilia* abgerückt[57]. Immerhin vermittelten sie ihm eine »erste Bekantschafft in der Welt«[58] (sie erschienen noch 1668 in Leipzig unter dem Titel ›Der grünenden Jugend überflüssige Gedancken‹)[59] und hatten darüber hinaus für die Ausbildung seines Sprachvermögens keine geringe Bedeutung: Schreiben auf Bestellung, Ausrichtung nach den Wünschen des Auftraggebers (wobei man den Ghostwriter nicht zu sehr merken durfte), rasches Erfassen des *casus* – alles das kam später auch dem Rhetor Weise zugute; seine These von der Poesie als der Dienerin der Beredsamkeit[60] hat jedenfalls hier ihre Wurzel. Wie bewußt er seine Sprachschulung betrieb und wie umittelbar er dabei das ›Leben‹ seiner täglichen Umwelt einzubeziehen versuchte, zeigt sich noch an einer anderen Stelle. In der Vorrede zur ›Comödienprobe‹ (1695) berichtet er, wie er von seinem Studentenzimmer aus die Unterhaltungen und Streitereien zwischen Wirtinnen, Köchinnen und Waschfrauen belauschte, und wie er jeweils »aus allen Discursen das Kräftigste nachschrieb«[61]. Vor allem die Komödienproduktion hat davon profi-

---

umstritten, vgl. jetzt wieder C. Petzsch, Einschränkendes zum Geltungsbereich von ›Gesellschaftslied‹, Euphorion 61, 1967, S. 342ff.

[55] ›Curiöse Gedancken Von Deutschen Versen‹, 2. Teil, S. 53. Weises Darstellung der Gelegenheitspoesie allgemein ist deutlich durch die Leipziger Erfahrungen bestimmt: wie »im vorigen seculo die Gewonheit aufkommen war«, zu allen möglichen Anlässen lateinische oder griechische Verse zu produzieren, ob sorgfältig ausgearbeitet oder hingeworfen, so halte man es jetzt auch mit der Muttersprache; »so bald ein neuer casus auff die Bahne kömmt/ so müssen viel Bogen fertig seyn/ die der Buchdrucker kaum auff einmahl bezwingen kan/ und der occupatste Mann soll sich mitten in seiner Verrichtung von seinen nöthigen meditationibus entbrechen/ und was hinschreiben« (a.a.O., S. 51f.).

[56] Grosser, a.a.O., S. 20 spricht von zehn Aufträgen und mehr; Weise habe gearbeitet wie Herkules in den Diensten der Omphale.

[57] ›Curiöse Gedancken Von Deutschen Versen‹, 1. Teil, S. 394.

[58] Ebda.

[59] Weitere Auflagen: 1671, 1673, 1677, 1678, 1680, 1684, 1691, 1701, 1723; vgl. M. v. Waldberg, Einleitung zum Neudruck der Ausgabe von 1678 (NdL. 242–5), Halle 1914, S. X. Auch ›Der Grünenden Jugend Nothwendige Gedancken‹, Leipzig 1690 (¹1675) enthalten Gelegenheitsgedichte aus der Leipziger Zeit (z. B. stammt der Text S. 112 von 1662, S. 121ff. von 1664).

[60] Oben S. 186.

[61] Zitiert nach J. Wich, Studien zu den Dramen Christian Weises, Diss. Erlangen–Nürnberg 1962, S. 46.

tiert[62], aber das früh ausgebildete Sensorium für soziale Sprachschichten wurde schließlich auch für seine rhetorische Konzeption bestimmend.

Nach einem Jahr *servitium* unter der Tyrannis des Pennalismus[63] durfte sich Weise endlich ganz seinem Studium widmen[64]. Das Baccalaureat, schon am 30. April 1661 abgelegt, war bei seinen Kenntnissen und Fähigkeiten kein Problem. ›Philosophie‹ trieb er bei Jacob Thomasius (dort gehörte Leibniz, der Ostern 1661 immatrikuliert worden war, zu seinen Mitschülern)[65], bei Rappolt und bei Alberti[66]. Mit jugendlichem *impetus* arbeitete er sich in den Stoff des gängigen Aristotelismus ein und hätte sich fast »in Scholasticorum castra« ziehen lassen[67]. Es ist charakteristisch für Weise, daß er noch im Rückblick beklagt, durch die *subtilitas* der Methoden sei ihm zeitweilig der Stil verdorben worden und habe bedenklich zur *scabrietas* tendiert[68]. Doch Thomasius zeigte ihm »sobriam philosophandi rationem«, und Rappolt wies ihn, als Gegengewicht, »ad Musas et cultiores literas«[69].

Das größte Verdienst aber schreibt Weise seinem Lehrer Christian Friedrich Franckenstein zu, der seit 1652 ›Professor linguae latinae

---

[62] Unten S. 309f. Wie ergiebig speziell das Leipziger Wirtinnen-Milieu für einen Komödienschreiber sein konnte, zeigt sich dann einige Jahrzehnte später bei Christian Reuter.

[63] So Grosser, a.a.O., S. 19f.

[64] Nur mit dieser Einschränkung kann die generelle Behauptung von Horn gelten: »Er vernachlässigte aber nie sein Studium, sondern betrieb es mit größtem Fleiß« (Christian Weise ..., S. 14).

[65] Über persönliche Beziehungen zu Leibniz ist nichts Genaueres auszumachen. Zwei Hochzeitsgedichte Weises, eines für Leibniz' älteren Stiefbruder Johann Friedrich, eines für Leibniz' Schwester Anna Catharina (enthalten in ›Der grünenden Jugend überflüssige Gedancken‹, S. 146ff. und 131ff.), genügen nicht zu der Annahme, Weise sei mit der Familie Leibniz ›befreundet‹ gewesen (so Wünschmann, Gottfried Hoffmanns Leben ..., S. 94 Anm. 16); sie sind im Rahmen von Weises umfangreichen gelegenheitspoetischen Verpflichtungen zu sehen. Daß Weise und Leibniz sich – zumindest bei Thomasius – persönlich begegnet sind, dürfte allerdings wahrscheinlich sein; vgl. auch Horn, a.a.O., S. 18.

[66] ›Institutiones oratoriae‹, fol. 5ᵃ; Grosser, a.a.O., S. 22.

[67] ›Institutiones oratoriae‹, fol. 5ᵃ. Weise benutzte dabei u.a. die kanonischen Lehrbücher von Arriaga und Suarez (ebda.); völlig mißverstanden von Horn, a.a.O., S. 18: Weise habe diese Methode abgelehnt, »deren Hauptvertreter in Leipzig der Jesuit Suarez war, den er zu Beginn seines Studiums eifrig gehört hatte« (Suarez war bereits 1617 gestorben; dazu noch die Vorstellung: ein Jesuit als Hochschullehrer in Leipzig!).

[68] ›Institutiones oratoriae‹, fol. 5ᵃ.

[69] Ebda.

et historiarum‹ war und 1661 gerade als Rektor amtierte[70].
»FRANCKENSTEINIUS Historiam et Politicam fugitivo hactenus oculo
perlustratam, propius commendabat«[71]. Damit trat zum ersten Mal
jenes für die Geistesgeschichte des 17. Jahrhunderts so folgenreiche
Fach ›Politik‹ in Weises näheren Gesichtskreis, freilich noch nicht mit
der universal-lebensphilosophischen Geltung im Sinne Graciáns, sondern als realistische Staatslehre im Sinne eines Lipsius oder Conring[72].
Das rasch geweckte Interesse Weises für dieses Fach förderte
Franckenstein zusätzlich dadurch, daß er dem begabten Studenten
auch seine reichhaltige Privatbibliothek zugänglich machte[73] (wie der
›Politiker‹ Schönborner dem jungen Andreas Gryphius).

Theologie hat Weise, dem Wunsch des Vaters entsprechend, zwar
ebenfalls gehört (bei Carpzov, Löffler und Kromayer)[74], aber mehr
als das Nötigste scheint er nicht getan zu haben, erst recht nicht,
nachdem er sich für ›Politik‹ engagiert hatte. Daneben beschäftigte
ihn weiterhin die Jurisprudenz, das Fach also, das ursprünglich sein
Studienwunsch gewesen war; die Vorlesungen von Born und Eckolt[75]
bildeten eine sinnvolle Ergänzung zur ›Politik‹ Franckensteins.

Über die Grenzen der einzelnen Fachgebiete hinweg aber beschäftigte ihn die Kardinalfrage, wie denn jene intensive rhetorische Schulung, die er von frühester Zeit an erhalten hatte, zu mobilisieren, mit
*materia* anzureichern bzw. praktisch zu verwerten sei. Die ersten Erfahrungen waren wenig ermutigend. Das scholastische Subtilitäten-
system suggerierte dem jungen Studiosus, »pro concretis in praxi
occurrentibus, theoreticam abstrahendi vanitatem« zu verehren[76].
Um so befreiender wirkte auf Weise die Begegnung mit den eigentlichen Realfächern. Born und Eckolt zeigten ihm, »quid ad fori nostri
eloquentiam pertineret«[77], und im Hinblick auf sein Lieblingsfach,

---

[70] Vgl. ADB 7, 1878, S. 244f.
[71] ›Institutiones oratoriae‹, fol. 5b.
[72] Oben S. 137ff. Franckenstein war auch »Anhänger der damals beliebten politischen Auslegung der alten Historiker« (ADB, a.a.O., S. 245). 1679 ließ er ›Gru-
teri discursus politici in Tacitum‹ drucken. Grosser, a.a.O., S. 24f. gerät im Zusammenhang Franckensteins offenbar etwas ins Phantasieren und möchte Weises spätere ›politische‹ Lebenslehre bereits dort beginnen lassen.
[73] ›Institutiones oratoriae‹, fol. 5a.
[74] Grosser, a.a.O., S. 23. Carpzov (mit dem Weise auch später noch in Kontakt
blieb) vertrat das Fach Dogmatik, Löffler Kontroverstheologie, Kromayer
Schriftauslegung und Kirchengeschichte.
[75] ›Institutiones oratoriae‹, fol. 5b.
[76] A.a.O., fol. 5a.
[77] A.a.O., fol. 5b.

die ›Politik‹, erkannte er »propositis negotiorum civilium casibus ...
majoris pretii fore verborum elegantias, quae rebus nobilioribus, ac
in politica hominum societate celebratis adhiberentur«[78]. Selbst die
moralischen Disputationen Albertis waren ihm auf seiner Suche nach
oratorischen Vorbildern nützlich: »quae cum in se continerent soli-
dioris eloquentiae materiam, tacitè monebant, quibus subsidiis emer-
gere posset orator«[79].

Es liegt nahe, solche Äußerungen als Projektionen einer späteren
Auffassung in die Studienzeit zu interpretieren, und für einzelne Formulierungen mag das auch zutreffen. Doch gerade die Details, die
Weise berichtet[80], lassen erkennen, daß für ihn die Praktizierbarkeit
von Rhetorik wirklich eine Kernfrage des Studiums war. Sorgfältige
Beobachtung der Lehrer und Erprobung der eigenen Kräfte gingen
Hand in Hand. Schon in seiner ersten Leipziger Zeit suchte sich Weise
nach Möglichkeit jemanden, »der aus Hoffnung viel Weißheit zu be-
greiffen/ die gedult fassete/ und mich alle Tage eine Stunde anhöre-
te«[81]. Weise dozierte meist über Stoffe, die er selbst am gleichen Tag
von einem der Magister gelernt hatte, und erwarb sich auf diese Weise
nicht nur praktische Erfahrung, sondern auch ein einigermaßen kom-
petentes Urteil. Während er z. B. an Rappolt den klaren, bedächtigen Vortrag schätzte[82] und an Alberti die disputatorische *facundia*[83],
benutzte er die philosophischen Kollegs des Thomasius – der Stoff
war ihm wenigstens in den Grundlagen schon vertraut – zu einer besonderen Art des *exercitium*[84].

Weise merkte sich jeweils den für die nächste Vorlesung vorgesehenen Stoff[85]: »die Stunde zuvor spatzierte ich auf einem Saale/ da
mich kein Mensch hören oder verstören kunte/ und versuchte/ ob ich

---

[78] Ebda.
[79] Ebda. Vgl. die Darstellung in der Vorrede zu ›Politische Fragen‹, fol. b 4ᵃ:
die meisten seiner Disputationen waren »auf lauter practicable Dinge so wol in
Ethicis, als in Historicis und Politicis, eingerichtet«.
[80] Wie bei der Schilderung seiner ersten Studienzeit (Gelegenheitsdichtung usw.)
ist zu bedenken, daß zahlreiche seiner Studienfreunde noch am Leben waren
(mit einigen stand Weise in Briefwechsel) und eine gewisse Kontrollinstanz darstellten.
[81] ›Neu-Erleuterter Politischer Redner‹, S. 650.
[82] ›Politischer Redner‹, S. 553ff.
[83] ›Institutiones oratoriae‹, fol. 5ᵇ; vgl. ›Politische Fragen‹, fol. b 4ᵃ.
[84] ›Neu-Erleuterter Politischer Redner‹, S. 650f.
[85] Ob ihn Thomasius jeweils vorher ankündigte, ist nicht ganz ersichtlich. Doch
lag die Gliederung der Materie meist ohnehin schon fest (die Lehrbücher hatten
einen relativ uniformen Aufbau).

wol das Caput, welches solte erkläret werden/ mit geschickten Worten ausführen möchte«[86]. Blieb er stecken, so war es keine Blamage, brachte er den Vortrag gut zustande, so bedeutete es einen zusätzlichen *stimulus*. In jedem Fall aber – und das war das Wichtigste – verglich er anschließend »den Discurs im Collegio« mit seinen eigenen »Erroribus«[87]. Doch stellte er dabei nicht nur fest, daß Thomasius »auch in diesen Stücke als ein vollkommener Professor Eloquentiae zu halten war«, sondern versuchte das Ganze anschließend zu Hause noch einmal[88]. Der Nutzen dieser Übung zeigte sich bald, und »so durffte ich hernachmals in Collegiis activis, wie sie genennet werden/ der Worte halben wenig bekümmert seyn«[89].

Am 25. Mai 1663, also drei Jahre nach der Immatrikulation, erwarb Weise den Titel eines Magisters der Philosophie[90], und bald darauf begann er mit eigenen Vorlesungen. Die Zusammenstellung der Lehrgebiete war ein Programm: »Eloquentiam, doctrinam Morum, aut Prudentiam Civilem [›Politik‹]: vel Historiam et ejus adminicula imo Poësin etiam tractare cupienti offerebat operam«[91]. Daß er sich großen Zulaufs erfreuen konnte, verwundert bei seinen rhetorischen Fähigkeiten kaum[92]. Aber auch die Theorie, die er zu lehren hatte, scheint er sich nicht leicht gemacht zu haben. Er gesteht selbst, daß er vorher, besonders in der Poesie, mehr *empirice* vorgegangen war, »ingenii potius, quam artis aliquo subsidio«[93].

Zum systematischen Ausbau seiner aus der Praxis gewonnenen Einsichten blieb ihm reichlich Zeit. Daneben tat er sich besonders bei Disputationen hervor: »non magis adversariorum captiosis laqueis se callide expediebat, quam in oppugnandis eorum sententiis tela in

---

[86] A.a.O., S. 650.
[87] A.a.O., S. 651.
[88] Ebda.
[89] Ebda. Weise empfiehlt diese ›Trockenübungen‹ den angehenden Studiosi nachdrücklich und erinnert zugleich daran, wie »der alte Mathesius in D. Luthers Hause eine Anzahl Töpfe um sich herum gesetzet/ und denselben als vernünfftigen Köpfen gepredigt hatte« (a.a.O., S. 652).
[90] Grosser, a.a.O., S. 26.
[91] Ebda.
[92] Gelobt werden »docendi ... perspicuitas, dexteritas, soliditas et suavitas« (a.a.O., S. 27).
[93] ›Institutiones oratoriae‹, fol. 6ᵃ. Er wußte zwar von den *exempla* her, »quid pro loci, temporis, argumentique conditione posset dici« (durch seine Gelegenheitspoesie!), aber er war unsicher, »quorsum singula essent referenda, quibusve regulis auditor excitari deberet aut confirmari« (ebda.; das Problem einer theoretischen Fixierung des ›äußeren *aptum*‹). Ausführlicher dazu Grosser, a.a.O., S. 27.

ipsos vibrabat aegre retundenda«[94]. Sein Ziel war die akademische Laufbahn. Zweimal, 1666 und 1668, disputierte er *pro loco*, d.h. mit der Absicht, in die Fakultät aufgenommen zu werden[95]. Aber der Erfolg blieb aus. Vielleicht verfügte Weise nicht über die nötigen (auch verwandtschaftlichen) Beziehungen[96], vielleicht hatte er einflußreiche Gegner. In zwei Versionen wird überliefert, ein Theologe[97] habe die Aufnahme in die Fakultät aus persönlicher Aversion vereitelt. Eine dieser beiden Versionen, durch den Meininger Hofprediger Johann Caspar Wetzel erhalten[98], ist auch für den Rhetor Weise bezeichnend und sei hier kurz zitiert: »er wäre auch ohnstreitig Professor Academicus zu Leipzig geworden/ wenn nicht D. Schertzer aus heiml. Groll/ den er gegen Weisen trug/ weil dieser einsmahls jenem in einer Disputation scharff opponiret/ und desselben Dialectum, da Schertzer Weisio auf ein gewisses Argument mit dem est blasphämia, spöttlich negando widerhohlet/ darwider gewesen«[99].

## c. Höfisch-politische Erfahrungen

Was auch immer seiner akademischen Laufbahn im Wege gestanden haben mag, Weise dürfte erleichtert gewesen sein, als er nach fünfjähriger Magistertätigkeit im Jahre 1668 das Angebot erhielt, eine Sekretärsstelle beim Grafen Simon Philipp von Leiningen in Halle zu übernehmen[100]. Weise sagte zu. Er hat den Wechsel von Leipzig

---

[94] A.a.O., S. 28.

[95] Die Themen: ›Idea boni historici‹ und ›De judicio historici‹ (vgl. Grosser, a.a.O., S. 181). Die Disputationen sind in der Zittauer Christian-Weise-Bibliothek erhalten, s. Horn, Christian Weise ..., S. 209 Anm. 52.

[96] Die Geschlossenheit der Leipziger ›Gelehrtenoligarchie‹ hebt Kaemmel, Christian Weise, S. 16 hervor.

[97] Sein Name wird im einen Fall genannt (Schertzer, s. das Folgende), im anderen Fall ist nur »von einem gewißen Professore Theologico« die Rede (so bei Johann Hübner, dessen nur handschriftlich erhaltene Weise-Biographie Horn, a.a.O., S. 19 zitiert).

[98] Sie wird üblicherweise (auch bei Horn) nach Zedler 54, 1747, Sp. 1060 gegeben, ist dort aber – ohne Quellenangabe – fast wörtlich abgeschrieben aus Wetzel, ›Hymnopoeographia‹, Herrnstadt 1724 (¹1718), S. 379.

[99] Text nach Wetzel. Weise selbst hat sich zu der Angelegenheit offenbar nie schriftlich geäußert. Schertzer erwähnt er einmal 1681 (in einem Brief an Balbinus) im Zusammenhang der Leipziger Scholastik: »Regnabat tum Scherzerus, Philosophiae Scholasticae fautor egregius« (›Epistolae selectiores‹, S. 58). Zu Schertzers Rolle als gefürchteter Streittheologe (er polemisierte u.a. gegen Pufendorf, auch gegen Scheffler!) vgl. ADB 31, 1890, S. 137f.

[100] ›Institutiones oratoriae‹, fol. 6ª: »illustrissimis auspiciis abripiebar in Aulam Halensem«. Auf welchen Wegen ihn das Angebot erreichte oder ob er sich etwa um eine solche Stellung bereits bemüht hatte, ist nicht ersichtlich.

zum Hallenser Hof später als den entscheidenden Sprung von der Theorie in die Praxis gedeutet[101]. Der Kontrast muß tatsächlich denkbar scharf gewesen sein. So beflügelnd die *liberior aura* Leipzigs zunächst auf ihn gewirkt hatte, sein bewegliches Naturell und vor allem seine realistisch-›politischen‹ Neigungen konnten in der dortigen akademischen Atmosphäre auf die Dauer nicht zur Entfaltung kommen.

Weises Aufgaben im Dienst Leiningens (er war erster Minister des Herzogs August von Sachsen-Weißenfels und Administrator des Erzbistums Magdeburg) waren zwar nicht mit besonderen Vollmachten verbunden, aber nun bot sich die Möglichkeit, die bisher nur aus der Ferne imaginierte administrative Hofpraxis unmittelbar kennenzulernen[102]. Weise hatte in der Kanzlei des Grafen die laufenden Verwaltungsgeschäfte zu erledigen, d. h. vor allem Besucher zu empfangen und die umfangreiche Korrespondenz zu bestreiten[103]. Außerdem mußte er bei den Kabinettssitzungen Protokoll führen[104] und bekam somit auch Einblick in die Willensbildung der Exekutive. Alles das kannte er bislang nur aus mehr oder weniger abstrakten Lehrbüchern der ›Politik‹; »quotidiano usu exercere poterat Civilis Prudentiae Praecepta, quae in Academia non perfunctorie didicerat«[105]. Insbesondere aber bot sich ihm reichlich Anschauungsmaterial für die in Leipzig immer wieder ventilierte Frage nach einer lebendigen, nützlichen, sacherfüllten, ›politischen‹ Beredsamkeit, und er erkannte, »quantum vel distaret vel conveniret Scholasticorum et Politicorum eloquentia«[106].

Bei dieser kritischen Auseinandersetzung mit dem eigenen humanistisch-akademischen Fundament half ihm einer der einflußreichsten Männer am Hallenser Hof[107], der Freiherr Georg Dietrich von Rondeck. Der erfahrene Hofmann und Diplomat[108], der nichts ertragen konnte, »quod speciem haberet vanitatis«[109], ein Feind des ›Pedantismus‹, war offensichtlich beeindruckt von Weises vorzüglichen Kennt-

---

[101] Ebda.
[102] Erst jetzt zeigte sich, »quid veri nominis Politico sciendum et perficiendum esset« (Grosser, a.a.O., S. 30).
[103] Kaemmel, Christian Weise, S. 16. Einen informativen Überblick über das, was damals von einem Hofsekretär erwartet wurde, gibt die Widmungsvorrede zu Stielers ›Teutscher Sekretariat-Kunst‹, Nürnberg 1673, fol. ):( I<sup>b</sup>ff.
[104] Kaemmel, a.a.O., S. 16.
[105] Grosser, a.a.O., S. 30.
[106] ›Institutiones oratoriae‹, fol. 6ᵃ.
[107] Während der Sekretärszeit Weises war er Präsident des ›Geheimen Rats‹.
[108] »Heros longo rerum aulicarum usu subactissimus« (Grosser, a.a.O., S. 31).
[109] ›Institutiones oratoriae‹, fol. 6ᵃ.

nissen, von seiner *facundia* und von der *promptitudo* seiner Amtsführung[110]; er bemühte sich, diese ›politische‹ Begabung planmäßig zu fördern. In zahlreichen Gesprächen korrigierte er vor allem Weises akademische Vorstellungen von der ›politica‹; er wies ihn darauf hin »vulgares Politicos libellos partem Civilis doctrinae praecipuam, de legum et consiliorum fontibus, incultam reliquisse: et sic corpus edidisse, cui desit anima«[111]. Weise beherzigte die Ratschläge Rondecks und arbeitete sich systematisch in das Realfach ›statistica‹ ein, das auch seiner täglichen Praxis zugute kam (später verfaßte er sogar ›statistische‹ Abhandlungen und Kompendien)[112].

Wie entscheidend die erste unmittelbare Begegnung mit der politischen Hofpraxis – nach der Zittauer Schulzeit und der Leipziger akademischen Welt – seinen Werdegang beeinflussen mußte, braucht kaum hervorgehoben zu werden. Noch ein Jahr vor seinem Tod, als er im ›Oratorischen Systema‹ die Summe seiner ›politisch‹-rhetorischen Tätigkeit zieht, weist er auf den Wert dieser Erfahrungen hin[113]: »Ich muß selbst bekennen/ wenn ich nicht über ein Jahr in Qualite eines Secretarii zu Hofe gewesen wäre/ da ich manchmahl auf curieuse Reden zu dencken hatte/ mein politischer Redner würde mir in vielen Stücken etwas schlechter gerathen seyn«[114].

Als Leiningen 1670 ins Feldlager zog, ließ sich Weise (der an einem Fußleiden laborierte)[115] von guten Freunden abraten, dem Grafen zu folgen. Er quittierte in Ehren[116] den Dienst. Noch einmal zog ihn

---

[110] Grosser, a.a.O., S. 31.

[111] A.a.O., S. 31f.

[112] Der wichtigste Titel: ›Idea doctrinae statisticae‹, 1670.

[113] Etwa zur gleichen Zeit, in der Vorrede zur Epigramm-Ausgabe von 1704, betont der Weltmann Wernicke den prinzipiellen Vorteil derjenigen Poeten, die »entweder selbst von hohem Stande gebohren sind, und eine gleichmässige Aufferziehung gehabt haben; oder mit dergleichen Personen eine lange Zeit umgegangen, und folgends eine vollkommene Wissenschaft der Welt, derer Gebräuche, Sitten und Sprachen sich an Höfen erworben haben« (Epigramme. Hrsg. u. eingel. v. R. Pechel [Palaestra. 71], Leipzig 1909, S. 121).

[114] ›Oratorisches Systema‹, S. 610. Vor allem auch in den Briefstellern wird die eigene Sekretariatspraxis immer wieder erkennbar. Vgl. etwa ›Curiöse Gedancken Von Deutschen Brieffen‹, fol. a 7ᵃ: ich wähle den Weg, »welchen die rechten Practici, in Geistlichem und Weltlichem Stande/ gesuchet haben«; a.a. O., S. 295: als Sprachmuster wähle man »etwas aus den Sächsischen und Brandeburgischen Cantzleyen«.

[115] Horn, Christian Weise ..., S. 210 Anm. 66 (nach dem Manuskript von Hübner).

[116] Das betont Grosser, a.a.O., S. 33: »honesta missione impetrata«; es ist wichtig für die spätere erneute Kontaktaufnahme im Zusammenhang der Berufung nach Weißenfels.

die Universitätswelt an, aber nun mußte es das Zentrum der politischen und rhetorischen Wissenschaften, Helmstedt, sein. Dort lehrten Conring[117] und Schrader[118], und an sie versuchte sich Weise sogleich anzuschließen. Was er sich davon versprach (einen letzten Versuch einer akademischen Laufbahn?), wird nicht ganz klar. Jedenfalls gewann er bald die freundschaftliche Achtung der beiden Gelehrten[119], und schon nach wenigen Monaten empfahlen sie ihn dem Baron Gustav Adolf von der Schulenburg, der für zwei ihm anvertraute junge Adlige (von Asseburg) einen Hofmeister suchte[120].

Die Stelle konnte selbstverständlich nur eine Übergangslösung sein, aber Weise blieb wenigstens im Adelsbereich, der ihn so sehr anzog, und konnte vor allem seine ausgeprägten pädagogischen Talente wieder erproben; vielleicht reizte ihn auch die Nähe Schulenburgs, der als bedeutender politischer Redner galt[121]. Ein kleiner, abgelegener Ort im Magdeburgischen (Amfurt) wurde nun Weises Wohnsitz; das versprach gegenüber den vielen Verpflichtungen in Leipzig und Halle einiges an *otium*[122]. Weise nutzte es vor allem zum intensiven Studium des Realfachs Geschichte, speziell der neueren Geschichte[123]; hierzu hatten offensichtlich Conring und Schrader die Anregung gegeben[124]. Neben Jurisprudenz, ›Politik‹ und ›Statistik‹ trat mit dem Fach Geschichte nun eine vierte Realdisziplin, die als Materie einer auf die *vita* bezogenen Beredsamkeit dienen kann. Weise erprobte diese Materie als Abwechslung im täglichen Hofmeister-Unterricht[125], stellte sich umfangreiche historische *thesauri* zusammen und legte so

---

[117] Grosser spricht von ihm als »Politicorum ejus aetatis Aristarcho« (a.a.O., S. 33); vgl. o. S. 138.

[118] »Eloquentiae Civilis Professori peritissimo et diligentissimo« (ebda.); von seiner Bedeutung als Rhetoriker wird noch im Zusammenhang der Universitätslehrstühle die Rede sein.

[119] Wohl etwas übertreibend behauptet Grosser, ihre Zuneigung sei so groß gewesen, »ut in familiari amicitia neminem WEISIO anteponerent« (ebda.).

[120] Zum Hofmeisteramt unten S. 374ff.

[121] In seiner eigenen Schilderung leitet Weise unmittelbar von Schrader zu Schulenburg über.

[122] Grosser, a.a.O., S. 34.

[123] »Wer das neue nicht erkandt hat/ wird von dem alten schlecht judiciren«, heißt es im ›Klugen Hoff-Meister‹, S. 15 (vgl. das Folgende).

[124] Zu Conring vgl. Wünschmann, a.a.O., S. 72. Von Schrader erwähnt Weise selbst die ›Hypotheses‹, eine Sammlung von Redeübungen nach der Reformationsgeschichte des Sleidanus (›Institutiones oratoriae‹, fol. 6b).

[125] Grosser, a.a.O., S. 34: »ne seriis jucunda interponere omitteret, addebat Praeexercitationes Geographico-Historicas«.

den Grund für seinen ersten nichtpoetischen schriftstellerischen Erfolg: den ›Klugen Hoff-Meister‹, der 1675 zum ersten Mal erschien[126].

Die unorthodoxe, weltliche Form, in der Weise seinen Unterricht gestaltete, scheint den Argwohn einiger Geistlicher der Umgegend hervorgerufen zu haben[127]. Als einer dieser Kritiker sich zur persönlichen Diskussion bewegen ließ, gelang es Weise, ihn »dergestalt in die Schule zu führen, daß er unsern Weisen gewonnen geben und die Schwäche seiner Wissenschafft gestehen muste«[128]. Bei Schulenburg selbst drängten die Kritiker vergeblich auf Weises Entlassung[129], denn ähnlich wie Rondeck war er offenbar von dem Format des jungen Gelehrten angetan, der in so ungewohnter Weise humanistisch-akademische Gelehrsamkeit mit solider Realienkenntnis und politisch-weltläufiger *eloquentia* verband.

Wohl aus dem gleichen Grund gewährte Schulenburg ihm Einblick in seine eigene rhetorische Werkstatt, was für Weise um so reizvoller sein mußte, als überall in der Provinz die »solennis ... eloquentia« Schulenburgs gerühmt wurde[130]. Weise durfte mehrfach vor dem eigentlichen Vortrag die sorgfältige *praemeditatio* der Rede studieren[131] und konnte dann genau beobachten, wie Schulenburg den Entwurf in lebendige ›politische‹ Rede umsetzte. So verstand es Weise, selbst die Hofmeisterzeit im abgelegenen Amfurt für seine Idee einer *eloquentia politica* zu nutzen.

### d. Die Professur an der Ritterakademie

Vom weiteren Werdegang des Rhetors Weise her gesehen, erscheint diese Zeit (etwa ein halbes Jahr) wie eine Phase des Atemholens vor dem Höhepunkt. Ende Juli 1670 erhielt Weise einen Ruf als Professor der Politik, Rhetorik und Poesie[132] an das ›Gymnasium illustre Augusteum‹ in Weißenfels, das erst wenige Jahre zuvor (1664) durch

---

[126] Ebda.: »libellus magno omnium applausu publice receptus«; ähnlich noch Zedler 54, 1747, Sp. 1059. Das Buch erreichte mindestens elf Auflagen, vgl. die Angaben bei Hirsch, Bürgertum und Barock ..., S. 49 Anm. 56.
[127] Grosser, a.a.O., S. 34f.
[128] Zedler 54, 1747, Sp. 1059.
[129] Grosser, a.a.O., S. 35. Weise schweigt von der ganzen Angelegenheit.
[130] A.a.O., S. 38f. ›Institutiones oratoriae‹, fol. 6b: »facundiae laudem«.
[131] Ebda.
[132] »Politices, Eloquentiae Poesiosque Professorem designatum esse« (Grosser, a.a.O., S. 40); diese Reihenfolge der Fächer findet sich auch sonst in den Zeugnissen.

den Herzog August von Sachsen-Weißenfels[133] gegründet und ganz im Stil einer Ritterakademie aufgezogen worden war[134]. Daß die Wahl auf Weise fiel, hängt unzweifelhaft mit seinen Beziehungen zum Hallenser Hof zusammen[135], insbesondere zu Rondeck, der als Oberinspektor der Weißenfelser Adelsschule fungierte[136]. Doch wird man auch sagen dürfen, daß Weise – unabhängig von dieser Unterstützung – für die ihm zugedachte Aufgabe der richtige, wenn nicht gar der beste Mann war.

Der Ruf nach Weißenfels mußte Weise als ›Chance seines Lebens‹ erscheinen, und obwohl die hohen Erwartungen, die man in ihn setzte, eine nicht geringe Verpflichtung bedeuteten, nahm er das Angebot ohne langes Zögern an. Bereits am 9. August wurde er in Weißenfels feierlich eingeführt[137] und hielt seine Antrittsrede ›De conjunctione politices, eloquentiae et poeseos‹. Das Bildungsprogramm der Institution Ritterakademie, der sich Weise einzuordnen hatte, wird später noch eingehender erläutert werden[138]. Weises Fächer gehörten zu den gelehrten *studia*, denen die ritterlichen *exercitia* (Reiten, Fechten, Tanzen usw.) gegenüberstanden. Daß ihm der ganze Komplex adlig-höfischer Regeln und Gewohnheiten mittlerweile geläufig war[139], dürfte seine Arbeit wesentlich erleichtert haben, im Gegensatz zu manchem anderen Gelehrten, der sich als Lehrer an einer Adelsschule erst mühsam eingewöhnen mußte.

Die schwierigste und vordringlichste Aufgabe, vor der Weise jetzt stand, war die Umsetzung seiner ›politisch‹-rhetorischen Vorstellungen in einen systematischen Unterricht. Seine Leipziger Vorlesungs- und Übungsentwürfe waren durch die inzwischen gewonnenen Erfahrungen und Erkenntnisse definitiv überholt[140], eine geschlossene neue Theorie existierte noch nicht. Weise hat das später offen einge-

---

[133] Der Herzog war als besonders kunstsinnig und bildungsfreudig bekannt; er gehörte auch zur ›Fruchtbringenden Gesellschaft‹.
[134] R. Rosalsky, Geschichte des akademischen Gymnasiums zu Weissenfels, Progr. Weissenfels 1873, S. 11ff.
[135] Vgl. schon Kaemmel, Christian Weise, S. 18.
[136] Horn, Christian Weise ..., S. 24.
[137] Grosser, a.a.O., S. 40.
[138] Unten S. 377ff.
[139] Ob er in Amfurt auch *exercitia* unterrichtet hatte oder ein anderer diese Aufgabe übernommen hatte (eine solche Teilung kam gelegentlich vor), ist nicht auszumachen.
[140] Allgemeiner formuliert: »excutiebat omnen, quem sibi collegerat, doctrinae apparatum« (Grosser, a.a.O., S. 41).

standen und betont, daß erst der Zwang des Lehrens ihn zum allseitigen Durchdenken seiner Ansätze veranlaßte[141]. Als Grundeinsicht brachte er mit nach Weißenfels, daß *perfecta loquendi facultas* nur dann entstehen könne, »si artificium veniret ab Oratoria, res et tractandi decor à politicâ«[142].

Das theoretische Gerüst der Rhetorik durfte also keinesfalls über Bord geworfen werden, es war nur von unnützer Scholastik zu befreien und nach einer *facilis methodus* darzubieten[143]. Auf der anderen Seite schien es Weise unumgänglich, nützliche Realien vor allem ›politischer‹ Art in die Oratorie hereinzunehmen[144] (im Stundenplan der Ritterakademie waren sie ohnehin vertreten). Und vor allem: als Medium der *eloquentia* durfte das Deutsche, die Sprache der *vita communis*, nicht länger ausgeschlossen werden. Als Leitsatz stand über alledem: »Scholam et Vitam, Latinitatem et vernaculam ... conjungere diligentius«[145].

Die methodischen Konsequenzen daraus mußten freilich erst Stück für Stück erprobt und systematisiert werden. Weise hebt nachdrücklich hervor, daß er jedes noch so einleuchtende Theorem stets am konkreten *exemplum* gemessen habe, um keiner Täuschung zu unterliegen[146]. Er benutzte zu diesen Experimenten vor allem die ›Privatlektionen‹, in denen er weniger an Vorschriften gebunden war; aus solchen ›collegia privata‹ ist schließlich der ›Politische Redner‹ hervorgegangen[147].

---

[141] ›Institutiones oratoriae‹, fol. 7ᵃ.
[142] A.a.O., fol. 6ᵇ. Die Dreierkombination ›Politik‹, ›Eloquenz‹ und ›Poesie‹ scheint in Weißenfels erst durch Weise geschaffen worden zu sein. Nach den Statuten von 1664 ist ›Politica‹ ein Lehrgebiet des ›Professor Philosophiae Moralis‹ (Rosalsky, a.a.O., S. 24).
[143] ›Institutiones oratoriae‹, fol. 7ᵃ. Weise scheint damals (wieder oder zum ersten Mal?) intensiv die Schriften von Boecler, Boxhorn und Bose studiert zu haben. Er mußte aber enttäuscht erkennen »illos ... instruere virum, qui potuisset apud priscos esse eloquens« (a.a.O., fol. 8ᵇ); vor allem hätten sie sich nicht bewußt gemacht, daß die Alten die *progymnasmata* bereits voraussetzten (ebda.).
[144] In der Einladungsschrift zu einem Weißenfelser Actus von 1672 faßt Weise das alte ›Sachen statt Wörter!‹ in diese Form:

> »Wir sollen zuvor aus auff Kunst und Sprachen gehen:
> Jedoch was nützt uns das bloße Wörter-Spiel/
> Wo keine Sachen sind davon man reden wil?«

(›Der Grünenden Jugend Nothwendige Gedancken‹, S. 88).
[145] ›Institutiones oratoriae‹, fol. 7ᵃ.
[146] A.a.O., fol. 9ᵃ.
[147] Grosser, a.a.O., S. 45 bezeichnet das Buch als »Collegiorum, quae privatis Au-

Die *fama* von Weises modernem, lebensnahem, lebendigem, nützlichem Unterricht verbreitete sich sehr rasch[148]. Auch von weither schickte man Schüler nach Weißenfels, und »generosissimi« waren darunter[149]. Doch der Unterricht bildete nur einen Teil von Weises pädagogischer Aktivität; alle vier großen ›politischen‹ Romane erschienen während der Weißenfelser Zeit[150] und sollten dazu beitragen, die neue ›politische‹ Lehre – nun immer mehr im Sinne Graciáns[151] – in breiten, auch und vor allem nichtadligen Kreisen bekannt zu machen. Vorbild für das erste Glied in dieser Reihe, den ›Politischen Näscher‹, war das ›Satyricon‹ Barclay's[152]; es erschien Weise als besonders geeignet, um Anschluß an die europäisch-höfische Romankunst zu finden. Das *ridendo dicere verum* etablierte sich auch als Unterrichtsprinzip[153]. Aber Weise verstand es zugleich, sein Ansehen als weltmännischer Gelehrter durch eine Fülle von *dissertationes*, *disputationes* und *actus* im Rahmen der Schule auszubauen. ›Politik‹ ist auch dabei das beherrschende Thema[154].

Aus der Fülle bedeutender Persönlichkeiten, mit denen Weise aufgrund seiner geachteten Position verkehrte, seien nur zwei herausgehoben, weil sie für die Ausbildung seiner politischen Rhetorik von Bedeutung wurden. Der Geheime Rat Gebhard von Alvensleben[155], Jurist, Hofbeamter und Diplomat im Dienst Herzog Augusts, seit 1668 im Ruhestand lebend, ließ seine Söhne von Weise unterrichten[156] und interessierte ihn bei häufigen Begegnungen für das Realienfach der Genealogie bzw. Heraldik, das fortan in Weises rhetorischer

---

ditoribus exercitandis aperuerat, foecundam sobolem«. Vgl. auch die Andeutungen Weises in der Vorrede zum ›Politischen Redner‹.
[148] Grosser, a.a.O., S. 40.
[149] Ebda.
[150] Hirsch, Bürgertum und Barock ..., S. 44ff. Der bisherigen communis opinio nach hat Weise die Romane auch in Weißenfels verfaßt. Die von Horn benutzte Biographie Hübners datiert jedoch die Abfassung in die Amfurter Zeit, und Horn schließt sich dem ohne nähere Begründung an (Christian Weise ..., S. 23). Aber wie kann Weise innerhalb eines halben Jahres neben seiner täglichen Hofmeisterarbeit, den Geschichtsstudien und den Reisen mit Schulenburg auch noch vier ausgewachsene Romane geschrieben haben? Die Frage der Chronologie bedürfte näherer Prüfung (Grosser jedenfalls scheint auch die Abfassung der Romane in die Weißenfelser Zeit zu setzen, vgl. vor allem S. 43).
[151] Aus der Darstellung von Hirsch wird das (ohne jede Erwähnung Graciáns) klar erkennbar.
[152] Grosser, a.a.O., S. 43. Auch diesen Hinweis hat Hirsch nicht aufgenommen.
[153] A.a.O., S. 42.
[154] Vgl. den Überblick bei Horn, a.a.O., S. 26.
[155] ADB 1, 1875, S. 376f.
[156] ›Institutiones oratoriae‹, fol. 7a.

Theorie und Praxis als vornehme Disziplin einen festen Platz erhielt. Auch sein ›effektiver‹, ›nervoser‹ Sprachstil beeindruckte Weise[157]. Folgenreicher noch war die Begegnung mit dem hochgebildeten, weitgereisten Diplomaten Johann Helwig Sinold (gen. Schütz)[158], der insbesondere über eine genaue Kenntnis des Wiener Hofs und der Romania verfügte. Durch ihn scheint Weise zum ersten Mal intensiver mit der romanischen (vor allem italienischen) *argutia*-Bewegung in Kontakt gekommen zu sein[159]. Sie beeindruckte Weise besonders wegen ihrer Bindung an das praktische, politische Leben; denn die Romanen[160], so betont er, »operam dant, ut è vita captent dicendi occasionem, è Schola, h. e. è curiosa eruditione, verborum suas argutias«[161].

›Politik‹, *oratoria*, ›politische‹ Rhetorik, Hofkunst, Muttersprache, reformierte Methodik, Realdisziplinen, *argutia*, *vita*: in den Weißenfelser Jahren geschah die entscheidende, epochemachende Synthese. Die sieben Jahre zwischen Amtsantritt und Erscheinen des ›Politischen Redners‹ sind für einen πολυγράφος wie Weise eine ungewöhnlich lange Zeit; sie deutet etwas von den sozialen, weltanschaulichen, pädagogischen Widerständen an, die sich der Synthese entgegenstellten. Nachdem sie einmal vollzogen war, schien das Weitere nur noch eine Frage der Explikation zu sein, und in der Tat hat sich Weises rhetorische Schriftstellerei Zug um Zug aus den Ansätzen des ›Politischen Redners‹ entwickelt[162].

### e. Rückkehr in die bürgerlich-gelehrte Sphäre

Als am 9. Mai 1678 der Rektor des Zittauer Gymnasiums, Christoph Vogel, starb[163], dürfte der Kandidat für die Nachfolge bald festgestanden haben. Nicht nur der Stolz auf den in der ›großen Welt‹ so erfolgreichen Sohn der Stadt war dabei ausschlaggebend; durch den ›Politischen Redner‹ und durch seine Unterrichtspraxis hatte sich Weise auch als Pädagoge von hohen Qualitäten empfohlen. Ihm selbst

---

[157] Ebda. Auf die deutschen politischen Reden von Alvensleben bezieht sich Weise auch im ›Politischen Redner‹, S. 972f.; vgl. ›Curiöse Gedancken Von Deutschen Brieffen‹, S. 295.

[158] ADB 34, 1892, S. 397ff. (»einer der geschicktesten Staatsmänner seiner Zeit«, a.a.O., S. 399).

[159] ›Institutiones oratoriae‹, fol. 7ª.

[160] Er nennt hier nur »Galli« und »Itali«.

[161] Ebda.

[162] Die wichtigsten Stellen wurden oben bereits genannt.

[163] Kaemmel, Christian Weise, S. 22.

wird die Entscheidung weniger leicht gefallen sein als beim Wechsel vom Hofmeisterdienst zur Professur an der Adelsschule Weißenfels. Wenn er sich zuletzt doch zur Rückkehr an seine alte Schule entschloß, so hat neben der Anhänglichkeit an die Heimat sicher auch die Aussicht auf eine unabhängige Position dazu beigetragen (in Weißenfels war er einer von mehreren, in Zittau konkurrenzloser Scholarch)[164].

Nach achtzehn Jahren Abwesenheit[165] kehrte Weise in seine Heimatstadt zurück und wurde vom ›consul regens‹ feierlich als Rektor des Gymnasiums eingeführt, an dem sein Vater noch immer tätig war[166]. Die Antrittsrede hielt Weise ›De gymnasii rectore‹[167], und die Schwierigkeiten der Umstellung scheinen ihm von vornherein bewußt gewesen zu sein. Daß er sich nun nicht in einen Lateinschulrektor alten Stils verwandeln würde, hatte der Zittauer Rat bei der Berufung einkalkulieren müssen. Doch Weise tastete die Schulordnung von 1594, die noch immer in allem Wesentlichen gültig war[168], vorerst nicht an. Seine Hauptaufgabe sah er darin, die in Weißenfels entwickelte rhetorische Konzeption behutsam dem traditionell-humanistischen Rahmen einzugliedern[169], wieder zunächst mit Hilfe der Privatlektionen. Nur der in jeder Hinsicht synthetische Charakter der Weiseschen Rhetorik[170] konnte einen solchen Versuch überhaupt sinnvoll und realisierbar erscheinen lassen. Während die Humanisten nicht gewagt hatten, die Rhetorik »extra scholarum limina proferre«[171], ging es Weise darum, einerseits dem höfischen Element eine solidere humanistische Basis zu geben[172], andererseits die traditionelle rhetorische Pädagogik im Zeichen ›politischer‹ Zwecke dem Leben

---

[164] Grosser, a.a.O., S. 51 beschreibt Weises Schwanken, ob er die nicht leichte Aufgabe übernehmen solle. Kurz zuvor war Weises erste Frau (Regina, geb. Arnold) gestorben, die er 1671 geheiratet hatte; Weise scheint erwogen zu haben, deshalb um Aufschub der Entscheidung zu bitten (ebda.).

[165] Weise war in der Zwischenzeit nicht mehr in Zittau gewesen.

[166] Der Vater wurde ein Jahr später in einer von Rührung geprägten Feier emeritiert (Grosser, a.a.O., S. 74f.).

[167] Publiziert noch im gleichen Jahr zusammen mit der Weißenfelser Abschiedsrede: ›Orationes duae‹, Zittau 1678.

[168] Kaemmel, a.a.O., S. 31.

[169] Treffend Kaemmel, a.a.O., S. 43: »kein Revolutionär, sondern ein Reformator«.

[170] Vgl. o. S. 167ff.

[171] Grosser, a.a.O., S. 61.

[172] Vgl. ›Kurtzer Bericht vom Politischen Näscher‹, Leipzig u. Zittau 1680, S. 131: »wer seine Künste nicht aus dem Lateinischen sucht/ der kan im Deutschen hernach gar selten zu rechte kommen« (zitiert nach Wünschmann, Gottfried Hoffmanns Leben ..., S. 51).

nutzbar zu machen[173]. Das alles mußte – wie unter anderen Bedingungen in Weißenfels – praktisch erprobt und gelehrt werden: »Practica doceri debent practicè«, verkündete Weise[174]. Auch der ›Politische Redner‹ war dementsprechend zu ergänzen und (wiederum mit Weises Worten) »aliquanto propiùs cum Schola« zu verknüpfen[175].

Das fast unüberschaubare Arbeitsprogramm, das Weise sich setzte, kann hier nicht einmal in seinen wichtigsten Einzelheiten dargestellt werden, zumal darüber Untersuchungen vorliegen[176]. Neben den normalen und den ›extraordinären‹ Unterrichtsstunden, neben den Predigtübungen für angehende Theologen (in jedem Sommer)[177] und den zahlreichen Schulreden (die Weise ihres exemplarischen Aspekts wegen besonders sorgfältig ausarbeiten mußte)[178] ist das Schultheater vielleicht der charakteristischste Teil von Weises rhetorischer Pädagogik[179]. Daß auch hier die traditionellen Texte[180] nicht ausreichen würden, um Weises ›politische‹ Intentionen wirksam werden zu lassen, war von vornherein evident. Sprache und *argumentum* mußten

---

173 ›Institutiones oratoriae‹, fol. 10ᵃf.
174 A.a.O., fol. 10ᵇ. »Nam Oratorem facit non febriculosa ea regularum notitia, quam ediscendo vel aqvirit, vel aqvivisse videtur, sed perpetua Exemplorum applicatio, per quam vivere demum solent regulae« (a.a.O., fol. 10ᵃ).
175 A.a.O., fol. 9ᵃ. Das Ergebnis war der ›Neu-Erleuterte Politische Redner‹ (ebda.). Vgl. die Vorrede dazu (1684): durch meine zwanzigjährige rhetorische Praxis bin ich »manchen Kunst-Griffe näher kommen .../ sonderl. weil ich die Regeln aus dem Politischen Redner durch tägl. Exempel auf die Probe gesetzt habe« (fol. 3ᵇ).
176 Die Monographien von Wünschmann, Kaemmel und Horn.
177 Die *exercitia concionatoria* waren in Zittau bereits Tradition; Weise mochte sich ihr nicht widersetzen, scheint aber auch keine besondere Energie darauf verwendet zu haben; vgl. die Bemerkungen ›Curieuse Fragen über die Logica‹, S. 803 u. ö.
178 Weise betont, daß man von ihm erwartete, er werde seine eigenen Regeln doch wohl in mustergültiger Form erfüllen (›Neu-Erleuterter Politischer Redner‹, S. 221). Aufschlußreich in diesem Zusammenhang die Beschreibung von Weises Vortrag: »Eloquium commendabat vox acuta et satis sonora, verba nec trahens, sed articulate, quamvis gutture nonnumquam leniter stridente, promens ac enuncians. Lingva peregrino idiomati perinde ac vernaculo familiter adsveverat; ita, ut facilitati expeditae et sponte fluenti non adscita, sed nativa svavitas inesset« (Grosser, a.a.O., S. 97).
179 Grundlegend Eggert, Christian Weise und seine Bühne (1935; dort die ältere Literatur); an neueren Arbeiten vgl. außer Horn, Christian Weise ..., S. 112ff. und der schon genannten Monographie von Wich (Interpretationen der wichtigsten Stücke) noch F. J. Neuß, Strukturprobleme der Barockdramatik (Andreas Gryphius und Christian Weise), Diss. München 1955; zu den Lustspielen auch H. Hartmann, Die Entwicklung des deutschen Lustspiels von Gryphius bis Weise (1648–1688), Diss. Potsdam 1960.
180 Vgl. unten S. 310ff.

aus dem ›Leben‹ und für das ›Leben‹ ausgewählt, d. h. von Weise selbst erarbeitet werden. »So habe ich die unvergleichliche Gedult über mich genommen/ bey gesuchten Neben-Stunden/ ohne den geringsten Abgang meiner ordinair- und extraordinair-Arbeit alle Jahr 3. Spiele meinem Amanuensi in die Feder zu dictiren«[181]; und um der Fülle der Realität gerecht zu werden, richtete Weise die Stoffwahl von Anfang an so ein, »daß erstlich etwas Geistliches aus der Bibel/ darnach was Politisches aus einer curiösen Historie/ letztlich ein freyes Gedichte« aufgeführt wurde[182]. Nicht ohne Stolz betont Weise noch drei Jahre vor seinem Tod, daß er sich »biß auf diese Stunde noch keiner fremden invention bedienet habe«[183].

Die Kritik blieb freilich nicht aus. Wie man schon in Amfurt von geistlicher Seite Anstoß an seiner modernen, weltläufigen Unterrichtsmethode genommen hatte, so meinten jetzt ängstliche Bewahrungspädagogen, die z. T. recht drastischen Komödien Weises seien wohl doch zu lebensvoll, und außerdem stehe das Komödienschreiben einem protestantisch-humanistischen Schulrektor nicht an[184]. »In regard meiner Profession«, replizierte Weise selbstsicher, »ist mirs keine Schande/ wenn die Leute sprechen/ ich könne Comödien machen. Denn sie geben mir ein Zeugniß/ daß ich mich in den Stylum, in den Unterscheid der Gemüther/ in die Affecten/ und in die politische Oratorie finden kan«[185].

Für viele war gerade diese ›politische‹ Elastizität Weises dem Leben gegenüber das eigentlich Anziehende. Von weither schickten Eltern, nicht zuletzt Angehörige des Adels, ihre Kinder zu Weise in den Unterricht[186] (es herrschte im allgemeinen Freizügigkeit der Schul-

---

[181] ›Lust und Nutz der Spielenden Jugend‹, Dresden u. Leipzig 1690, Vorrede, fol. 3ᵃ.

[182] A.a.O., fol. 3ᵇ.

[183] ›Curieuser Körbelmacher‹, Görlitz 1705, fol. a 4ᵇ. Wieviele Stücke er insgesamt geschrieben hat, ist nicht ganz gesichert. Dreißig erschienen im Druck, fünfzehn gingen verloren, zehn sind handschriftlich erhalten (in Zittau, vgl. Horn, a.a.O., S. 114). Demgegenüber erklärt Weise noch 1705, »nicht einmal den vierdten Theil« seiner dramatischen Produktion habe er drucken lassen (›Curieuser Körbelmacher‹, fol. a 5ᵃ).

[184] Am nachdrücklichsten wurde diese Auffassung von den Pietisten vertreten (einige Kritiker Weises nennt Horn, a.a.O., S. 117f.).

[185] ›Lust und Nutz der Spielenden Jugend‹, fol. 2ᵃf. Näheres dazu im Kapitel über das protestantische Schultheater u. S. 304ff.

[186] Beispiele bei Kaemmel, a.a.O., S. 29 und Horn, a.a.O., S. 162ff. Haupteinzugsgebiet war natürlich – neben Zittau selbst – die Lausitz, so daß Weise von Grosser mit dem Titel »Lusatiae profecto communis Praeceptor« bedacht wurde (Grosser, a.a.O., S. 3).

wahl). Sein Nachfolger Gottfried Hoffmann hat ausgerechnet, daß insgesamt »12808 Untergebene/ darunter 1 Grafe/ 5 Barones/ 92 Adliche Söhne/ 1709 auswärtiger und grossentheils ausländischer vornehmer Eltern Kinder« seine Schule durchlaufen haben[187]. An zahlreichen Orten bildeten sich Zentren ›Weisianischer‹ Pädagogik, z. T. von ehemaligen Schülern Weises, z. T. auch nur von Lesern seiner Schriften aufgebaut[188]. Die Bilanz von Weises Wirkung (mit ihrem so auffällig ›seminaristischen‹[189] Zug) sieht zehn Jahre nach seinem Tod folgendermaßen aus: »Er stund dem Zittauischen Gymnasio 30. Jahr lang mit grossem Nutzen vor/ und hat in solcher Zeit so viele vortreffliche Schul-Leuthe gezeuget/ daß fast wenige Schulen in Teutschland mehr anzutreffen/ darinnen nicht seither ein Weisianer dociret/ oder man wenigstens dessen Methode in der teutschen Oratorie und Poesie beliebet hat«[190].

Weises eigener Entwicklungsgang ist durch diese Resonanz wesentlich beeinflußt worden, denn sie bestätigte ihm, daß er ein wirklich neues, praktikables Konzept gefunden hatte, auf das ein breites Publikum längst gewartet hatte[191]. So sehr er sich über gelegentlichen Mißbrauch des Begriffs ›Weisianer‹ ärgerte[192], so entschieden er sich gegen die Herausgabe fremder Arbeiten unter seinem Namen wehren mußte[193] – seine eigene Schriftstellerei wurde dadurch nicht gehemmt, sondern eher angespornt. Sie füllte ihn, zusammen mit den stolz und pedantisch eingehaltenen täglichen Pflichten[194], völlig aus. Was für seine ›politische‹ Rhetorik an sozialer, welthafter Erfahrung notwendig war, meinte er zu kennen. So hat es ihn zum Reisen auch kaum

---

[187] Zitiert nach Wünschmann, Gottfried Hoffmanns Leben ..., S. 132 Anm. 350.
[188] Einen ersten Überblick versuchte Wünschmann, a.a.O., S. 83ff.; Ergänzendes bei Horn, a.a.O., S. 168ff.
[189] Wünschmann, a.a.O., S. 83.
[190] Wetzel, ›Hymnopoeographia‹ (¹1718), S. 379f.
[191] Die gleiche Situation zeigte sich bereits auf dem Gebiet der Rhetoriklehrbücher.
[192] »Non desunt passim, qui Weisianos sese nominant, cujus tituli gloriola carere libenter velim« (›Epistolae selectiores‹, S. 260).
[193] Ein besonders temperamentvoller Ausbruch des Protests 1684 in der Vorrede zum ›Neu-Erleuterten Politischen Redner‹, fol. 5ªf. Um dem zu begegnen, gab Weise seit 1684 in gewissen Zeitabständen kurze Überblicke über die Titel, die als ›echt‹ gelten durften; so noch zuletzt in der Vorrede zum ›Oratorischen Systema‹ (1707).
[194] Über seinen genau festgelegten Tagesablauf Grosser, a.a.O., S. 100. Seine schriftstellerische Tätigkeit versuchte er sogar pflichtgetreu in den Hintergrund zu rücken: Gottes Hilfe sei näher, »wenn man in seinem Amte was zu treiben pfleget/ als wenn man die Welt mit blossen Schrifften zu vergnügen dencket« (›Curiöse Gedancken Von Deutschen Brieffen‹, Vorrede, fol. a 5ᵇ).

gelockt; erwähnenswert sind lediglich ein Besuch in Prag (1684)[195] bei dem verehrten Freund Balbinus sowie ein Aufenthalt in Leipzig (1688), den einige ehemalige Schüler und sogar ausländische Gäste zu einer Demonstration der Hochachtung benutzten[196].

Einen viel wesentlicheren Anteil an der sukzessiven Ausformung des Systems der ›politischen‹ Rhetorik hatte der umfangreiche Briefwechsel[197] mit hervorragenden Gelehrten in ganz Deutschland und darüber hinaus[198]. Die Beteiligung an den ›Acta Eruditorum‹ seines Studienfreundes Otto Mencke brachte ihn in Kontakt mit allen wichtigen Neuerscheinungen (Weise selbst rezensierte u. a. 1686 Seckendorffs ›Teutsche Reden‹)[199]. Der Austausch mit Schulmännern wie Ludovici in Schleusingen (einem der häufigsten Adressaten) förderte die Erweiterung und Formulierung der *methodus Weisiana*, und der intensive Briefverkehr mit dem Jesuiten Balbinus in Prag konfrontierte den Zittauer Schulrektor immer wieder mit einer Rhetorikauffassung, die sich ebenfalls vom traditionellen Humanismus abzuheben versuchte, nicht zuletzt durch ihre ›manieristischen‹ Tendenzen[200].

*f. Das Problem der sozialen und epochalen Zuordnung*

Die Vielfalt der sozialen, weltanschaulichen und literarischen Einflüsse, die sich in Weises Rhetorik überschneiden, scheint verwirrend; in der deutschen Literatur des 17. Jahrhunderts jedenfalls stellt sie ein Novum dar. Seit langem ist es eine beliebte Streitfrage, ob Weise

---

[195] Grosser, a.a.O., S. 82ff. Vgl. auch Weises Brief an Balbinus vom 17. 11. 1684 im Rückblick auf die Reise: ›Epistolae selectiores‹, S. 6of. (»Saepe mihi gratulor, vidisse Pragam, et in ea Balbinum meum ... Tu efficis, ut totus sim amor ...«).

[196] Kaemmel, Christian Weise, S. 57 u. 60. Schon 1686 studierten in Leipzig über fünfzig Schüler Weises (a.a.O., S. 40).

[197] Die postume Sammlung ›Epistolae selectiores‹, 1716 von Gottfried Hoffmann herausgegeben, umfaßt nur einen Bruchteil des Erhaltenen (Wünschmann und Horn haben zusätzlich einiges aus dem Nachlaß mitgeteilt). Unter den wenigen überlieferten Briefcorpora des 17. Jahrhunderts ist dasjenige Weises – neben Buchner – vielleicht das interessanteste; eine Erschließung des Materials wäre sehr zu wünschen.

[198] Einen guten Überblick über die wichtigsten Briefpartner gibt jetzt Horn, a.a.O., S. 148ff.

[199] Vgl. Weises Brief an seinen früheren Lehrer Carpzov (der selbst einer der eifrigsten Mitarbeiter der ›Acta‹ war) vom 5. 6. 1686, ›Epistolae selectiores‹, S. 91. Zur Rezension Weisescher Schriften in den ›Acta‹ s. Richter, Das Zittauer Gymnasium ..., S. 65.

[200] Unten S. 362f.

überhaupt noch zum ›Barock‹ gehöre oder nicht bereits zur ›Aufklärung‹. Vor allem jede periodische Literaturgeschichtsschreibung muß hier eine Entscheidung treffen[201]. Während sich die meisten Gesamtdarstellungen, von Günther Müller (1926–28)[202] bis Marian Szyrocki (1968)[203], für ›Barock‹ entscheiden[204], wählen Autoren wie Fritz Brüggemann (1928)[205] oder Rudolf Haller (1967)[206] ›Aufklärung‹ als zugehörigen Epochenbegriff. Das bedeutet keine bloße Äußerlichkeit; es ergibt sich ein anderes geschichtliches Bild, wenn Weise neben Lohenstein, Kuhlmann und Abraham a Sancta Clara[207] steht, als wenn man ihn im Zusammenhang mit Gottsched, Brockes oder den Bremer Beiträgern behandelt.

Die Lösung des Problems scheint darin zu liegen, daß man Weise als eine Figur des ›Übergangs‹ darstellt, die aus dem Barock hervorgeht und ›aufklärerische‹ Züge trägt. An Weises Lyrik mit ihrer Tendenz zur ›Mediokrität‹ und ›Simplizität‹ hat man seit jeher etwas Unbarockes oder gar Antibarockes erkennen wollen[208], schon die Literaturkritik der frühen Aufklärung stempelte den ›Weisianismus‹ zum Gegenpol des ›Lohensteinianismus‹[209]. Auch Weises dramatische Pro-

---

[201] Für die Literaturhistoriker des 19. Jahrhunderts freilich ergab sich hier noch kaum ein Problem, da die Zäsuren im allgemeinen bei Klopstock oder Goethe auf der einen Seite, bei Opitz oder dem Dreißigjährigen Krieg auf der anderen Seite lagen (neben Bouterwek, Gervinus und Scherer vgl. vor allem Lemckes schon zitierte Monographie ›Von Opitz bis Klopstock‹, 1871).

[202] Deutsche Dichtung . . . , S. 220 u. ö. (mit Einschränkungen).

[203] Die deutsche Literatur des Barock, S. 140ff., 221ff., 251f. (unter Betonung der »Sonderstellung«).

[204] Z. B. Cysarz, Hankamer, Flemming und die meisten Herausgeber von Anthologien; Newald in seiner Skepsis gegenüber dem Barockbegriff umgeht die Schwierigkeit.

[205] DLE, R. Aufklärung, Bd. 1: Aus der Frühzeit der deutschen Aufklärung. Christian Thomasius und Christian Weise. Hrsg. v. F. B., Leipzig 1928 (vgl. aber in der gleichen Sammlung den Abdruck von Weises ›Der niederländische Bauer‹, in: R. Barock. Barockdrama. 4. Hrsg. v. W. Flemming, 1931).

[206] Geschichte der deutschen Lyrik vom Ausgang des Mittelalters bis zu Goethes Tod (Sammlg. Dalp. 101), Bern u. München 1967, S. 212ff.

[207] Ihm kommt auch Weises Lebenszeit am nächsten (Abraham 1644–1709; Weise 1642–1708).

[208] Theoretische Grundlage ist die vielzitierte und später oft kritisierte Regel: »Welche Construction in prosâ nicht gelitten wird/ die sol man auch in Versen darvon lassen« (›Curiöse Gedancken Von Deutschen Versen‹, 1. Teil, S. 141). Die Rezeption dieser Regel – deren Weisescher Ursprung lange bewußt blieb – behandelt eingehend Blackall, S. 159ff.

[209] Etwa Gottsched, ›Versuch einer Critischen Dichtkunst‹, S. 257 bei der Charakteristik der ›prosaischen‹ Lyrikergruppe, die Weise anführt: »Sie wollten die hochtrabende lohensteinische Schreibart meiden; und fielen in den gemeinen prosaischen Ausdruck: so, daß endlich ihre Gedichte nichts, als eine abgezählte

duktion hat man vom 18. Jahrhundert her zu verstehen versucht, etwa als Vorstufe zur sächsischen Familienkomödie[210]; in den letzten Jahren sind auch Züge der Empfindsamkeit beobachtet worden[211]. Vor allem aber der ›politische‹ Roman Weises scheint in seiner bürgerlichen Zielsetzung über den Kreis des Barock hinauszuführen.

Arnold Hirsch, der als erster diesen Komplex eingehender behandelt und am Rande auch Weises rhetorische Schriften mit einbezogen hat[212], versteht ›Bürgertum‹ und ›Barock‹ geradezu als kontradiktorische Begriffe, jedenfalls so, daß alles Bürgerliche wesentlich als Vorbereitung des 18. Jahrhunderts erscheint. Die grundsätzliche Problematik dieser Auffassung kann hier nicht näher erörtert werden. Ihr gegenüber gelten die gleichen Einwände wie gegenüber der Überbetonung des Höfischen in Günther Müllers Barockbegriff[213]. Nicht nur, daß unter solchen Vorzeichen z. B. das weite Gebiet der Satire nicht adäquat erfaßt werden kann[214]; gerade die noch zu erörternde gelehrte Grundlage der deutschen Barockliteratur ist eine primär bürgerliche Grundlage, mag sie im einzelnen auch noch so stark höfisch überformt werden. Doch Hirsch geht es vor allem um die neue, selbstbewußte Diesseitigkeit, die sich in Weises ›politischer‹ Konzeption manifestiert[215], und dieses Emanzipatorische gilt ihm als der eigentliche Kern, als die spezifische Leistung des Bürgertums bei der Überwindung des Barock.

Hier regt sich in der Tat ein wesenhaft aufklärerisches Element, und zugleich ist damit das Zentrum von Weises ›politischer‹ Lebensarbeit angesprochen. Weise zeigt unverkennbar die Züge eines *homo novus*, seine zielstrebige Selbstbildung entspricht dem Grundsatz Gra-

---

Prose geworden«. Ein anderer, gern auf Weise angewendeter Begriff der Zeit ist ›Wasserpoesie‹.

[210] So schon P. Schlenther, Fau Gottsched und die bürgerliche Komödie. Ein Kulturbild aus der Zopfzeit, Berlin 1886, S. 88ff.

[211] H. O. Burger, Die Geschichte der unvergnügten Seele (1959), in: ›Dasein heißt eine Rolle spielen‹, S. 120ff.; besonders die schon genannte (bei Burger angefertigte) Dissertation von Wich, Studien zu den Dramen Christian Weises (1962), S. 141ff.

[212] Bürgertum und Barock . . . , S. 49f.

[213] Wie eindeutig Hirschs Barockbegriff ›höfisch‹ geprägt ist (und demjenigen Müllers nahekommt), zeigt sich gleich zu Beginn des Weise-Kapitels (a.a.O., S. 40).

[214] Dazu Vogt, Die gegenhöfische Strömung in der deutschen Barockliteratur, passim.

[215] »In den letzten drei Jahrzehnten des 17. Jahrhunderts wird der Grund zu der modernen diesseitigen Kultur Deutschlands gelegt« (Hirsch, a.a.O., S. 43).

ciáns: »Tratar con quien se pueda aprender«[216]. Aber: »ich bin kein Sclave von fremden Gedancken/ und in diesen Menschlichen Dingen/ die von unserer Vernunfft dependiren/ gilt der Locus Autoritatis bey mir so viel/ als ich in der Praxi und in der nützlichen Probe selbst fortkommen kan«[217]. Dieser Satz Weises steht nicht etwa im Zusammenhang einer moralphilosophischen Erörterung, sondern in der Vorrede zu den ›Curiösen Gedancken Von Deutschen Brieffen‹; er bezeichnet präzise die Stellung Weises zur literarischen Tradition der Antike, des Humanismus und des Barock. »Non alligo me ad unum aliquem ex Oratoribus: est et mihi aliquod censendi jus«, soll Weise gesagt haben[218]; es ist das Prinzip seiner rhetorischen Stillehre. Man könnte es subjektivistisch nennen oder auch individualistisch, ebenso wie seine ganze Philosophie des ›Erfolgs‹ (bzw. ›Glücks‹)[219] individualistisch ist[220].

Doch hat sie damit auch gleich als bürgerlich zu gelten, wie Hirsch meint? Ist das emanzipatorische, säkularisatorische Element der Weiseschen ›Politik‹ ein spezifisch bürgerliches Element? Ein Blick auf die Geschichte der ›politischen‹ Bewegung, wie sie oben dargestellt wurde[221], zeigt sofort die Fragwürdigkeit dieser Auffassung. An den Höfen, im Bewußtsein der absolutistisch-feudalistischen Machtvollkommenheit, wurde die Idee des ›politischen‹ Handelns geboren, und dort, wo sie ihre überzeugendste lebensphilosophische Fassung erhält, bei Gracián, ist sie alles andere als bürgerlich[222].

Auch unter diesem Aspekt zeigt sich wieder, wie wenig es angängig ist, Barock, Transzendentismus und Höfisches auf der einen, Bürgertum, Immanentismus und ›Politik‹ auf der anderen Seite als Antagonismen gegeneinander auszuspielen. Was schon aus der Analyse der *theatrum mundi*-Vorstellung als unabweisbare Einsicht folgte: die Prävalenz einer immanent-deskriptiven Weltsicht und die Unvollkom-

---

[216] ›Oraculo‹, Nr. 11 (del Hoyo, S. 154).
[217] ›Curiöse Gedancken Von Deutschen Brieffen‹, fol. a 6ᵃ.
[218] Grosser, ›Vita Christiani Weisii‹, S. 63f.
[219] Am deutlichsten im Titel des ›Gelehrten Redners‹: »Wenn er zur Beförderung seines Glückes die Opinion eines Gelehrten vonnöthen hat«.
[220] Bezeichnend ist dabei die ›gemeinschaftsideologische‹ Absicherung: »die grosse Societät« könne »schwerlich ... conserviret werden/ wofern sich ein ieglicher insonderheit nicht um seine Conservation bekümmern will« (›Politische Nachricht von Sorgfältigen Briefen‹, Dresden u. Leipzig 1701, ›Vorbericht‹ fol. 6ᵃ).
[221] Oben S. 135ff.
[222] Hirsch ist der Entstehung des modernen ›Politik‹-Begriffs nicht nachgegangen, sondern setzt erst dort ein, wo sich Teile des Bürgertums für ›politisches‹ Handeln zu interessieren beginnen.

menheit einer generalisierenden theozentrisch-christlichen Interpretation[223], wird erneut bestätigt. Für das Verständnis von ›Politik‹ und Rhetorik im 17. Jahrhundert ist das von fundamentaler Bedeutung. Wo antik-humanistische Sprachkunst und christliches Jenseitspathos als polare Konstituentien der Barockliteratur postuliert werden wie in der Darstellung Paul Böckmanns[224], hat ein ›politisch‹ geprägter, säkularisierter Autor wie Lohenstein keinen Platz[225]; eigentlich müßte er zur ›Aufklärung‹ gerechnet werden[226].

Erst wenn man diese Aporien durchdenkt, die aus der engen, einseitigen Fixierung von Barock, Bürgertum, Hof und ›Politik‹ erwachsen, wird auch verstehbar, welche Position die Weisesche Rhetorik innerhalb der Barockliteratur einnimmt – und wie überhaupt der Werdegang des Rhetors Weise möglich war. An Spannungen war dieses Leben nicht arm: Humanismus und Realismus, Antike und Moderne, Christlichkeit und Weltlichkeit, Akademisches und Weltmännisches, Bürgertum und Hof kreuzten sich immer wieder in Weises unmittelbarer Erfahrung[227]. Daß daraus kein Konglomerat entstand, sondern eine Synthese epochaler Grundkräfte, wurde erst möglich durch die Idee des ›Politischen‹. Sie öffnete dem Bürgertum und der Gelehrtenwelt einen zweckhaften rhetorischen Bereich, der beiden bislang verschlossen war. Aber das geschah nicht durch bloße Orientierung am Hof[228], sondern durch Einbeziehung des Hofes selbst in eine variable Skala humanistisch fundierten, ›politisch‹ mobilisierten Sprachverhaltens. Daher reicht es ganz und gar nicht aus, Weise

---

[223] Oben S. 91f.
[224] Vgl. die Auseinandersetzung mit Böckmanns Position o. S. 30f. Ähnlich wie Böckmann hebt Erich Trunz das »Streben zu Gott durch das All« als Charakteristikum des Barock hervor (Weltbild und Dichtung im deutschen Barock, in: Aus der Welt des Barock, Stuttgart 1957, S. 1ff.; dort S. 3).
[225] Daß er bei Böckmann völlig ausgeklammert ist, wurde bereits hervorgehoben.
[226] Wie Weise, den Böckmann, S. 488ff. innerhalb des Aufklärungs-Kapitels behandelt (mit der Kennzeichnung: »Übergangssituation«). Die Analogie der emanzipatorischen Tendenzen zwischen Lohenstein und Weise zeigt sich auch in der Darstellung von Wich, a.a.O., S. 7ff. (unter der Leitvorstellung: ›Emanzipation von der metaphysischen Weltdeutung des Hochbarock‹; Vergleichspunkt ist allerdings – wie auch bei Neuß – nicht Lohenstein, sondern Gryphius).
[227] Den Versuch, das ›Vorwiegen‹ jeweils eines bestimmten sozialen Bereichs in Weises Dichtung nachzuweisen, unternimmt K. Schaefer, Das Gesellschaftsbild in den dichterischen Werken Christian Weises, Diss. Berlin (HU) 1960. Wie inadäquat die Beschränkung auf die ›dichterischen‹ Werke ist, zeigt sich am Ergebnis: bis zur Rückkehr nach Zittau dominiere (im epischen und lyrischen Genre) das bürgerliche Leben, bis 1687 (im Drama) das Höfische, dann im Spätwerk wieder das bürgerliche Klassenbewußtsein.
[228] So Hirsch, a.a.O., S. 51.

schlechthin mit Prosaistik oder Vernunftkunst zu identifizieren und ihn zum Gegenpol des spätbarocken Schwulstes zu machen[229]. Man braucht nur den ›Politischen Redner‹ oder einen der Briefsteller unbefangen genug zu lesen, um festzustellen, daß hier höfischer ›Schwulst‹ und bürgerliche ›Mediokrität‹ (und noch eine Fülle weiterer Nuancen) nebeneinander stehen[230]; denn beide werden zum Erfolg im »Politischen theatro«[231] der Zeit benötigt. So wird man Weises rhetorischer Konzeption nur gerecht, wenn man sie als Synthese versteht. Daß Weise diese Synthese als erster und – wie seine geschichtliche Wirkung zeigt – überzeugend zu vollziehen verstand, macht ihn zu einem großen Barockrhetor.

## 4. Die gelehrte Grundlage der deutschen Barockliteratur

### a. Traditionelle Deutungen

Christian Weise ist innerhalb der deutschen Literatur des 17. Jahrhunderts unzweifelhaft eine der modernsten, fortschrittlichsten Gestalten: reformerisch in seiner Pädagogik, aufklärerisch in seiner Haltung zur Tradition, säkularisatorisch in seiner ›politischen‹ Erfolgsmoral und ihren Konsequenzen. Aber selbst wenn er sich – wie Christian Thomasius[1] – auch im Kavaliershabit des ›Politicus‹ zu bewegen verstand[2], zeigen doch seine rhetorische Schriftstellerei und vor

---

[229] Das mag für Weises Lyrik noch angehen, und bezeichnenderweise ist sie es, auf die sich Gottsched in dem oben zitierten Passus aus der ›Critischen Dichtkunst‹ bezieht. Im übrigen aber zeigen sich in den Äußerungen der Aufklärer über Weise immer wieder eklatante Widersprüche (der Punkt wäre genauer darzustellen); oft genug wird Weise z. B. mit dem ›Schwulst‹ der Galanten auf eine Ebene gestellt. Es kommt stets darauf an, welchen Teil von Weises Schriftstellerei man meint, jede Verabsolutierung eines Bereichs oder gar einer Stilform führt sofort zu Verzerrungen.

[230] Hier zeigt sich vielleicht am deutlichsten, wie inadäquat bei Weise ein Alternativdenken ist.

[231] ›Curieuser Körbelmacher‹, fol. a 4ª.

[1] Er bestieg »zur Vorlesung und Disputation das Katheder im bunten Modekleid mit Degen und zierlichem goldenem Gehänge« (Paulsen 1, S. 537); seine Frau wurde von Francke »um ihres Kleiderluxus willen« sogar von der Kommunion ausgeschlossen (ebda.).

[2] So vielleicht in Weißenfels, wenn nicht schon in Halle. Sein Porträt, das in den postumen Ausgaben seiner Schriften mehrfach gedruckt wurde (auch bei Horn als Vorsatzblatt verwendet), stammt offenbar aus der letzten Lebenszeit und zeigt ihn in Amtstracht. Die angehenden ›Politici‹ unter seinen Schülern hat er mehrfach auf die Wichtigkeit ›moderner‹ Kleidung hingewiesen (vgl. ›Curieuse

allem sein Lebenslauf, wie selbstverständlich und fest er zugleich in der gelehrten Welt verwurzelt blieb. Auch darin darf er als Repräsentant seiner Epoche gelten, und seine so erstaunlich breite und nachhaltige Wirkung ist nur möglich gewesen, weil er die gelehrte Grundlage der Literatur seiner Zeit nicht negierte, sondern auf überzeugende Weise zu instrumentalisieren verstand.

»Mit dem Anfange des 17. Jahrhunderts ungefähr eröffnet sich das, was ich die gelehrte Periode unserer Poesie genannt habe«, stellt bereits August Wilhelm Schlegel in seinen Vorlesungen zur ›Geschichte der romantischen Literatur‹ fest (1802/03)[3], und seitdem ist diese These unzählige Male wiederholt worden. »Die vom Humanismus heraufgeführte Dichtung ist in einem Maße Bildungsdichtung, wie keine Zeit in Deutschland, weder vorher noch nachher, es gewollt hat«, heißt es bei Hankamer (1935)[4], und bei Viëtor (1928): »Bildung und Fertigkeit sind die Voraussetzungen des gestaltenden Verfahrens damaliger Poesie«[5]. Für Szyrocki (1968) ist die »deutschsprachige Dichtung der Barockepoche ... das Werk von gelehrten Männern«[6], und Alewyn (1965) bezeichnet sie sogar, an Trunz anknüpfend, als das »Monopol einer exklusiven kosmopolitischen Gelehrtenzunft«[7].

Ist aber damit nicht lediglich ein akzidentielles, vordergründigbiographisches Moment bezeichnet? Welche Bedeutung hat es für die Barockliteratur selbst? Am sinnfälligsten scheint es sich in den so charakteristischen, umfangreichen gelehrten Anmerkungen mancher Autoren des 17. Jahrhunderts niederzuschlagen, etwa bei Opitz, Gryphius, Tscherning, Zesen, Lohenstein, Kuhlmann oder Wernicke. Und die Anmerkungen sind wiederum nur Hinweis auf die in den Texten selbst verarbeitete mythologische, geographische, historische, genealogische, philologische Gelehrsamkeit. Zesens ›Kurtzbündige Anmärkungen‹ zur ›Assenat‹ umfassen nahezu ein Viertel des Gesamttexts,

---

Fragen über die Logica‹, S. 621ff.); der ›Politische Redner‹ bestimmt für die Komplimentier-Übungen: es »mussen die Untergebenen in ihren Hüten/Degen/ und Stäben erscheinen/ damit sie bey der Action auch dieses lernen/ wie ein zierlicher Redner die Hände/ den Hut/ die Handschuch und alles unter wärender Rede führen soll« (fol. 6ª).

[3] Kritische Schriften und Briefe. Hrsg. v. E. Lohner. Bd. 4: Geschichte der romantischen Literatur (Sprache u. Lit. 20), Stuttgart 1965, S. 59.

[4] Hankamer, S. 79.

[5] Probleme der deutschen Barockliteratur, S. 12.

[6] Die deutsche Literatur des Barock, S. 19.

[7] Vorwort zu: Deutsche Barockforschung, S. 12 (mit Bezug auf Trunz, Der deutsche Späthumanismus um 1600 als Standeskultur).

ähnlich verhält es sich bei Lohenstein. Eichendorffs oft zitiertes Wort von den Barockromanen als ›toll gewordenen Enzyklopädien‹ scheint mutatis mutandis auch für andere Bereiche der Literatur des 17. Jahrhunderts zu gelten; nicht nur für Lehrgedichte wie Opitzens ›Vesuvius‹ oder für Tschernings ›Lob des Weingottes‹, sondern sogar für Epigramme: Kuhlmann muß seinem Erstlingswerk ›Unsterbliche Sterblichkeit‹ (Grabschriften) sieben Seiten ›Anmerckungen‹ beifügen, um die verschiedenen Anspielungen zu erklären, und Wernicke setzt sogar auf das Titelblatt seiner Sammlung von 1704 die Angabe: »Mit durchgehenden Anmerckungen und Erklärungen« (die z. T. den Umfang kleiner Traktate annehmen).

Über Beobachtungen solcher Art geht im allgemeinen die Erörterung des ›gelehrten‹ Elements in der Barockliteratur nicht hinaus, und dementsprechend wertet man es als mehr oder weniger bedauerliches, wenngleich nicht wegzuleugnendes Phänomen. Die ästhetischen Ausgangspositionen näher zu diskutieren, ist hier nicht der Ort; das könnte nur innerhalb einer noch zu schreibenden Geschichte des gelehrten Dichtungsideals (und seines Niedergangs seit der Geniezeit)[8] geschehen. Die Philologie des 19. Jahrhunderts war sich mit August Wilhelm Schlegel nicht nur in der Konstatierung der ›gelehrten Epoche‹ einig (»Rücktritt der Dichtung aus dem Volke unter die Gelehrten«, lautet die Hauptüberschrift bei Gervinus)[9], sondern auch in ihrer Bewertung: »Die gelehrten Dichter waren allein maßgebend, und sie verachteten die bestehende einheimische Poesie, statt sie zu veredeln«, stellt Scherer fest[10]. Als besonders charakteristischer Aspekt der literarischen Gelehrtheit gilt die Bindung an die antiken Vorbilder, wie sie namentlich Cholevius systematisch dargestellt hat[11]. Schon Schlegel

---

[8] Unter vielen charakteristischen Zeugnissen sei eines der wichtigsten wenigstens kurz zitiert. In Herders ›Journal meiner Reise im Jahr 1769‹ gehört die Überwindung der ›Gelehrsamkeit‹ (und ihre Umwandlung in ›Bildung‹) zu den Zentralpunkten; Herder wünscht, er hätte seine Jugend nicht mit der alten, verstaubten Schulgelehrsamkeit zugebracht: »Ich wäre nicht ein Tintenfaß von gelehrter Schriftstellerei, nicht ein Wörterbuch von Künsten und Wißenschaften geworden, die ich nicht gesehen habe und nicht verstehe: ich wäre nicht ein Repositorium voll Papiere und Bücher geworden, das nur in die Studierstube gehört« (Suphan 4, 1878, S. 347).

[9] G. G. Gervinus, Geschichte der poetischen National-Litteratur der Deutschen, 3. Teil, Leipzig 1838, S. 3ff. Ähnlich Goedeke ²III, S. 1: »eine Dichtung ..., die weder geübt noch verstanden werden konnte, wenn gelehrte Bildung nicht voraufgegangen war«.

[10] W. Scherer, Geschichte der deutschen Literatur, Berlin ¹⁴1921 (¹1883), S. 318.

[11] C. L. Cholevius, Geschichte der deutschen Poesie nach ihren antiken Elementen, 2 Teile, Leipzig 1854/56; dort bes. 1. Teil, S. 307ff.: »Vierte Periode. (Das 17.

geht es darum, zu zeigen, »wie alle unsere Dichter insofern gelehrt oder literarisch zu Werke gingen, daß sie fremde Muster vor Augen hatten«[12]. Koberstein legt dieses Verfahren als Unfähigkeit aus und meint, die ›Gelehrten‹ hätten nicht verstanden, »den gesunden und tüchtigen Kern der Volksdichtung, die sie vorfanden, ... zu würdigen ... Was während dieses ganzen Zeitraums in deutscher gebundener oder ungebundener Rede abgefasst wurde, bietet im Allgemeinen nur eine Reihe von unvolksthümlichen, theils einseitigen und misslungenen, theils ganz verkehrten Bestrebungen und von Verirrungen des Geschmacks und des künstlerischen Urtheils dar«[13]. Diese Verirrungen mußten überwunden werden, »bevor die Literatur eine reichere Befruchtung empfangen, und in sie ein mehr selbständiger und mehr volksthümlicher Geist einkehren konnte, der sie bessere Wege finden liess und ihrer wahren Bestimmung zuführte«[14].

Die Parallelität in der Beurteilung des ›rhetorischen‹ und des ›gelehrten‹ Elements (als Gegensatz zum ›natürlichen‹, ›volkstümlichen‹) dürfte evident sein[15]. Und es sind die gleichen Ausnahmen, die man aus der gelehrten, rhetorischen Wüstenei der Barockliteratur als wohltuende Oasen heraushebt, an erster Stelle natürlich Grimmelshausen; so August Wilhelm Schlegel: »der allerdings sehr merkwürdige Simplicissimus, eines der gelesensten Bücher in der zweiten Hälfte des 17. Jahrhunderts, hat nichts mit der gelehrten Schulbildung, die von jenen Autoren (meistens Philologen) zu ihren Arbeiten benutzt ward, zu schaffen, sondern ist aus einer gescheiten Ansicht der Sitten und Zeitgeschichte geschöpft«[16]. Und im Blick auf die Opitzianer faßt Schlegel zusammen: »Kurz, es fehlte gleich von vorne herein, an einem eigentümlichen poetischen Fond, und so konnte echte Poesie nur als Ausnahme zum Vorschein kommen, die Schule selbst war durchaus nicht poetisch«[17].

---

und die erste Hälfte des 18. Jahrh.) Die antike Poesie als Muster für die Form mit der Beschränkung auf das Technische«.

[12] Schlegel, a.a.O., S. 78.

[13] A. Koberstein, Grundriss der Geschichte der deutschen Nationalliteratur, umgearb. v. K. Bartsch, Bd. 2, Leipzig ⁵1872 (¹1827), S. 5 u. 3.

[14] A.a.O., S. 3f.

[15] Vgl. o. S. 22ff.

[16] Schlegel, a.a.O., S. 69. Zur Frage, ob Grimmelshausen wirklich »nichts mit der gelehrten Schulbildung« zu tun hat, vgl. unten.

[17] Ebda. Schlegel wendet sich freilich auf der anderen Seite gegen den »Irrtum« einer »Klasse von Schriftstellern ..., welche behaupteten, die Poesie solle gar keine Kunst, sondern ein besinnungsloser, fast unbewußter Erguß der Natur sein« (a.a.O., S. 78).

Wie im Fall des ›Rhetorischen‹ kann man sich nicht deutlich genug die Vorurteile gegenüber dem ›Gelehrten‹ ins Bewußtsein rufen, denn sie sind weitgehend noch die Vorurteile der Gegenwart. Zwar hat man sich, nicht zuletzt unter dem Einfluß moderner Dichtungstheorien, mehr und mehr auch für das Rationale, Gemachte, Technische der Barockliteratur zu interessieren versucht[18]; aber dem ›Gelehrten‹ gegenüber herrscht immer noch eine seltsame Verlegenheit. Ein einziges Beispiel – die Ansicht eines profunden Kenners der Materie – soll dies noch kurz erläutern. In seiner Darstellung ›Deutsche Kultur im Zeitalter des Barocks‹ möchte Willi Flemming das ständische Fundament der Barockliteratur von dem des 16. Jahrhunderts unterscheiden: »Die eigentlich kulturschöpferische Schicht ist also vorwiegend der modern gebildete Beamte. Ganz verkehrt ist es, ihn als ›Gelehrten‹ zu bezeichnen, wie man früher die Barockliteratur als Gelehrtenmache auffaßte. War im 16. Jahrhundert der Pastor besonders als Kulturerzieher der Nation hervorgetreten, indem er in deutscher Sprache das Kirchenlied und das Erbauungsbuch pflegte, so hielt sich der damals neu entstandene Stand der weltlichen Gelehrten als nobilitas literaria in Distanz mit seiner neulateinischen Poesie. Das wird jetzt als Pedanterie verspottet. Jetzt schreibt man meist deutsch und fühlt sich nicht als Fachgelehrter, sondern als Träger und Mehrer moderner Kultur, im Dienst des Staates. Der Jurist, dazu der Gymnasial- und Universitätslehrer, auch die Theologen, sie alle fühlen sich als Beamte«[19].

Fast jeder Satz dieses Passus wäre anzuzweifeln, angefangen bei dem Beamten-›Gefühl‹ (das in breiterem Ausmaß erst seit der zweiten Hälfte des 17. Jahrhunderts erkennbar wird) über die Situierung der neulateinischen Poesie[20] bis zur Definition des ›Gelehrten‹. Flemmings Haltung ist deutlich apologetisch bestimmt; sie geht davon aus, daß »man früher die Barockliteratur als Gelehrtenmache auffaßte«. Also muß das gelehrte Element nach Möglichkeit eliminiert werden, und dazu dient der Begriff des ›Beamten‹. Hier liegt das entscheidende Mißverständnis; denn weder im 16. noch im 17. Jahrhundert bedeutete ›Gelehrter‹ das, was Flemming darunter versteht: den ›Fachgelehr-

---

[18] Dies gilt vor allem für das in den letzten Jahren intensivierte Interesse an der literarischen Theorie des 17. Jahrhunderts, die ja ihrem Wesen nach ›technische‹ Anweisung zur Produktion darstellt; man denke aber auch etwa an den neu erschlossenen Bereich der Emblematik.

[19] Deutsche Kultur . . . , S. 44.

[20] Dahinter steht die Vorstellung von der ›Überwindung‹ der lateinischen Tradition, s. u. S. 251 ff.

ten‹. ›Gelehrt‹ waren alle, die Gymnasium und Universität durchlaufen hatten; wichtigstes Kennzeichen ihrer *eruditio* war das Lateinische. »Den bürgerlichen Berufen nach, auf welche sie sich verteilten, waren sie Geistliche, Richter, Lateinlehrer, Hochschullehrer, fürstliche und städtische Beamte und Ärzte«[21].

## b. Literarische Kunstübung und ständische Basis

In diese Kategorie gehören zunächst einmal alle bedeutenden bürgerlichen Barockautoren, ausgenommen Jakob Böhme und etwa der Schweizer Epigrammatiker Johann Grob[22]. Selbst Grimmelshausen hat immerhin die Lateinschule in Gelnhausen besucht und war später, als Schreiber und als Sekretär[23], mit Stieler zu reden wenigstens ein »halbgelehrter« Mann[24] (im Kirchenbuch wird er »honestus et magno ingenio et eruditione« genannt[25]). Der Mythos vom bloßen ›Bauernpoeten‹ Grimmelshausen ist jedenfalls längst nicht mehr aufrecht zu erhalten[26].

Die soziale Position der großen und für die Barockliteratur entscheidenden Klasse gelehrter Autoren bildete sich im Lauf des 16. Jahrhunderts; Erich Trunz hat im einzelnen dargestellt, wie die Gelehrten sich während der Epoche des Späthumanismus mehr und mehr darum bemühten, »gesellschaftlich eine geschlossene Gruppe zu bilden und als solche einen hohen Rang einzunehmen«[27]. Dabei kam es darauf an, sich einerseits vom einfachen Bürgertum – u. a. durch be-

---

[21] Trunz, Der deutsche Späthumanismus um 1600 als Standeskultur, in: Deutsche Barockforschung, S. 155.

[22] Zwar war Grob von Beruf Kaufmann, aber schon früh hatte er durch den Ortsgeistlichen Lateinunterricht erhalten, und später erwarb er sich – wie nicht zuletzt die Epigramme zeigen – eine vorzügliche gelehrte Bildung. Einzelheiten in der Grob-Ausgabe von A. Lindqvist (BLVS. 273), Leipzig 1929, S. 4ff.

[23] Die Unterscheidung ist wichtig, weil sie einen Aufstieg bedeutet (der Schreiber arbeitete unter dem Sekretär). Zur Selbstdarstellung Grimmelshausens vgl. jetzt die wichtige Arbeit von M. Koschlig, ›Edler Herr von Grimmelshausen‹. Neue Funde zur Selbstdeutung des Dichters, Jb. d. Dt. Schiller-Ges. 4, 1960, S. 198ff.

[24] So im Untertitel zum ›Allzeitfertigen Secretarius‹ (1680): »Anweisung/ auf was maasse ein jeder halbgelehrter bey Fürsten/ Herrn … einen … Brief schreiben und verfassen könne«.

[25] Newald, S. 371.

[26] M. Koschlig, Der Mythos vom ›Bauernpoeten‹ Grimmelshausen, Jb. d. Dt. Schillerges. 9, 1965, S. 33ff.

[27] Trunz, a.a.O., S. 149.

stimmte Privilegien[28] – abzusetzen, andererseits als ›geistiger Adel‹ dem Geburtsadel angenähert zu werden.

Ein Hauptmittel des sozialen Aufstiegs, ja das eigentliche *specificum* der Gelehrten waren die Fähigkeiten auf rhetorisch-poetischem Gebiet[29]. Immer weitere Teile des Adels, bis hinauf zu Fürsten und Königen, ließen sich mit den Produkten der gelehrten Feder huldigen, und auch das Patriziertum war dafür nicht unempfänglich. Ob dabei der jeweilige Gönner nur als Adressat der Widmung oder gar als enkomiastischer Gegenstand der Arbeit selbst erschien – ein äußerliches, aber wesentliches, die Differenz gegenüber den Ungelehrten[30] begründendes Kennzeichen war (mit wenigen Ausnahmen)[31] die Latinität.

Als die Opitz-Generation daran ging, nun auch die Muttersprache programmatisch in den Bereich gehobener Sprachkunst hereinzunehmen, ergab sich eine doppelte Aufgabe: die prinzipielle Propaganda für Nutzen und Würde des gelehrten Metiers, insbesondere der Poesie, war konsequent weiterzuführen (denn erst einzelne Angehörige des Adels und des Patriziertums hatten sich gewinnen lassen)[32]; darüber hinaus aber mußte die mühsam errungene, so stark vom Lateinischen abhängende Exklusivität der gelehrten Literatur auch auf die Muttersprache ausgedehnt werden[33]: es »ist fast nohtwendig/ daß ein Gelehrter seine Muttersprache gründlich verstehe/ und derselben Poëterey nicht unwissend sey«[34]. Die ausgefeilte, oft ermüdende Umständ-

---

[28] Einige von ihnen sind, im Anschluß an Stephanis ›Tractatus de nobilitate‹ (1677), aufgezählt bei Trunz, a.a.O., S. 150f.

[29] Einzelheiten im dritten Teil dieser Arbeit; zur Orientierung vgl. Paulsen 1, S. 53ff.

[30] Sie wurde den angehenden Humanisten von frühester Zeit an ins Bewußtsein gerufen; so ermahnt etwa Sturm seine ›pueri‹ (1538), »ut vivendi ratione, ita enim cultu et oratione, atque moribus studiosi ab indoctis differant« (Vormbaum 1, S. 658).

[31] Unter den bedeutenden Gelehrten, die am Ende des 16. Jahrhunderts gelegentlich auch deutsche Gedichte verfaßten, sind Schede Melissus, Denaisius und Habrecht.

[32] »Seit die geistige Führung in Deutschland von den Städten an die Höfe übergegangen war, war die gesellschaftliche Rehabilitierung des Dichterstandes aus der verachteten Pritschmeisterei ein entscheidendes Lebensproblem der neuen Dichtung geworden« (Alewyn, Vorbarocker Klassizismus und griechische Tragödie, S. 6f.). Zur Situation im 16. Jahrhundert vgl. V. Hall, Scaliger's defense of poetry, PMLA 63, 1948, S. 1125ff.; zum 17. Jahrhundert den bereits zitierten Aufsatz von Dyck, Apologetic argumentation in the literary theory of the German Baroque (1969).

[33] C. von Faber du Faur, Der Aristarchus. Eine Neuwertung, PMLA 69, 1954, S. 566ff.

[34] Harsdörffer, ›Poetischer Trichter‹, 1. Teil, Vorrede, fol. ) ( V^b.

lichkeit der Argumentation in Widmungen[35] und theoretischen Abhandlungen der gelehrten Barockautoren – nicht nur der Frühzeit – ist ohne diesen Hintergrund kaum zu verstehen.

Die Führung in diesem Kampf um die Anerkennung muttersprachlicher gelehrter Kunstübung liegt zunächst eindeutig bei der Poesie, und was Opitz in Widmungen, Vorreden und in seiner Poetik an werbenden Formeln prägt, begegnet während des gesamten 17. Jahrhunderts in zahllosen Variationen[36]. Besonders charakteristisch ist dabei das Bestreben, die Begriffe des ›Vornehmen‹ und des ›Gelehrten‹ möglichst eng miteinander zu verzahnen. Im ›Buch von der Deutschen Poeterey‹ beginnt dies schon mit der Anrede an die Ratsherren von Opitzens Heimatstadt Bunzlau: »EHrenveste/ Wolweise/ Wolbenambte vnd Wolgelehrte in sonders günstige HErren«[37]. ›Wolgelehrt‹ begegnet also bereits als ein Prädikat, durch das man den hohen Herren schmeicheln kann. Doch Opitz versteht es, zugleich sich selbst zu schmeicheln, indem er – nach altbekanntem Brauch – sein Buch als von anderen erbeten hinstellt, darunter »auch vornemen Leuten«[38]. Damit ist der Ansatzpunkt für zwei Hauptzwecke der Poetik fixiert: »die jenigen vor derer augen diese vorneme wissenschafft ein grewel ist zue wiederlegen/ ... die gelehrten aber vnd von natur hierzue geartete gemüter auff zue wecken«[39].

›Vornehme Wissenschaft‹ und ›gelehrte Gemüter‹ – Gegenstand und Adressat werden als einander würdig dargestellt, Kunstdichtung soll die sozialen Grenzen zwischen den Gelehrten und den Vornehmen überspringen. Aber mit den Patriziern von Bunzlau begnügt sich Opitz nicht; erst wenn auch hoher und höchster Adel, ja die Fürsten selbst gewonnen sind, ist die Rehabilitierung der gelehrten Kunst-

---

[35] Dieses auf den ersten Blick abschreckende Gebiet wäre für das 17. Jahrhundert einmal genau zu untersuchen (auch unter rhetorischem Aspekt). Einiges zur Topologie der Dedikation bei A. Gramsch, Artikel ›Widmungsgedicht‹, RL ¹III, S. 501ff.; K. Schottenloher, Die Widmungsvorrede im Buch des 16. Jahrhunderts (Reformationsgeschichtl. Stud. u. Texte. 76/77), Münster 1953; P. Bissels, Humanismus und Buchdruck. Vorreden humanistischer Drucke in Köln im ersten Drittel des 16. Jahrhunderts, Nieuwkoop 1965.

[36] Vgl. etwa zu Zesen: Maché, Zesen als Poetiker, S. 410ff.

[37] Die Reihenfolge der Epitheta ist identisch mit derjenigen der eigentlichen Widmung. Vgl. noch die Formel, mit der Otto Prätorius die ›Anleitung Zur Deutschen Poeterey‹ seines Schwiegervaters Buchner dediziert (1665): »Dem Hoch-Edlen/ Vesten und Hochgelahrten/ Herrn Petro Werdermannen/ Churfürstl. Durchl. zu Sachsen Hochbestalltem Cammer-Rath ...«.

[38] ›Buch von der Deutschen Poeterey‹, fol. A 2ᵃ.

[39] Ebda.

poesie vollzogen[40]. Die Vorrede zu den ›Weltlichen Poemata‹ von 1644, an den Fürsten Ludwig zu Anhalt-Köthen als den Präsidenten der ›Fruchtbringenden Gesellschaft‹ gerichtet, ist fast ganz dem Thema gewidmet, »daß gelehrter Leute Zu- vnnd Abnehmen auff hoher Häupter vnd Potentaten Gnade/ Mildigkeit vnd Willen sonderlich beruhet«[41]. Dabei stellt die Berufung auf antike oder christliche Vorbilder – nach Art der Fürstenspiegel – ein durchschlagendes Argument dar. »Von den Römern/ vnd zwar jhrer Poeterey allein/ zu sagen/ so haben jhre Keyser diese Wissenschafft so lange in jhren Schutz vnd Förderung genommen/ so lange jhr Reich vor Einfall Barbarischer Völcker vnd eigener Nachlässigkeit bey seinen Würden verblieben ist«[42] (die Mahnung scheint deutlich). Strahlendstes Beispiel ist natürlich Augustus, der selbst »ein artlicher vnd sinnreicher Poet« war[43]. Aber auch »der gelehrte Fürst Leo der Zehende« kann als Vorbild dienen[44], und zuletzt rückt der Angeredete selbst in die Reihe der *exempla*: »Daß nun Eure Fürstl. Gnade auch der Poesie die hohe Gnade vnd Ehre anthut/ folget sie dem rühmlichen Exempel oben erzehlter Potentaten so verstorben sind/ vnd giebet selber ein gut Exempel denen die noch leben«[45].

Opitzens eigene höfische Erfolge vor allem in Liegnitz, Weißenburg, Wien, Brieg und Danzig haben der planmäßig propagierten Ideologie des vornehm-gelehrten Poetentums zusätzlichen Nachdruck verliehen. Deutlichste Manifestation dieser Annäherung des Gelehrten an den Adel war Opitzens Nobilitierung im Jahre 1627; später folgten als hervorragende Vertreter deutscher Gelehrtenpoesie Rist (1646), Zesen (1653) und Birken (1655)[46]. Doch so stolz bereits Opitz

---

[40] C. von Faber du Faur, Monarch, Patron und Poet, GR 24, 1949, S. 249ff.

[41] ›Weltliche Poemata‹, Frankfurt a. M. 1644, fol. ) ( II^b.

[42] Ebda. Ähnlich bereits in den Vorreden zu den ›Trojanerinnen‹ (1625) und zur ›Antigone‹ (1636).

[43] ›Weltliche Poemata‹, fol. ) ( III^a (»Darumb ist sein Hoff auch ein Auffenthalt vnd Zuflucht gewesen aller Poeten«, ebda.).

[44] A.a.O., fol. ) ( IX^b.

[45] A.a.O., fol. ) ( XII^a. Die gleiche Argumentation in der Vorrede zu ›Zlatna‹ (1623; ›Weltliche Poemata‹, 1. Teil, Frankfurt a. M. 1644, bes. S. 194): »daß sich auch bey wehrendem zweiffelhafftigem Zustande noch vornehme Leute finden lassen/ die sich deß Studierens vnd derselben Liebhabere trewlich annehmen. Vnter denen mein geehrter Herr billich zum ersten soll gerechnet werden/ als welcher an Gunst vnd Zuneigung gegen die Gelehrten alle andere jhres Standes ... vberwindet«.

[46] Rist wurde sogar zum kaiserlichen Pfalzgrafen ernannt (1654, mit dem traditionellen Recht zur Dichterkrönung) – eine Auszeichnung, die im 16. Jahrhundert durchweg nur »besonders hohe Rechtsgelehrte und ganz hohe Theologen

die Würde des ›gemachten‹ Adels[47] gegenüber dem Geburtsadel verteidigte[48], fast wichtiger noch war es, daß immer mehr Angehörige der Aristokratie statt des bloßen Rezipierens gelehrter Kunstübung sich selbst an das Produzieren wagten[49]. Aus dem Hochadel sind vor allem Fürst Ludwig von Anhalt und Herzog Anton Ulrich von Braunschweig zu nennen[50]; altem Adel entstammen Assig, Czepko, Dohna, Greiffenberg, Haugwitz, Logau, Rosenroth, Seckendorff, Spee und von dem Werder[51]; mit Abschatz, Hohberg und Zigler sind sogar drei Reichsfreiherren vertreten; der jüngere Adel ist durchaus in der Minderzahl, wird freilich durch so glanzvolle Namen wie Hofmannswaldau und Lohenstein repräsentiert[52].

Welche Möglichkeiten die Angehörigen der Aristokratie besaßen, sich gelehrte Bildung anzueignen, wird im Zusammenhang der Adelserziehung behandelt werden[53]. Jedenfalls stand außer Zweifel, daß nur die hoffähig gewordene Gelehrtenliteratur als Grundlage und Vorbild dienen konnte, auch wenn das Bestreben erkennbar wird, sich durch Sujet und schriftstellerische ›Souveränität‹ über den gelehrten Durchschnitt zu erheben. So wird z. B. der höfische Roman naturgemäß zu einer besonders beliebten Gattung des schriftstellernden Adels[54], und wo man sich – vor allem seit der Jahrhundertmitte – häufiger auch an lyrischen Formen versucht, geschieht dies unter ostentativer Kennzeichnung als ›Neben-Werck‹[55].

---

erhielten« (Trunz, a.a.O., S. 151). Auch Omeis erhielt (1691) die Pfalzgrafenwürde, nachdem er den Kaiser Leopold mehrfach in Huldigungsgedichten gefeiert hatte (ADB 24, 1887, S. 348).

[47] Ein Lieblingsthema Logaus: ›Deutscher Sinn-Getichte Drey Tausend‹, 1. Tausend, S. 56; 3. Tausend, S. 32 und S. 101.

[48] Flemming, Deutsche Kultur ..., S. 40.

[49] Auch hierzu fehlen gründliche literatursoziologische Untersuchungen. Das Folgende gibt nur einen kurzen, orientierenden Überblick über die wichtigsten Namen, ohne jeden Anspruch auf Vollständigkeit.

[50] Eine charakteristische Gruppe ›fürstlicher Dramatiker‹ (Newald, S. 84ff.) war im 16. Jahrhundert vorausgegangen, allerdings weniger mit gelehrten Ambitionen, sondern volkstümliche Überlieferungen weiterführend.

[51] Vgl. Barth, Franckenberg, Kuffstein, Löwenhalt, Löwenstern, Scherffenstein, Stubenberg, Zinzendorf; später Besser, Canitz, König.

[52] Bei diesen beiden wurden jeweils erst die Väter nobilitiert. Vgl. jetzt F. Heiduk, Das Geschlecht der Hoffmann von Hoffmannswaldau, Schlesien 13, 1968, S. 31ff.

[53] Unten S. 367ff.

[54] Freilich genießt der Adel auch hier kein absolutes Privileg; neben Anton Ulrich, Hohberg und Zigler sowie den Neuadligen Zesen und Lohenstein behaupten sich Buchholtz und sogar Grimmelshausen (E. E. Gaggl, Grimmelshausens höfisch-historische Romane, Diss. Wien 1954).

[55] So besonders bei Hofmannswaldau, Lohenstein und Canitz. Vgl. exemplarisch

Für die höfische Prägung weiter Bereiche der deutschen Barockliteratur und für die Aufwertung gelehrter Kunstübung schlechthin wurde dieses intensive Partizipieren einzelner Adliger an der literarischen
Produktion von großer Bedeutung. Aber auf lange Zeit hinaus blieben es einzelne; in den Augen vieler Adelsfamilien war die Beschäftigung mit dem gelehrten Metier der Literatur nach wie vor nicht stan-
desgemäß[56]. Der von Opitz inaugurierten gelehrten Propaganda blieb
ein breites Feld, nicht zuletzt im Fall der Redekunst, die so lange hinter der Poesie zurückhing. »Die Wol-Redenheit stehet sehr wol an
Fürsten und Edlen/ Ist auch billig/ daß solche vor vielen andern
derselbigen sich befleissigen«, verkündet Meyfart im dritten Kapitel
seiner ›Teutschen Rhetorica‹ (1634), die Opitzische Werbung fortsetzend[57]. Aber auch die gelehrte Poesie muß weiter verteidigt werden; noch der ›Vorbericht‹ zu Lohensteins ›Arminius‹ (1689) läßt die
Absicht erkennen, die adligen Vorurteile ihr gegenüber aus dem Weg
zu räumen[58].

Je näher die gelehrte Kunstübung an die Sphäre des Adels heran-
gerückt wird, desto entschiedener muß sie sich vom ›Pöbel‹, vom gemeinen Volk abheben, zumal da im Zeichen der Muttersprache das
Lateinische nicht mehr die bequeme, eindeutige Barriere der voropit-
zischen Zeit darstellt[59]. Das »Odi profanum volgus et arceo« gehört,
unterschiedlich scharf akzentuiert, auch im 17. Jahrhundert zur

---

Lohensteins Vorrede zu den ›Blumen‹, in: [Werke], Breslau 1680: die Poesie
habe ihm »selbte nur als blosse Neben-dinge einen erleuchternden Zeit-Vertreib/
nicht aber eine beschwerliche Bemühung abgegeben« (fol. ):( 4ᵃ). »Uber dies
habe ich aus der Tichter-Kunst niemals ein Handwerck gemacht« (fol. ):( 6ᵇ).
Selbst Weises Definition der Poesie als ›Nebenwerck‹ steht unter dem Einfluß
dieser Tendenz zur Vornehmheit. Das gleiche gilt später für Johann Burckhard
Mencke (Philander von der Linde) und für Hagedorn. Besonders wichtig ist
die Deklarierung der Poesie als ›Nebenwerk‹ dem Altadligen Logau: immer
wieder bezeichnet er sie als »Nacht-Gedancken« (›Deutscher Sinn-Getichte Drey
Tausend‹, 3. Tausend, S. 147) oder ähnlich, am entschiedensten a.a.O., S. 176:
»Ich schreibe Sinn-Getichte/ die dürffen nicht viel Weile
(Mein andres Thun ist pflichtig) sind Töchter freyer Eile«.
[56] Dazu u. S. 369ff.
[57] ›Teutsche Rhetorica‹, S. 26. Wo überhaupt auf Beredsamkeit Wert gelegt wird,
bleibt sie den ›Gelehrten‹ überlassen: »Ebener massen bringet es gar schlechte
Ehre wenn Fürsten und Herren ... bey Botschafften/ Rathschlagungen/ Gerich-
ten/ Zusammenkunfften nichts kluges reden/ ... sondern mit den Gelehrten und
Dienern sich behelffen« (a.a.O., S. 29).
[58] ›Arminius‹, Leipzig 1689, ›Vorbericht an den Leser‹ (nicht von Lohenstein
selbst), besonders fol. c 1ᵇ.
[59] Auf der anderen Seite ist die muttersprachliche Kunstpoesie nun auch den
nicht humanistisch gebildeten Adligen unmittelbarer zugänglich, somit noch
attraktiver.

Grundposition des gelehrten Dichters[60]; selbst der Kaufmann und Autodidakt Johann Grob macht sich in dem Epigramm ›Mißbrauch der Dichterei‹ diese Haltung zu eigen:

»Das ungelehrte volk weiß nicht zu unterscheiden«[61].

Diese Distanz gegenüber dem ›Volkstümlichen‹ haben die Literarhistoriker des 19. Jahrhunderts durchaus zutreffend beschrieben. Der »rauhe/ dumme Herr Omnis« erscheint auch in Harsdörffers ›Poetischem Trichter‹[62], und Birken fragt: »Wer für Herrn Omnis schreibt/ ist der Gelehrt zu nennen?«[63]. Nicht nur in der Wortwahl hüte man sich vor Vulgarismen, »darob sich ein Gelehrter erröthen/ und etwas Schimpfs uns zugezogen werden muß«[64]. Das gesamte Schaffen des gelehrten Dichters ist nur für seinesgleichen bestimmt bzw. für Höherstehende, die von der Sache etwas verstehen. So heißt es bei Buchner: die Poeten haben »ihr Absehen nicht so sehr auf den gemeinen Pöbel/ der nichts verstehet/ und Unflath oft mehr/ als Reinligkeit liebet/ als auf Leute/ die etwas wissen/ und ein gerechtes Urtheil fällen können/ ob aller Unsauberkeit auch einen Ekel schöpfen«[65]. Und Grob gibt sich gleichermaßen elitär: »ich habe längsten gelernet eines einzigen kunstverständigen urteil/ so er mit unumfangenem herzen giebet/ höher zu halten/ als das verachtliche geschwäze hundert ungeschikter tadler«[66].

Obwohl die Erzeugnisse des gelehrten Poeten auch in das gesamte »weite gefilde der gelehrten welt« hinausgehen[67], genießt der engste Freundeskreis eindeutig die Vorzugsstellung. Die Freundschaftspoesie der Sprachgesellschaften und Dichterkreise bietet dazu unerschöpf-

---

[60] Es wird übrigens auch häufig von den Theoretikern zitiert, z. B. von Buchner, ›Anleitung Zur Deutschen Poeterey‹, S. 28.

[61] ›Poetisches Spazierwäldlein‹, o. O. 1700, S. 132.

[62] ›Poetischer Trichter‹, 3. Teil, Nürnberg 1653, S. 379. In der Vorrede zum 1. Teil (Nürnberg 1650, fol. V^a) beschwert sich Harsdörffer über den Unverstand des breiten Publikums, das lieber den Possenreißern nachläuft: »Einen Poeten aber/ dessen Kunst ferne von deß Pövels Thorheit ist/ wollen sie noch wissen/ noch hören«.

[63] ›Teutsche Rede-bind- und Dicht-Kunst‹, Nürnberg 1679, S. 165 (möglicherweise ist Birken hier von seinem Nürnberger Kunstgenossen Harsdörffer beeinflußt).

[64] Buchner, ›Anleitung . . .‹, S. 31.

[65] A.a.O., S. 27f. Zum ›Elite‹-Denken in der Poetik des 17. Jahrhunderts eingehend Dyck, S. 129ff.

[66] ›Poetisches Spazierwäldlein‹, ›Vorrede‹, fol. 3^b.

[67] Zesen, ›Hochdeutsche Helikonische Hechel‹ (1668), zitiert nach Fischer, S. 43.

liches Anschauungsmaterial[68]; erst recht wo es sich nicht um lokale Zusammenschlüsse handelt (Straßburg, Hamburg, Königsberg, Nürnberg), sondern um Freundschaften über weite Entfernungen hin, spielt die Gemeinsamkeit der gelehrten Kennerschaft eine wichtige Rolle[69]. Es ist oft betont worden, wie stark das poetische ›Zunftwesen‹ – z. T. mit alten Traditionen[70] – die deutsche Barockliteratur geprägt hat[71]. Und selbst der Höherstehende wird, sofern möglich, gern in diesen besonderen Bereich der Freundschaft hereingenommen: »GElehrter Herr/ Vertrawter Freundt vnd Bruder ...«[72].

### c. Das gelehrte Wissen

Schon von ihrem sozialen Kontext her ist also die Poesie – sofern sie den Titel ›Poesie‹ verdient[73] – als ein ›gelehrtes‹ Metier definiert, und zwar so wesentlich, daß für manchen Theoretiker erst ein Poet »zugleich auch ein volkomner Gelehrter« wird[74]. Noch für Gottsched »ist gewiß die Poesie eine von den wichtigsten freyen Künsten, ja der vornehmste Theil der Gelehrsamkeit«[75]. Die Ponderierung mag bei einzelnen Autoren verschieden sein; das gelehrte Element ist von der Poesie nicht zu trennen, selbst bei Mystikern und Satirikern nicht, die so häufig von der communis opinio abzuweichen scheinen. »Es ist keine Wissenschafft höher/ ... als di hoch-ädele Vers-kunst«, heißt es bei Kuhlmann[76]. Rachel entfaltet in einer langen Satire, von seinem

---

[68] H. H. Weil, The conception of friendship in German Baroque literature, GLL 13, 1960, S. 106ff.; H. Wilms, Das Thema der Freundschaft in der deutschen Barocklyrik und seine Herkunft aus der neulateinischen Dichtung des 16. Jahrhunderts, Diss. Kiel 1963 (an Trunz' Untersuchungen zum Späthumanismus anknüpfend).

[69] Bemerkungen dazu bei Conrady, S. 300ff. (›Gebildete Freundschaft‹).

[70] So besonders in Nürnberg. Im Programm der Pegnitzschäfer hat man »nicht mit Unrecht eine Hebung des Meistergesanges in einen gelehrt-höfischen Kreis gesehen« (Newald, S. 212).

[71] Das Wichtigste bereits 1886 bei Borinski, Die Poetik der Renaissance, S. 247ff. (›Zunftpoeten und Poetenzünfte‹).

[72] So apostrophiert Opitz in der Vorrede zum ›Jonas‹ (1628) den Adligen Georg Köhler von Mohrenfeldt (›Geistliche Poemata‹, o. O. 1638, S. 56).

[73] Die Unterscheidung des ›Poeten‹ vom bloßen ›Verseschmied‹ kann hier nicht näher verfolgt werden. Einzelne Theoretiker (wie Buchner und Zesen) sind deutlich bestrebt, das Wort ›Poet‹ als Ehrentitel zu reservieren; schon Opitz knüpft dabei im Motto zu seiner Poetik an Horaz an (A. p. 86ff.).

[74] Zesen, a.a.O. (nach Fischer, S. 82).

[75] ›Versuch einer Critischen Dichtkunst‹ (⁴1751), S. 67.

[76] ›Sonnenblumen‹ (1671), zitiert nach W. Dietze, Quirinus Kuhlmann. Ketzer und Poet (Neue Beitr. z. Lit.wiss. 17), Berlin 1963, S. 93 (vgl. a.a.O., S. 92ff. den Abschnitt ›Wissenschaft und Poesie‹).

verehrten Lehrer Tscherning ausgehend, das Bild des gelehrten Poeten[77], und Johann Lauremberg ergänzt es aus der ›volkstümlichen‹ Perspektive:

> »Ick bin ein Poet nu van velen Jahren/
> In der edlen Poësie gelehrt und erfahren«[78].

Die wichtigste inhaltliche Bestimmung, mit der man im 17. Jahrhundert die Gelehrtheit des Poeten zu beschreiben pflegt, ist sein materiales Vielwissen, seine Polyhistorie bzw. Polymathie. »Es muß ein Poet ein vielwissender/ in den Sprachen durchtriebener und allerdinge erfahrner Mann seyn«[79]: so oder ähnlich heißt es bei nahezu allen Poetikern der Barockzeit[80]. Die Wissensgebiete können im einzelnen verschieden abgegrenzt und bewertet sein, doch gehören meist Sprachen, ›Künste‹ und Historie zum festen Grundbestand[81]. Die gleiche Forderung wie für den gelehrten Poeten gilt für den ›Secretarius‹[82] und vor allem für den Redner: »Zu der WolRedenheit gehöret die Erfahrung in den Geschichten/ in den Welthändeln/ in Geistlichen Sachen/ in Philosophischen/ doch freundlichen Zanckereyen und viel andere Stücke«[83]. Was Meyfart hier als Idealbild hinstellt, wird

---

[77] ›Teutsche Satyrische Gedichte‹, Frankfurt 1664, S. 100ff. (›Achte Satyra: Der Poet‹). Symptomatisch ist wieder die Hervorhebung der sozialen Reputation der Poesie, besonders beim Hochadel:
> »Mein Tscherning/ höchster Freundt/ ihr Meister in den tichten/
> Der ihr ein treflich Werk selbst machen könt und richten/
> Den die gelahrte Kunst hat Welt-berühmt gemacht
> Und hoch bey Königen und Fürsten aufgebracht«.

[78] ›Veer Schertz Gedichte‹, o. O. 1652, S. 72; vgl. die enge Verklammerung von ›Poet‹ und ›Gelehrtem‹ wenige Zeilen darauf (S. 73):
> »Sindt gy en Poët und gelehrder Mann«.

[79] Klaj, ›Lobrede der Teutschen Poeterey‹, Nürnberg 1645, S. 5.

[80] Vgl. Dyck, S. 122ff.; Fischer, S. 61ff.

[81] Häufig wird nur allgemein die Universalität als solche hervorgehoben, wie bei Klaj durch das Wort »allerdinge«. Vgl. wiederum noch Gottsched, ›Versuch einer Critischen Dichtkunst‹, S. 105: »So wird denn ein Poet ... sich nicht ohne eine weitläuftige Gelehrsamkeit behelfen können. Es ist keine Wissenschaft von seinem Bezirke ganz ausgeschlossen«.

[82] Stieler, ›Teutsche Sekretariat-Kunst‹, Bd. 1, Nürnberg 1673, Vorrede, fol. ):( IIIᵃf. Der Katalog ist eindrucksvoll: »Die Wißenschaft des offen- und sonderbaren Rechts kan wol einen Doctor machen/ ein Secretarius aber muß über dieselbe auch ein guter Redner/ fertiger Sprachmeister/ und kluger Statskündiger seyn/ die Geschichte muß er auf den Nagel hersagen/ der Fürsten und Landes ... Angelegenheiten verstehen/ Geistlicher und Weltlicher Dinge Eigenschaften/ Natur und Wesen/ Vor- und Nachteil unterscheiden/ und hierüber zugleich des Hofbrauchs/ im Reden und Handeln/ samt der bey der Kanzeley gewöhnlichen Schreib-art/ mächtig seyn können«.

[83] Meyfart, ›Teutsche Rhetorica‹, S. 57. Eine gewisse akademische Akzentuierung (Disputationsthemen, Kontroverstheologie) ist nicht zu überhören.

später von Weise unter Betonung der Realien systematisch ausgebaut und mit Vorliebe durch die schlagende Maxime begründet: »Wer nun viel reden sol/ muß viel wissen oder viel lügen«[84]. Noch in Hallbauers ›Anleitung Zur Politischen Beredsamkeit‹ heißt es dementsprechend: »Wenn wir uns einen politischen Redner vorstellen, welcher bey allen im gemeinen Wesen vorkommenden Fällen geschickt zu reden im Stande sey; so muß er ausser Historie, Chronologie, Genealogie, Geographie, Heraldik, Philosophie, und einer zulänglichen Einsicht in die Grundsätze der geoffenbarten Religion, hauptsächlich die Rechts-Gelahrtheit, und die Staats- und Policey-Wissenschaft besitzen«[85].

Die Theorie bestätigt also nur, was sich an den Texten der gelehrten Autoren des 17. Jahrhunderts ohnehin ablesen läßt: das oft etwas naiv anmutende Ausbreiten positiven Wissens hat nicht zuletzt als Manifestation des Gelehrtenstolzes zu gelten. Es beruht nicht notwendigerweise auf originaler Kenntnis der Quellen. Wie schon im 16. Jahrhundert werden oft genug nur *loci communes* und ›Schatzkammern‹ aller Art ausgeschrieben[86]. Aber der Eifer, mit dem man die Ergebnisse des Sammelfleißes nun auch zu dokumentieren sucht[87], stellt eine Eigenheit des 17. Jahrhunderts dar, und sie ist nicht auf das rhetorisch-poetische Gebiet beschränkt, eher wäre die Relation umzukehren: die literarische Kunstübung der Barockepoche ist ein so fundamental gelehrtes Metier, daß sie auf ihre Weise den polyhistorischen Wissenschaftsbetrieb des 17. Jahrhunderts zu repräsentieren hat[88].

Für die Literaturtheorie des 17. Jahrhunderts jedoch scheint – den Untersuchungen der letzten Jahre nach zu schließen[89] – ein anderer, traditioneller Gesichtspunkt maßgebend zu sein. Nachdem Conrady bereits 1962 kurz darauf hingewiesen hatte, wie ähnlich die Konzeption des vielwissenden Poeten dem oratorischen Idealtyp Ciceros oder

---

[84] ›Curieuse Fragen über die Logica‹, S. 658 u. ö. Es handelt sich um ein Sprichwort, das in ähnlicher Form auch etwa bei Moscherosch und Logau begegnet.
[85] Jena u. Leipzig 1736, S. 40 (das Weisianische Vorbild ist deutlich).
[86] In diesem Zusammenhang hat van Ingen, S. 37 mit Recht auf die Bedeutung des ›Bienengleichnisses‹ für das gelehrte Dichten hingewiesen.
[87] Vor allem in den schon genannten umfangreichen Anmerkungsapparaten.
[88] Zum Polyhistorismus der ausgehenden Barockepoche und seiner Weiterentwicklung in der ersten Hälfte des 18. Jahrhunderts jetzt anregende Bemerkungen bei C. Wiedemann, Polyhistors Glück und Ende. Von Daniel Georg Morhof zum jungen Lessing, in: Festschr. G. Weber (Frankf. Beitr. z. Germanistik. 1), Bad Homburg v. d. H. usw. 1967, S. 215 ff.
[89] Vgl. o. S. 54 ff.

Quintilians sei[90], verfolgte Dyck (1966) diesen Aspekt der ›rhetorischen Tradition‹ konsequent weiter mit dem Ergebnis, daß im 17. Jahrhundert das enzyklopädische Bildungsideal von der Rhetorik auch auf die Poesie übertragen worden sei[91]; andere Autoren haben die These inzwischen übernommen[92]. Der historische Zusammenhang an sich ist unbestreitbar, mehrfach beziehen sich die Theoretiker der Barockzeit auf das Programm Ciceros und Quintilians[93]. Doch das taten bereits die Humanisten des 16. Jahrhunderts – ohne dadurch zu jenem ausgeprägten Polyhistorismus zu gelangen, der für die Barockautoren kennzeichnend ist; erst auf dem gelehrtengeschichtlichen, wissenschaftsgeschichtlichen Hintergrund wird die Entwicklung voll verständlich[94].

Ein zweiter Einwand gegen Dycks These betrifft die Bewertung der poetischen Tradition. Nach Dyck muß es so scheinen, als sei erst durch die Rhetorik das Element des ›Wissens‹ in die Poesie bzw. Poetik hineingekommen, jedenfalls für das 17. Jahrhundert[95]. Doch spätestens bei den Alexandrinern (wenn nicht schon bei Euripides und vor allem bei Pindar)[96] ist das Ideal des *poeta doctus*[97] voll ausgeprägt[98], und von dorther wirkt es nachhaltig auf Theorie und Praxis der römischen Poesie, von Catull über Horaz, Properz, Ovid und Seneca bis hin zu Claudian. Das Problem kann hier nicht näher verfolgt werden[99]. Entscheidend ist, daß die Autoren des 17. Jahrhunderts in einzelnen großen Vertretern der römischen Poesie bereits

---

[90] Conrady, S. 44 (im Anschluß an Harsdörffer und Klaj).
[91] Dyck, S. 124ff. »Nicht einem ungefähren, zeittypischen Bildungshunger wird hier also das Wort geredet, sondern das Ideal der Vollkommenheit wird der rhetorischen Tradition entnommen und auf den Dichter übertragen« (a.a.O., S. 124).
[92] So Fischer, S. 82f.; Szyrocki, Nachwort zu: Poetik des Barock (1968), S. 256.
[93] Vgl. außer Dyck und Fischer auch Wiedemann, a.a.O., S. 218f.
[94] Ihn hinter dem Einfluß der rhetorischen Tradition zurücktreten zu lassen, ist aber gerade Dycks Absicht (s. das oben gegebene Zitat: Dyck, S. 124).
[95] Fischer, S. 83 Anm. 54: »Übertragung des Ideals vom Rhetor auf den Dichter im Barock« (unter Hinweis auf Dyck); noch schärfer Szyrocki, a.a.O., S. 256.
[96] Für die archaische Epoche vgl. H. Maehler, Die Auffassung des Dichterberufs im frühen Griechentum bis zur Zeit Pindars (Hypomnemata. 3), Göttingen 1963.
[97] Der Begriff wurde hier bisher bewußt gemieden, da er leicht zu Mißverständnissen führt, vor allem in seiner Anwendung auf das 17. Jahrhundert.
[98] Einiges bei E. Howald, Der Dichter Kallimachos von Kyrene, Erlenbach–Zürich 1943, S. 65ff.
[99] Es soll Gegenstand einer gesonderten Untersuchung sein; zur Orientierung sei noch hingewiesen auf W. Kroll, Studien zum Verständnis der römischen Literatur, Stuttgart 1924, S. 24ff.

klassische *exempla* gelehrten Dichtens vor Augen hatten[100]. Seine Theorie vermittelte vor allem Horaz[101], und was speziell ›materialreiche‹ Poesie bedeutete, konnte man an den antiken Lehrgedichten studieren.

Am Beispiel des gelehrten Dichtungsideals zeigt sich wieder, daß erst im Zusammenspiel von Rhetorik und Poesie, von Tradition und epochaler Gesamtentwicklung die Geschichtlichkeit der Barockliteratur erfaßt werden kann. In der Antike ist auch eine wichtige soziale Funktion des gelehrten Dichtens vorgeprägt, die über den subjektiven Wissensstolz weit hinausreicht. Wie das antike Lehrgedicht – aber nicht nur dieses – haben weite Bereiche der gelehrten Poesie des 17. Jahrhunderts die Aufgabe, positive Kenntnisse zu vermitteln[102]. Am deutlichsten wird dies beim Roman[103]. Was den heutigen Leser beispielsweise an den häufigen Exkursen als weitschweifige Materialfülle stört, wurde von den Zeitgenossen oft als gelehrte oder ›curiöse‹ Kostbarkeit[104], als willkommene Möglichkeit der Wissenserweiterung empfunden, nicht zuletzt vom weiblichen Publikum, das keinen Zugang zu den normalen Bildungswegen hatte[105] (aber auch von solchen, denen die realienarme humanistische Bildung nicht genügte).

### d. Die Lehrbarkeit der Sprachkunst

Für den gelehrten Literaten selbst aber ist der entscheidende Bereich des ›Wissens‹ seine eigene rhetorisch-poetische Kunst. Damit ist ein Problem berührt, das unter dem polaren Begriffspaar *ingenium* (bzw.

---

[100] Zur Bedeutung der *imitatio* o. S. 59ff.

[101] Hinzu kommen eine Reihe wichtiger theoretischer Äußerungen in der ›gelehrten‹ Poesie seit Catull.

[102] In der literarischen Theorie ist die Aufgabe durch das Stichwort *docere* fest verankert; zur Problematik der ›didaktischen‹ Literatur im heutigen Verständnis vgl. Sengle, Die literarische Formenlehre, S. 10ff.

[103] Das Problem, daß der Roman nicht im strengen Sinne zur ›Poesie‹ gehört, kann hier ausgeklammert bleiben.

[104] So auch bei Grimmelshausen, wenn er nach Gelehrtenart ein italienisches Kompendium ausschreibt (dazu eingehend Böckmann, S. 448ff.).

[105] Um so wichtiger erschien es z. B. Harsdörffer, auch den ›Frauenzimmer-Gesprechspielen‹ umfangreiche gelehrte Quellenangaben beizugeben. Der ›Pöbel‹ freilich wurde schon durch die Exklusivität des Wissens abgeschreckt, vgl. die genüßlich-hochmütige Darstellung Bessers (nach van Ingen, S. 34):

> »Das Dichten ist die Kunst und Mutter bester Künste/
>
> ...
>
> Sie ist von Wissenschafft und Weißheit ein Gespinste,
> Das über den Begriff gebückten Pöbels geht«.

*natura*) und *ars* die Geschichte der literarischen Theorie seit der Antike wesentlich geprägt hat[106] und im 17. Jahrhundert von Poetikern und Rhetorikern immer wieder neu und z. T. leidenschaftlich diskutiert wird[107]. So verwirrend die Fülle von Argumenten und Auslegungen auch sein mag, als Grundanschauung der meisten Autoren darf gelten, daß – wie schon bei Horaz[108] – *ingenium* und *ars* zusammenwirken müssen, wenn ein gelehrtes Kunstwerk entstehen soll; oder mit den Worten Harsdörffers: »Die Natur ist eine Meisterin/ den hurtigen Feuergeist anzubrennen/ die Kunst aber gleichsam das fette Oel/ durch welches solcher Geist weitstralend erhellet/ und Himmelhoch aufflammet«[109].

Das ist zwar primär auf die Poesie gemünzt und entspricht einer verbreiteten Tendenz, dem Dichter einen besonderen ›poetischen Geist‹ zuzuschreiben[110] (beliebter Spruch: ›orator fit, poeta nascitur‹)[111]. Aber es gibt ebenso die These: »Die Beredsamkeit an ihr selbst ist eine Gabe Gottes und der Natur«[112], und besonnene Kritiker haben nachdrücklich vor einer Verselbständigung oder Überbewertung des rein ›Poetischen‹ gewarnt. So stellt Lohenstein in seiner großen ›Lob-Rede‹ auf Hofmannswaldau fest: »Zwar nichts anders als tichten können/ ist eben so viel als ein Kleid allein von Spitzen tragen. Die Weißheit und ernste Wissenschafften müssen der Grund/ jenes der Ausputz seyn/ wenn ein gelehrter Mann einer Corinthischen Seule gleichen sol«[113]. Schottel formuliert noch schärfer: »Es muß aber ein jeder Gekk nicht so fort jhm einbilden/ er sey ein Himmel-Gelehrter und Göttlicher Poet«[114].

---

[106] Zum ersten Mal formuliert scheint es bei Isokrates (13,17; 15,187); die wichtigsten Stellen aus der römischen Tradition (mit weiterer Literatur) bei Fischer, S. 37 Anm. 1.

[107] Dyck, S. 116ff.; Fischer, S. 37ff. Vgl. auch G. Gersh, The meaning of art and nature in German Baroque, Comparative Lit. Stud. 4, 1967, S. 259ff.

[108] Die Ausgewogenheit der beiden Elemente in der Dichtungsauffassung des Horaz betont E.-R. Schwinge, Zur Kunsttheorie des Horaz, Philologus 107, 1963, S. 75ff.

[109] ›Poetischer Trichter‹, 1. Teil, Vorrede, fol. VI^b. Diesen wichtigen Aspekt vernachlässigt der schon zitierte Aufsatz von Brates, Die Barockpoetik als Dichtkunst, Reimkunst, Sprachkunst (1928).

[110] Im einzelnen dargestellt von Fischer, S. 37ff.

[111] Zitiert z. B. von Birken, ›Teutsche Rede-bind- und Dicht-Kunst‹, S. 167.

[112] Harsdörffer, ›Poetischer Trichter‹, 3. Teil, fol. III^b.

[113] ›Lob-Rede Bey ... Herrn Christians von Hofmannswaldau ... Leichbegängnüße‹, Breslau 1679, fol. B 3^af.

[114] ›Ausführliche Arbeit Von der Teutschen HaubtSprache‹, Braunschweig 1663, S. 106.

Als wichtigstes Ergebnis ist somit für das gelehrte Ideal festzuhalten, daß beide, Poesie wie Rhetorik, einer *doctrina* überhaupt zugänglich sind[115], ja ohne sie ihren genuinen Kunstcharakter nicht entfalten können. Soziale Exklusivität, Distanzierung vom ›Pöbel‹, Eindringen in den Adelsbereich, Bindung an einen Kreis gelehrter Kenner, enzyklopädisch-polyhistorische Zielsetzung: alles dies gehört zur ›gelehrten‹ Grundlage der deutschen Barockliteratur. Daß aber auch die gelehrte Kunstübung selbst Gegenstand der Lehre sein kann und muß, begründet den Anspruch des Bildungswesens: »es gehört mehr zum Tantze/ als ein paar Schu: Man muß zuvor die benötigte Wissenschaft und Erudition eines Poeten haben/ ehe man hoffen darf einen Nahmen unter den Poeten zuverdienen/ non solum ingenium sed arte et doctrina imprimis nitendum«[116].

August Wilhelm Schlegel hatte, die Poesie des 17. Jahrhunderts musternd, festgestellt: »die Schule selbst war durchaus nicht poetisch«[117]. Am Poesie-Begriff des 19. Jahrhunderts gemessen, war sie es vielleicht wirklich nicht; dafür aber war sie um so ›gelehrter‹, ›rhetorischer‹.

---

[115] Die Tradition dieser Auffassung reicht zurück bis zum homerischen Demodokos, den die Muse sein Metier ›gelehrt‹ hat (›Odyssee‹ 8,479; vgl. Hesiods Dichterweihe: ›Theogonie‹ 22); auch dieser ganze Grundbereich wäre bei der Untersuchung des ›gelehrten‹ Dichterideals einzubeziehen.

[116] Schottel, a.a.O., S. 106.

[117] Oben S. 223.

Dritter Teil

# Die Verankerung der Rhetorik im Bildungswesen des 17. Jahrhunderts

# 1. Grundzüge und geschichtliche Problematik des Rhetorikunterrichts im 17. Jahrhundert

## a. Prämissen

Wer nach Rhetorik in der deutschen Barockliteratur fragt und sich des ›gelehrten‹ Fundaments dieser Literatur bewußt geworden ist, wird dem rhetorischen Unterricht an den gelehrten Schulen der Epoche weniger gleichgültig gegenübertreten, als es für die bisherige Barockforschung durchweg kennzeichnend ist[1]. Das Phänomen eines solchen Unterrichts mag heutigem Empfinden – wie schon demjenigen Herders[2] – einigermaßen befremdlich sein[3]. Zwar haben sich Reste der rhetorisch-pädagogischen Tradition im Aufsatzunterricht[4] der höheren Schulen oder etwa in den lateinischen Stilübungen[5] der Universitäten erhalten. Darüber hinaus gibt es nach wie vor Anweisungen zum Briefschreiben in allen Lebenslagen, es gibt Redelehrbücher und

---

[1] Dies im Gegensatz zu anderen europäischen Literaturen des 17. Jahrhunderts (vgl. die o. S. 84 genannten Arbeiten zu Milton, Racine u. a.).

[2] Vgl. u. S. 319ff.

[3] Eine Vorstellung davon geben die Artikel ›Rhetorik‹, in: Lexikon der Pädagogik, Bd. 2, Bern 1951, S. 496f.; und ›Redekunst‹, in: Lexikon der Pädagogik, Bd. 3, Freiburg 1954, Sp. 1058ff. Der ausführliche Artikel ›Rhetorik‹ von E. Geissler, in: Encyklopädisches Handbuch der Pädagogik, hrsg. v. W. Rein, Bd. 7, Langensalza ²1908, S. 500ff. war bei realistischer Einschätzung der Lage (»Das ehedem gefeierte Wort [sc. Rhetorik] ist ein Schimpfwort geworden«, S. 500) noch optimistisch gehalten (»Eine Wiedererstehung der Rhetorik muss früher oder später erfolgen«, ebda.). Die gegenwärtige Problematik illustriert das Heft ›Beiträge zur literarischen Rhetorik‹, DU 18, 1966/6 (bes. G. Storz, Unsere Begriffe von Rhetorik und vom Rhetorischen, a.a.O., S. 5ff.).

[4] Diesen Aspekt verfolgt vor allem H. Bukowski, Der Schulaufsatz und die rhetorische Sprachschulung. Rhetorische Methoden und Aufgaben in der Institutio Oratoria Quintilians und der Theorie des deutschen Schulaufsatzes, Diss. Kiel 1956.

[5] Die historische Kontinuität ist in diesem Fall besonders deutlich. Zur breiten Tradition des Rhetorikunterrichts an amerikanischen Universitäten s. u. S. 407.

Vortragslehrgänge für Kaufleute oder für Berufe des öffentlichen Lebens[6]. Doch eine fundamentale Bedeutung für die Literatur der Gegenwart wird dem kaum jemand zubilligen.

Daß die Frage nach dem Rhetorikunterricht der Barockzeit auf einer prinzipiell anderen Ebene liegt, dürfte nach den bisher skizzierten Grundlagen der Barockliteratur evident sein. Und doch muß ein Mißverständnis von vornherein ausgeschaltet werden: als ob sich die rhetorischen Züge der Barockliteratur auf diesem Weg kausal ableiten ließen[7]. Eine solche Annahme wäre nicht weniger einseitig und inadäquat als die lediglich immanente Betrachtung der Texte. Nur als Ineinander (und Gegeneinander) verschiedener geschichtlicher Kräfte und Traditionen wird sich die Barockrhetorik verstehen lassen. Und die gemeinsame anthropologische Grundlage des vielschichtigen Komplexes bildet jenes theatralisch-repräsentative Weltverhalten, das unter dem Stichwort *theatrum mundi* bereits eingehend dargestellt wurde.

So sehr man sich also des geschichtlichen Stellenwerts der Disziplin ›Rhetorik‹ bewußt bleiben muß, so nachdrücklich ist ihre Schlüsselposition im Hinblick auf die sprachliche Kultur der Barockepoche hervorzuheben[8]. Dem Unterricht fällt es zu, den Menschen in der ihm eigenen Fähigkeit zum Wort auszubilden, ihm die Konventionen des sprachlich-repräsentativen Miteinanders einzuprägen. Da aber Literatur (d.h. Rhetorik und Poesie) ein wesenhaft gelehrtes Metier ist, sollen im folgenden auch nicht die verschiedenen Arten von *scholae particulares* oder *triviales* behandelt werden (in denen z.B. auch einfache Formen des Briefschreibens geübt wurden)[9], sondern die ›gelehrten‹ Stufen des Sprechen- und Schreibenlernens. Sie beginnen mit dem Unterricht im Lateinischen als der Muttersprache der Gelehrten, und bereits dieser Unterricht ist, wie sich zeigen wird, entschieden auf das Ziel der *eloquentia* ausgerichtet: er ist ›rhetorisch‹ bestimmt.

›Rhetorik‹ wird somit in einem zweifachen Sinn zu verstehen sein, als Bezeichnung für das Spezialfach des traditionellen Triviums[10] und

---

[6] Einen guten Überblick vermittelt H. Geißner, Sprechkunde und Sprecherziehung. Bibliographie der deutschsprachigen Literatur 1955–1965, Düsseldorf 1968.

[7] Methodisch vorbildlich auch in dieser Hinsicht der Aufsatz von H. Meyer, Schillers philosophische Rhetorik (s. o. S. 54).

[8] Vgl. Dyck, S. 9ff.

[9] Näheres bei J. Dolch, Lehrplan des Abendlandes. Zweieinhalb Jahrtausende seiner Geschichte, Ratingen ²1965, S. 242ff. (mit Literatur).

[10] So wird das Wort auch im 17. Jahrhundert zumeist verwendet; vgl. o. S. 76.

als Prinzip des gesamten ›verbalen‹ Unterrichts einschließlich der Grammatik und der Poesie (eventuell auch der Logik bzw. Dialektik). In jedem dieser Fächer schreitet der Unterricht von den *praecepta* über die *exempla* zur *imitatio* fort[11], wobei alle drei Übungsbereiche in Wechselwirkung stehen, dem eigenen literarischen Produkt aber die Prävalenz zukommt. So wird z. B. auch Lektüre nicht um ihrer selbst willen betrieben, sondern zum Zweck der Einprägung kanonischer Muster. Mündlichkeit ist bei alledem tragendes Unterrichtsprinzip. Immer wieder hat der Schüler sich vor Lehrern und Mitschülern rhetorisch zu bewähren, sei es in ›Dialog‹ bzw. Disputation, sei es in der Form der Deklamation. Auch das schriftlich Ausgearbeitete muß grundsätzlich vortragbar sein. Im übrigen bedient sich der Unterricht in den nichtliterarischen Disziplinen ebenfalls gern der bewährten rhetorischen Formen zur Darstellung des Lehrstoffs oder zur Überprüfung der Kenntnisse, ansatzweise schon in den Gymnasien, ausgeprägter dann an den Universitäten[12].

Theorie und Praxis, *doctrina* und *exercitatio* rhetorischen Könnens gehen demnach bereits im normalen Unterricht ständig ineinander über. Um so enger und fester ist der Zusammenhang mit jener charakteristischen Erscheinungsform des gelehrten Bildungswesens, die man im allgemeinen unter dem Begriff der *actus* zusammenfaßt. Von einer unterrichtlichen *exercitatio* unterscheiden sie sich zunächst nur durch das Publikum, das sich – je nach Anlaß – aus Mitschülern, Lehrern und Eltern bzw. Studenten und Professoren zusammensetzt und mit der Teilnahme von Honoratioren verschiedenster Art seinen besonderen Glanz erhält. Die Skala der Gelegenheiten und der äußeren Ausgestaltung ist weit und variabel, sie reicht von der schlichten Monatsdeklamation über jährliche Abschieds- oder Gedenkfeiern bis hin zur Ehrung erlauchter Gäste, zur Würdigung politischer Ereignisse oder zur Feier großer Jubiläen.

Ob protestantische Gelehrtenschule, Jesuitengymnasium, Ritterakademie oder Universität: rhetorische Präsentationen vor kleinerem oder größerem Publikum gehören zum festen Bestand des gelehrten

---

[11] Die klassische Formulierung gab Melanchthon 1522 in seiner ›Ratio discendi‹ (CR XX, S. 701ff.).

[12] Was Paulsen 1, S. 355 für das 16. Jahrhundert hervorgehoben hat, gilt weitgehend auch für die Barockzeit: »daß ... die Rede in erheblich weiterem Umfang als heute das Mittel aller geistigen Wirkung war. Gegenwärtig ist das gedruckte Wort das große Mittel der Gedankenmitteilung. Damals begann man eben erst zu lesen; das gesprochene Wort beherrschte noch die öffentliche Verhandlung, wie den Unterricht«.

Unterrichts im 17. Jahrhundert; ebenso wie sie das Können der Zöglinge immer von neuem auf die Probe stellen, fördern sie beim Publikum Sachverstand und kritisches Vermögen *in rhetoricis*. Eine Besonderheit der Gymnasien sind darüber hinaus die Theateraufführungen, die ebenfalls zu den *actus* im weiteren Sinne gerechnet werden und den – im allgemeinen jährlich wiederkehrenden – Höhepunkt des Rhetorikbetriebs darstellen[13]. Einzig diese Ausformung der Schulrhetorik hat seit längerem das Interesse der Forschung gefunden, denn auf der institutionellen Grundlage des Schultheaters ruht praktisch das gesamte Kunstdrama des Barock, das der Jesuiten von Bidermann bis Avancini und das der Protestanten von Opitz über Gryphius bis zu Hallmann und Weise.

### b. Die Rhetorik zwischen Tradition und Opposition

Bereits diese erste andeutende Bestandsaufnahme des Rhetorikbetriebs an den gelehrten Schulen des 17. Jahrhunderts dürfte erkennen lassen, daß es sich hier nicht lediglich um eine illustrative Begleiterscheinung der Barockliteratur handelt, sondern um eine geschichtliche Wirklichkeit, die den rhetorischen Charakter dieser gelehrten Literatur wesentlich geprägt haben muß[14].

Aber sind denn die genannten Züge *specifica* des 17. Jahrhunderts? Werden sie nicht allesamt als Elemente einer bereits existierenden Tradition weitergeführt? In der Tat lassen sich manche der Übungsmethoden – etwa die der *declamatio*[15] – weit zurückverfolgen, bis in die Antike. Andere Praktiken – wie das Schultheater – mögen jüngeren Datums sein, doch auch sie erweisen sich zumindest als Erbe des 16. Jahrhunderts. So wird man zunächst betonen müssen: Humanismus, Reformation und Gegenreformation haben das System der literarischen Bildung geschaffen, durch das die Barockzeit bestimmt wird. Melanchthon, Sturm und der Jesuitenorden beherrschen den Rhetorikbetrieb an den deutschen Gymnasien und Universitäten, und man bleibt sich dieser Abhängigkeit – dankbar oder widerwillig – bewußt.

---

[13] Diese enge Verbindung unterscheidet sie grundsätzlich von den an einzelnen Universitäten bestehenden Studentenbühnen.

[14] »Durch Gymnasium und Universität ist Dichter wie Publikum gegangen, und so sind beiden gemeinsam eine Menge bestimmter Anschauungen wie Kenntnisse« (Flemming, Einführung zu: Das schlesische Kunstdrama, S. 11).

[15] Zur Orientierung vgl. G. François, Declamatio et disputatio, L'Antiquité Classique 32, 1963, S. 513ff. (mit weiterer Literatur).

So vielschichtig und verwirrend im einzelnen die Auseinandersetzung des 17. Jahrhunderts mit der rhetorisch-pädagogischen Tradition wirken mag, aufs ganze gesehen bietet die Barockepoche ein einheitlicheres Bild als das 16. Jahrhundert[16]. Zwar ist der Rhetorikunterricht an den protestantischen Gymnasien und Universitäten schon vor 1550 (aber kaum vor 1525) im wesentlichen fixiert[17], doch hat das charakteristische Gegenstück, der Jesuitenunterricht, erst durch die ›Ratio studiorum‹ von 1599 seine endgültige Ausformung erhalten[18]. Insofern scheint es durchaus legitim, das gelehrte Bildungssystem des 17. Jahrhunderts trotz seiner Traditionsbestimmtheit einer gesonderten Analyse zu würdigen.

Eine andere Frage jedoch stellt sich fast noch dringlicher. Ist die Rhetorik als Unterrichtsfach nicht seit dem Beginn des 17. Jahrhunderts schon wieder in die Defensive gedrängt? Wird sie nicht gerade von den großen Pädagogen der Zeit, von Ratichius, Comenius und deren Anhängern, als ›verbale‹ bzw. ›formale‹ Hauptdisziplin heftig kritisiert? Orientiert man sich an den heute gängigen Darstellungen der historischen Pädagogik[19], so gewinnt man in der Tat den Eindruck, als sei neben den grandiosen Entwürfen der Reformpädagogen (insbesondere der ›Realisten‹)[20] ein Fach wie die Rhetorik bereits zur

---

[16] Hierin liegt einer der Gründe, weshalb die Darstellung von A. Heubaum mit ihrer Zweiteilung des Jahrhunderts so wenig befriedigt (Geschichte des deutschen Bildungswesens seit der Mitte des siebzehnten Jahrhunderts. 1. Bd.: Bis zum Beginn der allgemeinen Unterrichtsreform unter Friedrich dem Grossen 1763ff. Das Zeitalter der Standes- und Berufserziehung, Berlin 1905). Sie erinnert an Scherers unglückliche Zweiteilung der Literaturgeschichte des 17. Jahrhunderts.

[17] Die durch Melanchthon geprägte Kursächsische Schulordnung erschien 1528, die Neuformung der Universität Wittenberg vollzog sich erst in den 30er Jahren.

[18] Die älteste (provisorische) Partikularordnung eines deutschen Jesuitenkollegs, die Kölner Ordnung, stammt aus den Jahren 1552ff.

[19] Etwa F. Blättner, Geschichte der Pädagogik, Heidelberg [7]1961, S. 41ff.; A. Reble, Geschichte der Pädagogik, Stuttgart [5]1960, S. 95ff. Unter den älteren Darstellungen vgl. besonders W. Moog, Geschichte der Pädagogik, 2. Bd.: Die Pädagogik der Neuzeit von der Renaissance bis zum Ende des 17. Jahrhunderts, Osterwieck u. Leipzig 1928, S. 204ff.

[20] Sie weisen mit ihren pädagogischen Konzeptionen bereits in das 18. Jahrhundert voraus, und das erregt – verständlicherweise – besonderes Interesse. So sucht z. B. die grundlegende Monographie von K. Schaller, Die Pädagogik des Johann Amos Comenius (Pädagog. Forschungen. 21), Heidelberg 1962 zu »zeigen, daß fast alle Wurzeln der Pädagogik der Aufklärungszeit im 17. Jahrhundert zu suchen sind, in jenen Anfängen des pädagogischen Realismus, die es hier aufzuzeigen galt« (S. 481). Die Perspektive ist völlig legitim, nur birgt sie die Gefahr in sich, daß man das 17. Jahrhundert als Ganzes vom 18. Jahr-

völligen Bedeutungslosigkeit abgesunken[21] – während sie doch weiterhin den Alltag der gelehrten Bildungsinstitutionen, d. h. auch die Lehrzeit der meisten Barockautoren und ihrer Leser, entscheidend bestimmt[22].

Wie weit bei der Vernachlässigung dieses Bereichs die allgemeine Ratlosigkeit gegenüber dem Phänomen ›Rhetorik‹ eine Rolle gespielt hat, mag dahingestellt bleiben. Jedenfalls ist seit dem Entstehen einer Barockforschung der positivistische Wissensdrang nicht stark genug gewesen, um auch diese weißen Flecke auf der literarisch-pädagogischen Landkarte des 17. Jahrhunderts auszufüllen[23]. So bleibt man neben den Originalquellen nach wie vor auf Sammlungen und Darstellungen aus dem vorigen Jahrhundert angewiesen[24], in denen freilich die Ablehnung rhetorischer ›Unnatur‹ immer wieder mit kräftigen Worten ausgesprochen wird.

Daß der *eloquentia*-Betrieb humanistischer Prägung während des 17. Jahrhunderts nicht unumstritten war, bleibt eine Tatsache. Zwei Hauptzentren der Opposition sind vor allem zu unterscheiden. Die eine Gruppe, im 16. Jahrhundert insbesondere mit dem Namen Petrus Ramus verbunden[25], tritt – nach platonischem Vorbild – für den Pri-

---

hundert her zu verstehen sucht – eine Gefahr, der die Literaturwissenschaft jahrzehntelang erlegen war (den ›Simplicissimus‹ akzeptierte man, weil er dem Bildungsroman des 18. und 19. Jahrhunderts vorausempfunden zu sein schien).

[21] Charakteristisch das ganz von der Vorstellung des ›Verfalls‹ bestimmte Bild bei T. Ziegler, Geschichte der Pädagogik mit besonderer Rücksicht auf das höhere Unterrichtswesen, München [4]1917, S. 137ff.

[22] Selbst Autoren, die den bisherigen Fragestellungen der historischen Pädagogik kritisch gegenüberstehen, neigen zur Vernachlässigung dieser Fakten: »Es sind die Gestalten der großen Reformdidaktiker Ratke und Comenius, die der deutschen Bildungsgeschichte des 17. Jahrhunderts ihren Stempel aufgedrückt haben« (F. Maurer, Abraham a Sancta Claras ›Huy! und Pfuy! Der Welt.‹. Eine Studie zur Geschichte des moralpädagogischen Bilderbuches im Barock [Anthropologie u. Erziehg. 23], Heidelberg 1968, S. 12).

[23] Die 1931 erschienene Abhandlung von Trunz, Der deutsche Späthumanismus um 1600 als Standeskultur, ist in ihrer Art ein Einzelfall geblieben. Vgl. die nützlichen Übersichten bei H. Schmidt, Bibliographie zur literarischen Erziehung. Gesamtverzeichnis 1900 bis 1965, Zürich usw. 1967 (im Sachregister existiert bezeichnenderweise das Stichwort ›Rhetorik‹ oder ›Redekunst‹ nicht).

[24] Hervorzuheben sind Vormbaums Zusammenstellung der evangelischen Schulordnungen (1860–64), die Materialien zur Jesuitenpädagogik in den MGPaed. (bearbeitet von Pachtler und Duhr, 1887–94), die zahlreichen Schul- und Universitätsgeschichten, besonders Möllers Geschichte des Königsberger Altstädtischen Gymnasiums (1847–84), schließlich – vorbereitet durch von Raumer und Schmid – auch Paulsens materialreiche Geschichte des gelehrten Unterrichts (zuerst 1884). Genauere Nachweise folgen an ihrem Ort.

[25] Grundlegend W. J. Ong, Ramus, method, and the decay of dialogue: from the art of discourse to the art of reason, Cambridge/Mass. 1958; vgl. von demsel-

mat der Dialektik bzw. Logik ein und kritisiert das Fehlen einer gründlichen Denkschulung im humanistischen Lehrplan[26]. Eine zweite oppositionelle Bewegung, geführt von Montaigne und Charron, Bacon und Locke, Ratichius und Comenius[27], steht unter der Devise ›Sachen statt Worte!‹; sie bezweifelt die Brauchbarkeit einseitiger Verbalbildung im Hinblick auf das Leben und fordert eine stärkere Berücksichtigung der Realdisziplinen. Der gelehrte Johann Lauremberg bringt die Kritik in die volkstümliche Form:

> »Ick hebbe wol ehr in beiden Stilen
> Mit Latyn my könt herummer kilen/
> In ligaten und ock in Prosen/
> Dat is/ im gebunden Stil und im losen.
> Wat ick nu noch kan/ werd my weinig nütte/
> Ick kan wedder Speck darvör köpen noch Grütte«[28].

Keine der beiden Strömungen (die hier nur angedeutet werden konnten) hat es vermocht, die Rhetorik aus ihrer mächtigen Stellung im gelehrten Bildungswesen des 17. Jahrhunderts zu verdrängen. Der Ramismus wirkte vor allem in England[29] und Frankreich[30]. Der Rea-

---

ben den Materialband: Ramus and Talon inventory: a short-title inventory of the published works of Peter Ramus (1515–1572) and of Omer Talon (ca. 1510–1562) in their original and in their variously altered forms with related material, Cambridge/Mass. 1958. Ferner P. A. Duhamel, The logic and rhetoric of Peter Ramus, Modern Philol. 46, 1949, S. 163ff.; C. Vasoli, Retorica e dialettica in Pietro Ramo, Arch. di Filos. 55, 1953, S. 93ff.

[26] Dieser Punkt wird dann auch zum Leitmotiv in der antibarocken Kritik der frühen Aufklärungs-Rhetoriker (Fabricius, Hallbauer, Gottsched etc.). Im Zeichen der Wolffschen Philosophie fordert man eine ›philosophische‹, ›vernünftige‹ Redekunst. Als Beispiel sei nur Fabricius' Vorrede zu seiner ›Philosophischen Redekunst‹, Leipzig 1739 genannt (mit der Unterscheidung »einer pöbelhaftigen und vernünftigen beredsamkeit«). Zu analogen Entwicklungen auf dem Gebiet der Poetik vgl. J. Birke, Gottscheds Neuorientierung der deutschen Poetik an der Philosophie Wolffs, ZfdPh 85, 1966, S. 560ff.

[27] Ausgewählte Texte der Genannten (mit weiterer Literatur) bei Garin 3.

[28] ›Veer Schertz Gedichte‹, o. O. 1652, S. 66 (einem ›Poeten‹ in den Mund gelegt).

[29] W. S. Howell, Ramus and English rhetoric: 1574–1681, QJS 37, 1951, S. 299ff.; vgl. von demselben: Logic and rhetoric in England, 1500–1700, New York 1961, S. 146ff.; W. J. Ong, Ramus et le monde Anglo-Saxon d'aujourd'hui, RLC 28, 1954, S. 57ff. Besonders bemerkenswert der Einfluß des Ramismus auf die englische Dichtung: R. Tuve, Imagery and logic: Ramus and metaphysical poetics, Journ. of the Hist. of Ideas 3, 1942, S. 365ff.; J. M. French, Milton, Ramus, and Edward Philipps, Modern Philol. 46, 1949, S. 82ff.

[30] W. J. Ong, Fouquelin's French rhetoric and the Ramist vernacular tradition, Stud. in Philol. 51, 1954, S. 127ff.; R. E. Leake, The relationship of two Ramist rhetorics: Omer Talon's ›Rhetorica‹ and Antoine Fouquelin's ›Rhétorique Francoise‹, Bibl. d'Human. et Renaiss. 30, 1968, S. 85ff. Vgl. auch P. Rossi,

lismus entfachte zwar gerade in Deutschland eine heftige und für die Barockepoche überaus charakteristische pädagogische Diskussion. Aber durchgreifende Änderungen waren selten[31]. Wenn hier und da dem Realienunterricht größere Aufmerksamkeit geschenkt wurde[32], so berührte das die Rhetorik meist wenig, vor allem bei den unteren Schultypen wie Trivialschule oder Deutsche Schule.

Die Jesuitenerziehung hielt ohnehin (bis 1832) konsequent an ihren Statuten fest[33]. Doch auch im Bereich der protestantischen Gymnasien behauptete sich das humanistische Modell. Kromayers ›Neuer Methodus‹ von 1619 (Weimar)[34] kann z. B. nicht als repräsentativ für das 17. Jahrhundert gelten. Und wo man sich sonst zur Revision der Ordnungen entschloß, handelte es sich – jedenfalls was die Rhetorik betrifft – um methodische Einzelaspekte[35]. Eine wirkliche Neuformung des rhetorischen Unterrichts vollzog sich erst gegen Ende des Jahrhunderts im Zeichen der *methodus Weisiana*, aber sie drängte ja den Anspruch der Rhetorik gerade nicht zurück, sondern verkündete ihn nachdrücklicher denn je.

Uneinheitlicher ist das Bild der Adelserziehung. Während weite Kreise der Aristokratie sich prinzipiell einer gelehrten Bildung und damit auch der Rhetorik immer noch verschlossen, übernahmen andere mehr oder weniger unverändert das humanistisch-bürgerliche Vorbild, und nur ein relativ kleiner Teil fand zu einer – nun freilich sehr ›modern‹ anmutenden – rhetorischen Pädagogik, die auf die Aufgaben der politischen Praxis zugeschnitten war[36] und auch für Weise zu einem wichtigen Muster werden konnte. Die oberste Stufe der gelehrten Bildung schließlich, die Universität, verhielt sich allen Re-

---

Ramismo, logica, retorica nei secoli XVI e XVII, Riv. Crit. di Stor. della Filos. 12, 1957, S. 357ff.

[31] Verzerrungen und Unvollkommenheiten in der Verwirklichung der Reformgedanken hebt vor allem Moog, Geschichte der Pädagogik, 2. Bd., S. 291 hervor. Anders Dolch, Lehrplan ..., S. 289f.

[32] K. Friedrich, Die Entwicklung des Realienunterrichts bis zu den ersten Realschulgründungen in der Mitte des 18. Jahrhunderts, Diss. Leipzig 1913, S. 23ff.

[33] Die bescheidene Rolle der Realkenntnisse gleichsam am Rande des offiziellen Programms zeigt P. Rosenthal, Die ›Erudition‹ in den Jesuitenschulen, Diss. Erlangen 1905.

[34] Abgedruckt bei Vormbaum 2, S. 251ff. Vgl. L. Weniger, Ratichius, Kromayer und der Neue Methodus an der Schule zu Weimar, Zs. f. Thür. Gesch., N. F. 10, 1897, S. 1ff. 277ff. 448ff.

[35] Leicht ablesbar bei einem Vergleich von Band 1 und 2 der Vormbaumschen Sammlung.

[36] Dazu vor allem F. Debitsch, Die staatsbürgerliche Erziehung an den deutschen Ritterakademien, Diss. Halle 1927.

formbestrebungen gegenüber am konservativsten; erst während der 20er und 30er Jahre des 18. Jahrhunderts vollzogen sich auch hier wesentliche Veränderungen[37].

So unattraktiv die Realität der literarisch-rhetorischen Pädagogik in der Barockzeit auch erscheinen mag, schon angesichts dieser kurzen Bilanz wird es notwendig, neben den von der Forschung bevorzugten ›modernen‹, in die Zukunft weisenden Ideen auch dem überlieferten, institutionell verfestigten Unterbau der Barockrhetorik die gebührende Aufmerksamkeit zu schenken.

## c. Traditionalismus als literarisches Problem (Latinität, Klassizismus)

Die Notwendigkeit einer solchen doppelten Perspektive zeigt sich besonders deutlich bei der Auseinandersetzung von Muttersprache und Latein, die zu den pädagogischen Kardinalproblemen des 17. Jahrhunderts gehört[38]. Kaum ein Unterrichtsfach mußte von dem Kampf um Anerkennung und Pflege der Muttersprache so unmittelbar betroffen werden wie die Rhetorik. Denn diese Disziplin war in *exempla*, Themen und Methoden als ein durch und durch lateinisches Ganzes tradiert worden. Vergegenwärtigt man sich den von der Opitz-Generation mit triumphalem Selbstbewußtsein und nationalem Stolz vollzogenen Durchbruch zur deutschsprachigen Gelehrtendichtung, bedenkt man weiterhin das leidenschaftliche Eintreten der Reformpädagogen für einen muttersprachlichen Unterricht, so scheint es geradezu unglaubhaft, wenn man feststellen muß: die Rhetorik blieb lateinisch[39].

Universitäten und Jesuitenkollegien waren auch hierin die entschiedensten Hüter der Tradition, Adelserziehung und protestantische Gelehrtenschule zeigten sich aufgeschlossener. Von einzelnen Veränderungen wird noch die Rede sein. Eine wirkliche Reform vollzog sich wiederum erst bei Weise. Und es ist bezeichnend, daß auch er den lateinischen Kern des Rhetorikunterrichts zunächst nicht antastete. Deutsche Oratorie lehrte er vor allem in den ›extraordinären‹ Stun-

---

[37] Paulsen 1, S. 524ff. Wortführer der neuen, muttersprachlichen akademischen Redekunst ist Gottsched mit seiner Leipziger ›Deutschen Gesellschaft‹.

[38] Das Wichtigste bei A. Matthias, Geschichte des deutschen Unterrichts, München 1907, S. 45ff.

[39] Wie schwer es fällt, ein solches Faktum zu akzeptieren, zeigt sich an dem jüngst von Herrlitz (mit völlig unzureichenden Mitteln) unternommenen Versuch, die Entstehung eines muttersprachlichen Lektürekanons im Gymnasialunterricht des 17. Jahrhunderts nachzuweisen (s. u. S. 279 Anm. 105).

den bzw. ›Privatlektionen‹[40], und wie selbstverständlich verfaßte er die zum normalen Unterrichtsgebrauch bestimmten Rhetoriklehrbücher lateinisch.

Die Poesie freilich, als Schwesterkunst oder gar als Dienerin mit der *ars rhetorica* eng verbunden, hat auch im gelehrten Bildungswesen der Muttersprache schon relativ früh Eingang gewährt. Daß es gelungen war, eine anspruchsvolle deutsche Kunstdichtung zu schaffen – der auf dem Gebiet der Rhetorik noch nichts Gleichwertiges an die Seite gestellt werden konnte –, hat bei dieser Sonderentwicklung sicher eine wesentliche Rolle gespielt. Selbst die Universitäten konnten sich dem nicht ganz entziehen. So nahm August Buchner als Rhetorikprofessor und akademischer Sachwalter des Opitzschen Erbes auch deutsche Poesie in seine Wittenberger Lehrtätigkeit auf[41], gemessen an dem herrschenden Konservatismus ein erstaunlicher Vorgang, der nach und nach auch an anderen Universitäten Nachahmung fand. Doch darf bei alledem nicht vergessen werden, daß aufs ganze gesehen die lateinische Poesie ihre Vorherrschaft behielt.

An den Gymnasien, mit Ausnahme natürlich der Jesuitenkollegs, nahm die Entwicklung einen ähnlichen Verlauf; doch kam hier durch das Schultheater ein poetischer Bereich eigener Art hinzu. Die Möglichkeit, mit Hilfe des Theaterspiels ein breiteres Publikum zu erreichen, dürfte entscheidend dazu beigetragen haben, daß schon früh neben den lateinischen Texten antiker oder neuerer Provenienz auch deutsche Stücke die Schulbühne eroberten[42]. Für die Entwicklung des deutschen Barockdramas wurde dies von großer Bedeutung, denn nur die Gelehrtenschulen boten, im Gegensatz etwa zu den Wanderbühnen, eine halbwegs adäquate, kunstmäßige Aufführungsmöglichkeit. Wieder ist freilich hervorzuheben, daß damit die deutsche Sprache noch keineswegs überall den Sieg davongetragen hatte; auf zahlreichen Schulbühnen dominierte – auch die rhetorischen Schulactus im engeren Sinne dürfen nicht vergessen werden[43] – nach wie vor das Lateinische.

---

[40] Kaemmel, Christian Weise, S. 33. Zum Verhältnis von Deutsch und Latein im Unterricht vgl. auch Horn, Christian Weise ..., S. 101ff.

[41] H. H. Borcherdt, Augustus Buchner und seine Bedeutung für die deutsche Literatur des siebzehnten Jahrhunderts, München 1919, S. 40ff.

[42] »Die Gymnasien waren lebendiger und moderner als die Universitäten, die weit zäher in der Tradition steckenblieben. Nur auf den Schulen wandte man sich der Pflege der Muttersprache zu, führte deutsche Stücke auf« (Flemming, Deutsche Kultur ..., S. 345).

[43] Sie sind, wie sich noch zeigen wird, stärker an die humanistische Tradition

Lateinischer Rhetorik- und Poesieunterricht mit einzelnen Konzessionen an die Muttersprache, lateinische Deklamationen und Rezitationen, allmähliches Vordringen des Deutschen auf dem Schultheater, tiefer greifende Reformen erst gegen Ende des Jahrhunderts: so stellt sich die bildungsgeschichtliche Grundlage der deutschen Barockliteratur dar. Die Konsequenzen, die sich daraus für das Gesamtbild der Barockepoche ergeben, scheinen von der Forschung – außer im Fall der Jesuitendichtung – noch kaum realisiert worden zu sein. Zwar hat man z.B. oft darauf hingewiesen, daß Opitz und Gryphius (wie auch Milton) als Neulateiner begonnen haben[44]. Aber die Vorstellung einer ›Überwindung der lateinischen Tradition‹, wie sie vor allem Wentzlaff-Eggebert an Gryphius entwickelt hat[45], führte nur allzu leicht zu der generalisierenden Annahme, mit der ›Entwicklung zum deutschen Stil‹ habe das Lateinische – außer bei den Jesuiten – spätestens um die Jahrhundertmitte literarisch ausgespielt[46]. Jedenfalls ist es auffällig, daß über Opitz und Gryphius hinaus (auch Conrady behandelt im wesentlichen nur diese beiden)[47] kaum Untersuchungen zur lateinischen Poesie protestantischer Barockdichter vorliegen[48]: zu Buchner, Dach, Fleming, Christian Gryphius, Heermann, Kaldenbach, Johann Lauremberg, Morhof, Titz und Tscherning, um nur diese zu nennen. Dabei handelt es sich zumeist keineswegs um bloße Jugenddichtungen, sondern um ein selbstverständliches Nebeneinander deutscher und lateinischer Produktion über Jahrzehnte hin[49]. Und

---

gebunden. Selbst Weise hält sie durchweg in lateinischer Sprache, während bei seinen Dramen längst das Deutsche gesiegt hat.

[44] Dabei scheint es besonders bezeichnend, daß eben jene Schrift, die das Recht der deutschen Sprache theoretisch begründen sollte, der ›Aristarchus‹ von 1617, lateinisch verfaßt ist.

[45] Dichtung und Sprache des jungen Gryphius. Die Überwindung der lateinischen Tradition und die Entwicklung zum deutschen Stil (²1966; S. 123ff. eingehende Auseinandersetzung mit der Literatur, die seit dem ersten Erscheinen der Untersuchung – 1936 – erschienen ist). Vgl. o. S. 67.

[46] Gegenüber Wentzlaff-Eggeberts Darstellung hat schon M. Szyrocki, Der junge Gryphius (Neue Beitr. z. Lit.wiss. 9), Berlin 1959, S. 46 darauf hingewiesen, »daß Gryphius auch nach dem Jahre 1648 lateinische Gedichte und Prosa schrieb«.

[47] Er nennt zwar (S. 37) auch einmal den Namen Fleming, geht aber nicht weiter auf ihn ein.

[48] Vgl. die o. S. 67 Anm. 144 genannten Forschungsberichte von Conrady und Ijsewijn sowie die kurzen Bemerkungen bei G. Ellinger–B. Ristow, Artikel ›Neulateinische Dichtung‹, RL ²II (S. 620ff.), S. 644f.

[49] Bei Johann Valentin Andreae ist die Abfolge sogar umgekehrt; nach 1623 publizierte er nur noch lateinische Schriften (ähnlich Buchner). Grundsätzliches zum Verhältnis zwischen Deutsch und Latein auch in dem Vortrag von M.

in der literarischen Wertung erhielt keineswegs immer die Muttersprache den Vorzug; so hat beispielsweise Buchner »seine lateinischen
Gedichte als seine Hauptschöpfungen betrachtet und ist auf sie stolzer
als auf seine deutschen Dichtungen gewesen«[50].

Die Tatsache, daß fast alle diese Autoren an Universitäten oder
Gymnasien tätig waren, bestätigt erneut die Wichtigkeit der Frage
nach dem gelehrten Bildungswesen. Doch ist mit der neulateinischen
Kunstübung führender Barockpoeten nur erst ein Teilaspekt des
Komplexes ›lateinische Tradition‹ berührt[51]. Selbst wenn ein gelehrter
Autor sich schon früh ganz der Muttersprache verschrieben oder
jedenfalls keine lateinischen Texte publiziert hat: Rhetorik und Poesie
lernte er im Zeichen der *latinitas*. Seine Lehrbücher an Gymnasium
und Universität waren lateinisch verfaßt[52]; die rhetorisch-poetische
Doktrin, die sie vermittelten, war aus Aristoteles und Horaz[53], Cicero
und Quintilian geschöpft; Cicero, Horaz, Vergil und Ovid waren die
Vorbilder, mit deren Hilfe der Schritt zur eigenen *imitatio* vollzogen
wurde.

Alle gelehrten Barockpoeten sind – in welcher Form auch immer –
durch diese Schule gegangen, alle haben sie einmal als Neulateiner
begonnen. Jeder einzelne hatte sich auf seine Weise mit der lateinischen Tradition auseinanderzusetzen, gleichgültig, ob er selbst sich
weiterhin des Lateinischen bediente, ob er antike Gattungen in seine
Muttersprache umsetzte oder auch keines von beiden – wie beispielsweise der Verfasser eines höfischen Romans[54]. Hier stellen sich weiterer Forschung eine Fülle von Aufgaben.

Wehrli, Deutsche und lateinische Dichtung im 16. und 17. Jahrhundert, in:
Das Erbe der Antike (Ringvorlesung Zürich WS 1961/62), Zürich u. Stuttgart
1963, S. 135ff. Analoge Probleme der mittelalterlichen Literatur zeigt jetzt H.
Fischer in dem postum veröffentlichten Beitrag: Deutsche Literatur und lateinisches Mittelalter, in: Werk – Typ – Situation. Studien zu poetologischen
Bedingungen in der älteren deutschen Literatur. Festschr. f. Hugo Kuhn, Stuttgart 1969, S. 1ff.

[50] H. H. Borcherdt, Augustus Buchner und seine Bedeutung für die deutsche Literatur des siebzehnten Jahrhunderts, München 1919, S. 24.

[51] Auch Conrady faßt den Wirkungsbereich dieser Tradition weiter: »Solange
von der lateinischen Dichtung ererbte Themen und Motive in der muttersprä-
chigen Literatur wirken, darf man von der Geltung der lateinischen Tradition
sprechen« (S. 222).

[52] Das gilt z. T. sogar für die Anleitungen zur deutschen Poesie, etwa Kaldenbachs ›Poetice Germanica‹, Nürnberg 1674.

[53] Zu den geschichtlichen Grundlagen dieser Verbindung vgl. M. T. Herrick, The
fusion of Horatian and Aristotelian literary criticism, 1531–1555 (Illinois Stud.
in Lang. and Lit. 32,1), Urbana/Ill. 1946.

[54] Doch selbst in dieser – nur bedingt von der Antike vorgeprägten – Gattung

Das Problem kompliziert sich noch, wenn man den ausgeprägten Klassizismus bedenkt, der die literarische Pädagogik des 17. Jahrhunderts weithin beherrschte. Wie war es möglich, daß sich auf einer solchen Basis eine Barockliteratur entwickelte? Eine ähnliche Frage war bereits bei dem prinzipiellen Verhältnis von Theorie und Praxis in der Literatur des 17. Jahrhunderts aufgetaucht[55]. Gerade die neueren Arbeiten zur Literaturtheorie dieser Epoche haben gezeigt, wie wenig eigentlich ›Barockes‹ in den Rhetoriken und Poetiken zu finden ist, gemessen an der klassizistischen Übermacht des tradierten Systems[56].

Soweit es um die literarische Doktrin geht, die an Gymnasien und Universitäten vermittelt wurde, läßt sich das Problem relativ leicht klären. Der weitaus größte Teil des aus Aristoteles, Cicero, Horaz, Quintilian und Hermogenes kompilierten Systems, das in den Lehrbüchern begegnet, ist durchaus propädeutischer Natur[57]. Er vermittelt Sachwissen, klärt Einteilungsfragen und definiert Begriffe. Viel Zeit und Energie sind nötig, um sich diesen Stoff erst einmal anzueignen: *genera dicendi, status*-Lehre, Affekten-Lehre, Figuren und Tropen, Versmaße, Gattungen. Alles das liegt im Grunde noch jenseits konkreter Stiltendenzen. Aber es bleibt nicht freischwebende Theorie. Jeder Sachpunkt wird nach Möglichkeit an Textbeispielen verifiziert und erläutert. Die Lehrbücher selbst geben dazu ausführliche Anregungen, und bei der kursorischen Lektüre werden die einzelnen Punkte durch *interpretatio* noch einmal synthetisch vorgeführt. Auch eine Fülle methodischer Kenntnisse und Fähigkeiten gilt es einzuüben. Zum Bereich der *inventio* beispielsweise gehören das Achten auf die *argumenta* und *loci* bei der Lektüre, das Anlegen eigener ›Kollektaneen‹ und das Benutzen schon vorhandener ›Schatzkammern‹. Man lernt, welche Punkte bei bestimmten *casus* abzuhandeln sind (in Rede oder Gedicht), und hier bereits setzen Fragen der *dispositio* ein. Es gibt feste Gliederungsschemata, die an den

---

war die *latinitas* bereits glanzvoll vertreten: durch Barclay's ›Argenis‹. Ihre ungeheure Wirkung während der gesamten Barockzeit, ja ihre Kanonizität, beruhte zu einem wesentlichen Teil auf der *latinitas*. Eine Vorstellung davon vermittelt K. F. Schmid, John Barclays Argenis. Eine litterarhistorische Untersuchung. Teil I: Ausgaben der Argenis, ihre Fortsetzungen und Übersetzungen (Lit.hist. Forschungen. 31), Berlin 1904.

[55] Oben S. 56ff.

[56] Vgl. besonders Fischer, S. 8.

[57] Dies gilt, wie sich noch zeigen wird, weitgehend auch für den Bereich der Universität.

*exempla* abzulesen sind und nach denen man sich zu richten hat, bei
›Gelegenheitswerken‹ oder auch bei den beliebten ›Deskriptionen‹. In
jedem Elaborat aber muß auch sorgfältig auf die Verknüpfung der
einzelnen Glieder geachtet werden; vor allem die Chrien-Technik
hilft dabei. Schließlich hat man in Analyse und Anwendung des diffizilen Figuren- und Tropen-Apparats Sicherheit zu gewinnen. Erst
danach ist man gerüstet für die entscheidenden Fragen der Stiltheorie.

Bereits aus diesem kurzen Überblick wird ersichtlich, wie weitgehend im Unterricht rhetorisch-poetisches Wissen eingeübt und erprobt werden kann, ohne daß man den Boden der klassischen Tradition verläßt. Über die Entfaltung bestimmter literarischer Tendenzen
entscheidet im Grund erst die Stillehre. Sie legt fest, welche Stilart
einem Gegenstand, einem Anlaß, einer Gattung zukommt[58], und sie
zeigt die prinzipiellen Grenzen auf, innerhalb deren man sich des
erworbenen Instrumentariums bedienen darf. Die ›Angemessenheit‹
wird zur Zentralkategorie[59]. Doch hier ist die Grenze des theoretisch
Formulierbaren schon erreicht. Keine noch so ausgeklügelte Systematik oder Kasuistik wäre imstande, für jeden denkbaren Einzelfall
eine zweifelsfrei richtige Sprachwahl zu präjudizieren. Ob die Häufung einer Stilfigur noch erträglich, die Ausschöpfung einer ›Schatzkammer‹ noch vertretbar, die Intensität einer *descriptio* noch angemessen ist: darüber befindet zuletzt das *iudicium,* das kritische Vermögen.

Dieses Vermögen auszubilden, ist eine der Hauptaufgaben des
literarischen Unterrichts[60]. Kein Weg aber führt sicherer zu diesem
Ziel als eine sorgfältig ausgewählte, planmäßig betriebene Lektüre[61].
Nur durch konsequente Orientierung am klassischen Kanon – das ist
die Überzeugung der humanistischen Pädagogen – erwirbt sich der
angehende Gelehrte das notwendige literarische Rüstzeug. Cicero
(dazu eventuell Cornelius Nepos und Livius)[62], Vergil, Horaz und

---

[58] Dabei geht es nicht nur um die Entscheidung innerhalb der drei klassischen
Stilarten des *humile, mediocre* und *grande* (oder *sublime*), sondern – im 17.
Jahrhundert immer deutlicher sich abzeichnend – um eine ganze Palette ver-
schiedener Einzelstile (vgl. Fischer, S. 147ff.).

[59] Fischer, S. 184ff.

[60] Dementsprechend begegnet das *iudicium* häufig auch in biographischen Ab-
rissen über die Entwicklung einzelner Poeten; so in der Vorrede zu Fleming,
›Teütsche Poemata‹, Lübeck (1642), fol. VI^a: »... hat Er/ so bald nur das
Judicium bey Jhme sich geeussert/ die Poesin zu excoliren sich beflissen«.

[61] Im Gegensatz zur Literaturtheorie ist dieser für die *imitatio* so entscheidende
Komplex noch kaum untersucht worden.

[62] Dabei fungiert der Livius-Text nicht nur als *exemplum* für *stylus historicus,*

Ovid (dazu Terenz und die Elegiker) bieten genügend Übungsmaterial, um Sicherheit im sprachlichen Ausdruck und in den wichtigsten literarischen Gattungen[63] zu vermitteln. Zugleich aber, und darauf kommt es entscheidend an, bieten sie die Gewähr, daß die Grenzen des *aptum* nicht überschritten werden. *Aurea latinitas*[64] bürgt für *aurea mediocritas*.

Die Entschiedenheit, ja Hartnäckigkeit, mit der die ›humanistische Maßhaltetheorie‹[65] das ganze Barockjahrhundert hindurch von den Pädagogen festgehalten wird, läßt sich im Fall der protestantischen Gymnasien schon an den Schulordnungen deutlich genug ablesen. Nur ganz vereinzelt erweitert man den tradierten Kanon – vor allem um solche Autoren, die eine Bereicherung der Gattungsskala versprechen. Auf diese Weise dringt z. B. Seneca in den Unterricht ein, nicht mit seinen Briefen und philosophischen Schriften[66] (deren Platz ja bereits durch Cicero eingenommen wird), sondern als Repräsentant der römischen Tragödie[67]. Ähnliches gilt für Martials Epigrammatik und selbst für die Psalterien von Eobanus Hessus oder Buchananus, die gelegentlich in den Lehrplänen auftauchen[68]. Dagegen sind die *genera* eines Statius oder Lucan, Gelegenheitsdichtung und Epos, schon vergeben, ebenso die Historiographie, das Metier des Tacitus.

Gerade im Hinblick auf den Imitationscharakter des literarischen Unterrichts darf dieser scheinbar willkürliche und äußerliche Gattungsaspekt nicht übersehen werden. Selbstverständlich gilt er nicht absolut. Als Christian Weise auch die Reden des großen Juristen und Taciteers Muret[69] sowie die ›Argenis‹ Barclay's in sein Programm auf-

---

   sondern die eingelegten Reden werden auch als Ergänzung zu Cicero gelesen.

[63] Vertreten sind immerhin Rede, Brief, Traktat, Historiographie; Ode, Epode, Satire, Epistel, Elegie, Ekloge, Lehrgedicht, Epos.

[64] Zu Entstehung und Abgrenzung des Begriffs vgl. U. Klein, ›Gold‹- und ›Silber‹-Latein, Arcadia 2, 1967, S. 248ff.

[65] Für das Gebiet der Bildlichkeit geprägt von Windfuhr, S. 341ff.

[66] Das Problem der Identität von ›Philosoph‹ und ›Tragiker‹ bleibe hier ausgeklammert.

[67] So empfiehlt beispielsweise die Hallische Schulordnung von 1661 neben Terenz und Plautus auch »tragoedias Senecae, quae sententiis grauissimis refertae sunt« (Vormbaum 2, S. 553). Es kommt auch vor, daß nur der Name ›Seneca‹ genannt wird (Frankfurt 1654, neben Cicero, Vergil und Horaz; a.a.O., S. 440); doch wird auch hier wohl der Tragiker gemeint sein.

[68] Soest 1618 (a.a.O., S. 204f.); Landgräflich Hessische Schulordnung 1656 (a.a.O., S. 457).

[69] Marc-Antoine Muret (Muretus). Vgl. M. W. Croll, Muret and the history of ›Attic prose‹, PMLA 39, 1924, S. 254ff. (auch in: Style, rhetoric, and rhythm, S. 107ff.); v. Stackelberg, Tacitus in der Romania, S. 106ff. Auch in Kaldenbachs Tübinger Kollegplan ist Muretus einbezogen (u. S. 441).

nimmt[70], geht es ihm primär um die ›politische‹ Modernität dieser Neulateiner[71]. Und mit der Bevorzugung Martials[72] verfolgt er eine eindeutig stilistisch bestimmte Absicht: die Etablierung des antiken *exemplum styli arguti* im Unterricht des Gymnasiums.

Doch das ist eine relativ späte, noch dazu umstrittene Tat. Die bereits in der zweiten Hälfte des 16. Jahrhunderts immer deutlicher sich abzeichnenden Tendenzen zur nichtklassischen Latinität (Tacitusrenaissance, Lipsianismus etc.) haben den offiziellen Literaturunterricht kaum verändert. An den Universitäten wird das neue Interesse noch am ehesten spürbar, etwa wenn der Straßburger Professor Boecler anhand des Tacitus über ›eloquentia politici‹ handelt (1654)[73] oder wenn Buchner eine besondere Neigung für Plinius erkennen läßt[74] – als Möglichkeit der Variation auf streng klassizistischem Untergrund. Zwar bevorzugt Baldes Lehrer Jacob Keller (seit 1607 Rektor des Münchner Jesuitenkollegs) Seneca, Statius und Martial im Unterricht und gerät dadurch in Konflikt mit seinen Ordensoberen[75]. Und die 1664 gegründete Adelsschule von Weißenfels bezieht auch Martial in den Lektüreplan ein[76]. Aber das bleiben Einzelfälle, und es ist bezeichnend, daß sich bei Jacob Keller die Hüter der Klassizität zum Einschreiten veranlaßt fühlen.

Immer wieder freilich muß man sich den elementaren, propädeutischen Zweck des Rhetorik- und Poesie-Unterrichts vergegenwärtigen. Dem Fortgeschrittenen, Begabten stehen natürlich – am Rande dieses Unterrichts und über ihn hinaus – eine reiche Fülle auch nichtklassischer Stilvorbilder offen, und diese *licentia ingenii* erweist sich

---

[70] Den Muretus hatte er schon durch seinen Vater kennengelernt, vgl. ›Institutiones oratoriae‹, ›Praefatio‹, fol. 4ᵇ. Zu Barclay vgl. ›Epistolae selectiores‹, S. 144 (s. auch Wünschmann, Gottfried Hoffmanns Leben . . . , S. 43).

[71] Bemerkenswert in diesem Zusammenhang auch das frühe Interesse an Claudian, den er als Prototyp des ›politischen‹ Dichters feiert: »Claudianus Poëta alioquin, nescio an post Virgilium, felicissimus« (›De moralitate complimentorum‹, Weißenfels 1675, fol. C 2ᵃ). Claudian preise den grausamen, ungerechten, ehrgeizigen Stilicho derart, »ut vel ex ista Panegyrici perfectum Politicae practicae systema videatur exsculpi posse« (ebda.).

[72] Kaemmel, Christian Weise, S. 84 (Weise reserviert den Autor für die Prima, in der er selbst unterrichtet). In den Weißenfelser Statuten von 1664 wird Martial sogar – neben Vergil und Ovid – ausdrücklich vorgeschrieben, vgl. Rosalsky, Geschichte des akademischen Gymnasiums zu Weissenfels, S. 24.

[73] ›De eloquentia politici‹, Straßburg 1654. Mit Tacitus hat sich Boecler (vgl. o. S. 138), angeregt wohl durch Lipsius, besonders intensiv beschäftigt, in seinen Vorlesungen wie in zahlreichen Schriften.

[74] Borcherdt, Augustus Buchner . . . , S. 34f.

[75] Unten S. 357.

[76] Kaemmel, a.a.O., S. 19.

als sehr wesentliche Triebkraft ›barocker‹ Stilgebung. So wie sich Balde (von Keller angeregt) schon früh in der Imitation von Statius, Lucan und Claudian versucht[77], steht auch der junge Gryphius, als er die ›Herodis furiae‹ schreibt (1633/34), bereits unter dem Einfluß von Lucan und Statius[78]. Und Quirinus Kuhlmann nennt in der Liste der Vorbilder, mit denen man ihn als Wunderkind prophetisch-hyperbolisch zu identifizieren suchte, auch die großen Repräsentanten nachaugusteischer und neuerer Latinität. So werden Lipsius, Seneca und Tacitus unter »die Printzen der Philosophen und der Geschichtsschreiber« gerechnet, Muretus (neben Demosthenes und Cicero) unter »die Könige der Redner«, Seneca unter »di Väter der Traur- und Lustspiele«, Claudian und Statius (neben Homer, Vergil, Pindar, Horaz) unter »di Fürsten der Poeten«[79].

Wer eine gelehrte Bildung durchlief, wurde zunächst und elementar im Geist des humanistischen Klassizismus erzogen; Ciceronianismus und augusteische Klassik prägten sich ihm als Leitbilder ein. Daß trotzdem bei der *imitatio* immer wieder *aptum* und *mediocritas* in Gefahr gerieten, läßt sich unschwer denken. »Ineptum etiam ornamentorum Rhetoricorum abusum emendanto«, schreibt die Soester Ordnung von 1618 vor[80]. Auf der anderen Seite bestand die Versuchung, den Rhetorikunterricht in Schönrednerei und selbstgenügsamen Leerlauf versinken zu lassen, eine Tendenz, die Gryphius in der Gestalt des Schulmeisters Sempronius (›Horribilicribrifax‹) unübertrefflich karikiert hat[81]. Und schließlich werden nicht alle Zöglinge dem literarischen Unterricht – zumal wenn er ›pedantisch‹ gehalten wurde[82] – das von den Pädagogen gewünschte Interesse ent-

---

[77] Henrich, Die lyrischen Dichtungen Jakob Baldes, S. 198. Wie sich die Verehrung insbesondere für Claudian auch in späteren Jahren erhält, zeigt Baldes ›Dissertatio de studio poetico‹, auszugsweise übersetzt v. Herder (Suphan 27, S. 216ff.; dort bes. S. 218).

[78] Nachgewiesen von Gnerich, Andreas Gryphius und seine Herodes-Epen (1906). Weitere Autoren der ›silbernen Latinität‹ nennt Flemming, Andreas Gryphius, S. 116f. (ohne daß freilich in jedem Fall Originalkenntnis gesichert wäre). Zu Gryphius und Seneca vgl. Stachel, Seneca und das deutsche Renaissancedrama, S. 204ff.

[79] ›Quinarius‹, Amsterdam 1680, S. 7f. (zitiert nach Dietze, Quirinus Kuhlmann, S. 23).

[80] Vormbaum 2, S. 195.

[81] Dazu Böckmann, S. 444ff. Die Frage, ob nicht vielleicht Daniel Schwenter der Autor ist, läßt offen P. Michelsen, Zur Frage der Verfasserschaft des ›Peter Squentz‹, Euphorion 63, 1969, S. 54ff.

[82] Daß hier vieles im argen lag, wird vor allem aus Weises kritischen Analysen ersichtlich; sein entschlossenes Eintreten für Lebendigkeit und Verständlichkeit gehört zu den Grundlagen seiner pädagogischen Erfolge.

gegengebracht haben. Harsdörffer berichtet aus fachmännischer Erfahrung, so gehe es »vielen in Erlernung der löblichen Poëterey/ welche sie in der Jugend und Jünglingschaft benebens dem Latein/ wol und kunstrichtig erhalten könten; weil sie aber solche Verfassung verachten/ und verlachen/ müssen sie mehrmals/ in dem Alter/ begangenen Fehler erkennen/ und ... heut in den Sand schreiben/ was sie gestern in Marmel hätten graben können«[83].

So wenig es demnach angebracht erscheint, sich die Alltagswirklichkeit des rhetorisch-poetischen Unterrichts an Schulen und Universitäten des 17. Jahrhunderts allzu musterhaft oder gar begeisternd zu denken: seine Wirkung ist umfassend. Der Gelehrte bleibt in der Übung. Immer von neuem hat er sich, produzierend oder rezipierend, mit Proben der ›Kunstfertigkeit‹ in Poesie und Prosa zu befassen; schon die Gegebenheiten des gesellschaftlichen Verkehrs, insbesondere des akademischen, zwingen ihn dazu. Literatur – so lautet seine Überzeugung – ist machbar und meßbar. Sie gründet sich auf ein breites Fundament theoretisch-systematischen Wissens, sicherer Musterkenntnis und praktischer Übung. Der Talentierte mag über dieses Fundament weit hinauswachsen, er »übersteigt das/ was nur erlernet wird«[84]; verzichten kann er darauf nicht.

## 2. Rhetorik an den protestantischen Gelehrtenschulen

Unter den nichtakademischen ›gelehrten‹ Bildungsinstitutionen des 17. Jahrhunderts zeichnet sich die protestantische Gelehrtenschule zunächst durch drei Besonderheiten aus: sie ist der in den deutschsprachigen Gebieten am weitesten verbreitete Schultyp, war dem Einfluß geschichtlicher Wandlungen am intensivsten ausgesetzt und erhielt am frühesten ihre bildungspolitische Grundform. Humanismus und Reformation, die bei der Begründung dieses Schultyps zusammengewirkt hatten, behaupteten sich, mit wechselndem Gewicht, während des ganzen 17. Jahrhunderts als entscheidende Konstituentien[1]. In

---

[83] ›Poetischer Trichter‹, 1. Teil, Nürnberg 1650, ›Vorrede‹, fol. IIII^af.
[84] Schottel, ›Ausführliche Arbeit Von der Teutschen Haubt Sprache‹, Braunschweig 1663, S. 801.
[1] In der pädagogischen Forschung hatte dies zur Folge, daß die protestantischen Gelehrtenschulen des 17. Jahrhunderts niemals einer eigenen Untersuchung für würdig befunden wurden (auch in den gängigen Darstellungen der historischen Pädagogik stehen sie ganz am Rande). Die einzige größere Monographie zu diesem Themenkreis: G. Mertz, Das Schulwesen der deutschen Reformation im

der berühmten Formel Johannes Sturms von der *sapiens atque eloquens pietas*[2] war das synthetische Bildungsziel für Generationen von
Lehrern und Schülern einprägsam festgehalten.

## a. Rhetorik und Bildungsziel

Daß die *pietas* den ersten und vornehmsten Platz erhielt, entsprach
dem christlich-reformatorischen Ordo-Denken. Aber ihre Verbindung
mit Wissen und sprachlicher Fertigkeit war zunächst keineswegs unproblematisch. Luther besaß zur Rhetorik bekanntlich ein recht zwie-
spältiges Verhältnis[3]. Der große Prediger kannte die Macht des gesprochenen Wortes und pries die natürliche, ›einfache‹ Redefähigkeit
als die wahre *eloquentia*[4]. Der *rhetorica* als kunstmäßiger Übung hingegen stand er im Grunde ablehnend gegenüber[5]. Für sich selbst konstatierte er: »Ich kann keine predigt thun noch machen nach der
Kunst«[6]; auch prinzipiell bestritt er den Wert der *ars rhetorica* für
den Prediger. Auf diesem Hintergrund erscheint es nur konsequent,

---

16. Jahrhundert, Heidelberg 1902, geht auf das 17. Jahrhundert so gut wie nicht
ein. Einen Überblick gibt Paulsen 1, S. 276ff. und 564ff. Vgl. auch H. Bender,
Geschichte des Gelehrtenschulwesens in Deutschland seit der Reformation, in:
K. A. Schmid, Geschichte der Erziehung vom Anfang bis auf unsere Zeit, Bd.
VI 1, Stuttgart 1901, S. 1ff. (dort bes. S. 33ff. und 73ff.) sowie – für die zweite
Hälfte des 17. Jahrhunderts – Heubaum, Geschichte des deutschen Bildungs-
wesens seit der Mitte des siebzehnten Jahrhunderts (1905).

[2] Zuerst in der Programmschrift ›De literarum ludis recte aperiendis‹ (1538):
»Propositum a nobis est, sapientem atque eloquentem pietatem, finem esse studiorum« (Vormbaum 1, S. 661; ähnliche Formulierungen a.a.O., S. 655). Ohne die
Komponente der *pietas* begegnet das *eloquentia*-Ideal in den ›Scholae Lauinganae‹
(1565): »ut nullum admirabilius esse videatur hominis inventum et opus, quam
diserta et eloquens prudentia sive prudens et sapiens eloquentia« (Vormbaum
1, S. 729).

[3] Darüber jetzt B. Stolt, Studien zu Luthers Freiheitstraktat mit besonderer Rücksicht auf das Verhältnis der lateinischen und der deutschen Fassung zu einander
und die Stilmittel der Rhetorik (Acta Univ. Stockholm. Stockholmer germanist.
Forschungen. 6), Stockholm 1969, S. 118ff. (›Luther und die Rhetorik‹). Vgl.
auch Weithase 1, S. 8off. und zum weiteren Umkreis Q. Breen, Some aspects of
humanistic rhetoric and the Reformation, Nederlands Arch. v. Kerkgeschiedenis, N. S. 43, 1960, S. 1ff. (bes. Agricola).

[4] Tischreden (Weim. Ausg.), Bd. 4, S. 664: »Drumb ists am besten vnd die hochste
eloquentia simpliciter dicere« (mit Hinweis auf Christus: er »hat am aller ein-
feltigsten geredt vnd war doch eloquentia selbst«, ebda.). Weitere Stellen bei
Weithase 1, S. 85f. (mit den Anmerkungen in 2, S. 25).

[5] Am deutlichsten in der Kennzeichnung der ›rhetorisierten‹ Rede: sie ist »nur ein
geschmückt Ding, und geschnitzter und gemaleter Götze« (Tischreden 1, S. 607).

[6] Tischreden 2, S. 37.

daß die Rhetorik – zusammen mit der Dialektik[7] und der Poesie[8] – in Luthers pädagogischer Konzeption nur einen schmalen Raum erhielt, allenfalls geduldet wurde.

Wenn sie sich trotzdem zu einem der Kernfächer des protestantischen Gymnasiums entwickelte, so ist dies zum wesentlichen Teil ein Verdienst Melanchthons[9]. Er bringt mit der antik-humanistischen Tradition auch das System der *artes dicendi* in den Lehrplan ein, wobei die Rhetorik vor allem mit der Dialektik eng verbunden bleibt[10]. Beiden Fächern (und der lateinischen Grammatik) gibt er sowohl durch seinen persönlichen Einsatz bei der Gründung einzelner Schulen[11] als auch vor allem durch seine Lehrbücher[12] eine sichere theoretisch-systematische Grundlage. Auf ihr entwickelt dann Johannes Sturm[13] – mit noch stärkerer Betonung der *eloquentia* – diejenige pädagogische Organisationsform, die den Rhetorikbetrieb auch für

---

[7] Sie steht für Luther prinzipiell über der Rhetorik, nach der Maxime: »Dialectica docet, rhetorica movet« (Tischreden 2, S. 360). Das Dringen auf Kürze und Sachlichkeit ist die *virtus* einer richtig verstandenen und von scholastischen Entartungen befreiten Dialektik: »Die furnemste Frucht und Nutz der Dialectica ist, ein Ding fein rund, kurz und eigentlich definiren und beschreiben, was es gewiß ist« (ebda.; vgl. Tischreden 4, S. 135). Sie reicht im Grunde zur Vorbereitung der Rede aus, denn wenn man den Gegenstand hat, lehrt sie, »wie man fein ordentlich, eigentlich und richtig, kurz und einfältig davon lehren und reden soll« (Tischreden 2, S. 559). Vgl. auch Mertz, Das Schulwesen ..., S. 257ff.

[8] Dazu Mertz, a.a.O., S. 272f. (wichtig ein Brief an Eobanus Hessus vom Jahre 1523).

[9] Zum Thema ›Melanchthon und die Rhetorik‹ am umfassendsten: K. Hartfelder, Philipp Melanchthon als Praeceptor Germaniae (MGPaed. 7), Berlin 1889, bes. S. 183ff.; ferner K. Bullemer, Quellenkritische Untersuchungen zum 1. Buche der Rhetorik Melanchthons, Diss. Erlangen 1902; Q. Breen, The subordination of philosophy to rhetoric in Melanchthon, Arch. f. Reformationsgesch. 43, 1952, S. 13ff.; U. Schnell, Die homiletische Theorie Philipp Melanchthons, Diss. Rostock 1965.

[10] Entscheidender Anreger bei dieser Verknüpfung ist Rudolf Agricola (s. bes. die Nachweise in der Arbeit von Bullemer).

[11] Zu nennen sind vor allem die Stadtschulen von Magdeburg (1524), Eisleben (1525) und Nürnberg (1526) sowie die berühmte kursächsische Schulordnung (1528) unter dem Titel ›Unterricht der Visitatoren an die Pfarrherren im Kurfürstentum Sachsen‹ (abgedruckt bei Vormbaum 1, S. 1ff.).

[12] Sein Rhetorik-Kompendium hat Melanchthon in drei verschiedenen Fassungen vorgelegt: ›De rhetorica libri tres‹, 1519; ›Institutiones rhetoricae‹, 1521; ›Elementorum rhetorices libri duo‹, 1531 (in der erweiterten Form von 1542 abgedruckt CR XIII, Sp. 417ff.).

[13] Die Monographie von C. Schmidt, La vie et les travaux de Jean Sturm, Straßburg 1855, ist noch nicht ersetzt. Vgl. E. Laas, Die Pädagogik des Johannes Sturm, Berlin 1872; W. Sohm, Die Schule Johann Sturms und die Kirche Straßburgs in ihrem gegenseitigen Verhältnis 1530–1581, München u. Berlin 1912. Eine

das gesamte Barockzeitalter bestimmt[14]. Noch Morhof bestätigt die nachhaltige Wirkung Sturms, »cujus consiliis pleraeque per Germaniam Scholae institutae«[15].

Die alte Streitfrage, ob auch das Schulwesen der Jesuiten von Sturm abhängig sei[16], kann dabei durchaus offen bleiben. Für die protestantischen Gebiete, also den größeren Teil Deutschlands, gilt Morhofs Feststellung unbedingt. Viele Städte setzen ihren Stolz daran, eine Lateinschule nach Sturmschem Muster zu besitzen, und einzelne dieser Schulen erwerben sich schon bald einen ausgezeichneten Ruf. Neben Straßburg und Königsberg, Halle, Leipzig und Nürnberg sind es vor allem Breslau und Danzig, deren Gymnasien auch im Bildungsgang großer deutscher Barockautoren eine wichtige Rolle spielen. Das Danziger Gymnasium[17] besuchen unter anderen Gryphius und Hofmannswaldau, in Breslau verteilt sich die protestantische Schülerschaft auf das Magdalenen- und das Elisabeth-Gymnasium; das erstere besuchen Hallmann, Kuhlmann, Lohenstein, Opitz und Peukker, das letztere Hofmannswaldau, Männling, Mühlpfort, Neukirch, Scheffler, Scultetus und Titz[18].

---

spezielle Untersuchung über Sturms Rhetorik gibt es nicht (vgl. auch Fischer, S. 127 mit Anm. 11). Am ausführlichsten dazu Sohm, a.a.O., S. 31ff.

[14] Die drei schulpädagogischen Hauptschriften: ›De literarum ludis recte aperiendis‹, 1538 (abgedruckt bei Vormbaum 1, S. 653ff.; ausführliche Inhaltsübersicht bei Mertz, Das Schulwesen ..., S. 146ff.); ›Classicarum epistolarum libri tres‹, 1565 (Vormbaum 1, S. 678ff.; eine Neuausgabe der ›Classicae epistolae‹ besorgte J. Rott, Paris–Straßburg 1938); ›Scholae Lauinganae‹, 1565 (Vormbaum 1, S. 723ff.). Für die Rhetorik außerdem wichtig: ›De amissa dicendi ratione‹, 1538 (abgedruckt – mit deutscher Übersetzung – bei Garin 3, S. 139ff.); ›In partitiones oratorias Ciceronis dialogi duo‹, 1539; ›De exercitationibus rhetoricis‹, 1571; ›De imitatione oratoria libri tres‹, 1574; ›De universa ratione elocutionis rhetoricae libri quatuor‹, 1576. Eine vollständige Bibliographie der Schriften Sturms enthält das genannte Buch von C. Schmidt, S. 314ff.

[15] ›Polyhistor‹, Lübeck ³1732, S. 447 (dort S. 447ff. eine ausführliche Würdigung der Methoden Sturms); vgl. S. 948: »Et fuit sane in oratoria facultate summus, suoque tempore communis fere scholarum per Germaniam moderator«.

[16] Vgl. u. S. 327f.

[17] Eingehend untersucht von T. Hirsch, Geschichte des academischen Gymnasiums in Danzig, in ihren Hauptzügen dargestellt, Danzig 1837.

[18] Eine Geschichte der Breslauer Gymnasien vor allem während des 17. Jahrhunderts ist – auch für die Barockforschung – ein dringendes Desiderat. Für das 16. Jahrhundert vgl. G. Bauch, Geschichte des Breslauer Schulwesens in der Zeit der Reformation, Breslau 1911. Wichtiges Material enthält u. a. das Tagebuch (1640–1669) von Elias Maior, dem Rektor des Elisabeth-Gymnasiums (einiges veröffentlichte M. Hippe, Aus dem Tagebuche eines Breslauer Schulmannes im siebzehnten Jahrhundert, Zs. des Vereins f. Gesch. u. Alterthum Schlesiens 36, 1901, S. 159ff.).

Doch nicht nur unter den Schülern – auch unter den Lehrern der protestantischen Gymnasien begegnen bekannte Namen der deutschen Barockliteratur. Dabei wird noch klarer erkennbar, welche Schlüsselpositionen diese Schulen als Zentren des literarischen Lebens einnehmen. Eine kurze Aufzählung der wichtigsten Namen mit Angabe der jeweiligen Gymnasien, an denen sie tätig waren, mag hier zunächst genügen: Boecler (Straßburg), Buchholtz (Hameln, Lemgo), Dach (Königsberg), Dilherr (Nürnberg), Gorgias (Kronstadt), Christian Gryphius (Breslau: Elisabethanum, Magdalenäum), Gueintz (Halle), Kaldenbach (Königsberg), Kindermann (Altbrandenburg), Klaj (Nürnberg), Köler (Breslau: Elisabethanum), Meyfart (Coburg), Neander (Düsseldorf), Rachel (Heide, Norden, Schleswig), Riemer (Weißenfels), Rotth (Halle), Weise (Weißenfels, Zittau).

Die Rolle, die das Lehramt im beruflichen Werdegang dieser Autoren gespielt hat, ist durchaus nicht überall gleich[19]. Immerhin sind fast alle zum Rektoramt aufgestiegen, für einige (wie Boecler, Buchholtz, Dach, Kaldenbach, Meyfart, Thomasius) wurde das Gymnasium eine wichtige Stufe beim Aufstieg zum Universitätslehrstuhl[20]. Wer es zum Rektorat eines Gymnasiums brachte, hatte sich – im Gegensatz zu den unteren Rängen wie Konrektor und Tertius – meist um sein Auskommen nicht mehr besonders zu sorgen und nahm vor allem im öffentlichen Leben der Stadt eine geachtete Position ein.

Seine pädagogische Handlungsfreiheit allerdings war im allgemeinen nicht sehr weit bemessen. Die Aufsichtsbehörden (vor allem Kirche und Stadtrat) wachten sorgsam darüber, daß die Statuten eingehalten wurden. Denn fast alle diese Gymnasien waren – z.T. aus alten Klosterschulen[21] – im Zeichen der Reformation entstanden. Auf Luther, Melanchthon und Sturm gründeten sich ihre Schulordnungen[22]. Alles Weitere ist, bis zu den Tagen Christian Weises, Ausfaltung und Modifizierung der vorgegebenen Schemata. Das gilt bei-

---

[19] Zu berücksichtigen wären u. a. Dauer der Unterrichtstätigkeit, Fächer, Art und Bedeutung des Gymnasiums. Einige der Genannten (z. B. Buchholtz, Rachel und Weise) waren weit über ihre Stadt hinaus als Organisatoren des Schulwesens tätig.

[20] Jacob Thomasius bekleidete sogar gleichzeitig ein Gymnasial- und ein Universitätslehramt.

[21] In Württemberg blieb der alte Name auch weiterhin erhalten (vgl. Vormbaum 1, S. 102ff.).

[22] Die wichtigsten Schulordnungen des 17. Jahrhunderts sind im 2. Band der Sammlung von Vormbaum enthalten (weitere Quellen werden jeweils am Ort genannt). Zum 16. Jahrhundert vgl. neben Vormbaum 1 vor allem den umfangreichen Anhang bei Mertz, Das Schulwesen ..., S. 457ff.

spielsweise für die administrative Trennung in Stadt- und Fürstenschulen[23], vor allem aber für die Ausbildung vielfältiger Einzeltypen,
deren präzise Unterscheidung oft Schwierigkeiten bereitet[24]. ›Protestantische Gelehrtenschule‹ ist hier daher als Sammelbegriff alles
dessen zu verstehen, was zwischen ›deutscher‹ oder ›Trivialschule‹
einerseits und Universität andererseits rangiert.

Die Ausrichtung auf das akademische Studium ist für Bildungsziel
und Lehrplan der protestantischen Gymnasien entscheidend: »eo consilio ad studia animum appellunt, ut, postquam diligenter operam
navarunt his, quae in schola tractari solent, uberiorem ingenij cultum,
in academijs capessere queant«[25]. So oder ähnlich heißt es in den meisten Schulordnungen. Bei keinem Fach aber ist die Orientierung an
der Universität so evident wie bei der Rhetorik. Während sie im
Lehrbetrieb des Mittelalters, als ein Teil des Triviums, wesentlich der
Universität vorbehalten war[26], hatte sie im Zuge der humanistischen
Reformen auch Eingang in den vorakademischen Unterricht gefunden, zunächst im Sinne der Propädeutik (wie auch die zitierte Schulordnung erkennen läßt). Der Absolvent des Gymnasiums vermochte
jetzt den akademischen Lehrveranstaltungen eher zu folgen und sich
– etwa an Disputationen – mit größerer Fertigkeit zu beteiligen. Das
Universitätsfach ›Rhetorik‹ war somit entlastet und offen für an-
spruchsvollere Aufgaben[27].

Doch bei dieser rein vorbereitenden Funktion blieb es nicht. Einzelne Gymnasien waren mehr und mehr bestrebt, eine eigenständige
Bildung mit akademischen Ansprüchen zu vermitteln. Sie nahmen in
gewissem Umfang auch ›Realfächer‹, d.h. Disziplinen des traditionellen Quadriviums in ihren Unterricht herein (vor allem Arithmetik)
und nannten sich, je nach Intention, ›Gymnasium Academicum‹,

---

[23] Zur Gruppe der Fürstenschulen vgl. stellvertretend die ausführliche Darstellung von T. Flathe, St. Afra. Geschichte der Königlich Sächsischen Fürstenschule zu Meißen 1543–1877, Leipzig 1879. Einzelnes auch bei Paulsen 1,
S. 297ff.
[24] Eine reichhaltige Skala bietet sich schon bei den in der Forschung benützten
Schulbezeichnungen, die nur z. T. historisch legitimiert sind: ›Stadtschule‹,
›Ratsschule‹, ›Lateinschule‹, ›Pädagogium‹, ›Gelehrtenschule‹, ›Gymnasium‹
(dies erst im 19. Jahrhundert zur allgemeinen Geltung gelangt).
[25] Vormbaum 2, S. 376 (Stralsund 1643).
[26] Zur Orientierung C. S. Baldwin, Medieval rhetoric and poetic (to 1400), New
York 1928 und F. Tateo, ›Retorica‹ e ›poetica‹ fra Medievo e Rinascimento,
Bari 1960. Vgl. auch u. S. 407ff.
[27] Dazu u. S. 390f.

›Paedagogium‹ oder ähnlich[28]. Die Gründe waren durchaus verschiedener Art. Ungenügen an der formalen Einseitigkeit der humanistischen Gymnasialbildung spielte bei einzelnen sicher eine Rolle. Nicht weniger wichtig aber waren der gelehrte Ehrgeiz der Schulmänner und der Stolz der Fürsten – in Territorien, die sich eine eigene Universität nicht leisten konnten[29]. Solche gleitenden Übergänge zwischen Gymnasium und Universität[30] (bei den Ritterakademien wird noch davon zu sprechen sein) sind kennzeichnend für das gelehrte Bildungswesen seit der zweiten Hälfte des 16. Jahrhunderts.

In den Gymnasien selbst aber hat wohl kein Unterrichtsgebiet so unmittelbar vom Ehrgeiz der Pädagogen profitiert wie die Rhetorik. Denn keines eignete sich so gut zur öffentlichen Demonstration, und keines ließ sich über einen so langen Zeitraum hin aufbauen. So ist es kaum ein Zufall, daß von den großen Schulmännern des 16. Jahrhunderts nicht etwa Neander oder Trotzendorf, sondern gerade der *propagator eloquentiae* Johannes Sturm am intensivsten gewirkt hat.

Als spezielles Fach bleibt ›Rhetorik‹ im allgemeinen der obersten oder den oberen Klassen vorbehalten, beginnt jedenfalls erst nach Abschluß der Grammatik. Das entspricht der Rangfolge innerhalb des mittelalterlichen Triviums (das z. B. in den drei ›hauffen‹ der Melanchthonschen Schulordnung von 1528 noch deutlich erkennbar ist)[31], nur daß die alte Dreiteilung allmählich durch eine Gliederung in fünf oder mehr Stufen ersetzt wird (Sturms Programmschriften sehen fünf *classes*, neun *ordines* oder zehn *curiae* vor)[32]. Doch bevor der sorgfältig ausgeklügelte Weg zur Universitätsreife in seinen wichtigsten Stationen verfolgt wird, sei zunächst einmal das angestrebte Ziel des rhetorischen Unterrichts ins Auge gefaßt: welcher Art, welchen Inhalts ist jene ›Rhetorik‹, deren Kenntnis für die Erreichung des humanistischen τέλος so unabdingbar zu sein scheint? Oder anders ausgedrückt: worin besteht das positive rhetorische Wissen,

---

[28] In einzelnen Fällen wurden solche angehobenen Gymnasien zum Ausgangspunkt einer Universitätsgründung, so etwa in Jena, Helmstedt und Straßburg (letzteres u. a. durch Sturms Einsatz).

[29] Deutlich ist diese Ersatzfunktion etwa bei Weißenfels; vgl. Rosalsky, Geschichte des akademischen Gymnasiums zu Weissenfels, S. 11ff.

[30] Der Unterschied ist häufig nur noch formal zu definieren: die Gymnasien besaßen nicht das Privileg, akademische Titel zu verleihen (s. Paulsen 1, S. 327).

[31] Vormbaum 1, S. 1ff.

[32] In der hier gegebenen Reihenfolge: ›Scholae Lauinganae‹ (1565), ›De literarum ludis recte aperiendis‹ (1538), ›Classicae epistulae‹ (1565). Das Nebeneinander dieser Ordnungen zeigt – charakteristisch auch für das 17. Jahrhundert –, wie unfest und akzidentiell die Klasseneinteilung noch war.

über das die Absolventen der protestantischen Gelehrtenschulen verfügen sollen?

## b. Das Rhetoriklehrbuch von Gerhard Johannes Vossius

Die Schulordnungen können dazu nur allgemeinste Richtlinien auf-
zeigen; maßgebender sind die in den Abschlußklassen eingeführten
Lehrbücher der Rhetorik. Unter den zahlreichen Kompendien, die
– meist in der unmittelbaren Nachfolge Melanchthons[33] – zu diesem
Zweck geschaffen wurden[34], hat keines die absolute Vorherrschaft zu
erringen vermocht (wie Soarez bei den Jesuiten)[35]. Die weiteste Verbreitung fand im Lauf des 17. Jahrhunderts das Lehrbuch eines Mannes, der nicht nur Theoretiker war, sondern aufgrund seiner pädagogischen Tätigkeit auch über eine reiche praktische Erfahrung
verfügte: die ›Rhetorices contractae, sive partitionum oratoriarum
libri quinque‹ des berühmten Polyhistors und Leidener Rhetorikprofessors Gerhard Johannes Vossius (1577–1649)[36].

Das Buch erschien zuerst 1606 (Leiden), als Vossius noch Rektor
am Gymnasium in Dordrecht war, wurde dann 1621 in einer Neu-
fassung herausgebracht, und kein Geringerer als Daniel Heinsius prophezeite:

---

[33] Vgl. o. S. 260 mit Anm. 12.

[34] Einige dieser Lehrbücher, die von den Universitätslehrbüchern nicht immer
leicht zu unterscheiden sind, seien hier – ohne auch nur annähernde Vollständigkeit beanspruchen zu wollen – wenigstens mit ihren Haupttiteln genannt:
Antonius Bitius, ›Ariadne rhetorum‹, 1658; Johann Conrad Dannhauer, ›Epitome rhetorica‹, 1635; Konrad Dieterich, ›Institutiones oratoriae‹, 1615; ders.,
›Institutiones rhetoricae‹, 1616; Bartholomaeus Keckermann, ›Systema rhetoricae‹, 1608; Erich Müller, ›Tabulae rhetoricae‹, 1636; Christian Weise, ›Institutiones oratoriae‹, 1687; ders., ›Subsidium juvenile‹, 1689. Einzelne Kompendien
sind für bestimmte Städte oder Schulen (Johann Kirchmann, ›Rudimenta rhetoricae‹, 1652: für Lübeck; Erich Müller, ›Εἰσαγωγὴ in rhetorica‹, 1643: für
Hildesheim) oder auch für bestimmte Territorien gedacht (so Johannes Hauber,
›Erotemata rhetorices‹, 1618: »pro scholis ducatus Wirtembergici«; 1682 ersetzt
durch Christoph Kaldenbachs Auftragswerk ›Compendium rhetorices‹, vgl.
u. S. 443f.).

[35] Vgl. u. S. 336ff.

[36] Eine neuere Arbeit über Vossius gibt es nicht. Hauptquellen für nähere Orientierung sind neben den großen enzyklopädischen Werken des 17. und 18. Jahrhunderts vor allem Cornelius Tollius, ›Oratio in obitum Gerhardi Johannis
Vossii‹ (Amsterdam 1649) und die Vita von Paulus Colomesius, die der Ausgabe der ›Epistolae‹ (London 1690) beigegeben ist. Werkverzeichnis bei L. D.
Petit, Bibliografische Lijst der Werken van de Leidsche Hoogleeraren, Leiden u.
Leipzig 1894, S. 161ff.

»Addiscet pro te postera turba loqui«[37].

Er sollte recht behalten. Noch 1682, also mehr als drei Jahrzehnte nach Vossius' Tod, muß ein Verleger – der eine andere, ebenfalls bewährte Rhetorik empfehlen will – zugeben: »Non ignoro eqvidem, Oratorias aliorum Institutiones extare non unas, easque inter in scholis propemodum omnibus hodiè praecaeteris regnare Vossianas, utpote limatas admodùm, et utilitate suâ se ipsas commendantes«[38].

Daß Vossius ›in nahezu allen Schulen regiert‹, wird z. T. durch gedruckte Schulordnungen bestätigt, die seinen Namen ausdrücklich nennen[39]. Auch Theoretiker der Rhetorik wie Daniel Richter[40] oder Christian Weise (»Vossius quem inter Rhetores non immerito colimus praecipuum«)[41] beziehen sich auf ihn. Die Zahl der Nachdrucke, Neuauflagen[42] und Bearbeitungen[43] nimmt ständig zu, Jacob Thomasius erweitert das beliebte Werk um einige nützliche ›Tabulae synopticae‹[44]. Noch 1721 erscheint es in Leipzig, und Gottsched stellt erstaunt fest, daß seit langem statt des großen Melanchthon »Vossius fast allein in niedrigen und hohen Schulen die Oberhand bekommen hat«[45] (noch Lessing beruft sich in den Abhandlungen zur Fabel auf die Rhetorik des Vossius[46]).

---

[37] Schlußvers eines 14zeiligen Widmungsgedichtes, das der ›Rhetorice contracta‹ vorangestellt ist.

[38] ›Praefatio nova‹ des Verlegers Georg Heinrich Frommann zu Sigismund Lauxmin, ›Praxis oratoria‹, Frankfurt a. M. 1682 (¹1645), fol. A 2ᵇ.

[39] Z. B. Danzig (Hirsch, Geschichte des academischen Gymnasiums in Danzig, S. 49), Moers 1635 (Vormbaum 2, S. 274), Magdeburg 1658 (a.a.O., S. 516), Güstrow 1662 (a.a.O., S. 593), Weimar 1712 (Vormbaum 3, S. 206); selbst die ›modernen‹ Schulgesetze des Gymnasium Academicum in Weißenfels (1664) schreiben den ›Vossius‹ vor (vgl. die oben genannte Arbeit von Rosalsky, S. 24). Da zahlreiche Schulordnungen überhaupt keine Lehrbücher namentlich erwähnen, ist der einzelne Beleg um so höher zu bewerten (systematische Suche würde sicher noch eine Fülle weiteren Materials erbringen).

[40] ›Thesaurus oratorius novus‹, Nürnberg 1660, S. 110 (Tropen und Figuren).

[41] ›Institutiones oratoriae‹, Leipzig 1687, ›Dedicatio‹, fol. 2ᵇ; vgl. ›Vertraute Gespräche ...‹, Leipzig 1697, S. 235ff. und ›Neu-Erleuterter Politischer Redner‹, Leipzig 1696, S. 589f.

[42] Die Bibliographie von Petit verzeichnet allein für das 17. Jahrhundert 28 Ausgaben der ›Rhetorice contracta‹.

[43] Hierzu gehören Johann Sebastian Mitternacht, ›Gerh. Joh. F. Vossii elementa rhetorica‹, Leipzig 1684 (Jena ¹1646) und Johann Friedrich Koeber, ›Elementa rhetorica, Vossio-Mitternachtiana‹, Gera ⁹1696.

[44] Zuerst in der Ausgabe Leipzig 1660.

[45] ›Ausführliche Redekunst‹, Leipzig ²1739, S. 66. In seinem ›Versuch einer deutschen Redner-Bibliothek‹ (enthalten in der ›Akademischen Redekunst‹, Leipzig 1759, S. 16ff.) nennt er Vossius – neben Pomay – als einzigen Vertreter lateinischer rhetorischer Theorie des 17. Jahrhunderts (er führt an: ›De rhetorices

Man geht also sicher nicht fehl mit der Annahme, in Vossius wenigstens einen Repräsentanten jener rhetorischen *doctrina* vor sich zu haben, die das protestantische Gymnasium des 17. Jahrhunderts beherrscht und somit immerhin die Lehrjahre der meisten protestantischen Barockautoren geprägt hat[47]. Von dieser *doctrina* zumindest einen ungefähren Eindruck zu erhalten, kann demnach nicht ganz gleichgültig sein, auch wenn es sich bei der ›Rhetorice contracta‹ des Vossius nur um ein Schulbuch handelt. Als Schulbuch ist dieses Kompendium offensichtlich von vornherein gedacht. Es stellt in seinem Grundbestand nichts anderes dar als die gekürzte und vereinfachte Fassung eines umfangreichen, tiefgelehrten Bandes, den Vossius ebenfalls im Jahre 1606 in Leiden zum ersten Mal veröffentlichte: ›Commentariorum rhetoricorum, sive oratoriarum institutionum libri sex‹.

Zu Beliebtheit und Erfolg der ›Rhetorice contracta‹ dürfte dieses größere Werk, das auch eine Reihe von Auflagen erlebte[48], nicht unwesentlich beigetragen haben[49]. Es demonstrierte das umfassende,

---

natura ac constitutione et antiquis oratoribus‹, 1622 und ›Rhetorica contracta‹, 1627; a.a.O., S. 37).

[46] Lachmann³–Muncker 6, S. 421f. (›Institutiones oratoriae‹).

[47] Sein bedeutendster persönlicher Schüler unter den deutschen Poeten dürfte Hofmannswaldau gewesen sein. Während des Studiums in Leiden (Oktober 1638 – Ende 1639) ist Hofmannswaldau offensichtlich mehrfach nach Amsterdam gereist, um Vossius zu hören, der dort Rektor am neugegründeten ›Athenaeum‹ war:
> »Manchen Gang hast du genommen
> Zu dem Vooß in Amsterdam«,

heißt es in einem Hochzeitsgedicht Christoph Kölers für seinen ehemaligen Schüler; zitiert nach M. Hippe, Christoph Köler, ein schlesischer Dichter des siebzehnten Jahrhunderts. Sein Leben und eine Auswahl seiner deutschen Gedichte (Mitth. aus d. Stadtarch. zu Breslau. 5), Breslau 1902, S. 177 (vgl. auch Rotermund, Christian Hofmann von Hofmannswaldau, S. 6). Über Gryphius, der damals ebenfalls in Leiden studierte, wird nichts dergleichen berichtet. Flemming, Andreas Gryphius, S. 41 vermutet allerdings intensive Vossius-Lektüre: »Gryphius wird besonders seine rhetorischen Schriften eifrig gelesen und sie anregend gefunden haben« (Vossius habe ihm »auch ein Gegengewicht« zu dem Leidener Rhetorikprofessor Boxhorn geboten). Schupp berichtet in ›Freund in der Noht‹ (1658): »ich hielte mich unterweilens zu Amsterdam auf/ und hörte den alten Vossium« (S. 133).

[48] Laut Petit im 17. Jahrhundert 9mal erschienen. Einige Bemerkungen zu dieser Rhetorik (mit der Vermutung eines Einflusses auf Opitz) bei Fischer, S. 138ff. sowie bei Schings, Die patristische und stoische Tradition ..., S. 6ff.

[49] Hinzu kommen eine Reihe weiterer rhetorisch-poetischer Schriften, darunter ›De rhetoricae natura ac constitutione et antiquis rhetoribus‹, 1622; ›De vitiis sermonis et glossematis latino-barbaris libri quatuor‹, 1645; ›De artis poeticae natura ac constitutione‹, 1647; ›Poeticarum institutionum libri tres‹, 1647; ›De imitatione cum oratoria, tum poetica, et de recitatione veterum‹, 1647; ›De

sichere Fundament des dargebotenen rhetorischen Systems[50], gab dem Lehrer ein praktisches Mittel weiterer Orientierung in die Hand und eröffnete nicht zuletzt die Möglichkeit, auch den Universitätsunterricht im Fach ›Rhetorik‹ fugenlos auf der Grundlage des Schulunterrichts aufzubauen[51]. Es ist wohl kaum ein Zufall, daß Vossius beide Bücher noch einmal gründlich überarbeitete, nachdem er sein Amt an der Leidener Universität angetreten hatte (1622)[52]. Die neue Position war für den Namen Vossius natürlich eine vorzügliche Empfehlung. In den Augen der protestantischen Pädagogen gewann Vossius auch durch seine ausgeprägte Christlichkeit (er verfaßte eine Fülle theologischer Schriften)[53] und durch den Mut, den er bewies, als er in den niederländischen Remonstrantenstreit hineingezogen wurde.

So wichtig alle diese Faktoren für den Erfolg seines Rhetoriklehrbuches gewesen sein mögen – auf die Länge der Zeit hin bewährten sich vor allem die sachlichen Qualitäten: Gewandtheit und Souveränität der Darstellung, insbesondere aber die Sorgfalt, mit der Vossius das klassische System der Rhetorik tradierte[54], ohne in unfruchtbaren Rigorismus zu verfallen.

---

logices et rhetoricae natura et constitutione libri duo‹, 1658. Die Arbeiten sind vereinigt in der von dem Sohn Isaac Vossius besorgten Ausgabe der ›Opera omnia in sex tomos distributa‹, Amsterdam 1695–1701 (vor allem im 3. Band).

[50] Die (hier benutzte) Ausgabe von 1643 umfaßt nahezu eintausend Textseiten im Quartformat. Jedes einzelne Theorem ist durch ausführliche Zitate aus Gewährsleuten (von Aristoteles über die Kirchenväter bis ins 17. Jahrhundert hinein) gründlich belegt und durch zahlreiche *exempla* erläutert. Vor allem nach der Neubearbeitung (von 1630) scheint Vossius eine Rechtfertigung bzw. Entschuldigung notwendig:»Quamquam verò hîc fusiùs penè omnia exponerem; multáque adspergerem non tam ad Oratoriam, quàm ad litteraturam pertinentia: operam tamen dedi, ne nimis à naturâ artis abirem, vel ne inutilibus eam quaestionibus involverem« (›Ad lectorem‹, fol. 3ª).

[51] Dazu u. S. 407ff. An der Spitze aller für das Universitätsstudium zu empfehlenden neueren Rhetoriken steht der ›Große Vossius‹ bei Johann Andreas Bose, ›De prudentia et eloquentia civili comparanda‹, Jena 1699, S. 48.

[52] Vossius hatte in Leiden auch studiert und (1598) zum Magister der Philosophie promoviert. Wohl nicht zuletzt durch Vermittlung seines engen Freundes Hugo Grotius war er dann 1615 zum Direktor des dortigen ›Collegium theologicum‹ berufen worden.

[53] Vgl. den 5. und 6. Band seiner ›Opera omnia‹.

[54] Es wäre aufschlußreich, einmal die Geschichte der rhetorischen Kompendien von Aristoteles bis Lausberg zu verfolgen, wobei nicht nur die tradierte Lehre selbst, sondern vor allem auch die didaktischen Aspekte berücksichtigt werden müßten. Der hier gegebene Überblick soll nur ein für das 17. Jahrhundert maßgebendes *specimen* dieser Gattung kurz vorstellen, ohne in einen näheren Vergleich mit anderen Epochen einzutreten.

Der Gesamtaufbau des Kompendiums[55] ist zunächst durch das bewährte Dreierschema *inventio* (Buch I und II), *dispositio* (Buch III) und *elocutio* (Buch IV und V) bestimmt. Es entspricht den klassischen *officia* des Redners: »argumenta invenire, inventa disponere, disposita exornare, et exornata pronunciare«[56]. Unter dem vierten hier genannten Punkt, der *pronunciatio,* faßt Vossius alle die Probleme der oratorischen Praxis zusammen, die schon in der Antike (als *memoria* und *actio* bzw. *pronuntiatio*) eine gewisse Sonderstellung innerhalb der üblichen Schematik einnahmen[57]. Vossius hängt diesen Themenkomplex, auf zwei kurze Kapitel verteilt, an den Schluß des fünften Buches[58]. In ähnlicher Weise ist der Beginn des ersten Buches erweitert. Bevor Vossius das Hauptthema *inventio* angeht, werden auf neun Seiten (›De natura rhetorices‹)[59] die Grundbegriffe der Rhetorik abgehandelt, meist mit dem Ziel einer Definition: *rhetorice; rhetor* und *orator; materia; natura* und *ars; officia oratoris;* Bedeutung von Dialektik und Logik[60].

Schon in diesem Grundlegungsteil werden Aristoteles, Cicero und Quintilian durch Zitate und Stellenhinweise als die eigentlichen Ahnherren des Systems herausgehoben. Von Aristoteles übernimmt Vossius – unter Hinzufügung des griechischen Textes[61] – die Begriffsbestimmung der Rhetorik: »Definitur RHETORICE ab Aristotele, facultas videndi in unaquaque re, quod in ea est ad persuadendum idoneum«. Auf Cicero stützt sich unter anderem die Unterscheidung von

---

[55] Die Ausgabe Leipzig 1660, nach der im folgenden auch zitiert wird, enthält – ohne Widmung, Indices usw. – 448 Textseiten im Oktavformat.

[56] A.a.O., S. 7. Die gradierende Kettenform begegnet bereits in der Definition Ciceros, De orat. 1,31,142. Vgl. Quintilian 3,3,1. Lausberg § 255.

[57] Knappe Behandlung bei Lausberg § 1083–1091. Vgl. auch R. Nadeau, Delivery in ancient times: Homer to Quintilian, QJS 50, 1964, S. 53ff.

[58] A.a.O., S. 442. Hauptthemen *vox* und *corporis motus.* Die *memoria* wird nur gestreift, sie gehört nach Vossius' Ansicht nicht zu den *officia oratoris* im engeren Sinne: »Hunc partium numerum alii augent, alii minuunt. Augent, qui cum Cicerone, atque aliis antiquorum, addunt memoriam. Nos Aristotelem sequimur; quia, quae memoriam juvant, ad distinctam artem pertinent, quae μνημονευτικὴ dicitur« (S. 7).

[59] A.a.O., S. 1ff.

[60] Die relative Ausführlichkeit, mit der diese letzte Frage behandelt wird (S. 7ff.), erklärt sich vor allem aus der Diskussion des 16. Jahrhunderts (Ramismus, Agricola, Melanchthon etc.). Vossius weist alle Versuche ab, *inventio* und *dispositio* der Dialektik zuzuschlagen (wodurch die Rhetorik praktisch auf *elocutio* reduziert würde, wie z. B. auch von Luther angestrebt, vgl. o. S. 259). Vgl. auch seine oben genannte Schrift ›De logices et rhetoricae natura et constitutione‹.

[61] Aristoteles, ›Rhetorik‹ 1, 2 (p. 1355b).

*rhetor* und *orator,* von *facundus, disertus* und *eloquens.* Quintilian
dient als Ausgangspunkt bei der Frage nach *natura* und *ars*[62].

Für Fragen der rhetorischen Systematik bleiben diese drei Autoren
über das ganze Buch hin maßgebend; andere Gewährsmänner (wie
etwa Hermogenes oder Menander) werden nur für Spezialfragen
zitiert. Ein wesentlich anderes Bild bietet sich bei den Textbeispielen,
an denen die einzelnen *praecepta* erläutert werden. Zwar dominiert
auch hier klar die lateinische Tradition[63], aber neben die Prosa tritt
nun eine bunte Fülle poetischer Texte: *eloquentia ligata* oder *eloquentia soluta* – die Regeln der Rhetorik gelten selbstverständlich für
beide Bereiche, so selbstverständlich, daß Vossius es gar nicht eigens
auszusprechen braucht. Neben der Ciceronischen Prosa (die wiederum
den Grundstock bildet) stehen nicht nur Demosthenes, Isokrates und
Gregor von Nazianz, sondern auch Homer und Euripides, Plautus,
Terenz, Catull und vor allem immer wieder die drei Großen der
augusteischen Zeit: Vergil, Horaz, Ovid.

Mit Hilfe dieses Grundbestandes an *exempla* (der natürlich weitgehend aus bereits vorliegenden Lehrbüchern und ›Schatzkammern‹
geschöpft ist)[64] wird das notwendigerweise trockene System der rhetorischen *praecepta* illustriert, aufgelockert und belebt. Die einzelnen
Punkte werden in der Weise abgehandelt, daß zunächst (kursiv, mit
Paragraphen-Nummer) die Regel bzw. Definition gegeben wird,
dann entweder eine kurze Erläuterung oder ein Beispiel (kursiv) oder
auch beides; nur selten steht das *praeceptum* für sich allein. Termini
werden prinzipiell erst griechisch gegeben, dann lateinisch[65]; im weiteren Text aber erscheint fast stets nur die lateinische Form. Begriffe
und Regeln sind anhand des Inhaltsverzeichnisses, des ausführlichen
Index und der (später von Jacob Thomasius hinzugefügten) synoptischen Tabellen[66] jederzeit rasch aufzufinden.

---

[62] In der genannten Reihenfolge: a.a.O., S. 2, 4, 5.

[63] Griechische Zitate sind kaum je länger als eine Zeile.

[64] Erst recht gilt dies für die ›Große Rhetorik‹, deren Stellenmaterial in seiner
geradezu chaotischen Fülle den ›Polyhistor‹ Vossius repräsentiert.

[65] Eine (auch heute noch oft notwendige) Ausnahme wird bei den griechischen
Termini gemacht, die kein lateinisches Äquivalent besitzen; so etwa bei
διατύπωσις, wo nur eine paraphrasierende Wiedergabe stehen kann (»Διατύπωσις
est, cum res ita clare copioseque exponitur, ut coram spectari videatur«,
S. 369; vgl. Lausberg § 810).

[66] Sie sind offensichtlich aufgrund der praktischen Erfahrungen geschaffen, die
Thomasius als Rektor der Thomasschule und als Rhetorikprofessor an der Leipziger Universität hatte sammeln können. Für die Jesuiten-›Rhetorik‹ des Soarez
gab es bereits seit langem solche ›Tabulae synopticae‹ (s. u. S. 337).

Doch auch die Anordnung der einzelnen Themenkomplexe ist – z. T. im Gegensatz zur ›Großen Rhetorik‹ – sehr übersichtlich gehalten. Die an sich naheliegende Aufteilung in drei Bücher wurde wohl deshalb umgangen, weil das einzelne Buch (wichtig für die Festlegung der Pensen!) nicht zu sehr anschwellen sollte. Als eine zusätzliche Hilfe bei der Rezeption des Stoffes ist zu Anfang jedes neuen Teilbereiches von *praecepta* ein grundsätzliches Kapitel eingeschaltet[67].

Das erste Buch teilt sich (nach Erörterung der Grundbegriffe und einem Kapitel ›De inventione generatim‹) im wesentlichen in zwei Komplexe: die seit Aristoteles geläufige Theorie der *genera causarum* bzw. *genera dicendi* (*demonstrativum, deliberativum, iuridiciale,* Kap. 3–6a) und die klassische, aus dem Strafprozeß abgeleitete *status*-Lehre (Kap. 6b–11, mit fünf *status*!)[68]. Auch das zweite, umfangreichere Buch zerfällt in zwei große Blöcke. Den ersten Block (Kap. 1–14) bildet die in sich geschlossene Theorie der Affekte[69]. Jeder Affekt, vom *metus* über den *amor* bis zur *aemulatio* (insgesamt sind es vierzehn an der Zahl) wird in einem eigenen Kapitel behandelt; ein Abschnitt ›De moribus‹ schließt sich an. Auf diese reichlich abstrakte erste Hälfte folgt ein Themenkomplex, dessen Bedeutung für die rhetorische Praxis sofort einsehbar ist. Es geht darum, dem Lernenden die differenzierte Kasuistik möglicher Anlässe und Situationen vor Augen zu führen: Festversammlung, Hochzeit, Geburt, Tod, Dank, Glückwunsch, Klage, Empfang, Abschied (Kap. 16–20); ferner Redeformen wie Ermahnung, Empfehlung, Anpreisung, Versöhnung, Auf-

---

[67] ›De inventione generatim‹, ›universe de statibus‹, ›De affectibus generatim‹, ›De inventionis parte speciali universe‹, ›De dispositione universe‹, ›De elocutione universe‹, ›De ... tropis generatim‹, ›De schematibus generatim‹, ›De pronuntiatione generatim‹.

[68] Vossius trennt also *materia* bzw. *res* nicht von der *inventio* (vgl. Lausberg § 46ff.), sondern bezieht sie mit guten Gründen in das Dreierschema ein (über Verschiebungsmöglichkeiten im System s. u.). In der *status*-Lehre folgt Vossius offenbar einer eklektischen Tradition. Zwar zitiert er mehrfach Hermogenes und Quintilian, aber keinem schließt er sich ganz an. Mit seiner Fünfteilung (*conjecturalis, finitivus, qualitatis, legalis, quantitatis*) baut er einerseits auf der ›natürlichen‹ Dreizahl Quintilians auf (3,6,80f.: *coniecturae, finitionis, qualitatis*), andererseits nimmt er Teile sonstiger Schemata hinzu, beim *status quantitatis* offenbar eine aristotelische Tradition (›Rhetorik‹ 3, 17 [p. 1417b]; vgl. die ›aristotelische‹ Einteilung der *officia oratoris* bei Vossius). Eine Übersicht über die verschiedenen Einteilungen bei Lausberg § 79ff., bes. § 134ff.

[69] Der Einwurf, dies gehöre zur Physik oder Ethik, wird mit der klassischen These abgewiesen: »Rhetor ... agit de his, quatenus conducent ad persuadendum« (S. 95; vgl. Quintilian 6,2,8, u. ö.).

ruf, Abraten, Trost, Bitte, Angriff, Tadel, Forderung, Vorwurf, Fürsprache (Kap. 21–27).

Vor allem die Kasuistik im engeren Sinne verdient Beachtung. Denn hier wird das ‹klassische› aristotelisch-ciceronisch-quintilianische System erweitert, und es zeigt sich mit besonderer Deutlichkeit die enge Verzahnung von Rhetorik und Poesie. Nicht nur durch die poetischen *exempla* wird das illustriert (sogar Statius taucht jetzt auf!)[70], sondern mehr noch durch die auffällige Tatsache, daß Vossius in diesem Teil seines Lehrbuchs immer wieder das Schlüsselwerk der humanistischen Gelegenheitsdichtung zitiert: die Poetik Scaligers[71].

Mit dieser Thematik freilich hat Vossius den Kreis der bloßen *inventio* längst verlassen. Denn ein Hochzeitsglückwunsch beispielsweise oder ein Propemptikon verlangt die Einhaltung einer bestimmten Reihenfolge, und Vossius sieht sich gezwungen, schon hier (in Buch II) die nötigen Regeln zu geben. In seiner ›Großen Rhetorik‹ dagegen hat er – um der Präzision willen – die entsprechenden Abschnitte erst im Anschluß an die *dispositio* gebracht (›De speciali tum inventione tum dispositione‹)[72]. Im Schulkompendium bleibt dem eigentlichen zweiten Hauptteil, der *dispositio*, das kürzeste Buch (III) vorbehalten. Vossius begnügt sich im wesentlichen damit, die klassischen Redeteile (*exordium, narratio, propositio, confirmatio, confutatio, epilogus*) nacheinander vorzustellen[73].

Um so gewichtiger nimmt sich dann der Schlußteil (Buch IV und V) mit der Lehre von der *elocutio* aus. Von den vier Hauptbereichen literarischer Sprachgebung (*philosophica, oratoria, historica, poetica*) muß sich Vossius – seiner Aufgabe entsprechend – natürlich zunächst auf die *elocutio oratoria* konzentrieren: »Elocutio oratoria est rerum inventarum, et dispositarum, per verba sententiasque expositio ad

---

[70] Besonders auffällig S. 206f., wo (mit dem Zusatz »Pulcrè«) ein Stück aus dem ›Epicedion Glauciae‹ (Silv. 2,1) zitiert wird.

[71] Im Zusammenhang damit taucht auch mehrfach der Name des Rhetors Menander auf. Zu den historischen Zusammenhängen vgl. o. S. 68.

[72] ›Commentariorum rhetoricorum … libri sex‹, Leiden 1643, S. 389ff.

[73] Wie radikal der *dispositio*-Teil zusammengestrichen werden kann, zeigt die Darstellung von Lausberg (§ 443ff.): die Redeteile werden – nicht unproblematisch – unter *inventio* abgehandelt, und für die *dispositio* bleiben nur noch *ordo naturalis* und *ordo artificialis* (kaum 7 Seiten). »Im Grunde ist die Aufstellung der Teile der Rede und ihrer Abfolge Sache der dispositio« (Lausberg, S. 147). Schon Melanchthon verwendet in ›De rhetorica libri tres‹ (Wittenberg 1519), fol. H IIªff. ganze vier Seiten (= ›liber secundus‹) auf die Lehre von der *dispositio*.

persuadendum idonea«[74]. Mit der Forderung nach *elegantia* bzw. *latinitas,* nach *perspicuitas* und *dignitas* (Kap. 1b–3a) stellt er sich klar auf den Boden der klassischen Doktrin. Erst darauf folgen die beiden Komplexe, die den eigentlichen Stoff des vierten Buchs ausmachen: die Lehre von den Tropen (Kap. 3b–10) und von den Figuren (Kap. 11–22). So bereitwillig manche Rhetoriker darauf verzichtet haben, diese spröde Materie zu repetieren[75], so unumgänglich ist sie doch in einem Lehrbuch für Anfänger. Die Möglichkeit, hier wieder mehr Dichterzitate zu bringen, hat Vossius reichlich genutzt. Poesie und Rhetorik benötigen das gleiche Instrumentarium.

Es wird im fünften und letzten Buch zunächst erweitert durch die Lehre von der *compositio,* d. h. Wortverbindung, Wortstellung, Kolon, Satzglied, Periode und Rhythmus (Kap. 1–3). Jetzt erst ist der Kreis der elementaren *praecepta elocutionis* geschlossen; und zusammen mit der Figuren- und Tropenlehre ist die Grundlage geschaffen, um noch die klassische *doctrina* von den drei Stilen und ihren *opposita* oder *vitia* zu berühren (Kap. 4–7)[76]. Die zunehmende Knappheit in der Darstellung dieser Punkte läßt vermuten, daß Vossius hier die Grenze des rhetorischen Gymnasialunterrichts gegeben sah.

Wer die *praecepta* des Lehrbuchs beherrschte, verfügte über ein durchaus unverächtliches Rüstzeug literarischer Theorie. Von der literarischen Praxis des Unterrichts, von der ständigen Ergänzung durch Lektüre und *imitatio,* wird noch zu sprechen sein. Der elementare, ganz und gar instrumentale Charakter der Vossianischen Rhetorik bringt es mit sich, daß persönliche Neigungen oder gar individuelle Stiltendenzen kaum in Erscheinung treten können. Und doch ist das Buch von den literarischen Strömungen der Zeit nicht gänzlich isoliert. Ein Punkt, an dem sich dies zeigt, soll hier noch kurz

---

[74] A.a.O., S. 283.

[75] Weise, ›De poesi hodiernorum politicorum‹, Jena u. Helmstedt 1678, S. 605 (zu den ›figurae rhetoricae‹): »Neque nunc exscribere vacat Rhetorum libellos, qui vel a pueris evolvi possunt. Sed exemplis me expediam« (vgl. auch den oben erwähnten Hinweis Daniel Richters auf Vossius). Weise selbst hat als Schüler die rhetorischen Figuren mit Hilfe der *versus memoriales* seines Lehrers, des Rektors Keimann, gelernt (›Politischer Redner‹, Leipzig 1681, S. 62).

[76] Vossius spricht hier nicht – wie z. B. Cicero und Quintilian – von *genera dicendi,* sondern von *characteres elocutionis,* offenbar, um eine Verwechslung mit den *genera* der Rede wie *demonstrativum* etc. zu vermeiden; er bezieht sich dabei ausdrücklich auf Demetrios von Phaleron (περὶ ἑρμηνείας): »Hanc de Charactere doctrinam ... excerpemus inprimis aureolo è libello Demetrii, cui vulgo Phalerei cognomen tribuitur: sed ordine meliori pleraque omnia digeremus« (S. 426). Zum Einfluß Scaligers auf die Verwendung des Terminus *character* bei Vossius s. Fischer, S. 209.

angesprochen werden; es ist das wichtige Problem der *Latinitas* oder *elegantia*.

Die klassische bzw. klassizistische Theorie, die Vossius so offensichtlich in ihren Grundzügen repräsentiert[77], hält sich mit mehr oder weniger Entschiedenheit an das *exemplum* Cicero; alles andere birgt in sich die Gefahr des *Barbarismus.* »Pueritiae solus legendus est Cicero«[78], diesen Satz des Vossius dürfte jeder humanistische Schulmann der Zeit bedenkenlos unterschrieben haben. Vossius setzt allerdings hinzu: »atque id, quousque ex eo didicerit formare orationis corpus«. Auch seine nächste Regel hält sich noch im Rahmen des Üblichen: »Adolescentiae utilis est in sermone familiari, ac epistolis quoque, Terentius, et mox Plautus: at in orationibus scribendis illi veterum conducent, qui a Tullii dictione proxime absunt«[79]. Hierzu zählt Vossius vor allem Caesar, Livius, Velleius Paterculus, Curtius Rufus und Quintilian.

Dann jedoch fährt er fort: »Tertia verò aetate, quia jam constantem duxerimus sermonis lineam, nihil periculi erit, ne ornamentis aliunde arcessitis, aut obruatur sermo, aut dimoveatur de gradu. Quare huic aetati exspatiari licebit per omne scriptorum genus«[80]. Vossius wagt sogar, offen auszusprechen, was dies in concreto bedeutet: er meint vor allem Apuleius, Sallust, Tacitus, Seneca »et similes«. Er faßt sie zusammen unter der Bezeichnung »breves illi Scriptores«; auf genauere Charakterisierung kommt es ihm offenbar nicht an[81]. Aber es ist deutlich, daß die ›silberne Latinität‹ sich als Muster der *imitatio* zu etablieren beginnt. Selbst bei einem Hüter der rhetorischen Klassizität wie Vossius zeigen sich also Spuren des umfassenden literarischen Geschmackswandels[82].

---

[77] »Soli barbaries nec metuenda tibi est«, attestiert ihm Heinsius im Widmungsgedicht zur ›Rhetorice contracta‹ (s. o.).

[78] Vossius, a.a.O., S. 303.

[79] A.a.O., S. 303.

[80] A.a.O., S. 305.

[81] Das Ganze ist auf dem Hintergrund der Theorie von den *quinque aetates sermonis Romani* zu sehen (a.a.O., S. 301ff.): *puerilis, crescens, adulta, decrescens, decrepita.* Die römische Klassik rangiert als *aetas adulta*; zur *aetas decrescens* gehören u. a. (als *oratores* und *rhetores*) Rutilius Lupus, Quintilian, Plinius d. J., (als *historici*) Curtius, Sueton, Tacitus, Justin, (als *poetae*) Lucan, Persius, Silius Italicus, Juvenal, Valerius Flaccus, Statius, Martial, (als *philosophi*) Seneca d. J., Plinius d. Ä., (als *grammatici*) Asconius und Agellius.

[82] Gerade weil Vossius im ganzen die klassisch-antike Tradition treu bewahrt, bleibt auch die Kritik ›fortschrittlicher‹ Rhetoriker nicht aus. Bereits Schupp rät seinem ›ungeschickten Redner‹ ironisch: »In allen deinen Reden und Lateinischen Sendbrieffen must du eingedenck seyn wol zu vossitieren« (›Der Unge-

## c. Latinität und Muttersprache

Über die Grundvoraussetzung dieser rhetorischen *doctrina,* ihre absolute Latinität, wird bei Vossius auf keiner Seite diskutiert. Und wenn
am Schluß des Buches von *actio* und *pronuntiatio* die Rede ist, so gilt
auch die mündliche Fertigkeit im Lateinischen als selbstverständliche
Bedingung. Selbst angesichts der Tatsache, daß es sich hier um das
Pensum der Abschlußklasse handelt, erscheint ein solches Programm
zunächst als utopisch. Die allseitige Beherrschung der *eloquentia latina* in Schrift und Rede wird als erreichbares Bildungsziel erst verständlich, wenn man bedenkt, daß sich der gesamte Gymnasialunterricht – nicht nur der literarische – prinzipiell und vom frühest möglichen Zeitpunkt an in lateinischer Sprache vollzog. Aufpasser (*cory-
caei, custodes,* ›Wölfe‹)[83] hatten darüber zu wachen, daß niemand gegen das Grundgesetz des *latine loqui* verstieß: »Qui sermone utuntur
alio quam latino, ratione bona puniantur«, verfügte Sturm[84]. Das Gebot galt sogar außerhalb des Unterrichts: »Cum colludunt, cum am-
bulant, cum obviam veniunt sermo sit latinus – aut graecus«. Und es
umfaßte auch die Schulanfänger: »Sermones juventutis latinos esse
volumus, omnium, etiam eorum, qui extremis latent classibus«[85].

Der Radikalismus dieses Sturmschen Lateingebots stellt keinen
Einzelfall dar. Berühmt und noch im 17. Jahrhundert hervorgehoben
wurde das Beispiel Montaignes, der nach dem Willen seines Vaters
schon als kleines Kind Latein lernen mußte, so daß Französisch für

---

schickte Redner‹, übersetzt von Balthasar Kindermann, Wittenberg 1665, fol. a
VIII[b]). Als Weises Schüler (und späterer Nachfolger im Zittauer Rektoramt)
Gottfried Hoffmann das Konrektorat in Lauban antritt, muß er dem Rektor
zu Gefallen »den Aphthonium und Vossium mit anbethen« (Christian Altmann,
›Gottfried Hoffmanns Lebens-Beschreibung‹, Budißin 1721, S. 542; zitiert nach
Horn, Christian Weise …, S. 241f.). Und Weise selbst kritisiert schließlich –
bei allem Respekt vor dem Namen Vossius – gerade das, was dem Rhetorik-
lehrer traditioneller Prägung so willkommen war, die zuverlässige Bewahrung
der antiken Doktrin: »Ipse Vossius … utinam maluisset cogitare, quid nostro
seculo conveniret juvenum studiis … praeter superstitiosam antiquitatis vene-
rationem« (›Institutiones oratoriae‹, Leipzig 1687, ›Dedicatio‹, fol. 2[b]).

[83] Zu dieser Einrichtung (die natürlich auch andere Zwecke hatte) vgl. Mertz,
Das Schulwesen …, S. 380ff. Schüler, die das Gebot durchbrechen, heißen
›deutsche Wäscher‹ (so Nordhausen 1583; Vormbaum 1, S. 364).

[84] Zitiert nach Weithase 2, S. 20 (Anm. 50).

[85] Ebda. Noch 1605 lautet eine Regel der Sachsen-Coburg-Gothaischen Schulordnung: »Sie sollen zu jederzeit Lateinisch reden, auf der Gassen, in Kirchen
und Schulen, welche Übung sehr viel dienet zur Lehr und Geschicklichkeit«
(Vormbaum 2, S. 55).

ihn zur ersten Fremdsprache wurde[86]. Im Grunde handelt es sich hier nur um die logische Konsequenz aus der humanistischen These, daß Latein die ›Muttersprache der Gelehrten‹ sei. Gestützt auf dieses Axiom, wird das Lateingebot zum festen Bestandteil der gelehrten Schulordnungen, und bisweilen hebt man auch den Übungszweck eigens hervor: »Sermone tam apud magistros, quam apud socios Latino vtantur, vt eum familiariorum sibi reddant atque expeditiorem« (Joachimsthal 1607)[87].

In der rigorosen Form vermag sich das Lateinreden freilich nicht überall zu halten. Nach und nach wird es auf die höheren Schulstufen beschränkt (in den »obersten drei Classibus«, Liegnitz 1673)[88], die bereits eine fundierte Kenntnis des Lateinischen mitbringen: »welche so weit gekommen, daß sie exercitia stili machen können, sollen, allweil sie in der Schule sein, nichts denn lateinisch miteinander reden, sub poena pigro asino digna« (Hanau 1658)[89]. Doch auch unter humanistischem Aspekt war diese Lösung nicht unproblematisch. So gab beispielsweise Morhof zu bedenken, daß die Gefahr einer Verwilderung des *stylus* drohe, wenn sich die Schüler ohne Aufsicht und Korrektur durch den Lehrer lateinisch unterhalten[90].

Morhofs Einwand ist bezeichnend für die meisten der Reformvorschläge seiner Zeit[91]. Sie argumentieren ganz vom Lateinischen her. Dem Deutschen wird im Grund noch kein selbständiger Bildungswert zugemessen. Zwar gestattet bereits Sturm wenigstens in den untersten Klassen den gelegentlichen Gebrauch der Muttersprache als Übersetzungshilfe[92], doch dabei bleibt es; das Deutsche erfüllt eine reine

---

[86] Morhof spricht von Montaigne als dem Vertreter einer ganzen Gruppe von Männern, die »à prima infantia solo usu et colloquio mirabilem loquendi latinè promptitudinem nacti fuerunt« (›Polyhistor‹, Lübeck ³1732, S. 421).

[87] Vormbaum 2, S. 79 (dort fälschlich »familiorem«).

[88] Vormbaum 2, S. 652. Für die älteren Schüler wird das Lateinsprechen gern auch außerhalb des Unterrichts verfügt, so 1640 in Hamm: »Inter ludendum superiores latine loquuntor« (Vormbaum 2, S. 286).

[89] Zitiert nach Bender, a.a.O., S. 74. Für die Oberstufe, d.h. den dritten ›hauffen‹, hatte auch Melanchthon 1528 das Lateinsprechen verordnet: »Es sollen auch die knaben dazu gehalten werden, das sie lateinisch reden, Vnd die Schulmeister sollen selbs, so viel müglich, nichts denn lateinisch mit den knaben reden, dadurch sie auch zu solcher vbung gewonet gereitzt werden« (Vormbaum 1, S. 8). In deutlicher Anlehnung hieran vgl. die Sachsen-Coburg-Gothaische Schulordnung von 1605 (Vormbaum 2, S. 49).

[90] Seine These: »colloquia cum iis, qui linguam Latinam accuratissime loqui nequeunt, magis turbant sermonem Latinum, quam iuvant« (a.a.O., S. 416).

[91] Aufschlußreich Morhofs Überblick ›De methodo in linguis ... discendis‹ (a.a.O., S. 419ff.).

[92] Vgl. ›De exercitationibus rhetoricis‹, Straßburg 1575, fol. E VIII[b].

Dienstfunktion. Indes hatte es vor Sturm schon Ansätze zur ›rhetorischen‹ Pflege des Lateinischen und des Deutschen an den Gymnasien gegeben[93], so 1522 in Nordhausen[94], wo für beide Sprachen Übungen im Briefschreiben vorgesehen waren[95]. Durch den Sieg des Humanismus im gelehrten Schulwesen wurden solche Bestrebungen zunächst wieder zurückgedrängt. Melanchthons Kursächsische Schulordnung von 1528 sichert dem Lateinischen eindeutig den Vorrang[96].

Einen bedeutsamen Vorstoß unternimmt dann 1575 die Altdorfer Schulordnung. Sie weist die Lehrer an, »das sie wöchentlich, vnd ein jeder in seiner Classe, ein materiam, oder Argumentum in Deutscher sprach, dasselbige in das Latein zu transferirn, proponire vnd fürgebe«[97]. Elementare rhetorische Übungen in der Muttersprache als Vorstufe für das Lateinische – selbst dies blieb an gelehrten Schulen eine Ausnahme, auch noch während des 17. Jahrhunderts. Das Resultat solcher Pädagogik beschreibt im Jahre 1585 ein Paracelsist nicht ohne eine gewisse Resignation: wenn ein junger Mann nach Abschluß der gelehrten Ausbildung heimkehrt, »so kann er ein paar Verse schreiben. Ein lateinisch Mißiven stellen, da ist er schon gelehrt, aber daneben konnte er seinem Vater, Bruder, Schwester oder Freunden in seiner eigenen deutschen Muttersprache nicht ein Mißiven oder Bittschrift stellen noch viel weniger vor der Obrigkeit oder vor einer ganzen Gemeinde ihr Notdurft mündlich vorbringen. Das heißt nun fremde Sprachen lernen ehe er seine Muttersprache wohl kann«[98].

---

[93] Grundlegend hierzu J. Müller, Quellenschriften und Geschichte des deutschsprachigen Unterrichts bis zur Mitte des 16. Jahrhunderts, Gotha 1882; vgl. u. a. Matthias, Geschichte des deutschen Unterrichts; A. Daube, Der Aufstieg der Muttersprache im deutschen Denken des 15. und 16. Jahrhunderts, Frankfurt a. M. 1940.

[94] J. Müller, Vor- und frühreformatorische Schulordnungen in deutscher und niederländischer Sprache, Abt. 2 (Sammlg. selten gewordener pädagog. Schriften. 13), Zschopau 1886, S. 232f.

[95] Zur Bedeutung der Brieflehre (Epistolarien, Kanzleien etc.) für die Ausbildung einer deutschsprachigen Rhetoriktheorie vgl. o. S. 155ff.

[96] Eine der Hauptregeln: »Erstlich, sollen die schulmeister vleis ankeren, das sie die kinder allein lateinisch leren, nicht deudsch oder grekisch, oder ebreisch, wie etliche bisher gethan ...« (Vormbaum 1, S. 5); irgendwelche elementaren Übungen etwa im Verfassen deutscher Briefe sind nicht vorgesehen.

[97] Vormbaum 1, S. 615. Ähnliches verfügt die Herzoglich Sächsische Schulordnung von 1573 zur Übung in der *versificatio*: der Lehrer diktiert einige deutsche Verse (»versiculos a se vel ab aliis prius compositos Germanice«), die dann ins Lateinische zu transponieren sind (a.a.O., S. 597).

[98] ›Cyclopaedia Paracelsica Christiana ... von einem Anonymo‹, o. O. 1585, S. 15 (zitiert nach Dolch, Lehrplan ..., S. 276). Dazu K. Sudhoff, Gedanken eines unbekannten Anhängers des Theophrastus Paracelsus von Hohenheim aus

Es ist die Ausgangsposition der großen Reformpädagogen des 17. Jahrhunderts, die mit Entschiedenheit für das Recht und die Notwendigkeit auch einer muttersprachlichen Rhetorik eintreten. In seinem berühmten ›Memorial‹ vom Jahre 1612 bezeichnet Ratichius es zunächst als den rechten »Gebrauch und Lauf der Natur, daß die liebe Jugend, zum ersten, ihr angeborne Muttersprache... recht und fertig lesen, schreiben und sprechen lerne, damit sie ihre Lehrer in andern Sprachen künftig desto besser verstehen und begreifen können«[99]. Und in der ›Didactica‹ erweitert er dies im Hinblick auf eine deutsche Rhetorik: »Guht were es das die allgemeine jugend in der Redekunst abgerichtet würde mit Sendbrieff schreiben, mit Redestellen«[100]. Den Realfächern aber steht die Redekunst nur als »Dienstlehr« gegenüber, und sie umfaßt als sprachliche Gesamtdisziplin »Rednerlehr (Rhetorica)«, »Gedichtslehr (Poëtica)« und »Sprachlehr (Grammatica)«[101].

Der humanistische Ursprung auch dieser Konzeption ist evident, und man hat nicht ohne Recht gesagt, Ratichius' Deutsche Schule sei im Grunde eine lateinische Schule ›auf deutsch‹[102]. Ähnlich steht es mit der utopischen Schule, die Johann Valentin Andreae in seiner ›Reipublicae Christianopolitanae descriptio‹ entwirft; auch sie beginnt muttersprachlich – mit den Fächern *grammatica, rhetorica* und *linguae*[103]. Comenius schließlich gibt sogar für die Stufe der ›Mutterschul‹ nähere Anweisungen, »Wie die Kinder in der Beredsamkeit, oder daß sie wohl reden lernen, sollen geübet werden«[104].

---

der Mitte des 16. Jahrhunderts über deutschen Jugendunterricht, Mitt. d. Ges. f. dt. Erz.- u. Schulgesch. 5, 1895, S. 83ff.

[99] Die neue Lehrart. Pädagogische Schriften Wolfgang Ratkes, eingel. v. G. Hohendorf, Berlin 1957, S. 50.

[100] Wolfgang Ratichius, der Vorgänger des Amos Comenius. Bearb. v. G. Vogt (Die Klassiker der Pädagogik. 17), Langensalza 1894, S. 224.

[101] A.a.O., S. 265. Umfangreiches Material dazu jetzt bei E. Ising, Wolfgang Ratkes Schriften zur deutschen Grammatik (1612–1630), 2 Tle. (Dt. Akad. d. Wiss. zu Berlin, Veröfftl. d. sprachwiss. Komm. 3), Berlin 1959. Vgl ferner K. Seiler, Das pädagogische System Wolfgangs Ratkes, Erlangen 1931; G. Rioux, L'oeuvre pédagogique de Wolfgang Ratke (1571–1635), Paris 1963.

[102] Dolch, Lehrplan ..., S. 282.

[103] Straßburg 1619, bes. S. 118ff. Dazu J. Keuler, Johann Valentin Andreae als Pädagog, Diss. Tübingen 1931, S. 36ff.; ferner G. H. Turnbull, Johann Valentin Andreaes Societas christiana, ZfdPh 73, 1954, S. 407ff.

[104] Kapitel 8 von ›Informatorium. Der Mutter-Schul‹, Lissa 1633 (Vormbaum 2, S. 795). Auch die anthropologische Grundlage ist ganz und gar ›humanistisch‹ geprägt: »Zwey stücke sindt, welche den menschen von den vnvernünfftigen Thieren vnterscheiden, Vernunfft vndt Rede ... so wollen wir auch etwas sagen, wie die zunge soll formiret werden, damit sie auch einen anfang in Grammati-

In der protestantischen Gelehrtenschule selbst bleibt die Rhetorik von alledem fast unberührt[105]. Der von Comenius in der ›Großen Didaktik‹ aufgestellte Plan einer Lateinschule[106] mit seiner Betonung der muttersprachlichen Grammatik und der Realfächer ist noch auf lange Zeit hinaus ein Wunschtraum. Die lateinische Rhetorik behauptet sich weiterhin als Unterrichtsziel der humanistischen Schulen. Nur setzt sich unter dem Einfluß der Reformer – insbesondere Becher, Moscherosch, Reyher, Schupp und Weigel wären hier noch zu nennen – allmählich die Überzeugung durch, daß man die Muttersprache auch im gelehrten Unterricht nicht ganz vernachlässigen dürfe. Vor allem wird häufig betont, als Vorbedingung des Lateinlernens müßten zureichende Kenntnisse und elementare Fertigkeiten im Deutschen vorhanden sein[107]. Die Schüler sollen »erstlich recht deutsch lernen, ehe man jhnen das Lateinische oder eine andere Sprache fürgibet«, fordert Kromayer 1619 in der Weimarer Schulordnung[108], und noch 1693 stellt sich dem Verfasser einer (anonymen) schulkritischen Schrift das gleiche Problem: »Laß den Knaben vor Teutsch lernen/ ehe er sich über das hohe Alpen-Gebürg in Latium wage«[109]. Hier und

---

ca, Rhetorica vnndt Poesi nehmen können« (ebda.). Zum Problemkreis vgl. vor allem H. Geissler, Comenius und die Sprache (Pädagog. Forschungen. 10), Heidelberg 1959, S. 71ff. und Schaller, Die Pädagogik des Johann Amos Comenius ..., S. 379ff.

[105] Die neuere Arbeit von H.-G. Herrlitz, Der Lektüre-Kanon des Deutschunterrichts im Gymnasium. Ein Beitrag zur Geschichte der muttersprachlichen Schulliteratur, Heidelberg 1964 gibt in den beiden ersten Kapiteln (vor allem Kap. 1: ›Die Grundlegung des muttersprachlichen Unterrichts im 17. Jahrhundert‹, S. 20ff.) ein völlig verzerrtes Bild der Entwicklung. Von der Herausbildung eines muttersprachlichen rhetorisch-poetischen Lektürekanons an den Gymnasien des 17. Jahrhunderts (wie es Herrlitz mit wenigen, ungeeigneten Zeugnissen zu zeigen versucht) kann keine Rede sein.

[106] Johann Amos Comenius, Große Didaktik. Übers. und hrsg. v. A. Flitner (Pädagog. Texte), Düsseldorf u. München ³1966, S. 199ff. Immerhin wird auch bei Comenius der sechsklassige Kursus durch eine ›dialektische‹ und eine ›rhetorische‹ Klasse abgeschlossen (vgl. die Übersicht a.a.O., S. 200). Zweck der letzten Klasse ist es, »ad sapientem Eloqventiam« zu führen; so in ›Didactica opera‹, Amsterdam 1657, Bd. 1, Sp. 180 (S. 203 in der Übersetzung v. Flitner).

[107] Die Priorität der Muttersprache hatte bereits Juan Luis Vives (s. o. S. 128f.) vertreten, vor allem in seinem Hauptwerk ›De tradendis disciplinis‹ (›Opera‹, Bd. 2, Basel 1605, S. 436ff.). Seine Thesen beeinflußten u. a. Comenius; s. Geissler, a.a.O., S. 23f.

[108] Vormbaum 2, S. 225 (dazu Matthias, Geschichte des deutschen Unterrichts, S. 47ff.; Kromayer gilt im allgemeinen als Ratichianer). Eine ähnliche Einstellung zeigt die Landgräflich Hessische Schulordnung von 1618 (Vormbaum 2, S. 181f.).

[109] ›Wohlgemeyntes ... und Gründliches Bedenken ...‹ (Augsburg 1693), Neudruck, S. 12.

da werden dem Deutschen auch erweiterte Hilfsfunktionen zugewiesen. Die Landgräflich Hessische Schulordnung von 1656 schreibt sogar vor, »daß die lateinischen Arbeiten, welche über einen schönen Spruch oder Vers in Prima geliefert werden, als Aufsätze betrachtenden Inhalts, Chrien, vorerst deutsch angefertigt, in dieser Form corrigiert und alsdann erst in's Lateinische übertragen werden sollen«[110].

Eine eigenständige ›deutsche Oratorie‹ als Gymnasialfach schafft erst Christian Weise, nachdem er 1678 das Rektorat seiner alten Zittauer Schule angetreten hat. Inhalte, Entstehung und Wirkung seiner Konzeption bedürften einer gesonderten Darstellung[111]. Von einer Revolution des gelehrten Schulunterrichts kann freilich keine Rede sein, zu fest haben sich das alte System und die alten Unterrichtspraktiken etabliert. Vorerst sind es nur einzelne Schulen, an denen lateinische und deutsche Rhetorik nebeneinander gelehrt werden, letztere – nach Weises Vorgang – vor allem in den Privatlektionen. So erbietet sich 1694 der Lüneburger Konrektor Polzius, durch eine tägliche Extrastunde »in unserer Muttersprache denen Schülern eine geschickte, deutliche, ordentliche, ausführliche, wohlvorgestellte und wohlklingende Schreib- und Redeart« beizubringen[112].

Zeugnisse dieser Art – sie ließen sich vermehren – beleuchten erst die Anfänge des langen und tiefgreifenden Entwicklungsprozesses, den Weise in Gang gebracht hat[113]. Noch 1725 beklagt Hallbauer mit bitteren Worten den mancherorts zäh sich behauptenden Konservatismus: »Einer der grösten Fehler ists/ daß in manchen Schulen die teutsche Oratorie in geringsten nicht verderbet wird: denn sie ist da so unbekant/ als die Zobeln im Thüringischen Walde«[114].

Im Jahre 1707 berät die Breslauer Schulaufsicht über das ›Lateinreden in beiden gymnasiis‹. Der ehemalige Rektor des Elisabethanums, Martin Hanke, erstattet ein Gutachten und gibt darin unter

---

[110] Zitiert nach Weithase 1, S. 260 (dort nach A. Socin, Schriftsprache und Dialekte im Deutschen, Heilbronn 1888, S. 356f.; bei Vormbaum 2, S. 477ff. nicht zu finden).
[111] Vgl. einstweilen die o. S. 167 genannten Arbeiten von Wünschmann, Kaemmel und Horn sowie das Weise-Kapitel o. S. 190ff.
[112] Zitiert nach Bender in: Schmid, Geschichte der Erziehung ..., Bd. V 1, S. 80.
[113] Einen wichtigen Mitstreiter findet Weise z. B. in der pietistischen Pädagogik (vgl. M. Zarneckow, Christian Weises ›Politica Christiana‹ und der Pietismus, Diss. Leipzig 1924). Franckes Ordnung für das Pädagogium zu Glaucha sieht auch Unterricht in der »deutschen Oratorie« vor (Garin 3, S. 228).
[114] ›Anweisung Zur Verbesserten Teutschen Oratorie‹, Jena 1725, Vorrede, fol. a 6b. Vgl. auch Hunold (Menantes), ›Einleitung Zur Teutschen Oratorie. Und Brief-Verfassung‹, Halle u. Leipzig 1715, fol. a 2bf.

anderem »gründliche Nachricht, was vor Anstalt wegen der Latinität vornehmlich im Reden von anno 1570 bis zu dieser Zeit gemacht worden«[115]. Er berichtet von kleinen Änderungen und Neufassungen der alten Statuten, wozu beispielsweise 1666 auch die Meinung der »allergeübtesten und verständigsten Männer« eingeholt worden sei (darunter Hofmannswaldau und Lohenstein!)[116]. Tiefgreifende Reformen verzeichnet Hanke nicht; nur habe sich bei den Angelegenheiten des öffentlichen Lebens in Reden und Gelegenheitspoesie allmählich die Muttersprache Geltung verschafft, während früher die offizielle Lateinpraxis auch auf die Schüler anregend gewirkt habe: »dieser stimulus ist nach und nach verschwunden, als die Cultura Sermonis Germanici sich hervorgethan und mit ihr deutsche Redensart gemein geworden, darbei die Latina Poesis et Oratoria größtenteils Schiffbruch gelitten«[117]. In der Stadt, die wie kaum eine andere die ›Cultura Sermonis Germanici‹ gefördert hat, ist ein solches Resümee kaum verwunderlich. Aber von einer Preisgabe des Lateinischen als der eigentlichen Sprache des rhetorisch-poetischen Unterrichts sagt Hanke kein Wort.

## d. Die Stellung der Rhetorik innerhalb des Lehrplans

So nachdrücklich für die gesamte Barockepoche das Fehlen einer ›gelehrten‹ Schulung in der Muttersprache zu betonen ist, so klar liegt auf der anderen Seite ein pädagogischer Vorteil zutage: die nahezu absolute Herrschaft des Lateins gab dem sprachlich-literarischen Unterricht eine bemerkenswerte Einheit und Geschlossenheit. Je früher die Lateinschulung einsetzte und je konsequenter sie durchgehalten wurde, desto größer war die Aussicht, in diesem einen Medium wirklich zur Stufe der *eloquentia* vorzudringen. Sie ist das Ergebnis eines sorgfältigen, nach bewährten Vorbildern und Techniken aufgebauten Lehrplans, der wenigstens in seinen wichtigsten Einzelheiten kurz dargestellt werden muß.

---

[115] Dies und das Folgende nach Bender, a.a.O., S. 74ff.
[116] Hofmannswaldau war damals Breslauer Senator (1677 wurde er zum Ratspräsidenten gewählt) und übte u. a. das Amt eines ›Scholarcha‹ (›Praeses Scholarum‹, ›Scholarum Curator‹) aus; vgl. Rotermund, Christian Hofmann von Hofmannswaldau, S. 10. Lohenstein hatte sich in Breslau als angesehener Advokat niedergelassen (1688 wurde er Regierungsrat in Oels). Das Jahr 1666 brachte gerade die Aufführungen von ›Agrippina‹ und ›Epicharis‹ durch Schüler des Elisabethanums; vgl. Hippe, Aus dem Tagebuche ..., S. 188.
[117] Bender, a.a.O., S. 75f.

Eine für alle protestantischen Gelehrtenschulen gültige Regelung
– wie bei den Jesuiten – gab es zwar nicht. Doch hatte sich zwischen
den Extremen ›Sturm‹ und ›Reformpädagogik‹ im Laufe der Zeit ein
gewisses Grundmodell herausgebildet, das in den einzelnen Schulordnungen des 17. Jahrhunderts nur mehr oder weniger stark variiert
wurde. Als ein besonders geeignetes Beispiel dieses Modells erscheint
die Ordnung des Gymnasiums zu Stralsund aus dem Jahre 1643[118].
Sie ersetzt die Stralsunder Statuten von 1591[119], verschließt sich bewußt jeder extremistischen Tendenz und bietet – das sei von vornherein betont – nur gleichsam das Minimalprogramm eines humanistisch-rhetorischen Unterrichts.

»Fundamenta doctrinae christianae nosse; pure, perspicue et eleganter latine loqui et scribere, graece mediocriter; honestis moribus
esse praeditum; dialecticam et rhetoricam intelligere; in musicis et
arithmeticis publicis et privatis posse fungi muneribus; matheseos
etiam rudimenta degustasse«[120]. So wird schon 1591 das allgemeine
Schulziel bestimmt, und die Ordnung von 1643 nimmt dies auf: »Scopus nostrae scholae, hoc est doctrinae in linguis, artibus et pietatis
studio gradus«[121]. Die Sturmsche Trias ist unschwer zu erkennen,
wenn auch in leicht abgewandelter Form. Einübung in den Lutherischen Katechismus[122] und in das Bibelstudium[123] durchziehen den
Unterricht von der ersten bis zur letzten Klasse. Daneben aber wird
der Versuch unternommen, auch die Anfänge des Quadriviums (vgl.
das Zitat von 1591) zu lehren, und die Muttersprache ist – ohne daß
es programmatisch ausgesprochen würde – wenigstens in elementaren
Hilfsfunktionen wie Übersetzung oder Themenstellung zugelassen[124].

---

[118] Vormbaum 2, S. 363ff. Stralsund gehört zu den Städten, die bereits sehr früh
eine protestantische Schulordnung erhielten (1525; vgl. Vormbaum 1, S. 1).
1559 wurden die drei Parochialschulen zu einer einzigen höheren Schule vereinigt (Ordnung von 1560, a.a.O., S. 479ff.).

[119] A.a.O., S. 486ff.

[120] A.a.O., S. 489.

[121] Vormbaum 2, S. 376.

[122] »Catechismum Lutheri Germanicum absque explicatione expedite recitent«,
lautet die zweite Hauptregel der untersten Klasse (ebda.).

[123] »Rector ex N. T. vel historiam evangelicam vel Acta apostolica vel epistolam
quandam Paulinam interpretabitur«, lautet die letzte Vorschrift für die Prima
(a.a.O., S. 383).

[124] In der Quarta werden kürzere Sätze aus Terenz und Cicero »vernaculo sermone« wiedergegeben (a.a.O., S. 378); in der Tertia sind die »elegantiores loquendi formulae« vom Deutschen her zu finden, Cicero-Briefe ins Deutsche zu übersetzen (a.a.O., S. 380); in der Prima müssen die Schüler zu Cicero-Reden eine
»explicationem vernaculam domi praemeditatam« liefern (a.a.O., S. 382). Eine

Das Schwergewicht aber liegt eindeutig auf der Erlernung des Lateinischen und auf der Hinführung zur Eloquenz. Das vermag schon ein stichwortartiger Überblick zu zeigen. Die Schule ist in sechs Klassen aufgeteilt, hat also die klassische Stufenzahl; doch bleibt die ältere Dreiteilung erkennbar. Die erste Stufe, ›Classis Sexta‹ genannt, steht als Vorschule im Lesen und Schreiben deutlich für sich. Etwas schwieriger ist die Abgrenzung des mittleren und des oberen Blocks. Quinta und Quarta gehören als Grammatikklassen eng zusammen; die Tertia aber ist einerseits der Festigung und Abrundung des grammatischen Unterrichts gewidmet, andererseits bringt sie den Beginn der originalen Klassikerlektüre sowie des Griechischen. Sie steht also am Übergang zur Stufe der eigentlichen *humaniora,* die durch poetischen und rhetorischen Unterricht im engeren Sinne gekennzeichnet ist. Ein einziges Mal innerhalb des gesamten Lehrplans taucht das Wort *rhetorica* auf, als Stoff der Prima[125]. Aber die *rhetorica* ist nur der ›kunstmäßige‹ Abschluß einer umfassenden Erziehung zur *eloquentia,* zum »pure, perspicue et eleganter latine loqui et scribere«[126].

Die wichtigsten Elemente dieses pädagogischen Gebäudes sollen im folgenden stichwortartig genannt werden, ausgewählt im Hinblick auf Latinität und Eloquenz. Q u i n t a[127]. Hauptthemen: elementare Formenlehre, leichteste *praecepta* aus dem Donat, Vokabeln. Interpretation und Analyse ausgewählter *sententiae:* »Ad promtam lectionem Latinam assuefient«. Q u a r t a[128]. Fortsetzung der Donat-Regeln, u. a. Wortarten. Übungen in Wortschatz und Phrasen an ›sententiae Terentianae‹ und ›Ciceronianae‹, ›disticha Catonis‹ und ›P. Syri Mimi‹, ausgerichtet auf *imitatio.* Schülergespräche als Mittel der Repetition. Deutsch-lateinische Übung in *sententiae.* T e r t i a[129]. Ausbau der Grammatik. Erweiterung des Vokabelschatzes und der *loquendi formulae.* Gegenseitiges Abfragen der Schüler (Beginn des Griechischen und der Arithmetik). Erasmus, ›De civilitate morum‹, Interpretation und grammatische Analyse des ›Terenz‹. Interpretation der ›Colloquia‹ des Vives oder der ›Dialogi Castalionis‹. Stilübungen, abgestimmt auf *imitatio* der gelesenen Autoren. Cicero-Briefe aus der Sammlung Sturms: Interpretation und Analyse, Einübung der »ele-

---

Sonderstellung nimmt die Lektüre des Katechismus ein; von der Quarta an stehen deutsche und lateinische Fassung nebeneinander.

[125] A.a.O., S. 383.  [128] A.a.O., S. 378f.
[126] A.a.O., S. 378.  [129] A.a.O., S. 379f.
[127] A.a.O., S. 377f.

gantiores loquendi formulae«. S e c u n d a[130]. Komödien des Terenz; *praecepta* der Prosodie, dazu ›Bucolica‹ Vergils bzw. die eine oder andere Elegie aus den ›Tristien‹ Ovids, unter Zuhilfenahme eines prosodischen Lehrbuchs. Als Übung »versus seu sententias, numeris poëticis emotas, suis legibus restituere«. Epigramme »boni alicujus auctoris«, in kurze *sententiae* gebracht, u. a. als Vorstufe des *versum condere*. Stilübungen, *latina compositio* (Ausbau des Griechischen. Übungen mit griechischen *sententiae*; griechische Texte aus dem Evangelium).

P r i m a[131] (aufgeteilt unter Rektor und Prorektor). »Rector explicabit rudimenta logicae peripateticae«, Verknüpfung mit den anderen Disziplinen. Cicero-Reden: Erklärung seltener Ausdrücke sowie »vocum et phrasium elegantiorum«; »inventionis, dispositionis et elocutionis artificium indicabit; historias, proverbia, ritus priscos, sententias ethicas et politicas notabit« (Griechisch: Elemente der Prosodie und Poetik; Homer oder Hesiod, unter Betonung des *honestum*; Imitationsübungen, Versuche im Versifizieren). Lektüre eines *libellus historicus* unter Betonung der Realien; »interdum vero dictabit dispositionem declamationis, vel sententias ligata oratione ex optimis autoribus desumptas, ut earum conscribatur paraphrasis«. Auswahl von Schülern zum freien Vortrag von *declamationes*; Bestimmung von *censores*, die auf *inventio, dispositio, elocutio* und *pronunciatio* achten sollen (Griechisch: Plutarch, Isokrates oder Xenophon, mit grammatischer Erklärung. Neutestamentliche Lektüre). »Prorector Virgilij Aeneida vel Horatij castiores odas interpretabitur«, daran anschließend Übungen in Prosodie und Poetik, Auswendiglernen der *illustriores sententiae*. Cicero, ›De officiis‹ zusammen mit ›De senectute‹ und ›De amicitia‹; zu Hause eigene Interpretationen vorbereiten; Betonung des für die *vita civilis* Wichtigen. Anfertigung eigener *carmina* in der Schule oder zu Hause; Korrektur. Stilübungen *extempore;* Korrektur: darauf achten, »ut ornate scribendi facultatem discipuli sibi comparent«. »Prorector rhetoricam docebit ejusque praecepta allatis ex optimis quibusque auctoribus exemplis declarabit«.

Schon dieser notwendigerweise raffende und akzentuierende Überblick zeigt, wie entschieden jede einzelne Stufe des Gymnasialunterrichts auf das umfassende Ziel der *eloquentia latina* ausgerichtet ist. Die Prävalenz des Sprachlich-Literarischen wird bei einzelnen Schulen bereits an der Wahl der Klassenbezeichnungen erkennbar, und

---

[130] A.a.O., S. 380f.     [131] A.a.O., S. 381ff.

jedesmal schimmert dabei auch die Dreiteilung des Gesamtkursus durch, so etwa in dem Plan des bekannten neulateinischen Poeten und Frankfurter Rektors Jacob Micyllus[132] vom Jahre 1537. A: ›elementarii‹ (1); B: ›Donatistae‹ (2), ›Grammatici‹ (3); C: ›metrici‹ oder ›poetastri‹ (4), ›historici‹ oder ›dialectici‹ (5)[133]. Ähnlich verfährt die Landgräflich Hessische Schulordnung von 1618. A: ›vnterste Class‹ (1); B: ›Etymologica‹ (2), ›Syntactica‹ (3), ›Lexicographica‹ (4); C: ›Poëtica‹ (5), ›Grichische‹ (6), ›Logische‹ (7), ›Rhetorica‹ (8)[134].

### e. Übungstechniken des rhetorischen Unterrichts

Die weit zurückreichende pädagogische Tradition, die sich in solchen Klassenschemata niederschlägt, bringt es auch mit sich, daß viele Einzelheiten der Unterrichtspraxis in den Lehrplänen gar nicht eigens erwähnt zu werden brauchen. Gerade der rhetorische Unterricht besitzt in den theoretischen Schriften der großen Schulmänner des 16. Jahrhunderts (vor allem Melanchthons und Sturms) und in der von Generation zu Generation weitergegebenen praktischen Erfahrung eine breite didaktische Grundlage. Zu ihr gehört als eines der wichtigsten Prinzipien die Dreiheit von *praecepta, exempla* und *imitatio*[135], die auch in der Stralsunder Schulordnung überall durchschimmert, ohne daß sie an einer einzigen Stelle explicite genannt würde. Auf dieser Dreiheit basieren eine Reihe bewährter rhetorischer Übungstechniken, deren wichtigste hier kurz angedeutet werden sollen, getrennt nach schriftlicher und mündlicher Form.

Die Stufe der *exempla* ist mit dem Ausdruck ›Lektüre‹ durchaus unvollkommen wiedergegeben. Die Autoren werden nicht um ihrer selbst willen gelesen, sondern nur im Hinblick auf *praecepta* und

---

[132] Vgl. J. Classen, Jacob Micyllus ... als Schulmann, Dichter und Gelehrter, Frankfurt a. M. 1859, S. 140ff.

[133] Vormbaum 1, S. 631ff.

[134] Vormbaum 2, S. 177ff. Vgl. die Landgräflich Hessische Schulordnung von 1656 (a.a.O., S. 448ff.): ›Alphabetaria‹ (1), ›Orthographica‹ (2), ›Rudimentaria‹ (3), ›Syntactica‹ (4), ›Analytica‹ (5), ›Gymnastica‹ (6), ›Graeca‹ (7), ›Logica‹ oder ›Oratoria‹ (8).

[135] Eine etwas andere Einteilung legt Mertz, Das Schulwesen ..., S. 269ff. seiner Darstellung zugrunde: Grammatik (*praecepta*), Übung (*exercitatio*), Lektüre (*imitatio*). Für den reinen Grammatikunterricht mag das angehen. Da Mertz in diesem Zusammenhang jedoch auch Poetisches und Rhetorisches heranzieht (S. 272f., 285ff.), entsteht ein verzerrtes Bild. Die Lektüre ist Vorbedingung der poetischen und rhetorischen *imitatio*, nicht mit ihr gleichzusetzen; andererseits ist die *imitatio* ein Teil der *exercitatio*. Vgl. Paulsen 1, S. 345.

*imitatio.* Das beginnt so früh wie möglich. Die beliebten Sammlungen von *sententiae* dienen einerseits der Einübung grammatischer *regulae,* andererseits als Steinbruch für *phrases* oder *formulae elegantiores,* die der Schüler auswendig zu lernen hat, etwa: »amicus certus in re incerta cernitur« oder »fortuna quem nimium fovet, stultum facit«[136]. Noch in der Prima, bei der Vergil- oder Horaz-Lektüre, wird auf die *illustriores sententiae* besonderer Wert gelegt[137], und der Unterricht in der *rhetorica* nimmt, wie das Lehrbuch des Vossius bereits zeigte, ständig auf sie Bezug.

Auf diese Weise erwirbt der Schüler über die bloße Vokabelkenntnis hinaus einen immer größeren Vorrat an Floskeln, Formeln und vorgeprägten Sätzen, die jeweils nach prosaischer und poetischer Herkunft zu unterscheiden sind. Zum mobilen Schatz an fixierten Formeln kommt, meist mit Beginn der eigentlichen Klassikerlektüre, die systematische Anlage schriftlicher Sammlungen, der sogenannten ›Kollektaneen‹ oder auch ›Schatzkammern‹ (›Promptuarien‹, ›Diarien‹, ›Ephemeriden‹ etc.)[138]. Johannes Sturm hat im 23. Kapitel seiner Programmschrift von 1538 eingehend dargelegt, welcher rhetorische Nutzen daraus zu ziehen ist: »ut non solum cognoscat, quid factum sit ab aliquo in oratione..., sed ut et similia ipse efficiat, et quasi quendam penum congestas omnes res et rerum sententiarumque formas, et earum partes, hoc est, verba habeat, et plena possideat omnia loca artis, tanquam copiosus et locuples paterfamilias«[139].

Die exzerptorische Aneignung von *res* und *verba* wird zur unabdingbaren Voraussetzung künftiger *eloquentia*[140]. Sobald nun ein erster materialer Grundstock vorhanden ist, beginnt die *compositio* einfacher Formen. Die beliebteste Form ist der Brief. Dabei kann der

---

[136] Es sind Beispiele aus Melanchthons Kursächsischer Schulordnung von 1528 (Vormbaum 1, S. 6): »Abents, wenn die kinder zu haus gehen, sol man yhn einen sententz aus einem Poeten oder andern fürschreyben, den sie morgens wider auff sagen«.

[137] Stralsund 1643 (Vormbaum 2, S. 383); s. o. S. 284.

[138] Das von Gottsched und seinen Anhängern als typisch ›Weisianisch‹ gebrandmarkte Kollektaneenwesen des Spätbarock ist also nur Steigerung, Übersteigerung einer alten humanistischen Technik.

[139] Vormbaum 1, S. 667.

[140] Der Zweck dieser Übungen geht über die Ansammlung eines ausgebreiteten positiven Wissens noch hinaus. Wer nicht schon früh lernt, mit Kollektaneen und Florilegien – auch bereits gedruckten! – zu arbeiten, wird sich später kaum als gelehrter Literat behaupten können; denn die umfangreiche ›Schatzkammer‹-Literatur, von den ›Adagia‹ des Erasmus über Tschernings ›Deutsche Schatzkammer‹ bis zu Männlings Lohenstein-Handbüchern, gehört zur Grundlage literarischer Praxis während des ganzen 17. Jahrhunderts (vgl. o. S. 61f.).

Lehrer unmittelbar von der Cicero-Lektüre ausgehen[141], er kann sich auch einer der zahlreichen humanistischen Epistolarien bedienen, die in der Nachfolge des Erasmus (›De conscribendis epistolis‹, 1522) entstanden und meist ausführliche *exempla* enthalten[142]. Da im Briefstil die ungezwungenere Form des *sermo familiaris* gestattet ist, kann der Schüler hier zugleich seine Terenz-Lektüre verwerten[143].

Dem Brief aber ist eine ganze Gruppe antiker Kompositionsübungen benachbart, die unter der Bezeichnung *progymnasmata* in den rhetorischen Unterricht auch der Gelehrtenschule Eingang gefunden haben[144]. In regelmäßigen Abständen sollen »ein Exordium, narratio, locus communis, confirmatio, peroratio, descriptio, tractatio fabulae oder dgl. Progymnasmata fürgegeben und die adolescentes also abgerichtet werden, daß ihnen nachmals ganze Declamationes zu schreiben, minder schwär sey«, schreibt die Württembergische Schulordnung vor[145]; und für Stralsund heißt es: »primum orationis partem aliquam vel amplificationem, exornationem, conclusionem, deinde orationes integras facere incipiant«[146].

Die klassischen Redeteile werden also zunächst getrennt voneinander geübt, wobei die Regeln der *inventio* und der *dispositio* gleichermaßen zu ihrem Recht kommen müssen. Auch diese Übungen sind meist am Muster einer bestimmten Lektüre orientiert, vor allem an Cicero und Livius. Doch selbst poetische Texte können dazu herangezogen werden. So handelt z. B. die Hallische Gymnasialordnung

---

[141] Eine für Anfänger gedachte Brief-Auswahl stellte Johannes Sturm zusammen (»Nos tres libros ex omnibus epistolarum voluminibus elegimus: in quibus non, quid doctissimum sit, spectavimus, sed quae maxime idonea huic aetati essent, congessimus«; Vormbaum 1, S. 663). Sie wird auch in den Schulordnungen mehrfach genannt (z. B. 1573 in der Herzoglich Sächsischen Ordnung; a.a.O., S. 592; 1618 Soest: Vormbaum 2, S. 204; 1643 Stralsund: a.a.O., S. 380).

[142] Einige Titel nennt Trunz, Der deutsche Späthumanismus ..., in: Deutsche Barockforschung, S. 180. Vgl. auch die Liste bei K. Kehrbach, Kurzgefaßter Plan der Monumenta Germaniae Paedagogica, Berlin o.J., S. 37 (Anhang).

[143] »Adolescentiae utilis est in sermone familiari, ac epistolis quoque, Terentius« (Vossius, ›Rhetorice contracta‹, S. 303).

[144] Für die englischen Gymnasien vgl. D. L. Clark, The rise and fall of progymnasmata in sixteenth- and seventeenth-century grammar schools, Speech Monographs 19, 1952, S. 259ff. Zur Antike: G. Reich, Quaestiones progymnasmaticae, Diss. Leipzig 1909; D. L. Clark, Rhetoric in Greco-Roman education, New York 1957, S. 177ff. Einen systematischen Überblick über Themen und Techniken gibt Lausberg § 1106ff.

[145] Bender in: Schmid, Geschichte der Erziehung ..., Bd. V 1, S. 33f. (wohl Ordnung von 1559).

[146] Vormbaum 1, S. 498 (Ordnung von 1591).

1661 vom ›Progymnasma iuniorum ex Virgilio et Ouidio‹[147]; dabei werden die Partien einzelner Personen, etwa die ›oratio petitoria Junonis ad Aeolum‹[148], in prosaische Form gebracht. Hier ist, aufgrund eines schon vorliegenden Textes, bereits der Schritt zur Rede-Ganzheit vollzogen. Doch das maßgebliche, gleichsam klassische *progymnasma* zur Erstellung einer eigenen Rede, vor allem zur richtigen Verknüpfung ihrer Teile, ist die sogenannte Chrie: die kurze, in sich schlüssige Darlegung und Ausfaltung einer meist aus dem praktischen Leben gewählten These, z. B. der These »fenestra est fragilis«[149].

Alle diese praktischen Übungen, mit deren Hilfe die Schüler allmählich zur Komposition vollständiger Reden und Gedichte fortschreiten – nur das Wichtigste konnte hier angedeutet werden –, gehören zum täglichen Pensum des rhetorischen Unterrichts, und zwar bereits vor der Stufe, die im engeren Sinne als *rhetorica* bezeichnet wird. Mit der Fähigkeit zur Abfassung rhetorischer Texte ist aber das Bildungsziel noch nicht erreicht. Erst der freie Vortrag führt zur wirklichen *eloquentia*. Im Lateingebot der Humanisten ist das *loqui* nicht weniger zu betonen als das *latine*. Schon Melanchthon wies darauf hin, daß das humanistische Sprachenstudium nur dann sinnvoll sei, wenn man dabei auch zur Fertigkeit im Sprechen gelange[150]. Wenn Ratichius fordert: »Linguae ad usum loquendi doceantur«[151], so ist das für die Lateinschule – wenigstens im Prinzip – längst eine Selbstverständlichkeit. Schon die *progymnasmata* sollen die Schüler möglichst mündlich vortragen (»recitent«, Halle 1661)[152], um allmäh-

---

[147] Vormbaum 2, S. 558.
[148] Gemeint ist ›Aeneis‹ 1, 65ff. Auch die darauf folgende *responsoria* des Aeolus sowie die *lamentatoria* des Aeneas sollen »in oratoriam formam« verwandelt werden. Als Beispiel aus Ovid sind u. a. die Streitreden des Aias und des Odysseus (›Metamorphosen‹, Beginn des 13. Buchs) genannt.
[149] Die einfache Durchführung mit *protasis, aetiologia, amplificatio, conclusio* bei Christian Weise, ›Subsidium juvenile‹, Dresden 1715 (¹1689), S. 5: »Prot. Fenestra est fragilis. Aetiol. Nam constat ex vitro. Amplif. Sicut frangitur poculum vitreum, sic orbis vitreus. Concl. Ergo cum tractamus fenestras, simus cauti«. Vor allem der Amplifikationsteil läßt eine Fülle rhetorischer Variationen zu. Weise hat die Chrientechnik immer wieder als einen Schlüssel zur Eloquenz gepriesen, auch für das Gebiet der Muttersprache; vgl. schon Kapitel 3 des ›Politischen Redners‹, Leipzig 1681, S. 24ff. Über das Weiterwirken der Chrientechnik in der Lehre vom Schulaufsatz: Bukowski, Der Schulaufsatz und die rhetorische Sprachschulung (1956).
[150] Vorrede zu Michael Neander, ›Erotemata graecae linguae‹, 1553 (CR VIII, S. 38).
[151] Ratichianische Schriften, Bd. 1, hrsg. v. P. Stötzner (Neudrucke pädagog. Schriften. 9), Leipzig 1892, S. 39.
[152] Vormbaum 2, S. 558.

288

lich eine oratorische Sicherheit zu gewinnen, die auch für längere Reden ausreicht.

Diese ›deklamatorische‹ Stufe wird im allgemeinen erst gegen Ende der rhetorischen Ausbildung erreicht, so in der Stralsunder Ordnung (1643) von den Primanern[153]. Als Hilfe bei der Ausarbeitung kann der Lehrer selbst eine Gliederung vorgeben (»dictabit dispositionem declamationis«); auch muß genügend Zeit zur Präparation bleiben: »seligentur quatuor declamatores, quorum duo post octiduum, totidem ea quae deinde sequitur septimana declamationes suas memoriter recitabunt«[154]. Auf das *memoriter* kommt es entscheidend an[155] – und auf eine überzeugende *actio*. Auch dafür gibt es eine Fülle bewährter pädagogischer Techniken. So läßt z. B. Christian Gueintz als Rektor des Gymnasiums in Halle seine Schüler ›extra-cathedral‹ sprechen, d. h. ohne Pult; auf diese Weise mußten sie sich frühzeitig daran gewöhnen, den ganzen Körper in die *actio* einzubeziehen – eine Praxis, die vor allem Christian Weise nachdrücklich empfiehlt[156].

Themen und Inhalte dieser Deklamationen sind zumeist von untergeordneter Bedeutung. Häufig wird ein Stoff aus der Bibel gewählt, oft auch aus der Geschichte oder aus der *vita communis*. Als Grundschema dienen dabei nicht selten die progymnasmatischen Kleinformen wie Erzählung, Beschreibung, Brief und vor allem Chrie (z. T. mit einem Hang zu starker moralischer Emphase: »Chria de dicto: Vae illis, qui potando ceteros vincunt«; oder »Vituperium intemperantiae«)[157].

Zur *ars declamatoria* als monologischer Form tritt die *ars colloquendi*[158]. Auch hierin beginnt die Schulung bereits früh, teilweise

---

153 Vgl. o. S. 284.
154 Vormbaum 2, S. 382.
155 Durch den auswendigen Vortrag sollen die Schüler auch »zu feiner Emphatischer pronunciation gewehnet werden« (Landgräflich Hessische Schulordnung 1656; Vormbaum 2, S. 463).
156 ›Politischer Redner‹, Leipzig 1681, Vorrede, fol. 6ªf. Weise sieht den Vorteil von Gueintz' Technik vor allem in der ›Realistik‹ und Lebensnähe: weil »es auch so wol im Bürgerlichen als in Politischen Hof-Leben niemahls dahin kömmt/ daß sich ein Redner biß über den halben Leib darff mit Bretern verschlagen lassen« (a.a.O., fol. 6ª). Die Formulierung wird – ohne Nennung Weises – fast wörtlich übernommen von Riemer, ›Neu-aufgehender Stern-Redner‹, Leipzig 1689, S. 65 (s. o. S. 178).
157 Beispiele aus Bender in Schmid: Geschichte der Erziehung . . ., Bd. V 1, S. 73.
158 Hierzu vor allem A. Bömer, Die lateinischen Schülergespräche der Humanisten (Texte u. Forschungen z. Gesch. d. Erz. u. d. Unterrichts in d. Ländern dt. Zunge. 1), 2 Tle., Berlin 1897/99. Vgl. auch G. Niemann, Die Dialogliteratur der Reformationszeit nach ihrer Entstehung und Entwicklung, Diss. Leipzig 1905.

schon vor der Klassiker-Lektüre[159]. Viele der Lehrbücher für Anfänger sind in Dialogform gehalten. Die ›Colloquia‹ des Erasmus[160] (1518 zuerst gedruckt) gehören mit der ›Paedologia‹ des Petrus Mosellanus (1518) zu den beliebtesten und verbreitetsten Schulbüchern noch während des 17. Jahrhunderts; die ›Progymnasmata latinitatis sive dialogi‹ (1588–1594) des Jacobus Pontanus wurden auch von Protestanten bis ins 18. Jahrhundert hinein benutzt; noch eine Fülle ähnlicher Werke bedient sich des dialogischen Prinzips zur Einübung des Lehrstoffes[161]. So wird den Anfängern nebenbei ein fester Vorrat an dialogischen Techniken vermittelt, und die Lektüre (zunächst die des Terenz, dann auch die der Cicero-Dialoge)[162] kann bereits darauf aufbauen.

Eigentlicher *scopus* der Schulung in der Dialogtechnik ist jedoch das Disputieren[163]: die gedanklich stringente, schulmäßige Auseinandersetzung über vorgegebene Thesen[164]. Unabdingbare Voraussetzung dafür sind wenigstens elementare Kenntnisse in Dialektik bzw. Logik. Hier ist die Verbindung der beiden Schwesterkünste am engsten, und es verwundert nicht, daß sogar Luther die Übung im Disputieren empfiehlt[165]. Für die Güstrowsche Schulordnung von 1662 ist sie überhaupt die »anima studiorum«[166]. Doch hier macht sich bereits eine Hochschätzung des Disputierens bemerkbar, die nicht ohne Kritik geblieben ist. Denn ursprünglich wurde die *ars disputandi* vor allem im Hinblick auf die Universität betrieben, wo erst eigentlich die nötigen Voraussetzungen zur Entfaltung dieser Disziplin gegeben waren. Aber der akademische Ehrgeiz der Schulpädagogen (man denke an das Danziger Gymnasium zu Gryphius' Zeit)[167] und wohl

---

159 Vgl. das Stralsunder Beispiel o. S. 283.
160 Zum geistesgeschichtlichen Hintergrund seiner Wirkung im 17. Jahrhundert vgl. A. Flitner, Erasmus im Urteil seiner Nachwelt. Das literarische Erasmus-Bild von Beatus Rhenanus bis zu Jean Le Clerc, Tübingen 1952, S. 105ff.
161 Auszüge (deutsch übersetzt) in der Arbeit von Bömer.
162 Nach der Stralsunder Ordnung von 1591 sollen Cicero-Dialoge auch mit verteilten Rollen vorgetragen werden (Vormbaum 1, S. 498).
163 Material zum 16. Jahrhundert bei Mertz, Das Schulwesen ..., S. 349ff.
164 Die Einzelheiten der *ars disputandi* werden u. S. 393ff. im Zusammenhang der Universitätsrhetorik behandelt.
165 Tischreden 4, S. 192: »solche Vorbereitung diene dazu furnehmlich, daß junge Gesellen geübet und versucht werden, den Sachen, davon man disputiret, fleißiger nachzudencken«.
166 Vormbaum 2, S. 600 (›Von den Disputationibus‹ handelt ein eigenes Kapitel).
167 Vgl. Hirsch, Geschichte des academischen Gymnasiums in Danzig, S. 24ff. Auf die Förderung des Disputierens im ›Gymnasium Academicum‹ weist auch Szyrocki, Der junge Gryphius, S. 75 hin.

auch die Lebendigkeit dieser *exercitatio* führten allmählich dazu, daß der propädeutische Zweck in Vergessenheit geriet[168]. Der Schüler wurde nachgerade zu einem »animal disputax«[169] erzogen und hatte sich mit definitorischen und syllogistischen Haarspaltereien abzugeben, die weder unter rhetorischem noch unter logischem Gesichtspunkt sinnvoll und pädagogisch vertretbar waren. So wurde die Polemik gegen die Subtilitäten auch der Gymnasialdisputationen mehr und mehr zu einem festen Programmpunkt der Reformpädagogen und ›Realisten‹, von Moscherosch[170] über Schupp[171] bis hin zu Christian Weise[172]. Doch gerade Weise scheute sich nicht, aufgrund seiner rhetorisch-pädagogischen Erfahrung auch den Nutzen einer vernünftig betriebenen *ars disputatoria* hervorzuheben: sie erzieht zur Bedachtsamkeit, zum Respekt vor dem Gegner, zur Herrschaft über die Affekte, zur Schlagfertigkeit und – wie die richtig gehandhabte *declamatio* – zur freien Rede[173].

## f. Die rhetorischen Schulactus

Der kurze Überblick über die wichtigsten Übungstechniken des rhetorischen Unterrichts läßt sofort erkennen, wie eng der Zusammenhang mit jenen eigenartigen Schulveranstaltungen ist, die man unter dem Begriff der *actus scholastici* zusammenzufassen pflegte[174]. Sie

---

[168] Deutlich erkennbar z. B. schon in der Soester Schulordnung von 1618 (Vormbaum 2, S. 192ff.), wo die *disputationes* – innerhalb eines achtklassigen Aufbaus – in der Sexta beginnen und dann einen immer breiteren Raum einnehmen (wohl nicht zufällig sind als Lehrbücher die ›Rhetorik‹ des Talaeus und die ›Dialektik‹ des Ramus eingeführt!).

[169] Weise, ›Die drey ärgsten Ertz-Narren‹, o. O. 1672, S. 233.

[170] ›Insomnis cura parentum‹, Straßburg 1653, S. 71ff.

[171] ›Der Teutsche Lehrmeister‹, hrsg. v. P. Stötzner (Neudrucke pädagog. Schriften. 3), Leipzig 1891, passim.

[172] A.a.O., S. 190ff.

[173] ›Curieuse Fragen über die Logica‹, Leipzig 1696, S. 885. Der Problematik des Disputierens auf der Schule ist sich Weise völlig bewußt: »Auff Universitäten kömt ein Mensch nicht fort/ der sich im disputiren mit seinem Mundwercke nicht helffen kan. Und doch ist es auf Schulen über die massen schwer/ wenn ein junger Kerl was practicables hierinn lernen sol« (›Freymüthiger und höfflicher Redner‹, Leipzig 1693, fol. e 5[b]).

[174] Auch zu diesem (nicht nur schulgeschichtlich interessanten) Gebiet gibt es kaum Vorarbeiten. Der größte Teil des Materials liegt noch unausgewertet in den Schul- und Stadtarchiven. Einen kleinen, aber bedeutsamen Ausschnitt untersucht jetzt – im wesentlichen nach literarischen Gesichtspunkten – D. Eggers, Die Bewertung deutscher Sprache und Literatur in den deutschen Schulactus von Christian Gryphius (Dt. Stud. 5), Meisenheim a. Glan 1967. Immer noch ergiebig ist die (von Eggers leider nicht herangezogene) Darstellung von R.

sind keineswegs bloße Anhängsel im Sinne heutiger Schulfeste, sondern gehen unmittelbar aus dem Rhetorikunterricht hervor. Ihre wesentlichen Bestandteile wurden bereits genannt[175]. Über den reinen Übungszweck hinaus sind für das Verständnis der Institution vor allem die nach außen gerichteten Absichten von Bedeutung. Die Actus waren – neben den öffentlichen Examina – eines der geeignetsten Mittel, um über Können und Fortschritte der Schüler Rechenschaft abzulegen. Denn außer den Mitschülern wurden in den meisten Fällen die Eltern und vor allem die Mitglieder der Schulaufsicht zu den Actus geladen, und bisweilen beehrten sogar hohe Herren die Schule mit ihrem Besuch; so war z. B. im Straßburger Gymnasium während der Jahre 1615 bis 1617 jeweils der Herzog Johann Friedrich von Württemberg zu Gast[176]. Mit der Rechenschaftslegung ging also eine gewisse Werbung für die Schule Hand in Hand, und dies nicht nur gegenüber einzelnen vornehmen Gönnern. Man hoffte durch attraktive Darbietungen vor allem auch Schüler, möglichst aus angesehenem Hause, für die Schule zu gewinnen. Und noch ein anderer Grund sollte nicht verschwiegen werden: die Actus gehörten mit ›Circuiten‹ und ›Leichconducten‹[177] zu den Veranstaltungen, die das nicht allzu reichliche Salär der Lehrer etwas aufbessern halfen[178].

Alle diese Motive sind zu berücksichtigen, wenn man die Intensität und Ausdauer verstehen will, mit der das ganze 17. Jahrhundert hindurch (und noch darüber hinaus) diese Actus veranstaltet wurden. Den gemeinsamen Nenner aber, gleichsam den Kern der Institution, dürfte man wohl in dem Wunsch nach rhetorischer

---

Möller, Geschichte des Altstädtischen Gymnasiums zu Königsberg i. Pr., Progr. Königsberg 1847–1884; am wichtigsten die ›Stücke‹ V, 1874 (»Die Schulcomödien im Allgemeinen ...«), VI, 1878 (»Die rhetorischen Schulactus«) und VII, 1881 (»Die poetischen Uebungen ...«), im folgenden zitiert als ›Möller V‹ usw.

[175] Oben S. 243f.

[176] A. Jundt, Die dramatischen Aufführungen im Gymnasium zu Straßburg. Ein Beitrag zur Geschichte des Schuldramas im XVI. und XVII. Jahrhundert, Progr. Straßburg 1881, S. 33 (der Herzog fand offenbar großen Gefallen an den Straßburger Schulfesten, er rühmte sie »an vielen orten«).

[177] Über diesen ganzen Komplex zeitraubender Verpflichtungen mit ihrer kuriosen Systematik (›Generalleichen‹, ›Partikular- oder halbe Schulleichen‹, ›Special- oder Viertelschulleichen‹) vgl. Möller VII.

[178] Die Gebräuche waren nicht an allen Orten gleich, aber im allgemeinen blieb von den Eintrittsgeldern auch für die veranstaltenden Lehrer etwas übrig. Zur Frage des Schüler-Anteils vgl. für Breslau Hippe, Aus dem Tagesbuche ..., S. 179.

Repräsentation erblicken. Auch die Schulbehörde konnte dagegen im Prinzip nichts einzuwenden haben, ja sie fühlte sich verpflichtet, auf eine regelmäßige Durchführung zu dringen. Charakteristisch ist die Regelung, die der Breslauer Rat im Jahre 1643 für die beiden protestantischen Gymnasien traf: »daß nemblichen Monat ein actus publicus declamatorius, doch wechsels-weise einen Monath zu St. Elisabeth, den andern zu St. Maria Magdalena, vnd zwar unter den Sechsen einer mit etwas mehrern solenniteten, alß zwischen Ostern und Pfingsten zu St. Elisabeth, nach Michaelis aber zu St. Maria Magdalena, beydes nach den Examinibus, vnd also ein dergleichen solennior actus in jedweder Schule deß Jahres vber einmal celebriret ... werden«[179].

Die Selbstverständlichkeit, mit der hier für jeden Monat ein ganzer *actus declamatorius* angesetzt wird, wirft ein bezeichnendes Licht auf das Wechselspiel von schulisch-pädagogischem und öffentlichem Interesse, das man solchen rhetorischen Präsentationen (heute nur schwer nachvollziehbar) entgegenbrachte. Dabei geht es hier zunächst nur um die ›ordentlichen‹, regelmäßigen Schulactus, die in sich wieder nach mehr und weniger ›Solennität‹ abgestuft sind (in Danzig beispielsweise unterschied man nach ›öffentlich‹ und ›festlich‹)[180]. Als unmittelbare Anlässe dienten zumeist die großen kirchlichen Feste, d. h. Weihnachten, Ostern, Pfingsten, vereinzelt noch Trinitatis oder Martini[181]. Aber auch die öffentlichen Examina, ›Promotionen‹ und ›Dimissionen‹ (mit den Valediktionsreden der Absolventen) wurden gern in Form eines Actus gefeiert, so besonders in Straßburg[182]. Unter den jährlich wiederkehrenden Verpflichtungen findet man ferner den Geburtstag des Landesvaters, sogar die Feier der Ratswahl[183], und vor allem findet man die Gedenkveranstaltungen für verstorbene Gönner der Schule[184]. Sie mußten mit besonderer Sorgfalt gefeiert wer-

---

[179] A.a.O., S. 177.
[180] Hirsch, Geschichte des academischen Gymnasiums in Danzig, S. 50.
[181] Möller VI, S. 4.
[182] Jundt, Die dramatischen Aufführungen ..., S. 25.
[183] Christian Weise hat sie in Zittau mit treuer Regelmäßigkeit bis in sein letztes Lebensjahr begangen (sein letzter ›Kür-Actus‹ fand am 23. August 1708 statt, am 21. Oktober starb Weise).
[184] Als Weise 1678 nach Zittau zurückkehrte, gab es zwei solcher regelmäßigen ›Gedenk-Orationes‹; eine davon galt dem bereits 1616 gestorbenen Juristen Michael Mascus. 1688 kam eine dritte hinzu, für den Rektor Keimann von dessen Tochter gestiftet (Kaemmel, Christian Weise, S. 34). Zu Königsberg vgl. Möller VI, S. 3 (›stipendium Wegerianum‹).

den, da es sich hier meist um fortlaufende Stiftungen handelte und die Familie des Gönners auf die Ehrung großen Wert legte[185].

Erst auf dem Hintergrund dieser ›ordentlichen‹ Anlässe heben sich die ›außerordentlichen‹ Ereignisse heraus, die natürlich mit noch größerem Aufwand begangen werden mußten. Ein System läßt sich hier schwer abstrahieren. An erster Stelle stehen politische Ereignisse im weiteren Sinne: Siege, Vertragsabschlüsse, Ereignisse im Herrscherhaus[186]. Auch das glückliche Überstehen einer Pest konnte durch einen Actus gefeiert werden. Unter dem Gesichtspunkt der Selbstdarstellung aber nehmen die großen Jubiläen der einzelnen Gymnasien den ersten Rang ein; genannt seien nur die Centenarien des Breslauer Magdalenäums von 1662, die des Hallenser Gymnasiums von 1665 und die des Zittauer Gymnasiums von 1686[187].

So reichhaltig die Skala der Anlässe, so abgestuft – und den Möglichkeiten der einzelnen Schule angepaßt – war auch der äußere Rahmen, in dem sie begangen wurden. Die Leitung lag in den Händen des Rektors, des Konrektors oder des Tertius; mitunter waren diese Dinge bereits durch die Statuten festgelegt[188]. Wenn Aussicht bestand bzw. gewünscht wurde, daß wichtigere Persönlichkeiten oder Gönner an den Actus teilnahmen, mußte ein Einladungsprogramm gedruckt werden, das außer der *invitatio* auch die Namen der Mitwirkenden, die vorgesehenen Themen und eventuell auch kurze Inhaltsangaben (Periochen, *argumenta*) oder Dispositionsschemata enthielt[189]. Meist sind von den Actus nur diese Programme

---

185 Anders steht es mit der feierlichen Opitz-Ehrung, die seit 1639 alljährlich in Breslau gehalten wurde. Sie geht offenbar nicht auf eine Familienstiftung zurück, sondern ist aus dem Gefühl der Verpflichtung gegenüber dem großen Landsmann (und Schüler des Magdalenäums!) von Christoph Köler durchgesetzt worden; vgl. Hippe, Christoph Köler, S. 49ff.

186 Beispiele bei Möller VI, S. 3f.; Kaemmel, Christian Weise, S. 38f.

187 Das Hauptstück der Zittauer Jubiläumsfeierlichkeiten (28. Februar) war der große Actus mit der Rede des Rektors Weise ›De ortu et progressu scholarum per Lusatiam superiorem‹. Sie wurde von Chorgesängen und Arien umrahmt, den Schluß bildete das Tedeum. Dann versammelten sich die Gönner und Freunde zum Festessen in der Wohnung des Rektors. Abends gab es einen Fackelzug; die Schüler widmeten ihrem Rektor ein deutsches Gedicht, und er stiftete ihnen »ein Viertel Bier auszutrinken« (vgl. Kaemmel, Christian Weise, S. 37). Zum Hallenser Jubiläum (an dem auch der Herzog August von Sachsen teilnahm und bei dem der ›Leo Armenius‹ des Gryphius aufgeführt wurde) vgl. Möller VI, S. 8.

188 Beispielsweise in der Liegnitzer Ordnung von 1673 (Vormbaum 2, S. 649).

189 Vgl. Möller VI, S. 7.

in den Schul- oder Stadtarchiven erhalten[190]. Die routinemäßig absolvierten Actus (etwa die Monatsdeklamationen) fanden im allgemeinen wohl im größten Klassenzimmer der Schule statt. Für bedeutendere Anlässe wählte man die Aula oder – wenn die Schule eine solche nicht besaß – den Saal eines größeren Patrizierhauses, nicht selten auch den Ratssaal der Stadt[191].

Aus Gründen der Repräsentation und der Schulpädagogik war den Lehrern daran gelegen, möglichst viele Schüler aktiv zu beteiligen. Das konnte in einzelnen Fällen zu unsinnigen Riesenprogrammen führen, so in Torgau, wo an einem Tag allein fünfzig verschiedene Redner auftraten[192]. Andererseits ließen es sich die Schulmänner natürlich nicht entgehen, besondere Begabungen gehörig herauszustellen. Über den jungen Andreas Gryphius wird aus der Zeit am Fraustädter Gymnasium (1632–1634) berichtet, er habe »herrliche Proben seines Fleißes und Wissenschaft sehen lassen; in einer öffentlichen Rede den Untergang Constantinopels vorgestellet, item, des weisesten unter den Königen Lob von der Catheder abgeredet«[193]. Und Quirinus Kuhlmann rezitiert als Achtzehnjähriger (1669) anläßlich eines Schulactus »Bey Hochansehlicher und Volckreicher Versammlung« ein selbstverfaßtes Heldengedicht in Alexandrinern[194].

Die Deklamation von *orationes* und *carmina* bleibt nach Ausweis der Schulprogramme Grundbestand der Schulactus bis weit in das 18. Jahrhundert hinein[195]. Eine der bemerkenswertesten Entwicklungen aber ist das allmähliche Vordringen der Muttersprache.

---

[190] Daß auch der eigentliche Text eines Actus gedruckt wurde (wie bei Christian Gryphius, ›Der Deutschen Sprache unterschiedene Alter und nach und nach zunehmendes Wachsthum‹, Breslau 1708), ist eine seltene Ausnahme.

[191] Einzelheiten bei Möller VI, S. 7f. In Danzig beispielsweise beging man die ›öffentlichen‹ Redeübungen im ›Auditorium anatomicum‹ vor einer kleineren Versammlung geladener Freunde und Gönner, die ›festlichen‹ Redeübungen im ›Auditorium maximum‹ (dann wurde am Sonntag vorher durch Anschlag an den Kirchentüren die gesamte Öffentlichkeit eingeladen; ebda.).

[192] A.a.O., S. 6.

[193] Baltzer Siegmund von Stosch, ›Last- und Ehren- auch daher immerbleibende Danck- und Denck-Seule‹, Leipzig 1665, S. 26 (zitiert nach Szyrocki, Andreas Gryphius, S. 19).

[194] Das Gedicht trägt den Titel ›Entsprossene Teutsche Palmen‹. Das Zitat entstammt dem Titelblatt des Drucks von 1670, s. Dietze, Quirinus Kuhlmann, S. 23 und 536 (die Angabe S. 369, der Druck sei noch »im gleichen Jahre« – also 1669 – erfolgt, stimmt offenbar nicht).

[195] Die Deklamationsactus nehmen im Laufe des 18. Jahrhunderts sogar wieder einen merklichen Aufschwung, da sie vielerorts die (z. T. amtlich untersagten) Theaterdarbietungen ersetzen müssen.

Klar zu beobachten ist es bei den poetischen Texten. Schon die Breslauer Schulordnung von 1617 sieht für einen *actus praemialis* vor, daß den älteren Schülern der Preis »mit einer Vermahnung zur Danckbarkeit und Fleiß, jeden durch ein lateinisches Distichon« ausgeteilt wird, »denen aber in den untersten Ordinibus… durch teutsche Reime«[196]. Die Regelung ist symptomatisch. Die größere Würde bleibt dem Lateinischen vorbehalten[197], aber auch das Deutsche wird actusfähig – erst recht, wenn es durch ein Talent wie Quirinus Kuhlmann vertreten ist.

Größere Widerstände zeigen sich bei den Reden. Hier beginnt der Durchbruch zur Muttersprache, wie es scheint, mit der Übersetzung klassischer Texte. Bereits 1622 werden im Breslauer Elisabethanum alle vier Catilinarischen Reden Ciceros deutsch rezitiert[198], offenbar als Konzession und Anreiz für ein größeres Publikum[199]. Eigenständige ›Orationen‹ in der Muttersprache freilich vermochten sich offenbar erst durch die Weisianischen Reformen im Programm der Schulactus zu etablieren; so gab es 1684 in Oels neben lateinischen Rezitationen gleich fünf deutsche Redeübungen[200]. Um 1690 stiftete ein Breslauer Kaufmann gar einen vollständigen deutschen Schulactus: »Wobey ihm denn absonderlich beliebet/ daß die Deutsche Sprache und dero Aufnehmen nebst andern hierzu gehörigen Übungen ein beständiger Zweck dieses Vorhabens seyn solte«[201]. Aber noch lange blieb eine solche Institution die Ausnahme; die meisten humanistischen Gymnasien setzten nach wie vor ihren Stolz darein, die Schüler in der *eloquentia latina* als der Muttersprache der Gelehrten vor dem Publikum zu präsentieren[202].

---

[196] Johann Christian Kundmann, ›Academiae et scholae Germaniae‹, Breslau 1741, S. 84.

[197] Weitere Zeugnisse für die Differenzierung von Deutsch und Latein je nach Adressat (bei Gratulationen) bringt aus Königsberg Möller VII, S. 7.

[198] Möller VI, S. 21. Ähnliches berichtet Jundt, Die dramatischen Aufführungen …, S. 23 sogar schon für Johannes Sturms Straßburger Zeit (die Begründung: die Beredsamkeit solle »nicht hinter den Mauern altrömischer Obstgärten« eingeschlossen bleiben).

[199] Auch für die klassische Poesie konnte auf diese Weise geworben werden. So rezitierten beispielsweise 1660 in Zittau (unter dem Rektorat Keimanns) fünf Schüler das erste Buch der ›Georgica‹ in deutschen Alexandrinern (Möller VI, S. 21).

[200] Möller VI, S. 4.

[201] Zitiert nach Eggers, Die Bewertung …, S. 34. Der Breslauer Rat, der den neuen Actus zu genehmigen hatte, machte jedoch zur Bedingung, daß keine »förmliche Comödie« gespielt werden dürfe (ebda.).

[202] Es entsteht also ein durchaus schiefes Bild, wenn Flemming feststellt, bei den

Der pädagogische Anreiz war natürlich um so größer, wenn die Zöglinge selbstverfaßte Texte vortrugen; auch ließen sich auf diese Weise eindrucksvoller die Unterrichtserfolge in der *ars versificatoria* und *oratoria* demonstrieren. Bisweilen gingen die Texte unmittelbar aus dem Unterricht hervor, d. h. die besten Arbeiten wurden nicht nur in den Schulräumen ausgehängt, sondern durften auch vor größerem Publikum präsentiert werden. Einige Schulordnungen legen ausdrücklich fest, daß die Schüler ihre Texte selbst verfassen. So sollen nach der Liegnitzer Ordnung von 1673 »die größeren Ihre Orationes selbst elaboriren und insgesambt memoriter und ohne ablesung recitiren«[203]. Der Genuß freilich wird nicht immer ungeteilt gewesen sein[204], insbesondere bei den Zuhörern, die kein spezielles Interesse an dem jeweils vortragenden Schüler mitbrachten[205]. Und was sich in den oberen Klassen allenfalls noch durchführen ließ, scheiterte bei den Anfängern, die ja ebenfalls aktiv teilnehmen sollten.

Eine Möglichkeit des Ausweichens, die dem Bildungsziel des humanistischen Gymnasiums entgegenkam, boten, wie sich zeigte, die Klassiker. Aber der Kreis geeigneter Texte war rasch ausgeschöpft[206], und vor allem fehlte der Reiz des Neuen. So wurde es schon früh üblich, daß der veranstaltende Lehrer die Texte selbst schrieb. Pädagogische Notwendigkeiten und der Wunsch des Publikums nach Abwechslung begegneten hier aufs sinnvollste dem ›gelehrten‹ Ehrgeiz des Lehrers – zumal wenn er über das nötige literarische Talent verfügte. Die oben (S. 262) genannten Schulmänner unter den bekannteren Barockautoren dürften manche ihrer Texte (vor allem Gedichte) für Schulactus verfaßt oder doch in solchem Rahmen zum ersten Mal der Öffentlichkeit präsentiert haben. Und bei der Vergabe einer Rektoren- oder Konrektorenstelle hat sicher nicht selten die Frage eine Rolle gespielt, ob der Bewerber anspruchsvolle

---

Schulfeiern der Barockzeit sei das Latein »vielfach noch verwendet oder doch nachwirkend zu finden« (Das Jahrhundert des Barock, in: Annalen ..., S. 340). Das Latein hat den eindeutigen Primat; erst gegen Ende des Jahrhunderts vermag sich das Deutsche allmählich stärker durchzusetzen.

[203] Vormbaum 2, S. 651.

[204] Charakteristisch die Mahnung der Liegnitzer Ordnung an die veranstaltenden Lehrer: sie sollen »die bisherige allzulange und taedisse weitläufigkeiten der Actuum vermeiden« (ebda.).

[205] Zu Weises Beobachtungen beim Schultheater vgl. u. S. 309.

[206] Im wesentlichen Cicero-Reden (auch Dialoge) sowie einzelnes aus Vergil und Ovid; lyrische Metren (etwa aus Horaz) wurden offenbar als zu schwierig empfunden.

Texte zu verfassen in der Lage sei. Autoren wie Christoph Köler, Christian Weise oder Christian Gryphius wurden nachgerade zu Spezialisten auf dem Gebiet des Schulactus[207].

Wo der Lehrer selbst stärker produktiv beteiligt war, konnten auch die einzelnen Teile des Actus genauer aufeinander abgestimmt werden. Oft stand der Actus unter einem einheitlichen Thema, das man z.B. dem jeweiligen Anlaß entnahm. Der Weihnachts-Actus der Königsberger Altstädtischen Parochialschule bot 1689 unter anderem zwölf ›weihnachtliche‹ Reden bzw. Rezitationen: eine Rede über die Geburt des Messias und darüber, daß Jesus der Messias sei; zwei *laudationes* auf die Geburt des Herrn (erst lateinisch, dann griechisch); drei *descriptiones* der Mutter Gottes (lateinische Prosa, lateinische Hexameter, griechische Hexameter); eine Rede über die Zeit der Geburt Christi; über den Ort (erst lateinische Prosa, dann lateinische Hexameter); über die Krippe des Herrn; über die Windeln; über die Boten, von denen die Geburt des Herrn verkündet wurde[208].

Das Thema konnte natürlich auch allgemeinerer Art sein. Beliebt waren Fragen aus dem Gebiet der Ethik, deren *rudimenta* ja auch an manchen Gymnasien gelehrt wurden. So behandelte 1622 ein Actus des Breslauer Magdalenäums die ›controversia de virtutibus moralibus et intellectualibus‹[209]. Im Jahre 1655 deklamierten in Danzig zwölf Sekundaner ›de eudaemonia‹. Der erste gab eine Einführung; dann bewiesen fünf Schüler nacheinander, daß die ›eudaemonia‹ in Vergnügen, Reichtum, Ehrenstellung, Gelehrsamkeit und Tugend bestehe; weitere vier versuchten, dies zu widerlegen; erst der elfte erläuterte dann den wahren Begriff der ›eudaemonia‹, und der zwölfte schloß den Actus mit der obligatorischen *gratiarum actio* an die Freunde und Gönner der Schule[210].

Auf solche Weise wurde den Zuhörern jeweils ein ganzer Sachkomplex rhetorisch vorexerziert – mitunter auch in unmittelbar werbender Absicht[211] –, und für die Schüler war es zugleich eine

---

[207] Für Christian Gryphius zeigt dies die genannte Arbeit von Eggers.
[208] Möller VI, S. 11. Bei dem Zittauer Weihnachts-Actus von 1699 wurde das zuendegehende Jahrhundert in vier Abschnitten dialogisch dargestellt (Kaemmel, Christian Weise, S. 39).
[209] Möller VI, S. 16.
[210] A.a.O., S. 10.
[211] So 1683 in Zittau beim Actus über das Thema ›requisita felicitatis politicae‹. Weise versuchte, sein ›politisches‹ Bildungsideal unter anderem dadurch eingängig zu demonstrieren, daß er – nicht ohne den Stolz des erfolgreichen Päd-

lebendige Repetitionsübung. Häufig entnahm der Lehrer das Thema einfach dem Pensum des laufenden oder vergangenen Schuljahres[212] und dialogisierte den Stoff – heute würde man sagen: – nach Art eines ›Feature‹. Diesen »Typ eines spannungslosen Schulactus«[213] verwendete z. B. Christian Gryphius mehrfach. In Einzelfällen wirkt die Themenwahl geradezu abstrus; einmal bietet Gryphius nichts anderes als eine »Zusammenstellung bekannter Bibliothekare, größerer Bibliotheken und Förderer von Bibliotheken«[214]. Auf der anderen Seite stehen so wesentliche Themen wie ›Der Deutschen Sprache unterschiedene Alter und nach und nach zunehmendes Wachsthum‹ (1690)[215] oder die Bedeutung der Redekunst bei den Sophisten, den römischen Staatsmännern und im zeitgenössischen Deutschland (Öffentlichkeit, Schule, Literatur), vorgeführt in Form von »Dialogi, Declamationes et ipsae Actiones, quas Oratorias vocant, Progymnasmate Dramatico« (1696)[216].

Bereits hier vollzieht sich ein Übergang vom Deklamatorisch-Monologischen zu ›dramatischen‹ Darstellungsprinzipien. Auch die Reden und Gegenreden des Danziger Actus ›De eudaemonia‹ enthalten ja schon ein eristisch-dialogisches Element[217]. Ein weiterer Ansatzpunkt ist die Klassikerlektüre. Als 1627 im Breslauer Magdalenäum ein Actus über Homer gehalten wurde, gehörte dazu auch eine szenische Aufführung des ersten Buchs der Ilias (mit der ergiebigen ›Presbeia‹), wobei Achill, Agamemnon, Aias, Odysseus, Nestor, Menelaos, Kalchas, Patroklos und Chryses auftraten[218].

---

agogen – Schüler aus den verschiedensten Gegenden über Specifica ihrer Heimat reden ließ: drei Schüler aus Reval priesen »apparatum bellicum, terrae foecunditatem, mercaturam et navigia«, ein Annaberger »rem metallicam«, ein Leipziger »eruditionem« und ein Wittenberger »religionem« (Kaemmel, Christian Weise, S. 45).

[212] Eggers, Die Bewertung ..., S. 29 über die Actus von Valentin Kleinwechter (1651 bis 1661 Rektor am Breslauer Magdalenäum): »Die Tendenz, in einem Actus den Stoff eines größeren Zeitraums zu wiederholen, läßt sich in fast allen Stücken nachweisen«.

[213] A.a.O., S. 44.

[214] A.a.O., S. 37.

[215] Untersucht a.a.O., S. 48ff. (Druck erst 1707).

[216] A.a.O., S. 36.

[217] Über Reden und Gegenreden in Schulactus von Budissin zu Anfang des 17. Jahrhunderts vgl. Bender in: Schmid, Geschichte der Erziehung ... V 1, S. 35: ein Schüler spricht für, ein anderer gegen das Studium der Grammatik oder Arithmetik; einer hält eine Philippica gegen die Frauen, ein anderer beweist »femineo sexu nihil nobilius, nihil suavius esse« (weitere Streitfragen ebda.).

[218] Möller VI, S. 21.

Während Aufführungen dieser Art Einzelfälle blieben, erwarb sich eine andere Form halbtheatralischer Actus geradezu klassischen Rang: die Inszenierung großer Prozesse der Antike, besonders solcher, an denen Cicero beteiligt gewesen war. Nicht zufällig ist diese Variante des Schulactus vor allem mit dem Namen Johannes Sturm verbunden, denn sie stellte ein ideales Mittel dar, den Geist der klassischen, ciceronianischen Eloquenz wiederauferstehen zu lassen. Sturm hat 1571 in seiner Schrift ›De exercitationibus rhetoricis‹ Anweisungen zur Aufführung gegeben[219]. Bei ihr wirkten auch Studenten mit, und ihnen fiel es zu, die entsprechenden Gegenreden, Interpellationen und Urteile zu verfassen, so daß der gesamte Prozeßverlauf in möglichst wirklichkeitsgetreuer Form dem Publikum dargeboten werden konnte. Noch 1575 siegte ein Student namens Rehagius über Ciceros Verteidigungsrede ›Pro Milone‹[220]. Und als im Jahre 1580 die Bühne im Straßburger Predigerkloster erneuert werden sollte, wurde die Inszenierung antiker Prozesse mit Reden von Demosthenes und Cicero als eines der pädagogischen Hauptziele dargestellt[221]. Es wurde angekündigt, daß »auch Ciceronis und Demosthenis orationes latine et graece uff solchem platz actions weiss zu zeiten möchten gepracht werden, fürnemlich in causis iudicialibus und was gleichsam als für Ratt und gericht zu handeln beschrieben worden. Welches durch die action zum aller fürderlichsten kan und mag der iugent eingebildet und erklärt werden, viel nützlicher als wan schon lange ausslegungen und comment über solche autores in schola dictiert und abgeschrieben würden: darzu solcher schauwplatz mit auffrichtung des gerichtstuels und gepuerlichen subsellijs oratorum, so gegen einander gerichtet, und was dessen mehr ist, muss und soll ieder zeit artig zugericht werden, dass es gleichsam als ein lebendige action erscheinen, so die iugent würcklich excitieren und zu den studijs lustig machen könne«[222].

---

[219] ›De exercitationibus rhetoricis‹, Straßburg 1575 (¹1571), fol. F 1ᵃff. Vgl. auch Jundt, Die dramatischen Aufführungen ..., S. 22f.

[220] A.a.O., S. 22.

[221] Es handelt sich um eine Bittschrift des Straßburger Akademie-Vorstandes an den Magistrat (›Supplicatio Dominorum Rectoris, Decani et Visitatorum etc.‹ vom 5. März 1580). Das folgende Zitat nach Jundt, Die dramatischen Aufführungen ..., S. 30.

[222] Daß hier neue Wege rhetorischer Pädagogik begangen werden, hebt der Antrag ausdrücklich hervor (es handelt sich um »exercitien ..., so andern schuelen noch nit bekant seind«, ebda.). Großen Wert auf das ›Agieren‹ bei der Deklamation von Cicero-Reden legt auch die Stralsunder Schulordnung von 1591 (Vormbaum 1, S. 497).

Nicht nur in Straßburg fanden solche *actiones* großen Anklang. Der Name Johannes Sturms trug dazu bei, sie den humanistischen Pädagogen auch des 17. Jahrhunderts nachdrücklich zu empfehlen; noch 1695 führte man in Frankfurt am Main die Catilinarische Verschwörung szenisch auf[223]. Erst wenn man sich diese Techniken rhetorischer ›Wiederbelebung‹[224] der Antike vergegenwärtigt, wird auch Christian Weises massive Kritik an der anachronistischen Einstellung vieler Rhetoriklehrer voll verständlich. »Der Lehrer sol keinen Griechen und keinen Römer in seinem Grabe verunruhigen«, meint Weise, »sondern andere Sachen finden/ daß er sich mit dem ausländischen Borgen nicht wird behelfen dürffen«[225]. Und er verurteilt die traditionellen ›Orationes‹, in denen »die Jugend im Römischen Rathe auftreten ... sollte ... als wenn Rom und Athen wieder solte gebauet werden«[226].

Die Technik forensischer Inszenierungen war natürlich nicht prinzipiell an klassisch-antike Vorlagen gebunden. 1624 wurde in Göttingen auch einmal das Salomonische Urteil aufgeführt, wobei zwei Schüler die Rolle der richtigen Mutter agierten, zwei die der falschen Mutter und zwei die des Königs[227]. Die Grenze zu historischen Sujets im weiteren Sinne war fließend. Für das Breslauer Elisabethanum schrieb Christian Gryphius 1684 einen Actus, der den Fall des Dareios schildert, und er gab dem Stück den bezeichnenden Titel »Bessus Parricida coloribus oratoriis delineatus«[228]. Auch Ereignisse der jüngeren Geschichte wurden gerne gewählt. So stellten im März 1622 fünfzehn Schüler des Magdalenäums die Wahl Karls V dar. Nach einem Prolog eröffnete ein Schüler als Erzbischof von Mainz die Verhandlung, ein Gesandter bewarb sich für Karl V, ein anderer für Franz I von Frankreich; dann legten die sieben Kurfürsten nacheinander ihre Ansichten dar, der Bischof von Mainz sam-

---

[223] Möller VI, S. 8.
[224] Dieser Aspekt sehr deutlich z. B. bei Sturm, ›De exercitationibus rhetoricis‹, fol. C Ibf.
[225] ›Vertraute Gespräche ...‹, Leipzig 1697, S. 22 (Wünschmann, Gottfried Hoffmanns Leben ..., S. 46).
[226] A.a.O., S. 20. Vgl. ›Curieuse Fragen über die Logica‹, Leipzig 1696, S. 658 und vor allem ›Epistolae selectiores‹, Budissin 1716, S. 71 (vom 26. 7. 1685): »quid in rebus Scholasticis profuerit vitae, si juvenes futuri scilicet Romae vel in Graecia eloquentes, in Patriae negotiis obmutescant«.
[227] A. Pannenborg, Zur Geschichte des Göttinger Gymnasiums, Progr. Göttingen 1886, S. 24.
[228] Eggers, Die Bewertung ..., S. 33.

melte die Stimmen ein, und zuletzt erfolgte die feierliche Proklamation des neuen Kaisers[229].

### g. Das Schultheater als Teil des ›eloquentia‹-Betriebs

Bei den zuletzt behandelten Formen von Schulactus wird eine begrifflich saubere Abgrenzung gegenüber dem, was man im allgemeinen als ›Schultheater‹ bezeichnet, immer schwieriger. Das Schultheater bildet nur die Spitze einer gleitenden Skala von rhetorischen Übungs- und Präsentationsformen, die in der pädagogischen Praxis der protestantischen Gelehrtenschulen fest verankert sind. Erneut zeigt sich, wie bedauerlich es ist, daß die neuere Forschung sich mit Schulactus und rhetorischem Unterricht kaum näher befaßt und dadurch das Schultheater in einer unangemessenen Weise isoliert hat. Dabei gehört gerade die Ausgestaltung der Schulactus im 17. Jahrhundert zu den charakteristischen Erscheinungsformen barocker Freude an der Festlichkeit, vergleichbar etwa mit Johann Klajs ›Rede-Oratorien‹, die ja ebenfalls durch und durch rhetorisiert sind und nicht recht in die Kategorien der traditionellen Poetik passen wollen[230].

Wie sehr sich die Schulmänner des 17. Jahrhunderts bewußt waren, daß die Actus eine rhetorisch-theatralische Mischform darstellen, zeigt sich an Begriffen wie *actus oratorio-dramaticus*[231], *actus oratorio-comicus*[232] oder dergleichen. Die Entscheidung, ob ›Theater‹ oder nicht, ist primär eine Frage der Ausstattung. Die bloße Deklamation vom Katheder herab wurde noch nicht eigentlich als theatralisch empfunden. Aber das Publikum, das allenthalben Zeuge der neuen Errungenschaften in der Bühnentechnik wurde, verlangte nun auch von den Schulveranstaltungen Aufwand und Ausstattung. Wanderbühne und englische Komödianten, vor allem aber das Jesuitentheater waren für die protestantischen Schulpädagogen eine nicht zu verachtende Konkurrenz. An manchen Orten hatte das

---

[229] Möller VI, S. 8. Noch im Mai desselben Jahres veranstaltete das Magdalenäum einen Redeactus, in dem Kaiser Ferdinand II zu seiner Wahl beglückwünscht wurde; unter den acht Gratulanten, die je eine Rede hielten, befanden sich ein Philosoph, ein Arzt, ein Jurist, ein Feldherr und ein Theologe (ebda.).

[230] Hierzu jetzt Wiedemann, Johann Klaj . . ., passim.

[231] So Johann Sebastian Mitternacht, der Rektor des Gymnasiums von Gera (1646–1667), vgl. Paulsen 1, S. 364.

[232] Bezeichnung des Jubiläums-Actus im Hallenser Gymnasium 1665, vgl. Möller VI, S. 8.

Schultheater ein Gutteil des Schau- und Unterhaltungsbedürfnisses der Bevölkerung zu befriedigen[233], und nach Möglichkeit sollten schon die Actus im engeren Sinne diesem Zweck dienen.

Kostüme, Requisiten, Kulissen und Musik waren die wichtigsten Elemente der theatralischen Ausgestaltung. In einem 1642 von Christoph Köler einstudierten Actus ›Mayenlust‹ »trat Flora in weiblichem, blumengeschmücktem Kostüm auf, während eine Reihe von bekränzten Knaben die Blumen, die sie in ihren Rollen zu preisen hatten, in der Hand trugen«[234]. Bei zwei länderkundlichen Actus (1656 und 1657, ebenfalls in Breslau) erschienen die Schüler bekränzt und in charakteristische Gewänder gekleidet, ein andermal (1663) in römischen Kostümen. Häufig gab es auch Gesangsdarbietungen (als Chor- oder Einzelgesang), und es gab Instrumentalmusik, z.B. auf der Laute (1645); einmal, zur ›Africologia‹ Johann Gebhards, wurden sogar Vogelstimmen – Nachtigall und Kuckuck – imitiert[235].

Auflockernde Effekte solcher Art waren bei der thematischen Sprödigkeit vieler Actus natürlich sehr willkommen. Sie erklären wenigstens zum Teil – und das ist im gegenwärtigen Zusammenhang nicht unwichtig –, daß die rhetorischen Darbietungen der Gymnasien immer wieder ihr Publikum fanden. Voll ausgeschöpft wurden die Möglichkeiten der Schulbühne freilich erst bei den regelrechten Theateraufführungen. Über die technischen Details liegen bereits eingehendere exemplarische Untersuchungen von Schmidt[236], Flemming[237], Eggert[238], Skopnik[239] und anderen vor. Unter rhe-

---

[233] Dabei konnte das Schultheater sogar die Rolle des Stadttheaters übernehmen; so in Ulm, wo Joseph Furttenbach der Bürgerschaft nach italienischen Vorbildern ein Theater für sechshundert (!) Personen baute, das am 17. August 1641 eröffnet wurde und ein Jahrzehnt lang nur den Aufführungen der Lateinschule diente (das Material hierzu veröffentlichte M. Berthold, Joseph Furttenbach von Leutkirch, Architekt und Ratsherr in Ulm, in: Ulm und Oberschwaben 33, 1953, S. 119ff.; vgl. auch Kindermann, Theatergeschichte Europas, Bd. 3, S. 432ff.).

[234] Hippe, Aus dem Tagebuche ..., S. 178.

[235] Ebda.

[236] Expeditus Schmidt, Die Bühnenverhältnisse des deutschen Schuldramas und seine volkstümlichen Ableger im sechzehnten Jahrhundert (Forschungen z. neueren Lit.gesch. 24), Berlin 1903.

[237] W. Flemming, Andreas Gryphius und die Bühne, Halle 1921; vgl. von demselben u. a.: Die barocke Schulbühne, Die Pädagogische Provinz 10, 1956, S. 537ff.; Formen der Humanistenbühne, Maske und Kothurn 6, 1960, S. 33ff.

[238] Eggert, Christian Weise und seine Bühne (1935; s. o. S. 212 Anm. 179).

[239] G. Skopnik, Das Straßburger Schultheater, sein Spielplan und seine Bühne

torischem Aspekt aber interessiert vor allem das pädagogische Konzept, mit dessen Hilfe ein derart aufwendiges Unternehmen wie das Schultheater begründet wurde. Es ist eine unmittelbare Resultante des humanistischen *eloquentia*-Ideals.

Schon während des Mittelalters wurden Zöglinge der Klosterschulen da und dort zur Aufführung geistlicher Spiele herangezogen[240]. Sie bildeten ein relativ leicht verfügbares Reservoir von Darstellern und besaßen vor allem bereits eine gewisse sprachliche Schulung. Eine feste Institution mit prinzipieller Begründung wurde das Schülertheater erst im Zeitalter der Renaissance und des Humanismus[241]. Auch auf der Bühne sollte sich die Wiedergeburt der Antike vollziehen, und zur Aufführung antiker Stücke wurden erst recht Darsteller mit einer speziellen sprachlichen Vor-Bildung benötigt. Zugleich aber wurde der pädagogische Wert entdeckt, den das Theaterspiel auch für die Darsteller selbst mit sich brachte. »Comaediae plurimum conferre ad eloquentiam possunt«, heißt es im ›Tractatus de liberorum educatione‹ (1450) von Enea Silvio Piccolomini[242], dem späteren Papst Pius II. Lebendige Latinität und freies Sprechen vor einem größeren Publikum waren die Hauptziele, andere kamen hinzu. Luther fand das Schultheater bereits als Institution vor[243] und trat (offenbar gegen sich regende Kritik) nachdrücklich dafür ein, sie beizubehalten: »Comödien zu spielen soll man um der Knaben in der Schule willen nicht wehren, sondern gestatten und zulassen, erstlich, daß sie sich vben in der lateinischen Sprache; zum Andern, daß in Comödien fein künstlich erdichtet, abgemalet und fürgestellet werden solche Personen, dadurch die Leute unterrichtet, und ein Jglicher seines Amts und Standes erinnert und vermahnet werde ..., ja, es wird darinnen furgehalten und fur die Augen gestellt aller Dignitäten Grad, Aemter und Gebühre, ... wie in einem Spiegel«[244].

(Schriften des Wiss. Instituts der Elsass-Lothringer im Reich an d. Univ. Frankfurt, N. F. 13), Frankfurt a. M. 1935.

[240] Vgl. E. Hartl, Artikel ›Das Drama des Mittelalters‹, Dt. Philol. im Aufriß ²II (1960), Sp. 1949ff. (dort Sp. 1974).

[241] Einen informativen Überblick gibt J. Maassen, Drama und Theater der Humanistenschulen in Deutschland (Schriften z. dt. Lit. 13), Augsburg 1929 (die ›Humanistenschulen‹ des 17. Jahrhunderts leider nicht mehr berücksichtigend).

[242] ›Opera quae extant omnia‹, Basel 1551, S. 984.

[243] Für Breslau sind schon 1500 und 1502 Aufführungen bezeugt, für Straßburg 1512; nach 1520 etabliert sich dann das Schultheater zusehends.

[244] Tischreden 1, S. 447 (Anlaß ist bezeichnenderweise das Vorhaben eines schlesischen Schulmannes).

Luthers Hervorhebung des praktischen, vitalen Nutzens widerspricht dem rhetorisch-humanistischen Ziel keineswegs. Sie stellt eine willkommene Verbreiterung des pädagogischen Fundaments dar (»et orationis et vitae magister« ist das Komödienspielen für Melanchthon[245]), und gerade mit dem Hinweis auf das belehrende Element ist man später den Kritikern des Schultheater-Betriebes gern entgegengetreten. Die ›Spiegel‹-Funktion freilich, von der Luther spricht[246], scheint nicht unproblematisch. Denn zunächst wurden fast ausschließlich antike und biblische Stoffe aufgeführt[247], so daß das Leben nur in seinen allgemeinsten, zeitlosen Regeln gespiegelt werden konnte[248]. Und es ist bezeichnend, daß gerade das Bild vom *speculum vitae humanae* am Ausgang des 17. Jahrhunderts, bei Christian Weise, gegen das traditionell-humanistische Schultheater gewendet wird; »aller Dignitäten Grad, Aemter und Gebühre« – mit Luther zu reden – sind nach Weises Ansicht nicht unveränderlich, sondern dem Wandel der ›politischen‹ Szene unterworfen und demgemäß auch im Schultheater stets neu darzustellen[249].

Eine solche Zielsetzung allerdings war den humanistischen Schulmännern des 16. Jahrhunderts noch durchaus fern. Soweit sie neben den verbalen Fähigkeiten und den ethischen Lebenslehren auch reale Kenntnisse vermitteln wollten, galt ihr Interesse nicht primär der Gegenwart, sondern dem Leben der Antike: gleichsam ›spielend‹ sollten die antiquarischen Kenntnisse ergänzt und vertieft werden[250]. Alle diese Prinzipien waren maßgebend für die Schöpfer der protestantischen Gelehrtenschule, wenn sie ihre Schüler Theater spielen

---

[245] CR XIX, S. 692. Ähnlich Micyllus in der Frankfurter Schulordnung von 1537 (Vormbaum 1, S. 633).

[246] Zum Spiegel-Motiv in der Dramenliteratur des 16. Jahrhunderts (besonders in Dramentiteln) vgl. J. Minor, Einleitung zum ›Speculum vitae humanae‹ (1584) des Erzherzogs Ferdinand II von Tirol (NdL. 79/80), Halle 1889, S. XXXVIf.

[247] Vgl. Maassen, Drama und Theater . . . , S. 74ff.

[248] Maassen betont u. a. das ›Fehlen der soziologischen Stoffkreise‹ (a.a.O., S. 75f.).

[249] In der Vorrede zu ›Lust und Nutz der spielenden Jugend‹, Dresden u. Leipzig 1690, fol. 8a u. 8b rechtfertigt sich Weise, daß er auch in der Sprache mit der ›Zeit‹ und mit der Wirklichkeit des ›gemeinen Lebens‹ gegangen sei: »Soll das Sprüchwort wahr bleiben: Comoedia est vitae humanae speculum, so muß die Rede gewißlich dem Menschlichen Leben ähnlich seyn. Ein Cavallier, ein führnehmes Frauenzimmer . . . muß den accent führen/ wie er im gemeinen Leben angetroffen wird«.

[250] Hierzu besonders P. Dittrich, Plautus und Terenz in Pädagogik und Schulwesen der deutschen Humanisten, Diss. Leipzig 1915.

ließen, sei es Melanchthon in seiner ›Schola privata‹[251], sei es Johannes Sturm im Straßburger Gymnasium[252].

Die theoretische Begründung des Schultheaters fand nun auch Eingang in viele Schulordnungen[253], und dabei bildete sich allmählich ein fester Kanon, aus dem bald diese, bald jene Punkte stärker hervorgehoben wurden. Sie ordnen sich beinahe von selbst unter die drei Hauptziele, die Sturm seiner Gelehrtenschule gesteckt hat. Zur *pietas* wird der Schüler erzogen, indem er Tugend und Laster der Welt exemplarisch vor Augen sieht. Biblische Stoffe dienen der Frömmigkeit, sie festigen zugleich seine Kenntnis der Heiligen Schrift. Der *sapientia* oder *eruditio* sind grundsätzlich alle Stoffe förderlich; Wissen über Kulturgeschichte und Mythologie stehen dabei vornean, und die immer neue Einstellung auf die jeweiligen *circumstantia* schärft den Verstand. Den größten Gewinn aber trägt die *eloquentia* davon: ihr ureigenstes Medium, die Latinität, wird am lebenden Beispiel geübt, die *memoria* wird gefestigt, *actio* und *pronuntiatio* können sich entfalten, und gleichsam als umfassende Gesamttugend wird das *prompte loqui* gestärkt.

Der hier skizzierte Kanon bestimmt während des ganzen 17. Jahrhunderts grundsätzlich alle Äußerungen zum rhetorisch-pädagogischen Wert des Schultheaters. Ein besonders illustratives Beispiel hierfür bietet Schottel. Im Jahre 1642 wird sein ›Freuden Spiel genandt Friedens Sieg‹ »In gegenwart vieler Chur- und Fürstlicher/ auch anderer Vornehmen Personen, in dem Fürstl: BurgSaal Zu Braunsweig ... von lauter kleinen Knaben vorgestellet«[254] – Schultheater auf höfischer Ebene[255]. Unter den Darstellern befindet sich der spätere Herzog Anton Ulrich zu Braunschweig und Lüneburg, zusammen mit seinem Bruder Ferdinand Albrecht und vielen anderen Adligen[256]. Im Friedensjahr 1648 bringt Schottel das Stück auch gedruckt heraus, und ein ›Kurtzer Vorbericht an den Wolgeneigten Leser‹[257] geht unter anderem näher auf den moralischen Nutzen des

---

[251] Vgl. L. Koch, Philipp Melanchthons Schola privata, Gotha 1859; Hartfelder, Philipp Melanchthon ..., S. 491ff.

[252] Vgl. Jundt, Die dramatischen Aufführungen ..., S. 17ff.

[253] Vgl. die im folgenden genannten Zeugnisse.

[254] Titelblatt des Erstdrucks von 1648.

[255] Zum regulären Braunschweiger Schultheater vgl. G. T. A. Krüger, Die dramatischen Aufführungen auf dem ehemaligen Martineum zu Braunschweig, Progr. Braunschweig 1862.

[256] Sie werden von Schottel namentlich genannt (fol. B Vᵇf.). Schottel war damals bekanntlich Erzieher der beiden jungen Prinzen.

[257] A.a.O., fol. A VIIIᵃff.

Theaters ein. Schottel wiederholt zunächst die alten Thesen vom *docere*, mit dem Resultat: »Daher dan zu unvermerksamer Nachfolge unser Hertz leichtlich gelokket/ und auf eine sonderbahre Art angereitzet und getrieben wird«[258]. Damit aber hat er zugleich den Übergang zum spezifisch pädagogischen Aspekt gefunden: »Welches die Gelahrten/ und sonderlich die jenige/ welche die Unterweisung der Jugend/ und deroselben Anführung zur Tugend recht meinen und verstehen/ gar wol wissen«[259]. Schottel ist sich bewußt, daß damit der volle pädagogische Nutzen noch gar nicht bezeichnet ist, und beeilt sich, den klassischen Kanon in Form einer raffenden Parenthese zu referieren: »dadurch zugleich die Sprachen erlernet/ die Ausrede wolklingend gebildet/ die Lust zur Beredsamkeit eingetröpfelt/ das Gedächtniß gestärket/ der Verstand gescherfet/ anstendliches Gebärde angenommen/ undienliche Blödigkeit abgelegt/ und ein Tugendwilliges Hertz zu vielen Guten aufgefrischet/ und zu seinem Lobe angereitzet wird«[260].

Mit *memoria, actio, pronunciatio, linguae, eruditio, iudicium* und *alacritas* als pädagogischen Zielen ist das Schultheater fest in den Rhetorikbetrieb der Gelehrtenschulen integriert[261]. Spätestens bei der Terenz-Lektüre in den unteren und mittleren Klassen kann die praktische Vorbereitung auf das Schultheater beginnen, und der darin liegende *stimulus studiorum* war ebenfalls willkommen[262]. Doch die fähigeren Sprecher und Darsteller waren aus den oberen Klassen zu erwarten, so daß die Beschäftigung mit Terenz und Plautus nach Möglichkeit über die Mittelstufe hinaus ausgedehnt werden mußte. Ganz

---

[258] A.a.O., fol. B IIIIᵃ. Auch das Spiegel-Motiv taucht dabei wieder auf: »ein rechter Spiegel der Welt Sitten und Gewonheit/ und ein Abbild der endlich folgenden Warheit« (a.a.O., fol. B IIIᵃf.).

[259] A.a.O., fol. B IIIIᵃ.

[260] A.a.O., fol. B IIIIᵃf.

[261] Während bei Schottel der Zusammenhang mit der Jugenderziehung noch deutlich erkennbar bleibt, ist es interessant zu beobachten, wie Rist in seiner Vorrede zum ›Perseus‹ (1634) den Kanon auf das Theaterspielen generell anwendet. Er zieht ihn zu fünf Programmpunkten zusammen (»fünffachen nutzen«): 1. man bildet »Judicium vnd Verstand« aus; 2. man hat moralischen Nutzen, vor allem durch den affekthaften Widerstand gegen die Schlechtigkeit, die man darstellen muß; 3. »die Gedechtnisse« werden geübt; 4. man wird »sehr expedit vnd fertig im Reden«; 5. man legt die »Forchtsamkeit« ab und wird »gantz freymütig« (Mannack 1, S. 122f.).

[262] Vor allem die Vorteile für das *latine loqui* werden betont, so schon in der Braunschweigischen Ordnung von 1543 (›Tertia classis‹): »Se scholen stedes Latin reden, thowilen ex Terentio uthwendich etwas recitiren ...« (Vormbaum 1, S. 46).

in diesem Sinn verfährt zum Beispiel die Breslauer Schulordnung von 1570 für die Secunda: »Wir sehen auch vor gut an, das die Knaben dieses Ordinis den Terentium, als jhren fürnemen vnd gantz eigenen Authorem außwendig lernen, also das man die Personas der Jugend, deren Comoedien so sie zum ende gehöret haben, außteile, vnd sie wochentlich nach Tische eine stunde oder zwo recitiren lasse, vnd sie also in der Pronunciation vnd Action vbe«[263].

Solange diese Vorbereitungen in engerem Konnex mit dem normalen Unterricht gehalten werden konnten, ließ sich der Aufwand an Zeit und Energie meist rechtfertigen[264]. Indes, wenn die Nordhausener Ordnung von 1583 für die Fastnachts-Aufführung den ganzen vorausgehenden Sommer als Übungszeit ansetzte, so mußten sich Bedenken einstellen[265]. Je anspruchsvoller und aufwendiger das Schultheater wurde, desto häufiger meldete sich die Kritik. Schon 1585, als Lehrer der Königsberger Altstädtischen Schule um das Privileg zur Aufführung von Komödien baten, wurde der Antrag unter anderem mit der Begründung abgelehnt, daß »mit den Comödien viel in der Schule versäumt« werde (die Kritiker waren also trotz Luthers Apologie nicht verstummt)[266]. Andernorts stellte man wenigstens die Bedingung, durch das Theaterspielen dürfe »den andern studiis auffs wenigste möglich abgebrochen« werden (so Breslau 1643)[267].

Eines der wichtigsten Mittel, um den pädagogischen Nutzen zu erhöhen (und wohl auch einem Teil der Kritiker zu begegnen), war die Beteiligung möglichst vieler Schüler an der Aufführung – und wenn sie lediglich Statistenrollen spielten. Bis zu 165 Personen wur-

---

[263] A.a.O., S. 198f. Die besonders alte und lebendige Breslauer Schultheater-Tradition wirkt hier ganz offensichtlich in den Lehrplan hinein.

[264] Sehr charakteristisch ist die Begründung, die sich in der Breslauer Ordnung von 1570 an das gegebene Zitat anschließt: »Wir achten auch solches nicht weniger nütz vnd nötig, dann sonst ein andere gutte Lection, nicht allein darumb, das man die Pronunciation vnd geberde in die Knaben formire, vnd sie höfflig-keit vnd Mores lerne, doran viel gelegen, wie die Rhetores de actione ihn jhren Praeceptis lehren: Sondern auch, das wir, so in Schulen viel Jar gelehret, dieses vielfaltig erfaren haben, das viel Ingenia so man weder mit worten noch rutten zur lehre hat bringen können, die sind also durch lustige Action der Personen in Comoedijs bewogen worden, das sie zu den Studijs ein lust gewonnen haben« (a.a.O., S. 199). Manches in dieser pädagogischen Konzeption klingt fast schon ›Weisianisch‹.

[265] A.a.O., S. 380.

[266] Möller V, S. 7. Die Begründung des Antrags war gut humanistisch gewesen: die Schüler sollten »kühne werden vnd artig für Leuten wissen zu reden« (ebda.).

[267] Hippe, Aus dem Tagebuche ..., S. 183. Vgl. auch die Mahnung der Nordhäuser Ordnung, man dürfe »keine andere Schulstunde deshalb versäumen« (Vormbaum 1, S. 380).

den gezählt[268], d.h. in einzelnen Fällen spielte nahezu die ganze Schule mit, vom Erstkläßler bis zum Primaner. Ein solcher Masseneinsatz kam auch der megalomanischen Tendenz barocken Repräsentationswillens entgegen, und man durfte überdies mit dem Interesse eines besonders breiten Publikums rechnen. Christian Weise berichtet aus eigener Erfahrung und mit einer gewissen Ironie, wie geduldig Eltern und Freunde ausharrten, bis der Auftritt ›ihres‹ Darstellers an der Reihe war[269]. Gottsched hat später die große Personenzahl der Weiseschen Stücke scharf kritisiert[270], ohne zu bedenken, daß der Zittauer Rektor im Grunde nur eine alte pädagogische Tradition fortführte. Eine Besonderheit hingegen, die Weise mehrfach hervorgehoben hat, war sein Bemühen, den Schülern die Rollentexte gleichsam auf den Leib zu schreiben, um ein Höchstmaß an Natürlichkeit zu erreichen: »der Personen sind durchgehends sehr viel«, gesteht er; aber es ist zu bedenken, daß »ich mich nach eines iedweden naturell, das ist/ nach seiner pronunciation, nach seiner Figur/ und nach seiner ungezwungenen affecte gerichtet habe«[271].

An anderer Stelle führt Weise dies näher aus, und das Zitat zeigt zugleich eines der vielen praktischen Probleme des Schultheaters aus der Sicht des erfahrenen Pädagogen und Rhetorikers: »in den meisten Dingen sahe ich auff der Leute Naturel welche die Person haben solten. Waren sie munter oder schläfferich/ trotzig oder furchtsam/ lustig oder melancholisch/ so accomodirte ich die Reden auff einen solchen Accent, daß sie nothwendig ihre Sachen wohl agiren musten. Und wer dieses in acht nehmen wil/ der mag die schlechtesten Kerlen auff die Bühne bringen/ wenn sie nach ihren Naturel zu reden haben/ wird es propre und geschickt heraus kommen/ wie ein Capellmeister seine Stücke wohl anbringet/ wenn er den Ambi-

---

[268] Möller V, S. 4. Zur Hundertjahrfeier des Breslauer Magdalenäums 1662 wurden 500 Einladungen verschickt (Hippe, Aus dem Tagebuche ..., S. 179). Natürlich konnte es auch vorkommen, daß die Darsteller in der Mehrzahl waren, so am 28. April 1644, als sich im Magdalenäum »angeblich nur 15 Zuhörer« einfanden (ebda.).

[269] ›Lust und Nutz der Spielenden Jugend‹, Dresden u. Leipzig 1690, Vorrede, fol. 7b (»... so kunte die Zeit nicht lang werden«).

[270] ›Versuch einer Critischen Dichtkunst‹, Leipzig ⁴1751, S. 642. Die gleiche Kritik deutet sich schon bei Neukirch an, dort bereits spürbar unter dem Einfluß Boileaus (›Herrn von Hoffmannswaldau ... Gedichte‹, 1. Teil, Leipzig 1697, Vorrede, S. XXVIII: bei Weise sei »der stylus gut/ ungeachtet seine Comödien wegen der vielen personen/ so er dazu gebrauchen müssen/ mit denen regeln des theatri nicht sehr zusammen stimmen«).

[271] ›Curieuser Körbelmacher‹, Görlitz 1705, fol. a 5a; vgl. den o. S. 298 genannten Actus von 1683 über die ›requisita felicitatis politicae‹.

tum, die Manier/ auch die Stärcke und die Schwäche seiner Voca-
listen zuvor judiciren lernet«[272].

So sehr Weise sich in seiner Konzeption des Schultheaters um
›Natürlichkeit‹ der rhetorischen Übungssituation, um die »lebendigen
Circumstantien«[273], um Realistik und Modernität bemühen mag, so
klar tritt in seinen theoretischen Äußerungen immer wieder auch
das traditionell-humanistische Fundament zutage: »das Judicium,
das Gedächtniß und die Zunge« läßt er seine Schüler im Theaterspiel
üben, er vermittelt ihnen die Grundlage »von der gelehrten hardiesse,
das ist/ ihre freye action und pronunciation« – als Propädeutik zu
einer »politischen courage«[274]. Es ist eine der letzten Metamorphosen in der Entwicklungsgeschichte des humanistisch-rhetorisch bestimmten Schultheaters.

In einem anderen Punkt freilich scheint Weise sich klar und eindeutig vom pädagogischen Kodex der Lateinschule losgesagt zu haben: in der Entscheidung für die Muttersprache als das ausschließ-
liche Medium des Schultheaters. Mag er für den regulären Unterricht
noch lateinische Lehrbücher geschrieben haben[275], seine Theater-
stücke (denen während seines Rektorats die Zittauer Schulbühne vorbehalten blieb) sind sämtlich in der Muttersprache abgefaßt[276]. Doch
gerade dies kann – wenn man sich die geschichtliche Entwicklung
vergegenwärtigt – durchaus nicht als revolutionär gelten. Denn in
keinen Bereich des humanistischen *eloquentia*-Betriebs hatte sich die
*lingua vernacula* so früh und dauerhaft einzudrängen vermocht wie
in das Schultheater.

Daß seine Anfänge ganz im Zeichen der Latinität stehen, wurde
schon aus dem rhetorisch-pädagogischen Kanon erkenntlich, der die
Institution theoretisch rechtfertigte. Bei der Wahl der Spieltexte allerdings war durch Überlieferungsstand und Klassizitätsideal kein
weiter Spielraum gelassen; im Grunde lief es auf Plautus und Te-

---

[272] ›Lust und Nutz . . .‹, Vorrede, fol. 6b u. 7a.
[273] A.a.O., Fol. 3a (vgl. fol. 4a).
[274] ›Curieuser Körbelmacher‹, Vorrede, fol. a 2b.
[275] Außer den beiden o. S. 265 genannten Kompendien wären noch mindestens ein
Dutzend lateinischer (für Schule oder Universität bestimmter) Schriften zu
nennen, darunter ›De poesi hodiernorum politicorum‹ (1678), ›Compendium
politicum‹ (1682), ›Subsidium puerile de artificio et usu chriarum‹ (1689).
[276] Dies gilt jedenfalls für die publizierten Texte. Zwar gibt Weise im Jahre 1705
an, »nicht einmal den vierdten Theil« seiner dramatischen Produktion habe er
drucken lassen (›Curieuser Körbelmacher‹, Vorrede, fol. a 5a), doch findet
sich nirgends ein Hinweis darauf, daß er auch einmal lateinische Schuldramen
geschrieben hat.

renz hinaus[277]. Die gleichen Gründe, die Terenz als Unterrichtsstoff empfahlen – vor allem *puritas* des Lateins[278] und Lebendigkeit der Darstellung – sprachen auch für seine szenische Darbietung. Plautus hingegen bereitete schon vom Sprachlichen her größere Schwierigkeiten; er »begegnet, wenn man die Schulordnungen der Zeit durchgeht, selten und stets an zweiter Stelle«[279].

Straßburg und einige andere Schultheater-Orte haben die Tradition der Inszenierung antiker Stücke (bekanntlich auch griechischer Texte)[280] bis weit in das 17. Jahrhundert hinein gepflegt. Doch der Wunsch nach größerer Abwechslung und vor allem die Kritik am sittlichen Gehalt der römisch-heidnischen Komödien führten in der zweiten Hälfte des 16. Jahrhunderts mehr und mehr dazu, daß auch neulateinische Stücke Eingang in den Spielplan der humanistischen Schulen fanden[281]. Die Sammlung ›Terentius Christianus sive comoediae sacrae‹ (1592) des Haarlemer Rektors Cornelius Schonaeus war deutlich in der Absicht entstanden, eine christliche Alternative zu bieten[282], und eine Reihe anderer Autoren wie Gnaphaeus, Macropedius, Naogeorgus, Frischlin, Hunnius oder Junius verfolgten ähnliche Ziele[283]. Nun wurden, nicht zuletzt aufgrund der Anregung Luthers[284], vor allem biblische Themen dramatisiert, so daß neben der *eloquentia* auch die *pietas* zu ihrem Recht kam[285].

---

[277] Material hierzu bei K. von Reinhardstöttner, Plautus. Spätere Bearbeitungen plautinischer Lustspiele, Leipzig 1886; O. Günther, Plautuserneuerungen in der deutschen Literatur des 15. bis 17. Jahrhunderts und ihre Verfasser, Leipzig 1886; O. Francke, Terenz und die lateinische Schulkomödie in Deutschland, Weimar 1877. Die Anfänge des Breslauer Schultheaters sind charakteristisch für die Ausgangsposition: es beginnt mit dem ›Eunuchus‹ des Terenz (1500), als nächstes folgt die ›Aulularia‹ des Plautus (1502).

[278] Weil »der Terentius gar proprie und pure geschrieben, sollen dieselbigen phrases mit den Knaben vil und fleissig geübt« werden (Württembergische Ordnung 1559; Vormbaum 1, S. 83).

[279] Maassen, Drama und Theater . . . , S. 47.

[280] Vgl. Jundt, Die dramatischen Aufführungen . . . , S. 23ff.

[281] Hierzu besonders E. Grün, Das neulateinische Drama in Deutschland vom Augsburger Religionsfrieden bis zum 30jährigen Krieg, Diss. Wien 1929.

[282] Francke, Terenz . . . , S. 70ff.

[283] Einen guten Überblick mit umfangreichen Quellen- und Literaturangaben gibt H.-G. Roloff, Artikel ›Neulateinisches Drama‹, RL ²II (S. 645ff.), S. 655ff.

[284] Vor allem in den Vorreden zu ›Tobias‹, ›Judith‹ und ›Esther‹. Vgl. H. Diehl, Die Dramen des Thomas Naogeorgus in ihrem Verhältnis zur Bibel und zu Luther, Diss. München 1915.

[285] In einzelnen Fällen zeigt sich das Nebeneinander der Ziele besonders deutlich durch die Kombination eines antiken und eines neueren Stückes; so 1562 in Breslau, als die Erhebung der Elisabethschule zum Gymnasium feierlich begangen wird: auf Terenz folgt ein Bibelstück über Kain und Abel (H. Palm,

Die Einzelheiten dieses Prozesses, auch sein Zusammenhang mit der Entstehung eines neulateinischen Dramas auf deutschem Boden (seit Wimpfelings ›Stylpho‹), brauchen hier nicht dargestellt zu werden[286]. Doch ist es wichtig, sich bewußt zu machen, daß die angedeutete christlich-lateinische Ausprägung des Schultheaters noch bis in die zweite Hälfte des 17. Jahrhunderts hinein an manchen protestantischen Gymnasien herrschte und somit einen wesentlichen Teil des *eloquentia*-Betriebs der Barockzeit bestimmte. In der Güstrower Ordnung zum Beispiel heißt es noch 1662: »Es sollen auch alle Halbe Jahr eine Lateinische Comoedia aus dem Terentio Christiano vel Frischlino, oder eine Sacra aus den Dialogis Castalionis, quam praeibit elaborandi artificio Rector, et per singulos personas distribuet elaborandos actus, für die Knaben, daß die guth Latein lernen, von den Schülern in der Schulen agiret werden, dann es heist: Continet humanae speculum Comedia vitae; Turpiaque urbano facta lepore notat. Teutsche Comoedien oder Tragoedien sollen für den gemeinen Mann noch sonsten nicht agiret werden, es sey dann, daß es mit Unsern Vorwißen, und auf Unser Guthachten geschehe«[287].

Das ist fast vier Jahrzehnte nach dem Erscheinen von Opitzens ›Buch von der Deutschen Poeterey‹ und nach seiner ›Trojanerinnen‹-Übersetzung geschrieben, sechzehn Jahre nach Gryphius' ›Leo Armenius‹. Wieder einmal, nun auf dem Gebiet des Schultheaters, zeigt sich, wie langwierig und vielschichtig jene oft besprochene ›Überwindung der lateinischen Tradition‹ zu denken ist. Denn schon 1534 bringen Schüler der Magdeburger Stadtschule ›Ein lieblich und nützbarlich spil von dem Patriarchen Jacob und seinen zwelff Sönen‹, ein biblisches Spiel also, in deutscher Sprache aufgeführt[288], während an den anderen Gymnasien Terenz noch nahezu unbeschränkt, als Inbegriff der *eloquentia latina*, die Bühne beherrscht. Doch bei dem einen Vorstoß bleibt es nicht. Schon im nächsten Jahr (1535) wird wieder ein deutsches Spiel gegeben (›Susanna‹), und allmählich

---

Das deutsche Drama in Schlesien bis auf Gryphius, in: Beiträge zur Geschichte der deutschen Literatur des XVI. und XVII. Jahrhunderts, Breslau 1877, S. 119).

[286] Dazu P. Bahlmann, Die lateinischen Dramen von Wimpfelings Stylpho bis zur Mitte des 16. Jahrhunderts. 1480–1550, Münster 1893; L. Bradner, The Latin drama of the Renaissance (1340–1640), Stud. in the Renaiss. 4, 1957, S. 31ff.

[287] Vormbaum 2, S. 597.

[288] Autor ist Joachim Greff, das Gymnasium wird von Georg Major geleitet; Näheres (mit Literatur) bei J. Bolte, Vorwort zum Neudruck von Georg Rollenhagen, ›Spiel von Tobias‹ (1576) (NdL. 285/87), Halle 1930, S. XVII.

erobert es sich seinen festen Platz neben den lateinischen Texten[289]. In der Magdeburger Schulordnung von 1553 wird dann – ein bemerkenswerter Vorgang! – dieses Nebeneinander auch offiziell kodifiziert: »In Comoediis vicissitudo iucunda, ut alias latine, alias sermone vulgari exhibeantur. Ex Terentio latinae sumi possunt, caeteras nostri suppeditant«[290]. Die Regelung (eine ähnliche erhält 1589 auch Aschersleben)[291] bildet dann den Rahmen für die mehr als vierzigjährige Tätigkeit Georg Rollenhagens am Magdeburger Gymnasium (1567–1609)[292].

Eine Differenzierung im Aufführungsmodus freilich bleibt zu beachten: die lateinischen Stücke ließ Rollenhagen in der Schule über die Bühne gehen, die deutschen Bibeldramen hingegen öffentlich auf freiem Platz[293]. Dies lenkt zugleich die Aufmerksamkeit auf die inneren Gründe für die durchaus erstaunliche Tatsache, daß bereits während des 16. Jahrhunderts, d. h. inmitten eines traditionell lateinisch ausgerichteten Gymnasialunterrichts, eine deutschsprachige Schultheaterpraxis entstehen konnte. Unter den verschiedenartigsten Faktoren, die dabei mitgespielt haben, dürfte der Wunsch der Schulpädagogen nach breiterer Wirkung in der Öffentlichkeit entscheidend gewesen sein[294]. Und die verpflichtende Möglichkeit, durch Präsentation christlicher (vor allem biblischer) Stoffe an der Verkündigung des Evangeliums im Sinne der Reformation mitzuwirken, hat sicher manche Bedenken konservativ-humanistischer Art zurückzudrängen vermocht[295]. Auch ging es ja bei der Frage des sprach-

[289] Vgl. die Angaben bei Bolte, a.a.O., S. XVIff. Zur ähnlichen Praxis am Danziger Gymnasium unter dem Rektorat Heinrich Mollers (seit 1552) vgl. Hirsch, Geschichte des academischen Gymnasiums in Danzig, S. 10.

[290] Vormbaum 1, S. 418.

[291] A.a.O., S. 641: es »soll sich der Schuelmeister befleissigen, daß er mit seinen Schülern eine teutsche oder lateinische Comoediam agire, eins umbs ander«. Die Vermutung bei Weithase 1, S. 66, daß hier zum ersten Mal in einer Schulordnung die Aufführung einer deutschen Komödie bestimmt werde, ist richtigzustellen; Magdeburg hat in jedem Fall die Priorität.

[292] Vgl. die neuere Arbeit von E. Bernleithner, Humanismus und Reformation im Werke Georg Rollenhagens, Diss. Wien 1954.

[293] Newald, S. 53.

[294] Vgl. die bei Maassen, Drama und Theater ..., S. 64 zitierte Partie aus Johann Baumgarts Vorrede zu seinem ›Juditium. Das gericht Salomonis‹ (1561).

[295] Näheres im Kapitel ›Spiel als Förderung der pietas‹ bei Maassen, Drama und Theater ..., S. 42ff. Über das Verhältnis zum Bürgertum H. Brinkmann, Anfänge des modernen Dramas in Deutschland. Versuch über die Beziehungen zwischen Drama und Bürgertum im 16. Jahrhundert, in: Studien zur Geschichte der deutschen Sprache und Literatur, Bd. 2, Düsseldorf 1966, S. 232ff. »Die

lichen Mediums nicht um ein Entweder – Oder, sondern (wie in Magdeburg und Aschersleben) um ein Sowohl – Als auch.

Blieb demnach die Struktur des rhetorischen Unterrichts selbst in ihrem Kern unangetastet, so wurde doch die Existenz einer deutschsprachigen Spieltradition an den protestantischen Gymnasien zu einer wichtigen Voraussetzung des im Zeichen von Opitz sich herausbildenden barocken Kunstdramas. Nur das Gymnasium (von der Universität wird noch zu sprechen sein) bot aufgrund seiner rhetorisch-kunstmäßigen Praxis in Unterricht und Actus eine angemessene, kunstmäßige Spielmöglichkeit[296]. Ohne sie hätte sich eine mit so dezidiert gelehrten Ansprüchen auftretende dramatische Produktion wie diejenige von Opitz, Rist oder Gryphius in einer Art theatralischen Niemandslandes behaupten müssen; denn Wanderbühne und englische Komödianten galten den gelehrten Barockautoren als unter dem Niveau[297].

Die Tatsache, daß das barocke Kunstdrama an die geschichtliche Realität des Schultheaters gebunden ist, mußte der Forschung spätestens durch Willi Flemmings Arbeit über ›Andreas Gryphius und die Bühne‹ (1921) bewußt werden[298]. Im Fall Christian Weises war sie von vornherein evident[299]. Doch fast immer, wenn vom Zusammenhang des deutschen Barockdramas mit der Schulbühne die Rede ist, schwingt auch ein Unterton des Bedauerns mit: sei es daß man die Beschränktheit der technischen und darstellerischen Möglichkeiten beklagt[300], sei es daß man von unvermeidlichen ›Konzessionen‹ an den rhetorischen Deklamationszweck spricht. So urteilt einer der hervorragendsten Kenner der deutschen Barockliteratur: »Christian Weise would have become one of the greatest dramatists had he not been obliged to take account at the same time of the needs and capacities of his schoolboys«[301]. Das aber bedeutet wohl doch eine

---

humanistischen Redekünste finden so Eingang auch im deutschen Drama« (a.a.O., S. 252).

[296] Zu Berührungspunkten des Schuldramas mit Elementen der Wanderbühne (bei Girbertus und Mitternacht) s. Newald, S. 275.

[297] Hierzu jetzt vor allem G. Schubart-Fikentscher, Zur Stellung der Komödianten im 17. und 18. Jahrhundert (SB Leipzig, Phil.-hist. Kl. 106/7), Berlin 1963.

[298] Vgl. o. S. 303. Die prinzipielle Einsicht war bereits anderthalb Jahrhunderte früher ausgesprochen worden von J. C. Arletius, Historischer Entwurf von den Verdiensten der evangelischen Gymnasiorum um die deutsche Schaubühne, Breslau 1762.

[299] Vgl. schon E. Schmidts Weise-Artikel, ADB 41, 1896, S. 523ff.

[300] Bereits Flemming, Andreas Gryphius und die Bühne, passim.

[301] C. von Faber du Faur, German Baroque literature. A catalogue of the collec-

eindeutige Verzerrung der realen Verhältnisse. Denn man könnte ebensogut fragen, ob Weise überhaupt je zum ›dramatist‹ geworden wäre ohne die konkrete, zweckbestimmende Bindung an das Schultheater[302] – und ob man sein dramatisches Werk angemessen verstehen kann, ohne es in den Gesamtzusammenhang seiner pädagogischen Konzeption ›politischer‹ Rhetorik zu stellen[303].

Die Personalunion von Schulmann und Stückeschreiber, so ließe sich einwenden, ist im 17. Jahrhundert – jedenfalls bei den Protestanten – nicht überall die Regel[304]. Doch die Fundamente des hier angesprochenen Bündnisses von Barockdrama und Schulrhetorik reichen noch wesentlich tiefer. Nicht nur daß für den ›gelehrten‹ Dramatiker, wie sich zeigte, praktisch keine andere Aufführungsmöglichkeit bestand – er war ja auch selbst in der Atmosphäre des rhetorisch ausgerichteten Schuldramas aufgewachsen und hatte dort überhaupt zum ersten Mal eine Vorstellung von anspruchsvollem Theater erhalten. Dort hatte er die Grundregeln der Dramaturgie gleichsam von der Pike auf kennengelernt; überdies war ihm die Möglichkeit gegeben worden, eventuell vorhandene schauspielerische Fähigkeiten auszubilden und öffentlich unter Beweis zu stellen.

»Wie ich noch ein Knabe war, habe ich meine Person vielmals auf dem Schauplan dargestellet«, erinnert sich einer der begabtesten Schauspieler unter den großen Barockdramatikern, Johann Rist[305]; doch sei er dabei nicht stehengeblieben, »sondern habe auch die Feder angesetzet ...«[306]. Auch Andreas Gryphius brillierte während

---

[302] Immerhin hat Weise vor seiner Berufung nach Zittau (mit Ausnahme eines Singspiels) nur Gedichte und Romane geschrieben.

[303] Zu seiner eigenen Auffassung von der Dichtung (einschließlich des Theaters) als der ›Dienerin der Beredsamkeit‹ vgl. o. S. 186f.

[304] Eine genaue Bestandsaufnahme dieser Beziehungen existiert noch nicht. Inszenatoren ihrer eigenen Schulstücke sind z.B. auch Brülow, Girbertus, Christian Gryphius, Köler, Mitternacht und Riemer. Bei den Jesuiten sind alle Dramatiker prinzipiell auch ›Schulmänner‹ (s. u. S. 348).

[305] Zitiert nach Flemming, Die barocke Schulbühne, S. 541. Rist war in Hamburg (Johanneum) und Bremen (Gymnasium illustre) zur Schule gegangen. Auch in der Vorrede zum ›Perseus‹ (1634; s. o. S. 307) betont er seinen frühen Kontakt mit dem Theaterspiel: »bin ich von meiner kindlichen Jugendt an/ biß auf gegenwertige stunde diesem studio von hertzen zugethan gewesen« (a.a.O., S. 123f.).

[306] Er ist also bei diesem Metier geblieben, im Gegensatz zu Logau, der sich ebenfalls ans Mitspielen beim Schultheater erinnert; Logau spielte die Rolle eines Königs (vgl. das Gedicht ›Der Zeiten Schauspiel‹: »Da nun das Spiel war auß/ fiel meine Hoheit hin/ Und ich ward wieder der/ der ich noch jetzo bin«; ›Deut-

*(Fortsetzung der Fußnote vom oberen Rand:)*
tion in the Yale University, New Haven 1958, S. 412f. Ähnlich bereits Schmidt, a.a.O., S. 532f.

der Fraustädter Schulzeit nicht nur (wie schon erwähnt) als Deklamator von *orationes*, sondern ebenso als Darsteller auf der Bühne; für die Rolle des Aretinus in der ›Areteugenia‹ Daniel Cramers erhielt er sogar einen ersten Preis[307]. Ähnliches wird über Hallmann berichtet[308]. Von besonderer Bedeutung aber ist, daß selbst der Schritt von der Reproduktion zur dramatischen Produktion bei nicht wenigen Autoren noch während der Gymnasialzeit geschah. Lohenstein schrieb seinen ›Ibrahim Bassa‹ (1649/50) als Primaner des Breslauer Magdalenäums[309]. Beer hat, wie er in seiner neuentdeckten Autobiographie berichtet[310], als Schüler des Regensburger Gymnasiums drei »lateinische Comoedien gemacht« (die auch aufgeführt wurden). Hallmanns erstes Stück, die Übersetzung von Jacob Masens ›Mauritius‹ (aufgeführt 1662), entstand ebenfalls noch während der Schulzeit[311]. Und möglicherweise sind auch Gryphius' Übersetzungen aus Vondel und Caussinus – wenigstens zum Teil – Produkte der Gymnasialjahre[312], so wie es etwa für die ›Herodis furiae‹ erwiesen ist (1633/34; »Ab Andrea Gryphio … Scholae Fraustadianae Alumno« heißt es stolz auf dem Titelblatt)[313].

Für den gelehrten Barockdramatiker selbst war also die Bindung an das Schultheater und seine rhetorischen Gesetze durchaus nichts Sekundäres, Unangemessenes, wie es dem heutigen Betrachter vielleicht scheinen mag. Die Formen der Präsentation – einschließlich

---

scher Sinn-Getichte Drey Tausend‹, Breslau [1654], 1. Tausend, S. 25). Zu Kuhlmann – er spielte als Achtzehnjähriger eine Frauenrolle – vgl. Dietze, Quirinus Kuhlmann, S. 23.

[307] Szyrocki, Der junge Gryphius, S. 39 (mit Erörterung der Streitfrage, ob Gryphius damals die ›Tragoediae sacrae‹ des Caussinus erhielt). Zu Gryphius' Teilnahme an Redeactus und Schulaufführungen in Fraustadt und Danzig vgl. auch Flemming, Andreas Gryphius und die Bühne, S. 26f. u. 33f.

[308] H. Steger, Johann Christian Hallmann. Sein Leben und seine Werke, Diss. Leipzig 1909, S. 37ff.; vgl. auch E. Beheim-Schwarzbach, Dramenformen des Barocks. Die Funktion von Rollen, Reyen und Bühne bei Joh. Chr. Hallmann (1640–1704), Diss. Jena 1931, S. 3.

[309] C. Müller, Beiträge zum Leben und Dichten Daniel Caspers von Lohenstein (Germanist. Abh. 1), Breslau 1882, S. 16f.

[310] Sein Leben, von ihm selbst erzählt. Hrsg. v. A. Schmiedecke. Mit einem Vorwort v. R. Alewyn, Göttingen 1965, S. 20.

[311] K. Kolitz, Johann Christian Hallmanns Dramen. Ein Beitrag zur Geschichte des deutschen Dramas in der Barockzeit, Diss. München 1911, S. 24f.

[312] Wentzlaff-Eggebert, Dichtung und Sprache des jungen Gryphius, S. 52 datiert die Übersetzungen (im wesentlichen nach stilistischen Kriterien) in die Zeit von 1634 bis 1637. Kritische Auseinandersetzung mit Wentzlaff-Eggeberts Chronologie bei Szyrocki, Der junge Gryphius, S. 44ff.

[313] Ob der Stolz dabei mehr auf der Seite der Gönner und Geldgeber lag (wie Szyrocki, a.a.O., S. 47 meint), mag dahingestellt bleiben.

des ›Deklamatorischen‹ – standen in Einklang mit den Prinzipien, auf die der gesamte sprachlich-rhetorische Unterricht aufgebaut war und die sich dem Autor von frühester Zeit an eingeprägt hatten.

Ob in einzelnen Fällen die Fähigkeiten der jungen Darsteller nicht doch überfordert waren[314], ist eine andere Frage. Es wird den Großen des Barockdramas bisweilen kaum anders ergangen sein als Bach mit seinen Thomasschülern. Vor allem bei der *pronuntiatio* dürfte sich das Fehlen einer systematischen Schulung in der ›deutschen Oratorie‹ bemerkbar gemacht haben; im allgemeinen übertrug man wohl einfach die Techniken der lateinischen Deklamationspraxis. Die Spätblüte des barocken Schultheaters in Zittau ist nicht zuletzt auf die neu geschaffene, rhetorische Grundlage in der Muttersprache zurückzuführen. Doch wenn schon gegen Ende der 6oer Jahre das deutsch-sprachige Breslauer Schultheater zu versanden beginnt (die Aufführung von Lohensteins ›Sophonisbe‹ 1669 ist das letzte Glied einer glanzvollen Tradition)[315] und für zwei Jahrzehnte wieder dem lateinischen ›Belehrungsactus‹ Platz macht[316], so kommt der Anstoß dazu aus einem Bereich, der jenseits des eigentlich Rhetorischen liegt. Immer größerer Aufwand für die äußere Ausstattung, für Massenszenen, Kulissen und Requisiten, für Musik, Singspieleinlagen und Ballett, alles dies – am deutlichsten ablesbar an den Schuldramen Hallmanns[317] – übersteigt allmählich die Möglichkeiten des Schülertheaters.

Vor allem aber droht auf diese Weise der entscheidende rhetorisch-pädagogische Zweck unterzugehen[318], und damit verfügt die alte, nie ganz verstummte Kritik am Schultheater über ein neues, durchschlagendes Argument: »Durch diese Exercitia solte sich zwar die Jugend/ nach etlicher Meynung/ in wohl-anständigen Sitten/ sonderlich in der Rede-Kunst/ perfectioniret machen/ unterdessen improbiren es viele Kluge/ in regard, daß die Jugend solcher Licenz

---

[314] Etwa bei der großen Gerichtsrede Leos zu Beginn des zweiten Akts von Gryphius' ›Leo Armenius‹ oder beim Auftritt von ›Antigoni Geist‹ im dritten Akt von Lohensteins ›Cleopatra‹.

[315] Der Einschnitt ist primär eine Folge dessen, daß der große Förderer des Breslauer Schultheaters, Elias Maior, am 17. Juli 1669 stirbt. Aber bezeichnenderweise findet sich niemand, der sein Werk fortsetzt.

[316] Eggers, Die Bewertung ..., S. 30.

[317] Dazu ausführlich die Monographie von Beheim-Schwarzbach.

[318] Er gerät auch dadurch in Gefahr, daß die Schüler gelegentlich – wie aus Elias Maiors Tagebuch zu erschließen ist – um der Geldeinnahme willen in eigener Regie (wenn auch mit Genehmigung der Schulbehörde) Theateraufführungen veranstalteten; vgl. Hippe, Aus dem Tagebuche ..., S. 181ff.

mißbrauchte/ darüber die Studia versäumete/ daraus ein Handwerck gleichsam formirte/ anderer Excessen zugeschweigen«[319]. Der Satz eines schlesischen Chronisten aus dem Jahre 1689 illustriert mit wünschenswerter Deutlichkeit die prekäre Lage, in die das Breslauer Schultheater durch den Geschmackswandel der spätbarocken Zeit geraten war. Einerseits mußte es – im Gegensatz zur Schulbühne der Jesuiten – zwangsläufig hinter den Ansprüchen eines mehr und mehr an Oper und Ausstattungsstück interessierten Publikums zurückbleiben. Andererseits entfernte es sich zusehends vom traditionellen, sinngebenden Kern des humanistischen Unterrichts.

Wo an den protestantischen Gelehrtenschulen um die Jahrhundertwende noch Theater gespielt wurde, geschah es (außer bei Weise und einigen seiner Anhänger)[320] ohne eine neue, zeitgemäße Konzeption. Andere Faktoren, wie das Aufkommen eines gebildeten Schauspielerstandes[321], zunehmende Kritik von seiten des Pietismus[322] und die Bestrebungen der realistischen Schulpädagogik[323], beschleunigten den Niedergang des Schultheaters. Immer häufiger schränken Konsistorien, Ephorate und Magistrate den Theaterbetrieb der Schulen ein; in Preußen wird er am 30. September 1718 durch Friedrich Wilhelm I gänzlich untersagt. Zwar wird an einzelnen deutschen Gymnasien weiterhin Theater gespielt, das Gros der Schulen aber kehrt zu den alten, nur leicht aufpolierten Formen der Rede-Actus zurück[324].

\*

Der Vorgang scheint bezeichnend für das Schicksal der humanistischen Schulrhetorik überhaupt: sie, die in der Barockzeit geradezu

---

[319] Friedrich Lucae, ›Schlesiens curieuse Denkwürdigkeiten‹, Frankfurt a. M. 1689, S. 578.

[320] Dazu Eggert, Christian Weise . . . , S. 317ff. (mit genauen Nachweisen).

[321] C. Heine, Johannes Velten, Diss. Halle 1887; C. Speyer, Magister Velthen und die sächsischen Hofkomödianten am kurfürstlichen Hof in Heidelberg und Mannheim, Neue Heidelb. Jb. 1926, S. 64ff.; F. Tschirn, Die Schauspielkunst der deutschen Berufsschauspieler im 17. Jahrhundert, Diss. Breslau 1921.

[322] W. Schmitt, Die pietistische Kritik der ›Künste‹. Untersuchungen über die Entstehung einer neuen Kunstauffassung im 18. Jahrhundert, Diss. Köln 1958; vgl. auch E. Hövel, Der Kampf der Geistlichkeit gegen das Theater in Deutschland im 17. Jahrhundert, Diss. Münster 1912.

[323] Ausführliche Literaturhinweise in der o. S. 245 Anm. 20 genannten Arbeit von Schaller.

[324] Belegmaterial bei Möller V und VI. Selbst in einzelnen Realschulen bedient man sich der bewährten Repräsentationsform, so 1768 in Berlin, wo an drei Tagen allein 77 Redner auftreten (Möller VI, S. 6). Vgl. auch Paulsen 1, S. 600f.

das Fundament der gelehrten Literatur bildete und dem Kunstdrama die einzig angemessene Entfaltungsmöglichkeit bot, kapselt sich gleichsam ein. Was an ›barocker Entartung‹ (an ›Schwulst‹ und ›Unnatur‹) da und dort eingedrungen war, wird unter betontem Rückgriff auf die Klassiker (vor allem Cicero und Quintilian) nach Möglichkeit wieder ausgestoßen[325]. Auf der anderen Seite wird, zumal durch Gottscheds energischen Einsatz[326], auch die Notwendigkeit einer muttersprachlichen Schulrhetorik anerkannt. Doch immer häufiger melden sich prinzipielle Zweifel, ob die traditionellen Techniken rhetorischer Sprachbildung noch ausreichen.

Am 31. Oktober 1748 beschließt der Dortmunder Rat eine Verordnung, die an Deutlichkeit der Sprache wenig zu wünschen übrig läßt: »weil es ganz unnütz und gar schädlich ist, dass die Schüler als Anfänger der Beredsamkeit mit hunderterlei Chrieen und dergl. geplagt werden, woher die besten ingenia Pedanten, aber niemals dazu, ihre Gedanken in einen ordentlichen Vortrag zu verfassen, gebraucht werden, so sollen Gymnasiarcha und Prorector unter Directur des Scholarchen vor allen Dingen daran sein, dass die alte sklavische Schuloratorie ausgemerzt, die Schüler mit Elaborationen, worab sie doch wenig oder nichts verstehen, nicht geplagt, sondern ihnen eine gesunde Beredsamkeit in ihrer eigentlichen Gestalt beigebracht werde«[327].

Es ist das Jahr, in dem die ersten Gesänge von Klopstocks ›Messias‹ veröffentlicht werden, ein Ereignis, das mit der Entwicklung der humanistischen Schuloratorie zunächst in keinem Zusammenhang zu stehen scheint. Zwei Jahrzehnte später jedoch, als Herder (Anfang Juni 1769) sein Lehramt an der Domschule zu Riga ver-

---

[325] Charakteristisch für die neue, kritische Einstellung ist Hallbauers ›Vorrede von den Mängeln der Schul-Oratorie‹, in: ›Anweisung Zur Verbesserten Teutschen Oratorie‹, Jena 1725, fol. a 5ªff.

[326] Sein Interesse am rhetorischen Unterricht der Gymnasien ist bisher – im Gegensatz zu seinen akademischen Zielen – wenig gewürdigt worden (vgl. Grosser, Gottscheds Redeschule, S. 23; Wechsler, Gottscheds Rhetorik, S. 57; ferner G. Schimansky, Gottscheds deutsche Bildungsziele [Schriften d. Alberts-Univ., Geisteswiss. R. 22], Königsberg u. Berlin 1939, S. 158). Als wichtigstes Instrument seiner Einwirkung auf die Gymnasien hatte Gottsched die ›Vorübungen der Beredsamkeit zum Gebrauche der Gymnasien und größeren Schulen‹, Leipzig 1754 ausersehen (weitere Auflagen 1756, 1765, 1775). Die ›Vorübungen‹ wurden, wie er stolz berichtet, »bald zum Unterrichte der Schuljugend brauchbar gefunden; und ... mit vielem Nutzen angewandt« (›Akademische Redekunst‹, Leipzig 1759, Vorrede, fol. * 2ª). Durch sie sollten vor allem die Lehrbücher Weises und der Weisianer aus dem Schulunterricht verdrängt werden.

[327] Möller VII, S. 5f.

läßt und im ›Journal‹[328] seinen eigenen Plan einer Idealschule entwirft, ist der Konflikt zwischen der traditionellen humanistischen Verbalbildung und einer neuen, die Zukunft bestimmenden Sprach- und Dichtungsauffassung klar erkennbar.

›Sachen statt Worte‹, die alte Forderung, die schon während des 17. Jahrhunderts – und früher – immer wieder aus dem Lager der Reformpädagogen zu hören war, ist eine von Herders Leitvorstellungen. Seine neue Schule »bildet Sachenreiche Köpfe, indem sie Worte lehret, oder vielmehr umgekehrt, lehrt Worte, indem sie Sachen lehret«[329]. Erst wenn durch drei Realklassen ein Fundament gelegt ist, darf der eigentliche sprachlich-literarische Unterricht beginnen[330]. Er steht unter dem Primat des Deutschen: »Weg also das Latein, um an ihm Grammatik zu lernen; hiezu ist keine andre in der Welt als unsre Muttersprache«[331]. Und ganz im Sinne der Dortmunder Ratsverordnung von 1748 lernt der Schüler »nicht Sachenlose eckle Briefe, Chrien, Perioden, Reden und Turbatverse machen«, sondern »er hat alle Uebungen der Schreibart, weil er alle der Denkart hat«[332].

Priorität des Denkens gegenüber der formalen Ausgestaltung der Rede – das war die Grundforderung der Rhetoriker der frühen Aufklärung gewesen, von Fabricius über Hallbauer bis zu ihrem Wortführer Gottsched[333]. Aber immer noch erzeugt das Gymnasium, nach Herders (und nicht nur seiner) Ansicht, »Sachenlose Pedanten, gekräuselte Periodisten, elende Schulrhetoren, alberne Briefsteller, von denen Deutschland voll ist«[334]. Dem gilt es ein prinzipiell neues rhetorisches Bildungsziel entgegenzusetzen: »Reichthum und Genauigkeit im Vortrage der Wahrheit: Lebhaftigkeit und Evidenz, in Bil-

---

[328] Suphan 4, S. 345ff. Vgl. o. S. 222. Einzelausgabe unter dem Titel ›Herders Reisejournal‹ mit einer Einleitung von E. Blochmann (Kleine Pädagog. Texte. 2), Weinheim ²1961.

[329] A.a.O., S. 390.

[330] Der Ansatz ist gut comenianisch. Herders eigentliches Vorbild aber ist – überall erkennbar (z. B. S. 371) – Rousseaus ›Emile‹.

[331] A.a.O., S. 388. Das Lateinische hat also prinzipiell als entbehrlich zu gelten; aber es bietet eine nützliche Erweiterung des sprachlichen Könnens (Einzelheiten zum Lateinunterricht S. 395ff.).

[332] A.a.O., S. 389f.

[333] Für Gottsched vgl. die Monographien von Grosser und Wechsler. Dem ›Grund-Riß zu einer vernunftmäßigen Redekunst‹, Hannover 1729, gehen Lehrbücher der beiden anderen Genannten voraus: Johann Andreas Fabricius, ›Philosophische Oratorie‹, Leipzig 1724; Hallbauer, ›Anweisung Zur Verbesserten Teutschen Oratorie‹, Jena 1725.

[334] Suphan 4, S. 390.

dern, Geschichten und Gemälden: Stärke und unaufgedunstete Empfindung in Situationen der Menschheit«[335]. Wo dies gewährleistet ist,
hat auch eine recht verstandene, nicht klassizistisch eingeengte Lektüre der antiken Autoren ihr Recht. Vor allem der Reichtum der
römischen Poesie soll erschlossen werden[336]. Jedoch: »Hier keine
Nacheiferungen; es sei denn, wen die güldne Leier Apolls selbst
weckt; aber viel Gefühl, Geschmack, Erklärung«[337].

Herders pädagogische Konzeption vom Jahre 1769 hat keinen unmittelbaren Effekt auf das Schulwesen auszuüben vermocht[338]. Aber
sie ist ein Symbol für die tiefgehende Entfremdung der neuen Ge-
fühls- und Geschmackskultur von der traditionellen rhetorisch-imi-
tatorischen Gelehrtenschulpraxis, jener geschichtlichen Wirklichkeit,
ohne die eine deutsche Barockliteratur nicht zu denken ist.


## 3. Rhetorik an den Jesuitengymnasien

Wer sich Vielfalt und geschichtliche Wandlung des protestantischen
Gelehrtenschulwesens im 17. Jahrhundert vergegenwärtigt, muß von
der rhetorischen Erziehung an den Jesuitengymnasien den Eindruck
eines unwandelbaren, monolithischen, festgefügten, wenn nicht gar
unmenschlich-starren Systems gewinnen. Hier gibt es keine stete Auseinandersetzung mit den Bestrebungen der Reformpädagogik, keine
Konzessionen an die Realisten und an die Vertreter der Muttersprache. Die Ordnung ist einmal gegeben worden und wird dann jahrhundertelang festgehalten; während der Barockzeit jedenfalls erfährt
sie keine tiefer reichende Änderung. Unbestritten bleibt der Primat
des Lateinischen, unbestritten vor allem auch die klare Ausrichtung
auf das Ziel der *eloquentia*.

Die nahezu diktatorische, dem Individuellen wenig Raum lassende
Straffheit der Jesuitenerziehung ist bis in die Gegenwart hinein oft
mit einem Unterton von Abscheu kritisiert worden. Anderseits aber
bewunderte man – schon während des 17. Jahrhunderts – die Einheitlichkeit der Methode, mit deren Hilfe »die Herren Jesuiten in

---

[335] Ebda. Hierzu H. M. Wolff, Der junge Herder und die Entwicklungsidee
Rousseaus, PMLA 57, 1942, S. 753ff.
[336] Bezeichnend ist schon die Liste der Autoren, die Herder nennt: Lukrez, Vergil,
Horaz, Ovid, Martial, Juvenal, Persius, Catull, Tibull (a.a.O., S. 397).
[337] Ebda.
[338] Das ›Journal‹ wurde bekanntlich erst 1846 veröffentlicht.

ihren Schulen so leicht und glücklich fortkommen«[1]. Zu den ›lau-
datores‹ der Jesuitenpädagogik gehörten so entschiedene Protestanten wie Meyfart und Johannes Arndt[2]. Und man war sich bewußt,
daß die Jesuitengymnasien einen Gelehrtenschultypus eigener Art
darstellten.

## a. Ausbreitung und Macht der Jesuitenpädagogik

Doch nicht nur aus diesem Grund erscheint eine gesonderte Behandlung des jesuitischen Rhetorikbetriebs notwendig. Entscheidender
noch sind Macht und Einfluß, die sich das Erziehungswesen der Societas Jesu vor und während der Barockzeit in zahlreichen deutschsprachigen Territorien zu erringen vermochte[3], weit über den Raum
hinaus, den Herbert Cysarz als ›süddeutschen Bild-Barock‹ abgrenzen will[4]. Zwar bleiben Bayern und Österreich lange Zeit hindurch
die eigentlichen Kerngebiete jesuitischer Aktivität: bereits 1549, drei
Jahre vor Gründung des ›Collegium Germanicum‹ in Rom[5], kommen Jesuitenlehrer nach Bayern, 1551 nach Wien. 1556 wird in Ingolstadt ein Kolleg gegründet, 1559 in München, 1563 in Dillingen;
und nun folgt Gründung auf Gründung, bis der gesamte süddeutsch-
katholische Raum mit einem dichten Netz von Jesuitengymnasien
überzogen ist. Doch früh schon greift die Bewegung auch nach Westen und Norden aus. Ein wichtiges Zentrum wird Köln, wo die Jesuiten (nach jahrelanger Vorbereitung) 1556 das ›Gymnasium Tri-

---

[1] ›Wohlgemeyntes ... und Gründliches Bedenken ...‹, Augsburg 1693, Neudr.,
S. 3. Der anonyme Autor ist – deutlich erkennbar – Protestant.

[2] Vgl. Newald, S. 74. Gerade Meyfart war während seiner Erfurter Zeit in scharfe Auseinandersetzungen mit den Jesuiten verwickelt.

[3] Grundlegend hierzu das monumentale Werk von B. Duhr, Geschichte der Jesuiten in den Ländern deutscher Zunge vom 16. bis zum 18. Jahrhundert, 4 Bde.
in 6 Teilen, Freiburg i. B. (vom 3. Bd. ab: München–Regensburg) 1907–1928.
Aus der Fülle weiterer Literatur seien noch hervorgehoben: P. v. Hoensbroech,
Der Jesuitenorden. Eine Encyclopädie aus den Quellen zusammengestellt und
bearbeitet, 2 Bde., Bern u. Leipzig 1926/27; L. Koch, Jesuiten-Lexikon. Die
Gesellschaft Jesu einst und jetzt, Paderborn 1934 (Nachdr. Löwen-Heverlee
1962); H. Boehmer, Die Jesuiten. Auf Grund der Vorarbeiten von H. Leube
neu hrsg. von K. D. Schmidt, Stuttgart 1957.

[4] Cysarz, Deutsche Barockdichtung, passim. Cysarz sieht »das Barock der lutherischen Lande ... als Wort-Barock in einem gewissen Gegensatz zum Bild-Barock des katholischen Südens« (S. 37).

[5] Es erhält die Funktion eines ›Mutterhauses‹ der deutschen Jesuitenkollegs, während das ›Collegium Romanum‹ (1550 von Ignatius gegründet) die philoso-
phisch-theologische Ausbildungszentrale des Gesamtordens wird.

coronatum‹ übernehmen[6]. Es folgen 1561 Mainz und Trier, danach zahlreiche Niederlassungen entlang des Rheins, von Molsheim und Heidelberg über Speyer und Worms bis hin nach Aachen und Emmerich. In den achtziger Jahren des 16. Jahrhunderts werden auch die nordwestlichen Bistümer erobert, wobei meist alte Domschulen in die Hände der Jesuiten übergehen (Münster, Osnabrück, Paderborn, Hildesheim). Von Mainz aus wird sogar in Heiligenstadt 1575 ein Jesuitengymnasium errichtet, gleichsam als Vorposten im protestantischen Mitteldeutschland[7].

Noch folgenreicher wird die von Habsburg gestützte ›Kolonisierung‹ der östlichen Gebiete wie Preußen und Schlesien. Schon 1597 erhält die Grafschaft Glatz ein Jesuitengymnasium, dann folgen u. a. 1622 Neiße als erste schlesische Stadt, 1626 Glogau, die Heimat von Andreas Gryphius, 1635 Schweidnitz, wo Czepko und Günther zur Schule gingen. Einen ihrer sinnfälligsten Erfolge aber erringen die Jesuiten im Zentrum der deutschen Barockliteratur, in Breslau[8]. 1638, ein Jahr vor Opitzens Tod, eröffnen sie dort als Ergänzung zu Magdalenäum und Elisabethanum eine eigene Schule; und man hat vermutet[9], daß die ungewöhnliche Regsamkeit des Breslauer protestantischen Schultheaters zu einem wesentlichen Teil eben auf die zielstrebige Konkurrenz der Patres zurückzuführen sei (schon 1639 beginnen sie mit Theateraufführungen).

Ein solches Nebeneinander von protestantischer Gelehrtenschule und Jesuitengymnasium blieb freilich ein Einzelfall, begründet in der besonderen politisch-konfessionellen Situation Schlesiens. Gerade dieses Beispiel aber läßt auch erkennen, wie eng das Vordringen der Jesuitenerziehung mit den politischen Erfolgen der Gegenreformation verbunden ist. Wo diese sich nicht durchzusetzen vermochte, dominierte weiterhin die Melanchthon-Sturmsche Lateinschule. Doch wäre es falsch, den Siegeszug der Jesuitengymnasien lediglich als Ergebnis militärischer Konstellationen verstehen zu wollen. Denn auch

---

[6] Seit 1544 sind Jesuiten in Köln aktiv (siehe Duhr I 1, S. 33ff.), seit 1552 wird eine Kollegienordnung entwickelt (abgedruckt MGPaed. II, S. 139ff.).

[7] Hierzu Duhr I 1, S. 152ff.

[8] C. A. Schimmelpfennig, Die Jesuiten in Breslau während des ersten Jahrzehnts ihrer Niederlassung, Zs. d. Vereins f. Gesch. u. Alterthum Schlesiens 23, 1889, S. 177ff. Die Versuche, dort Fuß zu fassen, reichen bis in das Jahr 1581 zurück (Duhr I 1, S. 169ff.).

[9] Schon J. C. Arletius, Historischer Entwurf von den Verdiensten der evangelischen Gymnasiorum um die deutsche Schaubühne, Breslau 1762. Vgl. auch Kolitz, Hallmanns Dramen, S. 7.

in den rein katholischen Gebieten war die pädagogische Vorherrschaft der Societas Jesu zunächst nicht unbestritten. An manchen Orten, wie in Augsburg und Dillingen, konnte sie sich nur gegen den energischen Widerstand des Domkapitels durchsetzen[10].

Die geographischen Einzelheiten der pädagogischen ›Machtergreifung‹ durch die Jesuiten sollen in diesem Zusammenhang nicht weiter ausgeführt werden[11]. Für die Bildungsgeschichte der Barockzeit ist entscheidend, daß am Ende der Entwicklung – in den katholischen Territorien – ein fast unbeschränktes Monopol stand[12]. Andere Orden wie Benediktiner und Franziskaner (später auch Piaristen) vermochten sich nur an wenigen Stellen als Träger gelehrter Schulen zu behaupten[13]. Auch die katholischen Universitäten (auf die noch einzugehen sein wird) waren nach und nach zur jesuitischen Domäne geworden, sei es daß die Patres alte Institutionen übernahmen, sei es daß sie neue gründeten. Ihr Potential an Lehrkräften war nahezu unerschöpflich, denn jedes Ordensmitglied mußte nicht nur ein Priesteramt, sondern – wenn irgend möglich – auch ein Lehramt ausüben können[14]. Die Zahl der Glieder aber wuchs gerade in Deutschland rapide. Waren es um 1600 noch ca. 1100, so zählte man um 1640 bereits über 2000[15]. Während die personelle Expansion unaufhaltsam weiterging, mußte auch für Unterrichtsräume und Kon-

---

[10] Im Fall Augsburgs ist dies um so erstaunlicher, als immerhin Petrus Canisius seit 1559 dort Domprediger war. Vgl. P. Braun, Geschichte des Kollegiums der Jesuiten in Augsburg, München 1822. Später, als die pädagogischen Erfolge der Jesuiten allenthalben sichtbar wurden, war die Situation oft genug umgekehrt: die Patres ließen sich bitten und knüpften ihre Zusage an nicht geringe materielle Forderungen (regelmäßige Subventionen, Überlassung von Grundstücken u. dgl.). Die Pädagogik wurde zu einer der Quellen jesuitischen Reichtums.

[11] Zu berücksichtigen wären neben so wichtigen Zentren wie Würzburg (seit 1567) und Fulda (seit 1572) vor allem die deutschschweizerischen Gebiete sowie die Länder der böhmischen Krone (Prag gehört zu den frühesten und wirksamsten Schwerpunkten jesuitischer Arbeit; bereits 1556 werden die Jesuiten durch König Ferdinand dorthin geholt).

[12] Es hat die Barockzeit z. T. noch lange überdauert, so in Bayern (»Zwei Jahrhunderte lang blieb die Leitung des bayrischen Schulwesens in den Händen der Gesellschaft Jesu«, Paulsen 1, S. 403).

[13] Hervorzuheben sind die Benediktiner mit ihren Niederlassungen in Kremsmünster (Gymnasium) und Salzburg (Universität), beide für die Literaturgeschichte vor allem durch Simon Rettenpacher bedeutsam.

[14] Schon die ›Constitutiones‹ (1540ff.) bestimmen es als Ziel für die Ausbildung der Fratres, »ut aliis in locis cum auctoritate docere possint quod in his bene ad Dei gloriam didicerunt« (MGPaed. II, S. 50f.).

[15] Zur Statistik vgl. im folgenden den Artikel ›Geschichte des Jesuitenordens‹ aus dem genannten Jesuitenlexikon von Koch, S. 665ff.

vikte als eine wichtige Voraussetzung der pädagogischen ›Eroberung‹ gesorgt werden. Das Münchner Kollegium an der Michaelskirche war »nach dem spanischen Eskorial das umfassendste und auch architektonisch gewaltigste Jesuitenkollegium der Welt«[16]. Entsprechend hoch konnten auch die Schülerzahlen steigen. In München wurde 1631 mit 1464 Schülern der Höhepunkt erreicht, in Köln hatten bereits 1558 etwa 800 Schüler das Jesuitengymnasium besucht, 1640 stieg die Zahl über 1000 (trotz der Konkurrenz zweier anderer Gymnasien), und in Münster zählte man 1617 fast 1400 Schüler[17]. Solche Größenordnungen mögen nur einzelne Gymnasien erreicht haben. Doch wenn man bedenkt, daß am Ausgang der Barockzeit, im Jahre 1725, allein die ›Deutsche Assistenz‹ der Jesuiten 208 Kollegien und Akademien umfaßte[18], so kann man ermessen, welch ungeheure Bildungsmacht dieser Orden darstellte.

Gestützt wurde die Macht durch planmäßig gepflegte Beziehungen zu den einzelnen katholischen Höfen[19]. Nicht nur als Beichtväter, als Hofprediger und geistliche Berater fanden die Jesuiten dort Eingang. Auch die Prinzenerziehung ging mehr und mehr in ihre Hände über, und selbstverständlich wurden dazu die besten Lehrkräfte ausgesucht[20]. So fungierte Jacob Balde am Münchner Hof als Erzieher der Söhne Herzog Albrechts VI. Andere Mitglieder des Hauses studierten in Ingolstadt, so Herzog Albrecht V und Herzog Maximilian. Ähnliches gilt für Österreich. Leopold I wurde von Jesuiten erzogen, ebenso Ferdinand II; der letztere war zugleich Studiengenosse des Bayernherzogs Maximilian in Ingolstadt – eine Verbindung, die sich im Zeichen der Liga auch politisch fortsetzen sollte.

Am sichtbarsten aber wird das Zusammenwirken von Jesuitenpädagogik und Hofinteresse dort, wo das Schultheater zum Hoftheater wird. Je größer und prächtiger die Patres ihr Kolleg ausbauen können[21], desto repräsentativer die Aufführung. Bereits 1568, als in München zur Hochzeit Herzog Wilhelms V das Festspiel ›Sam-

---

[16] Kindermann, Theatergeschichte Europas, Bd. 3, S. 442.
[17] Ein nicht zu unterschätzender Grund für die Beliebtheit der Jesuitenschulen war auch die Tatsache, daß die Patres prinzipiell unentgeltlich unterrichteten.
[18] Vgl. die ›Karte der Unterrichts- und Erziehungsanstalten der Deutschen Assistenz S. J. im Jahre 1725‹ (MGPaed. IX, Anhang).
[19] Duhr I, S. 685ff. (›An den Fürstenhöfen‹) und III, S. 779ff. (›An den Höfen‹).
[20] Duhr II 2, S. 282ff. (S. 285ff. einige kurze Porträts erlauchter Jesuitenzöglinge).
[21] Einzelheiten bei Duhr I, S. 602ff.

son‹ aufgeführt wird[22], zeigt sich das Jesuitentheater deutlich in seiner Funktion als Hoftheater. Jacob Bidermann führt es während der Jahre 1606 bis 1614 (als Professor der Rhetorik am dortigen Kolleg) zur frühbarocken Blüte. Am Wiener Hof des Jesuitenzöglings Leopold I erreicht es mit Avancinis prunkvollen ›ludi Caesarei‹ seinen hochbarocken Höhepunkt.

Solche Entfaltungsmöglichkeiten waren den protestantischen Gelehrtenschulen und ihrem Theater weitgehend verschlossen. Bezeichnend ist wieder das Breslauer Beispiel. Nur einmal, zur Aufführung von Opitzens ›Judith‹ im Jahre 1651, ist bei den Protestanten ein höfischer Rahmen bezeugt, das Haus des Herzogs von Oels; sonst waren sie auf ihre Gymnasialräume oder auf Patrizierhäuser angewiesen[23]. Die Jesuiten aber ließen ihre Schüler prinzipiell nur im fürstlichen Stift zu St. Matthiae oder in der kaiserlichen Burg spielen[24].

Das Streben nach Hoffähigkeit, nach ›Niveau‹ schlechthin ist ein Grundzug der gesamten Jesuitenpädagogik. Schon die Tatsache, daß sich unter den großen Volkspredigern des 17. Jahrhunderts kaum Jesuiten befinden[25], muß auffallen. Einzig Jeremias Drexel, der Münchner Hofprediger (Vorgänger Baldes) und vielgelesene Erbauungsschriftsteller, wäre hier zu nennen. Abraham a Sancta Clara ist zwar zunächst Jesuitenzögling (in Ingolstadt)[26], dann aber wechselt er zu den Benediktinern, und als seinen Orden wählt er die Augustiner Barfüßer. Die beiden andern Großen unter den katholischen Kanzelrednern, Martin von Cochem[27] und Prokop von Templin[28], sind Kapuziner. Das bedeutet nun keineswegs, daß die Jesui-

---

[22] Die diesbezügliche Angabe Newalds (S. 96) ist irreführend: »Das jesuitische Drama begann in München« nicht erst 1568; schon 1560, ein Jahr nach Gründung des Kollegs, wird dort Theater gespielt. Vgl. K. v. Reinhardstöttner, Zur Geschichte des Jesuitendramas in München, Jb. f. Münchner Geschichte 3, 1889, S. 53ff.

[23] Näheres bei Hippe, Aus dem Tagebuche ..., S. 186ff.

[24] Vgl. Schimmelpfennig, Die Jesuiten in Breslau ..., S. 177ff.

[25] Einen Überblick über die Jesuitenprediger vor allem des 17. Jahrhunderts gibt J. N. Brischar, Die deutschen Kanzelredner aus dem Jesuitenorden, Bd. 1 (= Bd. 2 von: Die katholischen Kanzelredner Deutschlands seit den letzten drei Jahrhunderten), Schaffhausen 1867.

[26] Propaganda für die Jesuitenkollegs treibt er noch in ›Judas Der Ertz-Schelm‹, 2. Teil, Baden im Ergöw 1689, S. 159f. Zum Jesuitenerbe bei Abraham vgl. auch Weithase 1, S. 133.

[27] J. Chr. Schulte, Pater Martin von Cochem, Freiburg i. B. 1910; vgl. jetzt auch den Vortrag von L. Signer, Martin von Cochem, eine große Gestalt des rheinischen Barock. Seine literarhistorische Stellung und Bedeutung, Wiesbaden 1963.

[28] V. Gadient, Prokop von Templin, Regensburg 1912; A. H. Kober, Prokop von

ten auf jede Breitenwirkung verzichteten. Gerade ihrer Aktivität in Volksmission, Katechese und Exerzitien[29] verdanken sie entscheidende Voraussetzungen der weltweiten Ausbreitung. Aber selten waren es die geistig führenden Köpfe, die der Orden für eine solche Aufgabe freistellte. Ihnen war der Kampf an einer anderen Front aufgegeben; in der Terminologie der Zeit könnte man sagen: an der ›gelehrten‹ Front.

Erst damit öffnete sich der Weg zum eigentlichen Ziel des Jesuitenordens, zur Gegenreformation. Denn im Namen der Wissenschaft und des kritischen Urteils war die Reformation gegen Rom aufgetreten, im Bündnis mit dem Humanismus hatte sie sich als geistige Bewegung etabliert. Durch politisch-militärische Repression allein konnte sie nicht auf die Knie gezwungen werden, vor allem in Deutschland nicht, dem eigentlichen Kernland des Protestantismus. Diese Einsicht gehört zu den Grundlagen jesuitischer Aktivität. Eine geistige Repression aber war nicht möglich ohne entschlossene Aneignung des humanistischen Instrumentariums.

## b. Humanistische Basis

Die Jesuiten, allen voran ihr Ordensvater, waren nüchtern und realistisch genug, um die geschichtliche Wirkungsmacht des Humanismus und des humanistischen Bildungswesens zu erkennen. Um so entscheidender kam es darauf an, die humanistisch gerüsteten Gegner mit ihren eigenen Waffen zu schlagen[30]. Der vollkommene Jesuit hatte zugleich ›gelernter‹ Humanist zu sein. Damit aber wurde der Unterricht in den *humaniora* zu einer der Hauptaufgaben des Jesuitenordens. »Nostrorum progressus in literis Humanioribus magnae curae fuisse Patri Nostro Ignatio«[31], daran erinnern die Jesuiten gern, wenn es um die Grundfragen ihrer Pädagogik geht.

Die Einzelheiten, die den Weg von der Ordensgründung (1540)[32] bis zur Verabschiedung einer festen Studienordnung (1599) kenn-

---

Templin, Euphorion 21, 1914, S. 520ff. 702ff. u. 22, 1920, S. 25ff. 268ff. (stärker literarhistorisch orientiert).

[29] Vgl. besonders Duhr II 2, S. 1ff. (›Seelsorge‹) und III, S. 660ff. (›Volksmissionen‹).

[30] Charakteristisch für die Waffenmetaphorik ist der kurze Auszug aus ›Coltura degl' ingegni‹ (Vicenza 1598) des Jesuiten Antonio Possevino, zitiert bei Garin 3, S. 18.

[31] MGPaed. V, S. 144.

[32] Als Fixpunkt ist das Jahr der offiziellen Bestätigung durch den Papst gewählt.

zeichnen, brauchen hier nicht dargestellt zu werden[33]. Man hat mit Recht darauf hingewiesen, es sei keineswegs selbstverständlich, »daß der Jesuitenorden überhaupt zu einer detaillierten Ordnung, einem echten Lehrplan gekommen ist«[34]. Zahlreiche Widerstände waren zu überwinden, aber gerade aus den deutschen Ordensprovinzen (insbesondere der oberdeutschen) kamen immer wieder Anträge, die auf eine verbindliche Studienordnung drängten. Die besondere Aktivität der deutschen Jesuiten scheint bezeichnend. Denn in ihrem Bereich hatte das Bündnis von Humanismus und Reformation einen Gelehrtenschultypus hervorgebracht, der gegenüber dem mittelalterlichen Schulbetrieb einen unleugbaren Fortschritt darstellte und auch auf die Katholiken große Anziehungskraft ausübte.

Die im Zeichen der Gegenreformation entstandene bayerische Schulordnung von 1569 spiegelt diese Situation deutlich wieder. Zwar werden die protestantischen Pädagogen, an ihrer Spitze Melanchthon, prinzipiell abgelehnt, weil sie »sich von der alten wahren Religion abgesündert haben«. Andererseits aber wird anerkannt, daß »diser leut form vnd Methodus, dene sie im dociern gebrauchen/ etwas anmuttig vnd leuchter als der so vor Iaren inn Schulen breuchig gewest«[35]. Hinter diesem Standard durften die Jesuitenschulen nicht zurückbleiben, wenn sie ihre Aufgabe im Rahmen der Gegenreformation erfüllen sollten. Nichts lag also näher, als sich – solange keine verbindliche Ordnung vorlag – zunächst einmal am Vorbild der humanistischen Gelehrtenschulen auszurichten. So geschah es beispielsweise in der Ordnung des Kölner Jesuitenkollegs (1552ff.)[36] oder im Münchner ›Index Lectionum‹ (1569)[37].

---

[33] Das für Deutschland wichtige Material zu den jesuitischen Studienordnungen, von 1541 bis 1832, ist in vier Bänden der ›Monumenta Germaniae Paedagogica‹ (II, 1887; V, 1887; IX, 1890; XVI, 1894) zugänglich unter dem Titel: ›Ratio Studiorum et Institutiones Scholasticae Societatis Jesu per Germaniam olim vigentes collectae, concinnatae, dilucidatae‹ (die ersten drei Bände bearbeitet von G. M. Pachtler, der vierte von B. Duhr). Vgl. ferner B. Duhr, Die Studienordnung der Gesellschaft Jesu (Bibl. d. kathol. Pädagogik. 9), Freiburg i. B. 1896; G. Mertz, Die Pädagogik der Jesuiten nach den Quellen von der ältesten bis in die neueste Zeit, Heidelberg 1898. Überblicke geben (meist ohne genauere Nachweise des Materials) auch G. Müller in: Schmid, Geschichte der Erziehung ..., Bd. III 1, S. 1ff. und Paulsen 1, S. 38ff.

[34] Dolch, Lehrplan ..., S. 239 (mit Hinweis darauf, daß die Tridentiner Beschlüsse noch große Zurückhaltung in dieser Hinsicht zeigten und auch die ersten Ordenssatzungen »nur ein sehr allgemeines Lehrprogramm« enthielten).

[35] MGPaed. XLII, S. 35f.

[36] MGPaed. II, S. 139ff.

[37] MGPaed. XLII, S. 41ff.

Auf protestantischer Seite verfolgte man diese Entwicklung mit gemischten Gefühlen. Einerseits empfand man Genugtuung darüber, daß sich auch die Jesuiten dem pädagogischen Fortschritt (der ja mit der Reformation eng verbunden war) hatten beugen müssen. Andererseits aber beobachtete man mit Sorge und nicht ohne ein gewisses Neidgefühl, wie reich und prächtig die Jesuitenkollegs an manchen Orten ausgestattet wurden. Zu denen, die sich in diesem Sinne äußerten, gehört kein Geringerer als Johannes Sturm. In den beiden Vorreden zu seinen ›Classicae epistolae‹ (1565)[38] nimmt er zunächst Bezug auf die Gründung der Kollegs in Dillingen, Mainz und Trier (»maximis, ut mihi videtur, impensis atque sumtibus« errichtet)[39]. Dann aber geht er des näheren auf die Ziele und Erfolge der Jesuiten ein und würdigt insbesondere ihren Einsatz für die *bonae literae* (wobei er *linguae, Dialectica* und *dicendi ratio* anführt). Er freue sich darüber, weil er ja die gleichen Ziele verfolge und weil ihre Methoden den seinen sehr ähnlich seien: ›Vidi enim, quos scriptores explicent: et quas habeant exercitationes: et quam rationem in docendo teneant: quae a nostris praeceptis institutisque usque adeo proxime abest: ut a nostris fontibus derivata esse videatur«[40].

Der letzte Nebensatz wird in der einschlägigen Literatur seit langem heftig diskutiert[41]. Die rein zeitliche Priorität ist Sturm nicht abzustreiten; seine Programmschrift ›De literarum ludis recte aperiendis‹ (1638) liegt bereits vor, als der Jesuitenorden noch gar nicht als Institution existiert. Damit ist freilich das Problem nicht gelöst. Man gab zu »bedenken, dass weder Sturm noch der h. Ignatius von Loyola mit seinen geistlichen Söhnen aus den Wolken auf die Erde geraten waren, sondern auf der geschichtlichen Entwicklung des abendländischen Schulwesens fussten«[42]. Für Sturm sind unter anderem die Anregungen zu berücksichtigen, die er in der Lütticher Schule der Fraterherren und in der Löwener Universität erhielt. Am wichtigsten aber scheint die Tatsache, daß beide, Sturm wie Ignatius, unter dem unmittelbaren Einfluß der Pariser Universität stehen, des

---

[38] Abgedruckt bei Vormbaum 1, S. 678ff.
[39] A.a.O., S. 679.
[40] A.a.O., S. 680.
[41] Meist wird die ›Quellen‹-These ohne ihren Zusammenhang und ohne Nachweise weitergegeben.
[42] G. M. Pachtler, MGPaed. V, ›Vorwort‹, S. VI.

glanzvollen Zentrums humanistischer Wissenschaft[43]. Und schließlich hat man als gemeinsame Basis »die beiden Grundkomponenten Christentum und Humanismus« hervorgehoben[44].

## c. Der Aufbau des Rhetorikstudiums

Vor diesem weiter gefaßten geistesgeschichtlichen Hintergrund freilich rücken Jesuitengymnasium und Sturmsche Lateinschule wieder auffallend nahe aneinander: unter dem Aspekt der Rhetorik[45]. In keiner anderen pädagogischen Konzeption jener Zeit ist der gesamte gelehrte Unterricht so entschieden auf das Ideal der *eloquentia* ausgerichtet wie bei Sturm und den Jesuiten. Was Sturm betrifft, so genügt hier bereits der Hinweis auf seine Formel von der *sapiens atque eloquens pietas*. Daß auch bei den Jesuiten die *pietas* den obersten Rang einnimmt, ist selbstverständlich. Nach Maßgabe der ›Ratio‹ widmet sich der gesamte Unterricht »obsequio et amori Dei ac virtutum«[46]. Das Ziel der letzten Klasse aber wird dadurch ›definiert‹, daß sie »ad perfectam ... eloquentiam informat, quae duas facultates maximas, oratoriam et poeticam, comprehendit«[47]. Und das Lehrbuch, das auf dieser Stufe benutzt wird, verkündet die christliche Synthese: »colat Christianam eloquentiam, quae ex diuinarum rerum cura et contemplatione: ex Christi IESV amore: ex maximarum denique artium studijs efflorescit«[48]. Die Konstituentien dieser Formel sind die gleichen wie in Sturms Bildungsprogramm: *pietas, eloquentia, sapientia (artes)*.

---

[43] Paulsen 1, S. 422: »sie hätten sich begegnen können« (Sturm war 1529–1537 in Paris, Ignatius 1528–1534).

[44] Dolch, Lehrplan ..., S. 238.

[45] Eine zureichende Darstellung der Rhetorik an den Jesuitengymnasien gibt es nicht. Das schmale Heft von G. Mertz, Über Stellung und Betrieb der Rhetorik in den Schulen der Jesuiten, mit besonderer Berücksichtigung der Abhängigkeit von Auctor ad Herennium, Heidelberg 1898 ist kaum mehr als ein (mangelhaft dokumentierter) Zettelkasten. Einzelheiten finden sich auch bei Duhr, Die Studienordnung ..., passim. Zu den französischen Jesuitenkollegs vgl. die neueren Arbeiten von R. A. Lang, The development of rhetorical theory in French colleges, 1550–1789 (with indications of other available rhetorics), Ph. D. diss. Northw. Univ. Graduate School 1950; und: The teaching of rhetoric in French Jesuit colleges, 1556–1762, Speech Monographs 19, 1952, S. 286ff.

[46] MGPaed. II, S. 378.

[47] MGPaed. V, S. 398.

[48] Soarez, ›De arte rhetorica ...‹ (s. u. S. 336), fol. A 6b. Am Schluß des Buches (S. 153) wird das Motiv ringkompositorisch noch einmal aufgenommen (vgl. u. S. 346).

Damit ist allerdings nur der allgemeinste Rahmen des jesuitischen Rhetorikbetriebs gegeben. Die Ähnlichkeit, von der Johannes Sturm sprach, bezieht sich ja auf viel konkretere Punkte, auf Lektüre (*scriptores*), Übungstechniken (*exercitationes*) und Lehrmethode (*ratio docendi*). Es wird sich noch zeigen, wie weit diese Ähnlichkeit tatsächlich geht. Doch eines darf bei alledem nicht vergessen werden: die grundlegende Divergenz in dem, was man den ›höheren Zweck‹ des rhetorischen Unterrichts nennen könnte.

Der *eloquentia*-Betrieb Sturmscher Prägung will den Menschen in derjenigen Fähigkeit ausbilden, die ihn als *animal loquens* vor allen anderen *animalia* auszeichnet[49]. Nur unter diesem Gesichtspunkt ist es legitim, von einem ›humanistischen‹ Schultyp zu sprechen; er trägt seinen Sinn wesentlich in sich selbst. Der jesuitische Rhetorikunterricht hingegen steht von vornherein im Zeichen konkreter Zwecke; er hat beizutragen zum großen Werk der Gegenreformation[50]. Die nächstliegende, wichtigste Aufgabe stellte sich im Bereich des Ordens selbst: Heranbildung des Nachwuchses. Wie der Orden als Ganzes nach militärischem Vorbild organisiert war[51], mußte auch das einzelne Mitglied zum fähigen und gehorsamen ›Soldaten‹ erzogen werden, »obsequio et amori Dei ac virtutum«[52]. Gemäß dem schon angesprochenen Prinzip der Instrumentalisierung des Humanismus fiel es dem Gymnasialunterricht zu, den angehenden Jesuiten im Gebrauch der humanistischen Waffen auszubilden[53]. Verteidigung des rechten Glaubens, Widerlegung der Ketzer, Rückeroberung der Abgefallenen – diese Ziele soll der Unterricht

---

[49] Charakteristisch ist folgende Stelle aus der Programmschrift ›De literarum ludis recte aperiendis‹ (1538): »Ad loquendum enim homines, quam ad cogitandum iudicandumque promtiorem naturam habent: et quod unicuique aptum est, ab eo principium in erudiendo debemus ducere« (Vormbaum 1, S. 655).

[50] Vgl. Garin 3, S. 18: »Der Humanismus hatte einen autonomen, zu sich selbst befreiten Menschen bilden wollen ... Die Jesuitenschule erkennt nur einen einzigen Menschentyp und eine ganz spezifische Aufgabe an«.

[51] Bezeichnend ist schon der Titel der Bulle, die dem neuen Orden gewidmet war: »Regimini militantis ecclesiae«. Zu Ignatius' eigenem militärischem Werdegang vgl. H. Rahner, Ignatius von Loyola und das geschichtliche Werden seiner Frömmigkeit, Graz ²1949, S. 20ff. A. Vogel, Der Geist Jesu Christi und der Geist militärischer Erziehung im Jesuitenorden, Diss. Dresden (TH) 1935.

[52] MGPaed. V, S. 378.

[53] Daß die *humaniora* auch gelehrt werden, um den Forderungen der Zeit zu genügen, wird schon in den ›Constitutiones‹ klar ausgesprochen: »Et quia tam doctrina Theologiae quam ejus usus exigit, his praesertim temporibus, litterarum humaniorum ... cognitionem, harum etiam idonei Professores ... constituentur« (MGPaed. II, S. 53).

nie aus den Augen verlieren. Immer wieder wird daran erinnert, als Maßstab habe zu gelten, »quae sufficere ad infidelium et haereticorum conversionem possit«[54]. Hier ist die Diskrepanz gegenüber dem humanistischen *eloquentia*-Ideal eines Johannes Sturm evident. Hier liegt auch der tiefere Grund für die besondere Pflege der eristischen Künste, der *concertationes* und *disputationes*, die den Unterricht von der ersten Klasse an begleiten. Als Fundament alles spezifisch Rhetorischen aber dürfen die täglichen Übungen in der Selbstbeobachtung und Selbstbeherrschung nicht vergessen werden, jene geistige Atmosphäre der absoluten Disziplin, die Ignatius der Societas Jesu und ihrer Erziehungsform von Anfang an mitgegeben hat[55].

Zielstrebigkeit, Straffheit und Einheitlichkeit bestimmen auch den Gesamtaufbau der Jesuitenerziehung, der sich in einen Gymnasialkurs, einen Philosophiekurs (›Lyceum‹ mit Logik, Physik, Metaphysik und Ethik) und einen abschließenden Theologiekurs gliedert. Doch soll es hier zunächst nur um die sogenannten *studia inferiora* gehen, d. h. den eigentlichen Gymnasialkurs. Seine Nähe zur Entwicklung der humanistischen Schulordnungen wird besonders deutlich beim Vergleich der ältesten Kölner Jesuitenordnung (1552ff.)[56] mit der ›Ratio studiorum‹ (1599)[57]. Zunächst ist der Aufbau – ähnlich der Melanchthonschen Ordnung in ›hauffen‹ – dreiklassig: ›Grammatica‹, ›Rhetorica‹, ›Dialectica‹. Dann aber wird die unterste Stufe – wie bei den Protestanten – noch einmal dreigeteilt[58], und die Rhetorik rückt an die Spitze: ›Grammatica infima‹, ›Grammatica media‹, ›Grammatica suprema‹, ›Humanitas‹ oder ›Poesis‹, ›Rhetorica‹[59].

---

[54] So a.a.O., S. 84.

[55] Vgl. hierzu die Hinweise auf rhetorische Elemente in den Exercitien bei G. T. Tade, The ›Spiritual exercises‹: a method of self-persuasion, QJS 43, 1957, S. 383ff.

[56] MGPaed. II, S. 139ff.

[57] Die ›Ratio‹ ist abgedruckt (mit deutscher Übersetzung) in MGPaed. V, S. 225ff.; die *studia inferiora*: S. 378ff. Das Pensum wird in Form von Weisungen an die jeweiligen ›Klassenlehrer‹ genannt, die Reihenfolge führt von der ranghöchsten bis zur niedrigsten Klasse (es beginnt mit den ›Regulae Professoris Rhetoricae‹).

[58] So bereits im Entwurf von 1586 (MGPaed. V, S. 183ff.).

[59] Dem Ganzen ist (ähnlich wie bei den Protestanten) eine Elementarstufe für Lesen und Schreiben vorgeschaltet, die jedoch nicht zum eigentlichen Gymnasialkurs gehört (»In classe Abecedarium docebuntur pueri legere et scribere latine«, MGPaed. II, S. 247; in den ›Constitutiones‹ war diese Aufgabe noch abgelehnt worden, a.a.O., S. 54). Vgl. hierzu P. Rosenthal, Die ›Erudition‹ in den Jesuitenschulen, Diss. Erlangen 1905, S. 106ff.

Nach dem Grundsatz »totius Humanitatis fundamentum in arte Grammatica positum est«[60] nimmt die Unterstufe mehr als die Hälfte der gesamten Gymnasialzeit in Anspruch: ein bis zwei Jahre bleiben die Schüler ›Rudimentistae‹ oder ›Parvistae‹, dann je ein Jahr ›Principistae‹ und ›Grammatistae‹. Die Bezeichnungen erinnern an die ›Elementarii‹, ›Donatistae‹ und ›Grammatici‹ des Micyllus und anderer protestantischer Pädagogen[61]. Aber nicht Donat wird dem Unterricht zugrunde gelegt (wie noch lange an manchen protestantischen Gymnasien), auch keines der Lehrbücher Melanchthons oder anderer Reformatoren. Weil diese sich »von der alten wahren Religion abgesündert haben«[62], mußte gerade den Jesuiten sehr daran gelegen sein, ein Lateinbuch in eigener Regie herauszubringen. Nachdem man sich zunächst vor allem mit der Grammatik des Despauterius beholfen hatte[63], erschienen 1572 in Lissabon ›De institutione grammatica libri tres‹ des portugiesischen Jesuiten Emanuel Alvarez[64]. Sie behaupteten sich als verbindliches Lehrbuch des Ordens[65] bis zum Jahr 1832 und erlebten zahllose Neuauflagen und Bearbeitungen[66]. Nach den drei Büchern des Alvarez wurden auch – höchst praktisch – die Klassenpensen bestimmt[67]. Die ›infima‹ behandelte Buch I (›de generibus nominum, declinationibus, verborum praeteritis atque supinis‹), die ›media‹ Buch II (›de constructione octo partium orationis‹ bis zur ›constructio figurata‹), die ›suprema‹ Buch III (›de syllabarum dimensione‹ mit Wiederholung der Syntax und der ›constructio figurata‹).

So elementar ein bloßer Grammatikunterricht sich ausnehmen mag, bereits hier werden die Weichen zur Rhetorik gestellt. Denn was für ein Latein wird gelehrt? Muß nicht gerade der Jesuitenorden die ehrwürdige Tradition kirchlicher, scholastischer Latinität bewahren und fortsetzen? An der Grammatik des Alvarez bereits wird die

---

[60] MGPaed. V, S. 155.

[61] Vgl. o. S. 285.

[62] MGPaed. XLII, S. 35.

[63] Vgl. Dolch, Lehrplan ..., S. 241.

[64] Genauere Angaben bei A. u. A. de Backer–C. Sommervogel, Bibliothèque de la Compagnie de Jésus, Bruxelles 1890ff. (dort in Bd. 1, Sp. 223ff.).

[65] Schon im Entwurf der ›Ratio‹ von 1586 wird das Buch mehrfach genannt (MGPaed. V, S. 155ff.).

[66] Besonders bemerkenswert ist die Übersetzung der Grammatik ins Deutsche um die Mitte des 18. Jahrhunderts (›Anweisung zur lateinischen Sprach aus Alvari institutionibus kurz zusammengezogen, zum Gebrauch der Schulen der Gesellschaft Jesu in der oberdeutschen Provinz‹, München u. Ingolstadt 1754ff.).

[67] Die drei Bücher sind deshalb im allgemeinen auch getrennt gebunden.

Entscheidung klar; es ist eine Entscheidung für die idealen Maßstäbe der Humanisten: »Si quid igitur in Syntaxi latinum, purum, tutum, elegans optari potest, id non ex alijs Grammaticis, quia ea de re vel falso, vel improprie, vel barbare praeceperunt, sed ex Emmanuele [sc. Alvaro] petendum videtur«[68]. Die klassizistisch-rhetorische Prägung dieses Unterrichts liegt auf der Hand; *latinitas, puritas* und *elegantia* sind seine Ziele.

Das Griechische, von der ›infima‹ an gelehrt[69], ist dem Lateinischen eindeutig nachgeordnet (wie bei den Protestanten) und erfüllt unter dem Aspekt der Rhetorik eine rein ergänzende, unterstützende Funktion; *eloquentia perfecta* wird hier nicht angestrebt. Wichtiger ist die lateinische Klassikerlektüre[70], die – vor allem in der ›suprema‹ – den Grammatikunterricht als ständiges Korrektiv und als Illustration begleitet. Wo es um *latinitas, puritas* und *elegantia* geht, gebührt natürlich Cicero der absolute Primat. Einiges aus seinen Dialogen wird gelesen (›De amicitia‹, ›De senectute‹, ›Paradoxa‹), vor allem aber die wichtigsten  Briefe an Atticus und Quintus (es gibt besondere Sammlungen für den jesuitischen Unterricht). Bei der Brieflektüre wird nun zugleich der Schritt zur *imitatio* vollzogen: der Lehrer gibt das *argumentum* an, die Schüler haben es nach ciceronianischem Muster in einfacher Form auszuarbeiten[71]. Die ›Ratio‹ nennt kein spezielles Lehrbuch, doch stand offenbar schon früh eines zur Verfügung: ›Rochi Perusini de epistola componenda liber‹[72].

Spätestens hier also beginnt der ›rhetorische‹ Unterricht. Aber noch auf einem zweiten wichtigen Gebiet greift die Unterstufe deutlich über die bloße Grammatik hinaus: in der Poesie. Alvarez gibt mit Metrik und Prosodie (Buch III) wiederum die Grundlage. Doch neben Ciceros Prosa liest man nicht den allzu fragwürdigen Terenz (wie bei den Protestanten zumeist), sondern ›Gereinigtes‹ aus Ovids Elegien und Episteln sowie aus Catull, Tibull, Properz und Vergil

---

[68] MGPaed. V, S. 155.

[69] Bezeichnenderweise hat sich auf diesem Gebiet nicht das Lehrbuch eines Spaniers oder Portugiesen, sondern das eines Deutschen durchgesetzt: die ›Institutionum linguae graecae libri tres‹ (zuerst Ingolstadt 1953) des Oberschwaben Jacob Gretser (1562–1625). Die Literaturgeschichte kennt ihn vor allem als Dramatiker, als vorbarocken Wegbereiter Jacob Bidermanns; vgl. A. Dürrwächter, Jakob Gretser und seine Dramen (Erläuterungen u. Ergänzungen zu Janssens Gesch. des dt. Volkes IX 1 u. 2), Freiburg i. B. 1912.

[70] MGPaed. V, S. 424.

[71] A.a.O., S. 433.

[72] Das Exemplar der Universitätsbibliothek Tübingen (3. Aufl. Dillingen 1583) ist an den ›liber tertius‹ des Alvarez angebunden.

(Eklogen)[73]. Und man unternimmt, von diesen *exempla* ausgehend, die ersten Versuche im *versus condere*[74].

Die wichtigsten Voraussetzungen zur Mittelstufe sind damit geschaffen. Die Klassenbezeichnungen deuten nur den Schwerpunkt an, sie dürfen nicht als ausschließende Termini mißverstanden werden. Wie die ›Grammatica‹ bereits die Anfänge der Poesie einschließt, so ist es nun Aufgabe der Mittelstufe (›Humanitas‹ oder ›Poesis‹), »praeparare veluti solum eloquentiae«[75]. Das geschieht zunächst durch extensive Lektüre: Cicero behält unter den *oratores* seinen beherrschenden Platz (besonders mit moralphilosophischen Schriften), hinzu treten aus dem Bereich der Historiker unter anderem Caesar, Sallust, Livius und Curtius, und bei den Dichtern dominieren Vergil (mit Ausnahme einiger Eklogen und des vierten ›Aeneis‹-Buches) und Horaz (einiges aus seinen Oden, doch »ab omni verborum obscoenitate expurgati«!)[76]. Besonderes Interesse aber verdienen die *exercitationes*, die sich daran anschließen: »ex praelectionibus phrases excerpere easque pluribus modis variare, Ciceronis periodum dissolutam componere, versus condere, carmen unius generis alio permutare, locum aliquem imitari« etc.[77]. Die technische Fertigkeit soll dabei immerhin so weit ausgebildet werden, daß der Lehrer wagen kann, jeden zweiten Monat die besten Elaborate (vor allem Gedichte) öffentlich in der Schule auszuhängen. Neben *exempla* und *imitatio* dürfen auch die *praecepta* nicht vernachlässigt werden. Die *ars metrica* ist weiter auszubauen, nun aber ergänzt »brevi informatione praeceptorum ad Rhetoricam spectantium«[78].

Die Mittelstufe hat also, wie bei den protestantischen Gelehrtenschulen, einen ausgesprochenen Übergangscharakter; die zugemessene Zeitdauer, ein Jahr, bestätigt es. Um so deutlicher ist die rhetorische Schwerpunktbildung im letzten Drittel des Gymnasialkurses (zwei Jahre)[79] − so deutlich, wie vielleicht nur noch in der radikalen Konzeption Johannes Sturms. Die Frage nach der Art von Rhetorik, die von den Jesuiten gelehrt wurde, ist um einiges schwieriger zu beantworten als im Fall der Grammatik; denn die ›Ratio‹ von 1599 schreibt kein bestimmtes Lehrbuch vor. Der konsequente Ciceronia-

---

[73] MGPaed. V, S. 424.
[74] A.a.O., S. 432.
[75] A.a.O., S. 414.
[76] Ebda. (»expurgati« sc. ›Horati‹).
[77] MGPaed. V, S. 418.
[78] MGPaed. V, S. 414.
[79] Bei besonderer Begabung wird sogar ein drittes ›Rhetorik‹-Jahr angesetzt (a.a.O., S. 242ff.).

nismus freilich ist auch hier tonangebend, wie bereits der Entwurf von 1586 erkennen läßt: »Deberent ... hae Rhetoricae partes non modo desumi, sed etiam ad verbum transcribi ex variis Marci Tullij locis in unum opus collatis: et in idem volumen redigi possent nonnullae institutiones seu tractationes, quas M. Tullius leviter attigit, vt de numero, de periodis, de generibus docendi alijsque id genus, quae ex alijs autoribus Graecis aut Latinis, recentioribus etiam peti possent, sed M. Tullij tantum verbis explicari«[80].

Einheitlichkeit ist, wie in so vielen Bereichen der Jesuitenpädagogik, das Wichtigste. Doch liegt es durchaus im Sinne des ersten Entwurfs (»ex alijs autoribus«), wenn in der ›Ratio‹ von 1599 zusammen mit Cicero auch Aristoteles als Gewährsmann zugelassen wird[81]. Daneben war schon früh der (unter Ciceros Namen laufende) ›Auctor ad Herennium‹ in Gebrauch[82]. Doch selbst wenn man sich auf die echten ›Rhetorica‹ Ciceros beschränkte, war der Zeitaufwand, den allein die *doctrina* erforderte, offensichtlich zu groß. Es mußte ein Kompendium geschaffen werden, das sich – wie Alvarez in der Grammatik – neben den rhetorischen Lehrbüchern der Humanisten und Reformatoren behaupten konnte.

Den erfolgreichsten Versuch, diese Lücke auszufüllen, unternahm der portugiesische Jesuit Cyprianus Soarez (Soarius). Sein Buch ›De arte rhetorica libri tres ex Aristotele, Cicerone et Quintiliano praecipue deprompti‹ erscheint um 1560[83], und schon bald darauf (1568) wird es im Ingolstädter Lektionsplan erwähnt[84]. Auch der Entwurf der ›Ratio‹ von 1586 und die endgültige Fassung von 1599 nennen es[85], aber die Verbindlichkeit des Alvarez erreicht das Buch nicht.

---

[80] A.a.O., S. 198. Es handelt sich hier um die Skizze eines eventuell zu schreibenden Lehrbuchs.

[81] A.a.O., S. 318; genannt wird er bereits 1586 (a.a.O., S. 197). Die ›Instructio pro illis, qui ad repetenda studia humaniora mittuntur‹ (1622) schreibt als Lektüre des ›professor rhetorices‹ vor: »omnes rhetoricos libros Ciceronis et Aristotelis« (MGPaed. XVI, S. 207).

[82] Vgl. die Nachweise bei Mertz, Über Stellung und Betrieb der Rhetorik ..., S. 26ff.

[83] Vgl. de Backer–Sommervogel, Bibliothèque ..., Bd. 7, Sp. 1331: »La première édition de cet ouvrage classique, si souvent réimprimé, parut à Coimbre vers 1560«. Dazu zwei neuere Arbeiten von L. J. Flynn, The ›De arte rhetorica‹ of Cyprian Soarez, S. J., QJS 42, 1956, S. 367ff.; und: Sources and influence of Soarez' ›De arte rhetorica‹, QJS 43, 1957, S. 257ff. Zitiert wird im folgenden nach der Kölner Ausgabe von 1577.

[84] MGPaed. II, S. 213 (mit der Begründung: »omnia Aristotelis, Ciceronis et Quintiliani praecepta summatim et fideliter complexus est«).

[85] MGPaed. V, S. 196 u. 414, beide Male für die ›Humanitas‹-Klasse (später wur-

Die möglichen Gründe können hier nicht näher erörtert werden[86]; entscheidend ist die Tatsache, daß sich der ›Cyprianus‹ (so wird er meist nur genannt) nach und nach fast kanonische Geltung zu erringen vermochte, bis ins 19. Jahrhundert hinein[87]. Wie die meisten beliebten Lehrbücher der Zeit wurde der ›Cyprianus‹ nicht nur immer wieder aufgelegt[88], sondern auch mehrfach bearbeitet und mit Anhängen versehen. Besonders hervorzuheben ist ein Tabellenwerk von Ludovicus Carbo unter dem Titel ›Tabulae rhetoricae Cypriani Soarii ... sive totius artis rhetoricae absolutissimum compendium‹; es erfaßte den Stoff des Soarez Kapitel für Kapitel in übersichtlichen Tabellen, konnte dem eigentlichen Lehrbuch beigebunden werden[89] und diente so als willkommene Lernhilfe.

Die rhetorische *doctrina*, die Soarez bietet, ist bereits durch den Titel deutlich umrissen: das Buch tradiert in Kurzform die klassische, auf Aristoteles, Cicero und Quintilian[90] fußende Theorie der Antike – im Prinzip nichts anderes, als das Rhetorikbuch von Vossius leisten sollte. Auch Soarez verfährt nach dem bewährten Schema von *inventio*, *dispositio* und *elocutio*. Die drei Bereiche decken sich ungefähr mit der Einteilung in drei Bücher[91], wobei das erste Buch – wie bei Vossius – auch die Grundsatzfragen mit behandelt (›Quid sit Rhetorica‹ etc.), das zweite Buch besonderes Gewicht auf die Argumentationsformen legt – hier wird das spezielle Interesse des Jesuitenunterrichts am deutlichsten –, das dritte Buch nach Figuren, Tropen und Stillehre noch kurz die wichtigsten Regeln zu *memoria*, *pronunciatio* und *gestus* bringt (auch bei Vossius steht dies am Schluß des letzten Buches). Ein ausführliches Referat des

---

den auf dieser Stufe, die ja bereits eine *brevis informatio* vermitteln sollte, offenbar verschiedene Arten von Epitomai benutzt).

[86] Schon Mertz, a.a.O., S. 24 bezeichnet es als »unverständlich«, weshalb im Entwurf von 1586 ein Lehrbuch gefordert wird, das doch Soarez bereits vorgelegt hat.

[87] Vgl. Mertz, a.a.O., S. 24f. und die beiden genannten Arbeiten von Flynn. Besonders bezeichnend ist eine Anweisung aus dem Jahre 1622: »In Rhetoricis praecepta Ciceronis breviter ad capita Rhetoricae Soarii revocentur« (MGPaed. XVI, S. 215).

[88] Die Bibliographie von de Backer–Sommervogel verzeichnet a.a.O., Sp. 1335ff. nicht weniger als ein volles Hundert verschiedener Ausgaben und Drucke.

[89] So bei einem Exemplar der Universitätsbibliothek Tübingen (Ingolstädter Ausgabe des Soarez von 1600 mit durchlaufender Paginierung!).

[90] Offiziell wird Quintilian erst 1832 in den Kanon der ›Ratio‹ aufgenommen, s. MGPaed. V, S. 398.

[91] Im Gegensatz zur Grammatik des Alvarez bleiben die drei Bücher zusammengebunden, da sie ja nicht in verschiedenen Klassen behandelt werden.

Soarez kann hier ebensowenig gegeben werden wie ein detaillierterer Vergleich mit Vossius. Die grundlegenden *praecepta* samt ihrem System sind weitgehend identisch, und wieder zeigt sich, wie berechtigt es ist, von der klassischen oder klassizistischen Rhetorik-Theorie des 17. Jahrhunderts als von einem einheitlichen Substrat zu spreschen. Schon an den Gymnasien also begegnet diese klassisch-rhetorische Koine, die von Protestanten wie Jesuiten als unverzichtbares Fundament des Rhetorikbetriebs sorgsam gehütet wird.

Für die Erklärung und Einübung dieser *praecepta* gibt die ›Ratio‹ von 1599 genaue methodische Anweisungen[92], die sich primär auf die Lektüre antiker Rhetoriker beziehen und bei Soarez meist schon durch die Art der Darstellung realisiert sind. Grundsätzlich hat der Lehrer sechs verschiedene Gesichtspunkte zu berücksichtigen: Erläuterung des *sensus*, Heranziehung eines anderen Rhetorikers oder einer anderen Stelle aus demselben Autor, Angabe des inneren Grundes (*ratio aliqua*), Illustration durch verwandte Stellen aus einem Redner oder Dichter, Sacherklärung zu *eruditio* und *historia*, Anwendung *ad res nostras*, und dies »quanto maximo fieri potest delectu ornatuque verborum«[93]. Der innere Zusammenhang mit den *exempla* einerseits, der *imitatio* andererseits ist schon hierbei evident. Die in der ›Humanitas‹ begonnene Lektüre wird jetzt konsequent weitergeführt, und wieder ist Cicero der maßgebende Autor, vor allem durch die Lektüre seiner Reden.

Mit der systematischen Verbreiterung des theoretischen Fundaments wachsen nun auch die Möglichkeiten der *exercitationes*. Der Katalog ist lang[94], doch weniges scheint derart geeignet, Gründlichkeit und Vielfalt der rhetorischen Ausbildung bei den Jesuiten zu demonstrieren: »locum aliquem poëtae vel oratoris imitari; descriptionem aliquam, ut hortorum, templorum, tempestatis et similium efficere; phrasim eandem modis pluribus variare; graecam orationem latine vertere aut contra, poëtae versus, tum latine tum graece, soluto stylo complecti; carminis genus aliud in aliud commutare; epigrammata, inscriptiones, epitaphia condere; phrases ex bonis oratoribus et poëtis, seu graecas seu latinas, excerpere; figuras rhetoricas ad certas materias accommodare; ex locis rhetoricis et topicis plurima ad rem quampiam argumenta depromere« etc. etc.[95].

---

[92] A.a.O., S. 406.
[93] Ebda.
[94] A.a.O., S. 404.
[95] Noch anspruchsvoller sind die *exercitationes,* die für die Ausbildung der Leh-

Die Liste der *exercitationes* macht zugleich deutlich, wie untrennbar die rhetorische und die poetische Schulung miteinander verknüpft sind, ganz im Sinne des erklärten Ziels der *eloquentia perfecta,* »quae duas facultates maximas, oratoriam et poeticam comprehendit«[96]. Poesie ist ein Teilbereich der *eloquentia* und wird prinzipiell mit den gleichen Techniken betrieben wie die *oratoria.* Der Gang des Unterrichts bestätigt das; wenn die ersten Schritte auf dem Gebiet der Poesie gewagt werden (in der ›Humanitas‹), ist für die *oratoria* – wie sich zeigte – bereits ein fester Grund gelegt. Unter diesem Aspekt bauen die *exercitationes* der ›Rhetorica‹ nur konsequent aus, was die ›Humanitas‹ begonnen hat. Der *scopus* dieser beständigen Übung in den elementaren Techniken ist ein Höchstmaß an Sicherheit und Wendigkeit im gehobenen, ›literarischen‹ Ausdruck[97], geschult an den großen *exempla* der klassischen Literatur.

### d. Mündlichkeit und ›eloquentia latina‹

So unentbehrlich auch im Jesuitengymnasium Lektüre und schriftliche Ausarbeitung sind, so selbstverständlich bleibt die wahre *eloquentia* an die Beherrschung der freien Rede gebunden. Ausbildung der Mündlichkeit gehört zu den tragenden Prinzipien des gesamten (nicht nur des im engeren Sinne rhetorischen) Unterrichts. Aber noch rigoroser als bei den Protestanten – die ja ähnliche Tendenzen verfolgen – wird das Lateinische als einzig legitimes Medium der *eloquentia* verteidigt. »Latine loquendi usus severe in primis custodiatur«[98], lautet die Generalregel schon für die ›studia inferiora‹, eine Regel, die bis 1832 galt und noch 1853 – jedenfalls für die höheren Klassen – ausdrücklich bestätigt wurde[99]. Wieder ist die Nähe zu Johannes Sturms pädagogischer Konzeption auffallend; denn keiner

---

rer vorgeschrieben werden (1619): »exigenda scriptorum varietas in oratione soluta, topographiae, ethnologiae, prosopopoeae descriptiones, et temporum, elementorum, itinerum per maria, flumina, lacus, terras, per varias provincias, urbes, naufragiorum, exspoliationum, aliorumque periculorum narrationes multiplices, fabulae, breves Apologi, Epistolae artificiales, Usus seu Chriae, partes orationis, praescriptis thematis ...« (MGPaed. XVI, S. 182).

[96] MGPaed. V, S. 398.

[97] Dementsprechend soll der Lehrer sorgfältig korrigieren, »si quid in artificio oratorio aut poëtico, in elegantia cultuque sermonis ... peccatum fuerit« (MGPaed. V, S. 402).

[98] MGPaed. V, S. 384.

[99] Dekret der 22. Generalkongregation (MGPaed. II, S. 112).

der großen protestantischen Scholarchen hatte den absoluten Anspruch des Lateinischen so entschieden vertreten wie er. Und es entbehrt nicht einer gewissen Ironie, daß gerade seine gefährlichsten Konkurrenten zu den treuesten Bewahrern seines Latinitäts-Ideals geworden sind, während das protestantische Gelehrtenschulwesen schon bald der Muttersprache einen (wenn auch bescheidenen) Platz im Unterricht einräumte[100].

Die Diktatur des Lateinischen bei den Jesuiten war, wie zu erwarten, schon früh scharfer Kritik ausgesetzt. Aber die Konzessionen, die dem *patrius sermo* gemacht wurden, sind im Vergleich zu den Protestanten so geringfügig, daß eine nähere Darstellung hier nicht lohnt[101]. Es handelt sich fast ausschließlich um gelegentliche Hilfsfunktionen in Form einer Übersetzung; auch dabei soll höchstens eine Art Interlinearversion herausspringen: »servet, quod fieri est, collocationem verborum«[102]. Im übrigen gibt die literarische Produktion des Jesuitenordens ein getreues Abbild des Unterrichts, auch in seinem Gegensatz zu den Protestanten: die bedeutenden Werke, ob Prosa, Lyrik oder Drama, sind – mit wenigen Ausnahmen – lateinisch verfaßt. Schon das Gymnasium setzt alles daran, dem angehenden Jesuiten die Sprache des Cicero und des Horaz zu seiner eigentlichen Muttersprache werden zu lassen.

Die konsequente Verwendung des Lateinischen als Verkehrs- und Verständigungssprache ist nun zwar eine kaum zu unterschätzende Voraussetzung für die erstrebte Sicherheit und Wendigkeit des Sprechens. Zur *eloquentia* aber braucht es vor allem systematische Schulung in anspruchsvollen, möglichst vorgeprägten rhetorischen Formen: im monologischen Vortrag und in der dialogischen Auseinandersetzung. Das Prinzip ist also zunächst das gleiche wie bei den Protestanten, man übt sich in der Deklamation und im Dialog. Aber schon bei der *declamatio* fällt eine Besonderheit auf. In den einzelnen Statuten wird relativ wenig über den Vortrag im Kreis der einzelnen Klasse gesagt. Als wichtiger wurde offensichtlich die *declamatio publica* angesehen. Bereits im Entwurf der ›Ratio‹ von 1586 heißt es: »Nec modicam sane bonorum litterarum studiosis ala-

---

[100] Vgl. o. S. 275ff.

[101] Einzelnes bei Duhr, Die Studienordnung ..., S. 107ff. (stark apologetisch: »Der Vorwurf wegen der Verachtung des Deutschen trifft viel eher manche Gegner der Jesuiten«, S. 108; Ausnahmen werden überbetont).

[102] MGPaed. V, S. 390 (generelle Regel); etwas anspruchsvoller lautet die Anweisung für die ›Humanitas‹ (MGPaed. V, S. 420).

critatem affert assiduus publicae declamationis vsus«[103]. Da die Jesuitenschüler stärker als die Schüler der protestantischen Gymnasien an das Leben im Konvikt gebunden sind[104], ergibt sich auch häufiger die Gelegenheit, vor einem größeren Publikum zu reden. Die ›Ratio‹ von 1599 nennt dementsprechend neben Katheder, Aula, Kirche und ›schola‹ auch den Speisesaal als Ort für Deklamationen[105].

Der Aktivität des einzelnen Lehrers bietet sich also eine Fülle von Möglichkeiten, und nur der allgemeinste Rahmen wird durch Vorschriften geregelt. So sehen die ›Constitutiones‹ vor, daß jede Woche von einem Schüler ein lateinischer Vortrag gehalten werden muß[106]. In der ›Humanitas‹ und der ›Rhetorica‹ soll nach der ›Ratio‹ an jedem zweiten Sonnabend eine spezielle *praelectio* stattfinden, zu der die jeweils höhere bzw. niedrigere Klasse einzuladen ist und bei der eine *graeca latinave oratio* oder ein *carmen* vorgetragen wird[107].

Ist schon bei den monologisch-deklamatorischen Formen besonderer Wert auf das Publikum als notwendiges ›Gegenüber‹ gelegt, so zeigt sich die spezielle Absicht der Jesuitenerziehung noch deutlicher in den dialogischen Übungen. Bereits in der ersten Klasse, der ›Grammatica infima‹, beginnen die sogenannten *concertationes*[108], eine disputatorische Vorform, die die protestantischen Gelehrtenschulen so ausgeprägt nicht kennen. Sie ist einerseits Teil der berüchtigten jesuitischen Schulung des Ehrgeizes, ein »magnum ad studia incitamentum«[109], andererseits ein vorzügliches Mittel, um die rhetorisch-sprachliche Fertigkeit und die rasche intellektuelle Reaktion auszubilden. Die sorgsam ausgeklügelte Technik der *concertatio* beruht darauf, daß jedem Schüler ein *aemulus* zugewiesen wird, der seinen Partner immer wieder in eristischer Form zur Rechenschaft über den jeweiligen Lernstoff zwingt. In der Hauptsache geht es darum, eine eventuell falsche oder unpräzise Antwort des anderen im Unterricht sofort schlagfertig zu korrigieren oder den Partner in re-

---

[103] MGPaed. V, S. 173.
[104] Dazu J. Schröteler, Die Erziehung in den Jesuiteninternaten des 16. Jahrhunderts, Freiburg i. B. 1940.
[105] MGPaed. V, S. 412.
[106] MGPaed. II, S. 63.
[107] MGPaed. V, S. 392; vgl. die Bestimmungen des Entwurfs von 1586 (a.a.O., S. 146).
[108] A.a.O., S. 171ff. u. 446ff. (vgl. S. 392 u. 408); dazu Duhr, Die Studienordnung ..., S. 122ff.
[109] A.a.O., S. 392. Zur *aemulatio* im einzelnen vgl. Duhr, a.a.O., S. 58ff. Auch an den protestantischen Schulen hatte man z. T. ganze Systeme zur Förderung des Ehrgeizes ausgebildet, vgl. Mertz, Das Schulwesen ..., S. 379ff.

gelrechtem Frage- und Antwortspiel über den Unterrichtsstoff zu prüfen[110]. Doch nicht nur Schülerpaare können miteinander konzertieren. Auch ganze Klassen sollen nach der ›Ratio‹ mehrmals im Jahr zu solchen Wettkämpfen gegeneinander antreten, wobei mit Vorliebe Themen und Stoffe des rhetorischen Unterrichts gewählt werden (Korrektur einer *oratio*, Bestimmung von Redefiguren, von *praecepta* für *epistolae*, für *carmina* oder *historiae*, Erklärung schwieriger Stellen der Lektüre u. dgl.)[111].

Die propädeutische Wirkung dieser Übungen im Hinblick auf die eigentliche *disputatio* ist kaum zu unterschätzen. Schon nach Abschluß der Unter- und Mittelstufe dürften die Jesuitenschüler ihren protestantischen Altersgenossen an lateinisch-eristischer Gewandtheit um einiges vorausgewesen sein. Desto rascher und nachhaltiger waren in der ›Rhetorica‹ Fortschritte auf dem Gebiet der *ars disputandi* zu erzielen, nun auch durch das theoretische Fundament einer umfassenden *doctrina* gestützt[112]. Die Techniken scheinen im wesentlichen der humanistischen Tradition zu entsprechen. Genaueres für die oberste Gymnasialstufe zu ermitteln, ist insofern schwierig, weil diese wiederum als Unterstufe auf ›Philosophie‹ und ›Theologie‹ ausgerichtet ist. Erst dort zeigt sich die jesuitische *ars disputandi* in ihrer vollen Entfaltung, und erst für diesen Bereich, den der *studia superiora*, gibt es genaue Anweisungen zum Disputieren[113]. Sie dokumentieren den überragenden Rang, den die Jesuiten dieser rhetorischen Disziplin seit frühester Zeit beigelegt haben. »Constitutiones ... nihil gravius commendant, quam disputationes earumque frequentiam et assiduitatem«[114], mahnt der Entwurf der ›Ratio‹ von 1586; auch etwa Petrus Canisius hat mit Nachdruck auf die Wichtigkeit des Disputierens hingewiesen[115]. Welche rhetorisch-formale *ars* hätte auch ein größeres Recht beanspruchen dürfen? Der Orden, der sich die ›conversio‹ der Häretiker und Apostaten zum Ziel gesetzt hat, kann nicht früh genug damit beginnen, seine Zöglinge gerade in der Kunst des Streitens und Widerlegens zu schulen.

---

[110] S. z. B. MGPaed. V, S. 392.

[111] A.a.O., S. 408.

[112] Hier kam vor allem auch die Ausführlichkeit zustatten, mit der Soarez im 2. Buch die Weisen der Argumentation behandelte.

[113] Besonders a.a.O., S. 100ff. (›De Disputationibus‹). Vgl. Duhr, Die Studienordnung ..., S. 159ff.; Mertz, Über Stellung und Betrieb der Rhetorik ..., S. 35ff.

[114] MGPaed. V, S. 103. Vgl. ebda.: »et grauissimorum virorum iudicio et experimento comprobatur, disputationem vnam prodesse quam lectiones multas«.

[115] MGPaed. II, S. 137.

342

Doch wie in den protestantischen Gymnasien hat der Rhetorik-betrieb der Jesuiten eine ausgeprägte Tendenz, über den Rahmen des Klassenzimmers hinauszudrängen. Der Übergang vom Unterricht zum förmlichen *actus* ist fließend. Schon bei den *declamationes* wurde dies erkennbar; sie fordern geradezu ein größeres Publikum: erst dadurch gewinnt der einzelne Redner die nötige Sicherheit, und den zuhörenden Mitschülern dient ein guter Vortrag als zusätzliches *incitamentum.* Diesen doppelten pädagogischen Nutzen haben sich auch die Jesuiten nicht entgehen lassen, und sie erweiterten den Kreis der Übungsmöglichkeiten durch sogenannte ›Akademien‹, in denen sich vor allem die Schüler der ›Humanitas‹ und der ›Rhetorica‹ trafen[116].

Die Skala der Darbietungen, mit denen solche *Actus* und *Academiae* bestritten wurden, war – der Vielfalt des rhetorischen Unterrichts entsprechend – groß. Sie reichte von der einfachen *recitatio* eines Gedichts über die *declamatio* einer ganzen Rede bis hin zu *concertationes* und *disputationes* und zu jener Form, von der bereits die Rede war: Inszenierung einer Gerichtsverhandlung als *declamatoria actio,* bei der die beiderseitigen Gründe dargestellt und zuletzt das Urteil gesprochen wurden[117]. Bisweilen wurde auch ein einfacher *dialogus* aufgeführt oder eine *scena,* doch – wie es ausdrücklich heißt – »sine ullo ... scenico ornatu«[118].

Alles dies spielte sich noch ganz im Rahmen der Schule ab. Aber das Jesuitengymnasium wäre entscheidend hinter der protestantischen Gelehrtenschule zurückgeblieben, wenn es nicht die idealen Möglichkeiten rhetorischer Repräsentation vor einer breiteren Öffentlichkeit genutzt hätte. Die *solemniores actus,* zu den großen Festen wie Weihnachten, Ostern und Pfingsten veranstaltet (meist in der Aula)[119], wurden zur Demonstration der Konkurrenzfähigkeit auf humanistisch-rhetorischem Gebiet. Und je erlauchter die Ehrengäste waren[120], desto hellerer Glanz fiel auf das einzelne Gymnasium, seine Lehrer und Schüler.

Der Publikumswirkung solcher humanistischer Actus waren – schon wegen der konsequent durchgehaltenen *latinitas* – notwendi-

---

[116] Die ›Regulae Academiae Rhetorum et Humanistorum‹: MGPaed. V, S. 474ff.
[117] A.a.O., S. 412.
[118] Ebda.
[119] A.a.O., S. 470ff.
[120] MGPaed. V, S. 278 (»oportet ... quanto maximo nostrorum, externorum, doctorum ac Principum etiam virorum conventu celebrari«).

gerweise enge Grenzen gezogen. Es scheint, als hätten die Patres dies mit ihrem ausgeprägten Sinn für Realitäten rasch erkannt; denn die erhaltenen Zeugnisse verraten in puncto ›Schulactus‹ keinen besonderen Einsatz pädagogischer und organisatorischer Phantasie. Um so entschiedener haben die Jesuiten sich des Schultheaters bemächtigt, jener Institution, die dem theatralisch-repräsentativen *ingenium saeculi*[121] am umfassendsten gerecht zu werden vermochte.

### e. Das Jesuitentheater

Das Theater der Jesuiten hat – in auffälligem Gegensatz zu ihrem Rhetorikbetrieb – bereits seit langem das Interesse der Forschung gefunden und ist auch mehrfach in Überblicken dargestellt worden[122]; gerade in den letzten Jahren ist die Zahl der Arbeiten stark angestiegen[123]. Die Bedeutung des neu erschlossenen Materials und der prinzipiellen Einsichten (vor allem zum Konnex mit der Bildung barocker Formen) soll hier keineswegs verkannt werden. Doch ähnlich wie beim protestantischen Schultheater ist man sich noch längst nicht des unlösbaren, geradezu lebensnotwendigen Zusammenhangs mit dem rhetorischen Unterricht der Gymnasien voll bewußt geworden. Sofern man ihn überhaupt für erwähnenswert hält, begnügt man sich meist mit Formeln wie ›versifizierte Eloquenz‹ oder mit dem Hinweis, daß die Jesuitendramatiker ›auch‹ Professoren der Rhetorik waren[124]. Aber was bedeutet das für den pädagogischen

---

[121] Vgl. o. S. 86ff.

[122] Die wichtigsten sind J. Zeidler, Studien und Beiträge zur Geschichte der Jesuitenkomödie und des Klosterdramas (Theatergeschichtl. Forschungen. 4), Hamburg u. Leipzig 1891; W. Flemming, Geschichte des Jesuitentheaters in den Landen deutscher Zunge (Schriften d. Ges. f. Theatergesch. 32), Berlin 1923; N. Scheid, Das lateinische Jesuitendrama im deutschen Sprachgebiet, Lit.wiss. Jb. d. Görres-Ges. 5, 1930, S. 1ff.; J. Müller, Das Jesuitendrama in den Ländern deutscher Zunge vom Anfang (1555) bis zum Hochbarock (1665), 2 Bde. (Schriften z. dt. Lit., 7 u. 8), Augsburg 1930; H. Becker, Die geistige Entwicklungsgeschichte des Jesuitendramas, DVjs 19, 1941, S. 269ff.

[123] H. Wlczek, Das Schuldrama der Jesuiten zu Krems (1616–1763), Diss. Wien 1952; C. M. Haas, Das Theater der Jesuiten in Ingolstadt (Die Schaubühne. 51), Emsdetten 1958; K. Adel, Das Wiener Jesuitentheater und die europäische Barockdramatik, Wien 1960; R. Tarot, Jakob Bidermanns ›Cenodoxus‹, Diss. Köln 1960; H. Burger, Jakob Bidermanns ›Belisarius‹ (Quellen u. Forschungen z. Sprach- u. Kulturgesch. d. germ. Völker, N. F. 19), Berlin 1966; W. Kindig, Franz Lang. Ein Jesuitendramatiker des Spätbarock, Diss. Graz 1966; H. Burger, Jakob Masens ›Rusticus imperans‹. Zur lateinischen Barockkomödie in Deutschland, Lit.wiss. Jb. d. Görres-Ges., N. F. 8, 1967, S. 31ff.

[124] Zu den wenigen, die mit Nachdruck und einigem Verständnis auch auf den

Zweck des Jesuitentheaters und vor allem für seine rhetorische Sprachform?

Der Gedanke, die Schüler der Gymnasien Theater spielen zu lassen, ist ebensowenig wie die Konzeption eines lateinisch-rhetorischen Unterrichts originales geistiges Eigentum der Jesuiten. In seinen Anfängen stellt das Jesuitentheater durchaus eine getreue Kopie des humanistischen Schultheaters dar, auch der Kanon pädagogischer Zwecke verrät deutlich diese Herkunft: »Fructus enim scopusque ejus est ut quemadmodum stylo scribendo, sic pronunciationem composita bene pronunciando discipuli expoliant atque ut vocem scilicet, gestum et actionem omnem cum dignitate moderentur«[125]. Die Anfangsgründe müssen natürlich schon im Unterricht vermittelt werden. So verlangen die ›Constitutiones‹ einen Lehrer, »qui de erroribus admoneat, tum in rebus, quae dicuntur, tum in voce, tonis, gestibus et motibus«[126].

Auch das Lehrbuch des Soarez enthält ja, wie bereits angedeutet, die wichtigsten *praecepta* zu *actio* und *pronunciatio*. Soarez geht sogar so weit, diesen ganzen Bereich als den entscheidenden Teil der Rhetorik überhaupt zu bezeichnen: »Haec autem pars est, quae in dicendo vna dominatur«[127]. Wenn Soarez trotzdem nur einen vergleichsweise geringen Raum darauf verwendet, so entspringt dies der unter Rhetorikern immer wieder ausgesprochenen Erfahrung, daß sich *actio* und *pronunciatio* nur schwer als reine Theorie lehren lassen, daß hier vielmehr alles auf das lebendige Vorbild und auf die praktische Übung ankommt (vgl. die zitierte Bestimmung der ›Constitutiones‹). Die *declamationes* sind eine solche Übungsmöglichkeit, und die Jesuiten achteten darauf, daß die Schüler ihre Texte »non familiari voce redderent, sed oratorio ritu declamitarent«[128].

Doch keine Art der *exercitatio* gestattet die gleichzeitige Teilnahme so vieler Schüler[129] und ermöglicht eine solche Lebendigkeit

---

Rhetorikunterricht hinweisen, gehört Günther Müller (Deutsche Dichtung ..., S. 181: »Pflege der dialektisch-dialogischen Schulrhetorik«; S. 183: »im Dienst des Eloquenzunterrichts der Schule«, mit Bezug auf J. Bielmann, Die Dramentheorie und Dramendichtung des Jakobus Pontanus S. J., Lit.wiss. Jb. d. Görres-Ges. 3, 1928, S. 45ff.).

[125] Anweisung für die Gymnasien der oberdeutschen Provinz, zitiert nach Mertz, Über Stellung und Betrieb der Rhetorik ..., S. 37.

[126] MGPaed. II, S. 42.

[127] Soarez, ›De arte rhetorica ...‹ (1577), S. 153.

[128] MGPaed. II, S. 142.

[129] Das Maximum scheint 1575 in München bei der Aufführung des ›Constantinus

der Übungssituation wie das Theater. Den Jesuiten wurde dies durch die Praxis der humanistischen Gymnasien, in Deutschland vor allem der protestantischen Gelehrtenschulen, klar vor Augen geführt. Die Einrichtung des Schultheaters wurde übernommen als ein unverzichtbarer Teil des *eloquentia*-Betriebs. Erst auf diesem Hintergrund wird nun auch die allmähliche Differenzierung des jesuitischen und des protestantischen Schultheaters voll verständlich. Denn zu einem der grundlegenden Unterschiede entwickelte sich bekanntlich die Wahl des sprachlichen Mediums. Während die Protestanten mehr und mehr auch der Muttersprache Eingang in die Schule gewähren, halten die Jesuiten mit aller Entschiedenheit am Latein als der Muttersprache der wahren *eloquentia* fest. »Tragoediarum et comoediarum quas nonnisi latinas ac rarissimas esse oportet, argumentum sacrum sit ac pium«, heißt es in der ›Ratio‹ von 1599[130], und das Lateingebot wurde nur selten durchbrochen[131].

Der zweite Problemkreis, das *sacrum ac pium*, also vor allem die Wahl der Stoffe[132], stellt sich etwas verwickelter dar, ist freilich unter rhetorischem Aspekt von geringerer Bedeutung. Auch die Jesuiten haben zunächst – im Zeichen ihrer humanistischen Intentionen – Plautus und Terenz gespielt[133]; aber die gleichen Einwände, die auf protestantischer Seite gegen die pädagogische Eignung dieser Autoren erhoben wurden (Frivolität, Paganismus), mußten sich natürlich auch den Jesuiten stellen. Und wenn man schon auf diese Klassiker zu verzichten hatte, dann war es naheliegend, die Stoffe vorzugsweise der biblisch-christlichen Tradition zu entnehmen. In diesem Sinne äußerte sich 1617 der römische Jesuit Famiano Strada (›Prolusiones Academicae Oratoriae, Historicae, Poeticae‹), und sein Ordensbruder Alessandro Donati trat in seiner ›Ars poetica‹ (1631) dafür ein, auch Heilige und Märtyrer als Hauptpersonen zu wählen[134]. Beide Autoren (andere äußerten sich ähnlich)[135] brach-

---

Magnus‹ erreicht worden zu sein: rund 1000 Darsteller sollen mitgewirkt haben (Boehmer, Die Jesuiten, S. 200).

[130] MGPaed. V, S. 272.

[131] Es handelt sich wohl lediglich um örtliche Konzessionen, so in Breslau (Eggers, Die Bewertung …, S. 25 Anm. 58 erwähnt einen diesbezüglichen Brief von Christian Gryphius).

[132] Vgl. hierzu die nützliche ›annalistische Übersicht‹ und die ›Stoffübersichten‹ bei J. Müller, Das Jesuitendrama …, Bd. 2, S. 41ff. u. 89ff.

[133] A.a.O., Bd. 1, S. 1ff.

[134] ›Ars poetica‹, Köln 1633, S. 113: »eadem dignitas ornat Episcopos, et sacros Antistites Tragicae nobilitati non impares«.

[135] Vgl. N. Nessler, Dramaturgie der Jesuiten. Pontanus, Donatus, Masenius,

ten im Grunde nur auf eine theoretische Formel, was die Jesuiten in der Praxis längst vollzogen hatten: eine konsequente Christianisierung des Schultheaters, konsequenter jedenfalls, als es bei den Protestanten im allgemeinen geschehen war.

Damit aber öffnet sich zugleich eine ganz neue Wirkungsmöglichkeit, eine Aufgabe, die nun auch den rhetorischen Charakter der Schuldramen entscheidend beeinflußt. Das Jesuitentheater wird zum Instrument der Glaubenspropaganda. Auch bei den Patres hatte das Theaterspiel seit den Anfängen, über das rein Schulpädagogische hinaus, eine gewisse ›repräsentative‹ Bedeutung; nicht zuletzt war es Symbol der humanistischen Gleichwertigkeit und ein Mittel der Werbung für Schule und Orden. Das alles diente weiterhin als eine wichtige Begründung des Aufwandes an Zeit und Energie – nicht anders als bei den protestantischen Schulmännern. Mit dem Kampf für die Sache des Glaubens aber war nun eine unvergleichliche Quelle rhetorisch-zielbewußter Aktivität erschlossen. Nicht erst auf die künftige Bewährung als Ordenspriester brauchte sich der Rhetorikbetrieb auszurichten: bereits die Schulzeit selbst ermöglichte einen – wenn auch bescheidenen – Einsatz im Sinne des großen Ordensziels.

Kein Zeugnis aus der Geschichte des Jesuitentheaters in Deutschland demonstriert diese Tendenz so eindrucksvoll wie der Bericht über die Wirkung der Münchner ›Cenodoxus‹-Inszenierung vom Jahre 1609: »Pro compertum habetur, CENODOXUM, quo vix ulla harum Actionum Comicarum laetiore cachinno Orchestram omnem concusserat, ut tantium non risu subsellia fregerit, tantos nihilominus in Audientium animis motus verae pietatis concitasse, ut quod centenae Conciones vix potuissent, paucae horae huic spectaculo datae confecerint, quando ex praecipuis proceribus Aulae Bavaricae, vrbisque istius Monacensis, viri omnino quatuordecim, saluberrimo DEI timore, facta hominum tam strictè discutientis, perculsi, non multò post finitum ludum, ad nos in Ascesin Ignatianam secessere, mirabili in plerisque morum mutatione secutâ«[136].

Das vielleicht Bezeichnendste an diesem Passus ist der Vergleich mit der Predigt: »quod centenae Conciones vic potuissent«. Bühne

---

Progr. Brixen 1905; H. Happ, Die Dramentheorie der Jesuiten, Diss. München 1922.

[136] ›Praemonitio ad lectorem‹ zur Ausgabe der ›Ludi Theatrales sacri‹ von Jacob Bidermann, München 1666, Bd. 1, fol. (+) 8b.

und Kanzel – man erinnert sich des Lessingschen Ausspruchs[137] – dienen der gleichen Intention, und beide unterstehen den Gesetzen der Rhetorik. ›Palaestra eloquentiae ligatae‹ nannte der rheinische Jesuit Jacob Masen seine dreibändige poetisch-poetologische Sammlung, die in den Jahren 1654 bis 1657 erschien; und bereits durch die Wahl dieses Titels deutete er die unmittelbare Verbindung der Jesuitenpoesie und insbesondere des Jesuitentheaters mit dem rhetorischen Unterricht an: die ›palaestra‹ wird vom Klassenzimmer auf die Bühne verlegt[138]. Der Lehrer aber, der mit Hilfe des Lehrbuchs und der Klassiker zur *perfecta eloquentia* erzieht, kann nun selbst zum *auctor* werden. Denn was der Professor Rhetoricae seinen Schülern zu vermitteln hat, die Fähigkeit der selbständigen *imitatio*, muß bei ihm selbst in potenzierter Form ausgebildet sein[139]. Das Verfassen und Inszenieren von Theaterstücken gehört – jedenfalls prinzipiell – zu seinen besonderen Pflichten[140]. Hier liegt ein wesentlicher Grund dafür, daß die großen Jesuitendramatiker meist ›auch‹ Professoren der Rhetorik waren[141].

Stücke, die einen großen Effekt erzielt hatten, konnten natürlich auch an anderen Bühnen des Ordens aufgeführt werden, so in der Frühzeit der ›Euripus‹ von Lewin Brecht[142] oder später der ›Ceno-

---

[137] Brief an Elise Reimarus, vom 6. September 1778 (Lachmann³-Muncker 18, S. 287): »auf meiner alten Kanzel, auf dem Theater«. Zum Grundsätzlichen vgl. W. Jens, Feldzüge eines Redners: Gotthold Ephraim Lessing, in: Von deutscher Rede, S. 46ff.; auch W. Rieck, Schaubühne kontra Kanzel. Die Verteidigung des Theaters durch die Veltheimin, Fuf 39, 1965, S. 5off.

[138] Die pädagogisch-imitatorische Ausrichtung wird am Untertitel noch deutlicher: »Palaestra eloquentiae ligatae, novam ac facilem tam concipiendi, quam scribendi quovis stylo poetico methodum ac rationem complectitur, viamque ad solutam eloquentiam aperit« (so in der Ausgabe Köln 1661). Vgl. auch seine ›Palaestra oratoria‹, Köln 1659.

[139] Hierzu insbesondere die »Instructio pro illis, qui ad repetenda studia humaniora mittuntur« (1622), MGPaed. XVI, S. 192ff.

[140] Vgl. Flemming, Geschichte des Jesuitentheaters ..., S. 248ff. (›Der Chorag und seine Pflichten‹); »Verfasser und Regisseur in einer Person war der Professor der Rhetorik, also der Ordinarius der obersten Klasse« (a.a.O., S. 248).

[141] Dies gilt z. B. für Bidermann, Masen und Avancini (vgl. im übrigen die Kurzbiographien bei J. Müller, a.a.O., Bd. 2, S. 5ff.). Jeder Versuch einer kausalen Festlegung ist sicher verfehlt. Als Professoren der Rhetorik wurden nur solche Ordensmitglieder eingesetzt, die besondere rhetorisch-poetische Begabung zeigten. Auch dabei konnten die Gewichte noch verschieden verteilt sein. Jacob Balde beispielsweise war erst in zweiter Linie Dramatiker; von seinen Stücken (Weihnachten 1627 wurde sein erstes gespielt) ist auch nur der ›Jephthias‹ (1637) erhalten.

[142] Zu diesem Stück G. Müller, Deutsche Dichtung ..., S. 181f.

doxus‹ von Bidermann[143]. Der zuständige Professor Rhetoricae war dann der (sicher oft drückenden) Last des Schreibens enthoben und konnte sich ganz der Inszenierung eines erfolgversprechenden Textes widmen. Im übrigen aber bestand die Gefahr der Routine und des Leerlaufs bei den Jesuiten in gleicher Weise wie bei den Protestanten. Auch die Patres bedienten sich gern der Möglichkeit, Lehrstoff der oberen Gymnasialklassen (bevorzugt waren natürlich religiöse Themen)[144] zu dialogisieren; berühmt wurden vor allem die ›Dialogi‹ Jacob Gretsers[145]. Aber auch historische Szenen wurden auf die Bühne gebracht, so etwa 1641 in Augsburg die Abdankung Karls V.

So ephemer diese Erzeugnisse der *eloquentia ligata* im einzelnen gewesen sein mögen, der schulpädagogische Zweck dürfte zumeist erfüllt worden sein. Dafür sorgten feste Techniken der Einstudierung, die von den Jesuiten – wie alles Pädagogische – mit großem pragmatischem Geschick entwickelt und innerhalb des Ordens weitergegeben wurden. Zur schriftlichen Fixierung und Publikation freilich kam es erst, als die Großzeit des Jesuitentheaters, die Epoche des Barock, bereits vorüber war und es darum ging, das Erreichte zu sichten und zu erhalten.

Im Jahre 1727 erscheint die ›Dissertatio de actione scenica‹ des Rhetorikprofessors und Leiters der berühmten Münchner Jesuitenbühne Franciscus Lang (1645–1725)[146]. Der schmale Band enthält die Summe aus der praktischen Erfahrung fast eines halben Jahrhunderts[147] und behandelt – im Gegensatz zu den zahlreichen anderen theatertheoretischen Schriften der Jesuiten – vor allem die Probleme der Einstudierung und der Dramaturgie. Lang wendet sich mit seinen Ratschlägen in erster Linie an diejenigen Ordensbrüder, die als Professoren der Rhetorik alljährlich ihre *actus theatrales* auf die Bretter zu bringen haben, d. h. an die »Rhetores et Poetas docen-

---

[143] Zur planmäßigen Propagierung dieses Erfolgsstücks vgl. S. Juhnke, Bidermanns ›Cenodoxus‹ 1617 in Ingolstadt. Eine Studie zur Publizistik der frühen Jesuitenbühne, Diss. Berlin (FU) 1957.

[144] Ein reichhaltiges Bild vermitteln die Tabellen und Übersichten im 2. Band der zitierten Arbeit von J. Müller.

[145] Einige Texte sind abgedruckt in der Monographie von Dürrwächter (s. o. S. 334 Anm. 69).

[146] Einen kurzen Überblick gibt N. Scheid, Pater Franciscus Langs Büchlein über die Schauspielkunst, Euphorion 8, 1901, S. 57ff.; vgl. jetzt auch die Dissertation von Kindig (s. o. S. 344 Anm. 123).

[147] Lang war mit 17 Jahren in den Orden eingetreten und hatte ihm 54 Jahre gedient, davon die meiste Zeit als Lehrer am Münchner Gymnasium. Vgl. Scheid, a.a.O., S. 57f. u. 67.

tes in Gymnasiis«[148]. Schon deshalb wird auf Schritt und Tritt der enge Zusammenhang mit dem rhetorisch-poetischen Unterricht erkennbar.

Daß das Schultheater zum Bereich der *eloquentia* gehört und sich dementsprechend nach den Regeln der Rhetorik zu richten hat, ist für Lang eine Selbstverständlichkeit. Doch reicht seiner Ansicht nach die bisherige theoretische Grundlage nicht aus. Aristoteles und der »Oratorum Princeps Cicero« haben nur *pronuntiatio* und *vocis inflexio* behandelt, »de reliquis corporis, omniúmque membrorum compositione, parùm admodum ... edidêre«[149]. Unter den Neueren (›Recentiores‹) haben zwar einige auch über *gestus* und *actio* geschrieben, aber nicht über die *leges*, »quae theatrum propriè attingant«[150]. Diese Lücke im bisherigen rhetorisch-poetischen System will Lang nun schließen, und es ergibt sich von selbst, daß er dabei z. B. auch auf das eingeführte Rhetoriklehrbuch des Soarez eingeht, das ja bereits die Anfangsgründe der Vortragslehre enthält[151].

Die Einzelheiten der Theaterpraxis, die vor dem Leser ausgebreitet werden, sind hier von geringerem Interesse[152]. Nach Erörterung der üblichen Grundsatzfragen (Wesen der *actio scenica*, Bedeutung von *natura* und *ars*) lehrt der Mittel- und Kernteil (Kapitel 3–9) eine aus der Praxis geschöpfte, fein differenzierte Mimik und Gestik, wobei die einzelnen Körperteile nacheinander in ihren spezifischen Ausdrucksmöglichkeiten abgehandelt werden[153]. Es folgen zwei kurze Kapitel über *pronunciatio* und über besondere Hilfsmittel (*adjumenta*) der Inszenierung. In den letzten fünf Kapiteln[154] entwickelt Lang dann seine Theatertheorie im weiteren Sinne, d. h. vor allem die Theorie der dramatischen Formen. Dabei wird noch einmal die enge Verflechtung von rhetorischer Schulung und dramatischer Präsentation evident. Die Großformen ›Drama‹, ›Komödie‹ und ›Tragödie‹ läßt Lang konsequent aus den oratorischen Grund-

---

[148] ›Prooemium‹, S. 7.     [149] A.a.O., S. 5.     [150] A.a.O., S. 6.

[151] Es geht Lang (S. 56) vor allem um die Unterscheidung von *pronuntiatio* und *actio*.

[152] Zum Hintergrund der jesuitischen Spiel- und Inszenierungstradition vgl. Flemming, Geschichte des Jesuitentheaters ..., S. 181ff.

[153] Zwei kurze Beispiele: »Poenitemus, pressa manu admota pectori ... Timemus prolata manu dextra ad pectus, quatuor primis digitis in summum coeuntibus, quae dein prona et protensa laxetur« (S. 37). Zur Illustration der einzelnen Stellungen sind dem Band acht Kupfer beigegeben.

[154] In der hier benutzten Ausgabe (Exemplar der Württ. Landesbibliothek Stuttgart) tragen die beiden letzten Kapitel falsche Zahlen (XIII statt XV, und XIV statt XVI).

formen der *declamatio* und des *dialogus* hervorwachsen, die als *exercitia scholastica* zum täglichen Brot des Rhetorikunterrichts gehören[155].

Auch an nützlichen Hinweisen für die Praxis fehlt es nicht. So soll der Schüler beispielsweise durch intensives Betrachten von Gemälden und Statuen (besonders von solchen, die *oratores sacri* darstellen!)[156] ein feineres Gefühl für Mimik und Gestik erwerben, und nicht zuletzt soll er sich am Vorbild berühmter Kanzelredner orientieren, die ihm auch als Maßstab der rechten *pronuntiatio* dienen können[157]. Erst auf solchen Wegen gelangt er zu jenem Ideal der *ars theatralis*, das deutlich den Zielen des humanistisch-rhetorischen Lateinunterrichts nachgebildet ist, zur *elegantia*: die gute Anlage, die in dem einzelnen Schüler verborgen liegt, »per artem polienda est, et ad elegantiam formanda«[158]. Alles Bemühen um Gewandtheit und Stil aber steht – wie im rhetorischen Unterricht – unter dem Diktat der Wirkung. In Langs Begriff der *actio scenica* kommt dies klar zum Ausdruck: »Actionem Scenicam ego è meo sensu convenientem totius corporis vocisque inflexionem appello, ciendis affectibus aptam«[159].

Wo die Affekte des Zuschauers und Zuhörers im Zentrum aller Intentionen stehen, begegnen sich rhetorische Theorie und Theatertheorie leicht unter dem gemeinsamen Dach des Aristotelismus. »Itaque perfectus orator utcunque se affectum videri animum audientis moveri volet, ita certum vocis admovebit«, lehrt beispielsweise Soarez[160]. Und daß die herrschende aristotelische Tragödiendefinition auch durch die Jesuiten, von Pontanus über Masen bis in die Spätzeit hinein, bereitwillig akzeptiert wurde, ist aufgrund der dezidiert gegenreformatorischen Ziele des Ordenstheaters nur verständlich. Doch gerade die Ausrichtung nach dem Effekt, nach dem *movere, ciere* und *persuadere*, führt zu Erweiterungen der klassischen Formel, in denen sich unübersehbar die allmähliche Barockisierung des Jesuitentheaters spiegelt: »Tragoedia est imitatio dramatica ac-

---

[155] Bezugnahme darauf besonders deutlich a.a.O., S. 71.
[156] A.a.O., S. 42. Zur ›Theatralik‹ barocker Tafelbilder vgl. o. S. 102.
[157] A.a.O., S. 47.
[158] A.a.O., S. 14.
[159] A.a.O., S. 12. Vgl. Soarez: »Est enim actio quasi corporis quaedam eloquentia. Cum sit autem in duas diuisa partes, vocem, gestúmque, quorum alter oculos, altera aures mouet, per quos duos sensus omnis ad animum penetrat affectus ...« (›De arte rhetorica ...‹, S. 153).
[160] Ebda.

tionis illustrium personarum perfectae ac magnae separatim adhibens metrum, harmoniam saltationem et per miserabiles et terribiles exitus temperans affectus misericordiae ac timoris«, so heißt es bei Donati[161].

Musik und Ballett, die er nennt, sind freilich nur Teile jenes umfangreichen theatralischen Apparats, durch den sich das Jesuitentheater schon in seiner äußeren Erscheinungsform mehr und mehr vom protestantischen Schultheater abhob. Zwar sind auch dort – etwa bei Hallmann – ähnliche Tendenzen zu beobachten, aber an Pracht der Ausstattung, der optischen und akustischen Mittel blieb das Jesuitentheater unerreicht[162]. Die Gefahr, daß das Worttheater auf diese Weise allmählich erdrückt wurde, ist nicht gering einzuschätzen. Für den Jesuitendramatiker selbst ging es darum, immer neue, dem Geschmack der Zeit entgegenkommende Möglichkeiten der theatralischen Suggestion zu gewinnen; *persuasio* ist das maßgebende Ziel des Jesuitentheaters von seinen renaissancehaft einfachen Anfängen bis zu den prunkvollen, festspielartigen ›ludi Caesarei‹ im spätbarocken Wien[163].

## f. Funktionen der Jesuitenrhetorik

Als Goethe am 4. September 1786 (dem zweiten Tag der ›Italienischen Reise‹) nach Regensburg kommt, erlebt er im dortigen Jesuitenkolleg gerade die jährliche Theateraufführung, einen fernen Nachklang der barocken Glanzzeit. Die kurze Analyse, die Goethe gibt[164], trifft – mutatis mutandis – den Kern des gesamten jesuitischen Rhetorikbetriebs. »Ich verfügte mich gleich in das Jesuitenkol-

---

[161] Zitiert nach Kindermann, Theatergeschichte ..., Bd. 3, S. 449. Vgl. die traditionellere Formulierung in der Poetik des Pontanus: »Tragoedia est poesis virorum illustrium per agentes personas exprimens calamitates, vt misericordia et terrore animos ab iis perturbationibus liberet, à quibus huiusmodi facinora tragica proficiscuntur« (›Poeticarum institutionum libri tres‹, Ingolstadt 1594, S. 110).

[162] Flemming, Geschichte des Jesuitentheaters ..., S. 139ff. (›Die Ausstattung‹).

[163] Wenn sich die Jesuitenbühne – gerade in Wien – immer stärker auch der höfischen Unterhaltung widmet, so widerspricht dies ihrem persuasiven Charakter nicht. Im Bewußtsein der gegenreformatorischen Erfolge (Avancinis ›Pietas victrix‹ von 1659 ist ihr Symbol) halten es die Jesuiten für legitim, statt des religiösen Bekehrungsspiels eine eindrucksvolle Demonstration ihrer weltlichen, mit Habsburg eng verknüpften Macht auf die Bühne zu bringen.

[164] Hamb. Ausg. 11, S. 10f. Vgl. C. W. Neumann, Goethe in Regensburg, Arch. f. Litt.gesch. 4, 1875, S. 185ff.; H. Huber, Goethe in Regensburg, Oberpfalz 25, 1931, S. 132ff. u. 157ff.

legium, wo das jährliche Schauspiel durch Schüler gegeben ward, sah das Ende der Oper und den Anfang des Trauerspiels. Sie machten es nicht schlimmer als eine angehende Liebhabertruppe und waren recht schön, fast zu prächtig gekleidet. Auch diese öffentliche Darstellung hat mich von der Klugheit der Jesuiten aufs neue überzeugt. Sie verschmähten nichts, was irgend wirken konnte, und wußten es mit Liebe und Aufmerksamkeit zu behandeln. Hier ist nicht Klugheit, wie man sie sich in Abstracto denkt, es ist eine Freude an der Sache dabei, ein Mit- und Selbstgenuß, wie er aus dem Gebrauche des Lebens entspringt«. Daß Goethe der Aktivität der Jesuiten nicht ohne spezifisches Vorwissen gegenübertritt, wird aus dem Text sofort erkennbar; vor allem die ›Klugheit‹ der Patres gehörte ja zu den heiklen Themen der Konfessionspolemik auch seiner Zeit[165]. Ebenso deutlich ist jedoch das Bemühen, sich den freien, kritischen Blick dadurch nicht verstellen zu lassen[166].

»Sie verschmähten nichts, was irgend wirken konnte«: kaum anders beschreibt – ein Jahrhundert später – Nietzsche den Vertreter des literarischen Barockstils. Der barocke Schriftsteller »wird unwillkürlich nach dem Rhetorischen und Dramatischen greifen: denn zuletzt kommt es ihm darauf an, sich verständlich zu machen und dadurch Gewalt zu gewinnen ... – als Hirt oder als Räuber«[167]. Es läge nahe, die Analogie der Wesenszüge von Jesuitismus, ›barokkem‹ Stilwillen und ›rhetorischer‹ Haltung im einzelnen durchzuziehen. Das eigentümlich Ambivalente in der Wahl der Mittel, das Voluntaristische, das Zielgerichtete: hier wären erste Ansatzpunkte eines umfassenden Vergleichs gegeben.

Die Frage nach dem Verhältnis von Jesuitismus und Barock ist selbstverständlich nicht neu. Unter dem Aspekt der Kunstgeschichte war man sogar geneigt, beides gleichzusetzen[168]; auch auf dem Ge-

---

[165] Zu berücksichtigen ist, daß Goethes Besuch in die Jahre nach der offiziellen Aufhebung des Ordens (1773) fällt; die pädagogische Aktivität der Jesuiten allerdings wurde vielerorts fortgesetzt (man denke an das Eintreten Friedrichs des Großen und Katharinas II von Rußland für die Jesuiten).

[166] Vgl. J. Henning, Goethe and the Jesuits, Thought 24, 1949, S. 449ff.

[167] Vgl. o. S. 3.

[168] Einer der Wegbereiter dieser Auffassung war C. Gurlitt, der den Begriff des ›Jesuitenstils‹ prägte (Geschichte des Barockstiles, des Rococo und des Klassicismus ..., 3 Bde., Stuttgart 1887/89). Als Demonstrationsobjekt dienten vor allem die Jesuitenkirchen: al Gesù in Rom, Gesù Nuovo in Neapel, die Universitätskirche in Wien und nicht zuletzt die süddeutschen Kollegienkirchen (München, Eichstätt, Dillingen etc.). Vgl. dazu die grundlegenden Darstellungen von J. Braun, besonders: Die Kirchenbauten der deutschen Jesuiten, 2 Bde., Freiburg i.

biet der Literaturgeschichte gab es Versuche, in Gegenreformation und Jesuitismus die entscheidenden Triebkräfte des Barockstils zu sehen[169]. Keine dieser extremen Positionen wird der geschichtlichen Realität gerecht. Einerseits verkennt man die führende Rolle der Protestanten Mittel- und Ostdeutschlands[170]. Andererseits aber ignoriert man die Gesamtgeschichte des Jesuitenordens; seine Erfolge erstrecken sich über vier Jahrhunderte, seine geistigen Wurzeln liegen im 16. Jahrhundert. Und doch: die Glanzzeit des Ordens als Mitträgers einer literarischen Kultur war die Barockepoche[171]; denn keine andere Bildungsmacht des 17. Jahrhunderts hat sich so sehr darauf verstanden, die humanistisch-rhetorische Tradition zu instrumentalisieren und den eigenen Zwecken dienstbar zu machen. In der allmählichen Umfunktionierung des Schultheaters bis hin zur kaiserlichen Hofoper tritt diese Tendenz wohl am klarsten zutage.

Ist jedoch die Jesuitenrhetorik samt ihrem ausgeklügelten pädagogischen System damit nicht im Grunde ad absurdum geführt? Ist sie, indem sie sich dem Rausch des barocken Illusionstheaters unterworfen hat, nicht ihrem eigenen streng-klassizistischen Ansatz untreu geworden? Auf der Ebene der Theorie wäre die Frage leicht durch den Hinweis zu beantworten, hier handele es sich eben um ein literarisches Analogon zur vieldiskutierten ›doppelten Jesuitenmoral‹[172]; der interne sprachlich-rhetorische Unterricht werde ja wei-

---

B. 1908/10; ferner H. Bode, Die Kirchenbauten der Jesuiten in Schlesien, Diss. Dresden (TH) 1935. Noch das ›Jesuitenlexikon‹ von Koch hebt hervor: »Die Blüte der GJ u. des Barockstiles fallen zeitlich zusammen« (Sp. 927).

[169] Die Anregung kam wiederum von der Kunstgeschichte: W. Weisbach, Der Barock als Kunst der Gegenreformation, Berlin 1921; ders., Barock als Stilphänomen, DVjs 2, 1924, S. 225ff. Für den Bereich der Literatur wurde dies am entschiedensten von Hankamer aufgenommen (Deutsche Gegenreformation und deutsches Barock; zuerst 1935). Auf den eigenständigen Beitrag des Katholizismus hatten schon Nadler und G. Müller mit Nachdruck hingewiesen. Vgl. zum Problem auch Wellek, Grundbegriffe der Literaturkritik (›Der Barockbegriff in der Literaturwissenschaft‹), S. 79f.

[170] Dies gilt vor allem für W. Schulte, der den Protestantismus aus dem Barock schlechtweg eliminieren möchte (Renaissance und Barock in der deutschen Dichtung, Lit.wiss. Jb. d. Görres-Ges. 2, 1926, S. 47ff.).

[171] Das Wort ›literarisch‹ ist zu betonen. Während z. B. in der Baukunst noch weit in das 18. Jahrhundert hinein wichtige Impulse von den Jesuiten ausgehen, sehen sie sich der Literatur der Aufklärung gegenüber bereits in die Defensive gedrängt (die Erfahrungen mit dem Jesuitenzögling Voltaire sind symptomatisch).

[172] Zu Pascals ›Lettres Provinciales‹ vgl. jetzt vor allem P. Topliss, The rhetoric of Pascal. A study of his art of persuasion in the ›Provinciales‹ and the ›Pensées‹, Leicester 1966, S. 31ff. (›Pascal pamphleteer‹; weitere Literatur dort S. 325ff.); s. auch den Artikel ›Jesuitenmoral‹ bei Koch, Jesuitenlexikon, Sp. 920ff.

ter im Sinne der ›Ratio studiorum‹ betrieben, und nur nach außen hin seien – aus Gründen der propagandistischen Ordensräson – Konzessionen an das Repräsentations- und Schaubedürfnis der Zeit notwendig.

So viel Wahrheit in einer solchen historischen Diagnose liegen mag, die Trennung von interner Sprachpflege und öffentlichem Schaubedürfnis beträfe nur ein Teilproblem. Sie versagt gegenüber der Tatsache, daß ausgerechnet der Jesuitenorden mit seinem institutionalisierten Radikal-Klassizismus zu einem der wichtigsten Träger des gemeineuropäischen Manierismus wurde, der sich um das Stilideal der *argutia* bildete[173]. Von der dialektischen Bedingtheit des Klassizistischen und des Manieristischen war bereits die Rede, auch von den geschichtlichen Dispositionen, aus denen heraus ein Umschlagen möglich wird. Dem Jesuitenorden sind sie gleichsam schon in seiner Gründungsurkunde mitgegeben[174]. Als Kampftruppe der gegenreformatorischen ›ecclesia militans‹ stehen die Jesuiten in ihrem Denken wie in ihrer sprachlichen Kommunikation auf dem Boden der kirchlichen Tradition, und das heißt zunächst auch: auf dem Boden des kirchlichen, mittelalterlichen Lateins.

Die Hinwendung zu den rhetorischen Idealen des Humanismus war ein zweckbestimmter Willensakt, zu dessen Verwirklichung das Vorbild der großen Humanistenpäpste nur wenig[175], das Funktionieren einer konsequenten Pädagogik das meiste beizutragen hatte. Als Theologe war der Jesuit ständig mit den Werken der Kirchenväter und der großen mittelalterlichen Systematiker befaßt[176], als Glied der Kirche und nicht zuletzt im Kult hatte er sich der kirchlichen Koine zu bedienen. Nur auf diesem Hintergrund – der mit einiger Modifizierung auch für den Jesuitenzögling gilt – sind Strenge und Radikalismus der ciceronianischen Latinitätspflege in der Jesuitenpädagogik zu verstehen[177]. Gegen Nachlässigkeit der Schüler in puncto *latinitas* hatte natürlich auch der protestantische

---

[173] Vgl. o. S. 44ff.
[174] Die päpstliche Bulle vom 27. September 1540 hieß ›Regimini militantis ecclesiae‹.
[175] Die Zurückhaltung gegenüber diesen Vorgängen ist auffallend; sie erklärt sich wohl aus dem Wandel der pädagogischen Situation, der sich im Zeichen der Reformation vollzogen hat.
[176] Der Orden hatte sich bekanntlich ganz dem Thomismus verschrieben.
[177] Es ist also grundfalsch, wenn Flemming (Deutsche Kultur ..., S. 346) für den Unterricht an den Jesuitengymnasien behauptet: »Latein herrschte nur als Sprache der Kirche«.

Pädagoge anzugehen[178], aber für den Jesuiten bedeutete das vertraute, nichtklassische Kirchenlatein eine zusätzliche Gefahr; dies ist mit zu bedenken, wenn z. B. ein Dekret vom Jahre 1622 den Professoren der *humaniora* ans Herz legt, »quemadmodum ipsi inprimis puritatem linguae latinae et veram eloquentiam assequi possint«[179].

Solche und ähnliche Ermahnungen begegnen in den Dokumenten zur Jesuitenpädagogik immer wieder[180]; sie sind dazu bestimmt, das humanistische Niveau der Jesuitenrhetorik zu erhalten. Doch gerade aus dem Streben nach Konkurrenzfähigkeit erwächst – scheinbar paradox – schon früh auch eine Gefährdung des klassizistischen Ideals. Denn in eben jener Zeit, als der Orden mit der Festigung und Formulierung seiner rhetorisch-pädagogischen Ziele beschäftigt ist, werden weite Bereiche des humanistischen Neulateinertums bereits durch die Entdeckung der silbernen Latinität und durch neue, antiklassische Stilideale beherrscht[181]. Die literarische Jesuitenerziehung droht von vornherein in Rückstand gegenüber der Entwicklung zu geraten. Doch auch die protestantischen Gymnasien gewähren ja, wie sich zeigte, den neuen Tendenzen nur vereinzelt und nur zögernd Eingang; so befindet sich die ›Ratio studiorum‹, als sie 1599 durch den Ordensgeneral Aquaviva verabschiedet wird, noch durchaus auf der Höhe der Zeit.

Aber schon zwei Jahrzehnte darauf, als im Jahre 1619 die Heranbildung der Lehrer differenzierter festgelegt wird, ist eine leichte Verschiebung der Akzente erkennbar: »Exercenda ... primo omnium Iuventus in scribendis poëmatis, et assuefacienda ad stylum purum, planum et apertum ad imitationem Ovidii aut Virgilii«[182]. Während die Basis streng klassizistisch, antikegebunden bleibt, öffnet sich eine höhere Stufe – wie bei Vossius! – modernen Tendenzen: »Scribenda Epigrammata, Emblemata et his consimilia, ab iis fere, qui iam in stylo et in eruditione multum profecerunt, ab aliis vero raro et parce«[183]. Die vorsichtige, fast ängstliche Art der Formu-

---

[178] Vgl. o. S. 276.
[179] MGPaed. XVI, S. 192. Grundsätzliches zum Festhalten der Jesuiten an den antiken Vorbildern auch bei Borinski, Die Antike ..., Bd. 2, S. 33ff.
[180] Vgl. die im folgenden genannten Zeugnisse. Selbst Lang in seiner ›Dissertatio de actione scenica‹ sieht sich genötigt, vom ›Choragus‹ (dem mit der Theateraufführung betrauten Rhetorikprofessor) zu verlangen: »Latinus sit oportet, ne barbarus audiatur in dictione, et sic profanet cultum idiomatis« (S. 61).
[181] Vgl. o. S. 62f.
[182] MGPaed. XVI, S. 182.
[183] A.a.O., S. 182f.

lierung ist bezeichnend. Epigramm und Emblem – das sind gerade jene Formen, deren sich die zeitgenössischen Vertreter ›silberner‹ Poesie mit Vorliebe bedienen[184]. Sollte man nicht den Begabten und Fortgeschrittenen – bei Wahrung des Gesamtplans – die Möglichkeit bieten, auch auf diesem Gebiet konkurrenzfähig zu werden? Die Frage dürften sich, ermutigt durch solche Dekrete, im Lauf der Zeit manche Rhetorikprofessoren gestellt haben, zumal diejenigen, die selbst Geschmack an nichtklassischer Stilgebung gefunden hatten. Besonders großzügig verfuhr in dieser Hinsicht Jacob Keller, der 1607 (mit 39 Jahren) Rektor des Münchner Kollegs und dann auch Vertrauter des Kurfürsten Maximilian wurde[185]. »Er war ein Mann, der mit seiner Zeit mitging. Er bevorzugte die Spätlateiner des augusteischen Zeitalters Seneca, Statius und Martial. Als Rektor musste er sich gegenüber seinen römischen Oberen verantworten, dass er Cicero und die klassische Latinität in der Schule zugunsten des manierierten Lipsianismus vernachlässige«[186].

Daß gerade ein Mann mit engem Kontakt zum Hof derart abweichlerische Tendenzen verfolgte, ist höchst charakteristisch. Denn die höfische Distanzierung von den klassizistischen Stilidealen des bürgerlichen Humanismus gehört zu den stärksten Triebkräften der *argutia*-Bewegung. Dem Jesuitenorden bot sie die ideale Möglichkeit, ein eigenes literarisches Profil zu entwickeln und sich den selbstbewußten Adelskreisen als Träger einer anspruchsvollen Sprachkultur zu empfehlen. Was die zitierte Verfügung vom Jahre 1619 mehr beiläufig und mit aller Reserve konzedierte, ist um die Jahrhundertmitte bereits zu einer Domäne der Jesuiten geworden. Es genügt, die Namen Gracián, Tesauro und Masen zu nennen[187], um die führende Rolle des Ordens in der ›neuen Kunst‹ sofort erkennbar zu machen: binnen weniger Jahre erscheinen die grundlegenden Werke ›Aguzeda

---

[184] Zum Zusammenhang von Emblematik und Epigrammatik auf manieristischer (konzeptistischer) Basis vgl. M. Praz, Studies in the seventeenth-century imagery, Teil 1 (Stud. of the Warburg Inst. 3), London 1939, S. 18; Hocke, Manierismus in der Literatur, S. 171ff.; Schöne, Emblematik und Drama ..., S. 37ff.

[185] Näheres über ihn bei J. Müller, Das Jesuitendrama ..., Bd. 2, S. 15; vgl. Duhr II 2, S. 403ff.

[186] J. Müller, a.a.O., S. 15. Die Formulierung »die Spätlateiner des augusteischen Zeitalters Seneca, Statius und Martial« ist zumindest mißverständlich (Druckfehler statt ›nachaugusteischen‹?).

[187] Alle drei waren als Lehrer an Jesuitenkollegien tätig; Gracián war zeitweise sogar Rektor des Kollegs von Tarragona; Tesauro wirkte zuletzt als Erzieher im Haus der Herzöge von Savoyen.

y Arte de ingenio‹ (1648)[188], ›Il cannocchiale Aristotelico‹ (1654)[189] und ›Ars nova argutiarum‹ (1649)[190]. Und gleichsam als Erfüllung des Dekrets von 1619 fügt Masen seiner um das Epigramm zentrierten *argutia*-Lehre gleich auch eine Anweisung zur emblematischen ›Bildkunst‹ hinzu, das ›Speculum imaginum veritatis occultae‹ (1650)[191].

Eine neue, faszinierende, den klassizistischen Kanon durchbrechende Rhetorik-Mode hat sich etabliert, und es verwundert nicht, daß die ›Weltleute‹, die ›Politici‹ aller Länder sich mit Begeisterung der neuen Mode hingeben. Sie wird, wie Christian Weise es 1678 formuliert, zur ›poesis hodiernorum politicorum‹[192]. Die »Ultima Inscriptionum perfectio« jedoch, so muß der Protestant Weise anerkennen, stammt »à Jesuitis«[193]. Darauf war es dem Orden angekommen: nicht nur im Schlepptau der humanistischen Rhetorik zu fahren, sondern sich an die Spitze einer eigenständigen rhetorischen Sprachkunst zu setzen.

Gepflegt wurde sie mit der Blickrichtung nach außen; in Wirkung und Erfolg auf der weltlichen Szene lag ihre eigentliche Legitimation. Doch bedeutete dies nicht, daß *argutia* nun zum offiziellen Ordensstil wurde. Weite Bereiche der Jesuitenlyrik beispielsweise sind eher »klassizistisch, was ihre formalen Bilder, ihre Begrifflichkeit, Unsinnlichkeit, rationale Haltung sowie das Vermeiden von Spannungen und die Wahrung der Objektivität betrifft«[194].

---

[188] Del Hoyo, S. 229ff. Eine Teilausgabe (›Arte de ingenio‹) erschien bereits 1642.

[189] Literatur in: Trattatisti e narratori del seicento, a cura di E. Raimondi, Milano–Napoli 1960, S. 6. »Die Vielzahl der Auflagen belegt die starke Verbreitung des Werks; es schien in keiner Bibliothek der Jesuitenklöster gefehlt zu haben« (Friedrich, Epochen ..., S. 623 Anm. 2; zu korrigieren in ›Jesuitenkollegs‹. Die Jesuiten waren keine Mönche, besaßen somit auch keine ›Klöster‹).

[190] Näheres bei N. Scheid, Der Jesuit Jakob Masen, ein Schulmann und Schriftsteller des 17. Jahrhunderts (Vereinsschriften d. Görres-Ges. 1898/1), Köln 1898, S. 8ff.

[191] Vgl. Henkel-Schöne, Emblemata, S. XXXIf.

[192] ›De poesi hodiernorum politicorum‹, Jena u. Helmstedt 1678. In der ›Praefatio‹ gibt Weise die Begründung: »In Titulo Argutas Inscriptiones nominavi POESIN POLITICORUM, non quod velim omnes Politicos in hoc genere versari, sed qvod hodiernis moribus praecipua negotiorum Politicorum judicia hoc charactere solent concipi« (fol. 4ᵃ).

[193] A.a.O., S. 30. Vgl. die von Weise ausgehende kurze Darstellung der ›Poesie der Politiker‹ bei Borinski, Baltasar Gracian ..., S. 128ff. (mit Hinweis auf die Rolle der Jesuiten, S. 129).

[194] Newald, S. 252 (in der dort gewählten grundsätzlichen Formulierung nicht zutreffend: »Mit der gesamten Lyrik des 17. Jahrh.s hat auch die Jesuitenlyrik den Zug zur Rhetorik gemein. Sie ist klassizistisch ...«).

Jacob Baldes großes Vorbild ist nicht Martial, sondern Horaz[195]. Auf der anderen Seite sind schon früh (Balde war Schüler Jacob Kellers!)[196] auch Lucan, Statius und Claudian als *exempla* erkennbar[197]. Jede Verabsolutierung ist hier, wie im gesamten literarischen Jesuitismus, zu meiden. Stets hat man mit der Kardinaltugend der Jesuiten zu rechnen, der Fähigkeit zum Spiel auf verschiedenen Ebenen.

Dies gilt nun auch für das Verhältnis der *argutia* zum normalen Unterricht. Selbstverständlich ist sie nur eine Kunst für Fortgeschrittene, für solche, »qui iam in stylo et in eruditione multum profecerunt«[198]. Die klassizistische Basis muß streng gewahrt bleiben. Erst auf diesem Hintergrund ist die Vielfalt der Stile zu verstehen, die der Verfasser der ›Ars nova argutiarum‹ in einem anderen Lehrbuch ausbreitet: ›Palaestra styli Romani quae artem et praesidia Latinè ornatèque quovis styli genere scribendi complectitur‹[199].

Bei aller Strenge und Virtuosität, mit der die Societas Jesu ihr literarisches Jonglierspiel innerhalb der Barockepoche treibt, gerade der Erfolg ihrer konsequenten Diesseitigkeit machte es oft schwer, die Grenzen zu bestimmen. Wie in so manchen anderen Bereichen (man denke an die Unbotmäßigkeit des ›Lebensphilosophen‹ Gracián!)[200] sah sich der Orden auch auf dem Gebiet des Sprachlich-Literarischen immer wieder zur Warnung vor Grenzüberschreitungen gezwungen. Von dem Liebhaber silberner Latinität Jacob Keller war bereits die Rede. Sein Vergehen bestand darin, daß er den klassizistischen Kanon des Kollegienunterrichts anzutasten wagte. Der Aufschwung der *argutia*-Bewegung um die Mitte des Jahrhunderts

---

[195] M. Schuster, Jakob Balde und die Horazische Dichtung, Zs. f. dt. Geistesgesch. 1, 1935, S. 194ff.; M. H. Müller, ›Parodia christiana‹. Studien zu Jacob Baldes Odendichtung, Diss. Zürich 1964.

[196] Vgl. Henrich, Die lyrischen Dichtungen Jakob Baldes, S. 29ff. Zum Einfluß Kellers bekennt sich Balde dankbar in einer ›Laus posthuma‹: ›Lyricorum lib. IV‹ (München 1643), S. 123ff. (Lyr. II 50).

[197] ›Mors Tampierii‹ (»stilo Lucani«), ›Mors Bucquoii‹ (»stilo Statii«) und ›Encomium Tillii‹ (»stilo Claudiani«) geben sich deutlich als poetische Übungen der Frühzeit zu erkennen, vgl. Henrich, a.a.O., S. 198. Zu Baldes Stellung innerhalb der ›silbernen‹ Tendenzen der neulateinischen Lyrik vgl. auch Conrady, S. 238ff.

[198] MGPaed. XVI, S. 183.

[199] Zuerst Köln 1659, dann mehrfach aufgelegt. Allerdings fügt Masen der klassischen Stiltrias den *stylus argutus* hinzu (vgl. Fischer, S. 170f.) und versucht eine Integration der verschiedenen Tendenzen.

[200] M. Batllori, La vida alternante de Baltasar Gracián en la Compañía de Jesús, Arch. historicum Societatis Jesu 18, 1949, S. 3ff. (auch in: Gracián y el barroco, S. 55ff.).

brachte den Unterricht offenbar erneut in Gefahr, und so entschloß sich im Jahre 1676 der Ordensgeneral Oliva zu einem Rundschreiben[201], das die Rhetorikprofessoren auf den alten Weg der Klassizität zurückrufen sollte. Es werde Klage geführt[202], so schreibt Oliva, »politiorem quidem litteraturam ... in multis Gymnasiis a veteri candore linguae Latinae haud parum desciuisse: artis Oratoriae praecepta negligi per turpissimam incuriam. Nec iam esse, quales olim erant quamplurimi, cuius vel in scribendo nitor, et elegantia, vel in dicendo vis, efficaciaque spectabilis sit. Quae quidem ornamenta nobis tam propria quondam erant, ut vel soli vel praecipui haberemur, quorum non minus purus sermo, quam potens in persuadendo facundia celebraretur. Nunc vero reperire complures est, qui egregii Magistri audire velint, si verborum inani tinnitu aures feriant, et caducis flosculis orationem inspergant, licet eloquentiae interim omne robur eneruent, et germanam veteremque laudatissimorum scriptorum linguam corrumpant atque contaminent«[203].

Vom Standpunkt der *puritas*, der Klassizität aus, erscheinen manieristische Tendenzen − wie schon in der nachaugusteischen Zeit[204] − nur als *corrupta eloquentia*. Der Schulunterricht muß davon wieder gesäubert werden, das gibt der Ordensgeneral deutlich zu verstehen. Doch scheint es, als habe er mit seinem Mahnschreiben die Auswüchse nicht ein für alle Mal einzudämmen vermocht. Noch 1735 wird in einer inoffiziellen ›Instructio‹ für die Lehrer der ›humaniora‹[205] eindringlich vor den Gefahren gewarnt, die dem Unterricht der Rhetorica-Klasse drohen: »Dixi verae eloquentiae imaginem imprimendam Tyronibus, idque ea causa, ut ne orationes scribant Poëtica arte magis ad delicias, quam oratoria ad victoriam, ut ne allegoriis et floribus perspergant omnia, nitidosque ac praeclaros se existiment, si nulla prope periodus adulterina ejusmodi elegantia vacet«[206]. Und die veränderte stilgeschichtliche Situation spiegelt sich darin, daß als Richtpunkt und oberste Instanz aller rhetorischen Sprachgebung

---

[201] Teile daraus abgedruckt MGPaed. IX, S. 114f.
[202] Gemeint sind die Provinzial-Prokuratoren, die 1675 nach Rom kamen und den Ordensgeneral auf die Mißstände aufmerksam machten.
[203] A.a.O., S. 114.
[204] Dazu vor allem K. H. O. Schönberger, Die Klagen über den Verfall der römischen Beredsamkeit im 1. Jahrhundert nach Christus. Ein Beitrag zum Problem der Dekadenz, Diss. Würzburg 1951.
[205] Anonymus [Franz Wagner], ›Instructio privata seu typus cursus annui pro sex humanioribus in usum magistrorum Soc. Jesu editur‹, 1735; Auszüge bei Mertz, Über Stellung und Betrieb der Rhetorik ..., bes. S. 41f.
[206] Ebda.

nun die *natura* postuliert wird: »Pro decoro autem, sano, apto, proboque habendum est, quidquid ad naturam accesserit, proxime naturae vestigia presse persequitur, ad naturae normam exigit omnia«[207]. Es ist an die Adresse der vielen Anhänger »corrupti styli« gerichtet, »quibus dissipit ac vile est, quidquid simplex et secundum naturam est«[208].

Die Gefährdung der klassizistischen Ideale in der Praxis des jesuitischen Rhetorikbetriebs scheint, gemessen an dem Willen der ›Ratio studiorum‹ und an der Strenge der Ordensdisziplin, ein isolierter Vorgang zu sein. Aus den übergreifenden Zielen des literarischen Jesuitismus jedoch ergibt sie sich geradezu mit geschichtlicher Notwendigkeit, als Konsequenz einer zweckgerichteten Profanität. Schon die Adaption der humanistischen Rhetorik an sich bedeutete eine nicht unproblematische Entscheidung, drohte doch auf diese Weise die reiche sprachlich-literarische Tradition der Kirche vernachlässigt zu werden. Aber der Gegner im gegenreformatorischen Kampf ließ den Jesuiten, wie sich zeigte, keine andere Wahl; sie mußten sich arrangieren. Richtige Einschätzung der Situation, gewandte Auseinandersetzung mit dem Gegenüber, sorgfältiges Einkalkulieren seiner Wünsche und Abneigungen – darauf beruht die Jesuitenerziehung in ihrer geschichtlichen Ganzheit wie in zahlreichen Einzelzügen.

Bei der täglichen Lektüre bereits deutet sich dies an. Der Schüler soll neben *inventio, dispositio* und *elocutio* besonders beachten, »quam apte se orator insinuet«[209]. Dazu aber ist natürlich notwendig, sich die reale Redesituation möglichst genau vor Augen zu führen. In die gleiche Richtung weist die schon beobachtete Tendenz der Jesuitenpädagogik, den Schüler vor einem größeren Publikum – nicht nur vor der Klasse – auftreten zu lassen[210]. Die konkrete Darbietung der Rede entscheidet über den Erfolg, der Augenblick bestimmt den Effekt. Das meint Soarez, wenn er zu *actio* und *pronunciatio* kon-

---

[207] A.a.O., S. 42.
[208] Ebda. Viele der Vorwürfe gegen die oratorischen Entartungen entsprechen ganz dem kritischen Kanon Gottscheds und seiner Anhänger: »nihil pulchrum, nisi novum sit, mirum, scintillans, picturatum, pexum floridum, vel tumidum, audax, extraordinarium ... Orator scientiis, Historia imprimis, et varia eruditione perpolitus, rerum pondere, ac sententiarum minime vulgarium gravitate, ornat suam orationem, et extollit«. Das *tumidum* (bzw. *turgidum*) ist lateinisches Äquivalent zum ›Schwulst‹-Begriff der Aufklärungsästhetik (vgl. Horaz, a. p. 27 u. a.).
[209] MGPaed. V, S. 407.
[210] Oben S. 340f.

statiert: »Haec autem pars est, quae in dicendo vna dominatur«[211]. Und in der *ars disputandi* als der jesuitischen Kardinalkunst[212] vereinigen sich schließlich alle auf das ›äußere *aptum*‹ gerichteten Tugenden der *rhetorica militans*.

Man würde die geschichtliche Situation verkennen, wollte man die hier genannten Züge als originales Eigentum der Jesuiten betrachten. Es sind Nuancierungen auf humanistischer Basis[213], in den offiziellen Richtlinien der ›Ratio‹ mehr angedeutet als programmatisch formuliert. Greifbar werden sie letztlich erst in der Aktivität der Jesuiten, zumal im literarischen Werk einzelner Ordensmitglieder. So ist es bei der *argutia*-Bewegung (deren Ableitung aus der ›Ratio‹ einige Schwierigkeit bereiten dürfte)[214], so bei der Konzeption des ›äußeren *aptum*‹. Ihren konsequenten Systematisator findet sie in Gracián. In entscheidenden Punkten stellt seine Lebenslehre nichts anderes dar als die individualistische Variante des jesuitischen Zweckdenkens[215].

Die eigentümliche Konvergenz jesuitischer und Weisianischer Rhetorik hat hier ihre tiefere Begründung. Beide Konzeptionen entwickkeln sich auf traditionell-humanistischer Basis, und beide entfernen sich von ihr durch die Ausrichtung auf äußere Zwecke: gegenreformatorisch bei den Jesuiten, ›politisch‹ bei Weise und seinen Anhängern. So gewinnt es fast symbolische Bedeutung, daß Weises am höchsten geschätzter Freund – ein Jesuit war[216].

---

[211] ›De arte rhetorica ...‹ (1577), S. 153.

[212] Unten S. 398ff.

[213] Besonders deutlich bei dem sehr ›jesuitisch‹ anmutenden Interesse an der *insinuatio*. Sie gehört zum Grundbestand der klassischen Theorie, z. B. bei Cicero, De inv. 1,15,20: »insinuatio est oratio quadam dissimulatione et circumitione obscure subiens auditoris animum«. Im Zusammenhang des *exordium* (vgl. Lausberg § 280) behandelt sie auch Vossius: »Insinuatio quidem quia quasi in sinum, hoc est in pectus, atque animum, clam irrepat« (›Rhetorice contracta‹, Leipzig 1660, S. 231).

[214] Vgl. exemplarisch das Kapitel ›La barroquización de la Ratio studiorum en las obras y en la mente de Gracián‹ bei Batllori, Gracián y el barroco, S. 101ff.

[215] Dieser Ansatz ist – trotz gelegentlicher Bemerkungen in der Literatur zu Gracián – noch nicht konsequent durchgeführt worden. Reichhaltiges Material (insbesondere aus dem Ignatianischen Werk) enthält die kommentierte Ausgabe des ›Oráculo manual‹ von Romera-Navarro (s. o. S. 124 Anm. 208).

[216] Bohuslaus Balbinus (1621–1688), »Pragensis Academiae illustre sidus«, wie Weises Biograph Grosser ihn nennt (›Vita Christiani Weisii‹, Leipzig 1710, S. 81). »Vir politissimâ eruditione facundus ... In judicio semper rectus, in eloquio amoenus et perspicuus« heißt es bei Weise selbst (›Institutiones oratoriae‹, Leipzig 1687, ›Praefatio‹. fol. 9b). Balbinus war neun Jahre lang als Professor Rhetorices tätig und schrieb u. a. ›Quaesita oratoria‹ (die Weise ebda. auch er-

Der fromme Protestant und Nachkomme böhmischer Exulanten[217] im freien literarischen Austausch mit einem führenden böhmischen Jesuiten: das ist zugleich ein Beispiel für die erstaunliche, noch kaum analysierte kulturpolitische Wirkungsmacht des jesuitischen Rhetorikbetriebs (denn vor allem anderen verbindet das Interesse an der Rhetorik die beiden Pädagogen)[218]. In den Anfängen war der Jesuitenerziehung eine vorwiegend ordensinterne Aufgabe zugewiesen, die Sorge für den Priesternachwuchs. Die Zöglinge sollten darauf vorbereitet werden, »suis et proximorum animis, Dei favore aspirante, prodesse«[219]. Das jedoch konnte auch als Programm einer allgemeinen, über den Orden hinausgehenden Priestererziehung dienen; und da gerade auf diesem Gebiet ein (auch von der Kirche selbst eingestandener) Bildungsnotstand herrschte, wurde den Jesuitenschulen schon bald die besondere Unterstützung Roms zuteil. Der Orden nutzte die Chance mit durchschlagendem Erfolg: »Die Bildung des katholischen Klerus lag am Ende des 16. Jahrhunderts ... fast ganz in seiner Hand«[220]. Nicht nur die Bildung des Klerus. Je mehr sich das Unterrichtswesen der Jesuiten institutionell und methodisch festigte, desto unausweichlicher errang es im gesamten Bereich der katholischen Pädagogik – wie schon angedeutet – das Monopol[221].

Damit aber bot sich zugleich eine ideale Möglichkeit, die begabtesten Schüler für den Eintritt in den eigenen Orden zu gewinnen, nicht zuletzt solche, die ein ausgeprägtes literarisches Talent zeigten. Aus dieser bildungspolitischen Schlüsselposition erklärt sich zu einem wesentlichen Teil die erstaunliche Konzentration rhetorisch-poetischer Begabungen im Jesuitenorden. Avancini, Balde, Bidermann,

---

wähnt), ›Erotemata eloquentiae veteris et novae‹ und ›Brevis tractatio de amplificatione oratoria‹ (Bibliographie bei de Backer-Sommervogel, Bibliothèque ..., Bd. 1, Sp. 792ff.). Seit 1678 stand Weise mit ihm in regem Briefverkehr (allein 49 Briefe befinden sich unter den ›epistolae selectiores‹), 1684 besuchte er ihn in Prag. Vgl. auch o. S. 215.

[217] Sie hatten unter dem Druck der Gegenreformation ihre Heimat verlassen müssen (vgl. Horn, Christian Weise ..., S. 11 mit den Anmerkungen S. 203).

[218] Schon 1678, in ›De poesi hodiernorum politicorum‹, erscheint Balbinus unter den führenden Vertretern des *stylus argutus*. Später bezeichnet Weise den Jesuiten sogar als seinen ›Lehrer‹ (»Quem agnoscere Praeceptorum non erubui«, ›Institutiones oratoriae‹, fol. 9b).

[219] MGPaed. II, S. 25.

[220] Paulsen 1, S. 416.

[221] Dazu Duhr II 1, S. 518f. (›Unterrichtsmonopol‹; dort auch zum Widerstand anderer Orden, etwa der Augustiner). Vgl. o. S. 324. Flemming, Deutsche Kultur ..., S. 345: »Die Societas Jesu hielt das gesamte geistige Leben des katholischen Deutschland, ja der Welt in ihren Händen«.

Drexel, Gretser, Masen, Pontanus und Spee sind nur die wichtigsten Namen, die dem literarischen Ansehen der Societas Jesu in den deutschsprachigen Ländern Glanz und Attraktivität verliehen. Selbst diejenigen, die (wie z. B. Abraham a Sancta Clara oder Ägidius Albertinus) nicht in den Orden eintraten, bezeugten auf ihre Weise das Niveau der literarischen Jesuitenpädagogik. Die Propagierung und Durchsetzung der Tridentiner Beschlüsse, so hebt eine durchaus kritische Darstellung der Ordensgeschichte hervor, bedeutete eine mit großem Einsatz vollbrachte Leistung. »Aber noch wichtiger war doch, daß der Orden der Kirche das Gefühl geistiger Überlegenheit wiedergab, das sie um 1555, wenigstens in Mitteleuropa, vollständig verloren hatte«[222].

In diesem Bewußtsein der Überlegenheit oder jedenfalls der Konkurrenzfähigkeit widmeten sich die Jesuiten nun mehr und mehr auch der Aufgabe, literarisch in den Bereich des Protestantismus hineinzuwirken. Der einzelne übernahm die Rolle eines »miles rhetoricus et poeticus«, wie es im Titel eines Lehrbuchs von Antonio Forti programmatisch heißt[223]. Daß die Jesuiten als Spezialisten der *ars disputandi* schon bald die Führung in der konfessionellen Streitliteratur übernahmen, versteht sich von selbst. Einer der bekanntesten Meister dieses vielschichtigen Genres[224] wurde der Pater Jodocus Kedd (1597–1657)[225]; sein ›Syllogismus apodicticus‹ beispielsweise, 1654 als Flugblatt im Folioformat veröffentlicht, verrät die disputatorische Schulung von der ersten bis zur letzten Zeile[226]. Doch die Streitschrift war nur eine von vielen Waffen literarischer Strategie. Was Protestanten wie Naogeorgus (besonders in seiner ›Tragoedia nova Pammachius‹, 1538)[227] vorexerziert hatten, die Konfessiona-

---

[222] Boehmer, Die Jesuiten, S. 196.
[223] ›Miles rhetoricus et poeticus seu artis rhetoricae et poeticae compendium‹, Dillingen 1681 u. ö.
[224] Für die Literaturgeschichte ist es nicht einmal ansatzweise erschlossen (vgl. o. S. 81).
[225] Detaillierte Bibliographie seiner zahlreichen Schriften bei de Backer-Sommervogel, Bibliothèque ..., Bd. 4, Sp. 958ff.; vgl. auch Duhr III, S. 550f. Auch ein ›Literat‹ wie Masen beispielsweise trat mit solchen Streitschriften hervor (sie sind verzeichnet bei de Backer-Sommervogel, Bd. 5, Sp. 689f.).
[226] ›Syllogismus apodicticus. Oder klarer Beweiß: Daß der Luther keinen Göttlichen Beruff gehabt/ die Kirch Christi zu reformiren‹, o. O. [Ingolstadt] 1654. Poetisch aufgelockert ist das ebenfalls 1654 in Ingolstadt erscheinende Flugblatt Kedds ›Spiegel der Ewigkeit‹; in der Grundanlage gibt sich aber auch dieser Text streng schulmäßig (mit Numerierung der *argumenta* etc.).
[227] L. Theobald, Das Leben und Wirken des Tendenzdramatikers der Reformationszeit Thomas Naogeorgus seit seiner Flucht aus Sachsen (Quellen und Dar-

lisierung und Polemisierung des Theaters, machten die Jesuiten zu ihrem bevorzugten Metier (1641 z. B. gab es in Innsbruck einen »Lutherus ex orco in theatrum productus«)[228]; und sie erreichten auf diese Weise ein noch breiteres Publikum als durch ihre Streitschriften. Bis zu 3000 Personen besuchten eine Aufführung[229], und für das Hildesheimer Jesuitenspiel vom 15. September 1654 wird auch eine interessante soziologische Aufgliederung gegeben: »rhetores frequentissimo concessu dominorum summae sedis, saecularium, religiosorum, matronarum, virginum, Humanistarum, syntaxistarum, plebis, per 4 1/2 horas exhibuerunt conversionem S. Ignatii«[230].

Neben dem Nahziel religiöser Beeinflussung (man denke an die Bekehrungserfolge des ›Cenodoxus‹)[231] war den Jesuiten die literarische Wirkung ihres rhetorischen Theaterbetriebs kaum weniger willkommen. Daß ein regelrechter Konkurrenzkampf mit dem protestantischen Schultheater entbrennen konnte wie in Breslau[232], mag ein Sonderfall sein. Aber der Einfluß der Jesuiten auf das deutschsprachige Barocktheater reicht ja, wie man längst gesehen hat, wesentlich weiter. Vor allem Gryphius' Dramatik ist ohne das Vorbild der Jesuiten kaum angemessen zu verstehen[233]. Und der repräsentative Prunk des hoch- und spätbarocken Jesuitentheaters trägt schließlich entscheidend dazu bei, daß die Barockdramatik der Veroperung verfällt und das protestantische Schultheater als ernsthafter Konkurrent ausscheidet.

Doch damit ist die Bedeutung des Jesuitenordens für die Barockliteratur noch keineswegs ausgeschöpft. Auch auf dem unscheinba-

---

stellungen aus d. Gesch. des Reformationsjahrhunderts. 5), Halle 1908; G. Hauser, Thomas Naogeorgus als Kampfdramatiker, Diss. Wien 1926.

[228] J. Müller, Das Jesuitendrama ..., Bd. 2, S. 74.

[229] So 1659 in Wien anläßlich der ›Pietas victrix‹ Avancinis; s. Flemming, Einführung zu: Das Ordensdrama (DLE, R. Barock. Barockdrama, Bd. 2), S. 7.

[230] Ebda. Das Stück (von Flemming etwas mißverständlich als »Schlußkomödie« bezeichnet) trug den Titel ›Ignatius Loyola conversus‹, vgl. J. Müller, a.a.O., S. 82 (eine ›Komödie‹ in unserem Sinne dürfte der am 15. Oktober des gleichen Jahres dort gegebene ›Rusticus Moschus‹ gewesen sein).

[231] Oben S. 347.

[232] Der Kampf ging so weit, daß z. B. am 6. Oktober 1643 der Rektor Elias Maior seine Schüler ermahnte, die von den Jesuiten angekündigte Aufführung nicht zu besuchen (Hippe, Aus dem Tagebuche ..., S. 180f.). Vgl. o. S. 323.

[233] W. Harring, Andreas Gryphius und das Drama der Jesuiten (Hermaea. 5), Halle 1907. Schon 1643 besitzt Gryphius die ›Tragoediae sacrae‹ des Caussinus (das Exemplar mit Gryphius' eigenhändigem Exlibris ist erhalten; Näheres bei Szyrocki, Der junge Gryphius, S. 39f.). Auch bei Hallmann beispielsweise reicht die Beschäftigung mit dem Jesuitendrama weit zurück: noch als Schüler übersetzt er Jacob Masens ›Mauritius‹ (Aufführung dann 1662; vgl. o. S. 316).

ren Gebiet der Lyrik besitzt der Orden in Balde und Spee zwei geniale Repräsentanten seines literarischen Ehrgeizes. Für die Humanisten stellte Baldes konsequente Latinität eher eine Empfehlung als ein Hindernis dar[234]. Auch im Hinblick auf den jesuitischen Poesie-Unterricht war sie nur von Vorteil; noch Herder hebt die pädagogische Funktion von Baldes Lyrik hervor: »Für die Schulen des Ordens waren seine Gedichte vorzüglich eingerichtet; wegen seines überschwänglichen Reichthums... war aus ihm und aus Masenius das Meiste zu lernen«[235]. Und nicht zuletzt erfüllte der religiöse Gehalt der Jesuitenlyrik (bei Balde etwa in den großen Mariengedichten)[236] konkrete Aufgaben im Sinne des Ordensziels. »So ist auch die Dichtung, die der Gesellschaft Jesu entsprang, Tendenzpoesie«[237], d. h. rhetorische Poesie.

Auf den ersten Blick mag das nicht immer erkennbar sein. Nur in einzelnen Bereichen wie Streitliteratur oder Bekehrungsdrama treiben die Jesuiten offene Glaubenspropaganda. Aber gerade die so charakteristische *argutia*-Bewegung lehrt immer wieder, daß (wo nötig) ein flexibles Eingehen auf die Wünsche und Neigungen der Welt mindestens ebensoviel Erfolg verspricht. Ihm beizeiten eine solide Basis zu verschaffen, ist die Aufgabe der strengen Jesuitenpädagogik. Blickt man auf das Ganze der Barockepoche, so scheint es, als habe der Jesuitenorden am klarsten erkannt, welch ungeheure Macht in der Rhetorik verborgen liegt; »denn zuletzt kommt es ihm darauf an, sich verständlich zu machen und dadurch Gewalt zu gewinnen... – als Hirt oder als Räuber«.

---

[234] Durch Übersetzungen wurden Teile seines Werks dann auch weiteren Kreisen bekannt. Zu Gryphius' Übertragung der ›Enthusiasmen‹ vgl. Wentzlaff-Eggebert, Dichtung und Sprache des jungen Gryphius, S. 71ff. Große Resonanz fand auch die köstliche ›Satyra contra abusum tabaci‹ in Birkens Übersetzung, jetzt neu herausgegeben von K. Pörnbacher (Dt. Barock-Lit.), München 1967.

[235] Suphan 27, S. 230. Herders Urteil über die deutschen Gedichte ist durchaus negativ: »wie ungleich ist Balde sich in lateinischen und deutschen Versen! In jenen so oft rein und groß; in diesen fast durchgehend niedrig und possirlich« (a.a.O., S. 211).

[236] Sie unterstützen auf ihre Weise die Arbeit der (von den Jesuiten planmäßig propagierten) Marianischen Kongregationen.

[237] Henrich, Die lyrischen Dichtungen Jakob Baldes, S. 7.

## 4. Rhetorik in der Adelserziehung

Die Erfolge des jesuitischen Erziehungswesens im 17. Jahrhundert gründen sich – das dürfte erkennbar geworden sein – zu einem entscheidenden Teil auf die immer neue, realistisch-kluge Einschätzung aufkommender literarischer Strömungen. Ob es um die Kultivierung einer manieristischen Literaturmode geht (wie bei der *argutia*-Bewegung) oder um die Entwicklung des humanistischen Schultheaters zum kaiserlichen Hoftheater: bei aller Strenge und Prinzipientreue im Innern beweist der literarische Jesuitismus eine geradezu virtuose Anpassungsfähigkeit nach außen hin.

### a. Jesuiten und Protestanten

Daß die katholischen Höfe ein Hauptziel dieser Wirkungstendenz darstellen, hat sich immer wieder gezeigt[1], nicht zuletzt beim Jesuitentheater. War der Hof gewonnen, so verfügte der Orden über die wichtigste Aktionsbasis, die er sich im Zeitalter des Absolutismus nur wünschen konnte. Die ungeheure und zugleich gefährliche Macht, die auf diese Weise zu erringen war, wird durch das bekannte Beispiel Frankreichs unter Ludwig XIV hinreichend demonstriert[2]. Im Grunde konnte eine solche Machtstellung nur dann erobert und behauptet werden, wenn sich die Vertreter des Ordens mit dem Hof und seinen Ansprüchen einließen. Das elitäre Bewußtsein, das den Jesuiten ohnehin – zunächst für den Bereich der Kirche[3] – eigen war, kam diesem Prozeß der Höfisierung sehr entgegen. Es schuf eine Plattform, die den geistlichen Adel mehr und mehr zur Höhe des weltlichen Adels hinaufhob. Konsequenz dieser Entwicklung war der Jesuit in der Rolle des Hofmanns[4].

Daß die Monopolisten der höheren katholischen Pädagogik einen

---

[1] Bekehrungserfolge an evangelischen Höfen verzeichnet Boehmer, Die Jesuiten, S. 116f.

[2] Vgl. H. Leube, Der Jesuitenorden und die Anfänge nationaler Kultur in Frankreich, Leipzig 1935.

[3] Über den Zusammenhang mit der Gehorsamsidee (›Elitetruppe‹) vgl. P. Blet, Note sur les origines de l'obéissance ignatienne, Gregorianum 35, 1954, S. 99ff.; ferner K. D. Schmidt, Die Gehorsamsidee des Ignatius von Loyola, Berlin 1935.

[4] Gemeint sind hier nicht die sog. ›geheimen Jesuiten‹ (Jésuites de la robe courte), sondern die – meist mit geistlichen Ämtern betrauten – ›Hofjesuiten‹, als deren erster Vertreter der Beichtvater von Henri IV, Pater Coton, gilt.

derartigen Sonderstatus im gesellschaftlichen Aufbau des 17. Jahrhunderts genießen, ist für das Verständnis der Adelserziehung von entscheidender Bedeutung. Denn im Bereich des Protestantismus gab es nichts, das dem Geburtsadel eine der Jesuitenpädagogik vergleichbare, niveauvolle Bildungsmöglichkeit geboten hätte. Die großen Wegbereiter des humanistischen Gelehrtenschulwesens waren ihrer sozialen Herkunft wie ihrer Geistesart nach tief im Bürgertum verwurzelt, und das wohlhabende Stadtbürgertum bildete den eigentlichen Adressaten ihrer bildungspolitischen Aktivität. Ob man Melanchthons Rede zur Eröffnung der neuen Nürnberger Humanistenschule vom Jahre 1526 als Beispiel nimmt[5] oder Sturms Straßburger Programmschrift von 1538[6]: der Appell, die *studia humanitatis* zu fördern, richtet sich nicht an ein beliebiges Publikum, sondern an Senatoren und Bürger mit ihren spezifischen Interessen und dem ihnen eigenen Stolz. »Neque alia urbs in Germania doctiores hactenus cives habuit, qui quia ad gubernandam rempublicam scientiam optimarum artium adhibuerunt, effecerunt, ut reliquis Germaniae urbibus haec longe praestaret omnibus«[7], so würdigt Melanchthon den Einsatz der Nürnberger; seine Rede ist ein einziges Loblied auf die wissenschaftsfreudige Stadt, an der sich andere ein Vorbild nehmen sollen[8].

Für den selbstbewußten protestantischen Adel bedeutete eine solche bürgerliche Akzentuierung nicht unbedingt eine Empfehlung. Eher war sie geeignet, ihn in seinen bodenständigen, wesentlich ›ritterlichen‹ Traditionen zu bestärken, die freilich oft genug zu bloßer Herrenwillkür und zum Grobianismus verflacht waren. Eine merkliche Veränderung tritt in Deutschland erst gegen Ende des 16. Jahrhunderts ein, als der politisch und wirtschaftlich gestärkte Adel allmählich Anschluß an den kulturellen Standard der großen europäischen Höfe zu gewinnen sucht[9]. Wenn nun auch humanistische Bil-

---

[5] ›Oratio ... in laudem novae scholae, habita Noribergae in corona doctissimorum virorum et totius ferme senatus‹, abgedruckt (mit deutscher Übersetzung) bei Garin 3, S. 129ff.

[6] ›De literarum ludis recte aperiendis ... ad prudentissimos viros, ornatissimos homines, optimos cives ...‹; Vormbaum 1, S. 653ff.

[7] Zitiert nach Garin 3, S. 133.

[8] Zu diesem Problemkreis vgl. die materialreiche Untersuchung von A. Kraus, Bürgerlicher Geist und Wissenschaft. Wissenschaftliches Leben im Zeitalter des Barocks und der Aufklärung in Augsburg, Regensburg und Nürnberg, Arch. f. Kulturgesch. 49, 1967, S. 340ff. (auch zur Rolle der Jesuiten).

[9] Reiches Material bei E. Vehse, Geschichte der deutschen Höfe seit der Reformation, 48 Bde., Hamburg 1851ff.

dungsbestrebungen auf größeres Verständnis in der Aristokratie stoßen, so ist dies nicht so sehr auf die unmittelbare Attraktion der Melanchthon-Sturmschen Lateinschule zurückzuführen, sondern eher auf die Wirkung der neuen höfischen Ideologie, die sich in Italien, Spanien und schließlich in Frankreich herausgebildet hat[10].

## b. Castiglione und das höfische ›eloquentia‹-Ideal

Sie wird am deutlichsten greifbar in den sogenannten ›Hof-Schulen‹ oder *institutiones aulicae*, jener eigentümlichen Literaturgattung, die am Ausgang des 16. Jahrhunderts auch nach Deutschland einzudringen beginnt und während der gesamten Barockzeit – bezeichnenderweise meist in Form von Übersetzungen – einen wichtigen Platz in der Buchproduktion behauptet[11]. Urbild dieser Literatur ist der ›Cortegiano‹ (1528) des Grafen Baldesar Castiglione[12]: ein Schlüsselwerk nicht nur des Cinquecento[13], sondern auch der höfischen Barockrhetorik. Denn hier läßt sich beispielhaft verfolgen, wie es zum Bündnis von Hofideal und humanistisch-rhetorischer Bildung kam und welche Kräfte sich ihm widersetzten[14].

Die Grundspannung, von der Castiglione ausgeht, hat auch im Deutschland des 17. Jahrhunderts kaum an Aktualität verloren. Auf der einen Seite steht die alte ritterliche Tradition mit ihrer Betonung der kriegerischen Tugenden, repräsentiert durch ›die Franzosen‹, die »solamente conoscano la nobilità delle arme e tutto il resto nulla estimino«[15]. Die Gegenposition, das neue humanistische Element,

---

[10] Vgl. vor allem Cohn, Gesellschaftsideale und Gesellschaftsroman im 17. Jahrhundert; auch G. Müller, Höfische Kultur der Barockzeit, S. 79ff.

[11] Außer der Monographie von Cohn vgl. Wendland, Die Theoretiker und Theorien ..., S. 14ff. und Zaehle, Knigges Umgang mit Menschen ..., S. 29ff. G. Müller, Deutsche Dichtung ..., S. 145: »das ganze ein Literaturzweig, dessen Bedeutung für die Durchformung des gelebten Lebens nicht leicht überschätzt werden kann«.

[12] Zugrundegelegt ist im folgenden die kommentierte Ausgabe von B. Maier, Il Cortegiano con una scelta delle Opere minori, Torino 1955. Eine deutsche Übersetzung (nicht vollständig) mit Einleitung und kurzen Erläuterungen besorgte F. Baumgart: Baldesar Castiglione, Das Buch vom Hofmann, Bremen o. J. (1960).

[13] Als solches schon von Jacob Burckhardt in seiner ›Cultur der Renaissance in Italien‹ benutzt.

[14] Aus der Fülle der Literatur sei hervorgehoben E. Loos, Baldassare Castigliones ›Libro del Cortegiano‹. Studien zur Tugendauffassung des Cinquecento (Analecta Romanica. 2), Frankfurt a. M. 1955 (dort S. 212ff. ausführliche Bibliographie, S. 7ff. kurze Forschungsübersicht).

[15] Maier, S. 157 (Buch I, Kapitel 42). Den Franzosen wird sogar vorgeworfen,

wird am Beispiel ›der Italiener‹ »col lor saper lettere«[16] entwickelt; und es wird zugestanden, daß sie leider keine sonderlich guten Soldaten sind. Aber es muß eine Synthese möglich sein[17]. Sie aufzuzeigen, stellt den eigentlichen Zweck des ›Cortegiano‹ dar, und die Verlockung des neuen Ideals besteht gerade darin, daß es sich jeder Einseitigkeit versagt[18].

Nicht der perfekte Humanist, auf die höfische Ebene projiziert, ist das Ziel, sondern der Hofmann, der mit Leichtigkeit und Souveränität (›sprezzatura‹)[19] auch über die *humaniora* verfügt. Ein Plus, das ihn über den Durchschnitt erhebt, sollte freilich vorhanden sein: »voglio che nelle lettre sia più che mediocremente erudito, almeno in questi studi che chiamano d'umanità«[20]. Neben dem Lateinischen sollte das Griechische vertraut sein (»per le molte e varie cose che in quella divinamente scritte sono«), beides als Basis für die Lektüre der Dichter, Redner und Historiker. Diese Punkte werden kurz und beinahe trocken aufgezählt, doch bei der *imitatio* ist mit einemmal die höfische Atmosphäre gegenwärtig: auch im Schreiben von Versen und Prosa übe man sich, und zwar vorwiegend muttersprachlich; denn abgesehen vom eigenen Vergnügen daran »per questo mezzo non gli mancheran mai piacevoli intertenimenti con donne, le quali per ordinario amano tali cose«[21].

In dieser Weise versteht es Castiglione, sein Ideal des humanistisch gebildeten ›cortegiano‹ einem anspruchsvollen Publikum anziehend darzustellen[22], und er versäumt nicht, dem literarisch weniger Geübten eine gewisse Zurückhaltung anzuraten. Wem die eigene

---

»che non solamente non apprezzano le lettre, ma le aborriscono, e tutti e litterati tengon per vilissimi omini« (ebda.).

[16] Maier, S. 161 (I 43).

[17] Als Beweis dienen u.a. Alexander, Alkibiades, Caesar, Scipio Africanus und Hannibal, »i quali tutti giunsero l'ornamento delle lettere alla virtù dell'arme« (a.a.O., S. 159).

[18] Die Abhängigkeit vom Bildungsideal Ciceros (vor allem ›De oratore‹) und Quintilians wird fast auf jeder Seite spürbar und ist von der Forschung oft hervorgehoben worden; vgl. Loos, a.a.O., S. 172ff. und H. O. Burger, Europäisches Adelsideal und deutsche Klassik, in: ›Dasein heißt eine Rolle spielen‹, S. 211ff. Burger betont, daß dabei der Rhetorik die »Vermittlerrolle zwischen Antike und Neuzeit« zufiel (a.a.O., S. 223).

[19] Zu diesem Begriff Loos, a.a.O., S. 115ff.

[20] Maier, S. 162 (I 44). Vgl. den Abschnitt ›Franzosen und Italiener‹ bei M. Wandruszka, Der Geist der französischen Sprache (rde. 85), Hamburg 1959, S. 14f.

[21] Maier, S. 162. Über die Bildung der Hofdamen selbst vgl. R. Kelso, Doctrine for the lady of the Renaissance, Urbana/Ill. 1956.

[22] Dazu K. Burke, A rhetoric of motives, in: A grammar of motives and A rhe-

Produktion noch nicht recht gelingen will, der lernt zumindest »giudicar le cose altrui«[23]; er genießt die Feinheiten der Klassiker mit dem Sensorium des praktisch Geübten, und für den Alltag des Hoflebens wird er »ardito in parlar sicuramente con ognuno«[24]. Sicherheit, Eindruck, Repräsentation – die Ausrichtung auf die Erfordernisse der höfischen Szene ist selbst dort noch erkennbar, wo Castiglione nach dem klassischen Fünferschema die *officia oratoris* behandelt[25]. Erste und wichtigste Voraussetzung des »parlare e scrivere bene« ist das »sapere« (*inventio*); »dispor con bell'ordine« (*dispositio*) und »esprimerlo ben con le parole« (*elocutio*) schließen sich an[26]; die Vorschriften für eine wirkungsvolle mündliche Rede jedoch werden fast noch nachdrücklicher betont: »voce buona«, »pronunzia expedite« (*pronuntiatio*), »gesti«, »movimenti di tutto 'l corpo« (*actio*)[27]. Und zuletzt kehrt die Darstellung zu ihrem Ausgangspunkt zurück, nunmehr die ganze traditionelle Systematik – gleichsam mit einer souveränen Handbewegung – relativierend: alle einzelnen Vorschriften sind von geringem Wert, »se le sentenzie espresse dalle parole non fossero belle, ingeniose, acute, eleganti e gravi, secondo 'l bisogno«[28].

Für das neue, höfische *eloquentia*-Ideal und sein Verhältnis zur Tradition ist dieser Satz überaus charakteristisch. Mit der Selbstverständlichkeit des versierten Humanisten bedient sich Castiglione der überlieferten rhetorischen Systematik[29], fächert sie auf, redet von *inventio* und *elocutio*, doch unter dem Vorbehalt: »il divider le sentenzie dalle parole è un divider l'anima dal corpo: la qual cosa né nell' uno né nell'altro senza distruzione far si po«[30]. Nicht erst die Worte sollen »belle, ingeniose, acute, eleganti e gravi« sein, sondern bereits die Gedanken. Im synthetischen Begriff der ›sentenza‹

---

toric of motives, Cleveland and New York 1962, S. 745ff. (Castiglione als ›paradigm of courtship‹).

[23] Maier, S. 162.

[24] A.a.O., S. 163 (I 44). Castiglione bezieht sich hier auf eine der Aristipp-Anekdoten, die Diogenes Laertios (2,68) überliefert. Aristipp wurde gefragt, welchen Vorteil ihm die Philosophie bringe; seine Antwort: »Ein sicheres Auftreten im Verkehr mit jedermann«.

[25] Kapitel I 33 (Maier, S. 138ff.) ist diesem Thema gewidmet.

[26] A.a.O., S. 139.

[27] A.a.O., S. 140.

[28] Ebda.

[29] Zu der Fülle von Cicero-Parallelen vgl. vor allem L. Valmaggi, Per le fonti del Cortegiano, Giorn. Storico della Lett. Ital. 14, 1899, S. 72ff.

[30] Maier, S. 139.

verschmelzen die klassischen *virtutes inventionis* und *elocutionis* zu einer neuen, dem wahren ›cortegiano‹ angemessenen Gesamttugend[31].

Dem *acutum* und dem *ingeniosum* gehört die Zukunft. Als 120 Jahre später Graciáns ›Agudeza y Arte de ingenio‹ erscheint, sind sie zu Leitbegriffen einer modernen, ganz Europa umspannenden rhetorischen Konzeption geworden, einer Stiltendenz, die den klassizistischen Kanon zu überwinden versucht. Daß hierbei das Streben nach einer nichtakademischen, gehobenen, höfischen Rhetorik eine entscheidende Rolle spielt, hat sich schon gezeigt[32]. Die Ansätze dazu sind bereits bei Castiglione erkennbar. Im Scharfsinnigen und im Geistreichen, in Eleganz und Würde beweist der ideale Hofmann seine Souveränität: seine ›sprezzatura‹ und seine ›grazia‹[33].

Die Faszination, die Castigliones ›Cortegiano‹ auf den europäischen Adel ausübte, ist kaum zu überschätzen[34]. Eine Fülle von Übersetzungen entstand[35], und die gesamte ›Hofliteratur‹, von Guevara (›Menosprecio de corte‹, 1539) über della Casa (›Galateus‹, 1558) und Guazzo (›La civil conversazione‹, 1574) bis zu Du Refuge (›Traité de la Cour‹, 1616), ist durch das Vorbild Castigliones geprägt. So sehr dabei die ideale Hofmanns-Gestalt verändert oder sogar (utilitaristisch, opportunistisch) verzerrt worden sein mag, den Durchbruch zu einer geistigen, auch den *humaniora* geöffneten Hofkultur hat der ›Cortegiano‹ entscheidend gefördert.

Die Adelserziehung im Deutschland des 17. Jahrhunderts ist ohne diesen geschichtlichen Hintergrund kaum angemessen zu verstehen. Denn im Gegensatz zur bürgerlichen Gelehrtenschulpraxis bleibt sie dem Vorbild der romanischen Nachbarländer verpflichtet, und die

---

[31] Die Bedeutungsfülle des *sententia*-Begriffes in der klassischen Systematik (vgl. Lausberg 2, S. 804ff.) diente als entscheidender Ansatzpunkt.

[32] Oben S. 355ff.

[33] Über die Tugenden der ›gravità‹, ›sprezzatura‹, ›leggiadria‹ und ›grazia‹ Loos, a.a.O., S. 115ff.

[34] Spanien: M. Menéndez y Pelayo, Estudio sobre Castiglione y el Cortesano, Rev. de Filol. Española 25, 1942, S. VII ff. Frankreich: R. Klesczewski, Die französischen Übersetzungen des Cortegiano von Baldassare Castiglione ... (Annal. Univ. Sarav., R.: Philos. Fak. 7), Heidelberg 1966 (mit der älteren Literatur). England: W. Schrinner, Castiglione und die englische Renaissance (Neue Dt. Forschungen, Abt. Engl. Philol. 14), Berlin 1940. Für Deutschland fehlt eine entsprechende Untersuchung; einiges bei Zaehle, Knigges Umgang mit Menschen ..., S. 31ff. und bei Burger, Europäisches Adelsideal ..., S. 220ff. (besonders zum 18. Jahrhundert).

[35] Eine Liste der Ausgaben und Übersetzungen bei L. E. Opdycke, The Book of the Courtier, translated ... by L. E. Opd., New York 1901.

Auseinandersetzungen zwischen dem alten, von Rittertraditionen bestimmten Adelsbewußtsein und dem neuen, geistigeren Hofmanns-Ideal erstreckt sich über die gesamte Barockzeit[36]. Erste Anzeichen dieses vielschichtigen ideologischen Prozesses sind die Übersetzungen von Hofliteratur, die gegen Ende des 16. Jahrhunderts auch in Deutschland erscheinen[37]. Ägidius Albertinus, durch seine Jesuitenerziehung prädestiniert für die Vermittlung romanisch-aristokratischer Traditionen, wird zum wichtigsten Übersetzer in dieser Frühzeit[38]. Als er 1620 stirbt, ist der Boden bereitet, auf dem sich eine höfisch-literarische Barockkultur in Deutschland zu entwickeln vermag[39].

Für das Bemühen um ein Muster höfischer Rhetorik jedoch ist kaum etwas so charakteristisch wie die aus dem ›Amadis‹ geschöpfte ›Schatzkammer/ Schöner/ zierlicher Orationen/ Sendbriefen/ Gesprächen ... vnd dergleichen‹, die 1596 in Straßburg erscheint[40]. Solche Sammlungen dienen vor allem dem weiblichen Adelspublikum zur Orientierung über den neuen höfischen Stil[41], und der Erfolg von Harsdörffers ›Frauenzimmer-Gesprechspielen‹ (1641–1649) zeigt, wie intensiv das Bedürfnis nach geschmackvoll dargebotener literarisch-rhetorischer Pädagogik geworden ist[42]. Während ›das Frauenzimmer‹ auch weiterhin auf Bildungsquellen dieser Art angewiesen bleibt, wird die angemessene Erziehung der adligen Herren mehr und mehr zum Problem. Überall dort, wo sich die Aristokratie der neuen

---

[36] Zumal am Beispiel der Ritterakademien wird sich zeigen, daß dieser Antagonismus um 1680 noch der gleiche ist wie um 1600.

[37] Zum ›Cortegiano‹ vgl. K. v. Reinhardstöttner, Die erste deutsche Übersetzung von B. Castigliones Cortegiano, Jb. f. Münchner Gesch. 3, 1889, S. 53ff.

[38] Einen schmalen Ausschnitt dieses kaum erschlossenen Komplexes untersuchte neuerdings G. Weydt, ›Adjeu Welt‹. Weltklage und Lebensrückblick bei Guevara, Albertinus, Grimmelshausen, Neophilologus 46, 1962, S. 102ff.

[39] Ein illustratives Beispiel aus dem Frühbarock (Weckherlin) bringt jetzt L. Forster, Tagwerk eines Hofmannes, in: Festschr. f. R. Alewyn, Köln u. Graz 1967, S. 103ff.

[40] »Außerhalb des humanistischen Bereichs ist sie die erste Bekundung des neuen und ständisch gebundeneren überbürgerlichen Lebensstils« (Hankamer, Deutsche Gegenreformation ..., S. 42). Erst ein Jahr zuvor (1595) hatte der – 1569 begonnene – deutsche ›Amadis‹ vollständig vorgelegen. Zur stilprägenden Bedeutung vgl. G. Müller, Deutsche Dichtung ..., S. 176f. und U. Maché, Die Überwindung des Amadisromans durch Andreas Heinrich Bucholtz, ZfdPh 85, 1966, S. 542ff.

[41] Vgl. Logaus langes satirisches Gedicht ›Amadis-Jungfern‹ (›Deutscher Sinn-Getichte Drey Tausend‹, Breslau 1654, 2. Tausend, S. 65ff.).

[42] G. Kieslich, Auf dem Wege zur Zeitschrift. G. Ph. Harsdörffers ›Frauenzimmer Gesprechsspiele‹ (1641–1649), Publizistik 10, 1965, S. 515ff.

literarischen Hofkultur öffnet, muß früher oder später die Frage auftauchen, wer denn in der Lage sei, auch eine entsprechende Erziehung zu vermitteln.

## c. Hofmeister

Daß an den katholischen Höfen nur Jesuiten diese Aufgabe übernehmen konnten, liegt auf der Hand. In der Regel vollzog sich der Unterricht im Rahmen des Hofes selbst[43]. Doch besuchte z.B. der junge Erzherzog Ferdinand Karl von Österreich auch Unterrichtsveranstaltungen des Jesuitenkollegs Innsbruck (Jacob Balde lernte ihn 1640 dort kennen und widmete ihm aus diesem Anlaß ein Gedicht)[44]. Pracht und Großzügigkeit dieses Kollegs garantierten ein fürstliches Niveau[45] – undenkbar im protestantischen Bereich: keine der Gelehrtenschulen konnte sich mit den Jesuitenkollegs der großen Residenzstädte an gesellschaftlichem Rang messen.

Es blieb also nur die Möglichkeit, einzelne Gelehrte, die sich über den Durchschnitt ihres Standes erhoben, an den Hof zu ziehen. Gegen Ende des 16. Jahrhunderts zeichnet sich eine solche Entwicklung immer klarer ab. »Viele der bedeutendsten späthumanistischen Gelehrten haben mehrere Jahre hindurch eine Stellung dieser Art innegehabt, so V. Acidalius, A. Lobwasser, M. Opitz, M. Ruarus und viele andere«[46]. Es hat sich eingebürgert, diese außerschulische, private pädagogische Tätigkeit als ›Hofmeister‹-Dienst zu bezeichnen. Man denkt dabei vor allem an das 18. Jahrhundert[47] und an die glanzvolle Reihe von Autoren, die sich – meist aus finanziellen Gründen – eine zeitlang als Privatlehrer haben versuchen müssen: Fichte,

---

[43] Vgl. o. S. 325 (mit den Hinweisen auf Duhr).

[44] ›Lyricorum lib. IV‹ (München 1643), S. 238f. (Lyr. IV 25); vgl. auch Henrich, Die lyrischen Dichtungen Jakob Baldes, S. 40f.

[45] In einzelnen Fällen wurde diese Garantie noch dadurch verstärkt, daß man dem Kolleg ein besonderes Konvikt für adlige Schüler anschloß, so schon 1574 in München (Duhr II 2, S. 205ff.). Die berühmte Jesuitenschule La Flèche (von Henri IV gegründet) wurde sogar fast ausschließlich von Adligen besucht.

[46] Trunz, Der deutsche Späthumanismus ..., S. 156. Hinzuzufügen wäre z. B. der Melanchthon-Schüler und spätere Führer des Helmstedter Gelehrtenkreises Johannes Caselius, der zunächst am Mecklenburgischen, dann am Braunschweigischen Hof Prinzenerzieher war.

[47] F. Neumann, Der Hofmeister. Ein Beitrag zur Geschichte der Erziehung im achtzehnten Jahrhundert, Diss. Halle 1930; W. Meier, Der Hofmeister in der deutschen Literatur des 18. Jahrhunderts, Diss. Zürich 1938 (vor allem im ersten Teil weitgehend von Neumann abhängig, ohne ihn ein einziges Mal – und sei es nur im Literaturverzeichnis – zu nennen).

Gellert, Gleim, Gottsched, Hamann, Hegel, Herbart, Hölderlin, Jean Paul, Kant, Klopstock, Lenz[48], A. W. Schlegel, Schleiermacher, Sulzer, Voß, Wieland. Für das 17. Jahrhundert hingegen hat man sich in diesem Zusammenhang noch kaum interessiert[49]. Dabei ist die Bedeutung des Hofmeisteramts für Literatur und Geistesgeschichte der Barockzeit kaum geringer einzuschätzen; schon ein Versuch, die bekannteren Hofmeister zusammenzustellen, läßt dies erkennen: Arnold, Besser, Birken, Bohse, Czepko, Gerhardt, Gryphius, Klaj, Peter Lauremberg, Männling, Moscherosch, Mühlpfort, Neander, Neukirch, Opitz, Rachel, Sacer, Schorer, Schottel, Schupp, Weise, von dem Werder.

Hauptaufgabe der Hofmeister war es, die ihnen anvertrauten jungen Adligen auf den Besuch der Universität vorzubereiten[50]. Nicht selten erstreckte sich das Dienstverhältnis auch auf die Universitätszeit selbst sowie auf die obligatorische Kavalierstour (woraus dann die Bezeichnung ›Reisehofmeister‹ entstand)[51]. Gryphius zum Beispiel konnte auf diese Weise die Universität Leiden besuchen und erhielt die Möglichkeit, u. a. Frankreich und Italien kennenzulernen[52]. Von den vielfältigen Funktionen, die der Hofmeister dabei zu erfüllen hatte (und die ihn bisweilen zum Kammerdiener oder gar zum Faktotum degradierten)[53], ist hier allein der Unterricht im engeren Sinne von Belang.

---

[48] Über seinen Erstling ›Der Hofmeister oder Vortheile der Privaterziehung‹ (1774), die klassische Darstellung der Problematik, vgl. W. Stammler, ›Der Hofmeister‹ von Jakob Michael Reinhold Lenz, ein Beitrag zur Literaturgeschichte des 18. Jahrhunderts, Diss. Halle 1908; auch Meier, a.a.O., S. 82ff.

[49] Auch in den Monographien von Neumann und Meier fehlt dieser Hintergrund fast völlig.

[50] Die Hofmeister selbst hatten ihr Studium in der Regel gerade abgeschlossen, wußten also, welche Kenntnisse verlangt wurden.

[51] Einzelheiten hierzu in der anonymen Schrift ›Der adeliche Hofemeister. Entworfen von einem Liebhaber adelicher Geschicklichkeit‹, Frankfurt 1693; ein Überblick bei Neumann, a.a.O., S. 36ff. Vgl. auch Bohse (Talander), ›Der getreue Hoffmeister adelicher und bürgerlicher Jugend‹, Leipzig 1706, S. 370ff.

[52] Szyrocki, Andreas Gryphius, S. 28ff.; Flemming, Andreas Gryphius, S. 36ff. Gryphius genoß, wie seine intensiven Privatstudien zeigen, offenbar relativ viel persönliche Freiheit. Schupp empfiehlt eine Tätigkeit als Reisehofmeister ausdrücklich: »Wann du einmal ein paar junge Herren aus einem grossen Hause/ durch Holland/ Engelland/ Franckreich und Italien führen kanst/ das halte vor ein groß Glück. Dann man kan sich solcher Herren Authorität gebrauchen/ und man hat mehr Occasion etwas zu sehen und zu hören/ und mit großen Leuten bekant zu werden/ als wenn man auff seinen eigenen Beutel reiset« (›Freund in der Noht‹, o. O. 1657, S. 135).

[53] Einen drastischen Eindruck davon gibt Läuffer im Lenzschen ›Hofmeister‹.

Sollte der adlige Zögling einem Universitätsstudium gewachsen sein, so mußte er im Prinzip das gleiche Pensum beherrschen wie seine bürgerlichen Altersgenossen, die das Gymnasium besuchten. Der Hofmeister hatte demnach im wesentlichen nichts anderes zu tun, als – mit mehr oder weniger ausgeprägter pädagogischer Begabung – seine eigenen Schulkenntnisse weiterzugeben[54]. Er unterrichtete lateinische Grammatik, las die üblichen antiken Autoren und leitete zur poetischen und rhetorischen *imitatio* an. Nichts deutet darauf hin, daß es in diesen Dingen eine spezielle Adelspädagogik gab[55]. »Qui demanda jamais à son disciple ce qu'il luy semble de la Rethorique et de la Grammaire de telle ou telle sentence de Ciceron?«[56]. So fragt schon Montaigne angesichts der in ›pedantischer‹ Enge befangenen Hofmeistererziehung seiner Zeit. Doch so sehr Montaigne die individuellen pädagogischen Möglichkeiten des rechten ›gouverneur‹ rühmt[57]: gerade die rhetorische Erziehung muß darunter leiden, daß die Übungsgemeinschaft der Klasse und der Schule fehlt[58]. Auch der pädagogisch talentierte Hofmeister hat es nicht leicht, einen halbwegs lebendigen Unterricht zustande zu bringen.

»Ich weiß nicht was grosser Herren Kinder für ein sonderliches Vnglück haben/ daß sie gemeiniglich Pedante zu Praeceptorn bekommen/ welche sie lehren subtile Garn stricken/ welche zu nichts anders nütz sind/ als daß man Lateinische Hasen und SchuelFüchs damit fange«[59]. Was Schupp der Adelserziehung hier vorwirft, ist zunächst nur Teil seiner Kritik am humanistisch-pedantischen Erziehungswesen überhaupt[60]. Aber ein entscheidendes Argument kommt

---

[54] Von einer besonderen Ausbildung zum Hofmeister kann jedenfalls im 17. Jahrhundert keine Rede sein. Erst Gellert bemüht sich, auch durch Vorlesungen das Niveau der Hofmeistererziehung zu heben.

[55] Der Kanon blieb in seinen Grundzügen unangetastet, wurde höchstens etwas reduziert und durch moderne Fremdsprachen sowie durch Realien erweitert: »Es soll aber ein Edelmann ... 1. Das Christenthum wohl verstehen. 2. Bey legendem Grunde zur teutschen Oratorie und Poesie, Lateinisch/ Frantzösisch/ Italiänisch und Spanisch lernen. 3. In Geographicis ...« (Schröter, ›Kurtze Anweisung zur Information Der Adlichen Jugend‹, Leipzig 1704, S. 5).

[56] Zitiert nach Garin 3, S. 155.

[57] Ähnlich Locke, der vor allem aus gesellschaftlichen Gründen für den ›gentleman‹ Privaterziehung fordert.

[58] Trotzdem empfiehlt Schröter, a.a.O., S. 8 die gelegentliche Aufführung eines *Actus Comicus* mit den jungen Adligen, »wodurch man sie/ im Reden behertzt zu seyn/ und in Gebärden sich wohl auffzuführen/ bey Zeiten angewöhnet«. Über die Realisierung freilich sagt er nichts; Möglichkeiten, wie sie etwa der Braunschweiger Hof bot (s. o. S. 306), waren wohl nicht die Regel.

[59] ›Salomo Oder Regenten-Spiegel‹, o. O. 1659, fol. L VI[b].

[60] Vgl. C. Hentschel, Johann Balthasar Schupp. Ein Beitrag zur Geschichte der

hinzu, und dabei zeigt sich, wie fest auch Schupp bei aller pädagogischen ›Modernität‹ dem barocken Standesdenken verhaftet ist: er
wünscht, daß die adlige Jugend »nicht Schulfüchsisch/ sondern Königlich und Fürstlich und ihrem Stand gemäß aufferzogen werde/
so wohl in der wahren Gottesfurcht/ als auch in allerhand guten
Künsten/ Sprachen und Ritterlichen exercitiis«[61], von Lehrern, »welche Gott und die Welt kennen«[62].

Daß Schupp im Grunde eine Synthese von bürgerlich-gelehrter
Bildung mit ritterlicher Tradition vorschwebt, ist sofort erkennbar:
*pietas, artes (sapientia)* und *linguae* bilden den Grundstock des Programms, ritterliche Übungen treten hinzu, adlige Umgangsformen
und weltläufige Lehrer verleihen dem Ganzen seinen gehörigen gesellschaftlichen Rang. Aber waren solche Forderungen jemals im
Rahmen der Hofmeistererziehung zu verwirklichen? Wo fand sich
ein Gelehrter, der seinen Zöglingen zugleich Waffenübungen, Reiten,
Ballspiel, Fechten und Tanzen beibringen konnte[63]? Die Frage ist so
alt wie das höfisch-literarische Bildungsideal selbst. Auch in Deutschland mußte sie in dem Augenblick akut werden, als breitere Adelskreise sich dem neuen höfischen Ideal zuzuwenden begannen: am
Ausgang des 16. Jahrhunderts.

## d. *Ritterakademien*

Es ist die Zeit, in der die ersten Ritterakademien gegründet werden[64],
als ein Versuch, aus dem Dilemma der ritterlich-gelehrten Privater-

Pädagogik des siebzehnten Jahrhunderts, Progr. Döbeln (Realschule) 1876,
S. LVIII ff. und C. Vogt, Johann Balthasar Schupps Bedeutung für die Pädagogik, Zs. f. Gesch. d. Erz. u. d. Unterrichts 4, 1914, S. 1ff. (bes. S. 10ff.).

[61] ›Salomo‹, fol. LVII[b]. Einzelheiten bei Bohse (Talander), ›Der getreue Hoff-
meister ...‹, S. 314ff.

[62] A.a.O., fol. LVIII[a]. Zum Kennenlernen der ›Welt‹ ist es wiederum nützlich,
sich einmal als Hofmeister zu betätigen: nach den wichtigsten Universitätsstu-
dien »begebe dich an einen vornehmen Fürstl. oder Gräfl. Hof/ und informire
ein paar junge Herren ... Docendo discimus. Wer nicht ein wenig bey Hof
gewesen ist/ der kennet die Welt nicht recht« (›Freund in der Noht‹, S. 129).

[63] Gegen die gleichzeitige Anstellung mehrerer Privatlehrer sprachen nicht nur
finanzielle, sondern auch pädagogische Gründe. So begnügte man sich, aus Abneigung gegen die Pedanten, oft genug mit einem Lehrer, der wenigstens einen
weltläufig-modernistischen Eindruck machte: »wenn dieser Frantzöisch [sic!]/
und tantzen kan/ auch darbey nur etwas ansehnlich von Person/ so wird er/
heutiger Meinung nach/ schon würdig genug zum Hoffmeister geschätzet« (Riemer, ›Standes-Rhetorica‹, Leipzig 1685, S. 9).

[64] Vgl. Paulsen 1, S. 514ff. B. Mahler, Die Leibesübungen in den Ritterakademien,
Diss. Erlangen 1921 und F. Debitsch, Die staatsbürgerliche Erziehung an den

ziehung herauszufinden[65]. Die beiden Hauptvorteile waren evident. Der junge Adlige wurde in einer größeren, standesgemäßen Gemeinschaft erzogen, und die divergierenden Unterrichtsfächer konnten auf mehrere qualifizierte Lehrer verteilt werden. Das Tübinger ›Collegium illustre‹, 1592 eingeweiht (heute ›Wilhelmsstift‹), stellt neben dem Kasseler ›Collegium Adelphicum Mauritianum‹ von 1599 das wichtigste Beispiel aus der Frühzeit der neuen Adelserziehung dar[66]. Schon die Wahl des Standorts ist bezeichnend. Von der gewöhnlichen Gelehrtenschule sollte sich das neue Institut nicht nur durch Großzügigkeit der Ausstattung abheben, sondern auch durch die Nähe zur Universität (deren Freiheiten und Privilegien es genoß, ohne dem Senat zu unterstehen). Zugleich sollte garantiert sein, daß die adligen Zöglinge[67] (die auch Vorlesungen besuchten) Gewandtheit und Sicherheit im Umgang mit der akademisch-gelehrten Welt erwarben.

Doch auch im Lehrplan des Collegiums selbst behaupteten die gelehrten Studien neben den ritterlichen Übungen ihren Platz. Die Auswahl freilich war ganz auf die Bedürfnisse künftiger Regenten zugeschnitten: Politik, römisches Recht, Staats- und Lehnsrecht und Geschichte stehen – mit Schupp zu reden – als ›gute Künste‹ an der Spitze, und bei den Sprachen führt nicht das Lateinische, sondern das Französische. Es lag nahe, für die akademischen Realfächer Hilfskräfte der Universität heranzuziehen, und tatsächlich haben im Lauf der Jahrzehnte manche Professoren zugleich am Collegium unterrichtet. Daneben aber gab es auch fest angestellte Collegiums-Professoren, unter denen Thomas Lansius (1577–1657) der bekannteste

---

deutschen Ritterakademien, Diss. Halle 1927 (dort S. 124ff. weitere Literatur) gehen auf die frühen Ritterakademien nur am Rande ein.

[65] Die »Zufälligkeit« des Hofmeisterunterrichts hebt auch Flemming, Deutsche Kultur ..., S. 343 als ein Hauptmotiv zur Gründung von Ritterakademien hervor.

[66] Dazu vor allem E. Schneider, Das Tübinger Collegium illustre, Württ. Vierteljahrshefte f. Landesgesch., N. F. 7, 1898, S. 217ff. (mit genauem Vergleich der Statuten von 1594, 1596, 1601, 1606, 1609 und 1614); ferner C. W. C. Schüz, Über das Collegium Illustre zu Tübingen oder den staatswissenschaftlichen Unterricht in Württemberg besonders im 16. und 17. Jahrhundert, Zs. f. d. gesamten Staatswiss.en 8, 1850, S. 243ff. Vgl. auch K. Klüpfel, Geschichte und Beschreibung der Universität Tübingen, Tübingen 1849, S. 105ff.

[67] Herzog Friedrich schloß 1596 alle Bürgerlichen vom Besuch des Collegiums aus, während die Anstalt ursprünglich – als weltliches Gegenstück zum Tübinger Stift – auch Nichtadligen offenstehen sollte. Die Inschrift über dem Eingang lautete (Schneider, a.a.O., S. 223):
»Huc age, quisquis eris princepsque comesque baroque,
Nobilis, et studiis nomine quisquis ades«.

378

ist[68]. Von Haus aus Jurist (er promovierte 1604 in Tübingen zum Doctor utriusque juris), wirkte er vier Jahrzehnte lang am Collegium als Professor für Geschichte, Politik und Eloquenz[69].

Schon Lansius' wissenschaftlicher Werdegang und die Fächerkombination seines Lehrauftrags deuten Bedingungen und Absichten an, unter denen an den Ritterakademien Rhetorik getrieben wurde. Nicht ein Vertreter der *humaniora* oder etwa der Theologie unterrichtete das ehrwürdige humanistische Fach[70], sondern ein Vertreter der Realdisziplinen; und nicht der eloquente Gelehrte war das Ziel des Unterrichts, sondern der Regent oder Hofmann, der für die praktisch-rhetorischen Aufgaben der politischen Szene gerüstet ist. Das aber erforderte auch eine besondere Lehrmethode: die immer neue, möglichst realistische Konfrontation mit typischen Situationen der diplomatischen Praxis. In seiner ›Mantissa consultationum et orationum‹ (Tübingen 1656) hat Lansius einige solcher Übungen (*consultationes*) zusammengestellt[71]. Ihr Grundschema ist einfach: der Lehrer stellt zunächst ein Thema aus dem Bereich der aktuellen Politik; einer der fürstlichen Schüler übernimmt das Präsidium und bittet die anderen (die nun als seine *consiliarii* fungieren) um ihre Stellungnahme; sie tragen nacheinander ihre Ansichten vor, und zuletzt verkündet der Präsident seinen fürstlichen Entschluß (der vom Lehrer meist schon im voraus als *conclusio* formuliert ist).

Die Verwandtschaft mit Übungstechniken des humanistischen Rhetorikunterrichts ist unschwer zu erkennen[72]. Doch im Unterschied zu den Schulactus (mit ihren historischen Szenen) und zu Sturms Aufführungen antiker Prozesse kommt alles auf die Aktualität der politischen Umgangsformen und der gestellten Themen an[73].

---

[68] Material zu Lansius' Biographie und zu seinen wissenschaftlichen Leistungen enthält ein Band der Universitätsbibliothek Tübingen, in dem die Leichen- und Gedächtnisreden zusammengefaßt sind (darunter die im Auftrag des Herzogs Eberhard III von Magnus Hesenthaler gehaltene *laudatio funebris* sowie ein *panegyricus* von Christoph Kaldenbach). Weitere Angaben bei J. F. Jugler, Beyträge zur juristischen Biographie, Bd. 3, Leipzig 1777, S. 72ff.

[69] Seit 1636 war er auch ordentlicher Professor der Rechte (Pandekten) an der Universität; E. Conrad, Die Lehrstühle der Universität Tübingen und ihre Inhaber (1477–1927), Tübingen 1960 (Staatsexamens-Zulassungsarbeit), S. 127.

[70] Zur Universität vgl. u. S. 407ff.

[71] Die in der ›Mantissa‹ ebenfalls enthaltenen *orationes singulares* sind in der Mehrzahl von Lansius öffentlich gehalten worden, stellen natürlich zugleich Übungstexte dar.

[72] Vgl. o. S. 291ff.

[73] Dadurch empfahl sich die ›Mantissa‹ auch für den Gebrauch in anderen, auf

So wurde z. B. 1606 eine ›Consultatio de principis erga religionem cura‹ gehalten[74], an deren Schluß der präsidierende Prinz Ludwig Friedrich von Württemberg für Gewissensfreiheit entschied und für Nichtanwendung von Gewalt gegenüber Andersgläubigen. Im gleichen Jahr gab es auch eine ›Consultatio de praerogativae certamine, quod est inter milites et literatos‹[75]; Prinz Friedrich Ulrich von Braunschweig (der im Collegium studierte)[76] würdigte dabei die Bedeutung des Gelehrten und des Kriegers und plädierte für eine Anerkennung beider Stände; entscheidend sei, wie die jeweiligen Aufgaben erfüllt würden.

Die Aktualität dieses Themas und die Problematik der Institution ›Ritterakademie‹ beleuchtet ein Ereignis aus den ersten Jahren des Collegium illustre[77]. Als einige Edelleute vom Hof zu Besuch kamen, beobachteten sie auch eine Gruppe junger Adliger, die sich gegenseitig aus dem Sallust vorlasen. Die Höflinge amüsierten sich über den ›gelehrten‹ Eifer und gossen mit Ausdrücken wie ›Fuchsschwänze‹ und ›Dintenschlecker‹ ihren Spott über die jungen Leute aus. Da schritt schließlich der Oberhofmeister des Prinzen Johann Friedrich von Württemberg ein[78], wies die Spötter mit scharfen Worten zurecht, nannte sie »hochmüthig und herrschsüchtig« und verteidigte die Collegiaten, die »Literati und Gelehrte oder Studenten sein wollen«[79].

Für einen standesbewußten Adligen war es noch längst keine Selbstverständlichkeit, sich mit gelehrten Disziplinen zu befassen. Auch für die jungen Herren, die auf eine Ritterakademie geschickt wurden[80], stellten sie häufig genug nur eine unbequeme, letztlich unangemessene Belastung dar. Die pädagogischen Erfolge hielten sich dementsprechend in engen Grenzen, und weite Kreise der Aristo-

---

moderne Adelserziehung bedachten Schulen; die Weißenfelser Statuten von 1664 beispielsweise schreiben die ›Consultationes Lansii‹ ausdrücklich als Lehrbuch vor (Rosalsky, Geschichte des akademischen Gymnasiums zu Weissenfels, S. 24).

[74] ›Mantissa‹, S. 1ff.

[75] A.a.O., S. 38ff.

[76] Daß ein Mitglied des so literaturbeflissenen Braunschweiger Hauses nach Tübingen gekommen war, ist ein Beweis für die Wertschätzung des Collegiums.

[77] Klüpfel, a.a.O., S. 109f.

[78] Johann Friedrich war 1594 von seinem Vater, dem Herzog Friedrich, gleichsam als ›Morgengabe‹ in das neue Collegium eingeführt worden.

[79] Zitiert nach Klüpfel, a.a.O., S. 110.

[80] 1599 waren es in Tübingen 11 Fürsten und 60 Herren von Adel, 1606 waren es 9 Fürsten, 5 Grafen und 51 Edelleute.

kratie sahen sich in ihrem Argwohn gegen die neue Form der Adelserziehung bestärkt. So ist es verständlich, daß der Dreißigjährige
Krieg die Versuche, wie sie in Tübingen oder Kassel begonnen worden waren, zunächst einmal zum Stillstand brachten[81].

Die große Zeit der Ritterakademien begann erst um die Mitte
des 17. Jahrhunderts, als das Territorialfürstentum mit neuer Macht
und neuen politischen Aufgaben aus dem Westfälischen Frieden hervorging[82]. Der Nachholbedarf des deutschen Adels, was Hofkultur
betraf, war in den 40er Jahren spürbarer denn je geworden. Ein deutliches Zeichen ist das sprunghafte Ansteigen der Produktion an Hofliteratur[83]. Zwischen 1641 und 1649 erscheinen Harsdörffers ›Frauenzimmer-Gesprechspiele‹, 1645 Moscheroschs ›Anleitung zu einem
Adelichen Leben‹ (nach Samuel Bernard) und Greflingers ›Ethica
complementoria‹[84], 1649 Zesens ›Kurze doch gründliche Anleitung
zur Höflichkeit‹ – um nur einige Titel zu nennen.

Auch die Diskussion um die gelehrte Bildung war seit den ersten
Versuchen mit Ritterakademien weitergegangen, die Realdisziplinen
hatten in Ratichius, Comenius und ihren Anhängern entschiedene Ver-
fechter gefunden. Schupps oben zitierter Entwurf einer ›königlichen
und fürstlichen‹ Erziehung nimmt ausdrücklich auf das Kasseler
›Mauritianum‹ Bezug, und nicht zuletzt hat das Vorbild Frankreich
auf weite Kreise der deutschen Aristokratie anziehend gewirkt; allein in der Nähe von Paris soll es 1649 mehr als vierzig Ritterakademien gegeben haben[85]. Sehr stürmisch vollziehen sich die Neu-
gründungen in Deutschland freilich nicht: 1653 Kolberg, 1655 Lüneburg, 1680 Halle, 1687 Wolfenbüttel, 1699 Erlangen[86]. Hinzu kommen einzelne angehobene Gymnasien, die ganz im Stil von Ritteraka-

---

81 Vgl. Paulsen 1, S. 519.
82 Einzelheiten (mit weiterer Literatur) bei E. W. Zeeden, Das Zeitalter der Glaubenskämpfe, in: B. Gebhardt, Handbuch der deutschen Geschichte, Bd. 2, Stuttgart [8]1963, S. 105ff. (dort bes. S. 158ff.: ›Territorium und Konfession‹; und S.
189ff.: ›Lebensformen, Bildung, Künste‹).
83 Vgl. die o. S. 135ff. genannten Arbeiten von Cohn, Wendland und Zaehle; außerdem Borinski, Baltasar Gracian und die Hofliteratur in Deutschland, S. 53ff.; G.
Steinhausen, Die Idealerziehung im Zeitalter der Perücke, Mitt. d. Ges. f. dt.
Erz.- u. Schulgesch. 4, 1894, S. 209ff.
84 Allein dieses Buch erreicht (nach Goedeke [2]III, S. 88) bis 1700 acht Auflagen.
85 R. F. Butts, A cultural history of education, New York and London [5]1947,
S. 272.
86 Für das 18. Jahrhundert vgl. die (nicht vollständige) Liste bei Debitsch, Die
staatsbürgerliche Erziehung ..., S. 7; Paulsen 1, S. 519f.

demien aufgezogen sind[87], wie das 1664 errichtete ›Gymnaisum illustre Augusteum‹ von Weißenfels[88].

Der Lehrplan dieser neuen Anstalten ist im Prinzip nicht anders aufgebaut als beim Tübinger Collegium der Vorkriegszeit. Gelehrte *studia* und ritterliche *exercitia* stehen sich nach wie vor einigermaßen unvermittelt gegenüber[89]. Dagegen ist inzwischen die Notwendigkeit einer breiten staatswissenschaftlichen Ausbildung immer deutlicher geworden[90], vor allem angesichts des stark nach vorn drängenden Beamtenadels. Und das Lateinische, das im diplomatischen Verkehr an Bedeutung verliert, muß mehr und mehr den modernen Sprachen, insbesondere dem Französischen[91] und Italienischen, Platz machen.

Doch eine rhetorische Ausbildung ist dadurch nicht überflüssig geworden. Das Beispiel der Wolfenbütteler Akademie-Ordnung von 1688[92] (unter Herzog Rudolf August und seinem Bruder Anton Ulrich entstanden) zeigt, wie man das Fach Rhetorik den neu gestellten ›politischen‹ Zwecken anzupassen suchte: »Die Oratoria und das Studium Eloquentiae, soll gleich wie die anderen Studia, getrieben, jedoch vielmehr ipsa praxi, als durch weitläufftige Praecepta gelehret und öfters publice peroriret werden: Wobey jederzeit solche Materien zu choisiren, welche denen von Adel demnechst in allerhand Occurencen am meisten zu statten kommen können«[93]. Im gleichen Tenor faßt auch der Professor eloquentiae (et mathematices) Christoph Zeigener 1688 seine Ankündigung ab: »In dicendi arte explicatis breviter et perspicue praeceptis ipsam statim praxin addit«[94].

Daß Rhetorik ihren Sinn nicht in sich selbst trägt, sondern wesentlich auf die künftige Praxis der adligen Zöglinge auszurichten ist, gehörte schon zu Lansius' pädagogischen Grundsätzen. Um die akademische Beredsamkeit brauchte er sich auch deshalb weniger zu

---

[87] Einige Bemerkungen zum »Einfluß der Ritterakademien auf den Lehrplan der Gymnasien« bei Schaller, Die Pädagogik des Johann Amos Comenius ..., S. 478f.

[88] Rosalsky, Geschichte des akademischen Gymnasiums zu Weissenfels, S. 11ff.

[89] Vgl. auch Mahler, a.a.O., S. 7ff.

[90] Hierzu im einzelnen die Monographie von Debitsch.

[91] Vgl. B. Schmidt, Der französische Unterricht und seine Stellung in der Pädagogik des 17. Jahrhunderts, Osterwieck 1931.

[92] Vormbaum 2, S. 720ff.; MGPaed. VIII, S. 207ff. Die ältere Ordnung von 1687: a.a.O., S. 203ff.

[93] Vormbaum 2, S. 735.

[94] MGPaed. VIII, S. 263.

kümmern, weil die nahe Universität genügend Anschauungsunterricht bot. Das fehlte natürlich in Wolfenbüttel, und weil ein gewisser akademischer Anstrich auch in rhetoricis gewahrt bleiben sollte, wurden sogar Disputationen angesetzt. Die Professoren »sollen mit veranlassen und befördern, daß auch hier in dieser Academie, so wol als auff Universitäten, öffentliche Disputationes, Consultationes und Declamationes gehalten werden mögen, worzu sie dann gute und nützliche Materien außzuwehlen«[95]. Auch hierbei sind also Praxis (*Consultationes!*) und Nützlichkeit nicht aus den Augen zu verlieren[96]. Noch einen Schritt weiter, vor allem in der Wahl des sprachlichen Mediums, gehen die Anweisungen für die Schüler: »Sie sollen, um publica specimina ihrer Studien zu geben, zu Zeiten disputiren, und in Teutscher, Lateinischer, auch wol in andern fremden Sprachen peroriren, wie Sie sich dann auch absonderlich die Lateinische, als eine hochnohtwendige, und bey allen Nationen durchgehende Sprache werden recommendiret seyn lassen«[97].

Nicht als Muttersprache der Gelehrten, nicht als Tor zur wahren *eloquentia* wird das Lateinische betrieben, sondern als internationale Verkehrssprache, deren Kenntnis immer noch nützlich und notwendig ist; daneben bereits öffentliche Redeübungen im Deutschen und Französischen; das Ganze zugeschnitten auf die Wirklichkeit des gegenwärtigen politischen Systems und gestützt auf eine breite Kenntnis der Realfächer: es ist die modernste rhetorische Bildung, die im Deutschland des 17. Jahrhunderts geboten wird. Nur das Bewußtsein der ›politischen‹ Aufgabe und eine nie ganz überwundene Reserve gegenüber den traditionellen gelehrten Studien ermöglichten diese Konzeption. Sie auszubauen, übernahm das gelehrte Bürgertum[98], Weise für das Gymnasium, Thomasius für die Universität.

---

[95] Vormbaum 2, S. 728.

[96] Eine Weiterentwicklung der *Consultationen* stellen die sog. *Repräsentationen* dar, die vor allem im 18. Jahrhundert an den Ritterakademien gepflegt wurden: halbtheatralische, dem Schulactus ähnliche Darbietung von Ereignissen der politischen Geschichte. Einige Beispiele bringt Debitsch, a.a.O., S. 109ff. (ohne freilich in allen Fällen den Zusammenhang mit der Ritterakademie nachzuweisen, z. B. bei Schraders ›Hypotheses oratoriae‹, a.a.O., S. 112ff.).

[97] Vormbaum 2, S. 731. Skeptisch zum Anteil der Zöglinge am Text der öffentlichen Disputationen und Vorträge: Bender in: Schmid, Geschichte der Erziehung ... Bd. V 1, S. 125 (»oft nur auf Täuschung berechnete Schaustücke«).

[98] Einer der wenigen gelehrten Adligen, die an der Entwicklung der neuen Adelspädagogik maßgeblich beteiligt waren, ist Seckendorff. Über sein Gutachten zur Gründung einer Ritterakademie (1660) vgl. Paulsen 1, S. 515; im übrigen R. Pahner, Veit Ludwig von Seckendorff und seine Gedanken über Erziehung und Unterricht, Diss. Leipzig 1892.

In der Adelsschule Weißenfels schreibt Weise das Schlüsselwerk der neuen Rhetorik, den ›Politischen Redner‹[99]. In der Ritterakademie Halle findet Thomasius Unterkunft und Lehramt, als er 1690 die Universität Leipzig verlassen muß[100].

### e. Kontakte des Adels zur bürgerlichen Gelehrtenbildung

Für das Gesamtbild der Adelserziehung im 17. Jahrhundert sind die Ritterakademien freilich nur von begrenzter Bedeutung. Zu spät setzte der eigentliche Aufschwung dieser Schulen ein, und zu gering blieb ihre Zahl. Der niedere Adel war ohnehin kaum in der Lage, die beträchtlichen Kosten eines Aufenthalts in der Ritterakademie zu bestreiten[101]. Da auf der anderen Seite die Nachteile der Einzelerziehung durch Hofmeister evident waren, gelang es immer wieder einzelnen Gelehrtenschulen – vor allem den ›gymnasia academica‹ oder ›illustria‹ –, auch Söhne aus adligem Haus an sich zu ziehen[102]. Schon im 16. Jahrhundert war dies gelegentlich geschehen (so bei Sturm und Trotzendorf)[103], und je mehr im Lauf der Barockzeit das Interesse des Adels an gelehrten Studien zunahm, desto häufiger ent-

---

[99] Vgl. o. S. 206ff. Charakteristisch für die neue, am Hof sich orientierende Pädagogik sind Lehrbücher mit ›Hofmeister‹-Titeln, so Weises Geschichtsbuch ›Der Kluge Hoff-Meister‹ (Frankfurt u. Leipzig 1675) oder Bohses ›Getreuer Hoffmeister adelicher und bürgerlicher Jugend‹ (Leipzig 1706).

[100] Außer Weise und Thomasius unterrichteten an Ritterakademien u. a. Bohse (Liegnitz), Johann Lauremberg (Soroe), Neukirch (Berlin), Riemer (Weißenfels): allesamt Vertreter einer modernen, ›politischen‹ oder ›galanten‹ Rhetorik; nur Lauremberg – er unterrichtete Mathematik – gehört einer älteren Generation an.

[101] Eine Aufstellung über die Besoldung der Professoren in Wolfenbüttel findet sich bei Vormbaum 2, S. 739. Die Zahl der Professoren war im Verhältnis zu derjenigen der Schüler meist sehr hoch; vgl. Debitsch, a.a.O., S. 16. Zu den besonders kostspieligen *exercitia* vgl. Mahler, a.a.O., S. 12 (die Exerzitienmeister wurden meist erheblich besser bezahlt als die wissenschaftlichen Lehrer).

[102] Sogar ›ritterliche *exercitia*‹ wie Tanzen und Fechten (und moderne Sprachen) wurden zu diesem Zweck in den Lehrplan hereingenommen, z. B. 1664 beim ›Gymnasium illustre‹ von Bayreuth: »Solten sich auch aus unserm und andern Landen, von Adel oder sonsten einige, bey diesem Gymnasio finden, welche neben den Studiis Exercitia equestria, und Französisch oder andere Sprachen zu lernen Lust hätten, so wollen Wir ihnen zum besten, unsern Bereiter, Sprach- Tanz- Fecht- und andere dergleichen Exercitien-Meister, so sich an unserm Hof befinden, nachgeben, auch befehlen, daß sie gegen einen billichen, nicht zu hoch gespannten Recompens, dieselbe richtig unterweisen mögen« (Vormbaum 2, S. 631 f.). Ähnliches empfiehlt Seckendorff, ›Teutscher Fürsten-Stat‹, Frankfurt a. M. 1660, S. 110ff.

[103] Vgl. die Aufstellung bei G. Bauch, Valentin Trozendorf und die Goldberger Schule (MGPaed. LVII), Berlin 1921, S. 160ff.

schlossen sich vornehme Familien, ihre Kinder – faute de mieux – auf die Gelehrtenschule zu schicken[104], wo sie dann auch in den Rhetorikbetrieb hineinwuchsen. So besuchte zum Beispiel Abschatz in Liegnitz das Gymnasium, Hofmannswaldau in Breslau und Danzig, Zigler in Görlitz[105]. Daß vornehme Zöglinge der erklärte Stolz jeder Schule waren, versteht sich von selbst; bei öffentlichen Veranstaltungen, vor allem den rhetorischen Actus, wurden sie dementsprechend herausgestrichen (möglichst schon auf dem gedruckten Programm). Christian Weise, bereits durch seine Tätigkeit in Weißenfels dem Adel nachdrücklich empfohlen, war in der Werbung illustrer Schüler besonders erfolgreich[106]; er sah darin – nicht ohne Grund – eine Bestätigung für das ›politische‹ Niveau seines Unterrichts[107].

Daß am Ausgang der Barockzeit eine solche Konvergenz von Adelserziehung und modern-rhetorischer Gelehrtenschulbildung möglich wurde, ist nur auf dem Hintergrund eines langdauernden Prozesses zu verstehen. Das höfische und das gelehrte Element, die beiden wichtigsten Energiezentren im Kräftefeld der deutschen Barockliteratur, waren keineswegs von vornherein und selbstverständlich zur Synergie bereit. Mit wieviel Rhetorik werben vor allem die bürgerlich-gelehrten Barockautoren immer wieder um das Verständnis ihrer adligen Gönner, um Anerkennung der Hoffähigkeit von Kunstdichtung[108]! Und wieviel ›ritterlich‹-ungelehrter Hochmut spricht nach wie vor aus dem Verhalten einzelner Adelskreise! Das Bild ist uneinheitlich[109]. Wo sich ein Hof oder ein einzelner Vertre-

---

[104] Zum Antrag der kursächsischen Ritterschaft (1682), die Fürstenschule Meißen ganz dem Adel vorzubehalten (Grimma und Pforta dem Bürgertum), vgl. Paulsen 1, S. 515f.     [105] Vgl. auch o. S. 261.

[106] Im Jahre 1686 beispielsweise befanden sich unter den 99 Primanern immerhin 9 Adlige (Kaemmel, Christian Weise, S. 29).

[107] Nach zwei Jahrzehnten Tätigkeit als Rektor bekennt er stolz: »ich habe mich obligirt gemacht/ Hochgebohrnen und Wohlgebohrnen Eltern mit meiner getreuesten Auffwartung zu dienen/ und ihre höchstgeliebte Jugend in keinen nothwendigen Stücke zu versäumen« (Vorrede zu den ›Nachbars-Kindern‹, 1699, in: ›Neue Proben von der vertrauten Redens-Kunst‹, Dresden u. Leipzig 1700, S. 6). Auf dem Titelblatt der ›Nachbars-Kinder‹ wird betont, »lauter Personen von guter Extraction« hätten das Stück gespielt.

[108] Vgl. o. S. 225ff.

[109] Sehr bezeichnend hierfür eine Rede, die Seckendorff 1669 bei der Verpflichtung eines Hofmeisters hielt und in der er (gegen viele Einwände) die »Nothwendigkeit guter Erziehung/ sonderlich bey hohem Stande« zu erweisen sucht (enthalten in ›Teutsche Reden‹, Leipzig 1686, S. 230ff.). In die gleiche Richtung tendiert Birkens Vorrede zur ›Aramena‹: »Soll die adeliche Belustigung allein im Reiten/ Fechten/ Tanzen/ Jagen/ Trinken/ Spielen/ und dergleichen Eitelkeiten bestehen? Ist nicht das Gemüte und die himmlische Seele edler/ als der irdi-

ter des höheren Adels für ›höfisch‹-gelehrte Studien im Sinne Castigliones gewinnen läßt, entstehen wichtige Zentren des literarischen Lebens, so bei dem Fürsten Ludwig von Anhalt-Köthen als dem Patron der Fruchtbringenden Gesellschaft[110] oder bei Herzog Anton Ulrich von Braunschweig. Der Zögling Schottels und Birkens bleibt, wie Spahrs Untersuchungen gezeigt haben[111], noch auf Jahre hinaus mit dem Nürnberger Kreis in produktivem Austausch.

Die gemeinsame Arbeit des Welfen und der Nürnberger am Text der ›Aramena‹ mag ein Sonderfall der Begegnung von höfischer und gelehrter Welt sein. Daß aber der Gegenstand dieser Zusammenarbeit ein höfischer Roman ist, darf als symptomatisch gelten. Denn ebenso wie das barocke Kunstdrama an den *eloquentia*-Betrieb der Gelehrtenschulen gebunden bleibt[112], hat der hohe Barockroman in der repräsentativen Rhetorik des Hoflebens seinen natürlichen Wurzelboden. So wie das gelehrte Drama zugleich Übungsstoff der rhetorischen Erziehung darstellt, dient der höfische Roman als ›Schatzkammer/ Schöner/ zierlicher Orationen/ Sendbriefen/ Gesprächen ...vnd dergleichen‹[113].

Der höfische Roman ist eines der wichtigsten Instrumente der rhetorischen Adelserziehung. Im ›Vorbericht‹ zu Lohensteins ›Arminius‹ wird postuliert, »daß dergleichen Bücher stumme Hofemeister seyn/ und wie die Redenden gute Lehren und Unterricht geben«[114]. Und nach Birkens ›Vor-Ansprache‹ zur ›Aramena‹ wirken sie als »rechte Hof- und Adels-Schulen/ die das Gemüte/ den Verstand und die Sitten recht adelich ausformen/ und schöne Hofreden in den mund legen«[115].

---

sche Körper? So muß dann auch die Verstandes-belustigung adelicher seyn/ als die leibes-ergetzung (›Die Durchleuchtige Syrerinn Aramena‹, 1. Teil, Nürnberg 1669, ›Vor-Ansprache zum Edlen Leser‹, fol.) (VIa).

[110] Material bei O. Denk, Fürst Ludwig von Anhalt-Cöthen, Marburg 1917.

[111] B. L. Spahr, The archives of the Pegnesischer Blumenorden. A survey and reference guide (Univ. of Calif., Publ. in Mod. Philol. 57), Berkeley and Los Angeles 1960; ders., Anton Ulrich and Aramena. The genesis and development of a baroque novel (Univ. of Calif., Publ. in Mod. Philol. 76), Berkeley and Los Angeles 1966.

[112] Vgl. o. S. 314ff.

[113] Hierzu vor allem Cohn, Gesellschaftsideale und Gesellschaftsroman ..., passim; G. Müller, Barockromane und Barockroman, Lit.wiss. Jb. d. Görres-Ges. 4, 1929, S. 1ff.; ders., Höfische Kultur ..., S. 147 (über die »lehrstoffreichen Dialoge, Reden und Briefe als den rhetorisch-didaktischen Ballast«); Zaehle, a.a.O., S. 95ff.

[114] ›Großmüthiger Feldherr Arminius oder Herrmann‹, Leipzig 1689, 1. Teil, ›Vorbericht an den Leser‹, fol. c 2b.

[115] A.a.O., fol. ) ( Vb. Folgerichtig wird in Kindermann-Stielers ›Teutschem

## 5. Rhetorik an den Universitäten

*a. Ständische und konfessionelle Differenzierungen*

Das Problem der Standesgemäßheit, durch das sich die literarisch-rhetorische Erziehung im 17. Jahrhundert immer wieder so überaus kompliziert, scheint gelöst, sobald die oberste, die akademische Stufe des gelehrten Bildungswesens erreicht ist[1]. Für viele Adelsfamilien, die der bürgerlichen Gelehrtenschule ablehnend gegenüberstanden, war ein Besuch der Universität gesellschaftlich durchaus akzeptabel oder gar wünschenswert. Er gehörte zum Kennenlernen der Welt (die Kavalierstour schloß sich zumeist unmittelbar an), und durch die ›libertas‹ bzw. ›licentia‹ des Studentenlebens war garantiert, daß der Bewegungsspielraum des jungen Herrn nicht unangemessen eingeschränkt wurde[2]. Da ein Abitur noch nicht verlangt wurde – es ist bekanntlich erst 1788 in Preußen eingeführt worden[3] –, wechselten Adlige und Patriziersöhne meist unmittelbar von der Sphäre der Privaterziehung in die der Universität hinüber, wobei der Hofmeister (wie Gryphius bei den Söhnen Schönborners) einige Hilfestellung leisten konnte[4]. Natürlich kam es auch vor (z. B. bei Diederich von

---

Wolredner‹ (Wittenberg 1680, S. 42) vorgeschlagen: »Es wäre warlich gut/ daß einer aus der Aramena und andern ... Liebesbüchern/ die Komplimenten ausziehen/ unter gewisse Stellen [i. e. loci topici] bringen/ und zur guten Nachfolge heraus geben möchte/ solches würde bey höflichem ümgange manchem Sprachlosen den Mund öffnen/ und ihn reden lernen«.

[1] Eine neuere Darstellung der deutschen Universitäten im 17. Jahrhundert gibt es nicht. Materialreich, aber einseitig theologisch-philosophisch orientiert ist A. Tholuck, Das akademische Leben des siebzehnten Jahrhunderts mit besonderer Beziehung auf die protestantisch-theologischen Fakultäten Deutschlands, nach handschriftlichen Quellen (= Vorgeschichte des Rationalismus. Erster Theil), 2 Bde., Halle 1853/54. Ein ausgeglicheneres Bild in weiterem geschichtlichem Zusammenhang (auch unter Berücksichtigung der katholischen Universitäten) vermittelt Paulsen 1, S. 179ff. Zum spätmittelalterlichen und humanistischen Hintergrund vgl. außer Paulsen auch G. Kaufmann, Geschichte der deutschen Universitäten. Bd. 2: Entstehung und Entwicklung der deutschen Universitäten bis zum Ausgang des Mittelalters, Stuttgart 1896. Das meiste Material zum 17. Jahrhundert enthalten die (häufig aus dem 19. Jahrhundert stammenden) Urkundensammlungen und Monographien zur Geschichte der einzelnen Hochschulen. Bibliographische Hinweise zu Redeübungen und Disputationen bei Erman-Horn 1, S. 339ff.
[2] Vgl. den langen Abschnitt ›Von der Aufführung eines jungen Menschen auff Universitäten‹ bei Bohse (Talander), ›Der getreue Hoffmeister ...‹, S. 109ff.
[3] Vgl. Paulsen 2, S. 93ff.
[4] In den meisten Fällen hatte ja der Hofmeister bereits Universitätserfahrung. Das setzen auch die Anweisungen Bohses voraus.

dem Werder)[5], daß das Studium erst im Anschluß an den Besuch einer Ritterakademie begonnen wurde; doch das blieb schon aufgrund der geringen Zahl von Ritterakademien eine Ausnahme[6].

Die Tatsache eines solchen akademischen Nebeneinanders von Adel und Bürgertum ist bemerkenswert genug. Im Bereich des literarischen Lebens ließen sich allenfalls die Sprachgesellschaften, insbesondere die Fruchtbringende Gesellschaft, als Parallele anführen; Fürstlichkeiten und bürgerliche Literaten hatten sich zur Verwirklichung gemeinsamer Ziele zusammengeschlossen, und Karl Viëtor wies mit Recht darauf hin[7], daß die Gesellschaftsnamen nicht zuletzt der Aufhebung der Standesgrenzen dienen sollten[8]. Davon kann an den Universitäten freilich keine Rede sein. Schon durch die Aufwendigkeit der Lebenshaltung (mancher brachte einen kleinen Hofstaat zum Studium mit)[9] suchten sich die jungen Adligen von ihren Kommilitonen aus dem niederen Adel und dem Bürgertum[10] abzuheben, und besonders erlauchten Zöglingen huldigte auch die Universität als Korporation durch besondere Ehrenstellungen. Nicht selten wurden Studenten aus dem Hochadel mit dem Rektorat betraut; so war beispielsweise Abraham von Dohna, der Verfasser der ›Historischen reimen von dem ungereimten reichstag anno 1613‹, bereits mit 19 Jahren Rektor der Universität Altdorf (1598)[11], und in Tübingen fungierten häufig die jungen Prinzen von Württemberg als Rektoren[12].

Für die Entwicklung der repräsentativen Universitätsrhetorik ist diese Hofierung des Adels – hier konnte nur einiges angedeutet wer-

---

[5] Er besuchte das Kasseler ›Mauritianum‹ und ging dann zum Jurastudium nach Marburg (Newald, S. 204).

[6] Im übrigen sollte die Ritterakademie einen Aufenthalt an Gymnasium und Universität nach Möglichkeit ersetzen.

[7] Probleme der deutschen Barockliteratur, S. 68.

[8] »Neumarck und Rist, Schottel und Moscherosch rühmen die Leutseligkeit, die sie als Bürgerliche von den Fürsten erfuhren« (Flemming, Deutsche Kultur ..., S. 60); nach dem Tod Ludwigs von Anhalt-Köthen wurde der Kreis allerdings wieder feudaler.

[9] Bohse, a.a.O., S. 171ff.

[10] Viele von ihnen konnten sich ein Studium nur mit Hilfe reicher Gönner leisten.

[11] Vgl. A. Chroust, Abraham von Dohna. Sein Leben und sein Gedicht auf den Reichstag von 1613, München 1896, S. 23ff.

[12] Unten S. 438. Auf einer etwas anderen Ebene liegt die Übertragung des Universitätskanzler-Amts an hohe Adlige (Seckendorff als erster Kanzler der Universität Halle); sie galten meist als Vertrauensleute bzw. Repräsentanten des Landesfürsten.

den – von großer Bedeutung. Denn ihrer inneren Struktur nach war die Universität grundbürgerlich. Die Professorenschaft rekrutierte sich so gut wie ausschließlich aus nichtadligen Kreisen[13], und bei allem planmäßig gepflegten, gegen die unteren sozialen Schichten sich abschirmenden Gelehrtenstolz[14] blieb die Abhängigkeit von der Gunst hoher Herren schmerzlich spürbar – nicht zuletzt angesichts der notorisch schlechten und unregelmäßigen Besoldung[15]. Bei manchem Wechsel von der Universität in ein Gymnasialrektorat oder ein geistliches Amt (man denke nur an Buchholtz, Dilherr, Meyfart, Schupp oder Jacob Thomasius)[16] hat die Aussicht auf eine bessere Dotierung eine wesentliche Rolle gespielt. Für den aber, der an der Universität blieb, war der gute Kontakt zu adligen Gönnern geradezu lebensnotwendig; an kaum einem Beispiel zeigt sich dies so deutlich wie an dem Königsberger ›Professor Poeseos‹ Simon Dach[17]. Die werbende Rhetorik der Widmungen, der Gelegenheitspoesie und der Gelegenheitsreden wurde zum unentbehrlichen Instrument des akademischen Literaten.

Doch nicht nur das persönliche Interesse des einzelnen Hochschullehrers, auch das der Universität als ganzer erforderte eine sorgfältige Kultivierung der Beziehungen nach oben. Vornean stand selbstverständlich der Landesfürst als der eigentliche Träger und Schutzherr der Hochschule[18]. Gerade ihrer überregionalen Bedeutung wegen war sie gehalten, beispielsweise Ereignisse im Herrscherhaus besonders aufmerksam zu begehen. Und wenn gar der Fürst selbst zu Besuch kam, mußte alles an Repräsentation aufge-

---

[13] Sie entstammte nicht einmal immer gelehrten Elternhäusern. So war z. B. der erste unter den bedeutenden Tübinger Dichterhumanisten, Heinrich Bebel, Bauernsohn; der letzte, Christoph Kaldenbach, war Sohn eines Tuchmachers.

[14] Abraham a Sancta Clara, ›Judas Der Ertz-Schelm‹, 2. Teil, S. 293 dekliniert aus Erfahrung: »studeo, studui, stoltz«.

[15] Viele Hochschullehrer waren weitgehend auf Einnahmen aus nichtuniversitärer Fachpraxis angewiesen (insbesondere Juristen und Mediziner). Eine beliebte Einnahmequelle stellte auch die Aufnahme studentischer Pensionäre dar.

[16] Für das 16. Jahrhundert wären etwa Frischlin, Eobanus Hessus, Micyllus und Sabinus zu nennen (vgl. Paulsen 1, S. 275). »Die Klagen über schlechte Besoldung der Professoren reißen die Jahrhunderte hindurch kaum ab, insbesondere wachsen sie im 17. und 18. Jahrhundert« (H. Schelsky, Einsamkeit und Freiheit. Idee und Gestalt der deutschen Universität und ihrer Reformen [rde. 171/72], Reinbek 1963, S. 29).

[17] Schon seine Exspektanz auf einen Universitätslehrstuhl verdankte er im wesentlichen den Huldigungsgedichten an den Kurfürsten Georg Wilhelm.

[18] Nur in wenigen Fällen (wie etwa in Basel oder Erfurt) fungierte die Stadt als Patron; vgl. die Übersicht bei Kaufmann, Geschichte der deutschen Universitäten, Bd. 2, S. XIIIff.

boten werden, um ihn gebührend zu empfangen, zu bewirten und wieder zu verabschieden[19]. Aber auch jeder andere durchreisende Potentat erhob Anspruch auf Würdigung; die erhaltenen Sammlungen von Festprogrammen und Gelegenheitspoesie geben darüber vielsagende Auskunft.

Von den Pflichten, die dem Rhetorik- oder Poesie-Professor jeweils daraus erwuchsen, wird noch zu sprechen sein. Hier geht es zunächst um jenes charakteristische Zusammenspiel von akademischer und höfischer Welt, das für Bestand und Wirkung der deutschen Universitäten im 17. Jahrhundert so entscheidend wurde. Nicht durch Produktitivtät und Qualität einer freien Forschung hoben sie sich von den humanistischen Gelehrtenschulen ab, sondern durch Formalien: höheren gesellschaftlichen Rang, größere Freiheit des Zusammenlebens[20], Recht zur Verleihung akademischer Grade. Der eigentliche Lehrbetrieb war – heute würde man sagen: – durch absolute Verschulung gekennzeichnet[21] und unterschied sich in dieser Beziehung kaum von dem der mittelalterlichen Universitäten. Aus mehr oder weniger kanonischen Lehrbüchern wurde ein fester Wissensstoff weitergegeben, ohne daß dazu (mit Ausnahme vielleicht der Medizin)[22] ein wesentlicher technischer Aufwand notwendig war.

Um so größer mußte für die Gymnasialpädagogen der Anreiz sein, sich durch Hereinnahme von ›Fakultätswissenschaften‹ in den Lehrplan etwas akademischen Glanz zu verschaffen und zugleich die Schüler besser auf das Studium vorzubereiten, eine Tendenz, die zur Entstehung der schon erwähnten ›Gymnasia academica‹ oder ›illustria‹ führte[23]. Wo solche Versuche gelangen, waren sie von der Universität her nur zu begrüßen; denn viel zu häufig kamen die

---

[19] Vorbild war die seit dem Spätmittelalter immer weiter sich ausbreitende städtische Form des ›Trionfo‹ (dazu Alewyn, Das große Welttheater, S. 19ff.).

[20] Diese Präferenz hatte allerdings auch negative Auswirkungen: der weithin herrschende Grobianismus und Pennalismus (eine imposante Liste von Darstellungen der Zeit bei Erman-Horn 1, S. 754ff.) ließ bei vielen Zweifel aufkommen (z.B. bei Schupp), ob der Besuch einer Universität überhaupt ratsam sei.

[21] Dies gilt insbesondere für die philosophische Fakultät, vgl. Paulsen 1, S. 274.

[22] Zwar gab es keine Kliniken und Institute, aber das obligatorische ›Theatrum anatomicum‹ erforderte immerhin einige Investitionen (in Tübingen wurde Mitte des 16. Jahrhunderts eine Kapelle zur ›Anatomiekirche‹ umgebaut).

[23] Die Lehrer durften sich dann ›Professor‹ nennen (wie übrigens auch an den Ritterakademien) und wurden für bestimmte Fächer berufen. Besonders aufschlußreich für diese Dinge Hirsch, Geschichte des academischen Gymnasiums in Danzig, S. 62ff. (die Schule besaß sogar ein ›Theatrum anatomicum‹!).

jungen Leute (meist im Alter von etwa 16 Jahren)[24] mit völlig unzureichender Vorbildung ins Studium. Einer der Auswege, der vor allem von Melanchthon propagiert und praktiziert wurde, war die Einrichtung spezieller Vorbereitungsanstalten, der sogenannten ›Pädagogien‹[25]. Sie waren der Universität inkorporiert und hatten die Aufgabe, durch einen abgekürzten Kursus die Zöglinge auf den für das Studium notwendigen Wissensstand zu bringen[26].

Lateinschule, ›Gymnasium academicum‹, Pädagogium, Ritterakademie, jeder dieser Typen wiederum in zahlreichen Variationen – in den katholischen Territorien gab es eine solche Uneinheitlichkeit des voruniversitären gelehrten Unterrichts nicht. Die Jesuiten hatten dafür gesorgt, daß das akademische Studium planmäßig auf dem Gymnasialkursus aufbauen konnte. Allerdings war es mit der Eroberung der Universitäten in Deutschland nicht so rasch gegangen wie im Fall der Gymnasien[27]. Dabei gehörten auch die Universitäten von vornherein zu dem in den ›Constitutiones‹ (1551ff.) abgesteckten Arbeitsfeld (IV 11: ›De Universitatibus in Societate admittendis‹)[28]. Als geistige Zentren des Humanismus und zum Teil auch der Reformation (man denke nur an Wittenberg) mußten sie die besondere Aufmerksamkeit der um Konkurrenzfähigkeit bemühten gelehrten Gegenreformatoren erregen. Hinzu kamen die Erfolge, die Melanchthon und seine Schüler mit der Neugestaltung alter (nach Wittenberger Muster) und mit der Gründung neuer Universitäten (vor allem der Marburger) hatten erringen können[29].

Der vergleichsweise sicherste Weg, sich auch im akademischen Bereich zu etablieren, war die Benutzung eigener Kollegs als Basis[30].

---

[24] Nicht selten waren die Studienanfänger auch noch jünger, vgl. Schupp ›Deutscher Lucianus‹ (1659), in: ›Schrifften‹, S. 816.

[25] Eine Vorstufe dazu stellte Melanchthons ›Schola privata‹ dar (Näheres in der bereits genannten Arbeit von Koch, Philipp Melanchthons ›Schola privata‹). Bei der Wittenberger Universitätsreform wurde sie dann als ›Pädagogium‹ institutionalisiert; Pädagogien erhielten dementsprechend auch Marburg, Basel, Tübingen und die meisten anderen protestantischen Universitäten.

[26] In Marburg beispielsweise umfaßte der Lehrplan des von zwei Magistern geleiteten Pädagogiums: Grammatik, Dialektik, Rhetorik, Musik sowie die Elemente des Griechischen und Hebräischen.

[27] Vgl. Duhr II 1, S. 523ff. und III, S. 395ff.

[28] MGPaed. II, S. 50ff. Als Situation wurde vorausgesetzt, daß der Gesellschaft eine Universität ›angeboten‹ würde (im Fall der Universität Valencia haben die Jesuiten das Angebot auch einmal abgelehnt).

[29] Paulsen 1, S. 216ff.

[30] Auch hierin konnten sie sich am Vorbild Sturms orientieren, vgl. G. Meyer, Die Entwicklung der Straßburger Universität aus dem Gymnasium und der Akademie des Johann Sturm, Heidelberg 1926.

Die Dreiteilung der Jesuitenausbildung in einen Gymnasialkursus (›studia inferiora‹ mit Grammatik, Poesie, Rhetorik), einen ›Philosophie‹-Kursus (mit Logik, Physik, Metaphysik, Ethik) und einen abschließenden Theologie-Kursus erleichterte auch ein sukzessives Aufstocken der Institutionen. So erhielt z. B. Augsburg im Anschluß an das Kolleg (1582) auch ein ›Lyceum‹ mit Philosophie und Theologie (1589)[31], das Molsheimer Kolleg (1581) wurde zur Universität erhoben (1617)[32], und in Würzburg wurde zusätzlich zum Kolleg (1567) eine Universität errichtet (1582)[33]. Wieder anders war die Situation in Dillingen, wo die (1554 privilegierte) Universität vom Augsburger Fürstbischof gegen den Willen des Domkapitels an die Jesuiten übergeben wurde (1563)[34]. Den schwierigsten Boden jedoch stellten die bereits traditionsreichen Universitäten dar, in denen sich der Stolz auf die mühsam erkämpften humanistischen Reformen oft genug mit gründlicher Verachtung alles Scholastischen verband[35]. Man befürchtete unter anderem, daß die Jesuiten nur wieder scholastische Zustände einführen würden, und im übrigen drohte die Unterstellung unter eine jesuitisch-römische Zentralgewalt[36]. Ein besonders aufschlußreiches Beispiel ist Wien[37]. Schon 1551 hatten dort Jesuiten zu arbeiten begonnen, 1558 erhielten sie zwei theologische Lehrstühle, und über den Schulunterricht (dessen Organisation eigentlich der Universität durch Privileg vorbehalten war) versuchten sie nach und nach auch in die Artistenfakultät[38] einzudringen. Aber erst 1623 gelang es ihnen, durch Eingliederung des Jesuitenkollegs

---

[31] Für die Ausbildung der Ordensmitglieder und des Klerus reichten die Studienmöglichkeiten also aus.

[32] Ähnlich verlief die Entwicklung in Graz, vgl. MGPaed. II, S. 344ff.

[33] Eine bereits 1402 gestiftete Universität war bald wieder geschlossen worden, vgl. F. X. von Wegele, Geschichte der Universität Würzburg, 2 Bde., Würzburg 1882.

[34] Eingehende Darstellung bei T. Specht, Geschichte der ehemaligen Universität Dillingen ... und der mit ihr verbundenen Lehr- und Erziehungsanstalten, Freiburg i. B. 1902, S. 55ff.

[35] Kaufmann, Geschichte der deutschen Universitäten, Bd. 2, S. 490ff.; Paulsen 1, S. 78ff. Ausführliche Literaturangaben bei Garin 2, S. 301ff.

[36] Die Entscheidungskompetenz des Ordensgenerals (und nicht etwa des Landesfürsten) war schon früh durch päpstliche Dekrete gesichert worden (die Texte MGPaed. II, S. 1ff.).

[37] Vgl. im folgenden R. Kink, Geschichte der kaiserlichen Universität zu Wien, 2 Bde., Wien 1854.

[38] In ihr hatte sich mit der Schaffung des berühmten ›Collegium poetarum‹ besonders früh eine – maßvolle – humanistische Reform vollzogen (der Erlaß bei Kink, a.a.O., Bd. II, S. 305ff.).

in die Universität das Terrain zu sichern[39]. Die 20er Jahre des 17. Jahrhunderts – als die Jesuitengymnasien längst das Monopol besitzen! – bringen auch an anderen Universitäten den Durchbruch; 1620 geht die philosophische Fakultät (mit dem Pädagogium) der Universität Freiburg i. B. in die Hände der Jesuiten über[40], 1622 die Prager Universität[41]. Nicht in allen akademischen Fächern freilich unterrichten die Jesuiten selbst. Die ›Constitutiones‹ schließen Medizin und Jurisprudenz ausdrücklich aus, legen das entscheidende Gewicht auf die Theologie und gestatten daneben auch den Unterricht in den ›Artes vel scientiae naturales‹[42]. Der Orden hat sich in der Praxis weitgehend daran gehalten. Wo nach der Übernahme einer Universität auch die Weiterführung der juristischen und der medizinischen Fakultät ratsam erschien, wurden (selbstverständlich kirchentreue) Nichtjesuiten mit dem Lehramt betraut[43]. Domäne des Ordens aber blieben die theologische und philosophische Fakultät einschließlich der Lehrmethoden, d. h. nicht zuletzt: alle für die akademische Rhetorik wesentlichen Bereiche.

## b. Das Disputationswesen

Die Befürchtung mancher Humanisten, daß mit den Jesuiten die Scholastik wieder in die Universitäten einziehen würde, war nicht unbegründet, und sie betraf keineswegs nur den engeren Bereich der theologischen Dogmatik. Mit ihr fest verbunden waren die diffizilen logisch-rhetorischen Methoden der *ars disputandi* (bzw. *argumentandi*), die zusammen mit der *lectio* (bzw. *interpretatio*) den mittelalterlichen Universitätsunterricht mehr und mehr beherrscht hatte[44]. Ihr

---

[39] Kink, a.a.O., Bd. I 1, S. 322ff.

[40] H. Schreiber, Geschichte der Albert-Ludwigs-Universität zu Freiburg im Breisgau (= Geschichte der Stadt und Universität Freiburg im Breisgau, Bd. 2), Freiburg i. B. 1868, S. 309ff. u. 403ff. Versuche gehen bis in das Jahr 1577 zurück.

[41] W. W. Tomek, Geschichte der Prager Universität, Prag 1849, S. 161ff.

[42] MGPaed. II, S. 53f. Die zunächst vorgesehene Dreiteilung der jesuitischen Unterrichtsgebiete in *facultas linguarum, facultas artium* und *facultas theologiae* (a.a.O., S. 66) konnte sich nicht überall durchsetzen; oft wurden die *linguae* in die *facultas artium* mit einbezogen.

[43] Es kam auch vor, daß Jurisprudenz und Medizin erst später einbezogen wurden, so in Dillingen (»allerdings nicht ganz im Sinne der Jesuiten«; Specht, Geschichte der ehemaligen Universität Dillingen ..., S. 115).

[44] Prinzipielle Begründung der *ars disputandi* (unter bewußter Absetzung von der Antike) bei Hugo von St. Victor, ›Didascalion de studio legendi‹, Kapitel 11 (abgedruckt: Garin 1, S. 183ff.). Das wichtigste Lehrbuch dazu verfaßte Alber-

dreifacher Zweck: Einübung des Lehrstoffs, Schulung des Denk- und Redevermögens, öffentliche Präsentierung von Lehrern und Schülern, diente als Legitimation eines geistigen Turniersports, der – pflichtgemäß ausgeübt – einen Großteil der akademischen Arbeitszeit in Anspruch nahm[45]. »Der Scholar mußte in einer großen Zahl von Disputationen anwesend, in einer gewissen kleineren auch thätig gewesen sein, ehe er Baccalar, ebenso der Baccalar, ehe er Magister werden konnte, und die Magister waren gezwungen, daran teilzunehmen, um ihre Stellung als ›actu regentes‹ zu behaupten und, wenn sie nicht ›actu regentes‹ waren, um ihre Stellung als Glieder der Fakultät zu behaupten«[46].

Die Grundform der *disputatio* bestand darin, daß unter der Leitung eines Präsidenten (seine Tätigkeit: *arguere*) eine bestimmte Anzahl von Thesen (*argumenta*, *sophismata*) in logisch-schlüssiger Form diskutiert wurde, wobei der einen Partei vornehmlich das *opponere*, der anderen das *defendere* (oder *respondere*) zukam[47]. Auf diesem Schema hatte sich, abgestimmt nach Rang der jeweiligen Teilnehmer und nach Art des Anlasses, eine Fülle disputatorischer Variationsmöglichkeiten entwickelt, deren Ablauf bis ins einzelne geregelt war. Der Präsident (prinzipiell ein Magister) konnte sich zurückhalten oder stärker eingreifen, er konnte auch Erläuterungen für das Auditorium geben; die disputierenden Parteien konnten jeweils unter der Anleitung eines weiteren Magisters stehen, die Intensität der Vorbereitung war verschieden, und wenn die Thesen vorher publiziert worden waren – wie es meist geschah[48] –, wurde oft genug lediglich eine einstudierte Rolle hergesagt; schließlich war auch die Weise des Argumentierens häufig festgelegt, es gab das detaillierte Eingehen auf den Gegner und das einfache (*simpliciter*) Antworten mit Ja und Nein, man konnte sich mit den *partes principales* der aufgestellten Thesen befassen oder auch nur mit den *minus principales*[49].

---

tus Magnus: ›Pulcerrimus tractatus de modo opponendi et respondendi‹ (die zahlreichen Ausgaben und Drucke bei Erman–Horn 1, S. 340).

[45] Einen guten Überblick über die spätmittelalterliche Praxis gibt Kaufmann, Geschichte der deutschen Universitäten, Bd. 2, S. 369ff. Vgl. auch E. Horn, Die Disputationen und Promotionen an den deutschen Universitäten (Centralbl. f. Bibl.wesen, Beih. 11), Leipzig 1893.

[46] Kaufmann, a.a.O., S. 370.

[47] Präsidenten und Opponenten mußten später auch regelmäßig auf dem Titelblatt der gedruckten Disputationen genannt werden.

[48] Als schwarzes Brett dienten die Türen der Kollegien und Bursen.

[49] Erklärung der Terminologie bei C. Prantl, Geschichte der Ludwigs-Maximi-

Das Rückgrat des gesamten Disputationswesens bildete – vor allem bei den Artisten – die wöchentliche *disputatio ordinaria*, die traditionellerweise samstags (seltener sonntags) abgehalten wurde und den ganzen Tag über andauern konnte[50]. Die Anwesenheit bzw. Mitwirkung war für Lehrer und Schüler Pflicht, andere Lehrveranstaltungen oder *actus* durften nicht stattfinden. Kaum weniger zeitraubend waren die zahlreichen *disputationes extraordinariae*, die vor allem den jungen Magistern in einer bestimmten Frequenz auferlegt wurden[51] und ihnen Gelegenheit zur eingehenderen Erörterung eines Sachkomplexes gaben. Auch zur Promotion gehörte regelmäßig eine längere Disputation (›pro gradu‹)[52]. Die Fakultät mußte jeweils ihre Genehmigung erteilen, der Dekan präsidierte. Die feierlichste Form unter den *extraordinariae* gebührte jedoch der sogenannten *disputatio de quolibet* oder *disputatio quodlibetaria*[53]. Sie fand im allgemeinen einmal jährlich statt, vereinigte im größten zur Verfügung stehenden Saal (nicht selten in der Kirche) die gesamte Universität sowie erlauchte Ehrengäste und nahm mehrere Tage in Anspruch.

Das Ganze wurde von einem einzelnen Magister, dem ›Quodlibetar‹, in mühseliger Arbeit organisiert und teilte sich in einen Vorkampf (unter Mitwirkung der Baccalare) und einen Hauptkampf, bei dem sämtliche Magister der Artistenfakultät der Reihe nach aufzutreten hatten. Die Themen wechselten mehrfach, so daß in der Regel geradezu ein Querschnitt durch den akademischen (vor allem den artistischen)[54] Lehrplan geboten wurde.

Vor- und Nachteile dieser disputatorischen Praxis liegen auf der Hand. Präsenz des Wissens, Schlagfertigkeit der Erwiderung, gegenseitiges Kennenlernen wurden zweifellos gefördert. Auf der anderen Seite drohte die Gefahr der unfruchtbaren Subtilität, der Streitsucht,

---

lians-Universität in Ingolstadt, Landshut, München, 2 Bde., München 1872 (dort Bd. 1, S. 52ff.).

[50] Prinzipiell sollten alle anwesenden Magister einmal zum Arguieren kommen; waren es viele Magister, so wurde es oft spät.

[51] Kaufmann, a.a.O., S. 380 rechnet für Leipzig pro Jahr eine Summe von 200 bis 250 *disputationes extraordinariae* aus.

[52] Die meisten aus der späteren Zeit erhaltenen Disputationen gehören diesem Typus an; vgl. die oben genannte Arbeit von Horn.

[53] Vgl. F. Zarncke, Ueber die Quaestiones quodlibeticae, ZfdA 9, 1853, S. 119ff.; Kaufmann, a.a.O., S. 381ff. Eine Zusammenstellung von Quodlibetdisputationen bei Erman–Horn 1, S. 348ff.

[54] Im allgemeinen durften die Themen auch bei diesem Festakt nicht aus den oberen Fakultäten genommen werden, da Disputanten und Zuhörer in der großen Überzahl der Artistenfakultät angehörten.

der Langeweile[55]. Auf verschiedenartigste Weise suchte man dem zu begegnen. Man begrenzte die Redezeit sowie den Umfang der Thesen und Erwiderungen; man verbot Schimpfwörter[56] und ging gegen Streitsüchtige vor; man zahlte Präsenzgelder und erließ Strafen für unentschuldigtes Fehlen; man veranstaltete sogenannte ›Scherzdisputationen‹[57] als ausgleichendes Satyrspiel.

Doch gerade der Eifer, mit dem man sich gegen Auswüchse und Leerlauf zur Wehr setzen mußte, zeigt die Problematik des Disputationswesens. So ist es nur verständlich, daß im Zuge der humanistischen Universitätsreformen auch dieser Teil des mittelalterlichen Lehrbetriebs nach Möglichkeit eingeschränkt wurde[58]. Nicht das selbstgenügsame Ventilieren eines vorgegebenen Wissenskanons, sondern die unmittelbare Begegnung mit den antiken Autoren stand nun im Vordergrund[59]. Nicht disputatorische *facundia* sollte den Gelehrten auszeichnen, sondern an klassischen Mustern ausgebildete *eloquentia*.

Sehr lange hat die Verbannung der *ars disputatoria* nicht gedauert, jedenfalls an den deutschen Universitäten nicht. Mit der Reformation ergab sich eine wesentlich veränderte Lage. Vor allem die Theologie stand nun ganz neu vor der Aufgabe einer permanenten wissenschaftlichen Auseinandersetzung[60]. Angesichts dieser Notwendigkeit lag es nahe, daß man auf die – noch keineswegs versunkenen – Techniken der *disputatio* zurückgriff, deren sich ja auch die mittelalterliche Theologie bedient hatte. Die neue Aufgabe stellte sich nicht nur im Universitätsbereich. Auch der Prediger mußte imstande

---

[55] Vor allem den Studierenden wurde es oft zuviel, denn für sie gab es in der Burse noch die abendlichen Disputationen (*disputationes serotinae*).

[56] Auch Kraftausdrücke der Muttersprache, zu denen man gerne griff, wurden untersagt.

[57] Einige sind abgedruckt bei E. Zarncke, Die deutschen Universitäten im Mittelalter, Leipzig 1857, S. 49ff. Vgl. Erman–Horn 1, S. 353ff. und Kaufmann, a.a.O., S. 388ff. Nicht selten arteten diese Scherzdisputationen in Grobheiten und Zoten aus, beliebte Themen waren Saufen und Hurerei; besonders der Klerus wurde gern aufs Korn genommen.

[58] Einer der entschiedensten Gegner war Juan Luis Vives, vgl. Tholuck, Das akademische Leben des siebzehnten Jahrhunderts ..., Bd. 1, S. 241.

[59] Dazu A. Buck, Die ›studia humanitatis‹ und ihre Methode, Bibl. d'Human. et Renaiss. 21, 1959, S. 273ff. (vor allem an Petrarca entwickelt); ders., Der Renaissance–Humanismus und die Wissenschaften, Zs. f. Pädagogik 1, 1955, S. 215ff.

[60] Das bezeichnendste Beispiel sind Luthers eigene Disputationen: über sie A. Drews, Disputationen Dr. Martin Luthers in den Jahren 1535–1545 an der Universität Wittenberg, Göttingen 1895.

sein, sich vor der Gemeinde mit Thesen und Angriffen der Gegenseite auseinanderzusetzen.

Dieser Gesichtspunkt dürfte ausschlaggebend dafür gewesen sein, daß Luther die Übung im Disputieren nachdrücklich empfahl[61]. Und nachdem auch Melanchthon ihre Nützlichkeit hervorgehoben hatte[62], wurde sie fester Bestandteil der reformatorischen Universitäts-Statuten. So dekretiert z.B. die ›Reformation vnd newe ordnung der Vniuersitet zu Tüwingen 1533‹[63], »das die disputationes hebdomadales in Artibus, wie die von alter gewest sind, on abgang gehalten werden«[64]. Allerdings ist man sichtlich bemüht, nicht wieder in die alten Fehler zu verfallen und eventuellen Mißbräuchen vorzubeugen[65]. Die auf den Melanchthon-Schüler Camerarius zurückgehenden Statuten der Tübinger Artistenfakultät von 1536[66] (in allem Wesentlichen auch für das 17. Jahrhundert geltend) versuchen denn auch, den Zweck und den Ablauf der Disputationen zu präzisieren: »disputationum quasi prelium ad ingenia animosque in disserendo exacuendos repertum est«[67], heißt es im Kapitel ›De Rhetoricis Exercitiis‹; die Studenten sollen lernen, »quam bene et recte interrogare, opposite atque diserte respondere, dissoluere plane, concludere acute, colligere apte«[68]. Das Ritual, beschrieben im Kapitel ›De Disputationibus quibus Magistri praesint‹[69], entspricht durchaus der mittelalterlichen Tradition. Disputationstag ist der Samstag, die Ma-

---

[61] Tischreden 4, S. 192. Daß er dabei ausdrücklich »die circulares Disputationes« nennt, zeigt, wie selbstverständlich er sich auf die akademische Tradition stützt.

[62] CR III, S. 189 u.ö. Auch die Promotionen (die ja einen wesentlichen Teil des Disputationswesens ausgemacht hatten) möchte Melanchthon wieder beleben (›De gradibus discentium‹, CR IX, S. 98ff.).

[63] Urkunden zur Geschichte der Universität Tübingen aus den Jahren 1476 bis 1550 [Hrsg. v. R. Roth], Tübingen 1877, S. 176ff. Zur Disputationspraxis vgl. auch J. Haller, Die Anfänge der Universität Tübingen 1477–1537, 2 Tle, Stuttgart 1927/29 (dort Teil 1, S. 114ff.; die Disputation »ist der geistige Fechtboden, das Lebenselement des akademischen Unterrichts von damals«, S. 109).

[64] Urkunden . . . , S. 182.

[65] Eine wichtige Maßnahme zu diesem Zweck ist die Abschaffung der »pursalium Disputationum«, an deren Stelle Übungen in *epistolae, carmina* und *declamationes* treten sollen (ebda.).

[66] A.a.O., S. 381ff. Zum Anteil des Camerarius s. die Anmerkungen a.a.O., S. 381. Auch Melanchthon selbst war im Herbst 1536 für einige Wochen auf Einladung des Herzogs Ulrich in Tübingen, um die Reform voranzutreiben.

[67] A.a.O., S. 389.

[68] Ebda.

[69] A.a.O., S. 388ff. Zur Entwicklung an den anderen protestantischen Universitäten vgl. insbesondere die Heidelberger Disputationsordnung von 1558 bei A. Thorbecke, Statuten und Reformationen der Universität Heidelberg vom 16. bis 18. Jahrhundert, 2 Bde., Heidelberg 1886 (dort Bd. 1, S. 106ff.).

gister sind dann von der ›publica doctrina‹ befreit. Der Dekan setzt die Disputation an, beauftragt die Magister mit der Vorbereitung, und der präsidierende Magister verkündet vierzehn Tage vorher »capita quaterna iis de rebus, de quibus ordinariae scholae habentur, id est de literis artibus disciplinis«[70] (also keine Grenzüberschreitungen). An vier Baccalaurei werden diese Themen verteilt, »de quibus cum omnibus uolentibus ratione et uia ut solet disserant et asserta sua studeant defendere«[71]. Die Magister sollen ihnen dabei behilflich sein und die *proposita capita* erläutern. Bei der Disputation selbst schaltet sich der präsidierende Magister nur ein, wenn er merkt, daß ein Teilnehmer stockt oder unterliegt. Im übrigen soll er darauf achten, »ne quid fieri aut dici turbulenter proterue contumeliose patiatur«[72]. Auch der Dekan ist anwesend[73], er hat für ein ›praemiolum‹ zu sorgen (»numorum nostratium quatuor«). Auf diesem Fundament können dann die oberen Fakultäten weiterbauen. Herzog Ulrichs zweite Ordnung von 1536[74] bestimmt für die juristische und medizinische Fakultät, daß mindestens viermal pro Jahr »in ainer yeden ordenlich disputiert« wird[75]. Vor allem aber die »Theologi söllen ire disputation zu bequemmer zeit vleissig halten«[76].

Dies ist die Situation an den meisten protestantischen Universitäten[77], als die Jesuiten mit der Errichtung ihres gelehrten Imperiums beginnen. Man sieht: es bedurfte im Prinzip gar nicht des Rekurses auf die Tradition der scholastischen Philosophie und Theologie, um der *ars disputandi* zu neuem Leben zu verhelfen. Sie war immer noch (oder: bereits wieder) integrierender Bestandteil des akademischen Lehrbetriebs. Zugleich aber – und das ist entscheidend – versprach sie eine der schlagkräftigsten Waffen im gegenreformatorischen Kampf zu werden, wenn es gelang, sie aus der scholastischen Erstarrung zu lösen. Schon die ›Constitutiones‹ setzen das Dispu-

---

[70] Urkunden ..., S. 388.
[71] Ebda.
[72] Ebda.
[73] Und zwar »toto tempore«, wie bereits im Mittelalter (»Das war vermutlich die böseste von allen Lasten, die mit dem Dekanat verbunden waren«, Kaufmann, a.a.O., S. 378).
[74] Urkunden ..., S. 185ff.
[75] A.a.O., S. 189. In der Ordnung von 1525 war noch ausdrücklich festgelegt worden, daß die juristischen Disputationen »more scholastico« abgehalten werden sollten (a.a.O., S. 146).
[76] A.a.O., S. 188.
[77] Vgl. Paulsen 1, S. 216ff.

tieren an die Spitze aller *exercitationes*[78], und wie sich zeigte, gesteht die ›Ratio studiorum‹ den Disputierübungen (samt der Vorform der *concertationes*) schon im Kollegienunterricht einen breiten Raum zu[79]. Der eigentliche Effekt konnte natürlich erst in den *studia superiora* sichtbar werden.

Um ihn zu sichern, plant der ›Ratio‹-Entwurf von 1586 eine bis ins kleinste Detail gehende Regelung[80]. Der Problematik des Disputierens sind sich die Jesuiten völlig bewußt; aber sie sehen keine andere Wahl: man muß versuchen, »vt disputationes omnes, quarum feruor ac dignitas iam concidisse videtur, pristinae restituantur autoritatis, cum hoc exercitationis genere nihil sit vtilius ad capessendas superiores facultates«[81]. Vor allem drei Dinge sind charakteristisch für den jesuitischen Entwurf[82]. 1. Disputanten und Präsidenten (*praefecti*) müssen sorgfältig ausgewählt und vorbereitet werden; der Präsident muß absolute *auctoritas* besitzen. 2. Anzahl und Umfang der *argumenta, distinctiones* und *conclusiones* sind streng zu begrenzen[83], besondere Sorgfalt herrsche »in formae rigore seruando«, die Regeln der Logik müssen ›sitzen‹[84]. 3. Auch auf die Zuhörer ist Rücksicht zu nehmen; »publice non disputent, nisi doctiores«[85], im übrigen soll der *praefectus* nach Möglichkeit Erläuterungen geben, damit die Zuhörer etwas mitnehmen können.

Nicht auf besondere Länge der Disputation kommt es an, sondern auf Häufigkeit und Intensität; man muß gezwungen sein, »omnes ingenij nervos intendere«[86]. Daher soll z.B. die wöchentliche Disputation in der ›Schola‹ (samstags) zwei Stunden nicht überschrei-

---

[78] »Constitutiones ... nihil gravius commendant, quam disputationes earumque frequentiam et assiduitatem«, MGPaed. V, S. 103.

[79] Vgl. o. S. 342f.

[80] MGPaed. V, S. 100ff. (›De Disputationibus‹).

[81] A.a.O., S. 102.

[82] Das Folgende ist ein Extrakt aus einem detaillierten Acht-Punkte-Programm.

[83] Die diesbezügliche Regelung ist so charakteristisch für das Programm, daß sie hier kurz zitiert sei: »Conclusionum iste sit modus. Vna conclusio non excedat tria vel quatuor membra, nec nimium sterilia: In hebdomadarijs disputationibus non sint vltra octo vel novem conclusiones: in menstruis non vltra 12 vel 15. In actibus, si vnius partis, non vltra 20; si totius Theologiae, non vltra 50; pauciores etiam, si publicus Academiae mos aliter habeat« (a.a.O., S. 102).

[84] »Tandem ab ipsis Logicae incunabilis sic instituantur iuvenes, vt nihil eos magis pudeat, quam a forma defecisse, et nullius rei acriorem exigat rationem Praeceptor, quam vt coram se nihil in forma peccetur: retractetur vero statim quicquid peccatum fuerit« (a.a.O., S. 105).

[85] A.a.O., S. 106.

[86] A.a.O., S. 103.

ten. Aber sie ist nur ein kleiner Teil jenes imposanten disputatorischen Stundenplans, der den Lehrbetrieb an den Jesuitenhochschulen bestimmte[87]. Außer der Samstagsdisputation gab es die öffentliche Sonntagsdisputation, die Monatsdisputation, eine Fülle ›privater‹ Disputationen (meist täglich) und schließlich die von der ›Ratio studiorum‹ vorgeschriebenen ›Repetitionen‹[88], in denen die Studenten referierend und argumentierend über den Lehrstoff Rechenschaft ablegen mußten.

Im Jahre 1611 hält der Magister Balthasar Meisner in Tübingen eine akademische Festrede mit dem Titel: »Dissertatio de antiqua vitiosa, theologica disputandi ratione, a Scholasticis primum imprudenter introducta, a Luthero ex Scholis utiliter educta, a Jesuwitis infeliciter reducta«[89]. So eingängig diese These von der geschichtlichen Entwicklung des theologischen Disputationswesens formuliert sein mag, sie bedarf, wie man leicht erkennt, einiger Korrekturen. Weder hat Luther das Disputieren aus dem theologischen Unterricht verdrängt, noch haben es die Jesuiten wieder ›eingeführt‹. Sicher waren die Jesuiten besonders stark der Versuchung ausgesetzt, wieder in die eingefahrenen Geleise der scholastischen Tradition zu geraten (deshalb wohl auch die Strenge der oben skizzierten Reform)[90], aber wie die Geschichte der theologischen Dogmatik zeigt[91], sind im Bereich der lutherischen Orthodoxie die neuscholastischen Tendenzen kaum weniger ausgeprägt.

Für etwas anderes ist die Festrede des Magisters bezeichnender: für die neue Funktion der Universitäten als Zentrum der Konfessionspolemik. War die mittelalterliche *ars disputatoria* mehr und mehr zum pädagogischen Glasperlenspiel geworden, so hatte sie durch die Reformation gewissermaßen eine neue Dimension, eine

---

[87] Vgl. die mit reichem Quellenmaterial versehene Darstellung von Specht, Geschichte der ehemaligen Universität Dillingen ..., S. 207ff.; auch Duhr III, S. 417f.

[88] MGPaed. V, S. 290; Specht, a.a.O., S. 207f. Auch diese Einrichtung war aus dem mittelalterlichen Unterricht übernommen, vgl. Kaufmann, Geschichte der deutschen Universitäten ..., Bd. 2, S. 365ff.

[89] Zitiert nach Erman–Horn 1, S. 342. Auf dem Titelblatt heißt es weiter: »In anniversaria festivitate academica ... collegii theol. Tubingensis, ... valedictionis ergo recitata« (der Text ist normalisiert). Die ›Dissertatio‹ erschien im gleichen Jahr (»aucta«) in Gießen.

[90] Es ist ein Analogon zur rigorosen Latinitätspflege auf dem Hintergrund des Kirchenlateins.

[91] Vgl. E. Weber, Der Einfluß der protestantischen Schulphilosophie auf die orthodoxe lutherische Dogmatik, Leipzig 1908; P. Althaus, Die Prinzipien der deutschen Dogmatik im Zeitalter der aristotelischen Scholastik, Leipzig 1914.

neue Richtung gewonnen. Beide Seiten, Katholiken wie Protestanten (und hier wieder die verschiedenen Bekenntnisse)[92], waren gezwungen, neben dem inneren Ausbau des eigenen dogmatischen Systems immer zugleich den Gegner im Auge zu behalten. Kontroverstheologie wurde nachgerade zu einem neuen, eigenwertigen Fach[93]. Etwa um die Wende zum 17. Jahrhundert ist der Prozeß so weit fortgeschritten, daß die ersten kontrovers-theologischen ›Summae‹ gezogen werden, z. B. die für lange Zeit richtungsweisenden ›Disputationes de controversiis christianae fidei‹ (3 Bände, 1586–93) des Kardinals und Jesuiten Roberto Bellarmini[94]. Die Reihe solcher Schriften setzt sich, vor allem auf protestantischer Seite, während des ganzen Jahrhunderts fort (auch Buchholtz zum Beispiel versucht sich in diesem Genre)[95]; sie gipfelt schließlich in der ›Theologia didactico-polemica‹ (1685) des Wittenberger Professors Johann Andreas Quenstedt[96].

Die traditionellen Techniken der *ars disputandi*, wie sie im normalen Universitätsunterricht weiterhin praktiziert wurden, erwiesen sich in der weit über den akademischen Bereich hinausdrängenden

---

[92] Insbesondere natürlich die lutherischen und kalvinistischen Parteien, daneben Synkretisten, Arianer, Wiedertäufer und viele andere Gruppen.

[93] »Die dogmatische und polemische Arbeit der Universitätstheologie« hebt auch Flemming, Deutsche Kultur ..., S. 307 hervor. »Das also ist allen Konfessionen gemeinsam, daß ihre Theologen die Lehrsysteme mit Hilfe der scholastischen Begriffswelt bis ins kleinste ausbauen und gegeneinander ausspielen« (ebda.). Ausführliche Literaturhinweise bei E. O. Reichert, Johannes Scheffler als Streittheologe. Dargestellt an den konfessionspolemischen Traktaten der ›Ecclesiologia‹, Gütersloh 1967.

[94] Kontroversfragen hatten im Theologie-Studium der Jesuiten einen festen Platz, MGPaed. V, S. 306. Über Zitierung Bellarminis in Gryphius' ›Dissertationes funebres‹ vgl. Schings, Die patristische und stoische Tradition ..., S. 90 (»Das Zitat ist einigermaßen erstaunlich, wenn man bedenkt, daß Bellarmin zu den profiliertesten und heftig angefochtenen katholischen Kontroverstheologen gehörte«, a.a.O., Anm. 50). Manche der kontroverstheologischen Handbücher erschienen auch in deutscher Übersetzung, so übersetzte Opitz 1631 das ›Manuale controversiarum‹ des Jesuiten Martin Becanus (Goedeke ²III, S. 46).

[95] ›Grund- und Hauptursach, warum ein verständiger evangelischer Christ nicht römisch-katholisch werden, sondern evangelisch-katholisch seyn und bleiben will und muß‹ (1671); zitiert nach L. Cholevius, Die bedeutendsten deutschen Romane des siebzehnten Jahrhunderts. Ein Beitrag zur Geschichte der deutschen Literatur, Leipzig 1866, S. 176. Buchholtz war zeitweise Professor der Theologie in Rinteln.

[96] Zu diesem Standardwerk vgl. jetzt J. Baur, Die Vernunft zwischen Ontologie und Evangelium. Eine Untersuchung zur Theologie Johann Andreas Quenstedts, Gütersloh 1962 (der polemisch-kontroverstheologische Aspekt ist hier allerdings vernachlässigt).

Konfessionspolemik[97] schon früh als unzureichend. Man wurde der neuscholastischen ›Subtilitäten‹ und ›Sophistereien‹ überdrüssig. Vor allem der protestantischen Theologie (oder wenigstens einigen ihrer Vertreter) mußte es reizvoll erscheinen, sich von der Disputatorik alten Stils zu distanzieren. An die Stelle des verschlagenen Sophisten – den man natürlich gern mit dem Jesuiten identifizierte – sollte der gewandte, aber ehrliche, allein um die Wahrheit bemühte Streiter treten. Bereits 1629 erschien das Hauptwerk dieser Richtung, mit dem anspruchsvollen Titel: »Idea boni disputatoris et malitiosi sophistae, exhibens artificium non solum rite at strategematice disputandi; sed fontes solutionum aperiens, e quibus quodvis spinosissimum sophisma dilui possit«[98]. Verfasser ist der Straßburger Theologe (Lehrer Speners) und Rhetorikprofessor Johann Conrad Dannhauer[99], ein Mann, der auch mit einer Reihe anderer Schriften zur Methodik der *artes dicendi*[100] und der Theologie hervorgetreten ist. In seiner ›Idea‹ bemüht sich Dannhauer zunächst, den Sinn, ja die Naturgegebenheit des so problematisch gewordenen Disputierens zu erweisen (»facultas disputatoria aequè homini naturalis«)[101], und entwickelt dann, mit stark pädagogischem – teilweise an Ciceros und Quintilians Vorbild erinnerndem – Akzent, das Ideal des *disputator bonus*. Absolute Wahrheitsliebe, umfassende Sachkenntnis und insbesondere die Beherrschung der Logik[102] sind die entscheidenden Voraussetzungen. Der weitaus größte Teil des Buches aber[103] ist dem Studium des *sophista* gewidmet, der in drei verschiedenen Ar-

---

[97] Viele Streitschriften erschienen auch auf deutsch, so die des Jesuiten Jodocus Kedd (vgl. o. S. 364) oder diejenigen Schefflers; vgl. die genannte Arbeit von Reichert.

[98] Zugrundegelegt ist im folgenden die ›editio quarta‹, Straßburg 1656.

[99] Auf dem Titelblatt ist er als »Professor Oratoriae Publicus« vorgestellt (das Amt bekleidete er seit 1629). Biographisches Material, weitgehend aus Straßburger Archiven, bei W. Horning, Der Strassburger Universitäts-Professor, Münsterprediger und Präsident des Kirchenkonvents Dr. Johann Conrad Dannhauer, Strassburg 1883 (hier vor allem wichtig S. 27ff.: ›Dr. Dannhauer als Polemiker‹). Dannhauer gehörte auch zu Gryphius' Straßburger Bekanntenkreis, vgl. DVjs 42, 1968, S. 340.

[100] Zu nennen sind vor allem ›Pathologia rhetorica‹ (1632), ›Polemosophia, seu dialectica sacra‹ (1648), ›Epitome rhetorica‹ (1635, mehrfach aufgelegt), ›Tractatus de memoria‹ (1635), ›Decas diatribarum logicarum‹ (1653).

[101] A.a.O., S. 7. Die Argumentationsweise ist an dem berühmten Eingang der Aristotelischen ›Metaphysik‹ orientiert. Es fehlt auch nicht die Berufung auf Christus und die Apostel, die mit ihren *adversarii* disputiert haben.

[102] A.a.O., S. 5: »in omni veritate Logica est, eorum, quae scientiae acquirendae instrumenta vulgò habentur, longè utilissimum«.

[103] Fünf von acht Kapiteln.

ten von *epicheremata* bzw. *aggressus* seinen Gegner zu überrumpeln versucht[104].

Die Resonanz dieses Versuchs (das Buch wurde bis 1674 fünfmal aufgelegt)[105] zeigt, wie intensiv das Interesse an der neuen konfessionspolemischen Variante[106] der *ars disputatoria* geworden ist. ›Streitbarkeit‹ wird zu einer charakteristischen Eigenschaft vieler Theologen: »displicet omnis via conciliandi ... praeterquam quae fit disputando«[107]. Und es verwundert nicht, daß auch akademische Bravourstücke im Disputieren auf theologischem Boden gedeihen; über Dilherr wird berichtet, er habe in acht Sprachen disputieren können[108]. Die Nachbarwissenschaft der Theologie, die Philosophie, ist von der Renaissance der Disputierkunst nicht unberührt geblieben[109]. Von einem Jesuiten stammt das im 17. Jahrhundert »bei weitem einflußreichste Handbuch der scholastischen Metaphysik«, die ›Disputationes metaphysicae‹ (1597) des Francisco Suarez[110]. »Leibniz hat sie in seinen Studentenjahren ›wie einen Roman‹ gelesen«[111].

Aufgrund seiner dialektischen Tendenz zur universalen Systematisierung des Weltentwurfs wie zur methodischen Präzisierung der kleinsten Einheiten ist Leibniz mehrfach als der repräsentative Barockphilosoph apostrophiert worden[112]. Es ist die gleiche Tendenz,

---

104 Zu dieser besonderen, wesentlich durch Quintilian definierten Form des rhetorischen Beweises s. W. Kroll, Das Epicheirema (SB Wien, Phil.-hist. Kl. 216/2), Graz 1936.

105 Bisher festgestellt: 1629, 1632, 1647, 1656, 1674. Sogar im Gymnasialunterricht wurde das Buch benutzt, z. B. in Magdeburg 1658 (Vormbaum 2, S. 516); die Hanauer Schulordnung vom gleichen Jahr nennt auch Dannhauers ›Rhetorik‹ und ›Dialektik‹ (a.a.O., S. 485).

106 Natürlich reichen die Wirkungen weit über den Kreis der Theologie hinaus, ein *bonus disputator* kann sich in jeder Wissenschaft bewähren; doch das Zentrum der neuen Impulse liegt wohl in der Kontroverstheologie.

107 Brief von Rudolph Wetstein aus Basel an Dannhauer (1657), zitiert nach Tholuck, Das akademische Leben des siebzehnten Jahrhunderts ..., Bd. 1, S. 243.

108 Tholuck, a.a.O., S. 244.

109 Vgl. besonders M. Wundt, Die deutsche Schulmetaphysik des 17. Jahrhunderts, Tübingen 1939.

110 K. Eschweiler, Die Philosophie der spanischen Spätscholastik auf den deutschen Universitäten des siebzehnten Jahrhunderts, Span. Forschungen d. Görres-Ges. 1, 1928, S. 251ff. (das Zitat: S. 259; Eschweiler setzt hinzu: »auch im protestantischen Deutschland«). Die Spur wurde weiter verfolgt von E. Lewalter, Spanisch-jesuitische und deutsch-lutherische Metaphysik des 17. Jahrhunderts, Hamburg 1935.

111 Eschweiler, a.a.O., S. 259.

112 Beispielsweise von H. Barth, Das Zeitalter des Barocks und die Philosophie von Leibniz, in: Die Kunstformen des Barockzeitalters, S. 413ff.; J. O. Fleckenstein, Gottfried Wilhelm Leibniz. Barock und Universalismus, München 1958.

die zu einer ungeheuren Expansion der Logik im 17. Jahrhundert geführt hat[113], einer Wissenschaft, die als Hilfsdisziplin oder auch als ›Mutter‹ seit jeher aufs engste mit der *ars disputatoria* verbunden war. So naheliegend und legitim es erschien, das Disputationswesen an den Universitäten als Experimentierfeld (oder auch als Turnierplatz) für die Logik zu benutzen, so verhängnisvoll mußte sich diese Entwicklung auf das ohnehin problematische Ansehen der *ars disputatoria* auswirken.

Schon während des 16. Jahrhunderts kommt es (wie in der vorhumanistischen Zeit) immer wieder vor, daß Disputanten sich in Spitzfindigkeiten und Bagatellen festrennen, die ohne jeden sachlichen Wert sind und lediglich zu Streitereien führen. Auch die Jesuiten bleiben davon nicht verschont. So wird in einer Dillinger Anweisung für die Theologen (unter Berufung auf das Vorbild des Paulus) betont: »vitandas esse inutiles quaestiones et pugnas verborum et quicquid ad aedificationem non conducit: ex quibus ... oriuntur invidiae, contentiones, blasphemiae, suspiciones malae et conflictationes hominum mente corruptorum et qui veritate privati sunt ... A quaestionibus philosophicis omnino abstineant ...«[114]. Und nicht ohne Grund mahnen die ›Constitutiones‹, man solle »semper qua decet modestia observata« disputieren[115]. Für die Protestanten gilt das nicht weniger; ein Jahrhundert später hält Christian Weise in Leipzig eine ›Dissertatio moralis de adhibenda in disputando modestia‹[116], und Spener geißelt als das Hauptlaster vieler Disputanten den »Ehrgeiz und die Begierde, sich geltend zu machen«[117].

Satire und Zeitkritik haben sich dieses dankbare Sujet natürlich nicht entgehen lassen. Spitzfindigkeit und Streitlust der Disputanten werden zu beliebten literarischen Topoi. Die Tradition der Scherzdisputationen spielt dabei sicher eine Rolle. Bereits Hans Sachs darf mit der Sachkenntnis seiner Zeitgenossen rechnen bei ›zwaier philosophi disputacio ob peser hayraten sey oder ledig zw pleiben ainem

---

[113] Das Material ist zusammengestellt von H. Schüling, Bibliographie der im 17. Jahrhundert in Deutschland erschienenen logischen Schriften (Berichte u. Arb. aus d. Univ.-Bibl. Gießen. 3), Gießen 1963 (über eintausend Titel!).

[114] Specht, Geschichte der ehemaligen Universität Dillingen ..., S. 629f. (aus den Statuten von 1557). Die entsprechende Paulus-Stelle steht 1. Tim. 6,4f.

[115] MGPaed. II, S. 55.

[116] Erman–Horn 1, S. 344 (der Druck: Leipzig 1691). Weise verfolgt hier offensichtlich eine ähnliche Tendenz wie bei seiner Weißenfelser Abhandlung ›De moralitate complimentorum‹ (1675): Ehrenrettung einer suspekten, aber notwendigen *ars dicendi*.

[117] Zitiert nach Weithase 1, S. 148.

weissen mann‹ (1555)[118]. Die Barocksatire geht auf diesem Weg konsequent weiter. In Beers ›Narren-Spital‹ (1681) lautet Kapitel 10: ›Hans disputiert mit Lorenzen vom Adel und der Religion‹; und das darauf folgende Kapitel: ›Die Magd fängt auch an, zu disputieren‹[119]. In Weises ›Ertz-Narren‹ (1672) sind »ein artig disputat« zwischen Florindo und seinem Praeceptor sowie eine achtzig Punkte umfassende Liste von Disputationsthemen (alles natürlich lateinisch) eingearbeitet[120]. Der (anonyme) ›Politische Grillenfänger‹ (1682) enthält die Beschreibung einer Disputation, mit der sich ein junger Magister an der Straßburger Universität habilitieren will[121]. Und Wernicke karikiert in Epigrammform ›Rebuffus den warmen Disputanten‹[122]. Vor allem aber in den Streitschriften Schupps finden sich immer wieder satirisch-aggressive Darstellungen von Exzessen der akademischen Disputatorik[123]; Grundsätzlichkeit und Schärfe seiner Kritik[124] beweisen indirekt die große Bedeutung, die dem Disputationswesen im Universitätsleben des 17. Jahrhunderts zukam[125].

Die Auswirkungen auf die Barockliteratur (nicht nur auf Epigramm und Satire) sind noch kaum untersucht. Günther Müller hat, angeregt durch die bereits genannte Arbeit Eschweilers, auf einiges kurz hingewiesen, insbesondere auf das ›disputatorische Element‹ in Barclay's ›Argenis‹ und in Lohensteins ›Arminius‹[126]. Mit Recht sieht er in der »Ars disputandi ... eine Sonderform der Rhetorik«[127].

---

[118] Enthalten in: Hans Sachs, Fastnachtspiele. Ausgew. u. hrsg. v. T. Schumacher (Dt. Texte. 6), Tübingen 1957, S. 136ff.

[119] Ausgabe v. R. Alewyn (RK. 9), Hamburg 1957, S. 33ff. (in anderen Kapiteln wird ›peroriert‹, ›discuriert‹, es gibt eine ›Oration‹, eine ›Valediction‹ usw.).

[120] S. 296ff. u. 225ff.

[121] Genauere Angaben bei Hirsch, Bürgertum und Barock ..., S. 150; vgl. Erman–Horn 1, S. 343.

[122] Pechel, S. 258 (›Auff Rebuffus den warmen Disputanten‹).

[123] Die vielleicht illustrativste Stelle: ›Deutscher Lucianus‹, in: ›Schrifften‹, S. 815ff. (es werden auch die einschlägigen Lehrbücher und Autoritäten genannt, darunter Suarez).

[124] Sie berührt sich in vielem mit den Ansichten von John Locke, vgl. die bei Garin 3, S. 220ff. abgedruckten Auszüge aus ›Some Thoughts concerning Education‹.

[125] Dementsprechend breit ist der Raum für das Thema ›Disputieren‹ innerhalb der zahlreichen Universitätshodegetiken, etwa bei Bohse (Talander), ›Der getreue Hoffmeister ...‹, S. 132ff.

[126] Deutsche Dichtung ..., S. 203ff.; Höfische Kultur der Barockzeit, in: Deutsche Barockforschung, S. 182ff., bes. S. 185, 190, 201. Beim ›Arminius‹ bezieht er sich auf die Ergebnisse von Laporte, Lohensteins Arminius (1927).

[127] Deutsche Dichtung ..., S. 206.

Die gelehrten Barockdichter haben sich alle einmal in dieser ›Sonderform‹ üben müssen. Simon Dachs Magisterdisputation beispielsweise ist erhalten[128]. Jacob Bidermann führte als Professor der Theologie an der Universität Dillingen bei zahlreichen Disputationen das Präsidium[129]. Und dem jungen Gryphius wird bescheinigt, daß er während seiner Leidener Zeit »in offentlichen Disputationibus einen fleißigen Opponenten abgab«; darüber hinaus habe er sogar »andere opponendo geübet«[130]. Alles dies kann kaum ohne Einfluß insbesondere auf die dialogischen Formen der Barockliteratur und auf die Entwicklung des *stylus argutus*[131] geblieben sein. Selbst ein Mann wie Schupp, der die *ars disputatoria* am liebsten aus den Universitäten verbannt hätte, ist doch von ihr, wie seine Streitschriften zeigen, tief geprägt[132].

In Deutschland ist das akademische Disputationswesen – mit wenigen Ausnahmen, vor allem bei den Theologen[133] – längst versunken. In der Romania hat es sich über die Jahrhunderte hinweg einen Platz im Universitätsleben zu erhalten vermocht, nicht lediglich als Folge traditionsverfallener Trägheit, sondern aufgrund eines unmittelbareren Verhältnisses zum Phänomen des Rhetorischen. »Wer Diskussionen in romanischen Ländern beigewohnt hat, aka-

---

[128] Abgedruckt bei Ziesemer 2, S. 337ff. (»TRIAS ASSERTIONUM Ad rem poëticam spectantium …«). Die drei Thesen lauten: »Verum ad Poësin omnino pertinet, nec quia fingit, idcirco mentiri existimandus est poeta« (S. 339); »Tragoedia non tristi tantum, sed laeto etiam exitu terminari potest« (S. 340); »Castum sine obscoenitate scriptum carmen solùm poëma est, et rerum impudicarum scriptio res poëtae nomine gaudere neutiquam possunt« (S. 341). Angeschlossen sind nach alter Tradition die ›Corollaria‹: »An detur Tragicomoedia? Neg. An fabula sine metroscripta poema sit? Neg. An detur inter numerum oratorium et poeticum differentia? Affirm.« (S. 343).

[129] Die Titel sind verzeichnet im Anhang zum Nachdruck der ›Ludi theatrales‹. Hrsg. v. R. Tarot, Bd. 1 (Dt. Neudr., R. Barock. 6), Tübingen 1967, S. 52*f.

[130] Zitiert nach Flemming, Andreas Gryphius, S. 39 (aus dem Nachruf von Stosch). Zu Gryphius' verbrannter Disputation ›De igne non elemento‹ vgl. H. Powell, Andreas Gryphius and the ›New Philosophy‹, GLL, N. S. 5, 1951/52, S. 274ff.

[131] Der Zusammenhang von Disputatorik und *argutia*-Bewegung ist evident bei den Jesuiten. Er zeigt sich häufig auch schon in der Terminologie, etwa bei Moscherosch, ›Insomnis cura parentum‹, Straßburg 1653, S. 71f.: »Qui acumen irritum exercetis argutiis, iis verborum cavillationibus …«.

[132] G. Müller, Deutsche Dichtung …, S. 213 hebt noch hervor, Schupp sei, verglichen mit Moscherosch, »in seiner Disputationslust … barocker«.

[133] Noch Schleiermacher wendet sich gegen die »scholastische Form der Disputationen«, die »zu einem leeren Spielgefecht geworden« seien (Weithase 1, S. 220). Vor allem bei den Ordenstheologen ist die Disputation heute noch Bestandteil des Lehrbetriebs.

demischen Verteidigungen von Thesen und ähnlichem, weiß, daß ein solches Verhalten, das primär nicht auf die Sache, sondern auf die Tüchtigkeit im Agon zielt, dort heute noch am Leben ist«[134].

## c. Rhetorik als Studienfach

Die *ars disputatoria* ist der am weitesten ausgreifende Teil des akademischen Rhetorikbetriebs im 17. Jahrhundert. Vom einfachen Scholaren bis hinauf zum Ordinarius für Theologie kommt jeder Angehörige der *universitas docentium ac discentium* fast täglich in irgendeiner Weise mit dem Disputationswesen in Berührung, sei es mitwirkend, sei es nur zuhörend. Auf den ersten Blick könnte dieses Bild befremden, vor allem bei den protestantischen Universitäten: inmitten eines doch von Humanismus und Reformation geprägten akademischen Ganzen ein tief in mittelalterlichen Traditionen wurzelnder Bereich. Nun ist das Disputationswesen nicht das einzige Element, das die Universität des 17. Jahrhunderts dem Mittelalter verdankt. Studentische Gewohnheiten, akademische Hierarchie, Autoritätsgläubigkeit, Empirieferne, Gebundenheit an einen festen Wissenskanon – alles dies kann seine mittelalterliche Deszendenz kaum verleugnen. Aber wo sollten denn humanistische Impulse weiterwirken, wenn nicht auf dem Gebiet der Rhetorik?

Man muß sich dieser geschichtlichen Problematik bewußt sein, wenn man die Situation des heute etwas fremdartig anmutenden[135] Fachs ›Rhetorik‹ an den Universitäten des 17. Jahrhunderts angemessen verstehen will[136]. Während die *ars disputandi* in allen Fa-

---

[134] Friedrich, Epochen ..., S. 600 Anm. 2. Im Blick auf die Disputationen des 16. Jahrhunderts resümiert Paulsen 1, S. 273: »Daß sie ein unbequemes Stück des Lehrauftrags waren, wird nicht minder gewiß sein. Man denke sich, es sollten heutzutage unsere Theologen und Philosophen vor einer Korona von Kollegen den Inhalt ihres Vortrags in solcher Weise durchdisputieren«.

[135] Auszunehmen sind hier vor allem die Vereinigten Staaten mit den ›Departments of Speech‹ an zahlreichen Hochschulen; dazu D. K. Smith, Origin and development of Departments of Speech, in: K. R. Wallace (ed.), History of speech education in America: background studies, New York 1954, S. 447ff. (in dem gleichen Band weitere wichtige Arbeiten zum Thema); P. E. Ried, The Boylston Chair of Rhetoric and Oratory, in: L. Crocker–P. A. Carmack (ed.), Readings in rhetoric, Springfield/Ill. 1965, S. 456ff. Vgl. ferner A. R. Kitzhaber, A bibliography on rhetoric in American colleges: 1850–1900, Denver/Color. 1954.

[136] Einschlägige Arbeiten gibt es auch hier wiederum nicht. Zu den Verhältnissen in England vgl. etwa D. S. Bland, Rhetoric and the law student in sexteenth-century England, Stud. in Philol. 54, 1957, S. 498ff.; J. J. Murphy, The earliest

kultäten und akademischen Rängen gepflegt wird, bleibt die Disziplin ›Rhetorik‹ institutionell an die Artistenfakultät gebunden, die
ihrerseits nur Vorstufe der drei oberen Fakultäten ist (theologische,
juristische, medizinische)[137]. So jedenfalls lautet die Regelung an den
protestantischen Hochschulen. Die Jesuitenuniversitäten kennen ein
besonderes Fach ›Rhetorik‹ prinzipiell nicht. Gerade weil es die
oberste Gymnasialstufe mit der bereits dargestellen Ausschließlich-
keit beherrscht[138] und weil durch den strengen Aufbau des jesuitischen Bildungssystems die Kontinuität von Gymnasium und Hochschule garantiert ist, meinten die Verfasser der ›Ratio studiorum‹
auf eine Weiterführung der Rhetorik als Studienfach zugunsten des
Disputierens verzichten zu können[139]. Wie stark bereits die gym-
nasiale Rhetorik-Stufe auf die Universität ausgerichtet ist, wird
nicht nur an den ›Academiae‹ und am ausgeprägten Disputationswesen der Kollegien erkennbar (s. o.), sondern auch daran, daß z. B.
in Dillingen (wo Kolleg und Universität an einem Ort vereint waren) der Rhetorikprofessor Magister der Philosophie sein mußte und
zur philosophischen Fakultät gehörte[140].

Die protestantischen Universitäten konnten sich nicht mit solcher
Gewißheit auf ein solides gymnasiales Fundament in puncto Rhetorik verlassen, zu uneinheitlich war das Bild des vorakademischen gelehrten Unterrichts[141]. Innerhalb des artistischen bzw. philosophischen Kursus steht die Rhetorik neben der Dialektik, der Physik
(mit Metaphysik, Kosmologie) und der Ethik; bisweilen sind Mathematik und Astronomie noch eigens hervorgehoben (so bereits in Me-

teaching of rhetoric at Oxford, Speech Monographs 27, 1960, S. 345 ff.; ferner
H. F. Fletcher, The intellectual development of John Milton. Vol. II: The Cambridge University period, 1625–32, Urbana/Ill. 1961. Einen knappen, aber gut
orientierenden Überblick über die Entwicklung an der Universität Paris gibt
R. A. Lang, Rhetoric at the University of Paris, 1550–1789, Speech Monographs 23, 1956, S. 216 ff.

[137] Dieser Aufbau gilt bekanntlich noch für die Universitäten des 18. Jahrhunderts; zur ›Emanzipation‹ der philosophischen Fakultät im 19. Jahrhundert vgl.
Paulsen 2, S. 258 ff.

[138] Oben S. 264 ff.

[139] Dies scheint auch bei solchen Universitäten die Regel gewesen zu sein, die erst
nachträglich von den Jesuiten übernommen und – in der artistischen und theologischen Fakultät – mit Ordensleuten besetzt worden waren (vgl. Boehmer,
Die Jesuiten, S. 203).

[140] Specht, Geschichte der ehemaligen Universität Dillingen ..., S. 118. Das betreffende Statut: »(Magister) esse debet Professor Rhetoricae hic, quippe mem-
brum Facultatis Philosophicae« (a.a.O., Anm. 5).

[141] Oben S. 263.

lanchthons Wittenberger ›leges academicae‹ von 1545)[142]. Wichtig ist, daß im allgemeinen sowohl für das philosophische Baccalaureat als auch für die Promotion zum Magister der Philosophie Kenntnisse im Fach Rhetorik ausdrücklich vorgeschrieben sind.

Aus seiner Bindung an die Artistenfakultät ergeben sich zunächst zwei wesentliche Folgerungen. Einerseits treibt man Rhetorik nicht auf der gleichen Ebene wie ein Theologie-, Jura- oder Medizinstudium, oder wie ein heutiges Philologiestudium[143]; institutionell gehört sie in den Rahmen der humanistischen Propädeutik. Andererseits aber führt gerade dies zu einer breiten Streuung innerhalb der gesamten Studentenschaft. Grundsätzlich muß jeder einmal Rhetorik gehört und praktisch geübt haben, bevor er sich seinem eigentlichen Spezialstudium zuwendet. Das gilt also nicht nur für die Vertreter der verbalen Disziplinen unter den Barockautoren, für die vielen Theologen[144] und die noch zahlreicheren Juristen[145], sondern auch für die vergleichsweise wenigen, die Medizin studiert haben[146]; und es gilt selbstverständlich für das gelehrte Publikum des 17. Jahrhunderts.

Nimmt man den eigentümlichen Komplex des Disputationswesens einmal aus, so gab es keine wesentliche pädagogische Ergänzung zum artistischen Rhetorik-Unterricht. Die feierlichen Actus[147] wurden durchweg von Angehörigen des Lehrkörpers bestritten, und vor allem hatte das protestantische oder jesuitische Schultheater kein Gegenstück an den deutschen Universitäten, anders als etwa in England[148]. Das Theater der Salzburger Benediktiner-Universität, das Simon Rettenpacher in den Jahren 1671 bis 1675 als *pater comicus* leitete, stellt

---

[142] CR X, S. 992ff. Vgl. die Entwürfe ›De philosophia‹ (1526), CR XI, S. 278ff.; ›De ordine discendi‹ (1531), a.a.O., S. 209ff.

[143] Geschichtlich gesehen, bildet allerdings die Universitätsdisziplin ›Rhetorik‹ eine der Vorstufen zu den ›philologischen Seminaren‹.

[144] Einige der wichtigeren Namen: Andreae, Arndt, Beer, Birken (zunächst Jura), Buchholtz, Gerhardt, Männling, Meyfart, Neander, Printz, Riemer, Rist, Schupp.

[145] Abschatz, Besser, Birken, Bohse, Canitz, Czepko (erst Medizin), Christian Gryphius, Hallmann, Harsdörffer, Hofmannswaldau, Hunold, Kuhlmann, Logau, Lohenstein, Moscherosch, Mühlpfort, Neukirch, Opitz, Peucker, Sacer, Christian Thomasius, Weckherlin, Zincgref (die Vorliebe des Adels für dieses Fach ist deutlich, es war die Alternative zur nicht standesgemäßen Theologie).

[146] Czepko (danach Jura), Fleming, Günther, Peter Lauremberg (der Vater war Professor der Medizin), Scheffler.

[147] Sie sollen hier nicht im einzelnen beschrieben werden, da ihre Formen weitgehend mit denen der Gymnasial-Actus übereinstimmen; die Übungs-Actus werden im Zusammenhang mit Christoph Kaldenbach kurz vorgestellt.

[148] Kindermann, Theatergeschichte Europas, Bd. 3, S. 34ff.; vgl. auch Schmid, Geschichte der Erziehung ..., Bd. III 1, S. 309ff.

eine Ausnahme dar[149]. Zwar entstanden während des 17. Jahrhunderts immer wieder an einzelnen Orten Studentenbühnen, z. B. in Heidelberg (besonders seit 1663)[150] und Leipzig; Hallmann arrangierte aufgrund seiner Schultheater-Erfahrung[151] sogar eine eigene studentische Theatergruppe. Auch wurde mitunter zu großen Universitätsjubiläen von Studenten ein Theaterstück aufgeführt (so 1644 in Königsberg). Aber das alles blieb mehr oder weniger dem Zufall bzw. der Initiative theaterfreudiger Studenten überlassen[152]; es war institutionell nicht fixiert – eher bereiteten die Aufsichtsgremien Schwierigkeiten – und läßt sich nicht entfernt mit der Funktion des Schultheaters als der Spitze des humanistischen *eloquentia*-Betriebs vergleichen.

Ähnlich unfest ist die Position des homiletischen Spezialunterrichts an den Universitäten[153]. Im allgemeinen herrschte die Ansicht, als Grundlage des Predigens reiche die Schulung im Fach Rhetorik aus[154]. Melanchthon war ja in seinen Rhetoriklehrbüchern auch auf die Belange des Predigers eingegangen[155]. Und obwohl während des 17. Jahrhunderts gelegentlich kritisiert wurde, daß die »nach der Rhetorica dieser Welt gestellten Predigten ... mehr auffhalten als erbawen«[156], fand das Fach geistliche Beredsamkeit erst allmählich und nur sporadisch Eingang in den akademischen Lehrplan (so an der Universität Kiel durch Johann Georg Wasmuth, 1658–1688)[157]. Noch Herder beklagt, daß die rhetorische Universitätsausbildung zu wenig auf die Probleme der angehenden Prediger Rücksicht nehme[158].

Unter den hier skizzierten Bedingungen kommt dem akademi-

---

[149] Ansätze zu einer Erschließung des Materials bei H. Pfanner, Das dramatische Werk Simon Rettenpachers, Diss. Innsbruck 1954.

[150] Newald, S. 276.

[151] Oben S. 316f.

[152] Dies nicht deutlich genug bei Flemming, Die barocke Schulbühne, S. 544.

[153] Genauere Untersuchungen liegen zum 17. Jahrhundert noch nicht vor; den besten Überblick über Praxis und Theorie der Predigt gibt Weithase 1, S. 129ff.

[154] Darauf basierten auch die vereinzelt an den Gymnasien veranstalteten *exercitia concionatoria* (o. S. 212).

[155] Schnell, Die homiletische Theorie Philipp Melanchthons (1965).

[156] Elias Praetorius, ›Spiegel der Misbräuche beym Predig-Ampt‹ (1644), zitiert nach Weithase 1, S. 131. Das war im Grunde schon die Ansicht Luthers.

[157] A.a.O., S. 130.

[158] A.a.O., S. 170. Eine Liste deutschsprachiger Homiletiken ausschließlich des 18. Jahrhunderts gibt Weithase 2, S. 56f. Für das 17. Jahrhundert sei verwiesen auf die ungeheuer materialreiche Zusammenstellung lateinischer Kompendien bei Daniel Hartnaccius, ›Anweisender Bibliothecarius Der Studirenden Jugend‹, Stockholm u. Hamburg 1690, S. 254ff.

schen Fach Rhetorik nun doch ein größeres Gewicht zu, als die Bindung an den artistischen Kursus zunächst vermuten läßt. Nicht nur der Theologe, sondern jeder, der sich im künftigen Leben als vollwertiger Gelehrter behaupten wollte, konnte diese Möglichkeit wahrnehmen, seine rhetorischen Kenntnisse und Fähigkeiten zu festigen und auszubauen. So betrieb man oft genug Rhetorik neben den theologischen, juristischen oder medizinischen Vorlesungen[159]. Die akademischen Statuten und Gebräuche ließen das durchaus zu, ja die polyhistorischen Tendenzen der Zeit hatten zu einer heute fast unvorstellbaren Durchlässigkeit zwischen den einzelnen Fächern geführt; man denke nur an Gryphius' Leidener Magistervorlesungen aus den Jahren 1639–1643[160] und auf der anderen Seite an Weises Fächerkombination während der Leipziger Studienzeit 1660–1663[161].

Aus dieser Variabilität des akademischen Lehrplans resultierte die große Chance des Fachs Rhetorik. Ob es lediglich auf Propädeutik festgelegt war bzw. auf Nachhilfe für solche, die eine mangelhafte Schulbildung mitbrachten[162], hing entscheidend davon ab, wie der betreffende Lehrstuhl besetzt war. Viel stärker als an den Gymnasien wurden Lehrgebiete und Übungsmethoden durch die Person des Lehrenden selbst bestimmt. Während die Schulordnungen z. T. minutiöse Anweisungen geben (vgl. die oben exemplarisch dargestellte Stralsunder Ordnung von 1643)[163], nennen die Universitätsstatuten oft lediglich das Fach ›Rhetorica‹ als solches, dazu die geforderte Stundenzahl[164].

---

[159] Dies gilt vor allem für solche Studenten, die bereits in vorgerücktem Alter zur Universität kamen; zum 16. Jahrhundert vgl. Paulsen 1, S. 228.

[160] »Zu erst hat er gehalten ein Collegium Metaphysicum, Geographicum et Trigonometricum, Logicum, Physiognomicum et Tragicum: Ferner hat er Philosophiam Peripateticam und Neotericam in einem Collegio gegen einander gehalten, darauff ein Astronomicum ... Das 42. Jahr hat er Antiquitates Romanae erkläret, Partem Sphaericam Astronomiae vollendet«; außerdem erklärte er ›Philosophica Naturalia transplantatoria‹, hielt ein historisches, ein poetisches, ein chiromantisches und ein naturphilosophisches Kolleg »cum Parte Theorica et Mathematica«, danach ein ›Collegium Anatomicum Practicum‹ (so berichtet Gryphius' Biograph Stosch, hier zitiert nach Szyrocki, Andreas Gryphius, S. 30).

[161] Oben S. 195ff.

[162] Die Pädagogien konnten diese Aufgabe nur teilweise übernehmen, zum einen weil die Institution als solche nicht überall vertreten war, zum anderen weil ältere Studienanfänger sich schwer bewegen ließen, einen solchen Vorkurs zu besuchen.

[163] Oben S. 282ff.

[164] Vgl. das folgende Kapitel.

Will man also einen Eindruck vom Unterrichtsstoff gewinnen, so bleibt man zunächst auf die von den Rhetorikprofessoren selbst verfaßten Lehrbücher angewiesen[165], etwa auf Peter Laurembergs ›Euphradia sive prompta ac parabilis eloquentia‹[166], Valentin Thilos (d. J.) ›Ideae rhetoricae‹[167], Christoph Schraders ›De rhetoricorum Aristotelis sententia et usu‹[168] oder Morhofs ›De ratione conscribendarum epistolarum‹[169]. Und das Ergebnis ist enttäuschend: ein grundlegender Unterschied gegenüber den Schulkompendien besteht nicht. Es wird im Prinzip das gleiche, nach *inventio, dispositio* und *elocutio* (außerdem noch *generalia* sowie *actio* und *pronuntiatio)* geordnete Pensum geboten wie an den Gymnasien. Die Kompendien sind austauschbar und wurden z. T. auch tatsächlich an Schule und Universität zugleich benutzt[170]. Auf dieser Ebene des akademischen Rhetorikunterrichts kann man sich Stoffe und Methodik nicht schulisch genug vorstellen, und mancher durchschnittliche oder unterdurchschnittliche Professor der Rhetorik wird kaum mehr geboten haben als das Pensum eines guten Gymnasiums – ohne die feste Übungsgemeinschaft der Klasse und ohne den belebenden *stimulus* des Schultheaters[171]. Manches Gymnasium (etwa das von Breslau, Danzig, Bremen oder Coburg)[172] dürfte seinen Schülern einen besseren, attraktiveren Rhetorikunterricht geboten haben als ein langweiliger Vertreter der Universitätsrhetorik, der sich auf das Nachholen oder Abrunden von Schulwissen beschränkte[173].

---

[165] Reichhaltige Verzeichnisse bei Johann Andreas Bose, ›De prudentia et eloquentia civili comparanda diatribae isagogicae‹, Jena 1699.

[166] Erschienen Rostock 1634, wo Lauremberg seit 1624 den Lehrstuhl innehatte. Das schmale Kompendium (234 Seiten) ist ausdrücklich für die »studiosa juventus« bestimmt (Titelblatt).

[167] Königsberg 1654. Der Untertitel läßt bereits den kompilatorischen Charakter erkennen: »ex Aristotele, Cicerone, Quintiliano, Keckermanno, Vossio, Caussino, contracta«.

[168] Helmstedt 1674. Das ausführlichste der hier genannten Lehrbücher, in Kommentarform anhand der Aristotelischen Rhetorik zugleich die wichtigste Tradition referierend; die Entstehung aus dem Kollegvortrag ist deutlich.

[169] Postum Lübeck 1694, 1702, 1712, 1716. Der Text geht zurück auf eine bereits 1693, also ebenfalls postum publizierte Ausgabe unter dem Titel: »Collegium Epistolicum ab autore, cum in vivis esset Studiis tantum privatis Auditorum suorum destinatum, iam vero ob summum variumque usum, publica luce donatum«.

[170] Vgl. o. S. 265 Anm. 34.

[171] Die gleiche Problematik zeigte sich bereits bei der Hofmeister-Erziehung.

[172] Die drei letztgenannten sind ›Gymnasia academica‹ bzw. ›illustria‹.

[173] In keinem Studienfach war der Zusammenhang mit dem Gymnasialpensum so eng wie bei der Rhetorik – eben weil der Lehrplan der Gelehrtenschulen ganz

Doch gerade das Offene, relativ Undefinierte der akademischen Disziplin Rhetorik ermöglichte es einem herausragenden Vertreter des Fachs, über das Elementare hinaus auch Eigenes, Selbsterarbeitetes zu bieten. Zu ihm strömten dann nicht nur die Baccalaureanden und Magistranden der Artistenfakultät und andere, die es nötig hatten, sondern alle im engeren Sinne literarisch Interessierten, nicht zuletzt die angehenden Poeten. Erst hier ist die Bedeutung des Fachs für die Literatur der Barockzeit auch unmittelbar zu greifen, am überzeugendsten bei August Buchner in Wittenberg[174]. Keiner der Rhetorik-Professoren des 17. Jahrhunderts kann so viele namhafte Autoren zu seinen Schülern zählen wie er: Arndt, Buchholtz, Gerhardt, Gueintz, Keimann, Klaj, Lund, Schirmer, Schoch, Schottel, Schwieger, Siber, Jacob Thomasius und Zesen haben an seinem akademischen Unterricht teilgenommen[175], Fleming, Frank und Tscherning hielten engen Kontakt zu ihm, ganz zu schweigen von der unübersehbaren Zahl derer, die unter seinem indirekten Einfluß standen[176], als ›Enkelschüler‹[177] oder als Leser seiner theoretischen Schriften:

»Ist Buchner nur nicht todt/ so lebet Opitz noch«,

tröstet sich Fleming, als er 1639 während seiner Asienreise von Opitz' Tod erfährt[178].

Wittenberg in der Buchnerschen Ära (er amtierte nicht weniger als 45 Jahre!) war nicht das einzige akademische Rhetorikzentrum des 17. Jahrhunderts. Auch Rostock konnte sich während der Jahre

---

auf Rhetorik ausgerichtet war. So erklärt sich auch noch einmal die schon erwähnte personelle Fluktuation der Lehrenden zwischen Schule und Universität: es sind fast ausschließlich Rhetoriker oder Theologen, die auf eine Gymnasialstelle zurückkehren oder von ihr aufsteigen, keine Juristen oder Mediziner.

174 An bekannteren Repräsentanten der Disziplin seien vorweg genannt: Bernegger, Buchholtz, Dach, Dilherr, Kaldenbach, Johann Lauremberg, Peter Lauremberg, Morhof, Omeis, Schupp, Thilo, Jacob Thomasius, Tscherning. Rhetorisch-poetische Universitätsvorlesungen haben gehalten: Bohse (Talander), Hunold (Menantes), Neukirch, Stieler und Weise. Als Professoren an ›Gymnasium academicum‹ oder Ritterakademie unterrichteten: Riemer, Titz und Weise.

175 Vgl. Borcherdt, Augustus Buchner ..., S. 43 (»Fast alle literarischen Strömungen des 17. Jahrhunderts haben Vertreter, die in dem Hörsaal des Wittenberger Professors ihre technische Schulung erhalten haben«, ebda.).

176 Dazu besonders Borcherdt, a.a.O., S. 123ff. (›Buchners Stellung in der Literatur seiner Zeit‹).

177 Es ist zu beachten, daß Buchholtz, Gueintz, Keimann, Schottel, Jacob Thomasius und Tscherning (z. T. wieder als Professoren der Rhetorik) einflußreiche pädagogische Stellungen innehatten.

178 ›Teütsche Poemata‹, Lübeck (1642), S. 189 (›Nach Herrn Opitzens seinem versterben‹; der zitierte Vers ist die Schlußzeile des Gedichts).

1618–1665 mit der Sukzession von Johann Lauremberg, Peter Lauremberg, Tscherning und Morhof sehen lassen[179]. Wieder andere Universitäten bemühten sich, ihre bereits im 16. Jahrhundert bedeutende ›rhetorische Tradition‹ würdig weiterzuführen; so Straßburg, wo Johannes Sturm gelehrt hatte und nun Boecler[180] und Dannhauer[181] die Rhetorik vertraten, so auch Helmstedt, wo Christoph Schrader[182] das Erbe des Melanchthon-Schülers Johannes Caselius[183] fortsetzte (von Tübingen wird noch die Rede sein). Darüber hinaus ist Heidelberg mit Bernegger hervorzuheben[184], Leipzig mit Jacob Thomasius[185], Königsberg mit Thilo d. J.[186] und Dach[187], nicht zuletzt Leiden mit Vossius und Boxhornius[188].

Zwar hat kein einzelner unter den Genannten Buchner an Breite und Intensität der Wirkung zu erreichen vermocht[189]. Aber daß auch sie nicht lediglich als Vertreter einer lästigen propädeutischen Disziplin betrachtet wurden, zeigt sich vor allem an dem Interesse, das ihnen bedeutende Barockautoren während der Studienzeit entgegenbrachten. So gehörten z. B. Opitz und Harsdörffer zu Berneggers engerem Schülerkreis[190], Schupp, Tscherning und Rachel zu dem-

---

[179] Eine (nicht immer zuverlässige) Liste der Rostocker Professoren bei C. Laverrenz, Die Medaillen und Gedächtniszeichen der deutschen Hochschulen. Ein Beitrag zur Geschichte aller seit dem XIV. Jahrhundert in Deutschland errichteten Universitäten, 1. Teil, Berlin 1885, S. 411ff.

[180] Oben S. 138.

[181] Oben S. 402f.

[182] Wie Buchner amtierte er 45 Jahre lang (1635–1680), weithin geachtet und mehrfach mit wichtigen Ehrenämtern betraut (z. B. seit 1648 Generalschulinspektor des Fürstentums Wolfenbüttel).

[183] Seine Vorstellung vom Amt des Rhetorikprofessors enthält die Abhandlung ›Ῥήτωρ sive de magistro dicendi‹ (1595), in ›Opera‹, Teil 2, Frankfurt 1633. Helmstedts Glanzzeit, die mit dem Namen Caselius fest verbunden ist, schildert E. L. T. Henke, Georg Calixtus und seine Zeit, 2 Bde., Halle 1853. Vgl. auch F. Koldewey, Geschichte der klassischen Philologie an der Universität Helmstedt, Braunschweig 1895.

[184] C. Bünger, Matthias Bernegger, ein Bild aus dem geistigen Leben Strassburgs zur Zeit des dreissigjährigen Krieges, Strassburg 1893.

[185] Oben S. 198.

[186] Thilo war seit 1634 Professor Eloquentiae und amtierte fünfmal als Dekan, zweimal sogar als Rektor (gest. 1662). Er verfaßte außer den genannten ›Ideae‹ eine Reihe weiterer rhetorischer Schriften.

[187] Zu ihm Näheres unten im Zusammenhang mit Christoph Kaldenbach.

[188] Zu Vossius oben S. 265ff. Zu Boxhornius vgl. Flemming, Andreas Gryphius, S. 39 u. 41.

[189] Auch zu Tscherning beispielsweise kann Borcherdt feststellen: »er wird eine Art literarischer Mittelpunkt« (Andreas Tscherning, S. 160).

[190] Außer Bünger vgl. Kayser, Die Klangmalerei bei Harsdörffer, S. 33ff.

jenigen Peter Lauremberg[191]. Und mehrfach werden noch in späteren Jahren Verehrung und Dankbarkeit gegenüber den einstigen akademischen Rhetoriklehrern ausgedrückt, etwa von Schupp gegenüber Lauremberg[192], von Weise gegenüber Thomasius (und Schrader)[193], von Rachel und Morhof gegenüber Tscherning[194], schließlich – vielleicht am überraschendsten – von Seckendorff an Boecler: »Und weiß ich mich doch danckbarlich zu erinnern/ daß/ als ich nebenst noch einem Studioso vor mehr als 40. Jahren eine Oration zu Straßburg/ unter dem berühmten Boeclero publicè halten wolte/ dieser uns beyde vorher in dem Auditorio gantz allein probirte/ und uns nachredete und nachwiese/ was wir unrecht machten/ auch zeigte/ wie wir es verbessern könten«[195].

Das Zeugnis dieses Meisters der politischen Rede ist um so wertvoller, als sich der rhetorische Unterricht an den Universitäten – wie schon mehrfach betont – selbstverständlich ganz im Rahmen des Lateinischen bewegte[196]. Das Deutsche war ja nicht einmal als Vorlesungssprache geduldet, und die Starrheit, mit der man auf diesem Prinzip bestand, hat niemand so drastisch erfahren müssen wie Christian Thomasius. Er war freilich nicht (wie gelegentlich noch angenommen wird)[197] der erste, der sich in der Vorlesung des Deutschen bediente. Die Versuche lassen sich bis ins Jahr 1527 (Paracelsus) und weiter zurück verfolgen[198]. Vor allem wird auch die Forderung nach einer muttersprachlichen rhetorischen Schulung der jungen Akademiker lange vor Thomasius erhoben, so 1663 von Schupp (im Rückblick auf seine eigene Tätigkeit als Professor der Elo-

---

[191] Er wird meist nur im Zusammenhang mit seinem Bruder Johann behandelt (Literatur in der schon zitierten neueren Arbeit von Peter, Der Humor in den niederdeutschen Dichtungen Johann Laurembergs, 1967). Sowohl Schupp als auch Rachel sind, wie ihr Lehrer, Satiriker par excellence.

[192] ›Freund in der Noht‹, o. O. 1658, S. 54 (Schupp hat bei Lauremberg promoviert).

[193] Oben S. 198 u. 205.

[194] Rachel, ›Teutsche Satyrische Gedichte‹, Frankfurt 1664, S. 100. Zu Morhof: Borcherdt, Andreas Tscherning, S. 367f.

[195] ›Teutsche Reden‹, Leipzig 1686, ›Discurs‹, S. 65.

[196] Zur völlig analogen Situation an der Pariser Universität vgl. Lang, Rhetoric at the University of Paris, S. 220.

[197] Z. B. von E. Bloch, Christian Thomasius, ein deutscher Gelehrter ohne Misere (edition suhrkamp. 193), Frankfurt a. M. 1967 (zuerst 1953), S. 8.

[198] Vgl. insbesondere R. Hodermann, Universitätsvorlesungen in deutscher Sprache um die Wende des 17. Jahrhunderts, Diss. Jena 1891 (mit reichem Material auch zur Vorgeschichte); ferner Weithase 1, S. 70ff. und Blackall, S. 7ff.

quenz)[199], 1664 von Seckendorff; und 1675 tritt Spener sogar für Disputationen in deutscher Sprache ein, damit die Prediger auf der Kanzel gewandter über die Kontroversfragen streiten können[200].

Einer der ersten, die den Schritt zur Realisierung solcher Forderungen wagten, war Christoph Schrader in Helmstedt. In der Vorrede zu seinen ›Hypotheses oratoriae‹ (1669)[201] berichtet er ausführlich darüber, daß eine Reihe seiner Studenten – die er namentlich nennt – während der Jahre 1667–1669 privatissime deutsche Reden über Stoffe aus der ›Reformationsgeschichte‹ des Sleidanus gehalten hätten (»Germanicè dicendi praeexercitamenta inde sumta«)[202]. Die ›Hypotheses‹ geben, selbstverständlich in lateinischer Form, das dispositionelle Gerüst dazu. Schrader weist auch darauf hin, daß man längst empfohlen habe (»summi viri dudum valdè svaserint«)[203], die Muttersprache auf solche Weise auch in die akademischen *exercitationes* einzubeziehen.

Ähnliche Ansätze finden sich dann gegen Ende der 70er Jahre bei Kaspar Stieler[204], der als Jenaer Universitätssekretär außerhalb des normalen akademischen Unterrichts »ein und das andere privat collegium Styli gehalten« hat, dazu »ein teutsches oratorium von allerhand Statsreden«[205]. Mehr als ein bedeutsamer Versuch war dies nicht. Stieler selbst beurteilt 1680 die Situation folgendermaßen: »so lange auf hohen Schulen nicht offentliche Lehrer der teutschen Sprache bestellet/ und in den niedrigen Schulen/ derselben grundverständige nicht zu Meistern verordnet werden: so lange wird aus der rechtschaffenen ausübung dieser Sprache nichts werden«[206]. Und

---

[199] Er hat sich selbst offenbar ganz an die traditionelle Regelung gehalten, sogar in seinen zeitkritischen Reden.

[200] Bender in: Schmid, Geschichte der Erziehung ... Bd. V 1, S. 93 (vgl. IV 1, S. 97 u. 185); Weithase 1, S. 149. Thomasius stellte es seinen Studenten frei, ob sie lateinisch oder deutsch disputieren wollten (ebda.).

[201] ›Hypotheses oratoriae ad Johannis Sleidani de statu religionis et reip. historiam in Germanicae eloquentiae usum contextae‹, Helmstedt 1669. Es verwundert nicht, daß Weise schon im ›Politischen Redner‹, S. 887 auf dieses wichtige Werk seines Lehrers Bezug nimmt.

[202] Praefatio, fol. ) : ( 3ᵃ f.

[203] A.a.O., fol. ) : ( 2ᵃ. Schrader betont auch, daß »In ecclesiastico quidem orandi genere germanico« längst eine vorbildliche Übung existiere, daß man aber »in materiis civilibus« immer noch das Wagnis scheue (fol. ) : ( 2ᵇ).

[204] Aus Akten der ›Eisenacher Archive‹ in Weimar nachgewiesen von H. Koch, Deutsche Vorlesungen an der Thüringischen Landesuniversität im Jahre 1679, in: Das Thüringer Fähnlein. Monatshefte f. mitteldt. Heimat 4, 1935, S. 323ff. (hier nach Weithase 1, S. 264f.).

[205] Zitat aus einer Eingabe an die Visitatoren der Universität (a.a.O., S. 265).

[206] Kindermann–Stieler, ›Teutscher Wolredner‹, fol. A 9ᵇ.

wenn Christian Weise in einem Brief vom Jahre 1688 stolz erklärt, 'die *methodus Weisiana* werde auch an einigen Universitäten bereits geschätzt[207], so kann sich das nur auf didaktische Fortschritte im Rahmen der *latinitas* beziehen. Das Verdienst, den entscheidenden Anstoß zur allmählichen Etablierung einer deutschen Rhetorik an den Universitäten gegeben zu haben, bleibt wohl doch bei Christian Thomasius, seiner aufsehenerregenden Gracián-Vorlesung von 1687[208] und seinem darauf folgenden ›Collegium styli‹[209]. Im Kreis der Galanten vor allem wurde der Impuls aufgenommen. So berichtet Hunold (Menantes) über seine ›Einleitung Zur Teutschen Oratorie. Und Brief-Verfassung‹ (1715): »Dieses Werck floß mir vor einigen Jahren zu dem Ende aus der Feder/ üm darüber Collegia zuhalten; und zu diesem Absehen wird es von neuen heraus gegeben«[210]. Aber solche Versuche blieben weitgehend auf Privatkollegs beschränkt. Der eigentliche Durchbruch vollzog sich erst jenseits der Barockepoche, bei Gottsched und seinen Adepten[211].

Theorie und Praxis lateinischer Redekunst, *praecepta, exempla, imitatio* und mündliche *exercitatio* sind die Kernpunkte des akademischen Rhetorikunterrichts im 17. Jahrhundert. Für die Kombination des rhetorischen Lehrauftrags mit ›Poesie‹ oder ›Historie‹[212] (d. h. dem Studium antiker Historiker)[213] läßt sich eine feste Regel nicht aufstellen. Wie an den protestantischen und jesuitischen Gymnasien waren die Grenzen zwischen den Fächern fließend, *eloquentia* umfaßte prinzipiell das ganze Gebiet der Literatur[214]. »Humanitatis in Academia Wittenbergensi Professori Publico«, heißt es in dem

---

[207] ›Epistolae selectiores‹, S. 87: »qui gymnassii sum rector, id iam obtinui, ut in academiis passim methodus, ut vocant, Weisiana nonnullius pretii habeatur«.

[208] Bloch, a.a.O., S. 8ff.

[209] Blackall, S. 11ff.

[210] Vorrede, fol. a2ᵃ. Hunold lehrte damals in Halle, also einem Zentrum der Propaganda für die Muttersprache. Er fügt hinzu, »die Studirenden« seien »dahin angewiesen worden/ sich bey zeiten auf eine Kunst zulegen/ die zu dem gemeinen besten in unzehligen Begebenheiten nothwendig und ersprießlich/ und in der Muttersprache weit dienlicher ist/ als in allen andern« (fol. a2ᵇ).

[211] Die Wiener Universität erhält erst 1752/53, im Zug der Reformen Maria Theresias, Rhetorikprofessuren mit Berücksichtigung der Muttersprache (Paulsen 2, S. 110).

[212] Einige Beispiele verzeichnet Kayser, Die Klangmalerei bei Harsdörffer, S. 27f. Anm. 14; unzutreffend die historische Einordnung bei Wiedemann, Polyhistors Glück und Ende, S. 227.

[213] Einen guten Überblick über Texte und Methoden dieses akademischen Fachs bietet Bose, ›De prudentia et eloquentia civili comparanda . . .‹, S. 62ff.

[214] Dieser Terminus ist im allgemeinen auch im offiziellen Professorentitel enthalten.

Text, mit dem Opitz seinem akademischen Sachwalter August Buchner die ›Trojanerinnen‹-Übersetzung widmete[215]. Der Professor für Rhetorik war berufener, vornehmster Repräsentant der *humaniora*, d. h. der humanistischen Tradition; nur von der geschichtlichen Entwicklung her lassen sich Lehrstuhl und Studienfach verstehen. Was freilich der ›Humanist‹ über das elementare Pensum hinaus (z. B. in *collegia privata*) bot, ob er den ›kleinen‹ oder den ›großen‹ Vossius zugrundelegte[216], ob er – wenn schon nicht deutsche Redekunst, so doch die zur Würde einer gelehrten *ars* aufgestiegene deutsche Poesie lehrte wie Buchner[217]: das alles stand nicht in den Statuten, war nicht einheitlich geregelt. Es läßt sich nur am individuellen Beispiel darstellen.

Für beide genannten Aspekte, den historischen wie den personalen, fehlen fast alle notwendigen Vorarbeiten; und die Quellenlage ist prekär, man bleibt im wesentlichen auf die örtlichen Bibliotheksbestände angewiesen. Es sei daher gestattet, Tübingen als *exemplum* zu wählen.

### d. *Zur Geschichte der Rhetorik-Lehrstühle, am Beispiel Tübingens*

Der folgende Überblick kann, seinem Zweck entsprechend, nur die wichtigsten Etappen der geschichtlichen Entwicklung kurz skizzieren. Doch wird schon dabei erkennbar werden, daß die Wahl des Tübinger Beispiels nicht nur durch den vordergründigen, materialen Aspekt legitimiert ist, sondern durch Wesentlicheres: durch die institutionelle Vielfalt, die Länge der Tradition, den Rang der einzelnen Rhetoriker. Der Stiftungsbrief des Grafen Eberhard vom 3. Juli 1477 erwähnt zwar bei den vier artistischen Lehrstühlen noch keine Rhetorik oder Poesie, aber vier Jahre später bereits, in der ›Ersten Ordnung‹ Graf Eberhards vom 23. April 1481, wird der Grundstein für einen Rhetoriklehrstuhl gelegt. Das Geld aus den kirchlichen Pfründen soll geteilt werden unter drei Juristen (»legisten«), zwei Medizinern (»artzatt«) »und ainem der in Oratorien lyset«; er erhält

---

[215] Zitiert nach: ›Weltliche Poemata‹, Frankfurt a. M. 1644, S. 310.

[216] Oben S. 267f.

[217] Über die nicht ganz sicher zu bestimmenden Umstände s. Borcherdt, Augustus Buchner ..., S. 40ff. Buchners Schwiegersohn Otto Prätorius (u. a. Herausgeber der ›Anleitung Zur Deutschen Poeterey‹) las nachweislich ›privatim‹ über deutsche Poesie (a.a.O., S. 41), und zwar 1661 und 1663. Zu Kaldenbach und Omeis s. u. S. 445.

»dryssig guldin«[218]. Haller vermutet als eigentlichen Urheber dieser Neueinrichtung den Kanzler Vergenhans, der selbst humanistisch ge- bildet war (»die Stiftung der Professur für Beredsamkeit wird sein Verdienst gewesen sein«)[219].

Die Verzögerung um einige Jahre entspricht durchaus der Entwick- lung an anderen Universitäten der Zeit. Auch in Freiburg i. B., wo die Universität bereits 1460 eröffnet ist, wird erst 1471 ein Lehr- stuhl für Poesie und Eloquenz errichtet[220], und die Basler Universi- tät, deren Gründung ebenfalls in das Jahr 1460 fällt, erhält eine ent- sprechende Lektur erst 1474; doch schon 1464 liest dort Peter Luder (mit einem Stipendium) über Poesie[221]. Das ist charakteristisch für die Entstehung der humanistischen Lekturen: Gastlesungen einzelner ›Poeten‹ gehen der Schaffung regelrechter Planstellen voraus[222].

Die zweite Ordnung Eberhards vom 20. Dezember 1491 bringt gleich eine sehr bezeichnende Änderung des Lehrauftrags. Das auf 20 Gulden gekürzte Salär soll derjenige erhalten, »der vngeuärlich liset in oratoria moralibus oder poetrij«[223]. Ob der Lehrstuhl mit der Begrenzung auf die Rhetorik nicht attraktiv genug erschien oder ein anderer Grund zu der Erweiterung Anlaß gab: es sind ›humanisti- sche‹ Professuren; daß sie überhaupt geschaffen werden, ist das Ent- scheidende, Neue.

Die Resonanz scheint zunächst nicht sehr groß gewesen zu sein[224]; anderthalb Jahrzehnte lang blieb der Lehrstuhl entweder unbesetzt oder der (die?) Inhaber war so unbedeutend, daß sein Name bald in Vergessenheit geriet[225]. Um so glanzvoller erscheint der Name Heinrich Bebels, der als erster, seit 1496, in Tübingen humanistische

---

[218] Urkunden . . ., S. 71.
[219] Die Anfänge der Universität Tübingen . . ., Teil 1, S. 211.
[220] Schreiber, Geschichte der Albert-Ludwigs-Universität zu Freiburg im Breis- gau, S. 67ff.
[221] W. Vischer, Geschichte der Universität Basel von der Gründung 1460 bis zur Reformation 1529, Basel 1860, S. 181ff.
[222] Dies gilt auch für die Vorgeschichte des berühmten Wiener ›collegium poeta- rum‹. Vgl. A. Lhotsky, Die Wiener Artistenfakultät 1365–1497 (SB Wien, Phil.-hist. Kl. 247/2), Graz 1965, S. 119ff.
[223] Urkunden . . ., S. 85. Auch die Gesamtzahl der Lehrstühle scheint gekürzt; statt von fünf ist jetzt nur noch von vier ›Collegiaten‹ die Rede, »zwen von dem alten weg und zwen von dem nuwen« (ebda.).
[224] Die Besoldung war auch nicht gerade fürstlich. Celtis erhielt 1492 in Ingol- stadt für seine Lektur der Poesie und Eloquenz immerhin 50 Gulden, Buschius 1523 in Basel als Lehrer der lateinischen Poesie und Eloquenz sogar 80 Gulden (vgl. Paulsen 1, S. 145 u. 138).
[225] Vgl. Haller, a.a.O., S. 211.

Vorlesungen gehalten hat. Zwar war der 1481 errichtete Lehrstuhl, wie Bebermeyer hervorhebt, »kein ordentlicher«[226]; trotzdem bezeichnete sich Bebel gern als »poeticam et oratoriam publice profitens in studio Tubingensi«[227]. Bemerkenswerter noch erscheint, daß im Jahre 1505 ein Freund (Michael Köchlin) berichtet, Bebel habe nun bereits acht Jahre lang »Poetas, Oratores und Historicos in offentlichen Lectionen vor einem frequenten und häuffigen Auditorio erklärt«[228]. Sollte diese Darstellung ein zutreffendes Bild von Bebels Lehrtätigkeit geben, so wäre bereits hier jene Dreiheit von Poesie, Oratorie und Historie fixiert[229], die später häufig als typische Fächerkombination der Rhetorikprofessoren erscheint. Dabei ist das dritte Fachgebiet nicht – wie es bisweilen geschieht – als ›Geschichte‹ mißzuverstehen, sondern so, wie es auch Köchlin formuliert: als Studium der (antiken) Historiker, mit dem Endzweck der *imitatio*.

Die beiden Anleitungen zur Epistolographie (›Modus conficiendarum epistolarum‹, 1503) und zur Poesie (›Ars versificandi et carminum condendorum‹, 1506) dürfen sicher als unmittelbares Ergebnis seines akademischen Unterrichts angesprochen werden. So elementar sie zunächst scheinen mögen: gerade auf diesem Gebiet war die Kultivierungsarbeit erst zu leisten, und der große Erfolg der Lehrbücher binnen weniger Jahre[230] zeigt, wie dringend das Bedürfnis nach solchen auf dem Boden der klassischen *latinitas* stehenden Hilfsmitteln des Unterrichts war[231]. Von dem *poeta* Bebel kann hier nicht des näheren gesprochen werden. Aber es sei hervorgehoben, daß Bebel durch seine preisgekrönte[232] poetische Praxis eine Tübinger Tradition begründete, die auch für den Unterricht selbst fruchtbar werden konnte: als unmittelbar-persönlicher Anreiz für seine zur *imitatio* zu erziehenden Schüler.

---

[226] G. Bebermeyer, Tübinger Dichterhumanisten. Bebel/Frischlin/Flayder, Tübingen 1927, S. 12.

[227] Bebermeyer, a.a.O., S. 13. Zu Bebel vgl. auch Bebermeyers Einleitung in: Heinrich Bebel, Facetien. Drei Bücher. Hist.-krit. Ausg. v. G. B. (BLVS. 276), Leipzig 1931, S. XVII ff. (mit weiterer Literatur).

[228] Bebermeyer, Tübinger Dichterhumanisten, S. 14.

[229] Auch Luder, dessen Heidelberger Lehrauftrag von 1456 auf Poesie und Rhetorik lautete, las ungescheut zugleich über Historiographie; sie gehörte eben – als Prosa – zu den ›rhetorischen‹ Texten im weiteren Sinne.

[230] Der Briefsteller erschien bis 1513 neunmal, die Poetik bis 1520 zehnmal.

[231] Dies gilt gerade auch für andere, mehr methodisch ausgerichtete Schriften Bebels, für ›De abusione linguae latinae‹ (1499) und ›Qui auctores legendi sint novitiis‹ (1500).

[232] Bebel wurde bekanntlich 1501 von Kaiser Maximilian, als zweiter nach Celtis, zum *poeta laureatus* erhoben.

Ob Melanchthon, der am 17. September 1512 in Tübingen immatrikuliert wurde[233], zum engeren Schülerkreis Bebels gehörte, ist nicht mehr auszumachen. Daß er dessen Vorlesungen besuchte, ist bezeugt (»Audivit ... poetam Bebelium«)[234]. Unsicherheit herrscht jedoch auch über jene »Lectur für Beredsamkeit«[235], die Melanchthon – in jedem Fall nach seiner Magisterpromotion Januar 1514 – erhielt. Bebels Lehrstuhl (wie Paulsen offenbar annimmt)[236] kann es nicht gewesen sein[237], vielleicht war es eine an die Burse gebundene temporäre Lektur, wie sie ja damals für manchen reisenden Humanisten eingerichtet wurde. Mehr als die Tatsache, daß Melanchthon dabei Cicero und sechs Bücher Livius interpretierte, ist nicht bekannt. Auch die Kombination von *Oratoria* und *Historia*, die dadurch impliziert wird, verdient Beachtung; denn gerade das Historikerstudium (und das der Poeten) wird in Melanchthons bekannter Tübinger Deklamation ›De artibus liberalibus‹ (1517)[238] nachdrücklich gefordert.

Drei Jahre nach Melanchthons Weggang und Bebels Tod (1518) – inzwischen fungiert der nicht weiter bedeutende Markus Scherer als Professor der Eloquenz und Poesie[239] – wird der humanistische Lehrstuhl geteilt, wohl nicht zuletzt aufgrund der erfolgreichen Propaganda, die Bebel (und zu seinem Teil auch Melanchthon) für die humanistischen Fächer getrieben hat. »In Poetica Oratoriaque duo«, lautet die Bekanntmachung[240]. In den ersten Jahren der Doppellektur führen stets beide Inhaber sowohl die Rhetorik als auch die

---

[233] Zu Melanchthons Tübinger Zeit vgl. vor allem L. F. Heyd, Melanchthon und Tübingen 1512–1518, Tübingen 1839; Hartfelder, Philipp Melanchthon als Praeceptor Germaniae, S. 35 ff.

[234] CR X, S. 192.

[235] Hartfelder, a.a.O., S. 42.

[236] Paulsen 1, S. 143: »Nach dem Tode Bebels trat er in die Lektur der Beredsamkeit ein« (Paulsen setzt ebda. das Todesjahr Bebels fälschlich auf 1516 an).

[237] Auch etwa von einem vorzeitigen Ausscheiden Bebels aus dem Amt kann keine Rede sein.

[238] CR XI, S. 5 ff. Auch enthalten in: Werke in Auswahl. 3. Bd.: Humanistische Schriften. Hrsg. v. R. Nürnberger, Gütersloh 1961, S. 17 ff.

[239] Conrad, Die Lehrstühle der Universität Tübingen ..., S. 41. In die gleiche Zeit fallen übrigens Reuchlins Tübinger Vorlesungen über Griechisch und Hebräisch (1521/22).

[240] Urkunden ..., S. 130 (die ›Bekanntmachung der Universität unentgeltlichen Unterricht betreffend‹ wird zwar erst ins Jahr 1522 datiert, doch existiert nach Conrad, a.a.O., S. 41 bereits 1521 die Doppelbesetzung). Vgl. auch Urkunden ..., S. 167 die Angaben über Michael Schwicker: er »liest seit 1530 über Josephus, Caesar und überhaupt Latein, Rhetorik, Poetik auch Historie, wird aber durch Hinzutritt der neuen Humanisten gleichfalls überflüssig«.

Poesie in ihrem Titel. Erst als im Zuge der großen Reform von 1535 (nach Wittenberger Muster) auch »ain pedagogium« errichtet wird[241], gestaltet sich die genaue Abgrenzung der einzelnen humanistischen Fächer schwieriger.

Nach der neuen Ordnung sollen die »Magistrij in pedagogio leren Grammaticam, Terencium, Virgilij Biecher, Ciceronis Epistolas oder Plinij, Schemata Rhetorices vnd Grammatices, Erasmi Colloquia, Copiam Verborum et Rerum vnd Parabolas etc.«. Außerdem sollen die Schüler »angehalten werden, damit sie wol lernen ain Carmen vnd ain Epistolam zumachen«[242]. Hier hat sich also vor bzw. neben dem eigentlichen akademischen Studium ein humanistischer Gymnasialkurs etabliert[243], der formell zur Artistenfakultät gehört und dessen ›Professoren‹ in den Akten weitgehend zusammen mit den Universitätslehrstuhl-Inhabern erscheinen. Hinzu kommt, daß nun auch die (vor allem für die *ars disputandi* wichtige) Dialektik ihren festen Platz erhält. »Principia dialectices ex Caesario Philippo oder andern derglichen h. 6. Rhetorice h. 7.« verkündet der Lektionsplan für Baccalaureanden[244].

Auf diese Weise wird die Tafel der Lehrstuhlinhaber immer bunter, bisweilen vertreten mehr als zwei Professoren zugleich die Rhetorik[245] (dann gehört mindestens einer zum Pädagogium), und die Fächer erscheinen in immer wieder anderer Kombination. Matthias Garbitius (1541–1559) z. B. vertritt die Rhetorik zusammen mit dem Griechischen und der Ethik, Gebhard Brastberger (1536–1560?) verbunden mit der Dialektik, und bei Johannes Seckerwitz (1551–?) erscheinen zum ersten Mal auch offiziell Poesie und Historie zusammen (fortgesetzt von Stephan Culingius, 1568–1582)[246].

---

[241] Urkunden . . ., S. 179.

[242] Ebda. Einen sehr ähnlichen Lehrplan erhält 1520 das Rostocker Pädagogium, vgl. O. Krabbe, Die Universität Rostock im 15. und 16. Jahrhundert, Rostock 1854, S. 352ff.

[243] Weiter ausgebaut 1557 und vor allem in der ›Ordination der Universität, vom 18. Februar 1601‹ bei A. L. Reyscher (Hrsg.), Vollständige, historisch und kritisch bearbeitete Sammlung der württenbergischen Gesetze XI 2. Enthaltend die Gesetze für die Mittel- und Fachschulen, Tübingen 1847, S. 131f.: in der 2. Klasse werden Cicero-Reden gelesen, in der 3. Klasse »Dialectica Philippi Melanchthonis, Rhetorica eiusdem, Ettliche Orationes Ciceronis . . . vel Epistolae Familiares«, in der 4. Klasse neben Reden Ciceros auch die ›Partitiones oratoriae‹ oder die Herennius-Rhetorik.

[244] Urkunden . . ., S. 180. Die gleiche Regelung dann auch 1536 (Urkunden . . ., S. 386).

[245] Vgl. dazu auch Conrad, a.a.O., S. 41.

[246] Angaben ebda.

Inzwischen sind – 1536 – auch die neuen, von Camerarius ausgearbeiteten Statuten der Artistenfakultät in Kraft getreten[247], die nun genauere Anweisungen für die *exercitia rhetorica* enthalten. Melanchthons epochemachende Tat, die Einführung der *declamationes* an den protestantischen Universitäten[248], wird nun auch in Tübingen Realität. Sehr bezeichnend ist die Art und Weise, wie das Neue mit dem Alten verklammert wird. Zunächst ergehen die Bestimmungen für die bereits etablierte, aus dem mittelalterlichen Lehrbetrieb überkommene *ars disputatoria*[249]. Dann erst folgen, analogisch angeknüpft, die *exercitia rhetorica*: »Vt autem disputationum …, ita alteri parti suam quoque palestram atque ludum aperiri oportet, ubi dicendo dilatandoque inuenta studiosi exerceantur, … ita nunc in perpetua oratione et ductu quodam suo orationisque bonae elegantis copiosae exquisitae ad ueterum perfectionem compositione periculum faciant, ut non solum in disputatores, sed oratores quoque euadant«[250]. Themen und Übungsformen werden aus dem Bereich der (schon vom Gymnasium her bekannten)[251] Progymnasmata genommen. »Ita progredientibus studiis iuuentutis ad integras Declamationes deuenietur, quas Magistri primum obibunt, mox et studiosis reliquos inducent in hanc uiam«[252].

Damit ist für die Arbeit der Rhetorik-Professoren ein Fundament gelegt, das auch während der gesamten Barockzeit gültig bleibt. Lektüre und *imitatio* der antiken Autoren werden ergänzt durch die Übung im Deklamieren.

Genau ein halbes Jahrhundert nach Bebels Tod, am 9. Juni 1568, hält der zweite große Tübinger Dichterhumanist, Nicodemus Frischlin, seine Antrittsvorlesung ›De dignitate et multiplici utilitate Poeseos‹ – in Hexametern[253]. Programmatische Antrittsvorlesungen waren unter den Humanisten seit langem beliebt. Schon Luder verkündete am 15. Juli 1456 in Heidelberg das Lob der *humaniora* (das er dann in Erfurt und Leipzig wiederholte), Celtis hielt 1492 in Ingol-

---

[247] Urkunden …, S. 185ff.
[248] Schon im Wittenberger Statuten-Entwurf von 1523 ordnet Melanchthon regelmäßige Deklamationen an; Einzelheiten bei Hartfelder, a.a.O., S. 453f., vgl. auch Paulsen 1, S. 274.
[249] Oben S. 397f.
[250] Urkunden …, S. 389.
[251] Vgl. o. S. 287.
[252] A.a.O., S. 390.
[253] Bebermeyer, Tübinger Dichterhumanisten, S. 52. Anwesend ist u. a. der Pfalzgraf Philipp Ludwig von Zweibrücken.

stadt eine ähnliche Rede, Melanchthon begann 1518 in Wittenberg seine Tätigkeit mit der berühmten Deklamation ›De corrigendis adolescentium studiis‹, Sabinus 1538 in Frankfurt mit einer Rede über den Nutzen der *eloquentia*.

Die Lebensgeschichte des ebenso originellen wie fatal-streitsüchtigen Frischlin ist bekannt[254]. Er ist, als er seine Antrittsvorlesung hält, gerade 21 Jahre alt, und da die beiden regulären humanistischen Lehrstühle besetzt sind[255], hat man ihm eine *lectio poetices* übertragen, mit der Auflage, auch Cäsars ›Bellum Gallicum‹ zu interpretieren. Er selbst macht daraus eine Professur ›Poetices et Historiarum‹[256], aber mit dem ›historischen‹ Fach hatte es ja seit jeher Einordnungsschwierigkeiten gegeben. Die Kombination ›Poesie und Historie‹ kam offenbar vor allem dadurch zustande, daß die beiden offiziellen Lehrstuhlinhaber, Martin Crusius (einer der bedeutendsten Tübinger Humanisten und späterer Gegner Frischlins)[257] und Georg Hizler, jeweils Rhetorik und Griechisch lehrten[258]. Die *lectio* Frischlins sollte also wohl die Lücke ausfüllen.

Seine Lehrtätigkeit fand bald großen Anklang, das Lebendige seiner Persönlichkeit mußte – gerade im Kontrapunkt zu dem ruhigen, würdigen Crusius – auf die Studentenschaft anziehend wirken. Die später in Wittenberg gehaltene, intensiv werbende ›Oratio de exercitationibus oratoriis et poeticis‹[259] vermittelt einen Eindruck von seiner vor allem mit Paraphrasen[260] und *exempla copiosissima*[261] arbeitenden Unterrichtsmethode.

Als ihm nach einem Jahrzehnt akademischer Tätigkeit die Nach-

---

[254] Bebermeyer, a.a.O., S. 49ff. Grundlegend noch immer D. F. Strauß, Leben und Schriften des Dichters und Philologen Nicodemus Frischlin. Ein Beitrag zur deutschen Culturgeschichte in der zweiten Hälfte des sechzehnten Jahrhunderts, Frankfurt 1856.

[255] Vgl. die Übersicht bei Conrad, a.a.O., S. 42.

[256] Bebermeyer, a.a.O., S. 52.

[257] Hauptquelle zu seiner Biographie (auch zu Frischlin) ist das Tagebuch aus den Jahren 1596–1605: Diarium Martini Crusii. Hrsg. v. W. Göz u. E. Conrad. 3 Bde. u. Registerbd., Tübingen 1927–1961.

[258] Die Angaben bei Conrad, a.a.O., S. 41f. lassen allerdings nicht ganz sicher erschließen, ob statt Hizler nicht Calwer (1553–1583 Prof. d. Rhet.) oder auch Mendlin (1550–1577 Prof. d. Dialektik) der zweite Ordinarius ist (für Crusius ist es erwiesen). Jedenfalls vertritt 1568 niemand offiziell die Poesie.

[259] Druck: Wittenberg 1587.

[260] Frischlin weist mehrfach auf seine bereits gedruckten Paraphrasen hin (z. B. fol. E 3ᵇ u. E 4ᵃ).

[261] »Nam vt in praeceptis ero breuis, ac ferè nullus, ita in exemplis ero copiosißimus« (fol. E 6ᵃ).

folge auf einen freigewordenen ordentlichen Lehrstuhl (1578) wegen der zahllosen Affären und Skandale verwehrt wird[262], nimmt er schließlich (1582) das Angebot eines Laibacher Gymnasialrektorats an und verläßt Tübingen[263].

Die in den nächsten Jahrzehnten folgenden Vertreter der rhetorisch-humanistischen Studien haben wenig von sich reden gemacht. Es entbehrt nicht der Ironie, daß der einzige wirklich bedeutende Tübinger Humanist jener Zeit, Friedrich Hermann Flayder (1596-1640)[264], wiederum gleichsam durch die Hintertür, jedenfalls auf ungewöhnlichem Weg zu seinem Lehramt kam. Vom ›Collegium illustre‹ aus (das 1592 eröffnet worden war)[265] wuchs er durch einzelne Lehraufträge (*exercitium scribendi epistolas, exercitium oratorium* und ähnliches) allmählich immer mehr in die Korporation der Artistenfakultät hinein, bis er schließlich (1635) zum Ordinarius ernannt wurde. Von seinen Vorgängern unterscheidet er sich durch besondere Affinität zum Griechischen[266] und nicht zuletzt dadurch – Bebermeyer betont dies besonders[267] –, daß er nach Erreichung des ordentlichen Lehramts zu dichten aufhört. »Nur seine Wiege steht noch im 16., sein Werden und Wirken sind vom Geist des 17. Jahrhunderts bestimmt: ... mit ihm mündet der Humanismus ein in das reine Gelehrtentum des 17. Jahrhunderts«[268].

### e. Das Bild eines Rhetorik-Professors im 17. Jahrhundert: Christoph Kaldenbach[269]

Flayder ist nicht der letzte Tübinger Dichterhumanist. Auch sind die unausgesprochenen Prämissen der zuletzt zitierten Sätze durchaus zweifelhaft. Stünden sich im 17. Jahrhundert reines Gelehrtentum und reines Poetentum als unvereinbare Größen gegenüber, so hätte es eine deutsche Barockliteratur nie gegeben. Gerade die pädagogische Effektivität der Rhetorik-Lehrstühle an den Universitäten des

---

[262] Initiator ist der inzwischen mit Frischlin verfeindete Crusius.
[263] Die Rückkehr einige Jahre später spielt im gegenwärtigen Zusammenhang keine Rolle.
[264] Bebermeyer, a.a.O., S. 83ff.
[265] Oben S. 378.
[266] Das verbindet ihn andererseits mit Reuchlin und Crusius.
[267] A.a.O., S. 99.
[268] A.a.O., S. 98f.
[269] Neue Materialien jetzt in: Verf., Tübinger Poesie und Eloquenz im 17. Jahrhundert: Christoph Kaldenbach, Attempto 35/36, 1970, S. 98ff.

17. Jahrhunderts, wie sie am überzeugendsten bei August Buchner sichtbar wird, gründet sich auf die innere Verknüpfung von poetischer Produktion und akademischer Gelehrsamkeit in jener Zeit. Und es ist vielleicht nicht einmal bloßer Zufall, daß Tübingen auch in der zweiten Hälfte des 17. Jahrhunderts – also während der Blütezeit der Barock-Dichtung im engeren Sinne – einen Repräsentanten jener von Bebermeyer aufgezeigten poetisch-humanistischen Tradition besitzt: Christoph Kaldenbach; sicher keiner der großen Poeten seiner Epoche (was man wohl auch von Flayder nicht unbedingt behaupten würde), doch ein Autor, den immerhin noch Gottsched (neben Opitz, Dach, Fleming, Tscherning und Günther) zu »den Meistern in Oden« zählte[270], und vor allem ein Gelehrter, der in seiner Verbindung von Poesie, Rhetorik und praktischer Pädagogik als repräsentativ für die akademische Sphäre seiner Epoche gelten darf[271].

Am 11. August 1613 im niederschlesischen Schwiebus als Sohn eines angesehenen Tuchmachers, Zunftmeisters und (späteren) Bürgermeisters geboren, entstammt Kaldenbach – wie auch etwa sein Amtskollege Morhof[272] – zwar keinem gelehrten, aber doch einem gutsituierten Elternhaus. Seine Gymnasialbildung erhält er in Frankfurt an der Oder[273], zuletzt im (an die Universität angeschlossenen) Pädagogium, und 1629 beginnt er mit dem eigentlichen akademischen Studium. Er hält u. a. eine öffentliche Disputation ›De fortitudine‹, verfaßt ein Gedicht ›De adflictionibus ecclesiae‹ und wech-

---

[270] ›Versuch einer Critischen Dichtkunst‹, Leipzig ⁴1751, S. 305. Zwei Seiten später bringt er Kaldenbachs Klage-Gedicht auf Opitz (»An des süßen Neckars Rande«) als Beispiel für versifiziertes ›poetisches Feuer‹ (S. 305; vgl. auch S. 533).

[271] Grundlage seiner Biographie ist neben den zahlreichen Anspielungen in den Gelegenheitsgedichten das ›Programma funebre‹ des Tübinger Rektors vom 19. Juli 1698 (unpaginiert). Über die wichtigsten Daten orientiert am zuverlässigsten G. Reichert, Artikel ›Kaldenbach‹, MGG 7, 1958, Sp. 436ff. (dem Zweck entsprechend mehr musikhistorisch als literarisch ausgerichtet). Vgl. auch den Kaldenbach-Artikel in der Altpreußischen Biographie, Bd. 1, Königsberg 1941, S. 319 (A. Lehnerdt). Die sonstigen Artikel in den Enzyklopädien und biographischen Nachschlagewerken von Zedler über die Biographie Universelle bis zur ADB enthalten, sofern sie überhaupt Wesentliches bringen, zahlreiche Fehler.

[272] Vgl. M. Kern, Daniel Georg Morhof, Diss. Freiburg i. B. 1928, S. 3.

[273] Als Hintergrund des Wechsels gibt das Rektorenprogramm die zunehmenden Kriegshandlungen an (»increbescentibus turbis bellicis«). Wie bei so vielen Autoren (vgl. besonders I. Weithase, Die Darstellung von Krieg und Frieden in der deutschen Barockdichtung [Studienbücherei. 14], Weimar 1953) zieht sich das Thema ›Krieg‹ durch Jahrzehnte seiner poetischen Produktion (s. etwa ›Lyricorum libri tres‹, Braunsberg 1651, S. 193ff. u. 225ff.).

selt 1631 an die Universität Königsberg. Schon bald muß er allerdings (wahrscheinlich aus finanziellen Gründen) sein Studium unterbrechen und verdingt sich als Hauslehrer auf dem Landbesitz eines ostpreußischen Edelmanns, »cujus filias duas Virgines artem pulsandi Clavicordii docuit«[274]. Dort eignet er sich auch gute Polnisch-Kenntnisse an, auf die er zeitlebens stolz ist[275] und die er, wie sich noch zeigen wird, auch zu rhetorischen Zwecken einzusetzen weiß.

1633 ist er wieder in Königsberg, setzt sein Studium fort und betätigt sich gleichzeitig mit gutem Erfolg (»fideliter«) als Privatlehrer von Patriziersöhnen. »Non poterat latere diutius ingenium omnis disciplinae capax, natumque ad quaevis praeclara: quippe quod et Linguae callebat Latinam, Graecam, Hebraicam, Polnicam: et recte noverat philosophari, gustaverat quoque de Poeticis cadis«[276]. Aufgrund dieser Fähigkeiten wird er 1639 zum Konrektor der Königsberger Altstädtischen Lateinschule berufen und 1645 zum Prorektor ernannt[277]. 1647 promoviert er nebenbei zum Magister der Philosophie[278]. Sein Amt als Prorektor führt er so erfolgreich, daß er nach sechs Jahren (1651) vom Brandenburgischen Kurfürsten »ad Graecae Linguae Professionem« der Königsberger Universität befördert wird[279].

Kaldenbach ist ein typischer Vertreter der Königsberger Gelegenheitspoesie, die sich heute vor allem mit den Namen Simon Dach, Heinrich Albert, Robert Roberthin und Georg Mylius verbindet[280]. Ihre Techniken und Motive[281], ihre ›akademische‹ Nuancierung und

---

[274] So das ›Programma funebre‹. Schon als Schüler des Frankfurter Pädagogiums war er »choro ... Symphoniaco associatus, ipse Musicâ Poetica haud leviter imbutus« (ebda.; über musikalische Verwandtschaft Reichert, a.a.O., Sp. 436).
[275] Zu deutsch-polnischen Wechselbeziehungen in jener Zeit vgl. Szyrocki, Der junge Gryphius, S. 16f. (mit weiteren Hinweisen).
[276] ›Programma funebre‹.
[277] Möller II, S. 14; V, S. 7; VII, S. 15.
[278] Die Angaben über das Jahr der Promotion differieren stark (Reichert, a.a.O., Sp. 437).
[279] ›Programma funebre‹.
[280] Das Wichtigste bei W. Ziesemer – R. Haller, Artikel ›Königsberger Dichterkreis‹, RL ²I, S. 867ff. Der dort angegebenen Literatur jetzt hinzuzufügen vor allem C. Ruckensteiner, Simon Dachs Freundschafts- und Gelegenheitsdichtung, Diss. Innsbruck 1957; F. Dostal, Studien zur weltlichen Lyrik Simon Dachs, Diss. Wien 1958; I. Ljungerud, Ehren-Rettung M. Simonis Dachii, Euphorion 61, 1967, S. 36ff. (hauptsächlich Autorschafts-Fragen). Exemplarische Interpretationen eines Gedichts von Mylius bei Beißner, Deutsche Barocklyrik, S. 53f.
[281] Ein anschauliches Bild von der ganzen Tabulatur dieser Poesie, auch von ihrem

nicht zuletzt ihre Musikalität beherrscht er mit aller Routiniertheit, ja Souveränität. Sie ist die Basis seiner späteren Tübinger Tätigkeit.

Die genaue Chronologie seiner Gedichte bedarf noch einer gesonderten Untersuchung[282], doch reichen die ersten Zeugnisse der *ars versificatoria* weit zurück in die 30er Jahre; schon 1641 erscheint die erste Sammlung polnischer Gedichte[283], 1646 das dramengeschichtlich interessante Schultheaterstück ›Babylonischer Ofen‹[284], 1648 gleich zwei Sammlungen, ›Deutsche Grab-Getichte‹ und ›Deutsche Eclogen oder Hirten-Getichte‹, dann 1651, als vorläufige Summen, die ›Deutsche Sappho‹ und ein Band lateinischer Gedichte mit drei Büchern ›Lyrica‹, einem Buch ›Rhythmica‹ und einem längeren Gedicht in Hexametern[285].

Wann Kaldenbach zum ersten Mal mit dem Königsberger Kreis, der um Roberthin zentrierten ›Kürbishütte‹, in Berührung gekommen ist, läßt sich vorerst nicht sagen[286]. Jedenfalls gehört Kaldenbach zu den jüngsten Mitgliedern (nur Mylius war ebenfalls 1613 geboren, Koschwitz 1614), und er hat alle Angehörigen dieser Gruppe – zwischen 1646 und 1660 sterben die meisten – weit überlebt. Auffällig ist die Parallelität zur Laufbahn Dachs, der (acht Jahre älter) 1633 ›Kollaborator‹ an der Domschule wurde, 1636 ihr Konrektor, und der dann 1639 als ›Professor Poeseos‹[287] an die Königsberger Universität wechselte.

Mit ihm, Roberthin, Mylius und Thilo dem Jüngeren verbindet ihn engste Freundschaft, und immer wieder tauchen diese Namen als Adressaten seiner Gedichte oder als Gegenstand poetischer Gespräche auf. Schon 1638 feiert Dach den Freund als ein ›führendes‹ Glied

---

Zusammenhang mit der Tradition (Horaz, Catull, Bukolik, Petrarkismus, Bibel, Kirchenlied) vermittelt – oft freilich zu breit paraphrasierend – die genannte Arbeit von Dostal.

[282] Als erster Schritt hierzu wäre eine Bibliographie zu erstellen; die Angaben bei Goedeke ²III, S. 131 erfassen nur einen Teil der deutschen Texte, die lateinischen sind ganz ausgeklammert.

[283] ›Holdowna Klio‹, Königsberg 1641.

[284] Vgl. DVjs 42, 1968, S. 325 Anm. 3. Vorausgegangen war (nach Goedeke) bereits 1635 das Drama ›Herkules am Wege der Tugend und Wollust‹.

[285] Die Bände erschienen (in der Reihenfolge der Zitierung) in Elbing, zweimal Königsberg, Braunsberg.

[286] Bereits 1641 ist Kaldenbach (als ›Celadon‹) in Alberts ›Arien‹ mit einigen Gedichten vertreten. Er selbst wiederum nimmt in seine ›Deutsche Sappho‹ auch Texte von Dach und Mylius auf.

[287] Die Professur wird häufig falsch angegeben, so auch von Reichert (a.a.O., Sp. 439: »der Eloquenzlehrstuhl der Univ.«). Den Eloquenzlehrstuhl hatte Valentin Thilo (d. J.) inne!

des Kreises, und 1655 wirkt Dach bereits seit Jahren als ›Poet‹ der
Königsberger Universität, als Kaldenbach einen Ruf nach Tübingen
auf die ordentliche Professur »Eloquentiae Historiarum et Poeseos«[288] erhält.

Die Gründe, weshalb im fernen Tübingen (bzw. in Stuttgart) die
Wahl gerade auf Kaldenbach fiel, sind wohl einiger Überlegung
wert. Klüpfel betont, offenbar nicht ohne Ironie: »Man scheint einigen Werth auf dieses Fach [sc. Poesie und Beredsamkeit] gelegt
zu haben und berief dafür mehrmals Fremde, da man zu fühlen schien,
daß hiezu die Stiftsbildung nicht ausreiche. So finden wir 1656 den
Christoph Caldenbach ...«[289]. Er war in der Tat ein ›Fremder‹,
aber es gab in jenen Jahren auch sonst die eine oder andere Verbindung vom Osten zur Württembergischen Landesuniversität; so hatte
ein Jahr zuvor, am 6. Juni 1655, Lohenstein in Tübingen bei Wolfgang Adam Lauterbach (dem ›Orakel der Rechtswissenschaft‹)[290]
zum Dr. jur. promoviert[291]. Entscheidend aber dürfte wohl das
Vorbild Dachs (und Thilos) gewesen sein, wenn nicht gar von Dach
eine Empfehlung oder dergleichen ausgegangen ist[292]. Als Poet hatte
Kaldenbach – wie Dach – längst einen guten Namen, und als Pädagoge wie als Philologe (Gräzist) hatte er sich bewährt. Da nun Dach
seit längerem die Professur der Poesie in Königsberg versah, konnte
man es mit seinem jüngeren Freund wohl einmal versuchen. Als Mit-
bewerber[293] war übrigens der schon mehrfach erwähnte Rektor des

---

[288] Offizielle Definition aus dem ›Programma funebre‹.

[289] Geschichte und Beschreibung der Universität Tübingen, S. 153f. (Klüpfel hat
S. 154 Anm. 1 das Todesjahr Kaldenbachs mit dem der Witwe – 1705 – ver-
wechselt).

[290] Jugler, Beyträge zur juristischen Biographie, Bd. 3, S. 86.

[291] Titel der Promotionsschrift: ›Disputatio Juridica de Voluntate‹; Näheres bei
von Müller, Bibliographie der Schriften Daniel Caspers von Lohenstein, S. 226f.
(Verhofstadt, Untergehende Wertwelt ..., S. 34 weist jetzt darauf hin, daß die
Schrift auch in der Ausgabe von Lauterbachs ›Dissertationes‹ aus dem Jahre
1728 enthalten ist). Lohensteins Tübinger Disputation wäre im Hinblick auf
sein später so ausgeprägtes Staatsdenken genauer zu untersuchen.

[292] Dach amtierte 1656/57 gerade als Rektor der Königsberger Universität, vgl.
D. H. Arnoldt, Ausführliche und mit Urkunden versehene Historie der Königsbergischen Universität, 2 Teile, Königsberg i. Pr. 1746 (dort 2. Teil, S. 107;
1658 löste ihn Thilo ab, a.a.O., S. 108).

[293] So Reichert, a.a.O., Sp. 438. Anders Hippe, Christoph Köler, S. 57; er zitiert
einen poetischen Nachruf von Johann Fechner auf Köler, wo es heißt:
»Tu praeprimis nutricula Clius,
Tubinga illustris, Coleri fruge potiri
Plena poscebas: sic constans ferebat«.
Demnach wäre die Professur angeboten worden, Köler hätte sie ausgeschlagen.

Breslauer Elisabethanums und Lehrer zahlreicher schlesischer Barockdichter, Christoph Köler, aufgetreten; doch Kaldenbachs Reputation als ›Königsberger‹ und sein geringeres Alter[294] wogen offenbar schwerer.

Kaldenbach scheint mit der Annahme des Rufs nicht lange gezögert zu haben. Bereits am 12. Februar 1656 erhält er seine Bestallung als Tübinger Ordinarius. Seine Königsberger Freunde verabschieden ihn mit den in ihrem Kreis üblichen humanistischen Geleitgedichten[295]. Unter diesen traditionsgemäß panegyrisch gehaltenen Zeugnissen der Freundschaft (auch Simon Dach ist, als »Poes. P. P«, vertreten)[296], befindet sich ein Gedicht von Stephan Gorlovius, das sehr charakteristisch das Bild Tübingens aus Königsberger Sicht und vor allem die Maßstäbe andeutet, die man an Kaldenbach anlegen wird. Eine Strophe lautet:

> »Vivat Caldenbachius! Crusii in Graecis,
> Junij et Lansii in Oratoriis, Lotichij
> in Poeticâ, Tubingae mensuram adimpleat,
> quando Regiomonti non licuit!«[297].

Sein Vorgänger im Amt, Johann Martin Rauscher, seit 1616 Ordinarius für Rhetorik und lateinische Sprache, seit 1629 für Rhetorik, Poesie und Historie[298], muß für Kaldenbach kein sonderlich bedrückendes Vorbild gewesen sein. Er war »ein guter Redner, Geschichtskundiger, und vieljähriger verdienter Lehrer«[299], von herausragenden Leistungen ist nichts überliefert. Der Parallel-Lehrstuhl war nach dem Tod des Professors für Rhetorik und Ethik, Jodokus Kolb, im Jahre 1635 – wie es scheint – nicht mehr besetzt wor-

---

[294] Köler war elf Jahre älter, er starb 1658.

[295] Kaldenbach druckt sie später im Anhang zu seinen ›Sylvae Tubingenses‹, Tübingen 1667, S. 197ff.

[296] A.a.O., S. 202. Das Gedicht ist Ziesemer – wie auch die meisten anderen Gedichte Dachs für Kaldenbach – offenbar entgangen (nur eine Gratulation aus dem Jahre 1655 ist bei Ziesemer 2, S. 359 verzeichnet).

[297] ›Sylvae Tubingenses‹, S. 201. Gorlovius scheint (aufgrund von Kaldenbachs bisheriger Professur) anzunehmen, der Freund werde auch in Tübingen Griechisch lehren. Die Kombination von Griechisch und Rhetorik war, wie Crusius' Beispiel zeigt, durchaus möglich.

[298] Die Angaben bei Conrad, Die Lehrstühle der Universität Tübingen ... sind widersprüchlich. Die angebliche Amtszeit Rauschers bis 1656 (S. 41) ist offensichtlich von Kaldenbach her gerechnet; Rauscher starb aber schon 1655 (so richtig S. 151).

[299] A. F. Bök, Geschichte der herzoglich Würtembergischen Eberhard Carls Universität zu Tübingen im Grundrisse, Tübingen 1774, S. 116.

den[300], so daß Kaldenbach als alleiniger Vertreter seines Fachs beginnen konnte; er blieb es bis zum Ende seiner Amtszeit.

Das einzige Mitglied des Lehrkörpers, das für ihn auf seinem Fachgebiet eine Konkurrenz bedeuten konnte, war der bereits erwähnte, in ganze Deutschland hoch angesehene Jurist, Redner und (frühere) Rhetorik-Professor am ›Collegium illustre‹ Thomas Lansius[301]. Nicht zufällig taucht sein Name auch in dem zitierten Königsberger Abschiedsgedicht auf; er repräsentierte die Tübinger Oratorie offenbar eindrucksvoller als Kaldenbachs unmittelbarer Vorgänger.

Der ehrwürdige, fast achtzigjährige Lansius sitzt auch im Auditorium, als Kaldenbach am 5. November 1656 seine feierliche Antrittsvorlesung ›De regno eloquentiae‹ hält[302]. Das Einladungsprogramm des Rektors[303] läßt deutlich erkennen, wie sehr man sich von dem gelehrten Repräsentanten des Königsberger Poetenzentrums eine Belebung der Tübinger humanistisch-literarischen Studien erhofft. Seit dem Tode Rauschers, so hebt der Rektor hervor, sei »pubes nostra Academica« ohne Rhetorik-Lehrer; das habe den Herzog zum Handeln veranlaßt. »Quapropter, occasione sic nata, ex Parnasso illo Regiomontano aliquem huc deducere jußit rivum, qui vivido eruditionis ac eloquentiae suae rore Academica haec Tempe nostra irrigare ac foetificare posset«[304].

Die Antrittsvorlesung selbst – bei der übrigens auch der Herzog Eberhard persönlich anwesend ist[305] – bringt ihrem sachlichen Gehalt nach nichts wesentlich Neues. Sie ist eine jener schon berührten humanistischen Programmreden, wie sie seit Petrus Luder zumal bei Lehrern der Poesie und Eloquenz üblich waren und auch während des 17. Jahrhunderts eifrig gepflegt wurden. Kaldenbach preist die *eloquentia* als »artium Regina« und steigert sich mehr und mehr in einen – wohl auch von ihm erwarteten – hymnischen Ton: »Jamque et tu, ò veneranda artium Regina, ò augusta mentium Imperatrix,

[300] Vgl. die Übersicht bei Conrad, a.a.O., S. 41.
[301] Oben S. 378f.
[302] Als Einzeldruck erschienen Tübingen 1667; das Titelblatt verzeichnet: »habita cum in alma Tubingensi professionem eloquentiae, historiarum, ac poeseos publicam auspicaretur«.
[303] Dem Einzeldruck beigegeben.
[304] A.a.O., S. 1.
[305] A.a.O., S. 3: »praesentia Principis Serenissimi«. Kaldenbach apostrophiert ihn ausdrücklich, wie auch den alten Lansius, »cujus in veneranda canitie nobilissimae encomium facundiae suscipimus ... Qui apud Vos dicere audent, magnitudinem Vestram ignorant: qui non audent, humanitatem« (a.a.O., S. 5).

Diva Eloquentia, salve«[306]. Mit den seit Cicero bekannten, auch etwa von Meyfart, Klaj und Harsdörffer verwendeten Topen beschwört er die Allmacht der Rede, und er versäumt nicht, dem Ganzen einen gut christlichen Akzent zu geben – was er nicht zuletzt dem anwesenden Herzog schuldig ist. Gott hat, damit seine Macht offenbar wird, dem Menschen Verstand und Rede geschenkt, »ratione instruxit, atque oratione«[307].

Bezeichnender als diese Manifestation der christlich-humanistischen Koine sind die in die Rede eingestreuten Proben von Kaldenbachs poetischem Talent, denn hier ist er offensichtlich bemüht, etwas von jener individueller getönten Atmosphäre des Königsberger Parnaß zu vermitteln:

> »Salvete dulcis Neccari Deae dulces!
> Salve sacrata Phoebo et inclytis Musis
> Sedes, celebrium decus Lyceorum,
> Illustris ô Tubinga, salve, et aprici
> Tecum per orbem latè amabilem colles,
> Amoenioris grata mansio Bacchi«.

Er würdigt die großen Tübinger, die schon gestorben sind, redet sie an und kommt dann auf sein eigenes Schicksal zu sprechen, das ihn hierher geführt hat:

> »Sic ergo Prußici receßibus Pindi,
> Vestris adacti, coelitum piô ductu,
> Gratùm viretis, claudimur viae portu.
> Sic BREGELAE fluenta docta praeclari,
> Mutare pulchri contigit vadò NICRI;
> NICRI, novum fudisse Castalin dudum
> Minantis, entheaeque copias undae!«[308].

Daß dieser *poeta doctus* allen mit seinem neuen Amt verbundenen gelegenheitspoetischen Pflichten vollauf gewachsen war, konnte kaum zweifelhaft sein. Geburten, Verlobungen, Hochzeiten und Todesfälle im Bereich des akademischen Kollegiums und des Fürstenhauses, dazu Promotionen, besondere Ehrungen, Empfänge, Verabschiedungen und Jubiläen – alles dies mußte angemessen bedichtet und gewürdigt werden, ob nun mit einem bescheidenen Zweizeiler

---

[306] A.a.O., S. 6.
[307] Ebda. Platon und Cicero sind die Kronzeugen, auf die sich Kaldenbach nach humanistischer Manier beruft (a.a.O., S. 7f.).
[308] A.a.O., S. 7.

oder einer feierlichen Ode. »Sine vate nec Magister fit, nec Doctor«[309], das galt insbesondere für den Vertreter der ›humaniora‹. Die Texte wurden in der Regel bei der jeweiligen Festivität vorgetragen und häufig im Rahmen eines Festprogramms – sofern der Anlaß eines verlangte – oder etwa in einer Gedenkpublikation (zusammen mit den Leichenreden) gedruckt. Und zu den vielen offiziellen Aufträgen (der Fakultät oder des Rektors) kamen die Anlässe, bei denen im eigenen Namen ein poetischer Beitrag zu leisten war[310].

Wie umfangreich sich dieser ganze Komplex akademischer Gelegenheitspoesie ausnahm, ist an der stattlichen Sammlung abzulesen, die Kaldenbach bereits 1667, ein Jahrzehnt nach seinem Amtsantritt, unter dem Titel ›Sylvae Tubingenses‹ veröffentlichen konnte[311]. Dabei waren hier – vielleicht in Auswahl – nur die lateinischen Texte vereinigt. Die deutschen folgten erst 1683, von Kaldenbachs Sohn als ›Deutsche Lieder und Getichte‹ herausgegeben; Stücke aus der Königsberger Zeit waren dort mit einbezogen[312], so daß fast ein halbes Jahrhundert poetischer Produktion überschaubar wurde. Es gilt die gleiche Feststellung wie im Fall Buchners: »Gedichte, die nicht einer besonderen Gelegenheit ihre Entstehung verdanken, sind fast gar nicht vorhanden«[313].

Etwas anders steht es mit dem oratorischen Gegenstück dieser Gelegenheitspoesie. Daß der Kreis von Anlässen, die mit einer feierlichen, ausgearbeiteten Rede begangen wurden, wesentlich enger gezogen sein mußte, liegt auf der Hand. Im Grunde verlangte nur ein Todesfall regelmäßig auch eine Anlaßrede im engeren Sinne, eine

---

[309] Brief Tschernings vom 10. Juni 1646 (Borcherdt, Andreas Tscherning, S. 142).
[310] Bei den Gedichten, die nicht in einem Einzeldruck erhalten sind, läßt sich dies oft kaum unterscheiden.
[311] Dem in Tübingen gedruckten und verlegten Band – der Titel folgt einer auf Statius zurückgehenden und vor allem durch Scaliger kodifizierten Tradition – ist gleichsam als Nachlese aus der letzten Königsberger Zeit eine ›Sylvula Regiomontana‹ beigegeben; dazu ein Buch hexametrischer Gedichte (›Heroicorum‹) und ein kurzer Anhang mit fremden Gedichten für Kaldenbach (›Adoptivorum Libellus‹). Eine Gesamtausgabe der Gedichte aus den drei letzten Tübinger Jahrzehnten ist nicht veranstaltet worden. Welch ungeheure Menge von Texten sich bei einem akademischen Berufspoeten im Laufe der Zeit ansammelte, zeigt die 967 (!) Seiten starke postume Ausgabe von Morhofs ›Opera Poetica Latina‹, Lübeck ²1697.
[312] Den Grundstock bildeten die Lieder aus der ›Deutschen Sappho‹ von 1651, hinzu kam – außer den Tübinger Gedichten – das während des letzten halben Jahrzehnts in Königsberg Entstandene.
[313] Borcherdt, Augustus Buchner ..., S. 26. Das gleiche zu Tscherning: Borcherdt, Andreas Tscherning, S. 167.

Rede, die auf den Anlaß bzw. die Person unmittelbar Bezug nimmt und nicht irgendein allgemeines Thema vor einem Festpublikum abhandelt. Während die geistliche Totenrede selbstverständlich einem Geistlichen – bei Toten aus der Professorenschaft häufig einem der theologischen Kollegen – vorbehalten blieb, gehörte die weltliche Gedenkrede wenigstens prinzipiell zu den Pflichten des Rhetorikprofessors. Von Bernegger und Boecler beispielsweise sind zahlreiche solcher *panegyrici* als Einzeldrucke erhalten[314], und der erste Band von Buchners ›Dissertationes academicae‹[315] enthält nicht weniger als 191 Gedenkreden auf Kollegen, Angehörige von Kollegen und sonstige mit der Universität Wittenberg verbundene Personen; ähnlich steht es mit Morhofs ›Orationes et programmata‹[316] oder mit Peter Laurembergs ›Castrum doloris‹[317]. Kaldenbachs literarischer Ehrgeiz jedoch scheint auf diesem Gebiet nicht sonderlich groß gewesen zu sein, auch war wohl selbst bei den weltlichen Gedenkreden die Konkurrenz der Theologen stark[318]; jedenfalls sind nur zwei solcher Reden Kaldenbachs als Einzeldrucke greifbar, eine auf den Professor für Straf- und Lehensrecht Joachim Wiebel (1661)[319], die andere auf Thomas Lansius (1658)[320]; eine in warmen Tönen gehaltene Huldigung für den ›Nestor‹ der Tübinger Rhetorik.

Die freiere Form der akademischen *declamatio* hingegen, wie sie von Melanchthon an den protestantischen Universitäten eingeführt worden war, hat Kaldenbach mit großen Eifer gepflegt. Sie stellte das eigentliche Kern- und Prunkstück der akademischen Eloquenz dar, das Metier, an dem der Professor der Rhetorik von Zeit zu

---

[314] Die wichtigsten Gedenkreden Berneggers sind dann aufgenommen in die ›Orationum academicarum decas‹ (1640); zu Boecler vgl. die ›Orationes et programmata academica‹ (1654, dann noch einmal 1705).

[315] Wittenberg 1650.

[316] Hamburg 1698.

[317] Rostock 1638 (eine Sammlung von Trauerreden auf adlige Gönner).

[318] Auffällig ist die Häufigkeit, mit der in den Tübinger Programmen jener Zeit die Namen Hesenthaler und Osiander vertreten sind. Man bedenke auch, daß zahlreiche Rhetorik-Professoren des 17. Jahrhunderts gleichzeitig oder später als Prediger tätig gewesen sind, so Buchholtz, Dilherr, Riemer, Schupp (vgl. Balde).

[319] Er war bereits 1653 gestorben, die Gedenkrede erschien unter zwei verschiedenen Titeln (›Joachimus Wibelius seu laudatio posthuma‹ und ›Joachimus Wibelius aeternum convalescens‹).

[320] Diese Rede, ›Panegyricus memoriae ac honori Thomae Lansii‹, wurde offensichtlich bei der akademischen Gedenkfeier bald nach Lansius' Tod (1657) gehalten: »dicatus, dictusque publicè in alma ad Nicrum Eberhardina« (Titelblatt).

Zeit – im Rahmen regelmäßiger oder außerordentlicher Festveranstaltungen – sein praktisches Können unter Beweis zu stellen hatte. Und es gab kaum einen Vertreter dieser Disziplin, der sich nicht bemüßigt fühlte, diese Reden dann auch gesammelt herauszubringen[321]. Hin und wieder begegnen unter der Masse dieser Serienware auch Stücke, die noch heute Aufmerksamkeit verdienen, so etwa Buchners große, nach klassischen Mustern gearbeitete, durch »eine hoch-gläntzende kürtze«[322] ausgezeichnete Doppel-Deklamation ›Quid Carolus I. Britanniarum rex, loqui potuerit lata in se ferali sententia‹ (wohl 1648)[323] oder die geistreichen, witzigen ›Orationes‹ des akademischen enfant terrible Schupp (aus der Marburger Zeit als ›Professor historiarum et eloquentiae‹, 1634–46): neben den üblichen *laudationes* oder auch zeitkritischen Untersuchungen wie ›De felicitate seculi hujus XVII.‹, ›De oratore inepto‹ und ›De pennalismo‹ stehen so erstaunliche Kunststücke wie ›De lana caprina‹, ›De praestantia nihili‹, ›De arte ditescendi‹[324].

Was an Kaldenbachs dreibändiger Sammlung ›Orationes, et actus oratorii‹ (1671–1679 erschienen)[325] vor allem auffällt, ist die ostentativ pädagogische Zielsetzung, und damit tritt der zweite, der eigentliche Aufgabenbereich in den Vordergrund: die Tätigkeit als Hochschullehrer. Kaldenbach hat die seit den reformierten Statuten von 1536 bestehende Verpflichtung zum Unterricht im Deklamieren offenbar sehr ernst genommen, und er erinnert bei seiner Aufgabe, »juventutem literariam ex officio ... quasi manu ducere« mehrfach an die Verdienste, die sich hierin bereits andere Tübinger erworben haben: »etiam nostra in Academia, à Buchneris, Flayde-

---

[321] Genannt seien nur die Namen Bernegger, Boecler, Buchner, Morhof, Schupp, Jacob Thomasius. Einen Überblick über solche Redensammlungen gibt Morhof, ›Polyhistor‹, Lübeck ³1732, S. 976.

[322] So Zesen in der Widmungsvorrede zur deutschen Übersetzung dieser Rede: ›Was Karl der erste/ König in Engelland/ bei dem über Jhn gefällten todesuhrteil hette für-bringen können. Zwei-fache Rede‹, o.O. o. J., fol. Aa IIIᵃ.

[323] Es ist der Stoff der Gryphius-Tragödie ›Carolus Stuardus‹. Buchners Deklamation fand offenbar so großen Anklang, daß Zesen und vielleicht Jacob Thomasius sie ins Deutsche übersetzten (vgl. auch Borcherdt, Augustus Buchner ..., S. 30).

[324] Auch diese Reden wurden übersetzt; sie sind enthalten in Schupps ›Schrifften‹, (Hanau 1660).

[325] Verlegt bei Cotta in Tübingen. Die Titelblätter der drei *missus* weichen nur unwesentlich voneinander ab. Die Widmungen gelten den Magistraten von Ulm, Breslau und Augsburg; deutlich spürbar ist das Bestreben, die Nützlichkeit der Eloquenz hervorzuheben.

ris, Lansiis, Hesenthaleris, non exiguo eorundem, Scholaeque nominis incremento«[326].

Die für seine Schüler zu Übungszwecken ausgearbeiteten und in drei Bänden gesammelten Reden sind zum weitaus größten Teil nicht als eigenständige *orationes singulares* zu denken, sondern – ähnlich wie bei Lansius – als fest integrierte Teile thematisch geschlossener *actus*. Dies gilt im übrigen auch für zwei andere aus dem Unterricht Kaldenbachs hervorgegangene Sammlungen, die hier gleich mit einbezogen werden sollen: die ›Problemata oratoria‹ von 1672 (kurz nach dem ersten Band der ›Orationes‹ veröffentlicht) und die ›Dispositiones oratoriae‹ von 1687[327]. Während jedoch die ›Orationes, et actus oratorii‹ als Bestandteil des normalen Unterrichts »in Academia Tubingensi, a studiosa juventute, exercendae inprimis eloquentiae causâ, publicè exhibiti«[328] sind, scheinen die ›Problemata oratoria‹ nur aus Anlaß von Promotionen gehalten worden zu sein, »in renunciatione baccalaureorum, Tubingae, a candidatis, pro more academiae, publice dicta, et recitata«, und zwar, wie ausdrücklich hinzugefügt wird, »studium moderante Christophoro Caldenbachio, Eloq. Historiarum, ac Poes. Prof.«[329]. Die ›Dispositiones oratoriae‹ schließlich sind wieder für die üblichen *actus* geschaffen, aber es handelt sich nur um Entwürfe, *oeconomiae*, nicht um ausgeführte Reden[330].

Dieses stattliche Corpus oratorischer Übungstexte, das sich Kaldenbach im Lauf der Jahrzehnte erarbeitet hat (nahezu 2000 Seiten im Oktavformat), vermittelt ein recht instruktives Bild vom rhetorischen Alltagsbetrieb und nicht zuletzt von dem Pflichtbewußtsein, mit dem Kaldenbach dieser sicher oft genug ermüdenden Aufgabe nachkam. Aber der Brauch verlangte, daß die Lernenden immer wieder »publicum doctrinae testimonium in frequentia Academicorum solenni merentur«[331]. Und der Sachverstand, über den jeder ›Academicus‹ aus eigener Praxis wie aus regelmäßigem Besuch solcher De-

---

[326] Widmung zu Band 1, fol.):(4ª.

[327] Der eine Titel ist dem Esslinger Magistrat gewidmet, der andere dem Memminger. Die ›Dispositiones‹ sind wie die ›Orationes‹ als mehrbändiges Werk geplant, doch ist nur ein erster Band erschienen.

[328] Text des Titelblatts von Band 1.

[329] Ebenfalls Angabe des Titelblatts. Die rhetorische Vorbereitung der Artisten auf das Baccalaureat gehörte zu Kaldenbachs wichtigsten Amtspflichten.

[330] Nach dem gleichen Prinzip verfährt Christoph Schrader in seinen ›Hypotheses oratoriae‹ (1669); s. o. S. 416.

[331] ›Problemata oratoria‹, ›Praefatio‹, fol.)(2ª.»Primae illam Laureae festivitatem edito Oratoriae quodam artis specimine exornare« (a.a.O., fol.)(3ª), war die Pflicht der Studenten (bzw. des Professor Eloquentiae).

klamationen verfügte, war ein beträchtliches *incitamentum* für den Lehrer und seine Zöglinge. Hinzu kam das humanistisch-stolze Bewußtsein vom Wert des Fachs, der Gedanke, »quam et alias inter artes, Academiis competentes, sola Regina Eloquentia inprimis suâ necessitate et commodis emineat«[332]. Und wenn Kaldenbach die Erzeugnisse seines Unterrichts dann auch drucken ließ, so tat er es – wie er nicht ohne Selbstbewußtsein betonte –, um anderen den Weg zur wahren *eloquentia* zu ebnen; denn »non aequè omnes εὐφαντασιωτοὶ dicendi magistri sunt«[333].

Daß hier literarische Perlen verborgen liegen, wird niemand erwarten. Doch ist neben dem Bemühen um sauberen, maßvollen, ciceronianisch-glatten Stil (das Rektoratsprogramm hebt später die *elegantia* hervor)[334] eine gewisse Tendenz zur akademischen Brauchbarkeit, ja Aktualität auch der Themen und Inhalte zu würdigen. So enthalten etwa die ›Dispositiones‹ einen Komplex von vier Reden ›De philosophiae ac superiorum facultatum laudibus, quibus quasi certent invicem‹[335]; die ›Orationes‹ drei Reden ›De formandis prosperandisque studiis‹[336]; die ›Problemata‹ fünf Reden ›De modo et commodo legendi poetas‹[337] sowie einen Actus ›De praecipuis eloquentiae subsidiis et adiumentis‹ (mit fünf *orationes*: 1. ›Argumenti designatoria‹; 2. ›Naturae et ingenio primas tribuens‹; 3. ›Arti et doctrinae vires suas asserens‹; 4. ›Exercitationi palmam quaerens‹; 5. ›Decisoria litis, et gratiarum solennium actoria‹)[338]. Neben solcher Art nützlicher Universitätshodegetik bzw. Werbung für die humanistischen Studien gibt es zahlreiche christlich-theologisch gefärbte Themen, Philosophisches, Historisch-Politisches[339] und schließlich auch die moralisierenden Ladenhüter wie ›De conflictu ebrietatis et

---

[332] ›Dispositiones oratoriae‹, ›Praefatio‹, fol. a 2[b].

[333] A.a.O., fol a 3[a]. Daß der Redner εὐφαντασιωτός sein müsse, hatte vor allem Quintilian (6,2,30) gefordert; bei Opitz, ›Buch von der Deutschen Poeterey‹, Breslau 1624, fol. B 3[b] wird es auch vom Poeten verlangt (»Er muß εὐφαντασιωτός, von sinnreichen einfällen vnd erfindungen sein«). Kaldenbach als stolzer Poeta-Rhetor denkt wohl an beide Stellen.

[334] Es lobt seine »tot orationes elegantissimae« und bestimmt seine Verdienste: »Ità literarum studia inquinatis barbarie formulis praetulit, et ad veterum laudem emendato scribendi genere accessit«.

[335] S. 196ff.

[336] Bd. 3, S. 305ff.

[337] S. 183ff.

[338] S. 375ff.

[339] Von einiger Aktualität sind hier vor allem die fünf Reden zum Thema ›Character vel idea boni, consummatique politici‹ (›Problemata oratoria‹, S. 7off., nach der Gestalt des L. Torquatus aus Ciceros ›Brutus‹).

temperantiae‹[340] oder nerventötende Verlegenheitsthemen wie ›Pro et contra canes‹, ›Pro et contra navigationes‹[341].

Das eristische Element, das die Grundlage vieler Actus bestimmt, rückt sie häufig schon in die Nähe der Disputation (der Begriff des *disputari* wird auch ausdrücklich verwendet)[342]. Doch gehört die Schulung im Disputieren nicht zu den eigentlichen Aufgaben des Professor Eloquentiae. Kaldenbach scheint auf diesem Gebiet auch keine besondere Aktivität entwickelt zu haben, im Gegensatz etwa zu seinem Leipziger Kollegen Jacob Thomasius[343]. Natürlich hat auch Kaldenbach im Lauf seiner Tübinger Zeit die obligatorischen *specimina eruditionis* in Form von *Dissertationes* bzw. *Disputationes* abgelegt, die dann gedruckt wurden[344]. Sein größtes oratorisches Glanzstück jedoch, mit dem er wirklich etwas Eigenes zu bieten hatte, ist der im Jahre 1676 unter dem Rektorat des Herzogs Ludwig veranstaltete Actus ›De quinque linguarum cardinalium laude ac elogiis‹[345]: das Hebräische, Griechische, Lateinische, Deutsche und Polnische feierte Kaldenbach nach klassisch-epideiktischer Manier in fünf aufeinander folgenden Reden, »singulis suo idiomate scriptis« (dem Druck fügte Kaldenbach vorsichtshalber lateinische Übersetzungen der hebräischen, der griechischen und der polnischen Rede an).

So hat sich der vom Königsberger Parnaß nach Tübingen berufene Poet auch als Rhetor, im doppelten Sinn des Redelehrers und des Redners, zu bewähren vermocht. Zum vollständigen Bild seiner akademischen Tätigkeit fehlen nur noch die Vorlesungen, und ein glück-

---

[340] ›Orationes‹, Bd. 2, S. 187ff. Ganz unaktuell ist das Thema allerdings nicht, und zwar auch für Angehörige des Lehrkörpers. Noch 1652, also vier Jahre vor Kaldenbachs Amtsantritt, rügt ein Visitationsbericht (zitiert nach Klüpfel, a.a.O., S. 143), »daß die Professoren Nächte durch im Universitätshaus oder beim Pedell sitzen, spielen, sich volltrinken und lärmen«.

[341] ›Dispositiones oratoriae‹, S. 78ff. u. 114ff.

[342] Der zweite Teil der ›Dispositiones‹ ist definiert als »Actus orationum duarum, quae pro et contra disputantur, continens« (S. 74).

[343] Thomasius hielt zu den von ihm geleiteten Disputationen besondere Einleitungen, die er dann sogar eigens veröffentlichte (es sind 85 an der Zahl; ›Praefationes sub auspicio disputationum suarum in academia Lipsiensi recitatae‹, vgl. ADB 38, 1894, S. 109).

[344] Einige Titel: ›De statu nobilitatis‹ (1664), ›Dissertatio philologica de litteris Aegyptiorum hieroglyphicis‹ (1664), ›Disputatio physico-philologica de lauro‹ (1670), alle in Tübingen erschienen.

[345] Abgedruckt im 2. Band der ›Orationes‹, S. 127ff.; dort S. 183ff. angeschlossen ein »Ehren-Klang und Lobgesang Auff die Fünff Lob-Reden der so vielen Haupt-Sprachen«, von Michael Schuster.

licher Umstand ermöglicht selbst in diesen Bereich einen recht genauen Einblick. Kaldenbach hat nämlich 1687 durch seinen Sohn Christoph einen vollständigen rhetorisch-poetischen Vorlesungszyklus herausgeben lassen unter dem Titel ›Collegiorum, studia maxime eloquentiae adjuvantium, et in Academia Tubingensi institutorum, à Christophoro Caldenbachio, Eloq. Historiarum, et Poës. P. P. brevis et svccincta sylloge‹[346]. Das war in dieser Form nicht üblich. Zwar sind aus der Feder von Rhetorikprofessoren des 17. Jahrhunderts zahlreiche Lehrbücher erhalten, deren Ursprung deutlich im akademischen Unterricht liegt[347]. Aber daß man gleich einen ganzen Vorlesungszyklus – mit allen Anzeichen des Kollegmanuskripts – publizierte, ist eine (willkommene) Ausnahme.

Vier Hauptformen der Darstellung lassen sich deutlich unterscheiden: die systematische Entfaltung von Theoremen mit eingestreuten Beispielen sowie Rekursen auf antike Gewährsleute, die fortlaufende Kommentierung eines antiken Kompendiums[348], die vor allem mit *dispositiones* bzw. *oeconomiae* arbeitenden Analysen exemplarischer Texte und die – ebenfalls meist als *dispositiones* gegegebenen – Entwürfe für die eigene *imitatio*. Die beiden ersten Formen dienen hauptsächlich zur Darlegung der *praecepta*, die beiden letzten zur Einprägung der Muster und zur praktischen Übung. Gegenstand des Vorlesungszyklus sind, nach dem Prinzip des Aufsteigens vom Einfacheren zum Anspruchsvolleren: Brief, Rede, Gedicht[349].

Die neunteilige ›series collegiorum‹ beginnt mit einem ›collegium epistolicum‹, in dem die wichtigsten Briefgattungen von der *nuntiatoria* bis zur *consolatoria* vorgeführt werden, wobei die *exempla* meist aus den beliebten ›Exercitationes rhetoricae‹ des Tesmarus[350] genommen sind. Es folgt ein Komplex von drei ›collegia oratoria‹, deren erstes die (an sich auch für die Epistolographie geltenden) allgemeinen Grundfragen behandelt: *natura* und *ars, loci, partes orationis, elocutio, figurae, compositio, exercitatio*. Das zweite oratorische Kolleg gehört mit seiner unorthodoxen Stillehre, die »entscheidend vom literarischen Unterricht her geformt ist«[351], zum Interes-

---

[346] Die in Tübingen erschienene Sammlung ist, die früheren Dedikationen fortsetzend, dem Reutlinger Magistrat gewidmet.

[347] Oben S. 412.

[348] Hier setzt sich am deutlichsten die Tradition der mittelalterlichen *lectio* fort.

[349] Das entspricht der Reihenfolge, die auch im Gymnasialunterricht der Zeit üblich ist, vgl. etwa das Stralsunder Beispiel von 1643 (s. o. S. 282ff.).

[350] Amsterdam 1657. Tesmarus war Professor am ›Gymnasium illustre‹ in Bremen.

[351] Fischer, S. 173. Kaldenbach legt seiner Darstellung eine Vier-Stile-Gliederung

santesten in diesem Vorlesungszyklus (der Rest des Kollegs bringt die übliche Figurenlehre[352], die *compositio* sowie die Affektenlehre). Das dritte oratorische Kolleg zeigt nun durch die Analyse ausgewählter Reden aus der Alexandergeschichte des Curtius Rufus (Dispositionen, ohne verbindenden Text aneinandergereiht) die dargebotene Theorie am konkreten Text.

Erst das fünfte Kolleg der Gesamtreihe wendet sich dem Bereich der Poesie zu, und wie im Fall der *oratoria* wird zunächst das theoretische Fundament gelegt; doch geschieht dies nicht in Form eines systematischen Vortrags, sondern eines fortlaufenden Kommentars zur ›Ars poetica‹ des Horaz[353]. Kaldenbach zieht einzelne Lemmata heraus und gibt dazu, teils paraphrasierend, teils explizierend (mit Parallelstellen) seine *annotationes*. Es ist eine der Hauptvorlesungen jedes Professor Poeseos; Dach begann mit ihr 1639 seine Tätigkeit an der Königsberger Universität, Buchner veranstaltete (wie mancher seiner Kollegen) auch eine eigene Ausgabe der ›Ars poetica‹ zu diesem Zweck[354]. Die Vorlesung ist so zu denken, daß die Studenten einen Text vor sich hatten und die mehr oder weniger schulmäßig diktierten Bemerkungen ihres Lehrers (so wie sie Kaldenbach hier druckt) in ihr Exemplar eintrugen[355]. Von praktischen Übungen ist

---

zugrunde (»Ciceronianum, Panegyricum, Concisum et Eruditum«, a.a.O., S. 58). »Der Begriff des *stylus* erhält hier, eben aus der alten Übung der *imitatio*, eine für die eigentliche Stiltheorie neue Wendung. Er bezeichnet nicht mehr ausschließlich die allgemein gültige sprachliche Qualität, sondern weit stärker als früher die individuelle Eigenart des als Muster genommenen Autors, damit dann auch des nachahmenden Schreibers« (Fischer, a.a.O., S. 173; Weise geht dann, wie Fischer mit Recht betont, auf diesem Weg der Individualstile weiter).

[352] Gelegentlich macht sich dabei moderner Einfluß bemerkbar, etwa bei den Beispielen zur ›scharfsinnigen‹ Paronomasie: »Adulatio citius in aulis, quam in caulis locus invenit« etc. (a.a.O., S. 75).

[353] Es ist mit nahezu achtzig Seiten das weitaus längste Kolleg (die anderen umfassen jeweils zwischen zwanzig und fünfzig Seiten).

[354] Sie entstand etwa 1628 (Borcherdt, Augustus Buchner ..., S. 34); 1619 hatte Buchner zum ersten Mal über die ›Ars poetica‹ gelesen (damals war er nur Professor Poeseos, die Eloquenz kam – was häufig übersehen wird – erst 1632 hinzu). Buchners Schüler Buchholtz hat als Professor Poeseos in Rinteln sogar eine ›Verteutschte vnd mit kurtzen Noten erklärte Poetereykunst des vortreflichen Römischen Poeten Q. Horatius Flaccus‹ (Rinteln 1639) herausgebracht.

[355] Das gleiche gilt für die Standardvorlesung über die Aristotelische ›Rhetorik‹. Um diesen Text bemühte sich vor allem Christoph Schrader in Helmstedt (›Aristotelis de arte rhetorica libri tres graece et latine editi cura Christophori Schraderi‹, 1672; ›De rhetoricorum Aristotelis sententia et usu commentarius‹, 1674; ›Dispositiones oratoriae ad ductum rhetoricae Aristotelis concinnatae‹, 1674; alles Helmstedt).

vorerst nichts erkennbar, die Elemente der *ars versificatoria* wenigstens mußte der Hochschulunterricht voraussetzen dürfen.

Ein ›collegium oratorico-practicum‹ hingegen ist die sechste Vorlesung, über ausgewählte Cicero-Reden »earundem methodum artificiosam analysi synopticâ ostendens«[356]. Das an Curtius Rufus Entwickelte wird nun verfeinert, es ergeben sich z. T. sehr komplizierte, detaillierte Analysen[357]; zu jedem Rede-Teil wird erst eine genaue Gliederung, dann ein Block verschiedenartigster sachlich-stilistischer *notae* gegeben. Das gleiche Verfahren wendet Kaldenbach im siebten Kolleg – in sehr bezeichnender Weise Prosa und Poesie zugleich umgreifend – auf epistolographische Texte an, auf Briefe von Cicero und Plinius sowie poetische Episteln Ovids[358].

Die beiden letzten Kollegs sind wieder ganz dem *genus oratorium* gewidmet, jetzt aber noch nachdrücklicher auf die eigene *imitatio* hinzielend. Und statt Cicero werden nun Reden des Muretus zugrundegelegt. Der Universitätsunterricht war hierin offenbar flexibler; Buchner hat sogar über Reden eines Zeitgenossen, des Leidener Juristen und Philologen Petrus Cunaeus (1586–1638) gelesen[359], der das »aureum... Latini sermonis saeculum«[360] in der Gegenwart repräsentierte. War demgegenüber Muretus schon ein Klassiker, so ist doch – wie bei den Redeübungen – das Bemühen Kaldenbachs um etwas ›Modernität‹ unverkennbar[361]. Desto leichter findet er im neunten und letzten Kolleg des Zyklus, ›Pro solennibus in publico sermonibus‹, den Übergang zu denjenigen Reden, die sich dem Acade-

---

[356] So die Kennzeichnung S. 315, vgl. S. 184.

[357] In der Methode gleich, aber in der Ausführung straffer Christoph Schrader, ›Livianarum orationum duodeviginti analysis rhetorica‹, Helmstedt 1674.

[358] Es sind: Ex Ponto 2,2; Trist. 1,3; 3,6; 3,8; 3,13; 4,8.

[359] Seine ›Oeconomiae atque conspectus nonnullarum orationum P. C. cum annotatiunculis in quosdam locos‹ sind gedruckt als Anhang zu: ›Petri Cunaei ... orationes argumenti varii‹, Frankfurt a. d. Oder o. J. Den Reden vorangestellt (Erstveröffentlichung Leiden 1640) ist eine längere Widmung Buchners; es kann sich also kaum um eine illegale Vorlesungs-Publikation handeln. Borcherdt ist diese Schrift Buchners entgangen.

[360] Adolf Vorstius, ›Oratio funebris‹ auf Cunaeus, abgedruckt in der Ausgabe der ›Orationes‹, S. 283ff. (das Zitat: S. 298).

[361] Möglicherweise waren die Muretus-Reden (auch Jacob Thomasius veranstaltete 1672 eine Ausgabe!) schon gegen Ende des 16. Jahrhunderts im Tübinger Universitätsunterricht eingeführt. Das Verzeichnis der von Georg Gruppenbach in seiner Buchhandlung geführten Bücher 1597 enthält auch »Orationes Mureti« (ein Blatt, aus dem Universitätsarchiv Tübingen, ist faksimiliert bei H. Widmann, Tübingen als Verlagsstadt. Das 15. und 16. Jahrhundert, Attempto 27/28, 1968, S. 3ff.; das Blatt: S. 15).

micus während des Studiums und in seinem künftigen gelehrten Dasein immer wieder als unausweichliche Aufgabe stellen werden.

Blickt man auf das Ganze dieses Vorlesungszyklus zurück, so möchte es scheinen, als ob die Poesie – zumal bei einem so kenntnisreichen Poeten wie Kaldenbach – doch etwas zu kurz gekommen sei. Ob Kaldenbach dies selbst empfunden hat, oder ob er von vornherein eine Erweiterung der Sammlung ins Auge faßte[362]: schon 1688, ein Jahr danach also, erscheint ein ganzer Band ›In satyricos tres Latinorum, Q. Horatium Flaccum, D. Junium Juvenalem, et A. Persium Flaccum; tabulae synopticae‹ mit einem Anhang über die beiden Epistel-Bücher des Horaz. Und 1690 folgt ein eigener Band ›Tabulae in odas Q. Horatii Flacci synopticae‹. Beide Bände sind ebenfalls deutlich aus Vorlesungen hervorgegangen, sie enthalten detaillierte Analysen der poetischen Texte nach den gleichen Prinzipien, die Kaldenbach in den *collegia* praktiziert[363]. So steht neben dem Corpus der Redeübungen ein kaum weniger stattliches Corpus rhetorisch-poetischer Kollegs[364].

Nur die *Historiae,* das dritte Fachgebiet, sind noch ganz und gar nicht zu ihrem Recht gekommen, und es gibt dazu auch keinerlei Einzelpublikationen. Die Stücke aus Curtius dienten ja rein als oratorische *exempla.* Aber wo bleiben – wenn schon nicht Tacitus, so doch wenigstens Cornelius Nepos oder Livius? Kaldenbach hat diesem Teil seines Lehrauftrags offenbar keinerlei Geschmack abzugewinnen vermocht, er muß zeitweise mit dem Unterricht ganz ausgesetzt haben[365]. Das Vorlesungsverzeichnis von 1664, das für Kaldenbach *explicatio* von Cicero-Reden und *interpretatio* von Horaz-Oden ankündigt, läßt sich sehr orakelhaft vernehmen, es sei vorgesehen, »ut intra certam periodum studium quoque Historicum reassumat«[366].

Seinem Ansehen hat das, wie es scheint, keinerlei Abbruch getan.

---

[362] Die Praefatio zu den ›Collegia‹ läßt nichts davon erkennen.

[363] Der Zusammenhang mit den oratorischen Formen ist wieder besonders dadurch hervorgehoben, daß jedes Gedicht nach Möglichkeit einem festen Typus zugeordnet wird (*consolatoria, dehortatoria* etc.).

[364] Dagegen ist Kaldenbach mit Editionen nicht hervorgetreten, seine Kolleg-Publikationen sollten dafür wohl auch einen gewissen Ersatz bieten. Einen interessanten Überblick über Morhofs Vorlesungsthemen (aus einer Rede von 1683) druckt Kern, Daniel Georg Morhof, S. 12 ab.

[365] Doch ist hervorzuheben, daß in der Bezeichnung seiner Professur das »Hist.« niemals fehlt, weder auf offiziellen Dokumenten (Rektoratsprogrammen) noch auf den Titelblättern seiner eigenen Schriften.

[366] ›Ordo studiorum‹, 1664, S. 8.

Poesie und Poetik beherrschte er schon, als er nach Tübingen kam, in die Rhetorik hat er sich gründlich und erfolgreich eingearbeitet. Anfang der 80er Jahre, also bereits in hohem Alter, erhält er vom Herzog Friedrich Karl den Auftrag, das alte, noch aus dem Jahre 1618 stammende, vom seinerzeitigen Hofprediger Johannes Hauber verfaßte, offizielle Rhetoriklehrbuch für die Württembergischen Gymnasien durch ein neues zu ersetzen[367]. Da Kaldenbach inzwischen auch zum ›Paedagogarcha‹ der Württembergischen Lateinschulen »ob der Staig« (d. h. für die südlich Stuttgarts gelegene Landeshälfte)[368] ernannt worden ist, dürfte er einigermaßen orientiert sein, was an den Schulen benötigt wird. 1682 erscheint das ›Compendium rhetorices‹, mit dem ausdrücklichen Zusatz, es sei auf Befehl des Herzogs »pro scholis in ducatu Würtembergico adornatum«[369]. Eine in ziemlich holprigem Latein abgefaßte ›Praefatio‹ des Konsistoriums (das ja für die Schulen zuständig war) handelt über die Göttlichkeit der menschlichen Rede und erläutert den Auftrag an Kaldenbach »à multis jam lustris in hoc studii genere egregiè exercito«[370]. Der Inhalt des (wie schon bei Hauber) erotematisch gehaltenen Kompendiums ist im gegenwärtigen Zusammenhang nicht weiter von Bedeutung; Kaldenbach bietet in drei Büchern (›De inventione‹, ›De dispositione‹, ›De elocutione‹) das übliche Pensum, doch im Vergleich zu Hauber wesentlich knapper gefaßt[371]. Nahezu ein Jahrhundert später, im Jahr 1774, berichtet Bök, das Buch sei »noch gegenwärtig, mit den nöthigen Zusäzen und Verbesserungen, in Würtenberg eingeführet«[372]. Auch in der Ludwigsburger Lateinschule dürfte man noch zu Schillers Zeit das ›Compendium rhetorices‹ benutzt haben[373].

---

[367] ›Erotemata rhetorices, pro scholis ducatus Wirtembergici‹, Stuttgart 1618 u. ö. Hauber hatte für die Württembergischen Schulen auch ›Erotemata dialectices‹ verfaßt.

[368] Reichert, a.a.O., Sp. 438. Der Zeitpunkt der Ernennung steht nicht genau fest, doch ist sie, als Kaldenbach den Auftrag erhält, sicher bereits vollzogen. Das Amt des ›Paedagogarcha‹ bekleidete übrigens schon Kaldenbachs Vorgänger Rauscher, vgl. Bök, a.a.O., S. 116 Anm. a.

[369] Titelblatt des Tübinger Drucks.

[370] Fol. ) ( 4ª. Solche offiziellen Aufträge waren gelegentlich mit dem Amt des Rhetorik-Professors verbunden. So mußte Buchner schon bald nach dem Antritt seiner Professur die Neubearbeitung von Melanchthons lateinischer Grammatik übernehmen (erschienen 1621).

[371] Auch hat Kaldenbach die bei Hauber durchgängige Teilung in Fragen für Anfänger und Fragen für Fortgeschrittene aufgegeben. Auf der anderen Seite sind mehr antike (auch griechische) Zitate eingearbeitet.

[372] Bök, a.a.O., S. 136.

[373] Zum Rhetorikunterricht an der Karlsschule vgl. H. Meyer, Schillers philosophische Rhetorik, S. 357ff.

Es war Kaldenbachs anspruchlosestes und zugleich wirkungsreichstes Buch. Sein vielleicht individuellstes, ›Poetice Germanica, seu de ratione scribendi carminis Teutonici‹, erschien 1674[374], fast zwei Jahrzehnte nach seinem Amtsantritt, zu einer Zeit, als er noch im Vollbesitz seiner Kräfte war (er hielt Vorlesungen bis kurz vor seinem Tod im Jahre 1698)[375]. Wiederum sind nicht so sehr die Einzelheiten des Inhalts bemerkenswert; sie entsprechen der seit Opitz immer differenzierter ausgebauten Koine deutscher Literaturtheorie, und Kaldenbach dokumentiert dies durch ständigen Rekurs auf die etablierten Autoritäten wie Opitz, Buchner, Tscherning, Schottel, Titz, Zesen sowie Meyfart und Kindermann, mit deren Handbüchern er bestens vertraut ist[376]. Der erste Teil des in zwei Bücher aufgeteilten Kompendiums bringt die Metrik von der Quantitätentheorie bis zur Strophenlehre, also das, was im 17. Jahrhundert üblicherweise ›Prosodie‹ genannt wird; der zweite Teil enthält dann – fast noch traditioneller geprägt als bei den ›Collegia‹[377] – die Stillehre unter besonderer Hervorhebung der *sermonis puritas*; und schließlich bringt ein (den größten Teil des Ganzen einnehmender) Anhang, »Schediasmata carminum varii argumenti, cum suis Dispositionibus«[378], das nötige Anschauungsmaterial, Eigenes und Fremdes, »DACHII praesertim, Viri, vatisque; ad decus et laudem Musarum in universum omnium nati factique«[379].

Kaldenbach bleibt bei seinem Metier, der Gelegenheitspoesie. So wie er, im Gegensatz zu Dach[380], während seiner Zeit als Professor Poeseos kein Drama mehr geschrieben hat – das Studententheater

---

[374] Im Gegensatz zu fast allen anderen Büchern der letzten Jahrzehnte wurde dieser Titel in Nürnberg verlegt.

[375] Das ›Programma funebre‹ hebt diese Tatsache besonders hervor: Kaldenbach führte sein Amt – mit Ausnahme der letzten Jahre (»si paucos extremae senectae annos demas«) – »constanti, semperque sibi simili vigore ac diligentia, pro eâ qua abundabat sapientia incredibili«.

[376] Von den Genannten ist ihm Titz seit der Königsberger Zeit persönlich besonders eng verbunden. An die ›Zwey Bücher Von der Kunst Hochdeutsche Verse und Lieder zu machen‹ (Danzig 1641) lehnt sich Kaldenbach auch bewußt an: »Titium imprimis secutus, amicum jam olim mihi conjunctißimum, pauculis hisce artem eam, ut licuit, comprehendi« (›Praefatio‹, fol. A 2b).

[377] Vgl. Fischer, S. 174.

[378] ›Poetice Germanica‹, S. 52.

[379] A.a.O., ›Praefatio‹, fol. A 3a.

[380] Zur Hundertjahrfeier der Königsberger Universität 1644 verfaßte Dach das kulturpatriotische Festspiel ›Sorbuisa‹ (bzw. ›Prussiarcha‹), das dann von Studenten aufgeführt wurde; vgl. H. Bretzke, Simon Dachs dramatische Spiele, Diss. Königsberg 1922.

war in Tübingen schlecht gelitten[381] –, ist auch in seiner ›Poetice Germanica‹ von den großen poetischen Gattungen wie etwa Tragödie oder Lehrgedicht keine Rede. Es ist ein Buch für die Praxis, und es stammt aus der Praxis. »AD cultum spectant Poeseos vernaculae quae oculis expono vestris«, verkündet er in der Widmung[382]. »Quo in culmine sit illa, comparata caeteris, sive linguis sive studiis, omnes eruditorum paginae loquuntur«. Was er hier bietet, hat er vorher »privato in collegio« vorgetragen[383]. Seit wann und in welchem Umfang das geschah, bleibt unklar. Immerhin: er hat, vielleicht angeregt durch das große Vorbild Buchners[384] – und ähnlich wie Tscherning[385] oder Omeis[386] – am Rande seines offiziellen Lehrauftrags auch über den ihm vertrautesten Gegenstand gelehrt, lateinisch natürlich. Doch damit alles seine akademische Ordnung behält, hat Kaldenbach – und das ist überaus charakteristisch für ihn – seine *doctrina* auch lateinisch publiziert, genau ein halbes Jahrhundert nach dem Erscheinen des ›Buchs von der Deutschen Poeterey‹[387].

So kann sich Kaldenbach, als er 1682 dem Herzog Friedrich Karl die ›Deutschen Lieder und Getichte‹ widmet, mit Recht zu denen zählen, »welche den Auffwachs unsrer Muttersprach nicht allein von

---

[381] Nachdem im Jahre 1588 eine Studentenaufführung großes Aufsehen erregt hatte, war das Theaterspielen bei Karzer-Strafe verboten worden (Klüpfel, a.a.O., S. 132). Unter Flayder erlebte das Theater, vom ›Collegium illustre‹ ausgehend, noch einmal einen kurzen Aufschwung (Bebermeyer, Tübinger Dichterhumanisten ..., S. 96).

[382] Fol. A 2ᵇ.

[383] Ebda.

[384] Oben S. 418.

[385] Die philosophische Fakultät der Universität Rostock erlaubte ihm, ein ›Collegium Germanicum poeticum‹ anzukündigen (er hielt es wahrscheinlich bis 1644); Borcherdt, Andreas Tscherning, S. 124.

[386] ›Gründliche Anleitung zur Teutschen accuraten Reim- und Dicht-Kunst‹, Nürnberg 1704, Vorrede, fol. ) ( ) ( 3ª: Omeis hat »nun schon eine geraume Zeit und von vielen Jahren her verschiedenen Herren Studiosis artium elegantiarum, auf dero Ansuchen/ Collegia academica über die Teutsche Poesie gehalten« (Omeis war seit 1674 Professor der Eloquenz in Altdorf, seit 1699 auch Professor der Poesie; die ›Anleitung‹ entstand im Zusammenhang mit seiner Lehrtätigkeit).

[387] Für Tübingen war selbst diese Tat ein absolutes Novum, Bök, a.a.O., S. 136 versäumt nicht, dies bei seiner Würdigung Kaldenbachs nachdrücklich hervorzuheben: »Ein Mann von vieler Belesenheit in den alten römischen Schriftstellern, vornehmlich den Dichtern ... Die Regeln der Redekunst und Dichtkunst verstand er sehr gut, und hat, von dieser Seite betrachtet, durch Unterricht und Schriften, wie auch durch persönliche Aufmunterung der Studierenden, wahres akademisches Verdienst. Er beförderte auch mit Eifer die Aufnahme der teutschen Dichtkunst, schrieb eine besondere Anweisung hiezu, welches von keinem seiner Vorfahren bekannt ist«.

Hertzen wündschen: sondern auch nach Vermögen zu befördern/ ihnen angelegen seyn lassen«[388]. Das Deutsche sollte, so betont der ›Paedagogarcha‹, »von Kindheit auff« gepflegt werden, doch hier liege manches im argen. Latein und Griechisch bringe man den Schülern mit aller Sorgfalt bei, aber »die eigentliche zier- und manierliche Redensart ihres Volcks und Vorfahrt« werde vernachlässigt[389]. Hier einen aktiven Beitrag zu leisten, sei auch sein Wunsch, wenn er seine deutschen Gedichte publiziere. Und er sieht die Publikation zugleich im Zusammenhang seines offiziellen Lehrauftrags: weil »bey Dero weitberühmten Universität/ nebenst der Beredsamkeit und Geschicht-Lehre/ die Poesie mir gnädigst anvertrawet und anbefohlen«[390].

*

Nicht alle Studenten der Barockepoche hatten die Gelegenheit, bei einem Kaldenbach oder Buchner, Peter Lauremberg oder Tscherning, Schupp oder Morhof *eloquentia* zu hören. Mitunter dürfte sich, wie angedeutet, der pädagogische Effekt auf eine Rekapitulation oder Ergänzung des Schulwissens beschränkt haben, und die Sterilität eines selbstgenügsamen Leerlaufs drohte hier wie auf der Gymnasialstufe. So war auch das akademische Fach Rhetorik schon früh der gleichen Kritik ausgesetzt wie das humanistische Schulwesen. »Ego non ero Orator?«, fragt der Titelheld von Johann Valentin Andreaes ›Turbo‹ (1616)[391], nachdem er – ein Faust des 17. Jahrhunderts – bereits Dialektik, Ethik, Physik und Logik studiert hat und nun »transivit è Castris Logicis ad Rethorica [sic!]«[392]. »Eris«, antwortet ihm der Skeptiker Stellinus ironisch, »sed ut Praeceptor tuus, qui Cimicibus ac tineis declamitet«[393].

Für denjenigen allerdings, der nicht wie Turbo »sapientiae arcem« suchte[394], sondern sich auf eine Laufbahn als Gelehrter bzw. als *homo literatus* vorbereitete, war das Problem von sekundärer Bedeu-

---

[388] ›Deutsche Lieder und Getichte‹, S. 6f. Die Widmung stammt vom 13. August 1682, Erscheinungsjahr 1683.

[389] A.a.O., S. 6.

[390] A.a.O., S. 7.

[391] ›Turbo, sive moleste et frustra per cuncta divagans ingenium‹, (Straßburg) 1616, S. 25.

[392] A.a.O., S. 19 (Worte des Rhetors Psittacus, der seinen neuen Schüler erwartet).

[393] A.a.O., S. 25 f. Eine karikierende Zusammenstellung von Themen und Übungsmethoden des akademischen Rhetorikunterrichts a.a.O., S. 24 f.

[394] A.a.O., S. 25.

tung. Viel wesentlicher scheint, daß sich innnerhalb des überkommenen, mittelalterlichen, disputatorisch geprägten akademischen Rhetorikbetriebs ein humanistischer Unterricht in der *eloquentia* überhaupt hatte etablieren können. Zwar spielte er dort keine so domi-
nierende Rolle wie an den Gymnasien. Dafür aber war die überregionale Wirkung um so intensiver, wenn ein hervorragender *poeta-
rhetor* das Fach vertrat. Wer selbst literarische Ambitionen hegte,
konnte aus nächster Nähe verfolgen, wie ein bedeutender Autor
seine Doktrin in exemplarische Praxis umsetzte, ja sogar in muttersprachliche Dichtung. Lehrbücher und Traktate trugen das im Unterricht Erarbeitete zugleich über den akademischen Bereich hinaus. So
wurden die Universitäten zu regulierenden Zentren der lateinischen
und deutschen, gelehrten Literatur des 17. Jahrhunderts.

# Schluß

In der Geschichte der deutschen Literatur ist keine der großen Epochen so umfassend durch das Phänomen ›Rhetorik‹ geprägt wie das Zeitalter des Barock. Was immer man unter ›Rhetorik‹ zunächst verstehen mag, es geschieht nicht von ungefähr, wenn die Barockforschung bei der germanistischen Erschließung dieses Problembereichs gewissermaßen eine Pionierrolle übernommen hat, deren Wirkung auch in Studien zu anderen Epochen wie Humanismus und Aufklärung erkennbar zu werden beginnt.

Aus dem hier vorgelegten Versuch, die geschichtlichen Grundlagen der Barockrhetorik genauer zu beschreiben, sind gegenüber der communis opinio zunächst drei Konsequenzen definitorischer Art zu ziehen: Barockrhetorik ist nicht identisch mit normativem Klassizismus, von dem eine ›Para-Rhetorik‹ oder dergleichen auszugrenzen wäre; Barockrhetorik erschöpft sich nicht in dem, was die Rhetoriklehrbücher (und die Poetiken) des 17. Jahrhunderts an Theorie enthalten; Barockrhetorik ist als Bildungsdisziplin keine bloß akkompagnierende Erscheinung der Kulturgeschichte.

Um mit dem letzten Punkt zu beginnen: die Rhetorik als Bildungsdisziplin ist während der Barockepoche ein zentraler Faktor des literarischen Lebens selbst. Sie entscheidet über Ziele und Methoden der gesamten literarischen Erziehung. Es ist eine Erziehung, die von der untersten Stufe an zur kunstgemäßen Praxis in Poesie und Prosa anleitet und den Werdegang nahezu aller Barockautoren – sowie eines Großteils ihrer Leser – bestimmt hat. Darüber hinaus bildet der gelehrte Rhetorikunterricht die institutionelle Basis für eine Reihe charakteristischer Formen und Gattungen der Barockliteratur (die große Zahl der ›Schulmänner‹ und Universitätslehrer unter den Autoren ist symptomatisch). So steht beispielsweise der umfangreiche Komplex der akademischen Kasualpoesie, von Buchner über Tscherning und Dach bis zu Morhof, in engem Zusammenhang mit dem Eloquenzunterricht der Universitäten; auch mehrere grundlegende Literaturkompendien der Epoche sind unmittelbar aus ihm hervorgegangen. Vor allem aber ist das gesamte barocke Kunstdrama, von Opitz über Rist und Gryphius bis zu Lohenstein, Hallmann und Weise, von Bidermann über Masen bis zu Avancini, an die Realität der Schulbühne und ihrer Spieltechniken gebunden, und zwar nicht als an einen beliebig auswechselbaren Rahmen: für Autoren, Lehrer, Akteure und Publikum bedeutet das kunstgemäß dargebotene Drama die repräsentative Krönung des gymnasialen *eloquentia*-Betriebs.

Eine nähere Beschäftigung mit dem gelehrten Bildungswesen des 17. Jahrhunderts führt zwangsläufig auch zu der zweiten Konsequenz, daß eine Reduktion der Rhetorik auf bloße literarische Theorie der geschichtlichen Wirklichkeit nicht gerecht wird. Stellt man die überlieferten Rhetoriklehrbücher in ihren spezifischen Kontext, den der literarischen *doctrina,* so zeigt sich, daß die *praecepta* nur zusammen mit bestimmten *exempla* und Formen der *exercitatio* zur eigenen *imitatio* führen, d. h. zur literarischen Praxis. Namentlich der umfangreiche Komplex der mündlichen Übungstechniken erscheint in den Kompendien meist nur am Rand und gehört doch zum Grundbestand der rhetorisch-pädagogischen Tradition. Erst die *colloquia* und *dialogi,* die *recitationes, declamationes* und *actus* erheben die sprachlich-kompositorische Fertigkeit zur eigentlichen Eloquenz. Ohne die Basis dieser Exerzitien ist die oft hervorgehobene ›Mündlichkeit‹ weiter Bereiche der literarischen Barockkultur nicht zu denken, ebensowenig wie die ausgeprägte ›Theatralik‹ sprachlichen Repräsentierens.

Welch einseitiges, inadäquates Bild der Barockrhetorik entsteht, wenn man sie auf die Theorie der literarischen Kompendien beschränkt, zeigt sich vollends am Disputationswesen. In kaum einer Barockarbeit der letzten Jahre wird dieser Teilbereich der Rhetorik auch nur erwähnt, obwohl auch hier die Einwirkungen auf die Literatur offen zutage liegen: in vielen Streitszenen von Drama und Roman, insbesondere aber in Satire, Moralkritik und Komödie (Moscherosch, Schupp, Beer, Weise u. a.). Manche dieser eminent ›rhetorischen‹ Disputationsszenen dokumentieren in ihrer Tendenz zu Überspannung und Subtilität noch deutlich den mittelalterlichen, vorhumanistischen Grundcharakter der *ars disputandi.*

Damit ist bereits die dritte der oben genannten Konsequenzen berührt. Wer Rhetorik auf humanistische *elegantia* oder generell auf normativen Klassizismus einengt, muß dabei nicht nur die *ars disputandi* ausschließen, sondern einen großen, vielleicht sogar den größten Teil der Barockliteratur überhaupt. Zwar wagt man nicht recht, diesen Schritt offen zu vollziehen, doch wäre er nur konsequent. Denn wenn es je einen Sinn haben soll, von spezifisch ›barocken‹ Stilelementen zu sprechen, so müßten diese von der klassizistischen Folie, von der ›mittleren Ebene des Sprechens‹, abgehoben werden. Die Termini ›Barock‹ und (klassizistische) ›Rhetorik‹ wären also per definitionem konträr oder gar kontradiktorisch. Als ›rhetorisch‹ in diesem Sinn könnten nur noch einzelne Texte der ›Opitz-Ebene‹ und der attizistischen Latinität des 17. Jahrhunderts gelten. Gryphius hätte aus dem Bereich der ›Rhetorik‹ ebenso auszuscheiden wie Zesen oder Lohenstein und wie die Jesuitendichtung mit Ausnahme vielleicht einiger Gedichte von Balde. Texte von Autoren wie Schupp oder Abraham a Sancta Clara wären überhaupt nicht mehr in einem substantiellen Sinn als ›rhetorisch‹ anzusprechen, sondern gerade als ›antirhetorisch‹.

Die Aporetik solcher reduzierten Rhetorikbegriffe liegt auf der Hand. Sie erklärt sich zum Teil aus der verständlichen Tendenz, das so lange Zeit verfemte oder zumindest suspekte Phänomen ›Rhetorik‹ auf einen klar überschaubaren geschichtlichen Bereich einzugrenzen. Dadurch, daß *rhetorica* im 17. Jahrhundert – wie schon früher – gelegentlich als *ars ornandi orationem* oder ähnlich definiert wird, scheint diese Tendenz auch historisch legitimiert. Übersehen wird dabei aber die terminologische Entwicklung, die sich mittlerweile im Bereich der zugehörigen Synonyme vollzogen hat. Das 17. Jahrhundert besaß neben ›Rhetorik‹ noch eine ganze Reihe zusätzlicher Begriffe wie ›Oratorie‹, ›Beredsamkeit‹, ›Eloquenz‹, ›Wohlredenheit‹, die heute entweder an die Peripherie gedrängt oder ganz ausgestorben sind und an deren Stelle generell das Wort ›Rhetorik‹ getreten ist. Es umgreift Theorie wie Praxis, Mündlichkeit wie Schriftlichkeit, vergleichbar etwa der alten Bedeutungsfülle von *eloquentia*. Der positive Wert dieses Konzentrationsvorgangs manifestiert sich vielleicht am deutlichsten in Nietzsches Konzeption der Rhetorik als intentionaler, auf Wirkung bedachter Sprachkunst – einer Konzeption, die gerade der Barockepoche vorzüglich gerecht wird.

Daß die hier angesprochenen Probleme nicht bloß definitorischer Art sind, zeigte sich an den Beispielen des Disputationswesens, der Mündlichkeit oder etwa der nichtklassizistischen Stiltendenzen. Der vielberufene ›rhetorische Grundzug‹ der Barockliteratur wird in seiner Eigenart erst verstehbar, wenn man das ›Theatralische‹ des sprachlichen Weltverhaltens und die Wirkungsintention der kunstgemäßen Wortpraxis, die Institutionalisierung der Rhetorik und die gelehrte Basis des literarischen Lebens, die Funktion der *exempla* und die Normativik der rhetorischen Theorie als jeweils notwendigen Zusammenhang begreift.

Für einen neuen, sachgemäßeren Zugang zur Barockliteratur könnte die Erkenntnis solcher Zusammenhänge von einiger Bedeutung sein. Der eindrucksvolle quantitative Aufschwung der literarischen Barockforschung in den letzten Jahren darf nicht darüber hinwegtäuschen, daß für die meisten der literarisch Interessierten das 17. Jahrhundert noch immer außerhalb der unmittelbar lebendigen Überlieferung liegt. Die ersatzweise Bevorzugung von Autoren wie Grimmelshausen, Fleming oder Günther beruht, wenigstens zum Teil, auf einem geschichtlichen Mißverständnis. Die entscheidende Barriere, die sich vor das Barockzeitalter schiebt, ist wohl – das hat man längst gesehen – in der Erlebnistheorie und ihren Postulaten zu suchen. Und im Rahmen der vorliegenden Arbeit zeigte sich immer wieder, daß die Vorurteile gegenüber ›Rhetorik‹ und gegenüber ›Barock‹, namentlich der Vorwurf des Künstlichen und des Absichtlichen, auffällig konvergieren und wissenschaftsgeschichtlich auf die gleichen Wurzeln zurückzuführen sind. So besehen, ist jeder Versuch, Barockautoren ohne eine positive Rhetorik-Konzeption zu interpretieren, bereits im Ansatz fragwürdig. Das gilt insbesondere für die durch den deutschen Idealismus kodifizierte These, daß die Poesie als autonome Kunst durch eine ontologische Differenz von der niedrig-zweckhaften Rhetorik geschieden sei.

Den Autoren des 17. Jahrhunderts erschiene ein solches Axiom als Absurdität, denn für sie ist selbstverständlich auch die Dichtung, als Teil der *eloquentia,* an Zwecke und Wirkungen gebunden. Nicht zuletzt ist sie, eingestanden oder uneingestanden, für viele ›Gelehrte‹ ein entscheidendes Medium der sozialen Selbstbehauptung. Ohne Einsicht in diese Grundbedingungen lassen sich vor allem die charakteristischen Zweckformen wie Leichabdankung, Consolatio oder Streitschrift nicht als genuiner Teil der barocken ›Literatur‹ verstehen. Auch hier hängt der Zugang wesentlich da-

451

von ab, wieweit sich die prinzipiellen Vorurteile gegenüber rhetorischer Literatur abbauen lassen.

Erste Schritte in dieser Richtung sind von der Barockforschung bereits geleistet. So sehr man im einzelnen die Reduktion der Rhetorik auf Theorie und normativen Klassizismus als unbefriedigend empfinden mag, die Behandlung dieses Komplexes steht doch nicht mehr unter rein pejorativen Vorzeichen. Dabei ist es bezeichnend, daß der Anstoß zu dieser Neuorientierung von außerhalb der Germanistik kommen mußte, von Romanistik, Anglistik und klassischer Philologie. Denn die Rhetorik als Bildungsdisziplin ist nicht auf deutschem Boden entstanden, in der Romania hat sich ihre Tradition am ungebrochensten erhalten, und nicht zufällig haben einzelne deutschbewußte Germanisten den literarischen Barockstil schon früh als ›undeutsch‹ etikettiert. Der Kunstwissenschaft hat sich seit jeher und viel unmittelbarer die Erkenntnis aufgedrängt, daß die Stilformen des 17. Jahrhunderts in Deutschland weitgehend von außen rezipiert worden sind und nur mit dem Blick auf die Nachbarländer – namentlich die der Romania – angemessen interpretiert werden können.

Der positiven Impulse, die aus einer komparatistischen Ausweitung hervorgehen können, ist man sich innerhalb der Germanistik erst zum Teil bewußt geworden. Wenn bei der Erschließung der antik-humanistischen Rhetoriktradition das Gebiet der deutschen Literatur zunächst im Vordergrund stand, so ist dies verständlich und methodisch legitim. Doch die weitgehende Homogenität und der normative Anspruch dieser Tradition fordern geradezu einen Vergleich mit den europäischen Nachbarliteraturen heraus. Ob England, Frankreich, slawische Länder, Spanien, Niederlande oder Italien – das Substrat an rhetorischer Tradition ist im Prinzip das gleiche (einzelne exemplarische Untersuchungen liegen hier bereits vor). Wie aber nimmt sich Deutschland in diesem Kontext aus? Gibt es Besonderheiten der Rezeption oder gar der Transformation? Die seit den 20er Jahren mit großem spekulativem Einsatz diskutierte Frage nach den nationalen ›Spielarten‹ des literarischen Barockstils könnte von dieser Seite her neue, durchaus unspekulative Antworten erhalten. Zugleich könnte die Barockforschung ein überzeugendes Exempel für die Durchbrechung der so oft beklagten nationalliterarischen Fraktionierung innerhalb der Literaturwissenschaft erbringen.

Auch der Abbau spezifisch deutscher Vorurteile gegen ›Rhetorik‹ und ›Barockstil‹ ließe sich auf diese Weise fördern. In Ländern wie Frankreich, England oder Spanien bedarf die Literatur des 17. Jahrhunderts nicht erst jener ermüdenden Apologetik, wie sie für weite Bereiche der germanistischen Barockforschung noch immer kennzeichnend ist. Corneille, Racine und Bossuet, Shakespeare, Milton und Donne, Góngora, Gracián und Calderón – allesamt eminent ›rhetorische‹ Autoren – besitzen ihren festen Platz im jeweiligen nationalliterarischen Kanon. Nicht als ob es von vornherein ausgemacht wäre, daß die deutsche Barockliteratur dem ›siglo de oro‹ oder dem ›classicisme‹ an Rang gleichkommt. Eine Bewertung solcher Art könnte erst am Ende eines langen Erkenntnisprozesses stehen, der auch die grundlegenden Faktoren politischer, religiöser und sozialgeschichtlicher Art einzubeziehen hätte; in diesen Zusammenhang wäre auch etwa das Fehlen einer bedeutenden politischen Rhetorik im Deutschland des 17. Jahrhunderts einzubeziehen. Immerhin könnte der stete komparatistische Umgang mit Barockautoren der Nachbarliteraturen dazu beitragen, die prinzipiellen Verständnisbarrieren gegenüber ›rhetorischer‹ Literatur niederzulegen und das Urteilsvermögen zu schulen, das auf deutsche Barocktexte so oft noch zögernd oder vorschnell reagiert.

Was die vorliegende Arbeit in größeren Sachkomplexen und mit dem Blick auf die Gesamtepoche zusammenfaßt, wird sich auch an der Interpretation einzelner Texte bewähren können. Grundlegend ist dabei die Einsicht in die jeweiligen Bedingungen des Entstehens, und hierzu gehören nicht nur die möglicherweise eruierbaren Daten des ›Anlasses‹, der ›Gelegenheit‹ bzw. der Autorbiographie, sondern ebenso das fundamentale rhetorische Trinitätsmodell von *praecepta, exempla* und *imitatio*. Das bedeutet vor allem, daß die in den Rhetoriken und Poetiken niedergelegte Theorie nur den allgemeinsten Rahmen darstellt, der das Einzelne nur sehr bedingt präjudiziert. Die *praecepta* stellen grundsätzlich ebenso ›Material‹ dar wie die *exempla*.

Beispiele für diese Problematik wurden mehrfach genannt. Im Einzelfall kann ein Text nach einem bestimmten, identifizierbaren Vorbild gearbeitet sein – ein Epigramm von Fleming nach Owen, eine Satire von Rachel nach Juvenal –, wobei die Möglichkeiten von der Übersetzung bis zur freien Variation reichen. Die Interpretation würde ihren Gegenstand völlig verfehlen, wenn sie ihn lediglich aus der unmittelbaren Observation heraus und möglicherweise aus bestimmten Lehrbuchregeln erläutern wollte. Gegenüber einem Text aber, der sich nicht an ein einzelnes *exemplum* bindet, besteht nur eine graduelle, keine prinzipielle Differenz. Daß Opitzens Gedichte nicht ohne Ronsard, Heinsius und ›die Alten‹, Lohensteins Dramen nicht ohne Gryphius und Seneca interpretiert werden können, weiß man seit langem. Doch die kontaminatorische Methode gilt im 17. Jahrhundert für die gesamte ›gelehrte‹ Literatur und erstreckt sich grundsätzlich von den Großstrukturen der Gattung bis in die einzelne Wendung hinein, oft sogar durch gelehrte Anmerkungen mit Stolz dokumentiert. Der Vorgang der Materialaneignung mag durchaus nicht überall als schulmäßiges Nachschlagen oder Abschreiben zu denken sein. Immerhin, für Gelegenheitspoesie und Romandialoge, für Predigten und gelehrte Briefe, für Festreden und dramatische Chorlieder bedient man sich ungescheut der ausgedruckten Dispositionsschemata und Mustertexte, vor allem aber der ›Schatzkammern‹ und *loci communes,* die vom Büchermarkt in so reicher Auswahl angeboten werden (und deren Handhabung man im Unterricht lernt).

Für die Textinterpretation ist mit der Berücksichtigung solcher Gegebenheiten die Bedeutung der *exempla* noch nicht erschöpft. Das normative Zusammenspiel von *praecepta* und *exempla* in Richtung auf bestimmte Publikumserwartungen zeigt sich vielleicht am deutlichsten an der Parodie. Wenn Birken in der ›Lob- und Leichschrift eines Hof-Lewhundes‹ sein eigenes Braunschweiger Hofmeisterdasein in die Hundeperspektive verlagert, so goutieren der gelehrte Adressat (Anton Ulrich) und die Nürnberger Kunstgenossen das Gedicht als rhetorisch-virtuose Variation des Tier-Epikedion, auf dem Hintergrund einer speziellen Tradition, die viel weniger durch bestimmte Lehrbuchregeln als durch eine Reihe bekannter *exempla* geprägt ist. Und wenn Christian Reuter im Schlußteil der ›Ehrlichen Frau‹ sowie im ›Letzten Denck- und Ehren-Mahl‹ eine satirisch-groteske Predigtparodie bietet (mit genauer Kennzeichnung der schulmäßigen Redeteile), so hat das Publikum sein Vergnügen daran, weil es mit den Techniken des Parentierens aufs beste vertraut ist. Diese Kenntnis aber beruht beim breiten Publikum nicht primär auf dem Studium von Predigtlehren, sondern auf der täglich erlebten Praxis, die im übrigen auch für den Nichtgelehrten erfahrbar ist.

Das Beispiel könnte zugleich zeigen, wie unangemessen es ist, sogenannte ›volkstümliche‹ Texte von vornherein aus dem Bereich der Rhetorik auszugrenzen; dies gilt etwa für Namen wie Moscherosch, Grimmelshausen, Johann Lauremberg, Reuter, Abraham a Sancta Clara oder Schupp. Auch wenn sich ein Autor noch so sehr durch ostentative Kritik vom Bereich der gelehrten Rhetorik distanziert – wie beispielsweise Schupp –, die Interpretation erst hätte zu erweisen, wieweit der Text sich vom Gegenstand der Kritik zu lösen vermag oder wieweit er abhängig bleibt, und sei es in der Form der Parodie. Und was das ›Volkstümliche‹ als Antithese zum ›Gelehrten‹ oder ›Rhetorischen‹ betrifft, so dürfte die Geschichte der Grimmelshausen-Deutung hinreichend zur Vorsicht mahnen. Ähnliches betrifft den großen Bereich der barocken Mystik, die so denkbar rhetorikfern zu sein scheint und gerade in ihrem bedeutendsten poetischen Vertreter Angelus Silesius eine unlösbare Verbindung mit dem rhetorischen *argutia*-Ideal eingeht.

Der ›rhetorische Grundzug‹ der deutschen Barockliteratur manifestiert sich nicht als homogene sprachliche Qualität. Mag das Gesamtphänomen aus der Konzeption des Menschen als eines Schauspielers zu interpretieren sein, die einzelnen geschichtlichen Faktoren, die es konstituieren, sind vielfältig genug, um eine vordergründige Harmonisierung zu verwehren. Humanistische *elegantia* und mittelalterliche Disputatorik, höfischer Repräsentationswille und gelehrter Ehrgeiz, bürgerliches Maßdenken und jesuitischer Manierismus, Mündlichkeit und kanzlistischer Papierstil – erst in diesem Spannungsfeld erschließt sich der einzelne Text als eine je besondere Ausprägung der Barockrhetorik.

# Quellenverzeichnis

Texte des 16. bis 18. Jahrhunderts

Die einzelnen Bibliotheken sind durch die im öffentlichen Leihverkehr eingeführten Kennziffern bezeichnet. SRT bedeutet: Seminar für allgemeine Rhetorik,
Universität Tübingen.

ABRAHAM A SANCTA CLARA

Mercks Wienn/ Das ist: Deß wütenden Todts Ein umständige Beschrei-
bung/ Jn Der berühmten Haubt und Kayserl. Residentz Statt in Oester-
reich/ Jm sechzehen hundert/ und neun und sibentzigsten Jahr/ Mit
Beyfügung so wol Wissen als Gwissen antreffender Lehr. Zusammen getragen mitten in der betrangten Statt und Zeit
Wien 1680                                                    [21: Gi 2485 ang.]
– Grosse Todten-Bruderschafft/ Das ist: Ein kurtzer Entwurff Deß
Sterblichen Lebens/ Mit beygefügten CATALOGO, Oder Verzeichnus
aller der jenigen Herren Brüderen/ Frauen/ vnd Jungfrauen Schwe-
stern/ welche auß der Hochlöblichen Todten-Sodalitet bey denen Ehrwürdigen P. P. Augustinern Parfüsseren in Wienn/ von Anno 1679. biß
1680 gestorben seyn
Wienn 1681                                                   [21: Gi 2485 ang.]
– JUDAS Der Ertz-Schelm/ Für ehrliche Leuth/ Oder: Eigentlicher Ent-
wurff/ und Lebens-Beschreibung des Iscariotischen Bößwicht. Worinnen underschiedliche Discurs, sittliche Lehrs-Puncten/ Gedicht/ Ge-
schicht/ auch sehr reicher Vorrath Biblischer Concepten. Welche nit
allein einem Prediger auff der Cantzel sehr dienlich fallen/ der jetzigen
verkehrten/ bethörten/ versehrten Welt die Warheit under die Nasen zu
reiben: sondern es kan sich auch dessen ein Privat- und einsamber Leser
zur ersprießlicher Zeit-Vertreibung/ und gewünschten Seelen-Heyl gebrauchen ... Der Andere Theil
Baden im Ergöw 1689                                         [eigenes Exemplar]
– Geistlicher Kramer-Laden/ Voller Apostolischen Wahren/ Und Wahr-
heiten. Das ist: Ein reicher Vorrath allerley Predigen/ Welche an vielen

456

Orten/ meistens aber zu Wienn in Oesterreich gehalten worden ... Anjetzo aber in ein Werck zusammen gedruckt
Würtzburg 1710                                                    [21: Gi 438]
– Neun neue Predigten. Aus der Wiener Handschrift cod. 11571. Mit
2 Handschriftproben. Hrsg. v. K. Bertsche (NdL. 278–281), Halle 1930

ABSCHATZ, HANS ASSMANN FREIHERR VON
Poetische Ubersetzungen und Gedichte
Leipzig und Breßlau 1704                                         [21: Dk XI 162]
– Anemons und Adonis Blumen. Hrsg. v. G. Müller (NdL. 274–277),
Halle 1929

ALVAREZ, EMANUEL
GRAMMATICARUM INSTITUTIONUM LIBER I. DE GENERIBUS NOMINUM,
DECLINATIONIBUS, VERBORUM PRAETERITIS ATQUE SUPINIS
Constantiae 1741 (¹1572)                                        [21: Cc 73 ang.]
– GRAMATICARVM INSTITVTIONVM Liber secundus. DE CONSTRVCTIONE octo
partium orationis
Dilingae 1587 (¹1572)                                            [21: Cc 71]
– INSTITVTIONVM GRAMMATICARVM LIBER TERTIVS. De syllabarum dimen-
sione, & c.
Dilingae 1583 (¹1572)                                            [21: Cc 70]

ANDREAE, JOHANN VALENTIN
TURBO, SIVE MOLESTE ET FRVSTRA PER CUNCTA DIVAGANS INGENIVM.
In Theatrum productum
O. O. (Straßburg) 1616                                          [21: Dk II 341a]
– REIPUBLICAE CHRISTIANOPOLITANAE DESCRIPTIO, PSALM. LXXXIII ...
Argentorati 1619                                            [21: Dk II 312b ang.]

ANTON ULRICH, HERZOG VON BRAUNSCHWEIG–LÜNEBURG
Die Durchleuchtige Syrerinn Aramena. Der Erste Theil: Der Erwehl-
ten Freundschaft gewidmet
Nürnberg 1619                                                   [70: D IV/1 11]

AVANCINI, NICOLAUS
POESIS DRAMATICA ... Pars I.
Coloniae Agrippinae 1674                                        [25: BD 8231d]
– POESIS DRAMATICA ... Pars II.
Coloniae Agrippinae 1675                                        [25: BD 8231d]
– POESIS DRAMATICA ... Pars III.
Coloniae Agrippinae 1680                                        [25: BD 8231d]
– POESIS DRAMATICA ... Pars IV.
Pragae 1678                                                     [25: BD 8231d]
– POESIS DRAMATICA ... Pars V.
Romae 1686                                                     [154: Ka (b) 21]

BALDE, JACOB

LYRICORUM Lib. IV. EPODON Lib. vnus. Angebunden: SYLVARVM LIBRI VII.
O. O. (München) o. J. (1643)                              [21:Dk II 166]
– Satyra Contra Abusum Tabaci: s. Birken

BEBEL, HEINRICH
Ars uersificandi et carminum condendorum
(Tübingen 1510) (¹1506)                                   [21:Cc 34]
– Facetien. Drei Bücher. Hist.–krit. Ausg. v. G. Bebermeyer (BLVS. 276),
Leipzig 1931 (Nachdr. Hildesheim 1967)

BEER, JOHANN
Das Narrenspital sowie Jucundi Jucundissimi Wunderliche Lebens-Be-
schreibung. Mit einem Essay ›Zum Verständnis der Werke‹ u. einer Biblio-
graphie neu hrsg. v. R. Alewyn (RK. 9), Hamburg 1957
– Sein Leben, von ihm selbst erzählt. Hrsg. v. A. Schmiedecke. Mit einem
Vorwort v. R. Alewyn, Göttingen 1965

BIDERMANN, JACOB
LUDI THEATRALES SACRI. SIVE OPERA COMICA POSTHUMA ... OLIM CON-
SCRIPTA, ET CUM PLAUSU IN THEATRVM PRODVCTA, NUNC BONO JUVENTUTIS
IN PUBLICUM DATA, PARS PRIMA. IN QUA BELISARIUS, COMICO-TRAGOEDIA.
CENODOXUS, COMICO-TRAGOEDIA. COSMARCHIA, COMOEDIA. JOSEPHUS,
COMOEDIA. MACARIUS ROMANUS, COMOEDIA
Monachii 1666. Nachdr. Hrsg. v. R. Tarot (Dt. Neudr., R.: Barock. 6),
Tübingen 1967
– OPERUM COMICORUM ... PARS ALTERA. Id est: PHILEMON MARTYR
COMOEDIA. JACOBUS USURARIUS COMICO-TRAG: JOANNES CALYBITA CO-
MOEDIA. JOSAPHATUS REX DRAMA. STERTINIUS DRAMATION
Monachii 1666. Nachdr. Hrsg. v. R. Tarot (Dt. Neudr., R.: Barock. 7),
Tübingen 1967

BIRKEN, SIGMUND VON
GUELFIS oder NiderSächsischer Lorbeerhayn: Dem HochFürstlichen
uralten Haus Braunsweig und Lüneburg gewidmet/ Auch mit Dessen
Alten und Neuen Stamm-Tafeln bepflanzet
Nürnberg 1669                                            [21:Dk XI 100a]
– Vor-Ansprache zum Edlen Leser, in: Anton Ulrich (s. d.), Die Durch-
leuchtige Syrerinn Aramena. Der Erste Theil, Nürnberg 1669, fol.) (IIIᵃff.
                                                        [70:D IV/1 11]
– Teutsche Rede-bind- und Dicht-Kunst/ oder Kurze Anweisung zur
Teutschen Poesy/ mit Geistlichen Exempeln ... Samt dem Schauspiel
Psyche und Einem Hirten-Gedichte
Nürnberg 1679                                           [24:Phil.oct. 3142]
– Die Truckene Trunkenheit. Mit Jakob Baldes ›Satyra Contra Abusum
Tabaci‹ hrsg. v. K. Pörnbacher (Dt. Barock-Lit.), München 1967

BOECLER, JOHANN HEINRICH
DE ELOQUENTIA POLITICI LIBELLUS. sive DISSERTATIO AD LOC. TAC.
XIII. Annal. 3. DE ELOQUENTIA PRINCIPUM Romanorum
Argentorati 1654                                    [24: HB 2604 ang.]
– Kurtze Anweisung/ Wie man die Authores Classicos bey und mit der
  Jugend tractiren soll. So auch desselben Dissertatio Epistolica Posthuma
  DE STUDIO POLITICO BENE INSTITUENDO. Nach Abgang voriger Exempla-
  ren/ auf vielfältiges Gesuch und Verlangen wiederum zum Druck
  befordert
  Franckfurt u. Leipzig 1699 (¹1679)              [24: Phil.oct. 222]
BÖHME, JAKOB
  Die Urschriften. Hrsg. v. W. Buddecke, 2 Bde., Stuttgart 1963/66
BOHSE, AUGUST (TALANDER)
  Der allzeitfertige Briefsteller/ Oder Ausführliche Anleitung/ wie so
  wohl an hohe Standes-Personen/ als an Cavalliere/ Patronen/ gute
  Freunde/ Kauffleute und auch an Frauenzimmer/ ein geschickter Brieff
  zu machen und zu beantworten. Alles mit gnugsamen Dispositionen und
  mehr als vierhundert ausgearbeiteten Brieffen/ wie auch einen kurtzen
  Frantzösisch- Teutsch- und Italienischen Titular-Buch/ denen/ so ein
  gutes Concept verfertigen zu lernen begierig sind/ zu sonderbaren Nutzen an das Licht gegeben
  Franckfurt und Leipzig 1692 (¹1690)             [24: Phil.oct. 6331]
– Getreuer Wegweiser zur Teutschen Rede-Kunst und Brieffverfassung:
  Oder/ Auffrichtige Anleitung/ Wie so wohl bey Hofe/ als auch in bürgerlichen Angelegenheiten/ eine geschickte Compliment, gute Oration,
  und wohl-fliessender Brieff einzurichten. Alles mit gnugsamen Exempeln
  gezeiget/ und so wohl der studierenden Jugend/ als denen Ungelehrten/
  zur beqvemen Nachahmung aus dem Kern der Teutschen Sprache mit-
  getheilet
  Leipzig 1695 (¹1694)                              [24: HB 2612]
– Neuerläuterte Teutsche Rede-Kunst und Brieffverfassung [Neubearbei-
  tung des vorigen Titels]
  Leipzig 1700                                       [21: Dh 82]
– Der getreue Hoffmeister adelicher und bürgerlicher Jugend/ oder Auffrichtige Anleitung/ wie so wohl ein junger von Adel als anderer/ der
  von guter Extraction, soll rechtschaffen aufferzogen werden/ er auch
  seine Conduite selbst einrichten und führen müsse/ damit er beydes auff
  Universitäten/ als auf Reisen und Hofe/ sich beliebt machen/ und in
  allerhand Conversation mit Manns-Personen und Frauenzimmer vor einen klugen und geschickten Menschen passiren möge. Allen denen/ so
  Tugend und Ehre lieben/ zu verhoffenden Nutzen an das Licht gegeben
  Leipzig 1706                                       [12: Paed.Pr. 482]

BOSE, JOHANN ANDREAS

DE PRVDENTIA ET ELOQUENTIA CIVILI COMPARANDA DIATRIBAE ISAGO-
GICAE quarum haec prodit auctior sub titulo DE RATIONE LEGENDI
TRACTANDIQVE HISTORICOS. ACCEDIT NOTITIA SCRIPTORVM HISTORIAE
VNIVERSALIS primum edita CVRA GEORGII SCHVBARTI
Ienae 1699                                                   [21: Fs 11]

BUCHNER, AUGUST

QUID CAROLUS I. BRITANNIARUM REX, LOQUI POTUERIT LATA IN SE FERALI
SENTENTIA. ORATIO, Seu DECLAMATIO GEMINA
O. O. o. J. (um 1648)                                        [12: Brit. 38 ang.]
– Was Karl der erste/ König in Engelland/ bei dem über Jhn gefälltem
   todes-uhrteil hette für-bringen können. Zwei-fache Rede (Übers. v.
   Zesen)
   O. O. o. J.                                               [12: Brit. 38 ang.]
– Eine gedoppelte Rede/ Welche CAROLUS I. König in Engeland/
   Schottland/ Franckreich vnd Irrland/ hette führen können/ als Er zum
   Tode verdammet worden: In Lateinischer Sprache/ Nach Art der alten
   Redner ... gestellet/ vnd ... verteutscht
   O. O. o. J.                                               [23: Gr.Mischbd 21 ang.]
– DISSERTATIONUM ACADEMICARUM, sive PROGRAMMATUM PUBLICO NOMINE
   EDITORUM, VOLUMEN PRIMUM
   Wittenbergae 1650                                         [21: Ka XXX]
– OECONOMIAE ATQUE CONSPECTUS nonnullarum Orationum P. C. cum
   annotatiunculis in quosdam locos, in: Petrus Cunaeus (s. d.), Orationes,
   Frankfurt a. d. Oder o. J.                                [SRT: Gb 240]
– Kurzer Weg-Weiser zur Teutschen Tichtkunst/ Aus ezzlichen Exempla-
   rien ergänzet/ mit einem Register vermehret/ und auff vielfältiges An-
   suchen der Studierenden Jugend izo zum ersten mahl hervorgegeben
   durch M. Georg Gözen
   Jehna 1663                                                [23: Qu U 866]
– Anleitung Zur Deutschen Poeterey/ Wie Er selbige kurtz vor seinem
   Ende selbsten übersehen/ an unterschiedenen Orten geändert/ und ver-
   bessert hat/ herausgegeben von Othone Prätorio
   Wittenberg 1665. Nachdr. Hrsg. v. M. Szyrocki (Dt. Neudr., R.:
   Barock. 5), Tübingen 1966

CALDERÓN DE LA BARCA, PEDRO
   Obras completas.
   Tomo I: Dramas. Ed. L. Astrana Marin.
   Tomo II: Comedias. Ed. A. Valbuena Briones.
   Tomo III: Autos sacramentales. Ed. A. Valbuena Prat, Madrid 1951/
   56/52

CANITZ, FRIEDRICH LUDWIG FREIHERR VON
   Gedichte, Mehrentheils aus seinen eigenhändigen Schriften verbessert

und vermehret, Mit Kupfern und Anmerckungen, Nebst Dessen Leben, und einer Untersuchung von dem guten Geschmack in der Dicht- und Rede-Kunst, ausgefertiget von Johann Ulrich König
Berlin und Leipzig ²1734 (¹1727)                              [21: Dk XI 113a]

CASELIUS, JOHANNES
OPERA POLITICA ... Nunc primùm iunctim edita STVDIO CONRADI HORNEI
Francofvrti 1631                                             [24: HB 2759]
– OPERVM Pars II. QVA CONTINENTVR SCRIPTA EIVS QVAE AD artem dicendi pertinent
Francofvrti 1633                                             [24: HB 2759]

CASTIGLIONE, BALDESAR
Il Cortegiano con una scelta delle Opere minori. Ed. B. Maier, Torino 1955

CERVANTES SAAVEDRA, MIGUEL DE
Obras Completas. Ed. A. Valbuena Prat, Madrid 1962

COMENIUS, JOHANN AMOS
OPERA DIDACTICA OMNIA. Variis hucusqve occasionibus scripta, diversisqve locis edita: nunc autem non tantùm in unum, ut simul sint, collecta, sed & ultimô conatu in Systema unum mechanicè constructum, redacta (3 Bde.)
Amsterdami 1657. Nachdr. Prag 1957
– Grosse Didaktik. Übers. u. hrsg. v. A. Flitner (Pädagog. Texte). Düsseldorf u. München ³1966
– Informatorium der Mutterschul. Hrsg. v. J. Heubach (Pädagog. Forschungen. 16), Heidelberg 1962

CONRING, HERMANN
DE CIVILI PRVDENTIA LIBER VNVS. Quo Prudentiae Politicae, cum Universalis Philosophicae, tum Singularis pragmaticae, omnis Propaedia acroamatice traditur ...
Helmestadii 1662                                             [21: Ec 34a]

CONSTITUTIONES ATQUE LEGES ...
CONSTITVTIONES ATQVE LEGES: ILLVSTRIS ET MAGNIFICI, IN TVBINGENSI ACADEMIA nuper instituti Collegij Ducalis VVyrtembergici, &c.
Tvbingae 1592                                                [21: L XV. 16]

CRUSIUS, MARTIN
Diarium. Hrsg. v. W. Göz u. E. Conrad, 3 Bde. u. Registerbd., Tübingen 1927–61

CUNAEUS, PETRUS
ORATIONES ARGUMENTI VARII: item RESPONSIO IN POSTLIMINII caussa. EDITIO NOVA ET LUGDUNENSI correctior. Accedunt in tyronum gratiam

461

Oeconomiae in Orationes priores V: tum notae seu explicationes in loca quaedam difficiliora ... [Hrsg. v. August Buchner]
Franckfurtens ad Oderam o. J. (¹1640)  [SRT: Gb 240]

Czepko von Reigersfeld, Daniel
Geistliche Schriften. Hrsg. v. W. Milch (Einzelschriften z. Schles. Gesch. 4), Breslau 1930 (›Milch 1‹)

– Weltliche Schriften. Hrsg. v. W. Milch (Einzelschriften z. Schles. Gesch. 8), Breslau 1932 (›Milch 2‹)

Dach, Simon
Gedichte. Hrsg. v. W. Ziesemer, 4 Bde. (Schriften d. Königsb. Gel. Ges. Sonderreihe 4–7), Halle 1936–38 (›Ziesemer 1 ... 4‹)

Dannhauer, Johann Conrad
Idea boni disputatoris et malitiosi sophistae, exhibens artificivm, non solvm rite et strategematicè disputandi; sed fontes solutionum aperiens, è quibus quodvis spinosissimum Sophisma dilui poßit
Argentorati ⁴1656 (¹1629)  [21: Ab 205 ang.]

– Epitome rhetorica
Argentorati ²1651 (¹1635)  [21: Dh 230]

Donati, Alessandro
Ars poetica sive institvtionvm artis poeticae Libri Tres
Coloniae Agrippinae 1633 (¹1631)  [6: S² 6631]

Donne, John
The Sermons. Ed., with introductions and critical apparatus, by G. R. Potter and E. M. Simpson. In ten volumes, Berkeley and Los Angeles 1962

Erasmus, Desiderius
Opera omnia emendatiora et avctiora, ad optimas editiones praecipve qvas ipse erasmvs postremo cvravit svmma fide exacta, doctorvmqve virorum notis illvstrata ... tomvs primvs qvi continet qvae ad institvtionem literarvm spectant ...
Lvgdvni Batavorvm 1703. Nachdr. London o. J.

– Μωρίας ἐγκώμιον. stvltitiae lavs. Rec. et adnot. I. B. Kan, Hagae-Com. 1898

Fabricius, Johann Andreas
Philosophische Redekunst, oder Auf die Gründe der Weltweißheit gebauete Anweisung, Zur gelehrten und jezo üblichen Beredsamkeit, In unstreitig erwiesenen Regeln, und auserlesenen Exempeln Von Briefen, Schul- Lob- Trauer- Hof- Stats-Lehrreden, Predigten, etc. Nebst einem Entwurfe einer Teutschen Dicht- und Sprachkunst
Leipzig 1739  [22: Phil.o. 795]

FISCHART, JOHANN
Geschichtklitterung (Gargantua). Text der Ausgabe letzter Hand von 1590. Mit einem Glossar hrsg. v. U. Nyssen. Nachwort v. H. Sommerhalder ..., 2 Bde., Düsseldorf 1963/64

FLEMING, PAUL
Teütsche Poemata
Lübeck o. J. (1642). Nachdr. Hildesheim 1969

FORTI, ANTONIO
MILES RHETORICVS ET POETICVS: SEV ARTIS RHETORICAE ET POETICAE COMPENDIUM, Rhetoribus Messanensibus dictatum
Dilingae 1691 ([1]1681)                                          [21:Dh 153]

FRISCHLIN, NICODEMUS
ORATIO DE EXERCITATIONIBVS ORATORIIS ET POETICIS, ad imitationem veterum, rectè vtiliterq́; instituendis, Recitata ... in Academia Vuitebergensi
VViitebergae 1587                                               [21:Dh 288]

GOLDTWURM, KASPAR
SCHEMATA RHETORICA, Teutsch. Das ist/ Etliche nötige vnd nützliche stück/ so zů zierlichen/ förmlichen vnd artigen reden gehören .../ Welche allen Predicanten vnd auch andern personen/ so in sollichen künsten noch vnerfaren/ nützlich vnd hoch von nöten sein ... Mit höchstem fleis/ auß Cicerone/ Quintiliano/ Erasmo/ vnd andern gelerten Authoribus zusamen in diß Büchlein getragen/ verteutscht/ vnd mit nützlichen auß Heyligen vnnd andern Schrifften Exempeln erklärt
(Marburg 1545)                                                 [43:My 8508]

GOTTSCHED, JOHANN CHRISTOPH
Versuch einer Critischen Dichtkunst durchgehends mit den Exempeln unserer besten Dichter erläutert. Anstatt einer Einleitung ist Horazens Dichtkunst übersetzt, und mit Anmerkungen erläutert ...
Leipzig [4]1751 ([1]1730). Nachdr. Darmstadt 1962
– Ausführliche Redekunst, nach Anleitung der alten Griechen und Römer, wie auch der neuern Ausländer; in zweenen Theilen verfasset und mit den Zeugnissen der Alten und Exempeln der größten deutschen Redner erläutert
Leipzig 1736                                                    [SRT:Gc 2200]
– Akademische Redekunst, zum Gebrauche der Vorlesungen auf hohen Schulen als ein bequemes Handbuch eingerichtet und mit den schönsten Zeugnissen der Alten erläutert
Leipzig 1759                                                    [25:E 3457e]

GRACIÁN, BALTASAR
Obras completas. Estudio preliminar, edición, bibliografía y notas de A. del Hoyo, Madrid 1960

- Oráculo manual y Arte de prudencia. Edición crít. y comentada por M. Romera–Navarro, Madrid 1954
- Criticón oder Über die allgemeinen Laster des Menschen. Erstmals ins Deutsche übertragen v. H. Studniczka. Mit einem Essay ›Zum Verständnis des Werkes‹ und einer Bibliographie v. H. Friedrich (RK. 2), Hamburg 1957
- Handorakel und Kunst der Weltklugheit ... übersetzt v. Arthur Schopenhauer. Mit einem Nachwort hrsg. v. A. Hübscher (Reclams Univ.-Bibl. 2771/72), Stuttgart 1964

GREFLINGER, GEORG

SELADONS beständige Liebe

Franckfurt 1644 [1: Yi 576 ang.]

GRIMMELSHAUSEN, HANS JAKOB CHRISTOFFEL VON

Der Abentheurliche Simplicissimus Teutsch und Continuatio des abentheurlichen Simplicissimi. Abdruck der beiden Erstausgaben (1699) mit den Lesarten der ihnen sprachlich nahestehenden Ausgaben. Hrsg. v. R. Tarot (Gesammelte Werke in Einzelausgaben), Tübingen 1967
- Das wunderbarliche Vogel-Nest/ Der Springinsfeldischen Leyrerin/ Voller Abentheurlichen/ doch Lehrreichen Geschichten/ auf Simplicianische Art sehr nutzlich und kurtzweilig zu lesen ausgefertigt

O. O. 1672 [21: Dk XI 461k]

GROB, JOHANN

Dichterische Versuchgabe Bestehend Jn Teutschen und Lateinischen Aufschriften/ Wie auch etlichen Stimmgedichten oder Liederen. Den Liebhaberen Poetischer Früchte aufgetragen

Basel 1678 [7: Poet.Germ. II, 8458]
- Reinholds von Freientahl Poetisches Spazierwäldlein/ Bestehend in vielerhand Ehren- Lehr- Scherz- und Strafgedichten

O. O. 1700 [50: I Fr 11b]

GROSSER, SAMUEL

VITA CHRISTIANI WEISII, GYMNASII ZITTAVIENSIS RECTORIS, VIRI CLARISSIMI, Et de literis politioribus meritissimi, In gratae erga PRAECEPTOREM optimum recordationis tesseram recensita, & commentariolô de SCRIPTIS ejusdem avcta

Lipsiae 1710 [21: Kg 377]

GRYPHIUS, ANDREAS

DISSERTATIONES FUNEBRES, Oder Leich-Abdanckungen/ Bey Unterschiedlichen hoch- und ansehnlichen Leich-Begängnüssen gehalten. Auch Nebenst seinem letzten Ehren-Gedächtnüß und Lebens-Lauff

Leipzig 1667 [24: Theol.oct. 6895]
- Lateinische und deutsche Jugenddichtungen. Hrsg. v. F.-W. Wentzlaff-Eggebert (BLVS. 287), Leipzig 1938

– Gesamtausgabe der deutschsprachigen Werke, Hrsg. v. M. Szyrocki u. H. Powell, bisher 6 Bde. (NdL, N. F. 9–12. 14.15), Tübingen 1963ff. (›Szyrocki–Powell 1 ... 6‹)

GRYPHIUS, CHRISTIAN
Poetische Wälder
Franckfurt und Leipzig 1698                    [21: Dk XI 15a]
– Der Deutschen Sprache unterschiedene Alter und nach und nach zunehmendes Wachsthum/ ehemahls In einem öffentlichen Dramate auff der Theatralischen Schau-Bühne bey dem Breßlauischen Gymnasio zu St. Maria Magdalena entworffen
Breßlau 1708                                    [21: Ck XI 48]

HALLBAUER, FRIEDRICH ANDREAS
Anweisung Zur Verbesserten Teutschen Oratorie Nebst einer Vorrede von Den Mängeln Der Schul-Oratorie
Jena 1725                                       [24: Phil.oct. 4350]
– Einleitung in Die nützlichsten Ubungen des Lateinischen STILI Nebst einer Vorrede von den Mitteln zur wahren Beredsamkeit
Jena ²1730 (¹1727)                              [SRT: Gc 2650]
– Anleitung Zur Politischen Beredsamkeit Wie solche Bey weltlichen Händeln In Lateinisch- und Teutscher Sprache üblich
Jena und Leipzig 1736                           [24: Phil.oct. 4349]

HALLMANN, JOHANN CHRISTIAN
Leich-Reden/ Todten-Gedichte und Aus dem Italiänischen übersetzte Grab-Schrifften
Franckfurt und Leipzig 1682                     [24: Theol.oct. 7260]

HARSDÖRFFER, GEORG PHILIPP
FRAVENZIMMER GESPRECHSPIELE/ so bey Ehr- und Tugendliebenden Gesellschafften/ mit nutzlicher Ergetzlichkeit/ beliebt und geübet werden mögen ... (8 Teile), Nürnberg 1641–1649. Nachdr. Hrsg. v. J. Böttcher (Dt. Neudr., R.: Barock. 13–20), Tübingen 1968–70
– Poetischer Trichter/ Die Teutsche Dicht- und ReimKunst/ ohne Behuf der Lateinischen Sprache/ in VI. Stunden einzugiessen. Handlend: I. Von der Poeterey ins gemein/ und Erfindung derselben Jnhalt. II. Von der teutschen Sprache Eigenschaft und Füglichkeit in den Gedichten. III. Von den Reimen und derselben Beschaffenheit. IV. Von den vornemsten Reimarten. V. Von der Veränderung und Erfindung neuer Reimarten. VI. Von der Gedichte Zierlichkeit/ und derselben Fehlern. Samt einem Anhang Von der Rechtschreibung/ und Schriftscheidung/ oder Distinction
Nürnberg 1647. Zweiter Teil: Nürnberg 1648. Dritter Teil: Nürnberg 1653                                           [21: Dh 46]
– Der Grosse SchauPlatz Jämerlicher Mordgeschichte. Erster und Ander

Theil. Mit vielen merkwürdigen Erzehlungen/ neu üblichen Gedichten/ Lehrreichen Sprüchen/ scharffsinnigen Hoffreden/ artigen Schertzfragen und Antworten/ etc. verdolmetscht und vermehrt
Hamburg 1650 [21 : Dk XI 35e]

– NATHAN und JOTHAM: Das ist Geistliche und Weltliche Lehrgedichte/ Zu sinnreicher Ausbildung der waaren Gottseligkeit/ wie auch aller löblichen Sitten und Tugenden vorgestellet: Samt einer Zugabe/ genennet SIMSON/ Begreiffend hundert vierzeilige Rähtsel
Nürnberg 1650 [21 : Dk XI 35d]

– Der Teutsche Secretarius: Das ist: Allen Cantzleyen/ Studir- und Schreibstuben nutzliches/ Fast nohtwendiges/ und zum drittenmal vermehrtes Titular- und Formularbuch
Nürnberg 1656 (¹1655) [21 : Ho 20a]

– Der Grosse Schau-Platz Lust- und Lehrreicher Geschichte. Das Erste Hundert. Mit vielen merkwürdigen Erzehlungen/ klugen Sprüchen/ scharffsinnigen Hofreden/ neuen Fabeln/ verborgenen Rähtseln/ artigen Schertzfragen/ und darauf wolgefügten Antworten/ etc. außgezieret und eröffnet
Franckfurt ⁴1660 (¹1650/51) [21 : Dk XI 35g]

HARTNACCIUS, DANIEL
Anweisender BIBLIOTHECARIUS Der Studirenden Jugend/ Durch die Vornehmsten Wissenschafften/ Sammt der bequemsten METHODE, Wie dieselbe zu erlernen von einem zukünfftigen THEOLOGO, JURISCONSULTO, und MEDICO, Bey welcher Jeden ein kurtz- und ordentlicher CATALOGUS derer besten Bücher angehängt. Sammt einer Vorred/ von dieses allen Nutz und Gebrauch/ auch Erbieten des AUTORIS gegen Jedermänniglich/ der durchgängig solchen Unterricht verlangen würde
Stockholm und Hamburg 1690 [35 : Ba-A 348]

HAUBER, JOHANNES
EROTEMATA RHETORICES, PRO SCHOLIS DUCATUS WIRTEMBERGICI
Stutgardiae 1651 (¹1618) [21 : Dh 42]

HOCK, THEOBALD
Schönes Blumenfeldt/ Auff jetzigen Allgemeinen gantz betrübten Standt/ fürnemblich aber den Hoff-Practicanten vnd sonsten menigklichen in seinem Beruff vnd Wesen zu guttem vnd besten gestellet …
O. O. 1601 [23 : 125. 22 Quodlibetica]

HOFMANNSWALDAU, CHRISTIAN HOFMANN VON
Deutsche Übersetzungen Und Getichte
Breßlau 1684 (¹1679) [21 : Dk XI 22c]

[–] Deutsche Rede-Übungen/ ein Werck darinnen allerhand Abdanckungs-Hochzeit- Glückwunschs- Bewillkommungs- und andere vermischte Re-

466

den enthalten sind; Nebst beygefügten Lob-Schrifften vornehmer Standes Personen/ entworffen von Christian Gryphio
Leipzig 1702 [Autorschaft umstritten]      [12: P.o.germ. 640ˣ]
– Herrn von Hoffmannswaldau und andrer Deutschen auserlesener und bißher ungedruckter Gedichte erster theil ... : s. Neukirch

HUNOLD, CHRISTIAN (MENANTES)
Die allerneueste Art/ höflich und galant zu Schreiben/ Oder: Auserlesene Briefe, In allen vorfallenden, auch curieusen Angelegenheiten nützlich zu gebrauchen. Nebst einem zulänglichen Titular- und Wörter-Buch
Hamburg 1739 (¹1702)      [25: E 3469ah]
– Einleitung Zur Teutschen ORATORIE. Und Brief-Verfassung Welche ... an einigen Orten geändert und vermehret worden
Halle und Leipzig ²1715 (¹1709)      [20: L.g.o. 17]

JONSON, BEN(JAMIN)
Plays. In two volumes. Introd. by F. E. Schelling, London and New York 1964/66

KALDENBACH, CHRISTOPH
Babylonischer Ofen/ Oder Tragoedie/ Von den drey Judischen Fürsten in dem glüenden Ofen zu Babel. Dan. 3.
Königsberg 1646      [21: Dk XI 144]
– Deutsche Sappho/ Oder MUsicalische GEtichte/ So wol mit lebendiger Stimme/ als unter allerhand Instrumente/ auch wol von einer Person allein zugleich zu spielen und zu singen/ gesetzt
Königsberg 1651      [21: De 1a ang.]
– LYRICORVM LIB. III. RHYTHMORVM LIB: I. ALTERQVE MISCELLANEORUM. Accesserunt ex Heroicis AQVILA & CUPRESSVS. Item de BORVSSA PHILAENIDE
Brunsbergae 1651      [21: Dk II 3]
– PANEGYRICUS Memoriae ac HONORI THOMAE LANSII, JCti, Viri immortalis famae, maximique Nominis, Dicatus, dictusque Publicè In Alma ad NICRUM Eberhardina
Tubingae 1658      [21: L XVI 5 ang.]
– ORATIO INAUGURALIS De REGNO ELOQVENTIAE, habita Cum in alma Tubingensi Professionem Eloquentiae, Historiarum, ac Poeseos Publicam auspicaretur
Tvbingae 1657      [21: L XV 40 ang.]
– SYLVAE TUBINGENSES. Accessit SYLVULA REGIOMONTANA. Item Heroicorum quaedam, cum paucis Adoptivis
Tubingae 1667      [24: fr.D.oct. 5645]
– ORATIONES, ET ACTUS ORATORII, IN ACADEMIA TUBINGENSI A STUDIOSA JUVENTUTE, Exercendae inprimis Eloquentiae causâ publicè exhibiti, Primi missus, Directore [C. C.]

Tvbingae o. J. (1671). Bd. 2: Tvbingae 1671. Bd. 3: Tvbingae 1679

[21:Dk II 1]

- PROBLEMATA ORATORIA, IN RENUNCIATIONE BACCALAUREORUM, TUBINGAE, A CANDIDATIS, PRO MORE ACADEMIAE, PUBLICE DICTA, ET RECITATA, Studium moderante [C. C.]
Tvbingae 1672                                        [21:Dk II 1 ang.]
- POETICE GERMANICA, Seu De ratione scribendi Carminis Teutonici LIBRI DUO, Cum Dispositionum Carminumq; varii argumenti farragine, pro exercendo Stylo Poetico
Norimbergae 1674                              [24:fr.D.oct. 5821a ang.]
- Compendium RHETORICES, JUSSU SERENISSIMI DOMINI ADMINISTRATORIS, &c. Pro SCHOLIS Jn DUCATU WÜRTEMBERGICO ADORNATUM
Tubingae 1682                                        [21:Dh 97a]
- Deutsche Lieder und Getichte/ In gewisse Bücher eingetheilet. Editore Filio Cognomini
Tübingen 1683                                        [21:Dk XI 203]
- DISPOSITIONES ORATORIAE, Cùm Orationum singularium, tum Actuum, duas, tres, pluresve Orationes continentium, TOMUS PRIMUS
Tubingae 1687                                        [21:Dh 97b]
- COLLEGIORUM, STUDIA MAXIME ELOQUENTIAE ADJUVANTIUM, ET IN ACA-DEMIA TUBINGENSI INSTITUTORUM ... BREVIS & SVCCINCTA SYLLOGE. Edidit Patri cognominis Filius
Tubingae 1687                                        [21:Dh 97b ang.]
- IN SATYRICOS TRES LATINORUM, Q. HORATIUM FLACCUM, D. JUNIUM JUVE-NALEM, ET A. PERSIUM FLACCUM; TABULAE SYNOPTICAE. Accesserunt TABULAE CONSIMILES IN HORATII LIBROS EPISTOLARUM DUOS
Tvbingae 1688                                        [21:Dh 97b ang.]

KEDD, JODOCUS

SYLLOGISMVS APODICTICVS. Oder klarer Beweiß: Daß der Luther keinen Göttlichen Beruff gehabt/ die Kirch Christi zu reformiren. Allen Teutschen auffrichtigen Hertzen/ welche sich durch den Luther/ vnd seine falsche Lehr/ von der wahren Kirch Christi biß dato abführen lassen/ gründtlich zuerwegen/ vnd ihren WortsDienern zube-antworten kürtzlich für gestellet
(Ingolstadt) 1654                                    [21:Gf 945. ang.]
- Spiegel der Ewigkeit/ Allen VnCatholischen/ von der Warheit deß Glaubens; vnd vom Gottsförchtigen Leben abgewichenen Catholischen/ etc. Zu einem Glückselig- Newen Jahr vorgestellt vnd verehret
Ingolstatt 1654                                      [21:Gf 945. ang.]
- Bedenck es wol Warumb So vil Hohes vnd Nidriges Standts Personen durch GOTTes Gnad das Lutherthumb vnd andere newe Secten verlas-sen/ vnnd der Alten Catholisch-allein Seligmachenden Kyrchen Christi

468

zugetretten seynd. Zum glückseligen Newen Jahr vorgestellt vnd verehret

Ingolstatt 1654                                            [21:Gf 945. ang.]

KINDERMANN, BALTHASAR

Der Deutsche Redner/ In welchen unterschiedene Arten der Reden auf
allerley Begebenheiten Auf Verlöbnüsse/ Hochzeiten/ Kindtauffen/
Begräbnüsse/ auf Empfah- Huldig- Glückwünsch- Abmahn- und Ver-
söhnungen/ Klag und Trost: wie auch Bitt- Vorbitt und Dancksagungen/
samt dero nothwendigen Zugehör/ von der Hand/ so wol bey hohen/
als niedrigen Mannes- und Weibes-Personen zuverfertigen/ enthalten
sind Mit besondern Fleiß auf etlicher vornehmer Freunde Ansuchen herfür gegeben/ Und nu mit sehr vielen wolgefassten/ seltenen/ und hoch-
nützlichen Reden vermehret/ und ... aufs neue fürgestellt

Wittenberg ³1665 (¹1660)                                    [21:Dh 96]
Die Bearbeitung unter dem Titel ›Teutscher Wolredner‹ (1680): s. Stieler

–  Der Deutsche Poët/ Darinnen gantz deutlich und ausführlich gelehret
wird/ welcher gestalt ein zierliches Gedicht/ auf allerley Begebenheit/
auf Hochzeiten/ Kindtauffen/ Gebuhrts- und Nahmens-Tagen/ Be-
gräbnisse/ Empfah- und Glückwünschungen/ u. s. f. So wohl hohen als
niederen Standes-personen/ in gar kurtzer Zeit/ kan wol erfunden und
ausgeputzet werden/ Mit sattsahmen/ und aus den vornehmsten Poeten
hergenommenen Gedichten beleuchtet/ und also eingerichtet/ daß den
Liebhaber der Göttlichen Poesie dieser an statt aller geschriebenen Pros-
odien und Poetischen Schrifften zur Nohtdurft dienen kan

Wittenberg 1664                                            [21:Dh 63]

KLAJ, JOHANN

Lobrede der Teutschen Poeterey/ Abgefasset und in Nürnberg Einer
Hochansehnlich-Volkreichen Versamlung vorgetragen

Nürnberg 1645. Nachdr. in: J. K., Redeoratorien und ›Lobrede der
Teutschen Poeterey‹. Hrsg. v. C. Wiedemann (Dt. Neudr., R.: Barock. 4),
Tübingen 1965, S. 377ff.

–  Redeoratorien und ›Lobrede der Teutschen Poeterey‹. Hrsg. v. C. Wiedemann (Dt. Neudr., R.: Barock. 4), Tübingen 1965

KUNDMANN, JOHANN CHRISTIAN

ACADEMIAE ET SCHOLAE GERMANIAE, praecipuè DVCATVS SILESIAE, CVM
BIBLIOTHECIS, IN NVMMIS. Oder: Die Hohen und Niedern Schulen
Teutschlandes, insonderheit Des Hertzogthums Schlesiens, Mit ihren
Bücher-Vorräthen, in Müntzen. Wie auch andere ehemals und jetzo
woleingerichtete Schulen dieses Hertzogthums. Denen ein Anhang alter
rarer goldener Müntzen, so bey Grundgrabung des Hospital-Gebäudes
zu Jauer Anno 1726 gefunden worden, beygefüget

Breßlau 1741                                              [21:Ff 41c]

LANG, FRANCISCUS

DISSERTATIO DE ACTIONE SCENICA, CUM Figuris eandem explicantibus, ET Observationibus quibusdam DE ARTE COMICA ... Accesserunt imagines symbolicae pro exhibitione & vestitu theatrali
Ingolstadii 1727                                        [24: Sch.k.oct. 2153]

LANSIUS, THOMAS

MANTISSA CONSVLTATIONVM ET ORATIONVM
Tvbingae 1656                                            [21: Kf IV 59]

LAUREMBERG, JOHANN

Veer Schertz Gedichte. I. Van der Minschen jtzigem Wandel und Ma-
neeren. II. Van Almodischer Kleder-Dracht. III. Van vormengder Spra-
ke/ und Titeln. IV. Von Poësie und Rymgedichten. Jn Nedderdüdisch
gerimet
O. O. 1652            [Universitetsbiblioteket Kopenhagen: Germ. bis 27350]

LAUREMBERG, PETER

EUPHRADIA: SIVE Prompta ac parabilis eloquentia: Cujus praeceptis adjuti,
tam docentes, quam discens studiosa juventus, Lectiones, Orationes,
Discursus de quovis oblato argumento, haut difficulter instituere, &
ad alios habere potuerunt. Addita sunt Exempla & pericula Extemporanea, quibus totum artificium ob oculos ponitur. Insuper, Accessit diligens Troporum & Schematum explicatio
Rostochi 1634                                            [21: Dh 234]

– CASTRUM DOLORIS, In quo Condita repostaɋ; QUINQ; FUNERA Ducum
Megapolensium; Funeribusq; singulis dicata, & publicitus dicta SACRA
EXEQUIALIA, Ore ac stylo, [P. L.]
Rostochi 1638                                        [24: Phil.oct. 2106 ang.]

LAURENTIUS VON SCHNÜFFIS

PHILOTHEVS. oder deß Miranten durch die Welt/ unnd Hofe wun-
derlicher Weeg nach der Ruh-seeligen Einsamkeit entworffen von
Mirtillen einem deß Miranten gutem Freund/ unnd vertrawten Mit-
Hirten. Jn dem Druser-Thal unter dem Hochberümbten Steinbock
nächst an dem vorbey fliessenden Rhein-Stromm
(Hohenems) 1665                                          [24: HB 3761]

– Mirantische Wald-Schallmey/ Oder: Schul wahrer Weisheit/ Welche
Einem Jungen Herrn und seinem Hof-Meister/ als Sie auß frembden
Ländern heimbkehrend/ in einem Wald irr-geritten/ von zweyen Ein-
sidlern gehalten worden. Allen so wohl Geist- als Weltlichen nicht nur
sehr nutzlich/ sondern auch anmüthig zu lesen
Costantz 1688                                           [21: Gi 2390]

– LUSUS MIRABILES ORBIS LUDENTIS. Mirantische Wunder-Spiel der Welt;
Vorstellend Die zeitliche Eitelkeit/ und Boßheit der Menschen/ auch
anweisend Zur wahren/ und ewigen Glückseeligkeit ...
Augspurg 1703                                           [154: La (b) 453]

LAUXMIN, SIGISMUND

PRAXIS ORATORIA. SIVE Praecepta Artis Rhetoricae, qvae ad compo-
nendam Orationem scitu necessaria sunt, tam separatim singula,
qvàm omnia simul exemplis expressa; & ad aemulationem Eloqventiae
Studiosis proposita
Francofurti ad Moenum 1682 ($^1$1645)                    [SRT: Gb 630]

LIPSIUS, JUSTUS

Von der Bestendigkeit [De constantia]. Faksimiledruck der deutschen
Übersetzung des Andreas Viritius nach der zweiten Auflage von c. 1601
mit den wichtigsten Lesarten der ersten Auflage von 1599. Hrsg. v.
L. Forster (Sammlg. Metzler. 45), Stuttgart 1965

– EPISTOLICA INSTITVTIO, Excepta è dictantis eius ore ... Adiunctum
est Demetrij Phalerei eiusdem argumenti scriptum
Antverpiae 1601                                        [21: Dh 2]

LOGAU, FRIEDRICH VON

Deutscher Sinn-Getichte Drey Tausend
Breßlau o. J. (1654)                                   [24: d.D.oct. 7889]

LOHENSTEIN, DANIEL CASPER VON

Lorentz Gratians/ Staats-kluger Catholischer Ferdinand aus dem Spanischen übersetzt
Breßlau 1675 ($^1$1672)                                [7: Hist.Hisp. 1115]

– Lob-Rede Bey Des Weiland HochEdelgebohrnen/ Gestrengen und
Hochbenambten Herrn Christians von Hofmannswaldau auf Arnold-
Mühle/ Der Röm. Keys. Meyst. Raths/ der Stadt Breßlau Hochverdien-
ten Raths-PRAESIDIS und Des Königl. Burglehns Namßlau DIRECTORIS
Den 30. April. Anno 1679. in Breßlau Hoch-Adelich gehaltenem
Leichbegängnüße
(Breßlau 1679)                                         [21: Dk XI 22c ang.]

– [Werke]
Breßlau 1680                                           [24: d.D.oct. 7906]

– Großmüthiger Feldherr Arminius oder Herrmann/ Als Ein tapfferer
Beschirmer der deutschen Freyheit/ Nebst seiner Durchlauchtigen Thus-
nelda Jn einer sinnreichen Staats- Liebes- und Helden-Geschichte Dem
Vaterlande zu Liebe Dem deutschen Adel aber zu Ehren und rühmlichen
Nachfolge Jn Zwey Theilen vorgestellet
Leipzig 1689                                           [21: Dk XI 23]

– Anmerckungen über Herrn Daniel Casper von Lohenstein Arminius:
Nebenst beygefügtem Register derer in selbigem Werck befindlichen
Merckwürdigen Nahmen und Sachen
Leipzig 1690                                           [21: Dk XI 23 ang.]

– Türkische Trauerspiele. Hrsg. v. K. G. Just (BLVS. 292), Stuttgart 1953
(›Just 1‹)

- Römische Trauerspiele. Hrsg. v. K. G. Just (BLVS. 293), Stuttgart 1955 (›Just 2‹)
- Afrikanische Trauerspiele. Hrsg. v. K. G. Just (BLVS. 294), Stuttgart 1957 (›Just 3‹)

LUCAE, FRIEDRICH

Schlesiens curieuse Denckwürdigkeiten/ oder vollkommene CHRONICA Von Ober- und Nieder-Schlesien/ welche in Sieben Haupt-Theilen vorstellet Alle Fürstenthümer und Herrschafften/ mit ihren Ober-Regenten/ Landes-Fürsten/ Hofhaltungen/ Stamm-Registern/ Verwandtschafften/ Herren- und Adelichen Geschlechtern/ Tituln/ Wappen/ Beschaffenheiten/ Grentzen/ Religionen/ Schulen/ Fruchtbarkeiten/ Ströhmen/ Bergen/ Sitten/ Manieren/ Gewerben/ und Maximen der alten und heutigen Inwohner: Sowol auch Deren Verfassungen/ Regierungs- Arten/ Staats- und Justiz-Wesen/ Reichthümer/ Regalien/ Kriegs- und Friedens-Händel/ Veränderungen/ Privilegien/ Verträge/ Bündnisse/ Edicta, und dergleichen/ etc.
Franckfurt am Mäyn 1689                    [21: Fo XIIb 72]

LÜNIG, JOHANN CHRISTIAN (Hrsg.)

Grosser Herren, vornehmer Ministren, und anderer berühmten Männer gehaltene Reden (12 Teile)
Hamburg (1732)–1738 (¹1707–1731)                    [21: Dk XI 62]

LUTHER, MARTIN

Tischreden (Weimarer Ausgabe), 6 Bde., Weimar 1912–1921

MASEN, JACOB

PALAESTRA STYLI ROMANI QUAE Artem & praesidia Latinè ornatéq; quovis styli genere scribendi complectitur. CVM BREVI Graecarum & Romanarum antiquitatum compendio, ET PRAECEPTIS Ad Dialogos, Epistolas, & Historias scribendas legendasque necessariis
Coloniae Agrippinae 1659                    [21: Dh 168b]

- ARS NOVA ARGVTIARVM Eruditae & honestae RECREATIONIS, In duas partes divisa. PRIMA EST EPIGRAMMATUM: altera INSCRIPTIONUM argutarum
Coloniae Agrippinae ²1660 (¹1649)                    [21: Dk II 342]

- PALAESTRA ELOQVENTIAE LIGATAE, Novam ac facilem tam concipiendi, quam scribendi quovis Stylo poëtico methodum ac rationem complectitur, viamque ad solutam eloquentiam aperit ... (Teil 1 u. 2)
Coloniae ²1661 (¹1654)                    [21: Dh 166]

- dass. (Teil 3)
Coloniae Agrippinae ¹1657                    [21: Dh 165]

- SPECULUM IMAGINVM VERITATIS OCCVLTAE exhibens SYMBOLA, EMBLEMATA, HIEROGLYPHICA, AENIGMATA, OMNI, TAM MATERIAE, quam formae varietate, EXEMPLIS SIMUL, AC PRAECEPTIS ILLUSTRATUM
Coloniae Vbiorvm ²1664 (¹1650)                    [21: Dh 248]

MEISTER, JOHANN GOTTLIEB

Unvorgreiffliche Gedancken Von Teutschen EPIGRAMMATIBUS, In deutlichen Regeln und annehmlichen Exempeln/ nebst einen Vorbericht von dem Esprit der Teutschen

Leipzig 1698 [35: Lh 677 ang.]

MELANCHTHON, PHILIPP

De Rhetorica libri Tres

(Wittenberg 1519) [24: Phil.qt. 219]

– Elementorum rhetorices libri duo, 1542; abgedruckt CR XIII, Sp. 417ff.

– Humanistische Schriften. Hrsg. v. R. Nürnberger (Werke in Auswahl, unter Mitwirkung v. ... hrsg. v. R. Stupperich. 3), Gütersloh 1961

MEYFART, JOHANN MATTHÄUS

Teutsche Rhetorica Oder Rede-Kunst/ Auß den berühmtesten Redenern gezogen/ und beydes in Geistlichen und Weltlichen/ auch Kriegs-Verrichtungen/ so wol zierlich als nützlich zugebrauchen/ in zweyen Büchern abgefasset ... Neulichst übersehen und nach heutiger Reim-Art gesetzet von Johann Georg Albin

Franckfurt am Mäyn 1653 (¹1634) [21: Dh 109]

MORHOF, DANIEL GEORG

POLYHISTOR, LITERARIUS, PHILOSOPHICUS ET PRACTICUS CUM ACCESSIONIBUS VIRORUM CLARISSIMORUM IOANNIS FRICKII ET IOHANNIS MOLLERI, FLENSBURGENSIS ... PRAEFATIONEM, NOTITIAMQUE DIARIORUM LITTERARIORUM EUROPAE PRAEMISIT IO. ALBERTUS FABRICIUS ...

Lubecae 1732 (¹1687) [eigenes Exemplar]

– DE RATIONE CONSCRIBENDARVM EPISTOLARVM LIBELLVS, QVO DE ARTIS EPISTOLICAE SCRIPTORIBVS, TAM VETERIBVS QVAM RECENTIORIBVS IVDICIA FERVNTVR, ET DE EPISTOLARVM VSV, CHARACTERE, NVMERO, PERIODIS, LOCIS COMMVNIBVS, IMITATIONE ET CVRA TITVLORVM AGITVR, EPISTOLARVMQVE VARII GENERIS EXEMPLA CONTINENTVR. RECENSVIT ... IO. BVRCHARDVS MAIVS

Lvbecae 1716 (¹1694) [21: Dh 143]

– DISSERTATIONES ACADEMICAE & EPISTOLICAE, quibus rariora quaedam argumenta eruditè tractantur, omnes: in unum Volumen collatae ... Accessit AUTORIS VITA, quae tum Lectiones Ejus Academicas, tum Scripta edita & edenda; Elogia item ac Judicia Clarorum Virorum exhibet

Hamburgi 1699 [21: Kf IV 9]

– Unterricht von der Teutschen Sprache und Poesie/ Deren Ursprung/ Fortgang und Lehrsätzen/ Sampt dessen Teutschen Gedichten/ Jetzo von neuem vermehret und verbessert/ und nach deß Seel. Autoris eigenem Exemplare übersehen/ zum andern mahle/ Von den Erben/ herauß gegeben [angebunden: Teutsche Gedichte]

Lübeck und Franckfurt 1700 [21: Dk XI 48b]

Jetzt auch im Neudr. Hrsg. v. H. Boetius (Ars poetica. Texte. 1),
Bad Homburg v. d. H. usw. 1969

MOSCHEROSCH, JOHANN MICHAEL
VISIONES DE DON QUEVEDO. Wunderliche vnd Warhafftige Gesichte
Philanders von Sittewalt. In welchen Aller Welt Wesen/ Aller Män-
schen Händel/ mit jhren Natürlichen Farben/ der Eitelkeit/ Ge-
walts/ Heucheley vnd Thorheit/ bekleidet: offentlich auff die Schauw
geführet/ als in einem Spiegel dargestellet/ vnd von Männiglichen gesehen werden
Straßburg ²1642 (¹1640)                              [25 : E 6793 ba]
– INSOMNIS. CURA. PARENTUM. Christliches Vermächnusz. Oder/ Schuldige Vorsorg Eines Treuen Vatters. Bey jetzigen Hochbetrübtesten gefährlichsten Zeiten den Seinigen Zur letzten Nachricht hinderlassen
Straßburg 1653 (¹1643)                          [24 : Theol.oct. 12470]

NEUKIRCH, BENJAMIN
Anweisung zu Teutschen Briefen
Nürnberg 1741 (¹1695)                                 [21 : Dh 142]
– Herrn von Hoffmannswaldau und andrer Deutschen auserlesener und
bißher ungedruckter Gedichte erster theil/ nebenst einer vorrede von der
deutschen Poesie [B. N.]
Leipzig 1697. 2. Teil: Leipzig 1697. Neudr. mit einer kritischen Einlei-
tung und Lesarten. Hrsg. v. A. G. de Capua u. E. A. Philippson (NdL.,
N. F. 1 u. 16), Tübingen 1961/65

NEUMEISTER, ERDMANN
SPECIMEN DISSERTATIONIS Historico-Criticae De POETIS GERMANICIS hujus
seculi praecipuis, Nuper admodum in Academia quadam celeberrima
publice ventilatum
O. O. 1695                                             [21 : Dg 9]

OMEIS, MAGNUS DANIEL
Gründliche Anleitung zur Teutschen accuraten Reim- und Dicht-Kunst/
durch richtige Lehr-Art/ deutliche Reguln und reine Exempel vorgestellet: worinnen erstlich von den Zeiten der Alten und Neuen Teutschen Pöesie geredet/ hernach/ nebst andern Lehr-Sätzen/ auch von den
Symbolis Heroicis oder Devisen, Emblematibus, Rebus de Picardie, Ro-
manen/ Schau-Spielen/ der Bilder-Kunst/ Teutschen Stein-Schreib-Art
u. a. curieusen Materien gehandelt wird; samt einem Beitrage von der
T. Recht-Schreibung/ worüber sich der Löbl. Pegnesische Blumen-Orden
verglichen. Hierauf folget eine Teutsche Mythologie/ darinnen die
Poëtische Fabeln klärlich erzehlet/ und derer Theologisch-Sittlich-
Natürlich- und Historische Bedeutungen überall angefüget werden; wie
auch eine Zugabe von etlich-gebundenen Ehr- Lehr- und Leich-Gedich-

ten. Welches alles zu Nutzen und Ergetzen der Liebhaber T.Poesie
verfaßet
Nürnberg 1704 [21:Dh 41]

OPITZ, MARTIN
- Buch von der Deutschen Poeterey. Jn welchem alle jhre eigenschafft vnd
zuegehör gründtlich erzehlet/ vnd mit exempeln außgeführet wird
Breßlaw 1624. Neudr. Nach der Edition v. W.Braune neu hrsg. v.
R.Alewyn (NdL., N.F. 8), Tübingen ²1966
- Geistliche Poemata, Von jhm selbst anjetzo zusammen gelesen/ verbes-
sert vnd absonderlich herauß gegeben
O.O. 1638. Nachdr. Hrsg.v. E.Trunz (Dt.Neudr., R.: Barock. 1),
Tübingen 1966
- Weltliche Poemata Zum Viertenmal vermehret vnd vbersehen heraus
geben
Franckfurt am mayn 1644. Nachdr. Erster Teil. Unter Mitwirkung von
C.Eisner hrsg. v. E.Trunz (Dt.Neudr., R.: Barock. 2), Tübingen 1967
- Weltliche Poemata ... (Zweiter Teil)
Franckfurt 1644 [24:d.D.oct. 9009]
- Gesammelte Werke. Kritische Ausgabe. Hrsg. v. G. Schulz-Behrend,
Bd. 1: Die Werke von 1614 bis 1621 (BLVS. 295), Stuttgart 1968

ORDO STUDIORUM ...
ORDO STUDIORUM IN ACADEMIA EBERHARDINA, quae TUBINGEE est,
publicè propositus
O.O. (Tübingen) 1664 [21:LS paed. E 325]

OWEN, JOHN
Epigrammatum Editio Postrema
Amsterdami 1633 [21:Dk II 235b]

PEUCER, DANIEL
Anfangs-Gründe der teutschen Oratorie
Naumburg 1739 [SRT:Gc 3400]

PICCOLOMINI, ENEA SILVIO: s. Silvio Piccolomini

PONTANUS, JACOB
POETICARVM INSTITVTIONVM LIBRI TRES. Eiusdem TYROCINIVM POETICVM
Ingolstadii 1594 [21:Dh 138]

PRITIUS, JOHANN GEORG
Proben Der Beredtsamkeit/ bestehend in allerhand gebundenen und un-
gebundenen Reden
Leipzig 1702 [12:P.o.germ. 640 x ang.]

RACHEL, JOACHIM

Teutsche Satyrische Gedichte

Franckfurt 1664 [1:Yi 5961 R]

– Neu-Verbesserte Teutsche Satyrische Gedichte. Mit Fleiß übersehen/ von vielen hiebevor mit untergelauffenen Trukkfehlern corrigiret/ und mit der Siebenden und Achten Satyren/ als der Freund und der Poët genannt/ welche noch niemahls im Trukke haußen gewesen/ vermehret/ und zum ersten mahl in offenen Trukk bracht

Oldenburg 1677 [35:Le 5180 ang.]

RADAU, MICHAEL

ORATOR EXTEMPORANEUS, Sive ARTIS ORATORIAE Breviarium Bipartitum, Olim à GEORGIO BECKHERO, Elbingensi editum, nuper verò MICHAELI RADAU, S. J. Vindicatum, Nunc denuò singulari studio auctius & emendatius, cum indice locupletissimo editum, Accesserunt B. Z. BOX-HORNI IDEAE ORATIONUM

Lipsiae 1664 [21:Dh 125b]

RATICHIUS (RATKE), WOLFGANG

Ratichianische Schriften. Hrsg. v. P. Stötzner, 2 Bde. (Neudr. pädagog. Schriften. 9 u. 12), Leipzig 1892/93

– Wolfgang Ratichius, der Vorgänger des Amos Comenius, bearb. v. G. Vogt (Die Klassiker der Pädagogik. 17), Langensalza 1894

– Die neue Lehrart. Pädagogische Schriften Wolfgang Ratkes. Eingel. v. G. Hohendorf, Berlin 1957

– Schriften zur deutschen Grammatik (1612–1630). Hrsg. v. E. Ising, 2 Teile (Dt. Akad. d. Wiss. zu Berlin, Veröfftl. d. sprachwiss. Komm. 3), Berlin 1959

REUTER, CHRISTIAN

La Maladie & la mort de l'honnete Femme. das ist: Letztes Denck- und Ehren-Mahl/ Der weyland gewesenen Ehrlichen Frau Schlampampe/ In Einer Gedächtnüß-Sermone/ aufgerichtet von Herrn Gergen/ Uf Special-Befehl der Seelig-Verstorbenen

O. O. 1696 [7:Poet.dram. III, 1140]

– Schlampampe. Komödien. Hrsg. v. R. Tarot (Reclams Univ.-Bibl. 8712–14), Stuttgart 1966

RICHTER, DANIEL

THESAURUS ORATORIUS NOVUS. Oder Ein neuer Vorschlag/ wie man zu der Rednerkunst/ nach dem Ingenio dieses Seculi, gelangen/ und zugleich eine Rede auf unzehlich viel Arten verändern könne

Nürnberg 1660 [35:Lg 1240]

RIEMER, JOHANNES

Standes-RHETORICA Oder Vollkommener Hoff- und Regenten-Redner/ Darinnen durch lebendige Exempel Hoher und gelehrter Leute in

476

gewissen Kunst-Regulen gewiesen wird: Auff was sonderliche Manier Der gröste u. geringste Hof-Diener/ Der Officirer im Felde/ Der Regente zu Rath-Hause/ Und ein Jeder in bürgerlichen Leben Auf Freuden- Ehren- und Trauer-Fällen geschickt reden kan/ Und so wol der adlichen und bürgerlichen Jugend Auch sonst männiglichen Liebhaber Der Rede-Kunst Zur gantz leichten Nachfolge vorgebildet
Leipzig 1685                                                    [24: Phil.oct. 5777]
– Neu-aufgehender Stern-Redner/ nach dem Regenten-Redner. erleuchtet/ Aus dem Kern Der deutschen Sprache herfür geholet/ Mit neuen Regeln und sehr vielen Exempeln nöthiger Reden fast auf die Helffte vermehret/ Bey Hofe so wohl/ als andern Policey- und Studenten-Leben/ auch Bürgerlichen Stande/ nützlich zu gebrauchen/ und die Jugend daraus zu unterrichten
Leipzig 1689                                                    [12: L.eleg.g. 573p]

Rist, Johann
Das AllerEdelste Leben der gantzen Welt/ Vermittelst eines anmuhtigen und erbaulichen Gespräches/ Welches ist diser Ahrt Die Ander/ und zwahr Eine Hornungs-Unterredung/ Beschriben und fürgestellet
Hamburg 1663                                                   [24: Miscell.oct. 2396]
– Sämtliche Werke. Unter Mitwirkung v. H. Mannack hrsg. v. E. Mannack. Erster Bd.: Dramatische Dichtungen (Ausg. dt. Lit. des XV. bis XVIII. Jh. s.), Berlin 1967

Rochus Perusinus
DE EPISTOLA COMPONENDA LIBER
Dilingae ³1583                                                 [21: Cc 70 ang.]

Rotrou, Jean de
Le Véritable Saint Genest. Ed. by R. W. Ladborough, Cambridge 1954

Saavedra Fajardo, Diego de
IDEA Principis Christiano-Politici 100 Symbolis expressa
Coloniae 1650                                                  [21: Ec 25]

Sachs, Hans
Fastnachtspiele. Ausgewählt u. hrsg. v. T. Schumacher (Dt. Texte. 6), Tübingen 1957

Scaliger, Julius Caesar
Poetices libri septem ...
O. O. (Lyon) 1561. Nachdr. Hrsg. v. A. Buck, Stuttgart-Bad Cannstatt 1964

Schatzkammer ...
Schatzkammer/ Schöner/ zierlicher Orationen/ Send-briefen/ Gesprächen/ Vorträgen/ Vermahnungen/ vnd dergleichen: Auß den vier vnd zwentzig Büchern des Amadis von Franckreich zusamen gezogen. Vnd allen derselben Liebhabern/ vnnd sonderlich denen so sich Teutscher

477

Sprach Lieblichkeit vnd zierd befleissigen/ zu gutem ihn Truck gegeben
O.O. (Straßburg) 1597 [9:Bm 280]

SCHEFFLER, JOHANNES (ANGELUS SILESIUS)
Gründtliche Vrsachen vnd Motiven, Warumb er Von dem Lutherthumb
abgetretten/ Vnd sich zu der Catholischen Kyrchen bekennet hat ...
mit beygefügten 16 Religions-Fragen
O.O. ²1653 [21:Gf 945 ang.]

– Weiber noth/ Welche Ein Lutherisch-Euangelische Matron jhrem lieben
Herrn vnd Ehegatten auff Den Regenspurgischen Reichstag vorgestellt/
Mit Trewhertziger Einladung Zur Märtens-Ganß/ Vnd Beygefügter
Antwort D. JOANNIS TRILLERS, Auff Das Sendschreiben seiner Ehe-
frawen Ottiliae Reinerin
O.O. 1653 [21:Gf 945 ang.]

– Gegründte Vrsachen Vmb welcher willen IOHANN-LAVRENTIVS Holler
AVSTRASIVS Von dem Lutherischen Glaubens-Irrthumb/ ab- vnd zur
Catholischen Warheit getretten. I. Verfälschungen deß Newen
Testaments von D. Martin Luthern. II. Gründliche Vrsachen/ warumb
keiner bey den Lutherischen Praedicanten das hochheilige Sacrament
deß Altars empfangen soll vnd kan ...
O.O. 1654 [21:Gf 945 ang.]

– Sämtliche poetische Werke. In drei Bänden. Hrsg. u. eingeleitet v.
H. L. Held, München ³1949 (›Held 1 ... 3‹)

SCHOTTEL, JUSTUS GEORG
Neu erfundenes Freuden Spiel genandt Friedens Sieg. In gegenwart vie-
ler Chur- und Fürstlicher auch anderer Vornehmen Personen, in dem
Fürstl: Burg Saal zu Braunsweig im Jahr 1642. von lauter kleinen Kna-
ben vorgestellet
Wolfenbüttel 1648 [7:Poet.Dram. III 990]

– Ausführliche Arbeit Von der Teutschen HaubtSprache/ Worin enthalten
Gemelter dieser HaubtSprache Uhrankunft/ Uhraltertuhm/ Reinlich-
keit/ Eigenschaft/ Vermögen/ Unvergleichlichkeit/ Grundrichtigkeit/
zumahl die SprachKunst und VersKunst Teutsch und guten theils Lateinisch völlig mit eingebracht ... Abgetheilet Jn Fünf Bücher
Braunschweig 1663, Nachdr. Hrsg. v. W. Hecht, 2 Bde. (Dt. Neudr., R.:
Barock. 11 u. 12), Tübingen 1967

SCHRADER, CHRISTOPH
HYPOTHESES ORATORIAE Ad Johannis Sleidani de Statu Religionis &
Reip. Historiam In Germanicae Eloquentiae usum contextae
Helmaestadi 1669 [Zw 1:L 185 ang.]

– DISPOSITIONES ORATORIAE Ad ductum Rhetoricae Aristotelis concinnatae
Helmestadii ³1674 [Zw 1:L 185 ang.]

478

- DISPOSITIONES EPISTOLICAE Eloquentiae studiosis in Academia Julia
traditae
Helmestadii ³1674 [Zw 1: L 185 ang.]
- DE RHETORICORVM ARISTOTELIS SENTENTIA ET VSV Commentarius
Helmestadi 1674 [21: Cd 1757 ang.]
- LIVIANARVM ORATIONVM DVODEVIGINTI ANALYSIS RHETORICA. Adjectis
imitationum materiis
Helmestadi 1676 [Zw 1: L 185 ang.]

SCHRÖTER, CHRISTIAN
Gründliche Anweisung zur deutschen ORATORIE nach dem hohen und
Sinnreichen Stylo Der unvergleichlichen Redner unsers Vaterlandes,
besonders Des vortrefflichen Herrn von Lohensteins in seinem Groß-
müthigen Herrmann und andern herrlichen Schrifften
Leipzig 1704 [24: Phil.oct. 6076]
- Kurtze Anweisung zur INFORMATION Der Adlichen Jugend
Leipzig 1704 [24: Phil.oct. 6076 ang.]

SCHUPP, JOHANN BALTHASAR
INEPTVS ORATOR
Marpurgi ³1642 (¹1638) [21: Dh 37]
- Der Ungeschickte Redner/ mit Einwilligung seines Meisters übersetzt
von M. B. Kindermann, in: Kindermann (s. d.), Der Deutsche Redner,
Wittenberg 1665 [21: Dh 96 ang.]
- Freund in der Noht
O. O. 1658 [21: Dk XI 697 ang.]
- VOLUMEN ORATIONUM SOLEMNIUM ET PANEGYRICARUM. In Celeberrima
Marpurgensi Universitate olim habitarum ... Cum praefixis Pro-
grammatibus & Praefationibus
Giessae 1658 [21: Kf IV 13]
- SALOMO Oder Regenten-Spiegel/ Vorgestellt Aus denen eilff ersten
Capituln des ersten Buchs der Königen: Andern Gottesfürchtigen und
Sinnreichen Politicis auszuführen und genauer zu elaboriren überlassen
O. O. 1659 (¹1657) [21: Dk XI 697 ang.]
- Erste und Eylfertige Antwort. Auff M. Bernhard Schmitts Discurs de
Reputatione Academicâ
Altena 1659 [24: Theol.oct. 463 ang.]
- Schrifften
O. O. o. J. (um 1660) [21: Kf IV. 4]
Darin unter anderem: Corinna (S. 449ff.); Abgenöthigte Ehren-Rettung
(S. 618ff.); Teutscher Lucianus (S. 808ff.)
- Etliche Tractätlein/ Welche theils im Nahmen Herrn Doctor Joh.
Balthasaris Schuppii gedruckt/ und von Jhm nicht gemacht worden.
Theils auch contrà Herrn Schuppium geschrieben/ darauß zu ersehen/

wie sie denselben/ dargegen zu schreiben veranlasset

Hanau 1663 [21:Kf IV. 4 ang.]

– Der Teutsche Lehrmeister. Hrsg. v. P. Stötzner (Neudr. pädagog. Schriften. 3), Leipzig 1891

SECKENDORFF, VEIT LUDWIG VON

Teutscher Fürsten-Stat/ Oder: Gründliche und kurtze Beschreibung/ Welcher Gestalt Fürstenthümer/ Graf- und Herrschafften im Heil. Röm. Reich Teutscher Nation/ welche Landes-Fürstl. und Hohe Obrigkeitliche Regalia haben/ von Rechts und löblicher Gewonheit wegen beschaffen zu seyn/ regieret/ ... zu werden pflegen. Zu beliebigem Gebrauch und Nutz hoher Standes-Personen/ dero Jungen Herrschafften/ Räthe und Bedienten/ auch männiglichs der bey Fürstlichen und dergleichen Höffen/ Gerichten und Landschafften zu thun hat/ nach Anleytung der Reichs-Satzungen und Gewonheiten/ auch würcklicher Observantz abgefasset

Franckfurt ²1660 (¹1655) [21:Ec 197a]

– Teutsche Reden/ an der Zahl Vier und Viertzig/ Welche er A. 1660 biß 1685. in Fürstl. Sächs. respectivè Geheimen Raths- und Cantzlars-Diensten/ theils zu Gotha/ mehrentheils aber zu Zeitz/ oder als Landschaffts-Director zu Altenburg/ etliche auch anderer Orten bey Ehren-Sachen/ aus Verwand- und Freundschafft abgelegt/ so viel nemlich deren aus erhaltenen Concepten noch zu haben gewesen/ Samt einer Ausführlichen Vorrede von der Art und Nutzbarkeit solcher Reden

Leipzig 1686 [29:Sch.L. 633]

SHAKESPEARE, WILLIAM

The complete works. A new edition, ed. with an introduction and glossary by P. Alexander, London and Glasgow 1965

SILVIO PICCOLOMINI, ENEA

Opera quae extant omnia, nunc demum post corruptissimas editiones summa diligentia castigata & in unum corpus redacta

Basileae 1551 [21:Kf II 6]

SOAREZ, CYPRIANUS

DE ARTE RHETORICA LIBRI TRES. EX ARISTOTELE, CICERONE & Quinctiliano praecipuè deprompti

Coloniae 1577 [21:Dh 129]

STIELER, KASPAR

Teutsche Sekretariat-Kunst/ Was sie sey/ worvon sie handele/ was darzu gehöre/ welcher Gestalt zu derselben glück- und gründlich zugelangen/ was Maßen ein Sekretarius beschaffen seyn solle/ worinnen deßen Amt/ Verrichtung/ Gebühr und Schuldigkeit bestehe/ auch was zur Schreibfertigkeit und rechtschaffener Briefstellung eigentlich und vornehmlich erfordert werde ...

Nürnberg 1673 [23:RHETORICA 35.1]

- [Zweiter Band] Der Teutschen Sekretariat-kunst. Allerhand bewährte/ und dem Kanzley-Stylo, ietzigem durchgehenden Gebrauch nach/ ganz gemeinste Exempel und Muster/ so wol in Hof- Kammer- Lehn- Consistorial- Gerichts- Kriegs- als Haus- Liebes- Kaufmannschaft- Advokaten- und Notarien Sachen in sich haltend Allen Sekretarien/ Gelehrten/ Schreibern/ ja sogar neu angehenden Rähten/ Amtleuten/ Richtern/ und ins gemein allen andern Herren-Bedienten/ und denen/ so mit der Feder umgehen/ höchst-nöhtig und vorträglich ...
Nürnberg 1674                                [23: RHETORICA 35.2]
- Der Allzeitfertige Secretarius Oder: Anweisung/ auf was maasse ein jeder halbgelehrter bey Fürsten/ Herrn/ Gemeinden und in seinem Sonderleben/ nach ieziger Art/ einen guten/ wolklingenden und hinlänglichen Brief schreiben und verfassen könne ...
Nürnberg 1680                                [25: E 3508]
- Herrn Baltasar Kindermanns Teutscher Wolredner Auf allerhand Begebenheiten im Stats- und Hauswesen gerichtet ... Nach heutiger Politischen Redart gebessert/ und mit vielen Komplimenten/ Vorträgen/ Beantwortungen/ wie nicht weniger mit unterschiedlichen nohtwendigen und nützlichen Anmerkungen und Haubt-Erinnerungen gemehrt
Wittenberg 1680                              [159: Gb 165]

STURM, JOHANNES
De literarum ludis recte aperiendis, 1538; abgedruckt bei Vormbaum 1, S. 653ff.
- Classicarum epistolarum libri tres, 1565; abgedruckt bei Vormbaum 1, S. 678ff.
- Scholae Lauinganae, 1565; abgedruckt bei Vormbaum 1, S. 723ff.
- AD PHILIPPVM COmitem Lippianum. De exercitationibus Rhetoricis ... Liber Academicus
Argentorati 1575 ([1]1571)                   [Zw 1: R 16 ang.]

TESAURO, EMANUELE
IL CANNOCCHIALE ARISTOTELICO O sia Idea DELL'ARGVTA ET INGENIOSA ELOCVTIONE Che serue à tutta l'Arte ORATORIA, LAPIDARIA, ET SIMBOLICA Esaminata co' Principij DEL DIVINO ARISTOTELE
Torino [5]1670. Nachdr. Hrsg. u. eingeleitet v. A. Buck (Ars poetica, Texte. 5), Bad Homburg v. d. H. usw. 1968
- ARS EPISTOLARIS ... Qua QUATUOR PERSUASIONIS Historicae, Logicae, Ethicae, Patheticae; & QUINQUE FIGURARUM, Harmonicarum, Ethicarum, Patheticarum, Logicarum & Metaphoricarum Genera complectens, Brevi, Clara ac Facili Methodo Narrationum, Descriptionum, Epistolarum, Historicarum, Oratoriarum, Poëticarum PRAECEPTA ET EXEMPLA; Quin & Orationis cujuslibet faciendae Principia subministrat ... Latinam reddidit, Notis illustravit, Indice auxit P. MAGNUS SCHLEYER ...

Constantiae 1709 [21:Dh 115]

TESMARUS, JOHANNES

EXERCITATIONVM RHETORICARVM LIBRI VIII. Quorum Primi quinque Analytici sunt, Exempla ex illustribus Poetis, Historicis, & Oratoribus ... quae Eloquentiae studiosis juxta artis praecepta examinanda imitandaque. Reliqui tres Synthetici sunt, dispositionem adumbrantes Carminum, Epistolarum, Orationum, quibus exaedificandis & illustrandis iidem dicendi usum sibi comparabunt ... Editore ... DANIELE STEPHANI, Bremensi

Amstelodami 1657 [21:Dh 36]

THILO, VALENTIN D. J.

IDEAE RHETORICAE, SEV DOCTRINA DE GENERIBVS CAVSARVM EX ARISTOTELE, CICERONE, QVINTILIANO, KECKERMANNO, VOSSIO, CAVSSINO, CONTRACTA, EXEMPLIS PRAXIQVE ILLVSTRATA, CVM GENERALI VNIVERSAE RHETORICAE DELINEATIONE

Regiomonti 1654 [21:Dh 98]

THOMASIUS, CHRISTIAN

Christian Thomas eröffnet Der Studirenden Jugend zu Leipzig in einem Discours Welcher Gestalt man denen Frantzosen in gemeinem Leben und Wandel nachahmen solle? ein COLLEGIUM über des GRATIANS Grund-Reguln/ Vernünfftig/ klug und artig zu leben

Leipzig 1687. Neudr. Hrsg. v. A. Sauer (DLD. 51), Stuttgart 1894

TSCHERNING, ANDREAS

Unvorgreiffliches Bedencken über etliche mißbräuche in der deutschen Schreib- und Sprach-Kunst ...

Lübeck 1659 [21:Dh 79]

VAVASSEUR, FRANÇOIS

DE EPIGRAMMATE LIBER ET EPIGRAMMATVM LIBRI TRES

Parisiis 1669 [12:L.eleg.g. 420]

VIVES, JUAN LUIS

DE CONSCRIBENDIS EPISTOLIS

Angebunden an: Erasmus, DE CONSCRIBENDIS EPISTOLIS

Moguntiae 1547 [21:Cc 135 ang.]

— OPERA, IN DVOS DISTINCTA TOMOS: QVIBVS OMNES IPSIVS LVCVBRATIONES, quotquot unquam in lucem editas uoluit, complectuntur ...

Basileae 1605 [21:Kf I 2]

VONDEL, JOOST VAN DEN

De Werken. Volledige en geïllustreerde tekstuitgave in tien deelen (versch. Herausgeber), Amsterdam 1927ff.

VOSSIUS, GERHARD JOHANNES

COMMENTARIORUM RHETORICORUM, SIVE ORATORIARUM INSTITUTIONUM Libri sex, Quartâ hac editione auctiores, & emendatiores

Lugduni Batavorum 1643 (¹1606) [21:Dh 12]

- RHETORICES CONTRACTAE, Sive PARTITIONUM ORATORIARUM LIBRI QVINQVE. EDITIO Ad eam, qvae ad ultimam Auctoris manum aliqvot in locis auctior prodiit, exacta & suprà illam tùm emendata, tùm Tabellis synopticis & Indice aucta
  Lipsiae 1660 (¹1621)                                   [21:Dh 93]

WEISE, CHRISTIAN
  Der grünenden Jugend überflüssige Gedancken/ Aus vielfältiger und mehrentheils frembder Erfahrung in offenhertziger Einfalt Allen Jungen und Lustbegierigen Gemüthern vorgestellet ...
  Leipzig 1678 (¹1668). Neudr. Hrsg. v. M. von Waldberg (NdL. 242–45), Halle 1914
- Die drey ärgsten Ertz-Narren In der gantzen Welt/ Auß vielen Närrischen Begebenheiten hervorgesucht/ und Allen Interessenten zu besserem Nachsinnen übergeben ...
  O. O. 1672                                          [21:Dk XI 92b]
- Der Kluge Hoff-Meister/ Das ist/ Kurtze und eigentliche Nachricht/ wie ein sorgfältiger Hoffmeister seine Untergebenen in den Historien unterrichten/ und sie noch bey junger Zeit also anführen sol/ damit sie hernach ohne Verhindernüs die Historien selbst lesen und nützlich anwenden können. Vormahls unter dem Titul Der Fundamental-Historie zusammen getragen: Anitzo aber an unterschiedenen Orten verbessert und zum Druck befördert
  Franckfurt und Leipzig 1676 (¹1675)                    [21:Fr 48a]
- Der Grünenden Jugend Nothwendige Gedancken/ Denen Uberflüßigen Gedancken entgegen gesetzt/ Und Zu gebührender Nachfolge/ so wohl in gebundenen als ungebundenen Reden/ allen curiösen Gemüthern recommendirt
  Leipzig 1690 (¹1675)                              [24:d.D.oct. 13261]
- De moralitate complimentorum ...
  Weissenfelsae 1675                                 [24:philos. Diss.]
- Politischer Redner/ Das ist/ Kurtze und eigentliche Nachricht/ wie ein sorgfältiger Hofmeister seine Untergebene zu der Wolredenheit anführen soll/ damit Selbige lernen 1. Auff was vor ein Fundament eine Schul-Rede gesetzt ist; 2. Worinnen die Complimenten bestehen; 3. Was Bürgerliche Reden sind; 4. Was bey hohen Personen/ sonderlich zu Hofe/ vor Gelegenheit zu reden vorfällt. Alles mit gnugsamen Regeln/ anständigen Exempeln/ und endlich mit einem nützlichen Register außgefertigt
  Leipzig 1681 (¹1677)                              [24:Phil.oct. 6658]
- DE POESI HODIERNORUM POLITICORUM Sive DE ARGUTIS INSCRIPTIONIBUS LIBRI II. Qvorum Prior Naturam, Originem, Usum, Auctores & varietatem Inscriptionis; Posterior facillima imitandi Artificia perseqvitur. Additis Clarissimorum Virorum EXEMPLIS, In eorum gratiam, qvi vel

hodiernorum morem sectari, vel conscribendi carminis compendium
qvaerere cupiunt
(Jenae & Helmstadii) 1678 [21:Dh 126]
– ORATIONES DUAE, QUARUM ALTERA STATISTICAM SCHOLASTICUM, ALTERA
GYMNASII RECTOREM DESCRIBIT, HABITAE IN EGRESSU WEISSENFELSENSI
ET INTROITU ZITTAVIENSI
Zittaviae 1678 [24:philol. Diss.]
– Kurtzer Bericht vom Politischen Näscher wie nehmlich Dergleichen
Bücher sollen gelesen/ und Von andern aus gewissen Kunst-Regeln
nachgemachet werden
Leipzig und Zittau 1680
– ENCHIRIDION GRAMMATICUM Das ist: Eine kurtze Anweisung zu der
Lateinischen Sprache ... Nunmehr ... nicht allein mit Regeln und
Exempeln mercklich erweitert/ sondern auch mit einer ausführlichen
Manuduction an die Informatores selbst vermehret
Dresden 1708 ($^{1}$1681) [7:Ling. IV, 1095]
– Neu-Erleuterter Politischer Redner/ Das ist: Unterschiedene Kunst-
griffe/ welche in gedachtem Buche entweder gar nicht/ oder nicht so
deutlich vorkommen/ gleichwohl aber Zu Fortsetzung der hochnöthigen
Ubungen etwas grosses helffen können; Aus bißheriger Experienz abge-
merckt/ und so wol durch leichte Regeln als durch deutliche und nützliche Exempel ausgführet ...
Leipzig 1696 ($^{1}$1684) [24:Phil.oct. 6659 ang.]
– INSTITUTIONES ORATORIAE ad Praxin hodierni Seculi accommodatae,
ut qvibus Progymnasmatibus excitari qveant Tirones, qvibusve Exercitiis
ipsi Provectiores tum ad Eloqventiam SCHOLASTICAM, POLITICAM, ECCLE-
SIASTICAM, tum ad EPISTOLAS qvàm optimè manuduci debeant, Regulis
& Exemplis demonstretur. Accessit ad sublevandam Inventionis doctri-
nam distincta disqvisitio de Affectibus, item Compendium Juris Naturae,
adspersis ubiq; Monitis & observationibus Practicis, in usum GYMNASII
ZITTAVIENSIS
Lipsiae 1687 [24:Elv 458]
– SUBSIDIUM JUVENILE, DE ARTIFICIO ET USU CHRIARUM IN EORUM GRATIAM,
QVI TANDEM AD INSTITUTIONES ORATORIAS faciliori cursu tum ipsi
pergere, tum aliis informatione vel consilio praeire volunt, publici juris
factum
Dresdae & Lipsiae 1715 ($^{1}$1689) [24:Phil.oct. 2696]
– Lust und Nutz der Spielenden Jugend bestehend in zwey Schau- und
Lust-Spielen ... Nebenst Einer ausführlichen Vorrede/ Darinnen von
der Intention dergleichen Spiele deutlich und aus dem Fundamente ge-
handelt wird
Dreßden und Leipzig 1690 [24:d.D.oct. 13263]
– Politische Fragen/ Das ist: Gründliche Nachricht Von der POLITICA,

484

Welcher Gestalt Vornehme und wohlgezogene Jugend hierinne einen
Grund legen/ So dann aus den heutigen Republiqven gute Exempel er-
kennen/ Endlich auch in practicablen Staats-Regeln den Anfang treffen
soll ...
Dresden 1691                                              [21: Ec 49]
– Curiöse Gedancken Von Deutschen Versen/ Welcher gestalt Ein Stu-
dierender In dem galantesten Theile der Beredsamkeit was anständiges
und practicables finden soll/ damit er Gute Verse vor sich erkennen/
selbige leicht und geschickt nachmachen/ endlich eine kluge Masse
darinn halten kan: Wie bißhero Die vornehmsten Leute gethan haben/
welche/ Von der klugen Welt/ nicht als Poeten/ sondern als polite Redner sind aestimirt worden
Leipzig ³1702 (¹1691)                                 [25: E 3518 bk]
– Curiöse Gedancken Von Deutschen Brieffen Wie ein junger Mensch/
sonderlich ein zukünfftiger POLITICUS, Die galante Welt wol vergnügen soll. In kurtzen und zulänglichen Regeln So dann Jn anständigen und practicablen Exempeln ausführlich vorgestellet. Erster und
Andrer Theil
Dreßden 1691                                          [50 I Fr. 11b]
– Gelehrter Redner/ Das ist: Ausführliche und getreue Nachricht/ Wie
sich ein junger Mensch Jn seinen Reden klug und complaisant aufführen
soll/ Wenn er zur Beförderung seines Glückes die Opinion eines Gelehrten vonnöthen hat/ Und wie er theils in der ALLUSION, Theils in der
EXPRESSION Gelehrt und klug procediren kan. Alles mit raren
Excerptis, gnugsamen Regeln und neuen Exempeln völlig erläutet
Leipzig 1693 (¹1692)                             [24: Phil.oct. 6657]
– Politische Nachricht von Sorgfältigen Briefen/ Wie man sich in odieusen
und favorablen Dingen einer klugen Behutsamkeit gebrauchen/ und Bey
Oratorischen oder Epistolischen Regeln die politischen Exceptiones ge-
schickt anbringen soll/ An statt des dritten Theils zum curieusen Ge-
dancken von deutschen Briefen in einem absonderlichen Buche vorge-
stellet/ Und so wohl mit gantz neuen Regeln/ als auch Mit practicablen
Exempeln ausgeführet/ Nebenst einem Vorbericht vom Galanten Hoff-
Redner
Dreßden und Leipzig 1701 (¹1693)                 [24: Phil.oct. 6656]
– Freymüthiger und höfflicher Redner/ das ist ausführliche Gedancken
von der PRONUNCIATION und ACTION, Was ein getreuer Informator
darbey rathen und helffen kan/ Bey Gelegenheit Gewisser Schau-
Spiele allen Liebhabern zur Nachricht gründlich und deutlich entworffen
O. O. (Leipzig) 1693                             [14: Ling.Germ.rec. 580]
– Curieuse Fragen über die LOGICA Welcher gestalt die unvergleichliche
Disciplin von Allen Liebhabern der Gelehrsamkeit/ sonderlich aber von
einem POLITICO deutlich und nützlich sol erkennet werden/ in Zwey-

en Theilen/ Der anfänglichen Theorie, und der nachfolgenden Praxi zum besten Durch gnugsame Regeln/ und sonderliche Exempel ausgeführet

Leipzig 1696 [21: Ab 129]

– Curiöse Gedancken von der IMITATION, welcher gestalt Die Lateinischen Auctores von der studierenden/ sonderlich von der Politischen Jugend mit Nutzen gelesen mit gutem Verstande erkläret/ und mit einer gelehrten Freyheit im Stylo selbst gebrauchet werden

Leipzig 1698 [24: Phil.oct. 2694]

– Neue Proben von der vertrauten Redens-Kunst/ Das ist: drey Theatralische Stücke/ ... Welche vormahls auff dem Zittauischen Schau-Platz gesehen worden. Nu aber nützlich und vergnügt zu lesen seyn. nebst einer Vorrede von der also genannten PRUDENTIA SERMONIS SECRETI

Dreßden und Leipzig 1700 [24: d.D.oct. 13263 ang.]

– Curieuser Körbelmacher/ Wie solcher auff dem Zittauischen Theatro den 26. Octobr. MDCCII. von Etlichen Studirenden praesentiret worden/ Anietzo aus gewissen Ursachen herausgegeben

Görlitz 1705 [24: d.D.oct. 13263 ang.]

– Oratorische Fragen, an statt einer wolgemeinten Nachlese dergestalt eingerichtet, Daß der Innhalt von allen vorigen Büchern kürtzlich wiederholet, Zugleich aber ein und andere Nachricht von der bißherigen Praxi getreulich eröffnet wird; Nebenst einem Nöthigen Anhange über etlicher Gedancken, die was überflüßiges oder auch was mangelhafftes in diesen Principiis wollen observiret haben

Leipzig 1706 [24: Phil.oct. 6655]

– Oratorisches SYSTEMA, Darinne Die vortreffliche Disciplin Jn ihrer Vollkommenen Ordnung aus richtigen Principiis vorgestellet, Und mit lauter neuen Exempeln erkläret wird, Allen denjenigen zu Dienste, welche den Kern aus den bißherigen Büchern vor sich und andere finden wollen. Nebst einem curieusen Capitel von Politischen Reden in richtige Fragen abgefasset ...

Leipzig 1707 [24: Phil.oct. 6660]

– EPISTOLAE SELECTIORES Cum VIRORUM DOCTISSIMORUM ARNOLDI, BALBINI, CARPZOVII, CLAUDERI, CONRINGII, NEUMANNI & c. ad Eundem LITERIS, quibus Multae observationes tam ad rem Scholasticam quam universam literariam spectantes continentur, edidit atque Praefationem de Utilitate ex Literis Virorum Doctorum capienda praemisit CHRISTIAN. GODOFR. HOFFMANNUS

Budissae 1716 [21: Kg 864]

WERNICKE, CHRISTIAN

Epigramme. Hrsg. u. eingel. v. R. Pechel (Palaestra. 71), Leipzig 1909

WETZEL, JOHANN CASPAR

Hymnopoeographia, oder Historische Lebens- Beschreibung Der berühmtesten Lieder-Dichter

Herrnstadt 1724 (¹1718)                                        [21: Dg 41]

Wohlgemeyntes ... Bedenken

Wohlgemeyntes/ zumahlen wohl überlegt- und Gründliches Bedenken/ Von verschiedenen/ theils offenbahren/ theils nicht allerdings bekandten Mißbräuchen/ so geraume Zeit hero in die Schulen eingerissen/ und überhand genommen: auch wie die Sach eigentlicher und mit besserer Manier möchte eingerichtet werden. Zu mehrerem Nachdenken/ kurtz und einfältig entworffen ...

Augspurg 1693. Neudr. Hrsg. v. A. Jsrael (Sammlg. selten gewordener pädagog. Schriften. 3), Zschopau 1879

Wyle, Niclas von

Translationen. Hrsg. v. A. von Keller (BLVS. 57), Stuttgart 1861 (Nachdr. Hildesheim 1967)

Zedler, Johann Heinrich

Grosses vollständiges universal lexicon Aller Wissenschafften und Künste ... (64 Bde. u. 4 Supplemente)

Halle und Leipzig 1732–1754. Nachdr. Graz 1961

Zeiller, Martin

606 Episteln oder Send-schreiben Von allerhand Politischen Historischen und anderen sachen gestellt und verfertiget ...

Ulm 1656 (¹1640ff.)                                        [25: E 7540 d]

Zesen, Philip von

Assenat; das ist Derselben/ und des Josefs Heilige Stahts- Lieb- und Lebens-geschicht ...

Amsterdam 1670. Nachdr. Hrsg. v. V. Meid (Dt. Neudr., R.: Barock. 9), Tübingen 1967

Zincgref, Julius Wilhelm

Auserlesene Gedichte Deutscher Poeten ... 1624. Neudr. Hrsg. v. W. Braune (NdL. 15), Halle 1879

— Der Teutschen Scharpfsinnige kluge Sprüch

Straßburg 1626                                        [21: Dk XI 752]


*Einzelne Zitate sind folgenden Textsammlungen entnommen:*

Cysarz, H. (Hrsg.): Barocklyrik, 3 Bde. (DLE, R. Barock), Leipzig 1937 (Nachdr. Hildesheim 1964. Mit einem neuen Vorwort u. Berichtigungen; ›Cysarz 1 ... 3‹)

Flemming, W. (Hrsg.): Barockdrama, 6 Bde. (DLE, R. Barock), Leipzig 1930–33 (Nachdr. Hildesheim 1965)

Schöne, A. (Hrsg.): Das Zeitalter des Barock. Texte und Zeugnisse (Die deutsche Literatur. Texte und Zeugnisse. 3), München 1963

Szyrocki, M. (Hrsg.): Poetik des Barock (RK. 508/9), o. O. 1968

# Literaturverzeichnis

Adel, K.: Das Wiener Jesuitentheater und die europäische Barockdramatik, Wien 1960

Adorno, T. W.: Der mißbrauchte Barock, in: Ohne Leitbild. Parva Aesthetica (edition suhrkamp. 201), Frankfurt a. M. 1967, S. 133ff.

Alewyn, R.: Vorbarocker Klassizismus und griechische Tragödie. Analyse der ›Antigone‹-Übersetzung des Martin Opitz, Neue Heidelb. Jb., N.F. 1926, S. 3ff. (Nachdr. Darmstadt 1962)

– (u. a.) Aus der Welt des Barock, Stuttgart 1957

– (Hrsg.): s. Deutsche Barockforschung

Alewyn, R. – K. Sälzle: Das große Welttheater. Die Epoche der höfischen Feste in Dokument und Deutung (rde. 92), Hamburg 1959

Alonso, D.: Notas sobre la persona y el arte de Georg Rudolf Weckherlin, Filol. Moderna 27–28, 1967, S. 223ff.

Althaus, P.: Die Prinzipien der deutschen Dogmatik im Zeitalter der aristotelischen Scholastik, Leipzig 1914

Altpreußische Biographie, Artikel ›Kaldenbach‹, Bd. 1, Königsberg 1941, S. 319

Andler, C.: Nietzsche und Jacob Burckhardt, Basel 1926

Appel, B.: Das Bildungs- und Erziehungsideal Quintilians nach der institutio oratoria, Donauwörth 1914

Arbusow, L.: Colores rhetorici. Eine Auswahl rhetorischer Figuren und Gemeinplätze als Hilfsmittel für akademische Übungen an mittelalterlichen Texten. Durchges. u. verm. Aufl., hrsg. v. H. Peter, Göttingen ²1963

Arletius, J. C.: Historischer Entwurf von den Verdiensten der evangelischen Gymnasiorum um die deutsche Schaubühne, Breslau 1762

Arnaldi, F.: La retorica nella poesia di Ovidio, in: Ovidiana, S. 23ff.

Arnoldt, D. H.: Ausführliche und mit Urkunden versehene Historie der Königsbergischen Universität, 2 Teile, Königsberg i. Pr. 1746

Auerbach, E.: Rez. Curtius, Europäische Literatur und lateinisches Mittelalter, RF 62, 1950, S. 237ff.

– Sermo humilis, RF 64, 1952, S. 304ff.

Azorín: Una conjetura: Nietzsche, español, ›El Globo‹, Madrid, Mai 1903

Bach, A.: Geschichte der deutschen Sprache, Heidelberg ⁸1965

Backer, A. u. A. de – C. Sommervogel: Bibliothèque de la Compagnie de Jésus, 9 Bde., Bruxelles 1890–1900

Bahlmann, P.: Die lateinischen Dramen von Wimphelings Stylpho bis zur Mitte des 16. Jahrhunderts. 1480–1550, Münster 1893

Baldwin, C. S.: Medieval rhetoric and poetic (to 1400), New York 1928 (Nachdr. Gloucester/Mass. 1959)

Baldwin, T. W.: William Shakespeare's ›Small latine and lesse greeke‹, Bd. 1, Urbana/Ill. 1944

Barner, W.: Gryphius und die Macht der Rede. Zum ersten Reyen des Trauerspiels ›Leo Armenius‹, DVjs 42, 1968, S. 325ff.

– Tübinger Poesie und Eloquenz im 17. Jahrhundert: Christoph Kaldenbach, Attempto 35/36, 1970, S. 98ff.

Barth, H.: Das Zeitalter des Barocks und die Philosophie von Leibniz, in: Die Kunstformen des Barockzeitalters, S. 413ff.

Barth, P.: Die Stoa. Völlig neu bearb. v. A. Goedeckemeyer (Frommanns Klassiker der Philosophie. 16), Stuttgart ⁶1946

Barwick, K.: Die Gliederung der rhetorischen τέχνη und die horazische Epistula ad Pisones, Hermes 57, 1922, S. 1ff.

– Martial und die zeitgenössische Rhetorik (Abh. Leipzig, Phil.-hist. Kl. 104/1), Berlin 1959

– Das rednerische Bildungsideal Ciceros (Abh. Leipzig, Phil.-hist. Kl. 54/3), Leipzig 1963

Batllori, M.: La vida alternante de Baltasar Gracián en la Compañia de Jesús, Archivum historicum Societatis Jesu 18, 1949, S. 3ff.

– Gracián y la retórica barroca en España, in: Retorica e Barocco, S. 27ff.

– Gracián y el barroco (Storia e Letteratura. 70), Roma 1958

Bauch, G.: Geschichte des Breslauer Schulwesens in der Zeit der Reformation, Breslau 1911

– Valentin Trozendorf und die Goldberger Schule (MGPaed. LVII), Berlin 1921

Baumgart, W.: Die Gegenwart des Barocktheaters, Arch. f. d. Studium d. neueren Sprachen und Literaturen 198, 1961/62, S. 65ff.

Baur, J.: Die Vernunft zwischen Ontologie und Evangelium. Eine Untersuchung zur Theologie Johann Andreas Quenstedts, Gütersloh 1962

Bebermeyer, G.: Tübinger Dichterhumanisten. Bebel/Frischlin/Flayder, Tübingen 1927 (Nachdr. Hildesheim 1967)

Becker, H.: Die geistige Entwicklungsgeschichte des Jesuitendramas, DVjs 19, 1941, S. 269ff.

Beckmann, A.: Motive und Formen der deutschen Lyrik des 17. Jahrhunderts und ihre Entsprechungen in der französischen Lyrik seit Ronsard (Hermaea, N.F. 5), Tübingen 1960

Beheim-Schwarzbach, D.: Dramenformen des Barocks. Die Funktion von Rollen, Reyen und Bühne bei Joh. Chr. Hallmann (1640–1704), Diss. Jena 1931

Beißner, F.: Deutsche Barocklyrik, in: Formkräfte der deutschen Dichtung vom Barock bis zur Gegenwart, S. 35ff.

Benjamin, W.: Ursprung des deutschen Trauerspiels. Revid. Ausg., besorgt v. R. Tiedemann, Frankfurt a. M. 1963

Benz, R.: Deutsches Barock. Kultur des 18. Jahrhunderts. Erster Teil, Stuttgart 1949

Bernleithner, E.: Humanismus und Reformation im Werke Georg Rollenhagens, Diss. Wien 1954

Berthold, M.: Joseph Furttenbach von Leutkirch, Architekt und Ratsherr in Ulm, in: Ulm und Oberschwaben 33, 1953, S 119ff.

Bielmann, J.: Die Dramentheorie und Dramendichtung des Jakobus Pontanus S. J., Lit.wiss. Jb. d. Görres-Ges. 3, 1928, S. 45ff.

Birke, J.: Gottscheds Neuorientierung der deutschen Poetik an der Philosophie Wolffs, ZfdPh 85, 1966, S 560ff.

Birt, T.: Vorrede zur Claudian-Ausgabe, MGHist., auct.ant. X, Berlin 1892, S. I ff.

Bissels, P.: Humanismus und Buchdruck. Vorreden humanistischer Drucke in Köln im ersten Drittel des 16. Jahrhunderts, Nieuwkoop 1965

Blackall, E. A.: Die Entwicklung des Deutschen zur Literatursprache 1700–1775. Mit einem Bericht über neue Forschungsergebnisse 1955–1964 von D. Kimpel, Stuttgart 1966 (›Blackall‹)

Blättner, F.: Geschichte der Pädagogik, Heidelberg [7]1961

Bland, D. S.: Rhetoric and the law student in sixteenth-century England, Stud. in Philol. 54, 1957, S. 498ff.

Blet, P.: Note sur les origines de l'obéissance ignatienne, Gregorianum 35, 1954, S. 99ff.

Bloch, E.: Christian Thomasius, ein deutscher Gelehrter ohne Misere (edition suhrkamp. 193), Frankfurt a. M. 1967

Blunck, R.: Friedrich Nietzsche. Kindheit und Jugend, München u. Basel 1953

Bode, H.: Die Kirchenbauten der Jesuiten in Schlesien, Diss. Dresden (TH) 1935

Boeckh, J. G. und G. Albrecht, K. Böttcher, K. Gysi, P. G. Krohn, H. Strobach: Geschichte der deutschen Literatur 1600 bis 1700 (Geschichte der deutschen Literatur von den Anfängen bis zur Gegenwart. Hrsg. v. K. Gysi u. a. 5), Berlin 1963

Böckmann, P.: Formgeschichte der deutschen Dichtung, 1. Bd.: Von der Sinnbildsprache zur Ausdruckssprache. Der Wandel der literarischen Formensprache vom Mittelalter zur Neuzeit, Hamburg 1949 (›Böckmann‹)

Boehmer, H.: Die Jesuiten. Auf Grund der Vorarbeiten von H. Leube neu hrsg. von K. D. Schmidt, Stuttgart 1957

Bök, A. F.: Geschichte der herzoglich Würtembergischen Eberhard Carls Universität zu Tübingen im Grundrisse, Tübingen 1774

Bömer, A.: Die lateinischen Schülergespräche der Humanisten (Texte u. Forschungen z. Gesch. d. Erz. u. d. Unterrichts in d. Ländern dt. Zunge. 1), 2 Tle., Berlin 1897/99

Bolte, J.: Vorwort zum Neudruck von Georg Rollenhagen, ›Spiel von Tobias‹ (1576) (NdL. 285–287), Halle 1930, S. III ff.

Borcherdt, H. H.: Andreas Tscherning. Ein Beitrag zur Literatur- und Kultur-Geschichte des 17. Jahrhunderts, München–Leipzig 1912

— Augustus Buchner und seine Bedeutung für die deutsche Literatur des siebzehnten Jahrhunderts, München 1919

Borinski, K.: Die Poetik der Renaissance und die Anfänge der litterarischen Kritik in Deutschland, Berlin 1886 (Nachdr. Hildesheim 1967)

— Baltasar Gracian und die Hoflitteratur in Deutschland, Halle 1894

— Die Antike in Poetik und Kunsttheorie vom Ausgang des klassischen Altertums bis auf Goethe und Wilhelm von Humboldt, 2 Bde., Leipzig 1914/24 (Nachdr. Darmstadt 1965)

490

Borgerhoff, E. B. O.: ›Mannerism‹ and ›Baroque‹: A simple plea, Comparative Lit. 5, 1953, S. 323ff.

Bouillier, V.: Baltasar Gracián et Nietzsche, RLC 6, 1926, S. 381ff.

– Notes critiques sur la traduction de l'Oráculo Manual par Amelot de la Houssaie, Bulletin hispanique 35, 1933, S. 126ff.

Brates, G.: Die Barockpoetik als Dichtkunst, Reimkunst, Sprachkunst, ZfdPh 53, 1928, S. 346ff.

– Hauptprobleme der deutschen Barockdramaturgie in ihrer geschichtlichen Entwicklung, Diss. Greifswald 1935

Braun, J.: Die Kirchenbauten der deutschen Jesuiten, 2 Bde., Freiburg i. B. 1908/10

Braun, P.: Geschichte des Kollegiums der Jesuiten in Augsburg, München 1922

Brauneck, M.: Barockforschung. Ein Literaturbericht (1962–1967), in: Das 17. Jahrhundert in neuer Sicht. Beiträge v. P. Jentzsch, M. Brauneck, E. E. Starke (DU, Beih. 1 zu Jg. 21/1969), Stuttgart 1969, S. 93ff.

Breen, Q.: The subordination of philosophy to rhetoric in Melanchthon. A study of his reply to G. Pico della Mirandola, Arch. f. Reformationsgesch. 43, 1952, S. 13ff.

– Some aspects of humanistic rhetoric and the Reformation, Nederlands Arch. v. Kerkgeschiedenis, N.S. 43, 1960, S. 1ff.

Brethauer, K.: Die Sprache Meister Eckeharts im Buch der göttlichen Tröstung, Diss. Göttingen 1931

Bretzke, H.: Simon Dachs dramatische Spiele, Diss. Königsberg 1922

Breuer, D.: Der Philotheus des Laurentius von Schnüffis. Zum Typus des geistlichen Romans im 17. Jahrhundert (Dt. Stud. 10), Meisenheim a. Glan 1969

Brietzke, H.-G.: Zur Geschichte der Barockwertung von Winckelmann bis Burckhardt (1755–1855), Diss. Berlin (FU) 1954

Brinkmann, A.: Der älteste Briefsteller, Rhein. Mus. f. Philol., N.F. 64, 1909, S. 310ff.

Brinkmann, H.: Zu Wesen und Form mittelalterlicher Dichtung, Halle 1929

– Anfänge des modernen Dramas in Deutschland. Versuch über die Beziehungen zwischen Drama und Bürgertum im 16. Jahrhundert, in: Studien zur Geschichte der deutschen Sprache und Literatur, Bd. 2, Düsseldorf 1966, S. 232ff.

Brischar, J. N.: Die deutschen Kanzelredner aus dem Jesuitenorden, Bd. 1 (= Die katholischen Kanzelredner Deutschlands seit den letzten drei Jahrhunderten, Bd. 2), Schaffhausen 1867

Brüggemann, D.: Vom Herzen direkt in die Feder. Die Deutschen in ihren Briefstellern (dtv. 503), München 1968

Brüggemann, F.: Einleitung zu: Aus der Frühzeit der deutschen Aufklärung. Christian Thomasius und Christian Weise (DLE, R. Aufklärung. Bd. 1), Leipzig 1928, S. 5ff.

Buck, A.: Der Renaissance-Humanismus und die Wissenschaften, Zs. f. Pädagogik 1, 1955, S. 215ff.

– Die ›studia humanitatis‹ und ihre Methode, Bibl. d'Human. et Renaiss. 21, 1959, S. 273ff.

– Barock und Manierismus: die Anti-Renaissance, FuF 39, 1965, S. 246ff.

Bünger, C.: Matthias Bernegger, ein Bild aus dem geistigen Leben Strassburgs zur Zeit des dreissigjährigen Krieges, Strassburg 1893

Bürger, P.: Illusion und Wirklichkeit im ›Saint Genest‹ von Jean Rotrou, GRM, N.F. 14, 1964, S. 241ff.

Bütow, A.: Die Entwicklung der mittelalterlichen Briefsteller bis zur Mitte des 12. Jahrhunderts, mit besonderer Berücksichtigung der Theorien der ars dictandi, Diss. Greifswald 1908

Bukowski, H.: Der Schulaufsatz und die rhetorische Sprachschulung. Rhetorische Methoden und Aufgaben in der Institutio Oratoria Quintilians und der Theorie des deutschen Schulaufsatzes, Diss. Kiel 1956

Bullemer, K.: Quellenkritische Untersuchungen zum 1. Buche der Rhetorik Melanchthons, Diss. Erlangen 1902

Burck, E.: Artikel ›Propemptikon‹, in: Lexikon der Alten Welt, Zürich u. Stuttgart 1965, Sp. 2447

Burckhardt, J.: Der Cicerone. Eine Anleitung zum Genuss der Kunstwerke Italiens, Basel 1855

– Die Cultur der Renaissance in Italien. Ein Versuch, Basel 1860

Burdach, K.: Reformation, Renaissance, Humanismus, Leipzig ²1926

Burger, H.: Jakob Bidermanns ›Belisarius‹ (Quellen u. Forschungen z. Sprach- u. Kulturgesch. d. germ. Völker, N.F. 19), Berlin 1966

– Jakob Masens ›Rusticus imperans‹. Zur lateinischen Barockkomödie in Deutschland, Lit.wiss. Jb. d. Görres-Ges., N.F. 8, 1967, S. 31ff.

Burger, H. O.: ›Dasein heißt eine Rolle spielen‹. Studien zur deutschen Literaturgeschichte (Lit. als Kunst), München 1963

– Renaissance, Humanismus, Reformation. Deutsche Literatur im europäischen Kontext (Frankf. Beitr. z. Germanistik. 7), Bad Homburg v. d. H. usw. 1969

Burke, K.: A rhetoric of motives, in: A grammar of motives and A rhetoric of motives, Cleveland and New York 1962

Butts, R. F.: A cultural history of education, New York and London ⁵1947

Buzás, L.: Der Vergleich des Lebens mit dem Theater in der deutschen Barockliteratur (Spec. Diss. Fac. Philos. Reg. Hung. Univ. Elis. Quinq. 208), Pécs 1941

Cancik, H.: Untersuchungen zur lyrischen Kunst des P. Papinius Statius (Spudasmata. 13), Hildesheim 1965

Capua, A. G. de: Eine Leichenrede Friedrichs von Logau, Arch. f. d. Studium d. neueren Sprachen und Literaturen 196, 1959/60, S. 147ff.

Castelli, E. (Hrsg.): s. Retorica e Barocco

Cholevius, L.: Die bedeutendsten deutschen Romane des siebzehnten Jahrhunderts, Leipzig 1866 (Nachdr. Darmstadt 1965)

Chroust, A.: Abraham von Dohna. Sein Leben und sein Gedicht auf den Reichstag von 1613, München 1896

Clark, D. L.: John Milton at St. Paul's school: A study of ancient rhetoric in English Renaissance education, New York 1948

– Ancient rhetoric and English Renaissance literature, Shakespeare Quart. 2, 1951, S. 195ff.

– The rise and fall of progymnasmata in sixteenth- and seventeenth-century grammar schools, Speech Monographs 19, 1952, S. 259ff.

– Rhetoric in Greco-Roman education, New York 1957

– Milton's rhetorical exercises, QJS 46, 1960, S. 297ff.

Clarke, M. L.: Die Rhetorik bei den Römern. Ein historischer Abriß, Göttingen 1968

Classen, J.: Jacob Micyllus... als Schulmann, Dichter und Gelehrter, Frankfurt a. M. 1859

Cleary, J. W. – F. W. Habermann: Rhetoric and public address. A bibliography, 1947–1961, Madison and Milwaukee 1964

Cohen, F. G.: Andreas Gryphius' Sonnet ›Menschliches Elende‹: Original and final form, GR 43, 1968, S. 5ff.

Cohn, E.: Gesellschaftsideale und Gesellschaftsroman im 17. Jahrhundert (Germ. Stud. 13), Berlin 1921

Conde, F. J.: El saber político en Maquivelo, Madrid 1948

Conrad, E.: Die Lehrstühle der Universität Tübingen und ihre Inhaber (1477–1927), Tübingen 1960 (Staatsexamens-Zulassungsarbeit)

Conrady, K. O.: Die Erforschung der neulateinischen Literatur. Probleme und Aufgaben, Euphorion 49, 1955, S. 413ff.

– Lateinische Dichtungstradition und deutsche Lyrik des 17. Jahrhunderts (Bonner Arb. z. dt. Lit. 4), Bonn 1962 (›Conrady‹)

Constanzo, M.: Dallo Scaligero al Quadrio, Milano 1961

Corpus Reformatorum. Hrsg. v. C. G. Bretschneider u. H. L. Bindseil, Bd. 1ff., Halle u. Braunschweig 1834ff. (›CR‹)

Coupe, W. A.: Broadsheets of the ›Alamodezeit‹, GLL/14, 1960/61, S. 282ff.

– The German illustrated broadsheet in the seventeenth century. Historical and iconographical studies, 2 Bde. (Bibliographica Aureliana. 17 u. 20), Baden-Baden 1966/67

Croce, B.: I trattatisti italiani del Concettismo e Baltasar Gracián (1899), in: Problemi di estetica, Bari 1940, S. 313ff.

Croll, M. W.: Muret and the history of ›Attic prose‹, PMLA 39, 1924, S. 254ff.

– Style, rhetoric and rhythm. Ed. by J. M. Patrick and R. O. Evans, Princeton 1966

Curtius, E. R.: Dichtung und Rhetorik im Mittelalter, DVjs 16, 1938, S. 435ff.

– Zur Literarästhetik des Mittelalters, ZfrPh 58, 1938, S. 1ff., 129ff., 433ff.

– Theologische Kunsttheorie im spanischen Barock, RF 53, 1939, S. 145ff.

– Mittelalterlicher und barocker Dichtungsstil, Modern Philol. 38, 1940/41, S. 325ff.

– Rhetorische Naturschilderung im Mittelalter, RF 56, 1942, S. 219ff.

– George, Hofmannsthal und Calderón, in: Kritische Essays zur europäischen Literatur, Bern 1950, S. 172ff.

– Europäische Literatur und lateinisches Mittelalter, Bern u. München ³1961 (›Curtius‹)

Cysarz, H.: Vom Geist des deutschen Literatur-Barocks, DVjs 1, 1923, S. 243ff., abgedruckt in: Deutsche Barockforschung, S. 17ff.

– Deutsche Barockdichtung. Renaissance. Barock. Rokoko, Leipzig 1924

– Zur Erforschung der deutschen Barockdichtung. Ein Literaturbericht, DVjs 3, 1925, S. 145ff.

– Barocke Philosophie? Ein Weg zu Descartes, in: Welträtsel im Wort, Wien 1948, S. 92ff.

– Einleitung zu: Deutsche Barock-Lyrik (Reclams Univ.-Bibl. 7804/05), Stuttgart ²1964, S. 3ff.

Dahlhaus, C.: Gefühlsästhetik und musikalische Formenlehre, DVjs 41, 1967, S. 505ff.

493

Damaschke, A.: Geschichte der Redekunst. Eine erste Einführung, Jena 1921

Daniells, R.: Baroque form in English literature, Univ. of Toronto Quart. 14, 1944/45, S. 393ff.

– Milton, mannerism and baroque, Toronto 1963

Daube, A.: Der Aufstieg der Muttersprache im deutschen Denken des 15. und 16. Jahrhunderts, Frankfurt a. M. 1940

Debitsch, F.: Die staatsbürgerliche Erziehung an den deutschen Ritterakademien, Diss. Halle 1927

Denk, O.: Fürst Ludwig von Anhalt-Cöthen, Marburg 1917

Deutsche Barockforschung. Dokumentation einer Epoche. Hrsg. v. R. Alewyn (Neue Wissenschaftl. Bibl. 7), Köln u. Berlin 1965

Diehl, H.: Die Dramen des Thomas Naogeorgus in ihrem Verhältnis zur Bibel und zu Luther, Diss. München 1915

Dietze, W.: Quirinus Kuhlmann. Ketzer und Poet (Neue Beitr. z. Lit.wiss. 17), Berlin 1963

Dilthey, W.: Weltanschauung und Analyse des Menschen seit Renaissance und Reformation, in: Gesammelte Schriften, Bd. 2, Leipzig u. Berlin ³1923

Dittrich, P.: Plautus und Terenz in Pädagogik und Schulwesen der deutschen Humanisten, Diss. Leipzig 1915

Dockhorn, K.: Macht und Wirkung der Rhetorik. Vier Aufsätze zur Ideengeschichte der Vormoderne (Respublica Literaria. 2), Bad Homburg v. d. H. 1968

– Rez. Lausberg, Handbuch der literarischen Rhetorik, GGA 214, 1962, S. 177ff.

– Rez. Gadamer, Wahrheit und Methode, GGA 218, 1966, S. 169ff.

Dörrie, H.: Der heroische Brief. Bestandsaufnahme, Geschichte, Kritik einer humanistisch-barocken Literaturgattung, Berlin 1968

Dolch, J.: Lehrplan des Abendlandes. Zweieinhalb Jahrtausende seiner Geschichte, Ratingen ²1965

Dorn, W.: Benjamin Neukirch. Sein Leben und seine Werke. Ein Beitrag zur Geschichte der 2. schlesischen Schule (Lit.hist. Forschungen. 4), Weimar 1897

Dostal, F.: Studien zur weltlichen Lyrik Simon Dachs, Diss. Wien 1958

Drews, A.: Disputationen Dr. Martin Luthers in den Jahren 1535–1545 an der Universität Wittenberg, Göttingen 1895

Dürrwächter, A.: Jakob Gretser und seine Dramen (Erläuterungen zu Janssens Gesch. des dt. Volkes IX 1 u. 2), Freiburg i. B. 1912

Duhamel, P. A.: The logic and rhetoric of Peter Ramus, Modern Philol. 46, 1949, S. 163ff.

Duhr, B.: Die Studienordnung der Gesellschaft Jesu (Bibl. d. kathol. Pädagogik. 9), Freiburg i. B. 1896

– Geschichte der Jesuiten in den Ländern deutscher Zunge vom 16. bis zum 18. Jahrhundert, 4 Bde. in 6 Teilen, Freiburg i. B. (vom 3. Bd. ab: München–Regensburg) 1907–1928 (›Duhr‹)

Dunn, E. C.: Lipsius and the art of letter-writing, Stud. in the Renaiss. 3, 1956, S. 145ff.

Dyck, J.: Ornatus und Decorum im protestantischen Predigtstil des 17. Jahrhunderts, ZfdA 94, 1965, S. 225ff.

– Ticht-Kunst. Deutsche Barockpoetik und rhetorische Tradition (Ars Poetica. 1), Bad Homburg v. d. H. usw. 1966 (›Dyck‹)

– Rez. Fischer, Gebundene Rede, ZfdA 98, 1969, S. 68ff.

494

– Apologetic argumentation in the literary theory of the German Baroque, JEGP 68, 1969, S. 197ff.

Eggebrecht, H. H.: Heinrich Schütz. Musicus poeticus (Kl. Vandenhoeck-R. 84), Göttingen 1959

Eggers, D.: Die Bewertung deutscher Sprache und Literatur in den deutschen Schulactus von Christian Gryphius (Dt. Stud. 5), Meisenheim a. Glan 1967

Eggert, W.: Christian Weise und seine Bühne (Germanisch u. Dt. 9), Berlin u. Leipzig 1935

Ehrismann, G.: Studien über Rudolf von Ems. Beiträge zur Geschichte der Rhetorik und Ethik im Mittelalter (SB Heidelberg, Phil.-hist. Kl. 1919/8), Heidelberg 1919

Ellinger, E. – B. Ristow: Artikel ›Neulateinische Dichtung‹, RL ²II, S. 620ff.

Elwert, W. T.: Die nationalen Spielarten der romanischen Barockdichtung, Die neueren Sprachen, N.F. 25, 1956, S. 505ff. u. 562ff.

Engel, J. E.: Zeitalter der Renaissance, des Humanismus und der Reformation (Hb. d. dt. Lit.gesch., Abt. Bibliogr. 4), Bern u. München 1969

Epstein, H.: Die Metaphysizierung in der literaturwissenschaftlichen Begriffsbildung und ihre Folgen (Germ. Stud. 73), Berlin 1929

Erlinghagen, K.: Die Bedeutung des barocken Erziehungsideals für das pädagogische Denken der Neuzeit, Die Pädagog. Provinz 10, 1956, S. 577ff.

Erman, W. – E. Horn: Bibliographie der deutschen Universitäten, Bd. 1, Leipzig u. Berlin 1904 (›Erman–Horn‹)

Ermatinger, E.: Weltdeutung in Grimmelshausens Simplicius Simplicissimus (Gewalten u. Gestalten. 1), Berlin–Leipzig 1925

Eschweiler, K.: Die Philosophie der spanischen Spätscholastik auf den deutschen Universitäten des siebzehnten Jahrhunderts, Span. Forschungen d. Görres-Ges. 1, 1928, S. 251ff.

Faber du Faur, C. von: Monarch, Patron und Poet, GR 24, 1949, S. 249ff.

– Der Aristarchus. Eine Neuwertung, PMLA 69, 1954, S. 566ff.

– German Baroque literature. A catalogue of the collection in the Yale University, New Haven 1958

Fechner, J.-U.: Der Antipetrarkismus. Studien zur Liebessatire in barocker Lyrik (Beitr. z. neueren Lit.gesch., F. 3, Bd. 2), Heidelberg 1966

– Von Petrarca zum Antipetrarkismus. Bemerkungen zu Opitz' ›An eine Jungfraw‹, Euphorion 62, 1968, S. 54ff.

Ferschmann, S.: Die Poetik Georg Philipp Harsdörffers. Ein Beitrag zur Dichtungstheorie des Barock, Diss. Wien 1964

Fietz, L.: Fragestellungen und Tendenzen der anglistischen Barock-Forschung, DVjs 43, 1969, S. 752ff.

Fife, W. H.: Johann Lauremberg, son of the folk, GR 30, 1955, S. 27ff.

Das Fischer Lexikon. Literatur 2/1 u. 2. Hrsg. v. W.-H. Friedrich u. W. Killy, Frankfurt a. M. 1965

Fischer, H.: Deutsche Literatur und lateinisches Mittelalter, in: Werk – Typ – Situation. Studien zu poetologischen Bedingungen in der älteren deutschen Literatur. Festschr. f. Hugo Kuhn, Stuttgart 1969, S. 1ff.

Fischer, L.: Gebundene Rede. Dichtung und Rhetorik in der literarischen Theorie des Barock in Deutschland (Stud. z. dt. Lit. 10), Tübingen 1968 (›Fischer‹)

Flathe, T.: St. Afra. Geschichte der Königlich Sächsischen Fürstenschule zu Meißen 1543–1877, Leipzig 1879

Fleckenstein, J. O.: Gottfried Wilhelm Leibniz. Barock und Universalismus, München 1958

Flemming, W.: Geschichte des Jesuitentheaters in den Landen deutscher Zunge (Schriften d. Ges. f. Theatergesch. 32), Berlin 1923

- Die Auffassung des Menschen im 17. Jahrhundert, DVjs 6, 1928, S. 402ff.

- Einleitungen zu: Barockdrama, 6 Bde. (DLE, R. Barock), Leipzig 1930–33 (2., verb. Aufl. Darmstadt 1965).

- Die barocke Schulbühne, Die Pädagog. Provinz 10, 1956, S. 537ff.

- Die Fuge als epochales Kompositionsprinzip des deutschen Barock, DVjs 32, 1958, S. 483ff.

- Artikel ›Galante Dichtung‹, RL ²I, S. 522ff.

- Deutsche Kultur im Zeitalter des Barocks (Handb. d. Kulturgesch. 1. Abt.: Zeitalter dt. Kultur. 1), Konstanz ²1960

- Formen der Humanistenbühne, Maske und Kothurn 6, 1960, S. 33ff.

- Das Jahrhundert des Barock 1600–1700, in: Annalen der deutschen Literatur. Geschichte der deutschen Literatur von den Anfängen bis zur Gegenwart. Eine Gemeinschaftsarbeit zahlreicher Fachgelehrter hrsg. v. H. O. Burger, Stuttgart ²1962, S. 339ff.

- Andreas Gryphius, Eine Monographie (Sprache u. Lit. 26), Stuttgart usw. 1965

Fletcher, H. F.: The intellectual development of John Milton. Vol. II: The Cambridge Universitiy period, 1625–32. Urbana/Ill. 1961

Flitner, A.: Erasmus im Urteil seiner Nachwelt. Das literarische Erasmus-Bild von Beatus Rhenanus bis zu Jean Le Clerc, Tübingen 1952

Flynn, L. J.: The ›De arte rhetorica‹ of Cyprian Soarez, S. J., QJS 42, 1956, S. 367ff.

- Sources and influence of Soarez' ›De arte rhetorica‹, QJS 43, 1957, S. 257ff.

Formkräfte der deutschen Dichtung vom Barock bis zur Gegenwart. Vorträge … (Kl. Vandenhoeck-R., Sonderbd. 1), Göttingen 1963

Forster, L.: Rez. Conrady, Lateinische Dichtungstradition und deutsche Lyrik des 17. Jahrhunderts, GGA 216, 1964, S. 63ff.

- Tagwerk eines Hofmannes, in: Festschr. f. R. Alewyn, Köln u. Graz 1967, S. 103ff.

Fraenkel, E.: Lucan als Mittler des antiken Pathos (1924), in: Kleine Beiträge zur klassischen Philologie, Bd. 2, Roma 1964, S. 233ff.

France, P.: Racine's rhetoric, Oxford 1965

Francke, O.: Terenz und die lateinische Schulkomödie in Deutschland, Weimar 1877

François, G.: Declamatio et disputatio, L'Antiquité Classique 32, 1963, S. 513ff.

French, J. M.: Milton, Ramus, and Edward Philipps, Modern Philol. 46, 1949, S. 82ff.

Fricke, G.: Die Bildlichkeit in der Dichtung des Andreas Gryphius. Materialien und Studien zum Formproblem des deutschen Literaturbarock (Neue Forschungen. 17), Berlin 1933 (Nachdr. Darmstadt 1967); Auszüge daraus in: Deutsche Barockforschung, S. 312ff.

- Die Sprachauffasssung in der grammatischen Theorie des 16. und 17. Jahrhunderts, ZfdBildg. 9, 1933, S. 113ff.

Friebe, K.: Christian Hofman von Hofmanswaldaus Grabschriften, Progr. Greifswald 1893

Friedländer, P.: Johannes von Gaza und Paulus Silentiarius. Kunstbeschreibungen justinianischer Zeit, Berlin 1912

Friedrich, H.: Über die Silvae des Statius (insbesondere V 4, Somnus) und die Frage des literarischen Manierismus, in: Wort und Text. Festschr. f. F. Schalk, Frankfurt a. M. 1963, S. 34ff.

– Epochen der italienischen Lyrik, Frankfurt a. M. 1964

– Artikel ›Manierismus‹ in: Das Fischer Lexikon. Literatur 2/2, S. 353ff.

Friedrich, K.: Die Entwicklung des Realienunterrichts bis zu den ersten Realschulgründungen in der Mitte des 18. Jahrhunderts, Diss. Leipzig 1913

Fürstenwald, M.: Andreas Gryphius – Dissertationes Funebres. Studien zur Didaktik der Leichabdankungen (Abh. z. Kunst-, Musik- u. Lit.wiss. 16), Bonn 1967

Gadamer, H.-G.: Bemerkungen ueber den Barock, in: Retorica e Barocco, S. 61ff.

– Wahrheit und Methode. Grundzüge einer philosophischen Hermeneutik, Tübingen 1960

– Rhetorik, Hermeneutik und Ideologiekritik. Metakritische Erörterungen zu ›Wahrheit und Methode‹, in: Kleine Schriften, Bd. 1, Tübingen 1967, S. 113ff.

Gadient, V.: Prokop von Templin, Regensburg 1912

Gärtner, T.: Christian Keimann, Mitt. d. Ges. f. Zittauer Gesch. 5, 1908, S. 28ff.

Gaggl, E. E.: Grimmelshausens höfisch-historische Romane, Diss. Wien 1954

Gaier, U.: Studien zu Sebastian Brants Narrenschiff, Tübingen 1966

– Rhetorische Form in Sebastian Brants ›Narrenschiff‹, DVjs 40, 1966, S. 538ff.

– Satire. Studien zu Neidhart, Wittenwiler, Brant und zur satirischen Schreibart, Tübingen 1967

Garin, E.: Geschichte und Dokumente der abendländischen Pädagogik, 3 Bde. (rde. 205/06, 250/51, 168/69), Reinbek 1964–67 (›Garin 1 ... 3‹)

Gauger, H.: Die Kunst der politischen Rede in England, Tübingen 1952

Geissler, E.: Artikel ›Rhetorik‹, in: Encyklopädisches Handbuch der Pädagogik, hrsg. v. W. Rein, Bd. 7, Langensalza ²1908, S. 500ff.

Geissler, H.: Comenius und die Sprache (Pädagog. Forschungen. 10), Heidelberg 1959

Geißner, H.: Sprechkunde und Sprecherziehung. Bibliographie der deutschsprachigen Literatur 1955–1965, Düsseldorf 1968

Gersh, G.: The meaning of art and nature in German Baroque, Comparative Lit. Stud. 4, 1967, S. 259ff.

Gervinus, G. G.: Geschichte der poetischen National-Litteratur der Deutschen, Teil 3, Leipzig 1838

Glunz, H. H.: Die Literarästhetik des Mittelalters, Bochum–Langendreer 1937

Gmelin, H.: Das Prinzip der imitatio in den romanischen Literaturen der Renaissance, RF 46, 1932, S. 83ff.

Gnerich, E.: Andreas Gryphius und seine Herodes-Epen (Bresl. Beitr. z. Lit. gesch. 2), Leipzig 1906

Gobliani, H.: Il Barochismo in Seneca e in Lucano, Messina 1938

Goedeke, K.: Grundriß zur Geschichte der deutschen Dichtung, 3. Bd.: Vom dreissigjährigen bis zum siebenjährigen Kriege, Dresden ²1887 (›Goedeke‹)

Görgemanns, H.: Beiträge zur Interpretation von Platons Nomoi (Zetemata. 25), München 1960

Goff, P.: The limits of Sypher's theory of style, Colloquia Germanica 1, 1967, S. 11ff.

Gomperz, H.: Sophistik und Rhetorik. Das Bildungsideal in seinem Verhältnis zur Philosophie des V. Jahrhunderts, Leipzig u. Berlin 1912

Gramsch, A.: Artikel ›Widmungsgedicht‹, RL ¹III, S. 501ff.

Grenzmann, W.: Artikel ›Brief‹ (Neuzeit), RL ²I, S. 187ff.

Grimm, R.: Bild und Bildlichkeit im Barock. Zu einigen neueren Arbeiten, GRM, N.F. 19, 1969, S. 379ff.

Grosse, C.: Die alten Tröster. Ein Wegweiser in die Erbauungsliteratur der evangelisch-lutherischen Kirche des 16.–18. Jahrhunderts, Hermannsburg 1900

Grosser, B.: Gottscheds Redeschule. Studien zur Geschichte der deutschen Beredsamkeit in der Zeit der Aufklärung, Diss. Greifswald 1932

Grün, E.: Das neulateinische Drama in Deutschland vom Augsburger Religionsfrieden bis zum 30jährigen Krieg, Diss. Wien 1929

Günther, O.: Plautuserneuerungen in der deutschen Literatur des 15. bis 17. Jahrhunderts und ihre Verfasser, Leipzig 1886

Gürster, E.: Nietzsche und die Musik, München 1929

Gumbel, H.: Deutsche Sonderrenaissance in deutscher Prosa. Strukturanalyse deutscher Prosa im sechzehnten Jahrhundert (Dt. Forschungen. 23), Frankfurt a. M. 1930 (Nachdr. Hildesheim 1965)

Gundolf, F.: Martin Opitz, München u. Leipzig 1923
–  Andreas Gryphius, Heidelberg 1927
–  Seckendorffs Lucan (SB Heidelberg, Phil.-hist. Kl. 1930/31, Abh. 2), Heidelberg 1930

Gurlitt, C.: Geschichte des Barockstiles, des Rococo und des Klassicismus ..., 3 Bde., Stuttgart 1887/89

Gurlitt, W.: Musik und Rhetorik. Hinweise auf ihre geschichtliche Grundlageneinheit, Helicon 5, 1944, S. 67ff.
–  Vom Klangbild der Barockmusik, in: Die Kunstformen des Barockzeitalters, S. 227ff.

Gwynn, A.: Roman education from Cicero to Quintilian, Oxford 1926

Haas, C. M.: Das Theater der Jesuiten in Ingolstadt (Die Schaubühne. 51), Emsdetten 1958

Haile, H. G.: Octavia: Römische Geschichte. Anton Ulrich's use of the episode, JEGP 57, 1958, S. 611ff.

Hall, V.: Scaliger's defense of poetry, PMLA 63, 1948, S. 1125ff.

Haller, J.: Die Anfänge der Universität Tübingen 1477–1537, 2 Tle., Stuttgart 1927/29

Haller, R.: Artikel ›Gelegenheitsdichtung‹, RL ²I, S. 547ff.
–  Geschichte der deutschen Lyrik vom Ausgang des Mittelalters bis zu Goethes Tod (Sammlg. Dalp. 101), Bern u. München 1967

Hankamer, P.: Die Sprache. Ihr Begriff und ihre Deutung im sechzehnten und siebzehnten Jahrhundert, Bonn 1927 (Nachdr. Hildesheim 1965)
–  Deutsche Gegenreformation und deutsches Barock. Die deutsche Literatur im Zeitraum des 17. Jahrhunderts, Stuttgart ³1964 (›Hankamer‹)

Happ, H.: Die Dramentheorie der Jesuiten, Diss. München 1922

Harder, R.: Über Ciceros Somnium Scipionis (1929), in: Kleine Schriften. Hrsg. v. W. Marg, München 1960, S. 354ff.

Harnack, O.: Opitz und Meyfart, Arch. f. d. Studium d. neueren Sprachen u. Literaturen 123 (N.F. 23), 1909, S. 151ff.

Harring, W.: Andreas Gryphius und das Drama der Jesuiten (Hermaea. 5), Halle 1907

Hartfelder, K.: Philipp Melanchthon als Praeceptor Germaniae (MGPaed. VII), Berlin 1898

Hartl, E.: Artikel ›Das Drama des Mittelalters‹, Dt. Philol. im Aufriß ²II, Sp. 1949ff.

Hartmann, H.: Die Entwicklung des deutschen Lustspiels von Gryphius bis Weise (1648–1688), Diss. Potsdam 1960

– Barock oder Manierismus? Eignen sich kunsthistorische Termini für die Kennzeichnung der deutschen Literatur des 17. Jahrhunderts?, Weim. Beitr. 7, 1961, S. 46ff.

Hartung, F.: Deutsche Verfassungsgeschichte vom 15. Jahrhundert bis zur Gegenwart, Stuttgart ⁷1959

Haskins, C. H.: Studies in medieval culture, New York 1929

Hatzfeld, H.: A clarification of the baroque problem in the Romance literatures, Comparative Lit. 1, 1949, S. 113ff.

– Der gegenwärtige Stand der romanistischen Barockforschung (SB München, Phil.-hist. Kl. 1961/4), München 1961

– Three national deformations of Aristotle: Tesauro, Gracián, Boileau, Bibl. dell' Arch. Romanicum 64, 1962, S. 3ff.

– Estudios sobre el Barroco, Madrid 1964

Hauser, A.: Der Manierismus. Die Krise der Renaissance und der Ursprung der modernen Kunst, München 1964

– Sozialgeschichte der Kunst und Literatur, München 1967

Hauser, G.: Thomas Naogeorgus als Kampfdramatiker, Diss. Wien 1926

Hayn, H.: Die deutsche Räthsel-Litteratur. Versuch einer bibliographischen Übersicht bis zur Neuzeit. Nebst einem Verzeichnisse deutscher Loos-, Tranchir- und Complimentir-Bücher, Centralbl. f. Bibl.wesen 7, 1890, S. 551ff.

Hechtenberg, K.: Der Briefstil im 17. Jahrhundert. Ein Beitrag zur Fremdwörterfrage, Berlin 1903

Heckmann, H.: Elemente des barocken Trauerspiels. Am Beispiel des ›Papinian‹ von Andreas Gryphius (Lit. als Kunst), Darmstadt 1959

Hederer, E.: Nachwort zu: Deutsche Dichtung des Barock, München ²1957, S. 552ff.

Heetfeld, G.: Vergleichende Studien zum deutschen und französischen Schäferroman. Aneignung und Umformung des preziösen Haltungsideals der ›Astrée‹ in den deutschen Schäferromanen des 17. Jahrhunderts, Diss. München 1954

Heger, K.: Baltasar Gracián. Estilo lingüistico y doctrina de valores. Estudio sobre la actualidad literaria del Conceptismo (Publ. del Centenario de Balt. Grac. 2), Zaragoza 1960

Heiduk, F.: Das Geschlecht der Hoffmann von Hoffmannswaldau, Schlesien 13, 1968, S. 31ff.

Heine, C.: Johannes Velten, Diss. Halle 1887

Heinze, R.: Die Horazische Ode (1923), in: Vom Geist des Römertums. Ausgewählte Aufsätze. Hrsg. v. E. Burck, Darmstadt ³1960, S. 172ff.

Heller, E.: Burckhardt und Nietzsche, in: Enterbter Geist (edition suhrkamp. 67), Frankfurt a. M. 1964, S. 7ff.

Helm, R.: Lucian und Menipp, Leipzig 1906

Henke, E. L. T.: Georg Calixtus und seine Zeit, 2 Bde., Halle 1853

Henkel, A. – A. Schöne (Hrsg.): Emblemata. Handbuch zur Sinnbildkunst des XVI. und XVII. Jahrhunderts, Stuttgart 1967

Henning, J.: Goethe and the Jesuits, Thought 24, 1949, S. 449ff.

Henrich, A.: Die lyrischen Dichtungen Jakob Baldes (Quellen u. Forschungen z. Sprach- u. Culturgesch. d. germ. Völker. 122), Straßburg 1915

Henß, R. und B. von Wiese (Hrsg.): Nationalismus in Germanistik und Dichtung. Dokumentation des Germanistentages in München vom 17. bis 22. Oktober 1966, Berlin usw. 1967

Hentschel, C.: Johann Balthasar Schupp. Ein Beitrag zur Geschichte der Pädagogik des siebzehnten Jahrhunderts, Progr. Döbeln (Realschule) 1876

Herescu, N. I. (Hrsg.): s. Ovidiana

Hermand, J.: Literaturwissenschaft und Kunstwissenschaft. Methodische Wechselbeziehungen seit 1900 (Sammlg. Metzler. 41), Stuttgart 1965

Herrick, M. T.: The fusion of Horatian and Aristotelian literary criticism, 1531–1555 (Illinois Stud. in Lang. and Lit. 32, 1), Urbana/Ill. 1946

Herrlitz, H.-G.: Der Lektüre-Kanon des Deutschunterrichts im Gymnasium. Ein Beitrag zur Geschichte der muttersprachlichen Schulliteratur, Heidelberg 1964

Herrmann, A.: Eine lateinische Leichenrede Opitzens, Arch. f. Litt.gesch. 9, 1880, S. 138ff.

Heselhaus, C.: Anton Ulrichs Aramena. Studien zur dichterischen Struktur des deutsch-barocken ›GeschichtGedicht‹ (Bonner Beitr. z. dt. Philol. 9), Würzburg 1939

Heubaum, A.: Geschichte des deutschen Bildungswesens seit der Mitte des 17. Jahrhunderts, bis zum Beginn der allgemeinen Unterrichtsreform unter Friedrich dem Großen 1763ff. Bd. 1: Das Zeitalter der Standes- und Berufserziehung, Berlin 1905

Heyd, L. F.: Melanchthon und Tübingen 1512–1518, Tübingen 1839

Higham, T. F.: Ovid and rhetoric, in: Ovidiana, S. 32ff.

Highet, G.: Juvenal the satirist, Oxford 1960

Hildebrandt, H.: Die Staatsauffassung der schlesischen Barockdramatiker im Rahmen ihrer Zeit, Diss. Rostock 1939

Hildebrandt, K.: Wagner und Nietzsche. Ihr Kampf gegen das XIX. Jahrhundert, Breslau 1924

Hildebrandt-Günther, R.: Antike Rhetorik und deutsche literarische Theorie im 17. Jahrhundert (Marb. Beitr. z. Germanistik. 13), Marburg 1966 (›Hildebrandt-Günther‹)

Hintze, O.: Der österreichische und der preußische Beamtenstaat im 17. und 18. Jahrhundert, HZ 86, 1900, S. 401ff.

Hippe, M.: Aus dem Tagebuche eines Breslauer Schulmannes im siebzehnten Jahrhundert, Zs. des Vereins f. Gesch. u. Alterthum Schlesiens 36, 1901, S 159ff.

– Christoph Köler, ein schlesischer Dichter des siebzehnten Jahrhunderts, Breslau 1902

Hirsch, A.: Bürgertum und Barock im deutschen Roman. Ein Beitrag zur Entstehungsgeschichte des bürgerlichen Weltbildes, 2. Aufl. besorgt v. H. Singer (Lit. u. Leben, N.F. 1), Köln u. Graz 1957

Hirsch, T.: Geschichte des academischen Gymnasiums in Danzig, in ihren Hauptzügen dargestellt, Danzig 1837

Hocke, G. R.: Über Manierismus in Tradition und Moderne, Merkur 10, 1956, S. 336ff.

- Die Welt als Labyrinth. Manier und Manie in der europäischen Kunst. Von 1520 bis 1650 und in der Gegenwart (rde. 50/52), Hamburg 1957
- Manierismus in der Literatur. Sprach-Alchimie und esoterische Kombinationskunst. Beiträge zur vergleichenden europäischen Literaturgeschichte (rde. 82/83), Reinbek 1959

Hodermann, R.: Universitätsvorlesungen in deutscher Sprache um die Wende des 17. Jahrhunderts, Diss. Jena 1891

Hoensbroech, P. von: Der Jesuitenorden. Eine Encyclopädie aus den Quellen zusammengestellt und bearbeitet, 2 Bde., Bern u. Leipzig 1926/27

Hövel, E.: Der Kampf der Geistlichkeit gegen das Theater in Deutschland im 17. Jahrhundert, Diss. Münster 1912

Hoffmeister, J.: Kaspar von Barths Leben, Werke und sein ›Deutscher Phönix‹ (Beitr. z. neueren Lit.gesch. 19), Heidelberg 1931

Hommel, H.: Artikel ›Rhetorik‹, in: Lexikon der Alten Welt, Zürich u. Stuttgart 1965, Sp. 2611ff.

Horn, E.: Die Disputationen und Promotionen an den deutschen Universitäten (Centralbl. f. Bibl.wesen, Beih. 11), Leipzig 1893

Horn, H. A.: Christian Weise als Erneuerer des deutschen Gymnasiums im Zeitalter des Barock. Der ›Politicus‹ als Bildungsideal (Marb. Pädagog. Stud. 5), Weinheim/Bergstraße 1966

Horn-Oncken, A.: Über das Schickliche. Studien zur Geschichte der Architekturtheorie. I. (Abh. Göttingen, Phil.-hist. Kl., 3. Folge, Nr. 70), Göttingen 1967

Horning, W.: Der Strassburger Universitäts-Professor, Münsterprediger und Präsident des Kirchenkonvents Dr. Johann Conrad Dannhauer, Strassburg 1883

Howald, E.: Friedrich Nietzsche und die klassische Philologie, Gotha 1920

- Der Dichter Kallimachos von Kyrene, Erlenbach–Zürich 1943

Howell, W. S.: Ramus and English rhetoric: 1574–1681, QJS 37, 1951, S. 299ff.

- Logic and rhetoric in England, 1500–1700, New York 1961

Howes, F. (Hrsg.): Historical studies of rhetoric and rhetoricians, Ithaca/N.Y. 1961

Huber, H.: Goethe in Regensburg, Oberpfalz 25, 1931, S. 132ff.

Hübscher, A.: Barock als Gestaltung antithetischen Lebensgefühls, Euphorion 24, 1922, S. 517ff. u. 759ff.

Huizinga, J.: Europäischer Humanismus: Erasmus (rde. 78), Hamburg 1958

- Homo Ludens. Vom Ursprung der Kultur im Spiel (rde. 21), Reinbek 1966

Hultberg, H.: Die Kunstauffassung Nietzsches, Bergen u. Oslo 1964

Ijsewijn, J.: De studie van de neolatijnse letterkunde: resultaten en opgaven (Handelingen XVII der Koninglijke Zuidnederlandse Maatschappij voor Taalen Letterkunde en Geschiedenis), Brüssel 1963

- De studie van de neolatijnse letterkunde: bibliografisch supplement (Handelingen XIX ...), Brüssel 1965

Ingen, F. van: Vanitas und Memento mori in der deutschen Barocklyrik, Groningen 1966 (›van Ingen‹)

Iser, W.: Manieristische Metaphorik in der englischen Dichtung, GRM 41, 1960, S. 266ff.

Jacobsen, E.: Christian Weise und Seneca, Orbis Litterarum 8, 1950, S. 355ff.

Jacquot, J.: ›Le théâtre du monde‹ de Shakespeare à Calderón, RLC 31, 1957, S. 341ff.

Jäger, F.: Das antike Propemptikon und das 17. Gedicht des Paulinus von Nola, Diss. München 1913

Jansen, H.: Die Grundbegriffe des Baltasar Gracián (Kölner romanist. Arb., N.F. 9), Genève u. Paris 1958

Jansen, J.: Patriotismus und Nationalethos in den Flugschriften des 30jährigen Krieges, Diss. Köln 1964

Janssen, W.: Die Anfänge des modernen Völkerrechts und der neuzeitlichen Diplomatie. Ein Forschungsbericht, DVjs 38, 1964, S. 450ff. u. 581ff.

Jens, W.: Von deutscher Rede, München 1969

Joachimsen, P.: Aus der Vorgeschichte des ›Formulare und Deutsch Rhetorica‹, ZfdA 37, 1893, S. 24ff.

– Loci communes. Eine Untersuchung zur Geistesgeschichte des Humanismus und der Reformation, Jb. d. Luther-Ges. 8, 1926, S. 27ff.

Jöns, D. W.: Das ›Sinnen-Bild‹. Studien zur allegorischen Bildlichkeit bei Andreas Gryphius (Germanist. Abh. 13), Stuttgart 1966

Jugler, J. F.: Beyträge zur juristischen Biographie, Bd. 3, Leipzig 1777

Juhnke, S.: Bidermanns ›Cenodoxus‹ 1617 in Ingolstadt. Eine Studie zur Publizistik der frühen Jesuitenbühne, Diss. Berlin (FU) 1957

Jundt, A.: Die dramatischen Aufführungen im Gymnasium zu Straßburg. Ein Beitrag zur Geschichte des Schuldramas im XVI. und XVII. Jahrhundert, Progr. Straßburg 1881

Kaemmel, O.: Christian Weise. Ein sächsischer Gymnasialrektor aus der Reformzeit des 17. Jahrhunderts, Leipzig 1897

Kaiser, G. (Hrsg.): Die Dramen des Andreas Gryphius. Eine Sammlung von Einzelinterpretationen, Stuttgart 1968

Kappes, E.: Novellistische Struktur bei Harsdörffer und Grimmelshausen unter besonderer Berücksichtigung des Großen Schauplatzes Lust- und Lehrreicher Geschichte und des Wunderbarlichen Vogelnestes, Diss. Bonn 1954

Kassel, R.: Untersuchungen zur griechischen und römischen Konsolationsliteratur (Zetemata. 18), München 1958

Kaufmann, G.: Geschichte der deutschen Universitäten. Bd. 2: Entstehung und Entwicklung der deutschen Universitäten bis zum Ausgang des Mittelalters, Stuttgart 1896 (Nachdr. Graz 1958)

Kayser, W.: Die Klangmalerei bei Harsdörffer. Ein Beitrag zur Geschichte der Literatur, Poetik und Sprachgeschichte der Barockzeit (Palaestra. 179), Leipzig 1932 (Nachdr. Göttingen 1962); Kap. 2 ›Der rhetorische Grundzug von Harsdörffers Zeit und die gattungsgebundene Haltung‹ auch abgedruckt in: Deutsche Barockforschung, S. 324ff.

– Lohensteins ›Sophonisbe‹ als geschichtliche Tragödie, GRM 29, 1941, S. 20ff.

– Goethe und das Spiel, in: Kunst und Spiel. Fünf Goethe-Studien (Kl. Vandenhoeck-R. 128/9), Göttingen 1961, S. 30ff.

Kehrbach, K.: Kurzgefaßter Plan der Monumenta Germaniae Paedagogica, Berlin o. J.

Kelso, R.: Doctrine for the lady of the Renaissance, Urbana/Ill. 1956

Kennedy, G.: The art of persuasion in Greece, Princeton/N. J. 1963

Kern, M.: Daniel Georg Morhof, Diss. Freiburg i. B. 1928

Kettler, H. K.: Baroque tradition in the literature of the German Enlightenment 1700–1750. Studies in the determination of a literary period, Cambridge 1943

Keuler, J.: Johann Valentin Andreae als Pädagog, Diss. Tübingen 1931

Kieslich, G.: Auf dem Wege zur Zeitschrift. G. Ph. Harsdörffers ›Frauenzimmer Gesprechsspiele‹ (1641–1649), Publizistik 10, 1965, S. 515ff.

Kindermann, H.: Theatergeschichte Europas, 3. Bd.: Das Theater der Barockzeit, Salzburg 1959

Kindig, W.: Franz Lang. Ein Jesuitendramatiker des Spätbarock, Diss. Graz 1966

Kink, R.: Geschichte der kaiserlichen Universität zu Wien, 2 Bde., Wien 1854

Kitzhaber, A. R.: A bibliography on rhetoric in American colleges: 1850–1900, Denver/Color. 1954

Klein, U.: ›Gold‹- und ›Silber‹-Latein, Arcadia 2, 1967, S. 248ff.

Klesczewski, R.: Die französischen Übersetzungen des Cortegiano von Baldassare Castiglione ... (Annal. Univ. Sarav., R.: Philos. Fak. 7), Heidelberg 1966

Klüpfel, K.: Geschichte und Beschreibung der Universität Tübingen, Tübingen 1849

Kober, A. H.: Prokop von Templin, Euphorion 21, 1914, S. 520ff. 702ff. u. 27, 1920, S. 23ff. 268ff.

Koberstein, A.: Grundriss der Geschichte der deutschen Nationalliteratur, umgearb. v. K. Bartsch, Bd. 2, Leipzig ⁵1872

Koch, H.: Deutsche Vorlesungen an der Thüringischen Landesuniversität im Jahre 1679, in: Das Thüringer Fähnlein. Monatshefte f. mitteldt. Heimat 4, 1935, S. 323ff.

Koch, L.: Philipp Melanchthons Schola privata, Gotha 1859

Koch, L.: Jesuiten-Lexikon. Die Gesellschaft Jesu einst und jetzt, Paderborn 1934 (Nachdr. Löwen–Heverlee 1962)

Kölmel A. F.: Johannes Riemer 1648–1714, Diss. Heidelberg 1914

Körner, J.: Barocke Barockforschung, HZ 133, 1926, S. 455ff.

Kohlschmidt, W.: Geschichte der deutschen Literatur vom Barock bis zur Klassik (Geschichte der deutschen Literatur von den Anfängen bis zur Gegenwart. 2), Stuttgart 1966

Koldewey, F.: Geschichte der klassischen Philologie an der Universität Helmstedt, Braunschweig 1895

Kolitz, K.: Johann Christian Hallmanns Dramen. Ein Beitrag zur Geschichte des deutschen Dramas in der Barockzeit, Diss. München 1911

Korn, A.: Das rhetorische Element in den Predigten Taulers, Diss. Münster 1927

Korte, G.: P. Christian Brez O. F. M. Ein Beitrag zur Erforschung des Barockschrifttums (Franziskan. Forschungen. 1), Werl i. W. 1935

Koschlig, M.: ›Edler Herr von Grimmelshausen‹. Neue Funde zur Selbstdeutung des Dichters, Jb. d. Dt. Schiller-Ges. 4, 1960, S. 198ff.

– Der Mythos vom ›Bauernpoeten‹ Grimmelshausen, Jb. d. Dt. Schillerges. 9, 1965, S. 33ff.

– ›Der Wahn betreügt‹. Zur Entstehung des Barock-Simplicissimus, Neophilologus 50, 1966, S. 324ff.

Kozielek, G.: Aus dem handschriftlichen Nachlaß Christoph Kölers, Euphorion 52, 1958, S. 303ff.

– Die Lyrik des Opitzschülers Christoph Köler, Germanica Wratislaviensia 3, 1960, S. 157ff.

Krabbe, O.: Die Universität Rostock im fünfzehnten und sechzehnten Jahrhundert, 2 Tle., Rostock 1854

Kraus, A.: Bürgerlicher Geist und Wissenschaft. Wissenschaftliches Leben im Zeitalter des Barocks und der Aufklärung in Augsburg, Regensburg und Nürnberg, Arch. f. Kulturgesch. 49, 1967, S. 340ff.

Krause, W.: Die Stellung der frühchristlichen Autoren zur heidnischen Literatur, Wien 1958

Krauss, W.: Graciáns Lebenslehre, Frankfurt a. M. 1947

Kroll, W.: Studien zum Verständnis der römischen Literatur, Stuttgart 1924 (Nachdr. 1964)

– Das Epicheirema (SB Wien, Phil.-hist. Kl. 216/2), Wien 1936

– Artikel ›Rhetorik‹, RE, Suppl. VII, Sp. 1039ff.

Krüger, G. T. A.: Die dramatischen Aufführungen auf dem ehemaligen Martineum zu Braunschweig, Progr. Braunschweig 1862

Krummacher, H.-H.: Andreas Gryphius und Johann Arndt. Zum Verständnis der ›Sonn- und Feiertags-Sonette‹, in: Formenwandel. Festschr. f. P. Böckmann, Hamburg 1964, S. 116ff.

Die Kunstformen des Barockzeitalters, Vierzehn Vorträge. Hrsg. v. R. Stamm (Sammlg. Dalp. 82), Bern 1956

Kytzler, B.: ›Manierismus‹ in der klassischen Antike?, Colloquia Germanica 1, 1967, S. 2ff.

Laas, E.: Die Pädagogik des Johannes Sturm, Berlin 1872

Lang, R. A.: The teaching of rhetoric in French Jesuit colleges, 1556–1762, Speech Monographs 19, 1952, S. 286ff.

– Rhetoric at the University of Paris, 1550–1789, Speech Monographs 23, 1956, S. 216ff.

Lange, K.-P.: Theoretiker des literarischen Manierismus. Tesauros und Pellegrinis Lehre von der ›acutezza‹ oder von der Macht der Sprache (Humanist. Bibl., R. 1: Abh. 4), München 1968

Langen, A.: Dialogisches Spiel. Formen und Wandlungen des Wechselgesangs in der deutschen Dichtung (1600–1900) (Annal. Univ. Sarav., R.: Philos. Fak. 5), Heidelberg 1966

Laporte, L.: Lohensteins Arminius. Ein Dokument des deutschen Literaturbarock (Germ. Stud. 48), Berlin 1927

Lausberg, H.: Handbuch der literarischen Rhetorik. Eine Grundlegung der Literaturwissenschaft, 2 Bde., München 1960 (›Lausberg‹)

– Elemente der literarischen Rhetorik. Eine Einführung für Studierende der klassischen, romanischen, englischen und deutschen Philologie, München ²1963

– Artikel ›Rhetorik‹, in: Das Fischer Lexikon. Literatur 2/2, S. 474ff.

Laverrenz, C.: Die Medaillen und Gedächtniszeichen der deutschen Hochschulen. Ein Beitrag zur Geschichte aller seit dem XIV. Jahrhundert in Deutschland errichteten Universitäten, 1. Teil, Berlin 1885

Lazarowicz, K.: Verkehrte Welt. Vorstudien zu einer Geschichte der deutschen Satire (Hermaea, N.F. 15), Tübingen 1963

Leake, R. E.: The relationship of two Ramist rhetorics: Omer Talon's ›Rhetorica‹ and Antoine Fouquelin's ›Rhétorique Francoise‹, Bibl. d'Human. et Renaiss. 30, 1968, S. 85ff.

Le Hir, Y.: Rhétorique et stylistique de la Pléiade au Parnasse, Paris 1960

Lemcke, C.: Von Opitz bis Klopstock (Geschichte der deutschen Dichtung neuerer Zeit. 1), Leipzig 1871

Leo, F.: Die römische Literatur des Altertums (Kultur d. Gegenw. I 8), Berlin u. Leipzig 1905

Lesky, A.: Geschichte der griechischen Literatur, Bern u. München ²1963

Leube, H.: Calvinismus und Luthertum, Bd. 1, Leipzig 1928

– Der Jesuitenorden und die Anfänge nationaler Kultur in Frankreich, Leipzig 1935

Levy, H. L.: Themes of encomium and invective in Claudian, TAPhA 89, 1958, S. 336ff.

Levy, R.: Martial und die deutsche Epigrammatik des siebzehnten Jahrhunderts, Diss. Heidelberg 1903

Lewalter, E.: Spanisch-jesuitische und deutsch-lutherische Metaphysik des 17. Jahrhunderts, Hamburg 1935

Lhotsky, A.: Die Wiener Artistenfakultät 1365–1497 (SB Wien, Phil.-hist. Kl. 247/2), Graz 1965

Linn, M.-L.: Studien zur deutschen Rhetorik und Stilistik im 19. Jahrhundert (Marb. Beitr. z. Germanistik. 4), Marburg 1963

– A. G. Baumgartens ›Aesthetica‹ und die antike Rhetorik, DVjs 41, 1967, S. 424ff.

Ljungerud, I.: Ehren-Rettung M. Simonis Dachii, Euphorion 61, 1967, S. 36ff.

Löhneysen, H.-W. von: Artikel ›Barock/ Barocke Kunst‹ in: Goethe-Handbuch. Hrsg. v. A. Zastrau, Bd. 1, Stuttgart ²1961, Sp. 767ff.

Löwith, K.: Nietzsches Philosophie der ewigen Wiederkunft des Gleichen, Stuttgart 1956

Loos, E.: Baldassare Castigliones ›Libro del Cortegiano‹. Studien zur Tugendauffassung des Cinquecento (Analecta Romanica. 2), Frankfurt a. M. 1955

Lotze, E.: Veit Ludwig von Seckendorff, Diss. Erlangen 1911

Lücke, J.: Beiträge zur Geschichte der genera dicendi und genera compositionis, Diss. Hamburg 1952

Lunding, E.: Das schlesische Kunstdrama. Eine Darstellung und Deutung, København 1940

– Stand und Aufgaben der deutschen Barockforschung, Orbis Litterarum 8, 1950, S. 27ff.

– Die deutsche Barockforschung. Ergebnisse und Probleme, WW 2, 1951/52, S. 298ff.

Maassen, J.: Drama und Theater der Humanistenschulen in Deutschland (Schriften z. dt. Lit. 13), Augsburg 1929

Maché, U.: Zesens Hoch-Deutscher Helikon. Poetik zwischen Opitz und Gottsched, Diss. Princeton 1963 (Vgl. das Selbstreferat: Germanistik 6, 1965, S. 299)

– Die Überwindung des Amadisromans durch Andreas Heinrich Bucholtz, ZfdPh 85, 1966, S. 542ff.

– Zesen als Poetiker, DVjs 41, 1967, S. 391ff.

Maehler, H.: Die Auffassung des Dichterberufs im frühen Griechentum bis zur Zeit Pindars (Hypomnemata. 3), Göttingen 1963

Maggioni, J.: The ›Pensées‹ of Pascal. A study in baroque style, Washington 1950

Mahler, B.: Die Leibesübungen in den Ritterakademien, Diss. Erlangen 1921

Maier, H.: Die Lehre der Politik an den deutschen Universitäten vornehmlich vom 16. bis 18. Jahrhundert, in: Wissenschaftliche Politik. Eine Einführung in Grundfragen ihrer Tradition und Theorie. Hrsg. v. D. Oberndörfer (Freib. Stud. z. Politik u. Soziol.), Freiburg i. B. 1962, S. 59ff.

Mainusch, H.: Dichtung als Nachahmung. Ein Beitrag zum Verständnis der Renaissancepoetik, GRM, N.F. 10, 1960, S. 122ff.

Majut, R.: Lebensbühne und Marionette. Ein Beitrag zur seelengeschichtlichen Entwicklung von der Geniezeit bis zum Biedermeier (Germ. Stud. 100), Berlin 1931

Maldonado, F.: Gracián como pesimista y político, Salamanca 1916

Manheimer, V.: Die Lyrik des Andreas Gryphius. Studien und Materialien, Berlin 1904

Manierismo, barocco, rococò: Concetti e termini. Convegno internazionale – Roma 21–24 Aprile 1960. Relazioni e discussioni (Accad. Naz. dei Lincei, Anno 359–1962, Quad. 52. Problemi attuali di scienza e di cultura), Roma 1962

Mannack, E.: Andreas Gryphius (Sammlg. Metzler. 76), Stuttgart 1968

Markwardt, B.: Geschichte der deutschen Poetik. Bd. 1: Barock und Frühaufklärung (Grundr. d. germ. Philol. 13/1), Berlin ³1964 (›Markwardt‹)

Martens, W.: Die Botschaft der Tugend. Die Aufklärung im Spiegel der deutschen Moralischen Wochenschriften, Stuttgart 1968

Martin, A. von: Nietzsche und Burckhardt. Zwei geistige Welten im Dialog, München u. Basel ⁴1947

Matthias, A.: Geschichte des deutschen Unterrichts, München 1907

Maurer, F.: Abraham a Sancta Claras ›Huy! und Pfuy! Der Welt.‹ Eine Studie zur Geschichte des moralpädagogischen Bilderbuches im Barock (Anthropologie u. Erziehg. 23), Heidelberg 1968

Meid, V.: Zesens Romankunst, Diss. Frankfurt a. M. 1965

– Sprichwort und Predigt im Barock. Zu einem Erbauungsbuch Valerius Herbergers, Zs. f. Volkskunde 62, 1966, S. 209ff.

Meier, W.: Der Hofmeister in der deutschen Literatur des 18. Jahrhunderts, Diss. Zürich 1938

Meier-Lefhalm, E.: Das Verhältnis von mystischer Innerlichkeit und rhetorischer Darstellung bei Angelus Silesius, Diss. Heidelberg 1958

Meinecke, F.: Die Idee der Staatsräson in der neueren Geschichte. Hrsg. u. eingel. v. W. Hofer (Werke. 1), München ³1963

Menéndez y Pelayo, M.: Estudio sobre Castiglione y el Cortesano, Rev. de Filol. Española 25, 1942, S. VII ff.

Merkel, G.: Artikel ›Predigt/Rede‹, in: das Fischer Lexikon. Literatur 2/2, S. 442ff.

Merkel, H.-U.: Maske und Identität in Grimmelshausens ›Simplicissimus‹, Diss. Tübingen 1964

Mertz, G.: Die Pädagogik der Jesuiten nach den Quellen von der Ältesten bis in die neueste Zeit, Heidelberg 1898

– Über Stellung und Betrieb der Rhetorik in den Schulen der Jesuiten, mit besonderer Berücksichtigung der Abhängigkeit von [sic!] Auctor ad Herennium, Heidelberg 1898

– Das Schulwesen der deutschen Reformation im 16. Jahrhundert, Heidelberg 1902

Metzger, E. M.: Zum Problem ›höfisch-antihöfisch‹ bei Hans Aßmann Freiherr von Abschatz, Diss. Buffalo/N. Y. 1967 (DA 28, 1967, S. 1823 A)

Meyer, G.: Die Entwicklung der Straßburger Universität aus dem Gymnasium und der Akademie des Johann Sturm, Heidelberg 1926

Meyer, Heinr.: Der deutsche Schäferroman des 17. Jahrhunderts, Diss. Freiburg i. B. 1928

Meyer, Herm.: Schillers philosophische Rhetorik (1959), in: Zarte Empirie. Studien zur Literaturgeschichte, Stuttgart 1963, S. 337ff.

Meyer, L.: Luthers Stellung zur Sprache, Diss. Hamburg 1930

Michelsen, P.: Zur Frage der Verfasserschaft des ›Peter Squentz‹, Euphorion 63, 1969, S. 54ff.

Migliorini, B.: Etimologia e storia del termine ›barocco‹, in: Manierismo, barocco, rococò, S. 39ff.

Milch, W.: Deutsches Literaturbarock. Der Stand der Forschung, GQ 13, 1940, S. 131ff.

Minor, J.: Einleitung zum ›Speculum vitae humanae‹ (1584) des Erzherzogs Ferdinand II von Tirol (NdL. 79/80), Halle 1889, S. III ff.

Mitchell, J. F.: Consolatory letters in Basil and Gregory Nazianzen, Hermes 96, 1968, S. 299ff.

Mitrovich, M.: Deutsche Reisende und Reiseberichte im 17. Jahrhundert. Ein kultur-historischer Beitrag, Diss. Urbana/Ill. 1963 (DA 24, 1963, S. 2038)

Möller, R.: Geschichte des Altstädtischen Gymnasiums zu Königsberg i. Pr., 8 Stücke, Progr. Königsberg 1847–84 (›Möller‹)

Montano, R.: Metaphysical and verbal arguzia and the essence of the Baroque, Colloquia Germanica 1, 1967, S. 49ff.

Monumenta Germaniae Paedagogica, Bd. I ff., Berlin 1891ff. (›MGPaed.‹)

Moog, W.: Geschichte der Pädagogik, 2. Bd.: Die Pädagogik der Neuzeit von der Renaissance bis zum Ende des 17. Jahrhunderts, Osterwieck u. Leipzig 1928

Morel-Fatio, A.: Gracián interprété par Schopenhauer, Bulletin hispanique 12, 1910, S. 377ff.

Müller, C.: Beiträge zum Leben und Dichten Daniel Caspers von Lohenstein (Germanist. Abh. 1), Breslau 1882

Müller, G.: Geschichte des deutschen Liedes vom Zeitalter des Barock bis zur Gegenwart, München 1925 (Nachdr. Darmstadt 1959)

– Deutsche Dichtung von der Renaissance bis zum Ausgang des Barock (Handb. d. Lit.wiss. 3), Potsdam 1926–28 (Nachdr. Darmstadt 1957)

– Höfische Kultur der Barockzeit, in: H. Naumann u. G. Müller, Höfische Kultur (DVjs, Buchreihe. 17), Halle 1929, S. 79ff.; der Schlußteil des Beitrags (S. 126ff.) ist abgedruckt in: Deutsche Barockforschung, S. 182ff.

– Barockromane und Barockroman, Lit.wiss. Jb. d. Görres-Ges. 4, 1929, S. 1ff.

Müller, H. von: Bibliographie der Schriften Daniel Caspers von Lohenstein, 1652–1748, in: Werden und Wirken. Festschr. f. K. W. Hiersemann, Leipzig u. Berlin 1924, S. 184ff.

Müller, J.: Quellenschriften und Geschichte des deutschsprachigen Unterrichts bis zur Mitte des 16. Jahrhunderts, Gotha 1882

– Vor- und frühreformatorische Schulordnungen in deutscher und niederländischer Sprache, Abt. 2 (Sammlg. selten gewordener pädagog. Schriften. 13), Zschopau 1886

(–) Das Jesuitendrama in den Ländern deutscher Zunge vom Anfang (1555) bis zum Hochbarock (1665), 2 Bde. (Schriften z. dt. Lit. 7 u. 8), Augsburg 1930

Müller, M. H.: ›Parodia christiana‹. Studien zu Jacob Baldes Odendichtung, Diss. Zürich 1964

Müller-Schwefe, G.: The European approach to Baroque, Philol. Quart. 45, 1966, S. 419ff.

Munteano, B.: L'Abbé Du Bos esthéticien de la persuasion passionelle, RLC 30, 1956, S. 318ff.

– Principies et structures rhétoriques, RLC 31, 1957, S. 388ff.

– Humanisme et rhétorique. La survie littéraire des rhéteurs anciens, Rev. d'Hist. Litt. de la France 58, 1958, S. 145ff.

Murphy, J. J.: The earliest teaching of rhetoric at Oxford, Speech Monographs 27, 1960, S. 345ff.

Nadeau, R.: Delivery in ancient times: Homer to Quintilian, QJS 50, 1964, S. 53ff.

Nelson, L.: Baroque lyric poetry, New Haven and London 1961

Nelson, R.: Play within a play, New Haven 1958

Nessler, N.: Dramaturgie der Jesuiten. Pontanus, Donatus, Masenius, Progr. Brixen 1905

Neumann, C. W.: Goethe in Regensburg, Arch. f. Litt.gesch. 4, 1875, S. 185ff.

Neumann, F.: Der Hofmeister. Ein Beitrag zur Geschichte der Erziehung im achtzehnten Jahrhundert, Diss. Halle 1930

Neuß, F. J.: Strukturprobleme der Barockdramatik (Andreas Gryphius und Christian Weise), Diss. München 1955

Neveux, J. B.: Un ›Parfait secrétaire‹ du XVIIe siècle: ›Der Teutsche Secretarius‹ (1655), EG 19, 1964, S. 511ff.

Newald, R.: Die deutsche Literatur vom Späthumanismus zur Empfindsamkeit 1570–1750 (in: H. de Boor u. R. Newald, Geschichte der deutschen Literatur von den Anfängen bis zur Gegenwart. 5), München ⁴1963 (›Newald‹)

Nickisch, R. M. G.: Die Stilprinzipien in den deutschen Briefstellern des 17. Jahrhunderts (Palaestra. 254), Göttingen 1969

Niemann, G.: Die Dialogliteratur der Reformationszeit nach ihrer Entstehung und Entwicklung, Diss. Leipzig 1905

Norden, E.: Die antike Kunstprosa, 2 Bde., Leipzig ²1909 (Nachdr. Darmstadt 1958)

– Die römische Literatur, Leipzig ⁵1954

Ochse, H.: Studien zur Metaphorik Calderóns (Freib. Schriften z. roman. Pilol. 1), München 1967

Oestreich, G.: Justus Lipsius als Theoretiker des neuzeitlichen Machtstaates, HZ 181, 1956, S. 31ff.

Ong, W. J.: Ramus, method, and the decay of dialogue: from the art of discourse to the art of reason, Cambridge/Mass. 1958

– Ramus and Talon inventory: a short-title inventory of the published works of Peter Ramus (1515–1572) and of Omer Talon (ca. 1510–1562) in their original and in their variously altered forms with related material, Cambridge/ Mass. 1958

– Fouquelin's French rhetoric and the Ramist vernacular tradition, Stud. in Philol. 51, 1954, S. 127ff.

– Ramus et le monde Anglo-Saxon d'aujourd'hui, RLC 28, 1954, S. 57ff.

Ors, E. d': Du baroque, Paris 1935

Ott, H.: Das Verhältnis Publizistik und Rhetorik dargestellt am Beispiel der Predigten Abrahams a Sancta Clara, Diss. Wien 1960

Otto, G. F.: Lexikon der seit dem funfzehenden Jahrhunderte verstorbenen und jeztlebenden Oberlausizischen Schriftsteller und Künstler ..., 3 Bde., Görlitz 1800–1803

Ovidiana. Recherches sur Ovide publiées à l'occasion du bimillénaire de la naissance du poète. Ed. N.I. Herescu, Paris 1958

Pahner, R.: Veit Ludwig von Seckendorff und seine Gedanken über Erziehung und Unterricht, Diss. Leipzig 1892

Palm, H.: Einleitung zu: Gryphius' Werke (DNL. 29), Stuttgart o. J. 1883, S. 2ff.
– Das deutsche Drama in Schlesien bis auf Gryphius, in: Beiträge zur Geschichte der deutschen Literatur des XVI. und XVII. Jahrhunderts, Breslau 1877, S. 119ff.

Pannenborg, A.: Zur Geschichte des Göttinger Gymnasiums, Progr. Göttingen 1886

Paratore, E.: L'influenza della letteratura latina da Ovidio ad Apuleio nell'età del manierismo e del barocco, in: Manierismo, barocco, rococò, S. 239ff.

Pascal, R.: German literature in the sixteenth and seventeenth centuries. Renaissance – Reformation – Baroque (Introductions to German literature. 2), London 1968

Paul, E.: Die Beurteilung des Barock von Winckelmann bis Burckhardt, Diss. Leipzig 1956

Paulsen, F.: Geschichte des gelehrten Unterrichts auf den deutschen Schulen und Universitäten vom Ausgang des Mittelalters bis zur Gegenwart. Mit besonderer Rücksicht auf den klassischen Unterricht. 3., erw. Aufl. Hrsg. ... v. R. Lehmann, 2 Bde., Leipzig bzw. Berlin u. Leipzig 1919/21 (Nachdr. Berlin 1960) (›Paulsen 1 u. 2‹)

Peter, K.: Der Humor in den niederdeutschen Dichtungen Johann Laurembergs (Mitteldt. Forschungen. 47), Köln u. Graz 1967

Petzsch, C.: Einschränkendes zum Geltungsbereich von ›Gesellschaftslied‹, Euphorion 61, 1967, S. 342ff.

Pfanner, H.: Das dramatische Werk Simon Rettenpachers, Diss. Innsbruck 1954

Pfeil, L.: Gottfried Wilhelm Sacer's ›Reime dich, oder ich fresse dich ... Northausen 1673‹, Diss. Heidelberg 1914

Piel, F.: Zum Problem des Manierismus in der Kunstgeschichte, Lit.wiss. Jb. d. Görres-Ges., N.F. 2, 1961, S. 207ff.

Platel, M.: Vom Volkslied zum Gesellschaftslied, Bern 1939

Pliester, H.: Die Worthäufung im Barock (Mnemosyne. 7), Bonn 1930

Powell, H.: Andreas Gryphius and the ›New Philosophy‹, GLL, N.S. 5, 1951/52, S. 274ff.

Prantl, C.: Geschichte der Ludwigs-Maximilians-Universität in Ingolstadt, Landshut, München, 2 Bde., München 1872

Praz, M.: Studies in the seventeenth-century imagery, Part 1 (Stud. of the Warburg Inst. 3), London 1939

Pütz, P.: Friedrich Nietzsche (Sammlg. Metzler. 62), Stuttgart 1967

Pyritz, H.: Paul Flemings deutsche Liebeslyrik (Palaestra. 234), Göttingen ²1963

Quadlbauer, F.: Die antike Theorie der genera dicendi im lateinischen Mittelalter (SB Wien, Phil.-hist. Kl. 241/2), Wien 1962

Rabe, H.: Aus Rhetoren-Handschriften. 9. Griechische Briefsteller. Rhein. Mus. f. Philol., N.F. 64, 1909, S. 284ff.

Rach, A.: Biographien zur deutschen Erziehungsgeschichte, Weinheim u. Berlin 1968

Rahner, H.: Ignatius von Loyola und das geschichtliche Werden seiner Frömmigkeit, Graz ²1949

Raimondi, E. (Hrsg.): Trattatisti e narratori del seicento, Milano–Napoli 1960
– Per la nozione di manierismo letterario (Il problema del manierismo nelle letterature europee), in: Manierismo, barocco, rococò, S. 57ff.

Rauhe, H.: Dichtung und Musik im weltlichen Vokalwerk Johann Herman Scheins. Stilistische und kompositionstechnische Untersuchungen zum Wort-Ton-Verhältnis im Lichte der rhetorisch ausgerichteten Sprach- und Musiktheorie des 17. Jahrhunderts, Diss. Hamburg 1960

Reble, A.: Geschichte der Pädagogik, Stuttgart ⁵1960

Rehm, W.: Heinrich Wölfflin als Literaturhistoriker (SB München, Phil.-hist. Kl. 1960/9), München 1960

Reich, G.: Quaestiones progymnasmaticae, Diss. Leipzig 1909

Reichel, E.: Gottsched, 2 Bde., Berlin 1908/12

Reichert, E. O.: Johannes Scheffler als Streittheologe. Dargestellt an den konfessionspolemischen Traktaten der ›Ecclesiologia‹, Gütersloh 1967

Reichert, G.: Artikel ›Kaldenbach‹, MGG 7, 1958, Sp. 436ff.

Reiff, A.: Interpretatio, imitatio, aemulatio. Begriff und Vorstellung literarischer Abhängigkeit bei den Römern, Diss. Würzburg 1959

Reinhardstöttner, K. von: Plautus. Spätere Bearbeitungen plautinischer Lustspiele, Leipzig 1886
– Die erste deutsche Übersetzung von B. Castigliones Cortegiano, Jb. f. Münchner Gesch. 3, 1889, S. 53ff.
– Zur Geschichte des Jesuitendramas in München, Jb. f. Münchner Gesch. 3, 1889, S. 259ff.

Retorica e Barocco. Atti del III Congresso Internazionale di Studi Umanistici Venezia 15–18 giugno 1954, a cura di E. Castelli, Roma 1955

Reyscher, A. L. (Hrsg.): Vollständige, historisch und kritisch bearbeitete Sammlung der württembergischen Gesetze XI 2. Enthaltend die Gesetze für die Mittel- und Fachschulen, Tübingen 1847

Richter, L.: Das Zittauer Gymnasium als Mittler tschechisch-slowakisch-deutscher Wissenschafts- und Kulturbeziehungen in der Periode des Wirkens von Christian Weise und Christian Pescheck 1678–1744, Diss. Berlin (HU) 1963

Rieck, W.: Schaubühne kontra Kanzel. Die Verteidigung des Theaters durch die Veltheimin, FuF 39, 1965, S. 50ff.

Ried, P. E.: The Boylston Chair of Rhetoric and Oratory, in: L. Crocker – P. A. Carmack (ed.), Readings in rhetoric, Springfield/Ill. 1965, S. 456ff.

Ries, K.: Isokrates und Platon im Ringen um die Philosophie, Diss. München 1959

Righter, A.: Shakespeare and the idea of the play, London ²1964

Rioux, G.: L'oeuvre pédagogique de Wolfgang Ratke (1571–1635), Paris 1963

Risse, W.: Georg Philipp Harsdörffer und die humanistische Tradition, in: Worte und Werte. Festschr. f. B. Markwardt, Berlin 1961, S. 334ff.

Ristow, B.: Artikel ›Komplimentierbuch‹, RL ²I, S. 879ff.

Ritter, G.: Die Dämonie der Macht. Betrachtungen über Geschichte und Wesen des Machtproblems im politischen Denken der Neuzeit, Stuttgart [5]1947

Rockinger, L.: Briefsteller und formelbücher des eilften bis vierzehnten jahrhunderts, 2 Abtlg.en (Quellen z. bayr. u. dt. Gesch. 9), München 1863/64 (Nachdr. New York 1961)

Roloff, H.-G.: Artikel ›Neulateinisches Drama‹, RL [2]II, S. 645ff.

Rosalsky, R.: Geschichte des akademischen Gymnasiums zu Weissenfels, Progr. Weissenfels 1873

Rosenfeld, E.: Theologischer Prozeß. Die Rinteler Hexentrostschrift – ein Werk von Friedrich von Spee, DVjs 29, 1955, S. 37ff.

Roseno, A.: Die Entwicklung der Brieftheorie von 1655–1709 (Dargestellt an Hand der Briefsteller von Georg Philipp Harsdörfer, Kaspar Stieler, Christian Weise und Benjamin Neukirch), Diss. Köln 1933

Rosenthal, P.: Die ›Erudition‹ in den Jesuitenschulen, Diss. Erlangen 1905

Rossi, P.: Ramismo, logica, retorica nei secoli XVI e XVII, Riv. Crit. di Stor. della Filos. 12, 1957, S. 357ff.

Rotermund, E.: Christian Hofmann von Hofmannswaldau (Sammlg. Metzler. 29), Stuttgart 1963

Roth, F.: Literatur über Leichenpredigten und Personalschriften (Schrifttumberichte z. Genealogie u. z. ihren Nachbargebieten. 12), Neustadt 1959

Rothe, A.: Quevedo und Seneca. Untersuchungen zu den Frühschriften Quevedos (Kölner romanist. Arb., N.F. 31), Genève u. Paris 1965

Rousset, J.: La littérature de l'âge baroque en France. Circé et le paon, Paris 1963

Rouveyre, A.: Pages caractéristiques de Baltasar Gracián, Paris 1925

Ruckensteiner, C.: Simon Dachs Freundschafts- und Gelegenheitsdichtung, Diss. Innsbruck 1957

Rüdiger, H.: Pura et illustris brevitas, in: Konkrete Vernunft. Festschr. f. E. Rothacker, Bonn 1958, S. 345ff.

– Göttin Gelegenheit. Gestaltwandel einer Allegorie, Arcadia 1, 1966, S. 121ff.

Rüegg, A.: Rez. Lausberg, Handbuch der literarischen Rhetorik, ZfrPh 77, 1961, S. 550f.

Rütsch, J.: Das dramatische Ich im deutschen Barock-Theater (Wege z. Dichtg. 12), Horgen–Zürich u. Leipzig 1932

Rystad, G.: Kriegsnachrichten und Propaganda während des Dreißigjährigen Krieges. Die Schlacht bei Nördlingen in den gleichzeitigen, gedruckten Kriegsberichten, Lund 1960

Salin, E.: Jakob Burckhardt und Nietzsche, Heidelberg [2]1948

Salm, P.: Oskar Walzel and the notion of reciprocal illumination in the arts, GR 36, 1961, S. 110ff.

Saunders, J. L.: Justus Lipsius. The philosophy of Renaissance stoicism, New York 1955

Schadewaldt, W.: Sappho, Potsdam 1950

Schaefer, K.: Das Gesellschaftsbild in den dichterischen Werken Christian Weises, Diss. Berlin (HU) 1960

Schaller, K.: Die Pädagogik des Johann Amos Comenius und die Anfänge des pädagogischen Realismus im 17. Jahrhundert (Pädagog. Forschungen. 21), Heidelberg 1962

Scheid, N.: Der Jesuit Jakob Masen, ein Schulmann und Schriftsteller des 17. Jahrhunderts (Vereinsschriften d. Görres-Ges. 1898/1), Köln 1898

– Pater Franciscus Langs Büchlein über die Schauspielkunst, Euphorion 8, 1901, S. 57ff.

– Das lateinische Jesuitendrama im deutschen Sprachgebiet, Lit.wiss. Jb. d. Görres-Ges. 5, 1930, S. 1ff.

Schelsky, H.: Einsamkeit und Freiheit. Idee und Gestalt der deutschen Universität und ihrer Reformen (rde. 171/72), Reinbek 1963

Scherer, W.: Geschichte der deutschen Literatur, Berlin [14]1921 ([1]1883)

Schering, A.: Das Symbol in der Musik, Leipzig 1941

Scherpe, K. R.: Gattungspoetik im 18. Jahrhundert. Historische Entwicklung von Gottsched bis Herder (Stud. z. Allg. u. Vergl. Lit.wiss. 2), Stuttgart 1968

Schetter, W.: Untersuchungen zur epischen Kunst des Statius (Klass.-philol. Stud. 20), Wiebaden 1960

Schiaffini, A.: Rivalutazione della Retorica, ZfrPh 78, 1962, S. 503ff.

Schimansky, G.: Gottscheds deutsche Bildungsziele (Schriften d. Alberts-Univ., Geisteswiss. R. 22), Königsberg u. Berlin 1939

Schimmelpfennig, C. A.: Die Jesuiten in Breslau während des ersten Jahrzehnts ihrer Niederlassung, Zs. d. Vereins f. Gesch. u. Alterthum Schlesiens 23, 1889, S. 177ff.

Schindel, U.: Demosthenes im 18. Jahrhundert. Zehn Kapitel zum Nachleben des Demosthenes in Deutschland, Frankreich, England (Zetemata. 31), München 1963

Schings, H.-J.: Die patristische und stoische Tradition bei Andreas Gryphius. Untersuchungen zu den Dissertationes funebres und Trauerspielen (Kölner germanist. Stud. 2), Köln u. Graz 1966

Schlechta, K.: Der junge Nietzsche und das klassische Altertum, Mainz 1948

Schlenther, P.: Frau Gottsched und die bürgerliche Komödie. Ein Kulturbild aus der Zopfzeit, Berlin 1886

Schlick, J.: Wasserfeste und Teichtheater des Barock, Diss. Kiel 1963

Schmid, K. A.: Geschichte der Erziehung vom Anfang an bis auf unsere Zeit, bearbeitet ... v. K. A. Schm. Fortgeführt v. G. Schmid, 10 Abtlg.en, Stuttgart 1884–1902

Schmid, K. F.: John Barclays Argenis. Eine litterarhistorische Untersuchung. Teil I: Ausgaben der Argenis, ihre Fortsetzungen und Übersetzungen (Lit.hist. Forschungen. 31), Berlin 1904

Schmid, W.: Rez. Lausberg, Handbuch der literarischen Rhetorik, Arch. f. d. Studium d. neueren Sprachen und Literaturen 200, 1964, S. 451ff.

Schmidt, B.: Der französische Unterricht und seine Stellung in der Pädagogik des 17. Jahrhunderts, Osterwieck 1931

Schmidt, C.: La vie et les travaux de Jean Sturm, Straßburg 1855

Schmidt, Er.: Der Kampf gegen die Mode in der deutschen Literatur des siebzehnten Jahrhunderts, in: Charakteristiken, Bd. 1, Berlin [2]1902, S. 136ff.

Schmidt, Exp.: Die Bühnenverhältnisse des deutschen Schuldramas und seine volkstümlichen Ableger im sechzehnten Jahrhundert (Forschungen z. neueren Lit.gesch. 24), Berlin 1903

Schmidt, H.: Bibliographie zur literarischen Erziehung. Gesamtverzeichnis 1900 bis 1965, Zürich usw. 1967

Schmidt, K. D.: Die Gehorsamsidee des Ignatius von Loyola, Berlin 1935

Schmitt, W.: Die pietistische Kritik der ›Künste‹. Untersuchungen über die Entstehung einer neuen Kunstauffassung im 18. Jahrhundert, Diss. Köln 1958

Schneider, E.: Das Tübinger Collegium illustre, Württ. Vierteljahrshefte f. Landesgesch., N.F. 7, 1898, S. 217ff.

Schnell, U.: Die homiletische Theorie Philipp Melanchthons, Diss. Rostock 1965

Schönberger, K. H. O.: Die Klagen über den Verfall der römischen Beredsamkeit im 1. Jahrhundert nach Christus. Ein Beitrag zum Problem der Dekadenz, Diss. Würzburg 1951

Schöne, A.: Emblematik und Drama im Zeitalter des Barock, München 1964
– Säkularisation als sprachbildende Kraft. Studien zur Dichtung deutscher Pfarrersöhne (Palaestra. 226), Göttingen ²1968

Schönle, G.: Deutsch-niederländische Beziehungen in der Literatur des 17. Jahrhunderts (Leidse Germanist. en Anglist. Reeks. 7), Leiden 1968

Scholte, J. H.: Artikel ›Barockliteratur‹, RL ²I, S. 135ff.

Schottenloher, K.: Die Widmungsvorrede im Buch des 16. Jahrhunderts (Reformationsgeschichtl. Stud. u. Texte. 76/77), Münster 1953

Schramm, E.: Die Einwirkung der spanischen Literatur auf die deutsche, in: Dt. Philol. im Aufriß ²III, Sp. 147ff.

Schreiber, H.: Geschichte der Albert-Ludwigs-Universität zu Freiburg im Breisgau (= Geschichte der Stadt und Universität Freiburg im Breisgau, Bd. 2), Freiburg i. B. 1868

Schrinner, W.: Castiglione und die englische Renaissance (Neue Dt. Forschungen, Abt. Engl. Philol. 14), Berlin 1940

Schröder, G.: Baltasar Graciáns ›Criticón‹. Eine Untersuchung zur Beziehung zwischen Manierismus und Moralistik (Freib. Schriften z. roman. Philol. 2), München 1966

Schröteler, J.: Die Erziehung in den Jesuiteninternaten des 16. Jahrhunderts, Freiburg i. B. 1940

Schubart-Fikentscher, G.: Zur Stellung der Komödianten im 17. u. 18. Jahrhundert (SB Leipzig, Phil.-hist. Kl. 106/7), Berlin 1963

Schubert, E.: Augustus Bohse, genannt Talander. Ein Beitrag zur Geschichte der galanten Zeit in Deutschland (Bresl. Beitr. z. Lit.gesch. 27), Breslau 1911

Schüling, H.: Bibliographie der im 17. Jahrhundert in Deutschland erschienenen logischen Schriften (Berichte u. Arb. aus d. Univ.-Bibl. Giessen. 3), Giessen 1963
– Bibliographischer Wegweiser zu dem in Deutschland erschienenen Schrifttum des 17. Jahrhunderts (Berichte u. Arb. aus d. Univ.-Bibl. Giessen. 4), Giessen 1964

Schüz, C. W. C.: Über das Collegium Illustre zu Tübingen oder den staatswissenschaftlichen Unterricht in Württemberg besonders im 16. und 17. Jahrhundert, Zs. f. d. gesamten Staatswiss.en 8, 1850, S. 243ff.

Schulte, H. K.: Orator. Untersuchungen über das ciceronianische Bildungsideal (Frankf. Stud. z. Rel. u. Kultur d. Ant. 9), Frankfurt a. M. 1935

Schulte, J. C.: Pater Martin von Cochem, Freiburg i. B. 1910

Schulte, W.: Renaissance und Barock in der deutschen Dichtung, Lit.wiss. Jb. d. Görres-Ges. 2, 1926, S. 47ff.

Schuster, M.: Jakob Balde und die Horazische Dichtung, Zs. f. dt. Geistesgesch. 1, 1935, S. 194ff.

Schwarz, E.: Der schauspielerische Stil des deutschen Hochbarock. Beleuchtet durch Heinrich Anshelm von Ziglers ›Asiatische Banise‹, Diss. Mainz 1956
– Hofmannsthal und Calderón, 's-Gravenhage 1962
Schwinge, E.-R.: Zur Kunsttheorie des Horaz, Philologus 107, 1963, S. 75ff.
Scrivano, R.: Il Manierismo nella letteratura del Cinquecento, Padova 1959
Seiler, K.: Das pädagogische System Wolfgang Ratkes, Diss. Erlangen 1931
Sengle, F.: Die literarische Formenlehre. Vorschläge zu ihrer Reform (Dichtg. u. Erkenntnis. 1), Stuttgart 1967
Sieber, F.: Volk und volkstümliche Motivik im Festwerk des Barock. Dargestellt an Dresdner Bildquellen, Berlin 1960
Signer, L.: Die Beredsamkeit. Prolegomena ihrer Erforschung, in: Barock in der Schweiz. Hrsg. v. O. Eberle, Einsiedeln 1930, S. 149ff.
– Die Predigtanlage bei P. Michael Angelus von Schorno, Diss. Freiburg i. d. Schw. 1933
– Martin von Cochem, eine große Gestalt des rheinischen Barock. Seine literar-historische Stellung und Bedeutung, Wiesbaden 1963
Singer, H.: Der galante Roman (Sammlg. Metzler. 10), Stuttgart 1961
Skopnik, G.: Das Straßburger Schultheater, sein Spielplan und seine Bühne (Schriften des Wiss. Instituts der Elsass-Lothringer im Reich an d. Univ. Frankfurt, N.F. 13), Frankfurt a. M. 1935
Smith, D. K.: Origin and development of Departments of Speech, in: K. R. Wallace (ed.), History of speech education in America: background studies, New York 1954, S. 447ff.
Söter, I.: La doctrine stylistique des rhétoriques du dix-septième siècle, Budapest 1937
Sofer, J.: Bemerkungen zur Geschichte des Begriffs ›Welttheater‹, Maske und Kothurn 2, 1956, S. 256ff.
Sohm, W.: Die Schule Johann Sturms und die Kirche Straßburgs in ihrem gegenseitigen Verhältnis 1530–1581, München u. Berlin 1912
Sonnino, L. A.: A handbook to sixteenth-century rhetoric, London 1968
Spahr, B. L.: The archives of the Pegnesischer Blumenorden. A survey and reference guide (Univ. of Calif., Publ. in Mod. Philol. 57), Berkeley and Los Angeles 1960
– Anton Ulrich and Aramena. The genesis and development of a baroque novel (Univ. of Calif., Publ. in Mod. Philol. 76), Berkeley and Los Angeles 1966
– Baroque and mannerism: Epoch and style, Colloquia Germanica 1, 1967, S. 78ff.
– Gryphius and the crisis of identity, GLL, N.S. 22, 1969, S. 358ff.
Specht, T.: Geschichte der ehemaligen Universität Dillingen ... und der mit ihr verbundenen Lehr- und Erziehungsanstalten, Freiburg i. B. 1902
Sperber, H.: Zur Sprachgeschichte des 18. Jahrhunderts. II., ZfdPh 54, 1929, S. 80ff.
Speyer, C.: Magister Velthen und die sächsischen Hofkomödianten am kurfürstlichen Hof in Heidelberg und Mannheim, Neue Heidelb. Jb. 1926, S. 64ff.
Spitzer, L.: Die Literarisierung des Lebens in Lope's Dorotea (Kölner romanist. Arb. 4), Bonn u. Köln 1932
Spoerri, T.: Renaissance und Barock bei Ariost und Tasso. Versuch einer Anwendung Wölfflin'scher Kunstbetrachtung, Bern 1922

Stachel, P.: Seneca und das deutsche Renaissancedrama. Studien zur Literatur- und Stilgeschichte des 16. und 17. Jahrhunderts (Palaestra. 46), Berlin 1907

Stackelberg, J. von: Das Bienengleichnis. Ein Beitrag zur Geschichte der literarischen Imitatio, RF 68, 1956, S. 271ff.

– Tacitus in der Romania. Studien zur literarischen Rezeption des Tacitus in Italien und Frankreich, Tübingen 1960

Stamm, R.: s. Die Kunstformen des Barockzeitalters

Stammler, W.: ›Der Hofmeister‹ von Jakob Michael Reinhold Lenz, ein Beitrag zur Literaturgeschichte des 18. Jahrhunderts, Diss. Halle 1908

Steger, H.: Johann Christian Hallmann. Sein Leben und seine Werke, Diss. Leipzig 1909

Steinhausen, G.: Die Geschichte des deutschen Briefes, 2 Bde., Berlin 1889/91

– Die Idealerziehung im Zeitalter der Perrücke, Mitt. d. Ges. f. dt. Erz.- u. Schulgesch. 4, 1894, S. 209ff.

– Galant, curiös und politisch. Drei Schlag- und Modeworte des Perrücken-Zeit-alters, Zs. f. den dt. Unterr. 9, 1895, S. 22ff.

Stemplinger, E.: Das Fortleben der horazischen Lyrik seit der Renaissance, Leipzig 1906

Steyns, D.: Etude sur les métaphores et les comparaisons dans les oeuvres en prose de Sénèque le philosophe (Université de Gand. Recueil de trav. publ. par la fac. de philos. et lettres. 33), Gand 1960

Stössel, A.: Die Weltanschauung des Martin Opitz, besonders in seinen Trostgedichten in Widerwärtigkeit des Krieges, Diss. Erlangen 1922

Stötzer, U.: Deutsche Redekunst im 17. und 18. Jahrhundert, Halle 1962

– Die Trauerreden des Andreas Gryphius, Wiss. Zs. d. M.-Luther-Univ. Halle–Wittenberg, Gesellsch.- u. sprachwiss. R. 11, 1964, S. 1731ff.

Stolt, B.: Studien zu Luthers Freiheitstraktat mit besonderer Rücksicht auf das Verhältnis der lateinischen und der deutschen Fassung zu einander und die Stilmittel der Rhetorik (Acta Univ. Stockholm. Stockholmer germanist. Forschungen. 6), Stockholm 1969

Storz, G.: Unsere Begriffe von Rhetorik und vom Rhetorischen, in: Beiträge zur literarischen Rhetorik, DU 18, 1966/6, S. 5ff.

Strauß, D. F.: Leben und Schriften des Dichters und Philologen Nicodemus Frischlin. Ein Beitrag zur deutschen Culturgeschichte in der zweiten Hälfte des sechzehnten Jahrhunderts, Frankfurt 1856

Streckenbach, G.: Stiltheorie und Rhetorik der Römer als Gegenstand der imitatio im Bereich des deutschen Humanismus, Diss. Berlin 1932

Strich, F.: Der lyrische Stil des 17. Jahrhunderts, in: Abhandlungen zur deutschen Literaturgeschichte. Festschr. f. F. Muncker, München 1916, S. 21ff.; abgedruckt in: Deutsche Barockforschung, S. 229ff.

– Der europäische Barock, in: Der Dichter und die Zeit, Bern 1947, S. 71ff.

– Die Übertragung des Barockbegriffs von der bildenden Kunst auf die Dichtung, in: Die Kunstformen des Barockzeitalters, S. 243ff.

Stroup, T. B.: Microcosmos. The shape of the Elizabethan play, Lexington/Kent. 1965

Stroux, J.: Nietzsches Professur in Basel, Jena 1925

– Römische Rechtswissenschaft und Rhetorik, Potsdam 1949

Sudhoff, K.: Gedanken eines unbekannten Anhängers des Theophrastus Paracelsus von Hohenheim aus der Mitte des 16. Jahrhunderts über deutschen Jugendunterricht, Mitt. d. Ges. f. dt. Erz.- u. Schulgesch. 5, 1895, S. 83ff.

Sypher, W.: Four stages of Renaissance style, Garden City/N. Y. 1955

Szarota, E. M.: Künstler, Grübler und Rebellen. Studien zum europäischen Märtyrerdrama des 17. Jahrhunderts, Bern u. München 1967

– Manierismus und Barock im Brennpunkt der wissenschaftlichen Diskussion, Kwartalnik Neofilologiczny 14, 1967, S. 431ff.

– Lohenstein und die Habsburger, Colloquia Germanica 1, 1967, S. 263ff.

Szyrocki, M.: Martin Opitz (Neue Beitr. z. Lit.wiss. 4), Berlin 1956

– Der junge Gryphius (Neue Beitr. z. Lit.wiss. 9), Berlin 1959

– Andreas Gryphius. Sein Leben und Werk, Tübingen 1964

– Zur Differenzierung des Barockbegriffs, Kwartalnik Neofilologiczny 13, 1966, S. 133ff.

– Die deutsche Literatur des Barock. Eine Einführung (rde. 300/301), Reinbek 1968

Tade, G. T.: The ›Spiritual exercises‹: a method of self-persuasion, QJS 43, 1957, S. 383ff.

Tagliabue, G. M.: Aristotelismo e Barocco, in: Retorica e Barocco, S. 119ff.

Tarot, R.: Jakob Bidermanns ›Cenodoxus‹, Diss. Köln 1960

Tateo, F.: ›Retorica‹ e ›poetica‹ fra Medievo e Rinascimento, Bari 1960

Teesing, H. P. H.: Das Problem der Perioden in der Literaturgeschichte, Groningen 1949

– Artikel ›Periodisierung‹, RL ²III, S. 74ff.

Theobald, L.: Das Leben und Wirken des Tendenzdramatikers der Reformationszeit Thomas Naogeorgus seit seiner Flucht aus Sachsen (Quellen u. Darstellungen aus d. Gesch. des Reformationsjahrhunderts. 5), Halle 1908

Tholuck, A.: Das akademische Leben des siebzehnten Jahrhunderts mit besonderer Beziehung auf die protestantisch-theologischen Fakultäten Deutschlands, nach handschriftlichen Quellen (= Vorgeschichte des Rationalismus. Erster Theil), 2 Bde., Halle 1853/54

Thorbecke, A.: Statuten und Reformationen der Universität Heidelberg vom 16. bis 18. Jahrhundert, 2 Bde., Heidelberg 1886

Tiemann, H.: Das spanische Schrifttum in Deutschland von der Renaissance bis zur Romantik (Ibero-Amerikan. Stud. 6), Hamburg 1936

Tillyard, E. M. W.: John Milton. Private correspondences and academic exercises, Cambridge 1932

Tintelnot, H.: Zur Gewinnung unserer Barockbegriffe, in: Die Kunstformen des Barockzeitalters, S. 13ff.

– Über den Stand der Forschung zur Kunstgeschichte des Barock, DVjs 40, 1966, S. 116ff.

Tomek, W. W.: Geschichte der Prager Universität, Prag 1849

Topliss, P.: The rhetoric of Pascal. A study of his art of persuasion in the ›Provinciales‹ and the ›Pensées‹, Leicester 1966

Toussaint, G.: Die Anwendung der musikalisch-rhetorischen Figuren in den Werken von Heinrich Schütz, Diss. Mainz 1949

Tremoli, P.: Influssi retorici e ispirazione poetica negli ›Amores‹ di Ovidio, Trieste 1955

Trunz, E.: Der deutsche Späthumanismus um 1600 als Standeskultur, Zs. f. Gesch.

516

d. Erz. u. d. Unterr. 21, 1931, S. 17ff.; abgedruckt in: Deutsche Barockforschung, S. 147ff.

– Die Erforschung der deutschen Barockdichtung. Ein Bericht über Ergebnisse und Aufgaben, DVjs 18, 1940, Referaten-Heft

– Weltbild und Dichtung im deutschen Barock, in: Aus der Welt des Barock, Stuttgart 1957, S. 1ff.

Tschirn, F.: Die Schauspielkunst der deutschen Berufsschauspieler im 17. Jahrhundert, Diss. Breslau 1921

Turnbull, G. H.: Johann Valentin Andreaes Societas christiana, ZfdPh 73, 1954, S. 407ff.

Tuve, R.: Imagery and logic: Ramus and metaphysical poetics, Journ. of the Hist. of Ideas 3, 1942, S. 365ff.

Tworek, P.: Leben und Werke des Johann Christoph Männling, Diss. Breslau 1938

Unger, H. H.: Die Beziehungen zwischen Musik und Rhetorik im 16. bis 18. Jahrhundert, Diss. Berlin 1941

Urban, E.: Owenus und die deutschen Epigrammatiker des XVII. Jahrhunderts, Diss. Heidelberg 1899

Urkunden zur Geschichte der Universität Tübingen aus den Jahren 1476 bis 1550 [Hrsg. v. R. Roth], Tübingen 1877

Valmaggi, L.: Per le fonti del Cortegiano, Giorn. Storico della Lett. Ital. 14, 1899, S. 72ff.

Vasoli, C.: Retorica e dialettica in Pietro Ramo, Arch. di Filos. 55, 1953, S. 93ff.

– Le imprese del Tesauro, in: Retorica e Barocco, S. 243ff.

Vedel, V.: Den digteriske Barokstil omkring aar 1600, Edda 2, 1914, S. 17ff.

Vehse, E.: Geschichte der deutschen Höfe seit der Reformation, 48 Bde., Hamburg 1851ff.

Veit, W.: Toposforschung, DVjs 37, 1963, S. 120ff.

Verhofstadt, E.: Stilistische Betrachtungen über einen Monolog in Lohensteins ›Sophonisbe‹, Rev. des langues vivantes 25, 1959, S. 307ff.

– Daniel Casper von Lohenstein: Untergehende Wertwelt und ästhetischer Illusionismus. Fragestellung und dialektische Interpretation, Brugge 1964

Viëtor, K.: Vom Stil und Geist der deutschen Barockdichtung, GRM 14, 1926, S. 145ff.; abgedruckt in: Deutsche Barockforschung, S. 39ff.

– Die deutsche Barockdichtung, Zs. f. dt. Bildg. 2, 1926, S. 271ff.

– Probleme der deutschen Barockliteratur (Von dt. Poeterey. 3), Leipzig 1928

Vilanova, A.: El tema del gran teatro del mundo, Boletín de la Real Academia de Buenas Letras de Barcelona 23, 1950, S. 153ff.

Vischer, W.: Geschichte der Universität Basel von der Gründung 1460 bis zur Reformation 1529, Basel 1860

Vodosek, P.: Das Emblem in der deutschen Literatur der Renaissance und des Barock, Jb. des Wiener Goethe-Vereins 68, 1964, S. 5ff.

Vogel, A.: Der Geist Jesu Christi und der Geist militärischer Erziehung im Jesuitenorden, Diss. Dresden (TH) 1935

Vogel, H.: Christian Friedrich Hunold (Menantes), Diss. Leipzig 1897

Vogt, C.: Johann Balthasar Schupps Bedeutung für die Pädagogik, Zs. f. Gesch. d. Erz. u. d. Unterrichts 4, 1914, S. 1ff.

Vogt, E.: Die gegenhöfische Strömung in der deutschen Barockliteratur (Von dt. Poeterey. 11), Leipzig 1932

Voigt, G.: Die Wiederbelebung des classischen Alterthums oder Das erste Jahrhundert des Humanismus, 2 Bde., Berlin ⁴1960

Volkmann, R.: Die Rhetorik der Griechen und Römer, Leipzig ²1885 (Nachdr. Hildesheim 1963)

Vormbaum, R. (Hrsg.): Evangelische Schulordnungen.
Bd. 1: Die evangelischen Schulordnungen des 16. Jahrhunderts.
Bd. 2: Die evangelischen Schulordnungen des 17. Jahrhunderts.
Bd. 3: Die evangelischen Schulordnungen des 18. Jahrhunderts,
Gütersloh 1860–64 (›Vormbaum 1 ... 3‹)

Vosskamp, W.: Untersuchungen zur Zeit- und Geschichtsauffassung im 17. Jahrhundert bei Gryphius und Lohenstein (Lit. u. Wirklichkeit. 1), Bonn 1967

Vossler, K.: Über gegenseitige Erhellung der Künste (1935), in: Aus der romanischen Welt, Bd. 2, München u. Berlin 1940

– Südliche Romania, Leipzig ²1950

Wais, K.: Symbiose der Künste. Forschungsgrundlagen zur Wechselberührung zwischen Dichtung, Bild- und Tonkunst (Schriften u. Vortr. d. Württemb. Ges. d. Wiss., Geisteswiss. Abt. 1), Stuttgart 1936

Waldberg, M. von: Die galante Lyrik, Straßburg 1885

Wallace, K. R.: Francis Bacon on communication and rhetoric, Chapel Hill 1943

Walzel, O.: Shakespeares dramatische Baukunst, Jb. d. Dt. Shakespeare-Ges. 52, 1916, S. 3ff.

– Wechselseitige Erhellung der Künste. Ein Beitrag zur Würdigung kunstgeschichtlicher Begriffe, Berlin 1917

Wandruszka, M.: Der Geist der französischen Sprache (rde. 85), Hamburg 1959

Wanke, C.: Seneca, Lucan, Corneille. Studien zum Manierismus der römischen Kaiserzeit und der französischen Klassik (Studia Romanica. 6), Heidelberg 1964

Warnke, F. J.: The world as theatre: Baroque variations on a traditional topos, in: Festschr. f. E. Mertner, München 1969, S. 185ff.

Weber, E.: Der Einfluß der protestantischen Schulphilosophie auf die orthodoxe lutherische Dogmatik, Leipzig 1908

Wechsler, G.: Johann Christoph Gottscheds Rhetorik, Diss. Heidelberg 1933

Wegele, F. X. von: Geschichte der Universität Würzburg, 2 Bde., Würzburg 1882

Wehrli, M.: Deutsche und lateinische Dichtung im 16. und 17. Jahrhundert, in: Das Erbe der Antike (Ringvorlesung Zürich WS 1961/62), Zürich u. Stuttgart 1963, S. 135ff.

Weil, H. H.: The conception of friendship in German Baroque literature, GLL 13, 1960, S. 106ff.

Weinberg, B.: A history of literary criticism in the Italian Renaissance, 2 Bde., Chicago 1961

Weisbach, W.: Der Barock als Stilphänomen, DVjs 2, 1924, S. 225ff.

– Der sogenannte Geograph von Velasquez und die Darstellungen des Demokrit und Heraklit, Jb. d. Preuß. Kunstsammlungen 49, 1948, S. 141ff.

Weise, G.: Storia del termine ›Manierismo‹, in: Manierismo, barocco, rococò, S. 27ff.

Weithase, I.: Die Darstellung von Krieg und Frieden in der deutschen Barockdichtung (Studienbücherei. 14), Weimar 1953

- Zur Geschichte der gesprochenen deutschen Sprache, 2. Bde., Tübingen 1961 (›Weithase‹)

Wellek, R.: Grundbegriffe der Literaturkritik (Sprache u. Lit. 24), Stuttgart usw. 1965

Weller, E.: Annalen der poetischen National-Literatur der Deutschen im XVI. und XVII. Jahrhundert. Nach den Quellen bearbeitet, 2 Bde., Freiburg 1862/64 (Nachdr. Hildesheim 1964)

Wendland, U.: Die Theoretiker und Theorien der sogen. galanten Stilepoche und die deutsche Sprache. Ein Beitrag zur Erkenntnis der Sprachreformbestrebungen vor Gottsched (Form u. Geist. 17), Leipzig 1930

Weniger, L.: Ratichius, Kromayer und der Neue Methodus an der Schule zu Weimar, Zs. f. Thür. Gesch., N.F. 10, 1897, S. 1ff. 277ff. 448ff.

Wentzlaff-Eggebert, F.-W.: Dichtung und Sprache des jungen Gryphius. Die Überwindung der lateinischen Tradition und die Entwicklung zum deutschen Stil, Berlin ²1966

Weydt, G.: ›Adjeu Welt‹. Weltklage und Lebensrückblick bei Guevara, Albertinus, Grimmelshausen, Neophilologus 46, 1962, S. 102ff.

Wich, J.: Studien zu den Dramen Christian Weises, Diss. Erlangen–Nürnberg 1962

Widmann, H.: Tübingen als Verlagsstadt. Das 15. und 16. Jahrhundert, Attempto 27/28, 1968, S. 3ff.; Vom 17. bis zum Beginn des 20. Jahrhunderts, Attempto 29/30, 1969, S. 3ff.

Wiedemann, C.: Johann Klaj und seine Redeoratorien. Untersuchungen zur Dichtung eines deutschen Barockmanieristen (Erlanger Beitr. z. Sprach- u. Kunstwiss. 26), Nürnberg 1966

- Polyhistors Glück und Ende. Von Daniel Georg Morhof zum jungen Lessing, in: Festschr. f. G. Weber (Frankf. Beitr. z. Germanistik. 1), Bad Homburg v. d. H. usw. 1967, S. 215ff.

- Engel, Geist und Feuer. Zum Dichterselbstverständnis bei Johann Klaj, Catharina von Greiffenberg und Quirinus Kuhlmann, in: Literatur und Geistesgeschichte. Festschr. f. H. O. Burger. Hrsg. v. R. Grimm u. C. Wiedemann, Berlin 1968, S. 85ff.

Wilamowitz-Moellendorff, U. von: Antigonos von Karystos (Philol. Unters. 4), Berlin 1881

Will, H.: Die Gebärdung in den Romanen Philipps von Zesen, Neue Jb. f. d. klass. Altertum, Gesch. u. dt. Lit. u. f. Pädagogik 27, 1924, S. 112ff.

Williamson, G.: Senecan style in the seventeenth century, Philol. Quart. 15, 1936, S. 321ff.

- The Senecan amble. A study in prose form from Bacon to Collier, Chicago 1951

Wilms, H.: Das Thema der Freundschaft in der deutschen Barocklyrik und seine Herkunft aus der neulateinischen Dichtung des 16. Jahrhunderts, Diss. Kiel 1963

Wilpert, G. von – A. Gühring: Erstausgaben deutscher Dichtung. Eine Bibliographie zur deutschen Literatur 1600–1960, Stuttgart 1967

Wind, E.: The Christian Democritus, Journ. of the Warburg Inst. 1, 1937/38, S. 180ff.

Windfuhr, M.: Die barocke Bildlichkeit und ihre Kritiker. Stilhaltungen in der deutschen Literatur des 17. u. 18. Jahrhunderts (Germanist. Abh. 15), Stuttgart 1966 (›Windfuhr‹)

Winkler, E.: Die Leichenpredigt im deutschen Luthertum bis Spener (Forschungen z. Gesch. u. Lehre des Protestantismus. 10/34), München 1967

Winkler, E. G.: Lope de Vega, in: Dichtungen, Gestalten und Probleme. Nachlaß. Hrsg. v. W. Warnach u. a., Pfullingen 1956, S. 402ff.

Wintterlin, D.: Pathetisch-monologischer Stil im barocken Trauerspiel des Andreas Gryphius, Diss. Tübingen 1958

Wlczek, H.: Das Schuldrama der Jesuiten zu Krems (1616–1763), Diss. Wien 1952

Wodtke, F. W.: Artikel ›Erbauungsliteratur‹, RL ²I, S. 393ff.

Wölfflin, H.: Renaissance und Barock, München 1888

Wolf, E.: Große Rechtsdenker der deutschen Geistesgeschichte, Tübingen 1951

Wolff, H. M.: Der junge Herder und die Entwicklungsidee Rousseaus, PMLA 57, 1942, S. 753ff.

Wülfing-v. Martitz, P.: Grundlagen und Anfänge der Rhetorik in der Antike, Euphorion 63, 1969, S. 207ff.

Wünschmann, M.: Gottfried Hoffmanns Leben und Bedeutung für das Bildungswesen und die pädagogische Theorie seiner Zeit, mit eingehender Berücksichtigung seines Zittauer Vorgängers und Lehrers Christian Weise. Ein Beitrag zur Geschichte der Pädagogik und des Schul- und Bildungswesens im 17. und 18. Jahrhunderte. I. Teil. 1. Hälfte, Diss. Leipzig 1895

Wundt, M.: Die deutsche Schulmetaphysik des 17. Jahrhunderts, Tübingen 1939

Wuttke, D.: Deutsche Germanistik und Renaissance-Forschung (Respublica Literaria. 3), Bad Homburg v. d. H. usw. 1968

Wychgram, M.: Quintilian in der deutschen und französischen Literatur des Barock und der Aufklärung (F. Mann's Pädagog. Magaz. 803), Langensalza 1921

Zaehle, B.: Knigges Umgang mit Menschen und seine Vorläufer. Ein Beitrag zur Geschichte der Gesellschaftsethik (Beitr. z. neueren Lit.gesch. 22), Heidelberg 1933

Zanta, L.: La renaissance du stoïcisme au XVIᵉ siècle (Bibl. litt. de la Renaiss., N.S. 5), Paris 1914

Zarncke, F.: Ueber die Quaestiones quodlibeticae, ZfdA 9, 1853, S. 119ff.

– Die deutschen Universitäten im Mittelalter, Leipzig 1857

Zarneckow, M.: Christian Weises ›Politica Christiana‹ und der Pietismus, Diss. Leipzig 1924

Zeeden, E. W.: Das Zeitalter der Glaubenskämpfe, in: B. Gebhardt, Handbuch der deutschen Geschichte, Bd. 2, Stuttgart ⁸1963, S. 105ff.

Zehrfeld, R.: Hermann Conrings (1606–1681) Staatenkunde. Ihre Bedeutung für die Geschichte der Statistik ... (Sozialwiss. Forschungen. 1,5), Berlin u. Leipzig 1926

Zeidler, J.: Studien und Beiträge zur Geschichte der Jesuitenkomödie und des Klosterdramas (Theatergesch. Forschungen. 4), Hamburg u. Leipzig 1891

Zeman, H.: Kaspar Stieler. Versuch einer Monographie und ›Die Dichtkunst des Spaten 1685‹, Diss. Wien 1965

Ziegler, K.: Das deutsche Drama der Neuzeit, in: Dt. Philol. im Aufr. ²II, Sp. 1997ff. (Sp. 2047ff.: ›Das Jahrhundert des Barock‹)

Ziegler, T.: Geschichte der Pädagogik mit besonderer Rücksicht auf das höhere Unterrichtswesen, München [4]1917

Zielinski, T.: Cicero im Wandel der Jahrhunderte, Leipzig [3]1912 (Nachdr. Darmstadt 1967)

Ziesemer, W.– R. Haller: Artikel ›Königsberger Dichterkreis‹, RL [2]I, S. 867ff.

Zürcher, R.: Der barocke Raum in der Malerei, in: Die Kunstformen des Barockzeitalters, S. 169ff.

# Personenregister

Die Zahlen beziehen sich jeweils auf die ganze Textseite einschließlich der Anmerkungen. Bloße Herausgeber-Angaben sind grundsätzlich nicht aufgenommen. Zentralstellen sind durch ff. gekennzeichnet.

Abraham a Sancta Clara 46, 60, 73, 81, 82, 111, 112, 113, 114, 115, 122, 140, 193, 216, 326, 364, 389, 450, 455
Abschatz, H. A. Freiherr von 122, 193, 229, 385, 409
Acidalius, V. 374
Adel, K. 344
Adorno, T. W. 22
Agellius 274
Agricola, R. 260, 269
Albert, H. 427, 428
Alberti, V. 198, 200
Albertinus, Ä. 364, 373
Albertus Magnus 393/94
Albrecht V, Herzog von Bayern 325
Albrecht VI, Herzog von Bayern 325
Albrecht, G. 32
Alewyn, R. 35, 89, 100, 101, 104, 117, 120, 170, 221, 226, 316, 390
Alexander der Große 370
Alkaios 68
Alkibiades 370
Alonso, D. 42
Alsted, J. H. 54
Althaus, P. 400
Altmann, G. 275
Alvarez, E. 333, 334, 336
Alvensleben, G. von 209, 210
Andler, C. 8
Andreae, J. V. 251, 278, 409, 446
Angelus Silesius: s. Scheffler, J.
Angelus von Schorno 82
Anton Ulrich, Herzog von Braunschweig-Lüneburg 103, 104, 109, 229, 306, 382, 386, 454
Appel, B. 191
Apuleius 274

Aquaviva, C. 355
Arbusow, L. 51, 157
Archilochos 68
Ariosto, L. 5
Aristippos 371
Aristophanes 68, 191
Aristoteles 19, 38, 56, 75, 136, 152, 153, 188, 191, 192, 252, 253, 268, 269, 271, 272, 336, 337, 350, 402, 412, 440
Arletius, J. C. 314, 323
Arnaldi, F. 41
Arndt, J. 80, 322, 409, 413
Arnold, G. 375
Arnoldt, D. H. 429
Arriaga, R. 198
Asconius 274
Assig, H. von 79, 229
Atticus 334
Aubignac, F. H. d' 89
Auctor ad Herennium 422
Auerbach, E. 36
August, Herzog von Sachsen-Weißenfels 203, 207, 209, 294
Augustus 95, 228, 257, 357
Avancini, N. 88, 106, 109, 244, 348, 352, 363, 365, 449
Azorín 21

Bach, A. 157, 171
Bach, J. S. 317
Backer, A.-A. de 333, 336, 337, 363, 364
Bacon, F. 173, 247
Bahlmann, P. 312
Balbinus, B. 190, 195, 202, 215, 362
Balde, J. 25, 70, 256, 257, 325, 326, 348, 359, 363, 366, 374, 434

Baldwin, C. S. 156, 263
Baldwin, T. W. 87
Barclay, J. 209, 253, 255, 256, 405
Barner, W. 68, 90, 425
Barth, H. 403
Barth, K. von 62, 229
Barth, P. 94, 126
Barwick, K. 41, 59, 191
Batllori, M. 52, 126, 359, 362
Bauch, G. 261, 384
Baumgart, J. 313
Baur, J. 401
Bebel, H. 389, 419, 420, 421, 423
Bebermeyer, G. 420, 423, 424, 425, 426, 445
Becanus, M. 401
Becher, J. J. 279
Becker, H. 344
Beckmann, A. 67
Beer, J. 405, 409, 449
Beheim-Schwarzbach, E. 316, 317
Beißner, F. 4, 43, 427
Bellarmini, R. 401
Bender, H. 259, 276, 280, 281, 287, 289, 299, 383, 416
Benjamin, W. 117, 147
Benz, R. 22, 35
Bernard, S. 381
Bernegger, M. 413, 414, 434, 435
Bernini, G. L. 19
Bernleithner, E. 313
Berthold von Regensburg 160
Berthold, M. 303
Bessel, C. G. von 140
Besser, J. von 186, 229, 236, 375, 409
Bidermann, J. 104, 109, 110, 111, 244, 325, 334, 347, 348, 349, 363, 406, 449
Bielmann, J. 345
Birke, J. 247
Birken, S. von 44, 61, 69, 106, 109, 228, 231, 237, 366, 375, 385, 386, 409, 454
Birt, T. 70
Bismarck, O. von 155
Bissels, P. 227
Bitius, A. 265
Blackall, E. A. 58, 65, 166, 187, 216, 415, 417
Blättner, F. 245
Bland, D. S. 407
Blass, F. 15
Blet, P. 367

Bloch, E. 415, 417
Blunck, R. 15
Bode, H. 354
Boeckh, J. G. 32
Böckmann, P. 30, 31, 52, 54, 80, 219, 236, 257
Boecler, J. H. 138, 208, 256, 262, 414, 415, 434, 435
Böhme, J. 81, 225
Boehmer, H. 322, 346, 364, 367, 408
Bök, A. F. 430, 443, 445
Bömer, A. 289, 290
Boethius 94, 124
Böttcher, K. 32
Bohse, A. (Talander) 79, 118, 167, 178, 179, 180, 183, 375, 377, 384, 387, 388, 405, 409, 413
Boileau-Déspreaux, N. 309
Bolte, J. 312, 313
Borcherdt, H. H. 115, 250, 252, 256, 413, 414, 415, 418, 433, 435, 440, 441, 445
Borgerhoff, E. B. O. 36
Borinski, K. 4, 5, 6, 47, 48, 136, 142, 144, 148, 149, 150, 232, 356, 358, 381
Bose, J. A. 137, 208, 268, 412, 417
Bossuet, J.-B. 453
Bouillier, V. 21, 143, 144
Bouterwek, F. 83, 216
Boxhorn, M. Z. 208, 267, 414
Bradner, L. 312
Brant, S. 96, 159
Brastberger, G. 422
Brates, G. 49, 237
Braun, J. 353
Braun, P. 324
Brauneck, M. 24
Brecht, L. 348
Breen, Qu. 259, 260
Brethauer, K. 72
Bretzke, H. 444
Breuer, D. 104, 423
Brietzke, H.-G. 10
Brinkmann, A. 157
Brinkmann, H. 27, 48, 49, 50, 313
Brischar, J. N. 326
Brockes, B. H. 216
Brüggemann, D. 156
Brüggemann, F. 216
Brülow, K. 315
Buchananus, G. 255

Buchholtz, A. H. 80, 229, 262, 389, 401, 409, 413, 434, 440
Buchner, A. 36, 47, 57, 62, 75, 79, 183, 195, 215, 227, 231, 232, 250, 251, 252, 256, 413, 414, 418, 426, 433, 434, 435, 440, 441, 444, 445, 446, 449
Buck, A. 36, 38, 39, 396
Büchner, G. 110
Bünger, C. 414
Bürger, P. 87
Bütow, A. 156
Bukowski, H. 241, 288
Bullemer, K. 260
Burck, E. 68
Burckhardt, J. 8, 9, 10, 11, 15, 18, 64, 153, 369
Burdach, K. 50, 157
Burger, H. 344
Burger, H. O. 104, 109, 124, 131, 137, 158, 189, 217, 370, 372
Burke, K. 370
Buschius, H. 419
Butschky, S. von 189
Butts, R. F. 381
Buzás, L. 105, 112, 114

Caesar 274, 335, 370, 421, 424
Calderón de la Barca, P. 87, 88, 90, 91, 93, 97, 101, 104, 111, 453
Calwer, P. 424
Camerarius, J. 397, 423
Cancik, H. 40, 41
Canisius, P. 324, 342
Canitz, F. L. Freiherr von 111, 112, 114, 122, 186, 229, 409
Capua, A. G. de 42, 79
Carbo, L. 337
Carpzov, J. B. 199, 215
Casa, G. della 129, 372
Caselius, J. 374, 414
Castalio, S. 312
Castiglione, B. 45, 369ff., 386
Catull 235, 236, 270, 321, 334, 428
Caussinus, N. 316, 365, 412
Celtis, K. 66, 419, 420, 423
Cervantes Saavedra, M. de 97, 114
Charron, P. 247
Cholevius, L. 222, 401
Christian, Herzog von Liegnitz 142
Christstein, J. W. 139
Chroust, A. 388
Chytraeus, N. 108

Cicero 14, 54, 56, 58, 64, 65, 95, 112, 126, 138, 150, 151, 152, 154, 159, 163, 164, 184, 188, 191, 192, 234, 235, 252, 253, 254, 255, 257, 269, 270, 272, 273, 274, 282, 283, 284, 287, 290, 296, 297, 300, 319, 334, 335, 336, 337, 338, 340, 350, 355, 357, 362, 370, 371, 376, 402, 412, 421, 422, 432, 437, 441, 442
Clark, D. L. 65, 84, 287
Clarke, M. L. 58, 151, 191
Classen, J. 285
Claudian 41, 62, 64, 66, 70, 235, 256, 257, 359
Cleary, J. W. 80
Cohen, F. G. 108
Cohn, E. 143, 173, 369, 381, 386
Colomesius, P. 265
Comenius, J. A. 127, 147, 194, 245, 246, 247, 278, 279, 381
Conde, F. J. 136
Conrad, E. 379, 421, 422, 424, 430, 431
Conrady, K. O. 66, 67, 76, 232, 234, 235, 251, 252, 359
Conring, H. 138, 139, 141, 174, 199, 205
Constanzo, M. 39
Corneille, P. 87, 104, 453
Cornelius Nepos 254, 442
Coton, P. 367
Cotta, J. G. 435
Coupe, W. A. 81
Cox, L. 159
Cramer, D. 316
Croce, B. 6, 34, 45
Croll, M. W. 62, 65, 70, 255
Crusius, M. 424, 425, 430
Culingius, S. 422
Cunaeus, P. 441
Curtius, E. R. 11, 12, 13, 33, 35, 36, 37, 38, 40, 42, 45, 46, 50, 51, 55, 56, 57, 63, 65, 66, 67, 88, 91, 92, 94, 97, 105, 109, 124, 126
Curtius Rufus 64, 274, 335, 440, 441, 442
Cysarz, H. 7, 11, 24, 25, 26, 27, 36, 43, 103, 216, 322
Czepko von Reigersfeld, D. 42, 79, 106, 107, 229, 323, 375, 409

Dach, S. 43, 69, 89, 121, 141, 251, 262, 389, 406, 413, 414, 426, 427, 428, 429, 430, 444, 449

Dahlhaus, C. 50
Damaschke, A. 150
Daniells, R. 42
Dannhauer, J. C. 265, 402, 403, 414
Dante Alighieri 63
Daube, A. 277
Debitsch, F. 248, 377, 381, 382, 383, 384
Demetrios von Phaleron 273
Demokrit 94, 96, 115
Demosthenes 154, 163, 257, 270, 300
Denaisius, P. 226
Denk, O. 386
Descartes, R. 7
Despauterius, J. 333
Diehl, H. 311
Dietrich, K. 265
Dietze, W. 232, 257, 295, 316
Dilherr, J. M. 74, 75, 262, 389, 403, 413, 434
Dilthey, W. 135, 136, 137
Diogenes Laertios 371
Dittrich, P. 305
Dockhorn, K. 21, 49, 53, 55, 59, 74, 152
Dörrie, H. 61
Dohna, A. von 229, 388
Dolch, J. 242, 248, 277, 278, 328, 330, 333
Donati, A. 333, 346, 352
Donne, J. 77, 109, 127, 147, 453
Dorn, W. 178
Dorothea Sibylla, Herzogin von Lieg-
    nitz 121
Dostal, F. 427, 428
Drews, A. 396
Drexel, J. 80, 326, 364
Droysen, J. G. 12
Dürrwächter, A. 334, 349
Duhamel, P. A. 247
Duhr, B. 322, 323, 325, 327, 328, 330,
    340, 341, 342, 357, 363, 364, 374,
    391, 400
Dunn, E. C. 158
Du Refuge, N. 372
Dyck, J. 46, 52, 54, 56, 57, 58, 72, 74,
    75, 82, 162, 163, 226, 231, 233, 235,
    237, 242

Eberhard III, Herzog von Württemberg
    379, 418, 419, 431
Eckolt, A. E. 199

Eggebrecht, H. H. 50
Eggers, D. 149, 291, 296, 298, 299, 301,
    317, 346
Eggert, W. 189, 212, 303, 318
Ehrismann, G. 50
Eichendorff, J. Freiherr von 222
Einem, H. von 18
Elisabeth Charlotte von der Pfalz 113
Ellinger, E. 251
Elwert, W. T. 35
Epiktet 94, 109
Epstein, H. 24
Erasmus, D. 61, 95, 96, 97, 99, 110,
    114, 115, 153, 158, 159, 195, 283,
    286, 287, 290, 422
Erinna 68
Erman, W. 137, 387, 390, 394, 395,
    396, 400, 404, 405
Ermatinger, E. 116
Ernst der Fromme, Herzog von Sach-
    sen-Gotha 155
Erythraeus, V. 158
Eschenburg, J. J. 13
Eschweiler, K. 403, 405
Euripides 68, 235, 270

Faber du Faur, C. von 226, 228, 314
Fabricius, J. A. 167, 247, 320
Fechner, J. 429
Fechner, J.-U. 60
Ferdinand I, Kaiser 324
Ferdinand II, Kaiser 302, 325
Ferdinand Albrecht, Herzog von Braun-
    schweig-Lüneburg 306
Ferdinand Karl, Erzherzog von Tirol
    123, 374
Ferschmann, S. 57
Fife, W. H. 121
Fischart, J. 137
Fischer, H. 252
Fischer, L. 38, 46, 55, 56, 57, 58, 64,
    73, 74, 75, 76, 151, 157, 158, 159,
    160, 164, 165, 167, 177, 182, 184,
    185, 231, 232, 233, 235, 237, 253,
    254, 261, 267, 273, 359, 439, 440,
    444
Flathe, T. 263
Flayder, F. H. 425, 426, 435/36, 445
Fleckenstein, J. O. 403
Fleming, P. 22, 42, 60, 69, 75, 77, 103,
    111, 251, 254, 409, 413, 426, 451,
    453

Flemming, W. 29, 31, 50, 65, 71, 75, 89, 99, 108, 110, 118, 146, 169, 179, 216, 224, 229, 244, 250, 257, 267, 296, 303, 314, 315, 316, 344, 348, 350, 352, 355, 363, 365, 375, 378, 388, 401, 406, 410, 414
Fletcher, H. F. 408
Flitner, A. 290
Flynn, L. J. 336, 337
Forster, L. 65, 67, 373
Forti, A. 364
Fraenkel, E. 63
France, P. 84, 89
Francke, A. H. 220, 280
Francke, O. 311
Franckenberg, A. von 229
Franckenstein, C. F. 198, 199
François, G. 244
Frank, J. 413
French, J. M. 247
Fricke, G. 29
Friebe, K. 103
Friedländer, P. 41
Friedrich, Herzog von Württemberg 378, 380
Friedrich II, Kaiser 157
Friedrich II (d. Gr.), König von Preussen 353
Friedrich Karl, Herzog von Württemberg 443, 445
Friedrich Wilhelm I, König von Preussen 318
Friedrich Ulrich, Herzog von Braunschweig-Lüneburg 380
Friedrich, H. 12, 19, 40, 41, 43, 46, 55, 63, 66, 124, 125, 129, 358, 407
Friedrich, K. 248
Frischlin, N. 311, 312, 389, 423, 424, 425
Frommann, G. H. 266
Fruck, L. 158
Fuchs, C. 19
Fürstenwald, M. 82
Furttenbach, J. 303

Gadamer, H.-G. 23, 52, 55, 71
Gadient, V. 326
Gärtner, T. 195
Gaggl, E. E. 229
Gaier, U. 96, 159
Garbitius, M. 422
Garin, E. 73, 147, 247, 261, 280, 327, 331, 368, 376, 392, 393, 405

Gast, P. 20
Gebhard, J. 303
Geissler, E. 241
Geissler, H. 279
Geißner, H. 242
Gellert, C. F. 375, 376
Georg Wilhelm, Kurfürst von Brandenburg 389
Georg Wilhelm, Herzog von Liegnitz 142
George, S. 79
Georgi, T. 141
Gerhardt, P. 22, 80, 375, 409, 413
Gersh, G. 237
Gervinus, G. G. 216, 222
Geßler, H. 158
Girbertus, J. 314, 315
Gläser, E. 122
Gleim, J. W. L. 69, 375
Gloger, G. 196
Glunz, H. H. 51
Gmelin, H. 59
Gnaphaeus, W. 311
Gnerich, E. 31, 257
Gobliani, H. 63
Goebbels, J. 30
Goedeke, K. 167, 222, 381, 401, 428
Görgemanns, H. 91
Goethe, J. W. von 9, 10, 13, 14, 15, 16, 17, 18, 19, 22, 23, 26, 39, 64, 71, 75, 151, 152, 196, 216, 352, 353
Goff, P. 37
Goldtwurm, K. 159, 160, 161, 168
Gomperz, H. 191
Góngora y Argote, L. de 77, 453
Gorgias 191, 262
Gorlovius, S. 430
Goth, J. 4
Gottsched, J. C. 23, 45, 49, 58, 60, 155, 158, 165, 167, 170, 187, 216, 220, 232, 233, 247, 249, 266, 286, 309, 319, 320, 361, 375, 417, 426
Gracián, B. 21, 38, 41, 44, 45, 52, 60, 93, 124ff., 135, 136, 140, 142ff., 150, 167, 171, 184, 185, 186, 199, 209, 217, 218, 357, 359, 362, 372, 417, 453
Gramsch, A. 227
Greff, J. 312
Greflinger, G. 122, 166, 381
Gregor von Nazianz 270

Greiffenberg, C. R. von 42, 229
Grenzmann, W. 83
Gretser, J. 334, 349, 364
Grimmelshausen, H. J. C. von 22, 30,
   114, 116, 125, 192, 223, 225, 229,
   236, 451, 455
Grob, J. 81, 119, 141, 225, 231
Grosse, C. 80
Grosser, B. 49, 58, 167, 319, 320
Grosser, S. 175, 176, 190, 192, 193, 194,
   195, 196, 197, 198, 199, 201, 202,
   203, 204, 205, 206, 207, 208, 209,
   211, 212, 213, 214, 215, 218, 362
Grotius, H. 268
Grün, E. 311
Gruppenbach, G. 441
Gruter, J. 136
Gryphius, A. 22, 23, 25, 26, 29, 30, 31,
   35, 42, 57, 60, 65, 66, 67, 71, 77, 79,
   82, 86, 87, 90, 98, 101, 104, 106, 107,
   108, 109, 110, 111, 112, 113, 114,
   117, 122, 125, 137, 145, 146, 149,
   199, 219, 221, 244, 251, 257, 261,
   267, 290, 294, 295, 314, 315, 316,
   317, 323, 365, 366, 375, 387, 401,
   402, 406, 411, 435, 449, 450, 454
Gryphius, C. 107, 144, 149, 150, 151,
   193, 251, 262, 295, 298, 299, 301,
   312, 315, 346, 409
Guazzo, S. 372
Gueintz, C. 171, 262, 289, 413
Günther, J. C. 22, 78, 323, 409, 426,
   451
Günther, O. 311
Gürster, E. 7
Guevara, A. de 123, 125, 372
Gumbel, H. 65
Gundolf, F. 26, 27, 70
Gurlitt, C. 5, 353
Gurlitt, W. 50
Gwynn, A. 191
Gysi, K. 32

Haas, C. M. 344
Habermann, F. W. 80
Habrecht, I. 226
Hagedorn, F. von 230
Haile, H. G. 103
Hall, V. 226
Hallbauer, F. A. 45, 141, 167, 170,
   174, 234, 247, 280, 319, 320
Haller, J. 397, 419

Haller, R. 68, 216, 427
Hallmann, J. C. 79, 244, 261, 316, 317,
   352, 365, 409, 410, 449
Hamann, J. G. 375
Hankamer, P. 28, 147, 216, 221, 354,
   373
Hanke, M. 280, 281
Hannibal 370
Happ, H. 347
Harder, R. 126
Harnack, O. 160
Harring, W. 365
Harsdörffer, G. P. 29, 44, 48, 57, 61,
   75, 80, 86, 104, 108, 113, 144, 156,
   158, 165, 171, 182, 184, 186, 226,
   231, 235, 236, 237, 258, 373, 381,
   409, 414, 432
Hartfelder, K. 260, 421, 423
Hartl, E. 304
Hartmann, H. 36, 212
Hartnaccius, D. 410
Hartung, F. 155, 169
Haskins, C. H. 156
Hatzfeld, H. 6, 34, 35, 38
Hauber, J. 265, 443
Haugwitz, A. A. von 193, 229
Hauser, A. 39, 44
Hauser, G. 365
Hayn, H. 166
Hechtenberg, K. 83
Heckmann, H. 43, 98
Hederer, E. 43
Heermann, J. 251
Heetfeld, G. 60
Hegel, G. W. F. 9, 12, 13, 14, 15, 75,
   375
Heger, K. 124, 125, 140, 148
Hegesias 8, 19
Heiduk, F. 229
Heine, C. 318
Heinsius, D. 265, 274, 454
Heinze, R. 77
Heliodor 116
Heller, E. 9
Helm, R. 95
Helvius Cinna 68
Henke, E. L. T. 414
Henkel, A. 61, 139, 148, 358
Henning, J. 353
Henri IV, König von Frankreich 367,
   374
Henrich, A. 25, 31, 257, 359, 366, 374

Hentschel, C. 376
Heraklit 126
Herbart, J. F. 375
Herberger, V. 80, 83
Herder, J. G. 222, 241, 257, 319, 320, 321, 366, 410
Herennius: s. Auctor ad Herennium
Hermand, J. 4, 6, 7, 36
Hermogenes 253, 270, 271
Herrick, M. T. 252
Herrlitz, H.-G. 249, 279
Herrmann, A. 79
Heselhaus, C. 103
Hesenthaler, M. 379, 434, 436
Hesiod 238, 284
Hessus, H. E. 255, 260, 389
Heubaum, A. 245, 259
Heumann, C. A. 141, 142
Heyd, L. F. 421
Higham, T. F. 41
Highet, G. 60, 70
Hildebrandt, H. 118
Hildebrandt, K. 7
Hildebrandt-Günther, R. 46, 53, 54, 55, 57, 75, 159, 187
Hintze, O. 169
Hippe, M. 261, 267, 281, 292, 303, 308, 309, 317, 326, 365, 429
Hirsch, A. 144, 167, 169, 178, 180, 192, 206, 209, 217, 218, 219, 405
Hirsch, T. 261, 266, 290, 293, 313, 390
Hizler, G. 424
Hock, T. 122
Hocke, G. R. 37, 38, 39, 40, 42, 43, 44, 66, 71, 73, 357
Hodermann, R. 415
Hölderlin, F. 375
Hoensbroech, P. von 322
Hövel, E. 318
Hoffmann, G. 189, 214, 215, 275
Hoffmeister, J. 62
Hofmannsthal, H. von 88
Hofmannswaldau, C. H. von 16, 30, 42, 43, 57, 60, 61, 69, 70, 82, 86, 98, 103, 108, 110, 111, 112, 114, 140, 229, 237, 261, 267, 281, 385, 409
Hohberg, W. H. Freiherr von 229
Homer 14, 238, 257, 270, 284, 299
Hommel, H. 74
Horaz 14, 54, 64, 66, 68, 69, 75, 95, 115, 196, 232, 235, 236, 237, 252,

257, 270, 284, 286, 297, 321, 335, 340, 359, 361, 428, 440, 442
Horn, E. 137, 387, 390, 394, 395, 396, 400, 404, 405
Horn, H. A. 58, 136, 138, 143, 167, 172, 192, 193, 198, 202, 204, 207, 209, 212, 213, 214, 215, 220, 250, 275, 280, 363
Horn-Oncken, A. 17
Horning, W. 402
Houssaie, A. de la 143, 184
Howald, E. 15, 235
Howell, W. S. 57, 247
Huber, H. 352
Hübner, J. 202, 204, 209
Hübscher, A. 24, 80
Hugen, A. 158
Hugo von St. Victor 393
Huizinga, J. 96, 104, 153, 158
Hultberg, H. 18
Hunnius, A. 311
Hunold, C. (Menantes) 76, 81, 167, 178, 179, 280, 409, 413, 417
Husanus, M. 139
Hutten, U. von 28

Ignatius von Loyola 126, 130, 322, 327, 329, 330, 331, 332, 362, 365
Ijsewijn, J. 67, 251
Ingen, F. van 55, 61, 71, 76, 78, 79, 117, 234, 236
Iser, W. 42
Ising, E. 278
Isokrates 154, 191, 237, 270, 284
Isselburg, P. 139

Jacobsen, E. 61
Jacquot, J. 92, 94, 109, 124
Jäger, F. 68
Jansen, H. 124, 125, 131
Jansen, J. 81
Janssen, J. 20
Janssen, W. 137
Jean Paul 375
Jens, W. 4, 12, 13, 76, 80, 155, 348
Jentzsch, P. 24
Joachimsen, P. 61, 158
Jöns, D. W. 62, 111
Johann Friedrich, Herzog von Württemberg 292, 380
Johannes von Salisbury 91, 108
Jonson, B. 115
Josephus 421

Jugler, J. F. 379, 429
Juhnke, S. 349
Jundt, A. 292, 293, 296, 300, 306,
    311
Junius, M. 158, 430
Junius, S. 311
Justin 274
Juvenal 60, 62, 274, 321, 442, 453

Kaemmel, O. 167, 169, 176, 192, 193,
    195, 196, 202, 203, 207, 210, 211,
    212, 213, 215, 250, 256, 280, 293,
    298, 299, 385
Kaldenbach, C. 69, 152, 251, 252, 255,
    262, 265, 379, 389, 409, 413, 414,
    418, 425ff.
Kaldenbach, C. (d. J.) 439
Kallimachos 68
Kant, I. 13, 75, 375
Kappes, E. 108, 116
Kassel, R. 79
Katharina II, Kaiserin von Rußland
    353
Kaufmann, G. 387, 389, 392, 394, 395,
    396, 398, 400
Kayser, W. 29, 30, 49, 145, 159, 162,
    189, 414, 417
Keckermann, B. 265, 412
Kedd, J. 364, 402
Kehrbach, K. 287
Keimann, C. 193, 195, 273, 293, 296,
    413
Keller, J. 256, 257, 357, 359
Kelso, R. 370
Kempe, M. 140
Kern, M. 427, 442
Kettler, H. K. 35
Keuler, J. 278
Kieslich, G. 373
Kimpel, D. 58
Kindermann, B. 52, 57, 58, 65, 162,
    164, 165, 168, 176, 183, 262, 275,
    386, 416, 444
Kindermann, H. 101, 102, 303, 325,
    352, 409
Kindig, W. 344, 349
Kink, R. 392, 393
Kirchmann, J. 265
Kitzhaber, A. R. 407
Klaj, J. 36, 42, 43, 73, 74, 79, 233, 235,
    262, 302, 375, 413, 432
Klein, U. 255

Kleinwechter, V. 299
Klesczewski, R. 372
Klopstock, F. G. 24, 69, 216, 319, 375
Klüpfel, K. 378, 380, 429, 438, 445
Kober, A. H. 326
Koberstein, A. 223
Koch, H. 416
Koch, L. 322, 324, 354
Koch, L. 306, 391
Koeber, J. F. 266
Köchlin, M. 420
Köler, C. 262, 267, 294, 298, 303, 315,
    429, 430
Kölmel, A. F. 178
König, J. U. von 186, 229
Körner, J. 26
Kohlschmidt, W. 33
Kolb, J. 430
Koldewey, F. 414
Kolitz, K. 316, 323
Korn, A. 72
Korte, G. 82
Koschlig, M. 117, 225
Koschwitz, J. D. 428
Krabbe, O. 422
Kraus, A. 368
Krause, W. 91
Krauss, W. 125, 130, 131, 136, 140
Krohn, P. G. 32
Kroll, W. 235, 403
Kromayer, A. G. 143
Kromayer, H. 199
Kromayer, J. 248, 279
Krüger, G. T. A. 306
Krummacher, H.-H. 83
Kuffstein, H. L. Freiherr von 229
Kuhlmann, Qu. 42, 57, 77, 216, 221,
    222, 232, 257, 261, 295, 296, 316,
    409
Kundmann, J. C. 296
Kytzler, B. 41

Laas, E. 260
Lang, F. 349ff., 356
Lang, R. A. 330, 408, 415
Lange, G. 167, 180
Lange, K.-P. 39
Langen, A. 21, 76, 77
Lansius, T. 378, 379, 382, 430, 431, 434,
    436
Laporte, L. 148, 405
Lauremberg, J. 95, 115, 120, 121, 163,

166, 233, 247, 251, 384, 413, 414, 415, 455
Lauremberg, P. 375, 409, 412, 413, 414, 415, 434, 446
Laurentius von Schnüffis 104, 123
Lausberg, H. 51, 52, 53, 55, 150, 151, 268, 269, 270, 271, 272, 287, 362, 372
Lauterbach, W. A. 429
Lauxmin, S. 266
Laverrenz, C. 414
Lazarowicz, K. 84
Leake, R. E. 247
Le Hir, Y. 57
Lehmann, C. 61, 165
Lehnerdt, A. 426
Leibniz, A. C. 198
Leibniz, G. W. 7, 30, 171, 193, 198, 403
Leibniz, J. F. 198
Lemcke, C. 24, 216
Lenz, J. M. R. 375
Leo, F. 41
Leopold I, Kaiser 145, 148, 229, 325, 326
Lesky, A. 8
Lessing, G. E. 79, 81, 84, 266, 348
Leube, H. 367
Levy, H. L. 70
Levy, R. 45, 61, 66
Lewalter, E. 403
Lhotsky, A. 419
Lindqvist, A. 225
Linn, M.-L. 12, 54
Lipsius, J. 62, 65, 98, 137, 158, 174, 199, 256, 257
Livius 254, 274, 287, 335, 421, 442
Ljungerud, I. 427
Lobwasser, A. 374
Locke, J. 247, 376, 405
Löffler, S. 199
Löhneysen, H.-W. von 17
Löwenstern, M. A. von 229
Löwith, K. 8
Logau, F. von 46, 79, 95, 110, 115, 119, 120, 121, 122, 140, 141, 229, 230, 234, 315, 373, 409
Lohenstein, D. Casper von 24, 30, 42, 43, 59, 60, 70, 79, 82, 88, 102, 112, 117, 122, 142, 143, 144, 145, 146, 147, 148, 149, 189, 216, 219, 221, 222, 229, 230, 237, 261, 281, 286,

316, 317, 386, 405, 409, 429, 449, 450, 454
Loos, E. 369, 370
Lope de Vega, F. 87, 100, 101, 104
Loredano, G. F. 103
Lotichius, P. 66, 430
Lotze, E. 155
Lucae, F. 318
Lucan 41, 62, 63, 70, 255, 257, 274, 359
Lucilius 68, 95
Lucrez 321
Luder, P. 419, 420, 423, 431
Ludovici, G. 215
Ludwig XIV, König von Frankreich 81, 186, 367
Ludwig, Herzog von Württemberg 438
Ludwig IV (d. Bayer), Kaiser 157
Ludwig Friedrich, Herzog von Württemberg 380
Ludwig, Fürst von Anhalt-Köthen 228, 229, 386, 388
Lübke, W. 10
Lücke, J. 151
Lünig, J. C. 80, 170
Lukian 95, 96, 97, 99, 114, 115, 125
Lund, Z. 413
Lunding, E. 24, 27, 148
Luther, M. 20, 110, 159, 160, 164, 168, 183, 201, 259, 260, 262, 269, 282, 290, 304, 305, 308, 311, 396, 397, 400, 410

Maassen, J. 304, 305, 311, 313
Maché, U. 58, 227, 373
Machiavelli, N. 136, 138, 147
Macropedius, G. 311
Maecenas 69
Maehler, H. 235
Männling, J. C. 61, 80, 261, 286, 375, 409
Maggioni, J. 7
Mahler, B. 377, 382, 384
Maier, H. 137
Mainusch, H. 59
Maior, E. 261, 317, 365
Major, G. 312
Majut, R. 110, 113
Maldonado, F. 125
Manheimer, V. 25, 31
Mannack, E. 307
Marc Aurel 94

Margareta Teresia, Infantin von Spanien 145
Maria Theresia, Kaiserin 417
Marino, G. 39, 62, 77
Markwardt, B. 49, 55, 76, 106, 109
Martial 45, 61, 62, 66, 103, 141, 255, 256, 274, 321, 357, 359
Martin, A. von 8
Martin von Cochem 80, 82, 326
Marullus, M. 67
Mascus, M. 293
Masen, J. 44, 76, 186, 316, 348, 357, 358, 359, 364, 365, 366, 449
Maternus 76
Matthias, A. 249, 277, 279
Maurer, F. 246
Maximilian I, Kaiser 420
Maximilian, Herzog von Bayern 325, 357
Meid, V. 65, 80, 83
Meier, W. 374, 375
Meier-Lefhalm, E. 46, 81
Meinecke, F. 136
Meisner, B. 400
Meister, J. G. 44
Melanchthon, P. 153, 160, 243, 244, 245, 260, 262, 264, 265, 266, 269, 272, 276, 277, 285, 286, 288, 305, 306, 323, 328, 332, 333, 368, 369, 374, 391, 397, 408/09, 410, 421, 422, 423, 424, 434, 443
Menander 68, 69, 270, 272
Menantes: s. Hunold, C.
Mencke, J. B. (Philander von der Linde) 230
Mencke, O. 215
Mendlin, J. 424
Menéndez y Pelayo, M. 372
Merian, M. 109
Merkel, G. 82
Merkel, H.-U. 116
Mertz, G. 258, 260, 261, 262, 275, 285, 290, 328, 330, 336, 337, 341, 342, 345, 360
Metzger, E. M. 122
Meyer, G. 391
Meyer, Heinr. 103
Meyer, Herm. 54, 71, 84, 242, 443
Meyfart, J. M. 48, 52, 57, 58, 74, 141, 160, 161, 162, 163, 164, 168, 169, 171, 182, 183, 184, 230, 233, 262, 322, 389, 409, 432, 444

Michelangelo Buonarotti 8
Michelsen, P. 257
Michiele, P. 103
Micyllus, J. 285, 305, 333, 389
Milch, W. 24
Milton, J. 77, 84, 241, 251, 453
Minor, J. 305
Mitchell, J. F. 79
Mitrovich, M. 115
Mitternacht, J. S. 266, 302, 314, 315
Möller, R. 246, 291/92, 293, 294, 295, 296, 298, 299, 302, 308, 309, 318, 319, 427
Mohrenfeldt, G. K. von 232
Molière 104
Moller, H. 313
Montaigne, M. de 247, 275, 276, 376
Montano, R. 45
Montenay, G. de 139
Moog, W. 245, 248
Morel-Fatio, A. 144
Morhof, D. G. 44, 69, 70, 159, 176, 193, 251, 261, 276, 412, 413, 414, 415, 426, 433, 434, 435, 442, 446, 449
Moritz, Kurfürst von Sachsen 155
Morus, T. 96
Moscherosch, J. M. 102, 123, 234, 279, 291, 375, 381, 388, 406, 449, 454
Mosellanus, P. 290
Mühlpfort, H. 69, 193, 261, 375, 409
Müller, A. 13, 20, 75
Müller, C. 316
Müller, E. 265
Müller, Georg 160, 161
Müller, Günther 23, 27, 28, 29, 31, 35, 36, 48, 49, 65, 71, 72, 73, 76, 78, 83, 84, 85, 89, 103, 105, 120, 122, 216, 217, 328, 345, 348, 354, 369, 373, 386, 405, 406
Müller, H. von 142, 429
Müller, J. 277, 344, 346, 348, 349, 357, 365
Müller, M. H. 359
Müller-Schwefe, G. 77
Munteano, B. 55
Muret, M. A. 194, 255, 256, 257, 441
Murphy, J. J. 407
Mylius, G. 427, 428

Nadeau, R. 269

Nadler, J. 354
Naogeorgus, T. 311, 364
Naudaeus, G. 137
Naumann, H. 27
Neander, J. 262, 264, 288, 375, 409
Nelson, L. 77
Nelson, R. 104
Nesselrode, F. Freiherr von 148
Nessler, N. 346
Neukirch, B. 45, 69, 70, 167, 178, 179,
    186, 261, 309, 375, 384, 409, 413
Neumann, C. W. 352
Neumann, F. 374, 375
Neumark, G. 61, 140, 388
Neumeister, E. 76, 191
Neuß, F. J. 212, 219
Neveux, J. B. 156
Newald, R. 31, 32, 35, 142, 166, 195,
    216, 225, 229, 232, 313, 314, 322,
    326, 358, 388, 410
Nickisch, R. M. G. 157, 158, 165, 179,
    182, 185
Niemann, G. 289
Nietzsche, F. 3ff., 7ff., 11ff., 16ff., 22,
    36, 39, 63, 64, 73, 74, 353, 450
Norden, E. 41, 48, 51, 54

Ochse, H. 97
Oestreich, G. 137
Oliva, J. P. 360
Omeis, M. D. 45, 69, 229, 413, 418,
    445
Ong, W. J. 246, 247
Opdycke, L. E. 372
Opitz, M. 24, 26, 28, 35, 43, 45, 47,
    48, 57, 61, 64, 66, 67, 69, 74, 75,
    78, 79, 160, 168, 172, 183, 186, 188,
    216, 221, 222, 227, 228, 230, 232,
    244, 250, 251, 261, 267, 294, 312,
    314, 323, 326, 374, 375, 401, 409,
    413, 414, 418, 426, 437, 444, 449,
    454
Osiander, L. 434
Ott, H. 46, 82
Otto, G. F. 190
Ovid 40, 41, 61, 62, 63, 66, 68, 235,
    252, 255, 256, 270, 284, 288, 297,
    321, 334, 356, 441
Owen, J. 45, 453

Pachtler, G. M. 329
Pahner, R. 383

Palladio, A. 19
Pallavicino, F. 44
Palm, H. 23, 311
Pannenborg, A. 301
Paracelsus 415
Paratore, E. 62
Parthenios 68
Pascal, B. 7, 354
Pascal, R. 33, 58
Paul, E. 10
Paulinus von Nola 68
Paulsen, F. 108, 220, 226, 243, 246, 249,
    259, 263, 264, 285, 302, 318, 324,
    328, 330, 363, 377, 381, 385, 387,
    389, 390, 391, 392, 398, 407 408,
    411, 417, 419, 421, 423
Paulus 404
Peregrini, M. 44
Persius 274, 321, 442
Peter, K. 120, 415
Petit, L. D. 265, 266, 267
Petrarca, F. 396
Petsch, C. 197
Peucer, D. 168
Peucker, N. 261, 409
Pfanner, H. 410
Philipp IV, König von Spanien 145
Philipp Ludwig, Pfalzgraf von Zwei-
    brücken 423
Piel, F. 40
Pindar 235, 257
Platel, M. 196
Platon 13, 75, 92, 94, 126, 136, 151,
    246, 432
Plautus 62, 255, 270, 274, 307, 310,
    346
Pliester, H. 42
Plinius d. Ä. 274
Plinius d. J. 256, 274, 422, 441
Plutarch 284
Polzius, J. 280
Pomay, F. 266
Pontanus, J. 210, 351, 352, 364
Possevino, A. 327
Postel, C. H. 81
Powell, H. 406
Praetorius, E. 410
Prätorius, O. 227, 418
Prantl, C. 394
Praz, M. 357
Printz, W. C. 409
Pritius, J. G. 76

Prokop von Templin 80, 82, 92, 326
Properz 235, 334
Publilius Syrus 283
Pütz, P. 18
Pufendorf, S. 202
Pyritz, H. 28, 35, 60

Quenstedt, J. A. 401
Quevedo y Villegas, F. G. de 102
Quinault, P. 111
Quintilian 53, 54, 56, 63, 152, 159,
    188, 191, 192, 235, 252, 253, 269,
    270, 271, 272, 273, 274, 319, 336,
    337, 370, 402, 403, 412, 437
Quintus (Bruder Ciceros) 334

Rabe, H. 156
Rachel, J. 60, 232, 262, 375, 414, 415,
    453
Racine, J. B. 84, 241, 453
Radau, M. 44
Rahner, H. 331
Raimondi, E. 41
Ramus, P. 246, 291
Rappolt, F. 198, 200
Ratichius (Ratke), W. 245, 246, 247,
    278, 288, 381
Rauhe, H. 50
Rauscher, J. M. 430, 431, 443
Reble, A. 245
Rehm, W. 5
Reich, G. 287
Reichel, E. 167
Reichert, E. O. 81, 401, 402
Reichert, G. 426, 427, 428, 429, 443
Reiff, A. 59
Reimarus, E. 348
Reinhardstöttner, K. von 311, 326, 373
Rettenpacher, S. 324, 409
Reuchlin, J. 421, 425
Reuter, C. 83, 112, 198, 454, 455
Reyher, A. 279
Richter, D. 163, 164, 165, 166, 168,
    169, 170, 174, 177, 182, 188, 266,
    273
Richter, L. 193, 215
Rieck, W. 348
Ried, P. E. 407
Riederer, J. F. 53, 159
Riemer, J. 118, 167, 175, 178, 180, 262,
    289, 315, 377, 384, 409, 413, 434
Ries, K. 191

Righter, A. 88
Rioux, G. 278
Risse, W. 165
Rist, J. 75, 107, 108, 118, 119, 123,
    228, 307, 314, 315, 388, 409, 449
Ristow, B. 166, 251
Ritter, G. 136
Roberthin, R. 427, 428
Rockinger, L. 156
Rollenhagen, G. 313
Roloff, H.-G. 311
Rompler von Löwenhalt, J. 229
Rondeck, G. D. von 203, 204, 206,
    207
Ronsard, P. 77, 454
Rosalsky, R. 207, 208, 256, 264, 266,
    380, 382
Rosenfeld, E. 79
Roseno, A. 49, 182, 185
Rosenroth, C. Knorr von 229
Rosenthal, P. 248, 332
Rossi, P. 247
Rotermund, E. 16, 281
Roth, F. 82
Rothe, A. 124
Rotrou, J. de 87, 104
Rotth, A. C. 262
Rousseau, J. J. 320
Rousset, J. 100
Rouveyre, A. 21
Ruarus, M. 374
Ruckensteiner, C. 427
Rudolf August, Herzog von Braun-
    schweig-Lüneburg 382
Rudolf I von Habsburg 157
Rüdiger, H. 65, 68
Rüegg, A. 53
Rütsch, J. 104
Rystad, G. 81

Saavedra Fajardo, D. de 147, 148
Sabinus, G. 389, 424
Sacer, G. W. 375, 409
Sachs, H. 404, 405
Sälzle, K. 89, 100, 119, 170
Salin, E. 8
Sallust 65, 274, 335, 380
Salm, P. 7
Sappho 30, 68
Sattler, J. R. 158
Saunders, J. L. 98
Saur, A. 158

Sauter, J. L. 143
Scaliger, J. C. 45, 48, 68, 69, 70, 182, 184, 272, 273, 433
Schadewaldt, W. 68
Schaefer, K. 219
Schaller, K. 245, 279, 318, 382
Schede Melissus, P. 66, 226
Scheffler, J. (Angelus Silesius) 22, 46, 80, 81, 106, 107, 112, 115, 144, 202, 261, 402, 409, 455
Scheid, N. 344, 349, 358
Schelling, F. 9
Schelsky, H. 389
Scherer, M. 421
Scherer, W. 216, 222, 245
Scherffenstein, W. Scherffer von 229
Schering, A. 50
Scherpe, K. R. 78
Schertzer, J. A. 202
Schetter, W. 40
Schiller, F. von 9, 20, 71, 84, 443
Schimansky, G. 319
Schimmelpfennig, C. A. 323, 326
Schindel, U. 53, 66, 154
Schings, H.-J. 54, 55, 63, 70, 82, 267, 401
Schirmer, D. 413
Schlechta, K. 15
Schlegel, A. W. 9, 221, 222, 223, 238, 375
Schlegel, F. 9, 13
Schleiermacher, F. 375, 406
Schlenther, P. 217
Schlick, J. 100
Schmid, K. A. 409
Schmid, K. F. 253
Schmid, W. 53
Schmidt, B. 382
Schmidt, C. 260, 261
Schmidt, Er. 121, 314, 315
Schmidt, Exp. 303
Schmidt, H. 246
Schmidt, K. D. 367
Schmitt, W. 318
Schneider, E. 378
Schnell, U. 160, 260, 410
Schnüffis: s. Laurentius von Schnüffis
Schoch, J. G. 413
Schönberger, K. H. O. 360
Schönborner, G. 137, 199, 387
Schöne, A. 22, 61, 84, 101, 105, 106, 119, 139, 148, 357, 358

Schönle, G. 98, 137
Scholte, J. H. 32, 35, 116
Schonaeus, C. 311
Schopenhauer, A. 144, 149
Schorer, C. 166, 375
Schottel, J. G. 237, 238, 258, 306, 307, 375, 386, 388, 413, 444
Schottenloher, K. 227
Schrader, C. 205, 283, 412, 414, 415, 416, 436, 440, 441
Schramm, E. 143, 144
Schreiber, H. 393, 419
Schrinner, W. 372
Schröder, G. 38, 41, 125, 128, 130, 131
Schröteler, J. 341
Schröter, C. 144, 180, 376
Schubart-Fikentscher, G. 314
Schubert, E. 178
Schüling, H. 404
Schüz, C. W. C. 378
Schulenburg, G. A. Baron von der 205, 206, 209
Schulte, H. K. 191
Schulte, J. C. 326
Schulte, W. 354
Schupp, J. B. 81, 101, 115, 139, 141, 162, 163, 164, 169, 171, 173, 174, 176, 196, 267, 274, 279, 291, 375, 376, 377, 378, 381, 388, 390, 391, 434, 435, 446, 449, 450, 455
Schuster, M. 359, 438
Schwarz, E. 88, 102
Schwenter, D. 257
Schwicker, M. 421
Schwieger, J. 413
Schwinge, E.-R. 237
Scipio Africanus 370
Scrivano, R. 37
Scultetus, A. 261
Seckendorff, V. L. von 57, 70, 80, 90, 118, 124, 154, 155, 156, 157, 161, 170, 183, 215, 229, 383, 384, 385, 415, 416
Seckerwitz, J. 422
Seiler, K. 278
Seneca (d. J.) 8, 40, 60, 61, 62, 64, 65, 70, 94, 95, 97, 98, 112, 113, 124, 126, 235, 255, 256, 257, 255, 256, 257, 274, 357, 454
Sengle, F. 78, 83, 236
Serre, J. P. de la 179
Shakespeare, W. 34, 87, 88, 104, 111, 453

Sherry, R. 159
Siber, G. 413
Sidonius Apollinaris 66, 67, 68
Sieber, F. 100
Signer, L. 82, 326
Silius Italicus 274
Silvio Piccolomini, E. 70, 191, 304
Simon Philipp, Graf von Leiningen 202, 203, 204
Simonetti, C. E. 160
Singer, H. 171, 179
Sinold, J. H. (gen. Schütz) 210
Skopnik, G. 303
Sleidanus, J. 205, 416
Smith, D. K. 407
Soarez, C. 152, 265, 270, 330, 336ff., 342, 345, 350, 351, 361
Socin, A. 280
Söter, I. 57
Sofer, J. 92, 105
Sohm, W. 260, 261
Sokrates 95
Solon 68
Sommervogel, C. 333, 336, 337, 363, 364
Spahr, B. L. 42, 111, 140, 386
Specht, T. 392, 393, 400, 404, 408
Spee, F. von 79, 229, 364, 366
Spener, J. 402, 404, 416
Spengler, O. 22
Sperber, H. 166
Speyer, C. 318
Spinoza, B. de 7
Spitzer, L. 88
Spoerri, T. 5, 7, 34
Springer, J. 10
Stachel, P. 60, 66, 98, 257
Stackelberg, J. von 59, 61, 70, 255
Staiger, E. 76, 78
Stammler, W. 375
Statius 40, 41, 61, 62, 63, 64, 66, 68, 69, 255, 256, 257, 272, 274, 357, 359, 433
Steger, H. 316
Steinhausen, G. 24, 83, 135, 139, 141, 166, 381
Stemplinger, E. 69
Stephani, M. 226
Steyns, D. 94
Stieler, K. 44, 65, 80, 167, 176, 177, 182, 189, 203, 225, 233, 386, 413, 416

Stössel, A. 79
Stötzer, U. 52, 53, 76, 81, 82, 152, 158, 161, 170
Stolt, B. 259
Storz, G. 241
Stosch, B. S. von 295, 406, 411
Strada, F. 346
Strauß, D. F. 424
Streckenbach, G. 153
Strich, F. 4, 5, 7, 22, 24, 25, 26, 27, 31, 33, 34, 42
Strobach, H. 32
Stroup, T. B. 92, 94, 115, 124
Stroux, J. 15, 156
Stubenberg, J. W. von 229
Sturm, J. 226, 244, 259, 260, 261, 262, 264, 275, 276, 277, 282, 283, 285, 286, 287, 296, 300, 301, 306, 323, 329, 330, 331, 332, 335, 339, 368, 369, 384, 391, 414
Suarez, F. 198, 403, 405
Sudhoff, K. 277
Sueton 95, 274
Sulzer, J. G. 375
Sypher, W. 37
Szarota, E. M. 87, 104, 142, 145
Szyrocki, M. 33, 58, 83, 138, 215, 221, 235, 251, 290, 295, 316, 365, 411, 427

Tacitus 62, 65, 66, 76, 95, 150, 188, 255, 257, 274, 442
Tade, G. T. 332
Tagliabue, G. M. 52
Talaeus, A. 291
Talander: s. Bohse, A.
Tarot, R. 344
Tasso, T. 5, 34
Tateo, F. 263
Taubmann, F. 62, 66
Teesing, H. P. H. 36
Terenz 255, 270, 274, 282, 283, 284, 287, 290, 307, 308, 310, 311, 312, 313, 334, 346
Tertullian 91
Tesauro, E. 38, 39, 44, 45, 52, 62, 186, 357
Tesmarus, J. 439
Theobald, L. 364
Theokrit 68
Thilo, V. (d. J.) 412, 414, 428, 429
Tholuck, A. 387, 396, 403

Thomas von Aquin 147
Thomasius, C. 30, 136, 144, 148, 149, 220, 383, 384, 409, 415, 416, 417
Thomasius, J. 198, 200, 201, 262, 266, 270, 389, 413, 414, 435, 438, 441
Thorbecke, A. 397
Thukydides 108
Tibull 321, 334
Tiemann, H. 143
Tillyard, E. M. W. 84
Tintelnot, H. 4, 5, 10
Tirso de Molina 113, 114
Titz, J. P. 251, 261, 413, 444
Tollius, C. 265
Tomek, W. W. 393
Topliss, P. 354
Toussaint, G. 50
Tremoli, P. 41
Treuer, G. 61
Trotzendorf, V. 264, 384
Trunz, E. 24, 31, 35, 69, 153, 158, 219, 221, 225, 226, 229, 232, 246, 287, 374
Tscherning, A. 43, 61, 69, 115, 221, 222, 233, 251, 286, 413, 414, 415, 426, 433, 444, 445, 446, 449
Tschirn, F. 318
Turnbull, G. H. 278
Tuve, R. 247

Valerius Flaccus 274
Valmaggi, L. 371
Vasoli, C. 52, 247
Vavasseur, F. 62
Vedel, V. 4
Vehse, E. 368
Veit, W. 51
Velleius Paterculus 274
Verepaeus, S. 158
Vergenhans, J. 419
Vergil 14, 62, 69, 252, 254, 255, 256, 257, 270, 284, 286, 288, 297, 321, 334, 335, 356
Verhofstadt, E. 99, 145, 146, 429
Vespasian 108
Vida, M. G. 62, 68
Viëtor, K. 26, 27, 80, 221, 388
Vilanova, A. 92, 124
Viritius, A. 98
Vischer, W. 419
Vitruv 17
Vives, J. L. 97, 98, 128, 129, 158, 279, 283, 396

Vodosek, P. 61
Vogel, C. 210
Vogel, H. 178
Vogt, C. 377
Vogt, E. 28, 121, 217
Voigt, G. 64
Volkmann, R. 15, 68, 74
Vollmer, F. 41
Voltaire, F.-M. 354
Vondel, J. van den 87, 316
Vorstius, A. 441
Voß, J. H. 375
Vossius, G. J. 48, 58, 65, 69, 152, 153, 163, 265ff., 275, 286, 287, 337, 338, 356, 362, 412, 414, 418
Vossius, I. 268
Vosskamp, W. 108, 109, 146, 147
Vossler, K. 23, 89, 100, 114, 125

Wagner, F. 360
Wagner, R. 6, 7, 9, 20
Wais, K. 23
Waldberg, M. von 180, 197
Wallace, K. R. 57, 407
Wallenstein, A. von 107
Walzel, O. 7, 22, 34
Wandruszka, M. 370
Wanke, C. 41, 63
Warnke, F. J. 92, 105
Wasmuth, J. G. 410
Watteau, A. 102
Weber, E. 400
Wechsler, G. 49, 58, 162, 167, 319, 320
Weckherlin, G. R. 42, 373, 409
Wegele, F. X. von 392
Wehrli, M. 251/52
Weidling, C. 167, 180
Weigel, V. 279
Weil, H. H. 232
Weinberg, B. 57
Weisbach, W. 95, 354
Weise, C. 30, 31, 44, 48, 52, 56, 58, 61, 64, 65, 69, 70, 75, 93, 104, 105, 135, 136, 142, 144, 148, 149, 167ff., 176ff., 190ff., 193ff., 202ff., 215ff., 220, 230, 234, 244, 248, 249, 251, 255, 256, 262, 265, 266, 273, 275, 280, 286, 288, 289, 291, 293, 296, 297, 298, 301, 305, 308, 309, 310, 314, 318, 319, 358, 362, 375, 383, 384, 385, 404, 405, 413, 417, 440, 449

Weise, E. 193
Weise, G. 36
Weise, R. 211
Weithase, I. 160, 165, 170, 259, 275, 280, 313, 326, 404, 406, 410, 415, 416, 426
Wellek, R. 3, 4, 5, 6, 20, 33, 34, 36, 354
Wendland, U. 49, 143, 178, 179, 369, 381
Weniger, L. 248
Wentzlaff-Eggebert, F.-W. 67, 251, 316, 366
Werder, D. von dem 229, 375, 387/88
Werdermann, P. 227
Wernicke, C. 81, 204, 221, 222, 405
Wetstein, R. 403
Wetzel, J. C. 202, 214
Weydt, G. 117, 373
Weyhe, E. von 137
Wich, J. 197, 212, 217, 219
Widmann, H. 441
Wiebel, J. 434
Wiedemann, C. 22, 36, 43, 44, 55, 73, 74, 234, 235, 302, 417
Wieland, C. M. 375
Wilamowitz-Moellendorff, U. von 8, 9
Wilhelm V, Herzog von Bayern 325
Will, H. 102
Williamson, G. 65
Wilms, H. 232
Wimpfeling, J. 312
Wind, E. 95
Windfuhr, M. 16, 43, 44, 45, 55, 56, 58, 60, 61, 72, 73, 100, 107, 111, 118, 122, 162, 170, 255
Winkler, E. 82
Winkler, E. G. 100
Wintterlin, D. 99
Wlczek, H. 344
Wodtke, F. W. 80

Wölfflin, H. 5, 7, 25, 26
Wolf, E. 138
Wolff, C. 247
Wolff, H. M. 321
Worringer, W. 22
Wülfing-von Martitz, P. 16
Wünschmann, M. 167, 172, 182, 187, 192, 198, 205, 211, 212, 214, 215, 256, 280, 301
Wundt, M. 403
Wychgram, M. 53
Wyle, N. von 53, 159, 191
Wylson, T. 159

Xenophon 284

Zachariae, J. F. W. 69
Zaehle, B. 135, 139, 143, 144, 166, 168, 180, 184, 369, 372, 381
Zanta, L. 98
Zarncke, F. 395, 396
Zarneckow, M. 280
Zedler, J. H. 142, 177, 202, 206, 426
Zeeden, E. W. 381
Zehrfeld, R. 138
Zeidler, J. 344
Zeigener, C. 382
Zeiller, M. 165
Zemann, H. 58
Zesen, P. von 36, 57, 65, 80, 102, 112, 221, 227, 228, 229, 231, 232, 381, 413, 435, 444, 450
Ziegler, T. 246
Zielinski, T. 153
Ziesemer, W. 427
Zigler und Kliphausen, A. von 102, 229, 385
Zincgref, J. W. 61, 110, 136, 139, 409
Zinzendorf, N. L. Graf von 229
Zürcher, R. 102
Zwengel, J. P. 158

Karl Bertau
Deutsche Literatur im europäischen Mittelalter
Band I

KARL BERTAU

# DEUTSCHE LITERATUR
# IM EUROPÄISCHEN MITTELALTER

BAND I: 800–1197

VERLAG C. H. BECK MÜNCHEN

Mit 22 Textabbildungen

ISBN 3 406 03893 X

Umschlagentwurf von Walter Kraus, München
© C. H. Beck'sche Verlagsbuchhandlung (Oscar Beck), München 1972
Satz und Druck: Georg Appl, Wemding
Printed in Germany

# VORBEMERKUNG

Historischer Gehalt ist nur als Theorie von geschichtlichen Konfigurationen freizusetzen. Ihre Konstruktion ist Erkenntnisinstrument, nicht Wirklichkeitsersatz. In diesem Sinn bildet der hier gegebene Zusammenhang Argument und erhebt Anspruch auf Wahrheit, obgleich in ihm kein Detail als so und nicht anders behauptet werden will. Ich habe mir Mühe gegeben, alles Einzelne mit möglichster Präzision vorzustellen, auch da, wo ich nach bewährtem Brauch hätte vage oder stumm bleiben sollen: Erkennbare Fehler verbergen den Staub weniger als Halbschatten. Visiert ist auch mit Zeugnissen aus anderen Wissenschaftssparten nur jene Ecke des europäischen Mittelalters, in der die deutsche Literatur aufgesucht wird. Um möglichst wenig Gerüchte über die hier zu verhandelnden Zeugnisse zu nähren, ist möglichst viel von ihnen mitgeteilt worden. Zitate sind übersetzt. Ihr fremdsprachiger Wortlaut hätte Verständnisfehler nur versteckt. Der Interessierte wird die Orientierung an den Quellen nicht scheuen, die in den Nachweisen genannt sind. Wer Übersetzungen wie anderes Mitgeteilte für fertige Fakten nähme, würde sich nur dem Fetischcharakter dieser Ware beugen. Gerne danke ich für Aufmerksamkeit, Ermutigung, Hilfe, Kritik und Nachsicht:

Carlo Baumgartner, Ernst Becker, Franziska Becker, Christian Bertau, Marie-Cécile Bertau, Philippe Bertau, Rosmarie Bertau-Becker, Monique Birghoffer, Bernhard Böschenstein, Gesa Bonath, Helmut Brackert, Hans Brand, Traute Brand-Cittadini, Margaret Bridges-Perrelet, Anton Brigger, Horst Brunner, Andrée Calcat-Bertau, Sylvie Campiche, Enrico Castelnuovo, Paul Celan, Lucien Dällenbach, Suzanne Diezi, Roger Dragonetti, Frank Dunand, Hansjörg Eiff, Hans Fiechter, Giovanni Fiore-Donno, Jürgen Fischer, Claudine Froidevaux, Ulrich Fülleborn, Bernard Gagnebin, Jeanne-Marie Gagnebin, Madeleine Gahigiri, David Ganz, Peter Ganz, Kurt Gärtner, Louis Grodecki, Herbert Grundmann, Hermann Heimpel, John Edwin Jackson, Leslie Peter Johnson, Verène-Françoise Kaeser, Klara Kaeslin, Joseph Klein, Theodor Kochs, Walter Kraus, Hugo Kuhn, Ruth Kühner, Johannes Leiskau, Walter Lenschen, Wolfram Leonhardi, Rachel Lichtmann, Manuel Lopez-Pardiñaz, Cherifa Magdi, Friedrich Maurer, Peter Märki, Eliane Morillon-Räkel, Andrée Fernand Mossé, Adolf Muschg, Friedrich Neumann, Hans Neumann, François Paschoud, Gerd-Dietmar Peschel, Frederick Pickering, Gerhart Pickerodt, Walter Popp, Peter Radtke, Hans-Herbert Räkel, Sylvia Ranawake, Daniel Rocher, Paul Rousset, Harald Rüssel, Kurt Ruh, Hansjoachim Schlesinger, Elisabeth Schmid, Peter Schünemann, Ruth Silbermann, Kaspar Spinner, Jean Starobinski, Rudolf Stephan, Xenia Stephan, Hans Strauch, Peter Szondi, Ronald Taylor, Michael Theunissen, Marguerite Tschopp, Marie-Humbert Vicaire, Werner

Vycichl, Christian Wagenknecht, Wilfried Wagner, Wolfgang von Wangenheim, Martin Weber, Beatrice Weder-Buchmüller, Max Wehrli, Peter Wiekkenberg, Georges Willemin, Roy Wisbey, Ulrich Wyss.

Geschrieben ist das Buch auf Grund von Vorlesungen, die ich 1965 bis 1972 in Genf gehalten habe, zwischen dem 1. November 1970 und dem 2. Februar 1972. Dabei mußte das Vorlesungsmanuskript gekürzt werden, leider auch um Bild- und Kartenbeispiele. Verweisungen versuchen den Schaden wettzumachen. Von gelehrter Literatur ließ sich nur das an fremdsprachigem Ort Zugängliche beiziehen. Allenthalben drängte sich die Entscheidung fürs Jetzt-Mögliche gegen das schlechthin Perfekte auf. So habe ich es auch nicht über mich gebracht, den Setzerinnen die nachträgliche Korrektur aller kleinen Inkonsequenzen abzufordern, die in meinem Manuskript standen. Nur ein ganz ausgekochter Pedant möchte da Ärgernis nehmen. Es ist schade, daß die zwei Bände nacheinander erscheinen müssen. Bezeugen möchte ich schließlich, daß mir das Schreiben des Buches nicht nur Sorge und Mühe sondern auch ein ganz ungemeines Vergnügen bereitet hat.

*Chêne-Bougeries/Genève am 7. März 1972*
*Erlangen am 6. Oktober 1972*                    *Karl Bertau*

# INHALTSÜBERSICHT DER BEIDEN BÄNDE

## BAND I

*Einleitung: Weltreich und Heilsgeschichte* . . . . . . . . . . . . . .   1

*I. Teil: Von der fränkischen Spätantike zum Imperium Sacrum*

  1. Fränkische Spätantike und vulgärsprachliche Literatur . . . . . .   41
  2. Gesellschaftliche Darstellungsformen im zerteilten Franken-
     imperium . . . . . . . . . . . . . . . . . . . . . . . . . . . . . .   57
  3. Sächsische Renovatio Imperii . . . . . . . . . . . . . . . . . .   74
  4. Römertum und Christentum der Jahrtausendwende . . . . . . .   87
  5. Imperiale Erneuerung der weströmischen Kirche . . . . . . . .   106

*II. Teil: Translatio Imperii auf die weströmische Kirche*

  6. Universaler Herrschaftsanspruch und konkurrierende Herr-
     schaftsgefüge . . . . . . . . . . . . . . . . . . . . . . . . . . .   123
  7. Heilshorizonte des Kirchenvolks . . . . . . . . . . . . . . . .   131
  8. Realität und Begriff . . . . . . . . . . . . . . . . . . . . . .   141
  9. Lateinische und vulgärsprachliche Literaturwerke im Herr-
     schaftsbereich der weströmischen Kirche . . . . . . . . . . .   163
  10. Die militia christiana der weströmischen Kirche . . . . . . . .   179
  11. Erste Konflikte zwischen Besonderem und Allgemeinem . . . . .   197
  12. Vergänglichkeit und Heilsgeschichte in vulgärsprachlicher
     Dichtung . . . . . . . . . . . . . . . . . . . . . . . . . . . . .   213

*III. Teil: Wanderung der Weltgeschichte nach Frankreich*

  13. Translatio humanae potentiae nach Frankreich . . . . . . . .   227
  14. Translatio sapientiae nach Frankreich . . . . . . . . . . . . .   253
  15. Translatio religionis nach Frankreich . . . . . . . . . . . . .   281
  16. Problematische Teilhabe des Imperiums an der Weltgeschichte .   316
  17. Zeitwende in der weströmischen Welt . . . . . . . . . . . . .   345

*IV. Teil: Kaiser Karl und König Artus*

  18. Honor et pecunia. Konstellation der frühen Barbarossazeit . . .   387
  19. Heroische Herrschaftstradition und ritterliche Gegenwart . . . .   415
  20. Horizonte einer französisch-deutschen Ritterkultur . . . . . . .   484

21. Politische Wirklichkeit und ritterliche Fiktion . . . . . . . . . . 570
22. Aventiurewelten jenseits der gewohnten Grenzen . . . . . . . . 591
23. Ritterliche Welt im Augenblick des dritten Kreuzzugs . . . . . 654
24. Negierte Ritterlichkeit . . . . . . . . . . . . . . . . . . . . . . . 696
25. Katastrophe im höfischen Imperium . . . . . . . . . . . . . . . 749

## BAND II

*V. Teil: Mittelhochdeutsche Literaturblüte im gespaltenen Imperium*

26. Literatur als Erkenntnisrahmen für eine ungeborgene Welt
27. Die Scherben des Reiches
28. Kreuzzug gegen Christen und Ketzer
29. Schwankende Fortuna und wechselhafte Charaktere in der höfi-
    schen Welt Deutschlands 1202 bis 1209
30. Poesie als Kommentar. Gotfrids ‹Tristan›-Fragment
31. Abstraktwerden des Stofflich-Konkreten: Abschluß des ‹Parzi-
    val›
32. Verwandelter Horizont ritterlicher Lyrik. Neidhart und Wal-
    ther
33. Inkonsistentes Kaisertum und partikuläre Frömmigkeit
34. Der Heilige Karl und der Heilige Petrus
35. Franziskus und Neidhart in Ägypten. Kreuzzug nach Damiette
36. Aporie christlicher Ritterkunst. Spätwerk Wolframs

*Anhang*

Nachweise
Bildquellen
Datenregister
Namenregister

*Tafelteil*

# INHALTSVERZEICHNIS
## DES ERSTEN BANDES

*Einleitung. Weltreich und Heilsgeschichte*

Geschriebene Vulgärsprache . . . . . . . . . . . . . . . . . . . . . . .  1
Abrogans und Codex Argenteus (1) – Bedeutung des Unterschiedes (1) –
Deutschsprachige Literatur im römischen Imperium (2) –

Weltreiche . . . . . . . . . . . . . . . . . . . . . . . . . . . . . . .  3
‹Die Weltgeschichte geht von Osten nach Westen› (3) – Exodus und Ge-
fangenschaft (4) – Wechsel der Weltreiche (4) – Das letzte Weltreich des
Daniel (7) – Fülle der Zeiten (8) –

Verwandlung und Translatio des römischen Imperiums . . . . . . . . .  13
Römer und Germanen (13) – Verwandlung und Christianisierung des
Imperiums (14) – ‹Translatio Imperii› auf die Franken (20) –

Literatur und Geschichte . . . . . . . . . . . . . . . . . . . . . . . .  21
Zivilisatorischer Rahmen des Erkenntnisinteresses (21) – Das erkennende
Subjekt in der frühen Germanistik (23) – Diachronische und synchronische
Momente in der frühen Germanistik (24) – Literaturgeschichte des nationalen
Selbst bis in die Gründerjahre (25) – Organisation als Erkenntnisvoraus-
setzung (26) – Innerlichkeit, Öffentlichkeit und Aktualität der Erkenntnis
(28) – Erkenntnisinteresse und erkennendes Subjekt in der Rezeptionsästhetik
(31) – Literatur und Gesellschaft (34) – Geschichte als Heilsgeschichte (35) –


## ERSTER TEIL
### VON DER FRÄNKISCHEN SPÄTANTIKE
### ZUM IMPERIUM SACRUM

*1. Kapitel. Fränkische Spätantike und vulgärsprachliche Literatur* . . .  41

Politischer und geistlicher Sinn . . . . . . . . . . . . . . . . . . . . .  41
Königsheil, Taufgelöbnis und Vaterunser-Übersetzungen (41) – Benediktinerregel und Benediktinerkloster (44) – Aachener Pfalz und Hofschule Karls
des Großen (46) –

Problematische Identität . . . . . . . . . . . . . . . . . . . . . . . .  48
‹Hildebrandslied› (48) – Einhards Karlsporträt (49) – Tatian-Übersetzung und
‹Heliand›-Epos unter Ludwig dem Frommen (51) –

Mißtrauen und Verrat als Ergebnis . . . . . . . . . . . . . . . . . . .  54
Angilberts Gedicht über die Schlacht von Fontenoy (54) – Straßburger Eide
(55) –

*2. Kapitel. Gesellschaftliche Darstellungsformen im zerteilten Fran-
kenimperium* . . . . . . . . . . . . . . . . . . . . . . . . . .        57

Literarische Verschlüsselung auf vulgärsprachlich im Ostreich . . . .        57
Otfrids Widmung ‹Ad Ludowicum› (57) – Poetische Umdeutung des Vaterunsers (58) – Mehrfacher Schriftsinn (59) –

Hofkultur im Westreich . . . . . . . . . . . . . . . . . . . . .        61
Hofschule Karls des Kahlen (61) – Das Himmelsöl von Reims (62) – Rezeption des Areopagiten (63) –

Korruption des fränkischen Römerreichs . . . . . . . . . . . . . . .        64
‹Ludwigslied› (64) – Notker Balbulus und die Sequenz (65) – ‹Waltharius›
(67) – ‹Muspilli› (68) – Feodalismus (69) – Beginn der Klosterreform (71) –
Römische Zustände (72) –

*3. Kapitel. Sächsische Renovatio Imperii* . . . . . . . . . . . . . .        74

Karls-Tradition und Caesarentum . . . . . . . . . . . . . . . . .        74
Aachener Krönung (74) – Die ottonische Kaiserkrone (75) – Kaiserkrönung
Ottos I. (77) –

Discretio und Relatio . . . . . . . . . . . . . . . . . . . . . .        78
Römisches und nichtrömisches Caesarentum (78) – Gernrode, Gerokreuz
und Gerocodex (80) – Nationale Differenzierung (82) –

Theophanu, Adelheid und Cluny . . . . . . . . . . . . . . . . . .        84
Regentschaft der Theophanu (84) – Adelheid und Cluny, der Bau von Cluny
II (84) – Cluny und Gorze (86) –

*4. Kapitel. Römertum und Christentum der Jahrtausendwende* . . . .        87

Servus Apostolorum et Romanorum Imperator Augustus . . . . . . .        87
Boethius-Rezeption (87) – Das Römertum Ottos III. (89) – Wallfahrt, Römer-
aufstand und Tod Ottos III. (91) –

Laienreligiosität, Kunst und Gelehrsamkeit . . . . . . . . . . . . .        92
Ketzer und Wallfahrer (92) – Heinrich II. und das Basler Antependium (94) –
Hildesheim (96) – Notker Labeo (97) –

Realpolitik als Verzicht auf das Ganze . . . . . . . . . . . . . . .        103
Der ‹analphabete Laie› (103) – Chuonradus Dei gratia Romanorum Imperator
Augustus (104) – Konrad II. und die Ministerialität (105) –

*5. Kapitel. Imperiale Erneuerung der weströmischen Kirche* . . . . .        106

Heinrich III. als ‹rex maior› . . . . . . . . . . . . . . . . . . .        106
Lothringische Rebellion und burgundischer Gottesfriede (106) – Geschichte
im ‹Ruodlieb›-Epos (107) – Ministeriale Hausliteratur (109) –

Frühsalische Partikularität . . . . . . . . . . . . . . . . . . . .        111
Literatur am Königshof (111) – Lateinischer Vor-Minnesang, ‹Cambridger
Lieder› (111) – Dom und Evangeliar von Speyer (112) – Willirams Hohelied-
Paraphrase (112) – Hermann der Lahme und Guido von Arezzo (115) –

Kirchenreform durch den Kaiser . . . . . . . . . . . . . . . . . . 116
Sutri und die Anfänge des Reformpapsttums (116) – Normannenkämpfe und
Fürstenverschwörung (117) – Das Ende des Imperium Sacrum (118) –


ZWEITER TEIL

TRANSLATIO IMPERII AUF DIE WESTRÖMISCHE KIRCHE


*6. Kapitel. Universaler Herrschaftsanspruch und konkurrierende
Herrschaftsgefüge* . . . . . . . . . . . . . . . . . . . . . . . . 123

Staatsvolk und Kirchenvolk . . . . . . . . . . . . . . . . . . . . 123
Christliches Staatsvolk und Imperium (123) – ‹Adversus Simonaicos› (123)
– Weltliche Kirchenmacht als Problem (124) –

Regionalherrschaft und Königsgewalt . . . . . . . . . . . . . . . 125
Kaiserin Agnes von Poitou (125) – Anno von Köln und Adalbert von Bremen
(126) – Krongut und fürstliche Territorien. Die Anfänge Heinrichs IV. (126) –

Kirchliches Imperium als ‹regimen universale› . . . . . . . . . . . . .
Erste Investiturkonflikte (128) – Hildebrand von Soana (128) – ‹Dictatus
Papae› und ‹Translatio Imperii› (129) – Horizont für eine vulgärsprachliche
Literatur (129) –


*7. Kapitel. Heilshorizonte des Kirchenvolks* . . . . . . . . . . . . . 131

Christliches und maurisches Spanien . . . . . . . . . . . . . . . . 131
Der Norden und der Süden Spaniens (131) – Philosophie und Poesie in Andalusien (131) – ‹Reconquista› (134) –

Wallfahrerweg nach Santiago de Compostela . . . . . . . . . . . . . 135
Pilgerkirchen (135) – Pilgerstraßen (136) – Cluny, Rom und das christliche
Spanien (136) –

Herrenreligiosität und Pilgerfahrt nach Jerusalem . . . . . . . . . . . 137
Das Gedicht des Bamberger Scholasticus Ezzo (137) – Entstehungsumstände
des ‹Ezzo-Liedes› (139) – Der Jerusalemzug von 1165 (140) –


*8. Kapitel. Realität und Begriff* . . . . . . . . . . . . . . . . . . 141

Doppelgesicht der Natur . . . . . . . . . . . . . . . . . . . . . . 141
Das Naturkundlich-Wunderbare im ‹Ruodlieb› und im ‹Älteren Physiologus›
(141) – Geistliche und physische Natur von König und Priester (142) – Zum
‹character sacramentalis› (143) –

Anselm und die Welt des sogenannten ‹ontologischen Gottesbeweises› 143
Das Kloster Bec und der normannische Feodalismus (143) – Realität und
Begriff bei Augustin und bei Anselm (145) – Kants Kritik und Hegels Meta-
kritik anläßlich des ‹ontologischen Arguments› (148) – Glaube und Erkenntnis
bei Anselm (151) – Begriffsrealismus als historisches Phänomen (152) –

Die politische Realität von Regnum und Sacerdotium . . . . . . . . . .  154
Saulus und Petrus (154) – Ministerialität und Jurisdiction als Waffen
Heinrichs IV. (158) – Realitätssetzende Kraft fürstlicher Sonderinteressen
(160) – Zum Charakter Heinrichs IV. (161) –

*9. Kapitel. Lateinische und vulgärsprachliche Literaturwerke im
Herrschaftsbereich der weströmischen Kirche* . . . . . . . . . . . .  163

Lateinische Literaturrenaissance in Frankreich . . . . . . . . . . . .  163
Ovid bei dichtenden Kirchenfürsten (163) – Baudri von Meung (163) –
Hildebert von Lavardin (164) – Marbod von Rennes (165) –

Die provenzalische ‹Chanson de Sainte Foi d'Agen› . . . . . . . . . . .  166
Exordialtopik und Form (166) – Erzählhaltung und Metaphorik (167) –
Geistliche Aktualität außerhalb der Dichtung (167) –

Die altdeutsche Genesis aus Kärnten . . . . . . . . . . . . . . . . . .  168
Erzählhaltung und Metaphorik (168) – Vortragsform (172) – Gegenwart und
biblische Geschichte (174) – Subjektive Frömmigkeit und kirchliche Institution (176) –

*10. Kapitel. Die militia christiana der weströmischen Kirche* . . . . . .  179

Äußerer Hergang des ersten Kreuzzuges . . . . . . . . . . . . . . . .  179
Piacenza und Clermont (179) – Der Arme-Leute-Kreuzzug (180) – Der Zug
der Ritterheere bis nach Antiochia (181) – Antiochia (182) – Jerusalem (184)
– Das Aufblühen der italienischen Handelsstädte (185) –

Der erste Kreuzzug als literarisches Erlebnis . . . . . . . . . . . . .  185
Das Zeugnis der anonymen ‹Gesta Francorum› (185) – Selbstbild und Heidenbild der Kreuzfahrer (187) – Widersprechende Wirklichkeit (189) – Grausamkeit (192) –

Literarische Fiktivität als Wirklichkeit . . . . . . . . . . . . . . . .  193
Das Gespräch des Kerboğa mit seiner Mutter (193) – Die phantastische
Gesandtschaft ins Heidenlager (195) – Wirklichkeit des Erlebnisses (195) –

*11. Kapitel. Erste Konflikte zwischen Besonderem und Allgemeinem*   197

Epische Stilisierung des ritterlichen Kreuzzugs auf latein und laikales
Ich in vulgärsprachlicher Ritterlyrik . . . . . . . . . . . . . . . . .  197
Bearbeitungen und Episierungen der anonymen ‹Gesta› (197) – Ovid beim
Herzog von Aquitanien (197) – Frankreich südlich der Loire (198) – Reiter-
witze und ‹verdeckter Stil› im Trobadorlied (199) – Das lyrische Ich (201) –

Verselbständigungstendenzen innerhalb der Kirche . . . . . . . . . . .  204
Religiöse Bewegungen in Frankreich und Deutschland (204) – Widersprüche
in der Architektursprache (204) – Kartäuser und Zisterzienser (206) –

Nominalismus und Realismus . . . . . . . . . . . . . . . . . . . . . .  207
Berengar von Tours (207) – Roscelin von Compiègne (208) – Anfänge
Abaelards (208) – Erkennendes Subjekt und lyrisches Ich (210) –

*12. Kapitel. Vergänglichkeit und Heilsgeschichte in vulgärsprachlicher Dichtung* . . . . . . . . . . . . . . . . . . . . . . . . . . . . . . . 213

Das frühmittelhochdeutsche ‹Memento Mori› . . . . . . . . . . . . 213
Rolle des Individuums (213) – Predigt und Kunstform (215) – Gesellschaftsbegriff und Abfassungszeit (216) –

Das Kreuzfahrtlied des ersten Trobadors . . . . . . . . . . . . . . . 217
Erzwungene Kreuzfahrt und selbstherrliches Lied (217) – Biographisches und poetisches Ich (217) –

Heilsgeschichte und Reichsgeschichte: Das Anno-Lied . . . . . . . . 218
Geschichtstheologischer Aufbau (219) – Historische Gegenwart (220) – Das heilsgeschichtliche Schicksal des Imperiums (221) –

DRITTER TEIL
WANDERUNG DER WELTGESCHICHTE
NACH FRANKREICH

*13. Kapitel. Translatio humanae potentiae nach Frankreich* . . . . . . 227

*A. Der König von Frankreich* . . . . . . . . . . . . . . . . . . . . . . 227

Das Unheil des Imperators . . . . . . . . . . . . . . . . . . . . . . . 227
Konkordat mit der Kirche (227) – Römischer König und deutsche Fürsten (229) – Außenpolitische Ambitionen (230) –

Das Heil des Königs von Frankreich . . . . . . . . . . . . . . . . . . 231
Translatio humanae potentiae nach Frankreich (231) – Capetingische Erbmonarchie (232) – Das ‹achte Sakrament der Franzosen› (232) –

Saint Denis und das französische Königtum . . . . . . . . . . . . . . 234
Der Lehnsmann des Heiligen Dionysius (234) – Reorganisation der Krondomäne (235) – Königtum und Heiligkeit in Saint Denis (236) –

*B. Das altfranzösische Rolandslied* . . . . . . . . . . . . . . . . . . . 239

Lateinische Rhetorik im vulgärsprachlichen Epos . . . . . . . . . . . 241
Stilistische Präzepte des Macrobius (241) – Genera dicendi und Landschaftsdecor (242) – Die Welt der Hyperbel (244) –

Zur gesellschaftlichen Funktion der Formen . . . . . . . . . . . . . . 245
Heidenbild (245) – Laissenchanson (247) – Epische Liturgie mit der ritterlichen Wirklichkeit (249) –

Turoldus . . . . . . . . . . . . . . . . . . . . . . . . . . . . . . . . . 251
‹Der abrupte Schluß› (251) – Die Attitüde des Redaktors (251) – Biographische Konjekturen (252) –

*14. Kapitel. Translatio sapientiae nach Frankreich* . . . . . . . . . . . 253

A. *Gelehrte Studien in Frankreich* . . . . . . . . . . . . . . . . . . 253

Die Welt der Hohen Schulen . . . . . . . . . . . . . . . . . . . . . 253
Formen des Unterrichts (253) – Scholaren und Vaganten (254) – Die Gedichte
des Hugo Primas von Orléans (255) –

Die Schule von Chartres . . . . . . . . . . . . . . . . . . . . . . 258
‹Timäus›-Studien (258) – Die Erschaffung der Weltseele (259) – Kosmolo-
gisch-musikalische Proportionen (260) – Heidnische Kosmologien und christliche Rezeptionsversuche (261) –

Hugo von Sankt Victor . . . . . . . . . . . . . . . . . . . . . . . 262
Das dreifache Auge und der dreistufige Weg (263) – Schöne Vielfalt der Welt
und Kathedrale des Wissens (264) –

Der Abaelard-Skandal von 1118/19 . . . . . . . . . . . . . . . . . . 265
Abaelard und die Anfänge der Pariser Universität (265) – Der berühmte
Professor (266) – Heloysa und Fulbert (267) – Der Verrat des Magisters (268) –
Skandal in Saint Denis, Soissons und Paraclet (269) – Die Vertreibung der
Nonnen aus Argenteuil (270) –

B. *Opus francigenum. Frühgotik in Saint Denis und Chartres* . . . . . 270

Voraussetzungen . . . . . . . . . . . . . . . . . . . . . . . . . . 270
Elemente und Planungshorizont des Neuen (271) – Die Bauhütte (271) –
Abt Sugers List mit dem Klostereingang (271) – Finanzierung (272) –

Selbstrechtfertigung und Theodizee . . . . . . . . . . . . . . . . . 273
‹De consecratione› (273) – Die Inschriften Sugers (274) – Geistlicher Sinn
und Turmbau zu Babel (275) –

Neue Plastik in Chartres . . . . . . . . . . . . . . . . . . . . . . 277
Gebundenheit und Freiheit der ‹statues colonnes› (277) – Trugbild der Individualität (278) – Bildprogramm der Westportale (279) –

*15. Kapitel. Translatio religionis nach Frankreich* . . . . . . . . . . . 281

A. *Scola caritatis* . . . . . . . . . . . . . . . . . . . . . . . . . . 281

Kritik an der Welt . . . . . . . . . . . . . . . . . . . . . . . . . 281
Protest gegen geistlichen Ästhetizismus (281) – Der Begriff einer gemeinschaftlichen Menschennatur bei Bernhard und beim frühen Marx (282) –

Mystische Theologie . . . . . . . . . . . . . . . . . . . . . . . . 283
Die Frage nach dem Zweck und der ‹circuitus impiorum› (283) – Die drei
Freiheiten (284) – Die Grade der Liebe (285) –

Der Zisterzienserabt . . . . . . . . . . . . . . . . . . . . . . . . 287
Weltliche Studien und Eintritt in Citeaux (287) – Clairvaux und der zisterziensische Stil (288) – Stilisierungen des Charakters (290) –

B. *Aporie des reinen Gefühls. Heloysa und Abaelard* . . . . . . . . . 292
Reine Liebe (292) – Der erste Brief der Heloysa (293) – Behauptung und
Anspruch der reinen Liebe (295) – Antwort Abaelards (297) – Der zweite Brief

der Heloysa (297) – Hoheliedexegese und religiöse Sublimierung (298) – Ende Abaelards (302) –

**C. Rittertum des inneren Wertes** . . . . . . . . . . . . . . . . . . . 303

Aquitanische Heirat und aquitanisches Rittertum . . . . . . . . . . . 303
Trobadorkultur im Norden (303) – Die Gesellschaft als Dame (304) – Die Rolle des Minneritters (305) – Veränderungen am französischen Hof (306) –

De laude novae militiae . . . . . . . . . . . . . . . . . . . . . . . . 308
Bernhards Kritik am modischen Rittertum (308) – Templerorden als Gegenbild (309) – Innerer Wert und Geldwirtschaft (310) – Der gerechte Krieg gegen die Heiden (310) –

Doppelsinnige Minne im Trobadorlied . . . . . . . . . . . . . . . . . 311
Marcabrus Kritik am Minnewesen (311) – Personifikation im Trobadorgesang (312) – Doppeldeutige Minne bei Jaufré Rudel (313) –

**16. Kapitel. Problematische Teilhabe des Imperiums an der Weltgeschichte** . . . . . . . . . . . . . . . . . . . . . . . . . . . . . . 316

Reichsgeschichte und Weltgeschichte bei Otto von Freising . . . . . . 316
Otto von Freising in Frankreich (317) – De mutatione rerum (319) – Das Regnum nach dem Investiturstreit (326) –

Ein Alexander-Epos in deutscher Vulgärsprache . . . . . . . . . . . 329
Alexander-Thematik und Vanitas-Motiv (329) – Antike und spielmännische Rhetorik (330) – Säkularisierte Spannung (332) – Orientbild (332) – Lamprechts Gedicht und der Vorauer Alexander (333) – Das provenzalische Alexander-Fragment (336) –

Vulgärsprachliche Mirabilien- und Legendenchronik in Regensburg . . 337
Geschichtsbild (337) – Erzählstruktur (341) – Tendenz (343) –

**17. Kapitel. Zeitwende in der weströmischen Welt** . . . . . . . . . . 345

**A. Anzeichen einer Krise** . . . . . . . . . . . . . . . . . . . . . . . 345

Bedrohliche Macht der Welt in den Gesichten der Hildegard von Bingen . . . . . . . . . . . . . . . . . . . . . . . . . . . . . . . . . . 345
Hysterie und Vision (345) – Der Vier-Phasen-Rhythmus der Visionen (349) – Werk und Wirkung (350) –

Heidnische Gelehrsamkeit und fernhändlerische Ketzerei . . . . . . . 352
Bernhard Silvestris (352) – Dualistische Häresie (353) – Anfänge des westeuropäischen Katharismus (355) – Italienische Zustände (356) –

Der fränkische Orient und der Fall von Edessa . . . . . . . . . . . . 357
Herrschaftsverhältnisse (357) – Neue Orienterfahrungen (358) – Der Keil von Edessa (359) –

B. *Scheinbarer Höhepunkt von Kirchenmacht und Ritterglanz* . . . . 360

Aufbruch zur Kreuzfahrt . . . . . . . . . . . . . . . . . . . . . . . 360
Kreuznahme und Kreuzpredigt in Frankreich (360) – Judenverfolgung und
Kreuzpredigt in Deutschland (361) – Kreuznahme und Aufbruch in Deutsch-
land (362) –

Kreuzzug, Ritterkultur und Minnesangs Frühling in Regensburg . . . . 363
Aufbruch des französischen Kreuzzugheeres und Rast in Regensburg (363) –
Heinrich von Melk und die frühe Rittermode in Deutschland (364) – Frühe
Minnesangsstrophen aus der Donaugegend (366) – Kreuzlieder im franzö-
sischen Heer und romanische Momente in deutschen Strophen (368) –

C. *Ausbruch der Krise* . . . . . . . . . . . . . . . . . . . . . . . . 372

Katastrophe für das französische Königtum . . . . . . . . . . . . . . 372
Der Weg der Kreuzfahrerheere (372) – Das Unternehmen gegen Damaskus
(373) – Aquitanische Scheidung und angevinische Heirat (374) –

Katastrophe des zisterziensischen Ansehens . . . . . . . . . . . . . . 375
Prophezeiung Bernhards (375) – Rechtfertigung des Propheten (376) – Letzter
Brief und Tod Bernhards von Clairvaux (376) –

Ende der ‹wolkenverhangenen Nacht› für das Imperium . . . . . . . . 377
Wahl und Krönung Friedrich Barbarossas (377) – Friedensfürst und Epoche-
bewußtsein bei Otto von Freising (378) – Das rhetorische Barbarossa-Porträt
und der staufische Renovatio-Anspruch (380) –

Epilog von der Macht in der Welt: ‹Ysengrimus› . . . . . . . . . . . . 381

VIERTER TEIL
KAISER KARL UND KÖNIG ARTUS

18. *Kapitel. Honor et pecunia. Konstellation der frühen Barbarossa-*
*zeit (1152–1167)* . . . . . . . . . . . . . . . . . . . . . . . . . . . 387

A. *Honor Imperii. Von Merseburg bis Besançon (1152–1157)* . . . . . 388
Außenpolitische Schiedssprüche im Norden und im Osten (388) – Innen-
politischer Ausgleich mit Heinrich dem Löwen (389) – Kaisertum und Papsttum (391) –

B. *Reichserneuerung und Ökonomie (1157–1162)* . . . . . . . . . . . 395
Reinald von Dassel und die Erneuerung der Kaisermacht (395) – Renovatio-
Idee und Wirklichkeit des 2. Italienzuges (399) – Der Kaiserhymnus des
Archipoeta (402) –

C. *Ideologische Ansprüche: Antichristspiel und ‹Regulus Francorum›* 406
Politische Dramaturgie (406) – Die Rolle der Feinde (409) – Der ‹Regulus
Francorum› (411) –

*19. Kapitel. Heroische Herrschaftstradition und ritterliche Gegenwart* 415

A. *Karls-Epik in Frankreich* . . . . . . . . . . . . . . . . . . . . . . . 415

Karlsnachfolge-Problematik und Wilhelms-Epen (415) – Schimpfreden und
Helden bei Tisch (420) – Geld, Handelsbürger, arme Leute (422) – Jong-
leurrepertoire bis nach Sizilien (425) –

B. *Historischer Roman und höfische Mirakelwelt in England und
Champagne* . . . . . . . . . . . . . . . . . . . . . . . . . . . . . 426
Britannien und Antike . . . . . . . . . . . . . . . . . . . . . . . . . 426
Britannien und der Brutus-Roman des Clericus Wace (427) – ‹Eneas› und
‹Philomela› (429) – Artus und der anglonormannische Hof (433) –

Tristan und Erec . . . . . . . . . . . . . . . . . . . . . . . . . . . . 437
Schatten Tristans (437) – Gesellschaftsnegative Tristan-Liebe und ‹fin amur›
(437) – Verratenes Seelenleben und Statuensaal der Hofgesellschaft (438) –
Präzision gegen das Märchenhafte (440) – Liebestrank und Todesehe (442) –
Gesellschaftspositiver Thesenroman Chrestiens (445) – Rhetorisches Erzähl-
tempo als Antithese (446) – Doppelhandlung und Gehalt (447) –

C. *Imperiale Heiligsprechung Karls des Großen, Aachen 1165* . . . . . 449

Angevinisch-staufische Konstellation (449) – Friedrich Barbarossa und
Sanctus Karolus Magnus (451) – Die römische Katastrophe von 1167 (455) –

D. *Partikuläre Traditionsansprüche und epische Gestaltung in
Deutschland* . . . . . . . . . . . . . . . . . . . . . . . . . . . . . 456
Machtstellung und Traditionsanspruch Heinrichs des Löwen . . . . . 456
Sächsischer Herzogshof und Ostpolitik (457) – Orientfahrt Heinrichs des
Löwen (458) – Repräsentation genealogischer Würde in Kunst und Literatur
(459) –

Das Rolandslied deutsch . . . . . . . . . . . . . . . . . . . . . . . . 462
Auftragsdichtung (462) – Prolog und Handlungsstruktur (463) – Vasallität
und exemplarisches Gottesrittertum (465) – Archaischer Stil (469) –

König Rother . . . . . . . . . . . . . . . . . . . . . . . . . . . . . . 470
Sagengeographie und Gegenwart (470) – Ethos und Strukturmomente spielmännischer Kolportage (472) –

‹Graf Rudolf von Arras› als Gegenbild . . . . . . . . . . . . . . . . . 478
Inhalt der Bruchstücke und historischer Orient (479) – Realismus und modische Erzählform (480) – Rudolfs Flucht und das Gleichnis vom Samariter
(481) –

*20. Kapitel. Horizonte einer französisch-deutschen Ritterkultur* . . . . 484

A. *Religiöse und politische Widersprüche* . . . . . . . . . . . . . . . 485

Laienreligiosität: Katharischer Radikalismus, Petrus Waldes, Priester Lambert
von Lüttich (485) – Mystische Einzelseele im ‹Trudberter Hohenlied› (487) –
Sprachliche Entdeckungen (489) – Mystische Gottesliebe (490) – Hymnische
Poesie (491) – Barbarossa und der Papst: Italienzug, Minnesang und Friede
von Venedig (495) –

*B. Verunsicherte Fiktion im höfischen Roman* . . . . . . . . . . . . **498**

Roman als Romanparodie . . . . . . . . . . . . . . . . . . . . . . **498**
‹Cligès›-Prolog und Erzählhorizont (498) – Delegierte Rhetorik (500) –
Sachsenherzog im Artusroman und abgelehnte Rollenclichés (502) – ‹Entführung aus dem Serail› statt ‹Tristan und Isolde› (506) – Höfischer Problem-
roman und Ironie (507) –

Dargestellte Diskontinuität als historische Problematik . . . . . . . . **509**
Literaturkritischer Ansatz des ‹Roman de Renart› (509) – Episodische Struktur und höfischer ‹Bildungs›-Roman (511) – Ständekritik und Welttheater
(513) – Auflösung geltender Normen im ‹Tristan› des Bérol: Datierung und
ästhetische Einheit (515) – Moralische Kategorien (518) – Blick auf die aktuelle Umwelt (520) –

Unabhängigkeitserklärung der literarischen Fiktion und höfische
Unterhaltungskunst . . . . . . . . . . . . . . . . . . . . . . . . **521**
‹Laüstic› als Einleitung in die Welt der Lais der Marie de France (521) –
Realität des Symbols (524) – Überlieferungsfrage (525) – ‹Guigemar› und
seine Komposition (525) – ‹Yonec› und seine Komposition (528) – ‹Lanval›
und seine Komposition (529) – Episodische Struktur und Inkonsistenz der
Personen (533) – Überlieferung und Ensemble der Lais (534) –

*C. Landschaften ritterlicher Lyrik zwischen 1167 und 1184* . . . . . . **536**
Gesellschaftliche Situation des Ritterliedes (536) – Nordfranzösische Landschaft (538) – Südprovenzalische Trobadors im Umkreis des Grafen von
Toulouse (540) – Westprovenzalische Ritterlyrik (542) – Stellung des
deutschen Minnesangs dazu: Hausen und Veldeke (543) –

*D. Geglaubte Fiktion* . . . . . . . . . . . . . . . . . . . . . . . . **547**

Deutscher Aeneas-Roman . . . . . . . . . . . . . . . . . . . . . . **547**
Literarisches Renommée Veldekes (547) – Rhetorisches Musterbuch (548) –
Literarische Formen als reale Verhaltensmuster (550) –

Deutscher Tristan-Roman . . . . . . . . . . . . . . . . . . . . . . **554**
Tristrant als ritterliches Vorbild und verkleidete Vortrefflichkeit (554) – Regi-
strierte Weltveränderung (556) – Episodenstruktur der Tristan-Fabel (558) –
Problematische Problemlosigkeit (560) –

Deutscher und französischer Artusroman gegen 1180 . . . . . . . . . **562**
Option für den edlen Schein: Rhetorik in Hartmans ‹Erec› (562) – Die Stellung
des Helden, Psychologie und Handlung (565) – Symbolistische Verunsiche-
rung der höfischen Fiktion: Gericht über den Artushof im ‹Lancelot› Chrestiens (566) – Klage der Seidenweberinnen in Chrestiens ‹Ywain› (568) –

*21. Kapitel. Politische Wirklichkeit und ritterliche Fiktion* . . . . . . . **570**

Sturz des Löwen. Heerschildordnung . . . . . . . . . . . . . . . . **570**
Prozeß gegen Heinrich den Löwen (570) – Heerschildordnung (571) – Geln-
häuser Urkunde und territoriale Neuordnung (574) – Burgen- und Pfalzen-
bau (575) –

Mainzer Artus-Pfingsten . . . . . . . . . . . . . . . . . . . . . . . . 578
Höfische Gesellschaft beim Mainzer Fest (578) – Lieder Friedrichs von
Hausen und Guiot de Provins (579) – Minnesangstrophen König Heinrichs
(581) – ‹Erste Stauferpartie› aus Veldekes ‹Eneide› (584) – Abrupter Schluß
und gläsernes Glück (584) –

Enzyklopädisch geborgene Welt im ‹Hortus deliciarum› . . . . . . . . 585
‹Hortus deliciarum› als kulturgeschichtliche Quelle (585) – Geschichte des
Klosters Odilienberg (587) – Schicksale und Aufbau der Handschrift (588) –
Politischer Epilog (590) –


22. *Kapitel. Aventiurewelten jenseits der gewohnten Grenzen* . . . . . 591

A. *Sizilianische und häretische Blickpunkte* . . . . . . . . . . . . . . 591

Sizilien . . . . . . . . . . . . . . . . . . . . . . . . . . . . . . . . . . 591
Augsburger Verlobung und arabischer Reisebericht (591) – Das sizilianische
Königshaus (594) – Sinneverwirrendes Erscheinungsbild (595) –

Ketzeredikt von Verona . . . . . . . . . . . . . . . . . . . . . . . . . 596
Stand der Ketzerei (596) – Das Ketzeredikt und seine Bestimmungen (598) –
Mailänder Hochzeit Heinrichs VI. (599) – Ketzerei und ritterliche Litera-
tur (599) –

B. *Jenseits der Artus-Thematik: Perceval und Gregorius* . . . . . . . . 601

Neue Strukturen im ‹Perceval› . . . . . . . . . . . . . . . . . . . . . 601
Dezentrierte Artushof-Zielstruktur (601) – Objektive Änigmatik (604) –
Nichtwissen als Zentrum (610) –

‹Perceval›-Prolog und ‹Perceval›-Fragment . . . . . . . . . . . . . . 612
Philipp von Flandern (613) – Prooemium (614) – Prologus ante rem (616) –
Widmungsprolog des ‹Lancelot› zum Vergleich (617) – Absicht des ‹Perceval›-
Prologs (618) – ‹chevalerie› und ‹clergie› (620) –

Problematisches Ritterstreben und Legendengenus . . . . . . . . . . 621
Zur Abfassungszeit des ‹Gregorius› (621) – Sünde und öffentliche Ehre als
Themen kritischer Beobachtung (622) – Ideologie des ererbten Rittersinns
als Rollenthema (625) – Vergeblichkeit des guten Willens (625) – Kritische
Beobachtung und positiver Gehalt (630) – Grenze des kritisch-beobachtenden
Stils (631) – ‹Griff der transzendenten Welt in die profane› als ästhetisches
Mittel (634) –

C. *Ein ‹drittes Reich› und ein ‹dritter Mensch›* . . . . . . . . . . . . 635

Joachim von Fiore . . . . . . . . . . . . . . . . . . . . . . . . . . . . 635
Leben (635) – Chiliasmus oder die Lehre vom tausendjährigen Reich (636) –
Geschichtsbild Joachims (637) – Wirkung (640) –

Robert von Borons Geschichte vom Graal . . . . . . . . . . . . . . . 640
Handlungsschema (641) – Weg der Erlösung (641) – Joseph empfängt den
Graal (642) – Kaiser Vespasian (642) – Die Gemeinde des Joseph (642) – Aus-
sendung der Graalsgemeinde (643) –

Geheimlehre und Kirchentreue . . . . . . . . . . . . . . . . . . . . . 644
Motive des Abwehrens und Ablehnens (644) – Motive des gerechten Lebens

(645) – Trinität, Engelslehre, Sakramente (647) – Adressaten, Gönner,
Autorität (649) – Kircheninterne Kirchenkritik im Geldevangelium
(652) –


23. *Kapitel. Ritterliche Welt im Augenblick des dritten Kreuzzugs* . .   654

A. *Zustände im Imperium, im Westen und in Outremer* . . . . . . . .   654
Strafexpedition und Minnesang (654) – Lehnsstreitigkeiten und Trobador-
gesang im Westen (657) – Wirtschaftsleben und politische Intrigen in
Outremer (661) –

B. *Christliche Reaktionen auf den Fall Jerusalems* . . . . . . . . . . .   665
Kreuznahme . . . . . . . . . . . . . . . . . . . . . . . . . . . . . .   666
‹Audita tremendi› (666) – Kreuznahme in Deutschland (668) – Kreuznahme
des Richard Löwenherz und der Könige von England und Frankreich (668) –
Die Kreuzzugssteuer (669) – Organisation des Kreuzzugs in Deutschland
(670) –

Kreuzlieder . . . . . . . . . . . . . . . . . . . . . . . . . . . . . .   671
Überraschter Minnesang (671) – Herz-Leib-Opposition bei Conon de Béthune
(673) – Echo in deutschen Strophen (674) – Albrecht von Johansdorf (676) –

Lehnskrieg mit Gottesgeld . . . . . . . . . . . . . . . . . . . . . . .   677
Kreuzfahrt und Geld im Lied (677) – Lehnskrieg in Frankreich (678) – Ende
Heinrichs II. (679) – Empörung im Lied (681) – Saladin bei Peirol und bei
Hartman (682) – Diplomatische Mission und letzte Lieder Friedrichs von
Hausen (683) –

C. *Wege und Umwege, die nicht zum Heiligen Grabe führen* . . . . . .   685
Barbarossas Kreuzzug und Tod (685) – Die Verlockung Siziliens (687) – Auf-
stand in Deutschland, Italienzug und Nachricht aus dem Orient (689) –
Winterquartier in Sizilien (691) – Zypern und Akkon (692) –


24. *Kapitel. Negierte Ritterlichkeit* . . . . . . . . . . . . . . . . . . .   696

Kaiserliche Treulosigkeit und poetische ‹güete› . . . . . . . . . . . . .   696
Geldgier und Gewalt (696) – Ritterliche Lyrik in unritterlicher Zeit (699) –
Angezweifeltes Minnebekenntnis und magisches Wort (702) – Alte Welt und
‹niuwe güete› in Hartmans ‹Armem Heinrich› (707) – Bewährung (710) –
Traumwirklichkeit und Idealität in Hartmans ‹Iwein› (712) –

Verurteilte höfische Welt im ‹Reinhart Fuchs› . . . . . . . . . . . . .   717
Antithetik in Vers und Zeile (717) – Dialektische Abschnittsstruktur statt
malerischer Realistik (718) – Verhältnis der Initialenabschnitte und Szenenge-
füge (720) – Zum Verhältnis der Fassungen S und P (721) – Verhängnis und
Moralismus (721) –

Belachte Epenwelt im ‹Jeu de Saint Nicolas› . . . . . . . . . . . . . .   723
Stadtwelt in Frankreich (723) – Szenische Komposition (725) – Szenischer
Realismus (726) – Sein und Schein (729) –

Beweinte Phantasmagorie im ‹Nibelungenlied› . . . . . . . . . . . . .   730
Gefüge der Handlung im ersten Teil: Szenisches Zentrum und Königsehre

(731) – Gefüge der Handlung im zweiten Teil (734) – Epischer Vorgang und höfische Denkformen (737) – Zerstörung von Recht und Unrecht (737) – Betroffenheit der ‹Klage› (738) – Motivation Rolle, Charakter, Schicksal (739) – Tragischer Kern von der ‹Klage› her (740) – Aufzeichnung und ‹Klage› (743) – Datierungsargumente (746) –   ·

*25. Kapitel. Katastrophe im höfischen Imperium* . . . . . . . . . . . 749

Lyrische Ungezogenheiten in höfischer Sprache . . . . . . . . . . . . 749
Poetischer Zank zwischen Reinmar und Walther (749) – Walthers frühe Meisterwerke und die Aporie seiner Kunstsprache (752) –

Antiästhetische Poesie als Moment gesellschaftlicher Wirklichkeit. . . 755
Tagelied bei Wolfram und bei Morungen (755) – Wolframs Absage ans Tagelied (758) – Sein Verhältnis zu dichtenden Zeitgenossen (759) –

Imperiales Verhängnis, Kreuzfahrt und politischer Spruch . . . . . . 761
Imperiale Machtstellung und Erbreichsplan (761) – Tagelied und Kreuzlied (763) – Katastrophe und Kreuzzug (764) – Die Krankheit von Friede und Gerechtigkeit (764) –

# EINLEITUNG:
# WELTREICH UND HEILSGESCHICHTE

## Geschriebene Vulgärsprache

Literatur, d. h. mit Lettern geschriebene Sprache, beginnt auf deutsch bald nach 750 im Machtkreis des Frankenreichs. Damals versuchen irische und angelsächsische Mönche, Missionsbischöfe und deren Schüler dieses barbarische Idiom aufzuzeichnen. Sie bedienen sich dazu lateinischer Buchstaben, die sich für die Laute dieser Sprache nicht sonderlich eignen. Die damals begründete Tradition macht, daß bis heute deutsche Buchstaben lateinische Buchstaben sind. Die ersten literarischen Zeugnisse deutscher Sprache stehen in Vokabelheften, Vocabularien und Glossaren, in denen Wortgleichungen zwischen lateinisch und deutsch festgehalten werden (*Abb. 1*).

So geschieht es z. B. im ursprünglich Freisinger Abrogans-Glossar, das seinen Namen nach dem ersten lateinischen Wort ‹abrogans› = ‹demütig› hat. Hier stehen, alphabetisch geordnet, lateinische Wörter und ihre Synonyma, dazwischen die entsprechenden deutschen, ‹althochdeutschen› Wörter, z. B.: «Abrogans. dheomodi. humilis: samft moati. abba. fater lih: pater. fater:»

Daß eine solche Beziehung von Wörtern und Buchstaben auf das Lateinische nicht selbstverständlich ist, zeigt ein Vergleich mit dem ersten Literaturwerk in germanischer Sprache, mit der gotischen Bibelübersetzung. Hier ist das Westgotische nicht durchweg mit lateinischen Lettern geschrieben, sondern für den germanischen Dialekt wurden besondere Schriftzeichen gewählt (*Abb. 2*).

Zu lesen ist der erste Satz: PRAUFETUS US GALEILAIA NI UR/REISIþ. «Ein Prophet aus Galiläa nicht ent/steht» (= Joh. 7, 52). Grundlage der meisten Buchstaben ist das griechische Alphabet, z. B. ist P = Π (pi), L = Λ (lambda). Einige Buchstaben stammen aus der lateinischen Schrift, z. B. R und S. Einige Buchstaben schließlich sind einem Runenalphabet nachgebildet, z. B. Φ = þ = th (= stimmlos engl. th), ͷ = ͷ = u. Die Aussprache von Buchstabenverbindungen folgt oft der griechischen Aussprache des IV. Jahrhunderts, z. B. ist ei = langes i, ai = langes e.

Solche Gegenüberstellung eröffnet einen historischen Horizont. Indem der Frankenkönig *Chlodwig* um 500 das nicänische Christentum annahm, das in der weströmischen Kirche galt, hat er sich und sein Reich der Staats- und Kulturwelt des Mittelmeerraumes zugewendet, d. h. der Welt des römischen Imperiums. Und dort war, bis ca. 565 auch im Ostreich, die Amtssprache lateinisch. Die römische Welt war für die Franken ein politisches Ziel und wurde so zugleich Maßstab und Vorbild für die entstehende Kultur ihres Reiches. Das Unternehmen der westgotischen Bibelübersetzung dagegen trug einen regional-kirchlichen Charakter. Der Bischof *Ulfilas* (gotisch: *Wulfila)* hat in der Zeit bis 383 im heutigen Bulgarien daran gearbeitet. Die Sprache der Liturgie war, auch im weströmischen Imperium, bis ca. 230 griechisch gewesen; sie war es seither nur noch in Teilen des römischen Ostreichs. Deswegen behauptet in der gotischen Schrift griechischer Einfluß den Vorrang. Die im ‹Codex Argenteus› fragmentarisch erhaltene Haupthandschrift der gotischen Bibelübersetzung aber trägt in ihrer feierlichen Schönheit doch zugleich eine Spur von politischer Bedeutung. Sie ist um 500, zur Zeit des Ostgotenkönigs *Theoderich* und vielleicht für diesen, in Italien auf purpurgefärbtes Pergament mit Silberbuchstaben gemalt worden. Die Purpurfärbung war «in Byzanz mit der Person und Familie des Kaisers, dessen Reservatfarbe ja Purpur war, eng verknüpft» (*H. Hunger).* Gleiche kaiserliche Würde haben die Goten und nach ihnen dann die Franken dem Evangelium des ‹Königs› Christus verliehen. Noch in späteren Urkunden deutscher, d.h. römischer Könige wird diese kaiserlich-byzantinische Geste nachgeahmt *(Abb. 3).* Sie soll die echte Würde der Herrschaft darstellen. In ähnlicher Weise nimmt die ottonische Kaiserkrone, die heute sogenannte ‹Reichskrone› der Wiener Schatzkammer *(Abb. 20),* die kaiserlich-byzantinische Form der Plattenkrone auf, um die Legitimität des weströmischen Imperators zu bezeugen.

Diese Beispiele möchten deutlich machen: Die Geschichte der deutschsprachigen Literatur und die Geschichte des deutschen Mittelalters sind bezogen auf den größeren Rahmen des mediterranen römischen Imperiums. Erst indem die germanischen und dann die deutschen Stämme aus dem Schatten eines frühgeschichtlichen Zustandes in diesen Lichtkreis treten, treten sie in die Weltgeschichte ein. Schrift, Stadt und Staat, pflegt man zu sagen, machen eine Hochkultur aus. Die deutschen Stämme haben diese drei Institutionen erst erworben, nachdem sie sich der Staats- und Kulturwelt des Mittelmeerraumes integrierten. Aus diesem Raum kommen die Impulse, die das mittelalterliche Imperium und die deutschsprachige Literatur in ihm bestimmen. Es wird ein wenigstens flüchtiger Hinblick auf diesen Mittelmeerraum nötig sein, um den welthistorischen Anspruch zu begreifen, an dem auch die Geschichte des deutschen Mittelalters ihr Maß hat.

## Weltreiche

Motto könnte eine Seite aus *Hegels* geschichtsphilosophischem Entwurf sein. Sie berührt sich eng mit dem Selbstverständnis mittelalterlicher Geschichtsdenker wie *Otto von Freising* (1114/5–1158), in deren Tradition sie steht.

«Die Sonne geht im Morgenlande auf ... Man hat oft vorstellig gemacht, wie ein Mensch den Morgen anbrechen, das Licht hervortreten und die Sonne in ihrer Majestät emporsteigen sehe. Solche Schilderung wird hervorheben das Entzücktsein, Anstaunen, unendliche Vergessen seiner selbst in dieser Klarheit. Doch wenn die Sonne einige Zeit heraufgestiegen, wird das Staunen gemäßigt werden, der Blick mehr auf die Natur als auf sich die Aufmerksamkeit zu richten genötigt sein; er wird so in seiner eigenen Helle sehen, zum Bewußtsein seiner selbst übergehen, aus der ersten staunenden Untätigkeit der Bewunderung weitergehen zur Tat, zum Bilden aus sich selbst. Und am Abend wird er ein Gebäude vollendet haben, eine innere Sonne, die Sonne seines Bewußtseins, die er durch seine Arbeit hervorgebracht hat; und diese wird er höher schätzen als die äußerliche Sonne und wird in seinem Gebäude sich dies erschaffen haben: zum Geiste in dem Verhältnis zu stehen, in dem er zuerst zu der äußerlichen Sonne stand, vielmehr aber in einem freien Verhältnis: denn dieser zweite Gegenstand ist sein eigener Geist. Hierin liegt eigentlich enthalten der Gang der ganzen Weltgeschichte, der große Tag des Geistes, sein Tagewerk, das er in der Weltgeschichte vollbringt. Die Weltgeschichte geht von Osten nach Westen; denn Europa ist schlechthin das Ende der Weltgeschichte, Asien der Anfang. Für die Weltgeschichte ist ein Osten κατ ἐξοχὴν vorhanden, während der Osten für sich etwas ganz Relatives ist; denn obgleich die Erde eine Kugel bildet, so macht die Geschichte doch keinen Kreis um sie herum, sondern sie hat vielmehr einen bestimmten Osten, und das ist Asien. Hier geht die äußerliche physische Sonne auf, und im Westen geht sie unter: dafür steigt aber hier die innere Sonne des Selbstbewußtseins auf, die einen höheren Glanz verbreitet. Die Weltgeschichte ist die Zucht von der Unbändigkeit des natürlichen Willens zum Allgemeinen und zur subjektiven Freiheit.»

*Otto von Freising* formuliert kurz vor 1150:

«omnis humana potentia vel sapientia ab oriente ordiens in occidente terminari cepit» – «Alle menschliche Macht und Wissenschaft hat im Orient begonnen und findet im Occident ihr Ende» (Chr. V, Prologus).

Der ‹bestimmte Osten›, von dem die so gesehene Weltgeschichte ihren Ausgang nimmt, sind die Staaten Mesopotamiens und Ägyptens und zwischen ihnen die asiatisch-afrikanische Landbrücke Syrien und Palästina. Dort liegt Jericho – mit seinem 1956 ausgegrabenen Turm von 7000 v. Chr. vielleicht die älteste Stadt überhaupt. Diese Länder eines erwachten historischen Selbstbewußtseins bilden die Figur des ‹fruchtbaren Halbmonds›. (Vgl. *Textabb. 1a. ‹Fruchtbarer Halbmond)*.) Aber dieser geographische Raum hat nicht nur die ältesten Staatswesen unseres Kulturzusammenhanges hervorgebracht, sondern gleichzeitig damit dem erwachten Bewußtsein auch Unterdrückung und Entfremdung vor Augen geführt. Aus dem Widerstand dagegen ist die jüdische Hochreligion geboren als eine Religion des Exodus, des Aufbruchs woanders hin. Es beginnt mit dem Auszug der Kinder Israel aus der Knechtschaft in Ägyptenland, um 1200 v. Chr. Ihr Gott heißt «Ich bin der ich bin» (Exod. 3, 14) oder nach anderer Deutung «Ich bin der ich sein werde», und es war sein Plan, «aus dem Elend in Ägypten herauszuführen ... in ein Land, wo Milch und Honig fließt» (Exod. 3, 17). Nach dem kurzen Augenblick des Davids-Reiches (1004–926) zerfällt Israel, wird zerrieben zwischen Ägypten und Syrien und gerät schließlich in die neue Knechtschaft der Assyrer. Oberschicht und Handwerker werden fortgeführt in die babylonische Gefangenschaft (587–539). Dort wird zuerst die Geschichte Israels aufgezeichnet als Geschichte zum Heil, als Bündnis mit Gott. Aber das Weltreich Babylon wird zerstört durch das Weltreich der Perser, das den Juden die Rückkehr erlaubt. Der Tempel in Jerusalem wird wieder aufgebaut (bis 515). Unter *Nehemia* entsteht in Judäa eine Theokratie am Rande des Perserreichs. Dann wird unter *Alexander*, der das Perserreich zerstört, das jüdische Land Teil des griechischen Weltreichs, wird zum Streitobjekt des ptolemäischen und des seleukidischen Diadochenstaates und unterwirft sich am Ende dem römischen Imperium (63 v. Chr.). Der Weg von Unterdrückung zu Unterdrückung wird im Judentum zum Anlaß eines religiösen Geschichtsverständnisses, einer eschatologischen, d. h. ‹letzten› Messiashoffnung.

«Und du, Bethlehem-Ephrath, du kleinster unter den Stämmen in Juda, aus dir soll mir der kommen, der in Israel Herr sei, dessen Ausgang von Anfang und Tagen der Ewigkeit her gewesen ist» (Micha 5, 2). «Und er wird Gericht halten unter vielen Völkern ... und sie werden ihre Schwerter zu Pflugscharen schmieden und ihre Spieße zu Rebmessern. Kein Volk wird wider das andre das Schwert erheben, und sie werden den Krieg nicht mehr lernen» (Micha 4, 3). «Er wird die Armen richten mit Gerechtigkeit und den Elenden im Lande Recht sprechen mit Billigkeit; er wird den Tyrannen schlagen mit dem Stabe seines Mundes und den Gottlosen töten mit dem Hauche seiner Lippen» (Jesaja 11, 4).

Dieses ist der zweite Exodus, der Auszug aus Knechtschaft und Unrecht in eine neue, erst geistig vorwegentworfene Freiheit aller Menschen, aber auf Erden.

Der Wechsel der Weltreiche vom assyrisch-babylonischen über das persische und griechische zum römischen, wie ihn die jüdischen Propheten erfahren haben, ist zugleich die Erfahrung jenes Ganges der Weltgeschichte ‹von Osten nach Westen›, von der noch *Hegel* spricht. Es ist auch der Weg, auf dem die Mittelmeer-Welt ins Licht der Geschichte eintritt. Noch im Dunkel beginnt die Wanderung der Indogermanen in die Räume, in denen sie zu historischem Selbstbewußtsein erwachen. Um 2000 tauchen Hethiter in Anatolien auf, um 1900 Ioner und Achaier sowie Teile der Dorer in Griechenland, um 1650 Indo-Iranier in Nordpersien, seit 1300 Arier im Indus-Gebiet, Illyrer im nördlichen Griechenland. Zum Jahr 1278 berichtet die ägyptische Chronik von einem Sturm der

‹Seevölker› auf das Nildelta, um 1200 sind die Philister in Palästina, welcher Name ‹Philisterland› heißt. Um dieselbe Zeit beginnen die Italiker in die Apenninhalbinsel einzuwandern. Es ist zugleich die Zeit des Auszugs der Kinder Israel aus Ägypten. Um 1000 setzen Kelten nach England über, um 800 sind sie in Frankreich, um 500 – das wäre die Zeit der babylonischen Gefangenschaft – sind sie in Spanien. Im Frühjahr 753 ist Rom gegründet worden. Es wird kurz nach 400 von den Kelten bedroht (unter *Brennus* 387), die sich quer über ganz Mitteleuropa ausbreiten (La-Tène-Zeit) und 278 bis nach Galatien in Kleinasien vordringen. Galater, Galizier, Gallier und Galatier heißen gleichermaßen nach den Kelten.

Die sprachlichen Gemeinsamkeiten, die alle diese Völker verbinden, erscheinen im Maße ihrer Ausbreitung differenziert, wohl nicht zuletzt unter dem Einfluß der Unterworfenen. Indisch, Griechisch, Lateinisch, Keltisch zeigen mehr oder weniger große Unterschiede in den Lauten, aus denen sich eine ältere Grundsprache (‹Indogermanisch› oder ‹Indoeuropäisch›) konstruieren läßt:

| Alt-Indisch | Griechisch | Lateinisch | Alt-Keltisch | : | Indogermanisch |
|---|---|---|---|---|---|
| bhrā-tar | phrā-tōr | frā-ter | brā-thir | : | *bhrā-tor- |

Wohl zwischen 500 und 100 hat sich auch die Sprache der Germanen grundlegend von der der Kelten und Italiker unterschieden. Fast das ganze Konsonantengerüst hat sich damals verändert (‹Germanische Lautverschiebung›): die Laute werden härter ausgesprochen, der Akzent wird auf der Stammsilbe (meist als Sinnsilbe gedeutet) starr, z.B.:

| Indogermanisch | : | Germanisch (Gotisch) | |
|---|---|---|---|
| patér (griech.) | : | fadar | ‹Vater› |
| trēs (lat.) | : | þréis (þ = engl. th) | ‹drei› |
| centum (lat.) | : | hund (h = ach-Laut) | ‹hundert› |
| ager (lat.) | : | akrs | ‹Acker› |

Aber zur Zeit der großen Keltenwanderungen weiß von der Existenz der nördlichen Germanen noch kaum einer etwas. Der erste, der von ihnen berichtet, ist *Pytheas von Massilia* (Marseille), um 320 v.Chr. Man nahm ihn für einen Lügner. Er gehört zu jenen Griechen, die die Küste des ganzen Mittelmeers umsiedelt und dessen Dimensionen zuerst mit Bewußtsein erfaßt haben. Die Erdkarte des *Eratosthenes von Kyrene* (285–205 v. Chr.) zeigt den erweiterten Horizont um 250 v. Chr. (*Textabb. 1 b. nach Karte des Eratosthenes*). Das von *Alexander* eroberte Weltreich, in dem das persische und ägyptische aufgegangen waren, ist bereits in Teilstaaten zerfallen, die Diadochenreiche. Der ägyptische Teilstaat der Ptolemäer beherrscht auch das jüdische Land. Damals (ca. 250 v. Chr.) wurden in Alexandria, wo *Eratosthenes* als königlicher Bibliothekar lebte, Schriften des alten Testaments für hellenisierte Juden und Prose-

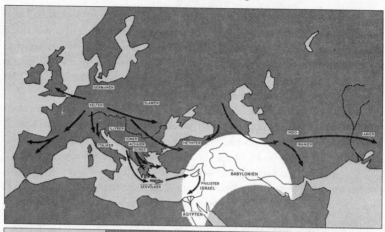

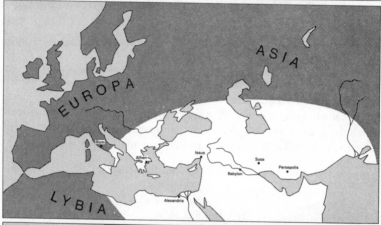

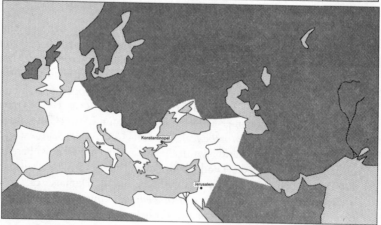

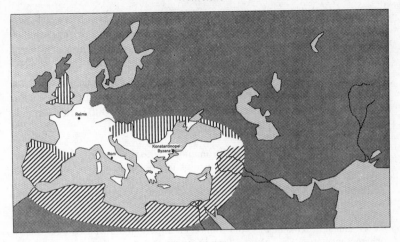

1. *a.* ‹*Fruchtbarer Halbmond*› *und mittelmeerischer Raum (ca. 3000–800 v. Chr.)*
   *b. Weltbild des hellenistischen Griechenlands nach der Erdkarte des Eratosthenes
   (ca. 250 v. Chr.)*
   *c. Das Römische Imperium um 100 n. Chr.*
   *d. Das zerfallende Römische Imperium (ca. 450 – ca. 750)*

lyten ins Griechische übersetzt. Diese Übersetzung, die ‹Septuaginta›, ist die älteste greifbare Fassung des Bibeltextes. Aber welche Stücke der Bibel die echten heiligen Schriften der Juden sind, darüber werden die Juden erst in nachchristlicher Zeit (ca. 90 n. Chr.) ins Klare kommen müssen. Ihr Kanon entsteht nicht zuletzt aus der Verteidigung gegen die Christen. 167 v. Chr. empören sich die Juden unter den *Makkabäern* gegen ihre damaligen Oberherren, die griechischen Syrer, und werfen deren Herrschaft ab. Damals entstehen die *Daniel* zugeschriebenen Visionen von den vier Weltreichen, die so tun, als spielten sie zur Zeit der babylonischen Gefangenschaft. Die Statue aus viererlei Metall auf tönernen Füßen, die angeblich *Nebukadnezar* im Traum sah (Dan. 2, 1–45), ist ebenso wie die vier Tierungeheuer, die einander verschlingen (Dan. 7, 3–7), eine Figur der vier Weltreiche:

«Das vierte Tier bedeutet: ein viertes Reich wird auf Erden sein …; das wird die ganze Erde fressen, zertreten, zermalmen. … Danach wird das Gericht zusammentreten, und jenem König wird die Macht genommen werden, endgültig zerstört und vernichtet. Und das Reich und die Macht und die Herrschaft über alle Reiche unter dem ganzen Himmel wird dem Volk der Heiligen des Höchsten gegeben werden, dessen Reich ist ein ewiges Reich …» (Dan. 7, 23. 26–27).

*Daniel* meinte das babylonische, medische, persische und griechische Reich und dachte, dieses, bereits in Diadochenstaaten zerfallene, werde das letzte sein. Aber seit 63 v. Chr. werden die Römer die Oberherrschaft gewinnen, 70 n. Chr. werden sie den Tempel zerstören. In christlicher Tradition werden dann die vier Reiche als babylonisches, medisch-persisches, griechisches und römisches gedeutet werden, und das römische Imperium wird das letzte sein. *Remigius von Auxerre* (?) (ca. 841– ca. 908) wird die Lehre vom römischen als dem letzten Reich auch bei *Paulus* zu lesen glauben und *Notker Teutonicus* wird das um 1000 in der Vorrede seines ‹Boethius› ins Spätalthochdeutsche übertragen:

«Oportet nos memores esse. que de romano imperio paulus apostolus predixerat quondam. Multis enim per pseudoapostolos territis. quasi instaret dies domini. ille arrexit corda eorum his dictis. Quoniam nisi discessio primum uenerit. s. romani imperii. et reueletur filius iniquitatis. i. antichristus». – «Sanctus paulus kehîez tîen. dîe in sînên zîten uuândôn des sûonetagen. táz er êr nechâme. êr romanum imperium zegîenge. únde antichristus rîchesôn begóndi» (I, 1, 3. 5).

«Wir sollen bedenken, was vom römischen Imperium der Apostel Paulus einst vorhergesagt hatte: Als viele von Pseudo-Aposteln verschreckt waren, wie wenn der Gerichtstag des Herrn drohte, stärkte jener ihre Herzen indem er sagte, (solches geschehe nicht) ehe heraufgekommen sei das Verschwinden, nämlich des römischen Reiches, und erschienen der Sohn der Ungerechtigkeit und Antichrist» – «Sankt Paulus prophezeite denjenigen, die zu seinen Zeiten den Anbruch des Jüngsten Tages erwarteten, daß dieser nicht käme, ehe das Imperium Romanum vergangen wäre und der Antichrist zu herrschen begonnen hätte» (vgl. 2. Thess. 2, 6 ff.).

Dieses Imperium Romanum war durch *Caesar* auf einen politischen Höhepunkt geführt, durch seine Ermordung und die folgenden Machtkämpfe in weltweite Verwirrung gestürzt, durch den endlichen Sieg des *Octavian* mit dauerhaftem Frieden beschenkt worden *(Abb. 4; vgl. Textabb. 1 c)*. So schien es. Im Jahre 29 v. Chr. ließ er den Janus geminus, das Doppeltor, welches in Kriegszeiten geöffnet war, symbolisch schließen. Am 30. Januar 9 v. Chr. sollte auf dem Marsfeld die Ara Pacis Augustae, der Altar des augusteischen Friedens geweiht werden. Wie schon früher auf *Alexander,* so wurde jetzt auf diesen Herrscher die Vorstellung vom Mensch gewordenen Gott angewendet. Schon im Jahre 40 v. Chr. hatte *Vergil* (70–19 v. Chr.) in der IV. Ecloge gesungen:

Schon zieht der Weltalter letztes herauf nach dem Wort der Sibylle,
Und von neuem beginnt der Jahrhunderte mächtiger Kreislauf.
Schon kehrt die göttliche Jungfrau zurück und die Goldene Urzeit.
Schon steigt vom hohen Olymp ein neues Geschlecht zu uns nieder.
Sei der Geburt des Knaben, mit dem jetzt das Eiserne Weltjahr
Endlich sich schließt und das Goldene rings sich erhebt auf dem Erdkreis,
Keusche Diana, geneigt; schon herrscht dein Bruder Apollo. ...
Unter dir werden getilgt die noch verbliebenen Spuren
Unserer Schuld, um die Welt von der ewigen Angst zu erlösen.
(Ecloga IV, 4–10. 13–14)

*Vergil* meinte vielleicht den erwarteten Sohn des *Octavian;* doch ein Sohn wurde nicht geboren. In der ‹Aeneide› (VI, 791 ff.) zielt dann sein Fürstenpreis geradeswegs auf *Octavian*. Dieser hatte testamentarisch durch Adoption den Namen des großen *Caesar* erhalten (44 v. Chr.), im Jahre 29 nennt er sich (auf Münzen) *Imperator*, am 16. Januar 27 wird ihm vom Senat der religiöse Titel des *Augustus* verliehen, gleich nach seinem Tode (14 n. Chr.) wird er zum Gott erklärt. «Fridericus divina favente clementia Romanorum imperator et semper augustus», so wird sich mit Augustus-Titulatur noch 1165 Kaiser *Friedrich I.* *Barbarossa* nennen und wird seiner Vorgänger im Amt als der «predecessorum nostrorum divorum imperatorum» gedenken. Und alle andern Kaiser werden es auch tun. Es ist die religiöse Würde des Herrn der Erde, welche die Kaiser in Nachfolge der römischen Caesaren prätendieren. Noch *Vespasian* und *Domitian* werden sich von ihren Hofdichtern mit dem Bild einer messianischen Erwähltheit besingen lassen: «Siehe, da ist Gott, da ist er, vom Vater im Himmel/ Eingesetzt mit der Vollmacht, auf glücklicher Erde zu herrschen» (*Statius*, Silvae 4, 3, 129 f.). Das christliche Mittelalter aber hat in dem prophetisch klingenden Fürstenpreis des *Vergil* eine unbewußte Weissagung der Geburt *Jesu* gehört. Deswegen ist der Heide *Vergil* nicht in der Hölle. Deswegen wird er es sein, der *Dante* durch Inferno und Purgatorio zu führen vermag.

Aber nun *Jesus* selbst. Wenn er (nach Matth. 2, 1) «in den Tagen des Königs *Herodes*» (40–4 v. Chr.) geboren worden wäre, hätte er spätestens im Todesjahr dieses Königs, also 4 v. Chr. zur Welt kommen müssen. Ein allgemeines Zinsgebot, von dem Lukas 2, 1 spricht, erging nicht «vom Kaiser *Augustus*», und *Publius Sulpicius* ‹Quirinus›, der von 12 v. Chr. – 16 n. Chr. «Statthalter in Syrien» war, erließ 6 n. Chr. nur einen regionalen Steuerbefehl für Judäa. Der Verfasser des Lukas-Evangeliums scheint den allgemeinen Census von 74/75 n. Chr., den er wohl selbst erlebte, zurückprojiziert zu haben. Doch die ganze Kindheitsgeschichte bei Lukas 2 sieht nach späterer Legende aus. Sie läßt *Jesus* aus dem Hause *Davids* stammen und in der Davidsstadt Bethlehem geboren werden, um seine Erscheinung in das Messias-Bild der Propheten einzufügen (vgl. Micha 5, 2; Jesaja 11, 1; 1. Sam. 17, 12). Auch die Stammbäume Matth. 1, 1 ff. und Luk. 3, 23, die sich widersprechen, gehorchen der gleichen Intention.

Den Beginn der heutigen Zeitrechnung berechnete um 525 der Mönch *Dionysius Exiguus* in seiner Schrift ‹De Paschate› aufgrund einer fälschlich angesetzten Regierungszeit des *Herodes*. Die Datierung ‹ab incarnatione Domini› setzte sich im Mittelalter nur sehr langsam durch und ist z. B. noch in der Kanzlei *Karls des Großen* selten.

Wahrscheinlich stammte *Jesus* aus Nazareth in Galiläa (Mk. 1, 9; 6, 1 ff.).

Das Markus-Evangelium, das kürzeste und älteste der vier kanonischen

Evangelien, beginnt seinen Bericht mit dem Auftreten *Johannes des Täufers*. Dieses Ereignis ist nach Luk. 3, 1 in das «15. Jahr der Regierung des Kaisers *Tiberius*» (14–37), also auf 28/29 n. Chr. datiert. Damals ist *Jesus* nach Luk. 3, 23 «etwa 30 Jahre alt». Zu dieser Zeit waren die ‹kanonischen› (‹gültigen›) Schriften des Alten Testaments noch längst nicht festgesetzt. *Jesus* hat also kein fertiges Altes Testament als Traditionsgrundlage.

Er zitiert Mose Bücher 1, 2, 3 und 5, Samuel, Könige, 2. Chronik, Hiob, Psalter, Sprüche, Jesaja, Ezechiel, Daniel, Joel, Jona, Micha, Sacharia, Maleachi und von den Apokryphen das 1. Buch der Makkabäer (Mk. 13). Er zitiert nicht, oder nicht mit Sicherheit 4. Mose, Josua, Richter, Ruth, Esra, Nehemia, Esther, Prediger, Hoheslied, Jeremia, Hosea, Amos, Obadja, Nahum, Habbakuk, Zephanja und Haggai.

Es gibt in Israel damals viele religiöse Strömungen, nicht nur die Pharisäer, Sadduzäer und Zeloten, sondern auch die Frommen von Qumran und die Samariter mit unjüdischer Jahwereligion. Zuerst scheint *Jesus* als Schüler des *Johannes* aufgetreten zu sein und hat dann kaum länger als 3 Jahre, vor allem in Galiläa, gewirkt. In seiner Heimatstadt Nazareth sagen die Leute von ihm:

«Ist er nicht der Zimmermann, Marias Sohn, und der Bruder des Jakobus und Joses und Judas und Simon? Sind nicht auch seine Schwestern allhier bei uns?» (Mk. 6, 3). Als seine Familienangehörigen (nach katholischer Anschauung: Mutter, Vettern und Basen) von seinem Wirken hören, «gingen sie aus und wollten ihn fangen, denn sie sagten: Er ist verrückt» (Mk. 3, 21). Nach Mk. 3, 31 ff. hat auch *Jesus* sich von den Seinen distanziert: «Und es kamen seine Mutter und seine Brüder (Vettern) und standen draußen und ließen ihn rufen. Und das Volk saß um ihn. Und sie sagten zu ihm: Siehe, deine Mutter und Brüder (Vettern) und Schwestern (Basen) draußen fragen nach dir. Und er sprach: Wer sind meine Mutter und meine Brüder (Vettern) … Wer den Willen Gottes tut, der ist mein Bruder (Vetter) und meine Schwester (Base) und meine Mutter.»

Der von Markus überlieferte Gegensatz zwischen Sendung und Familie *Jesu* scheint authentisch zu sein (vgl. auch Joh. 2, 4; Matth. 10, 35 ff.). Aber nach *Jesu* Tod gehören der Herrenbruder *Jakobus* (1. Kor. 15, 7; Gal. 2, 9) sowie weitere Brüder (1. Kor. 9, 5) und nach Apostelgeschichte 1, 14 auch *Maria* zur Gemeinde.

Zur Regierungszeit des *Tiberius* (14–37), des Statthalters *Pontius Pilatus* (26–36; vgl. *Tacitus*, Annalen XV, 44) und des Hohenpriesters *Joseph Kaiaphas* (18–37) wurde *Jesus* an einem Freitag, den 14. (Joh. 13, 1. 29; 18, 28; 19, 31) oder eher den 15. (Mk. 14, 1 ff.; Mt. 26, 17; Lk. 22, 7) des Frühlingsmonats Nisan, d. h. am 7. April 30 (oder am 27.4.31 oder am 3.4.33) in Jerusalem auf römische Weise hingerichtet, er wurde gekreuzigt: Sein Handeln und Lehren erschien als staatsfeindlich. In der Tat sind viele Jesusworte mit einem staatlichen oder kulturellen Institutionalismus nicht zu vereinbaren.

Er verurteilt Schwören und Schwert. Er mißachtet die Sabbatgebote und alle formelle Frömmigkeit, wendet sich an die sozial Ausgestoßenen und lebt mit ihnen. Er verkündet, daß das Reich Gottes nahe herbeigekommen ist. Es zerstört plötzlich die Geschichte der Welt, ist zugleich zukünftig und gegenwärtig. Die Zeit als Möglichkeit der Menschen ist zu Ende. Keiner kann sich mehr in Sicherheit bringen. Zu tun bleibt nur Buße, aber nicht als Askese oder Weihe, sondern als Abwendung von Bosheit und als radikale Liebe. Im Namen Gottes kann einer nichts gegen einen andern und nichts bloß für sich selbst erbitten.

Zugänglich ist dies alles nur in den Evangelien, einer im römischen Weltreich neuen und unerhörten literarischen Gattung, in der ein Tischlersohn und ein Fischer, die in der antiken Literatur nur in der Komödie Platz gefunden hätten (*Auerbach*), Welt- und Heilsgeschichte machen. Grundlage und Kern der Evangelien sind Sammlungen von Worten und Gleichnissen *Jesu,* die sogenannte ‹Spruchquelle› oder ‹Logienquelle› (Abkürzung: Q). Die als echt angesehenen Jesusworte haben eine sehr eigene Prägung, oft eine Art dialektischen Knick, der den konventionellen Begriff einer Sache umkehrt.

Als Beispiel für eine echte Gleichnisrede (Sondergut Lukas) kann das sogen. ‹Gleichnis vom barmherzigen Samariter› oder richtiger ‹von dem, der unter die Räuber geriet› genannt werden (Luk. 10, 25–37).

Auf die Frage, wie das Himmelreich zu erwerben sei, antwortet *Jesus* mit dem Hinweis auf das Gebot: Liebe deinen Nächsten. Auf die weitere Frage, wer denn dieser mein Nächster sei, erzählt *Jesus* die Geschichte von dem, der unter die Räuber geriet, dem der Priester und der Levit nicht helfen, wohl aber der religiös verachtete Samariter. Doch nicht dieser übt die Nächstenliebe. Denn *Jesus* fragt nun zurück, wer also der Nächste – nicht etwa des Priesters, des Leviten oder des Samariters, sondern – des Beraubten gewesen sei. Dieser Nächste, den der Beraubte lieben kann, ist der, der ihm geholfen hat. Durch diese Nächstenliebe erwirbt der Beraubte, nicht etwa der Samariter das Himmelreich. Und wenn *Jesus* zum Schluß zu dem Fragenden sagt: geh hin und tue dasselbe, dann heißt das nichts anderes als: das Himmelreich kann keiner für sich selbst, sondern jeder nur für den andern erwerben. Beispiele für echte *Jesus*-Worte der Spruchquelle Q sind etwa die Zuspitzung der Frage, ob man am Sabbat etwas tun dürfe, auf die Form: «Ist es erlaubt am Sabbat Gutes zu tun …, ein Menschenleben zu retten …? (Mk. 3, 4); oder: «Niemand, der seine Hand an den Pflug legt und blickt zurück, ist zu brauchen für das Reich Gottes» (Luk. 9, 62); schließlich die kurze Fassung des Vaterunsers bei Lukas 11, 2–4: «Vater, dein Name werde geheiligt. Dein Reich komme. Gib uns täglich unser tägliches Brot. Und vergib uns unser falsches Handeln, denn auch wir vergeben jedem, der uns gegenüber schuld ist. Und führe uns nicht in Versuchung».

Die Evangelien ordnen solche Worte zu Redekomplexen oder in anekdotische Zusammenhänge. Dabei haben Matthäus, Markus und Lukas einen gemeinsamen älteren Kern, die ‹synoptische› Tradition. Johannes ist andersartig. Neben dem synoptischen Überlieferungskern bringen die ersten drei Evangelien z. T. echtes ‹Sondergut›. Von diesem läßt sich der jeweilige redaktionelle Rahmen unterscheiden. Zu ihm gehören z. B. die Kindheitslegenden bei Lukas. Am wenigsten redigiert ist Markus.

Einige Worte (z. B. Lukas 11, 20), die _Jesus_ zugeschrieben werden, finden sich schließlich in den Schriften der jüdischen Sekte von Qumran, die 1947 am Toten Meer entdeckt wurden. Solche Qumran-Einflüsse sind wenig zahlreich, fehlen aber auch in den _Paulus_-Briefen an Korinther, Epheser und Kolosser nicht ganz; im Johannesevangelium und in den Johannesbriefen sind sie vermutlich ziemlich stark. Von diesem Bild der Textkritik her läßt sich über das Selbstverständnis _Jesu_ sagen: Der Christus-Titel fehlt in der Spruchquelle (Q), ebenso der des ‹Gottesknechts›. Auch die Messias-Titulatur hat _Jesus_ nicht beansprucht. Wenn _Jesus_ sich mit dem apokalyptischen Namen des ‹Menschensohns› nennt, der nur in echten _Jesus_-Worten steht, bezeichnet er sich als den, der das Endreich der Gerechtigkeit herbeiführt. Der Titel ‹Gottes Sohn› hingegen ist nicht ursprünglich, obgleich _Jesus_ ein «im Judentum sonst unerhörtes Bewußtsein der Nähe zu Gott» hat. Er stellt sich in seinem Auftreten, nicht in Titeln dar. Die christologische Titulatur wird ihm «erst vom Glauben der Gemeinde beigelegt» (_Conzelmann_). Eine ‹Kirche› hat er nicht gründen wollen. Diese bildet sich erst nach der Katastrophe seiner Hinrichtung. In dieser Gemeinde, zu der, für jüdische Verhältnisse völlig ungewöhnlich, auch Frauen gehören, lebt _Jesus_ als der Auferstandene im Glauben auch derer, die ihn, wie _Paulus,_ persönlich nicht mehr gekannt haben. Als verheißener ‹Messias› und ‹Christos› ist er der Herr der Endzeit, das «letzte Wort Gottes an die Menschen» (Hebr. 1, 2). Die Gemeinde hofft auf seine Wiederkunft (‹Parousie›), erwartet das Ende der Geschichte und den Anbruch des Gottesreichs in unmittelbarer Zukunft. Der aramäische Ruf ‹maranatha› (‹Unser Herr, komm!›) wird das Gebet der ersten Christen. Aber die Parousie blieb aus. Die enttäuschte Endzeiterwartung nötigt zu einem neuen Verständnis _Jesu,_ sie nötigt auch zu einem neuen Verständnis der Geschichte. Das Ende aller Zeit und das Reich Gottes bleiben immer noch Zukunft. Die Geschichte aber hatte nicht mehr Kreisform wie z. B. in der IV. Ekloge des _Vergil._ Nicht mehr kehrten nach Ablauf des Aion alle Dinge der Welt wieder an ihren elementaren Ausgangspunkt zurück. Durch die christliche Parousieerwartung wird die Geschichte eine Linie, gespannt vom Anfang der Welt bis hin zu ihrem Ende. Und es wiederholt sich nichts. Diese Geschichte ist dann der Weg zur Freiheit eines «neuen Himmels und einer neuen Erde», von der die Johannes-Apokalypse spricht (21, 1). Erst von diesem Zusammenhang her wird später auch der oben zitierte Satz _Hegels_ möglich: «Die Weltgeschichte ist die Zucht von der Unbändigkeit des natürlichen Willens zum Allgemeinen und zur subjektiven Freiheit». Das Exodus-Thema kann auf einer neuen Stufe erscheinen.

Besonders durch die Mission des _Paulus_ entstehen seit ca. 50 im östlichen Mittelmeerraum zahlreiche Gemeinden. Die _Paulus_-Briefe, die ältesten Stücke des ‹Neuen Testaments›, setzen sich bereits mit Fragen der

Gemeindeorganisation auseinander. Gleichzeitig wuchs das Bedürfnis nach Aufzeichnung der bis dahin mündlichen ‹frohen Botschaft›, griech. ‹euangelion›. Die durch Parousieverzögerung und Gemeindeproblematik entstandene Situation prägt die redaktionelle Gestalt der Evangelien, von denen die vier ältesten (70–120) kanonische Geltung erlangt haben. Daneben entstehen andere Evangelien, Briefe, Apokalypsen. Nicht alle von ihnen sind schließlich (4. Jh.) den 27 kanonischen Schriften des Neuen Testaments zugezählt worden. Die beiseite gebliebenen ‹neutestamentlichen Apokryphen› bilden aber die Quelle vieler Legenden, bildlicher und literarischer Darstellungen des Mittelalters.

## Verwandlung und Translatio des römischen Imperiums

Kurz vor 100, zur selben Zeit als die ältesten Evangelien entstehen, gibt *Tacitus* mit seiner ‹Germania› den ersten ausführlichen Bericht über die Nachbarn der Römer in der Wildnis nördlich der Alpen. Sie scheinen ihm in einem glücklichen und männlichen Naturzustand zu leben, in den er die verfallenden Sitten der Römer zurückwünscht. Hier wird, im Unterschied zum kommenden ‹Reich Gottes›, ein regressives Bild von einer heilen Welt entworfen und der bestehenden entgegengehalten.

Diese Germanen waren den Römern zuerst um 100 v. Chr. als Cimbern- und Teutonengefahr begegnet. *Caesar* hatte bei der Eroberung Galliens (bis 51 v. Chr.) gegen den Suebenkönig *Ariovist* gekämpft und erfahren, daß sich das Imperium gegen diese nördlichen Völker verteidigen mußte, deren Grenzen sich in der kalten und sumpfigen Ferne des Nordens verloren. Versuche, die Germanen zu kolonisieren, waren unter *Augustus* gescheitert. Die Römer befestigten die Germanengrenze durch den Limes-Wall (90 n. Chr.) und ein Castell-System. Die späteren Städte Utrecht, Köln, Trier, Mainz, Straßburg, Basel, Zürich, Augsburg, Regensburg, Wien sind aus solchen römischen Garnisonen hervorgegangen. Über ein halbes Jahrtausend haben römische Grenzsoldaten und Germanen in teils kriegerischer, teils friedlicher Nachbarschaft gelebt. Als Hilfstruppen (auxiliarii) standen immer wieder Germanengruppen in römischem Dienst. Bereits *Arminius* (ca. 17 v. – 19/21 n. Chr.) war römischer Offizier und Bürger geworden, ehe er im Jahre 9 n. Chr. die Legionen des *Varus* niedermetzelte. In Friedenszeiten waren die Castelle Handelsplätze, wo südlicher Wein und Waffen gegen Bernstein, Sklaven und Frauenhaar des Nordens getauscht wurden. Waren germanische Altstämme wohl als Kultverbände entstanden, so konstituierten sich «durch die ständigen Beziehungen gewisser Heerhaufen zu bestimmten römischen Provinzen» (*H. Jänichen*) und Waffenplätzen Neustämme. Die Organisationsform des römischen Kulturlandes jenseits des Limes strukturiert zugleich jene

Germanenstämme, die es als Wohnplätze begehren. Charakteristisch für solche Gruppen sind Namen wie ‹Alamannen› (‹alle Männer›) oder ‹Franken› (‹freie Männer›). Es werden die historisch gewichtigsten Germanenstämme sein.

Die Kämpfe zwischen Römern und Germanen wurden auf beiden Seiten mit wechselndem Glück geführt. Sie mündeten in der Regel in ‹Foederatenverträge›: Die Germanen wurden als Bundesgenossen der Römer angenommen, welche ihnen diesseits oder jenseits der Reichsgrenze Wohnsitze garantierten. Immer häufiger finden sich mit der Zeit, namentlich seit *Theodosius I.* (379–395), Germanen in hohen Militärstellungen, z.B. *Alarich, Odoaker, Theoderich.* Die Leibwache der Caesaren besteht zum großen Teil aus Germanen. Aber diese fühlen sich als Römer. Als der innere Zusammenhalt des römischen Imperiums sich löst, gelingt es dann germanischen Heerkönigen, Germanenstaaten auf dem Boden des Römerreichs zu gründen.

Der weitgespannte Herrschaftsraum des römischen Imperiums hatte durch den Mittelmeerhandel mit Sachgütern und Sklaven und durch das Militärwesen einen bedeutenden Bevölkerungsaustausch begünstigt. Wir dürfen uns im Zusammenhang des römischen Heeres Araber am Rhein und Germanen in Ägypten vorstellen. Später dann, als wegen Geldverknappung der Sold in Naturalien und Grundbesitz gezahlt wird, werden Grenztruppen regelrecht angesiedelt. Allenthalben übt die Kultur der Städte eine besondere Anziehungskraft aus. Wer es sich irgend leisten kann, lebt dort mit seiner Dienerschaft. Italien wie Kleinasien, Nordafrika, Spanien und Gallien werden von verhältnismäßig wenigen Großgrundbesitzern bewirtschaftet. Heere von Sklaven, die durch die Kriegszüge von überall her gewonnen werden, bestellen das Land. Diese Vielzahl der Bevölkerungen bringt dem Imperium zugleich eine Vielzahl von Religionen. Isis-, Mithras-, Magna Mater-Kult und andere stehen nebeneinander. Der jüdische Monotheismus hatte schon für die Griechen der hellenistischen Zeit eine gewisse Anziehungskraft gehabt (vgl. S. 5 ff.). Von den Proselyten wenden sich viele dem beginnenden Christus-Kult zu, der zunächst nur eine der vielen Erlösungslehren des römischen Weltreichs ist.

Daß die Christen alle andern Kulte als unwahr ablehnten und sich von ihnen fernhielten, trug ihnen früh die Feindschaft ihrer Umwelt ein.

*Sueton* (ca. 75–150) berichtet vom Caesar *Claudius* (41–57): «Er ließ die Juden aus Rom vertreiben, die auf Veranlassung eines gewissen Chrestos unablässig Unruhe stifteten» (Claudius 25, 3) und von *Nero* (57–68): «Die Christen ließ er hinrichten, Angehörige einer neuen und verderblich abergläubischen Sekte» (Nero 16, 3). *Tacitus* (ca. 55–116/120) schreibt anscheinend mit mehr Sachkenntnis über die Christen: «Der Name geht zurück auf Christos, der in der Regierungszeit des Tiberius durch den Procurator *Pontius Pilatus* hingerichtet worden war. Der zunächst unterdrückte abscheuliche Aberglaube brach dann wieder aus, nicht nur in Judäa …, sondern auch in Rom, wo alle barbarischen und schändlichen

Sekten von überall her zusammenkommen und ihre Riten ausüben. Man ergriff also fürs erste diejenigen, die sich dazu bekannten; auf deren Angaben hin wurde sodann eine gewaltige Menge nicht etwa der Brandstiftung, sondern vielmehr des Hasses gegen die Menschheit überführt» (Annales 15, 44).

Die frühen Christen scheinen für *Tacitus* vor allem durch ihre Ablehnung des herrschenden Welt- und Menschenbildes gefährlich, kaum zu unrecht, denn die Vorstellung, daß ‹die ganze Welt im Argen liegt› und ohne Christus die Geschichte keine Möglichkeit mehr hat, rührt an die Wurzel antiker Immanenzvorstellungen.

Aber trotz ihrer Isolierung nahm der Kult der Christen auch Züge anderer Kulte an. So ist z. B. der 25. Dezember als Christgeburtsfest das Festdatum des Mithras-Sol invictus, so sind in die Marienverehrung, von der noch *Paulus* nichts weiß, Züge des kleinasiatischen Magna-Mater-Kults aufgegangen. Aber weniger als auf direktem Wege wandern indirekt neue Glaubenselemente ins entstehende Christentum. Durch Abwehr und Abgrenzung gegen fremde Kulte, sowie durch apologetische Anpassung (schon Apg. 17, 28) werden zugleich bestimmte dogmatische Positionen definiert.

Das Christentum fand seine Anhänger zuerst in den Städten unter Juden, Proselyten, Intellektuellen und Sklaven, aber auch unter Soldaten. So kommt es, daß schon sehr bald auch in den Römerstädten Germaniens, in Köln, Trier, Mainz und Straßburg, sich neben Isis- und Mithras-Kult auch christliche Gemeinden finden. Deren Kultsprache ist bis ca. 230 auch im Westen das Griechische. Aus dieser Zeit stammen die ältesten christlichen Lehnwörter im Deutschen, wie z. B. das Wort ‹Kirche›. Spuren altlateinischer Bibelübersetzungen (Vetus Latina-Texte) begegnen erst in der zweiten Hälfte des II. Jahrhunderts, namentlich von Nordafrika her. In den wachsenden Gemeinden der Römerstädte bildet sich zuerst die Stellung eines Bischofs (‹episkopos› = ‹Aufseher›)aus. Diese Bischofsstädte werden dann Zentren weiter ausgreifender Christianisierung. Die kirchlichen Bezirksgrenzen formen sich denen des Römerreichs ein. Noch heute entsprechen die Erzdiözesen im wesentlichen den römischen Provinzen.

Unglückliche Kriege an allen Reichsgrenzen ließen nicht nur die Sklavenzufuhr versiegen und die Landarbeiter zu Pächtern aufsteigen, sondern sie führten auch zu einer Lockerung der Zentralmacht. Die Provinzen gewannen immer größere Unabhängigkeit, versuchten sich auch wirtschaftlich selbst zu erhalten. Der allgemeine Verkehrsaustausch ließ nach, die Währung verschlechterte sich. Reformen und Gewaltmaßnahmen vermochten den Verfall nicht aufzuhalten. Eine allgemeine Unsicherheit der Lebensverhältnisse begünstigte den Erfolg der orientalischen Erlösungsreligionen, besonders des Christentums. Dieser aber war eine Folge des römischen Verfalls, nicht seine Ursache. Als solche wurde er indes vielfach angesehen. Noch *Augustin* (354–430) setzt sich mit dieser Meinung auseinander. Durch Unterdrückung der Christen versuchten auch die Caesaren, den Verfall aufzuhalten. 249–251, 257 ff., 299 und 301 sind die blutigsten allgemeinen Christenverfolgungen; die letzten unter *Diokletian* (284–305) sind Teilstück eines allgemeinen Reformprogramms für das Imperium. Nach dem Scheitern dieses Versuchs hat dann schließlich *Konstantin* das Erbe der diokletianischen Reformen angetreten. 313 bestätigte er im Mailänder Edict nicht nur einen Toleranzerlaß des *Galba* (von 311), sondern er verkehrte die Christenpolitik *Diokletians* ins volle Gegenteil. Auf die Mitwirkung der Christen als loyalste und gefügigste Staatsbürger setzte er alle Hoffnung einer Reform des Imperiums. 330 gründet er zum Zeichen der Erneuerung des Reiches ein neues Rom an der Stelle des Hafenplatzes Byzanz, das den Namen Konstantinopel erhält. Das alte Rom, wo jetzt die Petrus- und die Paulus-Basilika erbaut werden *(Abb. 5)*, überläßt er «seinen Träumen» *(Dörries); nach mittelalterlicher Interpretation überließ er es dem römischen Bischof. Dieser hat inzwischen unter den andern Bischöfen eine, wenn auch nicht unbestrittene Vorrangstellung erreicht. Als 391 *Theodosius I.* das Christentum zur römischen Staatsreligion erklärt und alle heidnischen Kulte verbietet, tritt im Westreich mehr und mehr die Kirche, die sich der Struktur des Imperiums von Innen her angeformt hat, als geistige Klammer an die Stelle des zerfallenden Staates. Vor allem in der Organisation der Kirche wird das weströmische Imperium weiterleben. Das solchermaßen christliche Römerreich wird dann der Rahmen auch der mittelalterlichen deutschen Geschichte. Indem die Germanen sich diesen Formen einfügen, beginnen sie an der Weltgeschichte teilzunehmen.

Aber die Kirche, der die Caesaren die Freiheit gegeben hatten, bestand noch gar nicht als Einheit. Mehrere große Bischofskirchen existierten nebeneinander: die von Alexandria, die von Antiochia, die von Konstantinopel, die von Rom, die von Karthago. Ihre Konkurrenz und ihre Lehrunterschiede zu beseitigen, mußte im dringenden Interesse der Caesaren liegen. Die ererbte Würde des Augustus und des Pontifex Maximus blieb dem Kaiser in verwandelter Form. Der christliche Kaiser in Konstantinopel war nicht bloß der Schirmherr der entstehenden Kirche, sondern auch ihr Oberhaupt mit Lehrautorität. Er war kein Laie. Die großen Kirchenkonzile sind auf Betreiben der Caesaren einberufen worden, das von Nicaea 325 noch von *Konstantin*. Auf ihm wurde ein Stück der Trinitätslehre entschieden, der Streit zwischen dem alexandrinischen Presbyter *Arius* und dem alexandrinischen Bischof *Athanasius*. Für *Arius* blieb in antiker Weise Gott unantastbar, das Unendliche konnte nicht ins Endliche eingehen, Christus war Gott nur ‹wesensähnlich› (homo-i-ousios). Nach *Athanasius* ist Gott mit Christus ‹wesenseins› (homo-ousios), er ist in Christus auch ganz Mensch; daß das Unendliche zugleich endlich wird, ist die Verheißung der Erlösung. In Nicaea wurde die Lehre des *Arius* verdammt; aber sie behielt namentlich in Griechenland und am Kaiserhof Anhänger. *Konstantin* selbst ließ sich auf dem Sterbebett arianisch taufen. Auch die Goten in Bulgarien und ihr Bischof *Ulfilas* sind Arianer. Gotische Missionare haben dann Langobarden, Wandalen und Burgunder zum arianischen Christentum bekehrt. Es war die weltgeschichtlich falsche Konfession.

Seit dem Mailänder Edict konnte sich das Christentum öffentlich darstellen, in Kirchen, vor allem in Taufhäusern, auf den Sarkophagen der Vornehmen. Den Gebildeten empfahl es sich als die wahre Philosophie. Christus erschien in Philosophentracht auf der himmlischen Lehrkanzel mit dem Rotulus (Schriftrolle) in der Hand *(Abb. 6)* oder bärtig auf himmlischem Caesarenthron mit Sitzrolle und Codex *(Abb. 7)*. Wie eine Reaktion auf das Aufhören der Verfolgung im römischen Reich wirkt der Zug zur Askese, die monastische Bewegung, die jetzt einsetzt. Der ehemalige römische Legionär *Pachomius,* 315 getauft, gründete ca. 320 in Tabennisi in Ägypten das erste Kloster, keine Einsiedelei, sondern ein Coenobium (‹Zusammenwohnen›). Als er 348 starb, standen 7 Klöster mit 5000 Mönchen unter seiner Leitung. Die Regel des *Pachomius,* vor allem aber die des kappadokischen Bischofs *Basilius* (329–379) findet auch im Westen Eingang. 360 gründet der ehemalige Soldat *Martinus* Kloster Ligugé bei Poitiers, 410 gründet *Honorat von Arles* nach östlichem Vorbild das Inselkloster Lérins vor der Provenceküste. Von dort zog, der Legende nach, *Patrik* 432 nach Irland, das vom römischen England her bereits teilweise christianisiert worden war. In Irland entstand eine eigentümliche Mönchskirche (Klöster statt Pfarrkirchen), in der antike Kultur und Wissenschaft (Kenntnis des Griechischen) die Völkerwanderungszeit überdauerten. Irische Mönche haben auch unter den Kelten Schottlands gewirkt. In England, wo nach dem Abzug der römischen Legionen (407) die Germanen um 450 eingefallen waren und die christianisierten Kelten verdrängt hatten, konnten die Iren wegen des nationalen Gegensatzes nicht Fuß fassen. Die Angelsachsen wurden erst kurz vor 600 von Gallien und von Rom her bekehrt. Aber im Gallien des V. Jahrhunderts haben irische Mönche missioniert, soweit nicht bereits mit der römischen Stadtkultur das Christentum dorthin vorgedrungen war.

Im nördlichen Rheingebiet und in Nord-Gallien aber hatte sich inzwischen der germanische Eroberungsverband der Franken etabliert. Um diese Zeit begannen die Franken sich sprachlich von den übrigen Germanen zu unterscheiden. Wiederum wurde die Artikulation im Konsonantensystem verschärft, z. B.:

| Germanisch (Gotisch) | Fränkisch | |
|---|---|---|
| fadar | fater | ‹Vater› |
| twai | zwei | ‹zwei› |
| pund | phunt | ‹Pfund› |
| ik | ih (h = ach-Laut) | ‹ich› |

Das Alemannische, Bairische und Langobardische nahmen an dieser Lautveränderung teil, durch welche die sogenannten ‹hochdeutschen Mundarten› entstehen (‹Hochdeutsche Lautverschiebung›). Sie waren in einzelnen Artikulationsmomenten sogar noch radikaler als das Fränkische, jedoch das spätere Hochdeutsch pendelte sich, nahezu symbolischerweise, auf den fränkischen Lautstand ein. Nach Gallien brachten die Franken vielleicht die Nasalvokale, die das fränkisch beeinflußte Französisch charakterisieren. Die Könige der Franken versuchten im nördlichen Gallien die römischen Herrschaftsstrukturen zu übernehmen. Dabei kam es vielfach zu neuartigen Kompromißformen. So erwuchs z.B. aus einer Verbindung von germanischer Gefolgschaft und römischer Klientele (private Schutztruppen der Großen) allmählich die Institution der Vasallität. Mit den städtischen Herrschaftsstrukturen war jedoch das Christentum inzwischen die Legierung eingegangen. Daß hohe römische Verwaltungsbeamte und offizielle Persönlichkeiten Kirchenämter übernahmen, war nicht ganz ungewöhnlich. Schon 374 war der römische Präfekt *Ambrosius* Bischof von Mailand geworden; um 450 der Rhetor *Sidonius Apollinaris*, Schwiegersohn des Kaisers *Avitus*, Bischof von Clermont, 590 der römische Stadtpräfekt *Gregor* Papst. «Besonders seit der Schwächung der Zentralgewalt im V. Jahrhundert übernahmen die Bischöfe auch politische Aufgaben. Unter ihrer Führung behaupteten sich die Stadtbewohner vielfach in Gallien gegen die Germanen, im Süden Ägyptens gegen die Blemnyer, und retteten das antike Erbe der Stadtkultur in das Mittelalter» *(Lippold)*. Den engen Zusammenhang von Staat und Kirche als Herrschaftsinstrument scheint der Frankenkönig *Chlodwig* erkannt zu haben, als er sich 496 (?) mit dem fränkischen Adel durch Bischof *Remigius* in Reims taufen ließ. Konsulwürde, Thron und Ornat verlieh ihm 508 der Kaiser *Anastasius I.* von Byzanz, der den Barbarenkönig wie einen Satellitenfürsten anerkannte. Der Umstand aber, daß die Franken nicht wie andere Germanenvölker Arianer wurden, erlaubte ihnen schließlich die Integration des weströmischen Imperiums; er erlaubte anderseits der weströmischen Kirche, eine fränkische Oberherrschaft zu konzipieren. Bereits *Gregor von Tours* (ca. 540-594) wird in seiner ‹Historia Francorum› (2, 31) *Chlodwig* einen ‹neuen Konstantin› nennen.

Als *Konstantin der Große* 330 die Hauptstadt des römischen Imperiums an den Bosporus verlegte, hatte er nicht nur Rom dem römischen Bischof, nicht nur das Westreich der römischen Kirche, sondern dieses zugleich auch den Germanen preisgegeben, welche die Grenzen des Imperiums seit den Tagen des *Augustus* bedrohten. Das Westreich regierten von Ravenna aus nur Nebenkaiser. Die Hauptkaiser in Byzanz ließen ihre mehr oder weniger ergebenen germanischen Foederatengenerale dorthin ausweichen, ehe sie ihnen das Ostreich öffneten. So den ‹magister militum› *Alarich* mit seinen Westgoten, denen sich auch römische Legionäre verschiedenster germanischer Herkunft anschlossen. In der Absicht, wirtschaftliche und finanzielle Ansprüche, die er aufgrund seines Foederatenvertrages zu haben glaubte, gegenüber dem Imperium mit Gewalt durchzusetzen, fiel er mit seinen Truppen in Italien ein, eroberte und plünderte Rom, zum Entsetzen des ‹Orbis Romanus›. Sein plötzlicher Tod im selben Jahr 410 setzte dem Unternehmen ein Ende. Die Truppen zogen nach Südgallien ab, wo sie um Toulouse ein westgotisches Reich gründeten.

Darauf, daß dieses Reich als römischer Foederatenstaat sich verstand oder verstanden werden konnte, deuten die Worte, die der Geschichtsschreiber und *Augustin*-Schüler *Orosius* dem Gotenkönig *Athaulf*, dem Schwager *Alarichs,* in den Mund legt: er habe zunächst danach gestrebt, den Römernamen auszutilgen, zur *Gotia* zu machen, was einst *Romania* gewesen sei, und sich selbst an die Stelle des Caesar Augustus zu setzen; er habe aber eingesehen, daß die Goten in ihrer zügellosen Barbarei nicht den Gesetzen gehorchen könnten, ohne die der Staat nicht der Staat sei; deshalb setze er nun die Goten für das Römerreich ein, um bei der Nachwelt als Urheber der römischen Wiederherstellung (Romanae restitutionis auctor) zu gelten. (Historia 7, 43, 3).

466–488 entsteht mit dem ‹Codex Euricianus› in Südfrankreich die älteste Aufzeichnung eines germanischen Stammesrechts. Es ist Ausdruck der Differenz, die zwischen der nach römischem Recht lebenden galloromanischen, katholischen Provinzbevölkerung und ihren germanischen Beherrschern besteht.

Von den Hunnen unterworfen (ca. 375) und nach dem Zusammenbruch des Hunnenreiches in Pannonien (Ungarn) ansässig, sind die Ostgoten die nächsten Germanen, die sich Italiens bemächtigen. Ihr in Konstantinopel erzogener König *Theoderich* nimmt im Auftrag des byzantinischen Kaisers *Zeno* als ‹magister militum› und ‹patricius› dem germanischen Römergeneral *Odoaker* die Herrschaft über Italien, die dieser nebst den *Theoderich* zugesprochenen Titeln usurpiert hatte. Aber nachdem dies gelungen ist, bricht *Theoderich* die Beziehungen zu Byzanz ab und etabliert ein eigenes Staatswesen. Obgleich der Gotenkönig sich bemüht, den Römern entgegenzukommen, gelingt es ihm nicht, die Bevölkerung auf seine Seite zu ziehen. Die arianischen Goten gelten den katholischen Römern nicht nur als Eindringlinge, sondern auch als Häretiker. In Ravenna, wo *Theoderich* wie die letzten weströmischen Kaiser vor ihm residiert, haben Arianer und Orthodoxe ihre Kirchen und Taufhäuser in getrennten Stadtvierteln. Nur wenige Römer, wie der gelehrte Präfekt *Cassiodor,* kollaborieren mit den Goten. Legitimisten, die, wie der Philosoph *Boethius*, die Verbindung nach Byzanz suchen, werden von *Theoderich* eingekerkert und hingerichtet. Als *Theoderich* 526 stirbt, läßt er sich in einem Grabmal von der Form eines antiken Heroon vor den Mauern Ravennas beisetzen. Sein römischer Minister *Cassiodor* zieht sich nach Kalabrien zurück, wo er das Kloster Vivarium gründet. Seinem Scriptorium verdankt sich die Rettung bedeutender Werke der antiken Literatur, Werke, die von Rollen auf Codices umgeschrieben wurden. Denn die neue und bis heute gültige Buchform wird jetzt der Codex. Im Zusammenhang mit der Ausbreitung des Christentums hat diese Form die antike Welt erobert. Gleichzeitig (529) gründet *Benedict von Nursia* das Kloster Montecassino und verfaßt jene Ordensregel, die für das Westreich auf Jahrhunderte hinaus verbindlich wird. Die darin niedergelegte benedictinische Klosterverfassung gibt mit ihrem Begriff von autarker Gutswirtschaft nicht nur ein ökonomisches, sondern schließlich auch ein politisches Modell. Das italienische Ostgotenreich aber hat sich nach dem Tod *Theoderichs* weder politisch noch militärisch behaupten können. Kaiser *Justinian* läßt es zurückerobern (bis 553), genau so wie das arianische Wandalenreich in Nordafrika. Doch weder Italien noch Nordafrika vermag der römische Kaiser auf die Dauer zu verteidigen. Schon um 550 bedrohen die Bulgaren die Grenzen des Ostreichs. In den von den Goten verlassenen illyrischen Raum wandern Slaven ein. Fast gleichzeitig (568) erobern die arianischen Langobarden Italien. Um 650 geht Nordafrika an die Araber verloren. In Italien aber blieb die Langobardenherrschaft wie die der Goten ein Fremdkörper. Eroberer und Eroberte trennte vor allem die Konfession. Als die Langobarden schließlich um 680 zum katholischen Christentum übergehen, beginnen sie sich schnell zu romanisieren. Der Langobardenstaat wird zur Konkurrenzmacht der Franken im weströmischen Reich. *(Vgl. Textabb. 1 d.)*

Allein den Frankenkönigen, die von Anfang an die richtige Konfession gewählt hatten, war es schließlich möglich, ihren Staat mit dem weströmischen Imperium zu verschmelzen. Nachdem sie in Gallien das arianische Westgotenreich um Toulouse und das teilweise noch arianische Burgunderreich an der Rhone als rechtgläubige Befreier erobert und im Osten Alamannen, Thüringer und Bayern, schließlich auch die Sachsen unter ihre Herrschaft gebracht hatten, nachdem der Papst bei ihnen Hilfe gegen die Langobarden gesucht und sie auch deren Reich unterworfen hatten, konnte Weihnachten 800 der ‹rex Francorum et Langobardorum› *Karl* in Rom durch den Papst zum Imperator des Westreichs erhoben werden. Das römische Reich, das letzte der Weltgeschichte, wie man wußte, war nicht etwa zerstört, sondern es war auf die Franken übertragen worden. Das westliche Mittelalter verstand diesen Vorgang als ‹Translatio Imperii›. Der Hauptkaiser in Byzanz aber konnte darin nur einen Akt der Usurpation sehen. Doch war Byzanz damals zu sehr geschwächt, um etwas gegen den fränkischen Usurpator unternehmen zu können. Der ‹Basileus ton Romaion› in Konstantinopel erkannte *Karl* schließlich als ‹Imperator und Basileus› an. Eine Rückeroberung Italiens wie in den Tagen *Justinians* war nicht mehr möglich. Die muslimischen Araber hatten nicht nur Syrien und Nordafrika, nicht nur Cypern und Kreta erobert, sondern sie standen auch im Begriff, Sizilien, Kalabrien und Apulien in ihre Gewalt zu bringen, die letzten Stützpunkte byzantinischer Herrschaft in Italien. In Spanien hatten die Sarazenen das Reich der Westgoten, die dorthin vor den Franken ausgewichen und 589 zum katholischen Glauben übergetreten waren, bis auf einen kleinen Reststaat im Nordwesten (Asturien) zerstört. Vom Frankenreich hatte *Karl Martell,* der Großvater *Karls,* die Mohammedaner abwehren können, und *Karl* selbst hatte später die Pyrenäengrenze gesichert. Vielleicht verdankten die Franken nicht zuletzt diesen Unternehmungen ihre endgültige Vorrangstellung im Westen. Während die Frankenkönige sich jetzt bemühten, ihren Herrschaftsbereich römisch zu christianisieren, wütete im Innern des oströmischen Imperiums die blutige theologische Kontroverse des Ikonoklasmus (Bilderstreit). Byzantinische Künstler flohen in den Westen, wo sie den neuen fränkischen Caesaren zu einer Art ästhetischen Legitimität verhalfen und im westlichen Imperium die Kulturblüte einer fränkischen Spätantike beflügelten. Dies ist der Zusammenhang, in dem deutschsprachige Literatur im weströmischen Imperium ihren Anfang nimmt.

## Literatur und Geschichte

Die so begonnene Darstellung versucht, ein Bild von der deutschen Literatur im universalhistorischen Zusammenhang des europäischen Mittelalters zu konstruieren. Dieser Versuch ist problematisch im Hinblick auf den Geschichtsprozeß, im Hinblick auf die deutsche Literatur darin und im Hinblick auf das Erkenntnisinteresse, das in Literatur und Geschichte gefunden werden kann. Dieses Erkenntnisinteresse inseriert sich der Frage nach dem Nutzen des Kulturunterrichts in unserm Zivilisationszusammenhang. In diesem hat die deutsche Literatur des Mittelalters ihren Wert eingebüßt. Wer sie dennoch vertreten will, sieht sich von vornherein in einer apologetischen Situation. An zahlreichen Universitäten und Schulen ist die deutsche Literatur des Mittelalters nicht mehr staatlich geforderter Unterrichts- und Prüfungsgegenstand. Sie hat sich ihre negative Beurteilung wohl nicht zuletzt deshalb zugezogen, weil sie schließlich eine Auslesefunktion für das Studium der neueren Literatur ausüben mußte.

Wer von den zahlreichen Deutschstudenten die Mittelalterhürde durch Lernen oder Mogeln nahm, bewahrte ihr als Schul- oder Hochschulgermanist nur selten ein freundliches Andenken. So beschränkte sich denn auch die Kenntnis der Mittelalterliteratur im gebildeten Bewußtsein derjenigen, die über Beibehaltung oder Abschaffung zu befinden hatten, auf etymologisch-grammatische Schreckbilder und historisch-ästhetische Schlüsselbegriffe, die meist aus der Zeit vor der Numerus-clausus-Funktion der Altgermanistik herrührten.

Aber kaum diese Funktion hat das entscheidende Argument für Abschaffung oder Beibehaltung des Unterrichts in deutscher Literatur des Mittelalters geliefert, sondern eher ihr mangelnder Aktualitätsgehalt. Mag etwa das Studium der neueren deutschen Literatur immerhin für die Auslese statt der Mittelalterliteratur die aktuellere Linguistik benützen, der Begriff des Aktualitätsgehalts erfreut sich auch weiterhin einer unbescholtenen Geltung. Daß ein Verhältnis zwischen Aktualitätsgehalt und Auslesefunktion besteht, ist schwerlich im allgemeinen Bewußtsein. Dennoch kann keiner Mediziner, Jurist, Chemiker usw. werden, dessen Abiturzeugnis in Deutsch eine ungenügende Note aufweist. Die Sprachbeherrschung aber wird im Literaturunterricht geübt. Es kann ohne neuere deutsche Literatur niemand das Reifezeugnis erwerben, welches die Voraussetzung für eine spätere Zugehörigkeit zu den Kadern ist.

Solches Befaßtwerden mit deutscher Literatur, das im späteren Beruf als Freizeitbeschäftigung fortdauern kann, betrifft aber nur 5% der Bevölkerung. Für die restlichen 95% ohne ‹Reife› mag die neuere deutsche Literatur teils gegenstandslos sein, teils mag der Umgang mit ihr ein beneidetes Statussymbol darstellen. Dafür könnte die Existenz von Buchgemeinschaften und anderen Kulturklubs Zeugnis ablegen. So gesehen, übt der Aktualitätsgehalt etwa der neueren deutschen Literatur auf seine Weise eine Auslesefunktion aus.

Wir mögen dieser Situation mit moralischer Verurteilung begegnen oder nicht, es liegt offenbar weniger an der charakterlichen Haltung der einzelnen Person, als vielmehr am Zusammenspiel verschiedener Interessen, daß diese Situation besteht. Es ist dies der Rahmen, in den auch die vorliegende Darstellung eintreten muß, der Rahmen, innerhalb dessen die Frage nach dem Erkenntnisinteresse unseres Subjekts an Literatur und Geschichte gestellt werden kann.

Der Aktualitätsgehalt, den heute noch die neuere deutsche Literatur genießt, ist einstmals auch der mittelalterlichen deutschen Literatur zugebilligt worden. Es geschah dies zu jener Zeit, da es einen deutschen Nationalstaat nicht gab. Damals konnte das Bild von der Vergangenheit zugleich als Sinnbild einer herzustellenden Zukunft dienen. In solcher Perspektive wurde deutsche Literaturgeschichte zur Erkenntniskategorie eines überpersönlichen National-Subjekts, in dem sich virtuell jedes einzelne Subjekt wiedererkennen mochte. Dieses Grundverhältnis definiert als ein allgemeines gesellschaftliches Grundverhältnis beispielhaft die französische Menschenrechtserklärung vom 20. August 1789:

«Der Grund aller Selbstbestimmung beruht ihrem Wesen nach in der Nation; keine Körperschaft und kein Individuum vermag eine Autorität auszuüben, die nicht ausdrücklich aus jener hervorgeht» (Artikel I, 3).
Der springende Punkt dabei scheint die ‹Selbstbestimmung› zu sein. Wir sind heute Zeugen und Akteure des Schauspiels, daß Nationalstaaten von ehedem ihre Konturen durch übergreifende ökonomische Imperative einbüßen. Zugleich erleben wir, wie der neu entstehende supranationale Ökonomiezusammenhang hie und da mit dem Mythos eines erweiterten Kollektivsubjekts umkleidet wird, dem ‹abendländischen Menschen›, der dem Anspruch nach EWG, EFTA und COMECON auch als Traditionseinheit umfaßt. Dieser Begriff des überpersönlichen Subjekts ist problematisch. Auch in der Charta der Vereinten Nationen wird z. B. noch einzelnen Völkern Selbstbestimmung zugebilligt, wie in den verschiedenen Verfassungen den einzelnen Individuen. Nur ist dabei das ‹Selbst›, sei es das überpersönliche, sei es das persönliche, bereits als Selbstverständlichkeit vorausgesetzt.
Die verschiedenen überpersönlichen übernationalen oder nationalen Subjekte sind aber schwerlich etwas anderes als die abstrakten Vergrößerungsformen des individuellen Subjekts aus der französischen Menschenrechtserklärung.
Diese Erklärung hat dem Einzelsubjekt den Zwang zur Achtung des egoistischen Verhaltens anderer als Freiheit dargestellt:
Die erklärte Freiheit besteht darin, alles das zu tun, was einem anderen nicht schadet (1789 Art I. 4). Was einem andern nicht schadet, ist das, was ihn in seinen Interessen nicht beschränkt. Als solches Interesse wurde die Nutzung des Eigentums definiert, die durch einen jeden nach seinem Gutdünken (à son gré) geschehen sollte, also ohne primäre Beziehung auf andere (1793, Art. 16; 1789, Art. I, 2). Den Schutz dieses solchermaßen egoistischen Interessegutdünkens garantierte das Recht auf Sicherheit, und das Recht auf Gleichheit garantiert die Existenz solcher durch Eigentumsinteresse definierten Monaden.

Ein anschauliches Bild dieses monadischen bürgerlichen Subjekts haben zahlreiche Menschen heute im Auto vor Augen. Es heißt mit dem gleichen Recht Auto-Mobil, selbstbeweglich, wie das bürgerliche Subjekt autonom heißt. Die Bewegungsmöglichkeiten einer 2 CV finden – trotz einer Straßenverkehrsordnung für alle – ihre Schranken an denen eines Mercedes, genau so wie das kleinere Eigentumsinteresse seine Schranken am größeren Eigentumsinteresse findet.

Das 1789 ff. proklamierte Gemeinwohl war nur die Summe seiner monadischen Egoismen, aber der größte Schutz mußte dem größten monadischen Interesse zuteil werden, denn es war durch seinen Umfang mit dem Interesse des Gemeinwesens am ehesten identisch.

Wenn der Konkurrenzwelt des Straßenverkehrs diejenige der Arbeitswelt entspricht, dann entspricht der Selbstzurückgezogenheit des Bastlers in der Garage der trügerische Selbstgenuß der bürgerlichen Monade, die in der arbeitsfreien Zeit an der Wiederherstellung ihrer Arbeitsmöglichkeiten arbeitet. Das bürgerliche Subjekt der französischen Menschenrechte erzeugt aus seiner monadischen Verfassung die Trennung von Leben und Geist, Arbeitswelt und Eigensein. Doch dieses Eigensein wird in kontrastierender Imitation zur äußeren Arbeits- und Lebenswelt als innere Arbeits- und Geisteswelt ausgebildet. Es ist dieses Subjekt, das seit den Tagen *Lachmanns* und der *Grimms* – jeden ‹Dilettantismus›, wie die Wortgeschichte zeigt, erst jetzt arbeitsteilig und arbeitsethisch verachtend – sich mit Literatur und Geschichte auseinandersetzt.

*Wilhelm Grimm* hat sich 1843 zu der Ansicht bekannt: «Die poesie ist die schatzkammer des menschlichen geistes, in welcher er niederlegt, was er im leben gewonnen hat.» Und er meinte ‹Wahrheit› dort zu fassen, wo Leben zu Dichtung wird (vgl. *F. Neumann).* Das Leben außerhalb der Monade schien ihm nicht so sehr der Ort der Wahrheit wie das innerliche der Dichtung.

Der historische Prozeß selbst entzog sich dem Interesse. Für *Karl Lachmann* (1793–1851) wurde Geschichte zu etwas rein Gewesenem, dessen Verständnis durch ein gegenwärtiges Subjekt kein erkenntnistheoretisches Problem darstellte.

In der Vorrede seines ‹Iwein› bezeichnete er es 1843 als Aufgabe: «mit folgsamer hingebung die gedanken, absichten und empfindungen des dichters, wie sie in ihm waren und wie sie den zeitgenossen erscheinen musten, rein und voll zu widerholen» (iv).

Dies enthält zwar ein Moment von Sehnsucht nach Anderssein; aber die Beziehung von modernem und vergangenem Subjekt gleicht dennoch wesentlich monadisch begriffene Subjekte metempsychotisch einander an. Wenn ein gegenwärtiges sich in ein vergangenes Bewußtsein einfühlen kann, ohne andere als bloß informative Schwierigkeiten überwinden zu müssen, dann hat sich eine historische Veränderung des Bewußtseins nicht vollzogen und geschichtlicher Wandel wird als äußerlich, als Veränderung von Dekor und Kostüm angesehen. (Der Kostüm-Historismus in Architektur und Kunst scheint dies für das XIX. Jahrhundert zu bestätigen.) – Bei *Jacob Grimm* (1785–1863) läßt das Ursprüngliche, das durch alles «Geschichtliche hindurchleuchtet» (*Neumann*) den historischen Prozeß zum innerlichen Kreislauf werden, wie z. B. seine Lautverschiebungslehre zeigt.

*Jac. Grimm* ließ idg. Tenues (p, t, k) zu germanischen ‹Aspiraten› (f, th, h), idg. ‹Aspiraten› (ph, th, kh – bh, dh, gh) zu germanischen Medien (b, d, g), idg. Medien (b, d, g) zu germanischen Tenues (p, t, k) werden, womit ein irrtümliches, aber charakteristisches Kreislaufschema entstand (vgl. *Streitberg);* es waren immer wieder dieselben Laute, die der historische Wandel realisierte.

Der ‹diachronische› Weg in die Vergangenheit führte in ein ‹synchronisches› Traumbewußtsein, aus dem heraus freilich bis in die Gründerjahre noch nach vorwärts geträumt werden konnte, während später Vergangenheit, in die historisches Erklären zurückführte, eher gegenwärtigen Verdrängungsträumen in ein zukunftslos Unterbewußtes glich. Wie in der frühen Germanistik historischer Prozeß anders hätte gedacht werden können denn als Monadentransport unter außermonadischem Zwang oder Schicksal, ist kaum zu sehen.

Wohl der einzige, wenigstens seiner Intention nach, über die innerliche Monade hinauszielende historische Entwurf der Frühzeit war derjenige des *Georg Gottfried Gervinus* (1805–1871).

Das Ziel der Literaturentwicklung war mit der Goethezeit erreicht, aber nicht als Endpunkt der Geschichte überhaupt oder als Station auf dem Weg zur Gegenwart. «Man habe den Mut, das Feld eine Weile brach liegen zu lassen und den Grund unserer öffentlichen Verhältnisse, auf dem Alles wurzelt, was ein Volk hervorbringen soll, neu zu bestellen, und wenn es sein muß, umzuordnen, und eine neue Dichtung wird dann möglich werden, die auch einem reifen Geiste Genüsse bieten wird.»

Doch auch dies Denken blieb auf die ins Nationale vergrößerte Subjekt-Monade notwendig fixiert, und der Genuß des Geschichtsresultats durch den reifen Geist zeigt das bürgerlich-monadische Subjekt. Der Aufruf zur Tat mußte in einem Abstrakten verhallen, denn woanders hin konnte sich nicht einmal der politische gute Wille flüchten. Bei *Gervinus* ist auch das frühe Funktionieren des Aktualitätsbegriffs zu erkennen. Sein Aktualitätsgehalt verfiel einer negativen Wertung. Die idealistische Geschichtskonstruktion von *Gervinus* galt als Vorstoß gegen die Beschränkung im ‹tatsächlich Vorgegebenen›, als Schritt vom rechten Weg. So urteilte etwa *Jacob Grimm* 1835 über den Geschichtsschreiber:

«Wer ihm in dem verschlungenen pfade dicht gedrängter kombinationen folgt, kann es ohne ermüdung, aber nicht ohne gefahr, sich zu verirren oder von einem reis ins auge geschlagen zu werden.»

Die Angelegenheiten des Gemeinwesens waren eben nicht die Angelegenheiten des Geistes und der innerlichen Monade. Die wahre politische Aktualität konnte nur im innerlichen Verhalten der äußerlich ruhigen Subjektsmonade gefunden werden.

In diesem Sinn ist für die Literarhistoriker bis in die Gründerjahre die Entwicklung eines nationalen Selbst die Entwicklung eines inneren Lebens.

*August Vilmar* (1800–1868) vertrat die These: «Zweimal ist … *unser Selbst* von fremden Elementen innig durchdrungen worden, um wiederum sie innig zu durchdringen: das erste Mal vom Geiste des Christentums, dessen volle und ganze Aneignung die erste klassische Periode im 13. Jahrhundert schuf, das zweite Mal von dem Geiste des griechisch-römischen Altertums und dem unserer Nachbarvölker, am Ende des achtzehnten Jahrhunderts.» *Wilhelm Scherer* (1841–1886) begann seine Berliner Akademierede von 1884 mit dem Satz: «Die deutsche Philologie verfolgt die gesamte *Entwicklung unserer Nation,* indem sie in ihr *inneres Leben* einzudringen sucht.» Und *Rudolf Haym* (1821–1901) sah die Aufgabe, «sich in ‹rein historischer Haltung› darüber klar zu werden, was dieser seiner ‹fortschrittslustigen Zeit› … aus früheren Tagen an *geistiger Erbschaft* überkommen sei» *(Neumann).*

Nicht allein nachdem die nationale Reichseinheit hergestellt, sondern auch nachdem in knapp zwei Jahren (1871/2) in Preußen 780 Aktiengesellschaften (gegenüber 300 zwischen 1790 und 1870) entstanden waren, zeichnete *Wilhelm Scherer* (1880 ff.) die äußere Geschichte des innerlichen Geistes als ein Bild kausalistischen Schicksals.

In seiner ‹Wellentheorie› nahm er drei Blütezeiten an: Heldenzeit um 600, Ritterzeit um 1200, Goethezeit um 1800. Alle 600 Jahre kam der deutsche Geist sozusagen wieder dran. Wer das Unglück hatte, in einem Wellental zu leben, mußte eben sehen, wie er fertig wurde.

*Scherer* lehnte eine eigene Methode des geschichtlichen Verstehens ab. Für ihn galt nur der «Zusammenhang von Ursache und Wirkung»; aber dieser gehorchte der blinden Fatalität eines 600-Jahre-Rhythmus – ein Geschichtsbild, das der Resignation der Autofahrermonade zur Hauptverkehrszeit vergleichbar ist. Das Unbehagen gegenüber dem historisch entfalteten Egoismus des gesellschaftlichen Ganzen mag damals zuerst empfunden worden sein. *Nietzsche* gab ihm 1874 in der, wie er sagte, «totalitären Gesundheitslehre des Lebens» Ausdruck, die Leben und Geschichte radikal trennte. Sie gelangte erst Jahrzehnte später zu ihrer vollen Wirkung. Aber schon 1874 hatte das erkennende, monadische Subjekt die Identifikation mit seiner Geschichte abgelehnt. Es identifizierte sich von nun an lieber mit der literarischen Welt und mit deren Dichtern. Jenseits der Geschichte blieb die Beschäftigung mit Werk und Persönlichkeit. Die großen Kunstwerke wie ihre Schöpfer schienen durch ein Wunder über Geschichte und Arbeitsalltag erhoben, Sehnsuchtsziel eines jeden monadischen Subjekts.

*Goethe* in Italien erschien nicht als Ausdrucksform eines gesellschaftlichen Zwangs; er war kein monadisch beschränktes und egoistisch beschädigtes Subjekt. Der Persönlichkeit wurde im Gegenteil ihr Egoismus noch als Kraft der Selbststilisierung zugebilligt.

Seit 1885 organisierte *Erich Schmidt* (1853–1913) die Weimarer Goethe-Ausgabe. Gewiß könnte man meinen, bis etwa 1870 sei der diachronische Gesichtspunkt für eine Beschäftigung mit Literatur und Geschichte vorherrschend gewesen, zwischen 1870 und 1918 sei dieser in eine Krise geraten und nach 1918 entschieden einem synchronen Gesichtspunkt gewichen. Daneben ist aber wohl auch zu bedenken, daß bis in die Gründerzeit die Organisation der monadischen Eigenwelt als gesellschaftliche Dienstleistung vollbracht wurde, daß aber am Ende der altwilhelminischen Zeit (1888) eine organisatorische Rechtfertigung der subjektiven Eigenwelt vor der Gesellschaft nötig wurde. Von nun an hat die Beschäftigung mit deutscher Literatur etwas mit öffentlicher Bewährung und offenkundiger Anpassung zu tun, und von nun an trägt sie auch apologetischen Charakter. Im Hinblick auf den zivilisatorischen Rahmen des Literatur und Geschichte erkennenden Subjekts läßt sich eine vorapologetische von einer apologetischen Zeit unterscheiden. Etwa seit *Erich Schmidt* zeichnet sich langsam die Situation ab, in der wir uns selbst vorfinden. Nunmehr sind auch mittelalterliche und neuere deutsche Literatur getrennte Bereiche.

*Erich Schmidt* muß eine eindrückliche Professorenpersönlichkeit gewe-

sen sein. Die Vorlesungen, die er hielt, waren so glänzend wie sein gesellschaftliches Auftreten. Daß er noch dazu das Ohr Kaiser *Wilhelms II.*
(1888–1918) fand, ließ sein Verhalten gelegentlich als ‹Hofschranzentum›
beargwöhnt werden.

In seiner Wiener Antrittsvorlesung von 1880 hatte er gesagt, Literaturgeschichte
erkenne das Sein aus dem Werden, und sie solle ein «Stück Entwicklungsgeschichte
des geistigen Lebens eines Volkes mit vergleichenden Ausblicken auf die andern
Nationallitteraturen» geben. Das berührte sich freilich mit der ‹Es ist erreicht›-
Devise des deutschen Kaisers und hatte zugleich etwas von souveräner Beliebigkeit. 1887 nach Berlin als Nachfolger *Scherers* berufen, lehrte er dort bis zu seinem
Tod 1913. Rückblickend sagte er von «‹Wilhelm Scherers, des Unvergeßlichen›,
Auffassung von der ‹literarischen Persönlichkeit›», daß man sie mit den «‹Schlag-
worten des Ererbten, Erlebten, Erlernten›» ausdrücken könne.

Zwar war sein Suchen nach eingängigen Schlagwörtern auf Öffentlich-
keitswirkung aus, aber andrerseits mußte die neuwilhelminische Öffentlichkeit beeindruckt werden, damit sie die Literaturwissenschaft förderte.
Und weil sie ihrer Aktualitätswirkung wegen gefördert wurde, mußte sie
in öffentlich sichtbarer Weise gemanagt werden. Ein Literaturprofessor
der neuwilhelminischen Zeit bedurfte der Fähigkeiten, wie *Erich Schmidt*
sie hatte, nämlich «Wissenschaft durch ‹Organisieren› (durch Erkennen
und Verteilen von Aufgaben) zu fördern und vor die Öffentlichkeit zu
stellen» (*F. Neumann*). Daß durch *Erich Schmidt* der Typ des wissenschaftlichen Betriebschefs und Strategen, der seine Wichtigkeit durch For-
schungsunternehmen beweist, zuerst verkörpert wurde, ist weder sein
Verdienst noch seine Schuld. Es gehörte von nun an zu den Eignungsbe-
dingungen eines Literaturprofessors.

In seiner Basler Antrittsvorlesung von 1913 sagte dann *Julius Petersen* wie
*Moltke:* ‹Getrenntes Marschieren› der einzelnen Wissenschaftssparten kann von
‹taktischem Wert› sein, wenn man sich über das ‹gemeinsame Ziel› einig ist.

Organisation war zur Erkenntnisvoraussetzung geworden. Dieser
Umstand und die Aktualitätswirkung sollten in zunehmendem Maß die
Wahl der Methoden bestimmen. Öffentlichkeitsgeförderte Wissenschaft
brauchte adäquate Arbeitsprojekte, die sich arbeitsteilig bewältigen ließen: Werkausgaben und Wörterbücher. Was die *Grimms* und *Lachmann*
in einigen Jahren allein gemacht hatten, bewältigten von nun an Forscher-
gruppen in jahrzehntelanger Arbeit, an deren Vollendung kein Mitarbeiter
Interesse haben konnte, solange er davon lebte. Die Philologie, die in
Anpassung an die technische Welt der Gründerjahre die Lehre von den
Lautgesetzen aufgrund mechanistischer Vorstellungen vervollkommnet
hatte, wurde zur technisch-praktischen Voraussetzung der Literaturwissenschaft.

Es war vielleicht ein wenig naiv von *Adorno,* als er einmal meinte, ein Altgerma-
nist würde sich gewiß mit großem Recht dagegen sträuben, «wenn er Lautverschie-

bungsgesetze frischfröhlich geschichtsphilosophisch deuten sollte». Lautgesetze und Sprachveränderungen vollzogen sich in der Vorstellung der ‹Junggrammatiker› sozusagen über die Köpfe der Sprecher hinweg ohne Rücksicht auf Verkehrsvorgänge und Soziolekte etwa wie chemische Prozesse mit homogenen Stoffen in einem sprachlichen Ansich.

Das erkennende Subjekt aber war nach wie vor das bürgerlich-monadische der französischen Menschenrechte; der wachsende Druck der öffentlichen Arbeitswelt akzentuierte seine Gespaltenheit nur schärfer. Entscheidend wurde für vieles der äußere Zusammenbruch des kaiserlichen Staatswesens.

Gewiß zeichnete sich nach dem ersten Weltkrieg eine methodische Wendung zu einer intensivierten Innerlichkeit ab, zugleich aber auch ein verstärkter Drang zu apologetisch dargestellter Aktualität.

Schon 1914 hatte *Julius Petersen* (1878–1941) in ‹Literaturgeschichte als Wissenschaft› geäußert, das «innere Nachleben des Schaffensvorganges» dürfe «weder engherzig philologisch, noch einseitig psychologisch, philosophisch, ästhetisch oder kulturgeschichtlich» sein. Nicht Psychologie sondern ‹Intuition› sollte das letzte Wort haben. 1926 hatte er in der ‹Wesensbestimmung der deutschen Romantik› die Einsicht formuliert, literarische Stilforschung sei nichts anderes als Sprachforschung im höchsten Sinne, und eine vergeistigte Sprachgeschichte ziehe alle Formen künstlerischer Sprachschöpfung in ihren Bereich.

Der äußerlich-historisierende Biographismus der wilhelminischen Zeit begann verächtlich zu werden, wohl weil er die latente Möglichkeit zur Relativierung von Genie und Werk in sich schloß. Das Irrationale wurde in seinem Recht und in seiner Macht anerkannt. Das monadische Subjekt mußte vielen Literaturforschern als einzige Form des Menschentums erscheinen, und der Gegensatz zwischen Arbeitswelt und Eigenwelt konnte als rationale und irrationale Konstante aufgefaßt werden.

So, wenn *Hermann August Korff* (1882–1963) 1923 meinte, die Wurzel der Stilgegensätze sei «nichts anderes als jener ‹Dualismus unseres Menschentums›, der aus dem Gegensatz von ‹Natur und Geist› als ein ‹Ringen rationaler und irrationler Tendenzen› hervorgehe».

Die Literaturgeschichte wurde zur Geschichte von Geistesströmungen, die ohne Kontakt zur Arbeitswelt die monadischen Individuen der einzelnen Zeiten mit stilistischer Epochenharmonie beherrschte.

*Oskar Walzel* (1864–1941), der das geistige Leben mit einer Typenlehre zu erfassen versuchte, formulierte 1923/24 in ‹Gehalt und Gestalt im Kunstwerk des Dichters› einen ästhetisch-pragmatischen Solipsismus, wenn er schrieb: «Nicht wie ein Kunstwerk entsteht, bloß wie es ist, läßt sich mit Genauigkeit sagen. Es als Erscheinung zu verdeutlichen, nicht es als Ergebnis von Ursachen zu fassen, ist eine lösbare Aufgabe.»
*Rudolf Unger* (1876–1942) versuchte über die «isolierende Betrachtung des Einzelnen» und den «einseitigen Biographismus» hinaus der «Literaturgeschichte als Problemgeschichte» (1924) eine «wahrhafte Phänomenologie der Lebenspro-

bleme» abzugewinnen. Schon 1914 hatte er in ‹Vom Werden und Wesen der neueren deutschen Literaturwissenschaft› von der «einen, unteilbaren Literaturwissenschaft» gesprochen, in der die Philologie nicht «bloße Technik» bleibe.

Auch die Philologie trat in den Dienst der Wesensbestimmungen, gewann dabei aber mehr und mehr den Charakter einer Hilfswissenschaft zu Höherem. Für Sprachgeschichte und Mittelalterliteratur drohte der historische Begriff im philologisch gesicherten Detail zu zergehen; wo er sich daraus zu erheben versuchte, geschah es meist mit den alten Gedanken aus der germanistischen Frühzeit, die durch die Zerstörung des Kaiserreichs neue Aktualität gewonnen hatten: dem Werden des nationalen Selbst oder dem Verfall der germanischen Ursprünglichkeit.

Der Kampf zwischen ‹Heimisch› und ‹Fremd› durchzog die ‹Deutsche Versgeschichte› des Schweizer *Andreas Heusler* (1865–1940), der Begriff des schöpferischen Dichters beherrschte sein Werk ‹Nibelungensage und Nibelungenlied› (1920). Aber seine Verehrung für das Germanische und Deutsche wollte nichts mit dem jetzt heraufkommenden Nationalsozialismus zu tun haben.

Das Nazideutschland, selbst ein Produkt der Nachkriegszeit, beförderte nur, was vorhanden war, ließ den politischen Charakter der Innerlichkeit deutlich werden und verlieh auch der mittelalterlichen deutschen Literatur ein letztes Aktualitätsinteresse. Der verlorene zweite Weltkrieg, der zugleich die nationale Identität gekostet hatte, sah das monadische Subjekt in der alten Wertopposition von Außenwelt und Innenwelt. Gegenüber der Situation nach dem ersten Weltkrieg hatte sich vor allem dies verändert, daß sich nationalhistorische Gedanken nicht mehr blicken lassen durften. Wie nach dem ersten Weltkrieg wurde *Nietzsches* Satz aus der zweiten ‹Unzeitgemäßen Betrachtung› wieder aktuell:

Das «Unhistorische und das Überhistorische sind die natürlichen Gegenmittel gegen die Überwucherung des Lebens durch das Historische».

Schon 1874 war der Begriff des Historischen eine Abstraktionsform des gesellschaftlichen Zwangs im Getriebe gewesen. Die in den französischen Menschenrechten angelegte Trennung von wahrem und falschem Leben hatte sich in der Unterscheidung von bedeutendem und unbedeutendem Leben ausgedrückt.

Das bedeutende Leben war dann in den folgenden Jahrzehnten als genial, heroisch, mythisch, das unbedeutende je nachdem als pöbelhaft, bourgeois, lebensunwert oder borniert angesehen worden. Nach beiden Weltkriegen wurde, nicht zuletzt unter dem Einfluß der *George*-Schule, in der Ganzheit ästhetischer Paradiese und in der Offenbarung des vom Schmutz der Unfreiheit reinen Wortes ein Jenseits im Diesseits erfahrbar, das gleichermaßen hedonistische, metaphysische wie sogar politische Ausdeutung zu erlauben schien.

Vor wie nach dem letzten Weltkrieg wurden die bedeutenden Kunstwerke zum Gegenstand auch formaler Analysen gemacht, um der Besonderheit ihrer ästhetischen Qualität auf die Spur zu kommen. Das Vermögen, Qualitäts-Niveaus unterscheiden zu können, stand aber zugleich unter dem Zwang, die Autonomie des urteilenden Subjekts von gesellschaftlichem Zwang beweisen zu müssen. Das Urteil, einer habe keinen Geschmack, wird ihm bekanntlich als persönliche Schuld und als gesellschaftliche Schande angerechnet. Die nur scheinbare Autonomie eines individuellen, nationalen oder sozialen Subjekts und Kollektiv-Subjekts erschien in der Autonomie ästhetischer Strukturen so oberflächlich verwandelt, daß in Bedarfsfällen die scheinbar verschiedenen Autonomieformen verbunden oder vertauscht werden konnten.

Nach dem zweiten Weltkrieg wurden in den beiden deutschen Reststaaten nationale durch ästhetische oder soziale Erkenntnisstrukturen vertauscht oder ergänzt, sogar ohne daß dabei in jedem Fall die Forscherpersönlichkeiten zu wechseln brauchten.

Seit der Gründerzeit scheinen sich Methodendivergenzen zu bloßen Epiphänomenen entwickelt zu haben. Sie konnten in dem Maße keine bloße Angelegenheit der individuellen Überzeugungen bleiben, wie die Existenzgrundlage jeder methodischen Spielart ihre öffentliche Förderung war. 1920 wurde die Notgemeinschaft der Deutschen Wissenschaft gegründet, 1925 wurden die kulturkundlichen Fächer des Gymnasialunterrichts um das Fach Deutsch gruppiert. Beides half die weitere Beschäftigung mit deutscher Sprache und Literatur erhalten.

Die Notgemeinschaft sicherte bei den unrentablen geisteswissenschaftlichen Publikationen durch Druckkostenzuschüsse die Unternehmergewinne und besoldete das Personal der Forschungsstellen. Gremien mußten über Förderungswürdig- oder -unwürdigkeit von Forschungsvorhaben entscheiden (vgl. z.B. die Vorrede zum ‹Corpus der altdeutschen Originalurkunden› von *Friedrich Wilhelm*).

Tatsächliche oder vermeintliche Entdeckungen bisher unbekannten oder ungenutzten Materials wurden zur Rechtfertigung ganzer Forscherexistenzen. Das Sachinteresse mußte sich dem praktischeren Funktionsinteresse unterwerfen, sich auf diese Weise aber letztlich selbst ad absurdum führen. Nach dem letzten Weltkrieg stellte sich dieser Zustand für das mit Literatur und Geschichte befaßte Subjekt als Dilemma von technischer Bewährung durch philologische Positivität und Befriedigung des Innerlichkeitsbedürfnisses durch Werkdeutung dar. *De Boor* und *Newald* charakterisierten ihn 1949 im Vorwort ihrer Literaturgeschichte so:

«Der Student soll und will zuerst *Wissen* erwerben. Die Achtung vor dem ‹bloßen Wissen› ist auf der einen Seite vorschnell und überheblich als ‹Positivismus› abgetan worden, auf der anderen Seite in der Not der Zeit weithin verlorengegangen. Mehr als sonst muß der Student wieder geistige Verantwortung lernen und zu dem Bewußtsein erzogen werden, daß man verantwortlich nur beurteilen kann, was man *weiß*. Sonst bleibt alle ‹Deutung› schöngeistiges Gerede.»

Die Erkenntnis von Literatur und Geschichte war ein Mittel zur Bewährung im Gegenwärtigen durch Herrschaftswissen und wurde unversehens als Auslesekriterium auch an die Schulen weitergereicht. Beide Autoren konnten von ihrem Werk noch sagen, es solle dem Studierenden «ein Helfer in seinem Studium sein und ihn in seinem künftigen Berufe begleiten». Noch schienen das Fach und seine Kontinuität eine Selbstverständlichkeit zu sein. Inzwischen haben sich die Dinge nicht unbedingt zu ihrem Vorteil weiterentwickelt. Das gesteigerte Interesse am Auf- und Ausbau der gegenwärtigen Welt konnte die deutsche Mittelalterliteratur zum Studienhindernis werden lassen. Wesentlich verändert haben sich zudem die Beziehungen zwischen zahlreichen ehemaligen Nationalstaaten. Im Ausland wird an den Schulen deutsch unterrichtet, nicht um der deutschen Literatur-, sondern um der deutschen Wirtschaftssprache willen. So kann auch hier die deutsche Mittelalterliteratur nicht mehr von Interesse sein, allerdings, wie in Frankreich, auch nicht mehr die neuere deutsche Literatur. Im Vordergrund steht die fremde Sprache als technisch zu bewältigende Gegebenheit, wobei literarische Texte höchstens als Übungstexte, Konversationsstoff oder für kulturelle Austauschprogramme verwendet werden. Nicht der Sachgehalt sondern die Funktionalität ist hier die Begründung des Erkenntnisinteresses. In einem offiziellen Rundschreiben vom Februar 1972 heißt es deutlich:

«In der Tatsache, daß das Fach Germanistik im Ausland und insbesondere im nicht deutschsprachigen Ausland gelehrt wird, liegt bereits die wesentliche Begründung für die verstärkte Aufmerksamkeit, die von deutscher Seite diesem Gebiet gewidmet wird.»

Für das vom Sachinteresse entleerte Funktionsinteresse ist nicht mehr die Methodendivergenz, sondern der Methodenwechsel die zugehörige Ideologie. Diesem Verhältnis ist in jüngster Zeit mit dem Begriff des ‹Paradigmawechsels› *(Jauss)* Rechnung getragen worden: Von Zeit zu Zeit ist danach eine neue Methode fällig. Rückblickend möchte man meinen, daß sich diese Situation seit den Tagen *Erich Schmidts* vorbereitet habe.

In dieser Situation des bürgerlich-monadischen Subjekts stellt sich heute die Frage nach dem Erkenntnisinteresse von Literatur und Geschichte für eben dieses Subjekt. Dieser Situation scheint jedoch auch der jüngste, ernsthafte Versuch einer Rechtfertigung von Literaturgeschichte, die sogenannte ‹Rezeptionsästhetik›, nicht gerecht werden zu können.

Als positive Grundgegebenheit für die ‹rezeptionsästhetische Theorie›, welche die «Kluft zwischen Literatur und Geschichte, historischer und ästhetischer Erkenntnis» *(Jauss)* überbrücken soll, erscheint in einer Gesellschaft monadischer Individuen der ‹Dialog›. Er ist hier nicht länger vom kollegialen Geist der Konkurrenz getragen, dem man sonst in der Arbeitswelt begegnet. Der Dialogbegriff ist auf den Gegenstand Literatur und Geschichte angewendet, wenn es heißt: «Dieses dialogische Verhältnis ist auch die primäre Gegebenheit für die Literaturgeschichte» *(Jauss)*. Dies meint «die vorgängige Erfahrung des literarischen Werkes durch seine Leser». Mir scheint hier eher ein Verhältnis des Abfragens als ein ‹dialogisches Verhältnis› vorzuliegen, denn auf immer neue Fragen des Lesers geht das Werk nicht von sich aus ein. Wenn ich mich nicht täusche, ist die gesellschaftliche Zwangssituation des erkennenden Subjekts hier umgeschlagen in einen kommunikativen Imperativ, mit dem sich das zu Erkennende zugleich als Wert wiederum der Gesellschaft empfehlen muß.

Die Überbrückung der «Kluft zwischen Literatur und Geschichte, historischer und ästhetischer Erkenntnis» ist schwerlich von einer Theorie zu leisten, die von der Verfassung des gegenwärtigen Subjekts absieht. Es scheint auch in dieser Theorie jenes organisatorische Moment enthalten, dem zufolge das primäre Interesse sich der Selbstbehauptung in der gegebenen Gesellschaft zuwenden muß. Insofern erscheint es notwendig, daß in der Rezeptionsästhetik die Frage nach verbindlichen Qualitätskriterien für Kunstwerke gestellt wird. Die gesellschaftliche Rangfrage des richtigen Geschmacks knüpft sich dabei an den Begriff des ‹Erwartungshorizonts›.

Die Überlegung geht so: Jedes Literaturwerk wendet sich an Leser, an zeitgenössische und an spätere. Es existiert nicht als ansichseiendes Faktum, sondern nur in historisch-gesellschaftlichen Relationen. Die Leser gehen mit bestimmten Erwartungen an das Werk heran, die durch Traditionen vermittelt sind. Auf solchen Erwartungshorizont hin aber ist das Werk selbst bereits strukturiert. Gut ist ein Werk, das mehr bietet, als der Leser nach seinem traditionsbedingten Vorverständnis vermuten konnte.

Kurz: Gut ist ein Werk, das den Erwartungshorizont erweitert; schlecht ist eines, das die Erwartungen, und nichts darüberhinaus, in ‹kulinarischer› Weise befriedigt.

Der Rezeptionsästhetik zufolge erweitern Werke, die zu klassischer Geltung aufgestiegen sind, oft keinen Erwartungshorizont mehr und rücken damit in die Nähe des Kitsches.

Aber diesen Werken wohnt dennoch ein «virtuell gegebenes …Sinnpotential» *(Jauss)* inne; denn: «auch die Tradition der Kunst setzt ein dialogisches Verhältnis des Gegenwärtigen voraus, demzufolge das vergangene Werk erst antworten und uns ‹etwas sagen› kann, wenn der gegenwärtige Betrachter die Frage gestellt hat, die es aus seiner Abgeschiedenheit zurückholt». Hier wird nun der ‹Dialog› zwar zutreffend als ein Abfragen beschrieben, und hier kommt das erkennende Subjekt in den Gesichtskreis der Theorie, aber Struktur und Erkenntnismöglichkeiten des Subjekts bleiben unkritisiert. Das Subjekt der Rezeptionsästhetik erfährt im Interessenzusammenhang einer bürgerlichen Monaden-Gesellschaft keine wesentliche Beschränkung. Ihm fällt die Aufgabe zu, dem ‹Abgeschiedenen› jene Horizonterweiterung zu entrichten, die das abgeschiedene Werk von sich aus nicht leisten kann. Infolge der unkritisierten Verfassung des erkennenden Subjekts muß auch in der Rezeptionsästhetik wieder die alte Doppelheit von Arbeitswelt und Eigensein erscheinen. Sie erscheint als Doppelheit von Leben und Kunst:
«Der Erwartungshorizont der Literatur zeichnet sich vor dem Erwartungshorizont der Lebenspraxis dadurch aus, daß er nicht allein gemachte Erfahrungen aufbewahrt, sondern auch unverwirklichte Möglichkeiten antizipiert … und damit Wege zukünftiger Erfahrung öffnet» *(Jauss)*.
Hier scheint nun wiederum dem Werk die Aktivität des Antizipierens und Öff-

nens zugeschrieben, die im Vorhergehenden dem Subjekt als Leistung zugemutet wurde, die stellvertretend für das abgeschiedene Werk zu geschehen hatte. Das Moment einer progressiven Aktivität ist dem Literaturwerk inkorporiert worden, das andrerseits die «gemachten Erfahrungen aufbewahrte». Was *Wilhelm Grimm* (vgl. oben S. 24) als ‹Schatzkammer› bezeichnet hatte, ist hier der ‹Aufbewahrungsort›. Das Aufbewahrte aber ist jetzt ein utopischer Gehalt, der sich jedoch damit in jenem Bestehenden verdinglicht, das er nunmehr rechtfertigen kann.

Der ‹Erwartungshorizont› erweist sich schließlich als der Horizont des Tauschwertinteresses. Die Sorge um die Verbraucher hat den Verbrauchern auch ihre Sorgen und Hoffnungen bereits zugemessen. Was den angepaßten Kulturgütern als Erwartung entgegenblickt, kommt aus angepaßtem, nicht aus freiem Gemüt. Infolge der versäumten Kritik der erkennenden Subjektivität erscheint im Rücken der Rezeptionsästhetik wieder die alte Zerspaltenheit der bürgerlich-monadischen Subjektsverfassung. Deswegen kann auch der rezeptionsästhetische Geschichtsbegriff nicht anders als organisatorisch und arbeitsteilig geraten.

Vorhandene Synchronie und vorhandene Diachronie sollen nach *Jauss* zu einer neuen Objektivität kombiniert werden:

Eine Darstellung der Literatur «kann indes der eigentlichen Aufgabe aller Historiographie erst dann gerecht werden, wenn sie Schnittpunkte auffindet und ins Licht rückt, die den Prozeßcharakter der ‹literarischen Evolution› in ihren epochalen Zügen historisch artikuliert – Schnittpunkte, über deren Auswahl weder die Statistik noch die subjektive Willkür des Literarhistorikers sondern die Wirkungsgeschichte: das, ‹was aus dem Ereignis hervorging›, entscheidet» *(Jauss)*.

Das Programm der Schnittpunktschichtung gehorcht den Erfordernissen einer Forschungsorganisation, gewiß unversehens; andrerseits führt der Versuch, der subjektiv-monadischen Willkür des Literarhistorikers zu entrinnen dazu, dem Sieger Recht zu geben, denn ‹was aus dem Ereignis hervorging› ist die Rechtfertigung für das jeweils Bestehende. So wird denn zwangsläufig das Arbeitsprogramm zu einer Bestätigung der Arbeitsteiligkeit in der monadischen Gesellschaft:

«Die Aufgabe der Literaturgeschichte ist erst dann vollendet, wenn die literarische Produktion nicht allein synchron und diachron in der Abfolge ihres Systems dargestellt, sondern als *besondere* Geschichte auch in dem ihr eigenen Verhältnis zu der *allgemeinen* Geschichte gesehen wird» *(Jauss)*.

Aber die Abstraktion ‹allgemeine Geschichte› besteht aus nichts anderem als ‹besonderen Geschichten› (Kriegs-, Friedens-, Rechts-, Wirtschafts-, Religions-, etc.-Geschichte). Der Begriff der ‹besonderen Geschichte› verdankt sich der Arbeitsteilung, die sich in ihm als die Sache selbst darstellt.

Indem dann schließlich die «gesellschaftsbildende Funktion» *(Jauss)* zur Rechtfertigung für Literaturgeschichte wird, scheint das unkritisierte Subjekt wieder seinen alten Verhältnissen ausgeliefert zu sein. Das Literatur und Geschichte erkennende Subjekt bleibt selbst gegen besseren Willen den Alternativen anheimgegeben, die sich aus der bürgerlichen Subjektstruktur der französischen Menschenrechte ergaben: Arbeitswelt und Eigensein, Leben und Geist, Historisches und Überhistorisches, Öffentlichkeit und Innerlichkeit, positives Faktenwissen und Deutung, Lebenspraxis und utopische Schatzkammer.

Zu fragen bliebe, wieweit eine soziologisierende Literaturwissenschaft, die sich vielfach marxscher Begriffe bedient, über diesen Grundsachverhalt hinauskommt mit einem Beharren auf Alternativen wie Gesellschaft und Literatur, Wirklichkeit und Widerspiegelung, Praxis und Theorie, Basis und Überbau. Angeknüpft werden könnte an den vielzitierten Satz: «Es ist nicht das Bewußtsein der Menschen, das ihr Sein, sondern umgekehrt ihr gesellschaftliches Sein, das ihr Bewußtsein bestimmt» *(Marx)*.

Im gleichen Zusammenhang war von «realer Basis» als der «Gesamtheit der Produktionsverhältnisse» und von «Überbau» als den «bestimmten gesellschaftlichen Bewußtseinsformen» die Rede.

Gewiß kehrt auch in diesem Satz von 1859 der Antagonismus des bürgerlich-monadischen Subjekts wieder. Der Begriffsgegensatz Sein-Bewußtsein stammte aus der bekämpften Ansicht, in der die Ständeteilung von Handarbeit und Kopfarbeit hypostasiert war; mit den Begriffen ‹Basis› und ‹Überbau› ist schließlich das Verhältnis von Proletariat und Bourgeoisie identifiziert worden.

Wenn hier eine Analogie zum monadischen Subjektbewußtsein konstatiert wird, ist damit freilich das Verhältnis von Ausgenutzten und Ausnutzenden, von Beherrschten und Herrschenden alles andere als eine bloße Frage der Terminologie. Aber die Umkehrung des Verhältnisses von ‹Sein› und ‹Bewußtsein› enthielt, wie seither vielfach demonstriert, die Gefahr, die entsprechenden Begriffe zu Bereichen von ontischer Statik werden zu lassen; sie konnte auf eine bloße Vertauschung der Etikette hinauslaufen. Denn wie z. B. ein Bewußtsein der proletarischen Basis zu befördern sein könnte, das nicht seinerseits Instrument einer ‹Priesterschaft› *(Marx)* oder Abfallprodukt des bourgeoisen Überbaubewußtseins wäre, ist mindestens seit 1871 das Problem der ersten Internationale gewesen. Hier wird auch der Zusammenhang mit der Theorie-Praxis-Antinomie deutlich.

Mit der berüchtigten ‹Umkehrung› wurde aber der ‹Außenwelt›, die im rein monadischen Bewußtsein negativ-schicksalhaften Charakter erhielt, entschiedenere Aufmerksamkeit zugewendet als der immer nur regressiv zu erreichenden Innenwelt der Monade. Auf diese Weise konnte das einfach antagonistische Verhältnis schließlich als Zirkulationsprozeß mit Akkumulationen an wechselnden Punkten denkbar werden.

Etwa als: Produktivkraft – Produktionsmittel – Ware – Unternehmergewinn – Bewußtsein – Produktivkraft etc. Die Produktivkraft, die Arbeiter, konnten als Produktionsmittel und als Ware, der Produzent konnte als seinerseits vom Kapital produziert, das Bewußtsein konnte als Produktionsmittel aufgefaßt werden.

Erkennbar wurde die Unterordnung von Menschen nicht nur unter die Herrschenden sondern auch unter die von ihnen erzeugten Dinge. *Marx* hatte den grundlegenden Sachverhalt der Bewußtseinsantinomie schon 1845 in der vierten Feuerbach-These formuliert:

«Aber daß die weltliche Grundlage sich von sich selbst abhebt und sich ein selbständiges Reich in den Wolken fixiert, ist nur aus der Selbstzerrissenheit und Sichselbstwidersprechen dieser weltlichen Grundlage zu erklären».

Für dieses zerrissene Bewußtsein verhalten sich auch Theorie und Praxis wie Gebrauchsanweisung und Befolgung.

Auch das Aussprechen und Darstellen einer Theorie ist eine Form von Praxis; denn eine Haltung, die in einem als ‹rein› vorgestellten Theoretischen verharrt, ist zugleich eine praktische Haltung, nämlich diejenige des Verbalismus. Ebenso ist eine bloß bekennende Frömmigkeit die praktische Unfrömmigkeitsform des Pharisäismus. Nicht das ‹Herr, Herr›-Sagen, sondern das ‹den Willen tun meines Vaters im Himmel› führt nach den Worten Jesu zum Reich Gottes (vgl. Mat. 7, 21). Die Theorie-Praxis-, Theologie-Leben-, Frömmigkeit-Weltlichkeit-Unterscheidung ist auch im Christentum ein Phänomen der Anpassungs-, d. h. der Unterwerfungsgeschichte. Die sogenannte ‹Selbstbesinnung› oder ‹Selbstbestimmung einer Position› gehorcht bereits Unterscheidungszwängen und führt in der Regel zu einer selbstgenügsamen, verbalistisch-pharisäischen Ersatzhandlung, die eine praktisch verfehlte Praxis ist. Ähnlich sind wohl die marxschen Äußerungen von 1843/44 gegen die «praktische politische Partei» zu verstehen, die sich darauf beschränkt, «daß sie der Philosophie den Rücken kehrt und abgewandten Hauptes – einige ärgerliche und banale Phrasen über sie hermurmelt»; und: «Ihr verlangt, daß man an wirkliche Lebenskeime anknüpfen soll, aber ihr vergeßt, daß der wirkliche Lebenskeim des deutschen Volkes bisher nur unter seinem Hirnschädel gewuchert hat»; ähnlich 1853 gegen *Schapper* und 1872 gegen *Bakunin*.

Dieser Kritik zufolge ist eine Unterscheidung zwischen ‹Literatur› und ‹Gesellschaft› gleichfalls irreführend. Denn ‹Gesellschaft› ist handelnd mit Wörtern oder mit anderen Instrumenten, d. h. sich äußernd in Tätigkeiten verschiedenster Art. Eine der möglichen Sozialgesten besteht in ‹Literatur›. In Literaturwerken äußert sich gesellschaftliche Existenz bestimmter Schichten und Klassen, die Literatur zum Instrument ihres gesellschaftlichen Handelns machen können, eben instrumental, aber nicht stofflich ‹gespiegelt›. Bei einer Untersuchung von Kunst als Sozialverhalten müßte es sich darum handeln, die zu Eigenwelten hypostasierten Über-Ich-Konfigurationen zurückzuführen auf menschliche Tätigkeiten, d. h. sie wieder in Arbeit zurückzuübersetzen.

Könnte dies allenthalben geschehen, gäbe es keine Fatalität, wie sie etwa im Geschichtsbild *Wilhelm Scherers* sichtbar wurde, sondern alles könnte als Gemachtes und somit auch als Anders-Machbares verstanden werden.

Geschichtsschreibung hätte dann die kritisierte Akkomodation menschlicher Hoffnungen an die Mechanismen egoistischer Herrschaft zum Gegenstand. Damit führt eine Kritik des Subjekts, das Literatur und Geschichte erkennt, letztlich auf eine Kritik des historischen Prozesses, innerhalb dessen das seit der französischen Revolution erklärtermaßen monadische Subjekt sich seinem Erkenntnisgegenstand unterwirft.

*Walter Benjamin* (1892–1940) hat auf die Frage, in wen sich der Geschichtsschreiber des Historismus denn eingefühlt habe, geantwortet:

«in den Sieger. Die jeweils Herrschenden sind aber die Erben aller, die je gesiegt haben. Die Einfühlung in den Sieger kommt demnach den jeweils Herrschenden allemal zugut. Damit ist dem historischen Materialisten genug gesagt. Wer immer bis zu diesem Tag den Sieg davontrug, der marschiert mit in dem Triumphzug, der die heute Herrschenden über die dahinführt, die heute am Boden liegen. Die Beute wird, wie das immer so üblich war, im Triumphzug mitgeführt. Man bezeichnet sie als die Kulturgüter. Sie werden im historischen Materialisten mit einem distanzierten Betrachter zu rechnen haben. Denn was er an Kulturgütern überblickt, das ist ihm samt und sonders von einer Abkunft, die er nicht ohne Grauen bedenken kann. Es dankt sein Dasein nicht nur der Mühe der großen Genien, die es geschaffen haben, sondern auch der namenlosen Fron ihrer Zeitgenossen. Es ist niemals ein Dokument der Kultur, ohne zugleich ein solches der Barbarei zu sein. Und wie es selbst nicht frei ist von Barbarei, so ist es auch der Prozeß der Überlieferung nicht, in der es von dem einen an den andern gefallen ist.».

Für die Rezeptionsästhetik wurde zum finalen Rechtfertigungsgrund von Literaturgeschichte ein gesellschaftlich Positives, das der Literatur innewohnt:

> «Die Kluft zwischen Literatur und Geschichte, zwischen ästhetischer und historischer Erkenntnis, wird überbrückbar, wenn die Literaturgeschichte nicht einfach den Prozeß der allgemeinen Geschichte im Spiegel ihrer Werke ein weiteres Mal beschreibt, sondern wenn sie im Gang der ‹literarischen Evolution› jene im eigentlichen Sinn gesellschaftsbildende Funktion aufdeckt, die der mit andern Künsten und gesellschaftlichen Mächten konkurrierenden Literatur in der Emanzipation des Menschen aus seinen naturhaften, religiösen und sozialen Bindungen zukam.»
> *(Jauss)*

Aber das bis heute manifeste Resultat, die Gesellschaft wie sie ist, kann die Positivität des Prozesses schwerlich bekräftigen.

Eins der lehrreichsten Beispiele für Rezeption bietet der Dreigroschenprozeß von 1931. Im Zusammenhang damit notierte *Brecht:* «zu keiner Zeit war Schillers Vorschlag, die politische Erziehung zu einer Angelegenheit der Ästhetik zu machen, so offenkundig aussichtslos wie heute. Die unter dieser Flagge kämpfen, … bestellen die Kapitalisten zu Pädagogen der Masse.»

Die Emanzipation aus ‹religiösen und sozialen Bindungen› ist ein bloßes Gerücht. Durch ihre mehr oder weniger ausgesprochene Verbannung aus dem Staat ist die Religion bloß privatisiert, nicht aber in der Welt ausgeführt worden. Sie ist, gemäß dem Subjekt der französischen Menschenrechtserklärung, in die Unterscheidung von monadisch-unpolitischem Eigeninteresse und öffentlich-politischem Sonderverhalten hineingezogen; genau so hat die ‹soziale Emanzipation› eine allgemeine Emanzipation der asozialen Interessenbefriedigungen und die Vernachlässigung des Interesses aller zum Inhalt gewonnen. Die größten Autos beanspruchen den größten Respekt; die größten Industrien machen den größten Schmutz. Nicht ein soziales Gleichgewichtssystem und nicht ein Gleichgewicht des natürlichen Energiehaushalts sind das Resultat des Schutzes von Eigeninteressen, sondern die immer raschere und gründlichere Gefährdung der puren biologischen Lebensmöglichkeiten auf diesem Planeten. Die Vernachlässigung des gemeinschaftlichen Wohls zu Gunsten eines individuellen Wohlstands droht sich auszuzahlen als Vernichtung der gemeinschaftlichen Biosphäre. Erst hier findet das

Einzelinteresse seine Grenze, wie dasjenige des Staates, der dieses Einzelinteresse zu lehren und zu schützen als seine Aufgabe betrachtet hat. Zum Begriff des Weltuntergangs bemerkte *Georg Lukács* einmal:

«Die Vision eines Weltuntergangs, des Untergangs der Kultur ist stets die idealistisch aufgeblähte Form für das Vorgefühl des Untergangs einer Klasse.»

Nicht dem passiven Begriff des Weltuntergangs, sondern dem aktiven der Weltzerstörung sehen wir uns heute gegenüber; und nicht individuelles Wohl- oder Andersverhalten führt da heraus, denn wer sich im Interessenkampf nicht systemkonform verhält, gräbt sich sein eigenes Grab; andrerseits gräbt der im System vereinte Egoismus aller auch nur das Grab für alle.

Zweierlei Hoffnungen pflegen angesichts dessen häufiger ausgesprochen zu werden: Nr. 1, die christliche, daß es nicht der allgemeine Tod sei, welcher die Welt überfällt «wie ein Dieb in der Nacht» (Matth. 24, 43), sondern das ‹Kommen› des Reichs; dabei gilt nicht als ausgemacht, daß dies verkündete Reich nicht von dieser Welt sei (Joh. 18, 36 gehört in den Zusammenhang einer besonderen frühchristlichen Theologie). Zitierte Hoffnung Nr. 2 ist die konfessionell atheistische, daß es den Menschen mit eigener Kraft gelingen müßte, ihre Welt zu reparieren, Zwang und Tod aus ihr zu verbannen, d. h. tatsächlich sein zu können «wie Gott» (Genesis 3, 5).

In dieser Perspektive hat etwa *Friedrich Engels* gegenüber einer, wie er sagt, «naiv-revolutionären Verwerfung aller früheren Geschichte» 1880 die Erkenntnis und Beherrschung des geschichtlichen Prozesses als dringliche Aufgabe gesehen. Auch die Natur hat hier Teil an der «Geschichte in der Zeit», und der so erweiterte Geschichtsprozeß nimmt «unendlich großartigere Dimensionen» an.

Es will aber scheinen, daß trotz des atheistischen Bekenntnisses die Hoffnung auf die eigene Kraft und die Hoffnung auf das ‹Kommen› des Reiches letzten Endes nur in der Terminologie verschieden sind, nach Ziel und Wirkung aber identisch. Die kritische Frage nach dem Subjekt und dem Prozeß der Geschichte ist eine religiöse und politische, aber gewiß keine ästhetische Frage. Sowenig die Einrichtung der Welt eine Angelegenheit des Geschmacks ist, kann es die Anschauung der menschlichen Hervorbringungen sein, ob diese nun geistiger oder materieller Natur sind. In der Rezeption werden nicht die Werte der Werke historisch enthüllt, sondern es werden die Werke den Resultaten der Geschichte dienstbar gemacht, die wir vor Augen haben. Indem die historische als heilsgeschichtliche Problematik ernstgenommen wird, ist nicht alles, wie es vielleicht sein könnte und angesichts des unzähligen und sinnlosen Leidens sein sollte, nämlich irgend in Ordnung. Gegenüber einem harmonischen Mittelalter-Bild, welches Eigeninteressen beruhigt und damit befördert, ist die Erkenntnis der bis heute perpetuierten Negativität zu bezwecken. Deswegen ist nicht einmal eine befriedigende Literaturbetrachtung und Literaturgeschichte möglich, aber eine unbefriedigende nötig. Es kann darin nicht zwischen allgemeiner und besonderer Geschichte unterschieden werden; es sind die vom Gesichtspunkt eines arbeitsteiligen Spezialismus her fundamentalsten Irrtümer nicht zu vermeiden, wenn der fundamentale Irrtum der Spezialistenwahrheit vermieden werden soll, der das falsche Ganze verschweigt. An die Stelle des Gefahrlos-Allgemeinen soll allenthalben das Kompromittierend-Genaue treten, damit das, was sonst als gesichertes Faktum erscheint, als unzureichendes Urteil deutlich wird.

Das europäische Mittelalter ist das Mittelalter des weströmischen Imperiums und seiner Nachfolgestrukturen, deren mächtigste die weströmische Kirche war. Dieses Imperium trug in sich den Begriff des letzten Weltreichs, der prägnanten Ausdruck fand in der Denkformel von der ‹Translatio Imperii›. Es ist dieser Weltreichsbegriff ein mittelalterlicher Begriff.

Wenn sich Menschen im Mittelalter «auf ihre Stellung in der Ordnung der Zeiten besinnen», hat *Herbert Grundmann* einmal festgestellt, «dann wissen sie und sagen es auch immer wieder, daß sie in der sechsten, der letzten Weltzeit leben, die erst durch das Erscheinen des Antichrist, durch Christi Wiederkunft, die Auferstehung, das Gericht und das Weltende ihren Abschluß finden wird».

Es ist nicht das Mittelalterliche dieser Perspektive, das als Rechtstitel der begonnenen Darstellung angerufen werden soll. Denn das Mittelalter mag dem Mittelalter noch so adäquat gedacht werden, belangvoll zu einem späteren Zeitpunkt wird es nicht dadurch, sondern weil das Programm, das oftmals als ‹sanitas gentium›, als ‹Heil der Völker›, formuliert wurde (vgl. unten S. 76), weder im Mittelalter noch in der neueren Zeit bisher hat erfüllt werden können. Es geht dabei um ein Ziel, das nach dem Ausdruck von *Gervinus* «noch kein Schütze bei uns getroffen hat», und das zu treffen doch im Interesse aller liegen müßte, die einen «gemeinsamen Sturz in das Chaos» *(Brecht)* nicht wollen können. Das Mittelalter ist nicht Sinnbild geglückter Geschichte, aus der sich dann zufällig die Drohung einer Selbstzerstörung der Welt entfaltet hätte, sondern es ist Ursache dessen, was aus ihm folgte. Deswegen ist der heilsgeschichtliche Gesichtspunkt notwendiger Maßstab: sowohl für das weströmische Christenimperium und die deutsche Literatur darin, als auch für das Subjekt in dieser Geschichte. Weil der universalhistorische Zusammenhang durch die Handlungen seiner Menschen möglicherweise ein überhaupt nicht sinnvoller Zusammenhang werden könnte, wird er hier zum Bezugsrahmen genommen.

ERSTER TEIL

# VON DER FRÄNKISCHEN SPÄTANTIKE
# ZUM IMPERIUM SACRUM

# FRÄNKISCHE SPÄTANTIKE
# UND VULGÄRSPRACHLICHE LITERATUR

*Politischer und geistlicher Sinn*

‹Renovatio Romanorum Imperii›, Wiederherstellung des Römerreiches, diese Devise hatte *Karl* programmatisch um seine Kaiserbulle setzen lassen. Aber was hier formuliert wurde, war keine Staatsidee als persönlicher Einfall, sondern eine politische und religiöse Notwendigkeit für einen Frankenkönig, der nach dem Willen des Papstes Caesar sein sollte. Ein Theologe hat einmal treffend zur Ermordung des *Gaius Julius Caesar* (44 v. Chr.) bemerkt: «Caesar aber wurde der König David der römischen Geschichte», d. h. er wurde eine endzeitliche Messias-Figur. Der christliche Caesar *Konstantin* ließ sich als 13. Apostel feiern. Das christlich erneuerte Imperium trug in sich die Möglichkeit, der Gottesstaat auf Erden zu sein, und sein Caesar hatte als neuer David und neuer Konstantin das Heil der Völker herbeizuführen. Lebensstandard und Staatsgefüge der Römer mochten den Frankenkönigen nicht nur das begehrenswerteste irdische Gut, sondern zugleich auch sinnvollstes Ziel eines Strebens überhaupt sein. Wer dieses Ziel erreichte, auf dem ruhte das ‹Heil›.

Dieses ‹Heil› ist ein eigentümlicher germanischer Begriff. Es ist eine übernatürliche Kraft, die auf einer Person ruht. Wenn der König ‹Heil› hat, dann ist das Wetter günstig und die Ernte trägt doppelten Halm; dann wird er alle Feinde besiegen, dann kann er Kranke ‹heilen›. Im Bewußtsein dieses Königsheils konnte ein englischer König, als er bei Sturmwetter über den Kanal segeln wollte und Ängstliche ihm Vorhaltungen machten, antworten: Könige ertrinken nie. Noch die Bourbonen hatten die Gabe, Leprose zu heilen, wenn ein Kranker ihr Gewand nur berührte; noch als *Napoleon* Pestkranke in Jaffa besuchte, ohne selbst krank zu werden, bewies er damit sein ‹Heil›. Das ‹Heil› machte die germanischen Könige zu Zauberern und Medizinmännern, und das einmal bewiesene Heil war an das Blut der Königssippe geheftet. Auch die ersten Frankenkönige, die Merowinger hatten es, und es entstand eine große Kalamität, als *Pipin*, der Sohn *Karl Martells*, den letzten Merowingerkönig absetzte und sich selbst zum König machen wollte. Er versicherte sich der Zustimmung des Papstes, der, von den Langobarden bedrängt, Hilfe im Westen allein von den katholischen Franken erwartete. Vom Reimser Erzbischof ließ sich *Pipin* 751 nach dem Vorbild Davids zum König salben, um so durch den Segen der Kirche die fehlende Geblütsheiligkeit zu ersetzen; und da doppelt besser hält, ließ er sich drei Jahre später vom Nachfolger Petri in Saint Denis nochmals zum König salben, von Papst *Stephan II.*, der vor den Langobarden ins Frankenreich geflüchtet war. Seither sind kirchlicher Segen und germanisches Königsheil miteinander verwachsen. Dies alles verband sich mit der caesarischen Tradition, und der Umstand, daß sich *Karl* im Kreis seiner Vertrauten ‹David› nennen ließ, war in der Tat ein ‹höherer Jux›. Im Heilsanspruch des karolingischen Königtums lag der Auftrag beschlossen, für das neue Reich einen neuen, christlichen Menschen zu schaffen. Diese politische und geistliche Notwendigkeit haben sich *Karl* und seine Berater als göttlichen Auftrag vorgestellt.

789 erläßt *Karl* eine ‹Admonitio generalis›: die Bischöfe sollen die Kleriker, die Kleriker sollen das Volk unterweisen, jedermann soll Glaubensbekenntnis und Vaterunser auswendig wissen, bei Strafe. Irische, vor allem aber angelsächsische Mönchsmissionare hatten dem vorgearbeitet, indem sie für den neuen Glauben germanische Wörter erfanden. In dem Augenblick, als *Pipin* das Königsheil durch Kirchensegen ersetzte, gaben angelsächsische Missionare das lateinische ‹sanctus› mit ‹heilig› wieder. Die Iren hatten in ihren Missionsgebieten weniger glücklich ‹wîh›, d.h. ‹im Opfertempel gefesselt›, dafür gewählt. Das Wort ist in ‹Weih-nachten› erhalten. Für den ‹spiritus sanctus› hatten die Iren ‹Atem›, die Angelsachsen ‹Geist› d.h. ‹Gespenst› eingesetzt. Wie sich in den Köpfen der bekehrten Germanen der neue Glaube ausgenommen haben mag, davon soll die Übersetzung eines althochdeutschen Taufgelöbnisses einen Begriff zu geben versuchen:

«Verschwörst du Diabolae? – Ich verschwöre Diabolae. – Und allem Diabolopfer? – Ich verschwöre allem Diabolopfer. – Und allen Diaboles Werken? – Und ich verschwöre allen Diaboles Werken und Worten, Donar, Wotan, Sachsnot und all den Unlieben, die seine Genossen sind. – Glaubst du an Gott, allmächtigen Vater? – Ich glaube an Gott, allmächtigen Vater. – Glaubst du an Christ, Gottes Sohn? – Ich glaube an Christ, Gottes Sohn. – Glaubst du an heiltragendes Gespenst? – Ich glaube an heiltragendes Gespenst.» (*Braune*, Lesebuch Nr. XVI).

Die ersten Vaterunser-Übersetzungen zeigen die Schwierigkeiten, denen christlich-lateinische Denkvorstellungen in althochdeutscher Sprache begegneten. (vgl. *Braune*, Lesebuch Nr. VI, XII, XIII).

*Pater noster* – Unser Vater! – Der Herr der Schöpfung soll menschlich-familiär angeredet werden. Aber die Germanen kannten keinen himmlischen Vater aller Menschen. Übrigens muß diese Anrede schon für die Juden schockierend gewesen sein, denn im Gebet *Jesu* steht das Kinderwort ‹abba›, was ‹Vati› oder ‹Pappi› heißt, und *Luther* wird ‹Abba, lieber Vater› glossieren (Röm. 8, 15).

*qui es in caelis* – der in Himmeln bist. – Das geht nicht auf deutsch. Das demonstrative Relativum ‹der› kann im Germanischen nur Subjekt der 3. Person sein: der in Himmeln ist. 1. und 2. Person haben einen nicht-objektiven, persönlichen Geltungsbereich, sind sozusagen näher am Herzen, wie das Duzen näher ist als das Siezen. Also muß man einen neuen Satz machen und sagen: Du bist in Himmeln, oder man muß ‹der› und ‹du› trennen und doppelt ausdrücken: Unser Vater, der du in Himmeln bist. Dies wird sich durchsetzen. – Aber: was heißt ‹in Himmeln›? Mehrere Himmel, diese ursprünglich wohl mesopotamische, den Juden durch die babylonische Gefangenschaft vermittelte Vorstellung, das war den Neubekehrten vielleicht noch fremder als der Gedanke, daß der sichtbare Himmel (‹himil›) Ort des Vatergottes sein sollte. Denn die heidnische Götterregion hieß ‹Asgard›, Bezirk der Asen, so wie die Erde ‹Midgard›, Mittelbezirk, hieß.

*sanctificetur nomen tuum* – Nun hatte das Althochdeutsche kein Passiv und demzufolge noch weniger einen passiven Konjunktiv. Man versucht es mit dem Präteritalpartizip ‹geheiligt› (mit Heil versehen) + Optativ von ‹sein› oder ‹werden›, also: ‹geheiligt sei›, oder ‹geheiligt werde›.

*Adveniat regnum tuum* – Es komme deine Herrschaft, dein Reich. – Hier muß jetzt eben das messianische Imperium vorgestellt werden, so gut es geht.

*Fiat voluntas tua, sicut in caelo et in terra* – Es sei, oder werde, dein Wille wie er im Himmel ist auch auf der Erde. – Hier waren jetzt Himmelsgewölbe und Erdboden als Einheit von Asgard und Midgard zu denken, als geistiger Raum.

*Panem nostrum supersubstantialem (cotidianum) da nobis hodie.* – Beständiges Brot gib uns heute. – Aber da Brot nur das konkrete Teigwerk, nicht Nahrungsmittel überhaupt war, versuchen es einige Übersetzer mit ‹Leibeskost›. Noch heute hat ja Brot bei den romanischen Völkern eine besondere Funktion.

*Et dimitte nobis debita nostra, sicut et nos dimittimus debitoribus nostris.* – Und erlaß uns unsere Schulden, wie wir ebenso erlassen –, schwer zu finden war ein Wort für *debitoribus nostris,* für die, die uns etwas schulden. Man versuchte: ‹unseren Sollenden› und ‹unseren Schuldigen›. Nicht heraus kommt auf diese Weise der gemeinte Sinn: sofern wir denen, die etwas für uns tun müssen, dies erlassen, wird sich Gott uns gegenüber entsprechend verhalten.

*Et ne nos inducas in temptationem* – Mit *ne inducas* setzt das Lateinische den Konjunktiv, weil es keinen negierten Imperativ kennt: ‹und du mögest nicht führen› ahmen einige nach, andere besser: ‹leite uns nicht›. Aber nun: ‹Versuchung, Prüfung, Bewährung› – all diese Wörter haben wie ihr Begriff im Germanischen einen positiven Sinn: man soll sich bewähren, jetzt soll man es gerade nicht! ‹Und führe uns nicht in Bewährungssituationen!›.

*Sed libera nos a malo.* – Mache uns auch los von allen Sünden – so versucht es ein Übersetzer, denn das Althochdeutsche hat noch keine substantivierten Adjektive wie ‹malum›. Andere sagen: ‹vom Übelen›, imitieren das Lateinische und verhelfen damit dem Deutschen zu einer neuen sprachlichen Möglichkeit.

Ein hartes Stück Arbeit. Und das sollten, bei Strafe, alle auswendig wissen. – Obgleich der Bischof von Rom seit 451 von den andern Kirchen als Lehrautorität anerkannt war, sind doch die gottesdienstlichen Sitten in vielen Kirchen verschieden. *Karl* ließ sich aus Rom ein Sacramentar kommen, beauftragte den gelehrten *Alkuin* mit einer Revision des Bibeltextes und römische Sänger mit der Reform des liturgischen Gesangs. All das sollte in seinem Reich einheitlich nach römischem Vorbild gehandhabt werden. Uneinheitlich waren auch die Buchstabenformen, barbarisch verwilderte Antike *(Abb. 8).* Die Schrift sollte auch äußerlich des christlichen Imperiums würdig sein. Das von *Karl* gestiftete Hadriansepitaph *(Abb. 10)* und andere Repräsentationswerke zeugen davon. Als Gebrauchsschrift wurde ‹die karolingische Minuskel› *(Abb. 9)* Vorbild, deren Buchstabenformen bis heute gelten.

Das Schreiben war in erster Linie Sache der Klöster und Domschulen. *Karl* hatte jedem Kloster die Unterhaltung einer Klosterschule anbefohlen. Durch *Karl* und seine Nachfolger wurde die Mönchsregel, die *Benedict von Nursia* 529 im italienischen Ostgotenreich entworfen hatte, zur einzigen Norm des Mönchslebens im Frankenreich. Kurz vor 800 wurde sie im Kloster Reichenau auch ins Althochdeutsche übersetzt. Am Idealplan aus St. Gallen kann ihre Bedeutung auch als ökonomisches Modell deutlich werden. Gebet und Arbeit, Gehorsam gegen den Abt, Demut und Nächstenliebe sind die Grundforderungen der Regel. Und so ist denn im Klosterplan das Zentrum die Kirche. *(Textabb. 2.)*

Am Westchor unter den beiden Tor-Türmen St. Michael und St. Gabriel liegt die Pförtnerloge. Unmittelbar an die Kirche schließen sich der Kreuzgang (zum Lesen im Gehen) sowie Klausur mit Schlaf-, Eß- und Vorratsräumen an. Mit dem Speisesaal sind Küche und Bäckerei, mit dem Schlafsaal sind Bade- und Latrinenhaus, mit der Sakristei ist die Hostienbäckerei verbunden. Dieser ganze Bereich ist durch eine Mauer abgeschlossen; ohne Erlaubnis des Abts darf ihn keiner verlassen. Der Sonderstellung des Abts in der Regel entsprechen die Abtsgebäude auf der Nordseite der Kirche, bestehend aus Wohn-, Küchen- und Latrinenhaus. – In einem nordöstlichen Nebenraum der Kirche befinden sich Skriptorium und Bibliothek.

«Alle Gäste, die zum Kloster kommen, werden wie Christus aufgenommen», verlangt das 53. Kapitel der Regel, und im 36. heißt es: «Man diene den Kranken so, wie wenn man wirklich Christus dienen würde».

Das bedeutete für die Klosteranlage: Es mußten Häuser dasein für Gäste, Pilger und Arme, dazu Küche und Bäckerei – denn in die Klausur konnten sie nicht hinein. Ebenso brauchte man ein Krankenhaus, dazu Küche und Bad, ein Arzthaus, einen Heilkräutergarten und ein Aderlaßhaus (Aderlaß wurde als Allheilmittel bei Kranken und vorbeugend auch bei Gesunden praktiziert). Im St. Galler Plan sind Kranke und Novizen (Mönchsanwärter) in einer Art zweigeteiltem Miniaturkloster untergebracht.

Im 66. Kapitel der Regel steht: «Wenn immer möglich, soll das Kloster so angelegt sein, daß alles Notwendige, d. h. Wasser, Mühle, Garten und Werkstätten ... innerhalb der Klostermauern sich befinden», und im 48. Kapitel: «Müßiggang ist der Feind der Seele. Deshalb müssen sich die Brüder zu bestimmten Zeiten der Handarbeit und zu bestimmten Zeiten der Lesung göttlicher Dinge widmen ... Sie sind in Wahrheit Mönche, wenn sie von ihrer Handarbeit leben, nach dem Beispiel unserer Väter und der Apostel.»

Der St. Galler Plan sieht nicht nur Kornhaus, Mühle, Stampfe, Darre, Garten, Gärtnerwohnung, Handwerkerhaus, besonders Küfer- und Drechslerwerkstatt vor, sondern auch Ställe für Hühner, Gänse, Ziegen, Schafe, Schweine, Kühe, Ochsen, Pferde, Stuten, Fohlen – und Knechte.

Damit war zugleich ein Modell für ökonomisch autarke Gutswirtschaft gegeben, ein zugleich wandlungsfähiges Modell; denn *Benedict* hatte es nicht unterlassen, auf die verschiedenen örtlichen und klimatischen

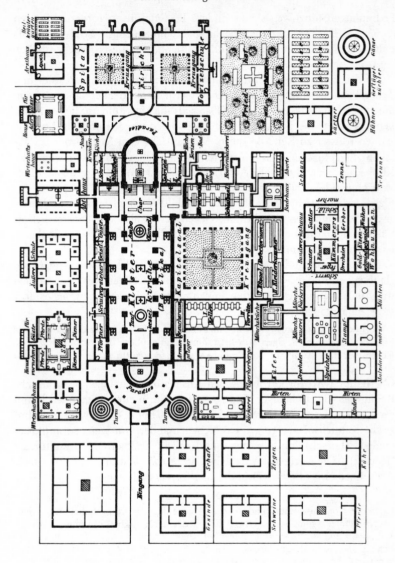

2. *Benediktinerkloster, nach dem Plan von ca. 820 in St. Gallen*

Bedingungen hinzuweisen, die andere Bestimmungen fordern könnten (cap. 55 u. ö.). Das letzte, vielleicht später hinzugefügte Kapitel betont, daß nicht alle Vorschriften zur Vollkommenheit in dieser Regel enthalten sind.

Bei den heidnischen Germanen hatte dem Stammeskönig Priester und Tempel gehört. Auch die christlichen Germanenherrscher sahen die von ihnen beschützten Kirchen und Klöster als ihr Eigentum an, ließen Familienangehörige Bischöfe, Äbte und Äbtissinnen werden und machten die großen Klöster zu Reichsklöstern. Man spricht vom System der fränkischen ‹Eigenkirche› – eine historisch gefährliche Institution: wenn die Kirche das benediktinische Autarkieprogramm einmal in großem Maßstab anwandte, war es auch um die staatlichen Strukturen getan. Als Eigenkirchenherr hat *Karl* nach dem Vorbild *Konstantins* auch in theologische Streitigkeiten eingegriffen. Gegen den Willen des Papstes ließ er z.B. das in Spanien und im Frankenreich übliche ‹filioque› ins Glaubensbekenntnis aufnehmen.

Die Rechtsnachfolge der antiken Caesaren, in die er sich eingetreten glaubte, veranlaßte *Karl* auch zu einem antikisierenden Repräsentationsstil. Aus Ravenna ließ er antike Säulen nach Aachen bringen, als er dort seine Palastkapelle errichtete.

Vorbild war u. a. die Kirche von San Vitale *(Abb. 11),* deren malerisch weicher Raum in einen achteckigen von kristalliner Härte übersetzt wurde *(Abb. 12).* Gegenüber dem Altar auf der Empore stand der Steinthron des neuen Caesar *(Abb. 13).*

Überhaupt wird im karolingischen Kirchenbau der liegende, römische Raum, der wie ein heiliger Weg zum Altar ist, in einen stehenden Raum verwandelt, der oft im Osten wie im Westen Chor und Altar hat. Karolingische Kapitellformen zeigen ein Nebeneinander von weichen antikisierenden (Lorsch) und harten, barbarisch rezipierten Gestaltungen (Höchst). – Die Aachener Pfalz selbst, das *Karls*-Palatium, legt eine straffe Achsenordnung über den Grundriß der Römerstadt Aquae Granni. *(Textabb. 3.)*

An der Nordseite einer quadratischen Fläche liegt die Königshalle, an der Südseite die Pfalzkapelle. Beide verbindet ein gedeckter Gangbau mit einer Torhalle. Stallungen und Wohngebäude stehen zu beiden Seiten. An das Quadrat schließt sich ein gleichschenkliges Dreieck. An dessen Spitze liegt das Thermalbad neben dem römischen Badehaus. Im Hof der Pfalz ließ *Karl* ein Reiterstandbild aufstellen, von dem er glaubte, daß es *Theoderich* repräsentiere. In Wahrheit stellte es wohl den oströmischen Kaiser *Zeno* (474–91) dar.

Bei der Pfalz befand sich ein Skriptorium. Byzantinische und von ihnen angelernte fränkische Künstler malten dort repräsentative Bücher meist für liturgische Zwecke. Im malerischen Stil der Spätantike gehalten sind die Bilder jenes Evangeliars, das *Otto III.*, als er im Jahre 1000 das Grab *Karls* öffnen ließ, auf den Knien des Kaisers fand. Später haben die deut-

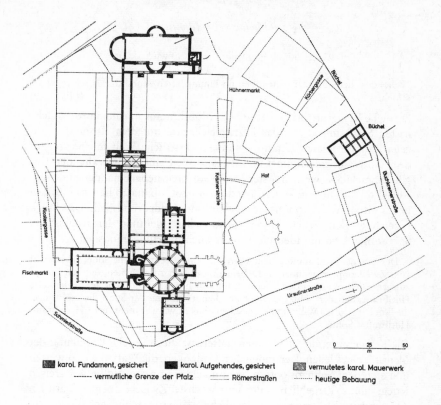

| karol. Fundament, gesichert | karol. Aufgehendes, gesichert | vermutetes karol. Mauerwerk |
| vermutliche Grenze der Pfalz | Römerstraßen | heutige Bebauung |

*3. Grundriß der Aachener Pfalzanlage (nach L. Hugot, 1965)*

schen Könige ihren Krönungseid darauf geschworen. Deswegen heißt es heute ‹Krönungsevangeliar›. Einen härteren Stil zeigen Lorscher Evangeliar und Trierer Ada-Handschrift (*vgl. Abb. 24),* die auch aus der ‹Palastschule› stammen. An den Bischofshöfen der Provinz, wo z. T. eigene Malerschulen bestanden, fand der Hofstil vielfältige und verschiedenartige Nachahmung. In den Klöstern herrschen lokal vermittelte Tendenzen. Neben der Buchmalerei belebt auch die Elfenbeinschnitzerei oströmische Vorbilder. Von Künstler zu Künstler wechseln Vorlagen und Ausdrucksformen, einheitlich ist allein die geistlich-politische Tendenz dieser Kunst: Darstellung und Beurkundung der Legitimität des fränkischen Christenimperiums auf Erden.

## Problematische Identität

Wélaga nù, *w*áltant gòt,      *u*êwùrt skíhit.

Wehe jetzt, herrschender Gott (oben im Himmelreich), furchtbares Schicksal geschieht!      (Hild. 49)

In solche Klagerufe bricht der greise Hiltibrant aus in einem bruchstückhaften Stabreimgedicht, das jetzt, gleichzeitig mit dem Krönungsevangeliar, zu Pergament kommt. Die neue christliche Welt mit herrschendem Gottvater im Himmel und die alte Welt eines blindwaltenden Unglücksgeschicks (wê-wurt) stehen unvermittelt nebeneinander in diesem Aufschrei und in dem andern (wettu irmingot, obana ab hevane (30)), so unvermittelt wie Krönungsevangeliar und Hildebrandslied. Das Stück bezeichnet den Bruch in der historischen Identität der fränkischen Spätantike. Und um Identität geht es auch im Hildebrandslied.

Der aus der Verbannung heimkehrende Vater steht seinem Sohn Hadubrant zum Zweikampf gegenüber. Vergebens gibt er sich zu erkennen, um den Kampf zu vermeiden. Wenn er den offenen Kampf nicht will, ist er nicht der heldenhafte Hiltibrant, den der Sohn als Vater anerkennt. Nähme der Sohn die Goldringe, die ihm der Alte als Willkommensgeschenk bietet, wäre er nicht mehr Hadubrant, Hiltibrants Sohn.

Die Kriegerehre, die am Namen haftet, ist die tragische Bedingung der Identität eines jeden. Den möglichen Gedanken, die Waffen wegzuwerfen und sich dem Sohn zu opfern, verdunkelt die finstre Wolke des greisen Kriegsruhms. Vergeblich ist der Wortwechsel. Zwischen beiden klafft ein Abgrund von Mißtrauen und Eigenliebe. «Und so», schließt das Fragment:

«ließen sie erst Eschen schreiten/ in scharfen Schauern: Das stand in den Schilden./ Da prallten zusammen Steinränder zersprangen./ Sie hieben schmerzend weiße Schilde/ bis ihnen die Linden zu Stücken wurden,/ zerkämpft mit Waffen ...» (63–68).

Im Ringkampf tötet der Alte in höchster Not den Sohn. «Dort liegt er mir zu Häupten der liebe Sohn, der einzige Erbe, ... wider Willen ward ich sein Mörder», klagt der sterbende Hildebrand in einem Gedicht, das nach 1200 im hohen Norden aufgezeichnet wurde. Das althochdeutsche Hildebrandslied, das wohl in Bayern entstand und bei der Aufzeichnung in Fulda (?) oberflächlich verniederdeutscht wurde, ist ohne Schluß.

Aus undeutlicher historischer Ferne sind Schicksale von Germanenkönigen in Italien zusammengeschrumpft auf wenige Gestalten: *Alarich,* dessen Goten mit *Stilicho* kämpften und Italien verlassen mußten, *Theoderich,* dessen Goten 60 Jahre später dem *Odoaker* die usurpierte Heermeisterwürde entrissen, dazu Namen auf -brand, die bei den Goten selten, bei den Langobarden häufig waren. So hat im Lied *Theotrih* mit seinem Heermeister *Hiltibrant* vor *Otachre* aus Italien fliehen müssen und kehrt nun zurück. Der *Hadubrant*, den *Hiltibrant* zurückließ, verteidigt die Reichsgrenze gegen die germanischen Eindringlinge. Das Mittelmeer heißt hier ‹wentilseo› (43), ‹Wandalensee›. Von Seefahrern will Hadubrant gehört haben: «tot ist Hiltibrant, Heribrantes sunu» (44).

Schicksal ohne Hoffnung kämpfend ertragen, Furcht und Skepsis, das scheint die Grundstimmung germanischer Dichtung vor der Christianisierung gewesen zu sein. Aber andere alte Heldenlieder gibt es kaum. Von *Karl* berichtet sein Günstling *Einhard* in der lateinischen ‹Vita Caroli Magni›, er habe «barbara et antiquissima carmina» aufschreiben lassen, aber ob sie von der Art des Hildebrandsliedes waren, ist ungewiß. Vielleicht hat *Einhard* kulturelle Bemühungen dieser Art *Karl* nur nachgesagt, um ihn dem *Augustus*-Bild des *Sueton* (Aug. 34, 1) anzuformen. In *Einhards* Feder nimmt *Karls* Persönlichkeit neue Identitäten mit Caesarencharakteren an. Darüber kurz anhand der Personenbeschreibung *Einhards*.

Der römische Ritter und Rechtsanwalt *Gaius S. Tranquillus Suetonius* (ca. 75–150), der Sekretär des Kaisers *Hadrian* (117–138) gewesen war, hatte in seinem Werk ‹De vita Caesarum› die Biographien der zwölf Caesaren von *Caesar* bis *Domitian* in einigermaßen schematischer Weise abgefaßt. Für den, der jetzt im Frankenreich das imperiale Latein schreiben wollte, konnte dieser, neben anderen Autoren, das stilistische Vorbild werden. So auch für den Franken *Einhard* (775-840), Vertrauter und Schwiegersohn *Karls,* der nach dem Muster *Suetons* in seiner ‹Vita Caroli Magni› sozusagen die 13. Caesarenbiographie verfaßte. Zum biographischen Schematismus *Suetons* gehört auch die Personenbeschreibung. Und genau so wie *Karl* sich auf der Münze *(Abb. 14)* als Caesar stilisieren läßt, genau so hat ihn *Einhard* in seinem literarischen Portrait als Caesar stilisiert.

Wenn es bei *Sueton* von *Tiberius* (68, 1) hieß: «Tiberius war von breiter und kräftiger Gestalt, die über Mittelmaß hinausragte», und von *Augustus* (79, 2): «seine kleine Gestalt soll ... immerhin 5 Fuß und 9 Zoll gemessen haben», so berichtet *Einhard* von *Karl:*
«Karl war von breiter und kräftiger Gestalt, groß, aber nicht über das Maß hinausragend, denn er mag 7 Fuß gemessen haben.»
Bei *Sueton* steht über *Tiberius* (68, 2): «mit sehr großen Augen» und über *Caesar* (45, 1): «mit schwarzen, lebhaften Augen», schließlich über *Augustus* (79, 2): «Er hatte helle und leuchtende Augen..., eine vorspringende Nase...,» bei *Einhard* über *Karl:*
«Er hatte einen runden Kopf, sehr große und lebhafte Augen, eine stärker vorspringende Nase als man gemeinhin antrifft, schöne weiße Haare und ein fröhliches und offenes Gesicht. Auch beeindruckte er durch Autorität und Würde, ob er saß oder ob er stand.»
Von *Claudius* (30) sagte *Sueton:* «Es fehlte ihm nicht an Autorität und Würde, ob er saß oder ob er stand.» Und wenn der römische Römer *Sueton* dem Caesar *Nero* (51) einen «fetten Hals und vorspringenden Bauch», dem Caesar *Titus* (3, 1) gar einen «zu stark vorspringenden Bauch» nachsagt, so berichtet der fränkische Römer *Einhard:*
«Man bemerkte kaum, daß sein Hals fett und zu kurz und sein Bauch zu stark

vorspringend war, so harmonisch und wohlproportioniert war seine ganze Gestalt».

Der Nachsatz nimmt hier die Aussage *Suetons* über *Augustus* (79, 2) auf: «Er war klein ..., aber seine Gliedmaßen waren so harmonisch und wohlgebildet, daß man dies nicht bemerkte». *Einhard* fährt fort:
«Karl hatte einen festen Gang und männliches Gebaren. Seine Stimme war hell und paßte nicht ganz zu seiner körperlichen Erscheinung. Er hatte eine gute Gesundheit und war nur in den vier letzten Jahren seines Lebens krank, in denen er unter häufigen Fieberanfällen litt und schließlich sogar hinkte».
Vorbild ist hier *Caesar* (45, 1): «Er hatte eine gute Gesundheit, nur in den letzten Jahren seines Lebens ... litt er an plötzlichen Schwächeanfällen» und *Augustus* (80): «deswegen hinkte er oft». Der Caesar *Tiberius* «hatte eine gute Gesundheit, aber er pflegte sich nur, wenn es ihm so paßte ... und wollte auf den Rat der Ärzte nicht hören» (68, 4). *Karl* seinerseits
«kümmerte sich darum nur, wenn es ihm so paßte, statt auf den Rat seiner Ärzte zu hören, gegen die er eine Abneigung hatte, weil sie ihm rieten, statt Braten, woran er gewöhnt war, lieber gekochte Speisen zu essen».
Aber anders als die römischen Caesaren liebte dieser fränkische «Reiten und Jagen. Daran fand er von klein auf Gefallen, denn es gibt vielleicht auf der ganzen Erde kein Volk, das in diesen Künsten den Franken gleichkäme. Karl liebte auch Thermalbäder und gab sich oft dem Vergnügen des Schwimmens hin, worin er dermaßen hervorragend war, daß niemand ihn übertraf ...». Und während *Sueton* von *Caligula* schreibt (52): «Die Kleidung, die er zu tragen pflegte, war weder die seiner römischen Vorfahren noch die eines Bürgers ...», berichtet *Einhard* von *Karl:* «Er trug die Kleidung seiner Vorfahren, d.h. der Franken».

Es ist also keineswegs so, daß *Einhard* Geschichte fälscht. Seine Entlehnungen verdecken nicht die Gestalt *Karls* – im Gegenteil: gerade die Tendenz seiner Stilisierung ist ein historisches Faktum allererersten Ranges. Sie zeigt, daß *Karl* als fränkischer Caesar und die karolingische Kultur als fränkische Spätantike gesehen werden will. Solche Stilisierung ist aber andrerseits kein Anlaß, auch unsrerseits *Karl* in das literarische Heroenschema von den ‹Männern, die Geschichte machen› hineinzusehen. Nicht als vom Himmel gefallenes Genie hat *Karl* eine weitschauende Bildungspolitik getrieben und die deutschsprachige Literatur ins Leben gerufen, sondern die historische Position eines Frankenkönigs als Imperator Augustus hat das Verhalten *Karls* bestimmt, obgleich ihm jener Titel lästig war und er lieber Aachen als Rom ‹caput mundi› nennen wollte. Auch wäre es gerechter statt von *Karl dem Großen* als Subjekt von *Karl* und seinen Beratern zu sprechen. Denn *Karl* hatte es verstanden, sich mit kompetenten Leuten zu umgeben. Der wichtigste von ihnen war wohl der Angelsachse *Alkuin,* von 773 bis kurz nach 800 eine Art ‹Ministerpräsident›, sodann der Poet *Angilbert,* später Abt von St. Riquier, der Langobarde *Paulus Diaconus,* der Westgote *Theodulf,* später Bischof von Orléans, und schließlich *Einhard.* Das Bild, das der belgische Historiker *François L. Ganshof* von *Karls* Persönlichkeit entwirft, ist mit mehr Nüchternheit gezeichnet als das der deutschen Literaturgeschichten; es läßt sich etwa so resümieren:

Eine hohe Auffassung von seinem Regentenamt verband sich bei *Karl* mit einem Sinn für materielle Vorteile. Sein entschiedener christlicher Glaube war eher naiv. So hat er z. B. nie an der Schlüssigkeit von Gottesurteilen im Zweikampf gezweifelt. Er lebte zwar in Furcht vor Sünde, kannte aber andrerseits kein Schuldgefühl. Viele seiner Erlasse zu Gunsten von Witwen und Waisen sind von seiner christlichen Überzeugung von Mitleid und Herrscherpflicht diktiert. *Karl* bemühte sich um Ordnung auf allen möglichen Gebieten, ließ Sammlungen germanischer Volksrechte anlegen und versuchte sogar gegen das Fehderecht vorzugehen, freilich erfolglos.

*Karl* besaß keinerlei geistige Schulung. Alles, was er sich aneignete, machte ihn doch nicht zu einem wirklich gebildeten Mann. Es fehlte ihm geistiges Überblicksvermögen, ebenso mangelte ihm der Sinn für das Mögliche, weniger in der Außenpolitik, dafür um so mehr in Bezug auf innenpolitische Verhältnisse. Reformen und Anordnungen, die er erließ, hatten oft eine ganz andere als die beabsichtigten Wirkungen. Dennoch erwiesen sich viele seiner Handlungen als auf Jahrhunderte hinaus fruchtbar.

Das Imperium, das *Karl* bei seinem Tode 814 seinem Sohn *Ludwig dem Frommen* hinterließ, war ein Reich, «das von Wirren beunruhigt war und in dem Unordnung und Mißbrauch vorherrschten» *(Ganshof)*. So ließ denn *Ludwig* nicht allein, um die fränkische Komponente des Imperiums zu betonen, statt des karlischen ‹Renovatio Romanorum Imperii› ‹Renovatio Regni Francorum› auf seine Kaiserbulle setzen.

*Ludwig der Fromme* (814–840) konnte die ihm auferlegte Autorität nicht immer und nicht auf die Dauer wahrnehmen. Unter seiner Regierung wurde mit Hilfe des Abtes *Benedict von Aniane,* eines Vetters des später berühmten *Guillaume d'Orange,* die Benedictinerregel definitiv im Frankenreich durchgesetzt. Unter seiner Regierung entstehen auch Werke, die den neuen Glauben in eine aktualisierte und poetische Gestalt deutscher Sprache verkleiden. In der germanischen Dichtungsform des Stabreims hat jetzt (um 830) ein Dichter das, was Geschichte und Lehre des Christus geworden war, darzustellen versucht: im altsächsischen ‹Heliand›. Er hat das literarisierte und liturgisch gewordene Evangelium nicht germanisiert, aber er hat es Germanen begreiflich zu machen versucht.

Er hat sich dabei an einer besonderen Fassung des Evangelienberichts orientiert, die wenig vorher in fränkisches Althochdeutsch übertragen worden war. Es war dies eine ‹Synopse›, eine ‹Zusammenschau› aller vier Evangelien zu einem einheitlichen Bericht. Ihr Verfasser, der Assyrer *Tatian,* hatte sie um 180 ‹Diatessaron›, ‹Querschnitt durch die Vier› genannt.

Wir wählen die Szene vom Verrat des Petrus, um genaueres zu sehen. *Erich Auerbach* hat diese Szene nach dem Markus-Text auf ihren literarischen Gattungscharakter hin interpretiert. Er nennt sie einen Ausschnitt aus einer ‹Polizeiaktion›. Die handelnden Personen sind Leute niedersten Standes: Türhüter, Mägde, der Fischer Petrus, Soldaten, der Aufrührer Jesus: Komödienpersonal für die antike Literatur. Aber da die Verkündigung von Jesus als dem Christus nach der Parousieenttäuschung einen welt- und heilsgeschichtlichen Anspruch erhebt, müßte sie nach antiken Literaturbegriffen ins tragische Genus gehören, wo die Helden Fürsten und große Herren und die Reden rhetorische Prunkansprachen sein müßten. Von sich aus bietet das Evangelium nicht das Material dafür, aber indem es Literatur wird, beugt es sich dem literarischen Zwang, den sozialen Formeln der Stiltrennungsregel: der, der in der Verratsszene bei Markus (14,72) noch ‹Jesus› hieß, heißt bei Lukas (22,61) ‹Herr›. Freilich, Reste des prinzipiell Unliterarischen (nach antikem Begriff) bleiben allenthalben. *Tatians* Evangelienharmonie aber hat eine literarische Rundung zum epischen Bericht erstrebt. In der althochdeutschen Tatianübersetzung ist der Aufrührer Jesus bereits prinzipiell ‹der Heiland›. Ich übersetze und kommentiere diesen althochdeutschen Text.

«Da folgte Petrus dem Heiland von ferne ... bis an den Hof des höchsten Bischofes» (186, 1).

Es handelt sich um eine Aktion der Kirchenbehörde. Petrus, der Fischer, der alles verlassen hat, um Jesus, dem ‹Heiland› zu folgen, wagt sich zaghaft («von ferne») bis in den Hof des mächtigen Oberbischofs, des Hohenpriesters.

«Als ihn plötzlich die Pförtnerin sah und ihn (genauer) anschaute, sagte sie: ‹Bist du nicht einer von den Jüngern jenes Mannes?› Er antwortete dem Weib: ‹Weder kenne ich ihn, noch verstehe ich, was du sagst!› Es standen aber Kriegsknechte und Amtsdiener am Feuer, weil es kalt war, und wärmten sich. Zu ihnen trat Petrus und wärmte sich auch, um den Ausgang der Sache zu beobachten» (186, 4, 5).

Der erst so mutige Petrus hat plötzlich Angst, drückt sich beiseite, tut, als ob er sich wärmt, will aber in Wahrheit unauffällig sehen, was wird.

«Simon Petrus stand also im äußeren Pfalzhof und wärmte sich. Da sah ihn eine andere Dienerin und sagte zu denen, die um sie herumstanden: ‹Und der da war auch mit jenem Heilenden, dem Nazarener!› Da traten die Herumstehenden näher hinzu und sagten zu Petrus: ‹Wahrhaftig, du bist einer von denen da. Deine Sprache verrät dich, daß du Galiläer bist!› Er aber leugnete und schwor: ‹Ich kenne den Menschen nicht!›» (188, 1. 2. 3.).

Literarisch Gebildeten mußte schon in der Antike ungeschickt erscheinen, daß eine neue Dienerin auftaucht, die Petrus kennt – eine Vielzahl von Statisten ohne szenische Ökonomie. Aber dadurch wird die Bedrohtheit der Situation zugleich allgemein. In jeder, noch so unscheinbaren Person lauert Gefahr. Alle Welt ist in das Drama hineingezogen: eine literarische Form religiösen Ursprungs, ohne die kein Kriminalroman denkbar ist, aber indem sie literarisch wird, ist soziale Unsicherheit ästhetisch sanktioniert. Die Übrigen rücken näher, und schon ist das Indiz da: die Sprache, der verdächtig vulgäre Dialekt von Galiläa, als Moment antiker Tragik unwürdig wie der Held, der zum Feigling wird.

«Und nach einer kleinen Zeit, etwa einer Stunde (– auch das Schweigen ist

Effekt –), sagte einer von den Kriegsknechten des Bischofs, ein Verwandter dessen, dem Petrus das Ohr abschlug: ‹Wahrhaftig, der war mit dem da, denn er ist Galiläer. Sah ich dich denn nicht in jenem Garten mit ihm?› Da fing er an zu verfluchen und zu verleugnen und zu schwören: ‹Ich kenne ihn überhaupt nicht. Ich weiß nicht, was du sagst, ich kenne den Menschen nicht, von dem ihr redet.› Und alsbald krähte der Hahn» (188, 4. 5).

Ein Moment von Blutrache blitzt auf. Die erwähnte Heldentat mit dem Schwert, die den Helden profilieren möchte, macht die innere Fallhöhe von Mut zu Feigheit, von Treue zu Verrat nur deutlicher. Der Hahnenschrei erinnert an das Wort des geliebten Meisters. Da wird dessen Gestalt in die Szene eingeblendet:

«Und der Gefolgsherr wandte sich um und sah Petrus an. Und da gedachte Petrus, was der Gefolgsherr ihm gesagt hatte: Ehe denn der Hahn kräht, wirst du mich heute dreimal verraten. Und Petrus ging hinaus und weinte bitterlich» (188, 6).

Bewußt wird der Bruch der Gefolgschaftstreue. Der Gefolgsmann weint. Daß er unbehelligt hinausgeht, zeigt, daß alle äußere Bedrohung und Spannung nur das innere Drama inszenierten. Petrus ist, wie alle, irgendwer, unzuverlässig und charakterlos. Die Idee einer möglichen geistlichen Gefolgschaft sollte damit gerichtet sein. Sie war es nicht, wie der stabreimende altsächsische ‹Heliand› zeigt:

«Unterdessen aber ertönte der erste Hahnenschrei. Da sah der heiltragende Christus, das edelste der Menschenkinder, von dort, wo er gebunden stand, hinüber zu Simon Petrus. Der Sohn des höchsten Herrn sah über die Schulter hin zum Gefolgsmann» (Heliand 4990–4993).

Durch die Bezeichnung der Stelle, wo Jesus steht, durch den Blick über die Schulter ist der Regie-Raum bestimmt, der seelischen Raum repräsentieren möchte. Die Haupthelden sind in eine soziale Stellung erhoben, die vielleicht auch der gesellschaftlichen Vorstellungswelt der Sachsen entspricht. Hier wiegt Treubruch vermutlich noch schwerer als unter antiken Handwerkern.

«Da besann sich der (Gefolgsmann) – Schmerz erfüllte die Gedanken des Simon Petrus, Gram das Herz und sein Sinn ward traurig und Kummers übervoll. – Da gedachte Simon Petrus sogleich an das, was der Herr gesprochen, erinnerte sich der Worte, die der mächtige Christus selbst ihm gesagt, daß er in dieser schwarzen Nacht, vorm Hahnenschrei, seinen Herrn sollte dreimal verleugnen. Davon schwoll ihm das Herz bitter in der Brust, und er ging voll Zorn auf sich selbst von dannen, ging der Mann von den Leuten fort, das Herz schwer von Kummer, von Schmerz übervoll, weinte über seine Sünde und das, was er selbst gesagt hatte, machte, daß ihm aufstiegen von dieser Herzenszerknirschung heiße Tränen, blutig aus seiner Brust» (4993–5006).

Der wiederholende Variationsstil des Stabreims wird zum Mechanismus der Verinnerlichung. Das Weinen des Petrus wird als heldischer Sündenzorn blutfarben.

«Er verzweifelte, das je selbst wieder ausbessern zu können, die Freveltat jemals, oder je seine Liebe wiederzugewinnen, die Gunst seines Gebieters. Kein einziger Held ist so alt, daß er je sah ein Menschenkind seine Worte so sehr bereuen, oder Leid so sehr beklagen. ‹O mächtiger Gott!›, rief er aus, ‹daß ich mich so in die Sünde stürzte, daß ich mein Leben nicht mehr für ein Gut halten darf! (– Das ist durchaus mit dem Ausruf Hiltibrants zu vergleichen –.) Wenn ich nun bis ins Alter deiner Huld und des Himmelreichs, mein König, entbehren soll, dann darfst du mir das im geringsten nicht als Verdienst anrechnen, geliebter Herr, daß ich je die Sonne erblickte! Nicht bin ich mehr würdig, mein mächtiger König, unter deinen Jüngern zu gehen, so sündig in deinem Gefolge: ich selbst sollte sehen, daß ich ihnen ausweiche, jetzt, wo ich mir solchen Verrat gesprochen habe›.

So schrie auf vor Trauer der beste der Männer, so reute ihn sehr, daß er seinen Herrn, daß er so lieben Herrn verleugnete. Nun aber dürfen der Menschen Kinder, die Leute sich nicht wundern und fragen, warum Gott es gewollt haben konnte, daß ein so vortrefflicher Mann so tief ins Leid geriet, daß er so höhnisch seinen Herrn, des Geschwätzes einer Magd wegen, daß der beste der Krieger ihn darum verleugnete. Es geschah bei jenem Volk allen Menschen zum Heil. Er wollte ihn zum Fürsten machen, zum Ersten in seinem Hause, der heiltragende Herr; ließ ihn erfahren, welche Macht hatte das Trachten des Menschen ohne die Kraft Gottes, ließ ihn sündigen, auf daß er später desto besser verstünde, wie angenehm es jedermann ist, daß man ihm vergebe die Missetat, Schulden und Sünden, wenn er hinterhältig gewesen so wie ihm selber vergab der Gott des himmlischen Reiches» (5006–5038).

Nicht nur ist der Sünder Petrus bereits virtueller Kirchenfürst, sondern seine Zerknirschung zielt auf die Institution von Beichte und Absolution. Indem das Himmelreich ins Verwaltungsressort der Kirche geriet, ward der Sünder zur Charakterfigur. Aber es ist um ihn nicht besser bestellt als um die Caesarenmaske *Karls* oder Kaiser *Ludwigs*, der dann das Imperium unter seine Söhne teilt, um ihm die Fülle des heiltragenden Königsbluts zu erhalten. Bereits zu Lebzeiten (833) haben ihn die Söhne vorübergehend entthront. Kaum ist er tot, bricht der Bruderkrieg aus, und die jüngeren Söhne *Ludwig* und *Karl* verbünden sich gegen den ältesten, *Lothar,* der den Caesarentitel trägt. Die prätendierte Identität von barbarischem Frankenkönig und christlichem Caesar widerlegt sich selbst. Mißtrauen und Verrat haben das letzte Wort.

## Mißtrauen und Verrat als Ergebnis

Am 25. Juni 841 besiegten *Karl* und *Ludwig* Kaiser *Lothar* in der Schlacht von Fontenoy (b. Auxerre). Ein lateinisches Reimgedicht sagt:

«Die frühe Morgenröte zerriß das Finstre der Nacht. Aber kein Sabbat tagte, sondern das Grausen Saturns. Die Brüder haben den Frieden zerbrochen, und es jauchzt der böse Dämon.... Es war in heidnischer Vorzeit keine bösere Schlacht als jetzt, wo Christen vergossen haben das Blut von Christen. Die finstren Geister frohlocken im höllischen Schlund. – Des allmächtigen Gottes Rechte, die hat *Hlothar* beschützt. Tapfer hat er gekämpft mit eigener Hand. Er wäre der Sieger gewesen, hätten die andern getan wie er. Dann hätten bald Friede geherrscht und Eintracht. – Aber wie einst Judas den Heiland auslieferte, so haben sie dich, o König, und deine Heerführer ans Schwert geliefert. Hüte Dich, unschuldiges Lamm, daß dich der Wolf nicht überlistet. – Fontaneto nennen die Bauern jenen Quell und jenen Königshof, wo die Leichen der Franken in ihrem Blute lagen. Es erschaudern die Felder, erschaudern die Wälder, erschaudern selbst die Sümpfe. ... Doch ich, der ich dieses Verbrechen in Versen beschrieben habe, ich heiße *Angilbert* und habe es mit angesehen und habe dort mitgekämpft wie andre und bin aus der vordersten Reihe mit dem Leben davon gekommen als einziger. ... Nie sollen von dieser Schlacht Ruhmeslieder gesungen werden. Aus Morgen, Mittag, Abend, Mitternacht soll Klage erschallen über die, die der Tod hier verschlang» (MGH Poetae 1, 435 Str. 1. 3-6. 8. 11).

Nach dem Sieg über den Bruder bekräftigten *Karl der Kahle* und *Ludwig der Deutsche* ihr Bündnis durch Eide, die sie am 14. Februar 842 in Straßburg schworen. Sie sind das erste französische Sprachdenkmal und eines der frühesten deutschen – ein trauriges Zeugnis. *Nithart,* ein illegitimer Enkel *Karls des Großen,* überliefert sie in seiner lateinischen ‹Geschichte der Söhne *Ludwigs* des Frommen› und schreibt:

«Am 16. Tag der Kalenden des März trafen *Ludwig* und *Karl* in der Stadt zusammen, die einst Argentaria hieß, heute aber allgemein ‹Strazburg› genannt wird, und schworen, *Ludwig* in romana und *Karl* in teudisca Sprache, die Eide, deren Wortlaut wir unten bringen. Ehe sie aber den Eid ablegten, redeten sie folgendermaßen zu ihren versammelten Gefolgsleuten, der eine auf deutsch, der andere auf romanisch. Ludwig als der ältere begann mit folgenden Worten: Ihr alle wißt, wie oft *Lothar* mich und diesen meinen Bruder seit dem Ableben unseres Vaters zu vernichten versucht hat, durch Verfolgung bis auf den Tod. Da weder Blutsverwandtschaft noch Religion noch irgend etwas anderes unter Wahrung der Legalität dazu verhelfen konnte, daß Friede zwischen uns herrsche, sahen wir uns gezwungen, die Angelegenheit dem Gerichte Gottes des Allmächtigen zu unterbreiten, bereit, seine Entscheidung über das, was einem jeden gebühre, zu respektieren. Hieraus sind wir, wie ihr wißt, durch die Barmherzigkeit Gottes als Sieger hervorgegangen, jener aber, besiegt, hat sich samt seinen Anhängern dahin verkrochen, wohin er konnte. Dann aber, von brüderlicher Liebe ergriffen, auch bewegt von dem Leiden des Christenvolks, haben wir darauf verzichtet, jene zu verfolgen und zu vernichten und nur verlangt, daß wenigstens in Zukunft einem wie einst sein Recht werde. Trotz alledem, und murrend über das Gottesurteil, läßt jener nicht ab, mit bewaffneter Macht nachzustellen mir selbst und meinem Bruder. Obendrein dezimiert er unser Volk, sengend, raubend, mordend. Aus diesem Grunde, und von der Notwendigkeit dazu getrieben, haben wir uns hier vereinigt und, da wir mutmaßen (könnten), daß ihr über die Unwandelbarkeit unserer Treue und Brüderlichkeit Zweifel hegt, haben wir beschlossen, uns in eurer Gegenwart wechselseitig diesen Eid zu schwören.

Wir tun dies nicht aus irgendeiner Begehrlichkeit heraus, sondern einzig und allein – sofern Gott uns dank eurer Hilfe Frieden gewährt –, um des gemeinsamen Nutzens sicher zu sein. Für den Fall aber, was Gott verhüte, daß ich diesen Schwur gegenüber meinem Bruder verletzen sollte, entbinde ich ausdrücklich jeden von euch vom Gehorsam mir gegenüber wie auch vom Gehorsam gegenüber dem Eide, den ihr mir geleistet habt.

Und nachdem *Karl* die gleiche Erklärung in romanischer Sprache wiederholt hatte, schwur *Ludwig*, als der Ältere zuerst, danach zu handeln (auf romanisch):

Um der Liebe Gottes willen, zu unser aller und der Christenheit Wohl, vom heutigen Tage an, solange Gott mir Vernunft und Macht gewährt, werde ich diesen meinen Bruder *Karl (Ludwig)* mit meiner Waffenhilfe in allem unterstützen, gerade so wie man rechtens seinem Bruder helfen sollte, damit er sich mir gegenüber ebenso verhalte. Und mit *Lothar* werde ich keinen Vertrag je eingehen, der durch meine Absicht diesem meinem Bruder schaden könnte.

Als *Ludwig* geendet hatte, wiederholte *Karl* dasselbe auf deutsch: ... Und der Eid, den jede Nation in ihrer eigenen Sprache schwur, lautete auf romanisch so: ... und auf deutsch so:

Wenn *Karl (Ludwig)* den Eid, den er seinem Bruder *Ludwig (Karl)* geschworen hat, hält, und *Ludwig (Karl)*, mein Herr, seinerseits den ihm geschworenen Eid nicht hält und ich ihn davon nicht abbringen kann, weder ich, noch irgend ein anderer, den ich (von diesem Eidbruch) abbringen kann, dann werde ich ihm gegen *Karl (Ludwig)* jede Hilfe verweigern.

Nachdem dies geschehen war, zog *Ludwig* längs der Vogesen über Weißenburg nach Worms» (*Nithart* 3 c. 5).

Hier ist der ‹allmächtige Gott› genau so Instrument eines partikulären Herrschaftswillens wie die ‹brüderliche Liebe›, die sicherheitshalber durch Eide befestigt wird. Es geschieht dies in einem Augenblick, da im äußersten Süden des Imperiums, in Bari, die Aghlabiden bereits ein Sultanat errichtet haben (841), da die Sarazenen in Arles sind (842) und die Wikinger fast alle Flußmündungen des Frankenreiches beherrschen.

# ZWEITES KAPITEL

# GESELLSCHAFTLICHE DARSTELLUNGSFORMEN IM ZERTEILTEN FRANKENIMPERIUM

843 kommt es zum Frieden mit Kaiser *Lothar* und das Imperium wird geteilt *(vgl. dtv-Atlas zur Weltgeschichte I, S. 124)*. *Karl der Kahle* erhält den Westen, *Lothar* die Mitte und Italien, *Ludwig der Deutsche* erhält den Osten. Nach *Lothars* Tod wird das Mittelreich nochmals zerstückelt: Den Nachkommen *Lothars* fällt Italien zu, *Karl* und *Ludwig* bekommen jeder Teile des nördlichen Lotharingien (Mersen 870). Doch erst der Vertrag von Ribemont (880) zieht die Grenzen, die die späteren Teilstaaten Frankreich, Deutschland, Burgund und Italien bestimmen. Gleichzeitig bilden sich im Innern partikuläre soziale Gruppierungen deutlicher aus. Als gesellschaftliche Umgangsformen bezeugen literarische und ästhetische Gebilde diesen Prozeß.

## *Literarische Verschlüsselung auf vulgärsprachlich im Ostreich*

*Ludwig der Deutsche,* Verräter bei *Angilbert,* politischer Agitator bei *Nithart,* wird im althochdeutschen Widmungsgedicht, das der Mönch *Otfrid von Weißenburg* seinem Evangelienepos voranschickt, anders stilisiert:

«Ludwig, der Kühne, der voller Weisheit, der regiert nun das ganze Ostreich wie ein rechter König der Franken. Seine ungeteilte Herrschaft erstreckt sich über das ganze Land ... Glück und Heil sei mit ihm alle Zeit. Und der Herr des Himmels lasse wachsen seinen Besitz und erfreue ihm die Seele immerdar! ... Schicke ich mich an, sein Lob zu verkünden, und mühe ich mich ohn' Unterlaß seine großen Taten aufzuzeichnen, so ist all solches Trachten nur eitel und über meine Kraft. Denn erhaben ist alles, was den König betrifft. Das sei gesagt! ... Meinem Gedanken wird leuchtend sichtbar in ihm das Wirken König Davids selbst. ... Hat doch David, der König, auch einst erduldet sehr viel Gefahr. Denn strenge war David, die Gebote des Herrn zu befolgen, und was er zu schaffen hatte, das nahm er fest in die Hand, bestellte rings umher das ganze Reich, ... Da zeigt sich denn klar, wie beständig er Gott dient in der Not, wo immer seine Kraft das vermag. Gerecht richtet er ringsum sein ganzes Reich, wie ihm ward aufgetragen, und ist voll guter Kraft und nimmermüden Herzens. ... All seinen Kindern werde die Fülle der Herrschaft und Liebe dazu, die Gottesliebe aber der Königin! Ewige Geborgenheit – das ist mein Wunsch – mögen sie alle genießen, dort im Himmel, gemeinsam mit Ludwig, dem König! Dem dichte ich dies Werk. Ob er nun selbst diese Bücher aufmerksam liest, oder ob er gebietet, daß man sie ihm vortrage, so wird er in dieser Darstellung die frohe Botschaft hören, wird vernehmen, was

Christus dem Volke der Franken befiehlt. Und das Gesetz dieser Bücher weist uns zum Himmel den Weg» (Ad Ludowicum 1-91, gekürzt).

Dieser Herrscher eines Teilreiches gilt als neue welthistorische Verkörperung des Königs David. Die Geschichte des Heils ist bei den Franken angekommen; und wie Griechen und Römer die großen Taten Gottes in ihrer Sprache verkündet haben, warum sollten es nicht auch die Franken ebenso tun? – so räsoniert *Otfrid* (I, 1,33 ff.). Er unternimmt es, wie er sagt, die fränkische Sprache mit römisch-christlichen Regeln zu bezwingen, in Versen, die ihr Ziel am Ende haben – wie die christliche Geschichte, im Reim. Er reimt als erster ‹Herz› auf ‹Schmerz› und teilt seinen ‹Liber Evangeliorum› mit errechnetem Sinn in 5 Bücher, weil die heilige und vollkommene Vierzahl der Evangelien nur wahrgenommen wird durch die unvollkommene Fünfzahl der menschlichen Sinne. Inwiefern sich aber damit seine Verkündigung nicht mehr an alle wendet, obgleich *Otfrid* das Gegenteil behauptet, zeigt seine Vaterunser-Paraphrase. Im altsächsischen ‹Heliand› hatte das Vaterunser geheißen:

«Vater, bist unser, der Kinder der Menschen, der (du) bist in dem hohen Reiche der Himmel. Geweiht sei dein Name mit jeglichem Wort. Es komme dein mächtiges Reich. Es werde dein Wille über dieser ganzen Welt. So auf der Erde wie er dort oben geschieht in dem hohen Reiche der Himmel. Gib uns jeglichen Tages Nötigstes – Herr, der gute! – deine heilige Hilfe, und erlaß uns, Gebieter des Himmels, mannigfacher Heimtücken, ganz wie wir es andern Menschen tun werden. Nicht laß uns irreleiten böse Unholde so weit nach ihrem Willen, wie wir es verdient haben, sondern hilf uns gegen alle bösen Taten» (Heliand 1600–1612).

Gott ist Vater der Kinder der Menschen, Gebieter des Himmels. Der Himmel ist das hohe, mächtige, aber jenseitige Reich. Gegenüber steht die Welt, bevölkert mit einer Pluralität der Kinder der Menschen, die Irreleitung verdient haben, denn sie sind voll Heimtücke und böser Taten. Als Mächte erscheinen die Unholde. Sie versuchen die Menschen, aber nur, soweit sie es nach Gottes Gerechtigkeit vermögen. Auch die bösen Unholde dienen dem Gott, dessen Macht Himmelreich, Menschenerde und Unterwelt umspannt. Er ist ein Bild allumfassender Königsgewalt. Ganz anders jetzt bei *Otfrid:*

«Unser guter Vater. Du bist der gnadenreiche Fürst, immerdar hoher Lenker in den Himmeln. Heilig sei dein Name. Zu uns komme deine Gewalt, die hohe Himmelsherrschaft, die allein wir verlangen und unablässig erhoffen. Dein Wille sei hienieden wie er droben im Himmel ist. Hilf uns hier auf Erden wie du es den Engeln jetzt dort tust. An täglichen Speisen gib uns heute das Nötige. Dazu aber, was mehr ist, deine persönliche Unterweisung. Schuld erlaß uns allen, wie auch wir es tun wollen. Vergib uns die Sünde in unserm Denken und täglichen Handeln. Nicht verlasse uns deine Schutz vor dem Hinterhalt des Widersachers, auf daß wir nicht in die Irre gehn, noch in seine Fallen treten. Löse uns immer wieder daraus, damit wir deine Kriegsleute sein können und durch deine Gnade nie der Trübsal anheimfallen» (II, 21, 27–40).

Macht man sich klar, daß nach dem Evangelienbericht der Bergpredigt dies ein Gebet aller Menschen sein soll, dann wird deutlich, daß es bei *Otfrid* – noch nicht im ‹Heliand› – auf die Redeperspektive einer bestimmten Menschengruppe verengt ist. Für ‹Gott› steht das Wort ‹druhtin›, das üblicherweise Jesus bezeichnet und ‹Gefolgsherr› heißt; für ‹uns› steht ‹thegana› = ‹Kriegsleute›, was üblicherweise für die ‹Jünger› gebraucht wird. Aber diese Krieger hier sind zugleich gelehrige Schüler, welche die göttliche Unterweisung höher schätzen wollen als leibliche Nahrung und die – aus dem Matthäus-Kommentar des *Hrabanus Maurus* – über die Engel im Himmel genaueres wissen. Diese Krieger tragen die Züge althochdeutscher Klosterbrüder, die sich kämpfend um die Nachfolge und Jüngerschaft Jesu bemühen. Speise, Lehre, Schutz sind die Leistungen des göttlichen Gefolgsherrn, welche seine Krieger für ihren Kampf gegen teuflischen Hinterhalt brauchen. Parallel zum weltlichen ist ein geistlicher Kriegerstand entworfen, dem der Lehnsherr die Ausrüstung stellt. Aber die analphabeten Laien sind aus diesem Gebet ausgeschlossen. *Otfrids* Evangelienepos, das zwischen 863 und 871 im zerteilten Frankenreich entsteht, hat den partikulären Charakter eines monastischen Spezialwerkes, nicht den einer allgemeinen Verkündigung. Dies entfaltet sich auch in der Art der Interpretation, die *Otfrid* seiner gelehrten Fünfteilung des Viererberichts einfügt.

Wenn die Juden gegenüber den ersten Christen behaupteten, *Jesus* sei der Messias nicht gewesen, argumentierten die Christen dagegen mit dem Alten Testament. So ließ bereits der Lukas-Evangelist seinen Jesus gesagt haben: «denn es muß alles erfüllt werden, was von mir geschrieben ist im Gesetz des Moses, in den Propheten und in den Psalmen» (L. 24, 44). Die ganze jüdische Tradition galt als Vorausdeutung auf Jesus und das Christentum. Christus war der neue Adam; und wie aus der Rippe des alten Eva, so war aus der Seitenwunde Jesu die neue, geistige Eva, die Kirche, geschaffen worden. Im Johannes-Evangelium stand zu lesen (21, 25):

> «Es sind auch viele andere Dinge, die Jesus getan hat, so sie aber alle sollten … geschrieben werden, achte ich, die Welt würde die Bücher nicht fassen, die zu schreiben wären.»

Danach war zu jedem Ereignis des Alten Testaments seine geschriebene oder ungeschriebene neutestamentliche Erfüllung zu suchen, und umgekehrt stand das ganze Neue Testament in ‹Heilsanalogie› zum Alten Testament als Typus und Antitypus. Solche ‹Typologie› münzt den historischen Begriff von Weissagung und Erfüllung, Entwicklung und Ziel kleinlich aus. Hinzu tritt im Frühchristentum unter Einfluß hellenistisch-jüdischer Gedanken eines *Philo* (ca. 25 v.–50 n. Chr.) die unhistorische allegorische Schriftauslegung. Sie sucht in einem tradierten Text einen tieferen Sinn über den bloß buchstäblichen hinaus, um ihm aktuelle, besonders moralisch-praktische Relevanz zu verleihen. Von jüdischen Ansätzen her entwickelt dann der christliche Philosoph *Origines* († 254) eine Lehre vom triadischen Schriftsinn nach dem Schema von Leib, Seele, Geist. Dem entsprechen Buchstabe, Aktion, Kontemplation. Danach hat die Schrift einen dreifachen Sinn:

1. leiblich (‹somatisch›), buchstäblich (‹litteral›) als erzählte Geschichte.
2. seelisch (‹psychisch›), moralisch als praktische Konsequenz und Gebot.
3. geistig (‹pneumatisch›) als kontemplative Annäherung an Gott.

Aber 2. und 3. Sinnschicht verschwimmen oft. *Otfrid* nun bedient sich für sein Evangelienbuch des mehrfachen Schriftsinns, indem er den historisch-litteraliter erzählenden Kapiteln Abschnitte an die Seite stellt, die ‹moraliter›, ‹spiritaliter› oder ‹mystice› überschrieben sind.

Im 8. Kapitel seines II. Buches erzählt *Otfrid* die Geschichte von der Hochzeit zu Kana zunächst litteraliter. Dabei hebt er hervor: «Dort stunden Wassergefäße ... das waren sechs Krüge.» Im 9. Kapitel, das ‹spiritaliter› überschrieben ist, deutet er dann zugleich pneumatisch und heilsanalogisch:

Die steinernen Gefäße «sind die reinen Herzen der Jünger Jesu. Sie sind innen weit, sind voll von heiliger Schrift, womit sie uns alle jederzeit laben. ... Es sind, damit du es recht behältst, sechs Gefäße. Die Weltgeschichte wird nämlich eingeteilt in sechs Epochen» (II, 9, 11–14. 19–20).

*Otfrid* folgt hier *Beda* und *Alkuin*. Nach denen sind die sechs Weltalter: 1. von Adam bis zur Sintflut, 2. von Noah bis Abraham, 3. von Abraham bis David, 4. von David bis zum babylonischen Exil, 5. vom Exil bis zu Christus, 6. von Christus bis zum Jüngsten Gericht. In jedem dieser Weltalter, sagt *Otfrid,* haben Männer gelebt, deren Berichte uns erbauen. Aus den Erzählungen dieser Männer wählt er nun die Geschichte von der Opferung Isaaks aus: litteraliter, moraliter, spiritaliter:

«Hierin wird ... gesagt, daß Abraham Gott fürchtete ... und streng auf seine Worte hörte, da er sich auf etwas einließ, das ihm so ins Herz schnitt (nämlich seinen einzigen Sohn als Opfer zu schlachten). Ein Schaf sah er stehen, gerade recht zum Opfer. ... Er fing es ein und opferte es Gott: welch ein erlösender Tausch für seinen lieben Sohn. ... Eifrig ahme nach diesen heiligen Mann, dann trinkst du wahrhaftig von dem reinen Wasser» (II, 9, 55–59. 61–62. 67–68).

Gemeint ist das reine Wasser in den Krügen der Hochzeit von Kana, das Jesus in Wein verwandelte. Dieser Wein wird jetzt als das pneumatische Verständnis gedeutet, welches in diesem Fall zur Erkenntnis der Typologie führt:

«Willst du aber ... diesen Bericht als Wein genießen, dann mußt du ... ihn auf Christus beziehen. Lies selbst, ich rate dir das, in seinem Evangelium. Dort findest du ein ganz analoges Ereignis ... Der Vater Abraham war in Wahrheit

Gott selbst, und sein einziger Sohn bedeutet Christus, den dieser um unsertwillen nach seinem Ratschluß zum Tode bereitete» (II, 9, 69–77).

Logisch stimmt zwar die Rechnung nicht, denn Abrahams Sohn wurde ja gerade nicht geopfert. Aber Logik ist eben hier durch ein methodisches Schema vertreten. Kraft eines besonderen Wissensrezepts ist *Otfrid* gewöhnlichem Wissen überlegen, d. h. er trennt sich von diesem – auch sozial. Es geschieht dies paradoxerweise auf vulgärsprachlich. Aber seiner Tendenz nach wendet sich dies Deutsch gar nicht mehr an das Volk. Aus dem Unternehmen zur Schaffung eines christlichen Staatsvolks für das fränkische Imperium ist eine Kultur für wenige geworden: Selbstdarstellung einer sozialen Sondergruppe. Fast alle mittelalterliche Bibelerklärung denkt in solch allegorisch-typologischem Schriftverständnis. Wenn es die Sorge *Luthers* war, «tradere scripturam simplici sensu», dann ist damit zugleich eine allgemeinere, demokratisierte Logik anerkannt. Aber diese allgemeinere Logik, die uns als ‹gesunder Menschenverstand› sprichwörtlich ist, ist ihrerseits ein methodischer Schematismus – orientiert an den Erfahrungen zweckrationalen Handelns, an Ursache und Wirkung, Identität und Absicht. Mit *Hegels* Kritik am Satz vom Widerspruch wurde dann zugleich eine neue dialektische Logik instituiert, ein methodischer Schematismus, der seinerseits als geistbegründetes Naturgesetz vorgestellt wurde. Aber die ‹pneumatische› Komponente, die im gesunden Menschenverstand als Ziel oder Zweck, in der dialektischen Logik als Bewegungsgesetz des Weltgeistes anwesend war, ließ sich auch in der marxschen Hegelkritik nicht durch Streichung beseitigen. Selbst die Interpretation, die mit *Friedrich Engels* «in der Geschichte den Entwicklungsprozeß der Menschheit» sieht, «dessen Bewegungsgesetz zu entdecken» die Aufgabe des «modernen Materialismus» ist, geht auf einen ‹pneumatischen› Sinn, indem sie hinter einem Ereignis oder Werk mehr sieht, als dieses selbst wußte. Im weiteren Zusammenhang methodischer Schematismen erscheint das absurde Verfahren der allegorisch-typologischen Interpretation als verstehbar, wenn auch nicht als gerechtfertigt. Seine soziale und historische Signifikanz bei *Otfrid* ist deutlich.

## Hofkultur im Westreich

Das unter *Ludwig dem Deutschen* entstandene ostfränkische Reich hat im Vergleich zum Westen den kleineren Flächenraum, ist eine wenig erschlossene Rodelandschaft mit geringer Einwohnerzahl. Die sakrale Stellung des Königs ist unerschüttert. Der König hat ein Einspruchsrecht bei Bischofswahlen. Das fränkische Eigenkirchensystem bereitet hier die ottonische Reichskirchenstruktur vor. Aber Kultur wie Herrschaft sind inselhaft und wenig stabil. Das Westreich, das *Karl der Kahle* erhalten hatte, war dagegen römische Provinz gewesen. Dort gab es zahlreiche Städte und ringsherum war kein Urwald, sondern eine offene Parklandschaft. Einwohnerzahl und Flächenraum waren bedeutender als im Oststaat. Der Adel im ganzen informierter und aufsässiger, nach Erblichkeit der Amtslehen bestrebt; daneben der Episkopat der Städte, denn alte Römerstädte sind immer Bischofsstädte. Bei diesen französischen Bischöfen, nicht beim römischen Bischof sucht das Königtum Halt und Hilfe, gerät durch Wahlversprechen in eine Abhängigkeit, die sich aber später, unter den Capetingern, liturgisch formalisieren und damit politisch unschädlich machen läßt. Die Grundlagen dazu bilden sich jetzt unter *Karl dem Kahlen,* wo sich das Heil des westfränkischen Königs an ein sehr merkwürdiges Konkretum heftet.

Am 9. Sept. 869 hatte der kluge Erzbischof *Hinkmar von Reims,* der erste übrigens, der in seiner Chronik zu berichten wußte, der Heilige *Remigius* habe den Frankenkönig *Chlodwig* in Reims gesalbt, und der so den Primat des Reimser Erzstuhls begründete, – dieser *Hinkmar* also hatte am Tag der Krönung *Karls* und seiner Gattin *Richildis* zum lothringischen Königtum in seine Predigt miteinfließen lassen: bei *Chlodwig* habe ‹bekanntlich› ein Engel vom Himmel eine Ampulle mit heiligem Salböl gebracht, «unde adhuc habemus» – von welchem wir noch etwas haben. Diese Legende, die erst viel später zu offizieller Anerkennung gelangte, begründet die besondere Aura des französischen Königtums. Der Erzbischof von Reims pflegte bei der Salbung und Krönung besagter Ampulle einige Tropfen zu entnehmen und sie dem gewöhnlichen Chrisma beizufügen. Während der französischen Revolution wurde die Himmelsampulle von dem Citoyen *Rühll* zerschlagen; als aber 1825 *Karl X.* geweiht wurde, da hieß es, ein Scherben jener Ampulle sei 1792 gerettet worden, und mit dem Tropfen des ‹adhuc› daran haftenden Himmelsöls wurde als letzter dieser Bourbone gesalbt. Die Sonderstellung des französischen Königtums ist u. a. eine Funktion bischöflichen Primatsstrebens. Während im Ostreich das Eigenkirchensystem weiterwirkt, kommt es im Westreich zu einem andersartigen Verhältnis zwischen Königtum und Geistlichkeit, ein Verhältnis, in dem keine Katastrophe eines Investiturstreits das ganze Staatswesen erschüttern konnte.

So bildet sich auch jetzt am Hofe *Karls des Kahlen* eine geistlich-königliche Sonderkultur, deren merkwürdig bemühte Starrheit vielleicht gerade die krampfhaft behauptete, aber schwächliche Stellung des Königtums ausdrückt. Die Bildvorlagen, die die Künstler aus Reims und vom Hofe des verstorbenen Kaisers *Lothar* († 855) nach St. Denis brachten, sind alte Tradition. Aber wo z.B. im genialen Utrecht-Psalter von ca. 830 *(Abb. 15)* antike Formeln eine expressive Steigerung erfahren, erscheinen jetzt auf dem Psalterdeckel in Paris behäbigere Repliken. Im Utrecht-Psalter waren die ikonographischen Formeln mit so vehementer Meisterschaft gehandhabt, daß flüchtige Momentaneität greifbar fixiert schien, etwa in jenem Christus, der aus seiner Mandorla tritt, um die Menschen zu erlösen. Das Evangeliar, das *Karl* etwa zur Zeit der Reimser Krönung stiftete (*Abb. 16*), ist dagegen eher von kleinlich-starrer Pracht. Zu bedenken bleibt schließlich bei all diesen Prunkstücken: vor Augen bekamen diese Dinge nur wenige. Sie wanderten aus der Werkstatt in die Schatzkammern und wurden zu liturgischen Zwecken feierlichster Art nur für Minuten hervorgeholt. Diese Kunst führte eine symbolische Existenz, abstrakt und ohne Betrachter.

Von exklusivem Charakter anderer Art ist ein philosophisches Werk, das der gelehrte Ire *Johannes Scotus* im Auftrag *Karls des Kahlen* aus dem Griechischen ins Lateinische übersetzt als ‹De caelesti hierarchia›. Das geschieht um 860 in Paris, also zur gleichen Zeit als *Otfrid* im Osten sein Evangelienbuch reimt. Es bezeichnet zugleich einen geistigen Unterschied zwischen Ost und West. Es handelt sich um das Werk des spätantiken Neuplatonikers *Dionysius Areopagita*, eine Fälschung des VI. Jahrhunderts, die sich für das Werk eines Schülers des Apostels *Paulus* ausgibt. Durch diesen Umstand gewann es für das ganze Mittelalter geradezu kanonische Autorität, für *Hugo von St. Victor, Thomas von Aquin* und viele andre. Mit ihm drang der Neuplatonismus ins weströmische Mittelalter. Gott ist für den *Areopagiten* das Überseiende, Übergute, Überschöne, der unausdenkliche Urgrund von allem. Dies wird in einer mystischen, negativen Theologie entwickelt, d.h. Gott wird ‹ex negativo› bestimmt:

«... es wäre dem Urgrund des Alls eher gemäß, wenn wir von ihm ... sagten: weit mehr als alle Eigenschaften jedes Seins (die alle aus ihm erst stammen) gebühre ihm die Verneinung aller Eigenschaften des Seins – und auch aller Eigenschaften des Nichtseins, die doch immer Bestimmungen sind und Begrenzungen und Trennungen von andern Eigenschaften, und Verzicht auf dieses und jenes, begrenzbarer Bezug und begrenzbarer Nichtbezug, während der Urgrund immer unendlich ist und alle Seinsweisen und Nichtseinsweisen und Möglichkeiten des Seins und des Nichtseins in sich einbegreifen und in sich auflösen mag. Ohne daß du deshalb glauben darfst, diese Verneinungen widersprächen jenen Bejahungen! Denn ist nicht die Urgottheit erhaben über jedes Nein, erhaben über jedes Ja, enthält sie nicht alle Eigenschaften und alle Enthebungen von Eigenschaften, deren Fülle und deren Sprengung bis in alle Unendlichkeit?» (Hierarchie, 251).

Ein Echo davon scheint mindestens bis in *Hegels* ‹Logik› vernehmbar, wenn nicht gar, in wie immer verwandelter Form, bis in *Adornos* ‹Negative Dialektik›. Aus dem überseienden Urgrund ist nach der Lehre des *Areopagiten* alles hervorgegangen durch ‹Emanation›, wie die Strahlung aus Sonne; und jede Wirkung, die geschieht, ist ein Akt göttlichen Formens, dessen letzte Ursache der Urgrund selber ist:

«Es ist nämlich der Ursache von allem als dem obersten Guten eigentümlich, daß es die Dinge ruft, an ihm teilzuhaben, je nachdem sie dazu fähig sind. Darum haben alle Dinge teil an der Vorsehung, die aus der überwesentlichen Ursache erfließt. Sie wären nämlich nicht, wenn sie nicht teilnähmen an dem Wesen und Urgrund aller Dinge. Alles *Leblose* hat darum teil einfach dadurch, daß es nur ist ... Die *lebenden* Dinge jedoch haben auch teil an seiner überlebendigen, lebenschaffenden Macht. Und *was Geist und Seele besitzt*, hat wiederum teil an seiner vollkommenen, übervollendeten Weisheit» (113 f.).

Hier ist zugleich die Vorstellung einer Seinsschichtung, die noch späte Ontologen ins Brot setzen wird, und eine Realitätshierarchie, deren feudalistische und schließlich bürokratische Konsequenzen anläßlich *Anselms von Canterbury* zu erörtern sind. Aber auch Elemente eines historischen Dynamismus finden sich beim *Areopagiten:* Das Streben allen Seins geht auf Rückkehr in den Urgrund als Vollendung der Zeitlichkeit. Gewiß nur ganz wenige rezipieren im spätkarolingischen Westreich diese Philosophie, die ihre Exklusivität einbekennt mit den Sätzen:

«Denn wir wollen nicht – gleich der ungebildeten Menge – der lästerlichen Auffassung verfallen, als wären himmlische und gottähnliche Wesen Gestalten mit vielen Füßen und allerhand Gesichtern ... Wir sollen uns nicht einbilden, gewisse feurige Räder liefen da über die Himmel und Throne wären da aus irdischem Stoff und dienten der Urgottheit zum Zurücklehnen ...» (103).

### Korruption des fränkischen Römerreichs

Weihnachten 875 ließ sich *Karl der Kahle* durch den Papst in Rom zum Imperator krönen. Es war die fatale Erneuerung einer Tradition, die *Karl der Große* nicht hatte begründen wollen, denn der hatte von seinem Sohn *Ludwig* verlangt, daß er sich in Aachen selbst kröne. Jetzt, da das Karlsimperium gar nicht mehr bestand, war die Verleihung der Caesarenwürde wieder Amt des Papstes geworden. *Karl der Kahle* starb schon 877. Während 880 in Ribemont das Karlsreich endgültig geteilt wurde, machte sich der mittelitalienische Langobardenfürst *Wido von Spoleto* zum ‹rex Langobardorum›, 891 wurde er ‹römischer Kaiser› – eine unter anderen provinziellen Figuren, denen dieser Titel dann zufällt. In das zerbröckelnde Frankenimperium drangen von außen Sarazenen, Ungarn und Normannen ein.

Am 3. August 881 konnte König *Ludwig III.* von Westfranzien bei Saucourt ein Normannenheer besiegen. Noch in fränkischer Sprache wird auf diesen französischen Karolinger ein Siegesgesang gedichtet, das ‹Ludwigslied›.

König *Ludwig*, der als Kind schon den Vater verlor, wurde von Gott selbst erzogen, heißt es darin. Gott ließ Heidenvolk übers Meer segeln bis in *Ludwigs* Reich, um das Volk der Franken an seine Sünden zu mahnen. Zum versammelten Heer spricht der König:

«Schöpft wieder Hoffnung, Freunde, Gefährten meiner Not! Gott hat mich zu euch gesandt. Er selbst hat mir in einer Vision befohlen, jetzt und hier zu kämpfen – sofern ihr dem zustimmt ... Unser Leben auf dieser Erde währt so lange wie Christus es will. ... Jeder, der hier in Tapferkeit Gottes Gebot erfüllt, soll von mir belohnt werden, wenn er lebend aus dem Kampf zurückkommt. Bleibt er in der Schlacht, so werde ich es seiner Sippe vergelten» (32–41, gekürzt).

Das ist keine einfache Verbindung von germanischem Gefolgschaftsverhältnis und christlichem Gottesgnadenkönigtum. Was als Lohn hier versprochen wird, meint Lehen, und die Fürsorge für Hinterbliebene anerkennt Erblichkeit von Beneficien aus einer Notlage des Königtums heraus (*Ganshof*). Die Prunkform ‹südgermanisches Fürstenpreislied› ist trügerisch wie ihr Heilswunsch am Schluß:

«Kühn ritt der König, sang ein Gotteslied, und das ganze Heer sang ‹Kyrie eleison›. Sang war gesungen, Kampf ward begonnen, Blut stieg in Wangen, dort spielten die Franken das Waffenspiel ... Gelobt sei Gottes Allmacht: Ludwig errang den Sieg. Dank sei allen Heiligen, daß er den Sieg im Streit behielt. Heil sei Ludwig, unserm glücksgesegneten König. Er war immer bereit wo Not war. Gott erhalte ihn in Gnade und Barmherzigkeit» (46–59, gekürzt).

Dieser Heilswunsch des Dichters, der das ‹Ludwigslied› offenbar gleich nach der Schlacht gereimt und gesungen hat, ist nicht erhört worden. Ein Jahr später war König *Ludwig* tot. Er stürzte unglücklich vom Pferd, als er an einem Sonntag (5. August 882) «der Tochter eines gewissen *Germund* nachsetzte» (*Voretzsch*). Auch war die Normannengefahr durch *Ludwigs* Sieg keineswegs beseitigt. Die Wikinger plündern längs der Flußufer und längs der Küsten, bis ihrem Anführer *Rollo* 912 die Normandie als Herzogtum verliehen wird.

Auf der Rückseite der Handschrift, die das althochdeutsche ‹Ludwigslied› aufbewahrt, steht in frühem Altfranzösisch die Eulalia-Sequenz. Es ist die Nachdichtung einer lateinischen metrisch-musikalischen Prunkform, die jetzt im klösterlichen Gottesdienst in Mode kommt: Kunst für eine geschlossene Gesellschaft.

Zwei Chöre oder ein Vorsänger und ein Chor antworten sich, indem sie ein gleiches Melodiestück mit jeweils verschiedenem Text wiederholen; dann folgt in gleicher Art ein neues Melodiestück. Auf diese Weise entstehen Doppelstrophen des Schemas AA BB etc. Anfangs- und Schlußstrophe sind oft unwiederholt, auch Melodierepetitionen von mehreren Strophen sind möglich.

Entstanden ist die Form der Sequenz wohl im Nordfrankreich *Karls des Kahlen*. Ihre erste große Blüte erlebte sie im Kloster St. Gallen durch *Notker Balbulus* (ca. 840–912). Dieser berichtet in den 880er Jahren in Prooemium seiner Sequenzensammlung:

«In dieser Zeit (gegen 860) geschah es, daß ein Priester aus dem kürzlich (851 oder 862) von den Normannen zerstörten (Kloster) Jumièges zu uns kam und sein Antiphonar mitbrachte, worin eine Art Verse den Alleluia-Vokalisen angepaßt waren; es waren schon damals reichlich verderbte Verse» (2,8).

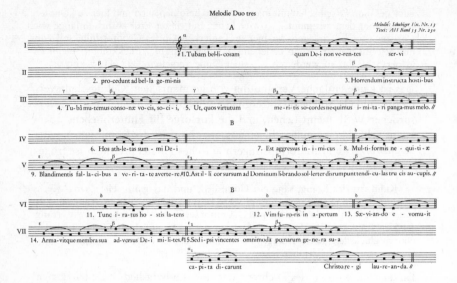

4. Notker Balbulus, Sequenz ‹Duo tres› *(nach G. Reichert)*

Und *Notker der Stotterer* machte dann bessere für fast alle Kirchenfeste. Als Beispiel soll die musikalisch wie inhaltlich merkwürdige Märtyrer-Sequenz ‹Duo tres› stehen. Das Schema ihres melodischen Aufbaus ist:

A
B – B
C – C
D – D – D
E – E
D – D – D
E – E
Z

Ich ordne die feierliche Übersetzung *Wolframs von den Steinen* nach dem Schema des musikalischen Aufbaus an:

A. – Die Kriegsposaune,
    die Gottes Dienern keine Furcht macht –

B. – Sie treten zur Schlacht an,
    und der Feind

                        B. – Steht grausig gerüstet,
                            zwiegestalt –

C. – Sei mit der Posaune
    einstimmigen Sangs,
    Freunde, uns vertauscht,

                        C. – Und sie, deren Taten
                            von höherer Kraft
                            uns Trägen niemals erreichbar sind,
                            feire unser Lied.

D. – Sie, des höchsten Gottes Streiter,
    D. – Unternahm der Widersacher,
        D. – Immer findig in Schelmenkunst,
E. – Mit Verlockung blanken Trugs
vom Weg der Wahrheit
wegzuziehn.
        E. – Doch jene – hoch aufwärts
          zum Herren hin ihr Herz schwang:
          sie spähten und rissen des
          dräuenden Voglers Netz durch.
D. – Zorn ergriff den im Verstecke,
    D. – Und ins Offne spie der Feind nun
        D. – Die Gewalt hinrasender Wut.
E. – Seine Sippe waffnete er,
um Gottes Ritter zu bestehn.    E. – Die aber – die Sieger
          in jederlei
          Mißhandlung und Strafe –
Z. – Weihten ihre Stirn dem König
Christus für die Lorbeerkrone. (2,85)

Was *Notker Balbulus* in kriegerisch übertragenem Sinn vom Tugend-
kampf der Mönche und Märtyrer sang, sollte sich anderthalb Jahrzehnte
nach seinem Tod in St. Gallen ‹litteraliter› ereignen. Am 1. Mai 926 plünderten ungarische Reiter das Kloster des Heiligen *Gallus*, nachdem sie
zuvor die Heilige *Wiborada* in ihrer Klause erschlagen hatten. Wenig
später hat dann dort (?) der Mönch *Ekkehard I.* (?) in den lateinischen
Hexametern seines ‹Waltharius› den Hunnensturm der Völkerwanderungszeit beschworen.

Einst hatten die Völker Pannoniens ganz Europa erobert, und ihr König *Attila*,
so motiviert der Dichter (1ff.), strebte immer danach, den alten Kriegsruhm zu
erneuern. Der erschrockene Frankenkönig *Gibicho* erhält die Kunde, über die
Donau dringe ein feindliches Heer, das die Sterne und den Sand des Meeres an
Zahl übersteige. Vom Hufschlag der Rosse erschüttert, hallt ächzend die Erde,
bebend erdonnert die Luft vom Ächzen der Schilde, ein Wald aus Eisen erglänzt
wie aufgehende Sonne. Die Franken unterwerfen sich und stellen als Geisel den
jungen *Hagano*. Burgund und Aquitanien tun das gleiche. Die schon als Kinder
miteinander verlobten *Hiltgunt* und *Waltharius* müssen als Geiseln an den Hunnenhof. Dort werden sie sorgfältig erzogen. *Waltharius* und *Hagano* schließen
Blutsfreundschaft und zeichnen sich als hunnische Heerführer aus. Als Nachricht
kommt, in Worms sei der alte Frankenkönig gestorben und sein Sohn *Guntharius*
habe die Nachfolge angetreten, flieht *Hagano* in die Heimat. Wenig später gelingt
es *Waltharius* und *Hiltgunt* mit List, aus dem Hunnenland zu entkommen.
    Bei Worms setzen sie über den Rhein. König *Guntharius* hört von den Fremden,
die Schätze mit sich führen. Er will wie berauben. *Hagano*, der ahnt, daß es sein
Blutsfreund *Waltharius* mit *Hiltgunt* ist, rät ab. Dennoch bricht der Frankenkönig
mit ihm und zwölf Kriegern zur Verfolgung auf.
    An einem Engpaß in den Vogesen holen sie die Fremden ein. *Guntharius* fordert
Schatz und Braut. *Waltharius* bietet erst 100, dann 200 Goldringe als Lösegeld
– vergebens. Der feige und goldgierige Frankenkönig hetzt seine Krieger gegen

den Fremden. Die Enge erlaubt nur Einzelkampf. Alle zwölf Franken werden von *Waltharius* getötet, unter ihnen auch der Neffe seines Freundes *Hagano*. Dieser selbst hat sich vom Kampf ferngehalten und der König schilt ihn «feige wie sein Vater war». Nachts verbarrikadiert sich *Waltharius* in der Schlucht. Ehe er sich, von *Hiltgunt* bewacht, zur Ruhe legt, dankt er Gott für die Hilfe und bittet christlich für seine erschlagenen Feinde (1165–1167).

Inständig bittet der Frankenkönig seinen Gefolgsmann *Hagano*, am andern Tag mit *Watharius* zu kämpfen. Aus «Mitleid mit der Ehre des Königs» (vgl. 1109), nicht aus Blutrache für den erschlagenen Neffen (1112 f.) erklärt sich *Hagano* schließlich bereit, morgen gegen den Freund zu kämpfen.

Am andern Tag holen sie die beiden Fremden in der Ebene ein. Als ihn *Guntharius* mit Worten zu Kampf reizt, erwidert ihm *Waltharius* verachtungsvoll – nichts. Er wendet sich vielmehr an seinen Blutsbruder *Hagano* und stellt ihn um die Freundestreue zur Rede. Der kann schließlich als einziges Motiv für sein Handeln nur Blutrache für den erschlagenen Neffen nennen (1278). Die seelische Motivation ist widersprüchlich: erst Mitleid mit der Ehre des Königs und keine Blutrache, dann Blutrache, aber nicht mehr ‹Ehre des Königs›.

Das folgende muntre Gemetzel verwandelt Blut in Tomato-Ketchup. *Guntharius* wird ein Bein abgeschlagen. Die Freunde versuchen sich im Kampf zu schonen. Halb versehentlich verliert *Waltharius* die rechte Hand, schlägt mit der linken *Hagano* ein Auge aus und verletzt ihn am Kiefer. Alle drei überleben. *Hiltgunt* verbindet die Wunden. Beim Wein spotten sie über ihre Verstümmelungen. «haec est Waltharii poesis. vos salvat Jesus» – «Dies ist Walthers Gedicht. Erlöse euch Jesus!» – so schließt das Epos.

Der christlich-römische Vers stilisiert ein unverhohlenes Wohlgefallen an Kampf und Blut. Andrerseits erscheint der germanische Sagenstoff hier als gebildete Spezialität. Aber Christliches wie Germanisches sind bloße Äußerlichkeiten. Indem die finstre Tragik des Hildebrandsliedes zu psychologischer Inkonsequenz domestiziert wurde, entsteht hier ein humoristisches, d.h. distanziertes Verhältnis zu Stoff und Form. Es betrifft auch die Figur des Frankenkönigs, der als feiger Geizhals ferner Zeit einem vergleichenden Seitenblick auf seinen gegenwärtigen Rechtsnachfolger nicht völlig enthoben scheint.

In einem Predigt-Codex, der einst König *Ludwig dem Deutschen* gehörte, hat eine ungelenke Hand um 900 letzte deutsche Stabreimverse auf die Blattränder gekritzelt: ein apokalyptisches Gedicht, das heute ‹Muspilli›, ‹Weltzertrümmerung› heißt *(Abb. 17)*. Von den Schicksalen der Einzelseele nach dem Tod handelt ein erster Teil (36 Verse). Die daran anschließenden Verse beschwören das letzte Schicksal der Welt:

«Das hörte ich die sagen, die den Weltlauf wissen, daß der Antichrist dann mit Elias streitet. Der Unhold ist gewappnet. Dann wird von beiden der Kampf erhoben. Die Kämpfer sind so kraftvoll, der Streitgrund so gewaltig! Elias streitet für das ewige Leben, will denen, die nach Gerechtigkeit hungern, die Herrschaft stärken. Deswegen wird ihm da helfen, der des Himmels waltet. Der Antichrist steht bei dem Altfeinde, steht bei dem Satanas. Der soll ihm Untergang bringen. So wird der denn auf der Kampfstatt verwundet niedersinken und auf dem Wege sieglos werden.

Doch glauben das viele, gottkundige Männer, daß in diesem Kampfe verwundet werde Elias.
Wenn des Eliases Blut auf die Erde trieft, dann erbrennen die Berge. Kein Baum steht mehr fest irgend auf Erden. Die Flüsse versiegen. Es verschlingt sich das Moor. Es verschwelt in Lohe der Himmel, stürzt der Mond, flammt der Erdkreis. Kein Fels steht auf Erden. Fährt dann der Gerichtstag ins Land, fährt daher mit Feuer, die Lebendigen zu strafen. Da kann dann nicht einer dem andern helfen vor dem ‹muspille›. Und die weiten Wiesen verbrennen gänzlich. Und Feuer und Luft fegen alles hinweg. Wo ist dann der Grenzwald, da man einst mit Verwandten drum stritt? Die Mark ist verbrannt. Die Seele steht bezwungen, weiß nicht womit gutmachen. So fährt sie ins Gericht» (37–62).

Dann folgt eine Ermahnung an die Menschen. Und danach wird in einem letzten Abschnitt berichtet, wie die Posaune des Jüngsten Gerichts ertönt, wie die Gräber sich öffnen, wie schließlich dem Richter das Kreuz vorausgetragen wird:

«Dann wird hervor getragen das Kreuz des Herrn, daran der heilige Christus erhängt ward. Dann zeigt er die Wunden, die er in diesem Menschenleib empfing, die er für dies Menschengeschlecht aus Liebe erlitt» (100–104).

Damit bricht das Gedicht ab. Mehr ist auch nicht zu sagen. Gerade weil der schicksalsträchtige germanische Stabreim hier in korrumpierter Form erscheint – Alliterationen sitzen an unüblichen Stellen, einigen Versen fehlen sie ganz, andere zeigen Endreimklänge – findet die darin beschworene Endzeitvision angemessenen Ausdruck, Schicksal und Eschaton mühsam legierend. Der Blick auf den Verwandtenstreit um ein Stück Grenzland setzt Gegenwärtigem einen vernichtenden Maßstab vom Ganzen her. «Siehe, du sagst, der Herrscher oder sonst wer / Verspreche, was er nicht hat und wohl nie haben wird. / Ist er ein Gott, daß ihm zusteht, das Leben mir zu gewähren?» So hatte Waltharius (607–609) dem Frankenherrscher antworten lassen. Die begriffene Relativität macht auch vor dem König nicht halt. Im ‹Muspilli› kommt dies ganz äußerlich auch darin zum Ausdruck, daß jene Verse unbeholfen in einen Prachtcodex gekritzelt sind, der einst dem König gehörte. Wer immer das tat: das Mißverhältnis von weltlicher Repräsentativität und eschatologischer Perspektive hat er so dargestellt. Selbst wenn das Gedicht im Kloster und für Geistliche geschrieben wäre, bliebe sein Anspruch universal. Bewußtsein von der Relativität weltlicher Größe ist eines der Ergebnisse der Bekehrung von Volk und Sprache im Frankenimperium, erreicht im Augenblick, da dessen Gebäude rissig wurde. Ob sich damit ein Raum für menschliche Freiheit öffnet oder verschließt, bleibt unentschieden.

Es bleibt unentschieden wie im feudo-vasallitischen Vertrag, dessen Entwicklung im fränkischen Imperium bisher nur aus literarischen Sozialgesten ersichtlich wurde. Im ‹Heliand› waren die Jünger Jesu Gefolgsleute ohne Land, die sich ihrem Herrn als dem Vornehmsten und Mächtigsten anschlossen. Bei *Otfrid* waren die Jünger Gefolgsleute, die von ihrem

Herrn Schutz erwarteten gegen Sünde und Teufel, die der Herr für ihren geistlichen Kampf waffenfähig erhalten mußte; und vielleicht kann man auch sagen, sie erwarteten ein Dienstlehen im Himmel. Dies entspricht etwa dem Stand des karolingischen Feodalismus. Dort kommendiert sich der ‹vassus› durch die Fesselungs- und Gebetsgeste der ‹immixtio manuum› *(Abb. 18);* der Herr macht ihn dienstfähig durch ein verliehenes ‹beneficium› (‹Lehen›); es ist an den Dienst gebunden, nicht erblich. Das Wort ‹vassus› bezeichnete zuerst einen Unfreien, der nicht über sich selbst verfügen konnte, einen Diener, der Stockschläge empfangen und wie eine Sache abgetreten werden konnte. Unter den Karolingern ändert sich das. Zum Zeichen, daß der ‹vassus› wie aus freien Stücken die Vasallität einging, leistet er den Treueid. In diesem ist die Freiheit von Herr und Mann dargestellt – oder fingiert. Sie ist dargestellt, sofern die Vertragspartner um des höheren Prinzips willen auf gegenseitige Gewaltakte verzichten. Die Freiheit, die der ‹vassus› gewinnt, ist keine asozial-individuelle, welche sich als Aggressionsanspruch definieren ließe; sie ist vielmehr eine sozialbeschränkte Freiheit. Vertrag und Treueid gelten aufgrund der Anerkennung einer ‹objektiven Vernunft›. Sie werden fiktiv, wenn sie einer bloß individuellen Nützlichkeit als Instrument dienen. Diese entlarvt die ‹objektive Vernunft› durch eine subjektiv-instrumentelle, z.B. auch wenn der Vasall dem Herrn gegenüber seine Machtüberlegenheit ausnutzt. Freie ohne feudo-vasallitische Bindungen werden im Laufe der Karolingerzeit immer seltener. Aber alle Vasallen versuchen, ihr Benefizium erblich zu machen. Wenn der westfränkische König *Ludwig III.* im ‹Ludwigslied› seinen Gefolgsleuten verspricht, er werde für die Familien der Gefallenen sorgen, gibt er die Weiterverleihung von Benefizien innerhalb einer Familie im Prinzip zu. Dies entspricht den außerliterarischen Verhältnissen. Im Westen wie im Osten wechselt das Königsamt nahezu alle 10 Jahre. Das heißt, man war alle 10 Jahre seiner Wiederbelehnung, seines Benefiziums nicht sicher – ein Grund mehr, es als erblich behaupten zu wollen. Schließlich Normannen, Ungarn, Sarazenen, Slaven! Mal hier mal da bricht die Gefahr ein, immer lokal, und der König ist immer weit. Da sind dann die nächsten Herren die stärksten. Deren Schutz wird gesucht, deren Burgen und Mannschaften bieten ihn. Wer sich eine Privatarmee von ausgesuchten Gorillas halten kann, dessen Schutz ist der beste. Feodalismus sieht sich auf seine Kernsituation reduziert. Er fällt zurück ins Klientelenwesen, in die Form der Bandenherrschaften der Merowingerzeit. Die lokalen Herrschaftszusammenhänge werden wichtiger als das Staatswesen. Der geographische Horizont schrumpft auf wenige Kilometer im Umkreis. In dem Maße wie Lehen und Ämter erblich werden, ist die Macht des Königs geschwunden. Objektive Vernünftigkeit als Ausdruck und als Garantie einer ‹Harmonie der Totalität› war reparaturbedürftig geworden. Diese Aufgabe wuchs – über die Cluniazenserreform – der Kirche zu. Aber mit der Kirche als ganzer sieht es nicht besser aus. Welcher Herr schützt in so bösen Zeiten das Kirchengut? Der ferne nicht, allenfalls der nächste; und der eignet es sich dann an. Wenn Gefahr naht, Ungarn, Wikinger, Sarazenen, fliehen die Mönche in die Wälder oder in die nächsten Wallburgen. Sie fliehen in die Welt und kommen aus der Welt zurück ins Kloster, oft mit Weib und Kind. Eine Formel, wie dem abzuhelfen sei, entwickelt Herzog *Wilhelm von Aquitanien* (890–918) zusammen mit den Mönchen *Berno* und *Odo* aus der benediktinischen Klosterverfassung heraus: die Formel der Exemption, d. h. der garantierten lokalen Unabhängigkeit.

Im Kloster St. Savin bei Poitiers, das heute durch seine Fresken berühmt ist, hatte Herzog *Wilhelm* den frühen Reformversuch des *Benedict von Aniane* (ca. 750–821) Früchte tragen sehen. Davon beeindruckt, entschloß er sich, ein Kloster strenger Observanz zu stiften, und er tat dies im burgundischen Comitat Mâcon, der ihm durch Erbschaft zugefallen war. Der Herzog berief dorthin als Abt *Berno,* aber der eigentliche Begründer des neuen Klosters, das Cluny hieß, wurde der Franke *Odo* (878–942), einst Knappe Herzog *Wilhelms,* dann Mönch und gelehrter Einsiedler. Herzog *Wilhelm* entzog seine Gründung von 910 jeder weltlichen und bischöflichen Oberhoheit. «Nur dem Schutze, nicht der Herrschaft des römischen Stuhls übergab er seine Stiftung ... Besitzlosigkeit, Gehorsam, Schweigsamkeit, Demut, Enthaltsamkeit, Gastlichkeit und Psalmengesang» (*Sackur),* das waren die Grundforderungen der Cluniazenserregel.

Im Grunde hatten sowohl die Bischöfe als auch die großen weltlichen Fürsten ein Interesse daran, daß in den Klöstern nicht verheiratete Mönche lebten, die das ihnen in Schenkungen und Erbschaften zugefallene Gut schlecht verwalteten oder es dem ersten besten Ritter zur Nutznießung überließen. Unter vier bedeutenden Äbten machte dann das Beispiel von Cluny Schule: *Odo* (927–942), *Majolus* (954–994), *Odilo* (994–1048) und *Hugo* (1049–1109). Es bildete sich ein Verband von Tochterklöstern, eine Kongregation, die selbst zu einer autonomen Machtkomponente wurde. Unter *Odo* griff die Reform bereits über auf Romainmôtier (929) und Fleury (931), das heute St. Benoit-sur-Loire heißt. Die praktische Durchführung der Cluniazenserreform zeigte überall ein ähnliches Bild.

Zunächst wird der Klosterbesitz festgestellt und von weltlichen Großen garantiert. Dann wird die anscheinend oft vergessene Benediktinerregel dem Abt und den Mönchen bekannt gemacht, und sie werden genötigt, Mönchskleidung zu tragen. Vielen wurde das zu bunt und sie verließen unter solchen Umständen das Kloster. Der an der Reform interessierte König, Herzog, Bischof oder Stifter läßt dann Mönche aus einem bereits reformierten Kloster, zunächst also aus Cluny selbst, kommen. Sie besetzen den neuen Ort. Nachdem die Dinge einmal in Gang gebracht sind, wird das Kloster auch wieder für Novizen attraktiv.

Nicht nur das geistige Leben, sondern auch die Wirtschaft konnte sich neu entfalten. Denn die Klöster mußten darauf sehen, daß die Zinsabga-

ben der ihnen geschenkten oder unterstellten Ländereien ins Kloster kamen. Solange das Naturalien waren, stellte sich die Frage von Straßen
und Transportmitteln. Ein Verkehrsnetz begann sich auszubilden. Besonders im Anschluß an die kirchlichen Feste entwickelte sich Marktverkehr,
der Gewerbetreibende und Handwerker in die Nähe der Monasterien
lockte. Da aber die ‹familiares› eines Klosters von jedem Marktzoll befreit
waren, kann es nicht wunder nehmen, wenn sich auch viele Freie in den
Klosterbezirk zogen, sich in die ‹familia› aufnehmen ließen und die Last
der Unfreiheit lieber ertrugen als schlechte Geschäfte.

Das am schlechtesten regierte Burgund war der günstigste Ausgangspunkt für solche monastische Reform. Aber gleichzeitig und unabhängig
davon waren parallele Bestrebungen vor allem in Flandern und Oberlothringen im Gange.

914 gründete der Adlige *Gerhard* aus eigenen Mitteln das Kloster Brogne bei
Namur, dessen Abt er bis 959 ist. In Oberlothringen flackert die Reform zunächst
an verschiedenen Stellen auf, wird von Herzögen und Bischöfen unterstützt oder
auch bekämpft, bis sich schließlich unter den Äbten *Einold* (933–959) und *Johannes* (959–974) das Kloster von *Gorze* (bei Metz) als Reformzentrum herausbildet.
Die Reform von Gorze wirkte besonders in Deutschland, ohne jedoch einen straf-
fen Kongregationsverband zu bilden.

Eine Exemtion von weltlicher und geistlicher Herrschaft wurde aber
von diesen Reformbewegungen nicht erstrebt. Sie blieb Clunys Stärke.
Dessen Abt *Odo,* ein hochgebildeter Mann und trainierter Asket in einem,
verstand es, sowohl den moralisch zweifelhaften Papst *Johannes X.,* sowie
die Tyrannen *Hugo von Vienne,* König von Italien, und *Alberich von
Rom* für die Reform zu gewinnen. Er konnte sogar in Rom einige Klöster
neu organisieren, und das wollte viel heißen.

Der ganze Süden Italiens war damals sarazenisch oder in Resten byzan-
tinisch. Seit 827 von Nordafrika her in Sizilien, haben die muslimischen
Aghlabiden 841 in Bari ein Sultanat gegründet. 846, noch ehe *Otfrid*
sein Evangelienbuch schreibt, verwüsten sie Rom rechts des Tibers, rauben
Peterskirche und Apostelgräber aus. Nach ihrem Abzug läßt Papst *Leo
IV.* diesen Stadtteil ummauern und gibt ihm mit altrömischem Stolz den
Namen ‹Leostadt›. 889 erobern die Araber Fraxinetum bei St. Tropez,
von wo aus sie ein Jahrhundert lang die westlichen Alpenpässe beherrschen und plündernd die Provence durchziehen, bis ins Wallis, ja bis nach
Sankt Gallen (947/8). 902 fällt Taormina, der letzte byzantinische Stütz-
punkt auf Sizilien. Die Insel wird eine Hochburg der arabischen Kultur,
die mit *Ibn Dawud* (868–910 in Bagdad) jetzt ihren ersten großen Minnetheoretiker hervorbringt. Unter arabischer Herrschaft entsteht auch in
Kairo 895 der hebräische *Mosche-ben-Ascher*-Codex, die führende ma-
soretische Textfassung des ‹Alten Testaments›. Gegen die Araber liegen

in Süditalien sowohl die oströmischen Kaiser als auch Päpste und lokale Langobardenfürsten im Kampf. Die vier Markgrafschaften des ehemaligen Langobardenreichs (Ivrea, Friaul, Tuszien, Spoleto) sind jetzt unter Langobardenfürsten oder Karolingerenkeln so gut wie selbständig. 896, als auf der Reichenau das althochdeutsche ‹Georgslied› entsteht, hat Papst *Formosus* als letzten ostfränkischen Karolinger *Arnulf von Kärnten* zum Caesar zu krönen gewagt – gegen den Willen der römischen Adelsparteien. Sein Nachfolger *Stephan VI.* hat ihn dafür aus dem Grab gerissen, den Halbverwesten mit seinem Ornat bekleidet auf den Thron gesetzt, zum Tode verurteilt und zerstückelt in den Tiber geworfen (896). Zweimal verschaffen sich Fürsten von Spoleto, *Wido* (891) und *Lambert* (892), die Kaiserkrone. 915 setzt sie sich Markgraf *Berengar von Friaul*, Sohn einer Enkelin *Karls des Großen* auf. In der Herrschaftsnachfolge *Lothars I.* ist der grausame *Hugo von Vienne* 926–947 Herr und König Italiens. Aber die Krone Roms bleibt ihm vorenthalten.

In der Ewigen Stadt, die durchschnittlich alle zwei Jahre einen andern Papst sieht, führen patrizische Geschlechter mit ihren bewaffneten Banden das Regiment. Im ersten Viertel des X. Jahrhunderts herrscht dort die Familie des *Theophylakt*. Dieser päpstliche Vestiarius, der den weltlichen Titel ‹Senator omnium Romanorum› führt, ist zugleich der Stammvater jener beiden Adelsgeschlechter, deren Zwistigkeiten auf lange die Geschicke Roms bestimmen, der Tusculaner und der Crescentiner. Wichtiger aber als dieser Stadtgewaltige sind seine Frau *Theodora* und seine beiden Töchter *Theodora* d. Jüngere – die Crescentinerin – und *Marozia* – die Tusculanerin. Die Mitglieder dieser und anderer Familien in Rom tragen modische griechische, keine langobardischen und noch keine altrömischen Namen. Sie wollen Römer sein wie zur Zeit *Konstantins*.

Der stadtrömische Renovatio-Begriff, der sich jetzt ausbildet, wird bis in die Renaissance hinein die westeuropäische Rom-Idee mitprägen.

Die Päpste dieser Jahrzehnte steigen über die Leichen der von ihnen ermordeten Vorgänger auf den Thron Petri, sind aber samt und sonders Geschöpfe der allmächtigen Frauen des *Theophylakt*. *Theodora* d. Ältere, die sich ‹Senatrix› nannte, war Freundin und Beschützerin des gewalttätigen Papst-Usurpators *Sergius* (904–911), ihre Tochter *Marozia* dessen Mätresse, und beider Sohn wurde als *Johannes XI.* (931–935) Papst. *Theodora* die Ältere war aber auch Geliebte des Papstes *Johannes X.* (914–928), der die Sarazenen am Garagliano besiegte. Während seines Pontifikats vermählt sich *Marozia* mit dem Emporkömmling *Alberich von Spoleto*. Ihr Sohn aus dieser Ehe ist dann *Alberich II.*, der Rom von 933–954 beherrschen und die Kaiserkrone an niemanden vergeben wird. Der Sohn dieses *Alberich* wird programmatisch den Römernamen *Octavian* tragen, als Papst nennt er sich aber *Johannes XII.* und inauguriert damit den Brauch eines Pontifikatsnamens. Er krönt 962 den Sachsen *Otto I.* zum Imperator Romanorum. Mit ihm beginnt ein neuer Abschnitt in der Geschichte des weströmischen Weltreichs.

# DRITTES KAPITEL

# SÄCHSISCHE RENOVATIO IMPERII

Nördlich der Alpen hatte nach dem Tod des letzten ostfränkischen Karolingers ein sächsischer Herzog *Heinrich* die Königsmacht an sich gebracht, hatte die Ungarn besiegt (933) und durch Tausch gegen die Stadt Basel (935 oder schon 926) die ‹Heilige Lanze› vom Burgunderkönig erworben. Sie galt als Lanze Konstantins und enthielt als Reliquie einen der Nägel vom Kreuz Christi – sakrales Herrschaftszeichen, das den historischen Anspruch markiert, den König *Heinrich* seinem Amt zu geben gedachte. Seit dem Beginn seiner Regierung 919 heißt das Ostfränkische Reich ‹Regnum Teutonicorum›. Unter *Heinrichs* Sohn *Otto* sollte es zum Kernstück eines erneuerten Römischen Imperiums werden.

## Karls-Tradition und Caesarentum

Gleich von Anfang an hatte der damals 24jährige *Otto* (geb. 23. X. 912) die *Karls*-Tradition programmatisch erneuert, indem er zum Ort der Thronsetzung die Aachener Pfalz wählte. Dort fand am 7. August 936 der Staatsakt statt, von dem *Widukind von Corvey*, der erste Geschichtsschreiber des Sachsenhauses, berichtet:

> Im Säulenvorhof der Pfalzkapelle *(vgl. Textabb. 3)* «setzten (die weltlichen Fürsten) den neuen Herrscher (der wie *Karl* fränkisches Gewand trug) auf einen ... Thron; hier reichten sie ihm die Hände und gelobten ihm Treue». Dann zog man in die Kirche. Dort erwarteten Geistlichkeit und Volk den «Einzug des neuen Königs». Der Erzbischof von Mainz führte *Otto* in die Mitte der Kirche. Dort sprach er: «Hier stelle ich euch vor den von Gott erkornen, von dem Herrn *Heinrich* früher designierten und nun von allen Fürsten zum König erhobenen Herrn *Oddo;* wenn euch diese Wahl gefällt, so bezeugt dies, indem ihr die rechte Hand zum Himmel emporhebt.» Dies geschah. Hinter dem Altar überreichte der Erzbischof *Otto* dann die Insignien, worauf Salbung und Krönung folgten. An ihnen beteiligte sich auch der Erzbischof von Köln. Zuletzt führten die Erzbischöfe *Otto* zum Steinthron *Karls* des Großen *(vgl. Abb. 13)* auf der Empore, «so daß er von hier aus alle sehen und von allen gesehen werden konnte». Das Heil des Toten hatte den Lebenden berührt, eine Anschauung, die noch in dem französischen Rechtssatz lebendig sein soll «le mort saisit le vif» (vgl. *Schramm*). Nach feierlicher Messe begab sich alles an die königliche Tafel, «die Herzöge aber warteten auf». *Giselbert von Lothringen*, zu dessen Gebiet Aachen gehörte, diente als Kämmerer, *Eberhard von Franken* ordnete als Truchseß den Tisch, *Hermann von Schwaben* stand den Mundschenken vor, *Arnulf von Bayern* sorgte «für Ritterschaft und Lager», er war Marschall (II c. 1 ff.).

Lehnshuldigung der Herzöge und Ämterdienst scheinen hier miteinander verbunden.

Nachdem König *Otto* die Ordnung des Regnum Teutonicorum gegen innere (Verwandte und Fürsten) und äußere Feinde (Ungarn und Slaven) befestigt hatte, d. h. nach 955, ließ er sich zu Romzug und Kaiserkrönung veranlassen. *Liutprand von Cremona* berichtet, daß der Sachse in Rom «miro ornatu novaque apparatu» – in einem neuen und bewundernswürdigen Ornat erschien.

Die römische Zeremonie, welche zugleich die Erneuerung des Imperiums bedeutete, ist wohl im St. Albans-Kloster zu Mainz unter Erzbischof *Wilhelm,* einem Sohn *Ottos,* und gelehrten Klerikern der königlichen Kanzlei (‹Hofkapelle›) vorbereitet worden (vgl. *Schramm).*

Aber die Herrschaftszeichen, mit denen sich der neue Caesar umgab, sollten mehr sein als bloß kostbare und heilkräftige Dinge. Nicht der Kaiser gab ihnen, sondern sie gaben dem Kaiser die höchste Gewalt im weströmischen Imperium, sie waren Rechtstitel und Rechtsquelle. Ihre Form bezeichnete einen politisch-geistlichen Sinn. Das Gewand entsprach, wie fast alles am Kaiserornat, der Amtstracht des jüdischen Hohenpriesters *(Abb. 19).*

Diese wird Sap. 18, 24 mit «in veste … totus erat orbis terrarum» beschrieben – ein sogenannter ‹Himmelsmantel›, auf dem «der ganze Erdkreis» in Symbolen dargestellt war. Am Gürtel und an den Gewandsäumen hingen gemäß Exod. 28, 34 ‹tintinnabula›, jene Goldglöckchen, die später aufs Narrengewand herunterkamen. Über dem Mantel trug der Kaiser wohl das ‹rationale›, ähnlich wie der hochpriesterlich gekleidete Erhard des Regensburger Uta-Codex.

Auf dem Haupt saß die damals noch in Längsrichtung getragene Mitra, über der Mitra aber die Krone, «corona aurea supra mitram» (Exod. 29, 6; Eccl. 45, 14) *(vgl. Abb. 20).* Sie ist die einzige rein octogonale Plattenkrone des Abendlandes. Der Bügel, welcher Stirn- und Nackenplatte verbindet, erklärt sich in Form und Funktion aus dem Tragen der Krone «supra mitram». Vier Platten sind mit Edelsteinen besetzt, vier tragen bildliche Darstellungen.

Die Stirnplatte gleicht mit ihren 12 großen Steinen dem Brustschild des Hohenpriesters, darauf «zwölf Edelsteine… Das waren die zwölf Stämme Israels» (Exod. 28, 15 ff.; 39, 8 ff.). Ihnen entsprachen die zwölf Propheten des Alten Bundes. Der Stirnplatte korrespondiert die genau gleich gearbeitete Nackenplatte, deren zwölf Steine man als Symbol der zwölf Apostel lesen kann.

Aber das Amt des Kaisers war mehr als das des Hohenpriesters im Alten Testament. Der Kaiser war der Herr der ‹civitas terrena›, die zur ‹civitas divina›, zum himmlischen Jerusalem hingeführt werden sollte. Irdisches und himmlisches Jerusalem stellen die genau gleich gearbeiteten beiden Seitenplatten der Krone in Edelsteinen dar.

In der Johannes-Apokalypse 4, 2–7 wird die Gottesstadt so beschrieben: «Und siehe, ein Stuhl war gesetzt im Himmel ... und ein Regenbogen war um den Stuhl, gleich anzusehen wie ein Smaragd. Und um den Stuhl waren vierundzwanzig Stühle, und auf den Stühlen waren die vierundzwanzig Ältesten. ... Und sieben Fackeln mit Feuern brannten vor dem Stuhl, welches sind die sieben Geister Gottes. Und vor dem Stuhl war ein gläsernes Meer, gleich dem Kristall, und mitten am Stuhl und um den Stuhl waren vier Tiere.»

Die Symbolzahl des Meeres ist 10 und der Saphir hat die Farbe des Wassers. Daher sind 10 Saphire um den Mittelsmaragd (= Thron) mit den 7 roten Steinen (= Fackeln) angebracht. Außenherum laufen 24 Rubine (= Älteste).

Nach Apoc. 22, 2 stehen am Wasser vor dem Thron «auf beiden Seiten ... Bäume des Lebens, die zwölf Perlen tragen» – das sind die beiden Perlenbäumchen mit zwölf Goldkörnern – und «die Blätter des Baumes dienen zum Heil der Völker» («ad sanitatem gentium»). Das ‹Heil der Völker›, das ist der Auftrag des Kaisers, und da acht als Symbolzahl der Kaiserherrschaft gilt, umgeben acht Perlen als ‹Blätter› den inneren Thronbezirk. Die zwölf Außenperlen schließlich sind die zwölf Tore des himmlischen Jerusalem (Apoc. 21, 21).

Von den vier Emaille-Bildplatten der Krone beziehen sich zwei auf das Herrscher- und zwei auf das Propheten-Amt.

Dargestellt sind der König *David* mit dem Text der Psalmstelle HONOR REGIS JUDICIVM DILIGIT (98,4) – «Das Amt des Königs liebt das Recht», und der weise *Salomo* mit der Devise aus Proverbia 3,7: TIME DEUM ET RECEDE A MALO – «Fürchte den Herrn und meide das Böse».

Die erste Propheten-Platte zeigt die Berufung des *Jesaia* durch die Vision Gottes auf dem Thron: «Seraphe standen über ihm; ein jeder hatte sechs Flügel ... Und einer rief dem andern zu und sprach: Heilig, Heilig, Heilig ist der Herr der Heerscharen!» (Jes. 6, 1 ff.). Die Devise lautet hier: PER ME REGES REGNANT (Prov. 8, 15).

Die andere Prophetenplatte *(Abb. 21)* zeigt *Jesaia* vor dem kranken König *Hiskia*, dazu die Inschrift: ECCE ADJICIAM SUPER DIES TVOS XV ANNOS (Is. 38,5) – «So will ich denn noch fünfzehn Jahre zu deinem Leben hinzutun.» Im Jahre 958 nun war König *Otto* selbst schwer krank gewesen. Die Thematik der Hiskia-Platte könnte sich diesem Umstand verdanken. Seltsamerweise sollte Kaiser *Otto* genau 15 Jahre nach seiner Genesung (973) sterben, als ob ihn die symbolische Analogie ins Grab gezogen hätte.

Das Octogon der Krone, zwei im Winkel übereinandergelegte Quadrate, bedeutet die Verbindung der ‹Roma quadrata› und der ‹Hierosolyma quadrata› (Apoc. 21,16).

«Wüßten wir sonst nicht viel von *Otto I.*», schreibt *H. Decker-Hauff*, dem diese Deutung der Krone verdankt wird, «– die Krone genügte, um uns eine Vorstellung zu geben von der Verantwortung, die der Kaiser auf sich ... fühlte, aber auch von dem Selbstbewußtsein, das ihn als Werkzeug Gottes beseelte».

Erst *Konrad II.* (1024–1039) ließ das ursprüngliche Brustkreuz über der Stirnplatte befestigen und erneuerte den Bügel der Krone. Dessen Perlen bilden nun die Inschrift: CHVONRADVS DEI GRATIA ROMA-NORV(m) IMPERATOR AVG(ustus).

Im August 961 brach *Otto* nach Italien auf. Aber er zog nicht zum erstenmal über die Alpen. Schon 951 hatte er dort eingegriffen.

Damals hatte der Markgraf *Berengar von Ivrea* nach dem Tode König *Lothars* von Italien und Burgund (950) sich die italienische Königswürde genommen. Die Witwe jenes *Lothar, Adelheid von Burgund,* hatte er in Garda eingekerkert. Sie zu befreien, war König *Otto* 951 gekommen, hatte *Berengar* unterworfen, sich selbst nach dem Vorbild *Karls* des Großen zum ‹Rex Francorum et Langobardorum› erhoben und die damals 20jährige *Adelheid* geheiratet. Innere und äußere Feinde hatten ihn 952 über die Alpen zurückgerufen. Auch hatte der Patricius *Alberich II.* die Herrschaft Roms fest in der Hand und wollte keinen Kaiser der Römer dulden. Aber jener *Alberich* starb 954. Seinem 16jährigen Sohn *Octavian* hatte er auf dem Totenbett nicht nur die weltliche Stadtherrschaft, sondern auch die Papstwürde verschafft.

Jetzt hatte Papst *Octavian-Johannes XII.* König *Otto* gegen *Berengar* zu Hilfe gerufen, und der kam mit einem, wie es heißt «furchtgebietenden Heere». *Berengar* flüchtete. Die Lombarden jubelten in gehöriger Weise ihrem König zu. Der aber zog weiter nach Rom und schlug vor der Stadt sein Heerlager auf.

Am 2. Februar 962 hielten *Otto* und *Adelheid* ihren Einzug in die Ewige Stadt. An der Peterstreppe, zu Füßen der altehrwürdigen Basilika *(Abb. 5),* stieg der künftige Kaiser vom Pferd und empfing den Friedenskuß des Papstes. Über Vorhof und Seitenkapellen bewegte sich die Zeremonie auf den Petrus-Altar zu.

Die Einzelheiten dieser Krönung sind nicht völlig klar, und doch wäre es wichtig, zu wissen, ob hier der Papst eine besondere hochpriesterliche Weihe vornahm oder nur eine feierliche Siegerkrönung. Im ersten Fall hätte er sich einen geistlichen Konkurrenten geschaffen, im zweiten eine im Grunde beliebige weltliche Macht eingesegnet. Die erste Tendenz würde der Symbolik der Krone entsprechen, die zweite würde sich in brieflichen Äußerungen des Papstes widerspiegeln. Wurde der sogenannte Krönungsordo der ‹Sieben Formeln› verwendet, folgte auf eine Oration des Papstes für den künftigen Kaiser dessen Salbung zum ‹christus Domini›, zum ‹Gesalbten des Herrn›, die Aufsetzung der Krone auf die (bischöfliche) Mitra, Verleihung von Szepter, Ring und Schwert und schließlich die Ermahnung an den Gekrönten, Verteidiger der Kirche zu sein. Dann hätte der Papst bei der Krönung gesprochen: «Empfange die Krone der Herrschaft auf die Mitra, die Krone, welche du als Zeichen des Ruhms und der Ehre und der Stärke erkennen mögest, durch welche du an unserm Amte teilhast».

Zum Abschluß bewegte sich der Krönungszug mit Kaiser und Papst «auf der sogen. Triumphalstraße unter dem Geläute aller Glocken ... nach dem Lateran». «Die damaligen Römer mochten sich einbilden, daß die von ihnen erwählten Kaiser noch immer den Erdkreis beherrschten», schrieb *Ferdinand Gregorovius,* als er eine spätere Kaiserkrönung farbig schilderte. Aber wollten und konnten sie es sich wirklich einbilden? Denn das politische Klima in der Stadt war gespannt. Kaiser *Otto I.,* der bereits in Deutschland mehreren Attentaten entgangen war, soll zu seinem Schwertträger gesagt haben: «Halte, wenn ich heute am Apostelgrab knie, dein Schwert immer über meinem Haupt.... Der Weise wendet das Unheil durch Vorsicht ab. Wenn wir zum Mons Gaudii zurückkehren, dann magst du nach Gefallen beten.»

## Discretio und Relatio

Die ob immer erfundene Anekdote bezeichnet richtig den Widerspruch, den zu erfahren der sächsische *Otto* nach Italien gekommen war. Es ist der innere Widerspruch seines Kaiserbegriffs, aber auch der der Papstkirche, mehr noch: es ist eine Welt widersprüchlicher Traditionen und Mächte: Franken – Sachsen – Rom – Byzanz – Staatsvolk – Adelspartei – Heerbann – Rückkehr des Goldenen Zeitalters – letztes Weltzeitalter – praktisches Heidentum – neu erworbene Christlichkeit – Renovatio schließlich, aber von was? Um 1000 wird *Notker Teutonicus* ein Problem zu entwirren suchen mit Hilfe der Begriffe ‹discretio› und ‹relatio›, Verschiedenartigkeit und Zusammenhang. Mir will scheinen, daß sich in diesen Begriffen zugleich eine allgemeinere Erfahrung ausspricht, die die Leute damals ähnlich bewegt haben muß wie später etwa die Frage nach Dialektik oder Praxis. Deswegen versuche ich, die damals ungedachte Wirklichkeit mit diesen Begriffen zu verknüpfen: all die widersprüchlichen Traditionen und Mächte, von denen dunkel gewußt wird, daß sie voneinander verschieden und daß sie miteinander in irgendwelchen Beziehungen sind.

Kaum hatte sich der Kaiser mit seinem Heer nach Norden gewandt, da alliierte sich der Papst mit jenem *Berengar* und empfing dessen Sohn als Befreier. *Otto* kehrte um, der Papst flüchtete, eine Synode setzte ihn ab und wählte *Leo VIII.* auf Geheiß des Kaisers. Gegen so fremde Christlichkeit empörten sich die Römer. Ein Attentat auf den Kaiser mißlang, ein blutiges Gemetzel war die Folge. Die Römer mußten um Gnade bitten. Als Kaiser *Otto* abzog und in ihrer Mitte seinen Papst *Leo* zurückließ, kehrte *Octavian-Johannes* zurück und besetzte, von seiner Adelsclique unterstützt, wieder den Thron Petri. Die Geistlichen, die an der Absetzungssynode gegen ihn teilgenommen hatten, ließ er an Nase, Ohren, Mund und Händen verstümmeln.

Einer von diesen grausam Zugerichteten, Kardinal und päpstlicher Archivar, hat später dem Kaiser verraten, daß die ‹Konstantinische Schenkung› eine Fälschung sei.

Den zu ihm geflüchteten Papst *Leo* führte *Otto* mit Gewalt nach Rom zurück. Papst *Octavian-Johannes* aber war der Rache eines gehörnten Ehemanns zum Opfer gefallen, noch ehe der Kaiser wieder in Rom eintraf. Kaum war die Stadt von den Sachsen wieder erobert und ein anderer stadtrömischer Papst abgesetzt, da starb *Ottos* Papst *Leo*. Auf Geheiß des Kaisers wählten die Römer *Johannes XIII.*, nach einigen ein Sohn der jüngeren *Theodora*, ein Crescentiner. Bei der ersten Gelegenheit entführten ihn die Römer und errichteten eine Senatsherrschaft. Das erneute Nahen des Kaisers bewirkte zwar eine Gegenrevolution im Senat, konnte

aber ein vernichtendes Strafgericht des sächsischen Caesar nicht aufhalten.

Das war die Erfahrung Roms. Für den Sachsen *Otto* hatte ‹Renovatio
Imperii› zunächst ‹karolingische Erneuerung› bedeutet. Noch vor seiner
Kaiserkrönung hatte ein Mönch der Gorzer Reform, *Adso von Montier-
en-Der* (gest. 992), an *Ottos* Schwester *Gerberga* in einem prophetischen
Brief geschrieben «Der Antichrist werde nicht kommen, ehe das römische
Reich zerfällt, das nicht vollends vergeht, solange es Frankenkönige gibt,
‹qui Romanum imperium tenere debent›; einer von ihnen werde nochmals
das ganze römisch-christliche Imperium vereinen und dann seine Krone
in Jerusalem niederlegen». Unter dem Einfluß solcher Gedanken war in
der Umgebung *Ottos* die karolingische Renovatio weitergedacht worden
zu einem christlich-priesterlichen Kaisertum der Endzeit. Davon zeugen
Krone und Ornat. Was aber *Otto* in Rom antraf, war ein praktisches
Heidentum von Adelscliquen. Für diese Römer bedeutete ‹Renovatio› die
Wiederkehr eines Goldenen Zeitalters römischer Freiheit. Darin lebte der
zyklische Zeitbegriff aus der Antike. Einen endzeitlichen, christlichen Bar-
barenkaiser brauchten diese Römer nicht. Die Theorie von einer ‹Translatio Imperii› auf die Franken- und jetzt auf die Sachsenkaiser mitsamt
dem christlichen Geschichtsbild, das dahinter stand, war eine unrömische
Angelegenheit. Die Kaisermacht *Ottos* in der Ewigen Stadt war nichts
ideelles, sondern beruhte auf der Anwesenheit seines Heeres. War er in
Rom, mußte er mit dem Schwert dreinschlagen, wandte er sich fort, war
seine Kaisermacht mit ihm gegangen. Dennoch war für den Sachsen der
christlich-römische Kaiserbegriff eine Realität, die ihre Suggestivkraft aus
Tradition und Institution der römischen Kirche gewann. Ein gleich gewichtiger nichtrömischer Kaiserbegriff, etwa mit einer separatistischen
Reichskirche, war als christlich, war als verbindliche ‹objektive Vernunft›
nicht zu begründen, obgleich er sich ansatzweise bereits mehrfach realisiert hatte.

*Karl* hatte Rom durch Aachen ersetzen wollen; ein englisches Großkö-
nigtum mit Imperatornamen war kurz vor *Karl* und dann wieder zur
Zeit des karolingischen Niedergangs ebenso aufgeblitzt wie ein spanisches
unter *Alfons III.* von Asturien-León (866-910). In der Sachsengeschichte
des *Widukind von Corvey* wird *Otto* bereits 955 nach dem Ungarnsieg
vom Heer zum ‹imperator› ausgerufen, und auch sein Vater König *Heinrich* wurde darin mit dem Imperatortitel bedacht, ohne christlich-römi-
schen Segen. Aus Gottesfreundschaft und Heldenkraft der Sachsen, die
mit den Griechen *Alexanders* verwandt und Römern wie Franken an ‹virtus› überlegen sind, entsteht für ihn ein sächsisches Imperium. Die Kaiserkrönung in Rom gilt ihm nur als Siegerkrönung, im Nebensatz. Dennoch,
geschrieben ist dies alles auf Latein, in der Sprache der Römer, Sprache
der römischen Kirche. Das gilt auch von dem Werk der hochadligen

Kanonisse *Hrotswith* (Roswita) im hochadelig-sächsischen Damenstift
Gandersheim (ca. 935–1000). Diese sogen. erste deutsche Dichterin hat
im Auftrag der kaiserlichen Familie die ‹Gesta Ottonis›, die ‹Taten Ottos›
episch behandelt, wobei ihr der Held allerdings als *Caesar Augustus* gilt,
in christlich-römischer Translatio-Perspektive und Davidsvergleich. Es ist
ein christlich–sächsischer Rombegriff, den die Römer selbst sowenig akzeptierten wie die sächsische Dichterin die Sitten ihres Papstes und die
Moral der klassischen Literatur. Die Dramen des *Terenz* hat sie christlich
umgedichtet und dabei mit einer gewissen Obstination Virginität zum
Zentralthema gemacht. Christlicher Gehalt, wie ihn die sächsische Kanonisse sich vorstellte, wurde mit römischer Sprache und Literaturform in
eine eigenwillige Beziehung gebracht.

Eine vergleichbar eigenwillige Applikation von römisch-christlichen,
oft karolingisch vermittelten Traditionsformeln begegnet in der bildenden
Kunst nördlich der Alpen. 961 hatte der Markgraf *Gero* in Gernrode
an der Slavengrenze eine Kirche unter der Vokabel des Heiligen Cyriacus
gestiftet. Ihr Grundriß zeigt eigentümliche Maßverhältnisse. *(Textabb. 5)*

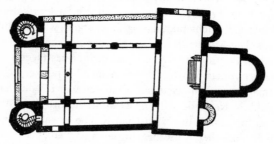

5. *Grundriß der Stiftskirche St. Cyriacus, Gernrode*

Das Grundmaß sei a genannt. Die Hauptapsis wäre ein Halbkreis mit dem
Radius $\frac{a}{2}$, von Mitte der Mauer zu Mitte der Mauer gemessen. Das Chorquadrat
hat die Seitenlänge a - jetzt von Innenwand zu Innenwand gemessen. Das Querhaus
hat die Länge 3 a, von Außenwand zu Außenwand gemessen, und die Breite a-
aber nun wieder von Innenwand zu Innenwand gemessen. Die Mitte der beiden Mittel-
schiffswände bezeichnet ein Pfeiler. Von dem geht nach jeder Seite eine Arkade,
die von einer Säule aufgefangen wird. Von dieser Säule führt ein zweiter Bogen
zu einem Wandpfeiler. Jede Bogenöffnung mißt $\frac{a}{2}$, auch die beiden Bogenöffnungen
am Eingang des Langhauses. $\frac{a}{2}$ ist ebenso die Breite der Seitenschiffe. Aber dadurch
verzerren sich jetzt die Maßverhältnisse im Langhaus: das Mittelschiff wird breiter
als a usw.

Ein Relationsbegriff (a) ist in jeweils unterschiedlicher Weise appliziert
worden. Es entsteht ein Gruppenbau von Räumen, die alle selbständig,
d. h. in ihrer ‹discretio› gedacht sind. So bietet denn das Innere keinen
ununterbrochenen Weg vom Eingang zum Altar, sondern mehrere aufrecht stehende Räume, die deutlich gegeneinander abgegrenzt sind. Der

Stützenwechsel von Pfeiler und Säule bildet ‹Raumstrophen› *(Pinder)*. Langhaus und Vierung sind durch einen sogenannten ‹Triumphbogen› voneinander getrennt. Selbständigkeit mit Tendenz zur Gruppenbildung beherrscht auch die Gliederung der Wand.

Genau über dem Mittelpfeiler des Untergeschosses steht der Mittelpfeiler der Empore. Er hat nach rechts und links jeweils 6 Säulenarkaden neben sich, von denen je zwei und zwei durch eine ‹Blendarkade› zusammengefaßt sind. Aber nicht 2 sondern 3 Emporenarkaden entsprechen denen des Untergeschosses. Der ‹Oberlichtgaden› schließlich mit seinen 7 Fenstern gliedert seinen Wandstreifen symmetrisch, nimmt aber keine Rücksicht auf die unteren Reihen.

Die Dialektik von Selbständigkeit und Beziehung kommt sinnfällig zum Ausdruck. Sie beherrscht schließlich auch das Detail *(Abb. 23)*.

Die merkwürdigen Dreiecksformen über der Deckplatte der Kapitelle entstehen «durch die Vorstellung der sich begegnenden Bogenteile», hatte *Pinder* einmal gemeint. In Wahrheit verhält sich die Sache wohl noch etwas anders. Bogenlauf und Säule sind als architektonisch distinkte Elemente dargestellt. Der Ort ihrer Verschränkung aber wird als eine eigene ornamentale Formstelle ausgeschieden, die weder die Arkade noch das Kapitell organisch fortsetzt, sondern die Relation von Verschiedenartigem darstellt.

Klare ‹discretio› und zugleich ‹relatio› selbständig gedachter Formelemente scheint in Grundriß, Raumordnung, Wandgliederung und Einzelformen von Gernrode zu herrschen. Man wird diese Formtendenz auch im Gero-Kruzifix des Kölner Doms (um 970) sehen können *(Abb. 22)*.

Der Bauch der 1,87 m hohen Eichenholzplastik ist aufgedunsen zu einer Halbkugel. Die Partien von Rippen, Brust und Schultermuskeln bilden distincte Formabschnitte. Die kantigen Falten des Lendenschurzes schneiden hart das Oval der Kniescheibe. Auch das Gesicht besteht aus großflächigen Formzonen, deren Prägnanz heute vielleicht als psychischer Ausdruck erscheint.

Wie in der Politik *Ottos I.* kann man eine Imitation karolingischer Formen *(Abb. 24; vgl. S. 47)* auch in den Miniaturen des *Gero*-Codex sehen, den der Mönch *Eburnant* um 970 malte *(Abb. 25)*. Er kam aus der Reichenau, einem jener Klöster, das nur Sprosse hochadeliger Familien zu Mönchen annahm. Wie sich die politische Situation gewandelt hat, so auch die ästhetische.

Der Hintergrund ist verschwunden. Vor einem absoluten Raum werden die Formen abgelöst und hart. Die reichen Falten sind auf wenige Linien reduziert. Füße wie Lesepult zeigen in der Zeichnung distinct aneinandergesetzte Teile.

*Gero*-Kreuz wie *Gero*-Codex wurden für den Erzbischof *Gero* von Köln (969–976) geschaffen. Das war ein Mann, der sich als politischer Gesandter Kaiser *Ottos* um eine Lösung der Relatio-Problematik des römischen Kaiserbegriffs bemühte, um den Versuch des Sachsen, Römer zu werden.

Im Jahre 968 ging eine Gesandtschaft an den legitimen Kaiserhof in

Byzanz. Der Kaiser Westroms wollte beim Kaiser Ostroms für seinen schon als Knabe gekrönten Sohn *Otto II.* um die Hand einer Griechenprinzessin anhalten lassen. Aber der ‹basileus ton Romaion›, der echte römische Kaiser in Byzanz, *Nikephoros II. Phokas,* lachte nur über die Anmaßung, und *Ottos* Gesandter, der Geschichtsschreiber *Liutprand von Cremona,* mußte mit leeren Händen abziehen. Doch kurze Zeit darauf wurde der Herrscher des Ostreichs ermordet und *Johannes Tzimiskes* bestieg den oströmischen Thron (969). Die Gesandtschaft des Sachsenkaisers, die ihn beglückwünschte, wurde günstig beschieden. 972 geleitete Erzbischof *Gero von Köln* die byzantinische Fürstentochter *Theophanu* nach Italien, zwar keine wirkliche, ‹purpurgeborene› Prinzessin, für die man sie im Westen vielleicht hielt, dafür aber eine bedeutende Frau. Sie wurde in Rom mit dem damals 17jährigen *Otto II.* vermählt. Ein Jahr später, am 7. Mai 973, starb Kaiser *Otto I.* Sein Sohn und Nachfolger mußte sich zunächst in Deutschland gegen rebellische Verwandte behaupten und im Westen gegen die letzten Karolinger.

Auch hier ist eine neue, ottonische ‹discretio› zu konstatieren, die vom west- und ostfränkischen, vielmehr vom französischen und deutschen Gruppenbewußtsein, faßbar im Bericht der westfränkischen Chronik des *Richer von St. Rémi:*

«Der (französische) König *Lothar* (954–986) und sein Heer drangen (978 bis nach Aachen) vor, um *Otto (II.)* gefangenzunehmen; dies wäre ihnen beinahe geglückt ... Die Pfalz wird von den Feinden (!) besetzt ... Der Bronzeadler, den *Karl* der Große auf dem First der Pfalz ... angebracht hatte, wird nach Osten gedreht. Die ‹Germani› hatten ihn nach Westen gewendet, um damit zu symbolisieren, die ‹Galli› besiegen zu können, wann immer sie wollten» (II c. 71).

Beim Gegenzug Kaiser *Ottos II.* kommt es während der Belagerung von Paris zu einem Zweikampf, dessen Bericht das distincte Nationalgefühl deutlich macht:

«Während beide Heere abwarteten ... trat ein einzelner Germanus, von seinem Mut und seiner Kraft überzeugt, gewaffnet zwischen die Heere. ... Er hatte schon die Gallier eine ganze Weile lang mit Flüchen und Beleidigungen überschüttet, ... als schließlich die Wache dem Herzog und andern Großen ... davon Meldung machte ... Wie die Adligen hält auch der Herzog diese Herausforderung für unerträglich. Er ruft die Ritter und jungen Soldaten auf, diesen wütenden Narren zurückzuweisen ... Da melden sich gleich mehrere . . Aus ihnen wählt man einen aus, verspricht ihm eine Belohnung für seine Tapferkeit. Dann ... werden die Tore geöffnet. Beide Gegner gehen aufeinander zu. Von ihren Schilden geschützt, ... schleudern sie sich heftige Beleidigungen ins Gesicht. Plötzlich führt der Germanus einen kräftigen Schlag und durchbohrt den Schild des Gallus. Sein Schwert wieder herausziehend, droht er, ihn zu erschlagen, als der Gallus ihn seinerseits mit einem plötzlichen Hieb von der Seite her durchschlägt und tötet. Der siegreiche Gallus nahm dem Feind die Waffen und brachte sie dem Herzog. Der mutige Mann verlangte sodann seine Belohnung und erhielt sie auch» (II c. 76).

So sehr die Unwahrheit der Berichte *Richers* ältere Historiker auch verärgert hat, die in seiner Darstellung zum Ausdruck kommenden Tendenzen sind ein authentisches Zeugnis. Dazu gehört auch, was der Herausgeber *Latouche* charakterisiert als: «naïvement épris de culture scientifique et littéraire» – «auf naive Weise für Literatur und Wissenschaft begeistert». Kaiser *Otto II.* etwa war es nicht minder. Bei ihm ist dieser Zug eine Komponente der Assimilation seines Kaisertums an die römisch-mittelmeerische Welt.

Im Sommer 980 gebiert die Kaiserin *Theophanu* den Thronfolger, das imperiale Wunderkind *Otto III.* Im November überschreitet der Kaiser die Alpen, um nie wieder aus Italien zurückzukehren. Weihnachten 980 begegnet ihm in Ravenna zum erstenmal der berüchtigte *Gerbert von Aurillac,* ein Mann, den noch *Walther von der Vogelweide* für einen Zauberer halten wird.

Er, der spätere Papst *Silvester II.*, hatte bei arabischen Meistern in Cordoba und Sevilla studiert, und sein mathematisches Wissen (‹Gerbertsche Rechensteine›) ist in die Geschichte der Mathematik eingegangen. Zur antiken Literatur hatte er ein besonderes Verhältnis. «In den schlimmen Augenblicken seiner Laufbahn flieht er nicht zu den Tröstungen der Bibel, der Kirchenväter, sondern zur Philosophie, ‹weil in den schweren Drangsalen der Sorgen allein die Philosophie etwas wie ein Linderungsmittel sein kann›» (*Schramm*).

Bei der Disputation, welche Kaiser *Otto II.* in Ravenna zwischen seinem Hofkapellan *Othrich* und *Gerbert* veranstaltete, war der Franzose der überlegene Meister.

Über diese Disputation berichtet ausführlich *Richer* (III c. 55–65), welcher in Reims ein unmittelbarer Schüler des *Gerbert* war.

Vielleicht sollte man sich zum Jahre 980 auch merken, daß damals im fernen Buchara der arabische Philosoph *Ibn Sina* geboren wird, den das europäische Mittelalter dann unter dem Namen *Avicenna* kennt. – Ostern 981 war der Kaiser in Rom und rüstete zum Zug gegen die Sarazenen Süditaliens. 982 kommt es bei Cotrone am Cap Colonne, wo einst *Pythagoras* gelehrt und *Cassiodor* sein Kloster Vivarium gehabt hatte, zur Schlacht. Das Heer des Kaisers wird vernichtet. Er selbst kann sich nur mit knapper Not auf ein griechisches Schiff retten. In Norddeutschland stürmten fast gleichzeitig Dänen und Slaven gegen die Grenze. Nur die Elblinie konnte gehalten werden. *Otto II.* gelang es noch, auf einem Reichstag in Verona seinen kleinen Sohn zum römischen König wählen zu lassen. Anfang Dezember starb er im Kaiserpalast in Rom im 28. Lebensjahr an der Malaria oder an den ihm gegen diese Krankheit verabreichten Heilmitteln. Es charakterisiert dies genau so seinen Versuch, das sächsische Caesarentum römisch zu gestalten wie der Umstand, daß er seit 982 dem Imperatortitel mehrfach das ‹Romanorum› hinzusetzte. Im

Römischen muß für ihn ein letzter politischer und geistiger Sinn gelegen haben.

## Theophanu, Adelheid und Cluny

Weihnachten 983 wurde in Aachen, wohin die Todesnachricht aus Rom noch nicht gedrungen war, der 3jährige *Otto III.* zum römischen König gekrönt. Als man vom Tod des Kaisers erfuhr, bemächtigte sich der nächste Verwandte, Herzog *Heinrich der Zänker* von Bayern des königlichen Kindes. Erst nach Kämpfen gelang es der Kaiserin *Theophanu, Heinrich* zum Gehorsam und zur Auslieferung des Thronfolgers zu zwingen. Es folgt jetzt eine Zeit, in der die Griechin mit großem Geschick für ihren Sohn das Imperium regiert.

Mit ihrer Unterstützung kommen in Frankreich die Capetinger an die Krone (987). Wohl nicht zuletzt durch ihre Vermittlung kommen oströmische Künstler und oströmische Kunstbeispiele ins westliche Imperium und lassen einen mediterran-antikisierenden Stil neben die bereits vorhandenen ottonischen Ansätze treten.

Außer dem Kaiserbild des ‹Meisters des Registrum Gregorii› ist vor allem der Trierer *Egbert*-Codex bedeutend, den die Reichenauer Mönche *Kerald* und *Heribert* für Erzbischof *Egbert von Trier* (977–993) gemalt haben. In spätantik-byzantinischer Manier sind bei versuchter plastischer Körperdarstellung und Luftperspektive die scharf konturierten Formen rhythmisch aufeinander bezogen.

Schon 991 starb die kaum 35jährige *Theophanu.* Sie wurde auf ihren Wunsch in der Kölner Kirche des byzantinischen Arzt-Heiligen Pantaleon, die mit den orientalisch zweifarbigen Arkaden der Westwerkempore zugleich an Aachen erinnert, begraben.

Für den noch unmündigen *Otto III.* übernahm seine Großmutter *Adelheid von Burgund* die Regierung. Ungarn und Wikinger verwüsteten wieder das Land. Aber die Sorgen der Regentin scheinen vor allem der burgundischen Klosterreform obrigkeitsfeindlicher Observanz, der Reform von Cluny gegolten zu haben. Mit dem Abt *Majolus von Cluny* (954–994) war die Burgunderin befreundet.

Er war es gewesen, der einst ein Zerwürfnis zwischen *Adelheid* und ihrem Sohn *Otto II.* geschlichtet hatte. Unter ihm machte die Reform bedeutende Fortschritte: Mont Saint Michel in der Normandie (961), Paray-le-Monial (973), Marmoutier (990), St. Denis (994) und Souvigny in der Auvergne wurden u. a. reformiert. Die Ausbreitung von Cluny in Frankreich machte diese Bewegung zu einem Moment nationaler Distinction.

In seiner Gründung Souvigny starb der Abt 994 als Heiliger. Zeit seines Lebens war er viel gereist, in politischen Missionen quer durch Europa. Auf der Paßhöhe des Großen St. Bernhard ist er 972 von wallisischen Sarazenen gefangen genommen worden. Sein Ansehen war derart groß, daß man ihm 974 die Tiara anbot. Doch der Abt von Cluny lehnte ab.

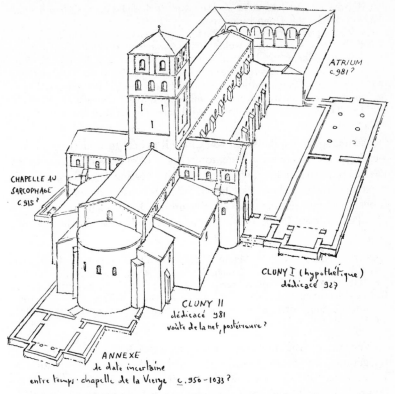

ATRIUM
c.981?

CHAPELLE AU
SARCOPHAGE
C 915?

CLUNY I (hypothétique)
dédicacé 927?

CLUNY II
dédicacé 981
voûte de la nef, postérieure?

ANNEXE
de date incertaine
entre temps· chapelle de la Vierge  c.950-1033?

6. *Rekonstruktion von Cluny II um 980 (nach Conant)*

Unter seiner Regierung wurde die zweite große Kirche von Cluny, das sogen. Cluny II gebaut – eine der wirkungsvollsten architektonischen Formeln des Mittelalters. Die kirchenpolitische Bedeutung des Ordens verlieh ihr auch künstlerisches Gewicht. *(Textabb. 6)*

Der Bau läßt sich aufgrund von Ausgrabungen rekonstruieren. Außen- wie Innenbau gehorchen *einem* Gedanken: der Betonung des Mönchschores. Ein mächtiger Vierungsturm betont die Gebäudegruppe aus Querhaus und Chor. Aber dieser Chor hat eigene Seitenschiffe. Über sie ragt hervor der Hauptchor mit Rundapsis. Weil im Grundriß der Chorkomplex als eine Art Treppenlinie erscheint, spricht man von ‹Treppen- oder Staffelchor›. Diese um Nebenräume erweiterte Chorform hat ihren Grund in der großen Zahl der Mönche. Die zahlreichen Nebenräume dienen der Aufnahme von Altären: Ausdruck des Reichtums an Reliquien, Ausdruck auch der Attraktionskraft für Pilger und d. h. für Marktgewinn. Als Sammelort für die Wallfahrer diente wohl das Atrium.

Im Innern reicht der Chorraum bis ins Langhaus hinein. Erst bei den Säulen beginnt die Kirche für Konversen (Mönchsknechte) und Laien. Der lange Chor ist zweifach gestuft. Der hintere Chor, ‹chorus major›, ist für die Sänger; der Raum von der Vierung ab bis ins Langhaus, der ‹chorus minor›, für die nichtsingenden Mönche. Fürs Volk baute *Odilo von Cluny* (994–1048) dann noch eine dreijochige Vorkirche mit Doppelturmfassade.

Die Vierung ist über ‹Trompen›, sphärischen Dreiecken in den vier Ecken, gewölbt. Der chorus major war wohl durch besonders geschmückte Säulen ausgeziert. Wichtig scheint für den Innenraum noch, daß die einzelnen Joche durch Gurtbögen markiert sind, wie heute noch in dem von Kaiserin *Adelheid* gegründeten Payerne. Die Nebenapsiden sind in Cluny II nach außen hin eckig geschlossen, im Innern aber rund. Die auch nach außen hin durch halbrunde Nebenapsiden flankierte Hauptapsis, wie in Payerne, wird dann zur üblichen Form des Staffelchors werden.

Der schulebildenden Baukunst von Cluny II haben die andern Reformbewegungen kein eigenes architektonisches Programm entgegenzusetzen. Die Konkurrenz, namentlich der Reformbewegung von Gorze, betrifft mehr das innere Leben des Klosters, die Mönchstracht und die verfassungsrechtliche Stellung zur Welt. Exemption, Konverseninstitut und antifeodale Haltung Clunys werden von Gorze und seinen Tochterklöstern abgelehnt.

Über Stablo-Malmedy, St. Maximin in Trier und St. Emmeram in Regensburg wirkt Gorze u. a. auf Fulda, St. Gallen, Reichenau, Seeon, Tegernsee, Benediktbeuren, Ebersberg, Hildesheim, Echternach. Doch wird man die Einheitlichkeit der Gorzer Filiationen nicht überschätzen, die internen Differenzen von Verdun-Reform und Jung-Gorzer Richtung zur Hauptströmung nicht um einer zweifelhaften Klarheit willen bagatellisieren dürfen.

Wegen der verbindlicheren Haltung zu weltlichen Institutionen erfuhren gerade gorzische oder Gorze nahestehende Klöster die Förderung des Reiches. Sie waren zeitweise Instrument einer ottonischen Reichskirchenpolitik, die vom Begriff der fränkischen Eigenkirche her geistliche Strukturen für die imperiale Herrschaft zu nutzen versuchte. Wieweit (im weitesten Sinne) ‹gorzische› Klöster zu Trägern der großen ottonischen Buchmalerei geworden sind, steht dahin. Der Gegensatz Reichsmönchtum-Cluny wird auf dem Boden des Regnum Teutonicorum besonders im neuen Jahrhundert auszufechten sein. Dann wird gerade der Begriff einer prinzipiellen Unabhängigkeit geistlicher von weltlichen Institutionen einem Kaisertum gefährlich werden, das jetzt, um die Jahrtausendwende, eine caesarische Sakralherrschaft in einem *Imperium Sacrum* zu verwirklichen scheint, in dem ‹geistlich› und ‹weltlich› keine Gegensätze sind. Die kurze Zeitspanne einer solch trügerischen Synthese nimmt ihren Anfang, als im September 994 der eben 14-jährige *Otto III.* auf dem Reichstag von Solingen für mündig erklärt wird. Seine Großmutter *Adelheid von Burgund* zieht sich von der Regierung in ihre cluniazensische Klostergründung (996) Seltz b. Rastatt zurück, um dort, nach einer Wallfahrt zum Grabe des Heiligen *Majolus von Cluny,* in der Nacht vom 16. zum 17. Dezember 999 selbst im Geruch der Heiligkeit zu sterben.

# VIERTES KAPITEL

# RÖMERTUM UND CHRISTENTUM
# DER JAHRTAUSENDWENDE

*Servus Apostolorum et Romanorum Imperator Augustus*

*Otto III.* war ein hochgebildeter, frühreifer Knabe, als er 996 zur Kaiserkrönung nach Italien zog. Allein schon durch seine Griechischkenntnisse war er den meisten Gelehrten seiner Zeit überlegen.

Nächst seiner Mutter *Theophanu* waren der aus kleinen Verhältnissen zum Bischof von Piacenza aufgestiegene kalabrische Grieche *Johannes Philagathos* und *Bernward von Hildesheim* die Erzieher des künftigen Caesar gewesen.

In Italien erwarb *Otto* jetzt die Freundschaft zweier Männer, deren gegensätzliches Wesen ihn nachhaltig beeindruckt haben mag. Es waren dies der Heilige *Adalbert,* damals Bischof von Prag, von mystisch-asketischer Unruhe und dem Drang nach einem Märtyrertod im fernen Heidenland erfüllt, und der berühmte *Gerbert von Aurillac.* Ihn hatte der junge Caesar aufgefordert, bei ihm zu bleiben und ihm die Philosophie des *Boethius* zu erklären, jenes Werk, das der ‹letzte Römer› im Kerker des *Theoderich* zu Pavia kurz vor seiner Hinrichtung (524) geschrieben hatte und das den Titel trug: ‹De consolatione Philosophiae› – ‹Über die Tröstung der Philosophie›. Zur selben Zeit als sich der kaiserliche Knabe zusammen mit *Gerbert* über diesen Text beugt, übersetzt ihn im Kloster St. Gallen der Mönch *Notker Labeo* in seine alemannische Vulgärsprache und macht so die Philosophie zum erstenmal deutsch reden.

Neben vielem andern ist auch der Begriff des Umschlagens, der dann in der dialektischen Philosophie seine Rolle spielen wird, zuerst auf deutsch auszudrükken: In contrarium relapsa est res – Die Sache ist in ihr Gegenteil umgeschlagen – sô íst taz tíng widerwártigo bechêret (III, 29).

Die Schrift des *Boethius* war im ganzen Mittelalter Schullektüre. Ihre Bedeutung liegt nicht nur darin, daß sich hier bereits der sogen. ‹ontologische Gottesbeweis› des *Anselm von Canterbury* vorgebildet findet (III, 2 = 2. Prosa; III, 72–76 = 10. Prosa), daß in ihrem Platonismus bereits das Argument für die späteren Ketzerprozesse schlummert – die Strafe als Teil der Gerechtigkeit erweist dem Bösen eine Wohltat (IV, 29 = 4. Prosa) –, sondern vor allem darin, daß hier die Frage nach dem Sinn von Leben und Welt philosophisch exponiert wurde.

Ist das Übel in der Welt nicht ein Beweis dafür, daß es keinen Gott gibt (I, 18 = 4. Prosa)? Wie kann es zugleich göttliche Vorsehung und menschliche Willensfreiheit geben (V, 10 = 3. Prosa)? Mit sokratisch-platonischen Sophismen – das Unrecht, das jemand tut, ist kein Unglück für das Opfer, sondern für den Täter (IV, 34 = 4. Prosa) – beweist die Philosophia dem *Boethius,* daß Gott existiert, daß das Böse eigentlich nicht vorhanden ist, daß Willensfreiheit und Vorsehung vereinbar sind. Menschliches Schicksal gehorcht den Launen der Fortuna, aber nur scheinbar, nur in vordergründiger Betrachtung. Fortuna ist, «trotz aller Befugnisse, die sie für sich beanspruchen möchte, die Handlangerin der göttlichen Providentia» *(Pickering).*

*Boethius* führt im Kerker des *Theoderich* mit der personifizierten Philosophia einen platonischen Dialog über diese Dinge. Dabei lebt der Begriff von Philosophia von der etwas schülerhaft anmutenden Überzeugung, Wahrheit sei das notwendige Ergebnis einer logisch einwandfreien Argumentation (vgl. III, 93 = 11. Prosa). Dennoch kommt bei dem todgeweihten *Boethius* Unbehagen auf gegenüber der Triftigkeit solcher Logik:

> «Da sagte ich: das ist ein merkwürdiger Schluß …, aber ich erkenne, daß er zu dem, was vorher zugegeben worden ist, durchaus stimmt» … «Wenn ich deine Gründe erwäge, läßt sich nichts Wahreres sagen. Wenn ich hingegen zu den Urteilen der Menschen (‹zum gesunden Menschenverstand›) zurückkehre, wer ist dann der, dem dies nicht nur glaubwürdig, sondern überhaupt anhörenswert erscheint?» (IV, 28 u. 32 = 4. Prosa).

Was *Notker* in dieser Schrift gelesen und was ihn daran interessiert hat, läßt sich an seinen Kommentaren und Exkursen ermessen.

Für ihn gehört der *Boethius* in den Unterricht des Triviums (1. Grammatik, 2. Dialektik, 3. Rhetorik). Wenn er den Text erklärt, erklärt er logische Schlußfiguren, einzelne Sonderwörter und daran anknüpfend die Einteilung der Rhetorik (II, 10–15). Er gibt einen kurzen Abriß der Philosophiegeschichte (II, 40), spricht über die Ämter im alten Rom (III, 40–41), über den Triumph (II, 18) und über die Olympiaden (IV, 20).

Vom Inhalt der Argumente des *Boethius* zeigt er sich dagegen kaum berührt. Ihm sind sie in erster Linie Schulbeispiele für logische Figuren. Nur an einer Stelle wird er zu einer plötzlichen Stellungnahme hingerissen. Nachdem er übersetzt hat: «Pedíu neíst ménnisko geuuáltig an sînero tâte guotes iốh úbeles. tén oũt. tér ál fóre-uuéiz. tuínget ze demo éinen» – deswegen ist kein Mensch verantwortlich für seine guten oder bösen Taten, denn Gott, der alles vorherweiß, fesselt alles Tun an éinen Ausgang –, da fügt *Notker* eilig hinzu «Táz íst falsa conclusio» (V, 14). Damit, daß er das Problem noch vor aller Erörterung als logisch defekte Aussage brandmarkt, nimmt er ihm die Spitze. Und doch wird derselbe *Notker* im Brief an einen Freund bekennen: «Es ist, *Hugo,* die Notwendigkeit und nicht der freie Wille, der unser Handeln bestimmt, und dem, was wir müssen, können wir nicht widerstreben.»

Im Prolog aber kommt *Notker* auf das römische Imperium als das letzte der Weltgeschichte zu sprechen. Der Prolog steht nicht bei *Boethius.* *Notker* macht sich hier eine, besonders durch *Adso von Montier-en-Der* belebte Tradition zu eigen. Er schließt mit den Worten:

> «Aber auch die Goten wurden aus Italia vertrieben von dem Patricius *Narses* unter *Justin* dem Jüngeren. Dann kamen von Norden her die Langobarden und beherrschten Italia mehr als zweihundert Jahre lang; nach den Langobarden die

Franken, die wir jetzt Karlinge nennen und nach ihnen die Sachsen. Dergestalt ist jetzt das Imperium vergangen, wie es St. Paulus geweissagt hat.»

Danach steht das Kommen des Antichrist vor der Tür.

Daß das Imperium Romanum und damit die Welt jeden Augenblick zugrundegehen könnte, mag auch eine Sorge des jungen Kaisers gewesen sein, der dem verehrten *Boethius* in Pavia, wo jener im Kerker lag, ein marmornes Denkmal soll errichtet haben, für welches sein Freund *Gerbert* «einige sehr gute Verse» schrieb.

Unruhen gingen der Ankunft des neuen Herrschers in Rom voraus. Als Nachfolger des eben verstorbenen Papstes benannte *Otto* einer römischen Gesandtschaft seinen Vetter *Brun von Kärnten.* Es war der erste deutsche Papst, ein 24jähriger, der, kaum gewählt, als *Gregor V.* den einziehenden 16jährigen *Otto* zum Kaiser krönte. Beide Nordländer waren den Römern verhaßt, und kaum hatte der Kaiser die Stadt verlassen, machte sich *Crescentius Nomentanus* zum Fürsten von Rom, vertrieb *Gregor V.* und setzte *Johannes Philagathos,* den einstigen Lehrer des Kaisers, als *Johannes XVI.* auf den Thron Petri. Als der Kaiser 997 mit Heeresmacht wieder vor Rom erschien, öffnete ihm die Stadt ohne Kampf ihre Tore.

Der Gegenpapst floh in die Campagna, wurde aber von sächsischen Reitern aufgestöbert und grausam verstümmelt. *Gregor V.* ließ den einstigen Prinzenerzieher, der nun mit leeren Augenhöhlen, der Ohren, Nase, Zunge und Finger beraubt, vor ihm stand, auf einem Esel durch die Stadt führen, und sperrte ihn dann in ein Kloster, wo er noch 15 Jahre lebte.

*Crescentius Nomentanus* aber verteidigte sich in der Engelsburg, dem sogen. Theoderichskastell, solange er konnte. Nachdem die Sachsen sie erstürmt hatten, wurde er an den Füßen aufgehängt und enthauptet.

Auf so blutige Weise hatte sich der junge Kaiser zum unbedingten Herrn Roms gemacht. Er beanspruchte nicht nur die politische sondern auch die geistige Erbschaft der Aurea Roma. Gegenüber den Gesandten des römischen Basileus von Byzanz konnte *Gerbert von Aurillac* den Legitimitätsanspruch des Sachsenkaisers und sein Ersuchen um die Hand einer griechischen Prinzessin jetzt ganz anders begründen als ein *Liutprand von Cremona* unter *Otto I.*

«Unser Kaiser der Römer und Augustus bist du, o Caesar, der du aus dem edelsten Blut der Griechen stammst, der du an Macht über die Griechen obsiegst, den Römern kraft Erbrechts befiehlst und beide durch Geist und Beredsamkeit überragst», schrieb *Gerbert.*

«In *Ottos I.* Zeit war der offizielle Titel auf das Wort ‹Imperator› beschränkt geblieben, und *Liutprand* hatte dem Basileus auseinandergesetzt, daß sein Herr keinen Wert auf sein ‹Römertum› lege» *(Schramm). Otto II.* hatte sich ‹Romanorum Imperator Augustus› genannt. Unter *Otto III.* ist die römische Tradition Kernstück der imperialen Rechtfertigungslehre.

Beim Tode *Gregors V.* macht der Kaiser *Gerbert* zum Papst. Indem sich dieser *Silvester II.* nennt, beschwört er die Analogie zu *Silvester I.*, welcher der ‹Papst› (d. h. römische Bischof) des Kaisers *Konstantin* gewesen war, und läßt so *Otto III.* als einen zweiten *Konstantin* erscheinen. ‹Renovatio Romanorum Imperii› wird wie zur Zeit *Karls* des Großen wieder auf dem Kaisersiegel stehen. Neben Aachen ist jetzt Rom die Residenz. Auf dem Palatin läßt *Otto III.* seine Kaiserpfalz errichten. Zwischen Imperium und Ecclesia macht dieser Kaiser bewußt keinen Unterschied. Die Königreiche Ungarn und Polen, die sich dem Papst unmittelbar unterstellt hatten, sah er als Teile des einen, christlichen ‹Imperium sacrum› an. Kurz vor 1000 wurde für *Otto III.* (auf der Reichenau?) ein Evangeliar gemalt, das heute in der Münchener Staatsbibliothek ist. Es enthält ein Majestätsbild, welches dies besondere Kaisertum bezeugt.

Der Kaiser thront in antiker Herrschergeste *(Abb. 27)*. Dem jugendlichen Kopf mit dem Vogel auf dem Stab, liegt eine Augustus-Kamee zugrunde (vgl. *Abb. 4)*. Zu seiner Rechten stehen, am Pallium kenntlich, zwei Erzbischöfe, zu seiner Linken zwei weltliche Große mit dem Reichsschwert (Protospathar?) und der (heiligen?) Lanze. «Das Recht zu dieser Art Darstellung», schreibt *P. E. Schramm*, «die die von der Zwei-Gewalten-Lehre gezogene Grenze verwischte, ergab sich aus dem tatsächlichen Zustand der Reichskirche unter der sächsischen Dynastie, die aus dem Episkopat eine der Hauptsäulen ihrer Herrschaft gemacht hatte. Niemand konnte daran Anstoß nehmen, daß hier Erzbischöfe als Diener des weltlichen Herrschers Befehle erwarteten.»

Roma, Gallia (d. h. Lothringen), Germania und Sklavenia (d. h. Ungarn und Polen) waren für diesen Kaiser die vier Weltgegenden seines ‹Imperium sacrum›. Das Thronbild im Evangeliar ist begleitet von einem Nebenbild, das diese Theorie darstellt.

Über den vier Frauengestalten stehen ihre Namen *(Abb. 26)*. «*Gallia* ... und *Germania* kommen erst an zweiter und dritter Stelle. Hinter ihnen folgt noch das Slavenland; voran aber schreitet *Italia* oder – wie sie ... bezeichnenderweise heißt – die *Roma*. So wie in jenen Urkunden aus dem Jahre 996 den Römern vor den deutschen Stämmen der erste Platz eingeräumt worden war, so hat ihre Stadt auch hier die Ehrenstellung inne. Das entspricht auch der Bulle, auf der die Roma gleichsam als Sinnbild des ganzen Reiches figuriert» *(Schramm)*. Es entspricht auch jenen Widmungsversen *Gerberts*, die *Otto* als Caesar und Augustus feiern: «Kräfte spendet das früchtereiche Italien, das männerreiche Gallien und Germanien, und nicht fehlen uns die tapferen Reiche der Skythen.»

Aber neben diesem sakralen Herrschaftsbegriff bezeugen die Darstellungen des kaiserlichen Evangeliars zugleich auch eine seltsam apokalyptische Ergriffenheit – vielmehr: Herrschaftsbegriff und Apokalyptisches sind im Grunde hier ein und dasselbe *(Abb. 28)*.

Der Evangelist Lukas mit dem ihm zukommenden Zeichen des geflügelten Stiers hält über sich ineinander verschlungene Himmelskreise, d. h. er weiß die Geheimnisse der Himmel. In den Sphären sind dargestellt die Propheten Abakuk, Sophonias, Nahum, Esdra, David, «Fonte patrum ductas bos agnis elicit undas» ‹wörtlich»: «Aus der Quelle der Väter leckt der Stier den Lämmern die Wellen heraus» – das ist die Bildunterschrift, die den Sinn der Darstellung allegorice ausspricht. Im Schoß hält Lukas das Gesetz der fünf Bücher Mose. Von gebieterischer Geistigkeit sind auch die klar konturierten Gesten des aus der gleichen Werkstatt stammenden Perikopenbuchs Kaiser *Heinrichs II. (Abb. 29)*

*Otto III.* hat sich diesem apokalyptischen Imperativ nicht entziehen können. Im Jahre 1000 zog er als Caesar und als Büßer zunächst nach Polen. Er zog zum Grab des Heiligen *Adalbert* in Gnesen, seines Freundes, der unter den heidnischen Preußen das Martyrium gefunden hatte und in dem sich *Otto* einen persönlichen Fürsprech im Himmel wußte. Der polnische König huldigte, empfing eine Nachbildung der Heiligen Lanze, lieferte aber die Gebeine des Heiligen *Adalbert* nicht aus. Von Gnesen aus wandte sich der Caesar in fremdländisch anmutendem Triumphzug nach Aachen. Dort ließ er zum Entsetzen seiner Begleiter die Gruft *Karls* des Großen öffnen, nahm – gleichsam als Reliquien des verehrten Kaisers – vom Hals des Toten das Kreuz und von seinen Knien jenes Buch, das seitherige Krönungsevangeliar. Auf seiner Wallfahrt hatte der Caesar den Titel geführt: SERVUS DOMINI JESU CHRISTI. Nach Rom zurückgekehrt, vertauschte er diesen mit dem eines SERVUS APOSTOLORUM. Es war der Titel *Konstantins* gewesen – bei *Otto III.* aufgenommen in einer Geste, worin Schwärmerei und politische Absicht verschmolzen. *Otto* bezeichnete sich als das einzige weltliche Instrument des Nachfolgers Petri, mit dem er in gelehrtem Gespräch umging und für den er die Christenheit regierte. Aber die blutige Unwahrheit des scheinbar vollendeten Christenimperiums erdrückte die Seele des Knabenkaisers. Er suchte Hilfe bei radikalen Geistern wie dem Eremiten *Romuald von Camaldoli* und dem Asketen *Nilus*, einer Diogenes-Natur. Das Gewitter entlud sich im Februar 1001, als die Römer sich empörten und den Caesar auf dem Palatin belagerten. Der Gedanke, sich mit der Heiligen Lanze, die *Bernward von Hildesheim* vorantragen wollte, zu den kaiserlichen Truppen außerhalb Roms durchzuschlagen, wurde aufgegeben, als es dem Verhandlungsgeschick Herzog *Heinrichs von Bayern* gelang, einen Waffenstillstand und eine friedliche Versammlung der Römer vor dem Kaiserpalast zu erreichen. Von einem Turm herab wandte sich der 21jährige Caesar, von den Ereignissen aus allen Träumen gerissen, an die Römer, nach *Thangmar von Hildesheim* mit folgenden Worten:

«Seid ihr es, die ich meine Römer nannte, um deretwillen ich mein Vaterland und meine Verwandten verließ? Aus Liebe zu euch habe ich meine Sachsen und alle Deutschen, ja mein eigen Blut dahingeworfen; euch habe ich in die fernsten Gegenden unseres Imperiums geführt, wo nicht einmal eure Väter, als sie noch den Erdkreis beherrschten, je ihren Fuß hingesetzt hatten. Euren Namen und Ruhm wollte ich bis ans Ende der Welt tragen; ihr waret meine vorgezogenen Kinder; um euretwillen habe ich den Haß und Neid aller andern auf mich genommen. Und nun fallet ihr zum Dank von eurem Vater ab, nun habt ihr meine Vertrauten grausam erwürgt, mich selbst habt ihr von euch ausgeschlossen – obwohl ihr das nicht vermöget; denn die, die ich mit väterlicher Liebe umfasse, können aus meinem Herzen nicht verbannt sein. Ich kenne die Häupter des Aufstandes und vermag mit einem Wink der Augen jene zu bezeichnen, welche die auf sie gerichteten Blicke aller frech ertragen; und selbst meine Getreuesten, über deren Unschuld ich frohlocke, sind verdammt, unter den Frevlern unerkannt sich zu verlieren, was ein wahrhaft schändlicher Zustand ist» (Vita Bernwardi c. 25).

Aber die Rede machte wohl nur eine momentane Wirkung. Kaiser *Otto* und Papst *Silvester* mußten Rom verlassen. Der Kaiser ging nach Ravenna. Die römische Möglichkeit seines Caesarentums war vernichtet. Beim Eremiten *Romuald* unterwarf er sich den härtesten Bußübungen, verfiel in ápathische Zustände und raffte sich wieder auf. «Eines nachts kam er heimlich nach Venedig und blieb zwei Tage … dort, ohne sich öffentlich zu zeigen. In der dritten Nacht ist er wieder abgereist. Erst nach dem Besuch erzählten Kaiser und Doge ihrer Umgebung davon» *(F. Ernst).* Vielleicht ist dem Kaiser in diesen Gesprächen ein neuer, ökonomischer Aspekt der mittelmeerischen Wirklichkeit ins Bewußtsein getreten. Als *Otto III.* im Juni 1001 wieder vor Rom lag und Truppenverstärkungen abwartete, war er bereits schwer krank. Am 23. Januar 1002 ist der noch nicht 22jährige in den Armen seines Lehrers und Freundes *Silvester* gestorben. Sein Wunsch war, in Aachen beigesetzt zu werden. Mitten durch das aufständische Italien bewegte sich der Leichenzug nach Norden über die Alpen. *Ottos* Vetter, Herzog *Heinrich von Bayern,* bemächtigte sich in Polling (a. d. Ammer) der Eingeweide des toten Kaisers, die er in Augsburg beisetzte, sowie der legitimierenden Herrschaftszeichen, auch der Heiligen Lanze. Die Krone blieb ihm vorenthalten. Und so nahm er, nachdem er sich am 6./7. Juni in Mainz von der Mehrzahl der Fürsten hatte wählen und vom Mainzer Erzbischof mit anderer Krone hatte krönen lassen, die Belehnung der Fürsten mit dieser Lanze vor.

## Laienreligiosität, Kunst und Gelehrsamkeit

Eine Reihe von Phänomenen deutet darauf hin, daß jetzt, zu Beginn des XI. Jahrhunderts, historisches Selbstbewußtsein eine neue Qualität annimmt. Religiöse Beunruhigung und apokalyptische Geistergriffenheit, von der die Biographie *Ottos III.* zu berichten wußte, manifestieren sich auch unter jenen Menschen, von denen Urkunden und Chroniken nicht oder kaum zu sprechen pflegen. Kurz nach 1000 wird der Bauer *Leuthard* aus der Champagne, aus dem Dorf Vertus, von häretischem Geist ergriffen.

Vom Felde heimkommend verjagt er seine Frau, zerschlägt die Kruzifixe der Dorfkirche, verweigert den Kirchenzehnten, will den Propheten des Alten Testaments nicht mehr glauben, sondern sich allein an die Weisungen des Evangeliums halten. Er findet Anhänger unter den Bauern, wird vor ein bischöfliches Gericht geschleppt, als Narr hingestellt und stürzt sich 1004 in einen Brunnen – einer «der wenigen Selbstmörder im Mittelalter» *(Borst)*. Dies berichtet der Cluniazenser *Radulfus Glaber.*

Am 28. Dezember 1022 läßt König *Robert* von Frankreich mehrere vornehme Kleriker – unter ihnen befindet sich der Beichtvater der Königin *Konstanze* – in Orléans als erste Ketzer des Abendlands verbrennen.

Sie verwarfen Taufe, Beichte, Eucharistie, Kirche und Staat, Ehe und Fleischgenuß. «Lachend sind (sie) in den Tod gegangen» *(Borst)*, froh des Lebens ledig zu sein.

Um 1028 erleidet eine Gräfin von *Monteforte* (b. Turin) mit ihren Anhängern in gleicher Freudigkeit den Feuertod.

Den Ketzern von Orléans wird die Zeremonie der Handauflegung nachgesagt, eine frühchristliche Geste, die sich schon Apostelgeschichte 8, 17 findet. Sie soll Erleuchtung und Entsühnung bewirken und wird als ‹Consolamentum› später im katharischen Ritus eine Rolle spielen.

Es beginnt jetzt die Zeit der großen Wallfahrten. Kurz nach 1000 wird im burgundischen Vézelay das Gerücht aufgebracht, man besitze die Reliquien der Maria Magdalena (vgl. Luk. 8, 1f.; Mark. 16, 9; Joh. 20, 1ff.), einer Heiligen, die seit *Gregor dem Großen* in der westlichen Tradition mit zwei anderen evangelischen Frauengestalten (Luk. 10, 38ff.), besonders mit der jener Sünderin verbunden wurde, von der Jesus sagte: «Ihr sind ihre Sünden vergeben, denn sie hat viel geliebt» (Luk. 7,47).

Gegen 1050 wird dann dem Kloster vom Papst die Echtheit der Reliquien bestätigt und der Zustrom von Wallfahrern macht Vézelay so reich, daß der Graf von Nevers und der Bischof von Autun mit Waffengewalt den Konkurrenten auszuschalten versuchen.

Seit die spanische Reconquista nach 1008 gegen die Mauren an Boden gewinnt, ist der Weg nach dem äußersten Nordwesten der iberischen Halbinsel sicher, nach dem bedeutendsten Wallfahrtsort des europäischen Mittelalters, nach Santiago de Compostela, wovon noch zu sprechen ist. Von evident politischer Bedeutung wird schließlich die Normannenwallfahrt zum Michaelsheiligtum auf dem Monte Gargano in Apulien.

Diese Normannenpilger haben sich im Kampf des Papstes gegen die Sarazenen und im Kampf der apulischen Seestädte gegen die Byzantiner geschlagen. Im Oktober 1018 standen sie bei Cannae russischen Normannen, Warägern, gegenüber, welche zur Leibwache des Basileus gehörten. Sie kämpften im privaten Söldnerheer des Kaufmanns *Melo von Bari.* Nach verlorener Schlacht wandten sich dieser *Melo* und der Papst hilfesuchend nach Bamberg an Kaiser *Heinrich II.* und bewogen ihn schließlich zum Apulienzug.

Als es dann 1021 dem Kaiser *Heinrich* mit Hilfe der Wikingerpilger aus der Normandie gelingt, die Griechen bei Troja in Apulien vernichtend zu schlagen, erhalten auch die Normannen ihren Lohn. Sie werden mit

Gütern in Campanien belehnt, die die Keimzelle des späteren Normannenreichs bilden.

Kaiser *Heinrich II.*, der später der Heilige wurde, war als Sohn jenes
Bayernherzogs, der einst den minderjährigen *Otto III.* entführt hatte, ins
Kloster geschickt und zum Kleriker erzogen worden. Jetzt, im Herrscheramt, kamen ihm seine Kenntnisse zu statten. Geschickt wußte er rivalisierende Päpste gegeneinander auszuspielen und den deutschen Episkopat
zum Instrument seiner Ziele zu machen. Als Kanoniker ließ er sich in
Domkapitel aufnehmen und bezog Domherrenpfründen. In mehreren
Synoden griff er kompetent in kirchliche Fragen ein. 1007 stiftete er das
Bistum Bamberg als exemte, nur von Rom abhängige Diözese und
schenkte der Domschule die Bibliothek *Ottos III.*, heute Kernstück des
Handschriftenbesitzes der Münchener Staatsbibliothek. Er war mit dem
Abt *Odilo von Cluny* (994–1048) befreundet und förderte die Klosterreform, die zugleich Bewußtseinsbildung in weiten Laienkreisen bewirkte.
Gemeinsam mit dem Papst hielt er 1022 in Pavia eine Synode ab zur
Abschaffung der Priesterehe, und im folgenden Jahr traf er sich mit dem
französischen König *Robert,* der soeben die Ketzer von Orléans hatte
verbrennen lassen. Das Treffen fand statt in Ivois und sollte eine allgemeine Kirchenreform vorbereiten. Aber all dies waren nicht bloß Akte
persönlicher Frömmigkeit. Gerade als Kaiser mußte *Heinrich II.* ein Interesse an der Ehelosigkeit der Priester haben. Das Fehlen persönlicher Erbschaftsinteressen machte sie zu ‹Verwaltungsbeamten› um so besser geeignet, schuf zudem klarere Verhältnisse für das Spolienrecht.

Es ist dies der Anspruch des weltlichen Herrn auf den beweglichen Nachlaß
der Kleriker, gewohnheitsrechtlich ein Regal (‹Königsrecht›). – Außerdem verschenkte *Heinrich II.* zwar einerseits Reichsgut an Bischöfe und Äbte, verpflichtete
diese aber andrerseits dazu, den ständig umherreisenden König und seinen Hof
zu versorgen, «weil die Pfalzen nicht mehr ausreichten und das Netz der Königsstraßen dichter» wurde *(M.-L. Bulst-Thiele).* Das Umherreisen des Königs, die
‹Regierung aus dem Sattel›, ist ein Charakteristikum der mittelalterlichen deutschen Geschichte. Die Könige ‹residierten› nirgends, aber ihre Reisewege (‹Itinerare›) zeigen zugleich die besonderen herrscherlichen Interessenschwerpunkte
*(Textabb. 7).*

*Heinrich II.* war ein Heiliger mit politischem Fingerspitzengefühl. Wenn
sich seine Reichskirchenpolitik auch später als prekär erweisen sollte,
so waren doch zumindest seine Bemühungen um die Erbschaft des Königreichs Burgund für die Zukunft fruchtbar.

Von den repräsentativen Kunstwerken, die dieser gebildete Kaiser stiftete, zeigt das goldene Basler Antependium eine besondere, geistlich-höfische Eleganz *(Abb. 30).*

Zu Füßen Christi kauern der Kaiser und seine Gemahlin in unterwürfiger Winzigkeit. Ornamentale Pflanzen zieren angelegentlich die Erdhügel und markieren
vielleicht zugleich einen horror vacui. Ebenso das Rankenwerk von spätantiker

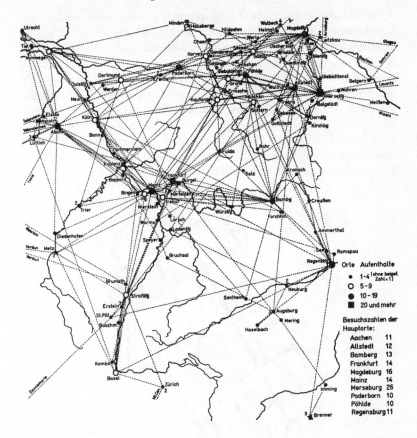

7. *Königsitinerar Heinrichs II. (nach Th. Mayer)*

Vornehmheit, das die Arkadenzwickel und Randleisten überzieht. Das Ganze hat nicht mehr den ottonisch-monumentalen Charakter von Evangeliar und Periko-penbuch. Von geistiger Raffinesse ist die Widmungsinschrift: QVIS SICVT HAEL FORTIS MEDICVS SOTER BENEDICTvS. Dreifacher Sinn verbirgt sich in diesem Hexameter: Er nennt 1. die Namen der vier Gestalten, die Christus flankieren, nämlich Michael (hebr. ‹Wer ist wie Gott?› = ‹Quis sicut hael›), Gabriel (hebr. ‹Kraft Gottes› = ‹hael fortis›), Raphael (hebr. ‹Hilfe Gottes› = ‹Medicus Soter›) und St. Benedict von Nursia (‹Benedictus›). – 2. Läßt sich der Satz auffassen als ‹Wer ist wie Gott ein starker Arzt, ein gesegneter Heiland?›. – 3. Kann der Vers verstanden werden als: ‹Wer, gleich dem starken Gott, ist Arzt und Helfer? Bene-dictus!›.

Damit ist zugleich der Anlaß zur Stiftung des goldenen Altarvorsatzes genannt. Es war nämlich der Kaiser nach einer Wallfahrt zum Kloster des Heiligen *Benedict* in Montecassino auf wunderbare Weise geheilt worden.

Bewegt sich das Basler Antependium *Heinrichs II.* auf der Linie der

Assimilation eines sächsischen Caesarentums an die Formen einer christ-
lich-mittelmeerischen Welt, so gelangt jetzt im Hildesheim des Bischofs
*Bernward* jene unbyzantinische, sächsisch-christliche Monumentalität zu
architektonischer Vollendung, die sich als politische Alternative zum römischen Kaiserbegriff nicht hat formulieren können. Aus der allernäch-
sten Umgebung *Ottos III.* war nicht nur Herzog *Heinrich* von Bayern,
der dann heilige Kaiser, in den Norden zurückgekehrt, sondern auch
Bischof *Bernward von Hildesheim,* einer der Erzieher des frühverstorbe-
nen Caesar. In seiner 1002 begonnenen, 1033 vollendeten Michaelskirche
scheint das ottonische Problem von Discretio und Relatio in völliger Konsequenz konstruiert zu sein *(Textabb. 8).*

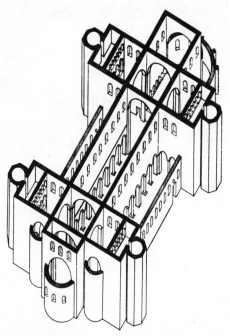

8. *Schema des Raumgefüges von St. Michael in Hildesheim (nach Grodecki)*

Zwei Chöre, zwei gleiche Querschiffe mit Emporen, 2 mal 2 Querschifftürme,
zwei Vierungstürme. *Ein* Grundmaß (a) das Chorquadrum, die 3 Querhausquadrate, die 3 Mittelschiffsquadrate, das andere Vierungsquadrat und die dieses
flankierenden Querhausquadrate.

Im Langhaus sind die Eckpunkte der Grundmaßquadrate durch Pfeiler markiert.
Zwischen diese Pfeiler sind je zwei Säulen eingestellt – doppelter Stützenwechsel.
Die Vierungen sind durch ‹Triumphbögen› vom Langhaus geschieden, ebenso die
Querhäuser. Auch die Seitenschiffe sind selbständige Räume. Der Begriff des
Gruppenbaus, von discretio und relatio, ist hier vollkommen konstruiert, insofern
jeder selbständige Innenraum auch am Außenbau abzulesen ist.

Im Jahre 1015 ließ *Bernward* zwei 4,75 m hohe, metallene Türflügel aus einem Stück gießen *(Abb. 32)*. Es sind die heutigen ‹Domtüren›.

16 selbständige Szenen sind zu der heilsallegorischen, thematischen Einheit ‹Sündenfall und Erlösung der Menschheit› gruppiert. Zu lesen ist von links oben nach links unten und von rechts unten nach rechts oben, dem historisch litteralen Sinne nach, aber immer zugleich auch quer, dem pneumatisch-allegorischen Sinne nach.

Die ersten vier Szenen schildern den ‹Anfang der Menschheit›, von der Erschaffung Adams (1) über die Vermählung des ersten Menschenpaares (2) zum Sündenfall (3) und Gericht Gottes über Adam und Eva (4).

Die zweite Vierergruppe hat das ‹Ende des goldenen Zeitalters› zum Thema: Vertreibung aus dem Paradies (5), Mühe und Arbeit auf Erden (6), das Opfer Kains und Abels (7) und der erste Mord (8).

Dem ‹Ende des goldenen Zeitalters› entspricht auf der rechten Seite der ‹Beginn der Erlösung›: Verkündigung an Maria (9), Geburt Christi (10), Anbetung der Könige (11), Darbringung Jesu im Tempel (12).

Die ‹Vollendung der Erlösung› rechts oben entspricht dem ‹Anfang der Menschheit› links oben: Christus vor Pilatus (13) – Menschengericht über Gott neben Gottesgericht über den Menschen links (4) –, Kreuztod (14) rechts neben Sündenfall (3) links, die Frauen am leeren Grab (15) und die Erscheinung des Auferstandenen (16) – das ‹Noli me tangere› neben der Berührung Adams durch Gott (1).

Die einzelnen Türfelder (55 mal 95 cm) sind plastische Miniaturen. Die Relieffläche war, als das Metall noch blinkte, irrationaler Raum wie bei den Bildern des Perikopenbuchs *(vgl. Abb. 29)* und ist wie dort Bannkreis der Geste *(Abb. 31)*: in diesem Raum schwimmen und pendeln die Figuren.

Die Figur Gottes ist auf die zeigende Geste konzentriert. Die Figur Adams führt die Doppelgeste des Sichbedeckens und des Abbiegens aus. Sie wird von der Figur der Eva aufgenommen und auf die Drachenschlange weitergeleitet. Der Baum zwischen Adam und Eva nimmt an der Bewegung des Abbiegens und Überdeckens teil, ebenso das Rankenwerk rechts von Eva, während die antikisierende Pflanzenornamentik hinter der Gottesfigur eher autonome Majestät betont.

Die vegetabil-ornamentale Formebene, sozusagen die Natur, ist hier kaum dem Ausdruck menschlicher Gestik unterworfen, sondern Menschenfiguren wie Natursymbole sind zu Funktionären eines beide beherrschenden Bewegungsgesetzes erniedrigt. Dieses unterwirft sich die Gestalten wie das historische Programm die Thematik der Türfelder beherrscht.

Durchschaubar ist das heilsgeschichtliche Programm nur theologisch gebildeten Augen, aber der abstrakte Imperativ in jeder Einzelheit dürfte auch gaffendem Unverständnis in die Knochen gefahren sein. Indem sich ein Bewußtsein abmüht, die ‹discretio› der Dinge zu erkennen, und in einer ‹relatio› als Strukturzusammenhang zu verbinden, wird nicht nur die Welt in einem Ordnungsnetz gefangen, sondern es fetischisiert zugleich der Deutende das System jenes Zwanges, in dem er sich geborgen weiß. Analoges zeigt das inselhaft-einzelgängerische Werk des *Notker Labeo,* welchem die Begriffe ‹discretio› und ‹relatio› entlehnt sind.

*Notker Labeo,* ‹mit der dicken Lippe›, oder *Notker Teutonicus* stammt wie alle Mönche des Klosters St. Gallen aus dem Adel. Auf einer thurgauischen Grafenburg um 950 geboren, leitet er um die Jahrtausendwende die weitberühmte Sangallenser Klosterschule. In seiner auf lateinisch abgefaßten ‹Rhetorik› formuliert er an einer Stelle, wo er auf die Stilmittel bildlicher Ausdrucksweise – als da sind Reim und Alliteration sowie übertreibende Darstellung (Dianoia) – zu sprechen kommt, die Erkenntnis: «Dies gilt nicht allein für das Lateinische, sondern für jede Sprache». Und sogleich folgen Beispiele; für den hyperbolischen Stil:

| | |
|---|---|
| Der heber gât in lîtun | Am Berghang stapft der Eber, |
| trégit spér in sîtun. | trägt einen Speer in der Flanke. |
| sîn báld éllin | Seine Riesenkräfte (Origin. Sg.) |
| nelâzet in uellin. | lassen ihn nicht wanken. |
| Imo sínt fûoze | Ihm sind die Füße |
| fûodermâze. | weinfässerartig. |
| imo sint burste | Ihm sind die Borsten |
| ébenhô forste. | hoch tannenforsten, |
| únde zéne sîne, | und seine Zähne |
| zuuélifélnîge. | zwölfellenhaftig. (Schriften 1, 673 f.) |

Aber, meint *Notker,* nicht nur die lateinische Rhetorik gilt fürs Deutsche, sondern auch, was man über die Akzente lehrt; – eine relatio-bedingte Täuschung.

Alle deutschen Wörter, außer den Artikeln, glaubt *Notker,* tragen auf dem Vokal einen Akzent, einen Akut (bei kurzem) oder einen Zirkumflex (bei langem Vokal) haben sie, und den sollte man auch schreiben.

Ferner entdeckt *Notker,* daß die Laute b, d, g am Wort- oder Satzanfang als p, t, k gesprochen werden, wenn ihnen nicht ein klingender Konsonant (m, n, l, r) oder Vokal vorausgeht. Und so schreibt er: unde der brûoder – aber: Tes prûoder hûs.

*Notker* schreibt sein alemannisches Deutsch, wie er es aufgrund seiner Strukturinteressen zu hören glaubt, d. h. er schreibt nicht einfach – etwa mit besonders feinem Organ – wie er es hört.

Man hat schon öfter bemerkt, daß für gewöhnlich keiner eine Sprache schreibt, wie er sie hört, sondern daß er sie immer nur so schreibt, wie er es gelernt hat. Auch als Deutsch in karolingischer Zeit zum erstenmal geschrieben wurde, haben sich schnell ‹Schreibprovinzen›, also Traditionsorthographien herausgebildet – mit mehr oder weniger ausgeprägtem, sozusagen sekundärem Systemcharakter.

Bei *Notker* dagegen ist das Interesse an einem kohärenten orthographischen System dezidierte Grundlage des Hörens. Er ist darauf aus, seine Sprache als discretio-relatio-Zusammenhang, als Ordnungsnetz zu erfassen. Diesem Interesse inseriert sich auch sein Übersetzungswerk. Für ihn ist die deutsche Sprache als Erkenntnisinstrument wichtig, und er formuliert als Begründung:

«weil man nämlich vermittels der Vatersprache schneller begreift (‹cito capiuntur per patriam linguam›), was man in einer fremden Sprache kaum oder nicht völlig begreifen kann».

Was versteht er dabei unter ‹besser begreifen› und woran mißt er die Qualität des Begriffenen? Mir will scheinen: er faßt die christlich-lateinische Sprache als ein System und die deutsche Vulgärsprache als ein anderes, aber vergleichbares System auf, wobei jedes System durch das Vermögen des Sprechers zur Erinnerung aller Systemkomponenten, also durch ‹Sprachgedächtnis› praktikabel wird. Für *Notker* ist dabei das Klosterlatein zugleich Repräsentant eines christlichen Begriffssystems. Wenn er jetzt für bestimmte Stellen dieses Systems deutsche Äquivalente sucht, versucht er zugleich das Verhältnis von Wort und Begriff zu reflektieren. Er geht dabei so vor, daß er zunächst den latein-begrifflichen Systemzusammenhang nachkonstruiert – auf lateinisch und auf deutsch. Die Klugheit seines Verfahrens zeigt sich darin, daß er nicht einfach für alles und jedes deutsche Äquivalente erfindet, sondern gegebenenfalls auch lateinische Begriffe als Fremdwörter übernimmt. In ihnen wird das ‹okkasionelle Moment› des Sprechens und Verstandenwerdens als historisch-individuelle Bedingung markiert. *Notker* ist nicht nur ‹deutscher Wortschöpfer› sondern auch ‹Fremdwortschöpfer›. Als Beispiel soll seine Wortneubildung ‹Gottheit› stehen.

Ausgangspunkt ist hier der lateinische Systemzusammenhang des Trinitätsdogmas, ein erklärtermaßen widersprüchliches Begriffsgefüge, das durch die kirchengeschichtliche Tradition herausgebildet wurde.

3 Menschen, etwa: Abraham, Isaak, Jakob, sind 3 verschiedene Personen und haben zugleich 3 verschiedene Wesen (Substanzen). Hier entspricht also der Terminus ‹persona› zugleich einer distincten menschlichen ‹substantia›.

Die Trinität hingegen hat nach dem Athanasianum zwar gleichfalls 3 Personen (Vater, Sohn, Geist), aber doch nur eine einzige göttliche Substanz – ‹substantia divinitatis›. Hier wären also ‹persona› und ‹substantia› terminologisch zu unterscheiden.

Die Sache kompliziert sich aber dadurch, daß der Sohn nicht nur als ‹persona› selbständig ist und in seiner ‹substantia› an der göttlichen ‹substantia› teilhat, sondern zugleich auch noch vollständige menschliche Substanz besitzt, eine ‹substantia humanitatis› wie Abraham, Isaak und Jakob, was von den beiden andern Personen der Trinität nicht gilt.

Diese Trinitätsproblematik könnte schematisch veranschaulicht werden (*vgl. Textabb. 9*).

Es handelt sich hier um einen Terminologismus, in dem Terminologie und Sache nicht getrennt werden können. Jeder Übersetzungsversuch, der nicht zugleich terminologisch praktikabel ist, ist unbrauchbar. *Notker* setzt dem lateinischen terminologischen System ein eigenes an die Seite:

| lateinisch: | persona | substantia | divinitas | humanitas |
|---|---|---|---|---|
| *Notker:* | person(e) | substantia | got(e)heit | manheit |
| | | | | menescheit |

Der Aufbau eines terminologischen Systems ist das historisch Neue bei *Notker.*

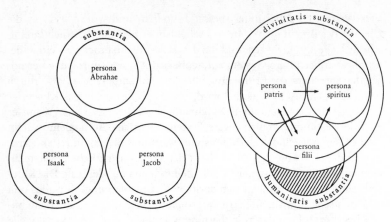

9. *Schema zum Trinitätsdogma*

Karolingische Übersetzer hatten versucht, für *persona* zu setzen: *der* oder *diu heit*. Das Wort konnte soviel wie ‹Gestalt, Erscheinung, Art und Weise› bedeuten. Auch das Kompositum *goma-heit* ‹Mensch-artigkeit› war für *persona* gesetzt worden, womit allerdings der Person-Begriff von vornherein aufs Humane festgelegt war.

Für *substantia* hatte man mit dem archaischen Wort *knuot* experimentiert. Es bezeichnete ‹Verwandtschaft, Sippe, Blutsgemeinschaft›. Auf die 3 trinitarischen Personen angewendet, konnte das sinnvoll sein. Aber es ergaben sich zugleich dogmatische Komplikationen, weil diese Gemeinsamkeit eben auch von 3 blutsverwandten Menschen ausgesagt werden konnte. Und in der Tat sind auch später noch in deutschsprachiger Dichtung enge, gar inzestuöse Beziehungen von Verwandten trinitätsmetaphorisch dargestellt worden (vgl. *Hartman,* Greg. 3831 f.; *Wolfram,* Parz. XV, 752, 7 ff.).

Ein weiterer Lösungsversuch für *substantia* war *saman-wist,* etwa ‹Gemeinsam-Wesen›, allenfalls für die intertrinitarischen Beziehungen, aber gar nicht als Bezeichnung für den Wesenskern einer einzelnen menschlichen Person geeignet.

Für *divinitas* wurde das Kompositum *got-kundi,* etwa ‹Gott-Geschlechtheit›, und die Ableitung *got-nissa,* etwa ‹Gottnis›, für *humanitas* schließlich *mennisci,* etwa ‹die Mensche› versucht.

Die sprachliche Darstellung eines Systemzusammenhangs war überhaupt nicht intendiert. *Notker* erkannte, daß das Wort *heit* als selbständiges Wort unbrauchbar, als Ableitungssilbe dagegen höchst brauchbar war.

*got-heit* für *divinitas* erlaubte die parallele Bildung *man-heit* oder *mennesch-heit* für *humanitas* – ‹Gottartigkeit› neben ‹Menschartigkeit› sozusagen.

Andrerseits erkannte *Notker,* daß an die Termini *persona* und *substantia* besser nicht zu rühren sei, sondern beide als Fremdwörter zu übernehmen wären. Der eben beschriebene Prozeß stellt sich in *Notkers* Worten so dar:

«Ungeteilte Substanz zeigt uns einen Gott; dreierlei Personen zeigen uns 3 Wechselbegriffe (gágen-némmeda) der Trinität. Was sind Wechselbegriffe? Nichts anderes als auf latein ‹*relationes*›! Die eine Relation ist die vom Vater zum Sohn, die andere ist die vom Sohn zum Vater, die dritte ist die vom Heiligen Geist zu Vater und Sohn. Durch diese Relationen hat jeder seine Person. Eine *persona* ist patris, die andere filii, die dritte spiritûs sancti. *Persona* kann man im Hinblick auf Gott nicht in gleicher Weise anwenden wie im Hinblick auf Geschöpfe. Bei den Geschöpfen sind 3 *personae* 3 *substantiae*, aber in Gott sind 3 Personen eine Substanz ... Abraham, Isaac, Jacob sind 3 Personen und 3 Substanzen. Aber Vater, Sohn, Heiliger Geist sind nicht 3 Substanzen sondern 3 Erkennbarkeiten (ge- oûgeda) der Relationen (dero relationum), die an Gott begriffen werden. Es ist aber schwierig, *persona* zu übersetzen, denn dieser Begriff selbst hat eine lange Geschichte» (Schriften 2, 639f.).

*Notker* erzählt nun die (falsche) Etymologie, ‹persōna› hätte im antiken Theater die durch Masken dargestellten Personen bezeichnet, weil die Schauspielerstimme eben im Hindurchschallen durch die Maske die Illusion einer anderen Person erzeugt habe, und ‹persōna› käme von ‹persö- nāre› = ‹hindurchschallen›.

«Und so heißen auch in der Grammatik ‹ich›, ‹du›, ‹er› 3 Personen, weil nämlich mit ihnen alle Darstellungen und Unterschiede (‹discretiones›) sinnvoll ausgedrückt werden.

So also ist entstanden und analogisch übertragen worden der Ausdruck der *personarum* auf die Bezeichnung der Verschiedenheit innerhalb der Heiligen Trini- tät.

Wir aber müssen bedenken, was es bedeutet, je nach dem Zusammenhang der Rede, und wie es möglich ist, zu sagen: 3 Personen, 3 representationes, 3 Erkenn- barkeiten – wessen? Eben der Relationen! ... Aber eine *gôtehêit* ist die des Vaters und des Sohnes und des Heiligen Geistes» (2, 640).

Nachdem er das begriffliche System der heilsverbindlichen Trinitätsformel hin und her gewendet hat, setzt *Notker* das Wort ‹Gottheit› an seine bestimmte Stelle, gleichsam als Resultat eines Denkens, das anmutet wie ein Tanzen in Ketten. Aber anders ist neuartiger sprachlicher Ausdruck kaum möglich.

Das Bewußtsein prinzipieller Beengung wird bei *Notker* auch noch anders manifest, so wenn er, gegen Ende seines Lebens – zwischen 1008 und 1017 – im Brief an seinen Freund, den Bischof *Hugo von Sion* (998–1017), schreibt:

«Freilich wollte ich dies und will jenes, aber wir und unsere Werke stehen ja völlig in Gottes Hand, und nichts mehr können wir tun, als was er zuläßt. Es ist, Hugo, die Notwendigkeit und nicht der freie Wille, der unser Handeln bestimmt, und dem, was wir müssen, können wir nicht widerstreben» (1, 860).

Dahinter stehen durchaus konkrete Verhältnisse. Von solchen wird dann unumwundener *Notkers* Schüler *Ekkehard IV.* in seinen ‹Casus Sancti Galli› sprechen:

«Abt *Norpert* (1034–1074), unter dessen Leitung wir heute leben, nicht so wie er selbst es will und wie angeblich wir es wollen, sondern wie wir es eben können» (Vorwort).

Das wird sich dann auf die Observanz der Klosterreform beziehen. *Notker* aber fährt in seinem Brief fort:

«Auf jene Wissenschaften nun, in welche ich mich nach eurer Meinung ganz vertiefen soll, ... habe ich verzichtet, und es ist mir nicht vergönnt, sie anders zu pflegen denn als Hilfsmittel. Denn da sind ja schließlich die ecclesiastischen Bücher! Und diese sind in erster Linie in der Schule zu lesen ...» (1, 860).

*Notker* hätte sich also anscheinend am liebsten ganz den ‹septem artes› verschrieben.

In seinem Brief nennt er die Schriften, die er für die 3 Fächer des Triviums (Grammatik, Dialektik, Rhetorik) übersetzt oder abgefaßt hat: *Boethius* ‹De consolatione philosophiae›; *Martianus Capella* (V. Jh., aus Karthago, Zeitgenosse *Augustins*) ‹De nuptia Philologiae et Mercurii› I und II, ein allegorisches Lehrgedicht; die ‹Kategorien› und die ‹Hermeneutik› des *Aristoteles* und die erwähnte lateinische ‹Rhetorik›. – Verloren sind: die ‹Disticha Catonis›, die ‹Bucolica› des *Vergil* und die ‹Andria› des *Terenz*.

Für die 4 höheren Fächer des Quadriviums (Arithmetik, Musik(-theorie), Geometrie, Astronomie) schrieb *Notker* ganz auf deutsch ‹De Musica› und auf lateinisch einen ‹Computus› (Datenberechnung). Verloren sind seine ‹Prinzipien der Arithmetik›.

Von seinen theologischen Schriften sind die Übersetzung von *Boethius* ‹De Trinitate› und die des Buches Hiob verloren, katechetische Stücke, die sogen. biblischen Cantica (nicht Hoheslied!) und eine vollständige Psalmenübersetzung erhalten.

«Wenn Ihr (einige von meinen Schriften) haben wollt», schreibt er im Brief, «so schickt mehr Pergamene und Belohnungen für die Schreiber. Euere (mir geliehenen) Bücher ... hat von mir der Abt von Reichenau (*Berno*, 1008–1048) erbeten. Er hat dafür ein Pfand gegeben, das von größerem Wert ist. Denn bedeutender ist die ‹Rhetorik› *Ciceros* und *Victorins* trefflicher Kommentar, welche ich (von ihm) an Stelle jener Bücher als Pfand habe. Und der Abt darf sie nicht zurückverlangen, ohne die Eurigen gegeben zu haben. Sonst gehören Euch seine Bücher und es erwächst Euch kein Schade» (1, 861).

*Notker* hat den Abt von Reichenau also ein wenig überschlaumeiert. Er scheint überhaupt ein Mensch von einem gewissen, gelegentlich (so in den lateinischen Wortwitzen des Briefes) bitter verspielten Humor gewesen zu sein. *Ekkehard IV.* berichtet, *Notker* habe alle seine Werke ‹aus Liebe zu seinen Schülern› geschrieben. Man wird sich diesen thurgauischen Grafensohn als kräftigen Kerl vorstellen.

Als schwerste Sünde bekannte der 72jährige auf dem Totenbett, daß er als junger Mensch im Ordensgewand einmal einen Wolf erschlagen habe. *Ekkehard* schreibt, noch zuletzt habe *Notker* auf seine Kosten Arme und Bedürftige speisen lassen und sich sterbend daran gefreut, wie gut es ihnen schmeckte. Begraben sein wollte er in seiner Kutte und mit jener eisernen Kette, die er sein Leben lang um den Leib getragen hatte.

In den gleichen Tagen starben im Kloster noch neun andere Mönche. Sie starben an der Pest, die das aus Italien heimkehrende Heer Kaiser *Heinrichs II.* ins Kloster des Heiligen Gallus eingeschleppt hatte. Unter dem 29. Juni 1022 notiert das St. Galler Totenbuch: «obitus Notkeri doctissimi atque benegnissimi magistri» – «Tod Notkers, des gelehrtesten und freundlichsten Lehrers».

## Realpolitik als Verzicht auf das Ganze

In einer emphatisch oder schicksalhaft begriffenen Strukturtotalität die Signifikanz von Einzelmomenten zu bestimmen – unter dieser discretio-relatio-Formel ließe sich vermutlich nicht nur *Notkers* Umgang mit der Sprache, sondern auch der Imperiumsgedanke *Ottos III.* beschreiben. Wenn dieser (S. 91) ‹seinen› Römern sagte, sie vermöchten es nicht, ihn, den Caesar, von sich auszuschließen, und er dabei sein Bewußtsein zum Zeugen anrief, dann hatte er damit auf höchst abstrakte Weise das widerstrebend Einzelne seinem Gesamtbegriff unterworfen. Daß die Wirklichkeit anders war, galt ihm nur als ‹um so schlimmer für die Wirklichkeit›. Schon sein Nachfolger, der Heilige Kaiser *Heinrich II.*, war in partikulären Aktivitäten zu beschreiben gewesen, d. h. er hatte sich der widerstrebenden Wirklichkeit zugewendet. Klerikale Ausbildung und religiöse Attitüde hatten bei ihm vielleicht darüber hintäuschen können, daß das Imperium Sacrum als Ganzes nicht mehr in jeder seiner Handlungen sich notwendig darstellte. Nach seinem Tode 1024 wählten die Fürsten den ‹Salier› *Konrad II.* zum römischen König, einen kleinen pfälzischen Landbaron, der auf verschlungene Weise mit den Ottonen verwandt war. Weder Herzog noch Kleriker, kam *Konrad II.* selbst aus einer partikulären Existenz heraus. Man hat den ‹analphabeten Laien› von nüchterner Tatkraft, den kräftigen Mann mit dem Herzen auf dem rechten Fleck und dem treffenden Wort auf der Zunge als ‹Realpolitiker› gerühmt. Aber seine Hinwendung zur wirksamen Einzelaktion zieht zugleich schon die Konsequenz für das unmöglich gewordene Ganze. Er versucht es zu rekonstruieren, aber indem er einzelne Relationes herausgreift, partikularisiert er sie, macht er sie zu etwas Funktionalistisch-Discretem.

1026 läßt er sich in Mailand zum ‹rex Langobardorum› krönen, 1027 empfangen er und seine hochgebildete Gemahlin *Gisela* von einem korrupten Papst die Kaiserkrone. 1032 gelingt es ihm, die Erbschaft von Burgund anzutreten und sich in Payerne krönen zu lassen. Eigentlich war der Erbschaftsvertrag zwischen dem letzten, kinderlosen burgundischen König *Rudolf* und Kaiser *Heinrich II.* ein persönliches Abkommen gewesen, nur auf den verstorbenen *Heinrich II.* gemünzt.

In seiner drastischen Art soll *Konrad* formuliert haben, das Reich sei ein Schiff und der jeweilige Kaiser nur der Steuermann, eine Staatstheorie, die eine Unterscheidung erlaubte zwischen den Dingen, die zum Schiff, und denen, die zum Steuermann gehörten. Und der burgundische Erbschaftsvertrag gehörte nach Ansicht *Konrads* eben zum Schiff. *Otto III.*

hätte kaum zwischen ‹Schiff› und ‹Steuermann› unterscheiden wollen. Die konkrete Abstraktion des Sprichwörtlichen vereinzelt und vereinseitigt ihr Allgemeines zugleich wieder, denkt Relationes auseinander. Kaum zufällig ist von *Konrad II.* viel Drastisch-Proverbiales überliefert.

Als sein Stiefsohn Herzog *Ernst von Schwaben,* der sich gegen das Reich empört hatte, als Geächteter erschlagen worden war, jung und ohne Erben, soll *Konrad* gesagt haben: «Bissige Hunde haben selten Junge!.»

In der Lombardei ließ er einen räuberischen Grafen fangen und verhöhnte ihn, als man ihn gefesselt brachte, mit den Worten: «Ist das der Löwe, der die Herde Italiens verschlungen hat? Beim heiligen Kreuz des Herrn, dieser Löwe soll nicht ferner von meinem Brote zehren» und ließ ihn wie einen gewöhnlichen Straßenräuber hängen.

*Konrad* soll beim Volk beliebt gewesen sein und dieses prägte von ihm den Satz: « An *Konrads* Sattel hangen die Steigbügel *Karls* des Großen».

Nicht zu vergessen wäre indes auch die römische Seite von *Konrads* Kaisertum, denn er war es ja, der den Bügel auf der Ottonenkrone erneuern und mit der Perleninschrift versehen ließ: CHVONRADVS DEI GRATIA ROMANORV(m) IMPERATOR AVG(ustus).

Auf seinen Siegeln trägt das Szepter des Herrschers zuerst den Adler, Symbol römischer Tradition. Unter ihm setzt sich die Bezeichnung IMPERIUM ROMANUM für das ganze Reich durch, und auf *Konrads* Kaiserbulle erscheint zuerst der berühmte Vers: Roma caput mundi tenet orbis frena rotundi – Rom, das Haupt der Welt, hält die Zügel des Erdkreises.

Die hier als Formulierung akzeptierte Einseitigkeit verläßt zugleich die pluralistische Struktur, welche die ‹Huldigung der Reichsteile› im ottonischen Staatsbild darstellte (S. 90), und bereitet unwissentlich die Möglichkeit vor, daß ein andrer als der Caesar die Zügel jenes Erdkreises halten könnte. *Konrad* war es, der in Italien das immer noch gebräuchliche langobardische durch das römische Recht zu ersetzen befahl. Sich selbst aber scheint er als konkretes Instrument einer nahen Zukunft gedacht zu haben. Seinen Sohn *Heinrich* ließ er 11jährig in Aachen krönen. Er erzog ihn sorgfältig zum künftigen Imperator, und die Rückseite von *Konrads* erster Kaiserbulle trug das Bild seines Sohnes mit der Umschrift: HENRICVS SPES IMPERII – *Heinrich,* Hoffnung des Imperiums. Es ist dies ein sehr partikulares Hoffnungsziel.

In ihm war zugleich konkret formuliert der Gedanke des Erbrechts, der *Konrad* wichtig sein mußte. ‹Staat› ist für *Konrad* persönliche Herrschaft, kein abstraktes Ganzes. Da sich im Regnum kein Amtsherzogtum entwickelt hat, kann sich der König auf die Herzöge nicht stützen, sondern allenfalls auf die Kirchenfürsten als ‹Ersatzfundament› *(Bosl).* Aber Herzogtümer wie Bistümer sind Bereiche eigenen Rechts, die sich durch Rodung eine Flächenherrschaft konstituieren. *Konrad* versucht, mit der Neuorganisation des Königsguts seinerseits Herrschaft zu konkretisieren. 1027 läßt er das Krongut in Bayern feststellen, um es «seinem Sohn in allem Umfang übergeben zu können» *(Bosl).* Für die Verwaltung des

Krongutes zieht er kleine und sogar unfreie Leute heran, die dann im ritterlichen Reichsdienst sozial emporsteigen: die Ministerialität. Indem sie einen umfassenden ‹ritterlichen› Standesgedanken definiert, wird sie zum Träger der ‹höfischen Kultur› werden.

Er versucht auch in Italien die Bildung von Privatheeren der Seniores aus kleinen Leuten zu verhindern, diese Leute vielmehr an den König (Staat) zu binden. In der Lombardei erläßt er ein Gesetz über die Erblichkeit der kleinen Lehen, welches die Kleinritter zugleich zu ökonomischer Produktivität nötigt.

Wenn es auch den Ministerialen des Reichs wie der Fürsten glücken sollte, dem Adel den allgemeineren Begriff des ‹Ritters› als verbindlichen Wert aufzunötigen, so ist es doch im Reich weder Saliern noch Staufern gelungen, einen festen Königsstaat im ‹Staate› zu schaffen. Ein Moment von lehnsrechtlicher Aporie scheint die Entstehung der ritterlichen Kultur nicht nur in Deutschland favorisiert zu haben.

Im arabischen Spanien sollte es gerade mit der Auflösung des Omaijadenkalifats in Kleinfürstentümer (1008) zu einer höfisch-ritterlichen Kultur kommen, und in Südfrankreich sollte gerade das miserabel regierte Aquitanien am Ende des XI. Jahrhunderts Wiege der Trobador-Lyrik werden. Im normannischen England, das die straffste lehnsrechtliche Organisation aufwies, hat die ritterliche Lyrik nie geblüht. Geeignetster Ort ritterlicher Selbstdarstellung sind wohl immer nur kleinere Höfe gewesen.

Als *Heinrich III.* 1039 dem 49jährig verstorbenen Vater nachfolgt, wird er als Eques ecclesiae das Ende des *Imperium Sacrum* vorbereiten helfen.

# FÜNFTES KAPITEL

# IMPERIALE ERNEUERUNG
# DER WESTRÖMISCHEN KIRCHE

Der beim Tode seines Vaters 21jährige *Heinrich III.* bewies in fast allen seinen politischen Einzelaktionen eine glückliche Hand.

Schon in den ersten Jahren seiner Regierung konnte er den Böhmenherzog, der im Begriff stand, ein christliches, großslavisches Reich zu gründen, in ein Lehnsverhältnis zum Imperium nötigen, ebenso Ungarn. Im Westen hatte er sich dem Haus Aquitanien verbunden durch seine Heirat mit *Agnes von Poitou,* und im gleichen Jahre (1043) hatte er sich mit dem französischen König in Ivois zu einem politischen Gespräch treffen können.

Aber der geistliche Ernst, mit dem *Heinrich III.* sein Amt ausübte, sollte den realpolitischen Interessen des Imperiums eher entgegenwirken. Die erwachten partikulären Kräfte ließen sein sakrales Caesarentum zu einem nur noch persönlich glaubwürdigen Ethos, d.h. letztlich selber zu einer Partikularität werden, die keinem Ganzen mehr eine Einheit zu geben vermochte. In verschiedener Hinsicht exemplarischen Charakter hat sein Verhältnis zum Herzogtum Lothringen.

### Heinrich III. als ‹rex maior›

Herzog *Gozzo* von Ober- und Niederlothringen war 1044 gestorben. Seinem Sohn *Gottfried dem Bärtigen* verlieh *Heinrich III.* aber nur Oberlothringen als Lehen. Herzog *Gottfried* empörte sich, wurde von einem Fürstengericht in Aachen abgesetzt, verwüstete aber nun in Raubritterweise die westlichen Reichslande, nicht ohne dabei vom französischen König heimlich unterstützt zu werden. *Heinrich* gelang es, ein Fürstenbündnis gegen den Empörer zustandezubringen und diesen (1045) zur Unterwerfung zu zwingen. Großmütig schenkte er ihm das Leben und verlieh ihm Oberlothringen aufs Neue – aber eben nicht auch Niederlothringen. Bei der ersten guten Gelegenheit verbündete sich Herzog *Gottfried* mit den Grafen von Holland und Flandern und verheerte Lothringen abermals. Erst ein großer Feldzug Kaiser *Heinrichs,* der sich jetzt mit den Königen von Frankreich, England und Dänemark (Flottenunterstützung!) verbündet hatte, besiegte den Rebellen, und *Gottfried* verlor auch sein oberlothringisches Herzogtum. Er behielt das Leben durch die Gnade seines einstigen Lehnsherrn, der christlich an ihm handeln wollte, obgleich er die königliche Verfügungsgewalt über das lothringische Herzogtum kriegerisch durchgesetzt hatte. Es ist der Widerspruch zwischen Herrschaft und Haltung, die diese als bloß persönliche Attitüde entstehen läßt. *Heinrich III.* hatte auf seinem Zug nach Burgund (1041/42) die kirchliche Friedensbewegung der ‹Treuga Dei› kennengelernt, die ihn persönlich beeindruckte.

1039 von Marseille aus für alle südfranzösischen Kirchenprovinzen propagiert, besagte sie, daß bei Strafe der Exkommunikation und Vertreibung von Haus und Hof, in besonderen Fällen gar bei Todesstrafe, jeder Ritter gehalten sein sollte, von Donnerstag abend bis Montag früh von seinen Waffen keinen Gebrauch zu machen – d. h. an den Tagen, die in der Leidensgeschichte Christi Bedeutung hatten. Weder Angriff noch Rache noch Pfändung von Schuldnern sollte in diesem Zeitraum geschehen. Und wenn einem in diesen Tagen geraubtes Gut begegnete, sollte man es sich nicht mit Gewalt wiedernehmen dürfen. Gegen Friedensbrecher ging die Kirche mit Unterstützung weltlicher Macht vor.

Es ist in dieser namentlich gegen das adelige Fehderecht gerichteten und von den Cluniazensern propagierten Institution schon der Begriff eines Kreuzzugsrittertums im Dienste der Kirche vorgeprägt. *Heinrich III.* erließ ein paralleles kaiserliches Friedegebot und predigte 1043 in Konstanz in diesem Sinne selbst von der Kanzel herab. Mehrfach vergab er öffentlich allen seinen Schuldnern, trat auch 1044 nach dem Sieg über die Ungarn in härenem Gewand als Büßer auf.

Die hier erwähnten Ereignisse scheinen in einer höfisch-ritterlichen Dichtung in lateinischer Sprache nachzuklingen, in dem ‹Ruodlieb›-Epos, das zwischen 1040 und 1050 im bayerischen Kloster Tegernsee entstanden sein könnte. Dort ist der Hauptheld ein ‹miles› (II, 49), der im weiteren Verlauf der Erzählung ‹Ruodlieb› heißt (V, 223 ff.). Er hat in seiner Heimat mächtigen Herren treu gedient, aber nur Mißgunst geerntet. Als ‹miles peregrinus›, nur von seinem ‹scutifer› (I, 18) begleitet, sucht er bei einem fremden König Dienst, zunächst als Hofjäger. Bald erregt er durch seine Fähigkeit, mit Hilfe des Buglossenkrautes Fische zu fangen, die besondere Aufmerksamkeit des Königs. Der vertraut ihm die Heerführung gegen einen räuberischen Grenzgrafen an, welcher mit einem fremden König im Bunde ist. Alles glückt dem ‹miles peregrinus› vortrefflich. Er nimmt die Feinde gefangen, schont sie aber:

«(Denn) unser König hat nicht befohlen, daß, wer sich unterwirft und gefangen wird, das Leben verliere. Vielmehr war dies sein Gebot, daß wir unsre gefangenen Freunde befreiten und das, was die Feinde raubten, zurückholten ... Wer wollte denn größere Ehre gewinnen als der, der den Sieger (moralisch) besiegt? Im Kampf sei ein Löwe, aber in der Rache ein Lamm! Das ist keine Ehre für euch, empfangenen Schmerz zu rächen. Die bessere Rache übt, wer den Zorn zu bezähmen weiß!» (III, 7–14).

Was in diesem Epos von ‹rex maior› (V, 34), dem Herrn Ruodliebs, gesagt wird, entspricht der Haltung *Heinrichs III.* gegenüber *Gottfried von*

*Lothringen.* – Der König schickt den siegreich heimkehrenden Ruodlieb dann zu Friedensverhandlungen an den Hof des feindlichen Königs und läßt jenem seine Verzeihung und Freundschaft antragen. Nachdem er sich beraten, antwortet der feindliche König:

«Voller Vertrauen habe ich meinen Vasallen die freundliche Botschaft des Königs, eures Herrn und unseres Freundes, mitgeteilt. Ich habe ihnen gesagt, wie nachsichtig er die behandelte, die verdient hätten, gehenkt zu werden. Gesund sendet er mir jene zurück, die sich ihm gegenüber todeswürdig verhielten. Er hat uns reichlich Ehre erwiesen und uns mit seiner Gnade beschenkt. Jene und ich selbst sollten ihm darauf in gleicher Weise antworten, sofern er das, was er verspricht und uns durch Euch versichern läßt, wirklich hält. – Da sprach der Gesandte (= Ruodlieb): Seine Art ist es nicht, das, was seine Worte bezeugen, nachher zu verkehren. Was er sagt, ist wahr, denn er achtet darauf, daß reine Wahrheit in jedem seiner Worte erscheint» (IV, 21–30).

Die Vorverhandlungen gehen günstig aus. Eine Zusammenkunft beider Könige im Grenzland wird beschlossen. Der Gesandte Ruodlieb kehrt zurück und berichtet dem ‹rex maior›.

«Über solchen Bescheid und solche Ehre freute sich der König, doch sprach er kein hochmütiges Wort, sondern lächelte nur; er ehrte und lobte den Herrn, der den Sieg verliehen hatte» (IV, 173–175).

In einem zweiten Bericht Ruodliebs erfahren König wie Leser Einzelheiten vom Leben des Gesandten am feindlichen Königshof, wie man versucht hat, ihn beim Schachspiel über geheime Absichten auszuhorchen und sich erst dann auf Verhandlungen einließ. Ähnlich wie die festliche Begegnung der beiden Könige im ‹Ruodlieb› wird man sich das Treffen zwischen *Heinrich III.* und *Heinrich I.* von Frankreich bei Ivois (1043) vorstellen dürfen. Die epische Beschreibung eines ‹Kronenaltars› im königlichen Feldlager bezeugt den sakralen Charakter der Herrschaftszeichen:

Im Osten des Lagers steht ein Zelt, welches durch einen Gang mit einem zweiten Zelt verbunden ist. In diesem befindet sich ein reich geschmückter Tisch ‹velut ara› – wie ein Altar, und darauf liegen Reichskreuz und Krone – ‹regis crux et diadema›. Dort wird dem König täglich die Messe gelesen (vgl. V, 5–12). Es handelt sich hier wohl um das von *Konrad II.* gestiftete Reichskreuz *(Abb. 33)*, in dessen Innerem zu Kriegszeiten das Blatt der Heiligen Lanze aufbewahrt wurde. Mit dem darin enthaltenen Nagel vom Kreuz Christi war eine Reliquie vorhanden, ohne welche kein Altar und keine Messe möglich ist.

Aus dem Feldlager zurückgekehrt, erreichen Ruodlieb Briefe seiner früheren Lehnsherren und seiner Mutter. Er läßt sie sich von einem Schriftkundigen vorlesen und erfährt, daß seine Widersacher tot sind und die Mutter seine Heimkehr wünscht. Er erbittet Urlaub und zieht mit Geschenken und 12 Weisheitslehren des ‹rex maior› in seine Heimat.

«Und zu diesen Schätzen wird noch die große Königinnenfibel *(Abb. 34)* hinzugelegt. Keines Goldschmiedes Hand hatte sie gehämmert, gefugt oder graviert: sie war in einer Tonform gegossen worden – ganz und gar massiv.

In ihrer Mitte steht das Abbild eines Adlers mit ausgebreiteten Flügeln. Der hatte oben auf seinem Schnabel einen Edelstein (pila cristallina), in welchem man sehen mochte, wie drei winzige Vögel sich tummelten als wären sie lebendig und im Begriffe, munter aufzuflattern. Eine goldene Ringborte umfing den Adler. Dieser selbst war sehr breit und er hatte sich seine Brust gut gepanzert: aus einer Gewichtsmark Gold war er gegossen – so breit war er» (V, 340–350).

*Karl Hauck* meint den hier beschriebenen Schmuck mit der Adlerfibel aus dem Mainzer ‹Schatz der Königinnen› identifizieren zu können. Da diese Fibel im Besitz der Mutter Kaiser *Heinrichs III.*, der Kaiserin *Gisela*, vermutet wurde, heißt sie auch ‹Giselafibel›.

Auf seinem Heimweg erlebt Ruodlieb ein Verbrechen und seine Sühne und nimmt auf einer Burg am höfischen Leben teil. Tanz und Musik werden geschildert, wobei der analphabete (s. ob.) Ritter selbst singt und Harfe spielt – 100 Jahre vor dem Beginn des pergamentwürdigen Minnesangs (vgl. XI (IX), 48 ff., auch die deutschen Reime liebes: loubes, vvunna: minna XVII, 12 f. und 67 f.). Dann richtet Ruodlieb seinem Neffen die Hochzeit aus und erlebt schließlich ein Abenteuer mit einem Zwerg. Der Schluß des Romans fehlt.

Gewiß wollte der ‹Ruodlieb› nicht Reichsgeschichtsschreibung sein. Sonst hätte der erste Teil des Werkes die Eigennamen nicht zu tilgen brauchen; denn dort heißen die Personen nur nach ihrer gesellschaftlichen Funktion: miles, venator, rex, princeps, comes, signifer. Durch solche Namenlosigkeit werden hier historische Ereignisse verschlüsselt. Dies aber setzt ein Publikum voraus, welches nicht nur das Verschlüsselte erkennt, sondern gerade mit seiner Fähigkeit zum Entschlüsseln sich selbst beweist, daß es zu einem Kreis von Eingeweihten gehört. Verschlüsselung ist ein umittelbar gesellschaftliches Phänomen, eine literarische Sozialgeste, nach deren Bedeutung zu fragen ist.

*Karl Hauck* hat gezeigt, daß gerade im XI. und XII. Jahrhundert an Adelshöfen eine Literatur gepflegt wird, die die bis in die Vorzeit zurückreichende Würde des betreffenden Hauses darzustellen versucht. In gewissem Sinn gehören als ‹liudulfingische Hausliteratur› bereits die Geschichtsdarstellungen des *Widukind von Corvey* und der *Hrotswith von Gandersheim* (vgl. S. 79 f.) in diesen Zusammenhang.

Der ‹Ruodlieb› könnte allenfalls eine Nachahmung solcher Adelssitte sein, denn sein Held ist gerade kein Adeliger, sondern ein kleiner, lehenloser Ritter, der vom Dienstmann eines Grafen zum Ministerialen des Königs aufsteigt. Ja, das Ende des Fragments eröffnet sogar eine märchenhafte Zukunftsperspektive von noch weiter reichender sozialer Aspiration.

Ruodliebs Mutter träumt, sie sehe ihren Sohn im Kampf mit einem Rudel von Wildschweinen, welches von zwei mächtigen Ebern angeführt wird. Nach hartem Kampf bleibt Ruodlieb Sieger. Sodann sieht sie ihn unter einer Linde schlafen, in deren Zweigen viele gerüstete Ritter stehen. Eine weiße Taube senkt sich zu dem schlafenden Ruodlieb herab. Sie trägt eine Krone im Schnabel.

Die Deutung gibt ein Zwerg, den Ruodlieb im Wald gefangennimmt. Dieser

Zwerg kennt die geheimen Schätze zweier Könige, Vater und Sohn, die Immunch und Hartunch heißen (XVIII, 8). Mit beiden wird Ruodlieb kämpfen und er wird sie töten wie die Wildeber im Traum. Hartunchs Schwester Heriburg (XVIII, 11) aber erbt das Reich und Ruodlieb wird mit ihrer Hand zugleich die Königskrone erwerben.

Hier ist anscheinend eine ältere Herkunftssage mit der Ministerialenthematik verknüpft worden. Zu den mit h anlautenden Namen Hartunch, Heriburg fügt sich auch Hruodlieb in seiner älteren Lautform (vgl. Hroth-swith). Sippennamen pflegten zu alliterieren. Der Schluß des Ruodlieb-Fragments drückt träumend die Hoffnung aus, daß ein Ministeriale durch seine ritterlichen Fähigkeiten selbst zum höchsten Amt berufen sein könnte.

Die späte ‹Legenda Aurea› übrigens verknüpft diese Motivik mit der Person Kaiser *Heinrichs III.*, der vom Findelkind zum Tochtermann und Nachfolger *Konrads II.* avanciert.

Unter den ersten Saliern, denen ja auch die späteren Staufer ihren Aufstieg verdanken, kamen im Reichsdienst manche Ministerialen empor. *Wernher,* ursprünglich Hintersasse des pfälzischen Landbarons *Konrad,* rückte, als sein Herr König und Kaiser wurde, an dessen Seite in das Hof- und Reichsamt des königlichen Bannerträgers auf (‹signifer regis›). *Wernher I.* fiel 1040 im Kampf gegen Böhmen. Ihm war bereits das Vogteirecht der Reichsabtei Kaufungen und wohl auch Markgröningen (Glemsgau/Württemberg) verliehen worden. Sein Sohn, *Wernher II.,* er fiel 1053 bei Civitate, war schon «Graf und naher Verwandter (Schwager?) eines Bischofs von Straßburg» *(Schramm).* Auch der Feldherr Ruodlieb wird ‹signifer ... regis› genannt (III, 27).

So vielleicht auch III, 34, wo statt des willkürlich ergänzten ‹scutifer› eher ‹signifer› die Überlieferungslücke schließen könnte.

Vielleicht gehört der ‹Ruodlieb› als ‹ministeriale Hausliteratur› in diesen oder einen analogen Zusammenhang. Als Verherrlichung früher Ministerialität ist diese literarische Sozialgeste zugleich ein Stück historischer Wirklichkeit.

Allerdings verkleidet sich im ‹Ruodlieb› ministeriale Aufstiegshoffnung kaum zufällig ins Phantastische des Märchenschlusses. Es bezeichnet dieses Werk zugleich die Differenz von Adel und Rittertum, welches vorerst Soldatenhandwerk ist. Noch den Sohn *Heinrichs III.* werden Fürsten, die er mit einem Kleine-Leute-Heer bekämpft, als ‹rex gregarii militis›, als König der Bauernsoldaten verhöhnen. Im ‹Ruodlieb› ist solcher Gegensatz faßbar, wenn es heißt:

«Manchmal wendet sich der König bei Tisch von den mächtigen Grafen zu uns hin und spricht und scherzt mit uns während des Essens. Was ihm von besseren Dingen gereicht wird, läßt er uns bringen, nicht um uns zu belohnen, sondern um uns zu ehren» (I, 104ff.). Königsdienst also bringt Ehre.

## Frühsalische Partikularität

*Heinrich III.* wird, anders als der ‹rex maior›, im allgemeinen als schwieriger, unzugänglicher Mann geschildert, der jedem weltlichen Scherz abgeneigt war.

Bei seiner Hochzeit mit *Agnes von Poitou*, die 1043 in Ingelheim gefeiert wurde, soll er die fahrenden Spielleute vom Hofe gewiesen haben. Noch die ‹Legenda aurea› (1293) erinnert sich daran.

Die höfische Feinheit, welche *Heinrich III.* umgibt, hat exklusiven Charakter. Der vielleicht aus Solothurn gebürtige *Wipo*, Hofkapellan und Beichtvater des Königs, bezeugt mit seinen ‹Versus ad mensam regis›, «daß auch an nichtgeistlichen Höfen ... geistliche Lebensnormen, wie etwa die Tafellesung gegolten haben» *(Hauck)* – ein Verhalten, das vielleicht ähnlich wie die demonstrative Großmut zum persönlichen, speziellen Ethos zu werden droht, und damit den bevorstehenden Bruch von ‹geistlich› und ‹weltlich› ankündigt, den der Investiturstreit ratifiziert. Gelesen wurden bei Hofe wohl auch Panegyrika auf den Herrscher und sein Haus. Dieser Art ist etwa der ‹Modus Ottinc›, eine weltliche Sequenz, ein ‹Leich›, wenn man denn so will, der heute im Spielmannsbuch der ‹Cambridger Lieder› aufbewahrt ist. *Heinrich III.* zeigte an solchen ‹Modi› besonderes Interesse. Brieflich entschuldigt sich der Wormser Magister *Ebo* dafür, daß er dem Wunsch des jungen Königs nach einer Sammlung von ‹Modi› noch nicht habe entsprechen können. Neben dem ‹Modus Ottinc› und der feinen Sequenz von ‹Lantfried und Cobbo› finden sich in den ‹Cambridger Liedern› auch noch die ‹Verna feminae suspiria›, ein Stück lateinischen Vor-Minnesangs, eine Frauenstrophe:

1. Leicht erhebt sich der Zephir und die Sonne steigt linde wärmend empor. Schon öffnet die Erde den Busen und ihre Würze strömt duftend hervor.
2. Strahlend schreitet der Frühling einher, hat den Ornat sich angelegt, besprengt die Erde mit Blumen und die Bäume des Waldes mit Laub.
3. Was kriecht, bereitet sich ein Lager. Was fliegt, baut jetzt ein Nest, und aus grünenden Zweigen singt es sein Glück hervor.
4. Wenn ich das mit Augen sehe, wenn ich das mit Ohren höre, ach, soviel Glück sich genießt, soviel Seufzer entfacht es in mir.
5. Mit mir allein bin ich gesessen und sinne bleich vor mich hin; blick ich dann plötzlich auf, so seh ich nichts und höre nichts.
6. Du gnädiger Mai, hör wenigstens du mich und bedenke all deine Blätter und Blumen und Gräser. Wie ist meine Seele so matt (Carm. Cant. XXXI).

Auch hier ist die Selbstdarstellung des Gefühls Darstellung der Entzweiung.

Unvermitteltes Nebeneinander von monumentaler Funktionalität und Zierlichkeit zeigt ein Blick auf Dom und Evangeliar von Speyer *(Abb. 37)*.

1032 hatte *Konrad II*. den Dom begründet und den als Architekten bewährten Abt *Reginbald* von Lorsch zum Bischof von Speyer berufen. Unter *Heinrich III.* wurde der Dom in seiner ersten Form (Speyer I) vollendet. Kurz nach dem Tod des Kaisers, 1061, wird er geweiht.

Die teppichhafte glatte Wand, wie sie sowohl Gernrode und Hildesheim als auch das freskengeschmückte St. Georg auf der Reichenau zeigen, ist hier ausgehöhlt. Der Raum dringt sozusagen in die Wandfläche ein. Vier stufenweise vorspringende Wandschichten lassen sich unterscheiden: 1. Die Ebene des Fensters im Oberlichtgaden. 2. Die Ebene der Arkade. 3. Die Ebene des Pfeilers, welche als Bogen um das Fenster herumgeführt wird. 4. Die Wandschicht, in welcher die Halbsäule steht und die als Arkadenbogen über das Fenster aufsteigt. Kapitellzone, Architravzone, Basiszone springen als plastische Elemente der Wand noch weiter vor.

Unter *Heinrich IV*. wurde der Dom vollständig eingewölbt. Dabei wurde jeder zweite Pfeiler verstärkt und erhielt eine mächtige Halbsäule, die das Gewölbe zu tragen hatte, einen sogenannten ‹Dienst›.

Der architektonischen Wucht des Domes steht die Feinheit und Weichheit der Malerei des Domevangeliars gegenüber, das *Heinrich III*. zwischen 1043 und 1046 an Speyer schenkte *(Abb. 35).*

Das Widmungsblatt, das ohne byzantinische Hofkunst nicht zu denken ist, zeigt Christus in der Mandorla, als Weltenrichter auf dem Regenbogen thronend. Die drei pfeilförmigen Falten an seinem unteren Gewandsaum sprechen zeichenhaft von der Trinität. Zu Füßen Christi knien König *Heinrich* und *Agnes von Poitou.* Das Gewand des Königs wird vom ‹Wehen des Geistes› zu dreigestaffelter Falte gebauscht. «In nomine sanctae et individuae Trinitatis», so beginnt nahezu jede Königs- oder Kaiserurkunde (‹Invocatio›).

In ein Klima geistlicher Allegorese und zugleich frühsalischer Partikularität führt auch der halb vulgärsprachliche Kommentar des Hohenliedes, in welchem um 1056 der Abt *Williram von Ebersberg* den biblischen Text zugleich übersetzte und deutete.

*Willirams* Werk ist dreispaltig angelegt. In der Mitte steht der lateinische Bibeltext der ‹Cantica canticorum›, links eine lateinische Hexameterparaphrase, rechts die deutsche Übersetzung nebst mischsprachiger Erklärung.

Es handelt sich bei den ‹Cantica canticorum› um eine Sammlung althebräischer Liebeslieder. Nur allegorische Exegese kann in ihnen einen geistlichen Sinn finden, das Erotische zu religiöser Energie sublimieren.

Das Gespräch zwischen Bräutigam und Braut wird als Gespräch zwischen Christus und der Kirche aufgefaßt. So in *Willirams* 48. Kapitel:

« *Rede der aus den Heiden erwählten Kirche:* (Cant. 3, 1) Des Nachts auf meinem Lager suchte ich meinen Freund; ich suchte ihn und fand ihn nicht. (3, 2) Nun will ich aufstehn und will ihn suchen durch die Stadt auf den Gassen und in den Straßen. Immer noch habe ich ihn nicht gefunden. (3, 3) Auf dem Wege, wo ich ihn suchte, fanden mich die Burgwächter. Zu denen sprach ich also: Habt ihr irgend meinen Freund gesehen? (3, 4) Eine Weile darauf, nachdem ich durch sie alle hindurchgegangen war, (um zu hören,) was jeder von ihnen mir von ihm sagen könnte, da fand ich meinen Freund. Ich nahm ihn zu mir und lasse ihn auch nicht von mir, ehe ich ihn wieder in meiner Mutter Haus und in ihre Kammer bringe. ---

Damals noch, da ich in *der Finsternis des Unglaubens* war und ich *fleischlichen Lüsten nachgab,* da wollte ich gleichwohl meinen *Bräutigam* erkennen *durch die Lehre der Philosophen, des Plato, Aristoteles, Sokrates* und anderer Weltweiser, die da *den Schöpfer durch das Geschöpf* erkennen wollten. Unter ihrer Anweisung konnte ich ihn nicht finden, *weil Gott die Weisheit dieser Welt töricht macht.* Nun ich aber zu seinem Glauben gekommen bin, nun will ich nicht mehr *den fleischlichen Lüsten nachgeben* und will ihn in der Burg dieser Welt suchen, ob ich keine Spur von ihm finden möge, freilich nicht bei denen, die da gehen *auf dem engen Wege, welcher zum Leben führt,* sondern bei denen, die da noch gehen *auf den breiten Wegen dieser Welt.* Noch immer konnte ich ihn so nicht finden. Nun will ich aber die *Propheten und Apostel fragen, welche die Stadt Gottes bewachen* …Ich fand ihn in ihren Büchern, daß er *wahrer Gott vor den Zeiten* ist und er hinwieder aus Liebe zu mir *wahrer Mensch ward am Ende der Zeiten* …» (Das Hervorgehobene ist bei *Williram* lateinisch!)

Die Stimme der ‹aus den Heiden erwählten Kirche› wird schließlich doch zur Stimme eines Einzelmenschen, aber des gelehrten, in den Büchern findenden Klerikers. Spätere vulgärsprachliche Hohelieddeutungen werden das Gespräch zwischen Bräutigam und Braut das von Christus und minnender Einzelseele sein lassen.

Wie *Notker,* von dessen Psalmwerk er wohl beeinflußt ist, bemüht sich *Williram* um eine genaue Orthographie, nach dem Vorbild *Notkers* setzt er sprachliche Akzente. Aber das Verhältnis zum vulgärsprachlichen Wort ist gänzlich andersartig.

«(Cant. 5, 8) Ich beschwöre euch, ihr Töchter Jerusalems, findet ihr meinen Freund, so sagt ihm, daß ich vor Liebe krank liege …
*Uox Synagogae ad Ecclesiam de Christo.*
(Cant. 5, 9) Wer ist dein Freund aller Freunde, daß du uns um seinetwillen so dringend bittest? – Aus deiner Lehre kennen wir deinen *sponsum in natura diuinitatis, filium de patre, deum de deo, lumen de lumine,* nun sage uns auch, wie geartet er sei *in natura humanitatis,* damit es uns desto nötiger sei *ante faciem eius apparere, in quem desiderant etiam angeli prospicere.*
*Uox Ecclesiae de Christo.*
(5, 10) Mein Freund ist weiß und rot, ist auserwählt unter vielen Tausenden. – *O sanctae animae,* ihr fraget, wie denn mein *sponsus* sei *in humanitate,* vernehmet nun die Kunde, die ich euch von ihm sage, dann erkennet ihr ihn als *speciosum forma prae filiis hominum.* Er ist *candidus et rubicundus. Candidus* ist er als der, den die Jungfrau gebar, und frei von allen Sünden. … Aber *rubicundus* ist er *per passionem,* denn mit seinem Blute *facta est purgatio peccatorum,* welche da vorher nie vollbracht werden konnte mit keinerlei *sanguine sacrificiorum* …» (c. 85–87).

*Notker* hatte Struktursysteme als Ganze zu erkennen versucht und die Signifikanz des Einzelnen als Moment des Ganzen. *Williram* interessieren nicht die Sprachsysteme, sondern sein eigenes Spezialistentum. Die Ziel- und Schlüsselbegriffe seiner Sätze sind lateinische theologisch-liturgische Floskeln – Fachjargon. Unverständlich scheint, daß gemeint werden konnte, es sei *Williram* darum gegangen, «durch Einbeziehung der Volkssprache auch den Kreisen der weniger Gebildeten das Wort der Schrift verständlich zu machen»; denn das ‹Wort der Schrift› war hier nur die litteraliter-Übersetzung des Hohenliedes, bei dem sich weniger Gebildete allenfalls fragen mochten, was denn das mit dem Glauben zu tun hätte. Im Kommentar braucht man nur die lateinischen Versatzstücke wegzulassen, um zu sehen, daß der Zugang zur Erklärung Lateinunkundigen genau vermauert wurde. Dieser Text konnte Laien höchstens zeigen, wo ihr Verständnis aufhört und die Spezialistenwelt des Autors beginnt. Die Sozialgeste dieses Werkes stellt die beredte Gelehrsamkeit seines Verfassers vor einem genau berechneten Publikum zur Schau – persönliches, partikuläres Streben, das kein Ganzes meint.

*Williram* stammte aus einem Grafengeschlecht in oder bei Worms, «welchem auch Erzbischof *Heribert* von Köln (999–1021, der Freund und Kanzler *Ottos III.)*, dessen Bruder Bischof *Heinrich* von Würzburg (995–1018), Bischof *Heribert* von Eichstätt (1022–1042) und dessen Bruder und Nachfolger *Gozman* (1042) angehörten. Des letzteren Vetter war *Williram*» *(Fiper)*. Er begann als Mönch in Fulda, wurde dann Scholasticus in Bamberg. Dort scheint er dem Hof und *Heinrich III.* persönlich nahegekommen zu sein. Er erhoffte sich eine seinem Adel entsprechende politische Karriere. Wahrscheinlich unter Umgehung der Abtswahl erhielt er 1048 durch *Heinrich III.* das oberbayrische Kloster Ebersberg.

*Williram* mag sein ‹Hoheslied› gleich 1048 als eben inthronisierter Abt begonnen und es im wesentlichen vor 1056, dem Todesjahr Kaiser *Heinrichs III.* abgeschlossen haben. Seine gelehrte Auslegung, die dem Kommentar des *Heimo von Halberstadt* folgt, ist schwerlich ein Werk der Resignation.

Es ist in ungewöhnlich vielen Handschriften überliefert: 17 aus dem XI./XII. Jahrhundert, keine aus dem XIII., eine aus dem XIV., eine aus dem XVII. Jh. 1598 ist es in Leyden, 1631 in Worms gedruckt worden. Die zeitliche und auch die örtliche Verbreitung der Handschriften und ihrer erschließbaren Vorlagen mag darauf hindeuten: *Williram* selbst habe dafür gesorgt, daß alle befreundeten oder benachbarten Klöster und Instanzen ein Exemplar besaßen.

In seiner Vorrede erwähnt er den französischen Gelehrten *Lanfranc von Bec,* der, zunächst Philosoph, dann Mönch, seit 1045 (–1063) als Theologe im normannischen Kloster Bec wirkte, aber anders als *Williram* einer allegorischen Exegese abgeneigt war. Der Abt von Ebersberg beruft sich wohl nur opportunistisch auf ihn. In Ebersberg endete *Willirams* Laufbahn. Nach seiner eigenen, aber wohl falschen Meinung hat ihn der Tod *Heinrichs III.* um einen Aufstieg in mächtige Reichsämter gebracht. Resigniert widmete er sein Werk *Heinrich IV.,* dem es aber wohl erst 1069 überreicht wurde.

In dem bereits seit 1013 regensburgisch-gorzisch reformierten Ebersberg war *Williram* ein tatkräftiger Abt; «die Güter des Klosters vermehrte er, aber im übrigen war er leicht geneigt, etwas von den strengen Grundsätzen ... aufzugeben, um äußere Vorteile dagegen einzutauschen. Er duldete z.B. den verheirateten Weltpriester *Huduni* und dessen Gemahlin *Hildegund,* und Verwandte – eine Schwester *Chuniza,* ein Neffe *Ulrich* – schafften ihm ein behagliches Haus».

*Williram* starb als Abt von Ebersberg am 5. Juni 1085. In seiner selbstverfaßten Grabschrift hat man wohl mit Recht Sündertheatralik sehen wollen. Ihr konnte *Williram* so wenig entrinnen wie Kaiser *Heinrich III.*, in einer Zeit, wo nur persönliches Pathos für das unmöglich gewordene Ganze einstehen konnte. Beunruhigt zeigte sich *Williram* nicht. Im lateinischen Prolog seines ‹Hohenliedes› schrieb er: «Vielleicht trügt mich ein liebenswürdiger Irrtum, oder es hat die Gnade, die auf Salomo herabregnete, auch mir einen Tropfen geschenkt: wenn ich mein Werk lese, so gefällt es mir dermaßen, als ob es von einem bewährten Verfasser stamme».

In welchem Maße allgemein gewordenes partikuläres Bewußtsein bestimmte denkerische Lösungen zu favorisieren in der Lage ist, zeigt gerade jetzt die Geschichte der musikalischen Notation. *Hermannus Contractus* und *Guido von Arezzo* haben nahezu gleichzeitig eine verbesserte Notenschrift erfunden.

*Hermann* war als Sohn des Grafen von Vehringen-Althausen (Saulgau) am 18.7.1013 geboren worden. Daß er von früher Kindheit an verkrüppelt war, trug ihm den Namen *Hermannus Contractus* (Hermann der Lahme) ein, unter dem er berühmt wurde. Schon mit sieben Jahren gaben ihn die Eltern ins Kloster Reichenau. Obgleich er sich kaum bewegen und nur mit größter Mühe sprechen konnte, wurde er ein von allen verehrter Lehrer, Dichter, Musiker und weithin bekannter Gelehrter.

In seiner Schrift ‹De Musica› exponierte *Hermann* eine Notenschrift, welche die relative Tonhöhe genau bezeichnete. Buchstaben, die den linienlosen Neumen hinzugesetzt wurden, gaben die Intervalle an: s = semitonium, Halbton, t = tonus, Ganzton, d = diatessaron, Quarte usw.; ein Punkt unter einem Buchstaben bedeutete ‹Intervall abwärts›, ohne Punkt meinte der Buchstabe das aufsteigende Intervall. Gleichzeitig aber erfand der Benediktiner- und spätere Camaldulensermönch *Guido von Arezzo* (ca. 992–ca. 1050) die Schreibweise der Neumen auf Tonhöhenlinien (1028). Beide Notierungssysteme machen Melodien für jeden lesbar, während vorher die Bekanntschaft mit der Melodie Voraussetzung der Entzifferung war. Zugleich wird damit Musik transportabel wie eine Ware. Beide Notierungssysteme anerkennen den Gegensatz von Tonbewegung (ausgedrückt durch das Neuma) und Tonhöhe. Die Lösung *Guidos* ist insofern moderner, als sie diesen Gegensatz in seiner Partikularität bestehen läßt und mit den Tonhöhenlinien der Tonbewegung eine isolierte Komponente gegenüberstellt. Die Lösung *Hermanns* ist ‹ottonischer›, insofern sie durch Intervallbezeichnung den Begriff der Relation darstellt und der Melodiebewegung subsumiert.

*Hermannus Contractus* verfaßte noch eine Weltgeschichte und zahlreiche poetische Werke. Ihm wird die sehr schöne Sequenz ‹Ave praeclara maris stella› und die marianische Antiphon ‹Salve Regina› zugeschrieben. Er starb am 24. Sept. 1054. Zu seinen Lebzeiten war er so berühmt, daß sowohl der Kaiser (1048) als auch der Papst (1049) ihn auf seinem Inselkloster durch ihren Besuch geehrt haben.

## Kirchenreform durch den Kaiser

Was allenthalben als unvereinbarte Gegensätzlichkeit erscheint, enthüllt sich in der großen Politik als Dysfunktionalität der übergreifenden Institutionen Imperium und Kirche, die in eigenartiger Weise miteinander verflochten sind.

Die ‹Roma caput mundi› hatte nach- und nebeneinander mehrere unwürdige Päpste gesehen.

Zuletzt war ein Graf mit dem traditionellen Tusculanernamen *Theophylakt* als 15jähriger auf den Stuhl Petri gestiegen als *Benedikt IX.* (1032–1044). Schließlich vertrieb ihn ein Aufstand und ein Bischof *Johannes* kaufte sich die Papstkrone. Doch nur einen Monat lang konnte er sich als *Silvester III.* behaupten. Der vertriebene *Benedikt* kehrte wieder nach Rom zurück, gab aber schon 3 Wochen später sein Amt gegen eine gehörige Summe an seinen Paten ab. Dieser, *Johannes Gratianus,* aus dem reichen, jüdischen (?) Hause der *Pierleoni,* nannte sich *Gregor VI.* «Es erscheint hier der eigenartig zwiespältige Fall, daß ein persönlich unsträflicher, hochangesehener, frommer, den Reformbestrebungen nahestehender Priester durch einen simonistischen Handel … auf den Thron gelangte» *(Kühner).*

In diese Situation kam 1046 der 28jährige König *Heinrich III.* nach Italien, nicht zuletzt um die skandalösen Verhältnisse der weströmischen Kirche zu ordnen.

*Gregor VI.* zog ihm nach Piacenza entgegen, «wo er ihn für sich zu gewinnen hoffte. Aber *(Heinrich)* entließ ihn mit der Erklärung, daß sein und der Gegenpäpste Schicksal ein Konzil kanonisch entscheiden werde. In Sutri versammelte er dazu kurz vor Weihnachten 1046 Bischöfe und römische Geistliche. Die drei Päpste waren vorgeladen worden, und wirklich stellten sich *Gregor* und *Silvester III.* Dieser wurde seines Pontifikats für entsetzt erklärt und zur Klosterbuße verdammt; aber *Gregor VI.* machte das Konzil zweifeln, ob es ihn zu richten befugt sei. Der aufrichtige und seiner guten Absicht bewußte Mann ließ sich herbei, die Geschichte seiner Erhebung öffentlich zu erzählen, und dadurch wurde er zu dem eigenen Urteil gedrängt, daß er der Simonie (d. h. des Ämterkaufs) schuldig und des Papsttums unwürdig sei. Er legte ruhig dessen Zeichen nieder, und diese Entsagung war ehrenvoll» *(Gregorovius).*

*Gregor VI.* wurde nach Köln ins Exil geschickt, und dorthin begleitete ihn als Kapellan der Benediktinermönch *Hildebrand,* ein Tischlersohn (?) aus Soana (geb. 1021), der künftige Caesar der weströmischen Kirche. Von den Römern ließ sich der König die Würde eines ‹Patricius› übertragen, und auf seinen Vorschlag hin wurde der Bischof *Suidger* von Bamberg als *Clemens II.* zum Papst gewählt. Dieser vollzog am 25. Dezember 1046 an *Heinrich III.* und *Agnes von Poitou* die Kaiserkrönung. Nach dem Tode *Clemens II.* usurpierte *Theophylakt-Benedikt* noch einmal für acht Monate den Papstthron, ihm folgte der deutsche Bischof *Poppo* von Brixen als *Damasus II.* und diesem schließlich *Leo IX.* (1048–1054), ein Verwandter *Heinrichs III.*

Aber dieser elsässische Graf *Brun von Egisheim-Dagsburg,* vorher Bischof von Toul, nahm die Ernennung durch den Kaiser nicht einfach an, sondern forderte, daß Klerus und Volk von Rom ihn bestätigen müßten. Es war dies zwar im Sinne der imperialen Kirchenpolitik, dennoch wurde schon mit dieser Vorbedingung das Recht des Kaisers auf Einsetzung des Papstes in Frage gestellt. Frühsalischer Theatralik entspricht das Bild, das *Gregorovius* vom Einzug des elsässischen Grafen in Rom entwirft:

«Als die Römer im Februar 1049 ihren neuen Papst in die Stadt einziehen sahen, mit dürftigem Gefolge, barfüßig und betend, mußten sie über eine so ungewohnte Erscheinung erstaunen. Ein Apostel schien in das verwilderte Rom einzukehren. Nicht bewaffnete Scharen von Deutschen oder Toscanern, noch mächtige Große geleiteten diesen Bischof, welcher als Pilger an das Tor klopfte, die Römer zu fragen, ob sie ihn im Namen Christi zum Papst annehmen wollten. Ihn begleitete jedoch ein Mann, der mehr wert war als königliche Fürstenmacht, ein noch der Welt unbekanntes Genie ... Dies war *Hildebrand,* jener Kapellan des exilierten *Gregor VI.* In Frankreich hatte ihn der neue Papst an sich genommen, und auf sein Drängen, so sagt man, hatte er das Pilgerkleid angelegt und sich bereit erklärt, den Heiligen Stuhl nicht eher zu besteigen, bis er nicht zu Rom in kanonischer Form gewählt sei ... Er sagte (den Römern) in einer großen Versammlung in St. Peter, daß ihn der Kaiser zum Papst ausersehen habe, daß er aber in sein Bistum heimkehren werde, wenn ihm nicht die einstimmige Wahl des Klerus und Volks diese Würde übertrage. So wurde *Bruno* einstimmig als Papst anerkannt.»

Aber nicht als irgendeine persönliche Haltung demonstrierte sich hier der Radikalismus der monastischen Reform, sondern in ihm stellte sich ein aus der lothringischen Juristenschule herkommender Herrschaftsanspruch praktisch dar, der die Kirche als Gesamtinstitution betraf.

*Leo IX.* schuf das Kardinalskollegium als politisches Instrument, als ‹Senat der Kirche›, dessen ‹spiritus rector› der mächtige *Hildebrand von Soana* war. Gleich 1049 hielt *Leo IX.* eine erste Reformsynode im Lateran ab. Weitere Synoden gegen Simonie und Priesterehe folgten in Reims, Mainz, Rom, Vercelli.

Dieser Papst scheint sich nur ungern im unruhigen Rom aufgehalten zu haben. Predigend, Kirchen weihend, Reformen veranlassend reiste er umher, und auf diesen Reisen brachte er den Völkern der weströmischen Christenheit ein neues geistlich-politisches Selbstbewußtsein der Kirche zur Anschauung.

1052 ließ er sich vom Kaiser die Ausübung der Reichsgewalt im Fürstentum Benevent übertragen. Mit einem Heer von deutschen Rittern – unter ihnen der Signifer *Wernher II. von Markgröningen* – und mit Söldnern zog er selbst gegen die Normannen, die sich in Unteritalien zu immer bedrohlicherer Macht entwickelt hatten. Angesichts des Heeres wollten sie verhandeln, wollten die geraubten Gebiete vom Papst zu Lehen empfangen. Aber *Leo IX.* wies sie ab. Bei Civitate kam es 1053 zur Schlacht. Das päpstliche Heer wurde vollständig vernichtet, der Papst selbst gefan-

gen. Acht Monate hielten ihn die Normannen in Benevent. «Als Schwer-
kranker in Freiheit gesetzt, starb er alsbald in Rom (1054). Der erste
Versuch zur Aufrichtung einer päpstlichen Herrschaft in Süditalien war
gescheitert ... Das von den Normannen vor der Schlacht gemachte ...
Anerbieten (aber) ... wies den Weg in die Zukunft», schrieb *Karl Hampe*
in seiner ‹Deutschen Kaisergeschichte›.

Im gleichen Jahr vermählte sich der rebellische *Gottfried von Lothringen* mit
der Witwe des Markgrafen *Bonifaz von Tuszien* und stand jetzt mit neuer Macht
dem Kaiser, der ihm sein lothringisches Herzogtum genommen, in Italien gegenüber. Mehr noch: Sein Bruder *Friedrich von Lothringen* war als Kardinal einer
der führenden Männer der Reformbewegung und möglicher Papstkandidat.
Zusammen mit dem Kardinal von Silva Candida, *Humbert von Moyenmoutier*,
gleichfalls einem Mann der lothringischen Reform, war *Friedrich* noch unter *Leo
IX.* nach Konstantinopel gesandt worden, um die Einheit mit der Ostkirche wiederherzustellen. Aber die Mission war gescheitert. Es kam zum endgültigen Bruch
und vom 24. Juni 1054 datiert die formelle Trennung von ost- und weströmischer
Kirche. *Leo IX.* war damals bereits tot.

Die neue Situation nötigte den Kaiser zu einem zweiten Zug nach Italien
(1055). *Gottfried von Lothringen-Tuszien* floh nach Flandern. Seine
Gemahlin und seine Stieftochter *Mathilde* aber führte der Kaiser als
Gefangene über die Alpen. Es ist jene Markgräfin *Mathilde,* die später
dem Papst ihre Güter schenken und auf deren Stammburg Canossa der
Sohn des Kaisers seine und des Reiches schwerste Demütigung erfahren
wird. *Heinrich III.* bestimmte seinen eigenen widerstrebenden Kanzler
*Gebhard von Eichstätt* als *Victor II.* zum Papst und veranlaßte ihn, den
Kardinal *Friedrich von Lothringen* ins Kloster zu schicken. Äußerlich
waren damit die italienischen Verhältnisse des Imperiums wieder beruhigt.
Aber noch während der Kaiser sich in Italien aufhielt, kam es in Deutschland zu einer Verschwörung der sächsischen und bayrischen Laienfürsten
wegen der Absetzung der Herzöge von Bayern und Kärnten. Doch *Welf
von Kärnten* starb und verriet auf dem Totenbett, von Reue ergriffen,
einen Mordplan gegen den Kaiser und das ganze Aufstandsunternehmen.
Aus christlicher Großmut scheint *Heinrich III.* nach dem gescheiterten
Aufstand wiederum allen seinen Feinden verziehen zu haben, begnadigte
angesichts des eigenen Todes auch *Gottfried von Lothringen* und gab
den toskanischen Markgräfinnen die Freiheit zurück. «Er selbst konnte
sich ja auch mit Recht», meinte *Hampe,* «allen gegensätzlichen Gewalten
noch gewachsen fühlen» – der Opposition der sächsischen und süddeutschen Laienfürsten, der lothringisch-toskanischen Verbindung, dem
Papsttum und den süditalienischen Normannen. Am 5. Oktober 1056
starb er 39jährig auf der Pfalz Bodfeld am Harz. Wenig half es, daß er
seinen Sohn *Heinrich IV.,* den er mit drei Jahren (1053) zum König wählen und 1054 in Aachen hatte ordinieren lassen, dem Schutze seines
Papstes empfahl. *Victor II.* starb bereits im folgenden Jahr, und niemand

anders als *Friedrich von Lothringen* sollte als *Stephan IX.* nach ihm den Thron besteigen. Kaiser *Heinrich III.* hatte mit der Einsetzung des lothringischen Reformpapsttums der weströmischen Kirche nicht bloß zu einer geistlichen Repräsentanz verholfen, sondern sie zugleich als Herrschaftsinstrument funktionsfähig gemacht. Die geistliche Selbstdarstellung dieses Imperators dagegen war nur ein Ausdruck der Funktionsschwäche des Imperiums gewesen, das sich auf ein weltliches Reichsfürstentum nicht, auf eine Reichsministerialität noch nicht und auf eine Reichskirche nicht mehr lange stützen konnte. *Karl* der Große hatte den Caesarentitel nicht und die römische Imperatorenwürde nur widerstrebend angenommen, aber vergeblich ein Aachener Kaisertum zu instituieren versucht. Doch für einen weströmischen Imperator Augustus war seit *Konstantin* eine anders als geistliche Caesarenrolle nicht möglich. *Heinrich III.* hatte diese Rolle zuletzt zu spielen versucht, ihre gültige Darstellung aber der von ihm reformierten Kirche überlassen. Die Macht im weströmischen Imperium sollte jetzt auf die weströmische Kirche übergehen.

ZWEITER TEIL

TRANSLATIO IMPERII
AUF DIE WESTRÖMISCHE KIRCHE

# UNIVERSALER HERRSCHAFTSANSPRUCH
# UND KONKURRIERENDE HERRSCHAFTSGEFÜGE

## Staatsvolk und Kirchenvolk

Weil sie die Christen als die loyalsten und dozilsten Untertanen ansahen, hatten *Konstantin* und die römischen Kaiser nach ihm das Christentum im Imperium begünstigt. Weil er wie ein christlicher Kaiser herrschen wollte, hatte der Franke *Karl* eine intensive Christianisierung des barbarischen Staatsvolkes gefördert. Die Korruption seines Reiches hatte den einmal begonnenen Prozeß nicht aufgehalten, hatte Bewußtsein gebildet unter jenem Staatsvolk, welches durch das mehr und mehr sich durchsetzende Feodalsystem aus Gefolgsleuten, Freien und Unfreien zu Vasallen und Untertanen, durch die mehr und mehr eingewurzelte Kirche aus Heiden zu Sacramentsempfängern geworden war. Die ottonische Renovatio Imperii hatte dieses Staatsvolk sich selbst überlassen, hatte die wiederhergestellte Macht zu sakralherrschaftlichen Formen stilisiert, die im Bereich des Imperiums die Kirche mitumfaßten. Das sakrale Kaisertum hatte schließlich auch die ekklesialen Strukturen erneuert und gestärkt. Die imperiale Herrschaft bezog sich auf geistliche und weltliche Fürsten und ansatzweise auf königliche Ministerialen, die Fürstenherrschaft bezog sich auf fürstliche Lehnsleute und Untertanen, die zur Herrschaft erstarkte Kirche aber bezog sich auf ein weit universaleres, alle andern Substrukturen umfassendes Christenvolk. Und an dieses Christenvolk, dessen Eigenleben sich in ersten Häresien manifestierte, wird sich die Kirche jetzt wenden. Vulgärsprachliche Literatur innerhalb des zerteilten weströmischen Imperiums wird in Frankreich wie in Deutschland überhaupt erst möglich, indem das Christentum zum Adressaten solcher Literatur wird. Die deutschsprachige Literatur der Karolingerzeit war ein gelehrtes Nebenprodukt des Christianisierungsprogramms gewesen, europäisches Zufrühkommen einer vulgärsprachlichen Literatur ‹ohne Volk›. Jetzt, nach 1050, ist eine neue Situation herangereift.

Die Gedanken der römischen Reformpartei werden propagiert unter dem Volk des Mailänder Trödelmarktes, der ‹Pataria›. Gegen die vom Kaiser eingesetzten Bischöfe und ihre Kleriker, gegen die verheirateten Priester hetzt das römische Kollegium der Reformkardinäle die Pataria. ‹Adversus Simonaicos libri tres› heißt die Streitschrift, die der Kardinal *Humbert von Silva Candida* 1058, zwei Jahre nach dem Tod *Heinrichs III.* ins Land gehen läßt. Auf lateinisch abgefaßt, wird sie dem Volk vulgärsprachlich gepredigt, sie und andere gleichartige Schriften. Es geht dem Kardinal *Humbert* darum, die Kirche zu einem Instrument des Heils zu machen; aber sein instrumental-juristisches Denken fördert de facto die Entstehung eines Machtapparates, eines Herrschaftsgefüges, das mit dem des Imperiums konkurriert.

Abschaffung der Simonie und strikter Zölibat werden gefordert. Das hatte man schon früher gehört. Aber *Humbert* fragt weiter: Wie kommt denn das Übel in die Kirche? Von den Laien kommt es, die über Pfründen und Ämter verfügen. Die Bischöfe werden von Laien, sprich vom Kaiser, König, Herzog eingesetzt; die Äbte werden von Laien ernannt. Römische Adelscliquen und römische Kaiser hatten sogar Päpste gemacht!

‹Simonie› ist für *Humbert* nicht nur die unrechtmäßige Erwerbung eines geistlichen Amtes durch Kauf, sondern jede Verleihung eines geistlichen Amtes durch eine weltliche Macht, jede Investitur (Amtseinsetzung).

Damit war der Caesar ein Laie! Die Heiligkeit seines Amtes, die in seinem hochpriesterlichen Ornat sichtbare Wirklichkeit war, sollte nichts mehr sein.

Im Gefolge *Leos IX.* war *Humbert* aus dem elsässischen Kloster Moyenmoutier nach Rom gekommen. Wohl «der gewandteste Stilist seiner Zeit, dessen Diktion ebenso kunst- wie kraftvoll» war *(Schramm),* hatte er die Briefe und Dekretalien jenes Papstes redigiert, hatte als päpstlicher Nuntius den Bruch mit der Ostkirche vollzogen, und war als Kardinal von Silva Candida einer der wichtigsten Männer im Hintergrund der päpstlichen Diplomatie.

1059 erließ die Lateransynode unter *Nikolaus II.* (= *Gerhard von Burgund)* ein vielleicht von *Humbert* verfaßtes Papstwahldekret.

Künftig sollten die Kardinalbischöfe die erste Stimme haben, nach ihnen erst sollten die übrigen Kardinäle zur Wahl herangezogen werden. Dem ‹Klerus und Volk von Rom› blieb nur das Recht zur Akklamation des bereits Gewählten. War eine Papstwahl aus irgendeinem Grunde in Rom selbst nicht möglich, so sollte sie auch an jedem andern Ort rechtens sein können.

Auf der gleichen Synode wurde allen Gläubigen verboten, bei verheirateten Priestern Messe zu hören; jede Investitur durch Laien wurde untersagt.

Noch im gleichen Jahr schließt der Heilige Stuhl ein Bündnis mit seinen alten Feinden, den Normannen. *Richard von Aversa* und *Robert Guiscard* werden Lehnsleute der Kurie. Das, was sie in Süditalien mit Gewalt an sich gebracht hatten, gehörte ihnen nun von Rechts und Gottes wegen. Zugleich gewann der Papst mit diesen Lehnsleuten eine redoutable Schutztruppe, die ihn gegen jede andere Macht sicherte, vor allem gegen die des Kaisers. Denn gegen ihn besonders war ja der geistliche Autonomieanspruch der Kirche durchzusetzen, freilich, auch gegen den stadtrömischen Adel, der seit Jahrhunderten als Surrogat jenes Senats, der in heidnischer Zeit den Pontifex Maximus ernannte, die Päpste mitgewählt hatte. Wenn aber der Kaiser keine Bischöfe mehr einsetzen sollte, die die Geschäfte des Reiches führten – es gab keine schreibkundigen Laienbeamten –, dann war zugleich das seit einem Jahrhundert funktionierende ‹ottonische Reichskirchensystem›, die tragende Herrschaftsstruktur des Imperiums, vernichtet.

Die radikale Antwort auf die radikale Herausforderung wäre jene gewesen, die Jahrzehnte später *Heinrich V.* versuchte: Der Kaiser verzichtet auf die Investitur, auf die weltliche Machtverleihung an geistliche Fürsten, und die Kirche verzichtet auf jede weltliche Macht, gibt ihre Territorien dem Kaiser. Aber dazu hätte es nicht nur weltlicher Verwaltungskader bedurft – und vieler anderer Dinge, sondern auch die unterscheidenden Begriffe ‹geistlich› und ‹weltlich› hätten erst einmal gedanklich faßbar werden müssen.

Für das sakrale Herrschaftsverständnis eines Imperators aber war eine solche ideologische ‹discretio› jetzt unausdenkbar. Im Gegenteil: der eingewurzelte Begriff eines christlichen Adels und einer adeligen Christlichkeit verhinderte jedes klare Bewußtsein von dem jetzt ausbrechenden Konkurrenzkampf.

## *Regionalherrschaft und Königsgewalt*

Während in Rom der Nachfolger von *Nikolaus II.* sich den Pontifikatsnamen *Alexander II.* beilegte (– er war tumultuarisch unter Leitung *Hildebrands* gewählt worden und eine Basler Synode hatte einen Gegenpapst aufgestellt –), regierte im Regnum Teutonicorum für den unmündigen *Heinrich IV.* seine Mutter *Agnes von Poitou*, an weltlichen Dingen kaum noch interessiert. Mit dem Aszeten *Petrus Damiani,* der in Rom zusammen mit *Humbert* und *Hildebrand* das Herz der Reformpartei ist, führt sie eine erbauliche Korrespondenz. In Deutschland vergibt sie unbesehen Ämter an jene Fürsten, die sich schon unter *Heinrich III.* gegen die Königsmacht gestellt hatten: an *Gottfried von Lothringen*, an *Rudolf von Rheinfelden*, an *Otto von Northeim*. 1060 läßt sie sich völlig aus dem Regentenamt verdrängen und geht nach Rom, wo sie (1061) den Schleier nimmt. Ihr Beichtvater *Petrus Damiani* soll frohlockend ausgerufen haben, die Königin von Saba sei einst nach Jerusalem gezogen, um die Weisheit Salomos zu erfahren, «die Kaiserin *Agnes* aber nach Rom, die Einfalt des Fischers zu vernehmen». Am 14. Dezember 1077, im Jahr von Canossa, wird sie in der Ewigen Stadt sterben. «Ihre Leiche wurde bei St. Peter in der Kapelle der Petronilla bestattet. Sie und *Otto II.* waren die einzigen gekrönten Häupter deutscher Nation, die in Rom begraben wurden» (*Gregorovius*).

Aber nicht nur die Unentschlossenheit der Regentin *Agnes* und das kindliche Alter König *Heinrichs IV.* (geb. 11. Nov. 1050) lähmten jede imperiale Politik. Im Innern des Regnums standen vor allem die territorialen Interessen weltlicher wie geistlicher Fürsten denen eines autonomen Königtums gegenüber. Als der deutsche Königshof 1061 mit halbem Her-

zen für den von der Basler Synode und dem stadtrömischen Adel aufgestellten Gegenpapst *Honorius (Cadalus von Parma)* Partei nimmt,
greifen geistliche Fürsten in das Reichsregiment ein. Im April 1062 entführt Erzbischof *Anno von Köln* den noch nicht 12jährigen *Heinrich IV.*
von der Rheininsel Kaiserswerth und nimmt Erziehung wie Reichsgeschäfte in die Hand. Er unterstützt jetzt den Papst der Reformpartei, *Alexander II.* Er hat darauf gesehen, soviel Reichsgut wie möglich der Kölner
Erzdiözese einzugliedern. Aus schwäbischem Kleinadel stammend, scheint
dieser ehemalige Kapellan *Heinrichs III.* wegen seiner arroganten Art
bei keinem besonders beliebt gewesen zu sein. Ihn wird das frühmittelhochdeutsche Annolied zum Helden wählen. In Erzbischof *Adalbert von
Bremen* erwuchs *Anno* aber sehr bald ein Rivale, der ihm die Führung
der Reichsgeschäfte mehr und mehr aus der Hand nahm.

*Adalbert,* ein geborener *Graf Goseck,* war im Unterschied zu *Anno* nun wirklich
ein großer Herr. Auch er verfolgte seine besonderen politischen Interessen. Es
waren die des Erzbistums Bremen. Darüber hinaus aber verfolgte *Adalbert* den
Plan, in Bremen ein nordisches Patriarchat zu errichten, zu dem ganz Skandinavien
und Island gehören sollten, abhängig von Bremen wie die Ostkirche vom Patriarchen in Konstantinopel.

Wenngleich dieses Projekt letzten Endes bloß ein Traum blieb, so verdanken
wir ihm doch wenigstens ein literarisches Werk von höchstem ethnographischem
Interesse: die ‹Hamburgische Kirchengeschichte› des Domscholasters *Adam von
Bremen.* Sie ist die wichtigste frühe Quelle über jene nordische Seefahrer- und
Bauernwelt, aus der 150 Jahre später die Edda- und Saga-Literatur aufgezeichnet
werden sollte, welche zur Zeit *Adams* noch von Mund zu Mund geht. Im 3. Buch
findet sich hier auch ein genauer Bericht über die Entdeckung Amerikas durch
die Wikinger im Jahre 1000. Auch dieses Werk ist ein Zeugnis für die allgemeine
Erweiterung des Bewußtseinshorizontes in der 2. Hälfte des XI. Jahrhunderts.

1065, mit fünfzehn Jahren, wurde König *Heinrich IV.* mündig. Aber
*Adalbert* wußte zu verhindern, daß er sogleich nach Rom zog, um sich
dort zum Imperator krönen zu lassen. Dann nämlich wäre sein Rivale
*Anno,* der wie jeder Erzbischof von Köln zugleich das italienische Kanz-
leramt wahrzunehmen hatte, wieder zum Zug gekommen. Im Machtstreit
der beiden Kirchenfürsten sollte indes auch *Adalbert* nicht siegen. War
auch sein Plan eines nordischen Patriarchats am Widerstand der Kurie
gescheitert, so hatte es der Bremer doch verstanden, sich im deutschen
Nordosten eine herzogsähnliche Machtstellung zu erringen und Geltung
bis ins mecklenburgische Wendland hinein. Aber gerade dies brachte ihn
in Gegensatz zu den weltlichen Fürsten. Sie nötigten 1066 den jungen
König, *Adalbert von Bremen* als Berater zu entlassen. Alle unrechtmäßig
zu Bremen geschlagenen Territorien mußte er herausgeben, aber *Anno
von Köln* konnte seine alte Regentenstellung nicht wiedergewinnen.

*Heinrich IV.* regierte von nun an allein. Wie *Anno* und *Adalbert* hatten
in der Zwischenzeit auch weltliche Fürsten versucht, ihren Territorialbesitz abzurunden – auf Kosten von Reichs- und Königsland. Erste Ansätze

zur Ausbildung von geschlossenen Fürstenterritorien lassen sich beobachten. Aber diesen stand kein geschlossenes Königsterritorium gegenüber. Der Grundbesitz der Krone war überall im Regnum verstreut: Burgen, Pfalzen, Gutshöfe. Aus ihnen erwuchsen dem König die Einnahmen, mit denen die Hofhaltung bestritten und das Heer ausgerüstet werden mußte. Hinzu kamen die Einkünfte aus Bistümern und Reichsabteien und die Nachlässe verstorbener Kleriker (‹Spolienrecht›). Aber eben diese Quellen versuchte die kuriale Gesetzgebung jetzt zu verstopfen, und die cluniazensisch inspirierten Klöster strebten ohnehin nach völliger Exemtion.

Zwar waren die alten Reichsabteien wie Lorsch, Hersfeld, Fulda, St. Gallen nach wie vor vom König abhängig und hielten auch zu ihm, doch lehren etwa die Annalen des *Lambert von Hersfeld*, daß man in einem solchen Reichskloster sehr wohl königsfeindliche Literatur verfassen konnte. Der Gegensatz zwischen den Reformern von Gorze und Cluny geht in einem nationalen Gegensatz von deutsch-königstreu und französisch-königsfeindlich nicht glatt auf.

Allgemeine Steuern gab es nicht. Ob schließlich das, was die Ottonen aus ihrem sächsischen Hausgut dem Reich hinzugebracht hatten, zum Reich oder zum Herzogtum Sachsen gehörte, war umstritten. Vor allem aber war es sachlich kaum auseinanderzuhalten. Ein königliches Katasteramt gab es nicht, und zu alledem hatten es verschiedene Fürsten verstanden, sich von der Kaiserin *Agnes* Rechte über Reichsgut verleihen zu lassen. Diese Umstände begründen Verhältnisse der deutschen Geschichte, deren Folgen (Länderautonomie) bis heute andauern. Sie begründen auch den wesentlichen Unterschied zwischen französischem und deutschem Königtum.

Der französische König damals war ein kleiner Landesherr, der nur auf einem sehr begrenzten Territorium Macht ausüben konnte. Aber dieses Territorium war sein eigenes, sein Hausbesitz: das Herzogtum Franzien. Diese ‹Krondomäne›, das Land zwischen Paris und Orléans, wurde zur Keimzelle des französischen Staates, der hier bis heute sein Zentrum hat. Der römisch-deutsche König mag nach außen hin eine viel glänzendere Erscheinung gewesen sein, aber es fehlte ihm das, was für die Zukunft entscheidend werden sollte: ein Königsterritorium.

Der junge *Heinrich IV.* ließ zunächst Listen über die Krongüter anfertigen und versuchte dann, diese in Verwaltung zu nehmen. Als er so in Sachsen und Thüringen den Hausbesitz der Ottonen an sich bringen wollte, noch dazu mit Hilfe landesfremder, schwäbischer Ministerialen, kam es zum Bürgerkrieg. Graf *Otto von Northeim,* der am Harz reiche Besitzungen, dazu aber von der Kaiserin *Agnes* her noch das Herzogsamt in Bayern hatte, und die sächsischen *Billunger*-Herzöge waren die Hauptgegner. Andere Fürsten schlossen sich ihrer Opposition an. In dieser Situation wurde dem König finanzielle Unterstützung u. a. von der Bürgerschaft der Stadt Worms zuteil. Und hier ist wieder ein neuer Faktor, der eine Vorbedingung für die Entstehung einer ritterlichen Kultur werden wird: Es gibt jetzt Handelsstädte mit Geld.

In Worms gibt es sogar eine große jüdische Gemeinde und eine jüdische ‹Universität›. Der berühmte Wunderrabbi *Jizachaki* von Troyes, der ‹*Raschi*›, hat dort 1055–1065 studiert. 1074 erhalten ‹Judei et coeteri Wormatienses› vom König durch Verleihung verschiedene Zollfreiheiten.

Auch andere Städte des Rheinlandes traten auf die Seite *Heinrichs IV.* Aber das kleine Heer, mit dem der König nach Sachsen vorstieß, war den fürstlichen Gegnern nicht gewachsen. Im Frieden von Gerstungen 1074 mußte er ihre Forderungen noch anerkennen. Er sollte seine sächsischen Burgen niederreißen lassen. Damit freilich hatte es der König nicht so eilig. Von der Harzburg z. B. wurde nur die äußere Burgmauer abgetragen.

«Die Bauern der Umgebung überfielen daraufhin die Burg, zerstörten alle Gebäude und plünderten sogar die Gräber … (der Königsfamilie). Dieses verbrecherische Vorgehen führte einen völligen Stimmungsumschwung zugunsten *Heinrichs* herbei.»

Jetzt trat die Mehrzahl geistlicher und weltlicher Fürsten auf seine Seite. Am 9. Juni 1075 besiegte das Reichsheer die Gegner bei Homburg an der Unstrut. Zu Weihnachten desselben Jahres erschien der König auf dem Fürstentag zu Goslar als Sieger. Aber in Italien bereitete sich schon vor, was als Verhängnis erscheinen mußte.

## Kirchliches Imperium als ‹regimen universale›

*Heinrich IV.* hätte jetzt versuchen können, seine Kaiserkrönung zu betreiben. Er hatte in der Zwischenzeit auch schon seine Königsrechte in Italien wahrgenommen, hatte 1072 einen Mailänder Erzbischof eingesetzt. Doch die Pataria stellte einen Gegenkandidaten auf. Papst *Alexander II.* entschied für diesen und bannte auf der Fastensynode von 1073 jene 5 Ratgeber des Königs, die auf ‹simonistische› Weise einen Erzbischof hatten machen wollen. In Investiturfragen ließ sich dieser Alexander-Papst nichts bieten. 1068 hatte der deutsche Episkopat, allen voran *Anno von Köln,* in Rom erscheinen und Kirchenbuße tun müssen wegen ihrer einstigen Beziehungen zum Gegenpapst *Honorius.* Und der Erzbischof *Udo von Trier* erhielt erst das Pallium, nachdem er sich vom Vorwurf simonistischer Einsetzung gereinigt hatte. Aber noch im Jahr, in dem er die königlichen Ratgeber exkommunizierte, war Papst *Alexander* gestorben. Sein Nachfolger wurde als *Gregor VII.* jener *Hildebrand von Soana,* den *Gregorovius* den ‹Caesar des christlichen Rom› genannt hat.

Er ist etwa 1021 im Apenninendorf Soana (Sovana) im südlichen Tuszien geboren. Eine ältere Legende will wissen, sein Vater *Bonizo* sei dort Tischler gewesen (wie Joseph von Nazareth), und der Knabe sei in die Obhut des Abtes von Santa Maria auf dem Aventin gegeben worden. Jedenfalls trägt er einen langobardischen Namen. Neuere italienische Forschung der 1940er Jahre hat ihn teils zum Sproß der jüdischen Bankiersfamilie *Pierleoni,* teils zum Abkömmling des Adelsgeschlechtes der *Ildebrandini-Stefanesci* machen wollen. In Sovana steht noch heute ein Palast der *Aldobrandeschi*. Der Ton, in welchem der hochadelige Erzbischof *Liemar von Bremen*, der 1075 zur Kirchenbuße nach Rom zitiert worden war, von *Gregor VII.* spricht, läßt eher an eine obskure Herkunft dieses Papstes denken. «Dieser gefährliche Mensch», schrieb *Liemar* in einem vertraulichen Brief, «maßt sich an, Bischöfen zu befehlen wie seinen Gutsverwaltern; wenn sie nicht alles tun, was er will, müssen sie entweder nach Rom kommen, oder sie werden ohne Urteil suspendiert.» Kapellan seines Paten *Gregor VI.*, dessen Papstnamen er aufnimmt, und mit diesem im deutschen Exil (s. oben S. 116), hat er sich möglicherweise zwischen 1047 und 1049 in Cluny tonsurieren lassen. Aber gegen dieses Gerücht, das auch ins Römische Brevier Eingang fand, hat sich schon *Sackur* 1893 mit guten Argumenten gewendet: in Cluny seien keine kirchenrechtlichen Studien betrieben worden. In der Umgebung der Reform-Lothringer unter *Leo IX.* kam *Hildebrand* wieder nach Rom, 1049, nunmehr Mönch und Subdiakon, wichtigste Hintergrundsperson im Reformkollegium.

Einwandfrei war seine Papstwahl nicht. Er, der sich bereits mehrfach dieser höchsten Würde widersetzt hatte, wurde am 22. April 1073 durch Zuruf vom Volk zum Papst erhoben. Er zeigte seine Wahl dem König nur an, ersuchte nicht um Zustimmung. *Heinrich IV.* schickte eine Gesandtschaft nach Rom, und am 29. Juni, dem Tag der Apostelfürsten Petrus und Paulus, wurde *Hildebrand* im Beisein der Kaiserinwitwe *Agnes* geweiht.

Im März 1075 ließ *Gregor VII.* 27 Leitsätze seiner Politik aufzeichnen, den sogenannten ‹Dictatus Papae›.

Danach kann allein der römische Bischof ‹universal› heißen. Nur er darf die Insignien des römischen Kaisers tragen, nur er hat die Macht, Kaiser abzusetzen. Keinem irdischen Gericht ist er unterstellt. Aufgrund seines geistlichen ‹regimen universale› ist er auch der höchste weltliche Lehnsherr.

Wohl in diesem Sinn hatte er schon *Alexander II.* veranlaßt, dem Herzog *Wilhelm von der Normandie,* der sich eben zur Eroberung Englands anschickte, ein ‹vexillum Sancti Petri› zu senden. Die Geste sollte wohl als Vergabe eines Fahnenlehens gedeutet werden, blieb aber ohne politische Konsequenzen. 1068 hatte indes der König von Aragon-Navarra dem Papst als Lehnsherrn gehuldigt.

Nach dem ‹Dictatus Papae› ist es die Aufgabe aller Gläubigen, sich der ‹militia Sancti Petri› zu weihen. Nicht nur eine weltliche Macht kann das ‹bellum iustum› für die Kirche, sondern die Kirche selbst kann es als weltliche Macht führen.

Danach war das einstige römische Weltreich nunmehr auf die Kirche ‹übertragen› worden. Die *Ecclesia Sacra* stand nicht nur dem Range nach weit über dem Imperium, das ein septentrionaler König beanspruchte, sondern sie war die einzige heilsgeschichtliche Größe, die in der Welt überhaupt zählte.

Von diesem Augenblick an muß sich auch der Blick dieser Darstellung auf den kirchlich erneuerten und erweiterten Bereich des westlichen Imperium Romanum ausdehnen. Er umfaßt die ganze mittelmeerische Welt und er umfaßt auch Frankreich und Spanien. Es ist dieser Horizont, den jetzt auch das Christenvolk der Wallfahrerscharen erfährt, die nach Santiago de Compostela, die aber auch nach Jerusalem ziehen. Die Wellen dieser Erfahrung sind bis in die jetzt entstehende vulgärsprachliche französische wie deutsche Literatur hinein zu verspüren. Ins sarazenische Jerusalem rief die Wallfahrer das Grab des Herrn, ins spanische Santiago aber zogen sie die Gebeine des älteren Jacobus (Jacobus Maior), des Schutzheiligen, der gegen Sarazenen, aber auch gegen Galgen und Halsgericht half und der eine gute Ernte verbürgte. Diese Pilger bringen nicht zuletzt die Erfahrung mit nach Hause, daß hinter den Bergen auch Menschen wohnen. Ehe das Verhängnis der mittelalterlichen deutschen Geschichte von 1076/77 berichtet wird, soll von diesem pilgernden Christenvolk, aber auch von der Kultur der Wallfahrtsstraße und der Kirchenfürsten die Rede sein, in Deutschland wie in Frankreich, d. h. im Herrschaftsbereich des weströmischen Imperiums, das nun ein Imperium der weströmischen Kirche ward.

# SIEBENTES KAPITEL

# HEILSHORIZONTE DES KIRCHENVOLKS

## Christliches und maurisches Spanien

Mit Jacobsmuscheln verziert waren Hut, Flasche, Stab und Tasche der Pilger, die nach Spanien zogen. Sie und die Ritterheere, die ihnen bald folgten, gingen in ein seltsam-vielfarbiges Land. 711 hatten die Araber das Westgotenreich erobert (*vgl. dtv-Atlas zur Weltgeschichte I, S. 186*). Nur ganz im Norden, an der vom asturischen Gebirge geschützten Atlantikküste konnte sich ein unabhängiges Königreich behaupten und westgotische Tradition fortsetzen (Lex Visigothorum). König *Alfons III.* von Asturien (866–910) hatte in spätkarolingischer Zeit dieses Reich nach Süden bis zum Duero ausgedehnt. Nach der neuen Residenz hieß es von nun an ‹Königreich León› (*vgl. dtv-Atlas I, S. 186)*. Östlich davon entstanden im Kampf gegen die Mauren die Grafschaft Kastilien, die Königreiche Navarra (Hauptstadt Pamplona) und Aragon mit der Grafschaft Barcelona. Den ganzen Süden der iberischen Halbinsel aber beherrschten die Omaijaden-Kalifen von Córdoba. Die muslimischen Eroberer waren nur in verhältnismäßig geringer Zahl und mit wenigen Frauen über die Meerenge von Gibraltar gekommen. Sie und ihre Nachkommen verbanden sich sehr vielfach mit galizischen und katalanischen Sklavinnen. Unter diesen Eroberern lebte die ibero-romanische und gotische Christenbevölkerung; wie die zahlreichen Juden durften auch sie ihre Religion gegen Zahlung einer Kultsteuer ausüben. Nur ganz ausnahmsweise ist es zu Christenverfolgungen gekommen. Diese arabisch beherrschten Christen, die *mosta'rabi,* d. h. die Arabisierten, feierten ihre Gottesdienste in einer Form, die von der Vereinheitlichung im weströmischen Imperium nicht berührt werden konnte. Es ist die sogenannte ‹mozarabische Liturgie›, die heute noch vereinzelt in Toledo und in Salamanca gebraucht wird. Nach dem Tode des Kalifen *Hischam* (1008) löste sich das spanische Kalifat in zahlreiche Kleinkönigreiche auf. An den Höfen der *Mulûk at-tauuâ'if* oder *Reyes Taifas* blühte jetzt die andalusische Kultur in klassisch-arabischer Sprache, deren Philosophie gewiß und deren Poesie vielleicht für das übrige Europa von Bedeutung wurden.

Um die Mitte des XII. Jahrhunderts werden *Dominicus Gundissalinus, Johannes Hispanus* (Ibn Dawud) und *Gerhard von Cremona* in Toledo ins Lateinische übersetzen, was der Stolz der arabischen Wissenschaft im Spanien des XI. Jahrhunderts, im Spanien der *Reyes Taifas* gewesen war: nicht nur im Westen bisher unbekannte Schriften des *Aristoteles* und Kommentare dazu, sondern auch die Werke des *Avicenna*, des *Avicebrol* u. a. Aus Persien hatten die Schriften des großen Arztes und Aristotelikers *Ibn Sina (Avicenna)*, des Generationsgenossen *Ottos III.*, ihren Weg nach Spanien gefunden.

Sein medizinisches Werk wird bis ins XVII. Jh. an allen europäischen Universitäten Grundlage des Unterrichts. Die Scholastik verehrt ihn als ‹Dritten Aristoteles› (nach *Alfarabi*), *Thomas von Aquin* wird ihn auf jeder Seite zitieren.

*Avicenna* denkt den aristotelischen Nous, den unbewegten Beweger, als eine Art Weltgeist, aus dem alles hervorgegangen ist und der sich in der Geschichte entfaltet. Er denkt an den Begriffen Form und Materie herum, aber die Materie erhält dabei eine wesentliche Rolle. Statt aller Beschreibung sollen ein paar Sätze aus dem ‹Buch des Wissens›, der konzentrierten Fassung seines Hauptwerks, zitiert werden.

«Die Logik ist die Wissenschaft, die uns von Bekanntem her die Erkenntnisqualität eines bisher noch Unbekannten prüfen läßt. ... Die Logik ist wie eine Waage. Die andern Wissenschaften sind Erkenntnis von Profit oder Verlust. (Aber festgestellt werden sie allein durch die Waage.)»

«Hüte Dich, ein Problem zu seiner eigenen Voraussetzung zu machen, etwa wenn sie dir sagen: Alles Bewegte muß auf einen Beweger zurückgehen, weil nichts sich von sich aus bewegt. Hier sind Voraussetzung und Beweis ein und dasselbe.

Hüte dich auch, ein Erstes durch ein Zweites beweisen zu wollen, das seinerseits nur durch das Erste bewiesen wird. So, wenn sie dir sagen: Der Beweis dafür, daß die Seele unsterblich ist, ist damit gegeben, daß sie das ewig Bewegte ist. – Aber wenn man nachfragt, warum denn die Seele beweglich sei in Ewigkeit, dann wird einem gesagt: eben weil sie unsterblich ist.» ...

«Immer, wenn eine Form von ihrer Materie abstrahiert wird, ist diese Form Bewußtsein. So, wenn z. B. die Form ‹Mensch› abstrahiert wird von ihrer Materie, ist sie Begriff im Bewußtsein; ebenso, wenn Bewußtsein von seinem Material abstrahiert wird, welches eben dieses Bewußtsein ist; aber dann ist es Bewußtsein seiner selbst; ... und da dieses nicht als Material von sich selbst abgetrennt werden kann, ist es also Erkennendes und Erkanntes zugleich. Was nun das notwendige Wesen angeht, so ist es zwar durch vollkommene Abstraktion von der Materie getrennt, aber dennoch ist sein Wesen weder isoliert noch von sich selbst getrennt. Es ist also nicht nur Erkennendes und Erkanntes seiner selbst, sondern das sich selbst wissende Bewußtsein schlechthin» (Buch des Wissens 1, 25. 1, 87. 1, 152).

So ist der Begriff des Ersten und Notwendigen Wesens als Form-Materie-Identität und, hegelianisch gesprochen, als Absolutes Bewußtsein seiner Selbst konzipiert. Aber die Materie (das Material, der Inhalt) ist nicht ein Minderes, sondern:

«sie ist die Ursache für Formbarkeit (Empfängnis der Form) überhaupt. ... Diese Formbarkeit ist die Kraft der Materie an sich selbst. Es ist also diese Formbarkeitskraft ein Formmoment in der Materie. Und somit ist Geschehen allein verursacht durch die Form, die in der Materie lebt, aber nicht durch die Materie allein und ohne alles. ... Letzte Konsequenz ist also, daß aufgrund der Materie die Form etwas oder nichts zustandebringt» (1, 127).

Hier scheint ein Begriff von aktivem, lebendigem Materialismus zu schlummern, ein ‹linker Aristotelismus› wie *Ernst Bloch* das nennt. Die Welt, der Weltprozeß hat bereits eine Materialtendenz zur Form, zum Guten.

«Die Feststellung, daß ein Zustand nicht gut ist, und das Bewußtsein des Mangels sind das Leiden des Seins»,

sagt *Avicenna* an einer andern Stelle (1, 215).

Im arabischen Spanien lehrt jetzt der jüdische Philosoph *Salomo Ibn Gabirol*, den die Scholastik unter dem Namen *Avicebrol* (Avicebron) kennen wird (gest. 1070).

«Da in der körperlichen Welt sowohl alle Stoffe wie alle ihre Formen ein gemeinsames Wesen haben, so gibt es eine einheitliche Materie und einheitliche Form. Da auch in der seelisch-geistigen Welt sowohl alle Stoffe wie alle Formen ein gemeinsames Wesen haben, so gibt es auch hier eine einheitliche Materie und eine einheitliche Form.»

Diese allgemeine und eine Form-Materie ist die ‹Fons vitae›, der Brunnen des Lebens, von dem der Titel des Hauptwerkes von *Avicebrol* spricht: ein pantheistischer Gott-Natur-Begriff.

Nur eben erwähnt kann werden, daß bald nach 1100 in Andalusien *Ibn Tofail* (= Abubacer) (ca. 1115–1185) eine Art erste philosophische Robinsonade schreibt: ‹Hajj ibn Jakzan›, ‹Der Lebende, Sohn des Wachenden, d.h. Gottes›, und daß der Religionshistoriker und Poet *Ibn Hasm* (994–1064) 1022 in Játiva (b. Valencia) ‹Das Halsband der Taube oder von der Liebe der Liebenden› abfaßt. Er ist zugleich der Minnetheoretiker des arabischen Spanien und folgt dem Vorbild des klassischen Bagdader Liebesphilosophen *Ibn Dawud* (wirkte 868–910), für den unerfüllte Liebe schicksalhaftes Glück und Leid zugleich bedeutet.

«Wer in Keuschheit liebt, nie sein Geheimnis verrät und damit stirbt, der stirbt als Märtyrer.»

Dieses Dictum, das man dem Propheten selbst zuschrieb, soll als letztes Wort über die Lippen des sterbenden *Ibn Dawud* gekommen sein. Im 8. Kapitel seines ‹Buches der Blume› (‹Kitâb al Zahrah›) hatte der berühmte Päderast geschrieben:

«Selbst wenn die Gebote der Religion und die Vorurteile der Sitten nicht gestatten würden die Keuschheit der Liebenden und die Verachtung jeglicher Befleckung, wahrlich, selbst dann noch wäre es die Pflicht eines jeden, Keuschheit zu üben, auf daß die Lust, die ihn ergriffen hat, und die Lust, die er im andern weckt, ewig währen» (*Davenson*, 110).

Diese schicksalhafte Liebe zu ertragen, ohne ihr nachzugeben, das ist die wahre Liebeskunst, die es erlaubt, den Codex der Moralität buchstäblich – aber nur buchstäblich! – zu befolgen und zugleich die Leidenschaft ins Unendliche auszudehnen. Wieder und wieder liest man im arabischen Spanien jetzt seine Verse:

«Ich liebe heißer, wenn ich dich mir raube – das Herz zerrissen und das Auge voller Tränen. Deine Umarmung hab ich einst erfleht, die mir das Blut beruhigt hätte. Aber jetzt, das mußt du wissen, jetzt fühle ich mich still. Nein, mach nicht dein Versprechen wahr, mich jetzt zu lieben, aus Angst, ich könnte dich vergessen. Mit meinen Tränen will ich geizig sein» (112).

*Al Mu'Tamid,* der Prinz von Sevilla (1040–1095), dichtet:

«Ich leide, weil ich getrennt bin von dir, trunken vom Wein meiner Sehnsucht nach dir, betäubt von Verlangen, zu ruhn bei dir, von den Lippen zu trinken, den Arm zu umschlingen: dir. Es haben gelobt meine Lider, nicht aufeinander zu ruhn bis ich ruhe bei dir» (114).

Und derselbe Prinz spricht zu seinem Vater:

«Ich schenke dir den Garten meiner Gedanken, dessen Pflanzen üppig wuchern – nicht weil Tau oder Regen sie feuchtet, sondern wegen der freigebigen Gesten deiner Rechten. Ich habe das Gedächtnis deiner eingepflanzt in Blumenbeete, wie einen Baum, und jeder Augenblick, den der Gärtner dort weilt, wird ihm zur Frucht» *(Peres,* 62).

*S. M. Stern* und *E. Garcia Gomez* haben (1941 und 1952) hebräisch aufgezeichnete Liebeslieder entziffert, deren Sprache ibero-romanisch ist, mit nur wenigen arabischen Wörtern. Es gab also auch eine romano-arabische Mischkultur im muslimischen Spanien der Reyes Taifas.

Von Norden her schreitet besonders seit *Sancho von Navarra* (1000–1035) die ‹Reconquista›, die Wiedereroberung des arabischen Spaniens, immer weiter vor. Navarra, Kastilien, Aragon, León werden vereinigt, dann wieder unter die Glieder einer Familie in wechselnder Gruppierung geteilt. 1064 fällt Coimbra in die Hand der Christen. Auch französische Ritter, ja päpstliche Legaten (1063 u. 1073) beteiligen sich an den Kämpfen, die zu einer Art Generalprobe und Präfiguration der Orientkreuzzüge werden. *Alfons VI.* von León-Kastilien (1065-1109), der sich wieder ‹Imperator› nennt, kann 1085 Toledo erobern. Unter ihm dient *Rodrigo Diaz de Vivar,* der sich mit seinem König entzweit und in maurische Dienste tritt. Seine mohammedanischen Soldaten nennen ihn *El Cid,* ‹der Herr›, und unter diesem Namen wird er der Held des spanischen Nationalepos. Der *Cid* hatte sich 1094 das arabische Fürstentum Valencia erobert. Praktisch war er einer der Reyes Taifas, der arabischen Kleinkönige. Als *El Cid* 1099 starb, vermochte indes *Alfons VI.* die Stadt nicht gegen die Mauren zu behaupten. Denn seit 1090 kamen aus Nordafrika die Almoraviden, brachten das arabische Spanien unter ihre kräftige Herrschaft, setzten aber zugleich der Blüte der andalusischen Kultur ein Ende.

## Wallfahrerweg nach Santiago de Compostela

Das ist das Land, in welches die europäischen Jakobspilger ziehen. In Santiago de Compostela entsteht seit 1078 über dem angeblichen Apostelgrab eine prächtige Kathedrale, an der die folgenden Jahrhunderte immer weiterbauen. Es ist nicht der Staffelchor von Cluny II (vgl. S. 85f.), sondern ein anderer, neuartiger Typ, der die Form ihres Grundrisses bestimmt: der Umgangschor mit Kapellenkranz, der den Bedürfnissen der Wallfahrt entspricht: Umschreiten des Heiligengrabes, Andachtsstationen in Nebenkapellen. (*Textabb. 10*) Der Chorumgang öffnet sich zum Kircheninnern mit gestelzten Säulenarkaden. Das Hauptschiff ist tonnengewölbt, mit kräftigen Gurtbögen. Längs der Pilgerstraßen findet sich dieser Typ der Umgangskirche in vielfältiger Wiederholung, vor allem in Frankreich, wo er seinen Ursprung hat und zum Prototyp der gotischen Kathedralen werden wird.

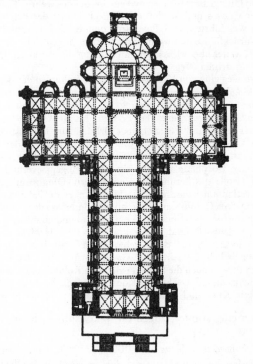

10. *Grundriß der Wallfahrtskirche von Santiago de Compostela (nach H. Sedlmayr)*

Saint Sernin in Toulouse, etwa 1075 begonnen, hat ihn, auch im Innern mit Säulenarkaden im Chorumgang und Gurtbögen, ebenso Sainte Foi in Conques,

1041 begonnen, 1065 geweiht. Sehr früh (1063) und charakteristisch ist er
in St. Etienne de Nevers, sehr rein in Paray-le-Monial (ca. 1100–1110).
Aber die ältesten Ausprägungen hatten Kirchen, die heute zerstört sind: St. Martial
in Limoges (1063–1095) und namentlich St. Martin in Tours (1014), jahrhundertelang die Hauptwallfahrtskirche der Franzosen.

Möglichst viele Orte suchten durch besondere Reliquien den Pilgerstrom
auf sich zu lenken, möglichst viele solcher Gnadenorte suchte ein Pilgerführer zu verbinden, der um die Mitte des XII. Jahrhunderts als eine
Art ‹Guide Michelin› für Spanienwallfahrer verfaßt wurde und den Pilgern
Reiserouten vorschlug: «Quatuor vie sunt que ad Sanctum Jacobum ten-
dentes, in unum ad Pontem Regine, in horis Yspanie, coadunantur» –
«Es gibt vier Wege, die, nach Santiago strebend, sich zu einem einzigen
in Puente la Reina, auf spanischem Boden, vereinigen», so lautet sein
erster Satz.

Der erste Weg führte von Arles mit dem Gräberfeld von Aliscans über St. Gilles,
wo der Heilige Ägidius verehrt wurde, über St. Guilhem le Desert, wo der Heilige
Willehalm von Orange begraben lag und ein Splitter des wahren Kreuzes zu verehren war, über Castres und Toulouse auf die Paßhöhe der Pyrenäen.
Der zweite Weg führte von Le Puy über Conques, das sich auf *Pipin* und *Karl*
den Großen zurückführte und wo man die wundertätigen Reliquien der Heiligen
Fides verehrte, weiter über Moissac bis an den Fuß der Pyrenäen. Dort vereinigte
er sich mit dem dritten Weg.
Dieser dritte Weg ging von Vézelay aus, das die Reliquien der begnadeten Sünderin Maria Magdalena zu besitzen vorgab, über Nevers mit seinen Stephanus-
Reliquien, über Limoges, dessen Kloster St. Martial für den Beginn der Trobador-
musik vielleicht wichtig war, und über Périgeux bis ans Grenzgebirge. Der vierte
Weg schließlich begann in Paris, ging über Orléans zum französischen National-
heiligen St. Martin von Tours, über Poitiers nach Blaye, wo der *Karls*-Paladin
Roland sein Grab hatte, zu dem noch 1526 *François I.* wallfahrtete. Dann ging
es nach Bordeaux. Dort hatte auf dem Altar des Heiligen Severin, laut ‹Pilgerführer›, *Karl* der Große das berühmte Rolands-Horn ‹Olifant› niedergelegt.
Gemeinsam erklommen die drei letzten Pilgerstraßen die Paßhöhe der Pyrenäen,
wo die steinerne ‹crux Caroli› stand. «Wenn man dann von der Höhe hinabsteigt»,
schreibt der ‹Pilgerführer›, «findet man ein Hospiz und eine Kirche. In dieser ist
ein Felsblock, welchen Roland, dieser kräftigste aller Helden, mit dreifachem
Schlag seines Schwertes mitten durchhieb». Heute ist als ‹brèche de Roland› eine
Felskluft weiter östlich, im ‹Cirque de Gavarnie›, berühmt. Dort in Roncevaux
zeigte man den Pilgern auch die Schlagkeulen von Roland und Olivier, Reliquien
jener großen Schlacht, «in welcher der König Marsirus, Rotolandus und Oliverus
mit 40000 christlichen und sarazenischen Rittern erschlagen wurden».

Solchermaßen eingestimmt, zogen die Jakobspilger dann nach Spanien
hinab.

Obgleich *Sancho von Navarra* (1000–1035) die Cluniazenser-Reform
ins Land gerufen hatte, hat sie mit der spanischen Wallfahrt, gar mit
dem Typ der Pilgerkirche nichts zu tun. Im Gegenteil: mit dem großen
Bau von Cluny III, 1089 begonnen, wird Cluny seinerseits den Anschluß
an den Typ der Wallfahrerkirche suchen. Von ganz anderer Bedeutung

für die Santiago-Wallfahrten war der Umstand, daß König *Sancho Rami-rez* von Aragon-Navarra 1068 dem Papst als Lehnsmann gehuldigt hatte. Durch den ecclesialen Imperialismus der römischen Reformkirche gewannen all die Reliquien des Wallfahrerweges ihre besondere Färbung. Gleich zu Beginn seines Pontifikats, 1073, hatte *Gregor VII.* den Kardinal *Hugo Candidus* (1049–1098), einen für Kaiser und Kirche gleichermaßen verhängnisvollen Mann, nach Südfrankreich gesandt, von wo aus er – ganz im Sinne des ‹militia Sancti Petri›-Begriffs des ‹Dictatus Papae› (vgl. S. 129) – «bei einem Unternehmen französischer Ritter gegen die Mauren in Spanien» das Oberkommando führen sollte.

## *Herrenreligiosität und Pilgerfahrt nach Jerusalem*

Aber nicht nur nach dem westlichen, auch nach dem östlichen Mittelmeerraum schweiften die Gedanken des großen Papstes. «Der Plan, an der Spitze eines abendländischen Ritterheeres nach Osten zu ziehen, um mit der Abwehr der Türken (die jetzt das byzantinische Reich bestürmten) zugleich auch die Wiedervereinigung der getrennten Kirchen … zu erreichen, hat *(Gregor VII.)* noch während des ganzen Jahres 1074 beschäftigt.» Indes: Obgleich Jerusalem seit 638 in den Händen der Ungläubigen war, zogen christliche Wallfahrer nach wie vor zum Heiligen Grab. Es tat dies auch der Bischof *Gunther von Bamberg* zusammen mit seinem Scholasticus *Ezzo* im Jahre 1065. Kurz zuvor war für Bamberger Zwecke von ebendiesem Gelehrten ein vulgärsprachliches Gedicht verfaßt worden, welches als Ezzo-Lied in der Geschichte der deutschsprachigen Literatur eine Rolle spielt.

*Ezzos* Gedicht besteht aus mehreren Strophen mit paarweise reimenden oder eher assonierenden Zeilen.

Ob es sich, wie bei dem 200 Jahre früheren *Otfrid,* um binnengereimte ‹Langzeilen› handelt, oder ob es Kurzzeilen sind, die hier reimen, läßt sich ohne die verlorene Melodie kaum entscheiden. So wie die Frage gestellt wurde, meint sie eher ein optisch-editorisches als ein akustisches Problem. Liturgische Psalmenrezitation wie gleichzeitige Sequenzen (z. B. ‹Victimae paschali laudes›) bevorzugen gepaarte, musikalisch aufeinander bezogene Melodiezeilen, die sich zu einer relativen Einheit fügen.

4 oder 6 solcher langen Reimpaarzeilen bilden eine Strophe. Die damals gesungenen Verse lassen sich heute meist vierhebig lesen, einige verlangen 5, wenige erreichen nur 3 Hebungen. Selbst die Kadenzverhältnisse bleiben beim Lesen dieser Sangverse recht undeutlich.

Überliefert ist das Ezzo-Lied in zwei grundsätzlich voneinander abweichenden Handschriften. Die ältere, Straßburger (S), hat 7 Strophen (= 38 Reimpaarzeilen). Die jüngere aus dem Augustiner-Chorherren-Stift

Vorau in Kärnten (V) hat 34 Strophen (= 155 Reimpaare). Sie erweitert und bearbeitet die ältere Fassung. Damit akzentuiert sie gleichzeitig die historisch-besondere Haltung des älteren Liedes, namentlich die Auffassung *Ezzos* von der Welt, vom Menschen und von der Gnade Gottes.

*Ezzo* spricht in Strophe 1 seine Hörer an: «Jetzt will ich Euch, edle Herren, Worte der Wahrheit vortragen.» Fassung Vorau merzt die «edlen Herren» aus und sagt statt dessen: «iu eben allon» – «Euch, die Ihr alle gleich seid, will ich jetzt von der Wahrheit reden».
«Zuletzt erschufest Du, Gott, den Menschen nach Deinem Bilde, auf daß er Macht habe», singt *Ezzo* in der 4. Strophe, «..., wozu allein Du, Gott, die Macht hattest», sagt die Vorauer Fassung.
*Ezzo* spricht in seiner 1. Strophe von der Vielfalt göttlicher Weisheitskraft («wistuom alse manicualt»), die in den Büchern der Genesis und der Könige sich bezeuge «zu Glanz und Ehre (eron) dieser Welt». Fassung V spricht von der hilfreichen Gnade, nicht von der Ehre, die dieser Welt damit zuteil ward. «Lux in tenebris – Licht in der Finsternis –, das ist mit uns», heißt es bei *Ezzo,* in V dagegen 50 Jahre später: «O lux in tenebris, du herre du der mit samet uns bist», keine sichere Feststellung mehr, sondern ein dringlicher Anruf an Gott.

Die Herrlichkeit und die Macht des Menschen, die Herrlichkeit und die Ehre dieser Welt, die Selbstverständlichkeit göttlicher Hilfe, all das wird dem Vorauer Bearbeiter ebenso Gegenstand fragender Unruhe wie es für *Ezzo* Grund herrenhafter Heilsgewißheit war. Genau diese Herrenreligiosität kritisiert Vorau an *Ezzos* Gesang, der sich in den 7 Straßburger Strophen so entfaltet:

1. Jetzt will ich euch, edle Herren, Worte der Wahrheit vortragen: von dem Anbeginn allen Menschengeschlechts, von der vielfältigen Weisheitsmacht, wie die Schrift das berichtet in den Büchern Genesis und Könige, zu Ruhm und Ehre dieser Welt.
2. Das Licht scheint in der Finsternis, welches da ist mit uns. Der, der seine Klarheit uns gibt, weichet und wanket nicht in seinem Sinn. Im Anfang war das Wort, welches ist wahrhaftiglich der Sohn Gottes. Aus einem Worte ward er zur Gnade dieser ganzen Welt.
3. Dich preise ich, wahrhaftiger Gott, und bekenne deine Ursprünglichkeit. Du, Herr, allein bist der Ursprung, keinen andern verkündige ich ihnen. Du Gott des Himmels, der Wasserfluten und der Luft und dessen, was in den Elementen ist, des Ruhenden und des Belebten! Das alles hast allein Du erschaffen, bedurftest keiner Hilfe zum Werk. Du sollst mein Anfang sein in Worten und Werken.
4. Gott, du hast alles geschaffen, was da ist. Nichts ist ohne dich. Als letztes erschufst du den Menschen, nach deinem Bilde geformt, nach deiner Artung, auf daß er Macht habe. Du bliesest ihm deinen Geist ein, auf daß er ewig wäre. Noch fürchtete er nicht den Tod für sich. Wenn er doch gehalten hätte dein Gebot! Zu Glanz und Ehre erschufst du den Menschen: Wohl erkanntest du seinen Sturz.
5. Wie dieser Mensch tat, daran müssen wir mit Schmerz gedenken. Durch des Teufels Hilfe, wie schnell geriet er nicht in die Verbannung! Schwer breitete sich seine Schuld aus über alle seine Nachkommen. Alle wurden sie der Herrschaft des Teufels untertan. Groß war diese unsere Not: damals begann der Tod zu herrschen. Die Ernte der Hölle wuchs an. Die ganze Menschheit geriet da hinein.
6. Als Adam seinen Sturz vollzog, da ward Nacht und Finsternis. Da strahlten

hier in der Welt die Sterne zu ihren Stunden. Die trugen nur wenig Licht, so strahlend sie auch waren, denn es beschattete sie die nebelfinstere Nacht. Die ging vom Teufel aus, in dessen Gewalt wir waren, bis uns Gottes Sohn erschien, die wahre Sonne aus den Himmeln.

7. Jeglicher der Sterne, der gab uns von seinem Licht. Sein Licht gab uns Abel, auf daß wir für die gerechte Sache sterben. Damals lehrte uns Henoch, daß all unser Tun in Gott ist. Aus der Arche gab uns Noah (beispielhaft) rechtes Vertrauen zum Himmel. Damals lehrte uns Abraham, daß wir Gott gehorsam wären (und) der hochedle David, daß wir gegen Böse Nachsicht üben.

Die Prologstrophe nannte als Titel: ‹Vom Anfang allen Menschengeschlechts und von der vielfältigen Weisheitsmacht nach der Genesis und den Büchern der Könige›. Nicht mehr als dieses Thema erfüllen die sieben Straßburger Strophen.

Was Vorau darüber hinaus bringt, stimmt nicht zur Thematik des Prologs. Die Rekonstruktion von etwa fehlenden alten Strophen mit Hilfe der Vorauer Bearbeitung, deren stilistische Prinzipien einigermaßen klar sind, wird keinen historischen Zeugniswert erlangen können. Man mag die Vorauer Fassung, die nach diesen Strophen von Johannes dem Täufer und dem neutestamentlichen Heil durch das Kreuz spricht ‹Cantilena de miraculis Christi› nennen. Die überlieferte Straßburger Fassung verdient und beansprucht diesen Titel nicht.

*Ezzo* entwirft in knappen Worten ein Geschichtsbild, das auf Christus und sein Evangelium hinzielt. Ins Lied selbst aber muß dieser Schlußstein nicht gefügt worden sein, wenn man sich die historischen Umstände seiner ersten Aufführung vergegenwärtigt. Die Vorauer Fassung nämlich teilt in ihrer ersten Strophe mit:

> «Der fromme Bischof *Gunther von Bamberg* gab Befehl zu einem äußerst guten Werk. Er ließ seine Kleriker ein frommes Lied dichten. Sie begannen eine Cantilena, weil sie die Heilige Schrift kannten. *Ezzo* dichtete, *Wille* ersann die Melodie. Als er die Komposition fertiggestellt hatte, schickten sich alle an, nach der Mönchsregel zu leben. Von Ewigkeit zu Ewigkeit sei Gott ihrer aller Seelen gnädig.»

Unter dem Episkopat *Gunthers* (1057–1065) wurden im Jahre 1063 Bamberger Kanoniker in das Vorstadt-Stift St. Gangolf eingewiesen und lebten von da an gemeinsam nach der Aachener Chorherrenregel. Sie wurden ‹regulierte Chorherren›. Für diese Einweisungsfeierlichkeit hat *Ezzo* wohl sein Lied gedichtet. Es war, wie die Vorauer Einleitungsstrophe nahelegen könnte, durchkomponiert, eine Art deutschsprachige Sequenz. An den Vortrag der 7 Straßburger Strophen könnte sich die Verlesung der Augustinerregel angeschlossen haben. Sie oder ein anderer außerpoetischer, etwa liturgischer Text löste dann die geistliche Spannung, die die deutschen Strophen *Ezzos* erzeugt hatten und die die spätere Vorauer Fassung ausdichten sollte.

Der Bischof *Gunther* und der Scholasticus *Ezzo* begegnen noch einmal gemeinsam in einer 50 bis 70 Jahre jüngeren Quelle, in der Lebensbeschreibung des Bischofs *Altmann von Passau*. Dort heißt es zum Jahre 1065:

«In jener Zeit zogen viele edle Herren nach Jerusalem, um das Grab des Herrn zu besuchen. Sie waren von einer gewissen Volksmeinung verführt, zu glauben, daß der Tag des Jüngsten Gerichts nahe sei, weil Ostern in jenem Jahr auf den 6. Tag vor den Kalenden des April (= 27.3.) fiel, welcher Tag als Tag der Auferstehung Christi angesetzt wird. Dergestalt verließen, von Schrecken erfaßt, nicht allein viele einfache Leute (vulgares), sondern auch Fürsten und selbst Bischöfe verschiedener Städte, mit großem Ruhm und mit höchster Ehre geziert, ihre Heimat, ihre Verwandten und ihre Besitztümer und folgten ..., das Kreuz tragend, Christus nach.

Ihr Führer war Bischof *Gunther von Bamberg,* ein Mann, ausgezeichnet durch Schönheit des Körpers und Weisheit des Geistes. In seinem Gefolge befanden sich viele namhafte Männer, Kleriker wie Laien, aus Ostfranken und Bayern. Unter diesen ragten besonders zwei gelehrte Kanoniker hervor, der Scholasticus *Ezzo* und *Konrad. Ezzo,* ein Mann, der begabt war mit jeglicher Weisheit und Kunst der Rhetorik, dichtete auf dem selben Zug ein Lied von den Wundertaten Christi in der Vulgärsprache aufs Vortrefflichste (cantilena de miraculis Christi patria lingua nobiliter composuit). *Konrad,* eine Blüte der Wissenschaft und Rhetorik, wurde später in unserm Kloster Göttweih Propst der Kanoniker. Es begleitete sie *Altmann,* der Vertraute der Königin (= Kaiserinwitwe *Agnes von Poitou)»* (Vita Altmanni c. 3).

Die hier erwähnte ‹Cantilena› mit dem uns erhaltenen Ezzo-Lied gleichzusetzen, besteht kein zureichender Grund, zumal man wird annehmen können, *Ezzo* sei in der Lage gewesen, mehr als ein einziges Lied zu dichten. An Bischof *Gunthers* Zug sollen 12 000 oder 7000 Menschen teilgenomen haben.

«In der Nähe von Ramla in Palästina wurde der ganze Zug von Muslimen überfallen und mußte sich mehrere Tage lang zur Wehr setzen. In welcher Form dies geschah», fügt *Hans Eberhard Mayer* hinzu, «ist nicht ... zu klären, denn die Wallfahrer waren stets unbewaffnet». Es ist zu hoffen, daß entweder ‹die ganze Geschichte nicht wahr› ist oder daß diese Herren sich für den Notfall eben doch etwas eingesteckt hatten.

Bischof *Gunther* starb auf dem Rückweg von Jerusalem am 23.7.1065 in Ungarn. *Ezzo* begegnet nach diesem Vor-Kreuzzug bis ins Jahr 1100 noch mehrfach urkundlich als Bamberger Scholasticus. Zur Zeit des seligen Bischofs *Gunther* hat er unter großen Herren vom Schlage des *Williram* (der ja einer seiner Amtsvorgänger war) gelebt und gelehrt. Seinen Bischof ermahnte einmal ein Freund brieflich, er solle sich doch etwas mehr der Gottesgelahrtheit zuwenden und sich nicht ewig an vulgärsprachlichen Wundergeschichten ergötzen.

«Diese Schauerliteratur erzählt immerzu von diesem *Attila* und dem Amelungen (Dietrich von Bern) und anderem.»

Damit ist zugleich ein frühes Zeugnis von vorgetragener Dietrichs-Epik gegeben, ein Zeugnis, das Licht wirft auf gelegentlich weltliche Nebeninteressen jenes geistlichen Optimaten, den ein gemäßigter Reformeifer beseelte. Was den etwas jüngeren französischen Kirchenfürsten wie *Baudri, Marbod* und *Hildebert* ihr *Ovid* sein wird, das scheint diesem Deutschen die spielmännische Heldenepik gewesen zu sein.

# ACHTES KAPITEL

# REALITÄT UND BEGRIFF

## Doppelgesicht der Natur

Es mag freilich das Wunderbare und Merkwürdige in jeder Form die Gemüter der Menschen beschäftigt haben, gerade in jener Zeit, da die erfahrbare Welt nicht nur für Jakobspilger und Jerusalemwallfahrer immer weiter und immer beunruhigender wurde. Besonderes Interesse am Naturkundlich-Wunderbaren begegnet nicht nur in dem vielleicht gegen 1090 entstandenen deutschsprachigen Gedicht ‹Merigarto›, welches von geographisch-hydrographischen Merkwürdigkeiten handelt, sondern es hatte sich schon um die Jahrhundertmitte im ‹Ruodlieb›-Epos auf lateinisch und gegen 1060 im sogenannten ‹Älteren Physiologus› vulgärsprachlich zu Wort gemeldet.

Der ‹miles peregrinus› Ruodlieb zeigt dem ‹rex maior› seine Kunst im Fischfang mit Hilfe des Buglossenkrautes:

Wie die Ärzte sagen, soll dieses Kraut geröstet, zerrieben und mit etwas Mehl zu Kügelchen gedreht, schließlich aufs Wasser geworfen, die Kraft haben, Fische anzulocken. Gierig verschlingt der Fisch eine solche schwimmende Kräuterkugel, kann aber plötzlich nicht mehr unter Wasser tauchen, sondern bleibt an der Oberfläche und stirbt an Atemnot. Schon *Plinius* hat – so heißt es hier – in seiner Schrift über die Kraft der Kräuter die vielfältigen Eigenschaften des Krautes Buglossa gerühmt. Als Pulver einem Trank beigemischt, verhindert es Trunkenheit. Mit ihm kann man Hunde und andere Tiere blind machen. Indem Ruodlieb Köderfleisch mit Buglossenkraut bestreut, gelingt es ihm, Wölfe zu fangen (II, 1 ff.)

Wenn ich versichern würde, daß das Buglossenkraut – sein wissenschaftlicher Name ist ‹Anchusa officinalis›, ein Boraginaceen-Gewächs – tatsächlich die im ‹Ruodlieb› beschriebenen Eigenschaften hätte, vermutlich würde der Leser es glauben. Ich kann dies nicht versichern, halte es aber nicht für unmöglich. Was aber sollte ein mittelalterlicher Zuhörer anderes tun als dieses außerordentliche Faktum glauben? Auch heute noch ist es nicht möglich, alles, was wir gebrauchen (Gefrierschutzmittel wie Schmieröl wie Pressemeldungen) in jedem Fall auf seinen Wirksamkeits- und Wahrheitsgrad hin genau zu prüfen. In weiten Bereichen wird man sich der sogenannten ‹sozialen Gewißheit› hingeben müssen, es werde mit dem vom Hersteller behaupteten Qualitäts-Quantitäts-Verhältnis z. B. schon an dem sein. Allenfalls kann man über dies oder jenes eine Enzyklopädie oder ein Handbuch befragen. Aber der dort gefundenen Antwort wird man dann doch bloßen Kredit geben müssen. In weiten Bereichen, auch in Wissenschaften, fungieren selbst heute noch Außergewöhnlichkeiten als Siegel der Wahrheit. Es ist die Denkform der ‹lectio difficilior›, die immer wieder in ihren Bann schlägt. Der Ruodlieb-Dichter hat sich auf *Plinius* berufen, dessen Autorität sich fast das ganze Mittelalter hindurch behauptete. Auf einen anonymen ‹Physiologen›, also ‹Naturforscher›, als Autor beruft sich ein anderes Standardwerk, das kurz ‹Physiologus› genannt und als ‹Bericht über die Tiere› um 1060 zum erstenmal abgekürzt ins Deutsche übersetzt wird. Die besondere Art dieses Werkes zeigt der Abschnitt 11, ‹Von der Viper›:

«(A)Es gibt eine Art Schlangen, die heißt Viper. Von dieser berichtet der Physiologus:

(1) wenn sie schwanger werden soll, dann taucht er seinen Mund in den ihren. Dann verschlingt sie den Samen und wird so gierig, daß sie ihm sein Gemächte (Geschlechtsorgan) abbeißt und er sogleich stirbt. Wenn dann die Jungen in ihrem Leibe wachsen, durchbeißen sie sie schließlich und gehen so hinaus.

(2) Diese Nattern werden den Juden verglichen, welche sich mit unsauberen Werken beschmutzen und ihren Vater Christus und ihre Mutter, die Heilige Kirche, verfolgen.

(B) Auch gebietet Gott in seinem Evangelium, daß wir ebenso klug seien wie dieselben Schlangen.

(1) Es gibt drei Arten von Schlangen: Die eine Art ist so: wenn sie alt wird, schwindet ihr das Sehvermögen; dann fastet sie 40 Tage und 40 Nächte. Dann löst sie ihre ganze Haut ab. Dann sucht sie einen löcherigen Stein und schlüpft da hindurch und streift die Haut ab und verjüngt sich. Eine zweite Art ist so: Wenn sie trinken will, so speit sie zuerst das Gift aus.

(2) Diesem Gewürm sollen wir nacheifern, wenn wir das geistliche Wasser trinken wollen, das uns aus dem Munde unserer Priester geschenkt wird, dann sollen wir zu allererst alle Unsauberkeit ausspeien, womit wir befleckt sind.

(C) die dritte Art ist so: Wenn sie den Menschen nackt sieht, so flieht sie ihn, sieht sie ihn aber bekleidet, so springt sie auf ihn –

(2) wie unser Vater Adam: solange er nackt war im Paradies, vermochte der Teufel nichts gegen ihn.»

Das Außerordentliche, das in der Naturgeschichte erscheint, kommt hier dem geistlichen Sinn zugute, der damit selbst außerordentlich, d. h. durch Verblüffung glaubwürdig wird. Die Überzeugungskraft des Extraordinären, nicht die Logik ist von Gewicht; denn hier werden in einem Atem drei logisch inkompatible Interpretationen gegeben: die Schlangen sind 1. die Juden, 2. die rechten Christen, 3. der Teufel. Alle Dinge haben so außer ihrem physikalischen Vorhandensein noch eine vielfältige geistliche Bedeutung, sozusagen einen zweiten geistlichen Körper. Ebenso ist etwa der König nur einerseits natürliche Person mit Fehlern und Schwächen, andererseits aber heiltragende, hochpriesterliche Gestalt von nicht ganz irdischer Existenzform. (‹The king's two bodies› heißt eins der Hauptwerke von *Ernst Kantorowicz,* das sich mit diesem Phänomen beschäftigt.) Der ‹character sacramentalis› oder ‹indelibilis› gibt auch dem

Priester gewissermaßen zwei Körper; mag er als physische Person noch so korrupt sein, als geistige Person kann er dennoch ein gültiges Sakrament spenden und ist von aller Defizienz unberührt. Allerdings wird gerade jetzt die Reformkirche diesen römisch-juristischen Gedanken von der Infallibilität der Amtsperson nicht hören wollen, wenn sie Messen durch verheiratete Priester für ungültig erklärt. Dennoch wird der Begriff der ‹persona sacerdotalis› wie derjenige der ‹persona regalis› durch *Gregor VII.* versachlicht werden. Aber bereits 1184, wenn u. a. die Waldenser auf der Würdigkeit des Priesters für die Gültigkeit der Sakramente beharren, wird solch juristisch unpraktikabler Subjektivismus als ketzerisch verdammt werden. Doch erst die Hochscholastik wird die Lehre vom ‹character sacramentalis› systematisch ausbilden, erst das Tridentinum (1545 ff.) wird sie angesichts der subjektivistischen Reformationsrevolte dogmatisieren, d. h. heilsjuristisch verbindlich machen. Allegorische Schrift- und Naturdeutung hat dem seit langem vorgearbeitet, auch ein Werk wie der ‹Physiologus›, obgleich er sich, gerade jetzt, in deutscher Vulgärsprache an Laien zu wenden scheint.

Die lateinischen ‹Dicta Chrysostomi de naturis bestiarum› – so lautet der wissenschaftliche Titel des ‹Physiologus› – sind zwischen 400 und 450 entstanden. Sie übersetzen eine allegorische Tierkunde eines vermutlich griechischen Originals des II. Jahrhunderts (?). Es wurde schon früh in viele, schließlich in fast alle Kultursprachen übertragen, soweit die christliche Welt reichte: ins Arabische, Syrische, Armenische, Äthiopische, Koptische, Rumänische, Slavische, Isländische, Angelsächsische, Altfranzösische, Provenzalische und, gegen 1060, eben zum erstenmal ins Frühmittelhochdeutsche.

Aber erst seit dem XII. Jahrhundert wird von Figurenkapitellen, Portalgewänden und Glasfenstern in immer wachsendem Maße die Symbolik und der geistliche Sinn einer phantastischen Natur auch durch Bilder den Laien gepredigt.

## *Anselm und die Welt des sogenannten ‹ontologischen Gottesbeweises›*

In ein anderes geistiges Klima, fern von Pilgerstraße und Laienwerbung, aber nicht unbedingt fern von der Herrenreligiosität eines *Williram* und *Ezzo*, tritt man bei dem Philosophen *Anselm von Aosta,* der 10 Jahre nach *Ezzo* im normannischen Kloster Bec sein ‹Proslogion› schreibt. Daß dieser *Anselm* dann schließlich Erzbischof *von Canterbury* wird, ist genau so eine bedeutende Station der politischen Geschichte wie sein spekulatives Denken eine der geistigen Geschichte ist.

*Anselm* trägt einen germanischen Namen, Ans-helm (Gott-Schutz). Er stammt aus jenem Alpental, das 575 von den Burgunden besetzt wurde und seither zum Königreich Burgund, zum Herzogtum Savoyen, zum Kaiserreich Frankreich, zum Königreich Sardinien und erst seit 1861 zu Italien gehört. Man spricht dort noch heute französisch. 1033 wurde er in Aosta als Sohn eines *Gundulf* und einer *Ermenberga* in einer burgundischen Adelsfamilie geboren. Er soll sich frühzeitig literarischen Studien, dann dem Weltleben ergeben haben. 1060 tritt der 27jährige in das normannische Kloster Bec als Mönch ein, angezogen von dem dort lehrenden Philosophen und Theologen *Lanfranc von Pavia* (ca. 1005–1089). Aber was war dies für ein Kloster, das die beiden Italiener ins nördlichste Gallien gezogen hatte?

1034 bittet der normannische Ritter *Herluin* plötzlich seinen Lehnsherrn, den Grafen von Brionne, sich einem Einsiedlerleben widmen zu dürfen. Sein Beispiel bestimmt neun andere, mit ihm zu gehen. Sie bauen sich in Bec eine kümmerliche Klausur und leben nach der Benediktinerregel. Gegen 1040 kommt der berühmte Wanderlehrer *Lanfranc*, der an der Juristenschule in Pavia studiert hatte, nun aber Dialektik und Rhetorik lehrt, in die Normandie. In Avranches sammeln sich viele Schüler um ihn. Da hört er von den Einsiedlern in Bec, gibt die philosophische Lehre auf und tritt 1042 bei *Herluin* als Mönch ein. Schüler werden seinem Beispiel gefolgt sein. Aber *Lanfranc* hat «auf jene Wissenschaften nun verzichtet» *(Notker)*, bis ihn der Abt 1045 bittet, seinen Unterricht wieder aufzunehmen und die Klosterschule zu leiten. Der Dialektiker lehrt jetzt Theologie, legt aber bei seiner biblischen Texterklärung den Akzent auf den Litteralsinn. Das Gerücht, daß der berühmte Philosoph jetzt Theologe sei, dringt bis ins ferne bayerische Kloster Ebersberg, wo sich ein Allegoriker wie *Williram* wohl nur um des guten Tones willen auf *Lanfranc* berufen haben kann. 1074 belagert der Bastard *Wilhelm* (geb. 1028 als Sohn des Normannenherzogs *Robert* und der schönen Gerberstochter *Arlette)* die Burg Brionne, um einen seiner unbotmäßigen Vasallen zur Anerkennung seiner legitimen Herzogswürde zu zwingen. Das asketische Leben in Bec und der große *Lanfranc* beeindrucken den Herzog sehr. Als er dann, halb mit Gewalt, *Mathilde von Flandern* heiratet, erklärt der Heilige Stuhl die Ehe ‹wegen zu naher Verwandtschaft› für nichtig – *Mathilde* ist eine entfernte Cousine Herzog *Wilhelms*. Da sendet Herzog *Wilhelm* 1059 den gelehrten *Lanfranc* nach Rom, und dem gelingt es, den päpstlichen Bann aufheben zu lassen. Als Zeichen von Bußfertigkeit gründet das Herzogspaar jetzt in Caen zwei Benediktinerklöster: die Abbaye aux Dames und die Abbaye aux Hommes, deren erster Abt *Lanfranc* wird. Nicht nur Philosoph und Jurist, sondern auch bedeutender Organisator, ist *Lanfranc* einer der Hauptberater des Herzogs *Wilhelm von der Normandie,* der auf seinem Territorium die straffste Feodalordnung von ganz Frankreich schafft. Auch an der bemerkenswerten Architektur der beiden neuen Kirchen in Caen ist *Lanfranc* vielleicht beteiligt.

St. Etienne, die Kirche der Abbaye aux Hommes, 1077 geweiht, 1081 im wesentlichen vollendet, hat eine nüchtern-gewaltsame Fassade *(Abb. 44)*. Man kann in den blockhaften Sockelgeschossen und den darüber sich erhebenden, immer weniger zahlreich werdenden Bogen der Turmgeschosse ein Abbild rational gegliederter, feodaler Organisation sehen.

Die Fassade der Abbaye aux Dames, Sainte Trinité, zeigt ein ähnliches Prinzip. Über dem Hauptportal steigen 3, dann 2, dann 1 Fenster auf. Die flankierenden Turmfassaden bringen die Umkehrung des Prinzips: oben burgartig-amorph, im nächstunteren Geschoß 7 enggeraffte Arkaden, dann 3, schließlich 1 Fenster. Dabei ist das Verhältnis von 7-Zahl zu 3-Zahl dieser Trinitätskirche auch symbolisch als das von 7 Gaben des Heiligen Geistes, Trinität und Einheit göttlicher Substanz zu lesen. Dennoch bleibt die systematische Rationalisierung zugleich Ausdruck eines Stufendenkens, das auch die Organisation des normannischen Lehnsstaates beherrscht.

In der Nacht vom 27. zum 28. September 1066 segelt die normannische Flotte über den Kanal. Sechzehn Tage später hat Herzog *Wilhelm* mit seinem disziplinierten Heer den Sieg bei Hastings errungen, der ihn zum König von England macht. Dort wird er einen rationalen Feodalismus auf einer tabula rasa beginnen.

Er wird alles Land neu an seine Lehnsleute verteilen. Noch heute sieht jeder, der mit dem Flugzeug nach England reist, den Unterschied von traditionszerfurchter, erbschaftsbelasteter Feldeinteilung in Nordfrankreich und großräumigen Bodenarealen auf der Insel.

Der Herzog-König *Wilhelm,* der Eroberer, wird *Lanfranc* 1070 zum Erzbischof von Canterbury berufen, und Papst *Alexander II.,* der Lombarde *Anselm von Baggio,* selbst ein Schüler *Lanfrancs,* wird ihn bestätigen. *Lanfranc* wird das benediktinische Klosterwesen Englands organisieren. Und die Baukunst Englands, die bald feodale Gotik ist und immer feodale Gotik bleibt, wird sich die normannischen Kirchen von Caen zum Vorbild nehmen.

Schon um 1060 wird in Mont Saint Michel die Wand als konstruktives Steingerüst behandelt, sehr plastisch und doch sehr anders als in Speyer *(vgl. S. 112 u. Abb. 37).* Diese Wandgliederung *(vgl. Textabb. 11)* in Arkadenzone, Triforiumsbögen, Oberlichtgaden ist in Caen wie dann in Peterborough. Sie, die ihr Vorbild vielleicht in der Kirche von Tours IV hat, wird für die künftige Gotik verbindlich.

Auf dem Erzstuhl von Canterbury wird *Anselm,* der 1078 Abt von Bec geworden war, von 1093–1109 Nachfolger seines Lehrers *Lanfranc* und wird so *Anselm von Canterbury,* als den ihn die Philosophiegeschichte kennt.

Kein geringerer als *Kant,* der aber von *Anselms* Gedanken nur über *Descartes* weiß, hat in seiner ‹Kritik der reinen Vernunft› ‹Von der Unmöglichkeit eines ontologischen Beweises vom Dasein Gottes› gehandelt. Seither trägt *Anselms* Denken das Etikett ‹vorkritischer› Philosophie. Aber *Kant* hat *Anselms* Gedanken als logische Deduktion mißverstanden, weil er vom Begriff eine völlig andere Vorstellung hat als der Aostaner. *Anselm* hat nie einen Gottesbeweis im Sinne *Kants* führen wollen, hat

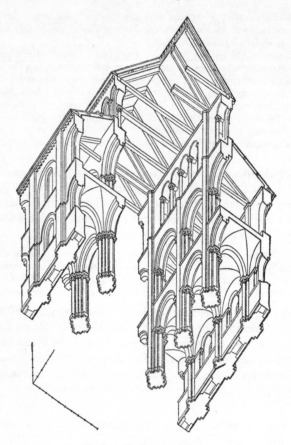

11. *Caen, St. Etienne, Schnitt*

nicht einem Ungläubigen mit Hilfe einer logischen Apparatur einen ‹Gott›
aus dem Verstand herstellen wollen. Für *Anselm* wie für *Augustin* ist
das Interesse an unbedingter Wahrheit, das auch *Kant* hat, identisch mit
dem Interesse an Gott. In postkritische Sprache übersetzt, könnte das
Problem, das *Kant* sieht, billigerweise auf *Anselm* allenfalls umformuliert
werden zu:

Wie kann die Möglichkeit von Wahrheit selber Gegenstand eines Wahrheitsbe-
weises werden? *Kant* formuliert: «Alle unsere Erkenntnis hebt von den Sinnen
an, geht von da zum Verstande, und endigt bei der Vernunft, über welche nichts
Höheres in uns angetroffen wird, den Stoff der Anschauung zu bearbeiten und
unter die höchste Einheit des Denkens zu bringen. Da ich jetzt von dieser obersten
Erkenntniskraft eine Erklärung geben soll, so finde ich mich in einiger Verlegenheit.» Auf *Anselm* bezogen: Wie kann die Existenz Gottes, der mit der absoluten
Wahrheit identisch ist, Gegenstand eines Gottesbeweises werden? So problema-

tisch dieser Vergleich ist, es zeigt sich an ihm doch etwas Wichtiges: Die Möglichkeit von Wahrheit selber kann so wenig Gegenstand eines stringenten Wahrheits-
beweises werden wie die Existenz Gottes diejenige eines stringenten Gottesbeweises, denn Wahrheit wie Gott wären beidemal bereits Voraussetzung jeder
Argumentation.

Es ist nur möglich, den Begriff Wahrheit wie den Begriff Gott praktisch, d.h.
operationell bzw. betrachtend zu entfalten.

So hat denn charakteristischerweise das ‹Proslogion› *Anselms* schon ganz
äußerlich nicht die stilistische Form einer Deduktion, sondern die einer
Betrachtung. Das ‹Proslogion› ist nach dem Vorbild *Augustins* als Anrede
an Gott abgefaßt. Die Kapitel 2–4 handeln von der Existenz Gottes im
Begriff, die Kapitel 5–26 handeln vom Wesen Gottes im Begriff. Aber
was heißt ‹Begriff›? *Anselm* knüpft nicht nur stilistisch sondern auch gedanklich – außer an den *Areopagiten* und an *Boethius* – vor allem an
*Augustin* an. Dieser war davon ausgegangen, daß der Skeptizismus die
äußere Realität der Wahrnehmungsinhalte leugnet. Aber – so argumen-
tierte er und lieferte damit *Descartes* das Denkmodell – der Zweifel selbst
an der Vereinbarkeit von Wahrheit und Realität bedarf des Zweifelnden
als einer Realität: «Indem ich zweifle, weiß ich, daß ich, der Zweifelnde,
bin.» Der Zweifel selbst enthält in sich die Wahrheit von der Realität des
bewußten Wesens: «darin kann ich nicht irren, denn um irren zu können,
muß ich bereits sein.» Aber der Akt des Zweifelns enthält, nach *Augustin,* nicht nur die Existenz des Zweifelnden, sondern auch die Existenz
von möglicher Wahrheit überhaupt als Voraussetzung: das Erkenntnisinteresse gerade des Zweifels geht auf Wahrheit, ohne die nicht einmal
Zweifel möglich wäre. Um Wahrheit sein zu können, muß Wahrheit auch
existieren. Die Wahrheit, die mehr als alle unvollkommene Erkenntnis
ist, muß existieren, obgleich sie nicht vollkommen erkannt wird; denn
wenn sie in ihrem totalen Umfang erkannt werden könnte, wäre Unwahrheit überhaupt nicht möglich. Die Wahrheit, welche total und unbedingt
aus sich selbst heraus Wahrheit ist – und als solche natürlich existiert
– ist Gott, lehrt *Augustin.* Das in jedem Erkenntnisinteresse apriorisch
Vorhandene ist das Interesse an Freiheit und Mündigkeit; das Bild von
einem Leben ohne Zwang ist das uneingestandene Maß von Wahrheit
und Wirklichkeit, lehrt nicht ganz unähnlich *Jürgen Habermas,* bei dem
mir augustinische Tradition evident scheint.

*Aurelius Augustinus* (354–430) aber prägt seinen Gottesbegriff dann nicht nur
als ‹das Wahre überhaupt›, sondern triadisch als Unum – Verum – Bonum (die
Eins – die Wahrheit – das Gute), denen als menschliche Apperzeptionsvermögen
ratio – memoria – voluntas entsprechen, Vernunft, Gedächtnis, Wollen.

Über *Augustin* hinaus entdeckt nun *Anselm* dies: Gott, der die Wahrheit
überhaupt ist, ist auch die Substanz, aus der ein wahrer Begriff von Gott
im menschlichen Verstand gemacht ist. Dieser ‹wahre Begriff› ist kein
Einfall und keine bloße Vorstellung, sondern etwas höchst Reales. Deswe-

gen pflegt man solches Denken als ‹Begriffsrealismus› zu bezeichnen. Das, was hier gemeint wird, ließe sich provisorisch und ganz un-anselmisch vielleicht so verdeutlichen:

1. Subjektive Seite des Begriffs: Durch den ‹wahren Begriff›, den menschliches Denken von Gott faßt, wird Gott in die Existenz gesetzt.
2. Objektive Seite des Begriffs: Weil Gott existiert, hat der ‹wahre Begriff› von Gott die Möglichkeit, vom Menschen gedacht werden zu können.

Nach *Anselm* ruht der ‹wahre Begriff› von Gott sozusagen 1. dumpf im Menschen und muß aktualisiert werden. Dies geschieht durch Denken des 2., des geoffenbarten ‹wahren Begriffs› von Gott: Der Glaube muß vom Denken ermessen werden. Das meint der andere Titel des ‹Proslogion›, welcher lautet: ‹Fides quaerens intellectum›. In seinen ‹Meditationes› spricht *Anselm* zu Gott so:

«Und wenn ich zu Dir rufe, dann rufe ich zu Dir in mir selbst; denn mit nichten wäre *ich,* wenn Du nicht in mir wärest; und wenn ich nicht in Dir wäre, wärest Du nicht in mir. In mir bist Du, weil Du in meinen Gedanken bleibst. Aus meinem Gedächtnis (‹memoria›) habe ich Dich erkannt, und in ihm finde ich Dich, wenn ich mich Deiner erinnere.»

Den geoffenbarten wahren Begriff von Gott nun formuliert *Anselm* nach der Credo-Formel und dem ersten Gebot (Exod. 20, 2–3): «Wir glauben aber: Du bist Etwas, über das hinaus nichts Größeres gedacht werden kann» – «Et quidem credimus te esse aliquid quo nihil majus cogitari possit».

Das will zugleich heißen: Man kann Gott nur so lange leugnen, als man seinen Begriff nicht im vollen Ausmaß gedacht hat. Hat man ihn aber in voller Ausdehnung gedacht, dann ist mit diesem Gedanken zugleich die Wirklichkeit Gottes, nicht bloß ‹ein Stück Gott› im menschlichen Geist. Das Denken des *majus,* des *‹Größer als alles›,* ist schon über jeden Zweifel an der Existenz Gottes hinaus, sonst ist das ‹majus› und damit auch Gott nicht wirklich gedacht worden. Der Begriff ‹Gott› kann nicht als bloße Möglichkeit gedacht werden. Als Möglichkeit gedacht, ist es nicht der Begriff ‹Gott›, der gedacht worden ist, sondern irgend etwas anderes. Das Zuendedenken des Begriffs ‹Gott› ist schon etwas Reales. Dieser Begriff, einmal gedacht, schlägt sozusagen in Realität um. Das also heißt bei *Anselm* ‹Begriff›. Daß dieser Begriff, an dem alles Wirkliche gemessen wird, das wahrhaft Reale sein soll, solcher ‹Begriffsrealismus› ist für die kritische Philosophie *Kants* nahezu unausdenkbar. Indes hat sich auch nach *Kant* wieder ein philosophischer Begriffsrealismus ausgebildet: bei *Hegel.* Auch für ihn ist der wahre Begriff nicht bloß subjektiv, sondern auch objektiv. *Hegel* gewinnt seinen Ansatz gerade in einer Kritik des kantschen Kritizismus, und er wirft sich u. a. auch zum Verteidiger des anselmschen ‹Arguments› auf. Insofern dürfte ein Hinblick auf die Diskussion des ‹ontologischen Arguments› bei *Kant* und *Hegel* nicht ohne

Interesse sein. *Kant* lehrt: Wir haben einen Begriff von den Dingen nur in den Formen unseres Denkens, die unabhängig von aller Erfahrung sind. Wie die Dinge außerhalb dieser Denkformen sind, können wir nicht wissen. Die Dinge-an-sich erkennen wir nicht. Für *Kant* sind, in *Hegels* Referat, «die Gedanken, obschon allgemeine und nothwendige Bestimmungen, doch *nur unsere Gedanken* (,) und von dem, was das Ding *an sich* ist, durch eine unübersteigbare Kluft getrennt». Aber woher will *Kant* wissen, meint *Hegel, daß* es überhaupt Dinge an sich außerhalb unserer Denkformen gibt? Sie sind eine Erfindung *Kants,* dies «Caput mortuum» ist «selbst nur *das Produkt des Denkens*». Sodann: Wären etwa die Denkformen unseres Verstandes auch keine Dinge an sich? Und mit Hilfe welches Instruments sind sie denn eigentlich in ihrer Existenz erkannt worden? Sie sind ja bereits solche mysteriösen Dinge an sich, meint *Hegel*, und sind also gar nicht unerkennbar:

> Das Untersuchen der Denkformen «ist selber schon ein Erkennen. Es muß also die Thätigkeit der Denkformen und ihre Kritik im Erkennen vereinigt seyn. Die Denkformen müssen an und für sich betrachtet werden; sie sind der Gegenstand und die Thätigkeit des Gegenstandes selbst; sie selbst untersuchen sich, müssen an ihnen selbst sich ihre Gränze bestimmen und ihren Mangel aufzeigen. Dieß ist diejenige Thätigkeit des Denkens, welche demnächst als *Dialektik* in besondere Betrachtung gezogen wird.» So kann *Hegel* formulieren:

«Die wahre Objektivität des Denkens (ist) diese, daß die Gedanken nicht bloß unsere Gedanken, sondern zugleich das Ansich der Gegenstände überhaupt sind», d.h. der wahre Begriff ist zugleich die wahre Realität. Es gibt Realität, die schlechter ist als ihr Begriff; das ist die heruntergekommene und unvollkommene Realität, z.B. der scheinbare Wohlstand im Kapitalismus. Diese schlechte Realität wird als unvollkommen gemessen an ihrem wahren Begriff. Sie existiert sozusagen ohne Wahrheit. Etwas ist erst dann vollkommen wirklich und wahr, wenn es seinem Begriff entspricht. Diese Identität von Sein und Begriff nennt *Hegel* ‹Idee›. Er hat, wie *Anselm* und *Augustin,* aber auch wie der dialektische Materialismus nach ihm, die Partei des Begriffs ergriffen. Aber dieser Begriff ist eben etwas ganz anderes als ein bloßer Einfall oder eine bloß abstrakte Vorstellung und ist auch noch etwas anderes als eine empirische Erkenntnis. *Hegel* wirft *Kant* vor, er habe sich gegen den Gedanken entschieden:

> «Wenn Gedanke und Erscheinung einander nicht vollkommen entsprechen, so hat man zunächst die Wahl (,) das Eine oder das Andre für das Mangelhafte anzusehen. In dem kantischen Idealismus ... wird der Mangel auf die Gedanken geschoben», weil sie einem aufs Empirische beschränkten Bewußtsein nicht adäquat sind und in diesem nicht angetroffen werden. *Kant* ist nur am Denkmechanismus interessiert. «Der Inhalt des Gedankens für sich selbst kommt hier nicht zur Sprache.»

Begriff und Sein, sagt *Hegel*, «sind die zwei Momente, deren Vereinigung es ist, die von der Vernunft gesucht wird». Diese Vereinigung sucht die

Vernunft u. a. in den sogenannten Gottesbeweisen auf zwei Wegen: vom Sein auf den Begriff hingehend oder vom Begriff auf das Sein hingehend.

Es gibt da einmal das *kosmologische Argument,* welches meint, das Sein der unendlich vielen Dinge könne nicht als Zufall erklärt werden. Sodann gibt es das *physikoteleologische Argument,* für welches das Sein unendlich vieler zweckmäßiger Verhältnisse den Ausgangspunkt bildet.

Im Unterschied zu diesen beiden Argumenten, die vom Sein auf den Begriff gehen, geht das *ontologische Argument* vom Begriff aufs Sein.

Gegen die beiden ersten Argumente hatte *Kant* eingewandt, daß zwar der Kosmos des Seienden und die Zweckmäßigkeit der Verhältnisse für die Wahrnehmung gegeben seien, aber die Erfahrung überschreite ihre Grenze, wenn und indem sie das Allgemeine und Notwendige (also ‹Gott›) aus den wahrgenommenen Erfahrungsgegenständen hervordenke. Bereits hier ist *Hegel* nicht einverstanden:

«Das Erheben des Denkens über das Sinnliche, das Hinausgehen desselben über das Endliche zum Unendlichen, der Sprung, der mit der Abbrechung der Reihen des Sinnlichen ins Übersinnliche gemacht werde, alles dieses ist das Denken selbst, das Übergehen ist *nur Denken.* Wenn solcher Übergang nicht gemacht werden soll, so heißt dies, es soll nicht gedacht werden.» «Weil der Mensch denkend ist, wird es eben so wenig der gesunde Menschenverstand als die Philosophie sich je nehmen lassen, *von* und *aus* der empirischen Weltanschauung sich zu Gott zu erheben.» «Die empirische Welt denken heißt vielmehr wesentlich ihre empirische Form umändern und sie in ein Allgemeines verwandeln.»

Indes ist der Ausgangspunkt jener beiden Beweise auch für *Hegel* der richtige nicht. Er tendiert mit Entschiedenheit zum ontologischen Argument. Nicht irgendwelche Dinge oder der Kosmos, sondern «die geistige Natur ist allein der würdigste und wahrhafteste Ausgangspunkt für das Denken des Absoluten.» *Kants* Kritik war nun hier ganz analog wie bei den beiden ersten Argumenten:

«Wie im Empirischen sich das Allgemeine nicht vorfindet, so sey umgekehrt im Allgemeinen das Bestimmte nicht enthalten, und das Bestimmte ist hier das Seyn. Oder das Seyn könne nicht aus dem Begriffe abgeleitet und herausanalysirt werden.» Soweit *Kant* in *Hegels* Referat. Wörtlich hatte *Kant* gesagt: «Ihr habt schon einen Widerspruch begangen, wenn ihr in den Begriff eines Dinges, welches ihr lediglich seiner Möglichkeit nach denken wolltet, es sei unter welchem versteckten Namen (auch immer), schon den Begriff seiner Existenz hinein brachtet.» Das «Merkmal der Möglichkeit synthetischer Erkenntnisse (muß) immer nur in der Erfahrung gesucht werden». Ein «Mensch möchte wohl ebensowenig aus bloßen Ideen an Einsichten reicher werden, als ein Kaufmann an Vermögen, wenn er, um seinen Zustand zu verbessern, seinem Kassenbestande einige Nullen anhängen wollte». «Aber in meinem Vermögenszustande ist mehr bei hundert wirklichen Talern, als bei dem bloßen Begriffe derselben, (d. i. ihrer Möglichkeit).»

Diese «Kritik», schreibt *Hegel,* «hat ohne Zweifel auch dadurch eine so unbedingt günstige Auf- und Annahme gefunden, daß Kant zur Verdeutlichung, welch ein Unterschied sey zwischen Denken und Seyn, das Beispiel von den *hundert Thalern* gebraucht hat, die dem *Begriffe* nach gleich hundert seyen, ob sie nun möglich oder wirklich seyen; aber für *meinen* Vermögensstand mache dies einen wesentlichen Unterschied aus. – Nichts kann so einleuchtend sein als dergleichen, was ich mir denke und vorstelle, darum noch nicht *wirklich ist*, – der Gedanke, daß Vorstellen oder auch der Begriff zum Seyn nicht hinreicht. – Abgesehen davon, daß es nicht mit Unrecht eine Barbarei genannt werden könnte (,) dergleichen wie hundert Thaler einen Begriff zu nennen, so sollten doch wohl zunächst diejenigen, die immer und immer gegen die philosophische Idee wiederholen, daß *Denken und Seyn verschieden* seyen, endlich voraussetzen, den Philosophen sey dieß gleichfalls nicht unbekannt … Alsdann aber müßte bedacht werden, daß wenn von *Gott* die Rede ist, dieß ein Gegenstand anderer Art sey als hundert Thaler und *irgend ein* besonderer Begriff, Vorstellung oder wie es Namen haben wolle. In der That ist alles Endliche dieß und *nur dieß*, daß das *Daseyn desselben von seinem Begriffe verschieden ist.* Gott aber soll ausdrücklich das seyn, das nur ‹als existirend gedacht› werden kann, wo der Begriff das Seyn in sich schließt. Diese Einheit des Begriffs und des Seyns ist es, die den Begriff Gottes ausmacht.» Für *Kant* hingegen gilt allein das am Empirischen Gedachte und der Mechanismus dieses Denkens.

Aber gerade aus diesem kritischen Erkenntnisbegriff *Kants* destilliert *Hegel,* ganz ähnlich wie *Augustin,* jenes Absolute heraus, das Gott ist, indem er sagt: «Es ist … die große Inkonsequenz *(Kants),* einerseits zuzugeben, daß der Verstand nur Erscheinungen kennt, und andererseits dieß Erkennen als *etwas Absolutes* zu behaupten, indem man sagt: Das Erkennen *könne* nicht weiter, dieß sey die *natürliche,* absolute *Schranke* des menschlichen Wissens. … Als *Schranke,* Mangel wird etwas gewußt, ja empfunden, indem man zugleich darüber *hinaus* ist. … Es ist daher nur Bewußtlosigkeit nicht einzusehen, daß eben die Bezeichnung von Etwas als einem Endlichen oder Beschränkten den Beweis von der *wirklichen Gegenwart* des Unendlichen, Unbeschränkten enthält, daß das Wissen von der Gränze nur seyn kann, sofern das Unbegränzte *diesseits* im Bewußtseyn ist.»

Das ‹wesentliche Denken› *(Hegel)* – *Anselm* sagt ‹ratio necessaria›, *Avicenna* spricht aristotelisch vom ‹notwendigen Wesen› als ‹sich selbst wissendes Bewußtsein schlechthin› – das ‹wesentliche Denken› also faßt mit dem wahren Begriff zugleich das wahrhaft Reale. «Nach Kant dagegen ist dasjenige, was wir denken, falsch, darum weil *wir* es denken», kommentiert *Hegel* die ‹kopernikanische Wendung› *Kants* tiefenpsychologisch. Soweit *Hegel* zur Verdolmetschung *Anselms.* Im Grunde aber hat auch *Hegel Anselm* logisch mißverstanden. Nur weil die Logik *Hegels* begriffsrealistisch ist, bleiben die Dinge kompatibel. Denn *Anselm* will gar nichts beweisen, sondern nur den Glauben mit dem Denken ausmessen. Diese Intention ist immer wieder verdunkelt worden durch das Zitat der Formel: «Credo, ut intelligam», die sich im 1. Kapitel des ‹Proslogion› findet. Sie ist vorab Echo eines Satzes von *Augustin:* «Intellige, ut credas,

crede, ut intelligas» – «Erkenne, um zu glauben, glaube, um zu erkennen».
*Anselms* Dictum aber heißt vollständig: «Neque enim quaero intelligere,
ut credam; sed credo, ut intelligam» – «Ich versuche nicht, zu erkennen,
um von da aus zu glauben; sondern ich glaube und will von da aus erkennen». Das ‹ut› nennt nicht die Raison des Glaubens, sondern die finale
Tendenz auf intellektuelle Erfahrung des Geglaubten. Deswegen ist deutlicher und glücklicher die andere Formulierung, die auch als Titel des
‹Proslogion› fungiert: «Fides quaerens intellectum» – «Der Glaube befragt
den Verstand, verlangt etwas vom Verstand», der Verstand soll sich den
Umfang des Gottesbegriffs klarmachen. «Gott existiert eben – wenn er
existiert – in derjenigen *einzigartigen* Weise, die ihm als dem eigentlich
und erstlich *allein* Existierenden zukommt» *(Karl Barth);* was außer ihm
ist, hat seine Existenz allein durch ihn, auch der menschliche Verstand.
Obgleich *Anselm* weder denkt, um zum Glauben zu kommen, noch um
andere zu bekehren, setzt er sich mit dem Ungläubigen auseinander, von
dem es im Psalm (XIII, 1 = 14,1) heißt: «Der Tor spricht in seinem Herzen:
Es ist kein Gott.» *Anselm* meint, dieser Tor könne eben so nur sprechen,
weil Denken und Denken zweierlei seien. Man kann einmal das bloße
Wort ‹Gott› denken, man kann andrerseits den vollen Inhalt des Wortes
‹Gott› denken. Nur wenn der Tor auf die erste Weise denkt, kann er
in seinem Herzen sprechen: es ist kein Gott. *Anselm* glaubt also nicht
an den Unglauben des Toren.

Zu dessen Verteidiger hat sich gleich nach Erscheinen des ‹Proslogion›
der Mönch *Gaunilo* von Marmoutier gemacht. Ebenso wie *Anselm* ‹Gott›
als Realität erkenne, könne der Tor die Existenz einer ‹vollkommenen
Insel im Ozean› oder jedes gedachten Dinges beweisen, vorausgesetzt,
das Merkmal der ‹Vollkommenheit› sei dabei. Aber *Gaunilo* hat, wie
*Kant, Anselms* Darlegung formalistisch mißverstanden. Für kein Gedankending gehört das «quo nihil majus cogitari potest», gehört die Bestimmung «über das hinaus nichts Größeres gedacht werden kann» notwendig
zum Begriffsinhalt – nicht einmal für die von *Kant* anselmisch formulierte
«Vernunft, über welche (hinaus) nichts Höheres in uns angetroffen wird».
Das Denken des Begriffs ‹Gott› ist bereits ein Akt des Glaubens. *Anselm*
formuliert: «Niemand, der begreift, was Gott ist, wäre in der Lage zu
denken: Gott ist nicht; freilich kann jemand diese Worte in seinem Herzen
sprechen, aber sie haben keinen oder nur einen seltsam abwegigen Sinn.»
*Anselms* sogenanntes ‹ontologisches Argument› drückt im Grunde das
Staunen über die Größe des Gedankens ‹Gott› aus; aber dieses religiöse
Staunen wird formuliert in den Gedankenformeln seiner Zeit, und diese
haben hierarchischen und antithetischen Charakter.

Wer im Begriff die höchste und reinste Wahrheit als das einzig Reale
erkennt, wird die oft krüppelhafte Realität der Wirklichkeit nur mit Verachtung, Empörung oder Ungeduld ansehen können. Er stellt sich im

Grunde, wie der *Areopagit,* das Sein gradmäßig gestuft vor. Auf der Spitze der Stufenpyramide steht die Identität von Begriff und Sein, so wie der König oder Caesar auf der Spitze der Lehnspyramide stehen könnte. Und alle Macht, die die Niederen haben, ist letztlich, wenn auch oft auf Umwegen, doch nur von seiner Macht her. Ihre Existenz ist eine abgeschwächte Form seiner Seinsfülle. Und hier wird zugleich der Pferdefuß des Begriffsrealismus sichtbar, nicht nur der *Anselms,* sondern auch der *Hegels* und des dialektischen Materialismus. Der kapitalistische Wohlstand ist genau so eine ‹schlechte Realität› wie der Sünder ein vermurkster Heiliger ist. Wahre Realität ist einzig mit der Erfüllung des wahren Begriffs gegeben, und dieser ist immer ein geoffenbarter Begriff. Deswegen ist ‹Abweichlerei› von der Linie der einzigen Wahrheit für Begriffsrealisten die Sünde par excellence. Die realitätssetzende Kraft des Begriffs ist dieselbe, die befiehlt und befehlen kann, was Wahrheit sein soll, weil sie selbst daran in höherem Maße teilhat. Die stilistische Signatur solcher Erwähltheit ist vermutlich die selbstbewußte Formulierung. Ganz abgesehen von *Hegel* begegnet sie nicht nur bereits bei *Avicenna,* wenn er in seiner Autobiographie von einem Lehrer sagt, der ihn über ein Buch prüfen wollte: «Der arme Mann war durchaus nicht auf der Höhe dieses Buches.» Sie begegnet auch bei *Anselm,* und dort klingt sie so:

> «Es gibt eine ganze Reihe von Leuten …, die …, ehe sie durch den Glauben die Fittiche erlangt (haben), den Höhenflug zu den erhabensten und schwierigsten (Problemen der) Glaubenswahrheiten wagen. Die Konsequenz ist dann, (daß sie in Irrtümer abstürzen) … Es nimmt sich das gerade so aus, als wenn die Fledermäuse und die Nachteulen, die nur bei Finsternis des Himmels sehen, mit dem Adler, dessen scharfer Blick in die Sonne schaut, einen Disput über die Natur der Mittagssonnenstrahlen anfangen wollten.»

‹Fides› und ‹Intellectus›, Glaube und Verstandeserkenntnis scheinen im Denken *Anselms* noch eng verbunden. Aber er stellt sie dennoch als gegensätzliche Begriffe einander gegenüber. Und wenn er im 2. Kapitel des ‹Proslogion› beim Begriff ‹Gott› die Einheit des ‹esse in re› und des ‹esse in intellectu› darzutun versucht, dann argumentiert er eben zugleich auch mit der Gegensätzlichkeit von Sein und Denken. Diese Gegensätzlichkeit tritt unverzüglich ans Licht in der Argumentation des *Gaunilo.* Für ihn ist ‹Gott› als Gedankending nichts anderes als das Gedankending ‹vollkommene Insel›, und Denken und Sein sind, wie nachher für *Kant,* zwei völlig verschiedene Bereiche. In der Argumentation des *Gaunilo* zeigt sich die Dysfunktionalität von ‹Intellectus› und ‹Fides›. Was sich hier in der Philosophie vollzieht, hat in der politischen Geschichte sein genaues Analogon. Dort bricht jetzt die Einheit des *Sacrum Imperium* auseinander. Das *Sacrum* wird in der Welt von nun an einzig durch die Kirche repräsentiert, das *Imperium* aber wird zu einer unheilig-diesseitigen Macht, es wird in einen Status reiner Weltlichkeit hineingedrängt. Von dieser Dialektik wird aber auch der imperiale Anspruch der Kirche nicht verschont bleiben. Der Jurist und Philosoph *Ivo von Chartres* (ca. 1040–1116) ist es, der 1097 in einem Brief an den Erzbischof *Hugo* von Lyon, derselbe, der *Anselm* zum ‹Proslogion› veranlaßte, mit Hilfe der staatsrechtlichen Begriffe ‹temporalia› und ‹spiritualia› dem Investiturstreit zur Klärung verhelfen, aber auch den Begriff eines *Imperium Sacrum* endgültig auseinanderdenken wird. Hier zeigt sich, worauf es mit jener frühsalischen Gegensätzlichkeit und partikularen Dysfunktionalität hinaus wollte, die bei *Williram* und anderswo zu beobachten war. Sie ist durchaus mehr als ein Stilmerkmal.

### Die politische Realität von Regnum und Sacerdotium

Der Bann, den noch Papst *Alexander II.* über die Ratgeber König *Heinrichs IV.* ausgesprochen hatte (s. S. 128), wurde von *Gregor VII.* aufgehoben, als der König versprach, in Bezug auf die Einsetzung eines Erzbischofs von Mailand nachzugeben. Aber nach seinem Sieg über die deutschen Fürsten dachte *Heinrich* nicht mehr daran, dies Versprechen zu halten. Er ließ über die Pataria die Reichsacht verkünden und setzte in Mailand, Fermo und Spoleto neue Bischöfe ein. Papst *Gregor* reagierte mit einem Schreiben, das vom 8. Dezember 1075 datierte. Es erreichte den König am 1. Januar 1076 noch in Goslar, wo *Heinrich* zu Weihnachten seinen Triumph über die Fürsten hatte feiern können. Der Papst wies in seinem Brief «den König bei fernerem Ungehorsam drohend auf den Sturz Sauls hin und ließ durch die Überbringer mündlich schneidende Worte über die sittlichen Verfehlungen Heinrichs hinzufügen und Bann und Absetzung in Aussicht stellen» *(Hampe)*. Der König berief auf den 24. Januar eine Reichsversammlung nach Worms ein. Inzwischen hatte er aus Rom gehört, daß *Gregor* während der Weihnachtsmesse von 1075 von Feinden an den Haaren vom Altar gerissen, mißhandelt und eingekerkert worden sei. Am andern Tag freilich hatte ihn das erregte Volk befreit und im Triumph nach Santa Maria Maggiore zurückgeführt, «wo er die unterbrochene Messe zuende las» *(Kühner)*. *Hugo Candidus,* jener inzwischen abgesetzte Kardinal, der die spanische Ritterexpedition geleitet hatte (s. S. 137), berichtete, die Markgräfin *Mathilde von Tuszien,* die Stieftochter jenes *Gottfried von Lothringen* (s. S. 118), sei die Mätresse *Gregors VII.* Die Wormser Reichsversammlung, vor der *Hugo* seine Calomnien wiederholte, war leichtfertig genug, sich ein völlig unkritisches Bild von der Lage *Gregors* in Rom zu machen. Unter der Führung des Erzbischofs von Mainz sprachen 24 deutsche Bischöfe in einem Schreiben an den ‹Bruder *Hildebrand*› dessen Absetzung als Papst aus. Auf einer Synode zu Piacenza schloß sich auch der lombardische Episkopat diesem Schritt an. Gleichzeitig ließ König *Heinrich IV.* ein Absetzungsdekret nach Rom gehen mit der Adresse: ‹Heinrich, durch Gottes Gnade König, an *Hildebrand*›. Es schließt:

«Dem Urteil der Bischöfe, welches vor Gott und den Menschen gerecht und löblich erscheint, gebe ich meine Zustimmung und spreche Dir jedes päpstliche Recht … ab und befehle Dir, vom Stuhl der (Ewigen) Stadt, welcher Dir durch meine Schirmherrschaft von Gott zuteil geworden und der eidlichen Zustimmung der Römer verdankt wird, herabzusteigen.»

Der Brief des Königs ist bezeichnenderweise einem Sendschreiben an Klerus und Volk von Rom inseriert. Er wird auch in Deutschland allenthalben verkündet. Die Herrschenden müssen jetzt mit der Menge rechnen, mit ihrer religiösen Unruhe und ihrer anonymen Macht. Es ist diese historische Konstellation, die sowohl zu einer ausgebreiteten Literatur in deutscher und französischer Vulgärsprache als auch zur Konzeption des Begriffs der Volkssouveränität bei *Manegold von Lautenbach* führen wird. Ein vergleichender Blick auf jene andere Situation, die im Augenblick der Straßburger Eide zum Gebrauch der Vulgärsprache nötigte (s. S. 54 ff.), kann zeigen, was alles sich inzwischen geändert hat.

Die königliche Kanzlei hat wenig später eine propagandistisch aufgedonnerte Fassung des Schreibens an den Papst hergestellt. Sie enthält die Sätze:

«*Heinrich,* nicht durch Anmaßung, sondern durch Gottes gerechte Einsetzung König, an *Hildebrand,* nicht mehr den Papst, sondern den falschen Mönch. … Du hast Dich nicht gescheut, die Lenker der heiligen Kirche, die Erzbischöfe, Bischöfe und Priester, die doch auch Gesalbte des Herrn sind, anzutasten. Nein, wie Knechte, die nicht wissen, was ihr Herr tut, hast Du sie zertreten unter Deinen Füßen und hast Dir dafür die Zustimmung des Pöbels gewonnen. … Du hast zu drohen gewagt, Du würdest uns die königliche Gewalt nehmen, als ob wir von Dir das Königtum empfangen hätten, und als ob in Deiner und nicht in Gottes Hand Kaiser- und Königsherrschaft lägen. … Ich, *Heinrich,* durch die Gnade Gottes König, sage Dir, zusammen mit allen meinen Bischöfen: steige herab, steige herab!»

Das Schreiben traf in Rom während der Fastensynode ein und erweckte allgemeine Empörung. Am 22. Februar 1076 antwortete Papst *Gregor VII.* öffentlich in der Form eines Gebets an den Apostelfürsten:

«Seliger Petrus, Fürst der Apostel! Ich glaube, daß durch Deine Gnade und nicht durch meine Verdienste das Christenvolk, das meiner Sorge anvertraut ist, mir gehorcht. Denn die Macht, zu binden und zu lösen im Himmel wie auf Erden, ist mir von Gott auf Deine Fürsprache hin verliehen worden, auf daß ich sie statt Deiner gebrauche. Stark durch Dein Vertrauen, zur Ehre und zur Verteidigung der Kirche, mit Kraft von dem allmächtigen Gott, Vater, Sohn und Heiligem Geist, aufgrund Deiner Macht und Autorität, untersage ich dem König *Heinrich,* welcher sich aus unsinnigem Hochmut gegen Deine Kirche erhoben hat, die Königsgewalt in Deutschland und in Italien auszuüben. Denn es ist wahrlich gerecht, daß derjenige, welcher der Ehre Deiner Kirche Abbruch tun will, die Ehre verliere, welche er nur *scheinbar* besitzt …

Alle Christen löse ich vom Bande des Eides, den sie ihm geleistet haben oder noch leisten werden, und ich verbiete, daß ihm hinfort noch irgend jemand als dem König dient. Und so feßle ich ihn», endigt das Gebet, «im Vertrauen auf Dich, damit die Völker es erfahren und erproben, daß Du Petrus bist, und auf Deinen Felsen der Sohn des lebendigen Gottes Seine Kirche erbaut hat, und die Pforten der Hölle nichts gegen sie vermögen. Im Namen des Vaters und des Sohnes und des Heiligen Geistes. Amen.»

Die Wirkung dieses Gebetes, das als Bannsentenz in allen Kirchen verkündet wurde, war ungeheuerlich. Zum ersten Mal in der Geschichte hatte ein Papst den ‹Christus Domini›, den ‹Gesalbten des Herrn›, der der König als ein neuer David war, angetastet. Er hatte der höchsten Stufe der herrscherlichen Seinspyramide die Identität von Begriff und Sein abgesprochen, indem er erklärte, der König besitze seine Amtsehre, seinen Begriff ‹nur scheinbar›. Er hatte ihn als falsche und schlechte Realität entlarvt. Aus dem gleichen Grunde gehen dann auch Verunglimpfungen der Person des Königs ins Land, wegen sexueller Ausschweifungen etc. Aber König *Heinrich* hatte zuvor nichts anderes getan, als er die Identität von Papst *Gregor* und dem falschen Mönch *Hildebrand* leugnete. Der König hatte dabei in seinem Schreiben behauptet, die volle Seinsfülle seiner königlichen Macht unmittelbar von Gott zu besitzen. *Gregor-Hildebrand* dagegen hatte mit größerer Klugheit seine Macht als von Gott auf Petri Fürsprache hin verliehen bezeichnet, sich nur, wie Beamte das zu tun pflegen, als unvollkommenes Instrument eines höheren Willens dargestellt, hatte die Verantwortung abgeschoben und damit die höhere Stelle selbst engagiert. In *Gregor* mußte zugleich *Petrus* die Wirkkraft der ihm gegebenen göttlichen Verheißung beweisen. Der Papst wirft seine und Petri Authentizität in die Waagschale eines Gottesgerichts, wenn er sagt: «im Vertrauen auf Dich, damit die Völker es erfahren und erproben, daß Du Petrus bist...». Aber es wird die Konkurrenz zwischen König und Fürsten sein, welche die Macht Petri beweisen muß. Die Konkurrenz zwischen Papst und Bischöfen, auf die der König setzte, erweist sich als weniger dezidierte Machtrealität.

Pfingsten, zum Wormser Königstag, erscheinen die vom Papst ihres Eides entbundenen Fürsten nicht. Ihre Opposition, vor allem Sachsen, Schwaben, Bayern, Kärnten, versammelt sich in Tribur (etwa gegenüber von Oppenheim, heute: Trebur). Sie verlangt von *Heinrich,* er müsse sich bis zum 14. Februar 1077 vom Bann gelöst haben, wenn er weiterhin König sein wolle. Als ‹Übereinkunft von Oppenheim› wird der Entwurf eines Versprechens überliefert, welches König *Heinrich* dem Papst *Hildebrand* oder auch *Gregorius* – ‹Hildebrando papae qui et *Gregorius*› – machen wird. Reale und begriffliche Seite der Papstperson wollten schon in dieser Titulatur wieder miteinander verleimt scheinen. Schwaben, Bayern, Kärnten versperrten dem König mit den Alpenpässen den Weg nach Italien.

Im tiefsten Winter zieht *Heinrich* über Burgund und den Mont Cenis nach Turin. Die Lombarden empfangen ihn begeistert, weil sie glauben, der König sei gekommen, um mit dem Papst zu kämpfen. Der Papst, der, von den Fürsten gerufen, auf dem Weg nach Deutschland ist, sucht Schutz auf der Apenninenburg Canossa, die der Markgräfin *Mathilde* gehört. Aber der König will sich unterwerfen. Schon von Reggio Emilia aus werden Verhandlungen mit dem Papst eingeleitet. Die Markgräfin und der Abt *Hugo von Cluny* sind die Vermittler. *Heinrich* soll sich in Deutschland einem Schiedsspruch des Papstes fügen und für seine Einwilligung jetzt losgesprochen werden können. Um den Bestimmungen kirchlicher Bußpraxis zu genügen, erscheint König *Heinrich* an drei aufeinanderfolgenden Tagen im Büßergewand auf Canossa. Dann kann Papst *Gregor* nicht länger umhin, ihm die Absolution zu erteilen. Er reicht dem König die Kommunion. In den Worten des verbalen Historienmalers *Gregorovius* nimmt sich die Szene so aus:

«‹Wenn ich›, so sprach *(Gregor)*, indem er die Hostie brach, ‹der mir gemachten Anklagen schuldig bin, so werde mir der Genuß dieser Oblate zum augenblicklichen Tod›. Er verzehrte sie unter dem Jubelgeschrei des fanatisierten Volks und bot ihre Hälfte kalt und ruhig dem Könige zu gleichem Gottesurteil dar.»

Der Papst spielt mit der realitätssetzenden Kraft seines Amtes. Aber er gewinnt nur im ersten Zug. Was die Demonstration des sakramentalen Charakters für den Papst, das macht die Demonstration von der Begriffsrealität des Reueides für den König aus. Der König ist jetzt vom Bann gelöst und die Fürsten haben keinen Grund, ihn nicht anzuerkennen. Dennoch wählen sie am 15. März 1077 in Forchheim *Rudolf von Rheinfelden,* den Herzog von Schwaben, zum Gegenkönig. «Zum ersten Male setzten die Dynasten erfolgreich dem königlichen Geblütsrecht ihr freies Wahlrecht gegenüber» ( *Bosl*). Ostern 1077 ist *Heinrich,* vom Bann gelöst, wieder in Deutschland; und er findet Anhang. Aber erst seit dem 15. August, an Mariä Himmelfahrt, 1080 fährt das Gegenkönigtum sichtbarlich zur Hölle. Die Entscheidung fällt in der Schlacht an der Elster, und zwar nicht durch einen militärischen Sieg. Im Kampf nämlich wurde der Gegenkönig *Rudolf* schwer verwundet. Einer der Ritter König *Heinrichs* hatte ihm die rechte Hand abgeschlagen. Noch am gleichen Tage starb *Rudolf*. *Frutolf von Michelsberg* berichtet, *Rudolf* habe sterbend seinen verstümmelten Arm erhoben und gerufen: «Ecce haec est manus, qua domino meo Heinrico fidem sacramenti firmavi» – «Seht, dies ist die Hand, mit der ich meinem Herrn Heinrich heilige Treue geschworen habe». Durch dieses Gottesgericht war *Heinrich* vor aller Welt als der rechtmäßige König erwiesen, in welchem Begriff und Sein übereinstimmten. Die Macht der Fürstenopposition schwand zusehends dahin und kam nach dem Tode *Ottos von Northeim* (1083) völlig zum Erliegen.

Die Macht des Papstes *Gregor* aber war ihrerseits im Vergehen. Unruhen in Rom hatten ihn daran gehindert, zum Schiedsgericht in Deutschland zu erscheinen. Als er auf der Fastensynode von 1080 König *Heinrich* zum zweiten Male bannte, war die Kraft des Begriffs nicht mehr auf seiner Seite; denn gleichzeitig hatte *Gregor* das Investiturverbot verschärft: Auch bei Niederkirchen, nicht nur bei Bischofsstühlen, sollte jeder Einfluß von Laien auf die Besetzung mit Geistlichen untersagt sein. Dies traf weite Kreise des Adels, die in ihren Gerichtsbezirken seit je bei der Einsetzung von Priestern mitgesprochen hatten (‹Eigenkirche›). Sie stellten sich jetzt hinter den König und der größte Teil des deutschen und des italienischen Episkopats tat das gleiche. In Brixen trat unter dem Vorsitz König *Heinrichs IV.* eine Synode zusammen, welche *Gregor VII.* absetzte und Erzbischof *Wibert von Ravenna*, als *Clemens III.*, zum Papst erhob. Der König stieß 1081 bis nach Rom vor, wollte ein Schiedsgericht berufen, welches den Thronstreit der beiden Päpste nach dem Muster von Sutri schlichten sollte. *Gregor* widersetzte sich. 1083 fiel auch die Leostadt in die Hände *Heinrichs. Gregor* war auf der Engelsburg eingeschlossen. Ihm blieb nichts übrig, als auf die Hilfe seiner normannischen Lehnsleute zu hoffen. Er mußte sozusagen mitanhören, wie nebenan *Wibert von Ravenna* in aller Form zum Papst gewählt wurde und wie *Heinrich IV.* Ostern 1084 aus dessen Händen die Kaiserkrone empfing. In diesem Jahr rückten endlich die Normannen zum Entsatz des belagerten Papstes heran. Der Kaiser gab Rom preis und ging nach Deutschland zurück. Aber die Normannen wüteten derartig in der Ewigen Stadt, daß Papst *Gregor* sich nach seiner Befreiung dort nicht mehr zeigen durfte. Er mußte mit den Normannen abziehen und Rom dem kaiserlichen Gegenpapst überlassen. *Gregor* ging nach Salerno und starb dort am 25. Mai 1085 im Exil. Es schien, als habe das Papsttum den Kampf mit dem Caesar verloren.

Hier zeigt sich aber auch, was für Kräfte die Realität des Königsbegriffs erwiesen hatten. Die deutschen und italienischen Bischöfe waren als ‹Knechte› des Papstes in der Mehrzahl ohnehin auf Seiten des Königs gewesen. Deren Untergebene, Niederklerus und Kirchenvolk hingegen, die von den Bischöfen oft nichts zu lachen hatten, waren für den Papst. Im Regnum waren unterhalb des Königs die Laienfürsten ursprünglich die natürlichen Bundesgenossen *Gregors,* die kleinen Ritter, Städte und Staatsvolk aber, die unmittelbar die Macht der Fürsten verspürten, mochten eher den König unterstützen. Durch das Staats- bzw. Kirchenvolk ging nach dieser Rechnung die Spaltung mitten hindurch. Mit Hilfe der Städte und der kleinen Ritter hatte der König in Deutschland die Fürsten erfolgreich bekämpft. Seine Waffen waren Jurisdiction und Ministerialität.

Gleich 1077 bei seiner Rückkehr aus Canossa vergab *Heinrich IV.* die aufrührerischen Herzogtümer Schwaben und Kärnten an kleine Adlige; Bayern behielt er selbst in der Hand. *Heinrich IV.* ging den von *Konrad II.* eingeschlagenen

Weg weiter und machte kleine Ritter und wohl auch größere ‹Bauern› zu königlichen Beamten, zu Reichsministerialen. Sie stellten die Burgbesatzungen und verwalteten die königlichen Domänen. Durch den Dienst für den König wurden sie sozial emporgehoben. «Heinrich IV. förderte offensichtlich ständische Mischehen zwischen adeligen Damen und unfreien Dienstmannen, um diese Parvenüs als Vollstrecker des königlichen Willens der Hocharistokratie etwas annehmbarer zu machen» *(Bosl)*. *Friedrich von Büren* war nur ein kleiner Graf, ehe ihm die Gunst des Königs dessen Tochter *Agnes* zur Frau, das Herzogtum Schwaben zur Verwaltung und nicht zuletzt die Mittel gab, sich einen repräsentativen Burgsitz zu bauen. *Friedrich* verließ das ‹Wäscherschlößle› (bei Wäschenbeuren), «das heute die umliegenden Gehöfte kaum überragt» *(Hampe)*, und siedelte sich auf der Kuppe des *Hohenstaufen* an. Nach dieser neuen Stammburg nannte sich das Geschlecht künftig *Staufer*. Aber *Friedrich von Büren*, dessen Enkel dann *Friedrich Barbarossa* sein wird, war wenigstens schon vorher Graf gewesen. Andere stiegen aus völliger Anonymität, ja Unfreiheit auf, ‹servientes› und ‹clientes›, die der Freilassung bedurften, Leute von der Art des Meiers im ‹Armen Heinrich›, dessen wohl jetzt aktuelle Geschichte *Hartman von Aue* 100 Jahre später erzählen wird.

Aber die Ministerialen hatten nicht nur Ehre vom König zu erwarten, sondern wie alle andern, ob Bürger, Freibauern oder Knechte auch Rechtssicherheit gegen willkürliche Übergriffe, namentlich von Seiten der Großen. *Heinrich IV.* schuf auf der Grundlage der ‹Treuga Dei› (s. S. 107) ein königliches Landrecht. Früher hatte sich jeder Herr mit seinem Schwert und seinen Bewaffneten sein Recht geholt. Jetzt sollte «nur mehr der Kampf um die höchsten Ziele des christlichen Glaubens» *(Bosl)* berechtigt sein, der Kampf der ‹militia Christi› gegen die Heiden. Durch das königliche Verbot der Fehde wurde der zivile Kampf seines sittlichen Wertes entkleidet. 1085 ließ Kaiser *Heinrich* den Gottesfrieden im ganzen Reich verkünden. 1103 erließ er zu Mainz den ersten Reichslandfrieden. Nicht nur kleine Adlige, Freie und Knechte waren die Nutznießer dieses Königsrechts, sondern auch die aufblühenden Städte. Sie waren nicht an der regionalen Rechtssicherheit interessiert, wie sie ein Fürst, sondern an dieser überregionalen, wie sie nur der König garantieren konnte, denn sie lebten von einem Handelsverkehr, der immer größere Räume zu durchmessen begann, vom ‹Fernhandel›. Deswegen fand der König bei den Städten und bei den kleinen Leuten Unterstützung gegen die Fürsten. Die Durchführung des Fehdeverbotes aber brachte es mit sich, daß Friedensbrecher schwerer Art, ob hochadlig oder nicht, in gleicher Weise bestraft wurden.

Wer einen andern erschlägt, wird mit dem Tod bestraft. Wer einen andern verwundet, verliert die Hand. – Dann erst werden die leichteren Vergehen im Mainzer Frieden ständisch differenziert: Wer mit der Faust schlägt, bezahlt eine Gewichtsmark Silber, wenn es ein Adliger ist; er bezahlt 10 Solidi, wenn er Freier oder Ministerialer ist; wenn er aber Knecht ist, gibt er Haut und Haar, d. h. er wurde gegeißelt und geschoren oder gar ‹skalpiert›.

In diesem Gesetz erscheint eine deutliche Manifestation des Begriffs, daß vor dem Recht alle gleich sein müßten. Aber nicht die katastrophale

Rechtsungleichheit als solche hat diesen Begriff aus sich hervorgetrieben. Das ausgehende XI. Jahrhundert nimmt nicht unvermittelt demophile Züge an, sondern die Macht, welche kleine Leute und Städte dem König gegen die Fürsten geliehen haben oder noch leihen könnten, ist es, welche dem Begriff des Rechts seine realitätssetzende Kraft gibt. Diese Macht stützt auch die Begriffsrealität des Königtums, aber eben nicht sie allein. Erst als das Verbot der Laieninvestitur auch bei Niederkirchen u. a. die Interessen der Fürsten tangierte, half auch deren Macht dazu, daß sich in der Person Kaiser *Heinrichs IV.* wieder Sein und Begriff decken konnten.

Doch ist der Kampf mit dem Papsttum damit noch keineswegs zuende. Die stärkeren Heere und fürstliche Sonderinteressen werden dem Begriff des Papsttums neue Realitätskraft verleihen.

1090 zog Kaiser *Heinrich* zum drittenmal nach Italien. Gerade bei Canossa wurde 1092 sein Heer von den Truppen der Markgräfin *Mathilde* geschlagen. Die Lombardenstädte empörten sich. 1093 fiel auch des Kaisers Sohn, der 18-jährige *Konrad,* 1087 in Aachen schon zum König gekrönt, von seinem Vater ab. Er trat in das Lager des legitimen Papstes über, der ihn dafür in Mailand zum König von Italien krönte. Durch den Bayernherzog *Welf IV.,* der seinen 17jährigen Sohn mit der 43jährigen Markgräfin *Mathilde von Tuszien* vermählt hatte, wurde dem Kaiser der Rückweg über die Alpen nach Deutschland abgeschnitten.

Kaiser *Heinrich IV.* war in Venetien ohne jede Möglichkeit zu politischem Handeln. Er trug sich mit Selbstmordabsichten, heißt es.

Aber der Bayernherzog *Welf* mußte die Entdeckung machen, daß die toskanische Erbschaft seiner Schwiegertochter *Mathilde* bereits testamentarisch dem Heiligen Petrus, sprich: dem Andenken des Papstes *Gregor* vermacht worden war. So löste er denn die ungleiche Ehe seines Sohnes mit dieser Fürstin wieder auf und versöhnte sich 1096 mit Kaiser *Heinrich.* 1098 war der Kaiser wieder Herr in Deutschland, erklärte auf einem Reichstag in Mainz den abtrünnigen Sohn König *Konrad* der Krone für verlustig und ließ seinen zweitgeborenen Sohn, den 17jährigen *Heinrich V.,* zum König wählen.

Die territorialen, erbschaftlichen Interessen eines einzigen Fürsten hatten über Sein oder Nichtsein Kaiser *Heinrichs IV.* entschieden. Aber es war der eben gewählte zweite Sohn, König *Heinrich V.,* der den Vater vom Thron stoßen sollte.

Während die südfranzösische, normannische und niederlothringische Ritterschaft zum ersten Kreuzzug aufbrach, war Kaiser *Heinrich* noch immer im Kirchenbann. Nicht zuletzt auch, um die Gunst des Papstes wiederzugewinnen, hatte er, zusammen mit seinem Sohn König *Heinrich,* den Mainzer Landfrieden erlassen. Er versprach, selbst ins Heilige Land zu ziehen. Aber dazu kam es nicht mehr. Nahezu vor den Augen des Kaisers erschlugen 1104 in Regensburg einige Ministeriale und Bürger den ungerechten Grafen *Sighard von Burghausen* – und der Kaiser rührte keinen Finger, um die Mörder zu verfolgen. Sein Sohn, König *Heinrich V.*, war über diesen geduldeten Landfriedensbruch genau so empört wie der Hochadel; er trat an die Spitze eines allgemeinen Fürstenaufstandes, drängte Kaiser *Heinrich IV.* ins Rheinland zurück und stellte ihm das Ultimatum, sich bis 1105 auf einem Reichstag in Mainz vor einem Fürstengericht zu rechtfertigen. Kaiser *Heinrich* war dazu bereit. Aber auf dem Weg nach Mainz wurde er von seinem 24jährigen Sohn überfallen und gefangengesetzt. Die Reichsinsignien mußte er ausliefern. Es gelang jedoch dem Kaiser, aus seiner Haft in Ingelheim zu entfliehen. Er wandte sich nach Köln und Lüttich und gewann auch die Unterstützung des lothringischen Herzogs. In Lüttich belagerte ihn sein Sohn, König *Heinrich V.*, aber dessen Truppen mußten eine Niederlage nach der andern hinnehmen. Da starb der Kaiser plötzlich am 7. August 1106. Er war noch nicht ganz 56 Jahre alt. Sein letzter Wunsch war es gewesen, in der Krypta jenes Speyerer Doms begraben zu werden, den er groß hatte bauen lassen. Das konnte erst 5 Jahre später geschehen, nachdem der Papst den Toten vom Bann gelöst hatte. Über den Tod des Kaisers hinaus hatte sich das Papsttum zuletzt doch als die stärkere Realität erwiesen.

Vom Kaiser *Heinrich* aber galt, daß sich in ihm die Superbia, das Laster des Antichrist verkörpert hatte. Noch zwei Menschenalter später wird der Geschichtsschreiber *Otto von Freising* diesen Kaiser *Heinrich IV.*, der sein eigener Großvater war, als von Maßlosigkeit besessen darstellen:

«Zu Beginn von *Heinrichs* Regierung hätten ihm im Lande alle gehorcht, niemand habe ihm widersprochen. Da soll er in kindlichem Sinn gesagt haben, er wundere sich, daß man im ganzen Reich keine ehrgeizige Aufsässigkeit finde, an welcher er seine Kräfte erproben könne, und dies rechne er seinen Untertanen nicht als Tugend, sondern als Feigheit an. Solcher Ausspruch ... (bewirkte), daß in kurzer Zeit das ganze Land gegen den König (aufstand) ... Daraus mögen die Fürsten der Welt, die auf dem höchsten Punkte sich befinden, lernen, sich den Allerhöchsten, ihren Schöpfer vor Augen zu halten und Maß zu bewahren; (Denn der Mensch ist ein hinfällig Wesen, seine Natur ist ohne Beständigkeit) ... und wenn er ganz oben ist, muß er alsbald wieder hinabsteigen» (GF I c. 5).

Die Metapher, auf welche *Otto von Freising* hier anspielt, ist die von der Rota Fortunae, vom Rade des Glücks *(Abb. 36)*. Wer im Mittelalter über das Einzelschicksal in der Geschichte nachdachte, dem stellte sich dieses aus der Antike ererbte Bild vor Augen.

Auf der abgebildeten Miniatur des XIII. Jahrhunderts, deren Vorlage wohl in die Zeit um 1180 zurückgeht, ist viermal dieselbe Person dargestellt. Die später beigefügte Umschrift bildet den leoninischen Hexameter:
Régnabó; regnó; regnávi; súm sine régno.
Ich werde herrschen und herrsche, habe geherrscht und bin ohne Herrschaft.

Mehrfach war Kaiser *Heinrich IV.* gestürzt, mehrfach hatte ihn, was selten geschieht, das Rad der Fortuna wieder emporgehoben. 1095, als der Kai-

ser in Venetien an Selbstmord dachte, hatte der Papst *Urban II.*
(1088–1099) auf der Synode von Piacenza mit der triumphierenden Kirchenversammlung die haarsträubenden Aussagen der Kaiserin *Praxedis*
über *Heinrich IV.* angehört. Die persönliche Defizienz des Römischen
Imperators schien damit erwiesen. *Karl Hampe* schrieb 1908 in seiner
‹Kaisergeschichte›:

> «Ihre nicht eben wahrscheinliche Beschuldigung, Heinrich selbst habe … den
> (damals 19jährigen) König *Konrad* zum Ehebruch mit der Stiefmutter zwingen
> wollen … wird dadurch nicht eben glaubwürdiger, daß Ähnliches, aber auf die
> erste Gemahlin Berta bezogen, bereits vorher als Inventarstück der gehässigsten
> Pamphletisten erscheint … Es gibt Dinge, gegen die man nicht ankämpfen kann.»

Über Wahrscheinlichkeit und Unwahrscheinlichkeit eines grimassieren-
den Sexualverhaltens wird man heute vielleicht etwas anders urteilen.
*Heinrich IV.*, Sohn krankhaft frommer Eltern, 15jährig mit der etwa
gleichaltrigen *Bertha von Susa (Turin)* vermählt, von der sich der 19jäh-
rige vergeblich hatte scheiden lassen wollen, nach 10jähriger Ehe Vater
König *Konrads,* nach dem Tode *Bertas* mit der jungen Witwe eines deutschen Markgrafen, *Praxedis,* Tochter des Großfürsten von Kiew, vermählt, von manischem Rausch wie von häufigen Depressionen heimgesucht, hatte sich immer wieder in extremen Situationen finden müssen,
in denen auch andere kaum hätten bestehen können. Nicht sein Charakter
erklärt die Geschichte, sondern eher noch die Geschichte seinen Charakter, sofern dieser nicht überhaupt literarisch stilisiertes Abbild der Zer-
spaltung von Sein und Begriff in der höchsten Spitze des Imperium Sacrum
ist, Abbild der gewaltsamen Säkularisierung der Caesarenmacht.

# LATEINISCHE UND VULGÄRSPRACHLICHE LITERATURWERKE IM HERRSCHAFTSBEREICH DER WESTRÖMISCHEN KIRCHE

Hineingezogen in diesen Prozeß einer gewaltsamen Säkularisierung oder – anders herum betrachtet – einer Emanzipation ist auch die Literatur, und zwar primär die sogenannte ‹Streitschriftenliteratur›, die sich an die breite Masse des Klerus in lateinischer Sprache wendet. Von diesem Klerus aus werden die Gedanken an das Volk weitergetragen, schließlich auch in Form von vulgärsprachlicher Dichtung. Dabei ist beobachtet worden, daß in Deutschland vornehmlich Mönche, in Italien dagegen vornehmlich Bischöfe die Feder führen, durchaus nicht immer für die Sache des Papstes und der Kirche, aber immer im Hinblick auf das Kirchenvolk. Wenn einerseits der elsässische Mönch *Manegold von Lautenbach* in seiner Schrift gegen *Wenrich* Wahl und Einsetzung des Königs theoretisch aus einem Vertrag mit dem Volk herleitet, so wird andrerseits in der anonymen Schrift ‹De unitate ecclesiae conservanda› die Kirche nicht als eine Institution, und das heißt immer als Machtgefüge, sondern als Gemeinschaft der Gläubigen angesehen. Denn in dem Augenblick, da die Kirche als geistliche Macht der weltlichen Macht des Imperiums gegenübertritt, wird auch an ihr eine geistliche und eine weltliche Seite evident. Jede geistliche Hinwendung an die Laien wird damit zugleich Teil der Machtproblematik der Institution, welche spricht.

## *Lateinische Literaturrenaissance in Frankreich*

In einer scheinbar beneidenswerten Ferne vom imperialen Investiturstreit kommt es in Frankreich seit dem Ende des XI. Jahrhunderts zu einer Renaissance lateinischer Literatur, deren Träger hochgebildete und hochgestellte Geistliche sind. Aber der weltliche Inhalt dieser Literatur trägt zugleich das Rück- oder Gegensiegelbild dieser Zeit. Nachgeahmt wird die elegante und witzige Schreibweise antiker Autoren, vor allem diejenige *Ovids*. In dessen Manier hatte bereits der 1076 verstorbene Bischof *Guido von Amiens* mit dem Epos ‹De Hastingae proelio› *Wilhelm den Eroberer* verherrlicht. Besondere Beachtung scheinen die Werke von *Baudri*, *Hildebert* und *Marbod* zu verdienen.

*Baudri* (Balderich) stammt aus Meung-sur-Loire (zwischen Orléans und

Blois). 1046 geboren, wird er mit 43 Jahren (1089) Abt des Benediktinerklosters *Bourgueil* (b. Fontévrault). Ein Brief des *Ivo von Chartres* berichtet, wie *Baudri* schon 1098 versucht hat, den Bischofsstuhl von Orléans zu kaufen, wie er aber von *Johannes,* dem *Flora* zubenannten Mignon
des französischen Königs *Philippe,* ausgestochen wurde. *Ivo* zeichnet
*Baudri* als einen kriecherischen Höfling. 61jährig (1107) erhält er schließlich das Bistum *Dol* in der Bretagne. Dort hat er wenig später den ersten
anonymen Bericht vom Kreuzzug nach seinem literarischen Geschmack
zur ‹Historia Hierosolymitana› umgearbeitet. Die literarische Renaissance
verdankt ihm das System der Imagines, der rhetorischen Beispielsfiguren.
Es gilt als sein Verdienst, ein Konkordanzsystem zwischen antiken und
biblischen Imagines begründet zu haben:

> «Die Bücher der Heiden enthalten nicht nur Beispiele von Unmoral, sondern
> auch von Tugenden: Dianas Keuschheit, Perseus' Sieg über das Meerungeheuer,
> die Arbeiten des Herkules. Alle diese Geschichten haben allegorische Bedeutung.
> Dies gilt erst recht von der Bibel. Ich habe aber griechische Erfindungen anführen
> wollen, damit die gesamte literarische Tradition uns zur Belehrung diene. Die
> ganze Welt spricht eine einzige Sprache, und die ganze Menschheit soll uns unter-
> richten. Die Fabeln der Heiden führe ich als Gefangene auf und freue mich der
> Beute.»

Die hier wieder aufgenommene Tradition wirkt bis in die vulgärsprachliche Dichtung des deutschen Minnesangs hinein, und im Grunde illustriert
sie auch *Herbert Marcuse* aufs neue, wenn er und wie er von ‹Orpheus
und Narziß› spricht.

Der Dichter *Hildebert* ist aus dem Hause der Grafen *von Lavardin.*
Die Ruinen der großen Burg, auf der er 1056 geboren wurde, sind heute
noch unweit von Vendôme zu sehen. Dieser bedeutendste lateinische Stilist
seiner Zeit war zunächst Scholasticus, dann (1096–1125) Bischof von
*Le Mans,* zuletzt (1125–1133) gar Erzbischof von *Tours.* Er starb 1133.
Von seinen (?) Schriften wird die ‹Moralis Philosophia de honesto et utili›
als Vorlage von *Wernhers von Elmendorf* ‹Moralium dogma deutsch›
(1170/80) eine der Quellen des philologisch umstrittenen ‹ritterlichen
Tugendsystems›. Das liebevolle Verhältnis dieses Humanisten zum Buch
läßt ihn zahlreiche, in der Antike vorgeprägte Buchmetaphern und Buch-
symbole neu beleben. Schon von *Baudri* sind einige reizende Gedichte
an sein Wachstafelnotizbüchlein erhalten; der Kirchenfürst *Hildebert* hat
die Buchmetaphorik sogar zum Gegenstand einer Predigt genommen:

> «‹Höre, Israel, die Gebote des Lebens, und schreibe sie dir ins Herz›. So heißt
> es Deuteronomium 4,1. Dazu erklärt *Hildebert* seiner Gemeinde, wie ein Buch
> gemacht wird: ‹Zunächst säubert der Schreiber das Pergament mit dem Radier-
> messer von Fett und gröberem Schmutz. Dann entfernt er mit einem Bimsstein
> die Haare und Fasern. Täte er das nicht, so würde der aufgeschriebene Buchstabe
> nichts taugen. ... Dann liniiert er das Pergament, damit die Schrift ordentlich
> wird. All das müßt auch ihr mit eurem Herzen tun ...›.»

Aber neben diesem mehr anekdotischen tritt bei *Hildebert* ein anderer, signifikanter Topos auf, derjenige der ‹Natura artifex›. Gott als Schöpfer, Werkmeister, Töpfer, der Adam aus Ton geknetet hat – das ist ein biblisches Artifex-Bild. Jetzt, um 1100 erscheint Natura in dieser Rolle. *Hildebert* dichtet auf die Königin von England:

> Natura hat andere Mädchen weniger sorgsam gebildet.
> Um dich zu schmücken vergaß    sie, was sie anderen schuldig,
> Goß ihre Schätze in Fülle auf dich. Als das Werk sie besah,
> Staunte sie über die Macht    ihrer wunderwirkenden Hände.

In seinem berühmten Romgedicht, das man lange für ein Werk des XV./ XVI. Jahrhunderts ansah, findet *Hildebert* die Verse:

> Siehe, die Götter bestaunen ja selbst hier Göttergebilde,
> wünschend, sie wären zumal    gleich wie die Statuen schön.
> Konnte Natur doch nimmer den Göttern schaffen ein Antlitz
> hold wie der Mensch es dem Gott    reizend in Formen geprägt.
> Ja, so blüht das Gebild, daß Kunst wohl eher des Meisters,
> nicht die Göttlichkeit selbst    ihm die Verehrung verleiht!

Gott als Werkmeister, aber jetzt Natura als Künstlerin und der Mensch als Schöpfer! Es scheint hier die Quelle moderner Kunstanschauung selber zu sein – weltliche, menschliche Kunst im Augenblick säkularisierter Kaisermacht, zugleich der geistige Nährboden eines *Chrestien de Troyes*.

*Marbod von Rennes* ist der älteste der drei hier genannten Dichter, 1035 aus einem Adelsgeschlecht in Anjou geboren. Von 1096 bis zu seinem Tod (1123) hat er den Bischofsstuhl von *Rennes* innegehabt. Er hat sehr viel geschrieben, Geistliches und Weltliches, über Rhetorik, vor allem einen ‹Lapidarius›, ein Buch über den Sinn der Edelsteine, das als obligatorische Schullektüre eine große Wirkung tat. Hier interessieren ovidianische Züge in seinem Werk.

In seinen ‹Amores› hatte *Ovid* (43 v.–17 n. Chr.) einen Vers gedichtet, in welchem er das Sujet seiner Poesie benannte: «Sei es ein Knabe, sei es ein Mädchen mit wallenden Haaren». Dies Entweder-Oder haben die episkopalen Autoren um 1100 als ein Sowohl-Als auch gefaßt *(Curtius)* und danach beide Themen im Gedicht geübt. *Baudri* konnte die Verse schreiben:

> Ja, man wirft mir wohl vor, ich hätte nach Weise des Jünglings
> Liebesverse gesandt    Mädchen und Knaben zumal.
> Hab ich doch manches geschrieben, worin von Liebe gesagt wird;
> Meinen Gedichten gefällt    ein und das andre Geschlecht.

Und der Bischof *Marbod von Rennes* dichtet:

> Damals irrte mein Geist, verwirrt durch die Glut der Begehrung ...
> War nicht jener und jene mir mehr als mein Augenstern teuer?
> Nun aber sperr ich dich aus, du Flügelknabe, Cupido. ...
> Nimmer gefällt mir hinfort die Umarmung der beiden Geschlechter.

Die aristokratische Begründung solcher Humanistenlizenzen gibt dann ein Gedicht aus dem Anfang des XII. Jahrhunderts:

> Von den Göttern ist das Spiel, das wir spielen, kommen,
> Und die Optimaten einst        habens aufgenommen.
> Bauernpack, das «dummes Vieh» wir benennen müßten,
> Mag allein mit Ehefrau'n        fröhnen seinen Lüsten.

## Die provenzalische ‹Chanson de Sainte Foi d'Agen›

Man wird aufhorchen, wenn ein kleines provenzalisches Epos, welches das Martyrium der Heiligen Fides von Agen erzählt, jetzt beginnt: «Ich hörte lesen unter einer Pinie ein lateinisches Buch aus alter Zeit.» Das Lesen und Dichten unter Bäumen, besonders unter Ulmen, Ölbäumen, Pinien, ist eine rhetorische Formel, ein ‹topos› von der Antike her. Solche vulgärsprachliche Exordialtopik verrät, daß ein rhetorisch gebildeter Erzähler am Werk ist. Er verschmäht es offenbar nicht, seine Kunst an eine kleine Dichtung in provenzalischer Sprache zu wenden, an ein gesungenes Epos. Die Melodie ist nicht erhalten. Es mag eine anspruchslos-modellhafte Zeilenmelodie gewesen sein von der Art der Audigier-Melodie, die im späten Singspiel von ‹Robin und Marion› (Ende XIII. Jh.) notiert ist:

Au- di- gier, dist Raim- ber - ge,    bou-se vous di.

Eine solche Zeilenmelodie wiederholt sich solange, bis eine ‹Strophe› zuende ist. Deswegen können diese Art Strophen verschieden lang sein. Aber jeder Vers muß die gleiche Silbenzahl haben, damit er auf die gleiche Melodie gesungen werden kann. Im Fides-Epos hat jeder Vers 8 Silben. 7 bis 26 solcher Verse bilden eine ‹Kettenstrophe› oder ‹Laisse›. Die meisten Laissen haben 9 bis 13 Verse, welche jeweils durch einen Assonanzreim verbunden sind, z.B.: pin, Latin, fin, declin … oder: tresca, Espanesca, Grezesca, bresca, mesca …

«Ich hörte ein Lied, das schön zu tanzen ist, und aus Spanien kommt. Nicht griechisch, nicht sarazenisch sind seine Worte. Es ist mild und süß, milder und süßer als Honigwabe, milder und süßer als Balsamtrank, den man uns einschenkt. Wer es schön auf französisch zu singen wüßte, würde große Verdienste damit erwerben, glaube ich, und er würde angesehen werden in dieser Welt» (II, 14–22).

Danach ist die Epenmelodie hier also wohl aus Spanien, vom Santiago-Weg. Daß sie, wie es Vers 32 heißt, «im ersten Ton» gesungen wird, macht sie wohl doch noch nicht zu einer ganz liturgischen Melodie (anders *Hoepffner*). Hier hat ein gelehrter, geistlicher Autor für seine Zwecke anscheinend jene Laissen-Form benutzt, die dann auch die ‹Chansons de Geste› zeigen und die in spielmännischer, mündlicher Praxis wohl seit langem in Frankreich geläufig war.

Die Geschichte hier berichtet: Fides, die Tochter vornehmer Eltern, gibt ihren Besitz auf, erregt durch ihren christlichen Lebenswandel Anstoß bei der noch heidnischen Bevölkerung ihrer Vaterstadt Agen. Als sie sich weigert, den Göttern zu opfern, wird sie vom römischen Statthalter grausam getötet. Der Bericht ist vom Stil: es geschah das, dann das, dann das – also: Ereigniskette. Darstellung gleichzeitiger Ereignisse (VII–XI; XII–XIII) geschieht abrupt nacheinander und wird erst dann verknüpft. Spricht innerhalb des Erzählten eine andere Person als der Erzähler, dann heißt es: Er sagte ..., Sie sagte ... . Was der Erzähler von sich aus der Handlung hinzutut, wird von dieser scharf abgesetzt. Die Handlung ist eben eine Sache, die für sich besteht; die Bemerkungen des Erzählers sind eine andere Sache, die daneben steht. Erzählte Handlung und Bemerkungen treten in Beziehung, werden aber nie vermengt. Ähnliches läßt sich bei den Vergleichen beobachten:

> «Als der Schurke hört, daß alle seine Anschläge nichts nützen, erregt er sich *wie* eine Schlange. Er rollt mit den Augen, knirscht mit den Zähnen und flucht» (XXIX, 283–287).

Der Vergleichsgegenstand ‹Schlange› ist mit der Handlung äußerlich unvermittelt. Das Augenrollen, Zähneknirschen und Fluchen gilt schon nicht mehr für die ‹Schlange›. Nur im moralisch-allegorischen Bereich ist die Verbindung Schlange-Teufel-Schurke konstituiert. Durch vielerlei solcher episodischer und verschiedenartiger Vergleichsgegenstände entsteht eine scheinbar unzusammenhängende, zerrissene, aber auch scharfe Belichtung. Ähnlich etwa: «Ein Engel kommt vom Himmel herab, weiß *wie* ein Täubchen im ersten Jahr» (XXXV, 359 f.). Dieselbe klare Grenze verläuft zwischen erzählter Zeit und Erzählzeit, welche die Gegenwart von bereits vollbrachter Erlösung und Gericht ist:

> «Licinus hieß sein ältester Sohn. Gleich nach seiner Geburt gab er ihn in die Hände von Philosophen. Er erhob sich gegen Gott, // der alte Hund! // Er tötete Gottes Heilige mit beiden Händen. // Jetzt *ist* er ganz unten zwischen 1000 Teufeln, mit abgeschnittenem Kopf. // Sein Genosse *war* Maximian» (XII, 116–122).

Erzähler und Stoff stehen sich als feste Größen gegenüber. Der Stoff ist etwas Objektives und die Arbeit des Erzählers ist etwas Objektives:

> «*Ich* will *euch* sagen, ehe ich mich ausruhe, wie Gott diese Barbaren tötete. ...». «Und wenn sie tot sind, dann soll euch das nichts ausmachen, denn ich achte das keinen roten Heller. Von ihnen jetzt noch mehr zu singen, ekelt mich» (XLIV, 453 f. XLIX, 591 f.).

Gelegentlich begleitet der Erzähler gute oder böse Handlungen mit Ausrufen, wie z. B.: «Ach, warum waren sie bloß keine Christen!» (V, 53). Aber seine eigene Seligkeit sieht er von nichts in Frage gestellt. Eine geistliche Aktualität liegt nicht im Stoff, der von einer längst vergangenen Christenverfolgung handelt. Auch moralische Anrufe an sein Publikum gebraucht dieser Erzähler nicht. Er informiert bloß, kritisiert allenfalls indirekt, indem er auf Wert oder Unwert von Besitz oder Rittertum hinweist:

«Sancta Fides hatte große Ländereien und feste Schlösser und Pelzwerk von wilden Tieren und Spangen und an ihren Fingern kostbare Ringe und schönes Geschirr von Gold und Silber … Nachdem sie früher ein teures Kleid mit Hängeärmeln getragen hatte, kleidete sie sich jetzt um Gottes willen in große Armut».
«(Als Fides verbrannt werden soll,) achtet sie alles das nicht um einen Pfennig, denn einmal sind all ihre Gedanken bei Gott und andrerseits war sie die Tochter eines Ritters … (Nach ihrem Tod kam ein Engel und) bedeckte den Körper, der ganz nackt war, mit einem kostbaren Stoff aus gehämmerten Goldfäden» (X, 92–96. XI, 101 f. XXXII, 339 ff. XXXV, 368 f.).

Und etwas später heißt es vom Körper der Heiligen, den zwei Mönche geschickt aus ihrem Marmorsarkophag gestohlen haben: «In Conques hat man sie (noch), heilig und rein, und dort findet man dies zum Lesen aufgeschrieben. Gesegnet ist dies Land, in das Gott eine so mächtige Heilige geführt hat, und für die er große Wunder und schöne Dinge und kleine Feste tut» (XL, 435–XLI, 440). Erst damit ist der Aktualitätsbezug des Stoffes angegeben. Die Legende der Heiligen Fides in volkstümlicher Fassung zu verbreiten, lag im Interesse des Wallfahrtsortes Conques, durch welchen einer der Santiago-Wege führte (vgl. S. 135 ff.). Ob der oder die Dichter (vielleicht ein Kleriker und ein Joculator) von dort oder von woanders herstammten, ist ohne tiefere Bedeutung. Wohl erst kurz nach 1100 dürfte die ‹Chanson de Sainte Foi› entstanden sein.

### Die altdeutsche Genesis aus Kärnten

Vielleicht, aber durchaus nicht sicher einige Jahrzehnte älter als die provenzalische Fides-Chanson ist ein Stück vulgärsprachlicher Bibelepik in Deutschland, das wohl aus (Gurk? in) Kärnten stammt, aber nach der in Wien aufbewahrten Handschrift kurz und irreführend ‹Wiener Genesis› zu heißen pflegt. Nicht die friedliche Sorge um die ökonomische Blüte eines Wallfahrtsortes, sondern die dringendere um das weltgeschichtliche Schicksal der Christenseele im Schatten des Kampfes zwischen den konkurrierenden Mächten Imperium und Ecclesia bestimmt es von Grund auf und gibt ihm, bei aller Freude am Erzählen, einen zutiefst geistlich engagierten Charakter.

«Ich will euch sagen, ehe ich mich ausruhe, wie Gott diese Barbaren tötete» (453 f.),

so hieß es in der Fides-Chanson. Erzähler und Stoff waren dort verbunden durch die Arbeit des Erzählens, von der schließlich ausgeruht wurde. Und jenes Lied begann:

«Ich hörte lesen unter einer Pinie ein lateinisches Buch aus alter Zeit.»

Das lateinische Buch ist fremdes Objekt unter der Pinie, fern wie die alte Zeit selber. Dergestalt ist das Verhältnis des Provenzalen zu seinem Stoff. Der Dichter der altdeutschen Genesis dagegen beginnt:

«Nun hört, liebe Brüder, ich will euch etwas erzählen, wofern der gnädige Gott meinen Sinn dazu begabt, auf daß ich so zu reden vermöchte, wie ich es aus der Heiligen Schrift berichten hörte» (1 ff.).

Auch hier ist das Gegenüber von Ich und Euch, auch hier ist der zu erzählende Stoff und die Arbeit des Erzählens. Aber diese Arbeit geschieht nicht wie in der Fides-Chanson mit einem Hinblick auf den Nebeneffekt, daß «wer es schön auf französisch zu singen wüßte, sich große Verdienste erwerben würde ... und angesehen wäre in dieser Welt» (s. o. S. 166). Vielmehr geschieht die Arbeit, jedenfalls nach den Worten des Erzählers, um wahrhaftiger Verkündigung willen. Und der Stoff ist kein fernes Objekt aus alter Zeit, sondern göttliche Geschichte von ewiger Gegenwärtigkeit. Stoff und Erzähler sind näher aneinander gerückt, und der Erzähler ist nicht Herr, sondern Diener der von ihm zu erzählenden Geschichte. Er ist im Grunde selbst eine Figur der Geschichte, während der Provenzale nur Zuschauer bleiben wollte. Der Genesisdichter nimmt Anteil am Erzählten, indem er sich etwa fragt, was dessen Figuren denn anders hätten tun können.

«Als Potiphar zurückkam und sein Weib ihm alles erzählte und ihm Josephs Gewand zeigte, was konnte Joseph noch dagegen vorbringen?» (3825 ff.).

Besonders, wenn der Erzähler eine seiner Figuren anspricht:

«O, elender Jakob, was für einen Schmerz gab dir der Tod, daß er dir dein Weib nahm, um die du unter Mühsalen gedient hattest 21 Jahre lang, ehe du sie erwarbst. Ich bin gewiß, daß nie so große Liebe ward unter euch beiden, als in jenem Augenblick, da die Sorge herzutrat und euch grüßte mit Leid, als du der Weiber schönste, der Weiber liebste leiden sahst den bitteren Tod und du sie nicht retten konntest davor» (3358–71).

Aber das Verhältnis des Erzählers zum Erzählten ist in der ‹Genesis› nicht einfach subjektiv und in der Fides-Chanson nicht einfach objektiv. Auch die Distanz zum Erzählten dort ist ein subjektives Moment. Es drückt ebenso wie die scheinbare Nähe hier, in der sich der Genesis-Dichter objektivieren muß, ein historisch-konkretes Verhältnis aus. Andrerseits: Objektiv sein möchte auch die Wirklichkeit, die der Kärntner Dichter berichtet; aber sie möchte eben in andrer Weise objektiv sein als beim Provenzalen. Das zeigen besonders die ich-haltigen Formeln. Am häufigsten ist der Typus:

«Ich weiß, Gott versammelte alle Gewässer an einer Stelle» (121); «Ich weiß, daß Gott so sprach ...» (982); «Ich weiß, Jakob dachte darüber nach ...» (3047); «Ich weiß, daß Sichem in Liebe entbrannte» (3194ff.).

Nicht aus Einfühlung in die von ihm erzählten Gestalten ‹Gott›, ‹Jakob› oder ‹Sichem› weiß das der Erzähler, sondern aus der Heiligen Schrift weiß er es als etwas, das objektiv feststehen sollte. Damit der Dichter diese göttliche Objektivität ausdrücken kann, muß ihm Gott Sinn und Verstand begaben. Wie antike Dichter die Musen anriefen, sich doch in ihrem Gesang zu offenbaren, so rief der Kärntner ganz zu Anfang Gott an. Aber auch der Fides-Dichter hat an einer Stelle solche ‹Musen›-Anrufung:

«Jetzt bitte ich dich, Herrin, daß du mir hilfst! Ich will euch sagen, ehe ich mich ausruhe, wie Gott diese Barbaren tötete» (XLI, 453ff.).

Wie ein Schritt weiter hin auf Säkularisierung wirkt, gegenüber dem Kärntner, diese Anrufung an Maria. Auch hier bleibt aber das zu Erzählende eine geistliche Objektivität, nur muß sie nicht, wie in der ‹Genesis›-Dichtung, dringend als geistliche Objektivität dargestellt werden. Der Kärntner will allenthalben bezeugen, daß ihm diese geistliche Wahrheit nicht gleichgültig ist. Er verhält sich zu ihr einerseits affektiv-emotional wie bei ‹O elender Jakob›. Er verhält sich zu ihr andrerseits intellektuell, indem er sie für sich und andere deuten möchte. Dann verwendet er nicht die Ich-weiß-Formel, sondern er sagt z.B.: «Ich *meine*, der Teufel sagte dies, um Eva zu verführen» (654; vgl. 824). Er unterscheidet seine Meinung von der Wahrheit, die er weiß. Die moralisch-homiletische Haltung des Dichters ist Funktion seiner Haltung zur geistlichen Objektivität. Nicht psychologisch lebendig, sondern moralisch durchsichtig gemacht werden sollen die dargestellten Personen.

«Gott rief: Wo bist du, Adam, mein Freund? Gott wußte ganz genau, wo Adam war. Doch er sagte mit seiner Frage nichts andres als dies: ob Adam, weil er sich verfehlt hatte, denn nicht seine Gnade suchen wollte. Hätte Adam das getan, wäre er im Paradies geblieben. Gott hätte ihm verziehen ...» (758ff.). «Adam wollte die Schuld auf seine Gefährtin abwälzen, er glaubte, so entginge er der Strafe für seine Verfehlung ...» (786ff.) – genau so, wie mancher von uns das glaubt, wäre die gemeinte Fortsetzung. Und so heißt es dann auch etwas weiter unten: Adams Sündentaten «haben wir genug getadelt. Wenn wir uns doch nur selber dabei bessern wollten! Leider, wir tun das nicht! Weder mit unseren Vorsätzen, noch mit unsern Taten! Denn wir zögern keinen Augenblick, uns mit Wollust und Boshaftigkeit zu besudeln, mit Gier und mit Hochmut. Wenn wir all diese elenden Dinge anstellen, sind wir dabei doch so fröhlich, als ob es uns wohlergangen wäre, und wir denken nicht daran, es als Sünde zu bekennen. So in Saus und Braus sind wir anmaßend genug» (1093–1105).

Es ist diese Haltung nicht vorschnell so oder so zu erklären, sondern in ihrer historischen Besonderheit zu begreifen. Zur differenzierenden Bestimmung dient die Fides-Chanson. Dort scheinen die psychologischen Bemerkungen ganz andersartig zu sein.

Beim Martyrium heißt es: «St. Fides erhob die Stimme und befiehlt sich dem heiligen Kreuz. All die Heidennarren achtet sie nicht mehr als eine Nuß, achtet nicht auf ihren Handel und Wandel, denn in der Hölle, im finstern Loch, wird es ihnen übel ergehen …» (XX). «Dann schlägt sie mit drei Fingern das Kreuzzeichen und spricht …» (XXI).

Die Seelensicherheit der Heiligen und ihre priesterliche Geste des Kreuzschlagens scheinen von einer liturgischen, sicher etablierten Autonomie: sachlich-weltlich. Die moralisch gerichtete Eindringlichkeit der altdeutschen ‹Genesis› dagegen hat zugleich etwas beunruhigt Insistierendes, das auch die Aktualität von Bildern und Vergleichen färbt:

«Mit der Reue ist das aber genau so, wie wenn man ein zerschnittenes Tuchstück wieder zusammennäht. Sehr viel schöner war das Tuch, als es noch ganz war. Man mag es so sorgfältig ausbessern wie man will, die Naht sieht man doch» (864 ff.).

Nicht vom Tuch, sondern von der Sündenpraxis der Zuhörer ist die Rede. Als nahes Objekt kann das Tuch Instrument des moralischen Appells werden wie in der Rede Jesu (Mk. 2,21). Anders beim Fides-Lied:

«Da stieß der Narr einen großen Seufzer aus, wie ein Bauer, wenns ans Sterben geht. Er warf sich auf das Lager, konnte aber nicht schlafen, wie einer, der auf und davon will» (XXIII).

Hier bleibt die moralisierend herbeizitierte Wirklichkeit wechselhaft und beiläufig. Der Genesis-Dichter möchte seinen Hörern zeigen, daß sein Gegenstand mehr ist als sein Erzählen, und bekundet damit zugleich die Besonderheit seines Amtes.

So sagt er über Jakobs Segen für Juda: «Dies ist eine tiefsinnige Rede. Ich glaube nicht, daß ein Mensch sie interpretieren kann. Könnte ich alles verstehen, was ich darüber gelesen habe, so würde ich gerne dartun, welcher Sinn darin verborgen liegt» (5532 ff.; vgl. 3416 ff.). Und an andrer Stelle: «Vom Antichrist findet sich noch mehr geschrieben. Das will ich hier weglassen. Wer es besser zusammenbringt, der mag es weiter vortragen» (5746 ff.).

An seiner Unersetzlichkeit scheint dem Genesis-Dichter nicht gelegen. Ein anderer könnte es angeblich ebensogut oder besser. Die hier demonstrierte Würde ist diejenige christlicher Humilität angesichts der übermächtigen Erhabenheit einer göttlichen Wahrheit. Für den provenzalischen Dichter dagegen scheinen gute wie schlechte Taten seiner Figuren in einer dinglichen Distanz zu bleiben:

«Und wenn die Heiden tot sind», sagt er zum Publikum, «soll euch das nichts ausmachen, denn ich achte es keinen Pfennig. Von ihnen jetzt noch mehr zu singen ekelt mich» (XLIX).

So schließt die Fides-Chanson. Der verbale Ekel zeugt nicht von Gleichgültigkeit, sondern eher von der Nötigung des vortragenden Jongleurs, der ja ein verachtetes Gewerbe ausübt, sich als sattelfester Christ zu erweisen – in anderer Weise als der Genesis-Dichter. Dieser schließt sein Epos: «Das ist nicht zweifelhaft, daß Josephs Seele Gott lieb ist. Das wird sie sein, jetzt und immerdar. Amen. Deo gracias.» Der provenzalische Epiker hat Abstand zu dem, was er erzählend gestaltet. Die unruhig wechselnde Belichtung diverser Gegenständlichkeiten, welcher sich die Schärfe der Konturen verdankt, ist wohl zugleich Abbild von Unsicherheit wie Spur von Freiheit. Die Kirche, der Wallfahrtsort braucht spielmännische Kunst für ihre weltlichen Zwecke. Diese adeln die Vulgärsprache wie anderswo Königsdienst die Ministerialen sozial hebt. Solche vulgärsprachliche Dichtung darf teilnehmen an der lateinischen Renaissance in Frankreich – Vorbote einer bedeutenden laikalen Kultur. Die vom Kärntner Dichter gestaltete Wirklichkeit sieht sich dagegen auf eine weniger selbstgewisse, subjektive Moralität verwiesen, die gutmachen soll, was objektiv im Argen liegt. Der flackernde Schein eines geistlich beunruhigten Engagements, der auf die Gegenstände der Darstellung fällt, kommt von dem Feuer, das von der politisch zwiespältigen Situation im Imperium geschürt wird.

Auch die epische Form scheint beim Kärntner von diesem Widerspruch und Zwiespalt geprägt. Ein souveräner Rückgriff auf die epische Rezitationspraxis unliterarischer Jongleurs, wie ihn die Fides-Chanson wohl kennt, lag für den Kärntner Genesis-Dichter kaum im Bereich des Möglichen. Es ist anzunehmen, daß er in einem Benediktinerkloster lebte. Dort verlangte die Ordensregel, daß, während die andern aßen, einer etwas vorlas. Diese sogenannte ‹Tafellesung› geschah und geschieht z. T. bis heute noch mit singender Stimme, also ‹rezitierend›. Die Genesis nun war üblicherweise Lesepensum «in der Vorfastenzeit, vom Sonntag Septuagesima bis Dienstag vor Aschermittwoch, sowie am 2. und 3. Sonntag der anschließenden Fastenzeit» (Ehrismann). Der Kärntner hat die lateinische Genesisdichtung des *Avitus von Vienne* (gest. 523) in frühmittelhochdeutsche Reime gebracht. In der Regel werden zwei, selten drei Verszeilen durch Assonanzreim zusammengefaßt. Für die Rezitation dürfte das melodische Modell der ebenfalls zwei-, selten dreiteiligen Psalmverse verwendet worden sein. Die Mitte wie das Ende solcher ‹Verse› werden in der Rezitation durch besondere Tonbewegungen, durch Mediatio- und Kadenz-Formel ausgezeichnet. Der erste Vers eines Abschnitts beginnt mit einer Initium-Formel, z. B.:

Diese Formeln nehmen Rücksicht auf den Wortakzent. Alle übrigen Wörter des Verses außerhalb dieser Kadenzzonen werden auf ein- und denselben Ton gesungen, welcher ‹Tenor›, ‹Tuba› oder ‹Repercussa› heißt. Auch diese Wörter werden nach ihrem üblichen Wortakzent betont. Nur unbedeutende Wörter geringer Silbenzahl, wie z. B. Präpositionen, bleiben ohne Akzent. Auf diese Weise haben die lateinischen Psalmverse eine wechselnde Zahl von betonten Wortsilben. Sie pflegt zwischen 2 und ca. 7 Akzenten zu schwanken.

Ganz analoge Verhältnisse zeigt der deutsche Vers in der Genesis-Dichtung. Die Einzelverse sind von äußerst ungleicher Länge. Die kürzesten haben nur 3, die längsten 17 Silben; 6 – 10 Silben ist das Mittel. Wie die meisten lateinischen Psalmverse pro Halbzeile 4 sprachlich akzentuierte Silben haben, so haben die meisten frühmittelhochdeutschen Genesis-Verse 4 sprachliche ‹Hebungen› pro Reimzeile. Wie beim Psalmvers Mediatio- und Kadenz-Stelle, so ist bei den Genesis-Versen die Reim-Stelle rhythmisch am straffsten organisiert.

In Reimwörtern findet sich z. B. die Folge betont-unbetont-betont (lébentès; mín gebót; vgl. (in-)dútus est; (prae-) cínxit se) oder gerne die Folge betont-betont, sei es in einem, sei es in zwei Wörtern (óugen; mín gòt; vgl. tú-os; (tu-)ó-rum). Auf unbetonte Silbe endende Verse sind nicht sicher nachzuweisen. *(S. Textabb. 12.)*

12. *Psalmtonmodell und frühmittelhochdeutscher Epenvers der ‹Altdeutschen Genesis›*

Der Kärntner Genesis-Dichter hätte recht gut für seine Verse einen Psalmton als Rezitationsmodell benutzen können, ähnlich wie *Otfrid* für sein althochdeutsches Evangelienbuch seinerzeit wahrscheinlich einen Mainzer Lektionston zugrunde legte. Aber während *Otfrid* im Zusammenhang der fränkischen Spätantike gleichzeitig lateinische Hexameter und christliche Reimverse im Auge hatte, kommt beim Kärntner der Verlust eines Traditionszusammenhanges mit zur Darstellung. Weder kennt er *Otfrids*

Vers, noch denkt er an unliterarisch-volkstümliche Rezitationsmöglich-
keiten, sehr im Unterschied zum provenzalischen Fides-Dichter. Der
Fides-Dichter wendete sich an Pilgervolk, der Genesis-Dichter an Mit-
mönche. Der Rahmen seines Verses bleibt innermonastisch und die Rezi-
tationsform wahrscheinlich im Umkreis liturgischer Möglichkeiten. Aber
keine rituelle Objektivität gibt den deutschen Versen jenen gesicherten
Gang, den ihr sozialer und formaler Rahmen ihnen hätte garantieren sollen; vielmehr bezeugt sich in ihnen eine Unruhe subjektiver Moralität,
welche die Festigkeit des sozialen Rahmens Lügen straft. Gerade in der
oft gerügten Unregelmäßigkeit der Versrhythmik liegt die Wahrheit der
Form.

Auch inhaltlich greifbar wird die Unruhe subjektiver Moralität in stro-
phenähnlichen Redekomplexen, die in den epischen Bericht eingelagert
sind.

In der ‹altdeutschen Genesis› sind, wie bei andern frühmittelhochdeutschen
Werken, Gruppen von Verspaaren in der Handschrift durch Initialen bezeichnet.
Diese Gruppen sind, wie die Laissen in Frankreich, in der Regel Sinneinheiten.
Höchstens 13 (Vers 1318–1343; 2081–2106) und wenigstens 1 Zeilenpaar (z.B.
3135) gehören zu einem solchen Abschnitt. Die meisten Abschnitte bewegen sich
zwischen 2 und 8 Zeilenpaaren. An einigen Stellen treten Abschnittsfolgen von
ziemlich gleicher Länge auf, die wie Strophen wirken und den Eindruck von ‹Lied-
einlagen› im epischen Bericht machen. In ihnen spricht der Dichter aus einem
ähnlich kommentierenden Verhältnis zur Handlung heraus, wie es einst die Reflexion des Chors im antiken Drama bestimmte. Beispiele von drei Strophenkomple-
xen, die wir betiteln, wären: 1. ‹Das Lied vom Sündenstande› (983-1028) mit
8 ‹Strophen› von 2, 3, 2, 2, 3, 4, 3, 4 Reimpaaren; 2. ‹Das Lied vom Antichrist›
(5698-5745) mit 7 ‹Strophen› von 3, 5, 4, 5, 2, 3, 2 Reimpaaren; 3. ‹Das Lied
vom großen Abendmahl› (5776-5823) mit 9 ‹Strophen› von 3, 3, 3, 5, 2, 3, 2,
2, 1 Reimpaaren.

Die Betrachtung der biblischen Historie führt diesen Dichter immer wieder
auf die heilsgeschichtliche Gegenwart. Im ‹Lied vom Sündenstande› legt
er Gott die ersten drei ‹Strophen› in den Mund, dann wendet er sich
selbst an seine Zeitgenossen:

Gott spricht:
1. «Seht, nun ist Adam geworden uns gleich,
Nun kennt er böse und gut. Nun ist er ganz wie Gott.
2. Jetzt sollten wir ihn bewahren mit unsrer Weisheit,
Daß er nicht jenes Obst entdecke, das den Tod ihm erspart;
Sonst muß er ewig leben, ewig die Strafe büßen.
3. Besser ist, daß er sterbe, und seine Schuld wird gesühnt,
Als daß er unsterblich werde und ewig zu Gerichte steh.»
Der Prediger spricht:
4. «Als Gott sie aus dem Glück verstieß, da ließ er sie aus dem Paradies
Vor Jammer elend in diese Fremde.
5. Wer wäre so träge, daß es ihm ins Herz nicht sticht,
Daß durch solche Übeltat, die Adam mit seinem Weib beging,
Alle andern Menschen das Glück nicht mehr erreichen.

6. Am Gleichnis sollen wir erkennen, daß wir nicht kommen in den Himmel,
Ehe wir uns nicht lösen von Sünde, ehe wir nicht länger nach Zwietracht streben,
Ehe wir nicht länger Gefallen finden am Teufelswerk, das uns betrügt,
Ehe uns nicht länger gut dünkt, was uns den Tod einbringt.
7. Wohin denken wir Toren, daß wir hinters Licht führen Gott?
Denken, daß er nicht wüßte unsere Hintergedanken,
Daß wir ihn könnten betrügen mit dem, was wir da lügen?
8. Wir sagen wohl, daß wir bereuen – mit großer Falschheit,
Bekennen die vielen Verfehlungen, die wir gegen ihn taten,
Und wollen doch nicht davon lassen, noch wirklich umkehren.
Das ist alles ein Lästern, worüber Gott sich erzürnt.» (983-1028)

Nicht nur moralisch, sondern auch welt- und heilsgeschichtlich wird der
gegenwärtige Augenblick bedacht. Für die Menschen, die im sechsten
und letzten Weltzeitalter leben, ist dies die Frage: Wann Christus wiederkommt, wann der Tag des Gerichts und das Ende der Welt anbricht.
Nicht nur um 1000 oder 1034 erwartete man den Jüngsten Tag, sondern
jederzeit. Zum Zeichen seines Bundes mit Noah, erzählt der Kärntner,
setzte Gott den Regenbogen,

«der da über uns schwebt, das wahre Licht seiner Liebe, so daß wir nicht zweifeln
sollten: er will uns erhalten! Doch hörte ich sagen, man werde den Regenbogen
nicht mehr sehen dreißig Jahre vor dem Tag des Jüngsten Gerichts» (1445-1454).

Hier wird auch in der ‹altdeutschen Genesis› ein Kennzeichen für das
nahende Weltende genannt. Im Jahre 1065 hatten, nach dem Bericht der
Altmann-Vita (vgl. S. 140), viele Leute ein analoges Kennzeichen in einer
bestimmten Kalenderkonstellation sehen wollen. Voraus aber geht dem
Ende der Welt nach mittelalterlicher Erwartung das Erscheinen des Antichrist. Davon sprechen die Paarreim-Abschnitte des ‹Liedes vom Antichrist›:

1. «Wer sich darauf einläßt, dieses Leben zu lieben,
Zu dem schleicht sich der Teufel, um ihn zu fassen.
Wütend packt er ihn, wenn er ihn verleitet.
2. Wenn er nach Ehren strebt und Demut vergißt
Und gewinnt die Macht, nach der er ringt,
Wenn er am wenigsten darauf gefaßt ist, – dann naht ihm der Tod.
Sein Hochmut stürzt. In seine Krallen packt ihn der Tod.
Dann spricht er nur noch: Rette mich, Herr, Gott!
3. Jener hornige Wurm (vgl. ‹coluber›, Gen. 49, 17), das ist des Antichrists Zorn.
Der wird geboren aus dem Geschlecht des Dan.
So hab ich gelesen: Der, der zuletzt kommt,
Wenn die Welt ihr Ende nimmt, dessen Macht wird so groß,
Daß er neben sich keinen duldet.
4. Groß wird sein Hochmut. Gott will er sein.
Den christlichen Glauben hat er zum Spott.
Er erläßt ein Verbot, befiehlt, viele zu kaufen,
Daß niemand mehr glaube, nicht offen, nicht heimlich
An den Sohn der Jungfrau, meiner Herrin Sancta Maria.
5. Dann beginnt er Wunder zu tun, sagt, er sei Gottes Sohn.

Ihm glaubt die Menge. Durch Zwang betäubt er sie.
6. Die ihm dann folgen, die schaffen Gottes Zorn.
Die aber bestehen im Glauben, deren Sache geht gut aus.
Hier erleiden sie große Qual, doch gerettet wird ihre Seele.
7. Das gebe Christus, Gottes Sohn, daß wir alle so tun,
Daß wir kommen zu Gnaden. Darauf sagt alle: Amen» (5698–5745).

Von ‹frommer Ruhe› scheint dies weit entfernt. Vielmehr findet sich allenthalben Ausdruck einer beunruhigten Gegenwart, in welcher manche
– nicht der Genesis-Dichter – im gebannten Kaiser *Heinrich IV.* eine Anti-
christfigur befürchteten.

Rein inhaltlich erscheint Aktuelles mehrfach in der ‹Genesis›. Der provenzalische Fides-Dichter hatte vom Mut seiner Heiligen als dem einer
Ritterstochter gesprochen, von Burgen, Ländereien und modischen Kleidern, die sie besaß. Ganz ähnlich sind in der ‹Genesis› die Kinder Israel
ritterlichen Standes, sind die Söhne Jakobs «aus dem nämlichen Adelsgeschlecht geboren» (4417), und Joseph spricht sie an mit: «Ja, ihr Helden»
(4666). Der Erzvater Jakob heißt «ein ehrenhafter Recke» (5129). Seine
Söhne will der Pharao mit hohen Ämtern belehnen, um ihrer «watliche»,
d. h. um ihres edlen Auftretens willen (5142). Und als Joseph seinem Vater
entgegenreitet, da begleitet ihn «manch hochgemuter Ritter» (5061). Zur
Lebensweise Adams und Evas, die sich in Felle kleideten, Hirse, Rüben,
Brot, Milch und Wasser als Nahrung hatten, bemerkt der Dichter aktuali-
sierend:

«Es ging ihnen damals wie manchen Leuten heute, die vom Reichtum zur Armut
kommen. Die nicht gelernt hatten zu arbeiten, die müssen dann manchen Kummer
sehen. Die müssen dankbar annehmen, was Gott ihnen aus Güte gibt» (1182–1189).

Was wir mit den Stichworten ‹konkurrierende Herrschaftsgefüge›, ‹Hori-
zontveränderung›, ‹Fernhandel›, ‹Ministerialität›, ‹Jurisdiction› bezeichnet haben, erfährt der Genesis-Dichter offenbar als soziale Umschichtun-
gen und Veränderungen. Darauf deuten auch seine Bemerkungen über
Freiheit und Knechtschaft. Als die Ägypter den Joseph wegen der Hungersnot um Hilfe bitten müssen, da «wollte er sie nicht zu Sklaven machen.
Es dünkte ihn Sünde, ursprünglich freie Leute zu Knechten zu erniedrigen,
nur weil sie in Not waren» (5210ff.). Doch alle Unfreiheit ist aus der
Sünde, wird gesagt. «Durch die Schuld des Ham entstanden zu allererst
Knechte» (1530f.). Dies spricht der Dichter dem Bibeltext (Gen. 9, 25)
und älteren Kommentatoren nach; aber er setzt, egal ob von sich aus,
hinzu: «Ursprünglich waren alle gleich frei und edel» (1532f.). Zwischen
Freien und Knechten jedoch entsteht ein neuer Stand, herumziehende
Händler, wandernde Kesselflicker, eine Art ‹Vor-Zigeuner›. Von ihnen
gibt er eine gehässig-anschauliche Darstellung:

«Von Ismahel stammen die Ismaheliter. Die ziehen durch die weite Welt. Wir nennen sie ‹Kaltschmiede›. Wehe über sie! Was sie verkaufen, hat immer irgendeinen Fehler. Die Ware mag billig oder teuer sein, der Händler will immer noch ein bißchen über den Preis. Von dem, was er einmal verkauft hat, nimmt er nie etwas zurück. Sie haben weder Haus noch Heimat. Überall fühlen sie sich gleich wohl. Das Land durchziehen sie, die Leute betrügen sie; aber öffentlich berauben sie niemand» (1712 ff.).

«Ismahels Nachkommen, das wurden alles Kaufleute. Sie wurden niemandes Freund, denn sie kennen kein Erbarmen, weder mit Großen, noch mit Geringen. Sie bereuen zutiefst, wenn es ihnen nicht gelingt, jemand zu betrügen. Aber wenn sie einen übers Ohr gehauen haben, dann stehen sie da und lachen» (1833 ff.).

Auch die zunehmende Bedeutung des Geldes hat ihre Spuren im geistlichen Gedicht hinterlassen. So heißt es von Joseph:

«Joseph gab seinem Bruder Benjamin 15 ‹skillinge›. Die waren aus Silber. Was für ein Gewicht sie hatten, weiß ich nicht. Wollte mir ein guter Freund dies Geschenk machen, er wäre nicht gerade großzügig» (4948 ff.).

Schillinge (solidi) sind Recheneinheiten; handelt es sich um ‹lange (bayrische) Schillinge›, so machen 30 Münzpfennige einen, sonst machen 12 Pfennige einen Schilling. 8 lange oder 20 kurze Schillinge sind 1 Pfund, das aber nicht 500 g, sondern zwischen 367 und 491 g wog. Seit ca. 1100 aber wird auch der Begriff des ‹Pfundes› abstrakt. Münzen werden jetzt aus ‹Mark› genannten Silberbarren geschlagen. Aus einer Silbermark, die nicht einmal 250 g wog, wurden z. B. um 1150 260 bis 270 ‹Pfennige› (denare) geschlagen. Da aber nach wie vor 240 Pfennige ein Pfund ausmachten, waren in einem Pfennig weniger als 1 g Silber enthalten. Es kam also, wie der Genesis-Dichter richtig bemerkt, gewaltig auf das Feingewicht an. Immerhin hätte Benjamin selbst mit 15 kurzen Schillingen 180 Pfennige, schlimmstenfalls etwa 150 g Feinsilbergehalt bekommen. Aber der Genesis-Dichter hat es offenbar für gewöhnlich mit größeren Summen zu tun, wohl im Zusammenhang mit Zinsabgaben und Zinseinnahmen. Er schreibt:

«Von der Ägypterzeit her bis heute gibt es den jährlichen Zins, daß nämlich jeder von seinem Eigentum den fünften Teil seines Korns der Kammer des Königs gibt – ausgenommen die, die im geistlichen Stande leben. So (jedenfalls) war es bei den Heiden. Ob die Christen ebenso denken, weiß ich nicht» (5260 ff.).

Dabei weiß er es vermutlich ganz genau, denn die «Abteien entrichteten … herkömmlich ein hohes Servitium an die königliche Kammer» *(Scherer)*. Vielleicht hat er sich ebenfalls dumm gestellt, als er auf den neuralgischen Punkt des Investiturstreits zu sprechen kommt, auf die Amtseinweisung von Bischöfen durch den König:

«Auch ist dies ein Gewohnheitsrecht des Königs, daß er durch einen Fingerring das Bistum mit demjenigen Priester vermählt, den er zum Regenten darin machen will» (287–290).

Ein papsttreuer Kleriker hätte so nur sprechen können, bevor *Gregor VII.* am 22. Februar 1075 die Einsetzung eines Bischofs durch einen Laien mit den Symbolen Ring und Bischofsstab offiziell verbot. Aber daß Laieninvestitur nicht mehr stattfinden sollte, war längst vorher jedem, der es wissen wollte, klar. Doch eindeutig verliefen die Fronten zwischen Kirche und Kaiser eben nicht; und auch nach 1075 konnte ein frommer Mann im Kloster für das königliche Gewohnheitsrecht sein. Stand er damit im Widerspruch zur kirchlichen Institution, fand gerade er sich auf eine subjektive Frömmigkeitshaltung verwiesen. Deren geistliche Unruhe bezeichnet zugleich einen wesentlichen Unterschied von beginnender laiensprachlicher Poesie in Deutschland und Frankreich.

ZEHNTES KAPITEL

# DIE MILITIA CHRISTIANA
# DER WESTRÖMISCHEN KIRCHE

## Äußerer Hergang des ersten Kreuzzuges

Fast gänzlich außerhalb der Reichsgeschichte spielt sich das erste große ritterliche Abenteuer ab: die Eroberung Jerusalems durch die ersten Kreuzfahrer. Auf jener triumphalen Kirchensynode von Piacenza, 1095, war vor Papst *Urban II.* nicht nur die Kaiserin *Praxedis* erschienen, um ihren Gatten *Heinrich IV.* zu verklagen, sondern auch eine Gesandtschaft des byzantinischen Kaisers, welche den Papst – sozusagen als den wirklichen weströmischen Caesar – um Hilfe gegen die Seldschuken bat.

Aus der innerasiatischen Steppe vorstoßend, hatte dieses Reitervolk den nördlichen Teil des von religiöser Zwietracht zernagten islamischen Reichs unterwandert und erobert *(vgl. dtv-Atlas zur Weltgeschichte I, S. 136)*. Ähnlich wie seinerzeit die Germanen ins römische Imperium, waren diese Türken zuerst als Sklaven, Gardetruppen, Offiziere ins arabische Herrschaftsgefüge eingesickert. Seit 1039 bestand mit der Hauptstadt Isphahan das groß-seldschukische Reich. Seit 1063, 1071 drängten die Seldschuken den oströmischen Kaiser immer mehr an die Ägäis zurück. Auf ehemals römischem Boden in Anatolien gründeten sie das Sultanat von Rum, wonach sie Rum-, d.h. Rom-Seldschuken hießen.

Für den Papst schien sich die Möglichkeit zu bieten, in einem heiligen Krieg gegen diese Mohammedaner zugleich die Einheit mit der oströmischen Kirche wiederherzustellen, wovon ja schon *Gregor VII.* geträumt hatte (s.S. 137). Auf November 1095 berief *Urban II.* eine Synode und eine Ritterversammlung nach Clermont-Ferrand, wo der neue Gedanke vor die Öffentlichkeit gebracht werden sollte. Als gebürtiger Franzose und ehemaliger Propst von Cluny kannte *Urban II. (Odo de Lagery)* die demographischen Mißverhältnisse südlich der Loire, wo der ritterliche Grundbesitz zum Mißfallen aller Beteiligten oft in brüderlicher Gemeinsamkeit als ‹fraresche› verwaltet wurde. Die letzte Sitzung der Synode am 27. November 1095 mußte vor den Toren von Clermont auf freiem Feld veranstaltet werden. So groß war der Zustrom. In romanischer Volkssprache soll sich der Papst an die Menge gewendet haben. Er hat sicherlich weniger gesagt, als er die Laien verstehen ließ.

An den Treuga-Dei-Gedanken anknüpfend, predigte er zunächst gegen die Institution der Fehde im allgemeinen. In der Christenheit solle überhaupt keiner gegen den andern das Schwert erheben. Dieses möge vielmehr nach dem Gebot der Kirche gegen die Ungläubigen geführt werden, die gerade jetzt Kleinasien und Palästina bedrohten. Wem Land und Nahrung hier im Christenlande zu knapp geworden seien, der solle sich dort bei den Heiden das Seine erkämpfen, als ‹miles Christi› mit dem Kreuzzeichen auf dem Gewand – eine Pilgerfahrt von wahrhaft geistlichem Verdienst.

Das Wort ‹Jerusalem› fiel ebensowenig wie das einer ‹remissio peccatorum›, einer Sündenvergebung. Aber die Zuhörer hörten und die zahlreichen bestellten und unbestellten Prediger predigten es anders: Der Kampf gegen die Heiden zur Befreiung des Heiligen Grabes in Jerusalem würde von allen Sünden freimachen. Die Wirkung dieser und der Tochterpredigten unter der ohnehin religiös beunruhigten Menge war groß. «Deus le volt!» – «Gott will dies!», dieser Schrei der Menge von Clermont wurde zum Kampfruf der Kreuzfahrer. Viele, auch Nichtritter, hefteten Stoffkreuze auf ihr Gewand und wollten als ‹milites Christi› zum Heiligen Grabe ziehen. Weder die Führung, noch die Zusammensetzung des Kreuzheeres lag jetzt noch allein in den Händen der Kirche. (Vgl. dtv-Atlas zur Weltgeschichte I, S. 150.) Urban II. hatte an ein Ritterheer gedacht, in dem ein geistlicher und ein weltlicher Befehlshaber sich das Kommando teilen sollten: Graf Raimund von Toulouse und der Legat Adhemar von Le Puy. Aber höhergestellte Herren als der Graf von Toulouse nahmen das Kreuz und rüsteten eigene Ritterheere aus: Herzog Gottfried von Niederlothringen (von Bouillon) und der süditalische Normannenfürst Boamund (Boemund) von Tarent. Alte und Kranke, Kleriker und Mönche wollten für sich das gleiche Heil erwerben, welches den ritterlichen Kreuzfahrern verheißen ward. Mit unterschiedlichem Erfolg versuchte der Papst nunmehr alle die vom Kreuzzug abzuhalten, die dem Unternehmen nicht nützlich sein konnten.

Als erste Gruppe brachen Leute niederen Standes unter dem Wanderprediger Petrus Heremita und dem Ritter Walther ohne Habe auf. Ihnen folgte ein ähnlicher Trupp unter dem deutschen Grafen Emicho von Leiningen und dem französischen Vicomte de Melun, Wilhelm Carpentarius. Beide Trupps fingen gleich in der Heimat mit der Heidenverfolgung an. Sie durchzogen die rheinischen Städte von Speyer über Worms, Mainz und Trier nach Köln – obgleich dies gar nicht ihre Marschrichtung sein konnte –, ermordeten, was sie an Juden fanden und nahmen ihre Habe an sich.

Dem Hauptargument der Judenschlächter, die Juden hätten ihren Herrn Jesus Christus gekreuzigt und müßten dafür jetzt mit Leben und Besitz büßen, gesellten sich schon damals für Minoritätenverfolgungen typische Greuelmärchen von Brunnenvergiftung und angeblichen Ritualmorden. In Worms, das seit 1034 eine bedeutende jüdische Hohe Schule besaß (s.S. 128), wurden allein 800 Juden ermordet. In Mainz hatte der Erzbischof Ruthard von den Verfolgten zwar Schutzgelder genommen, sie aber dann doch nicht zu schützen gewußt. Vor einer gegen ihn eingeleiteten kaiserlichen Untersuchung floh der Erzbischof nach Flandern.

Über Prag, wo sie gleichfalls Juden umbrachten, zogen diese Scharen durch den Balkan nach Konstantinopel. Nahrung und Kleidung mußten sie sich nehmen, wo sie sie fanden. Die Gruppe des Grafen von *Leiningen* kam gar nicht bis nach Byzanz. Sie wurde in Ungarn von der beraubten und geplünderten Bevölkerung bis auf den letzten Mann umgebracht. Was unter *Petrus Heremita* und *Walther ohne Habe* Konstantinopel erreichte, wurde von den verstörten Griechen bald über den Bosporus gesetzt. Diese Pilger überraschten die bereits türkische Festung Nicäa und machten reiche Beute, wurden aber bald darauf von den Seldschuken fast vollständig niedergemetzelt. Bezeichnenderweise konnten sich indes einige Anführer nach Konstantinopel retten.

Dort langten seit Ende 1096 und Anfang 1097 die drei Ritterheere an: das des *Boemund von Tarent*, das *Gottfrieds von Niederlothringen* und das des Grafen *Raimund von Toulouse*, bei dem sich auch der päpstliche Legat *Adhemar von Le Puy* befand. Schließlich kamen kleinere Ritterkontingente der Grafen *Robert von Flandern, Stephan von Blois* und des Herzogs *Robert von der Normandie*. Kaiser *Alexios I. Komnenos*, durch die vorhergehenden Kreuzfahrerhorden mißtrauisch geworden, gestattete nur den Fürsten, die Stadt zu betreten. Von ihnen ließ er sich beeiden, daß sie nichts gegen ihn unternehmen und die zurückeroberten byzantinischen Gebiete seiner Herrschaft unterstellen würden. Um die Verpflegungsschwierigkeiten und die Reibereien mit der Bevölkerung abzukürzen, wurden die Kreuzfahrer so schnell wie möglich über die Meerenge gebracht. Mit byzantinischer Flottenunterstützung gelang die Eroberung der Festung Nicäa, wo der türkische Staatsschatz lagerte. Aber die Kreuzfahrer durften die Stadt nicht betreten. Den Abmachungen entsprechend, gehörte sie jetzt wieder zu Byzanz. Die Ritter hatten den Eindruck, vom griechischen Kaiser betrogen worden zu sein.

In zwei Abteilungen marschierte das Heer dann weiter durch Anatolien. Bei Doryläum wurde die Heeresgruppe *Boemunds* von einem großen Türkenheer angegriffen. Der durch Boten herbeigerufene andere Teil des Kreuzfahrerheeres entschied die Schlacht. Das Lager und die Prunkzelte des Sultans *Kilic Arslan* fielen den Kreuzfahrern mit großer Beute in die Hände. Nach entbehrungsreichem Marsch im anatolischen Hochsommer (Juli/August 1097) gelangten die vereinigten Heere nach Ikonium und bestanden bald darauf siegreich ein Treffen gegen ein neues Türkenheer bei Heracläa. Angesichts des 3000 m hohen Taurus-Gebirges teilten sich die Kreuzfahrer wieder.

Ein Teil der süditalienischen Normannen unter *Tancred* und einige Nordfranzosen nahmen den schwierigen Paßweg durch die kilikische Pforte nach Tarsus. Das Hauptheer umging das Gebirge nördlich. Im Gebiet um Marasch, wo armenische Christen wohnten, wurden die Kreuzfahrer freudig aufgenommen. Von dort aus zog *Balduin von Boulogne*, der Bruder Herzog *Gottfrieds von Bouillon*, mit 80 Rittern ostwärts über den Euphrat. Im Februar 1098 gründete er in Edessa ein eigenes Fürstentum. Es war der erste Kreuzfahrerstaat im Orient *(vgl. dtv-Atlas zur Weltgeschichte I, S. 152).*

Vor Antiochia vereinigten sich die Ritter *Tancreds* wieder mit dem Hauptheer. Antiochia, einst die drittgrößte Stadt des Römerreiches, war mit seinen 400 Türmen und riesigen Mauern eine schier uneinnehmbare Festung. Als die Kreuzfahrer am 21. Oktober 1097 die Belagerung begannen, konnten sie nicht einmal alle Tore der Stadt sperren. Sie litten bald schwerer unter Mangel als die Belagerten, die ständig neue Zufuhr erhielten. Darüber, wer die christlichen Soldaten verpflegen sollte, wenn das umliegende Land einmal kahlgefressen war, hatte sich niemand Gedanken gemacht. Indes hatte eine genuesische Flotte das Geschäft bald gewittert. Doch kam durch sie nur ungenügend Nachschub und Belagerungsmaterial heran. Erst im März 1098 gelang es endlich, die Riesenstadt völlig einzuschließen. Da verbreitete sich das Gerücht, ein riesiges Heer unter dem berühmten *Kerboğa* sei von Mossul her im Anzuge. Wenn es nicht gelang, Antiochia vor seinem Eintreffen zu nehmen, mußte es um die Kreuzfahrer geschehen sein. In dieser Lage suchte *Boemund* die übrigen Kreuzfahrerfürsten zu erpressen.

*Firuz,* ein antiochenischer Waffenfabrikant und zugleich Kommandant eines Belagerungsabschnittes, war bereit, *Boemund* gegen gute Bezahlung seine Tore zu öffnen. Von diesem Angebot aber wollte der Normannenfürst nur dann Gebrauch machen, wenn ihm die andern Kreuzzugsführer die künftige Oberherrschaft über Stadt und Fürstentum Antiochia zusicherten.

Die christlichen Fürsten gingen vage auf *Boemunds* Erpressung ein, und so befand sich am 3. Juni 1098 die Stadt in den Händen der Kreuzfahrer. Nur die Zitadelle auf der Akropolis konnte sich halten. Unter der Bevölkerung richteten die milites Christi ein furchtbares Blutbad an. «Man konnte nicht auf der Straße gehen», schreibt ein Augenzeuge, «ohne auf Leichen zu treten». Aber schon am 5. Juni traf das Heer des *Kerboğa* unter den Mauern Antiochias ein. Hungersnot und Niedergeschlagenheit lähmte das Christenheer, das jetzt selbst belagert wurde. Da sollte ein Wunder plötzlichen Umschwung bringen. Einer der Kreuzfahrer berichtet:

«Eines Tages, als sich unsere Fürsten vor der Zitadelle befanden, von Kummer und Traurigkeit erfüllt, trat zu ihnen heran ein gewisser Priester *(Stephan Valentin)* und sprach: ‹Ihr Herren, ich bitte euch, höret an, was ich in einem Traumgesicht gesehen habe. Des nachts schlief ich in der Kirche Sanctae Mariae ... Da erschien mir der Heiland der Welt mit seiner Mutter und dem seligen Petrus ..., trat vor mich hin und sprach: Erkennst du mich nicht? Da antwortete ich: Nein, ich weiß nicht, wer du bist. Bei diesen Worten aber erschien ein vollständiges Kreuz hinter seinem Haupte. Und wieder fragte mich der Herr: Erkennst du mich nicht? Nicht würde ich dich erkennen, sagte ich da, sähe ich nicht über deinem Haupt ein Kreuz gleich dem Heilandskreuz. Ich bin es, sprach er. Alsbald fiel ich ihm zu Füßen und flehte ihn demütig an, daß er uns hülfe aus den Mühsalen, die uns bedrängten ... Da aber sprach zu mir der Herr: So geh denn hin und sage meinem Volk, daß es zurückkehre zu mir, dann will auch ich zurückkehren zu ihm. In fünf Tagen aber will ich ihm großen Beistand senden. Das Volk aber soll jeden Tag singen das Responsorium ‹Congregati sunt› (– Das ist Psalm XLVII, *Luther* Psalm 48: ‹Freude Zions über Gottes Hilfe in Kriegsnot› –). Ihr Herren, so ihr glaubt, dies alles sei nicht wahr, laßt mich auf diesen Turm da steigen, und ich will mich hinabstürzen. Bleibe ich heil und gesund, so glaubt mir; erleide ich aber den geringsten Schaden, so laßt mir den Kopf abschlagen oder mich in die Flammen werfen.› Dann befahl der Bischof *Adhemar von Le Puy,* daß man Kreuz und Evangelium herbeibringe, damit jener die Wahrheit dieser Dinge beschwöre» (Gesta Francorum c. 24).

Kaum hatte *Stephan Valentin* sein Gesicht bekannt, da meldete sich drei Tage später der Provenzale *Pierre Barthelemi* mit einer weit handgreiflicheren Offenbarung, welche die entscheidende Hilfe bringen sollte. Davon heißt es in der Quelle:

«Es war aber ein Pilger in unserm Heer, der hieß *Pierre.* Diesem war noch vor unserm Einzug in Antiochia der heilige Apostel Andreas erschienen und hatte zu ihm gesprochen: ‹Was tust du da, guter Mann?› Da erwiderte er: ‹Und du, wer bist du?› Da antwortete ihm der Apostel: ‹Ich bin der Apostel Andreas. Vernimm, mein Sohn, wenn du in die Stadt einziehst, dann geh zur Kirche St. Peter. Dort findest du die Lanze unseres Heilandes Jesus Christus, mit welcher er in die Seite gestochen wurde, als er am Galgen des Kreuzes hing.› Und nachdem der Apostel dies gesagt hatte, verschwand er.

Der Mann aber, voller Angst, den Auftrag des Apostels zu verkünden, schwieg von alledem zu unsern Pilgern. Er meinte, er habe (eben) nur eine Vision gehabt und sagte (zum Apostel): ‹Herr, wer wollte das denn glauben?›

Zu derselben Stunde aber nahm ihn der Apostel bei der Hand und führte ihn an den Ort, wo die Lanze in der Erde verborgen lag. Dann aber, als es uns so übel erging, erschien ihm der Apostel aufs neue und sprach zu ihm: ‹Warum hast du die Lanze nicht aus dem Boden genommen, wie ich Dir befohlen hatte? Wisse, wer diese Lanze in der Schlacht trägt, wird nie besiegt werden›. Alsbald enthüllte *Pierre* das Geheimnis des Apostels unseren Leuten ... Als sie aber hörten, daß ihre Feinde gänzlich von ihnen besiegt werden sollten, atmeten sie alle auf ... (c. 26). Wir aber ... kamen eilends zu der Stelle in der Peterskirche, welche jener bezeichnet hatte. Und 13 Männer gruben da vom Morgen bis zum Abend und jener Mensch entdeckte die Lanze, genau so wie er es vorhergesagt. Und sie wurde mit Furcht und großer Freude empfangen, und eine unbeschreibliche Wohlgemutheit herrschte allenthalben in der Stadt. Danach aber hielten wir unter uns einen Kriegsrat ... (c. 28). Schließlich, nachdem wir drei Tage lang gefastet und Prozessionen von einer Kirche zur andern abgehalten hatten, beichteten alle und empfingen die Absolution. Dann kommunizierten wir gläubig mit dem Leib und dem Blut Christi, ließen Almosen verteilen und Messen singen.

Sodann aber wurden sechs Treffen im Innern der Stadt aufgestellt. Im ersten Treffen, welches die Schlachtordnung eröffnete, war *Hugue Le Maisné* mit den Franzosen und dem Grafen von Flandern. Im zweiten war Herzog *Gottfried* mit seinem Heer; im dritten *Robert von der Normandie* mit seinen Rittern. Das vierte befehligte der *Bischof von Le Puy,* welcher mit sich die Lanze unseres Herrn führte. Bei ihm waren seine eigenen Leute sowie die des *Grafen von Saint Gilles (-Toulouse) ...* Das fünfte Treffen bildete (der Normanne) *Tancred,* des Markgrafen Sohn, mit seinen Rittern, das sechste der berühmte *Boemund* mit seiner Reiterei. Unsere Bischöfe, Priester, Kleriker und Mönche, mit den heiligen Gewändern angetan, gingen mit uns hinaus. Sie trugen Kreuze und riefen und beteten zum Herrn, er möge uns erretten und bewahren vor allem Übel … Dergestalt vorbereitet und gewappnet mit dem Zeichen des heiligen Kreuzes zogen wir hinaus durch das Tor der Machumaria» (c. 29).

Die von Hunger und Entbehrung geschwächten Kreuzfahrer vollbrachten das Außerordentliche: sie besiegten das Heer des *Kerboğa* völlig. Allerdings hat hier nicht ganz allein der Glaube Berge versetzt, sondern ein Streit des *Kerboğa* mit seinen Verbündeten begünstigte den Erfolg der Christen. Mit dem Lager des Fürsten von Mossul erbeuteten sie nicht nur große Schätze, sondern auch Viehherden und Verpflegung jeder Art. Am 28. Juni 1098 hatte ihre bitterste Not ein Ende.

Der Hochsommer in Antiochia war heiß und Leichen verpesteten die Luft. Seuchen brachen aus. Zu ihren Opfern gehörte auch *Adhemar von Le Puy*, der päpstliche Legat. Das Kreuzfahrerheer bezog Ausweichquartiere. Am 1. November sollte zum Zug nach Jerusalem gemeinsam aufgebrochen werden. Inzwischen besorgten sich die Barone in der Umgegend Burgen und Grundbesitz auf eigene Faust. Als der vereinbarte Termin heranrückte, kam es zum Streit zwischen *Boemund* und *Raimund von St. Gilles-Toulouse*. Beide beanspruchten das Fürstentum Antiochien für sich. Schließlich mußte *Raimund* aufbrechen, *Boemund* blieb zurück. Aber Herzog *Gottfried* und die andern Fürsten dachten nicht daran, sich dem Oberbefehl des Grafen von Toulouse zu fügen. Truppweise folgten ihre Heere dem provenzalischen Grafen nach. Längs der Mittelmeerküste wurden mehrere feste Plätze besetzt. Die Gegner waren nun nicht mehr Seldschuken, sondern kleine Araberfürsten, die sich dem Kreuzfahrerheer nicht entgegenstellen konnten und lieber verhandelten. Ein neues Verhältnis zwischen Christen und Heiden bahnte sich an.

Die islamische Welt war ja durchaus nicht einheitlich. Von Persien bis nach Anatolien herrschten die seldschukischen Türken. In Ägypten saßen die Fatimiden-Sultane. Zwischen beiden Großreichen bestanden zahlreiche Kleinfürstentümer, armenisch-christlich oder arabisch-islamisch regiert. Die armenischen Christen waren ‹Monophysiten› besonderer Art und standen im Gegensatz zu Byzanz. Dies letzte galt auch von den ‹Nestorianern› und später so benannten chaldäischen Christen, die in Mesopotamien und Persien bis nach Indien und China hin anzutreffen waren. In den arabischen Fürstentümern herrschten z. T. islamische Sekten wie die Assassinen. Den christlichen Pilgern mochte von all diesen Nuancen der Kopf schwirren. Die jetzt entstehenden Kreuzfahrerstaaten siedelten sich gleichfalls an der Bruchstelle zwischen den Großreichen an und ersetzten zum Teil christliche und islamische Vorgängerstaaten.

Auf dem Zug nach Jerusalem konnte *Raimund von St. Gilles-Toulouse* die Gegend von Tripolis in seinen Besitz bringen – eine Entschädigung für Antiochia, das er dem Südnormannen *Boemund* hatte lassen müssen. Schließlich gelangten die Heere in das Gebiet der ägyptischen Fatimiden-Sultane und vor Jerusalem. Am 7. Juni 1099 sahen die Kreuzfahrer von

einem Berge aus, den sie ‹Montjoie› nannten, die heilige, hochgebaute
Stadt vor sich liegen. Erschütterung und Freude waren groß. Aber das
Heer war zu klein, um die Stadt völlig einzuschließen. Die Kreuzfahrer
griffen an der strategisch schwächsten Stelle an und am Freitag, 15.
Juli 1099 gelang der Sturm. *Letold,* ein Ritter aus Tournai, war der erste
auf der Mauer. Er gehörte zur Truppe Herzog *Gottfrieds* von Niederlothringen. Dieser wurde nach langem Hin und Her zum Herrscher des
eroberten Heiligen Landes gemacht. Den Titel eines ‹Königs von Jerusalem› lehnte er ab, wollte nicht König sein, wo Christus König gewesen,
und nannte sich ‹Advocatus Sancti Sepulchri› – ‹Vogt des Heiligen Grabes›.
Da kam von der Küste her, wo die genuesische Flotte ankerte, die Nachricht, der Sultan von Ägypten, genauer: dessen Wesir *Al-Afdal* ziehe mit
einem gewaltigen Heer heran. Vor Askalon, unweit des Meeres, kam es
zur Schlacht, in der die christlichen Panzerreiter den letzten großen Sieg
erfochten.

Schwebte auch die genuesische Flotte neben dem Kreuzfahrerheer auf
dem Wasser, so war es doch nicht Genua allein, das in den eben gegründeten fränkischen Ritterstaaten des Orients eine wirtschaftliche Rolle spielen
sollte. In Akkon wird neben Genua auch Pisa eine rechtlich autonome
Handelsgemeinde unterhalten, wie in Tyrus das übermächtige Venedig,
dem der griechische Kaiser für Flottenunterstützung gegen (Jugo-)Slaven
und Normannen ohnehin das Seehandelsmonopol für Europa in Konstantinopel eingeräumt hatte (Mai 1082). 1063 bis 1094 ist in der Lagunen-
stadt die Kuppelbasilika von San Marco erbaut worden, welche die kommenden Jahrhunderte mit Marmorplatten und Mosaiken ausschmücken
werden. 1105 wird für sie die Palla d'Oro gefertigt. Der wirtschaftliche
Aufschwung der italienischen Stadtgemeinden läßt sich jetzt ablesen auch
an den großen kirchlichen Bauten, die begonnen werden: 1060 in Florenz
San Miniato und Baptisterium, 1063 der Dom zu Pisa und San Abbondio
in Como, 1099 der Dom zu Modena, wo sich an der Porta della Pescheria
die früheste Darstellung des König *Artus,* ‹Rex Britannorum›, findet.
Sozusagen hinter dem Rücken von Imperium und Kirche bilden sich jetzt
städtische Wirtschaftskulturen, die nicht zuletzt vom Erfolg des ersten
Kreuzzugs profitieren.

## Der erste Kreuzzug als literarisches Erlebnis

Zwischen dem 12. August 1099 und dem Monat September 1101 wurde
in Jerusalem die anonyme Geschichte ‹Über die Taten der Franken und
anderer Jerusalemfahrer› zu Pergament gebracht. Ihr liegen tagebuchähn-
liche Aufzeichnungen eines unbekannten südnormannischen Ritters zugrunde, der sich selbst als Langobarde bezeichnet, weil ‹Thema Langobar-

dia› der offizielle byzantinische Name des längst nicht mehr byzantinischen Süditalien war. Für die endgültige Redaktion seines Berichts hat er die Hilfe eines Klerikers in Anspruch genommen, der wohl vor allem Bibelzitate und rhetorische Figuren beisteuerte. Aber die Art und Weise, wie dieser Redaktor die Dinge stilisiert hat, ist keineswegs geschichtsfälschend – im Gegenteil. Die aus langer, oftmals antiker Tradition herkommenden literarischen Formeln und Topoi sind nichts als die Brille, die Geistliche wie Laien sich spätestens mit den ersten Kreuzzugspredigten aufgesetzt haben und durch die hindurch alle Orienterfahrung überhaupt erst gemacht werden konnte. Bereits der Gedanke, die zu erwartenden großen Ereignisse in Form eines Augenzeugenberichts festzuhalten, war wohl ohne literarisches Vorbild nicht zu konzipieren.

Hier gilt, was *E. R. Curtius* in anderem Zusammenhang feststellt: «... noch stärker (als durch *Statius)* wurden die Anschauungen des Mittelalters über episches Heldentum bestimmt durch die Spätformen der Geschichten vom trojanischen Krieg, besonders durch die Troja-Romane des *Dictys* und des *Dares* ... *Dares* und *Dictys* bringen eine Neuerung: das Epos ist Prosaroman geworden ... Eines ihrer wichtigsten Merkmale – vielleicht des Romans überhaupt – ist die Versicherung, alles sei buchstäblich wahr (als adtestatio rei visae bei *Macrobius* Sat. IV, 6, 13 unter den Mitteln zur Erregung von Pathos aufgeführt) und beruhe auf der Niederschrift von Augenzeugen. Dieses Moment taucht ja schon in Aeneas' Bericht über Trojas Zerstörung (quaeque ... ipse vidi) auf. Es sollte für die späteren Zeiten wichtig werden.» Wenn aber *Curtius* meinte: «Wir beobachten also (in der Spätantike) dieselbe Entwicklung, die von den französischen Heldenepen und Rittergedichten zu den Prosaauflösungen des späten Mittelalters führte», so will uns scheinen: ein wichtiger Weg zur französischen Heldenepik habe über den anonymen Bericht vom ersten Kreuzzug geführt, der, von traditionellen Kategorien aus erfahren, dann sozusagen in zweiter Potenz ästhetisch stilisiert worden sei.

Interessant allerdings sind nun die Widersprüchlichkeiten innerhalb dieses ersten Tatsachenberichts, die einem heutigen Betrachter konstatierbar werden. Weder den anonymen Ritter noch den klerikalen Redaktor scheinen sie angefochten zu haben. Wahrscheinlich bemerkten sie sie nicht einmal. In der Feststellbarkeit von Widersprüchlichem durch beide Autoren liegt ein ihnen unbewußtes Moment von Freiheit, und dieser objektive Gehalt ist eben prinzipiell etwas anderes als die subjektive Intention, die sich weder ihrer Fesseln noch ihrer Freiheit vollständig bewußt wird. Erst späteren historischen Konstellationen wird das Widersprechende als Widerspruch erfahrbar werden.

Widersprüchlich sind im Grunde bereits die ‹Gesta› selbst als Überlieferungsgegenstand. Die Kontradiktion wird manifest als Nebeneinander von christlichem Geschichtsbild und Unsagbarkeitstopos. Ritter wie Redaktor wissen einerseits, daß die von ihnen notierten Ereignisse im sechsten und letzten Weltzeitalter ihren historischen Ort haben. So gleich in den Einleitungssätzen:

«Weil nämlich schon jenes Ende sich nahte, welches Jesus, der Herr, tagtäglich seinen Gläubigen verkündigt, insbesondere in jenem Evangelium, in welchem er sagt: Will jemand mir nachfolgen, der verleugne sich selbst und nehme sein Kreuz auf sich ... (Matth. 16, 24; – Vers 27 heißt es dann dort: Denn es wird geschehen, daß des Menschen Sohn komme in der Herrlichkeit seines Vaters ... und alsdann wird er einen jeden richten nach seinen Taten. –), da erhob sich eine mächtige Bewegung in allen Landen Galliens, auf daß ein jeder, der reinen Herzens und Geistes dem Herrn mit Eifer zu folgen begehrte und wahrhaftig das Kreuz tragend ihm nachfolgen wollte, nicht säumte, eiligst einzuschlagen den Weg zum Heiligen Grabe» (c. 1).

Von keinem Ereignis der irdischen Geschichte ist in diesem Geschichtsbild «eine Epochenwende zu erwarten» *(Grundmann)*. Dennoch bemühen die Autoren andrerseits den antiken Unsagbarkeitstopos für ihre Erlebnisse immer wieder:

«Unmöglich ist es mir, all das zu berichten, was *wir* vor der Einnahme Antiochias vollbrachten. Nicht einer, der im Heiligen Lande *mit dabei* war, ob Kleriker oder Laie, wüßte vollständig zu schreiben oder zu erzählen, *wie es wirklich gewesen ist* (sicut res gesta est)» (c. 19).

Horizonterweiterungen durch die großen Wallfahrten, Wirkungen des Investiturstreites, soziale Mobilität und frühe Verkehrswirtschaft, all solche gewiß oft schmerzliche aber letztlich doch emanzipatorische Erfahrungen der Laienwelt des XI. Jahrhunderts werden in diesem Topos der Subjektivität als unterschwellig anwesend vermutet werden dürfen. D. h.: die traditionelle Form darf einen späteren Beurteiler über ihren aktuellen Gehalt wohl nicht hinwegtäuschen. Aus dem Fundus der in den ‹Gesta› exemplarisch manifesten Clichés und ihrer Widersprüche wird sich die vulgärsprachliche Dichtung des XII. und XIII. Jahrhunderts immer wieder Materialien für die verschiedenartigsten Konzepte suchen.

Ideologische Illusion ist das Selbstbild, das Autostereotyp der Kreuzfahrer. Es ist ein emotionaler Wissensersatz, der die Wirklichkeit in subjektiv zweckmäßiger Weise erfaßt. Daß das Subjekt sich dabei über seine Zwecke täuschen kann, ist eine andere Sache. Ohne solche Autostereotype ist indes weder zu leben noch zu handeln. Im Bewußtsein der Kreuzfahrer scheinen die Gewißheit des ewigen Lebens und des göttlichen Beistandes allgemein:

«Viele der Unsern empfingen (bei der Belagerung von Nicäa) das Martyrium und gaben ihren Geist auf in Freude und Frohlocken als zur Seligkeit erlöste Seelen. Unter den Armen aber starben viele vor Hunger im Namen Christi, welche alle triumphierend gen Himmel fuhren und das weiße Märtyrergewand empfingen» (c. 8).

Im Extremfall erscheint aus solchem Selbstverständnis der Kreuzfahrer heraus das strategisch und militärisch Mögliche als heilsgeschichtliche Notwendigkeit:

«Am Freitag in den ersten Morgenstunden unternahmen wir den Generalangriff auf die Stadt (Jerusalem), ohne daß wir ihr hätten schaden können. Dann aber, als die Stunde herangekommen, in welcher unser Herr Jesus Christus aus Gnade für uns das Martyrium am Kreuz hatte erleiden wollen, da stritten unsere Ritter auf dem Belagerungsturm mit höchstem Mut ... Und in diesem Augenblick erklomm dann einer unserer Ritter, *Letholdus,* die Mauer der Stadt» (c. 38).

Nicht abzuschätzen ist, wieweit solche psychologischen Momente den entscheidenden Ausschlag gegeben haben. Zur Gottesgewißheit kommt als zweite Stereotypeigenschaft der Mut:

«Sei unerbittlich im Kampf für die Sache Gottes und für das Heilige Grab, und wisse, daß dieser Kampf kein fleischlicher sondern ein geistlicher ist. Sei also der mutige Streiter Christi!» (c. 17).

Mit diesen Worten, in denen das Echo der Kreuzzugspredigt nachhallt, feuert *Boemund* seine Ritter an. Die erwünschte Einmütigkeit des disparaten Heeres aber beteuern Sätze wie: «und wir alle waren wie ein einziger Mann» (c. 8).

Aber wer sich selbst charakterisiert, definiert damit im allgemeinen auch bereits einen Eigenschaftsbestand, der anderen oder fremden Gruppen nicht zukommt. Das stereotype Heidenbild (‹Heterostereotyp›) ist in wesentlichen Punkten das ergänzende Negativ des Autostereotyps der Christenritter. Nun zwar nicht so, daß ihnen statt Einmütigkeit einfach innere Zwietracht oder statt Mut einfach Feigheit nachgesagt würde. Aber wie diese Epiphänomene angeblich in der christlichen Glaubens- und Erlösungsgewißheit gründen, so erscheint das Verhalten der Heiden als Konsequenz ihres Unglaubens:

«Wenn sie doch allezeit in Festigkeit bewahrt hätten den Glauben Christi und der heiligen Christenheit» (c. 9), ruft der Autor aus, und: «Von Verwunderung und Erstaunen aber waren die Unsern ergriffen, wo in aller Welt eine solche Menge von Türken, Arabern und Sarazenen ... hergekommen sein konnte. Denn alle Berge und Anhöhen und Täler und alle Ebenen waren völlig bedeckt von den Leuten dieser exkommunizierten Rasse» (c. 9; vgl. Chanson de Roland 1084f.: «Bedeckt sind von ihnen die Täler und die Berge und die Anhöhen und alle Ebenen»).

Die Heiden haben nach dieser Vorstellung willentlich den christlichen Glauben verlassen, sind notorische Renegaten und als solche ipso facto exkommuniziert. Dem christlichen Monotheismus entspricht ein heidnischer Polytheismus: «Und ich schwöre euch bei Machomet und bei den Namen all unserer Götter», läßt der Autor den Heidenfeldherrn *Kerboḡa* (c. 21) sagen. Aber die spätere polytheistische Trinität von Machomet, Apollin und Tervigant ist in den ‹Gesta› noch nicht ausgebildet. Sie erscheint erst im altfranzösischen Rolandslied. Das Sittengesetz dieser Heiden ist das Kehrbild christlicher Moral. *Kerboḡa* sagt:

«(Unsere Leute) mögen ihrem Bauche Wohlsein bereiten, in der ganzen Gegend herumbrüllen und große Worte machen. Sie mögen sich hingeben ihrer Lüsternheit und ihren Lastern und viele Söhne zeugen, die tüchtig sind, gegen die Christen zu kämpfen» (c. 21). Und der heidnische Feldherr beginnt seinen großen Brief, den ihn der Redaktor schreiben läßt, mit der Intitulatio: «An unsern apostolischen Kalifen, unsern Herrn und König, den Sultan» (c. 21).

Sie haben sozusagen einen schwarzen, aber immerhin ‹apostolischen› Ersatzpapst, den Kalifen, und von diesem «den Auftrag empfangen, die Christen umzubringen» (c. 21), eine Art Anti-Kreuzzugs-Befehl also. Wie den erschlagenen Christen das Himmelreich, so ist den erschlagenen Heiden die Hölle gewiß.

«Diejenigen aber, die wegen des Gedränges, das Menschen und Pferde verursachten, nicht lebendig über die Brücke kommen konnten, empfingen da den ewigen Tod wie der Teufel und seine Engel» (c. 18).

Wie die Christen ihren Gott in Gotteshäusern anbeten, so verehren die Heiden ihre Götzen konsequenterweise in ‹Teufelshäusern› (‹domus diabolicae›) (c. 29). Den Zwangstaufen, welche die Christen vielfach vornehmen, entsprechen erzwungene Abschwörungen durch die Mohammedaner, und dem christlichen Mut entspricht in gewissem Sinne heidnische Grausamkeit:

«Jene Christen aber, die den Herrn nicht verleugnen wollten, empfingen von den Türken die Todesstrafe; andere dagegen, die lebendig ergriffen wurden, wurden wie Schafe verteilt; wieder andere wurden als Zielscheibe benutzt und die Türken schossen mit Pfeilen auf sie» (c. 2).

Das Bibelwort vom «Schaf, das zur Schlachtbank geführt» wird (Apg. 8, 32) und das legendäre Sebastiansmartyrium, sind die litararischen Topoi, denen hier die Wirklichkeit subsumiert scheint.

Kraß neben solche Erfahrungsschematismen tritt dagegen für unsere Begriffe die Beobachtung widersprechender Wirklichkeit. So sind die Heiden – leider – doch mutig und sind für den Kampf höchst zweckmäßig ausgerüstet:

«Jeder der Sarazenen hatte eine Trinkflasche umhängen, aus welcher sie ihren Durst hätten löschen können, selbst während sie uns verfolgten. Aber Gott sei Dank hatten sie dazu keine Gelegenheit» (c. 39). «(Wären diese Leute Christen gewesen,) man fände auf der ganzen Welt niemanden, der sich ihnen vergleichen könnte an Macht, Stärke und Kriegskunst» (c. 9).

Hingegen weicht der Mut der Kreuzfahrer oftmals einer Verzagtheit, ja Feigheit. Jene Stoffkreuze, die die Christen tragen, dienen ihnen nicht nur, und vielleicht nicht einmal in erster Linie, als Ehren- und Erkennungszeichen, sondern auch als Talismane. Sowohl vom Grafen *Raimund* als auch von andern wird berichtet, sie seien «undique signo crucis armatus» oder «monitus» (c. 8; c. 17) – «allenthalben mit Kreuzzeichen versehen bzw. gerüstet» gewesen. Von der ritterlichen Verzagtheit beim Marsch über das Taurus-Gebirge berichten die ‹Gesta›:

«Pferde stürzten in die Schluchten und jedes Saumtier zog ein anderes mit hinab. Überall standen die Ritter traurig dabei, schlugen sich selbst vor Kummer und Schmerz und wußten nicht, was sie in ihren schweren Rüstungen hier ausrichten wollten. Ihre Schilde, Harnische und Helme verkauften sie für 3 bis 5 Denare oder für egal was. Diejenigen, die sie nicht loswerden konnten, warfen sie unentgeltlich fort und gingen so weiter» (c. 11).

Boemund von Tarent, der seinem Ruf nach eher von einer Fallschirmjägermentalität beseelt gewesen sein dürfte, hat sich bei der Einnahme Antiochias offenbar zunächst mehr in den hinteren Linien aufgehalten. Dies versetzte den Waffenfabrikanten Firuz, der seinen Verteidigungsabschnitt an Boemund verkauft hatte, in ziemliche Panik:

«‹Wo bleibt denn der mutige Boemund, wo ist der Unbesiegbare?›, rief er aus. Sofort kletterte ein normannischer Fußsoldat die Leiter hinab und lief so schnell er konnte zu Boemund und sagte zu ihm: ‹Was machst du noch hier, vir prudens? Wozu bist du denn hierher gekommen? Wir haben doch schon drei Türme besetzt!› Durch diese Worte angefeuert, kam Boemund endlich zu den andern, und alle kletterten begeistert die Leitern hinauf» (c. 20).

Selbst Fahnenflucht ist so selten nicht. Der Vicomte de Melun, Wilhelm Carpentarius, und Peter der Eremit, berüchtigte Führer des Armeleutekreuzzugs, versuchten vor Antiochia zu entkommen, wurden aber gefaßt und schimpflich ins Heer zurückgebracht. Als die Kreuzfahrer in Antiochia eingeschlossen sind, kommt es zu neuen Desertionen. Die erlauchtesten Adelsnamen Frankreichs sind dabei zu nennen:

«Durch den Kampf am Vortage, der bis in die Nacht hinein gedauert hatte, von Schrecken erfüllt, flohen Willelmus de Grentemaisnil (b. Lisieux) und sein Bruder Albericus und Wido Trusellus (der Herr von Montlhéry) sowie Lambertus Pauper (Graf von Clermont b. Lüttich) heimlich über die Mauer zum Meer hin; (sie ließen sich an Seilen hinab) und zwar (in solcher Hast), daß ihnen an Händen und Füßen die Haut bis auf die Knochen abgeschunden wurde; viele, die ich nicht kenne, flohen mit ihnen» (c. 23).

Der berühmteste Deserteur ist Stephan von Blois, Graf von Chartres und Schwiegersohn Wilhelms des Eroberers. Er verließ das Heer am Vorabend der Eroberung Antiochias und berichtete in Konstantinopel, die Kreuzfahrer seien alle umgekommen (vgl. c. 27). In Frankreich aber weigerte sich die Gräfin Adela von Blois, ihren Gatten wieder aufzunehmen. So zog denn Stephan zum zweiten Mal hinaus (1101), entging mit knapper Not dem Tode in Anatolien, schlug sich in Palästina bei Askalon und Ramla und fand hier den Tod.

Auch in der Einmütigkeit des Kreuzfahrerheeres sind Risse zu beobachten. Ganz abgesehen von persönlichen Rivalitäten zwischen den Fürsten Boemund, Raimund und Gottfried (vgl. S. 182ff.), gibt es von Anfang an nationale Differenzen:

«Schließlich kamen die Kreuzfahrer nach Nikomedien, wo sich die Normannen (Langobardi) und Deutschen (Alamanni) von den Franzosen (Franci) trennten, weil die Franzosen vor Hochmut stanken» (c. 2).

Oftmals gerieten die Kreuzfahrer in extreme Situationen, die zu vorher nicht vorstellbaren Reaktionen führten:

«(Auf dem Marsch durch Kleinasien) litten wir schrecklich unter Hunger und Durst und hatten fast nichts zu essen als Blätter, deren Dornen wir ausrissen und die wir in den Händen zerrieben» (c. 10). Von dem Haufen des *Petrus Heremita* heißt es: «Und die Unsern litten dermaßen unter Durst, daß sie ihren Pferden und Eseln die Adern öffneten und das Blut tranken. Andere ließen Gürtel und Tücher in Kloaken hinab, wrangen sie dann aus und fingen die Flüssigkeit mit dem Munde auf. Wieder andre urinierten in die Hände von Kameraden und tranken dann» (c. 2). «(Vor Nicäa herrschte eine solche Hungersnot) bei uns, daß ein einziges Brot sich bis zu 20 oder 30 Denare verkaufte» (c. 7). Eine Eselslast mit Lebensmitteln wird vor Antiochia mit 8 Hyperperoi (= 120 Solidi = 1.440 Denare) bezahlt (vgl. c. 14). Ebendort kostet ein Huhn 15 Solidi (120 Denare), ein Ei 2 Solidi (= 24 Denare), eine Nuß 1 Denar.

Aber von solchen Nöten wurden keineswegs alle in gleicher Weise betroffen. Vielmehr ließen gerade sie die sozialen Unterschiede im Kreuzfahrerheer zutagetreten. Denn die Armen mußten in solchen Situationen selbst sehen, wie sie zu etwas kamen. Und sie taten es denn auch, sofern sie konnten, freilich oft auf gräßliche Weise:

«Es gab unter uns einige, die Mangel litten..., denn außerhalb der Stadt konnten sie nichts auftreiben. Dann aber schnitten sie die Türkenleichen auf, weil man in ihren Mägen verschiedentlich Goldmünzen (Besanten) gefunden hatte. Andere schnitten das Fleisch der Toten in Stücke und kochten es sich als Essen» (c. 33; vgl. c. 18 und c. 23).

Wer solches nicht tun wollte, von dem wird gelten, was der Anonymus cap. 14 (S. 76) bemerkt: «Viele der Unsern, die nicht das Geld hatten, solche Preise zu zahlen, starben damals (vor Hunger).» Das hanebüchene Verhalten der Reichen den Armen gegenüber hätte, sollte man meinen, auch ein abgehärtetes Gewissen empören müssen. In einer Predigt aber sagte der Legat *Adhemar* den ritterlichen Herren dazu nur folgendes:

«Keiner von euch, der nicht die Armen ehrt und unterstützt, kann erlöst werden. Ohne sie gibt es für euch kein Heil, wie es ohne euch für sie kein Leben gibt. So ist es denn nötig, daß sie in täglicher Fürbitte für die Vergebung eurer Sünden zu Gott beten, den ihr so oft beleidigt. Euch aber ermahne ich, sie um Gottes willen zu lieben und ihnen zu helfen, wo immer ihr könnt» (c. 30).

Noch diese Ermahnung sanktioniert die soziale Schranke innerhalb des Kreuzfahrerheeres, das keineswegs, wie das Gedächtnis der Nachwelt will, allein aus Rittern bestand, sondern größtenteils aus armen Leuten, die sich Pferd und Rüstung nicht hatten kaufen können und bloß mit einer Lanze als Fußvolk in den Kampf gezogen waren. Der südnormannische Anonymus spricht von ihnen als «nostri pauperes» (z. B. c. 9), «unsere Armen». An ihnen war es, die wohlhabenden Ritter zu bedienen, und sie mußten z. B. für alle die Zelte aufschlagen (c. 9). Daß gerade sie in großen Gefahren zu desertieren versuchten (vgl. c. 18), kann niemand wunder nehmen. Im Kreuzfahrerheer befanden sich außer den rivalisierenden Fürsten und den Rittern verschiedener Nationalität und den unbemittelten Wallfahrern auch noch orientalische Söldner (c. 30) und Frauen, teils vornehme Damen wie die Gräfin *Elvira* von Toulouse, teils christliche und mohammedanische Soldatenhuren. In der Vision des *Pierre Barthelemi* macht Christus den Rittern Vorhaltungen über solche Zustände, «von wannen sich ein gewaltiger Gestank bis gen Himmel erhoben hat» (c. 24; vgl. c. 9). Idealistisches Rittertum und namentlich pekuniäre Wirklichkeit stoßen unvermittelt kraß aufeinander in jenem Ruf, mit dem sich die Ritter gegenseitig in der Schlacht von Doryläum anfeuerten:

> «Seid alle stets eines Sinnes im Glauben an Christus und an den Sieg des Heiligen Kreuzes, denn heute werdet ihr, so Gott will, alle reich werden («effecti eritis»)» (c. 9).

Vom Armeleutekreuzzug des *Petrus Heremita* berichten die ‹Gesta›:

> «Und die Christen führten sich (in Konstantinopel) sehr schlecht auf. Sie steckten Stadtpaläste in Brand, rissen die Bleiplatten von den Kirchendächern und verkauften sie an die Griechen» (c. 2).

Auf was es ankam, um einigermaßen durchkommen zu können, war schließlich wohl allen klar geworden. Am Abend vor der Schlacht von Askalon ließ der Patriarch von Jerusalem im ganzen Heere ausrufen, daß alle, die vor Ende der Schlacht mit Plündern anfingen, exkommuniziert würden. Nach dem Sieg aber könnten sie sich frohen Mutes nehmen, was ihnen vom Herrn geschenkt worden sei (vgl. c. 39). *Boemund* aber hatte die wahre orientalische Geldquelle für sich entdeckt, denn er ließ «die übrigen (Gefangenen) nach Antiochia bringen und dort verkaufen» (c. 33). So legte jeder auf seine Weise das Wort des Papstes *Urban* aus: «Sollte es jemand an Denaren fehlen, so wird die göttliche Barmherzigkeit für ihn sorgen» (c. 9).

Es ist schließlich der Grausamkeiten zu gedenken, welche die Kreuzfahrer an den Heiden verübten, aber kaum erster Ahnungen davon, daß die Ungläubigen auch Menschen sein könnten. Als während der Belagerung Antiochias viele Türken gefangen werden, berichtet der anonyme südnormannische Ritter:

> «Die Gefangenen wurden vor das Stadttor geführt und dort hat man ihnen die Köpfe abgeschlagen, um so den Schmerz derer zu erhöhen, die in der Stadt waren» (c. 12). Bei einer kleineren Expedition ergriffen die Kreuzfahrer «alle Bauern der Gegend und richteten diejenigen hin, die den wahren Christus nicht bekennen wollten» (c. 30).

Am schlimmsten ging es bei der Eroberung Jerusalems zu:

> «Nachdem sie in die Stadt eingedrungen waren, verfolgten und massakrierten die Unsern die Sarazenen bis hin zum Tempel Salomos. Dort hatten sich jene gesammelt und lieferten während des ganzen Tages den Unsern einen Verzweiflungskampf, so daß schließlich der ganze Tempel von ihrem Blut triefte. Nachdem sie zuletzt die Heiden bezwungen hatten, ergriffen die Unsern im Innern des Tempels eine große Zahl von Männern und Frauen und töteten oder ließen am Leben, wen sie gerade wollten» (c. 38). Auf dem Dach hatte sich eine Gruppe

von Menschen dem Fürsten *Tancred* und *Gaston von Bearn* ergeben und deren Feldzeichen als Schutz erhalten. Doch das sollte ihnen wenig helfen. «Inzwischen rannten (die Kreuzfahrer) überall in der Stadt umher, rafften Gold, Silber, Pferde, Maulesel zusammen und (plünderten) die Häuser, die von Schätzen überquollen. Sodann gingen sie, trunken vor Glück und vor Freude weinend, zum Grabe unseres Erlösers Jesus und erfüllten, was sie ihm gelobt hatten. Am andern Morgen aber kletterten die Unsern auf das Dach des Tempels. Sie griffen die Sarazenen an (die sich dorthin geflüchtet und *Tancred* ergeben hatten), Männer und Frauen. Sie zogen ihre Schwerter und schlugen ihnen die Köpfe ab. Einige stürzten sich vom Dach des Tempels auf die Straße. Als *Tancred* dies sah, wurde er sehr zornig» (c. 38).

Zugleich mit der Grausamkeit wird hier nur berichtet, daß *Tancred* «iratus est nimis», möglicherweise weniger wegen der Ungeheuerlichkeiten, als weil sein Feldzeichen mißachtet worden war. Immerhin weiß der Südnormanne *Boemund* es durchzusetzen, daß die Verteidiger der Zitadelle von Antiochia die Wahl haben, sich taufen zu lassen und in seine Dienste zu treten oder aber unbehelligt abzuziehen (vgl. c. 29). Und am 15. Mai 1099 schließt *Raimund von Toulouse* mit dem Kleinkönig von *Tripolis* einen Vertrag, worin der Ungetaufte verspricht, Vasall des Grafen zu werden, falls die Kreuzfahrer Jerusalem erobern und das ägyptische Heer besiegen würden. Hier bahnt sich ein rechtliches Verhältnis an. Aber es ist ein weiter Weg von 1099 bis zum ‹Willehalm› von ca. 1220, wo *Wolfram* kommentiert: «Ist das etwa nicht Sünde, diejenigen, die nie etwas vom Christenglauben gehört haben, wie Vieh zu erschlagen? Ich sage: große Sünde ists. Auch sie sind von Gott gemacht, zweiundsiebzig Sprachen (und Völker) hat er (geschaffen)» (Wh. IX, 450, 15).

## Literarische Fiktivität als Wirklichkeit

Aber es gibt eben keine erlebbare Wirklichkeit außerhalb jener Kategorien, mit deren Hilfe Erlebnis überhaupt erst konstituiert wird. Diese literarisch vorgeprägten, von Glaubensgewißheit und militärischem Erfolg gestützten Kategorien zu verändern, mochte noch so vielen leibhaftigen Türken und Sarazenen, noch so vielen unidealen Kreuzrittern kaum gelingen. Übermächtig wird die literarische Fiktion, wenn die ‹Gesta› von Ereignissen berichten, die sich schon durch ihre Struktur als literarisch ausweisen, die aber als außerliterarisch geschehen geglaubt werden und schließlich in all ihrer Fiktivität eben ein Stück Realität sind.

Unmöglich erfahren haben können die Autoren der ‹Gesta› eine Szene, die sich im Feldlager des Seldschukengenerals *Kerboga* abgespielt haben soll, ein Gespräch zwischen diesem und seiner Mutter. Hier ist ein literarisches Muster (Pilatus-Legende?) in reale Ereignishaftigkeit hineinprojiziert worden.

«Die Mutter dieses *Curbaram* (= *Kerboḡa*) nun, welche in der Stadt Aleppo lebte, kommt zu ihrem Sohn ins Heerlager und redet zu ihm mit feuchten Augen: ‹Ist das wahr, mein Sohn, was ich sagen höre?› – ‹Was ists?›, erwidert er. – Und jene antwortet ihm: ‹Ich habe gehört, daß du kämpfen willst gegen das Volk der Franken› – Spricht er: ‹Freilich, dies ist wahr.› – Spricht sie: ‹So beschwöre ich dich, mein Sohn, bei den Namen aller Götter und bei deiner Güte, nimm diesen Kampf nicht auf ... Wir alle wissen, du bist ein gewaltiger, mutiger und im Waffenhandwerk erfahrener Krieger. Kein Christen- oder Heidenvolk vermochte dir zu widerstehen. Wie Schafe fliehen vor der Wut des Löwen, so flohen sie alle, wenn sie deinen Namen nur hörten. Gerade deswegen aber, liebster Sohn, höre auf meinen Rat! ...› – Stolz antwortet *Curbaram:* ‹Wie Mutter, was sprichst du da?› – ... ‹Mein liebster Sohn›, erwidert die Mutter, ‹zwar vermöchten die Christen im Kampf dir nicht zu widerstehen ..., aber es streitet für sie ihr Gott jeglichen Tag. Tag und Nacht leiht er ihnen seinen Schutz, wie ein Hirt wacht er über seine Herde ... und Gott wird zerstreuen diejenigen, die den Christen entgegentreten wollen, wie er es denn verkündet hat durch den Mund des Propheten David: Er zerstreuet die Völker, die da gerne kriegen (Ps. 67, 31), und an anderer Stelle: (Herr,) schütte deinen Grimm aus auf die Heiden, die dich nicht kennen, und auf die Königreiche, die deinen Namen nicht anrufen (Ps. 78, 6). Ehe sie noch zum Kriege gerüstet sind, hat ihr allmächtiger und unbesiegbarer Gott all ihre Feinde besiegt mit seinen Heiligen. Deswegen: Was wird er tun mit euch, die ihr seine Feinde seid und ihm mit Macht zu widerstehen trachtet? Du sollst, geliebter Sohn, die ganze Wahrheit wissen: Diese Christen nämlich heißen Söhne Christi durch den Mund des Propheten (Röm. 9, 8; Gal. 4, 5), Söhne der Kindschaft Gottes und der Verheißung, und nach den Worten des Apostels (Röm. 8, 17) sind sie die Erben Christi. Das versprochene Erbe aber hat Christus ihnen bereits gegeben, als er durch den Mund des Propheten sagte: Das ganze Land bis hin an das große Meer gegen Abend, das sollen eure Grenzen sein und niemand soll euch widerstehen (Jos. 1, 4). Wer wollte diesen Worten widerstreiten, wer ihnen entgegen sein? Hinwiederum aber, wenn du Krieg anhebst gegen sie, so wirst du großen Schaden und Schande davontragen. Viele deiner treusten Ritter wirst du verlieren, all deine Beute wirst du zurücklassen und wirst schreckenerfüllt von hinnen fliehen ... .› – Von dieser Rede seiner Mutter bis ins Innerste ergriffen, antwortet nun *Curbaram:* ‹Ich bitte dich, liebe Mutter, wer hat dir dies alles von den Christen gesagt? ...› – Da antwortet ihm die Mutter voll Trauer: ‹Mein liebster Sohn! Mehr als 100 Jahre ist es her, da hat man dies in unserm Heiligen Buch und in den Schriften der Heiden entdeckt, daß die Christen uns angreifen und überall besiegen werden ... Ich selbst habe in den Sternen gelesen und habe die Planeten befragt und die zwölf Zeichen des Zodiakus und all die unzähligen Prophezeiungen. ...› – ‹Liebste Mutter›, antwortet da *Curbaram,* ‹sage mir alles, was mein Herz zu glauben sich sträubt.› – ‹Gern, lieber Sohn›, erwidert sie, ‹wenn ich nur wüßte, was dir noch unbekannt ist.› – Spricht er: ‹*Boemund* und *Tancred* sind doch schließlich nicht die Götter der Franken,› und diese beiden werden sie nicht von ihren Feinden erlösen, denn sie fressen 2000 Kühe und 4000 Schweine zu einer einzigen Mahlzeit.› – Spricht die Mutter: ‹Liebster Sohn, *Boemund* und *Tancred* sind sterblich wie jeder andre Mensch auch! Aber Gott hat sie erwählt und gibt ihnen die Kraft, im Streit vor allen andern zu sein. Denn ihr Gott, Allmächtig ist sein Name, hat Himmel und Erde geschaffen und die Meere und alles, was darinnen ist (Exod. 20, 11). Von Ewigkeit her ist sein Thron bereitet im Himmel, und seine Macht ist zu fürchten an jeglichem Ort.› – ‹Wenn es so ist›, erwidert der Sohn, ‹dann will ich nicht rasten, mit ihnen zu streiten›» (c. 22).

Das ist Pseudo-Evangelienschriftstellerei wie in den besten frühchristlichen Zeiten. Wie schon zu Eingang der ‹Gesta› deutlich wurde, ist dieser Kreuzzug eben erlebte Heilsgeschichte, und den wohl treffendsten Titel wird dann die Bearbeitung dieses Berichts durch *Guibert von Nogent* finden: ‹Gesta Dei per Francos› – ‹Die Taten Gottes durch die Franken›. Daß der Heide *Curbaram-Kerbogā* vorsätzlich böse ist, ist den Kreuzfahrern ganz evident, denn «er sagt es ja selbst» (wie es in *Mozarts* ‹Figaro› heißt). Aber daß überhaupt für den Heiden eine Dialogrolle erfunden wird, daß die andre Seite – wie phantastisch auch immer – zu Wort kommt, ist ein historisches Moment, ohne welches am Ende wohl auch *Wolframs* Einsichten nicht möglich gewesen wären. Die Kreuzfahrer allerdings werden aus ihren Vorstellungen heraus zu einem ganz absurd anmutenden Unternehmen geführt.

Auf Beschluß des Kriegsrates im Kreuzfahrerheer werden am 14. Juni 1098 *Peter der Eremit* und einige andere zusammen mit einem Dolmetscher ins Lager des *Kerbogā* gesandt, als Überbringer einer seltsamen Botschaft, die sie folgendermaßen ausrichten:

«‹Höchlichst erstaunt sind unsre Fürsten und Herren, daß Ihr voll Kühnheit und Hochmut in das Land der Christen eingefallen seid. ... Vielleicht aber, so möchten wir vermuten, wäret ihr hierher gekommen, um das Christentum anzunehmen, oder sollte es vielmehr eure Absicht sein, die Christen auf jede Weise zu martern? All unsre Fürsten fordern euch daher einmütig auf, euch hinwegzuheben aus dem Lande Gottes und der Christen, welches einst der Apostel Petrus durch seine Lehre zum Christentum bekehrt hat. Indes wollen sie euch gestatten, all eure Habe mit euch zu nehmen: Pferde, Maultiere, Esel, Kamele, Schafe und Ochsen ... dorthin, woimmer ihr wollt.›
Da aber gaben *Curbaram* ... und andre voller Hochmut stolz diese Antwort: ‹Euren Gott und euer Christentum nehmen wir nicht an. Wir wollen sie nicht und weisen sie und euch völlig zurück. Wir sind hierher gekommen, weil wir darüber erstaunt sind, daß die Fürsten und Herren, von denen ihr da redet, als ihr Eigentum ein Land bezeichnen, welches *wir* verweichlichten Völkern abgenommen haben. Ihr wollt unsre Antwort? Nun, so hört: Macht, daß ihr fortkommt, und zwar so schnell wie möglich. Und bestellt euren Fürsten, daß sie, wenn sie Türken werden und euren Gott, welchen ihr auf Knien anbetet, und eure Sitten abtun wollen, wir ihnen dieses Land und mehr, und obendrein Berge und Städte geben, so daß keiner von euch unberitten bleibt, sondern alle Reiter sind wie wir, und daß wir sie allzeit hochschätzen wollen. Wo aber nicht, so mögen sie wissen, daß sie die Todesstrafe erleiden oder in Ketten fortgeführt werden nach Khorassan in ewige Gefangenschaft und unsre Sklaven sein werden und die unsrer Kinder in alle Ewigkeit›» (c. 28).

Selbst die desillusionierende Antwort des Seldschukenfeldherrn kann den Christen das Gewebe ihrer Träume nicht zerreißen. Denn dieses Traumgespinst aus Literatur und Ideologie ist die Realität des Kreuzfahrterlebnisses selbst. Die Kenntnisnahme solcher Gespräche freilich könnte Lesern, die nicht unter der Suggestion des Erlebnisses selbst standen, zum Nachdenken Anlaß gegeben haben. Die Orienterfahrungen in den neuen Kreuzfahrerstaaten, vor allem aber die militärischen Mißerfolge des 2. und 3. Kreuzzugs mögen von verändernder Wirkung auf die herkömmlichen Kategorien gewesen sein. Der Erfolg des 1. Kreuzzuges aber hatte den Christen zunächst einmal den Wahrheitsgehalt ihrer Vorstellungen bewiesen. Aber was heißt: den Christen?

Der Kreuzzug, anfänglich ein Unternehmen der universalen Kirchenmacht, ist zu einem epochalen Ereignis für die laikale Welt geworden, welches zugleich eine Veränderung besiegelt. Selbst wenn das ganze Tagebuch des südnormannischen Ritters nichts andres wäre als die Fiktion seines klerikalen Redaktors, würde doch bereits die literarische Figur ihres ritterlichen Verfassers anzeigen, daß sich im Rahmen des kirchlichen Imperiums, zu dem auch Frankreich gehört, neue Kräfte regen. Auch die Erwähnung der genuesischen Flotte, auch die Rolle von Geld, fremder Währung und fremder Sprache kann darauf hindeuten. Im Rahmen der universalen Kirche entstehen neue gesellschaftliche Verbände und Kulturen: ländlich-ritterliche, städtisch-klerikale, ländlich-monastische und städtisch-bürgerliche.

ELFTES KAPITEL

# ERSTE KONFLIKTE ZWISCHEN BESONDEREM
# UND ALLGEMEINEM

*Epische Stilisierung des ritterlichen Kreuzzugs auf latein
und laikales Ich in vulgärsprachlicher Ritterlyrik*

Der Bericht des südnormannischen Ritters wurde sehr bald in Europa
bekannt. Er hat den fränkischen Abt *Ekkehard von Aura* (gest. 1125),
den Kanonikus *Albert von Aachen* (vor 1121), den Abt *Guibert de
Nogent-sous-Coucy* (zwischen 1104 und 1121) zu mehr oder weniger
umfangreichen Darstellungen angeregt. Die Redaktion des *Robertus
Monachus von Reims-Marmoutier* erfuhr nach 1125 eine Fortsetzung
in Hexametern, der Mönch *Gilo de Cluny* arbeitete gar das Ganze zu
einem Epos um. Einem gelehrten Herrn wie dem Bischof *Baudri von
Dol,* dem Verfasser ovidianischer Verse «an Mädchen und Knaben zumal» (vgl. S. 165), schien das Werk des anonymen Ritters «zu rustical».
Wohl noch als Abt von *Bourgueil* (bis 1107) hat er die ‹Gesta› in eine
gepflegtere und gelehrtere Sprache umgeschrieben. Ob der gelehrte Dichter des altfranzösischen Rolandsliedes, vielleicht der Generations- und
Studiengenosse des *Baudri,* der 1104 relegierte Bischof *Turoldus von
Bayeux-Envermeu,* der bis 1146 urkundlich ist, diese oder eine andere
Bearbeitung der ‹Gesta› gekannt hat, steht dahin. Vor 1124 scheint mir
jedenfalls die ‹Chanson de Roland› in ihrer gültigen, Oxforder Fassung
nicht möglich. Von ‹um 1130› schließlich ist auch die bruchstückhafte
‹Canso d'Antiocha› in provenzalischer Vulgärsprache.

Aber ebenso wie die geistlich-gelehrten Autoren jetzt nach dem lateinischen Werk des südnormannischen Laien greifen, greift der geistlich nicht
ungebildete Laie Herzog *Wilhelm IX. von Aquitanien* jetzt in einer selbst-
herrlich geschaffenen provenzalischen Kunstsprache nach ovidianischen
Bildern, die man bisher nur auf lateinisch vernommen hatte. In der ‹Ars
amandi› des *Ovid* finden sich die Sätze:

«Jeder, der mit Klugheit liebt, wird triumphieren und alles gewinnen, was
er von unserer Kunst erwartet» (II, 511 ff.). – «Fällt es dir schwer, einige Gewohnheiten deiner Geliebten zu ertragen, so mußt du dich dennoch daran gewöhnen»
(II, 647). – «Vor allem aber sorge, die Dienerin deiner Geliebten für dich zu gewinnen» (I, 350 f.). – «Du darfst nicht zögern, der Dienerschaft zu gefallen, die Sklaven
für dich einzunehmen» (II, 251 f.).

In den Versen des ersten Trobador aber heißt es:

«Keiner, der ein vollkommener Diener der Liebe sein will, zögere, sich ihren Launen ganz zu unterwerfen, mit Freunden wie mit Hausgenossen freundlich zu sein, voller Aufmerksamkeit für alle, die das Haus der Geliebten bewohnen» (VII, 5).

Solche Verse klingen jetzt in einer Sprache, die den römischen Klang durch keine fränkische Artikulation verfärbt hat. An der Loire etwa verläuft mitten durch Frankreich von Osten nach Westen hin die Sprach- und Traditionsgrenze zwischen Provenzalisch (Occitanisch) und Französisch. Sie ist etwa identisch mit der Siedlungsgrenze der Franken (vgl. S. 17f.), und das Französische ist «Gallo-romanisch in fränkischem Mund» (Frings), das den fränkischen Eroberern z. B. die nasalierten Vokale verdankt. Nördlich der Loire sind Leben und Sitten strammer organisiert und rationaler. Dort ist im Laufe des XI. Jahrhunderts – wie in Deutschland und Südengland – der Karrenpflug («charrue») allgemein durchgedrungen (Abb. 73). Er schneidet den Ackerboden tief auf und wirft die Erdscholle um. Aber südlich der Loire-Grenze pflügt man weiter mit dem Hakenpflug («araire») (Abb. 74), der den Boden nur aufritzt. Ebenso sind nördlich der Loire die lehnsrechtlichen Bindungen der Ritter fester, auf bestimmte Pflichtleistungen hin gerichtet (dare, facere), während südlich der Loire die vasallitische Treue zum Lehnsherrn mehr in der Unterlassung von Schadenshandlungen besteht (non facere). Ziemlich selbständige Grafen und Vizegrafen stehen nur in lockerer lehnsrechtlicher Bindung zum Herzog von Aquitanien, dessen Herrschaftsgebiet größer ist als das des Königs von Frankreich. Diese Herzöge von Aquitanien sind seit langem die Grafen von Poitou aus dem Hause Guyenne und heißen alle Wilhelm. Wilhelm I. hatte Cluny gegründet (vgl. S. 71). Wilhelm V. ließ für den Philosophen Fulbert von Chartres (gest. 1029) in seiner bedeutenden Bibliothek Bücher abschreiben und wechselte gelehrte Briefe mit ihm. Seine Tochter Agnes war Gemahlin Kaiser Heinrichs III. Im Jahr von Canossa (1077) starb sie zu Rom im Kloster. Die Enkelin Wilhelms IX. wird jene berühmte Eleonore sein, deren Ehescheidung den König von Frankreich in politisches Unglück stürzt, den König von England aber zu europäischer Macht emporhebt. Sie erst führt die von ihrem Großvater begründete Trobadorkunst am nordfranzösischen Hofe ein; dazu die leichten Sitten, vor denen es den Franzosen, nach Radulfus Glaber, schon früher gegraut hatte:

«Als König Robert (II., 996–1031) die Königin Konstanze zur Frau genommen hatte, welche aus Aquitanien kam, sah man im Gefolge dieser Fürstin in Frankreich und Burgund Leute aus der Auvergne und aus Aquitanien, die voll Leichtsinn und Eitelkeit waren, von so geziertem Benehmen wie ihre Kleidung. Sie trugen mit ihren Waffen und Rüstungen eine unsinnige Verschwendung zur Schau. Die Haare in halber Höhe des Kopfes abgeschnitten, rasierten sie sich den Bart wie

Schauspieler, trugen unanständige Schuhe und Beinkleider, und Treu und Glauben galten ihnen nichts.»

Wie Herzog *Wilhelm IX.*, der im Kloster St. Martial zu Limoges das bedeutendste Musikleben seiner Zeit vor Ohren hatte, zu der Laune kam, relativ komplizierte Lieder in provenzalischer Vulgärsprache abzufassen und zu komponieren, kann niemand wissen wollen. Auch hat er nicht schlankweg einen vulgärsprachlichen Dialekt benützt. Seine Familie spricht eigentlich eine nordprovenzalische Mundart, aber ihre Besitzungen erstrecken sich so weit in den Süden, daß die Fürsten von Guyenne auch die andern Dialekte haben lernen müssen. Nur wenige Poitevinismen verraten in den Liedern des Herzogs einen lokalen Ursprung. *Wilhelm IX.* schuf sich mit ihnen vielmehr eine überregionale Literatursprache, welche auch die aller späteren Trobadors sein wird. Es ist dies ein absolutistischer Akt, wie vielleicht die Invention (das ‹trobar›) seiner Lyrik überhaupt. Nur ein so hoher Herr wie der Herzog *Wilhelm* konnte sich dergleichen leisten, konnte dergleichen gesellschaftsfähig machen. Aber er vollzieht damit nur, wie nicht zuletzt der Kreuzzugsbericht jenes ritterlichen Laien zeigt, eine Möglichkeit des historischen Augenblicks. Jemand wie der normannische Geschichtsschreiber *Ordericus Vitalis* (1075– ca. 1142), ziemlich genauer Altersgenosse des Herzogs, sieht nur das persönliche Moment, wenn er behauptet:

«Was seine Zeit- (und Standes-) Genossen am meisten verblüffte, waren seine leichten Sitten, sein frivoler und sarkastischer Witz. Und das gab dem hohen Herrn den Anstrich eines Spielmanns.»

In seinen direkten Liedern wird er an die Tonart umlaufender Jongleurs- und Soldatenlieder angeknüpft haben, die nur bisher nicht recht hoffähig waren. So etwa in jener Ballade von dem Ritter-Poeten, der sich als Stummer ausgibt und von zwei Edelfräulein vierzehn Tage lang zur Liebe benutzt wird, weil sie meinen, er könne sie ohnehin nicht verraten: «hundert und zwanzig und viermal, daß dem Ritter fast der Harnisch geplatzt wäre» (Lied V). Die Geschichte taucht dann in *Boccaccios* ‹Decamerone› wieder auf als 1. Novelle des III. Buches. Von prinzipiell nicht erhörter Liebe ist bei diesem ersten Trobador nichts. Auf die andere Seite kommt es ihm im Grunde sehr wenig an; und Liebe an sich, ohne Gott und die Welt, ist ein Hirngespinst. Dennoch bedarf dieses scheinbar so autonome Ich der anderen in hohem Maße. Seine ritterlichen Standesgenossen belustigt der Herzog, indem er von Frauen als von Pferden spricht – der Herzog! – und da die andern keine Herzöge sind, erniedrigt er sich dabei:

«1. Freunde, einen anständigen Versus will ich euch machen. Mehr Narrheit als Weisheit geb ich hinein, und Liebe, Spaß und Jugend mischen sich bunt darin.
2. Wers nicht versteht und gleich behält, der ist ein Bauer. Doch wird der, dems gefällt, kaum ohne Liebe leben können.
3. Für meinen Sattel hab ich zwei Stuten – das ist nicht schlecht. Beide sind

gut zum Kämpfen abgerichtet und im Streite wacker. Doch kann ich eine nicht zusammen mit der andern haben. Die Pferde wollen sich nicht leiden.

4. Könnt ich sie so gewöhnen, wie ich wollte, ich brauchte meinen Sattel auf kein drittes Pferd zu setzen, denn besser säße ich bereits zu Pferd als jeder andre Sterbliche.

5. Unter den Pferden des Gebirges hat das eine die größte Ausdauer. Doch seit längerem schon ist es böse und will nicht recht, ist so wild und ausgelassen, daß es sich nicht striegeln läßt.

6. Das andre stammt von hinter Confolens. Nie saht ihr eins, das schöner war. Für alles Gold und Silber gäb ich es nicht her.

7. Als ich es seinem Herren gab, wars noch ein grasend Fohlen. Doch dieses Recht behielt ich mir für mich, daß es für jedes Jahr, das es bei seinem (neuen) Herren war, mir hundert Jahre sollte zu Willen sein.

8. Messieurs, jetzt brauchte ich Ihren Rat! Nie war ich so verlegen, wen ich wählen sollte: Agnès oder Arsène» (Lied I).

Man nennt das heute wohl ‹Potenzprotzerei›. Den sozialen Sonderstatus bezeichnet die 2. Strophe. Die verblümte Redeweise setzt zugleich die gesellschaftliche Schranke, hält die nichtritterlichen ‹vilains›, die Bauern, draußen. Aber ohne diese ‹vilains› wäre das Lied selbst sprachlich nicht einmal möglich; ohne hörende Vasallen, denen standesgemäßes Verhalten anbefohlen wird, nicht minder. Schon indem dieses lyrische Ich sich in souveräner Weise äußert, spricht es seine Fesseln aus. Der ‹verdeckte Stil› hier wendet sich an ein ritterliches Männerpublikum, aber er rühmt doch zugleich auch die beiden Damen, freilich aus der Haltung des Pferdekenners.

‹Verdeckter Stil› und panegyrisches Lob der erotischen Macht sind stärker ausgeprägt im Lied mit dem frühesten ‹Natureingang› des ritterlichen Minnesangs. Hier ist jetzt Natur uneigentlich geworden. Die soziale Stellung der Liebenden ist durch die Figur des Boten, das Detail des Siegelbriefs und anderes bezeichnet:

«1. Es ist die Süße der neuen Jahreszeit, daß sich die Wälder begrünen und die Vögel singen, und jeder in seiner Sprache hören läßt die Versus eines neuen Liedes. Also ist es recht, daß jeder sich das verschafft, wonach ein Mensch am heißesten begehrt.

2. Ich sehe keinen Boten kommen, keinen Siegelbrief von dort, wo alle meine Freude ist. Dennoch schlummert mein Herz nicht und lacht nicht. Und ich wage keinen Schritt voran, ehe ich nicht sicher weiß, ob sie nun so ist, wie ich sie gerne hätte.

3. Mit unsrer Liebe ist es so wie mit der Weißdornhecke. Solange Nacht ist, ist sie zitterndes Geäst, nackt ausgesetzt dem Regen und dem Reif. Doch schon am andern Morgen bestrahlt die Sonne das frische Grün ihres Gezweiges.

4. Es kommt mir die Erinnerung noch an jenen Morgen, da wir den Kampf einstellten, als sie mir eine große Gabe gab: ihre Liebe und ihren Ring. Daß Gott mich doch solange leben lasse, bis ich die Hände unter ihrem Mantel habe.

5. Ich glaube nicht, daß mein fremdartiges Latein mich von meinem Bon Voisin trennen könnte. Ich weiß, es gibt so Worte und so kurze Sätze, die blähen sich auf, wenn sie herumgetragen werden. Sollen andre ruhig mit ihrer Liebe prahlen, uns ist genug, daß wir das Ding und das Messer dazu haben» (Lied X).

Nur der ritterliche Herr und seine Geliebte, die den maskulinen Decknamen ‹Bon Voisin› trägt, scheinen in innerstem Einverständnis zu sein. Die übrige Gesellschaft scheint durch das Reden von ‹den andern› ausgeschlossen. Dennoch verrät dieses Lied gerade diesen andern scheinbar den Schlüssel zu seiner Symbolik, indem es die Gleichung zwischen Liebe und Weißdornhecke aufstellt. Aber mit dem Verrat dieses Schlüssels wird, für unsere Begriffe, zugleich eine Mystifikation vollzogen. Denn, was wäre etwa die Sonne im metaphorischen Zusammenhang der 3. Strophe? Doch eben jene Macht, die die Liebe am andern Morgen wieder grünen läßt. «Daß Gott mich doch solange leben lasse, bis ich die Hände unter ihrem Mantel habe» – heißt es am Ende der 4. Strophe. Aber nicht genug damit, daß die Sonne und Gott als die Mächte bezeichnet werden, die über die Liebe regieren. In der Eingangsstrophe werden von der Frühlingsnatur alle Menschen zur Liebe, werden die Vögel zum Gesang neuer Versus in ihrem Latein getrieben, wie in andern Liedern der Dichter zu seinem Lied. Die gesungene Liebe ist eine Demonstration der dreieinigen Macht von Sonne, Gott und Inspiration. Die Freiheit und Macht der poetischen Inspiration scheint mit dem Freiheits- und Schöpferanspruch eines absoluten Subjekts identisch. Doch der Begriff dieses absoluten Subjekts ist historisch falsifizierbar. Dieser Begriff gehört der modernen Zeit an. Als Fluchtform vor der Gesellschaft möchte sich reine Privatheit als absolutes Subjekt behaupten, welches mit der Gesellschaft nichts mehr zu tun hat. Die moderne Zeit ist die Bedingung dafür, daß ein poetisch gereinigtes Subjekt gedacht wird, daß der Dichter als höchste Form des Menschen, als Heiliger (vgl. *Sartre*) erscheinen kann, insofern er über Produktionsprozeß und soziale Konditionierung erhaben ist und auf wunderbare Weise herkömmliche Kategorien zu verändern vermag. In diesem Begriff gründet der Fetischcharakter der ästhetischen Konfiguration. Wie der Fetischcharakter der Ware nach der Analyse von *Karl Marx* darin besteht, daß man ihr die investierte menschliche Arbeit nicht mehr ansieht, so hat auch das absolute Kunstgebilde seinen Fetischcharakter dadurch, daß an die Stelle gesellschaftlicher Arbeit und Konditionierung eine scheinbar autonome Inspiration tritt, die von keiner erkennbaren Arbeit besudelt ist, denn ‹Arbeit schändet›.

Daß der Begriff vom absoluten poetischen Subjekt modern ist, läßt sich zeigen. Was für ein andrer Begriff von Subjektivität dem Lied X von Herzog *Wilhelm IX.* zukommt, läßt sich nicht zeigen, weil unserm Verständnis nur die moderne Subjektivität zugänglich ist. Eine historisch andere Theorie der Subjektivität im Trobadorlied wäre erst möglich, wenn das moderne Subjekt ein anderes wäre und auf seinen fetischistischen Kunstbegriff verzichten könnte. Wir sind in unsern Kategorien genau so gefangen wie jene ersten Kreuzfahrer in den ihren. Deswegen muß eine historische Hypothese, die im Lied X Elemente einer anderen Subjektivität zu benennen versucht, notwendig mager erscheinen.

Die historische Hypothese vermutet, daß der relative Autonomieanspruch dieses Liedes zunächst der Autonomieanspruch laikaler Kultur gegenüber bisher unangefochtener geistlicher Kultur ist – es handelt sich vorab um den Anspruch einer sozialen Gruppe, um den der ‹Ritterschaft›. Sodann: Das Subjekt, das sich als Herr gegenüber dieser Gruppe verhält, indem es die ‹andern› zwar die Gleichung Liebe = Weißdornhecke und das Lied überhaupt wissen läßt, sie aber zugleich als ‹andere› ausschließt, dieses Subjekt hat die Bedingungen seiner Möglichkeit doch nur durch diese soziale Gruppe. Es spricht deren Sprache und wendet sich an sie. Es spricht überlegen von ‹vers› (Versus) und benutzt das Wort ‹lati› (Latein) für ‹Sprache überhaupt›. Die historische Wahrheit des Gedichts scheint in der Absurdität der Maskierung zu liegen. «Sollen andre ruhig mit ihrer Liebe prahlen, uns ist genug …». Der Prahlerei, die den andern vorgeworfen wird, folgt die eigene, welche den Vorwurf vernichtet. Der Satz «Uns ist genug …» hat seine Wahrheit in der Unwahrheit des ‹uns›, insofern das Ich etwas anderes als sich selbst, nicht nur das Ding, sondern auch das Messer dazu haben muß, um ‹uns› sagen zu können, es dies aber nur zu behaupten vermag. Wie Ding und Messer sind Lied und Gesellschaft aufeinander angewiesen. In der Maskerade der Aufführung liegt das unprivate Moment ihrer gesellschaftlichen Wahrheit begründet.

Nicht mehr als dies könnte wohl eine historische Hypothese heute behaupten.

Diesem unprivaten Subjekt wird es dann auch möglich, sich in einigen Liedern scheinbar anders zu verhalten, sehnsuchtsvoll und ohne herzogliche Autonomie. Denn da sind ja jene ovidianisch inspirierten Verse, die davon sprechen, daß man sich den Launen der Geliebten ganz unterwerfen müsse (Lied VII, 5; vgl. S. 198). Der Herzog, für den die Dame andrerseits handgreiflich-zuhandenes Objekt zu sein scheint, findet auch diesen Ton auf seinen Saiten:

«1. Ich mache ein neues Liedchen bevor es stürmt, friert und regnet. Meine Dame prüft und versucht mich, um zu wissen, wie sehr ich sie liebe. Doch nie, welchen Ärger sie mir auch beschert, werde ich mich lösen aus ihrer Fessel.

2. Im Gegenteil: Ich ergebe und übergebe mich ihr. Sie kann mich eintragen in ihre Lehns-Charta. Und halten Sie mich nicht für verrückt, wenn ich sie liebe, diese vollkommene Dame, denn ohne sie kann ich nicht leben, so groß ist mein Hunger nach ihrer Liebe.

3. Weil sie weißer ist als Elfenbein, deswegen verehre ich niemand als sie. Wenn ich in kurzem nicht Hilfe bekomme und meine Dame nicht zeigt, daß sie mich liebt, dann sterbe ich – beim Haupte Sankt Gregors! –, es sei denn sie umfängt mich in der Kammer oder unterm Gezweige.

4. ‹Was hätten Sie davon, schöne Dame, wenn Sie mich von Ihrer Liebe fernhalten? Es scheint, Sie wollten Nonne werden. Doch meine Liebe ist so, das müssen Sie wissen, daß ich fürchte vor Schmerz zu sterben, wenn Sie nicht das Unrecht sühnen, für das ich Sie verklage.

5. Was hätten Sie davon, wenn ich ins Kloster ginge und ich nicht länger zu den Ihren zählte? Alle Freude der Welt ist unser, schöne Dame, wenn wir uns beide lieben!› – Dort meinem Freund Daurostre sag und befehl ich, dieses Lied zu singen, ohne es zu heulen.

6. Um sie zittre und zag ich, denn ich liebe sie mit so guter Liebe; denn ich glaube nicht, daß außer ihr noch eine andre Dame ihrer Art hervorgegangen sei aus dem großen Geschlechte des Edelmanns Adam.» (Lied VIII)

Wenn *Bezzola* recht hat, wäre eine biographische Konstellation Anlaß des Liedes und der drohende Klostereintritt hätte der Dame zu einer erhöhten Stellung im Lied verholfen. Die hier erscheinende erste Lehnsmetapher für die Liebesbindung mochte im Munde des Herzogs einen besonderen Klang haben, zumal für ein Publikum, das ihm lehnsabhängig war. Unmißverständlich verpackt ist die Huldigung in den herrschaftlichen Befehl der vorletzten Strophe an Daurostre. Um den Herzog als gesellschaftliches Subjekt dreht sich die Welt, auch wenn sie sich augenblicksweise, fast fünf Strophen lang, um die Dame zu drehen scheint. Wo der Herzog in Sehnsucht leidet, muß er seinen Rittern als Opfer der Fortuna-Laune erscheinen, abhängig wie nur die Lehnsabhängigen auch. Die personifizierten Situationsbegriffe ‹Glück›, ‹Freude›, ‹Liebe›, werden die bestimmten Bedingtheiten der Situationen vergessen lassen, so als ob ‹Glück›, ‹höfische Freude›, ‹höfische Liebe› Hinzukommnisse wären, die jedem beschert sein könnten, nicht bloß dem Herrn oder dem Herzog. Es gibt ein Lied *Wilhelms IX.*, das solch einen absoluten Freude-Begriff zu feiern scheint und ihn dann mit dem Ruhm der adelsschönen, herzoglichen Geliebten verbindet:

«1. Voll Freudigkeit faß ich mich, eine Freude zu lieben, der ich mich völlig ergeben will, und weil ich zur Freude zurückkehren will, muß ich wohl, wenn ich kann, aufs Beste gehen, denn vom Besten bin ich geehrt, ohne Wahn, das man sehen und hören kann.

2. Ich pflege, wie Sie wissen, niemals Prahlerei, und große Ruhmesreden weiß ich nicht zu machen, doch selbst wenn niemals vorher Freude blühen konnte, diese hier muß mehr als jede andre Freude Körner tragen und über alle glänzen, wie wenn ein dunkler Tag sich plötzlich aufhellt.

3. Nie vorher hat ein Mensch sich denken können, was sie sei, im Wollen und Verlangen nicht und nicht im Denken, nicht im Sinnen; solch eine Freude kann nicht ihresgleichen finden, und wer sie richtig rühmen wollte, vollbrächte es nicht in einem ganzen Jahr.

4. Alle Freude muß sich demütigen vor dieser, und aller Adel muß den Vorrang lassen meiner Dame, wegen ihres schönen Empfanges, wegen ihres liebreizenden Blicks; und jener Mensch wird hundert Jahre leben, der die Freude ihrer Liebe ergreifen kann.

5. Mit ihrer Freude kann sie den Kranken heilen, mit ihrem Haß den Gesunden töten, und der Weiseste wird durch sie närrisch, und der Schönste verliert seine Schönheit, und der Höfischste wird bäurisch und der Bäurischste höfisch.

6. Da eine Schönere nicht kann gefunden werden, von keinem Auge gesehen, von keinem Mund gepriesen, will ich sie für mich behalten, um das Herz drinnen zu erquicken, um den Körper zu verjüngen, auf daß er nicht alt werden könne.

7. Wenn meine Dame mir ihre Liebe geben will, ich bin bereit, sie zu nehmen und ihr dafür zu danken und heimlich zu tun und zu schmeicheln und zu sagen und zu machen, was ihr gefällt, und ihren Preis kostbar zu halten und ihr Lob zu verkünden.

8. Nichts durch einen andern wage ich ihr zu entbieten, so sehr hab ich Furcht, daß sie sich prompt erzürnt; auch ich wage nicht, so sehr fürcht ich Mißlingen, ihr meine Liebe deutlich zu zeigen; doch sie selbst muß mein Bestes erwählen, da sie doch weiß, daß ich nur durch sie zu genesen vermag.» (Lied IX)

Es kommt darauf an, wie man das ‹muß› (‹deu›) der letzten Strophe hören will, als vergeblichen Wunsch oder als Befehl von herzoglicher Macht und Logik. Die späteren Trobadors haben nur den ohnmächtigen Wunsch hören wollen oder können. Uns scheint selbst in diesem Lied (vgl. Strophe 6) die gepriesene Dame Instrument für die Lust des Sängers. Eine Verinnerlichung dieses Verhältnisses blieb wohl erst Entsagenden zu leisten.

## *Verselbständigungstendenzen innerhalb der Kirche*

Der historische Strukturzusammenhang, innerhalb dessen sich das Phänomen eines lyrischen Ich in vulgärsprachlicher Dichtung konstituieren kann, wird auch in anderen Bereichen näher bestimmbar. So zeigt sich jetzt ein Moment des Widerspruchs innerhalb der weströmischen Kirche in der Form aufkeimender religiöser Sondertendenzen.

1070 wird die schwäbische Komburg zum Kloster umgewandelt, 1079 das Schwarzwaldkloster Hirsau reformiert, 1084 entsteht der Kartäuserorden, 1098 die Klostergemeinschaft von Citeaux. Gegen 1100 erwähnt *Radulfus Ardens* aus Poitiers (gest. 1101) Häretiker, die ein Leben wie die Apostel zu führen behaupten. 1105 beginnt die Tochter des Freiherrn *Hildebert von Bermersheim* (b. Alzey) als Achtjährige ihr Reclusenleben. Es ist die berühmte *Hildegard von Bingen,* die seit 1141 ihre Gesichte aufzeichnen lassen wird. Allenthalben sind hier Differenzen und Differenzierungen zwischen kirchlichem Imperium und religiösem Kirchenvolk zu bemerken. Versucht man, das jetzt entstehende Bewußtsein aus den Widersprüchen kirchlicher Institution und religiöser ‹Produktivkraft› zu erklären, wird man notieren, daß die Kirche, die sich als selbstbewußte Institution an die Laien wendet, aus diesen Laien etwas anderes macht, nämlich nicht-institutionelle Größen, die wir für religiöse Individuen zu halten geneigt sind. Es finden aber diese scheinbaren Individuen dann doch wieder institutionelle Sonderformen, strenge Observanzen.

Die Tendenz, daß ritterliche Familien ihre Burgen zu Klöstern umwandeln ist in Deutschland seit etwa 1060 zu beobachten. Adeliges Selbstbewußtsein und politisch-religiöse Parteinahme sind kaum die einzig zureichenden Gründe. Auch daß Abt *Wilhelm von Hirsau* 1079 Mönche nach Cluny schickt, um nach dessen Vorbild sein eigenes Kloster zu erneuern, sollte man nicht für ein einfaches Weiterwirken des Reformgeistes in der Kirche nehmen.

Daß zwischen religiösen Bestrebungen und ecclesialem Imperium tiefere Widersprüche klaffen, macht die Architektursprache anschaulich.

Jene Hirsauer Mönche sahen noch den Bau von Cluny II *(vgl. Textabb. 6 u. 13)* und ahmten ihn nach: Vorkirche mit Doppelturmfassade, Laien- und Konversenkirche auf Säulen, dann Pfeiler, die den Beginn des Chorus minor anzeigen, dann der große Chorus maior als Staffelchoranlage. Die Kirche von Hirsau steht

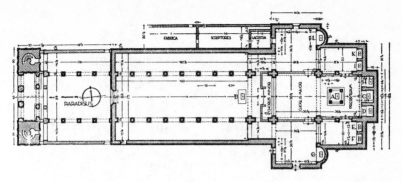

13. *Hirsau, St. Peter und Paul, Grundriß (nach Pinder)*

nicht mehr. Das von dorther beeinflußte, spätere Paulinzella *(Abb. 38)* zeigt die hirsauischen ganz schlichten Säulen mit Schildblattkapitellen, vor allem aber die glatte Wand. Ein horizontaler Schachbrettfries betont den strikten Weg zum Altar. Die Absenker, die auf die Einzelsäulen hinuntergehen, markieren die Stellen, wo die Wand gerade nicht plastisch, nicht als Relief behandelt ist. In Alpirsbach *(Abb. 39)* sind an der Grenze von Laien- und Mönchskirche die sonst geometrischen ‹Hirsauer Nasen› der Säulenbasis zu krötenhaften Unholden stilisiert. Sonst ist kein Schmuck. Der Blick aus dem erhöhten Mönchschor läßt die Grenze von Minderchor und Laienkirche, aber auch die völlig glatte Wand erkennen, die den Ausdruck von Gegensätzlichkeit gewaltsam unterdrückt – ganz anders als in Cluny II und in dem von ihm abhängigen Payerne.

Aber seit 1089 baut man in Cluny und seinen französischen Tochterklöstern einen ganz anderen, prächtigen und reichen Stil. Die dritte und letzte Kirche von Cluny, Cluny III, wird unvorstellbar groß, die größte Kirche des damaligen Okzidents *(vgl. Textabb. 14)*.

Der Chorkomplex ist vom Typ der Santiago-Kirchen (vgl. S. 135), ins Gewaltige übersteigert, mit doppeltem Querhaus, durch zahlreiche Turmbauten außen bereichert. Was von Cluny III der Spitzhacke jenes Bauunternehmers von 1807 entging *(Abb. 40)*, ist etwa ein Fünftel des ehemaligen Chorkomplexes. Vom Narthex bis zum Ende des Hauptchores waren es 187 m. Wer am Eingang von Cluny III stand, konnte nicht mehr sehen, was am Altar vorging. Die Mönchskirche war fünfschiffig, ein ganzer Wald von Pfeilern, plastisch durchgebildet. Dreiteilig die Wandgliederung: Arkaden, Triforium, Fensterzone. Kanellierte Pilaster erinnern sich der Antike wie die gleichzeitige lateinische Literatur. Die Kapitelle tragen zum erstenmal plastischen Figurenschmuck. Wir haben ihn heute in den burgundischen Kirchen des prächtigen Stils vor Augen, die Cluny nachzueifern suchten, z.B. in der Wallfahrtskirche von Vézelay.

Dort bezeichnen die Figurenkapitelle die Hinwendung der Kirche an die Laien, geben epische Szenen in Stein. Die Bogenfelder der Eingangsportale predigen, wie z.B. in Vézelay, das drohende Jüngste Gericht mit expressiv ins bloß noch Symbolische verzerrten Gestalten; aber indem das Besondere dabei dem Wesentlichen geopfert wird, wird zugleich auf die Emotion des einzelnen Gläubigen gezielt. Die unglaublich beredte Pracht eines Innenraums wie in Vézelay *(Abb. 41)*,

14. Rekonstruktion von Cluny III (1089 – XIII. Jh.) (nach Weigert)

1116–1132, neben der relativen Nüchternheit des gleichzeitigen Domes von Mainz *(Abb. 42)*, 1100–1137, von Hirsau und Alpirsbach ganz zu schweigen, bezeichnet nicht nur die Differenz historischen Schicksals diesseits und jenseits des Rheins, sondern zugleich auch eine innerkirchliche Problematik von weltmännisch-imperialer Repräsentanz und religiösem Prinzipienrigorismus.

*Radulfus Ardens* hatte um 1100 apostolische Häresien konstatieren können. Wo sich religiöse Unruhe der Jurisdiction des ecclesialen Imperiums einzufügen weiß, kommt es nicht zu außerkirchlicher Sektiererei, sondern zu innerkirchlichen Sonderformen, zu neuen Mönchsorden. Der 1030/35 geborene Deutsche *Bruno von Köln*, Scholasticus, dann Kanzler in der Nachbardiözese Reims, gründet 1084 in der einsamen Hochgebirgsgegend von Grenoble, welche Cartusia heißt, die Eremitengemeinschaft der Kartäuser.

Jeder Mönch lebt für sich in einem kleinen Haus, mit Gebet, Studium und Handarbeit. Viehzucht, Kunstschmiedearbeit und kommerzielle Herstellung von Handschriften sind die Haupteinnahmequellen des Ordens, die Nabelschnur, mit der er der sich entfaltenden Verkehrswirtschaft verhaftet bleibt. (Der Kartäuser-Likör wird erst seit 1840 begehrter Markenartikel!) Gemeinsames Stundengebet dreimal täglich, gemeinsamen Spaziergang einmal wöchentlich, gemeinsame Mahlzeit nur sonntags pflegen die Einsiedlermönche im weißen Gewand, die bei alledem strenges Stillschweigen bewahren.

Aber den Gründerheiligen selbst, *Bruno von Köln,* hält es nicht in der Grande Chartreuse. Er zieht weiter nach Süditalien und gründet dort zwei analoge Klöster. 1101 ist er in der ‹Certosa› La Torre in Kalabrien gestorben.

Unruhiger noch ist die Erscheinung des *Robert von Molesme.* Wohl 1027 in der Nähe von Troyes geboren, zunächst Mönch in verschiedenen Klöstern, versucht er 1075 in Molesme ein neues Coenobium zu gründen,

das kaum lebensfähig ist. 1098 unternimmt er einen neuen Gründungs-
versuch im Wald- und Sumpfgelände von Cistertium bei Dijon, zusammen mit *Alberich* und *Stephan Harding* von Molesme. Aber schon 18
Monate später treibt es ihn wieder fort. Er überläßt Cistertium seinem
Schicksal und geht nach Molesme zurück, um dort 1111 zu sterben.

Bereits die Anlage von Cistertium/Citeaux zeigt streng benediktinische Intentionen. Die liebliche Landschaft ringsum ist das Werk der Mönche von Citeaux,
der Zisterzienser. In Arbeit und Armut suchen sie die Nachfolge der Apostel,
ziehen in unfruchtbare Sumpf- und Waldgebiete, die sie trockenlegen und urbar
machen. Noch heute erkennt man eine zisterziensische Klosteranlage bereits von
weitem an der sie umgebenden Landschaft. Selten fehlen Bach und Fischteiche,
denn die Mönche halten auf strenges Fasten. Eine burgundische Meile im Umkreis
sollte keine andre menschliche Siedlung sein. Die Leistung der Zisterzienser für
die Neulandgewinnung in Frankreich, Deutschland, Böhmen, Polen wird später
außerordentlich sein.

Das entscheidende Aufblühen dieser monastischen Sonderbewegung aber
fällt erst in die 1120er Jahre – wie dasjenige der vulgärsprachlichen Epik
in Frankreich. Das gilt im Grunde auch von der neuen Philosophie. Nur
sind auch hier die Ansätze aus der Zeit um den ersten Kreuzzug bedeutend.

## Nominalismus und Realismus

Ob im ‹verdeckten Stil› der ersten Trobadorlyrik, ob in den burgundischen
Weltgerichtsportalen, ob in der religiösen Unruhe verschiedenster Art,
die sich kirchlich institutionalisiert oder nicht, immer wieder stellt sich
jetzt die Frage nach dem Verhältnis von Besonderem und Allgemeinem,
von Sein und Begriff. Wenn das Besondere nur eine mehr oder weniger
‹schlechte Realität›, ein unvollkommener Begriff ist, der das Gewicht seiner Existenz nur im Maß seiner Teilhabe am höchsten Begriff – oder
auch am heilsjuristischen Körper der Kirche hat, wäre das wahrhaft Sei-
ende nur das Allgemeine, Universale, der Begriff als Realität.

Man kann in diesem Zusammenhang die Frage stellen, obgleich sie
so nicht gestellt worden ist: «Wie verhält sich die konkrete Abendmahls-
hostie und der konkrete Abendmahlswein zur höchsten Realität, Gott?»
Es kann sich hier nicht um ein verschlechtertes Allgemeines handeln. Wer
Begriff und Realität nicht trennt, sondern wesentlich gleichsetzt, wird
in Brot und Wein die konkrete Präsenz des höchsten Seins selber behaupten müssen. Wer wie *Berengar von Tours* (ca. 1010–1088) an der Besonderheit des Konkreten festhalten will, wird unter Berufung auf *Augustinus*
von einem ‹geistlichen Essen› sprechen und lehren: «Brot und Wein bleiben ihrer Substanz nach, was sie waren; nur eine geistige Bedeutung tritt
hinzu. In Hand und Mund kommen Leib und Blut nicht.» Es findet also

keine realistische Verwandlung bei Beibehaltung der Substanz statt. Aber alle Berufung auf *Augustin* nützt nichts. Der individuelle Kasus *Berengar* ist der hierarchisch-universaleren Realität von *Nikolaus II.* und *Gregor VII.*, d. h. der rechtsetzenden Kraft der Kirche unterlegen.

1059 muß *Berengar* in Rom bekennen, daß «Brot und Wein, die auf dem Altar liegen, nach der Konsekration nicht nur ein Sakrament sind, sondern auch der wahre Leib und das Blut unsers Herrn Jesu Christi, und daß sie fühlbar, nicht nur sakramental, sondern wahrhaft von den Händen des Priesters behandelt und gebrochen und von den Zähnen der Gläubigen zermalmt werden».

*Berengar* widerruft und verteidigt sich in ‹De sacra coena› (1076). *Gregor VII.* zwingt ihn, auf der Ostersynode von 1079 in Rom zu bekennen, daß

«das Brot und der Wein, die auf dem Altar liegen, durch das Geheimnis des Gebets und die Worte unseres Erlösers wesentlich gewandelt werden (substantialiter converti) in das wahre, eigentliche, lebenspendende Fleisch und Blut unsers Herrn Jesu Christi».

Die Kirche befiehlt ihm, fernerhin zu schweigen. 1088 stirbt er auf der Insel St. Cosmas bei Tours. *Lanfranc* wie *Anselm* haben ihn bekämpft.

Alle Allgemeinbegriffe, ‹universalia›, sind bloß ‹flatus vocis›, Worthauch, bloße Namen, soll der ‹Nominalist› *Roscelin von Compiègne* (gest. ca. 1120) gelehrt haben, was zugleich zu hören war als ‹alle Autoritäten sind Papiertiger›. Daß sie es nicht waren, hat *Roscelin* selbst erfahren. 1092 wurden seine sämtlichen Schriften auf einem Konzil in Soissons verbrannt.

1092 schrieb ihm *Ivo von Chartres* einen ermahnenden Brief. «*Anselm* gab dem Bischof *Fulco von Beauvais* einen Brief an die Synode ... mit, in dem er den Rat erteilte, sich mit *Roscelin* nicht in Verhandlungen einzulassen, man solle vielmehr sofort von ihm den Widerruf verlangen. *Roscelin* zog es vor, nicht zum Märtyrer seiner Überzeugung zu werden, und hat später erklärt, er habe aus Todesfurcht seine Überzeugung verleugnet» (*J. Klein*).

Durch den juristischen Akt der Unterwerfung unter das stärkere Allgemeine der Kirche hat sich der einstige Nominalist seine Teilhabe am wahrhaft Realen und damit am weiteren Leben gesichert. Erhalten ist von ihm einzig ein schäbiger Brief, in dem der zum Realismus bekehrte *Roscelin* seinen ehemaligen Schüler *Petrus Abaelard* nach dessen Kastrierung durch den Kanonikus *Fulbert* von Paris (1119) von seiner Realistenposition aus verhöhnt:

«Die Namen der Einzeldinge verlieren ihren Sinn, wenn es ihnen zustößt, sich von der Vollkommenheit (des Allgemeinbegriffs) zu entfernen. Ein Haus ohne Dach oder Mauern ist eine schlechte, unvollkommene Realität zu nennen. Der Teil, der den Mann ausmacht, ist Dir genommen worden. Man kann Dich nicht mehr Petrus, sondern nur noch seinsgeschmälerten Petrus nennen.»

*Abælard,* von dessen Anfängen hier kurz zu handeln ist, wurde 1079

in Le Pallet bei Nantes als Sohn eines Ritters geboren, der selbst literarische
Neigungen hatte. Schon sehr frühzeitig begann *Abaelard* seine Studien,
zuerst bei *Roscelin*, dann bei *Wilhelm von Champeaux*, schließlich bei
*Anselm von Laon* in Paris. Über seinen Lehrer *Anselm von Laon* (gest.
1117) schreibt *Abaelard* selbst:

> «Ich machte mich also auf, diesen Greis zu hören. Seine Reputation verdankte
> er mehr seiner Routine als seiner Klugheit und seinem Verstand. Wenn jemand
> im Zweifel über ein Problem bei ihm anklopfte und ihn fragte, so kam er nur
> mit größerer Ungewißheit von ihm zurück. Hinreißend angesichts eines großen
> Hörsaalpublikums, war er ein Nichts vor dem, der ihn etwas fragte. Er besaß
> eine erstaunliche Redegabe, aber seine Worte waren ohne Sinn und Gehalt. Wenn
> er sein Feuer anzündete, dann erfüllte es das ganze Haus mit Qualm, erleuchtete
> es aber überhaupt nicht. Sein Baum, in reichem Blätterschmuck, bot aus der Ferne
> einen imposanten Anblick. Sah man ihn aber aufmerksam aus der Nähe an, dann
> mußte man seine Sterilität erkennen. Ich war hinzugetreten, um Früchte davon
> zu pflücken. Da mußte ich feststellen, daß dies ja jener Feigenbaum war, welchen
> der Herr verflucht hatte, oder jene alte Eiche, welche *Lucan* dem Pompejus ver-
> gleicht: Allein der Schatten eines großen Namens steht noch aufrecht, wie eine
> stolze Eiche in verödetem Gelände.» «(An der Universität in Paris)», schreibt
> *Abaelard* in seiner ‹Historia calamitatum›, «war ich zuerst hochwillkommen. Aber
> sehr bald wurde ich als störend empfunden, weil ich mehrere Gedanken *Wilhelms
> von Champeaux* (– der dort lehrte –) zurückzuweisen versuchte und ich immer
> öfter wagte, ihm zu widersprechen und ich im Streitgespräch sogar die Oberhand
> gewann.»

Die Person seines Lehrers *Wilhelm von Champeaux (Campellensis)* charakterisiert *Abaelard* sodann in ihrem Verhältnis zur offiziellen Religiosität folgendermaßen:

> «Mein Lehrer *Wilhelm*, Archidiakon von Paris, wechselte sein Gewand und
> trat in den Orden der regulierten Chorherren ein, in der Absicht – so sagt man
> – daß dieser Beweis von Frömmigkeit ihn voranbringen werde auf dem Weg zu
> höheren geistlichen Ämtern, was in der Tat auch geschah. *Wilhelm* wurde Bischof
> von Châlons.»

*Wilhelm von Champeaux* war etwa 10 Jahre älter als *Abaelard*. Wie dieser
hatte er bei *Anselm von Laon* studiert, war dann Archidiakon und Lehrer
an der Kathedralschule zu Paris gewesen, bis er 1108 regulierter Chorherr im Pariser Kloster von St. Victor wurde, dessen Schule er leitete.
1113 wurde er Bischof von Châlons-sur-Marne und hat als solcher 1115
*Bernhard von Clairvaux* zum Priester geweiht. Wahrhaft real, lehrte *Wilhelm* sei nur das Allgemeine, das ‹universale›. Dieses allein habe Substanz.
Das Besondere und Individuelle hingegen sei nichts wesentliches, höchstens sei es die unwesentliche Modifikation. Der Seminardisput, von dem
*Abaelard* spricht, muß an der Kathedralschule von Paris 1108/9 stattgefunden haben. *Abaelard* machte seinen Lehrer lächerlich, indem er vielleicht – wie später in seiner ‹Logik› – die Konsequenzen von *Wilhelms*
Denken am Beispiel von Sokrates und einem ‹brunellus› (einer Art Shet-
land-Pony) demonstrierte. Beide subsumieren sich unter dem Universal-

begriff ‹Lebewesen›, welcher also ihre Substanz ausmacht. Aber, wenn das Individuelle ein Nichts ist, so folgt daraus:

> «Sokrates als konkrete Existenz ist mit dem Shetland-Pony als konkrete Existenz identisch. ... Ferner folgt, daß die Formen, die nur dem Shetland-Pony eigentümlich sind, nicht *wesentlich* dieses Pferdchen ausmachen. Denn sonst müßte dieses Akzidenzielle und Besondere mit der Substanz des Existierens gleichgesetzt werden.

Und andrerseits folgt daraus, daß die Materie und die Formen des Ponys nicht erst zusammen die Besonderheit des Pferdchens ausmachen. Denn sonst müßte behauptet werden: Substanz (= Allgemeines) plus Nichts, d. h. allgemeine Materie und individuelle Formen, bildeten nur gemeinsam einen Körper, ein Lebewesen.»

*Wilhelm von Champeaux* kann die Differenz zwischen Sokrates und dem Pony nicht denken. Es liegt ihm nur am Allgemeinen, unwandelbar Seienden. *Abaelard* hingegen ist an der Erkenntnis und Bestimmung, d. h. auch am Recht des Besonderen interessiert. Er will offenbar auf ein ‹principium individuationis› hinaus, auf eine besondere ‹Formbarkeitskraft der Materie› wie *Avicenna-Aristoteles* (vgl. S. 132f.). *Thomas von Aquin* wird 1265/66 in ‹De potentia› dann formulieren:

> «Das, was sich in der Einzelsubstanz neben der gemeinsamen Natur noch vorfindet, ist die *individuelle Materie*, die das Prinzip der Individuation bildet, zusammen mit den individuellen Akzidentien, die diese Materie determinieren».

Dabei ist dann allerdings das Besondere zu einer ontischen Institution geworden und sein Recht zu einer Sache, die als Akzidens einfach vorhanden ist. Für *Abaelard* aber ist das Problem des Allgemeinen und des Besonderen innerhalb eines Erkenntnisprozesses gegeben, über den er sich klarzuwerden versucht in seiner ‹Logica Ingredientibus›, die erst vor einigen Jahrzehnten wiederentdeckt wurde. Er sagt etwa:

> «Tatsächlich behaupten wir nicht, daß diese Realität da (dieses Ding da) allein diese Qualität besitzt, sondern ich allein sehe sie so an, als ob sie diese Qualität besitzen würde.
>
> In diesem Sinne betrachtet man die Realität denkend anders, als sie in Wirklichkeit ist, ... mit jener Differenz, welche die Denkform der Dinge von ihrer Existenzweise unterscheidet. D. h.: das Verstehen betrachtet diese (bestimmte) Qualität zwar nicht als von der Sache losgelöst, wohl aber als von ihr abstrahierbar, während die (gemeinte Qualität) in der Wirklichkeit als eine nicht abstrahierbare existiert.
>
> Ferner sieht das Denken die Materie an, als ob sie rein an sich existierte, und es sieht die Form an, als ob sie einfach an sich existierte, während in Wirklichkeit die eine weder rein noch die andere einfach an sich existiert.»

Das Denken *Abaelards* visiert offenbar kritisch jene Bedingungen, unter denen die ersten Kreuzfahrer nur bereits präformierte Erfahrungen machen konnten. Aber weiter:

> «Mit Recht also dürfte man sagen: Das Denken Gottes, aber ganz und gar nicht das Denken des Menschen kann in der Abstraktion die natürliche Wirklichkeit mit Allgemeinbegriffen denkend erfassen.

Die Menschen erkennen die Wirklichkeit nur durch die Vermittlung ihrer Sinne. Selten, oder vielmehr: nie erreichen sie eine einfache Intellektion der Wirklichkeit wie Gott sie hat, und die Erfahrung des sinnlich Besonderen hindert sie, die reinen Naturen selbst rein zu erfassen.»

Das heißt: unser verallgemeinerndes Denken ist ‹falsch›. Die Welt ist in einem Maße ‹konkret›, wie kein Mensch sie sich denken kann, sondern nur Gott. Und indem Gott ‹konkret› denkt, erschafft er alles. Sein Denken ist sein Schaffen.

Das erinnert ganz ungemein an *Kant*. Nur, daß hier der Bereich des An-sich der Dinge erklärtermaßen Gott vorbehalten wird. Das menschlich-gedachte Allgemeine, und damit auch das Institutionell-Allgemeine verfällt dem Verdikt der Subjektivität. M. a. W.: Das Denken Gottes und das Denken des *Wilhelm von Champeaux* sind absolute Gegensätze. Aber *Abaelards* Aussagen über den An-sich-Bereich der reinen Intellektion Gottes sind eine autoritäre Behauptung des Philosophen aus Le Pallet, durch die er sich Gott zum Verbündeten macht, weil er in der Klerikerge-sellschaft, die ‹ad majoris prelationis gradum› – ‹zu höheren geistlichen Ämtern› – promoviert, keine Autorität findet, die ihn stützt. Gleichzeitig, aber auf andere Weise autoritär behauptet sich das lyrische Ich in den Liedern des Herzogs *Wilhelm* von Aquitanien. Es geschieht vielleicht am erstaunlichsten in jenem Lied, das sich als Schöpfung aus dem Nichts deklariert:

«1. Ich mach einen Versus aus reinem Nichts. Nicht von mir selbst, nicht von andern ist darin die Rede, nicht von Liebe, nicht von edler Freude, nicht von irgendetwas. Ich habe es eben erfunden, als ich schlafend zu Pferde saß.

2. Ich kenne nicht die Sternstunde meiner Geburt, nicht bin ich freudig, nicht bin ich traurig, nicht bin ich rauh, nicht bin ich zart, nicht kann ich etwas für all dies, denn: so wurde ich begabt von einer Fee des Nachts auf einem hohen Berg.

3. Nicht weiß ich, wann ich träume, wann ich wache – wenn man mirs nicht sagt. Ganz wenig fehlt, und mein Herz zerbricht in tödlichem Kummer, und doch achte ich alles nicht mehr als eine Maus – bei Sankt Martial!

4. Krank bin ich und in Todesschauern zitternd und verstehe nichts von dem, was man dazu sagt. Ich suche einen Arzt, wie er mir paßt, und weiß nicht wen. Gut wäre der Arzt, wenn er mich heilte, schlecht, wenns durch ihn schlimmer würde.

5. Ich habe eine Geliebte, weiß nicht, wer sie ist. Ich sah sie nie, wahrhaftiglich. Nie tat sie etwas mir zu Liebe noch zu Leid. Doch all das ist mir ganz egal. Denn mir kam kein Normanne, kein Franzose je ins Haus.

6. Nie sah ich sie, doch ich liebe sie heiß. Nie hat sie mir Recht, nie Unrecht getan. Wenn ich sie nicht sehe, ist mir das egal. Das alles ist mir keinen Hahn wert. Ich weiß (immer noch) eine, die zärtlicher, schöner und besser ist.

7. Mein ‹Versus› ist gemacht, worüber, weiß ich nicht. Ich will ihn jemand übersenden, der ihn weiterschickt durch einen Dritten bis nach Anjou, und will ihn bitten mir zu seinem Schatzkästchen den Gegenschlüssel mitzuschicken» (Lied IV).

Aber das Lied spricht nicht von nichts, nicht vom Dichten des Dichtens, sondern von einem der so tut, als sei er der Herr seiner selbst und seiner Widersprüche. Die Behauptung, nichts dafür zu können wie man sei, kann sich nicht jeder leisten. Das scheinbar reine Sprechen ist ein adressiertes Sprechen, Botschaft souveräner Laune ‹bis nach Anjou› – und muß es doch nötig gehabt haben, sich so darzustellen: Behauptung des Besonderen als Utopie von Freiheit und Stärke.

# ZWÖLFTES KAPITEL

# VERGÄNGLICHKEIT UND HEILSGESCHICHTE
# IN VULGÄRSPRACHLICHER DICHTUNG

Blickt man hinüber auf die literarische Landschaft jenseits des Rheins, wird man einer scheinbar ganz andersartigen Faktur gewahr, die aufs erste gar nicht mit der Literatur und Philosophie des Westens zu vermitteln ist.

## Das frühmittelhochdeutsche ‹Memento Mori›

### I.

1. Jetzt bedenkt alle, Weib und Mann, wohin ihr kommen werdet.
Ihr liebt diese brüchige Welt und wähnet, ewig hier zu sein.
Scheint sie euch noch so minnesam, eine kurze Weile nur dürft ihr sie haben.
Ihr mögt noch so gerne leben manche Stund, ihr müßt doch geben hin diesen Leib!

2. Von hinnen ist eine große Schar. Die glaubten, ewig hier zu sein.
Sie liebten diese Nichtigkeit. Das ist ihnen jetzt großes Leid.
Wie lieblich auch immer sie ihnen schien, sie haben sie doch verlassen.
Ich weiß nicht, wohin sie gezogen. Möge Gott sie alle bewahren!

3. Sie wähnten (erst) hier zu leben. Sie gedachten (dann) hin zu fahren zu den ewigen Freuden, wo sie sein würden immerdar.
Wie wenig sie das erdachten, wohin ihr Weg ging am End'!
Jetzt haben sie es erfahren. Umgekehrt wären sie gerne.

4. Paradisum, das ist weit hinweg. Dorthin kam niemals irgendwer,
der dann wiederkehrte hierher und uns hätte gebracht die Kunde,
oder hätte euch das gesagt, welch Leben sie dort lebten.
Werdet ihr dort ewig geborgen, ihr müßt euch selbst sein die Boten.

5. Die Welt hier ist so gemacht: Wer sie umarmend an sich zieht,
dem tut sie's so wunderlieb, von ihr los kommt er nimmermehr.
So viel er von ihr gewinnt, er hätte gerne davon noch mehr.
So tut ers bis an sein Ende. Dann hat er nichts – hier wie drüben.

6. Ihr wähnet ewig zu leben hier. Des müßt ihr Rede stehen am End'.
Ihr werdet alle sterben. Da herum könnt ihr nicht kommen.
Der Mensch zergeht in kurzer Weil', so rasch wie die Wimper zusammenzuckt.
Des will ich mich vermessen: ebenso rasch wird er vergessen.

Die Souveränität des Individuums in der Laune seiner Gefühle, auf das Herzog *Wilhelm IX.* von Aquitanien eben noch pochte, ist in der

Tat das ‹reine Nichts›; und die unbekannte Geliebte, zu der es ihn zieht und auch wieder nicht zieht, erscheint in der Beleuchtung des ‹Memento mori› wie die zerrbildhafte Verkörperung höchst ungewisser Paradiese. Autoritär ist das Reden auch hier: Ihr, Ihr, Ihr, sagt der Prediger: Ihr wähnet, Ihr glaubet – und spricht von der Illusion subjektiven Dafürhaltens und eitler Jenseitshoffnungen. Bezweckt wird die Wirkung der französischen Weltgerichtsportale. Der abstrakt angeredete Einzelne soll sich konkret als ‹armes Schwein› erfahren. Auf die Einrichtungen der Welt fällt ein kurzer Blick im zweiten Teil des Gedichts.

II.

7. Gott, der erschuf euch alle. Ihr stammt her von einem Mann.
Da befahl er euch für dies Leben, mit Liebe hier zu verharren.
Auf daß ihr wäret wie ein Mann. Über das seid hinweg ihr gegangen.
Hättet ihr weiter nichts getan, ihr müßtet ewig büßen dafür.

8. Obschon ihr kommt alle von einem Mann, ihr seid doch verschieden
mit vielerlei Künsten, mit großen Heimlichkeiten.

9. Der eine ist weise und ist klug. Dafür wird er verdammt.
Was Recht wäre, das braucht der Arme. Das findet er leider nirgends,
er kaufe es denn sehr teuer. Dafür fahren sie alle zur Hölle.

10. Gedächten sie doch, wie das Ende ergeht!
Sonst fährt unweigerlich man dahin. Sonst ist man dann auf ewig tot.
Weil man, was Recht war, verkaufte, so fährt man hin zur Hölle.
Da muß man ewig drin sein: Gott selbst hat man verschachert.

11. Wenn ihr alle nach dem einen Rechten lebtet, so würdet ihr alle herzugeladen
zu der ewigen Freude, wo ihr immerdar sein solltet.
Doch behaltet ihr das Eine für euch: Deswegen könnt ihr nicht treten ein.
Das Andre gebt ihr den Armen: Ewig müsset ihr draußen stehn.

Die Möglichkeit zum Guten scheint ein für allemal verspielt. Diese Predigt wendet sich gegen alles individuelle Glück. Von ihr aus führt der Weg nur ins Kloster strenger Observanz. Nur Leben in Gemeinschaft und Recht wird als Ausweg bezeichnet. Wohl nur scheinbar spricht der dritte Teil stellenweise von einem individuellen Wohlverhalten als Möglichkeit zum Heil (– besonders deutlich und peinlich in den Zusätzen ( ) –). Jedes ‹Der, Wer, Was› hat allgemeinen Sinn, meint ‹Jeder, Alles das, was›:

III.

12. Wohl ihm, daß er geboren ward, der da gedenket der weiten Fahrt!
Der sich dorthin rüstet, wie Gott selbst es gebot!
Daß er bereit wäre, wenn er seinen Boten sähe.
Dies sage ich wahrhaftig: er kommt doch irgendwann.

13. Kein Mensch, der ist so weise, der die Stunde des Aufbruchs kennte.
Der Tod gleichet dem Dieb: von euch da läßt er nichts hier.

Er ist ein Einebener. Nicht einer ist so edel,
daß er nicht sterben müßte. Dazu kann Geld zu Nutzen nicht kommen.

14. Hat er sein Gut so angelegt, daß er dann aufbricht ohne Furcht:
Bei den schönen Herbergen, da findet er den süßen Lohn.
Was er in dieser Welt nicht gelebt, wie wenig reut ihn das da.
Ihn dünkt dort besser *ein* Tag, dann tausend hier. Das ist wahr!

15. Was er hier weitervererbt, das wird ihm zuteil dort als Übel.
Was er weggegeben, davon darf er ewig zehren.
Er tue das, solange er kann! Hier noch kommt ihm der Tag.
Hat er bis dann nichts getan, so kann ers büßen niemals.

16. Der Mann, der ist nicht weise: Da ist er auf dem Wege.
Einen schönen Baum sieht er stehn. Hin geht er, darunter zu ruhn.
Alsbald befällt ihn der Schlaf da. Er vergißt, wohin er sollte.
Wenn er dann wieder aufspringt, wie groß ist seine Reue!

17. Ihr gleicht alle diesem Mann. Ihr müßt gewißlich von hinnen!
Der Baum bedeutet diese Welt. Ihr habt euch etwas hier versäumt.
Ihr gedachtet, hier zu leben; ihr gedachtet nicht, weiterzureisen!
Die Reise dünkt euch beschwerlich. Ihr kommt her von dort oben.
Dorthin müßt ihr kehren zurück. Das werdet ihr noch erfahren!

(Ihr eilet alle, wohl zu tun. So braucht ihr nicht zu sorgen um den Lohn.)
(Heil dem, der da wohl tut. Es wird ihm reichlich gelohnt.)


Anhangstrophen:

18. Ja, du ganz übeler ‹Mundus›! Wie betrügst du uns so!
Du hältst uns in deinem Gebote. Davon sind wir alle betrogen.
Verlassen wir dich nicht etliche Zeit, wir verlieren Seele und Leib.
Solange wir hier leben, hat Gott uns Entscheidung gegeben.

19. Herr, edeler König! ‹Nobis miserere›!
Du mögest uns geben Einsicht, die kurze Weile, die wir hier sind,
daß wir die Seele bewahren. Denn wir müssen gewißlich hinnen fahren.

Es scheint müßig, diesem Stück, weil es reimt, eine Kunstabsicht nachzu-
rechnen, die sich an einem letztlich klassizistischen Begriff des Aufbaus
orientiert. Die angegebene und herkömmlich angenommene Dreigliede-
rung: Vergänglichkeit der Welt – Verhalten des Menschen – Ziel der Reise,
ist durch schweifende Wiederholungen eher verunklärt. Unregelmäßig
als emphatisches Leitmotiv kehrt einzelnes immer wieder. Es ist eine Predigt, die ästhetische Ausgewogenheit eher verschmäht und den Vers
scheinbar widerwillig annimmt und ihn der Intention nach zerbricht.
Doch in Wahrheit leistet dieser Vers wohl etwas ganz anderes, als der
Prediger meinte. Zunächst aber sucht die Predigt ihren Nachdruck, in
der Konzentration von Metaphern und Motiven, die fast alle schon außerhalb des Gedichts gehört worden waren: in Bibel, Kirchenvätern und
in aktueller Streitschriftenliteratur:

Die verräterische Lieblichkeit der Welt (Str. 1 und 5) ist vorgeprägt in 2. Petrus 1, 4 und Jac. 4, 4. Die große Schar der Toten (Str. 2) läßt sich auf Apoc. 7, 9ff. und 20, 12 beziehen. Das Motiv der Rückkehr aus dem Jenseits (Str. 4) findet sich biblisch im 1. Korintherbrief 2, 9. Das Bild vom Leben, welches so schnell vergeht, wie die Wimper zusammenzuckt (Str. 6), hat seine Wurzel im ‹ictus oculi› des 1. Korintherbriefs 15, 51ff. Das Ende, das da kommt wie der Dieb in der Nacht (Str. 13), ist in den Endzeitreden bei Matth. 24, 43 und von daher noch neutestamentlich mehrfach anderswo. Die Wendung von ‹Gott verkaufen› findet sich als ‹Deum vendere› in der Simonie-Schrift des *Humbert von Silva Candida* (vgl. S. 123f.). Den Wert von Paradieses- und Erdentagen wägt schon Psalm 84, 11. Die Metapher vom Wanderer schließlich ist schon bei *Gregor dem Großen*, und bei *Otloh von St. Emmeram* (ca. 1010–ca. 1070), der selbst ein spätalthochdeutsches Gebet verfaßte, findet sich das Bild des schlimmen Schlafes (Str. 16) am lieblichen Ort der Welt.

Die Besonderheit des Stückes liegt vor allem in der Darstellungsgebärde des redenden Ich, dessen Anrufe oft wirken, als spräche kein Mensch sie, der auch davon betroffen wäre. Die angeredeten Ihrs müssen vor diesem redenden Ich ganz klein sein, können nur ganz klein sein. Dies Prediger-Ich spricht kraft eines höheren Auftrags, wie ein Gerichtsengel, als Sprachrohr Gottes. Dem Anspruch des Individuums bleibt kein Raum. Er wird als solcher negiert. Nur ein gemeinschaftliches Rechttun – «wie ein Mann» heißt es Strophe 7 –, nur solches soll, allenfalls, gelten. Man wird versuchen müssen, diesen, wohl monastischen, Gesellschaftsbegriff ernstzunehmen. Er will die Aufhebung des Subjekts in einer notwendigen Gesellschaft. Doch diese ist keine Gesellschaft eines kollektiven Glücks, sondern eine provisorische Gesellschaft, die dem Zustand der Welt vor dem Gericht angemessen ist. Das Jenseits, von dem gesprochen wird, ist zugleich Herkunftsort und Ziel, trägt aber mit den Vorstellungen von Tag, Nahrung und Wohnung dort die Züge eines anderen Diesseits. D.h. die intendierte monastische Gesellschaft, das Kollektiv eines Rechttuns ohne Glück, ist Gesellschaft vor dem Anderswerden der Welt. Aber: der Vers dieses antiästhetischen Gedichts verheißt mehr als der Wortlaut. Wir werden uns auch ihn in der Form liturgischer Rezitation denken müssen. Das objektiv-autoritäre Sprechen des Ich und die Objektivität liturgischer Rezitation stimmen nur zu gut zusammen. Der monastische Status, mag er als noch so vorläufig bezeichnet sein, ist doch der eines möglichen irdischen Glücks. Das verrät wohl nicht zuletzt die hinzugesetzte Schlußzeile:

(20. Glücklich mögt ihr sein immerdar. Das hat alles gedichtet jener *Noker*).

Dieser *No(t)ker* ist nicht näher bekannt. Sein Stück wurde ‹um 1130› auf freie Blätter einer Handschrift der ‹Moralia in Job› *Gregors des Großen* eingetragen. Die Handschrift stammt aus dem schwäbischen Benediktinerkloster Ochsenhausen bei Biberach, das 1093 gegründet wurde. Dafür, daß es nicht kurz vor seiner Niederschrift entstanden sei, sind zwingende Gründe nicht vorgebracht worden. Vielleicht wurde es gar nicht lange nach der Gründung jenes Klosters verfaßt. Es wendet sich vielleicht an jene Laien, die ihre Burgen in Klöster umwandelten.

## Das Kreuzfahrtlied des ersten Trobadors

In einem seiner Lieder nimmt Herzog *Wilhelm IX.* von Aquitanien Abschied von der Welt. Er tut es, weil die Kirche ihn, der sich an den Burgen und Besitzungen seines Nachbarn, des Grafen *Raimund von Toulouse-St. Gilles*, vergriff, nun seinerseits zu einer bewaffneten Kreuzfahrt verurteilt. Denn man vergreift sich nicht ungestraft am Eigentum der ‹milites Christi›. Wer das tut, wird exkommuniziert und muß Buße leisten. Das Lied des ersten Trobadors geht so:

1. «Weil mich die Lust ankommt zu singen, so will ich einen Versus dichten, der mich traurig macht: nie wieder übe ich Minnedienst, im Poitou so wenig wie im Limousin.

2. Ich ziehe in die Fremde: in große Schrecknis, in große Gefahr, in Kampf. Und ich lasse zurück meinen Sohn. Und seine Nachbarn werden ihm Böses antun.

3. Wie ungern verlasse ich sie, die Herrschaft Poitiers! Der Obhut von *Foucon d'Angers* übergebe ich das Land und meinen Sohn (seinen Vetter).

4. Wenn *Foucon d'Angers* ihm nicht zu Hilfe kommt, und auch der König von Frankreich nicht, von dem ich meine Länder zu Lehen habe, dann hätte er zu fürchten das Schlimmste von vielen Leuten, von verräterischen Gasconen und von Angevinen.

5. Ist er nicht weise und nicht tapfer, wenn ich fort bin, so werden sie ihn bald unterworfen haben, denn sie werden ihn jung und schwach finden.

6. Meinen Nächsten bitte ich um Vergebung, sollte ich ihm jemals Unrecht getan haben, daß er mir verzeihe! Das ist auch mein Gebet an Jesus Christ, den König des Himmels, auf provenzalisch und auf latein.

7. Ich war ein Freund von Ritterstreichen und Freude. Jetzt muß ich mich von beiden trennen, um zu dem zu gehn, bei dem die Sünder ihren Frieden finden.

8. Ich war sehr übermütig und lustig. Aber unser Herr will nicht, daß das länger so bleibt. Jetzt kann ich das Bündel nicht mehr tragen. So sehr geht es mit mir dem Ende zu.

9. Ich habe alles zurückgelassen, was mich bezaubert hat: das ritterliche und prächtige Leben. Weil Gott es will, verzichte ich darauf und bitte ihn, mich unter die Seinen aufzunehmen.

10. Ich bitte meine Freunde, daß sie kommen, alle, nach meinem Tod und große Ehre mir erweisen; denn Freude und Jubel habe ich gekannt, fern und nah und in der eignen Burg.

11. Aber heute verlasse ich Freude und Jubel und ziehe aus den Zobel und das Grauwerk und die kostbaren Pelze» (Lied XI).

In Wahrheit tut der Herzog sein ‹Grauwerk und die kostbaren Pelze› nur einstweilen in eine Kiste. Der Herzog ist nicht irgendein Pilger, nicht irgendein Ritter oder irgendein Graf. Die Chance, daß er vom Kreuzzug wiederkommt, ist für ihn nicht gleich null. Und persönlich hat er diese Chance genutzt. Herzog *Wilhelm* war bei jener Gruppe, die mit dem Deserteur *Stephan von Blois* (vgl. S. 190) 1101 aufbrach. In Kleinasien wurde ihr Heer von den Seldschuken niedergemacht. Nur die Anführer entkamen, *Stephan,* um bei Ramla dann doch den Heldentod im Heiligen Land sterben zu müssen, *Wilhelm,* um 1102 wieder in Aquitanien zu sein. In Sack und Asche ist er hinfort nicht gegangen, vielmehr versuchte er 1114 noch einmal, die Grafschaft Toulouse zu erorbern und hielt sich dort auch einige Jahre lang. 1119 zog er über die Pyrenäen, um *Alphons I.* von Aragon gegen die Mauren zu unterstützen. Erst am 10. Februar 1127 ist er gestorben. Doch das alles macht sein Lied nicht schlechter. Es ist aber auch nicht völlig belanglos. Nur kraft des biographischen Ich kann das poetische Ich so auftreten wie es auftritt. Der Gott des Herzogs wie des Sängers ist mit der lehnsrechtlich verläßlichen Institution der Kirche identisch und die Seligkeit im Himmlischen Königreich steht auch außer Frage, schließlich bleibt ihm der Nachruhm als gewisser Erdenrest. Der Trobador hat als Herzog die Freiheit, sich dergestalt objektivieren zu können. Aber diese objektivierte Freiheit ist dann eben auch für andere greifbar. Der stellenweise larmoyante und reuige Ton kann damit als Rolle, als etwas Bedingtes erscheinen. Und als solches stellt der Trobador es von Anfang an dar: «Weil mich die Lust ankommt ...», – keineswegs kommt ihn die Lust an zum Kreuzzug. Dazu ist er verurteilt worden. Aber er nimmt sich die Freiheit, dann wenigstens auch ein Lied darüber zu machen. Und beharrt auf seinem Teil, wenn er bekennt: «Freude und Lust habe ich nicht gekannt.» Das vergängliche Glück der Welt war nicht nichts für diesen Herrn. Nicht jeder mochte so glücklich sein, das sagen zu können; aber im Prinzip müßte es jeder sagen können. Dies Prinzip ist an andere weitergegeben mit der Veröffentlichung. Von Aufführung zu Aufführung wird die objektivierte Maske als eine Möglichkeit von Freiheit anschaubar.

### *Heilsgeschichte und Reichsgeschichte: Das Anno-Lied*

Wir hörten oftmals singen    von alten Taten,
wie kühne Helden stritten,    wie sie feste Burgen brachen,
wie herzliche Liebe zerging    und wie Königreiche zerfielen.
Jetzt ist es Zeit, daß wir denken,    wie wir selbst einst enden werden.

So stellt gleich die Einleitungsstrophe des deutschsprachigen Annoliedes der für sie unwahren Welt spielmännischer Fiktionen den Gedanken an das eigene historische Schicksal gegenüber. Diese theologische Geschichtsdichtung ist zu Ehren des Kölner Erzbischofs *Anno* verfaßt, jenes *Anno,* der 1062 durch Kindesraub den jungen *Heinrich IV.* in seine Erziehung und die Reichsregierung in seine Hände gebracht hatte, bis er dann doch durch seinen hochadeligen Pair, den Erzbischof *Adalbert von Bremen,* verdrängt (vgl. S. 126ff.) und von der Kölner Bürgerschaft verjagt worden war. 1075 starb er in dem von ihm gegründeten Kloster Siegburg im Geruch der Heiligkeit, und aus diesem Kloster scheint das frühmittelhochdeutsche Anno-Lied zu stammen. Dessen Bedeutung liegt weder in der Sprache, noch im Vers, noch in einem einzelnen glücklichen Wortlaut, sondern in der Komposition des Ganzen. Zweimal durchmißt das Gedicht den Lauf der Weltgeschichte, ein dritter Teil ist dem damals noch nicht ‹heiligen› *Anno* gewidmet. Vom Anbeginn der Welt bis zum *Heiligen Anno* geben sechs knappe Strophen die ‹Historia divina› des ersten Teils:

(2) Dreifaltig ist die Welt, die Gott schuf. Temporal ist sie und spiritual. Der Mensch Gottes aber gehört beiden Reichen an, ist ‹corpus unde geist›. Er ist die dritte Welt.

(3) Luzifers Hochmut brachte ihn zu Fall. Dann erschuf Gott die Welt. Aber die beiden edelsten Geschöpfe Gottes, Engel und Mensch, wandten sich in die Torheit. Von daher kam alles Leid in die Welt.

(4) Fünf Weltalter sind seither zur Hölle gefahren. Da sandte Gott seinen Sohn, welcher uns brachte die Erlösung der Taufe.

(5) Christus erhob die Siegesfahne des Kreuzes, sandte zwölf Apostel in alle Lande. Und deren Schüler wirkten weiter.

(6) Die Franken, welche von den Trojanern abstammen, haben allen Grund, Gott zu danken, daß er ihnen gar manchen Heiligen sandte, der sie mit der Erlösung bekannt machte. Zuletzt erschien in Köln der Heilige *Anno.*

(7) Erzbischof von Köln wurde er und regierte das Reich, die deutschen Lande. Er war der tüchtigste, der je an den Rhein kam. Köln wurde durch ihn geehrt.

Der zweite Teil, 25 kurzgefaßte Strophen, gibt ein Bild von der ‹Historia terrena›, von *Ninus* über *Caesar* und *Petrus* bis hin zu *Anno.* 4 Strophengruppen untergliedern ihn.

1. (Strophen 8–10): Die Zeit von *Ninus,* dem Gründer Ninives, bis zu *Daniel.*
2. (Strophen 11–17): Die Vision des *Daniel* und ihre historische Deutung.

(11) «Im ersten Jahr Belsazers, des Königs zu Babel, hatte *Daniel* einen Traum und Gesichte auf seinem Lager. Und er schrieb den Traum auf und verfaßte ihn also: Ich, Daniel, sah ein Gesicht in der Nacht, und siehe, vier Winde unter dem Himmel stürmten widereinander auf dem großen Meer. Und vier große Tiere stiegen herauf aus dem Meer, ein jedes anders denn das andere. Das erste war ein Löwe und hatte Flügel wie ein Adler. Ich sah zu, bis ihm die Flügel ausgerauft wurden; und es ward von der Erde aufgehoben, und es stand auf zwei Füßen wie ein Mensch, und ihm ward ein menschlich Herz gegeben» (Dan. 7, 1–14).

(12) Diese Vision wird im Anno-Lied gedeutet auf das babylonische Weltreich, welches verging.

(13) Daniel fährt fort: «Und siehe, das andere Tier hernach war gleich einem Bären und stand auf der einen Seite und hatte in seinem Maul unter seinen Zähnen drei große Zähne. Und man sprach zu ihm: Steh auf und friß viel Fleisch!» (Daniel 7, 5).

(14) Dies bedeutet nach dem Anno-Lied das Perserreich, welches verging.

(15) «Nach diesem sah ich, und siehe, ein anderes Tier, gleich einem Parder, das hatte vier Flügel wie ein Vogel auf seinem Rücken; und das Tier hatte vier Köpfe, und ihm ward Gewalt gegeben» (Dan. 7, 6). Dies ist das Weltreich *Alexanders* des Großen, welches verging.

(16–17) «Nach diesem sah ich ein Gesicht in der Nacht, und siehe, das vierte Tier war greulich und schrecklich und sehr stark und hatte große, eiserne Zähne und fraß um sich und zermalmte, und das übrige zertrats mit seinen Füßen...» (Dan 7,7). Dies als ‹Eber› bezeichnete Tier wird auf das Römerreich gedeutet.

3. (Strophen 18–30): Geschichte Roms von *Julius Caesar* bis zu *Petrus*.

(18) Der Eroberung Germaniens durch *Caesar* in der Darstellung des Anno-Liedes geht vorauf eine Charakteristik der Schwaben (19), der Baiern (20), Sachsen (21) und Franken (22–23). Mit Hilfe der Germanen erobert *Caesar* Rom (24–28). In der Zeit des *Augustus* werden die Städte Augsburg, Mainz und Köln gegründet (29–30).

4. (Strophen 31–32): Christus wurde geboren. Der Heilige *Petrus* eroberte Rom und sandte die Frankenapostel nach Köln.

Wie die 7. Strophe des ersten Teils ihr Ziel in Erzbischof *Anno* hatte, so mündet der zweite Teil bei der 33. Strophe in den dritten, dessen Thema wieder *Anno* ist. 33 galt als Christus-Zahl, denn 33 Jahre war der Herr auf Erden gewandelt. Wenn *Anno* jetzt in der 33. Strophe auftritt, so heißt das, daß er wie Christus als wahrer Priester gewirkt hat. Es heißt aber wohl auch, daß er ein Herrscher war im Königreiche Christi. Aber die Strophe selbst betont ihre Zahl: *Anno* ist der 33. Kölner Bischof. Zugleich aber wird ihm die heilige Siebenzahl zugeordnet: *Anno* bereits mitgerechnet, sind 7 von den 33 Kölner Bischöfen Heilige gewesen! Gäbe es ein symbolkräftigeres Argument dafür, auch den 33. Bischof als 7. zu kanonisieren? Denn dies ist wohl die Absicht der ganzen Anno-Dichtung: der Heiligsprechung ihres Helden vorzuarbeiten. (Aber erst 1183 wurden seine Gebeine erhoben.) Allerdings, eines gehört noch notwendig zu einem Heiligen: die Wunder. Und so berichtet denn der dritte Teil von *Anno* 1. als Reichs- und Kirchenfürst (Strophen 34–40), 2. von *Annos* Vision und Tod (Strophe 41–45), 3. von einem Wunder am Grabe *Annos* (Strophen 46–48). Es war wohl zum Zeitpunkt der Abfassung des Gedichts noch das einzige *Anno*-Wunder. So also sieht jetzt um 1100 ein Autor in Deutschland Weltgeschichte.

Die historische Gegenwart wird in der Konstruktion des Anno-Liedes abgebogen von der imperialen Weltgeschichte. Von *Caesar* aus hätte die Linie der Tradition im Sinne der Lehre von der ‹Translatio Imperii› (vgl. S. 20. 79. 88 f.) zu Franken-, Sachsen- und Salierkaisern verlaufen müssen. Das Anno-Lied aber lenkt die Traditionskette gleich bei *Augustus* auf *Petrus* um und bestätigt so die durch *Gregor VII.* vollzogene ‹Translatio Imperii› auf die Ecclesia (vgl. S. 129 f.). Das Unheil der Gegenwart geht auf in der gewaltigen Perspektive der ‹Gesta Dei›. Von *Heinrich IV.* heißt es im Anno-Lied:

«Dann erhob sich jener böse Streit,/ der manch einen das Leben kostete,/ als nämlich dem vierten *Heinrich*/ das Reichsregiment verwirrt ward./ Mord, Raub und Brand/ zerstörten Kirchen und Land/ von Dänemark bis nach Apulia,/ von Kärlingen (= Lothringen) bis nach Ungarn./ Denen vermochte niemand zu widerstehen,/ selbst wenn sie sich recht und einig verhielten./ Solches bewirkten große Kriegszüge/ gegen nächste Verwandte und Freunde./ Das ganze Reich kehrte sein Schwert/ gegen die eigenen Eingeweide./ Mit der ‹siegreichen Rechten›/ besiegte es sich selbst,/ so daß der Getauften Leichname/ unbestattet da lagen, hingeworfen/ als Aas den bellenden,/ den grauen Waldhunden./ Als er solches nicht mehr ansehen konnte,/ verdroß es den Heiligen *Anno*, noch länger zu leben» (Str. 40).

In den beiden dann folgenden Strophen zieht *Anno* geradewegs ins Paradies, wo ein Thron für ihn bereit steht.

Die Gestalt des heiligen Bischofs soll den Blick auf das gegenwärtige Unheil abdecken, welches dennoch die Bedingung der Möglichkeit für dieses Lied ist. Und durch allen Lärm des Investiturstreites dringt, so scheint es, ein Reflex jenes anderen europäischen Ereignisses hinein, an welchem der gebannte Kaiser und sein Reich nicht teilnehmen konnten. Denn da sind die beiden Zeilen:

Daz di gidouftin lichamin          Daß der Getauften Leichname
vmbigravin ci worfin lagin.        unbestattet dahingeworfen lagen.

Das will als Vorstellung nur möglich scheinen vom Gegenbild der Leichen der Ungetauften, die durch die Berichte der Jerusalemfahrer eindrücklich bekannt geworden sind.

Das führt auf die Fragen der Datierung. *Anno* starb 1075. Eine erste Lebensbeschreibung gab der königsfeindliche Geschichtsschreiber *Lambert* im reichsfreundlichen Kloster *Hersfeld*. Die weltgeschichtliche Perspektive ist auch dort, nur härter. 1105 wird eine ausführliche lateinische Anno-Vita verfaßt. Sie beruht auf *Lamberts* ‹Annalen›, ob auch auf dem Anno-Lied, ist nicht sicher. Weil *Heinrich IV.* ohne Titel genannt wird, hat man das frühmittelhochdeutsche Gedicht zur Zeit des Gegenkönigtums (1077–1088) verfaßt gedacht. Aber *Heinrich IV.* starb 1106 als Exkommunizierter und war ‹Kaiser› nur aus der Hand eines Gegenpapstes. Wegen der «gidouftin lichamin» möchte ich an eine Entstehung nach dem 1. Kreuzzug, etwa gleichzeitig mit der ‹vita Annonis›, um 1105 denken. Die einzige Handschrift ist nicht erhalten. Der Barockpoet *Martin Opitz* hatte sie wohl unter seinen Papieren, als er 1639 in Danzig an der Pest starb. All seine Hinterlassenschaft wurde verbrannt. So ist das Gedicht vollständig nur bekannt durch den buchstabengetreuen (‹diplomatischen›) Abdruck, den *Opitz* wenige Wochen vor seinem Tod im Druck veröffentlichte.

Daß das politische Schicksal des deutschen Caesarentums zugleich von theologisch-welthistorischer Relevanz ist, lastet wie ein Alpdruck auf der deutschen Geschichte und gibt auch den ersten Schritten vulgärsprachlicher Dichtung hier einen grüblerisch-schweren Gang. Denn an der Fortführung des Römischen Imperiums hing ja das Schicksal der Welt, welche solange dauern sollte wie das Imperium Romanum dauerte. Mit dem Ende dieses Imperiums, das man jetzt mit Händen zu greifen meint, kündigt sich das Ende der Welt an. Noch ein halbes Jahrhundert später, als in Südwest-Frankreich bereits die dritte Trobador-Generation dichtet und *Chrestien de Troyes* geboren ist, hat sich die drohende Wolke des Endgerichts über dem Reich nicht verflüchtigt. Noch zwischen 1143 und 1146 schreibt *Otto von Freising:*

> «Wieder und wieder lese ich die Geschichte der römischen Könige und Kaiser; aber vor *Heinrich IV.* finde ich keinen einzigen unter ihnen, der vom römischen Pontifex exkommuniziert oder abgesetzt worden wäre. ...
>
> Kurz, soviel Unheil, so viele Spaltungen, so viele Gefahren für Leib und Seele bringt der Sturmwind dieser Zeit mit sich, daß er allein ausreichen würde, durch die Unmenschlichkeit der Verfolgung und deren lange Dauer den ganzen Jammer des menschlichen Elends zu enthüllen» (Chr. V, c. 35 und 36).

Für *Otto von Freising*, den Enkel *Heinrichs IV.* und Oheim *Barbarossas*, ist mit dem Bannfluch über den römischen König *Heinrich* die Periode der ‹fast einen Civitas permixta›, d. h. der Einheit von Imperium und Ecclesia zuendegegangen. ‹Civitas terrena› und ‹Civitas divina› stehen sich erneut gegenüber – ein Vorzeichen des nahenden Endes. Der westfränkische Teil des Karlsimperiums, das jetzt capetingische Frankreich, war frei geblieben von dem ins Finstre führenden Translatio-Mythos. Dort wird sich gerade jetzt, im anhebenden XII. Jahrhundert, ein Begriff der Nation von sich selbst und ein eigener Königsmythos ausbilden, von der ‹dulce France›, wie sie in der ‹Chanson de Roland› heißt, und von ‹Monseigneur Saint Denis›, dessen Lehnsfahne der König trägt. In Deutschland hingegen findet sich keine nationale Geschichtsschreibung, sondern ein Grübeln über den Rhythmus der Zeitlichkeit im göttlichen Plan der Geschichte. Etwa gleichzeitig mit dem Geschichtswerk *Ottos von Freising* wird in Regensburg die deutschsprachige ‹Kaiserchronik› entstehen. Sie zeichnet die Geschichte der ‹Civitas terrena› von *Julius Caesar* bis zu *Konrad III.* auf und urteilt über die Kaiser nach ihrem Verhalten zur ‹Civitas divina›. Auch hier wird die Zeit *Heinrichs IV.* behandelt als die Periode des Zwiespalts zwischen Gottesreich und Weltstaat. Das große europäisch-ritterliche Ereignis dieser Zeit, den ersten Kreuzzug, berichtet sie wie eine ferne Mär. Das Bewußtsein in Deutschland konnte von seinem historischen Vorbegriff aus daran nur passiven Anteil nehmen. *Gottfried von Bouillon* ist für die ‹Kaiserchronik› der Held: «Seine Seele ist im Himmelreich. Dort beim Heiligen Grabe, dort ruhen seine Gebeine» (16 785 ff.). Und dann kommt der Sprung, der die deutsche von der europäischen Geschichte trennt: «Nun sollen wir wieder anheben von dem Kaiser *Heinrich* zu sprechen ...». Und der Chronist berichtet von dem verräterischen Kampf zwischen Vater und Sohn, vom Bürgerkrieg zwischen *Heinrich IV.* und *Heinrich V.:* «Daz rîche begunde sich dô tailen,/ die phaffen unt die laien» (16 860). Von *Heinrich V.*, dem Sohn und Nachfolger aber heißt es: «Der chuninc rait dô in dem lande/ mit roube unt mit

prande» (16 904). Von ihm wird der Abt *Suger von Saint Denis*, der
‹Erfinder der Gotik›, in seiner ‹Vita Ludovici grossi regis› um 1140
schreiben: «Imperator ergo theutonicus... de die in diem declinans» –
«Der deutsche Imperator aber siechte von einem Tag auf den andern
dahin».

DRITTER TEIL

# WANDERUNG DER WELTGESCHICHTE
# NACH FRANKREICH

# TRANSLATIO HUMANAE POTENTIAE NACH FRANKREICH

## A. DER KÖNIG VON FRANKREICH

Der Satz des Abtes *Suger* von Saint Denis bezog sich ausdrücklich zwar nur auf ein bestimmtes politisches Unglück Kaiser *Heinrichs V.*, dessen Konsequenz in seinen Augen nur der plötzliche Tod des Imperators sein konnte. Aber es bezeichnete diese Wendung der Dinge zugleich als schicksalhaft. Mit seiner ganzen Haltung bezeugt das Dictum indes mehr, nämlich das Bewußtsein von der wachsenden Kraft des französischen Königtums in den Jahren nach dem 1. Kreuzzug. Der Abt mochte dies als nicht minder schicksalhaft empfinden. Beides jedoch, königliches Heil wie kaiserliches Unheil, will uns als Funktion jenes Vorgangs erscheinen, den wir mit dem frühmittelhochdeutschen Anno-Lied als ‹Translatio imperii› auf die ‹Ecclesia sacra› vorgestellt hatten. Es waren, wie auch immer verwirrte, emanzipatorische Interessen verschiedenster Art, die der Kampf der Reformkirche um ihre politische Selbstbestimmung freigesetzt hatte. Dabei mußte aber das abstrakte Selbst dieser Kirche, das aus göttlicher Vollmacht über sich und das Kirchenvolk verfügen zu können meinte, sich als etwas durchaus Nichtidentisches erweisen, auch in seiner Auseinandersetzung mit dem Kaiser.

### Das Unheil des Imperators

*Heinrich V.* hatte seinen Vater gestürzt, um endlich Frieden mit den Fürsten und mit der Kirche zu finden. Aber je mehr er seine Macht konsolidierte, desto mehr sah er sich gedrängt, den Weg *Heinrichs IV.* fortzusetzen. Er konnte nicht verzichten auf die Verfügungsgewalt über die Investitur der Bischöfe, ohne deren Hilfe das Reich nicht zu regieren war. 1111 erschien er mit einem Heer in Italien, zu Romfahrt und Kaiserkrönung. Papst *Paschalis II.* kam ihm mit einem Vermittlungsvorschlag entgegen, welchen man der asketischen Weltfremdheit seines Charakters zuzuschreiben pflegt.

Feierlich wollte er auf jede Macht für die kanonisch gewählten Bischöfe verzichten. Alle Regalien sollten an den König zurückfallen. Feierlich sollte auch der König seinerseits das Recht, die Bischöfe seines Reiches einzusetzen, aufgeben.

– Dieser Vertragsentwurf von Sancta Maria in Turri schien sich an jenem Jesuswort zu orientieren, das auf die pharisäische Versuchung geantwortet hatte: «Gebet dem Kaiser, was des Kaisers ist, und Gott, was Gottes ist» (Mk. 12, 17). Dabei hatte sich Jesus sehr wohl gehütet, bei dieser Gelegenheit (vgl. aber Mt. 6, 24) zu bestimmen, ob es überhaupt etwas Nennenswertes war, was des Kaisers sein konnte, in einer Welt, die in ihrer bestehenden Gestalt für Jesus überhaupt indiskutabel war, und für deren Menschen das einzige Heil in vollkommener Umkehr und im Trachten nach dem Reich Gottes lag (Mt. 6, 33). Aber dieser Begriff konnte nicht mehr vorstellbar sein in einem Zusammenhang, wo Verwirklichung soviel hieß wie Verweltlichung, und wo der Gegensatz von Verweltlichung Vergeistlichung geworden war. Die Kirche, um die es im Vertragsentwurf von Sancta Maria in Turri ging, war eine Personengruppe mit genau definierbaren Interessen und der Papst in ihr nicht so allein, wie er sich vielleicht vorstellen mochte.

Bekanntgegeben wurde der Vertrag am 12. Februar 1111, als alles in St. Peter zur Kaiserkrönung bereitstand. Fürsten wie Bischöfe waren gleichermaßen empört. Der Papst hatte die Kirche ihrer weltlichen Macht und den Kaiser seines Investiturrechts beraubt. Dieser aber wäre durch die an ihn zurückfallenden geistlichen Herrschaftsgebiete mächtigster Territorialherr im Regnum geworden, vor allen Fürsten. Tumult erstickte die begonnene Krönung. *Heinrich V.* schob alle Verantwortung für den Vertrag auf den Papst und führte ihn schließlich gefangen mit sich fort; denn er hätte sehr wohl ein Interesse an einer Emanzipation der Königsgewalt von der Kirche wie von den Fürsten gehabt. Der Begriff des Papstes von einer Freiheit der Kirche von der Welt, in all seinen Konsequenzen damals schwerlich erkennbar, war nach Lage der Dinge eine politische Unmöglichkeit, was der ‹Einspruch der Bischöfe› *(Otto von Freising)* dem Papst bewies, der den Vertrag nicht einhalten durfte. Das dem gefangenen *Paschalis* in Ponte Mammolo abgezwungene neue ‹Privileg› stellte die Trennung von Geistlichem und Weltlichem wieder in gewohnter Weise dar.

Zuerst kanonische Bischofswahl, dann königliche Investitur mit Ring und Bischofsstab, dann kirchliche Weihe des Bischofs.

Es ermöglichte endlich am 13. April 1111 die Kaiserkrönung *Heinrichs V.*, wenngleich die Reformpartei an der Kurie mit dem königlichen Recht der Ring-und-Stab-Investitur sich nicht zufrieden geben konnte. Mehr als 10 Jahre politischer und juristischer Kämpfe führten dann schließlich zu einem Frieden mit der Kirche im Wormser Konkordat vom 23. September 1122.

Auf die Verleihung der Symbole von Ring und Stab mußte der Kaiser verzichten. Er belehnte in Deutschland die Bischöfe nach ihrer kanonischen Wahl durch das laikale Szepter. Dann wurden sie kirchlich geweiht. Die Wahl sollte in Anwesenheit des Königs oder seines Bevollmächtigten stattfinden. Bei Uneinigkeit der Wählenden sollte der König für die ‹sanior pars› entscheiden dürfen – aber nicht in Burgund und Italien. In diesen Reichsteilen durfte der König die bereits Gewählten und Geweihten nur nachträglich mit dem Szepter belehnen.

Nur für Deutschland hatte der Kaiser die Herrschaft über die Kirchenfürsten einigermaßen wahren können.

Dort aber standen ihm zugleich die partikulären Interessen der Laienfürsten gegenüber. Seit der Investiturstreit das Kaiser- und Königsamt seiner sakralen Würde entkleidete, der gemäß der Caesar das ‹Heil der Völker› (vgl. S. 76) herbeizuführen hatte, war er ein weltlicher Herrscher
wie andre auch. Die säkularisierte Funktion seines Amtes war nur mehr
die Koordination der von ihm nominell abhängenden Gewalten, vor allem
derjenigen der Herzöge. Sie waren dem König an konkreter Macht oftmals
überlegen. Dies nötigte *Heinrich V.* zu vielfältigen Rücksichtnahmen und
nicht selten unglücklichen Entscheidungen. Denn die Interessen der Herzöge emanzipierten sich zusehends von denen der Krone. Sie waren auf
den Ausbau zusammenhängender Gebietsherrschaften gerichtet. Das
Streben nach völliger Verfügungsgewalt im herzoglichen Jurisdiktionsbe-
reich führte zu einer Differenzierung des Feodalismus im Regnum.

Von einem ‹extensiven Feodalismus› ließe sich im Fall des Sachsenherzogs
*Lothar von Süpplingenburg* (oder Supplinburg) sprechen. Er versuchte seine territoriale Machtgrundlage, die auf seinem privaten Grundbesitz um den Harz beruhte, nach Osten hin zu erweitern, ins Slavenland jenseits von Elbe und Saale.

Von einem eher ‹intensiven Feodalismus› könnte namentlich bei den süddeutschen Herzögen die Rede sein, die ihren unmittelbaren Territorialbesitz durch
Rodung und Erwerbung fremder Lehen in ihrem Gebiet zu vermehren trachteten.

In denselben Bahnen bewegte sich der Versuch *Heinrichs V.*, das allenthalben zerstreute Reichsgut zu konzentrieren und durch Ministeriale einheitlich zu verwalten. Auch in dieser Hinsicht ging er einen von seinem
Vater eingeschlagenen Weg weiter (vgl. S. 158 f.). Zwar bildeten sich
auf diese Weise allmählich Schwerpunkte königlichen Grundbesitzes heraus, aber kein zusammenhängendes Königsterritorium, das wie in Frankreich Kernstück eines Flächenstaates hätte werden können. Wie sein Vater
hat *Heinrich V.* die auch in Deutschland aufblühenden Städte zu fördern
und auf seine Seite zu bringen versucht. Das heißt aber zugleich, daß
er sie den bischöflichen Stadtherren entfremden half.

Speyer und Worms erhielten 1111 und 1114 wichtige Privilegien, die sie von
ihren Bischöfen unabhängig machten. Die Kölner hatten sich 1112 ähnliche Rechte
gegen ihren Bischof selbst erzwungen.

Aber in Deutschland hat, anders als in Frankreich, die königliche Städte-
politik nur eine partikuläre Emanzipation gefördert. Der Königsherrschaft
konnten die Städte nicht wirklich integriert werden.

Als *Heinrich V.* versuchte, sächsisches Königsgut in seine Ministeria-
lenverwaltung einzubeziehen, empörte sich Herzog *Lothar von Süpplingenburg.* 1115 wurde der Kaiser am Welfesholz bei Mansfeld geschlagen
und mußte aus Sachsen fliehen. Im Norden und Osten des Reiches war
in Wahrheit der Sachsenherzog König, eine Macht, die später an die Welfen übergehen sollte. Aber damals standen Welfen und Staufer im Süden
des Regnums noch gemeinsam zur Krone. *Friedrich II. von Staufen,* der
Vater *Barbarossas,* hatte das Herzogtum Schwaben. Seinen Bruder *Kon-*

rad belehnte der Kaiser mit dem Herzogtum Ostfranken, der Landschaft um Würzburg, wo hundert Jahre später *Walther von der Vogelweide* sein Lehen erhalten sollte. Beide Staufer bestellte *Heinrich V.* zu seinen Vertretern im Regnum, als er 1116 zum zweiten Mal nach Italien zog, um die Erbschaft der Markgräfin *Mathilde von Tuszien* anzutreten. Mit der Toscana belehnte er den Bayernherzog *Welf V.*, der wie alle bayerischen Welfen eigentlich ein Sproß des italienischen Fürstenhauses *Este* war. Als *Welf* 1120 starb, erbte sein Bruder *Heinrich der Schwarze* Bayern und Tuszien. Dessen Sohn, *Heinrich der Stolze,* der Vater *Heinrichs des Löwen,* wird dann auch noch das sächsische Herzogsamt und die Privatgüter *Lothars von Süpplingenburg* erwerben und die welfische Fürstenmacht wird sich von der Nordsee bis zum tyrrhenischen Meer erstrekken. Kein König sollte in Deutschland je über eine solche territoriale Machtgrundlage verfügen können. Man könnte sogar sagen, daß auf verschlungenen Wegen und unwissentlich *Heinrich V.* auch der späteren welfischen Verbindung zu England den Weg bereiten half.

1120 war der einzige Sohn König *Heinrichs I.* von England bei der Überfahrt über den Kanal ertrunken – ein Ereignis, dessen symbolischer Sinn (vgl. S. 41) die Chronisten noch lange beunruhigte. Erbe des anglonormannischen Reiches war jetzt die englische Königstochter *Mathilde,* die Gemahlin Kaiser *Heinrichs V.* Dieser ergriff die Gelegenheit, die Sache seines englischen Schwiegervaters zu der seinen zu machen: den Kampf mit dem König von Frankreich. 1124 marschierte er mit einem Heer auf Reims. Aber von Saint Denis aus zog ihm der französische König *Ludwig VI.* entgegen. Kaiser *Heinrich* mußte zum großen Jubel der Franzosen zurückweichen. Wenige Monate später, am 23. Mai 1125, ist er 44jährig in Utrecht an einem Krebsleiden gestorben, kinderlos. Die damals 22jährige Kaiserinwitwe *Mathilde* (geb. 1103), Erbin des englischen Königs, wurde 1128 mit *Gottfried von Anjou-Plantagenet* vermählt. Ihr Sohn aus dieser Ehe, *Heinrich II.,* wird (1154–1189) der größte englische König des Mittelalters sein. Für den heillosen ‹Imperator theutonicus› aber war ihr Schoß unfruchtbar geblieben. Mit *Heinrich V.* erlosch das salische Königshaus in direkter Linie. Zum deutschen König wurde der mächtige Sachsenherzog *Lothar von Süpplingenburg* gewählt. Die Wahlstimme des Bayernherzogs hatte er sich nur dadurch zu verschaffen gewußt, daß er dessen Sohn, *Heinrich den Stolzen,* mit seiner einzigen Tochter *Gertrud* verlobte. Dies war so gut wie ein Thronfolgeversprechen. Nach solcher Vorbereitung konnte in Mainz die tumultuarische Wahl *Lothars III.* vom 25. August 1125 am 30. mit klarerem Ergebnis wiederholt werden. Als Beobachter bei der Königswahl war der Abt *Suger* anwesend, jener Mann, der vom Dahinsiechen des deutschen Kaisers gesprochen hatte, als er den Erfolg des französischen Königs im Jahre 1124 berichtete.

## Das Heil des Königs von Frankreich

In seiner zwischen 1138 und 1145 abgefaßten ‹Vita Ludovici grossi regis› hat der Abt geschildert, wie auf die Nachricht hin, der römische Kaiser rücke mit Heeresmacht gegen die französische Nordgrenze vor, *Ludwig VI.* zum Kloster St. Denis vor den Toren von Paris gezogen sei.

«Verschiedenerlei», so schreibt er, «... hatte den König gelehrt, daß St. Denis, der Heilige Dionysius, der besondere Schutzherr und nach Gott der Schirmer ohnegleichen des Königreiches ist» (220).

In St. Denis läßt der König die Reliquienschätze der Abtei auf den Altären ausstellen. Er selbst nimmt die Fahne des Heiligen Dionysius vom Altar auf als Zeichen seiner Lehnsabhängigkeit von diesem mächtigen Heiligen. Es ist jene Fahne, welche mittelalterliche Begeisterung und moderne Historiographie später mit der epischen ‹Oriflamme› *Karls* des Großen gleichsetzen werden. Dem Heiligen Dionysius befiehlt der König sich und sein Reich, läßt Botschaft ergehen an alle seine Lehnsleute, und sie kommen, selbst von weither. *Wilhelm IX.,* der Trobador, kommt aus Aquitanien und *Fulko von Anjou* kommt. Der *Graf von Troyes* vergißt seine Fehde und erscheint mit seinem Heeresaufgebot. 10000 Ritter, heißt es, bringt der *Graf von Flandern.* Hügel und Ebenen um Reims sind von einem riesigen Heer aus Rittern und Fußvolk bedeckt (220ff.).

Als Kaiser *Heinrich V.* sich zurückzieht, hat sich das Heil des Königs von Frankreich in der Begeisterung aller bestätigt.

Vielleicht war das, was 1124 geschah, an sich kaum der Rede wert, und der todkranke Kaiser wäre ohnehin umgekehrt. Aber das ‹wirklich Geschehene› erhielt seine Wirklichkeit nicht zuletzt durch die Perspektive, in die es der Geschichtsschreiber *Suger* rückte. Und so galt denn, was er schrieb:

«Ob man unsere heutige Zeit betrachtet oder weit zurückschaut in die Vergangenheit, nie hat Francia einen glänzenderen Erfolg errungen als diesen, nie seine Macht ruhmreicher entfaltet, als indem es die Kräfte aller seiner Glieder zusammenfaßte in dem einen und einzigen Augenblick, da es über den römischen Kaiser und den englischen König ... triumphierte. Künftighin aber, nachdem Schweigen geboten war dem Hochmut seiner Feinde, ‹da verstummte ringsum der Erdkreis› (1. Makk. 1, 3)» (230). –

«Hocherfreut und demütig kehrte der König zurück an den Ort seiner heiligen Beschützer, der Märtyrer (St. Denis und seiner Gefährten Rusticus und Eleutherius), denen er nächst Gott zu danken wußte, und führte ihnen die Krone seines Vaters wieder zu, die ihnen unrechtmäßig vorenthalten worden war, denn von Rechts wegen gehören alle (Kronen der verstorbenen Könige) jenen (Heiligen von St. Denis)» (226). –

Von Kaiser *Heinrich* aber heißt es, er sei binnen Jahresfrist gestorben, weil die Unruhe, die er gestiftet, so viele Reliquien aus dem Schlummer gerissen (228).

Das solchermaßen beschriebene nationale Wunderzeichen der Heiligen von St. Denis dokumentierte, jedenfalls im Augenblick der Niederschrift, das Sendungsbewußtsein von französischem Königtum und französischer Ritterschaft. Gleichzeitig spricht *Otto von Freising* in seiner 1143–1146 abgefaßten ‹Chronica› von einer ‹translatio humanae potentiae› aus dem Orient in den Okzident, und *Chrestien de Troyes* wird in den 1170er Jahren im Cligès-Prolog die Überzeugung ausdrücken, daß ‹chevalerie›, die Wirklichkeit vorbildlichen Rittertums, auf ihrer weltgeschichtlichen Wanderung von Griechen und Römern her nunmehr in Frankreich angekommen sei. Das seiner einzigartigen sakralen Rolle beraubte und geistlich wie politisch geschwächte Caesarentum gab zugleich auch den Raum frei für ein historisch seiner selbst bewußtes, ja sakrales französisches Königtum.

Mit solchem éclat debütiert, nach der Stilisierung *Sugers,* das französische Königtum in der europäischen Geschichte. Von den Capetingerkönigen vor *Ludwig VI.* pflegt man nur zu wissen, daß sie bedeutungslos waren. Aber gerade dadurch, daß sie durch keine außerordentlichen Aktionen die Aufmerksamkeit der Mitwelt und den Neid der übrigen französischen Fürsten weckten, hatten sie auf zunächst unmerkliche Weise dem französischen Königtum das Fundament legen, es zur Erbmonarchie machen können. *Hugo Capet* (987–996) war durch Wahl vom Herzog von Franzien zum König aufgestiegen. Aber der ‹König von Frankreich› war ein Titel. Im übrigen war sein Träger ein Herzog wie die andern Herzöge auch. Er hatte von Gott das Königreich Frankreich zu Lehen wie die Großen ihre Herzogtümer und Grafschaften vom gleichfernen ‹König von Frankreich›. Noch im Jahr seiner eigenen Wahl hatte *Hugo Capet* seinen Sohn *Robert* (996–1031) zum Mitkönig erhoben, und kaum war ihm dieser – ohne Wahl, nur durch Krönung – im Königsamt nachgefolgt, so hatte er mit seinem Sohn *Heinrich* (1031–1060) das gleiche getan.

> Zwar widersetzten sich die Großen zunächst dieser Entscheidung, weil sie angeblich den jüngeren Sohn *Robert* lieber auf dem Thron gesehen hätten. Aber schließlich gaben sie nach, denn die Differenz war nicht wirklich belangvoll; und da sie selbst in ihren Landen darauf sahen, daß der jeweils älteste Sohn Nachfolger wurde, mochten sie auch dem französischen König das Primogeniturprinzip einräumen.

So wurde dann auch unter *Heinrich* wiederum der älteste Sohn *Philipp* (1060–1108) Mitregent. Mit großer Feierlichkeit ließ ihn sein Vater 1059 in Reims krönen und unmittelbar vorher pro forma ‹wählen›. Es war dies die letzte ‹Wahl›. Ihre Rechtskraft war von der symbolschweren Krönungshandlung bereits aufgesogen worden. Künftig war nur noch diese Königsweihe verbindlich. Aber daß es mit ihr eine besondere Bewandtnis hatte, zeigte sich, als *Ludwig VI.,* der Held von 1124, seinem Vater *Philipp* nachfolgte. Dieser hatte ihn formlos als ‹rex designatus› in seinen Urkunden mitangeführt. Als König *Philipp* am 29. Juli 1108 plötzlich starb, brauchte *Ludwig VI.* sich nur noch krönen zu lassen. Diese Handlung nahm bereits am 3. August der Erzbischof von Sens in Orléans vor, denn Eile war geboten.

König *Philipp* hatte nämlich seine erste Gemahlin verstoßen und nach deren Tod seine Geliebte, die Herzogin von Anjou, geheiratet – gegen den Willen der Kirche und des Thronfolgers. Jetzt bestand Gefahr, daß ein Sohn dieser zweiten Ehe die Krone beanspruchte.

Aber daß König *Ludwig VI.* seine Krönung in Orléans durch den Erzbischof von Sens hatte vollziehen lassen, beanstandete der Erzbischof von Reims. Denn dieser beanspruchte, daß allein Reims der rechtsgültige Krönungsort sei, weil hier der Heilige *Remigius* nicht nur die Taufe, sondern auch die Königsweihe des ersten Frankenkönigs *Chlodwig* vorgenommen hatte. Der berühmte Jurist Bischof *Ivo von Chartres,* im Rechtsstreit um ein Gutachten befragt, trat freilich für die Rechtmäßigkeit der Krönung von Orléans ein, an welcher er schließlich selbst teilgenommen hatte. Aber er brachte u. a. ein merkwürdiges Argument vor: Wenn der Reimser Erzbischof eine Weihe vollziehen kann, die für ganz Frankreich gilt, dann kann das jeder andere Metropolit auch. Andernfalls müsse die Kraft des Sakraments bei verschiedenen Erzbischöfen verschieden sein. Dies anzunehmen aber sei schismatisch und gefährde die Einheit der Kirche. Reims gewann schließlich für die Zukunft den Streit und von *Ludwig VII.* (1137–1180) ab wurden alle französischen Könige – außer *Henri IV* – in Reims geweiht. Aber in dem Argument *Ivos* verbarg sich mehr als nur scholastischer Scharfsinn. Reims gab ja doch vor, eine Ampulle jenes Krönungschrismas zu besitzen, das anläßlich der Weihe *Chlodwigs* ein Engel vom Himmel gebracht hatte (vgl. S. 62). Offiziell sprach man freilich damals noch nicht davon. Und wenn der Abt *Thomas von Morigny* die Verwendung jenes himmlischen Salböls bei der Weihe *Ludwigs VII.* 1131 erwähnte, dann blieb das doch nur offiziöses Geraune. Immerhin bezeugte es die Aura, die das französische Königtum gewonnen hatte. 1223 ließ dann *Ludwig VIII.* das Himmelsöl in feierlicher Prozession vom Remigius-Kloster zum Krönungsort geleiten. Der Erzbischof entnahm der Ampulle einige Tropfen und mischte sie dem gewöhnlichen Chrisma bei. Und das blieb in der Folgezeit so, bis 1825. Das Sakrament der Reimser Königsweihe war also in der Tat anderen gleichartigen Sakramenten überlegen, wie *Ivo von Chartres* befürchtet hatte. *P. E. Schramm* formulierte drastisch, «daß die andern Herrscher ihr Salböl beim Apotheker kaufen mußten, während dem König von Frankreich der Himmel selbst es gespendet habe». Treffend hat man die Reimser Königsweihe als ‹das achte Sakrament der Franzosen› bezeichnet. Während der römische Kaiser durch den Investiturstreit zur Laizität herabsank, begann der französische König zum ‹rex christianissimus› zu erstrahlen.

Für die französischen Großen unbemerkt, hatte sich zwischen ihnen und dem König ein Qualitätsunterschied aufgetan. Erbfolge und Primogenitur, welche in ihren Herrschaftsgebieten galten, waren längst nicht mehr dasselbe wie Erbfolge und Primogenitur im Königshaus. Der ‹regia stirps› gebührte nicht nur das ‹achte Sakrament der Franzosen›, sondern sie trug in sich auch das germanische Königsheil in besonderer Konkretheit. Nach der Weihe nämlich vermochte der französische König durch Handauflegen und Kreuzschlagen Skrofulose zu heilen (vgl. S. 41). Von *Philipp I.* und seinem Sohn *Ludwig VI.* werden solche Wunderheilungen mehrfach bezeugt. Die Kirche fand sich mit dem theologisch unbequemen Wunderglauben schließlich ab, indem sie erklärte, erst durch Salbung und Weihe erhalte der König solche Kraft. Und von *Philipp I.* wurde berichtet, er habe seine Begabung eingebüßt, solange er wegen seiner zweiten Ehe im Kirchenbann war.

## Saint Denis und das französische Königtum

Verdankt sich der Erfolg des Jahres 1124 einerseits dem bereits latent besonderen Charakter des französischen Königtums, so ist es auf der andern Seite das Werk des Abtes *Suger*, der den Sinn der historischen Szenerie gegen 1140 auszusprechen, ja zu arrangieren gewußt hat. So hatte z.B. die Übergabe der Philippskrone an das Kloster (vgl. S. 231) schon 1120 stattgefunden und stand, wie anderes, in keinem Zusammenhang mit dem nationalen Triumph von 1124. Eine reale Verbindung von Königtum und Dionysiuskloster bestand freilich schon länger. Aber erst durch *Sugers* Stilisierung und nachfolgende literarische Formungen, die sich als Frucht seiner langen Abtzeit (1122–1151) mit dem Kloster verbinden, wird die stumpfe Realität zur glänzenden historischen Konstellation und zum Mythos des französischen Königtums.

Im Norden von Paris, unweit der alten Römerstraße, hatte der Merowingerkönig *Dagobert* (623–639) im Jahre 626 das Königskloster gegründet. Geweiht war es dem Heiligen Dionysius, dem als Märtyrer enthaupteten Bischof, der nun auf Darstellungen seinen Kopf unter dem Arm trug, und seinen beiden Gefährten Rusticus und Eleutherius. Zum Grundbesitz des Klosters gehörte die Grafschaft Vexin, nordwestlich am Unterlauf der Seine zwischen Epte und Oise gelegen. Diese Grafschaft hatte der französische König vom Kloster zu Lehen. Aber der heutige Begriff der ‹juristischen Person› wurde im Mittelalter allgemein durch den konkreten Begriff einer bestimmten heiligen Person vertreten. Der französische König war also als Graf von Vexin Lehnsmann des Heiligen Dionysius. Indem aber dieser Heilige, nach der von *Suger* formulierten Erkenntnis des Königs, «der besondere Schirmherr und nächst Gott Beschützer ohnegleichen des Königreichs» war, wurde das Lehnsverhältnis zwischen König und Klosterheiligem zugleich Symbol für das Lehnsverhältnis des Königs zum Himmel. Der französische König leistete kein ‹hominium›, keine ‹Mannschaft›; dafür stand er zu hoch. Wenn er aber

1124 vom Altar seines Lehnsherrn «mun seignor seint Denise» die Fahne aufnahm, so war dies doch die feodale Geste der Fahnenbelehnung, die *Ludwig VI.* feierlich vollzog. «Verschiedenerlei und wiederholte Erfahrungen hatten den König gelehrt», schrieb *Suger,* daß eben St. Denis der ganz besondere Heilige Frankreichs sei. Gelehrt freilich hatte man dies den königlichen Knaben *Ludwig* wohl vor allem im Dionysius-Kloster selbst, wohin ihn sein Vater in die Schule gegeben hatte; denn der Zweitgeborene sollte Mönch werden. Aber der ältere Bruder starb, und so bestieg denn 1108 der Klosterschüler *Ludwig* den französischen Thron. Im Kloster aber hatte der Prinz den verkümmerten Sohn kleiner Leute, eines namenlosen *Helinand* aus Argenteuil oder Saint Denis, zum Mitschüler gehabt, nämlich *Suger.* Dieser Krüppel, mit dem sich *Ludwig* befreundet haben soll, hatte einen hellen Kopf und versprach ein glänzender Jurist zu werden. 1106 durfte er sein Kloster auf dem Konzil von Poitiers vertreten. Dann wurde er zum Verwalter von heruntergekommenen Klostergütern bestimmt, in der Beauce und in der Normandie. Er bewies sich als genialer Organisator, was nicht nur der Entstehung der Gotik, sondern auch dem König von Frankreich zugute kommen sollte. Seit 1108 geht *Suger* im Auftrag *Ludwigs VI.* und auf Geheiß seines Abtes *Adam* als Gesandter bald an diesen, bald an jenen Hof, auch an den des Kaisers, auch nach Rom. 1122 wird *Suger* dann zum Abt gewählt. Für seinen König ist er eine Art Ministerpräsident. Dieser konnte einen solchen ökonomisch wie diplomatisch erfahrenen Ratgeber sehr wohl gebrauchen, denn das Herzogtum Franzien war von fürstlichen Nachbarn umgeben, die sehr viel mehr Grund und Boden besaßen.

Flandern, Blois-Champagne, Anjou und die Normandie waren lehnsrechtlich sehr viel straffer organisiert als z.B. das Herzogtum Aquitanien des Trobadors *Wilhelm* (vgl. S. 198). Die normannischen Burgherren z. B. waren nahezu Beamte ihres Herzogs. Daß sich einer von ihnen der Mannschaftsleistung entzogen hätte, schien undenkbar. Auch dem Grafen von Flandern schwört 1127 ein Vasall, «die Mannschaftspflicht zu wahren, vollständig und gegen jedermann».

Der Herzog von Franzien war als König von Frankreich zwar dem Namen nach Lehnsherr und erster dieser Fürsten, de facto aber war er derjenige mit dem kleinsten Grundbesitz. In seinem Kronland nahmen es die Barone mit dem ersten Punkt ihres Lehnseides im allgemeinen nicht sehr genau. Wenn sie meinten, ihr Lehnsherr habe eines ihrer Rechte verletzt, taten sie das Ihre, ihm zu schaden oder ihn zu behindern. Unterstützt von Abt *Suger,* ging König *Ludwig VI.* nun als erster Capetinger daran, in seiner Krondomäne Ordnung zu schaffen.

Sie verfuhren in der Regel so, daß sie die Barone, die ihr Faust- und Fehderecht ausübten, wegen Vergehens gegen die Treuga Dei zunächst kirchlich verurteilen ließen. Vom Clerus durch Exkommunikation der Friedensbrecher unterstützt, brach der König mit einer Handvoll verläßlicher Ritter dann eine aufsässige Adelsburg nach der andern. Anschaulich berichtet Abt *Suger* in seiner ‹Vita Ludovici› etwa das Vorgehen gegen die Herren Le Puiset oder Coucy. Die Hofämter des Seneschalls, Kämmerers, Kanzlers usw. befanden sich seit langem in den Händen alter Adelsfamilien, die aber nicht bereit waren, dem König wirklich zu dienen. *Ludwig VI.* vergab sie kurzerhand neu an fähige Ritter.

Die wichtigste Verkehrsader seines Herrschaftsgebietes war der Weg von Paris nach Orléans. Längs dieser Straße gründete der König eine Reihe von Orten, die den Namen ‹Villeneuve› tragen. Sie waren als Herbergsorte gedacht, mit deren Hilfe Hof und Heer verpflegt werden konnten.

Dazu erließ er z. B. eine Verordnung wie diese: «Wir, Ludwig, von Gottes Gnaden König der Franzosen, wollen, daß jedermann kund sei: Denjenigen, die unsre Herbergsverwalter in dem ‹Torfou› genannten Walde sein wollen, denen schenken wir $1^1/_2$ Arpent (ca. 25 Morgen) Land, damit sie sich dort so einrichten können, daß sie uns alljährlich eine Abgabe von 6 Denaren, 2 Hühnern und 2 Maltern (= 200/230 l) Hafer liefern können. Wir befreien sie von allen sonstigen Abgaben, von Kriegsdienst zu Fuß oder mit Pferden und von jeglicher Fronarbeit» (anno 1133).

Systematisch förderte *Ludwig VI.* schließlich seine Städte durch Vergabe von Rechtstiteln und Freiheiten, vor allem Paris und Orléans. Diese Privilegien boten Vorteile, welche die Bevölkerung anderwärts nicht fand, und die Städte wuchsen. Anders als in Deutschland war um Paris eine überschaubare Krondomäne vorhanden. König und Abt wußten sie nach und nach zu einem Musterterritorium zu machen, das nicht nur politisch, sondern auch sprachlich und kulturell zum Maßstab für ganz Frankreich werden konnte.

Der geistige Kristallisationspunkt aber war zu Beginn des XII. Jahrhunderts das Kloster St. Denis des Abtes *Suger*. Dieser hatte durchaus ein Bewußtsein davon, daß die Beziehungen von Kloster und Krone nicht erst seit den Capetingern bestanden. Und indem er sich gelegentlich darauf berief, trug er dazu bei, daß die Capetinger, die vor kaum mehr als 100 Jahren den letzten Karolinger entthront hatten, in den karolingischen Traditionshorizont eintraten. Es war dies ein durchaus langwieriger Prozeß, dessen politische und geistige Bedingungen nicht von heute auf morgen da waren. Der Karls-Name bleibt den Capetingern noch lange tabu. Erst *Philipp II. Augustus* wird einen ca. 1209 geborenen Bastardsohn ‹Karlotus› nennen, und erst mit *Karl* von Anjou (1226–1285), dem Sohn *Ludwigs VIII.,* wird der erste bedeutende Capetinger mit dem Karls-Namen in der Geschichte eine Rolle spielen. Mit andern Worten: die offizielle capetingische Karls-Tradition ist so jung wie die erhaltenen Handschriften, welche französische Karls-Epik überliefern – mit der einen Ausnahme des Oxforder Rolandsliedes. Aber die Bedingung der Möglichkeit ist nicht zuletzt das Kloster St. Denis.

In St. Denis jedenfalls hatte Papst *Stephan II.* 754 den ersten Karolinger *Pippin* zum König gesalbt und – wie die Legende wissen will – auch dessen Söhne *Karlman* und *Karl.* Dort hatte der Papst die fehlende Geblütsheiligkeit der Usurpatoren durch den Kirchensegen ersetzt (vgl. S. 42). In St. Denis war *Pippin* begraben, und neben ihm hatte *Karl* 783 seine Mutter *Bertrada* beisetzen lassen.

Hier ruhten die meisten französischen Könige. Aber die toten Könige kamen nicht allein. Es war üblich geworden – oder hatte vielmehr nach dem Willen des Abtes *Suger* für alten Rechtsbrauch, für ‹jure› zu gelten –, daß die toten Könige ihre Herrschaftszeichen mit ins Kloster brachten: Kronen, Szepter und Ornat. Diese Herrschaftszeichen aber waren nicht nur Symbole, sondern zugleich auch Reliquienbehältnisse, wie das Königsschwert ‹Joiuse›, wie das Rolandsschwert ‹Durendal›.

«O Durendal», so spricht im Epos Roland sein Schwert an, «wie bist du schön und heilig! Dein goldener Knauf ist voller Reliquien: Ein Zahn Sancti Petri, Blut des Heiligen Basilius und Haare meines Gebieters Saint Denis» (2344 ff.).

St. Denis war ein Ort, an welchem Königtum und Heiligkeit in einzigartiger Weise verbunden waren. Vor allem aber sorgte der Abt *Suger* dafür, daß sie es waren.

Die Spuren seines Wirkens sind in der entstehenden französischen National-Epik abzulesen, die wohl erst nach 1124 vom ‹holden›, ja vom ‹heiligen Frankreich› so sprechen konnte, wie sie es tat.

Saint Denis ist Ausgangspunkt und Ziel für die Chanson von der ‹Karlsreise›, das Epos von der Pilgerfahrt *Karls* des Großen nach Jerusalem – mit dem Itinerar des 2. Kreuzzugs (1147–1149) übrigens –, das wohl nach der Jahrhundertmitte, kaum noch zur Zeit des Abtes *Suger,* entstand.

Am Ende seiner Pilgerfahrt legt Charlemagne auf dem Altar zu St. Denis die Reliquien nieder, die er mitgebracht hat: einen Arm St. Simeons, das Haupt des Lazarus, das Speisemesser des Herrn, Abendmahlskelch und Abendmahlsschüssel, das Schweißtuch Jesu, einen der Fußnägel des (also ‹romanischen›) Kreuzes, die Dornenkrone, Haare von Bart und Haupt Sankti Petri und das Blut des ersten Märtyrers Sankt Stephan (162–181; 863–867) – kurz und gut: Nahezu alles, was an Reliquien gut und teuer sein konnte, wird hier dem französischen Königskloster dargebracht. Und das Epos beginnt:
«Eines Tages war der König Karl im Kloster Saint Denis. Wiederum hat er seine Krone genommen.» Hier sieht es fast so aus, als ob auch die Kronen der lebenden Könige schon seit alters in St. Denis aufbewahrt wurden, was in Wirklichkeit erst seit 1179 der Fall war.

Mehr noch beansprucht die wohl gleichfalls um die Jahrhundertmitte entstandene Pseudo-Turpin-Chronik, die in ihrem 30. Kapitel von einem Konzil berichtet, welches Charlemagne nach seinem siegreichen Spanienkrieg in St. Denis abhielt.

*Karl* dankte Gott für den Sieg, «und er gab dem Heiligen Dionysius ganz Frankreich zu Lehen, und er befahl, daß alle Könige Frankreichs und alle Bischöfe jener Kirche gehorsam sein sollten, jetzt und immerdar. Kein König sollte ohne ihren Rat gekrönt werden ... Gleichfalls befahl er, daß jedermann, der Haus und Hof besäße in Gallien, jährlich 4 Nummos (Denare) obgenannter Kirche schulde. Und wer als Unfreier diese Summe freiwillig erlege, der sollte frei sein.»

1248 wird dann tatsächlich *Ludwig IX.*, der Heilige, diesen Zins wie
ein Sklave auf seinem Haupt (als ‹chevage›) seinem Herrn St.
Denis darbringen, und 1274 wird diese Passage des Pseudo-Turpin in die königlichen Annalen aufgenommen werden. Hier hatte der Abt *Suger* mächtig
in die Zukunft gewirkt, nicht zum Nachteil seines Klosters. Auch in den
Schlachtruf des französischen Heeres sollte der Heilige Dionysius Eingang
finden. «Monjoie, Dieu, Saint Denis», riefen die französischen Ritter,
wenn sie sich auf ihre Feinde stürzten. Aber durchaus noch nicht in allen
französischen Chanson-Epen lautet der Schlachtruf so. Das St. Denis-Element darin könnte wohl geradezu als Leitfossil für die Datierung dienen,
und sein Auftreten wird sich historisch erklären lassen.

Das Aliscans-Epos hat das Saint-Denis-Element (122. 461 u. ö.) genau so wie
die Chanson vom ‹Couronnement de Louis› (1940. 2610), die erst nach 1154
denkbar ist.
‹Chanson de Roland› (1181. 1260. 1350 u. ö.) und ‹Chanson de Guillaume›
(327. 2938) kennen, wie *Wolframs* ‹Willehalm› (I, 19, 1; IX, 414, 28 u. ö.), nur
einfaches ‹Munjoie›. ‹Le siège de Barbastre› hat ‹Monjoie le Charlon› (228) neben
einfachem ‹Monjoie›.

Dieser Schlachtruf ist in historischer Quelle als ‹Meum gaudium› zuerst
zum Jahre 1119 durch die 1123–1143 in Nachträgen abgeschlossene
‹Historia ecclesiastica› des *Ordericus Vitalis* bezeugt.

Aus ‹Meum gaudium› abgeleitet sein dürfte der Name des Karlsschwertes, das in Rolands-Chanson, Wilhelmsgeste, Couronnement, Karlsreise
usw. ‹Joiuse› heißt, welcher Name als ‹Gaudiosa› seit 1271 auf das französische Staatsschwert übertragen wird. Der Name des Königsschwertes
in der Rolands-Chanson entspricht dem Namen, den die Königsfahne
dort annimmt:

« ‹Munjoie!›, rufen sie. Bei ihnen ist Charlemagne. *Gottfried von Anjou* trägt
die goldene Flagge (l'orie flambe). Sancti Petri war sie einst und hatte den Namen
Romana (‹Romaine›). Den hat sie jetzt getauscht gegen ‹Munjoie›» (3092 ff.).

Hier ist ‹orie flambe› noch kein Name, so wenig wie in der Wilhelms-
Chanson (268, 275) oder im ‹Couronnement› (2506, 2488).

Aber die Wilhelms-Chanson beschreibt wohl die weiße St. Denis-Fahne wie das
‹Couronnement› sie als Feldzeichen mit goldenen Nägeln umschreibt. Im ‹Siège
de Barbastre› wird unumwunden das ‹ensegne saint Denis› (6411) gegen die Heiden
geführt. Weder bei *Suger* noch in der Urkunde *Ludwigs VI.* vom 3. August 1124
steht etwas von ‹auriflamma›, wie selbst in seriöser historischer Literatur kolportiert zu werden pflegt.

1124 wurde vielmehr das ‹vexillum sancti Dionysii› gegen *Heinrich V.*
erhoben. Erst in der überlieferten ‹Aliscans›-Chanson (2555 f.) ist die
Orieflamme nicht mehr irgendein Feldzeichen, an dem irgendwie Gold
ist, sondern die französische Nationalfahne mit diesem Namen. Und erst
seit 1184 bzw. 1214 unter *Philippe Auguste* werden Orieflamme und
St. Denis-Fahne allgemein identifiziert.

St. Denis bleibt in Rolands- und Wilhelms-Chanson noch ganz am Rande, trotz des stolzen Heidenwortes: «In einem Jahr haben wir Frankreich erobert. Dann können wir lagern in der Burg Saint-Denis» (972 f.), welches u. a. die Wilhelmsgeste (2586) aufnimmt. Es ist die einzige Saint-Denis-Stelle in diesem Epos; im Rolandslied wird nur noch an einer zweiten Stelle von ‹mun seignor seint Denise› (2347) gesprochen, wie es ähnlich König *Ludwig VI.* 1124 von seinem Lehnsherrn St. Denis getan hatte. Abt *Suger* hat Rolandslied und Wilhelms-Chanson schwerlich gekannt, während er die Weissagungen des Merlin zitierte, wie *Ordericus Vitalis.* Aber der ‹Merlin› des *Galfred von Monmouth,* dieses *Ossian* des XII. Jahrhunderts, war lateinisch und gab sich als Historiographie. Vulgärsprachliche Dichtung profanen Inhalts ernst und überhaupt zur Kenntnis zu nehmen und für pergamentfähige Literatur zu halten, das war eine geistige Voraussetzung, die nicht wie ein Wunder vom Himmel plötzlich ins Bewußtsein der Leute fiel. Im französischen Norden mochte sie den Weg in die Köpfe und aufs Pergament via Sakralkönigtum finden können, das in nationalem Glanz erstrahlte. Dem hatte *Suger* vorgearbeitet, wenn er in seiner ‹Vita *Ludwigs* des Dicken› schrieb:

«Ziehen wir doch, (sprach der König) kühn hinüber (zu den Deutschen), damit nicht jene sich etwa zurückziehen, und damit nicht der hochmütige Anspruch, mit welchem sie auf Francia, die Herrin dieser Länder, sich geworfen haben, ungestraft bleibe. Sie sollen merken, was ihnen ihr Herrschaftsanspruch einträgt, und zwar nicht auf unserm, sondern auf ihrem Boden, welcher nach dem königlichen Recht der Franken den Franzosen gehört, weil er von diesen oftmals beherrscht ward» (222).

Es ist zugleich der Horizont einer ‹translatio humanae potentiae› auf den König von Frankreich, der hier eröffnet wird.

## B. DAS ALTFRANZÖSISCHE ROLANDSLIED

Erst vom karolingischen Traditionshorizont und imaginierbaren Herrschaftsanspruch her kann der sterbende Roland in der altfranzösischen Chanson das epische Karls-Reich bestimmen durch die Ländernamen: Franzien (2311), Nantes (2322: Namon = Namnetum; bzw. Anjou in den Handschriften PT) und Bretagne (2322), Poitou und Maine (2223), die freie Normandie (2324), Provence und Aquitanien (2325), Lombardei und Romagna (2326), Bayern und Flandern (2327), Bourgogne und Apulien (2328), Konstantinopel (2329), Sachsen (2330), Irland (2331: Escoce Islonde = Scotia, die Insel ?) und England als Kronkammer.

Die enger gestreuten Gebietsnamen konzentrieren sich im Westen und scheinen jener ‹angevinischen Achse› zu entsprechen, die das anglonormannische Reich nach 1154 charakterisiert: England als Kronland (das *Karl* nie eroberte), Normandie, Bretagne (seit 1166), Anjou-Maine, Poitou, Aquitanien.

Auch das Wort ‹soldeiers› für ‹Söldner› (34. 133), das auf deutscher Seite seit 1158 mit der Sache als etwas Neuartiges erfahren wird, und das im Französischen oder Provenzalischen nirgends früher bezeugt ist, kann daran denken lassen, daß die uns vorliegende älteste Redaktion der Chanson so sehr alt kaum ist.

Üblicherweise denkt man das altfranzösische Rolandslied schon am Ende des XI. Jahrhunderts, vor dem 1. Kreuzzug entstanden. Dabei mag einerseits die verständliche Tendenz eine Rolle spielen, Nationalepen als Denkmale nationalen Selbstbewußtseins möglichst früh haben zu wollen, andrerseits wohl auch die apriorische Überzeugung, Ideale müßten der Wirklichkeit vorausmarschieren.

Vor dem 1. Kreuzzug jedoch wird man das Epos nicht entstanden denken können. Es wäre dann doch zu erklären, warum Santiago so gänzlich außerhalb seines Gesichtskreises blieb. Seine spanischen Mauren scheinen vielmehr im Orient zu leben.

Seine Byzantinergoldmünzen (‹bisantei›) wie seine Petschenegen (‹Pinceneis›) dürften erst durch die anonymen ‹Gesta Francorum› (vgl. S. 185 ff.) und andere Berichte vom 1. Kreuzzug einem westlichen Publikum zumutbar, sein Ortsname ‹Butentrot› (3220) einem westlichen Autor erst durch das ‹vallis de Botrenthrot›, das Tal von Botrenthrot der ‹Gesta› bekannt geworden sein, durch welches *Balduin von Boulogne* und *Tancred* das Taurusgebirge überquerten (vgl. S. 181. 189f.).

Ob das Wort ‹museraz› (2156) nur aus dem Ostarabischen entlehnt sein kann, mag ebenso dahinstehen wie ob ‹terre de bire› als ‹terre d'Epire› das erst seit 1106 in Frankreich aktuelle ‹Epirus› meint.

Wegen ‹Munjoie›, ‹dulce France›, ‹France l'asolue› (= absoluta) und ‹mun seignor seint Denise› (vgl. S. 237f.) wird der Zeitraum nach 1119, nach 1124 in Frage kommen.

In seiner uns erhaltenen Form gehört das altfranzösische Rolandslied seinem geistigen Gesamthabitus nach allerfrühestens in die ausgehenden zwanziger Jahre des XII. Jahrhunderts. Die älteste Redaktion, die der Oxforder Handschrift, mag sehr viel jünger sein als 1124. Ihre geistigen Wurzeln hat sie dennoch in der Situation des bezeichneten historischen Augenblicks; ja es ist geradezu dessen politischer Effekt, der in der ‹Chanson de Roland› weiterwirkt, wohl über 1154 hinaus. Dann würde in einer Zeit politischer Ohnmacht für das epische Karlsreich in Anspruch genommen, was eigentlich des Königs von Frankreich sein sollte. König *Philippe II. Auguste* (1180–1223) hat sich das gesagt sein lassen. Die Tendenz zur Frühdatierung verstellt vielleicht eine wichtige Perspektive: Zwischen der Chanson-Epik als pergamentfähiger Literatur und dem höfischen Roman besteht nicht das Verhältnis einer historischen Sukzession. Sondern während der ganzen Roman-Zeit werden jongleurhafte Chanson-Epen weiterhin gedichtet, wie man auch bei *Jehan Bodel* lernen kann. Beide Gattungen wenden sich an zunächst politisch, dann an soziologisch verschiedene Gruppen. Die Chanson-Epik repräsentiert nationalen Herrschaftsanspruch und wendet sich dann ans nichtritterliche Staatsvolk. Der höfische Roman meint zunächst ein vom französischen abstrahiertes Rit-

tertum, das dann zum Symbol einer übernationalen, ständischen Gemeinsamkeit werden kann. Mit der initialen ‹Chanson de Roland› aber wird
sowohl dem französischen Königtum wie dem französischen Rittertum
ein Formbestand von gesellschaftlichen Erkennungssignalen zum erstenmal literarisch formuliert. Es geschieht dies mit den Mitteln jener lateinischen Rhetorik, die wir zuerst in der ‹Ovid-Renaissance› Frankreichs bei
*Baudri, Hildebert* und *Marbod* am Werk gesehen hatten (vgl. S. 163 ff.).

## Lateinische Rhetorik im vulgärsprachlichen Epos

Die scheinbar so volkstümliche ‹Chanson de Roland› wird man zusam-
mendenken müssen mit der Welt der gelehrten Schulen, von der der Streit
zwischen *Abaelard* und *Wilhelm von Champeaux* (vgl. S. 209 ff.) einen
ersten Begriff geben konnte. *Ernst Robert Curtius* hat auf die Rhetorik
im Rolandslied hingewiesen, die er besonders durch den Schulautor
*Macrobius* vermittelt sah. Die ‹Saturnalia› dieses *Augustin*-Zeitgenossen
waren als Vergilexegese zugleich ‹implicite ein Compendium der spätantiken Poetik› *(Curtius).* Was *Macrobius* als Stilmittel anführte, mit denen
*Vergil* Pathos erregt, das hat auch der Dichter des Rolandsliedes in seinem
Werk nicht fehlen lassen. In den ‹Saturnalia› IV, 6, 9 empfiehlt *Macrobius*
z. B. die *Apostrophierung stummer Dinge,* etwa einer Waffe oder eines
Pferdes. Und so spricht denn auch in der Chanson der sterbende Roland
in ergreifender Weise sein Schwert Durendal an:

«O Durendal, wie bist du schön und hell und strahlend! Wie leuchtest und
blitzest du in der Sonne» (2316 ff.); «O Durendal, wie bist du schön und heilig!
Dein goldener Knauf ist von Reliquien voll» (2344 ff.).

Sodann ist da die rhetorische quid-faciat-Frage der *Addubitatio (Macrobius* IV, 6, 18): «que feraient il el?» – «Was sollten sie anders tun?»
(1185). Wenn es im Rolandslied heißt: «Er kann nichts dagegen. Das
Unheil wird ihn ereilen» (9), oder: «Und dann beginnt jene Beratung,
aus welcher großes Unheil entstehen wird» (179), oder schließlich: «Gott!
Welch ein Unglück, daß die Franken das nicht wissen!» (716), dann fand
sich diese Stilfigur des epischen Vorherwissens in der Stillehre des *Macrobius* (IV, 6, 17) unter dem Namen der ‹exclamatio ex persona poetae›,
womit zugleich eine Konfrontation von Erzähltem und Gegenwärtigem
geleistet wird – wie übrigens auch in der Anrede an den Leser durch
die *cernas-Formel* (‹Sieh hin!›) *(Macrobius* V, 14, 9):

«Mein Gott! Wie viele Lanzen wurden da zerbrochen, wie viele Schilde zerspal-
ten, wie viele Panzerhemden zerschnitten! Da, seht, wie der ganze Boden damit
besät ist!» (3386 ff.; vgl. 349; 1680 ff.).

Neben vielem andern wurde bei *Macrobius* (V, 16, 6) schließlich die Verwendung von *Sentenzen* empfohlen. Der Dichter des Rolandsliedes gebraucht sie mehrfach als Abschnittsschluß:

«Viel vollbringt, wem Gott beisteht» (3657), oder: «Viel hat erfahren, wer viel gelitten hat» (2524).

Rhetorische Formeln freilich gebraucht jeder so unwillkürlich wie der Bourgeois Gentilhomme Prosa spricht. Erst der gelehrte Dichter wird sie systematisch für die Bearbeitung einer darzustellenden Sache verwenden. Auch *Chrestien de Troyes* bekennt in seinem ‹Erec› (ca. 1165):

> «Macrobius hat mich gelehrt, Façon und Zeichnung des Stoffes zu beschreiben, wie ich es in seinem Buch gefunden habe» (6679 ff.).

Indes werden solche Formen eines festlichen Blicks auf die Ritterwelt für ungebildete Nachahmer und Publikum zu unwillkürlichen Kategorien, zu poetischen Natureigenschaften werden.

Es gilt dies auch für einen andern Bereich der Rhetorik, für die Lehre von den drei ‹*genera dicendi*›, von der Angemessenheit des stilistischen Dekors. Hierzu hat bereits *Faral* konstatiert, daß das, was für die älteren Autoren «eine bloß stilistische Angelegenheit war, für die Schulen des XII. und XIII. Jahrhunderts zu einer Sache der gesellschaftlichen Stellung

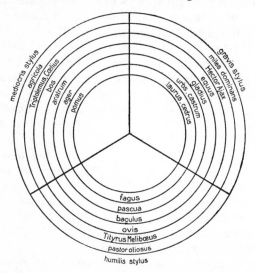

15. ‹*Rota Vergilii*› der Stilarten (nach Faral)

wurde. Es ist die Qualität der Person und nicht mehr diejenige der Prunkrede, welche das Klassifikationsprinzip bestimmt». Die Lehre von der Angemessenheit des stilistischen Dekors wurde vermittelt durch verbreitete Lehrbücher wie die pseudo-ciceronianische ‹Rhetorica ad Herennium› und die ‹Etymologien› des *Isidor von Sevilla* (ca. 570–636). Vorbild für den ‹*stilus gravis*›, die bedeutend-gewichtige, heroische Darstellung, war die ‹Aeneis› des *Vergil*. Und bei *Vergil* fand man auch das Muster für die beiden anderen Stillagen, den ‹*stilus mediocris*›, den mittleren Stil, wie er in der Ackerbauwelt der ‹Georgica› erschien, und für den ‹*stilus humilis*›, den schlichten Stil, der sich die Hirtenwelt der ‹Bucolica› zum Beispiel nahm. Es werden dann die Elemente dieser Stillehre dargestellt in der ‹Rota Vergilii›, dem ‹Rad des Vergil› *(vgl. Textabb. 15)*.

Zum ‹*stilus gravis*› gehören Ritter und Herren, als Ort der Handlung Stadt oder Feldlager, als wichtiges Objekt das Schwert, als Tier das Pferd, als Landschaftskulisse Lorbeerbäume oder Zedern.

Zum ‹*stilus mediocris*› gehören Landleute, Felder, Pflug und Ochsen, Obstbäume.

Zum ‹*stilus humilis*› gehören schließlich Hirten oder Müßiggänger, Hirtenstab, Schafe, Weideland und Buchen.

Das Rolandslied verlangt vom Thema her den heroischen Stil. Ritter, Grafen, Barone, Könige, Emire und Kaiser sind seine Helden, Stadt, Burg und Feldlager seine Schauplätze, das Schwert ist sein natürliches heroisches Objekt. Ganz nach antikem Stilvorbild befindet sich der Thron im Feldlager des Emirs unter einem Lorbeerbaum (2651). Siebzehn Könige und unzählige Barone, Grafen und Ritter umgeben ihn. Statt der antiken Zeder aber erscheint regelmäßig die Pinie als heroischer Baum par excellence. Unter ihr ist stets der Thron *Karls* des Großen bzw. der des Marsilie aufgeschlagen. Mehrfach ist ihr das klassische Attribut des Schwertes zugesellt.

Im Feldlager des Marsilie entbrennt ein Streit mit dem Verräter Ganelon: «Als Ganelon das vernahm, schwang er sein Schwert, eilt unter die Pinie und lehnt sich an ihren Stamm» (499f.).

Für den ‹*stilus humilis*› der Hirtenidylle hat das feodale Rolandslied keine Verwendung. Dem antiken Obstbaum der ‹mittleren Stillage› dagegen entspricht in der Chanson öfter das ‹pomarium›, der Obstgarten (‹verger›). Dort lagert man bequem im Schatten, den die Obstbäume kaum spenden; dort werden Boten empfangen (11, 159). Für diesen Zweck helfen gelegentlich auch Ölbaum und Eibe oder die Buche des humilen Stils aus (vgl. 366. 406. 2571. 2705). Stilistische Modulationen zwischen beiden Stillagen akzentuiert der Landschaftsdekor:

«Der Nachmittag war schön und die Sonne schien hell. Karl läßt die zehn Maultiere (der Gesandten) in den Stall bringen. In einem großen *Obstgarten* läßt der König ein Zelt aufschlagen. Dort werden die zehn Boten untergebracht. Zwölf Troßknechte sorgen für sie. Sie bleiben die ganze Nacht bis der helle Tag anbricht. Früh hat sich der Kaiser erhoben. Messe und Matutin hat er gehört. Dann ist er unter eine *Pinie* getreten. Er läßt seine Fürsten zum Kronrat rufen: bei allen seinen Entschlüssen will er die Zustimmung der Franken. Der Kaiser ist unter eine *Pinie* getreten ... Dann beginnt der Kronrat, mit dem großes Unheil anhebt» (159–179). –

Als der Held Roland stirbt, sucht er sich zuvor den heroischen Baum: «Roland fühlt, daß der Tod nach ihm faßt, vom Haupt hinunter bis zum Herzen. Er läuft bis unter eine *Pinie* ... Unter sich legt er sein Schwert» (2355ff.).

Dem Verräter Ganelon wie dem Helden Roland werden gleichermaßen die heroischen Attribute gegönnt. Beide sind Ritter. Insofern wäre die stilistische Bestimmung zugleich eine gesellschaftliche, wie *Faral* bemerkte. Aber es entsteht hier im Epos durch die Rhetorik auch eine irrealisierte Welt von ästhetisch-sozialer Eigengesetzlichkeit, innerhalb derer sich eine erste Veränderung jener rhetorisch vorgeprägten Kategorien vollziehen kann, die im Bericht über den ersten Kreuzzug vorwiegend moralisch funktionierten. Es ist zugleich die Welt der Hyperbel.

Die Hyperbel gehörte zu den Stilmitteln, die *Macrobius* empfohlen hatte, die Übertreibung über alles Maß des Glaubwürdigen hinaus. Wenn Karl und sein Frankenheer an der Leiche Rolands stehen, heißt es:

«Er greift sich in den Bart, wie einer, der voll Unruhe ist. Die Augen seiner edlen Ritter sind voller Tränen, zwanzigtausend sinken ohnmächtig zu Boden» (2416 ff.). «Karl greift in seinen weißen Bart und mit beiden Händen ins Haar seines Hauptes. Hunderttausend Franken sinken darüber ohnmächtig zu Boden» (2930 ff.).

Auch alle Zahlenangaben sind überaus gewaltig. Das war schon in den anonymen ‹Gesta› des ersten Kreuzzugs so.

Dort war eine Neigung zu triadischen Großzahlen zu beobachten: 300 Tausend Angulanen, 360 Tausend usw. Das Rolandslied hat anscheinend eine gewisse Vorliebe für die Zahl 20 Tausend.

Daß die Kombination von Angaben an verschiedenen Stellen stimmige Summen ergibt, dürfte die Regel nicht sein. Unstimmigkeit ist die Regel. Das gilt auch von der Zeitgestaltung.

Einen ganzen Tag hat Rolands Nachhut gegen die Heiden gekämpft. Seit zwei, drei (817; 836; 856) Tagen reitet Karl mit seinem Heer nach Frankreich zurück. Da stößt der sterbende Roland ins Horn, 30 Meilen weit trägt der Schall (1753 ff.; 1807 ff.; 2099 ff.). Karl kehrt um und ist mit seinem Heer sofort nach Rolands Tod zur Stelle (2397 ff.). Der Heidenkönig Marsilie hingegen ist in derselben Zeit nach Spanien zurückgeritten, ist aber nur 2 Meilen weit gekommen. Die Ritter Karls sehen ihn noch in der Ferne (2425). Sogleich nehmen sie die Verfolgung auf. Sie erreichen Marsilie, als die Nacht hereinzubrechen droht. Da aber wird die Sonne angehalten (2450) bis die ganze Armee des Heidenkönigs erschlagen oder im Ebro ertrunken ist. Dann endlich darf es Nacht werden (2476 ff.).

Das Anhalten der Sonne ist wie ein Symbol für diese epische Welt. Es ist in Wahrheit nicht Gott der Herr, der hier das Wunder wirkt, sondern der Erzähler und Herr der Geschichte vollbringt es. Der hyperbolische Tag des Epos hat mehr als 24 Stunden. Die Generalisierung des hyperbolischen Stils führt zu einer nahezu isolierenden Detailstruktur. Jemand ist der beste und tapferste Ritter, den man auf Erden findet; aber das ist nicht etwa der Hauptheld, sondern irgendeine beliebige Figur. Es ist eben jede Stelle über das erhoben, was man auf Erden findet. Zugleich aber ist sie den andern Stellen, die es im Epos außer ihr noch gibt, ist sie ihrer Umgebung fremd. Jede Stelle will einzigartig sein. Das Fieber der

Hyperbel bestimmt die epische Temperatur: das Klima des Außerordentlichen. In dieser Welt scheint kein Ding unmöglich. Sie erzeugt wohl auch bei ihren Zuhörern einen Rausch, in welchem sie zu allem fähig zu sein glauben. In dieser Hinsicht hat die rhetorische Kunst durchaus eine bewußtseinsbenebelnde Funktion.

## Zur gesellschaftlichen Funktion der Formen

Zugute kommt sie einem kämpferischen Gemeinschaftsgefühl, das auf diese Weise als emphatischer Selbstbegriff eines christlichen Rittertums konstituiert wird. Das poetische Gegenbild einer heidnischen Ritterschaft gehört mit zu seiner Definition. Das Epos fordert in dieser Hinsicht eine ästhetisch konsequentere Konstruktion als die anonymen ‹Gesta Francorum ...› (vgl. S. 187ff.). Wie in den ‹Gesta› sind auch in der Chanson die Heiden Abtrünnige des rechten Glaubens.

Vers 1484 murmelt der Erzbischof Turpin: «Dieser Sarazene kommt mir äußerst häretisch vor.» Wie in den ‹Gesta› werden die Heiden im Epos vom Teufel geholt: «Er dreht die Klinge in der Wunde und der Sarazene stürzt. Die Teufel tragen seine Seele davon» (1552f.).

Aber über die ‹Gesta› hinaus ist jetzt die heidnische Dogmatik als Kehrbild der christlichen konsequenter weitergeführt, insofern der christlichen Trinität in der Chanson ein polytheistisches Gottestriumvirat von Mahum(et), Apol(l)in und Tervagan(t) entspricht. Zum falschen Kult gehört eine falsch ordinierte Priesterschaft:

«(Bei der Königin waren) ihre Priester und Kanoniker des falschen Glaubens, welche Gott niemals liebte. Sie sind weder ordiniert noch tonsuriert» (3637ff.).

Wie im anonymen Kreuzzugsbericht der ‹Gesta› verhindert der falsche Glaube rechtes Rittertum, mögen die Heiden auch noch so tapfer sein.

Hatte es dort geheißen: «Wenn sie im Christenglauben immer beharrt hätten, ... es gäbe niemanden, der sich ihnen an Stärke oder Kriegsgeschick hätte vergleichen können» (c. 9, vgl. oben S. 188), so im Rolandslied: «Wegen seiner Tapferkeit ist (der Emir) hochberühmt. Wäre er Christ gewesen, er hätte wahres Rittertum besessen» (898f.).

Aber prägnanter als die ‹Gesta› den Heidenfeldherrn *Kerboga*, gestaltet die Chanson den großen heidnischen Gegner von Charlemagne, den Emir Baligant.

Seine Erscheinung entspricht ganz der Karls des Großen. Sein Bart ist weiß wie die Blume, und er ist ein frommer Diener seines Glaubens (3172ff.). Wäre er kein Heide, würde Karl sich mit ihm versöhnen können. So aber erklärt der Kaiser am Ende des Zweikampfes: «einem Heiden darf ich weder Friedfertigkeit noch Liebe erweisen» (3596), und er tötet den edlen Mann.

Der szenische Kontrapunkt fordert Gewichtigkeit auch für die Gestalt des Ungläubigen, und begünstigt so unwillkürlich die Entstehung der Kategorie des ‹edlen Heiden›. Dazu trägt bei ein Moment von Tragik, das diesen Gestalten anhaftet: Diese Ungläubigen sterben mit großer Tapferkeit für das Falsche, für eine Religion, die auf Irrtum gebaut ist.

Neben dogmatischer und szenischer Auskonstruktion bringt die Chanson über die ‹Gesta› hinaus den Gesichtspunkt der Zweckmäßigkeit, dessen Bedeutung in der ersten Hälfte des XII. Jahrhunderts auch in anderen Bereichen noch zu erörtern bleibt. Zweckmäßig ist der christliche, unzweckmäßig der heidnische Glaube, denn er verhindert den Sieg.

Beim südnormannischen Anonymus hatte der Emir von Babylon ausgerufen: «O Geister der Götter! Wer hat je so etwas gesehen! ... Solche Ritterschaft, die zuvor nie besiegt ward, und die nun geschlagen ist von diesem Zwergvolk der Christen! ... Bei Mahumet und der Macht all unsrer Götter!» (Gesta Francorum c. 39).

Das Rolandslied läßt seine Heidenkönigin paradigmatisch die Konsequenzen aus der Unzweckmäßigkeit ihres Glaubens ziehen:

«Ha, schlechter Gott! Was tust du uns solche Schande! Warum hast du den Untergang unsres Königs zugelassen? Wer dir treu dient, dem gibst du bösen Lohn!» (2582ff.).

Die Königin Bramimunde zerschlägt ihre Götterbilder, ihre Vorurteile, läßt sich taufen und wird am Schluß als Juliane zu den glücklich Überlebenden gehören. Dies hyperbolische Heidenbild, das uns von grotesker Borniertheit erscheint, wird ganz am Ende des XII. Jahrhunderts von *Jehan Bodel* im ‹Jeu de Saint Nicolas› zu komischen Wirkungen benutzt. Aber die Einfalt, sich Überzeugungen anderer in Gestalt krauser Unglaublichkeiten vorzustellen, hat sich bis heute kaum verloren. Eine weniger groteske Vorstellung von den Heiden muß sich schon damals übrigens *Abaelard* gemacht haben, als er nach seinen eigenen Worten «aus Verzweiflung erwog, die Grenzen der Christenheit zu verlassen und zu den Heiden auszuwandern, um dort gegen irgendeine Kultsteuer unter den Feinden Christi ruhig und als Christ zu leben». Er dachte wahrscheinlich an das wirkliche Spanien.

Dorthin begaben sich 1138–42 und 1141–47 gelehrte Mönche wie *Hermann* von Carinthia und *Robert* von Chester, um Arabisch zu lernen und im Auftrag des gelehrten Abtes von Cluny, *Petrus Venerabilis* (Abt 1122–1157), den ‹Koran› ins Lateinische zu übersetzen.

Der ritterlichen Gesellschaft hatte poetische Gelehrsamkeit damals allerdings nur ein hyperbolisch-groteskes Heidenbild zu bieten. Sie tat es in einem literatursoziologisch bemerkenswerten Augenblick.

Bedenkt man nämlich, wie noch bei dem lateinischen Vagantendichter *Hugo Primas* von Orléans (vgl. S. 255) die französische Vulgärsprache zu abschätziger Charakterisierung verwendet wird, so wird deutlich, daß die lateinische Rhetorik im altfranzösischen Rolandslied wohl zugleich auch eine neuartige Verbindung von gelehrter Kunst und laikaler Gesellschaft darstellt. Daß dieses Werk von den lateinisch Gebildeten als Kunst ernstgenommen worden sei, ist damit freilich nicht gesagt. Ihnen mochte es sich allenfalls als ‹rustical› empfehlen, wie seinerzeit die anonymen ‹Gesta Francorum et aliorum Hierosolimitanorum› (vgl. S. 197). Für sein Epos hat der Dichter des Rolandsliedes, ähnlich wie der der Fides-Chanson (vgl. S. 166ff.) die Form des Laissenchanson gewählt, aber assonierend, nicht reimend, mit Zehnsilbler-, nicht mit Achtsilbler-Versen, – vielleicht eine ‹volkstümliche› Form, sicherlich gesungen.

Von den ältesten epischen Dichtungen haben *Achtsilbler:* Passio Christi und ‹Leodegar-Lied›, franz.-prov., Hs. XI. Jh., 4-zeilige Strophen, assonierend; Fides-Chanson, Hs. XI./XII. Jh., provenzalisch, gereimte Laissen; *Alberich von Besançon,* Alexanderlied, Hs. XII. Jh., provenzalisch, reimende und assonierende Laissen; ‹Gormond et Isembard›, Hs. XIII. Jh., anglonormannisch, assonierend. – Es haben *Zehnsilbler:* ‹Boecis›, Hs. XI./XII. Jh., provenzalisch, wohl aus Limoges, gereimt; ‹Alexius›, Handschrift XII. Jh., aus England, assonierende 5-zeilige Strophen; ‹Chanson de Roland›, Hs. XII. Jh., anglonormannisch, assonierende Laissen.

Aber formelhafte Wendungen, die sich in Jongleurs-Epen aus Ungeschick wiederholen mochten, sind im Rolandslied mit großer Kunst benutzt worden in den sogenannten ‹Wiederholungslaissen› (‹couplets similaires›). Wie sich in ihnen thematische Wiederholung als Ritual konstituiert und so nahezu eine poetische Liturgie mit Elementen ritterlicher Wirklichkeit gefeiert wird, können zwei Höhepunktsszenen zeigen. Die erste Szene ist die große Rede des sterbenden Roland an sein Schwert Durendal, welches er vergeblich zu zerstören versucht. Die Rhetorik bietet eine Art Kreislauf von Themen, deren Variation dann die Verbindung von Schwert mit Vasallität und Francia, mit Heidenkampf und Francia, Christenvolk und Francia hervorbringt.

170. A. Roland fühlt, wie sehr der Tod ihn andringt.
    Er richtet sich auf die Füße und nimmt alle Kraft zusammen.
    In seinem Gesicht hat er seine Farbe verloren.
    (Er faßt Durendal, sein nacktes Schwert.)

    B. Vor ihm ist ein beiserner Fels.
        Zehnmal schlägt er gewaltig darauf, voll Trauer und Groll.
        Die Stahlklinge knirscht. Sie splittert und schartet nicht.
        «O Sancta Maria!», ruft der Graf, «mir zu Hilfe!»

        C. «O Durendal, gute Klinge Durendal! Wie steht es übel um Euch!
        Jetzt, wo ich verderbe, kann ich Euch nicht mehr bewahren.

            D. Auf dem Felde habe ich durch Euch gesiegt manche Schlacht,
            Manch weite Erde durch Euch erstritten,
            die Karl hält, dem der Bart greis ist.

E. Nie sollt Ihr kommen in eines Mannes Hände,
der fliehen könnte vor einem andern.
Ein guter Vasall hat Euch lange geführt.
Nie wird seinesgleichen in der einzigen Francia!»

171. B. Roland schlug auf den nagelfarbenen Sarderfels.
Die Stahlklinge knirscht. Sie zerspringt nicht, sie schartet nicht.
Als er sieht, daß er sie nicht brechen kann,
hebt er in seinem Herzen an zu klagen:

C. «O Durendal, wie bist Du schön und hell und glänzend!
wie leuchtest und flammst Du gegen die Sonne!
Karl war in den Tälern von Moriane,
als vom Himmel Gott ihn hieß, durch seinen Engel,
Dich zu geben einem seiner Heergrafen.
Damals gürtete er dann mich, der edle König, der Große.

D. Mit ihr erstritt ich ihm Nantes und Bretagne.
Mit ihr erstritt ich ihm Poitou und Maine.
Ich erstritt ihm Normandie, die Freie.
Mit ihr erstritt ich ihm Provence und Aquitania
und Lombardei und die ganze Romagna,
ich erstritt ihm Bayern und ganz Flandern,
die Bourgogne und Apulia.
Konstantinopel, das hat ihm gehuldigt,
und die Saxonia, wo sein Wille gebietet.
Mit dieser Klinge erstritt ich ihm Scotia, die Insel,
und England, das hat er als Kammer behalten.
Mit ihr erstritt ich viele Länder und Reiche,
welche Karl beherrscht, dem der Bart weiß ist.

E. Um diese Schwertklinge habe ich Kummer und Schmerz.
Lieber sterben, als sie den Heiden lassen!
Gott, unser Vater, dulde an Francia nie diese Schande!»

172. B. Roland schlug auf den beisenen Fels.
Er spaltet herunter, mehr als ich Euch sagen kann.
Die Schwertklinge knirscht. Sie splittert und zerspringt nicht.
Sie bäumt sich hoch gegen den Himmel.
Als der Graf sieht, daß er sie nicht zerbrechen kann,
klagt er um sie im Herzen, ganz leise:

C. «O Durendal! Wie bist Du schön und heilig!
Dein goldener Knauf ist voller Reliquien.
Ein Zahn Sancti Petri, Blut des Heiligen Basilius
und Haare meines Gebieters Saint Denis
und ein Gewandstück Sanctae Mariae.

E. Es ist nicht recht, daß die Heiden Dich haben:
Christen sollten Euch dienen!
Nie sollte Euch führen ein Mann, der Feigheit begeht!

D. Viel weite Erde hab ich mit Euch erstritten.
Die beherrscht Karl, dem der Bart weiß ist wie die Blume.
Davon ist der Kaiser mächtig und reich.» (2297–2354)

Durch die Kunst der Variation weitet sich der Satz «manch weite Erde
...» aus zur Liturgie der Ländernamen des Karlsreiches, durch sie rücken
Schwert, Frankreich und Christentum ineinander. Die unmittelbar folgende Szene von Rolands Tod entwickelt so die Themen von Vasallität,
Sündenstand und Heiligkeit:

173. A. Roland fühlt, daß der Tod ihn ganz faßt,
    steigt vom Kopf ihm hinab bis an sein Herz.

    B. Bis unter eine Pinie eilt er.
    Er legt sich in grünes Gras, das Gesicht zur Erde.
    Unter sich tut er sein Schwert und den Olifant.

    C. Den Kopf hat er gewendet zum Heidenvolk hin.
    Dies hat er getan, weil er unbedingt will,
    daß Karl sagt und sein ganzes Heer:
    der edle Graf, daß er siegend starb.

    D. *Mea culpa* schlägt er, schwach und oft.

    E. Für seine Sünden reicht er Gott den Handschuh hin. AOI.

174. A. Roland fühlt, daß er von seiner Zeit nichts mehr hat.

    C. Gegen Spanien hin ist er auf einem schroffen Berg.

    D. Er schlägt mit der einen Hand seine Brust:
    «Gott, *Mea culpa,* vor Deiner großen Barmherzigkeit
    meine Sünden, die großen und die kleinen,

    die ich getan habe, seit ich geboren ward,
    bis an diesen Tag, an dem ich erschlagen ward!»

    E. Seinen rechten Handschuh hat er Gott hingestreckt.
    Engel vom Himmel steigen herab zu ihm. AOI.

175. B. Der Graf hat sich gelegt unter eine Pinie.

    C. Nach Spanien hat er sein Gesicht gewendet.

    F. Von vielen Dingen faßt ihn Erinnerung:
    von vielen Ländern, die der Ritter erstritt,
    von der holden Francia, von Männern seines Geschlechts,
    von Karl dem Großen, seinem Herrn, der ihn erzog.
    Er kann nichts dagegen, daß er weint und seufzt.
    Doch sich selbst will er nicht Vergessenheit antun.

    D. Er schlägt seine *Culpa,* ruft auch an Gottes Gnade:
    «Wahrer Vater, der da niemals trog,
    Sankt Lazarus hast Du vom Tod erweckt
    und gerettet Daniel unter den Löwen.
    Rette von mir die Seele aus allen Gefahren
    wegen der Sünden, die ich in meinem Leben tat.»

    E. Gott hat er seinen rechten Handschuh hingestreckt.
    Sankt Gabriel hat ihn aus seiner Hand genommen.

Auf den Arm hat er sein Haupt geneigt.
Die Hände zusammengelegt, ist er zu seinem Ende gegangen.
Gott sendet seinen Engel Cherubin
und Sankt Michael in periculo maris zu ihm.
Mit ihnen kam Sankt Gabriel dorthin.
Die Seele des Grafen tragen sie ins Paradies. (2355–2396)

In solch poetisch-rhetorischer Feierlichkeit werden für eine ritterliche Gesellschaft die Kennmarken aufgerichtet, an denen sie ihr Selbstbewußtsein orientiert: Vasallentreue, Christentum, Francia und das hyperbolische Bewußtsein von der Heiligkeit des Christenritters. Das mag die ‹militia christiana Francorum› nach 1124 betreffen. Aber in dem hyperbolischen Rausch, der hier rhetorisch veranstaltet wird, liegt zugleich auch wohl der Wunsch, die Wirklichkeit möge anders: seliger, kraftvoller, charakteristischer sein als sie es ist. In dieser neuen, liturgischen Ritterwelt werden geistliche Gesten in vasallitische und vasallitische in geistliche Gesten transponiert. Die angerufene Sancta Maria gehört jetzt mit zu dieser Welt. Ihre Verehrung ist eine neue Form feodalen Dienstes. Besonders aber gehört hierher die Umdeutung der Vasallitätsgeste aus der ‹immixtio manuum› zur Gebetshaltung. Früher betete man nach orientalischer und antiker Weise mit erhobenen Händen. Und das bleibt in der bildenden Kunst in der Vielzahl der Fälle noch lange so. Seit etwa 1150 beginnt in Frankreich die Gebetsgeste mit den zusammengelegten Händen vorzuherrschen, die Geste desjenigen, der seinen Herrn um ein Lehen bittet. Als Antwort legt der Herr seine Hände um die des Vasallen *(vgl. Abb. 18)*. Das früheste mir bekannte Beispiel für die Lehensgeste als Gebetsgeste findet sich zwischen 1120 und 1130 am 2. Pfeiler des nördlichen Seitenschiffs in Vézelay. Das erste literarische Zeugnis ist vermutlich die oben zitierte Stelle des Rolandsliedes, Vers 2392. In der Parallelstelle des deutschen Rolandsliedes werden die erhobenen Hände für die zusammengelegten eingesetzt. In der bildenden Kunst östlich des Rheins hält sich anscheinend die alte Geste hartnäckig lange.

In der ‹Chanson de Roland› verbinden sich zum erstenmal ritterliches, französisches Kriegertum und Frömmigkeit sinnfällig miteinander. Es verbinden sich aber zugleich auch gelehrte und volkssprachliche Formen der Poesie – vielleicht ‹volkssprachliche Formen› der Poesie, gewiß aber Vulgärsprache selber –, das heißt: es verbindet sich die Welt der Hohen Schulen mit der Welt der laikalen Gesellschaft. Eine auf den ersten Blick vergleichbare Verbindung schien sich bereits in der provenzalischen Fides-Chanson vollzogen zu haben. Deren Zwecke waren die geistlich-weltlichen einer provenzalischen Pilgerkirche gewesen. Eine – wieder nur auf die ersten Blicke – vergleichbare Verbindung schien sich in ‹Passio Christi›, Leodegar-Lied, in ‹Boecis› und Alexius-Lied vollzogen zu haben. Aber deren Zwecke waren die einer geistlich internen oder externen Propaganda gewesen. Für eine weltliche Rittergesellschaft kennt diese Verbindung erst der französische Norden, und zwar nach dem Augenblick einer initialen Konvergenz von Königtum und Heiligkeit in St. Denis, genauer: in den Schriften des Abtes *Suger* von St. Denis.

## Turoldus

In drei mächtigen Schritten hat sich die Handlung des altfranzösischen Rolandsliedes vollzogen: Verrat des Ganelun (Laisse 1–63), Rolands Verzweiflungskampf in Roncevaux (Laisse 64–175), Rache Karls und Bestrafung des Verräters (Laisse 176–290). Dann heißt es:

> Ci falt la geste que Turoldus declinet.
> Hier endet das Lied, das Turoldus jetzt liegen läßt.

Es ist der Topos des ‹abrupten Schlusses› *(Curtius)*, den wir bereits aus der Fides-Chanson kennen (vgl. S. 168. 172), wo es hieß:

> Von den Heiden jetzt noch mehr zu singen, ekelt mich.

Und das Margarethenleben des Normannen *Wace* wird enden:

> Hier schließt ihr Leben, *Wace* sagt's,
> Der aus Latein Romanisch macht,
> Was uns Theodimus vermacht. *(Curtius)*

Vgl. auch den Schluß des ‹Waltharius› (ob. S. 68). Als Autor oder Redaktor nennt sich im ‹abrupten Schluß› ein gewisser *Turoldus*. Er beansprucht damit die literarisch gültige, Oxforder Fassung, deren Handschrift von *Sameran* auf 1130–1150, allgemein erst auf 1170 datiert wird. Innerhalb des Epos gibt der Erzähler mehrfach vor, einen älteren Bericht bearbeitet zu haben:

la geste Francor (1443, 3262), la geste (1685, 2095), l'ancienne geste (3742), das Kartular des Klosters von Laon (2097).

Selbst wenn dies fingiert wäre, hätte sich der Erzähler damit als ‹Bearbeiter› stilisiert. Er würde auf diese Weise vorgegeben haben, das zu tun, was Bischof *Baudri* und viele andere (vgl. S. 197) mit den anonymen ‹Gesta Francorum› des ersten Kreuzzugs wirklich getan hatten: sie hatten sie schulgerecht poetisiert, aber auf lateinisch. Die Rhetorik aus der Lateinschule hat auch der Dichter des Oxforder Rolandsliedes gebraucht. Aber nicht wie die andern versuchte er allein des ersten Kreuzzugserlebnisses poetisch Herr zu werden, sondern zugleich des neuen Frankreicherlebnisses. Vielleicht nach dem Vorbild der Provenzalen wählte er die Volkssprache als Medium der Darstellung. Aber nicht hierin liegt das Neuartig-Kühne, sondern darin, daß er sich mit lateinischer Kunst auf vulgärsprachlich – nicht an Pilger und Fromme, sondern an eine laikale französische Rittergesellschaft wendet. Sowenig wie das ganze Gedicht naiv oder volkstümlich-archaisch ist, sowenig ist es die souveräne Namensnennung am Schluß. Gerade das Nicht-Anonyme gehört, wie der kalkulierte Kunsteffekt, zum Wesen dieses Werkes. W. *Tavernier* hat diesen nicht-anonymen *Turoldus* mit dem zeitweiligen Bischof *Turoldus* von Bayeux identifizieren wollen. Seine ‹Beweisführung› beweist gar nichts. Dennoch wird in der Person des *Turold* von Bayeux ein Sozialstatus anschaubar, den das Oxforder Rolandslied selbst dann voraussetzen würde, wenn nicht dieser gescheiterte Kleriker, sondern ein anderer sein entscheidender Redaktor gewesen wäre.

Zwischen 1055 und 1060 wurde *Turold* auf dem adeligen Herrensitz Envermeu bei Dieppe geboren, im Herzogtum Normandie, ein Alters- und vielleicht sogar Studiengenosse des *Baudri* (vgl. S. 164). 1097 setzte ihn *Wilhelm Rufus*, der zweite Sohn und Nachfolger *Wilhelms* des Eroberers gegen den Willen des Domkapitels als Bischof von Bayeux ein. Einen älteren Kollegen des *Turold*, einen königlichen Kapellan *Turgisus* meinte *Tavernier* in einer Urkunde *Wilhelms II.* von England von 1091 neben einem Kapellan *Turaldus* identifiziert zu haben. Es sei jener, den *Turold* von Bayeux im Rolandslied als Heidenfürsten konterfeit habe: «Da kommt *Turgis* von Tortosa. Das ist ein Graf ... Gegen die Christen will er ein böses Gelübde ablegen» (916 ff.). *Turgisus* wurde später Bischof von Avranches, *Turold* hingegen wurde als Bischof von Bayeux durch Papst *Paschalis II.* (1099–1118) suspendiert, 1103 nach Rom zitiert und 1104 endgültig abgesetzt. 1106 trat er als Mönch in jenes Kloster Bec ein, wo *Anselm* von Canterbury (vgl. S. 145) Abt gewesen war. Zum Eintritt in dieses strenge Kloster hat *Anselm* von Canterbury den ehemaligen Bischof *Turoldus* in einem erbaulichen Brief beglückwünscht: «sic cor vestrum sit separatum a mundana cogitatione». Man muß darunter nicht weltliche Poesie vermuten, sondern eher Streben nach geistlich-weltlichen Ämtern, dem der Mönch nun entsagt hat. Erst 1146 ist *Turoldus* in Bec gestorben.

Jedenfalls war die Welt *Turolds* – dieses, oder eines anderen *Turold*, denn der normannische Name (Thor + wald) ist so selten nicht – die Welt der Hohen Schulen. Die gesellschaftliche Signifikanz des Rolandsliedes erschöpft sich nicht darin, Signal für französisches Königtum und Ritterschaft zu sein, sondern das Rolandslied ist zugleich ein Dokument der literarisch-wissenschaftlichen Blüte Frankreichs. Nicht nur die weltlich-ritterliche Macht, sondern auch die Wissenschaft ist auf ihrer weltgeschichtlichen Wanderung vom Orient zum Okzident jetzt in Frankreich angekommen. *Otto* von Freising wird von einer ‹translatio sapientiae› nach Gallien sprechen. Ein Blick auf die volkssprachliche Poesie der ‹Chanson de Roland›, zumal auf eine so gelehrte Poesie, bliebe von irreführender Einfarbigkeit, solange man nicht gleichzeitig die Welt der Hohen Schulen Frankreichs ins Auge zu fassen versuchte.

VIERZEHNTES KAPITEL

TRANSLATIO SAPIENTIAE NACH FRANKREICH

A. GELEHRTE STUDIEN IN FRANKREICH

*Die Welt der Hohen Schulen*

Immer mächtiger wird die geistige Anziehungskraft Frankreichs in der ersten Hälfte des XII. Jahrhunderts. An allen Bischofssitzen finden sich damals Kathedralschulen, in Amiens, Reims, Chartres und Paris, und selbst in so kleinen Metropolen wie Châtillon-sur-Seine, wo *Bernhard von Clairvaux* seine Ausbildung empfing. Es sind regionale, aber immerhin städtische Zentren, die den Nachwuchs an meist niederen Klerikern heranbilden. Die Hauptformen des Unterrichts sind ‹lectio› und ‹disputatio›. Die ‹lectio› oder ‹praelectio› ist der kommentierende Vortrag eines klassischen Schulwerkes, einer ‹auctoritas› durch den Magister. Der letzte Rest einer kommentierten ‹auctoritas› wird später das Zitat aus der Sekundärliteratur und die Auseinandersetzung mit dem sogenannten ‹Stand der Forschung› sein. Im Zusammenhang mit der ‹lectio› bestehen mehrere Universitätslehrer des XII. Jahrhunderts auf den Formen der ‹doctrina› und der ‹meditatio›. Die *doctrina* ist die Aneignung des zu behandelnden Lehrstoffes durch eigene Lektüre, also die Vorbereitung. Die *meditatio* ist die selbständig nachdenkende Beschäftigung mit dem Gegenstand der ‹lectio›, also die ‹Nachbereitung›, wie man es später nannte. In der *disputatio* gibt der Magister den Scholaren Gelegenheit, an Beispielsfällen ihre logischen und rhetorischen Kenntnisse zu erproben; wir könnten sie heute vielleicht als Seminar- und Vortragsübungen zur Technik der wissenschaftlichen Argumentation bezeichnen.

Gegenstand des Unterrichts waren auf einer ersten Stufe die ‹Septem Artes›, die sieben freien Künste des *Triviums* und des *Quadriviums:* Grammatik (d. h. Latein), Rhetorik (d. h. Stilistik und Briefschreibekunst), Dialektik (d. h. Philosophie, insbesondere die aristotelische formale Logik); im Quadrivium sodann: Arithmetik, Geometrie, Astronomie und mathematische Musiktheorie. Das triviale Artes-Studium war eine Art Gymnasialunterricht. Es stützte sich auf Lehr- und Übungsbücher, die meist aus der Spätantike stammten: *Boethius (-Aristoteles), Macrobius (-Vergil), Isidor* von Sevilla, (Pseudo-) *Cicero* (Herennius-Rhetorik) und anderes. Aus dem Artes-Studium ist dann die sogenannte Artistenfakultät hervorgegangen, noch später die Faculté des Lettres, die Philosophische Fakultät, aus welcher sich seit dem XIX. Jahrhundert die Mathematisch-Naturwissenschaftliche und im XX. Jahrhundert die Wirtschafts- und Sozialwissenschafliche Fakultät emanzipiert haben. Erst wer eine Zeitlang ‹artes› studiert hatte, wurde zu den eigentlichen Fakultäten der Jurisprudenz, Medizin und Theologie zugelassen.

Examina spielten zunächst und auf lange hinaus an den Hohen Schulen keine Rolle, für einen Studienabschluß schon gar nicht. Bewährung und Beziehungen nahmen ihre Stelle ein; und da Bewährung ohne Beziehungen kaum möglich ist, wurden die Examina praktisch durch Beziehungen ersetzt.

Allenfalls für die Erwerbung akademischer Lehrberechtigung bildeten sich im Laufe des XII. und besonders des XIII. Jahrhunderts festere Gewohnheiten aus, die sich in der Verleihung der Titel eines Baccalaureus oder eines Magister Artium manifestierten. In *Abaelards* Autobiographie hören wir nichts von Examen, sondern nur, daß ein erfolgreiche Student, der sich mit seinem Meister überworfen hat, zunächst in Melun anfängt als ‹Magister› eigene Vorlesungen zu halten. Aber dort wie anderwärts versuchen ihn Etablierte daran zu hindern. *Abaelards* Kampf gegen das System von Beziehungen, dem er sich gegenübersieht, machen im Grunde seine ‹Historia calamitatum› aus.

Die Vorlesungen wurden dem ‹Magister› von den Studenten nach jeder Stunde direkt bezahlt. Jemand wie *Abaelard* ist nach seinen eigenen Worten am Hörgeld reich geworden. Studieren konnte damals scheinbar jeder. *Abaelard* erzählt von seinem Vater, der ein Ritter in der Gegend von Nantes war:

«Mein Vater hatte, ehe er das Soldatenschwert umgürtete, ein wenig die Artes studiert. Später dann ergriff ihn eine solche Liebe zur Wissenschaft, daß er allen seinen Söhnen eine Artes-Ausbildung geben wollte, bevor er sie zum Waffenhandwerk erzog.»

Bei *Bernhard* von Clairvaux liegen die Verhältnisse ähnlich. Aber, wer an einer Kathedralschule studieren wollte, mußte immerhin die Vorlesungen bezahlen können, und ‹meditatio› und ‹doctrina› verlangten das Geld für Pergament bzw. Bücher, schließlich das Geld für Muße und Unterkunft in der Bischofsstadt. Minderbemittelte konnten wohl nur studieren, wenn sie sich von vornherein für das geistliche Leben engagierten oder in Klöster eintraten. In Klöstern allerdings konnten sie auch als analphabete Konversen oder Laienbrüder ihr Leben hinbringen. Berühmte Monasterien wie Bec, St. Denis, St. Victor dürften genau so wenig wie ehedem Reichenau oder St. Gallen jeden in ihre Schulen aufgenommen haben. An den Kathedralschulen der Bischofstädte bedeutete Studium zugleich städtisches Leben ohne bürgerliches Gewerbe. Wer Glück hatte, bekam vielleicht schließlich eine Pfarr- oder Kanonikerpfründe, mit der feste Einkünfte, meist aus Grundbesitz, verbunden waren. Viele Scholaren aber brachten es am Ort ihrer Studien nicht zu einem Posten. Sie zogen dann weiter in eine andre Bischofsstadt und versuchten dort ihr Heil. Solche weiter-

wandernden Studenten hießen ‹vagantes›. Für sie war nicht zuletzt die
Poesie ein Mittel, auf sich aufmerksam zu machen. *Hugo Primas* aus
Orléans, der berühmteste Vagantendichter des frühen XII. Jahrhunderts,
hat es schließlich in den 1140er Jahren in Paris zum Literatur-, und das
heißt wohl Grammatik-Lehrer gebracht. Alle genannten Personengruppen
waren, sofern sie lesen und schreiben konnten, ‹clerici› (vgl. engl. clerc),
mhd. ‹pfaffen›; sie waren nicht unbedingt Geistliche, hatten nicht unbedingt eine Pfründe. Sie konnten, sofern sie kein höheres Amt erstrebten,
auch verheiratet sein (vgl. *Gilson*). Nicht alle Kleriker und Kanoniker
hatten Weihen empfangen. Jemand wie der *Barbarossa*-Kanzler *Reinald
von Dassel* z. B. ist ohne Priesterweihe seit 1140 Hildesheimer Dompropst,
seit 1159 Erzbischof electus von Köln und läßt sich erst 1165 zum Empfang der Priesterweihe und definitiver Erzbischofsinvestitur nötigen.

Die ehemals ländlich-klösterliche Geisteshaltung sieht sich durch die
soziale Mobilität der neuen städtischen Gesellschaftsformen verwandelt.
Es ist keine fertige und geschlossene Gesellschaft, die in den für unsere
Begriffe meist sehr kleinen Städten lebt, sondern es sind viele verschieden-
artige Gruppen. Das akademische Halbproletariat von Klerikern und
Scholaren partizipiert an dieser Vielfalt. Ein Bild von der so bestimmten
Welt der Schola entwerfen die Lieder des lateinischen Dichters *Hugo Pri-
mas* von Orléans, der vermutlich 1093 geboren ist.

Für ihn ist das Gedicht zugleich das Mittel, durch das er sich Geltung
zu verschaffen sucht unter denen, die Stellen vergeben oder erstreben.
Das Leben eines ihm verhaßten Bischofsaspiranten schildert er gehässig
vorausschauend unter Beimischung von altfranzösischer Vulgärsprache,
was die Versnachdichtungen von *Wolfgang von Wangenheim* durch köl-
nische Mundart anzudeuten versuchen:

> Bisweilen zieht er sich      heimlich aufs Land zurück
> zum sonst verbotnen Fleisch,      zum saftgen Gaumenglück.
> Wenn er *janz Mensch sinn kann,*      was er so selten darf,
> wird er gelöst, dann frei,      dann schlüpfrig und dann scharf.
> Ein hübscher Rittersohn      *muß ihn janz höösch kasteien –*
> *dem Jung kammer en jroß      Karriere prophezeien!*
> *Dä ribbelt ihm en Kääz*      mit formgewandten Fingern,
> geweiht *Sankt Wibbestääz*      und allen Freudenbringern (162).

Wie jener Feind des *Primas*, den die Kanoniker von Sens zum Bischof
erwählt haben, dann die guten Ämter und Pfründen an seine Verwandtschaft vom Lande verteilt, die altfranzösisch daherkommt und daher-
spricht, schildern die Verse:

> *Ore verrez venir*      *Wenn singe Klüngel kütt,*
> *milia milium*      das gibt ein groß Gedräng'!
> *De parenz, de nevoz*      Wer hätte je gedacht,
> *turbam, dicencium:*      er hätt *esu vill Kuseng?*
> *Je suis parenz l'evesche,*      Und wird ein jeglicher

| | |
|---|---|
| de sa cognatium. | *mit dem Bischop singe Säjen* |
| *Dunt fait cestui canoine,* | Dank dem Familiensinn |
| hunc thesaurarium. | *e lecker Pöstche kräjen.* |
| *Cil, ki* servierant | Die *dr Brassel han jehatt,* |
| per longum spacium | die werden über Nacht |
| Amittunt laborem | nach jahrelangem Dienst |
| atque servicium. | um Amt und Brot gebracht. (160) |

Oder er schildert einem klerikalen ‹Freund›, um diesen zu ruinieren, in Form von erfahrenem Rat das Betragen einer Hure, wie sie anscheinend damals in den Bischofsstädten mit zum Bild gehörte:

| | |
|---|---|
| Ihr dient das ganze Haus. | Der Kellermeister gibt den besten Wein aus. |
| Sie aber nippt nur davon, als wäre | verachtenswert dies Fährgeld nach Kythäre, |
| schläft nachts mit dir im Bette, | als ob sies noch nie getan hätte. |
| Sie weint, kaum bist du oben, | du habest ein viel zu Groben. |
| Sie äußert Mißbehagen | und schwört, sie könne dich nicht ertragen, |
| und jammert vor Beschwer, | macht den Zugang zum Nadelöhr, |
| durch welches bei solchen Weiten | sonst rüstige Kamele reiten. |
| Morgens dann rausgefeuert, | hält sie das Gesicht verschleiert, |
| daß niemand sie erkennt, | wenn sie die Straße hinunterrennt. |
| Hat ihr Quartier sie wieder, | dann wird sie geizig wie sie lieder- |
| lich ist: die Wasserleitung | reicht ihr zur Nahrungszubereitung, |
| und ‹Rüben und Karotten› | heißt für sie schon den Leib vergotten. (196) |

Witz und erzeugtes Gelächter zielen hier schon auf eine perfide Klassenmoral. Die Handelsvorbildern nacheifernde Sparsamkeit des niederen Sozialstatus wird als Geiz angeprangert, die groteske Anpassung ans Virginitätabu, welches die Monogamiedoktrin errichtet, wird belacht wie die mangelnde Innerlichkeit dieser käuflichen Liebe. Literarisch möglich ist das lateinische Gedicht des *Primas* wohl nur durch antike Vorbilder. Aber die griechischen Hetären und römischen Bonae gewährten eine unentwertete, kultivierte Lust. Sie ist hier durchaus zur verachtet verachtenden niederen Lust geworden – wohl unter dem Einfluß von Christentum und höfischer Innerlichkeitsliebe.

«Vor allem das Christentum mit seiner Spiritualisierung der Liebe auf der einen und seiner von dort her begründeten Diffamierung des Sexualverkehrs auf der anderen Seite dürfte (für die Tennung zwischen ‹niederer› und ‹höherer› Lust) in unserer Tradition die Hauptgrundlage geschaffen haben; dazu kommt dann noch die spezifisch abendländische Romantisierung der Liebe, die ... durch das Troubadourtum und die Minnesänger ... gewonnen worden ist. Erst wenn diese geschichtlichen Wirklichkeiten in der Tradition vorhanden sind, besteht für eine Gesellschaft nicht mehr die Möglichkeit, dauerhaft höhere erotische Ansprüche mit der Prostitution zu verbinden ...» *(Schelsky)*.

Als Phänomen mag die Prostitution eine Funktion gesellschaftlich institutionalisierter Frustration sein; die moralische Bewertung von sexuellen ‹Ventilsitten› aber ist umgekehrt proportional dem Moralanspruch, den die anerkannten Institutionen erheben. Die Stadtgesellschaft, die sich jetzt bildet, muß, «um die letzte Verbindlichkeit der rigorosen Normen ...

aufrecht erhalten zu können, ... die ... Anerkennung ihrer Idealität durch sozial geregelte Kompromißkonventionen erkaufen» *(Schelsky)*. Die daraus entspringende Haltung hat *Adorno* einmal in seinen ‹Minima Moralia› im Hinblick auf *Goethes* Ballade ‹Gott und die Bajadere› charakterisiert:

«Der Bürger braucht die Bajadere, nicht bloß um des Vergnügens Willen, das er jener zugleich mißgönnt, sondern um sich recht als Gott zu fühlen. ... Die Nacht hat ihre Lust, aber die Hure wird doch verbrannt. Der Rest ist die Idee.»

Im verachtenden Spott der lateinischen Vagantenpoesie erscheint bei *Hugo Primas* der erste Vorbote einer städtisch-bürgerlichen Moral. (Die Diskussionsgedichte, ob ein Ritter oder ein Kleriker der bessere Liebhaber sei, stehen literatursoziologisch wohl auf einem völlig anderen Blatt.) Der Vagantendichter *Hugo Primas* hat lange in gesellschaftlicher Unsicherheit gelebt, angewiesen auf den zum 11. November zu verschenkenden Martinspelz – wie der Cantor *Walther von der Vogelweide:*

> Pontificum spuma, fex clerici, sordida struma,
> Qui dedit in bruma michi mantellum sine pluma! (187)

Gab mir der Speibischof, der Pipifex, des Klerus stinkender Eiterklex
Gegen die kalte Witterung ein Mäntelchen ganz ohne Fütterung!

*Hugo Primas* war eine Art Spielmann der etablierten Kleriker. Aber er wurde für seine Zeitgenossen nicht nur ein berühmter, sondern zugleich auch ein gefürchteter Dichter. In jenen Versen, in denen er seine Mißhandlung durch einen Prälaten berichtet – der hatte ihn die Treppe heruntergeworfen – läßt er die Leute von Paris von sich sprechen als «de nostro bono vate, de magistro, de Primate»:

> Knapp bin ich dem Tod entkommen, doch den Flüchtling aufgenommen
> hat die freundliche, die frohe, hat die unvergleichlich hohe
> königliche Stadt Paris.
> Wer das Scheusal von Prälaten nicht gesehn, wird kaum erraten,
> was er mir hat angetan. Daß ein Mensch so handeln kann!
> Welche Macht in seinem Rücken will den Primas unterdrücken,
> sieht, statt zu ihm aufzublicken, ihn gar als Verbrecher an?

Auch das Gute ist ihm nicht immer gut genug. Ein reicher Gönner, den er auf einer Hohen Schule kennengelernt hatte, lud den *Primas* ein, mit ihm ins normannische England zu gehen. Doch über dieses Land rümpft der lateinisch dichtende Franzose nur die Nase. Seine Verse lauten in der Nachdichtung von *Karl Langosch:*

> Mit Qualen lebt man hier, weil man als Trank nur Bier
> Bekommt aus Erntesegen, den wir zu essen pflegen.
> Nur ungern trink ich das, lob mir der Väter Glas,
> Vom Rebenstock den Wein: der führt ins Leben ein! (294)

Von den verschiedenen Hohen Schulen, an denen er sich aufgehalten hat,
charakterisiert er Amiens und Reims folgendermaßen (nun wieder in *v.
Wangenheims* Reimen):

> Amiens, Stadt auf Gold gesetzt!        Deine Bürger hochgeschätzt,
> Deines Klerus gute Sitten        zugesteh ich, unbestritten,
> Daß ich hier auf dieser Erde        beßren Pastor, beßre Herde
> Nirgendwo zu sehn bekomme.        Nur ein Beispiel ist die fromme
> Tat, vollbracht am Primas,        der den Unbilden des Klimas
> Preisgegeben war an allen        Körperteilen, denn gefallen
> War er unter Dieb' und Räuber,        die ihr Handwerk auf unsäuber-
> lichste Art und Weise üben.        Wie? – Indem sie Würfel schieben!
> Was die mir han abgewetzt,        hat dein Beutel zugesetzt.

Und nun Reims:

> Reims verleihen seine Jahre        höchsten Rang und seine wahre
> Würde; doch erst *Albrich* nützt,        was von Alters es besitzt.

Gemeint ist der Magister *Alberich,* der später (1137–1141) Erzbischof
von Bourges wurde. In Reims pflegte man vor allem die Theologie:

> Schwimmt auch Reims in Glück und Gütern,
> Alles überstrahlt die helle,        hochberühmte Himmelsquelle.
> Weithin strömt sie, nie versiegt sie,        alles tränkt sie, niemals biegt sie
> Ab von Wegen und Methoden,        die wegführn von Christi Boden.
> Gar nichts haben hier verloren        allzu heidnische Autoren,
> Und die Dichtung muß abtreten        ihren Platz an die Propheten,
> Denn die Kunst als solche kann es        nicht aufnehmen mit Johannes. (148)

Und dann nennt *Hugo Primas* all die Artes-Autoren, die in Reims verachtet werden: *Martianus Capella,* den *Notker* übersetzt hatte (vgl. S. 102),
*Priscian,* den Grammatiker, *Sokrates, Plato* und dessen ‹Timäus›.

> Seit die Trinität gestiftet,        ist uns Sokrates vergiftet,
> Ist uns Plato gar vergällt.        Vor dem einen Gott zerfällt
> Das Profane und das Böse,        das als Thes' und Antithese
> Anderswo hat ausgeschrien        schulgerechte Häresien.
> Wo ein kleiner Zweifel klafft,        auf reißt ihn die Wissenschaft,
> Will und wird nichts weiter wissen,        als *daß* sie ihn aufgerissen.
> Doch uns schützt vor Mißverständnis        nur das einige Bekenntnis:
> Nur ein Gott, nur eine Taufe,        kein Gerede, kein Geraufe –
> Und im Frieden einer Meinung        tritt die Kirche in Erscheinung. (150)

## Die Schule von Chartres

Die Timäus-Studien, auf die *Hugo Primas* anspielt, blühten zu Anfang
des XII. Jahrhunderts namentlich an der Kathedralschule von Chartres,
mathematische und kosmologische Spekulationen erzeugend. Man las
dort den platonischen Altersdialog des ‹Timaios› (367/347 v. Chr.) in
jener lateinischen Übersetzung, welche *Calcidius* (Chalcidius) im spätan-

tik-frühchristlichen V. Jahrhundert angefertigt und mit einem Kommentar begleitet hatte. In sehr eigentümlicher Weise verbinden sich dort Mythologie, Mathematik, Psychologie und antike Naturlehre. In dieser Schrift gibt der Jüngling Timaios dem Sokrates und seinen Gastfreunden eine seltsam detaillierte Darstellung vom Schöpfungsprozeß und der Relation aller Dinge. Er tut dies in einem Ton von mathematisch-prophetischer Sicherheit, als ob er selbst dabei gewesen wäre und ins Innerste der Natur geblickt hätte. Von der Erschaffung der Weltseele heißt es bei *Plato* in *Hieronymus Müllers* Übersetzung:

«Zuerst entnahm Gott einen Teil dem Ganzen, dann das *2-fache* desselben, als dritten Teil das *$1\frac{1}{2}$-fache* des zweiten, aber *3-fache* des ersten, als vierten Teil das *2-fache* des zweiten, als fünften das *3-fache* des dritten, als sechsten das *8-fache* des ersten, als siebenten das *27-fache* des ersten.»

Es handelt sich hier bei dieser Ausgangsreihe also ganz einfach um die Zahlenfolge $1 + 2 + 3 + 4 + 9 + 8 + 27$. Wir können sie als Potenzen der Basis 2 und 3 schreiben, die 1 als Null-Potenz einer beliebigen Basis und hätten dann die Reihe: $2^0 + 2^1 + 3^1 + 2^2 + 3^2 + 2^3 + 3^3$. *Calcidius* schreibt die Zahlen mit der Basis 2 als eine, die Zahlen mit der Basis 3 als andere Seite eines Dreiecks und erhält folgende Figur:

Die Zahl 1 ist in der platonisch-pythagoräischen Symbolik der Punkt, 2 die Gerade, 3 die Kurve, 4 die rechtwinklige Fläche, 9 die gekurvte Fläche, 8 der Kubus, 27 der runde Körper (vgl. *H. D. Archer-Rind*). Die Weltseele enthält also die mathematischen Gesamtmöglichkeiten in sich. Aber dieser für den architektonischen, picturalen und literarischen Symbolismus so wichtige Text geht nun so weiter:

«Darauf füllte Gott die zweifachen und dreifachen Abstände dadurch aus, daß er noch mehr Teile abschnitt und sie zwischen dieselben stellte, so daß sich zwischen jedem Abstande zwei Mittelglieder befanden, deren eines um den selben Teil der äußeren Teile das eine äußere übertraf, um welches es selbst von den andern übertroffen wurde; das andere dagegen um die gleiche Zahl das eine übertraf und dem andern nachstand.
Da nun durch diese Verknüpfung zwischen den ersten Abständen $1\frac{1}{2}$-, $\frac{3}{4}$- und $\frac{9}{8}$-malige Abstände entstanden, füllte er mit $\frac{9}{8}$-maligen alle $\frac{3}{4}$-maligen aus, indem er von jedem derselben einen Teil zurückließ.
Das Zahlenverhältnis des von diesem Abstande zurückgebliebenen Teiles aber verhielt sich wie 256 zu 243, und so war also die Mischung, von der er diese Teile abgeschnitten hatte, bereits ganz verwendet.»

Der Rest von 256 zu 243 verhält sich wie $4^5$ zu $3^5$. Diese Proportion ist aber nichts anderes als die Differenz zwischen Quarte und großer Terz bzw. als die Oktavversetzung von fünf Quintschritten, nämlich das pythagoräische Intervall des kleinen Halbtons. Musikalische Proportionen werden also mit mathematischer Gestaltsymbolik verbunden, d.h. die musikalischen Proportionen sollen zugleich Weltbaugesetze sein. Durch das ‹Ausfüllen der Abstände› ergibt sich folgende Erweiterung des Dreiecks:

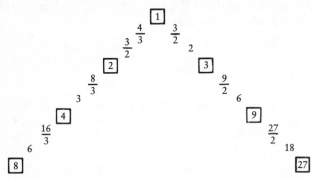

Es entspricht aber der musikalischen *Quarte* die Proportion $\frac{4}{3}$ oder $\frac{8}{3}$ oder $\frac{16}{3}$ usw., der musikalischen *Quinte* die Proportion $\frac{3}{2}$ oder $\frac{9}{2}$ oder $\frac{27}{2}$ bzw. 3, 6, 9, 18 usw., schließlich der *Oktave* die Proportion 2:1 oder 4:1 oder 8:1 usw. Diese Zahlenverhältnisse garantierten die Harmonie der Welt. «Ohne die Vorherrschaft der Zahl ... sänke der Kosmos wieder ins Chaos zurück», hat *Augustin* geäußert (vgl. *v. Simson).* Die wahre Wissenschaft erkennt die Zahl, und da «ars sine scientia nihil est» (vgl. *v. Simson),* wird sich auch die Architektur der Kathedralen an diesen Proportionen orientieren. *Otto von Simson* hat zu Recht von einem «fast abergläubischen Vertrauen zur Mathematik» gesprochen, das jetzt die Menschen überkommt. In Zeiten des Umbruchs versucht man sich wohl besonders leidenschaftlich zu versichern, es sei im Tiefsten alles in Ordnung. *Petrus Abaelardus* soll in seinen mathematischen Studien in Chartres keine Befriedigung gefunden haben. Dennoch sollte er aus Chartres etwas mitnehmen, was ihm gefährlich wurde. Liest man nämlich an der oben zitierten Stelle des ‹Timaios› weiter, so steht da:

«Indem Gott nun diese gesamte Zusammenfügung der Länge nach zweifach spaltete, die Mitte der einen Gestalt an die Mitte der andern Gestalt in der Form eines Chi fügte ...».

Hier wird jeder, der irgend mit allegorischer Textinterpretation bekannt war, aufgehorcht und beim ‹Chi› an ‹Christos› gedacht haben. Sollte *Plato* Christus vorausgeahnt haben? Aber mehr noch: der ganze platonische Schöpfungsmythos erinnerte in frappierender Weise an die biblische

Genesis. Höchstwahrscheinlich sind diese Ähnlichkeiten gar kein ‹welthistorischer Zufall›, sondern *Plato* wie die Bibel schöpfen aus den gleichen altorientalischen Quellen.

Den Versuch, die Wahrheit des Christentums schon bei dem Heiden *Plato* zu finden, hatten schon die Kirchenväter unternommen. Nicht bloß gelehrte Neigungen hatten *Augustin, Ambrosius* oder *Gregor von Nyssa* dazu getrieben, etwa anläßlich einer Genesiserklärung die platonische Philosophie des ‹Timäus› und andere heidnische Gedankengänge mitzuerörtern. Damals war ja die gebildete Welt voll von orientalischen Geheim- und Heilslehren, und das Christentum erschien nur als eine unter anderen. Die Kirchenväter wollten, wie *Augustin* das sehr deutlich darstellt, ihre christlichen Freunde so unterrichten, daß sie sich beim gebildeten Gespräch in heidnischer Gesellschaft keine Blöße zu geben brauchten und damit dem Ansehen des Christentums schadeten. Vor allem aber wollten sie sie davor bewahren, «kosmologische Theorien als etwas Neues und Unwiderstehliches (zuerst) aus heidnischem Munde zu hören» *(Liebeschütz)*.

Der ganze Wust von kosmologischen Philosophemen, den die Kirchenväter herangebracht hatten, fand natürlich auch Eingang in die Genesis-Kommentare des XII. Jahrhunderts, wie sie etwa *Theoderich* (Thierry) von Chartres und auch *Abaelard* schrieben. Anderes mysteriöses Gedankengut wurde durch die spätantiken Schulautoren vermittelt.

Da waren der ‹Timäus›-Kommentar des *Calcidius* und der Kommentar des *Macrobius* zum ‹Somnium Scipionis› des *Cicero* sowie die Schrift ‹De musica› des *Boethius*, in dessen Werk auch stoische Elementenlehre und neuplatonische Gedankengänge tradiert wurden. Letztere fanden Ausdruck auch bei *Johannes Scotus*, dem Übersetzer des *Dionysius Areopagita* (vgl. S. 63). Dazu las man im sogen. ‹Asclepius› die Offenbarungen des ‹Hermes Trismegistos›, ‹Hermetische Literatur›, neupythagoreische, orphische, astrologische Geheimlehren.

Schließlich wurde in Chartres zuerst die arabische Philosophie Spaniens aufgenommen, in den lateinischen Übersetzungen des *Dominicus Gundissalinus* und anderer (vgl. S. 131). Vor allem aber gelangten aus dem arabischen Spanien nach Chartres zuerst bisher unbekannte Schriften des *Aristoteles*, die sogenannte ‹Logica nova› und der pseudo-aristotelische ‹Liber de causis›, welcher als Theologie des *Aristoteles* galt. Um die Aufnahme aristotelischer Gedanken sollte sich namentlich der Chartreser Kanzler *Gilbertus Porretanus* (ca. 1076–1154) verdient machen, der verehrte Lehrer *Ottos von Freising* (vgl. unten). Die Schule von Chartres wollte das Geheimnis der Welt in einer gärenden Gegenwart erfassen. Die mysteriöse Attitüde aber, die von Chartres ausging und der wir noch in den Versen des *Bernhard Silvestris* begegnen werden, war Kennmarke einer sich spezialisierenden und sozial distinguierenden Gelehrsamkeit.

## Hugo von Sankt Victor

Angesichts des hermetischen Strukturalismus von Chartres erscheint die Gedankenwelt des *Hugo von St. Victor* von urbaner Offenheit. *Hugo* war gegen 1120 aus dem Reichsgebiet gekommen und in jenes Pariser Augustiner-Chorherrenstift eingetreten, das 1108 durch *Wilhelm von Champeaux* seinen Aufstieg genommen hatte (vgl. S. 209). Dort schuf zur gleichen Zeit *Adam* von St. Victor seine schönen, in ihrer Melodik neuartigen Sequenzen *(vgl. Textabb. 16):*

In festo sanctæ trinitatis prosa.

16. Trinitäts-Sequenz des Adam von St. Victor (ca. 1110–1192)

Bei *Hugo* von St. Victor heißt es einmal:

«Die ganze ... wahrnehmbare Welt ist wie ein Buch, das von der Hand Gottes geschrieben wurde ..., und die einzelnen Geschöpfe sind den Figuren zu vergleichen. Sie sind jedoch nicht nach menschlichem Ermessen, sondern nach göttlichem Willen eingefügt, um die unsichtbare Weisheit Gottes kundzutun.» Und an anderer Stelle schreibt er: «Die Gestalt der Dinge kann aus vielen Gründen bewundernswert erscheinen: manchmal durch ihre Größe, manchmal durch ihre Kleinheit, manchmal weil sie selten, manchmal weil sie schön ist, manchmal... weil sie auf treffende Weise grotesk ist».

In dieser Philosophie, die in der bestehenden Welt alles, auch das Schlechte, lassen möchte, wie es ist, kommt es darauf an, daß man ‹richtig sehen lernt›. Den Weg, den *Hugo* zu solcher Kontemplation angibt, pflegt man als ‹viktorinische Mystik› zu bezeichnen.

«Der Mensch hatte ... ursprünglich ein dreifaches Auge: *oculus carnis,* womit er die außer ihm stehende sinnfällige Welt und die Weltdinge erkannte; *oculus rationis,* womit er in sein eigenes Innenleben blickte; *oculus contemplationis,* mit welchem er in seinem eigenen Innern Gott und Gottes Eigenschaften betrachtete ... Nachdem aber die Finsternis der Sünde sich über die Menschenseele gelagert hat, ist das Auge der Kontemplation erloschen und zum Sehen unfähig geworden, ward auch das Auge der Vernunft getrübt und unsicher im Sehen ... Deshalb ist der Glaube notwendig, durch welchen das, was noch nicht Gegenstand unmittelbarer Erkenntnis ist, in uns subsistiert».

Der Weg, auf dem sich der menschliche Geist wieder Gott nähert, hat nach *Hugo* von St. Victor drei Stufen. Er führt über die ‹cogitatio› und ‹meditatio› zur ‹contemplatio›. Die ‹cogitatio› erfaßt die sichtbare Welt im Bewußtsein; die ‹meditatio›

scheidet «die Seele vom Tumult der irdischen Geschehnisse ab ... und (läßt sie) auch in diesem Leben schon die Süßigkeit der ewigen Ruhe gewissermaßen vorkosten. Und wenn sie durch das Geschaffene den, der es erschaffen, suchen und erkennen gelernt hat, dann bildet die Meditatio die Seele durch Wissen und durchgießt sie mit der Freude».

Die ‹contemplatio› schließlich erhebt sich zu Gott. Sie geschieht nur indirekt,

«wenn (sie) den Blick auf die geschöpfliche Welt gerichtet hält (per creaturas in speculo), direkt (aber), wenn sie ohne Medium in Gott selbst sich versenkt (visio Dei)» – d. h., wenn sie in der Abbildlichkeit der Seele das Bild Gottes wiederfindet – , «eine Unterscheidung», bemerkt *Joseph Bernhart,* «die in der deutschen Mystik als *cognitio vespertina* und *cognitio matutina* fortlebt».

Hier erscheint ein privates Moment in der Philosophie, eine Art mystischer ‹Hippyismus›. Und dieses Moment erscheint in einem historischen Augenblick, wo wir versucht sind, von ersten Manifestationen einer neuen Form von Subjektivismus zu sprechen, etwa in der ritterlichen Lyrik *Wilhelms IX.* von Aquitanien (vgl. S. 201f.). Trotz oder vielleicht gerade wegen dieses privaten Moments haben die Gedanken *Hugos* von St. Victor auch ihre Konsequenzen für die Ästhetik der jetzt entstehenden, strukturalen gotischen Architektur. ‹Hippyismus› und ‹Strukturalismus› wären hier sozusagen nur zwei Seiten derselben Sache.

Mit seinem Kommentar zu den Schriften des *Dionysius Areopagita* hat *Hugo* von St. Victor ein Werk erklärt, welches nicht nur der Abt *Suger* von St. Denis als vom Schutzheiligen Frankreichs selbst verfaßt dachte. Darin heißt es:

«.. unsre Seele kann nicht direkt zur Wahrheit des Unsichtbaren aufsteigen, es sei denn, sie wäre durch die Betrachtung der sichtbaren Gestalt geschult und zwar so, daß sie in den sichtbaren Formen Sinnbilder der unsichtbaren Schönheit erkennt». Und an einer anderen Stelle: «Wären die einzelnen Dinge nicht in verschiedener Weise schön, könnte die Gesamtheit nicht zugleich in höchstem Maße schön sein».

Der scheinbar so freundliche Blick auf alle Dinge der Welt geschieht aus einer abgeklärten Muße heraus und vergißt, sehr im Unterschied etwa zu *Bernhard von Clairvaux*, das Leiden derjenigen, die sich die Muße zu solchem Blick nicht leisten können:

«Eine lange Besprechung der Farben der Dinge ist nicht nötig, da das Auge selbst sieht, wie sehr sich die Lieblichkeit der Natur erhöht, wenn sie im Schmuck verschiedenartiger Farben prangt. Was ist schöner als das Licht, das, obgleich selbst farblos, bei seinem Aufleuchten die Farben aller Dinge hervortreten läßt? ... Welch ein erfreulicher Anblick ist die blumenbekränzte Erde, wie ergötzt sie das Auge, wie spricht sie zum Gemüt! Wir sehen rote Rosen, weiße Lilien, purpurne Veilchen, deren Schönheit nicht allein wunderbar ist, sondern auch ihr Ursprung. ... Wie ergreift schließlich das Grün, das am allerschönsten ist, die Seelen der Betrachtenden, wenn im Frühling die Sprosse zu neuem Leben erwachen und mit ihren nach oben gestreckten Spitzen, gleichsam den Tod mit Füßen tretend, als Sinnbild der künftigen Auferstehung ans Licht hervorbrechen...»

Die Inschriften, welche Abt *Suger* an seinem gotischen Neubau von St. Denis anbringen wird, sprechen bei allem Funktionalismus der Architektur ähnliche Gedanken aus. Die friedesehnende Kontemplation bei *Hugo* verrät die umgebende Unruhe, aus der heraus sie geboren ist. Die typische Frage nach der Nützlichkeit, welche die neue fernhändlerische Wirtschaftswelt der Städte stellt, beantwortet *Hugo* von St. Victor in seinem ‹Didascalicon› so:

«Du sagst mir aber, ich finde vieles in den Geschichtsbüchern der Heiligen Schrift, was keinen Nutzen zu haben scheint. Wozu soll ich mich damit abgeben? Du hast Recht. Es steht tatsächlich in der Heiligen Schrift vieles, was für sich allein betrachtet auf den ersten Blick keinen Wert zu haben scheint. Wenn du dies indessen mit anderem, womit es im Zusammenhang steht, vergleichst, wirst du sehen, daß es notwendig und zweckdienlich ist. ... Lerne alles, du wirst später sehen, daß nichts überflüssig ist; eingeengtes Wissen gewährt keine Freude».

Mit dem Maßbegriff der Freude ist dieses Denken in die Zeitlosigkeit der Kontemplation gestürzt. Gleichzeitig aber hat sich die Antwort der Frage nach der neuen Zweckrationalität unterworfen und sich damit entfernt von der Auskunft der Bergpredigt: «Darum sorget euch nicht um den morgenden Tag; denn der morgende Tag wird seine eigene Sorge haben. Jeder Tag hat genug an seiner eigenen Plage» (Mat. 6, 34). Von der Plage eben des heutigen Tages ist abgesehen. Bei *Hugo* von St. Victor wird in die Scheuern gesammelt (Mat. 6, 26) für einen hypothetischen ‹morgenden Tag› kontemplativer Muße; für das Gebäude eines weiten, meinetwegen christlichen Wissens, das die Dringlichkeit des Reiches Gottes und seiner Gerechtigkeit aus den Augen verloren hat, werden Bausteine bereitgestellt. «Dieser ist weise und ist klug. Dafür wird er verdammt», hatte es im frühmittelhochdeutschen ‹Memento Mori› (vgl. S. 214) – im Anschluß an Prediger 7, 15 f. und 1. Korinther 1, 19 – geheißen. Die Kathedrale des Wissens, die *Hugo* von St. Victor im Auge hat, ist in ihrer kontemplativen Funktionalität selbst eine Funktion des Friedens mit der Welt – wie die jetzt begonnenen architektonischen Kathedralen, deren keine von ihrem Baumeister zuendegebaut werden sollte.

### Der Abaelard-Skandal von 1118/19

Der Anspruch eines allumfassenden Wissens schien den Zeitgenossen auf unheimliche Weise verkörpert in der Erscheinung des Magisters *Petrus Abaelardus*. Doch bei dieser kathedralenhaften Universalgelehrsamkeit war es ihnen nun auch theologisch nicht mehr geheuer:

«Peter Abälard trachtet danach, den Wert der christlichen Religion anzutasten, indem er das ganze Wesen Gottes mit der menschlichen Vernunft zu erfassen wähnt und dabei ‹bis zum Himmel empor und bis in die Hölle hinabsteigt› (vgl. Ps. 106, 26); es gibt nichts, was ihm verborgen ist weder ‹in der Tiefe der Unterwelt noch droben in der Höhe› (Is. 7, 11).»

So steht es, nach dem Referat *Ottos* von Freising, in der letzten Anklageschrift gegen den Philosophen. In dessen Erscheinung aber manifestierte sich nicht nur der neue Wissensanspruch, sondern zugleich auch der Rechtsanspruch der neuen Subjektivität; und er tat dies auf skandalöse Weise.

Wahrscheinlich zwischen 1108 und 1113 hatte in Paris jener Streit zwischen *Abaelard* und *Wilhelm* von Champeaux stattgefunden, von dem schon früher die Rede war (vgl. S. 209 ff.). Seit 1114 scheint der Bretone *Abaelard* der unbestreitbare Meister der Pariser Schulen gewesen zu sein. Praktisch schon während seines Studiums hatte er in Paris mehrfach eigene Vorlesungen gehalten, eigene Schulen gegründet: in Melun, in Corbeil, wieder in Melun und schließlich im Kloster Sainte Geneviève, das auf einem Berg außerhalb der damaligen Stadtmauer von Paris gelegen war. In der Umgebung dieses Klosters siedelten sich dann auch Studenten an.

In der unmittelbaren Nähe von Ste. Geneviève sollte 1258 der Hofkaplan *Ludwigs* des Heiligen, *Robert de Sorbon,* jenes theologische Kollegienhaus gründen, nach welchem sich später die Pariser Universität ‹Sorbonne› nennen wird. *Abaelards* Schulgründung war praktisch der Beginn des ‹Quartier Latin›. Sie zeigt zugleich, wie in Paris allmählich eine Vielzahl von Hohen Schulen entsteht, neben der Kathedralschule und neben der Klosterschule von St. Victor vor der späteren Stadtmauer.

Verschiedene ‹Schulen› schlossen sich seit der 2. Hälfte des XII. Jahrhunderts zu Korporationen von Dozenten und Studenten zusammen, um ihre Rechte gegen

die Stadt, gegen den Bischof und gegen seinen Kanzler besser verteidigen zu können. 1215 bestätigte der Papst diese ‹Universitas magistrorum et scolarium›, d.h.
die ‹Allgemeine Gewerkschaft von Lehrern und Studenten›. Von ihr, nicht von
der Universalität des darzubietenden Wissens hat die ‹Universität› ihren Namen.
Es ist dies so wichtig wie die andere Feststellung *Grundmanns*, daß «keine der
ins 12. Jahrhundert zurückreichenden Universitäten ... aus einer Kathedralschule
entstanden (ist)». «Mehr als einmal», schreibt *Grundmann*, «hat eine Universität
als Ganzes, als ‹Universitas von Dozenten und Studenten› gegenüber staatlichem
oder kirchlichem Druck und Zwang damit gedroht – und nicht immer nur gedroht,
– daß sie sich auflösen, die Vorlesungen einstellen und anderswo hinziehen könne.»
Dieser institutionelle Freiheitsanspruch der Universität, nicht Instrument sondern
kritische Korrekturinstanz etablierter Mächte zu sein, lebt dem Inhalt nach bereits
in der Lehre und in der Lehrweise *Abaelards*.

*Abaelard,* der dann auch an der Pariser Kathedralschule lehrte, war vor
allem als Dialektiker berühmt. Für Disputationsübungen verfaßte er sein
Werk ‹Sic et non›. Darin sind einander widersprechende Auctoritas-Zitate
gegenübergestellt.

Die Aufgabe ist jeweils, herauszufinden, ob der Widerspruch darauf beruht,
daß 1) der Text nicht authentisch ist, oder ob 2) das widersprüchliche Dictum
von seinem Autor später widerrufen wurde, oder ob 3) der Zusammenhang des
ganzen Werkes oder 4) der besondere Sprachgebrauch des Autors nicht einen
andern Sinn ergeben, als er im Zitat erscheint, schließlich, wenn alles nichts hilft,
5) welche Meinung die besseren Gründe für sich hat.

Damit ist freilich nicht nur philologische Kritik, sondern auch die Kritik
einer jeden Auctoritas begründet, und dieses Werk wurde für die folgenden Jahrhunderte eines der Instrumente zur Entfaltung eines kritischen
Geistes. *Hugo Primas* freilich reimte gegen die neue kritische Unsitte:

| | |
|---|---|
| Sed in scolis disputantum | In den Schulen disputiert man, |
| Sunt discordes et diversi, | Widerspruch und Zwietracht schürt man. |
| Aberrantes et dispersi: | Der behauptet, der bestreitet, |
| Quod hic negat, ille dicit; | Dieser siegt und der bereitet |
| Hic est victus, ille vicit, | Selbst sich den Triumph der Stärke; |
| Doctor totum contradicit. | daß in jenem andern Werke |
| (150) | Irrtum wohnte, das beweist er. |
| | Allem widerspricht der Meister. |

*Abaelard* aber, den man sich wie viele sogenannte bedeutende Geister
nicht als große und stille Natur vorzustellen hat, behauptet von sich selbst:

«Nachdem ich mich dergestalt im Turnier unserer Schulen bewährt, nahm mein
Ruhm als Dialektiker solche Ausmaße an, daß nicht nur der Ruhm aller meiner
ehemaligen Mitstudenten, sondern auch der meines Lehrers völlig erstickt wurde»
(Hist. calam., 71).

Noch heute wird man bei der Lektüre seiner Autobiographie, der ‹Historia
calamitatum›, davon betroffen sein können, wie arrogant dieser Mensch
ist. In ihm verkörpert sich das Bewußtsein eines speziellen Virtuosentums,

welches anscheinend seit der französischen Frühgotik häufiger zu beobachten ist (vgl. *Hauser*). *Abaelard* transponiert sich in eine Welt des Superlativischen, in welcher selbst Worte der Bescheidenheit nach Dünkel klingen. Er hält auf diese Weise alle vertraulich sich anbiedernde Sympathie von sich fern; jene Sympathie, welche sentimentale Einfühlsamkeit dem menschlichen Drama dieses vielleicht bedeutendsten Denkers des Mittelalters nur zu gerne entgegenbringen möchte. Die ‹Historia calamitatum› und die später hinzugetanen Briefe sind Zeugnis einer unetablierten Menschlichkeit, geprägt von der zynisch anmutenden Luzidität, die den Personen dieses Dramas zu eigen ist. Die ‹Historia calamitatum› ist zunächst die Geschichte eines berühmten Professors, der als Wunderkind aus der fernsten Provinz an den Hohen Schulen der Isle de France erscheint. *Abaelard* erzählt sie in einem negativen, sich selbst oft abwertenden Ton, von dem er weiß, daß er sich damit doch gleichzeitig beweihräuchert. Er erzählt sie einem Freund, angeblich, um diesen im Unglück zu trösten:

> «damit Du erkennst, daß im Vergleich zu meinem Schicksal, das, was Dich betroffen hat, nichts, oder doch so gut wie nichts ist» (Hist. calam., 63).

Zur Zeit von *Abaelards* höchstem Ruhm taucht in den gelehrten Kreisen von Paris die 18jährige *Heloysa* auf, von der der Philosoph schreibt:

> «War sie schon durch Schönheit ihres Gesichts nicht die Letzte, so war sie durch ihre Bildung die Hervorragendste. Und weil solche Literaturkenntnis, d. h. Gelehrsamkeit, bei Frauen so selten ist, nahm dieses Mädchen eine völlige Sonderstellung ein und sie war die Berühmteste im ganzen Königreich Frankreich» (71).

*Abaelard,* der durch seine Vorlesungen sehr viel Geld verdient und sich für den Größten aller lebenden und, will man seinem Zeitgenossen *Fulko von Deuil* glauben, auch aller toten Philosophen hält, der nach seinen eigenen Worten bisher kaum je mit einer Frau zusammengekommen war, beschließt, *Heloysa* zu seiner Mätresse zu machen:

> «Ich hatte einen solchen Ruf, ich übertraf alle andern so sehr an jugendlicher Anmut und gutem Aussehen, daß ich mir sagen mußte, ich hätte keine Abweisung zu befürchten, wer auch immer die Frau sei, die ich durch meine Liebe ehrte» (71).

*Heloysa* ist die Nichte des Pariser Kanonikus *Fulbert,* eines Kollegen von *Abaelard.* Durch Vermittlung von Bekannten und durch Schmeicheleien weiß *Abaelard* diesen Mann für sich einzunehmen. Schließlich verhilft der Philosoph dem neuen Freund auf den Gedanken, die Nichte könne von *Abaelard* Privatunterricht erhalten. Ja, *Fulbert* bittet *Abaelard* sogar, die ganze Erziehung des Mädchens in die Hand zu nehmen, ihren Eifer – ob zur Tag- oder Nachtzeit – ständig zu kontrollieren und sie, wenn nötig, auch mit der Peitsche zu züchtigen.

«Ich mußte seine Einfalt bewundern und konnte mein Erstaunen kaum verbergen: Ein so zartes Schäfchen einem hungrigen Wolf anvertrauen!» Und er schreibt weiter: «Die Unterrichtsstunden boten die Gelegenheiten, welche die Liebe wünschte. Die Bücher waren offen, aber mehr Worte der Liebe als der Lehre stellten sich ein, mehr Küsse als Kommentare; die Hände kehrten häufiger zum Busen als zu den Büchern zurück ... Alles, was Leidenschaft an Raffinement entdecken kann, haben wir erprobt. Je neuer diese Freuden für uns waren, um so mehr wußten wir sie glühend zu verlängern und konnten nicht genug davon bekommen» (72).

In Bezug auf die Ahnungslosigkeit *Fulberts* zitiert *Abaelard* sodann den Heiligen *Hieronymus:*

«Wir selbst sind immer die Letzten, die von den Wunden unseres Hauses erfahren, und wir sind noch ahnungslos über die Ausschweifungen unserer Kinder und Frauen, wenn unsere Nachbarn sich darüber bereits mit lauter Stimme lustig machen.» Und er setzt hinzu: «Und auf solche Weise geschah es uns nach einigen Monaten» (73).

*Fulbert* trennt den Magister von seiner Schülerin. Der Skandal in Paris ist groß. *Abaelard* schreibt:

«Nicht lange danach, bemerkte das Mädchen, daß sie Mutter wurde, und sie schrieb es mir mit höchster Freude und fragte mich, was ich dazu meinte. Eines nachts, während ihr Oheim abwesend war, führte ich sie, wie wir verabredet, aus dem Hause ihres Oheims fort und ließ sie in meine (bretonische) Heimat bringen. Dort blieb sie bei meiner Schwester bis zu dem Tag, an dem sie einen Sohn gebar, welchen sie *Astrolabius* nannte» (74).

*Abaelard* möchte den gekränkten *Fulbert* versöhnen. Er bietet ihm an, *Heloysa* zu heiraten; aber die Ehe müsse geheim bleiben, damit seinem Ruf nicht geschadet werde.

«Fulbert gab mir sein Wort und das seiner Freunde und besiegelte mit Versöhnungsküssen das, was ich von ihm erbeten hatte. Es geschah, um mich desto leichter zu verraten» (75).

Hier ist jene Jesus-Parallele, in der *Abaelard* sich gerne sieht. Der Judaskuß, der den Herrn verrät (Luk. 22, 48) und der Kuß *Fulberts,* der den Magister verrät. Die Sache wäre völlig geschmacklos, wenn sie es nicht in so außerordentlichem Maße wäre. Noch später, als sie im Kloster lebt, wird *Heloysa* diese Heilands-Optik *Abaelards* beibehalten, wenn sie schreibt:

«Im Namen dessen, der Dich ... noch immer beschützt, im Namen Christi bitten wir, die wir seine und Deine Dienerinnen sind, Du wollest uns gütigst Nachricht geben ...» (111).

Dieser berühmte Magister also bringt das angebliche Opfer der Heirat, welche nicht gegen seinen Klerikerstatus, wohl aber gegen sein Ideal eines Gelehrtenzölibats verstößt. Die Heirat verstößt auch gegen das Ideal der *Heloysa*. Nach ihren eigenen Worten wäre sie lieber seine «concubina vel scortum», lieber seine Mätresse oder seine Dirne als seine Frau. Sie sträubt sich gegen eine Institutionalisierung ihrer Liebe und gegen die

Verfälschung ihres Gelehrtenideals: «Wieviel Tränen müßte diese Ehe die Philosophenwelt kosten», läßt *Abaelard* sie sagen. Aber *Abaelard* besteht auf der heimlichen Ehe; von seinen Gründen hat er nicht gesprochen (vgl. *Gilson*). Im Beisein *Fulberts* und einiger Freunde wird die Ehe eingesegnet; doch der Skandal wächst. Denn sowohl *Heloysa* als auch *Abaelard* leugnen allenthalben, daß sie verheiratet seien. *Fulbert* hat de facto keinerlei Genugtuung erhalten. Zu alledem schickt *Abaelard* jetzt seine Freundin ins Kloster nach Argenteuil. *Fulbert* wirbt Häscher, die *Abaelard* im Schlaf entmannen. Als sich die Kunde davon verbreitet, versammeln sich die Anhänger des Professors vor seinem Hause zu einer Massenlamentation. *Abaelard* flieht ins Kloster Saint Denis (1119). Der Bischof von Paris bestraft die Häscher, indem er sie blenden und entmannen läßt; der Kanonikus *Fulbert*, der alles leugnet, kommt mit Enteignung seiner Güter davon (vgl. *Fulko*). Aber die Studenten strömen von Paris nach Saint Denis und belagern die Klausur *Abaelards*. Dieser muß schließlich seine Vorlesungen in der Stadt wieder aufnehmen. Er lehrt jetzt vor allem Theologie und verfaßt einen Trinitätstraktat, der die antike Philosophie, vor allem die des ‹Timäus›, mit dem christlichen Dogma verbindet.

Die mathematisch konfigurierte Weltseele setzt er auch in seiner ‹Introductio ad theologiam› als ‹bonitas› dem Heiligen Geist gleich. ‹Potentia, Sapientia, Bonitas› lautet seine Trinitätsformel. Anstoß erregte damals wohl vor allem sein Rationalismus.

Auf dem Konzil zu Soissons 1121 wurde *Abaelards* Trinitätstraktat ‹De unitate et trinitate divina› zum Feuer, er selbst aber zur Mönchsklausur verurteilt. Damals machte sich *Hugo Primas* in gehässigen Versen über den einst so Gefeierten lustig:

Doch, ihr Dürstenden am Quell,    schlürft nicht an der falschen Stell'!
Jesus Christus wollt ihr hören    und doch nicht dem Unheil wehren,
daß verblende und verblüffe    solche Hörer ein Tartüffe?
Was sucht dieser Scheißprophet    an der Universität?
Lest ihr nur des Salomon    Sprüche, da erscheint er schon,
der das Herz zur Mördergrube    macht: er ist der böse Bube,
der, auf frischer Tat ergriffen,    ward mit hartem Holz geschliffen
und gebrannt mit heißem Eisen,    um den heuchlerischen Weisen,
um den falschen Gottessprecher    abzustempeln als Verbrecher.
Geh zurück als Pönitent    in den finstersten Konvent!
Laß vom Reden dir abraten,    willst du nicht noch schlimmer braten!
Wagst du noch ein Wort zu stammeln,    kannst du deine Knochen sammeln.
(152)

*Abaelard* kehrt zurück nach Saint Denis. Aber nicht lange, so macht er sich dort unbeliebt, als er den Mönchen erklärt, ihr Saint Denis und *Dionysius Areopagita* könnten unmöglich dieselbe Person sein. Ihm droht ein Prozeß wegen Hochverrats gegen die Krone. Er muß das Königskloster verlassen und wendet sich in die Gegend von Nogent-sur-Seine. Dort baut er sich eine Einsiedelei, welche er ‹Paraclet› nennt.

Dieser Name ist für eine solche Institution ungewöhnlich. ‹Parákletos› bedeutet ‹Beistand, Fürsprech, Advokat›, wörtlich: ‹ein zu Hilfe Herbeigerufener›. Das Wort erscheint im Johannes-Evangelium 14, 16, wo *Hieronymus* ‹Paráclitus›, *Luther* ‹Tröster› übersetzt. Es erscheint in einem Jesus-Wort, das gemeinhin auf den Heiligen Geist gedeutet wird: «Und ich will den Vater bitten, und er soll euch einen andern Tröster geben, daß er bei euch bleibe ewiglich.»

Bald strömen auch in ‹Paraclet› die Studenten herzu, bauen sich Hütten neben der des Professors und leben mit ihm in einer eigentümlichen Gemeinschaft. Diese erregt Anstoß, besonders bei dem Prämonstratenserabt *Norbert von Xanten* und dem Zisterzienserabt *Bernhard* von Clairvaux. *Abaelard* fühlt sich verfolgt, erwägt, zu den Heiden auszuwandern (vgl. S. 246). Da erreicht ihn ein Ruf als Abt nach St. Gildas in der Bretagne (Diözese Vannes). Die Mönche dieses Klosters am Atlantik, die dort mit Weib und Kind leben, haben den unglücklichen Magister zum Abt erwählt, weil sie sich unter ihm nach dem Gerücht einen Erzliederjahn vorstellen. Aber *Abaelard* meint es ernst mit seinem Zönobitentum. Als er in St. Gildas anfängt, klösterliche Reformen einzuführen, empören sich die Mönche, versuchen angeblich gar, ihn mit dem Meßkelch zu vergiften. Inzwischen ist die gelehrte *Heloysa* von den Benediktinerinnen des Klosters Argenteuil zur Äbtissin gewählt worden. Aber 1129 läßt der Abt *Suger* von St. Denis die nach seinen Worten unzüchtigen Nonnen aus Argenteuil vertreiben. Grund und Boden gehören angeblich seit *Pippin* und *Charlemagne* zu St. Denis, und St. Denis will bauen. Hilfesuchend wenden sich die Benediktinerinnen an *Abaelard,* und der überläßt ihnen schließlich schenkungsweise das Oratorium von ‹Paraclet›, das offenbar sein Privatbesitz ist. Nachdem *Abaelard* die Schenkung rechtskräftig gemacht hat, kehrt er in sein bretonisches Elendskloster am Atlantik zurück. Dort verfaßt er die ‹Historia calamitatum›, die das Unglücksgeschick des Philosophen bis zum Beginn der 1130er Jahre berichtet.

### B. OPUS FRANCIGENUM.
### FRÜHGOTIK IN SAINT DENIS UND CHARTRES

*Voraussetzungen*

Auf sehr vielfältige Weise hat der Abt *Suger* das Kloster des Heiligen Dionysius zum geistig-geistlichen Mittelpunkt des französischen Königreichs gemacht. Mit der ‹Erfindung der Gotik› von Saint Denis hat er dem ‹Christus Domini›, dem ‹Gesalbten des Herrn› aller Franzosen zugleich ein sichtbares Zeichen der besonderen französischen Gottesheiligkeit geschaffen. Noch «im vierzehnten Jahrhundert galt die Gotik in Deutschland als ‹französischer› Stil» *(v. Simson),* als ‹opus francigenum›. Sie war zunächst und vor allem der Stil der französischen Krondomäne.

Zwar lassen sich fast alle Elemente der neuen Bauweise verstreut schon früher und anderswo finden, in Burgund die Spitztonne, in der Normandie die Reduktion der Wand auf plastische Konstruktionsglieder, in der Auvergne strebebogenähnliche Systeme, Kreuzrippengewölbe z. B. im englischen Durham. Doch gerade die Kombination aller möglichen Elemente setzt ein neuartiges Denkvermögen voraus, bei dem man fragen mag, wie denn der Abt *Suger* dazu kam.

Der Bauherr von Saint Denis berichtet selbst, wie er Künstler und Baumaterialien von weither zusammenzuholen bestrebt war. Eine solche Entscheidung setzt voraus einen überregionalen Wirtschaftsbegriff, und sie hat zur Konsequenz die Entstehung der ersten gotischen Bauhütte. Abt *Suger* verließ hier das Prinzip der gutswirtschaftlichen Klosterbaukunst, wie sie aus den Forderungen der Benediktinerregel erwachsen war (vgl. S. 44 ff.). Jene Klosterbaukunst hatte grundsätzlich und in erster Linie autark gearbeitet, mit Künstlern und Handwerkern vom Ort, mit Mönchen, Konversen und Familiaren des Klosters. Eine gravierende Wirtschaftskrise im frühen XII. Jahrhundert führte die gutswirtschaftliche Klosterbaukunst ad absurdum und bahnte dem neuen, überregionalen Stilbegriff den Weg. Der Abt *Suger* aber dachte von vornherein in den Kategorien der neuen, städtischen Fernhändler, er dachte in die Weite. Nicht umsonst ist er der beste Organisator und Verwaltungsfachmann seiner Zeit. Der oft beredete Typus des gotischen Virtuosen erscheint in ihm als der virtuose Manager. Die erste Bauhütte in St. Denis besteht aus zusammengeholten, spezialisierten Arbeitern, die – im Unterschied zur späteren Zunft – nicht Unternehmer sind. Gegebenenfalls ziehen sie mit ihrem Trupp von einer Baustelle zur andern. Die Glasarbeiter z. B. werden nach beendeter Arbeit von St. Denis nach Chartres abwandern.

Sozusagen ‹zufällige› Bauhütten gab es freilich schon früher, namentlich in der städtereichen Lombardei. Wenn seit dem X. Jahrhundert Laienbrüder des Benediktinerordens mobile Bautrupps bilden, so wird zwar hier bereits ein erster Gegensatz zwischen Klosterregel und bauwirtschaftlichen Notwendigkeiten ausgedrückt; aber der Rahmen dafür ist immer noch der eine Mönchsorden. Eine Laikalisierung der Bauarbeiter ist nur ansatzweise zu konstatieren.

Das Neue bei *Suger* ist die gezielte Nachfrage nach Spezialarbeitern, nicht das Eingehen auf ein zufälliges Angebot. Der Abt weiß den Gedanken zu fassen, daß es auch anderswo fähige Leute gibt, daß man Talente entdecken kann. Die großzügig über das eigene Kloster hinausgreifende Entscheidung schöpft ihre Dynamik vielleicht letzten Endes aus der am eigenen Leibe erfahrenen Möglichkeit des sozialen Aufstiegs und der Horizonterweiterung auf den zahlreichen politischen Reisen des Abtes. Schon als Klosterschüler, so bekennt *Suger,* habe er das Verlangen verspürt, das ‹alte Mauerwerk› von Saint Denis wiederherzustellen und neu zu schmücken. Als er dann 1122 Abt wurde, hatte er gelernt, mit den andern zu rechnen und auf das alte Mauerwerk Rücksicht zu nehmen. Das ‹alte Mauerwerk› war nämlich die 775 geweihte frühkarolingische Kirche. Im Laufe des XI. Jahrhunderts hatte in St. Denis die Legende Fuß gefaßt, diese Kirche sei gar nicht vom großen *Karl*, sondern schon vom Merowingerkönig *Dagobert* erbaut worden, dem Begründer der Abtei. Und damals sei wunderbarerweise Christus selbst – in Papsttracht – erschienen und habe die Consecration vorgenommen. Einen solchen Bau konnte der neue Abt nicht einfach abreißen lassen, obschon ihm die alte Basilika viel zu klein vorkommen mochte. Und so ersann der Arrivierte aus kleinen Verhältnissen, den die engen Proportionen störten, seine List mit dem Eingang. Er tastete die alte, heiliggeweihte Kirche gar nicht an, sondern gab zunächst vor, 30 Meter westlich einen neuen ‹Klostereingang› bauen zu wollen. Dabei mußte dann allerdings der Vorbau der alten Kirche doch dran glauben: Er wurde abgerissen. *Suger* erklärte, dieser Teil rühre ohnehin erst von *Karolus Magnus* her. Was in der Tat entstand, war ein burgartiges Westwerk mit Zinnen – «si opportunitas exigeret», «für alle Fälle» –, wie *Suger* schreibt *(Abb. 43)*. Aber, wer bauen will, braucht zunächst einmal Geld.

Abt *Suger* wußte zu erreichen, daß der mit einer Reliquienausstellung verbundene Jahrmarkt von Notre Dame 1124 der Gerichtsbarkeit der Königsabtei in gleicher Weise unterstellt wurde wie der Jahrmarkt von St. Denis. Inneres wie äußeres ‹Lendit› – so hießen die Jahrmärkte – zogen Pilger wie Kaufleute herbei und brachten dem Kloster Geld. 100 Pfund, etwa 150000 Mark, waren damit dem Budget sicher. Von den Bürgern des Fleckens St. Denis erhielt der Abt, nachdem er ihnen am 15. März 1125 das ‹mortmain› erlassen hatte, «200 Pfund zur ‹Erneuerung und zum Schmucke des Eingangs›» *(v. Simson)*. 1129 hatte er die Benediktinerinnen unter *Heloysa* aus Argenteuil vertrieben, dessen Einkünfte nun auch dem Bauprojekt dienen konnten.

Nachdem solchermaßen die nötigen Geldmittel beschafft waren, wurde zwischen 1135 und 1140 der Eingangsbau fertiggestellt und durch drei Joche mit dem alten Kirchenschiff verbunden. Der kriegerische Aspekt, den man mit St. Etienne in Caen vergleichen mag *(vgl. Abb. 44)*, paßte auch insofern nicht schlecht, als ja St. Denis Lehnsherr des französischen Königs und himmlischer Kriegsherr Frankreichs war. Das Innere *(Abb. 45)* zeigt etwas linkisch anmutende Kreuzrippengewölbe. Hier stimmt die Form zum Charakter des Bauherrn, der den König von Frankreich gelehrt hatte, wie eine kleine Krondomäne als Musterterritorium zu funktionieren hat: Es scheint, als ob in den Kreuzrippengewölben die technischen Zwecke der Architektur ganz nüchtern anerkannt und vorgezeigt werden. Aber das Verhältnis von Form und Funktion ist, wie *von Simson* bemerkt, im gotischen Bau durchaus zweideutig. Die Volumina der Baukörper werden überhaupt nicht vorgezeigt. Was ins Auge fällt, ist «die Schattenlänge zwischen ihnen... Volumen wird zu Linien reduziert, zu

Linien, die als geometrische Figuren in Erscheinung treten». Diese Architekturglieder geben Rechenschaft über das, was sie tun, indem sie zugleich auf ihre ‹Geometria› als Instanz des höheren Sinns verweisen.

### Selbstrechtfertigung und Theodizee

Rechenschaft aber gibt auch *Suger* im ‹Liber de rebus in administratione sua gestis› und im ‹Libellus de consecratione ecclesiae›. Vor aller Öffentlichkeit setzt *Suger* sein Handeln ins rechte Licht; und er weiß es außerdem so einzurichten, daß zur Consecration der neuen Portale am 9. Juni 1140 anwesend sind:

> Die Erzbischöfe von Reims, Rouen und Tours, sowie die Bischöfe von Amiens, Beauvais, Meaux, Rennes, Senlis, St. Malo, Soissons; bzw. zur Reliquieneröffnung am 9. Oktober 1141 die Erzbischöfe von Lyon, Reims, Rouen und Tours, sowie Bischöfe von Arras, Auxerre, Beauvais, Cambrai, Châlons-sur-Marne, Chartres, und Vannes.

Als dann am 14. Juli 1144 der neue Chor geweiht wird, weilen in St. Denis:

> Die Erzbischöfe von Bordeaux, Canterbury, Reims, Rouen, Sens, sowie die Bischöfe von Arras, Auxerre, Beauvais, Cambrai, Châlons-sur-Marne, Chartres, Coutances, Evreux, Meaux, Royon, Orléans, Senlis, Soissons und Thérouanne.

Praktisch der ganze nordfranzösische und normannische Episkopat mußte sein Werk anstaunen kommen. Bei der Chorweihe waren auch König *Ludwig VII.* und seine Gemahlin *Eleonore* von Aquitanien zugegen. St. Denis ist eben nicht irgendein ländliches Kloster. Seine Kunst ist Kunst für die neue Vielfalt der Welt. An der Portalfront hat *Suger* jetzt die ganze Subtilität des gebildeten Artistokraten entfaltet, der er geworden ist: einen plastisch organisierten theologischen Sinn, den so ohne weiteres nicht jeder verstehen konnte. Für die Einweihung der neuen Portale hatte er eine besondere Zeremonie erdacht: Drei gleichgekleidete Personen, Geistliche, vollzogen gleichzeitig dieselben Gesten, Hinweis darauf, daß die Dreizahl der Portale die Trinität symbolisieren sollte.

Alle drei Portale waren von Königsstatuen flankiert. 1771 hat man diese durch schematisch ornamentierte Säulen ersetzt. Das linke Portal hatte 2 mal 3, das mittlere 2 mal 4, das rechte 2 mal 3 Königsbildsäulen im Gewände (vgl. *McK. Crosby*). Das Mitteltympanon nimmt die klassische romanische Endgerichtsthematik nochmals auf, dem Beispiel von Beaulieu (Dordogne) folgend. Im Bogenfeld der beiden Seitenportale wird die Legende des Heiligen Dionysius und seiner beiden Gefährten Rusticus und Eleutherius dargestellt.

Im Ganzen sind die Portalplastiken heute unglückliche Restitutionen von *Viollet-Le-Duc* (1814–1879) aus der Mitte des vorigen Jahrhunderts. Altes ist nur hie und da erhalten.

Die beiden Außenportale bringen zur Endgerichtszeit des Mittelportals die

Erdenzeit hinzu – Tierkreiszeichen und realistisch anmutende Monatsbilder. Hier erhält die unverachtete Vielfalt der Welt ihren Platz am Kirchengebäude. Die Gewände des Zentralportals vermitteln zwischen Erdenzeit und Gotteszeit. Sie bringen das Thema der klugen und törichten Jungfrauen – aber jetzt mit unverzerrter Anatomie. In den Kapitellen erscheinen auch heidnische Fabelwesen, in den Archivolten des Mittelportals die 24 Alten der Apokalypse, aber auch so realistisch gefaßte Personnagen wie jener Spielmann, mit dem vielleicht König David gemeint war.

Zu Füßen des richtenden Christus aber findet sich als betender Stifter der Abt *Suger* in Stein gehauen. Als Inschrift ließ der selbstbewußte Mann aufs neue Portal die Worte setzen:

> Suscipe vota tui judex districte Sugeri,
> Inter oves proprias fac me clementer haberi.

> Empfange, gestrenger Richter, das Gebetsopfer Deines Suger.
> Nimm mich barmherzig auf unter Deine Schafe.

Und an anderer Stelle:

> Ad decus Ecclesiae, quae fovit et extullit illum,
> Sugerius studuit ad decus Ecclesiae.

Dem Glanz des Kirchengebäudes, welches strahlt und ihn strahlend verbreitet, der Zierde der Kirche hat Suger mit Eifer gedient.

Schließlich aber (in der Übersetzung *Sedlmayrs*):

> Wer immer du seist, wenn du strebst, zu erheben den Ruhm dieser Tore,
> Staune nicht an das Gold und den Aufwand, sondern die Arbeit.
> Edel erstrahlt das Werk, doch das Werk, das edel erstrahlet,
> Möge erleuchten die Geister, daß sie eingehen durch die wahren Lichter
> Zum wahren Licht, wo Christus das wahre Tor ist.
> Welcherart es im Innern sei, bestimmt diese goldene Pforte:
> Der schwache Geist erhebt sich zum Wahren durch das Materielle
> Und sehnend erhebt er sich durch das Licht aus seiner Versunkenheit.

Die sinnliche, materielle Erscheinung ist für *Suger* also eine Art Gottesbeweis, ist zur Erscheinung göttlicher Wahrheit geworden; ihre Materialität wird negiert. Und auch der anzustaunende ‹labor operis›, die Arbeitsmühe, die das Werk gekostet hat, ist nur ein Gleichnis. Der Analogiegedanke, der alles Irdische ins Geistig-Himmlische transponierte, galt Menschen wie *Suger* als die einzig stringente erkenntnistheoretische Methode. *Johannes Scotus* (vgl. S. 63) hat in seinem Kommentar zur ‹Himmlischen Hierarchie› des *Dionysius Areopagita,* den *Suger* kannte, einmal bemerkt, «daß wir einen Stein oder ein Stück Holz nur begreifen können, indem wir Gott in ihm erkennen». In der Andacht zum Unbedeutenden und Materiellen wird gar nicht dieses als solches gemeint, sondern bereits als ein Höheres; und in den Inschriften *Sugers* bezeugt sich zugleich auch der Triumph des Bauherrn, welcher sich seines geglückten Aufstiegs wohl bewußt ist. Nicht nur am Mittelportal ließ *Suger* sein (heute nicht mehr anschaubares) Bildnis anbringen, sondern auch in den Glasfenstern des neuen Chores.

Dort ist er in Devotionshaltung zu Füßen einer Verkündigung dargestellt (Abb. u. a. bei *Crosby* 4). Oben zeigt ein Schriftband die Worte AVE MARIA, unten ein zweites SVGERIVS ABBAS. Ihm schmiegt sich der Krummstab in die noch altertümlich (vgl. ob. S. 250) betend erhobenen Arme.

Nachdem *Suger* durch seinen Westbau bewiesen hatte, wie unwürdig im Grunde genommen die ehrwürdige alte Kirche sei, ging er daran, dort anzufangen, wo man für gewöhnlich den Bau einer Kirche anfängt: beim Chor. Zwischen 1140 und 1144 wurde er gebaut. *Suger* wollte das alles Geschöpfliche von innen her durchleuchtende göttliche Licht abbildlich darstellen. Die Inschrift, welche er am neuen Chor anbringen ließ, lautet:

«Wenn erst der neue rückwärtige Teil mit dem vorderen verbunden sein wird, so wird die (ganze) Kirche mit ihrem nun auch erhellten mittleren Teil (dem Schiff) leuchten. Denn hell ist, was hell sich mit Hellem verbindet. Und hell ist das edle Bauwerk, das vom neuen Licht durchströmt wird (welches geschaffen ward in unserer Zeit unter meiner Leitung, der ich *Suger* war).»

Vollführt ist dies Werk des schwärmend-selbstbewußten Rationalisten mit Hilfe neuartiger arithmetischer und geometrischer Instrumente, deren Anwendung *Suger* mit Präzision und mit Stolz beschreibt. Hier nun läßt Architektur jene Geometrie ahnen, die über den platonischen ‹Timaios›, über *Augustin* und die proportionale Musiklehre des *Boethius* das Geheimnis der pythagoräischen Kosmosharmonie mit den Relationen der Oktave (2 : 1), Quinte (3 : 2), Quarte (4 : 3) zu hüten vermeinte. Nicht als ‹Symbol›, sondern als ‹Modell des Universums› *(v. Simson)* mögen diese gotischen Kirchenbauten der Absicht ihrer Architekten gemäß zu verstehen sein. Der Imperativ Jesu: «Trachtet am ersten nach dem Reich Gottes» (Mat. 6, 33) fand sich sozusagen aufs Sandkastenformat reduziert. Und solche architektonische Ordnung hatte zugleich mit ihrem hermetisch-geheimnisvollen auch einen elitären Sinn, der nicht für jedermann ist.

Zwölf große Säulen bilden den inneren Chorumgang, 12 kleine den äußeren. *Suger* hat sie im ‹Libellus de consecratione› mit den 12 Aposteln und den 12 kleinen Propheten verglichen. Ein Kranz von 7 Kapellen schließt den Chor ab. Aber dieser Kapellenkranz ist nicht mehr durch steinerne Wände an den Umgang des Chores angefügt, sondern 2 Seiten dieser Kapellwände bestehen aus Luft, die dritte besteht aus farbigem Licht. Sie ist durch für damalige Verhältnisse große, gemalte Fenster verglast und zur ‹durchleuchteten Wand» *(v. Simson)* geworden *(Abb. 46)*. In ‹De consecratione› schwärmt *Suger* von der «Sequenz von Kapellen, die im Halbkreis angeordnet sind, was zur Folge hat, daß alles in einem wunderbaren und gleichmäßigen Licht erglänzt», und er spricht stolz vom «eleganten und ruhmwürdigen Kleiderstaat» des Kapellenkranzes.

Wie wenig einfach die Konstruktion war, könnte der Kirchengrundriß zeigen oder auch ein Blick in die Rippengewölbe des Umgangs. Als neuartig erscheint heute das Geschiebe der Gewölberäume; nicht so sehr «gotische Linearität» *(v. Simson)* als vielmehr Plastizität bewirken die Schattenzonen der Bauglieder.

Die Nerven der Gewölbe sind plastisch positive Körper. Die Höhlen der Gewölbe sind plastisch negative Körper, Raumschalen, in denen das Licht, wie *Suger* es wollte, abschattend zerfließt, indem es sie lebhaft modelliert *(Abb. 47)*. Heute ist das Obergeschoß des Chores aus dem späten XIII. Jahrhundert. Im Vergleich zu ihm wirkt der Umgang *Sugers* noch nahezu ‹romanisch›.

*Sugers* Kirche ist so, wie er sie konzipiert hat, nie vollendet worden. 1148 konnte der Abt auf dem Westbau noch den südlichen Turm errichten. Es ist der Turm, der heute noch als einziger steht. Der mächtige Abt von Saint Denis starb 1151. In den Jahren 1147 bis 1149, während König *Ludwig VII.* auf Kreuzfahrt im Orient war, hatte er an des Königs Statt Frankreich weise und sparsam regiert. Der heimkehrende König hatte ihm noch den antiken Titel eines ‹pater patriae› zuerkennen lassen. Unter *Ludwig IX., dem Heiligen,* hat dann *Pierre de Montreuil,* der Erbauer der Sainte Chapelle, in den 1260er Jahren den Bau fast vollendet: Oberchor, Querschiff, Langhaus. 1281 waren die Arbeiten abgeschlossen. Den zweiten Turm haben spätere Zeiten abtragen müssen. Heute bleibt als Ganzes ein recht tragelaphisches Gebilde. Aber solches wird das Los fast aller gotischen Bauwerke sein. Es gehört zum historischen Begriff ihrer Form, daß ihre Größe von vornherein zu groß gedacht war. Zu groß gedacht vor allem auch für die menschliche Lebenszeit selbst eines so großen Bauherrn, wie Abt *Suger* von St. Denis es war. Ein unbesorgter Begriff von unendlichem Reichtum und nahezu unendlicher Lebensdauer gehört mit zur gotischen Form. Freilich sollte diese gar nichts Menschliches sein, sondern die Verwirklichung der Gottesstadt in den Proportionen eines ewig unwandelbaren Kosmos. Aber diese Rechnung war ohne den Wirt gemacht, welcher die Geschichte ist. Der Sinn des «geometrischen Funktionalismus» *(v. Simson)* ist nicht nur die Verwirklichung einer göttlichen Zahlenharmonie. Der Glaube an die Mathematik ist hier ersichtlich der Glaube einer unruhigen, umbrechenden Zeit, welche sich zu versichern sucht, es sei alles in Ordnung, wenn man nur die geheimen Strukturen erkannt und magisch stellvertretend verwirklicht habe. Das gotische Bauwerk wird auch in Zukunft das Denkmal einer unstabilen Lebensordnung sein, wird Ruhm und Mangel des Geldes mitausdrücken; die Dynamik der Epoche gehört mit zu seinem Gehalt. «Darum erleidet die Wirkung eines solchen Baues», schreibt *Arnold Hauser,* «durch seine Unvollendetheit nicht nur keinen Abbruch, sondern gewinnt noch an Kraft und Reiz … Die Vorliebe der neuen Zeit für das Unvollendete, Skizzenhafte, Fragmentarische hat hier ihren Ursprung. … Ein solcher Bau läßt sich aus keinem Aspekt auf einmal überblicken und bietet von keiner Seite her eine geschlossene, beruhigende, die Struktur des Ganzen erschließende Ansicht ...». Kurz: das gotische Bauwerk, das mit der Kirche des Königsklosters von St. Denis zuerst entsteht, ist im Grunde nichts anderes als der Turm zu Babel selbst: ein unendliches, schwärmerisch-hochmütiges, rationalistisch-mystisches Werk. Es ist kein Denkmal eines Subjekts; und vergeblich ließ der Abt *Suger* allenthalben seinen Namen anbringen. Es enthält den Widerspruch zur Subjektivität in sich. Es ist ein Werk, das über dem statisch-proportionalen Gottesbild die Wirklichkeit der Menschen aus den Augen verlor.

### Neue Plastik in Chartres

Das Allermeiste der heutigen Kathedrale von Notre-Dame zu Chartres *(Abb. 48)* ist erst nach dem großen Brand von 1194 errichtet worden, bis in die 1220er Jahre ungefähr. Aus der Zeit zwischen 1134 und 1165 stammen nur die Untergeschosse des Westbaues und der südliche Turm sowie einige Glasfenster.

Was diese Fenster betrifft, so kann kaum eine Reproduktion die Anschauung ersetzen von den sehr eigentümlichen, durchlichteten Farben.

«Die Szenen des Passionsfensters», schrieb *Emile Mâle*, «und die Figuren vom Baume Jesse lösen sich aus dem Grunde eines übernatürlichen Blau: Weder der Himmel des Orients noch die kostbarsten Saphire lassen sich diesem Blau vergleichen, welches ergreifend ist wie Offenbarung aus einer völlig anderen Welt.»

Der berühmt gewordene Satz des französischen Kunsthistorikers ist ersichtlich durch das ästhetische Bekenntnis des Abtes *Suger* von Saint Denis inspiriert (vgl. De administratione, cap. 33). Aber das Gerücht vom legendären ‹bleu de Chartres› ist heute Teil seiner ästhetischen Qualität. Daß hier eine einzige Farbe, trotz aller Strenge der heilsallegorischen Komposition in einer beispiellosen ästhetischen Solistenrolle erscheint, bezeichnet indes wohl auch die heute wahrnehmbare Dialektik von Gebundenheit und Freiheit, welche das frühe Chartres charakterisiert.

An den Westportalen stehen die berühmten ‹statues colonnes›, die Säulenstatuen der Königinnen und Könige des Alten Testaments *(Abb. 49)*. Die gemalten Buchstaben auf den Schriftbändern, die sie tragen, sind heute verblaßt, und die Identifikation der einzelnen Figuren ist problematisch.

Moses, David, Salomo und die Königin von Saba, oder die königlichen Vorfahren Josephs bzw. des Zacharias, der Elisabeth oder der Maria und somit – Jesu nach Matthäus 1 oder Lukas 3, wie sie mittelalterlich gedeutet wurden? Aus der Reihe der 3 mal 14 Generationen, die das Evangelium nennt, wären auch hier, wie in Saint Denis, nur 20 Gestalten ausgewählt: 2 mal 3 an jedem Seitenportal, 2 mal 4 am Mittelportal.

Man ist nicht müde geworden, an diesen Säulenstatuen sowohl die aristokratische Würde als auch die «Emanzipierung der Plastik von der Architektur» *(Hauser)* zu betonen. Die leicht überlebensgroßen Figuren scheinen sich aus der dienenden Säulenform zu menschlicher Personalität zu
befreien. Die Körper bleiben wesentlich in der Säulenform befangen, im
Gesicht dagegen glaubt man, besonderes seelisches Leben Ausdruck gewinnen zu sehen. Das Lächeln der Statuen ist verklärt und aristokratisch
genannt worden. Weiter aber führt ein Bedenken der Funktionalität dieser
Steinfiguren. Von außen nach innen im Portalgewände werden sie in ihren
Proportionen reduziert, jedenfalls der Tendenz nach. Einige Statuen widerstreiten dem. Wie ursprünglich ihre Aufstellung ist, bleibt diskutabel.
Die proportionale Reduktion ihrer Größe folgt grundsätzlich der perspektivischen Bewegung des Eingangs. Die, wie immer auch ruckartige Verkleinerung der Gewändestatuen möchte den Blick des Betrachters in die
Kirche hineinziehen. Im Saint Denis des Abtes *Suger* nahmen die Inschriften Bezug auf den Betrachtenden, der über das Anstaunen des materiellen Glanzes hingeführt werden sollte zum überirdischen Licht. Subjektive
Emotion wird als theologische Funktionalität kalkuliert. *Otto von Simson*
hat bemerkt, daß sich im Zuge proportionaler Verkleinerung an einigen
Säulenstatuen von Chartres das Verhältnis des goldenen Schnitts ergibt,
am Ellenbogen artikuliert. Die ‹Emanzipierung der Plastik von der Architektur› ist nur scheinbar, in Wahrheit ist sie nicht Subjekt, sondern Objekt
einer lenkenden theologisch-mathematischen Absicht; und die unprivate
Würde des aristokratischen Lächelns verklärt einen ertragenen Zwang.

Immer wieder bewundert hat man in neuerer Zeit an anderen Einzelfiguren den «Sinn für das Individuelle» als «eines der ersten Symptome»
einer «neuen seelischen Dynamik» *(Hauser) (Abb. 50)*.

«Es ist erstaunlich», schreibt *Arnold Hauser,* «wie plötzlich an die Stelle der
Kunstauffassung, die das Menschengeschlecht immer nur in seiner Gesamtheit
und Gleichartigkeit zu betrachten gewohnt war *(vgl. z.B. die Portalfiguren in
Vézelay oder Autun)*..., ein Kunstwollen tritt, das gerade die individuellen Züge
der Gestalten betont und das Einmalige an ihnen festzuhalten strebt.»

Der *Pythagoras,* welcher in seinem Studierstübchen gerade mit dem
Radiermesser zugange ist, hat gewiß mit seinen breiten Jochbeinen und
dem gepflegten Gelehrtenbart eine höchst charakteristische Physiognomie. Aber in Wirklichkeit versucht er wohl gar keinen Fehler auszuradieren, sondern vielmehr seine typologische Funktion. Die moderne Detailphotographie täuscht und fälscht. Das scheinbar Individuelle ist auch hier
nur dienendes Glied eines größeren Programms *(vgl. Textabb. 17)*.

Am Mittelportal ist wieder, wie in Saint Denis, das Ende der Zeiten
dargestellt, aber nicht als Gerichtsszene nach Matthäus 24 u. 25, sondern
als Herrlichkeit nach der Apokalypse (19, 1ff.; 21, 3ff.).

*17. Chartres, Kathedrale, Westportale (Schema nach Henri Arthur)*

Über allem thront Christus, hier in der Mandorla (Nr. 34). Er ist von den vier Tiersymbolen der Evangelisten und in der ersten Archivolte (Nr. 36) von einem Kranz von Engeln umgeben. Den äußeren Bogen bilden die 24 Ältesten der Apokalypse (Nr. 37), zu Füßen Christi thronen die 12 Apostel (Nr. 35).

Das linke Portal zeigt im Tympanon die Himmelfahrt, also den Weg des Menschensohns aus der Zeit in die ewige Herrlichkeit (Nr. 24).

Diese Darstellung ist begleitet von den Tierkreiszeichen und den Tätigkeiten des menschlichen Jahreslaufs: Widder, Stier, Mai mit Falkenjagd (Nr. 27), Krebs, Juli mit Ernte (Nr. 28), Löwe (Nr. 30), August mit Dreschen (Nr. 29), September mit Weinlese (Nr. 31), Skorpion (Nr. 32), November mit Schlachtefest (Nr. 33), Steinbock (Nr. 26).

Das Tierkreiszeichen der Fische (damals 15. Februar–17. März) ist am rechten Portal untergebracht, ebenso das der Zwillinge (damals 18. Mai–16. Juni). Daß das Himmelfahrtsportal als frühestes Tierkreiszeichen das des Widders hat (damals 18. März–17. April), mag dem ‹mos Gallicanus›, dem seit *Philipp I.* in der Krondomäne üblichen Osterjahr entsprechen (vgl. *Grotefend*).

Das rechte Portal hat die Menschwerdung Gottes zum Thema. Es wird im allgemeinen als Marienportal gelesen.

Das Architrav des Türsturzes zeigt die Szenen: Verkündigung (Nr. 9), Heimsuchung (Nr. 10), Christi Geburt (Nr. 11), Verkündigung an die Hirten (Nr. 12), Darbringung Jesu im Tempel (Nr. 13).

Dann greift die Kindheitsgeschichte Jesu an das Himmelfahrtsportal über mit den Szenen Flucht nach Ägypten (Nr. 5) und Kindermord zu Bethlehem (Nr. 6). Abendmahl (Nr. 8), Verrat des Judas (Nr. 7), Gefangennahme und Grablegung sind wieder rechts am Marienportal. Eine Darstellung der Kreuzigung scheint zu fehlen.

Tatsächlich kulminiert das Marienportal in der Darstellung der thronenden Gottesmutter in der Mitte des Tympanons (Nr. 14). Sie ist umgeben von den Allegorien der Sieben freien Künste:

Grammatik nebst Grammatiker *Donatus* (Nr. 20), Rhetorik mit *Cicero* (Nr. 16), Dialektik mit *Aristoteles* (Nr. 15), Geometrie mit *Euklid* (Nr. 17), Arithmetik mit *Boethius* (Nr. 18), Astronomie mit *Ptolemäus* (Nr. 19) und Musik mit *Pythagoras* (Nr. 21).

Es sind jene Wissenschaften, in denen die Schule von Chartres damals glänzte, und das Thema der Septem Artes wird in der Tat hier zum ersten Mal plastisch dargestellt. *Otto von Simson* deutet: «Der glückliche Gedanke, dieses Thema der Figur der Maria als dem Sitz der Weisheit zuzuordnen, verrät etwas von dem eigentlichen und letzten Ziel des Studiums an der Kathedralschule.»

Das will sagen: Die nach dem biblischen Buch Jesus Sirach (= Ecclesiasticus) 1, 1 vor aller Schöpfung bei Gott weilende Weisheit, auch die erflehte Weisheit des Buches Sapientia oder Weisheit Salomonis wird hier mit Maria gleichgesetzt. Das führt dann später zu einer Lehre von der Präexistenz Marias bei Gott. Als Patronin der Septem Artes allerdings wird sich die Muttergottes auf die Dauer nicht behaupten. Sehr bald tritt in diese Rolle die Heilige Katharina von Alexandrien, die der Legende nach siegreich mit 50 heidnischen Philosophen disputierte. Sie wird auch auf dem Universitätssiegel der Sorbonne erscheinen.

Die Septem Artes in Chartres und die ihnen beigesellten Autoritäten bedeuten aber wohl zugleich noch anderes. Wie unter anderem das Gedicht des *Hugo Primas* (vgl. S. 258) lehrt, war der streng geistliche Charakter der Artes-Studien durchaus nicht unbezweifelt. Daß sie in Chartres allegorisch am Kirchenportal unter dem Präsidium der Muttergottes erscheinen, will eine Heiligung der scheinbar geistlichen Studien bezeugen, die dann aber dem universitären Wissensbesitz als Aura eines besonderen sozialen Ranges zuwachsen wird. Wie die Gebetsgebärde des sterbenden Roland (vgl. S. 250) eine Lehensgeste vergeistlicht, zugleich aber der geistlichen Macht ihr weltliches Fundament verdeutlicht, so eröffnet die plastische Heiligsprechung der Artes in Chartres zugleich sichtbar den Möglichkeitshorizont einer Säkularisierung des Wissens. Die theologische Unruhe um die Erscheinung des *Petrus Abaelard* kann das bezeugen. Es ist die Dialektik von Freiheitsanspruch und Zwang, welche die Westportale von Chartres plastisch und prächtig formulieren. Und so wird man auch im schön proportionierten Realismus des Mitteltympanons am Weltenrichter Christus nicht nur ein Zugleich von unverzerrter Menschengestalt und zeichenhafter Erhabenheit sehen wollen, sondern auch, daß hier ins Private nicht abgeglitten werden darf. Dergestalt ist die ‹Translatio› der Baukunst nach Frankreich beschaffen, von der später gemeint werden konnte, daß die Wissenschaft, mit der Salomo seinen Tempel erbaute, als ‹Hüttengeheimnis› geradewegs nach Frankreich übermittelt worden sei.

# FÜNFZEHNTES KAPITEL

# TRANSLATIO RELIGIONIS NACH FRANKREICH

## A. SCOLA CARITATIS

### Kritik an der Welt

Vor allem gegen den prächtigen Stil von Cluny (vgl. S. 205), aber durchaus auch gegen die prächtigen und selbstherrlichen Züge in der neuen Kunst von Saint Denis erhob sich 1144 die Stimme des Zisterzienserabts *Bernhard* von Clairvaux:

«Was hat denn eigentlich in den Klöstern vor den Augen der lesenden Brüder jene alberne Monstrosität zu schaffen, jene ungestalte Schönheit und schöne Ungestalt? Was machen hier dreckige Affen, wilde Löwen, Centaurenungeheuer und Halbmenschen? Was machen hier jene gefleckten Tiger, jene kämpfenden Soldaten, jene hornblasenden Jäger *(Abb. 51)*? Du siehst auf mehreren Körpern einen einzigen Kopf *(Abb. 52)* und wiederum auf einem Körper viele Köpfe. Hier sieht man einen Vierfüßler mit Schlangenschwanz, dort einen Fisch mit dem Kopf eines Vierfüßlers. Dort besteht eine Bestie vorne aus Pferd und hinten aus Ziege; ein gehörntes Tier hat einen Pferdehintern. Die Mannigfaltigkeit scheint so groß und auch so vielformig, daß man lieber im Marmor lesen möchte als in den Büchern, lieber den ganzen Tag jene bestaunt als über das Gesetz Gottes nachdenkt» (Apologia ad Guillelmum XII c. 29).

Man meint, die Stimme des ewigen Kunstbanausen zu hören. Wie anders nimmt sich dagegen aus, wenn *Hugo* von St. Victor meinte, daß Gestalt bewundernswert sein könne, «manchmal, weil sie schön ..., manchmal, ... weil sie auf treffende Weise grotesk sei» (vgl. ob. S. 263). Oder man denke gegenüber der Stimme des eifernden Mönchs an jene Verse, die *Suger* auf das neue Bronzetor von Saint Denis setzen ließ, wonach Gold, Aufwand und Arbeitsmühe nur Tore sind zur Kontemplation des wahren Lichtes (vgl. S. 274). Aber *Bernhards* Protest gegen den geistlichen Ästhetizismus greift viel weiter. In der eben zitierten ‹Apologie an *Wilhelm* von St. Thierry› stehen auch diese Sätze:

«Die Kirche strahlt an ihren Wänden, aber die Armen läßt sie Mangel leiden. Sie bekleidet ihre Steine mit Gold, aber ihre Kinder läßt sie nackt bleiben. Auf Kosten der Bedürftigen dient sie den Augen der Reichen. Die Interessierten finden etwas, woran sie sich ergötzen, aber die Armen finden nichts, womit sie sich ernähren können» (Apologia XII c. 28).

In seiner 23. Hoheliedpredigt (ca. 1135/38) hatte *Bernhard* gesagt:

«Alle Menschen hat die Natur nämlich gleichartig hervorgebracht. Dann aber, nachdem das Natürlich-Gute im Verhalten durch Überlegenheitsdrang (superbia) verderbt war, sind die Menschen der Gleichheit unfähig geworden; sie wollen sich jeweils als die Größten etablieren, und jeder eifert, mehr zu sein als der andre …» (c. 6).

Die Selbstsucht (voluntas propria) hat den Gemeinwillen (voluntas communis ) verdrängt. Und im (1127/1135 abgefaßten) 8. Kapitel seines ‹Liber de diligendo Deo› sagt er:

«Außerdem gehört auch dies zur Gerechtigkeit: mit jenem, der mit dir durch die Natur Gemeinschaft hat, das, was die Natur gibt, nicht geteilt zu besitzen.»

Es erscheint hier bei *Bernhard* von Clairvaux ein radikaler Gemeinschaftsbegriff, der ebenso frappieren mag wie seine Begründung in einem humanen Naturalismus. So verschieden die historischen Ansatzpunkte und die gedanklichen Konsequenzen auch sein mögen, man wird dennoch versucht sein, dem eben von *Bernhard* Formulierten einige Sätze des frühen *Marx* aus den Pariser Manuskripten gegenüberzustellen:

«Die Arbeit produziert Wunderwerke für die Reichen, aber sie produziert Entblößung für den Arbeiter. Sie produziert Paläste, aber Höhlen für den Arbeiter. Sie produziert Schönheit, aber Verkrüppelung für den Arbeiter.» –
«Das menschliche Wesen der Natur ist erst da für den gesellschaftlichen Menschen; denn erst hier ist sie (= die Natur) für ihn da als Band mit dem Menschen, als Dasein seiner für den anderen und des anderen für ihn, wie als Lebenselement der menschlichen Wirklichkeit, erst hier ist sie da als Grundlage seines eigenen menschlichen Daseins. Erst hier ist ihm sein natürliches Dasein sein menschliches Dasein und die Natur für ihn zum Menschen geworden.
Also die Gesellschaft ist die vollendete Wesenseinheit des Menschen mit der Natur, die wahre Resurrektion der Natur, der durchgeführte Naturalismus des Menschen und der durchgeführte Humanismus der Natur.»

Den Grund solcher Entfremdung von der gemeinschaftlichen Natur des Menschen findet *Karl Marx* in der gemeinschaftsfremden Produktion von Privateigentum:

«Religion, Familie, Staat, Recht, Moral, Wissenschaft, Kunst etc. sind nur besondere Weisen der Produktion und fallen unter ihr allgemeines Gesetz. Die positive Aufhebung des Privateigentums, als die Aneignung des menschlichen Lebens, ist daher die positive Aufhebung aller Entfremdung, also die Rückkehr des Menschen aus Religion, Familie, Staat etc. in sein menschliches, d. h. gesellschaftliches Dasein. Die religiöse Entfremdung als solche geht nur in dem Gebiet des Bewußtseins des menschlichen Innern vor, aber die ökonomische Entfremdung ist die des wirklichen Lebens – ihre Aufhebung umfaßt daher beide Seiten.»

Wenn *Bernhard* den Grund für die Perversion der Menschennatur in der ‹voluntas propria› sah, also in einem moralischen Sachverhalt, den er als religiöse Entfremdung interpretieren wird, dann blieb er für die Vorstellung von *Marx* nur bei einer ‹besonderen Weise der Produktion› von

Privateigentum stehen und sah nicht, daß erst mit der ökonomischen Entfremdung zugleich auch die Ursache der religiösen Entfremdung erfaßt und beseitigt werden könne. Die Befriedigung elementarer menschlicher Bedürfnisse, auf die auch *Bernhard* zu sprechen kommen wird, kann erst *Marx* als eine durch die Produktion von privaten Eigentumsverhältnissen veranlaßte Form der Entfremdung erkennen:

> «Es kommt daher zum Resultat, daß ... der Arbeiter ... nur mehr in seinen tierischen Funktionen, Essen, Trinken und Zeugen, höchstens noch Wohnung, Schmuck etc., sich als freitätig fühlt und in seinen menschlichen Funktionen (d. h. der Arbeit) nur mehr als Tier. Das Tierische wird das Menschliche und das Menschliche das Tierische.
>
> Essen, Trinken und Zeugen etc. sind zwar auch echt menschliche Funktionen. In der Abstraktion aber, die sie von dem übrigen Umkreis menschlicher Tätigkeit trennt und zu letzten und allgemeinen Endzwecken macht, sind sie tierisch.»

Endzweck oder «Bedeutung des Menschen» ist für *Marx* der zu seiner gesellschaftlichen Natur – nicht zur «unnatürlichen Einfachheit» – befreite Mensch:

> «– als ob der Mensch noch eine andere Bedeutung habe als die, daß er Mensch ist!»

Das heißt freilich gerade nicht, daß der Mensch so Mensch zu sein habe, wie er gegenwärtig Mensch ist. Auch *Bernhard* versucht, das richtige Menschsein wieder herbeizuführen. Auch er geht von der gemeinschaftlichen Natur der Menschen aus. Er möchte am liebsten die ganze Welt in eine Zisterziensergemeinschaft umwandeln. Aber sein moralisch-psychologischer Ansatz führt über die ‹voluntas communis› zu einer humanisierten und emotionalisierten Religiosität (vgl. *Hauser*), für die sich eine Wiedervereinigung des Menschen mit Gott als richtiges Menschsein abzeichnet. Diese Möglichkeit der ‹Unio› aber hat in der mystischen Theologie *Bernhards* dann doch einen nur stellvertretend gemeinschaftlichen, und das heißt: subjektiv-einzelhaften Charakter – wie jetzt zu zeigen ist.

### Mystische Theologie

*Bernhards* psychologische Analyse, seine ‹christliche Sokratik›, wie *Gilson* sagt, stellt die Frage nach dem, was wirklich nützlich sei. *Hugo* von St. Victor hatte geantwortet: «Lerne alles, du wirst später sehen, daß nichts überflüssig ist» (vgl. ob. S. 264). Aber auf solche Vertröstung der Hohen Schule läßt *Bernhard* sich nicht ein. Er will nicht erst später sehen, sondern gleich. Für Umwege ist dies Leben zu kurz. Wo also wäre der prompte Zweck zu finden?

Wer in sich selbst forscht, meint *Bernhard*, wird bemerken müssen, daß alles, was er in sich vorfindet, nicht aus ihm selber stammt. Der

Begriff des ‹Echten›, ‹Selbstursprünglichen› ist falsch. *Bernhard* zitiert in diesem Zusammenhang *Paulus:* «Was hast du aber, das du nicht empfangen hast? Wenn du es aber empfangen hast, was rühmst du dich denn, als ob du es nicht empfangen hättest» (1. Kor. 4, 7). Hat der Mensch aber sein Leben nicht aus sich selbst, so hat er es aus Gott, überlegt *Bernhard.* Und deswegen sollte dem Rechte nach die Liebe zu Gott das erste Ziel sein. Aber das ist durchaus nicht so. De facto ist die Liebe zum Fleisch, der ‹amor carnalis› das Erste. Von diesem Sachverhalt ist auszugehen. Wie man von ihm aus zu dem kommen kann, was von Rechts wegen sein sollte, ist das ganze Problem.

«Indem sie natürlicherweise dahin streben, wo ihre Begierde befriedigt würde, gehen die Gottlosen im Kreis herum; denn unwissentlich verschmähen sie gerade das, was sie ihrem Ziel näher bringen könnte: einem Ziel, sage ich, nicht der Verzehrung (consumptioni), sondern der Ernährung (consummationi), Erfüllung …» (De diligendo Deo VII c. 19).

Wenn man denn so will und es für nützlich hält, wenn einem das Leben dafür nicht zu kurz ist, mag man diesen Zirkel – den ‹circuitus impiorum› wie *Bernhard* ihn nennt – immer wieder ausschreiten.

«Die, die alles, was sie begehren, auch erreichen wollen, schwitzen sich ab auf einem langen Weg mit vergeblicher Mühe und können zum Ziel all ihrer Wünsche doch nicht gelangen. Wenn sie doch lieber alles durch geistige Pertinenz und nicht mit (angeblicher) Erfahrung erreichen wollten!» (c. 20).

Und so versucht *Bernhard* in ‹De diligendo Deo› (1127/35) an die Stelle des langwierigen ‹experimentum vitae› das schnellere Gedankenexperiment zu setzen. Die Befriedigung, die der ‹amor carnalis› gewährt, trägt die Erfahrung ihrer Vergeblichkeit immer schon in sich. Die Begierde will weiter und meint eigentlich etwas anderes als das, was ihr geboten wurde.

«Die Begehrlichkeit», resümiert *Gilson,* «ist nichts anderes als ein Verlangen nach Gott, das sich über sich selbst nicht im Klaren ist.»

Da der menschliche Wille ohnehin noch über die Dinge hinausstrebt, die er begehrt, ist deutlich, daß alle Lust der Welt nicht das ist, wofür der Wille des Menschen eigentlich gemacht ist. Der Mensch ist so beschaffen, daß ihn das schlechthin Wertvolle von Natur aus anzieht; nur ist die Natur des Menschen zu denaturiert, um dies immer klar erkennen zu können. Die Erkenntnis des richtigen Verhältnisses würde als Konsequenz die ‹conversio›, die ‹Umänderung› des Menschen nach sich ziehen. Dabei handelt es sich um weiter nichts als darum, daß das natürliche Grundverhältnis, der ‹amor naturalis›, wiederhergestellt wird, und dieser ist ‹amor Dei›, Liebe zu Gott. Von der Ebenbildlichkeit Gottes ist dem Menschen einiges verlorengegangen. Erhalten blieb ihm das ‹liberum arbitrium›, die Freiheit des Urteilens. Diese Freiheit macht seine ganze Würde aus. Aber

verloren hat der Mensch das ‹liberum consilium›, die Freiheit des Ent-
scheidens. Man kann zwar sehr wohl mit dem freien Urteil erkennen,
was böse ist, aber man wird es trotzdem tun. Die Freiheit zur Entscheidung, es nicht zu tun, ist eben verloren. Ebenso verloren ist aber auch
das ‹liberum complacitum›, die Freiheit des Gelingens. Denn selbst, wenn
wir das Gute erkannt hätten und es tun wollten, ist damit nicht gesagt,
daß wir es tun können (vgl. De gratia et libero arbitrio IV c. 11).

Damit diese ‹drei Freiheiten› sich in der Seele des Menschen wieder
herstellen, muß das ‹proprium consilium›, die ‹voluntas propria›, aufhören
und sich verwandeln in die ‹voluntas communis›. Dies aber geschieht nur,
wenn sich der Wille von der ‹caritas› führen läßt. Dazu müssen die
Menschen eintreten in die ‹scola caritatis› und zunächst einmal sich selbst
erkennen:

«Schämst du dich nicht, das Haupt erhoben zu tragen, der du nicht erhoben
trägst dein Herz, den Körper gerade zu richten, der du mit dem Herzen auf der
Erde kriechst? Heißt das etwa nicht am Boden kriechen: Fleisch schmecken,
Fleischliches begehren, Fleischliches erstreben? Wahrhaftig! Da du gemacht bist
nach Bild und Gleichnis Gottes, wenn du diese Gottesähnlichkeit verloren hast,
bist du gleichgeworden dem Vieh: Aber Abbild bleibst du dennoch!
Wenn du aber damals, als du noch groß dastandest, nicht begriffen hast, daß
du aus Lehm bist, so laß dir jetzt, wo du im tiefen Lehm steckst, nicht die Einsicht
trüben, daß du (immer noch) Bild Gottes bist und werde ruhig rot darüber, was
für eine fremdartige Ähnlichkeit du zustandegebracht hast. Denk an deinen Adel
und schäme dich über solche Niedrigkeit. Begreife deine Schönheit, damit du über
deine Häßlichkeit nur um so gründlicher erschreckest» (De diversis XII c. 2).

Wer aber seinen Zustand bedenkt, wird lernen, bescheiden von sich zu
denken. Solche ‹humilitas› führt weiter zur ‹caritas›. Nur wer weiß, wie
es in ihm selber aussieht, kann sich ein Bild davon machen, wie es in
den andern aussehen könnte. In ‹De diligendo Deo› sagt *Bernhard:*

«Seinen eigenen Intentionen gegenüber ist der Mensch nachsichtig; er sollte
sich darauf besinnen, daß er seinem Nächsten dieselbe Nachsicht entgegenbringt»
(VIII c. 23).

*Gilson* versucht *Bernhard* nachzuformulieren, wenn er schreibt: «Der
Zisterzienser, der weggibt, gibt nicht. Er stellt nur das gerechte Verhältnis
wieder her. Die soziale Gerechtigkeit wieder schaffen, das heißt für ihn:
seinen persönlichen Willen mit dem Willen der Gottesgerechtigkeit vereinigen.» Mit den andern wollen, eben dies ist ‹voluntas communis›.

Der egoistische Wille ist im ‹amor carnalis socialis› zum gemeinschaftlichen Willen mit allen andern Menschen geworden. Dieser Wille nun wird
bemerken, daß er mit dem Willen Gottes, der Gemeinschaft haben wollte
mit dem Elend der Menschen, der Tendenz nach identisch ist.

Aber es wird in diesem Zusammenhang nicht von einer Teilhabe am Leiden
Christi die Rede sein können, wie sie *Gilson* ausdrückt: «Seinerseits wirkt der
Mensch mit durch seinen Schmerz an der Erlösung des verfälschten Menschen;

sein Leiden ist, im vollen Sinn, eine ‹compassio› der Passio Christi; der Mensch beteiligt sich an Christi Werk der Erlösung.»

Im Zusammenhang seiner Lehre von den vier Stufen der Liebe konstatiert *Bernhard* vielmehr, daß die Liebe zu Gott, welche die ‹caritas› erreicht, kein Zustand ist, in welchem der Mensch aufhören würde sich selbst zu lieben, sondern einer, in welchem er sich selbst nur um Gottes willen liebt. Denn: Würde der Mensch aufhören, sich selbst zu lieben, dann würde er aufhören zu existieren, würde aufhören, lebendiger Mensch zu sein. Der bernhardische Mystiker tötet seinen Leib nicht ab, obschon er das vielleicht gerne möchte. Er wird in sich selbst das Bild Gottes lieben, dessen Anschauung sich ihm durch die ‹caritas› wiederherstellt. Sein Wille vereinigt sich mit dem Willen Gottes.

Hier öffnet sich dann plötzlich auch das Tor für eine innere, mystische Gottesschau:

«Da, für eine kurze Weile – das will sagen: für etwa die Hälfte einer Stunde –, als eine Stille ward in den Himmeln (Apoc. 8,1), da ruht die Seele in den Umschlingungen, die sie begehrte. Gewiß, sie schläft, aber ihr Herz wacht, und es werden ihr zuteil alle Arkanen der Wahrheit; in deren Erinnerung weidet sie dann alsbald, wenn sie wieder zu sich selbst zurückgekehrt ist. Da sieht sie Unsichtbares, hört Unerhörtes, was dem Menschen auszudrücken versagt ist. Denn diese Dinge schreiten hinaus über jenes Wissen, welches weitergelehrt wird von der Nacht an die Nacht; der Tag jedoch bricht hervor sein Wort für den Tag, und es mag wohl der Weise Weisheit sprechen mit dem Weisen und geistige Dinge geistig benennen» (De gradibus humilitatis VII c. 21).

Das geheime Wissen von Gott aber, welches die Seele in der sublimierten Erotik dieser Umschlingungen erfährt, bleibt exklusiv: vom Weisen für den Weisen sagbar. Daß in solcher Erfahrung kein gemeinschaftliches Menschsein, sondern eine vereinzelte Subjektivität auf die Spitze getrieben wird, hat *Bernhard* sehr wohl gesehen. Auf dieser vierten Stufe der Liebe sind die Seelen «noch nicht gänzlich gewandelt und von ihrer Besonderheit gereinigt».

Die Seelen können sich nicht gänzlich von sich selbst befreien und sich in Gott auflösen (transire in Deum), da sie noch, selbst auf dieser Stufe, zu sehr dem Körper verhaftet sind ...» (De diligendo Deo XI c. 30).

Ein völlig erneuertes Menschsein wird erst den Seligen nach der Auferstehung zuteil. Und so heißt es denn auch in der 31. Hoheliedpredigt (ca. 1138/1153):

«Weder ein Weiser, noch ein Heiliger, noch ein Prophet kann noch konnte Gott sehen, wie er ist, in diesem sterblichen Körper; aber der, der dessen würdig befunden wird, wird es können in seinem unsterblichen Körper. Freilich wird Gott auch hier gesehen, aber so, wie er erscheint, nicht so wie er ist. Denn auch jenes große Aufleuchten – ich meine die Sonne –, die du täglich siehst, sahst du gleichwohl nie, wie sie ist, sondern nur so, wie sie erleuchtet, wie sie zum Beispiel die Luft, den Berg, die Wand erleuchtet. Und so könntest du auch jenen nicht irgendwie sehen, wenn nicht das Licht deines Körpers durch seine ihm eigene Klarheit und Durchsichtigkeit dem himmlischen Licht irgendwie ähnlich wäre.»

Das Bild Gottes auf dem Grunde der menschlichen Natur erscheint als Bedingung der Möglichkeit für solche ‹unitas similitudinis›, solche Einheit des Ähnlichen, die zugleich Grundlage der Hoffnung ist.

Aber nicht nur zur ‹visio Dei›, sondern auch zu einer mit Gottes Willen in Einklang stehenden ‹vita activa› eröffnet sich ein Weg von der vierten Stufe der Liebe aus, wo der Mensch sich selbst nur um Gottes willen liebt. Das Handeln in der Welt bestimmt das Zisterziensertum entscheidend, und es charakterisiert besonders die Erscheinung *Bernhards* von Clairvaux.

### Der Zisterzienserabt

*Bernhard* wurde wahrscheinlich 1090 als Sohn des Ritters *Tesclin de Fontaine-lès-Dijon* auf der elterlichen Burg geboren. Er war mit den burgundischen Adelsgeschlechtern der *Grancey, Maligny, Blonay* und *Faucigny* verwandt. Die *Maligny* hatten seinerzeit *Robert* von Molesme, den Gründer von Citeaux (vgl. ob. S. 206), unterstützt. Aus dieser Familie und aus der der *Faucigny* sind mehrere Bischöfe von Lausanne und Genf hervorgegangen, unter anderm *Ardutius* von Faucigny, der Erbauer der heutigen Genfer Kathedrale St. Pierre.

Der junge *Bernhard* besucht zunächst die Kathedralschule St. Vorles in Châtillon-sur-Seine, welches damals Bischofssitz war. Sein Vater besaß dort Grundeigentum. Er studiert die Artes, «liest und imitiert *Cicero, Vergil, Ovid, Horaz;* später wird man ihm vorwerfen, er habe sich für leichtfertige Poemata an *Ovid* inspiriert» *(Davy)*. Ungefähr 1110 beendet er diesen Teil seiner Studien und kehrt auf die väterliche Burg zurück. Im gleichen Jahr stirbt seine Mutter *Aleth. Bernhard* ist unschlüssig, was er werden soll. Das Waffenhandwerk sagt ihm nicht zu, eher steht sein Sinn nach weiteren Studien. Biographische Darstellungen erliegen gerade bei diesem künftigen Zisterzienser der Versuchung, ihn zum Dramenhelden der Weltgeschichte zu stilisieren. Und nach diesem Bild schwankt *Bernhard* jetzt, ob er Literat oder Heiliger werden solle. «*Bernhard* hat dann», so schreibt *Gilson*, «schließlich den Weg gefunden, ein Literat zu bleiben und ein Heiliger zu werden.» Weltliches und geistliches Streben scheinen so in seiner Person vereinigt. Der barocke Prunk seiner Sprache scheint dem Nüchternheitsideal der Zisterzienser zu widersprechen, zu dem sich *Bernhard* jetzt entschließt. «Die Mauern seiner Klöster sind nackt, aber nicht sein Stil», formuliert *Gilson*. Demgegenüber hat *Christine Mohrmann* zu zeigen versucht, daß nicht humanistisches Literatentum, sondern an frühchristlicher Tradition geschulte homiletische Zweckmäßigkeit die Sprache *Bernhards* bestimmt. Es muß kein plötzlicher Bruch mit der Welt gewesen sein, der ihn zum Eintritt in das Kloster von Citeaux bestimmte. Dieses Kloster lag arg darnieder, obschon die Familie der *Maligny* seine Gründung gefördert hatte. Es sieht fast wie eine adelige Familienangelegenheit aus, als der 21jährige *Bernhard* im Frühjahr 1112 dort mit einer Begleitung von 30 Männern aus dem burgundischen Adel Aufnahme als Novize begehrt. Vier seiner Brüder, zwei Geschwister seiner Eltern sowie zahlreiche Freunde haben sich ihm angeschlossen – oder er sich ihnen. Jedenfalls wird die Gründung des *Robert* von Molesme nicht absterben, sondern aufblühen. Nach einem Jahr des Noviziats werden *Bernhard* und seine Begleiter im April 1113 durch den Abt von Citeaux, *Stephan Harding,* einen Engländer aus dem Dorsetshire, das weiße Ordensgewand empfangen. Zwei Jahre später wird der kaum 25jährige mit 12 Begleitern ausgesandt, das Kloster Clairvaux (Département Aude) zu gründen. Dies geschieht am 25. Juni 1115. Die Priesterweihe hat bei einem Zisterzienserabt der zuständige Diözesanbischof vorzunehmen. Aber das Bistum Langres, in dem Citeaux liegt, ist gerade vakant. So trifft es sich denn, daß *Bernhard* vom Bischof der Nachbardiözese Châlons-sur-Marne geweiht wird, von *Wilhelm* von Champeaux, dem alten Gegner *Abaelards* (vgl. ob. S. 209f.).

Die Anziehungskraft der Neugründung Clairvaux scheint groß gewesen zu sein. Immer neue Novizen kommen hinzu. Noch 1115 wird als erstes Tochterkloster Troisfontaines gegründet, 1118 Fontenay, 1121 Foigny. Aber das XII. Jahrhundert der beginnenden Gotik und der erwachenden höfischen Kultur ist zugleich das erste Jahrhundert der großen Agrarkrisen in Westeuropa. Für die breite Masse der Bevölkerung indes heißt das: es ist eine Zeit gottverhängter, schicksalhafter Hungersnöte. 1125 kommt eine solche Hungersnot über das Land. Doch dem Abt von Clairvaux wird sie zur Aura eines Wundermanns verhelfen, denn er hat vorgesorgt. Er läßt die Speicher seines Klosters öffnen und kann Tausende ernähren. Im selben Jahr (1125) gelangt die ‹Epistola de caritate ad Carthusianos› als erste Schrift *Bernhards* an die Öffentlichkeit. Sie enthält bereits seine Lehre von den Stufen der Liebe. Der Abt selbst bringt sie ins Hochgebirgskloster der Grande Chartreuse. Ein Nebenergebnis dieses Rittes ist der Eintritt des jungen *Amadeus* von Hauterive ins Kloster Clairvaux. Damit ist die Verbindung des Heiligen zum Hause Savoyen geschaffen. Der politische Einfluß *Bernhards* wächst.

Die Verfassung des Zisterzienserordens bringt es mit sich, daß die Äbte viel reisen.

Einmal im Jahr mußten die Äbte der Mutterklöster ihre Tochterklöster visitieren, mußte *Bernhard* z.B. Fontenay besuchen. Einmal im Jahr aber mußten auch alle Zisterzienseräbte in Citeaux zum Generalkapitel zusammentreten, welches die Angelegenheiten des Ordens beriet. Schließlich verlangte auch das Verhältnis zum Weltklerus Reisen und Verhandlungen. Denn im Unterschied zu den Cluniazensern hatte sich jedes Zisterzienserkloster dem zuständigen Bischof zur Treue verpflichtet. Zwar besaß der Bischof kein Visitationsrecht, aber der Vaterabt eines Klosters konnte ihm den geistlichen Strafvollzug übertragen.

Weltabgeschiedenheit, strenger Zusammenhalt untereinander und Verbindung zur kirchlichen Hierarchie machen aus dem Zisterzienserkloster ein geistlich attraktives und zugleich einflußreiches Element.

Die Macht des Ordens konzentriert sich immer mehr in der Persönlichkeit *Bernhards.* 1128 wird der Abt in aufsehenerregender Weise zum Schiedsrichter angerufen in einem Streit zwischen den Bischöfen von Paris und Sens mit dem französischen König *Ludwig VI.* Von da an reißt der Kontakt des Mönchs mit der großen Welt nicht mehr ab. In zahlreichen Briefen oder aber als persönlich Anwesender spricht er das entscheidende Wort. 1132 schlichtet er einen Streit zwischen dem Herzog *Konrad* von Zähringen und dem Bischof von Genf, nachdem er schon 1130 bei der Wahl seines Verwandten *Guy de Maligny* zum Bischof von Lausanne nicht ohne Einfluß gewesen zu sein scheint.

Eines der kleinen Resultate seiner wachsenden Macht im transjuranischen Burgund, und das heißt im Reichsgebiet, ist der Übertritt des Klosters Bonmont bei Nyon zur Zisterzienserkongregation, als Tochterkloster von Clairvaux (1131).

Aber sehr viel weiter nach oben trägt bereits die Stimme des Abtes von Clairvaux. 1130 hat er für den nach Frankreich geflohenen Papst *Innozenz II.* Partei ergriffen, gegen den in Italien herrschenden Papst *Anaklet II.,* der zum Gegenpapst wurde. Bis 1133 gelingt es *Bernhard,* den römischen König *Lothar von Süpplinburg* für die Sache des Papstes *Innozenz* zu gewinnen. Ein deutsches Ritterheer geleitet den Papst und *Bernhard* nach Rom. Wunderheilungen umsäumen den Triumphzug des Zisterzienserabtes. Wie hoch der Einfluß des burgundischen Mönchs gestiegen war, zeigte sich nicht zuletzt auch 1145, als die Kardinäle den Zisterzienser *Bernardo Paganelli,* der in Clairvaux das Calfatorium besorgt haben soll, als *Eugen III.* zum Papst wählen. Aber der wahre Herr des römischen Okzidents ist *Bernhard.* Er diktiert Päpsten, Bischöfen, Königen, wie sie sich zu verhalten, und Konzilien, wie sie zu entscheiden haben. Er glaubt, das prophetische Feuer des Tempelreinigers brenne in ihm. Er hat den Abt *Suger* von Saint Denis wegen seines Aufwandes getadelt und hat streng ermahnt seinen Verwandten *Ardutius* von Faucigny, dessen Genfer Kathedralenbau dann doch jene figurenreichen Schmuckkapitelle zeigen wird, die *Bernhard* verabscheute.

Die Architektur der Zisterzienser ist eine schmucklose Gotik in der Einsamkeit von Wäldern oder Sümpfen. «Jede geistliche oder weltliche Niederlassung innerhalb einer burgundischen Meile wurde unter Strafe der Exkommunikation verboten» *(Bucher).* Schmucklos sind die Kapitelle der Kirchen, geometrisch-vegetabil; abstrakt ornamentiert sind die Grisaille-Fenster *(Abb. 53)*. Lange herrscht die burgundische Spitztonne, gelegentlich durch Gurtbögen artikuliert, deren Pilaster auf der Höhe der Wand ‹abgekragt› werden und so das Stützglied in eine hängende Last verwandeln *(Abb. 54)*. Der Chorschluß ist flach. Der reine Zweckbau ist das Ideal: die Kirche als ‹Gebetsscheune›. Diese abstrakte Gotik, die sich von der Königsgotik der Isle-de-France grundsätzlich unterscheidet, wird sich mit dem Orden der rodenden und Sümpfe entwässernden Mönche schnell über Europa verbreiten, schnell wie der politische Einfluß des Abtes. Als *Bernhard* 1112 in Citeaux als Novize eintrat, bestand der Orden praktisch aus den beiden Klöstern Citeaux und Molesme; als er 1153 starb, «umspannte ein geordnetes System von nahezu 350 Zisterzienserklöstern» *(Lammers)* das westliche Europa. Aber der mächtige Abt von Clairvaux ist zugleich ein kranker Mann. Er leidet seit vielen Jahren unter der Intellektuellenkrankheit des Magens. Selbst die karge Zisterzienserkost ist ihm schon zu viel. An seinem Chorstuhl ist eigens ein ‹vomitorium› angebracht. In vielen Predigten und Briefen wird man beobachten, wie er zu Metaphern (z. B. Hebr. 5, 12) greift, die auf sein Leiden Bezug haben. Das Feuer, das in ihm brennt, deutet er dann als geistliches Feuer, mit dem er die Speise des Wortes seinen Hörern bereitet. So in seiner 1. Predigt zu Allerheiligen:

«Mein Herz erhitzte sich in mir die ganze Nacht durch und durch, während ich diese Speise für euch bereitete, und in meiner Meditation loderte ein Feuer auf, gewiß jenes Feuer, das unser Herr Jesus Christus auf die Erde schleuderte, auf daß es mit Heftigkeit brenne (Luk. 12, 49). Denn es ist nötig, geistige Speise und Küche und geistiges Feuer zu haben. Und so teile ich euch denn aus, was ich solchermaßen bereitet habe: Ihr aber, betrachtet vielmehr den gebenden Herrn als den austeilenden Diener» (c. 3).

Und in seiner 36. Hoheliedpredigt sagt er:

«Eine unverdauliche, das heißt: eine schlecht gekochte Speise, bringt schlechte Säfte hervor und richtet den Körper zugrunde anstatt ihn zu ernähren. Wenn wir den Magen unserer Seele, welcher ist das Gedächtnis, vollstopfen mit Wissenschaft, die nicht im Feuer der Barmherzigkeit gar gemacht worden ist, und wenn sie in die Gelenke der Seele, d. h. ins praktische Verhalten, nicht assimiliert und einverdaut werden konnte, so daß die Seele etwas hat vom Nutzen jener Wissenschaft und sie im Leben praktisch wird, dann ist das genau so. Verwandelt sich dann nicht das ganze Wissen in Sünde, genau so wie die unverdauliche Speise sich verwandelt in unreine und schädliche Säfte? Sind solche schlechten Säfte nicht Sünde? Sind die Säfte der Sünde nicht schlechte Säfte? Ist aber, wer Sodbrennen und Magenkrämpfe im Gewissen hat, nicht jemand, der das Gute zwar schon weiß, es aber doch nicht tut?»

Aber solches Detail suggeriert, *Bernhard* habe seinem Leiden seine Leistung abgerungen. Das Leiden sei der Preis seiner Größe. Der biographische Blickpunkt verlangt einen Helden und erzeugt hier eine Prometheus-Figur. Es hilft nichts, daß sich diesem Charakter alle möglichen negativen

Züge einzeichnen lassen. So erscheint etwa dieser mystische Theologe und zielstrebige Politiker in seinen Handlungen oft als zwielichtig, doppelzüngig, verschlagen. *Davy* gibt u. a. folgendes Beispiel:

> «Ein Mönch namens *Drogo* hatte das Benediktinerkloster Saint Nicaise (Reims) verlassen und war in die Zisterzienserabtei Pontigny eingetreten. *Bernhard* schreibt diesbezüglich mehrere Briefe. Einer davon ist an den Abt von St. Nicaise gerichtet. Darin bedauert er das Ausscheiden des Mönchs und sagt dem Abt: ‹Hätte mich Ihr Mönch *Drogo* wegen seines Ausscheidens aus Ihrem Kloster um Rat gefragt, so hätte ich mich wohl gehütet, ihn in seiner Meinung zu bestärken, und selbst wenn er jetzt, nachdem er Sie verlassen hat, um seinen Eintritt bei uns ersuchen würde, würde ich ihn nicht aufnehmen›.
>
> Dem Zisterzienserabt von Pontigny, der *Drogo* aufgenommen hat, schreibt *Bernhard,* er habe recht daran getan, diesen Mönch aufzunehmen, selbst wenn er sich dadurch den Unwillen des Abtes von St. Nicaise zugezogen habe. Und dann spielt er auf Briefe an, die uns nicht erhalten sind, sagt, daß er ihm in früheren Schreiben habe zu verstehen gegeben, daß der Abt von St. Nicaise sich beschweren werde; aber, so setzt er hinzu, er habe dies nur geschrieben, um dem Abt von St. Nicaise, mit dem er befreundet sei, einen Gefallen zu tun, und er habe damit gerechnet, daß der Abt von Pontigny zwischen den Zeilen lesen und erraten würde, daß *Bernhard* ‹andeutungsweise sprach mit bestellten Redensarten und verstellten Gedanken›.
>
> Schließlich schreibt *Bernhard* an den Mönch *Drogo* selbst, beglückwünscht ihn dazu, daß er eine strengere Regel angenommen habe und bestärkt ihn auf dem eingeschlagenen Weg. Was er aber an *Drogo* schreibt, ist das genaue Gegenteil von dem, was er dem Abt von St. Nicaise versichert hat. Nämlich: ‹Unglaublich, was Sie da getan haben ... Es schien bisher ganz unmöglich, so viel Vollkommenheit zu überbieten. Und nun kommen Sie und verlassen ihr Kloster, wie ein anderer die Welt verlassen würde. Sie haben das fertiggebracht, indem Sie sich einer noch strengeren Regel (bei den Zisterziensern von Pontigny) unterworfen haben›.»

Die Heldenfigur des Zisterzienserabtes wird dadurch nur um so abgründiger, der Heilige wird über die gewöhnlichen und glatten Moralvorstellungen von heller Größe oder schwarzer Verruchtheit nur um so mehr erhoben. Wer einmal zum Helden und Sieger in der Geschichte avanciert ist, dem wird schlechterdings alles als Menschlich-Allzumenschliches zugutegehalten. Ist man einmal dazu entschlossen, eine Person wie *Bernhard* als außergewöhnliche Gestalt zu erkennen, dann wird man bereit sein, dies Außergewöhnliche in der Radikalität seines Engagements und in seinem Sinn für absolute Zweckmäßigkeit bestätigt zu finden. Von vielen Textstellen, die man als Zeugnis dafür benennen könnte, sei nur eine aus der 83. Hoheliedpredigt herausgehoben. Dort unterbricht er plötzlich seine Einleitung und fragt:

> «Quae utilitas in omni labore isto? Nempe haec: ...» – «Und was soll diese ganze Arbeit? Nun, dies: ...»

Auf die genaue Frage nach dem Zweck seines eigenen Tuns scheint er die genaue Antwort geben zu wollen. Aber die tatsächliche Antwort ist weitläufig, rhetorisch und logisch verschlungen, ist mehrerlei zugleich und gar nicht präzise. Und die scheinbar so genaue Frage ist eine rhetorische Frage, mit der der Redner eine Spannung erzeugt, die er dann doch nicht einlöst, die gratis bleibt. Nicht alle Zeitgenossen waren von *Bernhard* fasziniert. *Otto* von Freising, obgleich selbst Zisterzienserabt, wird nahezu interesselos von ihm sprechen. Aber die Geschichtsschreibung glaubt gern, in *Bernhard* eines der Instrumente des Weltgeistes in Händen zu haben, eine Gestalt, die einer Epoche die Weichen stellte. Die Betrachtung über persönliche Größe in der Geschichte, zumal christliche, könnte sich sehr wohl erinnern, wie auf die Frage des Reichen: «Guter Meister, was muß ich tun?», Jesus diesen anfuhr: «Was nennst du mich gut? Niemand ist gut außer Gott allein» (Mk. 10, 17f.). *Bernhard* wurde ein Heiliger, der von ihm bekämpfte *Abaelard* kaum ein Held. Bei ihm waren die Schwächen des Charakters hinderlich. Er gehört zu den Besiegten der Geschichte, die höchstens Mitleid verdienen.

### B. APORIE DES REINEN GEFÜHLS. HELOYSA UND ABAELARD

Alles, was die Hohen Schulen Frankreichs an Wissen und Weisheit zu bieten hatten, wurde nach der Ansicht *Bernhards* von Clairvaux übertroffen von der Praxis der ‹scola caritatis› des Zisterzienserklosters. Diese ‹scola›, welche wohl 1119 als Verfassung die ‹carta caritatis› erhalten hatte, lehrte den wahren Weg zur Liebe.

> «Diese Liebe genügt sich selbst. Sie gefällt sich an sich und für sich selbst. Sie ist sich selbst Verdienst und Lohn. Über sich hinaus fordert die Liebe keinen Grund und keine Frucht: ihre Frucht ist sie selbst, indem sie sich genießt» (Super Cantica Canticorum, Sermo 83 c. 4).

So beschreibt *Bernhard* die Liebe der Braut des Hohenliedes, und ihre Liebe ist die Liebe der Seele zu Gott. Diese Seele liebt in allem, in sich selbst wie im Andern, auf ihrer höchsten Stufe nichts als Gott. Sie erhebt sich aus dem ‹amor vitiosus›, der Liebe, die dem Fleisch verhaftet ist. Sie wendet sich dabei zunächst dem Geringsten zu, von dort aus aber dann dem Höchsten. Als tätige Caritas findet sie im Nächsten schließlich Gottes Bild – oder sie findet es nicht.

> «Du, der du dich selbst nur liebst, weil du Gott in dir liebst, wirst konsequenterweise wie dich selbst all jene lieben, die Gott lieben, wie du dich selbst liebst. … Aber derjenige, von dem festgestellt ist, daß er zur Liebe Gottes sich nicht mehr zurückwenden wird, den mußt du ansehen nicht etwa wie ein Fast-Nichts, sondern wie das blanke Nichts selbst, denn er ist ein Nichts für die Ewigkeit. Ausgenommen (vom Gebot der Nächstenliebe) ist also ein solcher, der nicht nur nicht zu lieben, sondern vielmehr zu hassen ist» (Super Cantica Canticorum, Sermo 50 c. 7).

So interpretiert *Bernhard* das Gebot der Nächstenliebe, indem er selbst entscheidet, wer für die Ewigkeit ein Nichts ist und wer Gott in Wahrheit liebt. Derselbe Eifer, der den Abt für seine zisterziensische ‹scola› beseelt, beseelt ihn auch im Kampf gegen die Scola der Welt, vor allem gegen die Pest der Dialektik, die sich ihm verkörpert in der Person des *Petrus Abaelardus*. Dessen Trinitätstraktat hatte 1121 das Konzil von Soissons als häretisch verdammt, und *Abaelard* war als Abt nach St. Gildas in der Bretagne gegangen. Von dort aus hatte er seine ‹Historia calamitatum› als Brief in die Welt hinausgehen lassen (vgl. ob. S. 265 ff.). Er sollte seine Fortsetzung finden in einem Briefwechsel zwischen *Heloysa* und *Abaelard*, einem überaus merkwürdigen Dokument.

Diese zwei mal drei Briefe, gefolgt von einer Ordensregel *Abaelards*, pflegen von Zeit zu Zeit als mittelalterliche Fälschungen erklärt zu werden. Schon am Ende des XIII. Jahrhunderts wurden sie von *Jean de Meun* ins Altfranzösische übersetzt. Sie sind in allen wichtigen Handschriften mit der ‹Historia calamitatum› zusammen überliefert und gehen nach Ansicht des letzten kritischen Herausgebers der ‹Historia›, *Monfrin*, auf eine Redaktion zurück, die aus dem Kloster Paraclet stammt. Dorthin waren ja die Benediktinerinnen, die Abt *Suger* aus Argenteuil vertrieben hatte, unter ihrer Äbtissin *Heloysa* geflüchtet.

Es könnte sehr wohl *Heloysa* selbst gewesen sein, die das Corpus von ‹Historia› und Briefen in apologetischer Absicht zusammenstellen ließ, durchaus nicht ohne Hinblick auf jenen Nachruhm, den diese Briefe in der Tat bewirkt haben. *Gilson* hat in seinem schönen Buch ‹Héloise et Abélard› in diesen Briefen die schmerzliche Praxis des Begriffs der ‹reinen Liebe› gesehen. In gewissem Sinne wären sie ein Gegenstück zum Liebesbegriff bei *Bernhard* von Clairvaux. Auch um die Brautschaft des Hohenliedes geht es in diesen Briefen, freilich in einer unheimlichen Weise. Eine klare Darstellung fordert klare Begriffe. Man hat den Eindruck, daß diese klaren Begriffe hier die Sache verfehlen. Die Autoren der Briefe nehmen ihrerseits eine ausgebildete Begrifflichkeit zu Hilfe. Aber auch diese Begriffe scheinen die Sache nicht zu fassen. Sie täuschen sich über sich selbst, aber sie sind sich zum Teil darüber sehr wohl im Klaren.

Es ist *Heloysa*, die sich an den Abt von St. Gildas wendet mit den Worten:

«An ihren Herrn (Dominus), oder vielmehr ihren Vater, ihren Gatten (conjux), oder vielmehr ihren Bruder, seine Magd (ancilla), oder vielmehr seine Tochter, sein Weib (uxor), oder vielmehr seine Schwester, an *Abaelard Heloysa*» (Brief I).

*Heloysa* errichtet ein krampfhaft antithetisches Kategoriensystem von einst und jetzt. Danach ist *Abaelard* jetzt ihr Vater, ihr Bruder und sie selbst seine Tochter, seine Schwester, einst war er ihr Herr und sie seine Magd, er ihr Gatte und sie sein Weib, – angeblich. In Wahrheit ist sie aber auch jetzt noch seine Magd (ancillula), ist er auch jetzt noch ihr

Geliebter, *karissimus, dilectus,* ihr Einziger, und was sie von ihm fordert, sind Briefe, welche ihr leibliche Gegenwart und leibliches Gespräch ersetzen könnten:

> «Sage mir, wenn Du das vermagst, warum nach unser beider Eintritt ins Klosterleben, welchen allein Du bestimmt hast, ich mich dergestalt vernachlässigt finde, dergestalt vergessen, daß ich weder die Tröstung des Gesprächs Deiner Gegenwart, noch in Deiner Abwesenheit die Tröstung eines Briefes von Dir besitze. Sage mir das, wenn Du noch die Fähigkeit dazu hast, oder sonst will ich es Dir sagen, was ich davon denke und was übrigens alle Welt vermutet» (Brief I).

*Gilson* hatte gemeint, *Heloysa* fordere von dem entmannten Magister ein Gegenstück zu dem berühmten geistlichen Epistolarwerk des *Hieronymus,* der für *Abaelard* immer bewundertes Vorbild war; denn sie meine ein Recht zu haben auf Schriften von ihm. Aber dieses ihr Recht ist ein sinnliches Recht; ihr vermischen sich Geistlich und Weltlich in hellsichtiger und doch illusionärer Weise. Ihre Vorwürfe gegen den Geliebten versuchen erinnernd Sinnlichkeit zu wecken, indem sie deren Hinfälligkeit beschwören.

> «Es ist die Lüsternheit (concupiscentia) mehr als die Neigung (amicitia), die Dich mir einst verbunden hat, ist Geilheit der Sinne (libidinis ardor) eher als Liebe (amor) gewesen. Nachdem Dein Begehren nun erstorben ist, sind alle Anzeichen Deiner Leidenschaft verschwunden. Diese Annahme, Geliebter (dilectissime), ist nicht so sehr meine eigene als die aller. ... Daß doch nur ich dieser Ansicht wäre, und daß Deine Liebe (amor) Verteidiger finden möge, deren Argumente meinen Schmerz besänftigen!» (Brief I).

Wieder errichtet *Heloysa* ein antithetisches Begriffssystem. Auf der einen, scheinbar negativen Seite stehen ‹concupiscentia› und ‹libidinis ardor›, auf der andern, scheinbar positiven, stehen ‹amicitia› und ‹amor›, reine, vom Trieb gewaltsam gereinigte Freundschaft und reine Liebe. Aber der, der sie jetzt beweisen soll, ist und bleibt der ‹dilectissimus›, der einzig Geliebte, der Philosoph mit seinen Argumenten, in dem sich seit je himmlischer und irdischer Bräutigam vermischen. Sie verlangt von ihm, daß seine Liebe sie anstachelt, wie einst zur Wollust, so jetzt zum Gottesdienst.

> «Im Namen dessen, dem Du Dich geweiht hast, im Namen Gottes bitte ich Dich, mir Deine Gegenwart, so Du es vermagst, wiederzugeben, indem Du mir einige Tröstungsbriefe schreibst. Von ihnen wiederbelebt, werde ich mit etwas größerem Eifer wenigstens dem Dienste Gottes nachgehen. Früher, als Du mich in weltliche Lust hineinziehen wolltest, bist Du unaufhörlich durch Deine Briefe bei mir eingekehrt, brachten unablässig (Deine) Lieder den Namen Deiner *Heloysa* in aller Leute Mund; von mir erschallten alle Plätze, alle Häuser. Wäre es jetzt nicht besser, zur Liebe Gottes anzutreiben, mich, die Du einst zur Wollust anreiztest? ... Ich beende diesen langen Brief mit dem Wort: Vale, unice! – Leb wohl, Einziger» (Brief I).

*Heloysa* verlangt von *Abaelard* die Rechtfertigung ihres Lebens, das nur in ihm seinen Sinn hat. Es ist, als ob sie ahnte, daß die Kastration des geschlechtlich Reifen nur seine Zeugungsfähigkeit, nicht seine Potenz beseitigt haben könnte. Raffiniert oder verzweifelt reizt sie seine Eitelkeit zur epistolaren Tat an, wenn sie ihn an seine Chansons und Liebesbriefe erinnert, reizt sie die Erinnerung seiner Männlichkeit, wenn sie schreibt:

«Gab es denn wirklich einen König oder einen Philosophen, der sich Dir an Ruhm hätte vergleichen können? Welches Königreich, welche Stadt, welches Dorf, das nicht in Unruhe gekommen wäre, nur um Dich zu sehen? Wenn Du in der Öffentlichkeit erschienst, ich bitte Dich, wer hätte sich nicht herzugedrängt mit gerecktem Hals, um Dich zu sehen .. ? Welche Frau (conjux), welche Jungfrau (virgo) brannte nicht in Deiner Abwesenheit und entflammte sich nicht in Deiner Gegenwart? Welche Königin (regina), welche Fürstin (prepotens femina) hat nicht meine Freuden und mein Lager beneidet?» (Brief I).

Hier werden wieder Gleichungen aufgestellt: König, Philosoph, das gilt für *Abaelard;* Ehefrau, Jungfrau, Königin, Fürstin, sie bilden den Vergleichspunkt für *Heloysa* und ihren Liebesstolz, von dem sie nicht lassen will. Sie, die sich so charakterisiert, behauptet nun andererseits, ihm eine reine, uneigennützige Liebe gegeben zu haben, jene reine, uneigennützige Liebe, deren geistliche Form *Bernhard* von Clairvaux beschrieb mit: «Ihre Frucht ist sie selbst, indem sie sich genießt» (s. ob. S. 292).

«Nach nichts als nach Dir selbst hat mich, Gott weiß es, in Dir verlangt: das reine Du (te pure), nicht … das, was Dir gehörte, habe ich begehrt, nicht … meine Lüste oder Launen, sondern die Deinen zu erfüllen, war mein Eifer» (Brief I).

Sie behauptet, keine ‹voluptas› für sich empfunden zu haben, und beschreibt doch die ihr durch den Andern bereitete Lust. Um seinet-, nicht um Gottes willen hat sie auch den Schleier genommen, hat sie in die Ehe eingewilligt, welche – wie sie meint – die Ursache allen Unglücks ist. Aber ihr Wille war rein. Sich selbst nur um des Andern willen lieben, das ist sozusagen die säkularisierte Formel der zisterziensischen Gottesliebe: Sich selbst nur um Gottes willen lieben (vgl. S. 286. 292). *Heloysa* behauptet die Reinheit ihres Wollens, frei von aller ‹voluptas›, und fordert angeblich von *Abaelard* ‹amor› ohne ‹concupiscentia›:

«Ich bin (durch die Einwilligung in die Ehe an dem Unglück) sehr wohl schuldig; aber, Du weißt es, ich bin gleichzeitig auch durchaus unschuldig. Nicht in der Wirkung (effectus rei) ruht das Verbrechen, sondern in der Absicht (affectus efficientis). Die Gerechtigkeit wägt nicht das Handeln, sondern den Willen, der das Handeln beseelte» (Brief I).

*Heloysa* tritt *Abaelard* mit seinen eigenen Waffen entgegen. In ‹Scito te ipsum› hatte der Philosoph seine Ethik der Intention entwickelt: Gott sieht das Herz an, nicht die Tat. Und er hatte unter anderm folgendes Beispiel gebracht:

«Da sei zum Beispiel ein gefesselter Mönch und man zwänge ihn, zwischen Frauen zu liegen; und die Weichheit des Lagers wie die weibliche Berührung würden in ihm ein Vergnügen hervorrufen, aber nicht eine Billigung dieses Vergnügens. Wer wollte es wagen, dieses Vergnügen, welches die Natur notwendig herbeizwingt, Schuld zu nennen?»

Naturnotwendigkeit und moralischer Wille sind hier scharf unterschieden. So ist denn das Gute oder Böse einer Tat, nach *Abaelard,* allein in der Absicht, aber nicht im Tun oder Erfolg des Handelns begründet.

*Bernhard* von Clairvaux würde wohl sagen, dies sei eine Folge des verlorenen ‹liberum complacitum› (vgl. S. 285) und diese Ohnmacht eben sei die Sünde. Aber noch *Kant* wird seine ‹Metaphysik der Sitten› mit dem Satz beginnen: «Es ist überall nichts in der Welt, ja überhaupt auch außer derselben zu denken möglich, was ohne Einschränkung für gut könnte gehalten werden, als allein ein guter Wille.»

*Heloysa* nun fordert von *Abaelard* eine analoge Willensbekundung. Sie verbindet, nach *Gilson,* den ciceronianischen Begriff der ‹reinen Liebe› aus ‹De amicitia› mit *Abaelards* Moral der Intention.

«Wenn ihre Liebe», schreibt *Gilson,* «von allem Interesse frei ist, insofern sie nur in sich selbst ihren Lohn findet, ist sie per definitionem gerechtfertigt; und weil es die Intention allein ist, die den moralischen Wert eines Handelns bestimmt, ist jede Handlung, selbst wenn sie an sich schuldig ist, sofern sie von einem Gefühl reiner, uneigennütziger Liebe diktiert wird, eben dadurch unschuldig.» Insofern könne sich *Heloysa* zugleich ‹nocens et innocens› nennen.

Aber in Wahrheit ist ihr Gefühl von Interesse eben niemals frei, insofern die Lust des andern zugleich der Inhalt und das Interesse ihrer eigenen Lust ist. Das ‹reine Du› ist eben kein ‹reines› und abstraktes, sondern ein konkretes Du. *Heloysa* spricht ihrem Geliebten eine Hypothese seiner jetzigen Rolle vor, indem sie so tut, als sei damals sie der fleischlichen Lust beraubt gewesen wie *Abaelard* es jetzt ist. Sie will aber, daß diese Hypothese von ihm falsifiziert werde. Doch im selben Brief schon straft *Heloysa* die Behauptung von der einstigen Reinheit ihres Gefühls Lügen, wenn sie jetzt und einst vergleicht mit den Worten:

«Ich bin jetzt dahin gekommen, auf alle Lüste (voluptates) zu verzichten, um mich ganz Deinem Willen zu ergeben» (Brief I).

Daß sie die in der Adresse des Briefes behauptete Rolle einer Tochter und Schwester nicht übernommen hat, sondern auch als Nonne weiterhin seine Dienerin und Geliebte bleibt und somit von *Abaelard* auch weiterhin die Rolle des Herrn und Gatten will, spricht sie in aller Klarheit aus:

«Nicht eine religiöse Berufung, sondern allein Dein Befehl hat meine Jugend in die Strenge eines monastischen Lebens geführt. Wenn ich dadurch in Deinen Augen kein Verdienst erworben habe, sag selbst, wie sehr mein Opfer dann vergeblich gewesen ist. Von Gott habe ich keinen Lohn zu erwarten; es ist ganz sicher, daß ich aus Liebe zu ihm bisher noch nichts getan habe» (Brief I).

*Heloysa* bekennt ohne Reue, daß sie ohne geistliche Verdienste ist, weil ihr Geliebter immer noch gänzlich die Stelle Gottes einnimmt, eine Stelle, die *Abaelard* allem Anschein nach immer prätendiert hat (vgl. ob. S. 268).

In seinem ersten Antwortbrief jedoch will *Abaelard* von solcher geistlichen Verdienstlosigkeit angeblich nichts hören. Im Gegenteil. Sich selbst stellt er als den Miserablen dar, der eine gerechte Strafe abbüßt, als einen, der auf die Fürbitte und die geistliche Kraft der frommen Frauen von Paraclet angewiesen sei. Er spricht von seinem Leiden, seinem Tod, davon, daß er nur auf ihre Verdienste hoffe und daß er in Paraclet bei den Frauen der *Heloysa* begraben sein wolle.

«Dort werden dann unsere Töchter, oder vielmehr: unsere Schwestern in Christo, mein Grab ständig vor Augen haben und dies wird sie dazu vermögen, ihre Gebete für mich um so häufiger vor den Herrn zu tragen. ... Wie denn geschrieben steht: Und die Weiber saßen über seinem Grab und beklagten den Herrn (vgl. Matth. 27, 61 vermischt mit Joh. 11, 31 ff.!)» (Antwort I).

In ziemlich geschmackloser Weise vermischt *Abaelard* geistliche und weltliche Liebe, den leidenden Jesus und sich selbst; und er willfährt nur den geheimen Wünschen der *Heloysa,* wenn er sie in diesem Brief anspricht:

«Höre, ich bitte Dich, mit dem Ohr Deines Herzens, wie Du so oft gehört hast mit dem Ohre Deines Körpers. Es steht geschrieben im Buche der Sprüche: Ein tugendsam Weib ist die Krone ihres Mannes» (Prov. 12, 4) (Antwort I).

Aber es geht hier gar nicht um literarischen oder religiösen Geschmack, sondern um raffinierten und komplizierten Ausdruck von Leiden, der sich selbst immer wieder unmöglich macht und dem keine schlichte Ehrlichkeit abhelfen kann, weil auch sie ein effektvoller Topos bleiben muß.

*Heloysa* antwortet. Sie empört sich gegen die ihr von *Abaelard* zugewiesene, ja gegen die von ihr selbst prätendierte Rolle, gegen die Rolle, die *Abaelard* annimmt und die er annehmen sollte und auch wieder nicht sollte. Sie empört sich gegen seine Todeswünsche und Grabesgedanken, gegen die ihm zuteil gewordene Strafe und dagegen, daß sie verdienstvolle Fürbitterin sein solle. Sie spricht nunmehr *Abaelard* die vom Trieb gereinigte Liebe zu und versucht, ihre Qual zu bekennen. Die unverdiente Strafe habe sie beide nicht etwa getroffen, als sie sich der ‹fornicatio›, der Hurerei ergeben hätten, sondern nachdem sie verheiratet waren,

«als wir in Keuschheit lebten, Du in Paris an der Spitze der Hohen Schulen, und ich, auf Deinen Befehl, in Argenteuil unter den Nonnen. So hatten wir uns getrennt, um uns desto eifriger zu widmen: Du Dich Deinen Hohen Schulen, ich mich dem Gebet und der Meditation heiliger Schriften; und während dieses so heiligen und keuschen Lebens hast Du allein die Züchtigung erfahren, die wir beide verdient hatten. Du warst allein in der Strafe, wir waren zwei für die Sünde. Du warst der weniger Schuldige, Du hast die ganze Strafe getragen» (Brief II).

Aber *Heloysa* lügt nur von Keuschheit und heiligem Wandel, wie ihr

*Abaelard* zeigen wird; sie will ihn als Lamm Gottes, das die unverdiente Strafe getragen hat, damit ihre ungeistlich-kontemplative ‹compassio› möglich sei:

> «Was Du erlitten hast einen Augenblick in Deinem Fleisch, könnte ich es erleiden, wie es gerecht wäre, mein ganzes Leben lang in der Zerknirschung meiner Seele, und es wenigstens Dir weihen, wenn schon nicht Gott, als Sühne» (Brief II).

Und dann widerspricht *Heloysa* ihrer früheren Behauptung von der reinen und uneigennützigen Liebe, widerruft auch den Unterschied von einst und jetzt:

> «Es ist leichter – sagt der Heilige *Ambrosius* – ein Herz zu finden, das seine Unschuld bewahrt, als eines, das Buße getan hat. Was mich betrifft, so waren mir die Entzückungen der Liebe, denen wir uns gemeinsam hingaben, so süß, daß ich sie nicht verabscheuen oder aus meinen Gedanken entfernen könnte. Wohin ich mich auch wende, sie stehen mir vor Augen und erwecken meine Begehrlichkeit; ihre Gaukelbilder verschonen nicht einmal meinen Schlaf. Mitten in den Feierlichkeiten der Messe, wenn das Gebet am reinsten sein sollte, bemächtigen sich meines elenden Herzens die obszönen Trugbilder jener Wollust, und ich bin mehr mit ihrer Schimpflichkeit als mit dem Gebet beschäftigt. Wenn ich stöhnen sollte über die Sünden, die ich begangen habe, schluchze ich über jene, die ich nicht mehr begehen kann.
> Nicht allein, was wir taten, sondern auch Stunden und Orte, welche Zeugen unseres Vergnügens waren, haben sich mit aller Erinnerung so tief in mein Herz gegraben, daß ich mich mit Dir zur gleichen Stunde am selben Ort sehe, und selbst im Schlaf finde ich keine Ruhe. Manchmal verraten Bewegungen meines Körpers und Worte, die mir entfahren, die Gedanken meiner Seele. Genau für mich gesprochen ist jene Klage einer stöhnenden Seele: Ich elender Mensch, wer wird mich erlösen von dem Leibe dieses Todes? (Röm. 7, 24). Wenn ich doch nur hinzufügen könnte wahrheitsgemäß auch den folgenden Satz: Ich danke Gott durch Jesum Christum, unsern Herrn! (Röm. 7, 25).
> Diese Gnade, Geliebter, ist zu Dir gekommen, ohne daß Du sie erflehtest. Eine einzige Verwundung Deines Körpers hat, indem sie Dich besänftigte, alle Wunden Deiner Seele geheilt. Gott schien Dich mit Härte zu behandeln, während er sich in Wahrheit gütig erwies, wie ein guter Arzt, der nicht zögert, seinen Kranken leiden zu lassen, um ihn zu retten. Bei mir aber sind die Stacheln des Fleisches entflammt von den Feuern einer glühenden Jugend und den Erfahrungen höchster Freuden . . Man sagt, ich sei keusch, eben weil man nicht begreift, daß ich heuchle. Man verwechselt die Reinheit des Fleisches mit der Tugend; aber Tugend ist Sache der Seele, nicht des Körpers» (Brief II).

Damit wendet *Heloysa* jetzt *Abaelards* Ethik der Intention ebenso gegen den Anschein ihrer Tugend, wie sie sie im ersten Brief (vgl. S. 295 f.) für die Reinheit ihres Gefühls aufgeboten hatte. In allem Hin und Her will sie seine Geliebte und seine Schülerin bleiben.

In einem erneuten Brief antwortet *Abaelard* scheinbar als Lehrer:

> «Ich habe beschlossen, Dir auf alle einzelnen Punkte zu antworten, weniger, um mich zu entschuldigen, als vielmehr, um Dich zu belehren und zu bitten. Du

wirst meinen Bitten um so lieber entsprechen, je mehr Du deren Begründungen eingesehen haben wirst» (Antwort II).

*Abaelard* antwortet, nachdem er *Heloysas* Argumente in erstens, zweitens, drittens, viertens eingeteilt hat, zunächst mit einer allegorischen Hoheliedexegese. Aber es ist nicht unbedingt peinliche Verlegenheit des Entmannten, die ihn ins exegetische Genus ausweichen läßt. Man vermeint geradezu, *Abaelard* wolle sich auf das Spiel einer geistigen Erotik einlassen, spreche als Verführer, als Wolf im Schafspelz, wenn er seiner Freundin die Rolle der Braut jenes biblischen Gedichts aufdrängt und damit sich selbst diejenige des himmlischen Bräutigams anprobiert. «Ich bin schwarz, aber gar lieblich, ihr Töchter Jerusalems», spricht die Braut Hohelied 1, 4. *Abaelard,* der ihre Gestalt litteraliter auf die Äthiopierin deutet, die Moses zur Konkubine hatte, deutet sie moraliter um auf die schwarzgekleideten Nonnen von Paraclet:

«Im allgemeinen freilich werden diese Worte als Beschreibung der kontemplativen Seele genommen, welche dann besonders die Braut Christi ist. Indes ganz ausdrücklich sind sie auf Euch anwendbar, weil sie nämlich von Eurer äußeren Kleidung gesagt werden» (Antwort II).

Ja, die schwarze Braut sei ganz besonders geschaffen für die heimlichen Bettfreuden ihres Bräutigams, wie Negerinnen überhaupt.

«Oftmals nämlich geschieht es, daß die Haut schwarzer Frauen, so unangenehm ihr Anblick ist, der Berührung so süße Annehmlichkeit bereitet; auch ist ihre Wollust willfähriger und angenehmer zu geheimen Freuden als zu öffentlichen Festen, und ihre Männer, um sich ihrer Reize zu freuen, führen sie lieber ins Bettgemach als in die große Welt» (Antwort II).

Im Bettgemach des ‹cubiculum› aber erfährt die Seele von ihrem Bräutigam, wie bei *Bernhard,* die Wonnen göttlicher Geheimnisse. Wenn *Abaelard* die gequälte Seele der *Heloysa* mit solchen Argumenten zur Gottesliebe anzufeuern scheint, mißbraucht er sie geradezu, selbst wenn seine theologische Methode ihn hier die Situation vergessen ließe. – *Heloysa* beschwerte sich über seine schlimmen Nachrichten und Todesgedanken. Sie wolle so etwas nicht mehr hören. Andrerseits bitte sie ihn um Nachrichten von seinem Leben unter den Mordmönchen von St. Gildas. Ob sie denn nur gute Nachrichten wolle? Und dann kommt ein Beispiel, das sehr theoretisch klingt:

«Eine Mutter, die ihren Sohn leiden sieht, wird wünschen, daß der Tod seinem Leiden, das zu ertragen ihr nicht möglich ist, ein Ende machte; lieber will sie ihr Kind verlieren als es behalten, um es leiden zu sehen.» *Heloysa* aber wünsche, daß *Abaelard* lebe. «Wenn es für Dich ist, daß Du die Verlängerung meines Elends wünschst, dann bist Du meine Feindin, nicht meine Freundin. Sofern Du als solche nicht erscheinen willst, bitte ich Dich, hör auf mit Deinem Klagen!» (Antwort II).

Dann greift er *Heloysas* Enthüllungen über ihre geistliche Heuchelei an, indem er auf die eventuell dahinter stehende Eitelkeit hinweist:

«Aber denke daran, ich bitte Dich, suche nicht den Ruhm, indem Du so tust, als ob Du ihn fliehst, und verschwöre nicht mit dem Munde, was Du im Grunde Deines Herzens begehrst. Diesbezüglich schrieb der Heilige *Hieronymus* an die Jungfrau *Eustochium*:

‹Wir haben einen natürlichen Hang zum Bösen. Denen, die uns schmeicheln, leihen wir gerne das Ohr, und während wir protestieren, wir wären solchen Lobes nicht würdig, und während unser Gesicht in gelungener Weise rot wird, hüpft doch unsre Seele vor Freude, als das Lob erklang.›

Dies ist die geschickte Koketterie der liebenswürdigen Galathea, wie *Vergil* sie beschreibt: indem sie flieht, sagt sie, was sie wünscht. Durch eine gespielte Abweisung schürt sie die Glut ihres Liebhabers:

‹Sie flieht hinter die Weiden› – sagt er –, ‹und brennt vor Verlangen, vorher entdeckt worden zu sein.›» (Antwort II).

Beschreibt *Abaelard* nicht in der Tat das Verfahren, das *Heloysa* ihm gegenüber, bewußt oder unbewußt, angewendet hat? Vielleicht beteuert der Magister gerade deshalb das Gegenteil und wendet das Beispiel ins Geistliche:

«Wir zitieren das bloß so. Wir zweifeln gar nicht an Deiner Demut. Wir wünschen nur, daß Du Worte für Dich behältst, von welchen die, die Dich weniger gut kennen, glauben könnten, Du suchtest – wie *Hieronymus* sagt – den Ruhm, indem Du ihn fliehst.»

Glaubt er wirklich, *Heloysa* hätte durch ihren zweiten Brief den Ruhm besonderer Frömmigkeit bei den Leuten gesucht und nicht allein ihn selbst gemeint?

«Du sagst, Du dächtest vor allen Dingen daran, mir zu gefallen. Nun also! Wenn Du meiner Qual ein Ende bereiten, ich sage nicht: wenn Du mir gefallen willst, dann laß das; sonst könntest Du weder erreichen, mir zu gefallen (– also doch! –), noch mit mir zur ewigen Seligkeit einzugehen» (Antwort II).

Der Ethiker der Intention versucht, von *Heloysa* eine Umänderung ihrer Intention zu erreichen. *Heloysa* ihrerseits hat versucht, für den berühmten *Abaelard* auch weiterhin interessant zu bleiben. Sie hat sein Interesse an ihr primär erotisch definiert. Um *Heloysa* dieses Interesse zu bezeugen, könnte *Abaelard* wieder mit ihr zusammenleben. Aber diese Möglichkeit haben sich wohl beide nicht bewußt machen können. Außerdem: Liebe erkaltet; es bedarf dazu keiner Kastration. Eine Gemeinschaft, die Liebe überdauert, wäre wohl nur möglich, solange die Absicht besteht, fremdem Bedürfnis nach Vertrauen, d. h. nach Interesse, auch ohne Gegenforderung zu entsprechen. Nur *Abaelards* Interesse macht das Selbstbewußtsein der *Heloysa* aus. Nur sein Urteil läßt sie gelten. Mit seinem Interesse an ihr wäre auch ihr Selbstbewußtsein verloren. Aber in ihren Briefen hat sie sich bereits für *Abaelard* psychologisch interessant gemacht, in vermittelter Weise erotisch. Und so läßt *Abaelard* schließlich doch ihre Absicht, ihm zu gefallen, als Movens gelten und argumentiert weiter mit dem Wunsch nach einer bis in die Ewigkeit dauernden Gemeinschaft. Denn, was könnte er tun, um ihre Intention umzuändern – sofern er das Interesse daran aufbringt? Er könnte ihren Obsessionen brieflich Nahrung geben und könnte schließlich versuchen, ihrem Gefühl eine religiöse Sublimierung zu ermöglichen. Aber das alles setzt voraus, daß *Abaelard* Herr und nicht Gefangener seiner Möglichkeiten ist. Ist er selbst libidinös von Erinnerungen besetzt oder geht er nur auf ihre Vorstellungselemente ein, wenn er *Heloysas* Erinnerungen korrigiert und ihr zeigt, daß sie die Dinge verzeichnet? Das, was *Heloysa* über den Zeitpunkt der Strafe sage, sei unwahr. Sie hätten gar nicht in Keuschheit gelebt, nachdem sie bei den Nonnen in Argenteuil eingetreten sei:

«Du weißt ja doch, daß ich, nach unsrer Eheverbindung und während Du Dich zu den Nonnen nach Argenteuil gewandt hattest, eines Tages heimlich zu Dir gekommen bin und wie weit mich die Leidenschaft trieb zu Dir an einer Stelle des Refektoriums sogar, da wir keinen andern Ort hatten, wohin wir uns zurückziehen konnten. Du weißt, sage ich, was wir die Schamlosigkeit hatten zu tun an einem so ehrwürdigen und der höchsten Jungfrau geweihten Ort. Hätten wir keine anderen Schändlichkeiten begangen, diese allein würde die schwerste Strafe verdienen.» –

«Du bist ungerecht», schreibt er gegen Ende des Briefes, «wenn Du Gerechtigkeit und Gericht nicht liebst; und äußerst ungerecht, wenn Du Dich wissentlich dem Willen Gottes widersetzt – mehr noch: den Wohltaten seiner Gnade. Weine um Deinen Erlöser, nicht über Deinen Verderber.» –

«Du weigerst Dich, es anzuhören, und verbietest mir, es zu sagen, und dennoch ist dies die offenkundige Wahrheit: Wer im Kampf ausharrt, wird die Krone des Siegers erringen; und es wird nur gekrönt, wer recht gekämpft hat (2. Tim. 2, 5).» –

«Ich jedenfalls tröste mich, meine Verdienste schwinden zu sehen, wenn ich weiß, daß Deine wachsen. Denn wir sind nur eins in Jesus Christus. Durch das Gesetz unserer Ehe sind wir nur ein Fleisch» (Antwort II).

*Abaelard* behauptet von sich, daß er keinen Kampf mehr zu kämpfen und somit auch keinen Siegeskranz mehr zu gewinnen habe; seine Begehrlichkeit sei erloschen; *Heloysa* aber habe die Möglichkeit, für sich und für ihn ihre Begehrlichkeit überwinden zu können. Ihr Gemahl sei jetzt Christus, sagt *Abaelard* und setzt, indem er gleichzeitig auf der Fleischeseinheit mit *Heloysa* durch die Ehe besteht, ein seltsames Dreiecksverhältnis. *Abaelards* Versuch, *Heloysa* zu einer gottergebenen Frömmigkeit zu veranlassen, schließt dann mit einem Gebet, das er für sie entworfen hat, und das an die Erinnerung der Ehe anknüpft.

In ihrem dritten Brief bekennt *Heloysa,* daß sie die ihr zugemutete Sublimierung nicht leisten könne:

«Ich habe der Unmäßigkeit meines Schmerzes die Zügel Deiner Gegengründe angelegt. ... Doch nichts ist weniger in unserer Macht als unser Gefühl, und – weit entfernt, ihm befehlen zu können, – sind wir gezwungen, ihm zu gehorchen. ... Wes das Herz voll ist, des gehet der Mund über (Matth. 12, 34). Ich werde also meine Hand zurückhalten und sie nicht schreiben lassen, was ich von meiner Zunge an Mäßigung nicht erzwingen kann. Wenn doch mein bedrücktes Gefühl ebenso gehorsam sein wollte wie meine schreibende Rechte» (Brief III).

Dann erbittet sie eine Klosterregel für Paraclet, die ihr *Abaelard* auch sendet. Es ist der Entwurf einer wesentlich christozentrischen Institution. *Heloysa* und 26 Generationen nach ihr scheinen danach gelebt zu haben, *Heloysa* vielleicht, ohne an den Sinn eines solchen Lebens zu glauben. Das Ende dessen, was sich hier als Drama aufzubauen schien, ist schnell berichtet. *Abaelard* verläßt St. Gildas. 1135 ist er wieder in Paris und lehrt Dialektik und Theologie. Er ist wieder der aufsehenerregende, berühmte und arrogante Professor. Aus aller Welt strömen ihm Studenten zu, die Elite Westeuropas.

Drei seiner Schüler werden später Päpste sein: *Guido di Castello* als *Coelestin II.* (1143–1144), *Orlando Bandinelli* als *Alexander III.* (1159–1181) und *Giacinto Boboni-Orsini* als *Coelestin III.* (1191–1198). Außerdem sitzen zu seinen Füßen der Sozialrevolutionär *Arnold von Brescia, Johann von Salisbury,* der spätere Barbarossakanzler *Reinald von Dassel* und *Petrus Lombardus,* schwerlich auch *Otto von Freising.*

*Bernhard* von Clairvaux sieht die Kirche von innen her bedroht. Auf sein Betreiben wird *Abaelard* durch ein Konzil zu Sens 1140 im Beisein des französischen Königs als Häretiker verdammt, exkommuniziert und zu ewigem Stillschweigen verurteilt. Es hilft nichts, daß der spätere Papst *Coelestin III.* mutig für ihn eintritt. *Bernhard* behält das letzte Wort. Als *Abaelard* prahlt, er habe mächtige Freunde und Schüler an der Kurie und werde dort höchst persönlich sein Recht einklagen, schreibt *Bernhard* Briefe über Briefe, um einen solchen Rekurs unmöglich zu machen. *Abaelard* bricht zu Fuß auf, ein alter und kranker Mann. An *Heloysa* schreibt er noch einmal:

«Meine Schwester *Heloissa,* Du, die Du mir einst lieb warst in der Welt und die Du mir heute noch lieber bist in Jesus Christus: Die Logik hat mich der Welt verhaßt gemacht. Verkehrte, die alles verkehren, und deren Klugheit nur danach trachtet zu schaden ..., sprechen mir die Reinheit des christlichen Glaubens ab. ... Ich verzichte auf den Namen eines Philosophen, wenn ich mit *Paulus* nicht übereinstimmen soll; ich will nicht mit *Aristoteles* Philosoph sein, um von Christus geschieden zu werden.» Und dann folgt ein Credo voll dogmengeschichtlicher Bezüge.

Auf seinem Weg nach Rom wird *Abaelard* in Cluny liebevoll zurückgehalten von dem Abt *Petrus Venerabilis.* Es ist derselbe, der den Koran zuerst ins Lateinische übersetzen ließ (vgl. ob. S. 246). Von seiner menschlichen Güte zeugen einige Briefe in Sachen *Abaelard,* den er übrigens dem Papst gegenüber als einen bescheidenen, frommen und zutiefst gottgelehrten Mann charakterisiert. Er weiß die Aussöhnung mit *Bernhard* und die Absolution des Heiligen Stuhles für *Abaelard* herbeizuführen. Schließlich bringt er den gehetzten Philosophen in dem kleinen und ruhigen Priorat St. Marcel-sur-Saône, jenseits Chalons, unter. Dort stirbt *Abaelard* am 21. April 1142. *Petrus Venerabilis* sendet seine Leiche heimlich nach Paraclet, wo 20 Jahre später die 61jährige *Heloysa* neben ihm begraben wird. Als

Heldin des Dramas erscheint sie, die sich nicht gebeugt hatte. *Abaelard* hatte sich bekehrt und unterworfen. In ihm ist die Macht der verinnerlichten Institutionen seiner Zeit allzu deutlich. Deswegen darf er nicht als Held gelten. Von diesem Sachverhalt aber lenkt psychologische Interpretation leicht ab und schreibt menschliche Größe eher der *Heloysa* zu, weil sie die gesellschaftlichen Fesselungen, die bei *Abaelard* allzu offenkundig sind, kraft ihrer Persönlichkeit Lügen strafen könnte. Doch auch *Heloysa* hat sich ein Leben lang der Klosterregel unterworfen. Aber biographische Geschichtsschreibung liebt es nicht, die Möglichkeiten der Individualität negiert zu sehen; eher noch entschließt sie sich zum Mitleid, welches sich jene gefallen lassen müssen, denen es zugewendet wird. Die großen literarischen Heldenfiguren des selben XII. Jahrhunderts aber werden in einer Traumwelt von beispielhafter Idealität ihre Taten zu vollführen haben: Artus, Percival, Lancelot, Tristan, von denen jetzt, gleichzeitig mit *Bernhard* von Clairvaux, gleichzeitig mit der ‹carta caritatis› und gleichzeitig mit *Abaelard*, in den Jahren zwischen 1118 und 1135 *Galfred von Monmouth* (= Gruffud op Arthur) in seiner ‹Historia regum Britanniae› auf lateinisch schreibt. Und die gelehrte Welt Frankreichs, der Abt *Suger* und der Historiker *Ordericus Vitalis*, wird zumindest die Weissagungen des Zauberers Merlin im 7. Buch zur Kenntnis nehmen, noch ehe in der zweiten Jahrhunderthälfte der ritterliche Roman von dieser Märchenwelt Besitz ergreift.

## C. RITTERTUM DES INNEREN WERTES

### *Aquitanische Heirat und aquitanisches Rittertum*

1137 war König *Ludwig VI.*, der Dicke, der Freund des Abtes *Suger*, gestorben, und noch an seinem Todestag (1. Aug.) war ihm sein ältester lebender Sohn, der damals 16/17-jährige *Ludwig VII.*, im Regnum nachgefolgt. Schon 1131 hatte ihn der nach Frankreich geflohene Papst *Innozenz II.* in Reims gekrönt, aber Ende Juli 1137 war ihm in Bordeaux die Krone zum zweiten Mal aufs Haupt gesetzt worden, ihm und seiner jungen Gemahlin *Eleonore* von Aquitanien, wenige Tage vor dem Tod des Vaters. *(Vgl. dtv-Atlas zur Weltgeschichte I, S. 260)* Diese Heirat, die das ganze aquitanische Gebiet unmittelbar an die französische Krone brachte, war noch von *Ludwig VI.* und *Wilhelm X.* von Aquitanien, dem Sohn des ersten Trobadors, ausgehandelt worden. Durch sie war der König endlich der mächtigste Fürst in seinem Königreich. Mit der jungen und schönen Frau, die der neue ‹rex Francorum et dux Aquitanorum› nach Paris brachte, zog der Begriff einer vulgärsprachlichen, ritterlichen Gesellschaftskultur in Franzien ein. Der Großvater der neuen Königin,

*Wilhelm IX.* von Aquitanien, hatte als herzoglicher Spielmann diesen Begriff im Süden hoffähig gemacht, in solchem Verhalten wohl begünstigt durch die unfesten feodalen Verhältnisse, die dort herrschten (vgl. S. 197–204; 211 f.). Wie ein souveräner Herr hatte er die lehnsrechtlich unter ihm Stehenden als quasi mitritterliche Standesgenossen mit der Protzerei seiner galanten Abenteuer unterhalten, die jene sich nicht ohne weiteres leisten konnten. Solche höchstadligen Lizenzen aber müssen zugleich ein Publikum, auf das er als Dichter und als Lehnsherr angewiesen war, brüskiert haben, indem sie ihm die Grenzen seiner Möglichkeiten vor Augen führten. Begrenzt jedoch waren zugleich eben auch seine eigenen Möglichkeiten als Lehnsherr. Und statt die Namen seiner Geliebten zu nennen, war der Herzog dann zu maskulinen Decknamen (‹senhal›) übergegangen. Der etwas jüngere, nichtadelige Jongleur *Cercamon* protestiert gegen die freien Sitten hochgestellter Damen, wenn er dichtet:

> «Die mit zwei oder drei Liebhabern schläft, hat von diesem Tag an jeden Wert verloren. Und das Herz ist mir noch jetzt darüber betrübt, daß Gott von dieser Sorte Damen eine so perfide geschaffen hat. Besser, sie wäre nie geboren, als daß sie eine solche Schlechtigkeit begeht, von der man bis nach Poitou hin reden wird.»

Es ist wohl nur scheinbar die bloße Stimme der Moral, die sich hier erhebt, um von Unmoral sprechen zu können; es ist wohl zugleich die Stimme eines mittleren Rittertums, das sich als bloßes Publikum hochadeliger Launen zu schade ist. Die Forderungen an die Dame sind die Forderungen an einen gemeinritterlichen Gesellschaftskonsensus. Und diesem Konsensus in Gestalt der Dame hatte sich in einigen Gedichten bereits der Herzog von Aquitanien unterworfen, wenn er sang:

> «Von Amor darf ich nur Gutes sagen. Warum habe ich nichts davon? Vielleicht, weil ich nicht mehr davon haben darf; doch ich weiß, Amor schenkt mit Leichtigkeit große Freude dem, der seine Gesetze beachtet» (Lied VII Str. 2).
> « … Meine Dame führt mich in Versuchung und Prüfung, um zu erfahren, wie ich sie liebe: doch nie, wie großes Ungemach sie mir auch bereiten mag, werde ich mich aus ihren Fesseln befreien.
> Ich ergebe und übergebe mich ihr. Getrost mag sie mich in ihre Lehnscharta eintragen. Haltet mich nicht für töricht, wenn ich mich dieser vollkommenen Herrin in Liebe ergebe, denn ich vermag nicht zu leben ohne sie, so groß ist mein Hunger nach ihrer Liebe» (Lied VIII Str. 1. 2).

Die Dame ist sozusagen zugleich eine wirkliche Frau und zugleich ein ‹senhal› für die ritterliche Gesellschaft, deren Forderungen selbst der Herzog sich zu unterwerfen hatte. Diese Gesellschaft beginnt zur Instanz einer immanenten Spiritualität zu werden; insofern mochte man wohl auch die Dame und die Jungfrau Maria verwechseln, erotische und institutionelle Bindung miteinander verknüpfen. Angelpunkt der Möglichkeit ist wohl das vitale Interesse an der eigenen gesellschaftlichen Bedeutung.

In Bezug auf die vergleichbare Hofgesellschaft *Ludwigs XIV.* schrieb *Norbert Elias:*

«Dieses ganze Getriebe hatte eine gewisse Ähnlichkeit mit einer Börse. Auch in ihm bildeten sich ... wechselnde Meinungen über Werte. Aber an der Börse geht es um Werte von Geschäftshäusern in der Meinung von Geldanlegern, am Hofe handelt es sich um Meinungen über den Wert der zugehörigen Menschen untereinander.»

Die so entstehende Minnefiktion ist das Gefäß für den Antagonismus von realer Erotik und realer Gesellschaft. Was das ganze System von erotischen Fiktionen überhaupt lebensfähig macht, ist vermutlich der unfingierte erotische Kern, der in ihm steckt, der sich nur mehr oder weniger stark verkleidet. Es handelt sich um eine ‹Umformung von Fremdzwängen in Selbstzwänge›. Das Moment der Kühnheit daran ist dasjenige einer weltlichen Gesellschaft allgemein und einer mittelritterlichen insbesondere. Den Nordfranzosen mögen Verse, wie die des *Cercamon* von der Dame mit zwei oder drei Liebhabern, zugleich unverschämt und befreiend vorgekommen sein. Das gesellschaftliche Tabu der Wortmoral ist verletzt, doch gleichzeitig ist die Moralkonvention affirmiert. Aufs Ganze gesehen ist das Resultat wohl eine Gesellschaft, die um so zeremonieller wird, je mehr in ihr über alles gesprochen werden kann: eine höfisch verfeinerte Gesellschaft. Es ist zugleich eine Gesellschaft, die die Idee vom kriegerischen Ritter domestiziert. Das Idealbild eines wahrhaft männlichen Kriegers möchte man sich etwa so zurechtlegen:

Der Mann ist kräftig und gewandt, selbstbewußt und selbständig, klaglos in Not und Schmerz, treu und verschwiegen.

In der Trobadordichtung aber trifft dies Charakterstereotyp fast wörtlich auf die verherrlichte Dame zu, nur die körperliche Kraft fehlt. Das Stereotyp des Liebeshelden aber ist ins Gegenteil verkehrt: Der schmachtende Held ist dort unfrei und hörig, sowohl seinen Affekten als auch seiner Dame gegenüber. Er ist leichtgläubig und Verleumdungen aufgeschlossen. Er weint und klagt über den kleinsten Seelenschmerz. Eine Zornesfalte auf der Stirn der Angebeteten versetzt ihn in Angst und läßt ihn an Selbstmord denken. Er weiß nicht, gefällig zu reden. Er ist gesellschaftlich viel zu unedel für seine adelige und schöne Dame. So singt denn *Cercamon:*

«(1) Mit der Jahreszeit, welche die Welt wieder jung macht und die Wiesen grün, will ich ein neues Lied über die Liebe singen, die ich liebe und begehre. Doch sie hat sich von mir so weit entfernt, daß ich sie nicht erreichen kann, und meine Worte gefallen ihr nicht.
(2) Von nun an kann mich nichts mehr trösten. Ich laß mich also sterben, weil sie mich von meiner Dame getrennt haben, diese Verleumder, die Gott verdamme! Hélas! Ich habe sie so sehr begehrt, daß ich um sie klage, weine und seufze, und ich wie von Sinnen einhergehe.»

Die beiden ersten Strophen sind rein monologisch, in den jetzt folgenden

wird die Situation der Aufführung des Liedes bewußt gemacht, indem
der Dichter das Lob der Dame ans Publikum adressiert:

«(3) Die, von der ihr mich singen hört, ist schöner als ich sagen kann. Sie
hat frische Farbe und einen schönen Blick. Sie ist von einer Weiße, die sich nicht
verdunkelt: ja, gewiß, sie ist nicht (mit Reispuder) (weiß) geschminkt. Und keiner
kann ihr Übeles nachsagen, so adelig und rein ist sie.

(4) Und mehr als alles andre sollte man sie schätzen, meine ich, für ihr offenes
Wort, ihre Manieren und ihre feine Schlagfertigkeit. Nie hat sie ihren Freund
verraten wollen, und ich war ziemlich töricht damals, als ich glaubte, was ich
über sie sagen hörte, und etwas tat, das sie hätte kränken können.»

In der 5. und 6. Strophe macht der Dichter dieses Publikum zum Vertrauten seiner Selbstanalyse und Selbstanklage und gibt damit zugleich ein
Modell der Selbsterkenntnis, wenn er sagt:

«(5) Nie hab ich mich beklagen wollen über sie; und immer noch, wenn sie
wollte, könnte sie mich glücklich machen; und sie hat sehr wohl die Macht, das
zu geben, was mich reicher macht. Ich kann nicht länger leben, denn ich bin
ohne Speise und Schlaf, weil sie mir nicht nahe genug ist.

(6) Amor ist süß zu Anfang und bitter am Ende. Einen Tag macht er dich
weinen und den andern jauchzen und springen. Und ich weiß von ihm diese Lehre:
je mehr ich glaubte, ihm zu dienen, desto befremdlicher wurde er mir.»

In der Schlußstrophe nun reicht der Dichter die Personalmaske des Sängers
an die Maske des Boten weiter: Sänger und Liebender werden als real
verschieden enthüllt:

«(7) Bote, geh, in Gottes Namen, und sieh, daß du deine Pflicht erfüllst bei
meiner Dame; was mich betrifft, lange kann ich hier nicht mehr leben noch da
unten bleiben, wenn sie mich nicht küssen und umschlingen kann, ganz bei mir,
ohne Kleider, in einer aufgeschmückten Kammer» (Lied II).

Der Spielmann *Cercamon,* der über den Boten gebietet, erscheint in der
Rolle des Herrn, dessen Sprachrohr er ist und der eigentlich hinter ihm
steht. Die Person des Sprechenden löst sich in einen gesellschaftlichen
Funktionszusammenhang auf. Der miserable Sehnsuchtsritter läßt sich
in der Öffentlichkeit durch den gekauften Boten vertreten, der über das
spricht, worüber man nicht sprechen sollte und doch sprechen will. Der
delegierte Minneritter wird so zugleich zum Sündenbock der gesellschaftlichen Lizenzen und zum Prototyp des domestizierten Kriegers. Die gesellschaftliche Intrige ist übersetzt zur Liebesheimlichkeit. In dieser wird die
Konvention nicht nur kritisiert, sondern auch akzeptiert, und der gute
Ruf, wie er im Gerede der Leute besteht, wird zugleich vom Sänger anerkannt.

Diese zwielichtig fiktionale Welt kommt durch die aquitanische Heirat
an den französischen Hof als eine der Tendenz nach pergamentfähige
Literatur in der Vulgärsprache. Aber es ist der Spielmann, der die Rolle
des Boten und die des Schreibers überschrieben bekommt. Der liebende
Ritter bleibt hinter der spanischen Wand einer literarischen Unschriftlich-

keit, die sich von der vulgären Unschriftlichkeit der Jongleursepik noch grundsätzlich unterscheidet. Das ist die ideologisch komplizierte Ausgangssituation unserer Quellenüberlieferung. Wie diese Trobadordichtung des schriftlich-unschriftlichen Sehnsuchtsritters und der eigentlich-uneigentlichen Minne bei den steifen Nordfranzosen nach der aquitanischen Heirat aufgenommen werden mochte, scheinen sich vor allem die occitanischen Jongleurs vom Schlage *Cercamon* gefragt zu haben. Der gibt in einem Spielmannsstreitgespräch, einer ‹Tenzone›, folgenden Dialog wieder:

> «Meister, aus aller Verlegenheit werdet ihr erlöst, wenn ihr Geduld habt! – *Guillalmi,* euren leeren Redensarten kann ich nicht glauben! – Meister, warum denn nicht? Große Wohltat wird euch ja aus Frankreich kommen, wenn ihr zu warten geruht! – *Guillalmi,* gebe Gott *euch* die Hoffnung, die ihr in *mir* erwecken wollt!» (Lied VII Str. 4).

Viele Kreise in Nordfrankreich aber waren zunächst erst einmal schockiert über den freien und galanten Ton, der jetzt am französischen Königshof Einzug hielt. Und nicht nur sie. *Petrus Venerabilis,* der weise Abt von Cluny, schrieb im ersten Regierungsjahr des neuen Königs an den Grafen *Amadeus* von Savoyen:

> «Ich bete darum, daß die Sünden der Väter nicht einem unschuldigen Kinde schaden, daß die früheren Fehltritte der Königin und der königlichen Hofleute nicht den neuen König zugrunderichten.»

Am Hofe des Königs von Frankreich hatte zunächst noch der Berater des alten Königs, Abt *Suger* von Saint Denis, die erste Stellung inne. Aber neben ihm war der jugendliche Seneschall *Raoul de Vermandois* der bevorzugte Ratgeber, ein Hitzkopf, der rasch dem Charme der Provenzalinnen am Hofe erlag und seine eigene Frau zugunsten einer Schwester der Königin verstieß, was dann zu politischen Spannungen mit dem Heiligen Stuhl beitrug. Schließlich war auch noch die Königinmutter *Adelheid,* von undurchsichtigem Einfluß. Mehr oder weniger stilisierte Liebe und mehr oder weniger stilisierter Krieg erfüllten das Gemüt des jungen Königs, und die diplomatische Mäßigung, welche der alte *Suger* anriet, fand bald kein Gehör mehr. Im aquitanischen Poitiers wollten sich die Bürger, wie übrigens in Orléans auch, eine eigene kommunale Verfassung geben. Der erzürnte König brach auf und bestrafte die Poitevinen, obgleich einer der Lehnsleute dem königlichen Heeresaufgebot nicht gefolgt war: Graf *Thibaud IV.* von Champagne. Aus dem Poitou zurückgekehrt, wandte sich der König gegen diesen unbotmäßigen Vasallen. 1142/3 verwüstete er ihm sein Land. Bei dieser Gelegenheit wurden in Vitry etwa 1500 Menschen in der Kirche eingesperrt und lebendig verbrannt. Später versöhnten sich die Fürsten wieder. Alle Grausamkeit des Krieges wird an den Untertanen ausgelassen. Was an ihnen begangen wird, geschieht, um die Schutzunfähigkeit ihrer Herren zu erweisen. Aber das Töten von Standesgenossen scheint zunehmend tabuiert. Auf ritterlicher Ebene ist der Krieg nicht mehr ganz ernst, er nähert sich der Liturgie des Turniers. Den Preis für die höfische Verfeinerung in der Kampfführung der verinnerlichten Minneritter zahlt die nichtritterliche Bevölkerung. Die Toten der höfischen Romane werden kaum je die Titelhelden sein; wenn sie dennoch sterben, wird man ihren Tod als Verlust eines Minnehelden beklagen. Krieg wie Liebe scheinen durch das neue Rittertum des inneren Wertes pervertiert. Dessen Bedingungen beleuchten scharf Kritik und Gegenbild *Bernhards* von Clairvaux.

### De laude novae militiae

«Was ist das, o ihr Ritter, für eine seltsame Verblendung, was für ein Wahnsinn, soviel Geld und soviel Mühsal aufzuwenden für einen Kampf, dessen Frucht nur Tod oder Sünde sein kann?

Ihr behängt eure Pferde mit Seidentuch, ihr bedeckt eure Rüstungen mit ich weiß nicht was für Stoffbahnen, bemalt eure Lanzen, eure Schilde und Sättel. Euer Zaumzeug und eure Steigbügel verziert ihr mit Gold und Silber, ja mit Edelsteinen! Und in solchem Aufzug eilt ihr in schamlosem Eifer und leichtfertigem Mut den Tod versuchen! Sind das etwa Kennzeichen von Rittertum oder ists nicht viel eher Weiberflitter? Wird denn etwa der feindliche Pfeil das Gold respektieren, die Edelsteine verschonen, Seide nicht durchdringen können? Endlich, das habt ihr selbst oft genug und höchst gewiß erfahren: drei Dinge sind dem Streiter unerläßlich: Kraft, Gewandtheit und Umsicht in der Verteidigung, Behendigkeit im Lauf, Raschheit der Klinge! Ihr dagegen laßt euch eine Haarmähne wachsen, auf daß sie eure Augen belästige nach Weibersitte; mit langen, ausladenden Gewändern behindert ihr selbst eure Schritte; eure zartgepflegten Hände begrabt ihr unter weiten und fließenden Ärmeln.

Aber mehr noch! Was ritterliche *Gewissen* zutiefst entsetzen sollte: Nicht leichtfertig und frivol genug können jene Motive sein, aus denen derart halsbrecherisches Rittertreiben angefangen wird! Nichts andres bewegt euch zum Krieg, läßt Gewalttat entstehen, als eine unvernünftig-launenhafte Zornesanwandlung, eitle Ruhmsucht oder Gelüsten nach irgendwelchem irdischen Besitztum. Wahrhaftig! Für derartige Gründe zu töten oder zu sterben ist ohne Heil!» (II c. 3).

Dergestalt verbindet *Bernhard* von Clairvaux in seiner Schrift ‹De laude novae militiae› (ca. 1132–1136) seine Abneigung gegen die neue höfische Ideologie mit dem moralischen Appell an das ritterliche Gewissen. Gegen den verfeinerten Sehnsuchtsritter der provenzalischen Lyrik, der für ihn zugleich ein effeminierter Krieger ist, gegen die vertauschte Geschlechterstereotypie richtet sich sein Protest. Und er stellt diesem modischen Ritterbild das Bild des wahren christlichen Ritters gegenüber, bei dem der Kampf blutige Wirklichkeit und nicht bloß ein halbfiktives Zeremoniell ist. In den 1120er Jahren hatte der Ritter *Hugo von Payens* (in der Champagne), ein Bekannter des Heiligen *Bernhard*, mit acht Gefährten im Heiligen Lande eine kleine Gemeinschaft gegründet. Sie nannte sich nach ihrem ersten Standquartier im königlichen Palast, dem sogenannten ‹templum Salomonis›, Orden der Tempelritter. 1128 auf dem Konzil von Troyes wurde ihre Ordensregel zum erstenmal unter Mitwirkung *Bernhards* formuliert. 1130 erhielt sie in Jerusalem ihre endgültige Gestalt. Ritter, dienende Brüder und Ordenskapläne, das waren die drei Klassen dieser neuen Ritterschaft. Als Gelübde hatten sie das der Armut, der Keuschheit, des Gehorsams und des bewaffneten Schutzes der Pilger abgelegt. *Bernhard* rühmt von ihnen:

«Schach und Würfelspiel verachten sie; sie verabscheuen die Jagd, nicht einmal die Kurzweil der Falkenjagd bereitet ihnen Ergötzen. Schauspieler, Künstler und Rezitatoren mit ihren albernen Liedern und Aufführungen, deren ungesunde Nichtigkeit sie erkennen, sind Gegenstand ihrer Verachtung.

Sie scheren sich das Haar kurz, denn sie wissen, daß es nach den Worten des Apostels eines Mannes unwürdig ist, wenn er sein Haar pflegt. ...

Aber wenn es zum Kampf kommt, dann rüsten sie sich innen mit Glauben und außen mit Stahl, nicht mit Gold. ... Kräftige und schnelle Pferde wollen sie haben, nicht solche von besonderer Farbe oder mit exquisitem Schmuck. ...

Sie werfen sich auf den Feind, als wäre er nur eine Herde von Schafen; und trotz ihrer kleinen Zahl gehen sie die Übermacht der Barbaren an. Denn sie haben wirklich begriffen, nichts auf ihre besondere Kraft zu halten, sondern in die Kraft des Herrn der Heerscharen ihre Siegeshoffnung zu setzen ...

Es ist wunderbar, daß man sagen kann, hier seien in einzigartiger Weise die Milde des Lammes und der Mut des Löwen vereint, und daß man nicht zu sagen weiß, welcher Name ihnen eher ziemt, der des Mönchs oder der des Ritters; denn in Wahrheit verdienen sie beide» (II c. 7 und 8).

Durch die Werbung des Heiligen *Bernhard* erfuhr der Templerorden rasch bedeutenden Zuwachs. Nicht nur traten ihm viele Ritter bei, sondern auch die Schenkungen flossen reichlich. Überall in Europa entstanden ‹Komtureien› (Kommandanturen), zugleich Rekrutenschulen und Mutterhäuser. Für unsre Begriffe waren die Tempelritter in weißem Mantel mit rotem Kreuz eine militärische Elitetruppe vom Typ der Kommandoeinheiten. Immer zum Heidenkampf bereit, gaben und nahmen sie keinen Pardon. Ihr Orden war außerordentlich straff organisiert, von jeder regionalen Rechtsprechung unabhängig und allein dem Heiligen Stuhl unterstellt. *Bernhard* rühmt in ihrer Verfassung eine Art ritterliches Gegenstück zur ‹scola caritatis›. Sie üben disziplinierten Gehorsam, nehmen an Nahrung und Kleidung nur das, was ihnen von ihren Oberen gegeben wird. Sie begnügen sich mit dem Allernotwendigsten:

«Sie führen in völliger Gemeinschaft ein erfreuliches und nüchternes Leben, ohne Frauen und ohne Kinder. Gemäß dem Evangelium wohnen sie alle unter einem Dach ohne alles Privateigentum, und sie pflegen die Eintracht in Brüderlichkeit ... Nie sieht man sie müßig, nie schweifen sie neugierig umher. In den seltenen Augenblicken, da sie nicht auf dem Kampffeld sind, sorgen sie für ihren Unterhalt, setzen sie selbst ihre Waffen und Kleidung instand ... oder übernehmen auf Geheiß ihrer Oberen jeden Dienst, welchen die Gemeinschaft fordert. Sie sehen die Person nicht an; allein die Tüchtigkeit, nicht der (angeborene) Adel bestimmt den Rang unter ihnen» (IV c. 7).

Hier wird zugleich ein Ritterideal des inneren Wertes und der Tüchtigkeit, nicht des äußeren Adels verkündet. In Wahrheit aber ist die Zulassung zum Orden bereits vom Besitzstand der neu Eintretenden abhängig. Da die Tempelritter keine wirtschaftlichen Erträge produzierten, mußte jeder der neu Eintretenden eine bestimmte Summe für Ausrüstung und Lebensunterhalt von vornherein hinterlegen. Das aus diesen Zahlungen und aus Stiftungen in den europäischen Komtureien zusammenfließende Geld wurde zum Teil ins Heilige Land überführt. Sehr bald aber boten die Templer auch Pilgern und Kreuzfahrern die Möglichkeit, in einer europäischen Komturei Geld einzuzahlen und in einer orientalischen Komturei die gleiche Summe wieder abzuheben. Durch solchen ‹bargeldlosen Verkehr›, aber auch durch Ausleihe von Geldsummen wurden die Niederlassungen der Templer bald bedeutende Bankfilialen. König *Ludwig VII.* von Frankreich wird während des 2. Kreuzzugs bei den Templern bedeutende Kredite aufnehmen, aber auch innereuropäische Geldtransaktionen über den Orden laufen lassen. Die Tempelritter erwarben sich sehr schnell nicht nur ein großes militärisches Ansehen, sondern auch als ‹Bankhaus› große Reichtümer, die ihnen schließlich 1307 zum Verhängnis werden sollten (vgl. auch unten S. 658).

Aber die von *Bernhard* aufgestellte Wertantithese von ‹melior› und ‹non nobilior›, von größerer Tüchtigkeit im Gegensatz zum größeren Adel, wird durch die realen Verhältnisse nicht einfach Lügen gestraft. Gerade vor dem Hintergrund der wirklichen Macht des Geldes gewinnt der Glaube an dieses Ideal des inneren Wertes seine Notwendigkeit. Auch die aufsteigenden Städte, die jetzt kommunale Freiheiten erstreben, zeigen an, daß die neue Geldwirtschaftsgesellschaft den ritterlichen Grundbesitzern die Konkurrenz schwer macht. Es hat freilich etwas Groteskes, daß der ideale Ritterorden schließlich zum Bankhaus wird. Die Lehre vom inneren Wert versuchte den Ritter vergeblich aus der Konkurrenz herauszuhalten. Daß diese Lehre gegen die höheren Grade des Adels formuliert wird, meldet zugleich den gesellschaftlichen Anspruch jenes niederen Adels an, der dann die Ritterkultur trägt. Aber es ist im Grunde nur der weltliche Anspruch des verfeinerten Rittertums innerhalb der höfischen Gesellschaft, den *Bernhard* von Clairvaux hier ins Geistliche rückübersetzt. Das ländliche Mönchstum der Zisterzienser protestiert gegen die neue städtische und höfisch verfeinerte Welt zugunsten der alten Ideale eines männlichen Kriegertums, die jetzt in der christlichen Ritterexistenz erscheinen. Dem weltlichen Rittertum, der ‹militia profana› oder besser ‹malitia›, wirft *Bernhard* das Töten als Todsünde vor, dem geistlich renovierten Kriegertum gestattet er es, obschon er sehr genau weiß, daß das Evangelium das Töten ganz unbedingt verdammt. Aber gerechtfertigt wird es jetzt durch die Lehre vom heiligen Krieg:

«Die Heiden wären nicht zu töten, wenn man sie auf andre Weise daran hindern könnte, von der übergroßen Verfolgung und Unterdrückung der Gläubigen abzustehen. Jetzt (in unsrer gegenwärtigen Lage) aber ist es besser, daß sie getötet werden, als daß die Zuchtrute der Sünder schwebe über dem Schicksal der Gerechten» (III c. 4).

Aus dem Johannes-Wort Luk. 3, 14 versucht *Bernhard* dann herauszulesen, daß der Soldatenstand ein göttlicher Ordo sei. Vorher aber hat er verkündet:

> «Der Tod, den man um Christi willen gibt oder erleidet, ist kein Verbrechen, sondern verdient im Gegenteil höchsten Ruhm … (Jesus Christus) läßt den Tod seines Feindes gerne zu, an welchem nur rächendes Gericht geübt wird, und gibt sich noch lieber seinem Streiter zu einer Tröstung» (III c. 4).

Den Forderungen des heiligen *Bernhard* entspricht ein christliches Rittertum, wie es dann das ‹Rolandslied› entwirft, sehr viel besser als das Ritterbild der höfischen Gesellschaft. Nur eine geistlich fundierte Moral gilt als Legitimation für dieses Rittertum des inneren Wertes. Die Ideologie der höfischen Gesellschaft aber siedelt sich in einem weltlich-geistlichen Zwischenreich an, wo die höchsten sozialen Werte doppelsinnig zwischen göttlicher und irdischer Liebe oszillieren.

## *Doppelsinnige Minne im Trobadorlied*

Noch am Hof *Wilhelms X.* von Aquitanien (gest. 1137) hat der nichtritterliche *Marcabru* gedichtet, Mäzenatengunst der Herzogstochter *Eleonore,* jetzt Königin von Frankreich, ist ihm anscheinend versagt geblieben. Er macht sich im höfischen Lied die geistliche Kritik am höfischen Treiben zu eigen, tadelt die Unmännlichkeit der jungen Ritter, die nicht im spanischen Heidenkampf ihre Sünden abwaschen wollen:

> «Hier in Spanien ertragen der Markgraf und die Tempelritter Schwere und Last des Hochmuts der Heiden. Davon bekommt die Jugend schlechtes Renommé und Tadel …»

Aber er tadelt zugleich den Libertinismus des Adels als unadeliges, sprich: unritterliches Verhalten. Die Kritik kommt von unten her, spricht wohl vom niederen Rittertum aus für ein gemeinritterliches Verhalten, das wiederum seine Standesgrenze nach unten zieht. So in der Maske des bäuerlichen Hirtenmädchens, das in einer Pastourelle *Marcabrus* einen Ritter zurechtweist, der ihrer Schönheit nachstellt:

> «Herr Ritter, der, den der Wahn erfaßt hat, schwört und verspricht und gelobt; so würden also Sie, Herr Ritter, mir Mannschaft leisten, sagt das Bauernmädchen; aber gegen eine so leichte Belohnung will ich nicht vergeben meine Jungfräulichkeit, auf daß man mich dann eine Hure nennt …
> Herr Ritter, gewiß! Doch mit gutem Recht sucht der Narr nach Narrheit und

der Höfling nach Höflingsabenteuer: soll doch der Dörper bei der Dörperin bleiben. Es fehlt der Verstand, wo das Maß fehlt, sagen die Alten» (Lied XXVI Str. 10. 12).

## Und in einem andern Lied spricht er in eigenem Namen:

«Der prophezeit richtig und falsch, der sagt, die Zeiten werden sich verwandeln, so daß der Herr Knecht und der Knecht Herr würde. Das ist schon der Fall! Die Bussarde aus Anjou, die haben das vollbracht. Welch ein Verfall!

Wenn rohe Liebe einen wahren Geliebten findet, dann wundert es mich nicht, daß im Moment der Trennung er wie ein Tier erscheint, denn schwerlich dürftet Ihr im Liebesspiel Vollkommenheit von beiden Euch erwarten.

Marcabru sagt, es macht ihm nichts, wenn jemand seinen Versus um und um wendet und durchsucht. Denn nirgendwo wird er ein heimlich verrostetes Wort finden» (Lied XXXIII Str. 7. 8. 9).

In den letzten Worten manifestiert sich zugleich ein besonderes Künstlerbewußtsein. Die Sittenkritik des *Marcabru* spricht sich in kompliziertem Strophenbau und oft dunkler Metaphorik aus. Dieser Dichter gilt als Erfinder des ‹trobar clus›, des ‹dunklen Stils›.

«Der diesen Versus gemacht hat und den Tanz, weiß nicht, von wannen ihm sein Tanzen kommt. Marcabru hat den Tanz gemacht und weiß doch nicht, von wannen ihm sein Tanzen kommt» (Lied XIV Str. 10. 11).

*Marcabru* spricht wie ein Inspirierter. Aber es ist nicht eine adelige Sonderstellung sondern seine moralische Richterrolle, mit deren Hilfe sich der technische Könner über die Gesellschaft erhebt. Er hat Elemente der Tierfabel ins höfische Lied gebracht, vor allen Dingen aber Tugenden und Laster personifiziert im Lied einherwandeln lassen:

«(1) Beim kalten Nordwind, den der Winter herführt voller Zorn, kein Vogel zwitschert oder schreit dann unterm Blattgezweige oder aus dem Grün, doch des Sommers in großem Entzücken mischt sich gewisse Freude ihrem Gesang.

(2) Ich höre keinen Gesang, kein Gesumme, und sehe keinen Zweig mit Blüten, aber gehört hab ich einen seltsamen Laut: Es ist (Dame) Freude, die klagt, ohne Prahlen, daß Bosheit sie peitscht.

(3) (Dame) Tapferkeit ist in die Ferne verbannt und die Besten sind schlimm.Seit langem haben sie bei ihren Gatten ihre Schande akzeptiert durch jene Kriecher mit geleckten Worten, den Störern (torbadors) jeder edlern Liebe.

(4) Aus dem Kreis der Damen ist geflohen (Dame) Scham und ich weiß nicht, wo sie wandelt. Die meisten tragen eine protzige Schleppe und täuschen die Welt; doch ihr niederer Same trägt böse Frucht, wenn die Saatkörner reifen.

(5) Galanterie hat ihre Grenze überschritten und Hurerei vergrößert ihr Land, und die Gatten haben sich ihrer angenommen und machen den Damen den Hof. Es freut mich, wenn sie sich dessen rühmen, gerade so,wie wenn ich einen Hund sehe, der Teig knetet.

(6) Solange Marcabru lebt, hat er Freundschaft gehabt mit keinem dieser verächtlichen Leute, die schlechte Mäzene sind und falsche Sitten verbreiten in Frankreich und Guyenne.

Wenn der Herr Alfons (= *Alfons VII.* v. Kastilien-León, König 1126, Emperador 1135–1157) sichren Frieden hält, wird sich die Dame Wert vor ihm verneigen.» (Lied XXXVI).

Es entsteht ein seltsam zeremoniöses Klima im Trobadorlied. Mit seinen Personifikationen schafft *Marcabru* den Götterhimmel der ritterlichen Gesellschaft, in welchem sich die Widersprüchlichkeit von weltlicher Sonderkultur und kirchlichem Universalitätsanspruch ausdrückt. Nur im höfischen Kreuzzugslied, dessen erstes *Marcabru* für ein spanisches Unternehmen von 1137 dichtet, kann dieser Widerspruch, wenn nicht neutralisiert, so doch ausgetragen werden. Oberste Göttin hier ist die Wahre Liebe, gesellschaftliche Tugend und göttliche Hypostase zugleich. In ihrem Bild scheinen Züge von *Dantes* Beatrice bei *Marcabru* vorweggenommen zu sein:

«Ach, edle Minne, Quell der Güte, die alle Welt erleuchtet hat! Ich schreie zu Dir: Gnade! mit einem solchen Schrei, daß Du von mir den Weg zur Hölle wendest; ich seh mich immer nur als den von Dir Besiegten und den von Dir in allem Tun Gestärkten; so hoff ich (einst) von Dir geführt zu werden» (Lied XL Str. 6).

In einem seiner Lieder wendet sich *Marcabru* an *Jaufré Rudel*, den Fürsten von Blaye, den andern großen Exponenten der zweiten Trobador-Generation. Dieser hat die Paradoxie der schwebenden Minne, der höfischen Ritterkultur, ausformuliert, etwa:

«(1) Der kann nicht singen, der die Melodie nicht ertönen läßt. Der kann kein Lied dichten, der keine Wörter setzt, noch weiß er, was ein Gedicht ist, wenn er in sich selber nicht den Sinn begreift. So fängt mein Lied an. Je öfter ihr es hört, desto besser werdet ihr es finden.

(2) Daß niemand erstaune über mein Thema: daß ich das liebe, was mich nie sehen wird. Denn mein Herz hat Freude von keiner Liebe, es sei denn von einer, die ich niemals sah. Keine andre Freude entzückt es so, und ich weiß nicht, was Gutes mir daraus entstehen soll.

(3) Ein Schlag der Freude trifft und tötet mich, und der Stich der Liebe dörrt meine Haut und zehrt den Körper ab. Nie hat ein andrer Hieb mich so hart geschlagen, nie hab ich mich so sehr nach einem andern Schlag gesehnt, denn das gehört sich nicht und ist unmöglich.

(4) Nie schlief ich so sanft ein, daß mein Geist nicht sofort dort (am Traumziel) war; nie habe ich so große Traurigkeit empfunden, bei der mein Körper nicht doch noch ganz hier gewesen wäre. Und wenn ich erwache am Morgen: All diese Süßigkeit entschwindet mir.

(5) Ich weiß wohl, daß ich mich ihrer nie erfreute, daß sie sich meiner nie erfreuen wird, daß sie mich nicht zu ihrem Freund haben und mir kein Versprechen der Liebe geben wird. Nie sagte sie mir weder Wahrheit noch Lüge, und ich weiß nicht, ob sie es je tun wird.

(6) Schön ist dies Gedicht, denn nie mißlingt es mir. Alles, was darin ist, steht an seiner Stelle. Wers von mir lernt, der hüte sich, es zu zerbrechen und in Stücke zu schlagen; denn so (in diesem Zustand) werden es in Quercy *Sire Bertrand* und der *Graf von Toulouse* haben.

(7) Schön ist dies Lied, und diese Herren werden schon etwas anstellen, wovon man singen wird» (Lied VI).

«Ich mache einen Versus aus reinem Nichts», so begann ein Lied Herzog *Wilhelms IX.* von Aquitanien (vgl. S. 211). Was sich dort als persönlich-

schöpferische Autonomie darzustellen schien, ist hier in seiner gesellschaftlichen Paradoxie, in seiner Beziehung auf die unfaßbare Geliebte
hin entfaltet. Was bei *Wilhelm IX.* als Krankheit abgetan wurde, ist hier
als Zustand akzeptiert.

In seinem berühmtesten Lied, ‹Lanquan li jorn son lonc en may›, hat
*Jaufré Rudel* schon der mittelalterlichen Überlieferung – und wie sehr
erst modernen Interpreten – das Rätsel aufgegeben, ob die hier besun-
gene Liebe irdisch oder himmlisch sei.

«(1) Wenn die Tage lang sind im Mai, gefällt er mir, der süße Sang der fernen
Vögel; und wenn ich mich losgemacht habe davon, gedenke ich einer fernen Liebe.
Dann geh ich in Gedanken, bedrückt und mit gesenktem Kopf, und dann gefallen
mir weder Gezwitscher noch Weißdornblüten mehr als mir der eisige Winter gefällt.

(2) Nie werde ich mich einer Liebe freuen, wenn es nicht diese ferne Liebe
ist. Denn eine, die edler oder besser wäre, kenne ich nicht, weder nah noch ferne.
So groß ist ihr Wert, so rein und so vollkommen, daß ich wünsche: Dort im
Reich der Sarazenen möchte ich ein Gefangener für sie genannt werden.

(3) Traurig und froh ziehe ich zu ihr hin, wenn ich sie je sehe, diese ferne
Liebe. Aber ich weiß nicht, wann ich sie sehe, denn unsre Länder sind sich allzu
fern: So viele Häfen und so viele Straßen! Das ist der Grund, warum ich nichts
vorherzusagen wage, was dies betrifft. Mag alles so geschehn, wie Gott es will!

(4) Welch eine Freude würde ich empfinden, wenn ich sie dann um Gottes
willen bäte, die ferne Liebe! Und wenn es ihm gefällt, dann werde ich wohnen
ganz nahe bei ihr – so fern ich ihr jetzt bin. Dann: die reizenden Gespräche,
wenn als ferner Geliebter ich so nahe wäre und ihre süßen und schönen Reize
genießen würde!

(5) Ja, für wahrhaftig halte ich ihn, den Herrn, durch welchen ich die ferne
Liebe sehen werde. Doch für die eine Wohltat, die mir daraus erwächst, empfinde
ich zwei Übel: Sie ist mir gar so fern! Ah, wenn ich dort als Pilger wäre, so daß
mein Stab und Gürtel von ihren schönen Augen staunend betrachtet würden!

(6) Daß Gott, der alles das erschaffen hat, was kommt und geht, und der erschaffen hat auch diese ferne Liebe, mir doch die Macht verleihe – denn den Willen
hätte ich wohl – sie bald zu sehen, diese ferne Liebe, in Wirklichkeit, am rechten
Ort, daß Kammer mir und Garten allzeit scheinen wie ein Palast!

(7) Der sagt die Wahrheit, der mich gierig und begehrlich nennt nach dieser
fernen Liebe; denn keine Freude freut mich so wie diese ferne Liebe. Jedoch mein
Wünschen sieht ein Hindernis gestellt, denn es hat mein Pate mich jenem Schicksal
geweiht, daß ich liebe und nicht geliebt werde.

(8) Denn meinem Wünschen ist ein Hindernis gestellt! Verflucht sei jener Pate,
der dem Schicksal mich geweiht, daß meine Liebe nie Erwiderung findet!» (Lied
V).

Jener Pate aber ist niemand andres als Herzog *Wilhelm IX.*, auf dessen
‹Lied aus reinem Nichts› *Jaufré* auch hier sich bezieht. Aber jener Bereich,
der als ein reines Nichts der fürstlichen Laune erschien, ist zur Ferne
geworden zwischen Abend- und Morgenland, zwischen Welt- und
Kreuzzugsritterschaft. *Walther von der Vogelweide* hat die Melodie von
‹Lanquan li jorn› für sein Palästinalied wieder aufgenommen, beinahe
hundert Jahre später – so weit entfernt ist die sogenannte ‹mittelhoch-

deutsche Blütezeit› von der provenzalischen Ritterkultur, die durch die
aquitanische Heirat 1137 an den Hof des Königs von Frankreich kommt.

18. *Jaufré Rudel, ‹Lanquan li jorn›, Melodie und Text der 1. Strophe*

# SECHZEHNTES KAPITEL

# PROBLEMATISCHE TEILHABE DES IMPERIUMS AN DER WELTGESCHICHTE

## Reichsgeschichte und Weltgeschichte bei Otto von Freising

Das, was uns als Aufstieg Frankreichs in der ersten Hälfte des XII. Jahrhunderts erscheinen will, faßte der deutsche Geschichtsdenker *Otto von Freising* in den 1140er Jahren als eine dreifache Translatio auf. Von Osten nach Westen gewandert waren auf der Erde menschliche Macht, menschliche Wissenschaft und menschliche Frömmigkeit:

> «Wie ich schon oben gesagt habe, hat alle menschliche Macht (humana potentia) und Weisheit (sapientia) im Orient ihren Anfang genommen, und im Okzident erleben wir nun den Anfang ihres Endes.» ... «Man weiß nämlich, daß diese Wissenschaften in Ägypten von den Chaldäern begründet worden sind. Von dort sollen sie auch zu den Griechen gelangt sein. ... Dann sind sie ... zu den Römern und schließlich in jüngster Zeit ... in den äußersten Okzident, das heißt nach Gallien und Spanien übertragen worden (translatam apparet)» (Chr. V, Prolog).
>
> «(Die Mönche) wohnen aber am zahlreichsten, wie einst in Ägypten, so jetzt in Frankreich und Deutschland, so daß man sich über die Übertragung der Macht und des Wissens (potentiae seu sapientiae translationem) vom Orient auf den Okzident nicht zu wundern braucht, wo ja offensichtlich auf dem Gebiet der Religion (de religione) dasselbe geschehen ist» (Chr. VII c. 35).

Zur ‹Translatio humanae potentiae› nach Frankreich, zur Macht des französischen Königtums und zum Glanz des französischen Rittertums, war es gekommen durch die Hinfälligkeit des deutschen Imperators, von der Abt *Suger* gesprochen hatte (s. S. 223). Die ‹sapientia› war nach Frankreich gewandert in Gestalt des *Lanfranc* von Pavia und des *Anselm* von Aosta aus dem italienischen Königreich des Imperiums, sie war mit *Abaelard* und vielen andern aus der fernen Provinz in die Krondomäne des Königs von Frankreich gekommen, wo die Hohen Schulen blühten. Das erneuerte Mönchstum schließlich hatte namentlich von Burgund (Cîteaux) seinen Ausgang genommen zum Zeitpunkt, da der Papst den Herrn des Imperiums aus der Kirche gestoßen hatte. Nach Frankreich flohen die Päpste, wenn es ihnen auf römischem Boden zu heiß wurde. Hier auf römischem Kolonialboden waren im Windschatten des Investiturstreits Frömmigkeit, Wissenschaft, königliche Macht und Ritterwesen erblüht. Das römische Imperium aber war aus der Weltgeschichte ausgeschieden. Der Sinn der Geschichte, der Ort des Heils war, nach dem Denkbild *Ottos* von Freising, weitergewandert auf der Erde, gleichsam unabhängig von den Menschen einer göttlichen Trigonometrie gehorchend.

Es scheint in solchem Zusammenhang nur natürlich, wenn *Otto* von Freising in der ersten Hälfte des XII. Jahrhunderts nach Frankreich ging oder geschickt wurde. Dieser bedeutendste deutsche Geschichtsdenker des Mittelalters stammte aus den höchsten Familien des Reiches. Seine Mutter *Agnes* war die Tochter des Canossa-Kaisers *Heinrich IV*. Aus ihrer 1. Ehe mit dem Staufer *Friedrich* von Schwaben (s. S. 159) hatte sie die Söhne *Konrad* (König 1138-1152) und *Friedrich*, den Vater *Barbarossas*. In 2. Ehe war *Agnes* mit Markgraf *Leopold III*. von Österreich verheiratet worden. Aus dieser Ehe wurde *Otto* als fünfter Sohn ca. 1114/5 geboren. Bereits als Kind wurde er zum Propst des babenbergischen Hausstiftes Klosterneuburg ernannt, welches sein Vater 1106 gegründet hatte. Mit dieser Propststelle war das Kind versorgt, und aus ihren Einkünften konnte sein Studium in Frankreich bezahlt werden. Geistlicher Amtsbesitz lieferte also die Muße für die Erfahrungen, die *Otto* zwischen 1130 und 1133, zwischen seinem 16. und 19. Lebensjahr machen konnte. Mit einer Suite von 15 Begleitern zog er anscheinend zunächst nach Laon, dann nach Reims. In seinem Gedicht über die dortige Hohe Schule erwähnt ihn der Vagantendichter *Hugo Primas* von Orléans vielleicht unter den freigebigen fremden Fürsten:

| | |
|---|---|
| Ecce noster Fredericus | Valde dives Langobardus; |
| Comes comis et amicus | Generosus puer *Oto* ... |
| Et com eo Adelardus | (*Langosch*, Hymnen, 152) |

Dann hat *Otto* in Chartres und Paris studiert, die Auswirkungen des *Abaelard*-Skandals und die Rolle *Bernhards* von Clairvaux nicht unkritisch beobachtet. Er erwähnt von *Abaelard* nicht nur seine Arroganz und Supergescheitheit, sondern auch seinen Humor:

> «*(Abaelard)*ging als Magister nach Paris. Und hier tat er sich durch seine scharfsinnigen Gedanken hervor, wie sie nicht nur für die philosophische Erkenntnis nötig waren, sondern auch nützlich zur scherzhaften Erheiterung menschlicher Gemüter» (GF I c. 50).

Seine Verurteilung als Häretiker erscheint für *Otto* vor allem als das Werk des Abtes von Clairvaux. *Petrus Abailardus* «aber beendete bald darauf, während er vor seinen Brüdern demütig seinen rechten Glauben darlegte, in demselben Kloster (Cluny) sein Leben» (GF I c. 53); *Otto* von Freising verachtet ihn nicht. Vom heiligen *Bernhard* aber berichtet er:

> «Der Abt war nämlich einerseits aus glühendem Eifer für den christlichen Glauben ein Fanatiker (zelotipus), andrerseits aber aus angeborener Sanftmut gewissermaßen leichtgläubig, so daß er Gelehrte, die sich im Vertrauen auf ihre weltliche Weisheit allzusehr auf menschliche Vernunftgründe verließen, verabscheute und, wenn man ihm über solche irgendetwas vom christlichen Glauben Abweichendes mitteilte, dem bereitwillig sein Ohr lieh» (GF I c. 50).

Mit spürbarer Genugtuung behandelt er den Kirchenprozeß, in dem *Bernhard* vergeblich versuchte, *Gilbertus Porretanus* wie *Abaelard* als Ketzer verurteilen zu lassen. In *Ottos* ausführlicher Schilderung (GF I c. 59) sehen wir *Bernhard* in die philosophische Debatte eingreifen und der Kirchenversammlung, so als sei *er* das ganze Konzil, ein Credo diktieren, was die römischen Kardinäle gegen den Zeloten aufbringt:

> «Der Abt von Clairvaux wollte diesen Satz erläutern und sagte einige Worte, die den Kardinälen mißfielen; da meinte der Bischof von Poitiers *(Gilbert):* Man schreibe auch dies (im Protokoll) auf! Darauf erwiderte (der Abt): Man schreibe es auf mit eisernem Griffel und mit spitzem Diamanten!; und alsbald trat er vor die Öffentlichkeit und rief alle zusammen, so weit er konnte» (GF I c. 59). Nachdem er das Credo diktiert hat, beschweren sich die Kardinäle beim Papst: «Mit welcher Stirn, mit welcher Kühnheit hat (der Abt) seinen Nacken gegen den Primat und die Oberhoheit des römischen Stuhles erhoben?» (ebd.).

Demütig entschuldigt sich dann der Abt und *Gilbert* wird freigesprochen. Dieser *Gilbertus Porretanus,* geb. ca. 1076, 1126 Kanzler von Chartres, 1141 Professor in Paris, 1142–1154 Bischof von Poitiers, ist der bewunderte Lehrer *Ottos;* dem imponiert, daß man ihn nicht versteht:

> «Sein Sinn war nicht auf Scherz und Spielerei gerichtet, sondern auf ernste Dinge. Daher wahrte er in Haltung und Rede gewichtigen Ernst und war ebenso in seinen Handlungen wie in seinen Reden schwer zu verstehen, so daß, was er sagte, niemals Knaben und selten gelehrten und geschulten Geistern klar war.» (GF IV c. 83).

Aus seiner Schule bringt *Otto* anscheinend ganze Kollegheftseiten (z. B. GF I c. 56) in sein Werk hinein. Vor allem aber hat er in Chartres die ‹Logica nova› kennengelernt und nach Deutschland eingeführt. Mit dem neuen *Aristoteles* wird *Otto* zugleich die Chartreser Mode der gotischen Logistik über den Rhein bringen, ohne allerdings den optimistischen Konstruktivismus der *Suger*-Generation aus der Isle de France übernehmen zu können (vgl. S. 276). Obgleich *Otto* in Paris auch bei *Hugo* von St. Victor studiert hat, scheint er doch aus der *Abaelard*-Schule sich eher ein kritisch distanzierendes System angeeignet zu haben. So bedient er sich in einem seiner philosophischen Exkurse der Methode aus ‹Sic et non› (vgl. S. 266):

> Er behandelt dort die sogenannte ‹Begierdetaufe›. Zu der Behauptung, Gott sei in seinem Wirken nicht an die Sakramente gebunden, wenn er z. B. einem Heiden, der vor der von ihm begehrten Taufe gestorben sei, dennoch die Gnade zuwendet, meint *Otto,* indem er für die institutionelle Bindung des Glaubenden und seine Beschränkung, aber für die absolute Freiheit Gottes Partei nimmt:
> Hier unterscheiden *Bernhard* von Clairvaux und *Hugo* von St. Victor «nicht genau, was die Autoren als nur bedingt geltend aussagen, was sie nur hypothetisch und was sie mit Bestimmtheit als wahr behaupten, und was sie nur sagen, um sich in heftigem Schmerz zu trösten. ... Und es ist verwunderlich, daß diejenigen, die aus Mitleid solche Behauptungen aufstellen, nicht ebenfalls aus Mitleid dasselbe von den ungetauften kleinen Kindern behaupten» (Chr. IV c. 18).

Strukturgläubigkeit einerseits und skeptischer Relativismus andrerseits charakterisieren vielleicht schon damals den Sproß höchstfürstlicher

Familien, den eine Machtposition im Imperium erwartete und der dennoch, angesichts des in Frankreich Erfahrenen, die realen Chancen einer solchen Position zweifelnd beurteilen mochte. Auf dem Rückweg nach Deutschland übernachten *Otto* und seine Begleitung im Zisterzienserkloster Morimund (Diöz. Langres). Vielleicht unter dem Eindruck des Mönchslebens dort, bitten die Reisenden um Aufnahme als Novizen. Fünf Jahre hat *Otto* in Morimund gelebt, 1137/8 ist er sogar zum Abt gewählt worden, was er nominell sein Leben lang blieb. Er selbst hat sich darüber in seinen Werken nie geäußert, sich auch später nicht als besonderer Förderer des Ordens verhalten (vgl. *Rahewin* GF IV c. 14). 1138 wird er von seinem Halbbruder König *Konrad III.* mit den Regalien für das bayrische Bistum Freising belehnt. Damals ist *Otto* 24 Jahre alt. Er wird von nun an in Regierungsgeschäfte und politische Angelegenheiten hineingezogen, und er denkt nach über den Lauf der Weltgeschichte. 1143 beginnt der 30jährige sein erstes großes Werk. Er nennt es ‹Chronica sive historia de duabus civitatibus›, ‹Chronik oder die Geschichte der beiden Staaten›. Später, in seinem Widmungsprolog an seinen Neffen *Friedrich Barbarossa*, gibt er ihm den Titel ‹De mutatione rerum› ‹Von der Wandelhaftigkeit der Weltdinge›. Mit diesem Werk vollzieht sich gewissermaßen eine Translatio Sapientiae nach Deutschland.

«Oft habe ich lange hin und her gesonnen über den Wandel und die Unbeständigkeit der irdischen Dinge, ihren wechselvollen, *ungeordneten Verlauf* (inordinatio proventu) ...».

So beginnt *Otto* von Freising seine ‹Chronica›. Ihm steigt als Verdacht auf, was *Nietzsche* schließlich aussprach:

«Der Gesamtcharakter der Welt ist ... in alle Ewigkeit Chaos.» «Die Natur ist der *Zufall.*»

Aber *Otto* von Freising will die Geschichte nicht als Tatsachenschutt darstellen, auch nicht als warnenden ‹Trümmerhaufen› wie *Walter Benjamin*, damit die Menschen sich auf das besinnen, was sie aus ihrer Geschichte noch immer nicht gemacht haben. Als Christ sträubt sich *Otto* von Freising gegen die Erkenntnis des Chaotischen. Durch das Christentum ist im römischen Kulturkreis die Vorstellung allgemein geworden: die Geschichte ist eine einmalige lineare Bewegung von dem Anfang, der Schöpfung, der Erschaffung Adams bis hin zu ihrem Ende, dem Kommen des Reiches Gottes im Letzten Gericht. Diese Vorstellungsfigur einer linearen Geschichte scheint vom Gang des menschlichen Lebens abgezogen, zwischen Geburt und Tod, ohne Wiederkehr, während vorher und anderswo Geschichte eine Folge unendlicher Kreisläufe war, ungeachtet der Sterblichkeit der Menschen (vgl. S. 12). Mit dem linearen Geschichtsbegriff scheint ein subjektives Moment zur Vorstellung eines objektiven Verlaufs hypostasiert, welches noch immer unsere Vorstellung ist.

*Otto* von Freising wird Adam und Jüngstes Gericht als Anfangs- und Endpunkt der Geschichte benennen. Aber grundsätzlich anders verfahren auch wir nicht. Jeder setzt den Anfang der Kette von Gründen, die zu seinem Jetztpunkt führen, so weit zurück, wie er sich selbst mit seinem Interesse in der Vergangenheit wiederfinden will, d. h. bis zum ersten Atemzug dessen, den er für sich selbst halten kann, des ‹Adam›. Dem Willen, die Kommunikation mit der Vergangenheit zu kündigen, Verständnis von Andersartigem nicht mehr der Mühe wert zu achten, haftet nicht nur «eine Note aus der wilden Frühzeit … der Barbarei» an, «in der Menschen anderer Gesellschaften oft nur als sonderbare Fremde und zuweilen nicht einmal als Menschen aufgefaßt wurden» (*N. Elias*); vielmehr scheint der Wille, nur sich selbst und seinesgleichen als ‹Adam› gelten zu lassen, nur das kahle Interesse der herrschenden Wirtschaftswelt zu reproduzieren, verklärt durch das Trugbild: nur um einer möglichen Zukunft willen sei der Anfang der Geschichte ins gegenwärtige Selbst verlegt worden, dessen beschränkter Kommunikationswille den Reichtum einer Zukunft verhindert.

Aber die christliche Vorstellung, daß jenseits des eigenen Todes noch eine Zukunft liegt, kann nicht ohne weiteres aufgenommen werden. Der von egoistischem Interesse regierten Welt unserer spätbürgerlichen Kultur scheint vielmehr: Das Ende der Geschichte ist für jeden sein eigener Tod. Auch heute noch meint man, indem man älter wird, die Zeit sich neigen und das Schicksal der Welt objektiv auf ein Ende zustreben zu sehen.

Objektiv aber wäre das Ende der Welt nur gegeben, wenn nicht einer allein, sondern alle gleichzeitig stürben und wenn alle dies wüßten. Der Begriff des Jüngsten Tages setzt die totale Kommunikation voraus, welche durch die Posaune des Gerichts versinnbildlicht wird.

Die subjektive Vorstellung vom eigenen Tod als dem Ende der Geschichte ist im linearen, christlichen Geschichtsbild ins Objektive hypostasiert als das allgemeine Ende der Welt, in dem zugleich der Sinn ist, mit dem das Reich Gottes anbricht. Aber die solchermaßen objektivierte Vorstellung scheint jederzeit resubjektivierbar im Gefühl, am Ende der Zeiten zu stehen. Dieses Gefühl kennen wir selbst, und *Otto* von Freising kennt es, wenn er schreibt: «Nos autem, tanquam in fine temporum constituti …», «Wir aber, die wir am Ende der Zeiten stehen …» (Chr. I Prolog). Marxistische Geschichtsbetrachtung hingegen lehrt:

«Die Vision eines Weltuntergangs, des Untergangs der Kultur ist stets die idealistisch aufgeblähte Form für das Vorgefühl des Untergangs einer Klasse.» (*Lukács*) Zur Erhärtung dieses Satzes könnte auf *Augustin* hingewiesen werden.

410, als die Westgoten Rom drei Tage lang besetzten und plünderten, sehen viele Römer in Ost und West darin ein Zeichen für den Untergang der Welt. Es sind jene Römer, die die Welt mit dem Imperium Romanum und das Imperium Romanum, das das Christentum als Staatsreligion angenommen hatte, mit dem verwirklichten Gottesstaat identifiziert haben. Es ist die griechische Patristik, voran *Eusebius*, die im christlichen Römerreich das sinnvoll-letzte Reich der Weltgeschichte erblicken will; es sind die Staatskader dieses christlichen Römerreichs, die diese Ansicht mit den griechisch sprechenden Gebildeten teilen. *Augustin*, der kein Griechisch kann, der nicht aus dem Staatsdienst kommt und nicht im Staatsdienst steht, Teilt diese Ansicht nicht. Für ihn gilt der Weltreichstraum Daniel 7 (vgl. oben S. 7) und der aus 2. Thess. 2, 7 herausgelesene Millenarismus nicht im Sinn jener Klasse. Er hält das christlich renovierte Imperium nicht für die Civitas Dei, sondern für eine Civitas permixta, für einen christlich untermischten Weltstaat, und er hält die Endzeichendeutung für ausgesprochen unchristlich *(Paschoud)*.

Jenes Endzeitgefühl war Vorbote des Untergangs der Klasse der griechisch Gebildeten und der Staatskader. Ihre Funktionen werden auf die Barbaren übertragen, werden der ‹Translatio Imperii› zum Opfer fallen. Wenn sich in diesem Fall die marxistische These bestätigt, so dürfte auch bei *Otto* von Freising gefragt werden, den Untergang welcher Klasse denn sein Endzeitgefühl anzeigt. *Otto* gehört als Bischof von Freising zu jenem Reichsepiskopat, dessen weltliche Herrschaftsaufgaben geistlich sinnlos geworden waren in einem Imperium Sacrum, dem das ‹sacrum› durch den Investiturstreit genommen war. *Otto* wird als Heerführer am 2. Kreuzzug teilnehmen. Aber er wird sein Endzeitgefühl nahezu widerrufen, als unter seinem Neffen *Barbarossa* in einem erneuerten Imperium Sacrum der Reichsepiskopat wieder sinnvolle Funktionen zu haben scheint. So spricht sein Endzeitgefühl denn vermutlich das Bewußtsein dieses Standes aus. Wenn er sich gegen die «homines vani terrenis caducisque rebus inherere desiderant», gegen «die Toren, welche irdischen, hinfälligen Dingen anzuhangen begehren», wendet, dann geißelt der adelige Reichsfürst wohl die materiellen Interessen der Produktivkräfte seiner Zeit, denen er nicht mehr nachzukommen vermag. *Otto* von Freising sieht den ‹ungeordneten Verlauf›. Aber das Chaotische selber wird ihm zum Zeichen für einen sich erfüllenden Sinn der Geschichte, der sich unabhängig von den Menschen als objektiver Plan Gottes realisiert:

«Das (alles) ist fürwahr, so glauben wir, nach einem sinnvollen, vorausschauenden *Plan des Schöpfers* geschehen, damit die törichten Menschen, welche irdischen, hinfälligen Dingen anzuhangen begehren, wenigstens durch den ständigen Wechsel ihrer eigenen Lage abgeschreckt und durch das Elend des rasch vorübergehenden Lebens vom Erschaffenen weg zur Erkenntnis des Schöpfers geleitet werden. Wir aber, die wir am *Ende der Zeiten* stehen …» (Chr. I Prolog).

Man meint zunächst, *Hugo* von St. Victor (s. S. 262) zu hören. Aber *Ottos* Deutung des Chaotischen ist begründet durch das subjektive Bewußtsein seiner Klasse, am Ende der Zeiten zu stehen. So modifiziert Subjektivität bei *Otto* von Freising die 1. Grundfigur der linearen Geschichte. Doch zwei weitere Vorstellungsfiguren treten für sein Geschichtsbild hinzu, eine augustinische und eine viktorinische, könnte man wohl sagen.

Die einfache Linearität der christlichen Geschichte wird in Aufnahme des augustinischen Gedankens von der ‹Civitas terrena› und der ‹Civitas divina› zu einem Doppelstrang: «Denn es gibt ja zwei Staaten, einen zeitlichen und einen ewigen, einen irdischen und einen himmlischen …» (Chr. I, Prolog), schreibt *Otto*. Der zeitliche wird durch das Jüngste Gericht verwandelt in den himmlischen und ewigen. Das christliche Imperium aber ist weder einfach ‹Civitas terrena› oder ‹Civitas divina›, sondern eben ‹Civitas permixta›:

> «Der Staat oder das ‹regnum› Christi nämlich wird sowohl in seinem jetzigen irdischen als auch in seinem künftigen himmlischen Zustand ‹ecclesia› (NB. nicht: ‹imperium›!) genannt. Er hat aber eine andere Beschaffenheit jetzt, wo er noch Gute und Böse gemeinsam in seinem Schoß birgt, eine andere wird er haben, wenn er nur die Guten in der himmlischen Glorie an seinem Herzen hegen wird, eine andere hat er gehabt ... als er unter heidnischen Fürsten lebte» (Chr. VIII. Prolog).

Damit erscheint die ganze Geschichte der ‹Civitas Dei› in drei Modi:

1. Von Adam bis Konstantin unter heidnischen Fürsten, in welcher Zeit die ‹Civitas Dei› nur innerlich und verborgen triumphiert, äußerlich aber die ‹Civitas terrena› herrscht.

2. Von Theodosius bis zum Ende der Zeit, unter christlichen Fürsten, in welchem Modus die ‹Civitas Dei› als Ecclesia sichtbar wird und der Weltstaat sich mit dieser zur ‹Civitas permixta› verbindet.

3. Nach dem Jüngsten Gericht, durch welches der Weltstaat vollständig verschwunden und die ‹Civitas Dei› allein offenbar geworden ist.

Erster und zweiter Modus zeigen nun gewisse Parallelen, deren wichtigste die gesetzmäßig auftretenden Perioden der Unordnung und Verwirrung sind. Vor dem Sichtbarwerden der ‹Civitas Dei› in der ‹Ecclesia› liegt die dunkle Periode der Christenverfolgungen; vor dem endgültigen Erscheinen der ‹Civitas Dei› liegt die dunkle Zeit der Heimsuchungen durch den Antichrist. In dieses Stadium ist die Geschichte für *Otto* von Freising jetzt eingetreten. Anzeichen dafür ergeben sich ihm auch aus der Verbindung mit der dritten weltgeschichtlichen Elementarfigur, der Bewegung der Geschichte auf der Erde.

Die Weltgeschichte beginnt im Osten und findet im Okzident ihr Ende. *Otto* von Freising verdankt diesen Gedanken, der sich bereits in der Antike findet, seinem Pariser Lehrer *Hugo* von St. Viktor. Menschliche Macht, Weisheit und Frömmigkeit sind nach der Einsicht *Ottos* von Freising ja nunmehr im äußersten Okzident angekommen (vgl. S. 316). Die Verbindung von linearer, doppelsträngiger und ost-westlicher Bewegung mit ihren drei Modi und vielfältigen Parallelismen konfigurieren das Geschichtsbild *Ottos* von Freising und den Aufbau seiner ‹Chronica›. Wir geben davon ein Schema (*vgl. Textabb. 19*).

Die Tradition dieses Geschichtsbildes reicht weiter bis zu *Hegel* und über *Marx* hinaus bis in die Gegenwart. Schon *Otto* von Freising meint, vom höchstmöglichen Standpunkt herab Geschichte zu schreiben:

> «So kommt es, daß unsern Vorgängern ... doch viele Sinnzusammenhänge verborgen geblieben sind, die uns durch den Zeitverlauf und die Ereignisse klar geworden sind. Deshalb erkennt jetzt jeder, wohin es mit dem römischen Reich gekommen ist, das von den Heiden für ewig, von Unseren (sc. *Hieronymus*) dagegen beinahe für göttlich gehalten worden ist» (Chr. V Prolog).

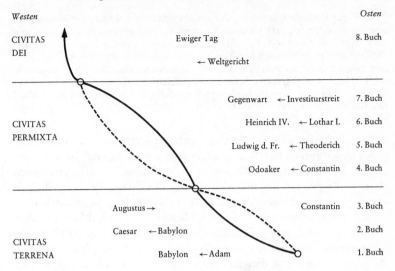

19. *Gang der Weltgeschichte nach Otto von Freising (Schema)*

Und in *Hegels* Geschichtsvorlesung heißt es:

> «Wir müssen in der Geschichte einen allgemeinen Zweck aufsuchen, den End-
> zweck der Welt, nicht einen besonderen des subjektiven Geistes.» «Im Christentum
> ist es Hauptlehre, daß die Vorsehung die Welt beherrscht hat und beherrscht
> ... Diese Lehre richtet sich gegen die Vorstellung des Zufalls wie der beschränkten
> Zwecke.» «Aber dieser allgemeine Glaube ist es, aus dem man zunächst zur Philo-
> sophie und auch zur Philosophie der Weltgeschichte treten muß, daß die Weltge-
> schichte ein Produkt der ewigen Vernunft ist und (daß) Vernunft ihre großen
> Revolutionen bestimmt hat. Es ist deshalb zu sagen, daß auch absolut die Zeit
> gekommen ist, wo diese Überzeugung ... gedacht, entwickelt, erkannt wird ...
> Darin, daß der Geist nicht still steht, liegt es, daß solche Zeit gekommen ist.»
> «Die Geschichte ist die Entfaltung der Natur Gottes in einem besonderen Element.»

*Marx* erkennt und bezeichnet dann die Selbstentfaltung und Entäußerung
des Geistes in der Hegelschen Philosophie als Hypostasierung des philosophischen Geistes, der geistigen Arbeit gegenüber der körperlich-produkti-
ven Arbeit, und er setzt selbst die wirklichen, d. h. wirkenden Produktivkräfte, die wirklichen Menschen an die Stelle des objektiven Geistes:

> «Das wirkliche, tätige Verhalten des Menschen zu sich als Gattungswesen ...
> ist nur möglich dadurch, daß er wirklich alle seine Gattungskräfte ... als Resultat
> der Geschichte – herausschafft.»

Jetzt gilt die Geschichte als eine zu leistende Entfaltung der menschlichen
Natur. Aber die Gesamtfigur der Geschichte *Ottos* von Freising bleibt
bestehen, nicht nur wie bei *Hegel* (vgl. ob. S. 3) mit Ost-West-Bewegung,
sondern auch im Hinblick auf die eschatologisch signifikanten Krisenmo-
mente. *Karl Löwith* meinte beobachten zu können,

«daß der letzte Antagonismus der beiden feindlichen Lager, der Bourgeoisie und des Proletariats, dem Glauben an einen Endkampf zwischen Christus und Antichrist in der letzten Geschichtsepoche entspricht, und daß die Aufgabe des Proletariats der welthistorischen Mission des auserwählten Volkes analog ist. ... Der ganze Geschichtsprozeß, wie er im Kommunistischen Manifest dargestellt wird, spiegelt das allgemeine Schema der jüdisch-christlichen Interpretation der Geschichte als eines providentiellen Heilsgeschehens auf ein sinnvolles Endziel hin. Der historische Materialismus ist Heilsgeschichte in der Sprache der National-ökonomie.»

Bei *Otto* von Freising aber zeichnet sich der letzte Sinn der Geschichte außer in der großen Parallele von Christenverfolgung und Antichristzeit noch in anderen figuralen Momenten ab. Wirkliche Ereignisse erscheinen als reale Prophetien für andere wirkliche Ereignisse, die im Verhältnis von Figur und Erfüllung, Typus und Antitypus (vgl. S. 59) stehen.

Dadurch erscheint aller besonderer Inhalt nur als Modifikation einer allgemeineren Bedeutung. Dieser Sachverhalt findet dann in der bildenden Kunst seinen Ausdruck in einem Schematismus der Darstellung, bei dem dieselben Figuren und dieselben Kulissen für verschiedenartige Inhalte verwendet werden können, insofern diese Inhalte in typologischer Beziehung stehen. So lassen sich denn Inhalt und Struktur von *Ottos* ‹Chronica› anhand jener Miniaturen überblicken, die 1177 im bayrischen Kloster Schäftlarn gezeichnet wurden nach dem Vorbild der Illustrationen von 1157, die das Widmungsexemplar *Ottos* an *Barbarossa* zierten.

Das Zeitalter der *Civitas terrena* haben die Bücher 1 bis 3 zum Inhalt. Das erste Buch reicht von Adam bis zum Fall Babylons. Es berichtet die Erschaffung Evas, die Vertreibung aus dem Paradies und die Sintflut. Dabei symbolisiert die Arche Noah die noch verborgene ‹Civitas Dei› als schwimmende Kirche. Im Imperium des Ninus von Ninive *(Abb. 55)* wird Abraham geboren; nach dem Tod des Ninus geht die Herrschaft auf seine Frau Semiramis über, welche Babylon erbauen läßt. Aber die Heraufkunft eines neuen Weltreiches bereitet sich schon durch die Zerstörung Trojas vor; als letzter König des ‹assyrischen› Reiches herrscht und stürzt Sardanapal. Nur dem Namen nach von Babylon aus beherrschen die Meder und Perser noch das Imperium. Das zweite Buch reicht dann vom Fall Babylons bis zum Tode *Caesars*. Während bereits Rom von den Trojaner-Abkömmlingen, von denen dann auch die Franken abstammen, erbaut wird, wird Babylon zerstört. Die Römer *(Abb. 56)* dehnen ihr Reich aus und zerstören Karthago. Den Beschluß des zweiten Buches bildet dann die Ermordung *Caesars*. Das dritte Buch reicht von *Augustus (Abb. 57)* bis zum Ende der Christenverfolgungen. Unter der Herrschaft des *Augustus* wird Christus geboren *(Abb. 58)*. Am Ende dieser Epoche lassen *Diokletian* und *Maximian* vom Christengemetzel ab und entsagen der Kaiserwürde:

«Nun waren die Gerechten vom Druck erlöst, die Wolken waren verscheucht, und lachender Sonnenschein begann überall dem Staate Gottes zu strahlen» (Chr. IV c. 3).

Das Zeitalter der ‹Civitas permixta› beginnt, das der ‹Civitas terrena› ist zuendegegangen. Für dessen Innenstruktur konstatierte *Otto:*

«Man beachte, daß die Reiche der Babylonier und Römer in vielem eine ähnliche Entwicklung gehabt haben. Denn *(vgl. Abb. 55 und Abb. 57)* als bei den Babyloniern ihr erster König Ninus regierte, wurde in dessen 42. Regierungsjahr Abraham geboren, dem zuerst Christus verheißen worden ist. Und als bei den Römern der erste Caesar Augustus regierte, wurde ebenfalls im 42. Jahr seiner Regierung der Abraham verheißene und von allen Völkern ersehnte Christus geboren» (Chr. III c. 6).

Das Szepter des Ninus hat auf der Miniatur Kreisform mit einem ausgezogenen Kreuz im Innern, das der Semiramis nur ein gepunktetes Kreuz, das des *Augustus* aber nimmt um einen eckigen Kern herum Kreuzform an, und vom Gewand des Augustus hängt der ‹Logoszipfel› herab. An den Thronbildern der folgenden Imperatoren wird man Parallelen und Differenzierungen beobachten können.

Das Zeitalter der *Civitas permixta* wird dargestellt in den Büchern 4 bis 7. Das vierte Buch umfaßt die Zeit von *Konstantin* bis zur Eroberung Roms durch *Odoaker.* In diesen Zeitraum fällt aber auch ein anderes, zukunftweisendes Ereignis: Während Rom niedersinkt, steigen die Franken auf. Unter ihrem König Pharamund ziehen sie in Gallien ein. Das fünfte Buch behandelt die Zeit von *Theoderich* bis zum Ende des Karolingerreiches. Sein Höhepunkt ist das Kaisertum *Karls des Großen (Abb. 59).* Unter *Ludwig dem Frommen* und seinen Söhnen verfällt das Reich. Das sechste Buch reicht von den Sachsenkaisern bis zu *Heinrich IV.* Höhepunkt ist das Imperium *Ottos I.* Das Ende kündigt sich an mit der Herrschaft *Heinrichs IV., Ottos* Großvater *(Abb. 60).* Neben ihm sitzt sein Gegenpapst *Wibert* von Ravenna. Der rechtmäßige Papst *Gregor VII.* hat den Kaiser abgesetzt und stirbt in Salerno. Das siebente Buch bildet den Übergang zur Endzeit.

In diesem 2. Modus der ‹Civitas permixta› entdeckt *Otto* von Freising u. a. eine morphologische Parallele zwischen Karolinger- und Sachsenreich:

«*Karl Martell* war zwar dem Namen nach noch nicht König, aber als erster Karolinger übte er doch dies Amt faktisch aus. Dasselbe gilt für den Sachsenherzog *Otto* (den Vater König *Heinrichs I.*) ... Die zweite Generation vertreten *Pipin der Kurze* bei den Karolingern, *Heinrich I.* bei den Ottonen. Diese zweite Generation erwirbt den Königstitel. Die dritte Generation stellen *Karl der Große* und *Otto der Große* dar. *Karl der Große* besiegt *Desiderius,* nimmt ihn gefangen und wird römischer Kaiser. *Otto der Große* siegt, nimmt *Berengar* gefangen und wird römischer Kaiser. ... D. h. das karolingische Kaisertum ist eine ‹Figur› des Imperiums der Ottonen» *(Lammers).*

Aber die figuralen Beziehungen reichen zurück bis zur ‹Civitas terrena›. Nicht nur ist *Otto* in *Karl,* sondern *Karl* ist auch in *Augustus* präfiguriert. Der Gedanke der ‹Translatio imperii› prägt das Bild aller Herrschergestalten: Ninus und Semiramis, Sardanapal, Romulus, *Augustus,* Pharamund, *Karl, Ludwig der Fromme,* Otto I., schließlich *Heinrich IV.,* bei dem das Gewand ‹heidnischen› Faltenwurf und das Szepter besondere Form zeigt. Seine Figur deutet auf Künftiges:

> «Mit diesem bedeutenden Umschwung, mit dem sich die Zeit zum Niedergang wendet, wollen wir das sechste Buch beenden, um unter Gottes Führung rasch zur Schilderung des siebenten Tages und der Ruhe der Seelen zu kommen, die unmittelbar auf den Jammer des irdischen Lebens folgt» (Chr. VI c. 36).

Das siebente Buch berichtet von der verdunkelten Zeit des Investiturstreits, welche das baldige Kommen des Antichrist ankündigt, bis unmittelbar vor den Aufbruch zum 2. Kreuzzug; und es schließt mit der Schilderung des Mönchstums, das jetzt in Frankreich und Deutschland blüht. Diese Mönche, die schon heute das Leben der *Civitas Dei* präfigurieren, halten «den endgültigen Zusammenbruch und das Ende der Welt durch ihre Verdienste und Fürbitte noch auf» (Chr. VII c. 21. 34). Das achte und letzte Buch schildert dann Vorzeichen und Kommen des Antichrist, seinen Sturz, die Auferstehung der Toten, die Wiederkunft Christi, das Weltgericht und den achten, ewigen Tag nach jenem «Sabbat, der keinen Abend hat». «Es wird nach dem Propheten der Name der Civitas von jenem Tage an sein: Hier ist der Herr» (Chr. VIII c. 34).

In *Ottos* Geschichtsbetrachtung ist durch den figuralen Sinn jedes Ereignis mit Vergangenem und Künftigem verbunden. Sie versucht letztlich «per visibilia Dei facta ad invisibilia» (Chr. IV, Prolog) vorzudringen und nimmt damit einen neuplatonisch vermittelten Gedanken des *Hugo* von St. Victor wieder auf *(Lammers).* Insofern ist sein Werk auch eine Frucht seiner Studienjahre in Frankreich. Aber die dreifache Translatio dorthin, die *Otto* konstatiert, bedeutet ihm nicht den irdischen Ruhm des französischen Königreichs. Aus theologischen Gründen konnte das römische Imperium nicht einfach aus der Geschichte ausscheiden, denn von ihm galt ja die Prophetie, es werde das letzte aller Weltreiche sein (vgl. S. 8). Sein Verfall bedeutet zugleich das Ende der Welt und Herannahen des jüngsten Gerichts. *Otto* von Freising läßt Germanien teilhaben an der Translatio der Frömmigkeit, welche in jenen Mönchen lebt, deren Gebet das Ende der Welt einstweilen noch aufhält (Chr. VII c. 21). Oder vielmehr umgekehrt: Er läßt die westliche Frömmigkeit teilhaben am Endstadium des römischen Weltreichs. Und die Translatio von Macht und Weisheit nach Frankreich bedeutet ihm nicht nationalstaatlichen Aufstieg, sondern Vorzeichen für das Ende der Geschichte am westlichen Ozean.

Aber die Geschichte des Imperiums war nicht zuende, obgleich das Imperium Sacrum ohne das ‹sacrum› wie ein geschichtstheologischer

Leichnam anmuten mochte. In der partikulären und provinziellen Geschichte von Bistümern und Herzogtümern vegetierte das Imperium dahin. Seit dem Investiturstreit ging eine vulgärsprachliche deutsche Literatur einher in Sack und Asche geistlicher Gedichte. Es sei nur an die Vorauer Bearbeitung des *Ezzo*-Liedes (s. S. 138 f.) erinnert, die gegen 1130 nicht mehr die ‹edlen (geistlichen) Herren› anredet, sondern die Brüder, die alle gleich sind. Aber wenn auch die politische Institution des Imperiums ihres geistlichen Sinns beraubt ist, so sind doch die einst führenden Schichten als partikuläre Mächte nicht geneigt, in geistiger Glanzlosigkeit zu verharren. Gerade sie suchen jetzt nach Teilhabe an der westlichen Ritterkultur, ohne daß östlich des Rheins der diese Kultur provozierende Status der gesellschaftlichen Produktivkräfte des Westens (universitäre Bischofsstädte, königsfreie Bürger- und Handelsstädte, Geldverkehr) in vergleichbarem Maß entwickelt wäre. So vollzieht sich – bevor mit der Barbarossazeit der Anschluß an die italienische und mittelmeerische Wirtschaftswelt gefunden wird – in Gelehrsamkeit, Literatur und Rittersitte zunächst ein modischer Anpassungsprozeß.

Es ist *Otto* von Freising, der zum Jahre 1125 vom ersten Turnier auf deutschem Boden berichtet. Und bezeichnenderweise handelt es sich dabei um eine Provokation des neugewählten Königs durch die Herzöge von Franken und Schwaben. Denn die Wahl des Sachsenherzogs *Lothar* von Süpplingenburg, welcher Abt *Suger* 1125 in Mainz beigewohnt hatte (s. S. 230), war gegen die Interessen der beiden Staufer *Friedrich* von Schwaben und *Konrad* von Franken erfolgt, die mit dem verstorbenen Kaiser *Heinrich V.* verwandtschaftlich verbunden waren. Als nun die beiden Staufer das ganze salische Reichs- und Hausgut als ihr Privaterbe in Besitz nahmen, kam es zum Krieg mit dem neuen König *Lothar III*. Glücklich hatten ihn die Staufer vor Nürnberg vertrieben und waren ihm nachgezogen nach Würzburg. Vor den Mauern dieser Stadt und vor den Augen des dort eingezogenen Königs führten sie mit ihrer Ritterstreitmacht ein Kampfspiel auf, «quod vulgo nunc turnoimentum dicitur» (GF I c. 18) – «das man jetzt gewöhnlich ‹turnoiment› nennt» –, schreibt *Otto* und bedient sich dabei eben des französischen Fachausdrucks, der modisch ist.

Aber der kulturelle Anpassungsvorgang mag nicht eben gefördert worden sein durch Bürgerkrieg und außenpolitische Imperative. Erst 1130 wurde König *Lothar* der aufständischen Staufer Herr. Sie unterwarfen sich und er begnadigte sie. An eine Bestrafung war schon deshalb nicht zu denken, weil der König auf ihre sofortige Hilfe für seinen Italienzug angewiesen war. König *Lothar* unternahm ihn nicht nur um seiner eigenen Kaiserkrönung willen, sondern auch, um auf Geheiß *Bernhards* von Clairvaux den Papst *Innozenz II.* nach Rom zu führen und den Gegenpapst *Anaklet,* der eben den süditalischen Normannen *Roger II.* zum päpstlichen Lehenskönig von Sizilien gekrönt hatte, aus der Ewigen Stadt zu vertreiben. Am 4. Juni 1133 konnte *Lothar III.* die Kaiserkrone empfangen. Daß er für seine militärische Hilfeleistung politisch besonders belohnt worden wäre, etwa durch Investiturkonzessionen, wußte der Abt von Clairvaux zu verhindern. Auf seinem zweiten Italienzug 1136/7 gegen die Normannen konnte *Lothar* auf juristisch ungeschickte Weise die mathildischen Güter Tusziens vom Papst zu Lehen empfangen. Er gab sie weiter an seinen Schwiegersohn *Heinrich* den Stolzen von Bayern. Diesen Welfen setzte er auch zu seinem Erben im Herzogtum Sachsen ein. Auf dem Rückweg von Italien starb *Lothar* plötzlich in der Nacht vom 3. auf den 4. Dezember 1137 in einer Bauernhütte bei Reutte in Tirol *(Hampe)*. Er war 43 Jahre alt geworden. Die imperialen Herrschaftszeichen hatte er seinem Schwiegersohn *Heinrich* dem Stolzen, Herzog von Sachsen, Bayern und Markgraf von Tuszien übergeben und damit den mächtigsten Reichsfürsten als Nachfolger designiert. Die Leiche des Kaisers wurde in die von *Lothar* im lombardischen Stil errichtete Grabkirche von Königslutter bei Braunschweig überführt.

Die deutsche Geschichte wäre anders verlaufen, wenn jetzt der Welfe *Heinrich* tatsächlich König und römischer Kaiser geworden wäre. Dann hätte auch in Deutschland der König über ein bedeutendes Kronterritorium verfügt. Aber auf den Rat des Papstes wählten die Fürsten in Koblenz unter dem Vorsitz des Erzbischofs *Albero* von Trier den einst rebellischen Staufer *Konrad III.* zum römischen König. Unter dem Zeichen fürstlicher Partikularität begann das Zeitalter der Hohenstaufen. Für *Otto* von Freising aber war diese unsinnige Wendung der Dinge wieder ein Symbol für die ‹mutatio rerum›, die Wandelhaftigkeit der Weltdinge, wenn er von dem entmachteten Kronprätendenten *Heinrich* dem Stolzen schrieb:

> «Und – es ist kaum zu fassen – dieser ehedem so mächtige Fürst, dessen Herrschaftsbereich, wie er selbst prahlte, ‹von Meer zu Meer›, nämlich von Dänemark bis nach Sizilien reichte, sank in kurzer Zeit zu solcher Ohnmacht herab, daß er nach dem Abfall fast aller seiner Getreuen und Freunde in Bayern heimlich das Land verließ und mit nur vier Begleitern nach Sachsen kam» (Chr. VII c. 23).

Zwei Jahre später, am 20. Oktober 1139, starb *Heinrich* der Stolze, und sein damals 10jähriger Sohn *Heinrich* der Löwe übernahm das Erbe seines Anspruchs. Erst er wird das altfranzösische Rolandslied ins Mittelhochdeutsche übersetzen lassen können. Am Hofe des Erzbischofs *Albero* von Trier aber, der die Wahl des Staufers *Konrad* geleitet hatte, entsteht jetzt ein erstes deutsches Alexander-Epos als ritterlich-naturkundlicher Abenteuerroman.

## Ein Alexander-Epos in deutscher Vulgärsprache

Nicht jener Alexander ist der Held, zu dessen Tod *Otto* von Freising bemerkt hatte:

«Ist das nicht derselbe Alexander, der das berühmte, stolze Reich der Perser zerstört und auf die Makedonier übertragen hat? Ist das nicht derselbe, dessen Ankunft die ganze Welt, zitternd, auch ohne ihn gesehen zu haben, nicht abzuwarten wagte, dem sie sich lieber freiwillig unterwarf? Und doch wird ein so großer, so bedeutender Mann durch einen Trunk aus einem Becher, durch die Heimtücke eines Dieners ausgelöscht, wird durch eines Mannes Tod die ganze Welt erschüttert. Die Weltherrschaft der Makedonier, die mit ihm begann, endete auch nach seinem Tode mit ihm. Wir aber, die wir die Welt lieben, achten nicht darauf, wir, die wir unser Herz an sie hängen wollen wie an etwas Ewiges und Dauerndes. Wir fallen mit den Fallenden, wir wanken mit den Wankenden, wir werden umgetrieben mit den vom Rade (der Fortuna) Getriebenen und gehen unter zuletzt mit den Vergehenden» (Chr. II c. 25).

Der Held des Epos ist auch nicht jener Alexander, der späterhin den Gläubigen als Schreckbild menschlichen Hochmuts, der Superbia und Vanitas dargestellt wurde, sondern der nahezu naturkundlich-merkwürdige Heros eines vergangenen Altertums. Zwar, das Vanitas-Thema wird schon in der westlichen Vorlage des Trierer Clericus *Lamprecht*, im fragmentarischen Gedicht des Magisters *Alberich* von Bisinzo, angeschlagen, aber es wird auf eine merkwürdige Weise kurzgeschlossen.

«Es spricht Salomon gleich zu Anfang, wenn er sein Buch beginnt (?): Es ist die Eitelkeit der Eitelkeiten und ist alles eitel! Dieweil mir meine Krankheit Muße (otiositas) schafft, so hebe sich doch der Müßiggang davon! Diesen Trost gibt uns das Altertum, daß nicht alles eitel ist» (1–8).

*Alberich* lehnt das Vanitas-Motiv glatt ab und verkehrt es für den Kasus des antiken Alexander ins Gegenteil. Das Studium seiner Geschichte hilft gegen den eitlen Müßiggang. Im deutschen Gedicht des *Lamprecht* nimmt sich das so aus:

«Das Heldenlied (liet), das wir hier dichten, das mögt ihr aufmerksam hören. Seine Art ist ganz recht. Es dichtete der Clericus *Lampre(ch)t*. Er wollte uns gerne erzählen, wer Alexander war. Alexander war ein weiser Mann. Viele Reiche hat er erobert, zahlreiche Länder hat er zerstört. Sein Vater hieß Philippus. Das könnt ihr hören im Buch der Makkabäer (vgl. 1. Makk. 1, 1 ff.). *Alberich von Bisinzo* hat uns dies Lied zugetragen. Er hatte es auf romanisch (walhisken) gedichtet. Nun will ich es euch auf deutsch (dûtisken) erzählen. Niemand soll mir (in Bezug auf den Inhalt) Vorwürfe machen. Wenn er gelogen hat, so lüge auch ich (vgl. Reinhart Fuchs 1791; *Wolfram*, Parz. V, 238, 11).
Als *Alberich* das Lied begann, da hatte er eines der Bücher Salomonis (vgl. Prediger 1,2 ff.). Darin las er: vanitatum vanitas: alles ist eitel und leer, was die Sonne umkreist. Das hatte Salomo wohl erprobt. Deswegen ward er traurig im Sinn: Er wollte nicht länger untätig sitzen. Er schrieb, weil er sehr weise war, denn der Müßiggang des Menschen tut weder dem Leib noch der Seele wohl.

Daran erinnerte sich *Alberich*. Und das ist auch meine Meinung. So will ich denn nicht länger zögern, sondern mit dem Lied anfangen» (1–34).

Auf die Nennung von Autor und Thema folgt die Quellenberufung und dann erst als dritter Abschnitt der proverbiale Memoria-Topos, mit dem *Alberich* sein Gedicht begann. Aber auch hier wird das berüchtigte Vanitas-Motiv gar nicht auf die Fabel vom unersättlichen Alexander bezogen, sondern auf den Müßiggang, dem Salomo mit der Abfassung von Weisheitsbüchern und sowohl *Alberich* als auch *Lamprecht* mit ihrer Schriftstellerei einen nützlichen Sinn zu geben versuchen.

Der Eingangstopos von der Schriftstellerei als Mittel gegen den Müßiggang und als gesellschaftlich nützliche Arbeit wird auch in späterer, namentlich ritterlicher Dichtung in deutscher Vulgärsprache vorgetragen werden, bei *Hartman* von Aue (AH 1ff.; Iw. 21ff.), bei *Gotfrid* (Tr. 45ff.), bei *Thomasin* (WG 141ff.) etc.

Erst in der zweiten Strophe erscheint bei *Alberich* Alexander im ‹Prologus ante rem›. Er ist kein Exempel der Vanitas und Superbia, sondern ein antiker Heros, dem bei *Alberich* gelehrtes Sachinteresse gilt, und der bei *Lamprecht,* wie im Anno-Lied, der ‹wunderliche Alexander› (45 = *Alberich:* ‹Alexander magnus›; 932), der ‹erstaunliche Alexander› heißt.

Wie anders *Lamprecht* den Prolog eines geistlichen Gedichts gestaltet, zeigt der Eingang seines ‹Tobias›: Gebetsbitte, Erbaulicher Zweck, Held.

*Alberich* hat eine klassizistisch-literarische Absicht, und *Lamprecht* eifert ihm darin nach so gut er kann. Das zeigt nicht nur der Prolog, der bei *Alberich* schulmäßig zweiteilig gebaut ist, sondern auch die Verwendung rhetorischer Genera wie der ‹Descriptio personae› und der Pferdebeschreibung. Für die Prunkrede des Descriptio-personae-Topos orientierte sich die rhetorische Schultradition am Theoderichs-Porträt des *Sidonius Apollinaris* (s. S. 18). Aus ihm las man als Reihenfolge des zünftigen Porträts das Detailschema heraus *(Faral):*

I. Körperliche Erscheinung. A. Kopf. 1. Haar, 2. Stirn, 3. Brauen, 4. Nasenwurzel, 5. Augen, 6. Wangen und Teint, 7. Nase, 8. Mund, 9. Zähne, 10. Kinn. B. Übriger Körper: 1. Hals, 2. Nacken, 3. Schultern, 4. Arme, 5. Hände, 6. Brust, 7. Hüften, 8. Bauch, 9. Beine, 10. Füße. II. Geistige Erscheinung.

Es beschreibt *Alberich* seinen Alexander so:

«Rotblond von *Haar* wie ein Fisch (A 1), ganz gelockt wie eine Löwenmähne. Ein *Auge (A 5)* bläulich wie eines Drachen, das andre schwarz wie eines Falken. Das Gesicht als Ganzes sah aus wie das eines Rittersohnes (fil de baron). Helles *Antlitz (A 2),* wohlgestaltet, blond das gelockte *Haar* (A 1), starken *Hals* (B 1), von gutem *Teint* (A 6). Breite, gut entwickelte *Brust* (B 6), schmaler *Rumpf* (B 7), aber nicht zu zart. Der *Unterkörper* (B 8) war wohlgegrätscht. Starke *Faust* (B 5) und *Arme* (B 4), wilder, doch bedächtiger *Charakter* (II)» (60–73). Dann folgt Alexanders Artes-Bildung.

Beim Clericus *Lamprecht* dagegen lesen wir:

«... Was ich euch von Alexander sage, das ist wahr. Rotgelockt war ihm das *Haar* (A 1), wie ein Fisch, den man im Meer wohl fangen mag. Es war außerordentlich dicht und kraus, wie eine Löwenmähne.

Von seinem *Gesicht* (A 2) will ich euch sagen: Das eine *Auge* (A 5) war bläulich, wie eines Drachen Auge. Das kam daher: als seine Mutter mit ihm schwanger ging, da sah sie entsetzliche Gestalten. Das war ganz ungeheuerlich. Schwarz war ihm das andre Auge, wie das eines Greifen. So sagen die, die ihn gesehen haben.

Sein *Hals* (B 1) war schön gebildet. Seine *Brust* (B 6) war sehr breit, seine *Arme* (B 4) von großer Kraft. Er war bedächtigen *Charakters* (II). Sein *Bauch* war wohlgeformt, weder zu lang noch zu breit (B 7.8). Ah! Wie schön steht das dem Jüngling! Schön auch schien er abwärts über *Fuß* (B 10) und *Bein* (B 9)» (124–148).

Es folgt dann vor der Artes-Bildung noch ein Hinweis auf ritterlichen Charakter und fürstliches Gebaren.

Nicht nur die Füße hat *Lamprecht* der Personenbeschreibung nachgetragen, die er bei *Alberich* vorfand, sondern auch die Reihenfolge von Haar und Gesicht, Armen und Rumpf hat er schulgerechter arrangiert. Das Groteske der Schilderung versucht er durch den Drachentraum der Olympias zu erklären. Schließlich umrahmt *Lamprecht* seine Descriptio mit korrespondierenden Zeitangaben: 3 Tage, 3 Monate vor der eigentlichen Beschreibung (118. 120), 3 Jahre nach der Beschreibung (154), wo *Alberich* andere Zahlen nennt. Auch die handschriftlich erhaltenen Initialenabschnitte zeigen die Tendenz, den Stoff nicht so sehr inhaltlich, als vielmehr nach Redeteilen zu gliedern. *Lamprechts* Alexander ist auf seine Weise Rhetorik in der Volkssprache, wie sein westliches Vorbild. Aber der Begriff einer volkssprachlichen Rhetorik ist auf deutsch nicht gleichermaßen ins Werk zu setzen wie auf romanisch, wo schon die sprachliche Nähe zum Latein die Dinge erleichtert. Gewiß in der Vorlage *Lamprechts,* die hierfür nicht mehr erhalten ist, hat der Außerordentlichkeitsvergleich der Mennes-Schlacht mit dem Kampf um Troja gestanden:

«Man liest von wackren Rittern, die wohl zu kämpfen wagten, im Trojaner-Epos, ehe der Kampf entschied zwischen Achill und Hector, Paris und Nestor, die viele Tausende erschlugen und auch scharfe Speere trugen: aber keiner von ihnen konnte Alexander gleichkommen» (1329–1338).

Von sich aus vorausgeschickt aber hat *Lamprecht* den Vergleich mit Heldenepik:

«Man singt vom Sturm auf dem Wülpensande, dem Kampf zwischen Hagen und Wate, da der Vater der Hilde erschlagen ward. Dennoch läßt er sich mit der Alexanderschlacht nicht vergleichen, und keiner der Helden, der je im Kampfe stritt, weder Herwig noch Wolfwîn, könnten es aufnehmen mit dem König Alexander» (1321–1328).

Der Clericus *Lamprecht* schlägt die Augen nicht nieder vor der weltlichen, spielmännischen Dichtung, wie das Anno-Lied dies getan hatte (vgl. S. 218) und die ‹Kaiserchronik› es im Prolog tun wird. Ohne sich darüber zu schämen, setzt er bei seinem Publikum die Kenntnis der Hilde-

Gudrun-Sage voraus, die erst 100 Jahre später als ‹Kudrun› zu Pergament kommen wird. Er kennt diese ‹Schundliteratur› wie andere Kleriker vor ihm, wie der gute Bischof *Gunther* von Bamberg (vgl. S. 140) sie gekannt hatte, und er borgt sich vielleicht von daher formelhafte Wendungen, Rezitationsstil und Vers (Langzeilen). Die schultheoretischen Literaturambitionen der Vorlage hat er nicht fahren lassen, aber er verbindet sie mit einer im Osten noch unliterarischen, altfeodalen Erzählweise. Er hat seine helle Freude an Schlacht und Ritterkampf:

«Mennes hieß ein Herzog, den Darius (gegen Alexander) aufgeboten hatte. Der war ein tapferer Held. Hundert wohlbewaffnete Ritter hatte er um sich als Leibwache. Keiner konnte zu ihm durchbrechen, wenn er nicht lebensmüde war. Alexander wendete seinen Fahnenspeer dorthin und feuerte seine Krieger an. Er sprengte auf den edlen Mennes zu, ohne sich um die scharfen Schwerthiebe ringsum zu kümmern. Er durchbrach die ganze feindliche Phalanx. Er stach Mennes durch den Schild. Der war aus steinhartem Elfenbein – und auch seine Lanze rötete sich vom Blut. Jeder von beiden stach den andern nieder. Dann griffen sie zu den Schwertern. Ah, wie das Feuer hervorstob, als ein Stahl gegen den andern knirschte! Nie wurden gewaltigere Schläge geführt, außer vielleicht damals durch Samson, der so unmäßige Kräfte hatte, daß er mit einem Eselskinnbacken an die 1000 Feinde erschlug. Ah, wie sollte das ausgehen! Mennes schlug Alexander zu Boden.

Dort wurde ihm der Helm abgerissen. Was für Schwertstreiche empfing Alexander (als Mennes ihn anging)! Wenn seine Rüstung nicht so vortrefflich gewesen wäre, er hätte die Sonne nicht wiedergesehen. Aber noch war ihm der Tod nicht bestimmt! Einer von Alexanders Rittern hieß Daclym. Der hielt sich an diesem Tag in seiner Nähe. Ein anderer, Jubal, äußerst tapfer, war mit dem Herzog Mennes gekommen und hatte gerade das Schwert gezogen und wollte Alexander, als er dessen Hals entblößt sah, mit seinem Schlag treffen. Aber Daclym war schneller und rettete seinen Herrn. Er traf Jubal von oben, von den Zähnen herab bis zur Hüfte, und machte zwei halbe Männer aus ihm. Oh, das war ein ruhmwürdiges Schwert!

Daclym brachte den Helm und band ihn Alexander wieder aufs Haupt ...» (1239–90).

Hier wird ganz weltliche Spannung gestaltet. Der Deus ex machina, der Gott, der im letzten Augenblick die Dinge geradebiegt, ist der Ritter Daclym. Von der Reaktion eines Menschen wird hier die entscheidende Wendung der Dinge erwartet und geleistet. Er führt dem Schicksal den Arm. Von Vergeistlichung ist hier keine Spur. Mit der spannenden Darstellung des Kampfes wird der Moral eines noch unverfeinerten, archaischen Ritterstandes das Wort geredet. Es dürfte dies eher nach dem Herzen *Bernhards* gewesen sein als das literarisch effeminierte Rittertum der westlichen Lyrik. Sein Wort wird dann diese Ritter zum Heidenkampf des 2. Kreuzzugs begeistern. Von böser Heidenschaft aber ist in *Lamprechts* Alexanderlied noch nichts zu finden. Im Gegenteil. Ganz sachlich heißt es von der Qualität des Alexander-Pferdes Buzival:

«Weder Sarazene noch Christenmann hat je ein besseres Pferd bekommen» (53 f.). Ebenso sachlich V. 1016 von der von Jesus geheilten Tochter der Tyrenin als dem ‹heidenwîb›, schließlich auch von Alexander, der V. 70 als eine Art heidnischer Salomo erscheint.

Der Dichter selbst ist nicht Partei. In der Neutralität des Fremdartig-Wunderbaren erscheint sein Gegenstand auch in den ‹exclamationes ex persona poetae› (vgl. S. 241).

Die allermeisten beziehen sich auf Schlachtgeschehen, auf Sterben und Leiden vieler Krieger, auf außerordentliche Leistungen im Kampf oder auf sonst Unerhörtes, z.B. «A wî daz fûr dar ûz spranch» (1258). Auch sein episches Vorherwissen begleitet der Dichter mit solchen Exklamationen: «owî wie dicke er laster gesiht!» (1408; 1265) «O, das wird ihm noch übel ausschlagen!» Mit dem ‹owî› begleitet er die Schönheit seiner Helden (146) und beschwört er seelische Affekte seiner Figuren. Einmal springt der Funke der Begeisterung auch auf Alexander über und er ruft wie der Dichter aus: «Awî wie übele ich im des gan!» (1095) – voller Empörung.

Sehr charakteristischerweise werden geistliche Akzente nicht gesetzt. Und wenn *Lamprecht* von den 36 biblischen Namen seines Alexanderberichts bei nur 7 sein Publikum daran erinnert, daß sie auch in der Heiligen Schrift vorkommen, so wird doch damit kein besonderer theologischer Sinn beschworen. Was es vielmehr damit auf sich hat, zeigt die Erwähnung von Nikomedia:

«Eine Stadt heißt Nicomedias. Dort wurde Sankt Pantaleon gemartert» (601 f.). Es ist ein im Rheinland, namentlich in Köln verehrter Heiliger, der hier genannt wird. Dem Publikum *Lamprechts* bedeutete er etwas.

Die Erwähnung ist vom Typ, wie sie sich in den Pilgerführern findet. (In dieser Zeit entsteht ja nicht nur der ‹Liber Sancti Jacobi› (vgl. S. 136), sondern auch z.B. die ‹Graphia aurea› (vgl. S. 341)). Und auch der Hinweis auf biblische Ereignisse dürfte eher der Wallfahrerkuriosität aus der Zeit zwischen den beiden ersten Kreuzzügen Genüge tun, als den Gesamttenor des Epos ins Geistliche umfärben, wie gemeint wurde. Namenkommentare dieses Typs begegnen bis zum Vers 2305 ff., wo es heißt:

«Corinthia war eine große Stadt. Die hat später Sankt Paulus vom heidnischen Glauben bekehrt» (S 2305–2307).

Aber diese Verse stehen nicht in der ältesten Fassung des deutschen Alexandergedichts, sowenig wie die Fortuna-Verse im Klagemonolog des Persers Darius:

«Dergestalt ist Fortuna beschaffen: Sie läßt ihr Rad sich drehen. Sie hilft dem Kleinen, wenn es ihr paßt, und mit dem Mächtigen hat sie ihr Spiel. Wenn ihr Rad sich dreht, dann stürzt oft der, der oben saß» (S 3416–3421).

Der Perserkönig Darius ist gestürzt. In der ältesten Fassung hat Alexander selbst ihn erschlagen, gegen alle geschichtliche Wahrheit. Aber gegen alle geschichtliche Wahrheit sind ohnehin die Ereignisfolgen des Alexanderzuges berichtet. In dieser ältesten Fassung, die in der Handschrift 276 des Augustinerchorherrenstifts Vorau steht, wird das Gedicht durch 92 Initialen gegliedert.

Die erste Hälfte, Initialenabschnitt 1–44, berichtet vom jungen Alexander bis zum Tode seines Vaters Philipp, die zweite, Initialenabschnitt 45–92, von Alexanders Perserkrieg bis zum Tod des Darius. Dessen gewaltiges Heer marschiert im 91. Abschnitt 82 Reimpaarverse lang auf. Im letzten Abschnitt greift Alexander auf der Ebene Mesopotamia an (22 Verse), schlägt sich bis zu Darius durch, steht ihm gegenüber und spricht ihn an:

« ‹Ihr werdet den Zins hier in Empfang nehmen, nach dem ihr so oft geschickt habt: Ich habe ihn euch hierher gebracht in dieses Land.› Indem er dies sagte, versetzte er ihm mit dem Schwert einen Schlag von so märchenhafter Gewalt, daß ihm der Kopf zu Füßen seines Pferdes niedersauste. Damit war die Völkerschlacht entschieden» (1520–27).

Man mag sich hier die Fortuna-Stelle (S 3416–21; s. ob.) hinzudenken. In der Vorauer Fassung folgt die Schlußbemerkung:

«Dies berichtet uns Magister *Alberich* und der fromme Clericus *Lamprecht*. Dies Lied ist wahr und richtig. Hier schien es beiden Autoren genug. Es ist nun Zeit, damit Schluß zu machen» (1528–1532).

Der rhetorischen Form nach handelt es sich um den sogenannten ‹abrupten Schluß›, wie wir ihn aus provenzalischer Epik, z.B. von der Fides-Chanson her (vgl. S. 172), aus französischer vom Rolandslied (vgl. S. 251) und aus lateinischer Dichtung z.B. aus dem Troja-Gedicht des *Hugo Primas* kennen, wo es hieß:

«Je mehr ich dies bedenke, ich kann den Schmerz nicht zurückhalten und die Tränen über dich, o Troja, indem ich zuendespreche. Jetzt aber mahnt uns die Stunde des Schlafes, unsere Glieder aufs Polster zu strecken» (*Langosch,* Hymnen, 210).

Auch *Chrestien* (vgl. S. 448), *Wolfram von Eschenbach* (Parz. V, 279, 27–30) und *Neidhart* (16, 36) werden ihn benutzen. Das Gedicht des *Alberich* dürfte in provenzalischer Chanson-Tradition ähnlich geschlossen haben. Aber von ihm ist nur der Anfang (105 Verse) erhalten. Und so ist denn die Vorauer Fassung des Alexander in ihrem Ende als Schreiberschluß verdächtigt worden, obgleich die finstren Konsequenzen der Zinsforderung des Darius an die Makedonier darin schon früher angedeutet worden waren:

«Darius wurde wegen dieser Zinsforderung erschlagen. Das werde ich euch in aller Wahrheit berichten» (483–484).

Nun gibt es eine jüngere Bearbeitung des Alexander-Gedichts aus den 1180er Jahren; sie stand in einer Straßburger Handschrift, die 1870 der preußischen Artillerie zum Opfer fiel und nur abschriftlich erhalten ist (Ausgabe *Kinzel*). In diesem Straßburger Alexander fehlen bezeichnenderweise diese vorausdeutenden Zins-Verse, wie denn auch dort Darius nicht durch Alexanders Hand fällt. Der Straßburger Alexander ist nicht nur frühhöfisch-eleganter, sondern auch länger als der Vorauer. Die Preisfrage ist nun, wie das alte Gedicht des Clericus *Lamprecht* aussah und schloß.

In der Fassung Straßburg (S) folgt auf den Aufmarsch des persischen Riesenheeres zunächst keine Schlacht, sondern beide Könige treten in einen diplomatischen Briefwechsel. Auf Wunsch seiner Mutter kehrt Alexander erst einmal nach Makedonien zurück, dann wendet er sich erneut gegen die Perser. Endlich kommt es zur Schlacht, die mit der Flucht des Darius endet. Und hier verwendet S (2348–3301) dann die abschließenden Schlachtverse aus V (1497–1522). Darius kommt schließlich durch einen seiner Generale um, Alexander zieht weiter bis nach Indien und wird Prototyp der menschlichen Superbia und Vanitas.

Schließlich hat das Gedicht *Lamprechts* im 13. Jh. eine weitere Bearbeitung erfahren, die in eine Basler Weltchronik des 15. Jhs. aufgenommen wurde. Die Stoffanordnung ist wie in S, der Text ist gelegentlich V näher als der von S.

Was S und Ba nach dem Aufmarsch des Darius-Heeres bringen, macht nicht durchweg den Eindruck, daß es alt sei (*De Boor,* Frühmhd. Studien). Die letzten Spuren von *Lamprechts* Gedicht sind vielleicht die oben zitierten Paulus- und Fortuna-Stellen (s. S. 333). Danach hätte es wohl tatsächlich mit der Darius-Schlacht geschlossen und das des *Alberich* auch. Aber zwischen Aufmarsch und Schlacht wäre doch die episodische Rückkehr nach Makedonien schon vorhanden gewesen. Im Verhältnis zum Darius-Schlacht-Schluß wirkte sie entbehrlich für die Fassung, die in Vorau erhalten ist; auch diese wäre eine Kürzung des *Lamprecht-Alberich*schen Fragments, eine Kürzung im Hinblick auf die Handschriftenkomposition.

Der Vorauer Codex 276 ist eine Sammelhandschrift, geschrieben in seinen deutschen Teilen bald nach 1163, der Klostergründung, oder wie in ihrem lateinischen Teil zwischen 1185 und 1202. Sie bestand wohl ursprünglich aus 3 Teilen:

  I. Kaiserchronik (deutsch)        9 Lagen
 II. Deutsche Gedichte             9 Lagen (davon 1 verloren)
III. Gesta Frederici des *Otto* von Freising nebst Fortsetzung
     des *Rahewin* (lateinisch)    9 Lagen (davon 3 verschollen)

Der Vorauer Alexander begann in der Mitte der mittelsten Lage (fol. 108 ra) und hätte nicht länger sein dürfen, als er ist, damit die Symmetrie gewahrt blieb. Auch seine 92 Initialen-Abschnitte, die nach hinten zu immer länger werden, dürften vom Plan einer symmetrischen Kürzung tangiert sein: die Mitte des Gedichts liegt danach mit Abschnitt 46 (V. 593) beim Heeresaufgebot Alexanders für den Perserzug. In S widersprechen die Initialen niemals denen von V, aber für die überlangen Abschnitte in V werden dort zusätzliche Initialen überliefert, die in V unterdrückt wurden.

Wir geben die Reihenfolge der Gedichte:

  I. Kaiserchronik
 II. Vorauer Genesis
     Joseph in Ägypten          ⎫
     Vorauer Moses               ⎪
     Marienlob                   ⎪
     Barlaam                     ⎬  = Geschichte des Alten Bundes
     Von der Wahrheit            ⎪
     Summa Theologiae            ⎪
     Lob Salomonis               ⎪
     Drei Jünglinge im Feuerofen ⎪
     Ältere und Jüngere Judith   ⎭

*Vorauer Alexander*
Leben Jesu
Antichrist und Jüngstes Gericht
Nachwort der Ava
Vorauer Sündenklage
Ezzos Gesang                    > = Geschichte des Neuen Bundes
Gedicht von der Siebenzahl
Himmlisches Jerusalem
Gebet einer Frau ...
III. Gesta Frederici des *Otto* von Freising = Zeitgeschichte

Ein welt- und heilsgeschichtlicher Zusammenhang ist nicht rigoros durchgeführt. Stücke erbaulichen Inhalts treten immer wieder dazwischen und verwischen ihn. Die hier versammelten Gedichte sind zweifellos nicht für einen solchen Zusammenhang verfaßt worden.

Es handelt sich bei der immer wieder beschworenen welt- und heilsgeschichtlichen Anordnung der Vorauer Handschrift offenbar um eine nachträgliche Interpretation der einzelnen Gedichte. Man kann sie nicht gut als Zeugen für den ursprünglich geschichtstheologischen Gehalt der einzelnen Gedichte, etwa auch des Vorauer Alexanders, anrufen. Der Gehalt des deutschen Epos ist vielmehr dem des spätgriechischen Alexanderromans nahe, der auch Quelle für *Alberich* war, und den *De Boor* charakterisierte:

«Denn dem spätgriechischen Romandichter war Alexander der bewunderte Held, der kühne, listenreiche Eroberer, der große Erforscher des Erdkreises, dessen Taten und Fahrten er ohne jede Abwertung darstellte.»

Was den Vanitas-Gedanken betrifft, so hat *De Boor* völlig recht, wenn er schreibt:

«Im Verlauf des ganzen Gedichts versinkt der Vergänglichkeitsgedanke und die Kritik der menschlichen Unersättlichkeit, um erst mit der Paradiesfahrt und Alexanders Tod wieder hervorzubrechen»,

– nur stehen Paradiesfahrt und Tod im Straßburger und nicht im Vorauer Alexander, was nichts anderes heißt, als daß hier also der Vergänglichkeitsgedanke komplett versunken ist. Damit aber wird auch der Hinblick auf einen anderen Sachverhalt möglich. Die Vorlage von *Lamprechts* Alexander, das Gedicht des *Alberich* von Bisinzo, ist ja eben nicht in französischer, sondern in provenzalischer Sprache abgefaßt. Sie stellt sich geistig in den Zusammenhang einer Renaissance antiker Studien, die wir mit den Namen *Marbod, Hildebert* und *Baudri* verbunden hatten. Wie der Dichter der provenzalischen Fides-Chanson verbindet *Alberich* lateinische Literalität mit provenzalischer Vulgärsprache zu einem Zeitpunkt, wo noch nicht sicher ist, daß im französischen Norden vulgärsprachliche Epenverse den Weg aufs Pergament gefunden haben. Indem er zum Alexanderstoff greift, beginnt er jene Reihe von vulgärsprachlichen Romanen, die seit 1150 im aquitanisch-angevinischen Herrschaftsbereich antike Themen, dann auf anglo-normannisch, behandeln, und die über Theben-

Roman, Aeneas-Roman, Troja-Roman und Ovidiana zur Schule auch des französischen Ritterromanes werden sollte. Es dürfte nicht gänzlich unbeachtet bleiben, daß es die gelehrt-provenzalische und nicht die altfranzösische Literatur ist, die mit einem ersten Anflug von Ritterkultur nicht nur in den französischen Norden, sondern auch nach Osten hin gewirkt hat auf jene Anpassungskultur, die dort auf altertümlicherer Gesellschaftsgrundlage entsteht.

## Vulgärsprachliche Mirabilien- und Legendenchronik in Regensburg

Keine 100 km nordöstlich von Freising entsteht in den Jahren, in denen der Bischof *Otto* dort seine ‹Historia de duabus civitatibus› schreibt, in der Stadt Regensburg die deutschsprachige gereimte ‹Kaiserchronik›, ein gewaltig umfangreiches Werk. Was wir bisher im XII. Jh. an Gedanken, an Gefühlen, an Gestaltungen haben finden können, scheint sich in unendlicher Entfernung von diesem vulgärsprachlichen Gedicht abgespielt zu haben. Wer von *Otto* von Freising an die ‹Kaiserchronik› kommt, meint sich in eine andere Welt versetzt. Ihm stellt sich der Unterschied als Problem dar. Nach der Lektüre von *De Boors* Abschnitt über die Kaiserchronik könnte man meinen, das Geschichtsbild dieses Gedichts zeige keinen wesentlichen Unterschied zu demjenigen *Ottos* von Freising. Auch im deutschen Gedicht soll sich der doppelte Bogen von Historia divina und Historia terrena über die Zeiten spannen. Indes fehlen diesem Bogen zunächst einmal die beiden Pfeiler von Anfang und Ende, von Erschaffung Adams und Jüngstem Gericht.

Die Regensburger Chronik setzt ein bei den Römern und fabelt deren heidnische Lebensgewohnheiten zur Zeit von Romulus und Remus daher, anhand der Etymologie der sieben Wochentagsnamen. Nach diesem Vorspiel beginnt die eigentliche Erzählkette von Kaisergeschichten mit *Caesar*. 33 römische Könige und 19 deutsche Herrscher als römische Könige werden nacheinander abgehandelt. Das alte Werk bricht ab mit der Kreuzpredigt *Bernhards* von Clairvaux vom Jahre 1146. Man kann sich fragen, wie denn in dieser Kette jene Glieder erscheinen, die bei *Otto* von Freising die Gelenkstücke des Geschichtsverlaufs gewesen waren, und wie dieser Verlauf selbst begriffen wird. Beispiele könnten *Augustus* und *Konstantin* sein. Vom ersten hatte es bei *Otto* geheißen:

> «Als nun alle Unruhen beigelegt waren, als der Welt ein seit langem nicht mehr gekannter Friede geschenkt war …, da ward im 42. Jahr der Regierung des Kaisers *Augustus*, im 752. Jahr nach der Gründung der Stadt (Rom), in der 193. Olympiade, 5500 Jahre nach Adam, … nach Daniel in der 66. Woche Jesus Christus, Gottes Sohn, nach dem Fleisch ein Sohn Davids, von der Jungfrau Maria in Bethlehem in Juda geboren. Um zu zeigen, daß er der wahre Friede sei, erschien in der Nacht, da er geboren wurde, in strahlendem Licht den Hirten ein Engel und verkündete ihnen … Frieden» (Chr. III c. 6).

In der ‹Kaiserchronik› ist *Augustus* ohne jede innere Notwendigkeit an der Regierung:

> Alse Juljus wart erslagen,
> Augustus daz rîche nâh im gewan,
> von sîner swester was er geborn … (603 ff.).

Von einer Beziehung zwischen Monarchie und Monotheismus, Pax romana und Geburt Christi etc. ist keine Rede. Vom Zensusgebot wohl und von einer seltsamen Steuerwaage, davon, daß uns eines Tages der wahre Heiland von Abgaben an den Kaiser erlöste, von der Gründung Kölns und Augsburgs, aber nicht von der Geburt Christi in Bethlehem. Die wenigen Verse, die der Regierung des *Augustus* gewidmet sind, haben anekdotischen Charakter.

Konstantin, unter dem bei *Otto* die Civitas Dei endlich zur weltlichen Freiheit kommt, wird nahezu überhaupt nicht als historische Persönlichkeit gesehen. Von den vorhergehenden Christenverfolgungen und deren figuraler Beziehung zum Zeitalter des Antichrist wird in diesem Zusammenhang gar nicht gehandelt. Die Stelle einer historischen Reflexion wird vielmehr ausgefüllt durch eine breit angelegte, anekdotenhafte Legendennovelle von *Konstantin* und dem Papst *Silvester* (7604–10633). Ein Begriff von ‹epoché›, von ‹Wende der Zeiten› fehlt dem Autor völlig. Solches zeigt sich auch, wenn man auf die Art und Weise der Verknüpfung der einzelnen Kettenglieder sieht:

> Alse Juljus wart erslagen,/ Augustus daz rîche nâh im gewan (603 f.) …
> jâ truoc er die corône,/ daz saget daz buoch vur wâr,/
> sehs unde fiunfzic jâr (V. 664 ff.). Dann folgt *Tiberius:*
> Daz buoch kundet uns sus,/ daz rîche besaz dô Tybêrîus (671 f.)…
> Ein buoch saget uns sus:/ daz rîche besaz Faustinjânus (1219 f.) …
> Daz buoch kundet uns mêre:/ daz rîche besaz duo Nêre (4083 f.) …
> Nêro rihte daz rîche vur wâr/ rehte driuzehen jâr (4265 f.) …
> Daz buoch kundet uns sus:/ daz rîche besaz duo Tarquînîus (4301 f.).

Und in dieser Art geht es weiter. Der Geschichtsprozeß scheint in diesen Formeln ganz äußerlich. Er ist kein Gegenstand des Nachdenkens. Ist das Stilprinzip oder ist es Gedankenlosigkeit, wird man fragen. Eine Antwort scheinen die Überleitungsformeln bei den römischen Königen deutscher Nation zu geben. Vers 15 850 f. heißt es z. B.:

> Alse der kaiser Hainrîch versciet,/ ainen sûn er verliez,/ gehaizen was er Ottô./ die vursten rewunden nie dô,/ unze si Otten den jungen/ ze ainem rihtaere gewunnen.
> (Für *Otto II.* heißt die Formel:) Alsô der kunich Ottô versciet,/ ainen tiurlîchen sun er liez,/ gehaizen was er Ottô./ daz rîche besaz er dô. (15 974 ff.),
> (für *Otto III.:*) Alse der chunich Ottô versciet,/ ainen sun er liez,/ er newas niht alt,/ wan ze zwelf jâren gezalt:/ daz was der dritte Ottô. (16 064 ff.),
> (für *Heinrich II.:*) Die vursten lobeten dô gelîche/ ainen Hainrîchen;/ si sprâ-

chen, er waere getriuwe unt gewâre,/ daz er dem rîche wol gezâme. (16 142 ff.),
(für *Konrad II.:*) Dô clageten in (den verstorbenen *Heinrich II.)* mit flîze/ die
vursten in dem rîche./ si kômen dô ze râte, si erwelten ain Chounrâten (16 254 ff.),
(für *Heinrich III.:*) Dô der chunich Chuonrât versciet,/ ainen sun er
verliez,/ daz was der guote Hainrîch (16 376 ff.),
(für *Heinrich IV.:*) Die vursten rieten dô gemainlîche/ ûf ainen Hainrîchen,/
der was des oberen sun (16 532 ff.).

Hier werden zwei verschiedene Formeln variierend angewendet, die eine
für direkte Erbfolge, die andere für die freie Königswahl. Das individuali-
sierende Moment, das darin bereits liegt, verstärkt sich noch bei den letzten Herrschern. D.h. der Sinn für eine lebendige Verschiedenheit der
Zeiten ist bestimmt durch den Horizont der persönlichen Erfahrung, nicht
durch eine gedankliche Vorstellung vom Gang der Geschichte. Aufs Ganze
gesehen herrscht eine historische Beliebigkeit.

Indes, wird man sich sagen, es kann doch bei dieser Kette von römischen
und römisch-deutschen Königen nicht ausbleiben, daß mindestens an
einer Stelle der Übergang des Imperiums auf die Franken in irgendeiner
Weise zur Darstellung kommt. Und in der Tat ist eine solche Stelle vorhanden. Aber sie wird auf ein Minimum an historischem Gehalt reduziert.
Es ist die Passage Vers 13 651–14 308, welche die Zeit zwischen *Theodosius* und *Karl dem Großen* behandelt.

Die Lücke wird mit drei nichtssagenden griechischen Kaisernamen ausgefüllt
und danach heißt es dann:
Daz rîche stuont dô lêre./ ûf sante Pêters altâre/ sazten si die chrône (14 282 ff.).

Man greift wohl zu hoch, wenn man in dieser Imperiumsvakanz den Ausdruck einer bestimmten politischen Konzeption erkennt, die das Verhältnis von römisch–deutschem Kaisertum zu Byzanz prägnant formulieren
will. *Otto* von Freising hingegen sieht hier ganz sachlich auf das Rechts-
verhältnis zwischen byzantinischem und römischem Imperium:

«Im Jahre 801 ... wurde *Karl* in seinem 33. Regierungsjahr vom Papst gekrönt,
und das gesamte Volk rief ihm dreimal zu: ‹*Karl*, dem Augustus, dem von Gott
gekrönten großen, friedenbringenden Imperator der Römer, Heil und Sieg!› So
ward er als 69. Herrscher von *Augustus* an unter Aufhebung des Titels ‹Patricius›
zum Imperator und Augustus ausgerufen. Dadurch wurde die Regierung des römischen Reichs, deren Sitz von *Konstantin* bis zu diesem Tage die Kaiserstadt, d.
h. Konstantinopel, gewesen war, auf die Franken übertragen. ... Die Imperatrix
*Irene* von Konstantinopel schickte Gesandte an *Karl* und ersuchte darum, einen
Vertrag zwischen Griechen und Franken zu schließen. ... Nachdem nun *Nicepho-
rus* (in Byzanz) Herrscher (rex) geworden war, schickte er mit dem Gesandten
des Imperators *(Karl)* Bevollmächtigte mit, und es kam ein durch Austausch von
Urkunden und Gesandten bestätigter Vertrag zustande.» (Chr. V c. 31).

Dem Bemühen *Ottos* um Sachlichkeit und historische Wahrheit steht ein
anekdotenhaftes Geschichtsverständnis in der Kaiserchronik gegenüber,
in welcher dann Papst *Leo III.* zum Bruder *Karls* wird und eine rührende
Legende die Translatio imperii verschleiert.

In Freising befanden wir uns noch mitten in der Welt der klerikalen Kultur Frankreichs, in Regensburg sind wir völlig aus dieser Welt herausgetreten. Der großen geographischen Nähe von Freising und Regensburg entspricht eine ebenso große geistige Ferne zwischen dem einen und dem andern Ort. Und doch sind es auch in Regensburg Kleriker, die auf ihre Weise Geschichte schreiben. So etwas wie eine anonyme Bauhütte von Regensburger Geistlichen hat dieses vulgärsprachliche Riesengedicht von 17 284 Versen gereimt, und zwar in einem erstaunlich einheitlichen Stil. Einer der Dichter ist während der Arbeit, die sich über viele Jahre hingezogen haben muß, gestorben. Vers 10 619 ff. heißt es von ihm:

«Wer ‹daz liet› (d.h. dies Epos) gehört hat, der möge ein Paternoster singen um des Heiligen Geistes willen zum Lobe des heiligen Mannes Sankt Silvester und für die arme Seele dessen, der mit diesem Liede (Epos) begonnen hat; Sankt Silvester, der heilige Mann, steht (bzw. stehe; vgl. *Edw. Schröder*) ihm gnädig bei *ante thronum Dei* und möge auch allen denen – Lebenden wie Verstorbenen – helfen, die das Gedicht mit gutem Sinn anhören.»

Ein Name wird hier sowenig wie an einer andern Stelle genannt. Die Verfasser sind Regensburger Geistliche, d. h. wahrscheinlich Canonici vom Hofe des Bischofs. Sie gehören zu jenem Stande der Chorherren, deren «äußerst beschränkte geistliche Präsenzpflicht» die nötige Muße, und deren Pfründen die nötige Wirtschaftsenthobenheit für literarische oder gelehrte Arbeit boten, für welche dem «Mönch im allgemeinen die tägliche und stündliche Vita communis nicht Raum ließ» *(H. Heimpel)*. Es sind also die Regensburger Kollegen eines *Fulbert, Abaelard* und *Wilhelm* von Champeaux, die hier auf vulgärsprachlich Geschichte schreiben. Doch wie anders ist das geistige Klima am Regensburger Bischofshof beschaffen!

Bischof ist damals *Heinrich von Wolfratshausen* (1132–1155; vgl. *Edw. Schröder)*. Die mittelbare Anregung zu dem Unternehmen aber könnte von seinem Vorgänger *Kuno von Falkenstein* ausgegangen sein. Dieser gebürtige Regensburger war vorher 1105–1126 (vgl. *Edw. Schröder)* Abt im rheinischen Kloster Siegburg gewesen, wo damals gerade das Anno-Lied entstand. Als er 1126 auf den Regensburger Stuhl gelangte, brachte er jenes Gedicht mit, und einer der Autoren arbeitete es in den Anfang der Kaiserchronik ein. Es ist dies die Partie Vers 271–662.

Vom Geschichtsentwurf des Siegburger Gedichts ist im Werk der Regensburger allerdings nichts übrig geblieben. Das, woran die Regensburger Chorherren interessiert waren, sind vor allem Wundererzählungen, wie sie ähnlich später in den ‹Gesta Romanorum› gesammelt werden und die dann in Predigten als ‹Predigtmärlein› ein blühendes Leben führen. Was damals ein Romfahrer anläßlich einer Stadtbesichtigung hören mochte und was sich in der sogen. stadtrömischen Mirabilienliteratur niederschlug, bildet für die römischen Könige die Hauptquelle.

«Lata rana», die «große Kröte», welche Kaiser Nero Vers 4 149 gebiert, gibt dem Hügel des «Lateran» seinen Namen. Das stammt wohl aus der damals gerade nagelneuen ‹Graphia aureae urbis Romae›. Es scheint die harmlose Frucht eines interessanten Zusammenhanges von Regensburg mit der stadtrömischen Renovatio-Literatur zu sein.

Ist bei den heidnischen Königen die verwunderliche Schauer-Anekdote, so ist bei den christlichen Herrschern die wunderbare Legenden-Anekdote der Angelpunkt des Interesses. Nimmt man hinzu, daß der Kaiserchronik im Ganzen ein historischer Begriff fehlt, so läßt sich die Tendenz dieses Werkes im Unterschied zur ‹Historia› Ottos von Freising etwa folgendermaßen charakterisieren:

Deutlich ist in Ottos Werk der durchgehende Gefügecharakter. Der «Sturmwind der Zeit» (Chr. VI c. 36), welcher hier alles durchweht, ist nichts anderes als der Begriff der Einheit des Vielfältigen, welches uns bisher in der ersten Hälfte des XII. Jahrhunderts begegnet ist. Ihm verdankt es Ottos Werk, daß jede Einzelheit wie ein Stein in einer konsequenten Konstruktion erkennen läßt, auf welchen Pfeiler und auf welchen Schlußstein er bezogen ist. Die Kaiserchronik dagegen entbehrt als Ganzes der Wölbung und des historischen Atems. Hervor treten in ihr Einzelstücke von Wundererzählungen und Legenden, deren historischer Zusammenhang locker und eigentlich beliebig ist. Deshalb wäre ein angemessener Titel des Regensburger Werkes eher ‹Mirabilia und Legenden von den römischen Königen›. Um diesem Sachverhalt Rechnung zu tragen, müßte das Werk als Legendendichtung angesehen werden.

Die Legenden der Kaiserchronik, wir nennen als Beispiele: Faustinianus (1219–4082), Silvester (7 800–10 633), Crescentia (11 352–12 812), sind überwiegend selbständige Stücke, welche z. T. bereits vorher unabhängig existiert haben. Wie sich in diesen Legenden alte Traditionen zu neuen literarischen Formen aktualisieren, versuchen wir am Beispiel der ‹Crescentia› zu sehen. Einen Überblick über den Inhalt und das Problem seiner Gliederung soll eine kurze Nacherzählung geben, welche diese zyklisch gebaute Geschichte von der Mitte bis zum Ende berichtet. Damit deuten wir gleichzeitig auch an, wie die Handlung im XII. Jh. moderner, progredierend hätte gestaltet werden können.

1. Crescentia, ungerecht zum Wassertode verurteilt, wird an eine Flußinsel angeschwemmt. Dort findet sie Sankt Petrus. Er tröstet sie und befiehlt ihr im Namen Christi, zu ihren Verfolgern zurückzukehren und sie zu heilen. Denn Gott hat jene wegen der an Crescentia begangenen Ungerechtigkeit mit Aussatz («miselsuht») geschlagen (12 365–12 410).

2. Als unbekannte Heilkundige kehrt Crescentia an den Herzogshof zurück. Sie verheißt dem Herzog Genesung, wenn er ihr beichte. Als er schließlich bekennt, er habe auf Verleumdung hin seine Dienerin Crescentia zum Wassertode verurteilt, weil sie sein Kind ermordet habe, wird er augenblicklich gesund (12 411–12 484).

3. Da bittet der Herzog, die weise Frau möge auch seinen Vizegrafen vom Aussatz heilen. Crescentia fordert vom Vizegrafen öffentliche Beichte. Darin bekennt der Graf schließlich, er selbst habe das Kind des Herzogs getötet und den

Verdacht auf Crescentia gelenkt, weil sie sich weigerte, ihm zu Willen zu sein. Augenblicklich ist der Vizegraf geheilt, aber der Herzog läßt ihn in den Tiber stürzen, weil er Crescentia zu Tode gebracht habe. (12 485–570).

4. Der Herzog führt Crescentia an den Kaiserhof, wo der Kaiser und dessen Bruder aussätzig sind. Als der Kaiser beichtet, er habe auf bloße Verleumdung hin seine Gemahlin Crescentia zum Wassertode verurteilt, weil sie mit seinem Bruder die Ehe gebrochen habe, wird er geheilt (12 571–648).

5. Der Bruder des Kaisers beichtet öffentlich, er habe Crescentia verleumdet, weil sie ihm nicht zu Willen gewesen sei. Auch er bereut und wird geheilt (12 649–742).

6. Da gibt sich Crescentia zu erkennen. Zweimal wurde sie vom Wassertode gerettet: durch einen Fischer des Herzogs zuerst, dann durch Sankt Petrus selbst. Der Kaiser und seine Gemahlin Crescentia entsagen schließlich der Welt und gehen ins Kloster. Der kaiserliche Bruder erbt das Reich (12 743–812).

Was hier rückblickend erzählt wurde, stellt die Legende in ihrem ersten Teil dar.

Ihr Bericht beginnt also am Kaiserhof mit Erniedrigung und Verurteilung der Crescentia. Sie wird errettet und auf eine Vertrauensstelle am Herzogshof erhoben. Aber dort wiederholt sich die absteigende Schicksalskurve von Erniedrigung und Verurteilung, aber auch die aufsteigende Schicksalskurve durch die wunderbare Errettung. Beichten und Heilungen am Herzogshof und deren parallele Wiederholung am Kaiserhof vollenden den Wiederaufstieg Crescentias.

Dieser zyklische, bis in Einzelheiten vorhersehbare Schicksalsverlauf bildet die radförmige antike Zeitvorstellung (rota fortunae) ab. Das kreisende Rad des Schicksals läßt die Personen, um dem ewigen Zirkel zu entkommen, ins Kloster fliehen. Das hier im XII. Jh. neu aktualisierte Verlaufsschema stammt letzten Endes aus dem spätantiken Roman, ist letztlich heidnisch-antike Zeitauffassung. Die in solchem Verlauf erzeugte Spannung ist von dem neuen, autonomen Spannungstyp, den wir in Frankreich gesehen hatten, völlig verschieden (vgl. Alexander-Chanson).

Wie die provenzalische Alexander-Chanson und wie der Vorauer ‹Alexander› rezipiert die ‹Kaiserchronik› eine heidnisch-antike Tradition; aber sie erscheint als seltsam provinzieller Ableger einer europäischen Renaissancebewegung, die sich in Frankreich hatte entfalten können. Der Sinnverlust von großer Geschichte im Imperium nach dem Investiturstreit wird in diesem Gedicht nachvollzogen in Gestalt episodischer Strukturen. An die Stelle eines geschichtstheologischen Engagements tritt Legendenfrömmigkeit. Aber auch Spuren eines modernen, säkular anmutenden Rationalismus finden sich.

Mit Erstaunen bemerkt man: Der Erzähler scheint eine rationalistische Frage erwogen zu haben, wenn er erklären will, was unwahrscheinlich ist. Crescentia nämlich wird von keinem ihrer Bekannten erkannt. Der Erzähler sagt:

«(Crescentia) hatte ein fahles Aussehen und ihr Haar war weiß geworden. So erkannte (der Herzog) sie nicht …, obgleich er sie vorher oft (bei Hofe als Kaiserin) gesehen hatte. Außerdem glaubte er nicht, daß sie noch am Leben sei» (12 050–61).

Neben diesem modernen Zug steht ein altertümlicher, der aber in den ritterlichen Epen noch lange modisch bleiben wird: Der Gebrauch der epischen Hyperbel, den wir aus der Chanson de Roland kennen. Aber hier hat die Hyperbel bereits eine *idealisierende* Tendenz.

Die Heldin stammt aus «kaiserlîchem kunne» (1229). Die Jünglinge waren die «aller tûrsten hêrren, des hôhisten geslehtes» (1246 f.) usf. Oder bei der Pracht-entfaltung: Ein Schiff wird aufs herrlichste ausgerüstet «mit sîden umbehangen, baidiu golt unde wât und ander maniger slahte rât, sô iz der edelen kuniginne wol gezam, dar zuo vil manic hêrlîch man. die frowe îlte an daz urvar: jâ dient ir dar manic edelfrowe» (1540–50).

Die Richtung der Hyperbel, der Übertreibung, geht auf eine unerhörte gesellschaftliche Repräsentanz. Der Stoff wird ins Ritterliche ausgeweitet.

Ein charakteristischer ritterlicher Aufzug erscheint in der Lucretia-Novelle der Kaiserchronik. Dort haben die Römer «grôze rîterscaft», und die «hovesken fro-wen» sehen das Schauspiel von den Zinnen her an und stellen bewundernd fest, was für «guote rîter» die Römer sind (4563–72).

An einer andern Stelle desselben Stückes heißt es: «Damals sprachen sie von schönen Pferden und guten Hunden, von Jagdfalken und anderem Zeitvertreib. Sie sprachen von schönen» «frowen, daz si die gerne wolten scowen» (4423 ff.).

Die etwas rohe Zusammenstellung von Hunden, Pferden und Frauen erin-nert an Gedichte *Wilhelms IX.* von Aquitanien. Mit einiger Härte wird auch in der ‹Crescentia› geschildert, wie der Vizegraf die Heldin schlägt (4423 ff.). In einem höfischen Epos späterer Zeit wird das *so* kaum zu finden sein. Mit solchen Stilzügen wendet sich die vulgärsprachliche Kai-serchronik an Laien, aber sie wendet sich nicht an schlechthin Ungebildete.

Das zeigen die etwas weitschweifigen Moralreden und Diskussionen wie z. B. die der Faustinianus-Legende über den freien Willen, die «wilsaelde» (3029–3930). In Paris hätte man über die Primitivität der Argumentation nur gelacht. Sie erinnert an Kinderstreitigkeiten, bei denen der eine «ja» und der andere «nein» wiederholt, ein entscheidendes Argument aber nicht beigebracht wird. Für die gebildeten Laienkreise, mit denen die Regensburger rechneten, mochte das seine Wirkung tun; ähnlich wie bei den dunklen Reden des *Gilbert* de la Porrée auf *Otto* von Freising: Man verstand zwar nicht, aber man wußte nun: da war noch mehr dahinter.

Daß die ritterlichen Momente im Inhalt um eines Ritterpublikums willen gesetzt wurden, legen mehrere Stellen nahe.

Das schlechte Beispiel des Kaisers Domitian lehrt: «Von diu suln alle kunige bî im iemer nemen pilede, behuoten ir sêle, behalten ouh werltlîch êre» (5679 ff.).

Hier wird bereits jene ethische Harmonie von «werltlîch êre und gotes hulde» genannt, von der *Walther von der Vogelweide* dichten wird. Es war wohl die moralische Absicht des Werkes, mit seinen legendär-an-ekdotischen Kaiserporträts einen Fürstenspiegel zu geben, d. h. eine Tugendlehre für Fürsten. Vielleicht erklärt sich von daher auch die Hand-greiflichkeit der moralischen Schwarz-weiß-Kategorien.

Wandte sich aber die Kaiserchronik an ritterliche Laien, so trat sie damit in Konkurrenz zu anderer weltlicher Unterhaltungskunst. Dem trägt gleich der Prolog Rechnung:

> «In der Liebe des allmächtigen Gottes will ich dies Lied beginnen. Ihr mögt es freundlich (und gesittet) aufnehmen. Denn sehr wohl könnte es Euch nützen, von all der Tüchtigkeit zu hören, welche nur Toren für Mühsal halten, solange sie nichts dazulernen und an Weisheit wachsen. Die bleiben eitel und tun nicht recht, die da nicht gerne hören, wodurch sie gewinnen könnten wahre Klugheit und Ansehn in der Welt, welches zudem auch noch der Seele Heil bringt.
> Es gibt ein Buch. Das erzählt uns von dem Römischen Reich. Es heißt ‹Chronica› und berichtet uns von den römischen Päpsten und Königen, von guten und bösen, die da vor uns waren und das Römische Reich regierten bis auf den heutigen Tag. So gut ich kann, will ich es Euch vortragen. Möge hören, wer den Sinn dazu hat!
> Leider ist heutzutage eine Mode überaus verbreitet: Es ersinnen sich nämlich manche Leute Fabelgeschichten und fügen sie zusammen in Spielmannsmanier. Ich muß indes befürchten, daß solche ‹Literatur› der Seele Höllenschaden antut. Denn sie wird vollbracht ohne die Liebe Gottes. Und solche Lügengeschichten bekommen sogar die Kinder zu hören, welche ja nach uns auf der Welt leben sollen. Die werden sie behalten und weitererzählen (auf diese Weise). Aber Lügen und Großtuerei gerät niemandem zum Guten. Verständige hören so etwas nicht gerne an. Und jetzt beginnen wir dieses ‹guote liet›» (1–42).

Vielleicht bestimmt die hier zutage tretende moralische Absicht auch das primitive Geschichtsbild. Denn nicht für alle Zeitgenossen *Ottos* von Freising steht die Gegenwart unter dem Zeichen der Apokalypse. Die der Welt, wie sie ist , verfallen sind, weil sie gerade Macht haben, dürfen sich vom Lauf der Zeiten und von den Zeichen der historischen Stunde nicht anfechten lassen.

Das alles soll nicht etwa heißen, die ‹Kaiserchronik› sei ein opportunistisches Werk. Die hier besprochenen Stilzüge erwachsen nicht unbedingt aus der berechnenden Absicht der Verfasser, sondern sie sind Teil eines besonderen, gesellschaftsgeschichtlichen Zustandes, der eben anders ist als der, der die französische Universitäts- und die provenzalische Ritterkultur bestimmt.

In Regensburg herrscht ein rauheres, praktisches Klima. Deswegen macht sich gleich der Prolog der ‹Kaiserchronik› Sorgen um sein Publikum. *Otto* von Freising hingegen schrieb Geschichte, um die unsichtbaren Taten Gottes zu erkennen. Und als er in veränderter Zeit sein Werk *Friedrich Barbarossa* widmete, mußte er sich für seinen apokalyptischen Pessimismus entschuldigen. Dennoch stand er als Denker über dem Kaiser, so daß er ihm die Geschichte zum Studienobjekt in unbestochener Weisheit empfehlen konnte:

> «Ehrenvoll also und förderlich wird Eurer Hoheit die Kenntnis der Geschichte sein: sie wird Euch eine Anschauung vermitteln von den Taten tapfrer Männer wie von der Kraft und Macht Gottes, der die Herrschaft nimmt und gibt, wem er will, und den Wandel (mutatio rerum) der Dinge zuläßt» (Chr., Schreiben an Kaiser Friedrich, S. 4).

# SIEBZEHNTES KAPITEL

# ZEITWENDE IN DER WESTRÖMISCHEN WELT

## A. ANZEICHEN EINER KRISE

Gleichzeitig mit der ‹Chronica› *Ottos* von Freising, *Lamprechts* ‹Alexander› und der ‹Kaiserchronik›, gleichzeitig also mit den Werken einer problematischen Teilhabe des Imperiums an der Weltgeschichte wären die Visionen der *Hildegard* von Bingen und des *Bernhard Silvestris* von Tours, aber auch die ersten katharischen Häresien zu denken – vor dem 2. Kreuzzug, in den 1140er Jahren. Auch den Anstoß für diese Konstellation vermuten wir in der vom Investiturstreit eröffneten Problematik.

Alle Dinge stellten sich anders dar, seit *Ivo* von Chartres Herrschaft hatte auseinander denken können in ‹Temporalia› und ‹Spiritualia›. Auf der Seite der Temporalia ergab sich das Problem einer weltlichen Autorität ohne geistlichsakralen Überbau. Aber wie wenig eine autonome weltliche Kultur möglich war, hatte sich in Frankreich gezeigt. Angesichts eines modisch-effeminierten Ritterbegriffs hatte der Protest *Bernhards* von Clairvaux den Begriff eines geistlichen Rittertums konzipiert, und seither schillerten die höfische Liebe und ihr allegorischer Götterhimmel zum Religiösen hin. Andererseits hatte das Rittertum sich gegen die Emanzipation einer städtischen Wirtschaftswelt zu behaupten. Gerade in den ersten Jahrzehnten des XII. Jahrhunderts hören wir allenthalben von kommunalen Freiheitsbewegungen: 1112 in Köln, 1138 in Poitiers, 1138 und 1142 in Orléans, 1141 in Châteauneuf-lès-Tours, 1143, 1144, 1145 in Rom, 1146 in Sens, 1147 in Orléans etc. Aber solche Emanzipation entbehrt eines möglichen Überbaus. Der Versuch, ihn ohne Hilfe etablierter Mächte zu gewinnen, mündet u. a. in Häresien. Auf der Seite der Spiritualia stellt sich nicht nur das Problem einer weltlichen Macht der Kirche als Widerspruch, sondern auch die Behauptung einer geistlichen Kultur im städtischen Milieu der Hohen Schulen. *Abaelard* oder die Schule von Chartres illustrieren das. In den kosmologischen Phantasien des *Bernhard Silvestris* wird sich ein seltsamer heidnisch-christlicher Synkretismus manifestieren.

### Bedrohliche Macht der Welt in den Gesichten der Hildegard von Bingen

In Deutschland kommen jetzt die ‹Scivias›-Visionen der *Hildegard von Bingen* zu Pergament. *Hans Liebeschütz* hat den religionsgeschichtlichen Traditionen ihrer Gesichte nachzuforschen versucht. Aber ganz befriedigt dies gelehrte Werk nicht. Er stellt selbst fest, *Hildegard* habe «frei verarbeitet, was ihr an Motiven zum Kosmosbau zufloß». Aber gerade wie das Freie dieser Verarbeitung vorzustellen sei, wäre von Interesse. Seit *Margarete Hattemer* die Erkrankung der *Hildegard* als Hysterie diagnostizierte, ist dieser Tatbestand in der wissenschaftlichen Literatur ohne Konsequenzen anerkannt worden. Harmlos gelehrte oder pathetische Betrachtungsweisen sind ihm eher ausgewichen.

In ein allgemeineres Bildungsbewußtsein ist die ‹Hysterie› wohl durch *S. Freud* gelangt. Aber Erscheinungsbild und Ursachen dieser Krankheit um 1900 wird man nicht ohne weiteres mit einer Hysterie des frühen XII. Jahrhunderts gleichsetzen wollen. Familien- und Gesellschaftsstrukturen damals sind nicht dieselben gewesen wie im Wien der ausgehenden k.-u.-k.-Epoche. Die klassische Hysterie erscheint als Resultat von verdrängten sexuellen Wünschen, etwa inzestuöser Natur, deren Befriedigung oder Bewußtmachung von strengen sozialen Verhaltensnormen verhindert wird. Als Ersatz wird die Krankheit produziert, in der sich das Ich theatralisch überkompensiert darstellt und Momente der Selbstbestrafung vorführt (Lähmungserscheinungen, Krämpfe etc.), sich aber andrerseits seinen Ich-Projektionen gegenüber scheinbar objektiv und teilnahmslos verhält.

Bei *Hildegard* von Bingen scheint das Verhältnis von Hysterie und Vision letztlich therapeutischer Natur zu sein. Zwar ist sie von der Außerordentlichkeit ihrer Person überzeugt, verhält sich scheinbar objektiv-distant zu ihren Gesichten und produziert die typischen Lähmungserscheinungen, aber sobald sie diktiert, ist sie von ihrer Krankheit befreit. Ihre kräftige, vielleicht archaische Konstitution wird mit der Neurose fertig. Beim Hysteriker, wie wir ihn kennen, ist aber die Neurose selbst und nicht ein Werk Resultat seiner Tätigkeit (vgl. *Racamier*). Dennoch scheint bei *Hildegard* ein initiales sexuelles Trauma manifest. So etwa in ihrer eigenen Erklärung zur Scivias-Vision I, 4 *(vgl. auch Abb. 63):*

«Mein Gewand ist zerrissen ... Sie zogen mir meine Kleider aus und schlugen mich wund ... Schlangen ... hetzten sie auf mich, so daß diese auf mich loszischten und mich ganz mit ihrem Gift bespritzten». «Kühn lachte ich und sagte: Der Meister, der dieses Zelt (von *Hildegard* auf ihren Körper gedeutet) gebaut hat, war stärker als ihr. Rafft nur eure Pfeile zusammen und steckt sie ein. Sie können eure Siegesgelüste an mir nicht stillen ... Aber wehe, meines Zeltes Sinnenverhaftung gebiert Unreinheit, Ausgelassenheit, Leichtfertigkeit und jede Art von Lastern» ... «meines Zeltes Begehrlichkeit hemmt mich, so daß ich meine Werke erst durchschaue, wenn ich die grausame Wunde in mir fühle ... Wenn in meinem Zelte die fleischliche Begierde sich regt, flößt sie mir Lust zum bösen Werke ein, und ich vollbringe es ... (Deutlich sagt zu ihr die Stimme:) denn was dich erfreut, das ist dir nicht erlaubt, und was dich ängstigt, dazu treibt das Gebot Gottes dich an» (Scivias 121–124).

*Sigmund Freud* formulierte den wohl auch hier zugrundeliegenden Sachverhalt in seiner Arbeit über ‹Hysterische Phantasien›:

«Das hysterische Symptom entsteht als Kompromiß aus zwei gegensätzlichen Affekt- oder Triebregungen, von denen die eine einen Partialtrieb oder eine Komponente der Sexualkonstitution zum Ausdruck zu bringen, die andere dieselbe zu unterdrücken bemüht ist.» Und in ‹Zur Theorie des hysterischen Anfalls›: «Wenn der Hysterische ein Erlebnis mit Absicht vergessen will, einen Vorsatz, eine Vorstellung gewaltsam von sich weist, hemmt oder unterdrückt, so geraten dadurch diese psychischen Akte in den zweiten Bewußtseinszustand, äußern von dort aus ihre permanenten Wirkungen, und die Erinnerung an sie kommt als hysterischer Anfall wieder (Hysterie der Nonnen, … der Personen, welche Hang zur Kunst, zum Theater in sich verspüren etc.).»

Aber es geht ja nicht darum, die Visionen der *Hildegard* auf einen irgendwie privaten Zustand zurückzuführen, sondern man wird eher fragen wollen nach den historisch besonderen sozialen Verhaltensnormen, welche die hysterieauslösenden Widerstände in diesem Fall konstituieren.

*Hildegard* wurde 1098 als 10. Kind des Freiherrn *Hiltebert* von Bermersheim (n. Alzey) und seiner Frau *Mechthild* geboren.

Wenn es sich auch als unwahr erwiesen hat, daß auf ihrer väterlichen Burg der vom Sohn abgesetzte Kaiser *Heinrich IV.* gefangengehalten worden sei, so mag doch die Autoritätskrise des Imperiums weder an ihrem väterlichen Milieu noch an ihr selbst spurlos vorbeigegangen sein. Aber für das Mädchen *Hildegard* wird die gesellschaftliche Verhaltensnorm nicht so sehr vom Vater als vielmehr von schwesterlichen Mutterersatzpersonen repräsentiert.

Seit ihrem 5. Lebensjahr (d. h. 1103), also vor Eintritt in die Latenzzeit *(Freud)*, will sie wunderbare Gesichte gehabt haben: «Doch tat ich es keinem Menschen kund, außer einigen wenigen, die wie ich im Ordensstand lebten.» Sie lebte aber damals noch gar nicht im Ordensstand, sondern war erst seit ihrem 8. Lebensjahr (1105) bei einer Recluse, *Jutta* von Spanheim, neben dem Benediktinerstift Disibodenberg a. d. Nahe (b. Bingen). Nach ihrer (vor 1188) von den Mönchen *Gottfried* und *Dieter* von Echternach verfaßten Vita redete sie bis zu ihrem 15. Lebensjahr, also bis zur Vollpubertät, «in Einfalt über die vielen Dinge», die sie sah:

«Weil ich dies innere Schauen neben dem äußeren besaß, solches aber von keinem andern Menschen hörte, … (verbarg ich) soviel nur möglich die Schau in meiner Seele … (Von) meiner *Amme* suchte ich zu erfahren, ob sie neben den Außendingen sonst noch etwas sehe.» Als sie von ihr nichts erfuhr, da, sagt *Hildegard*, «faßte mich große Furcht, ich hatte nicht den Mut, die Dinge irgend jemandem zu offenbaren, und doch erzählte ich … unbewußt von zukünftigen Dingen». Dadurch fällt sie seltsam auf. «Wich dann die Macht der Schau, unter deren Einfluß ich mich mehr wie ein Kind denn meinem Alter entsprechend benommen hatte, … so schämte ich mich sehr. Ich weinte oft und wäre froh gewesen, alles wieder mit Schweigen zuzudecken … Deshalb wagte ich über die Art meines Schauens niemandem etwas zu sagen … Nur einer *edlen Frau* (= *Jutta* von Spanheim), unter deren Leitung ich stand, tat ich die Sache kund.»

Nicht nur wechseln Reden, Verschweigenwollen und Schweigen ständig ab, sondern auch die Vertrauenspersonen werden vertauscht. Die ‹Amme› kann ihre Rolle allenfalls bis zum 8. Lebensjahr der *Hildegard*, nicht aber bis zum 15. gespielt haben. Dann muß die Recluse *Jutta* an ihre Stelle getreten sein. Amme und Nonnenmeisterin werden wohl deshalb nicht streng geschieden, weil beide die Funktion der Aufpasserin auf das kleine Mädchen und ihre Heimlichkeiten gemein hatten.

Daß *Hildegard* 1105 zusammen mit *Jutta* «eingemauert» worden sei (*Maura Böckeler*), stimmt schlecht zu der Mitteilung, *Hildegard* habe als Mädchen über ihre Visionen zu andern Leuten, «die wie sie im Ordensstand lebten», gesprochen. Ob dies Mönche des benachbarten Klosters Disibodenberg waren oder Reclusinnen, wird nicht gesagt.

Es läßt sich nur mit einiger Wahrscheinlichkeit (so auch *Starobinski)* vermuten, daß eine Kinderneurose der 5-jährigen – über Ursachen (Beobachtung von Sexualbetätigung, überraschte Selbstbefriedigung) vgl. *Freud* – durch analoge Erlebnisse in der oder um die Klausur Disibodenberg verstärkt worden sei. *Hildegard* wird das dann auf einen innerlich kritischen Zustand von Welt und Kirche beziehen.

«Als *Jutta* 1136 starb, wählte der inzwischen gewachsene, aber immer noch kleine Konvent (die damals 38-jährige) *Hildegard* zu deren Nachfolgerin» *(Böckeler)*. Zusammen mit ihren adeligen Konventualinnen versucht sie, Disibodenberg zu verlassen. Mit «großer Energie (löst sie) gegen den Widerspruch von Abt und Konvent ihr Verhältnis zur Abtei Disibodenberg, indem sie die Mutter ihrer vornehmen Sekretärin *Richardis,* die Markgräfin *Richardis* von Stade, zum Erzbischof *Heinrich I.* von Mainz (1142–1153, von *Barbarossa* abgesetzt) schickt und durch diesen die gewollte Loslösung, den Besitz eines neuen Klostergutes auf dem Rupertsberg bei Bingen und die Erhebung ihres Klosters zur Abtei erlangt ... (1147/48)». Seit 1141 aber ist die damals 43jährige *Hildegard* bereits damit beschäftigt, mit Hilfe der Nonne *Richardis* und des Mönchs *Volmar* von Disibodenberg ihr erstes Visionenwerk ‹Scivias›, ‹Wisse die Wege›, aufzuschreiben. Sie bedarf dieser Hilfe, da sie selbst nur unvollkommen Latein kann.

Das Manuskript, seit 1945 aus der Wiesbadener Landesbibliothek verschollen, ist durch seltsame Miniaturen illustriert, welche nach *Hildegards* eigenen Anweisungen gemalt wurden *(vgl. Abb. 61–63)*.

*Hildegard* ist nur von *Jutta* etwas im Lesen, Schreiben und Latein des Psalters unterrichtet worden, redete meist deutsch, scheint indes auch Latein, wiewohl unkorrekt, gesprochen zu haben. Sie besteht sehr auf ihrer ‹Ungelehrtheit›. Sie nennt sich den «einfältigen Menschen», will ihre Gesichte «nicht nach der Rede der Menschen», nicht «nach dem Willen menschlicher Abfassung» (Scivias 89), nicht «nach der Erfindung meines Herzens» (91) aufschreiben. Sie behauptet mit jener Energie, die auch ihre weltlichen Handlungen auszeichnet, die Göttlichkeit ihres Sehertums.

«Schreibe, was du siehst und hörst!», sagt ihr die Stimme. «All dieses sah und hörte ich, und dennoch – ich weigerte mich zu schreiben ... bis Gottes Geißel mich auf das Krankenlager warf. Da endlich legte ich, bezwungen durch die vielen Leiden, Hand ans Schreiben» (90).

Auch aus dem autobiographischen Brief an *Wibert* von Gembloux von 1174 erfahren wir, daß *Hildegard* ein Nichterfüllen von Aufträgen erkranken läßt. Sie «leidet Schmerzen, wird steif und unbeweglich, bis sie an die Erfüllung ihres Auftrages herangeht. Dann gesundet sie». Ihre Visio II, 1 schließt:

> «Nachdem dies geschehen, reichte das leuchtende Feuer durch die Flamme, die mit sanftem Wehen glühend in ihr brannte, dem Menschen eine blendendweiße Blüte, die an der Flamme haftete, wie der Tau am Grashalm. Der Mensch nahm ihren Duft mit der Nase wahr. Aber er kostete sie nicht mit seinem Munde und berührte sie nicht mit seinen Händen. Er wandte sich von ihr ab und stürzte in undurchdringliche Finsternis, aus der er sich nicht erheben konnte» (149).

Hier thematisiert die letzte Phase einer Vision die Haltung des hysterischen Krampfs. Solche, auch als Schreckensstarre gedeutete Katastrophe erscheint sogar als der reguläre Schluß von Visionen. In *Hildegards* meisten Gesichten läßt sich ein Grundrhythmus von 4 Phasen erkennen.

Phase 1 und 2 stellen jeweils opponierende Objekte vor: ein weibliches oder männliches als hell oder dunkel leuchtende Feuerkugel, als Berg oder See etc. Phase 3 läßt dann eines der beiden Objekte, manifest oder latent durch das andere, von einer Handlung ergriffen werden, die in Phase 4 zur Katastrophe führt. Phase 2 und 3 werden gelegentlich mehrfach wiederholt ehe Phase 4 erscheint (z. B. Visio II, 1), oder Phase 3 und 4 erscheinen mehrfach nacheinander (z. B. Visio I, 4). Es ist dies wohl eine Wiederholung des Vorgangs, von dem die Seherin obsediert ist.

Einzelne Phasenobjekte werden gelegentlich isoliert geschaut, so z. B. die Türme vom Gebäude des Heils (Visio III) oder (in Visio I, 3) das als sündiger Kosmos gedeutete weibliche Genitale *(Abb. 61)*.

Die Seherin selbst ist unter verschiedenen Gestalten in die Handlung verwoben, in Visio I, 1 und I, 4 z. B. als vieläugiges Objekt oder augenübersäte Gestalt *(Abb. 63)*. Hildegards Deutungen der beiden Argus-Gestalten widersprechen sich diametral. Einmal (96) ist die Figur aus Visio I, 1 die Gottesfurcht, die unentwegt auf Gott schaut; das andre Mal (127) ist sie das Wissen Gottes selbst (welches nach der Miniatur offenbar auf eine Schwangerschaft bezogen ist). Sehen und Gesehenwerden, Gott und Mensch werden vertauscht. Nun ist aber in Visio I, 4 auch ein Etwas, das «mit seinen Augen alle Welt erschauen» (120) kann. Dies aber ist nicht etwa Gott, sondern das ‹Zelt› der Seherin, d. h. nach *Hildegards* Deutung ihr Körper: «Seitdem mein Zelt erkannte, daß es mit seinen Augen alle Welt erschauen könne, richtete es seine Kräfte nach Norden (d. h. zum Bösen)» (120). Die Argus-Figur ist demnach wohl eine Ich-Projektion der Seherin, welche das Gesehenwerden fürchtet, aber dafür ihr Sehenkönnen dem göttlichen Vermögen gleichsetzt, und auf diese Weise den Über-Ich-Konflikt löst, indem sie Ich und Über-Ich verbindet. An einer Stelle bekannte sie: «So fliehe ich furchtsam das Angesicht meines Gottes, weil ich empfinde, daß die Werke meines Zeltes ihm zuwider sind» (124). In anderen Visionen (vgl. II, 5; II, 6; III, 8) erscheint die Seherin als kleines Mädchen, als Virgo, die sich auf der Identifikationsebene der Hoheliedallegorie mit den Gestalten Ecclesia und Gottesmutter verbindet. *Hildegard* löst ihren Autoritätskonflikt, indem sie sich als Seherin mit der gesuchten und gefürchteten Autorität selbst gleichsetzt. Ihre hysterischen Phantasien weiten sich so aus zu kosmischen Dimensionen: *(Abb. 62).*

(Einleitung:) «Alsdann schaute ich nach Nordosten, und siehe, da standen 5 wilde Tiere. Eines von ihnen sah aus wie ein Hund, der feurig glühte, aber nicht brannte, eines wie ein Löwe von gelber Farbe, ein anderes wie ein fahles Pferd, das nächste wie ein schwarzes Schwein und noch eines wie ein grauer Wolf. Sie alle wandten sich nach Westen. Dort tauchte vor ihnen ein Hügel mit 5 Gipfeln auf, und von dem Rachen der einzelnen Tiere erstreckte sich zu je einem Gipfel eine Schnur hin, alle von schwärzlicher Farbe, ausgenommen die Schnur, die vom Rachen des Wolfes ausging. Sie war teils schwarz, teils weiß.

*(1. Phase:)* Und siehe, jetzt zeigte sich mir im Osten wieder jener Mensch, den ich früher über dem Verbindungswinkel des Gebäudes in einer Purpurtunika erblickt hatte. Nun aber war mir auch der untere Teil seiner Gestalt sichtbar. Von der Mitte des Leibes an abwärts bis zur Stelle des männlichen Erkennens leuchtete er wie Morgenrot, und darin sah man eine Art Lyra mit ihren Saiten umgekehrt liegen. Weiter nach unten zu bis zu einem Querband von zwei Finger Breite, das oben an die Knöchel grenzte, war er in Schatten gehüllt, während sich über die Füße ein Glanz, weißer als Milch, ergoß.

*(2. Phase:)* Aber auch die weibliche Gestalt, die ich früher vor dem Altare, d. h. vor den Augen Gottes erblickt hatte, wurde mir wieder gezeigt. Auch sie sah ich nun in ihrem unteren Teil. Von der Mitte des Leibes an abwärts bis zur Stelle des weiblichen Erkennens hatte sie mannigfaltige, schuppenähnliche Flecken.

*(3. Phase:)* Ein unförmliches schwarzes Haupt erschien dort. Seine Augen glühten wie Feuer. Es hatte Ohren wie ein Esel, Nase und Mund wie ein Löwe. Klaffend sperrte es sein Maul auf und knirschte und wetzte die eisenähnlichen, schaurigen Zähne. Von diesem Haupt an bis zu den Knien war die Gestalt weiß und rot und erschien wie von heftigem Stoßen verletzt ...

*(4. Phase:)* Und siehe, nun löste sich das unförmliche Haupt mit lautem Krachen von seiner Stelle, so daß dadurch die ganze Gestalt der Jungfrau in all ihren Gliedern erschüttert wurde. Und eine gewaltige Masse von Kot sammelte sich um das Haupt, so daß es sich wie auf einen Berg emporhob und zur Höhe des Himmels aufzusteigen versuchte.

Aber da traf plötzlich ein Donnerschlag das Haupt mit solcher Wucht, daß es von dem Berge herabstürzte und seinen Geist im Tode aushauchte. Alsbald überwehte ein übelriechender Nebel den ganzen Berg, und darin lag das Haupt, von solchem Schmutz umhüllt, daß die umstehenden Scharen in den größten Schrecken versetzt wurden. ... Als die anwesenden Leute dies sahen, sprachen sie zueinander, von großer Furcht erschüttert: Wehe! Wehe! ... Wer wird uns helfen? Wer wird uns befreien? Denn wir wissen nicht, wie wir hintergangen worden sind. Allmächtiger Gott, erbarme dich unser! Lasset uns umkehren ... zum Zeugnis des Evangeliums ... Denn ach! ach! bitter sind wir getäuscht worden» (Scivias 329 f.).

Seit ihrem 43. Lebensjahr bringt *Hildegard* ein gewaltig umfangreiches Werk hervor, dessen Erstling ‹Scivias› ist. 1147 wird es Papst *Eugen III.*

bekannt, der damals mit seinem Hof in Trier weilt. Der Papst setzt eine geistliche Untersuchungskommission ein, *Bernhard* von Clairvaux gibt ein begeistertes Urteil ab. *Hildegards* Sehertum erfährt offizielle Billigung. Ihre Werke werden bekannt. Von allen Seiten wenden sich Leute, oft höchster Stellungen, an sie. Predigend reist sie von Bingen über Trier nach Metz, nach Lüttich, nach Hirsau und Zwiefalten, nach Würzburg und Bamberg. 1150–57 widmet sie sich naturwissenschaftlich-medizinischen Studien. In ihren Werken ‹Physica› und ‹Causae et curae› gibt sie ein Kompendium der damaligen Volks- und Klostermedizin. Einige Aufzeichnungen bedienen sich einer von ihr erfundenen Geheimsprache, der ‹lingua ignota›. Erstaunlich sind ihre zahlreichen Hymnen, Sequenzen und geistlich-allegorischen Schauspiele. Höchst eigenwillig verschmäht sie in ihren Kompositionen traditionelle gregorianische Formen, weiß diese aber, wie andere Werke zeigen, durchaus auch zu erfüllen *(vgl. Kyrie-Übertragung M G G 6, 389 ff.).*

Wahrscheinlich im April 1154 bittet *Friedrich Barbarossa* sie zu einer Audienz auf die Pfalz nach Ingelheim. Später schreibt ihr der Herrscher:

«Wir machen deiner Heiligkeit bekannt: Das, was du uns vorausgesagt hast, als wir dich bei unsrem Aufenthalt gebeten hatten, vor uns zu erscheinen, halten wir bereits in Händen. Aber trotzdem werden wir nicht aufhören, in allen Unternehmungen uns für die Ehre des Reiches abzumühen».

Als *Hildegard* sich später auf die Seite des kaiserfeindlichen Papstes stellt, verliert sie dennoch nicht die Achtung *Barbarossas.* Am 18. 4. 1163 erläßt er eine kaiserliche Schutzurkunde zu ihren Gunsten. Am 17. 9. 1179 wird *Hildegard* 82-jährig in ihrem Kloster sterben.

*Hildegards* Erfolg dürfte darauf beruhen, daß ihre Konfliktlösung eine Antwort auf eine allgemeinere Konfliktsituation symbolisiert. In wenigstens einer ihrer Visionen taucht ein Motiv des späteren Artus-Romans auf: das Motiv der Schwertbrücke (Visio I, 4), das sich im ‹Lancelot› findet.

Auf dieser Brücke gelangt Lancelot zu der von ihm geliebten Frau des Königs Artus. Psychoanalytisch wäre das Schwert phallisches Symbol, dem die Gefahr beigegeben ist, gesellschaftliche Sittenschranken zu zerschneiden. Die ganze Lancelot-Fabel ist ja vom ‹Inzest› zwischen Vasall und Königin bestimmt. Bedenken wird man auch, daß die Vaterfigur des Königs Artus in allen Romanen passiv und untätig ist, daß sie oft schläft, ferner, daß Tristan die stiefväterliche Autorität des Königs Marke schändet, während Marke ihm in homoerotischer Neigung zugetan scheint. Eine Psychopathologie der Rittergesellschaft bleibt gewiß noch zu schreiben.

*Hildegard* lebt innerhalb der Kirche; aber der Anspruch einer neuen Weltlichkeit, der sich in der ritterlichen Liebeskultur außerkirchlich manifestiert, wird von ihr, vielleicht auf Grund persönlicher Erlebnisse, als bedrohliche Macht erfahren. Daß sie diese Macht in ihren Visionen bannt, begründet die therapeutische Kraft wie die Wirkung ihrer Gesichte.

## Heidnische Gelehrsamkeit und fernhändlerische Ketzerei

Von einer andern Seite her beleuchtet die allgemeine Unruhe in der westlichen Christenheit Erscheinung und Werk des *Bernhard Silvestris* von Tours. Mit ihm befinden wir uns wieder im Bereich der französischen Universitätswelt. *Theoderich* (Thierry), dem Haupt der Schule von Chartres (s. S. 261), widmet er sein Werk ‹De Universitate Mundi. Megacosmus et Microcosmus›, ein Gedicht in zwei Gesängen oder Büchern mit längeren Prosapartien. Hier werden Elemente antiker Tradition ergriffen und zu einem dogmatisch zweifelhaften Weltbild montiert. Ein Dualismus von Geist und Materie scheint in Konflikt mit dem christlichen Dogma. Im Bereich des wirkenden Geistes stehen sich Gott mit undefinierter Vaterfunktion und Natura als schaffender Demiurg gegenüber. Als schaffend vorgestellt wird aber zugleich der Weltgeist, eine Emanation Gottes, mit dem Natura sich zur Bearbeitung der Materie verbündet. All dies tritt in Personifikationen auf: Natura zunächst. Sie spricht zum schaffenden Weltgeist, der Weltseele Noys, welche erstgeborene Gottheit aus Gott, zugleich aber eine Göttin ist, also eine Art weiblicher Christus. Natura will das Chaos formen. Dieses Chaos ist ‹Silva› (= gr. ‹hyle›), die ungestalte Materie, die seit Urzeiten wogt und brodelt. Für solches Werk aber braucht Natura die Hilfe der Weltseele Noys. Diese wird zu Anfang des Werkes angerufen:

> Als noch den Anfang der Dinge     die ungestaltete Silva
> Unter dem vorigen Globus     in wirrer Verschmelzung umfaßte,
> Trat unter Klagen Natura     vor Gott und sprach zu dem tiefen
> Geiste der Göttin Noys:     Du Bild des lebendigen Lebens,
> Erstgeborene Gottheit     aus Gott, Substanz aller Wahrheit ...
> Wenn ich vielleicht in meinem     Gemüte zu Großes ergreife,
> Weicher zu schmieden die Silva,     die Alterserstarrung zu tilgen
> Und ihr alsdann das Bild     einer schöneren Form zu verleihen –
> Wenn du dem Werke nicht beistimmst,     so muß ich mein Vorhaben lassen.
> (Übersetzung *W. Rath*)

Das zweite und letzte Buch gilt dann dem Mikrokosmos, dem Menschen, in dessen Gestalt sich das große All widergespiegelt findet. Aus der Mischung, der ‹complexio›, der vier Elemente ist alles Einzelne entstanden. Der Schluß des Werkes lautet so:

> Feuchtigkeit schuf das Gehirn     und Feuer das Herz, doch aus beiden
> Mischte das luftige Blut     weichlicher Leber Organ. ...
> Seßhaft ist auch in der Leber     die eingeborene Wollust,
> Amor in unserem Fleisch     ein so gewichtger Tyrann.
> Doch den unteren Leib     schließt ab die mutwillige Weiche,
> Unter dem letzten Gebiet     völlig verbirgt sich die Scham.
> Angenehm und bequem     wird indes ihr Gebrauch wohl empfunden,

Sollte es einmal sein:    wann, wie beschaffen, wieviel,
Daß der Jahrhunderte Kette    von ihrem Ursprung nicht abreißt,
Und jenes Chaos von einst    nicht wiederholt werden muß.
Dieses Werk übertrug    die Fortpflanzung an die zwei Genien,
Wie es auch einmal schon war    Zwillingsgeschwistern geweiht.
Sie besiegen den Tod    im Kampf mit den Waffen der Hochzeit,
Stellen Natur wieder her,    pflanzen so fort das Geschlecht.
Daß nicht ersterbe, was sterblich,    nicht hinfällig werde, was falle,
Lassen nicht zu, daß der Mensch    werd an der Wurzel getilgt. ...
Von der Region des Gehirns    herabgesandt zu den Nieren
Fließet ein Blut, welches zeigt    weißlichen Samens Gestalt.
Und es formt diesen Saft    die Natur in kunstreicher Weise,
Auf daß die neue Geburt    gleiche dem Ahn im Gesicht.
So fließt Natur in die Welt,    sich selbst überlebend, und dauert
An und ernähret sich selbst    aus ihrem eigenen Strom.

Solche poetisierende Naturkunde vollzieht im gelehrt-klerikalen Bereich eine Emanzipation des Temporalen vom Spiritualen auf ihre Weise, getragen von einer optimistischen Weltstimmung, welche die Literatur des Westens von der des Imperiums unterscheidet. Sie sucht Legitimation in der heidnischen Tradition und zugleich die Billigung der Kirche. Gegen 1147 hat *Bernhard Silvestris* sein Werk dem damals in Frankreich weilenden Zisterzienserpapst *Eugen III.* vorgetragen, der auch die Gesichte der *Hildegard* von Bingen guthieß. Seltsamerweise soll er, der Schüler *Bernhards* von Clairvaux, dem aller Paganismus ein Greuel sein mußte, den Vortrag mit Wohlgefallen aufgenommen haben. Vielleicht war es eine günstige astrologische Prophezeiung, die dem Papst dieses Werk annehmbar machte (vgl. *Liebeschütz*).

‹De Universitate Mundi› hat weit und lange gewirkt. In der zweiten Hälfte des XII. Jahrhunderts wird *Alanus ab Insulis* die kosmologisch-naturkundlichen Phantasien des *Bernardus Silvestris* wieder aufnehmen in seinem Lehrgedicht ‹Anticlaudianus›, das den spätmittelalterlichen Manierismus befruchtet, ausgerechnet jener *Alanus,* der auch als Ketzerrichter hervortrat. Von Ketzerei ist aber auch jetzt zu sprechen.

Die fernhändlerische Wirtschaftswelt der Städte und die von imperialer Bevormundung befreite, nun als heilige Institution behauptete Kirche erscheinen als Grundbedingungen der jetzt neu erwachenden Häresien. Ihre Anhänger werden zunächst und auf lange hin als ‹Manichäer› bezeichnet; wohl nicht nur, weil der Manichäismus als besondere Form der Häresie aus den Schriften *Augustins* (vgl. ‹De haeresibus›) genauer bekannt war, sondern weil in der Tat das durch die spätantiken Manichäer vermittelte Dualismusproblem in neuer Form wieder aktuell wurde. Dieses Problem der Dualität von Materie und Geist oder Welt und Gott stellt sich seit dem 1. Jahrtausend vor Christus in allen großen Kulturen der Erde, in Indien und China, in Persien und Griechenland, «nirgends ganz neu erfunden oder bloß sklavisch nachgeahmt, sondern sich wandelnd in wechselnden historischen Situationen, immer wieder entdeckt» *(Borst)*. Das Christentum bedeutet dann eine recht späte Stellungnahme dazu. «Dualismus ist der Glaube, daß das Wesentliche und Bleibende im Menschen nicht aus dieser irdischen Welt stammt, sondern auf der Erde ein ‹Fremdling und Pilger› ist.» So definiert *Arno Borst* im Anschluß an den 1. Petrus-Brief (2,11). Zugrunde liegt dem Dualismus die Erfahrung, daß die Welt um uns herum, so wie sie ist, weh tut und falsch ist – gemessen an einem anderen Zustand, der jenseits der gegenwärtigen Verhältnisse entweder in der Vergangenheit (als ursprünglicher Naturzustand) oder in der Zukunft oder in einem Jenseits vorgestellt wird. Die Konsequenz solcher dissonanten Welterfahrung ist einerseits radikale Ablehnung der vorgefundenen Welt. Sie wird aufgegeben, nicht als Aufgabe ergriffen. Welt und Geist, Böse und Gut sind zwei unvereinbare Mächte, von denen die eine verworfen, die andre akzeptiert wird. In der Zoroaster-Religion, im Buddhismus, in der Gnosis, im Manichäismus und letztlich auch im Arianismus (vgl. ob. S. 16 f.) finden sich verschiedene Ausprägungen dieses Grundgedankens.

Am entschiedensten hat dem das Christentum mit seiner Ablehnung von Gnosis, Manichäismus und Arianismus widersprochen, indem es die grundsätzliche Vereinbarkeit von Geist und Welt, Gott und Mensch in der Gestalt Christi behauptete. An die Stelle einer Ablehnung der Welt schlechthin war damit der Gedanke einer grundsätzlichen Veränderbarkeit der Welt zu Gott oder zum Guten hin getreten. Dies Postulat erwies sich als die Bedingung der Möglichkeit für eine aktive Entwicklungskultur, seit sich die Kirche mit Hilfe *Konstantins* gegen die Gnosis behaupten konnte. Aber in den heiligen Schriften des Christentums war zugleich nonkonformistischer Sprengstoff vorhanden, aus dem nicht nur radikale Veränderung, sondern auch radikale Verdammung der bestehenden Welt gefolgert werden konnte. Diese zweite, nun wieder dualistische Konsequenz stellte sich leicht als Reaktion auf eine naive Behauptung von der Heiligkeit und Vollendung irdischer Institutionen wie Kirche oder Staat ein.

Erste Anzeichen von mittelalterlicher Ketzerei fanden sich zu Beginn des XI. Jahrhunderts (vgl. S. 92 f.). Dann aber wurde die Ketzerei für ein halbes Jahrhundert von der kirchlichen Reformbewegung (vgl. S. 123 ff.) nahezu aufgesogen. «In der Zeit, wo der Papst der größte Revolutionär ist, sind die, die man sonst Ketzer nennt, seine Getreuesten», schrieb *Arno Borst*. Doch der Gedanke *Gregors VII.*, «daß nur der würdige Priester wirksam die religiösen Funktionen vollziehen könne» *(Grundmann)*, wirkte weiter, und vor allem die Menschen der Städte begannen zu fragen, «ob die kirchliche Ordinierung des Priesters die einzige und ausreichende Berechtigung zur Vollziehung des christlichen Heilswerkes sei» *(Grundmann)*. Seit sich die Kirche durch den Investiturstreit als geistliche Macht auch weltlich darstellt, taucht wieder die Forderung nach freiwilliger Armut, nach apostolischer Nachfolge und Predigt auf. Gegen 1100 erwähnt *Radulfus Ardens* (s. S. 204) apostolische Häretiker in Südfrankreich, Leute aus der Stadt Agen (Garonne). Aber ein Teil dieser Bewegungen mündet in die neuen Orden der Kartäuser, Premonstratenser und Zisterzienser (o. S. 206f.) und damit in die Organisation der römischen Kirche, welche jetzt die Grenzen zur außerkirchlichen Religiosität definieren.

Um das Jahr 1140 wird nun, wohl durch Fernhändler aus Byzanz, die Lehre des Katharismus nach Westeuropa gebracht. Es ist die Lehre *Bogomils,* die hier auf fruchtbaren Boden fällt. Dieser *Bogomil* war ein makedonischer Dorfpriester im 2. Viertel des X. Jahrhunderts gewesen. Er predigte «nicht Revolution, sondern Resignation ... Diese Welt ist böse; laßt uns, um ihr zu entfliehen, das stille, fromme Leben der Apostel führen» *(Borst).* Reines Leben (gr. ‹katharos› = rein) wird gefordert, Staat, Sakramente, Bilder, Gebete werden abgelehnt. Zunächst in Bulgarien verbreitet, erobert die Sekte Konstantinopel, als Bulgarien von Byzanz unterworfen wird (1018). Sie hat sich bereits ‹manichäistisch› weiterentwickelt:

«Satan, der Bruder Christi und Sohn Gottes ... ist es, der die Welt geschaffen hat, er ist der Gott der Genesis und der Gesetzestafeln des Alten Testaments» *(Borst).*

Mit dem Gedanken der Apostel- und Christus-Nachfolge ist hier noch ein christliches Element vorhanden. In dieser Form gelangt der Bogomilismus zuerst nach Mitteleuropa. Wahrscheinlich schon 1149 entsteht in Nordfrankreich das erste Katharer-Bistum, vielleicht in Mont-Aimé (Champagne) *(Borst).* Noch vor 1167 wird es andere Bistümer in Lombers bei Albi und in Mailand geben. Im Zusammenhang mit der 1. Welle des Katharismus lesen wir Nachrichten wie die folgenden:

Abt *Erwin* von Steinfeld berichtet in einem Brief an *Bernhard* von Clairvaux über Ketzer, die um 1143 in Köln verhört worden sind (MPL 182,676ff.). Diese Ketzer fragten nichts nach den Gütern der Welt, «sie (besäßen) wie Christi Jünger weder Haus noch Acker noch Vieh. Der katholische Klerus dagegen (bringe) Haus auf Haus und Acker auf Acker in seinen Besitz und (häufe) seinen Reichtum ... Die Nachfolge Christi durch ein apostolisches Leben in Armut und rastloser religiöser Wirksamkeit nach den Weisungen der Evangelien und der Apostelschriften, das ist das Ziel dieser Ketzer» *(Grundmann 20).* «Als *Bernhard* von Clairvaux 1145 in Verfeil (bei Toulouse) gegen die Ketzerei predigen wollte, verließen die Angehörigen der höheren Stände (qui majores erant) die Kirche, und das übrige Volk tat es ihnen gleich. *Bernhard* ging ihnen nach, um ihnen auf der Straße zu predigen, aber die Vornehmen gingen in ihre Häuser und nur das gemeine Volk (plebecula) hörte ihm zu, konnte aber seine Worte kaum verstehen, weil die majores ihn durch Lärm zu übertönen suchten», berichtet *Wilhelm von Puy-Laurens.*

Diese Ketzerei ist keine Revolution des Proletariats. Gerade Angehörige höherer Stände sind beteiligt. Und wenn es oft heißt, die Ketzer seien

‹idiotae et illitterati› oder ‹texerant, textores›, also Weber gewesen, so
wird man bedenken, daß die erste Bezeichnung als Ehrentitel aus der
Apostelgeschichte (4,13) von den Häretikern selbst in Anspruch genommen wurde (– übrigens auch von *Hildegard* von Bingen; s. S. 348); sodann, daß sich auch eine Bezeichnung wie ‹Weber› als Imitatio des ‹Tep-
pichwirkers *Paulus*› *(Nietzsche)* verstehen läßt. An einem Fall konnte
*Grundmann* auch zeigen, daß «nicht aus dem Weber ein Ketzer, sondern
aus dem Ketzer ein Weber geworden» ist. In Südfrankreich wird sich
am Ende des XII. Jahrhunderts geradezu eine besondere «Ketzerindustrie»
entwickeln. Aber nicht die ländlichen Reformorden der Zisterzienser
etc. werden schließlich diese Ketzerei auffangen, sondern die städtischen
Bettelorden der Dominikaner und Franziskaner, die Anfang des XIII.
Jahrhunderts entstehen. Daß die jetzige Häresiebereitschaft nichts mit
dem Aufblühen von Stadt und Geldverkehr zu tun haben soll, fällt zu
glauben schwer. Das Verhältnis der Ketzer zum Geld beleuchtet u. a.
die Bemerkung des Mönches *Heribert* von wahrscheinlich 1163, der von
Häretikern im südfranzösischen Perigord schreibt: «Pecunias non reci-
piunt» – «Geld wollen sie nicht nehmen». Nicht nur Emanzipation und
weltliche Macht der Kirche oder modische Standesideologie der Feodal-
klasse mit ihrer pecuniär ungedeckten Prachtentfaltung, sondern auch
die Strukturwandlungen der städtischen Wirtschaftswelt beunruhigen
diese Menschen. Die weltliche Macht der Kirche nach dem Investiturstreit
läßt diese Stadtmenschen religiös unbefriedigt, die neue ritterliche Weltlichkeit ist ihnen ständisch verschlossen, und dasselbe gilt vom klerikal
gebildeten Heidentum eines *Bernhard Silvestris*. Weil in der Gesellschaftsordnung um die Mitte des XII. Jahrhunderts zahlreiche Menschen auch
geistig keinen Platz finden können, hat die importierte Ketzerei eine
Chance, gehört zu werden.

Innere und äußere Unruhe aber verbanden sich, wenn man nach Italien
blickte; und das war gerade damals weder in Frankreich noch in Deutschland ein fremder oder spezieller Gesichtswinkel, haben wir doch im
Zusammenhang mit *Hildegard* von Bingen und *Bernhard Silvestris* den
Papst *Eugen III.* durch Frankreich und Deutschland irren sehen. In Italien
bedrohten ihn die Normannen unter König *Roger II.* von Sizilien; und
zugleich erhoben sich die Römer gegen ihn. Es war nämlich auch in der
Ewigen Stadt eine kommunale Bewegung mächtig geworden, die im Sommer 1143 aufs Kapitol gezogen war und dort einen ‹heiligen Senat der
Stadt› eingesetzt hatte. 1145 wurde dann der wortgewandte *Abaelard*-
Schüler *Arnold von Brescia* zwar nicht der Führer, aber doch der poli-
tisch-geistliche Sprecher der stadtrömischen Renovatio-Bewegung.
*Arnold* war zuvor Leiter des Chorherrenstifts von Brescia gewesen und
1140 zusammen mit seinem Lehrer *Abaelard* in Sens als Irrlehrer verurteilt
worden. Den 1145 gewählten Papst *Eugen III.,* den ehemaligen Mönch

in Clairvaux und Schüler *Bernhards*, hatten die Römer aus der Stadt vertrieben. Nun erwartete der Zisterzienserpapst vom römischen König, dem Hohenstaufen *Konrad III.* (s. S. 328) Hilfe gegen Römer und Normannen zugleich und war bereit, ihn dafür zum Kaiser zu krönen. So in Unruhe standen die Dinge, als im Abendland die Nachricht bekannt wurde, der Sultan *Zengi* von Mossul habe Weihnachten 1144 den Kreuzfahrerstaat Edessa erobert. Die Regensburger ‹Kaiserchronik› berichtet davon als einer ihrer letzten Neuigkeiten:

«Unterdessen verhängte Unser Herr diese Prüfung: Ein Heide, namens Sangwîn (= *Zengi*), zog heimlich nach Rôas (= Edessa), und zwar am Tag des Weihnachtsfestes, wie es ihm von Christen geraten worden war. Es geschah, wie ich euch hier berichte. Der Bischof sang gerade die erste Messe, als sich an den Türen der Kirche großes Getümmel erhob. Die Mohammedaner drangen hinein und den Christen erging es schrecklich. Der Bischof wurde erschlagen. Das Haupt fiel ihm aufs Corporale (Hostientuch). Da ward der allmächtige Gott zum zweiten Male gemartert. Groß war das Martyrium der Christen. Das Blut rann über die Türen hinaus. Niemand, ob Weib, ob Mann, kam mit dem Leben davon. Den Teufel aber bekümmerte dieser Anschlag, denn er gewann nicht eine Seele. Unser Herr nahm sie alle als Märtyrer zu sich ins Paradies» (17248 ff.).

## Der fränkische Orient und der Fall von Edessa

Das Gesicht des fränkischen Orients, in dem dies geschehen war, hatte sich seit dem ersten Kreuzzug gewandelt. Seit *Balduin* von Flandern, der Bruder *Gottfrieds* von Bouillon, 1098 eigenmächtig und eigensüchtig das Fürstentum Edessa am Tigris für sich erworben hatte, waren zahlreiche andere feodale Kolonialstaaten entstanden: Cilicien, Antiochia, Tripolis, Jerusalem, Galiläa, Transjordanien. Die Herren dieser Fürstentümer hatten Dynastien gegründet und Vasallen erworben. Doch ihre Herrschaften waren im Innern sehr unstabil. Von außen gesehen mußte es scheinen, als wechselten dort die Fürsten ihre Herrschaften wie ihre Hemden. *Tancred,* der Neffe *Boemunds* von Tarent-Antiochia, erscheint z. B. nacheinander als Herr von Galiläa, von Cilicien, von Antiochia, von Edessa und wieder von Antiochia. Solcher Herrschaftswechsel ergab sich u. a. dadurch, daß plötzlich einer der Fürsten in muslimische Gefangenschaft geriet. Dann sprang ein anderer als Regent für ihn ein. Aber, wenn der Gefangene nach Jahren wieder zurückkehrte, war sein Statthalter nicht immer bereit, ihm den Thron wieder zu räumen. Es kam zu Machtkämpfen. Aber nicht nur kämpften Franken gegen Franken, nicht nur, wie z. B. Mossul und Damaskus, Moslems gegen Moslems, sondern es schlossen sich auch Christen und Heiden gegen Glaubensgenossen zusammen: 1139 verbündeten sich Jerusalem und Damaskus gegen Mossul und Aleppo.

Von den großen Führern der ersten Generation sind die meisten mehrmals und jahrelang als Gefangene bei den Mohammedanern gewesen: *Boemund, Balduin* und *Joscelin* von Edessa. Die Erfahrungen dieser Gefangenschaft und das Leben im Orient veränderten die Sitten. *Fulko* von Chartres charakterisiert die neue Situation, die allmählich entstand, mit folgenden Worten:

«Die wir Abendländer waren, sind jetzt zu Orientalen geworden; wer Römer oder Franzose war, ist in diesem Lande zum Galiläer oder Palästinenser geworden; wer aus Reims oder Chartres stammte, wurde zum Tyrer oder Antiochener. Schon haben wir die Orte unserer Geburt vergessen; schon sind sie den meisten von uns unbekannte oder nie gehörte Namen. Schon besitzt der eine eigene Häuser und Diener wie aus väterlichem Erbrecht, andere heirateten, aber nicht nur eine Landsmännin, sondern auch eine Syrerin oder Armenierin, bisweilen auch eine getaufte Sarazenin...
Tagtäglich folgen uns unsere Angehörigen und Verwandten, die, ohne es gewollt zu haben, allen Besitz zurücklassen; denn wer dort mittellos war, den hat Gott hier reich gemacht, wer wenig Geld hatte, besitzt hier zahllose Byzantinergold-münzen, und wer nicht einmal ein Dorf besaß, dem gehört hier durch die Gabe Gottes eine ganze Stadt. Warum also sollte ins Abendland zurückkehren, wer hier einen solchen Orient fand?»

Die Berührung mit nichtkatholischen, sehr alten Christengemeinden brachte noch andere Erfahrungen in das farbige Orientbild hinein. So kann *Otto* von Freising im Zusammenhang mit dem Bericht über Edessa zum ersten Mal von dem sagenhaften Priesterkönig *Johann* berichten, der dann in *Wolframs* ‹Parzival›, und vor allem im ‹Jüngeren Titurel› eine berühmte Gestalt werden wird.

«(Der syrische Bischof *Hugo* von Gabala) erzählte auch, vor wenigen Jahren habe ein gewisser Johannes, ein König und Priester, der im äußersten Orient, jenseits von Persien und Armenien wohne und wie sein Volk Christ, aber Nestoria-ner sei, zwei Brüder, die Könige der Perser und Meder, Samiarden genannt, ange-griffen und ihre Hauptstadt, ...Ekbatana, erobert. Als sich ihm dann die beiden Könige mit den Streitkräften der Perser, Meder und Assyrer zum Kampf stellten, wurde drei Tage gekämpft, da beide Gegner lieber sterben als fliehen wollten. Dann endlich wandten sich die Perser zur Flucht, und der Presbyter Johannes – so nämlich pflegt man ihn zu nennen – ging aus dem blutigen Gemetzel als Sieger hervor. Nach dem Siege, so berichtete er, unternahm Johannes einen Feld-zug, um der Kirche von Jerusalem zu Hilfe zu kommen, als er aber an den Tigris kam und nicht ein einziges Schiff vorfand, um sein Heer überzusetzen, marschierte er nach Norden ab, wo, wie er gehört hatte, der Strom in der Winterkälte zufror. Dort hielt er sich einige Jahre auf und wartete auf Frost, aber infolge der milden Temperatur kam keiner, und da sein Heer durch das ungewohnte Klima schwere Verluste erlitt, sah er sich genötigt, in sein Land zurückzukehren. Er soll dem alten Geschlecht der Magier entsprossen sein, die im Evangelium erwähnt werden, und als Herrscher über dieselben Völker wie jene solchen Ruhm und Überfluß genießen, daß er sich nur eines smaragdenen Szepters bediene.»(Chr. VII c. 33).

In diesem Märchenorient hatte von 1131 bis 1143 *Fulko* von Anjou, der Vater *Gottfrieds V. Plantagenêt* als König von Jerusalem geherrscht.

Während seiner Regierung wurde u. a. der berühmte Krak des Chevaliers in der Grafschaft Tripolis begonnen. 1142 ging er in die Hände der Johanniter über, die ihn in den 1180er Jahren vollendeten. Der alte Bau umfaßte im wesentlichen die Oberburg. Diese hatten dann die Johanniter weiter ausgebaut und durch einen zweiten Mauerring verstärkt, welcher die Unterburg einschließt. Das System von zwei parallelen Mauern, deren Flankierung durch Türme und der besonders geschützten Toranlage haben die Franken von Arabern und Byzantinern übernommen. An der linken Flanke liegt der Torkomplex. Im Schatten der gewaltigen Südmauer lag zwischen 1. und 2. Verteidigungsring ein Wasserteich, zugleich Burggraben und Wasserreserve. Zwölfmal wurde die Burg vergeblich belagert. 1271 gelang es dem Sultan *Baibar* durch List, sie in seine Gewalt zu bringen.

Unter der Regierung König *Fulkos* von Jerusalem wurde auch die Hlg. Grabeskirche, die *Konstantin* um 335 hatte errichten lassen, völlig erneuert. Als er 1143 starb, folgten ihm seine Gattin *Melisindis* und sein noch unmündiger Sohn *Balduin III.* auf den christlichen Königsthron nach. Aber ritterliche Macht und orientalische Pracht, die sich in den Fürsten- und Königtümern des fränkischen Orients entfalteten, waren ohne solides Fundament. Um besser zu verstehen, wie es 1144 zum Fall von Edessa hatte kommen können, wird man sich einen strategischen Aspekt der territorialen Verhältnisse klar zu machen versuchen.

Längs der Ostküste des Mittelmeers waren die Kreuzfahrerstaaten entstanden, auf einem Gebiet von 800 km Länge, aber nicht mehr als 150 km Breite. Nur Edessa sprang weit nach Osten vor, wie ein Keil in das Gebiet des Seldschuken-Sultans von Bagdad. Dieser regierte sein Grenzland durch drei Statthalter. Sie saßen in Mossul, Aleppo und Damaskus, aber sie herrschten wie selbständige Fürsten, aufeinander eifersüchtig und miteinander zerstritten. Ähnlich wie die Grafschaft Edessa einen Keil zwischen die Herrschaften Mossul und Aleppo trieb, war Aleppo ein Keil, dessen Spitze auf Antiochia zielte. Er drohte Norden und Süden der Kreuzfahrerstaaten zu trennen. Den Franken ist es trotz mehrfacher Versuche nicht gelungen, den strategischen Keil von Aleppo zu beseitigen. 1144 aber glückte es dem Statthalter *Zengi* von Mossul, Edessa zu nehmen. Dieser *Zengi* hatte die beiden Herrschaften Mossul und Aleppo unter sich vereinigen können. Als er 1139 auch auf Damaskus übergreifen wollte, sicherte sich dieses durch ein Bündnis mit dem Königreich Jerusalem gegen ihn. *Zengi* starb schon 1146, und sein Sohn, der berühmte *Nur-ad-Dīn*, erbte nur die Herrschaft in Aleppo. Aber er sollte die Christen auch weiterhin ständig in Atem halten. Mußten sich die Christenfürsten im Osten gegen die Seldschukenvasallen verteidigen, so mußten sie sich im Süden gegen die Fatimidensultane von Ägypten wehren. Anderseits mußten sie aber auch vor den Unternehmungen des byzantinischen Kaisers auf der Hut sein. Denn letzten Endes hatten alle Kreuzfahrerfürsten der 1. Generation das Gelübde gebrochen, welches sie dem Kaiser in Byzanz geschworen hatten. Sie hatten ihre Staaten nicht der griechischen Oberhoheit unterstellt.

Schließlich kam noch hinzu, daß sie zwar die Küste beherrschten, aber keine Flotte hatten. Diese stellten, gegen gute Bezahlung, die Italiener, vor allem Venedig, welches dafür im christlichen Orient besondere Rechte erwarb. Anfänglich hatte zwar auch die Flotte der sizilischen Normannen ausgeholfen; aber seit in den feodalen Herrschaften das südnormannische Element immer weiter zurückgedrängt worden war, hatten die Sizilianer auch ihrerseits alles Interesse am fränkischen Orient verloren.

Die Lage der Christenfürsten war also äußerst prekär, und nach dem Fall von Edessa blieb ihnen nur die Möglichkeit eines Hilferufs ins europäische Mutterland. Dieser Hilferuf aber galt nicht einer Befreiung des Heiligen Grabes, denn dies war durchaus in der Hand des Königs von Jerusalem, sondern er galt der Sicherung, wo nicht gar Rückeroberung kolonialer Fürstentümer. Zu einem eschatologischen Endkampf zwischen Christentum und Heidenschaft konnte das Unternehmen erst durch das Wort des Predigers werden.

## B. SCHEINBARER HÖHEPUNKT VON KIRCHENMACHT UND RITTERGLANZ

### Aufbruch zur Kreuzfahrt

Bereit, eine ritterliche Hilfexpedition ins Heilige Land zu führen, war König *Ludwig VII.* von Frankreich. Nach dem Zeugnis *Ottos* von Freising (GF I c. 36) ließen persönliche Gründe den jungen König ein solches Unternehmen erwägen. Das Massaker von Vitry (vgl. S. 307) soll ihm auf der Seele gelastet haben. Da aber der König bei seinen Vasallen wenig Begeisterung für seine ritterliche Sühnefahrt fand, rief *Ludwig VII.* das Urteil *Bernhards* von Clairvaux an, um «ihn wie ein göttliches Orakel zu befragen» *(Otto* von Freising). *Bernhard* ließ sich daraufhin von Papst *Eugen III.* mit der Kreuzzugspredigt beauftragen. Was dem französischen König auf einer Fürstenversammlung in Bourges bei den Großen seines Reiches nicht gelang, das erreichte die Predigt *Bernhards* auf dem Hoftag zu Vézelay Ostern (31. März) 1146. Ort und Stunde erhöhten die Wirkung. *(vgl. Abb. 41).*

Das weitberühmte Wallfahrtskloster mit den Reliquien der Heiligen Maria Magdalena, eine der prächtigsten Klosterkirchen des reichen Stils von Cluny aus goldgelbem Sandstein, um welche sich die Häuser der Klosterfamiliaren und die Pilgerherbergen scharten, lag wie eine Gottesburg auf einem steilansteigenden Berg – ein geistig-sinnliches Abbild jener anderen «hochgebauten Stadt» (Ps. 47; 77; 121; Matth. 5, 14 etc.) Jerusalem, welches das Ziel der Kreuzfahrer war. Aber *Bernhard* von Clairvaux wählte als Kulisse seiner Predigt nicht die Kirche, deren Kunst er verschmähte. Er predigte am Hang des Berges an einem Platz, der noch heute gezeigt wird. Von hier aus geht der Blick weit über die burgundischen Berge, überschaut ein gut Stück des Weges, den die Kreuzfahrer einzuschlagen hatten.

*Otto* von Freising berichtet:

«Der ehrwürdige Abt ... gürtete sich mannhaft mit dem Schwert des Wortes Gottes (Ps. 50, 19; 44, 4; Dan. 3, 39) und begeisterte viele zu dem Zug übers Meer; schließlich wurde ein Reichstag nach der französischen Stadt Vézelay, wo die Gebeine der heiligen Maria Magdalena beigesetzt sind, einberufen, wozu die Großen und Edlen aus den verschiedenen Provinzen Frankreichs geladen wurden. Dort nahm der französische König Ludwig in höchster Begeisterung aus der Hand des besagten Abtes das Kreuz und gelobte den Kreuzzug, zusammen mit den Grafen Theoderich von Flandern und Heinrich ... von Blois und vielen anderen Grafen, Baronen und Edelen seines Reichs» (GF I c. 38).

*Bernhard* selbst berichtet, daß die Menge zu einer solchen Begeisterung hingerissen wurde, daß der Abt und seine Begleiter ihre Ordensgewänder hergeben mußten, damit sich die Menge Kreuze daraus schneiden konnte. An Papst *Eugen III.* schrieb er:

«Sintemalen ich zur Verkündigung schritt und gesprochen habe, so wuchs die Zahl (der Kreuzfahrer) ins Unzählige».

Aber die Kreuzzugsbegeisterung, die der redegewaltige Zisterzienserabt entfacht hatte, griff über Frankreich hinaus. «In Deutschland wurden die Volksmassen durch (wilde) Kreuzzugspredigten in den rheinischen Städten zu grausamen Judenverfolgungen hingerissen. *Bernhard* entschloß sich, selbst nach Deutschland zu kommen, um dem Einhalt zu gebieten». Der Wortlaut seiner Predigt gegen die Judenmörder und gegen den Mönch *Radulf*, der sie aufhetzte, dürfte von einigen Passagen seines 365. Briefes nicht sehr verschieden gewesen sein, der an den Erzbischof von Mainz gerichtet war:

«Der Hetzprediger, von dem Ihr in Eurem Schreiben sprecht, ist weder von Menschen noch von Gott gesandt ... Dreier Dinge klage ich ihn an, nämlich daß er ohne Recht predigt, daß er die bischöfliche Gewalt mißachtet und daß er zum Mord anstachelt.
Was ist das für eine neuartige Machtergreifung! Hältst Du Dich für größer denn unsern Vater Abraham, welcher auf Gottes Befehl hin das Schwert niederlegte, das er doch auf seinen Befehl hin ergriffen hatte (Gen. 22)? Hältst Du Dich für größer als den Fürsten der Apostel, der da Gott fragte: Herr, sollen wir mit dem Schwert dreinschlagen (Luk. 22, 49)? Du aber mußt unterwiesen sein in aller Ägypterweisheit, in der Weisheit dieser Welt, die da ist Torheit vor Gott (1. Kor. 3, 19)! Anders antwortest Du auf die Frage Petri als jener, der da sagte: Stecke das Schwert an seinen Ort. Denn wer das Schwert nimmt, der soll durchs Schwert umkommen (Matth. 25, 52). Triumphiert denn die Kirche nicht genugsam über die Juden, indem sie sie von Tag zu Tag des Irrtums überführt anstatt sie ein für allemal durch des Schwertes Schärfe zu verzehren? Ward denn umsonst eingesetzt jenes allgemeine Kirchengebet, das gesprochen wird von Aufgang der Sonne bis zu ihrem Untergang (= heute im Karfreitagsoffizium) für

die irrgläubigen Juden, daß der Herr und Gott möge den Schleier von ihren Augen wegnehmen, auf daß sie das Licht der Wahrheit erkennen und ihrer Finsternis entrissen werden? Die Kirche würde nicht für die Juden beten, wenn es unmöglich wäre, daß sie sich bekehrten. Aber sie sieht sie voller Mitleid an, weil sie weiß, daß der Herr den Reichtum der Gnaden hat für denjenigen, der Böses mit Gutem vergilt, der Liebe gibt für Haß. Wo steht denn geschrieben: Erwürge sie nicht! (Ps. 58, 12) und wo: Wenn die Fülle der Heiden in die Kirche eingegangen ist, wird ganz Israel selig werden (Röm. 11, 25 f.), und wo: Dann wird der Herr wieder aufbauen Jerusalem und zusammenbringen die Verjagten Israels (Ps. 146, 2)? Willst Du den Propheten Lügen strafen und nichtig schelten die Schätze der Liebe und der Barmherzigkeit Jesu Christi?

Die Lehre, die Du verkündest, kommt nicht von Dir, sondern von jenem Vater, der Dich gesandt hat. Ich glaube, Dir ists genug, zu sein wie Dein Lehrmeister, der da war ein Mordbube von Anbeginn, jener Lügner und Vater der Lüge (Joh. 8, 44). O mißratene Wissenschaft, o höllische Weisheit gegen Propheten und wider Apostel, die da untergräbt Barmherzigkeit und Gnade! O gräßliche Ketzerei (haeresis), gotteslästerliche Hure, die da empfangen hat vom Geist der Falschheit das Elend und die nun Lüge gebiert (Ps. 7, 15)!» (MPL 182, 570 B–571 C).

Wir zitieren dies auch um zu zeigen, daß nicht ein Humanitätsgedanke *Bernhard* bei seinem Einspruch leitete, sondern in erster Linie wohl die Empörung über die Insubordination des wilden Predigers. Daß vom Evangelium her auch der Heidenkampf christlicher Ritter als Gottesungehorsam erscheinen könnte, hat der Abt wohl nicht wahrnehmen wollen. Dennoch hat er sich bei seinem Auftreten gegen *Radulf* in Mainz anscheinend persönlicher Gefahr ausgesetzt. Jedenfalls berichtet *Otto* von Freising:

«Der Abt Bernhard kam auch nach Mainz und fand dort Radulf beim Volk in höchster Gunst stehend. Er lud ihn vor und ermahnte ihn, nicht länger der Mönchsregel zuwider in der Welt herumzuziehen und aus eigener Machtvollkommenheit zu predigen, und konnte ihn schließlich dazu bewegen, ihm Gehorsam zu versprechen und in sein Kloster zurückzukehren. Aber das Volk war darüber schwer empört und nahe am Aufruhr; nur seine Heiligkeit hielt es zurück» (GF I c. 41).

Durch das Erscheinen des heiligen *Bernhard* in Deutschland wurde schließlich auch der deutsche König *Konrad III.* in den Kreuzzug mithineingerissen, obgleich gerade der Papst an einer Teilnahme der Deutschen ursprünglich nicht interessiert war, denn deren Hilfe brauchte er gegen Römer und Normannen. Für *Konrad* selbst sprach die innenpolitische Unruhe im Reich entschieden *gegen* eine Kreuznahme. *Karl Hampe* schreibt in seiner Kaisergeschichte:

«In einen schweren Pflichtenkampf stürzte *(Bernhard)* dann den staufischen König. Alle Vernunftgründe sprachen gegen dessen Teilnahme; denn wollte er wirklich die unausgeglichenen Gegensätze Deutschlands hinter sich lassen, so riefen ihn gebieterisch nach Italien die Not des Papstes, die Kaiserkrone, der Verfall der Reichsrechte und die Übergriffe (König) Rogers (von Sizilien).»
«Auf einem Reichstag im November 1146 in Frankfurt versagte sich der König noch der Werbung Bernhards, willigte jedoch in eine zweite Zusammenkunft, die in den Weihnachtstagen in Speyer stattfand ... In einer gewaltigen Predigt (am 27. Dezember 1146), die selbst durch den Dolmetscher nichts von ihrer Wirk-

samkeit verlor, führte er dem König vor Augen, wie er am jüngsten Tag vor Christus stehen und dieser ihn fragen werde: ‹O Mensch, was sollte ich für dich tun, das ich nicht schon getan hätte?› Dem (eindringenden) Appell an seine Gefühle war der König nicht gewachsen.» *(Mayer)*.

*Konrad* erlag, schreibt *Hampe*, «unter Tränen einem letzten rednerischen Ansturm ... Vergeblich suchte der Papst im eigenen Interesse das Gelübde rückgängig zu machen. Die Bewegung war nun auch in Deutschland nicht mehr aufzuhalten. Wo Bernhard auftrat, raste die Menge in Begeisterung, mochte sie auch seine lateinische oder französische Rede nicht verstehen. Einmal mußte ihn Konrad auf eigenen Armen aus der Kirche heraustragen, um ihn vor dem Massenandrang zu schützen. Ein allgemeiner Landfriede dehnte sich unter Bernhards Beihilfe über das ganze Reich.»

Auch der aufrührerische *Welf VI.* nahm das Kreuz. Wie er brachen fast alle hohen Reichsfürsten nach dem Heiligen Lande auf, auch *Friedrich Barbarossa*, damals Herzog von Schwaben, ebenso wie der Bischof *Otto von Freising.* Dieser schrieb dann in den ‹Gesta Frederici›: «Und plötzlich trat fast im ganzen Abendland eine solche Stille ein, daß es nicht nur für Frevel galt, Krieg anzufangen, sondern sogar, öffentlich Waffen zu tragen» (I c. 45).

Die Macht der Kirche hatte im Wort des Zisterzienserabtes triumphiert. Sie hatte den allgemeinen Aufbruch der ritterlichen Welt zu einem scheinbar geistlichen Ziel bewirkt. Im Unterschied zum ersten Kreuzzug, der ein Unternehmen der romanischen Ritterschaft gewesen war, weil der gebannte Kaiser damals nicht mitziehen durfte, konnte diesmal auch der römisch-deutsche König mit seinen Großen an dem geistlich-ritterlichen Abenteuer teilnehmen. Die Zeit der Isolierung der Deutschen von der Geschichte der ritterlich gewordenen weströmischen Christenheit schien sich ihrem Ende zuzuneigen. Es war das deutsche Kreuzfahrerheer, das im Mai 1147 von Regensburg aus als erstes aufbrach.

### Kreuzzug, Ritterkultur und Minnesangs Frühling in Regensburg

Am 8. Juni 1147 hatte König *Ludwig VII.* in Saint Denis feierlich das ‹vexillum Sancti Dionysii› vom Altar aufgenommen (vgl. auch S. 235). Dann sammelte sich seine Armee bei Metz. Der Zug ging über den Rhein, dann donauabwärts nach Regensburg, wo man eben die steinerne Donaubrücke fertig gestellt und die ‹Kaiserchronik› abgebrochen hatte. Wer mag dort den König von Frankreich, seine Gemahlin *Eleonore* und den ritterlichen Hof empfangen haben, wer hat den Trobadors *Jaufré Rudel* und *Cercamon* ihre Quartiere angewiesen? Der deutsche König *Konrad* und sein Ritterheer waren ja schon im Mai aufgebrochen. Sicher zugegen bei der Rast des französischen Kreuzheeres in Regensburg war der Burggraf dieser Stadt. Seit 1143 bekleidete *Heinrich III. von Stefling und Riedenburg* dieses Amt, das ein Reichslehen war. Die Ländereien seiner 2. Gemahlin grenzen an die eines Herren *Dietmar von Aist.* Auch ihn kann man sich anwesend denken. Unter den Namen ‹*Der Burggraf von Regensburg*›, ‹*Der Burggraf von Riedenburg*›, ‹*Dietmar von Eist*› und ‹*Der Kürnberger*› sind früheste deutsche Minnesangsstrophen erhalten und seit *Lachmann* in der Ausgabe ‹*Des Minnesangs Frühling*› zugänglich. Provenzalisch-französische und erste deutsche Ritterkultur 1147 in Regensburg repräsentiert zu denken, ist so reizvoll wie wahrscheinlich. Dort bot sich dem Betrachter eine Anschauung jener neuen Weltlichkeit, die ein gleichzeitiger bairisch-österreichischer Reimprediger, der sogenannte *Heinrich von Melk,* aufs höchste verdammte. Seine Kritik ist die Brille, durch die auch die erste Ritterlyrik zu sehen wäre. Seine Verse kommen aus dem Kloster und bezeugen einen gesellschaftlichen Zustand des donauländischen Rittertums, mit dem die frühen deutschen Minnesangsstrophen durchaus etwas zu tun haben müssen.

Gedichtet sind die Verse des *Heinrich* von Melk mit der Absicht des ‹Memento Mori›. Jeder soll an das Ende denken, soll an den Tod erinnert werden.

| | |
|---|---|
| Mich läitet mînes gelouben gelubde daz ich von des tôdes gehugde eine rede fur bringe. | Mich veranlaßt meine Ordensregel vom Gedenken an den Tod eine Rede vorzutragen (1 ff.) |

So beginnt das Gedicht, welches ‹Von des tôdes gehügede› oder ‹Erinnerung an den Tod› genannt zu werden pflegt. Es endet mit dem Lob desjenigen, der hier auf Erden das ewige Leben des Himmelreichs im Auge behält:

«Dorthin bringe Du, Gott, unser Herr, um Deiner Mutter und aller Heiligen willen den *Heinrich,* Deinen ohnmächtigen Diener und den Abt *Erkenfried* ( = Erkenne den Frieden). Den halte Du, Herr, in Deinem Frieden und alle, die auf Dich bauen ...» (1029–1035).

Ein *Erkenfried* war von 1122–1163 Abt des Benediktinerklosters Melk. Vermutlich ist die Angabe *Heinrichs* auf ihn zu beziehen. Daß das Gedicht erst gegen Ende der Abtszeit entstanden sein müsse, ist nicht ausgemacht. Auch vor dem zweiten Kreuzzug wäre es vorstellbar, etwa 1145. In diesem Gedicht nun heißt es:

«Wenn sich irgendwo Ritter versammeln, dann reden sie hin und her, wie dieser und jener mit so mancher geschlafen habe. Sie können den Mund nicht halten über ihre Laster, und Ruhm ist für sie nur Weiberruhm. Wer diese Mode nicht mitmacht, der muß sich als Schwächling vorkommen neben seinesgleichen. Wo aber manche von Mannheit sprechen, da ist nie davon die Rede, welcher Art die Kraft sein müsse, mit der man dem Teufel begegnen könne. Vielmehr sprechen sie da ausführlich von allerlei Torheiten. Sie schaden sich selbst, wenn sie sagen: den da, den mag man weit und breit für einen rechten Kerl nehmen; der hat schon manchen erschlagen» (354–372).

Darin klingt vielleicht die Kritik *Bernhards* aus ‹De laude novae militiae› nach, aber genaue, eigene Beobachtungen scheinen hinzugekommen. So

spricht *Heinrich* an anderer Stelle davon, wie die neue äußerliche Innerlichkeit der Minnesitte sogar die armen Leute ergriffen habe:

«Wir sehen in den Kirchen und Gassen wie es mit der armen Tagelöhnerin
bestellt ist, die nichts darüber hinaus verdienen kann. Sie erlebt keinen guten Tag,
wenn sie nicht ihr Kleid so lang machen kann, daß die Schleppe davon hinter
ihr herschleift und den Staub aufwirbelt, wo immer sie hingehe – als obs ums
Imperium davon besser bestellt sei!

Mit ihrem tänzelnden Gang, mit gekaufter Farbe auf den Wangen und mit
gelbem Gebände wollen sich die Bäuerinnen allenthalben wie großer Leute Kinder
aufführen mit dem Fegen und Fallen, das sie mit ihrem Gewand bewerkstelligen»
(319–333).

Aber trotz dieses kritischen Blicks auf die neuen Weltverhältnisse gehört die ‹Erinnerung an den Tod› des *Heinrich* von Melk in jenen Zusammenhang gelehrter Rhetorik, an dem über *Alberich* von Besançon auch
noch der Pfaffe *Lamprecht* des Alexander-Liedes Anteil hatte. Es findet
sich auch hier noch der schulrhetorische Topos der ‹descriptio personae›,
der sich dann später in der mittelhochdeutschen Dichtung verliert (zur
Descriptio vgl. oben S. 330). Aber was ist das für eine Descriptio im Deutschen! Es ist die Beschreibung einer Leiche nach allen Regeln der Kunst.
Da tritt die Frau des Ritters an die Totenbahre ihres Mannes und der
Dichter spricht zu ihr:

«Nun tritt herzu, feinedle Dame, und sieh an Deinen lieben Mann. Sieh nur
hin auf die *Farbe seines Gesichts,* wie er gescheitelt ist, wie er das *Haar* trägt.
Sieh genau hin, ob er gute Laune hat, wie damals, als er heimlich und vor allen
Leuten Dich mit verliebtem *Blick* ansah. Nun sieh, wo ist sein gewandtes Reden,
welches die Eitelkeit der Damen pries und bedichtete? Sieh nur, in welch sonderbarer Form die *Zunge* jetzt in seinem *Munde* liegt, mit der er so gefällig Liebeslieder,
Minnelieder zu singen wußte. Jetzt kann er weder Wort noch Ton hervorbringen.
Nun sieh hin, wo ist sein *Kinn* mit dem kleinen Bärtchen. Sieh nur, wie unanständig
seine *Arme* und *Hände* liegen, mit welchen er Dich liebkoste und umarmte! Was
ist aus den *Füßen* geworden, auf denen er so elegant mit den Damen spazierte?
Wie oft mußtest Du sehen, ob die Hosen auch richtig stramm an den *Beinen*
sitzen! Jetzt spannen sie leider nur wenig. Ganz fremd ist er Dir jetzt, dieser Mann,
dem Du die Ärmel mit Seidenschnüren in Falten raffen mußtest. Sieh nur hin:
In der *Mitte seines Körpers* ist er gebläht und aufgedunsen wie ein Segel; übler
Geruch und Dunst kommt aus dem Leichentuch und macht, daß er mit Dir nicht
mehr lange zusammenleben kann auf der Erde» (597–635).

Hier ist die rhetorische Kunst aufs Ekelhafte angewendet worden, akzen-
tuiert die unidealistische Seite einer frühen, modischen Ritterwelt in
Deutschland, die man gemeinhin nur aus der Verklärung des Minnesang-
Frühlings kennt. Bereits das Ruodlieb-Epos hatte um die Mitte des XI.
Jahrhunderts von Tanz auf der Ritterburg und von ritterlichem Gesang
berichtet (vgl. oben S. 109). Aber was man damals auf vulgärsprachlich
gesungen hatte, war des Pergaments nicht für würdig befunden worden.
Dazu bedurfte es mindestens eines gelehrt-klerikalen Interesses, wie bei
*Lamprechts* ‹Alexander› (vgl. oben S. 331). Jetzt, um die Mitte des XII.

Jahrhunderts hören wir erneut von ritterlichem Gesang, und aus dem jetzigen Zeitpunkt sind auch die ersten ritterlichen Lieder erhalten.

Auf uns gekommen sind sie allerdings erst in sehr viel späteren Sammler-Handschriften: A, Kleine Heidelberger Liederhandschrift, Cod. Palat. Germ. 357, Ende XII. Jh., aus Straßburg, B, Weingartener Liederhandschrift, Stuttgart H.B. XIII, 1, Anfang XIV. Jh., aus Konstanz, C, Große Heidelberger (‹Manessische›) Liederhandschrift, Cod. Palat. Germ. 848, erste Hälfte XIV. Jh., aus Zürich.

Nicht für die Entstehung solcher Dichtung, wohl aber für die Erkenntnis ihres pergamentwürdigen Literaturcharakters bedurfte es eines Anstoßes von außen, den wir uns von dem prunkvollen französischen Kreuzzugsheer von 1147 ausgehend denken.

Für dieses Kreuzzugsheer haben *Jaufré Rudel,* der Fürst von Blaye, und der spielmännische Trobador *Cercamon* Lieder gesungen. Weder der französische Norden noch das ostrheinische Deutschland wußten zum zweiten Kreuzzug bereits Lieder zu dichten. Es sind die Provenzalen der Königin *Eleonore,* die man auch in Regensburg wird haben hören können. Gelauscht haben mögen ihnen auch jene ritterlichen Dichter des Donauraumes, deren Strophen so von Grund auf anders klangen als die romanischen der durchziehenden Gäste.

Seit der Minnesang wiederentdeckt wurde, gehört die Vorliebe einigen Frauenstrophen, so dem berühmten ‹Falkenlied› des *Kürnbergers:*

«Ich erzog mir einen Falken länger als ein Jahr. Als ich ihn dann gezähmt nach meinem Willen und ihm die Flügel geziert mit goldnen Bändern hatte, da stieg er hoch in die Lüfte und flog in andere Länder.
Seither sah ich den Falken in wundervollem Fluge. Nun trug er an seinem Fuße seidene Fesseln und seine Flügel waren ganz von Gold. Gebe Gott doch die zusammen, die sich herzlich lieben wollen!» (MF 8, 33).

Das andere ist die Falkenstrophe unter ‹*Dietmar von Eist*›:

«Es stand eine Frau alleine, schaute hin über die Wälder, schaute aus nach ihrem Liebsten. Da sah sie Falken fliegen. O Falke, wie bist du glücklich, fliegst dahin wie der Sinn dir steht, wählst dir im Walde einen Baum, der dir gefalle.
Gleichsam habe auch ich getan. Ich habe mir selbst meinen Liebsten gewählt, gewählt mit meinen Augen. Das gönnen mir schöne Frauen nicht. Ach, wann geben sie mir den Liebsten zurück? Begehrt ich doch ihrer keiner den Freund!» (MF 37, 4)

Der vermittelte Bruch zwischen Falkenmetaphern und Liebeswünschen (vgl. «Gleichsam …»), gerade der Mangel eines ausgedrückten logischen Bandes, bringt eine für unsere Begriffe poetische Idee nur um so reiner hervor. Wie in einer eigenen Welt scheinen die Symbole dahinzuflattern. Sie sitzen einem Milieu, das die Falknerei zu betreiben weiß, enger auf der Haut, sind aber für dieses in ihrer Montage von Realem vielleicht auch gewaltsam-kühner. Die Praxis dieser Strophen ist im Falle des *Kürnbergers* wohl identisch mit der herrenmäßigen Setzung des Anspruchs: «Frauen und Falken können vom Mann gezähmt werden, Männer und Falken von der Frau nicht» *(Grimminger).* So explizit in der Strophe:

«Weiber und Jagdvögel, die werden leicht zahm. Wenn man sie richtig lockt, dann kommen sie zum Mann. So hat ein schöner Ritter eine schöne Gräfin umworben. Wenn ich daran denke, bin ich ganz glücklich» (MF 10, 17).

Das ist wohl einem Ritter in den Mund gelegt, und die ‹Weiber› sind darin Objekt wie nur in den frühen Liedern *Wilhelms IX*. (vgl. oben S. 199 ff.). In der lyrischen Rolle der ‹Ritterstrophen› prägt erotische Phantasie das Bild eines herrisch-fordernden Liebhabers.

Der Frau wird in diesen Wunschvorstellungen die Rolle der sehnsüchtig Begehrenden zugewiesen, welche die andern Frauen als Nebenbuhlerinnen zu fürchten hat, wie in den Falkenstrophen, so auch in der folgenden:

«O schöne Sommerwonne! Der Vogelsang ist hingeschwunden wie das Laub der Linde auch. Auch trüben sich das ganze Jahr mit Tränen meine schönen Augen. Mein Liebster, du sollst die andern verlassen. Ritter, du muß sie verlassen. Als du mich zuerst ansahst, da schien ich dir für deine Liebe vollkommen. O denk daran, Geliebter!» (MF 37, 18).

Ritter- und Frauenstrophen beziehen sich aufeinander in der Form, welche man ‹Wechsel› nennt. So in zwei getrennt überlieferten Strophen des *Kürnbergers:*

«Ich stand spät in der Nacht bei einer Zinne. Da hört ich einen Ritter wunderbar singen: In Kürnbergers Art aus der Schar heraus. Er soll mir verlassen das Land oder ich will ihn für mich haben» (MF 8, 1).

«Nun bring mir rasch mein Roß her und mein Eisengewand. Denn eine Gräfin fordert, daß ich verlasse das Land. Die will mich dazu zwingen, daß ich sie liebe. Die soll nach meiner Liebe ewig darben!» (MF 9, 29).

Das ist kein Dialog, sondern ein vollständiges Wechseln von Sprecher und Szene. Die gesellschaftliche Isoliertheit des lyrischen Subjekts läßt seinen Rollencharakter scharf hervortreten: die offene Neigung der Frau, das herrische Wesen des Ritters. Aber die klar begrenzte Selbständigkeit führt oft nur scheinbar zu klar begrenzten Charaktertypen. Die Frauenstrophe MF 8, 1 ist vielmehr das weibliche Gegenstück einer Ritterstrophe, ist herrisch-fordernd wie diese. Sie ist vom männlichen Dichter her so willkürlich einer Frau zugemessen wie die andere Rolle der sehnsüchtig Liebenden. Die Rollenzuweisung geschieht mit der Geste des Diktats. Aber jeder Befehlende ist einsam. Aus der Isoliertheit des Sprechenden erwächst auch die isolierte Künstlichkeit, in welcher sich die Metaphern unbekümmert um logischen Zusammenhang selbständig entfalten. Ebenso ist jede Strophe eine Art lyrisches Einzelgehöft, von romanischer Urbanität weit entfernt. Der Form nach sind es meist epische Langzeilenstrophen; beim *Kürnberger* die des ‹Nibelungenliedes›.

Es wäre aber wohl falsch, hier einen archaischen Gesellschaftszustand, frei von jeder Mode, sich vorzustellen. Für das Jahr 1125 hatte *Otto* von Freising das erste ritterliche ‹turnoimentum› in Deutschland erwähnt (vgl. S. 327), und dann ist da das Zeugnis des *Heinrich* von Melk. Was

in diesen selbstherrlichen Ritter- und zudiktierten Frauen-Strophen vor-
liegt, könnte durchaus jene Protzerei sein, die der Klostermann gegeißelt
hatte (vgl. S. 364 f.). Wahrscheinlich haben wir in diesen Strophen Beispiele
der Nachahmung einer nur vom Hörensagen bekannten westlichen Mode
in der fernen Provinz vor uns. Die ritterlichen Requisiten werden dabei
stolz vorgezeigt: Roß und Eisengewand, Burgzinnen, Jagdvögel. Vom
Gefühl des Mannes aber war bisher noch keine Rede. Wie anders singt
davon jetzt im französischen Kreuzfahrerheer der provenzalische Dichter-
fürst *Jaufré Rudel:*

(1) «Wenn die Nachtigall im dichten Gezweige Liebe gibt, Liebe begehrt und
Liebe empfängt und sie ihr Lied voller Lust und Freude hervorschleudert und
oft hinübersieht zu ihrem Liebchen, wenn die Bäche klar sind und die Wiesen
lachen, dann kommt von all der jungen Freude, die herrscht, große Heiterkeit
in mein Herz.

(2) Es verlangt mich nach einer Freundschaft – ein kostbareres Juwel kenne
ich nicht –, die ich erwünsche und begehre. Sie täte mir wohl, wenn sie mir ihre
Liebe zum Geschenk machte, denn sie ist pummelig und gelenkig und graziös
und wohl dazu geschaffen, und ihre Liebe ist gut und schmeckt süß.

(3) Voller Angst bin ich am Abend in Gedanken an diese Liebe und die Träume,
die der Schlaf mir bringt. Doch gerade dann ist mein Glück wunderbar; denn
dann besitze ich sie, empfange und gebe Lust. Doch ihre Schönheit hilft mir zu
nichts, denn kein Freund weiß mir zu raten, wie ich von ihr süßen Geschmack
bekommen könnte.

(4) Diese Liebe bedrängt mich derart, daß, wenn ich ihr entgegengehen will,
mir scheint, ich ginge rückwärts und als wäre sie es, die mich flieht. Mein Pferd
trabt so langsam hin zu ihr, daß ich sie vermutlich kaum je erreiche, wenn Amor
ihr nicht befiehlt, mich zu erwarten.

(5) Amor, ich trenne mich von euch mit Freuden, denn ich will mein beßres
Teil aufsuchen; und ich habe diese gute Aventiure, daß mir schon jetzt das Herz
ganz voller Freude ist, dank meinem Guten Herrn, der nach mir fragt, mich ruft,
und der mich annimmt und in frohe Zuversicht versetzt.

(6) Und der, der diesseits bleibt in den Vergnügungen und nicht Gott nachzieht
hin nach Bethlehem, wie der je tapfer sein und selig werden könne, das weiß
ich nicht; denn ich glaube und ich weiß wahrhaftig, daß der, den Jesus unterweist,
dem sichern Wege folgt.» (Lied I).

Recht unvermittelt schließt sich dem gar nicht vergeistigten Liebeseuf-
zen des Fürsten von Blaye gegen Ende die Kreuzzugverheißung an. Der
letzten Strophe des *Jaufré* scheinen einige *Kürnberger*-Verse das Echo
zu geben, in denen jetzt auch von der Liebe des Ritters gesprochen wird:

«Du wunderschöne Liebste, jetzt zieh du mit mir. Glück und Schmerzen, die
teile ich mit dir. Solange ich dies Leben habe, bleibst du mir herzlich lieb. Doch
daß du einen Schlechten liebst, das gönne ich dir nicht» (MF 9, 21).

Das Motiv des Unwürdigen, der von der Kreuzfahrt zurücksteht, wird
in Liedern zu späteren Kreuzzügen noch stärker hervortreten. Ins Männ-
lich-Ritterliche gewendet erscheint ein Abschiedsschmerz, der noch in
einer Frauenstrophe des *Kürnbergers* so klang:

«Es dringt mir so aus dem Herzen, daß ich weinen muß. Ich und mein Liebster, wir müssen uns trennen. Das erreichen Verleumder. Gott sende ihnen Kummer! Wer uns beide wieder versöhnte, wie froh wäre ich darüber!» (MF 9, 13).

In dieser Strophe tritt nun auch das Motiv des Verleumders (‹lügenaere›) auf, dessen Rolle wir als ‹lauzenjador› aus einem provenzalischen Lied des *Cercamon* (II, 2, vgl. S. 305) kennen. Es wird künftig als Aufpasser-(‹merkaere›-)Motiv in deutschen Liedern zu finden sein, wie in einem zweistrophigen ‹Wechsel› des ‹*Burggrafen von Regensburg*›:

«Den Winter lag ich einsam. Es (hatte) mich eine gelehrt nach ihrem Willen mehr Lust als Blumen und Sommerzeit. Das verhindern Aufpasser (merkaere). Davon ist das Herz mir wund. Heilt es mir nicht eine mit ihrer Liebe, so wird es nie gesund.

Jetzt verlangen sie von mir, daß ich nicht mehr zu einem Ritter gehe. Das will ich nicht lassen. Wenn ich daran denke, wie gut es tat, heimlich in seinem Arm zu liegen, schmerzt mich die Sehnsucht. Von ihm wegzugehen, das ist zu hart. Mein Herz kann das auch bleiben lassen» (MF 16, 15 ff.).

Auch hier hat sehnende Liebe nicht nur die Dame sondern ebenso den Ritter ergriffen. Wo jetzt in deutschen Strophen vom Gefühl des Ritters gesprochen wird, meint man das Echo aus dem Westen zu hören. Für den ‹*Burggrafen von Regensburg*› wie für den ‹*Burggrafen von Riedenburg*› ist aus formalen Gründen ohnehin romanischer Einfluß wahrscheinlich.

Der ‹erste Ton› des ‹*Burggrafen von Regensburg*› (MF 16, 1 ff.) hat nach *Spankes* Beobachtung dieselbe Strophenform wie *Marcabrus* ‹Pois l'invers› und das lateinische ‹Iam iam virent prata› der ‹Carmina Burana›. Für *Heusler* klang sein Rhythmus ‹keineswegs urdeutsch›. Dem Stück MF 18, 25 des ‹*Burggrafen von Riedenburg*› meinte *Ursula Aarburg* in dem anonymen französischen Lied ‹Qui que de chanter recroie› (R. 1752) das Vorbild gefunden zu haben.

Zu ritterlicher Liebessehnsucht neben ‹altertümlicher› Flatterhaftigkeit treten Botenrolle (Strophe 3), Dienstverhältnis (Strophen 1 und 4) und Lohngedanken (Strophe 2) in einer Strophenfolge, die wohl irrig in C unter ‹her Dietmar von Eist› überliefert wird. Hier ist es sogar der Ritter, der den Lohn gewährt, nicht die Dame. Außerdem aber hat dieses Stück einen nahezu provenzalisch klingenden Natureingang:

(1) «Es hat das Jahr sich verwandelt. Ich erkenne es am Gebaren der Vögel. Die Nachtigallen sind verstummt, ihr süßes Singen haben sie gelassen. Und der Wald wird fahl an seinen Spitzen. Der ich den ganzen Sommer diente, in ihrer Macht ist immer noch mein Herz. Sie ist mein Glück und meine ganze Liebe: Nie will ich darin von ihr lassen!

(2) In Herz und Sinnen darf ich stolz und fröhlich sein, seit mich der Allerbeste liebt, heimlich in seinem Herzen. Er tilgt mir alle Schwermut. Nie hat mich jenes Ritterwort gereut. Ich bleibe ihm immer treu. Alles Schwere vergilt sein Lohn mir so wie ich mir wünsche.

(3) Ich bin ein Bote, Gräfin, hergesandt, weil Ihr so herrlich seid. Ein Ritter, der hat Euch erwählt in sein Gemüt vor allen in der Welt. Er hieß mich seine Not dir klagen, weil ihm das Herz unruhig ist, seit er dich sah. Daß er so lange

warten soll, das schmerzt ihn sehr. Laßt uns die Sache jetzt zuende sprechen, ehe ihn die Freude ganz verläßt.

(4) Der alle Welt erschaffen hat, der gebe der Geliebten in den Sinn, in ihre Arme mich zu schließen und von ganzem Herzen lieb zu haben. Andere Frauen scheinen mir wohl schön, doch wird von keiner mir der Sinn so weit und frei, wenn sie mir ihre Gnade bald gewährt, sie, die sonst an mir sündigt, wo ich ihr doch sehr zu Diensten war» (MF 37, 30).

Wie immer hier auch Motive und Momente einer westlichen Ritterlyrik Eingang gefunden haben mögen, das Resultat ist ein völlig anderes, weil das Verhältnis von Subjekt und Gesellschaft ein völlig anderes ist. In diesen deutschen Strophen schafft der Bote keine neue Bewußtseinsebene, sehr im Unterschied zu dem früher zitierten Lied des *Cercamon* (II, 7; vgl. S. 306). Der Bote hier repräsentiert vielmehr nur die gesellschaftliche Stellung seines Herrn. Seine Werberolle ist überflüssig, weil das Liebesbekenntnis des ritterlichen Sängers kein gesellschaftliches Wagnis darstellt. Die beiden Liebenden haben ja in ihren getrennten Ritter- und Frauen-Strophen die Hörer bereits über die Beiderseitigkeit ihrer Gefühle ins Bild gesetzt. Ihre Liebe ist eine Sache, die die beiden Liebenden angeht. An die Stelle des gesellschaftlichen ‹Amor› ist Gottvater getreten (vgl. Strophe 4), an den sich der Liebende in seinem Kämmerlein wendet. Die Gesellschaft wird ganz überflüssigerweise informiert, denn sie und ihre Forderungen richten keine Schranke auf, die zu überwinden wäre. Es ist diese einstrophige Lyrik – selbst die Strophenkette reiht ja hier Einzelstrophen – im Grunde eine Lyrik ohne Gesellschaft, und *Grimminger* spricht zu recht von einem ‹gesellschaftlichen Leitbild einer gesellschaftslosen Liebe›. Nur ist das Gesellschaftliche dieses Leitbildes in seiner Paradoxie wohl modischer Natur, linkische Nachahmung westlichen Rittergebarens. Das westliche Problem, wie in einem bisher geistlich bestimmten Kulturzusammenhang eine weltlich-ritterliche Eigenkultur ihren Platz finden könne, stellt sich für die donauländischen Barone anders. Ein Rekurs auf antike Tradition und Geistigkeit, auf *Ovid,* auf einen Götterhimmel allegorisierter Gefühle, ist hier nicht möglich, und so kommt es zu einer Art Liebesreligiosität auf eigene Faust. Die Verdammung des *Heinrich* von Melk war auch dieser Spielart von neuer Weltlichkeit gewiß. Im Westen hatten sich provenzalische Spielleute wie *Marcabru* (vgl. oben S. 311) das kirchliche Anathem der Minnemode bereits zu eigen gemacht, um mit seiner Hilfe eine sublimierte ‹wahre Liebe›, den ‹fin Amors›, zu konstruieren, von dem man nicht wissen konnte, ob er irdisch oder himmlisch war. Während sich in Deutschland ritterliche Dichter bemühen, den Anschluß an die westliche Mode zu finden, ist im provenzalischen Lied die Verachtung der allgemeinen Minnemode bereits modisches Motiv geworden. So auch im Kreuzzugslied des *Cercamon,* das man im Juli 1147 in Regensburg hätte hören können:

(1) «Jetzt, wo das Jahr hier anfängt braun zu werden und die Zweige ganz ohne Blätter sind, jetzt, wo ich die Strahlen der Sonne so sehr sinken sehe, daß die Tage finster und nebelig werden und man den Sang der Vögel und ihre Leichmelodien nicht mehr hört, jetzt sollen wir uns freuen an den Liebesfreuden.

(2) So lange kann man dieser Liebe gar nicht dienen, daß nicht der Lohn daraus noch tausendfach größer werde; denn Pretium und Gaudium und alles, was es gibt, und noch mehr dazu, gehören denen, die diese Liebe zu beherrschen wissen. Nie hat Amor Verträge gebrochen, noch verletzt er sie; doch schwer ist, scheint es, daß man ihn (für sich) gewinnt.

(3) Für solche Liebe muß man warten und geduldig sein, so hoch ist ihr Verdienst, so überragend; denn nie hat sie sich feigen Liebenden ergeben, geizigen Reichen oder hochmütigen Armen. Denn von mehr als 1000 Liebenden sind nicht 2, die gut genug wären, daß edle Liebe sich ihnen fügte.

(4) Diese Trobadors, die Lügen in die Wahrheit mischen, verderben nur die Liebenden, die Frauen und die Ehemänner. Sie sagen Dir, daß Amor quer geht, und deswegen werden die Gatten eifersüchtig und die Damen sind in Angst. Denn zuviel will man hörend auf sie hören.

(5) Diese falschen Knechte machen, daß sehr viele flugs Wert aufgeben und Jugend von sich vertreiben. Ich glaube auch nicht, daß Wagemut überleben könnte, denn Gemeinheit hält die Schlüssel aller Ritter. Viele hat sie eingesperrt in der Stadt Erniedrigung, von wo Perversität nicht einen einzigen entkommen läßt.

(6) Von vielen Seiten sehe ich die Welt verderben. Ich bin voll Ärger und voll Traurigkeit, daß der Liebessöldner den nicht mehr findet, der ihn ernährt, nur wegen der Verleumder mit verfluchter Zunge, schlimmer denn Judas, welcher Gott verriet. Man sollte sie verbrennen oder begraben – und zwar lebendig!

(7) Wir können sie weder züchtigen noch entschuldigen. Halten wir uns also beiseite und geleit' uns Gott! Denn eine Liebesfreude grünt mir und ernährt mich wieder. Und ich kann schwören, daß es nie eine so schöne Dame gab wie diese. Ich seh sie kaum, aber dennoch bin ich heiter und fröhlich, und Gott möge mir die Freude daran schenken!

(8) Jetzt kann sich jeder waschen und reinigen von großen Schanden, der jedenfalls, der damit beladen ist. Und wer Wagemut hat, der wird nach Edessa ziehen und aufgeben diese Welt hier, die voll Gefahren ist. Und so kann er sich befreien von dem Bündel, das viele Leute straucheln und verderben macht.

(9) *Cercamon* sagt: Wer sich gegen die Liebe erregt, wie kann der bloß diese Traurigkeit ertragen! Denn Liebesschmerz ist Furcht und Schrecken und der Mensch kann weder leben noch sterben.

(10) Der Versus ist gemacht und soll nicht altern nach dem, was die vernunftgegebene Regel verlangt. Denn nie hat edle Liebe getäuscht noch verraten, sondern sie gibt Freude den kühnen Liebenden» (Lied V).

Trotz aller Allegorisierung von ‹Pretium›, ‹Gaudium›, ‹Amor›, ‹Wert›, ‹Jugend›, ‹Gemeinheit›, ‹Erniedrigung›, ‹Perversität›, tritt der Aufruf zu Weltabkehr und Kreuzfahrt (Strophe 8) wie bei *Jaufré* unvermittelt in die sublimierte Weltlichkeit des Liedes. Daß ritterlicher und religiöser Impetus des prunkvollen Heeres völlig zweierlei waren, sollte der weitere Verlauf des Kreuzzuges erweisen.

## C. AUSBRUCH DER KRISE

### *Katastrophe für das französische Königtum*

Das französische Heer zog das Donautal abwärts: Von Regensburg aus über Wien, Belgrad, Sofia, Philippopolis und Adrianopel. Es war derselbe Weg, den anderthalb Monate früher die deutschen Kreuzfahrer unter König *Konrad III.* genommen hatten, mit dem jungen *Friedrich Barbarossa, Welf VI.* und dem Bischof *Otto* von Freising. Der byzantinische Kaiser *Manuel Komnenos* (1143–1180) war über die Ankunft der Kreuzfahrer erbittert, denn die beiden großen Ritterheere erforderten seine Anwesenheit am Bosperus, während er sich gegen die Normannen hätte wenden müssen, die unter *Roger II.* (1130–1154) die Gelegenheit ergriffen, in Griechenland einzufallen. Auf Drängen des Basileus waren die Deutschen gleich im September nach Kleinasien übergesetzt worden. Aber schon am 4. Oktober trafen die Franzosen in Byzanz ein. Das Verhältnis zum griechischen Kaiser wurde durch Zwischenfälle noch gespannter. Die Franzosen mußten den üblichen Lehenseid für die zu erobernden Gebiete leisten und wurden dann eiligst an das kleinasiatische Ufer gebracht. Ende Oktober/Anfang November, auf ihrem Marsch durch Anatolien, erfuhren die Franzosen vom Desaster des deutschen Kreuzfahrerheeres. Dieses hatte sich in Nicaea geteilt. Die eine Gruppe unter *Otto* von Freising zog die Küste entlang. Sie bestand fast nur aus Nichtrittern. Das Hauptheer unter König *Konrad* war dann Ende Oktober bei Dorylaeum von den Seldschuken geschlagen worden. Die Reste flohen zurück und trafen auf die Franzosen. Die Gruppe *Ottos* von Freising überstand bei Laodicaea einen ersten Angriff, aber im Februar 1148 wurde nahe der pamphilischen Küste der Rest aufgerieben. Der Bischof selbst entkam mit knapper Not und ging zu Schiff nach Syrien. Nur von der Niederlage des deutschen Hauptheeres erfuhren die französischen Kreuzfahrer in Anatolien. Einige deutsche Ritter schlossen sich damals dem Heer des französischen Königs an; die andern gingen mit dem erkrankten König *Konrad III.* nach Konstantinopel zurück. Die Franzosen aber marschierten weiter: Fürsten, Frauen, Ritter, arme Leute.

*Ludwig VII.* hatte sich zunächst sehr um den inneren Zusammenhalt seines Heeres bemüht. Die französische Historiographie hat hier einen schönen Zug an ihrem König entdeckt:

«Er versuchte immer wieder mit allen ihm zu Gebote stehenden Mitteln, auch die Volkshaufen seines Kreuzfahrerheeres zu schützen. Auf den Rat des Templermeisters verpflichtete er sich geradezu, aus all seinen Leuten, ob ritterlicher Herkunft oder nicht, eine brüderlich gesinnte und disziplinierte Armee zu formen, in der sich die sozialen Unterschiede auflösten. Ohne daß es in seiner Absicht gelegen hätte (!?), führte dies alles dazu, dem französischen Königtum einen noch lebhafteren Glanz zu verleihen: ‹eine eschatologische Gesellschaftsform, nahe verwandt dem Mythos vom König der Endzeit, ließ dem capetingischen Königtum ein unvergleichliches, geradezu mystisches Prestige zuwachsen›.» *(Pacaut)*

Indes hielt die Disziplin sowenig wie die Brüderlichkeit, nur der Mythos blieb. Am 6. Januar 1148, beim Übergang von Laodicaea aus über das Gebirge zerriß durch die Disziplinlosigkeit des Poitevinen *Geoffroy de Rancon* der Zusammenhang zwischen Vorhut und Hauptheer. Diese Situation nutzten die Seldschuken, um beide Heeresgruppen zusammenzuhauen. Die Reste entkamen mit König *Ludwig* zum byzantinischen Hafen Attalia. Dort schifften sich die Ritter nach Antiochia ein, während die kleinen Leute, die die Niederlage überstanden hatten, in Attalia zurückbleiben mußten und schließlich dort von den Türken niedergemacht wurden. Am 19. März 1148 erreichte König *Ludwig* Antiochia und wurde dort von dem antiochenischen Fürsten *Raymund von Poitiers,* einem Bruder des Trobadors *Wilhelm IX.,* glänzend empfangen. Doch dem französischen König wurde der Boden am orientalischen Frankenhof bald zu heiß, und an eine Wiedereroberung Edessas oder einen Angriff auf Aleppo war nicht zu denken. Denn *Raymund von Poitiers* warb mit Erfolg um die schöne Königin *Eleonore,* seine Großnichte, und die Sache wurde im ganzen Heere ruchbar. Mit Gewalt zwang König *Ludwig* seine Gattin, ihm zu folgen, als das französische Heer ohne Abschied nach Jerusalem aufbrach. Dort vereinigte es sich mit den Resten der Deutschen, die unter *Konrad III.* zu Schiff aus Konstantinopel und unter *Otto* von Freising zu Schiff von der pamphilischen Küste in Palästina eingetroffen waren.

Am 24. Juni 1148 wurde in Akkon unter dem Vorsitz König *Konrads* und der Könige von Frankreich und Jerusalem, sowie unter Teilnahme aller berühmten Barone und Bischöfe beider Heere und des fränkischen Orients ein großer Kriegsrat gehalten. Man beschloß einen gemeinsamen Zug gegen Damaskus, obschon der König von Jerusalem mit dem dortigen Statthalter einen Bündnisvertrag hatte. Aber das ganze Unternehmen lief schief. Die Franken konnten die Stadt nicht erobern. Von Norden her nahte aus Aleppo *Nur-ad-Dīn* nicht nur, um Damaskus zu entsetzen, sondern auch, um es seiner Herrschaft einzuverleiben. In dieser Situation schlossen Damaszener und Franken ihren gebrochenen Vertrag aufs neue ab und die Heere traten den Rückzug an. Die ganze Sache war ausgegangen wie das «Hornberger Schießen», nämlich: überhaupt nicht. Die Deutschen kehrten auf dem Seeweg über Konstantinopel zurück, wo König *Konrad* und *Manuel Komnenos* ein Bündnis gegen die Normannen eingingen. Die heimkehrende französische Flotte aber geriet in eine See-

schlacht zwischen sizilischen Normannen und Byzantinern. Sie wurde von
den Normannen gezwungen, ihren Rückweg über Sizilien zu nehmen.
Einem Bündnis mit *Roger II.* gegen Byzanz und das Imperium hat *Ludwig
VII.* damals widerstanden. Bei dem französischen Kontingent, das über
Sizilien nach Frankreich zurückkehrte, befand sich vielleicht auch der
Bischof *Otto* von Freising, «denn er traf 1149/50 (in Frankreich) mit
*Bernhard* von Clairvaux zusammen und überbrachte einen Brief des
Zisterzienserabtes an König *Konrad*» (*W. Lammers*).

König *Ludwig VII.* aber und *Eleonore,* die ihr gekränkter Gatte mit
sich führte, wurden in Rom von Papst *Eugen III.* großartig empfangen.
Von Abt *Suger* über den Zustand der königlichen Ehe informiert, redete
*Eugen III.* beiden sehr ernsthaft ins Gewissen und «nötigte sie, zusam-
menzuleben, logierte sie in einem prächtigen Gemach, von dem der Autor
der Historia pontificalis verschmitzt das besonders luxuriöse Bett bemerkt
hat», schreibt *Marcel Pacaut.* Die Ehe schien gerettet zu sein. Nach Frankreich zurückgekehrt, wurde *Ludwig VII.* auch von seinem Statthalter Abt
*Suger* Verzeihen und Vergessen angeraten. Aber in der galanten Atmosphäre des französischen Hofes dauerte es nur einige Monate, bis der
Skandal von neuem ausbrach. Als im August 1151 *Geoffroy Plantagenêt*
mit seinem jungen Sohn *Heinrich von Anjou* – es war dies der Sohn
aus der Ehe mit *Mathilde von England,* der Witwe des (1125) kinderlos
verstorbenen Kaisers *Heinrich V.* – bei Hofe erschien, wurde die Eifersucht
des französischen Königs auf eine allerletzte Probe gestellt. *Ludwig VII.*
faßte im Kronrat die Entscheidung, um die Annullierung seiner Ehe mit
*Eleonore* von Aquitanien einzukommen. Die Kirche zeigte alles Verständnis, und am 21. März 1152 konnte eine Kirchenversammlung in der Burg
von Beaugency die Nichtigkeit der königlichen Ehe wegen allzunaher Verwandtschaft erklären.

*Eleonore* ging sogleich nach Aquitanien zurück. Noch im selben Jahre
vermählte sich mit *Heinrich Plantagenêt,* der als Graf von Anjou Lehnsmann des französischen Königs war. Er beanspruchte Aquitanien als Heiratsgut der *Eleonore,* doch König *Ludwig* weigerte sich, es seinem Vasallen auszuliefern, es gehöre den Töchtern, die aus der nunmehr aufgelösten
Ehe zwischen *Ludwig* und *Eleonore* geboren worden seien. Im Juli 1152
zog der französische König gegen den Grafen von Anjou zu Felde, aber
geschickt wußte *Heinrich* den Angriff ins Leere laufen zu lassen. 1154
fiel ihm durch Erbschaft die englische Krone zu. Nun war es nicht mehr
der Graf *Heinrich* von Anjou, sondern König *Heinrich II.* von England,
der die aquitanische Herrschaft der *Eleonore* beanspruchte und zu behaupten verstand: das halbe Frankreich! *Ludwigs VII.* Traum von Macht
und Größe des französischen Königtums war zuende. Die aquitanische
Scheidung bildet einen tiefen Einschnitt in seiner Regierungszeit. Deren
zweite Hälfte, bis 1180, wird von einer glanzlosen politischen Arbeit aus-

gefüllt, welche den bedrohten Bestand des französischen Königtums rettet. Aber es ist gerade diese Zeit, welche die Blüte der ritterlichen Literatur in Frankreich erleben wird. Hatte der Aufstieg des französischen Königtums in der ersten Hälfte des XII. Jahrhunderts sich vollziehen können, solange der Schatten des Investiturstreits das Imperium verfinsterte, so führte das Scheitern des 2. Kreuzzuges gerade jene Mächte in eine Krise, die zunächst als Sieger dagestanden hatten. Nicht nur das französische Königtum, sondern auch das geistige Ansehen der Kirche, welches im Wort des Zisterzienserabtes von Clairvaux groß gewesen war, sah sich jetzt geschmälert.

### Katastrophe des zisterziensischen Ansehens

Die Autorität *Bernhards* von Clairvaux war schwer erschüttert, denn der Abt, der diesen Kreuzzug vor allem gepredigt, hatte einen ganz andern Ausgang prophezeit.

«Diese Zeit (des Gottesreichs) scheint dem Teufel jetzt herbeizukommen, und voll Trugs trachtet die tückische Bosheit, wie sie sich solcher Fülle des Heils widersetze. Hervorgebracht hat sie dazu ein nichtswürdiges Gezücht, frevelhaftes Heidenvolk, gegenüber welchem, mit Verlaub gesagt, die Christenmacht allzulange Nachsicht geübt, indem sie ihre Niedertracht und Hinterlist nicht wahrhaben wollte, anstatt die giftigen Drachenköpfe mit der Ferse zu zermalmen. Aber, da ja die Schrift sagt: Hochmut kommt vor dem Fall (Prov. 16, 18), möge es geschehen, so Gott will, daß der Hochmut jener alsbald gedemütigt werde. ...
Da aber der Herr die Predigt vom Kreuz unserer Wenigkeit anvertraut hat ..., erklären wir, daß die Christenmacht bewaffnet wird gegen jene Heiden, seis um sie vollends zu vernichten, seis um sie zu bekehren ... Dies aber verbieten wir ausdrücklich, daß ein Vertrag geschlossen werde mit jenen um Geld oder Tribut, ehe nicht mit Gottes Hilfe solch Heidenglaube oder Heidenvolk zunichte gemacht ist!» (MPL 182, 651–652).

Fast das genaue Gegenteil von alledem war eingetreten: Gott hatte nicht gewollt, daß die Christen den Heiden auch nur eine Handbreit Boden abrangen. Die Heiden hatten sich weder bekehrt, noch waren sie vernichtet worden, und dem neuerlichen Friedensvertrag mit dem Atabeg von Damaskus, auf den die syrischen Barone schließlich gedrängt hatten, diesem Vertrag war mit sarazenischem Gold im Christenlager das entscheidende Wort geredet worden (vgl. *Pacaut). Bernhard* von Clairvaux stand vor aller Öffentlichkeit als falscher Prophet da.
Der Abt, der die Verhältnisse und Vorgänge im Orient nur vom Hörensagen kannte, suchte sich zu rechtfertigen, indem er wiederholte, was andere ihm berichtet hatten: Er gab den eigennützigen Intrigen der Fürsten die Schuld am Scheitern des Kreuzzuges. Im Stillen aber wurde er augenblicksweise wohl auch an sich selbst unsicher. Dem Papst schrieb er:

«Aber wir sind in eine schwere Zeit geraten ... Durch unsere Sünden herausgefordert, scheint Gott die Welt vor der Zeit gerichtet zu haben, – in Gerechtigkeit
zwar, doch seines Erbarmens uneingedenk. Er hat weder sein Volk noch seinen
Namen geschont; fragt man nicht unter den Heiden: ‹Wo ist nun ihr Gott?› ...
(Ps. 113, 2).

Die Kinder der Kirche und alle, die den Namen Christi führen, liegen hingestreckt in der Wüste, Opfer des Kampfes und der Entbehrungen. Streit ist ausge-
brochen unter den Fürsten, und der Herr hat sie irren lassen im Unwegsamen
und nicht geführt auf den rechten Weg. Wir haben ‹Friede› gesagt, und es ist
kein Friede. Wir versprachen uns großes Gut, und sieh da, es herrscht Wirrnis.
Wie wenn wir mit Verwegenheit und Leichtsinn gehandelt hätten! ...

Offenbar ist der Geist des Menschen so beschaffen: daß wir wissen, wenn es
nicht not tut, wenn es aber not tut, so wissen wir nicht. Als Mose das Volk aus
Aegypten führte, versprach er ihm ein besseres Land ... Er führte es heraus, führte
es bis an die Grenzen des gelobten Landes, aber hinein führte er es nicht.

Wollte man ihn der Leichtfertigkeit anklagen? Er stieß sich an Umständen,
die nicht von seinem Willen abhingen. Er hatte gehandelt unter dem Antrieb des
göttlichen Geistes, von Gott selbst bestärkt, und hatte durch Wunder seine Rechtmäßigkeit bewiesen ...

Doch jenes Volk war ungläubig und rebellisch. Aber die Unsern auch? ...
Vollkommene und gänzliche Entlastung für jedermann ist das Zeugnis seines
Gewissens. Was mich betrifft, so mache ich mir nichts aus den trügerischen Reden
jener Leute, die für gut erklären, was schlecht, und für schlecht, was gut ist, und
die da versuchen, die Finsternis an die Stelle des Lichts zu setzen. Es ist mir lieber,
daß sich das Murren der Menschen gegen mich wende als gegen Gott» (De conside-
ratione MPL 182, 741–745 A).

Soweit die Rechtfertigung des heiligen *Bernhard*. *Otto* von Freising aber,
immerhin auch ein Zisterzienser, notierte:

«Wenn wir nun sagten, jener heilige Abt sei vom Geist Gottes angehaucht worden, uns aufzurufen, wir hätten wegen unserer Hoffart und Zügellosigkeit die
heilsamen Gebote nicht beachtet und deshalb verdientermaßen (auf dem Kreuzzug)
Verluste an Sachen und an Menschen erlitten, so würde das gleichwohl den Ver-
nunfterwägungen und den Beispielen aus der alten Zeit nicht widersprechen;
freilich ist der Geist der Propheten nicht immer bei den Propheten» (GF I c.
66).

*Bernhard* von Clairvaux hat das Scheitern des Kreuzzuges nicht lange
überlebt. Wenige Tage vor seinem Tode schrieb er einen letzten Brief.
Nachdem er sich darin für eine empfangene Freundlichkeit bedankt hat,
von der er jedoch nicht sagen könne, sie habe ihn glücklich gemacht,
heißt es:

«... Was ist das für ein Glück, wo die Bitterkeit alles für sich fordert? ... Den
Schlaf kenne ich nicht mehr, so daß ich also ohne Unterbrechung Schmerzen fühle.
Meine ganze Krankheit besteht in einer großen Schwäche des Magens. Mehrmals
im Laufe des Tages und der Nacht muß er durch ein bißchen Flüssigkeit gestärkt
werden. Denn er lehnt sich unweigerlich gegen jede feste Nahrung auf, und das
wenige, was er annimmt, behält er nur mit schweren Schmerzen; aber er fürchtet,
es würde noch schlimmer werden, wenn er sich jeder Nahrung enthielte. Doch
der geringste Tropfen zuviel würde eine Verschlimmerung hervorrufen. Meine
Beine und Füße sind geschwollen wie die eines Wassersüchtigen, und bei alledem

muß ich zu meiner Schande gestehen, daß der Geist lebhaft bleibt, trotz der Schwäche des Fleisches.

Bitten Sie unsern Herrn, welcher den Tod des Sünders nicht will, daß er nicht zögere, mich zu sich zu rufen, wozu es die höchste Zeit ist, bitten Sie ihn, daß er über mich wache. Beschützen Sie mit Ihrem Gebet Ihren Freund, dessen Verdienste allzu gering sind. Verwehren Sie dem Feind, der meinen Schritten Fallen stellt, mich in die Ferse zu beißen und mir eine tödliche Wunde beizubringen ...» (MPL 182, 514).

Am 20. August 1153 starb *Bernhard*. Er war 63 Jahre alt geworden. Sein Tod bezeichnet die Wende einer Zeit. Sein Schüler, der Zisterzienserpapst *Eugen III.*, war wenige Wochen vor ihm, am 8. Juli 1153, ins Grab gesunken.

### Ende der ‹wolkenverhangenen Nacht› für das Imperium

*Otto* von Freising, der Geschichtsdenker des XII. Jhs., sah das Neue genau, und weil er es sah, änderte er seine Konzeption der Geschichte. Mit der Wahl *Friedrich Barbarossas* zum römisch-deutschen König schien die Endzeit der Welt hinausgeschoben zu sein.

«Nicht lange danach», so schrieb *Otto* in seinem zweiten großen Werk, der ‹Gesta Frederici›, «als in Frankreich und Deutschland alles aufs beste geordnet war und der König *(Konrad III.)* auf einer bereits beschworenen Heerfahrt die Kaiserkrone empfangen wollte, erkrankte er, nicht ohne daß man einige italienische Ärzte verdächtigte, sie seien von dem Sizilier *Roger (II.)* durch Drohungen gefügig gemacht worden; aber er ließ sich durch die heftigen Schmerzen, die ihm diese Krankheit verursachte, nicht überwältigen und kam nach Bamberg, um einen Reichstag abzuhalten; dort wurde er, von vielen betrauert, dahingerafft, aber er bewahrte auch in der letzten Krise den Geist seiner früheren Tapferkeit; er starb am sechsten Tage nach Aschermittwoch, d.h. am 15. Februar (1152), nachdem er dem Herzog *Friedrich* (von Schwaben) die Insignien und seinen einzigen Sohn, der ebenfalls *Friedrich* hieß, übergeben hatte.

Er war nämlich ein kluger Mann und machte sich keine Hoffnung darauf, daß sein Sohn, der ja noch ein kleiner Knabe war, zum König erhoben würde; deshalb glaubte er, für seine persönlichen Interessen wie für das Reich werde es besser sein, wenn lieber seines Bruders Sohn wegen der vielen Beweise seiner hervorragenden Eigenschaften sein Nachfolger würde» ... (GF I c. 71).

«Nachdem der fromme König *Konrad*... in Bamberg aus dem Leben geschieden war, konnte am 4. März (1152) ... in Frankfurt wunderbarerweise trotz der ungeheuren Ausdehnung des transalpinen Reiches der bedeutendste Teil der Fürsten einschließlich einiger Barone aus Italien gewissermaßen zu einem Leibe vereinigt werden. Als dort die Fürsten über die Wahl des Königs berieten ... wurde schließlich Herzog *Friedrich* von Schwaben ... von allen gefordert und durch die Gunst aller zum König gewählt» (GF II c. 1).

In ihm verbanden sich die beiden großen, rivalisierenden Familien des Reiches, Staufer und Welfen. Denn die Mutter *Friedrichs, Judith,* war eine Schwester *Heinrichs* des Stolzen und *Welfs VI. Heinrich* der Löwe war sein Vetter. Die Hoffnung der Wähler ging eben dahin, «daß er, der beiden Familien angehörte, gewissermaßen als Eckstein (Eph. 2, 20) die Feindschaft dieser beiden Häuser überwinden könnte» (GF II c. 2).

«Nachdem nun alle Fürsten, die dort zusammengeströmt waren, sich ihm durch Treue und Mannschaft (fidelitate et hominio) verpflichtet hatten, bestieg der König mit wenigen ... in heiterster Stimmung am Donnerstag (6. März) die Schiffe, fuhr den Main und den Rhein hinunter und landete bei dem Königshof (in villa regali) Sinzig. Dort bestieg man die Pferde und gelangte am Samstag darauf (8. März) nach Aachen.
Am folgenden Tag, d. h. an dem Sonntag, an dem man (als Introitus) ‹Laetare Jerusalem› singt, wurde er von Bischöfen aus der Pfalz (a palatio) in die Kirche ... geleitet, unter dem Beifall aller Anwesenden vom Erzbischof *Arnold* von Köln mit dem Beistand anderer Bischöfe gekrönt und auf den Thron des Frankenreiches (in sede regni Francorum ... collocatur) gesetzt, der in dieser Kirche von *Karl* dem Großen aufgestellt worden ist ...
Ich glaube auch Folgendes nicht übergehen zu sollen: als ihm nach Beendigung des Sacraments der Salbung die Krone aufgesetzt wurde (unctionis sacramento diadema sibi imponeretur), warf sich ihm einer seiner Dienstmannen (quidam de ministris eius), dem er noch als Privatmann wegen einiger schwerer Vergehen seine Gnade entzogen hatte, mitten in der Kirche zu Füßen in der Hoffnung, ihn wegen der heiteren Stimmung dieses Tages erweichen und vom harten Rechtsstandpunkt (iustitia) abbringen zu können. Er aber verharrte bei seiner früheren Strenge; er blieb fest und gab uns allen damit ein Beispiel seiner nicht geringen Stetigkeit (constantia sua), wobei er erklärte, er habe jenen nicht aus Haß, sondern aus Gerechtigkeitssinn (iustitia) von seiner Gunst ausgeschlossen.
Auch dies erregte bei den meisten Bewunderung, daß dieser junge Mensch (vir iuvenis; *Barbarossa*, 1125/6 geboren (vgl. *Hampe* 142 A 1), war damals also etwa 27 Jahre alt) sich gewissermaßen die Gesinnung des Alters angeeignet hatte.
...Doch auch dies wird man nicht mit Stillschweigen übergehen können, daß an demselben Tage in derselben Kirche der erwählte Bischof von Münster, der ebenfalls *Friedrich* hieß, von denselben Bischöfen wie der König zum Bischof geweiht wurde, so daß man in Wahrheit den höchsten König und Priester (= Christus) an der gegenwärtigen Freude – quasi prognostico (gleichsam zum Vorzeichen) – teilnehmen glaubte» (GF II c. 3).

Ein neuer *Augustus* schien ein neues goldenes Zeitalter heraufzuführen. Bereits der Name «fride – rîch», «Friede» und «Macht», oder: «Friede» und «Imperium» wurde als verheißungsvolles Omen verstanden.

«Ihr aber, erlauchtester Fürst, die Ihr – Wirklichkeit und Ehrentitel (re et nomine) zugleich – mit Recht Friedensfürst (Pacificus) heißt, weil Ihr jedem, was sein ist, bewahrend, die trübe, wolkenverhangene Nacht zur lustvollen Augenweide morgendlicher Heiterkeit zurückgeführt und der Welt den köstlichen Frieden wiedergeschenkt habt ...» so spricht *Otto* von Freising seinen Neffen im Widmungsschreiben der ‹Chronica› an.

Diesem Kaiser geweiht ist nun sein zweites Geschichtswerk, die ‹Gesta Frederici›, die der Freisinger Bischof selbst nicht mehr vollenden sollte. Gleich das Vorwort setzt mit einem neuen Ton ein, der an Renovatio antiker Größe denken lassen will:

«Die Absicht aller, die vor uns Geschichte geschrieben haben, war es, so meine ich, die glänzenden Taten tapferer Männer zu preisen, um die Menschen zur Tatkraft anzuspornen, die verborgenen Handlungen der Feiglinge dagegen entweder zu verschweigen, oder, wenn sie ans Licht gezogen werden, nur zu erwähnen, um die gleichen Sterblichen abzuschrecken.

Daher halte ich die Geschichtsschreiber unserer Zeit in gewisser Weise für glücklich, denn nach den Stürmen der Vergangenheit strahlt nicht nur wieder der unerhört wolkenlose Himmel des Friedens, sondern es ist auch das Ansehen des römischen Imperiums dank der Tüchtigkeit (virtus) des überall siegreichen Kaisers so gestärkt, daß unter seinem Principat das lebende Geschlecht sich in demütigem Schweigen ruhig verhält und alle außerhalb der Grenzen des Reichs wohnenden Barbaren und Griechen, durch das Gewicht seines Ansehens niedergehalten, in Furcht verharren» (GF Prolog).

Es ist der Topos des Herrscherlobes, der hier erklingt, derselbe, den der Abt *Suger* von Saint Denis bei der Schilderung der Ereignisse von 1124 zum Lobe seines Königs angeschlagen hatte (vgl. o. S. 231). Auch dort gipfelt der Preis in jenem Bild aus dem 1. Buch der Makkabäer (1, 3) vom ringsum verstummenden Erdkreis. Aber wenn *Suger* sein Urteil über den Kaiser *Heinrich V.* noch in den Satz faßte: «imperator ergo theutonicus ... de die in diem declinans», so ist jetzt eine Wendung eingetreten. Die Zeit hat sich gewandelt und *Otto* von Freising sieht sich vor die Möglichkeit gestellt, sein «erstes Werk umzuschreiben» (stilum vertere).

In den ‹Gesta Frederici› bedenkt er im ersten Buche nochmals das, was bereits in der ‹Chronica de duabus civitatibus› gestanden hatte: das Schicksal des Reiches von der Absetzung *Heinrichs IV.* bis zum Tode König *Konrads III.* Aber jener absteigenden Linie der äußeren Reichsgeschichte setzt er jetzt eine zweite, aufsteigende Linie als Kontrapunkt: die des Aufstieges des staufischen Hauses zu immer größerer Vortrefflichkeit und schließlich zum Imperium.

Schon der Großvater *Barbarossas, Friedrich von Büren* (1079–1105), dem *Otto* in der ‹Chronik› noch keine Beachtung geschenkt hatte, wird jetzt zu einer Präfiguration des kommenden Königsheils:

«Um diese Zeit hatte *Friedrich,* aus einem der vornehmsten Geschlechter Schwabens, Staufen gegründet; ... er hatte dem Kaiser in allen Gefahren zur Seite gestanden ... Da der Kaiser nun den schwankenden Zustand des Staates sah, rief er ihn zu sich und redete ihn an:
‹Bester der Männer, den ich unter allen im Frieden als den treuesten und im Kriege als den tapfersten erprobt habe, sieh wie der römische Erdkreis, in Finsternis gehüllt, der Treue bar, zu schändlichsten Wagnissen und zu schmählichsten Taten sich verleiten läßt. Den Eltern wird keine Ehrerbietung, den Herren nicht die schuldige Unterordnung bewahrt, die Eide werden verachtet, keine Ehre wird den Gesetzen, keine den göttlichen Ordnungen gezollt. Steh also auf gegen diese schlimme Krankheit und gürte dich, die Feinde des Reiches mannhaft niederzukämpfen›» (GF I c. 8; vgl. auch S. 159).

Das, was Vorzeichen des Weltunterganges schien, wird zur Krise der Geschichte. Das, was nur von der *göttlichen* Geschichte her zu begreifen schien, wird jetzt als *weltliche* Geschichte, die natürlich in den göttlichen Heilsplan eingebettet bleibt, wieder sinnvoll.

Man hat heftig darüber gestritten, ob dieser Sinn von ‹Krise› überhaupt für das Mittelalter angenommen werden dürfe. Nicht verharmlosen sollte man indes die Tatsache, daß *Ottos* zweites Werk sich in ganz aufallender Weise den jetzt *sinnvollen* Ereignissen *dieser* Welt zuwendet.

*Ottos* neue Geschichtsdarstellung entspricht natürlich nicht der ‹Wirklichkeit›, sondern ist, wenn man will: schönfärbende, positive Geschichtsdeutung, aber eben als solche der Ausdruck eines neuen Epochebewußtseins, einer staufischen Renovatio-Tendenz.

Dieser neue Geist drückt sich auch im Stil der ‹Gesta Frederici› aus. War die ‹Chronica sive Historia de duabus civitatibus› streng teleologisch, zielgerichtet gebaut, ohne Abschweifungen und rhetorische Gemälde, so finden sich jetzt in den ‹Gesta Frederici› weitausgreifende Exkurse. In diesen Partien wird mit einer neuen Lust erzählt, als ob sich in ihnen die jetzt heranbrechende Zeit als ein episches Zeitalter ankündigen wolle. Aber nicht die Erzählfreude allein ist bemerkenswert. Vielmehr entfaltet sich in ihr zugleich Raum für eine Imitatio traditionsschwerer literarischer Gesten. Eines der schönsten Beispiele dafür findet sich am Ende des Werkes aus der Feder von *Ottos* Privatsekretär *Rahewin,* der die ‹Gesta› seines 1158 verstorbenen Bischofs zuendeführte. Es ist die Personenbeschreibung *Friedrich Barbarossas.* Sie nimmt den spätantiken Topos der ‹Descriptio personarum› (vgl. auch ob. S. 330) unmittelbar von *Apollinaris Sidonius* (ca. 430–489) auf, schmückt ihn mit Wendungen aus den ‹Getica› des Gotengeschichtsschreibers *Jordanes* (um 550) und aus der ehrwürdigen Descriptio Caroli Magni des *Einhard* (ca. 775–840), Wendungen, die zum Teil bereits ihrerseits aus den Claudius-, Nero-, Augustus- oder Caesar-Biographien des *Caius Suetonius* (ca. 75–150) herstammen, ja er greift sogar auf die Catilina- und Jugurtha-Darstellungen des *Sallust* (86–35 v. Chr.) zurück:

«Der göttliche Kaiser *Friedrich* (Divus Augustus *Fridericus)* zeichnet sich, wie ein Schriftsteller (d. h. *Apollinaris Sidonius)* von *Theoderich (II.)* sagt, durch seinen Charakter wie durch sein Äußeres so aus, daß er wert ist, auch von denen gekannt zu werden, die ihn nur selten in vertrautem Umgang zu sehen bekommen … Seine leibliche Gestalt ist wohl gebaut, von Statur
‹ist er kleiner als die Größten und größer› (*Einh.* c. 22)
als die Mittelgroßen. Sein Haar ist blond und oben an der Stirn etwas gekräuselt. Die Ohren werden kaum durch überfallende Haare verdeckt, da der Barbier aus Rücksicht auf die Würde des Reiches das Haupthaar und den Backenbart durch dauerndes Nachschneiden kürzt. Seine Augen sind scharf und durchdringend, die Nase ist schön, der Bart rötlich (subrufa), die Lippen sind schmal und nicht durch breite Mundwinkel erweitert, und das ganze
‹Antlitz ist fröhlich und heiter› (*Einh.* c. 22).
Die in schöner Ordnung stehende Reihe der Zähne zeigt schneeige Weiße. An der Kehle und

‹am nicht fetten, aber ziemlich kräftigen Halse› (*Einh.* ebda) ist die Haut milchweiß und manchmal mit jugendlicher Röte übergossen. Diese Färbung aber ruft meist nicht der Zorn hervor, sondern das Schamgefühl. Die Schultern sind etwas hochstehend, in den kurzen Weichen liegt Kraft, die Schenkel ruhen auf starken Waden, sind ansehnlich und durchaus männlich.

‹Sein Gang ist fest und gleichmäßig, seine Stimme hell und die ganze Körperhaltung männlich. Durch diese Leibesgestalt gewinnt er ‹sowohl im Stehen wie im Sitzen höchste Würde und Autorität› (*Sueton,* Vita Claudii c. 30).

‹Seine Gesundheit ist gut, nur mitunter durch eintägiges Fieber getrübt› (*Sueton,* Caesar c. 45, 1)› (*Einhard* c. 22).

Er liebt Kriege, aber nur, um dadurch den Frieden zu gewinnen; ‹er ist persönlich tapfer› (Vgl. *Sallust,* Cat. 43, 4; Jug. 7, 1).

‹Im Rat außerordentlich überlegen, Bittenden gegenüber nachgiebig und mild gegen die zu Gnaden Angenommenen› (*Jordanes,* Getica, 35, 182)» (GF IV c. 86).

Was hiermit angedeutet wird, das ist der Anspruch, in einer von der Antike herkommenden Tradition zu stehen. Es ist ihrem politischen Selbstbegriff nach eine durch den Imperator *Carolus Magnus* vermittelte Tradition. Zu fragen wäre, ob nicht nur die staufische Politik und Historiographie, sondern auch die staufische Kultur, ja schließlich die vulgärsprachliche deutsche Literatur der Stauferzeit in jenen weströmischen Traditionszusammenhang hat eintreten können, in dem die französische Literatur durch Geschichte und Sprache von Anfang an gestanden hat. Im politisch darniederliegenden Königreich Frankreich beginnt jetzt das Zeitalter des Märchenkönigs *Artus.* Im erneuerten Imperium steht die Zeit unter dem Zeichen der Gründerfigur *Carolus Magnus.* 1165 wird Kaiser *Friedrich I. Barbarossa* die imperiale Vorbildgestalt heiligsprechen lassen. Aber die antikisierende Brille eines heroischen Herrschertums, durch welche die Barbarossazeit sich selbst zu sehen wünschte, stilisierte vielleicht nicht ganz zu Recht ihren Imperator Augustus zur Heroengestalt eines ‹rex pacificus›, den spätere Historiographie zum kraftvollen Schwert-Kaiser umdeutete. Möglicherweise war *Barbarossa* in erster Linie ein erfolg- und listenreicher Diplomat, gewiß war das sein wichtigster Ratgeber, der Fuchs *Reinald von Dassel.*

## Epilog von der Macht in der Welt: ‹Ysengrimus›

So mag es sich denn nicht nur chronologisch rechtfertigen, wenn ans Ende dieses Teils ein Hinweis auf das lateinische Epos von ‹Ysengrimus› zu stehen kommt, welches der Magister *Nivardus* von Gent wohl 1148 vollendete, und in dessen Wolfsfigur eine kritische Verkörperung jenes Mönchtums gesehen wurde, dessen Repräsentant *Bernhard* von Clairvaux gewesen war. Besiegt wird im Epos der Wolf von der List des Fuchses, getötet aber wird er von einer Schweineherde.

Endlich ist der Fuchs in die Fänge des Wolfes geraten, zwischen seinen Zähnen! Genießerisch streicht das scharfe Elfenbein das Halsfell des Roten und ritzt ihm die Haut. Der Wolf hat genug von den Tücken des andern. Jetzt macht er Schluß. Kein Ausweg mehr bleibt dem Reinardus. Viele, viele Verse lang steht der Rachen des Ysengrimus aufgesperrt, das Tor des Todes, die Tür zum Bauch, in welchem Reinardus nun nach Prophetenart (cf. Jonas!) reiten wird.

– So beginnt der ‹Ysengrimus› des Magisters *Nivardus* von Gent. Kein plötzlicher Umschwung befreit den Fuchs aus dem Rachen des Wolfes, sondern langsam, ganz langsam löst sich der tödliche Griff. Dieser Ysengrimus ist nicht einfach gefräßig, sondern von einer verhängnisvollen Experimentierfreude besessen.

«Wird er nun, wo er in engem Gewahr ist, sich durch irgendeine List zu befreien suchen? Wird er, dem Tode überliefert, auch wirklich vom Tode ereilt werden? Wird der Tor auch jetzt noch um sein Leben besorgt sein und sich der Hoffnung hingeben, nicht so schnell sterben zu sollen?» (I, 119–122).

Langsam erblüht aus der Todesangst das berühmte Schinkenabenteuer.

Ein Bauer kommt seines Wegs daher durch den Wald. Einen köstlichen Schinken trägt er an einem Weidenseil. Da sieht der Bauer nicht weit vor sich den Fuchs, zu Tode lahm, nur mühsam schleppt er sich daher mit seinem schönen, teuren Pelz. Den will der Bauer. Er verfolgt den siechen Reinardus, legt seinen Schinken ab, der ihm zu schwer wird. Ihn holt sich der Wolf.

Immer weiter lockt der Fuchs den Bauern, der ihn verfolgt. Und hier ist nun großartig, wie sich der Weg des Listigen zu einem labyrinthischen Ornament gestaltet, wie wir es aus mittelalterlichen Handschriften und von Kirchenfußböden her kennen.

«Bald schlang er nämlich in vielfacher Krümmung Kreise ineinander und ahmte die Windungen einer zusammengerollten Schlangenhaut nach, bald ging er in die Quere nach dieser und nach jener Seite. Ohne vorwärts oder rückwärts zu kommen, beschrieb er immer dieselben Linien, gelangte aber nie dorthin, wohin er anscheinend lief. Trügerisch richtete er mit der Kunst eines Dädalus Verwirrung an. In einem Nu änderte er seine irreführenden Wendungen. Bald lief er etwas weiter nach vorn, bald ein wenig zurück; bald in die Quere dorthin und hierher; bald nach vorn, bald nach hinten; bald machte er kreisartig kurze Rundläufe, während der Bauer nicht wußte, wo er mit einiger Sicherheit den Fuchs erwischen könnte, der seine ungewissen Wendungen mit so vielen Künsten ausführte» (I, 273–284).

Die vergebliche Verfolgung des Bauern wird zu einer tiefgründigen Darstellung der satanischen Klugheit, so daß der Bauer schließlich ausruft:

Unde, ait, existi, redeas, illabere Auerno!
   Non equidem uulpes, sed quater ipse Satan!
«Kehre dorthin zurück, woher du gekommen bist! Fahre zur Hölle!
   Du bist kein Fuchs, sondern vierfach der leibhaftige Satan.» (I, 343–344).

Der Feuerkreise ziehende Pudel aus Fausts Osterspaziergang hat hier sein großartigeres Vorbild, großartiger, weil die satanische Klugheit nicht metaphysischer, sondern diesseitiger Natur ist. Denn auch der Fuchs selbst wird betrogen, doch, wer ihn betrog, erwirbt kein Heil.

Der Wolf des Meister *Nivardus* von Gent ist nicht einfach ein dummer Tölpel. Es wird seine animalische Grausamkeit als ein geistiger, redegewandter Sadismus dargestellt. Er hat den ganzen Schinken gefressen, den Reinharts List erwarb. Für Reinardus ist nur der Weidenstrick davon übriggeblieben. Und nun beweist Ysengrimus dem enttäuschten Fuchs durch einen in prunkvoller Rede imaginierten Prozeß vor dem bischöflichen Sendgericht, daß Reinardus unrecht hat. Er beweist es aus der Benediktinerregel. Aber der Fuchs, forensisch besiegt, ist noch unendlich viel klüger. Er geht aus von der «Billigung der Welt» *(Brecht),* die ihn betrogen hat, und stimmt zu, spinnt von daher seinen Plan, um das Gewebe, das ihn gefangen hat, dann doch zu zerreißen.

> Ich bin nicht ungerecht, doch auch nicht mutig.
> Sie zeigten mir da heute ihre Welt,
> Da sah ich nur den Finger, der war blutig.
> Da sagt ich eilig, daß sie mir gefällt.

Der Fuchs aber spricht zu seinem grausamen, triumphierenden Oheim:

«Oheim, du hast dich mit zwingenden Gründen als unschuldig erwiesen, bei einem Recht, wie es heute üblich ist: Das Schlechteste darf derjenige begehen, der die größte Macht hat; der Arme aber büßt alles. Der Reiche weiß, daß ihm Gott als Gönner zur Seite steht. Ohne daß Gott sich darum kümmert, ißt der Arme, was der Verschwender wegzuwerfen wünscht, und gibt der Bedürftige hin, was der Habgierige aufzuspeichern begehrt. Was der Wohlhabende und was der Arme besitzt, beides gehört dem Wohlhabenden. Die geringe Habe des Armen rührt ganz von den Geschenken des Reichen her» (I, 493–500).

Reinardus gönnt dem Wolf nur scheinbar seinen Triumph und begnügt sich mit dem Weidenstrick. Doch gleich wird er ihn zum Fischfang im zugefrorenen Weiher überreden, bei dem der Wolf seinen Schwanz verliert. Abenteuer um Abenteuer lockt der Fuchs den Wolf tiefer ins Verderben, bis Ysengrimus auf dem Hoftag des kranken Löwen sich das Fell abziehen lassen muß, damit der König genesen kann. Dies ist der erste Teil des Werkes, der aus 4 Abenteuern besteht:

1. Schinkenteilung (I, 1–528), 2. Fischfang (I, 529–II, 158), 3. Der Wolf und die Widder (II, 159–688), 4. Schindung des Ysengrimus am Hoftag des Löwen (III, 1–1198).

Beim Festmahl zur Ehre des gesundeten Löwen verliest dann der Eber Bruno drei Gedichte, welche frühere Abenteuer des Fuchses berichten, der den Löwen geheilt hat. Dies wäre der 2. Teil:

5. Die Wallfahrt des Rehes Bertiliana (IV, 1–810), 6. Fuchs und Hahn (Scantecler) (IV, 811–V, 316), 7. Ysengrimus im Kloster Blandigny und Schändung der Wolfsfamilie durch Reinardus (V, 317–1130).

Der dritte und letzte Teil setzt zeitlich die Handlung des ersten Teils fort. In fünf Abenteuern treibt Reinardus Ysengrimus schließlich in den Tod: er wird von einer Schweineherde zerrissen und gefressen:

8. Wolf und Hengst (V, 1131–1322), 9. Ysengrimus und der Widder Josephus (VI, 1–132), 10. Beuteteilung am Hofe des Löwen: Ysengrimus wird zum 2. Male geschunden (VI, 133–348), 11. Ysengrimus und der Esel Carcophas (VI, 349–550), 12. Ysengrimus und die Sau Salaura, sein Tod durch die Schweineherde (VII, 1–750).

Der Gehalt des Ganzen ist schwerlich auf die Formel zu bringen: Triumph des Geistes und «der Klugheit über rohe Kraft und Dummheit». Schon das Schinkenabenteuer zeigt, daß der Wolf keine rohe, sondern eine clerical gebildete Macht verkörpert. Erst seine Macht, welche er der Fortuna verdankt (vgl. *Jauss),* macht ihn zum Toren. Es ist die Macht der zu weltlicher Herrschaft emanzipierten Kirche (vgl. *Voigt):* Gegen die Kurie *Eugens III.,* gegen *Bernhard* von Clairvaux, gegen die Gründung neuer Mönchsorden, aber auch gegen die Diözesan-Geistlichkeit seiner flandrischen Nachbarschaft richtet der Magister *Nivardus* seine Satire vom Wolfsmönch. Sie gewinnt ihre Perspektive aus dem neuen städtischen Leben: Arras wird (I, 193) als reich, Ypern (V, 697) als Wollweberstadt erwähnt; der unglückliche Ausgang des 2. Kreuzzugs wird beklagt (Epilog VII, 465 ff.) und der Normannenkönig *Roger II.* von Sizilien als böse beleumdet. Doch nicht das Gute siegt in diesem Epos der Zeitwende, sondern die teuflische Listigkeit des Fuchses, der zum Inbild der laikalen Welt wird. Unter solchen Auspizien beginnt das Zeitalter einer imperialen Erneuerung und der französischen Artus-Epik.

VIERTER TEIL

KAISER KARL UND KÖNIG ARTUS

# ACHTZEHNTES KAPITEL

## HONOR ET PECUNIA. KONSTELLATION
## DER FRÜHEN BARBAROSSAZEIT (1152–1167)

«Ihr aber, erlauchtester Fürst, die Ihr – Wirklichkeit und Ehrentitel zugleich (re et nomine) – mit Recht Friedensfürst (Pacificus) heißt, weil Ihr jedem, was sein ist, bewahrend, die trübe, wolkenverhangene Nacht zur lustvollen Augenweide morgendlicher Heiterkeit zurückgeführt und der Welt den köstlichen Frieden wiedergeschenkt habt ...»

Mit solchen Worten hatte *Otto* von Freising 1157 seinen Neffen *Barbarossa* im Widmungsschreiben seiner ‹Chronica sive Historia de duabus civitatibus› angesprochen. Und *Rahewin,* der gebildete Sekretär des Freisinger Bischofs, der dessen ‹Gesta Frederici› vollendete, sollte wenige Jahre später, 1160, das rhetorische Portrait des ‹Divus Augustus Fridericus› zeichnen (s. S. 380 f.). Aber beide Barbarossa-Bilder sind entworfen noch auf dem Weg vom Typus zum Antitypus, vom Vorbild *Augustus-Karolus* zur Erfüllung *Fridericus.* Denn im Reich und in Europa hatten beim Tode *Konrads III.* (1152) die Dinge so glänzend nicht gestanden, wie die rückschauende Begeisterung der ‹Gesta Frederici› es dann sehen wollte. Wie bei *Karl* dem Großen, wie bei den Ottonen, so geht es auch jetzt wieder um eine ‹Renovatio Romanorum Imperii›, auch im Stil der politischen Schreiben. Das Ansehen des Reiches, der ‹Honor Imperii›, mußte nach außen hin erst wieder aufgerichtet werden. In Deutschland selbst klaffte noch immer die unheilvolle Wunde des welfisch-staufischen Gegensatzes, seit *Heinrich* dem Stolzen die zum Greifen nahe Krone durch die Wahl des Staufers *Konrad* versagt geblieben war. Schließlich war das Verhältnis zwischen Kaisertum und Kirche prekär genug geblieben, um von 1157 an in eine neue Investiturstreit-Situation zu münden. Die hat *Otto* von Freising, der 1158 stirbt, nicht mehr gesehen oder nicht mehr formulieren wollen. Wenn er 1157 *Barbarossa* als den lobte, der jedem das seine bewahrt, so hat er damit gleichzeitig die Erwartung *nachformuliert,* welche die Zeit an den neuen Herrscher herangetragen hatte: außenpolitisch, innenpolitisch, kirchenpolitisch. Der neue Kaiser mußte zunächst ein Mann des Ausgleichs sein. Daß *Barbarossa* klug und fähig genug war, diesem Erwartungsbild in allen 3 Bereichen zunächst zu entsprechen, begründete schließlich jene glanzvolle Größe, die *Rahewin* in seinem Porträt des ‹Divus Augustus Fridericus› von 1160 beschwor.

A. HONOR IMPERII
VON MERSEBURG BIS BESANÇON (1152–1157)

*Außenpolitische Schiedssprüche im Norden und im Osten*

Gleich auf dem ersten Reichstag, den *Barbarossa* zu Pfingsten 1152 in
Merseburg hielt, erschien die Fortuna des neuen Königs in der Gestalt
dreier dänischer Fürsten. Es waren die Vettern *Sven, Knut* und *Waldemar,* die um das Erbe des dänischen Königsthrones stritten. Jenes Dänemark, dessen Wikingerscharen viele Jahrhunderte lang die europäischen
Küsten unsicher gemacht hatten, befand sich auf dem Wege zu einem
christlichen, d. h. zivilisierten Staatswesen ritterlichen Charakters. Statt
die Sache untereinander mit dem Beil auszumachen, suchten die drei
feindlichen Vettern den Schiedsspruch des römisch-deutschen Königs.
*Barbarossa* entschied zu Gunsten *Svens* (1147–1157), und dieser leistete
noch in Merseburg den Lehnseid für sein Land. *Knut* und *Waldemar*
wurden mit Herzogtümern abgefunden. Es tat dem Ansehen des deutschen
Königs keinen Abbruch, daß sich im weiteren Verlauf der Geschichte
seine Entscheidung als falsch erwies. Die Dänen machten die Sache nämlich doch mit der Streitaxt aus, Vetter *Knut* wurde ermordet, König *Sven*
in der Schlacht auf der Greta-(Grathe-)Heide 1157 im Kampf gegen
*Waldemar* erschlagen. Doch dieser *Waldemar,* welcher der erste große
Dänenkönig der Ritterzeit werden sollte (1157–1182), suchte und fand
dann seinerseits wieder die Bestätigung durch *Barbarossa.* 1162 kam er,
von *Heinrich* dem Löwen geleitet, ins kaiserliche Feldlager zu St. Jean
de Losne, empfing seine Investitur und leistete seine Lehnshuldigung.

Von vielleicht größerer Bedeutung für die Zukunft wurde das Verhältnis zu Polen. Dort hatte Herzog *Boleslav IV.* (1146-1173) Huldigung
und Tributzahlung an das Reich verweigert. Moralisch schwer belastet
war er dadurch, daß er seinen Bruder *Wladyslav,* der sein Mitregent hätte
sein sollen, von der Herrschaft ausschloß. Als Hüter des Rechts konnte
*Barbarossa* im Sommer 1157 mit einem Reichsheer gegen Polen aufbrechen. In Posen unterwarf sich *Boleslav,* 1163 mußte er dann Schlesien
an die beiden Söhne des inzwischen verstorbenen *Wladyslav* geben. Die
Beschützerrolle *Barbarossas* gegenüber diesem schlesischen Herzogtum
bedeutete einen ersten Schritt zur Erwerbung Schlesiens. Seit dem Ende des
XII. Jhs. werden deutsche Siedler dorthin ziehen. Für die Unterstützung,
welche *Wladyslav II.* von Böhmen dem Kaiser bei seiner Aktion gegen
Polen geleistet hatte, erhob *Barbarossa* 1158 Böhmen zum erblichen Königtum. In der deutschen Geschichte wird dieses eine wichtige Rolle spielen.

## Innenpolitischer Ausgleich mit Heinrich dem Löwen

Herzog *Friedrich III.* von Schwaben, *Barbarossa,* war von den deutschen Fürsten, so heißt es, vor allem deshalb zum römischen König gewählt worden, weil man von ihm den gerechten Ausgleich im Reich erwartete. Väterlicherseits ein Staufer, war *Barbarossa* durch seine Mutter *Judith* zugleich ein Sproß des Welfenhauses. Sie war eine Tochter jenes *Heinrich* des Stolzen, der die Herzogtümer Sachsen, Bayern und die Markgrafschaft Toskana zu Lehen besaß, bis sein jäher Sturz den Zwiespalt zwischen beiden Geschlechtern, Welfen und Staufern, aufriß. In *Heinrichs* des Stolzen Bruder *Welf VI.* lebte der Anspruch auf das verlorene Bayern weiter. Er lebte aber vor allem weiter in *Heinrichs* jungem Sohn *Heinrich* dem Löwen.

*Heinrich* der Löwe, etwa gleichen Alters wie sein Vetter *Barbarossa,* war zunächst nur Herzog von Sachsen. Als solcher hatte er östlich der Elbe, im Slavenland, seine territoriale Macht kräftig erweitert. Seine Interessen kreuzten sich dort mit denen des Askaniers *Albrecht* dem Bären. Von der cisalbingischen Altmark her hatte *Albrecht* das brandenburgische Slavenland erobert und kolonisiert. Die Streitigkeiten zwischen dem Löwen und dem Bären konnten zu Pfingsten in Merseburg noch nicht beigelegt werden. Das gelang *Barbarossa* erst im Oktober 1152 auf einem neuen Reichstag zu Würzburg. Ein königlicher Schiedsspruch befriedigte fürs erste beide Parteien.

1154 auf dem Reichstag zu Goslar verlieh *Barbarossa* seinem herzoglichen Vetter das Recht, Bistümer und Städte im mecklenburgischen Nordalbingien zu gründen. Gleich 1154 schuf der Löwe das Bistum Ratzeburg, 1158 gründete er Lübeck neu.

«Durch Handelsverträge mit den Ländern des Nordens und des Ostens sicherte *(Heinrich* der Löwe der Stadt Lübeck) bald eine führende Stellung im Ostseehandel» *(Jordan).* Damals begann auch der deutsche Einfluß auf Schweden.

Nach und nach wurde *Heinrich* der Löwe, wie einst sein Großvater *Lothar,* zum ungekrönten König des Nordens, und der Kaiser ließ ihn gewähren, ja, er schien ihn zu bevorteilen. *Barbarossa* verhielt sich «gegenüber den Lockungen eines absolutistischen Regiments stets ablehnend ... Er machte anfangs fast den Eindruck der Schwächlichkeit, wenn er sich immer wieder (dem Rat der großen Fürsten) anpaßte», schreibt *Karl Hampe.* Aber *Barbarossa* wußte, was auf dem Spiele stand. Sein verbindliches Wesen machte seine ‹Iustitia› annehmbar und verbarg vielleicht gelegentlich seine ‹Constantia›, die sonst leicht als Starrköpfigkeit erschienen wäre. Aber da war eben noch der welfische Anspruch auf das Herzogtum Bayern. *Konrad III.* hatte das welfische Herzogtum Bayern an den Babenberger *Heinrich Jasomirgott* gegeben, einen Bruder *Ottos* von Freising. Aber nach wie vor beanspruchte *Heinrich* der Löwe das Erbe seines Vaters. Beide Herzöge wurden mehrfach zu einem Schiedsgericht vor den Kaiser geladen. *Heinrich Jasomirgott* weigerte sich zu erscheinen. Nachdem er auch der dritten Ladung auf den Reichstag zu Goslar von 1154 nicht Folge geleistet hatte, ließ *Barbarossa* durch Fürstenspruch das Herzogtum Bayern an den Löwen fallen. Mit einem wachen Sinn für die neue Rolle des Fernhandels gründete dieser Fürst dort wenig später (1156 oder 1158) München und lenkte die große Salzstraße aus dem Salzkammergut nach Augsburg über diese neue Stadt. Erst 1156 gab der Babenberger *Heinrich Jasomirgott* seinen Widerstand auf und unterwarf sich dem Kaiser in Regensburg. Für seinen Verzicht auf die bayrische Herzogswürde wurde er königlich abgefunden. Er erhielt das neugeschaffene Herzogtum Österreich, einen Teil Bayerns, welcher mit dem sogen. ‹Privilegium minus› begabt wurde. Dieses stellt einen wichtigen Schritt in der Verfassungsgeschichte des Reiches dar.

Unter dem Datum des 17. IX. 1156 verfügt «In nomine sancte et individue Trinitatis. Fridericus divina favente clemencia Romanorum imperator Augustus»:
1. Der Herzog von Bayern tritt dem Reich die Markgrafschaft Österreich ab, welche zum Herzogtum Austria erhoben wird.
2. *Heinrich Jasomirgott* und seine Gemahlin *Theodora* werden mit dem Herzogtum Österreich belehnt; beide sind Lehnsträger.
3. Das neue Herzogtum ist in männlicher wie in weiblicher Linie erblicher Besitz.
4. Herzog wie Herzogin können im Falle eines kinderlosen Todes von sich aus über die Nachfolge in Österreich verfügen.
5. Im Herzogtum Österreich darf ohne Zustimmung des Herzogs kein Lehen vergeben werden.
6. Der Herzog braucht nur an den Reichstagen zu erscheinen, die in Bayern abgehalten werden.
7. Nur bei Kriegszügen in Gebiete, die an Österreich grenzen, ist der Herzog dem Reich Heeresfolge schuldig.

Mit diesem Privileg waren die Österreicher Herren im eigenen Land. Der erste Territorialstaat war geboren.

Dazu verholfen hatte das Vorbild des byzantinischen Rechts. Denn die Herzogin war niemand anders als *Theodora Komnena*, die Nichte des byzantinischen Kaisers. Bei der Rückkehr vom 2. Kreuzzug hatte *Heinrich Jasomirgott* sie in Konstantinopel zur Frau genommen.

Kaiser *Friedrich Barbarossa* aber hatte Bayern um so lieber aufgeteilt, als eine Minderung der herzoglichen Macht dort die Stellung des Königtums nur stärken konnte. Denn sein Vetter *Heinrich* der Löwe war nunmehr zugleich Herzog von Sachsen und von Bayern. Und der bayerische Adel nahm den Welfen begeistert auf. Trotz aller Vorsicht *Barbarossas* wird nach und nach so etwas wie ein welfisches Gegenkönigtum entstehen.

## Kaisertum und Papsttum

Wußte *Barbarossa* seine Stellung in Deutschland durch eine eher nachgiebige Gerechtigkeit zu befestigen, so war sein Verhältnis zur römischen Kirche vom ersten Augenblick an von Festigkeit bestimmt. Dies hatte sich gleich 1152 in Merseburg gezeigt. In Magdeburg war der Erzstuhl durch den Tod des Erzbischofs *Friedrich von Wettin* († 1152) vakant geworden und das Domkapitel war über den Nachfolger zerstritten. *Barbarossa* schlichtete den Streit, indem er von sich aus dem Bischof *Wichmann* von Naumburg die Investitur zum Erzbischof von Magdeburg gab. *Wichmann* hat den Magdeburger Erzstuhl von 1152–1192 innegehabt. Gegen den anfänglichen Widerspruch des Papstes wußte *Barbarossa* seine Investitur zu behaupten.

Beide Erzbischöfe, *Friedrich von Wettin* und *Wichmann,* wurden nach ihrem Tode in Grabplatten verewigt, die bedeutende Denkmäler der Bronzeplastik darstellen. Beide Grabdenkmäler bezeichnen zugleich die Entwicklung des Menschenbildes von der frühen zur späten Barbarossazeit.

Das Grabmal des *Friedrich von Wettin* formt den Körper aus plastischen Flächen, die kantig aneinanderstoßen. Die Einzelheiten des Gewandes sind auf diese Flächen wie aufgezeichnet. Der höchst charakteristische Kopf sitzt mit seinem individuellen Ausdruck wie etwas Fremdes auf dem völlig allgemein und formelhaft gegebenen Körper.

Die Darstellung *Wichmanns* zeigt ein verfeinertes, kaum noch archaisches Menschenbild. Die Falten des Gewandes beginnen selbständige, plastische Werte zu werden. *Wilhelm Pinder* formulierte: «An der Schwelle zum Klassischen ist das Gleichmaß da, das eher (als bei dem großartigeren Friedrich von Wettin) dem griechischen Gleichmaß entspricht: der Kopf ist Körperteil, nicht fremdartige Krone.» Hand in Hand mit der Humanisierung des Archaischen geht aber bei dem Wichmann-Bildnis die Tendenz zu einem bläßlich-verwaschenen Klassizismus, der auch in der mhd. Literatur eine Gefahr der klassischen Werke bilden wird.

Die ‹constantia› des neuen Herrschers zeigte sich noch deutlicher in jenem Staatsvertrag, der am 23. März 1153 mit der Kurie in Konstanz abgeschlossen wurde. Es ist dies ein bilateraler Vertrag, d.h. den Verpflichtungen des Kaisers stehen entsprechende Verpflichtungen des Papstes gegenüber. Beide Seiten sind rechtlich gleichrangige Parteien.

1. *Friedrich Barbarossa* sagte zu, keinen Frieden mit Römern und Normannen ohne Zustimmung des Papstes zu schließen, vielmehr die Stadt-Römer dem Papst zu unterwerfen. – Der Papst verpflichtete sich zur Kaiserkrönung.

2. Kaiser wie Papst versprachen, dem «König der Griechen» keine territorialen Zugeständnisse in Italien zu machen.

3. Der Kaiser verpflichtete sich, den «honor papatus» und die päpstlichen Regalienrechte gegen jedermann zu verteidigen. – Der Papst verpflichtete sich, den «honor imperii» mit kirchlichen Machtmitteln zu schützen.

Diesen ‹Honor imperii› hat *Peter Rassow* in seinem gleichnamigen Buch als den Schlüsselbegriff der frühen Barbarossapolitik bezeichnet. ‹Honor› wie das mhd. entsprechende ‹êre› drücken einen relativen Begriff aus. Er meint «Diejenige Wirklichkeit, die Achtung fordert oder verdient», d. h. einerseits: Fürstenamt, Lehen, Stellung, aber auch die Pracht, durch die sich dieses Amt darstellt. So sagt man «Ich vant dâ grôz êre» (Iw. 603), d. h. große Pracht, und: «als ez ir êren wol gezam» (Wig. 11443) – wie es ihrem Stande gemäß war. Anderseits bedeutet es die ‹Ehrerbietung›, die man der Person eines solchen Amtes oder Standes erweist: «sî bôt im sô manege êre» (Iw. 2724). Schließlich heißt ‹êre-honor› sowohl ‹Macht› als auch ‹Recht›, welche die Voraussetzungen eines solchen Amtes sind. Iwein hatte den König erschlagen, und dann «besezzen beidiu sîn êre unt sîn lant» (Iw. 2436) – sein Königsrecht und sein Königreich in Besitz genommen. Im Konstanzer Staatsvertrag von 1153 ist ‹honor-êre› ein Sachbegriff, den *Herbert Grundmann* mit «Recht, Besitz, Anspruch» glossiert hat. *Honor Imperii* meint die Gesamtheit der imperialen Rechte.

Allerdings blieb die ausgewogene politische Konstellation des Konstanzer Vertrages zwischen Kaisertum und Papsttum nicht lange erhalten.

1154 war *Barbarossa* nach Italien gezogen, hatte die kommunale Bewegung in Rom durch die Hinrichtung des *Arnold von Brescia* (Abälardschüler) niedergeworfen, und sich vom Papst, der jetzt *Hadrian IV.* hieß, zum römischen Imperator krönen lassen. Aber zu einem Zug gegen die süditalienischen Normannen war *Barbarossa,* den nur ein kleines Ritterheer begleitete, nicht bereit gewesen. Auch in Oberitalien hatte dem Kaiser im Augenblick die Macht gefehlt, die Rechtsansprüche des Reiches, vor allem gegen Mailand, durchzusetzen. Während *Barbarossa* bald wieder nach Deutschland zurückkehrte, veränderten sich in Süditalien die Dinge entscheidend. Dem Normannenkönig *Wilhelm von Sizilien* gelang es, die Byzantiner vollständig aus Süditalien zu vertreiben. Er erschien mit seinem siegreichen Heer vor Benevent, wo sich der Papst aufhielt. Die bedrohliche Situation nötigte den Papst 1155 zu einem Vertrag, in dem der Normannenkönig päpstlicher Lehnsmann und Bundesgenosse wurde. Auf diese Weise hatte der Papst in Süditalien jetzt den Rücken frei, der ferne Kaiser war überspielt worden.

Dieser hatte jedoch inzwischen in Deutschland seine Stellung weiter befestigen können. Mitte Juli 1156 hatte er sich mit *Beatrix,* der Erbin der Grafschaft Burgund, vermählt. 1157 hatte er seinen glücklichen Zug nach Polen unternommen. Die Vorbereitungen für ein wirkungsvolles Eingreifen in Oberitalien waren in vollem Gange. Denn nicht sosehr das immer kühler werdende Verhältnis zum Papst, als vielmehr die Zustände in der Lombardei forderten dort die Anwesenheit des Herrschers. Beide Seiten waren vom Buchstaben des Konstanzer Vertrages abgewichen, *Friedrich,* indem er nicht gegen die Normannen gezogen war, der Papst, indem er sich mit ihnen verbündet hatte. Hinzu kam, daß der Heilige Stuhl den Erzbischof *Eskil von Lund* (Schweden) zum Patriarchen der nordgermanischen Kirche erhob, ein Rang, den bisher der Erzbischof von Bremen beansprucht hatte. Als nun Erzbischof *Eskil* aus Rom nach Schweden zurückkehren wollte, wurde er in Burgund, wohl nicht ohne

Wissen des Kaisers, überfallen und gefangengesetzt. So etwa standen die Dinge, als im Oktober 1157 die Reichsfürsten im burgundischen Besançon zu einer folgenschweren Reichsversammlung zusammentraten. *Rahewin* berichtet darüber in seiner Fortsetzung der ‹Gesta Frederici› *Ottos* von Freising. Er tut es in einem Stil, der den politischen Anspruch abbildet. *Rahewins* Einleitung beschwört das Bild vom Imperium Caroli Magni:

«Mitte Oktober begab sich der Kaiser nach Burgund, um in Besançon einen Reichstag abzuhalten. Besançon liegt am Doubs und ist die Hauptstadt eines der drei Teile, in die der ruhmreiche Kaiser Carolus Magnus sein Reich ... teilte. ... In dieser Stadt kamen zum Fest alle Großen des Landes zusammen, und auch viele Vertreter auswärtiger Völker wie Römer, Apulier, Tusker, Veneter, Italier, Franken, Engländer und Spanier; ihre Gesandten erwarteten die Ankunft des Kaisers, und dieser wurde mit hochfestlichem Gepränge und feierlichem Jubel empfangen. Denn die ganze Erde kannte ihn als den tapfersten und zugleich gütigsten Fürsten und bemühte sich, da ihre Liebe gleichzeitig mit Furcht gemischt war, ihn durch neue Ehrerweisungen zu verherrlichen und durch neue Lobpreisungen zu feiern» (GF III c. 10).

Dann erscheint eine Gesandtschaft des Papstes. Sie besteht aus dem Kardinal *Bernhard von San Clemente* und aus dem Kardinalkanzler von San Marco, *Roland Bandinelli,* einem Schüler *Abälards (Grabmann),* dem späteren Papst *Alexander III.* Sie überbringen dem Kaiser das Skandalon, ein päpstliches Schreiben, welches *Rahewin* im Wortlaut zitiert:

«Bischof *Hadrian,* Knecht der Knechte Gottes, seinem geliebten Sohn *Friedrich,* dem erlauchten Kaiser der Römer, Gruß und apostolischen Segen.» Nach dieser Intitulatio äußert der Papst sein Erstaunen darüber, daß *Barbarossa* nichts zur Befreiung des Erzbischofs *Eskil von Lund* und zur Bestrafung jener, die ihn fingen, unternommen habe. «Zur Sühnung dieser besonders schlimmen Gewalttat hättest Du Dich als ein Mann, dem – wie wir glauben – das Gute gefällt, das Böse aber mißfällt, energischer aufraffen und das Schwert ... gegen den Nacken der Gottlosen zücken und die frechen Schurken aufs strengste bestrafen müssen. Du aber hast, so sagt man, gerade dies versäumt ... Den Grund für solche Versäumnis und solche Gleichgültigkeit kennen wir durchaus nicht, ... haben wir doch Deine Person als die unseres teuersten und uns besonders nahen Sohnes und ‹princeps christianissimus› ... immer aufrichtig geliebt und mit dem gebührenden Wohlwollen behandelt. Du mußt Dir nämlich, ruhmreichster Sohn, vor Augen führen ... wie sich die Kirche, indem sie Dir bereitwilligst die Insignie der Kaiserkrone (‹imperialis insigne coronae›) verlieh, bemüht hat, in ihrem allgütigen Schoß Deine Größe und Erhabenheit zu hegen ... Wir bereuen es jedoch nicht, die Wünsche Deines Herzens erfüllt zu haben, sondern, wenn Deine Hoheit auch noch ‹maiora beneficia› (größere Wohltaten) aus unserer Hand empfangen hätte –wenn das möglich wäre –, würden wir uns mit Recht darüber freuen, ... Jetzt aber, ... argwöhnen und fürchten wir allerdings, Du seiest zu dieser Nachlässigkeit ... dadurch veranlaßt worden, daß Du Dich durch die Einflüsterung eines bösen Menschen, ‹der Unkraut sät› (Matth. 13, 25) gegen Deine gnädigste Mutter, die hochheilige Kirche, und gegen uns selbst zu Mißachtung ... oder Groll hast verleiten lassen».

Der Funke war ins Pulverfaß gefallen. *Barbarossa* verstand nur wenig Latein. Sein Kanzler *Reinald von Dassel* übersetzte es ihm und den anwesenden Fürsten ins Mittelhochdeutsche. Aber seine Übersetzung interpre-

tierte bereits das päpstliche Schreiben. ‹Beneficium› gab er mit ‹lehen›
wieder.

«Als der Brief verlesen und vom Kanzler *Reinald* in ziemlich genauer Übersetzung sorgfältig erläutert worden war, erfaßte die Fürsten tiefe Empörung ... Als
... unter den Großen des Reiches Lärm und Tumult über eine so ungewöhnliche
Botschaft mehr und mehr anschwoll, soll einer der Legaten, als fügte er ‹zum
Feuer noch das Schwert› (*Horaz,* Satiren II, 3, 276) hinzu, gesagt haben: Von
wem hat er denn das Kaisertum, wenn er es nicht vom Herrn Papst hat? Wegen
dieses Wortes stieg der Zorn so an, daß ... der Pfalzgraf *Otto* von Bayern beinahe
mit gezücktem Schwert den Nacken des Legaten bedroht hätte. *Friedrich*
aber machte das Gewicht seiner Anwesenheit geltend und beschwichtigte so den
Tumult; die Legaten aber, denen freies Geleit gewährt wurde, ließ er in ihre Herberge führen und befahl ihnen, am nächsten Morgen ... geradeswegs nach Rom
zurückzukehren.»

*Barbarossa* indes ließ unverzüglich im ganzen Reich seine Version des
Vorfalls verkünden.

«Da die göttliche Allmacht ... uns, ihrem Gesalbten (christo eius), Königtum
und Kaisertum zur Leitung übertragen und den Frieden der Kirchen den kaiserlichen Waffen anvertraut hat, sehen wir uns mit tiefster Bekümmernis des Herzens
gezwungen, Eurer Liebe zu klagen, daß von dem Haupte der heiligen Kirche ...
offensichtlich Anlässe zu Zwistigkeiten, Samen des Bösen, das Gift einer verderbli-
chen Seuche auszugehen scheinen ... Als wir neulich auf dem Reichstag zu Besançon ... über die Ehre des Reiches (honor imperii) und das Wohl der Kirchen
(salus ecclesiarum) berieten, erschienen Legaten des Papstes und ... überreichten
... uns, wie vom ‹Teufel der Bosheit› (Luc. 16, 9) aufgeblasen, ... die in dem
päpstlichen Brief enthaltene Botschaft; diese lautete dahin, wir müßten ständig
vor den Augen des Geistes haben, daß der Herr Papst uns die Auszeichnung der
Kaiserkrone verliehen habe, daß er es nicht bereuen würde, wenn unsere Hoheit
noch größere Lehen (maiora beneficia) von ihm erhalten hätte.»

Dann schildert der Kaiser die allgemeine Empörung und formuliert in
Kürze seine Staatstheorie:

«Da wir Königtum und Kaisertum durch die Wahl der Fürsten allein von Gott
empfangen haben, der ... den beiden Schwertern .. die Regierung des Erdkreises
überantwortet hat, und da der Apostel Petrus der Welt die Lehre gegeben hat:
‹Fürchtet Gott und ehret den König› (1. Petr. 2, 17), so befindet sich jeder, der
behauptet, wir hätten die kaiserliche Krone als ein Lehen vom Papst empfangen
(pro beneficio suscepisse), im Widerspruch mit der göttlichen Ordnung und der
Lehre des Petrus ...; daher bitten wir Euch insgesamt, mit uns und dem Reich
über diese große Schmach Schmerz zu empfinden, und wir hoffen, Eure ungeteilte,
aufrichtige Treue werde nicht zulassen, daß der ‹honor imperii›, der seit der Gründung Roms und seit der Aufrichtung der christlichen Religion bis auf Eure Zeit
glorreich und ungeschmälert bestanden hat, durch eine so unerhörte Neuerung,
durch eine so vermessene Überheblichkeit beeinträchtigt werde.»

Als sich auch der Papst mit einem Schreiben an die deutschen Bischöfe
wendet, erhält er eine deutlich abweisende Antwort. Der Episkopat steht
hinter *Barbarossa.* So sieht sich *Hadrian* genötigt, etwas einzulenken.
In einer zweiten Gesandtschaft läßt er eine erklärende Bestimmung des

Wortes ‹beneficium› als Entschuldigung vortragen. Diesmal ist es *Otto von Freising*, der sie ins Mittelhochdeutsche übersetzt. Der entscheidende Passus heißt:

«Denn bei der Anwendung des Wortes ‹beneficium› wurdest Du, wie berichtet wird, ärgerlich, eines Wortes, das keinen geringeren Mann, geschweige … einen so hochgestellten mit Grund hätte erzürnen dürfen. Mag auch dieses Wort ‹Beneficium› von manchen in anderem Sinn aufgefaßt werden, als es in seiner Grundbedeutung ist, so war es doch hier in der Bedeutung zu verstehen…, die es bekanntlich seiner Zusammensetzung nach besitzt. Denn dieses Wort ist aus ‹bono› (wohl) und ‹factum› (Tat) gebildet und ‹beneficium› bedeutet bei uns nicht *‹feudum›* *(Lehen);* in dieser (unserer) Bedeutung findet es sich in der ganzen Heiligen Schrift …»

«Hadrian mußte erkennen, daß sein Vorstoß gescheitert war und daß er nicht mehr mit einer innerdeutschen Opposition weltlicher oder geistlicher Fürsten rechnen konnte. So trat er den Rückzug an», schreibt *Karl Jordan.* Dieser diplomatische und propagandistische Erfolg aber war im wesentlichen das Werk eines Mannes, der seit dem 10. Mai 1156 als Kanzler in der Hofkapelle *Barbarossas* wirkte. Es war der Erfolg *Reinalds von Dassel.*

## B. REICHSERNEUERUNG UND ÖKONOMIE
### (1157–1162)

### *Reinald von Dassel und die Erneuerung der Kaisermacht*

*Reinald von Dassel* ist etwa gleichaltrig mit *Otto* von Freising, ca. 1115 geboren. Er entstammt der Familie der Grafen von Dassel im südlichen Niedersachsen. Als zweitgeborener Sohn wurde *Reinald* zum geistlichen Stande bestimmt.

Der Name Reinald ist eine besondere Form des zweigliedrigen germ. Personennamens Regin-wald. Der erste Teil ‹regin› heißt ‹Rat›. Er ist durch Primärumlaut aus ‹ragin› entstanden. Dieses steht mit seinem Suffixvokal -i- im Ablaut zu der Form ‹ragan› mit Suffixvokal -a-. Der zweite Teil ‹wald› gehört zum Verbum ‹waldan› ‹herrschen›. Sein -w- ist in der Zusammensetzung oft geschwunden. Die reguläre mhd. Form von Regin(w)ald ist ‹Reinald›. Es wird nämlich seit der Mitte des XII. Jhs. die ahd. Lautverbindung -egi- zu -ei- kontrahiert, sogenannte ‹Kontraktion über die Media›. In Urkunden schreibt sich Reinald mit richtigem -ei-; in historischen Darstellungen ist aber die Form ‹Rainald› üblich.

Der junge *Reinald* von Dassel trat zunächst in die Stiftsschule von Hildesheim ein. Von dort aus ging er, vermutlich in denselben Jahren wie *Otto* von Freising, zum weiteren Studium nach Frankreich. In Paris dürfte er, wie *Johann von Salisbury,* der ihn vom Studium her kannte (vgl. *J. Spörl),* auch bei *Abälard* gehört haben. Seit 1140 ist er als Domprobst wieder in Hildesheim nachweisbar. Als solcher ist er 1148 neuerlich in Frankreich auf dem Konzil von Reims.

Vor der ganzen Kirchenversammlung wendet er sich dagegen, daß durch einen Canon (kirchliche Rechtsbestimmung) den Klerikern das Tragen von verschiedenfarbigem Pelzwerk verboten werden soll. Sein Widerspruch erregt Aufsehen. Aber schließlich wurde dieser Canon eben nicht erlassen.

1152 reist er in Angelegenheiten des Bistums Hildesheim zum ersten Mal nach Rom. 1154 schlägt er die ihm angetragene Würde eines Bischofs von Hildesheim aus. *Reinald* bleibt fürs erste Dompropst und beweist seinen praktischen Sinn und sein freigebiges Wesen.

Auf seine Kosten gründet er in Hildesheim ein Krankenhaus zur allgemeinen Benutzung, das ‹Neue Johannesspital›.

Durch Stiftungen und Schenkungen zeigt er zugleich seine Wohlhabenheit. 1152 in Goslar erscheint er zum ersten Mal in der Umgebung *Barbarossas*. Seit dem 10. Mai 1156 urkundet er für den Kaiser, zunächst als Vizekanzler in Vertretung des Kölner Erzbischofs *Arnold,* der wenige Tage später stirbt (14.5.1156). Am 30. Juni 1159 wird *Reinald* von Dassel zum Erzbischof von Köln gewählt und urkundet jetzt als Erzkanzler für Italien. Aber erst 1165 kann er zum Erzbischof geweiht werden. Sein plötzlicher Tod (am 8.8.) 1167 in Rom wird einen Wendepunkt in der Geschichte der Barbarossazeit bezeichnen.

Schon die äußeren Ereignisse im Leben *Reinalds* ließen einiges von seinen Charakterzügen erkennen. Aus den Schilderungen der Zeitgenossen erscheint er als hochbegabter, mutiger und phantasievoller, aber auch oft recht starrköpfiger Mann; «heiter und diesseitsfreudig, umgänglich zugleich und schroff, zugreifend und freigebig, baulustig und literarisch interessiert, in den Schriften und Dichtungen der Alten ebenso bewandert wie ergötzt durch die ... Verse des von ihm geförderten» *Archipoeta,* so charakterisiert ihn *Karl Hampe.*

Aus Briefen erfahren wir von einigen Büchern, die *Reinald* verlieh oder von anderen erbat. Da wird zunächst der Kommentar des *Origines* (ca. 185–254 n.Chr.) ‹In Cantica Canticorum› genannt. Damit würde *Reinald* also einem besonderen Interesse seiner Zeit an diesem Werk gehuldigt haben, auf das wir u.a. durch das St. Trudberter Hohelied aufmerksam werden. Die Titel der anderen Bücher bezeugen aber ein Interesse an der Antike, das wir vielleicht als Ausdruck der Renovatio-Haltung der Barbarossazeit verstehen dürfen. Genannt werden Schriften *Ciceros* (106 v.Chr. – 43 v.Chr.), der in der trostlosen politischen Korruption seiner Zeit «Freiheit und Recht wie es einst bestand, nun bewußt als höchste Werte verteidigen» wollte *(Karl Büchner):* die Briefe, die Philippica und ‹De lege agraria›. Dann werden genannt das ‹Stratagematon› des *Marcus Cornelius Fronto* (gest. ca. 168 n.Chr.) und die ‹Noctes Atticae› seines

Schülers *Aulus Gellius* (ca. 130–nach 169 n. Chr.). *Fronto* war auch der Lehrer des Philosophen-Kaisers *Marcus Aurelius* (161–180), der mit Resignation der römischen Kultur gegenüber der Gefahr des Christentums gedenkt *(Büchner)*. Die ‹Attischen Nächte› des ‹Agellius›, unter welchem Namen ihn das Mittelalter las, bieten eine bunte Auswahl aus literarischen, philosophischen und wissenschaftlichen Texten für Gebildete, in der Art von ‹Reader's Digest› *(Büchner)*. Vor allem aber schätzte *Reinald von Dassel* die Schriften des Stoikers *Seneca* (1–65 n. Chr.). Der Titel eines ‹Divus Augustus Fridericus› wird im Geiste *Reinalds* von Dassel einen besonderen Klang gehabt haben.

In seinem Antwort-Manifest auf den Brief *Hadrians IV.* hatte *Barbarossa* seine Vorstellung vom Kaiseramt definiert: «Da wir Königtum und Kaisertum durch die Wahl der Fürsten allein von Gott empfangen haben, der … den beiden Schwertern … die Regierung des Erdkreises überantwortet hat». Das stammt wahrscheinlich aus der Feder des Kanzlers *Reinald*. Hier wird zurückgegriffen auf die Zeit vor dem Investiturstreit, zurückgegriffen auf die ottonisch-frühsalische Zwei-Schwerter-Theorie. Aber das darin ausgedrückte Nebeneinander von geistlicher und weltlicher Macht, hatte seit dem berühmten Brief *Ivos* von Chartres über Temporalia und Spiritualia doch einen anderen Akzent, den von juristischer Gleichrangigkeit. Dabei war es eine Frage der Interpretation, auf welchen Gebieten sich die geistliche Nebengewalt in der Welt darstellen sollte. *Otto III.* hatte um 1000 nahezu alle weltlichen Geschäfte des Papstes absorbiert; er hatte als weltlicher Arm des Papstes auch über Ungarn und Polen geboten, die dem Heiligen Stuhl direkt unterstanden. Es hatte dabei wohl auch das byzantinische Vorbild mitgewirkt. Solche Vorstellungen werden auch jetzt wieder lebendig, weil jetzt das römische Recht zu einem gern herbeigeholten Maßstab wird. Es ist aber dieses römische Recht codifiziert im ‹Corpus iuris› des byzantinischen Kaisers *Justinian* (527–565) (Corpus Civilis Justiniani), zu einer Zeit, da auch im griechischen Osten noch Latein die Amtssprache war.

Gerade jetzt, im XII. Jh., wird das ‹Corpus› als Sammlung des Römischen Rechts durch die Universität Bologna übernommen. Und dieser dem Range nach ersten Juristen-Universität Europas ist es schließlich zu verdanken, daß dieses Rechtsbuch zur «Grundlage für die bürgerlichen Gesetzbücher der meisten europäischen Staaten der Neuzeit» wurde. *Barbarossa* aber hat im November 1158 das erste Privileg für die Scolaren, insbesondere des geistlichen und weltlichen Rechts, zu Roncalia erlassen.

Aber die römisch-rechtliche, byzantinische Vorstellung von «einer durch keine Nebengewalten eingeschränkten, absoluten und geheiligten Majestät» *(Hampe)* war dem Kaiser doch fremd. Er begründete sein Gottesgnadentum lieber aus der Wahl der Fürsten, germanische und wohl republikanisch-römische Vorstellungen verbindend. «Obwohl wir den königlichen Namen tragen», läßt *Rahewin* seinen Barbarossa (GF IV c. 4) sagen, «so wollen wir doch lieber ein gesetzliches Regiment führen, das auf Erhaltung der Freiheit und des Rechtes eines jeden gerichtet ist, als, wie man es für Königsart ausgibt, alles ungestraft zu tun, durch Ungebundenheit übermütig zu werden und die Pflicht des Regierens in Stolz und Herrschbegier zu wandeln.» So versichert *Rahewins* Barbarossa unter beständigen Sallust-Zitaten. Auch dieses Bild vom Kaiseramt blickt auf die Antike. Ausdruck einer an antiker Größe und Geistigkeit orientierten Renovatio-Haltung werden dann auch die Gesetze sein, die *Barbarossa* auf den Roncalischen Feldern in Oberitalien, von Bologneser Juristen beraten, erlassen wird.

Doch der Wert Italiens für eine Erneuerung der Kaisermacht ist von mehr als ideeller Bedeutung. Er liegt in dem, was Oberitalien hat, und in dem, was das Imperium zu seiner Erneuerung braucht. Schon im Augenblick des 1. Kreuzzuges mußte vom Aufblühen der oberitalienischen Städte die Rede sein (vgl. ob. S. 185), das sich rein äußerlich an den großen Kirchenbauten von Venedig, Pisa, Como, Modena ablesen ließ. Die oberitalienischen Seestädte, allen voran Venedig, hatten nahezu das Monopol des europäischen Orienthandels an sich gebracht. Fernhändler beförderten diese Waren ins Innere Europas. Von dort kamen andersartige Produkte, namentlich aus Flandern und Nordfrankreich, wo in St. Riquier, St. Quentin, in Paris und im Vermandois, in Ypern und in Arras sich eine bedeutende Tuchindustrie entfaltet hat und wo seit 1137 die Messen von Troyes, Provins etc. an Bedeutung ständig zunehmen. Der Umschlag der Waren, die aus dem Norden kamen, um dann auf italienischen Schiffen in den Orient zu wandern, vollzog sich am Fuße der Alpen, dort, wo die Fernhandelsstraßen in den großen Städten zusammentrafen. Wieder können große Kirchenbauten als Indikatoren des Wohlstands dienen: Es werden 1122 Piacenza, 1128 San Ambrogio in Mailand, 1129 Cremona, 1130 Parma, 1133 Ferrara, 1137 Bergamo begonnen. Die Bischöfe, die einst Herren dieser Städte und des umliegenden Landes waren, werden von den Stadtgemeinden (Communen) allmählich entmachtet. Ihre Lehen und diejenigen der kleinen Landadeligen, welche ursprünglich dem Reich gehörten, nehmen die Kommunen in ihre eigene Regie. Die Landgüter um die Städte herum dienen nicht mehr der Deckung des Eigenbedarfs, sondern sie produzieren Überschüsse für die Ernährung der Städte. Auf deren Märkten verwandeln sich Naturalien in Münze. So ist aus verschiedenen Gründen in Oberitalien relativ viel Geld im Umlauf. Größere Feudalherrschaften halten sich nur im Piemont und in Montferrat.

Wenn nach Jahrzehnten der imperialen Absenz in Reichsitalien *Barbarossa* jetzt mit Nachdruck die von den Städten usurpierten Reichsrechte wieder in Besitz nehmen will, so nicht zuletzt darum, weil diese Rechte jetzt bares Geld bedeuten. Und dieses braucht ein Staatswesen des ausgehenden XII. Jhs. immer mehr. Denn der römisch-deutsche König verfügte ja eben nicht über ein Königsterritorium. *Barbarossa* versuchte zwar, den staufischen Hausbesitz in Süddeutschland auszubauen. Aber dieses Unternehmen kam nur langsam voran. Die «vielfach dazu nötigen Geldmittel waren aus dem noch weitgehend in der Naturalwirtschaft steckenden Deutschland nicht zu gewinnen. Auch in der großen Politik, im Gegenspiel etwa mit Mächten wie Sizilien und Byzanz oder bei den beginnenden Versuchen, gegenüber dem Feudalismus die Monarchie auf Staatsbeamtentum und Söldnerwesen zu begründen, konnte man ... ohne erhebliche Summen von Metallgeld nicht mehr auskommen. Welchen Reichtum aber bot in dieser Hinsicht die Lombardei!», schreibt *Karl Hampe*. Allein aus politischen Aktionen (aus Sühnegeldern, Ablösungszahlungen, Bestechungen etc.) wird *Barbarossa* ein Vielfaches von dem einnehmen, was noch im Jahre 1241 alle deutschen Reichsstädte zusammen der Krone lieferten:

> 1158 von Piacenza, Mailand und Crema das 1,4-fache (9720 Mark),
> 1162 von Mailand, Brescia, Piacenza das 2,3-fache (16200 Mark),
> 1164/5 von Genua, Piacenza, Pisa das 2,6-fache (18000 Mark).
> 1241 betrugen die Einnahmen des Königs aus den deutschen Städten 7000 Mark (vgl. *Gertrud Deibel).*

Die deutschen Minnesänger, die später immer wieder an staufischen Italienzügen teilnehmen, kommen also aus einem Land mit überwiegend naturalwirtschaftlicher Ökonomie in die von der Geldwirtschaft geprägte Stadtkultur Oberitaliens.

### *Renovatio-Idee und Wirklichkeit des 2. Italienzuges*

Die mächtige Persönlichkeit des Kanzlers *Reinald* von Dassel, die Gedanken einer Renovatio Imperii und die wirtschaftlichen Gegebenheiten prägen das Gesicht von *Barbarossas* 2. Italienzug. Der militärische Aspekt des Zuges gegen Mailand wird von dem zeitgenössischen Berichterstatter durch Erinnerungen an den homerischen Zug gegen Troja verklärt. Aber die Kräfte und Gegenkräfte des Spieles gehorchen weitgehend ökonomischen Notwendigkeiten.

Ende Juni 1158, als die Alpenpässe schneefrei sind, bricht der Kaiser mit 100000 Rittern und Knechten von Augsburg nach Italien auf. Er will dort die alten imperialen Rechte wiederherstellen und die Widersetzlichkeit der Lombardenstädte bestrafen. *Reinald* von Dassel und Pfalzgraf *Otto von Wittelsbach* waren bereits als Königsboten vorausgeeilt. Sie hatten dem Kaiser die Veroneser Klause und Verona durch Verhandlungen gesichert und waren in den verschiedensten Städten als Visitatoren und Legaten für den Kaiser tätig gewesen. Dabei gerieten sie gelegentlich in Lebensgefahr, in welchen Situationen sie ein hohes Maß an persönlichem Mut bewiesen. Einige Städte hatten ihnen so bereits für den Kaiser gehuldigt und auch bedeutende Geldzahlungen geleistet. Als jetzt das kaiserliche Heer in Italien erschien, traten weitere Kommunen auf die Seite *Barbarossas,* nicht zuletzt auch deshalb, weil Mailand nach wie vor dem Kaiser widerstand. Denn von Mailand hatten viele Nachbarstädte grausame Verwüstungen erfahren. Die Milanesen pflegten eben ihre Konkurrenten mit Waffengewalt auszuschalten. Como und Lodi hatten sie so vollständig zerstört, das Gebiet von Pavia und Cremona verwüstet. Jetzt bot den Nachbarstädten der kaiserliche Heerzug eine erwünschte Gelegenheit zur Rache. Nachdem kleinere Widerstände unterwegs (u.a. der des mit Mailand verbündeten Brescia und Trezzo) rasch gebrochen wurden, erreichte das Heer am 25. Juli die lombardische Hauptstadt. Am 6. August begann die Belagerung.

Über Italien gibt es noch aus der Feder *Ottos* von Freising eine sehr lesenswerte Betrachtung (GF II c. 13–16), die Belagerung Mailands hat sein Fortsetzer *Rahewin* geschildert. Es klingt, als handle es sich hier um die Belagerung Trojas (III c. 38 ff.), und auch die Belagerer ergreift nach seinem Bericht ein homerisches Pathos:

> «Da aber unsere Zeit sich nicht entsinnt, eine so berühmte Belagerung einer so stolzen Stadt erlebt zu haben, ... strebten alle Ruhmsüchtigen und Lobbegierigen, einander durch irgendeine Heldentat zu übertreffen, um sich einen Namen machen zu können» (III c. 42).

Mit Bewunderung gedenkt der Geschichtsschreiber auch eines antiken Bauwerks, das sich vor den Toren der Stadt befindet, und er sucht seine Sätze aus klassischen Autoren zusammen, um es zu beschreiben:

> «Nicht fern von dem Wall, ungefähr einen Bogenschuß weit, stand ein sehr fester, turmartiger Bau, aus Quadersteinen in gediegener Arbeit zusammengefügt. ‹Staunenswert aber war die Größe der Steine. Denn es bestand nicht aus gewöhnlichen Felsblöcken oder solchen, die Menschen tragen könnten. Er war vielmehr von Künstlerhand so gestaltet, daß er, auf vier Pfeilern ruhend, einem römischen Bauwerk ähnelnd, kaum oder nie eine Fuge aufwies› *(Josephus,* Bellum Judaicum VI, 6). Daher hieß er auch Römischer Bogen, sei es, daß er von irgendeinem alten römischen Kaiser zur Zierde und zur Erinnerung als Triumphbogen errichtet wurde, oder ... von einem unserer Könige zur Eroberung und Niederwerfung der Stadt erbaut worden ist» (III c. 46).

Mittelalterliches und antikes Kaisertum sind hier in eine, römische Perspektive gerückt. Der ‹Ligurinus› des *Gunther* von Pairis wird dies dann episch darstellen.

Nach mehrwöchiger Belagerung muß die Stadt am 7. September 1158 kapitulieren und die Bedingungen *Friedrichs* annehmen. «Alle Einwohner ... legten dem Kaiser den Treueid ab» *(Jordan).* 9000 Mark Silbers zahlen sie in 3 Raten. Sie geben die usurpierten Regalien dem Kaiser zurück, dürfen aber ihre Konsuln weiterhin selbst wählen. Doch der Kaiser muß sie bestätigen. Auf den Ronkalischen Feldern, einer Ebene nordwestlich von Piacenza (vgl. *Hampe),* schlägt *Barbarossa* das Heerlager auf und hält einen Reichstag, der die Staatsverhältnisse in Reichsitalien grundsätzlich ordnen soll.

Eine Kommission aus 4 Bologneser Rechtsgelehrten und 28 Vertretern der Städte stellt Bestand und Umfang der Königsrechte (Regalien) fest: 1. Verfügung über Herzogtümer, Markgrafschaften und Grafschaften, 2. Ernennung der Konsuln in den Städten, 3. Hoheit über alle Verkehrswege (Straßen- und Flußzölle), 4. Münzrecht, 5. Recht zur Erbauung von Königspfalzen, 6. Gerichtsbarkeit und 7. Reichssteuern.

«Alle Herren und Städte Italiens mußten auf diese Regalien verzichten, soweit sie nicht ihren rechtmäßigen Besitz durch ausdrückliche Verleihungen nachweisen konnten ... *Rahewin* (GF IV c. 8) schätzt die jährlichen Einnahmen aus den Regalien auf 30 000 Pfund Silber» *(Jordan).* Die Ronkalischen Gesetze wurden von den Parteien beschworen.

Wie gefährlich aber dieser Versuch war, die politischen und wirtschaftlichen Verhältnisse auf einen imperialen Herrschaftsstatus von vor etwa 100 Jahren zurückzubringen, sollte sich nur zu bald zeigen.

«Während sich ein Teil der Städte, so Pavia, Cremona, Piacenza und Lodi fügte, stieß *Friedrich* in Mailand und Crema auf Widerstand. Beide Städte verfielen deshalb in den nächsten Monaten der Acht. Im Juli 1159 begann *Friedrich* mit der Belagerung Cremas. Erst im Januar 1160 ergab sich die Stadt ... Der Kaiser schenkte den Einwohnern das Leben, ließ aber die Stadt dem Erdboden gleichmachen. Der Widerstand Mailands dagegen blieb ungebrochen» *(Jordan).*

Auch in der Markgrafschaft Tuszien, ja sogar im Kirchenstaat versuchte *Reinald* von Dassel die Verhältnisse entsprechend straff zu ordnen. Die Spannungen mit dem Heiligen Stuhl wuchsen von Tag zu Tag. Da starb *Hadrian IV.* am 1. September 1159 in Anagni. Wie zu erwarten, spalteten sich die Kardinäle in zwei Parteien. Die Kaiserfeinde wählten den Abälard-Schüler *Roland Bandinelli,* der als Gesandter in Besançon erschienen war, als *Alexander III.* zum Papst. Die Minorität der Kaiserfreunde wählte den Kardinal *Octavian von Monticelli* als *Victor IV. Barbarossa* lud beide Prätendenten auf eine Kirchenversammlung nach Pavia. Aber nur *Victor IV.* erschien. Der mit Mehrheit gewählte *Alexander III.* wurde gebannt. Seine Antwort war der «Bannstrahl über den Kaiser, dessen wichtigste Ratgeber und (den Gegenpapst) *Victor IV.* Damit was das Schisma, das 18 Jahre lang das Abendland spalten sollte, Tatsache geworden» *(Jordan).* Auf Seiten des Kaiserpapstes stand nur der deutsche, reichsitalische, dänische, polnische und böhmische Klerus. Zu *Alexander III.* hielten England und Frankreich, doch auch einige deutsche Kirchenfürsten (Salzburg). Zu dieser Partei stellten sich auch die kaiserfeindlichen Lombardenstädte.

Es war kein voller Sieg, als Kaiser *Friedrich I.* schließlich im März 1162 Mailand bezwang. In demütigender Form mußte die Stadt bedingungslos kapitulieren. «Der berühmte Mailänder Fahnenwagen wurde ... dem Kaiser übergeben und niedergelegt» *(Jordan)*. Es waren die mailandfeindlichen italienischen Nachbarstädte, welche die Stadt mit Billigung des Kaisers dem Erdboden gleichmachten. Ihre Bewohner wurden in 4 Dörfern angesiedelt.

## Der Kaiserhymnus des Archipoeta

Als *Barbarossa* im Oktober 1163 in Novara einzog, trat ihm der berühmteste lateinische Dichter der Zeit, der ‹Archipoeta›, mit seinem Kaiserhymnus ‹Salve, mundi domine!› entgegen. Er hatte ihn auf Befehl *Reinalds* von Dassel verfaßt. Gegliedert denkt man ihn in 4 Teile von abwechselnd 2 mal 4 und 3 mal 3 Strophen.

1. Einleitung (8 Strophen), 2. Vorspiel zum Italienzug (9 Strophen), 3. Unterwerfung der Städte (8 Strophen), 4. Auswirkung des Sieges (9 Strophen) (vgl. *Stach* u. *Langosch).*

Es ist üblich, in diesem Hymnus ein erstaunliches Loblied auf *Barbarossa* zu hören. Kommt man von einer Betrachtung der wirtschaftlichen und politischen Verhältnisse her, könnte man in ihm einen andern Aspekt entdecken. Ihn lassen besonders die folgenden Strophen erkennen:

1. «Heil dir, Herr der Erde! Gegrüßest seist du, Caesar unser, dessen Joch lieblich ist für alle Guten. Doch, wer dagegen sich auflehnt, weil es angeblich lastet, hat ein verhärtetes Herz und einen starrsinnigen Hals.
2. Fürst aller Fürsten der Welt, Caesar Fridericus, vor dessen Posaunenschall feindliche Mauern zerbersten, Dir neigen wir unsern Hals mit den Zedern des Libanon, wir, die wir Tiger und Ameise, Dornbusch und Unkraut sind.
3. Nicht ein Weiser bezweifelt, daß du gesetzt bist durch Gottes Willen zum König über alle Könige, und daß für Gottes Volk dir übertragen ward das Schwert des Rächers und der Schild des Schützers.
4. Nachdem ich lange bedachte, daß es nicht klug sei, wenn man dem Caesar Zins und Tribut nicht gibt, gebe nun ich, der ich ärmer bin als die Witwe des Evangeliums, Dir, Kaiser, ein Scherflein meines Lobes verschämt als Zoll.
6. Die Bauern geben Früchte, die Fischer Fische, Vögel die Vogelfänger, Wildbeute die Jäger. Wir armen Poeten aber, Verächter des Reichtums, wir singen und dichten die Ehre der Caesaren.
7. Folgen will ich als Sohn der Kirche allein dem gesunden Glauben und ich verachte den falschen Wahn heidnischer Zeiten; so rufe ich nicht an Phöbus oder Diane, erflehe nicht von den Musen die Redegewalt des Cicero.
8. Christi Geist erfülle den Sinn des Christen, daß er würdiges Lob vom Gesalbten des Herrn singe, der da trägt voller Kraft die weltliche Bürde und zu einstigem Range die Sache der Römer erhebt.
9. Durch die Trägheit der römischen Könige, das wissen wir, war aufgegangen im Imperium das Dornengestrüpp der Ungehorsamen, und es war entbrannt die

Widersetzlichkeit vieler Völker. Von denen nenne ich nur die Gens Langobardorum.

11. Prahlen wollten sie mit dem Rechtstitel ihrer Freiheit (libertas), wollten über Italia keinen König als Herrscher erkennen. Erzürnt waren sie, daß der Gesetze Regeln ihr Handeln beschränkten, über die Grenzen der Gesetze schweiften sie hinaus.

12. Nicht einer dachte an den Zins für den Kaiser (tributum Caesaris), alle waren Cäsaren, gaben niemandem Zins (censum). Herrlich wie Troja, so stand die Stadt des Ambrosius (Civitas Ambrosii). Sie scheuten die Götter wenig, scheuten weniger noch die Menschen.

13. Sie hätten noch heute in Fülle alles Glück und Gut dieser Welt, hätten sie nicht die Schicksalssprüche trotzig zurückgewiesen. Nach jener höchsten Freiheit hätten sie streben sollen, in der man dem Caesar gerne das gibt, was von je her des Caesars war.

14. Doch inzwischen erhebt sich der König auf Gottes Befehl, erfüllt als der wütende Löwe seine Feinde mit Schrecken, gleichet im Kampf dem Judas Makkabäus; aber mit keinerlei Lob kann ich ihn jemals erreichen.

16. Wie gewaltige Macht, wie erhabenes Lob dem Fridericus gebühren, da dies allen bekannt, ist nicht mein Amt, dies zu sagen. Er durchbohrt die Rebellen mit der rächenden Lanze und verkörpert aufs neue die siegreiche Rechte *Karoli Magni.*

17. Friedrich nämlich, nachdem er die Wirrnis des Erdkreises bedacht (vgl. GF I c. 8), begann voll Kraft ein gottgefälliges Werk. Um das Regnum auf seinen früheren Status zurückzuführen, fordert er von den Civitates den ihm geschuldeten Census.

18. Als erste beugte sich seiner Herrschaft Pavia, die Blume der Städte, die schöne, berühmte, mächtige und fromme Stadt ...

19. Nach Pavia nennt unser Lied sogleich auch Novara. Für das Imperium hat sie mit dem Schwerte gestritten, hat den Sturm der Superbia Mailands gebrochen mit stärkster Kraft und zurückgeschlagen.

20. Ewig leben wirst Du durch mein Lied, Novara, Du, dessen Bürger zu rühmen sind über alle. Dir sei prächtiges Lob unter allen anderen Städten, bis daß die Alpen entblößt sind von Schnee und von Eis.

22. Ungeheuerlich aber ist jetzt der Schmerz der Mediolanen, ihnen sind vor Leid die Sinne verwirrt. Bei des Ambrosius Bürgern hatte die Wut sich entzündet, als man von ihnen Zins forderte, wie von Sklaven.

23. ... Die Stadt der Mailänder liegt in Trümmern und in ihrer Mitte wachsen Dornen ...

24. So gewaltig war dieser Ort und die Menge des Volkes darin, daß, wenn Achill und die ganze ‹Grecia›, in welcher ja auch einst die Städte gebäudereich waren und mächtig, daß, selbst wenn diese gekommen wären, die Stadt zu bezwingen, sie nicht in 1000 Jahren Mailand hätten besiegt.

25. Doch auf des Caesars Befehl wurde der Ort belagert solange, bis man dort etwas zu Essen (esca) so teuer verkaufte wie Saffran (crocus). In solch einer Not besteht keine Stadt, und der Turm des Caesar hat schließlich dies Schachspiel beendet.

30. Nun wird von einem Augustus aufs neue der Erdkreis geschätzt, nun wird dem Staate (res publica) der alte Status wiedergegeben. Mit bekränztem Kleide zieht Friede jetzt ein in die Länder, und der Gerechte wird vom Ungerechten nicht länger unterdrückt.

33. Der Erzkanzler (des Reiches, Reinald von Dassel), hat den Weg bereitet; er hat die Straße breiter gemacht und das Gestrüpp fortgeräumt. Er hat den Län-

dern das Joch des Caesar auferlegt und mich selbst aus den Fesseln des Elends befreit.

34. Edler Imperator! Handle nur so, wie du handelst, und wie sehr du auch erhoben seist, steige nur höher hinauf! ...».

Mit penetranter Unterwürfigkeit beugt der *Archipoeta* den Nacken. Aber was uns als nationaler Verrat oder Kollaborateursgesinnung zunächst peinlich berühren mag, wandelt bei genauerem Zusehen wohl doch sein Gesicht.

Zwar, eine national-italienische Solidarität gegenüber dem Kaiser bestand schwerlich. Die wirtschaftspolitische Rivalität der andern Lombardenstädte gegenüber Mailand hatte einen soliden Haß gegen die Stadt des Heiligen *Ambrosius* geschaffen, und Schadenfreude nach ihrem Fall. *Rahewin* (GF III c. 47) berichtet, wie grausam die Italiener gegeneinander waren, daß die Mailänder ihre italienischen Gefangenen auf der Mauer Glied für Glied zerhackten und die Teile herabwarfen «zum jammervollen Schauspiel für ihre Landsleute», welche ihnen indes in nichts nachstanden. Und schließlich hatte *Barbarossa* die völlige Zerstörung Mailands mit dem Wunsch der Nachbarstädte motivieren und diesen die triste Aktion übertragen können.

Nicht ein nationales Selbstgefühl, wohl aber ein nicht gänzlich erblindetes Auge für Leiden und Ungerechtigkeit könnte dem Kaiserhymnus des *Archipoeta* eine kritische Zweideutigkeit verliehen haben.

Für *Barbarossa* positive Interpretation wird sich auf den scheinbar christologisch-imperialen Prunk des zahlensymbolischen Aufbaus berufen. Die 34 Strophen entsprechen der Zahl der Lebensjahre Christi, die 8 Einleitungs- und Unterwerfungsstrophen der Teile I und III nehmen die Kaiserzahl 8 (s. S. 76 zur Krone) zum Grundmaß, die 9 Strophen von Teil II und IV haben die dreifache Zahl jener Trinität, die die Einleitungsformel jeder Kaiserurkunde beschwört (vgl. ob. S. 390). Aber ist nicht auch in der 3. Strophe nicht nur von der Trinität überhaupt nicht die Rede, sondern von den andern Königen, über die dieser König verfügt? Welcher Oberitaliener mag dabei nicht an die Heiligen Drei Könige gedacht haben, deren Reliquien *Barbarossa* bei der Zerstörung Mailands gestohlen und seinem Kanzler *Reinald* geschenkt hatte, der sie dann seiner Erzdiözese Köln vermachte? Und die 7. Strophe spricht nicht von den Gaben des Heiligen Geistes, sondern von der Ablehnung der antiken Musen, wohingegen die 8. Strophe, sozusagen an kaiserlich-falscher Stelle, den Geist Christi beschwört.

Das Kaiserbild des *Archipoeta* ist auf antikes Caesarentum hin stilisiert. Das zeigen Anreden wie: «Dominus mundi» (Str. 1), «Ave, Caesar» (1), «Augustus» (Str. 30). Aber die Würde ist durch biblisch-christliche Begriffe erweitert: «Similis in preliis Iude Machabeo» (Str. 14), «Princeps principum terre» (Str. 2), «per Dei nutum rex super regem constitutum» (Str. 3), «christus Domini»-Gesalbter des Herrn (Str. 8; so nannte sich aber auch der Kaiser selbst, s. oben S. 394). Auf die Renovatio Imperii

Karoli Magni spielt die Metapher an: «Representat Karolum dextera victrici» (Str. 16). Natürlich ist es interessant zu sehen, wie die Elemente dieses Mosaiks die Tendenzen der historischen Stunde charakterisieren, aber die ganze Montage klingt doch mehr gebildet als begeistert. Als «filius ecclesie» lehnt der Dichter es ab, für diesen Hymnus die Zunge *Ciceros*, den Beistand des Phöbus Apollon, der Diana und der Musen zu beschwören (Str. 7). Und dennoch evoziert der *Archipoeta* gerade für den vom rechtmäßigen Papst gebannten Caesar *Friedrich Barbarossa* in Metaphern fortwährend die heidnisch-römische Kaiserzeit und die nunmehr bevorstehende Wiederkehr ihrer Glorie. Sich selbst hält der Dichter (Str. 4) an das Wort: «Gebet dem Kaiser, was des Kaisers ist» (Matth. 22, 21). Wie ein Leitmotiv klingt das immer wieder an. Aber der zweite Teil dieses Bibelwortes, «gebet Gott, was Gottes ist», wird tunlichst zu zitieren vermieden. Von solchen Dingen spricht man während eines Schismas zu einem gebannten Kaiser besser nicht.

Wenn der Caesar (Str. 14 und 31) mit dem Löwen, die sich ihm Unterwerfenden aber mit Tiger und Ameise (Str. 2) verglichen werden, könnte der Bereich der Tierfabel angesprochen sein. Und da mochte mancher gewußt haben, wie sehr die Ameise, die dem Löwen ins Gehirn gedrungen war, dem Tierreich geschadet hatte (vgl. Reinhard Fuchs 1835 ff.; vgl. auch *Schwab*)

Es möchte auch sehr wohl sein, daß der Heilswunsch am Ende des Kaiserhymnus, der wie andere Lieder des *Archipoeta* offenbar gesungen vorgetragen wurde, zugleich eine kritische Mahnung verbirgt. Der ‹Imperator nobilis›, heißt es dort, so hoch er gestiegen sei, er solle nur weiter steigen. Ausgespart aber ist hier der Hinweis auf die Rota Fortunae (vgl. S. 161), der sich bei *Otto* von Freising ausgeführt fand:

«Denn der Mensch ist ein hinfälliges Wesen, seine Natur ist ohne Beständigkeit … und wenn er auf dem Gipfel steht, muß er alsbald wieder herabsteigen» (GF I c. 4).

Zwar hat man schon immer das Fehlen einer nationalen Stimmung im Kaiserhymnus bemerkt, aber man hat die antikischen und biblischen Anspielungen wohl doch zu pauschal auf ein positives Kaiserbild hin interpretiert und die versteckte Kritik des *Archipoeta* übersehen, weil man ihn ohne zwingende Gründe für einen Deutschen hielt. Geld, Tribut, Zins, Zoll und Preise klingen als Stimmen einer neuen Macht in diesem Kaiserhymnus, der sich selbst als eine gesollte Zinszahlung begreift. Es erklingt dies auch in den andern Liedern des Archipoeta, von denen wir die Vagantenbeichte mit den Zeilen «Meum est propositum in taberna mori, Ut sint vina proxima morientis ori» hier nur noch erwähnen können.

Geld etc. in Lied Nr. Strophe bzw. Zeile (Z), Seite (bei *Langosch,* Hymnen): 3 (X), Z. 20, Z. 24, 224; 3 (X), Z. 39, 226; 4 (II), 31, 234; 4 (II) 40 i. 38 ff., 236; 4 (II), 41, 238; 44 f., 238; 5 (VI), 21 ff., 246; 6 (VII), 25, 254; 8 (VIII), 10, 268; 9 (IX) 21–23, 274.

C. IDEOLOGISCHE ANSPRÜCHE.

ANTICHRISTSPIEL UND ‹REGULUS FRANCORUM›

Die politische Situation, die durch das Schisma von 1159 entstanden war, gebiert den Versuch zu einer politisch-ideologischen Selbstbehauptung des Honor Imperii im Tegernseer ‹Ludus de Antichristo›, einem Stück politischer Dramaturgie.

## Politische Dramaturgie

Mit der vom *Archipoeta* auf höheres Geheiß vertretenen Kaiseridee stimmt das, was im Antichrist-Spiel vom römischen Kaiser gesagt wird, fast wörtlich überein:

> «Wie die Schriften der Historiographen überliefern, war einst die ganze Welt dem Fiscus der Römer unterworfen. Dies hatte die Energie der ersten Kaiser erreicht, aber die Trägheit der Späteren ließ dies Recht verfallen. Unter ihnen ist die Kraft des Imperiums dahingeschwunden. Doch die Majestät unserer Herrschaft stellt die alte Kraft wieder her. Daher schulden jetzt die einzelnen Könige dem Römischen Imperium den einst eingerichteten Zins» (I, 1, 1-8) (vgl. Kaiserhymnus Str. 12 und Str. 17).

So verkündet es der römische Kaiser im Spiel. Ein solches Kaiserbild aber wird hier mit einem nationalen Selbstgefühl verbunden, wie wir es bisher nur aus Frankreich kannten (vgl. S. 82; S. 237ff.). Man wird diesen Umstand aus der politischen Situation der Jahre 1162–1166 zu erklären versuchen. Damals ist das Imperium durch das alexandrinische Schisma in Europa politisch isoliert. Auf Seiten *Alexanders III.* stehen: England, Frankreich, Spanien, Sizilien, die Lombardenstädte und in Deutschland die Erzdiözese Salzburg. Freundschaftlich verbunden ist dieser Partei auch der Kaiser von Byzanz. Er bietet 1165/66 dem Papst «die Union der Kirche des Ostens mit der des Westens an, wenn ihm *Alexander* die Kaiserkrone übertragen würde» *(Jordan).* Die imperiale Partei aber ist im wesentlichen auf Deutschland beschränkt. Deutschland und Imperium sind hier für einen Augenblick politisch identisch. Diese Partei muß sich ideologisch jedoch auch im Innern behaupten. Denn auch innerhalb Deutschlands hat *Alexander* seine Anhängerschaft: vor allem in der Erzdiözese Salzburg, wie schon gesagt, aber auch z. B. in *Hildegard von Bingen,* deren Einfluß bedeutend ist. Für *Hildegard* sind der Kaiser und sein Papst die Stimme des Antichrist. Für die kaiserliche Partei hingegen sind die frommen Parolen der Gegenseite die falsche Stimme des Verführers.

«Zur Krone ruft der Gott aller Götter die Seinen. Dies haben meine Boten schon lange gepredigt, die Männer meines Namens und die Hüter des Rechts. Dies ist mein Ruhm, welcher seit langem verkündet wurde, und den genießen mit mir alle, die es verdient haben. Nach dem Sturz jener, welche der Wahn betrog, umschließen Pax et Securitas, Friede und Sicherheit, alle Dinge» (II, 10, 15 ff.).

Dies ist nicht etwa die Stimme des endgültig siegreichen Christus, sondern die des Antichrist. Genau so, mit dem Versprechen, «Pax et Securitas» zu bringen, könnte die Alexanderpartei – aber auch die des Kaisers argumentiert haben (Was *Otto* von Freising über *Barbarossa* sagte, klingt ganz ähnlich). Das Antichrist-Spiel ist nicht zuletzt auch deshalb so bemerkenswert, weil von der ersten Zeile an alle gegnerischen Parteien so sprechen, als ob nur sie Recht hätten. Die verwirrende Stimme der Meinungen wird einzig gedeutet durch den dramatischen Stellenwert der Rede im Spiel. Die Dramaturgie enthüllt den trügerischen Schein von Wahrheit in bedenklicher Weise. Nicht darauf kommt es an, wie recht einer zu haben scheint, sondern darauf, ob dies Rechthaben auf der dramatisch richtigen Seite sich abspielt. Dies nenne ich «politische Dramaturgie».

Der «Ludus de Antichristo» besteht aus zwei Teilen. Jeder Teil hat ein Vorspiel und ein Hauptspiel, welches beim 1. Teil 4, beim 2. Teil 10 Auftritte besitzt. Der Gang der Handlung ist kurz dieser:

Im Vorspiel des 1. Teils präsentieren sich zunächst die Dramatis Personae mit ihren Ideologien. Die Heidenschaft von Babylon mit ihrem Polytheismus, dessen Argument ist: Die widersprüchlichen Tendenzen der Geschichte können nicht auf den Willen *einer* Gottheit zurückgeführt werden, denn sonst würde diese in unverständlicher Weise einmal das Gute, einmal das Böse, einmal den Krieg, einmal den Frieden wollen. Synagoge und Judenschaft treten auf mit dem Argument: der Christus-Glaube sei Götzendienst. Die Ecclesia und die Christenheit erscheinen mit einem Hymnus auf die Trinität und die vom Tode erweckende Macht Christi auf die Szene. Nachdem Papst und Geistlichkeit, Kaiser und Ritterschaft auf dem Thron der Christenheit Platz genommen haben, treten die einzelnen Könige auf: der französische, der griechische und der König von Jerusalem. Daß der griechische Kaiser hier König heißt, entspricht dem Sprachgebrauch der Barbarossa-Kanzlei, welche z. B. im Konstanzer Vertrag vom «rex Graecorum» spricht. (Die byzantinische Seite sprach übrigens vom Kaiser ganz analog als vom «König der Alamannen».) Nachdem alle Spieler Aufstellung genommen haben, beginnt der erste Hauptteil.

Durch seine Gesandten läßt der Kaiser die Könige der Christenheit zur Unterwerfung auffordern. Der französische König weigert sich, wird aber besiegt und dann in Gnaden als Lehnsmann angenommen. Der Griechenkönig unterwirft sich gleich. Ebenso nimmt der König von Jerusalem seine Krone vom römischen Kaiser zu Lehen. Dann bedroht der König von Babylon Jerusalem, welches den Kaiser zu Hilfe ruft. In einem Kreuzzug wird das Heidenheer besiegt und in die Flucht geschlagen. Demütig bringt sodann der Kaiser auf dem Altar des Salomonischen Tempels seine Krone dar und kehrt als bloßer König auf seinen deutschen Thron zurück.

Das Vorspiel des 2. Teils wiederholt dasjenige des 1. Teils. Heidenschaft, Juden und Christenheit bekennen ihren Glauben.

Dann treten, im 2. Hauptteil, die Heuchler und Ketzer als Wegbereiter des Antichrist auf, und alsbald erscheint auch der Antichrist selber. Wie im 1. Teil der römische Kaiser, so fordert jetzt der Antichrist die Lehenshuldigung der einzelnen Könige. Als erster wird der König von Jerusalem gewonnen, der sich aber betrogen fühlt und zum deutschen König flieht. Dann unterwirft sich der Grieche, zuletzt der Franzose. Doch der deutsche König leistet Widerstand. Jetzt zieht die ganze Welt gegen den deutschen König. Es ist die in der Geschichte so oft wiedergekehrte Weltkriegssituation. Aber die Scharen des Antichrist vermögen den «furor Teotonicus» (II, 5, 32) nicht zu brechen. Der deutsche König hält an der Wahrheit seines Glaubens fest. Erst als er sieht, wie der Antichrist einen Lahmen heilt, wird der Deutsche an seiner Überzeugung irre. Er glaubt jetzt das, was alle andern um ihn herum auch glauben und unterwirft sich. Genau so wie die Deutschen nach dem 1. und mehr noch nach dem 2. Weltkrieg die Unheiligkeit ihres Glaubens einsahen, aus welchem heraus sie gegen die ganze Welt Widerstand leisteten, genau so bekennt der deutsche König jetzt:

«O, daß uns unser Ungestüm doch immer verderben muß, so daß wir sogar tollkühn gegen Gott selbst kämpfen» (II, 5, 67 f.).

Wenn aber endlich am Schluß der Antichrist die Weltherrschaft errungen hat, nachdem er die Juden, welche sich durch Elias und Henoch zum Christentum hatten bekehren lassen, vernichten ließ, wenn dann durch einen Donnerschlag der Antichrist vom Thron gestürzt wird, dann erscheint auch jene Einsicht in den Irrtum der eigenen Ideologie, welche der deutsche König formulierte, als falsch. Ins Moderne übersetzt würde das heißen, daß im Gerede *Wilhelms II.* und *Hitlers* im Grunde doch die Wahrheit lag und die Deutschen die Einsicht in ihr Unrecht gar nicht hätten zu leisten brauchen. Mit solcher Argumentation, die im Antichrist-Spiel sehr geschickt durch die Darstellung des dramatischen Prozesses selbst geführt wird, wird aber letzten Endes jede Vernunfterkenntnis als absurd hingestellt. Wenn ein Anhänger *Barbarossas* sich zu den besseren Argumenten der Alexanderpartei bekehren wollte, dann mußte er sich nach dem Antichrist-Spiel sagen, daß er dabei doch nur der Versucherstimme des Bösen erlag, wie der deutsche König im Spiel. Auch Vernunft und Logik gehören hier dem Teufel. Gegen deren Anfechtung hilft nichts als stures, unvernünftiges Durchhalten auf der dramatisch richtigen Seite.

## Die Rolle der Feinde

Es fällt auf, daß im ‹Ludus de Antichristo› der Papst nicht zu Wort gekommen ist. Aus verschiedenen Gründen will mir scheinen, daß der zeitgenössische Hörer ihn mit dem Antichrist identifizieren konnte. Denn das Zeichen des Antichrist ist das «A» (II, 3). Dieses Zeichen malt er allen, die sich ihm unterworfen haben, auf die Stirn. Die hierbei zu vollziehende Geste ist aber identisch mit der priesterlichen Geste des Kreuzzeichens, wenn dieses Kreuzzeichen von unten begonnen wird. Die Initiale «A» ist aber zugleich diejenige des Papstes *Alexander*. Wie wenig gleichgültig ein solcher Sachverhalt damals sein konnte, soll nicht mit einem Hinweis auf die bedeutsame Initialenvertauschung von «J» und «A» im Amphitryon-Drama abgetan werden. Ein damals vieldiskutiertes Orakel, von dem auch *Otto* von Freising spricht, lautete dahin, daß aus dem «L» des französischen Königsnamens ‹Ludovicus› einst ein «C» werde, welches ‹Constantinus› oder ‹Cyros› bedeutete. *(Otto* von Freising übrigens lehnt es ausdrücklich ab, an solch ein Orakel zu glauben.) Schließlich wird man auch die Bedeutsamkeit von Herrschermonogrammen in Urkunden bedenken dürfen. Die Unterschrift wurde da ersetzt durch ein kunstvoll gemaltes Monogramm, in welches der Herrscher an einer Stelle einen eigenhändigen Strich, den ‹Korroborationsstrich›, setzte. Im ‹Ludus› wird die Partei des Antichrist als eine ebensolche Partei des Geldes charakterisiert, wie es die Partei der Lombardenstädte tatsächlich war. «Durch das Schwert des Reiches wird der Böse untergehn, mit seinem Gelde soll er umkommen» (II, 5, 24f.).

Im letzten Kampf gegen den deutschen König stehen zur Partei des Antichrist nicht nur die Franzosen, sondern auch die leeren Hüllen vollendeter Formen. So spricht denn der deutsche König (II, 5, 19f.):

> Sub forma veritas      virtutis putabatur;
> Ostendit falsitas,      quod forma menciatur.

«Man meint zwar, die Güte der Wahrheit erscheine (äußerlich) in der Form; allein die offenbare Falschheit enthüllt, daß mit der Form gelogen ward.»

Es klingt ganz ähnlich wie jene Eiferworte, mit denen *Bernhard* von Clairvaux und andere gegen jene Logik *Abälards* zu Felde zogen, welche Papst *Alexander* in Frankreich studiert hatte. Der Antichrist selbst stellt die Beziehung zwischen Form, falscher Form – nach den Worten des deutschen Königs – und Franzosen her. Seinen Gesandten an den Rex Francorum schärft er ein:

«Diese Geschenke sollt ihr dem Rex Francorum reichen, auf daß ihr ihn und die Seinen damit zu unserer Sache bekehrt. Sie haben unserm Dienst die Form erfunden und dadurch unserem Kommen den Weg bereitet. Durch ihre Geistesschärfe (subtilitas) haben sie unserm Aufstieg zum Thron vorgearbeitet» (II, 4, 1–6).

Genau ‹subtilitas› hatte *Otto* von Freising als Ruhm und Verderben *Abäl-ards* bezeichnet:

> «Aber der *(Abälard)* ertrug das Gewicht ihrer (seiner Meister) Lehren nicht lange, da sie ihm des eindringlichen Scharfsinns (subtilitatis acumine) zu ermangeln schienen. Dann wurde er Magister und ging nach Paris, und hier tat er sich durch seine scharfsinnigen Gedanken (inventionum subtilitate) hervor … (Im Kloster Saint Denis) widmete er sich Tag und Nacht der Lektüre und der Meditation, und sein Scharfsinn wurde noch schärfer (de acuto acutior) … so daß er … nach einiger Zeit … das Lehramt wieder übernahm. Dabei übertrug er seine Ansicht über ‹voces› und ‹nomina›, die er in der profanen Wissenschaft vertrat, unvorsichtigerweise auf die Theologie» (GF I c. 50).

Die neue und subtile Logik der Franzosen ist jedenfalls im Antichrist-Spiel kaum zufällig als Werkzeug des Antichrist bezeichnet worden. Werden hier französische Form und Kultur mehr beiläufig als Teufelswerk herabgesetzt, aber eben den Franzosen überlassen, so gab es doch ein geistiges Thema von sowohl kultureller als auch politischer Bedeutung, das zwischen Deutschen und Franzosen strittig war: das Erbe, die legitime Nachfolge *Karls* des Großen. Schon früher war dieses Sinnmotiv gelegentlich angeklungen, zur Zeit *Ottos II.* (vgl. ob. S. 82), später dann bei *Suger* von Saint Denis (vgl. ob. S. 239). Jetzt, im ‹Ludus de Antichristo›, wird der Name *Karolus Magnus* zwar nirgends ausgesprochen; dennoch handelt es sich genau um die Problematik seines Erbes, wenn von der Rechtmäßigkeit imperialer Gewalt die Rede ist. Denn es konnte nicht als belanglos gelten, ob *Friedrich I. Barbarossa* oder der Capetinger *Ludwig VII.* der wahre Karlsnachfolger war, insofern die wahre Tradition auch das wahre Recht begründete, und Recht mußte im Mittelalter alt sein, damit es gut sein konnte. In dem wohl jetzt (so auch *Ph. A. Becker)* gesungenen ‹Couronnement de Louis› wird der französische König den gleichen Anspruch auf Universalherrschaft erheben wie der römische Kaiser im ‹Ludus›:

> «Bayern und Alemannien und Normandie und Anjou und Bretagne, Lombardei, Navarra und Toscana» (16 ff.)

huldigen dort der französischen Krone, die eine imperiale Krone ist. Auch das Rolandslied und die Karlsreise (vgl. ob. S. 237 ff.) sehen *Karl* als französischen Kaiser. Der große Abt *Suger* von Saint Denis hatte zwischen 1138 und 1145 in seiner ‹Vita Ludovici Grossi› seinen König vom ostfränkischen Kaiser wie von einem Usurpator sprechen lassen:

> «‹Ziehn wir doch,› sprach er, ‹kühn hinüber (zu den Deutschen), damit nicht jene sich etwa zurückziehen, und damit nicht der hochmütige Anspruch, mit welchem sie sich auf Francia, die Herrin dieser Länder, geworfen haben, ungestraft bleibe. Sie sollen merken, was ihnen ihr Herrschaftsanspruch einträgt, und zwar nicht auf unserem, sondern auf ihrem Boden, welcher nach dem königlichen Recht der Franken den Franzosen gehört, weil er einst oftmals von diesen unterworfen ward ( … sed in terra sua, que jure regio Francorum Francis sepe perdomita subjacet)·» (Vita Ludovici 222).

Es scheint fast, als knüpfe das, was der französische König im Antichrist-Spiel sagt, genau an diese Worte des Geschichtsschreibers *Suger* an:

«Sofern man den Historiographen glauben darf, sollten nicht wir dem Imperium, sondern dieses sollte uns unterworfen sein. Dieses Reich nämlich hatten einst die Fürsten der Gallier besessen und die haben es ihren Nachkommen, nämlich uns, vererbt. Die Gewalt dieser Eindringlinge will es uns jetzt nehmen» (I, 1, 21 ff.).

Wieder erweist dann im Spiel der Gang der Handlung, nicht etwa ein juristisches Gegenargument, daß der französische König im Unrecht ist.

Der Anspruch der legitimen Karlsnachfolge, den *Barbarossa* erhob, gipfelte zwar erst im Aachener Heiligsprechungsakt von 1165; er war jedoch im Kaiserhymnus des *Archipoeta* bereits zum Bild geworden, wo es in der 16. Strophe geheißen hatte: «Representat Karolum dextera victrici» (vgl. ob. S. 403 u. 405).

## Der ‹Regulus Francorum›

Der König von Frankreich dagegen stand im Augenblick gar nicht glänzend da. Seit dem Tode *Sugers* von Saint Denis (1151), seit der aquitanischen Scheidung (1152), seit dem Aufstieg *Heinrichs von Anjou-Maine* zur englischen Krone (1154), war für *Ludwig VII.* von Frankreich der Traum von einer karolingischen Größe seines Landes auf eine ganz unpoetische Realität reduziert worden. Für ihn handelte es sich jetzt darum, daß er von der politischen und militärischen Macht des wohlorganisierten englisch-normannisch-aquitanischen (kurz: angevinischen) Königreichs unter *Heinrich II.* nicht zu völliger Bedeutungslosigkeit degradiert wurde.

Große politische Möglichkeiten, aber auch bedeutende Gefahren brachte für Frankreich das alexandrinische Schisma. Auf der einen Seite lag *Ludwig VII.* in einem bald mehr, bald weniger heiß betriebenen Krieg mit *Heinrich II.* von England, der dem Namen nach sein Vassall war. Auf der andern Seite stellte die Macht *Barbarossas* für Frankreich eine gewisse Bedrohung dar. Manch adeliger Herr des Grenzgebietes zum Reich sah sich vor der Versuchung, sein Land lieber vom Kaiser als vom französischen König zu Lehen zu nehmen. In dieser Situation nun sollte sich *Ludwig VII.* für einen der beiden Päpste entscheiden. England stand zwar zu *Alexander (-Roland),* aber die kaiserliche Diplomatie versuchte, es auf die Seite *Victor (-Octavians)* zu ziehen. Optierte *Ludwig* für *Alexander* und gelang es dem Reich, England dieser Partei abspenstig zu machen, so war Frankreich zwischen zwei Feuern. Entschied sich aber *Ludwig VII.* für den Kaiserpapst, während England *Alexander* treu blieb, so vertiefte sich der Graben zwischen Frankreich und England, und je mehr Frankreich vom Reich gegen England unterstützt wurde, desto mehr konnte es in eine bedrohliche Abhängigkeit vom Imperium geraten. Kurz: *Ludwig VII.* mußte sich genau so entscheiden wie sein englischer Feind; eine von jenem abweichende Parteinahme brachte Frankreich Gefahr (*Pacaut*).

Pfingsten 1160 konnten *Heinrich II.* von England und *Ludwig VII.* von Frankreich einen Frieden schließen, der nicht von Dauer war. Beide Könige entschieden sich damals gleichzeitig für die Partei *Alexanders*. Dieser war inzwischen aus seiner bedrohten Lage in Italien nach Frankreich entkommen, dort jedoch nicht mit übertriebener Begeisterung aufgenommen worden. Als der Papst jetzt durch eine kirchenrechtliche Entscheidung *Heinrich II.* gegen *Ludwig VII.* begünstigte, glaubte der französische König wohl, *Alexander* zeigen zu müssen, wie sehr er doch von der französischen Krone abhing. *Ludwig VII.* sah sich getäuscht und nahm diplomatische Fühlung mit *Barbarossa* auf. Der Mittelsmann war der Graf *Heinrich* von der Champagne, der mit dem Gegenpapst *Victor-Octavian* verwandt war und enge Beziehungen zu den Staufern hatte. Es wurde (am 31.5.1162) vereinbart, daß der französische König und der Kaiser am 29. August 1162 auf der Saône-Brücke von Saint Jean de Losne zusammentreffen sollten. Jeder sollte seinen Papst mitbringen und im Einvernehmen mit den dort zu versammelnden Kirchen- und Laienfürsten sollte das Schisma beigelegt werden.

Besonders auf deutscher Seite waren anscheinend die Erwartungen sehr hoch gespannt. Monate vorher datierte *Heinrich* der Löwe in Bayern eine Urkunde als «gegeben im Jahre …, da gefeiert ward das Konzil … in Anwesenheit des römischen Imperators Friedrich, des Frankenkönigs Ludwig und des Sachsen- und Bayernherzogs Heinrich». *Barbarossa* gab seinen Feldzugsplan gegen das normannische Sizilien auf und ging von Italien aus Ende August über den Mont Cenis nach Burgund. In Dôle war der kaiserliche Hof versammelt. Doch, wer zum festgesetzten Termin nicht erschien, war der französische König! Er ließ sich entschuldigen und bat um einen Aufschub bis zum 19. September 1162. Denn es war ihm nicht gelungen, Papst *Alexander III.* zur Teilnahme an der geplanten Schiedsgerichtsversammlung zu bewegen. Außerdem scheint König *Ludwig* von der Gefährlichkeit eines Bündnisses mit *Barbarossa* beunruhigt worden zu sein. Der Kaiser hatte nämlich versucht, den Grafen *Heinrich* von der Champagne, jenen diplomatischen Mittelsmann, der die Unterredung von St. Jean de Losne ausgehandelt hatte, als Lehnsmann zu gewinnen (*Pacaut*). Ob König *Ludwig* anderseits meinte, es sei ihm bereits gelungen, Papst *Alexander* zu zeigen, daß er gut daran täte, mit dem König von Frankreich zu rechnen, steht dahin. Jedenfalls suchte *Ludwig VII.* wohl einen Vorwand, die begonnenen Verhandlungen mit dem Imperium wieder aufzugeben.

Für *Barbarossa* aber stellte sich die Frage, was er mit den jetzt in Bur-

gund versammelten Reichs- und Kirchenfürsten anfangen sollte. Er
konnte sie nicht einfach wieder nach Hause schicken. Und so hielt er
im nahegelegenen Dôle eine Synode ab, die nochmals die Rechtmäßigkeit
des Gegenpapstes *Victor-Octavian* beschloß, und einen Reichstag, auf
dem der Dänenkönig *Waldemar* dem Reich als Lehnsmann huldigte. Dann
brach er nach Deutschland auf.

Am 19. September traf König *Ludwig* auf der Saône-Brücke statt des
Kaisers nur dessen Kanzler *Reinald* von Dassel. Zwischen diesem und
*Ludwig* kam es zu einem heftigen Wortwechsel. Als der französische
König dem Kaiser Vertragsbrüchigkeit vorwarf, beschimpfte ihn *Reinald*
als ‹regulus›, ‹Kleinkönig› *(Hampe)*. «Jedoch die Tatsache, daß die fehlge-
schlagene Hoffnung auf Beilegung des Schismas einen höchst unwillkom-
menen Mißerfolg bedeutete, konnte durch hochfahrende Reden nicht ver-
tuscht werden. Es war das erste Anzeichen dafür, daß sich der überspannten
Gewaltpolitik *Rainalds* unüberwindliche Kräfte des Widerstands entge-
gensetzten; *Friedrich* selbst soll geäußert haben, in St. Jean de Losne habe
er zuerst die Launen der Fortuna kennengelernt» *(Hampe)*. Das Verhältnis
zwischen Frankreich und dem Imperium blieb während mehrerer Jahre
äußerst gespannt, drohte zeitweise sogar kriegerisch zu werden. Erst seit
1173 kam es wieder zu einer Annäherung *(Hampe)*. In diesen Jahren
zwischen 1162 und 1173 denken wir uns das Tegernseer Antichrist-Spiel
entstanden. Aber man darf sich die Frankreich-Feindschaft in Deutschland
nicht zu einheitlich vorstellen. Es hat auch in jenen Jahren durchaus persönliche und geistige Beziehungen deutscher Fürsten zum französischen
Hof gegeben. Frankreich war eben nun einmal das erste Land der europäischen Ritterkultur (vgl. Moritz von Craûn 230–262).

Hier sollen zwei Briefe erwähnt werden, von denen der eine meist nur
gerüchtweise, der andere bisher gar nicht literarhistorisch zur Kenntnis
genommen wurde. Beide Schreiben sind undatiert. Im ersten, das von
*Denifle* in die Zeit nach September 1162 gesetzt wurde, bekundet ein
Landgraf *Ludwig* von Thüringen (vielleicht *Ludwig II.*, 1140–1172)
einem französischen König *Ludwig (VII.?)* sein Interesse, zwei seiner
Söhne zur Ausbildung nach Paris zu schicken; es geschieht dies in einem
Augenblick des Zerwürnisses zwischen französischem König und Imperator. Schriftlichen diplomatischen Bitten pflegen Absprachen vorherzuge-
hen. Daß der spätere Landgraf *Hermann* von Thüringen (geb. zw. 1151
und 1155) unter den Frankreichreisenden gewesen sei, ist weder sicher
noch ausgeschlossen (vgl. *W. Brandt*). Das andere ist ein ähnlich geartetes
Schreiben *Heinrichs* des Löwen an König *Ludwig VII.* Darin dankt der
Herzog dem König für die freundliche Aufnahme des Sohnes eines Vasallen und lädt den König ein «et si quos habetis pueros, quos vel terram
nostram vel linguam addiscere vultis, nobis transmittatis». Also eine Art
Stipendiatenaustausch zur Entwicklung von Sprach- und Landeskennt-

nissen. Wir würden uns diesen Brief auch gern in den kritischen Jahren der deutsch-französischen Beziehungen geschrieben denken.

Die verfehlte Zusammenkunft von St. Jean de Losne indes war für den französischen König kein Ruhmesblatt. Während *Barbarossa* im Zuge seiner Renovatio-Politik 1165 die Heiligsprechung *Karls* des Großen durchsetzen wird, sind die französischen Ansprüche auf eine würdige Karlsnachfolge um 1162 ohne reales Fundament. In *Sugers* politischer Historiographie erneuert, entfalten sie aber gerade jetzt ein wirksames Leben in der Fiktionswelt der altfranzösischen Heldenepik (vgl. *Schramm*).

# NEUNZEHNTES KAPITEL

# HEROISCHE HERRSCHAFTSTRADITION UND RITTERLICHE GEGENWART

## A. KARLS-EPIK IN FRANKREICH

Es sind die berufsmäßigen Epenrezitatoren, die das Erbe *Karls* des Großen verwalten, solange das Königtum in Frankreich darniederliegt. Aber es ist im wörtlichen Sinne gar keine Karls-Epik, was in der zweiten Hälfte des XII. Jahrhunderts ein lauschendes Publikum findet. Das, was diese Epen erzählen, spielt zu einer sagenhaften Zeit, da *Karl* der Große tot und sein Nachfolger *Ludwig* schwach ist. Weder ‹Karl› noch ‹Ludwig› heißen die Helden. Der zentrale Heros ist vielmehr der Markgraf *Wilhelm* von Orange.

Aber die historische Wahrheit dieser Gestalt liegt weit zurück.

Septimanien, das Land zwischen Rhône und Pyrenäen mit der Hauptstadt Narbonne, war zwar schon 737 unter *Karl Martell* den Sarazenen entrissen worden, aber immer wieder drangen einzelne Heidenheere längs der Küste aus Spanien dorthin vor, 777/8 eroberte *Karl* der Große den spanischen Pyrenäenabhang, die Spanische Mark. Hauptstadt wird (803) Barcelona. Erst seit 812 ist diese Mark fest in fränkischer Hand. Auf *Karls* 1. Spanienzug wurde 778 am Fuße der Pyrenäen *Ludwig* der Fromme geboren. 781 setzte *Karl* den Dreijährigen zum König von Aquitanien ein. Der Graf *Wilhelm* von Toulouse führte für den Unmündigen die Geschäfte, verteidigte das Land gegen die Sarazenen und eroberte Barcelona *(Voretzsch, Becker)*. 793 aber erlitt Graf *Wilhelm* gegen die Mauren am Flusse Orbieu bei Narbonne eine Niederlage (= Archamp). 795 vertrieb er die Sarazenen endgültig aus Septimanien. 804 (vgl. *Becker)* gründete *Wilhelm* in einem Seitental des Hérault die Benediktinerabtei Gellone, unweit Montpellier. dorthin zog er sich bald als Mönch zurück und starb am 28. Mai 812 (oder 813? *Becker)* in diesem Kloster im Geruch der Heiligkeit. Heute heißt es Saint Guilhem-le-Désert, Sankt Willehalm in der Einöde. Gegen 780 hatte nicht weit davon der Grafensohn *Witiza* von Maguelone die Abtei Aniane gegründet. Als Sankt *Benedikt* von Aniane wird er der Urheber einer benediktinischen Klosterreform und geistlicher Berater *Ludwigs* des Frommen (vgl. ob. S. 51). *Benedikt* und *Wilhelm* waren wahrscheinlich verwandt. In der Benedikt-Vita, die um 822/3 entsteht *(Becker)*, erscheinen erste Züge einer Wilhelmslegende. Die noch heute geltende lateinische Wilhelms-Vita *(Becker)* ist von ca. 1120.

In dem jetzt, zwischen 1140 und 1165 *(Becker)*, entstehenden Pilgerführer für die Santiago-Wallfahrer, dem ‹Liber Sancti Jacobi Apostoli› (vgl. auch oben S. 136) steht zu lesen:

«Wer den Pilgerweg über Toulouse wählt, sollte die Gebeine des heiligen Bekenners Wilhelm aufsuchen. Der sehr heilige Signifer Wilhelm war einer der Paladine von Charlemagne … Er ist es, der durch seinen Mut und seine Tapferkeit, so heißt es, die Städte Nîmes und Orange und viele andere der christlichen Herrschaft unterwarf und eine Kreuzholzreliquie in die Schlucht von Gellone brachte, wo er das Leben eines Einsiedlers und Bekenners führte. Dort ward er nach einem seligen Ende ehrenvoll begraben. Sein Fest feiert man am 28. Mai» (S. 46 ff.).

Graf *Wilhelm* starb, ehe *Ludwig* der Fromme 813 gekrönt wurde. Die Epensänger jetzt erinnerten sich historisch ungenau, aber politisch aktuell:

> Charlemagne ist uralt geworden. Kurz vor seinem Tode will er in Aachen seinen jungen Sohn Ludwig zum Kaiser krönen. Doch der schüchterne Knabe wagt die Krone nicht zu nehmen. Auf den bösen Rat eines Verräters hin will Karl den Sohn für unwürdig erklären. Da tritt Wilhelm, Sohn des Aimeri von Narbonne, dazwischen und sichert dem schwachen Erben die Krone. Für Ludwig befreit er Rom von den Sarazenen und dem Riesen Corsolt, wirft nach dem Tode Karls in Frankreich einen Vasallenaufstand gegen Ludwig nieder, zieht mit Ludwig dem Papst gegen Gui (Guion) d'Alemaigne zu Hilfe und bewirkt die römische Kaiserkrönung Ludwigs. Im Kampf gegen Corsolt wurde ihm die Nasenspitze abgeschlagen. Daher heißt er nun auch ‹Guillelme al cort nés›, ‹Wilhelm Kurznase›. Aber er heißt auch ‹Guillelme Fierebrace› (wie jener Herzog *Wilhelm* von Aquitanien, dessen Schwester *Adelaide* seit 970 mit *Hugo Capet* vermählt war) und ‹Guillelme de Narbon›.

So zu hören etwa in der Chanson von der Ludwigskrönung (‹Couronnement de Louis›). Anderswo erfuhr man:

> Der Heidenkönig Deramé ist, die Gironde aufwärts segelnd, in Südfrankreich eingefallen. Tedbald von Bourges, Esturmi und Vivien ziehen mit kleinem Ritterheer gegen ihn. Angesichts der Feinde fliehen Tedbald und Esturmi. Vivien leistet bei Archamp Widerstand bis er getötet und zerstückelt wird. Dem aus Barcelona zu Hilfe herbeigerufenen Wilhelm (Willame) wird sein Ritterheer in der zweiten Archamp-Schlacht von den Heiden niedergemetzelt. Mit nur zwei Überlebenden kehrt er in seine Hauptstadt zurück. Dort empfängt ihn seine Frau Guiburc, eine getaufte Mohammedanerin, die Tochter des feindlichen Heidenkönigs. Sie hat ein neues Heer gesammelt. Wilhelm führt es unverzüglich nach Archamp gegen die Heiden. König Deramé findet den Tod, seine Sarazenen fliehen.
> Nach dem Sieg findet Wilhelm Vivien sterbend und gibt ihm geweihtes Brot. Die Sarazenen verfolgen ihn. In Heidenrüstung entkommt er zu seiner Frau Guiburc nach Orange (!). Die Ungläubigen werden Orange belagern. Guiburc rät Wilhelm, Hilfe zu holen bei seinem Schwager, dem König Ludwig (Lowis). Sie allein wird inzwischen Orange verteidigen. Wilhelm reitet los. Er schlägt sich durch bis an den Hof des Königs. Doch der schwächliche Erbe Karls will nicht gegen die Heiden ziehen. Da zwingt ihn Wilhelm zur Hilfe. Ein großes Ritterheer wird aufgeboten. Wilhelm führt es nach Orange. Mit ihm zieht der riesenhafte Rainouart (Renneward), ein sarazenischer Sklave, der am Königshof als Küchenjunge diente. Er ist der unerkannte Bruder der Guiburc. Bei Archamp kommt es wieder zu Schlacht. Wilhelm und Renneward siegen. Die Reste der Heiden fliehen übers Meer zurück. Von den Christen als Teilnehmer beim Siegesmahl in Orange vergessen, will sich der erzürnte Renneward wieder den spanischen Heiden zuwenden und gegen die Christen ziehen. Wilhelm und Guiburc gelingt es schließlich, ihn zu versöhnen. Er wird getauft und mit Ermentrud verheiratet.

Diese widersprüchlich verbundene Doppelfabel, wie sie die 1901 aufgetauchte ‹Chanson de Guillaume› bietet, dachte ältere Forschung aus

einem Ur-Lied, dem alten Archamp-Lied, erwachsen. «Das alte Archamp-
lied ist das stammepos einer ganzen gruppe von epen geworden, in denen
Vivien, Rainouart und Wilhelm den mittelpunkt bilden» *(Voretzsch)*.
«Wie von dem alten Archamplied ‹Enfances Vivien›, ‹Covenant Vivien›
und ‹Aliscans› ausgegangen sind, bilden sich nun um ‹Aliscans› fortsetzungen und nachahmungen» *(Voretzsch)*. Andere Chanson-Epen standen
oder traten in lockerer Verbindung daneben *(vgl. Textabb. 20)*.

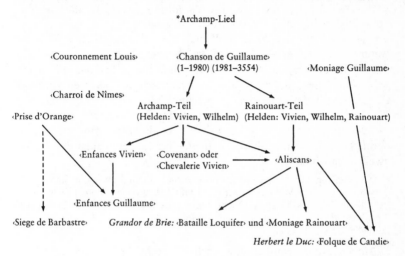

20. *Handlungsverhältnisse der Wilhelms-Epen nach Voretzsch (Schema)*

Diese Epen sind in der späteren Überlieferung zu Zyklen verbunden worden.

Die ‹Prise d'Orange› erzählt, wie Wilhelm die sarazenische Königstochter Orable
in Orange zur Frau gewinnt und diese heidnische Stadt erobert. Orable nimmt
in der Taufe den Namen Guiburc an.

Der ‹Charroi de Nîmes› berichtet, wie Wilhelm als Weinhändler verkleidet mit
einem Wagen voller Fässer, in denen seine Krieger versteckt sind, ins sarazenische
Nîmes eindringt und die Stadt erobert.

‹Aliscans› erneuert den Rainouart-Teil der ‹Chanson de Guillaume›, wobei der
Schlachtort neben ‹Archant› vor allem ‹Aliscans› heißt.

‹Enfances› und ‹Covenant Vivien› erzählen die Jugendtaten des Vivien, ‹Enfances
Guillaume› diejenigen Wilhelms.

‹Bataille Loquifer› berichtet, unter Einfluß der Artus-Romane, weitere Taten
des Rainouart.

‹Moniage Guillaume› und ‹Moniage Rainouart› erzählen vom abschließenden
Mönchsleben beider Helden.

‹Siege de Barbastre› und ‹Folque de Candie› schildern Taten von Brüdern und
Verwandten Wilhelms im Heidenland.

Fragen der Entstehungsgeschichte und Rekonstruktionen von Ur-Liedern haben die ältere Forschung oft leidenschaftlich bewegt. Problematisch erscheint heute der allenthalben zugrundegelegte Kausalitäts-, Entwicklungs- und Kunstwerkbegriff.

Die zufällig erhaltenen Nachrichten müssen der Komplikation realer Kausalverhältnisse nicht kongruent sein. Der Entwicklungsbegriff, Frucht einer nationalliterarischen Ursprungsideologie, nährt sein Interesse auf Kosten des tatsächlich Überlieferten. Das Werk mit festem Umriß am Anfang ist eine ‹petitio principii› beider Vorbegriffe und eines unreflektierten Schriftlichkeitsideals, das dem gelehrten Schreibtisch näher ist als der historischen Realität.

So wenig wie für den Faust-Stoff mag hier ein einheitliches Werk am Anfang gestanden haben. Daß vulgärsprachliche Epik überhaupt schriftlich werden konnte, war keine Selbstverständlichkeit. Erst das altfranzösische Rolandslied, und zwar in seiner literarisch kompetenten Oxforder Fassung, um 1150 aufgezeichnet, machte Chanson-Epik pergamentwürdig und kulturfähig. Aber nicht alle Epen fanden ihren Oxforder Redaktor. Sofern es von einem Stück mehrere Handschriften gibt, weichen sie dermaßen voneinander ab, daß man an einer Einheitlichkeit des Werkes zweifeln möchte.

Die Jongleurs, im Metier der Epenrezitation von Kind an geübt, kannten 27 verschiedene Arten ‹Wie einer vom Pferd fällt›, 18 Weisen ‹Wie ein Held stirbt›, usw. Sie hatten ihre Formeln. Nicht immer entstand so ein großes Epos, nicht immer wurde hübsch der Reihe nach erzählt, nicht immer fanden ihre Vorträge den Weg aufs Pergament.

Aufgeschrieben werden diese Karls-Nachfolge-Epen alle erst im XIII. Jahrhundert, als die Krise des französischen Königtums überwunden ist. Doch gerade dies zeigt, daß sie mit der Krise nach 1152/4 in Zusammenhang gestanden haben. Daß die archaischen Fassungen aus England, aus Frankreich aber nur jüngere Versionen überliefert sind, halten wir nicht mit *Delbouille* und *Frappier* für ein Resultat des «langsameren Geschmacks der Engländer». Vielmehr konnte der anglonormannische Adel, der auch aus ‹Franzosen› bestand, ein literarisches Interesse an diesen Stoffen bereits bekunden, als in Frankreich die Karls-Nachfolge noch politisch problematisch war. Den Begriff vulgärsprachlicher Schriftlichkeit verdankt der französische Hof der aquitanischen Heirat. Das Interesse an der Karls-Nachfolge-Problematik verdankt das französische Staatsvolk der aquitanischen Scheidung, durch die England und der ganze Westen Frankreichs *Ludwig VII.* nicht mehr gehorsam sind. Schon das Rolandslied, von dem alle andern Epen zehren, träumt von einem Karls-Reich, dem England, Bretagne, Normandie, Anjou, Maine und Aquitanien zugehören (s. S. 239). *Ph. A. Becker* hatte zuletzt eine gleitende Entstehungsgeschichte des Rolandsliedes gedacht, vom Ende des XI. bis ins erste Drittel des XII. Jahrhunderts. Mit *Mireaux* denken wir das Oxforder Rolandslied gern nach dem Desaster des französischen Königstums von 1154, denken auch das Interesse an der Karlsnachfolge-Epik erst dann aktualitätswürdig. «Was hast du gedacht, Sohn Karls?» (Aliscans 3044; vgl. 2367, 2385). Mit dieser Frage rüttelt Markgraf *Wilhelm* den schwächlichen *Ludwig* zu würdigen Taten auf. Der König von Frankreich muß sich als rechter Nachfolger *Karls* erweisen, nicht nur in diesen Epen, sondern auch in der politischen Wirklichkeit nach 1154 (vgl. auch Aliscans 1277 f., 2755).

«Ihr Herren Barone, geruht Ihr wohl anzuhören eine bedenkenswerte Geschichte (exemplum), die höfisch ist und anmutig? Als Gott der Herr erschuf die 99 Königreiche, hat er die allerbesten Gaben gewendet an die süße Francia. Der beste Herrscher trug den Namen Charlemagne. Der hat es groß gemacht, dies Land, durch seine Taten. Kein Land der Welt hat Gott der Herr erschaffen, das ihm nicht wäre untertan. Er verbindet ihm Bayern und Alemannia, Normandie, Anjou und Britannia, und Lombardei, Navarra und Toskanien» (10–19).

So singt der Jongleur in der 2. Laisse des ‹Couronnement›.

In der Hs. D wird an dieser Stelle die Legende vom himmlischen Salböl eingeflochten, welches 1223 bei der Krönung *Ludwigs VIII.* zum erstenmal offizielle Anerkennung fand (1–10): «... Als Gott zuerst 99 Königreiche, 90 Grafen und 90 Grafschaften erschuf, wurde der erste König, den Gott nach Frankreich sandte, gekrönt (es müßte heißen «gesalbt») auf Ankündigung von Engeln ...».

Und in Vers 885 ff. heißt es dort:

«Von Rechts wegen gehört Rom unserm Kaiser Karl. Ihm gehört die ganze Romagna und Toskana und Calabrien.»

Das riesige Reich, das einst der ‹emperere Charles› regierte, ist in der Vorstellung der Jongleurs ‹von Rechts wegen› (par dreit), dem Anspruch nach Besitz Frankreichs. Im ‹Couronnement› hat Gui d'Allemagne Rom frech erobert, und Wilhelm von Orange wird es ihm durch gottesgerichtlichen Zweikampf wieder entreißen (2223–2649) – eine Art Parallelszene zum Zweikampf zwischen Kaiser und französischem König im ‹Antichrist›-Spiel (I, 1. 21 ff.; s. S. 407). Aber der wirkliche Herrschaftsbereich des Königs von Frankreich ist eben seit der aquitanischen Scheidung im wesentlichen auf die Krondomäne beschränkt mit den Städten Paris, St. Denis, Laon und Orléans. Auch davon wissen die Jongleurs. Die Länder des einstigen Karlsreiches sind ferne und fremde Namen. Wenn aber im Epos die Geographie genauer wird, zeichnen sich andre Grenzen ab.

Der frz. Kaiser der Heldenlieder residiert nur gelegentlich in Aachen (Wilhelmsl. 2803, Couronn. 27). Erwähnt sind vor allem: Paris und St. Denis (W. 2586, C. 1669 u. ö., Aliscans 1461), Laon (W. 2424 u. ö.; C. 2677), Senlis (A. 2653), Estampes (A. 2654), schließlich Orléans (C. 2217, A. 2172 u. ö.). Aus dem unmittelbaren Vasallitätsbereich nur Chartres (C. 2378) und zweimal sogar die Grafschaft Vermandois (A. 2500, 2700), welche der Verwandte und Sénéchal König *Ludwigs VII., Raoul von Vermandois* zu Lehen besitzt (vgl. *Pacaut*).

Es ist wohl charakteristisch, wenn in der ‹Aliscans›-Chanson der französische Kaiser Ludwig nicht gegen die Heiden ziehen, sondern sein Hausgut bewachen will (3127). Der ‹douce France› (vgl. S. 237) gilt in der 2. Hälfte des XII. Jahrhunderts nicht nur die reale Sorge König *Ludwigs VII.*, sondern auch diejenige der Epensänger. Königsschwert, Königsfahne und nationaler Schlachtruf sind in diesen Chanson-Epen, in Nachahmung des ‹Rolandsliedes›, poetische Requisiten, ehe sie im XIII. Jahrhundert zu realen Herrschaftszeichen werden (vgl. oben S. 238). An ihrer unterschiedlichen Verwendung in diesen Epen scheint ein Prozeß terminologischer Kristallisation eines nationalmonarchistischen Bewußtseins ablesbar – und zugleich so etwas wie eine zeitliche Schichtung.

Die ‹Chanson de Guillaume› steht noch ganz auf der Stufe des ‹Rolandsliedes›: Das Königsschwert heißt ‹Joiouse›, die Königsfahne ist die Saint-Denis-Fahne mit Gold, ohne besonderen Namen, der Schlachtruf heißt einfach ‹Munjoie›.

Das ‹Couronnement de Louis› verhält sich in Bezug auf Schwert und Fahne ebenso, hat aber den Schlachtruf schon erweitert zu ‹Monjoie sainz Denis›, auch taucht hier Orléans, die Stadt der Krondomäne, zuerst als Aufenthaltsort des Königs auf (2217).

‹Aliscans› schließlich nennt das Königsschwert wie die andern Epen, hat den um ‹St. Denis› erweiterten Schlachtruf und verwendet die ursprüngliche Sachbezeichnung der Karls- und Königsfahne terminologisch als ‹l'oriflanbe› (2555 f.): Der kleinen Grafschaft Vermandois räumt es jene Bedeutung ein, die es für das geschwächte französische Königtum nach 1154 besaß.

Vergleichung und namentlich Gegenüberstellung paralleler Szenen der – wiewohl jünger retouchierten (vgl. *McMillan), so doch* – altertümlicheren ‹Chanson de Guillaume› und der um ritterliche Verfeinerung kolportagehaft bemühten ‹Aliscans›-Chanson läßt wohl tiefere Motivationen der französischen Staatskrise und ihren Zusammenhang mit der Entfaltung höfischer Kultur sehen.

Grobheit epischer Rede, die ihr Publikum fand, enthüllt sich in der Schimpfkanonade Wilhelms gegen seine Schwester Blancheflour, die Königin von Frankreich, die so leichtsinnig war, dem König Ludwig Waffenhilfe für Orange abzuraten:

«Wilhelm hört das. Er kann sich vor Zorn kaum halten.
‹Was hast Du gesagt? Gott verfluche Dich! Ihr Hure von einer Königin. Ihr wart heute nacht betrunken …
Stinkende Verleumderin, Hurenkönigin! Thedbald fickt Euch, der schuftige Lecker und Esturmi mit dem schiefen Gesicht. Die hätten Archamp vor dem Volk der Heiden beschützen sollen. Aber sie sind geflohen. Vivien blieb zurück!
Mehr als hundert Priester haben Euch lieblich aufgenommen, kräftig haben sie Euch die Klumme bepackt. Eine Kammerzofe hättet Ihr da nicht zu rufen gewagt. Hurenkönigin! Stinkende Verleumderin! Es wäre doch besser gewesen, wenn Ludwig Dir den Kopf abgeschlagen hätte, wo doch ganz Frankreich durch Euch entehrt ist.
Wenn Du beim warmen Kamin sitzt und gepfefferte Küken ißt und Deinen Wein aus Deckelkelchen trinkst. Wenn Du da liegst, schön zugedeckt und Dich ficken läßt mit erhobenem Bein! Diese Lecker geben Dir Rutenschläge und wir haben die bösen Morgenstunden zu ertragen und kurze Stöße und Nackenschläge. Auf Archamp kriegen wir blutige Kopfschläge!
Wenn ich dieses Schwert aus seinem Futteral ziehe, dann seid Ihr Euren Kopf los.›

Anderthalb Fuß hat er es aus der Scheide gezogen. Da stand Aimeric von Narbonne, Wilhelms Vater, auf und sagte ihm dies bedächtige Wort: ‹Sire Wilhelm›, laßt diesen Streit. Sie ist Eure Schwester und sei sie noch so fluchwürdig› » (Chanson de Guillaume 2603–2629).

Die ‹Aliscans›-Chanson kürzt die Rede, mildert die erotischen Grobheiten, gibt aber die Beschreibung der Aphrodisiaka der Königin genüßlich ausführlich:

«Schweig'›, sprach er, ‹erwiesene Hure! Thiebaut der Araber hat Euch gepflegt und manches mal Euch als Hure benutzt. Dein Wort darf nicht gehört werden. Wenn Du Dein Fleisch und Dein Gepfeffertes ißt und Deinen Wein aus den goldenen Kelchen trinkst, Claré und Würzwein, mit Pfeffer aufgegossen, wenn Du viermal gesiebte Brötchen ißt, wenn Ihr den Deckelkelch haltet, beim Feuer am Kamin, bis Ihr erhitzt und gebraten seid und von Luxuria entzündet und entbrannt, dann hat Euch Geilheit bald in Feuer gesetzt. Wenn Leckerei Euch so entbrannt hat und Ludwig Euch schön umgedreht hat, zwei oder dreimal unter sich gestoßen, wenn Ihr von Luxuria berauscht seid und des Essens und Trinkens satt, dann denkt Ihr nicht an Schnee und Eis, an die großen Schlachten und an die Verfolgungen, die wir in fremdem Land erdulden, in Orange durch das Heidenvolk. ...
Mauvaise femme, erwiesene Hure! Mein Wort habt ihr heute getadelt und dem König die Hilfe abgeraten. Die lebendigen Teufel haben Euch nun gekrönt.› Er trat hervor, nahm ihr die Krone vom Haupt. Im Angesicht der Franzosen hat er sie zur Erde geworfen» (2772–2800).

Die Sache geht dann doch gut aus. König Ludwig bietet sein Heer auf, Markgraf Wilhelm und die Königin vertragen sich wieder, als sei nichts gewesen. Ein Festschmaus bildet den Abschluß. Doch er wird sehr anders geschildert als die Fresserei des Markgrafen in der ‹Chanson de Guillaume›, der sich als einziger aus der Heidenschlacht zu Guiburc nach Orange retten konnte:

«Guiburc selbst gibt ihrem Herrn Wasser. Dann hat sie ihn an einem der niederen Tische platznehmen lassen. Wegen der Trauer (um all die Helden, die bei Archamp erschlagen wurden) konnten sie an den höchsten Tisch nicht gehen. Dann brachte sie ihm eine Eberkeule. Der Markgraf nahm sie und verzehrte sie eilig. Er konnte das um so mehr, als sie besonders zart war. (Dann) brachte sie ihm ein großes Weißbrot und zwei große gebackene Kuchen (gasteals rostiz). Dazu brachte sie ihm einen großen, gebratenen Truthahn. Alsdann brachte sie ihm ein Fäßchen Wein. Für beide Arme hatte Wilhelm so genug zu tragen. Es aß Wilhelm das Weißbrot. Danach die beiden gebackenen Kuchen. Ganz verzehrte er die Eberkeule und in zwei Zügen trank er den Sester Wein aus. So vollständig aß er die beiden Kuchen, daß er Guiburc keinen Krümel davon anbot. Er hob den Kopf nicht und sah sie nicht an, Guiburc betrachtete ihn, raufte sich im Haar und lachte. Gleichzeitig weinte sie aus beiden Augen ihres Gesichts. Sie ruft Wilhelm an in ihrem (vielleicht etwas fremdartigen) romanischen Dialekt: ‹Beim Gott des Ruhmes, der mich bekehren ließ, (und) dem ich diese Sünderinnenseele zurückerstatten werde, wenn der Termin des Jüngsten Gerichts naht! – Wer ein großes Siebmehlbrot ißt und trotzdem die zwei gebackenen Kuchen nicht stehen läßt, wer eine ganze Eberkeule ißt und gleich darauf einen großen gebratenen Truthahn und in zwei Zügen einen Sester Wein austrinkt, der sollte seinem Gegner wohl einen harten Widerstand leisten können und gar so schändlich wird er von keinem

Felde geflohen sein und seine Verwandten in Unehre verraten haben›. – ‹Schwester, gute Freundin›, sagt Wilhelm, ‹danke!›» (Chanson de Guillaume 1401–1433).

Hier wird das Heldentum des Markgrafen am heldenmäßigen Fressen erkannt. Im ‹Aliscans›-Epos steht diese derbe und komische Szene nicht. Dort ließe sich eine Stelle vergleichen, die im Wilhelms-Epos noch fehlt. Soeben kommen die Ritter aus der Schlacht zurück:

> «Ehe noch Wilhelm, der Markgraf, im Palas erschien, hatte Guiburc das Essen bereitet. Im Wohnturm Gloriette (in der Festung Orange) reicht man das Handwasser (vgl. 2992–97). Die Ritter gehen gemeinsam zur Waschung. In ihren Quartieren ließen sie sich (zunächst) entwaffnen» (Aliscans 7502–7505).

Ausführlicher schildert ‹Aliscans› ein Essen am Königshof in Laon:

> «Groß war die Freude oben im Hauptsaal. Der König hat seine große Tafel richten lassen, den Tisch mit dem Schachbrettmuster. Zum Handwasser hat man geblasen auf einem gar zierlichen Horn. Nachdem die Herren Ritter sich gewaschen haben, nehmen sie unten im Saal zum Essen Platz... (2992–7). Zu Tische sitzen die Herren Barone. Hundert Knappen tun Schenkendienst und ebenso viele tragen das Essen auf. An reichhaltigen Platten herrscht da kein Mangel. Es gab da soviel, daß es unmöglich ist, alles vollständig zu loben ... (3028–31) ... Groß war der Hof im Saale zu Laon. Viel Geflügel und Wildpret gab es auf den Tischen. Aber während jeder andere Fleisch und Fisch verzehrte, hob Markgraf Wilhelm (kein einziges Mal) das Kinn, sondern aß Trockenbrot und trank Wasser in Mengen ... (3036–40) ... Innen im Palas herrschte große Helligkeit: 50 Kerzen brannten dort und über 30 lodernde Fackeln. An Leuchtern herrschte großer Überfluß und das Essen war sehr fein zubereitet ...» (3481–83).

Im ‹Aliscans›-Epos herrschen nicht nur feinere Sitten bei Tisch, sondern auch Garderobe und Kosmetik spielen eine andere Rolle als in Wilhelms-Lied und ‹Couronnement›. Es wird das helle, d. h. mit Reismehl gepuderte Gesicht der Königin erwähnt (2606), und als Markgraf Wilhelm an den Königshof kommt, findet er

> «da viele Fürsten, Grafen, Herzöge und Barone, junge und greise, und feine Damen mit Bofus bekleidet, mit Seidentuchen und Stoffen, welche mit gehämmerten Goldfäden durchwirkt waren» (2571ff.).

Beschreibungen als Signale literarisch-rhetorischen Anspruchs sowie fremdartig-neue, ja technische Vokabeln werden vorgeführt. ‹Wilhelms-lied› (2387) und ‹Couronnement› (408, 413) kannten an kostbaren Stoffen nur die ‹paille›. Festliche Aufzüge schien die Darstellung geradezu zu meiden; selbst bei der Aachener Krönung des jungen Ludwig wurden keine Kleider beschrieben. ‹Aliscans› dagegen stellt als höfischen Prunk einen Reichtum an Sachgütern zur Schau, den der Fernhandel anscheinend von überall her herbeigeführt hat. War er dem Hofe, war er einem ritterlichen Publikum in der Provinz wirklich zur Hand oder wurde er vielmehr gerade deshalb so inständig beschworen, weil sich von ihm für Grundbesitzer nur träumen ließ?

«Euer Gott hat hier auf Erden keinen Morgen Land», stellt ein Heide

im ‹Couronnement› (835–40) treffend fest –aus der Perspektive des Feodalen heraus. Geld sind dort Denare, in nicht sehr beredten, festgeprägten
Formeln (vgl. 443. 448. 1304. 1977; 84. 179. 226; 2255–62). ‹Aliscans›
dagegen hat eine ganze Skala von Tauschwerten: Mark (3492), Goldmark
(6921), Silbermark (6375 Laa.), livre d'or (7643), livre d'argent (5713),
Denare (7489 a) und Besanten, d. h. Byzantinergoldmünzen. Die Wendung «tot l'or de Paris» (S. 467 Vers 46) meint Reichtum als Produkt
einer französichen Handelsstadt. In der Wilhelms-Chanson ist Gold in
Form von Schatz da, nicht als Handelskapital, als spanisches Beutegold,
sachgebunden, als Ringe oder Schmuck, nicht oder kaum als Währung.
Reichtum sind Pferde, Maultiere, Pelze etc., feodaler und kriegerischer
Natur. Höchst charakteristischerweise hat sich in der Wilhelms-Fabel
die Erfahrung niedergeschlagen, daß ein großer Krieger und Grundherr
ohne Geld nichts ist und daß er die Hilfe eines geldschweren Handelsbür-
gers braucht:

«So zieht er dahin (der Markgraf) mit seiner Trauer (über die Erschlagenen
von Archamp) bis an den Königshof von Laon, bis zu der Treppe, wo er vom
Pferde steigt. Spanisches Gold pflegte er ihnen einst reichlich mitzubringen. Aus
Übermut rennen jetzt viele Knappen herbei. Diese 30 (Buben da) haben nie so
viel erobert, und jene 60 (Herrchen) haben nie soviel erbeutet, wovon sie alle
zusammen einen Handschuh hätten bezahlen können. Als Wilhelm die leichtfertigen Knappen sieht, kommen sie heran, spanisches Gold von ihm zu erbitten. Denn
Ringe pflegte er ihnen zu geben. ‹Ihr Herren› (sagt er), ‹seid mir nicht böse. Gold
und Silber hab ich noch genug in Orange, meiner herrlichen Stadt. Aber wenn
Gott mir nicht hilft, kann ichs nicht herbringen. Denn von Archamp am Meer
bin ich entkommen …›. Als die (Höflinge) hören, daß von Unglück gesprochen
wird, da lassen sie die Zügel des Rosses fallen und räumen das Feld. Sie kehren
in den Rittersaal zurück und setzen sich zum Essen. Hier wird Wilhelm mit der
kurzen Nase lernen, wie ein Armer mit einem Reichen sprechen kann» (Chanson
de Guillaume 2468–83, 2487–94; vgl. Wh. 139, 21–140, 22).

In ‹Aliscans› kommt dann die Hilfe von bürgerlicher Seite:

«Da war Wilhelm unter einem belaubten Ölbaum. Viel hört er sich beschimpfen
und beleidigen. Es ärgert ihn sehr. Aber er kann es nicht ändern. Und König
Ludwig läßt den Eingang bewachen, daß kein Mensch weder aus noch eingehen
kann, alles Wilhelms wegen, der solche Furcht um sich verbreitet … Ein Franc-
Bourgeois namens Guimar hat von ihm gehört. Er nimmt ihn mit sich. Er hat
ihn beherbergt und hat sein Pferd aufs beste versorgt. Am hohen Tisch ließ er
ihn zur Nacht essen. Aber der Markgraf will vom Fleisch nicht kosten, noch von
dem Weißbrot eine Krume anrühren. Grobes Roggenbrot ließ der Graf sich bringen. Davon aß er und trank Wasser aus der Trinkschale. Da hob der Franc-Bour-
geois an, ihn zu fragen: ‹Sire Wilhelm, edler und vornehmer Herr, so gutes Essen
wollt Ihr zurückweisen? Warum tut Ihr das? Ihr solltet es mir nicht verschweigen.
Wenn es Euch nicht gefällt, so lasse ich besseres bringen?› – ‹Nicht doch, Sire,
im Gegenteil, es ist alles Lob wert. Aber in Orange, als ich dort fortmußte, versprach ich meiner Frau Guiborc mit dem hellen Gesicht, daß ich nichts genießen
würde. Und das will ich ihr halten, bis zu zurückgekehrt bin. Habt Dank und
laßt Euch nicht bekümmern.› Der Hausherr hört es, und es ist ihm nicht recht.

Doch läßt ers diesmal dabei bewenden. Nach dem Essen lassen sie die Tischtücher abnehmen und bereiten dem edlen Grafen das Bett, mit kostbarer Steppdecke und überseeischem Tuch. Aber Wilhelm will (da) nicht schlafen. Frisches Gras und Binsen läßt der Graf bringen. Auf sein Satteltuch läßt der Graf sich nieder. Seiner Frau will er nicht wortbrüchig werden. Er konnte weder schlafen noch ruhen. Und die ganze Nacht hörte er nicht auf zu grübeln bis zum Morgen, als der Tag anbrach. – Der Graf Wilhelm stand eilig auf und ließ den Wirt seinen Halsperg bringen. Mitten in der Kammer hat er ihn übergezogen und hat auch sein stählernes Schwert nicht stehenlassen.

‹Sire›, sagte der Wirt, ‹wo wollt Ihr nun hingehen?› – ‹Ja›, sagte Wilhelm, ‹das will ich Euch sagen. Dort hinauf (auf die Burg), mit Ludwig reden, um von ihm Hilfe zu fordern und zu erbitten. Aber beim Allmächtigen, wenn mich da einer abweist und hindert und mein Wort und meine Absicht tadelt und dem König rät, mir Hilfe zu verweigern, den werde ichs teuer bezahlen lassen›. – ‹Sire›, sagte der Wirt, ‹Gott geleite Euch. Großen Staat werdet Ihr versammelt finden. Der König will dort Blancheflour krönen, Eure Schwester, die Euch sehr lieben mag. Vermandois will er einem Grafen zu Lehen geben, das beste Land, das man vergaben kann. Aber ohne Krieg konnte es keinen Tag bestehen. Nie gab es ein Land, das so viel hätte aushalten können. Wer es bekommt, kann wohl stolz darauf sein. Denn unter allen Grafen in der Welt hat er nicht seinesgleichen.› ‹Wohl›, sagte Wilhelm. ‹Ich werde bei der Verleihung dabei sein. Ganz und gar muß es über mich gehen. Denn douce France muß ich von rechts wegen bewachen und in der Schlacht die Orieflamme tragen. Und wenn sie mir irgendetwas abstreiten wollen, werden sie mich in Zorn bringen. Dann werde ich den König von Frankreich sogleich absetzen und von seinem Haupte die Krone nehmen.›

Als der Bürger ihn so hart sprechen hörte, fing er vor Furcht zu zittern an. Und der Markgraf wollte nicht länger verweilen, verließ das Haus und nahm den Weg zum Palas, stolz wie ein Eber. Da, denke ich, wird er den König in Zorn bringen» (Aliscans 2496–2565 a; vgl. Wh. 130, 4–138, 30; 175, 26–176, 9).

Nachdem König Ludwig endlich die Waffenhilfe zugesagt hat, wird auf Veranlassung des Markgrafen auch der Bürger Guimar zum Festschmaus geladen und in Geld- und Sachwerten belohnt (3485–96), er wird hoffähig. Und gerade hierin wird die Stärke des französischen Königtums durch *Philippe II. Augustus* (1180–1223) neu begründet werden: im Bündnis mit dem Bürgertum, das das Geld hat. Als *Philipp August* 1190 zum Kreuzzug aufbricht, läßt er Königsschatz und Siegel in den Händen eines Bürgerschaftsgremiums zurück (*Luchaire; Cartellieri*). Die französische Staatskrise nach 1154 war zugleich eine feodale Finanzkrise. Aus ihr heraus wird dem Rittertum bürgerlicher Reichtum erträumt. Das Jongleurs-Epos aber gestaltet in dem Maße sentimental verfeinerte Szenen – wie den Abschied Wilhelms von Guiburc (vgl. Guillaume 2422–36; Aliscans 1963–2007) oder den Tod des Vivianz (vgl. Guillaume 2011 ff.; Aliscans 811 ff.) – wie es differenzierte Geldsorten zu nennen weiß. Zugleich mit Gefühl und Geld differenziert sich auch das gesellschaftliche Gefüge in den Augen der Epensänger. Statt bloß ‹Ritter› und ‹Nichtritter› (vilains) gibt es jetzt auch reiche Nichtritter wie Guimar und arme Feodale (wie ‹momentan› Wilhelm), daneben aber auch die wirklich armen Leute, die nichts zu beißen und zu brechen haben. Nur in einer Gruppe der Aliscans-Handschriften (aber bereits in Hs. a von 1225) findet sich die Szene von Rainouart und den armen Leuten, die vorm Kloster betteln.

«Rainouart und der Pförtner gehen zur Tür hinaus und haben dort die Armen gefunden, die vor der Klosterpforte auf Almosen warten. Alle zugleich rufen sie: Herr Pförtner, um Gottes Willen, haben eure Mönche jetzt diniert? Gebt uns Almosen! – Als Rainouart das arme Volk hörte, das ums Brot den allmächtigen Gott anflehte, ergreift ihn nach seiner Art gewaltiges Mitleid. Er sagt zu ihnen: Seid ruhig, Kinder, ihr werdet was bekommen, wenn Gott es mir gewähren will! Ins Refektorium ist er sogleich gelaufen, fand einen wunderbar großen Korb dort. Mehr als 100 Brote hat er hineingepackt, und mit Viertelbroten stopft er ihn ganz voll. Zu den Armen kehrt er sogleich zurück. An alle verteilt er freigebig Brot und überläßt dem Pförtnermönch den Rest. Das arme Volk ruft sofort: Himmel, Herrgott! Der in Bailliant wohnt! Erhalte diesen Almosengeber noch lange. Nie hab ich einen so wackren Mann gesehen» (3702–3722).

Die Karlsnachfolge-Epik hat bei allem Reichtum an Motiven und bei aller historischen Signifikanz im französischen Mittelalter ihren Dichter nicht gefunden. Große epische Szenen wie die von Rolands Tod sucht man hier vergebens. Erst im 2. Jahrzehnt des XIII. Jahrhunderts wird *Wolfram von Eschenbach* in seinem ‹Willehalm› dem hier umgesungenen Stoff eine großartige Prägnanz abgewinnen, jenseits des höfischen Romans, der jetzt, in der 2. Hälfte des XII. Jahrhunderts gleichzeitig auf französisch entsteht. In ‹Aliscans› wurde grob Spielmännisches wohl lieber entfernt. In Wilhelms-Chanson und ‹Couronnement› fragte der Spielmann sein Publikum, das mit ‹seignor baron› (C. 1, 10) angeredet wurde, noch, ob es ein gut Lied hören wolle von: Loois, Guillelme, Charlemaigne le grant (C und Laa), von ‹Lowis nostre empereur, Willame, Vivien›. Auch Roland und Olivier werden in solchem Zusammenhang manchmal genannt. Solche Repertoire-Ansagen, die gelegentlich zusammen mit einer Scheltrede auf die Konkurrenz vorgebracht werden, stehen als Heldenkataloge noch in der redigierten Fassung von ‹Aliscans› (Aliscans 3952; vgl. Guillaume 1268; Couronnement 564). Aber der zunftgemäße Eingang, in dem sich der Jongleur selber zum heldenhaften Sänger stilisiert, wird in der schriftlich gefaßten Aliscans-Chanson verschmäht. Im Wilhelms-Lied hatte es geheißen:

«Mein Herr Wilhelm hat … einen Jongleur. In ganz Frankreich gibt es keinen so guten Sänger, noch in der Schlacht besseren Kämpfer. Und von den Helden kann er die Lieder singen. Von Chlodwig, dem ersten Herrscher, den in der süßen Francia Gott unser Herr erschuf. Und von seinem Sohn Flovent, dem Faustkämpfer, welcher im Stich ließ die Ehre der ‹douce France›. Und von allen tapferen Königen bis hin zu Pippin, dem kleinen Faustkämpfer, und von Charlemagne, und von Roland, seinem Neffen, von Girard de Vienne und von Olivier. Diese waren seine (des Sängers?) Ahnen» (Guillaume 1257–70).

Hier entfaltet sich, wenn auch oft in burlesker Form, zugleich ein Bild vom heroischen Frankreich, vom heldenhaften Erbe *Karls* des Großen.

Es wendet sich an ein ritterliches Publikum in einer Zeit, da auch der wirkliche König *Ludwig* schwach ist. Aber die mit ‹seignor baron› angeredete Zuhörerschaft muß nicht auf lange hin aus Rittern bestanden haben; gaffendem und lauschendem Volk auf dem Markt möchte solche Anrede das Herz erhoben und das Gefühl gegeben haben, an der Gedankenwelt und Sache der Höheren teilzuhaben. Nach und nach wird die Spielmannsepik zur Kurzweil für das Volk der Städte werden (vgl. auch S. 240). *Jendeu de Brie* und sein Sohn sollen im normannischen Sizilien die Neugier des Hofes erworben haben, dessen König *Wilhelm II.* (1166–1189) sich heimlich eine Abschrift anfertigen ließ *(Becker)*. Zur Zeit seines Vaters, König *Wilhelms I.* (1154–1166) ließ der Erzbischof *Jonathas* auf dem Fußbodenmosaik seiner apulischen Kathedrale von Otranto zwischen 1163 und 1166 den König Artus darstellen, gleichzeitig, wenn nicht früher als im ‹Erec› des *Chrestien de Troyes*. Hier ist schon die Heldenwelt des wirklichen höfischen Romans, dessen Voraussetzungen seit etwa 1150 im anglonormannischen Herrschaftsbereich geschaffen werden.

## B. HISTORISCHER ROMAN UND HÖFISCHE MIRAKELWELT IN ENGLAND UND CHAMPAGNE

### Britannien und Antike

Wie in Frankreich auf dem Niveau der Chanson-Epik eine karlische Geschichtsmythologie umgetrieben wird, so entsteht jetzt im angevinischen Reich eine Reihe von Dichtungen, die sich in ganz anderer Weise mit dem Problem von Tradition und Gegenwart auseinandersetzen. Auch hier ist der welthistorische Anspruch eines Herrschaftsbereichs Angelpunkt des Interesses. Es ist ein Herrschaftsbereich, der durch die aquitanische Scheidung des französischen Königs, vielmehr durch die aquitanische Heirat des dann englischen Königs *Heinrichs II.* seinen Horizont und seine Ambitionen gewinnt. England, Normandie, Anjou, Maine und Poitou-Aquitanien sind seit 1154 unter verschiedenartigen Rechtstiteln einem einzigen Herrscher verbunden, eben *Heinrich II.* von England.

Der politische Horizont der Anjou-Plantagenêts reicht weit nach Süden, bis an die Pyrenäen. Diese Könige reisen zwischen Normandie und England ständig hin und her. Nach Norden und Westen richten sie ihre Augen auf Wales, Irland und Schottland, und diesem Blick wird die irische See mit ihrer warmen, mittelamerikanischen Meeresströmung und ihren keltischen und damals besonders auch dänischen Küstenbewohnern zu einem zweiten Mittelmeer. Phantastische Geschichtsschreibung und ironischer Literatengeist werden in diesem Reich jene literarischen Formen finden, die dem europäischen Roman eine neue Richtung geben (vgl. auch *Fourrier*). Sie erwachsen nicht aus der alten Heldenepik, sondern aus der gebildeten Kleriker-Welt der lateinischen Literaturrenaissance, die schon bei der provenzalischen Lyrik (s. S. 197) und bei der provenzalischen Epik Pate gestanden hatte, insbesondere beim Alexanderroman (s. S. 336; auch *Köhler*). Augenblicksweise mag sich der glänzendste, aber auch korrupteste Fürstenhof des Westens, der der Anjou-Plantagenêts, als Inbild jenes Hofes vorgekommen sein, den der märchenhaft-ritterliche König Artus zu Karidoel oder zu Karadigan zu halten pflegt, wenn es Pfingsten wird.

Aber aus welchen Fernen der Geschichte kam dieses wunderbare Reich in seine Gegenwart? Es ist eine Art angevinische Translatio-Sage, die der Clericus *Wace* in seinem vieltausendversigen Roman ‹Brut›, d. h. Brutus erzählt. Wie die Römer durch Aeneas, so stammen auch die Briten durch einen sagenhaften Vaterhelden von den Trojanern ab. Es ist der Aeneas-Abkömmling Brutus der Stammvater. Der segelte kühn mit den Seinen über die Säulen des Herkules hinaus, wandte den Bug dann nach Norden und gelangte bis zur Loiremündung (Brut 800). Dort kämpfte er gegen den König von Poitiers und setzte schließlich über nach der Insel Albion, wo er in «Toteneis en Dertrenne» landete (Brut 1053). Er erobert das Land, welches hinfort nach Brutus Bretagne heißt (Brut 1176–1178). Generation folgt auf Generation. Zur Römerzeit regieren Uther Pendragon (Brut 8404) und nach ihm sein Sohn Arthur (Brut 8819; 9011 ff. – 13 294), welcher keinen Erben hinterläßt. Verschiedene Fürsten und Herren kämpfen um die Macht. St. Augustin bekehrt England, welches jetzt nach den Angeln heißt, die es erobert haben. Aber ganz im Westen halten sich noch Bretonen. Ihr letzter König Kalewadres geht schließlich nach Rom ins Exil. Erst wenn seine Überreste wieder nach Britannien kommen, wird die alte Macht wieder erstehen. All das ist in 14 866 Versen erzählt, im Grunde eine Folge von vielen Romanen. Andere sagenhaft-geschichtliche Werke anderer Autoren werden den Geschichtshorizont, der England und die Antike umspannt, weiter ausführen.

Aber wer ist dieser *Wace* und wie sind seine Beziehungen zum Hof? «Jo sui normanz si ai nun Guace», so nennt er sich in mehreren Werken selbst. Möglicherweise war seine Mutter die Tochter von *Toustein,* dem Kämmerer Herzog *Roberts I.* von der Normandie (1087–1106), der am 1. Kreuzzug teilgenommen hatte (vgl. Rou II, 3237–49). Geboren ist er nach seiner eigenen Angabe auf der Insel Jersey (Rou II, 2779–83; 5321–25), wahrscheinlich in den ersten Jahren des XII. Jhs. Schon als Kind, wohl, wie das üblich war, als 8–10-jähriger Oblat, wurde er nach Caen gebracht (Rou II, 5326 f.) und dort in den Artes unterrichtet. Dann setzte er seine Studien in Francien, wohl in Paris, längere Zeit fort (Rou II, 5328). Wahrscheinlich also hat auch er dort zu Füßen *Abälards* gesessen wie *Otto* von Freising, *Reinald* von Dassel, Papst *Alexander III.* und

*Arnold* von Brescia. Noch vor dem Tode *Heinrichs I.* (gest. 1135) ist er nach Caen zurückgekehrt. Er, der sich selbst «Maistre Wace» (Brut 7), also «Magister», nennt, war unter diesem ersten König *Heinrich* und unter den beiden folgenden Heinrichen, die er alle persönlich kannte, «clerc lisant» (Rou II, 179 f.; dazu *Becker).*

*Heinrich I.* (1100–1135); *Heinrich II.* (1154–1189); *Heinrich* (III.) 1170 gekrönter, aber früh verstorbener Sohn *Heinrichs II.*

Durch *Heinrich II.* erhielt der alte *Wace* wohl erst nach 1170 eine Chorherrenpfründe in Bayeux (Rou II, 174).

In Caen hatte sich der Clericus *Wace* zunächst daran gemacht, einige Legenden aus dem Lateinischen in die Vulgärsprache zu übersetzen, ein Margarethenleben, ein Nikolausleben und ein Gedicht über Mariae Empfängnis. Von Caen aus ist er mindestens einmal, wahrscheinlich öfter in England gewesen, und zwar vornehmlich in der Grafschaft Dorset. Sowohl *Robert* von Caen als auch die beiden Klöster Abbaye aux Hommes und Abbaye aux Dames besaßen in jener Gegend Ländereien, die *Wace* besonders gut zu kennen scheint. So hatte er das Land gesehen, dessen Geschichte auf französisch zu schreiben er sich dann anschickte. Er folgte dabei der lateinischen ‹Historia Regum Brittanniae›, welche *Galfred von Monmouth* zwischen 1118 und 1135 geschrieben hatte (vgl. S. 239).

*Wace* widmete seine Brutus-Historie 1155 der neuen Königin, *Eleonore* von Aquitanien, wie wir durch *Layamon* wissen, einen Angelsachsen, der den ‹Brut›, was damals selten ist, in seine angelsächsische Sprache stabreimend übersetzte:

<br>

|  |  |
|---|---|
| | þa makede a Frenchis clerc. |
| Wace wes ihoten. | þe wel couþe writen. |
| & he hoe ʒef þare æðelen. AElienor | |
| þe wes Henriec quene. | þes heʒes kinges. |

Danach begann er direkter die Geschichte des Herrscherhauses zu schreiben, die Geschichte der Normannenherzöge von *Rollo* her. Es ist der ‹Roman de Rou (= *Rollo)›,* der jetzt entsteht. *Wace* begann seine Arbeit 1162. «1162 ist er in Fécamp. Eine zeitlang folgt er dem Hof und klagt über die vergeudete Zeit (Chron. ascend. 20) … 1169 und 1174 findet sich sein Name in Urkunden von Bayeux» *(Arnold).* Dort hat er vom König *Heinrich II.* die bereits erwähnte Pfründe erhalten. «1174 wird der ‹Rou› unterbrochen. *Heinrich II.* hatte *Benoit* de Sainte Maure aufgefordert, eine Geschichte der Normannenherzöge zu schreiben. Wace sah sich genötigt, seine Arbeit aufzugeben» (ebda). Vor 1183 wird er gestorben sein.

Der Magister *Beneit de Sainte Maure* (bei Tours), Rivale des Magisters *Wace* von Jersey, steht seinerseits bereits im Traditionszusammenhang von englischer Geschichtsschreibung und höfischem Roman mit antiker

Thematik. *Beneit* hat nicht nur eine sehr umfangreiche ‹Histoire des ducs de Normandie› geschrieben, deren Bericht bis zum Jahre 1135 läuft, sondern er hat auch die spätantike Homer-Bearbeitung, den Troja-Roman von *Dares* (1. Jh.) und *Diktys* (3. Jh.) in altfranzösische 8-silbige Kurzverse übersetzt.

Dieses Werk wird dann später *Herbort von Fritzlar* für den Hof des Landgrafen von Thüringen in mittelhochdeutsche Verse bringen.

Nicht zufällig wohl gehört der Troja-Roman in den historischen Stoffzusammenhang von *England und Antike,* den bereits der ‹Brut› des *Wace* gezeichnet hatte.

Und in diesen selben Themenkreis einer englischen Translatio-Sage gehört natürlich auch die Geschichte des Aeneas, welche ein anonymer Kleriker gegen 1160 in anglonormannische Verse brachte: eine angevinische Vergil-Bearbeitung. Um den Sinn der Antiken-Thematik in dieser ersten Generation von Dichtern des anglo-normannischen Hofes klar zu erkennen, darf man nicht die vulgärsprachlichen Antiken-Romane von den vulgärsprachlichen Chronik-Romanen trennen. Es ist *ein* Sinnfeld, das besetzt wird durch ‹Brut› (bis 1155), ‹Eneas› (1155–1160), ‹Troja› (1160), ‹Rou› (Rollo) (1162–1174) und die ‹Geschichte der Normannenherzöge› (– nach 1174). Diese Renaissance der antiken Stoffe am angevinischen Hof, welche dem eigentlichen höfischen Artusroman vorausgeht, ist wohl der Ausdruck einer ähnlichen Renovatio-Haltung, wie sie in Politik und lateinischer Hofliteratur um *Barbarossa* sichtbar wird.

Bemerkt werden muß jedoch, daß diese Erneuerung antiker Stoffe im anglo-normannischen Kreis einen Vorläufer hat, der nicht unmittelbar in den Geschichtshorizont der englischen Translatio-Sage gehört. Es ist der ‹Theben›-Roman (zur Chronologie s. *Frappier),* anonym, wohl schon um 1150 nahezu gleichzeitig mit dem ‹Brutus› entstanden. Auch das Jugendwerk *Chrestiens,* die ‹Philomela› und ‹Ovidiana› (vor 1165), gehört nicht unmittelbar in den historischen Kreis, sondern ist eine gelehrte Renaissance-Arbeit.

Theben-Roman und ‹Philomela› deuten, neben den anderen Werken stehend, wohl darauf hin, daß das gelehrte Interesse, Antikes volkssprachlich auszudrücken, vielleicht ein primärer Impuls der «angevinischen Renaissance» des XII. Jhs. war. Der historisch-politische Horizont dieser Thematik wird dann durch den glänzenden anglo-normannischen Hof eröffnet, sein Glanz und seine Ehre beleben und fördern den gelehrten Eifer, welcher in seinen Romanen und Chroniken den Horizont einer englischen Geschichtsmythologie gestaltet.

Es war diese Generation clerisch gebildeter Autoren, die dem Französischen zum ersten Mal eine rhetorische Eleganz erfanden, die den Spielmannsepen fremd bleiben mußte. Im gepaarten Achtsilber-Vers scheinen sich Artes-Bildung und Courtoisie zu verbinden; in diesem Roman-Vers, dem die höfische Zukunft gehört, ist die dialektische Zweischneidigkeit

des Alexandriners vorweggenommen, aber unbeschwert von der pompö-
sen Fülle, die jenen auszeichnet. *Wace* hat diesen neuen Romanvers auf
seine erste Höhe geführt, wenn nicht erfunden, und der normannische
Chorherr scheint sich an dieser Entdeckung selbst berauscht zu haben.
Dem Leser seines ‹Brut› und ‹Rou› hallen die Ohren von jenem besonders
behandelten achtsilbigen Erzählvers, welcher das Formbett des höfischen
Romans sein wird. An vielen Stellen unterteilt *Wace* diesen kurzen Vers
in 2 viersilbige Stücke, was einen hastig-tanzenden Rhythmus ergibt. Oft
weiß er den Vers noch durch Chiasmen und Reimspiele zu verzieren:

| | | |
|---|---|---|
| Merveilles quis (a), | mais nes trovai (b) | a b |
| fol m'en revinc (c), | fol i alai (b) | c b |
| fol i alai (b), | fol m'en revinc (c) | b c |
| folie quis (a), | por fol me tinc (c) | a c (Rou 6417 ff.) |

Das geht manchmal über viele Verse so hin, die gern gleiches Reimwort
haben (tirades lyriques). Spätere verwenden solchen Versklang von eleganter Antithetik sparsamer. Bis hin zu *Gotfrid* wird er nachklingen:

ich wíl iu wól bemǽrèn
von édelen sénedǽrèn,
die reíner séne      wol tâten schîn:
ein sénedǽr      unde ein sénedærin,
ein mán ein wíp,      ein wíp ein màn,
Trístan Isòlt,      Isólt Tristàn. (Tr. 125 ff.; vgl. 241–44)

Eine andere formale Entdeckung des angevinischen Romans ist die
Redeführung. Den dramatischen Dialog hatte *Wace* noch gemieden. Im
Eneas-Roman, wie in seinen gleichzeitigen Geschwistern, wird die jetzt
moderne Sentimentalität, der wir schon in der Chanson-de-Geste begegnet
waren, mit Gelehrsamkeit zur ironisch-distanzierten Kunstform ausgebildet. Grundlage ist die Affektlehre des *Ovid*, Ausdruck wird der aufgeregte
dramatische Dialog.

Lavinia wird von ihrer Mutter über das Wesen der Liebe belehrt. Die
Mutter verkündet die ovidianische Theorie, die im paradoxalen Begriff
des guten Übels gipfelt. Diese Widersprüchlichkeit findet dann im Hin-
und Hergespräch ihren Ausdruck:

«Schlimmer ist Liebe als akutes Fieber. Es gibt kein Zurück, wenn man darin
Hitze leidet. Aus Liebe muß man oftmals schwitzen, frieren, zittern, beben, seufzen,
stöhnen, klagen, erbleichen, grübeln, schluchzen, altern, weinen. Das muß derjenige oftmals tun, der *richtig liebt und es fühlt*. So ist Liebe beschaffen in ihrem
Wesen. Wenn du dich damit einlassen willst, dann wirst du oft ertragen müssen,
was du mich hier hast erzählen hören, und noch viel mehr! – Dazu hab ich kein
Verlangen! – Und warum nicht?, fragt die Mutter. – Ich kann Übles nicht ertragen!
– Dies Übel ist gut!, sagt die Mutter, man braucht es nicht zu fliehen. – Nie hab
ich von gutem Übel reden hören – Liebe ist nicht von der gleichen Natur wie
anderes Übel» (Eneas 7919–35).

Was die Schulrhetorik hier anbringt, ist kein psychologisches Porträt der modernen Sentimentalität des XII. Jhs., sondern eine gelehrte Maske für solche Sentimentalität. Die Frage ist nicht, wie diese Sentimentalität realistisch abzuschildern war, sondern wie sie in Gesellschaft getragen werden konnte. Und in dieser Hinsicht bieten die neuen Romane der höfischen Gesellschaft Verhaltensstandards an.

Inwiefern in der Tat all diese Formen gesellschaftliches Auftreten als Problem zum Hintergrund haben, wird noch zu bedenken sein. Wie der Reispuder für die Damen (vgl. S. 422) ist die gelehrte Rhetorik nicht bloß modischer Schmuck, sondern auch notwendiger Gebrauchsgegenstand für dieses höfische Rittertum. Und so zählt zu den literarisch-gesellschaftlichen Notwendigkeiten wohl auch die ‹descriptio personae›, die bezeichnenderweise zuerst im provenzalischen Alexander-Epos anzutreffen war (vgl. S. 330).

Wie im VII. Buch von *Vergils* ‹Aeneis› (803–17), so tritt im anglonormannischen ‹Roman d'Eneas› die Amazonenkönigin Camilla auf, eine Nebenfigur, der bei *Vergil* kaum 15 Verse gegönnt werden. Anders im Eneas-Roman:

> Man trifft die Vorbereitungen zum Kampf; Kriegsvolk zieht auf aus vieler Herren Ländern: «Da kam ein Mädchen, die war Königin von Vulkana und hieß Camille» (3959–61). Doch jetzt wird die Handlung suspendiert. 90 Verse lang wird Camille kunstvoll beschrieben (3961–4048), ihre Kriegstüchtigkeit und Bildung, ihr höfisches Verhalten und ihre feodale Regierungskunst werden erwähnt; von Stirn, Augenbrauen, Nase und so weiter heißt es der Reihe nach, daß sie schön und wohlgeformt, wohlgeformt und schön sind; ihre Kleidung ist durch die darauf verwendete Arbeit kostbar; 35 Verse gelten der Beschreibung ihres Pferdes (4049–84). Erst danach geht die Handlung weiter: «Camille kam sehr gewaltig in das Heer mit vielem Volk» (4085 f.).

Die hier aktualisierte Antike ist nicht die Antike des *Vergil,* sondern die der weiterwirkenden Schultradition. Der Autor des Eneas-Romans hat offensichtlich seinen Spaß daran, sein Schulwissen vorzuzeigen in den vielen sorgfältigen Reden, die er baut, in den Beschreibungen von Personen, Waffen, Zelten, von allem. Ihm sind sie keine lästigen Zufügsel und Abschweifungen von der Handlung, sondern anscheinend das Wesentliche. Gegenstandsphäre und Ereignissphäre sind zweierlei. Sein Publikum aber muß solch gelehrtes Paradieren geschätzt haben, sonst hätte es dieses schwerlich geduldet. Seine Schönheitsbeschreibung ist so allgemein, daß sie jeder paßt; aber die gelehrte Schablone, die den ungelehrten Ritterschönheiten paßt, adelt deren Erscheinung zu klassizistischer Courtoisie. Daß stilistische Rezepte, die aus antiken und spätantiken Autoren abgezogen sind, auf vulgärsprachlich zelebriert werden, verleiht der Gesellschaft, für die das geschieht, genau so die Legitimation durch geschichtsbewährte Sitte wie es die alte Tradition im politisch-rechtlichen Bereich tut. Der schriftstellernde Kleriker aber, der mit seiner Gelehrsamkeit der Gesellschaft zu Diensten ist, gewinnt seinem Stoff gegenüber die unengagierte Distanz des Fachmanns. Solche ironische Distanz aber, initiale Stillage des höfischen Romans, ist zugleich Ausdruck einer Klassendifferenzierung zwischen ‹clerc› und ‹chevalier›. Sie wird dem Artus-Roman erhalten bleiben, auch dann noch, wenn die Sphären von ‹actio› und ‹descriptio› verschmolzen werden und die dargestellte ‹aventiure› zwischen Vorbildlichkeit und Weltersatz ironisch oszilliert.

Etwas davon hat schon die ‹Philomela› des jungen Clerikers *Chrestien de Troyes.*

Zugrunde liegt die Geschichte von Philomela *(Ovid,* Metam. VI, 426–674): Tereus vergewaltigt Philomela, die Schwester seiner Gattin Progne, und schneidet ihr die Zunge ab. Nach grausamer Rache wird Tereus in einen Wiedehopf, Progne in eine Schwalbe und Philomela in eine Nachtigall verwandelt.

Schulrhetorik funktioniert hier bereits in neuer Weise. Die Schönheit der Philomela entzündet Tereus zur ruchlosen Tat. Eine Descriptio dieser Schönheit bietet somit das Kernstück der Handlung selbst, nicht mehr ein vom Geschehen isoliertes Etwas. In Vers 124 tritt Philomela zum erstenmal vor Tereus, der gerade mit Philomelas Vater spricht. Sie tritt herzu, hält inne im Schritt, wird von Kopf bis Fuß (bis Vers 205) beschrieben und geht dann weiter auf ihren Vater zu. Die Sprache scheint noch eleganter als in den Antiken-Romanen. In hübsch maniriertem Dialog wird die Reflexion auf die Gedanken anderer sozusagen als zweite Realitätsschicht dargestellt:

«Ich weiß genau, daß mein Herr, der König, keine Lust hat, mich gehen zu lassen. Dieses Vorhaben gefällt ihm nicht! – Gefällt ihm nicht? – Nein, scheint mir! – Woher wißt ihr's? – Woher? Daher, daß er euch nicht antworten will» (304–309).

Solch hin und her schnellender Dialog, in dem die Replik nicht einmal einen ganzen Kurzvers einnimmt, ist damals anscheinend gewaltig modern. Mehr als 10 Jahre später begegnet seine Nachahmung z.B. im mittelhochdeutschen ‹Tristran› des *Eilhart* von Oberg:

‹je si tût?› – ‹jâ, in trûwen› –
‹Sine darf.› – ‹doch, si is in rûwen›.
‹umbe waz?› – ‹du weistiz wol umbe waz› (7227 ff.).

So sehr indes die antiken Stoffe die Traditionswürde des angevinischen Hauses und Hofes erhöhen mochten, seinem gegenwärtigen Glanz dienten sie doch nur in der Form einer etwas schulmeisterlichen Didaxe. Die prätendierte Überlegenheit einer gegenwärtig-christlichen Ritterwelt über die heidnische Antike forderte ein aktuelleres Autostereotyp (vgl. auch *Köhler*) als höhere Wahrheit. Möglichkeit zur Aktualisierung und gleichzeitig Möglichkeit, den höfischen Glanz und Hegemonieanspruch des Hauses Anjou zu erhöhen, schließlich aber auch die Möglichkeit, unangenehmen Dingen der Gegenwart auszuweichen, boten die Stoffe der ‹matière de

Bretagne›, die sich um die Gestalt des Königs Artus zentrieren ließen. Doch diese Thematik wurde der höfischen Gesellschaft nicht gespendet ohne jene Ironie, welche höfischen Glanz und prätendierte Sitte zugleich als fragwürdigen Anspruch bezeichneten – von Anfang an.

Die Rittermärchen von Artus und seinem Kreis liefen seit langem und weithin um. Bildlich sind *Artus, Gawan* und *Iderus* um 1110 an der Kathedrale von Modena (vgl. ob. S. 185), um 1165 wird Artus in Otranto dargestellt (vgl. ob. 426). Von ihm auf französisch geschrieben hat zum erstenmal der Clericus *Wace* aus Jersey. Aber es war nicht das Märchenhafte, sondern die historische Wahrheit, die ihn an der Sache interessierte. In seinem ‹Brut› weiß er aus eigener Kenntnis des Landes und aus eigenen Erkundigungen seine Vorlage, *Galfred von Monmouth*, öfter zu korrigieren. In prinzipiellem gelehrtem Zweifel steht er auch den umlaufenden Berichten der Geschichtenerzähler gegenüber. Aus Distanz und mit einem gewissen Humor betrachtet er diese ritterliche Märchenwelt, und die Mischung von beidem ergibt jene realistisch-heitere Weisheit, die in seinem berühmten Dictum sich ausdrückt: «Nicht alles Lüge, nicht alles Wahrheit, nicht alles Unsinn, nicht alles Weisheit – Erzähler haben so manches erzählt ...» (Brut 9798 ff.). Sehen wir hier nur auf seine Berichte über Brocéliande und über Arturs Tod.

In der französischen Bretagne hat der kritische Magister den berühmten Märchenwald von Brocéliande (heute: Forêt de Paimpont/Ille-et-Vilaine) selbst aufgesucht, um den Wunderbrunnen zu sehen, der im ‹Yvain› eine Rolle spielen wird. Davon berichtet er im ‹Rou›:

Es kommen viele Ritter, die mit Namen genannt werden «und manch Bretagner von mancher Burg und jene von Bréchéliant, wovon die Bretagner sooft Geschichten erzählen.

Ein Wald, sehr lang und breit, der in Britannien hohen Ruhm genießt. Die Quelle von Barenton entspringt auf der einen Seite bei einem Felsen. Die Jäger pflegten, wenn große Hitze herrschte, nach Baranton zu gehen und mit ihrem Horn Wasser zu schöpfen und den Fels damit zu benetzen. Dadurch pflegte es dann Regen zu geben. Früher regnete es da eben, im Walde selbst und in der ganzen Gegend, aber ich weiß nicht, aus welchem Grunde.

Da pflegte man auch Feen zu sehen, wenn die Bretagner die Wahrheit sagen, und viele andere Wundererscheinungen. Adlerhorste soll es dort geben und viele große Hirsche. Aber die Bauern haben alles verwüstet. Da ging ich hin, Wundererscheinungen zu suchen, Sah den Wald, Sah die Erde, Suchte Wunder, Entdeckte keine. Narr kam ich heim, Narr ging ich hin, Narr ging ich hin, Narr kehrt ich heim, Narrheit gesucht, zum Narren selbst mich gehalten» (6390 ff.).

Diese ironisch-kritische Haltung des Normannen zur bretonischen Fabelwelt färbt auch den Bericht von Arthurs Tod, den *Wace* aus der Nachricht bei *Galfred*, die er um andere, glaubwürdigere Quellen erweitert hat, im ‹Brut› gibt:

«So kam (in der Schlacht) die ganze Jugend um, die Arthur ausgebildet und aus vielen Ländern um sich versammelt hatte, und (es kamen um) die von der

Runden Tafel, deren Ruhm durch die ganze Welt ging. Im Sturm fiel Modred und es fielen die meisten aus seiner Gefolgschaft und die Blüte der Artusritter und die Stärksten und Besten. Arthur selbst, wenn die Gesta nicht trügt, wurde tödlich verwundet. Nach Avalon ließ er sich bringen, auf daß man seine Wunden versorge. Dort ist er noch.

Die Bretagner erwarten ihn, wie sie sagen und glauben: von dort wird er kommen. Er kann noch leben. Magister Wace, der dies Buch gemacht hat, wollte nicht mehr über Arthurs Tod berichten als der Prophet Merlin davon berichtete.

Merlin sagte von Arthur, und er hatte wohl recht, sein Tod sei zweifelhaft.

Seitdem hat man allzeit daran gezweifelt und wird wohl auch, wie mir scheint, immer weiter daran zweifeln, ob er tot ist oder lebendig. Nach Avalon ließ er sich tragen, jedenfalls nach der Inkarnation im 542. Jahre. Schade, daß er keine Kinder hatte.» (Brut 13 266–294).

Chronologisch ist mit dieser Jahreszahl der historische *Arthur* etwa richtig eingeordnet. Dieser hat im Jahre 516 am Mons Badoni(cu)s über die eindringenden Angelsachsen einen Sieg erfochten. Von diesem Sieg berichtet als erster *Nennius* im Jahre 796 in seiner ‹Historia Brittonum›. Diesen Bericht hat *Galfred von Monmouth* gekannt und verarbeitet. Der von *Wace* genannte «Merlin begegnet unter dem Namen *Ambrosius* schon bei *Nennius*» (*Voretzsch*). Der Bericht des *Merlin* ist in einer Prosa-Bearbeitung aus dem Anfang des XIII. Jhs. erhalten.

Der keltische Artus-Mythos steht bei *Wace* noch im Zusammenhang eines größeren Geschichtsbildes, mit der Generation des *Chrestien* wird er auf die höfisch-ritterliche Welt appliziert. Schon in dessen ‹Philomela› kündigt sich die nicht geglaubte keltische Märchenwelt mit ihrer zweifelhaften Aktualität an, wenn dort von Goldmark (662), seltenen Seidenstoffen ‹baudequin› (191) aus Bagdad und ‹diaspre› (191), von modernen Instrumenten der Geigen und Rotten (199) und nicht nur von Lais, sondern auch von der neuen Kompositionsform der ‹Note› (199) die Rede ist, vom Schminken (‹guignier› 148) und von – Tristan (175). Es ist *Chrestien,* der als Erfinder der ‹table ronde› gilt, seit man die berühmte Schilderung von *Wace* für eine spätere Interpolation hält. Jene Schilderung lautete

«Für die adeligen Barone, die der König Arthur hatte, von denen sich jeder der beste dünkte – denn jeder hielt *sich selbst* für den besten, aber keiner kannte den Geringsten – erfand Arthur den runden Tisch, von dem Bretagner manche Geschichte erzählen. Dort saßen die Vasallen, alle als Ritter und alle gleich, saßen alle gleichhoch am Tisch und wurden gleich bedient. Keiner konnte sich rühmen, höher zu sitzen als seinesgleichen, jeder saß zwischen zweien und keiner saß am Ende.

Keiner wurde für *courtois* angesehen, ob Schotte, Bretagner, Franzose, Normanne, Angevine, Flame, Burgunder oder Lothringer, von wem immer er sein Lehen empfangen hätte, vom Westen bis Muntgeu, der nicht an Arthurs Hof ging und bei ihm weilte, der seine Kleidung so trug und seine Waffen so führte, wie jene es taten, die am Hofe Arthurs dienten. Aus vielen Ländern kamen sie dorthin, alle, die Ruhm und Ehre begehrten. Einerseits wollten sie seine Behausung sehen, einerseits wollten sie seine Barone kennenlernen, andererseits wollten sie seine reichen Geschenke empfangen.

Von den Armen wurde er geliebt und von Reichen sehr geehrt, die ausländischen Könige beneideten ihn, denn sie fürchteten, er könne die ganze Welt erobern und auch ihnen ihre Würde nehmen. Denn um der Großherzigkeit des Königs willen wurden in jenem Land, ich weiß nicht, ob ihr es habt nennen hören, jene Taten vollbracht und Aventiuren gesucht, die von Arthur so oft berichten, und die zu *fables* ausgestaltet worden sind. Nicht alles Lüge, nicht alles Wahrheit, nicht alles Unsinn, nicht alles Weisheit. So viel haben die Erzähler (cunteur) erzählt und die Fabulierer fabuliert, um ihre Geschichten aufzuschmücken, daß sie schließlich Märchen daraus gemacht haben.

Durch die Kraft seines Mutes, die Vortrefflichkeit seiner Ritterschaft und wegen der großen Rittertugend, die er begründet und ausgebildet hatte, sagte Arthur, daß er über Meer fahren wolle und ganz Frankreich erobern würde ... Während der 9 Jahre, in denen er Frankreich besetzt hielt, geschah manch wunderbares Abenteuer» (Brut 9747–9804; 10 143–10 144).

Die Darstellung mutet in dieser Form an wie eine Projektion der kulturellen und politischen Ansprüche des poitevinisch-normannischen Hofes unter *Heinrich II.* und *Eleonore* von Aquitanien zwischen 1154 und 1165.

Bis 1165 war der von *Eleonore* geschiedene *Ludwig VII.* von Frankreich ohne männlichen Erben, und *Heinrich II.* hatte Sorge getragen, 1158 bzw. 1160 gleich zwei seiner Söhne mit Töchtern *Ludwigs VII.* zu verloben: den Thronfolger Jung-*Heinrich* mit *Margarethe*, *Richard Löwenherz* mit *Adelaide.*

Eine Fälschung des Jahres 1158 *(Mireaux)* legt ausführlich dar, inwiefern die Grafen von Anjou erblicherweise seit langem das Amt des ‹dapifer›, des Fahnenträgers und Marschalls von Frankreich haben – wie ähnlich ja auch die Oxforder ‹Chanson de Roland› (3093, 3545) *Gottfried von Anjou* zum Bannerträger *Karls* des Großen macht.

*Heinrich II.* hat gewiß auf die Krone Frankreichs gehofft und die inzwischen erbliche Sonderstellung des Herzogs von Franzien (s. S. 232) vor allen andern französischen Herzögen und Großen, zu denen er eben auch gehörte, für widerrufenswert gehalten. Insofern mag die Idee eines Pairskollegs der Tafelrunde, wo alle wahrhaft höfischen Ritter gleichen Rang haben, gegen den König von Frankreich gerichtet gewesen sein. Aber der Gedanke der Artus-Runde war für die politische Praxis vielsinnig. Die Großen dort leisten ihren Hofdienst in Zeremoniell und individueller Aventiure ab, wie nur die französischen Großen des XVII. Jahrhunderts nach der Fronde. Die Lehnsverpflichtung der Großen ist in höfischer Repräsentanz eingeschläfert. *Heinrich II.* hatte in England gleiches erreicht, freilich nicht durch Wunderaventiuren, sondern durch Geld.

«Die Entwicklung des scutagium als regelmäßig erhobener Steuer anstelle des Waffendienstes der Vasallen förderte die Unabhängigkeit der Krone von ihren Vasallen; sie war jetzt in der Lage, ein besoldetes Heer zu unterhalten» *(Ganshof).* «Die autokratische Regierungspraxis Heinrichs II. ... (hatte) feudale Reaktionen mehrfach hervorgerufen» *(Mitteis).*

1173 kommt es zum Adelsaufstand, den seine eigenen Söhne anführen *(Mitteis)*, 1215 muß der englische König die ‹Magna Charta› erlassen (ibid.). Der im Bild von der Tafelrunde mit ironischer Distanz formulierte

Emanzipationsanspruch des feodalen Hochadels weist nicht allein «bereits auf die Motive, aus denen später der Pairshof unter Philipp August zu einer ... offiziellen Institution werden konnte» *(Köhler)*, sondern er wendet sich dialektisch auch gegen jenen Hof, den die ‹table ronde› vielleicht glorifizieren sollte.

Wie das angevinische Reich seit 1154 England und Westfrankreich verbindet, so vereinigt das Reich des Königs Artus große und kleine Bretagne. Politische und literarische, d. h. gesellschaftliche Prätentionen mögen Hand in Hand gegangen sein, nicht nur kraft des Einflusses von *Eleonore,* der Enkelin des ersten Trobadors, einer als ebenso frivol wie gebildet beleumdeten Person. Ihr 10 Jahre jüngerer Gatte *Heinrich II.* dürfte ihr in beidem nicht nachgestanden haben. Lateinische Gelehrte und französische Dichter haben ihm ihre Werke gewidmet.

Im Herbst 1182, «als *Heinrich II.* mit seinen Kindern in der Normandie Hof hielt, wurde dort der Dichter *Bertran de Born* durch den Grafen *Richard Löwenherz* von Poitiers feierlich seiner Schwester, der Herzogin *Mathilde* von Sachsen, der Gemahlin *Heinrichs* des Löwen, vorgestellt» *(Appel).*

Aber daß es mit dem angevinischen Glanz nicht geheuer war, braucht man nicht erst aus jenen Begebnissen abzulesen, die die französisch-englischen Kinderhochzeiten als gewaltigen feodalen Heiratsschwindel offenbaren, bei dem *Heinrich II.* schließlich die Braut seines Sohnes selbst zur Mätresse nimmt, während die alternde *Eleonore* eingekerkert ist (vgl. unten S. 658), aus dem Aufstand von Adel und Königssöhnen von 1173 oder dem Mord an *Thomas Becket.* Bereits der ironische Stilansatz des Artus-Romans scheint aus der initialen Fragwürdigkeit dieser Hofkultur geboren. Von Anfang an ist der ritterliche Hof zu seiner überhöhten Selbstdarstellung angewiesen auf die Gelehrsamkeit von Dichtern einer *anderen* Gesellschaftsklasse. Keiner der großen französischen Romane wird von einem Ritter geschrieben werden – ein wesentlicher Unterschied zu Deutschland. Literatur bleibt Knechtsarbeit clerisch gebildeter Außenseiter. Die aber sehen eben von außen, distanziert, überlegen. Und so ist den von ihnen formulierten ritterlichen Gesellschaftsidealen von Anfang an die ritterliche Kultur- und Standesproblematik einkomponiert, auch unwillkürlich. Der ‹Tristan› des *Thomas* von Bretagne stellt von Anfang an die Paradoxie von Liebe und Gesellschaft dar, unabhängig von möglichen Intentionen seines Verfassers, und bereits im ‹Erec› des *Chrestien* schlummert die skeptische Paradoxie des ‹Karrenritters› Lancelot. Nicht eine in der Windstille ausgebildete «spezifisch höfische Sinngebung» gerät nach zehn Jahren in eine «Krise», sondern die «Bedrohung des höfischen Lebensideals» *(Köhler)* ist das Geburtsmal der höfischen Welt (so auch *Köhler 160*). Ein goldenes Zeitalter hat es auch für die höfische Rittergesellschaft nie gegeben. Nicht zuletzt deshalb sollte es in literarischen Träumen beschworen werden.

## Tristan und Erec

Im Jahre 1164 heiratete die Tochter der *Eleonore* von England-Aquitanien den Grafen *Heinrich* von Troyes-Champagne. Die Braut *Maria*, jetzt *Marie* von Champagne, sollte auf lange Jahre die Gönnerin des Dichters *Chrestien* bleiben. Für ihre Hochzeit dichtete er wohl seinen Roman von der bewährten ehelichen Liebe, die Geschichte von ‹Erec und Enide› *(Köhler)*. Er gilt als der erste große höfische Artus-Roman. Aber seine Positivität ist nicht geheuer. Es geistert darin, in Anspielungen halber Worte und einmal namentlich (187) der Schatten jener Figur, jenes Werkes, mit dem sich *Chrestien* ab 1167 in einem eigenen parodistischen Roman auseinandersetzen wird: der Schatten Tristans, den der Anglonormanne *Thomas von Bretagne* in so beunruhigender Weise beschworen hatte. Nicht das höfisch Normale und scheinbar Positive steht am Anfang des höfischen Romans, sondern die aufgedeckte Unwahrheit «des höfischen Weltbildes» *(Köhler 150)*.

Es mag gewiß ein keltisches Tristan-Märchen gegeben haben, in dem – wie stets in keltischer Sage – eine Fee des Totenreiches einen Sterblichen liebt und zu sich hinruft; es mag auch einmal die Geschichte eines Ritters Tristan gegeben haben, dessen Treue zu seinem König Marc von der Liebe der Königin Isolt auf die Probe gestellt wird, welche die Ehre seiner Männlichkeit herausfordert; es mag auch eine bereits zweifach literarisierte Fassung der Geschichte von Tristan gegeben haben, die sogenannte ‹Estoire›, wie sehr auch ihre Rekonstruktion nach Gelehrtenschweiß riechen mag. Zum Stein des Anstoßes ist diese Fabel wohl erst durch *Thomas von Bretagne* geworden, von dessen Roman nur 2302 Verse erhalten blieben, im wesentlichen der Schluß. Die freie, ehebrecherische Liebe zur Herrin, die *Marcabru* anprangert (vgl. ob. 312), ist hier episch beim Wort genommen. Im ‹fin amur› sollte sie angeblich zu gesellschaftlicher Tragbarkeit domestiziert und sublimiert sein. Die so erhöhte Dame war im Grunde nur eine Allegorie der Gesellschaft und ihrer Verhaltensnormen. *Thomas* von Bretagne hebt die Allegorie brüsk auf, indem er sie konkretisiert: die Königin Isolt, dem Namen nach Herrin der höfischen Gesellschaft um König Marc, ist nicht mehr diese Gesellschaft. Ihr Liebhaber liebt sie wirklich und er hat ein Recht auf sie, denn Tristan ist es, der sie für König Marc stellvertretend erworben hat. Dieses Recht ist wirksam in ‹jenem Trank›; es kündigt zugleich der Möglichkeit gesellschaftlicher Stellvertretung, dem Prinzip des Lehnsstaates; insofern war ‹der Tod verborgen in jenem Trank› (D. 1223 ff.). Gesellschaftliche Pflichten sind Unterdrückung persönlicher Rechte (vgl. u. S. 517 f.). Alle wissen das: Tristan, Isolt, König Marke selbst; im Grunde weiß es die ganze höfische

Gesellschaft. Nur flüchtet sie vor diesem Wissen in eine theoretische Liebespsychologie von schematischer Unwahrheit. Schon die Grundkonstellation der Motive verrät bei *Thomas* die höfische Kultur als Lüge. Aber da sich diese Gesellschaft in Minnetheorie und Minnepsychologie gefällt, verrät er ihr das gesellschaftliche Geheimnis auch auf psychologisch:

> «König Marke besitzt Ysoldes Körper. Er nimmt sich seine Lust, wann immer er will.
>
> Aber es verletzt Markes Herz, daß Ysolde Tristran *(neben:* Tristan) mehr liebt als ihn, wo doch er (Marke) nichts mehr liebt als Ysolde» (Turin 1, 152 bis 156).

Noch radikaler verinnerlicht der hin- und herspringende Gedanke der Brengvein, der Vertrauten Ysoldes, das soziale Problem des Ehebruchs zum seelischen Problem, wenn sie zu Isolde sagt:

> «Weil König Marke unfähig ist, Dich zu hassen, läßt Du nicht ab, ihn zu entehren – und er liebt Dich so übermäßig, daß er diese Schändung duldet» (Douce 285).

Vom Hofe König Marcs ist Tristan auf immer verbannt. Rittertat erwirbt ihm die Freundschaft von Kaherdin, dessen Schwester Ysolt as Blanches Mains (Isolde Weißhand) ihn liebt und heiratet. *Thomas* sagt dazu:

> In seiner Ehe mit der andern Ysolt (as Blanches Mains) glaubt Tristan «an seiner eigenen Person testen zu können, wie Ysolde mit dem König Marke sich fühlt, und so will er erproben, was für eine Lust er mit der andern Ysolde verspürt» (Sneyd 1, 209–211).

Das ist die Versuchsanordnung für einen Verrat intimster seelischer Regungen. Was *Thomas* von Bretagne seinem Publikum mehr gibt als die Unterhaltungsromane, das ist dieser Verrat. Er setzt der auf Minnetheorie versessenen höfischen Als-Ob-Gesellschaft eine Theorie vor, angesichts derer sie nur Schwindel befallen kann. Da ist einmal der Bereich I, der der ehelichen Liebe zur Gattin Ysolt; ihr werden die Begriffe Natur (nature) und Trieb zugeordnet; für diesen Trieb wählt er das Wort ‹voleir›, Begehren. Das mag noch angehen und liegt auf der Linie jenes anonymen Gedichts, das normale Eheliebe fürs Bauernpack reservierte (vgl. S. 166). Sodann aber Bereich II, der ehemals der feinen höfischen Liebe zugeordnet war; es ist hier der Bereich der Liebe zur Königin Ysolt; dort regiert Vernunft (raison) und Amor; für die seelische Regung, die hier regiert, wählt *Thomas* nun das Wort ‹desir›, Verlangen, Sehnen; es ist nicht minder triebbesetzt als das ‹voleir›. Das arme Publikum aber steht vor der paradoxen Aufgabe ‹voleir› und ‹desir› voneinander unterscheiden zu sollen – sofern es an einen Bereich der höfischen Liebe glauben will (vgl. auch *Köhler),* oder aber an der Positivität der Vernunft zu zweifeln, die dort herrschen soll. *Thomas* entwickelt dies in der Impotenz-Szene Tristans bei seiner Gattin Ysolt:

«Tristran liegt. Ysolt umarmt ihn, küßt ihm den Mund und das Gesicht. Doch an sich zieht sie ihn, seufzt aus ihrem Herzen und will, was er nicht wünscht. Sein Pläsier zu lassen und zu haben, ist *beides* gegen seinen Willen (voleir). Seine Natur will sich beweisen, aber Vernunft hält sich an Ysolt. Sein Verlangen (desir) nach der Königin nimmt ihm das Begehren (voleir) nach dem Mädchen. Verlangen (desir) nimmt ihm Begehren (voleir), so daß Natur keine Macht darüber hat. Amor und Ratio zwingen ihn und siegen über das Begehren (voleir) seines Körpers. Die große Liebe, die er für Ysolde hat, nimmt ihm, was die Natur will und besiegt jenen Willen, den er ohne Verlangen hegte.

Stark ist sein Begehren, es ihr zu tun, aber Liebe läßt ihn zurückweichen. Er wußte (schon vorher), daß das Mädchen reizend ist, er weiß (auch jetzt), daß sie schön ist. Er begehrt sein Vergnügen; sein Verlangen (nach der Königin) haßt er (hait). Denn, hätte er nicht so großes Verlangen, so könnte er seinem Begehren nachgeben; er aber folgt seinem großen Verlangen.

Er ist in großer Pein und Folter, in großer Bestürzung und Beklemmung; er weiß nicht, wie er sich enthalten könnte, noch wie er sich seiner Gattin gegenüber verhalten könnte. Wo wäre ein Vorwand (engin)? Dennoch schämt er sich und flieht dadurch (wiederum) das, wonach er Verlangen hätte; er meidet sein Vergnügen und entzieht sich, ehe er noch seine Lust hatte» (Sneyd 1, 589–622).

Nachdem *Thomas* die Seele seines Helden soweit offengelegt hat, bekleidet er sie nun mit einem gesellschaftlichen Verhaltensmodell. Dies ist bereits oben vorbereitet worden in der Frage nach dem «engin», dem Ausweg, der gesellschaftsmöglichen, aber trügerischen Reaktion:

«Tristrans sagt: ‹Liebe Freundin, legt es mir nicht übel aus, aber ich will Euch etwas gestehen und bitte Euch, es vor jedermann zu verheimlichen, auf daß keiner es erfahre außer uns beiden. Noch nie habe ich davon gesprochen, außer (jetzt) zu Euch. Hier an der rechten Seite habe ich im Körper ein Übel, welches mich schon lange geplagt hat. Heute nacht hat es mich in große Beklemmung gebracht. Durch die große Strapaze (der Krise), die ich gehabt habe, ist es mir im Körper in Bewegung geraten. Es klemmt mich derart und kommt der Leber so nahe, daß ich nicht mehr wage, mich zu vergnügen, noch, eben des Übels wegen, mich anzustrengen. Seit ich das Übel habe, bin ich noch bei jeder Anstrengung dreimal bewußtlos geworden. Krank lag ich lange Zeit danach. Laßts Euch also nicht betrüben, wenn ich dies jetzt lasse – wir werden es noch reichlich haben, wenn ich wollen werde und Ihr wollen werdet.›

‹Ich bin besorgter um Eure Krankheit als um alles andere Übel sonst auf der Welt›, antwortet Ysolt. ‹Aber auf das andre, von dem ich Euch sprechen höre, will und kann ich mich wohl freuen›» (Sneyd 1, 623–644).

Und pointiert beginnt der nächste Vers das neue Kapitel mit den Worten:

«Königin Ysolde seufzt in ihrem Gemach um Tristan, nach dem sie so sehr verlangt (desire)» (Sneyd 1, 649–650).

Damit ist die ausweglose Ausgangssituation wieder erreicht. Die innersten Regungen sind erkannt und bloßgelegt; aber wie gegen eine Mauer rennt solche Erkenntnis gegen das Faktum der gesellschaftlichen Unmöglichkeit an.

In einem unterirdischen Gewölbe hat Tristan den ganzen Hof des Königs Marke in leblosen Statuen dargestellt. Mit ihnen spricht er, sie beschimpft er, aber sie bleiben starre Steine. Der Statuensaal ist die höfische Gesellschaft, in der das Ich wie in einer Hohlkugel nur das Echo seines eigenen Schmerzes vernimmt. Und so sagt denn *Thomas:*

> «Dafür machte Tristan diese Statue, daß er ihr sein Herz sagen will, sein gutes Gedenken und seine wahnsinnige Verwirrung, sein Leid, seine Liebesfreude, denn er weiß nicht, gegenüber wem er entdecken sollte sein Begehren (voler) und sein Verlangen (desir)» (Turin 1, 45–50).

Als einzige Freiheit scheint das sinnlose Aussprechen der Sinnlosigkeit zu bestehen, wozu *Thomas* bemerkt:

> «Hier weiß ich nicht, was ich sagen könnte, wer von diesen vier größere Pein hat. Auch weiß ich nicht den Sinn (la raison) zu sagen, weil ich es nie erfahren habe. Ich werde das Wort öffentlich hinstellen, das Urteil mögen Liebende fällen» (Turin 1, 144–149).

*Thomas* von Bretagne weiß wie kein anderer die Paradoxie der ritterlichen Welt vor sein Publikum zu bringen. Dieselbe Präzision, die seinen Verrat von seelischen Regungen auszeichnet, zeichnet auch sein Beschreiben der zeitgenössischen Welt aus. Wichtiger als jede Interpretation möchte sein, möglichst viel von diesem erstaunlichen Werk an seinem historischen Ort zu zeigen. Für den todkranken Tristan reist sein Schwager Ka(h)erdin von Bretagne nach England, um die Königin Ysolt zu holen, die allein ihn heilen könnte. Nur als Kaufmann verkleidet kann Kaherdin durch die höfische Gesellschaft bis zur Königin vordringen, nicht als Ritter. Auch das mag eine zeitgenössische Wahrheit enthalten. Es spricht Tristan zu Kaherdin:

> «‹Nehmt mein schönes Schiff, und nehmt zweierlei Segeltuch an Bord, das eine weiß, das andre schwarz. Könnt Ihr Ysolt haben, daß sie kommt, meine Wunden zu heilen, segelt mit dem weißen Segeltuch zurück. Lieber Freund, mehr weiß ich Euch nicht zu sagen. Gott, unser Herr, geleite Euch und bringe Euch heil und gesund zurück.› Dann seufzt er, weint und klagt, und Kaherdin weint auch, er küßt Tristran und nimmt Abschied (Douce 1289-1299).
>
> Er geht fort, um seine Fahrt vorzubereiten. Beim ersten (günstigen) Wind sticht er in See. Sie lichten die Anker, hissen das Segel, und segeln aufs hohe Meer, von einer leichten Brise getrieben. Wogen und Wellen durchschneiden sie, die hohe See mit ihren Tiefen.
>
> Mit sich führt Kaherdin eine Schar hübscher Knaben, im Schiff Seie-Tuch (draperie de seie, Douce 1310), Ware in seltenen Farben und schönes Geschirr (veiselle) aus Tours und poitevinischen Wein und spanische Jagdvögel, um zu verstecken und zu bedecken sein Vorhaben, auf daß er vordringe zur schönen Ysolt, um die Tristan vor Schmerz so sehr sich verzehrt. Er durchschneidet die See mit dem Schiff, mit vollen Segeln nach Engleterre. 20 Tage und 20 Nächte ist er gefahren bis er die Insel erreicht hat, bis er dorthin kommt, wo er etwas von Ysolt erfahren kann (Douce 1300–1322).
>
> Da ist die Mündung der Tamise. Stromauf segelt er mit seiner Handelsware. Und in der Mündung, vor der Einfahrt in den Hafen, läßt er den Anker auf Grund. In einem kleineren Boot fährt er flußauf, geradeswegs nach Lundres, unter der Brücke hindurch. Seine Ware stellt er dort zur Schau, seine Seie-Tuche breitet er aus (Douce 1371–1378).

Lundres ist eine sehr edle Stadt. Keine bessere gibts in der Christenheit, keine wertvollere, keine angenehmere, keine, deren Bevölkerung man höher achtet. Viele lieben Großzügigkeit und Aufwand und von fröhlicher Laune ist der Leute Betragen. Es ist die Hauptstadt von Engleterre. Außer Lundres wird man dort weiter nichts (bemerkenswertes) finden. Zu Füßen der Stadtmauern fließt die Tamise. Auf dieser gelangt hierher die Handelsware aus aller Herren Ländern, in welche christliche Kaufleute ziehen. Die Leute hier sind äußerst gewitzigt (Douce 1379–1391).

Dorthin (nach Lundres also) ist der Herr Kaherdin gekommen mit seinen Tuchen und mit seinen Jagdvögeln. Davon hat er gute und schöne. Auf seine Faust nimmt er einen großen Falken und kostbar gefärbtes Tuch und eine schön gearbeitete Schale, eingelegte Niello-Arbeit (entaillee e neelee 1398). Dem König Marke macht er sie zum Geschenk und sagt ihm sehr höflich, er sei in sein Land gekommen mit seinen Waren, um zu verdienen und Gewinn zu erzielen. Der König möge ihm seinen Schutz gewähren in seinem Reiche, auf daß er nicht in Schwierigkeiten komme und weder Schaden noch Schande erlitte durch Beamte oder Richter. Der König verspricht ihm festen Schutz, so daß der ganze Hof es hört (= Mündliche Beurkundung) (Douce 1392–1408).

Kaherdin tritt zur Königin und spricht sie an, er möchte ihr seine Waren zeigen. Eine Agraffe, fein aus Gold gearbeitet, bringt ihr Kaherdin in seiner Hand. – Ich glaube nicht, daß es auf der Welt eine schönere gibt –. Der Königin macht er sie zum Geschenk. ‹Das Gold ist herrlich›, sagt er. Und tatsächlich hat Ysolde nie eine schönere Arbeit gesehen. Den Ring Tristrans zieht er vom Finger und hält ihn neben die Goldarbeit und sagt: ‹Majestät, schaun Sie bitte! Dieses Gold hat eine kräftigere Farbe als das Gold dieses Ringes. Und dennoch ist dieser Ring sehr schön!› (Douce 1409–1422).

Als die Königin den Ring sieht, erkennt sie Kaherdin plötzlich. Ihr Herz schlägt schneller, und sie wechselt die Farbe und seufzt vor Schmerz und fürchtet sich vor der Nachricht, die sie hören wird. Sie nimmt Kaherdin beiseite und fragt ihn, ob er den Ring verkaufen wolle, und welchen Preis er dafür fordere und ob er noch andere Waren habe. All dies fragt sie aus Umsicht (Verschlagenheit), um ihre Bewacher zu täuschen. Dann ist Kaherdin allein mit Ysolt» (Douce 1423–1434).

Isolde wird mit Kaherdin fahren, alles wird genau abgesprochen. Sobald die andern schlafen, machen sie sich auf, durch eine geheime Pforte in der Stadtmauer über dem Themsestrom. Mit der Flut ist das Wasser bis zur Höhe dieser Pforte angestiegen.

«Das Boot ist bereit, die Königin ist eingestiegen. Sie rudern und segeln mit der Ebbe hinaus. Schnell fliegen sie vor dem Winde her. Sie strengen sich gewaltig an und rudern, bis sie längseits des großen Schiffes ankommen (welches außerhalb des Hafens ankert), sie hissen alles Segeltuch und segeln davon. Solange der Wind sie treibt, segeln sie den Wellen voraus, kommen der Küste des fremden Landes nahe, segeln vorbei an dem Hafen von Wissant, vorbei an Boulogne und Tréport. Der Wind ist kräftig und ihnen günstig, und das Schiff, das sie trägt, flott und seetüchtig. Sie umschiffen die Normandie. Sie segeln glücklich und voller Freude, denn der Wind ist ihnen zu Wunsch (Douce 1515–1540).

Tristan liegt darnieder an seiner Wunde und leidet sehr auf seinem Lager. Nichts kann ihn stärken, keine Medizin kann ihn heilen. Nichts, was ihm irgend Hilfe brächte. Nach der Ankunft von Ysolde verzehrt er sich, nichts anderes begehrt er. Ohne sie kann er nichts Angenehmes genießen, nur ihretwegen ist er noch immer am Leben (Douce 1541–49) ...

Täglich sendet er ans Gestade, läßt Ausschau halten, ob das Schiff nicht kommt ... Und oftmals läßt er sich selbst hintragen, läßt sein Bett am Meere aufschlagen, um das Schiff zu erwarten, um es kommen zu sehen, wie es dahersegelt und mit welcher Takelage (Douce 1557–60) ...

Und oftmals läßt er sich zurücktragen aus Angst der Erwartung, denn er fürchtet, daß sie nicht kommt und die Treue nicht hält und will lieber von einem andern hören, als das Schiff selber kommen sehen ohne sie an Bord. Es verlangt ihn, das Schiff zu erblicken, aber er will es nicht erfahren, sollte sie nicht darauf sein.» (Douce 1566–1572).

Über das Paradoxe von Seelenregungen, über die Ambivalenz des Gefühls, darüber weiß *Thomas* viel. Auch über Handelswaren und Seerouten, Kaufverträge und den Charakter der Londoner, über Seesturm und Flaute und Takelage. Das wissen natürlich andere Autoren auch, aber sie sagen es nicht, weil von solchen Dingen im höfischen Roman nicht die Rede sein darf. Eingeblendete Wirklichkeit enthüllt den Schein der höfischen Rittergesellschaft. Sie ist die gemeinnützige Verschwörung gegen den anarchischen Freiheitsanspruch des Individuums, den *Thomas* so gut wie *Abaelard* oder *Heloysa* entdecken. Der Zaubertrank, dessen Kraft die Institution der Ehe stärken sollte, hat sich verkehrt zur Fessel der Liebenden an die gesellschaftsfeindliche Freiheit ihres Gefühls; er macht aber zugleich den Glauben an dessen Beständigkeit zu eben der institutionellen Lüge, welche die Ehe war. Nur als Trug und Zauberei ist die Liebe von Tristan und Yseut ewig. Keine Liebesvereinigung im Tod ist ihr gewiß, sondern der wirkliche Tod. «Unser Tod war verborgen in jenem Trank, und nie werden wir von ihm freikommen» (D. 1223f.); Tristan spricht es aus und Ysolt wird dann (Sneyd 2, 804f.) diesen Trank als Tod zum zweitenmal trinken. Ein Aufruhr der Elemente präludiert der Todesszene; in die Stimme des Sturms mischt sich die Klage der Ysolt:

«Nun hört elendiglich Unheil, das schmerzvollste aller Ereignisse, welches alle, die lieben, mit Leid erfüllt. Nie habt ihr gehört von einem Verlangen, von einer Liebe, daraus größeres Leid erwuchs! (Douce 1582–86).

Da, wo Tristran Ysolt erwartet! Und es will ja die Fürstin dorthin kommen und nahe dem Gestade ist sie schon. Froh sind sie an Bord und segeln heiter daher. Da erhebt sich aus Süden ein Wind und faßt sie von vorn mitten ins Segelwerk und stoppt das Schiff in vollem Lauf. Ins Luv läuft die Mannschaft und wendet das Segel, aber sie drehen ab, so geschickt sies auch anfangen. Der Wind nimmt zu und hebt die Wellen, aus seiner Tiefe empor gärt das Meer. Finster das Wetter, die Luft wird dick. Auf rauschen die Wogen, schwarz wird die Flut. Es regnet und hagelt und das Unwetter wächst. Wanten und Führungstaue reißen. Sie reffen das Segel und treiben dahin mit Wogen und Wind. Ihr Beiboot hatten sie schon zu Wasser gelassen, denn nahe waren sie ihrem Lande. Zum Unglück haben sie nicht mehr daran gedacht: eine Woge hat es zertrümmert. Kein anderes Boot haben sie außer diesem, das sie verloren. Und die Stürme sind so gewaltig geworden, daß kein Seemann mehr auf seinen Füßen stehen konnte. Alle weinen an Bord und alle klagen und die Angst sitzt allen im Nacken (Douce 1587–1614).

‹O weh, ich Arme›, ruft Ysolt. ‹Gott will nicht mich am Leben erhalten, bis daß ich Tristran, den Geliebten sehe. Im Meere will er mich ertränken. (Douce

1615–17) ... Um meinen Tod, darum ists nichts. Wann Gott ihn will, so will ich ihn auch. Doch dann, wenn Ihr ihn erfahrt, mein Freund, ich weiß es wohl, daß Ihr daran sterbt. Denn von solcher Art ist unsere Liebe. Nicht kann ich Schmerz haben, ohne daß es Euch schmerzt. Ihr könnt nicht sterben ohne mich, ich kann nicht umkommen ohne Euch. Wenn ich verderben soll in der Flut, dann müßtet Ihr auf der Erde ertrinken. Ertrinken könnt Ihr nicht auf dem Land, so müßt Ihr denn kommen, im Meer mich zu finden! (Douce 1635–1646) ... O, lieber Freund, vor Ysolt as Blanches Mains fürchte ich mich gewiß am meisten. Nicht weiß ich, ob ich sie zu fürchten habe. Aber wenn Ihr stürbet vor mir, dann lebte ich nach Euch nur noch eine kleine Weile. O, ich weiß nicht, was ich tun könnte, nur: daß ich Euch über alles ersehne. Laß uns doch Gott zueinander kommen, damit ich, lieber Freund, Euch heilen könnte, oder damit wir beide sterben in einer Todesbedrängnis!› (Douce 1685–94).

Solange der Seesturm währt, läßt Ysolt ihrer Klage den Lauf und ihrem Jammer. Mehr als fünf Tage tobt der Orkan, dauert das Unwetter. Dann legt sich der Wind und das Wetter wird schön. Das weiße Segel haben sie gehißt und segeln dahin in guter Fahrt, bis Kaherdin die Bretagne sieht. Da sind sie fröhlich und lustig und heiter. Und ganz hoch aufgetakelt haben sie das Segel, damit jener es sehen kann, ob es das weiße ist oder das schwarze. Von weitem schon will Kaherdin die Farbe zeigen, denn es war der letzte Tag der Frist, die Tristran ihnen gesetzt hatte, als sie aufbrachen ins andere Land (Douce 1695–1710).

Während sie so fröhlich dahersegeln, wird das Wetter mit einemmale warm und der Wind flaut ab, so daß sie keine Fahrt mehr machen. Ganz glatt und ruhig ist das Meer. Weder hierhin noch dorthin schwimmt ihr Schiff, nur so wenig wie die Welle es treibt. Und das Beiboot haben sie auch nicht mehr. Und da sind sie in großer Trübsal. Ganz nahe vor sich sehen sie das Land, doch ist kein Wind, der sie dorthin führte. Landwärts, meerwärts, mal vor mal zurück treiben sie. Sie können nicht von der Stelle kommen und das erfüllt sie mit großer Sorge. Ysolt ist in großem Kummer. Sie sieht das Land, das sie ersehnt, aber dorthin zu kommen, vermag sie nicht. Sie ist dem Tode nah vor Verlangen.

Die im Schiff ersehnen das Land, doch der Wind ist zu sanft für sie. Wieder und wieder klagt Ysolt, die ohne Glück ist.» (Douce 1711–1731).

Aber Gewalt und verräterische Sanftheit der unlenkbaren Elemente werden übertroffen von der elementareren Gewalt der verräterischen Bosheit, die aus den versagten ehelichen Rechten der Gattin aufsteigt:

«Die am Gestade sehnen das Schiff herbei, aber noch haben sie es nicht erblickt. Tristran ist voller Sorge und ist erschöpft. Oft klagt er, oft seufzt er nach Ysolt, die er so ersehnt. Seine Augen sind voller Tränen. Sein Leib windet sich (vor Schmerz). Vor Verlangen ist auch er dem Tode nah (Douce 1732–1738).

In dieser Angst, in diesem Schmerz kommt seine Gattin Ysolt und tritt vor ihn hin. Eine große List (engin) hat sie erdacht und sagt: ‹Lieber Freund, Kaherdin kommt. Sein Schiff hab ich auf dem Meer erblickt. Es kommt kaum von der Stelle. Um genau zu wissen, ob er es ist, sah ich es noch nicht gut genug. Gebs Gott, daß er eine Nachricht bringt, die das Herz Euch stärkt› (1739–1748 Douce).

Tristran fährt hoch bei dieser Nachricht. Zu Ysolt spricht er: ‹Schöne Freundin, seid Ihr sicher, daß es sein Schiff ist? Dann sagt mir doch, was hat es für Segeltuch›. Da spricht Ysolt: ‹Ich weiß es gewiß. Hört, das Segel ist völlig schwarz. Sie haben es hoch aufgezogen, weil sie keinen Wind haben› (Douce 1749–1756).

Davon hat Tristan so großen Schmerz, wie er ihn zuvor nie empfand und wie er ihm schlimmer nie werden wird. Er kehrt sich zur Wand und sagt: ‹Gott segne

Ysolt und mich! Da Ihr nicht kommen wollt zur mir, muß ich aus Liebe zu Euch sterben. Ich vermag das Leben in mir nicht länger zu halten. Für Euch, Ysolt, sterbe ich, schöne Geliebte. Hattet Ihr kein Mitleid mit meinem Sehnen, so wird mein Tod Euch doch Schmerz bereiten. Großer Trost ist mir nur, daß Ihr werdet Erbarmen haben mit meinem Sterben›. ‹Geliebte Ysolt›, hat er dreimal gesagt. Beim viertenmal gab er den Geist auf» (D. 1757–1770).

Tristan stirbt, weil ihm sein Liebeszweifel zur Realität der Untreue geworden ist. Trotzdem liebt er die treu- und erbarmungslose Ysolt, findet Trost in der Gewißheit ihres Todeserbarmens (pitié ... de ma mort D. 1768), welches dann im Wort ‹tendrur› (Sn. 2, 818) Definition der Liebe selbst wird, Leidenschaft als ‹compassio› (vgl. C 47).

«Da aber erhebt sich Jammer im ganzen Schloß. Ritter und Knappen weinen. Laut hallen ihre Schreie, groß ist ihre Klage. Knechte und Söldner springen auf und heben ihn von seinem Lager. Dann betten sie ihn auf Sammet und bedecken ihn mit gestreiftem Tuch (– D. 1777).

Auf dem Meer hat sich ein Wind erhoben und faßt mitten hinein in das Segel und läßt das Schiff an Land kommen. Ysolt ist aus dem Schiff getreten, hört all das Jammern auf den Straßen und das Glockengeläut aus Klöstern und Kapellen. Sie fragt die Leute, was geschehen sei, warum man so heftig die Glocken läute, fragt, was denn das Weinen bedeute. Da antwortet ihr ein alter Mann: (– D. 1787)

‹Helf mir Gott, schöne Dame, wir haben hier größeren Schmerz, als je ihn Leute gehabt haben. Tristran, der Tapfre, der Edle, ist tot. Die Kraft dieses ganzen Königreiches hatte ihren Ursprung in ihm; freigebig war er gegenüber den Armen, hilfreich zeigte er sich den Bekümmerten. An einer Wunde, die sein Körper empfing, ist er soeben auf seinem Lager gestorben. Noch nie hat solch Unglück dies Reich betroffen› ( – D. 1798).

Sobald Ysolt die Nachricht hört, vermag sie vor Schmerz nicht mehr zu sprechen. Es erfüllt sie der Schmerz über seinen Tod so sehr, daß sie die Straße hinaufgeht mit aufgelösten Kleidern, vor allen andern, hin zum Palast. Nie wieder haben Bretonen je eine Frau von ihrer Schönheit gesehen; das Volk in der Stadt verwundert sich, woher sie komme und wer sie wohl sei» (– D. 1807).

Wie eine fremdartige Fee hat Ysolt das Totenland betreten, zu dem das ritterliche Königreich Bretagne geworden ist.

«Ysolt geht dorthin, wo der Leichnam aufgebahrt liegt. Und nach Osten wendet sie sich und betet für ihn mit großer Frömmigkeit (so):

‹Tristran, mein Freund, nun, da ich Euch hier tot vor mir sehe, ist es für mich ohne Sinn, noch leben zu müssen. Ihr seid aus Liebe zu mir gestorben, und ich, mein Freund, ich sterbe aus Schmerz (tendrur), daß ich nicht gekommen zur rechten Zeit, ( – Douce 1815)

um Euch zu heilen von Eurem Leiden. Mein Freund, Geliebter, es gibt keinen Trost je für Euren Tod, gibt weder Freude, Vergnügen, noch irgend Entzücken. O, verflucht sei dieser Sturm, der so lange mich auf dem Meere zurückhielt, mein Freund, daß ich nicht vermochte zu kommen.

Wäre ich dagewesen zu rechter Zeit, das Leben, Geliebter, hätte ich Euch wiedergegeben, und hätte zärtlich zu Euch gesprochen, von jener Liebe, die gewesen ist zwischen uns beiden. Und hätte Euch so wieder aufgerichtet und Euch geküßt und Euch umschlungen. Und hätt ich Euch so nicht zu heilen vermocht, miteinander hätten wir sterben können (Sneyd 2, 783–801).

Weil ich nicht zu kommen vermochte in rechter Zeit, weil mir das nicht gewährt
ward, was ich erwünschte, weil ich nur gekommen bin zu Eurem Tod, so trink
ich aus gleicher Schale den Trost. Durch mich ward Euch Euer Leben verloren,
nun will ich tun wie die wahre Geliebte, ich will um Euch sterben in gleicher
Weise› (– Sneyd 2, 808).

(Dann) umschlingt sie ihn und streckt sich hin. Küßt den Mund und küßt sein
Antlitz, und umfaßt ihn sehr eng, Körper an Körper und Mund an Mund sind
sie. Ihren Geist gibt sie alsbald auf und stirbt hier ihm zur Seite vor Schmerz
um den Geliebten (– Sneyd 2, 815).

Tristran starb aus Liebe zur ihr, (starb) um Ysolt, die nicht kommen konnte
zu rechter Zeit. Tristran starb aus Liebe zu ihr, und die schöne Ysolt aus des
Herzens liebendem Schmerz» (– Sneyd 2, 818).

Ysolt hatte an der Liebe Tristans zu ihr nie gezweifelt. Der gemeinsame
Tod blieb ihr unerfüllter Wunsch (D. 1694; Sn. 2, 801). Sie wählt den
nachträglichen Tod der Gattin nach altem Recht *(Grimm),* der ihre
scheinbare freie Liebe als andere Ehe legitimiert. Das letzte Gebet der
Ysolt galt Tristan und dem Tod. Dem folgt der Widmungsepilog des
*Thomas,* der von keinem seligen Grab spricht:

«Hier endet Thomas seine Schrift. Alle Liebenden grüßt er nun: die Nachdenkli-
chen und die Verliebten, die Süchtigen und die Begehrlichen, die Leichtfertigen
und die Perversen, alle die, welche diese Verse hören.
Und wenn ichs nicht allen recht erzählte, hab ich doch das beste gesagt,
was in meinen Kräften stand. Und ich habe die volle Wahrheit gesprochen,
so wie zu Eingang ich es gelobte. Und in Verse gefaßt hab ich die Erzählung,
um die Geschichte dadurch zu zieren, damit den Liebenden sie gefalle, und
auf daß sie darin manchmal manches finden können, woran sie sich aufrichten.
Möge großer Trost (grant confort) daraus erwachsen angesichts von Wankelmut
und Unrecht, angesichts von Schmerz und Pein und angesichts aller Fallstricke,
die man der Liebe stellt (engins d'amur)» (Sneyd 2, 819–839).

Der Trost, den dieses Werk verheißt, erwächst aus der Erkenntnis von
Wankelmut und Unrecht, Schmerz und Pein; und gewidmet ist dies
Gedicht mit seinem Tod vor leerem Himmel (vgl. auch *Köhler)* nicht
der höfischen Liebe, sondern allen Liebenden, auch den verfemten.
Das ist seine Freiheit.

*Chrestiens* episches Hochzeitscarmen dagegen ist für Fürstlichkeiten
bestimmt und muß behaupten, daß höfische Liebe und Ehe dennoch
vereinbar wären, daß Freundin und Frau (vgl. 4880 ff.) eines sein könnten.
Der bloße Inhalt ergibt einen Thesenroman, wie er im Buche steht:
Der vortreffliche Fürstensohn Erec erwirbt in kühner Tat die wunderschöne Enide und vergißt nach der Hochzeit vor lauter Liebe ritterliche
Aventiure; er ‹verliegt sich›, verfällt der ‹recreantise›. In gezieltem Monolog klagt Enide darüber, wütend springt Erec auf, rüstet sich und zwingt
Enide mit auf die Aventiure-Fahrt, die er geläutert besteht.

«Erec sieht zwar die Berechtigung des Vorwurfs der ‹recreantise› ein, aber
nur in Bezug auf seine eigene Person, nicht im Hinblick auf ihrer beider Liebe.
Er muß erst auf dem Umweg über die grausame Prüfung seiner Frau ... einsehen,

daß ... die Ehe die Voraussetzungen einer der Gesellschaft verpflichteten Liebe nicht aufhebt» *(Köhler)*.

Die letzte Episode stellt die höfische Freude (joie) wieder her. Krönung und Festessen beschließen das Ganze. Aber bei diesem Gehalt ist niemandem mehr so recht wohl (vgl. *Köhler*). Verlegenheit hat gar von dem zu schaffenden «Leistungsraum für die Ehe» gesprochen. Wohl mit mehr Recht schrieb *Köhler:* «die Liebe kann, als gesellschaftliche Ordnungskraft, nur künstlich mit der letztlich immer in einer privaten Sphäre verbleibenden Ehe verbunden werden. Mit dem Erec ist deshalb die Aporie: höfische Liebe – Ehe, für Chrestien noch nicht abgetan». Aus der schulmeisterlichen ‹recreanstise›-Thematik erlösen kann indes vielleicht ein Blick auf die Art von *Chrestiens* Erzählen, ‹Allegro spiritoso›. Bretonische Märchen, welche bettelnde Jongleurs meist schlecht erzählen, sollte man darum noch nicht verachten, meint *Chrestien,* denn, so sagt das Bauern-Sprichwort, das der Dichter gleich zu Anfang des Prologs zitiert:

«Etwas, das man verschmäht, ist leicht mehr wert, als man versteht» (2 f.).

Schlauer wäre es, kurzerhand einen vollendeten Roman daraus zu machen, wenn man weiß, daß man so etwas (durch Gottes Gabe) kann.

Deswegen formt Chrétien de Troyes «aus einem Abenteuermärchen eine wohlgeordnete Erzählung ... Unverzüglich werde ich die Geschichte beginnen, an die man sich erinnern soll, solange die Christenheit besteht. Dessen rühmt sich Chrétien» (9, 13 f., 23–26) –

so also rühmt sich *Chrestien* in seinem Erec-Prolog. ‹Engin›, ingenium, Kunstverstand, jenes Lieblingswort des ausgehenden XII. Jhs., das sowohl die schlau erfundene Belagerungsmaschine, als auch List und Klugheit gesellschaftlichen Verhaltens meint, bezeichnet vielleicht am treffendsten auch das Künstlertum des jungen *Chrestien.* Der (mutmaßliche) Chorherr aus Troyes *(Becker* läßt ihn verheiratet sein) nennt ‹Erec› 6676 ff. den alten Rhetor *Macrobius* selbst seinen Meister (vgl. *Hofer).* Bei ihm reiht sich literarisches Paradestück an literarisches Paradestück: Descriptionen, Dialoge, komische Heldenregister (z.B. 1662 ff.), literarische Anspielungen (besonders auf *Thomas* oder den Eneas-Roman), fingierte Zitate, realistische (5162 ff., 4237 ff., 3118 ff. etc.) und hyperbolische Szenen bilden einen hinreißenden Wirbel ohne jede verweilende Schwerfälligkeit. Alles angelegentlich Bemühte, das den vulgärsprachlichen Rhetorik-Romanen der 1. Generation vielleicht noch anhaftete (vgl. S. 431), ist hier mit Meisterschaft überspielt.

In der Personenbeschreibung der humanisierten Fee Enide amüsiert sich der Künstler *Chrestien,* Natura als Künstlerin darzustellen. Er gebraucht den Natura-artifex-Topos, den wir auf lateinisch schon von *Hildebert von Lavardin* her kennen (vgl. S. 165):

«Groß war die Schönheit der jungen Dame. Natura, die sie gebildet hatte, hatte all ihre Sorgfalt darauf verwandt. Selbst sie (die Meisterin) hatte sich mehr als 500 Mal darüber entzückt, daß es ihr, dieses einzige Mal, gelungen war, ein so schönes Geschöpf zu formen. Denn seither ist es ihr, trotz der allergrößten Mühe, nicht geglückt, auf irgendeine Weise, ein zweites Exemplar davon herzustellen. Dies hier bezeugt Natura: nie ward ein schöneres Geschöpf auf dieser Welt gesehen» (411–23).

Und nun folgt die eigentliche Beschreibung in der Reihenfolge: Haar, Stirn, Teint, Augen, Nase, Mund, gipfelnd im Deus-artifex-Topos, der Steigerung des Topos von Natura artifex *(Curtius):*

«Wahrlich, ich sage Euch, daß die Haare von Ysolt la Blonde, so hell und golden sie waren, nichts bedeuteten neben diesen hier. Stirn und Gesicht strahlten heiter und waren weißer als es die Lilie ist; ihr Teint wurde wundervoll hervorgehoben durch ein frisches Vermeille, welches Natura ihr zum Geschenk gemacht hatte, damit der Glanz dieses Antlitzes sich um so strahlender offenbare. Aus ihren Augen glänzte helle Lebhaftigkeit, und sie glichen zwei Sternen. Nie waren Gott (dem Herrn) Nase, Mund und Augen so schön geglückt» (429–436). – Vgl. ferner die Gewandbeschreibung 6679–47.

V. 1662 ff. nennt *Chrestien* die Ritter der Table-Ronde, bekennt aber gleich vorweg,

daß «ich nicht den 10. Teil, nicht den 13. Teil, nicht den 15. Teil von ihnen zu benennen wüßte». Nach den ersten 10 Namen macht er eine Pause, ehe er 21 weitere Namen nennt. Er erklärt: «Die andern nenne ich Ihnen, ohne zu zählen, denn dieses Aufzählen langweilt mich.»

Literarische Mätzchen und Langeweile, *Chrestien* selbst rührt das Thema flüchtig an. Seine Distanz zur Welt der literarischen Fiktion, der er selber dient, zeigt sich auch im mutwilligen Zitat von Gedichten, die von vornherein als unbekannt, ergo inexistent vom Dichter erfunden werden:

«Die Damen, welche im Baumgarten waren, halfen Erec beim Ablegen der Rüstung und sangen alle aus Herzenslust ein Lied über die ‹Freude›. Die Damen komponierten einen Lai und nannten ihn ‹Lai de Joie›, aber kein Mensch kennt das Stück» (6131–37).

Für sich betrachtet, erscheint schon in diesem ersten Artus-Roman *Chrestiens* eine Doppelheit der Handlung, die auch seinen späteren Stükken eignet:

«Die Zweiteilung ergibt sich … mit innerer Notwendigkeit aus dem Inhalt: Die Reintegration des Helden (in die höfische Gesellschaft) setzt seine vorherige Vereinzelung voraus. Die in diesem Doppelvorgang eingeschlossene Problematik ist aber das Grundthema des Artusromans» *(Köhler).*

Daß hier dennoch, auch im ersten Teil, nur scheinbar die Person, in Wahrheit jedoch der Hof das strukturelle Zentrum bildet, kann vielleicht erst ein Vergleich mit der 20 Jahre jüngeren Nachdichtung des ‹Erec› durch *Hartman von Aue* deutlich werden lassen (vgl. unten S. 565 f.). Das aber heißt: Gerade die Aporetik der Hofgesellschaft macht den

Hof allenthalben zum Bezugspunkt des Denkens, und es heißt nicht, daß der Hof damit als Ort des Sinns akzeptiert wäre.

Der Roman schließt mit einem Volte-face aus epischer Hyperbolie in alltägliches Geschäft:

> «1000 Ritter reichten (beim Happy-end-Essen) Brot. 1000 andere Wein und 1000 andere die Gerichte. Alle waren in neue Hermelinpelze gekleidet. Was die verschiedenen Gänge betrifft, die dort serviert wurden, so zähle ich sie Ihnen nicht auf. Ich könnte es zwar, aber ich habe jetzt etwas anderes zu tun. Der Roman von Erec und Enide ist (also) hiermit zuende.»

Es ist jene Form des überlegenen Abgangs, der als ‹abrupter Schluß› namentlich bei *Hugo Primas* in seiner Klage über Troja (vgl. S. 334), aber auch anderswo anzutreffen war. Wie sehr sich die Haltung des *Chrestien* von der des *Thomas* unterscheidet, geht schließlich aus der Art hervor, wie der Meister von Troyes beiläufig von Tristan spricht als «Tristanz, der niemals lachte» (187). Damit bezeichnet *Chrestien* aber zugleich seine eigene Form der kritischen Distanznahme zur höfischen Problematik, die er durch den aggressiven Realismus des *Thomas* überboten fürchtete.

In seinem späten Roman ‹Lancelot› (49) hat *Chrestien* von ‹matiere› und ‹sens› gesprochen, was von der Forschung freudig als das Interpretenbegriffspaar von Stoff und Gehalt verstanden wurde (anders *Rychner*). Aufs Merkbar- und Dingfest-Machen des Ästhetischen versessen, wurde auch für den ‹Erec› ein tieferer Sinn, ein ‹message› erfragt.

> Das Ergebnis ist null, ob *Edmond Jaloux* nun das «Gleichgewicht der verschiedenen Ebenen oder Absprungsflächen des Kunstgebildes» rühmt oder *Anthime Fourrier* bedeutend verkündet: «Auch Chrestien läßt uns eine Botschaft zukommen. Wie bei Rabelais oder Mallarmé ist es an uns, den Knochen zu knacken und das Mark daraus zu saugen.» Er spricht noch davon, daß hier, wie bei allen ganz Großen, eben mehrere Interpretationen möglich sind, aber man erfährt keine, die sich als ‹message› sehen lassen könnte. Ebensowenig befriedigt, was *Frappier* dazu vorbringt: feine Humanität und moralische Vorbildlichkeit. Ein Ritter soll sich nicht ..., Eine Dame soll oder soll nicht ... Solche ‹message› bleibt ans höfische Milieu gebunden und betrifft allenfalls den Forscher, der sich mit einem Ritter oder einer Dame von dazumal zu identifizieren meint; sie kann als überzeitlicher Gehalt nicht gut ausgeboten werden. «Chrétien lehrt schließlich, daß der wirkliche Held sich noch stets selbst übertreffen muß, selbst wenn er bereits alle andern übertroffen hat.» Die Forderung des Sich-selbst-Übertreffens ist pure Ideologie, die den Beweis der behaupteten Möglichkeit nicht zu erbringen vermöchte. Obgleich *Frappier* sieht, daß *Chrestien* selbst keine These formuliert hat und den Leser in sein Spiel miteinbezieht, hält er an der These von der Vielfalt der Gehaltsmöglichkeiten fest.

Historisch betrachtet, gibt der Romancier *Chrestien* vielmehr mit seinem ‹Erec› glänzendes höfisches Theater von reiner Vordergründigkeit, das gerade durch seine Brillanz unheimlich wird. Sein Vorwurf gegen «Tristanz, der niemals lachte» (187) fällt zurück auch auf einen guten Teil jener Interpreten-Literatur, die sich eines handfesten Problemstandes aus analogen Gründen versichern möchte wie weiland die strukturgläubige Hofgesellschaft, die *Chrestien* ironisch bediente. Um Selbstbestätigung in andrer Weise ist aber jetzt gleichzeitig östlich des Rheins der römische Imperator *Friedrich I. Barbarossa* bemüht.

## C. IMPERIALE HEILIGSPRECHUNG
### KARLS DES GROSSEN
### AACHEN 1165

### *Angevinisch-staufische Konstellation*

Nach der gescheiterten Unterredung von Saint Jean de Losne 1162 hatte sich die Lage des Kaisers im Streit mit dem Papst nicht verbessert. 1164 war auch noch der schismatisch gewählte Kaiserpapst, *Victor IV.- Octavian,* in Lucca gestorben. Sehr eigenmächtig hatte der Kanzler *Reinald* von Dassel von nur wenigen Kardinälen augenblicklich einen Nachfolger wählen lassen: *Paschalis III.* Dem Kaiser blieb nichts anderes übrig, als diese Verlängerung des Schismas nachträglich gutzuheißen. Aber daran bestand nun kein Zweifel: dieser neue Kaiserpapst war Gegenpapst ohne auch nur einen Schein des Rechts.

In diesem Augenblick kam *Barbarossa* der englische Kirchenstreit zu Nutze, welcher *Heinrich II.* und Papst *Alexander III.* entfremdete, wenn auch *Alexander* klug genug war, einen offenen Bruch zu vermeiden. «Im Januar 1164 hatte König *Heinrich II.* von England die Konstitution von Clarendon erlassen, durch die er die Hoheitsrechte des englischen Königtums gegenüber der Geistlichkeit ... wiederherstellen wollte» *(Jordan).* Aber dem widersetzte sich mit Macht der Primas der englischen Kirche, der Erzbischof von Canterbury. Dieser aber war niemand anders als *Thomas Becket,* der ehemalige Kanzler *Heinrichs II.* Als Kanzler hatte er die Königspolitik mit eben dem Nachdruck betrieben, mit dem er sich ihr nun als Erzbischof entgegenstellte. Es kam zum Bruch mit dem König und der Erzbischof mußte nach Frankreich ins Exil gehen. Papst *Alexander III.* suchte eine klare Entscheidung zugunsten des Kirchenmannes zu vermeiden. Zu viel stand für ihn auf dem Spiel, als daß er sich zu der Feindschaft *Barbarossas* auch noch die des englischen Königs hätte zuziehen können. *Reinald* von Dassel aber wußte die Gelegenheit zu nutzen.

Im Frühjahr 1165 ging der Kanzler *Barbarossas* selbst an den angevinischen Hof nach Rouen, an welchem sich damals gerade der Clericus *Wace* nach seinem eigenen Zeugnis langweilte (vgl. S. 428). Die Verhandlungen *Reinalds* führten zum Ziel. *Heinrich II.* sagte die Unterstützung des neuen Kaiserpapstes *Paschalis* zu, und zur Bekräftigung der staufisch-angevinischen Freundschaft wurden zwei Ehebündnisse beschlossen: Der noch nicht einjährige Erstgeborene *Barbarossas, Friedrich* (von Schwaben, gest. 1191) wurde mit *Eleonore*, einer Tochter *Heinrichs II.* verlobt. Gleichzeitig aber wurde dem mächtigsten Fürsten des Imperiums, dem Sachsen- und Bayernherzog *Heinrich* dem Löwen, die 1155 geborene, älteste Tochter von *Heinrich II.* und *Eleonore* von Aquitanien, versprochen: *Mathilde.* Nur diese Ehe kam (1167/68) zustande. Sie schuf eine Verbindung zum glänzenden anglonormannischen Hof, die auch für die deutsche Literatur fruchtbar werden sollte (und für die Buchmalerei). Im Augenblick bedeutender schien freilich der politische Wert des staufisch-angevinischen Bündnisses. Allein Frankreich hielt noch offiziell zu *Alexander III.*, und mit der Macht des Königs von Frankreich war es schlecht bestellt. Genau die Konstellation, die *Ludwig VII.* hatte vermeiden wollen, war eingetreten: Zwischen dem angevinischen Reich *Heinrichs II.* und dem Imperium *Barbarossas* stand er allein da. Im Mai 1165 erschien *Reinald* von Dassel auf dem Reichstag zu Würzburg, von Legaten des englischen Königs begleitet, und berichtete den versammelten Fürsten vom Erfolg seiner Mission am Hofe zu Rouen.

Das politische Selbstbewußtsein im Imperium schien nach dem Fehlschlag von Saint Jean de Losne und dem Tode *Victors IV.* jetzt wieder mächtig gestärkt. Sowohl um die Sache des Papstes *Alexander III.*-Roland, als auch um die des französischen Königs stand es schlecht. In zwei bedeutenden politischen Akten demonstrierte sich die neu gewonnene Macht: in den Würzburger Eiden, die gegen *Alexander III.* und seinen Anhang im Reich gerichtet waren, und vor allem in der Heiligsprechung *Karls* des Großen, welche sowohl das imperiale Sendungsbewußtsein *Barbarossas* als auch die Überlegenheit über den französischen Anspruch der Karlsnachfolge dokumentieren konnte. Im Namen des Kaisers forderte *Reinald* von Dassel den in Würzburg versammelten Hoftag zum Eid auf: niemals *Alexander III.* («Roland») oder einen von seiner Partei gewählten Papst anzuerkennen. Diesen Eid leisteten, außer dem Kaiser selbst, vor allem die weltlichen Fürsten, allen voran *Heinrich* der Löwe, *Albrecht* der Bär, *Konrad* Pfalzgraf bei Rhein, *Ludwig* Landgraf von Thüringen. Von den Kirchenfürsten wird im Manifest allein *Reinald* von Dassel namentlich genannt. Seit 1159 Electus von Köln, hatte er die Priesterweihe auf Drängen der Versammlung erst am Tage der Eidesleistung selbst empfangen. Am 2. Oktober 1165 salbte ihn dann der Bischof von Osnabrück zum Erzbischof von Köln – kanonisch etwas unordentliche Verhältnisse (vgl. *Robert Folz*). Viele Kirchenfürsten entzogen sich dem Würzburger Schwur, der sie an den offenkundigen Gegenpapst *Paschalis* gebunden hätte. Da beschloß die

Reichsversammlung, daß jeder, der nicht innerhalb von 6 Wochen den
Eid geleistet haben würde, Amt und Besitz verlieren sollte. Rigoros
wurde der Beschluß in die Tat umgesetzt. Eines seiner ersten Opfer
war der Erzbischof *Konrad* von Mainz. An seiner Stelle wurde jetzt
«der königliche Kanzler für Deutschland (*Reinald* von Dassel war als
Kölner Erzbischof eigentlich nur Erzkanzler für Italien) *Christian* von
Buch zum Erzbischof erhoben» *(Jordan)*. Das ist für uns wichtig, weil
in dessen Gefolge von nun an u. a. auch die Herren von Hausen in
Urkunden auftreten, zunächst der Vater, *Werner von Hausen,* dann
auch der Sohn, der als Minnesänger wie als Reichsdiplomat ausgezeichnete, wohl nicht zufällig *Friedrich* genannte Freiherr von Hausen.

## *Friedrich Barbarossa und Sanctus Karolus Magnus*

Wie diese Dinge als thematische Motive jetzt für den großen politisch-li-
turgischen Akt der Heiligsprechung *Karls* des Großen wichtig werden,
das läßt sich recht gut aus den Kaiserurkunden des Jahres 1165 sehen.
Sie präludieren gewissermaßen den feierlichen Akt vom 29. Dezember
im Aachener Münster. Den Würzburger Eid geschworen hatten nämlich
auch die Legaten «amici nostri Henrici gloriosi Anglorum regis», und
diese Freundschaftsformel zieht sich durch fast alle Urkunden des Jahres
1165 bis hin zum Heiligsprechungsmanifest vom 29. Dezember wie
ein Leitmotiv. Sie nennt einen entscheidenden Grund des imperialen
Selbstbewußtseins und wohl zugleich einen der treibenden Gründe für
die Kanonisierung Kaiser *Karls* des Großen. Denn gerade in diesen
Jahren hatten sich auch andere Könige mit der Kanonisierung eines
ihrer Vorgänger einen königlichen Staatsheiligen geschaffen. 1165 war
*Knut* von Dänemark zum Heiligen erhoben worden; vor allem aber
hatte eben der englische König bereits 1161 King *Edward* the Confessor
kanonisieren lassen. Auch in Deutschland gab es seit 1146 einen heiligen
Kaiser, *Heinrich II.* Er war der Nachfolger *Ottos III.* gewesen, des
Kaisers der Jahrtausendwende, und er hatte den Dom zu Bamberg gegründet und der dortigen Domschule die kostbare Bibliothek des letzten
Ottonen geschenkt. Man hat in Deutschland wohl einen Augenblick
erwogen, den Bamberger Dom des heiligen Kaisers *Heinrich* zum geistigen Herrschaftszentrum des staufischen Imperiums zu erheben, aber
die imperiale Tradition schien doch eher Aachen zu fordern *(Folz)*.
Gleich der Krönungszug *Barbarossas* nach Aachen (vgl. S. 377) im Jahre
1152 hatte, wie derjenige *Ottos I.* (vgl. S. 74), nicht nur eine ‹Renovatio
Imperii› sondern zugleich auch eine ‹Imitatio Karoli Magni› programmatisch bedeuten wollen. *Friedrich Barbarossa* als ein neuer, gleichsam
wiedererstandener *Karl,* das war der Ton, auf den das Herrscherlob

im Kreise um *Reinald* von Dassel gestimmt war (vgl. *Folz).* Unter diesem Bild hatte ihn ja auch der *Archipoeta* besungen: «Representat Karolum dextera victrici.»

Vor 1165 ist nur eine einzige Urkunde *Barbarossas* Zeuge einer besonderen Karls-Verehrung des Kaisers. Darin wird *Karl* allerdings bereits als «sanctissimus» bezeichnet. Jetzt, in den Monaten zwischen Würzburg und Aachen, erscheint an offizieller Stelle nicht nur der Name *Karls,* sondern auch der weitere, historisch-politische Horizont der Karls-Verehrung. Er erscheint in einer Kaiserurkunde, die sich eigentlich mit ganz anderen Dingen beschäftigt.

Die Vorgänge von Würzburg sind uns bekannt aus einem Schreiben *Barbarossas* an den Grafen *Henri von Troyes,* einen Lehnsmann des französischen Königs. Am 23. Juni ist der Hof in Regensburg, am 18. August in Tauberbischofsheim, am 19. September in Worms – Regierung «aus dem Sattel». Dort in Worms wird am 26. Sept. die genannte Constitution erlassen, über die Testamentsbefugnisse von Geistlichen:

«In nomine sancte et individue Trinitatis. Fridericus divina favente clementia Romanorum imperator et semper augustus». Das ist der Eingang. Im dritten Absatz aber heißt es dann: «Nos igitur predecessorum nostrorum divorum imperatorum, magni Constantini videlicet et Justiniani et Valentiniani necnon Karoli et Ludowici vestigiis inherentes et sacras leges eorum tamquam divina oracula venerantes, imitari non erubescimus Constantinum imperatorem de ...»

«Wir aber, in Nachfolge (in den Fußstapfen) unserer Vorgänger, der göttlichen Caesaren, des großen Constantin wie auch des Justinian und Valentinian, und Karls und Ludwigs, ihre Gesetze wie göttliche Orakel verehrend, erröten nicht, den Kaiser Constantin nachzuahmen betreffs ...».

Die Reihe der Kaisernamen bezeichnet hier zugleich den legitimen Übergang des römischen Imperiums von Ostrom zu den Franken. Der Name *Ludwig* neben dem *Karls,* der in dieser Urkunde noch an anderer Stelle erscheint, mutet an wie eine herausfordernde Anspielung auf den gegenwärtigen König *Ludwig VII.* von Frankreich, der solche Karlsnachfolge nicht prätendieren konnte.

Von Worms aus zog der Hof rheinabwärts nach Köln, schließlich nach Aachen. Dort war auf Weihnachten der Hoftag angesetzt, auf welchem *Karl* der Große heiliggesprochen werden sollte. Am 29. Dezember, der Vigil des König-David-Tages, wurden in der Pfalzkapelle aus dem Sarkophag, in welchem sie dreieinhalb Jahrhunderte geruht hatten, die Gebeine des Kaisers erhoben, d. h. sie wurden in einem provisorischen Reliquiar in der Mitte des Octogons aufgestellt. Der Karls-Schrein *(vgl. Abb. 83),* der noch heute das Prunkstück der Schatzkammer darstellt, wurde zwar damals wohl schon in Auftrag gegeben, erhielt seine endgültige Gestalt aber erst zur Translation am 27. Juni 1215 unter Kaiser *Friedrich II. (Folz).*

Das Bildprogramm dieses Schreins spiegelt die Inhalte wieder, die jetzt in der ‹Vita Sancti Karoli Magni› offiziell als Heiligenlegende verkündet und im Festoffizium ‹Regali natus› liturgisch dargestellt werden:

> Regali natus     de stirpe Deoque probatus,
> Karolus illicitae     sprevit contagia vitae

«Königlich aus gottgefälligem Stamme geboren, hat Karolus die Verlockungen eines trügerischen Lebens verschmäht.»
So heißt die 1. Antiphon dieses Reimoffiziums (vgl. *Folz)*, welche auf die Genealogie des heiligen Kaisers anspielt, die der Schrein figürlich darstellt: 8 Könige und Kaiser auf jeder Seite umgeben das goldene Heiligengrab. – Auf dem Dach sind die Taten des Heiligen dargestellt: Der Kaiser hat im Gebet eine Vision, empfängt den Auftrag zur Bekehrung der spanischen Heiden, sein Heer rückt gegen Pamplona, und wie von den Posaunen Josuas die Mauern von Jericho, so fallen die Mauern Pamplonas vor dem Hornruf Rolands.

Diese Erzählung im 3. Buch der ‹Vita S. Karoli› stammt aus dem Pseudoturpin (cap. 2. 3. 4). Ehe wir sie in der Einleitung des deutschen Rolandsliedes wiederfinden, treffen wir sie auch im Festhymnus des Karls-Offiziums an:

> Arte duros et natura     frangis muros prece pura
> devotosque Christi ditas     et rebelles ense necas –
> Harte Mauern, die Natur und Kunst errichtet,
> brichst du durch Gebet allein,
> und machst reich die, die sich Christus weihn,
> Widersätzlichkeit ward durch dein Schwert vernichtet.

So heißt es dort in der 3. Strophe. Und in der Complet war auf die nächtliche Vision hingewiesen worden *(Folz)*.

Ähnlich wie hier von *Karl* war in dem Kaiserhymnus des *Archipoeta* von *Karl* und *Barbarossa* gesprochen worden:

> Quanta sit potencia     vel laus Friderici ...
> Qui rebelles lancea     fodiens ultrici
> Representat Karolum     dextera victrici.

So groß auch immer Macht und Ruhm Friedrichs sind ... Er durchbohrt die Rebellen mit rächender Lanze und figuriert Karl mit der siegreichen Rechten.

Diese siegreiche Rechte nun ist in einem Armreliquiar enthalten, das nur wenig jünger als die Heiligsprechung von 1165 ist *(vgl. Abb. 82)*.

Es «entstand anläßlich der Heiligsprechung ... 1165 im Auftrag *Friedrich Barbarossas.* Zwölf Arkaden, die den Kasten umziehen, rahmen auf der einen Seite silberne Flachreliefs mit den Halbfiguren Christi, der Hll. Petrus und Paulus, *Konrads II.* (= *III.?)* und seines Bruders Herzog *Friedrich von Schwaben.* Auf der anderen Seite die Madonna zwischen Michael und Gabriel, Kaiser *Friedrich I.* und seine Gemahlin *Beatrix.* In den Arkaden der Schmalseiten *Ludwig der Fromme* und *Otto III.* Grubenschmelze füllen die Arkadenzwickel. Auf der Innenseite des Deckels eine Inschrift: BRACHIVM SANCTI ET GLORIOSISSIMI INPERATORIS KAROLI. Sie wurde bei geöffnetem Deckel sichtbar ... So ist das Armreliquiar das erste bildhafte Dokument der liturgischen Verehrung Karls des Großen» *(Grimme-Mörsch).*

Es ist eine maasländische Arbeit, wohl aus Lüttich. 1794 oder 1806 soll es von Aachen nach Paris gebracht worden sein (heute im Louvre).

Am 29. Dezember führte *Barbarossa* selbst den Vorsitz der Versammlung im Aachener Münster, neben sich den Bischof von Lüttich, zu dessen Diözese Aachen gehörte, und auf der andern Seite *Reinald* von Dassel als Erzbischof von Köln. Die Großen des Reiches, Laien- und Kirchenfürsten waren erschienen. Nach der Erhebung der Gebeine verlas *Reinald* von Dassel ein kaiserliches Manifest, in dem es hieß:

«nach seinem Beispiel trachten wir, das Recht der Kirchen zu wahren, die Ordnung des Staates und die Unantastbarkeit der Gesetze in unserm ganzen Reich ...

Er selbst erstrebte mit allen Kräften seines Herzens den himmlischen Lohn des ewigen Lebens; seine Werke und die zahllosen Aufzeichnungen seiner Taten lehren, wie sehr er sich befleißigte, den Ruhm des Christennamens und den Dienst der göttlichen Religion zu verbreiten, wieviel Bistümer, Abteien und Kirchen er gründete und diese mit Wohltaten und Gaben verschiedenster Art bedachte, daß sich die Großzügigkeit seiner Almosen nicht nur diesseits des Meeres zeigte, sondern auch jenseits.

In der Ausbreitung des Christenglaubens und in der Bekehrung der Heiden war er ein mächtiger Kämpfer und ein wahrhaftiger Apostel, wovon Sachsen, Friesland und Westfalen Zeugnis geben; die Spanier sowohl als die Vandalen hat er durch das Wort und durch das Schwert zum katholischen Glauben bekehrt. Und obgleich kein Schwert seine Seele durchbohrt hat, die Ungemach verschiedenartiger Leiden, die gefahrvollen Kämpfe, die er lieferte, sein täglicher Wille, für die Bekehrung der Heiden zu sterben, machen ihn zum Märtyrer.

Deshalb erklären wir ihn jetzt und verehren ihn als Seligen und sehr heiligen Bekenner, ihn, von dem wir glauben, daß er, nachdem er heiligmäßig gelebt und seine Sünden und Fehler bekannt und aufrichtig bereut hat, zum Herrn eingegangen ist, und daß er im Kreise der Bekenner gekrönt wurde zum heiligen und wahrhaften Bekenner im Himmel. ...

Aus diesem Grunde, indem wir glauben an die ruhmreichen Taten und an die Verdienste des sehr heiligen Kaisers, ermutigt durch die dringende Bitte unseres lieben Freundes Heinrich, des Königs der Engländer, mit Billigung und Vollmacht des Herrn Paschalis, auf den Rat aller sowohl geistlichen als weltlichen Fürsten, haben wir zur Erhebung, zur Erhöhung und zur Heiligsprechung des sehr heiligen Kaisers, einen feierlichen Hoftag gehalten zu Weihnachten in Aachen, wo sein Körper, aus Furcht vor Feinden (einst) verborgen, dank einer göttlichen Offenbarung von uns hat wiederentdeckt werden können.

Wir haben ihn erhoben und erhöht am 29. Dezember zum Lobe und Ruhme Christi zur Stärkung des Reiches, zum Heil unserer lieben Gemahlin, der Kaiserin Beatrix und demjenigen unserer Söhne Friedrich und Heinrich, inmitten eines großen Umstandes von Fürsten und in Gegenwart einer zahllosen Menge von Klerus und Volk, unter Hymnen und geistlichen Gesängen mit Demut und Ehrfurcht.»

Dieses kaiserliche Manifest ersetzte gewissermaßen ein päpstliches Kanonisationsbreve, das es nie gegeben zu haben scheint. Natürlich erkannte *Alexander III.* diese Kanonisierung nicht an. Und als später *Barbarossa* und der Papst sich wieder aussöhnten, blieb die dringende Bitte, die Heiligsprechung nachträglich zu sanktionieren, ohne Antwort des Heiligen Stuhls. Der Karls-Kult wurde lediglich geduldet. Seine Verbreitung innerhalb und außerhalb des Reiches ist eine eigene Geschichte, welche *Robert Folz* geschrieben hat.

Für uns wichtig ist vor allem zweierlei: 1. Die Heiligsprechung *Karls* des Großen bedeutet eine einzigartige Selbstdarstellung der politischen Idee des staufischen Kaisertums, diese «programmatische Bewußtheit» *(Heimpel)* ist in der Geschichte etwas Neues. 2. Die Aachener Heiligsprechung hat in Deutschland viel von der westeuropäischen Karlsliteratur bekannt gemacht und lebendig werden lassen.

Allein der Verfasser der ‹Vita S. Karoli› hat als Quellen benutzt: *Einhard* und die ihm zugeschriebenen Annalen, das Leben *Ludwigs des Frommen* von *Thegan,* die Chronik von Aniane und das Leben des Heiligen Ägidius (St. Gilles), die Annalenwerke von Lorsch und das des *Regino* von Prüm, die Kirchengeschichte *Hugos von Fleury,* die ‹Descriptio qualiter Karolus magnus clavum et coronam Domini a Constantinopoli Aquisgrani detulerit qualiterque Karolus Calvus haec ad S. Dionysium retulerit›. – Der Inhalt entspricht der afrz. ‹Karlsreise›. Schließlich ist die ‹Pseudo-Turpin-Chronik› benutzt worden.

In die Geschichte der weiteren Nachwirkung des Aachener Ereignisses gehört auch das deutsche Rolandslied.

Hier erwähnen wir nur noch die recht interessante Spur eines Briefes, die *Robert Folz* zu erkennen meinte. In diesem Brief teilt der Graf *Balduin* von Hennegau dem Kaiser *Friedrich Barbarossa* mit, daß er eine Sendung mit Chroniken über die Taten *Karls* an ihn habe abgehen lassen. Dieser *Balduin* (eher *Balduin IV.,* 1120–1171, als *Balduin V.,* 1171–1195, wie *Folz* meint) war ein treuer Anhänger *Barbarossas* (vgl. *Fourrier* p. 185). Er hielt sich selbst für einen unmittelbaren Karls-Abkömmling und sammelte alles, was er an Literatur über ihn bekommen konnte (*Fourrier*). Er ist ein entfernter Verwandter der Kaiserin *Beatrix.* Und in seines Sohnes Auftrag wurde für die römische Kaiserin der französische Versroman ‹Eraclius› von *Gautier d'Arras* vollendet. Er ist zugleich der Schwiegervater des Grafen *Philipp* von Flandern, für welchen *Chrestien* de Troyes dann seinen ‹Perceval› schreibt. In dem Barbarossa-Brief *Balduins* von Hennegau erscheint deutlich etwas von jenem Kulturzusammenhang, in welchem die höfischen Romane sowohl deutscher als auch französischer Sprache leben werden.

Für die erste Regierungszeit *Barbarossas* bedeutete der 29. Dezember 1165 den Höhepunkt, dem schon 2 Jahre später der Absturz folgt.

## Die römische Katastrophe von 1167

Der schwer bedrängte Papst *Alexander III.* war aus Frankreich wieder nach Italien zurückgegangen. Er mochte die süditalischen Normannen für einen mächtigeren Schutz halten als den König von Frankreich. Außerdem aber knüpfte er mit dem griechischen Kaiser die Verbindungen wieder an. Ein Ehebündnis zwischen Sizilien und Byzanz wurde erwogen. Kaiser *Manuel Komnenos* aber erstrebte noch mehr. Er bot dem Papst die Vereinigung von griechischer und römischer Kirche an, wenn *Alexander III.* ihn an *Barbarossas* Stelle zum römischen Kaiser krönen würde. «Alexander (indes) konnte sich zu einem solchen Zugeständnis, das eine jahrhundertealte abendländische Tradition verleugnet hätte, nicht verstehen; auch Frankreich und Sizilien gingen auf Manuels Bündnisangebot nicht ein» (nach *Jordan*).

*Barbarossa* aber mußte versuchen, seinen Feind in Italien zu treffen. Im Herbst 1166 brach er mit einem großen Heer nach Süden auf. Bei ihm befanden sich auch jene «Rotten und Brabanzonen», Söldner, deren unritterliche Grausamkeit allgemein gefürchtet war *(Grundmann)*. Im Sommer 1167 stießen die drei Heeresgruppen nach Süden vor. *Barbarossa* selbst konnte das mit den Griechen verbündete Ancona bezwingen. Bei Tusculum wurde *Reinald* von Dassel in einen schweren Kampf verwickelt. Die Sache wäre verloren gewesen, wenn nicht das Ritterheer unter Erzbischof *Christian* von Mainz mit seinen Brabanzonen eingegriffen hätte. Sie verwandelten die Niederlage vom 29. Mai 1167 in einen glänzenden Sieg. Schließlich erschien der Kaiser selbst mit seinen Truppen. Nachdem in Rom auch die Leostadt erobert worden war, konnte der Gegenpapst *Paschalis III.* feierlich inthronisiert werden. Am 1. August krönte er auch die Kaiserin *Beatrix*. *Alexander III.* hatte aus Rom fliehen müssen. Seine Sache schien verloren. Da brach eine plötzliche Katastrophe über das kaiserliche Heer herein. «Ein ...(wolkenbruchartiger Regen) rief in der glühenden August-Hitze eine Malaria-Seuche hervor, die das Heer in kurzer Zeit dezimierte. Mehr als 2000 Ritter starben» *(Jordan)*, darunter Herzog *Friedrich* von Schwaben (-Rothenburg), der Sohn *Konrads III., Welf VII.* und – *Reinald* von Dassel. Auch der Kaiser selbst erkrankte. Mit größter Mühe konnte er die Reste des Heeres zurückführen. In der Lombardei brach der Aufstand der Städte los, die das Steuerjoch abschütteln wollten. 1168 entkam *Barbarossa* über Burgund nach Deutschland. Für die Partei des Papstes *Alexander* hatte ein Gottesgericht den Kaiser von der Höhe seiner Triumphe gestürzt.

## D. PARTIKULÄRE TRADITIONSANSPRÜCHE
### UND EPISCHE GESTALTUNG IN
### DEUTSCHLAND

### *Machtstellung und Traditionsanspruch Heinrichs des Löwen*

«*Fridericus* divina favente clementia Romanorum imperator et semper augustus» (MGH Const. I, Nr. 227) hatte eine schwere politische Niederlage erlitten, kaum daß er *Karolus Magnus* bedeutsam hatte heiligsprechen lassen. Dem imperialen Anspruch war nach der Katastrophe von 1167 für einen Augenblick der Atem ausgegangen. Des Kaisers mächtigster Reichsfürst und Vetter *Heinrich* der Löwe, «divina favente clementia Bawarorum atque Saxonum dux» dagegen, Kaiserenkel und Kronprätendentensohn (vgl. oben S. 328), hatte 1168 *Mathilde,* die Tochter König *Heinrichs II.* von England, geheiratet. Nicht nur zum anglonormannischen Hof, sondern auch zum französischen (vgl. S. 413 f.) waren seine Beziehungen ‹courtois›. Sein Ruhm strahlte über die Grenzen des Imperiums. 1164 war am Herzogshof zu Braunschweig eine geheime Gesandtschaft des Kaisers *Manuel Komnenos* aus Byzanz erschienen. 1166 hatte er vor seiner Herzogsburg Dankwarderode, deren Bau die Goslarer Kaiserpfalz zum Vorbild nahm, und dem daneben gelegenen Dom St. Blasius, dessen Neubau sich am Goslarer Kaiserdom der Salierzeit orientieren wird, als Hoheitszeichen ein bronzenes Löwenstandbild errichten lassen, die erste nachantike Freiplastik in Europa. Längst vor dem unvermeidlichen Bruch mit dem kaiserlichen Vetter *Friedrich Barbarossa* hatte *Heinrich* eine Art eigene Außenpolitik betrieben. In den Augen des Basileus mochte er schon 1164 als ungekrönter Gegenkönig erscheinen.

Im Innern und im Osten des Reiches erstrebte er die Bildung eines modernen Flächenstaates, Aufhebung der Erblichkeit kleiner Lehen *(Prutz)* durch List und Heimfallrecht, auch in Bayern, Kirchenhoheit durch Bistumsgründungen, regelmäßige Geldeinnahmen durch Gründung von Fernhandelsstädten wie Lübeck und München. Im slavischen Osten, jenseits der Elbe, unterwarf er die mecklenburgischen Obodriten, und zwang die Wenden, die in den Wäldern, wie einst die Germanen, einer «rechten und schlechten Indianerreligion» *(Th. Mann)* anhingen, den christlichen Glauben auf – aus «fiscalischen Gründen» *(Prutz).* «Auf all den Feldzügen ... ins Slavenland ... war keine Rede vom Christentum, sondern allein vom Geld», bekannte der Zeitgenosse *Helmold von Bosau.* Die fruchtbaren Eiszeitböden ließ er von Neusiedlern beackern, die die altertümliche Feld-Gras-Wirtschaft durch das zuerst in Nordfrankreich entwickelte System der Dreifelderwirtschaft ersetzten und regelmäßige Ernten sicherten. Denn Grundbesitz im Zeitalter erblühender Geldwirtschaft ist nur Wert, wenn sein Ertrag in Münze sich verwandelt. Kleine Bauerngüter sind unrentabel, decken nur Eigenbedarf. Weites Land und große Güter unter einer Herrschaft erzielen landwirtschaftliche Überschüsse für den Markt.

Den Löwen vor der Braunschweiger Herzogspfalz Dankwarderode wird die Sage dem Herzog als treuen Begleiter gesellen, den er von seiner Orientfahrt mitgebrachte habe, die er 1172 antritt. Es war diese Fahrt ein hochpolitisches Ereignis, mehr als der private Kreuzzug eines andern großen Herrn.

Privatkreuzzüge unternahmen auch andere Fürsten. 1154 waren z.B. Bischof *Ulrich* von Halberstadt und Herzog *Albrecht* der Bär nach Palästina gezogen (vgl. *Ohnsorge).*

Dies umso mehr, als gleichzeitig eine offizielle Gesandtschaft Kaiser *Friedrich Barbarossas* unter Führung des Bischofs *Konrad* von Worms nach Byzanz zog.

Es sieht so aus, als habe *Barbarossa* damals versucht, die Griechen aus der Front der Parteigänger Papst *Alexanders III.* herauszubrechen, und als habe er sich dazu zweier diplomatischer Instrumente bedient: einer offiziellen Gesandtschaft unter Bischof *Konrad* und einer offiziösen unter *Heinrich* dem Löwen. Ob Bischof *Konrad* gleichzeitig die politischen Aktionen des Löwen überwachen sollte, steht dahin (vgl. *Ohnsorge).*

Mitte Januar 1172 also brach *Heinrich* der Löwe von Braunschweig zu seiner glänzenden Pilgerfahrt auf. Am 2. Februar traf der Herzog mit seinen bayrischen Großen in Regensburg zusammen. Eine dort ausgestellte Urkunde, in der u.a. *Berthold von Andechs* als Zeuge auftritt, trägt in der Datumszeile nach dem Inkarnationsjahr die stolze Angabe: «gloriosissimi autem Heinrici ducis Bawarie et Saxonie anno peregrinationis primo». Donauabwärts über Klosterneuburg, wo der Herzog das Grab seiner Mutter *Gertrud* aufsuchte, bewegte sich dann der Zug nach Ungarn. Am 4. März trifft er in der ungarischen Hauptstadt Gran ein. Aber in der Nacht zuvor ist der reichsfreundliche Ungarnkönig *Stephan III.* gestorben, vielleicht vergiftet von seinem Bruder *Bela III.,* der am byzantinischen Hof, mit einer Griechenprinzessin verheiratet, im Exil lebt. Mit Unterstützung Kaiser *Manuels* wird dieser Bruder *Bela* dann die Stephanskrone erben *(Ohnsorge).* Ein seltsam-unheimlicher Wind weht bereits in Gran aus Byzanz herüber. Die Interessen des Imperiums und Konstantinopels stoßen hier an der Donau aufeinander. Davon wird auch das Rother-Epos wissen (vgl. S. 470). *Heinrich* der Löwe hat einen Augenblick gezögert, ehe er seine Fahrt nach Byzanz fortsetzte. Daß er es dennoch tat, konnte dem Griechenkaiser als schweigende Billigung der Einflußnahme in Ungarn scheinen – als ein gutes Omen also. Am Karfreitag (14. April) ist der Löwe vor den Toren der griechischen Kaiserstadt, am Ostersonntag wird er von Kaiser *Manuel* prunkvoll empfangen. Von Konstantinopel aus geht es zu Schiff nach Akkon und von dort nach Jerusalem. Eine Urkunde berichtet, daß der Löwe dort 3 ewige Lampen für die Grabeskirche gestiftet habe, «pro remissione omnium peccatorum meorum et inclite uxoris mee ducisse Matildis, magnifici Anglorum regis filie». Nach dem Besuch der übrigen Wallfahrtsorte zieht *Heinrich* der Löwe nach Antiochia und schifft sich dann von Simeonshafen nach Tarsus ein. An der Grenze des Seldschuken-Sultanats erwartet ihn eine Reitertruppe des Sultans *Kilic Arslan II.* von Iconium, unter dessen Geleit der Löwe sicher das kleinasiatische

Hochland durchzieht. *Arnold* von Lübeck berichtet, wie der Sultan dem Herzog in einem Gespräch erklärt habe, er sei mit ihm verwandt, denn seine Mutter sei eine Christensklavin. Der Heidenfürst erweist dem Herzog hohe Ehre. Nach Konstantinopel zurückgekehrt, empfängt ihn Kaiser *Manuel Komnenos* aufs freundlichste und beschenkt ihn reich, in ‹altepischer› Manier (vgl. S. 423): «14 mit Gold, Silber und seidenen Gewanden beladene Maultiere» *(Arnold* von Lübeck). Aber statt solcher Kostbarkeiten erbat der Herzog einige Reliquien für den in Braunschweig neu zu bauenden Blasius-Dom *(Prutz)*. Wieder in Deutschland, eilte der Bayern- und Sachsenherzog sogleich zu *Barbarossa* nach Augsburg, um ihm von seinen diplomatischen Erfolgen zu berichten.

Die Heirat des Normannenkönigs *Wilhelms II.* von Sizilien mit Kaiser *Manuels* Tochter *Maria* hat er möglicherweise verhindern können; territoriale Zugeständnisse an die Griechen in Italien, die der Löwe wohl gemacht hat – nicht im Sinne *Barbarossas* – blieben folgenlos *(Ohnsorge)*.

Im Herbst 1172 war *Heinrich* der Löwe wieder in Braunschweig.

Daß ein abendländischer Fürst, wie dann im Epos von König Rother, durch Pracht und Glanz seines Auftretens das Staunen des Hofes von Byzanz, jenes Versailles des Mittelalters, hätte erregen können, war wohl bloß poetisches Wunschbild. Dennoch darf man sich die Pilgergesandtschaft *Heinrichs* des Löwen als einen höchst prächtigen Zug vorstellen, der Eindruck machen sollte. *Heinrich* der Löwe war der repräsentativste Reichsfürst seiner Zeit. Und er hatte den Stolz und den Willen zur Repräsentation. Als gottesunmittelbaren Herzog nennt er sich in den Formeln seiner Urkunden (vgl. ob. S. 457). Dem König gleich, fühlt er praktisch niemanden über sich, ersetzt auch schon den Stammesnamen derer, die er als ‹herzoge› führt, durch den Namen des Landes, das er als Territorium besitzt: «Henricus dei gratia dux Bauarie et Saxonie». Im Kloster Helmarshausen an der Weser gibt der Herzog jetzt bilderreiche liturgische Handschriften in Auftrag. Schon diese Auftragsgeste ist altertümlich, Nachahmung besonders kaiserlicher Sitte des X. und XI. Jahrhunderts. Im XII. Jahrhundert begründet sie eine alte Tradition neu. Und im Kloster Helmarshausen ändert sich durch diesen Auftrag plötzlich der Stil. Byzantinische und englische Beziehungen werden sichtbar. Um den Anspruch, den diese Kunst darstellt, zu erkennen, braucht man nur das Krönungsbild des Evangeliars zu betrachten (*Abb. 64)*. Da kniet der Herzog, das Gewand mit den Kreuzeszeichen seiner Pilgerfahrt besetzt. Hinter ihm stehen: DVX HEINRICVS, sein Vater *Heinrich* der Stolze, der von Rechts wegen König und Kaiser hätte werden sollen; dann: DVCISSA GERTRVDIS, Kaiserstochter und Mutter des Löwen; dann: IMPERATOR LOTHARIVS, der Großvater des Löwen, und seine Gattin RICHENZA. Auf der andern Seite: DVCISSA MATHILDA, Gattin des Löwen und Tochter König *Heinrichs II.* von

England, dann dieser selbst: HEINRICVS, dann seine Mutter REGINA MATHILDA, Enkelin *Wilhelms* des Eroberers und einst kinderlose Gattin des letzten deutschen Salierkaisers (vgl. S. 230). Dargestellt ist also die ‹regia stirps›, die königliche Herkunft (mhd. ‹art›) des Herzogspaares. Dann aber ist da der Stileinfluß von Byzanz, der zugleich Politisches bedeutet. Unter Nike-Engeln mit Lorbeerkranz ließen sich einst die oströmischen Kaiser darstellen; im Rund, das einst Lorbeer war, erscheint jetzt Christus als Pantokrator. Himmlische Hände krönen das Herzogspaar. Himmelskrönung war Vorrecht byzantinischer Kaiser; weströmische Caesaren wie *Heinrich II.* hatten es im XI. Jahrhundert usurpiert. Daß ein deutscher Herzog in solche kaiserlichen Bildgesten eintrat, ist außerordentlich und einmalig. Neben die liturgischen Handschriften von Helmarshausen stellt sich als fürstliche Stiftung geistlichen Charakters auch das jetzt gedichtete deutsche Rolandslied. Das bezeugt der Epilog, den drei Initialenabschnitte gliedern, die wir ‹Reimpaar-Laissen› nennen. Der ausdrücklichste Stiftungsvermerk steht zu Anfang der 1. Laisse:

«Jetzt wünschen wir alle einmütig dem Herzog Heinrich Gottes Lohn.
1. (Denn) schön ist die Erzählung, die wir durch seine Freundlichkeit von ihm haben.
a. Er ließ das bei den Karlingen geschriebene Buch zu uns herbringen. Darum hatte ihn gebeten die Herzogin, die Tochter jenes mächtigen Königs. Nach den Mühsalen und Prüfungen dieser Welt mögen sie beide von den lichten, himmelweißen Scharen dorthin geleitet werden, wo sie die ewigen Freuden finden» (9017–9030).

Zunächst werden Stiftung und Stifter genannt, dann wird beiden Stiftern himmlische Seligkeit gewünscht. Dieser Wunsch spricht wohl die Folge der verdienstlichen Stiftung aus. Der genealogische Hinweis bei Nennung der Herzogin entspricht durchaus den Hinweisen, die wir aus Urkunden des Löwen und aus Inschriften an von ihm gestifteten Kunstwerken kennen; so von der Bleiplatte im Marienaltar des Braunschweiger Blasius-Doms:

+ ANNO DOMINI MCLXXXVIII DEDICATVM EST HOC ALTARE IN HONORE BEATE DEI GENITRICIS MARIE + AB ADELOGO VENERABILI EPISCOPO HILDELSEMENSI FVNDANTE AC PROMOVENTE ILLVSTRI DUCE HENRICO + FILIO FILIE LOTHARII INPERATORIS ET RELIGIOSISSIMA EIVS CONSORTE MATHILDI + FILIA HENRICI SECVNDI REGIS ANGLORVM FILII MATHILDIS IMPERATRICIS ROMANORVM.

Nur die gekrönten Häupter werden hier als Voreltern beider Stifter erwähnt. Das ist die Form der genealogischen Repräsentation. Sie drückt zugleich den königlichen Anspruch des Herzogs aus, den wir bereits aus der bildenden Kunst kennen. Die genealogische Repräsentation des Herzogs selbst findet sich im 2. Teil der ersten Reimpaarlaisse des Rolandslied-Epilogs:

b. «Daß sie daran dachten, daß man dies Buch in deutscher Sprache veröffentlichen könnte, das dient dem *Honor Imperii*. Die edle Art des Herzogs hat ihn zu diesem guten Werk getrieben. Wo lebte jetzt ein Fürst, der je sein Heil besser bewiesen hätte? *Constantia* und *Veritas* besitzt dieser Fürst» (9031–9038).

In der Mehrung der «Kräftigkeit des Reiches» soll sich hier wohl in erster Linie die kaiserliche «art» des Herzogs zeigen. Diesem Preis des Rolandsliedes ließen sich mehrere analoge Stellen aus der welfischen Chronistik an die Seite setzen. Das Hauptstück der herrscherlichen und genealogischen Repräsentation darf man aber wohl in der Mittellaisse des Epilogs finden, wo Herzog *Heinrich* mit König David verglichen wird. König David ist der Typus des gerechten Herrschers überhaupt. Dieser Vergleich gehört zum literarischen Topos des Herrscherlobes, den wir aus *Otfrids* Evangelienbuch kennen. Daß ein Herzog dem König David verglichen wird, ist aber genau so ungewöhnlich wie die himmlische Herzogskrönung im Helmarshäuser Evangeliar *Heinrichs* des Löwen. Im ersten Teil des Davidsvergleichs wird *Heinrich* als «Heidenbekehrer» gepriesen. Er tritt damit zum Kaiser Karl und zum Roland des Epos in typologische Beziehung. Aber «Heidenbekehrung» ist zugleich typischer Kaiserauftrag. Hier hat ihn der Löwe erfüllt.

2. «In unsern Zeiten können wir dem Könige David niemanden so treffend vergleichen wie den Herzog Heinrich.

a. Gott gab ihm die Macht, daß er alle seine Feinde besiegte. Den Christen brachte er einen größeren Namen, die Heiden hat er bekehrt. Das ist ihm legitim angeerbt worden (– nämlich von seinen kaiserlichen Vorfahren, die auch unter dem Auftrag der Heidenbekehrung standen). Nie wandte er sein Feldzeichen zur Flucht; Gott machte ihn allzeit sieghaft» (9039–9049).

Im Mittelstück dieses Initialenabschnitts klingt der C. Psalm an, den *Luther* ‹Davids Regentenspiegel› nannte (= Ps. 101 nach *Luthers* Zählung). Der Helmarshäuser Buchmaler, welcher den Psalter *Heinrichs* des Löwen malte, hat neben diesem C. Psalm das Bild des Herzogspaares unter dem Kreuz dargestellt.

Der Dichter des Rolandsliedes tat nichts anderes, wenn er mit seinem Lob ständig auf Zitate aus dem C. Psalm anspielte. Sein Lob lautet:

b. «An seinem Hofe wird niemals Nacht. Ich meine das ewige Licht (Lampe?), das verlischt ihm nicht. Ein schwankendes Herz ist ihm ein Greuel (vgl. «Ein verkehrtes Herz muß vor mir weichen», Ps. C, 4). Die rechte Wahrheit ist ihm lieb. Treulich wandelt der Fürst in Gottes Gebot und all sein Haus (vgl.: «Ich handle vorsichtig und redlich bei denen, die mir zugehören und wandle treulich in meinem Hause» Ps. C, 2). An seinem Hofe findet man ganze Beständigkeit und rechte Tugend (vgl. «Ich nehme mir keine böse Sache vor. Ich hasse den Übertreter und lasse ihn nicht bei mir bleiben» Ps. C, 3). Dort herrscht Freude und Weisheit, dort ist Keuschheit und Scham; gehorsam sind ihm die Knechte (vgl. «Meine Augen sehen nach den Treuen im Lande, daß sie bei mir wohnen; und habe gerne fromme Diener»). Dort ist Tugend und Ehre. Wo hörtet ihr, daß kräftigeres Heil auf jemandem geruht hätte?» (9050–9065).

Die Miniatur des Psalters zeigt *Heinrich* und *Mathilde* unter dem Kreuz. Die des Evangeliars zeigte *Heinrich* mit den Kreuzzeichen seiner Pilgerfahrt. Im Epilog des deutschen Rolandsliedes gilt das dritte Lob im Davidsvergleich den Verdiensten *Heinrichs* in der Buße. In jener Schenkungsurkunde für Jerusalem hatte der Herzog selbst von der «remissio omnium peccatorum meorum» gesprochen.

c. «Leib und Seele bringt er Gott als Opfer dar, wie der König David. Hat er sich in etwas versäumt, so (sucht oder) erfährt er Gottes Gericht hier in der Zeitlichkeit, auf daß am jüngsten Gerichtstage der Herr ihn nicht fordere, sondern zur ewigen Seligkeit berufe. Dafür sprechen wir alle *Amen.*» (9066–9076).

Im dritten und letzten Initialenabschnitt des Epilogs berichtet der Clericus *Konrad* zunächst von der Entstehung des Werkes. Er schließt mit einer Bitte um fürbittendes Gebet für sich und für den Stifter. Dabei ist die Fürbittformel für den Herzog eine leicht umgewandelte Formel, die bereits in der Regensburger Kaiserchronik (um 1140–47) für Kaiser *Lothar,* den Großvater des Löwen, verwendet wurde (17165–68). Die Fürbitte für den Enkel in die Reim- und Wortformeln der Fürbitte für den kaiserlichen Ahnherrn zu kleiden, das mußte für den mittelalterlichen Autor voll typologischen Sinnes sein. Daß mit einer solchen altertümlichen Formel auf den altertümlichen Stil der Kaiserchronik zurückgegriffen wurde, ja, daß das deutsche Rolandslied überhaupt einem altertümlichen literarischen Stil verpflichtet ist, erscheint nur wie eine Konsequenz des herzoglichen Repräsentationswillens. Aber gerade weil die Traditionsansprüche des Herzogs so hochgespannt waren, waren sie auch einseitig und durch Zielstrebigkeit beschränkt. Ihr Fundament war landesfürstlich-partikulärer, und das heißt de facto provinzieller Natur. Der Niveauunterschied, der zwischen der Geschichtstheologie *Ottos* von Freising und dem Geschichtsbild der Regensburger Kaiserchronik bestand (vgl. ob. S. 319 ff. u. 337 ff.), kehrt hier ein Vierteljahrhundert später in verwandelter Form wieder.

### Das Rolandslied deutsch

Wahrscheinlich 1168 oder wenig später erhielt *Heinrich* der Löwe aus dem anglonormannischen Reich seines Schwiegervaters ein Exemplar der altfranzösischen Chanson de Roland. Die Herzogin *Mathilde,* obschon damals erst ein Mädchen von 12/13 Jahren, soll (vgl. ob. S. 460) den Wunsch nach einer deutschen Übersetzung ausgesprochen haben. Beauftragt wurde damit ein Regensburger Kanoniker namens *Konrad.* Dieser berichtet in seinem Epilog (9080 ff.), daß er das französische Epos zunächst ins ihm vertraute Latein übertrug und dann von dieser Grundlage aus seine deutsche Version herstellte, in so altertümlichen

Versen, daß man lange nicht glauben wollte, dieses Gedicht sei gegen Ende des Jahrhunderts für *Heinrich* den Löwen entstanden.

Man dachte sich unter dem Bayernherzog *Heinrich* des Epilogs eher *Heinrich* den Stolzen, den Vater des Löwen (1126–1138, gest. 1139) oder auch *Heinrich Jasomirgott* (1143–1156, gest. 1177), unter der als «Tochter eines mächtigen Königs» erwähnten Herzogin die Mutter des Löwen, *Gertrud* (gest. 1143), die mit beiden Herzögen vermählt und Tochter Kaiser *Lothars III.* war (vgl. *Kartschoke, Bertau*).

*Heinrich* der Löwe beanspruchte, mit diesem Übersetzungsauftrag der höheren Ehre des Reiches zu dienen (9031–34; vgl. S. 461), und bewies damit zugleich seine königliche ‹art›; denn, wäre es mit rechten Dingen zugegangen, dann hätte jetzt er und nicht sein Vetter *Friedrich Barbarossa* römischer Kaiser sein müssen. So wie *Barbarossa* sich vom Grafen *Balduin* von Hennegau Literatur über den Heiligen *Karolus Magnus* beschaffte (vgl. S. 455), so *Heinrich* der Löwe seinerseits von seinem englischen Schwiegervater. Der Eindruck der Aachener Heiligsprechung klingt auch im deutschen Rolandslied nach. Es spricht vom ‹heiligen Kaiser› (2861, 9001), aber nur zaghaft und bloß zweimal. Das Prädikat ‹sanctus› scheint den ‹richtigen› Heiligen vorbehalten zu sein; denn *Konrad* schreibt in Regensburg, das zur alexandrinisch gesinnten Erzdiözese Salzburg gehört. Aber die herzogliche Stiftung dieses Gedichts ist zugleich ein frommes Werk, ehrt seinen Stifter nicht nur in dieser, sondern auch in jener Welt. Es scheint, als ließen sich die Veränderungen des deutschen Gedichts gegenüber seinem französischen Vorbild in Struktur und Gehalt aus diesem Ansatzpunkt verstehen.

Stützt man sich auf die Initialengliederung der einzigen, noch aus dem XII. Jahrhundert erhaltenen Handschrift (Cod. Palat. Germ. 112), so artikuliert sich der Aufbau des Einleitungsteils (1–360), den der Kleriker *Konrad* der Adaptation des altfranzösischen Textes vorausschickte, als Programm des Ganzen. Der 1. Initialenabschnitt erscheint als zweiteilig.

«Schöpfer aller Dinge, Kaiser aller Könige, o du höchster Priester, lehre du mich deine Worte, sende auf meine Zunge deine heilige Verkündigung, auf daß ich Lüge meide und Wahrheit schreibe von einem edlen Menschen, wie er das Reich Gottes erwarb» (1–10).

Die antik-epische Musenanrufung ist gänzlich verchristlicht. Sie steht dem sehr allgemein formulierten Programm vorweg, dem Bericht von der heiligmäßigen Vorbildlichkeit eines Menschen, die paradigmatische Gültigkeit für alle beansprucht. Der allgemeinen Bestimmung folgt die erste Konkretisierung:

«Dieser ist Karl, der Kaiser. Er steht an Gottes Thron. Denn mit Gottes Hilfe überwand er viele Länder der Ungläubigen. So hat er den Ruhm der Christenheit ausgebreitet. Davon zeugt uns dieses Buch» (11–16).

Das hatte in Aachen sehr ähnlich geklungen:

«Er selbst erstrebte mit allen Kräften seines Herzens den himmlischen Lohn des ewigen Lebens; seine Werke und die zahllosen Aufzeichnungen seiner Taten lehren, wie sehr er bestrebt war, den Ruhm des Christennamens und den Dienst der göttlichen Religion zu verbreiten ... In der Ausbreitung des Christenglaubens und in der Bekehrung der Heiden war er ein mächtiger Kämpfer und ein wahrhaftiger Apostel ... Deshalb erklären wir ihn jetzt und verehren ihn als Seligen und sehr heiligen Bekenner, ihn, von dem wir glauben, daß er ... zum Herrn eingegangen ist und daß er im Kreis der Bekenner gekrönt wurde zum heiligen und wahrhaften Bekenner im Himmel» (s. oben S. 454).

Der zweite Initialenabschnitt wiederholt das eben von *Karl* Gesagte ausführlicher:

«Karl war der Sohn Pipins. Große Ehre und großen Erfolg hat dieser Fürst gewonnen. Überwunden hat er das schreckliche Heidenvolk, auf daß sie erkannten das wahre Licht, denn nicht wußten sie bislang, wer ihr Schöpfer war. Von seiner Kindheit bis zum Mannesalter, vom Mannesalter bis zum Greisenalter wurde dieser Fürst immer vollkommener. Nun hat ihn Gott in sein Reich aufgenommen. Dort wohnt er immerdar» (17–30).

Diese Kurzvita des Heiligen *Karl* ist nichts anderes als eine Amplificatio des Vorhergehenden. An sie schließt sich mit den Initialenabschnitten 3–17 (Vers 31–360) eine weitere Amplificatio an. Wiederum detaillierter wird jetzt die Bekehrung der Heiden dargestellt, und zwar in drei Schritten. Der erste füllt die Initialenabschnitte 3–8 und handelt von dem göttlichen Auftrag an den Kaiser und seiner Verkündigung durch die feodalen Instanzen hindurch.

3. «Als der Gottesstreiter aus Spanien hörte, wie sittenlos das Volk dort lebte, daß es Götzen anbetete und Gott nicht fürchtete und sich schwer verging, da klagte der edle Kaiser darüber, und mit seinem Flehen drang er Gott an: da er doch den Menschen zuliebe Fleisch und Blut angenommen und den Tod am Kreuz erlitten habe, auf daß er die Seinen erlöste, möge er das Heil (auch) gewähren den zahlreichen Heidenvölkern, denen die nebelfinstere Nacht tödlichen Schatten gebracht, möge er sie dem Teufel entreißen (31–46).
4. Karl betete heftig, aus tiefstem Herzen, als alles Volk ringsum schlief. Aus seinem edlen Herzen rief er unter Tränen zu Gott. Da sah er plötzlich mit leiblichen Augen einen Engel vom Himmel. Der sprach zum König: ‹Karl, Lehensmann Gottes, eile nach Spanien! Gott hat dich erhört. Das Volk dort wird bekehrt werden. Diejenigen aber, so sich diesem Werke widersetzen, heißen Kinder des Teufels und sind gänzlich verloren. Gottes Zorn wird sie schlagen an Leib und Seele. Auf ewig werden sie hausen müssen in der Hölle!›» (47–64).

So wie Gott seinen Lehnsmann Karl zum Bekehrungswerk aufgerufen hat, ruft nun Karl seinerseits seine Lehnsleute im 5. und 6. Initialenabschnitt dazu auf. Himmlischen Lohn verheißt er ihnen. Die Fürsten aber müssen sich ihrerseits zunächst mit ihren Kleinvasallen beraten. In dieser Versammlung der 2. Instanz (Abschnitt 7 und 8) hält dann der Graf Roland jene Rede von Gotteskrieg und Himmelslohn, welche zuvor Karl gehalten hatte. Alles wiederholt sich auf immer weiteren

Stufen. Das feodale Recht zur Beratung des Lehnsherrn durch den Lehnsmann will es so. Die Abschnitte 9 bis 13 berichten dann vom Aufgebot des Heervolkes. Erst nachdem die verschiedenen Vasallitätsinstanzen das Unternehmen gutgeheißen haben, kann das Volk zur Kreuzfahrt nach Spanien aufgeboten werden. Vor dem versammelten Heervolk spricht Karl erneut über göttlichen Auftrag und himmlischen Lohn. Zuletzt ergreift der Erzbischof Turpin das Wort und predigt über die Nachfolge Christi unter dem Kreuz, über den Lebenswandel des guten Gottesstreiters und verheißt Gottes Segen. Kampf und Sieg in Spanien durch die Eroberung Tortolosas berichten dann die Laissen 14 bis 17 (das wäre der 3. Schritt). Am Ende steht die Bekehrung der Heiden:

«Da ergaben sich die Heiden in die Gnade des Kaisers. Da taufte sie der Bischof – so steht es geschrieben – in nomine patris et filii et spiritus sancti. Sie glaubten an die heilige Dreifaltigkeit, liebten alle Gottes Gebot, und lobten und priesen ihn allezeit, daß solche Wunder der Herr an ihnen vollbracht hatte. Weib und Mann und alles Volk der mächtigen Stadt Torteluse sangen Deo gracias» (349–360).

Damit wäre im Grunde genommen das Programm erfüllt, welches sich der Autor zu Beginn seines Prologes aufgestellt hatte. Aber nach einer ersten und zweiten Amplificatio folgt jetzt als dritte Vergrößerung des Themas das eigentliche Rolandslied. Der Prolog aber hat es unter ein neues Vorzeichen gestellt. Mit dem Hauptthema vom «tiurlichen man, der daz gotes riche gewan» ist es wie bei einem ins Wasser geworfenen Stein, der immer weitere Kreise um sich zieht. Und das hier verkündete beispielhafte Gottesrittertum kommt als Auftrag des Höchsten Lehnsherren an den Kaiser, von ihm an die Fürsten, von den Fürsten an ihre Aftervasallen, schließlich ans Volk. Dieser Weg bildet zugleich die feodale Organisation ab. Die Amplificatio-Form des Prologs aber bringt auch den paradigmatischen Anspruch des Werkes zum Ausdruck. Gerade der allgemein vorbildgebende Charakter des Gedichts, welches ja nicht Karl allein als den edlen Gottesstreiter zeichnet, begründet zugleich das besondere *fromme* Verdienst seiner Stiftung. Denn nur, weil sein Thema allgemein gilt, kann es auch jeden Einzelnen erbauen. Die Allgemeinheit des Vorbildes aber wird gleich zu Anfang deutlich gemacht in dieser Stufenfolge von Amplificationen.

Vasallität und exemplarisches Gottesrittertum rücken auch die Gestalt des Haupthelden Roland in eine veränderte Perspektive. Die Höhepunktsszene von Rolands Tod, im altfranzösischen Vorbild durch die rhetorische Großartigkeit der Wiederholungslaissen zu einer Liturgie von Vasallentreue, Christentum und Francia gestaltet (vgl. oben S. 247–250), wird in der deutschen Versfassung in drei verschieden langen Initialenabschnitten wiedergegeben. Der erste (6771–6894) hat 124 Verse, der zweite (6895–6923) hat 29, der dritte (6924–6949) 26 Verse.

Im dritten und letzten der drei Abschnitte liegt offenbar die Form der heilsallegorischen Anspielung vor.

«Als Roland aus der Welt schied, erschien vom Himmel ein großes Licht. Dann, nach einer Weile aber, kam ein gewaltiges Erdbeben, Donner und Himmelszeichen in beiden Reichen: in Karlingen und in Spanien. Winde erhoben sich. Die stürzten die riesigen Waldbäume und das Volk vermochte sich kaum zu retten. Immer wieder sahen sie furchtbare Blitze. Die strahlende Sonne verlosch. Über die Ungläubigen brach es herein. Ihre Schiffe versanken, die Menschen ertranken in der Flut. Der helle Tag ward finster wie die Nacht. Türme stürzten ein, schöne Paläste sanken zusammen. Die Sterne taten sich auf. Das Wetter war unheimlich. Alle meinten, daß die Stunde gekommen sei, daß die Welt sollte ihr Ende haben und Gott sein Gericht halten wolle» (6924–6949).

Ausdrücklich wird Rolands Tod mit der Vorausdeutung auf den Jüngsten Tag in Zusammenhang gebracht. Aber auch ein anderer Tod klingt an, der Tod Christi. Auch ihn begleiten solche Naturerscheinungen als Zeichen, daß die Endzeit angebrochen ist:

«Denn gleichwie der Blitz ausgeht von Anfang und scheint bis zum Niedergang, also wird auch sein die Zukunft des Menschensohnes ... Bald aber nach der Trübsal derselben Zeit werden Sonne und Mond den Schein verlieren, und die Sterne werden vom Himmel fallen, und die Kräfte des Himmels werden sich bewegen. Und alsdann wird erscheinen das Zeichen des Menschensohnes am Himmel. Und alsdann werden heulen alle Geschlechter auf Erden ...» (So die Endzeitverkündigung Matth. 24, 27. 29–30).

Beim Tode Christi aber heißt es:

«Aber Jesus schrie abermals laut und verschied ... Und die Erde erbebte, und die Felsen zerrissen, und die Gräber taten sich auf» (Matth. 27, 50–52.).

Rolands Tod ist dargestellt als der Tod des vor Gott Gerechten. So wie bei *Otto* von Freising das Sterben der Märtyrer vor Anbruch der Civitas permixta vorausdeutet auf das Sterben der Gerechten durch den Antichrist vor Anbruch der Civitas Dei, so deutet auch das Sterben Rolands auf die Endzeit. D. h. nicht nur Karl der Große, sondern auch Roland und jeder Heidenkämpfer ist der «edle Mensch, der das Reich Gottes erwarb», von dem der Prolog sprach. Das für jeden vorbildliche, das exemplarische Gottesrittertum ist die Kategorie, von der aus Rolands Tod als Tod des Gerechten dargestellt wird.

Der dieser Darstellung vorausgehende Abschnitt von 29 Versen zeigt diesen gerechten Gottesmann Roland unter einem andern Aspekt:

«Roland fiel nieder zum Kreuz. Er sprach:
Herr, du erkennst genau, daß mein Herz dich liebt. Deine mächtige Gnade hast du an mir bewiesen. Jetzt, da ich sterbe, Herr, sende deinen Engel zu mir. Sei gnädig meiner elenden Seele, daß kein böser Teufel sie ergreife.
Ich bitte dich (, Herr,) für meinen Fürsten –
Schütze sein Recht, unterdrücke seine Widersacher, auf daß seine Feinde alle daniederliegen und er für Deines Namens Ehre über sie den Sieg behalte. –
Auch für das Haus Karls und für seine Untertanen, (auch) für die erflehe ich Deine Gnade. Allen denen, die ihm in treuer Liebe ergeben sind, Lebendigen, wie Toten, wollest Du eine Stätte bereiten in Abrahams Schoß.

Er lehnte sich auf seinen rechten Arm und neigte das Haupt. Die Hände hob er auf (zum Gebet). Dem Allmächtigen Gott befahl er seine Seele. Mit Sankt Michael, mit Sankt Gabriel, mit Sankt Raphael teilt er die ewigen Freuden.» (6895–6923).

Im Zentrum dieses Abschnittes steht das Gebet. Ein erstes, verhältnismäßig kurzes Stück gilt der Bitte um das eigene Seelenheil und um das Engelsgeleit der toten Seele. Diesen Inhalt nimmt der Schluß auf, wenn er von der Erfüllung der Bitte berichtet. Dazwischen aber steht als umfangreichstes Stück die Fürbitte Rolands für seinen Lehnsherrn. Roland betet hier vor allem als treuer Lehnsmann. Abschnitt zwei und drei behandeln also nacheinander: Roland als irdischen Lehnsmann, Roland als vorbildlichen Gotteskrieger und Märtyrer.

Der Prolog aber hatte mehr als ein irdisches, er hatte ein doppeltes Lehnsverhältnis des Christenritters bezeichnet: «Seid Gott untertan, seid euren Fürsten untertan» (217 ff.). Von der Gottesvasallität Rolands handelt der 1. Abschnitt der Todesszene. In seinem Zentrum steht das Schwert Rolands als himmlisches Lehen. Aber es rückt erst allmählich ins Zentrum. Der Abschnitt beginnt:

«Roland wandte (das Gesicht) gegen Ispanie, fern von den Erschlagenen. Er ließ sich nieder unter einem Baum. Dort betete er unter großen Mühen. In der einen Hand hielt er das Horn Olifant, in der andern sein Schwert Durndart.» (6771–77).

Da wird sein Gebet unterbrochen. Ein Heide versucht, den Todwunden zu berauben. Roland erschlägt ihn mit dem Horn, welches zerbirst. Dann versucht er vergeblich, sein Schwert zu zerstören. Drei Satzgruppen berichten davon (V. 6805–6888). In jeder spricht der Held aufs neue sein Schwert an. Zuerst wird nur Rolands Sorge um das fernere Schicksal von Durndart dargestellt. In der dritten und letzten Anrede entfaltet die große Litanei von Ländernamen ein mythisches Bild vom Karlsreich (6830–6857). Bereits zu Anfang der Namensrezitation beginnt Roland die besondere Art seines Schwertes zu erkennen:

«Voll Zorn schlug er nochmals (auf den Felsen). Als aber das Schwert vor ihm bestand, ohne Sprung und ohne Scharte, sprach er noch einmal zu Durndart: Deine Art erkenne ich wohl, daß du das nicht willst» (6821–26).

Dann folgen die Namen der Eroberungen, welche die Taten des Schwertes sind. Am Ende der Namenslitanei heißt es:

«Deinesgleichen ward nie geschmiedet auf Erden, noch wird es hier je geschmiedet werden» (6858–60).

Aber solche außerordentliche Vortrefflichkeit ist noch nicht das eigentliche Wesen des Schwertes. Dieses erkennt Roland erst, als er sich an den himmlischen Ursprung von Durndart erinnert:

«Zu Moriana in dem Tal brachte der Engel dich meinem Fürsten. Gnädig gedachte der Gottesbote meiner, nannte mich beim Namen. Karl, dem Kaiser, befahl er, dich, Durndart, mir, dem Roland, umzugürten, auf daß Witwen und Waisen beschützt würden» (6862–69).

Durch seinen irdischen Lehnsherrn wird Roland zum Werkzeug des klassischen Kaiserauftrags: Witwen und Waisen zu beschützen. Aber Karl ist nur Mittler des himmlischen Lehnsherrn, der Roland namentlich zu seinem Amt beruft. Rolands Schwert ist das Werkzeug, es ist Lehen vom Himmel. Indem Roland sterbend dies ganz begreift, erkennt er zugleich noch ein Weiteres in seinem vollen Umfang: Dies Schwert selbst ist ja Reliquienbehältnis. In seinem Knauf ist, wie es heißt, große Heiligkeit versiegelt: Blut Sancti Petri, «herschaft» Sancti Blasii, Haar Sancti Diony-sii, ein Gewandstück Sanctae Mariae. Es war frevelhaft von ihm, ein solches Heiligtum zerstören zu wollen. Roland empfindet plötzliche Reue, und jetzt wird seine Rede wieder Gebet, Bitte an Gott:

> nu uergip du mir, himilischer herre,
> daz ich iz ungezogenlichen sluoc (6872f).

«Vergib, himmlischer Fürst, daß ich das Schwert zuchtlos (auf den Felsen) schlug.»

Die einzig mögliche und würdige Form der Aufgabe eines solchen Lehens ist sein *Heimfall*, d.h. die Rückgabe an den himmlischen Lehnsherrn in aller feodaler Rechtsform.

«Nun will ich keinen andern Erben für dich als den hohen Fürsten, der um der Sünder willen geboren ward. Diese Heerfahrt hat er mir geboten ... In des himmlischen Herrn Gnade ergebe ich mich (und) das, was ich von ihm empfangen habe» (6881–87).

Diesem letzten Willen folgt die feodale Rechtsgeste: «Den Handschuh zog er ab, gen Himmel streckte er ihn» (6889f.).

Die Übergabe des Handschuhs bedeutet ‹Übertragung einer Gewalt›. Im deutschen Rolandslied wird mehrfach der Auftrag, den ein Fürst von seinem Herrn empfängt, durch die Handschuhgeste ausgedrückt (1417, 1435, 3213). Die Rückgabe des Handschuhs an den Herrn aber besiegelt die Rückgabe des Lehens. «Vostre terre, dist il, vous rend par cest mien gant» (Roman de Rou), so lautet einer der zahlreichen Belege, die *Jacob Grimm* in seinen ‹Deutschen Rechtsaltertümern› dazu aufführt. Und Gott nimmt das Lehen zurück:

«Den Handschuh nahm der Engel des Herrn aus seiner Hand. Dafür wird der Held Roland von aller Christenheit verehrt, wie uns das Buch berichtet» (6891–94).

Roland als himmlischer Lehnsmann, Roland als irdischer Lehnsmann, Roland als vorbildlicher Gotteskrieger und Märtyrer, das ist, von seiner Abschnittsstruktur her gelesen, der Inhalt der Szene von Rolands Tod. Der Held selber verwandelt sich im Verlauf der drei Reimpaarlaissen vom sterbenden Haudegen, der den letzten Heiden mit dem Olifant erledigt, zum heiligen Märtyrer, der sein Schwert von Gott zu Lehen hat durch Karl, seinen irdischen Lehnsherrn, dem die besondere Fürbitte des Sterbenden gilt. Den Tod des Gerechten aber besiegelt der prophetische Aufruhr der Elemente.

Die altfranzösische Rolands-Chanson setzte ihre Akzente anders. Im deutschen Gedicht ist nicht nur der geistliche, sondern auch der ritterliche Gehalt besonders. Kein national-monarchischer Feodalismus wird hier gefeiert, aber auch kein allgemein menschlicher, sondern ein landesfürstlich-partikulärer, der auf die besonderen Verhältnisse *Heinrichs* des Löwen zugeschnitten scheint. Im Knauf des himmlischen Lehnsschwertes Durndart liegt nicht nur die höchste Würde von Rolands Gottesrittertum besiegelt, sondern auch die besondere Würde seines fürstlichen Stifters. Lange unbemerkt blieb, daß die Blutsreliquie des Heiligen Basilius (‹del sanc seint Basilie› 2346) im deutschen Gedicht durch den Reliquienschatz des Heiligen Blasius (‹herschaft sent Plasien› 6875) ersetzt wurde. Dieser Heilige aber ist der besondere Schutzpatron· *Heinrichs* des Löwen; seinen Reliquienschatz hat der Herzog durch die Mitbringsel von seiner Kreuzfahrt prunkvoll vermehrt, wie *Arnold* von Lübeck bezeugt; dem Heiligen Blasius gehörte der Dom bei der Herzogspfalz in Braunschweig und ihm hatte *Heinrich* der Löwe das Evangeliar geschenkt, das er in Helmarshausen hatte malen lassen *(vgl. Abb. 64).* Kaum zufällig und kaum vor 1172/3 wird dem Regensburger Clericus *Konrad* solch Quidproquo in den Calamus geflossen sein. In Rolands Sterbeszene ist schließlich der Vollzug des Heimfallsrechts (vgl. 6891), der in der ‹Chanson de Roland› (vgl. 2373 f.) fehlt, ein von *Heinrich* dem Löwen in Bayern und Sachsen mit Vorliebe gebrauchtes Herrschaftsinstrument. Darauf, daß das deutsche Rolandslied die modernere Gebetsgeste des Sterbenden durch die altertümlichere ersetzt, wurde bereits früher hingewiesen (S. 250). Doch das deutsche Gedicht archaisiert nicht nur in dieser Hinsicht; es archaisiert, wie der Braunschweiger Blasius-Dom gegenüber der moderneren Grabkirche Kaiser *Lothars* in Königslutter, um den herzoglichen Rechtsanspruch in die Formen bewährter Tradition zu kleiden. Und diese Tradition ist von alters her provinziell. Als das ostfränkische Karolingerreich sich vom westfränkischen trennte, waren hier nur Urwald und Rodeland, dort römischer Kolonialboden und Städte. So modern die politischen Ideen des Herzogs sein mochten – Territorialstaat und Finanzfeudalismus –, die Produktivkräfte zu ihrer Realisierung blieben altertümlich. *Heinrich* der Löwe versuchte mit seinen Städtegründungen der neuen Verkehrswirtschaft Rechnung zu tragen. Aber das von ihm gegründete München und das von ihm gegründete Lübeck waren nicht Ypern, London, Paris oder Mailand. Das deutsche Köln funktionierte als Randstadt des flämischen Wirtschaftsraums und die Messezentren der Fernhändler befinden sich in der Champagne, wo

*Chrestien* de Troyes dichtet. Das Regensburg des Pfaffen *Konrad* bleibt, trotz seiner Tuchindustrie und seines Osthandels, wie Deutschland überhaupt, in europäischer Randlage zur großen Wirtschaftsachse, die Italien, Frankreich und England verbindet. Erst seit 1240 gibt es eine internationale Messe in Deutschland (Frankfurt).

Von der janusköpfig nach Land und nach Geld blickenden feodalen Ritterkultur mit eigentümlich archaischem Akzent in Deutschland aber weiß nicht nur die Politik *Heinrichs* des Löwen, sondern auch ein phantastisches Spielmannsepos dieser Jahre, das Epos vom König Rother. Und auch in ihm spukt die Idee einer Karls-Nachfolge.

### König Rother

Das fabulöse Imperium, das König Rother beherrscht, läßt sich durchaus vergleichen mit den epischen Karls-Reichen aus ‹Chanson de Roland› und deutschem ‹Rolandslied›. In der Namenslitanei der Chanson (vgl. S. 239) war auffallend die ‹angevinische Achse›: England, Irland, Normandie, Bretagne mit Nantes (oder Anjou), Maine, Poitou, Aquitanien. Enggedrängt und genau waren die Gebietsnamen um sie herum, im Ortlos-Unvorgestellten verschwammen die Namen fernerer Länder. Im deutschen ‹Rolandslied› des Clericus *Konrad* war die Anjou-Achse erhalten, aber das Karls-Imperium war ansatzweise vergrößert um Ländernamen vor allem im Osten des Reiches: Sorbenland (6839), Sachsen (6842), Bayern (6840), Böhmen (6848), Polen (6848), Ungarn (6846), auch Friesland (6852) – eine etwas verwackelte ‹welfische Achse›, die um die Stammterritorien Sachsen und Bayern herum jene Länder evoziert, welche der welfische Herrschaftshorizont sieht. Dies ist im ‹Rother›-Epos wohl nachgeahmt und genauer belichtet: Friesland und Holland (4830), Sachsen und Thüringen (4841), Pleiße- und Sorbenland (4842), Österreich (4863), Meranien (= Krain; 3449, 3607), Böhmen und Polen (4865); unscharf wird das Bild im Westen: Kärlingen (4882) mit Reims (4824), Schottland (4828), Spanien (4840). Die ‹angevinische Achse› hat der ‹welfischen Achse› Platz gemacht.

Zugleich geben die Ländernamen Datierungshinweise: seit 1156 ist Österreich Territorium (vgl. S. 390), seit 1157/8 hängen Polen und Böhmen vom *Barbarossa*-Imperium ab (vgl. S. 388), zwischen 1153 und 1178 führen die Dachauer Grafen den Titel ‹Herzog von Meranien› *(F. Neumann),* erst danach, nach dem Sturz des Löwen, ihre Rivalen von Andechs-Dießen, die im ‹Rother› (2945) ‹Rebellen› sind. Auf der Orientfahrt *Heinrichs* des Löwen urkundete in Regensburg ein Andechser mit (vgl. S. 458); auf diesem Zug war auch die Erfahrung zu machen, daß Ungarn und Griechen verbündet sind (Rother 489; vgl. ob. S. 458).

Mäzenateninteresse an einer Aufzeichnung des Gedichts könnten die bayrischen Herren von *Tengelingen* bekundet haben (Rother 2952, 3428, 3470, 4338).

Aber die Sagengeographie hier hat auch einen niederrheinischen Blickpunkt: Lothringen (4829), Holland (4830), Brabant (4829), wo die Heilige Gertrud von Nivelles (3479) verehrt wird. Die ältesten, noch aus dem XII. Jahrhundert erhaltenen Aufzeichnungen stammen vom Niederrhein (Cod. palat. germ. 390) und aus Bayern (München, Cod. germ. 5249/1), die Reimsprache weist an den Mittelrhein. An zwei Stellen (3483 ff., 4785 ff.) behauptet der Dichter, auch in diesem weltlichen Erzählstoff könne Wahrheit sein, er sei kein Lügengewebe, und verteidigt damit sein Sozialprestige. Ein ‹clericus›, wenn auch kein ordinierter, dürfte er immerhin gewesen sein, ein Gelehrter und Studierter, der sich im volkstümlichen Genus des Spielmannsliedes mehr aus Not als aus Muße versucht und es literarisch nicht allzu anspruchsvoll gefaßt zu Pergament bringt (vgl. auch *Ruh*). Sein König Rother wird zum Großvater *Karls* des Großen. Er herrscht in Aachen (5006), in Riflant (= Ripuarien; 3097; vgl. *W. J. Schröder)*, vor allem aber im apulischen Bari, bis 1137 südnormannische Königsresidenz (3 u. ö.).

Der in der ‹Chanson de Roland› (2328) angetönte, im deutschen ‹Rolandslied› mit Apulien, ‹Malue› (Melfi oder Amalfi) und Palermo 6835 f. reicher entfaltete Hinblick auf jenes südnormannische Reich, das Teil hat an der französischen Ritterkultur (vgl. ob. S. 425), bleibt im ‹Rother› verschwommen. Zum Südreich Rothers gehört Sizilien (4884), wie tatsächlich seit 1130. Der andere Hauptschauplatz ist Byzanz-Konstantinopel, von dem der Dichter genauere Nachricht hat (vgl. Hippodrom-Palast 886; *Szklenar)* und das König *Roger II.* von Apulien-Sizilien (1130–1154) von 1143–47 mit Krieg überzog. Langobardenkönig *Rother* (636–652) und Südnormannenkönig *Roger* sind zu einer Person verschmolzen. Die Darstellung selber hat etwas vom Märchenorient, wie er auch durch die Pilgerfahrt *Heinrichs* des Löwen nach Deutschland gekommen sein mag. Ritterliches ist der älteren Sagenfabel (vgl. *De Boor)* sprechend von außen her anempfunden, das Verhältnis der Feodalen zum Geld etwa pointiert gesehen:

«Da sprach Herzog Berker zum König: ‹Das ist wahr, edler König, nichts Übeles rate ich dir. Nun kaufe dir selbst fromme Fürsprache (mit RBLe; vgl. Lesarten). Denn wie Dreck ist der Reichtum, ach unrein›» (5145 ff.).

Der höhere Wert, der hier dem nichtigen Schatz gegenübergestellt wird, ist die notwendige Funktion der Geldwirtschaftswelt. In sachgebunden-feodaler Wertvorstellung wird geschwelgt, Goldringe (395, 1926, 2026, 2136), «schaz ane zale» (610, 782, 3078), statt Maultierlasten wie im ‹Couronnement› (vgl. ob. S. 423; aber auch *Arnold* von Lübeck cap. 4, 5, 9, 12) werden ausgerüstete Ritter vergabt an den Grafen Arnold, den Prototyp des in Ehren verarmten Feodalen, der nicht nur in der Wilhelms-Geste, sondern auch im ‹Erec› *(Hartmans* Koralus) geistert (Rother 1446). Freilich kennt der Dichter Pfennig (669, 3118, 3734), Mark (1438, 4036), Pfund (3126, 3732), aber er übersetzt doch währungs- in sachgebundene Wertvorstellung, wenn er sagt:

> «Er bot diesen Gegenstand nur für 1000 Pfund allerbesten Goldes feil, welches Damen als Schmuck tragen können» (3125–28).

Decouvrierend ist das Reden von «des goldes milte» (3045), der Freigebigkeit des Goldes, krampfhafte Tugend einer Ritterlichkeit, die gibt, was sie nicht besitzt (vgl. die Szene 3713–3752). Beratungsszenen (1–163; 424–661; 3285–3630), Waffenhilfe, Belehnung (4789–4892; 4712ff.) beschwören eine feodale Grundstruktur, Szenen, in denen die Nennung langer Namensreihen Ruhm für die Beteiligten ist wie Zeugenunterfertigung bei Urkunden. Der Zustand des Rittertums ist von außen scharfsichtig erkannt.

Auch die doppelsträngige, kolportagehafte Fabel hilft solchem Erkennen auf den Weg:

> Der römische König Rother von Bari ist unvermählt. Die Beratung seiner Lehnsmannen bestimmt ihm die Tochter des oströmischen Kaisers von Konstantinopel zur Frau. Eine friedliche Gesandtschaft dorthin landet im griechischen Kerker. König Rother selbst gelingt die Befreiung der Freunde und die Entführung der Prinzessin. Aber die List der Griechen entführt sie aus Bari wieder nach Byzanz. Zum zweitenmal muß sie gewonnen werden. Unter Lebensgefahr bis kurz unter den Galgen gelingt es dem König. Sieg, Hochzeit und zweite Heimkehr nach Bari stehen am Ende.

Das Schema von Entführung und Rückentführung wäre noch öfter wiederholbar, in immer neuen Schicksalsumschlägen. Sein Wahrheitsgehalt ließe sich auf die Probe stellen gegenüber der Doppelhandlung im höfischen Roman: Wäre es denkbar, daß Erec seine Enide erwirbt, verliert, wieder gewinnt? Es schlummert offenbar auch hier etwas vom ewig wiederholbaren, nie endgültigen Leben, ist aber gebannt durch die Starrköpfigkeit einer festzuhaltenden Problematik, in der die Gesellschaft dieser Romane gefangen ist. Wenn Vereinzelung des Helden und seine Reintegration der Sinn des höfischen Fabelverlaufs ist (vgl. ob. S. 447), dann ist der Weg unwiederholbar, dann steht am Ende die geläuterte Situation des Anfangs, die bewährte Person des Helden. Oder die Minne im ‹Tristan›: Wäre nicht denkbar, daß Tristan Isolt erwirbt, sie an Marke verliert, sie wieder gewinnt? Es darf nicht denkbar sein, die Treue von Tristan und Isolt zu ihrer Liebe muß als unwandelbar behauptet werden. Die Minne der höfischen Literatur hat ‹Heilscharakter› *(Curschmann).* Im spielmännischen Kolportageroman kann sie Motiv bleiben. Die Doppelfabel im ‹Rother› verrät die Doppelfabel des höfischen Romans wie nur je Kolportage die Identitätslehre der feinen Literatur verraten hat, welche ihre Ehre darein setzt, im Endgültigen oder auch Ausweglosen zu verharren, an das Kolportage in scherzhaftem Ernst nicht glaubt. «Jede Abenteuergeschichte bricht die Moral des ‹Bete und arbeite›», hat *Ernst Bloch* behauptet. So macht auch das Epos vom König Rother Besonderes am Rittertum sichtbar, es weiß etwas von höfischem Aufwand und Spielmannsspektakel als List, über das Wunderbare als Betrug, über das Verhältnis von innerem Wert, Verkleidung und Reichtum, träumt aus vollem Herzen die Korrektur von Unglück und Schicksal und spricht von Humanität, ehe die gehobene Literatur sie formuliert.

Die Minne im Rother-Epos heißt ‹vorhöfisch›, weil sie ein Ergriffensein nach allen Regeln gesellschaftlicher Rhetorik verschmäht. Die Gesandtschaft der Getreuen wirbt in Byzanz für König Rother: «Das Mädchen (die Griechenprinzessin) hörte so viel von der Vortrefflichkeit dieses Mannes, daß sie ihn mit ganzem Herzen zu lieben begann» (1909–12) – obgleich sie ihn gar nicht kennt. Ihre Liebe ist Bewunderung des Berühmten. Aber der griechische Kaiser wirft die Gesandten des römischen Königs ins Gefängnis. Da bricht Rother als ‹Graf Dietrich› verkleidet mit großen Reichtümern nach Byzanz auf, nennt sich ‹arm› und vom reichen Rother vertrieben und wirft mit Gold nur so um sich. Wenn dieser Graf Dietrich arm ist, wie reich muß dann erst König Rother sein, der ihn vertrieb. Neugier und Bewunderung der Prinzessin verhelfen dem Incognito-Rother als Graf Dietrich zur Audienz in ihrer Kemenate. Es ist die gestisch deutlichste Szene des Epos:

«Die Kammerfrau der Prinzessin mußte lange auf Antwort warten. Der Herr Dietrich beriet mit dem alten Gefolgsmann Berker, wie es möglich zu machen wäre.

‹Das geht sehr gut›, sagte der Herzog. ‹Beim Hippodrom-Palast werde ich großes Aufsehen erregen. Alles Volk wird zusammenlaufen und so wird niemand auf dich achtgeben.›

Er befahl den Riesen auszuziehen und rüstete selber sein Roß. Die Leute strömten im Hof zusammen. Da führte der greise Jüngling 1000 Ritter in den Turnierring. Der Riese Widolt sprang mit der Stange herbei und tat, als ob er ‹herriz› (2160; vgl. *G. Thiele)* wäre. Asprian übertraf sich selbst im Weitwerfen. Er war der Gaukler der Riesen. Grimme sprang 12 Klafter weit, und die andern tatens ihm nach. Einen gewaltigen Felsbrocken ergriff er. So bemerkte keiner der Aufpasser, die ihre Runden machten, Dietrich (2143–68).

Die junge Königin stand am Fenster. Schnellen Schrittes kam der jugendliche Held über den Hof. Da wurde er mit zwei ergebenen Rittern freundlich empfangen. Die Kemenatentür öffnete sich und der schöne Edelmann trat ein. Die junge Königin hieß ihn selbst willkommen. Alles, was er verlange, sagte sie, wolle sie gern erfüllen, sofern ihrer beider Ansehn das erlaube.

‹Herr, ich war begierig, dich zu sehn, wegen all des Hervorragenden, was man von dir berichtet – nur deswegen. Diese wunderbaren Schuhe sollst du mir anziehen.›

‹Sehr gerne›, antwortete Dietrich, ‹zumal ihr mich darum bittet.› Mit einer anmutigen Bewegung setzte sich der Fürst ihr zu Füßen. Auf seinen Schenkel stellte er ihren Fuß. Nie wurde eine Prinzessin besser beschuht. Da redete der Listige:

‹Nun, sag mir, edle Dame, auf dein Wort als Christin: Gar mancher hat um dich geworben. Welcher von allen gefällt dir am besten, wenns nach dir ginge?› (2169–2200).

‹Das will ich dir sagen›, antwortete die Prinzessin, ‹ganz aufrichtig bei meiner Seele und so wahr ich getauft bin. Ließe man aus allen Ländern der Erde die besten Krieger zusammenkommen, so würde doch keiner von allen sich dir je vergleichen können. Wahrhaftig und bei meiner Treu, nie gebar eine Mutter ein so schönes Kind, wie es, mit Verlaub, der Herr Dietrich ist. Und keiner könnte sich neben dich stellen. Dürfte ich aber wählen, so nähme ich einen trefflichen und kühnen Helden. Dessen Boten kamen hier ins Land und hier, wahrhaftig, liegen sie in meines Vaters Kerker. Er ist Rother genannt und wohnt westwärts, jenseits des Meeres. Ich will ewig unvermählt bleiben, wenn nicht dieser herrliche Held mein wird.›

Als Dietrich dies vernahm, da antwortete der Kluge: ‹Willst du Rother deine Liebe geben, so werd ich ihn dir schnell herbeischaffen. Kein Mensch auf der Welt hat mir so viel zu Liebe getan wie er. Das wird er noch ernten, bis alle Schmach von ihm genommen ist. Aus den schlimmsten Nöten hat er mir geholfen. Gott vergelte es ihm. Wir freuten uns beide der Herrschaft und lebten glücklich miteinander. Er war immer gnädig und gut zu mir, allein, hätte mich nun vertrieben der wackere Held …(?)› (2201–2238).

‹Ach so›, sagte die junge Königin. ‹Ich verstehe aus dem, was du sagst, daß dir Rother sehr lieb ist. Er hat dich nicht vertrieben. Und wenn du umherziehst, kühner Held, so deshalb, weil du ausgesandt bist als Bote. Nun verbirg mir nichts. Alles, was ich jetzt höre, wird bis zum Jüngsten Tag verschwiegen sein.› Da sagte der Fürst: ‹Nun will ich meine ganze Sache auf deine und auf Gottes Gnade stellen. Wahrhaftig, es stehen deine Füße im Schoße Rothers!› (2239–2254).

Die Prinzessin erschrak heftig und zuckte mit dem Fuß zurück und sprach höchst beschämt (s. Anm.): ‹Wie konnte ich so taktlos sein und so übermütig, meine Füße in deinen Schoß zu setzen! Und wärest du (wirklich) der König Rother, (so laß dir sagen:) vortrefflicher kannst du nicht werden (als du bist), o König! Deine Kunst weiß die schwierigsten Lagen zu meistern. Von solcher deiner Herkunft hat mein Herz (sogleich) widergeklungen. Hätte Gott dich (doch) hierher gesandt, es wäre mir herzlich lieb. Aber ganz vermag ich es doch (noch) nicht zu glauben, du müßtest es mir beweisen. Dann – selbst wenn dir das schwerste erdenkliche Schicksal bevorstünde – würde ich gewißlich mit dir diese Lande verlassen. Sonst aber geschieht es nie, (denn) keinen noch so schönen Mann auf der ganzen Welt würde ich vorziehen, wenn du der König Rother wärest› (2255–2280).

Da antwortete der Herr Dietrich. Er hatte einen außerordentlich erfindungsreichen Sinn: ‹Nun hab ich auf der ganzen Welt keine besseren Freunde als die unglücklichen Edelleute, die (hier) im Kerker liegen. Wenn die meiner ansichtig werden, so könntest du wohl erkennen, ob ich die Wahrheit sprach.›

‹Wahrhaftig›, antwortete die Prinzessin, ‹ich werde sie durch irgendeine List von meinem Vater zu bekommen wissen. Aber er gibt sie niemandem frei, der nicht mit seinem Leben dafür haftet, daß keiner von ihnen entkommt, bis man sie wieder in den Kerker führt, worin sie so elend gewesen sind› (2281–2298).

Darauf antwortete Dietrich: ‹Vor dem mächtigen Constantin werde ich für sie bürgen. Er wird gewiß am morgigen Tag Hof halten.› Die reizende Prinzessin küßte den Edelmann. So schied er mit Ehren von der Kemenate und ging eilends in seine Herberge. Als Berker das gesehen hatte, wie schnell wurde da der Turnierplatz geräumt. Dann erzählte der Herr Dietrich dem edlen Herzog die wunderbaren Neuigkeiten. Beide sagten: ‹Gott sei Dank!» (2299–2314).

Mehrere Schalen von Verstellungen und Verkleidungen umgeben den wahren Kern. Die äußerste Schale ist das ritterliche Ablenkungsturnier des Herzogs Berker und das spielmännische Gaukeln der von Rother-Dietrich mitgebrachten Riesen. Die zweite Hülle ist die Schuhprobe des Grafen Dietrich. Sie erlaubt der Prinzessin das Liebesbekenntnis zu Rother, ohne sich zu kompromittieren. Höflich hält sie aber den Grafen Dietrich für den schönsten und besten Ritter. Da läßt dieser die Maske fallen: Er und Rother sind ein und derselbe, der schönste und beste Ritter ist zugleich der geliebte König. Freudiges Erschrecken, dann wieder Mißtrauen und der Beschluß, die Wahrheit zu erproben, heimlicher Weg zurück – und dann kann auch das Ablenkungsmanöver des Turniers abgebrochen werden, in dessen Schutz sich das Bekenntnis vollzog. Die List ist nicht bloß Signal des spielmännischen Literaturniveaus, sondern auch Antwort auf die gesellschaftsübliche Verstellung. Sie wird zur Tugend, weil sie Falsches enthüllt. Nicht zufällig findet sich das Verkleidungsmotiv auch bei höfischen Stoffen (Tristan), und schwerlich entsteht hier ein «neuer Einklang mit dem höfischen Roman» *(Ruh)*, sondern die gleiche gesellschaftliche Tiefenstruktur entläßt aus sich das gleiche Motiv.

Nachdem König Rother und den seinen die Entführung der Prinzessin geglückt ist, greift auch der Griechenkaiser zur List und entsendet einen Spielmann nach Bari, just als König Rother auf Dienstreise nördlich der Alpen ist. Lächelnd wird hier das Wunderbare als Betrug vorgezeigt:

«Als die bösen Griechen zu Bari anlandeten, ging der Spielmann aus dem Schiff und sammelte Kieselsteine, einige (‹vier›), die er gerade am Ufer liegen fand. Er war ein schlauer Teufelskerl! Paßt nur auf, wozu er sie wollte und wer sie kaufen sollte (3101–08).

Des Morgens, als es tagte, hatte der Spielmann seine Krambude mit Gewändern aus fremdartigen Stoffen behängt. Da kamen die Bürger aus der Stadt Bari. Sie wollten Gold und Seidenzeug kaufen: ‹Wie teuer bietet ihr es, Freund?›

Aber da war nichts Kostbares, das er nicht um einen Pfennig weggegeben hätte. Da glaubten denn die Bürger, daß er ein Narr sei. Sie kauften seine Gewänder und was er sonst noch Gutes hatte. Einer sah die Kieselsteine. ‹Guter Freund›, sagte er, ‹wozu wollt ihr das?› Da bot er einen davon sogleich für nicht weniger als 1000 Pfund vom allerbesten Gold an, wie es Frauen als Schmuck tragen. Da sagte der Bürger, das sei doch wohl ein Scherz von ihm, ‹ihr schwindelt dem Teufel ans Bein, für mich ist das ein ganz gewöhnlicher Feldstein› (3109–3132).

‹Und ob›, sagte der Spielmann. ‹Ihr habt ihm Unrecht getan. Ohne Grund macht ihr ihn schlecht. Der ist zu gar mancherlei nütze. Nimmt ihn eine Königin in die Hand, dann strahlt er über das ganze Land. Wenn jemand gestorben ist, dann sollte man ihn, ehe er begraben wird, damit berühren. Dann lebt er gewißlich. Kein Lahmer und kein Verkrüppelter, der durch diesen Stein nicht sofort gesund würde – sofern ihn die Königin damit berührt. Aber sie müßte das hier auf dem Schiff tun, sonst hilfts nichts. Hätten wir einen Krüppel und wollte die Königin herkommen und ist es dann nicht wahr, was ich gesagt habe, dann mögt ihr mich fangen und an einem Baum aufhängen lassen›» (3133–3154).

Zu diesem Betrugsstein wird die Königin aufs Schiff gelockt, das sofort die Anker lichtet. Das Trügerisch-Wunderbare ist Stilmittel, das der Spannung dient und ganz unverblümt als solches benutzt wird. Es ist nicht, wie das Wunderbare im höfischen Roman, Symbol einer gesellschaftsfremden Welt, sondern mit Hilfe von Dummheit veranstaltetes Schicksal, das niemand zu akzeptieren braucht. Und König Rother akzeptiert nicht. Auch der Held des ritterlichen Kolportageromans «wartet nicht ab ... bis ihm das Glück in den Schoß fällt, er bückt sich auch nicht, damit er es auffängt wie einen zugeworfenen Beutel. Sondern ihr (sc. der Kolportage) Held bleibt dem armen Schwartenhals des Volksmärchens verwandt, dem kühnen, setzt Leichen ans Feuer, haut den Teufel übers Ohr. Am Helden der Kolportage ist ein Mut, der, meist wie sein Leser, nichts zu verlieren hat» *(Bloch)*.

Als Pilger geht König Rother nach Konstantinopel, während sein Heer, im Wald verborgen, auf das Zeichen wartet. Der verkleidete König begegnet einem Mann, dem er sagt: ‹Ich bin ein elender Mensch, muß sehen, daß ich was zu essen finde, ein armer Pilger› (3699ff.). Da erzählt ihm der andere von der Freigebigkeit, die in der Stadt einst ein fremder Fürst geübt hat. Rother hört sein eigenes Lob: ‹Hier zu Constantinopel, der hochberühmten Burg, war einst ein landflüchtiger Fürst. Der erwarb großes Ansehen. Dafür bin ich selbst ewiger Zeuge. Viel Gutes hat er mir getan. Alle Fürsten und Grafen waren ihm wohlgesinnt. Er gab ihnen viel mächtiges Gold, alles, was je ein Mensch in dieser Welt erwarb. Sein Hof stand jedem Tüchtigen offen, ob reich oder arm. Die alle fanden in ihm Paten, Vater und Mutter. Er wollte nichts als geben. Nicht leben wollte er mit irgendeines Schatzes Übermaß. Mit dem Schatzgold lag er in ständiger Fehde. Tag und Nacht gab er davon fort. Wer ihn um 1000 Pfund bat, dem gab er sie so leicht hin als wärens 2 Pfennige. Wart einen Augenblick, Herr, ich will dir sagen, warum ich anfing, davon zu sprechen.› – Rother (indes) hörte gerne, was er selbst getan hatte. Da sagte der Ritter weiter: ‹Ich sage Dir von diesem Herren, sanftmütig war er und von der höchsten Güte, die jemals irgendwer hier auf Erden hatte. Es gibt keine Zunge, die das alles verkünden könnte, was er an Tugend begangen hat. Er stattete Fremdlinge reich aus. Arme junge Leute ließ er kleiden und baden und ihnen Speise zu Tisch auftragen. Alles, was er gewonnen hatte, gab er ihnen hin. Darum, wer es nahm, kümmerte er sich nicht› (3713–3752).

Der Gegensatz von scheinbarer Armut des Pilgers und wahrhaftem adeligen Reichtum macht den Reiz dieser Szene aus und enthüllt zugleich Reichtum als Substitut für inneren Wert, den wegschenkende ‹milte› mühsam genug behaupten mußte. Wie sich in der neuen Geldwirtschaftswelt der konkurrenzunfähige, grundbesitzende Ritter auf den inneren Wert seines angeborenen, mit Geld nicht zu erwerbenden Adels zurückzieht, so kann in der gleichen Situation auch das literarische Motiv vom unerkannten (nur dem Leser bekannten) Helden beliebt werden, das Motiv vom unerkannten König, dessen wahrer Adel unter Bettlerlumpen oder Pilgerkleidern verborgen schlummert. Es ist bei dem König Rother geradezu ein ‹tic›, im fremden Lande nur als unscheinbarer Anderer aufzutreten. Aber daß sich König Rother im 1. Teil als landflüchtiger Graf und nicht – wie dann *Eilharts* Tristrant – als reicher Kaufmann verkleidet, als der er sich tatsächlich benimmt, mutet an wie eine Überkompensation des ritterlichen Wertbegriffs. Humoristisch auf die Spitze getriebene Vermummung und Enthüllung erzeugen dann die Spannung der letzten Höhepunktszene.

Von jenem Pilger hatte der Pseudo-Pilger Rother erfahren, daß Konstantinopel inzwischen den Heiden von Babylon untertänig geworden sei und seine Braut soeben mit dem Heidenfürsten vermählt werden solle. Es geht zu wie bei *Karl May:*

«Heimlich kam (der als Pilger verkleidete) Rother an die Tafel Constantins. Daran saß auch Basilistium, der Sohn König Ymelots von Babylon. Neben ihm saß Rothers Gemahlin und grämte sich. Da sagte Constantin: ‹Nun höre, Tochter! Heut nacht habe ich wahrhaftig geträumt, daß ein Falke geflogen käme von Rom und dich wieder über See zurückführte.› Da schlüpfte Rother unter den Tisch mit seinen Gesellen. Und keiner von allen Anwesenden hatte es gesehen. Da hörte er alles, was Constantin mit seinen Gästen sprach (3837–54).

Die heidnischen Könige freuten sich sehr und sagten, käme Rother, so würde er im Meer ertränkt oder auf andere schlimme Weise umgebracht. Der Riese Widolt (unter dem Tisch) wollte darüber in Wut geraten. Da sagte die Prinzessin (Rothers Gemahlin): ‹Ach, wenn ihn unser Herr unter Euch senden wollte, so mächtig wie er ist, würde er manchen von euch so zurichten, daß er es in sieben Nächten nicht verschmerzen möchte.›

Rother rückte näher an den Fußschemel der Prinzessin und nahm einen goldenen Ring und gab ihn ihr. Darauf stand mit Lettern graviert des Königs Name. Als ihn die Fürstin gelesen hatte und (nun wußte), daß Rother im Saale war, da lachte die Schöne und sagte zu ihrer Mutter, daß ihnen von Bari der König gekommen wäre.

Constantin bemerkte das Lachen. Nun hört, was er sagte: ‹Nun, meine liebe Tochter, schön, daß du lachst, jetzt darf sich dein Vater freuen über dich.› Da sagte die ehrsame Prinzessin: ‹Daß ich dir je gegrollt habe, das reut mich sehr. Ich will es nicht wieder tun.› Da sagte der König Ymelot: ‹Fürstin, ihr braucht nicht zu lügen. Ich glaube vielmehr, euer Lachen wird uns Jammern und Klagen bringen, wenns zum Ende kommt. Wir werden auf uns schon aufpassen. Es sind hier im Saal feindliche Späher des Königs von Bari. Dafür wette ich meinen Kopf› (3854–3898).

Da sagte Ymelots Sohn, der König Balistium: ‹Ich habe einen schönen Ring gesehen, den hat deine Tochter, Constantin, der Königinmutter gegeben. Rother ist hier, der König von Rom. Mag er hereingekommen sein wie er will, dessen kannst du sicher sein, Constantin! Ich befehle 12 meiner Männer an die Ausgänge des Saales, die sollen nachsehen, wen wir hier drin haben. Ist Rother darunter, so wollen wir ihn schnell entdeckt haben. Wollte er aber von selbst hervorkommen, so würde ihm das zur Ehre gereichen›» (3899–3916).

Der König wird gefangen. Im Walde vor der Stadt soll er gehenkt werden. Im letzten Augenblick stößt Rother in sein Horn. Aus dem

Wald bricht sein Heer mit den Riesen hervor (und den Herren von Tengelingen!). Die babylonischen Heiden und die auf ihrer Seite kämpfenden Griechen werden völlig geschlagen. Als einer der Riesen meint, man solle Konstantinopel einfach anzünden und nur die Königstochter mitnehmen, protestiert der Riesenkönig Asprian christlich:

«‹Nichtsda›, sagte Asprian. ‹Ihr werdet die Burg unangetastet lassen. Dort haben sich ja sieben von den 12 Aposteln niedergelassen und die sehr fromme Mutter Constantins, Helena, die das heilige Kreuz fand …›» (4389 ff.).

Der Basileus Constantin wird geschont. Willig gibt er jetzt dem römischen König Rother seine Tochter zur Frau. Diese hatte ihren Vater einst für die gefangenen Boten aus dem weströmischen Reich gebeten mit den bemerkenswerten Worten:

«Ihr Vater hieß (auch) Adam, von welchem wir alle herstammen. Du solltest an diesen Elenden Gott Barmherzigkeit erweisen und sie aus der Kerkerhaft befreien. Jetzt schmachten sie und werden mißhandelt» (1199–1205).

Dasselbe wird erst viel später, bei *Wolfram,* auch von den Heiden gesagt werden können, gegen die im Rother-Epos noch Kreuzzugsgesinnung aufgeboten wurde (vgl. 4059–72). Aber in den Worten der Griechenprinzessin ist doch in nuce schon ein Begriff davon vorhanden, daß andre Leute auch Menschen sein könnten. Das sei diesem Spielmanns-‹liet› (4785) nicht vergessen, das sich nach der Decke seines Publikums zu strecken hatte. Opportunistisch mag es sich an die im Schwange stehende Karls-Tradition angehängt haben, indem es Rothers Griechengemahlin zur Mutter Pippins macht und mit einem glücklichen Ausblick schließt:

«Da ging auch die Königin ins Kloster. Gott hatte ihr den Willen eingegeben. Da standen die römischen Lande in tiefem Frieden, als Pippin starb und Karl das Reich bekam. Der lebte in Herrlichkeit und regierte gerecht das Kronland. Hier hat das Buch ein Ende. Nun faltet Eure Hände und bittet alle Gott, der uns hier zu leben befahl, daß er den, der das Gedicht bearbeitet und eingerichtet hat, und auch euer nicht vergesse» (5184–5197).

### ‹Graf Rudolf von Arras› als Gegenbild

Von Träumen unvergoldete Wirklichkeit zeigt jetzt ein Stück, das möglicherweise gleichfalls vom Niederrhein stammt (vgl. *Sanders),* auch von Orient und Konstantinopel handelt, vom Ritterlichen aber in so kraß ungefälligem Realismus spricht, daß man sich fragen kann, wo dieses Gedicht ein Publikum hätte finden können. Es ist auch nur in übel fragmentarischem Zustand überliefert, in 14 Pergamentbruchstücken aus den letzten Jahren des XII. Jahrhunderts, die sich mit dem Namen des Helden als ‹Graf Rudolf von Arras› überschreiben lassen. Vom Inhalt läßt sich etwa noch folgendes erkennen.

(I/II = β/α): Ein Aufruf des Papstes zum Kreuzzug, zur Heidenfahrt geht ins Land. Der Bote des Heiligen Stuhles erscheint in Flandern am Hofe des Grafen Rudolf von Arras. In der Kemenate sind Frauen damit beschäftigt, kostbare Stoffe zu bereiten. (III = B): Wir hören vom Zug nach Jerusalem. Die Kreuzfahrer werden in der Stadt vom christlichen König empfangen – wie im April/Mai 1148 tatsächlich geschehen, wo übrigens Graf *Dietrich (Thierry)* von Flandern dabei war (vgl. *Runciman* vgl. ob. S. 373). Ein Bote berichtet, daß sich der feindliche Heidenkönig in ‹Scalun› (IIIb, 3) befinde. Der Fürstenrat beschließt, die Heidenstadt zu belagern (‹Scalun› ist ‹Ascalon›, aber unter diesem Namen werden im ‹Graf Rudolf› stets Ereignisse geschildert, die das historische Damaskus betreffen).

(IV, V, VI, VII = δ, C, D, γ): Die Szene ist im Lager des Heidenfeldherrn Girabobe. Boten bieten das Heer gegen die Christen auf. Graf Rudolf trifft beim christlichen Belagerungsheer ein, das seinen Kampf höchst ungeschickt organisiert. Ausfälle der Heiden schaden den Christen, die auch auf eine Kriegslist der Belagerten glatt hereinfallen. Es kommt zu Verhandlungen von der Mauer herab, schließlich zum Friedensangebot. (Alles erinnert an die Belagerung von Damaskus 1148, das *Thierry* von Flandern als Fürstentum zu erwerben wünschte; vgl. *Runciman).* Nach neuerlichem Fürstenrat geben die Christen die Belagerung auf. Unsinnigerweise erfolgt dennoch ein siegreicher Einzug in Jerusalem. Ein Bote bittet den Grafen Rudolf zum christlichen König der heiligen Stadt. Dieser will eine Festlichkeit mit Festkrönung nach neuester westlicher Mode feiern, wie der Kaiser von Rom, bei welchem ein König das Mundschenkenamt versieht (König *Wladislav* von Böhmen 1162–1173). Graf Rudolf soll das Fest ausrichten. Als ihm dies zu Ohren kommt:

«Da mußte der Graf lachen und die Sache kam ihm recht komisch vor. Er sagte: ‹Ein derartiges Unternehmen würdest Du bald bereuen, edler und hochgeborener König, es könnte Dir nur Schaden bringen. Denn dem Kaiser gleich ist eben niemand. Für so etwas müßtest Du den Reichtum Deines ganzen Landes verschwenden. Ich gebe Dir aber einen guten Rat: Du könntest es erreichen, (daß Du so lebst) wie er tagtäglich an seinem Hofe zu tun pflegt. Um seine Festlichkeiten brauchst Du Dich dann nicht auch noch zu kümmern, denn Du würdest Dir auch so einen so großen Ruf erwerben, wie nur je ein Fürst›» (VI 41, 52–VII 42, 6) (VIb, 52–VIIa, 6).

Graf Rudolf bezeichnet hier genau die Diskrepanz zwischen höfischer Sitte und finanzieller Leistungsfähigkeit eines kleinen Feudalstaates.

Doch der König setzt seinen Willen durch und Graf Rudolf von Arras muß das Fest vorbereiten. Einige Verse sprechen dann noch von der ritterlichen Erziehung eines gefangenen Heidenjünglings namens Appolinart, dann bricht der Zusammenhang ab.

(VIII, IX, X = A, E, F): Wenn der Text wieder einsetzt, finden wir den Grafen Rudolf von Arras am heidnischen Fürstenhof. Er ist in die Dienste des Moslemkönigs Halap getreten.

Halap ist der arabische Name von Aleppo, dessen Fürst *Nur-ad-Dîn* im April 1154 Damaskus seiner Herrschaft unterworfen hatte, das die Christen 1148 vergeblich belagerten *(Runciman)*. Es scheint mir aber, als trete im ‹Graf Rudolf› Ascalon regelmäßig für Damaskus-Aleppo und Aleppo für Ascalon ein.

Ins Heidenlager hat den Grafen Rudolf sein treuer Knappe Bonifait begleitet. Rudolf liebt die heidnische Königstochter und wird von ihr erhört. Ein Gesuch des christlichen Königs Gilot (Xb, 20; Xb, 57), den Grafen Rudolf auszuliefern, weist der Heidenfürst mit moralischer Überlegenheit zurück. Bei einem Belagerungskampf tut sich Rudolf gegen die Christen hervor; aber er schlägt nur mit dem flachen Schwert auf sie ein, weil ihre Angst ihm Mitleid erweckt (Xb, 53–56). Wieder bricht der Text ab.

(XI, XII, XIII, XIV = G, H, I, K): Graf Rudolfs Knappe Bonifait und die heidnische Königstochter sind in Konstantinopel (XIb, 12). Vergeblich wirbt dort der König um sie, die die Taufe begehrt. Sie hat in der Taufe den Namen Irmengart angenommen (– wie übrigens die Gattin des *Elinand* von Galiläa, der in die Bestechungsaffäre bei der Belagerung von Damaskus 1148 verwickelt war; vgl. *Runciman)*. Graf Rudolf ist in eine Gefangenschaft geraten (– bei wem, ist nicht deutlich). Im Frauengemach zu Konstantinopel herrscht große Sorge um ihn. Dann (XIb, 34) entflieht Rudolf aus seinem Gefängnis. Da wird nun Leiden ohne Glanz berichtet. Schließlich ist er bis zu Irmengart gelangt. Der Graf teilt mit ihr die Freuden der Liebe. Am andern Morgen fliehen sie zu viert aus Konstantinopel: Rudolf, sein Knappe Bonifait, Irmengart und ihre Zofe Beatrix. Nachts werden sie von zwölf Räubern überfallen. Bonifait wehrt sich lange allein, ohne den todmüden Rudolf zu wecken. Als dieser endlich in den Kampf eingreift, hat Bonifait die Todeswunde bereits empfangen. Graf Rudolf erschlägt die übrigen Strauchdiebe. Bonifait stirbt in seinen Armen. Hiermit bricht das letzte Fragment ab.

Nicht wunderbar-fiktionale, sondern realistisch anmutende Wirklichkeit fingiert die Darstellung. Dieser Umstand bedingt die Versuchung, historische Modelle für das Erzählte in der Geschichte der Kreuzfahrerstaaten aufzusuchen.

Nicht die erfolgreiche Belagerung Ascalons (= Scalun) vom 25.1. bis 19.8.1153 durch König *Balduin III.* von Jerusalem (1143–1163), sondern die unglückliche Belagerung von Damaskus vom 24. – 28.7.1148 scheint Vorbild für die Scalun-Episode des ‹Rudolf›. Wie im Gedicht von den Heiden Lösegeld, wurde in der Geschichte von den Heiden Bestechungsgeld angeboten (vgl. Graf Rudolf Va, 6–9; *H.E. Mayer; Runciman)*.
Eine gewisse Ähnlichkeit hat die Geschichte des Grafen Rudolf mit der des

Überläufers *Hugo II.* von Le Puiset, dem Geliebten – nicht der heidnischen Königstochter, sondern der christlichen Königin *Melisinde*. Doch Graf *Hugo* ging nicht zum König von Halap (= Aleppo), sondern 1132 nach Scalun (= Ascalon) zu den Ägyptern (vgl. *Runciman)*. Norden (Aleppo-Damaskus) und Süden (Askalon) scheinen absichtlich vertauscht.

Aber das epische Fragment verliert oder gewinnt nichts durch eine etwa dahinter stehende historische Wirklichkeit. Es ist selber historische Wirklichkeit als poetisches Zeugnis, das dem literarischen Einverständnis kündigt. Sein Darstellungsstil verschmäht die ideologische Verbrämung des Kampfes, die in den üblichen Chansons de Geste herrscht, genau so wie er die idealisierende Schönfärberei des höfischen Romans verschmäht, obgleich ihm wohl beide Genera nicht unbekannt sind.

Die Annahme, daß für den ‹Rudolf› eine französische Chanson de Geste Quelle war, hängt einzig an dem Fremdwort ‹gastel› (XIIa, 31) für ‹Brot›. Weder ‹welsche Meile›, noch die französischen Namen der Personen *(Ganz)*, die der fränkische Orient von sich aus hat, sind stichhaltige Argumente für eine französische Vorbilddichtung.

Aus dem älteren angevinischen Roman kennt der Dichter den Schlag-auf-Schlag-Dialog (vgl. ob. S. 432):

«(Königstochter:) ‹Eine Frau kann nicht alles offen heraussagen, was sie im Stillen denkt. Sprecht Ihr, ich sage zu Euch nichts› – ‹Tut das nicht, so wahr ich Euch lieb bin!› – ‹Sagt Ihr mir doch Eure Gedanken› – ‹Ja, wenn Ihr mir die Euren zuerst ganz aufrichtig bekennt›» (49, 1–7). Schließlich gesteht dann doch der Graf Rudolf als erster seine Liebe (vgl. ferner die Dialoge 29, 6–9; 38, 8–19).

Aber die modische Form bleibt beiläufig. Nicht ihre elegante Handhabung ist der gesellschaftliche Ehrgeiz des Dichters, sondern im Gegenteil der Protest gegen die glatten gesellschaftlichen Klischees von Heidenkrieg und Heldentum:

«Endlich wurde der Friede wiederhergestellt; dennoch hatte auf beiden Seiten so mancher das Leben verloren» (39, 36–38).

Deutlicher vielleicht als in solch einer nüchternen Bemerkung scheint uns die Tendenz aufs Unerbauliche in jener Szene, welche Rudolfs Flucht erzählt:

«Der liegt da in der Burg. Mit vieler Mühe konnte er die Mäntel von zwei Knechten zusammenwinden und ein Seil daraus machen. Damit erklomm er das Dach. Er ließ sich herunter und war völlig betäubt. Er war sehr tief gestürzt. Jetzt sollen wir alle unserm Herrgott danken, daß er überhaupt mit dem Leben davonkam.
Der Graf kroch bis zum Tor. Dort war kein Mensch. Er ließ den Brückensteg herunter. Gott im Himmel gelobte er große Buße für all seine Sünde. Draußen dort, am Wege, steht ein Dorngebüsch. Da kroch er hinein. Es dünkte ihn schon viel gewonnen, daß er ... (Lücke) ... den ganzen Tag lang. Manch schweren Schlag hatte er empfangen und manchen Stoß, zahlreiche tiefe Wunden hatte er erlitten. Da kam um die Stunde, als die Nacht zerging und der Morgen

dämmerte – er flehte gerade mit Inbrunst unsern Herrn an, daß er ihm das Leben rette –
Da kam ein frommer Abt des Weges geritten. Ein junger Edelmann ritt ihm zur Seite. Der hatte ein Stück Brot in der Hand. – Dafür will ich ihm immer danken. – Aber er mochte es nicht essen, weil es ihm nicht gut genug schien. So warf er es denn auf die Straße. Das ward später dem elenden Grafen zuteil, als es dunkel wurde und er dorthin kroch. Der wohlgeborene Fürst war vor Durst dem Tode nah. Den Tau, der an den Gräsern hing, mit seiner schlanken, feinen Hand führte er ihn sich wieder und immer wieder zum Munde. Es half ihm jetzt aus dem Schlimmsten. Hilfe brauchte er dringend. Da fand er schließlich das halbe Brot – man nennt es ‹gastel› – es ist ganz rund – welches jener aus der Hand geworfen hatte, dem ich noch heut dafür danke. Das nahm der Verlaßne. Wer ihm deswegen Vorhaltungen macht, tut Unrecht. So manch tapfrem Ritter ist es von Schaden gewesen ... (Lücke: 1 Zeile) ... So wars ihm ergangen. Das will ich Euch allen sagen: Er aß sogleich ein wenig von dem Brot, dann kroch er weiter, mehr als eine welsche Meile weit. Er hatte große Schmerzen am Leibe. Wenn die Nacht verging und ihm ein neuer Tag anbrach, dann mußte sich der edle Herr eine Dornenhecke suchen. Rücken und Bauch waren ihm von Schlägen verletzt, in einem Maße, daß niemand Euch das sagen kann. Daß er überhaupt am Leben blieb, verdankte er großem Glücksgeschick.
Da kroch der elende Edelmann von da aus weiter hinauf, ehe er in Ohnmacht fiel und der Tag anbrach. Da vermochte er nicht weiterzukriechen. Da kam ein Pilger die Straße gegangen. Als der ihn sah, blieb er stehn. Dann ging er näher hinzu und hob ihn auf. Er schien ihm tot zu sein. Aber an der Kleidung, die er trug, sah er, daß er ein edler Herr war. Das erbarmte den Pilger, daß er so jämmerlich dalag. Er warf den Pilgerstab hin, bettete den Kopf des Grafen in seinen Schoß und beklagte ihn.
Der fromme Wallfahrer, von dem ich jetzt erzähle, hatte bei sich Wein – so ward mir berichtet – und eine Schale, aus welcher er zu trinken pflegte. – Ich will ihm dafür immer dankbar sein. – Von diesem Wein gab er dem Grafen alsbald ein wenig in den Mund, damit er wieder zu sich käme. Als der den fremden Menschen über sich erblickte, befiel den so berühmten Helden Angst. Er dachte, nun sei seine letzte Stunde gekommen. Doch (dann) hörte er, daß der Pilger um ihn klagte. Er rief Gott an, sich über sein Geschöpf zu erbarmen, um seiner fünf Wunden willen, ihm Kraft und Hilfe zu spenden. Das erleichterte und erquickte den Ritter. Dem frommen Pilger war das Herz schwer um den fremden Helden. Er dachte, der würde nun sterben müssen. Er hätte ihm gerne geholfen. Er aber konnte und vermochte es nicht, so sehr er sich mühte. So mußte er ihn liegen lassen. Voll Traurigkeit zog der fromme Pilger seine Straße fort.
Der elende, stolze und kühne Mann (aber) dachte wieder an das Leben; er meinte, er könne wieder gesunden. Davon wurde ihm das Herz froh. Er richtete sich jetzt auf. Auf Händen und Füßen kroch der Verlaßne bis zu einer Dornenhecke hin. Dort ward ihm im Rücken ... (Lücke)» (XIb, 35 – XIIb, 58 = Seite 60–64 bei *Ganz*).

Man kann die Szene vor dem Hintergrund des Samariter-Gleichnisses aus Luk. 10, 25–37 lesen. Auch hier reitet der Priester (Abt) vorbei. Das Brot des Heils, das er spenden könnte, wirft sein adliger Begleiter auf die Straße. Den Wein reicht der Pilger dem Grafen Rudolf zur Stärkung, doch erst das Gebet des Pilgers, bei den Wunden Christi, erweckt den Lebensmut des Grafen. Das, was «als Urbild im Sakrament geistlich Leben spendet» und dann in dieser Welt dazu dient, «den Halbtoten zu stärken und seine Lebensgeister zu wecken» *(Mohr)*, ist aber in seiner sakralen Zusammengehörigkeit hier zertrümmert. Dies Brot ist «von den Krumen, die von des Reichen Tische fielen» (Luk. 16, 21); der sakramentale Leib Christi wird allenfalls als geschändeter genossen. Zertrümmert erscheinen auch Satzrhythmus und Gedankenfolge:

«Mit vieler Mühe konnte er die Mäntel von zwei Knechten zusammenwinden und ein Seil daraus machen. Damit erklomm er das Dach. Er ließ sich herunter – und war völlig betäubt. Er war sehr tief gestürzt» (60, 36–41). Erst die Handlung (ließ sich herunter), dann die Wirkung (Betäubung), nachträglich erst die Ursache (tiefer Fall).

Vor dem durch Initiale bezeichneten Abschnittsbeginn wird ein Satz nicht nur zerrissen, sondern die Stelle der Tmesis wird durch eine Bemerkung des Autors noch eigens markiert:

«Da kam um die Stunde, als die Nacht zerging und der Morgen dämmerte – er flehte gerade mit Inbrunst unsern Herrn an, daß er ihm das Leben rette – (Neuer Abschnitt:) Da kam ein frommer Abt des Weges geritten» (XII a, 6–11).

Ebenso zertrümmert erscheint das herkömmliche Bild vom Helden, symbolisiert in der einzigen Art der Fortbewegung, die Graf Rudolf in diesem Abschnitt kennt, das Kriechen. Der Todwunde schleppt sich nur am Boden von Dorngestrüpp zu Dorngestrüpp. Das Elend des Grafen ist unschicklich für einen edlen Helden und sein Publikum. Nicht erbauendes Gleichnis, sondern murrender Hinweis auf die Lüge einer geborgenen Ansicht der Weltdinge scheint sich hier auszusprechen.

# ZWANZIGSTES KAPITEL

# HORIZONTE EINER FRANZÖSISCH-DEUTSCHEN RITTERKULTUR

In den Jahren zwischen der römischen Niederlage *Barbarossas* (vgl. S. 456) und dem Mainzer Pfingstfest, also zwischen 1167 und 1184, erreicht die ritterliche Kultur in England, Frankreich und im Imperium eine Art Höhepunkt. Aber gleichzeitig artikuliert sich in allen drei Staaten die innere Krise des Ritterwesens noch deutlicher. Der glänzende Höhepunkt ist äußerlich. Die so laut beredete Moral der Lehnstreue steht in offensichtlichem Mißverhältnis zum herrschenden geldwirtschaftlichen Rigorismus. Vasallentreue war «praktisch zur Handelsware» *(Ganshof)* geworden. Die weiterhin bestehenden feodalen Strukturen sind altertümlich. Wie sie mit den Forderungen der Zeit vereinbar sein könnten, ist ein Problem, das sowohl *Barbarossa* als auch den König von Frankreich betrifft, ein Problem, auf welches das englische Königtum vielleicht die klarste Antwort fand, indem es die Lehnsfolgepflicht durch Steuerzahlung ersetzte (vgl. S. 435).

Äußerlich geographisch berühren sich die drei Ritterkulturen in der Landschaft zwischen Rhein und Schelde oder Seine. Es ist das Gebiet der vier zweisprachigen Erzdiözesen Reims, Köln, Trier, Besançon. ‹Graf Rudolf› wie ‹König Rother› stammen hierher, in der Gegend von Maastricht beginnt *Heinrich von Veldeke* seinen deutschen Aeneas-Roman, in Champagne und Flandern dichtet *Chrestien de Troyes*. Der anglonormannischen Tristan-Dichtung des *Thomas von Bretagne* treten die rheinische des *Eilhart von Oberg* und die nordfranzösische des *Bérol* zur Seite. Viele der hier und in den ‹Lais› der *Marie de France* erwähnten Namen fallen in diesen Raum. Der deutsche ‹Erec› des *Hartman von Aue* ist schwäbisch-alemannisch, wohl in zähringischem Auftrag entstanden. Hennegau, Namur, Luxemburg sind Gegenstand der Erbstreitigkeiten zwischen *Balduin von Hennegau* und *Berthold von Zähringen*, dessen Mutter daher stammt *(Giesebrecht)*. Dort dürfte der junge *Hartman* französisch gelernt haben, mangels eines Lehrbuches. Hier, in diesem «Land ohne Grenzen» *(Jean Lejeune)*, bildet sich die übernationale ritterliche Kultur. Und noch lange wird es bis nach Österreich (*Neidhart* 82, 2; *Wernher der Gartenaere* 711 ff.) hinein als besonders fein gelten, wenn man ‹flämelt›, flämische Wörter in seine Rede flicht. Es ist jenes alte Lotharingien, das dann noch im ‹Herbst des Mittelalters› *(Huizinga)* die burgundische Hofkultur hervorbringt. Die weltlichen Herrschaften pflegen feodale Beziehungen zum Reich und zu Frankreich. Graf *Heinrich von Champagne,* der Herr *Chrestiens,* ist Freund und Verwandter *Barbarossas* und Lehnsmann des französischen Königs. Graf *Philipp von Flandern,* der den ‹Perceval› in Auftrag gibt, ist zugleich Vasall des deutschen und des französischen Herrschers. Graf *Balduin von Hennegau* ist der erste Adlige, der mit Sicherheit in den nun entstehenden Reichsfürstenstand erhoben wird *(Ficker).* Die Grafschaften Hennegau und Champagne, oder kirchlich gesprochen: die Erzdiözesen Reims und Köln sind vor allem die Schleusen, durch die jetzt westliche Ritterkultur nach Deutschland dringt. Das Haus der Grafen von Champagne ist zugleich das der Grafen von Blois, und ein französischer Dichter wie *Gautier d'Arras* widmet seine Werke gleichzeitig dem Grafen von Blois und der Kaiserin *Beatrix,* der burgundischen Gemahlin *Barbarossas (Fourrier).* Aber für diese höfische Kultur stellt sich das Verhältnis von Rittertum und Wirklichkeit als Problem. Die höfische Rittergesellschaft ist eine reale Fiktion. Ihre altertümliche feodale Sitte wird zu einem gesellschaftlichen Spiel formalisiert, zum chevaleresquen, ritterlichen Benehmen, das schließlich auch jeder Nichtritter spielen kann, wenn er eine Dame zuerst durch die Tür gehn läßt. Die französischen Romane zumindest wissen das, und das deutsche Fragment vom Grafen Rudolf sagt (S. 479), daß zum ritterlichen Pomp das Geld nicht reicht. Ohne Publikumserfolg steht dieses Werk an der Schwelle einer ritterlichen Kulturblüte, die sich aus einer keineswegs in sich ruhenden mittelalterlichen Geistigkeit erhebt. Daran erinnern kann auch ein Blick auf die geistlich beunruhigte Laienwelt nach dem gescheiterten 2. Kreuzzug.

## A. RELIGIÖSE UND POLITISCHE WIDERSPRÜCHE

1162 waren vor Papst *Alexander III.* auf dem Konzil von Tours Bürger aus flandrischen Städten erschienen, die beteuerten, nichts mit der Ketzerei zu tun zu haben und die Schutz gegen den sie verfolgenden Erzbischof von Reims erbaten. In einem Schreiben vom 23. Dezember 1162 warnte der Papst vor blindwütiger Strenge gegen scheinbare Ketzer:

«denn es sei weniger schlimm, Schuldige freizusprechen, als Unschuldige zu verurteilen, und Männern der Kirche stehe ohnehin übergroße Nachsicht besser an als übergroße Strenge» *(Grundmann).*

Aber eine einheitliche Ketzerpolitik hat die Kirche vor *Innozenz III.* nicht konzipieren können. Allzuvieles lief neben- und durcheinander.

Wahrscheinlich 1167, im Jahr der Romkatastrophe *Barbarossas* (S. 456), hatte sich bei *Markus,* dem Diakon der italienischen Katharer (vgl. ob. S. 355), «ein Pilger namens *Niketas*» eingefunden. Er kam aus dem byzantinischen Reich. Dort hatte sich die bogomilische Lehre inzwischen gespalten. Ein radikaler Flügel war entstanden, der die Brücken zum Christentum völlig abgebrochen hatte: die dragowitische ‹Kirche› (vgl. *Borst*). Auferstehung und jüngstes Gericht werden jetzt geleugnet, an deren Stelle tritt der Glaube an eine Seelenwanderung. Satan ist nicht nur Gottes Sohn, sondern selbst ein ewiger, allmächtiger Gott. Jener in Italien eingetroffene *Niketas* aber ist

«der bogomilische Bischof der radikaldualistischen Gemeinde in Konstantinopel. Er berichtet dem erstaunten *Markus* von sittlichen Verfehlungen der ‹bulgarischen› Bogomilenführer; sie können die rechte Lehre nicht haben, weil sie kein reines Leben führen. *Markus* schwankt einige Zeit, dann gewinnt ihn *Niketas* für die dragowitische Kirche» *(Borst)*.

Die italienischen Katharer werden jetzt radikal. *Markus*, von *Niketas* zum Bischof geweiht (durch Handauflegen), und *Niketas* selber ziehen nach Südfrankreich und bekehren mit dem Hauptargument der moralischen Verleumdung die dortigen Katharer zum dragowitischen Radikalismus. Eine Reihe neuer Bistümer wird damals gegründet: in Lavaur bei Toulouse, in Carcassonne, in Val d'Aran (Comminges) und vor 1190 auch in Concorezzo bei Mailand, Desenzano (Gardasee), in oder bei Mantua, Vicenza, Florenz, Spoleto (vgl. *Borst*). Es ist der 2. Höhepunkt des Katharismus. Der «Schritt von der Reformbewegung zur ‹Anti-Kirche› ist getan» *(Borst)*. Die ‹Vollendeten› unter den ‹Reinen›, denn das hieß ja ‹cathari› (von griech. ‹katharos› = rein), «die für alle stellvertretend ein strenges Leben der Askese führen und alle Ideale der Kirchenreform zu erfüllen scheinen, sind zugleich die Priester für die vielen, die ihrem Beispiel nicht ganz folgen können oder wollen, die nach katharischer Auffassung des Teufels sind, gleichgültig, was sie tun, und die darum tun, was sie wollen. In diesem schillernden Licht von Rigorismus und Zügellosigkeit zeigt sich die katharische Ausbreitung nach 1167» *(Borst)*. «Auch in der wirtschaftlichen Stellung der Katharer liegt ein Widerspruch. Sie betonen die Armut der Apostel; jeder Vollkommene muß bei Eintritt in die Sekte all sein Hab und Gut der katharischen Kirche vermachen und sich von seiner Hände Arbeit ernähren. Der einzelne ist wohl arm, aber die Kirche ist reich: Sie bietet 1162 in Flandern, 1163 in Köln den katholischen Prälaten hohe Bestechungsgelder an, sie schwimmt 1177 in Südfrankreich im Geld; in Rimini wie in Béziers verleihen die Katharer Geld, auch gegen Pfand; die Menge läuft ihnen nach ‹pro subsidiis temporalibus›. Und die Ketzer selbst ziehen als Kaufleute auf die Märkte, um neben dem Seelenfang auch den Verdienst zu fördern; sie treiben weltliche Geschäfte für ihre Kirche» *(Borst)*.

Unter einem ganz andern Vorzeichen, nämlich einem christlichen und das heißt abendländisch-aktiven, stehen Bewegungen wie Waldenser oder Humiliaten. *Petrus Waldes* war ein reicher Kaufmann in Lyon gewesen. Nachdem er von einem Spielmann das altfranzösische Alexiuslied hatte vortragen hören (vgl. *Borst)*, verließ er 1173 plötzlich Reichtum, Familie und gesellschaftliche Stellung, um arm und heimatlos nach dem Evangelium zu leben. 1179 war er mit Gefährten in Rom erschienen, um von der Kurie die Erlaubnis zu einem evangelischen Armutsleben (Betteln) und zu wandernder Bußpredigt zu erhalten (vgl. *Grundmann)*. Er war also anfangs nicht gewillt, sich von der Kirche zu trennen – eine Art *Franz von Assisi* ‹avant la lettre›. In Rom wurden die Waldenser von dem englischen Zyniker *Walter Map* verhört. *Walter Map* war

«der Gesandte des englischen Königs *Heinrich II.* beim Konzil, ein Weltmann mit viel Sinn für das Amüsante und Interessante, aber ohne Blick für das geistig Bedeutende und politisch Wesentliche. Nachdem die Prüflinge die Fragen, ob sie an Gott Vater, an den Sohn und an den Heiligen Geist glauben, bejaht hatten, fragte sie *Walter Map*, ob sie auch an die Mutter Christi glauben. Auch darauf antworteten sie natürlich mit Ja. Diese Antwort löste ein schallendes Gelächter in der gelehrten Versammlung aus, so unbegreiflich für die evangelischen Wanderprediger aus Lyon wie noch heute für jeden Laien ohne dogmengeschichtliche Spezialkenntnisse. Die Prüfung war damit beendet, die theologische Unfähigkeit der Waldenser galt als erwiesen. Die Erlaubnis zur Predigt wurde ihnen versagt, und *Alexander III.* gab ihnen den Bescheid mit auf den Weg, sie dürften nur dann predigen, wenn sie von ihren Priestern dazu aufgefordert würden» *(Grundmann)*.

Bezeichnend aber ist wohl auch der Satz *Walter Maps:* «Jetzt sind sie noch demütig und schüchtern und tun so, als ob sie kaum einzutreten wagten; wenn wir sie aber hereinlassen, dann werfen sie uns hinaus.»

*Petrus Waldes* hatte sich übrigens die Evangelien und andere biblische Bücher von Klerikern ins Altfranzösische übersetzen lassen (vgl. *Grundmann)*. Aber diese Zeugnisse vulgärsprachlicher Frömmigkeit sind dem Feuer der Verfolger zum Opfer gefallen. Volkssprachliche Erbauungsschriften scheinen jetzt zu frühest in Lütticher Sonntagszirkeln aufgetaucht zu sein, in denen der Priester *Lambert* (gest. 1177) «dem weltlichen Treiben der städtischen Kultur entgegenzuwirken» suchte *(Grundmann)*. Eine Betrachtung der höfischen Literatur pflegt solche Konstellation zu vergessen.

Religiöse Sonderbewegungen finden sich jetzt in den wirtschaftlich und kulturell fortgeschrittensten Gebieten: in Flandern mit Köln, im Rhônetal mit Lyon, in Oberitalien und im kulturellen Altland Südfrankreichs. Sie finden sich nicht im altertümlicheren Innern Deutschlands, noch nicht. Für ihre Verbreitung zählen Markt und Messe. Das gibt diesen Bewegungen einen scheinbar spontankommunikativen Charakter, der zugleich Ausdruck einer ständischen Isolierung ist: Kaufleute und Handwerker treiben ihren Geist unter sich um. Von der ritterlichen Kultur sehen sie nur die glänzende Schale, die raffinierte Gefühlskultur erscheint ihnen als luxushaft und eitel. Die ‹Entdeckung des Individuums› ist nicht allgemein, sondern an soziale Bedingungen geknüpft. Sie ist Fürstenhöfen und adeligen Klöstern vorbehalten, in denen kleine Leute höchstens als Konversen Dienst tun konnten. Religiöser Individualismus und Seelenfeinheit können ein uns heute poetisch anmutendes Niveau nicht überall erreichen. Ein erstaunliches Werk wie das Trudberter Hohelied ist als «kunstvollste deutsche Prosa des 12. Jahrhunderts» *(Ohly)* aber in den 1160er Jahren im Benediktinerinnenkloster St. Trudbert im Schwarzwald möglich.

«Dies Buch begann mit königlichem Frohlocken, es endet nun mit heimatlosem Jammer. Es hob an mit einem königlichen Freudensang, nun gehet es aus mit Weinen im inneren Herzen. Es fing an mit einem göttlichen Kusse, nun aber trennen sich beide in vollkommener Liebe, denn es ist eine Lehre der liebenden Erkenntnis Gottes» (145, 6–13).

«Da wir die ärgste aller Zeiten haben, ists nur recht, daß wir als Sehnende und Klagende weinen und uns in Leid verzehren nach unserm Ehgemahl, von dem wir verwitwet und verwaiset sind … So ist unser Ding denn mehr, daß wir die Tränen suchen, denn den Gesang, daß wir suchen eine erfreuende Freudlosigkeit eher als ein bitteres Freudenglück, welches im weltlichen Wesen bleiben muß. Nun vermag unser weinendes Frohlocken niemalen völliger zu werden, als dann, da wir sprechen zu unserm Geliebten: fuge a me, flieh von mir hinweg» (143,18–30).

An diesem Dialog zwischen Bräutigam und Braut ist hier der ganze Mensch mit all seinen Gefühlen beteiligt. So kann dieser Dialog nicht länger das bloß abstrakte Gespräch zwischen Christus und der Kirche bleiben, sondern die Kirche muß persönlich lebendig werden. Die Seele des einzelnen Gläubigen muß sich in der Rolle der Braut des Hohenliedes inwendig ansiedeln können. Aber dies geschieht nun nicht einfach dadurch, daß ein Mensch sich ohne Umstände in den Dialog mit dem Bräutigam Gott begibt. «In der Begegnung mit Maria, der Gott Nächsten und von ihm Begnadetsten, lernt dieses Jahrhundert ihren, den Weg der höher als alles Martyrium geachteten compassio zu gehen, der wenn auch nicht eine Liebesoffenbarung über Gott, so doch die Möglichkeit einer Teilhabe an der Liebe des Gottmenschen erschloß», schrieb *Friedrich Ohly*. Die Deutung der Braut des Hohenliedes auf Maria, welche der Benediktiner *Rupert von Deutz* (ca. 1070–1129) als erster gegeben hat, ist gegenüber Willirams stumpfer Exegese etwas ganz Neues. Erst im Gefolge Marias und in der imitierenden Identifikation mit ihr zieht dann die mystische Einzelseele in das Brautgemach des himmlischen Geliebten ein.

Nun schweigen die,
die des Fleisches sind,
und niemand singe diesen Gesang
als innerhalb der Liebe zu Gott,
denn sonst zerbricht er.
Nun kommen alle
und ergötzen sich alle,
die da geflohen haben den Lärm der Welt

und sich gelöst haben von der Zärtlichkeit der Wollust
und sich befreit haben von der Sorge weltlicher Bürde.
Die ergötzen sich mit mir des leiblichen Kusses,
damit versöhnet ward Himmel und Erde,
Engel und Mensch.
Mit Fug geben wir unserer gnädigen Herrin
die allerhöchste Ehre dieses Gesangs.
Denn sie war die erste und die edelste,
die je in herzlicher Liebe geküsset ward (7,31–8,9).

Dadurch, daß die Braut des Hohenliedes statt der abstrakten Kirche jetzt die konkrete Person Maria geworden ist, entsteht für die Einzelseele eine neue Möglichkeit, und diese Möglichkeit entspricht der neuen Bedeutung, die das Gefühlsleben im Laufe des XII. Jahrhunderts gewonnen hat. Die Gestalt Marias ermöglicht es der Einzelseele, zur ‹Brautschaft mit Gott› zu kommen. Indem sich die Seele in die Person Marias als Gottesbraut einfühlt, indem sie sich mit ihr identifiziert, gewinnt sie selber Teil an der Gottesbrautschaft. Diesen Zusammenhang machen mehrere Stellen des Trudberter Hohenliedes deutlich:

«Die goldenen Zinnen (vgl. Cant. 3,10), das ist die heilige Vernunft, über welche Gott sich gelehnt hat hin zu seiner Gemahlin, welches ist die heilige Christenheit (= Kirche), und zu allererst die Mutter Gottes und (dann) eine jegliche reine Seele, welche sich ruhig gemacht hat und welche sich an ihn angelehnt hat und welche ganz zärtlich geliebkost hat mit dem wahren Salomon, ihrem Gemahl» (42,29–43,5).

Und an anderer Stelle:

«Nun sollen wir dies nicht also verstehen, daß (Gott) (Maria) allein küßte und sonst niemanden. Sie hat uns allen die Gnade gewonnen zum Küssen» (10,30–11,1). Und: «Denn Du (Maria) bist nicht die Schöne in Dir allein, sondern in allen denen, die Dich nachbilden (nachpildent) in der ganzen Christenheit» (52,14–16).

Diese Ausdrucksweise, daß sich jemand einer Person ‹nachbildet›, sich ihrem Bilde einformt, ist ein Ergebnis des Sichversenkens, des Sichhineindenkens in das heilige Gegenüber. Hier wird die mystische Seelenhaltung unmittelbar sprachschöpferisch.

Nachbilden, einbilden, Bildung, Einblick, Eindruck, Einfall, Einfluß – alle diese Wörter verdankt die deutsche Sprache der Mystik. Sie haben ursprünglich ganz sinnlich-konkrete Bedeutung. Ich nenne noch: einleuchten, einsehen, gelassen, Persönlichkeit, Unwesen, verwerten, wirklich, zerstreuen, Zufall, Eigenschaft. Unzählige Abstrakta auf -heit, -keit, -lichkeit, -unge und -nisse gehören hierher, zahllose Zusammensetzungen mit Partikeln wie abe-, ane-, hin-, ûf-, ûz-, umbe-, wider-, vol-, zuo- *(Henzen).* Die große Masse dieser Bildungen stammt wohl aus der 2. Welle der Mystik um 1240 und aus der 3. Welle um 1320. Aber schon der Beitrag des Trudberter Hohenliedes ist interessant. Er wurde deswegen so wenig beachtet, weil die großen mhd. Wörterbücher diesen Text noch nicht aufgenommen hatten.

Das Sichhineindenken der mystischen Einzelseele in ihr heiliges Gegenüber hat sein weltliches Ebenbild im Sichhineindenken des Liebenden
in den Geliebten. Es ist ein geistig-erotischer Akt. An einer Stelle des
Trudberter Hohenliedes ist sogar von einer Kontemplation der Wunden
Christi die Rede, ein Beispiel der sogen. ‹Wundenerotik›.

Obschon diese Passage wohl ein Einschub aus der 2. Welle der Mystik (um
1240, Zeit der Hs. A) ist, sei sie doch hier mitgeteilt: «Deswegen tritt herzu
und demütige dich dort bei den Wunden meiner Füße. ... Sieh hin zu der
rechten Wunde (der Hand?) und gedenke, welche Liebe du meinen Freunden
und den deinen schuldest. Dort bei der linken Wunde gedenke, daß du deinen
Feinden vergibst. In meine Seite(nwunde), da sollst du deinen Mund und dein
Herz allzeit hineinstecken, und sollst gedenken aller, die ich mit meinem Blute
erlöste, der Lebenden und der Toten» (34,21–32).

Aber auch für den ursprünglichen Text scheint die sinnliche Komponente
solcher mystischen Liebe sich zu bezeugen, wenn es heißt: «Es können
so auch alle die sprechen, welche von Gott geschmeckt haben» (20, 13 f.).
Hier eröffnet sich der Bereich ‹synästhetischen› Ausdrucks, in welchem
Erfahrungen der verschiedensten Sinne miteinander verschmolzen werden, des Gehörs, des Gesichts, des Geruchs, des Geschmacks, des Gefühls
– und des Gedankens. Das erhält für uns einen romantisch-poetischen
Glanz wie nur Verse von *Brentano:*

> Durch die Nacht, die mich umfangen,
> Blickt zu mir der Töne Licht ... .

Man wird beim Trudberter Hohenlied nicht nur von einer ‹compassio›
sondern auch von einer ‹conamantia›, von einem Mitlieben mit Maria
sprechen können. Dieses Gefühl will die Gottesliebe wie ein Obst schmek-
ken:

«Denn es ward nie keine Seele so liebend geküßt. Der Mund, damit sie
küßte, das war ihr Wille und ihre Liebe. Der war geheftet an seine Güte und
an seine Gnade. Dieser Mund ist küssend verschlossen, er wird aufgetan sprechend.
Er hat sie geküßt, ehe er zu ihr sprach. Er war küssend, sie liebend. Sie die
Geküßte, ihn Liebende. Und so sprach er zu ihr ein Wort, das ging hervor
aus dem Herzen seiner Erbarmung. Es sprach die Weisheit, es war die Wahrheit.
Es ging hervor mit gewaltiger Kraft. Es ging hervor durch den Mund seiner
Güte und seiner Gnade, denn es war selbst die Güte und Gnade, weil es ewig
bei Gott war» (8, 27–9, 6).

Das spielt an auf den Beginn des Johannes-Evangeliums. Aber bei dieser
Fleischwerdung des Wortes wird hier, wie auch sonst im Mittelalter,
das von Gott ausgehende Wort als der göttliche Same, als das göttliche
Sperma vorgestellt. Diesen Wort-Samen hat Maria empfangen, als der
Engel sie grüßte.

«Denn der heilige Geist hat dem Wort alle Dinge zugeordnet, und was sein
nicht ist, das ist ein Nichts. Dieses Mädchen (Maria) tat auf die Ohren des Sinnes
und ihres Gedenkens, mit welchem sie so lange gelauscht hatte. Da ward der

Heilige Geist der Geleiter durch den verschlossenen Körper in die offene Seele. Ihr Vernehmen, ihr Gedenken, ihr Wollen, all ihre Sinne, die waren offen gegen Gott, aber ihr ganzer Körper war verschlossen. Deswegen ziemte es dem Heiligen Geist, daß er Geleiter war in die Kammer des Bräutigams, daß sie ihn darin beschuhte und bereitete» (9, 6–9, 17).

Zwei Stellen sollen die affektive Ekstase der mystischen Seele anschaulich machen. In ihnen wird zugleich etwas von den theologischen Quellen in der bernhardinischen Mystik sichtbar (vgl. oben S. 283 ff.).

«Wenn der Heilige Geist der heißen Seele nahezukommen beginnt, so formt sich die Seele hin nach dem Rechttun allerart ... Eine andere Seele aber, die fließt (schwimmt) auseinander durch die Liebe Gottes. Nämlich wenn der heilige Geist aufleuchtet und strahlt mit seiner Hitze in all unsere Sinne, dann hat Gott seine Gnade völlig hergewendet zu der nichtigen Seele. Wie wohl ward jenen, die dergestalt zerfließen! Wohin fließen sie? Sie fließen wieder zurück in seine Göttlichkeit, von wannen sie zuerst erschaffen wurden, auf daß wir Gottes Gepräge in unserer Seele bewahrten ...

Ich aber bin erwärmt von seiner Liebe, so daß ich nichts mehr begehre als allein sein Antlitz» (72, 16–32).

Und es erinnert an *Bernhards* Gedanken über die Wiederherstellung der Gottesebenbildlichkeit (vgl. S. 286 f.) und die Berichtigung des verfälschten Menschen, ja, es erinnert an das Wiederfinden des Gottesbildes in der Seele bei *Hugo von Sankt Viktor,* wenn es im Trudberter Hohenlied heißt:

«Denn deine (des Menschen) Seele muß der Spiegel sein, darinnen du deinen friedsamen König und deinen lieben Gemahl erblickest» (93, 27 ff.).

Von solchen theologischen und religiösen Voraussetzungen her erfolgt dann auf dem Höhepunkt der Ekstase der Umschlag von der allegorischen Hoheliederklärung in hymnische Poesie. Bereits der religiöse Lobpreis des geistlichen Gesanges scheint vorauszudeuten auf die Lust dieser Seele zu rein geistigem Gesang:

«Mit dem Weine hier sind die Psalmen und (Leich-)Melodien gemeint, die einst David schuf in der Zeit vor Christi Geburt. Mit dem Obst aber sind gemeint die Dichter, welche seit Christi Geburt geschaffen haben die lieblichen Hymnen und die neuen Sequenzen und das wonneerfüllte Gradual und die fröhlichen Alleluja-Gesänge. Der Mund derer, die das schufen, und der Mund derer, die es getreu singen zur Ehre Gottes, die kosten mit ihren Seelen und mit ihrem Gedenken Gott ebensowohl wie das neue Obst» (121, 4–13).

Die liebende Seele, welche hier zu singen beginnt, ist innerlich entzündet nicht mehr allein von der Vorstellung einer innigen Nähe zu den anthropomorph-sexuell gedachten Personen des Vaters und des Sohnes, sondern vom Feuer des Geistes selbst. Hier versteht sich denn auch das Geistliche rein etymologisch selbst als vom Geiste herstammend:

«Wir geistlichen Menschen sprechen mit vollem Recht vom Geiste; welcher der Urheber ist unseres Namens, dieser sei auch der Urheber und Ursprung unseres Sprechens» (1, 3–6).

In dem Begriff dieses Geistes sublimiert sich die Erotik, die ihren Ursprung im Anthropomorphen noch ahnen läßt, in den Bildern der Liebe, des Feuers und des salbenden Fingers. Aber der materielle Anstoß zu solcher Sublimierung bleibt nur eben der Ausgangspunkt für eine geistige Figuration, in welcher er aufgehoben und vergessen ist.

Wir wellen kôsen      uon deme oberôsten liebe,
          der meisten gnâde,
          der râwecklikesten sûzi.
        dc ist der heilige geist.
Wir geistlichen mennisken      spreken mit rehte uon deme geiste.
          der orthabere ist des unseren namen,
          der sî ein hobet unserre worte.
Der heilige geist ist ein lieb.
        der tieuil zeigit dir ŏch sîn lieb.
        der tieuil hât   mandunge   trôst      minne.
der heilige geist ist dc uiur.
        der tieuil ist alsame.
        der tieuil inphahet dc safphalôse holtz
      unde swerzet ez zem êrsten mit suggestione
          sô brinnet ez      uon delectatione.
          sô glût ez als ein zandere      uon consensu.
          sô wirt ez ein ualwiske (Aschenstäubchen) von opere.
          Der aske genazzet uon consuetudine.
          sô wirt der menniske ein einvalt hore.
Iedoch der heilige geist      emphahet unde eitet,
          brennet unde zerlât      dc golt odir dc silbir.
Der heilige geist      der brennet die memoriam.
        er erglût die rationem.
        er zirlât die uoluntatem.

Getrûwe deme heiligen geiste.
  minne in.
      habe lieb hin zŭ zime.          dir eingebristet da zime nith.

          er ist digitus dei
            der dîne durnahte (Vollkommenheit, Treue) hin
          er ist digitus dei          [zu gote wîset.
            der dîne wundin heilit.
          er ist der uingir.
            er ist diu unctio.
              er ist der wîgant.
              er ist dc gewâfene.

          er bindit lîb unde sêle.
          er bindit dâ zi himile den uater unde den sun.
            er vŭget himel unde erde,      got unde menniskin.
            er lûteret dc herze.
              er bringet got dar în.
              er liebet gote dar inne.
              er lêret uns bitten der dinge

diu uns rehte koment.
minne in!
waz ist bezzer zi minnene    den selbe diu minna?
dû minnist in mit rehte.
(1, 1–2, 17, mit Umstellung von 1, 9–11, aber ohne 1, 19–2, 5, welches mir später eingeschoben scheint.)

Diese rhetorisch und zahlensymbolisch mit höchster Kunst organisierte Prosa nähert sich für unsere Begriffe freirhythmischer Hymnik. Im Trudberter Hohenlied wird schließlich der Gesang sich selbst zum Gegenstand, wird Gesang des Gesanges. So in dem Stück 6, 22–7, 22:

Lûte dich,
   heiteru stimme,
      dc dich die unmûzigen
         fernemen.
Ganc her vur,
   sûzer tôn,
      dc die uirnementen
         dich lobin.
Hebe dich,
   wunnecliker clanc,
      dc dû gesuêgest
         den kradem der unsâligen welte.
Nû hebeth ivch,
   heiligen nothen
      der wunnecliken musice.
hebe dich ane,
   heiligir iubil
      des wunnecliken brûtsanges.

Kum,
   genuhtsamer tropfe des êwigen touwes
      dc dû gefûhtest
      dc turre gelende mînes innern menniskin.
Ganc
   durc den sin des ungehôrenten tôrn.
Kum
   durch den munt des unsprekintin stummin.
Kum
   durch den nebil des uinstern ellendis
      dc dîn lop
        sî von dannan
      dc dc unferwarte sanc
        gê durch den uerwarthen munth.
      dc ich lop sage    deme hôhistin brûtegomin
        unde der heiligistin brûte.
      dc ich mich mendin muze des kosses
        dâ mit uirsûneth ist diu sâlige werlt.
      dc ich mich mûze mendin
        dc uirgoltin ist diu s(ch)ulde wîplikis vallis.

dc ich mich mende
dc widere giladit ist dc ferh(w)undete her der uirlornen sêle.

Nv̂ genc ûf,
    heiterer tach.
dû rinnist ûf,
    heiteru sunne des êwigin liehtis.
schîn in die finsteren kamere        unser ellenden sêle,
    dc wir geuolgin mǔzin
    ze deme kunnecliken gisidele        dînes prûtstuoles,
dâ div diemuotege iuncfrôwe
    virsuonet hât
        dich vater
            mit dînen kindin.
dâ dâ gekussit ist
    diu kûs(ch)iste brûth,
dâ dâ gehalsin ist
    diu rainiste sêle        der magetliken muoter.
Dane hine fliehin
    die claenin
        unt die tumbin
            unt die kaltin sinne.
schrekin hinne dane
    diu getelôsen kizze.
rennent hine dane
    die ûf den olbenten sizzen. (6, 22–7, 22)

Es fliehen dahin
    die Kleinen
        und die Einfältigen
            und die mit leeren Sinnen.
Es springen davon
    die zaumlosen Gemsen,
Es eilen fernhin
    die auf Dromedaren sitzen.

Nicht alle Stellen des Trudberter Hohenliedes sind von solch konzen-
trierter Sprachkraft, jedenfalls nicht in dem Text der Ausgabe von *H.
Menhardt* von 1934, die vornehmlich bereits bearbeitete Handschriften
aus St. Trudbert (von ca. 1230) und aus München (von 1509/10) zu-
grundelegen mußte. Die allegorische Exegese wird im Trudberter Hohenlied Mittel eigener Poesie. Aber diese Poesie ist nicht Ausdruck eines allge-
meinmenschlichen Geisteszustandes im späten XII. Jahrhundert, sondern
der geistigen Möglichkeiten einer bestimmten Gruppe, in Nachbarschaft
zu jenen Minnegedanken, die in der höfischen Gesellschaft gepflegt werden. Und auch die vulgärsprachliche Marienlyrik spricht nicht das Gemüt
des Volkes aus, sondern spricht ihm vor. So ist das französische Lied
‹Quant li solleiz converset en leon› Nachhall der Zisterzienserpredigt
*(Ohly)*, sind die Mariensequenzen aus Seckau (St. Lamprecht) und Muri

Kontrafakta der liturgischen ‹Ave praeclara maris stella›-Sequenz, wie schon das Melker Marienlied liturgische Form nachbildete, und die Verfasserin des ‹Arnsteiner Mariengebets› ist möglicherweise jene Gräfin *Guda von Arnstein*, die 1139 ihre Burg in ein Prämonstratenserkloster umwandelte. Wo aber Handel und Wandel, Geld und Ware herrschen, versuchen Handwerker und Kaufleute in anderer Weise fromm zu sein. In den großen Städten der Lombardei waren, abgesehen von den Katharern, namentlich die sogenannten Humiliaten verbreitet. Ohne ihr bürgerliches Dasein in Familie und Hausstand aufzugeben, wollten sie ein evangeliengemäßes Leben führen, verzichteten auf modischen Luxus, vermieden Schwören, Lügen und Rechtsstreitigkeiten (vgl. *Grundmann*). Man nannte sie auch ‹Patareni› oder ‹Boni homines› und sagte ihnen Übles nach wie jener Chorherr aus Köln, von dem anläßlich des Ketzerkonzils von Verona noch zu sprechen ist (s. unten S. 597f.).

Durch diese im Aufstand begriffenen Lombardenstädte hatte sich *Barbarossa* 1168 nach der römischen Katastrophe über Burgund nach Deutschland durchgeschlagen. 1168 starb auch noch sein Kaiser-Papst *Paschalis III.* Dessen schattenhaften Nachfolger *Calixt III.* (1168–1178) hatte nicht einmal der Kaiser selbst ohne weiteres anerkennen wollen. Papst *Alexander III., Roland Bandinelli,* aber triumphierte und mit ihm die Lombardenstädte, die das Steuerjoch des Imperiums, fürs erste wenigstens, losgeworden waren. Auf seiner Seite standen außer der Lombardei auch Byzanz und Frankreich. England hielt nominell zu *Barbarossa*. Dort flammte der Kirchenstreit zwischen *Heinrich II.* und *Thomas Becket,* dem Erzbischof von Canterbury (vgl. S. 449), in dem Papst *Alexander III.,* sehr zum Mißfallen des Königs von Frankreich, eine klare Parteinahme vermied. Da wurde am 29. Dezember 1170 von einigen englischen Rittern, die ihrem König damit einen Dienst zu leisten glaubten, der Erzbischof *Thomas Becket* am Altar seiner Kathedrale zu Canterbury erschlagen. Die Empörung über diese Schandtat war allgemein und nötigte *Heinrich II.,* Vergebung und Partei des Papstes zu suchen. Dieser Umstand aber näherte Frankreich dem Imperium wieder an, denn *Ludwig VII.* mußte darauf bedacht sein, nie allein auf der gleichen Seite wie sein übermächtiger normannischer Vasall zu stehen, falls er nicht in freundschaftlicher Umarmung von ihm erdrückt werden wollte. Erwünschte Rückendeckung bot ihm jetzt das Imperium. Für *Barbarossa* aber beginnt eine Zeit diplomatischer Aktionen. Am 14. Februar 1171 traf er in der Nähe von Vaucouleurs an der Reichsgrenze mit dem 1162 von *Reinald von Dassel* als ‹regulus› beschimpften (vgl. S. 411ff.) König *Ludwig VII.* zusammen. Freundlichere, auch für die Ritterkultur fruchtbare Beziehungen bahnten sich an. Aber einen Ausgleich mit dem Papst, um den ihn der Kaiser wohl ersuchte, vermochte *Ludwig VII.* nicht herbeizuführen. Auch anderwärts versuchte *Barbarossa* mit diplomatischer Kunst die Phalanx seiner Feinde zu sprengen. Seit 1171 verhandelte er wieder mit Byzanz, empfing auch am 24. Juli eine griechische Gesandtschaft in Köln, die angeblich über eine Heiratsverbindung verhandelte *(Fourrier)*. Dem Geschick des Erzbischofs *Christian* von Mainz, des Kanzlers für Italien, in dessen Gefolge die Herren *von Hausen* in die Reichspolitik einziehen, gelingt es 1174, Venedig aus dem Lombardenbund zu lösen und für die Sache des Kaisers zu gewinnen. Bei ihm befindet sich damals der Minnesänger *Friedrich von Hausen,* der zu Anfang des folgenden Jahres in Pavia als Zeuge urkundet. Vielleicht entstand jetzt in Italien sein Lied ‹Gelebte ich noch die lieben zît›:

«Könnte ich den Tag erleben, an dem ich das Land noch einmal sehe, wo eine schöne Gräfin all mein Glück ist – nie wieder würde mich ein Mensch traurig und bekümmert finden. Jetzt schiene mir so manches gut, was einst mein Herz bedrückte.

Dort glaubte ich einst, ihr fern zu sein, dort, wo ich ihr jetzt ganz nahe wäre. Erst jetzt schafft mir das Fernsein Weh im Herzen. Es will mir sicher damit zeigen, wie sehr es sich gebunden hat. Wäre ich irgend dort am Rhein, vielleicht empfinge ich frohere Botschaft, wie ich sie leider noch nie vernahm, als ich aufbrach über die Alpen» (MF 45,1).

Im September 1174 bricht *Barbarossa* selbst mit 8000 Rittern zu seinem 5. Italienzug auf. Das Erscheinen des Kaisers bringt die Lombardenstädte wieder an den Verhandlungstisch. 1175 wird in Montebello (b. Voghera) ein Vorfriede paraphiert. Unter diesen günstigen Auspizien entläßt der Kaiser einen Teil seines Heeres nach Deutschland – zu früh. Denn die Verhandlungen scheitern, weil die Lombarden u.a. fordern, *Barbarossa* müsse sich zuvor mit dem Papst aussöhnen. Eine kaiserliche Delegation verhandelt gleichzeitig mit dem Papst. Aber in der Lombardei flammen die Kämpfe wieder auf. Verstärkung des kaiserlichen Heeres, von Erzbischof *Philipp* von Köln geworben, kommt nur zögernd und unzureichend. Anfang 1176 trifft *Barbarossa* in Chiavenna, nördlich des Comer-Sees, mit seinem Vetter, dem Bayern- und Sachsenherzog *Heinrich dem Löwen* zusammen. Kniefällig, so berichtet *Arnold von Lübeck,* fordert der Kaiser seine Hilfe. Aber der Löwe ist dazu nicht verpflichtet, weil keine allgemeine Heerfahrt anberaumt ist. Nur wenn *Barbarossa* bereit wäre, ihm die Stadt Goslar mit ihren Silbergruben zu überlassen, will ihm der Herzog helfen. Aber der Preis ist dem Kaiser zu hoch. Wenig später kommt es mit den Mailändern zur Schlacht bei Legnano und das lombardische Fußvolk vernichtet einen Teil der kaiserlichen Reiterei. *Barbarossa* muß das Feld räumen. Die Stadt Crema versucht, zwischen Kaiser und Lombardenbund zu vermitteln. Neue Verhandlungen werden aufgenommen. Jetzt befürchtet der Papst einen Separatfrieden zwischen *Barbarossa* und den Stadtbürgern und schließt nun seinerseits noch 1176 mit ihm den Vorvertrag von Anagni ab. Am 24. Juli 1177 kann dann in Venedig der endgültige Friede mit der Kirche geschlossen werden. Durch seine Drohung, die Verhandlungen im letzten Augenblick scheitern zu lassen, hatte *Barbarossa* erreicht, daß ein endgültiger Friede mit dem Lombardenbund hinausgeschoben und in Form eines 6jährigen Waffenstillstands sistiert wurde. Da dies aber für den Kaiser zugleich eine Steuereinbuße von 6 Jahren bedeutete, forderte er als Entschädigung eine 15jährige Nutzung der Mathildischen Güter (s. S. 160). Doch diese Vereinbarung wurde nicht einmal in den Vertragstext aufgenommen, so daß der Papst dem Kaiser diese Güter praktisch zur stillschweigenden Nutzung überhaupt überließ. Der Kaiser wurde vom Kirchenbann gelöst, sein Sohn *Heinrich VI.* als König anerkannt, alle Investituren von Bischöfen, welche *Barbarossa* während des Schismas vorgenommen hatte, wurden gutgeheißen, damit der innere Friede der Kirche nicht gestört werde. Der Kaiser gab dem Papst die diesem zustehenden Regalien und Besitzungen in Italien zurück, schwor dem Gegenpapst ab und leistete *Alexander III.* öffentlich den Marschalldienst, d.h. er hielt ihm den Steigbügel *(Jordan)*. Daß der Papst diese Geste als Anerkennung seiner Lehnshoheit deutete, soll den Kaiser wenig gestört haben. Noch heute bezeichnet in der Vorhalle von San Marco in Venedig eine Porphyrplatte den Ort der kaiserlichen Unterwerfung. De facto hatte *Barbarossa* sein Ziel erreicht: die Geldquellen Oberitaliens, d.h. die Einnahmen aus den Mathildischen Gütern begannen wieder zu fließen. Das war der sachliche Kern, der sich, wie der wahre Ritter, unterm Büßergewand des Friedensschlußrituals verbarg.

Der Kaiser blieb den Winter in der Romagna und Toskana und zog im Frühjahr 1178 über Pavia nach Turin *(Stumpf)*. Am 13. Juli ging er über den Mont Cenis nach Briançon, am 30. Juli ließ er sich mit seiner Gemahlin *Beatrix* in der eben erneuerten (damaligen) Kathedralkirche St. Trophime durch den Erzbischof von Arles zum König des südlichen Burgund krönen *(Hampe)*. Das Portal und den reichgeschmückten Kreuzgang bewundern heute die Touristen. Ende Oktober 1178 kehrte der Kaiser triumphierend nach Deutschland zurück und hielt im Gepränge wiedergewonnener Macht einen Reichstag zu Speyer ab. Dort führten Fürsten nachdrücklich Klage über Übergriffe und Gewalttakte des Bayern- und Sachsenherzogs *Heinrichs* des Löwen, und diesmal schenkte *Barbarossa* ihnen Gehör. Hier nimmt nun der Prozeß gegen den Löwen seinen Ausgang, und das heißt andrerseits: Es beginnt eine praktische Neuordnung der staatlichen und gesellschaftlichen Strukturen des Regnums. Die inneren Widersprüche waren offenbar. Daß *Barbarossas* altertümliches Renovatio-Programm sie nicht löste, sondern nur verschleierte, ist eine eigene Sache, von der noch zu reden bleibt.

## B. VERUNSICHERTE FIKTION IM
## HÖFISCHEN ROMAN

### Roman als Romanparodie

Was die Stunde geschlagen, hatte *Chrestien de Troyes* sehr genau verstanden. In seinem zweiten großen Roman unternimmt *Chrestien* etwas ganz Verblüffendes: Antike, Matière de Bretagne und imperiale Gegenwart werden durcheinandergewirbelt. Griechenland und König Artus, deutscher Kaiser und Herzog von Sachsen werden aufgeboten, Anti-Liebestränke werden gemischt, die Romanfiguren protestieren gegen ihre literarischen Rollen; dazu: rhetorische Kunstgriffe aus der Scola. Das alles läßt eine hinreißende Parodie der modischen Literatur entstehen:

«Derselbe Autor, welcher ‹Erec und Enide› abfaßte, welcher aus den ‹Remedia Amoris› und der ‹Ars amatoria› (des Ovid) einen Roman machte, welcher (außerdem) schrieb: ‹Der Biß in die Schulter› und ‹König Mark und die Blonde Isolt› und die ‹Metamorphose von Wiedehopf, Schwalbe und Nachtigall› (= ‹Philomela›), dieser Autor beginnt jetzt einen neuen Roman, dessen Held ein junger Mann aus Griechenland, zugleich aber mit dem König Artus verwandt ist. Doch bevor ich von ihm zu Ihnen spreche, werden Sie die Lebensgeschichte seines Vaters hören, seine Herkunft und seine Abstammung» (1–13).

Die Liste der Werke soll dem Leser wohl sagen, daß er einen erfahrenen Romancier vor sich hat, der in allen Sätteln gerecht ist, der schreiben kann, was er will. Von den genannten Titeln kennen wir die beiden ersten Ovidiana so wenig wie den ‹Biß in die Schulter› oder ‹König Mark (nicht Tristan!) und Isolt›. Wer weiß, was dahinter steckt? In seinem ‹Cligès› jedenfalls kündigt *Chrestien* einen Doppelroman nach der Art von *Thomas'* ‹Tristan› an, in welchem zuerst die Vorgeschichte des Helden erzählt wird. Statt Rivalin und Blancheflur heißt das Eltern-Heldenpaar hier Alexander und Soredamors. Aber ehe der Dichter ihre Geschichte beginnt, muß er noch die obligate Quellenberufung und Wahrheitsbeteuerung bringen, muß er prunken mit dem Begriff der ‹Translatio› von Rittertum und Wissenschaft (vgl. oben S. 316):

«(Unser junger Grieche) war so tapfer und so stolzen Mutes, daß er, um Ehre und Ruhm zu erwerben, von Griechenland nach Angleterre zog, welches sich damals noch Bretagne nannte. Diese Geschichte, die ich Ihnen also jetzt erzählen will, wir finden Sie aufgezeichnet in einem der Bücher aus der Bibliothek des Herrn Sankt Peter zu Beauvais. Aus diesem Buch (also) wurde der Stoff gezogen, und dieser Umstand bezeugt zugleich seine historische Wahrheit. Aus ebendemselben Grunde verdient demzufolge die Geschichte allen guten Glauben.

Aus den Büchern, die wir besitzen, kennen wir die Fakten und Akten der Alten und der Vergangenheit. Unsere Bücher haben uns auch gelehrt, daß Graecia zu allererst berühmt war für Ritterwesen und Wissenschaft. Das Ritterwesen ist dann nach Rom weitergewandert und mit ihm die Summe der Wissenschaften, welche beide jetzt in Frankreich angekommen sind. Geb Gott, daß man sie hier zurückhält und daß ihnen der Ort so sehr gefällt, daß aus France niemals der Ruhm entweicht, der jetzt hier Station macht. Denn von Griechen oder Römern spricht man heute überhaupt nicht mehr. Alle Darstellungen über sie haben aufgehört und ihre lebendige Glut ist erloschen» (14–42).

Mit dieser Bemerkung ist wohl über die Romane mit antiker Thematik aus der vorigen Generation (Eneas, Theben, Troja) der Stab gebrochen. Danach beginnt die Erzählung selbst, distanziert wie eine Inhaltsangabe.

«Chrestien beginnt also seinen Roman. Nach jenem Buch schreibt er über einen mächtigen Kaiser, reich und berühmt ist der, welcher herrscht über Grecia und Constantinople. Die Kaiserin, von welcher der Kaiser zwei Kinder hatte, war schön und edel. Aber der erste Sohn war bereits vor der Geburt des zweiten so groß, daß er sofort hätte Ritter werden und das ganze Reich regieren können, wenn er nur gewollt hätte. Der erste hieß Alexander, der zweite Alis. Ihr Vater hieß (auch) Alexander, ihre Mutter Tantalis. Aber von der Kaiserin Tantalis, vom Kaiser selbst und von Alis sagen wir jetzt fürs erste nichts mehr. Wir werden Ihnen von Alexander erzählen ... Was auch sei, was auch geschehe, keine lebende Seele wird ihn davon abhalten können, nach Bretagne zu gehen. Aber er muß sich vorher noch von seinem Vater verabschieden, ehe er nach Bretagne und Cornouaille aufbricht. Um um Erlaubnis zu bitten und um Abschied zu nehmen, wird er sich jetzt mit seinem Vater unterhalten. Alexander ... wird ihm seine Absichten mitteilen, was er tun und unternehmen will: ‹Lieber Vater›, sagt er ...» (43–84).

*Chrestien* hält die Handlung an den Fingerspitzen wie eine tote Maus am Schwanz. Der Held Alexander also geht nach England. Beim Aufbruch wird seine Freigebigkeit noch ausführlich gelobt, «largesse», «milte» ist die wahrhaft 1. Rittertugend. Alexander landet richtig in Southampton (Hantone 269). Seine erste Frage ist, ob der König gerade in England sei oder wieder einmal in Nordfrankreich. Offensichtlich ist Alexander im XII. Jh. des ständig hin- und herreisenden *Henry II. Plantagenet* angekommen. Ja, der König sei in Winchester, wird dem Griechen berichtet. Alexander reitet hin. Humorvoll die Wechselrede der Audienz zwischen Artus und dem Griechen:

A.: «Mir will scheinen – und ich denke, da täusch ich mich nicht –, Ihr seid Söhne höhergestellter Herren. Woher geht Eure Reise?
A.: Wir sind aus Griechenland!
A.: Aus Griechenland?
A.: Ja!
A.: Wer ist Dein Vater?
A.: Nun, Herr, (halt) der Kaiser.
A.: Und wie heißest Du, schöner Freund!
A.: Als ich Salz, Chrysam und Christennamen in der Taufe empfing, ward mir als Name gegeben: Alexander!» (558–566).

Sogleich darf sich Alexander mit Gauvin befreunden, was ihn stolz und glücklich macht, denn der Griechenjüngling hat schon längst vom Ruhm des Artus-Stars gehört – wie jene Personnagen im zweiten Teil des ‹Don Quijote›, die bereits den ersten Teil gelesen haben. Die Analogie ist ein deutliches morphologisches Signal. In der Stadt Winchester wohnen die Griechen bei einem «borjois» (393). Alexander hat eine wohlgefüllte Börse und gibt reichlich. Der ganze Hof staunt über seine Verschwendung. Dann segelt Artus mit seinem Gefolge nach der Bretagne. Auf der Überfahrt verlieben sich Alexander und das Hoffräulein Soredamors, die Schwester Gauvins, ineinander. Bisher hatte das Mädchen Amor überhaupt verachtet, jetzt zeigt sie alle ovidianischen Symptome:

> «Amor hatte gut gezielt. Mit seinem Pfeil hat er ihr Herz getroffen. Oft wird sie bleich, oft ist sie in Schweiß gebadet. Gegen ihren Willen muß sie ihn lieben» (454–457).

Das Feuer Amors brennt sie. In einem Klagemonolog wird durch kunstgerechte Rückfragen (retrocitationes) die Klagende ihr eigenes Echo: «Was ich erblicke mißfällt (grieve) mir! Mißfällt mir? Nein!» (472). Sie erkennt die Ursache:

> «Das von Amor geweckte Verlangen meines Herzens ist der Grund meines Leidens (doloir)! Leidens? Mein Gott, ich bin wahnsinnig (fole)! ... Wahnsinnig? Was sag ich?» (502–506).

Die kluge Königin sieht das Leiden, aber sie erkennt den Grund nicht, sie zitiert nur – ‹Tristan› von *Thomas von Bretagne:* la mer, l'amer (amare) und l'amer (amarum) (vgl. *Gotfrid von Straßburg* 11986 ff.; *Fourrier*):

> «aber das Meer betrügt sie (l'angigne) und täuscht sie, auf dem Meer sieht sie nicht, daß es die Liebe ist. Sie sind auf dem *Meer,* aber es ist die *Bitterkeit* die Ursache und von *Liebe* kommt das Übel, das sie ergreift» (541–544).

Dann landen sie in der Bretagne. Alexander muß als Edelknappe in den Frauengemächern Dienst tun, welcher Umstand sein Liebesleiden nicht gerade mildert. Wie vorher das Herzeleid der Soredamors, so wird jetzt, parallel dazu, dasjenige des Alexander nach allen Regeln der Kunst beschrieben. Nachdem auch hier das Feuer Amors brennt (583 ff.), entfaltet sich der *Klagemonolog* des Griechenjünglings (618 ff.–864). «Ich muß», sagt er, «mich für *wahnsinnig* (fol 618) halten! Für *wahnsinnig?*» Das gleiche Echospiel beginnt mit gesteigerter Kunst. Alexander fühlt sich krank:

> «Mein Übel sitzt so tief, daß Medizin es *nicht heilen kann* (ne puet 644)! *Nicht heilen kann?* Mir scheint, ich lüge ... Wie dieses Leiden mich befiel *weiß ich nicht* (ne sai 656 ff.)! *Weiß nicht?* O, doch! Ich glaub es zu wissen: Amor selbst läßt mich dies Leiden leiden ...» usw.
> Schließlich kommt Alexander darauf, wie er verwundet ward: «Durchs *Auge* (l'uel)! Durchs *Auge?*» (vgl. *Ovid,* Met. III 340–406).

Schließlich ist der Liebespfeil selbst an der Reihe. Es ist Alexander, welcher für *Chrestien* die *Descriptio* vornimmt:

«Jetzt will ich zu Ihnen (verehrte Leser)», sagt Alexander, «davon sprechen, wie gemacht und geschnitten der Pfeil ist, den ich hüte und bewahre» (762–764).

Dieser Pfeil nun, so stellt sich heraus, ist nichts anderes als die rhetorische Descriptio personae der Soredamors. Wohlgemerkt: nicht ihre Person, sondern ihre rhetorische Person! Befiedert ist der Pfeil, ist Soredamors, mit goldenen Haaren; und dann läuft das Spielwerk der Rhetorik: Haare, Stirn, Augen, Rede, Nase, Teint, Natura artifex, Mund, Zähne. Nun müßte der Körper an die Reihe kommen:

«Was ich von der entblößten Brust gesehen habe bis dort, wo der Hals aus dem Körper wächst und hinab bis zur Agraffe des Gewandes, ist weißer als frischer Schnee. Mein Schmerz würde wohl nachlassen, wenn ich den ganzen Pfeil gesehen hätte. Gerne würde ich sagen, wie nun dieser ganze Pfeil aussieht, wenn ich das könnte! Aber ich hab ihn nicht gesehen ... Amor hat mir nur den Hals und seine Befiederung gezeigt, der Schaft des Pfeiles aber war in den Köcher, will sagen: in Chlamys und Tunika gehüllt, womit das Mädchen bekleidet war» (832–849).

Dann folgt ein neuer Klagemonolog der Soredamors, der «Blonden der Liebe», wie sie ihren Namen selbst deutet (972). Es ist ein rhetorisches Ballett, was *Chrestien* hier aufführt. Durchaus nicht zeigt sich das ‹Betroffensein Chrestiens ... auch darin, daß er die Wendung Thomas' zur Psychologie nachvollzieht ..., die durch den Eneas-Roman eingeführte antithetische Zerlegung des Seelenzustandes der Helden» *(Köhler)*. Der Gebrauch *Chrestiens* nimmt nicht ‹fast›, sondern in der Tat ‹exzessive Formen› an, denn er ist parodistisch, parodiert nicht nur, und vielleicht gar nicht einmal in erster Linie den ‹Tristan› des *Thomas,* sondern seine höfische Rezeption, ist Entrüstung darüber, parodiert den als Gehalt behaupteten «Nachweis einer durch die Liebe gewährleisteten Konformität von Individuum und Gesellschaft» *(Köhler).*

So stehen die Dinge, als Nachricht kommt über den Kanal, der englische Statthalter des Königs Artus habe sich gegen den König empört. Artus muß seinen Thron zurückerobern. Der Griechenjüngling bittet ums Adoubement, um den Ritterschlag (1107–1122), denn er will mit ins Feld. Seine Bitte wird ihm gewährt. Reiche Geschenke begleiten die feierliche Ritterweihe. Von der Königin erhält er eine Tunika mit einer goldenen Borte. Diese Goldborte aber ist nicht nur aus Goldfäden allein gewirkt. In sie ist – ohne daß Alexander es weiß – auch ein Haar der goldblonden Soredamors eingeflochten. Das Haar ist, wie noch oft, das Symbol für die ganze geliebte Person. Dann gehts in den Krieg. Der Verräter hat London wirtschaftlich ruiniert, in Windsor hält er sich verschanzt. Eine erste glänzende Waffentat erwirbt dem jungen Alexander Ruhm und Audienz bei der Königin. Bei dieser Gelegenheit wird eine erste Gelegenheit zum Liebesdialog mit Soredamors verpaßt (1399–1401). Keiner konnte sich entschließen, zu sprechen. Für seine immer zahlreicheren großen Taten wird Alexander von König Artus belehnt. Bei einer weiteren

Audienz im Zelt der Königin bemerkt die Gemahlin des Artus, daß die Goldfäden in Alexanders Tunika verblaßt und verblichen sind. Nur das goldene Haar, welches Soredamors hineingestickt hatte, hat seinen Glanz bewahrt. Die Königin lacht hell auf und nötigt die errötende und erbleichende Soredamors vor Alexander die Geschichte der Tunika zu erzählen. Auch Alexander errötet und erbleicht vor Glück. Die Königin erkennt endlich die Liebe zwischen beiden. Aber Bekenntnisse erfolgen nicht, noch nicht, denn jetzt geht die Kriegshandlung weiter. Als Verräter verkleidet, dringen Alexander und seine 12 Griechen nächtlich in Windsor ein. Nach hartem Kampf glückt die Eroberung der Verräterburg. Der König belohnt Alexander für diese entscheidende Heldentat mit dem versprochenen Siegerpreis, einem Pokal im Werte von 15 Goldmark (1517–30; 2180–87). Wieder wird dem Sieger ein Empfang im Zelt der Königin zuteil. Nun aber hat die Gemahlin des Königs Artus genug von den verhinderten Liebesgeständnissen. Sie erklärt den abwechselnd errötenden und erbleichenden Liebenden Alexander und Soredamors kurzerhand:

«Ganz töricht handelt Ihr, wenn Ihr beide nicht sagt, was Ihr denkt. Indem Ihr Eure Liebe nicht gesteht, tötet Ihr Euch und seid Liebestotschläger. Ich gebe Euch beiden den Rat, gegenüber der Liebe weder nachgiebig noch widersetzlich zu sein. Vereinigt Euch doch in allen Ehren durch die Ehe» (2259–66).

Da endlich beichten beide vor der Königin ihre Liebe. In aller Pracht wird Hochzeit gehalten. Der Sohn von Soredamors und Alexander ist Cligès, der Hauptheld des Romans. Damit endet der erste Teil (2344), und allsogleich folgt der zweite.

Alexanders Vater, der Kaiser von Konstantinopel, stirbt. Eine Gesandtschaft erreicht den Sohn in England und überbringt ihm die Nachricht. Doch auf der Heimfahrt erleidet sie Schiffbruch. Der einzige Überlebende ist ein Verräter, der den jungen Alexander in Konstantinopel tot sagt. Da besteigt dessen jüngerer Bruder Alis den Thron. Alexander aber bricht von England auf, sein Erbe zu erobern. Soredamors und der kleine Cligès begleiten ihn. Nachdem Alis zaghaft versucht hat, sich seinem ältesten Bruder zu widersetzen, überläßt er Alexander die Herrschaft. Ein Hinweis auf den Bruderzwist zwischen den Ödipus-Söhnen Eteokles und Polyneikes (2498–2500) hat genügt, den Usurpator Alis vom Gedanken an einen Bruderkrieg abzubringen. Immerhin darf Alis Krone und Titel behalten, nur muß er versprechen, nie zu heiraten und Alexanders Sohn, eben Cligès, als legitimen Thronfolger anzuerkennen. Aber plötzlich stirbt Alexander, Soredamors aus Liebe isoldenhaft gleichzeitig. Jetzt will Kaiser Alis doch, entgegen seinem Versprechen, eine Frau nehmen. Eine byzantinische Gesandtschaft verhandelt in Regensburg (Reneborc 2626) mit dem deutschen Kaiser; dessen Tochter Fénice, die Verlobte des Sachsenherzogs, soll mit Kaiser Alis von Konstantinopel vermählt, die Hochzeit in Köln gefeiert werden. Hier scheint aktuellste Gegenwart der Fabel Material und Motive gegeben zu haben (vgl. ob. S. 496). Mit großem Gefolge also zieht Kaiser Alis in *Chrestiens* Roman nach Köln, begleitet von Cligès. Dessen ritterliche Erscheinung und ruhmwürdige Taten erwecken die Liebe der Kaiserstochter Fénice, die an den Oheim Alis verschachert werden soll:

«Vor dem byzantinischen Kaiser, seinem Onkel, stand Cligès ohne Mantel. Der Himmel war etwas düster, aber Fénice und Cligès waren beide so schön, daß von ihrer beider Erscheinung ein Strahlen ausging, von welchem der ganze Palast erglänzte: wie wenn die Sonne hell und vermeillefarben aufgeht. Um die Schönheit des Cligès zu zeichnen, will ich Ihnen (verehrte Leser) eine Descriptio geben, die aber ganz kurz sein soll» (2712–23).

Mit dem Terminus technicus «description feire» führt *Chrestien* ganz ungeniert sein rhetorisches Kunststückchen ein. Nase, Mund, Taille, Natura artifex usw. Auch ein Seitenblick auf den Kollegen *Thomas* von Bretagne unterbleibt nicht:

«Cligès ... wußte besser zu fechten und den Bogen zu schießen als Tristan, der Neffe des Königs Marke» (2749 f.).

Dann wird die Liebe durch die Augen abgehandelt, denn auch Cligès liebt die herrliche Fénice. Die Augen-Blicke werden getauscht wie die Herzen. Doch hier wird die metaphorische Fiktion vom Autor zerschlagen:

«Fénice hat ihre Augen und ihr Herz in Cligès geworfen und Cligès hat ihr sein Herz *versprochen. Versprochen?* Er gibt es ja *ganz weg!* Gibt es *ganz weg?* Weißgott, nein! Ich lüge. Denn kein Mensch kann sein Herz weggeben. Ich muß mich wohl anders ausdrücken. Ich will nicht den Stil jener schreiben, die zwei Herzen in einem einzigen Körper vereinigen: So etwas ist weder wahr noch wahrscheinlich» (2777 ff.).

Das geht vielleicht wieder gegen den Kollegen *Thomas*. Auf jeden Fall macht eine solche Bemerkung das literarische Mittel bewußt. Indes: Fénice, alias Isolt, soll nicht ihren Geliebten Cligès-Tristan, sondern dessen Onkel Marke, sprich: Alis, heiraten. Die Gesellschaft lacht und ist auf das literarische Experiment gespannt. Doch Fénice, als gebildetes Mädchen, hat keine Lust, die Ysolt zu spielen. Zu ihrer zauberkundigen Amme Thessala, einer thessalischen Hexe, sagt sie:

«Lieber laß ich mich vierteilen als daß ich mitanhöre, wie von Cligès und mir als von einer 2. Auflage der Liebe zwischen Ysolt und Tristan geklatscht wird (‹fust remanbree l'amors d'Ysolt...›). Man erzählt davon so viel Blödsinn, daß man sich nachgerade schämt, es nachzuplappern. Ein Isolden-Leben wäre mir denn doch zu unbequem» (3105–11).

Thessala, die Zauberamme, hilft der schönen Fénice mit einem Anti-Liebes-Trank. Durch diesen wird Kaiser Alis in die Illusion versetzt, Fénice in Liebe zu besitzen, aber in Wirklichkeit unfähig, sie anzurühren. So kann Fénice Virgo bleiben bis Cligès dermaleinst die Nachfolge seines Onkels auf dem Kaiserthron von Konstantinopel antritt (vgl. 3287–3304).

Aber, wie bereits erwähnt, war Fénice ja schon verlobt gewesen, ehe sie in Köln mit dem Griechenkaiser Alis verheiratet wurde. Sie war ursprünglich dem mächtigen Sachsenherzog versprochen worden. Dieser, plötzlich vor die vollendete Tatsache gestellt, daß seine Braut bereits anderweitig vergeben wurde, ist verständlicherweise außer sich vor Zorn. Er – eine Karikatur *Heinrichs* des Löwen – bietet sein Heer auf und versucht die heimwärtsziehenden Griechen im Schwarzwald (Noire Forest 3358) unweit von Regensburg (!) zu überfallen. Es kommt zu verwickelten nächtlichen Kämpfen. Cligès gerät dabei an einen sächsischen Haudegen, bis zu dem die Kunst der gesellschaftlichen Verstellung noch nicht gedrungen ist:

> «Unfähig, seine wahren Gefühle zu verbergen, brüllt er ihn wie ein Knecht an: ‹Du Knecht›, sagt er, ‹Du wirst auf der Stelle sterben und den Tod meines Barons bezahlen. Wenn ich Dir nicht den Kopf abhacken kann, dann achte ich mich selbst weniger als byzantinisches Falschgeld›» (3441–45).

Aber Cligès haut vielmehr ihn zusammen und zieht sich (wie weiland sein Vater Alexander zu Windsor) die Rüstung des Feindes an. Auf die Spitze seiner Lanze spießt er den Kopf des erschlagenen Sachsen. So reitet er ins sächsische Lager. Die Griechen, welche Cligès natürlich für einen Sachsen halten, verfolgen ihn. Es ist eine Karikatur der Maskerade, die *Chrestien* hier gibt, zugleich eine Karikatur der Windsor-Szene aus dem 1. Teil seines Romans:

> «Es rufen die Sachsen: ‹Da kommt unser Ritter! Auf der Spitze seiner Lanze bringt er den Kopf des Cligès und die Griechen sind hinter ihm her. Auf die Pferde und ihm zu Hilfe!›» (3503–07).

Aber Cligès sticht mit dem Kopf auf der Lanze den ersten Sachsen nieder und gibt sich mit Geschrei zu erkennen. Es folgt die Karikatur eines Turniers. Cligès besiegt den Sachsenherzog. Aber heimlich entführen 12 Sachsen Fénice aus dem kaiserlich-byzantinischen Lager, während alles andere kämpft. Cligès aber befreit sie durch kühne Tat. Als er mit Fénice im finstern Wald nach dem Lager zurückreitet, verpassen beide mit Kunst die Gelegenheit zu einem Liebesbekenntnis:

> «Cligès führt Fénice zurück, gequält und hinundhergerissen von seiner Liebe. Wenn er jetzt keine Liebeserklärung abgibt, wird auf lange Zeit hin die Liebe für ihn eine unerträgliche Krankheit bleiben … Sehr vorsichtig nehmen die beiden ihre Zuflucht zur Sprache der Blicke; aber mit dem Munde sind sie ängstlich und wagen in keiner Weise von der Liebe zu sprechen, welche sie beherrscht. Wenn Fénice nicht anfängt, so ist das kein Wunder. Denn das Mädchen muß ihrer Rolle gemäß einfältig und ängstlich sein. Aber er? Worauf wartet er denn? Er ist doch sonst kein Feigling … Es ist die verkehrte Welt, wo der Hase den

Löwen jagt. Ich aber, verehrte Leser, hätte jetzt Lust, einige der Gründe abzuhandeln, aus welchen es selbst perfekten Liebenden passiert, daß ihnen Verstand und Mut, ihre Liebe zu gestehen, abhandenkommen, selbst wenn Gelegenheit, Ort und Zeit günstig sind» (3773–3818).

Und dann folgt die Abhandlung mit rhetorischer Eleganz. Abgesehen von allem andern ist Fénice schließlich die Frau des Onkels von Cligès (3819–68). Ein Dolmetscher («druguemant» 3913), der Griechisch und Deutsch kann («Qui greu savoit et alemant» 3914), bringt vom Sachsenherzog eine Herausforderung zum gottesgerichtlichen Zweikampf an Cligès. Cligès nimmt an. Der Kaiser schlägt ihn zum Ritter. Dann beginnt der Kampf. Mit ihren Schwertern spielen sie einen Leich auf den Helmen (4024: «As espees notent un lai»). Cligès siegt. Mit Schanden kehren die Sachsen nach Sachsen zurück (4155 ff.), mit Ruhm die Griechen nach Griechenland.

Kaum hat sich das neue Kaiserpaar im Kaiserpalast von Konstantinopel eingerichtet, da treibt es Cligès in die Ferne. Dem letzten Wunsch seines Vaters entsprechend, will der Jüngling nach Bretagne an den Artushof ziehen. Schließlich erlaubt ihm sein Onkel Alis die Ritterfahrt. Da sagt *Chrestien:*

«Aber beinahe hätte ich eine Szene ausgelassen, die man nicht auslassen darf» (4244f.).

Es ist die große Abschiedsszene Cligès-Fénice, ein scholastischer Diskurs über jene Liebe, welche sich nicht ganz zu erklären wagt. Cligès vermag nur zu stammeln: «Madame, ich bin Ihnen ganz zu eigen» (4283). Doch die arme Fénice weiß nicht, woran sie mit einer solchen Erklärung ist. Solche Worte gehören durchaus als Formel in den Bereich der gesellschaftlichen Fiktion:

«Was mich vor allem beunruhigt», monologisiert sie, «ist, daß dies ein ganz abgegriffener Ausdruck ist, ... denn es gibt (ja doch) Leute, die aus bloßer Höflichkeit selbst zu wildfremden Personen sagen: Madame, ich bin Ihnen ganz zu eigen mit allem, was mein ist» (4388–93).

Wie schon im Anti-Liebestrank wird hier Fiktion selber thematisch, nur diesmal explizit als eine des höfischen Umgangs – und nicht bloß der höfischen Kunstformen. Doch, was sind diese anders als Formen gesellschaftlichen Einverständnisses?

«So quält Amor Fénice ... Was Cligès betrifft, so hat er das Meer überquert und ist in Wallingford angekommen» (4527–31).

D.h. Cligès ist die Themse hinaufgefahren über London und Reading, fast bis nach Oxford. In Oxford ist großes Artus-Turnier.

«Meinen Sie vielleicht, verehrte Leser, ich werde Ihnen jetzt sagen, damit mein Roman etwas länger wird: Dieser und jener König waren dort und folgende Grafen und dann noch dies und das und jenes?» (4588–91).

Diese Frage ohne Antwort ersetzt die ganze Aufzählung. In vierfacher Verkleidung, als schwarzer, grüner, roter, weißer Ritter, besiegt Cligès die Crème der Artus-Kämpen. König Artus selbst vermutet romanhaft:

«‹Ma foi, ich weiß nicht, was ich dazu sagen soll! Aber dieses Mysterium präoccupiert mich außerordentlich ... Vielleicht ist es ein Phantom, das sich da unter uns gemischt hat! ...› – Der König», setzt *Chrestien* hinzu, «äußerte dergestalt seine Meinung, die er ebensogut für sich hätte behalten können» (4694–4704).

Schließlich gibt Cligès sich zu erkennen und jedermann ist hocherfreut. Aber sehr bald zieht es ihn wieder nach Griechenland zurück.

Jetzt, bei seiner Rückkehr, ist der Augenblick gekommen, da sich Cligès und Fénice in einem reizenden Dialog ihre Liebe gestehen können. Sie beschließen, der peinlichen Tristan-Situation zu entkommen:

«Wenn ich Sie liebe und Sie mich lieben», sagt Fénice, «so soll man Sie doch nie Tristanz und mich nie Yseuz nennen» (5199–5201).

Fénice wird zunächst vielmehr einen Scheintod sterben. Dazu verhelfen ihr die Zaubertränke der Amme Thessala. Der Bildhauer, Maler und Architekt Johan bereitet im Dienste des Cligès ein Mausoleum für die Scheintote und ein heimliches Paradiesgebäude für die dann auferstehende Fénice vor. Alles klappt wie am Schnürchen. Fénice stirbt wie verabredet. Der ganze Hof klagt, die Priester lesen Messen für das Heil der Seele. Da – retardierendes Moment – da erscheinen drei Ärzte aus Salerno. Sie erkennen den Trick der Scheintoten. Mit unglaublichen Martern versuchen sie die Kaiserin Fénice zum Leben zurückzuzwingen. Eine Beschreibung würde die sadistische Seite der Schilderung nur unnötig aufs neue vorführen. Kurzum, fast ist es den Ärzten gelungen, die Scheintote wirklich zu töten, da befreien die von Amme Thessala aufgewiegelten Hofdamen die halb zerstückelte Leiche und die bösen Ärzte werden aus dem Fenster gestürzt. Es folgt ein feierlicher Leichenzug zum Mausoleum, die Grablegung, schließlich die Befreiung der Leiche. Diese indes muß zunächst erst einmal reconvalescieren. Anderthalb Jahre leben dann Fénice und Cligès ein Paradiesesleben in dem von Architekt Johan kunstvoll errichteten Paradiesbau, einer wahren Minnegrotte: verborgene Villa mit kleinem Lustgarten.

Da werden sie eines Tages, wie Tristan und Isolt, im Garten von einem Verräter entdeckt. Der Kaiser erfährt alles. Cligès, Fénice und Thessala entkommen zum König Artus. ‹Entführung aus dem Serail› statt ‹Tristan und Isolde›, im Grunde nur eine kleine Umbesetzung des Programmstücks. In Konstantinopel wird der treue Architekt Johan gefangen und leugnet nichts. Aber ehe er dennoch getötet werden kann, stirbt endlich Kaiser Alis aus Schmerz darüber, daß Cligès ihm entwischte. Jetzt holen die Griechen mit Begeisterung Cligès und Fénice aus England zurück auf den Thron – als Kaiserpaar. Es gibt ein großes Happy-end. Der Autor aber verabschiedet sich mit einem Bericht über die finsteren Sitten und Gebräuche am byzantinischen Kaiserhof, welche die Folgen der eben geschilderten Begebenheiten sind:

«Seither gab es keinen Basileus mehr (in Byzanz), der nicht fürchtete, von seiner Gattin betrogen zu werden ... Deswegen wird die Kaiserin ... in Constantinopel wie in einem Gefängnis bewacht. Der Kaiser ... läßt sie allzeit in einem Zimmer bewachen, mehr aus Angst, als um ihren Teint zu schonen ( – nur helle Haut galt als edel – ). Und bei der Kaiserin darf kein männliches Wesen sich aufhalten, welches nicht schon im Kindesalter kastriert worden wäre. Auf diese Weise gibt es kein Liebesrisiko und keine Liebesangst, welche die Kaiserin in ihren Bann schlagen könnte. Hier endet das Werk von Chrestien. Explicit der Roman von Cligès» (6652–6665).

Die Uneigentlichkeit der gesellschaftlichen Exigence hat ihren Triumph gefeiert. Das Als-Ob, die fiktive Feodalwelt des Rittertums hat ihren Als-ob-Roman, ihre Romanparodie, vorgesetzt bekommen.

Erst die Sekundärliteratur seit dem XIX. Jahrhundert hat diesen herrlichen Roman aufs Niveau des höfischen Problemstücks heruntergewirtschaftet. Freilich bekommt die ritterliche Gesellschaft darin ihr Problem serviert, ‹la femme entre deux hommes› *(Fourrier)*. Aber der ‹Cligès› ist alles andre als eine Art ‹Fidelio›. «Die zur Ehe führende Liebe ist es indessen nicht, die im ‹Cligès› im Zentrum steht, wie *Foerster* meinte», hat *Köhler* (Ideal) treffend festgestellt, und er erschöpft sich auch nicht darin, ein ‹Anti-Tristan› zu sein. Aber ebensowenig scheint uns die Einheit von Herz und Körper der Geliebten «Angelpunkt des Romans» *(Köhler)* oder die Widerlegung der «gesellschaftsfeindlichen Liebesauffassung» *(Köhler)* des *Thomas von Bretagne*. «Der ‹Tristan› war nicht zu widerlegen» *(Köhler)*. Diese Einsicht wäre auch *Chrestien* zuzutrauen, nicht aber die Intention, mit seinem Roman den «Aufweis der Identität von natürlicher Vernunft des Individuums und der Vernünftigkeit seiner Gesellschaft» *(Köhler)* zu leisten. ‹Einen Jux will er sich machen› heißt ein nachdenkliches Stück von *Nestroy*. Freilich ist im ‹Cligès› die Lösung jener Hochzeitsscharade, die Erec-Lösung («amie et dame», Cligès 6631) aufrechterhalten (vgl. *Köhler*) – aber wie! Der Roman gilt als mißglückt. Wo man den literarischen Scherz bemerkte, hat man ihn als ernstgemeint wegbeteuert: «Er will eine ernstgemeinte, den *sans* umgestaltende Travestie des Tristanromans sein. Da zog die eine Travestie die andere an (sc. Anti-Tristan und gemarterte Fénice als Schmerzensmann –), und beide verunglückten. Schon die Durchführung der Hauptthese – Impotenztrank für den Gatten statt des Liebestrankes für das auserwählte Paar – war zum Scheitern verurteilt. Der fatalen Apparatur auf der Tristan-Seite gesellen sich die Analogien zur Legende, Passion und Heilsgeschichte, die als verspielter, frivoler oder surrealistischer Manierismus vielleicht erträglich sein könnten, in ihrer ernstgemeinten Sentimentalität aber nur ärgerlich sind» *(Mohr)*.

Mit der Ästhetik der Intentionalität ist es allerdings so eine Sache, denn Intention und Werk sind gänzlich zweierlei. Die bloße Intention garantiert kein Gelingen, die unterstellte Intention aber bleibt nicht weniger gratis. Es scheint dem Werk *Chrestiens* ähnlich ergangen zu sein wie dem *Thomas Manns*, von welchem *Adorno* meinte, daß es dazu «ermuntert, als Gehalt herauszuholen, was zuvor die Person hineinsteckte. Dies Verfahren ist zwar wenig produktiv, aber keiner hat dabei groß zu denken, und es versetzt noch den Stumpfsinn auf philologisch sicheren Boden, denn, wie es im Figaro heißt, der ist der Vater, er sagt es ja selbst. Statt dessen jedoch, meine ich, beginnt der Gehalt eines Kunstwerks genau dort, wo die Intention des Autors aufhört; sie erlischt im Gehalt». Selbst wenn ein Dichter seine Absicht beteuerte, wäre auch dies noch ein Stilphänomen, das historische Deutung verlangt.

*Chrestiens* geht von der Gattung des höfischen Unterhaltungs- und meinetwegen Problemromans aus. Aber im Unterschied zu diesem realisiert er, daß er selbst mit Kritik und Anspielungen der Gesellschaft doch nur Feinkost liefert. Und so nimmt er denn sein Werk als Spiel für diese Gesellschaft und stellt sich als denjenigen dar, der dieses Spiel als Spiel beherrscht. Er nimmt die Gesellschaft so wenig ernst wie er seine rhetorischen Kunststücke ernst nimmt, wie er das Wunderbare oder das Realistische ernst nimmt; nur: er arbeitet genau. Mit dem Unernsten ist es ihm ernst. *Thomas* von Bretagne, auch ein Genauer, hatte das Wunderbare möglichst ganz entfernt und ein Seelendrama vor metaphysisch leerem Horizont gegeben. Für *Chrestien* mag der Himmel von noch so vielen und konfusen Göttern voll sein – je bunter, desto besser. Aber die Figuren sind allesamt nur Marionetten. Was er *Thomas* von Bretagne en passant vorwarf, trifft den Kern der Sache: sein Tristan hatte niemals gelacht! Dennoch: auch *Chrestiens* Figuren lachen ja nicht. Sie sind alle mit einem Eifer in ihren Rollen, der an die übereilten Gesten mechanischer Puppen mit abschnurrendem Uhrwerk im Bauch denken läßt. Wer hier lacht, ist der Dichter. Seine totale Ironie umfaßt nicht nur Erzählung und Gesellschaft, sondern auch noch das eigene künstlerische Handwerk – ohne jede Bitterkeit. *Chrestiens* Weisheit der kritischen Distanz ist völlig im Handeln aufgegangen, im Werk – deswegen muten alle Versuche, einen moralischen Gehalt aus diesen Werken zu abstrahieren, so albern an. Selbst wenn dem Dichter seine kritische Distanz nur unterlaufen wäre, nicht seine Absicht ist ihr Ursprung, sondern seine objektive Außenseiterstellung (vgl. ob. S. 436), und nicht seine Intention bessert oder mindert sein Werk, sondern die Stellung dieses Werks im historischen Prozeß bezeichnet seinen Gehalt. Was *Mohr* als Manierismus zweifelnd konstatierte, fällt nicht vom Himmel. Nur das Bild von der heilen Welt der höfischen Kultur ist einer Korrektur bedürftig. *Chrestiens* ‹Cligès› kann darüber aufklären, was die Stunde der ritterlichen Gesellschaft wirklich geschlagen hat. In ähnlicher Situation hat *Voltaire* 1768 seine ‹Princesse de Babylone› geschrieben, nur mit mehr expliziter Philosophie und weniger Talent. *Chrestiens* Werk ist hell und macht hell, es vernebelt nichts mit Seele und Feierlichkeit. Darin liegt, meine ich, seine Größe – oder könnte sie doch liegen. Und: Neben dem ‹Cligès› steht gleichzeitig der ‹Roman de Renart› des Klerikers *Pierre de Saint-Cloud*.

## Dargestellte Diskontinuität als historische Problematik

«Toren sind die Könige und die Grafen, und alle, die großen Hof halten, die werden Hahnreis, und zwar jetzt» (I, 48–50). «Derlei Sache, wohlgemerkt, ist nicht wert, daß man drüber spricht» (I, 53 f.). «So urteilt über diese Klage, ob der, den Liebe entzündet hat, dessen beschuldigt werden soll, wessen sein Partner entschuldigt wird!» (Va, 501–504).

Solches verkündet jetzt im altfranzösischen Tierepos der Löwe König Noble über die höfische Liebe, deren sinnlose Rechtsproblematik er damit bezeichnet (vgl. auch *Jauss*). Der Fuchs Renart aber formuliert als drastische Einsicht:

«Sire, wenn jedoch der König anfängt, Glauben zu schenken den Halunken, und im Stich läßt seine treuen Barone und opfert den Kopf für den Schwanz, dann sieht die Erde ihr böses Ende. Denn die, die Knechte sind von Natur, wissen das Maß nicht zu bewahren» (I, 1226–1232). «Bei Hofe sagt man: Wascht Euch, Sire, zum reichen Herrn, wenn er ankommt. Glücklich, wer seinen Ärmel hält. Zuerst wird Sauerbraten aufgetragen. Dann kommen die andern Gerichte, sobald der Herr sie haben will. Der Arme (povres hom) aber, der nichts besitzt, der wurde aus Teufelsscheiße gemacht. Der sitzt nicht am Feuer und sitzt nicht am Tisch, sondern der ißt auf seinem Schoß» (I, 506–515).

«Ihr schuldet mir 100 Solidi», kann jeder sagen, heißt es an einer Stelle (Va, 567), und «puanz heirites» (I, 1164), stinkender Häretiker, geht als Schimpfwort. Das sind die Auspizien, unter denen dieses Werk steht, in dem Minne parodistisches Motiv, Hunger aber die wahre Triebfeder der Aktion ist:

«Sehr großen Hunger hat (Ritter Renart) im eigenen Land. Von Zeit zu Zeit streckt er sich. Und auch sein Bauch und die Gedärme dadrin wundern sich darüber, was seine Beine und seine Zähne machen» (IV, 50–54). «Aber Not bringt auch eine Alte in Trab und der Hunger quält ihn so, ... daß er ihn wieder zurück treibt, um die Hühner zu fangen» (IV, 116–120).

Auch bei *Pierre de St. Cloud* gibt es einen literaturparodistischen Ansatz. Troja-Roman und ‹Tristan› werden gleich im Prolog genannt (II, 3 und 5; vgl. *Jauss*), Fabliaux und Chansons de Geste (II, 7), gemeint wohl besonders auch das Rolandslied (vgl. auch *Jauss*). Zitatweise scheinen gar der Jammer der Pfaffenkonkubine über die ihrem Geliebten von der Katze abgebissene Hode (I, 881 f.) mit der Klage der Ysolt über den toten Tristan (Douce 1789 f.) verkoppelt. Die perverse Minne des Renart zur Wölfin

Hersent, wobei dem Wolf Ysengrin die Rolle des Königs Marke zufällt, ist erkennbare Allusion auf Tristan und Ysolt (vgl. auch *Jauss)*, namentlich auf Gottesurteil (II, 1196 ff.), Schwur der Ysolt (I, 137 ff.), Tristans Flucht (Va, 1176 ff.). Unhöfische Eifersucht Ysengrins wird hier für Hersent das Motiv, Renart zu minnen (vgl. auch *Jauss)* und Ysengrin-Marke bemerkt ängstlich-treffend: «Halt, Sire! Wenn Hersent sich dem Gottesurteil stellte und dann verbrüht und verbrannt wäre, wird jeder es wissen, der jetzt nichts weiß» (I, 240–44). Die Tiere hier verhalten sich menschlich-differenziert.

Das parodistische Verhältnis zur höfischen Literatur läßt zugleich neue literarische Formen entstehen. Die Tiere der *Aesop*-Fabeln hatten einen genauen moralischen Sinn. An ihrem menschlichen Verhalten wurde ein einziger typischer Charakterzug dargestellt, etwa Geiz oder Mut etc. In ihnen erkannte ein Publikum eine eigene typische Haltung wieder. Die Tiere waren dort als Exempla Warn-Charaktere normativen Sinns: so soll man sich (nicht) verhalten. Gleichzeitig mit *Pierre de St. Cloud* wird *Marie de France* den ‹Esope› vulgärsprachlich nachdichten. Dessen Formcharakter ist reaktionär, insofern in ihm die Beziehung auf ein normatives System von richtigen Verhaltensstandards bewahrt ist. Der Formcharakter des ‹Roman de Renart› ist vergleichsweise progressiv, insofern die hier dargestellte Diversität der Charaktere zugleich eine Auflösung der festen moralischen Bedeutung mit sich bringt, wie *Jauss* erkannt hat. Aber das parodistische Verhältnis zur höfischen Literatur ist zugleich ein Verhalten innerhalb der höfischen Gesellschaft. Indem die Tiere nicht nur alle möglichen, sondern auch indem sie literarische Gesten vollziehen, vollziehen sie gesellschaftliche Gesten. So der Hirsch Brichemer:

«Seine Rede hat er begonnen. Geschickt hat er sie vorgetragen und aufgebaut, genau wie ein guter Rhetoriker (rectoriens)» (Va, 889–891).

Wie ein Literat in der Gesellschaft verhält sich aber vor allem Renart selbst, der seine Gegenspieler ständig in schmerzliche Fiktionen verstrickt. Die andern Tiere wissen nicht genau, woran sie mit ihm sind:

«Habt Ihr Euch etwa über mich lustig gemacht?», fragt Ysengrin. «Da antwortet Renart: Aber nein, lieber Herr ...» (III, 314 f.).

Wenige Jahre später erscheint die Frage wörtlich wieder im ‹Erec› des jungen *Hartman von Aue,* wo ein Herr aus dem Publikum fragt:

«Du sprichst gerade so, als ob Du Dich lustig machen wolltest? – Ich? Um Himmels willen! – Du schmunzelst aber! – Ich lächle halt immer!» (Erec 7512–15).

Von Renart heißt es: «Renars courut la voie estroite» (II, 1239), «Renart lief den schmalen Weg». Bei Matthäus 7, 14 steht: «Und die Pforte ist eng, und der Weg ist schmal, der zum Leben führt; und wenige sind ihrer, die ihn finden». Der Weg führt Renart zu Hersent, die, eingeklemmt in die enge Pforte des Fuchsbaus, von ihm vergewaltigt wird. Renart ist der Schelm und der Narr, der den Weg der Wahrheit weiß, wie sein Autor:

«Nun ists mir recht, Euch vorzutragen eine Sache, über die Ihr lachen könnt. Denn ich weiß sehr wohl, es ist reine Wahrheit, daß Sermone Euch langweilen über Gebeine von Heiligen oder über ihr Leben. Darauf habt ihr keine Lust, sondern auf etwas, das Euch ergötzt. Drum gebe jeder Acht und schweige, denn wohlgesetzt vorzutragen steh ich im Begriff und bin bereit, Gott steh mir bei. Wenn Ihr mir zuhören wolltet, könntet Ihr etwas erfahren, das zu merken gut sein möchte. Doch auf der Hohen Schule hab ich gehört: Narrenmund tut Weisheit kund. Ein langer Prolog ist keine Sache. So will ich jetzt rezitieren, und nicht länger schweigen, eine einzige Geschichte (branche) und einen einzigen Streich (gabet) von dem, der wohl zu ködern weiß. Das ist Renart, Ihr wißt es längst und habt sehr wohl davon gehört. Renart ist keiner über. Renart führt alle Welt auf die Weide. Renart verlockt, Renart umschmeichelt. Renart kommt von ganz übler Scola» (IV, 1–26).

Obwohl dem Autor Rhetorik und Gerichtsrede wohl vertraut sind, veranstaltet er keine Artistenfeuerwerke wie *Chrestien,* dessen Kniffe er durchaus zu kennen scheint. Im ‹Cligès›, hatte es geheißen: «Aber fast hätte ich eine Szene ausgelassen, die man nicht auslassen darf» (4244f.). *Pierre de St. Cloud* benutzt den gleichen Trick, aber er bekommt einen andern Sinn:

«*Perrot,* der seinen Kunstverstand (engin) und sein Können (art) anwandte, um in Verse zu bringen (Geschichten) über Renart und über Ysengrin, seinen lieben Gevatter, ließ das Beste von seinem Stoff (matere) beiseite, denn er vergaß die Klage (le plet) und das Urteil, welches gesprochen wurde am Hof von Noble, dem Löwen, über die große Hurerei, die Renart beging, der alles Böse ausbrütet, an Dame Hersent, der Wölfin» (I, 1–10).

Handelte es sich bei *Chrestiens* Vergessen um einen Verstoß gegen das Postulat einer Einheit der Handlung, so problematisch dieser Einheitsbegriff in sich sein mochte (vgl. ob. S. 472f.), so handelt es sich bei dem Vergessen des *Pierre de St. Cloud* um eine Rechtfertigung der episodischen Struktur seines ‹Roman de Renart›. Denn dieser ist gar kein einheitlicher ‹Roman›, sondern eine lockere Sammlung und Bündelung von Einzelgeschichten, Aventiuren, Branchen – wie *Pierre* das selbst nennt (vgl. ob. auf dieser Seite).

Die Nachtragsgeschichte der Branche I datiert sich selbst durch Vers 160f.: «Am 1. April dieses Jahres, der Ostern war» auf 1100, 1179 oder 1184 (vgl. *Grotefend),* und da 1100 ausscheidet und Vers 1521 Coradins = *Nur-ed-Din* (vgl. ob. S. 359) nennt, der 1173 starb und dessen Herrschaft 1183 *Saladin* antrat *(Runciman),* bleibt nur 1179 als Datum für die Branche I. Mit *Lucien Foulet* denkt man die Branchen II+Va 1176, III + IV 1178 entstanden. Die folgenden Jahrzehnte und das folgende Jahrhundert werden daran weiterdichten.

*Pierre de St. Cloud* rechtfertigt gewissermaßen die episodische Struktur mit der Willkür des Autors. Aber diese episodische Struktur enthüllt zugleich auch die im höfischen Aventiure-Roman schlummernde Problematik. Aventiure nimmt, nach einer Beobachtung von *Erich Köhler,* in *Chrestiens* ‹Yvain› schicksalhaften Charakter an. Für den ‹Roman de Renart› hat *Jauss* zu recht festgestellt, daß Fluchtpunkt der Aventiure einzig die

Figur des Renart ist – und hat sich damit dennoch auf die von *Leo Spitzer* eingeschlagene falsche Fährte begeben, weil er die nur krampfhaft verdeckte Episodenstruktur des höfischen Romans nicht bemerkte und den Befund des ‹Roman de Renart› mit *Köhlers* Meinung über das Bauprinzip bei *Chrestien* harmonisieren wollte. Denn nicht der entfaltungs- und reintegrationsfähige Charakter des Helden begründet die geschlossene Aventiuren-Folge des höfischen Romans und nicht der durch fortschreitende Enthüllung letztlich doch als typisch und generell offengelegte Charakter der Figuren im ‹Roman de Renart› begründet dessen episodische Struktur. Die hier in Rede stehende literarische Form ist schon jetzt die pikarische oder pikareske. Sie hat ihren Namen nach dem spanischen ‹Schelmenroman› (el picaro = der Schelm). Ein meist reisender Held – der keineswegs immer ein Schelm ist – kommt in verschiedene soziale Situationen und verhält sich dazu. Diese Situationen sind die einzelnen Abenteuer; die Form des ‹pikaresken Romans› ist die Abenteuerkette. *Jauss* definiert sie als «am Lebensweg eines beliebigen, der Willkür Fortunas ausgelieferten Einzelnen» dargestellte «ganze Breite der gesellschaftlichen Wirklichkeit». Der Fortuna-Akzent (vgl. *Pickering)* auf dem ‹beliebigen Einzelnen› verschiebt die Sachlage, die *Wolfgang Kayser* wohl treffender gesehen hatte. Nicht die Entfaltung eines menschlichen Charakters, sondern die verschiedensten Verhaltensmöglichkeiten in der Welt sind das Thema. An solchen Romanen könnte man z.B. unter anderm ablesen, wie man eine Liebeserklärung, wie man eine Entschuldigung vorbringt oder wie man ein elegantes Gespräch führt. Es geht um die Welt als Anwendungsort sozialer Verhaltensmodelle und nicht, oder nur scheinbar, um das Schicksal eines Helden. Auch die im ‹Cligès› zum Spielball genommene Formel ‹dame et amie› (vgl. ob. S. 445) ist solch ein Verhaltensmodell. Und im normativen Anspruch oder Verständnis auch eines beliebigen Einzelschicksals liegt nun in der Tat auch wieder eine Affinität des ‹Bildungsromans› zum ‹pikarischen Roman›, die *W. Kayser* wegstilisierte, als er schrieb:

«Man hat mit viel Scharfsinn versucht, den Helden des vielleicht bedeutendsten … pikarischen Romans, Grimmelshausens ‹Simplizissimus›, als geschlossene, tragende Figur aufzufassen und den Roman selber als Entwicklungs-, ja sogar als Bildungsroman. Es sind Versuche am untauglichen Objekt. Man hat auch am Helden von Lesages ‹Gil Blas› die Charakterzeichnung und -entwicklung rühmen wollen, während andere zu dem Schluß gekommen sind, den Lanson etwas überspitzt formuliert hat: ‹Il n'a que le nom d'individuel.› Wenn aber Lanson zugleich die zahllosen Episoden als kompositorische Schwäche und schädliche Einschübe ansieht, dann ist das Wesen der Gattung verkannt. Auf die Darstellung der vielfältigen, offenen Welt kommt es ja gerade an. Das Mosaikhafte, die Addition ist das notwendige Bauprinzip, und die Fülle der Schauplätze und auftretenden Figuren wird von Innen her verlangt.»

Die Probe aufs Exempel bietet der deutsche ‹Reinhart Fuchs›, der eine

Einheit haben wird, nicht weil er seinen Helden eindeutig definiert, sondern weil er den Zustand der Gesellschaft nicht in der Schwebe bleiben läßt. Dieser wird definitiv, indem Reinhart die höfische Tiergesellschaft gänzlich zerstört. *Pierre de St. Cloud* läßt seine höfische Gesellschaft in einer kritischen Schwebe. Er nimmt ihr nicht jede Zukunft, streitet ihr nicht alle Wandlungsmöglichkeiten ab. Aber wenn im ‹Yvain› Aventure schicksalhaften Charakter annimmt, so ist im ‹Roman de Renart› dieses Schicksal als vom Autor gemachtes einbekannt. Wie durch die Anerkennung einer gesellschaftsverbindlichen Norm wird durch die Anerkennung eines Schwebezustands in einer Art dialektischer Rückkopplung episodische Struktur ermöglicht. Sie ist Sache des Autors und seiner Exterritorialität, d. h. hier seiner Resignation. Und so wird man denn in seinen Schilderungen in Sonderheit zu sehen haben auf die Repräsentationsformen gesellschaftlicher Zustände.

*Pierre de St. Cloud* übersetzt die episch-ritterliche Welt in ein Tierreich, aber er transponiert damit keine vollständige Welt. Nur die in der Feodalwelt anerkannten Stände werden zu Tieren. Repräsentanten von Bauern wie von Kaufleuten wird man unter den Tieren des ‹Roman de Renart› vergeblich suchen; auch innerhalb der Geistlichkeit setzt der ‹Renart› eine Schranke. Bauern wie Leutpriester müssen als solche auftreten. Der Kleinritter Constant des Granches, der immerhin Jagdrecht ausübt, wird III, 437 als ‹vavassour› bezeichnet, wie der Schwiegervater des Erec (‹Erec› 375 ff.), sein Double in der Parallelszene (II, 811 vgl. III, 475) heißt ‹vileinz›, wie sein Namensvetter Constant des Noes (Branches II und Va). Die Kritik an der höfischen Welt vollzieht sich an ihren literarischen Transfigurationen. In liebenswürdiger Indirektheit wird das sporenklirrende Heldentum des Hahns Scantecler entlarvt (vgl. *Jauss*). Auch die Figuren der außerhöfischen Welt werden von einer komischen Repräsentanz, die etwas Gutmütiges und detailversessen Malerisches hat, verglichen mit der ätzenden Schärfe des deutschen ‹Reinhart Fuchs›:

> Reinhart trägt den Hahn Scantecler im Maul fort. Die Henne Pinte schreit Alarm. «Das Geschrei hörte Meister Lanzelin. Er sprach: ‹Verdammt, meine Hühner!›» (139–140). Dann verfolgt er den Fuchs.

Im ‹Roman des Renart› ist das eine ganze Szene mit vielen Personen:

> «Als die Bäuerin sieht, daß sie Renart nicht einholen kann, schreit sie schließlich: ‹Haaarooo!› aus vollem Halse. Die Bauern, die es hören, laufen alle herbei und fragen, was sie denn habe. Sie seufzt und erzählt: Ach, welch ein Unglück ist mir widerfahren! – Wieso denn?, fragen sie. – Meinen Hahn hab ich verloren, der Fuchs trägt ihn fort! – Da brüllt Constant des Noes: Alte Schlampe! Was habt ihr denn gemacht, um ihn entwischen zu lassen? – Sire, spricht sie, was für eine Frage?! – Bei allen Heiligen Gottes, ich hab ihn nicht fangen können! – Wieso denn nicht? – Er hat nicht auf mich gewartet! – Und wenn ihr auf ihn eingeschlagen hättet? – Ich hatte nichts da zum prügeln. – Und dieser Knüppel hier? – Mein Gott, es ging nicht! Er läuft so schnell, daß zwei Bretonenköter

ihn nicht eingeholt hätten! – Wo ist er hingelaufen? – Hier, geradeaus! – Die Bauern rennen, so schnell sie können. Alle rufen: Hier, hier ...» (Branche II, 381–403). Das Wohlgefallen des Erzählers gilt der abgeschilderten bunten Wirklichkeit. So reden Bauern. – Oder: Der Fuchs ist in den Klosterbrunnen gefallen, dessen beide Schöpfeimer durch eine über ein Haspelrad laufende Kette verbunden sind. Er setzt sich in den unteren Eimer und verführt den Wolf, in den oberen zu steigen. Das wahrhaft dialektische Thema wird nicht, wie dann im deutschen Stück, in einer gerüsthaft-dialektischen Handlung konzentriert (vgl. u. S. 718), sondern breit ausgemalt zu einer Parodie des erbaulichen Priesterjargons:

«Hört, Herren Barone, eine herrliche List! Mit dem Finger weist Renart dem Wolf den Eimer. Geschickt genug ist er, jenem fest einzureden, er sehe da vor sich die Waagschalen von Böse und Gut: Bei unserm Vater im Himmel, es ist Gottes Allmacht so groß, wenn das Gute recht schwer wiegt, dann sinkts hier hinab und all das Böse bleibet oben. Doch keiner steigt hier hinab, er hätte denn zuvor gebeichtet. Das schwör ich Dir zu! Hast Du Deine Sünden bekannt? – Ja, gibt er zurück, einem alten Hasen und der Madame H ..., der Ziege, in bester und frommster Weise. Bruder, nun eilt Euch, mich einzulassen. – Renart blickt ihn an: Jetzt müßt Ihr (erst noch) Gott den Herrn bitten und ihm danken voll Ergebenheit, auf daß er Euch seine Gnad gewähr und alle Sünd vergeb gar sehr. Dann zieht Ihr hier (in die Freude) ein! – Isengrim mochte nicht länger säumen. Gen Osten kehrt er den Arsch und gen Westen das Haupt. Aus vollen Lungen hebt er an zu brüllen, und stößt ein zerknirschtes Heulen hervor.
Renart, der Meister der guten Streiche, war drunten und saß in dem andern Eimer, am Grunde des Brunnens aus Mißgeschick! Dem Isengrim ward die Zeit zu lang: Geflehet hab ich zu Gott, sprach er. Und ich, sagt Renart, sprach das Dankgebet. Isengrim, siehest Du diese Wunder, die Kerzen, die da brennen vor mir? Die wahre Gnad wird Jesus Dir schenken und herzlichen Ablaß der Sünden. – Isengrim hört es. Er versucht, den Eimer zum Brunnenrand zu ziehen, dann springt er mit beiden Füßen hinein. Da er schwerer ist, sinkt er zum Grunde. In der Mitte des Brunnens begegnen sich beide. Isengrim ruft den Herrn Reinhart an: Bruder, was fährst Du davon? –
Und der andere gab ihm zurück: Seid nicht enttäuscht und hegt keinen Mißmut. Ich will Euch die Regel ins Gedächtnis rufen: der eine kommt, der andre geht. Das ist so der Brauch (vgl. Artusroman: ‹coutume›). Ich geh ins Paradies droben auf Erden, du fährst in die Hölle dort drunten im Brunnen. Ich wußte dem Teufel zu entkommen und Du gehst jetzt Deinerseits zu den Dämonen. Du bist in großes Unglück gefallen. Ich hab mir aus der Patsche geholfen. Bei Gott, unserm Vater im Himmel! Es ist dort drunten das Haus aller Teufel!» (Branche IV, 299–362).

Ebenso ist das franko-italienisch-lateinische Kauderwelsch, welches das Kamel als päpstlicher Legat spricht (Va, 457–494; vgl. die sehr schöne Übersetzung von *Helga Jauss-Meyer),* nachgeäffte Wirklichkeit, die Szene bei dem verheirateten Priester (I, 819–916) schadenfreudige Karikatur mit reichem Detail. Malerische Weltabschilderung (vgl. auch den locus-amoenus-Dekor II, 843 ff.) und Imitation bestimmter Standessprachen suchen eine pikarische Totalität einzufangen, deren Situationsreichtum ihre episodische Struktur bestimmt. Die Liebe zu dieser Welt macht aus

Gesellschaftskritik eine Ständesatire. Wo ein Stand ebensogut wie der andre Zielscheibe des Spottes werden kann, da ist der Protest gegen die höfische Welt bereits auf dem Weg zum ‹Großen Welttheater›, bei dem dann eine allgemein gewordene irdische Unzulänglichkeit aufgehoben ist in der Harmonie des göttlichen Schauspielplanes. Mag *Pierre de St. Cloud* die Verführung der Wölfin immerhin als Zentralszene gemeint haben (so *Foulet* u. *Jauss*), als Zentralszene nur der Branche II wird sie zu keinem Zentrum für das Ganze. Die von *Pierre* und dann von seinen Fortsetzern realisierte Tendenz des Stoffes ging auf etwas anderes. In der Verallgemeinerung der Gesellschaftskritik liegt ein Geltenlassen, weil andre stärker sind, und damit bereits ein formales Moment der bürgerlichen Welt, das sich material erst in den späteren Fortsetzungen manifestiert (vgl. *Jauss*). *Pierre* will die höfische Welt weder vernichten, noch verachten, und er belacht nicht sie allein. Indem seine Hand Schicksal macht im episodischen Roman (vgl. S. 511 ff.), wird ihr dieses Schicksal unversehens zur Fügung Gottes, der es versteht, wie *Augustin* sagte, auf krummen Zeilen grade zu schreiben. Die Auflösung einer klaren moralischen Bedeutung, die den Schritt von der Fabel zum Tierepos vollziehen ließ, wird schließlich hinterfangen von einem großräumigen moralischen Sinn, der eine Typik in zweiter Potenz mit sich bringt.

Auf andere Weise thematisch wird die Auflösung geltender Normen in der Tristan-Bearbeitung des *Bérol*, die wohl in den ausgehenden 1170er Jahren entstand.

«Tristran set molt de malpertis» – «Tristran weiß allerhand von Malpertuis» (*Bérol* 4285).

So heißt es jetzt ausdrücklich im fragmentarischen Tristan-Roman des *Bérol*. Hier steht jener Name ‹Malpertuis›, dessen obszöne Genese in der Branche II, 1249 und 1276 zu beobachten war, und den Branche Va des ‹Roman de Renart› Vers 954 von 1176 (vgl. S. 511) zuerst nannte. Bei *Bérol* 3849 behauptet der als Aussätziger verkleidete Tristran, das ‹mal d'Acre›, die Krankheit der Palästinensischen Pilgerstadt Akkon zu haben. Aber man braucht gar nicht einmal auf die Argumentation von *Gweneth Whitteridge* zu rekurrieren, um die Idenfikation dieser Krankheit mit der 1191 vor Akkon (vgl. *Runciman*) ausgebrochenen und damit die Spätdatierung des *Bérol* zu vermeiden. Schon in der Branche I des ‹Roman de Renart› gab der Fuchs sein Kreuzfahrerkostüm auf mit den Worten:

«Herr König, da haben Sie Ihr Tuch! Verdamm doch Gott den Aussätzigen (le musel), der mir diesen Fetzen, diese Pilgerflasche und diese Schärpe aufgehalst hat» (Renart I, 1513–16).

So also im Jahr 1179. Es handelt sich um die mhd. miselsucht, die außer in *Hartmans* ‹Armem Heinrich› (119) schon in der ‹Kaiserchronik› (706.

4274) vorkommt, um die seit Römerzeiten bekannte Lepra, die man damals mit Orientfahrten in Verbindung gebracht haben mag. Ein Terminus ante quem ergibt sich nicht. Die einzige Handschrift soll aus der 2. Hälfte des XIII. Jahrhunderts sein *(Defourques)*. Anfang und Schluß fehlen. Aber sie ist in ihrem Text so uneinheitlich, daß man zunächst an mehrere, dann an zwei, schließlich doch an einen Autor gedacht hat, der sich *Berox* (1268. 1790) nennt (vgl. *Defourques)*. Ein Stück höchst episodischer Struktur und ungleichen Niveaus, lückenhaft zusammengeschriebenes Spielmannsrepertoire voller Unstimmigkeiten, das aber wie der ‹Rother› eine Menge Dinge am Zustand der höfischen Gesellschaft merkt.

Bekannt (vgl. *Defourques)* sind die widersprüchlichen Darstellungen des Todes der Verräterbarone, die einzeln oder insgesamt umgebracht werden, dann wieder auf der Bildfläche der Handlung erscheinen und nochmals zu Tode kommen (vgl. 1707 ff., 2755 ff., 4045 ff., 4381 ff.). Szenendoubletten (z.B. 1697 ff. und 4381 ff.), leitmotivische Formeln, die Disparates nur mühsam verklammern (z.B. 1673 f., 1729, 1779), blinde Zwischenszenen und wirkliche oder scheinbare Selbstmißverständnisse (2099 ff. und 2269; 4256, 2473, 2506, 2525) u.a. mehr deuten darauf, daß hier Einzelnes ein ästhetisches Sonderleben geführt haben dürfte, ehe es hintereinanderweg auf 32 Blättern zu Pergament gebracht wurde.

Die episodisch-widersprüchliche Struktur mag sich hier auch dem jongleurhaften Kurzvortrag verdanken vor einem Publikum, das keine Muße zum Anhören eines Ganzen trieb und damit die Vorführung von bloßen Weltausschnitten förderte. «Qui veut oir une aventure» (1437), «Wer hören will erstaunlichen Bericht», das ist die Losung. Aber auch die relativen Einheiten dieses Tristan-Romans gehorchen der im höfischen Roman nur mühsam überdeckten (vgl. S. 511 ff.) pikarischen Darstellungstendenz.

Daß das, was uns heute als inhaltliche Einheit erscheint, nicht auch damals schon so begriffen wurde, zeigen in vielen Handschriften die öfter (z.B. durch Akrosticha) authentisierbaren Initialengliederungen. Die Initialen-Abschnitte des *Bérol*-Tristan wirken nicht immer, aber doch in der Mehrzahl der Fälle verläßlich. Modernes und mittelalterliches Inhaltsverständnis stehen sich in interessanter Weise in der Übersetzungsgliederung *U. Mölks* und dem Textabdruck der *Ewert*schen *Bérol*-Ausgabe gegenüber.

Zu Szenenbildung und Szenenfolge läßt sich im *Bérol* beobachten, daß nur scheinbar einerseits ein fester Ort wie der Baumgarten (1–304) oder das Schlafgemach (679–826) die Szenerie für verschiedene, auf- und abtretende Personen bildet, andrerseits wechselnde Orte eine gleichbleibende Person als Zentrum haben: Governal in der Stadt, auf dem Weg und bei Tristran (965–988), der König in der Burg, am Roten Kreuz, im Wald von Morrois (1943–1980) o.ä. Wo Personen oder Reden Einheiten zu bilden scheinen, sind sie in der Regel vom Übersetzer *U. Mölk* oder vom Herausgeber *Defourques* mit der Handschrift als Abschnitte bewahrt worden. Die scheinbare Einheit des Ortes ‹Baumgarten› (1–304) aber hat

*Defourques* gegen die Handschrift in fünf, *Mölk* in neun Absätze gegliedert, während die Handschrift 10 Initialen bietet. Die Ortseinheit ‹Bettgemach› (679–826) hat in der Handschrift 4, in der Übersetzung 6 Abschnitte. Aber gerade im letzten Beispiel macht ein szenisches Unschärfemoment auf ein besonderes Inhaltsverständnis aufmerksam. Der auch von *Mölk* und *Defourques* bewahrte Initialenabschnitt 725–740 lautet in der Übersetzung von *Mölk:*

«Im *Gemach* schien kein Licht, keine Kerze oder Leuchte war angezündet. Trist(r)an hatte sich erhoben. Gott! warum tat er das? Nun hört! Die Füße hat er aneinandergestellt, er mißt ab und springt, ins Bett der Königin fiel er in hohem Bogen. Seine Wunde bricht auf, sie blutet stark; das Blut, das aus ihr hervorkommt, färbt die Tücher rot. Die Wunde blutet; er fühlt sie nicht, denn zu sehr denkt er an seine Lust. An mehreren Stellen sammelt sich das Blut. Der Zwerg ist *draußen;* im Mondeslicht erkannte er genau, daß die beiden Liebenden zueinander gekommen waren; er zittert vor Freude und sprach zum König: Wenn du sie nicht beieinander ertappen kannst, geh und laß mich hängen!» (725–740).

Drinnen und Draußen gehören hier zusammen. Der Begriff der Einheit dieses Abschnittes ist die Unvorsichtigkeit Tristrans, ist weder Ort noch Person, sondern ein Exempel gesellschaftlichen Verhaltens. Die Szenenfolge ‹Bettgemach› wäre demnach als thematische Sequenz zu lesen: Verwirrung Tristrans (679ff.), Falle (engin) für Tristran (701ff.), Unvorsichtigkeit Tristrans (725ff.), Überführung Tristrans (741–826). In nämlicher Weise können Reden (1381–92), verlesene oder resümierte Briefinhalte (2667–80) oder eine Handlung wie Kauf (671–678 = Verrat) situationsexemplarische Einheiten sein; als teilweise mißkannte Abschnitte aber auch: Königlicher Erlaß (827–880), Mitleidlose Entscheidung (1065–83), Mut (909–939), Schicksalhafte Rache (1697–1734), Genugtuung (1735–46), Gehemmte Aktion (1981–2000), Eid der Iseut (4183–4196), Detaillierter Verratsplan (4313–4336), Erzählerinformation ans Publikum (1431–1436). Die Szenenfolge ‹Baumgarten› aber baut sich nicht auf aus wechselnden Reden und Monologen, sondern innerhalb dieser Reden werden durch Initialen Schlüsselbegriffe thematisiert: (Rede Iseut:) Unrecht des Marc und Recht des Tristran (5–68), Rechtfertigung der Iseut (69–84), Rechtfertigung des Königs (85–92), (Rede Tristran:) Rechtsanspruch Tristrans (93–148), Rechtfertigungsangebot Tristrans (149–162), (Rede Iseut:) Königsfurcht (163–196), (Rede Tristran:) Feodale Verschuldung (197–218), (Abschiedsrede Iseut:) Königsfurcht (219–232), (Pseudomonolog Tristran:) Erweckung von Mitleid (233–264), (Monologe des Königs im und vorm Versteck:) Narrenhafte Gewißheit (265–304). So gelesen, wird auch die Relation von Liebestrank und immer wieder thematisiertem Rechtsanspruch Tristrans deutlich (vgl. auch oben S. 437): Als Befreier des Landes durch seinen Sieg über Morhout hätte er Anspruch auf den Platz des Königs (vgl. 27ff., 50ff., 135ff.,

848 ff., 2038), als Erwerber der Braut Anspruch auf Iseut (vgl. 126, 479 ff., 2556 ff., 2615 ff.). Die Wirkung des Trankes und somit des Rechtsanspruchs ist bei *Bérol* nun aber auf 3 Jahre befristet. Inwiefern erlischt jetzt der angebliche Rechtsanspruch? Er erlischt (2147 ff.), nachdem König Marc bei der Entdeckung des schlafendes Paares im Walde der Iseut seinen Verlobungsring vom Finger gezogen und ihr den von ihm getragenen Ihren wieder an den Finger gesteckt hat (2027–31 und 2043 f. und 2084–86), nachdem er dem Tristran das Königsschwert gegeben und das Morhoutkampf-Schwert an sich genommen hat (2037 f. und 2049 f.). M. a. W.: Der Liebestrank wirkte als Rechtsanspruch, solange der König sich diesem widersetzte. Mit der in Rechtsgesten erfolgten Auflösung der Königsehe und mit dem Thronverzicht ist das Symbol des Liebestrankes entbehrlich geworden. Vor dieser Szene hatte König Marc die Taten Tristrans in Form von Mitleid, aber nicht als Rechtsanspruch anerkannt (479–485).

Die gesellschaftliche Tristan-Problematik gerät aber auf ein individual-psychologisches Nebengleis, wenn man etwa den symbolischen Eheverzicht Markes mit Hilfe des Verses «Bei Gott, lieber Neffe, warte auf deinen Onkel» (2473) und verstreuter (Sexual-)Symbole auf eine homoerotische Neigung Markes zu Tristran reduzieren würde. Die hierbei vorausgesetzte strukturelle Konsistenz des Textes wird der Überlieferungslage nicht gerecht.

Daß *Bérol* durch die auf die Entdeckung im Walde folgenden Angst- und Fluchtszenen die Symbolik von Ring- und Schwerttausch anscheinend selbst mißverstanden hat, spricht nicht nur, wie vieles andere, gegen eine ästhetisch durchgeformte Einheit des Überlieferten, sondern macht vor allem die Frage dringlich, warum die Disparatheit seines Berichts dem Autor keinen Anstoß geboten hat.

Es dürfte vermutet werden, daß für *Bérol* in der Themenwelt der höfischen Als-Ob-Gesellschaft eben deshalb alles möglich ist, weil er – wie *Pierre de St. Cloud* (vgl. S. 510) – die Auflösung geltender Normen vor Augen hat. Wohl läßt er seinen Tristran mit dem Fuchs Renart vergleichen (vgl. S. 515) und seine Iseut ‹la givre›, die Schlange (1214), nennen, jedoch nur von ‹Verrätern›. Nicht weil dieser Spielmann die Gültigkeit der höfischen Liebe verteidigt, nennt er die Tristan-Liebe ‹folie› und ‹vilenie›, Narrheit und Unschicklichkeit (vgl. *Köhler*). Er nennt sie ja ebensogut ‹bone amor› (1365; vgl. 1649 f.) und ‹fine amor› (2722) und läßt seine Helden ihr Liebesverhältnis zur höfischen Trouvèregesang-Minne hinaufschwindeln (vgl. 2556 ff., 2797 ff., 4172). Die angeblich pharmazeutisch verursachte Abkühlung der Liebe (2133 ff.) lodert wenig später in der verlogenen Maske des ‹fine amor› wieder auf (2681 ff.). Diskontinuität von Charakteren muß *Bérol* so vertraut sein wie psychologische Widersprüchlichkeit natürlich. Nachdem Iseut beim belauschten Rendezvous den horchenden König Marc erfolgreich belogen hat, kommt sie betrübt

(346) zu ihrer Zofe Brengain und berichtet, was sie erlebte, woraufhin Brengain jene freudige Befriedigung äußert (370), die die betrübte Iseut bei ihrem Bericht auch schon erfüllte.

«Der König merkte nichts und durchschaute nicht mein Inneres», sagt Iseut (367f.).

Hier ist wieder (vgl. oben S. 475) die Vorstellung von Außen und Innen, von undurchschauter Maske und geheimem Kern. Das äußere Gebaren der Iseut dem König gegenüber war loyal, das innere Wesen der Iseut betrog ihn. Die zitierte Stelle ist bei *Bérol* Teil des Gesprächs zwischen der Königin und ihrer treuen Dienerin Brengain, und in der Antwort der Brengain wird nun auch der innere Kern der Iseut gewertet:

«Der König merkte nichts und durchschaute mein Inneres nicht» (sagt die Königin) ... «Ein großes Wunder hat Gott an Euch getan. Er ist der wahre Vater von der Art, daß er nicht daran denkt, jenen, die gut und treu sind, Leid zuzufügen», repliziert Brengain (367–380).

Der wahre Kern, das Innere ist hier das betrügerische Herz, welches dennoch «gut und treu» genannt wird.

«Ein großer Tor ist der, der der Meinung aller Leute glaubt» (308) – mit diesem Sprichwort bereut König Marc, an der Loyalität von Tristran und Iseut gezweifelt zu haben. Aber der Hörer oder Leser dieser Geschichte weiß, daß eben der Zweifel am Zweifel die Torheit des Königs ist. Von der umgekehrten Moral her läßt sich dann auch konsequenterweise die Unvorsichtigkeit des Liebhabers, nicht seine ‹Sünde›, als ‹Sünde› bezeichnen, wie in Vers 700:

«Tristran hegte eine sehr törichte Absicht: In seinem Herzen sagte er sich, daß er, falls er es könnte, mit der Königin sprechen würde, wenn sein Onkel eingeschlafen sei. Gott! Welch eine Sünde (pechié)! Er war zu verwegen» (696–700).

Aber der Autor hat eben auch die Möglichkeit, in die Meinung der herkömmlichen Moral hinüberzuwechseln:

«Ach Gott», sagt Tristran, «so große Qual erleide ich! Drei Jahre sind es heute, wenn ich mich nicht täusche, niemals ist das Leid von mir gewichen, weder am Feiertag noch am Wochentag. Vergessen habe ich die Ritterschaft, vergessen, ein höfisches und ehrenhaftes Leben zu führen. Ich bin außer Landes verbannt, alles ist von mir gegangen, bunter und grauer Pelz, und ich weile nicht am Hofe unter Rittern. Gott! Wie sehr hätte mich mein teurer Oheim geliebt, wenn ich mich nicht so sehr gegen ihn vergangen hätte!» (2161–2171).

*Bérol* hat richtig gedacht, wenn er durch den Mund der Iseut erklärt, daß das Trinken des Trankes und nicht dessen Folgen die eigentliche ‹Sünde› war. Iseut sagt zum Eremiten:

«Herr, bei dem allmächtigen Gott, Tristran liebt mich und ich liebe ihn wegen des Kräutertrankes, von dem ich getrunken habe, und auch er hat davon getrunken; das war die Sünde» (1412–1415).

Der Kräutertrunk ist von *Bérol* als Symbol für Tristrans Rechtsanspruch kaum verstanden worden, trotz der symbolischen Eindeutigkeit der von ihm berichteten Szene (vgl. ob. S. 518). Er faßt ihn vielmehr als das ‹fait accompli› auf, als die unerreichbare Ursache jener Verhältnisse, die nun einmal so sind und mit denen man sich zu arrangieren hat. Für den normannischen Jongleur *Bérol* ermöglicht der Kräutertrunk die Anerkennung eines uneigentlichen Zustands als eigentlich. «Um die Schande zu beseitigen und das Böse zu verhüllen, muß man einige schöne Lügen ersinnen» (2353f.), d.h. man muß eben so tun ‹als ob›. Mit diesen Worten des frommen Klausners resümiert *Bérol* eine Moral, welche zugleich diejenige der höfischen Gesellschaft seiner Zeit ist.

*Bérols* Darstellung ist eher unwillkürlich kritisch. Sie hat ihre Wahrheit darin, daß sie sich den Spielcharakter der höfischen Moral in literarischen Spielformen zu Nutze macht. Die moralische Freiheit erlaubt zugleich die Darstellung raffinierter Gefühlsmischungen: König Marc findet Tristran und Iseut schlafend im Walde. Heuchlerisch haben sie ein bloßes Schwert zwischen sich gelegt. All seine Güte, die sich jetzt in ihm regt, ist aber zugleich seine Dummheit:

> «Kein Wind weht und kein Blatt zittert; ein Sonnenstrahl dringt hinab auf Isoldens Antlitz, sodaß es heller schimmert als Eis: So schlafen die Liebenden ein und denken ganz und gar nicht an etwas Böses (1826–30) … Der König hat seinen Handschuh abgestreift, er sah die beiden Schlafenden beieinander; den Sonnenstrahl, der auf Iseut niederscheint, hält er sehr gütig mit seinem Handschuh zurück … Das Schwert, das zwischen ihnen beiden liegt, nimmt er vorsichtig fort, das seine legt er an dessen Stelle» (2039–50).

Psychologische Studien verschiedenster Art erlaubt jetzt der Stoff. Wir erwähnen nur noch die Schilderung, wie sich der betrogene König Marc, während er neue Verleumdungen erfährt, standhaft einzureden versucht, das alles sei nicht wahr (3101ff.). All das ist kurzweilig. Auch das Wunderbare wird zum ironischen Amüsement. Als sich einmal der Hof des Königs Marc und der Hof des Königs Artus festlich treffen, erscheinen Tristran und sein Knappe als «Schwarze Ritter» verkleidet beim Turnier. Groß ist die Verwunderung, keiner kennt die Fremden. Aber einer der Artusritter hat sofort das Argument vom Wunderbaren im Munde:

> «Ich kenne sie gut», antwortet Girflet, «ein schwarzes Pferd hat er und einen schwarzen Wimpel. Das ist der Schwarze vom Berge! Den andern erkenne ich an den bunten Waffen … Sie sind verzaubert, daß weiß ich ohne Zweifel!» (4014–19).

Ohne Zweifel aber weiß das Publikum, daß Girflet, der Neffe Gauvains, nur Mystifikation treibt.

Fast so farbig wie im ‹Roman de Renart› ist bei *Bérol* die Buntheit der aktuellen Umwelt gezeichnet. Der als Aussätziger verkleidete Tristran stellt seine Erkrankung als venerischen Ursprungs dar: «Solange ich gesund war, hatte ich eine sehr höfische Freundin, ihretwegen habe ich diese großen Beulen» (V. 3761–3763). Auch ritterliche Buhlknaben, mignons, beleben das Bild der höfischen Welt (3635). Vom Handelswesen und vom Kaufwert hat *Bérol* genaue Vorstellungen (vgl. 3972), er erwähnt die Tuchfabrikation von Reims und Regensburg (3721–24; 3903, 4000). Vers 204 erwähnt, daß Tristran seinen Harnisch gegen Bargeld verpfändet hat, Vers 4308 nennt eine Mark «eine große Summe» – völlig zu recht. Höchst vielfältig sind die Münz- und Währungssorten, die *Bérol* nennt.

ferlin(c) (wohl: kleine Eisenmünze), maale (Kupfermünze 1/2 den.), solidus (5 soz d'esterlins) – alles auf Sterling-Währung bezogen (3654, 3972), Denar (4 de(n)rees, 676), Beauveisine (1095, eine in Beauvais geprägte Münze), schließlich Silbermark (20 mars d'argent, 1970; 100 mars d'argent, 2986).

Gerade indem solche Nennungen meist in Redensarten vorkommen, bezeugen sie, welch eine Bedeutung das Geld in der feudalistisch kostümierten Rittergesellschaft besitzt.

## Unabhängigkeitserklärung der literarischen Fiktion und höfische Unterhaltungskunst

Merkwürdige Schlag- aber auch Flackerlichter beleuchten die höfische Welt in den ‹Lais› der *Marie de France*. Dafür ein kurzes Stück als Beispiel und Diskussionsbasis:

«Eine Begebenheit werde ich Ihnen erzählen, von welcher die Bretonen einen Lai machten. Laüstic ist sein Name, so sagt man mir, so nennen sie ihn in ihrem Lande. Das ist russignol auf französisch und nihtigale in gewöhnlichem Englisch» (Laüstic 1–6).

Auf diese bei *Marie* beliebte Themenansage folgt die Begebenheit selbst:

«Im Lande zu Saint Malo war eine berühmte Stadt. Zwei Ritter wohnten dort und hatten da zwei feste Häuser. Durch die Vortrefflichkeit dieser beiden Barone hatte der Ort einen guten Namen. Der eine von ihnen hatte eine Frau genommen: klug, höfisch und wohlgeputzt. Sie pflegte sich aufs sorgfältigste, wie Sitte und Mode das verlangten. Der andre war unverheiratet. Unter seinesgleichen wurde er wohl geachtet wegen seiner Kühnheit, seiner Fähigkeiten und wegen seiner Gastfreiheit. Man sah ihn oft auf Turnieren und er schenkte weg, was er besaß» (Laüstic 7–22).

Diese Exposition läßt die Handlung an einem geographisch bestimmbaren Ort unter höfisch vortrefflichen Menschen beginnen, Bedingungen des Konflikts.

«Er liebte die Frau seines Nachbarn. So sehr warb er um sie, so vielmals bat er sie und so groß war sein innerer Wert, daß sie ihn über alles liebte: teils weil sie so viel Gutes von ihm hörte, teils weil er so nahe wohnte» (vgl. *Ovid*, Met. IV, 59f.: «Notitiam primosque gradus vincinia fecit; Tempore crevit amor» – Pyramus und Thisbe).

Klug und schön liebten sie sich. Sie waren sehr vorsichtig und hüteten sich, daß man sie nicht überraschte und keinen Verdacht schöpfte. Und sie konnten es leicht tun, denn ihre Häuser waren so nahe, nahe ihre Zimmer, nahe ihre Türme» (23–36).

Ohne den geringsten moralischen Akzent wird die im Grunde ehebrecherische (höfische) Liebe berichtet. Doch:

«Es gab keine Trennung noch Schranke, nur eine hohe Mauer aus grauem Stein» (37–38).

Die Erwähnung der Mauer (vgl. *Ovid*, Met. IV, 66 ff.) läßt diese Liebe als rein seelische erscheinen, welche die eingangs beschworene chevalereske Realität verwandelt wie den eben noch vortrefflichen Rittergemahl:

«Vom Zimmer aus, wo die Dame schlief, konnte sie, wenn sie am Fenster stand, sprechen mit ihrem Freund auf der anderen Seite und er mit ihr. Und ihre Liebespfänder konnten sie austauschen, hinüberwerfen, herüberreichen. So waren sie wohl miteinander, nur konnten sie nicht zueinanderkommen, wie sie es wünschten, denn die Dame war streng bewacht, wenn ihr Freund in seinem Hause war» (39–50).

Die mißtrauische Bewachung der Dame setzt den verheirateten Ritter als ‹gilos› (vgl. *Jauss*) nach allen Spielregeln der höfischen ‹ars amandi› ins Unrecht. Unter diesem Vorzeichen nun wird die Schilderung entwickelt:

«Den einen Ersatz hatten sie dafür, seis bei Tag, seis bei Nacht, daß sie miteinander sprechen konnten, denn niemand vermochte sie zu hindern, an ihre Fenster zu treten und so sich zu sehen» (51–56).

Gespräch und Blick sind nicht nur Ersatz, sondern auch Symbol der Liebesvereinigung. In der Minnedichtung begegnen sie immer wieder in dieser Funktion. Eine Ebene der symbolischen Innerlichkeit entsteht im Kontrast zur Außenwelt, als Verachtung der Außenwelt.

«So liebten sie sich schon lange, als es schließlich Sommer wurde und Wald und Wiesen grünten und die Obstbäume blühten. Die Vögel mit feiner Stimme brachten ihre Freude auf den Gipfel der Blumen. Wer sich der Liebe ergeben hat, – es ist kein Wunder, wenn er sich dem (nun) noch mehr hingibt. Vom Ritter sag ich Euch wahrlich: er gab sich mit ganzem Herzen und die Dame auch, mit Worten und Blicken» (57–68).

«Nächtens, wenn der Mond schien und ihr Herr schon schlief, erhob sie sich oft von seiner Seite und hüllte sich in ihren Mantel. Sie kam, um im Fenster zu stehen, für ihren Freund, welchen sie dort wußte. Er tat desgleichen und wachte fast die ganze Nacht. Sie hatten Entzücken im Anschaun, denn mehr war ihnen nicht vergönnt» (69–78).

Und nun konkretisiert sich diese Liebe im Symbol der Nachtigall. Man erwartet endliche Erfüllung der Liebe. Da erscheint ein neuer Kontrast: die Bosheit des Ehemanns:

«So oft war sie dort, so oft stand sie auf, daß ihr Herr sich erzürnte darüber und oftmals fragte, warum sie sich denn erhebe und wohin sie gehe. ‹Sire›, antwortete die Dame, ‹der hat keine Freude in dieser Welt, der nicht den *Laüstic* singen hört. Um seinetwillen bin ich hier. So sanft höre ich ihn nachts, daß es eine unendliche Lust ist. So sehr erfreut mich dies und so sehr begehre ich es, daß ich kein Auge zutun und schlafen kann› (79–90).

Als der Herr hört, was sie sagt, lacht er vor Zorn und Bosheit. Eine Sache beschäftigt ihn: wie er den *Laüstic* schlau fangen könnte (enginne 94). Jeder seiner Knechte muß Fallen, Leimruten und Schlingen machen. Dann stellen sie diese im Baumgarten auf. Dort ist kein Haselstrauch, kein Kastanienbaum, wo sie nicht Schlingen und Vogelleim gelegt hätten. So haben sie ihn gefangen. Dem Herrn wird er lebendig überbracht (91–102).

Ganz glücklich ist er, als er ihn hält. Ins Zimmer der Dame kommt er: ‹Dame›, sagt er, ‹wo seid Ihr? Kommt her, um mit uns zu sprechen! Ich habe den *Laüstic* gefangen, um dessentwillen Ihr bisher so viel gewacht habt. Künftig könnt Ihr in Frieden schlafen, er wird Euch nie wieder wecken› (103–110).

Als die Dame das hört, ist sie traurig und zornerfüllt. Von ihrem Herrn hat sie den *Laüstic* gefordert und der tötet ihn mit Bosheit, bricht ihm den Hals mit beiden Händen. Dann tut er etwas allzu Gemeines. Gegen die Dame warf er den kleinen Körper, so daß ihre Tunica blutig ward, ein wenig oberhalb der Brust. Aus dem Zimmer geht er sogleich» (111–120).

Der Laüstic war zunächst bloß Ausrede der Dame für das nächtliche Anschaun und Sprechen mit dem Geliebten. Doch wie das Anschaun und Sprechen die wirkliche körperliche Liebe symbolisch vertraten, vertrat die singende Nachtigall die Begründung dieser Liebe, war als Symbol die Möglichkeit der Gegenwart des Geliebten und der Liebenden. Indem aber jetzt die Bosheit des Herrn sich gegen das Symbol direkt richtet, wird zugleich die Wirklichkeit des Symbolischen als Moment der gesellschaftlichen Wirklichkeit enthüllt. Es ist, als ob der Herr seine Dame oder ihren Geliebten in dem kleinen Vogel getötet hätte, dessen Blut auf ihrem Herzen ist. Wenn das Symbol eine so bedrohliche Realität hatte, dann müßten auch Gespräch und Blick wirkliche Liebe, dann müßte die trennende Mauer Unwirklichkeit gewesen sein. Die Grausamkeit des Herrn gegen den Laüstic, gegen die Liebe, ist reale Grausamkeit gegen die Dame und setzt ihn wie das Realitätsprinzip absolut ins Unrecht. Ein doppelsinniger Schwebezustand von real-symbolischer Wirklichkeit ist aus dem Trobadorlied geläufig als dargestellter Widerspruch von Autonomieanspruch und Gebundenheit (vgl. S. 311ff.). Aber völlig neuartig ist, daß dieser Schwebezustand zerbrochen wird, daß das Symbol, als Realgegenstand behandelt, nicht nur Symbol bleibt, sondern eine überlegene Realität gewinnt. Diese nimmt nun eine erstaunliche Form an:

«Die Dame nimmt den kleinen Körper. Leise weint sie und verwünscht alle jene, die den *Laüstic* verrieten und Fallen und Schlingen machten. Denn sehr große Lust haben sie ihr geraubt. ‹O weh›, sagt sie, ‹Glücklosigkeit erfaßt mich. Nicht kann ich des Nachts mehr vom Lager gehn und stehen am Fenster, von wo ich meinen Freund immer sah. Ein Ding weiß ich fürwahr: Er wird meinen, ich liebte ihn nicht mehr. So muß ich denn mit mir zu Rate gehen. Den *Laüstic* will ich ihm senden, die Geschichte will ich ihn wissen lassen› (121–134).

Auf ein Stück goldbestickten Sammet schreibt sie nun alles und wickelt den kleinen Vogel da hinein (vgl. *Ovid*, Met. VI, 576–578; *Chrestien*, Philomela (vgl.

S. 432) 1131). Einen ihrer Knechte ruft sie. Mit der Überbringung hat sie ihn
beauftragt, zu ihrem Freund hat sie ihn gesandt. Zum Ritter ist jener gekommen,
sagt ihm den Gruß seiner Dame, richtet die ganze Botschaft aus und reicht ihm
den *Laüstic* (135–144).

Als er ihm alles gesagt und alles gezeigt und der andere ihn wohl angehört
hat, ergreift den Ritter (heftiger) Schmerz ob der Begebenheit. Aber nicht handelt
er gemein noch lässig. Eine kleine Schale läßt er schmieden, an welcher kein bißchen Eisen noch Stahl ist. Gänzlich war sie aus feinem Gold, mit schönen Steinen,
höchst edel und kostbar. Der Deckel sitzt gut darauf. Den *Laüstic* hat er hineinge-
legt, dann ließ er den Schrein versiegeln. Alle Zeit trägt er ihn bei sich» (146–156).

Dann folgt kurze Schlußformel:

«Diese Begebenheit ward berichtet. Nicht länger kann sie verschwiegen sein.
Einen Lai davon machten die Bretonen. Le *Laüstic* nennen sie ihn» (157–160).

Das von der Realität getötete Symbol war die Wirklichkeit einer ganz
inneren Liebe. Indem nun die Darstellung dieser Liebe als gestickte Botschaft selbst Teil der Liebeshandlung wird, hat zugleich auch die literarische Erinnerung dieser Darstellung Teil an der beschworenen Liebeswirk-
lichkeit. Literatur behauptet hier den Platz der wahren Realität. Der
sachliche, ruhig fortschreitende Bericht erfährt seine letzte Steigerung
nicht in einer heftigen Reaktion, nicht in einer Erfüllung der Liebe durch
Entführung oder wer weiß was, sondern in einer leisen, frommen Geste:
Der Vogelkörper, die inkarnierte Liebe, wird zur Reliquie, der goldene
Schrein, der ihn aufnimmt, ist das Heiligtum der Liebe, welches der Liebende stets mit sich trägt wie ein Priester die Reliquie für den Altar. Das
Behältnis des ganzen Liebesgeschehens aber ist der gedichtete Lai, in welchen die Bretonen die Begebenheit (aventure) verwandelten. Das Wunder-
bare im ‹Laüstic› tritt nicht als geschildertes Ereignis auf, sondern als
Verkörperung im literarischen Werk. Den Anspruch, selber Wirklichkeit
der Liebe zu sein, erheben diese Lais an manchen Stellen explizit, so z.B.
wenn die Dame zu Chaitivel sagt: «Ich werde aus Euch Vieren einen
Lai machen» (Ch. 203: «De vus quatre ferai un lai»). So kann denn auch
Tristran selbst als Verfasser eines ‹Lais› genannt und dessen Text mit
seiner erinnernden Liebe identisch gesetzt werden (Epilog ‹Chievrefoil›).
Es scheint, als habe hier die Welt der literarischen Fiktion ihre Unabhängigkeitserklärung abgegeben. Die höfische Liebe der Trobadors scheint
in radikaler Weise beim Wort genommen. Sie stößt sich nicht mehr an
der Schranke der Realität, sondern entflieht in den reinen Traum. Mär-
chensymbole und ihre psychische Bedeutsamkeit werden ganz klar identifiziert. Ohne Hindernis scheint die Wirklichkeit in die Realitätswelt des
Traumes hinüberzufließen. Auch in den Charakteren der Liebenden gibt
es keine Schranken, keine Schüchternheit, keine Scham, keinen Durchbruch zum Mut.

So in den drei allein hinreichend breit überlieferten Lais ‹Guigemer›,

‹Lanval› und ‹Yonec›, jenseits derer die leicht schwindelerregende Problematik dieser Poesie und ihrer Überlieferung beginnt.

Für eine Klassifizierung der Handschriften resümiert *Rychner* die herrschende Meinung dahingehend, daß im ‹Guigemer› SP gegen H, im ‹Lanval› S gegen HPC und im ‹Yonec› SH gegen PQ stehen. Aber die meisten Fehlergemeinsamkeiten sind ambivalent. Erklärt man die Auslassung von 447/8 bei ‹Yonec› in HS als unabhängig spontan (Augensprung von ‹E le ...› Y. 446 zu ‹Ele ...› Y. 448), so lassen sich alle drei Lais, deren enge Zusammengehörigkeit Q durch die Notiz nach Y. 558 bestätigt, auf das gemeinsame Stemma: HPC gegen SQ beziehen.

Wir versuchen die Inhaltsartikulation mit Hilfe der für den Archetypus erschließbaren gliedernden Initialen (S, P, C) zu erkennen. Nach einem Prolog, wohl dem ursprünglichen (24-zeiligen) Anfang des tripartiten Werkes, der in die Zeit des Artus-Freundes König Hoilas von Bretagne führt, wird in 5 Abschnitten die glücklich-wunderbare Liebesgeschichte von Guigemer erzählt:

1. In der Bretagne wächst Guigemer (Guigemar) zum herrlichen Ritterjüngling heran. Im Dienst für viele Fürsten erweist er seine ritterliche Vortrefflichkeit. – Doch standhaft weigert er sich, eine Frau oder eine Freundin zu nehmen. «So hielten ihn denn Fremde wie Freunde für einen verlorenen Mann» (57–68). – Im schönsten Alter kehrt er vielmehr zu Vater, Mutter und Schwester zurück.

Die seelische Situation ist, wie bei *Marie* gewöhnlich, glasklar. Nur ein Wunder kann helfen. Es erwächst aus ritterlicher Jagdlust.

Eines schönen Tages überfällt ihn das Begehren zu jagen. Er trifft auf eine weiße Hirschkuh und schießt seinen Pfeil auf sie ab. Der verwundet das Tier zwar tödlich, schnellt aber wunderbarerweise zurück und dringt Guigemer in den Schenkel. Der durch den eigenen Pfeil verwundete Ritter hört das sterbende weiße Tier sprechen:

«Weh, ich bin ermordet! Doch Du, Vasall, der mich traf, nie wirst Du Heilung finden Deiner Wunde! Nicht durch Kraut noch durch Wurzel, nicht durch Wunder noch durch Gift – bis einst jene Dich heilt, welche aus Liebe zu Dir soviel Leid erdulden wird wie keine andere Frau. Und Du, auch Du wirst leiden für sie! Und alle, die je geliebt haben, alle, die lieben, und alle, die lieben werden, sollen es für ein Wunder halten!» (106–120). In Frieden wünscht das Tier zu sterben. – Guigemar «überlegt und fragt sich, in welchem Lande er die Heilung suchen soll» (125–127). Er schickt den Knappen fort, die Jagdgenossen zu holen. Er ist allein. Doch dann sieht er plötzlich aus seiner Einsamkeit über Heide und Land am Meer einen fjordähnlichen Naturhafen. Darin liegt ein wunderschönes Schiff vor Anker (Lies mit SP, H ergänzt rationalisierend 146f. einen Weg). Kein Mensch ist zu sehen. Staunend blickt er sich um, während eine rhetorische Schiffsbeschreibung abläuft (153ff.). Nur für einen Augenblick legt sich der liebeswunde Held auf das prachtvolle Bett. Als er sich erheben will, ist das Schiff schon auf hoher See. Die Wunde schmerzt. Am Abend wird das Schiff mit dem Helden das Land der Heilung erreichen. Dessen Gebieter war alt und hatte eine junge Frau. Streng ließ er sie bewachen in einem verschlossenen Turm am Meer. Dort lebt sie in einem Zimmer mit Freskomalereien, auf welchen «Venus, die Göttin der Liebe, treffend dargestellt war. Gemalte Gestalt und Wesen drückten aus, wie man loyal und untertänig der Liebe pflegen soll. Jenes Buch des Ovid, worin er zeigt, daß ein jeder Mensch das Gesetz der Liebe erleidet, warf die Göttin in ein loderndes

Feuer und sprach die Exkommunikation über alle jene, die es künftig lesen oder danach handeln würden» (234–244).

Die Dame hat als Gesellschafterin eine junge Nichte und als Bewacher einen alten, kastrierten Priester, der zugleich als Kammerdiener fungiert. – An jenem Tage lustwandeln Edeldame und Hoffräulein gerade im ummauerten Baumgarten vor dem Turm am Meer. Da sehen sie mit der ansteigenden Flut das Schiff nahen, gehen an Bord, finden den verwundeten Guigemer, verstecken ihn im Alkoven des Zimmers, nehmen sich seiner Wunde an und versorgen ihn heimlich mit übrigem Essen. – Mit dem Anblick der Dame aber hat jenen Amor verwundet, so daß er den Schmerz des andern Pfeils nicht mehr spürt, an der neuen Wunde aber in der Nacht zu sterben droht. – Indes, auch die Dame leidet vor Liebe, weiß so wenig wie Guigemer, ob sie wiedergeliebt wird. (29–426) –

Wie so oft in der Matière de Bretagne, war die körperlich empfangene Wunde Liebeswunde, war das weiße Tier Bote der Fee aus dem keltischen Paradies. Mühelos wie das Wunderschiff einsam die Einsamen zueinanderführte, hat dieser erste Erzählabschnitt den trennenden Raum des Meeres überwunden, den zwei rhetorische Descriptiones (Schiff und Kammer) zierlich rahmen. Auf Erkenntnis und Liebestheorie folgt jetzt die Erfüllung ohne langes Hin-und-Her.

2. In der Frühe des andern Tages ist die Dame zur Messe gegangen. Die Zofe aber, die das Übel erkannt hat, spricht ihre Einsicht aus zu Guigemer: «‹Sire›, sagt sie, ‹Ihr seid verliebt. Hütet Euch, es zu verbergen. Ihr könntet in solcher Wonne lieben, daß Eure Liebe wunderbar wird. Doch, wer meine Dame lieben will, der muß sie verehren und nie verachten. Wunderbar wäre diese Liebe, wenn Ihr beide Euch nie verlassen würdet. Ihr seid schön und auch sie ist schön›. Da antwortet er dem Mädchen: ‹Ich bin von solcher Liebe ergriffen, daß dies Übel sich nur verschlimmert wenn mir nicht Hilfe und Heilung zuteil wird. Liebe Freundin, ratet mir, wie soll ich diese Liebe gestehen?› Mit großer Sanftmut tröstet das Mädchen den Ritter und verspricht ihm ihre Hilfe ... so höfisch und treu ist sie» (445–464). –

Kaum ist die Dame aus der Kirche zurück, eilt sie ans Krankenlager Guigemers. «Er wagte sie um nichts zu bitten, weil er aus fremden Lande war. Er fürchtete, wenn er seine Liebe zeigte, daß sie es ihm verübeln und ihn von sich verbannen würde. Aber wer seine Krankheit nicht zeigt, der kann nicht genesen. Und Liebe ist eine Wunde im Körper, welche äußerlich nicht sichtbar wird. Sie ist eine Krankheit, die uns (deswegen) auf lange befällt, weil sie aus unserer Natur stammt. Viele belächeln sie, viele von den gemeinen Rittergecken, die in der Welt herumstreunen und mit ihren Abenteuern prahlen. Aber das hat nichts mit Liebe zu tun, sondern mit Psychomanie ... Im Gegenteil: wer eine aufrichtige Liebe findet, der soll ihr ehrlich dienen, soll sie hegen und pflegen und ihr zu Willen sein.» – «Guigemar leidet sehr. Entweder wird ihm sogleich Hilfe oder sein Leben ist hinfort Bitternis. Amor ermutigt ihn. Er offenbart, was er denkt. ‹Madame›, sagt er, ‹ich sterbe vor Verlangen nach Ihnen. Wenn Ihr mich nicht heilen wollt, muß ich schließlich vergehen. Mein Herz ist in größter Angst. Ich bitte Euch um Eure Liebe. Schöne, schickt mich nicht fort!› – Sie hört ihn an, ohne sich zu rühren und ihre Antwort ist entgegenkommend. Lächelnd sagt sie ihm: ‹Lieber Freund, ich bin nicht gewohnt solchem Antrag auf der Stelle stattzugeben!› – ‹Madame›, sagt er, ‹gnade mir Gott! Hört mich an, ohne mir zu verübeln, was ich jetzt sagen will: Eine gezierte Frau von Metier läßt sich lange umwerben, um ihren Preis in die Höhe zu treiben und damit der, der sie bekommt, meint, sie sei ganz neu in solchem Geschäft. Doch die freie und edle Dame mit geradem Sinn, wenn sie den Mann findet, der ihr gefällt, die sollte ihm gegenüber nicht die Stolze spielen. Sie liebt ihn einfach und freut sich daran, und ehe sichs jemand versieht, genießen sie die schönsten Augenblicke. Schöne Dame, laßt uns dies Plädoyer beenden!› – Die Dame gibt ihm recht. Auf der Stelle gibt sie ihm ihren Kuß und ihre Liebe. Da ist Guigemar glücklich. Sie liegen und sprechen miteinander und küssen und umschlingen sich oft und tauschen viele andere Zärtlichkeiten, die die Liebenden kennen. Anderthalb Jahre lebt Guigemer mit ihr. Ihr Leben ist nichts als Lust. Aber in wenigen Stunden wird Fortuna, die nicht schläft, ihr Rad bewegen, hebt den einen empor, stürzt den andern hinab. Solches geschieht diesen beiden, denn bald werden sie entdeckt» (475–542). –

Rasch wie die Erhörung erfolgte, ist die Zeit verflossen. Mit dem Bilde der Fortuna fragilis (vgl. *Pickering)* und mit einer ausdrücklichen Vorausdeutung schließt der Initialenabschnitt. Wie fast regelmäßig die Kompositionseinheiten der Lais, begann er mit einer spezifizierenden (Zeit-) Angabe, um sich an seinem Ende in eine Zukunft zu öffnen.

3. An einem Sommermorgen ahnen die Liebenden, daß sie entdeckt werden. Die Dame macht einen Zauberknoten in das Hemd des Geliebten. Nur die Frau, die ihn zu lösen vermag, darf Guigemer lieben. Er hinwiederum umgürtet die Dame mit einem Keuschheitsgürtel. Nur wer ihn zu öffnen weiß, ist ihrer Liebe wert. – Dann werden sie überrascht. Guigemar verteidigt sich – faute de mieux – mit Wäschestangen (595 f.). Der erzürnte Gatte fragt ihn, wie er dazu käme. Da erzählt der Ritter seine Zaubergeschichte. Wenn's wahr wäre – entgegnet der Herr – , dann solle ihn das Zauberschiff doch auf der Stelle wieder abholen, wo nicht, habe er Kopf und Kragen verloren. Doch im Hafen liegt schon das Schiff und führt Guigemar übers Meer in die Heimat. – Dort lebt er jahrelang ein turnierendes Ritterleben dahin. Manch Edelfräulein versucht, den Zauberknoten zu lösen – vergebens (553–654). –

Treuezauber und Trennung der Liebenden machte die thematische Einheit des dritten Initialenabschnitts aus.

4. Jetzt will die Dichterin von der Dame sprechen, der es jenseits des Meeres in der Gefangenschaft des Turmes sehr übel ergeht. Schließlich will sie sich vor Verzweiflung – wie Dido – dort hinunterstürzen (vgl. auch ‹Yonec›!). Da sieht sie das Schiff kommen, welches sie holt. Sie eilt ans Ufer, geht an Bord und wird von unsichtbarer Macht in die Bretagne geführt. Dort findet sie ein Ritter namens Meriadus. «Sie erscheint ihm schön wie eine Fee. Bei ihrem Mantel ergreift er sie und führt sie fort auf seine Burg. Ganz glücklich ist er über seinen Fund, denn sie war ganz unmäßig schön» (704–708). Doch er vermag den Zaubergürtel nicht zu lösen. Da erinnert er sich, von einem bretonischen Ritter gehört zu haben, der ein ähnliches Liebeshindernis besitzt. – Er lädt Guigemar zum Turnier. Bei seinem Anblick fällt die Dame in Ohnmacht. Guigemar traut seinen Augen nicht, denn alle Frauen sehen sich schließlich ähnlich (779). Man bringt ihr das verzauberte Hemd. Mit leichter Hand löst sie den Knoten. Er tastet an ihre Hüfte, löst den Gürtel. Verwundert fragt er nach ihrem Schicksal und sie erzählt. Da trennt sie das Wort des Meriadus, der Guigemar mit seiner Freundin in die Gesellschaft zurückruft (655–736). –

Wie der erste Teil (oder wahrscheinlich Stück 1 a) nur bis zum Zusammentreffen der Liebenden führte, so auch der vierte.

5. Guigemar erbittet seine verlorengeglaubte Freundin von Meriadus, bietet ihm ligische Vasallität auf zwei, drei Jahre dafür – umsonst. Es kommt zum Ritterkrieg. Meriadus wird erschlagen. Guigemar führt seine Freundin mit sich. Alles Leid hat ein Ende. Dann kommt die Schlußformel: «Aus der Erzählung, die Sie gehört haben, wurde der Lai ‹Guigemar› erfunden. Man singt ihn zur Harfe oder zur Rotte. Seine Melodie ist entzückend» (883–886). –

Im ersten, dritten und vierten Initialenabschnitt erscheint das Zauberschiff. Zentrum des Ganzen ist der dritte Abschnitt (553–654), sowohl durch das Fortuna-Signal als auch durch die in S einzige, durch P bestätigte Initiale angezeigt: Treuezauber und Trennung. Der ritterlichen Vortrefflichkeit ohne Liebe zu Anfang entspricht am Schluß die ritterliche Erwerbung der Dame gegen Meriadus. Eine deutlicher zentralsymmetrische Anlage zeigen die beiden folgenden Stücke, von denen ‹Yonec› auf Grund seiner Prologbemerkung das ältere zu sein scheint. Mit diesem Lai folgt auf ein maskulines Wunschtraummärchen ein feminines. Aber der auf der Hand liegende psychologische Gehalt ist nicht mit dem historischen dieser Stücke identisch.

1. Da die Dichterin nun einmal mit dem Erzählen von Lais begonnen hat und weitere Wundergeschichten, die sie aus Lais kennt, gereimt darbieten möchte, wird sie jetzt zunächst von Iwenec (Yonec), von seinem Vater und von seiner Mutter Muldumarec erzählen. – Die Geschichte spielt in der Bretagne. Wieder ist da die Malmariée, die Junge, die der reiche Alte sich genommen hat, der Eifersüchtige (gilos), der sie in einen Turm sperrte (1–50).

2. An einem schönen Apriltag hört ihre Liebesseufzer die Luft (51–104).

3. Ein edler Falke kommt. Im Turmfenster nimmt er die Menschengestalt eines schönen Ritters an. Die Dame ist entzückt, fürchtet aber dennoch den Teufel. Doch der Falkenritter erbietet sich, die Gestalt der Dame anzunehmen und an ihrer Stelle, während sie selbst verborgen zuschaut, die Kommunion zu empfangen. Alsbald sendet die Dame nach dem Priester, sie fühle sich sterbenskrank. In ihrer Gestalt empfängt der Falkenritter Oblate und Kelch: Er ist ergo nicht der Teufel. Kaum ist der Priester aus der Tür, herrscht eitel Liebesseligkeit (105–192). –

4. Dann verabschiedet sich der Ritter, verspricht, oft wiederzukommen und prophezeit, die alte Dienerin werde die beiden eines schönen Tages verderben (193–210).

Wie beim ‹Guigemer› scheint die Unglücksprophezeiung den halben Weg der Handlung anzuzeigen.

5. Als Vogel schwingt sich der Ritter fort. Die Dame wird von Tag zu Tag schöner, wünscht ihren Falken herbei, sooft die Gelegenheit günstig scheint, und schwelgt in Liebesglück. – Aber der alte Gatte wittert Verrat. – Heimlich läßt er die Bewandtnis von der Dienerin beobachten (211–278; wohl numerische Mitte des Urtextes).

6. Dann trifft er seine Maßnahmen. Vor dem Fenster des Turms befestigt er Speerspitzen und Fangeisen. – Eines Morgens tut er so, als ginge er auf die Jagd. Dem herbeigewünschten Falken gibt die Falle die Todeswunde. Zum letzten Mal verwandelt sich der Falke für die Geliebte und prophezeit ihr die Geburt des Sohnes Yonec. – Dann entschwebt er als Falke. Die Geliebte stürzt sich vom Turm herab, ohne Schaden zu nehmen. Sie folgt der Blutspur des edlen Tiers durch einen Berg hindurch in eine prächtige Stadt. Im Palast findet sie den sterbenden Geliebten

als König dieser andren Welt. Er gibt ihr einen Zauberring, der den Gatten alles vergessen macht, und ein Schwert für Yonec. Dann heißt er sie davoneilen. Alles geschieht wie vorhergesagt. Der Gatte erinnert sich an nichts mehr. – Die Dame gebiert einen Sohn und nennt ihn Yonec. Nach etwa 20 Jahren werden der Herr, die Dame und ihr Sohn zum Sankt Aaronsfest (22. 7.) jenseits der Berge eingeladen. Der unbekannte Weg führt zu einer prächtigen Stadt. Im Kloster dort übernachten sie (279–496). –

7. Am andern Morgen nach der Messe finden sie im Kloster das prächtige Grabmal des Königs. Auf die Frage nach dem Toten antwortet der Abt unter Tränen: «Dieser war der beste Ritter, der stärkste, der stolzeste, der schönste, der geliebteste, der je auf Erden geboren wurde. Von diesem Lande war er König. Kein König war so höfisch wie dieser. Verräterisch wurde er ermordet zu Carüent wegen seiner Liebe zu einer Dame. Seither haben wir keinen König mehr. Seit vielen Tagen erwarten wir, wie er uns dies prophezeit hat, die Ankunft seines Sohnes, den jene Dame von ihm empfangen hat» (497–526). –

8. «Als die Dame dies hört, ruft sie ihren Sohn. ‹Lieber Sohn›, spricht sie, ‹Ihr habt gehört, wie Gott uns hierher geführt hat! Der, der unter diesem Stein ruht, ist Euer Vater; dieser Greis hier hat ihn heimtückisch ermordet. Nun befehle und übergebe ich Euch Eures Vaters Schwert. Lange genug habe ichs behalten!› Vor aller Ohren berichtet sie, wie sie ihn gekannt und daß sie diesen Sohn von ihm empfing und welchergestalt der König sie zu besuchen pflegte und wie ihr Herr ihn durch Verrat tötete. Die volle Wahrheit hat sie berichtet, ohnmächtig stürzt sie aufs Grabmal nieder. Aus der Ohmacht sinkt sie in den Todesschlaf. Nie wieder wird sie zu einem Menschen sprechen. Als ihr Sohn sieht, daß sie tot ist, schlägt er dem Stiefvater das Haupt ab. Mit dem Schwert des Vaters hat er so den Schmerz seiner Mutter gerächt. «Als dies geschehen und es überall in der Stadt kund ward, da nahm man die Leiche der Dame auf mit großen Ehren und hat sie in den Sarkophag gelegt. Das Volk der Stadt rief Yonec zu seinem König aus, ehe sie vom Kloster aufbrachen. – Lange Zeit danach haben Leute, die diese Begebenheit hörten, einen Lai daraus gemacht, welcher ist gewidmet dem Mitleiden und dem Schmerz, den jene aus Liebe erlitten» (527–556; SQ hat nach 550 noch: «neben den Körper ihres Geliebten. Gott schenke ihnen seine Gnade»).

Wichtig scheint, daß Gedicht und Handlung im ersten wie im letzten Abschnitt in eins gesetzt sind. Wenn auch die Initialen in S (P ist Fragment und tritt erst gegen Ende hinzu) nicht vollständig sein dürften, bleibt doch auch in dieser Überlieferung eine Zentralkomposition deutlich, die bei den von *Rychner* gesetzten Abschnitten noch klarer herauskommen mag. Hier entsprechen sich jedenfalls mit den Themen ‹Die Malmariée und der Eifersüchtige› (1) und ‹Rache der Malmariée am Eifersüchtigen› (8), ‹Liebesklage der Frau› (2) und ‹Totenklage des Abtes› (7), ‹Ankunft des Falkenritters aus der andern Welt und Liebe› (3) und ‹Tod des Falkenritters, Geburt des Sohnes und Weg in die andere Welt› (6), ‹Unglücksprophezeiung› (4) und ‹Mißtrauen als Anfang des Unglücks› (5). Die Verbindung von Liebes- und Totenklage, Glück und Grab, die sich auf diese Weise herstellt, akzentuiert vielleicht eine chthonische Beziehung, deren Eingedenken auch die Schlußformel zu fordern scheint.

Während bei ‹Guigemer› und ‹Yonec› Diesseits und Traumwelt beide gleich märchenhaft wirken, wird im ‹Lanval› das Diesseits als Artushof

bezeichnet. Damit tritt das Märchenhafte in direkten Kontrast zur Ideal-
welt der aktuellen höfischen Literatur. Die Initialen in S und P gliedern
21 Abschnitte heraus, q-förmige Paragraphenzeichen markieren in C,
übereinstimmend mit P-Initialen, das Zentrum des Gedichts, die höfische
Rechtssache des Artusritters Lanval.

1. Das seltsame Begebnis eines weiteren Lais will die Dichterin erzählen. Der
vortreffliche Artusritter Lanval ist von seinem König vernachlässigt worden. Alle
andern haben Lohn und Lehen erhalten; er nicht (1–38).

2.Traurig reitet Lanval eines schönen Tages aus. Auf einer Wiese am Bach
steigt er vom Pferd, legt sich nieder ins Gras und versinnt sich. Da treten wunderschöne Mädchen zu ihm heran. Sie laden ihn ein und führen ihn zu ihrer Herrin,
einer Fee, welche Lanval liebt: «Die Mädchen führten den Ritter bis zum Zelt,
welches sehr schön und fest gebaut ist. Weder die Königin Semiramis auf der
Höhe ihres Reichtums, ihrer Macht und ihrer Weisheit, noch der Kaiser Octavian
wären in der Lage gewesen, es auch nur zur Hälfte (davon auch nur die rechte
Zeltbahn) zu bezahlen. Auf seine Spitze hat sie einen Adler aus Gold gesetzt,
dessen Preis ich nicht zu schätzen wüßte, ebensowenig wie den Preis der Zelt-
schnüre und Pflöcke, welche die Stoffbahnen spannten. Kein König der Welt
könnte dies alles kaufen, selbst wenn er all seinen Reichtum dafür hingäbe.
Und in diesem Zelt befindet sich das Mädchen. Lilienblüten und frische Rosen
können sich ihrem Glanz nicht vergleichen. Sie liegt hingestreckt auf einem prächtigen Lager, dessen Bettzeug mindestens eine Burg wert ist, nur mit einer Tunika
bekleidet. Sie hat einen schöngeformten und lieblichen Körper. Einen kostbaren
Mantel aus Alexandria-Purpur, mit weißem Hermelin gefüttert, hat sie sich über-
geworfen, damit es ihr nicht kühl wird; völlig entblößt ist ihre eine Seite: Gesicht,
Hals und Brust, weißer als Weißdornblüte» (80–106; Abschnitt 39–106). –

Vorbild der Descriptio ist der Eneas-Roman (7311–7328; vgl. *Veldeke*
En. 9205–9230). Bemerkenswert sind die ökonomischen Vergleiche, die
Wirklichkeit ins Märchen bringen, erstaunlich scheint die Darstellung
der Schönen als Halbakt.

3. Die Fee erklärt ihm ihre Neigung, läßt Lanval Diskretion geloben und schenkt
ihm ihre Liebe bis die Nacht hereinbricht. Immer, wenn er sie bei sich zu haben
wünscht, versichert die Schöne, wird sie erscheinen. Dann bringen die Mädchen
neue Kleider und das Nachtessen (107–188).

4. Nach dem Mahl führen die Mädchen das Pferd Lanvals herbei, und er reitet
an den Artushof zurück. Nicht nur Liebe, sondern auch Reichtum hat ihm die
Fee geschenkt. Freigebig macht er Geschenke, daß alles staunt. Tag und Nacht
wünscht er seine Fee herbei. Alles steht ihm zu Gebote. – Am Johannis-Tag (24.6.)
turnieren Walwains (= Gauvain) und Yvains mit 30 Rittern in einem Baumgarten.
Da erinnert sich Walwains, daß man den freigebigen Lanval nicht eingeladen
hat und läßt ihn holen (189–236).

5. Die Königin steht am Fenster, sieht das Rittertreiben und sieht Lanval. Mit
30 Damen schreitet sie die Palasttreppe hinab, um die Ritter in traulich-höfisches
Gespräch zu ziehen. Lanval aber hält sich abseits und denkt an seine Fee. Als
die Königin sieht, daß Lanval allein ist, geht sie direkt auf ihn zu. Sie setzt sich
ihm zur Seite und entdeckt ihm ihr Herz (237–262).

6. «Lanval, schon seit langem verehre und liebe ich Euch. Und Ihr könntet
meine volle Liebe genießen. Ihr braucht nur zu sprechen. Ich gebe Euch all meine
Zärtlichkeit. Ihr sollt durch mich glücklich sein. – Madame, sagt er, laßt mich!

Eure Liebe interessiert mich nicht. Ich habe dem König lange gedient, und ich will ihm den Eid nicht brechen. Weder um Euch noch um Eure Liebe werde ich meinem Herrn zuwider handeln! – Die Königin erzürnt sich. Sie ist wütend und spricht boshaft: Lanval! – sagt sie – Jetzt merk ich es endlich! Nicht solche Verlokkung ist es, die Euch reizt! Oft genug hat man mir gesagt, Ihr macht Euch nichts aus Frauen! Ihr bevorzugt hübsche Knappen! Mit denen frönt Ihr Euren Lüsten! Gemeine Memme! Impotenter! Schlecht beraten ist mein Herr, daß er Euch so lange bei sich geduldet hat! Gewiß, weiß Gott!» (263–286). –

7. «Als Lanval das hört, ist er zutiefst gekränkt. Aber er repliziert sogleich und sagt in seinem Zorn etwas, das er dann sehr bereuen wird: Madame, – sagt er – von dergleichen Gemeinheiten weiß ich nichts. Aber ich liebe eine, welche wohl allen Frauen an Schönheit überlegen sein dürfte, allen, die ich kenne. Und sie liebt mich. Und dies eine möchte ich Euch sagen: Nehmt nur ganz unverblümt zur Kenntnis: Irgendeine ihrer Dienerinnen, ja wohl, die allerniedrigste von ihnen, ist mehr wert als Eure Majestät, sowohl was den Körper, als auch was Gesicht, Anmut, Schönheit und Güte des Herzens betrifft» (287–302). Weinend geht die Königin auf ihr Zimmer und legt sich krank ins Bett. Nicht eher will sie aufstehen, als bis der König auf ihre Klage hin sein Urteil gesprochen hat (287–310). –

8. Der König ist von der Jagd zurückgekehrt und begibt sich zur Königin. Unter Tränen berichtet sie ihm, Lanval habe sie verführen wollen, als sie ihn aber zurückgewiesen, geprahlt, seine Freundin sei unendlich viel schöner und edler als sie. Der König gerät in Zorn und schwört, wenn Lanval sich nicht rechtfertigen kann vor dem Hof, wird er ihn verbrennen oder hängen lassen (311–328). –

9. Der König stürzt aus dem Gemach. Drei Barone sendet er nach Lanval aus. Der aber ist in seiner Herberge in tiefster Depression. Er hat die Fee verraten. Vergeblich beschwört er ihre Erscheinung. Da kommen die Boten. Mit ihnen tritt der trauernde Lanval vor den König (329–362). –

10. Der redet ihn an. Sehr hat ihn sein Vasall beleidigt, als er seine Freundin, ja deren Dienerin höfischer als die Königin nannte (363–370). –

11. Lanval bestreitet den Angriff auf die Ehre der Königin, seine Behauptung über die Schönheit seiner Freundin aber erhält er aufrecht. Trauer trägt er, weil er sie verloren hat. Dem Richtspruch des Hofes wird er sich unterwerfen. Der König läßt seine Familiaren zusammenrufen, sie sollen ihn beraten. Auf einen bestimmten Tag ist der Hof vollständig zur Urteilsfindung zu versammeln; bis dahin hat Lanval Bürgen zu stellen. Das teilen die Ritter dem König mit. Der fordert die Bürgen. Doch Lanval ist ohne Gefolge. Da bietet sich Walwains mit den Seinen als Garanten für Lanval an; sie haften mit Lehen und Land. Die Ritter geleiten den trauernden Lanval in sein Quartier. Sie fürchten, er könne den Verstand verlieren (371–414). –

12. Am festgesetzten Gerichtstag ist der Hof vollständig versammelt. Der König läßt die Anklage vortragen. Die Barone ziehen sich zur Beratung zurück. Der Herzog von Cornüaille bemerkt, daß allein das Recht den Ausschlag geben dürfe (415–436). –

13. Nur von der beleidigenden Prahlerei ist die Rede. Im Grunde ist das keine Rechtssache, allenfalls Verstoß gegen allzeit dem Herrn zu leistende Ehrerbietung. Wenn Lanval die Wahrheit seiner Behauptung erweist, ist er gerechtfertigt, sonst muß er den Hof verlassen (437–460). –

14. Lanval wird benachrichtigt, er möge seine Freundin kommen lassen. Er erklärt sich dazu außerstande. Mit diesem Bescheid kehren die Boten vor das Gericht zurück. Der König drängt, man möge die Verurteilung aussprechen (461–470). –

15. Gerade soll die Sentenz verkündet werden, da erscheinen zwei wunderschöne

Mädchen auf weißen Zeltern. Walwains macht den trauernden Lanval auf sie aufmerksam, doch der kennt sie nicht. Im Paßschritt reiten sie bis vor den Thron des Königs Artus (471–490). –

16. Als Botinnen bitten sie den König, die Ankunft ihrer Herrin vorzubereiten. Der gewährt es ihnen und läßt sie ins Schloß führen. Im übrigen drängt er das Gericht zum Urteil. Zerstreut nehmen die Barone die Beratung wieder auf, da erscheinen zwei weitere Damen auf spanischen Maultieren. Walwains meint zu Lanval, jetzt müsse aber wohl seine Freundin darunter sein. Doch Lanval hat nur einen flüchtigen Blick für die Schönheiten (491–526). –

17. Vor dem König sitzen die Mädchen ab. Jede von ihnen ist schöner als die Königin. Höflich fordern sie den König auf, die Ankunft ihrer Herrin festlich vorzubereiten. Der König gibt Anweisungen (527–540). –

18. Dringender fordert der König von den Baronen den Urteilsspruch, zumal die Königin noch nichts gegessen hat (541–546). –

19. Die Ritter werden also beschließen. Da erhebt sich von der Stadt her ein lärmendes Staunen: «Da kommt ein Mädchen auf einem weißen Pferd heran. In aller Welt gibt es keines, das so schön war wie das ihre. Sie reitet einen weißen Zelter, der sie stolz und sanft zu tragen weiß. Kopf und Hals sind aufs Schönste gebildet. Kein edleres Tier gibt es unter dem Himmel. Und auf dem Zelter liegt ein kostbares Sattelzeug. Unter dem Himmel gibt es keinen Grafen und keinen König, der das alles bezahlen könnte, ohne all seinen Grundbesitz zu verkaufen oder zu verpfänden. Sie selbst ist höchst prächtig gekleidet, in eine Tunika, die beiderseits geschnürt war. Sie hat einen lieblichen *Körper*, niedere *Hüften*, den *Hals* weißer als der Schnee auf dem Gezweige, faszinierende *Augen* und ein blendend weißes *Gesicht*, einen hübschen *Mund*, eine wohlgeformte *Nase*, schwärzliche *Brauen* und eine schöne *Stirn*; den *Kopf* voller blonder *Locken*. Goldfäden glänzen weniger in der Sonne als ihre *Haare*. Ihr Mantel ist von dunklem Purpur. Die Schleppe davon hat sie über die Schulter geworfen. Einen *Sperber* trägt sie auf der Faust, ein Windspiel läuft ihr zur Seite» (549–574). Ein Elfenbeinhorn wird ihr nebenher getragen, ein Knappe begleitet sie. Sie reiten mitten auf der Straße. Schöner ist sie als Venus, als Dido oder Lavinia (547–584, mit den Versen aus S).

Offensichtlich erinnert diese Descriptio an die berittene Camille im Eneas-Roman (3959 ff.), aber sie bezieht sich wohl gleichzeitig auf *Chrestiens* Enide aus dem‹Erec› (428 ff.). Ironisch scheint die Reihenfolge der Körperteile jener höfischen Descriptio verkehrt; triumphierend trägt die Fee den Sperber der Enide (Erec 592).

20. Die Parteigänger des Lanval wecken ihn aus seinen Gedanken. Und jetzt erkennt er seine Freundin. Die ist in den Palast und vor den König getreten und läßt ihren Mantel fallen. Der König erhebt sich. Der Artushof staunt. Die Fee spricht (585–614):

21. «Artur, hör mich an, und all ihr Ritter, die ihr hier seid. Ich habe einen Deiner Vasallen geliebt, und zwar diesen Lanval! Vor Deinem Hof wurde er verklagt, und ich will nicht, daß man ihm aus seinen Worten einen Strick dreht. Nimm Du zur Kenntnis: Die Königin war im Unrecht! Nie hat er sie umworben. Was seine Prahlerei betrifft, ob er von diesem Vorwurf durch meine Gegenwart freigesprochen werden kann, das müssen Sie, Barone, beurteilen» (614 ab + 615–624). Das Gericht spricht Lanval frei. Die Fee grüßt den König. Man drängt sich, ihr in den Sattel zu helfen. Am Palasttor ist jener graue Marmorquader, von wo die Gerüsteten zu Pferde steigen. Dorthin eilt Lanval. Als die Fee durchs Tor reitet, springt er hinter ihr auf. Das Pferd bringt sie im Galopp

auf die selige Insel Avalun. So wurde der Jüngling entrückt. Niemand hat wieder von ihm gehört, «und ich weiß nichts weiteres davon zu berichten» (614a–646).

Dieser Lai – wenn man denn so will: ein drittes Onanie-Märchen, das im Päderastievorwurf seine Psychologie klar ausspricht – bleibt ohne die übliche Schlußformel, welche die Osmose von Dargestelltem und Darstellung zu bezeichnen pflegt. Die hier beschworene Feenwelt ist in der höfischen Literatur nicht Erinnerungswirklichkeit geworden. Zentrum des ‹Lanval› ist ein nichtiger Rechtsprozeß, ist der Held am Rande des Wahnsinns, angesichts des gegen ihn in Gang gesetzten Verfahrens, dessen Rechtswirklichkeit er seine Traumwirklichkeit nicht entgegenstellen kann (vgl. Abschnitt 11). Ungelohnte Vortrefflichkeit des Anfangs findet ihre Erfüllung nicht bei Hofe, sondern im Jenseits des Avalun. Zeltbeschreibung und Schönheitsbeschreibung rahmen als rhetorische Allusionen auf die höfische Tradition die Schilderung des gestörten höfischen Lebens (3–7) und des gestörten höfischen Urteils (15–19). Die zentralsymmetrische Struktur macht den kritischen Ansatz nur deutlicher – so scheint es wenigstens. Der Marmorquader am Palasttor ist nicht wie sonst dem Aufbruch zu ritterlicher Aventiure zugeordnet, sondern einem Aufbruch in gesellschaftsenthobene Glückseligkeit. Wie im ‹Yonec› scheint ein chthonisches Moment der keltischen Sage als Alternative zur ritterlichen Wirklichkeit beschworen zu werden. Aber im ‹Lanval› wird der historische Sinn jener Todesliebe als Negation des Hofes aktualisiert.

In allen diesen Lais bezeichnen die Abschnitte weder Ort noch Personen als einheitsstiftendes Moment, sondern vielmehr Situationen, denen die rhetorischen Genera der Beschreibung allemal untergeordnet werden. Die Themen sind: Argwohn, Hinterlist, Gefangenschaft, Verrat, Verleumdung und dann: stets heimliche Liebe, Abschied, Unglücksprophezeiung, Ankunft, Sehnsucht, Wiederfinden, Vortrefflichkeit. Sie wären mit den Worten des alten (Guigemer-)Prologs auf die Begriffe zu bringen: einerseits ‹dire villeinie› (Guigemer 10; vgl. ebda 14, 16 und 18) und auf den Gegenbegriff des ‹grant pris› (G8), der Vortrefflichkeit. Die durch Liebe noch ungelohnte Vortrefflichkeit und die ungeliebte Schönheit sind in der Tat Ausgangspunkt der Aventiure dieser drei Lais. In allen drei Stücken nehmen Motive der Wiederkehr (des Schiffs, des Falken, der Fee) die anderwärts beobachtete episodische Struktur (vgl. S. 472. 511) auf – als Anerkennung der höfischen Situationsvielfalt und als Widerspruch, insofern nicht höfische Modellsituationen das letzte Wort behalten. Wie innerhalb des einzelnen Lais eine Wiederkehr herrscht, die keine Rückkehr und Reintegration in die Gesellschaft ist, so herrscht in der Beziehung der Lais zueinander eine unverbindliche Reihung, die schließlich der Gesamtheit der Lais einen unerwartet fatalen Charakter verleiht.

Die hier als ‹höfisch› apostrophierte Liebe hat (vgl. ‹Lanval›) mit dem Hof nichts mehr zu tun. Aus der Adelsgesellschaft stammt ihre Freiheit, herausgenommene Freiheit gegenüber der Moral, die für die andern gilt, Recht der Liebe vor allem gegen die Ehe. Eifersüchtiger ehelicher Ausschließlichkeitsanspruch gilt als strafwürdige Bosheit schlechthin, hierin im Einklang mit der höfischen Liebeslehre etwa bei *Andreas Capellanus (X)*. Aber nicht nur die im Turm der Ehe gefangene Schönheit, sondern auch ritterliche Vortrefflichkeit und ‹largesse›, Freigebigkeit (‹Lanval›) können erst durch das gesellschaftsfremde Wunderbare ihren verdienten Lohn erhalten. Auch wenn, wie im ‹Laüstic›, schon der Nachbar als solcher potentielle Bosheit und Liebesverräterei impliziert, scheint deutlich: so gesellschaftsfeindlich nach der klassischen Theorie die Institution der Ehe ist, so gesellschaftsfeindlich ist in den Lais (und letztlich auch beim Kaplan *Andreas)* die Liebe, die die Ehe mißachtet und deren freie Moral als ‹höfisch› behauptet wird (vgl. ‹Guigemer› u. ö.). Sie führt nicht in Gesellschaftsoffenheit, sondern in eine zweite, einsame Ausschließlichkeitsbindung. Das Geheimnis der wunderbar freien Liebe ist eine durch Wunderknoten (‹Guigemer›), Kommunion (‹Yonec›) und Verschwiegenheitsversprechen (‹Lanval›) magisch gebundene zweite Ehe mit Treuezauber, die sich im Unterschied zur öffentlich-rechtlichen ersten Ehe auf Liebeswahl und Liebeswunsch der Frau gründet. Diese Zauberehe ist heimlich, und die Helden in diesen Lais erscheinen als Einsame – im Gegensatz zu Erec, Alixandre oder Cligès, die von vornherein mit Gefolge auftreten. Dargestellt hat *Marie* hier die gesellschaftsfeindliche Konsequenz auch der ‹höfischen› Liebesmoral. Der Lai ‹Eliduc›, der den verheirateten Mann zwischen zwei geliebten und liebenden Frauen zeigt, vermag sein bigames Freiheitsideal gesellschaftlich nicht zu begründen, sondern schickt die eine freiwillig ins Kloster, läßt den Helden das Mädchen aus der Fremde in tatsächlich zweiter Ehe heiraten, um dann schließlich alle drei Personen in die monastische Weltentsagung abzuordnen.

Wie im ‹Laüstic›, so werden auch in den drei Lais Realgegenstände (amöne Wiese, Marmorblock) und Realzeit (St. Aaronstag, St. Johannistag, Aprilmorgen etc.) der ritterlichen Wirklichkeit entzogen. Der hier – wie dann im ‹Perceval› – zu beobachtende Symbolismus erscheint als Verzicht auf innerweltliche Sinngebung und möchte zugleich den gedichteten Lai selbst eine bessere Realität verkörpern lassen (vgl. ‹Laüstic›). Um so tiefer der Absturz aus einem scheinbaren l'art pour l'art, wenn man die Überlieferungslage mit ins Auge faßt.

Alle fünf Handschriften sind spät, Mitte XIII. bis Anfang XIV. Jahrhundert. In mehr als zwei Handschriften sind allein ‹Guigemer› (H, S, P), ‹Yonec› (H, S, P, Q) und ‹Lanval› (H, S, P, C) überliefert. Die kontinentalfranzösische Handschrift S bietet in einem Novellenzyklus auch fremder Lais 9 Stücke der *Marie,* die anglofranzösische Handschrift H einen mit Prolog versehenen Novellenzyklus von 12 Stücken. Und da ist nun plötzlich die Konsequenz der höfischen Liebe nicht mehr gesellschaftsfeindliche

Einsamkeit, vielmehr daneben auch: glückliche Ehe oder Zweitehe wird das Ziel der Aventiure in der Yonec-Kontrafaktur ‹Milun›, mit höfischem Aschenbrötel in ‹Freisne›, mit Klosterschluß in ‹Eliduc›. Und die L'art-pour-l'art-Lais vom Typ ‹Laüstic› werden nicht nur um ‹Chievrefoil› und ‹Chaitivel› vermehrt, sondern auch zugleich durch die Thematik von bestrafter ehelicher Untreue (‹Bisclaveret›), gar mit gröblichem Schwankcharakter im ‹Equitan› (Tod der Ehebrecher in heißer Wasserbütte) ad absurdum geführt. Die höhere literarische Realität konkretisiert sich zur banalen Feierlichkeit der höfischen Konzertveranstaltung, der volle Kranz der Lais führt zugleich den literarischen Straußenmagen seiner Gesellschaft vor Augen. Dabei ist es wohl nicht einmal so, daß ein groteskes Stück wie ‹Equitan› oder eine schwache Lokalsage wie ‹Deus Amanz› als unecht auszuscheiden wären. Der in H überlieferte große Prolog empfiehlt sich genau jener Gesellschaft, die wir im ‹Lanval› kritisiert, im ‹Laüstic› literarisch transzendiert zu sehen glaubten, als nützliche Unterhaltung. Wie man lateinisches Altertum in höfischer Form neu belebt hat, so will *Marie* bretonisches Altertum dem überlegenen Genie der (christlich) fortgeschrittenen Zeit zum Nachdenken anbieten. Der Episodenkranz selbständiger Aventiuren zerfällt in diverse Unterhaltungsabschnitte, mündet nicht wie im ‹Roman de Renart› in Ständesatire (s. S. 515), sondern widerlegt durch sein kunterbuntes Niveau den Kulturanspruch, dem es dient.

Einleuchtend ist behauptet worden, die objektive Problematik der Rittergesellschaft sei bei *Marie de France* zu psychologischer Problematik geworden, habe eine Wendung genommen hin zur «Verantwortlichkeit des Einzelnen» *(Francis, vgl. Köhler)*. Aber die andre Seite ist, daß dieser Einzelne, wie im höfischen Roman so auch in den Lais ein beredetes und rhetorisches Gespenst bleibt. Durchwegs maskuline Personen und Dingnamen als Titel werden unverhohlen als traditionsererbte Kennmarken bezeichnet (vgl. die Ansage- und Schlußformeln der einzelnen Stücke). Die meist namentragenden Männer sind, wie die meist namenlosen Frauen, nur Funktionen und Chargenrollen der wahren Hauptperson, welche die zu gesellschaftlicher Vorführung domestizierte Liebe und der Liebesschmerz ist. Wie die Titelverschiebung geschieht, demonstriert ‹Chaitivel› (203 ff.). Statt ‹Vierfacher Liebesschmerz› (‹Quatre Dols›) wird das Stück auf Bitten einer Figur ‹Der Unglückliche› (‹Le Chaitivel›) genannt. Treffendere Titel geben die jeweiligen Epiloge für ‹Yonec› mit ‹Von Mitleiden und Liebesschmerz›, für ‹Milun› mit ‹Von Liebe und Glück› und für ‹Eliduc› mit ‹Vom Liebesschicksal der Drei› an.

Das widersprechende Urteil von geringgeschätzter Schriftstellerin und verehrter Poetin, das *Marie* in der Forschung zuteil wurde, besteht als Widerspruch von Ganzem und Teil zu vollem Recht. Dies seltsam verhöfischte bretonische Spielmannsrepertoire bietet Poesie und Banalität, immanente Kritik und offenbares Arrangement in einem Atem. Im alten (‹Guigemer›-)Prolog nennt sich die Verfasserin *Marie (Marit,* P) wie sich auch die Autorin eines ‹Espurgatoire saint Patrice› nennt. Man pflegt beide mit jener *Marie de France,* Maria aus Franzien, zu identifizieren, welche die von King *Alfred* ins Angelsächsische übertragenen *Aesop*-Fabeln (s. S. 510) wahrscheinlich für *Wilhelm von Mandeville,* 1167–1189 Graf von Essex, in anglonormannische Reimpaare brachte *(Rychner).* Dem großen Prolog zufolge hat sie ihre Lais dem ‹nobles reis› (Prolog 43) als Ehrengabe zugeeignet, wohl *Heinrich II.* von England (1154–1189). Gegen 1178 *(Fourrier)* benutzt *Gautier d'Arras* ihren ‹Eliduc› in seinem Roman ‹Ille et Galeron› *(Fourrier),* der dem Grafen von Blois und der Gemahlin *Barbarossas* zugleich gewidmet ist. Nach 1180 *(Rychner)* kritisiert *Denis Priamus* in seiner ‹Vie de seint Edmund le rei› (35 ff.) Lügenhaftigkeit und Erfolg ihrer Lais bei Hofe. Um die Mitte des XIII. Jahrhunderts, als die erhaltenen Sammelhandschriften redigiert werden, entsteht zur Regierungszeit des *Hakon Hakonarson* (1217–1263) von Norwegen eine altnordische Übersetzung der Lais. Nach Deutschland scheinen die Lais nicht gewirkt zu haben. Mag ihre Verfasserin (zu biographischen Vermutungen bei *Rychner)* nur die ältere anglonormannische Literatur gekannt oder doch auch schon auf ‹Erec› und ‹Cligès› geblinzelt haben; wie diese Werke *Chrestiens,* sind die Lais der *Marie* Zeugnisse einer verunsicherten literarischen Fiktionswelt, die, indem sie den Freiheitsraum einer gesellschaftsenthobenen Liebe zu betreten scheint, sich doch nur auf höfischem Parkett bewegt.

## C. LANDSCHAFTEN RITTERLICHER LYRIK
### ZWISCHEN 1167 UND 1184

Die erzählende Dichtung Frankreichs wird in den 1170er Jahren auch ihren Weg ins Imperium finden. Aber die Übersetzung eines Versromans in Verse ist ein relativ langwieriges Geschäft. Schneller, sollte man meinen, jedenfalls aber andersartig vollzieht sich die Berührung der Kulturen in der ritterlichen Lyrik. In den höfischen Romanen und Verserzählungen waren aus dem Zusammenstoß von Held und Welt keine Charaktere im psychologischen Sinn entstanden, sondern Rollen, gesellschaftliche Verhaltensmodelle, Leit- oder Warnbilder. Je nach Situation trat der betreffende Held ein in die Rolle des unglücklich Liebenden, des glücklich Erhörten, des Schüchternen und Zweifelnden, des listig Überlegenen, der in mancherlei Verkleidung erscheint. Ebenso war die Dame die Schüchterne, Abweisende, leicht Gewährende, Verzweifelnde, Allmächtige, listig Vertraute etc. Diese relativ fest geprägten Rollen geben den höfischen Romanen eine sehr viel größere Nähe zum späteren Opernlibretto als zum bürgerlichen Roman. Liebender Herr und Kammerdiener, geliebte Dame und vertraute Zofe, neidischer Alter etc. sind als Chargenrollen hier wie dort zu finden. Anders liegen die Dinge in der ritterlichen Lyrik. Zwar lassen sich auch Spuren der verschiedenen epischen Rollen entdecken, aber mit dem Übergang in die andere Gattung, und d.h. in die andersartige gesellschaftliche Lebensform, hat sich an den Rollencharakteren etwas Grundsätzliches geändert.

Das Lied tritt in sehr viel unmittelbarerer Weise vor die Gesellschaft als das Epos. In der erzählenden Dichtung gibt der Handlungszusammenhang der erdichteten Rolle einen bestimmten Rahmen, eine bereits literarische Atmosphäre – ähnlich wie die weiträumig daherkommende Orchesterbegleitung bei der Oper, wo es sich eben gegen alle äußere Wahrscheinlichkeit arienlang singend sterben läßt. Im gesungenen ritterlichen Gedicht (wie beim späteren ‹Lied›) ist das Vorher und Nachher die reale Gesellschaft, die zuhört. Auf sie hin muß die dargestellte Rolle verändert werden:

Wenn z.B. Fénice im ‹Cligès› sagt:

«Was mich vor allem beunruhigt, ist, daß dies ein ganz abgegriffener Ausdruck ist.... Denn es gibt ja doch Leute, die aus bloßer Höflichkeit selbst zu wildfremden Personen sagen: Madame, ich bin Ihnen ganz zu eigen mit allem, was mein ist» (4388–93),

dann ist das getragen von der epischen Situation, aus der heraus Fénice spricht. Wenn dagegen *Gilles de Vieux-Maisons* in einem Lied ganz analog singt:

«Durch theatralisches Klagen und falsche Seufzer zielen jene Leute auf Täuschung und Verrat. Sie nennen eine völlig Fremde ihre liebe Freundin und tun dann so und so und machen ein Gesicht zum Sterben» (Lied II, 4, 27ff.),

dann ist das eine Behauptung, die vor der anwesenden Gesellschaft vertreten sein will. Der Dichter kann sie allenfalls an einen realen oder fingierten Boten delegieren, aber dann hat eben der die Konsequenzen vor dem Publikum durchzustehen. Die veränderte Grundsituation im Vergleich zur Epik ist die, daß sich der Dichter vor der Gesellschaft mit dem, was er singt, persönlich kompromittieren muß. Andrerseits ist das Publikum, das immerhin die Möglichkeit hat, nach dem kurzen Lied zu intervenieren, genötigt, mitzuspielen, während im Roman Rede und Gegenrede vom Dichter besorgt werden. Das Einverständnis, das die Lyrik voraussetzt, ist identisch mit dem sogenannten Bildungsniveau der anwesenden Gesellschaft, die nicht an unziemlicher Stelle lachen darf. So leicht beweglich die ritterliche Lyrik auf den ersten Blick schien, so sehr klebt gerade ihr das gesellschaftliche Parkett unter den Füßen. Es werden jetzt viele ritterliche Lieder in die Sprache anderer ritterlicher Gesellschaften übersetzt. Einfach ist das nicht immer, zumal oftmals die alte Melodie beibehalten wird und der unterlegte andersprachige Text dann auch noch reimen muß (= Kontrafaktur). Das Schwierigste aber ist wohl die Übersetzung des Liedes auf das andere Bildungsniveau der jeweils mitspielenden Gesellschaft. Provenzalisch, altfranzösisch, mittelhochdeutsch sind die Sprachprovinzen. Aber gerade wenn man versucht, sich anhand der Liedkontrafakturen ein Bild vom Zustand der ritterlichen Lyrik zwischen 1167 und 1184 zu machen, wird man wenigstens vier lyrisch-gesellschaftliche Landschaften unterscheiden müssen: die ostfranzösische, die südprovenzalische, die westprovenzalische und die westdeutsche. Dabei ist zu bedenken, daß der normannisch-angevinische Hof *Heinrichs II.* eine nach Gattungen getrennte zweisprachige Kultur hat: der in der Regel von nichtritterlichen Klerikern abgefaßte Roman bedient sich des anglo-normannischen Idioms, ist also auf französisch; die von großen und kleinen Rittern gedichtete Lyrik aber spricht das klassische Westprovenzalisch *Wilhelms IX.* von Aquitanien, des Großvaters der englischen Königin *Eleonore.* Französischsprachige Ritterlyrik mag diesem Hof parvenühaft erschienen sein. Mit dem Zitat epischer Gestalten wie König Artus oder Tristan springt die provenzalische Lyrik souverän um. In den Liedern des *Bernard de Ventadour (Bernart de Ventadorn)* erscheinen ‹Tristan l'amador› und ‹Izeut la blonda› (4, 46, 74. 48) als Vergleichsfiguren, aber auch als ‹senhal›, als Signalform und Deckname für die Dame wird ‹Tristan› (166, 27, 63 und 182, 31, 57) lässig gebraucht. Ein ostfranzösisches Lied, das *Chrestien de Troyes* zugeschrieben wird, thematisiert dagegen die epische Problematik und gelangt dann in dieser ‹eigentlichen› Form an *Heinrich von Veldeke* (MF 58, 35; vgl. unten S. 547) und später an *Bernger von Horheim* (MF 112, 1).

In der nordostfranzösischen Landschaft ist ritterliche Lyrik, die provenzalisch schon auf mehrere Generationen zurückblickt, noch eine verhältnismäßig neue Sache. Aus der Gegend von Provins in der Champagne stammen sowohl *Gace Brulé* als auch *Gilles de Vieux-Maisons (Dyggve),* die hier als Repräsentanten ausgewählt werden. In einem Lied, das später der Schweizer Graf *Rudolf von Fenis-Neufchatel* zur Melodie mit gleicher Strophenform nachgedichtet hat (MF 80, 25), singt *Gace:*

1. «Treue Liebe und stete Geliebte, die beiden Dinge bewegen mich oft und tauchen mich in sinnendes Erinnern. So werde ich mein Lebtag nie vergessen die Augen der Dame und ihr Auftreten. Wenn Amor sich nicht entschließt, alle Liebhaber und alle Damen seiner Herrschaft zu unterwerfen, dann darf ich nie auf die Liebe meiner Dame hoffen.

2. Wie könnte ich auf treue Liebe und stete Geliebte bauen, mit ihren faszinierenden Augen und ihrem bezaubernden Auftreten, wenn ich sie all mein Lebtag nicht mehr zu sehen kriege? Ich muß lieben, dem kann ich mich nicht entziehn, muß jene Dame lieben, der das nie gefallen wird. Ich kann mir nicht einmal ausmalen, wie Hilfe und Rettung durch sie aussehen könnten.

3. Wie könnte ich Hilfe und Rettung gegen Amor Perfectus von der erwarten, über die ich keine Macht habe? Denn Amor läßt mich diejenige lieben, die mich überhaupt nicht liebt und von der ich nichts als Kummer und Schmerz erwarten

darf. Und ich wage nicht, ihr mein Gefühl zu bekennen, die meine Todesschmerzen
nie begreift, die ich ohne Hoffnung auf Heilung erdulde.
...
6. Madame, es darf Sie nicht stören, wenn ich Sie mehr als mein Leben liebe!
Was mich mit schönster Freude erfüllt, ist, daß ich Sie ganz heimlich für mich
‹meine Geliebte› nenne. Was mich hingegen vor Qual und Schmerz stöhnen macht,
ist, daß ich Euch nicht sehen und nicht hören darf – und wenn ich vor Euch
bin, verstumme ich mir. Ich bin so ängstlich, daß ich nicht weiß, was ich sagen
könnte.
7. Weißgott, mein Knappe, nur dies kann ich bekennen: Meine Dame ist zugleich
mein Tod und mein Leben!» (Lied VII)

Hier identifiziert sich der Sänger mit der Rolle des unglücklich und
schüchtern Liebenden. Die Direktanrede der sechsten Strophe nimmt ihren Mut zurück durch die Feststellung, die Dame sei nicht anwesend.
Der Sänger hat sich nicht kompromittiert, aber er hat sich zu seiner Rolle
bekannt. Die Strophenform ist höchst trickreich. Dennoch scheint das
ewige Geklage, das ja nicht nur *Gace* produziert, Zeitgenossen auf die
Nerven gegangen zu sein. Sein Freund *Gilles de Vieux-Maisons* schrieb
ein Protestlied. Gleich zu Anfang hat er darin erklärt: «ich singe also
ohne Liebe, nur aus Konvention (usage)». Die 3. und 4. Strophe lauten:

3. «Närrisch und gemein, wer sich einer Dame zuwendet, denn in deren Liebe
gibt es kein Vertrauen. Hält die Dame sich freundlich und putzt sie sich heraus,
so geschieht es doch nur, um ihren armen *ami* zum Trauerkloß herabzuwürdigen,
und den Spaß hat der reiche Heuchler, der lügt. Gegen den Armen aber sucht
sie Ausflüchte und ist griesgrämig ...
4. So ist Liebe gesunken und falsch geworden. Die eitlen Liebhaber haben sie
völlig korrumpiert mit Untreue und Betrug. Durch fingierte Klagen und falsche
Seufzer wollen sie täuschen und verraten, nennen die Fremdeste ihre Feundin und
tun bloß so und machen ein Gesicht zum Sterben» (Lied II).

Aber auch das bleibt direkt und eigentlich in seinem Protest gegen die
Üsancen gesellschaftlicher Rollen, die als Unehrlichkeit gebrandmarkt
werden. Nun ist solcher Protest allerdings auch nur eine Rolle, die von
einer sich langweilenden Gesellschaft geduldet und belacht wird. Sich
unmittelbar im Lied auszudrücken, scheint schier unmöglich. Je vertrage-
ner der Inhalt, desto komplizierter wird die metrisch-musikalische Form.
Sie signalisiert, wenn man denn so will, eine Kulturhöhe, aber eben auch
deren Identifikationsproblematik. Zu bedenken bleibt allerdings, daß die
Musik dieser Ritterdichter mit ihrer Einstimmigkeit ähnlich weit unter
dem Niveau der objektiven Formmöglichkeiten bleibt wie die gegenwärtige Chanson-Kunst, die harmonisch bei der Salonmusik von ca. 1860
bis allenfalls 1900 verharrt. Um 1180 dagegen blüht an der Kathedrale
von Notre-Dame in Paris bereits eine ganz anders entwickelte Mehrstim-
migkeit, bei der verschiedenartige Texte gleichzeitig in verschiedenartigem
Tempo und Rhythmus gesungen werden. Bald wird man da auch weltliche
Chanson-Melodien mit geistlichen Oberstimmen zusammen musizieren,

eine ‹Roman de Renart›-Situation, von der sich jedenfalls die Kompositionskunst der Barone nichts träumen läßt.

Was die Texte angeht, sind allerdings die Südprovenzalen im Umkreis des Grafen von Toulouse aus der relativ plumpen Eigentlichkeit der Nordostfranzosen seit langem hinaus.

«Madame, wenn Sie es vorziehen, daß ich abziehe, dann bitte ich Sie, Ihre ganze Schönheit, Ihr sanftes Lachen und Ihr elegantes Benehmen, welche meine Sinne anziehen, auszuziehen. Dann will ich, Ehrenwort, fortziehen» (*Frank* Nr. 9 c),

so singt *Folquet* in einem Liede. Was wir in der Übersetzung als kalauernden Wortwitz wiedergegeben haben, hat im Original seinen Witz in der metaphorischen Dialektik des Bildes. Dasselbe Lied schließt:

«Zieh los, mein Lied, nach Nîmes zu der, der es gefällt. Mir will scheinen, Du könntest dort gleich drei Damen Freude machen. Ich will Dich ihnen vorstellen. Alle drei sind schöner als 100 andere» (Str. 7).

Damit wird die Einzigartigkeit des Liebesgeständnisses als illusorisch einbekannt. Das Lied und die darin geäußerten Gefühle sind ein Passepartout. Ein anderes Lied des *Folquet* beginnt gleich:

«Wenns mir Spaß macht, wäre jetzt der Augenblick, ein Liedchen zu komponieren, damit die höfische Mode nicht aus der Mode kommt» (*Frank* Nr. 9d Str. 1).

Die metaphorische Pointe des Liedes ist:

«Ich komme nicht von der Stelle und kann doch nicht bleiben, wo ich bin, genau wie einer, der einen Baum halb erklettert hat, und so hoch ist, daß er nicht mehr herunterkommt, und nicht höher hinauf kommt, weils ihm jetzt schon schwindelig ist» (Strophe 2).

Dies Bild hat dann der Graf *Rudolf von Fenis*-Neuenburg in seinem Lied MF 80, 1 ‹Gewan ich ze Minne ie guoten wân› wiederholt, das vor 1192 gedichtet wurde. Melodie und Strophenform hat er einem anderen Lied *Folquets* (PC. 155, 21) entlehnt. Aber die ironisch-distanzierte Haltung des provenzalischen Dichters hat der Schweizer Graf nicht übernommen. In der Tornada, der Adressatenstrophe, des Liedes heißt es:

«Ich hatte die Absicht, ein Gefühl vorzutäuschen, welches nicht aufrichtig war. Aber nun ist mein Lied, gegen meine Absicht, ganz ehrlicher Ausdruck geworden» (Str. 6).

Ein späteres Lied des *Folquet*, welches in Melodie und Strophenform von *Friedrich von Hausen* nachgeahmt wurde, hat in der ‹Tornada› die metaphorische Pointe:

«Ich verlösche still und klage über nichts, selbst wenn mein Schmerz sich noch verdoppeln würde, in geometrischer Proportion, wie jene Weizenkörner auf den Schachbrettfeldern» (*Frank* Nr. 11 Str. 6).

1195 wurde *Folquet de Marseille* Zisterzienser, 1205 wurde er Bischof von Toulouse und tat sich bei der Vernichtung der katharischen Albigen-

ser besonders hervor (*Frank*). Er hat dem Dominikanerorden ein erstes
Aktionsfeld bereitet. Die Diskrepanz zwischen Minnesangs- und Weltver-
halten ist ähnlich kraß wie bei Kaiser *Heinrich VI.*, über den sich der
Trobador *Peire Vidal* gebührlich erzürnen wird, und der vermutlich *Walther von der Vogelweide* das Stichwort für sein sogenanntes Deutschland-
lied ‹Ir sult sprechen willekomen› (56,14) lieferte (vgl. u. S. 701). *Peire
Vidal* stammte wohl aus Toulouse und hielt sich vornehmlich in Les Baux,
Carcassonne, Toulouse, aber auch in Nordspanien und Aquitanien auf.
Eines seiner Lieder, das nach *Anglade* allerdings schon der zweiten Schaf-
fensperiode (1187–1192) des Dichters angehört, setzt Minnesangsmode
und Feodalismus ins Verhältnis:

1. «Da ich nun wieder einmal in die Provence zurückkomme und meine Dame
ihren Spaß daran hat, muß ich wohl ein gutes Lied komponieren, wenigstens
aus Erkenntlichkeit. Denn: wenn man seinem Lehnsherren Dienst und Ehre erweist, bekommt man Geschenke, Gunst und Wohltaten, sofern man ihm schmeichelt. Dazu muß ich mich jetzt zwingen.
2. Ohne gesündigt zu haben, tue ich Buße, und ohne im Unrecht zu sein, bitte
ich um Verzeihung; aus einem Nichts mache ich eine großzügige Gabe und ver-
wandele Zorn in Wohlwollen ...»
3. Da ich mich nie (gegen den Sittenkodex) verfehlt habe, darf ich hoffen, aus
meinem Liebesschmerz Nutzen zu ziehen, zumal sich die Sache ganz gut anläßt.
Und alle Liebenden werden gewiß Trost finden können an meinem Vorbild, wenn
ich jetzt, mit einem übermenschlichen Kraftakt, lodernde Flammen aus starrem
Eis schlage und Süßwasser aus dem Meere schöpfe.
4. Auf andre Weise finde ich kein Heil. Aber da meine Dame mich von vornherein besiegt weiß, handelt sie nach dem Prinzip, daß sie von dem Unterworfenen
unterworfen wird. Denn nur so kann offene Unterwerfung die Macht erringen;
andere Hilfe gibts für mich nicht: ich muß ihre Gnade erflehen.
5. Wenn ich mich ihr nun schon (mit Leib und Leben) ergebe, dann darf sie
mich auch nicht zurückweisen: ohne jede Vorbehaltsklausel biete ich ihr Mannschaft (homagium). Sie kann mit mir tun, was sie will: mich verschenken oder
verkaufen. Wer mir den Rat gibt, doch von ihr abtrünnig zu werden, ist ein Tor.
Lieber erleide ich bei ihr eine Niederlage, als daß ich eine andere besiege.
6. Wer langes Harren mißbilligt, der irrt sich. Denn da haben ja doch zum
Beispiel die Bretonen ihren König Artus gehabt, auf den sie alle Hoffnung setzten
(daß er einmal wiederkäme), und – als anderes Beispiel – ich selbst: ich habe
durch unentwegtes Harren (auf Erhörung) große Wohltat erworben, nämlich einen
Kuß! Jenen Kuß, den ich, von Amor angetrieben, meiner Dame einst raubte. Jetzt
muß sie mir als ihrem Lehnsmann (das Vasallitäts-osculum vgl. *Ganshof)* den
Kuß von sich aus geben. (Lied Nr. XXVIII).

Vielleicht ist in der dritten Strophe der Tristan-Epilog des *Thomas von
Bretagne* aufs Korn genommen; auf jeden Fall erinnert sich die zweite
Strophe an das ‹Lied aus eitel Nichts› Herzog *Wilhelms IX.* (vgl. ob.
S. 211). Aber das Lied zitiert nicht nur; es hat selber Zitatcharakter,
ist die Parodie eines Minneliedes und zieht sich dadurch, wie *Folquet
de Marsilha,* aus der Kalamität der zu behauptenden Rolle in der Auffüh-
rungssituation. Ein Kulturzeremoniell wird witzig erfüllt, alle Seiten wis-

sen Bescheid. Graf *Rudolf von Fenis* hat es nachgedichtet (MF 84, 10). Die Humorlosigkeit seiner mittelhochdeutschen Fassung beleuchtet den Zustand der Gesellschaft, für die sie bestimmt war.

Gegenüber der schelmischen Uneigentlichkeit der Südprovenzalen scheint der westprovenzalische Minnesang, also die aquitanische Hofkunst des anglonormannischen Königtums, steifer und gepflegter. Hier wird die Rolle des ‹soupirant›, des liebeseufzenden ‹povre ami dolent›, wie *Gilles de Vieux-Maisons* sagt, ausgiebiger gestaltet; und doch ist auch hier das Körnchen provenzalisches Salz vorhanden, das den nordostfranzösischen Kollegen eher fehlt.

Der berühmteste Trobador des angevinischen Reiches ist *Bernart de Ventadour*. «Auf Befehl des Königs bin ich Engländer und Normanne», singt er in Lied XXIX (Strophe 8), und seinen Boten redet er an:

«Fons-Salada, seid mein Interpret beim Herrn König ... Da er Touraine, Poitou, Anjou und Normandie bereits besitzt, wünsche ich ihm, daß ihm die ganze Welt gehört – es würde ihn nicht schlecht kleiden. Dies Lied wird immer besser, je öfter man es hört» (Lied XI Str. 7 und 8).

Natürlich hat er auch auf die Königin *Eleonore* angespielt, so am Ende dieses Liedes, dessen Beginn an den ‹Lai de Laüstic› erinnert:

1. «Durch den süßen Gesang, den der Rossignol des Nachts ertönen läßt, wenn ich schon eingeschlummert bin, erwache ich, ganz erfüllt von Freude und gedanken- und sorgenversunken vor Liebe. In solchem Gefühl liegt mein wahrer Beruf. Stets bin ich freudig zur Freude bereit und damit beginnt mein Lied.

2. ...

3. Wenn ich ihren zarten Körper betrachte, wohlgeformt für alles, was man will, ihre feine Art und ihr schönes Gespräch, dann fühle ich, daß ich mit meinem Lob nicht vorankomme. Denn ich brauchte wohl ein volles Jahr, wenn ich sie so loben wollte, wie es nötig wäre, so höfisch und vollkommen ist sie.

4. Die Leute, die glauben, ich befände mich hier, die wissen nicht, wie sehr mein Geist (in der Ferne) ist bei ihr, ganz nah und intim, obgleich mein Körper weit weg ist. Wisset: mein bester Bote zu ihr ist meine Erinnerung, meine Phantasie, welche mir ihre liebliche Gegenwart herzaubert.

5. Madame, ich bin und bleibe ergeben, Ihnen zu dienen. Ich bin Ihr geschworner Vasall und war seit je der Ihre. Ihr wart meine erste Freude und werdet meine letzte sein (vgl. *Morungen* MF 123, 10), solange ich lebe.

6. ...

7. Huguet, mein höfischer Bote, singe aus hellstem Herzen mein Lied der Königin aller Normannen» (Lied X).

In der Rhetorik von Natureingang und Unsagbarkeitstopos, Herz und Leib-Ambivalenz etc. versteckt sich eine sinnliche Phantasie. Das uneigentlich Gesagte scheint eigentlich gemeint, und doch macht wahrscheinlich gerade die Kunst, diesen Schein zu erwecken, die Kunst *Bernarts* aus. Er weiß seine Phantasie an die Rhetorik zu verraten. Er weiß sie in einem andern Lied mit Ironie gegenüber der eignen Rolle, mit ironischer Frömmigkeit und mit Feodalmetaphorik zu versetzen:

1. «Da Ihr mich bittet, Barone, zu singen, so singe ich. Und im selben Augenblick, da ich ans Singen denke, muß ich weinen – schon gleich zu Anfang. Ihr werdet nicht so leicht einen Sänger gut singen hören, wenn es um seine Sache schlecht bestellt ist. Hab ich denn Liebesleid? Aber nein! Im Gegenteil! Ich bin glücklich wie nie zuvor! Na und, warum denn so gerührt?

2. Ich muß bekennen: Groß Gnad und Ehr hat Gott der Herr mir gegeben, denn ich liebe die Allerschönste und – einem on-dit zufolge – liebt sie mich auch. Indes: Ich befinde mich hier, weit weg von ihr, und ich weiß nicht, was ihr Herz bewegt. Dies ists, was mich vor Schmerz schier tötet. Denn ich kann nicht mal eben in die Ferne ziehn.

3. Immerhin: Ich bin schon einigermaßen glücklich, wenn ich an sie denke. (Wenn ich das tue,) dann kann man rings um mich her brüllen und schreien: ich höre nichts. Die Schöne reißt mir so sanft das Herz aus meiner Brust, daß einer, der behaupten wollte, ich befände mich hier, und der seine Behauptung glaubt und weiß, daß sie wahr ist, daß ein solcher mich doch mit seinen leibhaftigen Augen in Wahrheit *nicht* sieht.

4. Nun, Amor! Was ist da zu tun? Kannst Du mich jemals heilen? Momentan glaube ich zu sterben vor Verlangen, das mich erfaßt, wenn mich die Schöne bei sich empfangen würde, da, wo sie schläft, auf daß ich sie liebkoste und küßte und umschlänge ihren weißen, weichen, glatten Leib.

5. Nein! Ich denke nicht daran, der Liebe abzuschwören, und wenn sie mir noch soviel Schmerz und Qual bereitet. Und wenn mir Gott etwa etwas Angenehmes in dieser Hinsicht gewähren sollte, ich würde es nicht zurückweisen, würde es nicht verschmähen! Doch wenn mir kein Glück zufällt, dann werde ich meinen Schmerz zu tragen wissen. Denn, um richtig Anlauf zu nehmen, muß man halt manchmal ein paar Schritte zurücktreten.

6. Schönste Dame! Erbarmt Euch Eures treuen Geliebten. Mit zusammengelegten Händen, mit geneigtem Haupt, ergebe ich mich in Euren Lehnsdienst. Und ganz aufrichtig schwöre ich Euch: nie hab ich jemand so sehr geliebt. Und wenn gar die Gelegenheit es gestattet, gönnt mir doch – ein Lächeln! Es würde mir gut tun» (Lied XVIII; Tornadas nicht übersetzt).

Auch hier könnte die Rolle bei all ihrer Mittelbarkeit Rahmen für eine persönliche Werbung sein. Die elegante Strophenform, und damit wohl auch die Melodie, hat der rheinfränkische Ministeriale *Friedrich von Hausen* nachgeahmt in seinem Lied ‹Deich von der guoten schiet›; den Inhalt hat er für dieses Lied (vgl. aber MF 47, 37 unten S. 656) nicht übernommen:

1. «Ich bin von der Geliebten fortgegangen und habe ihr nicht gesagt, was ich so gerne gesagt hätte. Jetzt peinigt mich das.
Schuld sind die Hofschranzen, die mich hassen, nur ihretwegen habe ich nicht gesprochen. Diesem Gelichter wünsche ich weiter nichts, als daß Gott, der die Höllenpforten sprengte, ihnen Ach und Weh beschere.
2. Sie meinen, mich durch Bewachung in Schranken zu halten, sie, die sich doch selber nicht in Schranken halten können und ihrer Bosheit freien Lauf lassen! Doch die Methode hilft ihnen nichts.
Sie brächten es eher fertig, den Rhein in den Po fließen zu lassen, als daß ich mir den aus dem Sinn schlage, der mir zuliebe so viel getan hat» (MF 48, 32).

Wie anders als bei *Bernart* die Gesellschaft ist, an die sich *Hausen* wendet, mag man an dem ‹Gott› ermessen, der in beiden Liedern beschworen wird. Bei dem Provenzalen könnte er Amor oder auch Fortuna heißen, *Hausen* definiert ihn als Jesus Christus, der die Höllenpforten sprengte. Aber er ruft seinen Namen an in einem Fluch auf die Merker, die Aufpasser, die die Liebenden zu behindern und die Verwünschungen der Minnesänger auf sich zu laden zur Aufgabe haben. Ihre Bosheit und ihre mangelnde Selbstdisziplin wird moralisch verurteilt. Das scheint von unmittelbarem Gewicht, der Art der Ostfranzosen näher als der der Provenzalen. Dennoch hebt auch *Hausen* sein Sprechen als rollenhaft von der Unmittelbarkeit seines Inhalts ab und macht es damit gesellschaftsmöglich. Die erste Strophe nimmt die Rolle des Schüchternen, der sich vor dem Geständnis und seinen Folgen fürchtet. In der erzählenden Dichtung war sie etwa im ‹Cligès› oder im ‹Guigemer› zu beobachten. Im Gesellschaftslied tritt an die Stelle der inneren Schranke gern die äußere: Nicht die Furcht, oder doch nicht sie allein, ist es, die das Geständnis verhindert, sondern die vielen Höflinge, die immer um die Dame herum sind. *Hausen* zeigt die Schranke, die die Liebenden trennt, von zwei Seiten: in der ersten Strophe vom Ritter, in der zweiten von der Dame her. Es ist die ältere Form des ‹Wechsels› (s. S. 367) der donauländischen Lyrik, die er dabei aufnimmt. Wo aber das Lied nur die zitierten Reden verschiedener Personen bringt, hat die Gesellschaft eine passive Zuhörerrolle, droht der Sänger zum Epiker zu werden. Selbst als handelnde Person unter die Gesellschaft tritt *Friedrich von Hausen* mit dem Lied ‹Ich sihe wol daz got wunder kan›:

1. «Dies eine ist mir jetzt klar: Gott vermag Wunder zu tun auch in Form einer schönen Frauengestalt. Das ist mir bei ihrem Anblick aufgegangen. Nichts hat er an ihrem Körper vergessen.

Der Schmerz, den die Vergeblichkeit meines Verlangens mich empfinden läßt, den will ich gerne (lies mit BC!) erdulden, wenn ich damit erkaufen könnte, daß ich bei ihr bleiben darf und daß mein Wünschen einmal Erfüllung findet.

Meine Dame mag sehen, was sie tue! Von Trennung kann nicht die Rede sein.

2. Sie mag nicht glauben, ich sei jemand, der nur für einen flüchtigen Augenblick entflammt wäre. Seit ich auf dieser Welt bin (Seit meiner Kindheit) bin ich ihr verfallen.

Seit ich begriffen habe, daß es mein Schicksal ist, sie zu lieben, habe ich an ihr nie etwas Verachtenswertes bemerkt. Mein Herz gehört zu ihrem Hofgesinde und will beständig bei ihr bleiben.

Meine Dame sehe zu, was sie tun will! Von Trennung darf nicht die Rede sein» (MF 49, 37).

Hier identifiziert sich der Dichter mit seiner Rolle. Der rhetorische Deus-artifex-Topos zu Eingang klingt nach frommer Liebe, die behauptete schicksalhafte Minneverfallenheit wird durch Verzicht auf eine baldige Erhörung sehr gesittet und gesellschaftsfähig. Der mahnende Refrain fordert keine Antwort. Dem mehr ernsten Ton bei *Friedrich von Hausen* stellt sich gleichzeitig eine mehr lebhafte Rollenidentifikation bei *Heinrich von Veldeke* zur Seite. Dieser limburgische Ministeriale, der den altfranzösischen Eneas-Roman in ein umfangreiches Reimepos übertrug, scheint die Darstellung von Rollen zu lieben und an ihre Verbindlichkeit für richtiges Verhalten zu glauben. In seinem Lied ‹In den tîden van den jâre› gibt er eine Darstellung des glücklich Erhörten:

1. «In der Jahreszeit, da die Tage länger und heller werden, erheben die Amseln mit klarem Schall aufs neue ihren Gesang. Sie bringen uns frohe Kunde. Der mag Gott danken, der rechte Liebe hat, ohne Schmerz und ohne Falsch.
2. Ich bin erfreut von ihrem edlen Wesen. Sie hat mich aus dem Schmerz erlöst, der mich so lange quälte. So ist mirs nun geschehen: Ich bin ein großer und mächtiger Herr, seit ich die ganz umfangen konnte, die mir wahre Liebe schenkte, ohne Kampf und ohne Traum.
3. Daß mich manche darum hassen, daß mir Liebes widerfährt, das kann ich durchaus ertragen und deswegen laß ich mein Glück nicht fahren und werde auch nicht dem Muster der Unglücklichen nacheifern. Denn jetzt blickt jene liebevoll, die mich der rechten Liebe wegen so langen Sehnsuchtsschmerz erleiden ließ» (MF 59, 23).

Das Glücksbekenntnis ist nur beinahe ganz unverstellt und offen. Das Stichwort und Leitmotiv von der ‹rechten Liebe› (rechte minne), das in allen drei Strophen an derselben Stelle im Reim ( = Kornreim) steht, versteckt und mildert das, was von der Umarmung behauptet worden war. Darin liegt etwa der Unterschied zu dem offenen Bekenntnis bei *Marie de France:* «Die freie und edle Dame ... sollte nicht lange die Stolze spielen. Sie liebt ihn einfach ... und ehe sichs jemand versieht, genießen sie die schönsten Augenblicke» (Guigemar 519 ff.).

Wir wollen hier nicht in die reichlich lächerliche Diskussion eintreten, wie viel oder wie wenig ihm die Dame wohl gewährt haben mag. Uns interessiert gerade diese halbverdeckende Formulierung, welche eine Funktion der gesellschaftlichen Beschränkung ist.

Eng verwandt mit diesem Lied ist wohl *(Kraus)* ein anderes (MF 57, 10), in welchem die Rolle der zimperlich Prüden dargestellt wird. Zu einem persönlichen Liebesroman braucht man die beiden und ein drittes Lied (MF 56, 1) deshalb noch nicht zu verbinden. Es handelt sich eher um ein Tryptichon von drei Situationen: Abweisung – Unglück – Erhörung, eine im Grunde epische Musterkarte, die einer wohl eher passiven Gesellschaft vorgelegt wird, auf daß sie daran Möglichkeiten und Unmöglichkeiten des Benehmens diskutieren möge:

1. «Nun seit die Tage länger und heller werden, bin ich froh, sprach heitern Sinnes eine Dame, edel und frei. Ich danke es meiner Fortuna, daß ich die Herzensgabe besitze, mir durch kein unhöfisches Benehmen meine gute Laune verderben zu lassen.
2. Ein Ritter hatte mir einst seine Ergebenheit bewiesen und ich war ihm dafür ganz freundlich gesinnt. Davon ist jetzt keine Rede mehr, seit er die Unverschämtheit besaß, mich um etwas zu bitten, wovon ich besser weiß, wie mans abschlägt, als er, wie mans bekommt.
3. Aus plumpen Herzen ist prompt Plumpheit erwachsen. Als ich ihn darauf

hinwies, daß er mir zu nahe getreten sei, wars zu spät. Wie hätte ichs denn freundlich aufnehmen können, daß er mich unumwunden bat, ich möge ihn umarmen?
(Ihm ist es nicht bekommen.)
4. Ich hatte gedacht, er wisse, was sich gesellschaftlich gehört, deswegen war
ich nett zu ihm. Das sage ich Euch: mir macht das nichts; daß ich mich täuschte,
kann ich ertragen (vgl. MFU 163). Seine Kränkung ist mir peinlich, aber er hat
halt zu viel verlangt. Von ihm brauch ich mirs nicht bieten zu lassen.
5. Um allzu leichte Minne hatte er mich gebeten: bei mir hat er sie nicht gefunden. Er war halt unerzogen und ließ sich gehn. Und wenns ihn nun schmerzt!
Ich will ihm schon klarmachen, daß er eben das Spiel noch nicht beherrscht, wenn
er es zerbricht, ehe ers gewinnen kann» (MF 57, 10).

Hier wird das gesellschaftliche Tabu, welches *Marie de France* in ‹Guigemar› mit Verachtung bedachte, zeremoniös eingesetzt: Die rechte Dame
muß sich lange zieren (obgleich sie gewähren könnte und möchte) und
der rechte Liebhaber muß lange seufzen und dienen. Direkte Bitte und
direkte Gewährung sind verpönt.

Übrigens könnte dieses Lied von *Veldeke* auf eine Melodie des Trouvère *Pierre
de Molins* gedichtet und gesungen worden sein, welcher Dichter ein Freund des
*Gace Brulé* war.

Alles in allem scheint es, als könne sich der Dichter mit seinem Lied
der gesellschaftlichen Situation der Aufführung gegenüber auf dreierlei
Weise verhalten: 1. Er kann eine bestimmte Rolle *unmittelbar* und eigentlich darstellen, d. h. er legt ein Bekenntnis ab, enthüllt sich als den Glücklichen, Unglücklichen, Protestierenden usw. 2. Andrerseits kann er seine
Rolle *mittelbar* und uneigentlich darstellen. Er zitiert dann gewissermaßen
nur, was ein andrer gemacht hat, etwa als Bote, oder sagt, er könne so
etwas dutzendweise verfertigen. Die 3. Möglichkeit wäre, so zu tun, als
sei der Vortrag nur ein Zitat und der Vortragende nur eine angenommene
Rolle, während das, was gesagt wird, diesen gesellschaftlichen Schein zu
überlisten sucht, also eine mittelbare Eigentlichkeit erreicht. Aber Art
und Wahl der Rollenbehandlung hängen nicht vom Dichter allein ab,
sondern von der Gesellschaft und dem, was ihr der Dichter zumuten kann.
Das scheint der prinzipielle Unterschied zwischen Osten und Westen zu
sein, daß im Westen ritterliche Lyrik als konventionelle Institution anerkannt ist, am stärksten wohl bei den Südprovenzalen. Nach *Wilhelm IX.*
(vgl. S. 197ff., 211, 217ff.), nach *Cercamon, Marcabru* und *Jaufré Rudel*
(vgl. S. 303ff., 311ff.) dichtet hier bereits die dritte Generation. Die Konvention erscheint ironisiert; der Sänger spielt mit ihr vor der Gesellschaft
und für die Gesellschaft und diese dürfte prinzipiell mitspielen. In der
aquitanisch-anglonormannischen Literaturlandschaft liegen die Dinge
ähnlich, aber wohl eher mit einer Tendenz zur mittelbaren Eigentlichkeit,
zum konventionsgefaßten Kompliment und zur Doppeldeutigkeit. Gegen
diese protestieren Lieder für die ostfranzösische Gesellschaft. Hier ist
kaum die Suche nach dem originellen Sophismus, der die langweilig ge-

wordene konventionelle Form salzt, sondern eine eher eigentliche Selbstdarstellung von Rolle und Protest, die aber wohl als belachenswerte Spielformen gelten. Wie bei den Provenzalen kommt hier aus der epischen
Rhetorik manches Motiv hinein, Amor mit seiner Pfeilwunde durchs Auge
ins Herz, Herzenstausch, Streit zwischen Herz und Körper, tödliches Leiden. Aber die Darstellung der ironischen Distanz zur Fiktion, die bei den
Provenzalen im Lied geschieht, vollzieht sich bei den Ostfranzosen wohl
eher im Roman. Im imperialen Osten dagegen scheint mit einer gesellschaftlichen Reaktion kaum gerechnet, Antwort kaum gefordert zu werden. Die Rollencharaktere werden episch und inständig-eigentlich zelebriert vor einer passiven Gesellschaft, die den Vortrag zur Kenntnis
nimmt. Humor scheint diesen Liedern, wenn ich recht sehe, fremd. Die
gebildete Epik, nach der diese Gesellschaft im Grunde zu verlangen
scheint, gibt ihr exemplarisch *Heinrich von Veldeke*.

## D. GEGLAUBTE FIKTION

Auf die problematische Situation einer in der Lyrik schillernden, in Roman
und Lai verunsicherten Welt der höfischen Fiktionalität antwortet im
Imperium eine etwas altmodische Verinnerlichung gerade dieser Fiktionswelt. «Die ganze Nacht wälze ich mich hin und her auf meinem Bett.
Größere Liebesqual dulde ich als der liebende Tristan, der so viel Schmerz
ertrug für die blonde Izeut», sang *Bernard de Ventadour* auf provenzalisch. «Nie trank ich vom Trank, mit dem Tristans vergiftet wurde, aber
heißere Liebe wecken in mir Amors und edles Sehnen. Man soll mich
nicht tadeln, denn nichts zwingt mich zur Liebe, nur meine Augen haben
mich verführt; sie ließen mich den Pfad betreten, dem zu folgen ich nicht
müde ward», so formulierte *Chrestien* das Thema, das dann in einer
Strophe *Veldekes* ins treuherzige Ich-bin-Dein mündet:

«Tristrant mußte ohne seinen Willen treu sein seiner Königin, weil das Gift
ihn dazu zwang mehr als alle Macht der Minne. Dafür mag mir die Geliebte
danken, daß ich solchen Würztrunk nie genoß und sie dennoch stärker liebe als
es jener tat, sofern das möglich ist. Wohlgestalte, Herzensreine, mach mich Dein
und sei mein» (MF 58, 35).

### Deutscher Aeneas-Roman

Den hier bezeichneten Weg nimmt auch die Rezeption der westlichen
Romandichtung. Der deutschen Versübersetzung des altfranzösischen
Eneas-Romans, der ‹Eneide› oder ‹Eneit› haben *Theodor Frings* und
*Gabriele Schieb* eine monumentale Ausgabe zuteilwerden lassen, die die

limburgische, mittelniederländische Originalsprache *Heinrichs von Veldeke* zu rekonstruieren versucht. Man hat neuerlich viel theologischen Sinn in diesem Epos zu finden gemeint, sagt andrerseits dem Ethos des Romans nach, daß es den antiken Stoff «zum Exemplum für ritterlich-vorbildliches Verhalten und für die Macht der Minne» *(De Boor)* werden läßt. Das ist gewiß richtig. Aber die sozialen Verhaltensmodelle, die *Veldeke* liefert, sind eben literarischen und rhetorischen Ursprungs. Der Dichter stellt also der Wirklichkeit eine literarische Fiktion als nachahmenswert gegenüber. Die Frage ist, wie das geschieht und was sich denn damit historisch ereignet.

Seinen Ruhm als literarische Gründerfigur verdankt *Veldeke* dem ziemlich indirekten Urteil eines mittelhochdeutschen Klassikers, das für kompetent gilt. Gegen 1210, als *Heinrich von Veldeke* schon nicht mehr unter den Lebenden weilte, urteilte *Gotfrid von Straßburg* im sogen. ‹Literaturexkurs› seines ‹Tristan› folgendermaßen:

«Wen könnte ich noch hervorheben? Es gibt und gab ihrer viele, die gedankenreich und sprachgewandt waren: Von Veldeke, Heinrich, der dichtete aus vollkommenem Verständnis heraus. Und wie schön wußte er außerdem von Minne zu singen! Sehr fein wußte er seine Gedanken zu gliedern. Er könnte seinen Kunstverstand aus der Quelle des Pegasus selbst geschöpft haben, aus der alle Weisheit gekommen ist. Ich bin ihm persönlich nicht begegnet. Doch höre ich heutzutage von den besten, die zu seiner Zeit und seit seiner Zeit Dichter waren, ihm insbesondere einen Ruhmestitel zuerkennen: er pflanzte das erste Reis (der welschen Ritterkultur) in die deutsche Sprache. Aus ihm sind Zweige erwachsen, die Blüten getragen haben. (Von diesem Baum) da pflückten seither die Poeten die Künstlichkeiten für ihre meisterhaften Inventionen. Und Veldekes Kunst ist heutzutage so weit verbreitet und so mannigfaltig mitgeteilt, daß alle, die nun dichten, ihr Vorbild dort nehmen, nämlich flores rhetorici und inventiones, Formulierungen und Melodien» (4723–4750).

Merkwürdig ist zweierlei, was nicht immer beachtet wurde: 1. *Gotfrid* gibt hier nicht sein eigenes Urteil sondern dasjenige anderer Dichterkollegen wieder. 2. *Gotfrid* spricht insbesondere von ‹spaehe›, d. h. handwerklichem Kunstverstand, und von ‹bluomen›, d. h. von den flores und colores rhetorici. Schließlich sollte man versuchen, *Gotfrids* ganze Literaturstelle aus ihrem rhetorischen Kontext heraus zu verstehen.

Sein Dichterkatalog nämlich steht als sogen. ‹Unsagbarkeitstopos›. Er steht dort, wo der Dichter vom Fest der Ritterweihe Tristans erzählt. Dieses Fest war so prächtig, daß es nicht zu sagen ist, «selbst wenn ich ein zwölfmal besserer Dichter wäre». Das habe gar mancher besser gesagt. Und dann beruft sich *Gotfrid* auf all die ‹varwaere›, die ‹Färber›, welchen die ‹colores rhetorici› zu Gebote standen: *Hartman von Aue, Bligger von Steinach, Heinrich von Veldeke, Reinmar von Hagenau, Walther von der Vogelweide.*

Danach ist klar, worin die Nachfahren *Veldekes* Bedeutung gesehen haben. Er bot in seinen Dichtungen wie in seiner Lyrik einen Musterkatalog der rhetorischen Genera dicendi in deutscher Sprache erstmals dar, einen

Musterkatalog, auf den man sich im Unsagbarkeitstopos eben beziehen konnte.

In dieser Funktion wird der Name *Heinrich von Veldeke* auch bei *Wolfram von Eschenbach* gebraucht (Parz. 292, 18; 404, 29; Wh. 76, 24) und ebenso als Meister der Descriptio erscheint *Veldeke* in der Novelle ‹Moriz von Crâûn› (1160). Es schiene danach gerechtfertigt, *Veldekes* ‹Eneide› zunächst erst einmal als rhetorischen Musterkatalog zu betrachten. Auf die Frage nach der Art der gebotenen Muster antwortet am kürzesten ein tabellarisches Aperçu (RE = Roman d'Eneas; Ve. = *Veldeke):*

a) Genus der Descriptio

*Descriptio personae:* die Volskerkönigin Camille (RE. 3959–4048; Ve. 5142–5240).

*Descriptio animalis:* Das Pferd der Camille (RE. 4047 4084; Ve. 5241–5292).

*Descriptio rerum:* Rüstung und Helm des Aeneas (RE. 4415–4444; Ve. 5671–5725), Schild und Schwert (RE. 4445–4542; Ve. 5726–5824), das Zelt des Aeneas (RE. 7293–7330; Ve. 9205–9235), Grab und Epitaph der Dido (RE. 2138–2144; Ve. 2503–2528), Grabtempel und Epitaph der Camille (RE. 7427–7724; Ve. 9385–9570), Grabtempel und Epitaph des Pallas (RE. 6409–6524; Ve. 8273–8400).

*Descriptio duelli:* Zweikampf Aeneas – Turnus (RE. 9691–9810; Ve. 12303–12570).

*Descriptio curiae:* Hochzeit des Aeneas und der Lavine (RE. 10091ff., Ve. 13133ff.).

b) Monologische und dialogische Genera

*Planctus, Klagemonolog:* Totenklage über Dido (RE. 2075–2137; Ve. 2461–2502), Totenklage über Pallas (RE. 6144–6370; Ve. 8021–8088), Totenklage über Turnus (RE. fehlt die Stelle; Ve. 12614ff.).

*Monologische Liebesklage:* Dido (RE. 1975–2074; Ve. 2395–2425), Lavine (RE. 8083–8380; Ve. 10064–10388).

*Dialog (Disputatio und Hin- und-Hergespräch):* Gespräch Königin – Lavine (RE. 7857–8030; Ve. 9789–9868).

*Brief:* Botschaft der Königin (RE. 3385–3402; Ve. 4345–4400), Liebesbrief der Lavine (RE. 8775–8797; Ve. 10794–10805).

c) Szenische Genera und andere Formen

*Liebesszene:* Dido und Aeneas (RE. 1507–1529; Ve. 1819–1856).

*Feodale Beratungsszene:* RE. 61–77; Ve. 67–104. – RE. 2228–2245; Ve. 2653–2686.

*Heldenkatalog:* (RE. 2937–2968; Ve. 3647–3690), Herrscherliste (RE. 2937–2968 + RE. 10148–10156; Ve. 13359–13420).

*Veldeke* hat seine Stilmuster im Anschluß an den ‹Roman d'Eneas› geschaffen. Aber der ‹Roman d'Eneas› wurde zwischen 1155 und 1160 geschrieben (vgl. oben S. 429ff.). Sein Vorbild war also etwa 10 Jahre alt, als *Veldeke* gegen 1170 an die Arbeit ging. Bis 1174 hatte er 10932 Verse gedichtet (bis nach dem Liebesbrief der Lavinia). 1174 wurde aus diesem ersten Teil auf der Hochzeit einer Gräfin von Cleve vorgetragen. Die unfertige Dichtung oder ihre Vorlage wurde bei dieser Gelegenheit gestohlen, oder wie *Frings* sagt «von einem Gast, Graf *Heinrich* von Thüringen, entwendet und nach Thüringen verschleppt. Erst neun Jahre später konnte *Veldeke* in Thüringen, von Pfalzgraf *Hermann* auf die Neuenburg eingeladen und zum Abschluß der Dichtung gedrängt, sein Werk vollenden». D. h. 1183/84 war *Veldekes* französisches Vorbild an die 30 Jahre alt, sein Stil war in Frankreich längst aus der Mode. Gegen 1177 hatte *Chrestien* in seinem ‹Cligès›-Prolog verkündet:

«Von Griechen und Römern spricht man heute überhaupt nicht mehr. Alle Darstellungen über sie haben aufgehört und ihre lebendige Glut ist erloschen» (39–42).

Und ausgerechnet ein Werk mit Antike-Thematik wird in Deutschland der erste Sproß der literarischen westlichen Ritterkultur, wie es bei *Gotfrid* heißt. Zu bestimmen wäre angesichts dieses Sachverhalts das historische Niveau der literarischen Formen bei *Veldeke*.

Der Dialog hat die Form jenes schnellen Hin-und-her-Gesprächs, welche die Generation der anglonormannischen Romanciers in Mode gebracht hatte und von der auch der ‹Graf Rudolf› Spuren zeigte. Indes ist eine Besonderheit zu beobachten.

Die Königin sagt zu ihrer Tochter Lavine:
Königin: Tochter, liebe den (Ritter) Turnus! –
Lavine: Mit was soll ich ihn denn lieben! –
Königin: Mit Herz und Sinn! –
Lavine: Soll ich ihm mein Herz geben? –
Königin: Freilich! –
Lavine: Wie soll ich dann ohne Herz weiterleben? –
Königin: Du sollst es ihm nicht so geben! – (9788–9793).

Das heißt, die Mutter will sagen: das mit dem Herzweggeben ist bildlicher, uneigentlicher Sprachgebrauch. Das darf man nicht wörtlich und eigentlich verstehen. *Veldeke* wäre hierin also vor 1174 auf einem Punkt, auf dem *Chrestien* gegen 1177 im ‹Cligès› ist, wenn er seine Fénice sagen läßt:

«Kein Mensch kann sein Herz weggeben. Ich muß mich wohl anders ausdrücken. Ich will nicht den Stil jener Autoren schreiben, die zwei Herzen in einem einzigen Körper vereinigen. So etwas ist weder wahr noch wahrscheinlich» (2781–2785).

Bei *Chrestien* ist die sprachlich-literarische Form als gesellschaftliche Verhaltensweise bestimmter Autoren erkannt. Bei *Veldeke* aber fragt die Tochter Lavine nicht zurück: Was heißt hier ‹nicht so geben›, wie denn geben? Vielmehr hat sie die eben noch problematische Metapher akzeptiert, wenn sie fortfährt:

Lavine: Und wenn ich das nicht kann? –
Königin: Und wenn Du es doch könntest? –
Lavine: Madame, wie könnte ich denn meinen Sinn an einen Mann wenden?
Königin: Das wird Dich Minne lehren! –
Lavine: Bei Gott, was ist Minne? – (9794–9799).

Die Fiktivität der Herzmetapher wird als sprachliche, und das heißt zugleich als gesellschaftliche Ausdrucksform anerkannt. Im ‹Roman d'Eneas› steht von alledem noch nichts. Solche Erörterung entsprach dem Problemstand von 1155 noch nicht. Bei *Veldeke* steuert der Dialog dann auf die Explikation dessen zu, was Minne sei. Dabei ist psychologisch hübsch beobachtet die schnippische Antwort der Tochter, nachdem ihr die Mutter gesagt hat: Minne habe seit Anfang der Welt eine magische Macht über alle Menschen:

> Lavine: ... So sagt mir doch endlich, was Minne eigentlich ist!
> Königin: Ich kann sie Dir nicht beschreiben! –
> Lavine: Dann müßt Ihr es eben bleiben lassen! (9818–9820).

Aber die Sache bleibt wieder im Metaphorischen, wenn die Königin jetzt Minne theoretisch erörtert. Die Mutter nennt zuerst die äußeren Kennzeichen des Verliebtseins, im Anschluß an *Ovid*: Heiß-und-Kaltwerden, Erröten, Erbleichen usw. Schließlich kommt die zentrale Stelle von den beiden Pfeilen:

> «Im Eingang des Tempels, bei der Innentür, hast Du gewiß das Gemälde von Amor gesehen. Es stellt die Liebe dar, die alle Welt beherrscht. Amor hat in der einen Hand einen Köcher, in der andern hält er zwei Pfeile. Diese gebraucht er folgendermaßen: Der eine Pfeil ist aus Gold ... Wer davon eine Wunde empfängt, der liebt treu und lebt mühselig ... Der andere Pfeil ist aus Blei. Ich sage Dir: Wer damit verletzt wird in seinem Herzensinnern, der sträubt sich gegen die richtige (natürliche) Minne, haßt sie und will ihr übel. Es gelüstet ihn nicht nach Liebe. So ist das.
> Willst Du auch noch wissen, was der Köcher bedeutet – das wissen nicht alle Menschen –, dann hör zu! Er bedeutet die Salbe, welche Minne immer bereithält. Sie besänftigt alle Mühsal und macht alles gut. Wen die Minne verwundet hat, den heilt die Salbe des Köchers ...» (9910–9947).

Hier nähert sich die allegorisch-metaphorische Redeweise erotischer Symbolik (z. B. beim Köcher). Denkt man aber zu *Marie de France* hinüber, so wird man feststellen, daß hier bei *Veldeke* eine klare Symbolik wie dort nicht artikuliert wird. Wie die Herzmetapher bleibt auch hier die Symbolik akzeptiertes Versatzstück. Über die eigenartige Verfahrensweise *Veldekes* läßt der Vergleich einer Monologpartie weiteres erkennen.

Lavine ist durchs Auge ins Herz vom goldenen Pfeil Amors getroffen worden. Sie liebt Eneas und nicht Turnus, den sie nach dem Willen ihrer Mutter lieben sollte. Ihr wird plötzlich heiß, dann sofort wieder kalt, sie schwitzt und zittert, erbleicht und errötet, wird ohnmächtig. Als sie sich davon etwas erholt hat, beginnt sie ihren großen Liebesmonolog von 324 Versen (10064–10388). Seine drei Teile sind: 1. Teil: Erkennen (der Liebe an ihren Symptomen, Erkennen der Ursache, Sorge), 2. Teil: Gebet an Venus und Amor, 3. Teil: Hoffnung und Frage nach Abhilfe. Die Art von *Veldekes* Vorgehen kann ein Vergleich mit einer entsprechenden Passage im ‹Roman d'Eneas› zeigen. Dort erscheint die Form des ‹Monologue dialogué›, des inneren Zwiegesprächs. Lavine spaltet sich in zwei Gesprächspartner:

Lavine II: Törichte Lavine, was hast Du eben gesagt? –
Lavine I: Amor bedrängt mich sehr wegen Eneas! –
Lavine II: Und Du scheust davor zurück? So fliehe ihn doch! –
Lavine I: Ich kann es nicht übers Herz bringen (Eneas zu fliehen). –
Lavine II: Gestern noch warst Du aber gar nicht so wild darauf! –
Lavine I: Jetzt hat mich eben Amor gezähmt! –
Lavine II: Sehr schlecht hast Du Dich vor ihm geschützt! –
Lavine I: Das hilft mir im Augenblick wenig, denn jetzt bringt er mich zu einem bösen Ende. Lange werde ich es hier (in dieser Lage) nicht mehr aushalten können.
Lavine II: Warum bist Du denn auch hier (am Fenster) stehen geblieben?
Lavine I: Um den (edlen) Trojaner (Eneas) zu sehen! –
Lavine II: Du hättest Dich hüten sollen (ihn anzuschauen)! –
Lavine I: Wieso? –
Lavine II: Es war nicht gerade weise, hier ans Fenster zu treten, um ihn anzuschauen!
Lavine I: Ich habe schon viele Männer angeschaut und nie hat mir das irgendetwas ausgemacht.
Lavine II: Man liebt aber nur, was man ansieht! –
Lavine I: Da wäre ich freilich in großer Bedrängnis, wenn ich keinen Mann anschauen könnte, ohne ihn dann lieben zu müssen. Entweder würde ich ein ganzes Heer lieben – oder ich würde keinen ansehen dürfen. Habe ich denn gefehlt allein dadurch, daß ich ihn ansah? Wird Amor mit mir Erbarmen haben? Ja! In einem einzigen Augenblick hat er mich verwundet. Er hat mich mit seinem goldenen Pfeil ins Auge geschossen, mit dem Pfeil, der lieben macht! (RE. 8134–8161)

Lavine I ist die Stimme der Liebenden, welche die Macht der Liebe erfahren hat. Lavine II dagegen spricht aus jenem überlegen scheinenden Unverständnis heraus, welches noch vor kurzem die Tochter im Gespräch mit der Mutter an den Tag gelegt hatte. Es sind die vergangene und die gegenwärtige Lavinia, die sich hier unterreden. Und die Lavinia von einst behauptet sich nur mühsam gegen die neue, von Liebe ergriffene Lavinia, welche zuletzt als einzige Stimme übrig bleibt. Der anonyme Autor des ‹Roman d'Eneas› hat eine künstliche und ausgesprochen literarische Form zur Darstellung des Seelischen gefunden. Bei *Veldeke* dagegen heißt es:

«Mir ist bald heiß, bald kalt im Innersten. Ich erkenne: das kommt von der Minne. Ich kannte sie nicht, bis der Herr Eneas heute dahergeritten kam und ich den herrlichen Helden, den edlen Trojaner, zum erstenmal sah, welchen ich nicht vergessen kann» (10092–10101) ... «Mir ist leid, daß ich ihn jemals ... Herr Amor hat mich mit seinem goldenen Pfeil verwundet» (10108–10111) ... «Gerade den Mann, den mir meine Mutter verbot, liebe ich ohne Maßen. Ich könnte es ja bleiben lassen, zumal ich (weiß, daß ich) damit etwas Böses tue. Wer zwingt mich schließlich dazu? Mich zwingt große Minne! Sie bringt mich von Verstand und deswegen bin ich so unglücklich» (10148–10155) ... «Ich bin dem Trojaner allzu gut. Wahrscheinlich ist das meine Schuld! Was mußte es mich auch gelüsten, ihn anzusehen? ... Doch andrerseits habe ich schon oft genug so manchen gutgewachsnen Mann angesehen und keine Minne davon empfangen, und manch schönen Jüngling. Das wäre ja eine schöne Geschichte, wenn ich alle, die ich ansehe, lieben müßte! Soviel vermag ich zu überlegen: liebte ich mehr als einen, so liebte ich gar keinen. Minne ist nichts, was man teilen könnte, und was dann noch gut wäre» (10171–10190).

*Veldeke* hat die spielerische Zerteilung der Person wieder rückgängig gemacht. Er hat die literarische Künstlichkeit wieder in Psychologie verwandelt. Aber dadurch entsteht nun keine realistische Psychologie sondern ein künstliches Seelenleben. Was als literarischer Inhalt im Spiel literarischer Formen lebte, wird ohne diese Formen als psychologische Wirklichkeit ernstgenommen. Er akzeptiert auch hier eine Realität fiktiven Ursprungs. *Veldeke* versucht etwas Fiktives glaubhaft zu machen. Das zeigt sich nicht nur bei Dialog und Monolog sondern auch bei der Betrachtung anderer Formen, bei der Liebesszene zwischen Eneas und Dido (RE. 1508–38; Ve. 1819–56), bei der Architekturbeschreibung des Grabtempels der Camille (RE. 7427–7724; Ve. 9385–9570) oder beim Liebesbrief, den Lavinia an Eneas schreibt:

Im französischen Roman hieß es da: «Sofort stand Lavine vom Fenster auf, ließ sich Tinte und Pergament bringen und schrieb unverzüglich auf lateinisch. Sie diktierte, was als Brief geschrieben werden sollte. Einleitend grüßte sie Eneas, ihren lieben Freund, und sagte, daß sie ihn liebe» (RE. 8775–8783).

*Veldeke:* «Da war das edle Mädchen in ihrer Kemenate allein, in großer Unruhe des Herzens. Sie verriegelte die Tür von innen. Da nahm des mächtigen Königs Kind Tinte und Pergament. Ihre Bedrängnis zwang sie dazu. Wollt Ihr hören, was sie da niederschrieb in schönem Latein? ‹Es entbietet Lavine dem mächtigen Eneas ihre herzliche Ergebenheit, ihm, der ihr mehr gilt als alle andern Männer …›» (10785–97).

Das ist einfühlend und realistisch gemeint. Aber die Grundlage dieser Einfühlung ist eine antike Liebesgeschichte, die nach *Chrestiens* Worten heute keinen Menschen mehr etwas angeht. Dieser Realismus ruht auf einer abstrakten Grundlage. Aus dem fiktiven literarischen Schema oder Inhalt entsteht eine real-verbindliche Verhaltensnorm. Ritterlich-höfische Sitte, die im Westen bereits in ihren, auch literarischen, Äußerungsformen zum Problem geworden war, wird hier im Osten als fremde und modische Norm ernsthaft erfüllt. Es liegt wohl auf dieser Linie, wenn *Heinrich von Veldeke* die feodalen Beratungsszenen seines Vorbilds ausführlicher ins Ritterlich-Gleichzeitige übersetzt (vgl. RE. 61–77 und Ve. 67–104; RE. 2228–2245 und Ve. 2653–2686).

Wie *Veldeke* bestrebt ist, die Literatur mit seiner Realität zu verknüpfen, zeigt schließlich sein Verfahren bei Helden- und Königsregister. Was in seiner westlichen Vorlage weit voneinander entfernt an zwei Stellen steht (RE. 2937–2968 und 10148–10156), faßt er zu einem großen genealogischen Katalog zusammen (Ve. 13359–13420), der den weltgeschichtlichen Bogen von den Trojanern bis hin zum Friedensreich des

*Augustus* spannt, unter welchem Christus geboren wurde. Hier erscheint *Augustus* als das Bild des rechten Kaisers, unter dem «vele wale wâren behût weduwen ende weisen vore unrechter vreisen» (13 406 ff.). Das ist zugleich eine imperiale Gegenwartsperspektive. Das Grab des jugendlichen Helden Pallas «wurde dort gefunden. Das ereignete sich, als Kaiser *Friedrich,* wie noch vielen erinnerlich, in Rom gekrönt wurde bei seinem ersten Italienzug, der ihn und manch gerüsteten Ritter über die Alpen ins Lombardenland führte» (8376–8383) – so heißt es an einer anderen, in ihrer Echtheit nicht ganz gesicherten Stelle, welche doch die Tendenz des Dichters richtig ausdrückt.

## Deutscher Tristan-Roman

Es ist kein dummer Zufall, wenn *Veldeke* mit seinem literarischen Musterbuch zugleich ein Werk in Deutschland bekannt macht, das im Westen aus der Mode war. Der Fall liegt parallel zum deutschen Rolandslied. In beiden Werken geht die Tendenz dahin, die Wirklichkeit unter die Formen vorgeprägter Vorstellungsbilder zu subsumieren – wie beim «clipeus militaris», möchte man sagen (s. u. S. 571 f.). Vermutlich war es das Pedantisch-Gediegene im normativen Anspruch seines Werks, das *Veldeke* in deutschen Literatenkreisen den Ruhm eines Gründerheros sicherte, den *Gotfrid von Straßburg* gerüchtweise bezeugte. Demgegenüber mochte der skeptische Realismus des fragmentarischen ‹Graf-Rudolf›-Romans (vgl. ob. S. 478 ff.) so wenig Aussichten gehabt haben wie die frühhöfische Straßburger Fassung des ‹Alexander›, trotz des nunmehr (verständlicherweise) darin thematisierten Vanitas-Gedankens (vgl. oben S. 329 ff.). Auch der vielleicht vor *Veldeke* entstandene erste deutsche Tristan-Roman hatte aus verschiedenen Gründen keine Chance, als Dichtung klassischen Anspruchs ernstgenommen zu werden.

Dabei läßt sein Dichter *Eilhart* vorbildgebende Lehrhaftigkeit keineswegs aus:

«Wohlan, Jünglinge, trachtet nach edler Tat und meidet das Böse. Wer Gott von Herzen liebt und nach Ansehn in dieser Welt strebt, dem wirds nie übel ergehn. Auch kann der sehr wohl gewinnen, wessen er bedarf. Heil ihm, daß er geboren ward, der tüchtig ist und treu, der Klugheit und Gesittung im Herzen trägt. Der hat (in sich) einen Schatz, aus welchem er Trost schöpfen kann, wenn Mißgunst der Bösen ihn verfolgt. Sie können nicht anders, sie müssen gegen ihn sein. Ihm aber und allen Guten steht Gott der Herr zur Seite ... Das bewies sich auch an Tristrant» (3110–3137).

Nicht ganz ohne Verblüffung sieht man Tristrant mit diesem Idealbild identifiziert werden, denselben Tristrant, dem der fromme Klausner Ugrim im selben Roman sagt, «er solle von der Sünde lassen. Er sagte, er könne vor dem Teufel nicht gerettet werden, wenn er noch länger im Unrechten beharren wolle» (4715–4719). Die Gesellschaftsmoral des Als-Ob ist in ihrer Verbindlichkeit auch nur ‹als ob›, ist relativ und umkehrbar. Wohl unwissentlich hat auch *Eilhart* dies in seiner Tristan-Bearbeitung dargestellt. Manches von ritterlicher Gegenwart ist in sie eingegangen. Diese Dichtung bringt zahlreiche Episoden, in denen Tristrant verkleidet auftritt: als Pilger, als Kaufmann und als Narr. Kraft, Mut, adelige Herkunft und Ritterstolz zerbrechen immer wieder die angenommenen Masken. Unter ihrer Schale erscheint die alte Ritterart. – Der als *Pilger* verkleidete Tristrant erweist seine ritterliche Überlegenheit bei den sportlichen Volksbelustigungen «auf der Wiesen» vor Blankenlande. Man bittet ihn, den Schaft zu werfen, über einen Graben zu springen und den Stein zu stoßen (7766–69). Der graue Pilger tut einen so gewaltigen Wurf, daß alles Volk zusammenläuft, um das Wunder zu sehen (7805). Und als er mit Kraft über den Graben springt, da zerreißt seine graue Pilgerhose und darunter kommt das rote Gewand des Ritters zum Vorschein (7809–13): Der Ritter ist eben dem Pilger überlegen, der wahre Kern des Pilgers ist die ritterliche Kraft unter der grauen Hülle. – Auch hinter dem fremden *Kaufmann Tantris* (1546 ff., 1585) verbirgt sich schließlich die Heldenart des Ritters Tristrant, welcher den irischen Drachen besiegt.

Als der Königssohn Tristrant an den Hof des Königs Marke kommt, gönnt er es niemandem, daß er «sîn geslehte wiste» (285), d. h. daß er von seiner adeligen Herkunft erführe. Erst als sich seine Vortrefflichkeit erwiesen hat, enthüllt er seine edle Abstammung, welche die wahre Quelle des ritterlichen Wertes ist:

> merket rechte wer ich sî:
> sie was von adele wol vrî
> Blankeflûr die mûtir mîn.
> mîn vater heizzet Rivalîn.
> von Lohenois bin ich geborn
> und bin Markes swestir son  (631–636).

Hier wird adelige Herkunft durch Leistung legitimiert. Durch die Reform des deutschen Lehnsrechtes um 1180 dagegen wird die adelige Geburt zum Rechtstitel werden. Verschiedene Ränge von Adeligen formieren sich zu geschlossenen Gruppen: Reichsfürsten, Grafen, Freiherren, Dienstmannen. Immer weniger Leistung und immer mehr Geburt bestimmt die Stellung in dieser Hierarchie. Es möchte wohl auch bedacht sein, daß der aus Hildesheimer Dienstmannengeschlecht stammende und im Niederrheinischen dichtende *Eilhart von Oberge* wie die meisten Ritterdichter zum untersten Adel, aber eben doch noch zum Adel gehört. Gerade diese Schicht ist geneigt, adelige Werte überzukompensieren. Die Verachtung des Geldes – und seine Bewunderung – drücken auch aus, daß es den Verächtern an Geld und Münze fehlt, was sogar *Marie de France* (vgl.

ob. S. 535) zu bemerken wußte. Die Feodalen haben Grundbesitz, haben Kühe und Getreide. Statt Geld (und statt hohem Adel) zählt für sie – so wird behauptet – der innere Wert. Die Überlegenheit des Ritters ist eine wesentlich unsichtbare, die nur im Roman in altertümlicher Rittertat sichtbar wird (vgl. auch *Hauser*). Der als *Narr* verkleidete Tristrant nimmt sich an einer Stelle die Freiheit, die Überzeugung von seinem inneren Wert ganz unverblümt auszusprechen:

> «Ich allein bin klüger als ihr alle, ob Euch das nun paßt oder nicht. Ihr seid Neider und leidet darunter, daß ich so überaus fähig bin» (8856–61).

Aber auch von der Art des ‹Graf Rudolf›-Epos ist manches in *Eilharts* Dichtung, realistisch Gesehenes, das auch desillusionierend wirkt. Die alte Heldenzeit ist vorbei. Das mag etwa deutlich werden an einer Bemerkung wie: früher seien die Burgen nicht so gut heizbar gewesen wie heutzutage (5285 ff.). Einem belagerten König kommen nicht mehr 20 000 oder 200 000 Ritter zu Hilfe, sondern 200, eine Zahlenangabe, die den wirklichen Verhältnissen gerecht sein dürfte.

1173 wird das von *Nur-ed-Din* belagerte Kerak (Krak de Moab) durch eine Vorhut von 200 Rittern unter dem Befehl *Humfrieds III.* von Toron entsetzt, allerdings kommen zu den Rittern noch nichtritterliche Hilfstruppen und Fußsoldaten (*Runciman*).

Gar manche Kampfeswunde erwirbt Tristrant in alter Heldenweise. Aber seine Verletzung Vers 8617 ist zweifellos ebenso modern wie unepisch: Weil er keinen Helm aufsetzen wollte, verletzt ihn ein schwerer Stein, den er bei einer Belagerung an den Kopf bekommt. Unvorsichtigkeit, nicht Mut bringt ihn an den Rand des Heldentodes. – Auch die Romantik des Waldlebens von Tristrant und Isalde leidet ein wenig durch den nüchternen Blick auf die Wirklichkeit. Das ewige Wild- und Kräuteressen wird den Liebenden über, widersteht ihnen (4700 f.). Und gewiß entspricht es einer erfahrenen Wirklichkeit, wenn auch der König und die Königin in einer belagerten Stadt tagaus tagein nichts als Bohnen zu essen bekommen (5655).

Dargestellt findet sich hier auch das neue Verhältnis zum Geld. Den alten Ritter- und Heldenlohn in Form von Goldringen aus den Chansons de Geste (vgl. oben S. 423) verspricht Isalde nur noch ironisch den Vöglein im Walde: 12 Goldbauge (6614 f.). Knappen und Liebesboten erhalten gute Münze richtigen Geldes als Lohn: 100 Mark (1818) – ein phantastischer Preis, 100 Münzgoldbarren wert – oder realistischer: 100 Schillinge guter Pfennige (7370–7372). Das Verhältnis des Feodalen zum Geld ist, wie gesagt, ambivalent. Einerseits verachtet er es, weil er keins hat, und zieht sich auf seinen inneren Wert zurück. Wer Geld hat, hat deshalb keinen inneren Wert, oder richtiger, wer Geld zu verdienen weiß, hat keinen. So erscheint auch im ‹Tristrant› Gelderwerb als eine Sache der Bösen, wie z.B. Morolt einer ist. Der hält ein «hûrhûs», ein Bordell, in welchem ihm die Frauen «spâte unde frû ... silber und pfenninge» verdienen müssen (440–442). Aber Geld haben ist auf der andern Seite keine Sünde, sondern ein erträumtes Ideal. Deswegen gehört das unsinnige Protzen und Wegschenken, die sogenannte ‹milte›, zu den ritterlichen Grundtugenden. Von daher ist die Freigebigkeit der Königin Isalde zu verstehen, für die oben Beispiele zitiert wurden. Zwielichtig dagegen mutet die Wohlhabenheit Tristrants an in jener Szene, wo er sich als Kaufmann namens Pro verkleidet und als profitreicher Getreidehändler erweist, der Irland aus der Hungersnot hilft (1246 ff.). Da ist er so wohlhabend, daß er für 1000 Mark (d. h. Münzbarren) Kaufwert zu bürgen vermag:

> Tristrant der edle und wîse
> schickete sie in korzin stundin
> dâ sie daz korn vundin
> und hîz in die kîle beladin.
> an dem koufe stunt he in vor schaden
> wol mit tûsent marken (1278 ff.).

Wie sehr sich die Welt verändert hat, das zeigt sich schließlich auch an der Wichtigkeit eines Spezialberufes wie dem des Schlossers. Als Kehenis, der Schwager Tristrants, einen Nachschlüssel zum Gemach einer Geliebten anfertigen lassen möchte, kann das keiner. Aber Tristrant hat einen guten Spezialisten an der Hand. Der jedoch besitzt zwar die Fähigkeit, aber zunächst einmal seine Berufsehre. Der Schlosser lächelt und fragt: «Herr Ritter, wollt Ihr etwa stehlen? Mit Hehlerei helf ich Euch nicht und mach Euch keinen Schlüssel» (8121 ff.).

Auf der einen Seite zeichnet *Eilhart* die innere Vortrefflichkeit des Ritters unter aller Verkleidung, auf der andern Seite die etwas desillusionierenden Verhältnisse der aktuellen Wirklichkeit. Nicht der Dichter, sondern die Zeit selbst findet einen Modus, nicht der Synthese, sondern des Kompromisses.

Die Tristan-Fassung, die *Eilhart* bietet, ist die ausführlichste der sogen. ‹version commune›, der auch *Bérol* nahesteht. Vollständig ist *Eilharts* ‹Tristrant› in späten Handschriften und Bearbeitungen, bruchstückhaft ist er in alten Fragmenten erhalten. Er wird am Anfang der 1170er Jahre entstanden sein.

*Eilharts* ‹Tristrant› und *Veldekes* ‹Eneide› weisen Beziehungen auf. Wir meinen, daß *Eilharts* Werk mit dem modernen Stoff aber mit unvollkommenen Reimen älter ist als dasjenige *Veldekes* mit vollkommenen Reimen aber altmodischem Stoff, welches ca. 1170–1184 entstand.

Sowohl *Bérol* als auch *Thomas* (vgl. S. 437 ff. und S. 515 ff.) und *Eilhart* berufen sich auf eine Quelle, die man als ‹Estoire›, d. h. Geschichte von Tristan zu bezeichnen pflegt. Die Beziehung unserer Werke dazu werden etwa so vorgestellt (vgl. *Weber*):

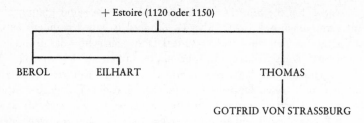

+ Estoire (1120 oder 1150)

BEROL        EILHART              THOMAS

GOTFRID VON STRASSBURG

Der Tristan-Stoff ist im Mittelalter 15mal bearbeitet worden. Die Beziehungen aller Fassungen zueinander haben namentlich *Bédier*, G. *Schoepperle* und *Mergell* untersucht, um eines Ur-Tristan willen, wie ihn *Bédier* dann auch neu gedichtet hat. Deutlich gemacht wird dabei zugleich ein mythisch-psychologischer Kern, wie er sich ähnlich im ‹Lanval› der *Marie de France,* aber auch im ‹Yvain› des *Chrestien* und anderswo erkennen läßt. Im keltischen Jenseits, auf der glückseligen Insel Avalun, lebt eine Fee. Sie liebt einen Sterblichen. Durch Boten und Zauber weiß sie ihn so an sich zu fesseln, daß ihm die diesseitige Welt nichts mehr bedeutet. Weil der Sterbliche *sie* liebt, kann er keine andre Frau lieben. Schließlich holt ihn die Fee übers Meer ins Jenseits. Die Bindung an die Fee war die an eine Mutterimago. Ihr verdankt der Held Leben und Männlichkeit.

Im Tristan-Stoff ist die Fee die zauberkundige Königstochter Isolt mit den blonden Haaren, die jenseits des Meeres auf der Insel wohnt, welche hier Irland heißt. Der Bote dieser Fee ist der schwarze Morolt. Er bringt Tristan jene Wunde bei, welche ihn zu Isolt führt.

Aber, was als uralt-keltisch erscheint, schmeckt doch zugleich nach *Jung*schem Archetypus und die Begeisterung dafür nach ‹Psychosynthese› und Regression in die Kollektivseele, wozu dann durchaus *Bloch* zu vergleichen wäre. Magie-Minne-Gehalt eines vital-undifferenzierten Menschen wird seit *F. Ranke* (1925) der sogenannte ‹Estoire I› zugeschrieben, in ‹Estoire II› sei er dann einer ritterlich-höfischen, historischen Problematik angeformt (vgl. auch *Ruh*). Inhalt und Aufbau des *Eilhart*schen ‹Tristrant› zeigen die Formung des Stoffs durch die historische Situation um 1170 und geben ein relativ vollständiges Bild vom Grundriß der Sage.

*Tristrant,* Sohn des Königs Rîvalîn (75) von Lohnois und der früh verstorbenen Blankeflûr (92), kommt als Jüngling an den Hof seines Mutterbruders König Marke von Kornevâles (55). Er kommt in Verkleidung: Der innere Wert, die ritterliche Art des Königssohnes, wird erst zu enthüllen sein. Ohne besondere Beweise seiner Ritterfähigkeiten erbracht zu haben, bittet Tristrant den König Marke um die Ritterweihe. Der lehnt zunächst ab, tut dann aber wunderbarerweise doch, worum ihn der unbekannte Jüngling gebeten hatte. Erst die nun folgende Episode motiviert die auf bloßen Kredit erteilte Ritterweihe nachträglich. Der riesenhafte Môrolt von Irlant (352) fordert von König Marke schimpflichen Tribut.

Durch Zweikampf auf einer Insel (‹Holmgang›) wird Tristrant den Zins auslösen. Er erschlägt Môrolt und befreit das Land. Aber durch das vergiftete Schwert des Gegners hat er eine unheimliche Wunde empfangen. Niemand anders kann sie heilen als *Isalde* von Irlant (950), die Nichte des Erschlagenen. Auf ihre Hilfe ist Tristrant angewiesen.

Wieder ist die Motivierung verschoben, denn: Tristrant wurde Ritter, aber die ritterliche Tat, die das begründete, geschah nachträglich. Tristrant bewährte seine Männlichkeit im Kampf, aber diese Bewährung macht ihn nicht zum freien Ritter, der auf eigenen Füßen steht, sondern sie belastet seine Ritterlichkeit mit einer neuen Hypothek. Nur wenn Tristrant gesundet, kann er wirklich der Ritter sein, zu dem er voreilig geweiht wurde. Dazu aber ist er von Isalde abhängig, die ihn erst heilen muß. Im Grunde also ist es die Bewährung seiner Männlichkeit, welche ihn auf die Hilfe der Isalde angewiesen sein läßt. Wiederum verkleidet, zieht also der Todwunde nach Irland. *Weil* er seine Identität verheimlicht und sich *Tantris* nennt, wird er von seiner Wunde geheilt. Durch diese Heilung dankt er sein Leben und die Möglichkeit zur Ritterschaft Isalden, aber das wird bei *Eilhart* im Roman nicht gesagt. Vielmehr erscheint dort eine neue Episode, im welcher Tristrant seine Dankesschuld Irland gegenüber nicht auf wunderbare, sondern auf realistische Weise durch eine Fernhandelsmanipulation abträgt.

Infolge einer unsinnigerweise vom irischen König verhängten Einfuhrsperre bricht in Irland Hungersnot aus. Tristrant gelingt es, in England Getreide einzukaufen und auf irische Schiffe zu verladen. Er selbst kehrt nicht mit zurück, sondern geht geheilt an den Hof des Königs Marke.

Marke erklärt den Neffen und Befreier des Landes zum Thronerben.

Die Irlandfahrt ist zur Episode geworden, die hier ihr Ende hat. Eine neue Episode wird folgen müssen, denn die Wunde, die Tristrant im Kampf empfing, war im Grunde ja eine Liebeswunde, und der Riese Môrolt, der sie dem Helden schlug, war nur der Bote der zauberkundigen Fee. Begründet wird die Fortsetzung jetzt aber durch eine gesellschaftliche Zwangslage des Königs Marke: Tristrants Günstlingsstellung erweckt den Neid der Hofleute. Sie verlangen, König Marke solle eine Frau nehmen. In dieser Verlegenheit hilft ein wunderbares goldenes Haar, das eine Schwalbe in den Königspalast getragen hat. Nur diejenige, der dies Haar gehört, will König Marke heiraten. Tristrant muß ausziehen, die Schöne zu suchen. Er verkleidet sich und seine Begleiter in die Rolle, in die sich Feodale am liebsten verkleiden. Als Kaufleute fahren Tristrant und die Seinen über Meer und kommen schließlich nach Irland. Aber die irische Gesellschaft lehnt alle Fremden ab. Wieder löst eine Wundertat die sozialen Schwierigkeiten: Tristrant besiegt einen Drachen und verdient damit die Hand der Königstochter Isalde. Aber dieser Drachenkampf dient auch dazu, die alte Liebeswunde zu erneuern, von der nur Isalde heilen kann.

Wie im Kampf mit Môrolt, so ist Tristrant im Kampf mit dem Drachen verwundet worden. Der feurige Atem des Untiers hat ihn tödlich verbrannt. Aus dem Kampf ist er nicht zurückgekehrt. An seiner Stelle erscheint beim Irenkönig der böse Truchseß und behauptet, er habe den Drachen getötet. Als Zeichen seines Sieges weist er die Köpfe des Drachen vor – aber diese haben keine Zungen mehr. Isalde wittert Verrat. Sie macht sich auf und findet den von Drachenglut verbrannten Tristrant. Die Zauberkundige heilt ihn zum zweiten Male. Obgleich sie Tristrant jetzt als den Mörder ihres Oheims Môrolt erkennt, tötet sie ihn nicht, denn sonst müßte sie den betrügerischen Truchseß heiraten. Tristrant entlarvt den Nebenbuhler, indem er die fehlenden Drachenzungen vorweist.

Der Held versöhnt sich mit der Sippe des Irenkönigs und erhält die Hand der goldhaarigen Isalde. Von rechts wegen ist derjenige, der seine Wunden nur empfing, um von Isalde geheilt werden zu können, der Gemahl der zauberkundigen Prinzessin, der Fee.

Aber dieses Recht soll nicht zählen. Die Fee wird an die Gesellschaft verraten, denn sie ist jene Goldhaarige, die Tristrant für seinen Oheim und König in der Fremde suchen sollte. Tristrant führt sie heim als Braut für den andern. Da, auf dem Schiff, findet der Rechtsanspruch eine neue Konkretisierung, in jenem Zaubertrank, den Isalde und Marke trinken sollten, um sich lieben zu können. Versehentlich trinken ihn Tristrant und Isalde. Während vier Jahren (4630) – so lange wirkt der Trank – müssen sie nun in Liebe verbunden sein oder sterben. Kaum haben sie den Trank getrunken, da begehen sie die Schuld der Liebe. Aber diese Schuld gehört nicht ihnen, sondern ist Wirkung des Trankes. Ihre Schuld besteht in dem Versehen, den Trank getrunken zu haben. Dieses Versehen aber ist wiederum an die Stelle des Rechtsanspruches getreten, den Tristrant auf Isalde hat. Alle Motive sind von Grund auf verfälscht. Das Wunderbare des Liebestranks heilt nicht und verbirgt nicht, sondern offenbart nur die andere Wunde, von der der zweite Teil handelt: die Verkehrung gesellschaftlicher Moralverhältnisse. – Gleich in der Hochzeitsnacht muß König Marke über die Jungfräulichkeit Isaldens getäuscht werden – im Grunde eine Schwanksituation! Auch alle folgenden Liebeszusammenkünfte zwischen Tristrant und Isalde parodieren nur das Thema vom betrogenen Ehemann, insofern der Liebestrank, d. h. aber eigentlich: das Recht, umgekehrte Vorzeichen schafft. König Markes Verdacht wird mehrfach falsch entkräftet. Schließlich sollen Tristrant und Isalde zum Tode verurteilt werden. Aber beide entkommen und fliehen in den Wald. Dort erleben sie eine Paradies-Kontrafaktur. König Marke findet sie schlafend, das bloße Schwert zwischen sich. Er tauscht dies gegen sein eignes aus (4630 ff.), aber von einem Rücktausch der Ringe wie bei *Bérol* (vgl. ob. S. 518) und damit von dem durch beide Akte erlöschenden Recht des Königs steht bei *Eilhart* nichts. Unmotiviert, aber auch ohne Konsequenzen, erlischt vielmehr nach vier Jahren (4733) die Wirkung des Trankes. Tristrant gibt Isalde an König Marke zurück. Durch falschen Reinigungseid und verfälschtes Gottesurteil rechtfertigt er sich, wird aber trotzdem des Landes verwiesen. Doch auch ohne Zaubertrank bleibt Tristrant der Liebhaber Isaldens. In verschiedenen Verkleidungen sucht er sie auf: als Leproser, als Narr, als Artusritter, als Pilger. Episode reiht sich an Episode. Tristrant befreit den König Havelîn (5532) von seinen aufständischen Vasallen, befreundet sich mit dessen Sohn Kehenis (5569) und erhält die Königstochter zur Frau. Auch sie trägt den Namen Isalde (5687). Aber Tristrant vermag seine Ehe mit ihr nicht wirklich zu vollziehen. Als Kehenis ihm deswegen Vorwürfe macht, beweist ihm Tristrant, daß die Königin Isalde unendlich viel schöner ist als Isalde, die Schwester des Kehenis. Die Goldhaarige ist eben die jenseitige Fee und zugleich die Mutterimago, welche den Mann am Vollziehen seiner Ehe hindert. Nach mehrfachem verkleidetem Wiedersehn mit der blonden Isalde erneuert sich die Macht der Fee durch eine dritte Verwundung.

In einem belanglosen Kampf gegen Nampêtenis (5986 ff.) verletzt den Helden wieder eine vergiftete Waffe. Nur die goldhaarige Isalde kann ihn heilen. Ein Bote holt sie zu Schiff herbei (die Fee muß übers Meer kommen). Das weiße Segel soll dem todwunden Tristrant schon von Ferne verkünden, daß die goldhaarige Isalde an Bord ist. Ein unverkleidetes Zeichen des nahen Glücks! Aber dies wird nun von Menschen böswillig verfälscht. Denn Isalde, die verschmähte Gattin, sagt dem Todwunden lügnerisch, das Schiff führe ein schwarzes Segel, Zeichen, daß Isalde nicht an Bord sei. Da kehrt sich Tristrant zur Wand und stirbt. Isalde kommt zu spät, legt sich neben den toten Geliebten und stirbt ihm nach. Ein Grab vereint beide. Rosenstrauch und Weinrebe, die daraus emporwachsen, umschlingen sich innig. Als König Marke endlich die Geschichte mit dem Liebestrank erfährt, verzeiht er alles und bereut, nicht früher davon gewußt zu haben. Und der Hahnrei fährt übers Meer zum Begräbnis derer, die ihn betrogen. Die höfische Gesellschaft ist aus den Fugen.

Für *Eilhart* ist sie es durchaus nicht.

«Ich hörte sagen, dies sei wahr, daß das Ganze nur die Zauberei des Trankes gewesen ist. Jetzt habe ich alles vollendet, was davon geschrieben steht. Das walte unser heiliger Christ. Amen.»

So schließt sein Gedicht. Es bietet besten Gewissens eine ernsthaft berichtete Wundergeschichte, deren episodische Struktur überdeutlich ist. *Eilhart* versah sie mit Affirmationen ritterlicher Moralität, wie sie zu Eingang dieses Abschnitts (vgl. ob. S. 554) zitiert wurde. Von der Fuchslistigkeit Tristrans (vgl. *Bérol*, oben S. 515) ahnte dem Deutschen wohl nichts, und das So-tun-als-ob wurde ihm nicht zum Problem. «Um die Schande zu beseitigen und das Böse zu verhüllen, muß man einige schöne Lügen ersinnen», hatte *Bérol* (2353 f.) seinen Klausner sagen lassen. Das war dort die gesellschaftlich-praktische Konsequenz der Absolution, die der Klausner auf bezeugte Reue hin geistlich gespendet hatte. *Eilhart* läßt es sich mit der Reue genügen (4755 ff.). Die ‹schöne Lüge› hat er vermutlich für vollauf gerechtfertigt gehalten, den zu erweckenden Schein für vorbildlich-modisches Verhalten.

## Deutscher und französischer Artusroman gegen 1180

Noch vor 1185 wird der junge *Hartman von Aue* in seiner deutschen Versnachdichtung von *Chrestiens* ‹Erec› viktorianische Heuchelei für durchaus ehrenwert halten, wenn er von dem verarmten Grafen Koralus und seiner Frau, den Eltern der Enite, sagt:

«Wo es ihnen an Vermögen fehlte, verbargen sie ihre Not unter Anstand und Lauterkeit so gut sie konnten, so daß man es nicht merkte. Daß schließlich bei ihnen vollständiger Mangel herrschte, das wußte kaum jemand» (417–423).

Dieser mittelhochdeutsche ‹Erec› freilich, der erste Artus-Roman westlich des Rheins, ist unendlich viel eleganter als *Veldekes* Mustermonument, zu dem es in übermütige Konkurrenz zu treten scheint. Das Verhältnis zur Tradition und zum Problem der literarischen Fiktion läßt sich vielleicht an der Handhabung einer traditionellen Form der Descriptio ablesen.

Gegen Ende seines Romans gibt *Hartman* die ausführliche Beschreibung eines Wunderpferdes, die 477 Verse lang ist (7290–7766). Zuerst beschreibt er da den Körper des Pferdes, das ‹geschaft›, dann das Sattelzeug. Als der Sattel selbst an die Reihe kommt, verzweifelt er zünftig im Unsagbarkeitstopos: Er sei halt ein unerfahrener Knappe. Er könne das nicht. Doch nach einem bemerkenswerten Zwischenspiel liefert er die meisterhafte Descriptio schließlich dennoch selbst. Uns interessiert hier die Unsagbarkeitserklärung und das auf sie folgende Zwischenspiel.

«Wenn es nicht unbeliebt wäre und etwas peinlich, von einem Pferd so viel zu sprechen – ich werde es auch gleich sein lassen – (doch es folgen noch 311 Verse Beschreibung!), dann könnte ich Wunderdinge von diesem Pferd sagen. Aber nun will ich doch lieber aufhören mit meinem Pferdelob. Man mag reden, was man will, und die Leute mögen noch so viel erzählen und ihre Meinung zum besten geben, es kam eben kurz und gut noch nie ein besseres Pferd in die Hand eines Menschen. Aber wozu noch lange Descriptio? Wie Chrestien berichtet, wurde auf dieses Pferd ein Damensattel gelegt, auf dessen Verfertigung viel meisterhaftes Kunstgeschick gewendet worden war. Der Künstler des Sattels, der werkgeschickteste Mensch, der je einen Sattel machte, hatte gar manchen Tag daran gearbeitet: ein gewisser Meister Umbrîz. Der hatte all sein Können, man höre, vireinhalb Jahre darauf konzentriert, bis er den Sattel seinen Vorstellungen entsprechend vollendet hatte. Ihnen, verehrte Leser, einen angemessenen Eindruck von diesem Reitzeug zu vermitteln, ist mir unerfahrenem Knappen allzu schwierig. Und selbst, wenn ich tatsächlich fähig wäre, Ihnen das Ding angemessen darzustellen, mit einem einzigen Mundwerk würde diese Schilderung doch viel zu lang werden. Und last not least ist mir noch etwas hinderlich: Ich habe den Sattel nämlich nie gesehen. Ich weiß davon nur soviel wie mir jener Autor berichtet, dem ich diesen Roman verdanke. Und so will ich denn Ihnen, verehrte Leser,

wenigstens teilweise sagen, wie dieser Sattel war, nach jenem Roman und so kurz
wie möglich.
X.: Einen Augenblick, lieber Hartman! Willst Du mich nicht probieren lassen,
ob ich die Descriptio vielleicht errate? –
H.: Gewiß, sprecht nur los! –
X.: Ich muß erst einen Moment nachdenken. –
H.: Aber bitte fix, ich hab es eilig! –
X.: Hältst Du mich denn für gebildet? –
H.: Na sicher! Aber, um Gottes willen, so fangt doch an! –
X.: Ich werde Dir also die Descriptio aufsagen! –
H.: Das übrige bitte ich Euch zu verschweigen! –
X.: Jener Sattel war aus bestem Hainbuchenholz ... –
H.: Ja, woraus denn wohl sonst? –
X.: Mit strahlendem Gold verkleidet ... –
H.: Wer konnte es Euch besser sagen?
X.: Ordentlich fest gefugt ... –
H.: Da habt Ihrs freilich getroffen! –
X.: Eine scharlachrote Satteldecke. –
H.: Da möcht ich wohl lachen! –
X.: Seht Ihr! Ich kann doch ganz gut raten! –
H.: Ja, ja! Ihr seid ein ausgekochter Meteorolog! –
X.: Du sprichst gerade so, als ob Du Dich lustig machen wolltest! –
H.: Ich? Um des Himmels willen! –
X.: Du schmunzelst aber! –
H.: Ich lächle halt immer (Das ist so meine Art und besagt nichts)! –
X.: Hab ichs also richtig getroffen? –
H.: Ja, wo sie alle hintreffen! –
X.: Sollte ich etwas ausgelassen haben? –
H.: Ihr wißt wohl heut nicht recht, was Ihr da sagt! –
X.: Nicht wahr? Ich hab also doch das Richtige? –
H.: Nicht ums Haar! –
X.: Hätt ich etwa gelogen? –
H.: Keineswegs. Nur hat Euch Eure Naivität einen Streich gespielt. Erlaubt
mir, daß ich die Descriptio selber mache!» (7450–7525).

Und dann folgt *Hartmans* eigene Prunkrede. Dieser Stil, der die Kunst
in der Kunst spiegelt und mit dem erkannten Fiktionscharakter der literarischen Genera spielt, scheint der von *Chrestiens* ‹Cligès›, nicht mehr der
ältere von ‹Erec et Enide› zu sein (vgl. ob. S. 445 ff. und 498 ff.). *Hartman*
schreibt modern. Wir werden seinen ‹Erec› nicht zu naiv lesen dürfen.
Aber er verhält sich in seiner Handhabung literarischer Genera dicendi
wohl zugleich auch zu *Heinrich von Veldeke*. Das Urbild aller höfischen
Pferdeporträts ist anscheinend das Pferd der Camille aus dem ‹Roman
d'Eneas› (4049–4084).

Beschrieben wird dort zuerst der *Körper* des Pferdes in der Ordnung 1. Kopf,
2. Mähne, 3. Ohr, 4. Hals, 5. Schulter, 6. Vorderfüße, 7. Flanken, 8. Kruppe,
9. Rücken, 10. Hinterhand, 11. Fesseln, 12. Schwanz, 13. Hufe. Dann folgt das
*Sattelzeug:* 1. Zaum, 2. Zügel, 3. Sattel, 4. Sattelbogen, 5. Decke, 6. Darmgurt,
7. Gegengurt, 8. Estric, 9. Brustgurt.

Das ist schon eine ermüdende Angelegenheit, obschon das Pferd völlig bunt ist: weiß, schwarz, fuchsrot, ja: grün sind die einzelnen Körperteile. *Chrestien* hat für sein Wunderpferd aus dem ‹Erec› (5268–5313) auf das bunte Pferd aus dem ‹Roman d'Eneas› zurückgegriffen. Aber seine Descriptio ist von etwas lustloser Kürze: Farbverteilung, Halsgurt, Brustgurt, Sattel, Decke, Sattelbogen. Den Körper des Pferdes selbst hat *Chrestien* gar nicht beschrieben. Dafür aber trägt der Sattelbogen eine Darstellung des Eneas-Romans in Elfenbein, eine Arbeit, die 8 Jahre in Anspruch genommen haben soll. *Chrestien* distanziert sich also von der starren älteren Tradition. *Marie de France* hatte im ‹Lanval› nicht nur die Reihenfolge Person – Pferd, sondern auch die der Körperteile umgekehrt und sich dabei anscheinend zugleich auf ‹Eneas› und auf ‹Erec› bezogen (vgl. ob. S. 532). Ganz anders *Heinrich von Veldeke* in seiner ‹Eneide›. Dort ist die Ordnung nur leicht verändert, die Ausführlichkeit nur wenig gemildert.

(Ve. 5241–5292). Zuerst wieder der Körper: 1. Linkes Ohr, 2. Mähne, 3. rechtes Ohr, 4. Hals, 5. Kopf, 6. Beine, 7. Flanken, 8. Kruppe, 9. Schwanz, 10. (das ist neu:) die Gangart.

Beim Sattelzeug erwähnt der limburgische Ritter *Veldeke* nur: 1. Sattel, 2. Sattelbogen, 3. Darmgurt, 4. Gegengurt, 5. Brustgurt. Auch bei ihm ist das Pferd völlig bunt.

Die oben zitierte Beschreibung *Hartmans* geht ihrer Anlage nach über *Chrestien* hinaus. Die Abfolge der Körperteile zeigt, daß *Veldeke* Vorbild war. Es zeigt sich aber zugleich, daß *Hartman Veldekes* Descriptio parodiert. Wie bei *Chrestien* sind auf dem Sattelzeug nicht nur der ganze Eneas-Roman, sondern auch noch die Geschichte von Pyramus und Thisbe, die 4 Elemente und manches andre dargestellt. Nun hat aber *Hartman* noch weiter vorn im ‹Erec› ein erstes Pferdeporträt gegeben, welches sein Verhältnis zu *Veldeke*, wie mir scheint, besonders beleuchtet. *Chrestien* hat an dieser Stelle gar keine rhetorische Entsprechung. In seinem Roman ist die Descriptio völlig im Gespräch der verschiedenen Personen aufgegangen. Nur, daß dies Pferd Enites ein Apfelschimmel ist und einen weichen Gang hat, erfahren wir (1367–1382). *Hartman* hingegen wird (1426–1453) ausdrücklicher. Er beginnt unkonventionell mit Größe und Farbe und bringt dann in der Reihenfolge *Veldekes*: Mähne, Kopf, Flanken, Kruppe, Fesseln, Gangart. Er hat stark gekürzt und kürzt beim Reitzeug noch stärker, ja, er bricht auf etwas seltsame Weise ab:

«Der Sattel paßte genau zum Pferd: das Zaumzeug, natürlich, von rotem Gold! Aber wozu umständlich beschreiben, wie das gefertigt war? Davon muß ich Ihnen, verehrte Leser, ziemlich viel (d.h.: alles) vorenthalten; denn wenn ich das alles dartun wollte, würde mein Roman zu lang. Ich will also dies Pferdelobporträt für Sie mit diesen kurzen Worten enden: Die Darmgurte waren von Brokat!» («die darmgürtel wâren borten»; Erec 1442–1453).

Aha – muß man sagen, das ist allerdings beträchtlich! Aber das ist es gar nicht. Für eine normale Sattelbeschreibung ist das ganz gewöhnlich. Außerdem klingt *Hartmans* letzter Satz «die darmgürtel wâren borten»

an einen Satz aus Veldekes Descriptio an: «di darmgurdele waren sidin
... dat waren dure borten» (5280 u. 5284). Bei *Veldeke* aber bricht die
Beschreibung mit diesem Satz nicht ab, sondern geht weiter. Es sieht sehr
so aus, als ob sich *Hartman* hier über *Veldekes* kleinliche Umständlichkeit
lustig macht.

Und dennoch hat auch *Hartman* mit *Veldeke* einiges gemeinsam, eine
Tendenz zur psychologischen Glaubhaftmachung der Fiktion.

Der junge Königssohn und Artusritter Erec, nur mit einem schicken
Jagdgewand angetan, ist auf der Heide von einem Zwerg tödlich beleidigt
worden, der sich in Begleitung eines vollgerüsteten Ritters befindet. Erec
muß sich rächen. Aber er hat weder Waffen noch Rüstung bei sich; die
hat er auf der Burg gelassen. Und hier nun schreibt *Hartman:*

«Inzwischen überlegte der junge Edelmann: das sei für ihn zu weit, wenn er
jetzt erst noch dorthin und dann wieder zurück reiten wolle, wo er seine Rüstung
gelassen hatte; und außerdem könne er sie so geschwind gar nicht anlegen; und,
wie schnell er auch zurückkäme, daß ihm die Zwergengesellschaft dann längst
davongeritten sei – und eilte ihnen also ungerüstet nach» (150–159).

Das ist eine geniale Zwischenform zwischen Monolog und erzählter Psychologie. Die Hast der immer weiter eilenden Sätze, die erst im Entschluß
endlich Ruhe finden, ist zugleich Sprachausdruck des Dichters und See-
lenspiegel des Helden. Erkennbar wird hier ein Stilzug, der für den ganzen
‹Erec› charakteristisch scheint: zwischen dem Seelenleben des Helden, der
gern umfängliche, moralisierende Reden in langatmig (-unde, wan, ouch-)
geknüpften Sätzen hält, und dem seines Erzählers verschwimmt die
Grenze. Der Autor identifiziert sich mit seinem Märchenritter.

Diese Identifikation scheint auch die Komposition des Ganzen zu beherrschen, das eine kurze Analyse des ersten Teils stellvertretend beleuchten mag. Dabei tritt zugleich die mehr episodische Feinstruktur bei *Chrestien* (vgl. ob. S. 447) hervor.

Bei *Chrestien* ist der Zielpunkt aller erzählten Handlungen immer wieder der
Artushof.

Die Erzählung beginnt ohne den Helden, mit einem Bericht über den Aufbruch
des Artushofes zur Jagd auf den weißen Hirsch. Dann springt sie auf Erec über
und berichtet seine seltsame und entehrende Begegnung auf der Heide. Dann
schwenkt sie zurück zur Artusgesellschaft, welche von der Jagd heimkehrt. Hier
ist ein erster Schlußpunkt.

Danach wendet sich der Autor wieder Erec zu, wie er die Beleidiger verfolgt
und besiegt. Sie werden zum Artushof als Geiseln geschickt und die Erzählung
kehrt mit ihnen dorthin zurück. Hier ist ein zweiter Schlußpunkt erreicht.

Wieder springt die Handlung über zu Erec, der am Ort seines Sieges geblieben
ist, wo er die wunderschöne Enite erwirbt. Mit ihr zusammen zieht dann auch
der Held zum Artushof. Mit diesem dritten Schlußpunkt endet der erste Teil,
«ici fenist li premiers vers» (1796), wie *Chrestien* sagt.

*Hartman* dagegen kann sich vom Schicksal seines Helden zunächst nicht lösen.
Er erzählt in einem Zuge von Erecs Begegnung und seinem Sieg. Der Artushof
ist einstweilen vergessen.

Erst als der Besiegte dorthin gesandt wird, kehrt auch der Erzähler kurz dorthin zurück, aber nur um die Sorge um den Helden zu berichten, die dort herrscht, und um das allgemeine Entzücken bei Hofe zu berichten, als man dort Erecs Ruhmestat erfährt. Die Hofgesellschaft ist hier nur ein vielfältiger Spiegel, welcher immer wieder das Bild des Helden Erec reflektiert. Nicht sie, sondern Erec ist das Ziel der Handlung; nicht ihre Sitte, sondern sein Verhalten.

Das dritte Teilstück berichtet Erecs Siegesfest am fremden Ort und die triumphale Heimkehr des Helden, dem in *Hartmans* Roman der ganze Artushof entgegengeritten kommt – während er bei *Chrestien* (1497–1521) nur an den Burgfenstern stehenbleibt und nach ihm Ausschau hält.

Der französische Roman ist auf den Hof, der deutsche auf den Helden zentriert. Dessen Psychologie und Moralität treten deutlich, fast peinlich hervor. Durch dieses Verfahren aber hat sich bei *Hartman* die Distanz des Erzählers zum Erzählten – verglichen mit *Chrestien* – verringert. Die Märchenwelt der ritterlichen Artusfiktion wird durch die weitgehende Identifikation von Held und Erzähler in eine psychologisch-moralische Wirklichkeit verwandelt, in ein als Vorbild verbindliches Ritterideal, mit dem die so ganz anders geartete, unideale Wirklichkeit zunächst einmal ausgeklammert oder abgedeckt wird. *Hartman* könnte sich darüber durchaus im Klaren gewesen sein. Sein Pferdeporträt und anderes zeigt, wie er die Situation seiner Gesellschaft, die in dem ihn duzenden Herrn aus dem Publikum verkörpert ist, und wie er die Situation seiner Kunst einschätzt. Dazu hat ihm seine Kenntnis der modernen französischen Romanliteratur verholfen. Wir denken, daß er in den ausgehenden 1170er Jahren französisch gelernt und das heißt: daß er sich im französischen Sprachgebiet aufgehalten hat. Wie der rheinfränkische Diplomat und Minnesänger *Friedrich von Hausen* mag sich auch der schwäbische Ministeriale *Hartman von Aue* etwa im Hennegau aufgehalten haben. Von dorther bringt er genaue Namen in seinem ‹Gregorius›, mit dieser Landschaft verbanden verwandtschaftliche und erbschaftsrechtliche Beziehungen den schwäbisch-alemannischen Titularherzog *Bertholt von Zähringen*, in dem man (mit *Ruh*) am ehesten *Hartmans* Mäzen vermuten wird (vgl. unten S. 621f.). Nicht nur den ‹Cligès› hätte *Hartman* damals dort kennengelernt, sondern auch schon *Chrestiens* ‹Lancelot›, den ‹Chevalier de la Charette› (‹Karrenritter›). Die Spielmetapher beim Schwertkampf seines Erec mit Ydêr (940ff.) hat ihr Vorbild nicht im Erec-Roman *Chrestiens* (vgl. dort 968ff.) von 1165/70, sondern im ‹Lancelot› (2702ff.), an dem *Chrestien* zwischen 1176 und 1181 gleichzeitig mit seinem Löwenritter-Roman ‹Yvain› gearbeitet hat *(Frappier)*. Gerade an diesen beiden Werken, auf die hier nur ein kurzer Blick fallen soll, beweist sich wieder, wie sehr die Größe des Meisters von Troyes eine Größe ‹auf Messers Schneide› ist.

Im ‹Lancelot› ist das Gericht über den Artushof initiales Thema. Ein unritterlicher Ritter, Meleagant, ist vor dem König erschienen, hat die

Königin Guenievre vor aller Augen mit sich fortgeführt und hat den mutigsten der Paladine zum Zweikampf gefordert, der allein die Königin retten könnte. Der Seneschalk und Sittenwächter Keu, der für die Königin eintreten wollte, ist ohne viel Federlesens besiegt worden. Lancelot vom See und Gauvin mit den feinen Manieren nehmen die Verfolgung auf. Aber Gauvin ist nicht in der Lage, sein angelerntes gutes Benehmen zu überwinden. Er wird scheitern. Der Held Lancelot muß auf den Schandkarren steigen, um die Königin retten zu können, muß in der Lage sein, seine formalisierte ritterliche Ehre abzulegen. Und weil er nur so lange zögert wie man braucht, um zwei Schritte zu tun, wird er schwere Strafe zu erdulden haben (362ff. *Foerster*). Der Held gelangt an einen Punkt, wo er selbst nicht mehr weiß, «ob er existiert oder ob er nicht mehr existiert» (716 *Roques*), und der Weg führt in das Königreich von Gorre, «von wo keiner zurückkehrt» (641 und 1906 *Roques*). All dies sind bedeutsame Zeichen. Das einst mythische Jenseits ist ein Reich des gesellschaftlichen Schweigens. Der Kern des wortreichen, höfischen Zeremoniells ist die Wortlosigkeit von Toten. Vor den Augen des Lesers entsteht ein seltsamer, pessimistisch und distant anmutender Symbolismus. Da ist die geheimnisvolle Grabschrift für die noch lebenden Helden (1865–1909 *Roques*), da ist das Wort der Königin Guenievre: «Lieber leben und leiden die Schläge (des Schicksals), als sterben und ewig ruhn» (4243f. *Roques*) – auch die merkwürdige Anrufung: «(Begnadigt mich, ich bitte Euch,) im Namen jenes Gottes, der da ist Sohn und Vater und der zu seiner Mutter machte, die da war seine Tochter und seine Magd» (2821–2823 *Roques*). Die Distanz zum Erzählten scheint sich gegenüber dem ‹Cligès› noch vergrößert zu haben. Es gibt hier einen Standort, von dem aus der Erzähler vorgibt, nicht mehr genau zu sehen, was seine Gestalten tun:

«Ans Nebenfenster war das Hoffräulein getreten, und dort hatte ihr etwas zugeflüstert Herr Gauvin, gar heimlich, ziemlich lange. Was, weiß ich nicht» (544–548 *Roques*).

Aber die unendliche Liebe zur Königin Guenievre läßt Lancelot über die schneidende Schwertbrücke nach Gorre gelangen. Er wird sie freikämpfen, und Lancelot wie die Artuskönigin werden sich in höfischem Liebesschmerz umeinander an den Rand des Selbstmords bringen. Schließlich gewährt ihm die unendlich hohe Frau ein nächtliches Gespräch an ihrem vergitterten Fenster. Als dann die Königin auf die in berichtetem Dialog (4592ff. *Roques*) erwogene Frage hin die volle Umarmung Lancelots erwünscht, hat er die Kraft, das Gittereisen auseinander zu biegen und ins Zimmer zu gelangen, wo der verwundete Sittenwächter Keu schläft. Und beide, die Artuskönigin Guenievre und der Artusritter Lancelot, genießen jene Liebe, die ihrem Wesen nach in distanter Ferne bleiben sollte. Im Morgengrauen kehrt Lancelot in seine Herberge zurück, nachdem er das

Eisengitter wieder zusammengebogen, die Unberührtheit der Herrin durch den Vasallen wieder hergestellt hat. Nur die Blutstropfen, die seinem vom Gitter zerschnittenen Finger entquollen, hinterließen eine Spur auf dem weißen Linnen der Gemahlin des Artus. Auch die Wunden des Seneschalks Keu haben die Nacht geblutet. Er wird von Meleagant, der Guenievre vergeblich entführte, des schändlichen Verkehrs mit der Artuskönigin beschuldigt. Im gottesgerichtlichen Zweikampf vor dem Artushof will Lancelot die Falschheit dieser Beschuldigung beweisen. Königin und Keu kehren aus Gorre an den Artushof zurück. Lancelot wird von Meleagant heimtückisch gefangen. Und dann kommt die Stelle des Bruchs selbst, noch vor der Lügen-Rechtfertigung. *Chrestien* bricht seinen Roman ab. Er läßt seinen Helden in den Händen des Bösen, läßt ihn eingemauert in einem Turm. Und er bittet einen Kollegen, den Clerc *Godefroiz de Leigni*, das Werk zuende zu schreiben, und der tut es (etwa 6146 ff., vgl. 7098–7112 *Roques).* Gerade noch zur rechten Zeit kann Lancelot zum Gottesgericht gegen Meleagant befreit werden. Er tötet den Bösen. Die unhöfische Liebe von Keu und der Königin Guenievre ist als Lüge erwiesen, aber die von Guenievre und Lancelot geteilte Liebe wurde nie Gegenstand öffentlichen Meinens. *Chrestien* hat hier die Tristan-Problematik berichtigt, ohne Liebestrank, mit Kontrafaktur der Blutspurszene (vgl. ob. S. 517) und des Gottesgerichts, wo an die Stelle des lügnerisch-irreführenden Eides die irregeführte Anschuldigung tritt. Die genossene verbotene Liebe ist in Diskretion versunken. Die wiederhergestellte Ehre des Artushofes ist ein Gewebe aus falschem Schein und wahrer Verschwiegenheit, die Reintegration ist eine in die Welt humaner Lüge:

> «Aller Freuden erlesenste und aller Freuden aufs höchste genossene war jene, welche der Bericht uns verschweigt und verhehlt» (4682–4684 *Roques).*

Die Ehre des Hofes und die Möglichkeit höfischer Liebe sind identisch mit der Moral des Als-Ob.

In dem gleichzeitigen ‹Yvain› aber, dem Roman vom Löwenritter, erscheint ein sehr eigenartiges Abenteuer, auf welches hier zum Schluß noch hingewiesen sei. Dort kommt der Held in eine Tuchfabrik, auf einer Burg, auf dem «chastel de Pesme Avanture» (5109); 300 Frauen arbeiten dort hart. Er fragt sie, was dies alles bedeute. Da antworten sie ihm:

> Nie mehr wird es uns gut ergehn ...
> Immerfort Seye-Tuch müssen wir weben,
> Nie werden wir davon besser gekleidet.
> Immer werden wir arm sein und bloß, und
> immerfort Durst und Hunger haben.
> Nie werden wir soviel verdienen können,
> daß wir davon besser und reichlicher essen.
> Brot, das bekommen wir nur
> am Morgen ein wenig und abends fast nichts.

Denn für die Arbeit unserer Hände
wird keiner zum Leben mehr gelassen
als vier Denare aufs Pfund.
Und von dem wenigen können wir nicht
genügend Fleisch und Kleidung bekommen.
Denn wer die Woche lang nur verdient
20 Solidi, ist noch nicht aus der Not.
Und das müßt Ihr wissen, unbedingt,
daß es unter uns die nicht gibt,
die nicht die 20 verdient – oder mehr!
Reich werden könnte ein Herzog davon!
Doch wir hier, wir sind in Armut.
Reich ist geworden von unserm Verdienst
nur der, für den wir uns abarbeiten!
Einen Teil der Nächte müssen wir wachen
und jeden Tag ganz, nur um das zu verdienen,
daß er uns droht, uns die Glieder zu peitschen,
wenn wir uns ausruhn.
Und so wagt denn auch keine zu ruhn (5294–5324).

Man denkt, hier erscheine ein Bild von der Wirklichkeit der flandrischen Tuchindustrie um 1180 (s. Nachweis zu S. 440). Doch in *Chrestiens* Roman sitzen der Herr dieser Burg, seine Gemahlin und ihre bildschöne Tochter in einem Park und lesen einen höfischen Roman («von wem, weiß ich nicht» 5366). Sie sitzen «sor un drap de soie» (5364 *Foerster* = 5358 *Roques)*, wie jene Arbeiterinnen es weben. Sie sind nicht schuld. Zwei Dämone, fils de Netun, sind die Sklavenhalter. Yvain wird sie erschlagen. Dann ist der Zauber gelöst. Alle Arbeiterinnen kehren auf ihre Schlösser zurück, denn sie waren – natürlich – Adelige.

Dürfen wir *Chrestien* für so naiv halten, daß er glaubte, mit einem heldenhaften Schwertstreich sei alles wieder in Ordnung zu bringen? Oder zeigt er hier nicht vielmehr, wie die höfische Harmonie ein schönes Trugbild ist, welches die Probleme der Wirklichkeit letztlich doch nicht löst?

Während der späte *Chrestien* im ‹Perceval› seinen unheimlichen Symbolismus mit einer religiösen Aura umgibt, hat der junge *Hartman von Aue* zunächst einmal für die geglaubte Fiktion, für den edlen Schein optiert, vielleicht in der Hoffnung, die Wirklichkeit möge sich dem anbilden. Die äußere politische Wirklichkeit des Imperiums aber wird sich jetzt mit der Reichsreform *Barbarossas* einer staatsrechtlichen Fiktivität verschreiben.

## POLITISCHE WIRKLICHKEIT UND RITTERLICHE FIKTION

### *Sturz des Löwen. Heerschildordnung*

Im Oktober 1178 hatten auf dem Reichstag zu Speyer die Fürsten Klage erhoben gegen den Sachsen- und Bayernherzog *Heinrich* den Löwen (vgl. oben S. 497). Dort vor dem Kaiser *Friedrich I. Barbarossa* klagten vor allem der Kölner Erzbischof und der Bischof *Ulrich von Halberstadt.* Ihn hatte der Papst im Frieden von Venedig wieder in sein Bistum einsetzen wollen und der Kaiser hatte zugestimmt. Aber *Heinrich* der Löwe hatte in Halberstadt den ihm ergebenen *Gero* auf den Bischofsstuhl gehoben und war nicht bereit, seinen Mann das Feld räumen zu lassen. Mit Waffengewalt hatte er sich der Einsetzung *Ulrichs* widersetzt und hatte den Landfrieden gebrochen. Nach dem ungeschriebenen, aber mündlich allgemein gewußten Landrecht wurde der Herzog vor König und Fürsten geladen. Er sollte sich rechtfertigen.

Die erste Vorladung *Heinrichs* des Löwen erfolgte auf den Reichstag zu Worms im Januar 1179. Der Herzog erschien nicht.

«Wen man vor Gericht beklagt, und er erscheint nicht, den soll man auf den nächsten Gerichtstag laden. Wer zum zweiten Male in Abwesenheit beklagt wird, den soll man zum dritten Male vorladen. Zwischen jeder Ladung müssen 14 Nächte verstreichen ...»

So legt es der Sachsenspiegel um 1230 schriftlich fest, so verkündet es auf latein der Rheinfränkische Landfriede *Barbarossas* vom 18. Febr. 1179 in Würzburg. Vielleicht ist der Löwe auf diesen Reichstag zum zweiten Male geladen worden. Die dritte Ladung erfolgte auf den Tag von Merseburg im Juni 1179. Der Herzog erschien auch diesmal nicht.

«Wer auf die dritte Ladung hin nicht erscheint, verfällt der Reichsacht», sagt der Sachsenspiegel, und so sagt es auch der Würzburger Landfriede.

Das Fürstengericht sprach über den Herzog zu Merseburg die Reichsacht, d.h. es bedrohte ihn mit Recht- und Ehrlosigkeit.

«Wer Jahr und Tag in der Reichsacht ist, wird als rechtlos erkannt und verliert Eigenbesitz (Hausgut) und Lehen.»

Nachdem bereits dieser Fürstenspruch ergangen war, kam es in der Nähe von Haldensleben zu einer Zusammenkunft zwischen *Heinrich* dem Löwen und *Barbarossa*. Und diese Unterredung erscheint wie das Gegenbild jener Szene, welche sich im Januar 1176 zu Chiavenna abgespielt hatte. Damals forderte der Kaiser kniefällig Waffenhilfe von seinem Vetter. Der aber hatte als Preis die Stadt Goslar verlangt. Jetzt, drei Jahre später, Ende Juni 1179, erbot sich der Kaiser, dem Herzog die Gunst des Fürstengerichts wieder zu verschaffen. Aber er forderte dafür die Summe von 5000 Mark. Das ist die Hälfte dessen, was die reiche Stadt Mailand dem Kaiser 1162 als Lösegeld angeboten hatte.

> Imperator autem quinque milia marcarum ab eo expetiit, hoc ei dans consilium, ut hunc *honorem imperatorie maiestati* deferret et sic ipso mediante gratiam principum, quos offenderat, inveniret (*Arnold* von Lübeck). –
> Da forderte der Kaiser von ihm 5000 Mark, indem er ihm den Rat gab, diesen Ehrenzoll der kaiserlichen Majestät darzubringen, worauf der dann durch seine Vermittlung vor den Fürsten Gnade finden sollte.

Wahrscheinlich hätte der Herzog die geforderte Summe sogar zahlen können. Er war ganz außerordentlich reich. Aber ihm erschien die Forderung des Kaisers, wie *Arnold* von Lübeck berichtet, «zu hart», der Preis für die Ehre des Kaisers zu teuer. Und das Schicksal nahm seinen Lauf. Es mutet in mancher Hinsicht an wie eine Folge von gescheiterten Geldgeschäften. Dem Landrecht zufolge mußte der Herzog nach Jahr und Tag (also im Juni 1180) Eigen und Lehen verlieren. Der Kaiser aber setzte jetzt ein zweites, schnelleres Verfahren nach dem Lehnrecht in Gang, wegen Versäumnis der Ladung vor den Lehnsherrn. Wer dreimal vor den Lehnsherrn geladen wird und nicht erscheint, verliert sein Lehen (Sachsenspiegel). So konnten schon im Januar 1180 in Würzburg durch einen Spruch der Fürsten *Heinrich* dem Löwen seine Lehen Sachsen und Bayern aberkannt werden.

Unter dem Kaiser und König als oberstem Lehnsherrn tritt hier das Gremium der Fürsten deutlich als geschlossener Interessenverband (*Mitteis*) auf. Von diesem Verhältnis König : Reichsfürsten her organisiert sich jetzt um 1180 jene lehnsrechtliche Fiktion, die unter dem Namen der ‹Heerschildordnung› (clipeus militaris) bekannt ist. Sie ist ein hierarchisch gegliederter Personenverband, dessen Aufbau die wirklichen gebietsrechtlichen Verhältnisse verdeckt. Fiktiv ist bereits die Siebenzahl der Stufen. Die späteren Rechtsbücher wie Sachsenspiegel (um 1230) und Schwabenspiegel (um 1270) behaupten folgende 7 Stufen:

> Den obersten Platz, den 1. Heerschild, nimmt der König ein, den 2. und 3. die Reichsfürsten, d. h. die geistlichen Fürsten (Erzbischöfe, Bischöfe, Äbte, Äbtissinnen) und die weltlichen Fürsten (Herzöge, Landgrafen, Markgrafen, Pfalzgrafen) (*vgl. Abb. 65*).

Diese Reichsfürsten empfangen ihre Ämter-Lehen vom König; die geistlichen wurden mit dem Szepter, die weltlichen mit der Fahne belehnt. Den 4. Heerschild bilden (Grafen und) Freiherrn, den 5. die schöffenbar Freien oder Mitterfreien, den 6. die einfach freien Ritter und Ministerialen. Jeder darf nur vom Angehörigen eines höheren Heerschildes Lehen empfangen (von einem «übergenôzen»), sonst sinkt er selbst auf den niederen Stand seines Lehnsherrn. Man sagt: sein Heerschild wird gemindert *(Ganshof)*. Ein Aufsteigen im Heerschild ist prinzipiell nicht möglich. Den 7. Heerschild bilden die Ritter, die nur Lehen empfangen, aber keine Lehen vergeben können. Deswegen hat ihr Schild keinen Fuß. Auch dies können Ministeriale sein. Doch diese 7-Zahl der Stufen hat nur symbolische Bedeutung. Was z. B. unter einem Mitterfreien zu verstehen ist, bleibt unklar. Der Ausdruck kommt in den Urkunden nicht vor. In Wirklichkeit hatte «der Heerschild nicht sieben sondern nur vier Stockwerke: König, Fürst, Herr und Mann» *(Klebel)*.

Den fiktiven Charakter dieser feodalen Pyramide verdeutlicht etwa das Verhältnis von Lehen und Kauf. Behindert wird beispielsweise der Verkauf eines Grundstücks durch einen Ministerialen an einen Grafen oder an einen Fürsten, wenn dieses Grundstück Privatbesitz (allodium) des betreffenden Dienstmannes ist, oder wenn der Ministeriale es von einem andern Herrn zu Lehen hat. Der Fürst oder Graf kann dies Grundstück nicht zu ewigem Lehen empfangen, weil er sonst auf den Heerschild des Dienstmannes sinkt. Aber das Erwerbsinteresse ist im Zeitalter der beginnenden Gebietsherrschaft stärker als die Rechtsfiktion der Lehnspyramide. Die Rechtsfiktion, das feodale Ideal persönlicher Bindung, wird betrogen durch die Einführung des sogenannten ‹Scheinlehens›. Der kaufwillige Fürst oder Graf veranlaßt einen seiner Ministerialen, das bezahlte Grundstück vom verkaufenden Dienstmann als ‹Lehen› zu empfangen. Dieser Ministeriale aber überläßt dann die Verwaltung und Nutzung des Erworbenen seinem Fürsten ‹zu treuen Händen›. Der große Historiker *Julius v. Ficker* bewies mit der Tatsache des Scheinlehens die Realität der Heerschildordnung. Aber diese Tatsache ließe sich ebensogut umgekehrt als Erweis des fiktiven Realitätscharakters dieser Ordnung ansehen. Wie die Fiktivität der Umgangsformen innerhalb der höfischen Gesellschaft, die in der Analyse der höfischen Literaturwerke erkennbar wird, so erscheint auch der ‹clipeus militaris› als eine Realität des Als-Ob, aber bei aller Fiktivität eben doch als eine wirksame und ergo wirkliche Realität. Und das Heerschildsystem des Als-Ob hat durchaus reale und tragische Konsequenzen.

Wir wissen, daß dem König nicht alles Land des Reiches gehört. Das Lehen, das er an die Fürsten vergibt, ist ein Amtslehen. Die Fürsten aber, die jetzt zu Gebietsherren werden, vergeben Land als Lehen, das ihnen gehört. Ein Graf oder Freiherr mit eigenem Land und eigenen Leuten hat in der Heerschildordnung keinen theoretischen Platz. Selbst wenn er direkt vom König sein Land zu Lehen hätte, würde doch vom System her zwischen ihn und den König immer ein Reichsfürst treten müssen, der das Land vom König empfing und es dann dem Grafen weiterverlieh. Dasselbe gilt von den Reichsfreiherrn und Reichsministerialen. *Heinrich Mitteis* formulierte:

Zwischen dem 4.–7. Heerschild und dem König «blieb juristisch gesehen immer ein freier Raum, der dazu verlockte, einen Reichsfürsten einzuschieben; dadurch wurde die Lehnskette nicht verlängert, sondern nur ein fehlendes Glied ergänzt. Die Grafen und freien Herren waren kraft Lehnrechts dazu vorbestimmt, ... in einer fürstlichen Landesterritorialität aufzugehen ... Lehnsherrschaft über die Grafschaften ist geradezu ein Kriterium der fürstlichen Landeshoheit geworden. Die Grafen sollten in Zukunft nicht mehr direkte Befehlsträger der Krone sein. Zugleich konnte sich die Anschauung bilden, daß der König verpflichtet sei, die Lehnskette immer wieder durch Einschiebung eines Fürsten als Zwischenmann zu schließen, da sie sich sonst normwidrig verkürzt hätte. Hier liegt die lehnrechtliche Wurzel des Satzes vom Leihezwang, den der Sachsenspiegel in die Form bringt, daß der König kein heimgefallenes Fahnlehen länger als Jahr und Tag einbehalten solle:»

Das ist der Sinn des untersten Bildes *(vgl. Abb. 65)*. Einen solchen Leihezwang für den König gab es wohl ursprünglich nicht, wenn es ihn in der auf Grund des ‹Sachsenspiegels› vorgestellten Form überhaupt je gegeben hat (vgl. *Goez*).

«Trotzdem sind diese Lehen immer seltener in seiner Hand geblieben ... Dem Herrscher wurde es, wenn überhaupt, dann nur unter großen Schwierigkeiten möglich, ein bedeutendes Krongut oder eine größere Hausmacht zu schaffen ... Bekanntlich verlor das Königtum nach den Hohenstaufen und ihren Nachfolgern die so umgewandelten öffentlichen Institutionen aus dem Griff. Es waren Territorialfürstentümer, aus denen die deutschen Länder der Neuzeit und Gegenwart hervorgingen, vor allem die größten unter ihnen: Österreich, Preußen, Bayern usw.» *(Ganshof)*.

Es geht in Wirklichkeit um Territorien, um Kaufen und Verkaufen von Bodenkapital, aber gedacht und gesprochen wird von einer Lehnsordnung, die, mindestens was die Beziehung von König und Fürsten angeht, noch die altertümliche Bindung des Personenverbandes fingiert. Die Fiktivität dieser persönlichen Lehnsbildung, von der auch die höfischen Dichtungen sprechen, wird schließlich deutlich darin, daß die persönlichen Lehnspflichten, gerade dem König gegenüber, durch Geld ablösbar sind. Dies illustriert ein Bild der Heidelberger Sachsenspiegel-Handschrift *(Abb. 66)*.

Oben: der König bietet durch Brief und Siegel die Fürsten zum Reichsdienst auf.

Mitte: Die säumigen Fürsten (an den Fahnen kenntlich) zahlen 100 Pfund Strafe, andere vornehme Leute (mit dem Schapel um das Haar) zahlen 10 Pfund.

Unten: Jahr und Tag vorher muß der Lehnsmann aufgeboten werden (1 Jahr, 6 Wochen, 3 Tage). Aber statt zu kommen, zahlt er 10 Pfund (das Pfund zu 20 solidi oder 240 Pfennigen (denarii)).

So wie das erste Bild dieser Handschrift, welches Kaiser und Papst einmütig auf einem Thron zeigt, seit dem Investiturstreit Illusion ist, ist es auch das persönliche Rechts- und Treueverhältnis der neuen Staatsordnung. Mit Recht hat *Hermann Heimpel* einmal von der Politik *Barbarossas* als von einem ‹Zurück hinter den Investiturstreit› gesprochen. So wenig wie die Gesellschaftsordnung der späten *Barbarossa*-Zeit Ausdruck einer sinnerfüllten Größe des Imperiums, eine Fermate in aller Unruhe der Geschichte ist, so wenig ist die klassische höfische Literatur Ausdruck einer einst und vielleicht nie wieder erreichten Harmonie von Geist und Wirklichkeit. Sie ist allenfalls deren Fata Morgana. Einer Geschichtsbetrachtung freilich, für die alles Gute nur im Vergangenen ist, wird hier Höhepunktszeit einer heilen Welt erscheinen, und sie wird damit in Gefahr stehen, solche Vision gegen eine immer noch als möglich zu erhoffende Zukunft einzutauschen.

Am 13. April wurde auf der Kaiserpfalz zu Gelnhausen eine Urkunde mit Goldbulle ausgestellt. Darin wird das Territorium des sächsischen Herzogtums aufgesplittert. Der alte Zustand des Reiches, wie ihn etwa eine Geschichtskarte des ottonischen Imperiums zeigt, wird damit definitiv aufgegeben.

In der Urkunde von Gelnhausen heißt es: Auf dem Hoftag zu Würzburg wurde vor kurzem *Heinrich* der Löwe, ehedem Herzog von Bayern, Westphalen und Engern (das sind schon die Teilgebiete!) durch einstimmigen Spruch der Fürsten wegen Majestätsbeleidigung (reatu majestatis) durch mehrfache Nichtachtung der Ladung nach dem Lehnrecht (sub feodali iure) verurteilt, die Herzogtümer Bayern, Westphalen und Engern, und alles, was er an Lehen vom Reiche besaß (universa que ab imperio tenuerit beneficia), zu verlieren.

Nach Beratung mit den Reichsfürsten wird das Herzogtum Westphalen-Engern (= Sachsen) in zwei Teile geteilt. Davon erhält Erzbischof *Philipp* von Köln alles, was in der Kölner und Paderborner Diözese liegt (mit dem Szepter) übertragen. Den anderen Teil – also Engern – erhält *Bernhard* von Anhalt als Fahnenlehen (vexillo imperiali sollempniter investivimus).

Bayern, das ja schon 1156 um Österreich verkleinert worden war, wird im Sept. 1180 an *Otto von Wittelsbach* gegeben. Dies ist der wichtigste Schritt zur Umwandlung der Stammesherzogtümer in Gebietsherrschaften, welche etwa sind: Herzogtum Westphalen, Herzogtum Engern, Herzogtum Braunschweig, Herzogtum Brabant, Herzogtum Lothringen, Herzogtum Schwaben, Herzogtum Bayern, Herzogtum Kärnten, Herzogtum Steiermark, Herzogtum Österreich, Herzogtum (Königreich) Böhmen; Landgrafschaft Thüringen, Markgrafschaft Brandenburg, Markgrafschaft Meißen, Markgrafschaft Lausitz, Pfalzgrafschaft bei Rhein; dazu kommen (mit *Goez*) wohl noch: das Zähringische Herzogtum, Herzogtum Meranien, Markgrafschaft Tuszien, Pfalzburgund und Reichsflandern. Die Fürsten dieser weltlichen Herrschaftsgebiete sind jetzt die Zeugen in den großen Barbarossaurkunden, sie sind der Reichsfürstenstand. Im Juni 1180, ein «Jahr nach der Achterklärung… verfiel (Heinrich der Löwe) der Oberacht (und) damit der vollen Ehr- und Rechtlosigkeit»

*(Jordan).* Gleichzeitig begann der allgemeine Reichskrieg gegen den Löwen. Im Herbst 1181 mußte sich der Herzog ergeben. Im November unterwarf er sich auf dem Reichstag zu Erfurt in Thüringen. Doch der Kaiser zeigte sich unerbittlich. Nur das sächsische Eigengut um Braunschweig und Northeim durfte der Löwe als Erbe behalten. Er selbst aber mußte das Reich verlassen und zu seinem Schwiegervater nach England ins Exil gehen. Der mächtigste Mann des Reiches war gefallen. In seinen späten Urkunden nennt sich der Mann, der den stolzen Titel «divina favente clementia dux tam Bawarie quam Saxonie» geführt hatte, nur noch «Henricus dux». Mehr war ihm nicht geblieben.

*Barbarossa* glaubte, mit der Aufsplitterung der Stammesherzogtümer die Stellung der Fürsten zu schwächen, die Position des Königtums zu festigen. Er glaubte auch, durch die Heerschildordnung die Vasallen stärker an die Krone zu binden. Beides erwies der weitere Gang der Geschichte als Irrtum: Das Band von König zu Fürsten war von fiktiver Realität, ohne sachliche Festigkeit; die Aufspaltung der Stammesherzogtümer leistete der Bildung von Territorien (Flächenstaaten) nur Vorschub.– Die Folge war, daß in Deutschland, anders als in Frankreich keine zentrale Reichsgewalt, keine Hauptstadt des Reichs entstand; aber eben auch: nicht eines Tages die Sprache in die Gewalt einer Akademie geriet, die vorschrieb, was sagbar und damit denkbar sein sollte. Sondern: eine schartige Sprache, reich an Ausnahmen, aber fähig, die ‹Arbeit des Begriffs› auf sich zu nehmen, ohne aufs sprachliche Klischee eingeschworen zu sein. Die verunglückte nationale Geschichte ist vermutlich der Preis, den die Deutschen für ihre Sprache zu zahlen hatten.

Nach dem Frieden von Venedig mit dem Papst (1177), nach dem Sieg über *Heinrich* den Löwen (1181) und nach dem Konstanzer Vertrag mit den Lombardenstädten (1183) steht der etwa 58jährige *Friedrich I. Barbarossa* auf einer scheinhaften Höhe seiner Macht, die sich im Mainzer Pfingstfest von 1184 darzustellen versucht. Aber Italienpolitik und innenpolitische Neuordnung waren nicht die einzigen Mittel, mit denen *Barbarossa* das Königtum hatte stärken wollen. Schon seit Beginn seiner Regierung (1152) hatte er die salische Ministerialenpolitik wieder aufzunehmen versucht, hatte das von königlichen Dienstmannen verwaltete Reichs- und Hausgut neu befestigt und konzentriert, hatte Dienstmannenburgen und Königspfalzen neu errichten lassen. Da dies die Orte der höfischen Kultur sind, soll von Anlage und Stil dieser Ritterbauten wenigstens ein flüchtiger Begriff gegeben werden.

Auf der Burg der Reichsministerialen Herrn von *Durne* zu Wildenberg im Odenwald wird *Wolfram von Eschenbach* einen Teil seines ‹Parzival› vorgetragen, wenn nicht gedichtet haben (vgl. Parz. V, 230, 12ff.). Noch heute wird die Ruine der Anlage von dem mächtigen Bergfried dominiert, dem ersten Bau, den man bei einer solchen Burg zu errichten pflegte.

22. *Rekonstruierte Ansicht der Kaiserpfalz in Gelnhausen*

Er war ursprünglich höher, war mit einem Dach abgeschlossen und hatte eine mehrere Meter über dem Boden gelegene Tür, die nur über eine Leiter zu erreichen war. Um ihn herum drängte sich auf engem Raum die alte Kernburg, ein ‹festes Haus›. Es war von einer Mauer umgeben, die zur Grabenseite hin als ‹Schildmauer› mehrere Meter dick war. Zu dieser Kernanlage tritt dann ein Hof mit Wirtschaftsgebäuden, Stallungen, Misthaufen und neuem Brunnen; an dessen Ende schließlich ein zweites, prächtigeres Wohngebäude, der ‹Palas›, mit einem eigenen Turm. Auch ein neuer Torbau mit Georgskapelle im Obergeschoß und Kapellenerker sind hinzugekommen. Das Ganze ist ummauert. Eine weniger befestigte Vorburg, vor dem Torbau und der alten Kernburg gelegen, erschwerte immerhin den Zugang. – In den geräumigeren Pfalzen, das sind befestigte Königshöfe und Königsburgen, nahmen der Kaiser und sein Hof von Zeit zu Zeit Wohnung. Denn der Herr des Imperiums reiste ständig umher, um an Ort und Stelle Recht zu sprechen. Er regierte ‹aus dem Sattel›. Eine Pfalzanlage wie Gelnhausen *(vgl. Textabb. 22)* ist im Prinzip nicht von einer Ministerialenburg unterschieden. Auch hier ist der, diesmal runde, Bergfried erster Bau und letzter Zufluchtsort. Um ihn herum die Kernburg mit Palas und Torbau, davor die Vorburg mit Unterkünften und Wirtschaftsbauten, mehrfach erweitert. Heute noch erhalten sind Palas-Fassade und Tordurchgang mit Resten der Kapelle im Obergeschoß. Im Zusammenhang mit seinem literarischen Barbarossa-Porträt (vgl. ob. S. 380f.) hat *Rahewin,* der Fortsetzer *Ottos von Freising,* den Kaiser als Burgenbauer gerühmt, und in diesem Lob wird zugleich der Stilanspruch solcher Architektur deutlich:

«Die herrlichen, einst von Karl dem Großen errichteten Pfalzen und die mit großartiger Kunstfertigkeit ausgeschmückten Königshöfe in Nymwegen und bei dem Hof Ingelheim, äußerst starke, aber durch Vernachlässigung und ‹Alter schon sehr morsch gewordene Bauwerke, hat er aufs herrlichste wiederhergestellt und dabei seine außergewöhnliche Hochherzigkeit bewiesen› *(Josephus,* Bellum I, 16), in Kaiserslautern hat er eine Königspfalz aus roten Steinen errichtet und mit nicht geringerer Freigebigkeit ausgestattet. Denn auf der einen Seite hat er sie mit einer sehr starken Mauer umgeben, die andere Seite umspült ein seeähnlicher Fischteich, der zur Weide der Augen wie des Gaumens alle Delikatessen an Fischen und Geflügel enthält. Daran stößt ein Park, der einer Fülle von Hirschen und Rehen Nahrung bietet. Die königliche Pracht all dieser Dinge und ihre Menge ... erweckt das Staunen der Beschauer. Auch in Italien hat er in Monza, in Lodi und an anderen Orten ... bei der Erneuerung von Pfalzen und heiligen Gebäuden (vgl. *Einhard* cap. 17) so große Freigebigkeit gezeigt, daß das ganze Imperium nicht aufhören wird, die Gaben und das Andenken dieses großen Imperators dauernd in Ehren zu halten».

Hier wird *Barbarossa* in Wendungen gepriesen, die teils aus dem ‹Bellum Judaicum› des *Flavius Josephus* (ca. 90 n. Chr.), teils aus der ‹Vita Caroli Magni› des *Einhard* (vgl. S. 49f.) entlehnt sind. Zitate und Stil sagen, daß es sich hier um einen caesarischen Repräsentationswillen, um eine Renaissance- und Renovatiohaltung handelt. In diesem Sinn ist auch das Militärisch-Zweckmäßige der Stauferburgen durch Schmuckformen verschönt. Ihre Künstler zogen, vielfach wohl aus der Lombardei kommend, von Burg zu Burg und von Pfalz zu Pfalz. An den Steinmetzzeichen, die sie in die fertig behauenen Werkstücke meißelten, um Lohnansprüche zu rechtfertigen, lassen sich ihre Wanderungen genauer verfolgen. Charakteristischste Form ist wohl das Buckelquadermauerwerk, wie auf der Trifels, eine vorrenaissancistische Rustica, die dann auch an italienischen Stadtpalästen erscheinen wird. Vorbild sind Quadern, die noch in römischen Arenen zu sehen sind. In Kapitellen mit Akanthusblättern und Schlingwerk finden sich mythologische und groteske Maskenmotive oder aber, wie in Gelnhausen *(Abb. 67),* Figuren, die unzweideutig auf jene Erotik sich beziehen, die unter aller Verstellungskunst der Ritterkultur schlummert. Zahlreiche Burgen und Pfalzen, wie Münzenberg in der Wetterau, Frankfurt oder Wildenberg haben dasselbe Knollenkapitell, oder auch wuchtige Knotensäulen, wie die Kaiserpfalz Wimpfen und wieder die Wildenburg *(Abb. 68).* Schling- und Flechtformen, am Palaskamin von Gelnhausen neben antikisierendem Kapitell, erinnern an verfeinerte Völkerwanderungskunst. Man mag dem zur Seite stellen, was *Hermann Heimpel* vom politischen Programm *Barbarossas* sagte:

«Aber das Programm selbst ist altertümlich, wie Barbarossa selber aus der alten Zeit kommt. Wie in seinem Leben das Nibelungenlied entsteht, Zeugnis des durch Jahrhunderte stumm bewahrten Völkerwanderungsgeistes, so gehört auch Barbarossa mit der schwäbischen Staufersippe zu den alten analphabeten Laien in Konrads II. Art. Und Reform, Herstellung des Alten, ist seine Absicht: zurück hinter den Investiturstreit ...»

In solcher Weise versucht *Barbarossa* seit 1152 das Königsgut zu sichern. Eine Karte kann das Ergebnis zeigen, eine Besitzkonzentration in Elsaß, Pfalz, Wetterau, Innerschwaben, um Nürnberg, im Vogt-, Eger- und Pleißeland und am Bodensee. Aber mit dem Kaiser und König wetteifern eben in der Bildung geschlossener Territorien Herzöge, Landgrafen, Pfalzgrafen und Kirchenfürsten, und letzten Endes werden sie und nicht der Kaiser zum Ziel kommen. Die politische Karte Deutschlands sieht dann schließlich wie das Werk eines wenig inspirierten Tachisten aus.

## Mainzer Artus-Pfingsten

Zur Ritterweihe (Schwertleite) seiner beiden ältesten Söhne lädt der Kaiser den ganzen Adel des Reiches auf Pfingsten 1184 nach Mainz zum größten Ritterfest des Jahrhunderts. *Barbarossas* Söhne, Herzog *Friedrich von Schwaben* und der 18-jährige *Heinrich* (seit 1169, also als Vierjähriger König) werden das Ritterschwert empfangen. Die Stadt Mainz selbst ist zu klein, die große Zahl der Gäste (ca. 40000) zu fassen. So wird denn auf den Rheinwiesen dabei eine künstliche, unbeständige Stadt aus Holzbauten und Zelten für die Dauer des Festes errichtet, die – wie das ganze Fest – zur unfreiwilligen Symbolik dieser Selbstdarstellung der höfischen Gesellschaft zu gehören scheint.

Wir wissen, wer da war. Wir kennen mindestens zwei, wahrscheinlich drei Stücke, die vorgetragen worden sind. Wir können uns ausrechnen, wer zugehört hat. Wir wissen im engeren und im weiteren Sinne, wie das Fest ausging, was aus Dichtern und Gesellschaft wurde. Die Liste der Teilnehmer nennt den ganzen Reichsfürstenstand mit Gefolge, Grafen, Herren und Reichsministerialen, auch aus Flandern, Brabant und Hennegau, ja aus Frankreich selbst sind die Gäste gekommen. Hier sind jetzt die französisch-deutschen Literaturbeziehungen faßbare Wirklichkeit.

«Und vom Kaiser Friedrich kann ich Euch sagen, daß ich selbst sah, wie er zu Mainz einen Hoftag hielt. Und wisset dies: ohn allen Zweifel gab es noch nie ein vergleichbares Fest.»

Dies bezeugt der Trouvère *Guiot de Provins* aus der Champagne. In wessen Gefolge war er da? Vielleicht mit *Balduin V. von Hennegau*

(1171–1195), dem Schwiegervater des französischen Königs *Philipp August* (verh. 1180 mit *Isabella* von Hennegau). Zum Haus Champagne stand Graf *Balduin* in enger Beziehung. 1186 wird sein Sohn *Balduin VI. Maria* von Troyes-Champagne heiraten. Aus Troyes ist auch der Trouvère *Doetes de Troyes* in Mainz. Aber *Guiot de Provins,* der uns gleich näher beschäftigen soll, könnte auch im Gefolge des Grafen von Mâcon, des Vetters der Kaiserin *Beatrix* gekommen sein, dem er eines seiner Lieder (Nr. V) gewidmet hat. Wir erwähnen nur noch den Grafen *Gerhard von Looz* (oder Loon), der zugleich das Mainzer Burggrafenamt hat. Seine Familie förderte zuerst *Heinrich von Veldeke.* Aber dieser Dichter ist in Mainz im Gefolge des Landgrafen von Thüringen, für den er soeben sein Aeneas-Epos beendet hat. Von den Reichsministerialen gehört zu den Anwesenden der Minnesänger *Friedrich von Hausen.* 1186/87 war er als diplomatischer Begleiter in Italien beim jungen König *Heinrich,* dem Helden des Mainzer Tages, der auch Minnesangsstrophen gedichtet hat. In der Reichspoltik aber erscheint *Friedrich von Hausen* als Verbindungsmann *Barbarossas* zum Grafen *Balduin von Hennegau,* welcher jetzt in Mainz mit dem Kaiser wichtige Geschäfte hat. Es wird seine Erhebung zum Markgrafen von Namur vorbereitet. Als es dann 1188 soweit ist, reist der Herr *von Hausen* zu *Balduin,* um ihn zur Belehnung nach Worms zu geleiten. Der Minnesänger muß an jenem französischen Fürstenhof wohlbekannt gewesen sein. Der hennegauische Kanzler *Gislebert von Mons* nennt ihn in seiner Chronik einen ‹secretarius› des Kaisers. Es läßt sich sehr wohl ein Bild davon machen, wer zugehört haben könnte, als *Guiot de Provins, Friedrich von Hausen* und König *Heinrich* ihre modischen Ritterpoeme vortragen ließen. Höchst wahrscheinlich *Balduin von Hennegau,* der Graf *von Mâcon,* Kaiserin *Beatrix* und Kaiser *Friedrich Barbarossa,* der Graf von *Looz,* der Landgraf *Hermann von Thüringen, Heinrich von Veldeke* ‹et alii quam plures›.

Von den hier zu erwähnenden Liedern sind offenbar zwei zur selben Melodie gesungen worden, das des Herrn *von Hausen* und das des *Guiot de Provins.* Hausens Lied ‹Ich denke under wîlen› gehört zum Typus des ‹eigentlichen Rollengedichts› (vgl. ob. S. 546). Der Dichter gestaltet die Rolle des ‹povre ami dolent›, der sich der Gedankenminne ergibt. Ihre Unerfüllbarkeit, ihr utopischer Charakter ist der Stolz seines Herzens. Die räumliche Ferne – ein Motiv, das schon im Italienlied *Hausens* (vgl. S. 496) begegnete – läßt ihn den Schmerz nur heftiger spüren; aber die Nähe in Gedanken genügt ihm. Dies ist etwa das Gedankenmuster des Liedes ‹Ich denke under wîlen›:

I. «Ich denke oft an das, was ich ihr gerne sagen würde, wenn ich bei ihr wäre, und dies vertreibt mir die Zeit während manch langer Reise, wenn ich ihr so in Gedanken sage, was mich bedrückt. Meist sehen mich die Leute in fröhlich-aufgeräumter Stimmung, als obs nichts gäbe, was mich bekümmert: denn ich weiß es (durch meine Gedankennähe zur Geliebten) (= auf diese Weise) zu verbergen.

II. Wenn ich mir meine Geliebte etwas realistischer gewählt (wenn ich das Ziel meiner Liebe nicht zu hoch gesteckt) hätte, wäre mir zu helfen. Ich hatte meine Vernunft nicht danach gefragt: dafür ist mir nun tagaus tagein das Herz bedrückt. In dieser Situation hält mir die Kraft der Liebe das Herz gefesselt und läßts nicht zu, daß ich mich von ihr löse.

III. Es ist doch höchst unverständlich: die, die ich am meisten liebe, war zu mir stets abweisend. Was derart das Herz bedrückt, das mag heutzutage kein Mensch empfinden. Ich glaubte, dergleichen schon früher verspürt zu haben; erst jetzt weiß ich es ganz zu empfinden. In der Heimat (bei der Geliebten) war mir traurig zu Mute, doch jetzt (in der Ferne) ists mir dreimal elender.

IV. Wie wenig mirs auch nützt, so freut mich doch ganz ungemein, daß mir kein Mensch verbieten kann, mir ihre Nähe in meinen Gedanken zu verschaffen, in welches Land ich auch unterwegs sein mag. Diese Erquickung wird sie mir lassen. Sollte sies auch noch billigen, wirds mir eine ewige Freude sein. Denn mehr als alle andern Lehnsleute bin ich ihr stets ergeben gewesen.» (MF 51, 33)

Der Diplomat *Friedrich von Hausen* war wohl der Mann, der das Motiv von unerfüllbarer aber treuer Liebe auf die Situation des ständigen Unterwegs hin beziehen konnte. Er bringt seinen wirklichen Auftrag mit hinein ins Gesellschaftsspiel. Er sucht «nicht, sich von dieser unsinnigen Liebe zu befreien, indem er sie zu Gunsten einer wohlfeileren verläßt» (vgl. «Je ne voix pais kerant teil delivrance par coi Amors soit de moi departie»; *Frank* Nr. 10b), wie er in der 2. Strophe versichert, und wie es auch *Gace Brulé* in der vierten Strophe seines oben (vgl. S. 538f.) genannten Liedes gesagt hatte. Vielleicht hat *Hausen* auf diese französische Floskel angespielt.

Vielleicht hat er auch mit dem Motiv der Fesselung durch die Treue auf *Veldekes* Aeneasroman V. 10071 sich bezogen: «wê hât mir sus gebonden Mîn herte in korten stonden». Das steht im 1. Teil des Romans, der 1174 auf der Hochzeit der Gräfin *Agnes von Looz* (Loon) in Cleve dem Dichter von einem Literaturfreund gestohlen worden war.

*Hans Spanke* hat gemeint, *Guiot de Provins* habe *Hausens* Melodie und Strophenform für jenes frz. Lied benutzt, das er dann in Mainz vortrug. Ganz so abwegig wie *Frank* will, kommt mir das nicht vor. Der Spaß für alle Anwesenden wäre um so größer gewesen, zumal *Guiot de Provins* sich nicht nur seinerseits auf den Inhalt des Liedes von *Gace Brulé* beziehen könnte, sondern die von *Hausen* soeben vorgestellte Rolle des treuen Gedankenminners bis in die Krise des zwischen Leben und Tod Schwebens spaßhaft weiterführt.

Übrigens sagt die Melodie *Guiots*, welche auch die *Hausens* war, daß die Meinung *Spankes*, *Hausens* Lied biete im Deutschen das früheste Beispiel eines dreireimigen Stollens, falsch ist, denn die Melodie erweist den «stolligen» Bau als nur scheinbar. Das Lied ist keine Kanzone.

Die milde Eigentlichkeit des Hausenschen Liedes steht der exaltierten Rollengestaltung bei *Guiot* gegenüber: Die Unerfüllbarkeit der Liebe ist ungerecht und bringt den Sänger an den Rand des Grabes. Dennoch ist ihm das Leiden lieb, obgleich es ihn tötet. Für einen Moment denkt er an mögliche Erhörung. Aber da sind ja die bösen Tugendwächter, die Gesellschaftsgickel. Sie werden zur Hölle fahren. – Solche Verwünschung gibt es dann wieder bei *Hausen* am Ende der ersten Strophe von ‹Deich von der guoten schiet› (MF 48, 32; vgl. oben S. 543), das auf eine Melodie *Bernarts de Ventadour* geht. – *Guiots* Mainzer Chanson ‹Ma joie premerainne m'est tornee a pesence› heißt übersetzt:

1. ‹Mein Glück von einst ist nun Leid. Ach! Und ich weiß nicht warum. Da sieht man nun, wie weit mich Glauben und Vertrauen auf Amor gebracht haben. Mit unverbrüchlicher Treue hab ich mein Leid getragen. Jetzt seh ich als Ausweg nur den Tod.
2. Meine verrückten Gedanken nähren jenes unvernünftige Verlangen, das mich in solchen Kummer stürzt und mir unmöglich macht, Freude ohne Schmerz zu empfinden. Mein Vertrauen gab ich Amor, doch der ist ohne Gerechtigkeit. Von Kindheit an hat niemand anders als er mich das gelehrt, was ich doch nicht tun darf. Hören Sie bitte, was für Torheiten ich treibe!
3. Wenn ich einmal der endlichen Freude und Erfüllung näher zu sein glaube, im gleichen Augenblick könnte ich schwören, daß bereits morgen mein Elend und meine Leidenschaft größer sein werden als je. Und Amor kommandiert mich dazu.
4. Amor könnte mich schon befreien aus dem Elend, über das er mich unablässig klagen hört, wenn er gefälligst meine Dame ebenso zwingen wollte, wie er mich zwingt. Aber Amor achtet meiner nicht. Ich bin stets treu, doch er läßt mich an der wahren Minne verzweifeln. Lieber möchte ich mir Vorwürfe machen müssen, als nichts zu leiden haben.
5. Geliebteste Dame! Im Nu könnte das Maß meiner Freuden voll sein, dürfte ich die Gabe empfangen, die ich Tag für Tag erwarte. Doch die Macht, die Ihr über mich habt, tötet mich, und das ist nicht recht. Es ist (letzten Endes) das Werk der Verleumder und Verräter, welche gewissenlos Unwahrheiten ausstreuen.
6. Ich, Guiot, der da seufzt und klagt, über sein Lebens- und Sterbensgeschick, verfluche die Merker mit unzähligen Flüchen! Sie haben so manche Liebe zerbrochen. Sie tun ihren Mund nur auf, um Gemeinheiten zu sagen. Jenen wird einst der Lohn, den sie verdienen.»

Gesellschaftsbezogen ist die Direktanrede an die Dame, von romanischer Sicherheit des Auftretens auch die Identifikation von Rolle und Autor durch Nennung des Dichternamens. Distanzierend aber sind die Übertreibungen, die das Lied wieder in die Konvention des Gehörigen und Üblichen zurücknehmen.

Von den erhaltenen Minnesangstrophen König *Heinrichs* möchte man denken, er habe das Lied ‹Ich grüeze mit gesange die süezen› (MF 5, 16) beim Pfingstfest durch irgend jemand vortragen lassen. Die Manessische Handschrift bewahrt aber von dem Staufersohn und späteren Kaiser noch vier andere Strophen, aus denen sich ein Bild vom Stand der höfischen Kultur in der höchsten Gesellschaft des Imperiums machen ließe. Diese vier Strophen sind altertümlichen Charakters; der Form nach: denn sie sind in Langzeilen abgefaßt, wie die frühen Lieder der Donauschule, die vor 30 Jahren modern waren; dem Inhalt nach: sie sprechen von erfüllter Liebe; der Ritter ist der sieghaft Erobernde, die Dame sehnsüchtig ergeben.

Die Übersetzung der vier königlichen Langzeilenstrophen wäre:

MF 4,17.1. «‹Weit höher als das Imperium bin ich allezeit, wenn so lieblich die Liebste bei mir liegt. Mich hat ihr beglückendes Wesen von allem Leid befreit. Seit ich auf der Welt bin (seit meiner Jugend! Hier ist der überlieferte Text nicht in Ordnung; vgl. aber denselben Gedanken z.B. bei *Hausen* MF 50, 11, *Bernart de Ventadour* Lied X Str. 5, s. ob. S. 542), konnt ich ihr nie wirklich ferne sein. Mein treues Herz war ihr immer nah.›

2. ‹Ich hab mein Leben gegeben an einen Ritter gut. Und alles hat sich erfüllet, nun bin ich froh gemut. Das beneiden mir andere Frauen und wissen mir des Haß, und sagen, um mich zu ängstigen, auch sie wollten ihn besuchen. Nie gefiel mir auf all der Welt ein anderer Ritter besser.›

MF. 4, 35. 1. ‹Reitest Du nun von hinnen, Du liebster von allen Männern, Du bester in meinem Herzen, den ich je gewann. Kommst Du nicht bald mir zurücke, so verlier ich das Leben mein. Ihn könnte mir Gott im Himmel auf Erden durch nichts ersetzen›, so hat die Liebste gesagt.

2. ‹Glücklich und gesegnet die Stunde, daß ich je bei Dir lag, Geliebter, Du wohnst mir im Herzen die Nacht und den Tag. Schön machst Du mir meine Gedanken und bist mir hold. Sieh an, wie ich es meine: wie edeles Gesteine, das man einfaßt in das Gold.›»

Drei der vier Strophen sind Frauenstrophen, die einzige Ritterstrophe ist ausgezeichnet durch das Motiv des Imperiums. Es will aber wohl auch bemerkt sein, daß König *Heinrich* mit seinem Eingangsmotiv einen Topos ins Imperiale übersetzt, der in gewöhnlicher Form bereits in einem Lied *Heinrichs von Veldeke* stand (vgl. ob. S. 545):

> ik bin rîke ende grôte hêre,
> sint ich mûste al umbevân
> dî mich gaf rechte minne

«Ich bin ein großer und mächtiger Herr, seit ich die Frau in den Armen hielt, die mir die wahre Liebe gab» (MF 59, 37ff.).

Weniger altertümliche Gesten und Rhythmen kennt *Heinrichs* sogenanntes ‹Königslied› ‹Ich grüeze mit gesange die süezen›:

1. «Ich grüße mit Gesang die Schöne, die ich nicht fliehen will noch kann. Doch seit ich mit eigenem Mund sie begrüßte, seitdem verging, leider, gar mancher Tag. Wer diese Strophen jetzt vor ihr singt, vor ihr, die ich schmerzlich entbehre, wer es auch sei, ob Weib oder Mann, der bringe ihr meinen Gruß.

2. Mir sind Reiche und (alle) Länder untertan, wenn ich bei der Geliebten bin. Doch, wenn ich dann scheiden muß von ihr, sind all meine Macht und Herrschaft dahin. Nur Leiden aus Liebe ist dann mein Besitz. So muß ich am Glücksrad der Freuden steigen und fallen und werde dies Auf und Ab bis zum Tode erleiden, aus Liebe zu ihr.

3. Wenn ich sie nun also von Herzen liebe und in Gedanken und Sinnen sie treu und beständig trage – wenn ich ihr fern bin mit sehr großem Leid –, was gibt mir die Liebste denn dafür zum Lohn? Sie gibt mir so gute und liebliche Gabe, ehe ich darauf verzichte, entsage ich der Krone.

4. Es versündigt sich der, der mir dies hier nicht glaubt (wenn ich behaupte), ich würde manch schönen Tag erleben, selbst wenn ich nie mehr ‹unter der Krone gehen sollte› (– Dies möchte sich auf eine Festkrönung beziehen, wie sie auch in Mainz stattfand: ‹... coronatur imperator et cum imperatrice et filio coronato processit› (*Arnold* von Lübeck) –); «ohne sie glaube ich an kein Glück für mich. Verlöre ich sie, was bliebe mir denn? Dann würde weder Weib noch Mann an mir seine Freude haben und all meine Hoffnung wäre in Acht und Bann» (MF 5,16).

Dieses Lied hat anscheinend von *Friedrich von Hausen* und von moderneren Strömungen des Minnesangs gelernt. Zwar verzichtet es nicht darauf, mit der Rolle des liebenden Ritters eine Allusion auf seine imperiale Stellung zu verbinden, aber hier ist nun endlich auch Sehnsucht des Mannes und nicht nur Verlangen der Dame beschworen. Die erste Strophe zitiert den Gedanken des grüßenden Liedes, der nachlebte bis hin zu *Heinrich Heines*

«Klinge kleines Frühlingslied, Kling hinaus ins Weite. Kling hinaus bis vor das Haus, Wo die Blumen sprießen. Wenn du eine Rose schaust, Sag, ich lass' sie grüßen.»

König *Heinrich* könnte diesen Gedanken durch *Hausen* (MF 51,27) kennen. Doch bereits im ersten Brief der *Heloysa* an *Abaelard* (vgl. ob. S. 294) ließ er sich antreffen. Sodann ist das bei *Hausen* beliebte Motiv der räumlichen Trennung aufgenommen, das auch *Bernart de Ventadour* kennt (vgl. oben S. 542). Dazu erscheint dann hier das Bild der ‹rota Fortunae› (vgl. oben S. 161), welches gerade im Munde eines Königs und künftigen Kaisers doch einen besonderen Klang annehmen mochte. Die letzte Strophe wirft dann den Wert des Liebesglücks in die eine, den Wert der Krone in die andre Waagschale und setzt Acht und Bann über verratene Hoffnung.

König *Heinrich* hat der Krone nicht entsagt. Am 27. Januar 1186 hat er in Mailand die 10 Jahre ältere *Konstanze*, die Erbin Siziliens geheiratet. Er wurde ein grausamer Kaiser. Sein Sohn ist *Friedrich II.*, den seine Zeitgenossen ‹stupor mundi› nannten. Der Trouvère *Guiot de Provins* hat um 1195 der Welt entsagt und ist erst nach Citeaux, dann nach Cluny ins Kloster gegangen *(Frank)*. *Friedrich von Hausen* schließlich kam am 6. Mai 1190 in der Türkei auf dem Barbarossa-Kreuzzug ums Leben, «de equo cecidit et fracta cervice obiit», bei der Verfolgung der Feinde stürzte er vom Pferd und brach den Hals. Und auch dieser Kreuzzug war mit ritterlichem Übermut begonnen worden, dessen Opfer dann der Kaiser selber werden sollte. Das Mainzer Fest aber zeigte, gegen alle historische Wahrheit, in den Stilisierungen der Dichter nur Lichtseiten, auch bei *Heinrich von Veldeke*. Dieser Dichter, der wohl in der Begleitung des Landgrafen von Thüringen dort war, gedenkt in seiner ‹Eneide› des artushaften Ritterpfingsten anläßlich der Hochzeit des Aeneas und der Lavinia mit diesen Worten:

«Ich habe von keinem Fest gehört, in allen Geschichten habe ich nicht von einem Fest gehört, das je so großartig gewesen wäre wie die Hochzeit des Aeneas – mit der einen Ausnahme des Mainzer Festes, von welchem wir aus eigener Anschauung zu berichten wissen. Ganz ohne Frage war es das bei weitem größte Fest, als der Kaiser Friedrich zweien seiner Söhne das Schwert gab. Dort sind für viele Tausende von Mark Speisen und Geschenke gereicht worden. Ich glaube, keiner meiner Zeitgenossen hat je ein größeres Fest gesehen» (13 222–35).

«Ich weiß nicht, was noch geschehen wird. Jedenfalls kann ich Euch darüber nichts sagen. Von keiner anderen Schwertleite hörte ich glaubwürdig berichten, bei der so viele Fürsten und so verschiedenartige Menschen zusammen waren. Es leben noch heute viele, die das selbst wissen. Dem Kaiser Friedrich geschah nie solche Ehre wie an jenem Hoftag, wovon man wahrhaftig Wunderdinge sagen kann. Noch nach mehr als 100 Jahren wird davon gesprochen und geschrieben werden» (13 236–13 251).

(Sogenannte ‹Erste Stauferpartie› des Aeneas-Romans).

Aber ganz ohne Zwischenfälle lief das Fest von allem Anfang an nicht ab. Am ersten Pfingsttag (20. Mai) sollte eben die feierliche Prozession zur Festkrönung beginnen. Da kam es zu einem Streit zwischen dem Abt von Fulda und dem Erzbischof *Philipp* von Köln um den 2. Ehrenplatz nach dem Erzbischof von Mainz. Auf dem großen Fest erschien jedoch auch ein unheimlicher, unerwarteter Gast: der gestürzte und verbannte *Heinrich* der Löwe. Aber er erhielt keine Gnade und mußte unverzüglich ins Exil zurückkehren, ohne am Fest teilgehabt zu haben. Pegauer Annalen und Sächsische Weltchronik berichten u. a. davon. *Arnold* von Lübeck aber erwähnt dieses Ereignis mit keinem Wort. Er berichtet nur voller Staunen, wie reichhaltig der Kaiser seine Gäste bewirtete.

«Besonderes Aufsehen erregten zwei aus Latten zusammengeschlagene Holzhäuser, so dicht mit Geflügel angefüllt, daß man nicht hindurchblicken konnte … man hätte gar nicht glauben sollen, daß es überhaupt auf der Welt so viele Hühner gäbe».

Am Nachmittag des dritten Tages aber ereignete sich ein seltsamer Unglücksfall. «Wie das Frühjahr 1184 sich überhaupt durch windige Witterung auszeichnete, so warf jetzt plötzlich ein heftiger Windstoß die prächtige hölzerne Kirche und einige andere auf dem Festplatze errichtete Gebäude nieder. Auch viele Zelte wurden vom Winde zerrissen. Unter den einstürzenden Trümmern wurden etwa fünfzehn Menschen erschlagen … Allgemein war … der Schrecken und die Bestürzung. Man glaubte die Hand Gottes zu erkennen, welche die Menschen mitten in der prahlerischen Entfaltung weltlichen Prunkes an ihre Ohnmacht mahnen wollte» (Giesebrecht). So löste sich denn am Mittwoch die freudig begonnene Versammlung ziemlich stillschweigend auf. Unwillkürlich denkt man an das «gläserne Glück», von welchem *Gotfrid* von Straßburg vielleicht zwei Jahrzehnte später (vgl. unten Band II) in einem seiner beiden Sprüche gedichtet hatte.

Gelücke daz gat wunderlichen an und abe:
man vindet ez vil lihter, danne manz behabe;
ez wenket, da man ez niht wol besorget.
Swen ez beswaeren wil, dem git ez e der zit
und nimt auch e der zite wider, swaz ez gegit;
ez tumbet den, swem ez ze vil geborget.
Vröude git den smerzen:
e daz wir ane swaere sin des libes unde des herzen,
man vindet e daz glesine gelücke.
Daz hat cranke veste:
swenne ez uns under ougen spilt und schinet aller beste,
so brichet ez vil lihte in cleiniu stücke.

«Fortuna trägt empor und stürzt hinab sehr seltsam. Viel leichter ists, ihr zu begegnen, als sie dann zu halten. Sie weicht hinweg dort, wo man nicht daran gedacht. Wen sie bedrücken will, dem gibt sie vor der Zeit, und nimmt zu früh zurück, was sie gegeben. Sie macht den töricht, dem sie viel zu viel geliehen. Freude zeugt Schmerz: Ehe wir ohne Sorge tragen Geist und Körper, noch eher finden wir das Glück von Glas. Fortunas Festigkeit ist schwächlich. Wenn sie vor unsern Augen glänzt und herrlich funkelt, so bricht dies Glück doch bald in kleine Stücke.»

## Enzyklopädisch geborgene Welt im ‹Hortus deliciarum›

Nicht nur das wie immer doppelsinnige Mainzer Pfingstfest gehört zum Bild vom Gipfelpunkt der Barbarossazeit, sondern im Grunde auch jenes große Buch, in dem alle Ordnung gemalt schien, der ‹Hortus deliciarum›, als dessen Verfasserin man *Herrad von Landsberg* zu nennen pflegt. Es gibt kaum eine illustrierte Kulturgeschichte des Mittelalters, kaum eine bebilderte Geschichte der Technik, der Medizin, der Musik, der Kleidung, der Bewaffnung, die nicht an irgendeiner Stelle eine Abbildung aus diesem ‹Hortus deliciarum› anführt, von dem man doch selten erfährt, was es mit ihm auf sich hat. Wohl mancher kennt die Darstellung, auf der sich zwei mittelalterliche Knaben an einem Tisch gegenüberstehen. Mit beiden Händen bewegen sie an Seilen zwei Marionetten, Ritter in voller Rüstung, die sie gegeneinander kämpfen lassen. Die Bildunterschrift heißt dann etwa: mittelalterliches Kinderspiel, Marionettentheater im XII. Jahrhundert oder ähnlich. Aber daneben sitzt auf seinem Thron der weise Salomo, und die Geste seiner Hand besagt ‹Vanitatum vanitas›, alles ist eitel Kinderspiel, auch der Ritterkampf. Ein anderes, weniger häufig reproduziertes Bild *(Abb. 69)* zeigt das Gastmahl Salomos und bei dieser Gelegenheit etwas von Tischsitten und Kleidung der Vornehmen.

Brezeln und eigentümlich geformte Brötchen liegen auf dem Tisch. Nur Fisch wird serviert, aber es fehlen die Teller, es fehlen auch die Gabeln. Dafür haben die Messer Zinken am Ende, wie heutige Käsemesser. Zur Kulturgeschichte der Gabel erfährt man, daß sie als Eßgerät in Frankreich zuerst 1379 erscheint und erst im XVII. Jahrhundert ihr Gebrauch allgemein wird. Ein gabelähnliches Serviergerät findet sich allerdings schon in der Abendmahlsszene des ‹Hortus deliciarum› (Pl.XL, 1). Im Mittelalter aß man allgemein mit den Fingern und mit dem Messer, das deswegen seine Form hat. Man aß auch in der Regel aus einer gemeinsamen Schüssel, wie bei der Fondue. ‹Teller› ist der Vorlegeteller, lat. ‹talea›, auf dem man serviert und tranchiert.

Ganz links am Tisch sitzt ein Mann mit einer Art phrygischen Mütze. Sein Gewand ist eine einfache Tunika, mit einer kostbaren Borte besetzt. Die beiden Vornehmen rechts von ihm tragen über der Tunika den griechischen Mantel, die Chlamys, die zur byzantinischen Hoftracht gehörte. Sie wird auf der rechten Schulter mit einer kostbaren Agraffe geschlossen. Der breite Edelmetallstreifen am rechten Oberarm ist eine ‹armilla› (ahd./mhd. bouc; vgl. *Schramm*). Der Bischof reicht dem König eine ‹casoleta›, Zeichen des Reichtums. Über der Albe trägt er die Kasel, um den Hals das Band der Stola, das unter der Kasel bis auf die Füße reicht, über dem dunklen Obermantel das Pallium, am linken Arm die Manipel, auf dem Haupt die jetzt quer getragene Mitra.

Das Bettgemach Salomos *(Abb. 70)* symbolisiert mit der ewigen Lampe nicht nur die Kirche und den himmlischen Bräutigam, sondern gibt zugleich ein Bild von Bewaffnung und Mobiliar.

Nach Cantic. 3,7 f. umstehen die 60 Starken das Lager. Sie tragen den üblichen Kettenpanzer (der Plattenpanzer ist jünger), der auch den Kopf bedeckt. Dieser ist außerdem mit einem Rundhelm aus Eisenbändern oder einem konischen Topfhelm bedeckt, der im XII. Jahrhundert noch immer die Nasenschiene hat und hier bei einigen bereits ein Visier, aber noch lange nicht das Klappvisier der spätmittelalterlichen Rüstungen. Die Scheide des Schwertes ist mit dem Gürtel verknotet. Die Schilde sind dreieckig mit einem langen, spitzen Fuß. Einige sind an den Zinnen des Davidsturms aufgehängt, der gutes staufisches Buckelquadermauerwerk zeigt. Die Matratze des Bettes ruht auf Seilen, die an Querstangen gespannt sind.

Ein Blatt des monumentalen Werkes von *Straub-Keller (Abb. 71)* vereinigt drei Bilder aus verschiedenen Zusammenhängen (fol. 38r, 59r, 111r).

Der von zwei Pferden gezogene Streitwagen des Pharao, die ‹bigae›, mlat. auch ‹biga›, vom ‹auriga›, dem Wagenlenker, angetrieben, läßt jedes Brett und jeden Nagel erkennen. Das Rad ist aus mehreren Holzstücken gefugt, sogar der Splint, der die Radachse sichert, ist nicht vergessen. Der Pharao trägt die Chlamys über der Tunika und auf dem Kopf eine byzantinische Plattenkrone mit Edelsteinagraffen, wie bei der Reichskrone *(vgl. Abb. 20),* am Oberrand der Platten.

Der König David sitzt auf einem ‹faltstuol›, afrz. ‹faldestoel› = frz. ‹fauteuil›. Sein Psalterion ist ein 10töniges ‹Dekachord›, das für jeden Ton 2 Saiten hat. In der einen Hand hält der König einen Stimmschlüssel, in der andern ein Plectrum zum Zupfen der Saiten.

Das dritte Bildchen zeigt einen reichen Mann mit Geld und gehört eigentlich zum Gleichnis von den anvertrauten Pfunden (Luk. 19, 12–27).

Von besonderem technischen Interesse könnte die Darstellung der Kornmühle *(Abb. 72)* sein.

Die Mühle wird von Wasser getrieben. Sie besteht aus einem Korntrichter, dem hier in Draufsicht gezeigten Mühlstein, dem Mahlkasten darunter, dessen Boden durch ein Übersetzungsrad mit dem Wassertriebrad verbunden ist.

Die Darstellung gibt aber nur sehr bedingt Zeugnis für mittelalterliche Frauenarbeit, denn sie ist eine Illustration von der Heraufkunft des jüngsten Tages:

«Auf diese Weise wirds auch gehen an dem Tage, wenn des Menschen Sohn soll offenbart werden. Wer da sucht, seine Seele zu erhalten, der wird sie verlieren; und wer sie verlieren wird, der wird ihr zum Leben verhelfen. Ich sage Euch: In derselben Nacht werden zwei auf einem Bette liegen; einer wird angenommen, der andre wird verlassen werden. Zwei werden mahlen miteinander, eine wird angenommen, die andre wird verlassen werden. Zwei werden auf dem Felde sein, der eine wird angenommen, der andre wird verlassen werden», so heißt es Luk. 17, 30–36.

Die Beiden auf dem Felde pflügen bei *Herrad (Abb. 73)* mit einem Ochsengespann. Wie die Tiere angeschirrt sind, läßt sich genau erkennen. Der Pflug ist der seit dem XI. Jahrhundert allgemein gebräuchliche Karrenpflug, welcher nur in Südfrankreich nicht den alten Hakenpflug verdrängte (vgl. S. 198). Das Pflugmesser, das ‹Sech›, schneidet den Boden auf, die Pflugschar wendet die Scholle um.

Aber all diese sachlichen Auskünfte und schier unendlich viele andere fanden sich anschaulich einst in jenem großen Buch, das heute nicht mehr existiert. Es entstand im elsässischen Kanonissenstift Hohenburg auf dem Gipfel des St. Odilienberges, das heute Pilger und Pensionsgäste aufnimmt. Seine Gründungssage ist zugleich Heiligenlegende. Zur Merowingerzeit herrschte über diese Gegend der alemannische Herzog *Adalrich* oder *Eticho.* Als ihm seine Frau *Berswint* statt eines Sohnes eine schwächliche, blinde Tochter gebar, befahl er, das Kind zu töten. Aber die Amme brachte es vielmehr heimlich nach Scherweiler (Scherwiller) bei Schlettstadt. Später gibt man das Kind, *Odilie,* nach Baume-les-Dames ins Kloster. Durch die Taufe wird es sehend und gesundet. Schließlich enthüllen Mutter und Bruder dem Herzog, daß *Odilie* lebt. Im Zorn tötet *Eticho* seinen Sohn. *Odilie* will er mit einem Ritter verheiraten. Aber sie entflieht. *Eticho* verfolgt sie, aber *Odilie* verschwindet vor seinen Augen in einem Felsen. Da gibt der Herzog sich besiegt. Er schenkt ihr sein Jagdhaus Hohenburg, wo sie ihr Kloster gründet. Im Laufe der Jahrhunderte hat sich die Gründung nur mühsam erhalten. Insbesondere Herzog *Friedrich II.* von Schwaben, *Monoculus,* hat die Ländereien anderweitig als Lehen vergeben. 1140/1 folgt ihm sein Sohn *Friedrich III.* als Herzog von Schwaben, der 1152 als *Friedrich I.* römischer König und 1155 Kaiser wird. Noch zur Herzogszeit *Barbarossas* nimmt das staufische Hauskloster einen neuen Aufschwung. Gleich nach Regierungsantritt hat er die Rechte des Klosters wiederhergestellt und aus dem bayrischen Kloster Bergen seine Verwandte *Rihlinda* dort als Äbtissin eingesetzt. Der staufische Adel gibt seine Töchter nach Hohenburg, denn die Frauenklöster sind nicht nur Orte der Weltentsagung, sondern auch Aufenthalts- und Versorgungsstätten für Edelfräulein. Wenn politische Umstände es erforderten, nahm man die Mädchen auch wieder heraus und verheiratete sie. Am Fuß des 761 m hohen Odilienberges liegen heute im Wald die Ruinen der staufischen Ministerialenburg Landsberg mit einem schönen Buckelquadermauerwerk und Kapellenerker. Es könnte sein, daß, wie das ungesicherte Gerücht will, die wohl zwischen 1125 und 1130 geborenene *Herrad,* die Zeichnerin des ‹Hortus deliciarum›, aus diesem Landsberg stammt. Unter *Rihlinda* erzogen, leitete *Herrad* die Hohenburger Klosterschule und wurde schließlich nach dem Tode ihrer Meisterin (22. 4. 1167) selbst zur Äbtissin gewählt. Am ‹Hortus deliciarum› hat *Herrad* viele Jahre ihres Lebens, von 1159–1180 *(Straub)* oder von 1175–1185 *(Rott),* gemalt.

Bis 1521 blieb die einzigartige Handschrift in Hohenburg, dann wurde sie auf Geheiß des Straßburger Bischofs *Erasmus* von Limburg auf die Burg Zabern verbracht. 1609 kam sie von dort in die Kartause Molsheim, 1790 in die Bibliothèque départementale nach Straßburg. Zu Beginn des XIX. Jahrhunderts war sie glücklicherweise mehrfach ausgeliehen. Leider kehrte sie kurz vor 1870 in die Straßburger Bibliothek zurück und wurde dort im Chor der Dominikanerkirche aufbewahrt. Als in der Nacht vom 24. zum 25. August 1870 die preußische Artillerie Straßburg beschoß, gingen alle Handschriftenbestände, die in der Dominikanerkirche lagerten, in Flammen auf. Unter ihnen der ‹Hortus deliciarum›. Indes sind rund zwei Drittel seiner Abbildungen in Pausen erhalten. Bereits 1818 veröffentlichte *Maurice Engelhardt* eine Reihe genauer Nachzeichnungen. Nach ihm hat vor allem der französische Comte *A. de Bastard* zwischen 1830 und 1848 Zeichnungen der *Herrad* nachgepaust. Alle diese Nachzeichnungen tragen etwas vom Zeichenstil der Zeit, in der sie angefertigt wurden. Zwischen 1879 und 1899 veröffentlichten *G. Keller* und *A. Straub* in einer monumentalen Ausgabe alles, was ihnen an Nachzeichnungen des zerstörten Codex erreichbar war. Eine geplante Neuausgabe von *J. Walter* konnte 1952 nur 50 von den ursprünglich 336 oft ganzseitigen Miniaturen, die alle farbig waren, abbilden. Der Codex bestand aus 255 Seiten in Großfolio mit 69 etwas kleineren eingeschobenen Blättern. Außer den Miniaturen enthielt der Pergamentcodex noch Auszüge aus verschiedenen Kirchenschriftstellern, u. a. aber auch lateinisch-mittelhochdeutsche Glossen. Die Miniaturen folgten z. T. byzantinischen Vorlagen. Nach den Angaben bei *Straub-Keller* läßt sich folgender Aufbauplan rekonstruieren:

1. Von der Ewigkeit bis zum Beginn der Zeiten (fol. 1r–16v). Hier wird bei der Erschaffung der Gestirne die mittelalterliche Himmelskunde, bei der Erschaffung des Menschen die Anatomie mit abgehandelt.
2. Die Geschichte der Alten (fol. 17r–64v). – Vom Sündenfall bis zu Noah ist es zunächst rein biblische Geschichte. Nach der Sintflut erscheint die Weisheit der Griechen. Fol. 32r *(Abb. 75)* läßt in der Mitte einer romanischen Fensterrose die Philosophia thronen, gekrönt von Ethica, Logica und Physica. Auf einem

Schriftband (phylakterion) steht: Alle Weisheit kommt von Gott. *Sokrates* und *Platon* sitzen als Schüler der Philosophia zu Füßen. In den Arkaden stehen die Septem Artes, «deren Urheber der Heilige Geist ist». Unter ihnen erscheint die Grammatica mit byzantinischer Frisur. Über der engärmeligen Tunica trägt sie den modischen ‹blialt› mit weiten Hängeärmeln. Als Attribut trägt sie die Rute, jahrhundertelang das Szepter der Pädagogik. Dann geht die alttestamentliche Geschichte weiter, mit wundervollen exotischen Kamelen.

3. Gegenüberstellung von Altem und Neuem Bund, insbesondere die Vision Zacharias 3–5 (fol. 64v–78v). Angeschlossen wird die römische Geschichte bis zu *Tiberius*.

4. Christus und sein Evangelium (fol. 79r–160v). Es beginnt mit der Genealogie nach Matthäus, die als Gliederkette einer göttlichen Angelschnur dargestellt wird, an deren Ende der Gottmensch als Köder für den Leviathan hängt. Der Teufel vermag den Gott im Menschen nicht zu verschlingen und wird so gefangen. Nicht nur die Lebensgeschichte, sondern auch die Wunder und Gleichnisreden werden bildlich ausgemalt. Die Darstellung der Kreuzigung gibt nahezu ein ikonographisches Kompendium dieses Themas *(Abb. 76)*: Der obere Bildteil gibt die Vorbereitung zur Kreuzigung; zitiert sind Mark. 15, 20 und 22, rechts ein Auszug aus dem ‹Speculum Ecclesiae› des *Honorius Augustodunensis*. Die untere Bildhälfte zeigt Christus als lebende Hostie am Kreuz, den zerrissenen Tempelvorhang, Sonne und Mond, die ihren Schein verlieren, die sich öffnenden Gräber, das Gerippe Adams unter dem Kreuz, die Auferstehung der Toten als Präfiguration des Jüngsten Tages. In diesem Sinne scheidet das Kreuz auch die Guten zur Rechten: den guten Schächer Tismas (Demas), den Hauptmann Longinus mit der Lanze, die Ecclesia auf dem Tier mit den vier Evangelistenköpfen; zur Linken des Kreuzes die Bösen: der böse Schächer Gesmas (Cystas), der Jude Stephalon mit dem Essigschwamm, die trauernde Synagoge, abgeurteilt, mit zu Boden gesunkener Fahne. Nur Maria und Johannes sind dieser Gut-Böse-Einteilung entzogen.

5. Ausbreitung des Evangeliums in der Kirche der Apostel (fol. 161r–199v).

6. Moralisch-allegorische Betrachtung der Kirche (fol. 199v–240v). Eingeleitet durch Auszüge aus der ‹Psychomachie› des *Prudentius* (348–405), folgt eine 28-seitige Darstellung des Kampfes der Tugenden und der Laster. Hier hat auch die Ausdeutung des Salomonischen Hohenliedes ihren Platz und eine allegorische Gesamtdarstellung des volkreichen Kirchengebäudes (fol. 225v; Pl. LIX).

7. Das Ende der Zeiten (fol. 241r–263v): Antichrist, Jüngstes Gericht, neuer Himmel und neue Erde, die Gerechten in Abrahams Schoß.

Dieses Hauptstück könnte 33 Lagen gehabt haben nach der Zahl der Lebensjahre Jesu. Ein Anhangsteil (fol. 264r–324v) enthielt Zeittafeln, (wegen der Notenformen) vielleicht später eingefügte Hymnen (Pl. LXXVIII, fol. 320v) und eine Geschichte des Klosters Hohenburg.

Vor der Fassade der Klosterkirche steht Christus. Er, Maria und Petrus empfangen von *Eticho* dux einen Stab zum Zeichen der Klostergründung. Der böse Herzog ist ein frommer Mann geworden. Er trägt die Herzogskrone, hat aber die Chlamys ehrerbietig ausgezogen und hält sie in der linken Hand. Rechts oben stehen Johannes der Täufer und die Heilige *Odilie*. Auf einer zweiten Szene darunter sitzt der Herzog mit umgetanem Mantel auf einem ‹faltstuol› und übergibt *Odilie* den Schlüssel des Klosters. Rechts steht die Äbtissin *Rihlinda*, von der in der Beischrift gesagt wird, sie habe alle Schäden des Klosters repariert. Hier hat *Herrad* ihrer Lehrmeisterin ein Denkmal gesetzt.

Das Werk als Ganzes aber bietet ein wohlgeordnetes und harmonisches Geschichtsbild für den gelehrten Unterricht des staufischen Hausklosters, das *Barbarossa* auf seinem Königsumritt am 27. Januar 1153 besucht hatte. Als sein Sohn, Kaiser *Heinrich VI.*, 1195 den sizilianischen Gegenkönig *Tancred von Lecce* endlich nicht mehr zu fürchten brauchte, hielt er es dennoch für gut, dessen gesamte Familie nach Deutschland ins Exil zu schicken. Die Töchter des Königs und seine Witwe *Sibylla* sandte er zu *Herrad* ins Kloster Hohenburg. Ob die Sizilianerinnen die Äbtissin noch lebend angetroffen haben, muß allerdings zweifelhaft sein. Denn *Herrad* ist am 25. Juli 1195 gestorben.

# AVENTIUREWELTEN
# JENSEITS DER GEWOHNTEN GRENZEN

Über die historischen Grenzen des Karlsreichs hinaus richtet sich jetzt der Blick des Imperiums auf das mohammedanisch-christliche Sizilien; über den Bereich des Höfisch-Märchenhaften um König Artus hinaus führt jetzt die ritterliche Verserzählung mit Chrestiens ‹Perceval›, aber auch mit *Hartmans* ‹Gregorius›; über die Kirche als letztzeitliche Heilsinstitution hinaus denkt jetzt die geistliche Spekulation *Joachims von Fiore* eine neue, dritte Geist-Kirche, ergrübelt dann *Robert von Boron* einen neuen, dritten Menschen. Die Grenzen der von der Tradition gezeichneten Welt werden überschritten ins nicht länger Geheure seit der Mitte der 1180er Jahre etwa.

## A. SIZILIANISCHE UND HÄRETISCHE BLICKPUNKTE

### Sizilien

Das Mainzer Pfingstfest von 1184 war gefeiert. Es bezeichnete, jedenfalls äußerlich, die ‹akmé›, den Gipfelpunkt der Barbarossazeit. Im September brach der Kaiser zum sechsten und letzten Mal nach Italien auf, um in Verona mit dem Papst zusammenzutreffen. Seit geraumer Zeit aber schienen sehr geheime Verhandlungen mit einem ganz anderen Großen dieser Welt im Gange, so geheim, daß wir über den ganzen Vorgang keine Urkunde haben (*Hampe; Jordan*), sondern nur am 29. Oktober 1184 ein plötzliches Ergebnis: Der 18-jährige König *Heinrich* (geb. 1165) wurde durch Staatsvertrag mit der 29-jährigen Prinzessin *Konstanze* von Sizilien (geb. 1154/5) verlobt. An diese Prinzessin würde das süditalisch-sizilianische Normannenreich durch Erbgang fallen, wenn der gegenwärtig regierende 31-jährige König *Wilhelm II.* von Sizilien ohne Erben sterben sollte. Die Mitgift *Konstanzes* betrug 40 000 Mark. Die Perspektive eines gewaltigen Imperiums taucht auf von der Nordsee bis zur äußersten Südspitze Siziliens, das mit seiner Fremdartigkeit dazu beitragen wird, die Person des Kaisers einst zur Spukgestalt zu verklären, die in einem Berge haust. Aus dem römischen Imperator wird eine chiliastische Zauberfigur. Das Quentchen Sizilien macht die imperiale Fiktion zur Chimäre. Vorerst freilich hat alles noch den Anschein einer aufs höchste durchkalkulierten Realpolitik. Aber es scheint gerade deshalb geboten, den Blick auf dieses fremdartige Land zu richten mit den Augen eines arabischen Reisenden, der jetzt, um die Jahreswende 1184/5, dorthin verschlagen wird. Es ist *Ibn Čobair*, dessen berühmte ‹riḥla› (Reisebericht) erzählt, wie er von Granada in Andalusien (am 1. Februar 1183) über Sardinien, Alexandria, Kairo, Djidda zur heiligen Kaaba in Mekka gelangte (am 22. August 1183) und von dort über Medina, Bagdad, Mossul, Damaskus, das christliche Akkon, Kreta, Sizilien schließlich am 25. April wieder nach Granada zurückkehrte. Es ist die Reise durch die mediterrane Welt kurz vor dem 3. Kreuzzug, durch eine Welt, in welcher Moslems und Christen mit- und nebeneinander leben in friedlicher Feindschaft, vor allem durch Geldgeschäfte verbunden.

«Unser Schiff segelte dahin, von einem wilden Südwind gejagt. Das große Festland lag zu unserer Rechten und Sizilien zu unserer Linken. In der Mitte der Nacht des 3. Sonntags dieses heiligen Monats (Ramadan 7.12.1184 – 4.1.1185), wir waren gerade auf der Höhe der Stadt Messina, … als uns die Rufe der Matrosen plötzlich darauf aufmerksam machten, daß uns der Wind mit aller Macht auf eine der beiden Küsten zutreibt und unser Schiff darauf zu stranden droht. Sofort läßt der Kapitän die Segel reffen; aber das Segel des Artimon-Mastes, wie sie ihn nennen, will sich nicht einrollen. Trotz aller Anstrengung gelingt es den Matrosen nicht, die Kraft des Windes zu besiegen, welcher das Segel schwellt. Nachdem alles nichts fruchtet, zerschneidet der Kapitän das Segel, Stück für Stück, in der Hoffnung, dergestalt den Lauf des Schiffes zu hemmen. Aber noch während sie dieses schwierige Manöver versuchen, scharrt der Kiel auf dem Grund und berührt ihn mit beiden Steuerrudern … Ein furchtbares Geschrei erhebt sich an Bord: das Entsetzliche ist geschehen, das Leck, welches sich nicht stopfen läßt, die dumpfe Katastrophe, welche unseren Gleichmut zerbricht.

Die Christen schlagen sich wieder und wieder an die Brust, die Moslems ergeben sich ganz in den Willen ihres Herrn … Als wir erkannt hatten, welches unser Geschick sein werde, richteten wir uns auf, gürteten unsere Lenden für den Tod, wandten Wünschen und Wollen auf reine Ergebenheit, entschlossen zu warten, seis auf den Morgen, seis auf die Stunde unseres Schicksals.

Schreie ertönen, Klagerufe steigen auf unter den Kindern und Frauen der Rumis (der Christen): eine aus dem Gottesgehorsam entfesselte Menge … Wir aber, aufrecht und unbeweglich, blicken hinüber zum nahen Land, unschlüssig, ob wir versuchen sollen, es schwimmend zu erreichen oder warten und hoffen, ob nicht das Heil Allahs mit dem neuen Tag aufgehen werde …

Die Matrosen ließen das Beiboot zu Wasser und nahmen hinein, was ihnen am meisten wert schien: Männer, Frauen, Gepäckstücke. Es gelang ihnen, alles auf einmal an Land überzusetzen, das Boot aber vermochten sie nicht wieder zurückzubringen: Zerschellt hatten es die Wellen ans Ufer geworfen.

Nun bemächtigt sich Verzweiflung unserer Seelen. Da, mitten im Kampf mit den Elementen, geht der Tag auf und bringt die Hilfe Allahs. Hilfe in höchster Not. Sehnsüchtig blicken wir hinüber: vor uns liegt die Stadt Messina, weniger als eine halbe Meile entfernt. Doch ein unüberwindbares Hindernis ist zwischen ihr und uns …

Die Sonne geht auf. Boote kommen uns zu Hilfe, denn in der Stadt hat man Alarm gegeben. Der König von Sizilien, Wilhelm, ist in eigener Person mit seiner

Leibwache herausgetreten, um die Rettungsaktion zu leiten. Bald steigen wir in die Boote, welche wegen der Gewalt der Wellen nicht am Schiff anlegen können. ... Endlich finden wir Rettung auf festem Land ...
Man hat uns etwas Außerordentliches berichtet: Dieser Rumi-König bemerkte einige arme Moslems, welche auf dem Schiff warteten, weil sie kein Geld hatten, sich übersetzen zu lassen. Denn die Bootsbesitzer ließen sich von den Leuten ihre Rettung teuer bezahlen. Da erkundigt sich der König. Man setzt ihn ins Bild. Er gibt ihnen 100 Vierlinge seiner Münze, und so können sie übergesetzt werden. Die geretteten Moslems jedoch vermeiden es, (über die Christen) die Heilsformel zu sprechen und sagen nur: Lob sei Allah, dem Herrn aller Menschen» (*Ibn Čobair*, Voyages 375–377).

Bewunderung und Glaubensfeindschaft zugleich kennzeichnen die Haltung des arabischen Reisenden *Ibn Čobair* gegenüber der sizilianischen Welt und ihrem König. Über ihn schreibt unser Gewährsmann an anderer Stelle:

«Das Verhalten des Königs ist in der Tat außerordentlich. Den Moslems gegenüber ist er von vollendeten Umgangsformen. Er vertraut ihnen Ämter an, wählt seine Beamten aus ihrer Mitte, und alle, oder doch fast alle, bewahren insgeheim ihren Glauben und bleiben dem Islam treu ... In Messina hat er eine Burg, die weiß wie eine Taube über dem Gefilde des Meeres schwebt. Er besitzt eine Unzahl erlesener Diener und Sklavinnen. Kein Christenkönig ist königlicher, reicher und verschwenderischer als er. Durch die Fülle der Macht, darin er schwimmt, durch die schöne Ordnung seiner Gesetzgebung, durch die solide Verankerung seiner Macht, durch die gerechte Rangordnung unter seinen Leuten, durch den Glanz seines königlichen Auftretens ... gleicht er muslimischen Königen ... Er hat Ärzte und Astrologen, für deren Arbeit er sich sehr interessiert. Und wenn er hört, ein berühmter Mediziner oder Sterndeuter sei in sein Reich gekommen, so befiehlt er, ihn festzuhalten. Und er bietet ihm ein Leben im Überfluß, um ihn seine Heimat vergessen zu machen. Gott schütze gnädig alle Moslems vor den Verwirrungen, in welche dieser König sie stürzen könnte. Gott schütze sie vor seinen Launen und seinen Gewaltmaßnahmen.
Ein anderer außerordentlicher Zug, den man von ihm berichtet, ist dieser: daß er arabisch liest und schreibt und daß, wie wir von einem seiner vertrauten Diener hörten, seine Devise lautet: ‹Lob sei Allah wie ihm Lob gebühre› ...
Man hat uns auch erzählt, daß diese Insel einst von einem Erdbeben heimgesucht wurde. Der polytheistische König war von Entsetzen gepackt. Er lief durch seinen Palast, worin er nichts anderes hörte als Anrufungen Allahs und seines Propheten, von Frauen und Eunuchen ausgestoßen. Als sie den König erblickten, waren sie verstört und betreten. Er aber beruhigte sie mit den Worten: ‹Möge jeder von Euch den anrufen, den er verehrt und dessen Glauben er folgt›» (380 bis 382).

Die Organisation des normannischen Staatswesens ist in mancher Hinsicht vorbildlich. Besonders beeindruckt zeigt sich *Ibn Čobair* vom öffentlichen Gesundheitswesen:

«Auf unserm Wege sahen wir zahlreiche Klöster, die zur Aufnahme von kranken Christen dienen; sie haben solche auch in den Städten nach dem Muster der muslimischen Hospitäler. Bereits in Akkon und Tyrus hatten wir solches beobachten können, und wir bewundern ihre Fürsorge auf diesem Gebiet» (387).

Mit seiner mächtigen Flotte, seinem schlagkräftigen Heer und seinem glänzend organisierten Verwaltungswesen bildet der süditalisch-sizilische Normannenstaat eine gefährliche Macht im Zentrum des Mittelmeers. Als Pilger zum Michaels-Heiligtum auf dem Monte Gargano waren die ersten Normannen zu Anfang des XI. Jahrhunderts nach Süditalien gekommen. Als Söldner und Hilfstruppen hatten sie auf den verschiedensten Seiten gekämpft, z.b. 1018 bei Cannae gegen die russischen Normannen, welche im Dienste von Byzanz standen (vgl. oben S. 93). Es waren kleine Barone aus der französischen Normandie, vor allem die Söhne des *Tancred* (gest. 1041) von Hauteville bei Coutances, unweit des anderen Michaelsheiligtums Mont Saint Michel, dessen erste große Kirche damals (1017–1144) gebaut wurde. *Tancreds* Sohn *Wilhelm Eisenarm* wurde 1042 von den andern normannischen Bandenführern zum ‹Grafen von Apulien› erhoben, nominell unter der Oberhoheit des Langobardenfürsten *Waimar von Salerno,* der sich ‹dux Apulie et Calabrie› nannte *(Ménager).* Unter einem anderen *Tancred*-Sohn, *Robert Guiscard* (Graf von Apulien 1057–1059, Herzog von Apulien, Calabrien und Sizilien 1059–1085), kam dann ganz Süditalien in die Hand der Normannen. Der jüngste Bruder, *Roger I.* (geb. 1031, Graf von Sizilien und Calabrien 1060–1101), hatte 1072 Palermo erobert und sich ‹Graf von Sizilien› genannt. Aus der 3. Ehe mit *Adelheid von Savona* wurde dem 66-jährigen 1097 sein Sohn und Nachfolger *Roger II.* geboren. Dieser vereinigte Sizilien, Calabrien und Apulien unter seiner Herrschaft (Graf v. Sizilien u. Calabrien 1105–1127, Herzog v. Apulien 1127–1130) und nötigte im Dezember 1130 den (Gegen-)Papst, ihn als seinen Lehnsmann zum König zu erheben (vgl. S. 327f.). Bis Februar 1154 hatte König *Roger* regiert. Noch kurz vor seinem Tode zeugte er mit *Beatrix von Rethel* eine Tochter, die postum geboren wurde: *Konstanze,* nunmehr die Braut König *Heinrichs VI.* Ihren Stammbaum haben wir so ausführlich referiert, um zu zeigen, daß der Sohn dieser *Konstanze,* der spätere Kaiser *Friedrich II.,* der erste ‹moderne Mensch› im Mittelalter, keineswegs südliches oder gar sarazenisches Blut in seinen Adern hat, wie leicht geglaubt wird. Es ist vielmehr das Milieu dieses sizilianischen Staates, welches den späteren Kaiser zu einem halben Orientalen machen wird.

Aus einer früheren Ehe König *Rogers II.* stammte sein Nachfolger König *Wilhelm I.* von Sizilien (1154–1166). In seiner Regierungszeit entstand das Fußbodenmosaik in der Kathedrale von Otranto, auf dem König Artus dargestellt ist (vgl. ob. S. 426). Ihm folgte sein 1153 geborener gleichnamiger Sohn *Wilhelm II.* (1166–1189), der sich eine Raubabschrift der ‹Chanson d'Aliscans› anfertigen ließ (vgl. ob. S. 426). Es ist dieser König, von dem *Ibn Ğobair* berichtete. Seit 1177 war er mit dem Sachsenherzog *Heinrich* dem Löwen verschwägert durch seine Gemahlin *Johanna* von England, eine Tochter König *Heinrichs II.* Aber diese Ehe war bis dahin kinderlos geblieben, und auf einen erbenlosen Tod spekulierte der staufische Imperator. Zum Marienfest des 15. August 1176, als der damals 23-jährige König über seine Eheschließung mit der 11-jährigen *Johanna* mit dem englischen Hof verhandelte, hatte er das märchenhafte Kloster Monreale bei Palermo gestiftet *(vgl. Abb. 77),* vielleicht eine Art Fruchtbarkeits-Ex-Voto für die dann am 13. Februar 1177 in Palermo eingesegnete Ehe (vgl. *Giesebrecht; Ménager).* Als König *Wilhelm II.* 1183 den Abt von Monreale durch den Papst in den Rang eines Erzbischofs erheben ließ, hat er damit seinen ersten Ratgeber, den Erzbischof von Palermo, vielleicht dergestalt verärgert, daß dieser den Verlobungsvertrag zwischen der königlichen Schwester *Konstanze* von Sizilien und dem Barbarossasohn *Heinrich VI.,* nun zum Schaden des Papstes, mit erfolgreichem Nachdruck betrieb.

Am Außenbau von Monreale verbindet sich orientalische Wandauffassung – Wand als Teppich – mit verschränkten Bogenmotiven, die sich bereits seit um 1100 mehrfach in England (Ely, Peterborough, Durham, Leuchars, Bury St. Edmunds etc.) finden. Aber selbst für die anglonormannischen Beispiele hat man *(Chastel)* sarazenische Vorbilder vermutet. Die Arkaden des Kreuzgangs zeigen normannische Zickzackornamente, Figurenkapitelle wie in Burgund, musivisch gearbeitete Säulenschäfte wie in Byzanz, der ganze Raum des schattigen Brunnenhofes aber hat etwas von arabischer Märchenatmosphäre *(Abb. 77).*

Durch die normannische Eroberung Siziliens (1072) war die arabische Herrschaft zwar abgelöst worden, aber die Moslems bildeten nach wie vor einen namentlich im Westen bedeutenden Teil der Bevölkerung. Arabisch war eine der Landessprachen. Die Oberschicht sprach normannisches Französisch, aber auch Griechisch und Latein *(Chalandon).* Das Festlandssizilien – Apulien und Calabrien – hatte lange zum griechischen Reich gehört. Wie die Normannen die Araber aus Sizilien, so hatten die byzantinischen Griechen sie aus Süditalien vertrieben (vgl. *Anna Komnena).* Vieles Eingewurzelte lebte weiter, nicht nur die orthodoxen Basilianermönche, die hier vor Verfolgung sicher waren. In einigen Dörfern Calabriens soll noch heute ein griechischer Dialekt gesprochen werden. Der Hof von Byzanz, das Versailles des Mittelalters, war für Sizilien genau so Vorbild offizieller Stilisierung wie für den Sachsenherzog *Heinrich* den Löwen *(vgl. Abb. 64).* Nach byzantinischem Vorbild mit griechischer Beischrift stellt ein Mosaik in der Martorana-Kirche zu Palermo die Himmelskrönung *Rogers II.* durch Christus dar *(Abb. 78).* Von eben dieser mosaikglänzenden Martorana, die der normannische Großadmiral *Giorgios Antiochenos* 1141 gestiftet hatte, schreibt der erschrockene *Ibn Ĝobair:*

«Eines der außerordentlichsten Bauwerke der Ungläubigen, welches wir sahen, ist die sogenannte ‹Kirche des Antiocheners› ... Ihre Mauern sind innen völlig mit Gold verkleidet und mit Marmorplatten verschiedenster Farbe, wie man ihresgleichen nie gesehen hat. Allenthalben sind die Mauern mit Mosaiken geschmückt und mit Rankenwerk aus grünem Marmor bekrönt. Im Oberlichtgaden reihen sich harmonisch Fenster mit vergoldeten Scheiben, deren funkelnder Glanz das Auge entzückt und die Seele in Verwirrungen stürzen könnte, vor welchen uns zu bewahren wir Allah bitten» (390f.).

Sinneverwirrend, für einen Moslem wie für einen Christen, muß in der Tat der Anblick dieses fränkischen Königreichs gewesen sein, in dem sich Arabisches und Byzantinisches, Französisches und Normannisches in so seltsamer Weise vermischten. Die königliche Palastkapelle zu Palermo, die sich König *Roger II.* 1132–1140 erbauen ließ, scheint antikisierende Säulen mit römisch-frühchristlicher Basilikaform, byzantinischen Mosaikarbeiten und arabischen Stalaktitengewölben vermählen zu wollen. Kurz nach seinem Aufstieg zur Königswürde hatte *Roger II.* eine arabische Moschee zur christlichen Kirche S. Giovanni degli Eremiti umgebaut *(Abb. 79),* und mohammedanisch wirkt auch die panormitanische Kirche San Cataldo von 1166 mit ihren drei Kuppeln. Das Nebeneinander verschiedener Völker und Religionen führte zu einer fast toleranten Weite des Horizonts, die der andalusische Reisende nur mit unverhohlenem Mißtrauen betrachten konnte:

«Auf der Reise von Messina nach Palermo ... (begegneten wir) Gruppen von Christen, die uns freundlich begrüßten und empfingen. Wir fanden in ihrem Umgang und in ihrem Betragen gegenüber den Moslems eine solche Zuvorkommenheit, daß dadurch in den Herzen Ungebildeter sehr leicht Verwirrung gestiftet werden könnte. Allah bewahre die ganze Gemeinde Mohammeds (davor)» (386).

Von der Schönheit Palermos aber schwärmt er:

«Al-Madina, die Hauptstadt, wird von einem Wasserlauf durchströmt und vier Quellgewässer rinnen ihm zur Seite. Alle Dinge dieser Welt haben sich hier für ihren König geschmückt und er hat den Ort zur Hauptstadt seines fränkischen Königreichs gewählt – Allah vernichte ihn! Die königlichen Paläste sind auf der Brust der Stadt gereiht wie Perlenketten um den Hals junger Frauen mit runden Brüsten (389) ... Gewöhnliche Moscheen sind sehr zahlreich, ja unzählig (390) ... Dort feiern die Moslems ihre rituellen Gebete auf den Ruf des Muezzins hin, der deutlich erschallt» (389).

Inmitten einer verwirrenden Welt hält sich nicht nur *Ibn Ĝobair* an den Ruf der Rechtgläubigkeit. Auch Kaiser und Papst werden jetzt, 1184, versuchen, einen, nunmehr rechtlich definierten Ruf zur Orthodoxie an die Christenheit ergehen zu lassen.

### *Ketzeredikt von Verona*

Denn man brauchte nicht einmal bis an die Grenzen der christlich-muslimischen Welt zu gehen; geistliche Verwirrung war durchaus im eigenen Hause, mochte dies nun Kirche oder Imperium heißen. Sie war es in manifest antikirchlicher Gestalt als Katharismus, mit dem schon *Bernhard von Clairvaux* erste Bekanntschaft hatte machen müssen (vgl. oben S. 355), von unübersehbarer Wirksamkeit namentlich seit dem Auftreten des *Niketas* 1167 (vgl. ob. S. 485f.). Jetzt, vor 1190, erlebte der Katharismus seinen dritten Höhepunkt. Gemeinden mit Bischofsorganisation sind besonders in Ober- und Mittelitalien, in Flandern und Champagne und im südwestfranzösischen Herrschaftsbereich des Grafen von Toulouse anzutreffen. In diesen Jahren kommt eine Gruppe gemäßigter Bogomilen unter einem gewissen *Petrakios* zum Katharer-Bischof der Lombardei *(Niketas und Markus* sind bereits gestorben) und verdächtigt den Vorgänger des *Niketas,* «man habe ihn bei einer Frau ertappt» *(Borst).* Die durch Handauflegen von ihm auf *Niketas,* von *Niketas* sodann auf *Markus* und seine Nachfolger übertragene Reinheit war also gar keine. Die Katharer-Gemeinden spalten sich. Daß gerade der gute oder böse Anschein leiblichen Lebens den Ausschlag gibt, wird schließlich dem Katharismus zum Verhängnis. Die völlige Weltablehnung macht ihn geistig steril, noch ehe die südfranzösischen Katharerkriege den Katharern das ersehnte Martyrium, d. h. die Leibbefreiung, und dem Katharismus das tatsächliche Ende bereiten. In Italien dagegen bleiben auf geraume Zeit die städtischen Katharer reputierliche Bürger, die von den Communen gern mit öffentlichen Ämtern betraut wurden, weil sie als Exkommunizierte weder Kaiser noch Kirche scheuten und so, nach einem Wort von *M. H. Vicaire,* sich als Vertreter einer rücksichtslosen Interessenpolitik aufs beste empfahlen.

Daneben freilich wirkten die eigentlich christlichen Häresien, Gruppen von evangelisch Frommen verschiedenster Färbung (vgl. ob. S. 485ff.). Die ‹Armen von Lyon› (Pauperes de Lugduno) des *Petrus Waldes* hatten ihre Wanderpredigt und ihr evangeliengemäßes Leben nicht aufgegeben, nachdem sie 1179 durch *Walter Map* als ungebildete Schwärmer von der Kurie zurückgewiesen worden waren (vgl. ob. S. 487). Ebenso lebten die Humiliaten, die ‹Patareni› oder ‹Boni Homines› besonders in den Städten Norditaliens ihr geld- und luxusfeindliches Leben *(Grundmann).* Die Absurditäten, mit denen diese Leute, die immerhin dann unter *Innozenz III.* (1198–1216) ihre Anerkennung finden sollten, verleumdet wurden, erinnern an das, was man den ersten Christen nachsagte (vgl. auch oben S. 15). Im ‹Goldenen Esel› des *Apulejus* (125–190) hieß es z.B.:

«Der Müller, welcher mich gekauft hatte, war ein braver Mann ..., aber auf eine üble Frau hereingefallen ... Voller Mißachtung für die Götter bekannte sie als Religionsersatz den lügenhaften und infamen Dienst eines Gottes, der angeblich einzig und allein Gott war, und hatte sich einem sinnlosen Kultus ergeben, der die Leute verführte. Ihren armen Mann betrog sie, und, vom frühen Morgen an betrunken, prostituierte sie sich unausgesetzt.»

Von den Humiliaten zu Verona im Augenblick des Ketzeredikts wird berichtet:

«Ein Chorherr von Sankt Gereon in Köln, der sich um jene Zeit in Verona aufhielt, machte die Entdeckung, daß sein Hauswirth fast allnächtlich mit Frau und Tochter das Haus verließ, um an wilden Orgien teilzunehmen, welche in einem unterirdischen Raume auf die Predigt eines ketzerischen Lehrers nach Auslöschen der Kerzen folgten» *(Giesebrecht)*.

Solche und ähnliche Nachrichten mögen kaum geeignet gewesen sein, höheren Orts ein sonderliches Verständnis für die laikalen Frömmigkeitsbewegungen herbeizuführen. Anders als Papst *Alexander III.*, der 1162 Anlaß genommen hatte, vor übereilter Strenge gegen angebliche Ketzer zu warnen (vgl. ob. S. 485), schritt der jetzige Papst dezidiert und undifferenziert gegen die irritierenden Erscheinungen innerhalb der Christenheit ein, und der Kaiser unterstützte ihn darin. Noch ehe in Augsburg die Verhandlungen über die sizilianische Verlobung ganz zum Abschluß gekommen waren, hatte sich *Barbarossa* nach Oberitalien gewandt. Ende Oktober war er in Verona mit dem Papst *Lucius III.* (1181–1185) zusammengetroffen, einem greisen, freundlichen Mann. Politische Verhandlungen hatten ihn in erster Linie dorthin geführt. Den Papst aber bewegte der innere Zustand der Christenheit und der Entschluß zu einer eindeutigen Ketzerpolitik der Kirche. Als Papst *Lucius* am 4. November 1184 in einem großen Erlaß über die Behandlung der Ketzer zum erstenmal grundsätzlich und allgemein zu den Häresien Stellung nahm, da erhob sich, nach der Schilderung *Wilhelm von Giesebrechts*, an seiner Seite *Barbarossa*. Mit theatralisch anmutender Geste schwang er «seine Hand nach den vier Weltgegenden und warf den Handschuh drohend zu Boden. Er erließ als Seitenstück zu der päpstlichen Verordnung ein Gesetz, welches die Ketzer in die Acht tat, sie für rechtlos erklärte und ihnen alle Güter absprach». War die Ketzerverfolgung bisher Sache der Bischöfe gewesen, so wurde sie nun durch das Zusammenwirken von höchster geistlicher und höchster weltlicher Macht gewissermaßen zentralisiert und auf den Weg zur berüchtigten Inquisition geführt. Der Papst aber hatte als Ketzer definiert:

1. Wer unbefugt predigte,
2. Wer der katholischen Sakramentenlehre widersprach,
3. Besondere Gruppen von Leuten, nämlich: Catharos, Patarinos, Humiliatos vel Pauperes de Lugduno, Passaginos, Josepini, Arnaldistas *(Grundmann)*.

Hier ist in der Tat so Verschiedenartiges wie Katharismus und Waldensertum über einen Kamm geschoren. Was die drei letztgenannten Gruppen waren, ist nicht bekannt. Wir wissen auch nicht, ob die ‹Josepini› vielleicht etwas mit jenem *Joseph von Arimathia* zu tun haben, der uns bei *Robert von Boron* begegnen wird. Obgleich sich *Barbarossa* nicht nur im Sinne des Papstes am Ketzeredikt beteiligt und noch dazu einen Kreuzzug in Aussicht gestellt hatte, kam er mit seinen politischen Verhandlungen zu keinem erwünschten Ergebnis *(Jordan)*. Die für den Kaiser entscheidenden Fragen nach dem Besitz der mathildischen Güter (s. ob. S. 497) und nach der Kaiserkrönung des Thronfolgers konnten nicht geklärt werden. Als zudem noch die sizilianische Verlobung des Thronfolgers bekannt wurde, sah sich die kaiserfeindliche Partei der Kurie in ihrer Renitenz bestärkt. Im November wurden die Verhandlungen ergebnislos abgebrochen. Ein Jahr später (November 1185) starb der Papst. Auf den Stuhl Petri wurde damals der Mailänder Erzbischof als *Urban III.* (1185–1187) erhoben, ein alter Gegner *Barbarossas.* Seine Mailänder Erzdiözese gab er auch als Papst nicht sogleich auf. In Mailand aber sollte im Januar 1186 die Hochzeit zwischen König *Heinrich VI.* und *Konstanze* von Sizilien stattfinden. *Barbarossa* hatte ein enges Bündnis mit der einst von ihm so schwer heimgesuchten Stadt geschlossen. Das Hochzeitsfest war auch als Ehrung für Mailand gedacht. Der Erzbischof von Mailand, der jetzige Papst *Urban III.* blieb jedoch den Feierlichkeiten fern, so daß der Patriarch von Aquileja die Konsekration des Thronfolgerpaars vornahm. Unter den vielen fremden Fürsten, die in Mailand zusammengekommen waren, befand sich auch der Graf *Philipp von Flandern,* für den *Chrestien de Troyes* gerade jetzt an seinem ‹Perceval› arbeitete. Manches (Prolog, Verse 5947 und 6662; s. S. 613) ließe daran denken, daß auch *Chrestien* im Januar 1186 im Mailand gewesen sein mochte. Sein Roman jedoch für den Fürsten, der 1183 in Flandern selbst hatte Ketzer verbrennen lassen *(Giesebrecht),* steht mit seiner ins Religiös-Geheimnisvolle verschwimmenden Problematik in dieser Zeit nicht allein. In der Situation der höfischen Erzählkunst muß sich damals etwas allgemeiner und grundsätzlich verändert haben. Und dieser Umstand will noch im Zusammenhang von Verona und Sizilien erwähnt werden.

Dabei soll nicht behauptet werden, daß ein einfacher Zusammenhang von Ursache und Wirkung zwischen Ketzerei und ritterlicher Literatur besteht. Das Gefüge historischer Kausalitäten ist kompliziert, vielfältig und vermittelt, weil menschliche Charaktere und ihre Reaktionen keine einfachen, sondern vielfältige und wandelbare Größen sind. *Herbert Grundmann* hat sich in seinem Buch ‹Religiöse Bewegungen im Mittelalter› ausführlicher auch zur Entstehung des religiösen Schrifttums in der Volkssprache geäußert. Er betont, daß die ältere religiöse Dichtung in der Volkssprache von Klerikern für Laienzuhörer geschrieben und vor diesen rezitiert wurde; deshalb auch die Versform. Dieses Schrifttum ging nicht ‹vom Volk› aus *(Grundmann).* Die «Durchbrechung der strengen Scheidung zwischen dem lateinisch gebildeten Klerus und dem Laientum in den religiösen Bewegungen des 12. und 13. Jahrhunderts war die Voraussetzung für die Entstehung einer religiösen Literatur in der Volkssprache». Erst «wo sich Männer mit theologischer Bildung der religiösen Frauenbewegung (z.B. Beginen oder Dominikanerinnen) annahmen, war der Boden für eine volkssprachliche religiöse Literatur bereitet». Den frühesten Ansatz dazu fand *Grundmann* vor 1177 in Lütticher Sonntagszirkeln (vgl. oben S. 487). Aber das Bedürfnis, sich dieser religiös interessierten (Halb-)Laien anzunehmen, und das religiöse Interesse auf der andern Seite erscheinen bereits als Voraussetzungen für die Bereitung des Bodens, von der *Grundmann* spricht. Gewiß war *Petrus Waldes* der erste, der sich als Laie eine volkssprachliche Bibelübersetzung anfertigen ließ, aber die ganze Waldenserliteratur, die heute vernichtet ist, war nach *Grundmanns* Meinung «nur für die Prediger, nicht als Lesestoff für die Gläubigen geschaffen». Freilich, wo prinzipiell alle Gläubigen Prediger sind, sprengt die ‹kerygmatische› Natur der Sache die Grenzen der traditionellen Unterscheidung. Ähnlich sind die hier zu erwähnenden ritterlichen Dichtungen weder einfach religiös noch einfach ketzerisch noch einfach weltlich. Sie sind zunächst einmal Darstellungen für eine ritterliche Gesellschaft. Aber gerade in diesem Rahmen sind sie auffällig, zeigen sie doch, daß diese ritterliche Gesellschaft nicht an sich und losgelöst von allem übrigen besteht. Diese Gesellschaft, deren Töchter dann die Dominikanerinnenklöster bevölkern, wird mit ihrer Literatur zu einer Zwischenschicht zwischen weltlich und geistlich, ketzerisch und orthodox. Im Zusammenhang mit *Hartman von Aue* schrieb *F. P. Pickering* einmal treffend: «Ein als Kleriker ausgebildeter, Laie gebliebener Schwabe – Hartmann von Aue – unternimmt es, einem Laienpublikum ‹die Wahrheit› zu sagen. Die zu illustrierende Wahrheit ist... die unerschöpfliche Gnade Gottes – eine Aufgabe, die ihm als Laien eigentlich gar nicht zusteht.» Das ist zunächst einmal das Verwunderliche, was jetzt passiert, trotz und nach dem Veroneser Predigtverbot für Laien. Die Verfasser dieser ritterlichen Dichtungen, selbst wenn sie geistliche Bildung genossen haben sollten, sprechen in der ritterlichen Gesellschaft als Laien zu Laien von Geheimnissen und Wundern, die mit der christlichen Lehre in einem oft mehr, oft aber auch weniger deutlichen Zusammenhang stehen. Der höfische Starautor *Chrestien de Troyes* schreibt nach dem bereits bedenklichen ‹Lancelot› jetzt den ‹Conte du Graal› oder ‹Perceval›, *Hartman von Aue* reimt nach seinem ‹Erec› jetzt die Legende vom frommen Sünder Gregorius, *Robert von Boron* dichtet seinen ‹Joseph von Arimathia›. Und die hier begonnene Tradition reißt nicht mehr ab. Religiöse Motive dringen auf oft recht dunklen Wegen in die weltliche Literatur ein und genügen einem Bedürfnis nach außerkirchlicher Erbauung, dessen Rechtgläubigkeit oder Häresietendenz von sekundärem Interesse ist. Der Bereich des Königs Artus wird überschritten.

## B. JENSEITS DER ARTUS-THEMATIK:
## PERCEVAL UND GREGORIUS

*Chrestiens* fragmentarischer Roman ‹Perceval› oder ‹Le Conte du Graal› zeigt noch in den Strukturen des Erhaltenen die veränderte Situation. Nur äußerlich ist die alte Zweiteiligkeit bewahrt, in Wahrheit ist die früher latente Problematik der Reintegration (vgl. S. 447; 472 u. ö.) hier offenkundig, nicht erst durch die Gabelung des zweiten Teils (vgl. Schema *Köhler*), sondern bereits durch einen Funktionswandel im ersten.

### Neue Strukturen im ‹Perceval›

Als es Frühling wird, erhebt sich «der Sohn der Witwe im öden, einsamen Wald» (74–76). Er sattelt sein Jagdroß und reitet dahin. Da trifft er auf Wesen, die er zuvor nie gesehen hat: Ritter. Auch er will Ritter werden beim König Artus, gegen den Willen der Mutter. In der Tat kommt der Held bald an den Artushof und erwirbt sich im Kampf eine rote Rüstung, welche ihm König Artus zugesprochen hatte. Dann zieht er weiter, gelangt zu einem alten Edelmann, der ihn über den ritterlichen Beruf belehrt. Er setzt seinen Weg fort und befreit die belagerte Stadt eines schönen Fräuleins mit dem Allerweltsnamen Blancheflor (2417). Die besiegten Belagerer sendet er als Gefangene an den Artushof. Mit diesen Rittern begibt sich auch die Erzählung dorthin: Der Hof wird also zum 2. Male von der Handlung berührt. Der Held aber zieht weiter, erlebt seltsame Dinge und errät seinen Namen: Perceval (3575). Nachdem er einen weiteren Ritter namens Orgueilleus besiegt und an den Artushof gesendet hat – wieder begleitet ihn der Erzähler dorthin –, kommt der Held selbst zum 2. Male in den Kreis der Table Ronde. An diesem Ort endet dann der erste Teil. Dessen Handlung wird durch die vier Berührungen des Artushofes symmetrisch gegliedert:

1. Berührung des Hofes durch den Helden,
2. die besiegten Belagerer kommen an den Hof,
3. der besiegte Ritter Orgueilleus kommt an den Hof,
4. der Held Perceval kommt zum 2. Male an den Hof.

Es ist dies die bereits aus anderen Romanen Chrestiens bekannte ‹Artushof-Zielstruktur›; hier ist sie zu einer Zentralkomposition gebraucht worden, bei welcher erste und letzte Berührung des Hofes dem Helden, zweite und dritte den von ihm besiegten Rittern gehören. Aber wo wäre das Zentrum dieser Zentralkomposition? Es müßte zwischen der zweiten und dritten Berührung des Hofes liegen, zwischen dem Sieg über die Belagerer und dem Sieg über den Ritter Orgueilleus. Es liegt nicht am weltlichen Hof des Königs Artus selbst, sondern das Zentrum wird von einem Abenteuer gebildet, welches den Helden an einen ganz anderen Ort führt: Perceval, der seinen Namen noch nicht weiß, reitet nach der Befreiung der schönen Blancheflor fort, um seine Mutter zu suchen. Er glaubt sich auf dem Weg zur Mutter. Schon mit diesem Motiv geraten wir in den Bannkreis symbolischer Bedeutsamkeit.

«Unablässig betet er zu Gott dem Herrn, dem höchsten Vater, er möge ihn seine Mutter voll Leben und Gesundheit finden lassen, wenn dies sein Wille sei. Und so lange dauert dies Gebet, bis er beim Abstieg von einer Anhöhe an einen Fluß gelangte. Er betrachtet das reißende und tiefe Wasser und wagt nicht, hineinzugehen. Vielmehr sprach er: ‹Ach! Herr Gott, Allmächtiger, wenn ich dieses Wasser zu überschreiten vermöchte, würde ich gewiß jenseits meine Mutter finden, sofern sie noch lebt›» (2980–2991).

So reitet er, bis er nahe an einen Felsen kommt, dessen Fuß das Wasser bespült, so daß er nicht weiterreiten kann. In diesem Augenblick sieht er auf dem Wasser ein Schiff flußabwärts schwimmen. Zwei Männer sitzen darin. Aber sie fahren nicht bis zu ihm heran, sondern machen mitten auf dem Strome plötzlich Halt.

«Mitten im Wasser standen sie ganz ruhig, denn sie hatten sich gut verankert. Der, der vorne saß, fischte mit der Angel, und es hing an seinem Widerhaken ein Fischlein, das etwas größer war als eine Elritze (vaironnet)» (3005–10).

Perceval fragt nach einer Furt – es gibt keine. Er fragt nach einer Herberge. Da antwortet der Fischer:

«‹Ich selbst will Euch heut nacht beherbergen. Steigt dort hinauf durch jene Bresche im Felsen, und wenn Ihr oben angekommen seid, werdet Ihr vor Euch in einem Tal ein festes Haus erblicken. Dort wohne ich – nahe beim Flusse und nahe beim Walde.›
Nun reitet er aufwärts, bis er auf den Gipfel des Berges kam, und als er dort oben war, blickte er vor sich weit ins Land und sah nichts als Himmel und Erde. Er sprach: ‹Was bin ich gekommen, hier zu suchen? Dummheit und Narrenspiel! … O Fischer, der du mir dies aus Heimtücke gesagt hast, allzu große Verräterei hast du begangen, wenn du es in böser Absicht tatest!› Doch sieh! Da erblickte er vor sich in einem Tale die Spitze eines Turmes, die da auftauchte» (3028–3051).

Er reitet hinab und kommt an eine herrliche Burg, wird von Dienern empfangen und in den Palas geführt.

«Mitten im Saale sah er einen schönen Edelmann auf einem Ruhebett sitzen. Das Haar war ihm schon angegraut … Er saß auf seinen Ellenbogen gestützt, und vor ihm war zwischen vier Säulen ein großes Feuer aus trockenen Scheiten, welche hell brannten. An die vierhundert Menschen hätten um das Feuer Platz finden können» (3083–3097).

Es ist jener Fischer vom wilden Fluß. Aber der Held weiß es nicht.

«Als der Herr ihn kommen sah, grüßte er ihn sogleich und sprach: ‹Freund, seid nicht bekümmert, wenn ich mich nicht vor Euch erhebe; denn ich bin dazu nicht recht imstande.› – ‹Um Gottes willen, Herr, sprecht doch nicht davon›, entgegnete er, ‹es kränkt mich gar nicht, so wahr mir Gott Freude und Gesundheit schenken möge.› Dem Edelmanne aber tat es dennoch leid, so daß er sich erhebt, so gut er kann, und spricht: ‹Freund, tretet nun näher herzu und entsetzt Euch nicht über mich; nehmt hier an meiner Seite Platz, denn so möchte ich es haben›» (3105–3118).

### Der kranke Fischerkönig erkundigt sich nach Percevals Reise.

«Während sie noch so sprachen, tritt ein Knappe durch eine Tür des Hauses und bringt ein Schwert ... Er reicht es dem mächtigen Herrn, und der zieht es halb aus der Scheide, so daß er sehen konnte, wo es gefertigt worden war, denn auf dem Schwerte stand es geschrieben. Dabei sah er auch, daß es aus so vortrefflichem Stahl war, daß es nie zerspringen konnte, außer in einer einzigen Gefahr, die niemand kannte als der, der es geschmiedet und gehärtet hatte. Der Knappe, welcher es brachte, sprach: ‹Herr, die blonde Jungfrau, Eure Nichte, welche so überaus schön ist, sendet Euch dieses Geschenk ... Ihr könnt es weiterverschenken an wen immer Ihr wollt; jedoch wird meine Herrin sehr froh sein, wenn es von dem Empfänger recht verwendet werden würde. Der Meister, welcher dieses Schwert schmiedete, machte nur drei von seiner Art, und er wird sterben, ohne daß er jemals ein weiteres Schwert wird schmieden können.› Sogleich gürtete der Herr dem fremden Junker mit dem Gehänge das Schwert um, welches einen großen Schatz wert war» (3130–3161).

«Im Saale waren Lichter von so hellem Glanz, wie er von Kerzen in einer Herberge heller nicht sein konnte. Wie sie nun so von diesem und jenem sprachen, trat aus einem andern Raum ein Knappe, welcher eine blanke Lanze trug, die er mitten am Schaft gefaßt hielt. Er schritt vorüber ... Und alle ... erblickten die blanke Lanze und das blanke Eisen. Aus dem Eisen der Lanze quoll an der Spitze ein Blutstropfen, und dieser rote Tropfen floß bis auf die Hand des Knappen ... Der Junker sah dieses Wunder wohl, jedoch enthielt er sich der Frage, wie solches geschah. Er dachte nämlich an die Ermahnung dessen, der ihn zum Ritter schlug (und dessen Belehrung er genossen hatte). ...

Siehe, darauf kamen zwei andere Knappen herein. Sie trugen in den Händen Leuchter aus feinem Gold, mit Nielloschmelzarbeit geziert ... Auf jedem Leuchter brannten wenigstens zehn Kerzen. Eine schöne, edle und kostbar geschmückte Jungfrau, welche mit den Knappen hereintrat, hielt zwischen ihren beiden Händen *einen Graal* (un graal 3220). Als sie mit dem Graal, den sie trug, eingetreten war, da kam zugleich ein so großer Glanz herein, daß die Kerzen ihre Helligkeit verloren, ganz so wie die Sterne, wenn die Sonne oder der Mond aufgehen. Nach dieser Jungfrau kam eine andere, welche eine silberne Vorschneideschüssel (un tailleoir 3231) trug. Der Graal, der vorausging, war aus reinem, feinem Gold. Kostbare Steine der verschiedensten Art waren an dem Graal, die reichsten und teuersten und wertvollsten, die es im Meere oder in der Erde gibt ...

So wie die Lanze an dem Ruhebett vorübergegangen war, so zogen auch diese (Dinge) daran vorbei und traten von einem Raum in einen anderen. Und der Junker sah sie vorübergehen und wagte durchaus nicht zu fragen, wen man mit dem Graale bediene; denn immer trug er in seinem Herzen das (warnende) Wort des weisen Edelmannes (nur ja keine müßigen Fragen zu stellen). So fürchte ich, daß dies ihm Unheil bringt, denn ich habe sagen hören, daß man ebensowohl zu viel schweigen wie zuviel sprechen kann» (3187–3251).

### Auf einen Wink des siechen Burgherren deckt man die Tafel. Herrliche Speisen verschiedenster Art werden gereicht.

«Da ging der Graal unterdessen unausgesetzt an ihnen vorüber. Und der Junker fragte nicht, wen man mit dem Graal bediente: er hielt sich an den Edelmann,

der ihn eindringlich gewarnt hatte, zu viel zu sprechen. Jedoch schweigt er mehr
als es sich geziemt, denn bei jeder Speise, die man aufträgt, sieht er den Graal
ganz unbedeckt an sich vorüberziehen, doch weiß er nicht, wen man damit bedient
– und er hätte es doch herzlich gern gewußt. Aber wahrlich, – so spricht er bei
sich –, bevor er weiterzieht, wird er einen Knappen des Hofes danach fragen,
er wird jedoch bis zum Morgen warten, wenn er von dem Herrn und dem ganzen
übrigen Hofgesinde Abschied nehmen wird» (3290–3309).

Am andern Morgen aber ist keine Gelegenheit mehr dazu. Als der Held
erwacht, findet er die Burg von allen Bewohnern verlassen. Er sucht sich
seine Rüstung, legt sie an, besteigt sein Roß und reitet von dannen. Noch
ist er nicht ganz über den Burggraben, da wird ihm unter seinen Füßen
die Zugbrücke hochgezogen. Er ruft zurück, will den Brückenwart fragen.
Doch alles bleibt stumm. Draußen im Wald trifft er auf ein Edelfräulein.
Im Schoß hält sie einen Ritter, welcher soeben erschlagen worden ist.
Sie erfragt den Namen des Knaben, und wie im Traum weiß ihn Perceval,
der ihn vorher nicht wußte, zu sagen. Er erfährt, daß diese Edeldame
seine Verwandte, seine Cousine ist. Sie aber zeigt ihm seine Verfehlung
auf der Graalsburg:

«Wie schlecht warst Du doch beraten, als Du alles dies nicht gefragt hast!
Hättest Du doch (mit Deiner Frage) den guten König, welcher verstümmelt (mehai-
gniez 3587) ist, völlig wieder geheilt … Nun aber wisse, daß manch großes Unheil
Dir und anderen darob zustoßen wird. Wisse denn, dies geschieht um der Sünde
willen, die Du an Deiner Mutter begangen hast; denn sie ist aus Schmerz um
Dich (im Augenblick Deines Aufbruchs) gestorben» (3584–3594).

Die höfische Artushof-Zielstruktur ist also durch dieses neue Zentrum
in die Funktion einer Rahmenstruktur gedrängt worden. Nicht mehr die
höfische Welt des ritterlichsten aller Könige ist Kern und Ziel des Romans,
sondern die änigmatische Welt des Graalshofes.

Anderes kommt hinzu, wodurch die höfische Artusstruktur an den
Rand geschoben wird. Noch bei *Chrestiens* ‹Erec› hatten wir beobachten
können, wie der Autor den Hof wirklichen Zielpunkt sein ließ. Dorthin
kam der Held zurück. Zwar erwartete ihn der Hof, aber Ritter und Damen
blieben an den Fenstern und Zinnen stehn, um Ausschau zu halten (vgl.
oben S. 565f.). Im ‹Erec› des *Hartman* von Aue (ca. 1180–1185) war
dann das Merkwürdige geschehen, daß der Held, nicht mehr der Hof
den Orientierungspunkt für das Erzählen der Handlung abgab. Und als
Erec an den Hof zurückkehrte, war es der Hof, der sich ihm entgegenbe-
wegte, um ihn einzuholen. Etwas Analoges scheint sich jetzt auch im
‹Perceval› bei *Chrestien* zu vollziehen. Die vierte Handlung am Artushof
wird dadurch ermöglicht, daß – nicht der Held zum Hof kommt, sondern
– der Hof aufgebrochen ist, um den Helden zu suchen. Es hat jedenfalls
den Anschein, als sei dieser Held jetzt wichtiger geworden als der Hof
des ritterlichsten aller Könige (und als wäre jetzt der deutsche Romanist
*E. Köhler* im Recht, der, wie der mittelhochdeutsche Dichter *Hartman*,

bei seiner *Chrestien*-Rezeption wie selbstverständlich die Handlung vom Weg des Helden strukturiert werden ließ und den Artushof als relevanten Ort nur dann zählte, wenn der Held dort weilte). Auch *Frappier* hat deutlich gesehen, daß der Dichter in diesem Roman vor allem aus der Perspektive des Helden heraus erzählt. Wo der Held nicht weiß, weiß auch der Leser nicht mehr. Ein subjektiver Horizont bestimmt den Blick auf die Welt dieses Romans eben durch die Begrenztheit seiner Subjektivität. Das Setzen einer solchen Beschränkung des Blickfeldes läßt gerade die Grenzzone wesentlich und wichtig werden. Sie ist es, welche das neue, objektive Zentrum berührt: die änigmatische Welt des Graalshofes. Und durch diese Berührung von subjektiv beschränkter und objektiv über diese Schranken hinausgreifender Welt entsteht hier eine neue Triebfeder für die Handlung: das Wissenwollen, Forschen und Fragen an der Grenze, die ‹queste› – und das zentrale Motiv des Nichtwissens. Aber wie verschiedenartige Perspektiven in der bildenden Kunst (vgl. *A. Francastel*), ist wohl diese literarische Perspektive im Grunde nur ein Produkt dessen, was durch sie erzeugt zu werden scheint (vgl. unten zu *Wolfram*).

Der 1. Teil schließt am Artushof; aber er schließt damit, daß der Held aus dieser höfisch-ritterlichen Welt herausgerufen wird durch eine seltsame Botin. Mitten in das Pfingstfest der Artusritter kommt sie hinein:

«Das Fräulein war gesträhnt mit zwei ganz schwarzen und wirren Strähnen, und wenn die Worte wahr sind, welche das Buch erzählt, so war gewiß nie etwas Häßlicheres ersonnen noch in der Hölle geboren. Niemals sah man so schwarzes Eisen wie ihre *Hände* und ihr *Hals* waren … Ihre *Augen* waren nur zwei Löcher, klein wie die Augen einer Ratte. Ihre *Nase* war die eines Affen oder einer Katze, und ihre *Lippen* wie von einem Esel oder Ochsen. Ihre *Zähne* waren so gelb wie die Farbe des Eidotters. Sie hatte einen *Bart* wie ein Bock. Mitten auf der *Brust* hatte sie einen Höcker. Am *Rücken* schien sie krumm verwachsen, und ihre *Hüften* und *Schultern* waren überaus fein geformt, um Tanzschritte auszuführen: ein krauser Höcker am *Rücken* und die *Beine* verdreht wie zwei Weidenstricke, war sie nicht wohlgestalt, um beim Tanze zu führen» (4614–4637).

Das ist der Topos der ‹Descriptio personae›, den wir kennen (vgl. ob. S. 330, 365, 380f., 431, 432, 446f., 500f., 530, 532, 549, 562ff.), in der typischen Ordnung. Namentlich im ‹Cligès› und in *Hartmans* ‹Erec› hatte diese Art der Beschreibung ironische Triumphe gefeiert. Hier ist sie ganz konventionell, aber ins Negative verkehrt, dient der Häßlichkeit. Doch diese Häßlichkeit ist keine, die dem höfischen Artuswesen unterlegen wäre. *Chrestiens* Spott über das Tanzen bleibt ohnmächtig angesichts der Funktion, welche der Verspotteten durch die Handlung zukommt. Sie stammt nicht aus der Hölle, sondern sie steht in einem dunklen Verhältnis zur hellen Graalswelt, in deren Namen sie die Tafelrunde durch ihre Botschaft auflöst. Sie wendet sich an den Helden:

«Ach, Perceval! Fortuna ist kahl von hinten und behaart von vorn … Wie unselig ist doch der, der eine so herrliche Zeit sieht, wie sie schöner nicht sein kann, und der trotzdem noch wartet, daß eine schönere käme. Das bist du, der Unselige, da du sahest, daß es Zeit war und Anlaß, um zu sprechen – und du hast geschwiegen! ... Weißt du, was darob geschehen wird, daß der König ... nicht von seinen Wunden gesundet? Die Frauen werden ihre Gatten verlieren, die Länder werden verheert werden ... All diese Übel werden deinetwegen eintreten» (4646–4683).

So verflucht sie den Helden und ruft ihn fort aus der höfischen Selbstgenügsamkeit. Den Artusrittern nennt sie mehrere lohnende Abenteuerziele. Einige wollen dahin ausziehen. Perceval aber beschließt, nicht eher zu ruhen, als «bis er erfahren habe, wen man mit dem Graale bediene, bis er die blutende Lanze gefunden habe und die klare Wahrheit, warum sie blute, ihm gesagt worden sei» (4735–4739).

Die Berührung mit der Rätselwelt des Graals treibt den Helden auf die Suche nach der Lösung des Rätselhaften. Jenes abseitige Forschen und Fragen, das wir bei *Robert* von Boron beobachten, ergreift die höfische Welt. Die Suche (queste), im 1. Teil als Konsequenz aus der Destruktion der Artusstrukturen entwickelt (hier stellt sich schon bei *Chrestien* eine Rangordnung her, die später in der Prosa-Lancelot-Dichtung System wird; vgl. *Uwe Ruberg),* ist das Thema des 2. Teils. Thema ist aber nicht nur die Suche des Helden Perceval nach dem Graalsgeheimnis, sondern zugleich auch die Suche des Artusritters Gavain nach dem letzten Ende feenhafter Abenteuer. Der Roman wird zweisträngig, ein Doppelroman von Gavain und von Perceval.

Der Ritter Gavain also zieht vom Artushof auf Aventiure. Auch Perceval tut es, aber von dem ist einstweilen nicht die Rede.

«Und Herr Gavain zieht fort. Von den Abenteuern, die er erlebte, werdet ihr mich nun lange erzählen hören» (4813–15).

Das klingt wie eine Entschuldigung. Gavain kommt an einen Ort, «wo ihn alle bis auf den Tod hassen. Jedoch ist er dort nicht bekannt, denn er war nie dorthin gekommen» (5749–52). Unerkannt und ohne zu wissen, was er tut, reitet er in die Stadt ein und gewinnt die Liebe der Königstochter. Dann aber erkennen ihn die Bürger angeblich als den, der den alten König getötet hat. Aufstand und Verwirrung. Der Fürst der Stadt und Bruder des schönen Mädchens, Guingambresil, verschafft in ritterlicher Weise Gavain freien Abzug. Aber in Jahresfrist muß er wiederkehren und sich rechtfertigen. Wir werden von Gavain gleich wieder hören. Aber zunächst wird die Erzählung hier unterbrochen, um dann an derselben Stelle wieder aufgenommen zu werden. Perceval und Gavain sind gleichzeitig vom Artushof aufgebrochen. Aber für Perceval sind inzwischen bereits 5 Jahre verflossen (6220). Als nach der eingeschobenen Perceval-Szene die Gavain-Handlung weitergeht, kommt dieser Held gerade aus dem eben bestandenen Abenteuer. Wir sind dann also wieder auf einer anderen, normalen Zeitebene, während wir mit der Percevalszene sozusagen bereits in der Zukunft waren. Der Zusammenhang der Zeitstruktur zwischen beiden Romansträngen ist zerbrochen, die Zeit der Perceval-Handlung ist zu einer rätselhaft treibenden Insel geworden. Die Gavain-Handlung ist ein nahezu normaler höfischer Roman mit Tendenz zum feenhaften Zauberbrimborium, die Perceval-Erzählung hingegen ist ein symbolistisch-spiritualer Roman, von dem jedoch nur noch eine Szene erhalten ist. Diese Szene unterbricht jetzt die Gavain-Handlung, die Erzählung macht einen Sprung, wie es früher nur geschah, um an den Artushof zurückzublenden. Als einige Wallfahrer an einem Karfreitag den schwerbewaffneten Perceval treffen, machen sie ihm Vorwürfe, daß er an diesem heiligen Tage gerüstet einherziehe (vgl. Treuga Dei S. 107).

«Und er, der weder für Tag noch für Stunde noch für Zeit ein Maß hatte, so großes Leid trug er in seinem Herzen, antwortet: ‹Welcher Tag ist denn heute?› – ‹Welcher Tag, Herr? Das wißt Ihr nicht? Karfreitag ist …›» (6261–66).

Sie weisen ihn zu einem Einsiedler und empfehlen ihm, dort zu beichten. Tief bekümmert und weinend kommt der Held dort an.

«Herr», beginnt Perceval, «es sind wohl fünf Jahre, seit ich nicht mehr aus noch ein weiß, Gott nicht liebe noch an ihn glaube (ne crui); und alles, was ich tat, war böse.» Und er begründet dies so:
«Herr, ich war einmal bei dem Fischerkönig und sah die Lanze, deren Eisen immerfort blutet. Und nach diesem Blutstropfen, den ich an der Spitze des blanken Eisens hängen sah, erkundigte ich mich mit keinem Wort. Auch später wurde ich nicht klüger. So weiß ich denn nicht, wen man mit dem Graal bedient, den ich dort erblickte. Darüber empfand ich späterhin so tiefen Gram, daß ich längst tot sein möchte. Und ich vergaß Gott den Herrn darüber, flehte niemals um sein Erbarmen und tat nichts, durch was ich jemals Gnade verdiente» (6364–6386).

Nun fragt ihn der Einsiedler nach seinem Namen und erklärt ihm, daß seine unwissentliche Schuld am Tod seiner Mutter die initiale Sünde sei:
«So fügte es sich wegen der Sünde, die du damit auf dich geladen hast, daß du nicht nach der Lanze noch nach dem Graale fragtest, und manch andere Übel sind dadurch über dich gekommen (Si t'en sont avenu maint mal 6402). Du hättest auch nicht so lange dies Leben überstanden, wenn (deine Mutter) nicht bei Gott dem Herrn Fürsprache für dich getan hätte, das wisse wohl! Doch ihr Wort hat solche Kraft, daß Gott um ihretwillen dich ansah und vor Tod und Kerker behütete.
Die Sünde schnitt dir das Wort auf der Zunge ab, als du das Eisen, welches nie aufhörte zu bluten, vor dir sahst, und du fragtest nicht nach der Ursache. Als du dich nicht erkundigtest, wen man mit dem Graale bedient, da hattest du ganz irren Sinn.
Der, den man damit bedient, ist mein Bruder. Meine Schwester und die seinige war deine Mutter, und ich glaube (croi 6417), der mächtige Fischer (riche Pescheor) ist der Sohn jenes Königs, der sich mit dem Graal bedienen läßt. Doch wähne ja nicht, daß er Hecht (lus) oder Lamprete (lamroie) oder Lachs (salmon) bekommt: Der heilige Mann stärkt und erhält sein Leben mit einer einzigen Hostie, die man ihm in diesem Graale bringt. So heilig ist der Graal und der König so geistig (esperitax), daß seinem Leben nichts anderes nottut als jene Hostie, welche

im Graale kommt. Es ist bereits 12 Jahre her, daß er so liegt und nicht mehr aus jenem Gemach kam, in welches du den Graal eintreten sahst» (6399–6431).

Danach erlegt der Einsiedler dem Helden als Buße auf, in alle Kirchen am Wege einzutreten, die guten Menschen zu ehren, Witwen und Waisen zu beschützen. Dann lehrt er ihn ein hochgeheimes Gebet.

«Und in diesem Gebete waren gar viele Namen unseres Herrn, denn es waren die größten, die ein Menschenmund nicht nennen darf, es sei denn, daß er sie in Todesangst ausspricht» (6484–88).
Derartige Namenzaubergebete sind gar nicht so selten. Aus einer Handschrift des XIV. Jhs. habe ich mir ein analoges Mariengebet notiert, welches beginnt: «Daz sint die zwen vnd sybenzk namen vnser vrowen. swer die spricht alle samcztage nacht. vor vnser vrawen pilde oder in einer geweichten chirchen dem ersheinet vnser vraw an seinen lesten zeiten. vnd haizet also Gotleichew. Magt. Pluem ... Geczelt, Grozzew. Annnolfin. Maria. Amen» (Berlin Ms. germ. oct. 403, fol. 9r).

Das ist reiner Aberglaube und Zauberfrömmigkeit. Beim Einsiedler empfängt Perceval an Ostern die Kommunion.

«Nun erzählt die Geschichte aber von Perceval hier nichts weiter. Von Herrn Gavain jedoch werdet Ihr noch mehr hören, bevor Ihr wieder etwas von Perceval sagen hört» (6514–6518).

Es ist dies die letzte Erwähnung des Namens ‹Perceval› durch *Chrestien*. Mitten in der nun folgenden Gavain-Handlung ist *Chrestiens* Roman für immer unterbrochen worden.

Wohl mehr als andere fragmentarische Romane gibt *Chrestiens* Perceval-Fragment Rätsel auf, und es tut dies, weil es von vornherein das Rätselhafte als Thema – auch stilistisch – totalisiert hat. Die Technik des beschränkten Horizonts, die den Leser selbst nur Schritt für Schritt weiter sehen und ihn jetzt, am Ende, nicht weiter wissen läßt, findet sich bereits gleich zu Beginn des Romans.

«Das war zur Zeit, wenn alle Bäume blühen, wenn Schilf und Wald und Wiese grünen, und wenn die Vögel in ihrem Latein in der Frühe lieblich singen, und jedes Ding vor Freude flammt, daß der Sohn der Witwe vom wüsten Wald sich erhob ...» (69–76).

‹Locus amoenus› und ‹wilder Wald› stehen sich gegenüber. «Die charakteristische Landschaft der ‹queste› ist der öde Wald. Der Gesuchte zieht sich dorthin zurück, um seine Spuren und alle Verbindungen mit der Gemeinschaft auszulöschen. Der Suchende muß immer wieder in den gefahrenvollen Wald eindringen, um ihm das festgehaltene Geheimnis Zug um Zug zu entreißen», schreibt *U. Ruberg*. Das literarische Naturideal des ‹locus amoenus› wird von der Negation des Kulturbegriffs im öden, d. h. unbebauten Wald, wird von der nichtritterlichen Welt her verfinstert. Aber gerade diese Welt birgt das Geheimnis, aus dem der Held aufbricht.

Rätselhaft wird er nur als «Sohn der Witwe» bezeichnet. Und wie die Erzählung fortschreitet, teilt der Dichter dem Publikum nach und nach die Elemente mit, mit deren Hilfe das Rätsel des Helden sich zu klären beginnt:

> «und er legte ohne Mühe (– er ist also gewandt –) den Sattel auf sein Jagdroß (– er ist also kein Bauer oder Köhler –) und nahm drei Wurfspeere zur Hand (– er hat aber altertümlich-bäuerische Waffen –). So verließ er das Haus seiner Mutter und dachte, er würde die Feldarbeiter aufsuchen, die seine Mutter hatte (– seine Mutter ist also mindestens eine große Bäuerin, Grundherrin –), und die ihr eben den Hafer eggten; sie hatten wohl 12 Ochsen und 6 Eggen» (69–84).

Dann hört der Sohn der Witwe das Klirren von Rüstungen, glaubt, der Teufel nahe, sieht aber drei Ritter, die er in ihrem glänzenden Gewand für den trinitarischen (bzw. tritheistischen) Gott hält (– der Knabe ist also unwissend –). Es regt sich der Wunsch in ihm, auch Ritter zu werden beim König Artus. Jetzt erst wird der Horizont des höfischen Bereichs sichtbar – von einer rätselhaften, außerhöfischen Welt her.

Das, was psychologisch interpretiert als Entwicklung des Helden erscheinen kann, ist, anders gesehen, der Prozeß einer Initiation des Helden und des Lesers zunächst in die höfische Welt, dann in die überhöfische, trans-chevaleresque des Graalsgeheimnisses. Aber allein der Dichter hält die Schlüssel zum Geheimnis in der Hand; auf deduktivem Wege ist die Lösung nicht zu gewinnen. Im Roman selbst konfiguriert sich diese Lösung so:

> «Den Namen mußt du erfahren, denn am Namen erkennt man den Menschen» (561f.).

So rät die Mutter dem noch namenlosen Helden ehe er aufbricht. Gemeint ist zwar der Name anderer, aber mehr noch gilt diese Lehre für Perceval selbst. Und wenige Verse vorher hat die Mutter ihren Sohn gefragt:

> «Was du niemals getan, noch andere je hast tun sehen, wie wirst du das zuende bringen?» (518–520).

Doch dann, nach dem für den 1. Teil zentralen Besuch des Helden auf der Graalsburg, geschieht das Merkwürdige. Perceval trifft jenes bekümmerte Edelfräulein mit dem toten Ritter, welches ihn fragt:

> «Wie heißt Ihr mit Namen, Freund? – Und der, der seinen Namen nicht wußte, rät und spricht, er heiße ‹Perchevax li Galois› (Perceval der Walliser); er weiß nicht, ob er die Wahrheit spricht oder nicht, jedoch spricht er wahr, ohne es zu wissen» (3572–3577).

Wissen und Lösenkönnen wird hier als intuitive Fähigkeit vorgestellt, als Gnadengabe, welche dem erwählten Helden, aber nicht jedermann zuteil wird. Doch die so gefundene Lösung ist eigentlich eine Banalität. Der Held heißt eben Perceval. Solche Lösung von Geheimnissen führt nicht weiter. Die Lösung ist so willkürlich von außen hinzugebracht wie die Rätselstruktur strategisch-absichtlich ist. Aber gerade, wenn man dies feststellt, wird interessant, zu sehen, daß es neben willkürlichen anscheinend auch unwillkürliche Rätselstrukturen in diesem Roman gibt. Da wäre etwa die Diskordanz der beiden Zeitebenen im 2. Teil des Romans. Wo Gleichzeitigkeit und Nacheinander nicht mehr sicher sind, kann schließlich das Ende auch am Anfang oder irgendwo sein. Eine konsequente Handhabung dieser Struktur führt zu einer Form, der ein Ende nicht vorgezeichnet ist. Für die Suche im Prosa-Lancelot hat *Ruberg* aber festgestellt: «Der Ablauf der Suche ist durch kalendarisch genau fixierte Endpunkte eingegrenzt ... Die Spanne zwischen den Begrenzungspunkten erscheint als geschlossenes Zeitkontinuum». Auch im ‹Parzival› *Wolframs* von Eschenbach erscheint später die diskordante Zeitstruktur von Perceval- und Gavain-Handlung synchronisiert *(Steinhoff)*. Diese systematisierende Tendenz des beginnenden XIII. Jhs., welche die bei *Chrestien* aufgebrochenen Strukturen wieder zu einem Ganzen schließt, wäre wohl ein historisch ernstzunehmendes Problem und läßt sich nicht einfach als Fortschritt der epischen Technik zurechtdenken. Daß man bei *Chrestien* nicht im voraus wissen kann, wann was kommt, scheint mir nicht bloß äußerlich. Es schreibt sich wohl in den gleichen Kontext wie die Feststellung, daß nicht alle Unwissenheit im ‹Perceval› durch intuitives Sprechen (eine Art ‹Zungenreden›; vgl. Act. 2, 4. 11) zu plötzlichem Wissen wird, sondern es anscheinend auch ein konstitutives Nichtwissen gibt. Von der Edeldame mit dem toten Ritter hat Perceval bereits erfahren, daß er durch seinen Aufbruch von zu Hause den Tod seiner Mutter verursacht hat, ohne es zu wissen und zu wollen. Als er dann später zum Einsiedler kommt, eröffnet ihm dieser:

> «Bruder, gar sehr hat dir eine Sünde geschadet, von der du gar nichts ahnst: das war der Schmerz, den deine Mutter um dich hatte, als du von ihr fortrittest; denn ohnmächtig fiel sie zu Boden ... und an dem Schmerz ist sie gestorben» (6392–6398).

Hier steht das Unwissenheitsmotiv für sich selbst. Denn Perceval ist gar nicht unwissend; dennoch muß er in die Rolle des Unwissenden eintreten. Ihm bleibt jene Unwissenheit, die er im Augenblick des Fortreitens hatte, trotz der bereits früher erhaltenen Aufklärung, konstitutiv erhalten. Ebenso wußte er bei seinem Graalsbesuch nicht, daß er schuldig wurde, als er nicht fragte. Schuld und Sünde ohne Wissen – das ist hier (– wie in dem wohl fast gleichzeitigen ‹Gregorius› des *Hartman* von Aue –) der wesentliche Zustand des Helden. Wie jeder Handelnde verursacht dieser Held ein geheimes Netz von Wirkungen, die er nicht kennt. Es scheint mir wichtig, daß *Chrestien* auf dieses Netz von ungeahnten Wirkungen seinen Blick richtet. Dieser Blick schafft jedem Detail eine Aura von möglicher Bedeutsamkeit. Darauf beruht die besondere und wesentliche Rätselstruktur dieses Werkes.

Dadurch, daß der ‹Perceval› Fragment blieb, wurde der änigmatische

Grundzug des Romans nur stärker profiliert, nicht erzeugt. Ihm antworten die zahlreichen Perceval-Fortsetzungen, die zu Anfang des XIII. Jhs. ins Kraut schossen, – eine krauser als die andere. Das große Rätselraten hatte begonnen. In neuerer Zeit wurde es dann vor allem Sache der Literatur-wissenschaft und okkultistisch interessierter Kreise. Die literaturwissen-schaftliche Forschung hat zunächst nach den Quellen des Perceval-Stoffes gefragt. Altkeltisches Sagengut, Christliches, Apokryphes scheint sich zu vermischen.

Von diesem Ansatz aus wird etwa der Graalsaufzug als Abendmahlsmysterium gedeutet, die blutende Lanze als Longinus-Speer oder Gavain als keltischer Son-nengott.

Aber solche stoffgeschichtlichen Forschungen und Deutungen antworten nicht auf die Fragen, die der Text durch seine historische Existenz stellt. Wie kommt denn *Chrestien* dazu, ein keltisch-christliches Mythologiege-misch zu brauen – gerade jetzt? Was hat er damit seinem Publikum gege-ben, was ihm zugemutet? *Chrestien* selbst bietet für das Ganze keine Ant-wort. Im Ganzen wie im Detail wird dieser Roman von geöffneten Strukturen getragen. Nicht nur der «arrière-plan mystique» ist durch seine «lignes fuyantes» *(Frappier)* charakterisiert, sondern auch das alltäglich-ste Geschehen siedelt an der Grenze zum Geheimnis.

Wir erinnern an das elritzenähnliche Fischlein am Köderhaken des Fischerkö-nigs oder an den Falken in der Szene von den drei Blutstropfen im Schnee, an den Falken, der eine Wildgans schlägt und sie dann fahren läßt, weil es «zu früh am Morgen» (4182) ist.

Wo *Chrestien* selbst eine Antwort gibt, steht sie in einem seltsamen Unverhältnis zur Frage. Wen man mit dem Graal bedient? Nun, den Großvater Percevals, einen Mann, der nur von Hostien lebt. Aber was ist damit gewonnen? Charakteristisch scheint, daß hier die Fragen größer sind, als die Antworten es sein können. Die Aufschlüsselung der Symbolik bietet nicht die Weisheit, die man erwartet, sondern Weisheitssurrogate.

Man soll auch nicht meinen, daß der Schluß des ‹Perceval›, wenn *Chrestien* ihn hätte vollenden können, etwas ganz Unerhörtes geworden wäre.

Wichtiger als das, was der Graal oder die Lanze ist oder bedeutet, scheint mir, daß hier das Geheimnisvolle als solches ins Zentrum gerückt wird.

Leben und Seligkeit hängen für den Helden von diesem außerritterlichen Geheimnis ab, und der Leser ist geneigt, sich von der Lösung die Glückseligkeits-weisheit selbst zu erwarten.

Hier ist um das zentrale Motiv des Nichtwissens herum ein pseudoritterli-cher Roman gebaut, dessen höfische Kategorien nicht ausreichen, um das darin Geschilderte zu begreifen. Es gibt Bezirke, die ritterliche Men-schen jetzt betreffen und die doch von den Vorstellungen des Chevalresken nicht gefaßt werden können. In dem Maße wie die äußeren Weltverhältnisse sich komplizieren und sich der Durchschaubarkeit und Beherrschung durch den Einzelnen widersetzen, wird vom geheimnisvollen Schlüsselwort eine wunderbare Lösung erwartet, die sich der Tageshelle des Verstandes versagt. Hier scheint mir die historische Bedeutung von *Chrestiens* Graalsroman zu suchen.

Der Dichter ist auf seine alten Tage wohl kein Häretiker geworden, aber er berührt eine Welt der Grübelei, die dem häresiefruchtbaren Boden benachbart ist. Die Häretiker kennen die Lösung und haben das Wissen der Welträtsel. *Chrestien* hat im Wesentlichen nur das Rätsel, nicht mehr. Daß das Werk auch äußerlich Fragment geblieben ist, kommt seinem wesentlichen Charakter nur zu gute: der Berührung des Geheimnisvollen.

### ‹Perceval›-Prolog und ‹Perceval›-Fragment

Obgleich der ‹Perceval› Fragment blieb, hat sein Dichter es nicht versäumt, ihn – wie den gleichfalls fragmentarischen Karrenritterroman ‹Lancelot› – mit einem Gönnerprolog auszustatten. Man könnte daraus schließen, daß für den Dichter die Huld des Gönners dringenuer war als der Abschluß des Werkes, eben weil dieser durch jene allenfalls ermöglicht wurde. Man könnte allerdings auch daraus mehr idealistisch folgern wollen, daß dem Dichter eine programmatische Erklärung über das vorhabende Werk, nur beiläufig verbunden mit einer Dedikation, vor allem am Herzen gelegen habe. Die zweite Folgerung scheint indes nicht nur mit einem mehr modernen Vorverständnis belastet, sondern zugleich auch durch das Interesse moderner Interpreten motivierbar, das Wesentliche über die Tendenz des Werkes trotz seines Fragmentcharakters auf diese Weise erfahren zu können. Freilich muß die zweite Folgerung deshalb noch nicht notwendig falsch sein. Sie bestimmt in der Tat die herrschende Meinung über das Wesen dieses Prologs. Ihr zufolge enthält er die Essenz des Ganzen, indem sein Fürstenlob «ein Ritterideal feiert, in welchem der Ruhm dieser Welt vor christlicher Demut und Gottesliebe verblaßt und zurücktritt» *(Frappier).* «Der Panegyrikus auf Philipp von Flandern ist weit mehr als bloße Konvention» *(Köhler).* Das Verhältnis zur Konvention müßte aber wohl beurteilt werden durch eine Funktionsanalyse der verwendeten rhetorischen Formen und durch einen Vergleich des im Prolog panegyrisch Behaupteten mit außerpoetischen Nachrichten über den Gönner, vielleicht dies zunächst.

An rein sachlichen Behauptungen enthält der ‹Perceval›-Prolog die Aussagen, daß Graf *Philipp von Flandern* der edelste Mann im Römischen Imperium (12f.) sei, daß er im Gegensatz zu *Alexander* von Lastern frei und rein sei (19f.) und daß er Recht, Pflicht und Heilige Kirche liebe (25f.). In der ersten Feststellung wird *Philipp von Flandern* interessanterweise als Reichsfürst bezeichnet, nicht etwa als Lehnsmann des Königs von Frankreich. Hier hat offenbar *Chrestien* der augenblicklichen politischen Neigung seines Gönners Rechnung getragen. Denn politisch erscheint dieser im Ganzen als wetterwendisch. Nach anfänglich enger Freundschaft mit dem jungen König *Philipp August* von Frankreich, stellt sich allmählich ein zunehmend feindliches Verhältnis zwischen dem flandrischen Lehnsmann und seinem jungen königlichen Lehnsherrn her. Doch verbündet sich *Philipp* von Fall zu Fall auch plötzlich wieder mit seinem Gegner. Anläßlich der Heiligsprechung *Karls* des Großen 1165 in Aachen hatte Graf *Philipp* vom Kaiser *Friedrich Barbarossa* die Stadt Cambrai zu Lehen genommen *(Giesebrecht)*. Pfingsten 1182, so wird gesagt, habe er in Mainz für den Fall, daß er selbst kinderlos sterben sollte, die Barbarossa-Söhne zu Erben Flanderns eingesetzt *(Giesebrecht)*. 1185 hatte er (in Lüttich oder in Aachen) König *Heinrich VI.* einen Lehnseid für ganz Flandern geleistet, auch für das französische Lehnsgut, welcher Umstand in Frankreich einige Bestürzung hervorrief *(Giesebrecht)*. Französisches Gebiet vermeidend, war Graf *Philipp* sodann im Gefolge König *Heinrichs* nach Pavia gekommen, wo er mit der kaiserlichen Familie Weihnachten feierte. Im Januar 1186 nahm er sodann an der Hochzeit *Heinrichs VI.* mit *Konstanze* von Sizilien in Mailand teil. Er hatte sich ausdrücklich als Reichsfürst gezeigt *(Giesebrecht)*. Wenn *Chrestien* den Grafen den «edelsten Mann im römischen Imperium» nennt (11f.), wird man sich den Prolog am ehesten unter dem Eindruck von *Philipps* Auftreten Ende 1185/Anfang 1186 redigiert denken.

«Nicht einmal in der Lombardei gab es ein solches Getöse», schreibt *Chrestien* (5947) im 2. Teil seiner Dichtung. Und an einer andern Stelle sagt er: «Die Burg war ... fast so viel wert wie Pavia» (6662f.) – gegen Schluß des Werkes. Solche Metaphern dürften sich dann unmittelbar an die Vorstellungskraft des Auftraggebers wenden (vgl. auch 2779).

Was nun das Verhältnis des Grafen *Philipp* zur Kirche betrifft, welches *Chrestien* ja rühmt, so sieht es in historischen Darstellungen etwas zwiespältig aus. Gewiß, auf Orthodoxie scheint der Graf mit Eifer gehalten zu haben, hatte er doch 1183 in Arras einige Ketzer verbrennen lassen *(Giesebrecht)*. Anderseits wird aber berichtet, daß er im September 1184, anläßlich seines Besuches bei *Heinrich II.* von England, sich sehr scharf gegen den dort von der Kirche erhobenen Peterspfennig geäußert habe.

Lieber wollte er «alle Kirchen seines Landes in Brand stecken», als daß er in Flandern dergleichen dulden würde, sagte er in Canterbury. Als dann Nachricht über den Kanal kam, der Graf von Hennegau sei verwüstend in Flandern eingefallen, erzählten sich die Mönche von Canterbury hämisch, daß er, «der eben noch davon gesprochen hatte, Kirchen zu verbrennen, jetzt selbst Eile hätte, den Brand im eigenen Lande zu löschen» *(Cartellieri)*.

Schließlich scheint gerade im Verhältnis von *Philipp* und der Gräfin *Marie de Champagne*, für die *Chrestien* seinen ‹Lancelot› begonnen (aber nicht vollendet) hatte, die gerühmte Tugendhaftigkeit des Grafen in einem eher libertinen Licht. Am 16.3.1181 war der Gemahl *Marias,* der Pfalzgraf *Heinrich von Troyes* und Graf von Champagne, gestorben *(Cartellieri),* und am 26.3.1182 hatte die Gemahlin des Grafen von Flandern das Zeitliche gesegnet *(Giesebrecht). Marie* de Champagne war damals 37 und Graf *Philipp* bemühte sich um ihre Hand. Für die Eheschließung war freilich ein päpstlicher Dispens zu erwirken. Aber 1183 rief der Graf seine Gesandten bei der Kurie plötzlich zurück.

«Böse Zungen flüsterten», so schreibt *Cartellieri,* «der Graf habe es verstanden, die Gunst der Pfalzgräfin zu gewinnen. Als sie dann seiner stürmischen Werbung nichts mehr abzuschlagen hatte, sei er ihrer bald überdrüssig geworden.» Im August 1184 heiratete *Philipp* dann die portugiesische Prinzessin *Mathilde. Cartellieri* entwirft aufgrund dieser und anderer Nachrichten von *Philipp* von Flandern das Bild einer zwar bedeutenden, aber moralisch zweifelhaften Persönlichkeit. 1191 ist Graf *Philipp* auf dem Kreuzzug gestorben.

Solche rein inhaltliche Gegenüberstellung von Behauptungen des ‹Perceval›-Prologs und Behauptungen zeitgenössischer Quellen erbringt für die Datierung des Werks, daß an ihm noch um 1185 gearbeitet wurde und daß es vor 1191 abgebrochen worden sein dürfte. Im Hinblick auf das poetische Porträt *Chrestiens* und auf das Porträt *Philipps* in der Historiographie wird man zunächst nur Diskrepanz konstatieren können. Er war vermutlich kein wandelndes Idealbild von einem Ritter, sondern ein Fürst wie andre auch. Im Gegensatz zu manchen der zeitgenössischen Quellen ist *Chrestiens* Darstellung ausgesprochen schönfärberisch, und das mochte von Konvention und Intention des Gönnerprologs her nicht anders geboten scheinen. Die Frage ist nur, ob das hier gezeichnete Fürstenporträt zugleich das christliche Ritterideal des Romans thematisiert, oder ob es sich aus den Konventionen des Widmungsprologs verstehen läßt, schließlich, ob diese Konventionen in signifikanter Weise gehandhabt werden.

*Chrestien,* der gelehrte Clericus aus Troyes, der Stadt der großen Tuchmessen, wo Bischofskurie und Pfalzgrafenhof den Ton angaben, wußte wohl, wie man nach den Regeln der Rhetorik einen Prolog (oder besser: ein *Exordium)* zu machen hatte. Solch ein Exordium sollte aus zwei Teilen bestehen, aus dem *Prooemium* oder *Prologus praeter rem* und dem eigentlichen *Prologus* oder *Prologus ante rem.* Der zweite führt auf das Thema des Werkes selbst hin, während der erste vom eigentlichen Gegenstand der ‹narratio› noch unabhängig ist. Das *Prooemium* beginnt in Nachfolge *Sallusts* (vgl. *Brinkmann)* gern mit dem *Memoria-Topos.* Darin werden die Hörer an eine Grundwahrheit erinnert, die auch von ihnen anerkannt wird. Das kann eine Sentenz *(Proverbium)* oder eine vorbildliche Gestalt der Geschichte *(Exemplum)* sein.

So hatte etwa *Chrestien* im ‹Erec› angefangen: «Der Bauer sagt im Sprichwort: ‹Sache, die man verschmäht, ist oft mehr wert, als man versteht›» Der erste vulgärsprachliche Roman, der diese Mode begründet, ist der Theben-Roman, gegen 1150 (vgl. *Brinkmann*), oder vielmehr der provenzalische Alexander-Roman des *Alberich* (vgl. oben S. 329).

Im ‹Yvain› (gegen 1175) hatte *Chrestien* das Exemplum des Königs Artus vorangestellt, es dann aber in die Sentenz ausmünden lassen: «Ein perfekter Ritter ist tot immer noch besser als ein lebendiger Bauer» (31 f.)

Jetzt, im ‹Perceval›, stellt er das folgende Proverbium vorweg:

«Wer wenig sät, der erntet wenig; wer aber ernten will, der streue seine Saat auf einen Boden, welcher ihm hundertfältige Frucht bringt. Denn auf einem Boden, der nichts wert ist, verdorrt und verdirbt gute Saat» (1–6).

Eine Kompilation von zwei Bibelversen: 2. Kor. 9,6 («Wer da kärglich sät, der wird auch kärglich ernten; und wer da sät im Segen, der wird auch ernten im Segen») und Luc. 8,8 («Und etliches fiel auf gutes Land; und ging auf und trug hundertfältig Frucht»)! In dem nun folgenden Stück handelt *Chrestien* zunächst über den guten Boden (‹bon leu›). Von dieser Metapher her entwirft er sein Fürstenlob; denn der ‹gute Boden› ist für ihn Graf *Philipp* von Flandern. Dessen Qualität wird eingangs durch ein kontrastierendes Exemplum bezeichnet, durch Vergleich mit dem bösen und lasterhaften *Alexander*. Damit ist *Philipp* zugleich als Fürst gepriesen. Sodann behauptet *Chrestien* von dem Grafen drei Tugendkomplexe: der Graf hört nicht auf Verleumdung, er liebt die von Gott gesetzte Ordnung (d. h. Recht, Pflicht und Kirche) und er ist freigebig. Gleichzeitig aber hat der Autor auch einen Beweis dieser Behauptungen angekündigt. Wörtlich heißt dies so:

«Chrestien sät und streut den Samen eines Romans, den er beginnt, und er streut ihn auf so guten Boden, daß es ihm nur von großem Nutzen sein kann;
Er tut es nämlich für den edelsten Mann, der im Römischen Imperium lebt, für den Grafen Philipp von Flandern.
Der ist mehr wert als selbst Alexander, von dem doch alle Welt so gut spricht. Aber ich werde beweisen, daß der Graf besser ist, als Alexander es jemals war; denn Alexander hatte in sich all jene Laster und Übel angesammelt, von denen der Graf rein und frei ist.
Der Graf ist so geartet, daß er (1.) gemeinen Spott und listige Worte nicht anhört, und wenn er über andere Böses reden hört, so kränkt es ihn, wen es auch betreffen mag. (2.) Der Graf liebt das gerade Recht, die Pflicht und die heilige Kirche, und er haßt jede Schurkerei. (3.) Er ist viel freigebiger als man ahnt» (7–28).

Hier klingt in der Freigebigkeit das Leitmotiv des Fruchttragens wieder auf, und daran knüpft *Chrestien* jetzt seinen oben angekündigten Beweis. Aber diesen Beweis führt er wieder von einer Sentenz aus, als regelrechte Schriftexegese:

«denn Graf Philipp gibt ohne Heuchelei, gemäß dem Evangelium, welches da sagt: ‹Deine Linke soll nicht wissen von dem Guten, wenn deine Rechte es tut› (vgl. Matth. 6,3: Wenn du aber Almosen gibst, so laß deine linke Hand nicht wissen, was die rechte tut).

Nur der soll es wissen, der das Gute empfängt, und Gott, der alle Geheimnisse sieht und die verborgensten Falten kennt, welche in Herz und Nieren sind (vgl. Matth. 6,18 u. Apoc. 2,23)» (29–36).

Auf das Bibelwort folgt die Auslegung. *Chrestien* deutet zunächst die Linke, dann die Rechte in spiritual-moralischem Sinne:

«Warum spricht das Evangelium: ‹Verheimliche deiner Linken deine Wohltaten›? Die Linke bedeutet ‹selonc l'estoire› den eitlen Ruhm, welcher aus falscher Heuchelei stammt.

Und was bedeutet die Rechte? Sie bedeutet die göttliche Liebe, die sich ihres guten Werkes nicht rühmt, sondern es verhehlt, so daß kein anderer es weiß als der, der Gott und Liebe heißt» (37–46).

An diese Deutung der Rechten schließt *Chrestien* nun gleich ein neues Bibelwort an, und von dem her erklärt er schließlich *Philipps* bisher verborgene Freigebigkeit als Ausdruck christlicher Tugend, durch welche er *Alexander* überlegen ist:

«‹Gott ist Liebe, und wer in der Liebe lebt, der wohnt in Gott und Gott in ihm› nach der Heiligen Schrift, so spricht St. Paulus (1. Joh. 4,16!), und ich habe es selbst gelesen.

So wisset denn in aller Wahrheit, daß die Gaben, welche der gute Graf Philipp schenkt, aus christlicher Liebe kommen; daß er niemals mit einem Menschen davon spricht, außer mit seinem frommen, freien Herzen, welches ihm rät, das Gute zu tun.

Ist er darum nicht viel besser als Alexander, der sich um Nächstenliebe und Wohltaten niemals kümmerte? Ja, gewiß! Zweifelt nur nicht daran!» (47–60).

(Die Leute mögen nicht schlecht erstaunt gewesen sein, auf diese Weise eine Freigebigkeit bewiesen zu hören, von der bisher nur Gott etwas gemerkt hatte!) Nach solcher Conclusio des Beweises geht *Chrestien* jetzt auf den *Prologus ante rem* über, der zum Werk selbst hinführt. Auch dieser Teil ist unter die Eingangssentenz des Memoria-Topos gestellt. Hatte der Autor bisher vom ‹guten Boden› und vom ‹Fruchttragen› gehandelt, so dissertiert er nun über das Säen, d. h. über seine eigene Arbeit:

«So wird also Chrestien seine Mühe nicht umsonst gehabt haben» (61f.).

Dann geht er gleich auf den Auftraggeber-Topos (vgl. *Gertrud Simon)* über:

«wenn er nämlich auf Befehl des Grafen sich müht und strebt» (63–64).

Und nun wird endlich die Geschichte selbst genannt und angepriesen, und zwar in jener besonderen Art der ‹captatio benevolentiae›, die durch die Ankündigung von stofflich Neuem angeblich (vgl. *Brinkmann)* das Wohlwollen (attentio, docilitas) des Publikums zu erwerben trachtet:

«(Chrestien ist bestrebt), die beste Geschichte zu reimen, die je an einem Königshof erzählt wurde. Das ist die Erzählung vom Graal, zu welcher der Graf ihm das Buch übergeben hat. So hört denn, wie Chrestien es ausführt» (63–68 ed. Roach).

Sollte das ritterliche Idealbild des Prologs zugleich als Thema des Werkes gelten wollen, wäre, wenn dergleichen nach *Chrestiens* Geschmack überhaupt im Prolog zu verhandeln war, wohl der Prologus ante rem der richtige Ort gewesen. Im voraufgegangenen Prologus praeter rem, wo es statt dessen steht, bleibt das Fürstenporträt einstweilen zweckgerichtetes Gönnerlob, welches dem Werk das geneigte Ohr verschafft.

Nun mag man allerdings bedenken wollen, daß in dem andern großen Widmungsprolog *Chrestiens,* in dem zum ‹Karrenritter Lancelot›, nach dessen Vorbild sich *Philipp von Flandern* vielleicht sein panegyrisches Porträt gewünscht hat, gleich im Prologus praeter rem vom Werk die Rede sei. Ohne Memoria-Topos begann der ›Lancelot›:

«Da Madame de Champagne willens ist, daß ich einen Roman unternehme, beginne ich ihn mit frohem Eifer als ein Mann, der ihr ganz und gar ergeben ist und alles täte, was er ihr hienieden erfüllen könnte» (1–5).

Das ist der Auftraggebertopos, hier durch die Dreiheit von Befehl, Werk und Gehorsam dargestellt. Und diese Dreiheit kehrt im Exordium noch dreimal wieder. Hier, beim ersten Auftreten, kommt es anscheinend auf den bereitwilligen Gehorsam an. Der Gehorsam ist, das hatte schon *Venantius Fortunatus* ausgesprochen, Ausdruck von Ergebenheit (devotio) und Liebe (caritas, affectus) (vgl. *Simon*). Nicht vom Werk als künstlerischem Entwurf, sondern vom Werk als Leistung der ‹devotio› ist hier die Rede. Programm oder gar Thematik stehen überhaupt nicht zur Diskussion. Der ‹Lancelot›-Prolog spricht also bisher nicht gegen die erkannte rhetorische Praxis des ‹Perceval›-Prologs. Dennoch mag es nützlich sein, seine Panegyrik näher anzusehen, weil sie eine Beurteilung des ‹Perceval›-Prologs erleichtern hilft. Im ‹Lancelot›-Exordium beweist nun *Chrestien* alsbald seine Ergebenheit durch ein Lob der Auftraggeberin, welches in zwei Außerordentlichkeits-Metaphern gipfelt:

«(a) (... als ein Mann, der ihr ganz und gar ergeben ist, ...) ohne ihr auch nur ein Körnchen Weihrauch zu opfern.
Manch anderer, das ist sicher, würde vielleicht damit präludieren, daß er eine Schmeichelei anbrächte, um sie zu ehren. Er würde sagen – und ich könnte dem zustimmen –,
(1) daß sie den Vorzug vor allen lebenden Frauen von Rang besäße, gerade so wie der *Zephir,* der im April oder Mai weht, an Lieblichkeit alle anderen Winde übertrifft.
(a) Nun bin ich freilich nicht ein solcher Ehrgeizling, der seine Dame umschmeichelt. Sollte ich (mich vielleicht in die Brust werfen und) sprechen:
(2) ‹Soviel Perlen und Sardonyx den Wert eines einzigen *Diamanten* ausmachen, ebenso viele Königinnen ist diese Gräfin wert›?
(a) Aber gewißlich, obgleich es die Wahrheit wäre, halte ich mich davor zurück – mir selbst zum Schaden» (6–20).

Mit dem Topos der Überbietung *(Curtius)* überbietet *Chrestien* die beiden panegyrischen Topoi (Zephir und Diamant) nochmals. Er stellt die rhetorische Konvention zugleich als eine durchschaute Konvention dar. Die ganze Veranstaltung weist auf den Dichter als Veranstalter hin. Auch äußerlich werden ja die beiden Metaphern des Schönheitslobes unterbrochen und gerahmt vom Autor, der sich in seiner Rolle zeigt. Und am Schluß steht der Hinweis auf den möglichen Schaden des Schmeichlers, der, indem er nicht zu schmeicheln wagt, schmeichelt. Es ist der Hinweis, ihm diesen Schaden doch zu vergüten. Was im ‹Perceval›-Prolog der fruchtbare Boden des christlich-nächstenliebenden *Philipp,* das ist hier die ungeschmeichelte Schönheit der Gräfin. Danach erscheint die Dreiergruppe des Rechtfertigungstopos (Befehl, Werk, Gehorsam) zum 2. Mal, wobei jetzt nicht die Ergebenheit, sondern das Verdienst des Auftrags akzentuiert wird:

> «Denn aus freien Stücken kann ich bestätigen: Ihr Befehl wirkt in diesem Werk, und er ist wirksamer als alles, was mein Talent und meine Mühe, wie groß beide auch sein mögen, hinzuzufügen vermöchten» (21–23).

Es ist der Bescheidenheitstopos ‹Das Hauptverdienst kommt dem Auftraggeber zu› (vgl. *Simon),* ein sehr übliches Weihrauchkörnchen der Rhetorik, welches die Kennerschaft des Auftraggebers preist – m. W. der einzige Bescheidenheitstopos in einem *Chrestien*-Prolog.

Dem Grafen *Philipp* hat der Dichter solches Lob vorenthalten, wie manches andere (vgl. *Simon),* was eigentlich dazugehört.

Indes: Das letzte Ziel solcher rhetorischen Bescheidenheit ist auch hier wieder ein Hinweis auf den Dichter und sein nicht geringes Talent. Indem dann der Titel des Buches und der Name des Autors genannt werden, beginnt wohl der eigentliche Prologus ante rem. Zum 3. und letztenmal wird hier der Rechtfertigungstopos vorgetragen:

> «*Chrestien* beginnt (1) sein Buch vom Karrenritter; (2) Auftrag (matiere) und Ermunterung seines Genies (san) bietet und gewährt ihm die Gräfin, er selbst aber bemüht sich, weiter nichts als (3) seine Arbeit und seinen Eifer hinzuzutun» (24–29).

Schönheitslob wie Kennerschaftslob werden zu Hinweisen auf Talent und Mühe, Arbeit und Eifer des Autors, wie klein er dies auch zu machen scheint. Schönheit, Verdienst und Kennerschaft der Gräfin *Marie von Champagne* stehen in der Perspektive einer erhofften Entschädigung.

Vom ‹Lancelot›-Exordium her zeigt sich für den ‹Perceval›-Prolog wohl dies: Der Eingang zum ‹Perceval› ist prunkvoller und erscheint auf den ersten Blick vielleicht ernsthafter als der übermütig verspielte ‹Lancelot›-Prolog – aber: er wendet sich nicht an einen Kenner. Es will mir scheinen, als habe *Chrestien* eher einen mächtigen Banausen in seinem Gönner gesehen. Die rhetorische Schmuckform und die theologische Kunst der Homilie sind offenbar Dinge, für die der Besteller nicht unempfänglich war. Sie repräsentieren. Das ist die eine Seite dieser Formen. Aus *Chrestiens* Text *nicht* zu ersehen ist allerdings, wenn *Frappier* wissen will: «la louange assez grandiloquente du mécène semble dépasser la portée d'une flatterie plus ou moins intéressée». Nicht weil das Interesse des Autors an seiner Bezahlung als ‹unfein› tabuiert ist, darf auf einen ergo höheren Sinn geschlossen werden. Wir müssen doch wohl die Intention des Autors genauer ansehen können, ohne gleich die Augen niederzuschlagen, zumal dieser gar keinen Hehl daraus macht. Hat sich auch hier der Dichter beim Grafen den Jokus eines potenzierten Überbietungstopos nicht gestattet, so treibt er eben doch mit den Bibelversen des Proverbiums, die so ungemein ernsthaft wirken, zugleich sein Honorar ein. «Wer ernten will» – und das will der Autor – «der streue seine Saat in einen Boden, welcher 100-fältige Frucht bringt». Mit Kunst und Witz führt er das Alexander-Exemplum (auch ein Überbietungstopos übrigens) zielstrebig auf die Tugend der Freigebigkeit hin. Es sieht zwar nicht so aus, als ob Graf *Philipp* freigebig sein könne, sagt der Dichter, aber er ist es dennoch, weil – nicht weil er schon bezahlt hat, sondern – weil er ein guter Christ ist. Und ein guter Christ gibt. Denn, mag seine linke Hand auch eitlen Ruhm bedeuten, seine Rechte ist die göttliche Liebe und für diese Hand ist, so schließt der Dichter messerscharf, «Geben seliger denn nehmen» (Act. 20, 35), oder: «Einen fröhlichen Geber hat Gott lieb» (2. Kor. 9, 7) – «Hilarem datorem diligit Deus». Da ließe sich vieles dergleichen anführen.

Aber wann sagt man so etwas als kunsterfahrener mittelalterlicher Autor? In der ‹Ars versificatoria› des *Mattheus von Vendôme*, des Zeitgenossen *Chrestiens*, findet sich ein Katalog von Proverbien, die sich für ein Exordium eignen. Und dort stehen auch die Gelegenheiten dabei, wann man so etwas sagt. Auch der Satz vom fröhlichen Geber, der mir hier in die Schreibmaschine geraten ist, findet sich dort. Er illustriert das Thema: ‹De languore promissionis, quae cruciat expectantem›, zu deutsch: ‹In Erwartung eines Versprochenen, auf welches der Wartende ungeduldig ist› *(Faral)*. Das ist auch für *Chrestien* der leitende Gesichtspunkt des Freigebigkeitslobs, womit er zu erreichen hofft, daß der Autor «seine Mühe nicht umsonst gehabt» (61). Ist die eine Seite dieser rhetorischen Form ihre Repräsentanz für den Gönner, so ist deren andere Seite ihre Nützlichkeit für den Autor, der sich eine Freude daraus macht, die List seiner Kunst funkeln zu lassen. Kurz: der Prolog ist ein prunk- und effektvoller Bettelbrief. Aber was besagt das nun? Denn es kommt uns ja nicht auf die Intentionen an sich an, sondern auf deren Bedeutung. Auch ist die Intention eines Autors eben gerade nicht Verifikationsmittel des interpretierten Gehalts; der Intention nach bedeutende Kunstwerke gibt es von zahllosen Dilettanten. Die Frage ist immer, was aus der Intention wurde und wozu sie geführt hat.

Rhetorik und literarische Form dient hier einerseits als Mittel, die Indirektheit der Kommunikation zwischen Autor und Gönner darzustellen. Die Form ist Ausdruck der Schranke zwischen beiden, aber auch – Ausdruck einer akzeptierten Schranke. Der Notwendigkeitsgrad dieses Ausdrucks erhellt aus dem Umstand, daß sowohl beim ‹Lancelot› als auch beim ‹Perceval› diese Gönnerprologe geschrieben wurden, noch ehe die Werke selbst vollendet waren. Doch dergleichen Ausdruck von wirklicher Beschränkung ist auch z. B. in berichtenden Quellen ohne Kunstcharakter anzutreffen. Bei Kunstwerken dagegen kommt als Besonderes ein Moment von dargestellter Freiheit hinzu. Es entsteht hier durch das Bewußtsein der Beschränkung vermittels der Form. *Chrestien* läßt erkennen, wie er sich beim Gebrauch seiner rhetorischen Kunstgriffe selbst über die Schulter sieht. Er stellt sein Gönnerlob als ein durchschautes Gönnerlob dar, und behauptet damit seine Freiheit. Diese, nicht bloß die Bezahlung, klagt er im Grunde mit der Kunstfertigkeit seines Gönnerlobs ein. Dieses Moment hat die deutsche Literatur kaum, jedenfalls kaum in dieser Weise. Es sollte nicht mit *Brinkmann* als verstärktes ‹Autorbewußtsein› in der französischen Dichtung zum Terminus bagatellisiert werden. Die französische Revolution konnte eben letzten Endes in Frankreich stattfinden, und nicht in Deutschland. *Chrestiens* Kunst der Gebundenheit entdeckt in ihrer List ihre Freiheit und stellt sie dar. Eben dies hat das Kunstwerk dem Tatsachenbericht voraus, der bloß registrieren möchte. Innerhalb der Wirklichkeit, oder innerhalb des Satzes, der die wahrgenommene Wirklichkeit ausmacht, sind Kunstwerke die Ausrufezeichen, die nicht, wie die Punkte, etwas besiegeln oder, wie die Parenthesen, außerhalb des Wirklichkeitssatzes stehen. Bei *Chrestien* äußert sich «Anschauen und Bewußtseyn des freien Geistes» *(Hegel)* im gesamten Werk vermittels der ironischen Distanz des Gestaltens, welches die reale Differenz von ‹chevalerie› und ‹clergie› zur Voraussetzung hat (vgl. oben S. 436). Dies allenfalls wäre die Brücke, die vom Prolog in den ‹Perceval› hineinführt; inhaltlich-thematischer Natur, wie *Frappier* und auch *Köhler* das meinten, scheint sie nicht zu sein.

Nicht die «Umbildung der Doppelbestimmung *chevalerie – clergie ...* zur Vorstellung einer besonderen religiösen Begnadung ist auf dem Weg, auf dem die vielgeschmähte ritterliche *superbia* zur Häresie wird» *(Köhler)*. Die «heilsgeschichtliche Sendung, die sich an die Vorstellung einer zur Mystik tendierenden, unmittelbaren Gottverbundenheit des Adels heftet» *(Köhler)* hat so wenig etwas Häretisches, d. h. einer anerkannten Glaubenslinie Widerstreitendes, wie die Lehre des Gornemanz, daß er Perceval mit dem Schwert zugleich den höchsten Ordo anvertraue, «den Gott geschaffen und befohlen habe, den Ordo des Rittertums, der ohn alles unritterliche Wesen (‹sanz vilonnie›) sein muß» (1636–38). Die tatsächliche Kündigung eines Einverständnisses durch *Chrestien* liegt einmal in der dargestellten Aporie beschränkter, subtraktiver (‹sanz vilonnie›) Ritterlichkeit, die vor dem Graal versagt, weil sie aus Furcht vor ‹vilonnie› (3211) nicht zu fragen weiß. Sie liegt darüber hinaus in der dargestellten Inkongruenz auch noch des Fragens nach der mechanistisch-personellen Wunderstruktur mit Warum (coment 3205; vgl. 4736) und Wem (cui 3245, 3293, 4739), weil es märchenimmanent bleibt durch die Banalität der Antworten. Konstruiert aber wird vom Dichter eine viel weiter greifende Änigmatik, was soviel heißt, daß eben die Kongruenz nicht im Bild herstellbar ist, sondern nur in der Überwindung des Bildes aus der Distanz zum Artefakt. Dieser, auch im Prolog manifeste Sachverhalt liegt der Rätselwelt des späten *Chrestien* zu Grunde. Erst der *Wolfram* des ‹Willehalm›, nicht der des ‹Parzival›, wird aussprechen, daß alles Märchenglück, auch «mit allem, was der Gral spendet, nicht hätte aufwiegen können den großen Schmerz» der Alischanz-Schlacht (Wh. VI, 279, 27f.).

## Problematisches Ritterstreben und Legendengenus

Über die Möglichkeiten göttlicher Gnade angesichts außerordentlicher Sündhaftigkeit predigt der ritterliche Laie und Artusromanautor *Hartman von Aue* jetzt in den Versen seiner fingierten Legende ‹Vom guten Sünder Gregorius›. Dreierlei scheint für eine Gleichzeitigkeit dieses Werkes mit *Chrestiens* ‹Perceval› zu sprechen:

Der sündige aquitanische Herzogssohn und Vater des Gregorius bricht auf zu einer Sühnefahrt «zum Heiligen Grabe» (573). Hätte den Autor die Nachricht, die die ganze Christenheit erschütterte, daß das Heilige Grab seit 1187 in den Händen des Heidensultans *Saladin* sei, schon erreicht, hätte er schwerlich aus seiner Vorlage den berichteten Sachverhalt kommentarlos übernommen. – Der wunderbare Papst am Ende der Erzählung heißt Gregor. Es schiene mir abgeschmackt, diesen Namen beizubehalten, wenn gerade jetzt oder in allerjüngster Vergangenheit ein wirklicher Gregor auf dem römischen Stuhl war. Vom 21. Oktober bis zum 17. Dezember trug *Alberto de Morra* als Papst den Namen *Gregor VIII.* Er war es, der mit seiner Enzyklika ‹Audita tremendi› vom 29. Oktober 1187 zu jenem Kreuzzug aufrief, an dem auch *Hartman* teilnahm (vgl. unten S. 666). Beiden ‹argumenta ex silentio›, die für ‹vor 1187› sprechen, verbindet sich ein drittes, positives.
Vers 1576 erwähnt den Haspengau, eine kleine belgische Landschaft um Waremme, deren Einwohner den Nachbarn als kampflustig gelten. Woher konnte der schwäbische Ritter den Haspengau kennen und wissen, was der *Baedeker* als Sprichwort berichtet: «Qui passe dans l'Hasbain, est combattu l'endemain»? Nun: Der Herr des südlichen Schwaben und Rektor von Burgund, Herzog *Berthold IV.* von Zähringen (1152–1186) stammte mütterlicherseits von dorther, aus der Grafschaft Namur. Um deren Erbe verhandelte er mit seinem Vetter *Balduin V.* von Hennegau 1184 auf dem Mainzer Fest. Nach dem Tode *Bertholds* von Zähringen fiel 1188 dem Hennegauer die Grafschaft Namur zu und im gleichen Jahr trat er dem gleichfalls Ansprüche erhebenden Herzog *Heinrich* von Brabant zum Ausgleich «Tirlemont im Haspengau und das befestigte Liernu ab» *(Giesebrecht)*.

Nicht von irgendeinem obskuren Herrn, sondern vom Herzog *Berthold IV.* von Zähringen denken wir uns (mit *Ruh*) den jungen *Hartman* gefördert. In den Jahren 1184 bis 1188 ist am Zähringerhof gewiß oft von Haspengau, Hennegau und Brabant die Rede gewesen. Alle drei Namen nennt der ‹Gregorius› (1575f.). Eine Entstehung des ‹Gregorius› etwa 1184 bis 1186 könnte all diese Umstände erklären.

Durch die Art und Weise seiner dargestellten Beobachtungen bringt *Hartman* das Verhältnis von Sünde und Weltehre wie den Scheincharakter gesellschaftlicher Rollen für deutsche Verhältnisse neuartig hervor. Wie bei *Chrestien* wird hier ein geistlich gefärbtes Ritterideal zum Problem, darüber hinaus aber auch die Vergeblichkeit eines guten Willens, die innere Aufrichtigkeit des Frommen und der Mechanismus (!) göttlicher Gnade. Da sehr viel auf den Wortlaut ankommt, ist möglichst viel zu zitieren.

Sünde und öffentliche Ehre erscheinen als Zielpunkte des kritisch darstellenden Realismus zu Anfang der Erzählung. Einem Herzog von Aquitanien gebar seine Gemahlin ein Zwillingspaar. Aber die Mutter starb im Kindbett. Als beide Kinder zehn Jahre alt waren, starb auch der Vater. Noch auf dem Totenbett hatte er die Geschwister zu herzlicher Liebe ermahnt. Doch Bruder und Schwester liebten sich zu sehr. Eines nachts kam der Knabe zu seiner Schwester ins Bett. Das Mädchen war ganz erschrocken und überlegte:

«Wenn ich still bin, so geschieht des Teufels Wille und ich werde meines Bruders Frau; schreie ich aber laut, so haben wir für immer unsern guten Ruf (‹êre›) verloren» (385–390).

Um dieser ‹êre› willen schreit das Mädchen also nicht. Schließlich wird sie schwanger. Als sie es ihrem Bruder eröffnet, bekommt der einen Weinkrampf:

«All seine ‹êre› stand auf dem Spiel. Aber die unglückliche Lage seiner Schwester bedrückte ihn noch mehr als das» (461–464).

Aber die Schwester sagt zu ihm:

«Benimm dich wie ein Mann und weine nicht wie ein Weib. Das kann uns leider nicht viel helfen. Laß uns (lieber) nach einem Ausweg suchen. Wenn wir schon durch unsere Sünde die Gnade Gottes verloren haben, so soll doch wenigstens unser Kind nicht mit uns verloren sein» (466–473).

Sie erinnern sich an einen alten, treuen Vasallen des Herzoghauses:

«Den wollen wir um Hilfe bitten. Ich weiß, daß er verschwiegen ist. Und wenn wir beide seinem Rat folgen, dann wird unsere ‹êre› erhalten bleiben» (497–500).

Und die Schein-Ehre wird gerettet. Der weise Lehnsmann rät, beide herzoglichen Geschwister sollten unverzüglich ihre Lehnsleute zusammenrufen, und der Jüngling solle bekanntgeben, daß er aus inneren Gründen eine Pilgerfahrt zum Heiligen Grab gelobt habe. Er bitte sie alle, seiner Schwester für die Zeit seiner Abwesenheit den Lehnseid zu leisten. Alles geschieht wie geplant. Nachdem der Bruder aufgebrochen ist, bringt der treue Alte die Schwester auf seine abgelegene Burg am Meer, wo sie einem Knaben das Leben schenkt, «ohne daß es jemand merkt» (594). Nach wenigen Tagen wird das neugeborene Kind in einem Schiffchen aufs Meer ausgesetzt. Das Kind selbst liegt in einem kostbaren Kästchen. Seidenstoff, 20 Goldstücke und eine Elfenbeintafel werden ihm beigegeben. Auf der Tafel steht die Bitte geschrieben, der Finder möge sich mithilfe des Goldes des Kindes annehmen, es aufziehen und unterrichten lassen. Auch die Geschichte des Kindes ist dort mitgeteilt, aber ohne daß Name und Geschlecht genannt würden. «Und das zu verschweigen», sagt *Hartman,* «war wohl angebracht» (766). Die Mutter kehrt wieder in ihre Hauptstadt zurück; nachdem sie erfahren hat, daß ihr Bruder auf der Kreuzfahrt verstorben ist, regiert sie ihr Land so gut sie kann und weist alle Heiratsanträge zurück. Von den erzürnten Freiern wird sie schließlich mit Krieg überzogen und vermag sich nur mit Mühe in ihrer Hauptstadt zu halten.

Mit erstaunlicher Schärfe der Beobachtung stellt der Dichter in dem nun folgenden Stück verschiedene Menschen in ihren Rollen und Verhaltensweisen dar. Kritisch durchschaut er Reden und Tun als vorgeblich.

Das Schifflein mit dem ausgesetzten Kinde macht eine glückliche Fahrt; 2 Nächte und einen Tag lang treibt es auf dem Meer. Vor Morgengrauen des 2. Tages bemerken es zwei Fischer. Sie nehmen das kostbare Kästchen zu sich ins Boot. Es genauer zu untersuchen, dazu bleibt ihnen keine Zeit, denn das Unwetter zieht auf. «Sie warfen ihre Mäntel über das Kästchen und ruderten eilig an Land» (975 f.). Dieses Land ist eine Insel, auf welcher ein Kloster liegt. Eben als es Tag wird, kommen sie dort an. Der Abt des Inselklosters, Gregorius mit Namen, dessen Eigenleute die Fischer sind, steht am Strand und sieht das Schiff ankommen.

«Er fragte: ‹Wie ist es Euch ergangen? Habt Ihr einen guten Fang getan?› – Sie antworteten: ‹Lieber Herr! Zu weit waren wir (heute) aufs Meer hinausgefahren, denn ein Wetter, arg wie noch nie, brachte uns ernstlich in Lebensgefahr. Wir haben gerade so unser Leben gerettet.› – Er sprach: ‹Laßt nur die Fische Fische sein! Ich will Gott danken, daß Ihr heil wieder an Land gekommen seid!› – Doch dann bat der Abt sie, ihm doch zu sagen, was denn das da sei – und damit meinte er das Kästchen, über das sie ihre Kleider gebreitet hatten. Die Frage brachte die beiden in Verlegenheit und sie sprachen: was denn ein so großer Herr sich um armer Leut Klamotten so sehr kümmere und sie in Verlegenheit bringe. Da faßte der Abt mit seinem Stabe danach und schob ihre Mäntel beiseite und erblickte das Kästchen. ‹Wo habt ihr (denn) das her?›, fragte er. Nun sannen die beiden Fischer auf allerlei Ausflüchte, um den Abt hinters Licht zu führen, und wolltens ihm nicht sagen, und fast wären sie damit durchgekommen … Schon wollte der Abt das Verhör aufgeben und wieder in sein Kloster gehen, da fing das Kind (im Kästchen) laut an zu weinen» (985–1017).

Nun kommt alles heraus. Der Abt liest das Täfelchen und beschließt, sich des wunderschönen Knaben anzunehmen. Von dem Geld gibt er 2

Mark dem ärmeren der beiden Fischer. Er soll dafür das Kind zusammen mit seinen eigenen Kindern aufziehen. 1 Mark erhält der andere als Schweigegeld. Die restlichen 17 Mark nimmt der Abt und legt sie an. Den Fischern sagt er, sie sollten nach der Messe kommen und ihm das Kind zur Taufe bringen. Sie sollten sagen, es sei das Kind einer Verwandten und sollten den Abt bitten, selbst Pate zu sein. Die guten Leute tun wie ihnen geheißen:

«Und als es Mittag war, nahm der Fischer das Kind auf den Arm und ging nach ländlichem Brauch wie immer mit seinem Weibe zur Klosterkirche, wo er den Abt im Kreise seiner Fratres antraf. Er sprach:
‹Dieses Kind hier, Herr Abt, senden Euch Leute, die Euch ergeben sind: meines Bruders Tochter und ihr Mann. Beide sind durchaus davon überzeugt, daß dieses Kind, sofern Ihr es zu taufen geruht, ein gnadenreiches Leben erlangen werde. Darum, wollet so gütig sein, ihm Euren Namen zu geben.› – Über solche Rede amüsierten sich die Mönche und sagten:
‹Ei, bei Gott, nun hört Euch doch nur diesen Fischer an, wie fein der sein Sprüchlein weiß!› – Der Abt aber gewährte die Bitte, wie sich das für einen Demütigen ja gehört. Er betrachtete das Kind und sprach dann zu seinem Konvent:
‹Wirklich, ein schönes Kind! Da diese Leute zum Klostergut gehören, sollten wir ihnen den Wunsch erfüllen.› – Er ließ das Kind zum Taufstein bringen und gab ihm seinen Namen: Gregorius» (1109–1136).

So wächst denn der Knabe Gregorius bei den Fischersleuten auf. Als er sechs Jahre alt ist, nimmt ihn der Abt in die Klosterschule; mit elfen ist er dort der beste Grammaticus, dann studiert er drei Jahre ‹divinitas›, schließlich ‹leges›. Da ereignet sich eines Tages etwas Ärgerliches. Beim Spielen mit den Fischerskindern schlägt Gregorius, der körperlich recht gut entwickelt ist, einen seiner Ziehbrüder zusammen. Heulend läuft der zur Mutter.

«Als die Mutter ihr Kind weinend kommen hörte, lief sie ihm entgegen und rief ganz außer sich:
‹Bub, was weinst Du denn so?› –
‹Gregorius hat mich geschlagen!› –
‹Warum hat der Dich denn geschlagen?› –
‹Mutter, das weiß ich auch nicht!› – ‹Wo ist er denn jetzt?› –
‹Da, am Wasser!› – Da rief die Frau aus: ‹Ach, ich armes Weib! Dieser aufgeblasene Esel! Hab ich ihn dafür großgezogen, daß er mir meine eigenen Kinder zusammenhaut? Und das vor den Augen der ganzen Familie! Das wird den Unsern gar nicht recht sein, wenn ich mir solche Schmach von einem Kerl gefallen lasse, der überhaupt keine Verwandtschaft hat! Daß so ein hergelaufener Jemand gewagt hat, Dich zu schlagen! Darüber will ich so schnell nicht hinwegkommen!
Wollte mans ihm nicht um Gotteswillen vergessen, so möchte mans nicht länger hingehen lassen! Schließlich weiß ja doch kein Mensch, was der für einer ist! Ach du lieber Himmel! Was der sich nicht noch alles einfallen läßt! Den hat der Teufel hergebracht als meinen Plagegeist. Jetzt merk ich endlich, worauf er hinaus will, dieser elende Findling! Wenn er sich noch wenigstens Mühe geben wollte, daß man seine Schande verschweigt! Das würde ihm besser bekommen!
Verfluchte Fische! Daß ihr ihn damals nicht gefressen habt, als er ins Meer geworfen wurde! Ganz schönes Glück hat der gehabt, daß er zu unserm Abt kam!

Wenn ihn der nicht dem Vater abgenommen hätte und sein Fürsorger wäre, dann müßte uns der Bursche noch ganz anders gehorchen! Rinder und Schweine müßte er uns hüten! Wo hatte Dein Vater bloß seinen Grips (Verstand)? Auf offener See in der Kälte hat er ihn gefunden und hat ihn – dem Abt überlassen! Uns selber hätte der dienen müssen, wie sich das für Knechtspack gehört!> –
Als Gregorius das Kind geschlagen hatte, tat es ihm leid und er lief ihm nach Hause nach. Er beeilte sich ziemlich, weil er fürchtete, das Kind könne ihm die Zuneigung seiner Ziehmutter verscherzen. Nun aber hörte er sie drinnen in der Stube so maßlos schelten und blieb draußen stehn» (1295–1368).

Was er da hört, läßt ihn aus allen Wolken fallen. Er geht spornstreichs zum Abt. So etwas will er sich von seiner Ziehmutter nicht noch einmal sagen lassen. Er will, wie es heißt, «als Knappe in die Fremde ziehn und Mühsal ertragen» (1406–1408). Auch das ist nicht weniger ein aufgesagt Sprüchlein als die Taufbitte der Fischersleute. Doch der Abt redet ihm gut zu. Gregorius sei doch nun schon einmal an das geistliche Leben gewöhnt und er sei hochbegabt. Alle Leute auf der Insel und im Kloster hätten ihn gern. Er selbst, der Herr Abt, sei schon alt und werde wohl bald dahinfahren.

«Und da will ich Dir versprechen, im Kreise unseres Konvents, bei Alten und Jungen, schon jetzt für Dich zu erwirken, daß sie Dich nach meinem Tod zu ihrem Abt wählen.
Übrigens, was kann Dich schon das Geschwätz einer Törin beirren? Zumal ich dafür sorgen werde, daß ihr solche Reden künftig nicht mehr über die Lippen kommen» (1468–1478).

Aber Gregorius, der heimlich hofft, vielleicht doch adliger Geburt zu sein, möchte Ritter werden. «Mich zieht es zur Ritterschaft» (1514), bekennt er etwas theatralisch. Dies Wort läßt den Abt erschrecken. Wie die Mutter des jungen Perceval so hatte auch der Abt den Gregorius gerade vom Ritterwesen fernhalten wollen. Doch der Jüngling Gregorius argumentiert: einer, der in rechter Weise Ritter zu sein verstünde, der könne auf diese Weise eher für Gott streiten, als wenn er ein «unberufener Mönch» (1535) wäre. Da hält ihm der Abt ein psychologisches Argument entgegen:

«Wer zur Schule gegangen ist, ohne vor seinem 12. Jahr je im Sattel gesessen zu haben, wird sich bestimmt sein ganzes Leben lang wie ein Clericus benehmen» (1459–1553).

Aber Gregorius beharrt auf der aus dem ‹Perceval› bekannten These von der inneren Berufung: Das Ritterhandwerk, das habe er sehr wohl erlernt, von klein auf, «hier in meinem Herzen» (1567):

«Herr Abt, was ich an Wissen erworben habe, das werde ich niemals bereuen, und am liebsten würde ich noch viel mehr wissen. Aber so sehr man mich bisher auch zum Lesen der Bücher angehalten hat, im Geiste bin ich stets Turnier geritten ... Stets brannte ich heftig vor Verlangen, statt meines Griffels die Lanze (einzulegen) und statt meines Federkiels das Schwert zu führen ... Nie fühlte ich mich glücklicher, als wenn ich in Gedanken zu Pferde saß, den Schild ergriff und kunstgerecht die Lanze unter dem Arm zum Angriff senkte, und wenn dann das Roß mich im Galopp davontrug ... Ich bog die Schenkel so, daß ich dem Roß die Sporen schlagen konnte – nicht (etwa) in die Weichen oder in die Achsel, sondern genau an jene Stelle, einen Finger (breit) hinter dem Sattelgurt» (1579-1604).

Gregorius redet sich auf allerliebste Art in Feuer und spricht kundig von technischen Einzelheiten (wie heute Jungs von Automobilmarken reden). Schließlich sagt ihm der Abt, wohl nicht ohne Schmunzeln:

«Mein lieber Sohn, da hast Du mir ja gar viel erzählt und allerlei auf deutsch vorgetragen, so daß ich mich wahrhaftig über Dich wundern muß» (1625-1628). ... «Woher Du es auch haben magst, Du bist – das merk ich wohl daran – in Deinem innersten Herzen kein rechter Mönch» (1634-37).

Geschickt hat der Dichter seinen Helden die Ideologie des rechten Rittertums vor dem erstaunten Abt als Rolle vortragen lassen. Über die Stichhaltigkeit dieses Idealismus wird der Gang der Handlung belehren. Jedenfalls widersetzt sich der Abt nicht länger, läßt aus dem Stoff, der in dem Kästchen lag, ein feines Rittergewand schneidern und besorgt ihm eine Rüstung. Jetzt ist der idealistische junge Mann als Ritter kostümiert, aber er hat weder Geld noch Gut. Listig hat der Abt diesen Augenblick erst einmal abgewartet, um zu sehen, ob sich sein Zögling angesichts dieser Situation nicht doch noch eines Besseren besinnt. Der Abt verspricht als Ausweg, sich um eine reiche Heirat kümmern zu wollen. Doch Gregorius schlägt das aus. Im Vertrauen auf seine Fortuna will er auf Rittertat ausziehen. Da endlich zeigt ihm der Abt das Elfenbeintäfelchen und gibt ihm das restliche Geld mit Zinsen zurück:

«Obgleich wir uns schlecht auf Geldgeschäfte verstehen», sagt er, «haben wir aus den 17 Mark (inzwischen) 150 Mark erzielt, seit jenem Augenblick, da wir Dich damals fanden» (1765-70).
So wären denn also in 17 Jahren (vgl. Vers 1158, 1551) aus 17 Mark 150 Mark geworden, d. h. sie hätten sich mit 13,6% verzinst. Aber der übliche Zinsfuß lag wohl damals bei 10% (vgl. *Winter, Kulischer*). *Hartmans* Abt wäre demnach mit seiner Versicherung, er verstünde sich schlecht auf Geldgeschäfte, bloß ein vollendeter Schelm, in Wahrheit jedoch ein begnadeter Zinswucherer.

Aber während der Abt noch vom Gelde spricht, hat Gregorius die Elfenbeintafel gelesen und bricht in Tränen aus:

«Ich bin so tief gefallen! Ohne eigene Schuld! – Wie soll ich nach dieser Sünde ... noch Gottes Gnade gewinnen können?» (1780-83).

Eben deswegen, meint der Abt, täte Gregorius gut daran, kein Ritter zu werden. In diesem Beruf würde er ja tagtäglich seine Missetaten vermehren. Er solle lieber die wenigen Jahre auf Erden für das ewige Leben hingeben und im Kloster bleiben. Gregorius aber möchte gerade wegen seines Sündenstandes in der Welt büßend als ruheloser Ritter leben und sozusagen seine Perceval-Existenz führen, bis sich Gottes Gnade ihm kundtut. Ein Schiff wird ausgerüstet und unter Tränen nimmt er von Abt und Insel Abschied.

Von der Vergeblichkeit des guten Willens handelt, was nun folgt. Wie Perceval gelangt der unerfahrene Gregorius zu einer belagerten Stadt am Meer und findet darin eine edle Herrin von gewalttätigen Werbern eingeschlossen; wie Perceval tritt er in den Dienst der Bedrängten; wie Perceval gelingt es dem jungen Gregorius, den feindlichen Herzog im Zweikampf zu besiegen. Gefangen bringt er ihn in die Festung: Der Sieg ist errungen. Wie Perceval erwirbt Gregorius die Hand der befreiten Fürstin, welche niemand anders ist als seine Mutter. Auf den guten Rat ihrer Vertrauten hin, hat sich die Herzogin zu dieser Heirat entschlossen, «wobei sie nach Gottes Willen zu handeln glaubte» (2228), bemerkt *Hartman*. Doch, was subjektiv als guter und frommer Wille erscheint, ist objektiv nur Sünde und Schuld. Auch der Held Gregorius «erkannte nicht die Schuld, die er selber trug» (2290f.). Wie Perceval im vermeintlichen Gehorsam gegen eine erlernte gesellschaftliche Sitte das Fragen unterläßt und schuldig wird, so werden hier die Herzogin und ihr Sohn Gregorius im vermeintlichen Gehorsam gegen Gott schuldig. Dieser Gesichtspunkt wird in der Darstellung noch dadurch zugespitzt, daß Gregorius täglich insgeheim vor seinem Elfenbeintäfelchen sein Klage- und Sühneritual betend verrichtet. Durch die berühmte Kammerzofe, die solches beobachtet, kommt das Täfelchen endlich der entsetzten Herzogin vor Augen. In großer Verzweiflung schickt sie einen Boten an Gregorius, der gerade auf die Jagd geritten ist. Sofort kehrt er auf die Burg zurück. Da endlich spricht ihn die Herzogin an:

«Herr, Ihr müßt mir jetzt zu erkennen geben, woher Ihr stammt. Diese Frage hätte ich in der Tat schon viel früher stellen sollen. Jetzt, fürchte ich, komme ich mit ihr zu spät» (2570–74).

Wie Perceval hat die Herzogin die Frage zur rechten Zeit versäumt. Und nun erfahren beide ihr Verhängnis.

«Bedenken Sie doch nur, wie dem guten Sünder da zumute war. Der Schmerz überwältigte ihn. Er erhob seinen Zorn gegen Gott und sprach: ‹Immerfort war dies mein Gebet, Gott möge mich an jenen Ort führen, wo mir beschieden wäre, meine liebe Mutter mit Freuden zu sehen. O, mächtiger und barmherziger Gott! Wie anders als ich es von dir begehrte, hast du mir diese Bitte erfüllt!›» (2605–16).

Die Vergeblichkeit des guten Willens ist hier so deutlich wie es vorher die Nichtigkeit der öffentlichen Ehre und die Theatralik des Verhaltens war. Wieder ist die Frage, was nun werden solle. Es ist die Mutter, die ihren Sohn fragt, denn Gregorius ist ja auch ein gelehrter Theologe. Wie der Einsiedler zu Perceval, so spricht er nun hier zu seiner Mutter:

«Die Hoffnung auf Gott dürft Ihr nicht aufgeben. Durchaus könnt Ihr gerettet werden... Ihr sollt dieses Herzogtum aber nicht behalten, um es etwa in weltlicher

Herrlichkeit (êre) zu regieren, sondern allein, um mit Eurem Besitz es Gott noch mehr recht zu machen ... Teilt die Einkünfte Eures Landes mit den Armen: dann werdet Ihr die Barmherzigkeit Gottes finden» (2698-2730).

Er selbst aber entsagt dem Weltleben und zieht im Büßergewand in die öde Waldwildnis. Aber wird all sein frommes Gehabe zum Ziel führen? Auch hier wieder wird der kritische Blick durch die Erzählung selbst gestaltet. Es ist die Figur eines Fischers, welche die Äußerlichkeiten frommer Gesten beobachtet und benennt. Nach drei Tagen trifft Gregorius in der Waldwildnis auf eine Fischerhütte am See. Er bittet den Fischer um ein Nachtlager. Doch mit mißtrauischem Blick hat jener sogleich erspäht, daß dieser Pilger noch nicht lange in der Mühsal lebt:

«Was richten die Menschen doch nicht damit an, daß sie unter sich solche Schmarotzer dulden: So viele unnütze Kerle, die nichts zu Gottes Ehre ausrichten, sondern nur die Leute ausplündern!
Für deine Arme wäre ein breiter Acker gerade recht. Eine Hacke und ein Treiberstecken gehörten in deine Hand. Das wäre dir besser als diese (theatralische) Bettelfahrt ... So eine Schande, bei den Kräften, die du hast! Sieh bloß zu, daß du hier aus dem Hause kommst!» (2796-2811).

Indes, die Frau des Fischers fühlt Mitleid und bewegt ihren Mann, den Fremden doch aufzunehmen. Sie läuft Gregorius hinterher und holt ihn zurück. Bescheiden lehnt dieser alles angebotene Essen ab, nimmt nur Wasser und Brot; denn «sein sündiger Leib sei kaum einer solchen Speise wert» (2896f.). Auf solch fromme Reden reagiert der Fischer allergisch und legt los:

«Ach du lieber Himmel! Daß ich so was mitansehen muß! Ich weiß genau Bescheid mit Schwindlern und Schwindelkram! Wegen einer so dürftigen Mahlzeit bist doch du nicht bis zu uns gelaufen! ... An deinen Wangen sieht man keine Spur von Durst oder Hungersnot, so frisch und rot sind die! ... Das hast du dir doch nicht angeschafft mit Brot-und-Wasser-Essen. Du bist doch recht gut im Futter ... Deine Beine laufen noch nicht lange bloß umher ...» (2901-2922).

Geduldig erträgt Gregorius diesen Schimpf. Er erklärt dem Fischer, daß er erst vor drei Tagen entdeckt habe, in wie großer Sünde er lebte. Er suche in dieser Wildnis einen Ort, wo er bis zu seinem Tode büßen könne. «Wenn du das willst,» sagt der Fischer, «da sei unbesorgt ... Ich weiß hier in der Nähe einen Felsen jenseits des Sees» (2976-78). Morgen früh wolle er ihn hinrudern; und ein Paar eiserne Beinschellen habe er auch. Damit könne er sich ja zu allem Überfluß noch anfesseln. Er solle also nur mitkommen, morgen früh, wenn es ihm ernst sei. Doch als der Fischer am Morgen aufbricht, schläft Gregorius so fest, daß er den Anruf nicht hört. Da geht der Fischer allein zum See. Doch die Fischersfrau weckt den Schlafenden schnell und Gregorius läuft dem Fischer nach. In aller Eile hat er sein Elfenbeintäfelchen im Schlafstroh vergessen. Sie kommen

richtig an die Stelle. Gregorius läßt sich anketten. Der Fischer wirft den
Schlüssel in den See. Gregorius ist allein auf seinem Felsen, 17 Jahre lang.
Doch *Hartman* bemüht sich, dies Wunder rational zu erklären:

> «Es tropfte aus dem Felsen ganz schwach ein wenig Wasser. Dort grub er eine
> Mulde, die das Wasser auffing, zu einem Trunk. Diese Quelle floß, nach dem
> mir vorliegenden Bericht, nur spärlich: von einem Tag auf den andern lief die
> Mulde kaum einmal voll. Dieses Wasser trank der hilflose Mann und davon lebte
> er – siebzehn Jahre lang» (3123–3131).

Was *Hartman* nun zum Schluß mit kritischer Darstellungskunst vorführt,
könnte man als ‹Mechanismus der Gnade› bezeichnen. Auf das Problematische daran wird der Dichter noch selbst ausdrücklich zu sprechen kommen.

In Rom stirbt der Papst.

> «Kaum war er aus dem Leben gegangen, da bemühte sich jeder Römer, dieses
> große Amt, zu dem so herrlicher Reichtum gehörte, für das eigene Adelsgeschlecht
> zu erlangen» (3145–49).

Aber die Römer können sich nicht einigen. Da haben zwei edle Greise
unabhängig voneinander eine Vision: Zum Papst solle ein Mann namens
Gregorius gewählt werden, welcher in der Wildnis Aquitaniens auf einem
einsamen Felsen nun schon 17 Jahre lang ein Büßerleben führe. Dies
Gesicht teilen sie den Römern mit. Die beiden werden mit großem Gefolge
ausgesandt, den erwählten Papst zu suchen. Am 3. Tag stoßen sie auf
eine Fährte, die zum Hause des Fischers führt. Der nimmt die reichen
Herren freundlich auf, weil sie mit gutem Gelde zahlen (vgl. 3286ff.).
Er legt den geistlichen Herren einen dicken Fisch vor, den er soeben gefangen hat.

> «Da wurde nicht lange gehandelt. Die Gäste ließen durch ihre Diener den Kauf-
> wert bezahlen und baten den Fischer, doch den Fisch selber auszunehmen. Also
> begann er ihn zu zerlegen. Da fand der geldgierige Mensch im Magen des Fisches
> jenen Schlüssel, mit dem er … vor 17 Jahren einst Gregorius angeschlossen hatte.
> Danach hatte er seinerzeit den Schlüssel ins Wasser geworfen und ausgerufen,
> wenn er ihn je aus den Meeresfluten zurückbekäme, so sei Gregorius ohne Sünde.
> Als er den Schlüssel nun in dem Fische fand, erkannte er mit einem Male, wie
> verblendet er gewesen war. Ungestüm fuhr er sich mit beiden Händen in das
> Haar» (3288–3309).

Er berichtet den Römern, was sich vor 17 Jahren ereignete. Die Gesandten
sind hocherfreut, denn offenbar ist hier von jenem Manne die Rede, den
Gott zum Papst auserkoren hat. Am andern Morgen setzt der Fischer,
der nicht glauben will, Gregorius könne noch am Leben sein, die Gesandten zu jenem Büßerfelsen über. Dort kauert in einem Winkel ein scheues,
verwachsenes Schreckbild von einem Menschen. Es bittet die Fremden,
schnell von ihm zu weichen: zu groß sei seine Sünde. Sie berichten ihren
Auftrag, doch er weigert sich, den Gesandten zu glauben. Schließlich weist

er auf seine Beinfesseln hin. Aber da fällt ihm der Fischer zu Füßen und zeigt den Schlüssel, den er gestern abend im Fisch gefunden hat. Nun wird Gregorius befreit und an Land gebracht. Auf seine Bitte hin sucht und findet man bei der Fischerhütte tatsächlich das Elfenbeintäfelchen, welches er vor 17 Jahren im Schlafstroh vergessen hatte. Am andern Morgen bricht der Zug nach Rom auf. Unterwegs stellen sich Wunderzeichen ein, deren Ruf sich rasch verbreitet. Aus Rom ziehen die Leute dem heiligen Papst entgegen. Alle Glocken der Stadt fangen von selbst an zu läuten. Gregorius wird ein sehr großer Papst, dessen Ruhm sich allenthalben verbreitet.

«Seine Mutter, Vaterschwester und Frau, – denn diese drei waren ja eine Person –, hatte in Aquitanien» (3831 ff.) von diesem neuen Papst gehört. Sie zieht nach Rom und beichtet ihm. Da gibt er sich ihr zu erkennen und absolviert sie. In der heiligen Stadt in der Nähe ihres Sohnes lebt sie ein bußfertiges Leben. Der Heiligkeit des Papstes Gregorius gelingt es sogar, für seinen verstorbenen Vater zu erreichen «daß er mit ihm dort einziehen durfte, wo die ewige Freude ist» (3955 f.). Alle drei kommen nach diesem Leben ins Paradies.

Soweit die Erzählung selbst.

Angemerkt sei übrigens an dieser Stelle, daß ja in der Geschichte tatsächlich einmal eine Fürstin aus Aquitanien ihren Weltämtern entsagte und in Rom ihr Leben in Frömmigkeit in der Nähe eines Papstes beschloß, der noch dazu Gregor hieß: *Gregor VII.* und *Agnes von Poitou* (gest. 14. XII. 1077), die Witwe Kaiser *Heinrichs III.*

Man hat den Gehalt von *Hartmans* Dichtung oft genug auf eine schlichte, positive Moral festlegen wollen. Das wird in dem Augenblick problematisch, da man gesehen hat, in welchem Maße die Kunst der Darstellung aus einer kritischen Beobachtung lebt. Ich glaube, es wäre naiv, *Hartman von Aue* für naiv zu halten. Dies zu bedenken, geben auch die doppelsinnigen Bemerkungen des Autors Anlaß, mit denen er seine Erzählung begleitet.

Indem die Mönche lachen, wenn die Fischersleute ihr eingelernt Sprüchlein aufsagen (vgl. ob. S. 624), durchschauen sie dieses Sprüchlein als eingelernt. Hier erkennt kritische Beobachtung Reden und Tun als uneigentlich. Aber der kritische Blick hinter die Kulissen beschränkt sich nicht auf die Fischersleute.

Gleich zu Anfang hat der beobachtende Stil die Moral der äußerlichen Ehre bloßgestellt. Sodann die Ritterbegeisterung des jungen Gregorius. Sie gipfelt in einer Verkündigung von Moral:
«Freilich», sagt Gregorius zum Abt, «jetzt wendet sich Fortuna (Saelde) von mir ab. Da bleibt mir nichts andres übrig, als mir ihre Gunst durch Tüchtigkeit zu verdienen ... Sie wird sich mir nicht versagen, denn sie hat sich noch keinem versagt, der sie ehrlich erstrebte. So muß man sich Fortuna erjagen und mit Mühsal erkaufen» (1697–1706). Aber Fortuna erjagt man nicht. Das selbstgefällige Aufsichnehmen von Mühsal führt in den Inzest, wie die weitere Handlung lehrt.

Nicht nur das Tun auf Befehl (wie bei den Fischern), sondern auch das Tun aus eigenem Vorsatz wird durch den kritisch beobachtenden Stil als falsch und blind verdächtigt. Der Stil zielt auf die Enthüllung eines moralisch-religiösen Sachverhalts. Enthüllend wirkt dabei auch der weitere Verlauf der Handlung.

Ebenso wie der innere Hang zum Ritterwesen Perceval seine Mutter töten läßt, ebenso läßt dieser innere Hang Gregorius seine Mutter heiraten. Die Erkenntnis, wie blind auch die angebliche Würde des inneren Strebens und guten Willens sein können, ist die Grundlage einer ironischen Moral-Bemerkung des Erzählers: Als die getreuen Berater der Herzogin vorschlagen, doch Gregorius zu heiraten, welcher in Wahrheit ihr Sohn ist, bemerkt der Autor: «Dies war wirklich der beste Vorschlag, denn eine rechtlich geschlossene Ehe ist der allerbeste Stand, den Gott der Welt geschenkt hat» (2221–2224).

Auch fromme Attitüden sind von der scharf beobachtenden Darstellung nicht ausgenommen, in welcher qua Distanz immer schon Kritik enthalten ist; so heißt es von der Herzogin, nachdem sie ihr Kind ausgesetzt und den Tod ihres Bruder-Gatten erfahren hat:

«hatte sie ihre Liebe einem starken Helden geschenkt, dem vortrefflichsten Herrn, den es je gegeben hat. Für ihn putzte sie sich, wie ein liebend Weib sich für den geliebten Mann, dem sie gefallen möchte, putzen und schmücken soll. Und wenn es auch der Sitte widerspricht, daß sich eine Frau um einen Mann bewirbt, so tat sie es dennoch und drang ständig in ihn mit Worten und Gedanken, sooft sie Gelegenheit fand. Ich meine den gnädigen Gott» (871–885).

Solche geistliche Brautschaft hat etwas Widerliches, weil die Selbstgefälligkeit des Mittels den vorgeblichen Zweck aufhebt. Der Autor mag da anders empfunden haben, jedenfalls hat er genau dargestellt. Und in seiner Erzählung wird durch solche Veranstaltungen die Mutter für die Inzest-Ehe mit dem Sohn jedenfalls nicht immun. Es kann aber sein, daß die innere Tendenz des kritisch beobachtenden Stils weiter geht als der Beobachtungswille des Autors. Gerade dann interessiert die Grenze.

Wenn der kritisch beobachtende Stil seiner Tendenz nach zeigt, daß scheinbar auf sich selbst gegründetes Handeln und Reden ohne Grund ist und ins Falsche führt, ist dann nicht auch die geschilderte Buße ein selbstgefälliges Handeln, das seiner Konsequenzen nicht mächtig ist? Wenn man dagegen einwendet, daß der Dichter damals diese Konsequenz nicht ziehen konnte, weil das Denken seiner Zeit es nicht gestattete, dann mußte eben anderseits das Denken seiner Zeit die Grenze bezeichnen, vor der der kritisch beobachtende Stil halt macht, den Punkt, an dem die stilistische Form geistig inkonsequent wird. Und in der Tat gibt es offenbar in der Erzählung einen Punkt, wo die Darstellungsweise das Dargestellte nicht mehr in Frage stellen will.

Nachdem der Fischer das fromme Gebaren des Gregorius verdächtigt und nachdem er den Pilger aus dem Hause gewiesen hat, heißt es: «Gern hatte Gregorius das Gespött angehört ... und er dankte Gott dafür, so schmählich behandelt worden zu sein» (2822–26).

Hier soll anscheinend der Masochismus des Frommen nicht mehr als kritisierbare Attitüde, sondern als vorbildliche Christlichkeit gelten. Ziemlich kraß konfrontiert werden rationale Skepsis und Glaubensbeteuerung auch, wenn der Fischer vor der Überfahrt zum Stein zu den römischen Gesandten meint:

«Wenn ihn nicht der kalte Wind und der Frost getötet haben, so ist er an Hunger gestorben» (3360–62). Die römischen Gesandten aber haben ein frommes Passepartout im Kopf: «Sie aber wußten: Gottes Macht war gewaltig und umfassend genug, ihn durch Gnade vor allen Gefahren zu beschützen» (3363–67).

Das gute Ende der Erzählung (– schließlich kommen ja alle drei Sünder ins Paradies –) scheint die Wahrheit der Glaubensbeteuerung zu bestätigen. Aber kann das gute Ende der Erzählung das wirklich? Um das gute Ende der Erzählung berichten zu können, muß der Erzähler einen Standpunkt einnehmen, der außerhalb seiner Erfahrungsmöglichkeiten liegt: den Standpunkt Gottes selbst, von dem aus er sieht, wer denn nun endlich und schließlich im Paradies ist. Die Grundlage des kritisch beobachtenden Stils war die Kraft eines erkennenden Subjekts, erscheinende Wirklichkeit durch Beobachtung als verfälscht zu enthüllen. Das erkennende Subjekt hat hier zugunsten eines objektiven und abstrakten Prinzips abgedankt.

Es herrscht aber in *Hartmans* Werk der kritisch beobachtende Stil nicht allein. Unvermittelt neben ihm steht ein rhetorisch-abstrakter. Unüberhörbar vorgestellt wird er vom Dichter mit der eigenartigen Begründung:

«Sie werden wissen, verehrte Leser, daß ein Mensch, der niemals höchste Freude oder schwerstes Leid erfahren hat, die rechten Worte auch nicht finden kann, wenn es sich darum handelt, so über Freude und Leid zu sprechen, wie einer, der beides erlebt hat. Ich selbst bin von beidem freigeblieben ... daher kann ich den Schmerz der Frau nicht so, wie ich sollte ... darstellen» (789–802).

*Hartman* selbst konfrontiert hier Rhetorik und Erfahrung. Denn die getroffene Feststellung ist eine Spielart des rhetorischen Bescheidenheitstopos (vgl. *Curtius*). Mit Bezug auf die Unerfahrenheit im Liebesschmerz verwendet sie bereits *Thomas von Bretagne* (Turin 1, 144–147; vgl. ob. S. 440). *Gotfrid von Straßburg* wird sie (17107, 17116) gleichzeitig mit ihrer Umkehrung (16920ff., 17100ff., 17136ff.) gebrauchen. Die Selbstverkleinerung als Huldigung vor der Kompetenz des Publikums, von *Gotfrid* dann widerrufen, dient zugleich der Stilisierung des Erzählerstandorts. Sie ist ein ‹remedium› *(Lausberg),* mit dem der Autor sich vor dem Unerhörten seines Gegenstandes zurückzieht, welches er dennoch gestaltet. Aber seine Arbeit erhält damit eine rhetorisch-technische Aura (– oder, wie es bei *Bertolt Brecht* in den ‹Flüchtlingsgesprächen› hieß:

«Und dann nehmen Sie Leda mit dem Schwan, ein delikat gemaltes Stück
Sodomie, an sich keine gesellschaftsfähige Gewohnheit, aber plötzlich
ist dem Ganzen der Stempel der Kunst aufgedrückt, und Sie könnens zur
Not Ihren Kleinen zeigen»). So fährt denn auch der Dichter *Hartman*
ganz technisch fort:

«Mit der Last ihres Unglücks hätte (die junge Herzogin) 1000 Herzen beladen
können. Dreifach war dieses Leid, das die Frau ... tragen mußte» (803–807).

Und dann werden die drei Dinge abgehandelt. Aber über den hier verwendeten rhetorisch-abstrakten Stil, der alle Qualitäten in distinkte Quantitä-
ten übersetzt, macht sich der Dichter in seinem kritisch beobachtenden
Stil auch wieder lustig.

Wenn in der Disputation mit dem Abt der Klosterschüler Gregorius rhetorisch
auseinandersetzt: «Drei Dinge sind es, die mich zu meinem Kummer aus diesem
Lande treiben. Das eine ist die Schande ... Ein zweiter Grund ist ...» (1487ff.).
Aber den dritten Grund sagt der Gute nicht mehr an. Gregorius hat sein Argumen-
tationsschema vergessen.

Die seriösen numerischen Distinktionen werden zur Zahlenspielerei. Und
von Zahlenspielerei ist der ‹Gregorius› voll. Wie weit der Dichter damit
sein Allotria treibt, zeigt schließlich der Satz:

«(Des Gregorius) Mutter, Vaterschwester und Frau – diese drei waren ja eine
Person» (3831f.).

Mit der Konstatierung dieser inzestuösen Trinität tritt der rhetorisch-abstrakte Stil hinüber in jenen objektiv-abstrakten Bereich der theologischen
Spekulation, der eben noch als die Grenze erschienen war, vor der der
kritisch beobachtende Stil halt machte.

Das Augurenlächeln des Rhetors blinzelt auch auf den Bereich des dogmatisch Tabuierten, den der Dichter seinem Artefakt dienstbar macht.
Wer meint, das rhetorische Spiel werde damit zu einem heiligenden Zeremoniell, wird über den ersparten Hemmungsaufwand, der den klerikalen
Witz ermöglicht, bündig Auskunft geben müssen. Für *Hartman* liegen
bei der Bearbeitung des ‹Gregorius› die Dinge so, daß ein Erzählen aus
der Perspektive des Helden wie im ‹Erec›, wie auch im ‹Perceval›, nicht
möglich ist. Denn aus dieser Perspektive heraus kann nicht gewußt werden, ob der Held Gregorius denn wirklich gerettet wurde. Die Erzählung
läßt sich nur zuende erzählen, wenn der Erzähler auch über die Gnade
Gottes Bescheid geben, wenn er kompositorisch über sie verfügen kann.
Das erzählerische Schalten mit der abstrakten Welt theologischer Gewiß-
heiten läßt den Autor die Buße nicht infragestellen und macht die Gnade
Gottes zum Handlungsmechanismus. Die so gut funktionierende Erzählung gerät verteufelt zweideutig. Das muß der Autor selbst gemerkt haben.
Ein Prolog und ein Epilog sowie viele interpretierende Bemerkungen versuchen, der Zweideutigkeit abzuhelfen.

«Wer ... spekuliert: ‹Du bist noch jung, all deine Missetaten lassen sich später noch reichlich sühnen, die Buße holst du dann im Alter nach› – der denkt anders als er denken soll» (7–16).

Und wer etwa sagt: «‹Soll ich durch Gnade gerettet werden, so werde ich errettet›; wen der Teufel verführt, auf diese Überlegung hin zu sündigen, den hat er auch schon besiegt ... Jener Gedanke wird in ihm 1000-fache Sünde erzeugen, aus der er nie mehr erlöst werden kann» (3973–3982. Vgl. Römer 6, 1; Römer 3, 7. 8.).

Aber, wer will denn sagen, wann die Gnade Gottes nicht mehr funktioniert, ohne selbst Gott zu sein? Und so beeilt sich denn der Autor, zu versichern:

«Ein sündiger Mensch (soll sich an dieser Geschichte vielmehr einen Begriff von Hoffnung machen und) soll wissen, daß er trotz aller Sünden dennoch gerettet werden kann (wenn er bereut und beharrlich Buße tut)» (3983–3988).

Dem kritisch beobachtenden Darsteller bezeichnet der rhetorisch-abstrakte Stil seine Grenze und der Spekulation über die Gnade, die niemand anders als der Autor ins Werk getragen hat, wird das Weiterdenken zu einer unverbindlichen Gnadengewißheit verboten, damit das Moment von moralischem Verdienst nicht abhanden kommt, das durch die Erzählung selber als fragwürdig erscheint: «der denkt anders als er soll» (16). Wer anfängt, von der Gnade eine erbauliche Geschichte erzählen zu wollen, gerät in Teufels Küche, weil er sich übernimmt. *Hartman* kommt mit seinem ‹Gregorius› an Grenzen, welche durch die geistigen Traditionen seiner Zeit bestimmt werden. In der Konsequenz seines kritisch beobachtenden Stils hätte auch die Buße als etwas erscheinen müssen, dessen der Mensch von sich aus nicht fähig ist. Auch die Gnade als Handeln Gottes hätte sich seiner Darstellung entzogen. Wollte er aber seine Geschichte zuendeerzählen, mußte er über Buße und Gnade in erzählerischer Fiktion verfügen. Das, was dem kritisch beobachtenden Stil die Grenze setzt, ermöglicht paradoxerweise überhaupt erst den Aufbau der erzählten Welt.

Die Inkongruenz von kritischem und rhetorischem Stil nimmt im Werk *Hartmans* dieselbe Stelle ein wie die gleichzeitige Inkongruenz von änigmatischem Stil und märchenimmanenten Antworten bei *Chrestien*. Aber *Hartman* hat sich mit seiner Option für die Legendenperspektive zum Klassizismus entschlossen, für den das Problem des unvollendbaren Bildes durch eine Orientierung am Bewährten erledigt wird. Die wirkliche Legende bedarf allein des Heiligen, *Hartmans* Held aber ist nur eine chevalreske Fiktion ohne Anspruch auf einen Platz in Kult und Kalender. Was eine reguläre Legende entbehren sollte, nämlich profilierte Nebenpersonen und «psychologischen Spielraum» (vgl. *Wolpers*), hat *Hartmans* Verserzählung vom ‹guten Sünder›, weil sie ein verkappter höfischer Roman ist, der vor der aktuellen Problematik des unvollendbaren Bildes von ritterlicher Idealität in rhetorische und hagiographische Geborgenheit ausweicht, aus der *Wolfram* mit seinem ‹Willehalm› heraustritt. Den «Griff der transzendenten Welt in die profane» *(F. Th. Vischer)* benutzt *Hartman,* um seine für ein höfisches Publikum bestimmte Dichtung abschließen zu können. Das ist die historische Signifikanz des Umstandes, daß der ritterliche Dichter *Hartman* sich auf die Bearbeitung der anonymen französischen ‹Vie de Saint Grégoire› zwischen 1184 und 1186 eingelassen hat. In anderer Weise als *Chrestien* hat er damit die Grenze des Artusromans überschritten.

## C. EIN ‹DRITTES REICH› UND EIN ‹DRITTER MENSCH›

### Joachim von Fiore

Zu einem historischen Begriff vom Weltzustand des weströmischen Imperiums im Zeitpunkt des Ketzeredikts von Verona gehört auch die Gestalt des Abtes *Joachim von Fiore,* den Zeitgenossen und Spätere für einen Propheten gehalten haben. Jene feste Schale geistiger Tradition, welche dem kritisch beobachtenden Stil *Hartmans* von Aue eine Grenze setzt, aber auch die Konstruktion seiner Dichtung garantiert, wird in diesen Jahren durchbrochen durch die Geschichtsspekulation *Joachims,* ohne daß viel Aufhebens darum gewesen wäre. Um das Jahr 1130 wurde *Joachim* in Celico bei Cosenza/Calabrien wahrscheinlich als Sohn eines Notars geboren *(Grundmann),* ein Generationsgenosse *Barbarossas* (geb. 1125/6), *Heinrichs des Löwen* (geb. 1129), *Heinrichs II.* von England (geb. 1133). Legendärer, aber nicht unwahrscheinlicher Überlieferung zufolge (vgl. *Grundmann)* trat er als junger Mann zunächst in den Dienst des normannischen Königshofes von Sizilien. In offizieller Mission soll er an den byzantinischen Hof gekommen sein. Von Konstantinopel aus habe er sodann eine Reise ins Heilige Land unternommen, in den Kreuzfahrerorient von ‹Outremer› nach dem 2. Kreuzzug (1147/49), wohl gegen Ende der 1150er Jahre. Nach Italien zurückgekehrt, tritt er in den Zisterzienserorden ein, in Sambucina (b. Luzzi). In dem Tochterkloster von Sambucina, im Kloster Corazzo wird er vor 1177 gegen seinen Willen zum Abt gewählt. 1182/83 ist er in der Zisterze Casamari b. Frosinone, wo er sein Hauptwerk, die ‹Concordia› diktiert. Gegen 1190 läßt er sich seines Amtes entbinden und tritt aus dem Zisterzienserorden aus. Seither haben ihn die Zisterzienser als Renegaten betrachtet. Im wilden Sila-Gebirge in Calabrien, einer einsamen Granitlandschaft in 1100/1700 Meter Plateauhöhe, bis Mai/Juni mit Schnee bedeckt, dann mit Bergblumen übersät, gründet *Joachim* das Kloster San Giovanni in Fiore. Die

Mönche dort leben nach einer eigenen Regel, welche Papst *Clemens III.* (1187–1191) vor 1191 bestätigt. (Dieser ‹Florenser-Orden› bestand bis 1570 und war nur in Italien verbreitet.) 1202 ist *Joachim* in Fiore gestorben.

Aber nicht als Ordensgründer ist *Joachim* von Bedeutung, sondern durch seinen Entwurf eines utopischen Geschichtsbildes, für welches die Welt nicht mehr kurz vor ihrem Ende steht, sondern vor dem Anfang einer irdischen, geistlichen Vollkommenheit. Er ist der eigentliche Begründer des abendländischen Chiliasmus. Diesem Wort liegt zugrunde die griechische Zeitangabe ‹chilia etä›, 1000 Jahre. Der Gedanke eines tausendjährigen Endzeitreiches stammt aus der jüdischen Apokalyptik. Es ist die Vorstellung eines nationalen messianischen Reiches nach siegreichem Glaubenskrieg. Sie stand in Konkurrenz zu der Vorstellung eines universalen Weltendes, und hat wie diese Vorstellung Eingang in die frühen Schriften des Christentums gefunden.

Die ersten Christen hatten die Wiederkunft des Herrn in allernächster Zukunft erwartet, «ehe dies Geschlecht (generatio) ve gehen wird» (Matth. 24,34). «Es ist die letzte Stunde», heißt es 1. oh. 2,18 (vgl. Apoc. 14,7; 22,10), «die Zukunft des Herrn ist nahe», Jac. 5,8. Und im 1. Petrus-Brief 4,7 steht: «Es ist nahe gekommen das Ende aller Dinge», «Auf uns ist das Ende der Welt gekommen» (1. Kor. 10,11; vgl. 1. Thess. 4,17). Die Wiederkunft des Herrn, die ‹Parusie›, bedeutete zugleich Ende der Welt und jüngstes Gericht. Mit dem Ausbleiben der Parusie wird der Gedanke an das Ende der Welt dahingehend gewandelt, daß die ‹letzte Stunde› als das letzte Zeitalter der Welt verstanden wird. Nach der Lehre des *Augustin,* die dann im Mittelalter herrschend wird, ist dieses letzte Weltzeitalter das sechste Zeitalter der Welt. Nach diesem erfolgt das Jüngste Gericht und die Errichtung des ewigen Gottesstaates. Nicht aufgenommen in seine Geschichtstheorie hatte *Augustin* jedoch die chiliastischen oder millenarischen Elemente, die auch in die kanonischen Schriften des Neuen Testaments geraten waren, namentlich in die Johannesapokalypse (20,1ff.) und in eine, freilich umstrittene, Stelle des Korintherbriefs (1. Kor. 15,22ff.):

«22. Denn wie in Adam alle sterben, so werden in Christus auch alle lebendiggemacht werden. 23. Jeder aber in der ihm bestimmten Ordnung: als Erstling Christus, hernach die, welche zu Christus gehören, bei seiner Wiederkunft, 24. dann das Ende, wenn er das Reich Gottes, dem Vater, übergeben wird …»

Man hat in dieser Paulusstelle einen Anklang hören wollen an Apoc. 20, wo es heißt:

1. «Und ich sah einen Engel aus dem Himmel herabkommen, der den Schlüssel der Unterwelt und eine große Kette in seiner Hand hatte.

2. Und er ergriff den Drachen, die alte Schlange, die der Teufel und der Satan ist, und legte ihn auf tausend Jahre in Fesseln

3. und warf ihn in die Unterwelt und schloß zu und versiegelte über ihm, damit er die Völker nicht mehr verführte, bis die 1000 Jahre vollendet wären. Nachher muß er auf kurze Zeit losgelassen werden.

4. Und ich sah Throne, und sie setzten sich darauf, und es wurde ihnen das Gericht übergeben; und ich sah die Seelen derer, die enthauptet worden waren um des Zeugnisses über Jesus und um des Wortes Gottes willen und die das Tier nicht angebetet hatten noch sein Bild, und das Malzeichen weder auf ihrer Stirne noch auf ihrer Hand angenommen hatten, und sie wurden wieder lebendig und herrschten wieder mit Christus 1000 Jahre.

5. Die übrigen der Toten wurden nicht wieder lebendig, bis die 1000 Jahre vollendet waren. Dies ist die erste Auferstehung.

6. Selig und heilig, wer Teil hat an der ersten Auferstehung! Über diese hat der zweite Tod keine Macht, sondern sie werden Priester Gottes und Christi sein und mit ihm herrschen die 1000 Jahre.

7. Und wenn die 1000 Jahre vollendet sind, wird der Satan aus seinem Gefängnis losgelassen werden ...»

Dann folgt die Antichristzeit, der letzte Kampf, die allgemeine Auferstehung und das Jüngste Gericht, nach welchem ein neuer Himmel und eine neue Erde errichtet werden.

Es ist aber wohl doch etwas viel in *Paulus* hineingelesen, wenn von *Herbert Grundmann* gemeint wird, die Geschichtsauffassung des *Paulus* habe noch ein Element enthalten, das *Augustin* beiseitegeschoben habe:

«Für Paulus erfolgt nicht auf den letzten Akt der Weltgeschichte (an dem er sich beteiligt glaubt) sofort eine allgemeine Auferstehung, das Gericht und der Epilog des göttlichen Reiches; sondern nach einer ersten Auferstehung, der nur die ‹Gerechten›, die Würdigen bei Christi Wiederkunft teilhaftig werden, kommt eine Zeit, in der Christus mit den auferstandenen Gläubigen herrscht in einem Friedensreich, das zwar nicht irdisch-weltlich, aber doch (auch) nicht zeitlos-ideal gedacht ist.

Danach erst übergibt Christus dem Vater das Reich, dann stehen alle Toten auf, um im Endgericht zu ewigem Tod oder ewigem Leben gerichtet zu werden. Die apokalyptische Phantasie hat dieses Zwischenreich mit dem ganzen Traditionsgut von Zukunftshoffnungen ausgestattet (bes. Apoc. 20), hat eine Spanne von 1000 Jahren zwischen beide Auferstehungen gelegt, während der die Gerechten mit Christus regieren».

Aus der Johannesapokalypse drang der Chiliasmus in die frühchristliche Theologie: *Papias, Irenäus, Tertullian, Victorin* von Pettau, *Lactantius* hingen ihm an, auch *Ambrosius*, während *Augustin* ihn ablehnte.

Diesen spätjüdischen und frühchristlichen Chiliasmus hat *Joachim* von Fiore wiederentdeckt und in kraus anmutenden allegorischen und zahlensymbolischen Argumentationen dargestellt. Aber im Unterschied zu *Hartman* ist bei ihm geistliche Schriftauslegung und Zahlensymbolik kein Instrument der unverrückbaren, sondern eins der verändernden Tradition. *Joachim* wendet die Lehre vom mehrfachen Schriftsinn – er selbst kennt einen zwölffachen (vgl. *Grundmann*) – auf die Weltgeschichte an. *Joachim* überlegt: die Weltenwoche hat nicht nur 6 Weltentage oder Zeitalter wie bei *Augustin*, sondern 7. Auf das 6. Weltzeitalter muß daher ein 7. Weltzeitalter folgen: der Weltensabbat. Dieser Weltensabbat ist aber auch aus der Struktur von Gott und Geschichte zu folgern: Das Alte Testament stand unter dem Zeichen Gottvaters. Das Neue Testament stand unter dem Zeichen Gottsohnes. Zwischen den Ereignissen im Reiche Gottvaters und im Reiche des Sohnes lassen sich deutliche Strukturparallelen erkennen.

So wird z.B. Abraham = Zacharias, Sarah = Elisabeth, Isaak = Johannes der Täufer gesetzt (vgl. *Grundmann*).

Da nun die Gottheit aber eine trinitarische ist, müßte in der Geschichte ein Drittes Reich folgen, welches unter dem Zeichen des Heiligen Geistes stünde. Es ist dieses das millenarische Reich, von dem Apoc. 20 und 1.Kor.23 sprechen.

Unschwer könnte man zu den von *Joachim* geglaubten Strukturparallelen Gegenbeispiele finden, die nicht in einer ‹Concordia› der beiden Testamente Platz finden. Aber solche Ereignisse zählen für *Joachim* historisch nicht, sie sind nicht wesentlich. Ihm kommt es darauf an, ob eine Erscheinung den Forderungen ihrer Zeit Genüge tut. «Das klingt nicht ‹mittelalterlich›, aber Joachim sagt es so ... bonum et necessarium in suo tempore», schreibt *Grundmann*. Auch hier wird vom Begriff her eine ‹schlechte Realität› gedacht, auch hier genügt bloßes Sein und Gewesensein nicht zum Gelten (s. ob. S. 152f.). Und doch wirkt bei *Joachim* alles fort. Es mutet an wie statische Kombinatorik, wenn aus der trinitarischen Dreiheit die Siebenzahl gewonnen wird: 1. Deus Pater, 2. Filius, 3. Spiritus Sanctus, 4. Pater + Filius, 5. Pater + Spiritus, 6. Filius + Spiritus, 7. tota Trinitas (vgl. *Grundmann*). Aber dies Kombinierte ist im Innern prozessual und findet den Ort seiner Realisierung in der Geschichte selbst. Das Geschichtsbild des *Joachim* ist ein Schema der prozessualen Vermittlung:

| Reich des Vaters | | | | |
|---|---|---|---|---|
| Altes Testament | | Reich des Sohnes | | |
| 21 Generationen | 42 Generationen | Neues Testament | Reich des Geistes | |
| Adam-Abraham | Abraham-Christus | 42 Generationen | Testamentum Aeternum | |
| | Patriarchen | Seit Christus | 42 Generationen | |
| | Propheten | Christus | | |
| Initiatio | Fructificatio | Kirche | Mönchswesen | |
| | Initiatio | Fructificatio | | |
| | | Initiatio | Fructificatio | |
| | | seit Benedict von Nursia | | |

Die drei Phasen der Geschichte, das Reich des Vaters, das Reich des Sohnes und das Reich des Geistes, «sind nicht schroff gegeneinander abgesetzt, sondern jedesmal geht eine Vorbereitungszeit (initiatio) voraus, halb so viele Generationen umfassend als die Zeit in ihrer Reife (fructificatio) selbst. Diese Vorbereitungszeit läuft also neben der Vollzeit der vorhergehenden Phase her» *(Grundmann)*. Danach begann die Zeit der Initiatio zum Reich des Sohnes also bereits mit den Propheten (seit König Usia). *Joachims* Gegenwart ist heimlich zugleich bereits die Zeit der Initiatio zum Reich des Geistes. Diese Initiatio hat mit *Benedict* von Nursia begonnen, der für *Joachims* Schema allerdings 100 Jahre zu früh lebte (530 statt 630). «Erst eine spätere Gefolgschaft (Joachims) hat sich auf Jahreszahlen versteift» *(Grundmann)*. Da wurde dann eine Generation als 30 Jahre gerechnet, 42 Generationen als 1260 Jahre. «Vor allem an das Jahr 1260 als Zeitenwende (hat man sich dann) geklammert» *(Grundmann)*. Was aber *Joachims* Schema vor allem bringt, das ist ein neuer Blick auf die Gegenwart. «Man lebt anders und handelt anders, je nachdem man an ein neues und höheres Morgen glaubt oder sich als letzten Tag fühlt», schreibt *Grundmann* zu Recht. Bei *Joachim* steht nicht mehr das Jüngste Gericht vor der Tür, sondern das Reich des Heiligen Geistes.

Wie die Armuts- und Apostelnachfolgebewegung unter den Ketzern jetzt, wie die Bettelorden, die bald zu einer Verwirklichung des ketzerischen Armutsideals die offizielle Genehmigung erhalten werden, so steht auch bei *Joachim* von Fiore etwas von «Rückkehr zum reinen Evangelium». Aber es ist anders gemeint, nicht nach rückwärts, sondern nach vorwärts hin.

Auch *Joachim* weist hin auf «Jesu Worte an den reichen Jüngling (Mt. 19, 17 ff.): Willst du vollkommen sein, so verkaufe alles, was du hast, gib es den Armen und folge mir nach» *(Grundmann)*.

Doch für *Joachim* handelt es sich gar nicht darum, die Kirche aus einem «fleischlich gewordenen Zustand ... zur ursprünglichen Schönheit» *(Grundmann)* zurückzurufen. Für ihn ist die Kirche «nie ganz unfleischlich gewesen» (ebd.).

«Opportet mutari vitam, quia mutari necesse est statum mundi», schreibt er in der Concordia II, 5, 21c. – «Das Leben muß anders werden, weil der Zustand der Welt anders werden muß.»

Die Wendung zum Neuen, dessen Vorausdenken und Vorbereiten, ist das Wichtigste. Aber *Joachim* ist in Naivität oder Weisheit alles andere als ein Revolutionär. Er erkennt das Evangelium nicht an «als letzten Grad aller irdisch möglichen Wahrheit», er degradiert den augustinischen Katholizismus «zur Vorstufe eines irdischen Vollkommenheitsstatus». Aber dieser Unterschied zur geltenden katholischen Lehre äußert sich bei *Joachim* nicht nur nirgends als Widerspruch, sondern er wird «überall verwischt, weggeredet, bestritten» *(Grundmann)*. Ausgerechnet für sein

Geschichtsbild zieht er unausgesetzt *Augustin* als Zeugen herbei; er hat es sogar fertiggebracht, für alle seine Schriften unverzüglich die päpstliche Approbation einzuholen und zu bekommen. *Grundmann* hat gemeint, daß *Joachim* der Wunsch gedrängt habe, «mehr zu geben als Geschichtsparallelen». Er wollte das Tor zur Zukunft aufstoßen. «Will man ihn ... einen Schwärmer nennen, so muß man wissen: er schwärmte weder für ein himmlisches Jenseits, wie die begeisterten Menschen innerhalb der katholischen Welt, noch für eine selbsterfahrene neue Lebensform, wie so viele Menschen der häretischen Bewegungen. Sondern ... für eine Verwirklichung des Ideals in einer zeitlichen (d.h. irdischen) Zukunft, einer kommenden Weltzeit». Dem Historiker aber «muß wichtig sein, daß am Ende des 12. Jhs. ein Mensch leben konnte mit dem Gefühl, auf der Grenzscheide zweier Zeiten zu stehen, nicht am Ende aller Zeiten».

Seine Wirkung war langsam und langanhaltend. 1215 wurde auf dem Laterankonzil nur seine Trinitätslehre, aber ausdrücklich weiter nichts als häretisch verurteilt. Erst «um 1250 sollen *Joachims* prophetische Schriften durch den Kardinal von Porto zuerst nach Deutschland geschickt worden sein» *(Grundmann)*. «1254 hat der Franziskaner-Joachit *Gerard* von Borgo S. Donnino in Paris ... *Joachims* drei Hauptschriften in die Öffentlichkeit gebracht». Nach den Franziskanerspiritualen haben Lollarden und Hussiten, Wiedertäufer und *Thomas Müntzer*, der Spenersche Pietismus, *Friedrich Engels* und heute *Ernst Bloch* den Gedanken *Joachims* aufgenommen, der über *Moeller van den Bruck* als bloßer Name auch an den Nazismus geriet. Zeitgenössische Chronisten (vgl. *Grundmann)* scheinen nur Undeutliches über ihn gewußt zu haben (vgl. auch u. S. 689). Auf eine merkwürdige, zeitgenössische Koinzidenz zum Graals-Roman des *Robert von Boron* hat jüngst *Ruh* hingewiesen. Wenn auch das Werk *Roberts* wohl erst nach 1191 und vielleicht gleichzeitig mit den Anfängen des *Franz von Assisi* entstanden ist, so gehört es seiner älteren Frömmigkeitshaltung nach wohl doch unmittelbar neben das Ketzeredikt von Verona, neben ‹Perceval› und ‹Gregorius›, neben *Joachim* und nicht zuletzt in die sizilianische Perspektive.

### Robert von Borons Geschichte vom Graal

Der ‹Roman von der Geschichte des Graals› oder ‹Joseph von Arimathia› des *Robert von Boron* ist nur sehr äußerlich ein höfischer Versroman. In reichlich konfuser Erbaulichkeit gibt er nicht nur eine Geschichte, sondern auch eine Lehre vom Graal. Es ist vielleicht schon zu viel, wenn man sagt, er ziele auf das Erscheinen eines ‹Dritten Menschen› (‹tierz hons› 2790), denn mehr als ein Drittel der 3514 Verse sind der Legende des Kaisers Vespasian gewidmet. Aber der Dritte Mensch läßt aufhorchen und an *Joachim* von Fiore denken, vielleicht nicht einmal zu Unrecht; *Kurt Ruh* hat dem Ganzen ein joachitisches Schema unterlegt, dessen Material im wesentlichen aus dem stammt, was im letzten Drittel der Handlung ineinander verfilzt ist. Der ganze Ablauf ist so klarer geworden als er es bei *Robert* ist:

| | initium | fructi-ficatio | consu-matio | | | |
|---|---|---|---|---|---|---|
| status des Vaters | Joseph empfängt den veissel | Auszug der An-hänger Josephs | Erste Graals-Tafel | | | |

| | | initium | fructi-ficatio | consu-matio | |
|---|---|---|---|---|---|
| status des Sohnes | | Bron fängt den Fisch für die Graals-Tafel | Bron empfängt den Graal (Him-mels-brief) Zweiter Auszug | Evange-lisation im Westen | |

| | | | initium | fructi-ficatio | consu-matio |
|---|---|---|---|---|---|
| status des Heiligen Geistes | | | Geburt des tierz hon | Warten auf den tierz hon | li tierz hon empfängt den Graal |

Hier spricht der Anfang zunächst allgemein vom Sündenzustand der Welt vor der Herabkunft Christi, von den Vorvätern in der Hölle, von den Tugenden Marias und ihren Eltern Joachim und Anna, vom Erlö-sungsentschluß der Trinität, wiederum von der Sünde Evas und Adams, von der Höllenstrafe, von der Herabkunft Christi, dem Erscheinen Jesu, seiner Taufe durch Johannes, dem Verrat des Judas, vom letzten Abend-mahl und von der Gefangennahme des Herrn (1–374 = Initialenabschnitt 1 bis 9).

Im Hause des Abendmahls findet ein Jude «eine gar edle Schüssel, worin Christus sein Sakrament gewirkt hatte» (395). Er bringt sie dem Pilatus, welcher ein heimlicher Freund Jesu ist, aber nicht umhin kann, ihn verurteilen zu lassen. Nach der Hinrichtung erbittet Joseph von Ari-mathia von ihm den Leichnam Jesu. Da erinnert sich Pilatus an die Abend-mahlsschale und übergibt sie dem Joseph, indem er ihn fragt: «Ihr habt diesen Mann sehr geliebt?», worauf Joseph antwortet: «Ihr sprecht die Wahrheit» (510 f.). Mit Hilfe des Nikodemus nimmt Joseph den Herrn vom Kreuz, wäscht ihm die Wunden aus und fängt das Blut in jenem Gefäß auf. Dann legen sie ihn ins Felsengrab (Abschnitt 10–13). Nach der Auferstehung geben die Juden dem Joseph die Schuld am Verschwinden von Jesu Leichnam, fangen ihn und werfen ihn in einen Kerker. Dort geschieht nun das erste Graalswunder:

> «Gott (d. h. Jesus) kam zu ihm in den Kerker und trug sein Gefäß in der Hand, und es ging eine solche Helligkeit davon aus, daß der Kerker im Licht erstrahlte» (713–720).
> Jesus spricht zu Joseph und befiehlt ihm, das Gefäß zu hüten: «Joseph, du wirst es gut bewachen und es nur drei Personen anvertrauen dürfen ... Sie werden es dann empfangen im Namen des Vaters und des Sohnes und des Heiligen Geistes und sollen glauben, daß diese drei Personen eine Person sind und jede eine ganze Person» (871–878).

Gleich darauf überreicht Jesus dem Joseph das Gefäß nochmals mit ganz ähnlichen Worten, spricht aber hier davon, daß Joseph die ‹drei Kräfte› (‹troiz vertuz›), welche als eines (‹une chose›) zu glauben sind, anblicken solle, sooft er den Rat des Heiligen Geistes brauche (939 ff.). Dann verläßt ihn der Herr (Abschnitt 14–25).

Nun wendet sich die Erzählung von Joseph, welcher mit dem Gefäß im Kerker bleibt, ab, und geht hinüber nach Rom, wo der aussätzige Kaiser Vespasian durch das Schweißtuch der Heiligen Veronika geheilt wird. Der geheilte Kaiser kommt nun nach Palästina, um den Tod Jesu zu rächen. Er steigt zu Joseph in den Kerker, findet ihn noch immer am Leben und wird von ihm belehrt und bekehrt. Dann bricht das Strafgericht des Kaisers über die Juden herein. Auf Bitten Josephs hin verschont Vespasian jedoch diejenigen, die an Jesus glauben (Abschnitt 26–55).

Es beginnt nach der Rache des Vespasian das letzte Drittel des Romans. Um Joseph hat sich eine Gemeinde geschart, die friedlich von Handarbeit in «fernen Ländern» (2363) lebt, wohin sie Joseph geführt hat. Doch plötzlich ergeht es ihnen nicht mehr gut. *Robert von Boron* gibt als Grund an: «das war durch eine einzige Sünde gekommen ... durch die Sünde der Lüsternheit, durch solche Gemeinheit, durch solche Schmutzigkeit» (2380–2384). Joseph fragt das heilige Gefäß um Rat und erfährt, er solle eine Abendmahlstafel bereiten, sich selbst an den Platz Christi setzen, den Platz des Judas zur Rechten aber frei lassen.

> «Du sollst Dein Gefäß mit meinem Blut hernehmen und es offen vor die Sünder als Probe hinstellen» (2469–2472) ... «Und wenn du alles bereitet hast, sollst du deinen Schwager Bron rufen. Bron, dein Schwager, ist ein guter Mann (2493–2495) ... Befiehl ihm, an jenes Wasser zu gehen und einen Fisch zu suchen und zu fangen (2497–2498) ... Auf diesen Tisch wirst du den Fisch dann legen» (2502).

Sodann ruft Joseph sein Volk herbei und sagt, sie sollten sich zu ihm an den Tisch setzen, sofern sie immer an die drei Kräfte geglaubt hätten. Die Guten verspüren nun beim Anblick des Gefäßes, wie es heißt,

«Gnade» (grace 2567), die Sünder verspüren nichts und verlassen das Haus. Und an dieser Stelle der Erzählung wird der Name des Gefäßes enthüllt. Es ist Joseph von Arimathia selbst, der fragt:

«Und welches wird der Ruhm des Gefäßes sein, das euch so angenehm ist? Sagts uns, wie nennt mans, wenn man es bei seinem Namen nennt? – Petrus antwortet: ‹Ich wills nicht verheimlichen. Wer es recht nennen will, der nenne es rechtens *Graal*›» (2653–2659).

Unter den Sündern, die sich aus der Gemeinde entfernen müssen, befindet sich auch ein Jude namens Moysés. Der versucht dennoch zur Graalstafel zugelassen zu werden –

Hier fehlt der einzigen Handschrift (B.N.fr. 20047) das mittlere Doppelblatt. Durch die Prosaauflösung wird die Lücke folgendermaßen ausgefüllt: Moysés nimmt neben Joseph Platz und ist augenblicklich verschwunden. Auf Veranlassung des Petrus bittet Joseph – hier setzt die Versfassung wieder ein –

die Heilig–Geist–Stimme des Graals um Auskunft über das Schicksal des Moysés. Es ist Jesus, der antwortet, Moysés habe sich auf den Platz des Judas gesetzt. «Und dieser Platz wird nicht besetzt werden vor dem Tage des Gerichts, den noch alle Menschen erwarten» (2782–4), und dann widersprüchlich: «Denn dieser Platz wird nicht besetzt werden, ehe der Dritte Mensch (tierz hons(!)) kommen wird, der hervorgehen wird aus deinem Stamm und sein wird aus deinem Geschlecht, und Hebron muß ihn zeugen, und sein Weib Enygeus, deine Schwester, tragen, und der, der aus ihrem Sohn sein wird, der wird diesen Platz einnehmen» (2789–96). Moysés aber sei in den Abgrund (‹abysme›) gestürzt. Wie man sieht, wären danach Erscheinen des Dritten Menschen und Tag des Jüngsten Gerichts identisch und der ‹tierz hons› hätte gerade nichts Joachitisches. Doch offensichtlich sind beide Aussagen genau so Doubletten wie in der Jesus–Rede über die Trinität die «drei Personen eine Person» (877f.) und andrerseits die «drei Kräfte (vertuz)» als «eines (une chose)» (941f.) bezeichnet wurden. Doch wenn jetzt die Geiststimme zuendeberichtet, Moysés müsse einst von dem Dritten Menschen gesucht werden, dann wäre demnach mit dessen Erscheinen eben doch noch nicht das Ende der Welt angebrochen (Abschnitt 56–65).

Im nun folgenden Schlußteil tritt die Sippe von Josephs Schwager Hebron-Bron in den Vordergrund. Die 12 Söhne des Bron erhalten himmlische Weisung, sich zu verheiraten. Elf vermählen sich, doch der jüngste, Alein, will sich «lieber in Stücke schneiden lassen ... ehe er eine Frau nehmen und heiraten würde» (2960f.). Dieser wird von Joseph adoptiert, der ihn ins Graalsgeheimnis einweiht und nun eine Art metaphysische Schnitzeljagd organisiert, auf Geheiß der Graalsstimme. Ein dreifacher Aufbruch nach dem fernen Occident wird eingeleitet. Als erster bricht Alein mit seinen elf Brüdern auf, deren Führer er ist. Einen Tag später zieht Petrus nach Westen in die Täler von Avaron (3123). Er hat einen

Himmelsbrief erhalten, den er lesen soll (3112) und in den Westen tragen, allwo er den Sohn des Frauenverächters Alein erwarten und ihm den Brief übergeben muß, welcher ihm dann von diesem Dritten Menschen vorgelesen werden wird (3132). Als Dritter bricht dann Bron gen Westen auf, welcher mit dem Graal belehnt worden ist und den Namen ‹mächtiger Fischer› (‹Riche Pescheeur› 3345, 3387) erhalten hat, weil er den Fisch für die Graalstafel fing. Er wird einst im Westen dem Dritten Menschen, dem Sohn Aleins, den Graal übergeben. Also ziehen alle nacheinander fort. Nur Joseph bleibt zurück, um aus der Zeitlichkeit (3396) zu scheiden (Abschnitt 66–76).

Die Bühne ist leer, der Roman ist zuende. Vom Epilog des Dichters bleibt noch zu sprechen. *Kurt Ruh,* der das joachitische Handlungsschema entwarf, dessen Verdienst und Problematik nach dieser Inhaltsangabe deutlich sein dürfte, hat auch die interessante Ansicht begründet, *Robert* habe eine Vorgeschichte zu *Chrestiens* ‹Perceval› geben wollen, und er stellt in diesem Zusammenhang folgende klärende Personengleichungen auf:

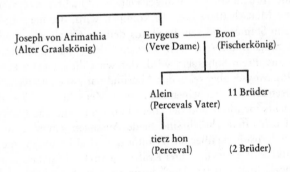

Solche Beziehungen sind nicht völlig ausgeschlossen, wenn auch schwerlich mit letzter Stringenz zu erweisen.

### Geheimlehre und Kirchentreue

Ehe wir darauf zurückkommen, sehen wir auf das besondere Klima von Geheimlehre, das jetzt ein Werk erfüllt, welches sich an ein phantastisches weltliches Publikum zu wenden vorgibt. Ins Auge fallen da zunächst Motive des Abwehrens und Ablehnens als besonders herausgehoben. Es ist «le pechié de luxure» (2383), «die Sünde der Sinnenlust», welche das

Schicksal der Josephs-Gemeinde wesentlich bestimmt. Deswegen werden viele, wie es heißt, «aus der Gnade vertrieben» (2638). Der Spruch der Graalsstimme legitimiert solche Negation der Sinnlichkeit, wenn sie in Bezug auf Alein sagt: «Er hüte sich vor der Freude des Fleisches und lasse sich von ihr nicht verlocken» (3077f.). Daß es sich hier um eine nahezu neurotische Fixierung auf den Komplex der Sexualität handelt, zeigt etwa das hektische Verhalten des Alein, als er sich weigert, eine Frau zu nehmen (vgl. oben S. 643). Von der Graalsstimme wird er dafür ausdrücklich gelobt. Nicht, daß hier eine Nähe zu dualistisch-häretischen Vorstellungen sichtbar wird, sondern daß sich hier ein neuralgischer Punkt im Bewußtsein der Zeit verrät, ist uns wichtig. Daß dann ausgerechnet von dem misogynen Alein ein Sohn erwartet wird, welcher einst der dritte Graalshüter sein soll, schafft der Handlung eine Pointe, die unfreiwillig komisch wirkt, aber im Grunde betulich ist. Vor einer grundsätzlichen Ablehnung der von der Kirche sanktionierten Ehe hütet sich das Buch allerdings sichtlich. Mit besonders negativem Vorzeichen versehen erscheint auch das Geld. Jesus, so heißt es, wurde verurteilt, weil böse Menschen mit sehr viel Geld (1052) die Behörden bestochen haben. Und der Verrat des Judas wird mit einer Prozentsatz-Legende motiviert (im Anschluß an Joh. 12, 4ff.):

Judas war der Kämmerer Christi, und damals durften «die Kämmerer den Zehnten von allem nehmen, was man ihrem Herren schenkte» (232f.). Als nun am Tage des letzten Abendmahls Maria Magdalena den Herrn mit Salböl salbte, welches «300 Silberlinge oder mehr wert war» (255), ärgerte sich Judas über den Verdienstausfall. Er besorgte sich die ihm zustehenden 10%, d.h. 30 Silberlinge, indem er Jesus verriet, und «da hatte er nun seinen Schaden für den Verlust des Salböls wieder eingebracht» (295f.).

Solchen Akzenten des Abwehrens und Ablehnens treten gegenüber Motive des gerechten Lebens sowie besondere Verhaltens- und Glaubensgebote. Auf den Platz des Judas an der Abendmahlstafel soll sich niemand setzen. Ohne diesen Befehl der Graalsstimme zu kennen, gehorcht der gute Bron *von selbst* diesem Gebot. – Der fromme Petrus wird ausgesandt nach dem Westen, in die Täler von Avaron (3123). Aber ohne daß er diesen speziellen Befehl vernommen hat, sagt Petrus *von selbst*, er wolle in die Täler von Avaron ziehen (3221). «Das weiß ich wohl und doch hat keiner mir etwas davon gesagt» (3215f.), sagt er. Noch andere, ähnliche Beispiele ließen sich anführen. Die Guten und Gerechten wissen instinktiv und von selbst, das Rechte zu tun. Aber: wozu dann überhaupt noch Geheimnisse enthüllt und Botschaften überbracht werden müssen, fragt man sich. Gewiß ist das Brimborium der Handlung einerseits eine Art fauler Zauber, aber anderseits dient der jeweilige höhere Befehl wohl doch auch dazu, dem Empfänger den rechten Zeitpunkt zu bezeichnen, ist sozusagen ein Kairos-Signal. Die Erwartung eines bestimmten Zeitpunkts schließlich ist die Perspektive, in welche der Roman ausmündet: die Erwartung des dritten Graalshüters:

«Dann wird die Bedeutung und der Erweis der gesegneten Trinität erfüllt sein, die wir in drei Teile eingeteilt haben» (3371–3373).

Aber es gibt hier nicht allein ein rechtes Tun aus sich selbst heraus, das im intuitiven Wissen des ‹Perceval› (vgl. oben S. 609) ein Analogon hat, hier aber auf ein himmlisches Zeichen hin geschieht, sondern auch besondere Verhaltens- und Glaubensgebote. Auf der Linie einer streng evangeliengemäßen Frömmigkeit, d. h. auch auf der Linie der Humiliaten und Waldenser (s. S. 495) liegt die Weisung, sich vor Zorn und Grimm zu hüten, die vom Graal ergeht (3066). Denen, die das Graalsmahl als Gedächtnismahl feiern, verheißt die Jesus-Stimme besonderen Beistand (3053 f.). Das Wohlgefühl, welches der Einzelne dabei empfindet, ist ein Zeichen des Gnadenstandes (vgl. ob. S. 642). Hier ist eine dem Pietismus ähnliche Haltung, die den eigenen Frömmigkeitsgrad beständig zu beurteilen sucht und auf diese Weise leicht in Angst und Hypokrisie gerät. Ein Bewußtsein des geheimen Auserwähltseins der guten Menschen unter der Vielzahl der anderen drückt sich in dem Befehl aus, der an Alein und seine Brüder ergeht:

«Zu allen denen, die er als gute Menschen (preudomes) weiß und erkennt, soll Alein allzeit von mir (Jesus) sprechen, wo er auch sei, ob nah oder fern; denn je mehr er im Guten davon spricht, desto mehr Gutes wird er dabei finden» (3085–3090; vgl. ferner 3265 ff.).

Bei diesem Predigtgebot, in welchem übrigens auch das Moment der subjektiven Wohltat betont wird, denkt man unwillkürlich an waldensische Wanderpredigt. Man denkt besonders daran, wenn man über die Trinität liest:

«Joseph, sooft Du willst und es nötig haben wirst, sollst Du auf diese drei Kräfte hinschauen und sollst glauben, daß sie ein einziges Wesen sind; und an die glückselige Frau, die Gottes Mutter genannt wird, die den gesegneten Gottessohn in ihrem Schoße trug, sollst Du ebenfalls glauben. Sie wird Dir guten Rat gewähren» (939 ff.).

Das wäre ja genau der theologische Schnitzer, dessentwegen die Waldenser im Verhör des *Walter Map* durchs Examen fielen (vgl. oben S. 487). Indes: dieser Schnitzer geht auf Kosten der anthroposophischen Übersetzung von *Konrad Sandkühler*, die wir sonst dankbar genutzt haben. Im altfranzösischen Text des ‹Roman de l'Estoire dou Graal› der Ausgabe von *William A. Nitze* hingegen ist der Punkt nach Vers 945 offensichtlich Druckfehler, und der Wortlaut kann nur übersetzt werden als:

«... Auf diese drei Kräfte sollst du hinschauen und glauben, daß sie eine einzige Sache (chose) sind; und die glückselige Frau (la dame boneeuree), welche die Mutter Gottes genannt wird, die den gesegneten Sohn Gottes trug, wird dir guten Rat gewähren ...» (941–946).

In dieser und den andern Trinitätsformeln *Roberts* (vgl. oben S. 642, 643) hat *Ruh* Einfluß joachitischer Spiritualität erkennen wollen. Aber die Formel *Roberts* ist da, wo sie präzise ist (‹vertuz›) nicht diejenige *Joachims,* und da, wo sie von ‹Personen› spricht, nur möglicherweise tritheistisch. Wahrscheinlich hat sie sich da rechtgläubig gewollt. Solches Variieren und Weiterspinnen ist aktuelle Problematik und hat im XII. Jahrhundert spontane Analogien bei *Abaelard, Gilbert de la Porrée* oder der Portalweihe *Sugers* (vgl. S. 273). Es könnte bei *Robert* mancherlei zusammengekommen sein, auch Joachitisches, und es wird sich für den Weg solcher Vermittlung vielleicht ein Hinweis geben lassen. Andrerseits scheint *Robert,* was er mit der einen Hand in seinem tierz-hon-Konzept zu geben scheint, mit der andern durchs Jüngste Gericht wieder zu nehmen (vgl. ob. S. 642 f.).

Seltsam anmuten möchte manchen auch die Engellehre, die Joseph dem Kaiser Vespasian im Kerker verkündet, und die ja auch bei *Wolfram* wieder erscheint:

«Ich glaube, daß es der Heilige Geist ist, welcher einst alle Dinge schuf und Himmel, Erde und Meer machte ... Er bildete und schuf die Erzengel und überhaupt alle Engel. Unter denen war ein Teil böse, voll Hochmut und Verrat, Neid und Begehrlichkeit, Haß und Heuchelei, voll Lüsternheit und voller anderer Sünden. Diese hat Gott alsbald hinabgestürzt, da sie ihm nicht wohlgefällig waren. Drei Tage und drei Nächte regneten sie hinab. Und niemals regnete ein so dicker Regen, welcher uns so viel Elend brachte. Drei Generationen stürzte er in die Hölle und auch auf die Erde. Die, welche in die Hölle stürzten – ihr Herr ist Luzifer – quälen dort die Seelen. Die andern, die auf die Erde stürzten, quälen Frauen und Männer und hetzen sie auf zum Kampf gegen ihren Schöpfer ... Und die Engel, welche auf Erden blieben, haben den Menschen diese Sünde gezeigt und haben es aufgeschrieben und wollen nicht, daß mans vergißt. Die dritte Generation blieb in der Luft ... Ihre Pfeile, Speere und Lanzen schleudern sie auf die Leute, um sie zu täuschen und irrezuleiten» (2084–2124; vgl. *Honorius Augustodunensis, Liber elucidarium* I, 7).

Obschon sie vielleicht katharischen Ohren genehm geklungen haben möchte, ist sie doch rechtgläubiger Herkunft, stammt aus dem ‹Elucidarium› des *Honorius Augustodunensis* (ca. 1080–1137/8), das schon um 1125 ins Englische und zwischen 1185 und 1195 auf Veranlassung *Heinrichs* des Löwen ins Deutsche übersetzt wurde. Aber in Braunschweig wurde der Text stark gekürzt, bei *Robert* wurde das Dunkelste mit Ausführlichkeit herausgekramt. Man wird sich kaum Gedanken machen müssen um die vielen unkanonischen Jesus-Worte, die *Robert* überliefert. Quellen und Anregungen boten namentlich die neutestamentlichen Apokryphen, die vor allem in der Ostkirche kursierten und immer wieder, etwa auch über Süditalien, ihren Weg ins lateinische Abendland fanden. Durch häretische Bewegungen muß dergleichen nicht unbedingt vermittelt worden sein. Nicht dadurch gewinnt die Darstellung *Roberts von Boron* ihren besonderen Charakter. Vielmehr zeigt das Beispiel der Engelslehre, daß abseitig forschende Frömmigkeit selbst aus rechtgläubigen Quellen ihre sektiererische Grundhaltung zu nähren vermag, wie umgekehrt auch kirchliche Religiosität aus den obskursten Quellen sich in unanfechtbarer Weise speisen könnte. Es ist in diesem Zusammenhang wohl bezeichnend, daß *Robert von Boron* nicht ganz ohne schlechtes Gewissen gegenüber der offiziellen Autorität geschrieben zu haben scheint. So hat etwa der Autor von den Gerichten dieser Welt keine gute Meinung:

«Jedoch war die Gerechtigkeit (zur Zeit Jesu) allzu schwach, und manche Herren machen sich (ja auch heute noch) in dieser Hinsicht schuldig; indes kann man ihnen nichts anhaben, sondern muß ihre Übergriffe (leur enreidie) dulden» (409–412).

Das klingt wie die Erfahrung eines Verfolgten. Zweimal versichert die Jesus-Stimme ausdrücklich den guten Menschen der Graalsgemeinde seine Gerichtshilfe:

«Sie sollen von keinem Gerichtshof verurteilt und um ihr Recht nicht betrogen werden, noch sollen sie vor Gericht im Zweikampf besiegt (en court de bataille venchu) werden, sofern sie nur selbst ihr Recht bewahren» (925–928). Und:
«Ich werde ihnen vor allen Gerichten beistehen. Sie werden nicht zu Unrecht verurteilt noch an ihren Gliedern noch an ihrer Habe beschädigt werden, sofern sie zu meinem Gedächtnis das Sakrament feiern» (3050–3054).

In einer merkwürdig ausdrücklichen Form, welche nach einem Alibi klingt, werden diejenigen Sakramente, welche viele Häretiker ablehnen, hier anerkannt. So heißt es nach der Taufe Jesu im Jordan:

«Dergleichen Kraft und Gewalt hat Gott der Heiligen Kirche verliehen. Der Heilige Petrus wiederum übergab seine Machtbefugnis insgesamt den Dienern der Heiligen Kirche und übertrug ihnen deren Pflege. So ward (durch die Taufe) die Sinneslust von Mann und Frau abgewaschen und geläutert (164–172) ... Unser Herr wollte (179) ..., daß der Heilige Petrus noch eine andere (!) Taufe verwalte (De bapteme une autre menniere): denn der Mensch sollte sooft zur Beichte kommen, wie er sündigte, sofern er Reue empfand, seine Sünden meiden und die Gebote der Heiligen Kirche (hinfort) halten wollte» (184–191).

Diese andere Taufe hier ist offenbar die Absolution.

Als die elf Söhne Brons sich auf Befehl des Graals verheiraten, da «nahmen sie ihre Frauen nach dem alten Gesetz, ganz ohne Hochmut und Stolz in der Form der Heiligen Kirche» (2951–2953). Es klingt, als ob hier Spuren verwischt würden. In Bezug auf den Priester wird hier behauptet, daß ein sündiger Priester sehr wohl von Sünden befreien, d. h. ein gültiges Sakrament spenden könne. Hier hätte also das Amt und nicht die Person die stellvertretende Gewalt:

«Sündige Menschen aber werden trotzdem andere reinwaschen können» (347–348). Und ferner: «Dieses Beispiel wollen wir Petrus vermachen und auch den Dienern der Heiligen Kirche übergeben: sie werden sich alle durch ihre Sünden beflecken und werden dennoch die Sünder reinwaschen, welche Gottvater, dem

Sohn und dem Heiligen Geist sowie der Heiligen Kirche gehorchen wollen ...
So unterwies Gott den Heiligen Johannes» (357–373).

Das steht gegen die (im Grunde donatistische) Lehre *Gregors VII.*, «daß
nur der würdige Priester wirksam die religiösen Funktionen vollziehen
könne» *(Grundmann)* in der augustinischen Tradition, welche später in
Trient als «character sacramentalis» (oder ‹indelibilis›) dogmatisiert wird.
Hier erscheint also in merkwürdig sektiererischem Gewand eine künftig
verbindliche Kirchenlehre.

*Robert von Boron* wendet sich mit seinem seltsamen Roman an das
höchste denkbare Publikum, wenn er beginnt:

> «Zu jener Zeit, von der ich Euch spreche, Ihr Könige und Fürsten, Grafen
> und Herzöge, da fuhren unser erster Vater Adam und Eva, unsere Mutter, und
> Abraham, Isaak, Jakob, Jeremias und der Prophet Jesaias, und alle Propheten
> und alle Leute, Gute wie Böse gleichermaßen, wenn sie aus dieser Zeitlichkeit
> hinschieden, schnurstracks zur Hölle» (11–20). Und: «Wissen sollen alle Sünder
> ...» (1).

Es wird hier durchaus mit jenem Anspruch auf allgemeine Verkündigung
gesprochen, mit dem auch die Kirche spricht. Anderseits ist das, was
*Robert* enthüllt, eine Geheimbotschaft, eine neue oder zusätzliche Offenbarung. Er bekundet Scheu davor und versichert sich der Autorität der
‹granz clers› (934), wenn er mitten im Stück sagt:

> «Ich wage nicht zu berichten und zu schildern, noch könnte ich es tun, selbst
> wenn ich es tun wollte, hätte ich nicht jenes große Buch, worin die Geschichten
> geschrieben stehn, von den großen Clerici gemacht und gesagt (feites et dites).
> Dort stehn die großen Geheimnisse geschrieben, welche man den Graal nennt»
> (929–936).

Umständlich wiederholend dreht sich die Sprache im Kreise. Das gehört
zum Stil solcher Schriften. Dennoch sagt *Robert* an anderer Stelle, er
habe gekürzt:

> «Es sagt Meister *Robers von Bouron*, wenn er alles mit Namen sagen wollte,
> was in diesem Buche stehen müßte, fast zweihundertfach würde es sich verdop-
> peln» (3155–3158).

Hier imitiert Meister *Robert* wohl die berüchtigte Stelle Joh. 24, 25 (vgl.
S. 59). Am Schlusse seiner Darstellung aber berichtet er:

> «Jedes dieser vier Dinge (nämlich: die Schicksale des Alein, des Petrus, des
> Moysés und des Fischerfürsten Bron) müßte man darstellen und zusammenfügen,
> und zwar jede Geschichte so, wie sie ist. Ich glaube jedoch, daß kein Mensch
> das könnte, wenn er nicht vorher die größte «Geschichte vom Graal» (welche
> hier vorliegt) kennengelernt hat. Und sie ist die reine Wahrheit.
> Zu der Zeit, da ich sie bei meinem Herrn *Gautier* in Frieden aufzeichnete (re-
> treis), welcher von *Mont Belyal* war, hatte die große Geschichte vom Graal noch
> niemand aufgezeichnet, kein sterblicher Mensch.
> Ich aber tue allen kund und zu wissen, welche dieses Buch haben möchten,
> daß, wenn Gott mir Gesundheit und Leben gibt, ich durchaus willens bin, jene

(vier fehlenden Teile) zusammenzufügen, sofern ich sie in einem Buche finden kann» (3481–3500).

Das scheint Quellenangabe und Mystifikation in einem zu sein.

Man wird aus diesen Angaben nicht schließen müssen, *Robert* habe *vor Chrestien* geschrieben; denn es scheint höchst fraglich, ob er dessen ‹Conte du Graal› als Graalsgeschichte hätte ernstnehmen wollen, gerade wenn er das Werk gekannt hätte. Daß *Robert* den ‹Perceval› geradezu kontrafaziert habe, hat *Ruh* wohl wahrscheinlich gemacht. Die ‹Täler von Avaron›, in die *Robert* seine Josephsgemeinde aufbrechen läßt, sind wohl über die bei *Chrestien* gegebene Verbindung der Graals- mit der Artus-Geschichte und über die angebliche Auffindung des Artusgrabes «in valle Avaloniae juxta Glastoniam» (vgl. *Nitze)* mit dem Graal bei *Robert* vermittelt zu denken. Die Nachricht vom Artusgrab wurde seit 1191 verbreitet (vgl. auch *Ruh).* In die Zeit nach 1191 führt aber namentlich die Angabe *Roberts* über seinen Gönner *Gautier von Montbéliard,* in dessen Nähe *Roberts* ‹Boron› (nördlich von Delle) liegt. Dieser *Gautier* ist allerdings eine äußerst umgetriebene Abenteurerfigur, dessen unstetem Leben *Robert* sowohl die Kenntnis *Chrestiens* als auch diejenige *Joachims von Fiore* verdanken könnte.

1199 hat *Gautier,* der auch nach seiner 1183 erfolgten Belehnung mit Montfaucon *de Montbéliard* heißt, mit dem Grafen *Gautier de Brienne* und andern aus der Champagne (nicht Flandern, wie *Nitze* schreibt) in Troyes das Kreuz genommen (vgl. *Villehardouin* c. 5). Aber er zieht noch lange nicht ins Heilige Land, sondern bleibt in der Umgebung des *Gautier de Brienne.* Dieser hatte die älteste Tochter *Tancreds von Lecce* zum Weibe genommen, eines Halbbruders König *Wilhelms II.* von Sizilien, der nach dessen Tod 1189 dem Kaiser *Heinrich VI.* als König von Sizilien das Südreich streitig machte, bis er 1192 starb. 1194 hatte *Heinrich VI.* beide Sizilien (Festland und Insel) erobert, 1197 starb der Staufer. Nun wollte *Gautier de Brienne* dort die Erbschaft antreten und fand als Condottiere großen Zulauf. 1201 trifft ihn *Villehardouin* zusammen mit dem Gönner *Roberts von Boron* und andern, die zu Troyes das Kreuz genommen, auf der Paßhöhe des Mont Cenis auf dem Weg nach Apulien *(Villehardouin* c. 33). 1202 ziehen andere französische Kreuzfahrer von Piacenza aus statt zum Einschiffungsort Venedig nach Brindisi, angeblich um sich dort nach Syrien verladen zu lassen (*Villehardouin* c. 54). Aber in Brindisi ist *Gautier de Brienne.* Zu ihm brechen im Mai 1203 meuternde Kreuzfahrer aus Korfu auf (*Villehardouin* c. 113). Noch 1205 wollte der jugendliche *Franz von Assisi* bei *Gautier de Brienne* den Ritterschlag erwerben. Aber am 14. Juni 1205 war *Gautier* Verwundungen erlegen, die ihm der staufische Bandenführer *Diepold v. Schweinspeunt-Acerra* zugefügt hatte (*Winkelmann).* *Gautier de Montbéliard* aber, der lange mit dem Grafen von Brienne kreuz und quer durch Unteritalien gezogen

war, scheint sich 1203 oder 1204 mit einigen, die von Brindisi nach Outremer gingen (vgl. *Villehardouin* c. 231), ins Heilige Land begeben zu haben.
Er, dessen Schwester *Alice* dort hoch verheiratet war (vgl. *Runciman*),
wurde Connetable und Schwiegersohn König *Amalrichs II.* von Jerusa-
lem-Zypern (1197–1205) und nach dem Tode seines Schwiegervaters
Regent von Zypern für seinen minderjährigen Schwager *Hugo.* «Er war
ein erfolgloser Regent», schreibt *Runciman,* «der die Insel in einen unseli-
gen Krieg mit den Türken verwickelte; und als er im Jahre 1210 die
Regierungsmacht an seinen Schwager übergab, wurde er genötigt, sich
in die Verbannung zu begeben, da man ihn gröblicher Veruntreuungen
während seiner Amtszeit verdächtigte». Das ist *Roberts* Gönner, der «von
Mont Belyal *war*» (3491). Wenn es mit den joachitischen Beziehungen
zum ‹Joseph› an dem ist, warum sollte *Robert* seinen Herrn nicht nach
Süditalien begleitet haben? Der weite historische Geist des Abtes von Fiore
erscheint dann allerdings bei *Robert* mehr als episches Kleingeld, das dennoch gerade jetzt Aufmerksamkeit verdient.

　Bei *Robert von Boron* bezeichnet die Autorität der ‹granz clers› den
Kulturbereich, dem bisher Verbreitung und Diskussion solcher religiösen
Thematik vorbehalten war, und den *Robert* auf seine Weise einem Publi-
kum erschließt, welches «dieses Buch haben» möchte (3496). Im Tone
kirchlicher Verkündigung und in beteuertem Einklang mit der Lehre der
Kirche werden hier Lehren vorgetragen, die zu mindest am Rande der
kirchlichen Verkündigung stehen. Es fehlt dem Werk zum häretischen
Phänotypus:

1. Der Protest gegen den gegenwärtigen Zustand der Kirche und
2. Die Leugnung einer objektiven Gnadenwirkung der Sakramente nebst
Forderung nach einer subjektiven Heiligkeit im geistlichen Amt (vgl. S. 648).

Aber gleichzeitig sind in *Roberts* Werk dennoch vorhanden:

1. Anspielungen auf die Ungerechtigkeit der Gerichtsherrn und Furcht vor Verfolgung (vgl. oben S. 648),
2. Eine distanzierte Haltung zu Ehe, Geld und Bestechlichkeit der Behörden
(vgl. oben S. 645),
3. Forderung nach einer moralisch-psychologischen Gläubigkeit der Gemeinde-
glieder und besonderes Erwähltheitsgefühl (vgl. S. 646),
4. Forderung nach subjektiver Heiligkeit der Graalshüter.

Das wären im Prinzip wieder typisch sektiererische Züge. Nur dadurch,
daß zwischen der historisch-legendären Graalsgemeinde und der gegenwärtigen Wirklichkeit keine grundsätzliche Verbindung hergestellt wird,
ist eine erklärte Dissonanz vermieden. Wenn es richtig ist, daß Sekten
«eine besondere Chance (haben), wenn in Übergangszeiten tradierte
Werte nicht mehr anerkannt werden» *(Honigsheim),* dann kann die zwie-

lichtig-sektiererische Haltung bei *Robert von Boron* als Signal für eine solche Übergangszeit angesehen werden.

Inwiefern aber Kritik von öffentlichen Zuständen nur aus unberufenem Munde häretisch, als interner Spott aber läßlich ist, kann das in diesen historischen Augenblick zu setzende ‹Heilige Evangelium der Mark Silbers› zeigen, dessen älteste und kürzeste Fassung lautet:

Es begab sich aber, daß der Papst sprach zu den Seinen in Rom: Wenn des Menschen Sohn kommen wird an den Sitz unserer Herrlichkeit, dann saget zuerst: ‹Mein Freund, warum bist du gekommen?›

So jener aber fortfährt anzuklopfen und gibt euch nichts, so werfet ihn hinaus in die äußerste Finsternis (Mt. 25, 21; 26, 50) (Luc. 11, 4; Mt. 25, 30).

Und es begab sich, daß ein armer Clericus kam an die Kurie des Herrn Papstes, und schrie und sprach (Luc. 1, 8; Mt. 15, 22):

‹Erbarmet wenigstens ihr euch meiner, ihr Türsteher des Papstes, denn die Hand der Armut hat mich gerühret (Job 19, 21). Ich aber bin elend und arm (Ps. 69, 6); deshalb bitte ich euch, auf daß ihr meinem Unglück und Jammer abhelfet› (Soph. 1, 15).

Da sie aber solches hörten, wurden sie gar unwillig und sprachen (Mt. 20, 24): ‹Mein Freund, daß du verdammt werdest mit deiner Armut (Act. 8, 20)! Hebe dich hinweg, du Satan, denn du meinest nicht das, was das Geld meinet (Mc. 8, 22).

Wahrlich, wahrlich, ich sage dir, du wirst nicht eingehen zu deines Herren Freude, ehe du nicht den letzten Heller hergibst› (Mt. 5, 26).

Der Arme aber ging hin und verkaufte Mantel und Rock und alles, was er hatte, und schenkte es den Kardinälen, Türstehern und Kämmerlingen (Mt. 13, 46; 13, 44; 1. Esra 9, 4).

Jene aber sprachen: ‹Und was ist das unter so viele?› (Joa. 6, 9).

Und stießen ihn hinaus vor die Tür (Joa. 9, 34), und er ging hinaus und weinte bitterlich (Mt. 26, 75) und hatte keinen Trost (Thren. 1, 9).

Nach jenem aber kam zur Kurie ein reicher Kleriker, dick, fett und aufgeblasen (Deut. 32, 15), der hatte im Aufruhr einen Mord begangen (Mc. 15, 7).

Der gab zuerst dem Türsteher, dann gab er dem Kämmerling, zum dritten gab er den Kardinälen. Die aber meinten untereinander, sie sollten noch mehr empfangen (Mt. 20, 10).

Es hörte aber der Herr Papst, die Kardinäle und Diener hätten reichlich Geschenke empfangen von dem Kleriker (Prov. 6, 35), und er ward krank bis auf den Tod (Phil. 2, 27).

Der Reiche aber schickte ihm Arznei aus Gold und Silber, und alsbald ward er gesund (Joa. 5, 9).

Da rief der Herr Papst die Kardinäle und Diener zu sich und sprach zu ihnen (Mt. 20, 25):

‹Lieben Brüder, sehet zu (Hebr. 3, 12), daß euch nicht einer verführt mit vergeblichen Worten (Eph. 5, 6).

Denn ein Beispiel habe ich euch gegeben, daß wie ich nehme, auch ihr nehmet› (Joa. 13, 15).

Der Verfasser des Geldevangeliums ‹Inicium sancti evangelii secundum marcas argenti›, das sich bis ins späte Mittelalter hinein großer Beliebtheit erfreute, ist unbekannt. *Paul Lehmann* datiert es in seinem Buch ‹Die Parodie im Mittelalter› in die 2. Hälfte des XII. Jahrhunderts.

Denn die Tatsache, daß Papst *Innozenz III.* bei seinem Regierungsantritt 1198 als erstes «die Zahl der Janitores et ostiarii verminderte und bestimmte, daß Kleriker wie Laien leichter Audienz beim Papst erhielten», zeigt, «daß gegen Ende des 12. Jahrhunderts das Unwesen der Bestechung unter jenen Kurialbeamten großmächtig war». Andere Gründe, wie mögliche Anspielungen auf das Geldevangelium bei *Alanus ab Insulis* u. a., kommen hinzu.

Es ist nicht einmal gesagt, daß der Verfasser weder Papst noch Kardinal gewesen sein dürfe. Am ehesten möchte man an einen Mann wie *Walter Map* (vgl. ob. S. 487) denken, in dessen ‹Kurialen Windbeuteleien› (‹De nurgiis curialium›) ähnliche Dinge stehen *(Lehmann)*. Dennoch scheint auch hier eine Grenze des Gewohnten überschritten.

DREIUNDZWANZIGSTES KAPITEL

## RITTERLICHE WELT IM AUGENBLICK
## DES DRITTEN KREUZZUGS

### A. ZUSTÄNDE IM IMPERIUM, IM WESTEN UND IN OUTREMER

Wenn überhaupt, so ist es doch den ritterlichen Romandichtern nur selten und andeutungsweise in den Sinn gekommen, das Verhältnis der höfischen Liebe zur kirchlich-sozialen Realität der Ehe ausdrücklich zu reflektieren. Weniger noch mochten Trobadors, Trouvères und Minnesänger eine Nötigung verspüren, die Welt in ihren Liedern zur Welt außerhalb ihrer Lieder in ausdrückliche Relation zu bringen. Dies Schweigen von den Weltverhältnissen aber behauptet zugleich eine Dualität von außerpoetischer und poetischer Welt, die insofern nicht existiert, als das Verschweigen selbst ein öffentliches Verhalten innerhalb der außerpoetischen Weltverhältnisse darstellt. Was als Idealität und Wirklichkeit, ideologischer Überbau und gesellschaftliche Basis zweierlei zu sein scheint, hat seine unterschiedliche Qualität und Seinsweise nur solange, als im Bereich der Idealität (und seiner Reproduktion – etwa in der Literaturwissenschaft) das Reden von der außerpoetischen Wirklichkeit der Poesie tabuiert ist. Bereits unmittelbar vor dem dritten Kreuzzug wird diese reine Trennung der Bereiche, jedenfalls in der westlichen Poesie, gestört – nachhaltiger als im Zusammenhang mit früheren Kreuzzügen. Im Bereich des Imperiums dagegen scheinen sich die Minnesänger hartnäckiger zu weigern, sich auf die öffentliche Welt auch thematisch zu beziehen, in der sie ihre Lieder sangen. Das heißt nun aber nicht, daß diese deutschen Minnesangsstrophen aufzufassen wären ohne ihre öffentliche Umwelt. Vielmehr sollte wohl das Moment der schweigenden Negation dieser Umwelt als Konstituens dieser Lieder mitgedacht werden.

Es ist genau charakteristisch, wenn die Urkunden, welche den Minnesänger *Friedrich von Hausen* erwähnen, ihn in öffentlich-politischen Situationen zeigen, die mit seiner Kunstwelt unvereinbar scheinen. Sein Reiseweg 1186–1190 ist identisch mit dem Itinerar König *Heinrichs VI.* bzw. Kaiser *Friedrich Barbarossas.* So spricht der Versuch, die politischen Verhältnisse in Reichsitalien zum jetzigen Zeitpunkt zu schildern zugleich von der Wirkungssituation des Minnesangs. Damals hatte die sizilianische Heirat des Thronfolgers der Barbarossafeindschaft an der Kurie neuen Auftrieb gegeben, und der Nachfolger des Papstes *Lucius, Urban III.,* versuchte den Kampf mit dem Hohenstaufenkaiser noch einmal aufzunehmen. Er war ihm nicht gewachsen. Zudem befand er sich in keiner günstigen Ausgangssituation. Die Römer hatten schon seinen Vorgänger aus der ewigen Stadt vertrieben. Der Papsthof hatte in Verona Zuflucht genommen. Um in den Kirchenstaat und nach Rom zurückkehren zu können, brauchte der Papst die militärische Hilfe des Kaisers. Schon allein deswegen war es höchst ungeschickt, daß und wie *Urban III.* in Deutschland und in Italien gegen *Barbarossa* vorzugehen versuchte.

Der Kaiser hatte die Lombardenstädte fest in der Hand, mit Mailand war er, wie die Hochzeit *Heinrichs VI.* gezeigt hatte, jetzt innigst verbündet. Nur die Stadt Cremona zeigte sich unbotmäßig. *Urban III.* hatte nichts besseres zu tun, als sich auf die Seite der Cremonesen zu schlagen und allen andern Lombarden durch bischöfliche Hirtenbriefe eine Teilnahme am Feldzug des Kaisers zu untersagen. Der Erfolg davon war, daß dem niemand gehorchte; vielmehr unterstützten die Lombarden *Barbarossa*, und am 8. Juni 1186 mußte sich Cremona unterwerfen.

In Deutschland war es im Erzbistum Trier zu einer Doppelwahl gekommen. Obgleich der Papst dem Kaiser zunächst zugesagt hatte, ihn in dieser Angelegenheit nicht zu behindern, hatte er schließlich nicht den Kandidaten unterstützt, der vom Kaiser die Regalien empfangen hatte, sondern es fertiggebracht, dessen Gegenspieler *Folmar* am 1. Juni 1186 in Verona zum Erzbischof zu weihen. *Folmar* kehrte nach Trier zurück, und versuchte mit Gewalt, seine Rechte an sich zu bringen.

Aber trotz Cremona und trotz *Folmar* verhandelte der Papst mit dem Kaiser weiter über die Mathildischen Güter und über eine eventuelle Kaiserkrönung *Heinrichs VI.* Aber wie der Papst nebenbei tat, was ihm richtig schien, so auch *Barbarossa*: König *Heinrich* zog mit Heeresmacht durch Tuszien und sicherte die Einkünfte der Mathildischen Güter fürs Imperium. Bei ihm befanden sich Minnesänger-Diplomaten wie *Friedrich von Hausen* und wohl auch *Ulrich von Gutenburg*. Der König ging nicht eben sanft vor, und scheinheilig beschwerte sich der Papst bei *Barbarossa*. Er forderte obendrein, König *Heinrich* solle ihm das Patrimonium Petri wieder untertänig machen. Aber er hatte gut fordern. Nach den kaiserfeindlichen Akten des Papstes im Hinblick auf Cremona und Trier hatte *Barbarossa* den Papst in Verona blockieren lassen. Seine Boten wurden abgefangen und sagten unter der Folter aus. In Bezug auf den Kirchenstaat aber gab *Barbarossa* seinem Sohn jetzt den Befehl, dieses Territorium zu unterwerfen – nicht für den Papst, sondern fürs Imperium. Ende Juni/ Anfang Juli belagerte König *Heinrich* Orvieto. Vertreter der Stadt Rom, die den Papst einst vertrieben hatte, wurden im Heerlager freundlich empfangen; ein Kardinal, der dem König ins Gesicht zu protestieren wagte, wurde auf Befehl *Heinrichs VI.* von einem Ritter seines Gefolges geohrfeigt und mißhandelt – vielleicht von dem Minnesänger *Friedrich von Hausen*. Wichtig ist nicht, ob der Herr *von Hausen* diesen Befehl bekam, sondern daß er ihn prinzipiell hätte bekommen haben können. Neben solchen oder ähnlichen Situationen wird man sich ein Lied wie MF 45, 37 entstanden denken müssen, ‹Si darf mich des zîhen niet›:

«Sie sollte mir nicht behaupten, ich liebte sie nicht von Herzen. Diese Wahrheit könnte sie mir ansehen, wenn sie sie einsehen wollte: oft genug bin ich ihretwegen in solche Gemütsverwirrung gekommen, daß ich am Abend Guten Morgen sagte. Meine Gedanken waren von ihr dermaßen absorbiert, daß ich zeitweise nichts wahrnahm und nichts hörte, wenn mich jemand ansprach» (MF 45, 37).

Im königlichen Belagerungsheer vor Orvieto ist damals auch der Herr *Ulrich von Gutenburg*, den wir mit dem Minnesänger gleichen Namens identifizieren. Auch bei ihm erscheint die Gestalt des zart verträumten Liebhabers, der den Leuten abends ‹Guten Morgen sagt›, im Minneleich MF 76, 17f. Preziös bekennt Herr *Ulrich – Reinmar* MF 163, 9 vorwegnehmend –:

«Sie lasse mich ihr zu Diensten sein, solang ich lebe, auf daß ich nie, was auch gescheh’, mich von ihr wende und mein verwirrtes Herz und meinen Schmerz, den ich schon lange dulde, mit guter Sitte schön zu tragen weiß auf immerdar» (MF 73, 30–37).

Auch *Gutenburg* singt in seinem Leich ‹mîn herze nie von ir geschiet› (MF 72, 34). Vielleicht kann man einen Reflex des unsteten Lebens am Königshof, der heute hier und morgen dort ist, erkennen in poetischen Wendungen der beiden Reichsdiplomaten wie:

«swar ich landes kêre» (*Hausen*, MF 52, 31), «swar ich des landes iender kome» (*Gutenburg*, Leich, MF 74, 9), «swar ich var» (*Gutenburg*, Leich, MF 75, 14), «swar ich iemer var» (*Hausen*, MF 46, 13ff.) –

«wohin mich die Reise auch führt». Immer folgt dem die gleiche Beteuerung: die Gedanken sind bei der Angebeteten. Und bei *Hausen* wie bei *Gutenburg* werden die großen Flüsse der kaiserlichen Herrschaftslandschaften, Rhein und Po, als Metaphern ins Lied gebracht (vgl. MF 49, 8 und *Gutenburg*, Leich, MF 75, 6), als Metaphern, die der fernen Geliebten die unwandelbare Treue versichern. Den Herrn von *Gutenburg* sendet König *Heinrich* jetzt aus dem Heerlager vor Orvieto als Königsboten nach Burgund (am 5. Juli 1186). Durch ihn wird Herzog *Hugo III.* von Dijon angewiesen, sich mit dem Erzbischof von Vienne und den Bischöfen von Grenoble und Valence zu vergleichen. Jene Herren haben dies zu tun in Gegenwart des Königs oder *Ulrichs von Gutenburg* oder eines anderen Bevollmächtigten.

König *Heinrich* aber zog, nachdem sich Orvieto ihm ergeben hatte (6. Juli), weiter bis nach Ceprano an der Südgrenze des Kirchenstaates und brachte rücksichtslos alle schwebenden Rechte in die Gewalt des Reiches. Im September urkundet *Friedrich von Hausen* schon wieder mit ihm zusammen in Tuszien. Im Januar 1187 finden wir König und Minnesänger in Foligno im Herzogtum Spoleto. Der Papst beginnt einzulenken.

Durch Mittelsmänner versucht er mit dem Kaiser wieder ins Gespräch zu kommen. Seit dem Sommer 1186 ist *Barbarossa* wieder jenseits der Alpen in Deutschland. Dort hat er auf der Burg zu Nürnberg am 29. Dez. 1186 ein wichtiges Reichsgesetz erlassen. Darin wird im § 20 bestimmt, daß Söhne von Priestern und Bauern nicht Ritter werden dürfen. Damit schließt sich der Ritterstand nach unten ab.

Wenig vorher hatte sich der deutsche Episkopat geschlossen auf die Seite des Kaisers gestellt und den Papst in einem Sendschreiben zu Frieden und Nachgiebigkeit ermahnt *(Hampe)*. *Urban III.* hat seine Niederlage nicht lange überlebt. Am 20. Oktober 1187 ist er in Ferrara gestorben. Sein Nachfolger *Gregor VIII.,* gekrönt am 25. Oktober, gibt im Trierer Bischofsstreit dem Kaiser recht und hat die Delicatesse, König *Heinrich* in einem Schreiben vom 29. Oktober als ‹electus Romanorum imperator› anzureden. Dies scheint auf ein Entgegenkommen des neuen Papstes hinsichtlich der Kaiserkrönung König *Heinrichs* hinzudeuten. Der König seinerseits wird Papst *Gregorius* auf seinem Weg nach Rom kaiserliches Geleit geben. Doch *Gregorius* kommt nie nach Rom. Er stirbt auf dem Wege, in Pisa, nachdem er die Nachricht von dem Sieg *Saladins* bei Hattin, vom Verlust der Kreuzesreliquie und vom Fall Jerusalems empfangen hat. Etwa gleichzeitig mit dem Papst wird König *Heinrich* die Hiobspost aus Outremer empfangen haben. *Friedrich von Hausen* aber dürfte schon vorher im März (von Lodi aus) oder im Oktober (von Novara aus) über die Alpen an den Hof *Barbarossas* aufgebrochen sein, in dessen Umgebung wir ihn beim Zusammentreffen des Kaisers mit dem König von Frankreich wiederfinden werden.

In Frankreich tummelte sich eine arrogante Ritterschaft in den komplizierten Lehnsstreitigkeiten zwischen König *Ludwig VII.* und König *Heinrich II.* von England, der als Herzog der Normandie und Aquitaniens sowie als Graf von Anjou und Maine zugleich Lehnsmann der französischen Krone war. Durch einen diplomatischen Heiratsbetrug hatte er seinen Lehnsherrn, dem er einst die Frau ausgespannt, übertölpelt, indem er seinen ältesten Sohn (Jung-)*Heinrich* mit König *Ludwigs* Tochter *Margarete* von Frankreich, seinen zweiten Sohn *Richard Löwenherz* mit deren jüngerer Schwester *Adelaide* verlobte (vgl. ob. S. 435). Als Mitgift hatte König *Ludwig* von Frankreich im ersten Fall den normannischen Teil der Grafschaft Vexin mit Gisors, im zweiten Fall die Stadt Bourges zu geben. Fällig waren beide Angebinde je nach vollzogener Eheschließung. Beide Bräute hatte *Heinrich II.* noch im Säuglingsalter zur Erziehung an den englischen Hof genommen. Am 2. November 1160 bereits hatte er den fünfjährigen Jung-*Heinrich* mit der zweieinhalbjährigen *Margarete* von einem durchreisenden Kardinal trauen lassen und alsbald das normannische Vexin in seinen Besitz genommen. Mit der andern Ehe ließ sich König *Heinrich* Zeit. Er schickte den Bräutigam *Richard Löwenherz* als Grafen von Poitiers nach Aquitanien und nahm seit 1176, seit dem Tode der schönen *Rosamunde Clifford,* die sechzehnjährige *Adelaide* selbst ins Bett. Seine Gattin *Eleonore* von Aquitanien, nunmehr 51jährig, büßte seit 1174 durch Haft, daß sie im Jahr zuvor ihre Söhne zum Aufstand gegen den Vater angetrieben hatte. Als *Ludwig VII.* 1177 die Einlösung des Heiratsversprechens für *Adelaide* forderte, verlangte *Heinrich II.* völlig unverfroren zunächst die Übergabe der Stadt Bourges, außerdem aber noch den französischen Teil der Grafschaft Vexin als längst fällige Restmitgift für die bereits verheiratete *Margarete (Cartellieri).* *Ludwig VII.* vermochte gegen seinen übermächtigen Lehnsmann nichts zu unternehmen. 1180 starb er und der 15jährige *Philipp II. Augustus* (geb. 21. August 1165) folgte ihm auf dem Thron. Er war hartnäckiger als sein Vater. Als am 11. Juni 1183 Jung-*Heinrich,* der Gemahl der *Margarete,* starb, forderte er zunächst einmal von *Heinrich II.* die Mitgift, das normannische Vexin, zurück. Außerdem verlangte er die Eheschließung zwischen *Adelaide* und *Richard Löwenherz. Adelaide* war mittlerweile dreiundzwanzig (geb. 4. 10. 1160), *Richard* sechsundzwanzig (geb. 8. 9. 1157). Der jetzt fünfzigjährige *Heinrich II.* sah sich in einer Zwickmühle, wußte sich aber durch einen genialen Einfall zu helfen. Demnächst solle die Ehe der *Adelaide* geschlossen werden, und zum Zeichen, daß es ihm damit ernst sei, wolle er das normannische Vexin als Faustpfand setzen. Nachdem die Ehe zustandegekommen sei, solle es als Mitgift auf *Adelaide* übertragen werden. Die verwitwete *Margarete* solle als Ersatz von ihm eine jährliche Witwenrente von 2750 angevinischen Pfund bekommen. Von der Stadt Bourges war nicht mehr die Rede.

Interessant ist nun in diesem Zusammenhang der vereinbarte Zahlungsmodus. Die Einzahlung der Witwenrente durch den englischen König sollte bei den Tempelrittern von Sainte Gauburge (Perche/Normandie) erfolgen, die Auszahlung dann eine Woche später durch die Tempelritter in Paris. Und das Jahr für Jahr, solange *Margarete* lebte.

Großzügig und hinterhältig brachte *Henry II.* auch noch die Tatsache zur Wirkung, daß er mit seinem englischen Pfund Sterling damals die härteste Währung hatte. Um Kursschwankungen und damit Vermehrung oder Verminderung der Witwenrente im Laufe der Jahre auszugleichen, wurde auch noch der Verrechnungskurs der weichen angevinischen Pfunde in harte Sterline von vornherein festgelegt: 53 solidi angevinses sollten 13 solidi 4 denare Sterling wert sein *(Cartellieri).*

Rittertum im Zeichen der Geldwirtschaft, darf man sagen. Dieser Vertrag zwischen *Heinrich II.* und *Philipp August* wurde im März 1186 zu Gisors geschlossen, also zwei Monate nach der Mailänder Hochzeit *Heinrichs VI.* mit *Konstanze* von Sizilien. Am angevinischen Hof aber fand durchaus keine Hochzeit statt. König *Heinrich II.* von England hielt seinen Sohn *Richard Löwenherz* vielmehr von England fern, indem er ihn in Aquitanien beschäftigte. Er befahl ihm, den Grafen von Toulouse anzugreifen. Die Gründe dafür kennen wir nicht *(Cartellieri)*. *Raimund* von Toulouse rief den König von Frankreich als seinen Lehnsherrn um Hilfe an. Aber *Philipp August* säumte lange. Vielleicht sang damals *Bertran de Born* auf Provenzalisch: «Lo coms m'a mandat e mogut», was *Paul Heyse* übersetzt:

> Es ließ der Graf mich dringend flehn
> Durch Raimund Hugo d'Esparron,
> Zu singen jetzt in solchem Ton,
> Daß tausend Schild' in Splitter gehn,
> Halsberg' und Helmzier bricht davon
> Und manch zerfetztes Wams zu sehn ...
>
> Denn mit uns werden zieh'n zu Feld
> Die Fürsten und Baronen all,
> Von wackern Kämpen großer Schwall,
> Erles'ne Schar aus aller Welt.
> Sie ziehn heran mit Waffenschall
> Um Lehnspflicht oder Ruhm und Geld ...
>
> Dort mag man rüsten alle Kraft!
> Hier sind wir zum Empfang bereit.
> Ich will, die reiche Ritterschaft
> soll Hader nähren allezeit!

Und in einem andern Lied (‹Ai, Lemozis, francha terra cortesa›) singt *Bertran de Born:*

«Wenn ihm der König von England ein so großzügiges Geschenk gemacht hat – ich meine, dem König Philippe Auguste –, dann gehört es sich wohl, daß er sich dafür bedankt: Schließlich hat ihm Henry doch eine solche Menge englisches Geld gegeben, daß man in ganz Frankreich keine Geldsäcke und Schnüre mehr zu kaufen bekommt. Und es sind nicht einmal die Ritter aus Anjou oder Le Mans, welche als Sterling-Stoßtruppe die Ritter aus der Champagne in die Flucht schlugen» *(Frank Nr. 15 c)*.

Das ist zwar etwas später gedichtet, spielt aber noch auf den Handel von Gisors an. Wie gesagt, zögert *Philipp August* lange, Druck auf *Heinrich II.* auszuüben. Endlich droht er mit einem Angriff auf die Normandie. Der Kriegsausbruch steht auf Messers Schneide. Um zu zeigen, in wie leichtfertigen Unsinnshandlungen sich Krieg und Frieden, Leben und Tod in dieser herrlichen Ritterzeit entscheiden, hier ein Detail:

Der Konstabler der anglonormannischen Festung Gisors, *Heinrich von Vaux,* reitet eines Tages zur Falkenjagd hinüber ins französische Vexin. Da trifft er im Wald auf Leute, die mit Schanzarbeiten beschäftigt sind. Er fragt, was das bedeuten solle, und erfährt, das richte sich gegen die Normandie. Am nächsten Morgen (28. November 1186) kommt er mit ein paar Rittern an die Stelle zurück und schlägt die Arbeiter zusammen. Dann erst wird ihm klar, daß er hier etwas Hochpolitisches ohne Einwilligung des englischen Königs getan hat. Er flieht aus Gisors zu *Richard Löwenherz,* dem Grafen von Poitou, der ihn gegen seinen Vater schüt-

zen soll. Die Franzosen rächen sich, indem sie einen Vertrauten des Königs von
England hinterhältig fangen und grausam ums Leben bringen (vgl. *Cartellieri*).
Auf Befehl des französischen Königs werden alle englischen Untertanen
in Frankreich festgesetzt und ihr Vermögen wird beschlagnahmt. *Henry
II.* antwortet mit der gleichen Maßnahme, woraufhin *Philipp August* die
Gefangenen wieder freigibt. Es kommt hie und da zu ritterlichen Gefech-
ten, ein lauwarmer Krieg, aber eben doch mit Toten.

Im April (am 5.) 1187 treffen sich *Philipp August* und *Heinrich II.*
zu Verhandlungen. Natürlich geht es um das Schicksal der noch immer
nicht verheirateten *Adelaide* und um das normannische Vexin. Eine Eini-
gung kommt nicht zustande. Im Mai 1187 (vgl. *Cartellieri*) vermittelt
*Balduin* von Hennegau ein Bündnis des französischen Königs mit dem
Imperium. *Philipp August* fühlt sich den Rücken gestärkt und erobert
die Grafschaft Berry mit Chateauroux. *Heinrich II.* eilt herbei; im Juni
stehen sich beide Heere bei Déols gegenüber. Aber der alte Fuchs *Heinrich
II.* will lieber verhandeln als kämpfen. Er schlägt vor, *Adelaide* mit *Johann
von England,* seinem jüngsten Sohn und besonderen Liebling (geb. 24.
12. 1166) zu verheiraten und diesem Sohn dann alles, was er von der
französischen Krone zu Lehen hat, zu übertragen. *Richard Löwenherz,*
der sich schon mehrfach gegen seinen Vater empört hat, soll beiseite geschoben werden. Doch der Diplomat *Heinrich II.* hat in dem Diplomaten
*Philipp August* seinen Meister gefunden. Dieser spielt den schriftlichen
Vorschlag des englischen Königs *Richard Löwenherz* in die Hände. Als
er sich der Wirkung des Schriftstücks sicher ist, lehnt er alle weiteren
Verhandlungen mit *Heinrich II.* ab. Die Waffen sollen entscheiden.

Am 23. Juni 1187 treten sich beide Heere gegenüber. Da löst sich
plötzlich die ganze Heeresgruppe des *Richard Löwenherz* aus der englischen Schlachtordnung und geht geschlossen zum König von Frankreich
über *(Cartellieri)*. *Heinrich II.* hat die Schlacht ohne Schwertstreich verloren. Er muß in einen zweijährigen Waffenstillstand einwilligen. Der Trobador *Bertran de Born* ist über diesen Frieden enttäuscht:

«Da alle Barone nun verärgert sind und enttäuscht über den Frieden, den die
beiden Könige geschlossen haben, will ich ein Lied machen, das, sobald es sich
verbreitet, einem jeden das Verlangen weckt, sich sofort zu schlagen. Denn ich
schätze das nicht, wenn ein König, dem man etwas von seinem Besitz genommen
hat, einen Waffenstillstand hält und auf sein Eigentum verzichtet.
Alle beide haben sich mit Schande besudelt, daß sie einen Frieden geschlossen
haben, der ihnen die Ehre nimmt. Die Krone von Frankreich hat 5 Herzogtümer,
aber wenn Ihr richtig zählt, dann fehlen ihr 3. Und der König Philippe Auguste
verliert Steuern und Einnahmen von Gisors ...» («Pois als baros enoja e lur pesa›
*Frank* Nr. 103).

*Bertran* ist ein Fanfaron, aber er macht sich über die Idealität seines
Ritterwesens keine Illusionen. *Richard Löwenherz* aber begleitet *Philipp
August* nach Paris, in inniger, kurzlebiger Freundschaft. Inzwischen je-

doch ist im Orient die Schlacht von Hattin geschlagen worden. Anfang November kommt die Nachricht davon nach Tours. Ohne Rücksicht auf die politischen Pläne seines Vaters nimmt *Richard Löwenherz* dort aus den Händen des Erzbischofs als erster Ritter das Kreuz gegen *Saladin*. Im fränkischen Orient waren die Verhältnisse langsam aber sicher auf die Katastrophe zugetrieben. *Saladin* hatte dort die Lage nur zu nutzen gewußt. Durch jene kolonialen Ritterstaaten war 1184 auch der arabische Pilger *Ibn Čobair* gereist (vgl. oben S. 592 ff.) und hatte Bemerkenswertes berichtet. Schon in Damaskus war er auf christliche Kaufleute getroffen. Er beschreibt, wie diese im islamischen Gebiet genau so ihre Waren verzollen, wie es die muslimischen Händler im christlichen Herrschaftsbereich tun müssen (355). Er besuchte Akkon und Tyrus, um sich dann schließlich in Akkon auf einem genuesischen Segler nach Sizilien einzuschiffen (364). Vorher beschreibt er den Zoll in Akkon:

«Am Morgen des 18. Septembers kamen wir nach Akkon – Allah vernichte es. Man führt uns zum Zoll, welcher eine Art Karawanserei ist. Vor dem Hause, auf Bänken, die mit Teppichen belegt sind, sitzen die christlichen Zollsekretäre an ihren goldverzierten Schreibpulten aus Elfenbein. Sie können Arabisch schreiben und sprechen …

Die Kaufleute luden ihre Waren ab … Man untersuchte das Gepäck aller derjenigen, die erklärten, keine Handelsware mit sich zu führen, um zu sehen, ob sie auch nichts versteckt hätten. Dann ließ man sie ihrer Wege gehen und sich eine Unterkunft suchen.

All dies geschah freundlich und höflich, ohne Brutalität oder Druck» (354).

Dennoch sind solche Kontakte äußerlich, und ein gegenseitiges humanes Verständnis ist durchaus nicht entwickelt. Man bedient sich des andern, indem man ihn zugleich heimlich verflucht.

Tyrus und Akkon waren für damalige Verhältnisse Riesenhäfen. *Ibn Čobair* vergleicht das eine mit Konstantinopel, das er aber nicht kennt. In Tyrus hatten die Venezianer, in Akkon Genuesen und Pisaner bedeutende Kolonien, rechtlich autonome Handelsgemeinden, denen der König von Jerusalem bedeutende Vorteile eingeräumt hatte; denn man war ja für die Verbindung nach Europa völlig auf italienischen Schiffsraum angewiesen. Normalerweise wurden von allem Transithandel 4,16–11,20 % Zoll für die Kasse des Königs eingezogen. Die italienischen Kaufleute hingegen waren von allen Abgaben völlig befreit. Der von ihnen betriebene Orienthandel brachte den Gesellschaften wenigstens 50 % Gewinn. Die Italiener segelten meist nach Alexandrien, von dort nach Akkon oder Tyrus und dann zurück. Es lohnt sich, an dieser Stelle einen Blick auf das Handelsgeschäft von Outremer zu werfen.

Die *Importe* für den Eigenbedarf sind relativ gering. Nachdem die Italiener mit Holz, Pech und Eisen (für Schiffsbau) sowie Kupfer, Quecksilber, Sätteln und europäischen Textilien (aus Flandern, Nordfrankreich und England) in Ägypten gewesen sind, kommen sie vor allem mit Salzfleisch, Mandeln, Nüssen und Textilien in die christlichen Häfen. Aus Outremer *exportieren* sie nach Europa an Eigenproduktion: Puderzucker, jüdische Glasfabrikate und galiläische Weine. Nach Ägypten gehen Salzfisch, Datteln, Orangen, Zitrusfrüchte, Oliven und Sesamöl. Wichtiger als Export und Import ist aber für Outremer das *Transitgeschäft*. Aus Syrien, Mesopotamien, Persien und Indien bringen die Karawanen Drogen und Pharmazeutika (z.B. Ingwer, Aloe, Myrrhe, Kampfer, Bitterwurzeln, liturgischen Weihrauch, Pfeffer, Zimt, Muskat und Gewürznelken), Orientstoffe und Gewebe (Linnen, Seide, Damast, Musselin), Färbemittel (Indigo, Brasilholz), schließlich Sandelholz und Elfenbein. Auch Stahlwaren (Damaszenerklingen), Parfüms, Orientperlen, Juwelen und Porzellan. Auf den Importen lag ein Zoll bis zu 25 %. Wirtschaftlich interessant war also vor allem das Transitgeschäft.

Bis sich die Dinge soweit entwickelt hatten, war allerdings ein langer Weg zurückzulegen gewesen. Outremer bestand vor allem aus *Stadtgemeinden*. Nun hatten die fränkischen Eroberer z.B. in Jerusalem alle Einwohner getötet. Dann stellte die Neubesiedlung ein Problem dar. Durch besondere Privilegien versuchte man, Neubürger anzulocken, vor allem syrische Christen. Für sie waren in Jerusalem alle Lebensmittel steuerfrei. Auch europäische Einwanderer kamen hinzu, meist Pilger, die ihre Heimfahrt nicht bezahlen konnten. Aus ihnen bildete sich nach und nach eine über den Syrern stehende höhere Bourgeoisie mit eigenem Gericht (Cour des Bourgeois). Von den christlichen Syrern, die orthodox, Maroniten oder Jakobiten waren, unterschieden sie sich besonders durch ihre römisch-katholische Religion, sodann durch ihre französische Sprache. Ihre Steuern zahlten sie von ihren Erträgen und Einkünften in Naturalien, außerdem waren sie für ihre Anteile an jeweils anfallender Sarazenenbeute Abgaben schuldig. Um die Ritter- und Herrenburgen bildeten sich *Landgemeinden*, Dörfer, deren Landwirtschaft zur Ernährung der Burgbesatzung diente. Die Felder wurden von christlichen Syrern oder muslimischen Fellachen bestellt. So war ein guter Teil der Burgen zugleich Gutsbesitz, dem Namen nach Lehen in Händen kleinerer Vasallen. Aber diese Lehen waren erblich, auch in Seitenlinien und auch über weibliche Verwandte. Dadurch sollten bei Todesfällen europäische Erben ins Land gezogen werden, denn das Problem des Nachwuchses stellte sich besonders dringlich.

Die Oberschicht der fränkischen Barone bestand aus nur etwa 10 Familien, die alle untereinander versippt und verschwägert waren. Die harten Krieger aber zeigten sich in ihren Ehen nicht sehr fruchtbar. Söhne wurden selten geboren. Für die Töchter wurde von Gesetzes wegen eine zwangsweise Verheiratung gefordert. Das galt nicht allein für die großen Barone, sondern auch für die Krone. Und hier lagen die Dinge sehr im Argen. Die sozialen Verhältnisse lähmten auch die Macht des Königs. Die Königswürde war an die Zustimmung der ‹Haute Cour›, der Versammlung der Barone, gebunden. Anderseits war sie dem dort herrschenden Lehnserbrecht unterworfen. Das bedeutete, daß Familienverbindungen und Rechtsgeschäfte sich ständig störten. Denn die großen Familien waren nicht nur miteinander verwandt, sondern auch miteinander verfeindet.

Da war einerseits die Partei der Altsiedler, Leute, die bereits in Outremer geboren waren und denen eher an einem friedlichen Ausgleich mit den Moslems gelegen war. Ihr gegenüber stand die Partei der Ultras, eingefleischter Moslemfeinde, die durch Neuankömmlinge ständig Zuwachs erhielt. Hierzu gehörten vor allem die Familien Lusignan und Courtenay, sowie der Templerorden. Ihr Haupt war *Reinald von Chatillon.*

Das Zusammenspiel von Wahlrecht und Erblichkeit ergab für die Krone nun das folgende, komplizierte Desaster (vgl. *Runciman*): Nach dem Tod *Balduins III.* von Jerusalem (Kg. 1143–63), der mit 33 Jahren starb, war ihm sein 27jähriger Bruder *Amalrich I.* (Kg. 1163–74) auf dem Thron gefolgt. Er war mit der übel beleumdeten *Agnes von Courtenay* verheiratet. Aus dieser Ehe, welche auf Veranlassung der Barone alsbald geschieden wurde, hatte er eine Tochter *Sibylle* und einen Sohn *Balduin* (geb. 1161). *Amalrich I.* wurde in zweiter Ehe mit *Maria Komnena* verheiratet, welche ihm die Tochter *Isabella* gebar. Als er 1174 mit 37 Jahren starb, folgte ihm zunächst sein 13jähriger Sohn *Balduin IV.* (1174–85). Nach dessen kinderlosem Tod 1185 kam die Krone an den fünfjährigen Sohn aus der ersten Ehe der *Sibylle,* an *Balduin V.* Dieser war ein schwer leprakranker Knabe, der schon nach einem Jahr (1186) starb. Die Erbschaft des Königreichs fiel nun an die beiden Töchter *Amalrichs I.,* an *Sibylle* und an *Isabella.* 1186 wurde *Sibylle* gekrönt, aber ihren unfähigen Gatten *Guido* von Lusignan hatte die Wahlversammlung so wenig nominieren wollen wie den Gemahl der *Isabella, Humfried* von Toron. So war es denn die Königin *Sibylle,* die ihrem Mann *Guido* 1186 die Krone von Jerusalem aufsetzte. König durch seine Frau, war er ein Strohmann in den Händen der Ultras, die das Verhängnis rasch herbeiführten, welches in Gestalt des Sultans *Saladin* ohne sie bis 1190 gewartet hätte.

*Salah-ed-Din Jussuf* war ein gebürtiger Kurde aus dem Hause der Aiyubiden. Er hatte die Nachfolge *Nur-ed-Dins* angetreten und Ägypten und Syrien unter seiner Herrschaft vereinigt. Er war kein absoluter Monarch, mußte sich vielmehr stets gegen Kleinfürsten behaupten. Aber er war eine persönlich überragende Erscheinung. Kein großer Stratege, aber ein tapferer Krieger, kein Finanzgenie, aber ein hervorragender Diplomat, kein Macchiavellist, aber ein Mann, von dem es heißt, daß er in seinem Leben nie gelogen oder sein Wort gebrochen habe. Vor allem war er ein gläubiger Moslem, von dem Bewußtsein erfüllt, es sei der Wille Gottes, daß er alle Mohammedaner in einem großen Reich vereinige, die Christen wieder aus dem Orient verdränge und die auch für die Araber heilige Stadt Jerusalem zurückerobere. Seine Vorbereitung dazu bestand vor al lem im Abschluß von Bündnissen: mit den anatolischen Seldschuken, ja mit dem Kaiser von Byzanz. Sein größtes Handicap war der ererbte Finanzierungsmodus für seine Armee durch die sogenannte *iqtā'*. Es war dies ein Soldatenlohn, welcher teils in Geld, teils in Naturalien vom Feldherrn an die Soldaten zu zahlen war. Die Soldaten erhielten ihre Naturalanteile, indem sie sich zur Erntezeit auf den Gütern des Feldherrn das Ihre nahmen (vgl. *Mayer*). Dieses System hatte zur Folge, daß immer, wenn Erntezeit war, die Soldaten aus dem Heer fortliefen. *Saladin* versuchte dem zu steuern, indem er ein kompliziertes Ablösungssystem von mesopotamischen, syrischen und ägyptischen Truppen erfand. Wenn in Ägypten Erntezeit war, kämpften die andern, wenn in Syrien und Mesopotamien die Felder reif waren, kämpften die Ägypter. Um dieses System durchzubilden, kam ihm der Vorschlag eines christlichen Waffenstillstands auf 5 Jahre 1185 sehr gelegen. Es war der Ultraführer *Reinald von Chatillon*, Herr von Oultrejourdan, der den Waffenstillstand mutwillig brach und die Lawine ins Rollen brachte. Gegen Ende des Jahres 1186 *(Runciman)* überfiel er eine reiche muslimische Handelskarawane und mißhandelte die Gefangenen.

Fränkische Quellen wollen wissen, es habe sich in dieser Karawane die Mutter oder Schwester *Saladins* befunden. Nur mit knapper Not sei sie entkommen; islamische Quellen wissen davon nichts.

*Saladins* Heer marschierte auf. Die christlichen Ritter traten ihm in einer strategisch günstigen Position gegenüber. Daraufhin schwenkte *Saladin* nach Norden ab. Gegen den Rat des ortskundigen *Raimund von Tripolis*, der das Haupt der gemäßigten, moslemfreundlichen Partei war, ließ sich König *Guido* überreden, dem Heere *Saladins* in das hitzeglühende Galiläa nachzuziehen. Westlich des Sees Genezareth, zwischen den ‹Hörnern von Hattin› (heute: Hittin), stellten die Mohammedaner sich dem Feind. Die durch den langen Marsch in ihren Eisenrüstungen völlig erschöpften Ritter wurden am 3. und 4. Juli 1187 vollständig besiegt. Die mitgeführte Reliquie des Heiligen Kreuzes fiel in die Hände der Moslems und verschwand für immer *(Runciman)*. König *Guido von Jerusalem* und *Reinald von Chatillon* wurden gefangen. *Saladin* ließ es sich nicht nehmen, *Reinald*, dem Führer der Ultras, selbst das Haupt abzuschlagen.

Das von waffenfähigen Männern fast völlig entblößte Land wurde eine leichte Beute der Mohammedaner. Am 2. Oktober fiel auch Jerusalem, welches die Königin *Sibylle* nicht hatte verteidigen können. *Saladin* gewährte ihr freien Abzug. Am 8. Juli, vier Tage nach der Schlacht von Hattin, war Akkon gefallen. Allah hatte die Bitte *Ibn Gobairs* erhört. Als einziger Ort widerstand Tyrus unter Markgraf *Konrad von Montferrat*, der erst kürzlich nach Outremer gekommen war. Am 19./20. Okt. brachten Genueser Kaufleute die Nachricht von Hattin an den Hof des Papstes nach Ferrara. Erst Ende November 1187 wurde an der Kurie auch der Fall Jerusalems bekannt.

## B. CHRISTLICHE REAKTIONEN AUF DEN FALL JERUSALEMS

Die Katastrophe von 1187 betraf das Verhältnis der westlichen Welt zum fränkischen Orient in allen Bereichen, in Bezug auf Handel, Rittertum und Kirche. Der gemeinsame Nenner für alle aber war allein das religiöse Bewußtsein, und an dieses wendete sich die Reaktion der Kirche. Obgleich sie dabei auf den Zusammenhang zwischen Sein und Bewußtsein mit dem Finger wies, blieben auch in der Folge beide Bereiche genau so zweierlei, wie sie es im ritterlichen Verhalten als Gesellschaftspoesie und Gesellschaftspraxis gewesen waren (vgl. ob. S. 654). Auch die Reaktion der Kirche zeitigte zunächst einmal eine Theologie der Katastrophe, welche das Theorie-Praxis-Dilemma nur multiplizierte. Die darin proklamierte Doppelkonsequenz von Buße und Kreuzzugsbereitschaft – im Grunde bereits die Form der verbal-selbstgenügsamen Praxis – sollte nämlich als *Vorsatz* aufgefaßt werden im Hinblick auf eine als Theorie*anwendung* vorgestellte Praxis von innerer Umkehr und Mitwirkung oder Beihilfe am Kreuzzug. Aber zwischen Vorsatz und Anwendung klaffte bereits jene Differenz, die dann in der ritterlichen Poesie das Thema der Herz-Leib-Zerrissenheit beliebt werden ließ und im ritterlichen Staatswesen Heeresfolge und Kreuzzugssteuer hervorbrachte, welche ihrerseits doppeldeutig dem Lehnskrieg wie dem Gotteskrieg dienstbar werden. Etwas pauschaler mag man sich durch den Kreuzzugsaufruf die Kreuzzugssteuer verursacht denken, die eine bedeutende Etappe in der Geschichte des staatlichen Steuerwesens ist. Genauer lag aber die Ursache bereits im dualistischen Theorie-Praxis-Begriff, den die Kirche als eine zur Selbstdarstellung gehaltene Institution erzeugen mußte. Nichts andres als dies entfaltet sich im folgenden.

Der Fall Jerusalems forderte nicht nur eine kirchliche Reaktion heraus, sondern zugleich auch eine theologische Deutung, auch der voraufgehenden Zustände. Diese erscheinen jetzt als von einer selbstgenügsamen Weltlichkeit geprägt, deren geistliche Verstocktheit man mit Bestürzung erkennt. Das Verhalten der abendländischen Fürsten gegenüber einer Bittgesandtschaft aus dem Heiligen Land wird durch die Katastrophe von Hattin als Paradigma christlicher Harthörigkeit enthüllt. Denn jene Bittgesandtschaft der Kreuzfahrerstaaten, welche schon 1184 beim Kaiser, 1185 beim französischen und beim englischen König vorgesprochen hatte, hatte kein Gehör gefunden. Den goldenen Schlüssel der Stadt Jerusalem, den die Gesandten dem englischen König *Heinrich II. Plantagenêt* überreichen wollten, hatte dieser damals zurückgewiesen. Ihn beschäftigten wahrlich andere Sorgen. *Barbarossa* seinerseits hatte zwar einen Kreuzzug in Aussicht gestellt. Er gebrauchte dieses Versprechen aber zunächst einmal als politisches Druckmittel gegenüber dem Papst, um die Kaiserkrönung seines Sohnes und den Besitz der Mathildischen Güter zu erreichen *(Cartellieri)*. Jetzt war das Unglück geschehen. Die Nachricht von der vernichtenden Niederlage bei Hattin rief allgemeine Bestürzung hervor. Daß auch Jerusalem (am 2. Oktober 1187) in die Hände *Saladins* gefallen war, erfuhr man erst Ende November.

### *Kreuznahme*

In verschiedenen Enzykliken erließ der neue Papst *Gregor VIII.* seit Ende Oktober den Aufruf zur allgemeinen Kreuzfahrt.

«Da wir hörten, welch furchtbar ernstes Gericht Gott über das Land Jerusalem gehalten hat, waren wir und unsre Brüder von solchem Entsetzen erfüllt und von solchem Schmerze gepeinigt, daß niemand uns sagen konnte, was wir tun sollten.»

So beginnt die Enzyklika ‹Audita tremendi› vom 29. Oktober 1187. Die geistliche Deutung geht den mit rhetorischem Schwung geschilderten Ereignissen in Outremer voraus. Sie findet Anwendung auch auf die Zustände der europäischen Ritterwelt.

Der Papst sieht sehr wohl, daß Zwietracht und höfische Eifersüchteleien der Fürsten in Outremer an der Quelle des Versagens sind; aber dies Übel ist allgemeiner, ist allgemeine Sündenverfallenheit – welchen Eindruck man bei dem herrschenden höfischen Gickelwesen ja sehr wohl haben konnte.

Noch die Konsequenzen aus diesem Blick auf die Sache sind zuerst religiöser Natur.

Der Papst ruft zur Buße, zur Kreuzfahrt: in Zerknirschung und Demut, nicht mit Hunden und Falken, in schlichten Gewändern, nicht in Brokat und Seide sollen die Ritter ausziehen, um Rache zu nehmen für die Christus angetane Schmach, für den Raub der Kreuzesreliquie, für die Schändung des Heiligen Grabes (– so setzt er im November hinzu, als er weiß, daß auch Jerusalem gefallen ist).

Indem aber das irdische Jerusalem mit der Ehre Christi identifiziert wird, schlagen auch alle religiösen Reaktionen in irdisch-praktische um. Irdisch-praktische Verhältnisse erscheinen als dogmatisch relevant:

Bei einem der Minnesänger werden wir dann lesen können, daß, wenn Heiliges Grab und Kreuzreliquie nicht wiedergewonnen werden, die dogmatische Argumentation der Heiden recht behält, welche behauptet, daß Maria nicht Jungfrau gewesen sei (vgl. MF 89, 38 ff.).

Aber eben auch umgekehrt führen religiöse Erwägungen zu politischen Konsequenzen.

Ablaß der Sünden, Nachlaß der Sündenstrafen und ewiges Leben verheißt der Papst denjenigen, die zum Martyrium bereit sind und nach Outremer ziehen wollen. Und folgerichtig auch: Schutz ihres Besitzes während ihrer Abwesenheit auf Kreuzfahrt, Aussetzung aller Zinszahlungen für Kreuzfahrer. Und die, die nicht mitziehen können, sollen einmal wöchentlich fasten, sollen in Ehren und Sittsamkeit leben.

Aber die moralische Haltung, die von den Zurückbleibenden gefordert wird, hat unmittelbare finanzielle Konsequenzen: daß niemand von dem Geld, das an Kreuzfahrer verliehen wurde, Zinsen nimmt, ja, daß die Zurückbleibenden den Kreuzzug finanzieren. In den geldwirtschaftlich entwickelten Ländern des Westens wird der Kreuzzug zu einem Geschäft für Spekulanten werden.

Eine erste poetische Wirkung zeitigt der Kreuzzugsaufruf in der lateinischen Literatur. Diese lateinischen Lieder sind nicht aus der Welt des Minnesangs heraus gesungen und haben sich nicht mit dieser Welt auseinanderzusetzen, sondern sie tragen propagandistisch die Kernsätze des Kreuzzugsaufrufs weiter. Was im Heiligen Land geschah, resümieren sie simplifizierend in der schwarzweißen Holzschnittmanier ihrer Vagantenverse, die wir in «Trochäen, stark wie Eichen» *(Heine)* wiedergeben. In dem Lied ‹Heu, voce flebili cogor enarrare› (CB 50) ist der Führer der gemäßigten Partei, Graf *Raimund von Tripolis* (vgl. ob. S. 664), der Verräter, der die Moslems ins Land geführt, sind die christlichen Hitzköpfe Märtyrer: ‹Exeunte Iunio anno post milleno›:

2. Ende Juni dieses Jahres      tausend hundertsiebnundachtzig ...
3. führt der böse Graf von Tripol, ...      der Tiberias beherrschet,
     teuflisch Türken nach Judäa      und besetzt ganz Galiläa.
8. Nach dem Einbruch, der dem Sultan      Saladin ins Land gelungen,
     werfen König sich und Templer      mutig diesem Feind entgegen ...
11. Mehr als zehnmal tausend waren      Christenritter schnell zum Streite,
     doch auf ihrer einen kamen      gut dreihundert finstre Heiden ...
12. König Guido wird gefangen      nebst den heilgen Kreuzesresten,
     andre säbeln Türken nieder. Dreimal hundert Tempelritter,
     die den Feinden sich ergeben,      wird der Kopf getrennt vom Rumpfe.
     Keinem ihrer Körper gönnt man      würdge Ruhe eines Grabes,
     doch wird Christus ihre Seelen      dort im Himmelreich bekränzen.
21. Weinet bitterliche Tränen      alle, die Ihr dieses höret,
     große Herrn und kleine Leute,      Brüder, Schwestern, weinet, weinet!
     Kehrt zur Buße Euer Leben,      bessert Eure lockren Sitten,
     denn vom Himmel blicket heimlich      Gottes Auge auf die Sünder. ...

Als der gute Held erscheint der Markgraf *Konrad von Montferrat* (‹marchio clarissimus›, CB 50,14), der in der Seefestung Tyrus den Heiden widersteht. In dem anderen Lied ‹Tonat evangelica clara vox in mundo› (CB 49) wird dem Kreuzfahrer eine Verheißung, die bei *Hartman von Aue* (MF 211, 4) wiederklingt:

8. Wenn mit Feuer fährt hernieder,      wiederkehrend, uns zu richten,
     jener Mensch und Sohn des Gottes,      und mit Härte keinen schonet,
     jeder, der das Kreuz getragen,      wird dann sicher sein und jauchzen
     mit den Engeln, weiß und rein (CB 49).

In diesem Zusammenhang wird auch die eschatologische Perspektive in der Form jener Frage erneuert, die *Bernhard von Clairvaux* vor 40 Jahren in Speyer dem König *Konrad* gestellt hatte (vgl. oben S. 363):

> 11. Was wird sein, wenn wir einst stehen      vor dem Tribunale Christi?
> Wenn er seine Wunden weiset,   wenn er spricht: ‹Sag an, was hast Du
> denn getan? Ich hab getragen   dieses Kreuz für Dich, und warum
> wolltest Du's am Ort der Buße      Dir nicht auf die Schultern laden?
> Geh hinweg, Du bist verloren!› (CB 49).

Auch mit der hier gemalten Welt werden sich die vulgärsprachlichen Kreuzlieder auseinandersetzen müssen.

In der Welt des Imperiums und der Fürsten aber galt es zunächst einmal, die politischen Möglichkeiten für einen Kreuzzug zu schaffen. Schon zu Anfang Dezember 1187 erschien der Kreuzzugslegat des Papstes, der Kardinal *Heinrich von Albano,* auf dem Hoftag *Barbarossas* in Straßburg. Aber Begeisterung kam nur zögernd und erst nach einer Rede des Straßburger Bischofs zustande. Nachdem ein Ministerialer des Grafen von Dagsburg als erster das Kreuz genommen hatte, folgten endlich viele seinem Beispiel, unter ihnen vielleicht auch schon der Minnesänger *Friedrich von Hausen.* Der Kaiser selbst zögerte noch *(Giesebrecht).* Er hatte zuvor den aufrührerischen Erzbischof *Philipp* von Köln niederzuwerfen und die Angelegenheit der Trierer Doppelwahl ins reine zu bringen. Der schismatische Erzbischof *Folmar* von Trier war beim Nahen des Kaisers nach Frankreich geflüchtet, nach Mouzon, und stiftete von dort aus Unruhe, Raub und Mord in der Erzdiözese, aus der er hatte weichen müssen. Der Kaiser begab sich nach Lothringen. Zwischen Mouzon und Ivois (Ipsch) traf er (vor dem 20. Dezember) mit König *Philipp August* von Frankreich zusammen. Als Dolmetscher und Zeuge war der Minnesänger *Friedrich von Hausen* anwesend. Erzbischof *Folmar* wurde aus Frankreich ausgewiesen und mußte zu *Heinrich II.* von England fliehen. Ferner wurde das staufisch-capetingische Bündnis vom Mai 1187 erneuert und bekräftigt, welches *Balduin von Hennegau,* der Schwiegervater des französischen Königs und Freund des Minnesängers *Friedrich von Hausen,* vermittelt hatte. Schließlich versuchte *Barbarossa Philipp August* zu einer gemeinsamen Kreuznahme zu bewegen. Für Deutschland wurde eine große Reichsversammlung auf den Sonntag ‹Laetare Jerusalem› des folgenden Jahres (26. März 1188) nach Mainz angesetzt, welche schon damals die Bezeichnung einer ‹Curia Jesu Christi› erhielt. Der König von Frankreich aber konnte nur nach Outremer ziehen, wenn sein englischer Rivale *Henry Plantagenet* gleichzeitig dorthin aufbrach. Im Augenblick war die Lage zwischen England und Frankreich noch zu gespannt.

Noch ehe der Fall Jerusalems bekannt war, hatte *Richard Löwenherz,* Graf von Poitiers, Anfang November 1187 als allererster das Kreuz genommen (vgl. oben S. 661). Seine Freundschaft mit *Philipp August* hatte er rasch vergessen und sich mit seinem Vater wieder ausgesöhnt, indem er sich unterwarf. Im Grunde seines Herzens mochte *Richard* den ewig taktierenden Capetinger *Philipp August* verachten. In seinen Augen war er ein Feigling, weil er die Grenzen der eigenen Macht sehr genau abzuschätzen wußte. Diese Ansicht machten sich die Trobadors, denen an der Gunst *Richards* gelegen war, zu eigen und brachten sie in ihre Lieder, gar in ihre Kreuzlieder mit hinein. Durch ihre meinungsbildende Kraft aber wurden diese Lieder nun ihrerseits zu politischen Größen. *Peire Vidal* (vgl. oben S. 541) reimte von *Richard:*

«Der macht dem Namen Poitou wenigstens Ehre, und von nun an wird der feige Heuchler *(Philipp August)*, ein Geizhals, der nicht zu schenken weiß, nichts mehr erobern können, obgleich er sich immerfort schniegelt; obgleich er sich immerfort schmückt, putzt und spiegelt, ist sein ganzes Benehmen keine Marone wert» (Lied XXIII Str. 6).

Derselbe Sänger hat den Grafen von Poitiers wohl noch 1187 in der Schlußstrophe eines Liebesliedes zu Freigebigkeit und Kreuznahme aufgefordert (s. u. 671 f.), die jener längst geleistet hatte. Über diese Kreuznahme aber frohlockte *Bertran de Born,* indem er den König von Frankreich als unwürdigen Karlsnachfolger neckte:

«Jetzt weiß ich auch, daß Philipp wirklich ein richtiger König sein möchte, jetzt, da man von ihm sagt, er habe das Kreuz genommen und sich gerühmt, nie hätte der große Karl je etwas so Herrliches unternommen wie heutzutage er» (‹Nostre senher somonis el mezeis›, *Bartsch* Nr. 80,30).

Der Druck der öffentlichen Meinung und die Einwirkung der Kirche auf *Philipp August* waren ungemein stark. Dennoch vergaß der König von Frankreich keinen Augenblick seine politischen Interessen. Er wagte es, zum Jahresanfang 1188 ein starkes Heer zusammenzuziehen und zu äußern – allerdings nach den Angaben eines englischen Chronisten –, er werde «die Normandie und den übrigen festländischen Besitz des englischen Königs verwüsten, wenn dieser ihm nicht entweder Gisors mit Zubehör (d. h. das normannische Vexin) zurückgäbe oder die Heirat Herzog Richards mit Adelaide vollzöge» *(Cartellieri).* Auf diese Nachricht hin suchte *Heinrich II.* die Gefahr durch Verhandlungen abzuwenden. Beide Könige trafen am 21. Januar 1188 bei Gisors zusammen. Die Verhandlungen waren schwierig.

«Keiner der beiden Könige wollte sich mit der Kreuznahme vorwagen; jeder fürchtete, der andere möchte nicht folgen und später das Land des Abwesenden angreifen. Endlich einigten sich dahin, daß sie gemeinsam aufbrechen würden. Unter allgemeiner Begeisterung, nachdem sie den Segen des Erzbischofs von Tyrus empfangen und sich den Friedenskuß gegeben, nahmen sie das Kreuz, zuerst Philipp August als der Höchstgestellte, dann Heinrich» *(Cartellieri).*

Ostern 1189 sollte von Vézelay aus aufgebrochen werden.

Mit der Kreuznahme der beiden pragmatischen Politiker *Philipp*

*August* und *Heinrich II.* treten jetzt auch die ersten ökonomischen Konsequenzen zutage. Beide Herrscher setzten sofort die Finanzierung des Unternehmens ins Werk; zuerst *Heinrich II.*, der bereits vorher den Domschatz von Canterbury vorsorglich hatte versiegeln lassen, so daß die Mönche spotteten, der König wolle «die Gefangenen Jerusalems mit dem Golde Canterburys loskaufen» *(Cartellieri)*. Ende Januar 1188 erließ *Heinrich* zu Le Mans die Verordnung, daß jeder, der nicht selbst das Kreuz nehme, 10% seiner Einkünfte und beweglichen Güter für die Kreuzfahrt abgeben müsse. Es ist dies der sogen. ‹Saladinszehnte›, ‹la dîme Saladine›. Erst Ende März 1188 wurde ein analoges Gesetz in Paris für das Königreich Frankreich beschlossen. *Cartellieri* sieht in beiden Gesetzen eine Verbindung von innerlich-religiösen und wirtschaftlichen Erwägungen und stellt Vorteile und Nachteile für Kreuzfahrer und Daheimbleibende gegenüber:

«Wer auszieht, tut damit etwas für seine ewige Seligkeit ... Dazu bleibt er befreit von der ... Zehntabgabe, bekommt aber den Zehnten seiner Leute ... Er genießt Einkünfte trotz ihrer Verpfändung. Er sieht ... seine Schulden durch Abzug der (Zinsen) vermindert und die Verzinsung während der Pilgerfahrt unterbrochen ...

Wer zu Hause bleibt, muß den Zehnten zahlen und sich vorkommenden Falls einer lästigen Untersuchung der Höhe seines Vermögens unterwerfen, muß überdies durch die den Kreuzfahrern gewährten Vergünstigungen gar manchen Schaden leiden».

Viele Reiche, aber vor allem viele Verschuldete nahmen das Kreuz, um sich wirtschaftlich nicht zu ruinieren, gar, um sich zu sanieren. Der englisch-französische Kreuzzug wird eine Art ‹Kreuzzug der Spekulanten› werden. «Viele, und ganz besonders die ärmeren Leute wurden bedrückt und gequält», wie die Annalen von Waverley schreiben. Man bedenke die Verfügung von Le Mans: «Bürger und Bauern, die ohne Erlaubnis ihrer Herren das Kreuz genommen haben, sollen trotzdem den Zehnten geben». Von *Philipp August* wurde sie allerdings nicht in die Pariser Beschlüsse übernommen! Auch für die Organisation des Heereswesens selber werden Verfügungen getroffen. Bereits in Gisors wurden sie in einem Hirtenbrief (!) festgelegt, welcher sozusagen das Rahmengesetz der späteren Verordnungen bildet. Danach ist den Kreuzfahrern lästerliches Schwören, Würfelspiel, Tragen von Bunt- und Grauwerk (Pelzen), Zobel und Scharlach verboten. Auch sollen sie keine Weiber mitnehmen, höchstens eine unverdächtige «Wäscherin zu Fuß», wie es heißt. Nicht nur die Verordnungen der Könige von Frankreich und England, sondern anscheinend auch die in Deutschland erlassenen füllen den im Hirtenbrief von Gisors gezeichneten Rahmen aus.

In Deutschland allerdings wurde keine allgemeine Kreuzzugssteuer erhoben. Einem nicht erhaltenen Gesetz *Barbarossas* zufolge, welches die ‹Annales Marbacenses› und die ‹Historia peregrinorum› berichten, sollen alle vom Kreuzzug ausgeschlossen sein, die nicht ein Pferd und soviel Geld besitzen, daß sie davon 3 Jahre lang sich mit Lebensmitteln versehen können. Nur Knappen und Handwerker sind von dieser Bestimmung ausgenommen. Hierdurch wird der deutsche Kreuzzug vorwiegend zu einem Unternehmen der vermögenden Ritterschaft, während der französisch-englische durch eine starke Beteiligung von Bürgern und Spekulanten ausgezeichnet ist.

Bei den Vorbereitungen zur Kreuznahme hatten *Barbarossa* und König *Heinrich* diesmal auch sehr wohl die gefährdete Lage der deutschen Juden bedacht. Die Ausschreitungen fanatisierter Massen mochten dem Kaiser noch vom 2. Kreuzzug her in Erinnerung sein. Der Kaiser verbot, daß man gegen die Juden predige. Gewaltsamkeiten sollten mit dem Abhauen der Hand bestraft werden, die Bischöfe drohten mit Kirchenstrafen. Die Judenschaft der großen Städte flüchtete sich während der kritischen Wochen vorsorglich in staufische Burgen, so z.B. die Mainzer Ende März nach Münzenberg. Am Sonntag ‹Laetare Jerusalem› (26. März) trat der ‹Hoftag Jesu Christi› in Mainz zusammen. Den ersten Platz des Vorsitzes ließ der Kaiser symbolischerweise leer. Nachdem es ihm, nicht zuletzt durch das Bündnis mit Frankreich, gelungen war, nicht nur im Erzbistum Trier die Ordnung wiederherzustellen, sondern auch den Erzbischof *Philipp* von Köln zu unterwerfen, bestand für *Barbarossa* kein Anlaß mehr, im Reich zurückzubleiben. Unter dem Jubel der anwesenden Fürsten und Ritter nahm der 63jährige Kaiser das Kreuz und mit ihm viele andere. Als Aufbruchstermin wurde der 23. April 1189, als Sammlungsort Regensburg festgesetzt.

## Kreuzlieder

Den angevinischen Trobador *Peire Vidal* scheint der Kreuzzugsaufruf in einem seufzenden Minnelied überrascht zu haben:

«Gegen meinen Willen liebe ich von ganzem Herzen die, die mich nicht sehen und nicht hören will. … (Ihrer Liebe gegenüber) bin ich wie der ärmliche Pilger, der links und rechts um milde Gaben bettelt. … Doch ohne Euch kann mich nichts erfreuen und nur von Euch erwarte ich all mein Glück» (Lied XIV Str. 3 und 6).

Noch ahnungslos scheint hier die Pilger-Metapher gesetzt. Unvermittelt bringt dann die 7. Strophe:

«Mein Lied singe ich dem himmlischen König, dem wir alle Ehre und Gehorsam schuldig sind. Recht ist, daß wir dort Lehnsdienst tun, wo wir das ewige Leben erwerben. Denn die falschen Sarazenen haben ihm sein Königtum genommen und sein Reich zerstört. Des Heiligen Kreuzes haben sie sich bemächtigt und des Heiligen Grabes, und das sollte uns wohl mit Zorn erfüllen! Graf von Poitiers, ich beklage mich über Euch bei Gott und Gott beklagt sich über Euch bei mir! Er klagt über den Verlust des Kreuzes, ich klage über Mangel an Geld!

Graf von Poitiers, Ihr und ich werden gerühmt von aller Welt, Ihr wegen guter Taten und ich wegen guter Worte!» (Lied XXIV Str. 7–9).

Der Bettelwitz ist etwas schal geworden, denn *Richard* hatte längst das Kreuz genommen. Unversehens ist auch die Liebe der Dame, die eben noch das einzige Glück genannt wurde, mit der Lehnsdienstforderung Gottes konfrontiert. Der immer latente Widerspruch von höfischer Minnereligion und kirchlicher Universalreligion (vgl. oben S. 313) liegt aufs neue offen zutage. In deutlicher Dissonanz stehen jetzt bei *Peire Vidal* aber nicht nur Liebe und Gott sondern auch Geld nebeneinander – bezeichnend für die Situation im Westen. Anscheinend mehr tastend werden von den im Minnelied überraschten Sängern erste Alternativmöglichkeiten erwogen.

Die Gottesforderung ist eine Störung der Minne, denn die Damen der Kreuzfahrer werden die zu Hause gebliebenen Ritter erhören. «Beau Sire Dieu», redet der *Châtelain de Coucy* seinen höfischen Gott an, «wie kann ich der großen Freude entsagen und dem Gespräch und der Liebe, die mir jene gewährte, die mir Herrin, Gesellin und Geliebte war?» Der Seigneur Gott handelt unehrenhaft, «wenn er loiaul amor zerstört». War es früher Amor, der sich schändlich gegenüber dem Liebhaber benahm, so ist es jetzt Gott. An die Stelle der bedrohlichen Neider aber sind nun diejenigen getreten, die daheim zurückbleiben und dem Aufruf nicht folgen.

«Ich nehme Abschied, Gräfin! Gott, dem Schöpfer, befehle ich Euch, wo immer ich auch sei. Ich weiß nicht, ob Ihr mich je wiederseht … Bei Gott bitte ich Euch …, haltet Euer Versprechen, ob ich nun zurückkehre oder draußen bleibe» (*Bédier,* Chansons de Croisade IX Str. 6).

Ohne religiösen Enthusiasmus besingt der *Châtelain* den Trennungsschmerz. Im Gegensatz dazu ist für den Deutschen *Friedrich von Hausen* die Minnesitte durch die Gottesforderung gerichtet. In Melodie und Strophenform von ‹Si darf mich des zîhen niet›, worin er eben noch auf der italienischen Strafexpedition seinen Liebesschmerz gesungen hatte (vgl. oben S. 656), sagt er jetzt dem hoffnungslosen Minnen ab:

«Mit großen Sorgen habe ich mein Leben lang gerungen. Ich liebte, was das Herz gefangen nahm und meinen Sinnen alle Weisheit raubte. Es war jene Minne, die viele diese Klage führen läßt. Jetzt will ich mich an Gott alleine halten; der weiß den Menschen aus der Not zu helfen. Keiner kann sagen, wie nah ihm nicht das Ende ist» (MF 46, 19–28).

Unter dem Eindruck des ‹media vita in morte sumus› schiebt *Hausen* das Weltgeschäft in den Hintergrund:

«auch beklage ich, daß ich so lange Jahre nicht an Gott gedacht. Ihn will ich allzeit fester halten als all die Damen und erst in zweiter Linie ihnen hold gesonnen sein» (MF 47, 5 ff.).

Auch den Passauer Ministerialen *Albrecht von Johansdorf* scheinen die Ereignisse überrascht zu haben. In drei Liedstrophen (MF 86, 1 ff.) hatte er von der Situation der unmöglichen Liebe gesungen, hatte er die Dame vergeblich gebeten, doch alle gesellschaftlichen Umschweife zu lassen und ihm zu sein, wie er ihr ist. Dann taucht die Kreuzfahrt-Thematik auf:

> «Ich habe für Gott das Kreuz genommen und zieh dahin für meine Sünden. Nun helfe er mir, wenn ich wiederkomme, daß jene Frau, die große Sorge um mich hat, ich wiederfinde in all ihrer Ehre, dann hat er gänzlich mein Gebet erhört. Doch wenn sie wankelsinnig werden sollte, dann gebe Gott, daß ich nicht wiederkomme» (MF 86,25–87,4).

Es ist der Versuch einer Synthese: die Kreuzfahrt als Minnepfand zu setzen. Das Motiv des *Châtelain* hat damit ebenso einen neuen Sinn wie die Minne durch den Gegenseitigkeitsgedanken, daß auch die Dame voller Sorgen ist. All diese Lieder könnten vor Gisors und vor Mainz gedichtet sein. Die treffend erfolgreiche Formel von Herz-Leib-Opposition aber findet erst *Conon de Béthune* mit seinem Lied ‹Ahi, amors, com dure departie›. Es ist wohl unmittelbar nach dem Tag von Gisors (21. Januar 1188) gedichtet. Es heißt:

1. «Ach, Amor, was werde ich für einen harten Abschied nehmen müssen, um ihretwillen, für die Beste, der man je Dienst und Neigung dargebracht! Durch seine Güte führt mich Gott zu ihr zurück, so wahr ich unter Schmerzen von ihr ziehe. Ich? Gott, was sage ich da! Ich ziehe nie und nimmermehr von ihr! Es ist allein mein Leib, der meinem Herrn den Kriegsdienst leistet. Mein Herz bleibt ganz und gar in ihrer Grafschaft.

2. Für sie gehe ich fort nach Syrien unter Seufzen. Denn ich darf meinem Schöpfer nicht den Lehnsdienst verweigern. Wer ihm in dieser Not die Waffenhilfe schuldig bleibt, der wird sich, wahrlich, auch in größren Dingen ungetreu erweisen. Und merkt auf dies, Ihr großen und Ihr kleinen Herrn: dort soll erwiesen werden, was ‹Ritter sein› heißt. Dort wird man Paradies und Ehre, aber zugleich auch Ruhm, Preis und Liebe der Geliebten erwerben.

3. Gott wird belagert im ererbten heiligen Lehen. So wird es sich denn zeigen, wie ihm die Menschen beistehen, die er befreit hat aus dem finstern Kerker, als er dahingestreckt war auf jenes Kreuz, das jetzt die Türken haben. Mit Recht wird man alle die verachten, die hier im Lande bleiben, sofern nicht Armut oder Krankheit sie zurückhält. Wer reich und gesund und kräftig ist, der kann nur in Schimpf und Schanden zurückbleiben.

4. Jeder gelehrte Kleriker und jeder Mann im grauen Haar, der Zins gibt und in reinen Sitten lebt, wird mit uns auf diese Pilgerfahrt ziehen, und auch die Damen (werden mit uns ziehen), indem sie sich keusch halten und denen die Treue halten, die auf Kreuzfahrt gehen. Sollten sie aber bösem Rat folgen und die höfische Sitte verletzen, so begehen sie das mit feigen Kerlen, denn alle Edlen leisten diese Reise.

5. Wer hier nicht ehrlos vegetieren will, der ziehe mit Mut und Freude für Gott in den Tod. Denn solcher Tod ist edel und ruhmvoll, und man erwirbt durch ihn das wunderherrliche Reich, wo keiner mehr des Todes stirbt, sondern alle geboren werden zu einem Leben, das kein Ende hat. Wer aber zurückkehrt, wird sehr glücklich sein, denn Frau Ehre selbst ist fortan seine Gattin.

6. Ach, Gott, wie tapfer sind wir nicht zu bloßem ritterlichem Zeitvertreib gewesen. Nun aber wird sich zeigen, wer wirklich tapfer ist. Denn nun ziehen wir fort, um die Schande zu rächen, die so sehr schmerzt und die in jedem Zorn und Scham erwecken sollte darüber, daß das geschehen konnte, daß in unsern Tagen der heilige Ort verloren ging, an welchem Gott für uns den Siegestod erlitten hat. Lassen wir es zu, daß unsere Todfeinde dort bleiben, dann werden wir in ewiger Schande leben müssen» (*Bédier*, Chansons de Croisade XXV).

*Conon de Béthune,* der dann später im Konstantinopel-Kreuzzug zum Statthalter von Byzanz aufsteigen wird, hat in diesem prägnanten Lied alle Argumente beisammen. Das Verhältnis von Ritterkultur, Minnedienst und Kreuzfahrt scheint völlig klar: Nur der Leib geht nach Übersee, das Herz bleibt bei der Geliebten (Str. 1); dieser Lehnsdienst für Gott hat Paradies, Ehre oder Liebe zum Lohn (Str. 2 und 3); wer nicht körperlich mitzieht, der zieht im Geiste mit durch Steuerbeiträge oder keusche Sitten (Str. 4); höchster Ritterruhm ist dieser Auszug: der Tod im Heidenkampf bedeutet Leben, die Wiederkehr Minne (Str. 5); alles frühere Ritterwesen war nur schnöder Zeitvertreib, wahrhaft ritterlich ist es, die Schande Gottes zu rächen (Str. 6). Das ist feodal und formalistisch gedacht. Von einem Sündenbewußtsein ist keine Rede.

Melodie und Strophenform scheinen sowohl *Friedrich von Hausen* wie *Albrecht von Johansdorf* übernommen zu haben, den Inhalt zeichnet *Hartman von Aue* nach. Aber bei den Deutschen wird die Herz-Leib-Formel sehr schnell zum Problem, obgleich sie die Motive zunächst einmal kaum verändert rezipieren. Das Motiv von der geistigen Teilnahme der Geliebten formuliert *Hartman* konzise in seiner Strophe ‹Swelch vrowe sendet lieben man›:

«Die Geliebte, welche den Liebsten aus rechtem Herzen auf die Kreuzfahrt sendet, erwirbt zugleich den halben Gewinn, indem sie sich im Lande so gesittet hält, daß man sie keusch nennt. Sie bete für alle beide hier, so zieht er für beide dorthin über See» (MF 211, 20 ff.).

In seinem möglichen Kontrafakturlied ‹Mîn herze und mîn lîp diu wellent scheiden› führt *Hausen* zunächst die Formel des *Conon de Béthune* durch:

1. «Nun will mein Herz sich von mir selber trennen, obschon wir beide uns so lange einig waren. Ich selber will zu Felde ziehen gegen die Heiden, das Herz hängt über alles in der Welt an der Geliebten. Es wird mir unerträglich werden, daß sich Herz und Körper künftig nimmermehr vereinen wollen. Wie immer ist es auch hier das Anschaun der Geliebten, das mir Leid bereitet! Nur Gott alleine könnte solche Trennung hindern.

2. ‹Da ich Dich, Herz, nicht von Deinem Eigensinn abbringen kann, mich zu verlassen, der zutiefst darüber klagt, so bitte ich Gott, er wolle gnädig Dich dorthin geleiten, wo man Dich freundlich aufnimmt. O weh, wie wird es Dir ergehen müssen, armes Herz? Wie konntest Du nur wagen, Dich in solche Gefahr zu begeben? Wer wird Dir Deine Mühsal enden helfen, so selbstlos wie ich selbst Dir bisher half?›

3. Als ich das Kreuz im Dienst für Gottes Ehre nahm, da glaubte ich frei zu sein von Minnekummer. Die Pflicht des Herzens wäre es ja wohl gewesen, mit mir zu ziehen auf die Fahrt nach Outremer. Doch seine eigensinnige Treue gönnt mir das nicht. Wenn es sein Torenstreben doch gelassen hätte! Dann wäre ich ein wirklich ganzer Mann mit Leib und Herz. Indes, nun sehe ich: es kümmert sich nicht drum, wie mirs ergehen wird am Ende» (MF 47, 9).

Die Herz-Leib-Trennung ist eben nicht unproblematisch, zumal die Minne selbst höchst problematisch ist, was *Hausen* in einer parodistischen Nachtragsstrophe formuliert:

«Niemand soll mich ‹untreu› nennen, wenn ich die verlasse, die ich einst umschwärmte. Ich konnte sie flehen und bitten sooft ich wollte, sie stellt sich gerade so, als ob sie nie was merkt. Es will mir sehr so scheinen, als ob ihr die Worte eintönig wie die Musik des Brummeleisens von Schnauze kommen. Ich müßte ein patentierter Esel sein, wenn ich die Dummheit, die sie ziert, auch noch herrlich finden wollte. Dazu bereit bin ich nun nimmermehr!» (MF 47, 33).

Kritisch distanznehmend zum höfischen Minnewesen hatte sich inzwischen auch *Hartman* geäußert in seinem Lied ‹Manger grüezet mich alsô›:

1. «Mancher spricht mich munter an ( – was ich nicht unbedingt zu schätzen weiß): ‹Hallo, Hartman, geh mit, den edlen Damen den Hof zu machen!› Soll er mich doch in Frieden lassen und zu den Edlen selber hinspazieren! Ich glaube nicht, auf solche Edeldamen einen besonders tiefen Eindruck zu machen, weil ich ihnen gegenüber schüchtern und verlegen bin (vgl. *Kienast*).
2. Was diese Damen angeht, meine ich: wie sie zu mir sind, so bin ich zu ihnen; denn besser kann ich mir die Zeit vertreiben mit geringen Frauen (‹armen wîben›). Und solche gibt es überall genug; bei ihnen finde ich die, die mich auch will. Die macht mir das Herz froh. Was soll mir überhohes Minnegehren?
3. In meiner Schüchternheit ist es mir einst unterlaufen, daß ich zu einer Edeldame sagte: ‹Gräfin, all mein Begehren steht nach Eurer Minne!› Die hat mich vielleicht höhnisch angesehen! Und so bekenne ich denn, daß mir der Sinn einzig nach solchen edlen Damen steht, bei denen mir dergleichen nicht passieren kann» (MF 216, 29).

In seinen Kreuzzugsstrophen, die unter dem Eindruck der Heeresordnung *Barbarossas* stehen mögen, nimmt er nun zwar den Argumenten-Katalog des *Conon* ziemlich vollständig auf, aber über *Hausen* hinaus wird die Herz-Leib-Formel jetzt auch religiös problematisch:

1. «Für das Kreuz (das wir genommen haben) gehören sich ein reiner Sinn und keusche Sitte: nur auf diese Weise kann man durch die Fahrt nach Outremer Heil und Glückseligkeit erwerben. Für den Toren, der seinen Körper nicht beherrschen kann, bedeutet das keine kleine Fessel. Dieses Kreuz auf dem Gewand will nicht zulassen, daß einer darunter tut, was er will. Was nützt es auf dem Kleide, wenn es dem Herzen nicht eingeprägt ist?
2. Jetzt, Ritter, setzt Leben und Mut als Pfand für den, dem ihr Besitz und Leben verdankt! Wer seinen Schild gerne zu weltlichem Getümmel, um Ruhm und Ehre lieh, der ist ein Tor, wenn er ihn jetzt nicht in den Dienst Gottes stellt. Denn der, dem es vergönnt ist, mit rechtem Herzen über Meer zu ziehen, erwirbt sowohl den Ruhm der Welt als auch das Heil der Seele.

3. (In dieser Strophe wendet sich der Dichter ins Persönliche und beklagt, daß er tagaus, tagein der Frau Welt nachgelaufen sei, bei der jeder doch nur vergeblich Glück sucht). Jetzt hilf mir, Herre Krist, daß ich von dem, der mir nachstellt, mit Hilfe Deines Kreuzeszeichens, das ich hier trage, loskomme.
4. Seit mir der Tod meinen Lehnsherrn geraubt hat, ist mir egal, welchen Lauf die Welt nach ihm nimmt (*Berthold von Zähringen* starb 1186; vgl. oben S. 621 f.). Meine besten Freuden nahm er mit ins Grab. Sinnvoll wäre jetzt allein, das Heil der Seele zu besorgen. Möchte ihm meine Kreuzfahrt zugute kommen. Seinetwegen leiste ich das Gelübde. Vor Gottes Angesicht werde ich ihn wiedersehen» (MF 209, 25).

Zwei Strophen im gleichen Ton (= Melodie- und Strophenform) gehören wohl zu einem neuen Lied:

1. «So glücklich war ich nie wie an dem Tag, als ich mir die Blume Christi erwählte, die ich hier trage. Die kündet eine Sommerzeit an, die in lieblicher Augenweide vor uns liegt. Gott helfe uns, daß wir in den zehnten Chor der Engel aufgenommen werden, woraus der Höllenneger seines Hochmuts wegen verstoßen ward und der nun den Frommen offensteht.
2. (Wieder entsagt er der Welt und ihrer Mühsal, die manch einem den Fuß gefesselt hält,) während ich in der Truppe Christi mit Freude und Wonne dahinziehe» (MF 210, 35).

In diesen Strophen ist die Minne schließlich ganz verdrängt. Motive aus Kreuzpredigten (vgl. *Hampe*) und lateinischen Strophen (vgl. ob. S. 667) scheinen aufgenommen, und gegen die Lösung des *Conon de Béthune* wird eben eingewendet, daß der Leib allein dem Dienst für Gott nicht genügt. Das alles sind radikale Entscheidungen.

Sehr viel weniger einfach scheinen die Dinge für *Albrecht von Johansdorf* zu liegen. In einem seiner Lieder versucht er, für den Kreuzzug zu werben als Advocatus diaboli, mit ehrenrührig-harten Gegenargumenten.

«Die, die von hinnen ziehn, behaupten für Gott, daß Stadt und Reich Jerusalem nie dringender Hilfe nötig ward als jetzt. Doch solche Klage schlagen Toren scherzend in den Wind, indem sie sagen: ‹Wär' unserm Herrgott damit wirklich solche Kränkung angetan, dann tät er sich schon selber helfen, auch ohne daß sich die Ritter alle in Bewegung setzen ...›» (MF 89, 211).

Indes: Gottes Erlösungstat weckt Ritterpflicht. Aber *Albrecht* insistiert, indem er die Liebe als Versucherin die Gedanken beschweren läßt:

«Wie könnte ich mich Gott gegenüber verhalten, wenn ich hierbliebe und dennoch wünschte, daß er mir gnädig sei? (– Dies gegen *Kraus* MFU 225, dem zufolge ‹belîbe› heißen müsse, ‹auf dem Schlachtfeld bliebe›. Meint *Kraus* m.a.W., der Dichter bezweifle, daß ritterlicher Märtyrertod den Himmel aufschließe, weil er alle Sünden, aber nicht die Liebe bereuen könne? Vielmehr wird ein Gedanke, der ihn und andre bewegt, genannt. –) Ich sehe mich nicht in so großer Sünde, nur in einer, von der ich ganz und gar nicht lassen kann; alle andern Sünden ließe ich leichten Herzens: Ich habe über alles in der Welt eine Frau in meinem Herzen lieb. Gott, Herrscher, sieh mir das nicht an!» (MF 90,9–15).

Zwar versichert *Albrecht*, wer ohne Falsch liebt, dessen Sünde wird vor Gott nicht gezählt (MF 88, 33 ff.), aber er fährt fort, für solche

Liebe wolle er sogar zur Hölle fahren (MF 89, 4). Nimmt er nicht auch hier die Liebe ernster als die Seligkeit? Es scheint, als könne *Albrecht von Johansdorf* weder die Minne beiseiteschieben wie *Hartman* und *Hausen,* noch antithetisch formalisieren wie *Conon de Béthune,* weil seine Minne gegenseitige Liebe ist. Den Unterschied zu *Hausen* bezeichnet die Strophe ‹Lâ mich, Minne, vrî›:

> «Amor, laß mich frei, laß mich eine kurze Weile ohne Liebe. Du hast mir völlig den Verstand geraubt. Stellst Du Dich wieder ein, wenn ich die Gottesfahrt vollendet habe, so sollst Du mir wieder willkommen sein. Willst Du aber nicht von mir weichen aus meinem Herzen (– doch vielleicht ergibt sich das von selbst –), führe ich Dich mit mir ins Heilige Land, und Gott sei gebeten, der Geliebten halben Lohn von meiner Fahrt zu gönnen» (MF 94, 25).

Denn dieser Strophe steht eine Frauenstrophe gegenüber, die deutlich macht, daß der Schmerz über die Trennung von dem Geliebten jene ‹Freude› unmöglich macht, welche die höfische Gesellschaft fordert: «Wie kann ich zugleich trauern und mich in Gesellschaft bewegen?» (MF 95, 2). Liebe und Schmerz sind bei beiden. So taucht denn auch die These aus *Conons* vierter Strophe verändert wieder auf, wenn *Albrecht* formuliert: «Selig ist die Frau, deren gütiges Herz macht, daß man sie auf der Fahrt nach Outremer mitführen kann» (MF 95, 6), die Geliebte aber voller Angst fragen läßt: «Lebt mein Liebster oder ist er tot?» (MF 95, 13). In seinem Lied ‹Mich mac der tôt von ir minnen wol scheiden; anders nieman: des hân ich gesworn› (MF 87, 5), das *Albrecht von Johansdorf* auf die Melodie von ‹Ahi, amors› dichtet, sagt er nicht nur: «Wenn ich die Liebste durch mein Tun erzürne, dann bin ich auch vor Gottes Angesicht verdammt wie ein Moslem», sondern hier läßt er auch der Herz-Leib-Formel durch den Mund der Geliebten die aporetische Frageform zuteil werden:

> «Als die schöne Geliebte das Kreuz an meinem Gewand erblickte, da sagte die Liebe, ehe sie ging: Wie willst Du beides vollbringen, über Meer fahren und doch bei mir sein?» (MF 87, 13–16).

Aber es gibt keine Antwort. «Schwer ums Herz war mir zuvor, so schwer wie jetzt wars mir noch nie», schließt das Lied. Die Lösung des *Conon de Béthune* war im Grunde keine Lösung.

## Lehnskrieg mit Gottesgeld

Nicht nur das Verhältnis von Kreuzfahrt und Liebe schien darin etwas naiv gefaßt, sondern auch das von Kreuzfahrt und Geld. Ähnlich wie *Conon* hatte sich auf provenzalisch in dieser Hinsicht auch *Pons de Capduelh* geäußert in seinem Lied ‹Ar nos sia capdels e garentia› (PC 375). Unter Absehung von aller Minneproblematik war darin von Himmelslohn und Märtyrertod, von der geschuldeten Vergeltung für

Christi Erlösung und von der Waffenhilfe für Kreuz und Grab die Rede.
Im Anschluß an lateinische Predigt (vgl. oben S. 668) war auch hier
gefragt worden: «Ach, was wird der am Tage des Jüngsten Gerichts
sagen, der pflichtvergessen nicht von dannen zieht?» (Str. 6); doch nicht
nur davon sprachen diese Verse, sondern auch vom Geld:

> Und wessen Herz jetzt Geld und Gut besticht,
> So daß er bleibt, der zeigt sich als ein Wicht (Str. 1).

> Wen Alter oder Krankheit auch beschwert,
> Der darf sein Gold den Kämpfern nicht versagen (Str. 6).

Doch gerade dieses Gold war ambivalent verwertbar: für einen heiligen,
aber auch für jeden andern Krieg. Dieser Kreuzzug war nicht die Stunde
der Harmonie von Geist und Tat, sondern der Augenblick, in dem
die latente Dissonanz auch ganz äußerlich sichtbar wurde.

Die Dolchstöße, mit denen *Geoffroi de Lusignan* (einer der Barone
des Grafen von Poitou) noch Ende Januar 1188 einen Vertrauten des
*Richard Löwenherz* niederstreckt, lösen im Westen eine Lawine des Hasses aus. *Richard* glaubt, sein Vater habe die aquitanischen Barone gegen
ihn aufgewiegelt. Seine furchtbare Strafexpedition gegen die Aufrührer
bricht eine Burg nach der andern, schließt die Empörer zuletzt in Taillen-
bourg ein. Er zwingt sie zur Kapitulation – und zur Kreuznahme. Dann
wendet sich der Zorn des Prinzen gegen den Grafen von Toulouse, der
ihm einige Kaufleute gefangen und mißhandelt hatte. *Richard* fängt den
geheimen Ratgeber des Grafen *Raimund von Toulouse; Raimund* seinerseits versucht, sich ein Faustpfand zu schaffen, indem er zwei Höflinge
König *Heinrichs II.* von England festnimmt. *Philipp August,* der König
von Frankreich, befiehlt als oberster Lehnsherr Frieden, aber keiner hört
auf ihn. *Richard* erobert Cahors, Moissac, das dem Grafen von Toulouse
gehört. Mit seinen guten englischen Sterlingen hat er sich Brabanzonen
gemietet, Söldner, die in gemeiner, unritterlicher Weise wüten. *Philipp
August* ruft *Richard Löwenherz* zurück, beschwert sich bei dessen Vater
*Heinrich*. Nichts hilft. Da fällt er selbst ins Berry ein und nimmt Château-
roux, Argenton, Buzançais, Levroux, Montluçon. Dann kehrt er um. Im
Juli erobert *Richard* das Berry zurück. *Heinrich II.* landet in der Normandie, verlangt vom König Schadenersatz für die Verwüstung seiner poitevi-
nischen Besitzungen. Am 16. August 1188 treffen beide Könige wiederum
bei Gisors zusammen. Sie handeln, verhandeln.

Die Verhandlungen sind endlos. Kindisches, blutiges Detail:

Die Franzosen stehen in der prallen Sonne. Die Engländer haben sich im
Schatten einer mächtigen Ulme gelagert. Ihr König liebt diesen Baum und hat
ihn mit einem Eisengitter umzäunen lassen. Die Engländer lachen die schwitzen-
den Franzosen aus. Denen reißt der Geduldsfaden. Handgemenge. Ein Walliser
Bogenschütze hat einen Franzosen in den Kopf geschossen. Die Franzosen rücken

vor und hacken die ‹Orme ferrée›, die umgitterte Ulme um. Indigniert ruft der König von Frankreich aus, ob er denn zum Holzhacken hierhergekommen sei *(Cartellieri)*.

Aber das große Heer, mit dem *Philipp August* angerückt ist – er hat es aus Geldern der Kreuzzugssteuer bezahlt – dieses große Heer zerstreut sich plötzlich. Entrüstet legen die französischen Großen die Waffen nieder, darüber empört, daß sich Kreuzfahrer gegenseitig abschlachten. Aber sie haben noch andere als moralische Gründe: einmal ist in diesem Herbst 1188 eine frühe Weinernte, zum andern scheint der Bazillus englischen Geldes unter ihnen zu wuchern. *Philipp August* bleibt mit wenigen Leuten in Chaumont. *Heinrich II.* und *Richard Löwenherz* verheeren die Gegend von Mantes. *Bertran de Born* frohlockt:

«Und es sind nicht einmal die Angevinen und die Leute von Le Mans, welche die von der Champagne zurückweichen lassen, sondern ‹les troupes de choc des Sterlings›» (PC 80, 1; vgl. ob. S. 659).

Wieder hören wir von Grausamkeiten und Kindereien, welche die Ritterherzen erfreuen:

Am 1. September zerstören die Walliser in St. Clair-sur-Epte einen Obstgarten, den der König von Frankreich selbst mit Liebe angelegt hatte *(Cartellieri)*. Es ist die Rache für die umgitterte Ulme.

*Philipp August* wirbt Söldner in Deutschland – mit dem Geld des Kreuzzugs. Durch Verhandlungsangebote lockt er *Heinrich II.* aus der Gegend von Paris weg, läßt dann aber die Verhandlungen scheitern.

Ende Okt./Anfang Nov. 1188 erkrankt der 55-jährige *Heinrich Plantagenêt* in Chinon. Es sieht nach nahem Ende aus. *Philipp August* läßt *Richard Löwenherz* zuflüstern, sein Vater wolle ihn zu Gunsten seines jüngeren Bruders *Johann (ohne Land)* enterben. Der König von Frankreich und *Richard Löwenherz* treffen sich heimlich. *Richard* ist bereit, sich für seine Übergriffe auf Toulouse vor dem Königsgericht zu verantworten. Sein Vater ist entsetzt. Der alte Diplomat versucht, drohendes Unheil durch Verhandlungen abzuwenden. In der Nähe von Bonmoulin (Perche) treffen sich die Könige. Vom 18. bis 20. November schleppt *Philipp August* die Verhandlungen hin. Er hat bessere Nerven als der kranke Anjou und ist noch skrupelloser in der Wahl seiner Mittel. Mit Berechnung schlägt er einen Waffenstillstand auf dem Status quo von Januar 1188 vor. *Heinrich II.* ist im Begriff, darauf einzugehen. Da meutert *Richard Löwenherz:* Dann müsse er ja die Grafschaft Cahors wieder an Toulouse zurückgeben, welche ihm jährlich 1000 Mark Silber einträgt. Was heißt Friede und Kreuzfahrt angesichts solcher Einkünfte? Auf Einflüsterung seines französischen Lehnsherrn verlangt *Richard,* endlich mit *Adelaide* vermählt zu werden. Außerdem solle *Heinrich II.* zustimmen, daß er, *Richard,* allen festländischen Anjou-Besitz an

Vaters Statt vom König von Frankreich zu Lehen empfange. *Philipp August* ist scheinheilig einverstanden. *Heinrich II.* sieht sich bereits halb vom Thron gestoßen. Aber *Richard Löwenherz* geht noch einen Schritt weiter. Er fragt den Vater in Gegenwart beider Delegationen, ob er ihm die Thronfolge garantieren wolle. *Heinrich* weicht aus. Unter Zwang und vor fremden Zeugen wolle er sich nicht dazu äußern. Da geht *Richard* zu *Philipp August* über, kniet nieder und bittet den König um Belehnung mit allem Anjou-Besitz. Gnädig gewährt *Philipp August* die Bitte: Normandie, Poitou, Anjou, Maine, Berry, Aquitanien – unbeschadet der Herrschaftsrechte seines Vaters, solange dieser noch lebe. Mit Entsetzen sieht der todkranke *Heinrich* die Szene. Er bittet um Waffenstillstand bis zum 13. Jan. 1189. Das Weihnachtsfest begeht er einsam in Saumur. Nicht nur sein Sohn *Richard,* sondern auch noch andere alte Gefolgsleute haben ihn verlassen und sind zu *Richard* übergegangen. *Heinrich II.* von England ist unfähig, zu den Verhandlungen zu erscheinen, die für den 13. Januar angesetzt wurden. Er ist krank. Doch sein Sohn *Richard* sagt öffentlich, sein Vater heuchle nur Krankheit – was nicht wahr ist. Endlich am 9. April 1189 trifft *Heinrich* mit seinem Lehnsherren zusammen (in der Perche bei La Ferté-Bernard) – ergebnislos. Nach Pfingsten erfolgt ein zweites Königstreffen. *Heinrich II.* kann sich vor Schwäche kaum im Sattel halten. *Philipp August* fordert hartnäckig endliche Eheschließung für *Adelaide;* außerdem solle *Johann (ohne Land)* das Kreuz nehmen. Aber *Heinrich* hat den Ernst seiner Lage nicht begriffen. Er schlägt wieder vor, *Adelaide* mit *Johann* von England, seinem Liebling und heimlichen Erben, zu verheiraten. *Philipp August* läßt die Verhandlungen scheitern.

Da will der Kreuzzugslegat des Papstes, *Johann von Anagni,* dem König von Frankreich ins christliche Gewissen reden: Er solle sein Kreuzzugsgelübde erfüllen, andernfalls verhänge die Kirche über Frankreich das Interdikt. Doch die Antwort des 24-jährigen Königs läßt dem Kardinal den Schrecken in die Knochen fahren:

«Es stehe der römischen Kirche nicht zu, gegen das französische Königreich mit Kirchenstrafen vorzugehen, wenn der König von Frankreich seine (Lehnsleute) für ihre frevelhafte Widersetzlichkeit gegen die Krone züchtige ... der Kardinal habe wohl auch schon den süßen Duft der englischen Sterlinge gerochen: Er (Philipp August) könne ihn nicht als unparteiischen Richter gelten lassen» –

so berichtet die ‹Historia Anglorum› des *Matthäus Paris.* Der Ritterkrieg geht weiter.

Im Juni wird *Heinrich II.* in Le Mans eingeschlossen. Immer kopfloser werden seine Aktionen. Am 4. Juli 1189 muß der Todkranke in Ballan vollständig kapitulieren. Auch sein Lieblingssohn *Johann* ist inzwischen zum König von Frankreich übergegangen. Zwei Tage später, am 6.

Juli 1189, stirbt der einst so gewaltige Mann, auch seelisch völlig gebrochen in Chinon. Nur zehn Jahre später sollte sein verräterischer Sohn *Richard* am gleichen Ort sein Leben enden. Um die Zeit aber, als *Heinrich II.* von England starb, war das deutsche Kreuzheer unter Kaiser *Friedrich Barbarossa* bereits in Bulgarien. Den Liedern seines Aufbruchs hatten sich von Westen her Stimmen der Indignation beigesellt.

Die Enttäuschung und Empörung über den französisch-englischen Lehnskrieg, der den Kreuzzug verzögerte, waren allgemein. Auf Seiten der angevinischen Trobadors hören wir Invektiven gegen *Philipp August:*

> «Ein ehrloser König ist schlechter als ein Bauer, wenn er so feige dahinlebt und den Besitzungen nachtrauert, die ein anderer nutzt, und er verliert das, was sein Vater erworben hatte. So einen König sollte man totschlagen und heimlich verscharren. Er verteidigt sich wie ein Lahmer und wagt weder zuzuschlagen noch Schläge zu empfangen» (*Peire Vidal* Lied XVII Str. 6).

> «Ich verzweifle nicht, wie jener feige und geizige König verzweifelt, der Geld und Gut im Überfluß hat und glaubt, weil er reich ist, es sei kein anderer Gott denn der Schatz. Das Geld macht ihn fahnenflüchtig. Aber wenn es zum Jüngsten Gericht kommt, wird er Verrat und Gaunerei bezahlen müssen» (*Peire Vidal* Lied XXII Str. 5).

So singt *Peire Vidal.* Bei *Bertran de Born,* dem Freund des *Richard Löwenherz,* wird auch der englische König in die Schmähungen einbegriffen:

> «Schmach trifft die bekreuzten Könige, da sie nicht aufbrechen.»

An den Markgrafen *Konrad von Montferrat,* der noch immer die Seefestung Tyrus verteidigt, richtet *Bertran* die Worte:

> «Herr Konrad, ich empfehle Euch dem Herrn Jesus. Ich wäre zu Euch geeilt, glaubt es mir. Aber ich habe Halt gemacht, als ich sah, daß die Edelsten, die Könige wie die Fürsten, zögerten. Und dann habe ich meine schöne, blonde Herrin gesehen. Deshalb ist mein Herz voller Zwiespalt. Aber wenn Ihr mir gleiches Glück bietet, werde ich zu Euch kommen.»

So ganz ernst ist dem Trobador die Sache nicht. Er greift das Zwiespaltthema der etwas älteren Lieder auf und gibt ihm eine witzige Pointe. Für ihn sind alle Ereignisse nur willkommene Motive, mit denen er seine Strophen und seinen Beutel füllt.

Ernster klingt es auf französisch bei *Maistre Renaut,* einem sonst nicht näher bekannten Nordostfranzosen:

> «Woran denken die Könige? Sie handeln sehr übel, der von Frankreich und der König der Engländer, wenn sie nicht unsern höchsten Lehnsherren rächen und das Heilige Kreuz zurückerobern. Wenn sie zum Jüngsten Gericht kommen, dann wird sichs zeigen. Lassen sie Gott im Stich, wird er sie im Stich lassen. ‹Ich kenne Euch nicht!›, wird er sagen. Jerusalem weint und fleht um Hilfe, welche allzu lange säumt» (*Bédier,* Chansons de Croisade VII Str. 2).

Mit leichter Hand, wie es der provenzalischen Dichtung gegeben ist, behandelt *Peirol* das Thema. Frau Minne wirft Herrn *Peirol* vor (ähnlich *Johansdorf* MF 87, 29 ff.), er wolle sich der Geliebten entziehen, er sei wandelsinnig. Er solle doch nicht glauben, die Kreuzfahrer könnten Araber und Türken so einfach zum Verlassen Jerusalems zwingen. Sie, Frau Minne, gebe ihm den guten Rat:

> ... seid verliebt und singt!
> Ihr wollt ziehn, und noch entzweit
> Führen hier die Kön'ge Streit!
> Habt doch auf die Freiherrn acht,
> Sie sind nur auf Zwist bedacht

(Str. 5 des Liedes PC 366 in der Übersetzung von *Friedrich Diez*).

Natürlich verteidigt sich der Dichter: Nie im Leben sei er dem Gebote Amors untreu geworden. Er bitte Gott, daß er dem Streit der Könige ein Ende mache, denn dringend brauche ja der tapfere Markgraf in Tyrus Hilfe (Str. 6). Aber Frau Minne hat das letzte Wort:

> Freund Peirol, mit Ach und Weh
> Sagt gar mancher nun Ade,
> Der gewiß hier bei uns blieb,
> Wenn ihn Saladin nicht trieb. (Str. 7).

Der ironische Rat, sich doch dem Minnesang zu ergeben und sich von *Saladin* nicht in die Fremde treiben zu lassen, wird ins Ernsthafte gewendet dann in dem berühmten und umstrittenen Kreuzlied *Hartmans von Aue*, das auch von hier aus seine Datierung erfahren könnte (vgl. S. 684).

Die politischen Umstände sind es, die jetzt auch *Conon de Béthune* die Augen öffnen und ihn die Berechtigung des Minnesangs infragestellen lassen:

1. «Ich sollte schon auf ein andermal verschieben, Lieder zu machen und Texte und Melodien, denn jetzt muß ich mich trennen von der Besten ...
2. Nein, kein Begehren hält mich zurück. Ich bleibe nicht hier bei diesen Tyrannen, die das Kreuz genommen haben für Geld, um Kleriker, Bürger und Soldaten besteuern zu können. Die Habgier hat mehr Kreuzfahrer erzeugt als der Glaube. Doch das Kreuz, das sie tragen, wird sie nicht schützen. Mit dieser Art Kreuzfahrer müßte Gott schon sehr geduldig sein, wenn er sich nicht bald rächen wollte.
3. Ihr, die Ihr die Kreuzfahrer besteuert, gebt das Geld, das Ihr eingenommen habt, doch nicht in dieser Weise aus: Ihr macht Euch Gott zum Feinde! ...» (*Bédier*, Chansons de Croisade IV).

Auch im Reich hatte man sehr bald davon gehört, wie es in Frankreich zuging. Der Diplomat *Friedrich von Hausen* nimmt wohl direkt dazu Stellung, wenn er dichtet:

«Glauben sie, dem Tode entronnen zu sein, die, die Gott diese Kreuzfahrt vorheucheln? Fürwahr, mir will viel eher scheinen, daß sie sich dem Verderben preisgegeben haben. Wer das Kreuz genommen hat und nicht aufbricht, dem wird am Jüngsten Tage klar werden, was er tat, wenn ihm die Pforte des Himmels, die der Herr den Seinen öffnet, versperrt bleibt» (MF 53, 31 ff.).

*Friedrich von Hausen* wußte, was im Westen vor sich ging. Er war der Verbindungsmann des Kaisers zu *Balduin von Hennegau,* der Markgraf von Namur werden wollte. Nach dem Ende des Mainzer Reichstags (29. 3. 1188) wird er zunächst seine eigenen Angelegenheiten geordnet haben, ehe er wieder zur Umgebung des Kaisers stieß.

Ostern in Gelnhausen, im Mai (16.) in Seligenstadt, wo *Barbarossa* dem *Balduin von Hennegau* die Erbschaft Namur nochmals schriftlich zusichert, ist *Hausen* noch nicht unter den Zeugen *(Giesebrecht).*

Er wird wenig später beim Kaiser eingetroffen und mit ihm nach Sachsen und Thüringen gezogen sein. In Goslar ließ *Barbarossa* den alten *Heinrich den Löwen* vor seine Majestät zitieren. Er muß Sicherheit haben, daß der gestürzte Riese nicht in Abwesenheit des Kaisers das Haupt noch einmal erhebt. Er oder des Löwen ältester Sohn sollen den Kaiser auf der Kreuzfahrt begleiten, oder aber der Herzog muß nach England ins Exil – er mag wählen. Und der Löwe wählt die Verbannung. Am 9. April 1189 wird er nach England aufbrechen. Auch sonst ordnet *Barbarossa* in Sachsen und Thüringen im Beisein König *Heinrichs* die Angelegenheiten des Reiches. Bei dieser Gelegenheit könnte der Herr von *Hausen* mit dem bedeutenden Minnesänger *Heinrich von Morungen* zusammengetroffen sein. Jedenfalls ist *Hausen* Anfang November beim Kaiser in Erfurt.

Dort trifft eine eilige Gesandtschaft aus dem Hennegau ein. Die Feindschaft der Nachbarn bedroht *Balduin* und stellt sein Erbe von Namur infrage. Der Kaiser möge handeln. Und der Kaiser handelt. Er setzt die Belehnung *Balduins* und seine Erhebung zum Markgrafen von Namur auf den nächsten Monat nach Worms an. Im Namen des Kaisers wird der Herr von *Hausen* die Gesandtschaft in den Hennegau zurückbegleiten. Der Herr von *Hausen* wird dafür sorgen, daß die Feinde *Balduins* ihm im Namen des Kaisers selbst sicheres Geleit nach Worms geben. Am 10. November reitet der Minnesänger als offizieller Vertreter *Barbarossas* mit dem hennegauischen Kanzler Abt *Gislebert von Mons* und dem Abt *Arnulf von Vicogne* an den Hof *Balduins,* der zugleich der Schwiegervater des französischen Königs ist *(Giesebrecht).* Mit *Balduin* zusammen geht *Friedrich von Hausen* dann über Visé (n. Lüttich), Aachen, Koblenz nach Worms, wo beide gegen den 20. Dez. 1188 eintreffen. Am 22. findet durch König *Heinrich* die Belehnung *Balduins* mit der Markgrafschaft Namur statt und damit zugleich dessen Erhebung in den Reichsfürstenstand.

In dem letzten Kreuzlied *Friedrichs von Hausen* (MF 48, 3) klingt das jüngste Lied des *Conon de Béthune* nach. Vielleicht ist es Ende

April 1189 entstanden. Am 9. April hatte *Barbarossa* auf der Pfalz zu Hagenau feierlich Pilgerstab und Pilgertasche genommen, nachdem er mit dem neuen Papst *Clemens III.* (1187–1191) einen förmlichen Friedensvertrag geschlossen hatte (3. April), in welchem der Kirchenstaat dem Papst wieder unterstellt wurde. Eine mündliche Krönungszusage für *Heinrich VI.* befriedigte den Wunsch des Kaisers. Dann brach er nach Regensburg auf.

*Hausens* Strophen MF 48, 3 ff. lauten übersetzt:

1. «Ich glaube im Herzen: wenn jemand um der Minne willen hätte zurückbleiben können, dann wäre ich noch am Rhein; denn sehr schmerzlich war mir die Trennung von meiner lieben Freundin. Wie es mir auch ergehen mag, Gott und Herr, in Deinen Schutz befehle ich die, die ich um Deinetwillen verlassen habe.

2. Ich wünsche es edlen Damen nicht, daß es je soweit kommt, daß sie einen von denen lieben, die vor der Kreuzfahrt zurückgeschreckt sind. Wie könnten ihnen solche Männer dienen? Ihre Ehre wäre vernichtet. Deswegen sende ich ihnen diese Strophen und ermahne sie, so gut ich kann. Ihre Schande würde mich ewig schmerzen, selbst wenn ich sie nie mehr wiedersehen sollte.»

Von Hagenau aus nahm der Kaiser den Weg über Selz (16. April), über den nördlichen Schwarzwald nach Stuttgart, durch das Filstal (Gingen, 26. April), nahe vorbei an der Burg Hohenstaufen, über die Geislinger Steige zur Donau. Dann über Donauwörth nach Regensburg. Dorthin wird inzwischen auch der schwäbische Ritter *Hartman von Aue* gekommen sein. In seinem berühmten Kreuzlied meinen wir, sowohl einen Nachklang des zweiten Kreuzliedes von *Conon de Béthune* als auch einen Nachklang des Liedes von *Peirol* zu hören: der Gedanke, daß in dieser Zeit Minnesang nicht tauge *(Conon)* und der andere, daß *Saladin* die christlichen Ritter zur Kreuzfahrt treibt *(Peirol)*, fand sich dort.

1. «Mit Eurer Billigung, Ihr Lehnsherren und Gesippen, ziehe ich fort. Es tut nicht not, daß jemand fragt, wohin meine Reise geht: ich sage Euch wahrhaftig mein Ziel. Frau Minne hatte mich besiegt. Gegen mein Versprechen ließ sie mich frei und befahl mir, diesen Zug zu tun. Dies ist nun unabwendbar, ich muß endgültig fort: wie könnte ich Schwur und Versprechen nicht halten?

2. Es rühmt sich mancher, was er nicht alles für die Minne täte. Die Worte höre ich wohl, wo sind die Taten? Doch gerne würde ich sehen, daß Frau Minne noch andern Rittern den Befehl gäbe, ihr so zu dienen wie ich ihr dienen soll. Das heißt lieben, wenn einer sich um der Liebe willen ins Exil begibt.

Nun seht nur, wie sie mich aus meinem Vaterland fortzieht nach Outremer. Selbst wenn mein Herr noch lebte, nicht Saladin und seine ganze Heeresmacht vermöchten mich aus Frankistan nur einen Fußbreit fortzubringen (Dies tut allein die Liebe).

3. Ihr Minnesinger, Euch muß Eure Kunst zumeist mißlingen: Was Euch den Schaden tut, das ist die Träumerei. Ich rühme mich: ich weiß von Minne durchaus zu singen, weil mich die Minne hat und ich sie habe. Was ich begehre, seht, dies Ding begehrt auch mich! Ihr mögt inzwischen manche Hoffnungen zerschellen sehen. Ihr strebt nach einer Liebe, die Euch nicht begehrt (die von

Euch nichts wissen will). Wo könntet Ihr armen Gecken denn solche Liebe finden wie ich?» (MF 218, 5).

*Hartman von Aue* läßt das Gesellschaftstheater des Minnesangs hinter sich. Aber seine wechselseitige Liebe, die er besingt, ist wohl doch ‹Amor Dei›. Als *Barbarossa* in Regensburg eintrifft, findet er dort nicht mehr als 20000 Ritter vor. Er fühlt sich durch das Ausbleiben so vieler «tief verstimmt und entmutigt» *(Giesebrecht)*. Augenblicksweise scheint er daran gedacht zu haben, den ganzen Zug aufzugeben. Nachdem er einen Reichstag abgehalten und König *Heinrich* die Regierung übertragen hat, bricht er am 11. Mai von Regensburg auf.

## C. WEGE UND UMWEGE, DIE NICHT ZUM HEILIGEN GRABE FÜHREN

Das Heer *Barbarossas* zog die Nibelungenstraße. Am 15. Mai fuhr der Kaiser zu Schiff von Passau aus die Donau hinab. Am 18. urkundet er in Wien, wo Herzog *Leopold V.* (1177–1194) Kaiser und Heer glänzend empfing. Wegen der Streitigkeiten (im Zusammenhang mit der Erbfolge in Steiermark) mit dem König von Ungarn konnte *Leopold* sich dem Heere nicht anschließen, wie er ursprünglich gewollt hatte – ein Umstand, dessen spätere Konsequenzen uns noch beschäftigen werden. Am 27. Mai lagerte das Heer gegenüber Bratislava (Preßburg), wo anderntags das Pfingstfest gefeiert wurde. Hier erließ der Kaiser ein strenges Lagergesetz: Wer Streit anfing, dem wurde die Hand abgehauen, Diebe wurden enthauptet. An der ungarischen Grenze empfingen Gesandte König *Belas* den Kaiser. Am 4. Juni erschien das ungarische Königspaar im Lager vor der Hauptstadt Gran. Herzog *Friedrich* von Schwaben, der älteste *Barbarossa*-Sohn, wurde mit einer Tochter des Ungarnkönigs verlobt. Alles war freundlich – dennoch fanden sich die Kreuzfahrer beim Geldwechsel übervorteilt. Von Gran aus, welches im Nibelungenlied ‹Etzelnburc› heißen wird, zog das Heer weiter nach Belgrad. Die Nähe des Griechenreiches machte sich schon gefährlich bemerkbar. Überfälle auf dem Marsch durch die Waldgebirge des Balkans wurden immer häufiger. Die Freundlichkeit der Ortsfürsten war nur äußerlich. *Barbarossa*, der 1147 ja schon einmal diesen Weg gemacht hatte, hatte ihn zum zweiten Mal gewählt, weil es an Schiffen fehlte und zudem ungewiß war, ob man in Outremer einen Hafen würde anlaufen können, der sich noch nicht in den Händen der Moslems befand. Anderseits hatte der Kaiser durch Bündnisse von langer Hand her den friedlichen Durchzug durch viele Länder zu sichern versucht. In Byzanz allerdings hatte der Basileus *Isaak Angelos* die Boten des Kaisers in den Kerker geworfen und mit dem Sultan *Saladin* einen Bündnisvertrag geschlossen. *Isaak Angelos* fürchtete, das Christenheer könne ihn von einem Thron stoßen, den er selbst durch Staatsstreich erworben hatte. Am 26. August rückte das Kreuzheer in Philippopel ein. Dort wurden die Deutschen von einem Griechenheer angegriffen, das sie aber besiegen konnten. Gesandtschaften wechselten mit Waffengängen. Kreuzfahrer, die aus Westfalen (Soest) und aus der Provence zu Schiff nach Konstantinopel gekommen waren, um sich dort dem Heere des Kaisers anzuschließen, wurden von den Griechen gefangengesetzt. Endlich, am 2. Februar 1190, ließ der Basileus seine Gefangenen frei. Nach endlosen Verhandlungen kam ein Vertrag zustande, der die Überfahrt über den Hellespont sicherte. Am 22. März wurde das 1. Kontingent des Heeres von Gallipoli aus übergesetzt. Die ganze Aktion dauerte bis zum 28. März. Durch Regenfälle und Unwetter kamen Menschen um, Pferde und Wagen blieben auf der Strecke. Die kleinasiatischen Griechen eröffneten den Kreuzfahrern keinen Markt. Nur augenblicksweise verhielt sich die Bevölkerung entgegenkommend. So in Laodizea, das man am 27. April 1190 verließ. Der Zug durch seldschukisches Gebiet begann. Mit dem alten Sultan *Kilidsch Arslan* hatte *Barbarossa* schon vor langem durch Gesandte einen Vertrag abgeschlossen. Aber der alte Sultan hatte gar nicht mehr die tatsächliche Macht in Händen. Tägliche Überfälle und Hinterhalte zermürbten das Heer. Beim Zug über schwierige Gebirge stürzten viele Pferde ab. Kaum hatten sich die Kreuzfahrer in den fruchtbaren Ebenen jenseits der Berge wieder etwas erholt, da wurden sie von allen Seiten angegriffen: Keine große Schlacht, sondern kleine, zermürbende Kämpfe, bei denen der Sieg immer wieder durch Verluste erkauft wurde. «Die allgemeinste Teilnahme rief ein Todesfall hervor, der sich am Sonntag den 6. Mai ereignete. Durch die Feinde wiederum im Rücken belästigt, machten die Kreuzfahrer mehr als zwanzig von ihnen nieder, aber auf der Verfolgung brach der treffliche, allgemein beliebte und dem Kaiser vertraute Minnesänger *Friedrich von Hausen* durch einen unglücklichen Sturz mit dem Pferde das Genick. Traurig begrub man ihn in einem großen Obstgarten» *(Giesebrecht)*. Dies geschah in der Nähe von Philomelium (heute: Aksehir), wo es am Abend des nächsten Tages zu einem glänzenden Sieg über ein Seldschukenheer kam. Erschöpfung und Hungersnot wuchsen ständig. Futter für die Pferde und Nahrung für die Menschen waren kaum zu finden. Eröffnete sich irgendwo ein Markt, so waren die Preise von schwindelerregender Höhe. Unter verwirrten Umständen wird Iconium erobert (18. 5. 1190). Ein Friedensvertrag mit dem Sultan bringt nur mäßige Erleichterung. Ende Mai gelangt das Heer über Laranda (Karaman) nach Klein-Armenien, endlich wieder in ein christliches Reich. Nach dem Übergang über das Taurus-Gebirge wird am Ufer des wasserreichen Kalykadnus oder Saleph ein Lager aufgeschlagen. Dort erscheint am 8. Juni eine Gesandtschaft *Leos II.* von Armenien, die den Kaiser feierlich begrüßt. In Seleukia (Silifke) soll der Kaiser feierlich empfangen werden. Aber noch steht ein harter Weg durch das enge Gebirgstal des Flusses bevor. Der Hauptteil des Heeres zieht über die Berge. Viele stürzen in die schwindelerregende Tiefe ab. Der Kaiser mit seiner Begleitung zieht am Fluß entlang, der Weg wird oft eng und ungangbar. In einer Flußschleife sucht *Barbarossa* selbst sich den Weg abzukürzen und schwimmt mit seinem Pferd über den Strom.

«Er kam auch glücklich hinüber und stärkte sich am jenseitigen Ufer mit einem Mahle» *(Giesebrecht)*. Unmittelbar nach dem Essen verspürte der Kaiser Lust, im Fluß zu schwimmen. Man riet ihm ab, doch er hörte nicht auf seine Umgebung. Er muß einen Herzschlag erlitten haben. Nur als Leiche konnte er aus dem Fluß geborgen werden. Das geschah am Sonntag, 10. Juni 1190 um die Vesperstunde. *Barbarossa* (geb. 1125/6) hatte im 65. Lebensjahr gestanden. Entsetzen und allgemeine Kopflosigkeit waren groß. Nach einer Leichenfeier in Seleukia, «bei welcher der Leichnam des Kaisers einbalsamiert worden zu sein scheint», führte Herzog *Friedrich* von Schwaben, der älteste Sohn *Barbarossas,* welcher die Führung des Heeres übernommen hatte, «den entseelten Körper mit sich nach Tarsus, wo er die Eingeweide beisetzen ließ. In Antiochia wurde das Fleisch von den Knochen abgebrüht und ... in der Peterskathedrale vor dem Hauptaltar in einem Marmorsarkophag bestattet» *(Giesebrecht)*. Die Gebeine sollten in Jerusalem beigesetzt werden, aber sie mußten dann in Tyrus bleiben, da Jerusalem nicht erobert wurde. Viele deutsche Kreuzfahrer kehrten schon von Syrien aus in die Heimat zurück. Der Rest des Heeres unter *Friedrich* von Schwaben traf am 7. Okt. 1190 vor Akkon ein.

In Frankreich war mittlerweile der Lehnskrieg in eine neue Phase getreten. Gut 14 Tage nach dem Tod *Heinrichs II.* empfing *Richard Löwenherz* am 22. Juli 1189 aus den Händen *Philipps II. August* die französischen Kronlehen. Das normannische Vexin herauszugeben, weigerte er sich aber genau so wie einst sein Vater. Lieber verpflichtete auch er sich erneut, *Adelaide* zu heiraten, um das Vexin als Heiratsgut behalten zu können. Eine noch von *Heinrich II.* zugesagte Schadensersatzsumme von 20000 Mark Silber wurde auf 24000 Mark Silber erhöht. *Richard* verzichtete auf Issoudun und Graçay und erhielt dafür Tours und Le Mans zurück, das *Heinrich II.* an *Philipp August* verloren hatte. Nach solchen Abmachungen trennten sich die beiden Fürsten, um endlich den Kreuzzug vorzubereiten. Freilich war ein guter Teil der Einnahmen aus dem Saladinszehnten im Lehnskrieg verbraucht worden. Noch im Juli 1189 hatte *Philipp August* diese Kreuzzugssteuer dann auch aufgehoben. Ende Oktober beschloß eine französische Reichsversammlung zu Paris den Aufbruch zum Kreuzzug für den 1. April 1190 von Vézelay aus, eine englische Kronversammlung machte sich diesen Beschluß kurz darauf zu eigen. Zum neuen englischen König war am 3. September 1189 in Westminster im Beisein des verbannten *Heinrichs des Löwen Richard Löwenherz* gekrönt worden. Am 30. Dez. 1189 schlossen er und der König von Frankreich bei Nonancourt «wieder einen Vertrag über ihre gemeinsame Kreuzfahrt» *(Cartellieri)*. Der Aufbruch wurde durch den plötzlichen Tod der Königin von Frankreich, *Isabella von Hennegau* (15. März, sie starb an der Geburt von Zwillingen), erneut verzögert. Endlich, am 4. Juli 1190, traten die Heere der Engländer und Franzosen vom Aufbruchsort des 2. Kreuzzuges, von Vézelay aus ihren Marsch an – bis nach Lyon gemeinsam. Dann trennten sie sich. *Philipp August* wandte sich nach Genua, andere nach anderen Häfen, *Richard Löwenherz* zog nach Marseille. Längs der italienischen Küste segelte er bis nach Neapel und marschierte von dort aus zu Lande in Richtung Messina. Dort war am 16. September bereits *Philipp II. August* mit einem Teil seiner Flotte eingetroffen; der andere Teil war gleich nach Akkon weitergesegelt. In Messina fand sich auch die englische Hauptflotte ein, die vom Mutterland aus gesegelt war und die man in Marseille schon verloren geglaubt hatte. Am 23. Sept. 1190 kam endlich *Richard Löwenherz* mit großem Pomp in Messina an. Das märchenhafte Königreich ohne König verlockte zum Bleiben. Denn am 18. Nov. 1189 war König *Wilhelm II.* von Sizilien 36jährig gestorben. Er war mit *Johanna*, einer Schwester des englischen Königs *Richard Löwenherz,* verheiratet gewesen. Nach dem Tode König *Wilhelms* hätte das sizilianische Normannenreich vertragsgemäß an *Konstanze* und an den Staufer *Heinrich VI.* fallen sollen. Aber der deutsche König war weit und dem päpstlichen Hof war an dieser sizilianischen Erbschaft nichts gelegen. So hatte denn dort ein Halbbruder König *Wilhelms,* Graf *Tancred von Lecce,* den Thron eingenommen und hatte die Königinwitwe *Johanna* gefangengesetzt.

*Richard Löwenherz* nun, kaum in Sizilien angekommen, verlangte sofortige Freilassung seiner Schwester sowie die ihr zustehenden Witweneinkünfte an Geld und Land. Am 4. Oktober eroberte er als Faustpfand Messina und erbeutete große Schätze. Über einen Anteil an dieser Beute kam es zu einem Zerwürfnis mit *Philipp August. Richard* war praktisch der Herr Siziliens, und der Usurpator König *Tancred von Lecce* beeilte sich, seinen Forderungen nachzugeben und mit ihm ein Bündnis zu schließen. Dies schien ihm umso mehr geboten, als Gerüchte laut wurden, König *Heinrich VI.* rücke mit einem Heer heran, um die sizilianische Erbschaft seiner Gattin *Konstanze* anzutreten. *Richard Löwenherz* beschloß, in Sizilien zu überwintern, und dem König von Frankreich blieb nichts übrig als das gleiche zu tun, wollte er nicht von seinem Rivalen überspielt werden. Das reiche und verlockende Winterquartier verzögerte den Fortgang des Kreuzzugs aufs neue.

Was die Chronisten über eine bei dieser Gelegenheit erfolgte Zusammenkunft des Königs *Richard Löwenherz* mit *Joachim von Fiore* und über eine öffentliche Beichte des englischen Königs berichten, klingt reichlich nach postumen Phantasien. Mit der Lehre des Abtes *Joachim* sind die ihm beigelegten Worte kaum zu vereinbaren *(Cartellieri; Grundmann)*.

König *Heinrich VI.* aber war in Deutschland zurückgehalten, wo er während der Abwesenheit *Barbarossas* auf dem Kreuzzug die Regierungsgeschäfte führte.

*Heinrich der Löwe,* im April 1189 auf Befehl *Barbarossas* ins englische Exil gewichen, hatte in England nur eben die Krönung seines Neffen *Richard Löwenherz* (3. Sept.) abgewartet. Dann war er eidbrüchig im Oktober wieder nach Deutschland zurückgekehrt. Rasch hatte er die meisten festen Plätze seines ehemaligen Herrschaftsgebietes in seine Hand gebracht, zumal viele größere Herren, wie Graf *Adolf III.* von Holstein, auf Kreuzfahrt waren. Lübeck kapitulierte, nur die Feste Segeberg widerstand. Aber der 24jährige König *Heinrich VI.* machte wenig Federlesens. Auf einem Reichstag zu Merseburg, noch im Oktober, erklärte er den Herzog zum Reichsfeind und sagte ihm den Krieg an. Zwar verzögerte der eintretende Winter die Kampfhandlungen, aber im Frühjahr konnte vor Lübeck und Segeberg mit Erfolg gegen den Löwen vorgegangen werden.

Aber inzwischen war eine erste, störende Nachricht aus der Ferne gekommen. Am 18. Nov. 1189 war König *Wilhelm II.* von Sizilien gestorben. Das hieß für König *Heinrich VI.,* das süditalische Erbe seiner Gemahlin *Konstanze* antreten. Grund genug, mit *Heinrich dem Löwen* so schnell wie möglich einen Waffenstillstand zu schließen. Durch die Rückschläge vor Segeberg und Lübeck beeindruckt, war auch der Löwe zu einem provisorischen Friedensschluß bereit, der im Juli 1190 zustande kam.

«Heinrich der Löwe erhielt die Hälfte der Reichseinkünfte in Lübeck als königliches Geschenk, während die andere Hälfte dem Grafen *Adolf III.* von Holstein (der auf dem Kreuzzug war) verblieb» *(Jordan).* Aber die Befestigungen von Braunschweig und Lübeck mußten niedergelegt werden.

Der älteste Sohn des Löwen, (Pfalzgraf) *Heinrich,* mußte den König als Geisel auf seinem Italienzug begleiten. Denn zur Italienfahrt hatte *Heinrich VI.* inzwischen aufgeboten, bereits im Frühjahr 1190. Damals sang der schwäbische Ministeriale *Bernger von Horheim* nach französischer Melodie in daktylischem Rhythmus: ‹Wie solt ich ármer der swáere getrûwen/ dáz mir ze léide der künc waere tôt?› (MF 114, 21ff.).

Mögliches Vorbild wäre ‹Moult me semont Amors ke je m'envoise› des *Conon de Béthune* (= R. 1837; entstanden 1180/1) oder ‹Ai, Lemozis, francha terra cortesa› des *Bertran de Born* (= PC 80, 1; entstanden 1184/7) oder ‹Pois als baros enoja e lur pesa› des gleichen Dichters (= PC 80, 31; entstanden 1187).

*Bernger* nimmt das Motiv des ‹varn und doch bî ir belîben› (114, 35) aus den Kreuzliedern auf, Wendungen *Hausens* («swar ich landes kêre» 114, 30) klingen nach, in der 1. Strophe auch ein oben beim *Châtelain de Coucy* erwähntes Motiv. Die 1. Strophe heißt übersetzt:

«Wie soll ich Elender des Elendes Herr werden, daß zu meinem Unglück jener König verstarb. Deswegen muß ich von ihr fortziehn in die Fremde. Dies macht mich weinen. Der, der mir die Heerfahrt nach Apulien befohlen hat, der will mich aus Liebesglück in Not stürzen. Das macht mich ganz elend» (MF 114, 21).

Noch 1196 wird *Bernger* in Gonzaga und Arezzo urkunden. Erst Januar 1191 ist König *Heinrich* selbst beim Heer in der Lombardei *(Jordan)*. Denn spätestens Anfang November 1190 hatte ihn inzwischen eine andere böse Nachricht erreicht, die Nachricht vom Tode *Barbarossas* am 10. Juni 1190. Dadurch wurde der Italienzug um so dringender nötig, denn nun mußte so schnell wie möglich die vom Papst zugesagte Kaiserkrönung vollzogen werden. Andere aber fühlen sich durch die Meldung aus Übersee erneut zur Kreuzfahrt aufgerufen. Zu ihrem Sprecher macht sich der Tübinger Ministeriale *Heinrich von Rugge* in seinem Kreuzleich: ‹Ein tumber man iu hât› (MF 96, 1), wenn er sagt:

«Jetzt ist uns eine harte Nachricht gekommen, die habt Ihr alle wohl gehört. Nun sollt Ihr alle wünschen, daß ihm Seligkeit zuteil werde durch den mächtigen Gott, denn sein Gebot hat er ja erfüllt, der Kaiser *Friedrich*. Gott gebe uns, daß wir teilhaftig werden dessen, was er erworben hat und viele andre Pilger, deren Sach' aufs beste steht. Ihre Seelen sind vor Gottes Angesicht, der sie nimmer schutzlos läßt: und solchen Himmelsthron kann jeder von uns sich erwerben. Selig, wer ihn jetzt zur rechten Zeit zu kaufen weiß, da Gott so gnadenreichen Markt eröffnet hat» (MF 97, 7–22).

Mancher zog noch nach Outremer, zu Schiff, wie *Leopold V.* von Österreich. König *Heinrich VI.* aber brach aus der Lombardei nach Rom auf. Er stand schon in der Toscana, da starb der Papst, der die Kaiserkrönung mündlich versprochen hatte. Zu seinem Nachfolger wurde *Hyacint Bobono-Orsini,* der einst seinen Lehrer *Abaelard* gegen *Sanct Bernhard* verteidigt hatte, als *Coelestin III.* (1191–1198) gewählt. Und der war nicht bereit, das Krönungsversprechen seines Vorgängers einzulösen. Doch *Heinrich VI.* wußte sich zu helfen. «Nicht durch brutale Gefangennahme, wie einst *Heinrich V.,* erreichte er sein Ziel, … sondern durch kluge Verwertung der Schwäche des Gegners» *(Hampe)*. *Coelestin* stammte aus dem altrömischen Hause der Bobonen, und allen selbstbewußten Römern war seit je nichts so sehr ein Dorn im Auge wie die Nachbarstadt Tusculum, welche vor ihren Toren im Schutze einer kaiserlichen Besatzung blühte. *Heinrich VI.* gab dem Papst Tusculum preis, und die Römer zerstörten es mit gieriger Genugtuung. Für diesen Verrat aber krönte *Coelestin Heinrich VI.* am 14. April 1191 zum Imperator. Dergestalt waren die politischen Schachzüge des Barbarossasohnes.

Dann zog der neugekrönte Kaiser gegen Sizilien. Aber schon vor Neapel kam sein Angriff zum Stehen. Eine Seuche wütete im Heer. Der Sohn *Heinrichs des Löwen,* der als Geisel mitgeführt worden war, entfloh aus dem Lager des Kaisers. *Heinrich VI.* selbst erkrankte. «Eine falsche Nachricht von seinem Tode überlieferte seine Gemahlin *(Konstanze)* bei Salerno den Feinden» *(Hampe).* Kaiser *Heinrich VI.* ging nach Deutschland zurück. *Hartwic von Rute,* vielleicht ein salzburgischer Ministeriale aus der Salzgegend des späteren *Neidhart* und auf diesen, auch wieder nur vielleicht, von Einfluß, dichtete im heimkehrenden Heer:

«Mir ist völlig klar, daß kein Mensch zugleich dem Kaiser und den Damen dienen kann. Deswegen will ich ihn mit guten Wünschen lassen. Er hat mich lange genug von jenen ferngehalten» (MF 116, 22 ff.).

Weihnachten war der Kaiser wieder auf seiner Pfalz Hagenau im Elsaß. Das Jahr 1192 sollte einen neuerlichen Aufstand *Heinrichs des Löwen* sehen; die Voraussetzungen für eine Befreiung des Kaisers aus der politischen Zwangslage noch vor Jahresende 1192 schufen jene Ereignisse, die unterdessen auf Sizilien ihren Anfang genommen hatten.

Dort waren *Richard Löwenherz* von England und *Philipp August* von Frankreich 1190/91 in gemeinsamem Winterquartier gewesen. Von einem ersten Zerwürfnis anläßlich der Eroberung Messinas durch die Engländer wurde schon früher berichtet (vgl. oben S. 688). Aber beide Könige waren auch charakterlich unvereinbar. *Philipp August* mochte als schwächliche, hochmütige Diplomatennatur erscheinen, *Richard Löwenherz* als hünenhafter und bärenstarker Raufbold, Mitte Dreißig, voller Launen und Streiche, ein Angeber und Stutzer mit vollem Portemonnaie. Schon als er im September 1190 zu Lande von Neapel nach Sizilien zog, wäre er von einem aufgebrachten Bauern, den er böse geneckt hatte, fast erschlagen worden. Charakteristisch für die Wesensart des Königs von England ist auch folgende Anekdote:

Begleitet von einem Schwarm englischer und französischer Ritter kehrte *Richard Löwenherz* eines Tages von einem Landgut nach Messina zurück. Unterwegs begegnet den Herren ein Bauer, welcher einen Esel führt, der mit Schilfrohrstangen beladen ist. Er will die Rohrstangen in der Stadt verkaufen. Voller Übermut ziehen ihm die Ritter einige Stangen aus dem Bündel, nehmen sie als Lanzen und mimen zum Spaß ein Turnier. König *Richard* und *Wilhelm III. des Barres,* einer der besten Ritter Frankreichs, zerbrechen beim Zusammenstoß gegenseitig ihre Rohre. Dabei zerreißt *Wilhelm* dem König den Mantel. Von Jähzorn gepackt, «stürzt sich *Richard* auf den Gegner, bringt dessen Pferd zum Straucheln, kann ihn aber nicht hinunterwerfen, da sein eigener Sattel zu rutschen anfängt. Er besteigt eiligst ein stärkeres Pferd und dringt von neuem auf *Wilhelm* ein, kann ihn aber auch jetzt nicht aus dem Sattel heben ... Den Beistand des Grafen von Leicester lehnt *Richard* ab, ruft aber, nachdem sie noch längere Zeit mit Worten und Schlägen gestritten haben, seinem Gegner zu, er möge ihm nicht wieder unter die Augen kommen: er sei auf ewig sein Feind. Vermittlungsversuche

*Philipp Augusts* und angesehener Großer scheiterten ... an *Richards* Unversöhnlichkeit und am 5. Februar mußte *Wilhelm* Messina verlassen, da *Philipp August* ihn nicht gegen den Willen *Richards* behalten wollte» *(Cartellieri).*

Ob es das ausschweifende Leben des nun schon 34jährigen, immer noch unverheirateten *Richard Löwenherz* war, wie *Cartellieri* meint, welches seine Mutter zu einem außerordentlichen Schritt veranlaßte, oder andere Gründe, steht dahin. Jedenfalls brach die berühmte und nun schon 70jährige *Eleonore* von Aquitanien selbst nach Sizilien auf, um dem Sohn eine Braut zuzuführen: *Berengaria,* die Tochter König *Sanchos VI. (des Weisen)* von Navarra. Die Nachricht von der bevorstehenden Ankunft der englischen Königinwitwe und der Braut *Berengaria* erregte begreiflicherweise den Zorn des Königs von Frankreich. Als Lehnsmann Frankreichs hätte der englische König die Zustimmung des Lehnsherrn zu einer solchen Heirat einholen müssen, außerdem war *Richard* ja seit 30 Jahren mit *Adelaide,* der Halbschwester des Königs von Frankreich verlobt, wofür er die Grafschaft Vexin als Mitgift erhalten hatte. *Philipp August* befahl also seinem Lehnsmann *Richard Löwenherz,* unverzüglich mit ihm zusammen nach Outremer aufzubrechen. Doch *Richard* weigerte sich. *Philipp August* pochte auf den beschworenen Kreuzfahrtvertrag und wandte sich an *Richards* Bürgen, die den Vertrag mitunterzeichnet hatten. Diese erklärten, sie würden selbstverständlich mit dem König von Frankreich gehen – was wiederum *Richard Löwenherz* zu einem Jähzornanfall und Racheschwur veranlaßte. Schließlich kam es durch die Vermittlung König *Tancreds* und des Grafen *Philipp* von Flandern zu einem letzten öffentlichen Zusammentreffen beider Könige. *Philipp August* forderte, *Richard* solle *Adelaide* von Frankreich heiraten. Da erklärte *Richard* öffentlich, *Adelaide* habe bereits einen Sohn von seinem Vater, dessen Mätresse sie gewesen sei. Zeugen bewiesen. Da verlangte *Philipp August* die Mitgift, das normannische Vexin zurück. *Richard* weigerte sich. Dem König von Frankreich war in aller Öffentlichkeit ein außerordentlicher Affront zuteilgeworden. Auf den Rat *Philipps* von Flandern versuchte er das Gesicht zu wahren, indem er *Richard* von dem Eheversprechen gegenüber *Adelaide* gegen Zahlung einer bedeutenden Geldsumme löste. Der König von Frankreich aber sollte recht bald eine gründliche Rache am König von England nehmen können. Am 30. März segelte *Philipp August* von Messina nach Akkon ab. Erst am 10. April folgte ihm *Richard Löwenherz* nach.

Auf der Fahrt nach Outremer wurde die englische Flotte durch Schiffbruch und widrige Winde gezwungen, in Zypern Station zu machen. Dort herrschte als selbsternannter Kaiser ein byzantinischer Rebellengeneral, der sich sehr unklug benahm. Seine Feindseligkeiten und der Rat einiger herbeigeeilter Outremer-Fürsten veranlaßten König *Richard,* die Insel kurzerhand zu erobern. Er erbeutete ungeheure Schätze. Am

12. Mai 1191 wurde König *Richard* mit *Berengaria* von Navarra in der St. Georgskapelle zu Limassol getraut, *Berengaria* wurde gleichzeitig zur Königin von England gekrönt. Am 8. Juni 1191 landete *Richard* endlich vor Akkon, wo *Philipp August* bereits am 10. April eingetroffen war.

Akkon befand sich seit dem 8. Juli 1187 in den Händen der Moslems (s. ob. S. 664). Wenige Tage vorher war in der Schlacht von Hattin König *Guido* von Jerusalem, der Gemahl der Königin *Sibylla*, nebst der Kreuzreliquie in muslimische Gefangenschaft geraten. 1188 hatte ihn *Saladin* wieder freigelassen. Doch *Guido* hatte versprechen müssen, das Land für immer zu verlassen. *Guido* aber brach unverzüglich sein Versprechen. Er hatte sich zunächst nach Tyrus gewendet, wo der Markgraf *Konrad von Montferrat* als einziger den Moslems erfolgreich Widerstand leistete. *Guido* verlangte den Oberbefehl. Aber Markgraf *Konrad* weigerte sich, dem unfähigen König Heeresfolge zu leisten. So mußte denn König *Guido* von Tyrus abziehen. Mit nur wenigen Gefolgsleuten begann er wahnwitzigerweise, Akkon zu belagern. Nach und nach fanden sich Kreuzfahrer bei ihm ein, auch der eine oder andere der Outremer-Barone schloß sich ihm an. Allmählich begann die Belagerung für die Moslems gefährlich zu werden, und Sultan *Saladin* belagerte nun seinerseits die Belagerer. Die Führer der einzelnen Kreuzfahrerkontingente waren untereinander zerstritten, *Guido* selbst war nicht der geeignete Oberbefehlshaber. Außerdem war 1190 auch die Königin *Sibylla* von Jerusalem gestorben, die Thronerbin, als deren Mann *Guido* erst zum König erhoben worden war. Jetzt bestand kein Grund mehr, *Guido* als König von Jerusalem anzuerkennen. Im November 1190 erreichte eine Gegenpartei, daß Markgraf *Konrad von Montferrat* mit der Halbschwester der verstorbenen Königin *Sibylla* und nunmehrigen Thronerbin *Isabella* verheiratet wurde.

Dabei wurde *Isabella* mehr oder weniger gewaltsam von ihrem unfähigen Gatten *Humfried von Toron* geschieden, *Konrads* eine oder möglicherweise zwei bestehende Ehen als nichtig betrachtet! Ein kaum zu entwirrendes Knäuel von Rechtsbrüchen.

Auf diese Weise war nunmehr neben *Guido* auch der tüchtige Markgraf *Konrad* Kronprätendent. Das Heerlager vor Akkon war in zwei Parteien gespalten. Im Winter 1191/2 wüteten dort Hunger und Seuche. Der Seuche fiel am 20. Jan. 1191 auch Herzog *Friedrich* von Schwaben, der älteste Sohn *Barbarossas* und Führer des deutschen Kreuzfahrerkontingents (bei dem sich wahrscheinlich auch *Hartman von Aue* und *Albrecht von Johansdorf* befanden) zum Opfer. Mit dem Eintreffen *Philipp Augusts* besserte sich die Lage. Als höchster der anwesenden Fürsten übernahm er das Kommando. Die Belagerungsmaschinen, die er mitgebracht hatte, setzten den eingeschlossenen Moslems schwer zu. Als dann

*Richard Löwenherz* eintraf, erfuhr der Kampf einen neuen Auftrieb. Animiert wurde allerdings auch der Streit der Kreuzfahrer untereinander. Der König von Frankreich und der König von England waren seit Sizilien Todfeinde. *Philipp August* hatte für *Konrad von Montferrat* Partei genommen, *Richard Löwenherz* erklärte sich für König *Guido*. Seit Frühjahr 1191 war auch Herzog *Leopold V.* von Österreich im Heer und befehligte das deutsche Kontingent. Deutsche, Franzosen und Engländer wetteiferten in ihrem Ritterstolz, in Herausforderungen und Beleidigungen. Dabei forderte die Seuche, eine seltsame Krankheit namens Arnaldia (vgl. oben S. 515), bei der Haare und Nägel ausfielen, noch immer neue Opfer, so den Grafen *Philipp* von Flandern. Dennoch sahen sich die Moslems am 12. Juli 1191 zur Kapitulation genötigt. Nachdem die Franzosen am 3. Juli eine Bresche in den Wall geschlagen hatten, versuchten am 11. Juli Engländer und Pisaner den Angriff. Zwar wurde dieser abgeschlagen, aber die Belagerten fühlten sich zu keinem weiteren Widerstand mehr fähig. Am 12. Juli boten sie die Übergabe an.

«Als der letzte Sarazene abgezogen war, zogen die Franken ein, geführt von Konrad (von Montferrat), dessen Bannerträger seine persönliche Standarte und die Standarten der Könige trug. König Richard nahm in dem vormaligen Königspalast nahe der Nordmauer der Stadt Wohnung, König Philipp in dem vormaligen Ordenshaus der Tempelritter am Meer ... Die Zuweisung der Quartiere in der Stadt wurde durch unziemliche Streitereien beeinträchtigt. Der Herzog von Österreich verlangte als Oberhaupt des deutschen Heeres eine gleichberechtigte Stellung mit den Königen von Frankreich und England und richtete sein Banner *neben dem Richards* auf, woraufhin die Engländer es wieder herunterholten und in den Burggraben warfen. Dies war eine Beleidigung, die Leopold von Österreich niemals verzieh.»

So schreibt *Steven Runciman* von diesem folgenschweren Ereignis. Die Quellen dazu diskutiert gut *A. Cartellieri*. Danach wurde das Banner *auf einem* Gebäude gehißt und der ‹Burggraben›, in den es geworfen wurde, war eine Kloake.

*Leopold* von Österreich verließ wahrscheinlich Anfang August Akkon. Vorher aber reiste bereits am 31. Juli *Philipp August* ab. Gleich zu Anfang seines Aufenthalts war er an der Arnaldia erkrankt, allerdings leicht. Jetzt hatte ihn eine Dysenterie befallen, und der König fürchtete, Frankreich nicht mehr lebend zu erreichen. Das Klima in Outremer bekam ihm nicht. Unter den Hohnreden *Richards* von England, aber nicht ohne einen Vertrag mit dem englischen König, lichtete er die Anker. In diesem Vertrag wurde *Richard Löwenherz* zugesichert, er solle 40 Tage nach der Rückkehr vom Kreuzzug durch den König von Frankreich unbehelligt bleiben. Die Frist wurde nicht eingehalten.

Bei *Tancred* von Sizilien, beim Papst, bei Kaiser *Heinrich VI.* in Mailand machte *Philipp August* auf seiner Rückreise Station. Am 27.

Dezember 1191 war er wieder in Paris. *Richard Löwenherz* aber blieb als eigentlicher König des Heiligen Landes zurück. Erfolgreiche Kämpfe gegen *Saladin*, höfliche Verhandlungen mit dem Gegner und Grausamkeiten gegen gefangene Moslems charakterisieren seinen Aufenthalt in Outremer.

Als Verhandlungen über Lösegeld mit *Saladin* scheiterten, ließ *Richard Löwenherz* in einem Anfall von Zorn 3000 Gefangene ermorden *(Mayer)*.

Doch Jerusalem vermochte auch der englische König nicht zurückzuerobern. Am 2. September 1192 mußte er mit *Saladin* einen 5-jährigen Waffenstillstand unterzeichnen. Pilgerbesuche in Jerusalem wurden wieder gestattet. Am 9. Oktober 1192 stach König *Richard I.* von England in See. Die Abenteuer, denen er entgegensegelte, machten, daß die ritterliche Wirklichkeit nun auch in Deutschland ein wenig würdiges Gesicht offen zeigte.

## NEGIERTE RITTERLICHKEIT

*Kaiserliche Treulosigkeit und poetische ‹güete›*

Die unverhoffte Szene, die den englischen König erwartet, ist das Imperium des Jahres 1192. Dort hatte im Januar Kaiser *Heinrich VI.* ein eigenwilliges Urteil gefällt. Bei einer Doppelwahl im Bistum Lüttich hatte er weder dem mit Mehrheit, noch dem mit Minderheit gewählten Bischof die Investitur gegeben, sondern einer dritten, ihm genehmen Person: *Lothar* von Hochstaden. Der mit Mehrheit gewählte *Albert* von Brabant wandte sich daraufhin an den Papst, empfing die Bischofsweihe, konnte aber sein Bistum nicht betreten und suchte Asyl beim Erzbischof von Reims. Dort wurde er am 24. November 1192 von Lütticher Ministerialen erschlagen. Alsbald war die Erinnerung wach an den Mord im Dom zu Canterbury an *Thomas Becket* 1170. Alle Welt bezichtigte Kaiser *Heinrich VI.*, diese Untat angestiftet zu haben. Der Kaiser leistete einen Reinigungseid, aber kaum jemand glaubte ihm. Fast alle Fürsten am Mittel- und Niederrhein, die Erzstifte Mainz, Köln und Trier, die Herzoge von Brabant und Limburg, aber auch der Herzog von Zähringen und der eben belehnte Herzog von Böhmen schlossen sich zu einem antikaiserlichen Bündnis zusammen. Die Welfen unter *Heinrich dem Löwen* standen ohnehin gegen ihn. Zum Kaiser hielt von den großen Fürsten nur Herzog *Leopold V.* von Österreich, der 1191 nach der Demütigung durch *Richard Löwenherz* (vgl. ob. S. 694) von Akkon heimgekehrt war. Die Sache des Kaisers schien verloren. Da kam ihm ein außerordentlicher Zufall in Gestalt eben des englischen Königs *Richard I. Löwenherz* zu Hilfe. Am 9. Okt. 1192 war dieser von Akkon abgesegelt. Schlechtes Wetter verschlug ihn nach der Insel Korfu. Diese gehörte zum Herrschaftsbereich jenes Kaisers von Byzanz, dem er die Insel Zypern genommen hatte. *Richard* fürchtete, erkannt zu werden. Er verkleidete sich als Tempelritter. Mit nur 4 Begleitern schiffte er sich unverzüglich auf dem nächsten, besten Schiff ein, das in Richtung Venedig segelte. Es war ein Seeräuberschiff. In der Nähe von Aquileja zerschellte es an der Küste *(Runciman)*. Nun versuchte der verkleidete König, sich zu Lande bis in seine Heimat durchzuschlagen. Aber die englischen Pilger erregten durch ihr protziges Auftreten und ihre verschwenderischen Geldausgaben bald Aufsehen. Graf *Meinhard II.* von Görz versuchte zu erfahren, wer sie wären. Da griffen sie unvermittelt zu den Waffen, einige wurden gefangen, andere, unter ihnen *Richard,* entkamen. Nun war alsbald in Österreich bekannt, König *Richard Löwenherz* versuche in Verkleidung, das Land zu durchqueren. In Freisach, wohin er sich wenden wollte, erwartete man ihn schon. Nur der Warnung eines treuen Normannen verdankte er, daß er nicht ergriffen wurde. Von nur einem Ritter, *Wilhelm de l'Etang,* und einem (mittelhoch-)deutsch sprechenden Knaben begleitet, floh er weiter, kam vom Wege ab und geriet nach dreitägigem Umherirren in das Dorf Erdberg bei Wien. Niemand hätte hier den König erwartet. Aber *Richard Löwenherz* hatte die Unvorsichtigkeit, den Jungen mit sehr viel Geld in fremder Währung zum Einkaufen zu schicken. Man benachrichtigte den Herzog *Leopold* von Österreich, der gerade in Wien weilte. Dessen Häscher fanden den König mit dem Herdfeuer beschäftigt. Als *Richard* sich erkannt sah, verlangte er, nur dem Herzog *Leopold* selbst sein Schwert übergeben zu dürfen. Und so geschah es. Am 21. Dezember 1192.

Herzog *Leopold,* der die seinem Banner in Akkon von den Engländern angetane Schmach nicht vergessen hatte, setzte den König von England auf der Burg Dürnstein an der Donau unter der Aufsicht des Ritters *Hadamar* von Kuenring in Haft. Unverzüglich meldete er Kaiser *Heinrich VI.* von seinem Fang, und dieser gab die Nachricht schon am 28. Dezember 1192 an *Philipp August* von Frankreich weiter *(Cartellieri).* Der König von Frankreich wollte ihn vor ein Lehnsgericht zitieren. Anderseits bemühte sich die Königinmutter von England, *Eleonore* von Aquitanien, eine Freilassung ihres Sohnes zu erkaufen. Zunächst einmal aber übernahm der Kaiser selbst die kostbare Beute gegen Zahlung einer hohen Geldsumme vom Herzog von Österreich. *Heinrich VI.* setzte König *Richard* auf der Reichsburg Trifels/Pfalz gefangen. Zwar war die Empörung darüber, daß ein heimkehrender Kreuzfahrer seiner Freiheit beraubt worden war, allgemein, und der Papst tat *Leopold* von Österreich für diese Freveltat in den Bann. Aber *Heinrich VI.* ließ sich nicht beirren. Am 21. März 1193 mußte sich König *Richard* in Speyer vor einem Fürstentag verantworten. Man warf ihm vor, sich durch sein Bündnis mit *Tancred von Lecce* gegen das Imperium verschworen zu haben. Der Kaiser hatte seine sizilianische Erbschaft dadurch nicht antreten können und die Kaiserin war in normannische Haft geraten, im Juni 1192 allerdings von den Sizilianern wieder freigelassen worden. Außerdem beschuldigte man *Richard Löwenherz,* er habe im Heiligen Lande *Konrad von Montferrat,* den neuen König von Jerusalem, ermorden lassen, ein Gerücht, das vor allem der König von Frankreich genährt hatte. *Richard* verteidigte sich, indem er sich keineswegs von allen Vorwürfen reinzuwaschen versuchte, sondern erklärte, zugab oder aber entschieden abstritt. Der allgemeine Eindruck auf die Fürsten war äußerst günstig. Schließlich warf sich *Richard Löwenherz* dem Kaiser zu Füßen und erflehte seine Gnade. *Heinrich VI.* hob ihn auf und gab ihm den Friedenskuß. Jeder glaubte, beide seien wirkliche Freunde.

Durch die Einwirkung von *Richard Löwenherz* war auch die norddeutsche Fürstenopposition gegen den Kaiser zusammengebrochen, die ihre geheime Stütze in England gehabt hatte.

Für die ihm vom Kaiser gewährte Gnade erklärte sich *Richard* bereit, 100 000 Mark zu zahlen. Außerdem wollte er sein Königreich England vom Imperium zu Lehen empfangen. Kaiser *Heinrich* lehnte das Geld scheinbar ab, gewährte aber die Belehnung. Durch diesen Akt hoffte *Richard Löwenherz* zugleich, eine Unterstützung des Reiches für die Wiedergewinnung seines englischen Thrones zu erhalten, denn diesen Thron hatte inzwischen sein jüngerer Bruder, *Johann ohne Land,* usurpiert. Kaiser *Heinrich* hatte *Richard Löwenherz* sogar eine Belehnung mit dem Königreich Burgund in Aussicht gestellt. Alles schien geregelt. König *Richard* hatte schon Schiffe für die Überfahrt nach England bestellt. Da trafen Boten des Königs von Frankreich ein, die die Auslieferung des englischen Königs forderten. Der Kaiser wies sie entrüstet zurück. Wieso dann aber im April 1193 *Richard Löwenherz* wieder nach Trifels geschafft wurde, ist unbekannt. *Heinrich VI.* fürchtete, die deutsche Fürstenopposition könnte sich des Königs bemächtigen. Inzwischen erschien der englische Kanzler, Bischof *Wilhelm von Ely* beim Kaiser und machte das verlockende Angebot, den in Sizilien angerichteten Schaden durch bedeutende Geldzahlungen zu vergüten. Am 19. April wurde *Richard* bereits wieder nach der Pfalz Hagenau gebracht, wo er sich frei bewegen konnte. Ein neuerliches Bündnis wurde geschlossen. *Richard* versprach, 70 000 Mark anzuzahlen. In einer Botschaft nach England verkündete Kaiser *Heinrich* den neuen Freundschaftsbund und ermahnte alle Untertanen *Richards* zur Treue (d. h. sie sollten das Lösegeld aufbringen). Nun aber fing auch der König von Frankreich an, Geld für *Richard Löwenherz* zu bieten, damit ihn der Kaiser einem französischen Lehnsgericht übergebe. Kaiser *Heinrich* ließ *Richard Löwenherz* die Höhe des Angebotes wissen; denn *Richard Löwenherz* hatte in Speyer selbst versprochen, sich gegenüber der Krone von Frankreich zu verantworten. König *Richard* meldete die Zwangslage seiner Mutter nach England, woraufhin die englischerseits erhobene Summe erhöht wurde. Aber auch König *Johann ohne Land* begann mitzubieten. Ihm war daran gelegen, daß sein Bruder *Richard* möglichst lange von seinem Reich ferngehalten wurde. Dafür bot *Johann* eine jährliche Zahlung an. Der Kaiser brauchte nichts weiter zu tun, als alle Interessierten die Höhe der derzeitigen Angebote wissen zu lassen. Auf diese Weise wurde der Preis immer mehr in die Höhe getrieben. Letzten Endes mußte König *Richard* für seine Freilassung jährlich 5000 Pfund Sterling zahlen, außerdem 150 000 Mark Lösegeld. Damit sollte der Schaden in Sizilien vergütet werden. Außerdem mußte

England für den Kriegszug gegen *Tancred* 50 Galeeren stellen *(Cartellieri)*. «Erst nach vollständiger Zahlung des Lösegeldes wurde Richard am 4. Febr. freigelassen und konnte nach England zurückkehren» *(Jordan)*. «Heinrich VI. hat in seinem ganzen weder ritterlich noch vornehm zu nennenden Verhalten indes bewiesen, daß er Gefühlsmomenten keinen Einfluß auf die ...Staatsraison gestattete», schrieb *Karl Hampe* in seiner ‹Deutschen Kaisergeschichte›. *Haupt* und *Burdach* haben gemeint, dieser Herrscher könne mit dem Minnesänger ‹Kaiser Heinrich› nicht identisch sein. Unverzüglich schritt *Heinrich VI.* nach solchem Erfolg zur Eroberung Siziliens. Am 9. Mai 1194 brach er zusammen mit der Kaiserin *Konstanze* von der Reichsburg Trifels nach Italien auf.

Das englische Geld hatte auch bedeutende Zurüstungen zu See erlaubt, welche in den Händen von Genua und Pisa lagen. Der Moment war günstig. Denn am 20. Februar 1192 schon war König *Tancred* von Sizilien gestorben. Auch sein ältester Sohn und designierter Nachfolger *Roger,* der mit einer byzantinischen Prinzessin verlobt war, lebte nicht mehr. Allein der minderjährige *Wilhelm III.* hatte nunmehr den von *Tancred* usurpierten Thron von Palermo inne. Für ihn regierte seine Mutter *Sibylla.* Es waren keine Gegner für *Heinrich VI.* Von Pisa aus ging der Kaiser zu Schiff nach Salerno. Voller Angst leistete die Stadt Widerstand, denn sie fürchtete die Rache des Kaisers. War es doch Salerno gewesen, welches seinerzeit die Kaiserin *Konstanze* an *Tancred* ausgeliefert hatte. Es half ihr wenig. Die Stadt wurde im Sturm genommen und zur Plünderung freigegeben, viele Bewohner wurden getötet, die Überlebenden ins Exil verbannt, alles Eigentum beschlagnahmt, die Mauern und Teile der Stadt niedergerissen *(Chalandon)*. Das furchtbare Beispiel Salernos bewirkte, daß jeder Widerstand anderswo aufgegeben wurde, von geringen Ausnahmen abgesehen. Bereits am 20. Nov. 1194 konnte *Heinrich VI.* triumphierend in Palermo einziehen. Die Familie *Tancreds* und des jungen Königs *Wilhelm* sowie ihre Anhänger durften noch am 25. Dezember 1194 der Krönung Kaiser *Heinrichs VI.* zum König von Sizilien beiwohnen, dann wurden wegen einer angeblich aufgedeckten Verschwörung alle nach Deutschland in die Verbannung geschickt, die Königin *Sibylla* mit ihren Töchtern nach Hohenburg im Elsaß, wo *Herrad von Landsberg* Äbtissin war. Am 26. Dezember 1194 gebar Kaiserin *Konstanze* in Jesi (Mark Ancona) ihren einzigen Sohn, der zuerst auf den Namen *Konstantin* getauft werden sollte, dann aber nach seinen beiden Großvätern *(Friedrich Barbarossa* und *Roger II.* von Sizilien) *Friedrich Roger* genannt wurde. Es ist der spätere Kaiser *Friedrich II.,* dessen außerordentliche Persönlichkeit den ‹stupor mundi›, das mit Entsetzen untermischte Erstaunen der Welt hervorrufen wird.

«Weder ritterlich noch vornehm» hatte *Karl Hampe* die Handlungsweise Kaiser *Heinrichs VI.* genannt. Der provenzalische Trobador *Peire*

*Vidal* verbindet nun seinen Franzosenhaß mit Abscheu vor dem Kaiser:

«Einen geizigen und diebischen Kaiser achte ich so wenig wie einen betrügerischen König (= *Philipp August*) ... Wenn er seinen letzten Atemzug tut, wird ihm seine Treulosigkeit ebensowenig einbringen wie dem Herrn Heinrich, als er sich voller Torheit eines schlechteren besann und den guten König Richard schändete und sich damit an Gott vergriff» (Lied XXXVIII Str. 3).

«Aller Schrecken kommt immer aus Frankreich, von denen, die einst die Besten waren«, beginnt eine andere Strophe, und dann heißt es:

«So ist die Welt beschaffen: gestern sahn wir, daß es übel mit ihr stand; heute stehts noch übler. Ansehn und Ehre des Kaisers sind unseres Wissens nicht gewachsen, seit er das Joch des Gottesgebotes abgeworfen hat. Die Engländer können ihn nur verachten, wenn er so unsinnig wäre, fort zu lassen König Richard, der in seinem Kerker liegt» (Lied XXXII Str. 4).

Wie bei den Liedern zum dritten Kreuzzug, in dessen Bannkreis die Ereignisse noch immer stehen, wird hier die Welt des Minneliedes verlassen. Man pflegt solche Haltung als ‹Schelte› zu etikettieren. In Deutschland führt sie, nicht zuletzt durch *Walther von der Vogelweide*, zur Gattung des ‹Spruchs›, die man vom ‹Lied› unterscheidet: Sonderung thematischer Wirklichkeitsbereiche. Das Vokabular aber ist nur dasselbe, das die tradierte Sprache an die Hand gibt. Nur die Kunstform rahmt das Problematische am Wort heraus, allenfalls, auch widerwillig. In seiner Gefangenschaft soll König *Richard I.* auch Ritterstrophen gedichtet haben, wie diese:

1. «Kein Gefangner macht gute Dichtung aus seinem Schicksal. Er singt nur im Ton eines Unglücklichen. Wenn er sich trösten will, kann er ein Lied machen. Viele Freunde habe ich, aber ihre Gaben sind ärmlich. Voller Schande sind sie, wenn ich, weil es an Lösegeld fehlt, zwei Winter lang Gefangener bin.

2. Meine Barone und Leute, Engländer, Normannen, Poitevinen und Gascogner, wissen sehr wohl, daß ich nicht den ärmsten Gefangenen gefangen ließ – nur wegen Geld. Ich sage das nicht, um Vorwürfe zu machen. Doch ist es so, daß ich Gefangener bin.

3. Ich begreife durchaus: ein Toter oder Gefangener hat keine Verwandten und Freunde mehr: denn mich läßt man ja hier, weil es an Gold fehlt oder an Geld. Ich mache mir Gedanken um mich, mehr Gedanken mache ich mir um meine Untertanen. Sie werden sich große Vorwürfe machen müssen, nach meinem Tode, wenn ich noch länger Gefangener bin.»

Ein sentimentaler Steuerbescheid an die Untertanen, der im Originaltext fast noch läppischer klingt als seine Nachdichtung im ‹Spanischen Liederbuch› von *Geibel* und *Heyse*. Wichtiger scheint, daß *Richard Löwenherz* sich hier – falls das Lied echt ist – zur literarischen Figur stilisiert. Er singt ‹Im Ton eines Unglücklichen›. Freunde, Untertanen, Gold, Geld und Gefangener sind die sprachlichen Kategorien, welche das Lied von ihrer Wirklichkeit ablöst. Dichtung (‹dire sa raison adroitement›) und Schicksal stehen sich im Bescheidenheitstopos des Anfangs linkisch gegenüber.

Nachdem *Richard* freigelassen ist und nachdem *Heinrich VI.* das süditalische Normannenerbe erobert hat, singt *Peire Vidal* in Oberitalien, das den Feldzug des Kaisers unterstützt hatte:

«Lombarden, bedenkt, auf welche Weise Apulien erobert wurde, denkt an die Damen und an die edlen Barone, wie man sie den Kriegsknechten ausgeliefert hat» (Lied XXXVII Str. 5).

Gemeint ist hier wohl Salerno. Auf seinen Erfolg in Montferrat und Mailand pochend, sagt er:

«Da Montferrat und Mailand mir gehören, kann ich die Deutschen wohl verachten. Und wenn mir Richard, der König der Engländer glaubt, dann wird bald die Herrschaft über Palermo und Reggio in seine Hände zurückfallen, denn (schließlich) hat er sie erobert durch (das Lösegeld für) seine Freilassung ...» (ebda).

«Meiner Meinung nach sind die Deutschen ungebildet und grob; wenn einer von ihnen kommt und sich einbildet, er sei höfisch, fühlt man sich zu Tode bestraft und heftig bekümmert. Ihre Sprache klingt wie Hundegebell. Aus diesem Grund möchte ich auch nicht bei den Friesen König sein. Immer das Quäken dieser aufdringlichen Kerle anhören! Da bin ich doch lieber bei den lustigen Lombarden, an der Seite meiner munteren Herrin mit ihrer weichen, weißen Haut» (ebda Str. 2).

In seinem Lied ‹Ir sult sprechen willekomen›, das von früheren Germanisten als eine Art mittelalterliche Nationalhymne apostrophiert wurde (wogegen schon *Kraus*), antwortet *Walther von der Vogelweide*, nach verbreiteter Ansicht erst um 1204:

3. «Ich habe viele Länder gesehen und überall versucht, die Besten kennenzulernen. Ich will verdammt sein, wenn ich es je fertigbekomme, an der seltsamen Art und Sitte der Fremde Gefallen zu finden. Wozu sollte ich eine falsche These vertreten? Dennoch: Lebensart und Bildung in Deutschland übertrifft die andern alle.

4. Von der Elbe bis an den Rhein und wieder hierher bis an Ungarns Grenze, da leben die Besten, die ich je auf der Welt gefunden habe. Sofern ich nur ein wenig verstehe, gutes Benehmen und Schönheit zu beurteilen, bei Gott, dann möchte ich wohl schwören, daß hier die edlen Damen besser sind als anderswo.

5. Die Männer in Deutschland sind wohlgebildet, die Frauen aber sind wie die Engel. Wer sie herabsetzt, der ist nicht bei Verstand» (56, 14).

*Neidhart* hat dann in seiner österreichischen Zeit die vierte Strophe *Walthers* seinerseits parodiert (93, 15 ff.) und die unritterliche Wirklichkeit als ‹dörperhaft› benannt, deren Gunst *Walther* durch besonderes Lob zu erwerben suchte. Darauf deutet auch die nur in einer Handschrift (C) überlieferte, abschließende ‹Geleit›-Strophe, die sich bittend an die Dame wendet (57, 15). Das Überlegenheitsbewußtsein einer durch Volkssprache definierten Gruppe, das in Franzien *(Richer, Suger)* und Deutschland (Antichristspiel) auf lateinisch älter, vulgärsprachlich auf altfranzösisch (Rolandslied) und provenzalisch früher ist, erscheint hier bei *Walther* als genaues Antwortgefühl (ressentiment). Dabei ist jedoch der Maßstab des Stolzes eine allgemeinere Gesittung. Sowenig man mit *Kraus Peire Vidal,* der nicht einmal als Franzose spricht, als ‹Chauvinisten› bezeichnen kann, läßt sich behaupten, *Walthers* Lied sei schon zeitgenössisch als ‹national› empfunden worden. Der als Zeugnis dafür angerufene Zusatz zweier Handschriften (E, U): «Die Welschen sind völlig im Irrtum. Sie wissen nicht, was Ehre ist», ist nicht ‹national› im modernen Sinn, weil ‹Nation› noch nicht als ein Formziel der Geschichte konzipierbar ist. Dennoch sind Äußerungen, wie die genannten, jetzt in anderer Weise relevant als historisch ältere. Es scheint, daß sich im XIII. Jahrhundert das ‹europäische Mittelalter› wendet, daß verschiedene regionale Mittelalter sich stärker ausprägen (vgl. auch *Hugo Kuhn*), mit Tendenz zum Provinziellen, das *Neidhart* erkannt hat und das schließlich auf sehr vermittelte Weise Grundlage des Nationalen wird. Daß die von *Walther* beteuerte Gesittung sich einer unritterlichen Wirklichkeit gegenübersieht, die *Peire Vidal* benannte, wird die Ausgangssituation der sogenannten mittelhochdeutschen Klassik. Was früher in Frankreich als Gegensatz von ‹chevalerie› und ‹clergie› erschien (vgl. S. 620), erscheint jetzt als tautologischer Gegensatz von ‹chevalerie› und ‹chevalerie›, von ‹höfisch› und ‹höfisch›. Dabei sind Wert und Identität des tradierten Wortes selbst in Frage gestellt. Möglichkeit des Ausdrucks in aller Verwirrung ist allein der sich selbst reflektierende Ausdruck im Kunstgebilde, das apostrophierte, das gezeigte Sprechen. Die manifest zwiespältige Situation wird als Doppelheit von Wert und Bedeutung aufgefaßt. Die von den Dingen abgehobene, nach dem frühen *Walter Benjamin* postparadiesische, Sprache drückt Entfremdung aus, zeigt, wie sehr das Sprechen der Kommunikation nicht genügt. Die Sprache erscheint auf diese Weise jetzt als ein fremdes oder auch wunderbares Ding neben der Wirklichkeit, sehr faßbar in den aktuellen Motiven des angezweifelten Minnebekenntnisses und des magischen Wortes. Der tiefere Zusammenhang mit dem durch den dritten Kreuzzug offengelegten Theorie-Praxis-Dilemma (vgl. ob. S. 665f.) möchte deutlich sein.

Am Hof des Herzogs *Leopold* von Österreich, desselben, der *Richard Löwenherz* fing und an den Kaiser auslieferte, dichtet jetzt tonangebend *Reinmar der Alte,* vermutlich ein Elsässer aus der Kaiserpfalz Hagenau:

> «Leute, die prächtig und in Freuden leben, die sagen, so heftig, wie ich immer täte, liebte ich gar nicht meine Dame» (MF 165, 19).

Das hier erscheinende Motiv des angezweifelten Minnebekenntnisses thematisiert den Verdacht an der Wahrheit des Wortes. Die Antwort ist tautologisch:

> «Sie lügen und bringen sich selbst in Schande mit solchem Vorwurf: immer ist sie mir so lieb gewesen wie mein eigenes Leben, obgleich sie mir das Herz niemals getröstet hat. In dieser Situation muß ich leben …».

Das ist weiter nichts als die ohnmächtige Beteuerung, der Ausdruck des Gefühls sei doch ‹echt›. In diese Problematik gehört eines der für unsere

Begriffe schönsten Lieder *Reinmars*, das beginnt ‹So ez iender nâhet deme tage›:

«Immer, wenn es anhebt, neu zu tagen, wage ich nicht zu fragen: ‹Ist nun Tag?›, weil ich so schweren Kummer trage, daß mich nichts, auch nicht der Tag davon befreien mag. Ich denke manchmal, wie mir früher darin anders war, als mir die Sorge nicht so sehr das Herz bedrückte: Da labte mich der Vogelsang an jedem neuen Morgen. Will sie mir nicht sehr bald zu Hilfe kommen, dann werde ich für Sommer wie für Winter kein Gefühl mehr haben (d.h. wenn ich tot bin)» (MF 154, 32).

Der Dichter *Reinmar* aber weiß sehr wohl, daß dieser dunkle Trauerton seine besondere artistische Spezialität ist. Berühmt sind seine Verse:

«Nur in dem einen und in weiter nichts möcht ich ein Meister heißen all mein Leben lang. Ich will in diesem Ruhme unbestritten sein und alle Welt soll dieser Kunst mich rühmen: daß niemand anders seinen Schmerz so schön zu tragen weiß» (MF 163, 5 ff.).

Die Preziosität des ästhetisch apostrophierten ‹schoenen trûren› drückt aus den Widerspruch zwischen dem von der Gesellschaft geforderten dargestellten Gefühl und dem Gefühl, das allein dem Fühlenden gehört als unöffentlich-praktisch. Daß es hierbei um die Identität von Wort und Begriff geht, spricht der junge *Walther von der Vogelweide* aus, der in kaum merklich österreichisch gefärbter Sprache (vgl. 34, 18) als Schüler *Reinmars* jetzt am Wiener Hof dichtet: ‹Maneger frâget waz ich klage›:

«Mancher fragt, was ich denn da klage, und behauptet: das ist alles nicht ehrlich! Der muß ein leeres Leben leben, denn Glück und Schmerz der Liebe hat er wohl nie empfunden. Deswegen ist er so skeptisch.
Wer aber bedenken kann, was alles durch die Liebe hervorgebracht wird, der wird (auch) mein Lied gelten lassen.»
«Alle Welt kann sich des Wortes ‹Minne› bedienen (oder: gebraucht das Wort ‹Minne›), aber was an Tun dazu gehört, leistet kaum einer. So stehn die Dinge. Minne ist der Schatz (das Kapital), aus dem alles gute Handeln sich speist. Ohne Minne kommt kein Herz zur ‹fröide›.
Weil dies mein Bekenntnis ist, Frau Minne, so macht auch mich froh. Ich wäre unglücklich, müßte ich diesen Glauben verlieren» (13, 33).

Über die bloße Behauptung eines dennoch echten Gefühls, d.h. über programmatisch-verbale Praxis hinaus, weiß der sehr bedeutende thüringische Herr *Heinrich von Morungen*, dessen Burg Sangershausen seit 1157 staufisches Reichsgut ist, die angedeutete gesellschaftliche Problematik zu benennen in seiner Strophe: «Manger der sprichet ‹nu sêt wie der singet›»:

«Manch einer sagt: ‹Hört bloß, wie der singt! Wäre er wirklich betrübt, dann machte er keine Gedichte!› Wer so spricht, der weiß kaum, welches Elend mich dazu zwingt (so nach der Handschrift! *Kraus* setzt für ‹leit› ‹sanc› ein und übersetzt: was mich zum Singen zwingt).
Ich tue jetzt nicht anders als sonst. Als ich im Elend war, da habe ich keinen (aus der Gesellschaft mit Liedern) erbaut. Das ist der Zwang, der mich singen

macht (*Kraus* ändert und übersetzt: das ist die Not, die mir das Leid vertreibt), daß Kummer nichts gilt bei Leuten, die fröhlich sein sollen» (MF 133, 21).

*Morungen* singt, nicht weil er froh ist, sondern weil ihn die höfische Gesellschaftsfreude dazu zwingt (vgl. *Kraus*). In all seiner Freude ist das Lied doch Ausdruck des Zwanges. Die erste Strophe, «Leitliche blicke unde grôzliche riuwe» besagte:

«Schmerzende Blicke und mächtiger Liebesgram haben mir nahezu Herz und Leben genommen. Meine ewige Not, ich klagte sie aufs neue, wenn ich nicht die Scherze der Spötter fürchtete. Bei Gott, treulos wird mich niemand nennen können, wenn ich immer noch für die singe, die mir einst das Herz erfreute. Denn (allein) zum Singen bin ich in diese Welt geboren» (MF 133, 13).

Der Gesang, zu dem die Gesellschaft den Dichter in der zweiten Strophe zwingt, ist zugleich der Gesang für die Geliebte, von dem ihn Liebesunglück nicht abbringen kann. *Morungens* Gesang will etwas Absolutes, Freies sein, das sich über die Zwänge erhebt, indem es ihnen gehorcht. Um dieses Gesanges willen ist der Dichter auf der Welt. Aber Welt und Geliebte sind allein im Gesang, der als autonome Welt gegenüber der diskrepanten Wirklichkeit exterritorial sein will. Die Heiligung des Wortes verzichtet auf die Heiligmachung der Welt und ergibt sich ganz dem Zauber des Scheinhaften. Wie sehr jetzt Kunst eine Flucht aus der Welt ins Wort ist, erscheint auch in jener Strophe *Reinmars*, die *Walther von der Vogelweide* (82, 35) in seinem Nachruf rühmte:

Sô wol dir, wîp, wie reine ein nam!
wie sanfte er doch z'erkennen und ze nennen ist!
ez wart nie niht sô lobesam,
swâ duz an rehte güete kêrest, sô du bist.
dîn lop nieman mit rede volenden kan.
swes du mit triuwen phligest, wol im, derst ein saelic man
und mac vil gerne leben.
du gîst al der werlde hôhen muot:
wan maht och mir ein lützel frôiden geben? (MF 165, 28 ff.)

«O, welch ein wunderbares Wort bist du, Wort ‹wîp›. Welch eine Wohltat ist es, dich zu wissen und dich auszusprechen. Nie ward ein Etwas, das man höher seligpreisen könnte, als du es bist, wo immer du das rechte Gute offenlegst, das du (im Wesen) bist. Mit Worten läßt sich deine Herrlichkeit nicht sagen. Wen du von Herzen annimmst, ach, der ist selig und kann gerne leben. Durch dich empfangen alle Menschen edle Lebenszuversicht. Wann wirst auch mir du eine Spur von Hoffnung geben?»

Aus einer ekstatischen Verehrung des Wortes gleitet der Dichter über zur Verehrung des damit bezeichneten Wesens. Im Wort ergreift er die Sache, im Lied die Welt, die im ohnmächtig alltäglichen Wort nur als ‹ephemere Wirklichkeit› erscheint, oder besser: sich zu erscheinen weigert. Jetzt entsteht eine Dichtung, die aus dem Material der Sprache eine Art magischen Bannkreis, eine in sich geschlossene Welt des Scheins schafft.

Von eminenter Deutlichkeit ist dies in Versen *Heinrichs von Morungen,* deren rhythmische Möglichkeiten wohl an romanischen Zehnsilblern entdeckt wurden, an einem Material, das unwillkürlichem Verstehen leicht verfremdbar sein konnte. Mit Grund läßt sich hier vermuten, daß nicht die Liedmelodie den sprachlichen Rhythmus verdeckt, sondern der Rhythmus die Melodie, gelegentlich auch die Sprache in gewaltsamer Weise unter sich gebeugt habe. Das scheinbar Zarteste mag auch in dieser Hinsicht der Gewalt am nächsten sein. Und es ist die drohende Kommunikationslosigkeit (vgl. ob. S. 702), der solche L'art-pour-l'art-Kunst den Anspruch ihrer Unübersetzbarkeit, der ein böser Anspruch ist, verdankt, weil die Wortkonstellation nur mit sich selbst identisch sein will. So in den Versen *Morungens* MF 140, 32 ff.:

> Úns ist zergángen    der líeplíche súmmer.
> dá man brach blúomen    dâ lít nu der sné.
> mích muoz belángen    wenn sí mínen kúmmer
> wélle volénden    der mír tuot sô wé.

In der folgenden Zeile springt der Rhythmus vom daktylischen zum alternierenden, jambischen Gang um:

> jâ kláge ich níht den klé, ...

Aber die nächsten Zeilen beschließen die Strophe daktylisch:

> swénne ich gedénke    an ir wíplíchen wángen
> díu man ze fróide    sô gérne ane sé.

Die affirmative Naturklage in den Daktylen des Strophenanfangs sieht sich durch das unterbrechende Jambenmaß negiert, auch im Wortsinn: «ach, *nicht* der Klee ists, den ich beklage». Damit erstreckt sich ein Schatten von anderer Klage auch auf die scheinbare Freude der daktylischen Schlußzeilen. Das rhythmische Umbrechen aber hat zugleich das Inszenierte des Ausdrucks artikuliert. Konsequent ist die Schönheitsbeschreibung der nächsten Strophe dann als Vorgang des Beschreibens auf der gesellschaftlichen Szene dargestellt:

> Sét an ir óugen    und mérket ir kínne,
> sét an ir kél wîz    und prúevet ir múnt.
> síst âne lóugen    gestált sam diu Mínne. (= Venus, vgl. MF
> mír wart von fróuwen    sô líebez nie kúnt.        138, 33)

Wieder verkehrt dann die jambische Zwischenzeile dies ins Negative:

> jâ hât si mích verwúnt

Doch der nach der rhythmischen Stauung wiedergebrachte Sog des daktylischen Versflusses ist – wie alles bewußte Wiederholen – beschwörendes Ritual:

> sêre in den tôt.    ich verlíuse die sínne.
> gnâde, ein künginne,    du túo mich gesúnt.

Hier, wie in anderen *Morungen*-Liedern, wo Menschen von Elfen behext werden (MF 126, 8) oder die Geliebte als zum Tode verlockende Personifikation (MF 47,4) erscheint, ist die Magie des Klangwort-Bildes benannt: dem liebenden Sänger ‹schwinden die Sinne›; die Geliebte ist die Zauberin Venus, aber niemand anders als er selbst hat deren Zauber narzißtisch erzeugt (vgl. auch ob. S. 704). Diese magische Welt des Spiegels thematisiert das Lied ‹Mirst geschên als eime kindelîne›:

> «Mich hat das gleiche Schicksal nun ergriffen wie jenen Knaben, der sein schönes Angesicht in einem Spiegel sah und hingriff nach dem eignen Scheinbild, so heftig, daß er den Spiegel ganz zerbrach (der ihm das Bild erschaffen hatte)» (MF 145,1).

Hier ist der Bruch zwischen Wirklichkeit und Scheinwelt im verwandelten Narziß-Mythos zur Metapher gemacht.

> «Da wandelte sich plötzlich all sein Glück in elende Verlassenheit. In gleicher Weise meinte ich, dauerndes Glück zu haben im Anschaun meiner lieben Herrin, von der mir großes Leiden in der Liebe widerfuhr.»

Die nächste Strophe setzt dann ganz neu ein, stellt aber wiederum die Erscheinung der Geliebten als Spiegelung ins Zentrum. Doch dies scheinhafte Bild trägt an sich bereits das Kennmal eines bevorstehenden Verhängnisses:

> «Venus, welche aller Welt die Herzen höher hebt, seht, die trug als Traumgestalt mir die Geliebte vor das Auge, als mein Leib sich in den Schlaf versenkte und sich in den höchsten Wonnen fand. Da sah ich glänzen all ihre Herrlichkeit als helles Bild, schön und erhoben über alle Frauen. Nur ein ganz klein wenig war von Leid verletzt ihr so lustgebietend zarter, roter Mund.
> Große Angst befiel mich, daß verbleichen möchte ihr so zarter, roter Mund. Dies läßt mich aufs neue klagen, seit mein Herz solch Angstbild in sich faßte und ich mit eignen Augen solches Unheil sehe wie jener Knabe, welcher unbedachten Sinnes in einer Quelle seinen Spiegelschatten sah und ihn lieben mußte bis er starb.»

Das Bild der Geliebten, das den Dichter im Gesang fasziniert, ist zugleich das Bild des Narziß, ist der Zauber seiner eignen Projektion, dem der Projizierende zu Tode verfallen ist. In der Metapher von der Spiegelung wird die dichterische Welt des Scheins zum Schicksal, welches der Tod am Scheinhaften ist. Aber die noch überlieferte vierte Strophe führt das, was als absolutes Ende erschien, zurück in die gesellschaftliche Situation:

> «Nicht umfangen kann der weite Himmel eine, die an Sinn und Sitte edler wäre als die Herrliche, der ich, da ich sie nicht gewinnen darf, fern und doch immer nah sein muß. Ach, Unglück! Freilich glaubte ich das Ziel mir nahe ihrer so beglückend edlen Liebe. Jedoch ich bin mit Schmerzen nur am Anfang. Das hat hinweggenommen meines Traumes Glück und Sehnen.»

Ermißt man, wie klein der Schritt von der aus Kommunikationslosigkeit erwachsenen ästhetischen Weltscheu des L'art-pour-l'art zur Menschenverachtung ist (vgl. das Futuristenmanifest *Marinettis*), so will scheinen, daß hier eine klare Gesittung das absolute Bild an die Gesellschaft zurückgeben ließ: Deren reale Schranke wird bezeichnet, nicht übersprungen und nicht verachtend unterworfen.

In nahezu burlesker Weise tut *Bernger von Horheim,* der schon in der Umgebung Kaiser *Heinrichs VI.* in Italien begegnete (vgl. S. 689 f.), das gleiche in seinem Lied ‹Mir ist alle zît als ich vliegende var›, das nach französischer oder provenzalischer Melodie gesungen worden sein könnte:

«Immer ist mir, als bewegte ich mich schwebend über die ganze Welt hin und als gehörten mir alle Länder. Wohin ich mich auch wünsche, wie schnell vermag ich nicht dorthin zu springen. Wie weit es auch sei, wenn ich will, ist es ganz nah. Stark und auch kühn, mächtig und frei ist mir das Herz. Dies gibt mir die Gabe solcher Schnelligkeit. Kein Reh des Waldes vermag mir zu entrinnen – es ist alles erlogen: ich bin plump wie das Blei» (MF 113,1).

Dieses plötzliche Umbrechen aus der Welt von Traum und Schein in die als anders begriffene Wirklichkeit vollzieht sich dann noch zweimal in den folgenden Strophen: Seine ‹fröide› ist Lüge, ihm ist elend zu Mute. Seine Dame hat ihn erhört, die Merker sind zornig, er schwimmt im Glück wie nie – und auch das lüge ich nur, sagt der wache Dichter, der die Illusion widerruft.

Auf die Frage, ob und wie sich solche absolute Kunstwelt der Zerrissenheit jetzt in der Epik herstellt, antwortet der Hinweis auf zwei Werke *Hartmans von Aue,* die wir gleich nach 1191 in recht unmittelbarer Folge, ja intermittierender Gleichzeitigkeit entstanden denken.

Die kurze Verserzählung vom ‹Armen Heinrich› spielt nicht in einem Märchenritterland, sondern in Schwaben, also in der Umwelt des Dichters selbst; ihr Held ist ein Herr von Aue; sie handelt in der Mehrzahl ihrer Verse von der Negativität der Welt im kritisch-beobachtenden Stil des ‹Gregorius› (s. S. 622 ff.). Der Ritter Heinrich von Aue ist der Inbegriff des perfekten höfischen Kavaliers, mächtig, «hövesch und dar zuo wîs» (74), und er «sanc vil wol von minnen» (71). Aber plötzlich bewahrheitet sich an ihm, was nach *Hartman* in der Bibel, tatsächlich aber in einer pseudo-notkerschen Antiphon steht:

«Es heißt dort an einer Stelle: media vita in morte sumus. Das bedeutet, daß wir im Tode schweben, wenn wir aufs allerschönste zu leben glauben» (91–96).

Der Minnesänger Heinrich wird von Aussatz befallen. Den Grund der Krankheit erkennt er erst, nachdem er vergeblich Ärzte von Montpellier und Salerno aufgesucht hat. Er genoß die Freuden dieser Welt ‹mit vrevel› (*De Boor;* Handschrift B: ‹mit v̄wē›, Handschrift A: ‹nut vil›), also vielleicht mit Überheblichkeit (391).

«Ich dachte mir damals in meinem Sinn, wie alle in die Welt Vernarrten sich denken, Ansehn und was Ordentliches (êre unde guot) könnte man auch ohne Gott haben» (395 ff.).

In Salerno aber hatte er erfahren müssen, daß ihm sein Reichtum nichts nützte; denn der Arzt dort nannte ihm ein Heilmittel, das er nicht kaufen konnte: Ein unberührtes Mädchen in heiratsfähigem Alter müsse sich für ihn freiwillig das Herz herausschneiden lassen. Mit diesem Herzblut könne sein Aussatz geheilt werden.

Der Baron und Minnesänger Heinrich zieht sich also aussätzig von der Welt zurück auf einen seiner Meierhöfe, wo ihm ergebene Pächtersleute die Wirtschaft versehen. Mit Steuern und Abgaben hatte der nun so ohnmächtige und deswegen ‹arme› Herr Heinrich diese Bauern verschont. Dafür liebten sie ihn besonders. Was ihm der Arzt vor 3 Jahren (351) in Salerno als Heilmittel nannte, das hat Herr Heinrich nur dem Bauern gesagt. Gehört hat es aber zugleich dessen Tochter, ein Kind von 11/12 Jahren. Dieses wunderschöne Mädchen, das seinen Herrn Heinrich von klein auf liebt, beschließt, sich für die salernische Heilkur zu opfern. Mehr als ein Drittel der ganzen Erzählung (572 Verse) widmet der Dichter nun der Argumentationskunst dieser Meierstochter, die zuerst ihre Eltern und dann ihren Herrn von der Richtigkeit ihres Entschlusses überzeugt.

Geschickt stellt das Mädchen ihren Eltern vor, daß es ihnen finanziell sehr schlecht ergehen wird, wenn der freundliche Herr Heinrich stirbt und sie einen neuen Herrn bekommen (490 ff.). Auch in der zweiten Nacht weckt ihr Weinen Vater und Mutter, die unwirsch fragen: «Was läßt Du uns nicht schlafen?» (549). Da sagt sie, sie wolle sich als Arzenei für den ‹armen› Herrn anbieten (558 ff.). «Dummes Zeug!», antworten die Eltern, «Du weißt nicht, was der Tod ist», und drohen ihr mit Schlägen, wenn sie nicht endlich Ruhe gebe (588). Freilich, auch sie kenne den Tod nur vom Hörensagen, erwidert das Mädchen, aber letzten Endes müsse jeder Mensch sterben, nachdem er die Mühsal dieser Welt erduldet habe. Ähnlich wie *Bernhard von Clairvaux* (vgl. ob. S. 284), wenn auch nicht bis zur gleichen Schlußfolgerung, argumentiert das Kind: All dieses Leiden könne man sich sparen, durch einen Opfertod. Außerdem – überlegt sie praktisch – würde ihr Opfer ja zweierlei Gewinn abwerfen: 1. Das ewige Leben für sie selbst, und 2. Ehre und Besitz für ihre Eltern, denn der gute Herr müsse dann ja nicht sterben (593 ff.). Das Gegenargument der Mutter ist das 4. Gebot: Wer seinen Eltern nicht gehorsam sei, der könne das ewige Leben nimmermehr erwerben (638 ff.). Dagegen diskutiert die Meierstochter nun auf zwei Ebenen. Durchschlagend ist die egoistische Argumentation: Wenn ich Euch glücklich und mich selbst unselig mache, ists auch Unrecht, denn ich habe ein Recht auf mein Heil (832–845). Genau betrachtet, verlangten die Eltern ja von ihr, daß sie hier in der Welt schuldig werden solle, wenn sie größer und schöner werde. Außerdem: eine Aussteuer würden sie ihr später ja nicht geben können, weil dann der gute Herr Heinrich bereits tot sei (747 ff.). Die zweite Argumentationsebene ist quasi theozentrisch: Man soll bekanntlich Gott mehr gehorchen als den Menschen. Aber das Argument wird materialistisch eingefädelt: Eine irdische Aussteuer könnten ihr die Eltern nicht geben, indes durchaus eine himmlische. Der Herr Jesus Christ selber rufe sie zu sich, er werbe um sie und nun schildert das Mädchen ihren bäuerlichen Eltern den himmlischen Bauernhof ihres Bräutigams. Es ist eine lustig-anschauliche Stelle:

«Ein freier Bauer, dem ich meinen Leib gerne gönne, wirbt um mich. Ihm solltet Ihr mich zur Ehe geben, dann ist für mein Leben aufs beste gesorgt. Ausgezeichnet ackert sein Pflug, sein Hof birgt Vorräte aller Art. Da stirbt nicht Roß noch Rind, da ist kein Verdruß mit weinenden Kindern. Da ist weder zu heiß noch zu kalt. Dort wird niemand an Jahren älter – im Gegenteil: Alte verjüngen sich wieder. Frost und Hunger existieren da nicht, es gibt keine Leiden und Krankheiten da, nur Freuden, ohne Beschwer.

Zu dem will ich mich hinziehen und ein Bauernleben fliehen, wo Regen und Hagel die Felder niederschlägt und Überschwemmungen den Acker fortspülen, mit dem man sich seit eh und je abgeplagt hat. Was man das liebe lange Jahr darauf gearbeitet hat, das macht ein halber Tag im Handumdrehen zunichte. Solch verfluchte Wirtschaft laß ich mir zurück. Ihr liebt mich. Das ist recht und billig. Nun sähe ich gerne, daß mir Eure Liebe nicht zur Lieblosigkeit werde... Wenn Ihr mir wohlwollt, so erlaubt, daß ich mich unserm Herrn Jesus Christ zukehre ..., der auch zu mir armen Mädchen ebenso große Liebe hat wie zu einer Königin» (775–812).

Zu ihrem Entsetzen müssen die Eltern feststellen, daß sie es mit der Argumentationskunst ihrer Tochter nicht aufnehmen können. Sie sagen sich, derart könne nur der Heilige Geist selber aus dem Kinde reden, und geben ihre Einwilligung.

Doch nun bleibt noch der Ritter Heinrich zu überreden. Zunächst zeigt er sich sehr gerührt. Dann stellt er dem Mädchen vor, was ihm das wohl für einen Skandal vor den Leuten eintragen werde, wenn schließlich diese Arznei so wenig wirksam wäre wie jede andre auch (947). Kurzum, er schickt das Kind zu den Eltern zurück. Die kommen und machen ihm klar, daß es der Tochter leider ernst sei. Noch immer zögert der Herr. Da bricht das Mädchen in Tränen aus, weil sie fürchtet, ihr Herr habe den Mut nicht, das Opfer anzunehmen (1008). Schließlich läßt sich der Ritter erweichen, und beide brechen nach Salerno auf. Dort unterwirft noch der Medizinprofessor das Mädchen einem Examen, bis auch er erkennt: das Kind handelt tatsächlich freiwillig – insofern die Märtyrerwürde noch das Beste sei, was sie aus ihrer geringen sozialen Stellung machen könne (vgl. 1168ff.). Dann ist alles so weit. Der Arzt führt die Meierstochter in ein besonderes Zimmer, zieht sie aus und bindet sie auf den Operationstisch. Nebenan hört der Ritter Heinrich, wie der Arzt seine Messer schleift. Dabei wird ihm ganz elend zumute. Er möchte das Mädchen noch einmal lebend sehen. Endlich entdeckt er ein Astloch in der Tür. Als er der nackten Schönheit gewahr wird, ergreift ihn Minne und bewirkt in seinem Innern auch eine religiöse Umkehr. Er klopft an die Wand, bis ihn der Arzt schließlich einläßt. Der Ritter erklärt, er wolle durch das Opfer dieses wunderschönen Mädchens nicht einen Tag seinem Leben hinzusetzen. Der Professor möge sie nicht töten, er werde ihn trotzdem wie vereinbart bezahlen. Der Arzt ist gern einverstanden, aber das Mädchen stirbt fast vor Trauer, daß es nicht gleich hat ins Himmelreich kommen dürfen.

Da erbarmt sich Gott der beiden und tut ein Wunder. Auf der Rückreise heilt plötzlich der Aussatz des Ritters und das Mädchen tröstet sich über das verlorene Paradies. Daheim angekommen, heiratet der Herr – mit erpreßter Zustimmung der Verwandtschaft (vgl. 1502f.) – die Meierstochter und beide leben ein langes, glückliches Leben, an dessen Ende beide zugleich in den Himmel kommen, wie der Dichter berichtet.

Handschrift B, Cod. pal. germ. 341, veranstaltet allerdings im Hinblick auf solches Ende eine Josephsehe und schickt den kaum getrauten Ehemann stracks ins Kloster (vgl. 1492ff.).

Soweit die Erzählung, welche *Hans Pfitzner* 1895 für seine Oper benutzte und welche *Gerhart Hauptmann* 1902 dramatisch bearbeitete. In eine eigenwillige Kunstsprache übersetzte *Rudolf Borchardt* 1925 das mittelhochdeutsche Gedicht für den Verlag der Bremer Freien Presse, München. Im Nachwort dazu meinte *Borchardt, Hartman* wollte das Mädchen so darstellen, «daß wir die rührende Schauspielerei und die rührende Arglist, ja das rührende Raffinement ihrer Exaltation durchschauen wie er. Tun wir es nicht, so entfällt unserer Hand der Schlüssel zu der innersten Zelle des Gedichts.» Doch vielleicht realisiert *Hartmans* Darstellung mehr, als er selbst in seiner Zeit durchschauen konnte. Darin erscheint zunächst die Wirklichkeit als nichtig, die höfische Ritterwelt durch den Aussatz, die bäuerliche Welt durch Flucht- und Todeswunsch der Meierstochter. Dargestellte Negativität ist auch, daß der Ritter Heinrich das Opfer annimmt, aber ebenso, daß das Mädchen sich kaum darüber trösten kann, nicht sterben zu dürfen. Sie wollte das Himmelreich gleich für sich; daß der Ritter Heinrich von Aue in der von ihr verfluchten Sündenwelt weiterleben sollte, störte und scherte sie wenig.

Aber in *Hartmans* Gedicht – nicht unbedingt auch in seiner Darstellungsintention – wird der egoistische Himmelswunsch der Meierstochter genau so durchgestrichen wie der Genesungswunsch des Herrn Heinrich schließlich widerrufen wird. Die Aufhebung dieser selbstsüchtigen Negativitäten geschieht im Grunde nach dem Modell des Samaritergleichnisses (vgl. ob. S. 11). Dort wurde Jesus ja gefragt: «Meister, was muß ich tun, damit ich das ewige Leben ererbe?» (Luk. 10,25), und er antwortet: Liebe Gott und liebe «deinen Nächsten wie dich selbst» (27). Auf die weitere Frage «Und wer ist mein Nächster?» (29), wird als Definition die bekannte Geschichte erzählt, an deren Ende nun Jesus seinerseits fragt: Wer von den dreien war der Nächste des Überfallenen (36), kurz: der Nächste, der zu lieben ist. «Der, der ihm die Barmherzigkeit tat», ist die Antwort (37). Den also kann der Überfallene als seinen Nächsten lieben. Und wenn Jesus dann sagt: «Gehe hin und tue desgleichen!» (37), dann heißt das: tue, daß ein anderer dich als Nächsten lieben kann und damit für sich das ewige Leben erwirbt. Du kannst es nur dem andern erwerben helfen, nicht Dir selbst! – In *Hartmans* Erzählung erwirbt das Mädchen, dem es ganz egoistisch um seine eigene Seligkeit zu tun ist, dem armen Heinrich dadurch das Himmelreich, daß sie ihm die Möglichkeit zur Nächstenliebe gibt, durch die er gesundet. Sie macht, daß in dem Ritter, wie es heißt, «eine niuwe güete» (1240) entstehen kann:

> «Ihr Körper war so lieblich. Da sah er sie an und sich selbst, und er begann auf eine neue Weise zu denken. Was er bisher gewollt hatte, das schien ihm nicht mehr gut. Und augenblicklich tat er sein altes Wesen ab, verwandelte es zu ‹niuwer güete›, zu einer neuen Qualität» (1233–1240).

Deswegen ist der Held der Erzählung wirklich der ‹arme Heinrich›, wie der Titel (47; 133) sagt, und nicht die Meierstochter. Vergeblich verspottet sie seine Treue und sein Erbarmen als Jammerlappenhaftigkeit (1320). Diese Treue und dies Erbarmen sind es, aufgrund derer Christus (1365 ff.) den Ritter wie das Mädchen von ihren Leiden erlöst, den armen Heinrich von seiner Krankheit und das Mädchen von seiner Trauer ums verlorne Himmelreich:

> dô erzeicte der heilic Krist,
> wie liep im triuwe und bärmde ist
> und schiet sî dô *beide*
> von allem ir leide ... (1365–1368).

Auf die Negation der ritterlichen Welt, ja der Welt überhaupt, antwortet hier nicht die Konstruktion einer absoluten Kunstwelt – in welcher «Vom Schönen ... gleichsam das Scheinen als solches für sich fixiert» wird *(Hegel),* sondern die Konstruktion einer religiösen Welt der ‹niuwen güete›.

Aber in der effektiven poetischen Gestaltung fällt diese Welt dann doch wieder mit der Welt der institutionell kanalisierten christlichen Moral zusammen. Obgleich diese Welt von Ritterwesen, Minnesang und Bauernmühsal kritisiert bleibt, ist sie letzten Endes durch die absolute Welt der ‹niuwen güete› nicht etwa gerichtet, sondern sie wird gerettet und gerechtfertigt dadurch, daß alte Welt und ‹niuwe güete› durch die Kategorie der Bewährung miteinander verknüpft werden – durchaus im Unterschied zu *Wolframs* ‹Parzival›, wo eine bis zuletzt ungewisse Gnade das letzte Wort behält und zeigt, «wie wenig damit getan ist, daß die Probleme gelöst sind» *(Wittgenstein).* Die ‹niuwe güete› wird zu einem bloß inneren Sollen, dessen allgemeine Verwirklichung wie der Anspruch der Bergpredigt als unerreichbar gilt, damit die Wirklichkeit bleiben kann, wie sie war. Selbst wenn der märchenhafte Aufstieg der Meierstochter zur Baro-

nesse jeder sozialen Möglichkeit sollte widersprochen haben, selbst wenn
hier die Legende nur eine Mesalliance hätte rechtfertigen sollen, so wäre
doch die utopische Korrektur der bestehenden Welt so leise aufgetreten
und wäre schließlich die ‹niuwe güete› so dienstbar geworden der Sorge
um einen ungeminderten Stand, daß damit alle offenbare Dissonanz in
Fügsamkeit verstummte. Aus einer Kritik hat auch hier legendenhafte
Verklärung nur einen «Heiligenschein für das Jammertal» gewoben. So
läßt sich in *Hartmans* vermittelndem Moralisieren die Option fürs Klassizistische wiedererkennen, die bereits seinen ‹Gregorius› auszeichnete. Ins
Ritterliche gewendet, ist der gleiche Prozeß an *Hartmans* ‹Iwein› zu erkennen.

Der Stoff gehört zu jenen Projektionen einer märchenhaften Ritter-
wirklichkeit, welche die höfische Gesellschaft zugleich unterhalten und
ihrer Realität das gute Gewissen machen, in aller Defaillance ein Ideal
zu meinen: Artusritterlichkeit, bestätigte Existenz. *Hartmans* ‹Iwein›, der
wegen des ‹Weingärtendatums› (vgl. u. Band II) nicht erst kurz vor 1204
abgefaßt sein muß, ist eine getreue, nur leicht erweiternde Übersetzung
des vor 1180 entstandenen, also fast 20 Jahre älteren ‹Yvain› des *Chrestien*
(vgl. ob. S. 568). Das Gefüge der Handlung und ihre Gelenke sind bei
*Hartman* kaum verändert. Die Kernfabel wäre:

I. Der Artusritter Iwein zieht zu einem Wunderbrunnen, verwundet dessen
Herrn im Zweikampf tödlich, erwirbt durch die Hilfe der Kammerzofe Lunete
Hand und Königreich der schönen Witwe des von ihm Getöteten, welche Laudine
heißt. Mit ihrer Erlaubnis zieht er für ein Jahr auf Ritterfahrt aus. Aber er überschreitet die ihm gesetzte Frist und wird von seiner Gattin Laudine verstoßen.
II. Darüber verfällt Iwein in Wahnsinn, von dem ihn eine Zaubersalbe heilt.
In einer Reihe von 8 Abenteuern hilft er Bedrängten, errettet auch einen Löwen,
der ihm von Stund an als Wappentier folgt.
Nach dieser Buße durch Kämpfe wird er schließlich von seiner Gattin Laudine
wieder in Gnaden angenommen, nachdem er ihre und – nur in der Handschriften-
gruppe Bad, nicht in ADEbc – sie seine Verzeihung erbeten hat.

Der zweiteiligen Handlung – I. Erwerbung und Verlust der Laudine, II.
Abenteuerbußfahrt und Wiedergewinnung der Laudine – ist bei *Chrestien*
wie bei *Hartman* ein Einleitungsstück vorweggestellt.

In diesem berichtet der Artusritter Kâlogrêant, Iweins ‹neve›, vor der versammelten Artusgesellschaft von seinem mißglückten Abenteuer am Zauberbrunnen.
Daraufhin macht sich Iwein auf, das Brunnenabenteuer selbst zu versuchen.

Mit dieser Erzählung des Kâlogrêant vor dem Artushof wird also die
Situation des Romanerzählers vor der höfischen Gesellschaft selbst literarisch thematisiert. Das Erzählen von Artusromantik wird zum Rahmen-
thema, mit welchem sich auch der Prolog auseinandersetzt. Doch *Chrestien* und *Hartman* tun es in verschiedener Weise. *Chrestien* sagt:

«Denn die Leute, die früher liebten, die nannte man höfisch und ritterlich und
freigebig und ehrenwert. Doch heutzutage ist die Liebe zum Geschwätz geworden,

weil die, die nichts fühlen, zu lieben vorgeben, aber die Unwahrheit sagen.
Und diese Leute machen die Minne zu eitel Lug und Trug ...
  Doch reden wir nun von denen, die früher waren, und lassen wir die, die noch
am Leben sind! Denn ein toter Ritterheld ist, meine ich, immer noch besser als
ein lebendiger Rüpel» (21–32).

> Qu' ancor vaut miauz, ce m'est avis,
> Uns cortois morz qu'uns vilains vis.

Hier wurde gegen 1180 in Frankreich dieselbe gesellschaftliche Problem-
stufe der Poesie angesprochen, die seit dem dritten Kreuzzug auch in
Deutschland erreicht ist. Insofern handelt es sich nicht bloß um ‹Entleh-
nung›. In übermütiger Prägnanz benutzt *Chrestien* hier den Topos der
‹laudatio temporis acti› (vgl. *Horaz,* Ars Poetica 173), um seine literarische
Welt, welche die vergangene Vollkommenheit (Idealität) darstellt, der miserablen Gegenwart scherzhaft-ernsthaft vorzuhalten (und ihr ein mora-
lisch-ideales Alibi zu schaffen). Bei *Hartman* aber heißt das ganz anders:

> «Es betrübt mich sehr, daß heutzutage kein so höfisches Wesen mehr gedeihen
> kann wie damals am Artushof, und wenn es etwas nützen würde, dann würde
> ich Klage erheben. Dennoch müssen wir heutzutage eben auch leben. Ich möchte
> damals nicht etwas gewesen sein, was ich jetzt nicht sollte sein dürfen, heute,
> wo uns mit der Romanerzählung von jenen Menschen erst in rechter Weise das
> Herz höher schlägt. Sie aber erfreuten sich an den Taten selbst» (48–58).

Sollte *Hartman* an dieser Stelle tatsächlich *Chrestiens* Text mißverstanden
haben (wie *Th. Cramer* meint), dann hätten wir hier doch eine sehr sprechende Fehlleistung vor uns, die zu verstehen wäre. Der Topos der ‹laudatio temporis acti› ist genau umgedreht worden. Zwar ist die Realität der
alten Zeit der Realität von heute immer noch überlegen, aber der ästhetisch geläuterten Realität des epischen Erzählens ist sie doch unterlegen.
Die heutige imaginierte Welt des feinen Wortes ist mehr als die krude,
ephemere Wirklichkeit von einst. Nicht mehr bloß Gegenwart und Vergangenheit heißt bei *Hartman* die Opposition, sondern ‹maere› und ‹werc›,
erzählte und reale Welt. Das Theorie-Praxis-Dilemma (vgl. ob. S. 702) ist
in idealistischer Weise entschieden: nicht gilt das Wort als verfehltes Werk,
sondern als praxisüberlegene Idealität ist die Fiktion der bessere Teil der
gegenwärtigen Lebenswelt. Damit aber wird die gegenwärtige Wirklichkeit
selbst in die Fiktion hineingezogen – vielleicht nicht ganz zufällig in einem
Imperium, dessen politische Realität zugleich immer die Idealität der imperialen Tradition als Gewand zu tragen hatte, wo politische Wirklichkeit
im Begriff kein Asyl finden konnte. Traumbild und Wachbild lassen sich
verwechseln. Diese Thematik hat *Hartman* an einer Stelle seines Romans
gestaltet, die es bei *Chrestien* noch nicht gab – in der Szene von Iweins
Erwachen.
  Der wahnsinnige, lange Zeit im Wald umhergeirrte und völlig verwilderte Iwein ist im Schlaf von der Dienerin einer Edeldame mit einer heilen-

den Zaubersalbe bestrichen worden. Nun erwacht er geheilt und sieht sich selbst als ein anderer, als der er sich fühlt:

«Als er sich aufrichtete und an sich hinunterblickte und sein verwildertes Äußeres gewahrte, sprach er zu sich selber:

‹Bin ich das, Iwein, oder wer ists? Habe ich bis zu diesem Augenblick geschlafen? Ach, ach, ach, mein Gott! Könnte ich doch immerfort in jener Traumwelt schlafen! Denn mein Traum hatte mir geschenkt ein Leben in Macht und Prächtigkeit. Ach, wie edel habe ich gelebt, da ich im Schlafe lag! Große Vortrefflichkeit hatte ich mir ausgeträumt: Ich war jung und von Adel, war schön und mächtig, und war völlig anders als dieser mein Körper hier. Ich war *courtois* und gebildet, und manch schweren Ritterkampf hatte ich rühmlich bestanden. Hat mir mein Traum nicht gelogen, so hätte ich mir mit Schild und Lanze alles, was ich wollte, erobert: mit eigener Hand ohne alle Hilfe eine schöne Dame, ein mächtiges Königreich, nur – wenn ich das jetzt richtig geträumt habe – nur kümmerte ich mich nicht sehr lange um sie; nur so lange, bis mich der König Artus von ihr weglockte an seinen Hof. Mein Freund war Herr Gawein – so war mir das im Traum! Zur Rückkehr hatte mir jene Dame die Frist eines Jahres gesetzt – aber das ist wohl alles nicht wahr! Da blieb ich länger aus, unnötig, bis sie mir endlich ihre Zuneigung aufkündigte, die ich doch nicht hatte verlieren wollen.

Mit solchen Traumgespinsten im Kopf bin ich jetzt erwacht. Nur mein Traum hatte mich zu einem mächtigen Fürsten gemacht. Was wäre verloren gewesen, wenn ich in solch glanzvollem Traumleben gestorben wäre? Sinnlos hat mich der Traum genarrt! Wer sich auf Träume einläßt, verliert alle Ehre.

Traum, was für ein wunderlich Gebilde bist du doch! Im Handumdrehn machst du einen so niedrigen und ohnmächtigen Menschen, der sich von Ehren nichts träumen ließ, groß und mächtig. Wenn dieser Mensch dann erwacht, dann hast du ihm den Kopf ganz verrückt, so wie mir. Dennoch: es will mir scheinen, was für ein bärenhäutiger Bauer ich auch sein mag, käme ich in eine ritterliche Situation, bewaffnet und beritten, dann könnte ich mich genau so ritterlich benehmen wie die, die seit jeher Ritter waren!›

So sehr war er sich selbst ein Fremder geworden, daß er sich nicht zu erinnern vermochte; daß er tatsächlich einmal Ritter geworden, und all sein Umgetriebensein, das sah er an, als ob er es geträumt hätte. Er sagte: ‹Mein Traum hat mich belehrt: deswegen will ich Ehre erwerben, wenn ich nur eine Rüstung haben könnte. Der Traum hat meinen gegenwärtigen Status aufgehoben *(Cramer:* hat mich meinem Stande entfremdet). Und wenn ich zehnmal ein Bauersmann sein sollte, all mein Inneres turniert. Meine Seele ist anders als mein Körper. Mein Äußeres ist ärmlich, mein Inneres mächtig. Ist mir mein Leben geträumt?

Oder wer hat mich in eine so häßliche Existenz hineinversetzt? Aber solchen Rittersinn muß ich mir wohl aus dem Kopf schlagen! Mir fehlt das Äußere und mir fehlt das Geld dazu!›

Als er aber das neue Gewand in seiner Nähe liegen sah, verwunderte er sich darüber und sprach:

‹Genau solche Kleider habe ich im Traum oft genug getragen. Ich sehe hier niemanden, dem sie gehören könnten. Ich aber brauche sie durchaus. So sind es denn auch die meinen! Ob mir diese Kleider wohl in Wirklichkeit so gut stehen wie die prächtigen Gewänder im Traum?› Und so zog er sie rasch an. Als er aber den grindigen Körper bedeckt hatte, sah er genau wie ein Ritter aus» (3505–3596).

Und dann geht der Traum von der ritterlichen Wirklichkeit als Wirklichkeit weiter. *Hartmans* geniale Szene, die das große Thema vom Leben

als Traum zum erstenmal in deutscher Sprache erklingen läßt, besagt:
Imaginierte Wirklichkeit begründet Wirklichkeitsanspruch. Das innere
Wesen macht den Menschen aus. Wirklichkeit ist zuerst in der Seele und
ist äußerlich erst sekundär. Eine äußere Weltordnung ist dann recht, wenn
sie der innerlichen, hier wie im ‹Gregorius› als eingeboren vorgestellten,
Standesordnung entspricht. Was im ‹Armen Heinrich› die Bewährung für
das Verhältnis von ‹niuwer güete› und Welt bedeutete, das bedeutet die
Kategorie der Innerlichkeit hier. Die imaginierte Welt wird als innere
Welt gerettet und mit der Realität versöhnt. Zugleich aber ist diese Szene
ein Symbol dafür, wie die gegenwärtige ritterliche Wirklichkeit eben doch
zugleich imaginierte Realität ist, die als Wirklichkeit gelebt wird.

| | |
|---|---|
| Swer an rehte güete | Wer mit ganzer Seele nach dem wahr- |
| wendet sîn gemüete | haft Guten strebt, dem wird Ansehn vor |
| dem volget saeldê und êre (1–3). | Gott und den Menschen zuteil. |

So heißt das Motto (die Sententia) des Prologs. Insofern eine etwas merkwürdige Maxime, als die Erfahrung doch gerade nicht zu erweisen scheint,
daß dem Guten irdisches Glück zuteil wird. Auch *Hartman* dürfte das
gewußt haben. Wenn er dennoch diese Sentenz an den Anfang seines
‹Iwein› gestellt hat, dann meinte er sie wohl eher als moralische Herausforderung an die eigene Gegenwart. Oder: er sucht die Wirklichkeit, die
unritterlich ist, durch ein moralisches Idealbild zu verklären. Dafür spräche auch seine Bearbeitung der Seidenweberinnen-Klage.

*Chrestien* hatte eine literarische Märchenwelt konstruiert, deren Sym-
bolgehalt sich durch einen realistischen Darstellungsstil beunruhigend
über die Gemütlichkeit des ritterlichen Gesellschaftstraums erhob. In
einem der Abenteuer des ‹Yvain› hatte er die Zwangsarbeit in einer Tuch-
manufaktur dargestellt, die an gegenwärtige nordfranzösisch-flandrische
Verhältnisse denken ließ. *Hartman* hat bei seiner Übersetzung höfisch
gemildert. Bei *Chrestien* klagen die Arbeiterinnen, daß man droht, ihnen
die Glieder zu peitschen, wenn sie wagen sollten, zu ruhn. Bei *Hartman*
heißt es nur:

| | |
|---|---|
| wan sî sint ân alle tugent | Denn sie sind niederträchtig, die, |
| den wir dâ sîn undertân. | denen wir hier dienen (6380f.). |

Die spezielle Grausamkeit hat er nicht übernommen. Bei *Chrestien* sehen
die Arbeiterinnen das Ende ihres Elends nicht ab. Es wirft seine Schatten
über die ganze Zukunft, wenn es mit rhetorischer Eindringlichkeit
heißt:

> Nie mehr wird es uns gut ergehn …
> Immerfort Seidentuch werden wir weben.
> Nie werden wir davon besser gekleidet.
> Immer werden wir arm sein und bloß, und
> Immerfort Durst und Hunger haben.
> Nie werden wir soviel verdienen können,
> daß wir reichlicher davon zu essen haben (5294–5303).

Von «nie» (ne ja) und «immerfort» (toz jorz) ist bei *Hartman* nicht die
Rede. Auch das Unglück seiner übersetzten Tucharbeiterinnen ist groß,
aber es reicht nicht über den Tag hinaus, ist eher momentane Verlegenheit
von Standespersonen. Denn, als *Chrestiens* Yvain die Arbeiterinnen von
weitem gesehen hat, erkundigt er sich nach ihnen beim Pförtner und
sagt:

> Ihre Arbeiten gefallen mir sehr,
> aber sehr mißfällt mir dies,
> daß sie von Gesicht und Gestalt
> mager sind, bleich und elend (5230–5233).

*Hartmans* Iwein aber fragt die Mädchen:

> «Wenn es Euch nicht unangenehm wäre, wüßte ich gerne näheres über Euren
> Stand und über Eure Familie. Ist diese Armut Euch angeborn, so müßte ich mich
> sehr täuschen. Ich sehe doch, daß Euch dieses Elend als Kränkung schmerzt, und
> es ist mir klar: wer dergleichen von klein auf gewöhnt ist, der schämt sich darüber
> nicht so sehr wie Ihr» (6304–14).

Hier stellt Iwein keine Mitleids- sondern eine Standesfrage. Was ihn
stört, ist nicht, daß Leute arm sind und ausgenutzt werden, sondern daß
Arbeit und Armut Personen der höfischen Welt unter ihren Stand erniedrigt. Und nach dem Sieg seines Helden über die beiden Unholde, die Burg
und Arbeitshaus neben dem Schloßherrn beherrschen, berichtet *Chrestien*:

> «Alsbald zieht Herr Yvain fort. Er säumt nicht länger auf der Burg. Und mit
> sich hat er geführt die befreiten Gefangenen. Und der Burgherr hat sie ihm übergeben, arm und dürftig gekleidet» (5771–5776).

Anders *Hartmans* Iwein. Der verweilt noch sieben Tage als Gast auf dem
Schloß. Auf seine Bitte hin hat der ritterliche Schloßherr die Gefangenen
sogleich befreit:

> «(und darauf geachtet,) daß man sich der Mädchen sorgfältig annahm und
> sie prächtig kleidete und ihnen Pferde besorgte, so daß sie für ihren Ritt gut ausgestattet waren. Innerhalb dieser wenigen Tage erholten sie sich völlig und wurden
> die schönsten Frauen, die Iwein je gesehen hatte» (6846–6853).

Vom Bilde des ritterlichen Schloßherrn ist ferngehalten, was ihn als grausamen Unterdrücker und Mitschuldigen der beiden Unholde erscheinen
lassen könnte. Das heißt dann wohl doch: *Hartman* versucht die ritterlich-gesellschaftliche Modewelt, die er selbst im Lied kritisiert hatte
(MF 218,5 ff., vgl. oben S. 684 f.), jetzt schön, auch moralisch schön zu
machen, wahrscheinlich sogar in der Absicht, sie dadurch zu bessern. *Hartman* konstruiert – malgré lui – eine künstliche Ritterwelt. Malgré lui,
weil er sie wohl selbst als moralisch seinsollende Wirklichkeit lesen
möchte.

*Hartman von Aue* ist wohl, gerade in seinem ‹Iwein›, ein Exemplum
des Dichters, der vom heutigen Leser, vielleicht auch von einem Leser

seiner eigenen Zeit – ich denke an *Wolfram* –, philosophisch überfordert wird. Es soll sein Werk zugleich historisch begründeten und gegenwärtig nachvollziehbaren Sinn geben; und *Hartman* bemüht sich sogar, dieser Forderung durch moralische Verschönerung seines Stoffes nachzukommen. Was immer er aber als handfesten Sinn anbietet, mutet dennoch an wie verdinglichte Wahrheit, so daß Interpreten sich immer wieder genötigt sehen, *Hartmans* Gehalte als wirklich erfahrene beteuernd aufzuwerten. Was der Dichter de facto zustande bringt, ist eine Kunstwelt, worin der Zweifel an der Relevanz von Wirklichkeit und Idealität allenthalben konkret wird.

### *Verurteilte höfische Welt im ‹Reinhart Fuchs›*

Historisch sinnvoll wäre in diesem Zusammenhang die Kontraststellung des ‹Reinhart Fuchs› als gleichzeitiges Werk, wie *Ute Schwab* ihn jetzt datiert hat, mag sie auch den Schlüsselroman-Charakter gelegentlich übertrieben haben. Nicht durch moralische Ausschmückung, sondern durch Verknappung erreicht dieses Werk seine wahrhaft richtende Struktur.

Die unerbittliche Konsequenz läßt sich am besten in den Partien erkennen, die in den alten, mit der Sigle S bezeichneten und heute als MS poet. 8° 1 in der Landesbibliothek Kassel aufbewahrten Fragmenten aus der Zeit um 1200 erhalten sind:

> Reinhart was los, Isengrin unwis (S 744). –
> Reinhart war verschlagen, Isengrin dumm.

Lakonisch sind hier im Atemzug einer Verszeile die Gegensätze ausgedrückt. Antithetik bindet auch zwei Verse zu einem Reimpaar:

> Isengrin gie an den grunt,
> Reinhart ze walde wol gesunt (S 953). –
> Der Wolf fuhr hinab in den Brunnen,
> der Fuchs vergnügt in den Wald.

Gut und böse, Licht und Schatten erscheinen Schlag auf Schlag. Was für Vers und Verspaar gilt, gilt auch für die Struktur der Initialenabschnitte des alten Fragments. Der Fuchs Reinhart hat den Wolf Isengrin zum winterlichen Fischfang auf dem zugefrorenen Teich verlockt. In der Frühe ist dem Wolf der Schwanz eingefroren. Mit seinen Jägern naht der Ritter Birtin, will den gefangenen Wolf mit dem Schwert erschlagen, rutscht aber aus auf dem Eis und trennt Isengrim nur den Schwanz ab. Dann folgt dieser Abschnitt:

> Ritter Birtin jammerte da, daß sein Hieb den Wolf verfehlte.
> Ebenso jammerte Isengrin laut um seinen geliebten Schwanz.
> Den mußte er als Pfandgeld im Eise lassen – und machte sich alsbald fort
> (S 817–822).

Die Klage des Ritters, die komischen Charakter hat, findet ihre Antithese
in der Klage des Wolfs, aus leiblichem und seelischem Schmerz. Beider
Klage erfährt ihre Synthesis im Schlußsatz: dem Ritter bleibt immerhin
das Pfand im Eise, der Schmerz des Wolfes ist aufgehoben im Resultat
der Freiheit zur Flucht. Aber die so erworbene Freiheit ist nichts anderes
als die neue Thesis und Basis zu weiterer Schicksalsverstrickung. Denn
der Freiheitsweg führt in der nächsten Szene den Wolf zum Klosterbrunnen, in welchen Reinhart gefallen ist, um schließlich den Wolf da hinein-
zulocken. Aus der pikaresken Szenenreihung, die im französischen
‹Roman de Renart› zu bemerken war (vgl. ob. S. 509 ff.), wird ein Unheils-
mechanismus von teuflischer Notwendigkeit. Wie wenig darin Platz ist
für gutmütig-ausmalende Charakterisierung menschlich-verzeihlicher
Schwächen und Betulichkeiten kann eine erste Gegenüberstellung paralleler Szenenabschnitte von ‹Reinhart Fuchs› und ‹Roman de Renart› zeigen.
Der Wolf hat in den Brunnen Reinharts geschaut, hat in seinem Spiegelbild
die Gestalt seiner geliebten Wölfin Hersint zu erblicken gemeint und heult
klagend auf.

> (A) «Reinhart sprach: Was ist das für ein Gelärme? –
> (B) Da sagte der überlistete Isengrin: Bist Dus, Reinhart? Ei, sag mir doch in
> brüderlicher Liebe: was treibst Du dort unten? –
> (C) Der erwiderte: (a) Mein Leib ist tot. (b) Meine Seele aber lebt ohne Jammer.
> (c) Ich bin (hier) im Himmelreich. Hier läßt man mich die Schule halten, und
> gar fein weiß ich die Kindlein zu lehren! –
> (A) Bruder Reinhart, mich schmerzt Dein Tod! –
> (B) Ich (aber) freue mich sein! –
> (C) Du lebst in täglicher Mühsal auf Erden. Im Paradiese bin ich und genieße
> schönere Wonnen, als ein Mensch sie zu denken vermag!» (884–900).

Der französische Versroman reduziert sich nicht auf solche dialektische
Gerüsthaftigkeit:

> (A) «Während Ysengrin wehklagte, war Renart ganz still und ließ ihn sich
> ausheulen, dann rief er ihn an: Mein Gott, wer ruft mir? Ich bin hienieden der
> Muße ergeben! –
> (B) Wer bist Du, sprich!, sagte Ysengrin. –
> Aber ich bin ja doch Euer treuer Nachbar, war einst Euer Gevatter! Mehr liebtet
> Ihr mich als Euren Bruder. Nun nennt man mich den Herrn Reinhart selig –
> feu Renart, der so viel Listen und Ränke wußte. –
> Das beruhigt mich aber, sprach Ysengrin. Und seit wann bist Du also verstorben,
> Renart? –
> (C) Und der andere entgegnet: Seit vorgestern! Niemand muß sich entsetzen
> über meinen Tod. Es müssen alle sterben, die da leben. Sie gehn hinüber, wenn
> es Gott gefällt. Und siehe, Unser Herr empfängt meine Seele, er, der sie erlöst
> hat aus ihrem Leiden. Ich bitte Euch, liebwerter Bruder, vergebt mir das Leiden,
> das ich einstens Euch zugefügt! –
> (A) Ysengrin sprach: Ja, es sei! So vergebe ich Euch denn, Gevatter, hier und
> vor Gott. Doch Euer Tod bereitet mir Trauer. –
> (B) Renart aber sprach: Ich jedoch bin des voller Freude! – Voller Freude?
> – Ja, wahrlich, bei meiner Seel'! – Sag an mir, warum, lieber Gevatter! –

(C) Weil mein Körper im Sarge ruht bei Hermeline ...» (Branche IV, 233–262; vgl. die Übersetzung von *Helga Jauss-Meyer).*

An malerischem Detail ist in der deutschen Bearbeitung nur die ‹escole› aus Branche IV, 235 übernommen worden, und nicht ohne philologische Genugtuung pflegt man (mit *Wallner)* darauf hinzuweisen, die Bedeutung ‹otium› des französischen Textes sei hier vom ‹deutschen Nachdichter mißverstanden›. Daß hier eine malerische Beiläufigkeit moralisch funktionalisiert wurde, wäre als wichtiger festzustellen. Die ständig bewußt gehaltene Wertigkeit der Figuren – Isengrin ist ‹überlistet›, Reinhart weiß ‹die Kindlein zu lehren› – nimmt dem Gespräch alles, was ablenkend Überraschung vorbereiten könnte, und gibt der Szenenentfaltung die Notwendigkeit bereits eingetretenen Schicksals. So auch im übernächsten Initialenabschnitt:

Reinhart wollte da rauskommen.
Isengrin sah die Augen des Fuchses funkeln:
Sag an, Bruder, was glänzt dort so? –
Sogleich antwortete Reinhart: Edles Gesteine ists, reine Karfunkeln.
Die strahlen hier wie Licht. Dergleichen siehst Du auf Erden nicht!
Auch sind hier Kühe und Schweine. Und das feiste Schäfelein,
das gehet ganz ohne Hirten einher:
Hier ist Speisevorrat genug! (S 915–926).

Die endliche Antwort wird als dialektisch entwickeltes Resultat Instrument der zu Abschnittsbeginn konstatierten Intention des Fuchses. Die eigentliche Synthesis, die bezweckte nächste Reaktion des Wolfes, ist dann der folgende Initialenabschnitt selbst, der von der Sehnsucht des Wolfes nach dem vorgespiegelten Himmelreich des Klosterbrunnens und den daraus resultierenden Vorbereitungen spricht. Der Leser mag zurückblättern und die oben (S. 514) mitgeteilte Szene aus dem ‹Roman de Renart› ganz vergleichen. Hier sei nur noch gegenübergestellt der Initialenabschnitt der Brunnenfahrt aus dem ‹Reinhart› mit der entsprechenden Passage aus dem ‹Renart›:

«Reinhart dachte nicht an sich selbst zuletzt. Er stieg in den unteren Eimer.

«Renart, der Meister der guten Streiche, war drunten und saß in dem andern Eimer, am Grunde des Brunnens, aus Mißgeschick! Dem Ysengrin war die Zeit zu lang: Geflehet hab ich zu Gott, sprach er. – Und ich, sagte Renart, sprach das Dankgebet. Ysengrin, siehst Du diese Wunder, die Kerzen, die da brennen vor mir? Die wahre Gnade wird Jesus Dir schenken und herzlichen Ablaß der Sünden. –

Isengrin, dem es übel erging,

Ysengrin hört es. Er versucht, den Eimer zum Brunnenrand zu ziehen, dann springt er mit beiden Füßen hinein. Da er schwerer ist, sinkt er zum Grund. In

traf den Gevatter auf halbem Wege.
Er sprach:
Frater Reinhart, in welches Land geht
Eure Fahrt?
Wahrlich, wahrlich, ich sage Dir dies:

Du wirst sitzen auf meinem Stuhl im
Himmelreich, was ich Dir gönne von
Herzen.
Ich will hinaus ins (irdische) Land.
Du fällst dem Teufel in die Hand.–

Isengrin fuhr hinab in den Brunnen,
Reinhart zog hinweg in den Wald.

der Mitte des Brunnens begegnen sich
beide. Ysengrin ruft ihn an: Bruder, was
fährst Du davon? –

Und der andre gab ihm zurück: Seid
nicht enttäuscht und hegt keinen Mißmut. Ich will Euch die Regel ins Gedächtnis rufen: Der eine kommt, der
andre geht. Das ist so der Brauch. Ich
geh ins Paradies droben auf Erden, Du
fährst in die Hölle dort drunten im
Brunnen. Ich wußte dem Teufel zu entkommen, und Du gehst jetzt Deinerseits
zu den Dämonen. Du bist in großes Unglück gefallen. Ich habe mir aus der
Patsche geholfen. Bei Gott, unserm
Vater im Himmel! Es ist dort drunten
das Haus aller Teufel!» (Branche IV,
329–362)...

Zum Glück war der Brunnen fast ausgeschöpft, sonst wär es gewesen des Isengrin
Tod. Das Himmelreich war ihm beschwerlich. Er wäre am liebsten daraus erlöst»
(S 941–958).

Wo Satz und Gegensatz dergestalt aufeinander bezogen sind, wäre es
nicht verwunderlich, wenn sich auch solchermaßen das Verhältnis der
Abschnitte zueinander bestimmte. Die Abschnittsinitialen in S scheinen
darauf hinzudeuten.

Im Abschnitt S 915–926 (vgl. oben S. 719) war das Paradiesbild am
Brunnengrund Verlockung für den Wolf. Der dann folgende Abschnitt
berichtet, wie der Irrglaube des Wolfes die Anstalten zur Brunnenfahrt
hervorruft (S 927–940), der dritte Abschnitt (S 941–958) brachte dann
gleichzeitig die vermeintliche Himmelfahrt des gläubigen Wolfs und die
Erdenfahrt des angeblichen Predigers Reinhart – sozusagen die Synthesis
des Vorhergehenden. Die Einheit dieser drei Abschnitte könnte die Überschrift haben: Irrglaube führt ins Himmelreich, welches die Hölle ist.

Im weiteren Verlauf entdecken die Mönche den Wolf im Brunnen,
schlagen ihn fast tot, sehen dann seine Tonsur, halten ihn für ein heiliges
Tier und lassen ihn laufen. Diese Abschnittsfolge (959–1030) hätte also
den Titel: Der Irrglaube der Mönche. Eingeleitet aber war das Brunnenabenteuer durch den Brunnensturz Reinharts, der dem widergespiegelten
Trugbild gleichfalls erlag, seinen Irrglauben aber zu korrigieren wußte
(823–914).

Das ganze Abschnittsgefüge des Brunnenabenteuers tritt seinerseits in
einen weiteren Zusammenhang, der sich verstehen ließe als:

1. Betrug des Wolfes durch Reinharts Minneverhältnis zu Hersint
(385–634),
2. Bekehrung des Wolfes durch Reinhart zum Mönchstum, wobei der

Mönch dann als Fischer seinen Schwanz einbüßt (kastriert wird) (635–822),
3. Himmelfahrt und Heiligung des Wolfes (Brunnenabenteuer) (823–1030).

Minne, Frömmigkeit und Seligkeit treten in ein kritisiertes Verhältnis, und es ist letzten Endes das Verhältnis von Leichtgläubigkeit und Realität, welches das weitere Thema ausmacht. Wie in der Lyrik und wie im ‹Iwein› ist auch hier das Verhältnis von Sein und Bewußtsein mit der Spiegelthematik des Brunnenabenteuers angesprochen. Treffend bemerkte *Irmgard Meiners:* «Der Fuchs unterscheidet … zwischen Realität und Schein, zwischen zweien, die einander so ähnlich sind, daß sie miteinander identifiziert werden können», und meinte: «Die Kritik trifft die sorglose Vertrautheit, mit der die Gegenstände des Glaubens behandelt werden.» Aber die dialektische Konsequenz geht weiter, und am Ende dieser scharf gebauten Tiernovelle, in der der König des Tierreichs nicht mehr wie im Französischen ‹Noble›, der Edle, heißt, sondern ‹Vrevel›, der Verruchte, steht die Vernichtung des ganzen Tierstaates durch den Fuchs Reinhart. Hier wird die kritisierte höfische Welt nicht in einer Ständesatire geborgen wie bei *Pierre de Saint Cloud,* sondern radikal verurteilt.

Leider ist nicht das ganze Werk des deutschen Dichters in dem guten Formzustand der Handschrift S erhalten. Eine jüngere Fassung in einer Handschrift des frühen XIV. Jahrhunderts aus Böhmen (Sigle P = Universitätsbibliothek Heidelberg Cod. Pal. germ. 341) bietet zwar eine Ergänzung, aber auch eine Bearbeitung des alten Textes. Die dialektische Prägnanz eines Verses wie «Reinhart was lôs, Isengrîn unwîs» (S 744) (vgl. oben S. 717) erscheint dort entschärft zu: «her Isengrîn enwas niht wîs» (P 744). Aber es hat nicht alles Derartige um einer glatten Form willen zerstört werden können. Immerhin, es scheint beispielsweise, als ob die in S erhaltene Fassung nicht nur das französische Vorbild dialektisch verknappt, sondern auch darin enthaltene ständesatirische Momente revoziert habe. So in jener Szene (Branche I, 865 ff.), wo Fuchs und Katze bei einem verheirateten Leutpriester einbrechen. Fassung S hat den Priester und seine Konkubine zu Bauersleuten gemacht, Fassung P bringt das Pfaffenweib wieder hinein, wenn es heißt:

> S: Des Bauern Weib in der Kammer wurde böse. –
> P: Des Pfaffen Weib in der Kammer wurde böse – (1717 f.).

Das farbige Detail verharmlost das Ganze (vgl. oben S. 514 f.).

Die Grundtonart des deutschen Epos zeigt sich an vielen Stellen aber auch in P. «Jetzt beginnen tragische Konflikte», heißt es in P Vers 422. Hier wird die tragische Zukunft als etwas Unbestimmtes beschworen, es wird eine Wirkung im voraus verkündet. Dies ist die alte epische Vorausdeutung. Sie wird fast nur von Personen der Handlung, d. h. von Tieren geübt. Sie sprechen von der Zukunft als von einem ahndungsvoll Ungewissen.

> «Mir graut! Ich fürchte, wir kommen in Gefahr!» sagt die Henne Pinte (P 81 f.).
> Und der Hahn bekennt: «Schwer hat mir geträumt .., daß ich sein werde in einem
> roten Pelz, dessen Eingang aus Zähnen war. Ich fürchte, das bedeutet Not!» (P
> 67 ff.).

Obgleich dergleichen schon im ‹Roman de Renart› (Branche II, 186 ff.) als epischer Tiertraum erschien (vgl. dazu *Jauss),* persifliert der Hahn für deutsche Ohren hier wohl den Traum der Kriemhilt, wie es denn ja auch in S 661 f. heißt: «Wir müneche sprechen niht ein wort umbe der Nibelunge hort» – «Wir Mönche brechen nicht unser Schweigegelübde wegen des Nibelungengoldes». Auch wenn der König der Ameisen «ein ameyz vreissam» (P 1273), «ein Ameisen schröcklich», nach Heldenart auszieht, seine Untertanen zu rächen, ist solche Formel genau so Stil der Heldenepik wie der Werktitel ‹Isengrînes nôt› (S 1790), welcher ‹Der Nibelunge nôt› ein Echo bietet. Doch die Faktur des Dichters erschöpft sich weder hier noch im Gebrauch der epischen Vorausdeutung im Allusiven. Es gibt im ‹Reinhart› die weiter entwickelte Erzählervorausdeutung, in der Ursache und tragische Wirkung zusammen genannt werden:

> «Isengrin nahm den Reinhart zum Gevatter. Davon empfing er noch Schaden»
> (P 405 f.). – «Reinhart war nicht bei Hofe. Dennoch brachte er seinen Feinden
> Unheil» (P 1362 f.). – «Reinhart, der Arzt, war mit Hinterlist da. Seinen König
> verriet er alsbald» (P 2165 f.).

Hier ist schon rein sprachlich eine eigentümliche Perfektivierung der Zukunft (vgl. auch *Meiners)* zu beobachten. Es heißt nicht: «Davon wird er Leiden empfangen», sondern eben: «Davon empfing er Leiden». Der Gang der Dinge steht im Sinn des Dichters so fest, daß alle Zukunft bereits vergangen scheint. Dies zeigt sich schließlich auch in der Form der Charaktervorausdeutung, die am Ende des Gedichts fast alleine herrscht. Hier wird nur festgestellt: Reinhart verriet, betrog, ist listig, ist lasterhaft. Nur die Ursache wird genannt. Sie determiniert die Zukunft. Was jetzt kommt, muß von diesem Charakter her gefährlich sein:

> «Die Nacht war warm und hell. Da verriet Reinhart seinen Neffen» (S 1658 ff.),
> «Reinharts Verschlagenheit war groß. Er sagte: ...» (S 1865), «Reinhart kannte
> gar manche Tonart» (P 1979).

Hier ist die Zukunft der Welt ein Resultat ihrer Zuständlichkeit. Aus dieser Haltung heraus wird das Epos erzählt.

> «Treue und dergleichen ist etwas ganz Entzückendes» (P 113 f.). – «Die Zister-
> zienser führen Dich den Weg in Gottes Himmelreich» (S 698 ff.) – «Niemand
> kommt ins Paradies, der nicht zuvor die Hölle geschmeckt hätte» (S 912 f.). –
> «Minne macht das Herz weit» (S 843). –

Es ist fast immer Reinhart, der in den alten Bruchstücken solche Sätze ausspricht. Ehe er sich aufmacht, den ganzen Königshof zu vernichten,

segnet er sich mit dem Kreuzzeichen und sagt: «Gott behüte mich vor
bösen Lügnern, auf daß sie mir kein Leid zufügen» (S 1832 ff.). All diese
Moralsätze sind positiv. Erst ihre Funktion im Zusammenhang des Stückes
führt sie ad absurdum. Nur die spätere Fassung P bewahrt (zufällig?)
aus dem französischen ‹Roman de Renart› ausgedehnte Zeitklagen (vgl.
oben S. 509) und lehrhaft klingende Moralsätze:

«Wer zahlen kann, der erreicht mehr, als wer sich (ehrlich) müht, des Herren
Gebot durch Lehnsdienst zu erfüllen» (P 2070 ff.). – «Immer noch gilt, Gott seis
geklagt, bei Hofe manch Betrüger mehr als ein ehrlicher Mann» (P 2177 ff.) (vgl.
auch P 990 ff.; 2067 ff.; 2155 f.; 2177 ff.). –

Das Werk schließt mit der zweischneidigen Devise: «Ob dies gelogen
sei oder wahr, Gott schenke uns allzeit ein fröhliches Jahr» (P 2248 a–b).
In dem angefügten jüngeren Epilog wird der Verfasser als «der Glichesere
her Heinrich» bezeichnet, an einer von *Jacob Grimm* durch Galläpfeltink-
tur nahezu ganz zerstörten Stelle der Fassung S (1784–1790) hatte sich
der Autor vielleicht bloß *Heinrich* genannt. Der Sprache nach war er
Elsässer, eher von den Dagsburgern als von dem durch ihn verhöhnten
*Walther von Horburg* (P 1024) gefördert (vgl. *Schwab*). Daß die Belehnung des Kamels (P 1438) von ‹Thvschalan› (= Tusculum) mit dem elsässischen Erstein (P 2123 ff.) auf eine zwiespältige Reichsklosterguttransak-
tion *Heinrichs VI.* vor Tusculum (vgl. oben S. 690) anspielt, hat *Ute
Schwab* nicht völlig schlüssig, aber auch nicht völlig unwahrscheinlich
vermutet. Der ‹Reinhart Fuchs› ist eins der besten und ehrlichsten Stücke
deutscher Literatur.

## *Belachte Epenwelt im ‹Jeu de Saint Nicolas›*

Erwacht *Hartmans* Artusritter Iwein aus dem Traum eines Ritterlebens
in eine bäurische Realität, die er keinen Augenblick zögert, im Kostüm
eines Ritters zu betreten, führt im ‹Reinhart Fuchs› die erkannte Nichtigkeit der ritterlichen Welt zur epischen Zerstörung des Tierstaates, so zeigt
der Nordfranzose *Jehan* (Jean) *Bodel* die chevalereske Kreuzzugswelt als
belachenswertes, nicht mehr ritterliches sondern durchaus städtisch-bür-
gerliches Welttheater mit göttlicher Harmonie im Hintergrund, wie beim
‹Roman de Renart› (vgl. S. 514f.). Dabei ist es hier keineswegs eine sub-
jektiv-kritische Intention, welche der epischen Ritterwelt gegenübertritt,
sondern eben eine objektive gesellschaftliche Situation, welche die Fiktion
zum Gegenstand des Gelächters werden läßt. Wenn man von der deutschen Literaturgeschichte herkommt, wird man mit einigem Erstaunen
hören, daß *Jehan Bodel* als Berufsjongleur und Dichter in der flandrischen
Stadt Arras, die seit 1191 der französischen Krone gehört, seßhaft lebte.
Er fand dort als amtlicher Herold sein Auskommen, und sein Tod wurde

im Jahrgang 1209/1210 des ‹Registre des jongleurs et bourgeois d'Arras› eingetragen. Die deutschen Dichter sind als Dichter dagegen aktenmäßig wesentlich anonym. Was wir über *Friedrich von Hausen, Bernger von Horheim* und andere aus Urkunden hören, betrifft allenfalls ihre weltlichen Geschäfte, nicht aber ihre poetische Tätigkeit. Von den meisten Dichtern haben wir ohnehin nur den Namen.

In der Stadt Arras besteht 1194 ein korporativer Zusammenschluß von Jongleurs bereits, wie die Gesellschaft selbst behauptet, «seit langem», vielleicht seit 1115. Ursprünglich wohl eine Krankenpflegegenossenschaft, die anläßlich einer Seuche ins Leben trat, wandelt sie sich langsam zu einer Art städtischen Karnevalsgesellschaft. Seit etwa 1150 gibt es in Arras einen ‹Puy›, ein ‹Podium›, in dem – wie sehr viel später ähnlich bei den Meistersingern in Deutschland – Berufsdichter und Bürger ihre poetischen Erzeugnisse vortragen. Nach den Statuten sollten zu 3 Vierteln patrizische Bürger in diesem Puy vertreten sein. Es gab also in den nordfranzösischen und flandrischen Städten ein reiches Handelsbürgertum, welches sich Spielleute und Dichter hielt. Die dienten ihrem Prestige und mit mehr oder weniger gesalzenen Anekdoten, mit Fabliaux und Mysterienspielen ihrer Unterhaltung.

Die Städte erwiesen sich für den Feodalismus im Zeitalter aufblühender Geldwirtschaft zudem als Geldquelle allerersten Ranges. Das hatte vor allem auch der König von Frankreich, *Philipp August,* begriffen. Seine königlichen Stadtrechtsverleihungen (chartes des communes) waren mit regelmäßigen Rentenzahlungen verbunden *(Luchaire),* ebenso die Verleihung von Privilegien an einzelne Gewerbezweige. Daß eine Selbstverwaltung der Städte auch militärische Vorteile für die Krone brachte, hatte sich 1188 bei Mantes bewiesen, welche Stadt sich aus eigener Kraft gegen *Heinrich II.* behauptet hatte. *Philipp August* zog die in Geldgeschäften ganz anders erfahrene Bourgeoisie auch mehr und mehr zur Teilnahme an politischen Regierungsgeschäften heran. 1185 oder 1186 hatte er zusammen mit einer Bürgerschaftsversammlung die Pflasterung der Straßen von Paris beschlossen. 1190 hatte er in dem Testament, welches er vor seinem Aufbruch nach Outremer erließ, für alle königlichen Güter festgesetzt, daß die königlichen Prévôts in Stadtangelegenheiten nur im Einvernehmen mit einem Gremium von 4 Bürgern entscheiden durften, daß in Paris 6 solcher Gemeinderäte zu bestimmen hätten und diese in Abwesenheit des Königs Schatz und Siegel bewahren sollten. Ähnlich verhielten sich die Grafen und Herzoge, gründeten Städte, verkauften Privilegien etc. Nur die dümmsten und kleinsten Feodalen versuchten, durch Überfälle auf Kaufleute wilde Steuern zu erheben, ein Raubrittertum, gegen das der König von Frankreich energisch vorging.

Frühe Analogien zu solchen Verhältnissen gibt es freilich durchaus in Deutschland. «Schon 1120 hatte sich der Zähringerherzog mit einem

Konsortium von 24 angesehenen Kaufleuten in Verbindung gesetzt, um Freiburg i. Br. zu gründen; ... in ihre Hand floß der Risikogewinn der zu leistenden Arbeit; sie erhielten von Anfang an behördliche Funktionen» *(Rörig)*. Daß solche Unternehmungen in Deutschland auf lange hin anscheinend literarisch stumpf blieben, verdankt sich vielleicht dem Gewicht der imperialen Tradition, die nur im Bilde des Ritters leben wollte. Den relativ spärlichen Gründungen im Altland tritt dann seit 1200 ein bedeutender Aufschwung des deutschen Städtewesens im Osten gegenüber, ohne daß eine mit der kulturell-wirtschaftlichen Konzentration im nordfranzösischen Raum wirklich vergleichbare Situation entsteht.

Für die Welt des artesischen Bürgertums also schuf *Jehan Bodel* sein Spiel von Sankt Niklas. Der Bischof Nikolaus von Myra (Bari) war im Westen seit dem XI. Jh. außerordentlich beliebt (Fest 6. Dezember). Er galt als Schutzpatron der Schüler, heiratsfähigen Mädchen, Schiffszimmerleute, Binnenschiffer, Pfandleiher, Weizendocker, Faßbinder, Apotheker, der Gefangenen und der ungerecht Verurteilten. Er kommt übrigens auch in *Hartmans* ‹Armem Heinrich› (865) vor.

Wie der Heilige gegen Diebstahl schützt, erzählt das Niklas-Spiel des *Jehan Bodel*. Man wird sich mit *A. Henry* die Handlung in vier ‹Häusern› vorstellen können, etwa:

| IV. Schlachtfeld mit Kapelle | I. Sultanspalast mit Kerker  Kapelle | II. Kneipe | III. Ferne Heidenländer |
|---|---|---|---|
| | Palastplatz und Straße | | |

Zunächst tritt ein Priester auf und teilt dem Publikum in einem (vielleicht nur in späterer Redaktion erhaltenen; vgl. *Henry*) Prolog den Gang der Handlung mit. Überraschung wäre also nicht intendiert, vielmehr verkörpernde Darstellung.

Die Geschichte spielt in einem imaginären Heidenland, dem Sultanat oder Königreich von Aufrike. Der Sultan hört, daß ein Kreuzzug im Gange sei. Durch Boten und Ausrufer läßt er die Heere der ganzen Heidenschaft aufbieten. Dazu stärkt sich der Sultansbote zunächst einmal in der Kneipe. In Windeseile hat er die fernsten Länder durcheilt. Dann kehrt er zum König zurück. Inzwischen sind aber auch schon die fernen Heidenherrscher mit ihren Heerscharen zur Stelle und werden empfangen. Diese vier Schauplätze (Sultanshof – Kneipe – Ferne Länder – Sultanshof) mag man mit ihren (nach *Jeanroy*) 9 Auftrittsszenen als eine erste Handlungseinheit ansehen (anders *Henry*). Dann folgt – sozusagen als 2. ‹Akt› – der Krieg gegen die Kreuzfahrer. Denen, die von den guten Vorsätzen der Enzyklika von 1187 erfüllt sind (vgl. S. 666), verspricht ein Engel Tod und ewiges Leben. Dann kommen die heidnischen Admirale (Emire) mit ihren Heeren und schlagen, wie 1187 bei Hattin, alle Christen tot. Nur einen seltsamen braven Mann (Prud'homme) nehmen sie dem Sultan als lebendige Siegestrophäe und Wundertier mit. Diesen Mann nämlich fanden sie, wie er in einer Kapelle vor einem Heiligenbild kniete, vor einem Mann mit zweispitziger Bischofsmitra, den die Heiden für einen gehörnten Mahomet halten, der aber natürlich niemand anders ist als der Heilige Nikolaus. Wieder erscheint der Engel, spricht seligpreisend die erschlagenen Christenritter an, stellt sie als Vorbild hin und spricht dem gefangenen Prud' homme Mut zu. Am Sultanshof fragt man ihn, was es mit seinem Heiligenbild, dem gehörnten Mahomet, auf sich habe. Dieser Heilige, so sagt der Prud'homme, könne am allerbesten Schätze gegen Diebstahl schützen. Das will der Sultan probieren. Sein Kronschatz soll künftig nicht mehr bewacht werden. Nur das kleine Heiligenbild legt man als Schutz obenauf. Ein Ausrufer macht dies allgemein bekannt. Der Prud'homme kommt einstweilen ins Gefängnis und soll getötet werden, falls jemand den Sultansschatz stiehlt. (Szene X – XVI; Verse 496–587; Szenenzahlen stets nach *Jeanroy*, Verszahlen stets nach *Henry*). Der nächste und weitaus längste ‹Akt› (403 Verse) spielt in der Kneipe. Die verschiedensten Typen treten dort auf, trinken, spielen, raufen sich. Auch drei Berufsdiebe stellen sich ein. Sie beschließen, den unbewachten Sultansschatz zu stehlen (Szene XVII–XX; Verse 588–991).

Der Diebstahl glückt. Die Diebe kehren mit ihrer Beute in die Kneipe zurück und spielen und trinken, bis sie unter den Tisch rutschen und einschlafen. Inzwischen hat der Sultan den Diebstahl bemerkt und läßt dem gefangenen Christen mitteilen, daß man ihn morgen köpfen wird. Ein Engel erscheint und spricht dem Christenmann Mut zu (Szene XXI–XXVI; Verse 992–1273). Im fünften ‹Akt› schließlich passiert das Wunder: Sankt Niklas erscheint den Dieben im Traum, beschimpft sie ganz fürchterlich und veranlaßt sie, den Schatz wieder zurückzubringen. Der Sultan ist über dieses Wunder zutiefst erstaunt. Er und die gesamte Heidenschaft bekehren sich zum Christentum. Ein vom Prud'homme angestimmtes ‹Te deum laudamus› aus Publikums- und Heidenkehlen beschließt das Stück (Szenen XXVI–XXXII; Verse 1274–1533).

Das Komisch-Wunderbare dieser Handlung wird aber überboten von dem komischen Realismus der einzelnen Szenen. Trotz aller Verwendung episch geläufiger Formeln – und *Jehan Bodel* ist als Verfasser der Chanson de Geste ‹Saisnes› und wohl auch als Rezitator hierin kompetent – ist sein ‹Niklasspiel› gerade kein ‹Miniaturepos› (vgl. *Henry*). Es genügte, diesen Epenstil in Szene zu setzen, um die idealistische Hyperbolik sozusagen auf die Füße zu stellen. Vom Resultat solcher praktischen Gattungskritik können einzelne Szenenmomente einen Begriff vermitteln.

Die gesamte Heidenschaft in *Jehan Bodels* Spiel stammt aus Arras und Umgebung. Der Sultan ist ein freundlich-resoluter Herr. Gemäß der ‹Chanson de Roland› glaubt er an die heidnische Trinität von Mahomet,

Apolin und Tervagan (vgl. S. 245) – allerdings nicht allzu fest. Als ihn die Nachricht vom Kreuzzug erreicht, macht er seinem Götzen Tervagan(t) grobe Vorwürfe:

«Ha! Hurensohn von Tervagan! In solch eine Situation haben Sie mich also kommen lassen! Schade um das schöne Gold, womit ich immer überziehen lasse dies häßliche Gesicht und diese abscheuliche Gestalt! So wahr ich hier stehe: Wenn mir jetzt mein Kismet nicht gönnt, die Christen allesamt zu vernichten, dann laß ich Sie einschmelzen und das Gold unter meine Leute verteilen! Denn schließlich habt Ihr mich 'ne Menge Geld gekostet und seid aus feinstem Orientgold» (134–143).

Der Kanzler des Sultans macht seinen Herrn sodann auf die Unziemlichkeit eines solchen Tons im Umgang mit Heidengötzen aufmerksam. Er rät ihm, sein Verhalten gegenüber Tervagan zu bereuen und ihm vielmehr, wenn er ihm siegen hilft, 10 Goldmark zu versprechen, damit seine Backen etwas dicker werden (163). Als die heidnischen Admirale mit ihren Heeren dem Sultan zu Hilfe kommen, empfängt er sie alle bei Hofe. Sie stehen stramm und machen Meldung:

« *Emir von Connelant (= Iconium):* Herr Sultan! Im Namen Apollos und Mahomets grüße ich Dich als Dein ligischer Vasall! Denn ich bin gekommen auf Deinen Befehl hin, weil ich dazu verpflichtet bin.
*Sultan:* Guter Freund, da tut Ihr recht daran. Kommt nur immer, wenn ich Euch rufe.
*Admiral von Connelant:* Herr Sultan! Weither von jenseits des Nero-Praters, wo die Nesseln wachsen, bin ich gekommen, um Ihnen in der Not zu helfen. Sie werden mir mit Recht ewig dankbar sein. In Nagelstiefeln bin ich marschiert, 30 Tage lang durch Schnee und Eis!
*Sultan:* Sag an! Wer ist diese Truppe da, was sind das für Kerle?
*Admiral von Orcanien* (vgl. Perceval 8889; hier aber, trotz *Henry* 395, als or = Gold + canis = Hund verstanden): Herr Sultan! Sie kommen aus Hinter-Gallatien (Goldhundien), da, wo die Hunde Gold scheißen. Mich solltet Ihr besonders lieb und wert halten, denn für Euch lasse ich über Meer kommen hundert Schiffsladungen aus meinem Schatz. ...
*Sultan:* Und Du, der Du mich da so anglotzest, woher bist Du?
*Admiral von Hinterm verdorrten Baume:* Von hinterm verdorrten Baume! Ich weiß nicht, auf welche Weise ich Euch etwas schenken könnte, denn in meinem Lande gibt es als Münzgeld nur Mühlsteine.
*Sultan:* Bäh! Bei meinem Gotte Mahomet! Was der mir da für einen Schatz verspricht! Da bin ich wenigstens sicher, daß ich nicht in Armut falle.
*Admiral von Hinterm verdorrten Baume:* Herr Sultan! Ich lüge in keinster Weise! Bei uns daheim hat einer davon leicht hundert Dingerchen in der Tasche» (348–383).

Ganz besonders farbig geraten sind die Herolds- und Ausruferszenen, hat doch *Jehan Bodel* dieses Amt selbst ausgeübt. Als der Sultan das Experiment mit dem nur vom Nikolaus-Bild bewachten Schatz machen will, tritt der Ausrufer Connars auf den Plan:

«Achtung! Achtung! Ihr Herren alle! Herbei! Herbei! Und schenkt mir Gehör! Im Namen des Herrn Königs tue ich Euch kund und zu wissen, daß weder an

seinem Schatz, noch an seinem Besitztum fürderhin weder Schlüssel noch Schloß
sein wird! Gerade so, als ob der Schatz auf der Straße läge, wird man ihn finden
können, wie ich mit eigenen Augen gesehen habe! Und, wer es fertig bringt, ihn
zu stehlen, der stehle ihn! Denn nunmehr bewacht ihn niemand mehr – außer
einem einzigen gehörnten Mahomet – mausetot! Denn er bewegt sich nicht! Der
kann mir leid tun, der das Geld verachtet!» (576–587).

Aber Connars hat als amtlicher Ausrufer einen Konkurrenten, der wie
er selbst mit Stock und Kasserolle durch die Stadt zieht und Bekanntma-
chungen ausschreit. Wie es in Arras zwei konkurrierende Stadtgemeinden
gab – die ‹Cité› mit der Kathedrale und die ‹Ville› mit dem Kloster Sankt
Vaast –, so auch hier im Theaterorient. In der Kneipe treffen beide Konkurrenten zusammen und Connars stellt sich vor:

> «Gestatten, Connars! Ausrufer durch Geburt bei den Herren Schöffen von der
> Cité. Seit mehr als sechzig Jahren verdiene ich mir schon mein Brot mit Ausschrei-
> ung von Bekanntmachungen! Und Du? Wer bist Du?
> *Raoulés:* Ich heiße Raoul der Weinschreier und bin bei den Herren der Ville
> angestellt!
> *Connars:* Schuft! Laß Deine Arroganz! Du schreist viel zu leise! Leg sofort
> Deine Blechkasserolle und Deinen Stock ab! Du bist für mich ein Dreck! –
> *Raoulés:* Was denn, Connars? Du willst mich anrempeln?
> *Connars:* Na und? Sei bloß froh, wenn ich Dich nicht zusammenschlage! Leg
> die Kasserolle weg und den Probierbecher, sag ich Dir …!» (599–613).

Schließlich greift der Schankwirt ein und bringt die beiden auseinander.
Raoulés soll den neuen Wein ausrufen. Das erledigt er so:

> «Neu angezapfter Wein! Maß- und faßweise!
> Blumig, süffig, rund und voll! Geschmeidig und glatt auf der Zunge wie das Eich-
> hörnchen auf dem Zweig!
> Ohne Stich! Ohne Anflug von Fäulnis!
> Trocken und herb, abgelagert und charaktervoll! Kristallklar wie eine Sünder-
> träne liegt er auf der Zunge des Genießers – andre sollten ihn ohnehin nicht trin-
> ken!» (642–650).

Würfeln, Rechnen und Anschreibenlassen beleben die Szenen in der
Kneipe:

> «*Clikés:* Dann also alles gezählt!
> *Wirt:* Das erste Maß Wein – das macht also drei (Denare)!
> *Clikés:* Najaja!
> *Wirt:* Und dann: eine Partie gewonnen (anders *Henry*) und drei verloren!
> Stimmts?
> *Clikés:* Das macht also alles in allem 5! Ich will aber noch mehr borgen!
> Ihr borgt mir also jetzt 11! Das macht dann zusammen 17, die ich Euch schulde!
> Einverstanden?» (807–814).

5 + 11 sind auch im Theaterorient 16 und nicht 17. Aber Clikés hat sich
in der Tat nicht verrechnet. Er borgt die 11 Denare und zahlt 12 zurück,
das heißt, der Wirt leiht ihm ‹au denier douze›, wie Harpagon in *Molières*
‹Avare› (I, 4), also etwa zu 8%! *Jehan Bodels* Theaterheiden und Berufsdiebe fluchen natürlich auf gut christlich:

«*Pincedés (Würfelknieper):* Himmelherrgottsakrament! Leute! Gott bewahr mich! Verschwindibus! Bei Sankt Willehalm von Orange!
*Clikés:* Das nützt Dir überhaupt nichts! Richtig in die Hand genommen (und die Würfel geschüttelt) – wie es auch fällt! ...
*Pincedés:* Aach! Sankt Leonhard! Das noch drauf – und das Geschäft ist gemacht!
*Clikés:* Sankt Niklas! Nur einer zu wenig! ...
*Rasoir:* Also, Würfelknieper! Ich nehme mir jetzt (von dem Sultansschatz) meinen Spielgewinn, den Ihr mir vorher hoch und heilig versprochen habt! Und Ihr habt gesagt gehabt, das soll gleich beim ersten Spiel gelten!
*Pincedés:* Heeh! Was erzählst Du da? Du Gottesfeind und Heide! Das hier sind hundert Pfund! Glaubst Du denn, ich wäre betrunken gewesen, als ich den Einsatz machte? Das war für das Spiel mit den Pariser Pfennigen gemeint!» (1113–6; 1133–35; 1139–1147).

So streiten die drei Diebe beim Würfeln. Schließlich sinken sie volltrunken unter den Tisch und schlafen ein. Da erscheint ihnen Sankt Niklas:

«*Niklas:* Ihr Bösewichter! Ihr Gottesfeinde! Auf, auf mit Euch! Was schlaft Ihr noch? Ihr werdet gehängt – und zwar gleich! Ihr Unglücksraben! Hättet Ihr bloß den Schatz nicht geklaut! ...
*Pincedés* (reibt sich die Augen): Was ist loos? Wer weckt uns da? Gott, was hab ich tief geschlafen!
*Niklas:* Du Hurensohn! Ihr seid alle längst tot! Zur Stunde steht der Galgen schon gerichtet! Denn Euer Leben habt Ihr verwirkt, wenn Ihr meinen Rat nicht dalli dalli befolgt!
*Pincedés:* Guter Herr! Du hast uns vielleicht erschreckt! Wer bist Du denn überhaupt, daß Du uns solche Angst einjagst?
*Niklas:* Vasall! Ich bin Sankt Niklas, der die Verirrten wieder auf den rechten Weg bringt!
Nun los! Macht Euch auf und bringt dem Sultan seinen Schatz zurück! Da habt Ihr 'ne Sünde begangen, schon als Ihr bloß daran gedacht habt! (Konntet Ihr Euch das nicht klarmachen?) – Den Schatz, den mußte doch das Bildchen schützen, das oben drauf lag! Paßt mir bloß auf, daß das alles wieder richtig zurück kommt! Der Schatz kommt mir hin, wo er hergekommen ist! Und tut mir gefälligst das Bildchen wieder oben drauf! Und hiermit trete ich unverzüglich (von der Bühne) ab!
*Pincedés:* Per signum sancte cruchefis! Cliquet, was sagt Ihr nun? Und Ihr, Rasoir? ...» (1274–1302).

Nun, sie bringen alles wieder zurück, der Sultan bekehrt sich und verlangt von seinen Vasallenkönigen unter Vorwegnahme der Augsburger Religionsfriedensformel von 1555 ‹Cuius regio, eius religio›, daß auch seine Vasallenfürsten die Konfession wechseln. Als der Emir von Hinterm-verdorrten-Baume sich weigert, wird er gewaltsam zum Christentum bekehrt, bekennt aber immerhin:

«Sankt Nikolaus! Absolut gegen meinen Willen verehre ich Euch! Ich beuge mich roher Gewalt! Von mir kriegt Ihr nur die Schale! Bloß mit Worten werde ich Euch untertan, mein wahrer Glaube aber bleibet in Mahomet» (1507–1511).

Hier ist auch bei *Jehan Bodel* der Zwiespalt von Sein und Schein, von Worten und Werken vorhanden, der im ‹Iwein› wie im ‹Reinhart Fuchs› thematisch geworden war. Und im Grunde bringt ja die dramatische Aufführung der ritterlichen Epensprache, aber auch der bürgerlichen Gaunersprache nichts anderes zum Ausdruck als diese Diskrepanz. Sie tut es vor einem städtischen Publikum auf komische Weise, wenn nach erfolgter Heidenbekehrung das Götzenbild Tervagan zu guter Letzt zu reden beginnt:

> Palas aron azinomas
> Baske bano tudan donas
> Gehéamél cla orlay
> Berec he pantaras tay.
> *Der brave Christ:* Sultan! Was sagt der Kerl da? (1512–1516).

Und dann übersetzt ihm der Sultan das Theaterarabisch. Gewiß, man mag im ‹Jeu de Saint Nicolas› die überreife Situation der französischen Ritterdichtung wiedererkennen, die in *Chrestiens* ‹Perceval› wie in der Lyrik zum dritten Kreuzzug (S. 671 ff.) an ein Ende gekommen schien. Daß nun ein solches Drama in städtischer Umwelt möglich wird, läßt sich für die Vorstellung wohl nachvollziehen, zumal, wenn man den Problemstand des ‹Roman de Renart› (vgl. S. 513) mitbedenkt. Doch wird in alledem eben auch zugleich eine Problematik sichtbar, die sich in der ritterlichen deutschen Literatur nach dem dritten Kreuzzug erkennen ließ; dennoch ist dort offenbar ein solches Niklas-Spiel nicht möglich geworden. Vielmehr wird man jetzt als deutsche Gleichzeitigkeit nicht nur Verdächtigung und Bezauberung des Wortes in der Lyrik, *Hartmans* ‹Iwein› und *Heinrichs* ‹Reinhart Fuchs› denken müssen, sondern auch die Aufzeichnung des ‹Nibelungenliedes›, welches *Hermann Heimpel* einmal ein «Zeugnis des durch Jahrhunderte stumm bewahrten Völkerwanderungsgeistes» nannte. Und man wird als Erkenntnis die Verwunderung darüber festhalten müssen, wie altertümlich und in welch problematischer Situation im östlichen Imperium die sogenannte mittelhochdeutsche Klassik beginnt.


### Beweinte Phantasmagorie im ‹Nibelungenlied›

Hätte es in Deutschland um 1195 schon zahlreiche, dichtbevölkerte, von Tuchindustrie und Fernhandel lebende Städte gegeben, in denen sich Jongleurs mit Bürgern zu Korporationen zusammenschlossen, man würde sich im Kreise der deutschen *Jehan Bodels* die Aufzeichnung des höchst seltsamen Literaturwerks denken dürfen, welches das Nibelungenlied ist. So aber müssen es andre Herren gewesen sein, welche sich die literarische Fixierung dieser Dichtung angelegen sein ließen. Denn es geht hier nicht darum, das Nibelungenlied zum Vorwand für germanische Sagengeschichte zu nehmen, auch nicht darum, mögliche Vorformen in germanischer und deutscher Frühzeit zu rekonstruieren, sondern um jenes Stück, das in höfischen Pergamenthandschriften erhalten ist, darum: wie so etwas aufs Pergament kommen konnte, und als was es denn da eigentlich aufs Pergament kam. Als heuristisches Instrument dazu soll ein zeitgenössischer Kommentar dienen. Zuvor aber versuchen wir, eine möglichst ausführliche Vorstellung vom Gefüge der Handlung zu geben mit Hilfe der alten Einteilung des Stücks in 39 ‹aventiuren›; auch merken wir dabei jene Ereignisse des ausgehenden XII. Jahrhunderts an, die ein einigermaßen informierter Zeitgenosse bei dem poetisch Berichteten wohl mochte assoziieren können.

## 1. Teil: Siegfried-Handlung, Aventiuren 1 bis 19

### 1. Aventiuren-Gruppe: Worms und der Held des ersten Teils (Aventiuren 1 bis 5)

*1. Aventiure.* In Worms am Rhein lebt die burgundische Königsfamilie mit ihrem Hofstaat: König Gunther, König Gêrnôt, König Gîselher, der erste Paladin Hagene von Tronege, die verwitwete Königinmutter Uote und die Prinzessin Kriemhilt. Der träumt schicksalhaft: zwei Adler zerreißen ihr einen edlen Falken. Die Mutter deutet: Der geliebte, edle Mann wird ihr ermordet werden. Kriemhilt liebt noch keinen und will nie einen lieben.

*2. Aventiure.* (Die Handlung springt an einen neuen Ort und holt von da her schließlich den Helden nach Worms.) König Sigemunt und Königin Sigelint in Xanten am Niederrhein lassen ihren Sohn Sîvrit zum höfischen Ritter erziehen. Das Fest seiner Schwertleite wird großartig gefeiert (– wie 1184 das Schwertleitfest der Barbarossasöhne zu Mainz; vgl. ob. S. 578 ff.).

*3. Aventiure.* Der Königssohn Sîvrit will die Hand der schönen Kriemhilt erringen, seltsamerweise nicht durch standesgemäße Werbung, sondern als fremder ‹Recke› durch Kampf. Mit geringer Begleitung kommt er nach Worms. (Wieder läßt der Erzähler die Handlung springen, zurück in die Zeit, zu den Heldentaten des jungen Sîvrit.) Hagene, der Sîvrit einreiten sieht, erzählt den Burgundenkönigen von Drachenkampf und Erwerbung des Nibelungenschatzes durch den jungen Sîvrit. Dann tritt dieser selbst auf und fordert König Gunther zum Zweikampf um Land und Herrschaft. Die Könige sind über solche unhöfische Vorzeitsitte erstaunt. Schließlich läßt sich Sîvrit durch gutes Zureden auf die Bahn gegenwärtiger Gesittung zurückführen, verzichtet auf seine Rolle als Vorzeitrecke und wird geehrter Gast am burgundischen Königshof.

*4. Aventiure.* Dorthin kommen Boten der Sachsen und Dänen, die Fehde ansagen. Sîvrit wird das burgundische Ritterheer in den Sachsenkrieg führen (Vgl. Reichskrieg gegen *Heinrich den Löwen* 1180). Durch Handstreich nimmt er beide feindlichen Fürsten gefangen und erringt den Sieg. Ein Bote bringt die Siegesnachricht nach Worms vor die Könige und Kriemhilt. Mit herzlicher Freude hört sie von Sîvrit erzählen. (Dann springt die Handlung wieder zum Helden und holt ihn nach Worms zurück.) Triumphale Heimkehr.

*5. Aventiure.* Beim Siegesfest darf Kriemhilt Sîvrit zum erstenmal sehen und ihn durch ihren besonderen Gruß ehren. Liebe erwacht in beiden. Sîvrit bleibt in Worms.

## 2. Aventiuren-Gruppe: Sîvrit erwirbt Kriemhilt, indem er Prünhilt für König Gunther erringt (Aventiuren 6 bis 11)

*6. Aventiure.* (Die Handlung setzt neu an, eine neue Heldenfigur wird an ihrem fernen Ort gezeigt, damit zugleich das Ziel der Handlung genannt.) Auf der isländischen Meeresburg Isenstein lebt die riesenstarke, jungfräuliche Königin Prünhilt. Alle Helden, die um sie werben, müssen sie in einem dreifachen Kampfspiel besiegen, oder sie werden getötet. Bisher hat noch kein Werber den Isenstein lebend verlassen. (Jetzt, Strophe B 329, springt die Erzählung zurück nach Worms.) König Gunther will in die rauhe Vorzeitwelt ziehen und Prünhilt erkämpfen. Sîvrit will ihm in einer Tarnkappe helfen, wenn er dafür Gunthers Schwester Kriemhilt zur Frau bekommt. Der Handel wird geschlossen. Nur Gunther, Sîvrit, Hagene und Dancwart steigen zu Schiff und segeln ins Nordmeer.

*7. Aventiure.* Sie landen auf Isenstein. Prünhilt glaubt, Sîvrit sei der Werber. Doch der gibt sich als ‹man› König Gunthers aus, welcher mit Prünhilt kämpfen will. In der unsichtbar machenden Tarnkappe besteht Sîvrit die drei Kämpfe an Gunthers Stelle, welcher nur die Gesten ausführt. Von überall her strömen die Lehnsleute der besiegten Prünhilt hinzu, um König Gunther zu huldigen. Die Burgunden fürchten Verrat und senden Sîvrit, aus Nibelungenland Hilfe zu holen.

*8. Aventiure.* Die Erzählung folgt Sîvrit, der über Meer fährt und allein vor der Nibelungenburg (in Norwegen?) landet. Aus Übermut gibt er sich nicht zu erkennen. In neuem Kampf besiegt er den riesenhaften Pförtner und den Zwerg Albrîch. Mit 1000 Rittern kehrt er nach Isenstein zurück. Diese und 2000 Isländer begleiten Prünhilt, Gunther, Sîvrit, Hagene und Dancwart nach Worms.

*9. Aventiure.* Sîvrit reitet als Bote zu Kriemhilt voraus. Dort bereitet man den festlichen Empfang der Islandfahrer vor.

*10. Aventiure.* Prünhilt und Gunther und – auf Sîvrits Mahnung hin – auch Kriemhilt und Sîvrit werden festlich verlobt. Als Prünhilt Kriemhilt an der Seite Sîvrits sieht, weint sie – angeblich vor Scham, daß des Königs Schwester an einen unfreien Lehnsmann vergeben wurde. Gunther vermag ihr keinen stichhaltigen Grund zu nennen. Da fesselt Prünhilt König Gunther in der Hochzeitsnacht und hängt ihn an einen Nagel. Am folgenden Tag bittet Gunther heimlich Sîvrit um Hilfe. In der Nacht überwindet Sîvrit in der unsichtbar machenden Tarnkappe Prünhilt und nimmt ihr Ring und Gürtel, welche er später Kriemhilt schenkt. Prünhilt muß sich Gunther ergeben, wird sein Weib und hat jetzt ihre übermenschliche Kraft verloren.

*11. Aventiure.* Sîvrit und Kriemhilt kehren heim ins Königreich Xanten, wo Sîvrit an seines Vaters Stelle die Herrschaft übernimmt. Kriemhilt gebiert einen Sohn. Auch Prünhilt in Worms schenkt einem Sohn das Leben.

## 3. Aventiuren-Gruppe: Kriemhilts Gemahl Sîvrit wird ermordet (Aventiuren 12 bis 19)

*12. Aventiure.* (Die Erzählung setzt neu an in Worms.) Das Verhältnis Sîvrit-Kriemhilt birgt für Prünhilt ein Rätsel, beunruhigt sie (‹Prünhilden unmuoze›). Gunther muß die Xantener zu einem Fest nach Worms laden. Boten überbringen die Nachricht dorthin.

*13. Aventiure.* Die Erzählung holt Sîvrit, Kriemhilt, den alten König Sigemunt nach Worms ein. Dort findet ein prächtiges Ritterfest statt.

*14. Aventiure.* Auf der Zuschauertribüne des Turniers prahlt Kriemhilt mit der Überlegenheit ihres Mannes. Prünhilt brüskiert die Rivalin mit der Behauptung, Sîvrit sei ein unfreier Lehnsmann (‹eigenholde›), der Gunther Zins schuldet. Da will Kriemhilt beim Kirchgang in aller Öffentlichkeit ihren Rang erweisen, indem sie den Vortritt gegenüber Prünhilt verlangt. Prünhilt wiederholt vor allen den Vorwurf der Unfreiheit. Da schilt Kriemhilt Prünhilt eine Hure und erzählt das Geheimnis ihrer Hochzeitsnacht. Zum Beweis zeigt sie Prünhilts Ring und Gürtel vor. Prünhilt fordert Rechenschaft von Gunther, Gunther zieht Sîvrit zur Rechenschaft. Sîvrit will beeiden, daß er sich vor Kriemhilt nie gerühmt hat, Prünhilt bezwungen zu haben. Gunther aber erläßt Sîvrit den Eid. Allgemeines Erstaunen. Prünhilt ist öffentlich desavouiert. Hagene macht Gunther klar: Sîvrit muß ermordet werden.

*15. Aventiure.* Eine erfundene Kriegserklärung der Sachsen führt zur Kriegsrüstung. Sîvrit will das Heer führen. Angeblich um Sîvrit besser schützen zu können, läßt sich Hagene von Kriemhilt Sîvrits verwundbare Stelle bezeichnen. Als dies erreicht ist, wird der Sachsenaufstand als Falschmeldung enthüllt, der Kriegszug in eine fürstliche Jagd umgewandelt.

*16. Aventiure.* Unheil träumt Kriemhilt. Doch sie kann Sîvrit von der Jagd nicht zurückhalten. Im Odenwald erwirbt Sîvrit höchsten Jägerruhm. Nach dem Wettlauf zu einer Waldquelle zwischen Sîvrit, Hagene und Gunther, wird Sîvrit, während er trinkt, von Hagene mit dem Speer hinterrücks ermordet. Die Mörder beschließen vorzugeben, Sîvrit sei von Räubern erschlagen worden.

*17. Aventiure.* Nachts wird die Leiche nach Worms gebracht und vor der Tür von Kriemhilts Kemenate niedergelegt. (Dann springt die Handlung über zu Kriemhilt, der neuen Heldin des Epos.) Als Kriemhilt zur Matutin gehen will, findet sie die Leiche Sîvrits. Sie ahnt den Mörder. Klagen Kriemhilts, Sigemunts und der Xantener Ritter. Sîvrits Leiche wird aufgebahrt. Als Hagene zur Bahre tritt, brechen Sîvrits Wunden blutend auf (‹Bahrprobe›, vgl. ‹Iwein› 1355–69). Kriemhilt nennt Gunther und Hagene als Mörder. Beide leugnen öffentlich. Sîvrit wird mit großem kirchlichem Gepränge begraben. (Vgl. Begräbnis Herzog *Leopolds V.* von Österreich im Januar 1195 unter Bischof *Wolfger* von Passau.)

*18. Aventiure.* Sîvrits Vater Sigemunt und die Xantener Ritter kehren heim. Kriemhilt bleibt in Worms bei ihrer Familie.

*19. Aventiure.* Kriemhilt wird veranlaßt, sich wenigstens mit ihrem Bruder Gunther zu versöhnen und den Nibelungenhort, den Schatz Sîvrits, nach Worms kommen zu lassen. Mit dem Gold verpflichtet sie sich viele Ritter. Hagene fürchtet Kriemhilts wachsende Macht und versenkt den Nibelungenhort im Rhein.

Damit endet der 1. Teil des Liedes. Die moralischen Wertungen der handelnden Personen scheinen eindeutig. Hagen und Gunther sind als Mörder böse. Prünhilt, obgleich mit Hilfe der Tarnkappe zweifach betrogen, ist Anstifterin des Unheils. Kriemhilt, obgleich prahlerisch und leichtfertig, erscheint als schuldlos durch den ihr angetanen Mord. Sîvrit ist der strahlende Held. Keine seiner Handlungen hat ein böses Motiv. Für den Gang der Erzählung ist dies charakteristisch: Sie hat ein lokales Zentrum, den burgundischen Königshof in Worms. Von dort aus springt die Erzählung an andere Orte, immer um aus der Ferne einen neuen Helden der Handlung einzugliedern. Deswegen wird der Gehalt der Handlung auf diese Struktur hin gedacht werden müssen. Dann aber zeigt sich, daß es die Ehre des Wormser Königshauses ist, die an jeder Stelle des ersten Teils im Spiel ist, und daß Sîvrit aus dem Vorkämpfer schließlich zum Feind dieser Ehre wird. So gesehen, ist er nicht mehr bloß der strahlende Held. Moralischer Eindruck von der Wertigkeit der Personen und Handlungsstruktur stehen also in einem Widerspruch, der seine Begründung vielleicht durch den zweiten Teil erfährt.

## 2. Teil: Nibelungen-Handlung. Aventiuren 20 bis 39

### 1. Aventiurengruppe: Kriemhilts neue Ehe (Aventiuren 20 bis 23)

*20. Aventiure.* König Etzel, dem seine erste Frau gestorben ist, sendet den Markgrafen Rüedegêr von Bechelâren nach Worms als Brautwerber um die verwitwete Kriemhilt. Das stärkste Argument, das Rüedegêr gegenüber Kriemhilt für die neue Ehe vorzubringen weiß, ist, daß die Macht des Hunnenkönigs und Rüedegêrs eigene Beihilfe Kriemhilt die Rache für Sîvrits Ermordung ermöglichen könnte (B 1256 ff.). Kriemhilt nimmt die Werbung an und bricht von Worms nach Ungarn auf. Zuvor hat ihr Hagene das letzte Gold geraubt.

*21. Aventiure.* Der Reiseweg Kriemhilts wird geographisch genau beschrieben: Worms – Vergen (Pföring/Donau) – Pazzouwe (Passau). Dort Empfang durch den Bischof Pilgrîm, Kriemhilts Mutterbruder. Dann: Everdingen (Eferding) – Trûne (Traun) – Ense (Enns) – Bechelâren (Pöchlarn), wo Markgraf Rüedegêr seinen Sitz hat. Dort Empfang durch Rüedegêrs Gattin Gotelint. Dann: Medelike (Melk) – Mûtâren (Mautern) – Zeizenmûre (Traismauer).

*22. Aventiure.* In Tulne (Tulln) kommen Kriemhilt schon die ersten Hunnenritter entgegen, dann auch König Etzel selbst. In Wien (ze Wiene) wird Hochzeit gefeiert. Dann geht es über Heimburc (Hainburg) – Misenburc (Wieselburg) nach Etzelnburc (Gran?), dem Herrschersitz von Etzel und Kriemhilt. Dort steht Herrât, die Tochter des Königs Näntwîn und Braut Dietrîchs von Berne, dem Gesinde vor. *(Margarete* von Frankreich, Witwe des Königs Jung-*Heinrich* von England, der am 14. 6. 1170 in Nantes gekrönt worden war – also ein ‹Näntwîn› wäre – heiratete 1186 König *Bela III.* von Ungarn, dessen 1. Frau verstorben war.)

*23. Aventiure.* Kriemhilt gebiert Etzel den Sohn Orte. Nach 13 Jahren veranlaßt sie Etzel, die Burgunden zu einem Ritterfest nach Ungarn zu laden. Als Boten gehen die Spielleute Wärbel(în) und Swemmel(în) an den Rhein.

### 2. Aventiurengruppe: Zug der Burgonden nach Hiunen lant (Aventiure 24 bis 27)

*24. Aventiure.* Wärbel und Swemmel kommen nach Worms und bringen die Botschaft vor. Hagene und der Küchenmeister Rûmolt raten warnend ab *(Wolfram* zitiert Rûmoltes Rat im 8. Buch des ‹Parzival› 420, 26–30). Dennoch wird die Einladung angenommen. Aber 1000 Ritter sollen mitziehen. Die Boten kehren zurück und berichten Kriemhilt, daß die Könige mit Hagene und 1000 Rittern kommen werden.

*25. Aventiure.* (Hier springt die Erzählung vom Hunnenhof nach Worms). Unheilsträume der alten Königin Uote, nochmalige Warnung Rûmolts. Dennoch brechen die Burgonden (die nun ab Str. B 1523 ‹Nibelunge› heißen) auf. Die Donau ist über ihre Ufer getreten. Der Zug stockt. Hagene überlistet zwei Nixen, so daß sie ihm die Zukunft sagen: Alle werden in Ungarn umkommen, nur der Kapellan des Königs nicht. Um den Fährmann herüberzulocken soll sich Hagene ‹Amalrîch› nennen. So geschieht es. Als der Fährmann den Betrug erkennt, will er zurückrudern. Hagene erschlägt ihn und setzt die Burgunden selber über. Den Kapellan des Königs wirft er ins Wasser. Der rettet sich ans alte Ufer. Hagene weiß, die Nixen haben ihm die Wahrheit gesagt. Er zerschlägt das Fährschiff. Keiner kann mehr zurück.

*26. Aventiure.* Hagene sagt den Nibelungen, was sie erwartet. Die bayerischen Grafen versuchen vergeblich, die Ermordung des Fährmanns zu rächen. Ein Graf wird erschlagen. Die Nibelungen kommen nach Passouwe und werden von Bischof Pilgrîn empfangen. An der hunnischen Grenze überraschen sie den schlafenden Ritter Eckewart. Als sie ihm sein Schwert zurückgeben, warnt er sie vor Kriemhilt. Dann meldet er ihre Ankunft in Bechelâren. (Vgl. Str. A 1575, B. 1636, C 1676.)

*27. Aventiure.* Festlicher Empfang durch Rüedegêr in Bechelâren. Die Tochter des Markgrafen (Dietlind in der ‹Klage›, im NL namenlos) wird mit dem jungen König Gîselher verlobt. Alle tauschen reiche Geschenke. Auch Hagene wird Freundschaft zuteil (vgl. *Barbarossas* Empfang zu Gran durch König *Bela III.* von Ungarn und Verlobung des Barbarossasohnes *Friedrich* von Schwaben mit einer Tochter *Belas* im Juni 1189). Rüedegêr begleitet die Nibelungen zu Etzel. Vom Turm sieht Kriemhilt den Zug nahen. Sie wird dem Gold geben, der ihres Schmerzes um Sîvrit gedenkt.

## 3. Aventiurengruppe: Empfang und Festmahl der Nibelungen in Etzelnburc (Aventiuren 28–31)

*28. Aventiure.* Dietrîch von Berne kommt den Nibelungen entgegen und warnt sie. In Etzelnburc grüßt Kriemhilt nur ihren Bruder Gîselher. An Hagene merkt sie, daß die Burgonden gewarnt sind. Dietrîch von Berne bekennt, daß er der Warner war. König Etzel sieht die gewaltige Erscheinung des Hagene von Tronege und erinnert sich, daß jener seine Jugend als Geisel am Hunnenhof verbrachte.

*29. Aventiure.* Auf eine Bank vor Kriemhilts Palas setzen sich Hagene und der ritterliche Minnesänger Volkêr. Als die Königin mit gewaffnetem Gefolge vorbeikommt, stehn sie nicht auf. Hagene legt Sîvrits Schwert quer über seine Knie und bekennt sich offen als der Mörder. Kriemhilt befiehlt ihrem Gefolge, die beiden anzugreifen. Aber die Hunnen weichen feige zurück. Dann folgt der offizielle Empfang durch König Etzel.

*30. Aventiure.* Das Festmahl ist beendet. Hagene und Volkêr halten vor dem Saalbau, in dem die Nibelungen schlafen, Schildwacht. Der Sänger Volkêr spielt auf der ‹videl› und singt. Ein Überfall der Hunnen scheitert an Volkêrs Wachsamkeit.

*31. Aventiure.* Zur Festmesse am andern Morgen kommen die Burgonden in voller Rüstung. Beim Turnier tötet Volkêr einen angeberischen Hunnenritter. Es entsteht Tumult. Etzel vermag ihn noch einmal zu beschwichtigen. Das Festmahl beginnt. Kriemhilt hat Dietrîch von Berne vergeblich gebeten, Sîvrit rächen zu helfen. Aber den Bruder Etzels, Bloedelîn, und sein Heer hat sie gewinnen können. Er rüstet sich, während im Saal das Festmahl beginnt. Kriemhilt läßt ihren Sohn, den 12-jährigen Orte, herbeiholen. König Etzel freut sich über ihn. Hagene spricht vom nahen Tod des Knaben.

## 4. Aventiurengruppe: Statistenkämpfe des ersten Tages in Etzelnburc (Aventiuren 32 bis 36)

*32. Aventiure.* Dancwart ißt mit den burgundischen Knappen in einem Nebensaal. Die Hunnen des Bloedelîn überfallen sie. Alle werden im Kampf getötet, Dancwart schlägt sich zum Rittersaal durch, nachdem er Bloedelîn getötet hat.

*33. Aventiure.* Blutüberströmt meldet Dancwart den Überfall. Hagene schlägt dem Hunnenprinzen Orte den Kopf ab. Der Kampf im Saal wird allgemein. Dietrîch von Berne erwirkt, daß das Königspaar unter dem Schutz seiner Recken abziehen darf. Auch Markgraf Rüedegêr wird freier Abzug gewährt. Aber alle Hunnen im Saal werden erschlagen.

*34. Aventiure.* Die Leichen werden aus dem Saal geworfen. Ein Hunne schleicht heran, um einen toten Verwandten zu bergen. Volkêr tötet ihn mit dem Speer. König Etzel selbst wird mit Mühe vom Kampf zurückgehalten. Kriemhilt bietet Gold über Gold für den Kopf Hagenes.
*35. Aventiure.* Irinc von Dänemark verwundet Hagene und wird von ihm erschlagen. Dänen und Thüringer versuchen, ihren Fürsten zu rächen und kommen alle um.
*36. Aventiure.* Ein neues Hunnenheer wird von den Nibelungen getötet. Die Verteidiger sind erschöpft. Kriemhilt verspricht freien Abzug, wenn Hagene ausgeliefert wird. Weigerung der Burgonden. Kriemhilt läßt den Saal anzünden. Mit ihren Schilden schützen sich die Burgonden gegen das herabstürzende Gebälk. Ihren Durst löschen sie mit dem Blut der Erschlagenen (wie beim Kreuzzug!). Ein neuer Morgen bricht an.

## 5. Aventiurengruppe: Heldenkämpfe des zweiten Tages und Untergang der Nibelungen in Etzelnburc (Aventiuren 37 bis 39)

*37. Aventiure.* Etzel und Kriemhilt verlangen von ihrem Lehnsmann Rüedegêr von Bechelâren, daß er gegen seine burgundischen Freunde kämpft. Auf Hagenes Bitte hin gibt Rüedegêr ihm seinen neuen Schild und empfängt dafür den zerhauenen seines Freundes. Rüedegêr und Gêrnôt töten sich gegenseitig. Gêrnôt kämpfte mit jenem Schwert, das ihm Rüedegêr in Bechelâren schenkte. Alle Gefolgsleute Rüedegêrs werden erschlagen. Eine unheimliche Stille tritt ein. Kriemhilt meint, Rüedegêr verhandele, und beschimpft ihn. Da wird ihr seine Leiche gezeigt. Es erhebt sich großes Wehklagen.
*38. Aventiure.* Dietrîch von Berne sendet Hildebrant mit seinen getreuen Amelungenhelden aus, Rüedegêrs Leichnam von den Burgonden zu erbitten. Durch ein heftiges Wort des jungen Amelungen Wolfhart kommt es zum Kampf. Hildebrant tötet Volkêr, Wolfhart und Gîselher erschlagen sich gegenseitig. Von den Nibelungen bleiben nur Gunther und Hagene, von den Amelungen allein Hildebrant am Leben. Hildebrant meldet Dietrîch den Tod aller seiner Freunde.
*39. Aventiure.* Da greift Dietrîch von Berne selbst ein. Mann gegen Mann besiegt er Hagene, zuletzt im Ringkampf. Gebunden gibt er ihn an Kriemhilt. Dann besiegt und bindet er auch König Gunther. Kriemhilt verlangt von Hagene – den Nibelungenhort, das Gold, zurück. Niemals, solange Gunther lebt, sagt Hagene. Da läßt Kriemhilt ihrem Bruder Gunther den Kopf abschlagen. Nun wissen es nur Gott und ich, wo das Gold ist, triumphiert Hagene. Da schlägt ihm Kriemhilt mit Sîvrits Schwert das Haupt ab. Der alte Hildebrant springt hinzu und tötet auch die rasende Kriemhilt. Land und Volk sind der Klage voll.

Fassung C schließt:

Ine kan iuch niht bescheiden     waz sider dâ geschach,
wan kristen unde heiden     weinen man dô sach,
wîb unde knehte     unt manege schoene meit:
die hêten nâch ir friunden     diu aller groezisten leit (2439).

Ine sage iu nu niht mêre     von der grôzen nôt
– die dâ erslagen wâren,     die lâzen ligen tôt –
wie ir dinc an geviengen     sît der Hiunen diet:
hie hât daz maere ein ende:     daz ist der Nibelunge liet (2440).

A und B enden:

Ine kan iu niht bescheiden,     waz sider dâ geschach:
wan ritter unde vrouwen     weinen man dâ sach,

dar zuo die edeln knehte    ir lieben friunde tôt.
hie hât daz maere ein ende:   daz ist der Nibelunge nôt (A 2316; B 2379).

Ein fürchterliches, unverstehbares Blutbad. Aber Unverstehbarkeit und Furchtbarkeit sind in Zusammenhang mit der besonderen historischen Erscheinungsform dieses Epos auf höfischem Pergament. Die Form des Handlungsablaufs schafft einen Widerspruch als Gehalt – oder: dieser Widerspruch sucht sich seinen Handlungsablauf.

Lokales Zentrum des zweiten Teils ist Etzelnburc. Nicht von verschiedenen Peripheriepunkten her – wie zuvor nach Worms – strebt dorthin alle Handlung; vielmehr wird Worms zweimal nach Etzelnburc übertragen: einmal durch Kriemhilt, sodann durch die Helden des Königshauses. Worms war im ersten Teil Ort der Königsehre gewesen, gegen die Sîvrit und Kriemhilt verstoßen hatten. Kriemhilt ist seither aus dem Ehrzusammenhang des Königshauses ausgeschlossen. Ihre Ehre liegt von da an in der Rache: in der Rache für Sîvrit und in der Rache für ihre Verfemung. Rache begründet ihre zweite Ehe. Sie führt ihre Ehrenrache mit nach Etzelnburc. Die Burgonden bringen ihre Königsehre dorthin. Etzelnburc als Handlungsziel ist der Ort des Kampfes zwischen der Ehre Kriemhilts und der Wormser Könige. War im ersten Teil ein Widerspruch zwischen moralischer Wertigkeit der Helden und dem Sinn der Handlungsführung zu erkennen, so scheinen im zweiten Teil die Strukturierung der Handlung auf die Wormser Königsehre und die heldenhaften Träger dieser Ehre in Einklang. Es mag der Widerspruch des ersten Teils darauf beruhen, daß seine Handlungsführung, nicht aber die Personen in ihr, vom zweiten Teil her entworfen wurden. Aber der Widerspruch des ersten Teils hat eine Umwertung der Personen gleichen Namens im zweiten Teil zur Folge. Am Ende nimmt der Leser oder Hörer mit Erstaunen wahr, daß er die Rache der Kriemhilt am Mörder Hagene für Unrecht halten muß, daß ihm im gleichen Moment alle bösen Taten Hagenes als irrelevant erscheinen und daß er den Trotz gegen Vernunft und Tod vielleicht als Heldentum bewundert. Aber andrerseits gilt ihm auch die Tötung der Rächerin Kriemhilt durch den greisen Hildebrant nicht als ein Akt von Gerechtigkeit. Das fürchterliche Ende scheint auch die Kategorien von Recht und Unrecht zerstört zu haben. Noch am Ende des 1. Teils, nach Sîfrits Tod, nach dem Hortraub, schien Kriemhilt absolut im Recht, Hagene absolut im Unrecht. Daß Hagene zu Beginn des 2. Teils das kommende Schicksal weiß und es dennoch annimmt, gibt ihm eine zunächst eher kuriose Größe. Daß er den Fährmann erschlägt, den Kapellan ins Wasser wirft, läßt ihn moralisch durchaus schwarz. Der Umschwung, die Umwertung der Werte beginnt beim Aufenthalt in Bechelâren, genauer: bei dem schlafenden Wächter Eckewart, dem Hagene das Schwert zurückgibt.

«Gott lohn Euch Eure Gabe – sagte da Eckewart –, zumal mich Eure Reise nach Hunnenland heftig bekümmert. Ihr habt Sîvrit erschlagen. Man will Euch hier übel. Nehmt Euch sehr in acht, das rate ich Euch von ganzem Herzen. – Jetzt mag uns Gott behüten – sagte drauf Hagene –; wir haben jetzt nur die eine Sorge, wo meine Könige heute hier ein Nachtlager finden mit ihren Leuten» (C 1675f.).

Die Sorge ums Allernächste seiner Herren schiebt die ethische Diskussion beiseite. In Bechelâren selbst wird die zögernde Abscheu vor Hagene, die die junge Markgräfin äußert (B 1665f.), durch die Freundschaft des edlen Rüedegêr gerade für Hagene (B 1657) überwunden. Daß Rüedegêr einst als Werber Kriemhilt mit der Racheperspektive nach Etzelnburc lockte, ja selbst seine Beihilfe versprach, scheint vergessen. Die sympathische Gestalt des jungen Gîselher, der mit Rüedegêrs Tochter verlobt wird, gehört eben auch zur Burgondenwelt des Hagene und wirft, wie die Freundschaft des Markgrafen, ein helleres Licht auch auf den finstern Mann. Gegen die in Bechelâren entscheidend vorgenommene Aufhellung der Burgondenwelt erscheint das trotzige Sitzenbleiben und Nicht-Grüßenwollen Hagenes vor Kriemhilt, ja sein offenes Bekenntnis des Mordes bereits von eigentümlicher moralischer Irrelevanz. Dazu trägt gewiß entscheidend bei, daß auch die freundliche Gestalt des Minnesängers Volkêr sich mit Hagene vor Kriemhilt identifiziert. Alle diese Akte von Identifikation führen offenbar nicht eine Teilhabe am Bösen, sondern dessen Bagatellisierung herbei. Alles, was Hagene, auch im Folgenden, an Grausamkeit begeht, etwa die Ermordung des königlichen Kindes Orte vor den Augen der Eltern, bleibt zwar inhaltlich von möglichst pronunzierter Furchtbarkeit, moralisch aber ist es als Teil der todgeweihten und dadurch verklärten Burgondenwelt hinzunehmen. Anderseits wird die Rache der Kriemhilt fortschreitend ihrer Legitimität beraubt: durch ihr Bündnis mit den als feige geschilderten Hunnen, durch die Ermordung der burgundischen Knappen, durch die Nötigung Rüedegêrs, der gegen seine Freunde kämpfen muß, durch den Tod Rüedegêrs, Volkêrs, Gîselhers. Es mutet wie böser Wille der Erzählung an, wenn Kriemhilt zuletzt ihren Bruder Gunther und dann auch Hagene nicht wegen Sîvrits Ermordung, sondern wegen des Nibelungenschatzes tötet, obschon sie ein Recht auf diesen Schatz hat. Indem hier aber von ihr Schatz und Blut gegeneinander aufgerechnet werden, scheint sie Unrecht zu haben. Vergessen ist, daß auch für Kriemhilt Reichtum das Statussymbol ihrer königlichen Ehre ist. Obgleich Hagene zuletzt noch seinem König Gunther den Tod besorgte, steht er da als treu, als Mörder, aber als ganzer Kerl, dem apologetischen Cliché finstrer historischer Größe entsprechend; Kriemhilt aber ist angeschwärzt durch die ihr beigezeichnete pekuniäre Interessiertheit.

Die Zerstörung von Recht und Unrecht, die Verherrlichung eines Heldentums jenseits von Gut und Böse, welches den Untergang aller freundlichen Gestalten zur Folge hat, brachte auch die höfischen Hörer einer Tragik gegenüber, die nicht zu bewältigen war. Das lehrt die Lektüre der ‹Klage›, jenes Reimpaargedichts von 4360 Versen, das (in unterschiedlichen Fassungen) in allen alten Handschriften des Nibelungenliedes als Epilog überliefert ist.

| | |
|---|---|
| ez ist diu groezeste geschiht | Es ist das gewaltigste Ereignis, |
| diu zer werlde ie geschach. | das sich in der Welt je zugetragen hat |
| | (3480 *Bartsch*). |

Dieser Satz der ‹Klage› zeigt die Betroffenheit von Zeitgenossen an. Der Dichter der ‹Klage› versucht, mit der inkommensurablen Tragik fertig zu werden, indem er die Verwirrung der moralischen Kategorien nach Möglichkeit rückgängig macht. Schon die summarische Nacherzählung des Nibelungenliedes (Klage 17–316) versucht, der Struktur der Tragik moralisch habhaft zu werden. Von der Figur der Prünhilt ist dabei überhaupt abgesehen. Die moralische Wertigkeit der Personen des ersten Teils wird (am konsequentesten in der ‹Klage› C = *Bartsch II*) auf den zweiten Teil übertragen.

Durch den ‹übermuot› anderer (Klage AB = *Bartsch I* aber: durch den eigenen ‹übermuot› 39) wurde Sîvrit getötet. Kriemhilts Rache geschah widerwillig und aus Treue zu Sîvrit. Hätten die Burgonden den Kriemhilt zustehenden Schatz mitgebracht und hätte Hagene Kriemhilt nicht provoziert, das allgemeine Unglück wäre nicht geschehen. Die Burgonden wurden nur für ihre alte Sünde bestraft, für nichts sonst (Klage 196 f.). Im Grunde hatte es Kriemhilt nur auf Hagene abgesehen (262 f.). Den unsinnigen Tod der Vielen hätte man vielleicht verhindern können, indem man Etzel über den wahren Sachverhalt informiert hätte (283 ff.), aber die Hybris der Burgonden (und die Verschlagenheit der Kriemhilt = Fassung AB) haben das verhindert.

Es folgt die große Verlustliste aller Ermordeten (Klage 317–586), dann die Klage über jeden einzelnen bei der Auffindung der Leichen (Klage 587–2174). Nach Aufbahrung und Begräbnis entsteht eine ratlose Leere (2175–2538). Dann werden Trauerboten ausgesandt nach Bechelâren, Passau, Bayern und Worms; bedrückt kehren sie zurück (Klage 2539–4126). Schließlich nimmt der überlebende Dietrich von Bern seinen Abschied vom Hunnenhof und kehrt tröstend in Bechelâren ein (4127–4294). Vom Epilog (4295–4360) wird noch zu sprechen sein. Indem so die ‹Klage› sich jedem Einzelnen zuwendet, individualisiert sie nicht nur die Tragik, sondern deutet sie zugleich das Nibelungenlied um. Bei vielen Gelegenheiten nimmt sie zu den einzelnen Personen Stellung. Und so erscheint dann für die ‹Klage› auch letzten Endes die Tötung Kriemhilts durch Hildebrant als eine Wahnsinnstat, die nicht rechtens war, die «mit unsinne› (Klage 732) geschah. Aber nicht Kriemhilt soll in der ‹Klage› einfach gerechtfertigt, nicht Hagene soll geschwärzt werden, sondern die Gültigkeit von Recht und Unrecht wird angesichts der unbegreiflich jenseitsmoralischen Tragik durchgerechnet. Die verschiedenen Taten werden auf die moralische Einheit von hypothetischen Charakteren bezogen, und dies bedingt zugleich das Suchen nach und das Nachtragen

von Motivationen. Gerade durch *Hartmans* Romane war man um 1195
gewohnt, ein Erzählwerk vollständig ausmotiviert zu finden. Dort wurde
klipp und klar gesagt, was die Meierstochter, was Gregorius oder den
Armen Heinrich zum Handeln trieb. Die Existenz der ‹Klage› zeigt, daß
das Nibelungenlied für seine Zeitgenossen den Mangel hatte, nicht ausmotiviert zu sein, keine durchgehaltenen Charaktere zu haben und der
Eindeutigkeit von Recht und Schuld zu entbehren. Im ‹Lied› dagegen fanden sich Rollen dargestellt, die zwar mit dem gleichen Namen, z.B. ‹Gunther›, bedacht waren, aber dennoch so verschiedene Verhaltensweisen
deckten wie z.B. die des Schlappschwanzes im ersten und die des todesmu-
tigen Helden im zweiten Teil. Mit solchen Sachverhalten aber enthüllte
das Nibelungenlied der höfischen Welt und ihrer Literatur wohl zugleich
eine peinliche Wahrheit. ‹Rollen›, die verschiedenen ‹Situationen› zugeordnet sind, werden auch uns noch abverlangt. Wir sind in verschiedenen
Situationen nicht immer dieselben. Ein Blick auf sein Paßbild kann jeden
seine Nichtidentität lehren. Der Versuch, sich in verschiedenen und wider-
sprechenden Situationen als Identität des Ichs zu behaupten, ist eine Wil-
lensleistung, die den ‹Charakter› konstituiert. Er ist keine Naturgegebenheit, sondern eine Kulturerscheinung. Natürlich wäre eher Charakterlo-
sigkeit, d.h. totale Anpassung an die jeweilige Situation, Auseinanderfal-
len in ‹Rollen› – ‹aus der Rolle fallen›. ‹Motivation› verbindet Situationen
durch die Kategorie der charakterlichen Einheit moralisch. Für die ‹Rolle›
ist ihre ‹Situation› das ‹Schicksal›, das sie determiniert, ob als abstraktes
Fatum oder als gesellschaftliche Konditionierung ist zweitrangig. Der
‹Charakter› dagegen hat sich selber als moralische Ursache seiner Handlungen zu behaupten. Was er nicht verträgt, ist, daß man ihn als ‹Rolle›
enthüllt. Er will von gesellschaftlicher Bedingtheit und gruppenhaftem
Verhalten, was ihn anbetrifft, nichts wissen. Offensichtliche Veränderungen faßt er eher unter Begriffen wie ‹Läuterung› oder ‹Bewährung›. Auf
diesem Punkt ist der höfische Roman beim späten *Chrestien* und bei *Hartman* (vgl. ob. S. 604f., 711) in problematischer Weise angekommen. Seinen Begriffen ‹Charakter›, ‹Selbstmotivation›, ‹Recht und Schuld›, ‹Kontinuitätshandlung› stehen nun plötzlich im ‹Lied› gegenüber die anderen
Begriffe ‹Rolle›, ‹Situationsmotivation›, ‹Schicksal/Gesellschaft› und
‹Situationskette›. Ersichtlich wendet nicht nur die ‹Klage› die erste (‹höfische›) Begriffsreihe auf das ‹Lied› an, sondern das zu Pergament gebrachte ‹Lied› bemüht sich ebenso, seine zweite Begriffsreihe in die erste,
literarisch aktuelle, umzudeuten. Damit ist bereits ein Moment der Historizität des schriftlichen Nibelungenliedes bezeichnet. Schon daß Teil I
und II zu einem Pergamentwerk zusammentreten, läßt den Widerspruch
von Rolle und Charakter hervortreten. Daß dabei beide Teile mit 19
Aventiuren gegenüber 20 Aventiuren gut proportioniert wurden, profiliert
nur die Uneinheitlichkeit. Ferner benennt das zu Pergament gebrachte

‹Lied› seine einzelnen Abschnitte mit dem ritterlichen Begriff ‹aventiure›. Nach *Hartmans* Definition im ‹Iwein› (527 ff.) ist aber ‹aventiure› jetzt die Behauptung der eigenen Würde, die ruhmvolle Identität in verschiedenen ritterlichen Kampfsituationen, so daß der Begriff der ‹aventiure› jetzt dem mühsam entworfenen Läuterungsprozeß, der Kontinuitätshandlung zugeordnet ist, nicht der Situationskette. Der Kontinuitätshandlung, die das aufgezeichnete ‹Lied› darstellen soll, widerspricht nicht zuletzt seine metrische Form. In ihr erscheint dasselbe Strophenmodell über 2000mal aneinandergereiht. Jede Strophe ist eine Einheit, enthält ihrem Formbegriff nach eine abgeschlossene Situation, eine Rolle – obgleich sich das aufgezeichnete ‹Lied› bemüht, diesen hemmenden Rahmen zu durchbrechen. Den Gegensatz von Situationskette und Kontinuitätshandlung erkennen wir schließlich in jenen Fällen im ‹Lied›, wo Szenenwechsel ohne epische Verflechtung stattfinden, wo das dialogische Moment stärker als das epische ist, wo das Epos den Charakter eines ‹Rollen›-Buches eher hat als den eines kontinuierlich erzählenden Romans (B 1256–1263).

Historisch-genetisch sind im Nibelungenlied verschiedene ältere Situationshandlungen miteinander verbunden. Aber nicht das Genetische interessiert uns, sondern das Verbinden. Dieses Verbinden ist nichts anderes als das Anwenden des hybriden Formbegriffs der literarischen ‹Klassik› mit all seinen Implikationen (Motivierung etc.) auf eine widerstrebende Situationskette. Aber das mündlich umgesungene Nibelungenlied bot eben solch ein sperriges Material an, und der Entschluß, solchen Widerspruch durch Aufzeichnung auf höfischem Pergament zu entfalten, war ein Eingriff in die moderne Literatursituation. Insofern ist es auch nicht von historischem Interesse, die hier erscheinende Tragik als ein Überbleibsel aus germanischer Vorzeit zu erklären. Auch ist der Widerspruch zwischen Stoff und Verschriftlichung nicht identisch mit dem von ‹christlichhöfisch› und ‹heidnisch-germanisch›. Es wäre zwar einzusehen, daß die Kategorie der ‹Kontinuitätshandlung› zur christlichen Weltauffassung von einer linear verlaufenden Geschichte gehören könnte, die in der Schöpfung ihren Anfang und im Jüngsten Gericht ihr Ende hat. Aber Schuld wäre dann in dieser Welt gerade Schuld des Charakters, der sich Ursächlichkeit anmaßt vor dem allein allmächtigen Gott. ‹Charakter› wäre in diesem Betracht keine christliche Sache, eher noch wäre es die ‹Rolle› als sterbliche Verhaltenshülse im göttlichen Welttheater. Es ist der unchristliche ‹Charakter› der ‹christlich-höfischen› Literatur, dessen Verhältnis zur ‹Rolle› den tragischen Kern der Nibelungenhandlung beschreibbar macht.

Man erinnere sich an das etwas komische erste Auftreten Sîvrits in Worms: Er kommt und will Kriemhilt mit Gewalt erwerben. Aber diese Gewalt wird ihm abgelehnt.
Eigenartigerweise ist nun die Konsequenz nicht eine konventionelle, friedliche

Werbung um Kriemhilt, sondern die Gewalt wird durch Dienstleistungen Sîvrits ersetzt: Sachsenkrieg, Erwerbung Prünhilts.

Bei Prünhilt aber hat die Werbung durch Kampf zu geschehen, durch einen Kampf, den nur Sîvrit bestehen kann. D. h. Sîvrit hat sich also in Worms in der Adresse ‹geirrt›. Er hätte seine Werbung durch Kampf in Isenstein vorbringen müssen. Gunther anderseits übernimmt die falsche Rolle, wenn er um Prünhilt wirbt.

Das kann nur durch die Tarnkappe ausgeglichen werden, ein Zaubermittel, welches an die Stelle eines ursprünglichen ‹Gestaltenaustauschs› getreten ist – d. h. eines Rollen-Tausches.

Der Kampf auf dem Isenstein zeigt an, daß Prünhilt vom Schicksal her für Sîvrit bestimmt war. Indem Sîvrit, statt um sie, um Kriemhilt wirbt, vernichtet er das vorherbestimmte Liebesschicksal der Prünhilt, d. h. den Sinn ihrer Rolle.

Sîvrit erwirbt zwar de facto Prünhilt, aber nur als Dienstleistung für Gunther, welcher ihm dafür Kriemhilt gibt. Dieser Effekt erstaunt Prünhilt. Durch die Rollenverdoppelung Gunther-Sîvrit und Sîvrit-Gunther sind charakterähnliche Rollenverbindungen entstanden, bei denen nach Motivierung gefragt werden kann. So muß denn Prünhilt den Grund für die Hochzeit des abhängigen Gunther-Sîvrit mit Kriemhilt erforschen. Dieser Grund aber muß von der Burgonden-Welt geheimgehalten werden.

Denn beide Charaktere sind, wie im Grunde die höfischen auch, Schein-Charaktere. Sîvrit hat die Rolle des von Gunther Abhängigen, die Rolle des Schwächeren, nur auf dem Isenstein vorgetäuscht. Seine wahre Rolle ist die, Held und Mann zu sein.

Gunther hat die Rolle des männlichen Helden nur geliehen. In Wahrheit ist er der Abhängige, Unfähige. Er ist sowohl unfähig, Prünhilt im Kampf zu erwerben, als auch, sie im Bett zu bezwingen. Diese Rolle ist mit der Ehre seiner Königsrolle unvereinbar. Indem Kriemhilt das Geheimnis dieser Rollen-Collage eröffnet, zerstört sie zugleich die Ehre der königlichen Burgondenwelt, noch ehe sie diese Welt im zweiten Teil auch physisch zerstört.

Die um den Sinn ihrer Rolle, um Ehre und Schicksal betrogene Prünhilt ist auch moralisch im Recht, sich zu rächen. Die Zerstörung des Sinns ihrer Rolle erzeugt dies Recht.

Daß Prünhilt die Rache mit Hagenes Hilfe an Sîvrit und nicht an Gunther vornimmt (etwa mit Sîvrits Hilfe), geschieht als tödliches Durchhalten ihrer Rolle als Liebesschicksal. Prünhilt nimmt ihre Rolle als Charakter an. Für sie zählt nur Sîvrit als Mann, nicht Gunther. Und Sîvrit hat seine Rolle charakterlich verraten.

Den Nibelungenhort aber vernichtet Hagene nicht nur, weil er das Statussymbol von Kriemhilts Königsehre, sondern auch, weil er das ihrer Sîvrit-Erwähltheit ist. Um dieses Schatzes willen tötet dann Kriemhilt im zweiten Teil Hagene.

Sie hat hier die Rolle der vom Schicksal erwählten Heldin übernommen, die Prünhildenrolle des 1. Teils; von Prünhilt ist nicht mehr die Rede. Gunther hat im 2. Teil die Heldenrolle, die ihm der 1. Teil versagte. Es ist die Rolle des 2. Helden, die das Hagene, der Prünhilt rächt. Hagene aber hat im 2. Teil die Rolle dessen, der das Liebesschicksal der Heldin (doch nun: wissentlich) zerstörte – d. h. eigentlich die Rolle Sîvrits gegenüber Prünhilt.

Diese Rollenvertauschungen treiben den Mechanismus der Tragik an. Indem sich im Nibelungenlied Rolle und Charakter, Schicksal und Schuld durch den Versuch, eine epische Kontinuitätshandlung herzustellen, vermischen, entsteht jene unklare und großartige Welt, die mit den Begriffen der höfisch-ritterlichen Gegenwart nicht begriffen werden kann. Aber sie

entsteht jetzt wohl deshalb schriftlich, weil dieser Gegenwart ihre höfisch-ritterlichen Begriffe nicht genügen können. Als einziger Held bleibt
Dietrich von Bern zurück, der Ritter, der aus seinem eigenen Königreich
fliehen mußte – vielleicht ein Vorfahre des Don Quichote.

Die Insuffizienz der Motivierungen im ‹Lied› hat nicht nur die ‹Klage›,
sondern auch einen guten Teil der germanistischen Nibelungenforschung
hervorgebracht. Sie sucht jene Stimmigkeit, die sie im ‹Lied› vermißte,
in älteren Vorstufen zu rekonstruieren. Das ‹diachronische Problem›, die
Unstimmigkeit des aufgeschriebenen Liedes von ca. 1196, ist als histo-
risch-aktuelles Problem kaum in den Gesichtskreis getreten.

Als Literatur schriftlich greifbar ist das Nibelungenlied in drei grundsätzlich verschiedenen Fassungen, deren jede durch zahlreiche Handschriften und Fragmente vertreten ist. Dem Alter ihrer Überlieferungszeu-
gen nach geordnet, sind diese Fassungen:

*1. Fassung C.* Älteste Handschrift C aus Hohenems, heute Ms. 63 der Fürstlich
Fürstenbergischen Hofbibliothek zu Donaueschingen, geschrieben zwischen 1200
und 1250. Die Fassung hat 2442 Strophen für das ‹Lied›, die ‹Klage› hat 4388
Verse. Nach der letzten Strophe (vgl. ob. S. 736) heißt die Fassung ‹der Nibelunge
*liet*›. Diese Version (Ausgaben *Laßberg, Holtzmann, Zarncke,* Faksimile *W.
Schröder*) versucht, wie die ‹Klage›, die moralischen Kategorien aufrechtzuerhal-
ten, zu motivieren, Charaktere eindeutig zu machen. – Zur Fassung C gehört
auch das allerälteste Fragment ⁺Z, Pergamenthandschrift der Studienbib-
liothek zu Klagenfurt/Österreich, vielleicht noch aus dem Ende des XII. Jahrhunderts.

*2. Fassung B.* Älteste Handschrift ist Handschrift B, die aus der Schweiz stammt
und heute als Ms. 857 der Stiftsbibliothek zu St. Gallen gehört. Geschrieben wurde
sie zwischen 1250 und 1300. Diese Fassung hat für das ‹Lied› 2376 Strophen,
die ‹Klage› 4352 Verse. Nach der letzten Strophe (vgl. ob. S. 737) heißt diese
Fassung ‹der Nibelunge *nôt*›. Diese Version (Ausgabe *Bartsch*) zeiht in der ‹Klage›
(39) auch Sivrit der Hybris und Kriemhilt (283 ff.) der Verschlagenheit und macht
damit den Gesichtspunkt des zweiten Teils auch im ersten geltend. Assonierende
Reime, unausgefüllte Senkungen und altertümliche Ausdrucksweise finden sich
häufiger als in C, werden aber auch gelegentlich vermieden. Wie die ‹Klage B›
stellt auch die ‹Not B› eine bearbeitende literarische Fassung dar.

*3. Fassung A.* Älteste Handschrift ist Handschrift A aus Hohenems, heute als
Cod. germ. 34 in der Bayerischen Staatsbibliothek zu München. Geschrieben
wurde sie zwischen 1275 und 1300. In dieser Fassung hat das ‹Lied› 2316 Strophen,
die ‹Klage› 4320 Reimpaarverse. Wie Fassung B schließt auch A mit ‹der Nibelunge
*nôt*›. Diese Version (Ausgabe *Lachmann*) verhält sich in der Redaktion der ‹Klage›
wie B, hat aber darüberhinaus die humoristischen Erwägungen über das Ende
Etzels (Klage 4323–4360) unterdrückt. Altertümlichkeiten scheinen wie in B gern
tradiert zu werden. Auch A ist eine, und zwar durch Kürzung stilisierende, literarische Fassung.

Alle drei Fassungen haben Strophen, die viel älter als ihre Aufzeichnung
sein können. Jede Fassung konnte sich anscheinend immer noch selbständig Altes verschaffen, was in einer anderen Fassung nicht stand (vgl. *Brak-
kert*). Die ‹Klage› ist nicht nur in allen alten Handschriften vorhanden,

sondern sie hat auch auf alle drei Fassungen eingewirkt. Sie hat höchstwahrscheinlich die Figur des Passauer Bischofs Pilgrîn in alle drei Fassungen erst eingeführt.

*Lachmann* hielt Fassung A als kürzeste für die allein echte, *W. Braune*
versuchte Fassung B als beste zu erweisen (wogegen *Brackert* mit guten
Gründen). Der ausgesprochen literarische Charakter von C schien fast
stets deutlich. Aber so richtig die Feststellung *Lachmanns* sein mag: «wenigstens ist von dem alter der handschriften das verhältniß der verschiedenen texte unabhängig», enthält sie doch nur eine halbe Wahrheit. Die
auch hier im Hintergrund stehenden Begriffe ‹alt› und ‹jung› sind stets
nur mit unscharfen Vorstellungen gefüllt, nicht aber in ihrer phänomenalen Gleichzeitigkeit bedacht worden. Die Gleichzeitigkeit von Ungleichzeitigem, ein auch heute noch alltägliches Phänomen, war und ist einem
simplifiziert-gradlinigen Entwicklungsbegriff fremd. Festzustellen bleibt
demgegenüber, daß Fassung C mindestens zu Anfang des XIII. Jahrhundert *schon,* daß die Fassungen B und A zu Ende des XIII. Jahrhunderts
Schreibern und Bestellern *noch* zumutbar waren. Weder sprachliche noch
metrische Erscheinungen sind in der ganzen Welt von heute auf morgen
aus der Mode, und die Lyrik des späten XIII. Jahrhunderts zeigt, daß
man damals z.B. auch noch assonierend reimen konnte. Ein Nebeneinander von modernistischer und archaisierender Überlieferung ist ein für das
XIII. Jahrhundert konstatierbares Faktum. Wem das Alte eo ipso als das
Bessere gilt, der wird auch das Altertümelnde als das Echtere bevorzugen.
Auf der Höhe der modernen literarischen Tendenzen um 1200 ist sowohl
das Konzept der ‹Klage› als auch die Fassung C. Sie ist deswegen die
interessanteste, weil an ihr unverwischt deutlich ist, inwiefern erst durch
die Aufzeichnung das Nibelungenlied zu Literatur gemacht wurde. Erst
als Text auf dem Pergament hat dieses Werk eine durch die Buchstäblichkeit definierte Einheit. Die Form des Nibelungenliedes selbst mit ihren
Strophen bildet von sich aus keinen geschlossenen Formzusammenhang,
sondern hat prinzipiell austausch- und ergänzbare Formglieder, solange
keine Aufzeichnung eine bestimmte Strophenkonstellation definitiv
macht. Eine vorschriftliche Urfassung ist insofern eine Chimäre, als der
für sie supponierte Einheitsbegriff am Formmaterial dieser Fassung selbst
Widerspruch hätte. Eine rekonstruierte schriftliche Urfassung ohne
‹Klage› kommt einer historischen Fälschung gleich. Gerade in solch einer
verfälschten Form ist das Nibelungenlied ohne ‹Klage› in Ausgaben und
Übersetzungen am häufigsten verbreitet. Die ‹Klage› aber stilisiert gerade
das Ereignis der Aufzeichnung, wenn sie berichtet, daß der Bischof von
Passau von dem hunnischen Epensänger Swemmel den Bericht hört und
feststellt, dies sei die ergreifendste Geschichte der Welt, man müsse sie
aufschreiben (3477 ff.). Insofern kann die ‹Klage› ein möglicher Ausgangspunkt für eine Hypothese von der Geschichte der Niederschrift sein:

Ein gebildeter Literaturfreund, ein Bischof von Passau, vielleicht Bischof *Wolfger*, 1191–1204 *(von Erla*, östl. von Enns, seit 1548 meist irrig als *von Ellenbrechtskirchen* bezeichnet), hat das mündliche Lied von einem der vielen Epensänger gehört, war von der unbegreiflichen Tragik betroffen und hat es von diesem und/oder anderen Sängern seinen Schreibern diktieren lassen. Andere Literaturfreunde haben mit ihm gewetteifert. Aber bei jeder dieser Erstaufzeichnungen kam ein in Einzelheiten etwas anderes Nibelungenlied heraus. Anregung und Beginn all dieser Aufzeichnungen aber war die ‹Klage›, die vielleicht unmittelbar nach dem mündlichen Vortrag durch einen Passauer Kleriker entstand. Er wird im bischöflichen Archiv festgestellt haben, daß von 971–991 ein Bischof namens *Pilgrim* regierte, ein Titel-Name, der auch Bischof *Wolfger* nach seiner Pilgerfahrt 1197 zugestanden hätte. *Pilgrim* wurde als Veranlasser der Aufzeichnung vorgeschoben und geriet auch ins Lied selbst. Die von ihm veranlaßte Aufzeichnung sollte und mußte in dieser Fiktion lateinisch gewesen sein:

«Bischof *Pilgrim* von Passau ... befahl, diese Geschichte ... mit lateinischen Lettern aufzuschreiben, damit man sie auch für wahr (Klage C: nicht für Lüge) hielt» (4295–4322).

Bischof und Latein gaben dem tragischen Stoff jene ‹auctoritas›, die der vulgärsprachliche Spielmannsvortrag nicht hatte. Denn die Passauer Literaturfreunde wollten nicht, daß man die von ihnen als genial erkannte Weltdarstellung als Spielmannslüge bagatellisierte. Im übrigen aber steht der Dichter der ‹Klage› ganz unter dem Eindruck des Unternehmens einer deutschsprachigen Aufzeichnung:

«Man hat (C: Viele haben) die Geschichte später in mannigfacher Weise auf Deutsch ‹getihtet› (diktiert oder gereimt)» (4316 ff.). –«Der Hauptredaktor (‹der rede meister›) befahl, in dieser Geschichte (C: auch) aufzuschreiben (‹tihten›), wie mächtig König Etzel einst war (BA: Diese Niederschrift ist allgemein bekannt)» (44 ff.).

Das Unternehmen zur Aufzeichnung der mündlichen Spielmannsstrophen ist wohl zum Teil aus jenem literarischen Interesse heraus erwachsen, das sich in *Hartmans* ‹Iwein› (48–58; vgl. ob. S. 713) bekannte: Indem die Wirklichkeit der alten Zeit zur literarischen Realität der Gegenwart wird, wird die Gegenwart der Vergangenheit überlegen. In diesem Sinne wäre auch die, freilich in A wie in B fehlende, Eingangsstrophe zu hören:

«Uns wird in alten Geschichten viel Wunderbares berichtet: von ruhmvollen Helden, von großer Kampfesnot, von Glück und Festen, von Tränen und Klage, vom Kämpfen kühner Recken, davon könnt Ihr *heutzutage* (= nu) Wunderbares berichten hören.»

Anderseits konnte das Nibelungenlied als literarisch fixiertes Werk die eben erreichten Formen des höfischen Romans, wenn nicht in Frage, so doch zur Diskussion stellen. *Gotfrid von Straßburg* hat es ignoriert; *Wolfram*, vielleicht auch schon der Dichter des ‹Reinhart Fuchs›

(vgl. oben S. 722), haben allerdings mit Spott darauf reagiert, und auch
der Klage-Dichter hat sich ein Lächeln über das Heldenepisch-Wunder-
bare nicht ganz verkneifen wollen, als er über Etzels weitere Schicksale
mutmaßte:

> «Wie es Etzel fernerhin erging, und wie er seine Angelegenheiten bewältigte,
> nachdem Herr Dietrich von ihm geritten war, davon kann ich wahrheitsgetreue
> Auskunft weder Euch noch jemand anders geben. Manche behaupten, er sei er-
> schlagen worden, andre sagen: überhaupt nicht. Zwischen solchen Alternativen
> läßt sich weder Lüge vermeiden noch Wahrheit bekennen, denn eine gewisse Unsi-
> cherheit bleibt. Aber den Zweifel darüber werde ich nicht los, ob er sich verlaufen
> hat oder in Luft aufgelöst oder lebendig begraben wurde oder gen Himmel fuhr
> oder aus der Haut tropfte oder in diverse Felslöcher schlüpfte etc.» (4323 ff.).

Fassung A, die auf eine ganz destillierte Tragik aus war, hat dergleichen
Scherz wohl als unangebracht gestrichen. Nicht mehr die Freude an der
literarischen Überlegenheit der Gegenwart herrscht dort. Sowohl B als
auch A haben in der kaiserlosen Zeit des Interregnums ihren entscheidenden Erfolg gefunden und ihre literarisch stilisierte heroische Vergangenheit als gegenwartsüberlegene Wahrheit angeboten. Ein ähnlich ambi-
valentes Verhältnis von Nibelungenlied und Gegenwart bezeichnen die
quantitativen Maxima der germanistischen Nibelungenforschung nach
1848, 1871, 1919, 1941, 1945.

Wenn die Passauer Hypothese richtig wäre, müßte die Aufzeichnung
zwischen 1191 (oder 1197) und 1204 erfolgt sein. Nachgewiesene literarische Beziehungen betreffen immer nur einzelne Strophen und lassen eine
sichere Entscheidung über die Priorität stets zweifelhaft. Wir deuten sie
willkürlich im Sinne der Passauer Hypothese als nach dem ‹Iwein› und
gleichzeitig mit der ersten und vor der zweiten Bearbeitungsstufe des ‹Parzival›. Es sind die Argumente ‹Bahrprobe›, ‹Zazamanc/Azagouc› und
‹Rûmoltes rât›.

Die ‹Bahrprobe› ist in den Strophen C 1055–58, B 1043–46 und A
984–97 geschildert: Als Hagene an die Leiche Sîvrits tritt, bluten die Wunden; diese Probe an der Bahre entlarvt Hagene als Mörder.

> Solche Bahrprobe begegnet literarisch zuerst in *Chrestiens* ‹Yvain› (1180 ff.) und
> von daher dann gegen 1194 in *Hartmans* ‹Iwein› (1355 ff.). Für die Rechtspraxis
> ist sie in Frankreich zuerst in einem Brief des Abtes *Petrus von Clairvaux* aus
> dem Jahre 1180 bezeugt. In Deutschland ist sie rechtsgültiges Beweismittel erst
> seit dem XIV. Jahrhundert. Durch deutsche Zisterzienser oder durch den ‹Iwein›
> könnte der Sachgehalt dem Nibelungenlied vermittelt sein. Wir optieren für die
> zweite, von *Lachmann* vertretene, Möglichkeit.

In Nibelungenlied C 448 und B 439 (nicht in A) erscheint der phantastische Ländername ‹Azagouc›:

> «Hört noch von Prünhilts Kleidung, womit sie aufs reichste versehen war: Über
> der Rüstung trug sie einen Mantel aus Seide von Azagouc, exquisit und prächtig,
> in dessen leuchtendem Glanz viele wertvolle Edelsteine von der Königin her funkel-
> ten.»

Ebenso ist in der, unserer Meinung nach, zeitlich frühesten Stelle von *Wolframs* ‹Parzival› V, 234,4 f. von «Gewändern aus Sammet von Azagouc, noch grüner als Gras» die Rede. Diese Farbqualität behauptet das Nibelungenlied an einer andern Stelle (C 370, B 362, A 353) von Stoffen aus Zazamanc:

«In die arabischen Seiden, die weiß wie Schnee waren, und in die (B: hervorragenden Stoffe) aus (C: dem Lande) Zazamanc, die grün wie Klee waren, nähten sie Edelsteine ein. So entstanden prächtige Gewänder. Kriemhilt selbst, die hochadelige Dame, hatte sie zugeschnitten.»

Auch der Name ‹Zazamanc› erscheint als Ländername im ‹Parzival›, gelegentlich (die kursiven Zahlen) mit ‹Azagouc› zusammen:

| Entstehungsstadium | Azagouc | Zazamanc |
|---|---|---|
| I | V, 234, 5 | |
| | VI, *328, 9* | VI, 317, 10; *328, 9.* |
| III | I, 27, 29; 30, 23; 41, 11; | I, 16, 2; 17, 25; 45, 11; |
| | 50, 26; 51, 28; 52, 17; | 52, 3; 58, 1. |
| | 54, 15. | |
| | II, 84, 21 | II, 62, 16; 65, 19; 68, 3; |
| | | 69, 1; 69, 25; 73, 3; |
| | | 75, 23; 79, 27; 83, 3; |
| | | 93, 30. |
| IV | XV *750, 19; 770, 27.* | XV, *750,19;*758,13;*770,27.* |
| | | XVI,811, 15; 816, 13. |

*Wolfram* hat beiden Namen im Laufe seiner Arbeit eine epische Funktion im ‹Parzival› gegeben. Wir halten ihn für den Nehmenden.

Im VIII. Buch des ‹Parzival› verteidigt sich der König Liddamus gegen den Vorwurf der Feigheit außer mit Literaturzitaten aus *Veldeke* und Dietrichsage auch mit den Worten:

«Selbst auf die Gefahr hin, daß ich mir Eure Gunst für immer sollte verscherzt haben, ich meinte vorhin nur so zu handeln wie Rûmolt, der dem König Gunther, als dieser von Worms gen Hunnenland aufbrach, den Rat gab, er solle lieber lange Schnitten rösten und im Kochkessel umdrehen» (VIII, 420,25–30). Daraufhin antwortet Landgraf Kingrimursel dem Literaturschwätzer: «Sie raten mir, was ich ohnehin tun wollte, und behaupten obendrein, Sie täten wie jener Koch den kühnen Nibelungen geraten hatte, die sich wacker dorthin aufmachten, wo an ihnen Rache genommen wurde für das, was sie zuvor Sîvrit angetan hatten» (VIII, 421, 5–10).

Man hat geglaubt, in den Zeilen: «... der künec Gunthêre *riet,* dô *er von* Worms gein Hiunen *schiet*» (VIII, 420,27 f.), ein Echo der Verse 4061 f. aus der ‹Klage› (CBA) zu hören: «als ich im mit triuwen *riet,* dô *er von* disem lande *schiet*». Die ‹gerösteten Schnitten› (VIII, 420,29) kommen ohne Nibelungenlied als Krapfen im fürstlichen Kochkessel schon ‹Parzival› IV, 206, 29–207,2 vor, im Nibelungenlied stehen sie nur in Strophe 1497 der Fassung C beim Rûmolt-Rat:

«Wenn Ihr nichts weiter hättet, wovon Ihr leben könntet, ein Gericht wollte ich Euch immer noch reichlich zu beschaffen wissen: Schnitten in Öl gebrutzelt. Das ist ‹Rûmoldes rât› (Ratschlag oder Notmenü), zumal es, Messieurs, dort bei den Hunnen ziemlich beängstigend aussieht.»

Das VIII. Buch des ‹Parzival› entstand wegen des ‹Weingärtendatums› (vgl. u. Band II) wahrscheinlich 1204/5. Obgleich jedes dieser Argumente umkehrbar ist, halten wir eine Erstaufzeichnung von Nibelungenlied und Klage nach 1194 und die Bearbeitung C vor 1204 für wahrscheinlich.

FÜNFUNDZWANZIGSTES KAPITEL

KATASTROPHE IM HÖFISCHEN IMPERIUM

Die Ankündigung einer Katastrophe erweckt den Eindruck, die Dinge hätten vorher nicht katastrophal gestanden, sie erweckt auch die irrige Hoffnung auf ein reinigendes Gewitter, nach welchem der Himmel wieder heiter wäre. Nur das Glück, noch einmal überlebt zu haben, rechtfertigt solchen Trug, der eben zugleich die Enttäuschung verleugnet, daß trotz allem die Dinge kaum von der Stelle gerückt sind. Um einer geordneten Darstellung willen nimmt Geschichtsschreibung wohl auch zum Schematismus der Katastrophe Zuflucht, versucht sie das, was diesem Schema zuliebe darauf zutrieb, resümierend zu fassen; anders vermag sie die Grenze der Mitteilbarkeit kaum zu respektieren. Unrecht geschieht den von der Katastrophe Betroffenen noch im Nachhinein; und das Resumé von der Lage der Dinge bemächtigt sich des Vergangenen als legitimierenden Vorzeichens für eine angeblich neue Position.
Ungerecht und wahrheitsgemäß wird man so feststellen können, daß mit ‹Nibelungenlied und Klage› bei aller kategorialen Sperrigkeit des Gegenstandes zugleich eine verkunstete Tragik zu Pergament gebracht worden war, die zu späterer Schullektüre nicht übel geeignet sein mochte; ferner, daß *Morungens* ästhetische Weltscheu einer bezweifelbaren höfischen Gesellschaft zugeeignet worden war, selber allein gesittet wie der Zweifel an Wort und Minnebekenntnis in deutschsprachiger Minnepoesie (vgl. ob. S. 702ff., S. 705ff.). Für aufmerksame Ohren schockierend geklungen haben mögen jetzt lyrische Ungezogenheiten in gesittet höfischer Sprache am Wiener Hof.

*Lyrische Ungezogenheiten in höfischer Sprache*

Nur wenige Tage nachdem die Kaiserin *Konstanze* in Jesi von ihrem Sohn, dem späteren Kaiser *Friedrich II.* entbunden worden war, starb in Graz plötzlich Herzog *Leopold V.* von Österreich, am 31. Dezember 1194. Erst unmittelbar vor seinem Hinscheiden löste ihn der Salzburger Erzbischof, gegen ein Gehorsamsversprechen, aus dem Kirchenbann, in dem er bis zuletzt wegen der Gefangennahme des Kreuzfahrers *Richard Löwenherz* gewesen war. Mit Herzog *Leopold* hatte der Minnesänger *Reinmar*, der Meister des ‹schönen Schmerzes› (vgl. oben S. 703), seinen Herrn und Gönner verloren, vielleicht in einem Augenblick, wo die unangefochtene Geltung seiner Kunst am Wiener Hof durch die lyrischen Quertreibereien des jungen *Walther von der Vogelweide* wankte. In für *Reinmars* Ohren etwas impertinenter Weise hatte er an der absolut stilisierten Minne herumgemäkelt. So in dem Lied: ‹Zwô fuoge hân ich doch, swie ungefüege ich sî›:

«(1) Zweierlei gutes Benehmen habe ich doch, wie ungezogen ich auch sein mag. Von Kindesbeinen an sind beide Teil von mir: mit den Frohen bin ich in Artigkeit froh, und ich kann nicht lachen, wenn einer neben mir weint. Um der andern willen bin ich fröhlich, um der andern willen bin ich bereit, mir Sorgen zu machen. Und wenn es mir selbst im Herzen anders zumute ist – was macht das schon aus? Ich borge mir eben die nötige Stimmung; wie sie sind, so will auch ich sein, damit ich ihnen nicht zur Last falle ...

(2) Einst, als man noch lebte in unversehrtem Minnewesen, da waren auch meine Lieder voller Fröhlichkeit. Seit jedoch die wahre Minne so zugrundegegangen ist, seitdem habe auch ich recht unminniglich gesungen. Wie es gerade zufällig in der Welt steht, so hat man seinen Gesang zu stimmen. Wenn die grobe Sitte vergehen sollte, dann singe ich wieder von der höfischen Welt. Freude und der Tag des Singens kehren wieder: glücklich, wer es erleben wird! Glücklich, wer daran glauben kann! ...» (47,36).

In langwieriger Erörterung, ob das Wort ‹wîp› (Frau) oder ‹frouwe› (Dame) höher zu achten sei, hatte er sich dann gegen *Reinmars* ‹wîp› (vgl. ob. S. 703) entschieden und der ‹Dame› erklärt:

«Du bist für mich, was ich für Dich bin und gelte! Ich will die Frauen loben, die es zu danken wissen. Was habe ich von den Übervornehmen?»

Im Lied ‹Saget mir ieman, waz ist minne?› (69,1), hatte er die Gesellschaft gefragt:

«Wenn ich die richtige Definition (für ‹minne›) finde, dann ruft alle: ja! Minne ist das Glück zweier Herzen. Wenn beide sich in dieses Glück teilen, dann ist das wirkliche Minne.»

Mochte das immerhin Behauptungen und Ansätze bei *Hartman* (vgl. S. 675) und *Johansdorf* (vgl. S. 677) aufnehmen, solches Herumdiskutieren an der Ideologie der Gesellschaftlichkeit fand nicht den Beifall *Reinmars des Alten.* Als *Walther* schließlich, vielleicht *Morungens* Manier probierend, vom sprachlosen Gebanntsein des Liebenden beim Zusammensein mit der Geliebten sang (115,6), hatte *Reinmar* (MF 170,1) nur ironisch gemeint, niemand würde es jenem stummen Liebhaber verdenken, wenn er sich von einem Ort, wo er nichts zu suchen hätte, davon machte und sich erst einmal in der Kunst höfischen Verhaltens unterrichten ließe. Im gleichen Lied hatte Meister *Reinmar* gar kühn selbst von *Morungen* (MF 140,16) die Metapher ‹si ist mîn ôsterlîcher tac› entlehnt und triumphierend seine Dame über alle andern Damen der Welt gestellt. So auch in ‹Ich wirbe umb allez daz ein man›:

«Ich werbe um das Höchste, worum ein Mann auf Erden werben kann, um eine Dame, deren Herrlichkeit mit Worten nicht zu sagen ist. Preise ich sie wie man andre Damen zu preisen pflegt, so wird ihr das aus meinem Mund mißfallen. Doch schwöre ich: sie steht auf so idealem Orte *(‹stat›)*, daß sie nie einen Fußbreit vom Pfade weiblicher Tugend wich *(‹getrat›)*. Das setzt die andern alle schachmatt *(‹mat›)* (MF 159, 1).

Völlig wahnwitzig hatte sich *Reinmar* in ‹Herzeclîcher fröide wart mir nie sô nôt› (MF 196,35) schließlich zu dem Wunsch aufgeschwungen: «O daß ich doch von ihrem so beredten Munde ein Küßlein möchte stehlen dürfen». Wenn der lauterste Minnesang auf solche Dinge verfiel, ließ sich nur das Schlimmste prophezeien. Der von dem großen *Reinmar* angegriffene *Walther* hat es dem Älteren dann auch gründlich besorgt. Er läßt seine Dame von ihrem Ritter sagen:

«So habe ich dem Liebsten denn im Herzen einen Ort *(‹stat›)* gegeben, an den noch keiner je gelangte *(‹getrat›)*. Die andern haben das Spiel verloren; er ganz alleine setzt sie matt *(‹mat›)*» (in: ‹Mir tuot einer slahte wille senfte› 113,31).

Und in Melodie und Strophenform von *Reinmars* ‹Ich wirbe umb allez daz ein man› repliziert *Walther* mit ‹Unnötig übernimmt sich ein Herr› gegen spießerischen Kußraub, Ostertag und Schachmatt (111,22). Metiergerecht hatte er in ‹Si wunderwol gemachet wîp› (53,25) eine Schönheitsbeschreibung gegeben, die an *Chrestiens* ‹Cligès› erinnert, in der letzten Strophe aber die rhetorisch aufgebaute Schönheit in konkreter Nacktheit aus einer konkreten Badstube treten lassen (‹stat›: ‹trat›). Schließlich erledigte er seinen Gegner und die ganze Richtung der absoluten Stilisierung in einem Lied, das die Liebestod-Metapher *Morungens* (MF 147, 4) und *Reinmars* (MF 158, 28) – wenn sie stirbt, dann bin ich tot – auf den Kopf stellte, in: ‹Lange swîgen des hât ich gedâht›:

1. Ich hatte mir vorgenommen, auf lange zu verstummen. Aber nun werde ich doch singen wie zuvor. Leute, auf die ich etwas halte, haben mich umgestimmt. Sie dürfen einiges von mir erwarten. Ich werde meine Lieder machen, und was sie wünschen, das werde ich tun. Dafür müssen sie dann bei meinem Kummer mitklagen.
2. So hört denn das Unglaubliche, was mir geschehen ist, durch meine eigne Minnemühe: Sie will mich nicht ansehen!! Sie, der ich solchen Ruhm gemacht habe, daß sie jetzt ganz eingebildet ist. Gewiß hat sie sich nicht überlegt: Wenn mein Lied verstummt, zergeht auch ihr Ruhm!
4. Als ich noch an ihre Güte glaubte, wer hat damals mehr von ihr gehalten als ich? Damit ist Schluß. Wie sie sich zu mir verhält, das soll sie sich klarmachen, könnte ich mich auch zu ihr verhalten. Erlöst sie mich aus meiner Not, gewinnt ihr Leben durch mein Leben. Sterbe ich *(stirbe ab ich* – oder: *sterbet sie mich* = läßt sie mich sterben) dann ist auch sie tot.
5. Werde ich beim ewigen Werben um sie langsam ein alter Mann, so wird sie freilich indessen auch nicht jünger. Dann sieht mein Schopf vielleicht grau aus und um sie wirbt statt meiner ein Jüngling. Dann mit Gott, Herr Jüngling! Rächt mich und gerbt ihr mit Ruten ihr altes Fell» (72, 31).

So drastisch auch in diesem Lied von den Ruten (‹sumerlaten›) das Ewige des Minnewerbens in eine reale Zeitlichkeit heruntergeholt wird, mag man doch zu diesem Spezialistenzank um Minne und Wirklichkeit, der in ritterlichem Germanistisch ‹Reinmar-Walther-Fehde› heißt, sich sagen: Sorgen hatten die Leut! Dabei machte der eine dem andern eben doch Amt und Brot an einem Fürstenhof streitig, und das war für keinen der beiden eine kleine Sache. Aber alle andern standen herum und schauten dem Hahnenkampf in der Arena der Kunst zu. In solche markthafte Wirklichkeit hatte sich die Kunst der absoluten Stilisierung herabziehen lassen. Gibt es bei *Morungen* kein einziges Lied, das außerpoetische Wirklichkeit auch nur thematisch einläßt, so hat dagegen bei *Reinmar* wenigstens einmal Schmerz von der Welt her seine Spur in die sonst hermetisch verriegelte Kunstwelt geschlagen. Es geschah dies wohl im Zeitpunkt der ‹Fehde›, daß *Reinmar* im Frühjahr 1195 die Trauer der Herzoginwitwe um *Leopold* von Österreich sang in dem Lied: ‹Si jehent, der sumer der sî hie›:

«Sie sagen alle, nun sei Sommer und es sei die Zeit der Freuden wieder da, und sie meinen, ich sollte fröhlich sein wie einst. Doch, sagt mir einer, wie mir dies gelingen könnte? Mir hat der Tod geraubt, worüber ich hinweg mich niemals trösten kann. Was soll mir Frühling, wo der in der Erde liegt, der, den ich niemals sah, an keinem Tag, den er erlebte, daß er den frohen Mut verlor, Luitpolt, der Meister allen Glücks. Nie hat die Welt bis heute schlimmeren Schaden nehmen müssen, weil ein einziger starb» (MF 167, 31).

Hier hat der Dichter sein Wort der wirklichen Dame geliehen, aber es ist eine tote und verwaiste Wirklichkeit, die es berührt. Die edle Stilisierung jedoch, die *Reinmar* diesem Schmerz zuteil werden läßt, ist durch den lyrischen Zank mit *Walther* in eine eher zweifelhafte Sphäre gerückt. Was sich mit jener ‹Fehde› ereignet hatte, war ein Herabsteigen der Kunst aus der reinen Höhe der l'art-pour-l'art-Reflexion ins höfische Tagesgespräch; und *Walther* wird diesen Weg dann weitergehen bis ins Politische, auch thematisch.

Aber es entbehrt nicht der Tragik, daß *Walther,* trotz allem modernistischen Protest, in der Spielwelt einer absoluten Wortkunst gefangen blieb und sein Bestes vielleicht in Liedern geleistet hat, die in Fortsetzung der Linie *Reinmars* und *Morungens* die ungläubige Verfallenheit an das Spiegelbild des Traumes und sein Zerbrechen an der Wirklichkeit darstellen. Schon jetzt, vor seinem ersten politischen Spruch, könnte er ein Lied gedichtet haben, in dem der höfische Pastourellendekor, der in Deutschland vielleicht durch *Morungen* eingeführt worden war, sich ironisch zur Wirklichkeit öffnete: ‹Dô der sumer komen was›:

1. «Als der Sommer angekommen und die Blumen aus dem Gras voller Lust erblühten, kam ich dorthin, wo die Vögel sangen, an eine weite Wiese. Dort entsprang ein klarer Quell, plätscherte am Wald entlang, wo die Nachtigall (auch) sang.
2. Über der Quelle stand ein Baum, dort hatte ich eine Vision im Traum. Denn ich war aus der Sonne zur Quelle dort entwichen, damit die liebe Linde mir kühlen

Schatten spende. Am Quell ließ ich mich nieder und alle Sorgen vergaß ich. So sank ich in Schlaf.

3. Da war mir alsbald, als sei mir alle Welt untertan (vgl. *Morungen* MF 142, 19 ff. u. 140, 7, vgl. auch MF 125, 19), als schwebe meine Seele schwerelos im Himmel und als sei dem Körper auf Erden alles möglich (vgl. auch *Bernger* von Horheim MF 113, 1, oben S. 707). Da war mir wohl! Was mir der liebe Gott auch sonst noch für Glück bescheren mag, einen schöneren Traum hat es nie gegeben.

4. Ich hätte wohl immerdar schlafen mögen – aber eine elende Krähe krächzte plötzlich los. Soll doch alle Krähen der Teufel holen! All mein Glück hat sie mir genommen, ihr Schrei schreckte mich auf. Hätte ein Stein mir zur Hand gelegen, es wäre ihr Jüngster Tag gewesen.

5. Eine uralte Frau aber tröstete mich wieder. Auf Ehre und Gewissen hatte ich sie befragt. Da hat sie mir den Traum gedeutet. Hört nur, liebe Leute! Zwei und eins, das macht drei! Außerdem vertraute sie mir noch an: auch mein Daumen sei ein Finger!» (94, 11).

Statt einer hübschen Hirtin tritt eine alte Wahrsagerin aus der Metaphern-kulisse. Gemeinhin denkt man sich dies Lied in einen späten Meißner Sommer, tut auch höfische Gegenseitigkeitsminne wie in ‹Bin ich dir un-maere› (50, 19) und Mädchenlieder im Pastourellenton in verschiedene Lebenskategorien des Dichters.

Es will mir scheinen, als hätten sich die verschiedensten Chronologietheorien zu *Walther* das Entstehungstempo seiner Werke in viel zu regelmäßiger Langsam-keit vorgestellt.

Die 91 Töne (Leich, Lieder, Sprüche), die uns von *Walther* überliefert sind, hat man einigermaßen gleichmäßig über seine mutmaßliche Schaffenszeit (1192–1230) so verteilt, daß er pro Jahr etwa 2 Töne geschaffen hätte. Nach *Maurer* etwa:

|           |           |           |                        |      | jährl. |
|-----------|-----------|-----------|------------------------|------|--------|
| 1192–1198: | 11 Lieder |           |                        | = 11 | ( 2 )  |
| 1198–1203: | 7 Lieder  | 2 Sprüche |                        | = 9  | ( 2 )  |
| 1203–1205: | 12 Lieder |           |                        | = 12 | ( 4 )  |
| 1205–1220: | 30 Lieder | 9 Sprüche |                        | = 39 | ( 3 )  |
| 1220–1230: | 5 Lieder  | 9 Sprüche | 6 relig. Dicht. | = 20 | ( 2 )  |
| 1192–1230: | 65 Lieder | 20 Sprüche | 6 relig. Dicht. | = 91 | (2–3)  |

Ich halte nicht für wahrscheinlich, daß *Walther* 1198 mit seinem ersten politi-schen Spruch als Unbekannter sich zum Richter aufschwang. Der literarische Zank mit *Reinmar*, der vor 1195 nach einem Liede *Reinmars* datiert werden müßte, wird nur deshalb später angenommen oder um einen zweiten Zank nach 1203 verdoppelt, weil wir damit «wohl auf eine allzu frühe Zeit» kämen (*Kraus*).

Ich sehe nicht ein, wieso *Walther,* weil ihm 1203 der Bischof von Passau Geld für einen Pelzrock schenkt, zur Fürstenhochzeit *Leopolds VI.* nach Wien gezogen sein muß und dort sein ‹Preislied› 56, 14 vorgetragen haben soll.

Ich halte für wahrscheinlich, daß die literarische ‹Explosion› zwischen 1190 und 1200 – es entstehen, bzw. werden begonnen: Armer Heinrich, Iwein, Nibelun-genlied, Parzival, Tristan, Wolframs Lyrik u. a. – auch einen heftigeren, schnelleren Entstehungsrhythmus für Walthers Dichtung herbeigeführt hat.

Bei höfischer Gegenseitigkeitsminne und Mädchenliedern handelt es sich wohl doch vor allem um verschiedene lyrische Genera, nicht um Erlebnisstationen nach dem Muster der Studentenliebe, auch bei Stücken wie ‹Herzeliebez vrouwelîn› (49, 25), wo es in der zweiten Strophe heißt:

«Man wirft mir vor, daß ich an niedrig Geborene richte meinen Gesang. Daß sie nicht begreifen können, was wirkliche Liebe ist!», und in der dritten: «Hinter äußerer Schönheit verbirgt sich oft ein böses Herz», und schließlich: «Was immer sie sagen, ich habe Dich lieb, und Dein Ring mit dem Glasstein (-von *Gotfrid,* Tristan 16870 ebenso aufgenommen wie der ‹ostertac› 927) ist mir mehr wert als der Goldring der Königin.»

Vielleicht aber ist *Walthers* Meisterwerk dieser Jahre das Lied von der Traumliebe, ‹Nemt, frowe, disen kranz›:

«Nehmt, Gräfin, diesen Kranz!, so sagte ich zu einem schönen Mädchen. Dann schmückt Ihr diesen Tanz mit den schönen Blumen in Eurem Haar. Hätte ich Gold und Edelgestein, sie müßten auf Euer Haupt! Seht meinen Eid, es ist ganz wahr! –
Sie nahm, was ich ihr bot, ganz wie ein Mädchen edler Sitte. Sie wurde rot, wie Rose neben Lilie steht. Beschämt schlug sie die Augen nieder, doch dankte sie und neigte ihren Kopf. Das war mein Lohn. Schenkt sie mir mehr, ich will es für mich behalten. –
Ihr seid so schön, daß *ich* Euch meinen Kranz hingeben muß, den schönsten, den ich hab. Ich weiß, wo viele rote Blumen stehn. Sie stehen fern auf jener Heide. Dort, wo sie blühn und wo die Vögel singen, dort wollen wir sie brechen. –
Mir schien, ich war nie seliger als da. Und immer fielen Blüten herab vom Baum zu uns ins Gras. Ja, seht, da mußte ich lachen vor lauter Glück, als ich so wunderbar beschenkt mich fand im Traum. Da kam der Tag und weckte mich. –
Nun hat sie mich dahin gebracht, daß ich in diesem Sommer allen Mädchen fest ins Auge sehen muß. Vielleicht finde ich sie wieder, dann bin ich aller Sorgen frei. Wie, wenn sie hier in diesem Reigentanz darunter wäre? Meine Damen, bitte, rückt die Hüte etwas aus der Stirn. Ach, wenn ich sie doch fände unterm Blumenkranz! –» (74, 20).

In der dritten Strophe sind Ich und Du traumhaft vertauschbar, so daß man nicht sollte entscheiden wollen, wer spricht. Aber der zuletzt in die Wirklichkeit gewünschte Traum vom möglichen Glück sehnt sich zurück in den Naturwinkel öffentlich beteuerter Heimlichkeit, welche dem Ganzen das Gepräge beredeten Glücks gibt, Feinkunst für Spießer. Dies wäre wohl die Meinung *Wolframs* gewesen und die *Neidharts,* der die letzte Strophe in seinem dritten Winterlied (38, 36ff.) mit ironischem Echo versah. *Walthers* Gesang von der zerstörten Illusion bleibt, ob als ungezogenes oder als gesittetes Lied – mit gebildeter Allusion aufs Tagelied (vgl. S. 756f.) in der vierten Strophe –, poetisches Aufbegehren in einer geborgenen Sprache. *Wolfram* dagegen, der es nie nötig haben wird, seine Worte in eine aktuelle Thematik zu verkleiden (vgl. auch *Lukács),* spricht in seinen Tageliedern wie in seinen Epen die allen geläufige Gesellschaftssprache so fremd, als sei sie übersetzt (vgl. *Benjamin).* Deutlicher als in jedem politischen Spruch ist an seiner Sprache, eine wie tiefe Unordnung die christlich-ritterliche Welt immer noch beherrscht, welch babylonische

Sprachverwirrung gerade im glatten Wort und in der garantierten Kommunikation aufzuheben wäre. Seine antiästhetische Poesie erscheint als radikales Moment der gesellschaftlichen Wirklichkeit.

## Antiästhetische Poesie als Moment gesellschaftlicher Wirklichkeit

Solches stellt sich her in den wenigen Liedern *Wolframs* von Eschenbach. Sein erstes Tagelied ( *Wolfram I*, KLD) hat den Wortlaut:

> Den morgenblic bî wahters sange erkôs
>     ein frouwe, dâ si tougen
>     an ir werden friundes arme lac;
> dâ von si --- fröiden vil verlôs.
>     des muosen liehtiu ougen
>     aver nazzen. si sprach ‹owê tac,
> wilde und zam daz fröit sich dîn
> und siht dich gerne wan ich eine.
>     wie sol iz mir ergên!
> nu enmac niht langer hie bî mir bestên
> mîn friunt: den jaget von mir dîn schîn.›
>
> Der tac mit kraft al durch diu venster dranc.
>     vil slôze si besluzzen:
>     daz half niht: des wart in sorge kunt.
> diu friundîn den friunt vast an sich dwanc:
>     ir ougen diu beguzzen
>     ir beider wangel. sus sprach zim ir munt
> ‹Zwei herze und einen lîp hân wir:
> gar ungescheiden unser triuwe
>     mit einander vert.
> der grôzen liebe der bin ich gar verhert,
> wan sô du kumest und ich zuo dir.›
>
> Der trûric man nam urloup balde alsus:
>     ir liehten vel diu slehten
>     kômen nâher. sus der tac erschein.
> weindiu ougen, süezer frouwen kus:
>     sus kunden sî dô vlehten
>     ir munde, ir brüste, ir arme, ir blankiu bein:
> swelh schiltaere entwurfe daz
> geselleclîchen als si lâgen,
>     des waere ouch dem genuoc.
> ir beider liebe doch vil sorgen truoc.
> sî phlâgen minne ân allen haz.

Den Morgenstrahl durch Wächters Lied bemerkte die Liebende, die heimlich in ihres Liebsten Armen lag. Dies machte sie großes Glück verlieren. Es ließ helle Augen wieder feuchten. Sie sagte: ‹Ach, Tag, wildes Getier und zahmes erfreut sich deiner und sieht dich mit Lust, nur ich nicht einzig. Wie wird mir noch geschehn. Jetzt darf nicht länger bei mir sein mein Liebster: den jagt von mir dein Glänzen›.

Der Tag gewaltsam durchdrang die Fenster. Viel Riegel haben sie verriegelt.
Nichts half. Das brachte beiden Traurigkeit. Die Freundin hat den Freund sehr
zu sich gepreßt. Beider Augen begossen beider Antlitz; ihr Mund sprach so: ‹Zwei
Herzen und ein Fleisch sind wir. Auf nimmermehr getrennt geht unsre Treue unsre
Wege mit. Von großer Leidenschaft bin ich verwüstet, wenn du nicht kommst
und ich zu dir›.
Der Mann voll Trauer nahm Abschied kühn so: ihre hellen Leiber, die glatten,
kamen zusammen. So strahlte der Tag. Weinende Augen waren Küsse der Lieben-
den. So wußten sie zu verschlingen Mund und Brust und Arme und helle Beine.
Welch Maler könnte dies entwerfen wie sie in Liebe lagen, das dem Genüge täte!
Beider Leidenschaft trug Leid zugleich. Und dennoch taten sie sich Liebe an von
Herzen.

Ein ungeheimes Gegenbild tritt hiermit in die Gesellschaftskunst. Wie
die erfüllte Liebe Abschied ist, ist Abschied Erfüllung voll Verheißung.
Der Maler, der Leid und Leidenschaft nicht malen könnte, bezeichnet
den Standpunkt ins Offene, wie Sprache und Liebe «die große Sehnsucht
nach Sprachergänzung» *(Benjamin)* aussprechen möchten. Keine gefälli-
gen Schatten für Stimmungen werden gesucht wie im gleichzeitigen, min-
niglich weichen Tagelied *Morungens* ‹Owê, sol aber mir iemer mê›:

«Ach, wird mir denn nie wieder herleuchten durch die Nacht noch weißer als
der Schnee ihr wundervoller Leib? Der ließ das Auge mir in Täuschung sich verfan-
gen: ich nahm's für Widerschein von Mondesglanz.
Da ward es Tag. –
Ach, wird ihm denn nie wieder an diesem Ort ein neuer Morgen tagen? Und
wird die Nacht uns einmal so zergehn, daß wir nicht klagen müssen: Ach, nun
ist es Tag! – wie er es klagte, als er jüngst bei mir lag.
Da ward es Tag. –
Ach, wie unendlich oft hat sie im Schlafen mich geküßt. Da fielen dann herab
die Tränen hin auf mich. Doch wußt ich ihr den Trost, daß sie das Weinen ließ
und sie mich ganz umfing.
Da ward es Tag. –
Ach, daß er sich durch mich so tief bezaubert fand. Da er mich aufgedeckt,
da wünscht er ohne Kleid mich Arme bloß zu sehn. Wie wunderbar, daß er nicht
müde wurde, mich zu schauen.
Da ward es Tag» (MF 143, 22).

Diese erinnernde Liebe hat nichts mit der resultathaft geöffneten bei *Wolf-*
*ram* gemein. Kunstvoll sprechen Ritter und Geliebte im Wechsel. Die
Ritterstrophen wenden sich von Trauer zu Freude, von Freude zu Trauern;
die Frauenstrophen sind auf den Ton von Klage, dann auf elegische Ver-
zauberung gestimmt. Das schicksalhafte Wiederkehren von Refrain und
Strophenbeginn bindet die Wechsel-Strophen zur Einheit, die das kunst-
gelenkte Schicksal zum artistischen Kniff verwelken läßt. Das Ganze ist
Kunst als zarter, resignierter Traum. Bei *Wolfram* macht kein Zauber
von Worten und Rhythmen das Gedicht. Er meidet das Elegante, weil
er es verachtet. Es gibt bei ihm Lieder (wie KLD Nr. VII), in denen er
von 13 Zeilenausgängen 7 ohne Reim läßt. Was bei ihm zählt, ist der
Gedanke, der aus Wort und Situation hinausführen könnte in eine anders-

artige Freiheit – vielleicht in die eines herzustellenden Paradieses. Wie der Übersetzer *Benjamins* bricht er, um einer reineren und freieren Sprache willen, morsche Schranken einer Sprache, die in gesellschaftlicher Verabredung abgegriffen wurde. *Wolfram* kehrt geläufige Sprache um: Abstraktes wird konkret, Konkretes abstrakt, Vorgang wird als Begriff, Begriff wird als Handlung benannt. Aus Verben werden Substantiva, aus Nomina Verben; personale Handlungen werden impersonal, Naturvorgänge personal. Immer ist der Gedanke in Bewegung, gängige Schemata und Wortvorstellungen zu verlassen. Die Leistung der Kasus ist zum Zerspringen angespannt; sie haben den Aufwand an syntaktischen Umschreibungen zu ersetzen. Das bringt hervor außerordentliche Metaphorik wie:

| | |
|---|---|
| Sîne klâwen | Seine Klauen |
| durh die wolken sint geslagen, | durch die Wolken sind geschlagen, |
| er stîget ûf mit grôzer kraft, | er steigt herauf mit Allgewalt, |
| ich sihe in grâwen | ich sehe ihn grauen |
| tägelîch als er wil tagen, | taghaft, so wie er will tagen, |
| den tac, der im geselleschaft | den Tag, der ihm sein Liebesglück |
| erwenden wil, dem werden man ... | entreißen will, dem edlen Mann ... |
| | (Lied II Str. 1) |

Hier wird der Tag zu einem mit der Gewalt und Spannkraft besiegelnder Endgültigkeit – dies der mittelhochdeutsche Wortsinn von ‹kraft› – vollgespannten Ungeheuer, das die Liebe raubt. Auch in den drei Strophen des ersten Liedes wuchs der Tag vom ersten Morgenstrahl, der hier unsanfte Raubtierklaue ist, zur Kraft, die gewaltsam durch die Fenster drang und als voller Tag aufstrahlte im Augenblick, da Liebe und Abschied voller Zuversicht identisch wurden. Doch die Unruhe des Gedankens bei *Wolfram* knüpft vielsinnige Gleichungen. Im zweiten Stollen aller drei Strophen von Lied I waren Augen und Mund genannt. Die Augen ‹näßten›, der Mund sprach (Strophe 1 und 2). Dann (Strophe 3) wurden weinende Augen und leidenschaftliche Küsse der Geliebten zusammengerückt. «Weinende Augen haben lieblichen Mund» wird *Wolfram* im ‹Parzival› (V, 272, 12) sagen. Im Lied VII spricht die Frau vom Geliebten als dem, «dén ich in meinen Augen mit Lust verbergen würde, vermöchte ich ihn so zu halten» (VII, 1, 8 f.). Das Offene will das Geheimnis bergen, aber es faßt es so wenig wie der Maler die Liebe in jenem Lied. *Wolfram* will über die Grenze von Kunst und Sprache hinaus in eine andere Freiheit ‹wie Gott›, der ihm nach biblischer Sage seine Sprache überantwortete.

In den Jahren um 1195 kam nach Deutschland nicht nur die Pastourelle, sondern auch das ‹Tagelied›, wohl aus der Provence. Den Strophenrefrain, der bei *Morungen* erschien, mied *Wolfram*. In der Figur des Wächters, der z. B. Strophe II, 1 sprach, erscheint der Knecht als Schutzherr der Liebe – Gegenbild des höfischen Merkers. Wächterrolle und verwandelter Refrain sind am deutlichsten in *Wolframs* Lied V:

1. «‹Von der Zinne will ich treten und vom Morgenlied ablassen. Die, die sich heimlich lieben, wenn sie der Liebe Gesetz nur erfüllen, so sollen sie doch bedenken die Warnung dessen, dem sie Leben und Ruf anvertrauten. Wer mir dies zu tun befahl, wirklich, dem gebe ich Warnung und Hilfe. Ritter, wach auf! nimm Vorsicht wahr!

2. Ich kann Vertrauen zu allen Wächtern nicht enttäuschen am edlen Herrn. Herrin, du darfst das Leid des Abschieds nicht glauben wegen Hoffnungfassen auf Wiederkehr. Es ist unmöglich, daß der Liebende selbst Vorsicht übt. Der Sommer zwingt mich, daß mein Mund das Lied anstimmt: Durch Wolken dringt ein tagender Glanz.

Hüte dich, wach auf, lieber Gast!›

3. Er mußte fort, der sie mit Elend klagen hörte. Es sprach sein Mund: ‹So störte Unglück noch nie einem Menschen die Seligkeit›. So schnell der Tag anbrach, der Unverzagte gewann an ihr, daß Kummer wich. Unfremdes Drängen, ganz vertrautes Schmiegen, ihr Brüstlein pressen und mehr dazu gewährte Abschied: höchster Preis.»

Ob es Tagelied und Wächterrolle in deutscher Vulgärsprache vor *Wolfram* gab, ist als Streitfrage beliebt und wäre nur dann nicht belanglos, wenn Prioritäten Qualität als Besitzrecht verbürgten. Bei den Tageliedstrophen des Markgrafen *(Diepold) von Vohburg-Hohenburg* zeigt sich, daß für geistiges Niveau seine soziale Stellung zu sicher war. *Wolfram* selbst dürfte in seinem Hause verkehrt haben. Im ‹Parzival› (VIII, 403, 25 ff.) preist er die Markgräfin *Elisabeth,* die Tochter *Ottos I.* von Wittelsbach, die als Witwe des früh verstorbenen Markgrafen *Berthold von Vohburg* auf dem ‹Heitstein› bei Cham im Bayrischen Wald saß. Selbst wenn *Wolfram* mit dem Tagelied eine neue Gattung des Minnesangs inauguriert haben sollte, so widerstrebte es ihm doch, die Gesellschaftsmode zu befördern. Er dichtete als letztes ein Tagelied, das dem Tagelied absagt:

| | |
|---|---|
| Der helden minne ir klage | Du hast der heimlichen Liebe die Traurigkeit |
| du sunge ie gen dem tage, | immer herbeigesungen dem Tag entgegen, |
| daz sûre nâch dem süezen, | Bitternis zum Lieblichen. |
| swer minne und wîplich grüezen | Wer Minne und weibliche Nähe |
| alsô enphienc, | so hat empfangen, |
| daz si sich muosen scheiden: | daß Trennung unwendbar war: |
| swaz du dô riete in beiden, | was für Hilfe du ihnen auch botest, |
| dô ûf gienc | wenn aufging |
| der morgensterne, wahtaer, swîc, | der Morgenstern, Wächter, schweig, |
| dâ von niht langer sienc. | sing nicht länger davon! |
| | |
| Swer pfligt odr ie gepflac | Wer jetzt oder je |
| daz er bî liebe lac | bei der Geliebten lag |
| den merkern unverborgen, | unversteckt vor den Spähern, |
| der darf niht durch den morgen | der braucht nicht, weil es tagt, |
| dannen streben, | zu enteilen. |
| er mac des tages erbeiten: | Er läßt den Tag heraufziehn. |
| man darf in niht ûz leiten | Niemand muß ihn geleiten |
| ûf sîn leben. | heimliche Wege um himmelswillen. |
| ein offen süeze wirtes wîp | Ein ohne Heimlichkeit liebes Eheweib |
| kan solhe minne geben. | weiß solche Minne zu geben (Lied IV). |

Was *Wolfram* hier bestreitet, das ist der Wert, den «das wahre Ergötzen der Liebenden» (coamantium vera dilectio) der «Gattenliebe» (maritalis affectus), nach der Unterscheidung des *Andreas Capellanus,* voraus hat, eine Wertordnung, an die die höfische Gesellschaft zu glauben schien. *Wolfram* erkannte früh und isoliert die Eheabwertung der höfischen Gesellschaftsideologie, die sich in narzißtische Traumbilder erster Mädchenliebe oder unerfüllbarer Fernliebe einkapselte, als poetisierte Erfüllungs- und Wirklichkeitsscheu. Er scheint durchschaut zu haben, daß das phantasielose Gegenbild einer befürchteten sexual-sozialen Versorgtheit in der Ehe gerade das aufbegehrende romantische Libertinitätsideal seines philiströsen Charakters überführt. Auf wolframschem Reflexionsniveau hat *Ernst Bloch* bemerkt, daß einer «sozialistischen Gesellschaft», die es nicht mehr nötig hat, die Form der Familie als ein Refugium vor dem Lebenskampf zu betrachten, gerade die Ehe als «nächste Erscheinung der Solidarität» zum Ort konkreter Utopie und praktisch eingelöster Freiheit wird; und *Bloch* folgte hierin nur dem, was *Karl Marx* an einer Stelle der Ökonomisch-philosophischen Manuskripte entwickelte von der Erkenntnis her, daß der «Gedanke der Weibergemeinschaft das ausgesprochene Geheimnis (des) noch ganz rohen und gedankenlosen Kommunismus ist», der nichts weiter sei als «eben nur der konsequente Ausdruck des Privateigentums» als Negation, noch durchaus entfernt von der «wirklichen Aneignung des menschlichen Wesens durch und für den Menschen». Auch von hier aus möchte klar sein, inwiefern *Wolframs* Tagelied-Absage nicht die Kühnheit seiner Sprache und Metaphorik an banale Monogamiemoralität verrät und auch nicht Ehe als moralischen Nachtrag zur eigentlichen Liebe vorstellt, sondern er vielmehr das gleiche, ins Freiheitlich-Offene strebende Ungenügen mit der vorhandenen Gesellschaft als Ziel zu behaupten wagt. *Wolfram* also macht den minniglichen Gesellschaftszauber nicht mehr mit. Auch im ‹Parzival›, an dem er jetzt zu arbeiten beginnt, hält er mit dieser seiner Meinung nicht hinterm Berg.

«Eine Frau, die mich wegen Minnesang liebt, kommt mir schwachsinnig vor» (115, 13f.); «Von Minne singt Hinz und Kunz, der sie selbst nie empfand. Ich will davon den Mund halten und das Klagen den Berufsliebhabern überlassen» (XII, 587, 7ff.).

In seiner sogenannten ‹Selbstverteidigung› sagt er im ‹Parzival› einer putenhaften Minnedame seinen Dienst auf, er wolle keine Flittchen besingen, und er bekennt selbstbewußt:

«Ich bin Wolfram von Eschenbach und verstehe einiges von Minnesang; aber ich bin auch eine fest zupackende Zange meines Zorns gegen eine Weibsperson» (114, 12–15).

Ein bequemer Zeitgenosse ist *Wolfram* wahrscheinlich nicht gewesen. Übrigens erinnert er sich bei Gelegenheit seines Zorns anscheinend auch an den lyrischen Zank seiner Dichterkollegen *Reinmar* und *Walther*, wenn er sagt:

> «Wer allein seine Minnedame gelten läßt und alle andern für schachmatt erklärt, dessen Preisgesang ist ein kranker, lahmender Karrengaul» (115, 5–7; vgl. oben S. 751).

Und fast im gleichen Atemzug könnte er *Hartman,* der sich im ‹Armen Heinrich› (1 ff.) und im ‹Iwein› (21 f.) als buchgelehrten Ritter bezeichnet hatte, und den *Walther* des Descriptio-Liedes mit Badstubenpointe (vgl. ob. S. 751) gemeint haben mit seinen Worten:

> «Ich jedenfalls kenne keinen Buchstaben. Aus Büchern nimmt ja gar mancher seine Weisheit. Mein Roman braucht nicht die Krücke gelehrter Bibliotheken (vgl. *Kraus),* und ehe man ihn für Sekundärliteratur hält, will ich lieber nackend ohne Tuch in der Badstube sitzen – natürlich mit Feigenblatt» (115, 27 – 116, 4).

Vielleicht meint er auch mit dem ersten Satz des III. ‹Parzival›-Buches *Walthers* Lied über ‹wîp› und ‹frouwe› (ob. S. 750), wenn er sagt: «Das macht mich ganz elend, wenn man alle Damen ohne Unterschied mit dem edlen Wort ‹wîp› nennt» (Parz. III, 116, 5 f.). An späteren Stellen sollte er *Walther* gegenüber deutlicher werden:

> «Herr Vogelweid hat (bekanntlich einmal) von einem Braten gesungen, der dick und lang war: daran hätte seine Minnedame was zu futtern gehabt, der er ein allzeit achsotreues Herz bewahrte» (Willehalm VI, 286, 19 ff.). –
> «So sieht sich Herr Walther genötigt, ‹Grüß Euch Gott, Bös und Gut!› zu singen. Wo man jetzt solchen Gesang macht, damit wird den Falschen Ehre erwiesen» (Parzival VI, 297, 24 ff.; weitere Stellen vgl. KLD 2, 649 f.). –

Von all seinen dichtenden Zeitgenossen spricht *Wolfram* mit spöttischer Verachtung; einzig für *Neidhart,* dessen Anfänge wir uns bald nach 1200 denken, hat er eine sympathisierend-ironische Komplizität (Willehalm VI, 312, 11 ff.). *Carl von Kraus* sah darin «das Gefühl der Überlegenheit des Epikers, ... des Schöpfers eines Himmel und Erde umfassenden Baues gegenüber dem Innenarchitekten eines Damenboudoirs». *Wolfram* aber mochte darüber hinaus gewußt haben, daß sein ‹Bau› ‹Himmel und Erde› gar nicht zu umfassen vermochte, und daß mit einer noch so großartigen epischen Apotheose nicht um ein Haar gemildert war das konkrete Leiden durch den institutionalisierten Mord in der ritterlichen Welt (vgl. Willehalm VI, 279, 24 ff.; I, 10, 18–20) – geschweige durch das gefällige Kunstgewerbe höfischer Dichterkollegen. Sein Werk ist bei aller kunstverleugnenden Kunst an jeder Stelle Stein des Anstoßes für eine im Vorhandenen sich beschränkende höfische Gesellschaft und ist als solches ein verqueres Moment in seiner gesellschaftlichen Wirklichkeit. *Wolframs* Lieder sind in seiner Zeit kaum angekommen; Beifall suchten sie ohnehin nicht. Seine Epen scheinen, nach der Zahl der Handschriften zu urteilen, ein Publikumserfolg gewesen zu sein. Sowenig wie *Brecht* hat er verhindern können, daß er ein Klassiker wurde, ein literarisches Bildungsgespenst. Das prinzipielle Nichteinverständnis mit dem Vorhandenen, das heute aus jedem seiner «gekrümmten Worte» (vgl. Willehalm V, 237, 11) zu sprechen scheint, bleibt immer noch neu zu lesen, solange alles beim alten ist.

## Imperiales Verhängnis, Kreuzfahrt und politischer Spruch

Das von *Barbarossa* in Karls-Tradition erneuerte Imperium aber sollte jetzt im Augenblick scheinbar höchster Höhe den Punkt seines Absturzes erreichen. Kaiser *Heinrich VI.*, der einstige Minnesänger, hatte 1194 Sizilien erobert. Im normannischen Königspalast zu Palermo hatte er die vereinsamte Braut des sizilianischen Thronfolgers und *Tancred*-Sohnes *Roger* vorgefunden, *Irene,* die Tochter des oströmischen Kaisers *Isaak Angelos;* er gab sie seinem Bruder *Philipp von Schwaben* zur Frau. Katholisch neugetauft, nahm sie den Namen *Maria* an. Der Barbarossasohn *Philipp,* ursprünglich für den geistlichen Stand bestimmt und Chorherr in Aachen, hatte 1193 seiner geistlichen Laufbahn entsagen müssen (*Hampe*). Sein kaiserlicher Bruder verlieh ihm 1195 das Herzogtum Tuszien in Mittelitalien, ehe er ihn dann 1196 mit dem Herzogtum Schwaben belehnte. Die Ehe *Philipps* mit der Prinzessin *Irene* schaffte politische Beziehungen zu Byzanz, die sich später unheilvoll auswirkten. Im Geiste Kaiser *Heinrichs VI.* aber mochten diese Beziehungen sich als Bedingung der Möglichkeit für eine Wiedervereinigung von ost- und weströmischem Imperium darstellen. Und in der Tat, nach der Eroberung Siziliens (1194) begann sich dem Kaiser der «Erdkreis zu neigen». *Leo von Armenien,* der schon *Barbarossa* hatte huldigen wollen und nur durch den plötzlichen Tod des Kaisers im Flusse Saleph, wenige Tage vor der angesetzten Feierlichkeit (vgl. ob. S. 687), daran gehindert worden war, dieser *Leo II.* von Armenien nahm jetzt sein Reich von Kaiser *Heinrich VI.* zu Lehen. Das gleiche tat *Amalrich von Lusignan,* der König des von *Richard Löwenherz* eroberten Cypern, das gleiche tat auch der almohadische Sultan von Tunis und Tripolis für seinen Herrschaftsbereich, welcher bereits *Roger II.* von Sizilien lehnspflichtig gewesen war *(Jordan).* Welches angesichts solch einer wachsenden Macht die Gedanken des eben 30-jährigen Kaisers gewesen sein mögen, läßt sich nur vermuten.

In Sizilien jedenfalls versuchte *Heinrich VI.* systematisch, alle Königsrechte feststellen zu lassen und wahrzunehmen. Dabei halfen ihm jene deutschen Ministerialen, die *Peire Vidal* in seinem Lied (vgl. ob. S. 701) als unleidliche Tölpel beschimpft hatte. Wir nennen nur die Namen *Heinrich von Kalden-Pappenheim, Markward von Annweiler, Heinrich von Lautern, Eberhard von Lautern* und *Konrad von Lützelbach.* In der Romagna und in Apulien verlieh er ihnen Schlüsselstellungen. In Deutschland aber bemühte sich der Kaiser, mehrfach mit Erfolg, den Leihezwang zu umgehen, d. h. Lehen, deren Inhaber verstorben waren, für das Reich einzubehalten. Kaum jemand wagte ihm zu widersprechen, alle fürchteten die finster verschlossene Natur und die rücksichtslose Gewaltsamkeit des Herrschers.

In Sizilien hatte Kaiser *Heinrich VI.* auch eine nachdrückliche Demonstration des normannischen Erbrechts erfahren. So reifte nach der Geburt des Thronfolgers in ihm der Gedanke, auch das römische Imperium zu einem Erbreich umzugestalten, wie es in England und Frankreich längst realisiert war. Zunächst freilich versuchte er, für seinen neugeborenen Sohn Königswahl und Königskrönung durchzusetzen. Als dies vor allem am Widerstand des Kölner Erzbischofs scheiterte, nahm er seinen weiterreichenden Erbreichsplan in Angriff. Er schlug den Fürsten vor, das Amt des Kaisers für erblich zu erklären. Dafür, daß sie auf ihr Wahlrecht verzichteten, wollte er den Fürsten auch die Erblichkeit ihrer Lehen garantieren, auch Erblichkeit in Seitenlinien. Auf «einem Reichstag zu Würzburg im April 1196» gelang es ihm, die Mehrheit der Fürsten für diesen Gedanken zu gewinnen (*Jordan*). Nur eine Minderheit niederdeutsch-rheinischer Fürsten unter dem Erzbischof von Köln verweigerten ihre Zustimmung.

Nun wandte sich der Kaiser nach Italien, um mit dem Papst *Coelestin* über seinen Plan zu verhandeln. Seine Macht war furchtgebietend, seine diplomatische Position schwach. Denn nicht nur hatte der Kaiser alles italienische Reichsgut in seine Hand gebracht, sondern auch Teile des Kirchenstaates in seiner Regie behalten. Energisch wachte er über sein Spolienrecht, sogar in Rom. Auf dieses Recht, nach dem der Nachlaß aller Reichsprälaten dem Kaiser zufiel, wollte *Heinrich VI.* jedoch verzichten, wenn ihm der Papst *Coelestin III.* hinsichtlich des Erbreichsplanes entgegenkommen wollte. Ferner bot der Kaiser dem Heiligen Stuhl an: alle Einkünfte der jeweils besten Prälatenpfründe von jedem Bistum des Imperiums, schließlich eine bedeutende Abfindungssumme für die Mathildischen Güter. Kurz: der Kaiser bot Geld über Geld – aber die Kirche wäre auf diese Weise die Pensionärin des Imperiums geworden. Die Kurie ließ die lange hingeschleppten Verhandlungen schließlich scheitern. Auch der Kreuzzugsplan *Heinrichs VI.* änderte nichts an der ablehnenden Haltung des Papstes. Daraufhin gab der Kaiser auch in Deutschland seinen Erbreichsplan auf und entband die Fürsten, die ihm zugestimmt hatten, von ihrem Versprechen. Dadurch erreichte er jedoch jetzt, daß die deutschen Fürsten Ende 1196 auf einem Fürstentag zu Frankfurt seinen nunmehr 2-jährigen Sohn zum römischen König wählten. Für die folgende Generation schien also die Erbfolge gesichert.

Die strengen Maßnahmen, mit denen sich Kaiser *Heinrich VI.* in Sizilien das Krongut sicherte, hatten die Erregung des normannischen Adels hervorgerufen. Eine großangelegte Verschwörung, in die auch der Papst und vielleicht sogar die Kaiserin *Konstanze* eingeweiht waren, wollte den Kaiser und gleichzeitig seine deutschen Reichsministerialen durch ein Attentat umbringen. Doch der Kaiser wurde gewarnt und flüchtete sich in das befestigte Messina. Ein Strafgericht von unmäßiger Grausamkeit beseitigte die ganze sizilianische Führungsschicht. Solches geschah im Mai und Juni 1197, in jener milden Jahreszeit, welche auch in Deutschland die Minnesänger unermüdlich rühmten.

Vielleicht entstand damals ein merkwürdiges Tagelied. In Konkurrenz zu *Wolfram* sollten nicht nur der *Markgraf von Hohenburg* ein Tagelied versuchen, sondern auch andere wie *Walther von der Vogelweide* und der Graf *Otto von Bottenlouben-Henneberg*. *Walthers* Lied ‹Friuntlîchen lac ein ritter vil gemeit› (88, 9), in dessen Strophe vielleicht der Rhythmus der Nibelungenstrophe nachklingt, ist eher ein schwächliches Plagiat von *Wolframs* Lied I (S. 755). Von besonderem historischen Interesse hingegen scheint das Tagelied *Ottos von Bottenlouben* ‹Wie sol ich den ritter nû gescheiden› (KLD 1, Nr. XIII, S. 314). Nicht das hübsche Lied selbst ist von besonderem Belang. Es ist Cliché-Dichtung eines großen, aber begabten Herren. Interessant ist ein Umstand seiner Überlieferung: Seine zweite Strophe, ‹Hoerstu friunt, den wahter an der zinnen› steht ohne Verfassernamen in der Handschrift der ‹Carmina Burana› (clm 4660, fol. 14) nach einem lateinischen Lied (Nr. 48) sehr ähnlicher Strophenform.

Nur die 1. Abgesangszeilen haben im deutschen Stück 4 statt 5 Hebungen. Daß der Sammler der CB bloß äußerlich ähnliche Strophenformen habe zusammenstellen können (vgl. KLD 2, 378), glaube ich nicht. Der Überblick über das Strophengebäude ohne Melodie war ihm kaum möglich.

So wird das deutsche Lied dennoch wohl eine Kontrafaktur des lateinischen sein, zumal dem lateinischen Refrain ‹Exurgat Deus!› der deutsche ‹Stant ûf ritter!› entspricht. Das lateinische Gedicht aber bezieht sich auf den 3., den Barbarossa-Kreuzzug und ist ein Kreuzlied. Daß *Bottenlouben* dessen Form jetzt, 1196/1197, wieder aufnimmt, verwundert nicht. Denn auch jetzt wurde wieder zu einer Kreuzfahrt aufgerufen. Seit 1195, besonders seit 1196 (vgl. *Hampe*) hatte in Deutschland die Werbung für die Outremer-Fahrt Kaiser *Heinrichs VI.* begonnen. Und für diesen Kreuzzug wird auch der Graf *Otto von Bottenlouben-Henneberg* ein Lied dichten:

1. «Wäre Gottes Lohn nicht gar so herrlich, meine Liebste ließe ich nicht zurück (vgl. *Johansdorf* MF 95, 6). Ich liebkose sie in meinem Herzen, denn sie ist mein Himmelreich (vgl. *Walthers* Descriptio-Lied 54, 27ff.), wo die Liebste auch sein mag im Lande des Rheins (vgl. *Hausen* MF. 45, 15; 48, 6). Herr Gott, hilf mir, daß ich für sie und mich Deine Gnade erringe» (vgl. *Johansdorf* MF 94, 25ff.; oben S. 677).

Und wie bei *Johansdorf* (MF 87, 5ff.) wird nun, in der 2. und letzten Strophe, die Kreuzfahrt von der Frau her gesehen:

2. «Wenn er sagt, ich sei sein Himmelreich, so sage ich, daß er für mich darin der liebe Gott ist, sodaß er sich von mir also nie trennen kann. Herr und Gott, erzürne nicht. Er ist mir kein Dorn im Auge, der hier zu meinem Glück geboren ward. Kommt er mir nicht zurück, ist all mein Glück für mich dahin» (KLD 1, Nr. XII).

Dieses Lied gibt mit seinen Rückgriffen auf *Hausen, Johansdorf* und *Walther* und besonders mit seiner Gegenseitigkeit vielleicht eine Art Kurzprotokoll der deutschen Minnesangssituation von 1197 (anders *F. Neumann*), vor dem Aufbruch nach Outremer. *Bottenlouben* übrigens hat sich dann in Palästina mit der Tochter des Seneschalls von Jerusalem, *Beatrice de Courtenay,* verheiratet und ist bis gegen 1220 dort geblieben. Auch das wohl jetzt abgefaßte Kreuzlied *Reinmars* ‹Des tages dô ich daz kriuze nam› (MF 181, 13) läßt die gegenüber 1189 veränderte Situation erkennen: Problematik statt Begeisterung und subtilere Trennung als die von Herz und Leib bei *Conon de Béthune* und *Friedrich von Hausen* (vgl. oben S. 673 ff.).

Der Kreuzzug, ein ausschließlich imperiales Unternehmen, war ausgezeichnet organisiert. Eine kaiserliche Gesandtschaft hatte Byzanz zu einem jährlichen Tribut von 16 Talenten gezwungen, dafür, daß der Kaiser den dortigen Usurpator nicht vom Thron stürzte und das ganze oströmische Reich annektierte. Eine große Flotte stand bereit. Alle Seestädte Italiens liehen ihre Unterstützung. Der Reichsmarschall *Heinrich von Kalden-Pappenheim* hatte die militärische Führung, Bischof *Konrad von Hildesheim,* ein Kanzler des Kaisers, die geistliche. Die ersten Kreuzfahrerschiffe waren schon in See gegangen. Da geschah das Entsetzliche. Der Kaiser, noch nicht 32 Jahre alt, starb am 28. Spetember 1197 in Messina an der Malaria.

«Bereits die Zeitgenossen haben empfunden, welche Gefahren der plötzliche Tod Heinrichs VI. für das Reich heraufbeschwor. Es war die schwerste Katastrophe in der Geschichte des deutschen Mittelalters, verhängnisvoller als der frühe Tod Ottos II. und Heinrichs III. ... Sein Tod ließ jene Kräfte emporsteigen, die in Deutschland und im Abendland eine neue politische Ordnung herbeiführen sollten. So ist das Jahr 1197 das entscheidende Wendejahr in der Geschichte der deutschen Kaiserzeit geworden» schreibt *Karl Jordan.*

In diesen Tagen tritt *Walther von der Vogelweide* mit seinem ersten großen politischen Spruch (im sogen. ‹Reichston›) auf, der die Situation des historischen Augenblicks zusammenfaßt mit ‹Ich saz ûf eime steine›:

«Auf Felseshöhe war ich gesessen (vgl. die Wörterbücher und auch die Walther-Miniaturen) und hatte ein Bein übers andere geschlagen, hatte den Ellenbogen aufs Knie gesetzt, auf meine Hand gestützt Kinn und eine Wange.
Bedrückt überlegte ich mir, wie man in dieser Welt leben könnte. Ich sah keine Möglichkeit, dreierlei zu erwerben, ohne eines der drei zu beschädigen.
Das erste ist moralische Geltung (êre), das zweite materielle Sicherheit (varnde guot). In der Regel widerstreben sie sich. Das dritte ist Segen des Himmels, Vollendung der beiden andern.

Die wollte ich gern zusammen in ein Kästchen haben. Leider, das ist unmöglich, daß Besitz und Ansehn in der Welt und obendrein Gottes Gnade gemeinsam in ein Herz kommen. Weg und Steg dahin sind verbaut. Versteckt lauern Betrug und Verleumdung. Auf offener Straße wandelt Gewalttat. Gerechtigkeit und Friede sind schwer verletzt. Jene drei schützt keiner, ehe nicht diese zwei (Friede und Gerechtigkeit) genesen» (8, 4).

Die Personifikationen von Gewalttat, Friede und Gerechtigkeit bringen in ihrer Abstraktheit den ungreifbaren Weltzustand zum Ausdruck, dem der Dichter nur als ohnmächtig Nennender gegenübersteht. Der Genesungswunsch am Schluß, der das überpersönlich scheinende Verhängnis zur Krankheit stilisierte, war so illusorisch wie die proverbiale Weisheit, die *Hartman von Aue* an die Spitze seines letzten Artus-Romans gestellt hatte:

| | |
|---|---|
| Swer an rehte güete | Jedem, der wahrer Güte |
| wendet sîn gemüete, | sein Herz zuwendet, |
| dem volget saelde und êre. | dem wird Glück und Ruhm beschieden. |
| des gît gewisse lêre | Davon gibt ein beweisendes Exempel |
| künec Artûs der guote ... | König Artus, der Edle ... |
| (Iwein 1–5). – | |

Die ritterliche Welt des erneuerten Karls-Imperiums wie die des Königs Artus schien fürs erste am Ende.

# DIE DEUTSCHE LITERATUR
## TEXTE UND ZEUGNISSE

### HERAUSGEGEBEN VON WALTHER KILLY

„Ziel dieser Reihe ist es, ein umfassendes, zugleich aber überschaubares Lesebuch im besten Verstande des Wortes zu sein. Die Epochen der deutschen Literaturgeschichte gewinnen anhand von Texten und Zeugnissen Gestalt. Die Texte sind in sich ungekürzt und mit größter Treue wiedergegeben." *Norddeutscher Rundfunk*

*Band I: Mittelalter*
Herausgegeben von Helmut de Boor. In zwei Teilbänden. Band I/1: LXX, 920 Seiten. Band I/2: IV, 959 Seiten. In Leinen je Teilband DM 39.–

*Band II: Ausgehendes Mittelalter*
Humanismus und Renaissance. Zeitalter der Reformation. Herausgegeben von Hans Rupprich und Hedwig Heger. (In Vorbereitung für 1975)

*Band III: Das Zeitalter des Barock*
Zweite, durchgesehene und erweiterte Auflage 1968. Herausgegeben von Albrecht Schöne. XXXII, 1280 Seiten. In Leinen DM 48.–

*Band IV: 18. Jahrhundert*
Herausgegeben von Richard Alewyn. (In Vorbereitung)

*Band V: Sturm und Drang – Klassik – Romantik*
Herausgegeben von Hans-Egon Hass. In zwei Teilbänden. Band V/1: XXXVIII, 963, Seiten. Band V/2: IV, 970 Seiten. In Leinen je Teilband DM 39.–

*Band VI: 19. Jahrhundert*
Herausgegeben von Benno von Wiese. XL, 1100 Seiten. In Leinen DM 48.–

*Band VII: 20. Jahrhundert (1880–1933)*
Herausgegeben von Walther Killy. XLVII, 1198 Seiten. In Leinen DM 48.–

VERLAG C. H. BECK MÜNCHEN